StPO

Loewe-Rosenberg
Strafprozessordnung

25. Auflage

Herausgegeben von
Gollwitzer, Walter

30. Lieferung:
MRK, IPBPR

Bearbeiter:
Brandt, Oliver

2005
Walter de Gruyter · Berlin · New York

Um in der Erscheinungsweise nicht festgelegt zu sein und auf diese Weise Bedürfnissen der Praxis besser gerecht werden zu können, wird darauf verzichtet, die Bände durchgehend zu paginieren. Durch Verwendung der Randnummern sind Seitenzahlen – vor allem für das Zitieren – entbehrlich.
Die einzelnen Lieferungen werden in der Reihenfolge des Erscheinens durchnummeriert; die Folge wird also von derjenigen des Gesamtwerks abweichen. Sobald ein Band vollständig ist, werden jeweils Einbanddecken geliefert.

Der Verlag

Erscheinungsdatum: April 2005
ISBN 978-3-89949-161-6
eISBN 978-3-11-027763-0

Printed in Germany.

Europäische Menschenrechtskonvention
Internationaler Pakt über bürgerliche und politische Rechte

VORBEMERKUNG

In der Europäischen Menschenrechtskonvention und im Internationalen Pakt über bürgerliche und politische Rechte hat sich auch die Bundesrepublik völkerrechtlich zur Gewährleistung wichtiger Freiheitsgarantien und Menschenrechte verpflichtet. Diese Verträge sind seit vielen Jahren innerstaatlich unmittelbar geltendes Recht. Die Beachtung der Konventionsverpflichtungen spielte aber in der innerstaatlichen Grundrechtediskussion über Jahre hinweg keine entscheidende Rolle, obwohl die damalige Kommission auch Beschwerden aus der Bundesrepublik behandelte. Zu spektakulären Entscheidungen des Gerichtshofs kam es nur in wenigen, in ihrer Auswirkung überschaubaren Einzelfällen. Erst in den letzten Jahren sind die Konventionsgarantien bei uns im Rechtsalltag verstärkt in den Vordergrund getreten. Im zunehmenden Umfang werden innerstaatliche Maßnahmen und Urteile bis hin zum Bundesverfassungsgericht auf ihre Vereinbarkeit mit den Konventionsverpflichtungen überprüft; auch das Schrifttum befaßt sich verstärkt ihnen. Die innerstaatlichen Verfahren, vor allem die Strafverfahren, werden in zunehmenden Umfang von den zuständigen nationalen und internationalen Gremien daran gemessen, ob sie im konkreten Fall von der Verfahrensgestaltung und vom Ergebnis her den Anforderungen dieser Menschenrechtspakte genügen. Zu dieser Entwicklung trägt vor allem auch bei, daß der Europäische Gerichtshof für Menschenrechte durch das 11. Zusatzprotokoll zu einem Vollgericht geworden ist, das nach Erschöpfung des innerstaatlichen Rechtswegs von jedermann wegen der Verletzung eines der in der Europäischen Menschenrechtskonvention und ihren Zusatzprotokollen garantierten Rechte angerufenen werden kann; einer Möglichkeit, von der nicht nur in spektakulären Verfahren sondern auch bei Alltagsfällen zunehmend Gebrauch gemacht wird.

In der Strafrechtspraxis stellen sich deshalb immer häufiger Fragen zu Inhalt und Tragweite bestimmter Konventionsverbürgungen. Unser geltendes Strafprozeßrecht wird zwar in seinen Grundzügen weitgehend den Anforderungen der Konventionen gerecht; in Einzelfragen ist es aber erforderlich, auf einzelne Konventionsgarantien zur Auslegung des geltenden Rechts, zur Korrektur bestehender Rechtsmeinungen und auch zur Ausfüllung von Lücken zurückzugreifen. Hierfür genügt der mitunter problematische Wortlaut der Konventionstexte nicht, denn die Tragweite, die die dort garantierten Rechte und Freiheiten haben, wird weitgehend von der Rechtspraxis der damit befaßten Organe bestimmt. Bei der Europäischen Menschenrechtskonvention haben vor allem die Entscheidungen des Europäischen Gerichtshofs für Menschenrechte die einzelnen Konventionsverbürgungen bewußt fortentwickelt, um sie den geänderten Auffassungen von der Tragweite des Menschenrechtsschutzes und der Weiterentwicklung der gesellschaftlichen Verhältnisse in den Mitgliedstaten anzupassen. In der Praxis des Strafverfahrens kann deshalb die Feststellung von Inhalt und aktueller Tragweite der einzelnen Konventionsverbürgungen erhebliche praktische Schwierigkeiten bereiten. Die Quellen sind schwer zugänglich. Die Entscheidungen des Europäischen Gerichtshofs für Menschenrechte liegen oft nur in der Originalsprache (englisch/französisch) vor, sie werden auch

in ihrer Argumentation mitunter von anderen Rechtstraditionen und Vorstellungen beeinflußt. Dazu kommt, daß ihre Aussagen sich in der Regel bewußt auf den entschiedenen Fall beschränken und auch argumentativ mehr von allgemeinen Billigkeitserwägungen und den eigenen Präzedenzfällen bestimmt werden als von theoretisch dogmatischen Überlegungen. Wieweit einzelne Urteile eine über den entschiedenen Fall hinausreichende allgemeine Tragweite haben, ist manchmal schwer einzuschätzen, vor allem, wenn der Urteilsspruch das Ergebnis einer Gesamtwürdigung ist, die nicht ersehen läßt, welches Gewicht den einzelnen Erwägungen beigemessen wurde. Zudem wird nur ein geringer Teil dieser Entscheidungen in deutscher Übersetzung – mitunter mit erheblicher Zeitverzögerung – in den gängigen deutschsprachigen juristischen Zeitschriften veröffentlicht. Die Entscheidungen des Europäischen Gerichtshofs für Menschenrechte sind zwar jetzt auch über Internet allgemein zugänglich. Der Zugriff auf die englischen oder französischen Originaltexte der Entscheidungen wird aber, abgesehen von der Sprachenfrage, auch durch deren große Zahl erschwert, so daß die Suche nach einschlägigen Entscheidungen ohne konkretisierende Anhaltspunkte mitunter sehr zeitaufwendig sein kann.

Zweck dieser Kommentierung ist es, der Rechtspraxis, namentlich für das Straf- und Strafverfahrensrecht, den ersten Zugang zu den Vertragswerken und den dazu ergangenen Entscheidungen zu erleichtern und zugleich durch eine Gesamtschau des internationalen Menschenrechtsschutzes zu einem besseren Verständnis der hier bestehenden Probleme und Auffassungen beizutragen. Bei den Erläuterungen der einzelnen Bestimmungen der StPO und des GVG in anderen Teilen dieses Kommentars werden zwar auch einschlägige Fragen der Menschenrechtskonvention und die vom Europäischen Gerichtshof für Menschenrechte dazu ergangenen Entscheidungen mit angesprochen. Zur Abrundung sollen die nachstehenden Erläuterungen diese Einzelhinweise durch einen Gesamtüberblick über die Konventionen und die von ihnen garantierten einzelnen Rechte und Freiheiten und deren Zusammenhang mit anderen Vertragswerken des internationalen Menschenrechtsschutzes ergänzen. Dies soll zum besseren Verständnis der Eigenart dieser Vertragswerke beitragen und ihre auch für die Auslegung bedeutsame Verknüpfung mit den menschenrechtlichen Gewährleistungen anderer völkerrechtlicher Übereinkommen aufzeigen. Dies gilt vor allem für die Rezeption der Europäischen Menschenrechtskonvention im Recht der Europäischen Union und ihre Bedeutung für das in Entwicklung begriffene europäische Verfassungsrecht.

Entsprechend der bei einem Kommentar zur Strafprozeßordnung begrenzten Zielsetzung liegt der Schwerpunkt der Erläuterungen der Konventionen bei den für das Strafverfahren bedeutsamen Fragen. Die hier vor allem einschlägigen Konventionsgarantien werden daher ausführlicher behandelt als die anderen Konventionsverbürgungen, bei denen meist nur die für ihr Verständnis wichtigsten Grundzüge dargestellt werden und auf die Erörterung vieler Einzelheiten verzichtet wird. Auch die Verfahren zur internationalen Durchsetzung des Menschenrechtsschutzes, vor allem das Verfahren vor dem Europäischen Gerichtshof für Menschenrechte und vor den bei den Vereinten Nationen bestehenden Ausschüssen werden im Anhang nur in ihren für das Verständnis des Schutzsystems wichtigen Grundzügen dargestellt. Für diese Beschränkung sprach, daß die vorliegende Kommentierung ohnehin nur den ersten Zugang zu den Vertragswerken, zum gängigen deutschsprachigen Spezialschrifttum und zu den ergangenen Entscheidungen eröffnen soll. Sie kann und soll nicht die ausführlicheren Darstellungen ersetzen, die die Menschenrechtskonventionen und einzelne Probleme ihrer Umsetzung im internationalen Spezialschrifttum erfahren haben.

Wegen der weitgehenden inhaltlichen Übereinstimmungen bot sich an, die Europäische Menschenrechtskonvention und den innerstaatlich gleichermaßen rechtsverbind-

lichen Internationalen Pakt über bürgerliche und politische Rechte trotz ihrer unterschiedlichen Gliederung gemeinsam zu erläutern. Der Europäischen Menschenrechtskonvention und ihren Zusatzprotokollen kam dabei wegen ihrer größeren praktischen Bedeutung für unsere Region die Leitfunktion bei der Reihenfolge der erläuterten Artikel zu. Daß die Gliederung des IPBPR dadurch zerrissen wurde, mußte in Kauf genommen werden. Eine gesonderte Zusammenstellung soll das Auffinden der mitbehandelten Artikel des IPBPR in den Kommentarstellen erleichtern.

Die Entscheidungen des Europäischen Gerichtshofs für Menschenrechte werden – soweit möglich – mit der Fundstelle einer deutschsprachigen Übersetzung angeführt. Dies erschien um so eher vertretbar, als der maßgebende englische oder französische Text an Hand der angegebenen Daten (Datum der Entscheidung, Name des Beschwerdeführers) in der Datenbank des EGMR (HUDOC) abgerufen werden kann.

INHALTSÜBERSICHT

TEIL I

VERTRAGSTEXTE

TEIL II

ERLÄUTERUNGEN

Fundstellen der Entscheidungen des Europäischen Gerichtshofs für Menschenrechte und der früheren Europäischen Kommission für Menschenrechte

Europäische Kommission für Menschenrechte

Von 1960–1974: Bd. 1–Bd. 46: Collection of Decisions of the European Commission of Human Rights (CD);
von 1975–1998: Decisions and Reports Bd. 1–Bd 94 (DR)
seit Bd. 76 aufgeteilt in Series A (Entscheidung in der Orginalfassung); Series B (Entscheidung in der jeweiligen Übersetzung auf englisch oder französisch).
Auch die zu den Berichter der Kommission ergangenen Entscheidungen des Ministerkomitees sind dort wiedergegeben.

Entscheidungen des EGMR

Die Entscheidungen des Gerichtshofs sind veröffentlicht in englisch/französisch in der amtlichen Sammlung, deren offizieller Name mehrmals wechselte.
Bis 1996: Publications de la Cour européenne de droits de l'homme, Arrêts et décisions, Série A / Publications of the European Court of Human Rights, Judgements and Decisions Series A[1]

hier zitiert Series A Nr. der Entscheidung

1996 bis 1998: Recueil des Arrêts et Décisions/Reports of Judgements and Decisions,
hier zitiert Rep. 1997-I

ab 1.11.1998 (Inkrafttreten des 11.ZP) wird diese offizielle Sammlung ausgewählter Entscheidungen, die auch Zuständigkeitsentscheidungen mit erfaßt, offiziell als ECHR zitiert, mitunter findet man aber auch weiterhin die Bezeichnung Reports oder auch Slg, die Fundstelle ist aber jeweils gleich

hier zitiert EGHR 2000-II.

Im Internet sind alle Entscheidungen des alten und des neuen Europäischen Gerichtshofs für Menschenrechte über die Rechtsprechungsdatenbank des Gerichtshofs (Human Rights Documentation „HUDOC") in englischer/französischer Sprache abrufbar (http://hudoc.echr.coe.int). Sie sind dort mit Entscheidungsdatum und Name (ev. abgekürzte Initialen) des Beschwerdeführer leicht zu finden. Auch die Zulässigkeitsentscheidungen der früheren Kommission sind dort für die Zeit von 1986 bis 1998 vollständig und für die Zeit zwischen 1955 und 1986 teilweise erfaßt, desgleichen, soweit veröffentlicht, auch die Berichte der Kommission von 1986 bis 1999.

Dort können u. a. auch chronologische Listen der Entscheidungen mit stichwortartigen Hinweisen auf deren Gegenstand abgerufen werden.

---

[1] Die Series B enthält Sitzungsdokumenten, Schriftsätze u. a.; sie wurde nach dem 104. Band eingestellt.

Rechtsprechungsübersichten

Zusammenfassende deutschsprachige Berichte über die Rechtsprechung des EGMR und der früheren EKMR finden sich in mehreren Zeitschriften, so vor allem in
EuGRZ
NStZ-RR
Jahrbuch für internationales Recht – JIR (= German Yearbook of International Law – GYIL)
Zeitschrift für ausländisches öffentliches Recht und Völkerrecht (ZaöRV).

Ergänzendes Abkürzungsverzeichnis

AChRMV	Afrikanische Charta der Rechte des Menschen und der Völker vom 26. 6. 1981, deutsche Übersetzung EuGRZ **1990** 348
AMRK	Amerikanische Menschenrechtskonvention vom 22. 11. 1969 (Pact of San José), deutsche Übersetzung EuGRZ **1980** 435
AVR	Archiv des Völkerrechts
EGMR	Europäischer Gerichtshof für Menschenrechte
EGMR Bd.	Golsong/Petzold/Furer Entscheidungen des Europäischen Gerichtshofs für Menschenrechte, Sammlung in deutscher Übersetzung, Band, Seite
VerfO	Verfahrensordnung des Europäischen Gerichtshofs für Menschenrechte idF. der Bek. vom 4. 11. 1998, BGBl. II 2002 S. 1631. Die Übersetzung der späteren Änderungen ist im BGBl. II noch nicht bekannt gemacht.
EKMR	Europäische Kommission für Menschenrechte
EuR	Europarecht
FNA	Fundstellennachweis des Deutschen Bundesrechts, Bundesrecht ohne völkerrechtliche Vereinbarungen und Verträge mit der DDR
FN B	Fundstellennachweis des Deutschen Bundesrechts, Völkerrechtliche Vereinbarungen und Verträge mit der DDR
FP	Fakultativ-Protokoll auch:
FP-IPBPR	(1) Fakultativprotokoll zum Internationalen Pakt über bürgerliche und politische Rechte vom 19. 12. 1966, BGBl. II 1992 S. 1247.
2. FP-IPBPR	2. Fakultativprotokoll zu dem Internationalen Pakt über bürgerliche und politische Rechte zur Abschaffung der Todesstrafe vom 15. 12. 1989, BGBl. II 1992 S. 391.
Genfer Flüchtlingskonvention	Abkommen über die Rechtstellung der Flüchtlinge vom 28. 7. 1951, BGBl. II 1953 S. 560.
IAGMR	Interamerikanischer Gerichtshof für Menschenrechte
IGH	Internationaler Gerichtshof
IPWSKR	Internationaler Pakt über die wirtschaftlichen, sozialen und kulturellen Rechte vom 19. 12. 1966, BGBl. II 1973 S. 1570
KSZE	Konferenz für Sicherheit und Zusammenarbeit in Europa
ILO	International Labour Organisation (Internationale Arbeitsorganisation)
IPBPR	Internationaler Pakt über bürgerliche und politische Rechte vom 19. 12. 1966, BGBl. II 1973 S. 1534
JIR	Jahrbuch für internationales Recht (= German Yearbook of International law – GYIL)

östr.OGH	Österreichischer Oberste Gerichtshof
östr.VfGH	Österreichischer Verfassungsgerichtshof
schweiz.BGer.	Schweizerisches Bundesgericht
SchweizJZ	Schweizerische Juristenzeitung
UN-AMR	Menschenrechtsausschuß des IPBPR
UN-Antifolterkonvention	Übereinkommen gegen Folter und andere grausame, unmenschliche oder erniedrigende Behandlung oder Strafe vom 10.12.1984, BGBl. II 1990 S. 246.
VVDStRL	Veröffentlichungen der Vereinigung deutscher Staatsrechtslehrer
WVK	Wiener Vertragsrechtskonvention vom 23.5.1969 BGBl. II 1985 S. 926
ZaöRV	Zeitschrift für ausländisches öffentliches Recht und Völkerrecht
ZP	Zusatzprotokoll auch:
ZP-MRK	Zusatzprotokoll zur Menschenrechtskonvention 1. ZP-MRK vom 20.3.1952, BGBl. II 1956 S. 1880 2. ZP-MRK vom 6.5.1963, BGBl. II 1968 S. 1112 3. ZP-MRK vom 6.5.1963, BGBl. II 1968 S. 1116 4. ZP-MRK vom 16.9.1963, BGBl. II 1968 S. 423 5. ZP-MRK vom 20.1.1966, BGBl. II 1968 S. 1120 6. ZP-MRK vom 28.4.1983, BGBl. II 1988 S. 662 7. ZP-MRK vom 22.11.1984, dreisprachig abgedruckt bei *Meyer-Ladewig* S. 361; deutsche Übersetzung auch Satorius II Nr. 135 8. ZP-MRK vom 19.3.1985, BGBl. II 1989 S. 547 9. ZP-MRK vom 6.11.1990, BGBl. II 1994 S. 491 10. ZP-MRK vom 25.3.1992 (überholt durch 11. ZP-MRK) 11. ZP-MRK vom 11.5.1994, BGBl. II S. 578 12. ZP-MRK vom 26.6.2000, deutsche Übersetzung bei Art. 14 MRK 13. ZP-MRK vom 3.5.2002, BGBl. II 2004 S. 982 14. ZP-MRK vom 13.5.2004, deutsche Übersetzung in EuGRZ (vorgesehen)

Abgekürzt zitiertes Spezialschrifttum

	zitiert
Doswald-Beck, Louise, Kolb Robert Judicial Process and Human Rights – United Nations, European, American and African Systems – Texts and summaries of international case law, 2004	*Doswald-Beck/Kolb* (Seite)
Esser, Robert Auf dem Weg zu einem europäischen Strafverfahrensrecht, 2002	*Esser* (Seite)
Frowein, Jochen/Peukert, Wolfgang EMRK Kommentar, 2. Aufl. 1996	*Frowein/Peukert* (Art. und Rdn.)
Grabenwarter, Christoph Europäische Menschenrechtskonvention, Reihe Juristische Kurzlehrbücher, 2003	*Grabenwarter* (§ und Rdn.)
Guradze, Heinz Die Europäische Menschenrechtskonvention, 1966	*Guradze* (Art. und Gliederungsnummer)
Hofmann IPBR Erläuterung in Das Deutsche Bundesrecht I A 10c (1986)	*Hofmann* (Seite)
Karl, Wolfram (Hrsg) Internationaler Kommentar zur EMRK (Loseblatt, nicht vollst.), letzte Lieferung 2002	IntKommEMRK-*Verf.* (Art. und Rdn.)
Meyer-Ladewig, Jens EMRK Handkommentar, 2003	*Meyer-Ladewig* (Art. und Rdn.)
Nowak, Manfred UNO-Pakt über bürgerliche und politische Rechte und Fakultativ-Protokoll – CCPR Kommentar, 1989	*Nowak* (Art. und Rdn.)
Partsch, Karl Josef Die Rechte und Freiheiten der Europäischen Menschenrechtskonvention, 1966 (Sonderdruck aus *Bettermann/Neumann/Nipperdey* (Hrsg.) Die Grundrechte der Welt Bd. I 1)	*Partsch* (Seite)
Peters, Anne Einführung in die Europäische Menschenrechtskonvention, 2003	*Peters* (Seite)
Schorn, Hubert Die Europäische Konention zum Schutze der Menschenrechte und Grundfreiheiten und ihr Zusatzprotokoll in Einwirkung auf das deusche Recht, 1965	*Schorn* (Art. und Gliederungsnummer)
Stuckenberg, Carl-Friedrich Untersuchungen zur Unschuldsvermutung, 1998	*Stuckenberg* (Seite)
Villiger, Marc E Handbuch der Europäischen Menschenrechtskonvention (EMRK). 2. Aufl. 1999	*Villiger* HdB (Rdn.)

Fundstellen der Erläuterungen des IPBPR

Bei den erläuterten Artikeln der MRK und des (1.) ZP-MRK wird die Reihenfolge des Vertragstextes eingehalten; da dies bei den jeweils gemeinsam damit abgehandelten Bestimmungen des IPBR nicht möglich ist, werden nachstehend die Fundstellen aufgeführt.

IPBPR	wird erläutert bei MRK	IPBPR	wird erläutert bei MRK
Präambel	Präambel	Präambel	Präambel
Art. 1	nicht erläutert	Art. 15	Art. 7
Art. 2 Abs. 1, 2	Art. 1	Art. 16	Art. 14
Abs. 3	Art. 13	Art. 17	Art. 8
Art. 3	Art. 14	Art. 18	Art. 9
Art. 4	Art. 15	Art. 19	Art. 10
Art. 5 Abs. 1	Art. 17	Art. 20	Nach Art. 10
Abs. 2	Art. 60	Art. 21	Art. 11
Art. 6	Art. 2	Art. 22	Art. 11
Art. 7	Art. 3	Art. 23	Art. 12
Art. 8	Art. 4	Art. 24	Art. 8, 14
Art. 9	Art. 5	Art. 25	Art. 3, 1. ZP MRK
Art. 10	Nach Art. 5	Art. 26	Art. 14
Art. 11	Art. 5	Art. 27	Art. 14
Art. 12	Art. 2, 3 4. ZP MRK	Art. 28 bis 52	Hinweise im Anhang
Art. 13	Art. 4 4. ZP MRK		Verfahrensrecht Rdn. 51
Art. 14	Art. 6	Art. 53	Einf. Rdn. 81–86

TEIL I

VERTRAGSTEXTE

1. Gesetz über die Konvention zum Schutze der Menschenrechte und Grundfreiheiten. Vom 7. August 1952

(BGBl. II S. 685, ber. S. 953)

Der Bundestag hat das folgende Gesetz beschlossen:

Artikel I

Der in Rom am 4. November 1950 von den Regierungen der Mitgliedstaaten des Europarates unterzeichneten Konvention zum Schutze der Menschenrechte und Grundfreiheiten wird zugestimmt.

Artikel II

(1) Die Konvention wird nachstehend mit Gesetzeskraft veröffentlicht.

(2) Die Bundesregierung wird ermächtigt, die Zuständigkeit der Kommission für Menschenrechte nach Artikel 25 der Konvention anzuerkennen.

(3) Die Bundesregierung wird ermächtigt, die Gerichtsbarkeit des Europäischen Gerichtshofes für Menschenrechte nach Artikel 46 der Konvention in allen die Auslegung und Anwendung dieser Konvention betreffenden Angelegenheiten als obligatorisch anzuerkennen.

(4) Der Tag, an dem das Abkommen gemäß seinem Artikel 66 in Kraft tritt, ist im Bundesgesetzblatt bekanntzugeben.

Artikel III

Die Konvention gilt im gesamten Geltungsbereich des Grundgesetzes.

Artikel IV

Dieses Gesetz tritt am Tage nach seiner Verkündung in Kraft.

Bekanntmachung der Neufassung der Konvention vom 4. November 1950 zum Schutze der Menschenrechte und Grundfreiheiten Vom 17. Mai 2002

(BGBl. II S. 1054)

Auf Grund des Artikels 2 des Gesetzes vom 24. Juli 1995 zu dem Protokoll Nr. 11 vom 11. Mai 1994 zur Konvention zum Schutze der Menschenrechte und Grundfreiheiten (BGBl. II 1995 S. 578) wird nachstehend der Wortlaut der Konvention vom 4. November 1950, zuletzt geändert durch die Protokolle Nr. 9 vom 6. November 1990 und Nr. 10 vom 25. März 1992 zur Änderung der Konvention zum Schutze der Menschenrechte und Grundfreiheiten vom 4. November 1950 (BGBl. 1994 II S. 490) sowie das Protokoll Nr. 11 vom 11. Mai 1994 zur Konvention zum Schutze der Menschenrechte und Grundfreiheiten über die Umgestaltung des durch die Konvention eingeführten Kontrollmechanismus (BGBl. 1995 II S. 578), mit einer sprachlich überarbeiteten deutschen Übersetzung in der ab 1. November 1998 geltenden Fassung bekannt gemacht. Die Neufassung berücksichtigt:

1. die Konvention vom 4. November 1950 zum Schutze der Menschenrechte und Grundfreiheiten (BGBl. 1952 II S. 685, 953), für die Bundesrepublik Deutschland in Kraft getreten am 3. September 1953 (BGBl. 1954 II S. 14),

2. das Zusatzprotokoll vom 20. März 1952 zur Konvention zum Schutze der Menschenrechte und Grundfreiheiten (BGBl. 1956 II S. 1879), für die Bundesrepublik Deutschland in Kraft getreten am 13. Februar 1957 (BGBl. II S. 226),

3. das Protokoll Nr. 4 vom 16. September 1963 zur Konvention zum Schutze der Menschenrechte und Grundfreiheiten, durch das gewisse Rechte und Freiheiten gewährleistet werden, die nicht bereits in der Konvention oder im ersten Zusatzprotokoll enthalten sind (BGBl. 1968 II S. 422), für die Bundesrepublik Deutschland in Kraft getreten am 1. Juni 1968 (BGBl. II S. 1109),

4. das Protokoll Nr. 6 vom 28. April 1983 zur Konvention zum Schutze der Menschenrechte und Grundfreiheiten über die Abschaffung der Todesstrafe (BGBl. 1988 II S. 662), für die Bundesrepublik Deutschland in Kraft getreten am 1. August 1989 (BGBl. II S. 814).

Convention for the Protection of Human Rights and Fundamental Freedoms

The governments signatory hereto, being members of the Council of Europe,

Considering the Universal Declaration of Human Rights proclaimed by the General Assembly of the United Nations on 10th December 1948;

Considering that this Declaration aims at securing the universal and effective recognition and observance of the rights therein declared;

Considering that the aim of the Council of Europe is the achievement of greater unity between its members and that one of the methods by which that aim is to be pursued is the maintenance and further realisation of human rights and fundamental freedoms;

Reaffirming their profound belief in those fundamental freedoms which are the foundation of justice and peace in the world and are best maintained on the one hand by an effective political democracy and on the other by a common understanding and observance of the human rights upon which they depend;

Being resolved, as the governments of European countries which are like-minded and have a common heritage of political traditions, ideals, freedom and the rule of law, to take the first steps for the collective enforcement of certain of the rights stated in the Universal Declaration,

Have agreed as follows:

Article 1

Obligation to respect human rights

The High Contracting Parties shall secure to everyone within their jurisdiction the rights and freedoms defined in Section I of this Convention.

Convention de sauvegarde des Droits de l'Homme et des libertés Fondamentales

Les gouvernements signataires, membres du Conseil de l'Europe,

Considérant la Déclaration universelle des Droits de l'Homme, proclamée par l'Assemblée générale des Nations Unies le 10 décembre 1948;

Considérant que cette déclaration tend à assurer la reconnaissance et l'application universelles et effectives des droits qui y sont énoncés;

Considérant que le but du Conseil de l'Europe est de réaliser une union plus étroite entre ses membres, et que l'un des moyens d'atteindre ce but est la sauvegarde et le développement des droits de l'homme et des libertés fondamentales;

Réaffirmant leur profond attachement à ces libertés fondamentales qui constituent les assises mêmes de la justice et de la paix dans le monde et dont le maintien repose essentiellement sur un régime politique véritablement démocratique, d'une part, et, d'autre part, sur une conception commune et un commun respect des droits de l'homme dont ils se réclament;

Résolus, en tant que gouvernements d'Etats européens animés d'un même esprit et possédant un patrimoine commun d'idéal et de traditions politiques, de respect de la liberté et de prééminence du droit, à prendre les premières mesures propres à assurer la garantie collective de certains des droits énoncés dans la Déclaration universelle,

Sont convenus de ce qui suit:

Article 1

Obligation de respecter les droits de l'homme

Les Hautes Parties contractantes reconnaissent à toute personne relevant de leur juridiction les droits et libertés définis au titre I de la présente Convention:

Konvention zum Schutze der Menschenrechte und Grundfreiheiten

(Übersetzung)

Die Unterzeichnerregierungen, Mitglieder des Europarats –

in Anbetracht der Allgemeinen Erklärung der Menschenrechte, die am 10. Dezember 1948 von der Generalversammlung der Vereinten Nationen verkündet worden ist;

in der Erwägung, dass diese Erklärung bezweckt, die universelle und wirksame Anerkennung und Einhaltung der in ihr aufgeführten Rechte zu gewährleisten;

in der Erwägung, dass es das Ziel des Europarats ist, eine engere Verbindung zwischen seinen Mitgliedern herzustellen, und dass eines der Mittel zur Erreichung dieses Zieles die Wahrung und Fortentwicklung der Menschenrechte und Grundfreiheiten ist;

in Bekräftigung ihres tiefen Glaubens an diese Grundfreiheiten, welche die Grundlage von Gerechtigkeit und Frieden in der Welt bilden und die am besten durch eine wahrhaft demokratische politische Ordnung sowie durch ein gemeinsames Verständnis und eine gemeinsame Achtung der diesen Grundfreiheiten zugrunde liegenden Menschenrechte gesichert werden;

entschlossen, als Regierungen europäischer Staaten, die vom gleichen Geist beseelt sind und ein gemeinsames Erbe an politischen Überlieferungen, Idealen, Achtung der Freiheit und Rechtsstaatlichkeit besitzen, die ersten Schritte auf dem Weg zu einer kollektiven Garantie bestimmter in der Allgemeinen Erklärung aufgeführter Rechte zu unternehmen –

haben Folgendes vereinbart:

Artikel 1

Verpflichtung zur Achtung der Menschenrechte

Die Hohen Vertragsparteien sichern allen ihrer Hoheitsgewalt unterstehenden Personen die in Abschnitt I bestimmten Rechte und Freiheiten zu.

Section I

Rights and freedoms

Article 2

Right to life

1 Everyone's right to life shall be protected by law. No one shall be deprived of his life intentionally save in the execution of a sentence of a court following his conviction of a crime for which this penalty is provided by law.

2 Deprivation of life shall not be regarded as inflicted in contravention of this article when it results from the use of force which is no more than absolutely necessary:

a in defence of any person from unlawful violence;

b in order to effect a lawful arrest or to prevent the escape of a person lawfully detained;

c in action lawfully taken for the purpose of quelling a riot or insurrection.

Article 3

Prohibition of torture

No one shall be subjected to torture or to inhuman or degrading treatment or punishment.

Article 4

Prohibition of slavery and forced labour

1 No one shall be held in slavery or servitude.

2 No one shall be required to perform forced or compulsory labour.

3 For the purpose of this article the term "forced or compulsory labour" shall not include:

a any work required to be done in the ordinary course of detention imposed according to the provisions of Article 5 of this Convention or during conditional release from such detention;

b any service of a military character or, in case of conscientious objectors in countries where they are recognised, service exacted instead of compulsory military service;

Titre I

Droits et libertés

Article 2

Droit à la vie

1 Le droit de toute personne à la vie est protégé par la loi. La mort ne peut être infligée à quiconque intentionnellement, sauf en exécution d'une sentence capitale prononcée par un tribunal au cas où le délit est puni de cette peine par la loi.

2 La mort n'est pas considérée comme infligée en violation de cet article dans les cas où elle résulterait d'un recours à la force rendu absolument nécessaire:

a pour assurer la défense de toute personne contre la violence illégale;

b pour effectuer une arrestation régulière ou pour empêcher l'évasion d'une personne régulièrement détenue;

c pour réprimer, conformément à la loi, une émeute ou une insurrection.

Article 3

Interdiction de la torture

Nul ne peut être soumis à la torture ni à des peines ou traitements inhumains ou dégradants.

Article 4

Interdiction de l'esclavage et du travail forcé

1 Nul ne peut être tenu en esclavage ni en servitude.

2 Nul ne peut être astreint à accomplir un travail forcé ou obligatoire.

3 N'est pas considéré comme «travail forcé ou obligatoire» au sens du présent article:

a tout travail requis normalement d'une personne soumise à la détention dans les conditions prévues par l'article 5 de la présente Convention, ou durant sa mise en liberté conditionnelle;

b tout service de caractère militaire ou, dans le cas d'objecteurs de conscience dans les pays où l'objection de conscience est reconnue comme légitime, à un autre service à la place du service militaire obligatoire;

Abschnitt I

Rechte und Freiheiten

Artikel 2

Recht auf Leben

(1) Das Recht jedes Menschen auf Leben wird gesetzlich geschützt. Niemand darf absichtlich getötet werden, außer durch Vollstreckung eines Todesurteils, das ein Gericht wegen eines Verbrechens verhängt hat, für das die Todesstrafe gesetzlich vorgesehen ist.

(2) Eine Tötung wird nicht als Verletzung dieses Artikels betrachtet, wenn sie durch eine Gewaltanwendung verursacht wird, die unbedingt erforderlich ist, um

a) jemanden gegen rechtswidrige Gewalt zu verteidigen;

b) jemanden rechtmäßig festzunehmen oder jemanden, dem die Freiheit rechtmäßig entzogen ist, an der Flucht zu hindern;

c) einen Aufruhr oder Aufstand rechtmäßig niederzuschlagen.

Artikel 3

Verbot der Folter

Niemand darf der Folter oder unmenschlicher oder erniedrigender Strafe oder Behandlung unterworfen werden.

Artikel 4

Verbot der Sklaverei und der Zwangsarbeit

(1) Niemand darf in Sklaverei oder Leibeigenschaft gehalten werden.

(2) Niemand darf gezwungen werden, Zwangs- oder Pflichtarbeit zu verrichten.

(3) Nicht als Zwangs- oder Pflichtarbeit im Sinne dieses Artikels gilt

a) eine Arbeit, die üblicherweise von einer Person verlangt wird, der unter den Voraussetzungen des Artikels 5 die Freiheit entzogen oder die bedingt entlassen worden ist;

b) eine Dienstleistung militärischer Art oder eine Dienstleistung, die an die Stelle des im Rahmen der Wehrpflicht zu leistenden Dienstes tritt, in Ländern, wo die Dienstverweigerung aus Gewissensgründen anerkannt ist;

c any service exacted in case of an emergency or calamity threatening the life or well-being of the community;

d any work or service which forms part of normal civic obligations.

c tout service requis dans le cas de crises ou de calamités qui menacent la vie ou le bien-être de la communauté;

d tout travail ou service formant partie des obligations civiques normales.

c) eine Dienstleistung, die verlangt wird, wenn Notstände oder Katastrophen das Leben oder das Wohl der Gemeinschaft bedrohen;

d) eine Arbeit oder Dienstleistung, die zu den üblichen Bürgerpflichten gehört.

Article 5

Right to liberty and security

1 Everyone has the right to liberty and security of person. No one shall be deprived of his liberty save in the following cases and in accordance with a procedure prescribed by law:

a the lawful detention of a person after conviction by a competent court;

b the lawful arrest or detention of a person for non-compliance with the lawful order of a court or in order to secure the fulfilment of any obligation prescribed by law;

c the lawful arrest or detention of a person effected for the purpose of bringing him before the competent legal authority on reasonable suspicion of having committed an offence or when it is reasonably considered necessary to prevent his committing an offence or fleeing after having done so;

d the detention of a minor by lawful order for the purpose of educational supervision or his lawful detention for the purpose of bringing him before the competent legal authority;

e the lawful detention of persons for the prevention of the spreading of infectious diseases, of persons of unsound mind, alcoholics or drug addicts or vagrants;

f the lawful arrest or detention of a person to prevent his effecting an unauthorised entry into the country or of a person against whom action is being taken with a view to deportation or extradition.

2 Everyone who is arrested shall be informed promptly, in a language which he understands, of the reasons for his arrest and of any charge against him.

3 Everyone arrested or detained in accordance with the provisions of paragraph 1.c of this article shall be brought promptly before a judge or other officer

Article 5

Droit à la liberté et à la sûreté

1 Toute personne a droit à la liberté et à la sûreté. Nul ne peut être privé de sa liberté, sauf dans les cas suivants et selon les voies légales:

a s'il est détenu régulièrement après condamnation par un tribunal compétent;

b s'il a fait l'objet d'une arrestation ou d'une détention régulières pour insoumission à une ordonnance rendue, conformément à la loi, par un tribunal ou en vue de garantir l'exécution d'une obligation prescrite par la loi;

c s'il a été arrêté et détenu en vue d'être conduit devant l'autorité judiciaire compétente, lorsqu'il y a des raisons plausibles de soupçonner qu'il a commis une infraction ou qu'il y a des motifs raisonnables de croire à la nécessité de l'empêcher de commettre une infraction ou de s'enfuir après l'accomplissement de celle-ci;

d s'il s'agit de la détention régulière d'un mineur, décidée pour son éducation surveillée ou de sa détention régulière, afin de le traduire devant l'autorité compétente;

e s'il s'agit de la détention régulière d'une personne susceptible de propager une maladie contagieuse, d'un aliéné, d'un alcoolique, d'un toxicomane ou d'un vagabond;

f s'il s'agit de l'arrestation ou de la détention régulières d'une personne pour l'empêcher de pénétrer irrégulièrement dans le territoire, ou contre laquelle une procédure d'expulsion ou d'extradition est en cours.

2 Toute personne arrêtée doit être informée, dans le plus court délai et dans une langue qu'elle comprend, des raisons de son arrestation et de toute accusation portée contre elle.

3 Toute personne arrêtée ou détenue, dans les conditions prévues au paragraphe 1.c du présent article, doit être aussitôt traduite devant un juge ou un autre

Artikel 5

Recht auf Freiheit und Sicherheit

(1) Jede Person hat das Recht auf Freiheit und Sicherheit. Die Freiheit darf nur in den folgenden Fällen und nur auf die gesetzlich vorgeschriebene Weise entzogen werden:

a) rechtmäßige Freiheitsentziehung nach Verurteilung durch ein zuständiges Gericht;

b) rechtmäßige Festnahme oder Freiheitsentziehung wegen Nichtbefolgung einer rechtmäßigen gerichtlichen Anordnung oder zur Erzwingung der Erfüllung einer gesetzlichen Verpflichtung;

c) rechtmäßige Festnahme oder Freiheitsentziehung zur Vorführung vor die zuständige Gerichtsbehörde, wenn hinreichender Verdacht besteht, dass die betreffende Person eine Straftat begangen hat, oder wenn begründeter Anlass zu der Annahme besteht, dass es notwendig ist, sie an der Begehung einer Straftat oder an der Flucht nach Begehung einer solchen zu hindern;

d) rechtmäßige Freiheitsentziehung bei Minderjährigen zum Zweck überwachter Erziehung oder zur Vorführung vor die zuständige Behörde;

e) rechtmäßige Freiheitsentziehung mit dem Ziel, eine Verbreitung ansteckender Krankheiten zu verhindern, sowie bei psychisch Kranken, Alkohol- oder Rauschgiftsüchtigen und Landstreichern;

f) rechtmäßige Festnahme oder Freiheitsentziehung zur Verhinderung der unerlaubten Einreise sowie bei Personen, gegen die ein Ausweisungs- oder Auslieferungsverfahren im Gange ist.

(2) Jeder festgenommenen Person muss innerhalb möglichst kurzer Frist in einer ihr verständlichen Sprache mitgeteilt werden, welches die Gründe für ihre Festnahme sind und welche Beschuldigungen gegen sie erhoben werden.

(3) Jede Person, die nach Absatz 1 Buchstabe c von Festnahme oder Freiheitsentziehung betroffen ist, muss unverzüglich einem Richter oder einer anderen gesetzlich

authorised by law to exercise judicial power and shall be entitled to trial within a reasonable time or to release pending trial. Release may be conditioned by guarantees to appear for trial.

magistrat habilité par la loi à exercer des fonctions judiciaires et a le droit d'être jugée dans un délai raisonnable, ou libérée pendant la procédure. La mise en liberté peut être subordonnée à une garantie assurant la comparution de l'intéressé à l'audience.

zur Wahrnehmung richterlicher Aufgaben ermächtigten Person vorgeführt werden; sie hat Anspruch auf ein Urteil innerhalb angemessener Frist oder auf Entlassung während des Verfahrens. Die Entlassung kann von der Leistung einer Sicherheit für das Erscheinen vor Gericht abhängig gemacht werden.

4 Everyone who is deprived of his liberty by arrest or detention shall be entitled to take proceedings by which the lawfulness of his detention shall be decided speedily by a court and his release ordered if the detention is not lawful.

4 Toute personne privée de sa liberté par arrestation ou détention a le droit d'introduire un recours devant un tribunal, afin qu'il statue à bref délai sur la légalité de sa détention et ordonne sa libération si la détention est illégale.

(4) Jede Person, die festgenommen oder der die Freiheit entzogen ist, hat das Recht zu beantragen, dass ein Gericht innerhalb kurzer Frist über die Rechtmäßigkeit der Freiheitsentziehung entscheidet und ihre Entlassung anordnet, wenn die Freiheitsentziehung nicht rechtmäßig ist.

5 Everyone who has been the victim of arrest or detention in contravention of the provisions of this article shall have an enforceable right to compensation.

5 Tout personne victime d'une arrestation ou d'une détention dans des conditions contraires aux dispositions de cet article a droit à réparation.

(5) Jede Person, die unter Verletzung dieses Artikels von Festnahme oder Freiheitsentziehung betroffen ist, hat Anspruch auf Schadensersatz.

Article 6

Right to a fair trial

1 In the determination of his civil rights and obligations or of any criminal charge against him, everyone is entitled to a fair and public hearing within a reasonable time by an independent and impartial tribunal established by law. Judgment shall be pronounced publicly but the press and public may be excluded from all or part of the trial in the interests of morals, public order or national security in a democratic society, where the interests of juveniles or the protection of the private life of the parties so require, or to the extent strictly necessary in the opinion of the court in special circumstances where publicity would prejudice the interests of justice.

2 Everyone charged with a criminal offence shall be presumed innocent until proved guilty according to law.

3 Everyone charged with a criminal offence has the following minimum rights:

a to be informed promptly, in a language which he understands and in detail, of the nature and cause of the accusation against him;

b to have adequate time and facilities for the preparation of his defence;

c to defend himself in person or through legal assistance of his own choosing or,

Article 6

Droit à un procès équitable

1 Toute personne a droit à ce que sa cause soit entendue équitablement, publiquement et dans un délai raisonnable, par un tribunal indépendant et impartial, établi par la loi, qui décidera, soit des contestations sur ses droits et obligations de caractère civil, soit du bien-fondé de toute accusation en matière pénale dirigée contre elle. Le jugement doit être rendu publiquement, mais l'accès de la salle d'audience peut être interdit à la presse et au public pendant la totalité ou une partie du procès dans l'intérêt de la moralité, de l'ordre public ou de la sécurité nationale dans une société démocratique, lorsque les intérêts des mineurs ou la protection de la vie privée des parties au procès l'exigent, ou dans la mesure jugée strictement nécessaire par le tribunal, lorsque dans des circonstances spéciales la publicité serait de nature à porter atteinte aux intérêts de la justice.

2 Toute personne accusée d'une infraction est présumée innocente jusqu'à ce que sa culpabilité ait été légalement établie.

3 Tout accusé a droit notamment à:

a être informé, dans le plus court délai, dans une langue qu'il comprend et d'une manière détaillée, de la nature et de la cause de l'accusation portée contre lui;

b disposer du temps et des facilités nécessaires à la préparation de sa défense;

c se défendre lui-même ou avoir l'assistance d'un défenseur de son choix et,

Artikel 6

Recht auf ein faires Verfahren

(1) Jede Person hat ein Recht darauf, dass über Streitigkeiten in Bezug auf ihre zivilrechtlichen Ansprüche und Verpflichtungen oder über eine gegen sie erhobene strafrechtliche Anklage von einem unabhängigen und unparteiischen, auf Gesetz beruhenden Gericht in einem fairen Verfahren, öffentlich und innerhalb angemessener Frist verhandelt wird. Das Urteil muss öffentlich verkündet werden; Presse und Öffentlichkeit können jedoch während des ganzen oder eines Teiles des Verfahrens ausgeschlossen werden, wenn dies im Interesse der Moral, der öffentlichen Ordnung oder der nationalen Sicherheit in einer demokratischen Gesellschaft liegt, wenn die Interessen von Jugendlichen oder der Schutz des Privatlebens der Prozessparteien es verlangen oder – soweit das Gericht es für unbedingt erforderlich hält – wenn unter besonderen Umständen eine öffentliche Verhandlung die Interessen der Rechtspflege beeinträchtigen würde.

(2) Jede Person, die einer Straftat angeklagt ist, gilt bis zum gesetzlichen Beweis ihrer Schuld als unschuldig.

(3) Jede angeklagte Person hat mindestens folgende Rechte:

a) innerhalb möglichst kurzer Frist in einer ihr verständlichen Sprache in allen Einzelheiten über Art und Grund der gegen sie erhobenen Beschuldigung unterrichtet zu werden;

b) ausreichende Zeit und Gelegenheit zur Vorbereitung ihrer Verteidigung zu haben;

c) sich selbst zu verteidigen, sich durch einen Verteidiger ihrer Wahl verteidigen

if he has not sufficient means to pay for legal assistance, to be given it free when the interests of justice so require;

d to examine or have examined witnesses against him and to obtain the attendance and examination of witnesses on his behalf under the same conditions as witnesses against him;

e to have the free assistance of an interpreter if he cannot understand or speak the language used in court.

s'il n'a pas les moyens de rémunérer un défenseur, pouvoir être assisté gratuitement par un avocat d'office, lorsque les intérêts de la justice l'exigent;

d interroger ou faire interroger les témoins à charge et obtenir la convocation et l'interrogation des témoins à décharge dans les mêmes conditions que les témoins à charge;

e se faire assister gratuitement d'un interprète, s'il ne comprend pas ou ne parle pas la langue employée à l'audience.

zu lassen oder, falls ihr die Mittel zur Bezahlung fehlen, unentgeltlich den Beistand eines Verteidigers zu erhalten, wenn dies im Interesse der Rechtspflege erforderlich ist;

d) Fragen an Belastungszeugen zu stellen oder stellen zu lassen und die Ladung und Vernehmung von Entlastungszeugen unter denselben Bedingungen zu erwirken, wie sie für Belastungszeugen gelten;

e) unentgeltliche Unterstützung durch einen Dolmetscher zu erhalten, wenn sie die Verhandlungssprache des Gerichts nicht versteht oder spricht.

Article 7

No punishment without law

1 No one shall be held guilty of any criminal offence on account of any act or omission which did not constitute a criminal offence under national or international law at the time when it was committed. Nor shall a heavier penalty be imposed than the one that was applicable at the time the criminal offence was committed.

2 This article shall not prejudice the trial and punishment of any person for any act or omission which, at the time when it was committed, was criminal according to the general principles of law recognised by civilised nations.

Article 7

Pas de peine sans loi

1 Nul ne peut être condamné pour une action ou une omission qui, au moment où elle a été commise, ne constituait pas une infraction d'après le droit national ou international. De même il n'est infligé aucune peine plus forte que celle qui était applicable au moment où l'infraction a été commise.

2 Le présent article ne portera pas atteinte au jugement et à la punition d'une personne coupable d'une action ou d'une omission qui, au moment où elle a été commise, était criminelle d'après les principes généraux de droit reconnus par les nations civilisées.

Artikel 7

Keine Strafe ohne Gesetz

(1) Niemand darf wegen einer Handlung oder Unterlassung verurteilt werden, die zur Zeit ihrer Begehung nach innerstaatlichem oder internationalem Recht nicht strafbar war. Es darf auch keine schwerere als die zur Zeit der Begehung angedrohte Strafe verhängt werden.

(2) Dieser Artikel schließt nicht aus, dass jemand wegen einer Handlung oder Unterlassung verurteilt oder bestraft wird, die zur Zeit ihrer Begehung nach den von den zivilisierten Völkern anerkannten allgemeinen Rechtsgrundsätzen strafbar war.

Article 8

Right to respect for private and family life

1 Everyone has the right to respect for his private and family life, his home and his correspondence.

2 There shall be no interference by a public authority with the exercise of this right except such as is in accordance with the law and is necessary in a democratic society in the interests of national security, public safety or the economic well-being of the country, for the prevention of disorder or crime, for the protection of health or morals, or for the protection of the rights and freedoms of others.

Article 8

Droit au respect de la vie privée et familiale

1 Toute personne a droit au respect de sa vie privée et familiale, de son domicile et de sa correspondance.

2 Il ne peut y avoir ingérence d'une autorité publique dans l'exercice de ce droit que pour autant que cette ingérence est prévue par la loi et qu'elle constitue une mesure qui, dans une société démocratique, est nécessaire à la sécurité nationale, à la sûreté publique, au bien-être économique du pays, à la défense de l'ordre et à la prévention des infractions pénales, à la protection de la santé ou de la morale, ou à la protection des droits et libertés d'autrui.

Artikel 8

Recht auf Achtung des Privat- und Familienlebens

(1) Jede Person hat das Recht auf Achtung ihres Privat- und Familienlebens, ihrer Wohnung und ihrer Korrespondenz.

(2) Eine Behörde darf in die Ausübung dieses Rechts nur eingreifen, soweit der Eingriff gesetzlich vorgesehen und in einer demokratischen Gesellschaft notwendig ist für die nationale oder öffentliche Sicherheit, für das wirtschaftliche Wohl des Landes, zur Aufrechterhaltung der Ordnung, zur Verhütung von Straftaten, zum Schutz der Gesundheit oder der Moral oder zum Schutz der Rechte und Freiheiten anderer.

Article 9

Freedom of thought, conscience and religion

1 Everyone has the right to freedom of thought, conscience and religion; this right includes freedom to change his religion or belief and freedom, either alone or in com-

Article 9

Liberté de pensée, de conscience et de religion

1 Toute personne a droit à la liberté de pensée, de conscience et de religion; ce droit implique la liberté de changer de religion ou de conviction, ainsi que la

Artikel 9

Gedanken-, Gewissens- und Religionsfreiheit

(1) Jede Person hat das Recht auf Gedanken-, Gewissens- und Religionsfreiheit; dieses Recht umfasst die Freiheit, seine Religion oder Weltanschauung zu wech-

munity with others and in public or private, to manifest his religion or belief, in worship, teaching, practice and observance.

2 Freedom to manifest one's religion or beliefs shall be subject only to such limitations as are prescribed by law and are necessary in a democratic society in the interests of public safety, for the protection of public order, health or morals, or for the protection of the rights and freedoms of others.

Article 10

Freedom of expression

1 Everyone has the right to freedom of expression. This right shall include freedom to hold opinions and to receive and impart information and ideas without interference by public authority and regardless of frontiers. This article shall not prevent States from requiring the licensing of broadcasting, television or cinema enterprises.

2 The exercise of these freedoms, since it carries with it duties and responsibilities, may be subject to such formalities, conditions, restrictions or penalties as are prescribed by law and are necessary in a democratic society, in the interests of national security, territorial integrity or public safety, for the prevention of disorder or crime, for the protection of health or morals, for the protection of the reputation or rights of others, for preventing the disclosure of information received in confidence, or for maintaining the authority and impartiality of the judiciary.

Article 11

Freedom of assembly and association

1 Everyone has the right to freedom of peaceful assembly and to freedom of association with others, including the right to form and to join trade unions for the protection of his interests.

2 No restrictions shall be placed on the exercise of these rights other than such as are prescribed by law and are necessary in a democratic society in the interests of national security or public safety, for the prevention of disorder or crime, for the

liberté de manifester sa religion ou sa conviction individuellement ou collectivement, en public ou en privé, par le culte, l'enseignement, les pratiques et l'accomplissement des rites.

2 La liberté de manifester sa religion ou ses convictions ne peut faire l'objet d'autres restrictions que celles qui, prévues par la loi, constituent des mesures nécessaires, dans une société démocratique, à la sécurité publique, à la protection de l'ordre, de la santé ou de la morale publiques, ou à la protection des droits et libertés d'autrui.

Article 10

Liberté d'expression

1 Toute personne a droit à la liberté d'expression. Ce droit comprend la liberté d'opinion et la liberté de recevoir ou de communiquer des informations ou des idées sans qu'il puisse y avoir ingérence d'autorités publiques et sans considération de frontière. Le présent article n'empêche pas les Etats de soumettre les entreprises de radiodiffusion, de cinéma ou de télévision à un régime d'autorisations.

2 L'exercice de ces libertés comportant des devoirs et des responsabilités peut être soumis à certaines formalités, conditions, restrictions ou sanctions prévues par la loi, qui constituent des mesures nécessaires, dans une société démocratique, à la sécurité nationale, à l'intégrité territoriale ou à la sûreté publique, à la défense de l'ordre et à la prévention du crime, à la protection de la santé ou de la morale, à la protection de la réputation ou des droits d'autrui, pour empêcher la divulgation d'informations confidentielles ou pour garantir l'autorité et l'impartialité du pouvoir judiciaire.

Article 11

Liberté de réunion et d'association

1 Toute personne a droit à la liberté de réunion pacifique et à la liberté d'association, y compris le droit de fonder avec d'autres des syndicats et de s'affilier à des syndicats pour la défense de ses intérêts.

2 L'exercice de ces droits ne peut faire l'objet d'autres restrictions que celles qui, prévues par la loi, constituent des mesures nécessaires, dans une société démocratique, à la sécurité nationale, à la sûreté publique, à la défense de l'ordre et à la pré-

sein, und die Freiheit, seine Religion oder Weltanschauung einzeln oder gemeinsam mit anderen öffentlich oder privat durch Gottesdienst, Unterricht oder Praktizieren von Bräuchen und Riten zu bekennen.

(2) Die Freiheit, seine Religion oder Weltanschauung zu bekennen, darf nur Einschränkungen unterworfen werden, die gesetzlich vorgesehen und in einer demokratischen Gesellschaft notwendig sind für die öffentliche Sicherheit, zum Schutz der öffentlichen Ordnung, Gesundheit oder Moral oder zum Schutz der Rechte und Freiheiten anderer.

Artikel 10

Freiheit der Meinungsäußerung

(1) Jede Person hat das Recht auf freie Meinungsäußerung. Dieses Recht schließt die Meinungsfreiheit und die Freiheit ein, Informationen und Ideen ohne behördliche Eingriffe und ohne Rücksicht auf Staatsgrenzen zu empfangen und weiterzugeben. Dieser Artikel hindert die Staaten nicht, für Hörfunk-, Fernseh- oder Kinounternehmen eine Genehmigung vorzuschreiben.

(2) Die Ausübung dieser Freiheiten ist mit Pflichten und Verantwortung verbunden; sie kann daher Formvorschriften, Bedingungen, Einschränkungen oder Strafdrohungen unterworfen werden, die gesetzlich vorgesehen und in einer demokratischen Gesellschaft notwendig sind für die nationale Sicherheit, die territoriale Unversehrtheit oder die öffentliche Sicherheit, zur Aufrechterhaltung der Ordnung oder zur Verhütung von Straftaten, zum Schutz der Gesundheit oder der Moral, zum Schutz des guten Rufes oder der Rechte anderer, zur Verhinderung der Verbreitung vertraulicher Informationen oder zur Wahrung der Autorität und der Unparteilichkeit der Rechtsprechung.

Artikel 11

Versammlungs- und Vereinigungsfreiheit

(1) Jede Person hat das Recht, sich frei und friedlich mit anderen zu versammeln und sich frei mit anderen zusammenzuschließen; dazu gehört auch das Recht, zum Schutz seiner Interessen Gewerkschaften zu gründen und Gewerkschaften beizutreten.

(2) Die Ausübung dieser Rechte darf nur Einschränkungen unterworfen werden, die gesetzlich vorgesehen und in einer demokratischen Gesellschaft notwendig sind für die nationale oder öffentliche Sicherheit, zur Aufrechterhaltung der Ordnung oder

protection of health or morals or for the protection of the rights and freedoms of others. This article shall not prevent the imposition of lawful restrictions on the exercise of these rights by members of the armed forces, of the police or of the administration of the State.

vention du crime, à la protection de la santé ou de la morale, ou à la protection des droits et libertés d'autrui. Le présent article n'interdit pas que des restrictions légitimes soient imposées à l'exercice de ces droits par les membres des forces armées, de la police ou de l'administration de l'Etat.

zur Verhütung von Straftaten, zum Schutz der Gesundheit oder der Moral oder zum Schutz der Rechte und Freiheiten anderer. Dieser Artikel steht rechtmäßigen Einschränkungen der Ausübung dieser Rechte für Angehörige der Streitkräfte, der Polizei oder der Staatsverwaltung nicht entgegen.

Article 12

Right to marry

Men and women of marriageable age have the right to marry and to found a family, according to the national laws governing the exercise of this right.

Article 12

Droit au mariage

A partir de l'âge nubile, l'homme et la femme ont le droit de se marier et de fonder une famille selon les lois nationales régissant l'exercice de ce droit.

Artikel 12

Recht auf Eheschließung

Männer und Frauen im heiratsfähigen Alter haben das Recht, nach den innerstaatlichen Gesetzen, welche die Ausübung dieses Rechts regeln, eine Ehe einzugehen und eine Familie zu gründen.

Article 13

Right to an effective remedy

Everyone whose rights and freedoms as set forth in this Convention are violated shall have an effective remedy before a national authority notwithstanding that the violation has been committed by persons acting in an official capacity.

Article 13

Droit à un recours effectif

Toute personne dont les droits et libertés reconnus dans la présente Convention ont été violés, a droit à l'octroi d'un recours effectif devant une instance nationale, alors même que la violation aurait été commise par des personnes agissant dans l'exercice de leurs fonctions officielles.

Artikel 13

Recht auf wirksame Beschwerde

Jede Person, die in ihren in dieser Konvention anerkannten Rechten oder Freiheiten verletzt worden ist, hat das Recht, bei einer innerstaatlichen Instanz eine wirksame Beschwerde zu erheben, auch wenn die Verletzung von Personen begangen worden ist, die in amtlicher Eigenschaft gehandelt haben.

Article 14

Prohibition of discrimination

The enjoyment of the rights and freedoms set forth in this Convention shall be secured without discrimination on any ground such as sex, race, colour, language, religion, political or other opinion, national or social origin, association with a national minority, property, birth or other status.

Article 14

Interdiction de discrimination

La jouissance des droits et libertés reconnus dans la présente Convention doit être assurée, sans distinction aucune, fondée notamment sur le sexe, la race, la couleur, la langue, la religion, les opinions politiques ou toutes autres opinions, l'origine nationale ou sociale, l'appartenance à une minorité nationale, la fortune, la naissance ou toute autre situation.

Artikel 14

Diskriminierungsverbot

Der Genuss der in dieser Konvention anerkannten Rechte und Freiheiten ist ohne Diskriminierung insbesondere wegen des Geschlechts, der Rasse, der Hautfarbe, der Sprache, der Religion, der politischen oder sonstigen Anschauung, der nationalen oder sozialen Herkunft, der Zugehörigkeit zu einer nationalen Minderheit, des Vermögens, der Geburt oder eines sonstigen Status zu gewährleisten.

Article 15

Derogation in time of emergency

1 In time of war or other public emergency threatening the life of the nation any High Contracting Party may take measures derogating from its obligations under this Convention to the extent strictly required by the exigencies of the situation, provided that such measures are not inconsistent with its other obligations under international law.

2 No derogation from Article 2, except in respect of deaths resulting from lawful acts of war, or from Articles 3, 4 (paragraph 1) and 7 shall be made under this provision.

3 Any High Contracting Party availing itself of this right of derogation shall keep the Secretary General of the Council of

Article 15

Dérogation en cas d'état d'urgence

1 En cas de guerre ou en cas d'autre danger public menaçant la vie de la nation, toute Haute Partie contractante peut prendre des mesures dérogeant aux obligations prévues par la présente Convention, dans la stricte mesure où la situation l'exige et à la condition que ces mesures ne soient pas en contradiction avec les autres obligations découlant du droit international.

2 La disposition précédente n'autorise aucune dérogation à l'article 2, sauf pour le cas de décès résultant d'actes licites de guerre, et aux articles 3, 4 (paragraphe 1) et 7.

3 Toute Haute Partie contractante qui exerce ce droit de dérogation tient le Secrétaire Général du Conseil de l'Europe

Artikel 15

Abweichen im Notstandsfall

(1) Wird das Leben der Nation durch Krieg oder einen anderen öffentlichen Notstand bedroht, so kann jede Hohe Vertragspartei Maßnahmen treffen, die von den in dieser Konvention vorgesehenen Verpflichtungen abweichen, jedoch nur, soweit es die Lage unbedingt erfordert und wenn die Maßnahmen nicht im Widerspruch zu den sonstigen völkerrechtlichen Verpflichtungen der Vertragspartei stehen.

(2) Aufgrund des Absatzes 1 darf von Artikel 2 nur bei Todesfällen infolge rechtmäßiger Kriegshandlungen und von Artikel 3, Artikel 4 Absatz 1 und Artikel 7 in keinem Fall abgewichen werden.

(3) Jede Hohe Vertragspartei, die dieses Recht auf Abweichung ausübt, unterrichtet den Generalsekretär des Europarats um-

Europe fully informed of the measures which it has taken and the reasons therefor. It shall also inform the Secretary General of the Council of Europe when such measures have ceased to operate and the provisions of the Convention are again being fully executed.

pleinement informé des mesures prises et des motifs qui les ont inspirées. Elle doit également informer le Secrétaire Général du Conseil de l'Europe de la date à laquelle ces mesures ont cessé d'être en vigueur et les dispositions de la Convention reçoivent de nouveau pleine application.

fassend über die getroffenen Maßnahmen und deren Gründe. Sie unterrichtet den Generalsekretär des Europarats auch über den Zeitpunkt, zu dem diese Maßnahmen außer Kraft getreten sind und die Konvention wieder volle Anwendung findet.

Article 16

Restrictions on political activity of aliens

Nothing in Articles 10, 11 and 14 shall be regarded as preventing the High Contracting Parties from imposing restrictions on the political activity of aliens.

Article 16

Restrictions à l'activité politique des étrangers

Aucune des dispositions des articles 10, 11 et 14 ne peut être considérée comme interdisant aux Hautes Parties contractantes d'imposer des restrictions à l'activité politique des étrangers.

Artikel 16

Beschränkungen der politischen Tätigkeit ausländischer Personen

Die Artikel 10, 11 und 14 sind nicht so auszulegen, als untersagten sie den Hohen Vertragsparteien, die politische Tätigkeit ausländischer Personen zu beschränken.

Article 17

Prohibition of abuse of rights

Nothing in this Convention may be interpreted as implying for any State, group or person any right to engage in any activity or perform any act aimed at the destruction of any of the rights and freedoms set forth herein or at their limitation to a greater extent than is provided for in the Convention.

Article 17

Interdiction de l'abus de droit

Aucune des dispositions de la présente Convention ne peut être interprétée comme impliquant pour un Etat, un groupement ou un individu, un droit quelconque de se livrer à une activité ou d'accomplir un acte visant à la destruction des droits ou libertés reconnus dans la présente Convention ou à des limitations plus amples de ces droits et libertés que celles prévues à ladite Convention.

Artikel 17

Verbot des Missbrauchs der Rechte

Diese Konvention ist nicht so auszulegen, als begründe sie für einen Staat, eine Gruppe oder eine Person das Recht, eine Tätigkeit auszuüben oder eine Handlung vorzunehmen, die darauf abzielt, die in der Konvention festgelegten Rechte und Freiheiten abzuschaffen oder sie stärker einzuschränken, als es in der Konvention vorgesehen ist.

Article 18

Limitation on use of restrictions on rights

The restrictions permitted under this Convention to the said rights and freedoms shall not be applied for any purpose other than those for which they have been prescribed.

Article 18

Limitation de l'usage des restrictions aux droits

Les restrictions qui, aux termes de la présente Convention, sont apportées auxdits droits et libertés ne peuvent être appliquées que dans le but pour lequel elles ont été prévues.

Artikel 18

Begrenzung der Rechtseinschränkungen

Die nach dieser Konvention zulässigen Einschränkungen der genannten Rechte und Freiheiten dürfen nur zu den vorgesehenen Zwecken erfolgen.

Section II

European Court of Human Rights

Article 19

Establishment of the Court

To ensure the observance of the engagements undertaken by the High Contracting Parties in the Convention and the Protocols thereto, there shall be set up a European Court of Human Rights, hereinafter referred to as "the Court". It shall function on a permanent basis.

Titre II

Cour européenne des Droits de l'Homme

Article 19

Institution de la Cour

Afin d'assurer le respect des engagements résultant pour les Hautes Parties contractantes de la présente Convention et de ses protocoles, il est institué une Cour européenne des Droits de l'Homme, ci-dessous nommée «la Cour». Elle fonctionne de façon permanente.

Abschnitt II

Europäischer Gerichtshof für Menschenrechte

Artikel 19

Errichtung des Gerichtshofs

Um die Einhaltung der Verpflichtungen sicherzustellen, welche die Hohen Vertragsparteien in dieser Konvention und den Protokollen dazu übernommen haben, wird ein Europäischer Gerichtshof für Menschenrechte, im Folgenden als „Gerichtshof" bezeichnet, errichtet. Er nimmt seine Aufgaben als ständiger Gerichtshof wahr.

Article 20

Number of judges

The Court shall consist of a number of judges equal to that of the High Contracting Parties.

Article 21

Criteria for office

1 The judges shall be of high moral character and must either possess the qualifications required for appointment to high judicial office or be jurisconsults of recognised competence.

2 The judges shall sit on the Court in their individual capacity.

3 During their term of office the judges shall not engage in any activity which is incompatible with their independence, impartiality or with the demands of a full-time office; all questions arising from the application of this paragraph shall be decided by the Court.

Article 22

Election of judges

1 The judges shall be elected by the Parliamentary Assembly with respect to each High Contracting Party by a majority of votes cast from a list of three candidates nominated by the High Contracting Party.

2 The same procedure shall be followed to complete the Court in the event of the accession of new High Contracting Parties and in filling casual vacancies.

Article 23

Terms of office

1 The judges shall be elected for a period of six years. They may be re-elected. However, the terms of office of one-half of the judges elected at the first election shall expire at the end of three years.

2 The judges whose terms of office are to expire at the end of the initial period of three years shall be chosen by lot by the Secretary General of the Council of Europe immediately after their election.

3 In order to ensure that, as far as possible, the terms of office of one-half of the judges are renewed every three years, the Parliamentary Assembly may decide, before proceeding to any subsequent election, that the term or terms of office of one or more judges to be elected shall be for a period other than six years but not more than nine and not less than three years.

Article 20

Nombre de juges

La Cour se compose d'un nombre de juges égal à celui des Hautes Parties contractantes.

Article 21

Conditions d'exercice des fonctions

1 Les juges doivent jouir de la plus haute considération morale et réunir les conditions requises pour l'exercice de hautes fonctions judiciaires ou être des jurisconsultes possédant une compétence notoire.

2 Les juges siègent à la Cour à titre individuel.

3 Pendant la durée de leur mandat, les juges ne peuvent exercer aucune activité incompatible avec les exigences d'indépendance, d'impartialité ou de disponibilité requise par une activité exercée à plein temps; toute question soulevée en application de ce paragraphe est tranchée par la Cour.

Article 22

Election des juges

1 Les juges sont élus par l'Assemblée parlementaire au titre de chaque Haute Partie contractante, à la majorité des voix exprimées, sur une liste de trois candidats présentés par la Haute Partie contractante.

2 La même procédure est suivie pour compléter la Cour en cas d'adhésion de nouvelles Hautes Parties contractantes et pourvoir les sièges devenus vacants.

Article 23

Durée du mandat

1 Les juges sont élus pour une durée de six ans. Ils sont rééligibles. Toutefois, les mandats d'une moitié des juges désignés lors de la première élection prendront fin au bout de trois ans.

2 Les juges dont le mandat prendra fin au terme de la période initiale de trois ans sont désignés par tirage au sort effectué par le Secrétaire Général du Conseil de l'Europe, immédiatement après leur élection.

3 Afin d'assurer, dans la mesure du possible, le renouvellement des mandats d'une moitié des juges tous les trois ans, l'Assemblée parlementaire peut, avant de procéder à toute élection ultérieure, décider qu'un ou plusieurs mandats des juges à élire auront une durée autre que celle de six ans, sans qu'elle puisse toutefois excéder neuf ans ou être inférieure à trois ans.

Artikel 20

Zahl der Richter

Die Zahl der Richter des Gerichtshofs entspricht derjenigen der Hohen Vertragsparteien.

Artikel 21

Voraussetzungen für das Amt

(1) Die Richter müssen hohes sittliches Ansehen genießen und entweder die für die Ausübung hoher richterlicher Ämter erforderlichen Voraussetzungen erfüllen oder Rechtsgelehrte von anerkanntem Ruf sein.

(2) Die Richter gehören dem Gerichtshof in ihrer persönlichen Eigenschaft an.

(3) Während ihrer Amtszeit dürfen die Richter keine Tätigkeit ausüben, die mit ihrer Unabhängigkeit, ihrer Unparteilichkeit oder mit den Erfordernissen der Vollzeitbeschäftigung in diesem Amt unvereinbar ist; alle Fragen, die sich aus der Anwendung dieses Absatzes ergeben, werden vom Gerichtshof entschieden.

Artikel 22

Wahl der Richter

(1) Die Richter werden von der Parlamentarischen Versammlung für jede Hohe Vertragspartei mit der Mehrheit der abgegebenen Stimmen aus einer Liste von drei Kandidaten gewählt, die von der Hohen Vertragspartei vorgeschlagen werden.

(2) Dasselbe Verfahren wird angewendet, um den Gerichtshof im Fall des Beitritts neuer Hoher Vertragsparteien zu ergänzen und um frei gewordene Sitze zu besetzen.

Artikel 23

Amtszeit

(1) Die Richter werden für sechs Jahre gewählt. Ihre Wiederwahl ist zulässig. Jedoch endet die Amtszeit der Hälfte der bei der ersten Wahl gewählten Richter nach drei Jahren.

(2) Die Richter, deren Amtszeit nach drei Jahren endet, werden unmittelbar nach ihrer Wahl vom Generalsekretär des Europarats durch das Los bestimmt.

(3) Um so weit wie möglich sicherzustellen, dass die Hälfte der Richter alle drei Jahre neu gewählt wird, kann die Parlamentarische Versammlung vor jeder späteren Wahl beschließen, dass die Amtszeit eines oder mehrerer der zu wählenden Richter nicht sechs Jahre betragen soll, wobei diese Amtszeit weder länger als neun noch kürzer als drei Jahre sein darf.

4 In cases where more than one term of office is involved and where the Parliamentary Assembly applies the preceding paragraph, the allocation of the terms of office shall be effected by a drawing of lots by the Secretary General of the Council of Europe immediately after the election.

5 A judge elected to replace a judge whose term of office has not expired shall hold office for the remainder of his predecessor's term.

6 The terms of office of judges shall expire when they reach the age of 70.

7 The judges shall hold office until replaced. They shall, however, continue to deal with such cases as they already have under consideration.

4 Dans le cas où il y a lieu de conférer plusieurs mandats et où l'Assemblée parlementaire fait application du paragraphe précédent, la répartition des mandats s'opère suivant un tirage au sort effectué par le Secrétaire Général du Conseil de l'Europe immédiatement après l'élection.

5 Le juge élu en remplacement d'un juge dont le mandat n'est pas expiré achève le mandat de son prédécesseur.

6 Le mandat des juges s'achève dès qu'ils atteignent l'âge de 70 ans.

7 Les juges restent en fonctions jusqu'à leur remplacement. Ils continuent toutefois de connaître des affaires dont ils sont déjà saisis.

(4) Sind mehrere Ämter zu besetzen und wendet die Parlamentarische Versammlung Absatz 3 an, so wird die Zuteilung der Amtszeiten vom Generalsekretär des Europarats unmittelbar nach der Wahl durch das Los bestimmt.

(5) Ein Richter, der anstelle eines Richters gewählt wird, dessen Amtszeit noch nicht abgelaufen ist, übt sein Amt für die restliche Amtszeit seines Vorgängers aus.

(6) Die Amtszeit der Richter endet mit Vollendung des 70. Lebensjahrs.

(7) Die Richter bleiben bis zum Amtsantritt ihrer Nachfolger im Amt. Sie bleiben jedoch in den Rechtssachen tätig, mit denen sie bereits befasst sind.

Article 24

Dismissal

No judge may be dismissed from his office unless the other judges decide by a majority of two-thirds that he has ceased to fulfil the required conditions.

Article 24

Révocation

Un juge ne peut être relevé de ses fonctions que si les autres juges décident, à la majorité des deux tiers, qu'il a cessé de répondre aux conditions requises.

Artikel 24

Entlassung

Ein Richter kann nur entlassen werden, wenn die anderen Richter mit Zweidrittelmehrheit entscheiden, dass er die erforderlichen Voraussetzungen nicht mehr erfüllt.

Article 25

Registry and legal secretaries

The Court shall have a registry, the functions and organisation of which shall be laid down in the rules of the Court. The Court shall be assisted by legal secretaries.

Article 25

Greffe et référendaires

La Cour dispose d'un greffe dont les tâches et l'organisation sont fixées par le règlement de la Cour. Elle est assistée de référendaires.

Artikel 25

Kanzlei und wissenschaftliche Mitarbeiter

Der Gerichtshof hat eine Kanzlei, deren Aufgaben und Organisation in der Verfahrensordnung des Gerichtshofs festgelegt werden. Der Gerichtshof wird durch wissenschaftliche Mitarbeiter unterstützt.

Article 26

Plenary Court

The plenary Court shall

a elect its President and one or two Vice-Presidents for a period of three years; they may be re-elected;

b set up Chambers, constituted for a fixed period of time;

c elect the Presidents of the Chambers of the Court; they may be re-elected;

d adopt the rules of the Court, and

e elect the Registrar and one or more Deputy Registrars.

Article 26

Assemblée plénière de la Cour

La Cour réunie en Assemblée plénière

a élit, pour une durée de trois ans, son président et un ou deux vice-présidents; ils sont rééligibles;

b constitue des Chambres pour une période déterminée;

c élit les presidents des Chambres de la Cour, qui sont rééligibles;

d adopte le règlement de la Cour, et

e élit le greffier et un ou plusieurs greffiers adjoints.

Artikel 26

Plenum des Gerichtshofs

Das Plenum des Gerichtshofs

a) wählt seinen Präsidenten und einen oder zwei Vizepräsidenten für drei Jahre; ihre Wiederwahl ist zulässig,

b) bildet Kammern für einen bestimmten Zeitraum,

c) wählt die Präsidenten der Kammern des Gerichtshofs; ihre Wiederwahl ist zulässig,

d) beschließt die Verfahrensordnung des Gerichtshofs und

e) wählt den Kanzler und einen oder mehrere stellvertretende Kanzler.

Article 27

Committees, Chambers and Grand Chamber

1 To consider cases brought before it, the Court shall sit in committees of three judges, in Chambers of seven judges and in a Grand Chamber of seventeen judges.

Article 27

Comités, Chambres et Grande chambre

1 Pour l'examen des affaires portées devant elle, la Cour siège en comités de trois juges, en Chambres de sept juges et en une Grande Chambre de dix-sept juges.

Artikel 27

Ausschüsse, Kammern und Große Kammer

(1) Zur Prüfung der Rechtssachen, die bei ihm anhängig gemacht werden, tagt der Gerichtshof in Ausschüssen mit drei Richtern, in Kammern mit sieben Richtern und

The Court's Chambers shall set up committees for a fixed period of time.

Les Chambres de la Cour constituent les comités pour une période déterminée.

in einer Großen Kammer mit 17 Richtern. Die Kammern des Gerichtshofs bilden die Ausschüsse für einen bestimmten Zeitraum.

2 There shall sit as an *ex officio* member of the Chamber and the Grand Chamber the judge elected in respect of the State Party concerned or, if there is none or if he is unable to sit, a person of its choice who shall sit in the capacity of judge.

2 Le juge élu au titre d'un Etat Partie au litige est membre de droit de la Chambre et de la Grande Chambre; en cas d'absence de ce juge, ou lorsqu'il n'est pas en mesure de siéger, cet Etat partie désigne une personne qui siège en qualité de juge.

(2) Der Kammer und der Großen Kammer gehört von Amts wegen der für den als Partei beteiligten Staat gewählte Richter oder, wenn ein solcher nicht vorhanden ist oder er an den Sitzungen nicht teilnehmen kann, eine von diesem Staat benannte Person an, die in der Eigenschaft eines Richters an den Sitzungen teilnimmt.

3 The Grand Chamber shall also include the President of the Court, the Vice-Presidents, the Presidents of the Chambers and other judges chosen in accordance with the rules of the Court. When a case is referred to the Grand Chamber under Article 43, no judge from the Chamber which rendered the judgment shall sit in the Grand Chamber, with the exception of the President of the Chamber and the judge who sat in respect of the State Party concerned.

3 Font aussi partie de la Grande Chambre le président de la Cour, les vice-présidents, les présidents des Chambres et d'autres juges désignés conformément au règlement de la Cour. Quand l'affaire est déférée à la Grande Chambre en vertu de l'article 43, aucun juge de la Chambre qui a rendu l'arrêt ne peut y siéger, à l'exception du président de la Chambre et du juge ayant siégé au titre de l'Etat partie intéressé.

(3) Der Großen Kammer gehören ferner der Präsident des Gerichtshofs, die Vizepräsidenten, die Präsidenten der Kammern und andere nach der Verfahrensordnung des Gerichtshofs ausgewählte Richter an. Wird eine Rechtssache nach Artikel 43 an die Große Kammer verwiesen, so dürfen Richter der Kammer, die das Urteil gefällt hat, der Großen Kammer nicht angehören; das gilt nicht für den Präsidenten der Kammer und den Richter, welcher in der Kammer für den als Partei beteiligten Staat mitgewirkt hat.

Article 28

Declarations of inadmissibility by committees

A committee may, by a unanimous vote, declare inadmissible or strike out of its list of cases an individual application submitted under Article 34 where such a decision can be taken without further examination. The decision shall be final.

Article 28

Déclarations d'irrecevabilité par les comités

Un comité peut, par vote unanime, déclarer irrecevable ou rayer du rôle une requête individuelle introduite en vertu de l'article 34 lorsqu'une telle décision peut être prise sans examen complémentaire. La décision est définitive.

Artikel 28

Unzulässigkeitserklärungen der Ausschüsse

Ein Ausschuss kann durch einstimmigen Beschluss eine nach Artikel 34 erhobene Individualbeschwerde für unzulässig erklären oder im Register streichen, wenn eine solche Entscheidung ohne weitere Prüfung getroffen werden kann. Die Entscheidung ist endgültig.

Article 29

Decisions by Chambers on admissibility and merits

1 If no decision is taken under Article 28, a Chamber shall decide on the admissibility and merits of individual applications submitted under Article 34.

2 A Chamber shall decide on the admissibility and merits of inter-State applications submitted under Article 33.

3 The decision on admissibility shall be taken separately unless the Court, in exceptional cases, decides otherwise.

Article 29

Décisions des Chambres sur la recevabilité et le fond

1 Si aucune décision n'a été prise en vertu de l'article 28, une Chambre se prononce sur la recevabilité et le fond des requêtes individuelles introduites en vertu de l'article 34.

2 Une Chambre se prononce sur la recevabilité et le fond des requêtes étatiques introduites en vertu de l'article 33.

3 Sauf décision contraire de la Cour dans des cas exceptionnels, la décision sur la recevabilité est prise séparément.

Artikel 29

Entscheidungen der Kammern über die Zulässigkeit und Begründetheit

(1) Ergeht keine Entscheidung nach Artikel 28, so entscheidet eine Kammer über die Zulässigkeit und Begründetheit der nach Artikel 34 erhobenen Individualbeschwerden.

(2) Eine Kammer entscheidet über die Zulässigkeit und Begründetheit der nach Artikel 33 erhobenen Staatenbeschwerden.

(3) Die Entscheidung über die Zulässigkeit ergeht gesondert, sofern nicht der Gerichtshof in Ausnahmefällen anders entscheidet.

Article 30

Relinquishment of jurisdiction to the Grand Chamber

Where a case pending before a Chamber raises a serious question affecting the interpretation of the Convention or the protocols thereto, or where the resolution of a question before the Chamber might have a result inconsistent with a judgment previ-

Article 30

Dessaisissement en faveur de la Grande Chambre

Si l'affaire pendante devant une Chambre soulève une question grave relative à l'interprétation de la Convention ou de ses protocoles, ou si la solution d'une question peut conduire à une contradiction avec un arrêt rendu antérieurement par la

Artikel 30

Abgabe der Rechtssache an die Große Kammer

Wirft eine bei einer Kammer anhängige Rechtssache eine schwerwiegende Frage der Auslegung dieser Konvention oder der Protokolle dazu auf oder kann die Entscheidung einer ihr vorliegenden Frage zu einer Abweichung von einem früheren

ously delivered by the Court, the Chamber may, at any time before it has rendered its judgment, relinquish jurisdiction in favour of the Grand Chamber, unless one of the parties to the case objects.

Cour, la Chambre peut, tant qu'elle n'a pas rendu son arrêt, se dessaisir au profit de la Grande Chambre, à moins que l'une des parties ne s'y oppose.

Urteil des Gerichtshofs führen, so kann die Kammer diese Sache jederzeit, bevor sie ihr Urteil gefällt hat, an die Große Kammer abgeben, sofern nicht eine Partei widerspricht.

Article 31

Powers of the Grand Chamber

The Grand Chamber shall

a determine applications submitted either under Article 33 or Article 34 when a Chamber has relinquished jurisdiction under Article 30 or when the case has been referred to it under Article 43; and

b consider requests for advisory opinions submitted under Article 47.

Article 31

Attributions de la Grande Chambre

La Grande Chambre

a se prononce sur les requêtes introduites en vertu de l'article 33 ou de l'article 34 lorsque l'affaire lui a été déférée par la Chambre en vertu de l'article 30 ou lorsque l'affaire lui a été déférée en vertu de l'article 43; et

b examine les demandes d'avis consultatifs introduites en vertu de l'article 47.

Artikel 31

Befugnisse der Großen Kammer

Die Große Kammer

a) entscheidet über nach Artikel 33 oder Artikel 34 erhobene Beschwerden, wenn eine Kammer die Rechtssache nach Artikel 30 an sie abgegeben hat oder wenn die Sache nach Artikel 43 an sie verwiesen worden ist, und

b) behandelt Anträge nach Artikel 47 auf Erstattung von Gutachten.

Article 32

Jurisdiction of the Court

1 The jurisdiction of the Court shall extend to all matters concerning the interpretation and application of the Convention and the protocols thereto which are referred to it as provided in Articles 33, 34 and 47.

2 In the event of dispute as to whether the Court has jurisdiction, the Court shall decide.

Article 32

Compétence de la Cour

1 La compétence de la Cour s'étend à toutes les questions concernant l'interprétation et l'application de la Convention et de ses protocoles qui lui seront soumises dans les conditions prévues par les articles 33, 34 et 47.

2 En cas de contestation sur le point de savoir si la Cour est compétente, la Cour décide.

Artikel 32

Zuständigkeit des Gerichtshofs

(1) Die Zuständigkeit des Gerichtshofs umfasst alle die Auslegung und Anwendung dieser Konvention und der Protokolle dazu betreffenden Angelegenheiten, mit denen er nach den Artikeln 33, 34 und 47 befasst wird.

(2) Besteht Streit über die Zuständigkeit des Gerichtshofs, so entscheidet der Gerichtshof.

Article 33

Inter-State cases

Any High Contracting Party may refer to the Court any alleged breach of the provisions of the Convention and the protocols thereto by another High Contracting Party.

Article 33

Affaires interétatiques

Toute Haute Partie contractante peut saisir la Cour de tout manquement aux dispositions de la Convention et de ses protocoles qu'elle croira pouvoir être imputé à une autre Haute Partie contractante.

Artikel 33

Staatenbeschwerden

Jede Hohe Vertragspartei kann den Gerichtshof wegen jeder behaupteten Verletzung dieser Konvention und der Protokolle dazu durch eine andere Hohe Vertragspartei anrufen.

Article 34

Individual applications

The Court may receive applications from any person, non-governmental organisation or group of individuals claiming to be the victim of a violation by one of the High Contracting Parties of the rights set forth in the Convention or the protocols thereto. The High Contracting Parties undertake not to hinder in any way the effective exercise of this right.

Article 34

Requêtes individuelles

La Cour peut être saisie d'une requête par toute personne physique, toute organisation non gouvernementale ou tout groupe de particuliers qui se prétend victime d'une violation par l'une des Hautes Parties contractantes des droits reconnus dans la Convention ou ses protocoles. Les Hautes Parties contractantes s'engagent à n'entraver par aucune mesure l'exercice efficace de ce droit.

Artikel 34

Individualbeschwerden

Der Gerichtshof kann von jeder natürlichen Person, nichtstaatlichen Organisation oder Personengruppe, die behauptet, durch eine der Hohen Vertragsparteien in einem der in dieser Konvention oder den Protokollen dazu anerkannten Rechte verletzt zu sein, mit einer Beschwerde befasst werden. Die Hohen Vertragsparteien verpflichten sich, die wirksame Ausübung dieses Rechts nicht zu behindern.

Article 35

Admissibility criteria

1 The Court may only deal with the matter after all domestic remedies have been exhausted, according to the generally recognised rules of international law, and within a period of six months from the date on which the final decision was taken.

Article 35

Conditions de recevabilité

1 La Cour ne peut être saisie qu'après l'épuisement des voies de recours internes, tel qu'il est entendu selon les principes de droit international généralement reconnus, et dans un délai de six mois à partir de la date de la décision interne définitive.

Artikel 35

Zulässigkeitsvoraussetzungen

(1) Der Gerichtshof kann sich mit einer Angelegenheit erst nach Erschöpfung aller innerstaatlichen Rechtsbehelfe in Übereinstimmung mit den allgemein anerkannten Grundsätzen des Völkerrechts und nur innerhalb einer Frist von sechs Monaten

2 The Court shall not deal with any application submitted under Article 34 that

a is anonymous; or

b is substantially the same as a matter that has already been examined by the Court or has already been submitted to another procedure of international investigation or settlement and contains no relevant new information.

3 The Court shall declare inadmissible any individual application submitted under Article 34 which it considers incompatible with the provisions of the Convention or the protocols thereto, manifestly ill-founded, or an abuse of the right of application.

4 The Court shall reject any application which it considers inadmissible under this Article. It may do so at any stage of the proceedings.

Article 36

Third party intervention

1 In all cases before a Chamber of the Grand Chamber, a High Contracting Party one of whose nationals is an applicant shall have the right to submit written comments and to take part in hearings.

2 The President of the Court may, in the interest of the proper administration of justice, invite any High Contracting Party which is not a party to the proceedings or any person concerned who is not the applicant to submit written comments or take part in hearings.

Article 37

Striking out applications

1 The Court may at any stage of the proceedings decide to strike an application out of its list of cases where the circumstances lead to the conclusion that

a the applicant does not intend to pursue his application; or

b the matter has been resolved; or

c for any other reason established by the Court, it is no longer justified to continue the examination of the application.

However, the Court shall continue the examination of the application if respect for

2 La Cour ne retient aucune requête individuelle introduite en application de l'article 34, lorsque

a elle est anonyme; ou

b elle est essentiellement la même qu'une requête précédemment examinée par la Cour ou déjà soumise à une autre instance internationale d'enquête ou de règlement, et si elle ne contient pas de faits nouveaux.

3 La Cour déclare irrecevable toute requête individuelle introduite en application de l'article 34, lors qu'elle estime la requête incompatible avec les dispositions de la Convention ou de ses protocoles, manifestement mal fondée ou abusive.

4 La Cour rejette toute requête qu'elle considère comme irrecevable en application du présent article. Elle peut procéder ainsi à tout stade de la procédure.

Article 36

Tierce intervention

1 Dans toute affaire devant une Chambre ou la Grande Chambre, une Haute Partie contractante dont un ressortissant est requérant a le droit de présenter des observations écrites et de prendre part aux audiences.

2 Dans l'intérêt d'une bonne administration de la justice, le président de la Cour peut inviter toute Haute Partie contractante qui n'est pas partie à l'instance ou toute personne intéressée autre que le requérant à présenter des observations écrites ou à prendre part aux audiences.

Article 37

Radiation

1 A tout moment de la procédure, la Cour peut décider de rayer une requête du rôle lorsque les circonstances permettent de conclure

a que le requérant n'entend plus la maintenir; ou

b que le litige a été résolu; ou

c que, pour tout autre motif dont la Cour constate l'existence, il ne se justifie plus de poursuivre l'examen de la requête.

Toutefois, la Cour poursuit l'examen de la requête si le respect des droits de l'homme

nach der endgültigen innerstaatlichen Entscheidung befassen.

(2) Der Gerichtshof befasst sich nicht mit einer nach Artikel 34 erhobenen Individualbeschwerde, die

a) anonym ist oder

b) im Wesentlichen mit einer schon vorher vom Gerichtshof geprüften Beschwerde übereinstimmt oder schon einer anderen internationalen Untersuchungs- oder Vergleichsinstanz unterbreitet worden ist und keine neuen Tatsachen enthält.

(3) Der Gerichtshof erklärt eine nach Artikel 34 erhobene Individualbeschwerde für unzulässig, wenn er sie für unvereinbar mit dieser Konvention oder den Protokollen dazu, für offensichtlich unbegründet oder für einen Missbrauch des Beschwerderechts hält.

(4) Der Gerichtshof weist eine Beschwerde zurück, die er nach diesem Artikel für unzulässig hält. Er kann dies in jedem Stadium des Verfahrens tun.

Artikel 36

Beteiligung Dritter

(1) In allen bei einer Kammer oder der Großen Kammer anhängigen Rechtssachen ist die Hohe Vertragspartei, deren Staatsangehörigkeit der Beschwerdeführer besitzt, berechtigt, schriftliche Stellungnahmen abzugeben und an den mündlichen Verhandlungen teilzunehmen.

(2) Im Interesse der Rechtspflege kann der Präsident des Gerichtshofs jeder Hohen Vertragspartei, die in dem Verfahren nicht Partei ist, oder jeder betroffenen Person, die nicht Beschwerdeführer ist, Gelegenheit geben, schriftlich Stellung zu nehmen oder an den mündlichen Verhandlungen teilzunehmen.

Artikel 37

Streichung von Beschwerden

(1) Der Gerichtshof kann jederzeit während des Verfahrens entscheiden, eine Beschwerde in seinem Register zu streichen, wenn die Umstände Grund zur Annahme geben, dass

a) der Beschwerdeführer seine Beschwerde nicht weiterzuverfolgen beabsichtigt,

b) die Streitigkeit einer Lösung zugeführt worden ist oder

c) eine weitere Prüfung der Beschwerde aus anderen vom Gerichtshof festgestellten Gründen nicht gerechtfertigt ist.

Der Gerichtshof setzt jedoch die Prüfung der Beschwerde fort, wenn die Achtung der

human rights as defined in the Convention and the protocols thereto so requires.

2 The Court may decide to restore an application to its list of cases if it considers that the circumstances justify such a course.

Article 38

Examination of the case and friendly settlement proceedings

1 If the Court declares the application admissible, it shall

a pursue the examination of the case, together with the representatives of the parties, and if need be, undertake an investigation, for the effective conduct of which the States concerned shall furnish all necessary facilities;

b place itself at the disposal of the parties concerned with a view to securing a friendly settlement of the matter on the basis of respect for human rights as defined in the Convention and the protocols thereto.

2 Proceedings conducted under paragraph 1.b shall be confidential.

Article 39

Finding of a friendly settlement

If a friendly settlement is effected, the Court shall strike the case out of its list by means of a decision which shall be confined to a brief statement of the facts and of the solution reached.

Article 40

Public hearings and access to documents

1 Hearings shall be public unless the Court in exceptional circumstances decides otherwise.

2 Documents deposited with the Registrar shall be accessible to the public unless the President of the Court decides otherwise.

Article 41

Just satisfaction

If the Court finds that there has been a violation of the Convention or the protocols thereto, and if the internal law of the High Contracting Party concerned allows only partial reparation to be made, the Court shall, if necessary, afford just satisfaction to the injured party.

garantis par la Convention et ses protocoles l'exige.

2 La Cour peut décider la réinscription au rôle d'une requête lorsqu'elle estime que les circonstances le justifient.

Article 38

Examen contradictoire de l'affaire et procédure de règlement amiable

1 Si la cour déclare une requête recevable, elle

a poursuit l'examen contradictoire de l'affaire avec les représentants des parties et, s'il y a lieu, procède à une enquête pour la conduite efficace de laquelle les Etats intéressés fourniront toutes facilités nécessaires;

b se met à la disposition des intéressés en vue de parvenir à un règlement amiable de l'affaire s'inspirant du respect des droits de l'homme tels que les reconnaissent la Convention et ses protocoles.

2 La procédure décrite au paragraphe 1.b est confidentielle.

Article 39

Conclusion d'un règlement amiable

En cas de règlement amiable, la Cour raye l'affaire du rôle par une décision qui se limite à un bref exposé des faits et de la solution adoptée.

Article 40

Audience publique et accès aux documents

1 L'audience est publique à moins que la Cour n'en décide autrement en raison de circonstances exceptionnelles.

2 Les documents déposés au greffe sont accessibles au public à moins que le président de la Cour n'en décide autrement.

Article 41

Satisfaction équitable

Si la Cour déclare qu'il y a eu violation de la Convention ou de ses protocoles, et si le droit interne de la Haute Partie contractante ne permet d'effacer qu'imparfaitement les conséquences de cette violation, la Cour accorde à la partie lésée, s'il y a lieu, une satisfaction équitable.

Menschenrechte, wie sie in dieser Konvention und den Protokollen dazu anerkannt sind, dies erfordert.

(2) Der Gerichtshof kann die Wiedereintragung einer Beschwerde in sein Register anordnen, wenn er dies den Umständen nach für gerechtfertigt hält.

Artikel 38

Prüfung der Rechtssache und gütliche Einigung

(1) Erklärt der Gerichtshof die Beschwerde für zulässig, so

a) setzt er mit den Vertretern der Parteien die Prüfung der Rechtssache fort und nimmt, falls erforderlich, Ermittlungen vor; die betreffenden Staaten haben alle zur wirksamen Durchführung der Ermittlungen erforderlichen Erleichterungen zu gewähren;

b) hält er sich zur Verfügung der Parteien mit dem Ziel, eine gütliche Einigung auf der Grundlage der Achtung der Menschenrechte, wie sie in dieser Konvention und den Protokollen dazu anerkannt sind, zu erreichen.

(2) Das Verfahren nach Absatz 1 Buchstabe b ist vertraulich.

Artikel 39

Gütliche Einigung

Im Fall einer gütlichen Einigung streicht der Gerichtshof durch eine Entscheidung, die sich auf eine kurze Angabe des Sachverhalts und der erzielten Lösung beschränkt, die Rechtssache in seinem Register.

Artikel 40

Öffentliche Verhandlung und Akteneinsicht

(1) Die Verhandlung ist öffentlich, soweit nicht der Gerichtshof aufgrund besonderer Umstände anders entscheidet.

(2) Die beim Kanzler verwahrten Schriftstücke sind der Öffentlichkeit zugänglich, soweit nicht der Präsident des Gerichtshofs anders entscheidet.

Artikel 41

Gerechte Entschädigung

Stellt der Gerichtshof fest, dass diese Konvention oder die Protokolle dazu verletzt worden sind, und gestattet das innerstaatliche Recht der Hohen Vertragspartei nur eine unvollkommene Wiedergutmachung für die Folgen dieser Verletzung, so spricht der Gerichtshof der verletzten Partei eine gerechte Entschädigung zu, wenn dies notwendig ist.

Article 42

Judgments of Chambers

Judgments of Chambers shall become final in accordance with the provisions of Article 44, paragraph 2.

Article 42

Arrêts des Chambres

Les arrêts des Chambres deviennent définitifs conformément aux dispositions de l'article 44, paragraphe 2.

Artikel 42

Urteile der Kammern

Urteile der Kammern werden nach Maßgabe des Artikels 44 Absatz 2 endgültig.

Article 43

Referral to the Grand Chamber

1 Within a period of three months from the date of the judgment of the Chamber, any party to the case may, in exceptional cases, request that the case be referred to the Grand Chamber.

2 A panel of five judges of the Grand Chamber shall accept the request if the case raises a serious question affecting the interpretation or application of the Convention or the protocols thereto, or a serious issue of general importance.

3 If the panel accepts the request, the Grand Chamber shall decide the case by means of a judgment.

Article 43

Renvoi devant la Grande Chambre

1 Dans un délai de trois mois à compter de la date de l'arrêt d'une Chambre, toute partie à l'affaire peut, dans des cas exceptionnels, demander le renvoi de l'affaire devant la Grande Chambre.

2 Un collège de cinq juges de la Grande Chambre accepte la demande si l'affaire soulève une question grave relative à l'interprétation ou à l'application de la Convention ou de ses protocoles, ou encore une question grave de caractère général.

3 Si le collège accepte la demande, la Grande Chambre se prononce sur l'affaire par un arrêt.

Artikel 43

Verweisung an die Große Kammer

(1) Innerhalb von drei Monaten nach dem Datum des Urteils der Kammer kann jede Partei in Ausnahmefällen die Verweisung der Rechtssache an die Große Kammer beantragen.

(2) Ein Ausschuss von fünf Richtern der Großen Kammer nimmt den Antrag an, wenn die Rechtssache eine schwerwiegende Frage der Auslegung oder Anwendung dieser Konvention oder der Protokolle dazu oder eine schwerwiegende Frage von allgemeiner Bedeutung aufwirft.

(3) Nimmt der Ausschuss den Antrag an, so entscheidet die Große Kammer die Sache durch Urteil.

Article 44

Final judgments

1 The judgment of the Grand Chamber shall be final.

2 The judgment of a Chamber shall become final

a when the parties declare that they will not request that the case be referred to the Grand Chamber; or

b three months after the date of the judgment, if reference of the case to the Grand Chamber has not been requested; or

c when the panel of the Grand Chamber rejects the request to refer under Article 43.

3 The final judgment shall be published.

Article 44

Arrêts définitifs

1 L'arrêt de la Grande Chambre est définitif.

2 L'arrêt d'une Chambre devient définitif

a lorsque les parties déclarent qu'elles ne demanderont pas le renvoi de l'affaire devant la Grande Chambre; ou

b trois mois après la date de l'arrêt, si le renvoi de l'affaire devant la Grande Chambre n'a pas été demandé; ou

c lorsque le collège de la Grande Chambre rejette la demande de renvoi formulée en application de l'article 43.

3 L'arrêt définitif est publié.

Artikel 44

Endgültige Urteile

(1) Das Urteil der Großen Kammer ist endgültig.

(2) Das Urteil einer Kammer wird endgültig,

a) wenn die Parteien erklären, dass sie die Verweisung der Rechtssache an die Große Kammer nicht beantragen werden,

b) drei Monate nach dem Datum des Urteils, wenn nicht die Verweisung der Rechtssache an die Große Kammer beantragt worden ist, oder

c) wenn der Ausschuss der Großen Kammer den Antrag auf Verweisung nach Artikel 43 abgelehnt hat.

(3) Das endgültige Urteil wird veröffentlicht.

Article 45

Reasons for judgments and decisions

1 Reasons shall be given for judgments as well as for decisions declaring applications admissible or inadmissible.

2 If a judgment does not represent, in whole or in part, the unanimous opinion of the judges, any judge shall be entitled to deliver a separate opinion.

Article 45

Motivation des arrêts et décisions

1 Les arrêts, ainsi que les décisions déclarant des requêtes recevables ou irrecevables, sont motivés.

2 Si l'arrêt n'exprime pas en tout ou en partie l'opinion unanime des juges, tout juge a le droit d'y joindre l'exposé de son opinion séparée.

Artikel 45

Begründung der Urteile und Entscheidungen

(1) Urteile sowie Entscheidungen, mit denen Beschwerden für zulässig oder für unzulässig erklärt werden, werden begründet.

(2) Bringt ein Urteil ganz oder teilweise nicht die übereinstimmende Meinung der Richter zum Ausdruck, so ist jeder Richter berechtigt, seine abweichende Meinung darzulegen.

Article 46

Binding force and execution of judgments

1 The High Contracting Parties undertake to abide by the final judgment of the Court in any case to which they are parties.

2 The final judgment of the Court shall be transmitted to the Committee of Ministers, which shall supervise its execution.

Article 46

Force obligatoire et exécution des arrêts

1 Les Hautes Parties contractantes s'engagent à se conformer aux arrêts définitifs de la Cour dans les litiges auxquels elles sont parties.

2 L'arrêt définitif de la Cour est transmis au Comité des Ministres qui en surveille l'exécution.

Artikel 46

Verbindlichkeit und Durchführung der Urteile

(1) Die Hohen Vertragsparteien verpflichten sich, in allen Rechtssachen, in denen sie Partei sind, das endgültige Urteil des Gerichtshofs zu befolgen.

(2) Das endgültige Urteil des Gerichtshofs ist dem Ministerkomitee zuzuleiten; dieses überwacht seine Durchführung.

Article 47

Advisory opinions

1 The Court may, at the request of the Committee of Ministers, give advisory opinions on legal questions concerning the interpretation of the Convention and the protocols thereto.

2 Such opinions shall not deal with any question relating to the content or scope of the rights or freedoms defined in Section I of the Convention and the protocols thereto, or with any other question which the Court or the Committee of Ministers might have to consider in consequence of any such proceedings as could be instituted in accordance with the Convention.

3 Decisions of the Committee of Ministers to request an advisory opinion of the Court shall require a majority vote of the representatives entitled to sit on the Committee.

Article 47

Avis consultatifs

1 La Cour peut, à la demande du Comité des Ministres, donner des avis consultatifs sur des questions juridiques concernant l'interprétation de la Convention et de ses protocoles.

2 Ces avis ne peuvent porter ni sur les questions ayant trait au contenu ou à l'étendue des droits et libertés définis au titre I de la Convention et dans les protocoles ni sur les autres questions dont la Cour ou le Comité des Ministres pourraient avoir à connaître par suite de l'introduction d'un recours prévu par la Convention.

3 La décision du Comité des Ministres de demander un avis à la Cour est prise par un vote à la majorité des représentants ayant le droit de siéger au Comité.

Artikel 47

Gutachten

(1) Der Gerichtshof kann auf Antrag des Ministerkomitees Gutachten über Rechtsfragen erstatten, welche die Auslegung dieser Konvention und der Protokolle dazu betreffen.

(2) Diese Gutachten dürfen keine Fragen zum Gegenstand haben, die sich auf den Inhalt oder das Ausmaß der in Abschnitt I dieser Konvention und in den Protokollen dazu anerkannten Rechte und Freiheiten beziehen, noch andere Fragen, über die der Gerichtshof oder das Ministerkomitee aufgrund eines nach dieser Konvention eingeleiteten Verfahrens zu entscheiden haben könnte.

(3) Der Beschluss des Ministerkomitees, ein Gutachten beim Gerichtshof zu beantragen, bedarf der Mehrheit der Stimmen der zur Teilnahme an den Sitzungen des Komitees berechtigten Mitglieder.

Article 48

Advisory jurisdiction of the Court

The Court shall decide whether a request for an advisory opinion submitted by the Committee of Ministers is within its competence as defined in Article 47.

Article 48

Compétence consultative de la Cour

La Cour décide si la demande d'avis consultatif présentée par le Comité des Ministres relève de sa compétence telle que définie par l'article 47.

Artikel 48

Gutachterliche Zuständigkeit des Gerichtshofs

Der Gerichtshof entscheidet, ob ein vom Ministerkomitee gestellter Antrag auf Erstattung eines Gutachtens in seine Zuständigkeit nach Artikel 47 fällt.

Article 49

Reasons for advisory opinions

1 Reasons shall be given for advisory opinions of the Court.

2 If the advisory opinion does not represent, in whole or in part, the unanimous opinion of the judges, any judge shall be entitled to deliver a separate opinion.

3 Advisory opinions of the Court shall be communicated to the Committee of Ministers.

Article 49

Motivation des avis consultatifs

1 L'avis de la Cour est motivé.

2 Si l'avis n'exprime pas en tout ou en partie l'opinion unanime des juges, tout juge a le droit d'y joindre l'exposé de son opinion séparée.

3 L'avis de la Cour est transmis au Comité des Ministres.

Artikel 49

Begründung der Gutachten

(1) Die Gutachten des Gerichtshofs werden begründet.

(2) Bringt das Gutachten ganz oder teilweise nicht die übereinstimmende Meinung der Richter zum Ausdruck, so ist jeder Richter berechtigt, seine abweichende Meinung darzulegen.

(3) Die Gutachten des Gerichtshofs werden dem Ministerkomitee übermittelt.

Article 50

Expenditure on the Court

The expenditure on the Court shall be borne by the Council of Europe.

Article 51

Privileges and immunities of judges

The judges shall be entitled, during the exercise of their functions, to the privileges and immunities provided for in Article 40 of the Statute of the Council of Europe and in the agreements made thereunder.

Section III

Miscellaneous provisions

Article 52

Enquiries by the Secretary General

On receipt of a request from the Secretary General of the Council of Europe any High Contracting Party shall furnish an explanation of the manner in which its internal law ensures the effective implementation of any of the provisions of this Convention.

Article 53

Safeguard for existing human rights

Nothing in this Convention shall be construed as limiting or derogating from any of the human rights and fundamental freedoms which may be ensured under the laws of any High Contracting Party or under any other agreement to which it is a Party.

Article 54

Powers of the Committee of Ministers

Nothing in this Convention shall prejudice the powers conferred on the Committee of Ministers by the Statute of the Council of Europe.

Article 55

Exclusion of other means of dispute settlement

The High Contracting Parties agree that, except by special agreement, they will not

Article 50

Frais de fonctionnement de la Cour

Les frais de fonctionnement de la Cour sont à la charge du Conseil de l'Europe.

Article 51

Privilèges et immunités des juges

Les juges jouissent, pendant l'exercice de leurs fonctions, des privilèges et immunités prévus à l'article 40 du Statut du Conseil de l'Europe et dans les accords conclus au titre de cet article.

Titre III

Dispositions diverses

Article 52

Enquêtes du Secrétaire Général

Toute Haute Partie contractante fournira sur demande du Secrétaire Général du Conseil de l'Europe les explications requises sur la manière dont son droit interne assure l'application effective de toutes les dispositions de cette Convention.

Article 53

Sauvegarde des droits de l'homme reconnus

Aucune des dispositions de la présente Convention ne sera interprétée comme limitant ou portant atteinte aux droits de l'homme et aux libertés fondamentales qui pourraient être reconnus conformément aux lois de toute Partie contractante ou à toute autre Convention à laquelle cette Partie contractante est partie.

Article 54

Pouvoirs du Comité des Ministres

Aucune disposition de la présente Convention ne porte atteinte aux pouvoirs conférés au Comité des Ministres par le Statut du Conseil de l'Europe.

Article 55

Renonciation à d'autres modes de règlement des différends

Les Hautes Parties contractantes renoncent réciproquement, sauf compromis spé-

Artikel 50

Kosten des Gerichtshofs

Die Kosten des Gerichtshofs werden vom Europarat getragen.

Artikel 51

Vorrechte und Immunitäten der Richter

Die Richter genießen bei der Ausübung ihres Amtes die Vorrechte und Immunitäten, die in Artikel 40 der Satzung des Europarats und den aufgrund jenes Artikels geschlossenen Übereinkünften vorgesehen sind.

Abschnitt III

Verschiedene Bestimmungen

Artikel 52

Anfragen des Generalsekretärs

Auf Anfrage des Generalsekretärs des Europarats erläutert jede Hohe Vertragspartei, auf welche Weise die wirksame Anwendung aller Bestimmungen dieser Konvention in ihrem innerstaatlichen Recht gewährleistet wird.

Artikel 53

Wahrung anerkannter Menschenrechte

Diese Konvention ist nicht so auszulegen, als beschränke oder beeinträchtige sie Menschenrechte und Grundfreiheiten, die in den Gesetzen einer Hohen Vertragspartei oder in einer anderen Übereinkunft, deren Vertragspartei sie ist, anerkannt werden.

Artikel 54

Befugnisse des Ministerkomitees

Diese Konvention berührt nicht die dem Ministerkomitee durch die Satzung des Europarats übertragenen Befugnisse.

Artikel 55

Ausschluss anderer Verfahren zur Streitbeilegung

Die Hohen Vertragsparteien kommen überein, dass sie sich vorbehaltlich beson-

avail themselves of treaties, conventions or declarations in force between them for the purpose of submitting, by way of petition, a dispute arising out of the interpretation or application of this Convention to a means of settlement other than those provided for in this Convention.

cial, à se prévaloir des traités, conventions ou déclarations existant entre elles, en vue de soumettre, par voie de requête, un différend né de l'interprétation ou de l'application de la présente Convention à un mode de règlement autre que ceux prévus par ladite Convention.

derer Vereinbarung nicht auf die zwischen ihnen geltenden Verträge, sonstigen Übereinkünfte oder Erklärungen berufen werden, um eine Streitigkeit über die Auslegung oder Anwendung dieser Konvention einem anderen als den in der Konvention vorgesehenen Beschwerdeverfahren zur Beilegung zu unterstellen.

Article 56

Territorial application

1 Any State may at the time of its ratification or at any time thereafter declare by notification addressed to the Secretary General of the Council of Europe that the present Convention shall, subject to paragraph 4 of this Article, extend to all or any of the territories for whose international relations it is responsible.

2 The Convention shall extend to the territory or territories named in the notification as from the thirtieth day after the receipt of this notification by the Secretary General of the Council of Europe.

3 The provisions of this Convention shall be applied in such territories with due regard, however, to local requirements.

4 Any State which has made a declaration in accordance with paragraph 1 of this article may at any time thereafter declare on behalf of one or more of the territories to which the declaration relates that it accepts the competence of the Court to receive applications from individuals, non-governmental organisations or groups of individuals as provided in Article 34 of the Convention.

Article 56

Application territoriale

1 Tout Etat peut, au moment de la ratification ou à tout autre moment par la suite, déclarer, par notification adressée au Secrétaire Général du Conseil de l'Europe, que la présente Convention s'appliquera, sous réserve du paragraphe 4 du présent article, à tous les territoires ou à l'un quelconque des territoires dont il assure les relations internationales.

2 La Convention s'appliquera au territoire ou aux territoires désignés dans la notification à partir du trentième jour qui suivra la date à laquelle le Secrétaire Général du Conseil de l'Europe aura reçu cette notification.

3 Dans lesdits territoires les dispositions de la présente Convention seront appliquées en tenant compte des nécessités locales.

4 Tout Etat qui a fait une déclaration conformément au premier paragraphe de cet article, peut, à tout moment par la suite, déclarer relativement à un ou plusieurs des territoires visés dans cette déclaration qu'il accepte la compétence de la Cour pour connaître des requêtes de personnes physiques, d'organisations non gouvernementales ou de groupes de particuliers, comme le prévoit l'article 34 de la Convention.

Artikel 56

Räumlicher Geltungsbereich

(1) Jeder Staat kann bei der Ratifikation oder jederzeit danach durch eine an den Generalsekretär des Europarats gerichtete Notifikation erklären, dass diese Konvention vorbehaltlich des Absatzes 4 auf alle oder einzelne Hoheitsgebiete Anwendung findet, für deren internationale Beziehungen er verantwortlich ist.

(2) Die Konvention findet auf jedes in der Erklärung bezeichnete Hoheitsgebiet ab dem dreißigsten Tag nach Eingang der Notifikation beim Generalsekretär des Europarats Anwendung.

(3) In den genannten Hoheitsgebieten wird diese Konvention unter Berücksichtigung der örtlichen Notwendigkeiten angewendet.

(4) Jeder Staat, der eine Erklärung nach Absatz 1 abgegeben hat, kann jederzeit danach für eines oder mehrere der in der Erklärung bezeichneten Hoheitsgebiete erklären, dass er die Zuständigkeit des Gerichtshofs für die Entgegennahme von Beschwerden von natürlichen Personen, nichtstaatlichen Organisationen oder Personengruppen nach Artikel 34 anerkennt.

Article 57

Reservations

1 Any State may, when signing this Convention or when depositing its instrument of ratification, make a reservation in respect of any particular provision of the Convention to the extent that any law then in force in its territory is not in conformity with the provision. Reservations of a general character shall not be permitted under this Article.

2 Any reservation made under this article shall contain a brief statement of the law concerned.

Article 57

Réserves

1 Tout Etat peut, au moment de la signature de la présente Convention ou du dépôt de son instrument de ratification, formuler une réserve au sujet d'une disposition particulière de la Convention, dans la mesure où une loi alors en vigueur sur son territoire n'est pas conforme à cette disposition. Les réserves de caractère général ne sont pas autorisées aux termes du présent article.

2 Toute réserve émise conformément au présent article comporte un bref exposé de la loi en cause.

Artikel 57

Vorbehalte

(1) Jeder Staat kann bei der Unterzeichnung dieser Konvention oder bei der Hinterlegung seiner Ratifikationsurkunde einen Vorbehalt zu einzelnen Bestimmungen der Konvention anbringen, soweit ein zu dieser Zeit in seinem Hoheitsgebiet geltendes Gesetz mit der betreffenden Bestimmung nicht übereinstimmt. Vorbehalte allgemeiner Art sind nach diesem Artikel nicht zulässig.

(2) Jeder nach diesem Artikel angebrachte Vorbehalt muss mit einer kurzen Darstellung des betreffenden Gesetzes verbunden sein.

Article 58

Denunciation

1 A High Contracting Party may denounce the present Convention only after the expiry of five years from the date on which it became a party to it and after six months' notice contained in a notification addressed to the Secretary General of the Council of Europe, who shall inform the other High Contracting Parties.

2 Such a denunciation shall not have the effect of releasing the High Contracting Party concerned from its obligations under this Convention in respect of any act which, being capable of constituting a violation of such obligations, may have been performed by it before the date at which the denunciation became effective.

3 Any High Contracting Party which shall cease to be a member of the Council of Europe shall cease to be a Party to this Convention under the same conditions.

4 The Convention may be denounced in accordance with the provisions of the preceding paragraphs in respect of any territory to which it has been declared to extend under the terms of Article 56.

Article 59

Signature and ratification

1 This Convention shall be open to the signature of the members of the Council of Europe. It shall be ratified. Ratifications shall be deposited with the Secretary General of the Council of Europe.

2 The present Convention shall come into force after the deposit of ten instruments of ratification.

3 As regards any signatory ratifying subsequently, the Convention shall come into force at the date of the deposit of its instrument of ratification.

4 The Secretary General of the Council of Europe shall notify all the members of the Council of Europe of the entry into force of the Convention, the names of the High Contracting Parties who have ratified it, and the deposit of all instruments of ratification which may be effected subsequently.

Done at Rome this 4th day of November 1950, in English and French, both texts being equally authentic, in a single copy which shall remain deposited in the archives of the Council of Europe. The Secretary General shall transmit certified copies to each of the signatories.

Article 58

Dénonciation

1 Une Haute Partie contractante ne peut dénoncer la présente Convention qu'après l'expiration d'un délai de cinq ans à partir de la date d'entrée en vigueur de la Convention à son égard et moyennant un préavis de six mois, donné par une notification adressée au Secrétaire Général du Conseil de l'Europe, qui en informe les autres Parties contractantes.

2 Cette dénonciation ne peut avoir pour effet de délier la Haute Partie contractante intéressée des obligations contenues dans la présente Convention en ce qui concerne tout fait qui, pouvant constituer une violation de ces obligations, aurait été accompli par elle antérieurement à la date à laquelle la dénonciation produit effet.

3 Sous la même réserve cesserait d'être Partie à la présente Convention toute Partie contractante qui cesserait d'être membre du Conseil de l'Europe.

4 La Convention peut être dénoncée conformément aux dispositions des paragraphes précédents en ce qui concerne tout territoire auquel elle a été déclarée applicable aux termes de l'article 56.

Article 59

Signature et ratification

1 La présente Convention est ouverte à la signature des membres du Conseil de l'Europe. Elle sera ratifiée. Les ratifications seront déposées près le Secrétaire Général du Conseil de l'Europe.

2 La présente Convention entrera en vigueur après le dépôt de dix instruments de ratification.

3 Pour tout signataire qui la ratifiera ultérieurement, la Convention entrera en vigueur dès le dépôt de l'instrument de ratification.

4 Le Secrétaire Général du Conseil de l'Europe notifiera à tous les membres du Conseil de l'Europe l'entrée en vigueur de la Convention, les noms des Hautes Parties contractantes qui l'auront ratifiée, ainsi que le dépôt de tout instrument de ratification intervenu ultérieurement.

Fait à Rome, le 4 novembre 1950, en français et en anglais, les deux textes faisant également foi, en un seul exemplaire qui sera déposé dans les archives du Conseil de l'Europe. Le Secrétaire Général en communiquera des copies certifiées conformes à tous les signataires.

Artikel 58

Kündigung

(1) Eine Hohe Vertragspartei kann diese Konvention frühestens fünf Jahre nach dem Tag, an dem sie Vertragspartei geworden ist, unter Einhaltung einer Kündigungsfrist von sechs Monaten durch eine an den Generalsekretär des Europarats gerichtete Notifikation kündigen; dieser unterrichtet die anderen Hohen Vertragsparteien.

(2) Die Kündigung befreit die Hohe Vertragspartei nicht von ihren Verpflichtungen aus dieser Konvention in Bezug auf Handlungen, die sie vor dem Wirksamwerden der Kündigung vorgenommen hat und die möglicherweise eine Verletzung dieser Verpflichtungen darstellen.

(3) Mit derselben Maßgabe scheidet eine Hohe Vertragspartei, deren Mitgliedschaft im Europarat endet, als Vertragspartei dieser Konvention aus.

(4) Die Konvention kann in Bezug auf jedes Hoheitsgebiet, auf das sie durch eine Erklärung nach Artikel 56 anwendbar geworden ist, nach den Absätzen 1 bis 3 gekündigt werden.

Artikel 59

Unterzeichnung und Ratifikation

(1) Diese Konvention liegt für die Mitglieder des Europarats zur Unterzeichnung auf. Sie bedarf der Ratifikation. Die Ratifikationsurkunden werden beim Generalsekretär des Europarats hinterlegt.

(2) Diese Konvention tritt nach Hinterlegung von zehn Ratifikationsurkunden in Kraft.

(3) Für jeden Unterzeichner, der die Konvention später ratifiziert, tritt sie mit der Hinterlegung seiner Ratifikationsurkunde in Kraft.

(4) Der Generalsekretär des Europarats notifiziert allen Mitgliedern des Europarats das Inkrafttreten der Konvention, die Namen der Hohen Vertragsparteien, die sie ratifiziert haben, und jede spätere Hinterlegung einer Ratifikationsurkunde.

Geschehen zu Rom am 4. November 1950 in englischer und französischer Sprache, wobei jeder Wortlaut gleichermaßen verbindlich ist, in einer Urschrift, die im Archiv des Europarats hinterlegt wird. Der Generalsekretär übermittelt allen Unterzeichnern beglaubigte Abschriften.

2. Gesetz über das Zusatzprotokoll vom 20. März 1952 zur Konvention zum Schutze der Menschenrechte und Grundfreiheiten. Vom 20. Dezember 1956

(BGBl. II S. 1979)

Der Bundestag hat das folgende Gesetz beschlossen:

Artikel 1

Dem am 20. März 1952 von den Regierungen der Mitglieder des Europarates unterzeichneten Zusatzprotokoll zur Konvention zum Schutze der Menschenrechte und Grundfreiheiten vom 4. November 1950 wird zugestimmt. Das Zusatzprotokoll wird nachstehend veröffentlicht.

Artikel 2

Dieses Gesetz gilt auch im Land Berlin, sofern das Land Berlin die Anwendung dieses Gesetzes feststellt.

Artikel 3

(1) Dieses Gesetz tritt am Tage nach seiner Verkündung in Kraft.

(2) Der Tag, an dem das Zusatzprotokoll gemäß seinem Artikel 6 für die Bundesrepublik Deutschland in Kraft tritt, ist im Bundesgesetzblatt bekanntzugeben.*)

Protocol to the Convention for the Protection of Human Rights and Fundamental Freedoms

The governments signatory hereto, being members of the Council of Europe,

Being resolved to take steps to ensure the collective enforcement of certain rights and freedoms other than those already included in Section I of the Convention for the Protection of Human Rights and Fundamental Freedoms signed at Rome on 4th November, 1950 (hereinafter referred to as "the Convention"),

Have agreed as follows:

Article 1

Protection of property

Every natural or legal person is entitled to the peaceful enjoyment of his possessions. No one shall be deprived of his pos-

Protocole additionnel à la Convention de sauvegarde des Droits de l'Homme et des Libertés fondamentales

Les gouvernements signataires, membres du Conseil de l'Europe,

Résolus à prendre des mesures propres à assurer la garantie collective de droits et libertés autres que ceux qui figurent déjà dans le titre I de la Convention de sauvegarde des Droits de l'Homme et des Libertés fondamentales, signée à Rome le 4 novembre 1950 (ci-après dénommée «la Convention»),

Sont convenus de ce qui suit:

Article 1

Protection de la propriété

Toute personne physique ou morale a droit au respect de ses biens. Nul ne peut être privé de sa propriété que pour cause

Zusatzprotokoll zur Konvention zum Schutz der Menschenrechte und Grundfreiheiten

(Übersetzung) **)

Die Unterzeichnerregierungen, Mitglieder des Europarats –

entschlossen, Maßnahmen zur kollektiven Gewährleistung gewisser Rechte und Freiheiten zu treffen, die in Abschnitt I der am 4. November 1950 in Rom unterzeichneten Konvention zum Schutz der Menschenrechte und Grundfreiheiten (im Folgenden als „Konvention" bezeichnet) noch nicht enthalten sind –

haben Folgendes vereinbart:

Artikel 1

Schutz des Eigentums

Jede natürliche oder juristische Person hat das Recht auf Achtung ihres Eigentums. Niemandem darf sein Eigentum ent-

*) Das Protokoll ist in der Bundesrepublik am 13.2.1957 in Kraft getreten (BGBl. II S. 226). Die Überschriften der Artikel wurden nachträglich durch das 11. ZP vom 11.5.1994 (BGBl. II 1995 S. 579) eingefügt.

**) Überarbeitete deutsche Übersetzung in der Fassung der Bek. vom 17.5.2002 (BGBl. II S. 1054).

sessions except in the public interest and subject to the conditions provided for by law and by the general principles of international law.

The preceding provisions shall not, however, in any way impair the right of a State to enforce such laws as it deems necessary to control the use of property in accordance with the general interest or to secure the payment of taxes or other contributions or penalties.

Article 2
Right to education

No person shall be denied the right to education. In the exercise of any functions which it assumes in relation to education and to teaching, the State shall respect the right of parents to ensure such education and teaching in conformity with their own religious and philosophical convictions.

Article 3
Right to free elections

The High Contracting Parties undertake to hold free elections at reasonable intervals by secret ballot, under conditions which will ensure the free expression of the opinion of the people in the choice of the legislature.

Article 4
Territorial application

Any High Contracting Party may at the time of signature or ratification or at any time thereafter communicate to the Secretary General of the Council of Europe a declaration stating the extent to which it undertakes that the provisions of the present Protocol shall apply to such of the territories for the international relations of which it is responsible as are named therein.

Any High Contracting Party which has communicated a declaration in virtue of the preceding paragraph may from time to time communicate a further declaration modifying the terms of any former declaration or terminating the application of the provisions of this Protocol in respect of any territory.

A declaration made in accordance with this article shall be deemed to have been made in accordance with paragraph 1 of Article 56 of the Convention.

d'utilité publique et dans les conditions prévues par la loi et les principes généraux du droit international.

Les dispositions précédentes ne portent pas atteinte au droit que possèdent les Etats de mettre en vigueur les lois qu'ils jugent nécessaires pour réglementer l'usage des biens conformément à l'intérêt général ou pour assurer le paiement des impôts ou d'autres contributions ou des amendes.

Article 2
Droit à l'instruction

Nul ne peut se voir refuser le droit à l'instruction. L'Etat, dans l'exercice des fonctions qu'il assumera dans le domaine de l'éducation et de l'enseignement, respectera le droit des parents d'assurer cette éducation et cet enseignement conformément à leurs convictions religieuses et philosophiques.

Article 3
Droit à des élections libres

Les Hautes Parties contractantes s'engagent à organiser, à des intervalles raisonnables, des élections libres au scrutin secret, dans les conditions qui assurent la libre expression de l'opinion du peuple sur le choix du corps législatif.

Article 4
Application territoriale

Toute Haute Partie contractante peut, au moment de la signature ou de la ratification du présent protocole ou à tout moment par la suite, communiquer au Secrétaire Général du Conseil de l'Europe une déclaration indiquant la mesure dans laquelle elle s'engage à ce que les dispositions du présent protocole s'appliquent à tels territoires qui sont désignés dans ladite déclaration et dont elle assure les relations internationales.

Toute Haute Partie contractante qui a communiqué une déclaration en vertu du paragraphe précédent peut, de temps à autre, communiquer une nouvelle déclaration modifiant les termes de toute déclaration antérieure ou mettant fin à l'application des dispositions du présent protocole sur un territoire quelconque.

Une déclaration faite conformément au présent article sera considérée comme ayant été faite conformément au paragraphe 1 de l'article 56 de la Convention.

zogen werden, es sei denn, dass das öffentliche Interesse es verlangt, und nur unter den durch Gesetz und durch die allgemeinen Grundsätze des Völkerrechts vorgesehenen Bedingungen.

Absatz 1 beeinträchtigt jedoch nicht das Recht des Staates, diejenigen Gesetze anzuwenden, die er für die Regelung der Benutzung des Eigentums im Einklang mit dem Allgemeininteresse oder zur Sicherung der Zahlung der Steuern oder sonstigen Abgaben oder von Geldstrafen für erforderlich hält.

Artikel 2
Recht auf Bildung

Niemandem darf das Recht auf Bildung verwehrt werden. Der Staat hat bei Ausübung der von ihm auf dem Gebiet der Erziehung und des Unterrichts übernommenen Aufgaben das Recht der Eltern zu achten, die Erziehung und den Unterricht entsprechend ihren eigenen religiösen und weltanschaulichen Überzeugungen sicherzustellen.

Artikel 3
Recht auf freie Wahlen

Die Hohen Vertragsparteien verpflichten sich, in angemessenen Zeitabständen freie und geheime Wahlen unter Bedingungen abzuhalten, welche die freie Äußerung der Meinung des Volkes bei der Wahl der gesetzgebenden Körperschaften gewährleisten.

Artikel 4
Räumlicher Geltungsbereich

Jede Hohe Vertragspartei kann im Zeitpunkt der Unterzeichnung oder Ratifikation dieses Protokolls oder zu jedem späteren Zeitpunkt an den Generalsekretär des Europarats eine Erklärung darüber richten, in welchem Umfang sie sich zur Anwendung dieses Protokolls auf die in der Erklärung angegebenen Hoheitsgebiete verpflichtet, für deren internationale Beziehungen sie verantwortlich ist.

Jede Hohe Vertragspartei, die eine Erklärung nach Absatz 1 abgegeben hat, kann jederzeit eine weitere Erklärung abgeben, die den Inhalt einer früheren Erklärung ändert oder die Anwendung der Bestimmungen dieses Protokolls auf irgendein Hoheitsgebiet beendet.

Eine nach diesem Artikel abgegebene Erklärung gilt als eine Erklärung im Sinne des Artikels 56 Absatz 1 der Konvention.

Article 5

Relationship to the Convention

As between the High Contracting Parties the provisions of Articles 1, 2, 3 and 4 of this Protocol shall be regarded as additional articles to the Convention and all provisions of the Convention shall apply accordingly.

Article 5

Relations avec la Convention

Les Hautes Parties contractantes considéreront les articles 1, 2, 3 et 4 de ce protocole comme des articles additionnels à la Convention et toutes les dispositions de la Convention s'appliqueront en conséquence.

Artikel 5

Verhältnis zur Konvention

Die Hohen Vertragsparteien betrachten die Artikel 1, 2, 3 und 4 dieses Protokolls als Zusatzartikel zur Konvention; alle Bestimmungen der Konvention sind dementsprechend anzuwenden.

Article 6

Signature and ratification

This Protocol shall be open for signature by the members of the Council of Europe, who are the signatories of the Convention; it shall be ratified at the same time as or after the ratification of the Convention. It shall enter into force after the deposit of ten instruments of ratification. As regards any signatory ratifying subsequently, the Protocol shall enter into force at the date of the deposit of its instrument of ratification.

The instruments of ratification shall be deposited with the Secretary General of the Council of Europe, who will notify all members of the names of those who have ratified.

Article 6

Signature et ratification

Le présent protocole est ouvert à la signature des membres du Conseil de l'Europe, signataires de la Convention; il sera ratifié en même temps que la Convention ou après la ratification de celle-ci. Il entrera en vigueur après le dépôt de dix instruments de ratification. Pour tout signataire qui le ratifiera ultérieurement, le protocole entrera en vigueur dès le dépôt de l'instrument de ratification.

Les instruments de ratification seront déposés près le Secrétaire Général du Conseil de l'Europe qui notifiera à tous les membres les noms de ceux qui l'auront ratifié.

Artikel 6

Unterzeichnung und Ratifikation

Dieses Protokoll liegt für die Mitglieder des Europarats, die Unterzeichner der Konvention sind, zur Unterzeichnung auf; es wird gleichzeitig mit der Konvention oder zu einem späteren Zeitpunkt ratifiziert. Es tritt nach Hinterlegung von zehn Ratifikationsurkunden in Kraft. Für jeden Unterzeichner, der das Protokoll später ratifiziert, tritt es mit der Hinterlegung seiner Ratifikationsurkunde in Kraft.

Die Ratifikationsurkunden werden beim Generalsekretär des Europarats hinterlegt, der allen Mitgliedern die Namen derjenigen Staaten, die das Protokoll ratifiziert haben, notifiziert.

Done at Paris on the 20th day of March 1952, in English and French, both texts being equally authentic, in a single copy which shall remain deposited in the archives of the Council of Europe. The Secretary General shall transmit certified copies to each of the signatory governments.

Fait à Paris, le 20 mars 1952, en français et en anglais, les deux textes faisant également foi, en un seul exemplaire qui sera déposé dans les archives du Conseil de l'Europe. Le Secrétaire Général du Conseil en communiquera copie certifiée conforme à chacun des gouvernements signataires.

Geschehen zu Paris am 20. März 1952 in englischer und französischer Sprache, wobei jeder Wortlaut gleichermaßen verbindlich ist, in einer Urschrift, die im Archiv des Europarats hinterlegt wird. Der Generalsekretär übermittelt allen Unterzeichnerregierungen beglaubigte Abschriften.

3. Gesetz zu dem Protokoll Nr. 4 vom 16. September 1963 zur Konvention zum Schutze der Menschenrechte und Grundfreiheiten, durch das gewisse Rechte und Freiheiten gewährleistet werden, die nicht bereits in der Konvention oder im ersten Zusatzprotokoll enthalten sind.

Vom 9. Mai 1968

(BGBl. II S. 422)

Der Bundestag hat das folgende Gesetz beschlossen:

Artikel 1

(1) Dem in Straßburg am 16. September 1963 von der Bundesrepublik Deutschland unterzeichneten Protokoll Nr. 4 zur Konvention zum Schutze der Menschenrechte und Grundfreiheiten, durch das gewisse Rechte und Freiheiten gewährleistet werden, die nicht bereits in der Konvention oder im ersten Zusatzprotokoll enthalten sind, wird zugestimmt. Das Protokoll wird nachstehend veröffentlicht.

(2) Die Bundesregierung wird ermächtigt, die Zuständigkeit der Kommission für Menschenrechte und die obligatorische Gerichtsbarkeit des Europäischen Gerichtshofs für Menschenrechte für die Artikel 1 bis 4 des Protokolls nach dessen Artikel 6 Abs. 2 anzuerkennen.

Artikel 2

Dieses Gesetz gilt auch im Land Berlin, sofern das Land Berlin die Anwendung dieses Gesetzes feststellt.

Artikel 3

(1) Dieses Gesetz tritt am Tage nach seiner Verkündung in Kraft.

(2) Der Tag, an dem das Protokoll nach seinem Artikel 7 Abs. 1 für die Bundesrepublik Deutschland in Kraft tritt, ist im Bundesgesetzblatt bekanntzugeben.*)

Protocol No. 4

to the Convention for the Protection of Human Rights and Fundamental Freedoms, securing certain rights and freedoms other than those already included in the Convention and in the first Protocol thereto

The governments signatory hereto, being members of the Council of Europe,

Being resolved to take steps to ensure the collective enforcement of certain rights and freedoms other than those already included in Section I of the Convention for the Protection of Human Rights and

Protocole nº 4

à la Convention de sauvegarde des Droits de l'Homme et des Libertés fondamentales, reconnaissant certains droits et libertés autres que ceux figurant déjà dans la Convention et dans le premier Protocole additionnel à la Convention

Les gouvernements signataires, membres du Conseil de l'Europe,

Résolus à prendre des mesures propres à assurer la garantie collective de droits et libertés autres que ceux qui figurent déjà dans le titre I de la Convention de sauvegarde des Droits de l'Homme et des Liber-

Protokoll Nr. 4

zur Konvention zum Schutz der Menschenrechte und Grundfreiheiten, durch das gewisse Rechte und Freiheiten gewährleistet werden, die nicht bereits in der Konvention oder im ersten Zusatzprotokoll enthalten sind

*(Übersetzung)***)

Die Unterzeichnerregierungen, Mitglieder des Europarats –

entschlossen, Maßnahmen zur kollektiven Gewährleistung gewisser Rechte und Freiheiten zu treffen, die in Abschnitt I der am 4. November 1950 in Rom unterzeichneten Konvention zum Schutz der Men-

*) Das Protokoll Nr. 4 ist in der Bundesrepublik am 1. 6. 1968 in Kraft getreten (BGBl. II S. 1109). Die Überschriften der Artikel wurden nachträglich durch das 11. ZP vom 11. 5. 1994 (BGBl. II 1995 S. 579) eingefügt.

**) Überarbeitete deutsche Übersetzung in der Fassung der Bek. vom 17. 5. 2002 (BGBl. II S. 1054).

Fundamental Freedoms signed at Rome on 4th November 1950 (hereinafter referred to as "the Convention") and in Articles 1 to 3 of the First Protocol to the Convention, signed at Paris on 20th March 1952,

Have agreed as follows:

Article 1

Prohibition of imprisonment for debt

No one shall be deprived of his liberty merely on the ground of inability to fulfil a contractual obligation.

Article 2

Freedom of movement

1 Everyone lawfully within the territory of a State shall, within that territory, have the right to liberty of movement and freedom to choose his residence.

2 Everyone shall be free to leave any country, including his own.

3 No restrictions shall be placed on the exercise of these rights other than such as are in accordance with law and are necessary in a democratic society in the interests of national security or public safety, for the maintenance of *ordre public*, for the prevention of crime, for the protection of health or morals, or for the protection of the rights and freedoms of others.

4 The rights set forth in paragraph 1 may also be subject, in particular areas, to restrictions imposed in accordance with law and justified by the public interest in a democratic society.

Article 3

Prohibition of expulsion of nationals

1 No one shall be expelled, by means either of an individual or of a collective measure, from the territory of the State of which he is a national.

2 No one shall be deprived of the right to enter the territory of the State of which he is a national.

Article 4

Prohibition of collective expulsion of aliens

Collective expulsion of aliens is prohibited.

tés fondamentales, signée à Rome le 4 novembre 1950 (ci-après dénommée «la Convention») et dans les articles 1 à 3 du premier Protocole additionnel à la Convention, signé à Paris le 20 mars 1952,

Sont convenus de ce qui suit:

Article 1

Interdiction de l'emprisonnement pour dette

Nul ne peut être privé de sa liberté pour la seule raison qu'il n'est pas en mesure d'exécuter une obligation contractuelle.

Article 2

Liberté de circulation

1 Quiconque se trouve régulièrement sur le territoire d'un Etat a le droit d'y circuler librement et d'y choisir librement sa résidence.

2 Toute personne est libre de quitter n'importe quel pays, y compris le sien.

3 L'exercice de ces droits ne peut faire l'objet d'autres restrictions que celles qui, prévues par la loi, constituent des mesures nécessaires, dans une société démocratique, à la sécurité nationale, à la sûreté publique, au maintien de l'ordre public, à la prévention des infractions pénales, à la protection de la santé ou de la morale, ou à la protection des droits et libertés d'autrui.

4 Les droits reconnus au paragraphe 1 peuvent également, dans certaines zones déterminées, faire l'objet de restrictions qui, prévues par la loi, sont justifiées par l'intérêt public dans une société démocratique.

Article 3

Interdiction de l'expulsion des nationaux

1 Nul ne peut être expulsé, par voie de mesure individuelle ou collective, du territoire de l'Etat dont il est le ressortissant.

2 Nul ne peut être privé du droit d'entrer sur le territoire de l'Etat dont il est le ressortissant.

Article 4

Interdiction des expulsions collectives d'étrangers

Les expulsions collectives d'étrangers sont interdites.

schenrechte und Grundfreiheiten (im Folgenden als „Konvention" bezeichnet) und in den Artikeln 1 bis 3 des am 20. März 1952 in Paris unterzeichneten ersten Zusatzprotokolls zur Konvention noch nicht enthalten sind –

haben Folgendes vereinbart:

Artikel 1

Verbot der Freiheitsentziehung wegen Schulden

Niemandem darf die Freiheit allein deshalb entzogen werden, weil er nicht in der Lage ist, eine vertragliche Verpflichtung zu erfüllen.

Artikel 2

Freizügigkeit

(1) Jede Person, die sich rechtmäßig im Hoheitsgebiet eines Staates aufhält, hat das Recht, sich dort frei zu bewegen und ihren Wohnsitz frei zu wählen.

(2) Jeder Person steht es frei, jedes Land, einschließlich des eigenen, zu verlassen.

(3) Die Ausübung dieser Rechte darf nur Einschränkungen unterworfen werden, die gesetzlich vorgesehen und in einer demokratischen Gesellschaft notwendig sind für die nationale oder öffentliche Sicherheit, zur Aufrechterhaltung der öffentlichen Ordnung, zur Verhütung von Straftaten, zum Schutz der Gesundheit oder der Moral oder zum Schutz der Rechte und Freiheiten anderer.

(4) Die in Absatz 1 anerkannten Rechte können ferner für bestimmte Gebiete Einschränkungen unterworfen werden, die gesetzlich vorgesehen und in einer demokratischen Gesellschaft durch das öffentliche Interesse gerechtfertigt sind.

Artikel 3

Verbot der Ausweisung eigener Staatsangehöriger

(1) Niemand darf durch eine Einzel- oder Kollektivmaßnahme aus dem Hoheitsgebiet des Staates ausgewiesen werden, dessen Angehöriger er ist.

(2) Niemandem darf das Recht entzogen werden, in das Hoheitsgebiet des Staates einzureisen, dessen Angehöriger er ist.

Artikel 4

Verbot der Kollektivausweisung ausländischer Personen

Kollektivausweisungen ausländischer Personen sind nicht zulässig.

Article 5

Territorial application

1 Any High Contracting Party may, at the time of signature or ratification of this Protocol, or at any time thereafter, communicate to the Secretary General of the Council of Europe a declaration stating the extent to which it undertakes that the provisions of this Protocol shall apply to such of the territories for the international relations of which it is responsible as are named therein.

2 Any High Contracting Party which has communicated a declaration in virtue of the preceding paragraph may, from time to time, communicate a further declaration modifying the terms of any former declaration or terminating the application of the provisions of this Protocol in respect of any territory.

3 A declaration made in accordance with this article shall be deemed to have been made in accordance with paragraph 1 of Article 56 of the Convention.

4 The territory of any State to which this Protocol applies by virtue of ratification or acceptance by that State, and each territory to which this Protocol is applied by virtue of a declaration by that State under this article, shall be treated as separate territories for the purpose of the references in Articles 2 and 3 to the territory of a State.

5 Any State which has made a declaration in accordance with paragraph 1 or 2 of this article may at any time thereafter declare on behalf of one or more of the territories to which the declaration relates that it accepts the competence of the Court to receive applications from individuals, non-governmental organisations or groups of individuals as provided in Article 34 of the Convention in respect of all or any of Articles 1 to 4 of this Protocol.

Article 6

Relationship to the Convention

As between the High Contracting Parties the provisions of Articles 1 to 5 of this Protocol shall be regarded as additional articles to the Convention, and all the provisions of the Convention shall apply accordingly.

Article 5

Application territoriale

1 Toute Haute Partie contractante peut, au moment de la signature ou de la ratification du présent Protocole ou à tout moment par la suite, communiquer au Secrétaire Général du Conseil de l'Europe une déclaration indiquant la mesure dans laquelle elle s'engage à ce que les dispositions du présent Protocole s'appliquent à tels territoires qui sont désignés dans ladite déclaration et dont elle assure les relations internationales.

2 Toute Haute Partie contractante qui a communiqué une déclaration en vertu du paragraphe précédent peut, de temps à autre, communiquer une nouvelle déclaration modifiant les termes de toute déclaration antérieure ou mettant fin à l'application des dispositions du présent Protocole sur un territoire quelconque.

3 Une déclaration faite conformément au présent article sera considérée comme ayant été fait conformément au paragraphe 1 de l'article 56 de la Convention.

4 Le territoire de tout Etat auquel le présent Protocole s'applique en vertu de sa ratification ou de son acceptation par ledit Etat, et chacun des territoires auxquels le Protocole s'applique en vertu d'une déclaration souscrite par ledit Etat conformément au présent article, seront considérés comme des territoires distincts aux fins des références au territoire d'un Etat faites par les articles 2 et 3.

5 Tout Etat qui a fait une déclaration conformément au paragraphe 1 ou 2 du présent article peut, à tout moment par la suite, déclarer relativement à un ou plusieurs des territoires visés dans cette déclaration qu'il accepte la compétence de la Cour pour connaître des requêtes de personnes physiques, d'organisations non gouvernementales ou de groupes de particuliers, comme le prévoit l'article 34 de la Convention, au titre des articles 1 à 4 du présent Protocole ou de certains d'entre eux.

Article 6

Relations avec la Convention

Les Hautes Parties contractantes considéreront les articles 1 à 5 de ce Protocole comme des articles additionnels à la Convention et toutes les dispositions de la Convention s'appliqueront en conséquence.

Artikel 5

Räumlicher Geltungsbereich

(1) Jede Hohe Vertragspartei kann im Zeitpunkt der Unterzeichnung oder Ratifikation dieses Protokolls oder zu jedem späteren Zeitpunkt an den Generalsekretär des Europarats eine Erklärung darüber richten, in welchem Umfang sie sich zur Anwendung dieses Protokolls auf die in der Erklärung angegebenen Hoheitsgebiete verpflichtet, für deren internationale Beziehungen sie verantwortlich ist.

(2) Jede Hohe Vertragspartei, die eine Erklärung nach Absatz 1 abgegeben hat, kann jederzeit eine weitere Erklärung abgeben, die den Inhalt einer früheren Erklärung ändert oder die Anwendung der Bestimmungen dieses Protokolls auf irgendein Hoheitsgebiet beendet.

(3) Eine nach diesem Artikel abgegebene Erklärung gilt als eine Erklärung im Sinne des Artikels 56 Absatz 1 der Konvention.

(4) Das Hoheitsgebiet eines Staates, auf das dieses Protokoll aufgrund der Ratifikation oder Annahme durch diesen Staat Anwendung findet, und jedes Hoheitsgebiet, auf welches das Protokoll aufgrund einer von diesem Staat nach diesem Artikel abgegebenen Erklärung Anwendung findet, werden als getrennte Hoheitsgebiete betrachtet, soweit die Artikel 2 und 3 auf das Hoheitsgebiet eines Staates Bezug nehmen.

(5) Jeder Staat, der eine Erklärung nach Absatz 1 oder 2 abgegeben hat, kann jederzeit danach für eines oder mehrere der in der Erklärung bezeichneten Hoheitsgebiete erklären, dass er die Zuständigkeit des Gerichtshofs, Beschwerden von natürlichen Personen, nichtstaatlichen Organisationen oder Personengruppen nach Artikel 34 der Konvention entgegenzunehmen, für die Artikel 1 bis 4 dieses Protokolls insgesamt oder für einzelne dieser Artikel annimmt.

Artikel 6

Verhältnis zur Konvention

Die Hohen Vertragsparteien betrachten die Artikel 1 bis 5 dieses Protokolls als Zusatzartikel zur Konvention; alle Bestimmungen der Konvention sind dementsprechend anzuwenden.

Article 7

Signature and ratification

1 This Protocol shall be open for signature by the members of the Council of Europe who are the signatories of the Convention; it shall be ratified at the same time as or after the ratification of the Convention. It shall enter into force after the deposit of five instruments of ratification. As regards any signatory ratifying subsequently, the Protocol shall enter into force at the date of the deposit of its instrument of ratification.

2 The instruments of ratification shall be deposited with the Secretary General of the Council of Europe, who will notify all members of the names of those who have ratified.

In witness whereof the undersigned, being duly authorised thereto, have signed this Protocol.

Done at Strasbourg, this 16th day of September 1963, in English and in French, both texts being equally authoritative, in a single copy which shall remain deposited in the archives of the Council of Europe. The Secretary General shall transmit certified copies to each of the signatory States.

Article 7

Signature et ratification

1 Le présent Protocole est ouvert à la signature des membres du Conseil de l'Europe, signataires de la Convention; il sera ratifié en même temps que la Convention ou après la ratification de celle-ci. Il entrera en vigueur après le dépôt de cinq instruments de ratification. Pour tout signataire qui le ratifiera ultérieurement, le Protocole entrera en vigueur dès le dépôt de l'instrument de ratification.

2 Les instruments de ratification seront déposés près le Secrétaire Général du Conseil de l'Europe qui notifiera à tous les membres les noms de ceux qui l'auront ratifié.

En foi de quoi, les soussignés, dûment autorisés à cet effet, ont signé le présent Protocole.

Fait à Strasbourg, le 16 septembre 1963, en français et en anglais, les deux textes faisant également foi, en un seul exemplaire qui sera déposé dans les archives du Conseil de l'Europe. Le Secrétaire Général en communiquera copie certifiée conforme à chacun des Etats signataires.

Artikel 7

Unterzeichnung und Ratifikation

(1) Dieses Protokoll liegt für die Mitglieder des Europarats, die Unterzeichner der Konvention sind, zur Unterzeichnung auf; es wird gleichzeitig mit der Konvention oder zu einem späteren Zeitpunkt ratifiziert. Es tritt nach Hinterlegung von fünf Ratifikationsurkunden in Kraft. Für jeden Unterzeichner, der das Protokoll später ratifiziert, tritt es mit der Hinterlegung der Ratifikationsurkunde in Kraft.

(2) Die Ratifikationsurkunden werden beim Generalsekretär des Europarats hinterlegt, der allen Mitgliedern die Namen derjenigen Staaten, die das Protokoll ratifiziert haben, notifiziert.

Zu Urkund dessen haben die hierzu gehörig befugten Unterzeichneten dieses Protokoll unterschrieben.

Geschehen zu Straßburg am 16. September 1963 in englischer und französischer Sprache, wobei jeder Wortlaut gleichermaßen verbindlich ist, in einer Urschrift, die im Archiv des Europarats hinterlegt wird. Der Generalsekretär übermittelt allen Unterzeichnerstaaten beglaubigte Abschriften.

4. Gesetz zu dem Protokoll Nr. 6 vom 28. April 1983 zur Konvention zum Schutze der Menschenrechte und Grundfreiheiten über die Abschaffung der Todesstrafe. Vom 23. Juli 1988

(BGBl. II S. 662)

Der Bundestag hat das folgende Gesetz beschlossen:

Artikel 1

Dem in Straßburg am 28. April 1983 von der Bundesrepublik Deutschland unterzeichneten Protokoll Nr. 6 zur Konvention zum Schutze der Menschenrechte und Grundfreiheiten über die Abschaffung der Todesstrafe wird zugestimmt. Das Protokoll wird nachstehend veröffentlicht.

Artikel 2

Dieses Gesetz gilt auch im Land Berlin, sofern das Land Berlin die Anwendung dieses Gesetzes feststellt.

Artikel 3

(1) Dieses Gesetz tritt am Tage nach seiner Verkündung in Kraft.

(2) Der Tag, an dem das Protokoll nach seinem Artikel 8 Nr. 2 für die Bundesrepublik Deutschland in Kraft tritt, ist im Bundesgesetzblatt bekanntzugeben.*)

Protocol No. 6 to the Convention for the Protection of Human Rights and Fundamental Freedoms concerning the abolition of the death penalty

The member States of the Council of Europe, signatory to this Protocol to the Convention for the Protection of Human Rights and Fundamental Freedoms, signed at Rome on 4th November, 1950 (hereinafter referred to as "the Convention"),

Considering that the evolution that has occurred in several member States of the Council of Europe expresses a general tendency in favour of abolition of the death penalty,

Have agreed as follows:

Protocole nº 6 à la Convention de sauvegarde des Droits de l'Homme et des Libertés fondamentales concernant l'abolition de la peine de mort

Les Etats membres du Conseil de l'Europe, signataires du présent Protocole à la Convention de sauvegarde des Droits de l'Homme et des Libertés fondamentales, signée à Rome le 4 novembre 1950 (ci-après dénommée «la Convention»),

Considérant que les développements intervenus dans plusieurs Etats membres du Conseil de l'Europe expriment une tendance générale en faveur de l'abolition de la peine de mort,

Sont convenus de ce qui suit:

Protokoll Nr. 6 zur Konvention zum Schutz der Menschenrechte und Grundfreiheiten über die Abschaffung der Todesstrafe

*(Übersetzung)***)

Die Mitgliedstaaten des Europarats, die dieses Protokoll zu der am 4. November 1950 in Rom unterzeichneten Konvention zum Schutz der Menschenrechte und Grundfreiheiten (im Folgenden als „Konvention" bezeichnet) unterzeichnen –

in der Erwägung, dass die in verschiedenen Mitgliedstaaten des Europarats eingetretene Entwicklung eine allgemeine Tendenz zugunsten der Abschaffung der Todesstrafe zum Ausdruck bringt –

haben Folgendes vereinbart:

---

*) Das Protokoll Nr. 6 ist in der Bundesrepublik am 1. 8. 1989 in Kraft getreten (BGBl. II S. 814). Die Überschriften der Artikel wurden nachträglich durch das 11. ZP vom 11. 5. 1994 (BGBl. II 1995 S. 579) eingefügt.

**) Überarbeitete deutsche Übersetzung in der Fassung der Bek. vom 17. 5. 2002 (BGBl. II S. 1054).

Article 1
Abolition of the death penalty

The death penalty shall be abolished. No-one shall be condemned to such penalty or executed.

Article 2
Death penalty in time of war

A State may make provision in its law for the death penalty in respect of acts committed in time of war or of imminent threat of war; such penalty shall be applied only in the instances laid down in the law and in accordance with its provisions. The State shall communicate to the Secretary General of the Council of Europe the relevant provisions of that law.

Article 3
Prohibition of derogations

No derogation from the provisions of this Protocol shall be made under Article 15 of the Convention.

Article 4
Prohibition of reservations

No reservation may be made under Article 57 of the Convention in respect of the provisions of this Protocol.

Article 5
Territorial application

1 Any State may at the time of signature or when depositing its instrument of ratification, acceptance or approval, specify the territory or territories to which this Protocol shall apply.

2 Any State may at any later date, by a declaration addressed to the Secretary General of the Council of Europe, extend the application of this Protocol to any other territory specified in the declaration. In respect of such territory the Protocol shall enter into force on the first day of the month following the date of receipt of such declaration by the Secretary General.

3 Any declaration made under the two preceding paragraphs may, in respect of any territory specified in such declaration, be withdrawn by a notification addressed to the Secretary General. The withdrawal shall become effective on the first day of the month following the date of receipt of such notification by the Secretary General.

Article 1
Abolition de la peine de mort

La peine de mort est abolie. Nul ne peut être condamné à telle peine ni exécuté.

Article 2
Peine de mort en temps de guerre

Un Etat peut prévoir dans sa législation la peine de mort pour des actes commis en temps de guerre ou de danger imminent de guerre; une telle peine ne sera appliquée que dans les cas prévus par cette législation et conformément à ses dispositions. Cet Etat communiquera au Secrétaire Général du Conseil de l'Europe les dispositions afférentes de la législation en cause.

Article 3
Interdiction de dérogations

Aucune dérogation n'est autorisée aux dispositions du présent Protocole au titre de l'article 15 de la Convention.

Article 4
Interdiction de réserves

Aucune réserve n'est admise aux dispositions du présent Protocole en vertu de l'article 57 de la Convention.

Article 5
Application territoriale

1 Tout Etat peut, au moment de la signature ou au moment du dépôt de son instrument de ratification, d'acceptation ou d'approbation, désigner le ou les territoires auxquels s'appliquera le présent Protocole.

2 Tout Etat peut, à tout autre moment par la suite, par une déclaration adressée au Secrétaire Général du Conseil de l'Europe, étendre l'application du présent Protocole à tout autre territoire désigné dans la déclaration. Le Protocole entrera en vigueur à l'égard de ce territoire le premier jour du mois qui suit la date de réception de la déclaration par le Secrétaire Général.

3 Toute déclaration faite en vertu des deux paragraphes précédents pourra être retirée, en ce qui concerne tout territoire désigné dans cette déclaration, par notification adressée au Secrétaire Général. Le retrait prendra effet le premier jour du mois qui suit la date de réception de la notification par le Secrétaire Général.

Artikel 1
Abschaffung der Todesstrafe

Die Todesstrafe ist abgeschafft. Niemand darf zu dieser Strafe verurteilt oder hingerichtet werden.

Artikel 2
Todesstrafe in Kriegszeiten

Ein Staat kann in seinem Recht die Todesstrafe für Taten vorsehen, die in Kriegszeiten oder bei unmittelbarer Kriegsgefahr begangen werden; diese Strafe darf nur in den Fällen, die im Recht vorgesehen sind, und in Übereinstimmung mit dessen Bestimmungen angewendet werden. Der Staat übermittelt dem Generalsekretär des Europarats die einschlägigen Rechtsvorschriften.

Artikel 3
Verbot des Abweichens

Von diesem Protokoll darf nicht nach Artikel 15 der Konvention abgewichen werden.

Artikel 4
Verbot von Vorbehalten

Vorbehalte nach Artikel 57 der Konvention zu Bestimmungen dieses Protokolls sind nicht zulässig.

Artikel 5
Räumlicher Geltungsbereich

(1) Jeder Staat kann bei der Unterzeichnung oder bei der Hinterlegung seiner Ratifikations-, Annahme- oder Genehmigungsurkunde einzelne oder mehrere Hoheitsgebiete bezeichnen, auf die dieses Protokoll Anwendung findet.

(2) Jeder Staat kann jederzeit danach durch eine an den Generalsekretär des Europarats gerichtete Erklärung die Anwendung dieses Protokolls auf jedes weitere in der Erklärung bezeichnete Hoheitsgebiet erstrecken. Das Protokoll tritt für dieses Hoheitsgebiet am ersten Tag des Monats in Kraft, der auf den Eingang der Erklärung beim Generalsekretär folgt.

(3) Jede nach den Absätzen 1 und 2 abgegebene Erklärung kann in Bezug auf jedes darin bezeichnete Hoheitsgebiet durch eine an den Generalsekretär gerichtete Notifikation zurückgenommen werden. Die Rücknahme wird am ersten Tag des Monats wirksam, der auf den Eingang der Notifikation beim Generalsekretär folgt.

Article 6

Relationship to the Convention

As between the States Parties the provisions of Articles 1 to 5 of this Protocol shall be regarded as additional articles to the Convention and all the provisions of the Convention shall apply accordingly.

Article 7

Signature and ratification

This Protocol shall be open for signature by the member States of the Council of Europe, signatories to the Convention. It shall be subject to ratification, acceptance or approval. A member State of the Council of Europe may not ratify, accept or approve this Protocol unless it has, simultaneously or previously, ratified the Convention. Instruments of ratification, acceptance or approval shall be deposited with the Secretary General of the Council of Europe.

Article 8

Entry into force

1 This Protocol shall enter into force on the first day of the month following the date on which five member States of the Council of Europe have expressed their consent to be bound by the Protocol in accordance with the provisions of Article 7.

2 In respect of any member State which subsequently expresses its consent to be bound by it, the Protocol shall enter into force on the first day of the month following the date of the deposit of the instrument of ratification, acceptance or approval.

Article 9

Depositary functions

The Secretary General of the Council of Europe shall notify the member States of the Council of:

a any signature;

b the deposit of any instrument of ratification, acceptance or approval;

c any date of entry into force of this Protocol in accordance with Articles 5 and 8;

d any other act, notification or communication relating to this Protocol.

In witness whereof the undersigned, being duly authorised thereto, have signed this Protocol.

Article 6

Relations avec la Convention

Les Etats Parties considèrent les articles 1 à 5 du présent Protocole comme des articles additionnels à la Convention et toutes les dispositions de la Convention s'appliquent en conséquence.

Article 7

Signature et ratification

Le présent Protocole est ouvert à la signature des Etats membres du Conseil de l'Europe, signataires de la Convention. Il sera soumis à ratification, acceptation ou approbation. Un Etat membre du Conseil de l'Europe ne pourra ratifier, accepter ou approuver le présent Protocole sans avoir simultanément ou antérieurement ratifié la Convention. Les instruments de ratification, d'acceptation ou d'approbation seront déposés près le Secrétaire Général du Conseil de l'Europe.

Article 8

Entrée en vigueur

1 Le présent Protocole entrera en vigueur le premier jour du mois qui suit la date à laquelle cinq Etats membres du Conseil de l'Europe auront exprimé leur consentement à être liés par le Protocole conformément aux dispositions de l'article 7.

2 Pour tout Etat membre qui exprimera ultérieurement son consentement à être lié par le Protocole, celui-ci entrera en vigueur le premier jour du mois qui suit la date du dépôt de l'instrument de ratification, d'acceptation ou d'approbation.

Article 9

Fonctions du dépositaire

Le Secrétaire Général du Conseil de l'Europe notifiera aux Etats membres du Conseil:

a toute signature;

b le dépôt de tout instrument de ratification, d'acceptation ou d'approbation;

c toute date d'entrée en vigueur du présent Protocole conformément à ses articles 5 et 8;

d tout autre acte, notification ou communication ayant trait au présent Protocole.

En foi de quoi, les soussignés, dûment autorisés à cet effet, ont signé le présent Protocole.

Artikel 6

Verhältnis zur Konvention

Die Vertragsstaaten betrachten die Artikel 1 bis 5 dieses Protokolls als Zusatzartikel zur Konvention; alle Bestimmungen der Konvention sind dementsprechend anzuwenden.

Artikel 7

Unterzeichnung und Ratifikation

Dieses Protokoll liegt für die Mitgliedstaaten des Europarats, welche die Konvention unterzeichnet haben, zur Unterzeichnung auf. Es bedarf der Ratifikation, Annahme oder Genehmigung. Ein Mitgliedstaat des Europarats kann dieses Protokoll nur ratifizieren, annehmen oder genehmigen, wenn er die Konvention gleichzeitig ratifiziert oder sie früher ratifiziert hat. Die Ratifikations-, Annahme- oder Genehmigungsurkunden werden beim Generalsekretär des Europarats hinterlegt.

Artikel 8

Inkrafttreten

(1) Dieses Protokoll tritt am ersten Tag des Monats in Kraft, der auf den Tag folgt, an dem fünf Mitgliedstaaten des Europarats nach Artikel 7 ihre Zustimmung ausgedrückt haben, durch das Protokoll gebunden zu sein.

(2) Für jeden Mitgliedstaat, der später seine Zustimmung ausdrückt, durch das Protokoll gebunden zu sein, tritt es am ersten Tag des Monats in Kraft, der auf die Hinterlegung der Ratifikations-, Annahme- oder Genehmigungsurkunde folgt.

Artikel 9

Aufgaben des Verwahrers

Der Generalsekretär des Europarats notifiziert den Mitgliedstaaten des Rates

a) jede Unterzeichnung;

b) jede Hinterlegung einer Ratifikations-, Annahme- oder Genehmigungsurkunde;

c) jeden Zeitpunkt des Inkrafttretens dieses Protokolls nach den Artikeln 5 und 8;

d) jede andere Handlung, Notifikation oder Mitteilung im Zusammenhang mit diesem Protokoll.

Zu Urkund dessen haben die hierzu gehörig befugten Unterzeichneten dieses Protokoll unterschrieben.

Done at Strasbourg, this 28th day of April 1983, in English and French, both texts being equally authentic, in a single copy which shall be deposited in the archives of the Council of Europe. The Secretary General of the Council of Europe shall transmit certified copies to each member State of the Council of Europe.

Fait à Strasbourg, le 28 avril 1983, en français et en anglais, les deux textes faisant également foi, en un seul exemplaire, qui sera déposé dans les archives du Conseil de l'Europe. Le Secrétaire Général du Conseil de l'Europe en communiquera copie certifiée conforme à chacun des Etats membres du Conseil de l'Europe.

Geschehen zu Straßburg am 28. April 1983 in englischer und französischer Sprache, wobei jeder Wortlaut gleichermaßen verbindlich ist, in einer Urschrift, die im Archiv des Europarats hinterlegt wird. Der Generalsekretär des Europarats übermittelt allen Mitgliedstaaten des Europarats beglaubigte Abschriften.

5. Gesetz zu dem Protokoll Nr. 13 vom 3. Mai 2002 zur Konvention zum Schutz der Menschenrechte und Grundfreiheiten über die vollständige Abschaffung der Todesstrafe. Vom 5. Juli 2004

Der Bundestag hat das folgende Gesetz beschlossen:

Artikel 1

Dem in Wilna am 3. Mai 2002 von der Bundesrepublik Deutschland unterzeichneten Protokoll Nr. 13 zur Konvention zum Schutz der Menschenrechte und Grundfreiheiten über die vollständige Abschaffung der Todesstrafe wird zugestimmt. Das Protokoll wird nachstehend mit einer amtlichen deutschen Übersetzung veröffentlicht.

Artikel 2

(1) Dieses Gesetz tritt am Tage nach seiner Verkündung in Kraft.

(2) Der Tag, an dem das Protokoll nach seinem Artikel 7 Abs. 2 für die Bundesrepublik Deutschland in Kraft tritt, ist im Bundesgesetzblatt bekanntzugeben.

Protocol No. 13

to the Convention for the Protection of Human Rights and Fundamental Freedoms, Concerning the Abolition of the Death Penalty in all Circumstances

The member States of the Council of Europe signatory hereto,

Convinced that everyone's right to life is a basic value in a democratic society and that the abolition of the death penalty is essential for the protection of this right and for the full recognition of the inherent dignity of all human beings;

Wishing to strengthen the protection of the right to life guaranteed by the Convention for the Protection of Human Rights and Fundamental Freedoms signed at Rome on 4 November 1950 (hereinafter referred to as "the Convention");

Noting that Protocol No. 6 to the Convention, concerning the Abolition of the Death Penalty, signed at Strasbourg on 28 April 1983, does not exclude the death penalty in respect of acts committed in time of war or of imminent threat of war;

Protocole nº 13

à la Convention de sauvegarde des Droits de l'Homme et des Libertés Fondamentales relatif à l'abolition de la peine de mort en toutes circonstances

Les Etats membres du Conseil de l'Europe, signataires du présent Protocole,

Convaincus que le droit de toute personne à la vie est une valeur fondamentale dans une société démocratique, et que l'abolition de la peine de mort est essentielle à la protection de ce droit et à la pleine reconnaissance de la dignité inhérente à tous les êtres humains;

Souhaitant renforcer la protection du droit à la vie garanti par la Convention de sauvegarde des Droits de l'Homme et des Libertés Fondamentales signée à Rome le 4 novembre 1950 (ci-après dénommée «la Convention»);

Notant que le Protocole n° 6 à la Convention concernant l'abolition de la peine de mort, signé à Strasbourg le 28 avril 1983, n'exclut pas la peine de mort pour des actes commis en temps de guerre ou de danger imminent de guerre;

Protokoll Nr. 13

zur Konvention zum Schutz der Menschenrechte und Grundfreiheiten über die vollständige Abschaffung der Todesstrafe

(Übersetzung)

Die Mitgliedstaaten des Europarats, die dieses Protokoll unterzeichnen,

in der Überzeugung, dass in einer demokratischen Gesellschaft das Recht jedes Menschen auf Leben einen Grundwert darstellt und die Abschaffung der Todesstrafe für den Schutz dieses Rechts und für die volle Anerkennung der allen Menschen innewohnenden Würde von wesentlicher Bedeutung ist;

in dem Wunsch, den Schutz des Rechts auf Leben, der durch die am 4. November 1950 in Rom unterzeichnete Konvention zum Schutz der Menschenrechte und Grundfreiheiten (im Folgenden als „Konvention" bezeichnet) gewährleistet wird, zu stärken;

in Anbetracht dessen, dass das Protokoll Nr. 6 zur Konvention über die Abschaffung der Todesstrafe, das am 28. April 1983 in Straßburg unterzeichnet wurde, die Todesstrafe nicht für Taten ausschließt, die in Kriegszeiten oder bei unmittelbarer Kriegsgefahr begangen werden;

Being resolved to take the final step in order to abolish the death penalty in all circumstances,

Have agreed as follows:

Article 1

Abolition of the death penalty

The death penalty shall be abolished. No one shall be condemned to such penalty or executed.

Article 2

Prohibition of derogations

No derogation from the provisions of this Protocol shall be made under Article 15 of the Convention.

Article 3

Prohibition of reservations

No reservation may be made under Article 57 of the Convention in respect of the provisions of this Protocol.

Article 4

Territorial application

1 Any State may, at the time of signature or when depositing its instrument of ratification, acceptance or approval, specify the territory or territories to which this Protocol shall apply.

2 Any State may at any later date, by a declaration addressed to the Secretary General of the Council of Europe, extend the application of this Protocol to any other territory specified in the declaration. In respect of such territory the Protocol shall enter into force on the first day of the month following the expiration of a period of three months after the date of receipt of such declaration by the Secretary General.

3 Any declaration made under the two preceding paragraphs may, in respect of any territory specified in such declaration, be withdrawn or modified by a notification addressed to the Secretary General. The withdrawal or modification shall become effective on the first day of the month following the expiration of a period of three months after the date of receipt of such notification by the Secretary General.

Résolus à faire le pas ultime afin d'abolir la peine de mort en toutes circonstances,

Sont convenus de ce qui suit:

Article 1

Abolition de la peine de mort

La peine de mort est abolie. Nul ne peut être condamné à une telle peine ni exécuté.

Article 2

Interdiction de dérogations

Aucune dérogation n'est autorisée aux dispositions du présent Protocole au titre de l'article 15 de la Convention.

Article 3

Interdiction de réserves

Aucune réserve n'est admise aux dispositions du présent Protocole au titre de l'article 57 de la Convention.

Article 4

Application territoriale

1 Tout Etat peut, au moment de la signature ou au moment du dépôt de son instrument de ratification, d'acceptation ou d'approbation, désigner le ou les territoires auxquels s'appliquera le présent Protocole.

2 Tout Etat peut, à tout autre moment par la suite, par une déclaration adressée au Secrétaire Général du Conseil de l'Europe, étendre l'application du présent Protocole à tout autre territoire désigné dans la déclaration. Le Protocole entrera en vigueur à l'égard de ce territoire le premier jour du mois qui suit l'expiration d'une période de trois mois après la date de réception de la déclaration par le Secrétaire Général.

3 Toute déclaration faite en vertu des deux paragraphes précédents pourra être retirée ou modifiée, en ce qui concerne tout territoire désigné dans cette déclaration, par notification adressée au Secrétaire Général. Le retrait ou la modification prendra effet le premier jour du mois qui suit l'expiration d'une période de trois mois après la date de réception de la notification par le Secrétaire Général.

entschlossen, den letzten Schritt zu tun, um die Todesstrafe vollständig abzuschaffen,

haben Folgendes vereinbart:

Artikel 1

Abschaffung der Todesstrafe

Die Todesstrafe ist abgeschafft. Niemand darf zu dieser Strafe verurteilt oder hingerichtet werden.

Artikel 2

Verbot des Abweichens

Von diesem Protokoll darf nicht nach Artikel 15 der Konvention abgewichen werden.

Artikel 3

Verbot von Vorbehalten

Vorbehalte nach Artikel 57 der Konvention zu diesem Protokoll sind nicht zulässig.

Artikel 4

Räumlicher Geltungsbereich

(1) Jeder Staat kann bei der Unterzeichnung oder bei der Hinterlegung der Ratifikations-, Annahme- oder Genehmigungsurkunde einzelne oder mehrere Hoheitsgebiete bezeichnen, auf die dieses Protokoll Anwendung findet.

(2) Jeder Staat kann jederzeit danach durch eine an den Generalsekretär des Europarats gerichtete Erklärung die Anwendung dieses Protokolls auf jedes weitere in der Erklärung bezeichnete Hoheitsgebiet erstrecken. Das Protokoll tritt für dieses Hoheitsgebiet am ersten Tag des Monats in Kraft, der auf einen Zeitabschnitt von drei Monaten nach Eingang der Erklärung beim Generalsekretär folgt.

(3) Jede nach den Absätzen 1 und 2 abgegebene Erklärung kann in Bezug auf jedes darin bezeichnete Hoheitsgebiet durch eine an den Generalsekretär gerichtete Notifikation zurückgenommen oder geändert werden. Die Rücknahme oder Änderung wird am ersten Tag des Monats wirksam, der auf einen Zeitabschnitt von drei Monaten nach Eingang der Notifikation beim Generalsekretär folgt.

Article 5

Relationship to the Convention

As between the States Parties the provisions of Articles 1 to 4 of this Protocol shall be regarded as additional articles to the Convention, and all the provisions of the Convention shall apply accordingly.

Article 6

Signature and ratification

This Protocol shall be open for signature by member States of the Council of Europe which have signed the Convention. It is subject to ratification, acceptance or approval. A member State of the Council of Europe may not ratify, accept or approve this Protocol without previously or simultaneously ratifying the Convention. Instruments of ratification, acceptance or approval shall be deposited with the Secretary General of the Council of Europe.

Article 7

Entry into force

1 This Protocol shall enter into force on the first day of the month following the expiration of a period of three months after the date on which ten member States of the Council of Europe have expressed their consent to be bound by the Protocol in accordance with the provisions of Article 6.

2 In respect of any member State which subsequently expresses its consent to be bound by it, the Protocol shall enter into force on the first day of the month following the expiration of a period of three months after the date of the deposit of the instrument of ratification, acceptance or approval.

Article 8

Depositary functions

The Secretary General of the Council of Europe shall notify all the member States of the Council of Europe of:

a any signature;

b the deposit of any instrument of ratification, acceptance or approval;

c any date of entry into force of this Protocol in accordance with Articles 4 and 7;

d any other act, notification or communication relating to this Protocol.

Article 5

Relations avec la Convention

Les Etats Parties considèrent les articles 1 à 4 du présent Protocole comme des articles additionnels à la Convention, et toutes les dispositions de la Convention s'appliquent en conséquence.

Article 6

Signature et ratification

Le présent Protocole est ouvert à la signature des Etats membres du Conseil de l'Europe qui ont signé la Convention. Il sera soumis à ratification, acceptation ou approbation. Un Etat membre du Conseil de l'Europe ne peut ratifier, accepter ou approuver le présent Protocole sans avoir simultanément ou antérieurement ratifié la Convention. Les instruments de ratification, d'acceptation ou d'approbation seront déposés près le Secrétaire Général du Conseil de l'Europe.

Article 7

Entrée en vigueur

1 Le présent Protocole entrera en vigueur le premier jour du mois qui suit l'expiration d'une période de trois mois après la date à laquelle dix Etats membres du Conseil de l'Europe auront exprimé leur consentement à être liés par le présent Protocole conformément aux dispositions de son article 6.

2 Pour tout Etat membre qui exprimera ultérieurement son consentement à être lié par le présent Protocole, celui-ci entrera en vigueur le premier jour du mois qui suit l'expiration d'une période de trois mois après la date du dépôt de l'instrument de ratification, d'acceptation ou d'approbation.

Article 8

Fonctions du dépositaire

Le Secrétaire Général du Conseil de l'Europe notifiera à tous les Etats membres du Conseil de l'Europe:

a toute signature;

b le dépôt de tout instrument de ratification, d'acceptation ou d'approbation;

c toute date d'entrée en vigueur du présent Protocole conformément à ses articles 4 et 7;

d tout autre acte, notification ou communication, ayant trait au présent Protocole.

Artikel 5

Verhältnis zur Konvention

Die Vertragsstaaten betrachten die Artikel 1 bis 4 dieses Protokolls als Zusatzartikel zur Konvention; alle Bestimmungen der Konvention sind dementsprechend anzuwenden.

Artikel 6

Unterzeichnung und Ratifikation

Dieses Protokoll liegt für die Mitgliedstaaten des Europarats, welche die Konvention unterzeichnet haben, zur Unterzeichnung auf. Es bedarf der Ratifikation, Annahme oder Genehmigung. Ein Mitgliedstaat des Europarats kann dieses Protokoll nur ratifizieren, annehmen oder genehmigen, wenn er die Konvention gleichzeitig ratifiziert oder bereits zu einem früheren Zeitpunkt ratifiziert hat. Die Ratifikations-, Annahme- oder Genehmigungsurkunden werden beim Generalsekretär des Europarats hinterlegt.

Artikel 7

Inkrafttreten

(1) Dieses Protokoll tritt am ersten Tag des Monats in Kraft, der auf einen Zeitabschnitt von drei Monaten nach dem Tag folgt, an dem zehn Mitgliedstaaten des Europarats nach Artikel 6 ihre Zustimmung ausgedrückt haben, durch das Protokoll gebunden zu sein.

(2) Für jeden Mitgliedstaat, der später seine Zustimmung ausdrückt, durch dieses Protokoll gebunden zu sein, tritt es am ersten Tag des Monats in Kraft, der auf einen Zeitabschnitt von drei Monaten nach der Hinterlegung der Ratifikations-, Annahme- oder Genehmigungsurkunde folgt.

Artikel 8

Aufgaben des Verwahrers

Der Generalsekretär des Europarats notifiziert allen Mitgliedstaaten des Europarats

a) jede Unterzeichnung;

b) jede Hinterlegung einer Ratifikations-, Annahme- oder Genehmigungsurkunde;

c) jeden Zeitpunkt des Inkrafttretens dieses Protokolls nach Artikel 4 und 7;

d) jede andere Handlung, Notifikation oder Mitteilung im Zusammenhang mit diesem Protokoll.

In witness whereof the undersigned, being duly authorised thereto, have signed this Protocol.

Done at Vilnius, this 3 May 2002, in English and in French, both texts being equally authentic, in a single copy which shall be deposited in the archives of the Council of Europe. The Secretary General of the Council of Europe shall transmit certified copies to each member State of the Council of Europe.

En foi de quoi, les soussignés, dûment autorisés à cet effet, ont signé le présent Protocole.

Fait à Vilnius, le 3 mai 2002, en français et en anglais, les deux textes faisant également foi, en un seul exemplaire qui sera déposé dans les archives du Conseil de l'Europe. Le Secrétaire Général du Conseil de l'Europe en communiquera copie certifiée conforme à chacun des Etats membres du Conseil de l'Europe.

Zu Urkund dessen haben die hierzu gehörig befugten Unterzeichneten dieses Protokoll unterschrieben.

Geschehen zu Wilna am 3. Mai 2002 in englischer und französischer Sprache, wobei jeder Wortlaut gleichermaßen verbindlich ist, in einer Urschrift, die im Archiv des Europarats hinterlegt wird. Der Generalsekretär des Europarats übermittelt allen Mitgliedstaaten des Europarats beglaubigte Abschriften.

6. Gesetz zu dem Internationalen Pakt vom 19. Dezember 1966 über bürgerliche und politische Rechte. Vom 15. November 1973

(BGBl. II S. 1533)

Der Bundestag hat mit Zustimmung des Bundesrates das folgende Gesetz beschlossen:

Artikel 1

Dem in New York am 9. Oktober 1968 von der Bundesrepublik Deutschland unterzeichneten Internationalen Pakt vom 19. Dezember 1966 über bürgerliche und politische Rechte wird mit folgender Maßgabe zugestimmt:

1. Artikel 19, 21 und 22 in Verbindung mit Artikel 2 Abs. 1 des Paktes werden in dem Artikel 16 der Konvention zum Schutze der Menschenrechte und Grundfreiheiten vom 4. November 1950 entsprechenden Rahmen angewandt.
2. Artikel 14 Abs. 3 Buchstabe d des Paktes wird derart angewandt, daß die persönliche Anwesenheit eines nicht auf freiem Fuß befindlichen Angeklagten zur Revisionshauptverhandlung in das Ermessen des Gerichts gestellt wird.
3. Artikel 14 Abs. 5 des Paktes wird derart angewandt, daß
   a) ein weiteres Rechtsmittel nicht in allen Fällen allein deshalb eröffnet werden muß, weil der Beschuldigte in der Rechtsmittelinstanz erstmals verurteilt worden ist, und
   b) bei Straftaten von geringer Schwere die Überprüfung eines nicht auf Freiheitsstrafe lautenden Urteils durch ein Gericht höherer Instanz nicht in allen Fällen ermöglicht werden muß.
4. Artikel 15 Abs. 1 des Paktes wird derart angewandt, daß im Falle einer Milderung der zur Zeit in Kraft befindlichen Strafvorschriften in bestimmten Ausnahmefällen das bisher geltende Recht auf Taten, die vor der Gesetzesänderung begangen wurden, anwendbar bleiben kann.

Der Pakt wird nachstehend veröffentlicht.

Artikel 2

Dieses Gesetz gilt auch im Land Berlin, sofern das Land Berlin die Anwendung dieses Gesetzes feststellt.

Artikel 3

(1) Dieses Gesetz tritt am Tage nach seiner Verkündung in Kraft.

(2) Der Tag, an dem der Pakt nach seinem Artikel 49 Abs. 1 für die Bundesrepublik Deutschland in Kraft tritt, ist im Bundesgesetzblatt bekanntzugeben.*)

International Covenant on Civil and Political Rights	**Pacte international relatif aux droits civils et politiques**	**Internationaler Pakt über bürgerliche und politische Rechte**
Preamble	**Préambule**	**Präambel**
THE STATES PARTIES TO THE PRESENT COVENANT,	LES ETATS PARTIES AU PRESENT PACTE,	DIE VERTRAGSSTAATEN DIESES PAKTES,
CONSIDERING that, in accordance with the principles proclaimed in the	CONSIDERANT que, conformément aux principes énoncés dans la Charte	IN DER ERWÄGUNG, daß nach den in der Charta der Vereinten Nationen ver-

*) Der IPBPR ist für die Bundesrepublik am 23. 3. 1976 in Kraft getreten (BGBl. II S. 1086). Die Zuständigkeit des Ausschusses nach Art. 41 IPBPR wurde nur zeitlich befristet (jeweils 5 Jahre) anerkannt.

Charter of the United Nations, recognition of the inherent dignity and of the equal and inalienable rights of all members of the human family is the foundation of freedom, justice and peace in the world,

RECOGNIZING that these rights derive from the inherent dignity of the human person,

RECOGNIZING that, in accordance with the Universal Declaration of Human Rights, the ideal of free human beings enjoying civil and political freedom and freedom from fear and want can only be achieved if conditions are created whereby everyone may enjoy his civil and political rights, as well as his economic, social and cultural rights,

CONSIDERING the obligation of States under the Charter of the United Nations to promote universal respect for, and observance of, human rights and freedoms,

REALIZING that the individual, having duties to other individuals and to the community to which he belongs, is under a responsibility to strive for the promotion and observance of the rights recognized in the present Covenant,

AGREE upon the following articles:

Part I

Article 1

1. All peoples have the right of self-determination. By virtue of that right they freely determine their political status and freely pursue their economic, social and cultural development.

2. All peoples may, for their own ends, freely dispose of their natural wealth and resources without prejudice to any obligations arising out of international economic co-operation, based upon the principle of mutual benefit, and international law. In no case may a people be deprived of its own means of subsistence.

3. The States Parties to the present Covenant, including those having responsibility for the administration of Non-Self-Governing and Trust Territories, shall promote the realization of the right of self-determination, and shall respect that

des Nations Unies, la reconnaissance de la dignité inhérente à tous les membres de la famille humaine et de leurs droits égaux et inaliénables constitue le fondement de la liberté, de la justice et de la paix dans le monde,

RECONNAISSANT que ces droits découlent de la digneté inhérente à la personne humaine,

RECONNAISSANT que, conformément à la Déclaration universelle des droits de l'homme, l'idéal de l'être humain libre, jouissant des libertés civiles et politiques et libéré de la crainte et de la misère, ne peut être réalisé que si des conditions permettant à chacun de jouir de ses droits civils et politiques, aussi bien que de ses droits économiques, sociaux et culturels, sont créés,

CONSIDERANT que la Charte des Nations Unies impose aux Etats l'obligation de promouvoir le respect universel et effectif des droits et des libertés de l'homme,

PRENANT en considération le fait que l'individu a des devoirs envers autrui et envers la collectivité à laquelle il appartient et est tenu de s'efforcer de promouvoir et de respecter les droits reconnus dans le présent Pacte,

SONT CONVENUS des articles suivants:

Première Partie

Article premier

1. Tous les peuples ont le droit de disposer d'eux-mêmes. En vertu de ce droit, ils déterminent librement leur statut politique et assurent librement leur dèveloppement économique, social et culturel.

2. Pour atteindre leurs fins, tous les peuples peuvent disposer librement de leurs richesses et de leurs ressources naturelles, sans préjudice des obligations qui découlent de la coopération économique internationale, fondée sur le principe de l'intérêt mutuel, et du droit international. En aucun cas, un peuple ne pourra être privé de ses propres moyens de subsistance.

3. Les Etats parties au présent Pacte, y compris ceux qui ont la responsabilité d'administrer des territoires non autonomes et des Territoires sous tutelle, sont tenus de faciliter la réalisation du droit des peuples á disposer d'eux-

kündeten Grundsätzen die Anerkennung der allen Mitgliedern der menschlichen Gesellschaft innewohnenden Würde und der Gleichheit und Unveräußerlichkeit ihrer Rechte die Grundlage von Freiheit, Gerichtigkeit und Frieden in der Welt bildet,

IN DER ERKENNTNIS, daß sich diese Rechte aus der dem Menschen innewohnenden Würde herleiten,

IN DER ERKENNTNIS, daß nach der Allgemeinen Erklärung der Menschenrechte das Ideal vom freien Menschen, der bürgerliche und politische Freiheit genießt und frei von Furcht und Not lebt, nur verwirklicht werden kann, wenn Verhältnisse geschaffen werden, in denen jeder seine bürgerlichen und politischen Rechte ebenso wie seine wirtschaftlichen, sozialen und kulturellen Rechte genießen kann,

IN DER ERWÄGUNG, daß die Charta der Vereinten Nationen die Staaten verpflichtet, die allgemeine und wirksame Achtung der Rechte und Freiheiten des Menschen zu fördern,

IM HINBLICK DARAUF, daß der einzelne gegenüber seinen Mitmenschen und der Gemeinschaft, der er angehört, Pflichten hat und gehalten ist, für die Förderung und Achtung der in diesem Pakt anerkannten Rechte einzutreten,

VEREINBAREN folgende Artikel:

Teil I

Artikel 1

(1) Alle Völker haben das Recht auf Selbstbestimmung. Kraft dieses Rechts entscheiden sie frei über ihren politischen Status und gestalten in Freiheit ihre wirtschaftliche, soziale und kulturelle Entwicklung.

(2) Alle Völker können für ihre eigenen Zwecke frei über ihre natürlichen Reichtümer und Mittel verfügen, unbeschadet aller Verpflichtungen, die aus der internationalen wirtschaftlichen Zusammenarbeit auf der Grundlage des gegenseitigen Wohles sowie aus dem Völkerrecht erwachsen. In keinem Falle darf ein Volk seiner eigenen Existenzmittel beraubt werden.

(3) Die Vertragsstaaten, einschließlich der Staaten, die für die Verwaltung von Gebieten ohne Selbstregierung und von Treuhandgebieten verantwortlich sind, haben entsprechend den Bestimmungen der Charta der Vereinten Nationen die

right, in conformity with the provisions of the Charter of the United Nations.

mêmes, et de respecter ce droit, conformément aux dispositions de la Charte des Nations Unies.

Verwirklichung des Rechts auf Selbstbestimmung zu fördern und dieses Recht zu achten.

Part II

Article 2

1. Each State Party to the present Covenant undertakes to respect and to ensure to all individuals within its territory and subject to its jurisdiction the rights recognized in the present Covenant, without distinction of any kind, such as race, colour, sex, language, religion, political or other opinion, national or social origin, property, birth or other status.

2. Where not already provided for by existing legislative or other measures, each State Party to the present Covenant undertakes to take the necessary steps, in accordance with its constitutional processes and with the provisions of the present Covenant, to adopt such legislative or other measures as may be necessary to give effect to the rights recognized in the present Covenant.

3. Each State Party to the present Covenant undertakes:

(a) To ensure that any person whose rights or freedoms as herein recognized are violated shall have an effective remedy, notwithstanding that the violation has been committed by persons acting in an official capacity;

(b) To ensure that any person claiming such a remedy shall have his right thereto determined by competent judicial, administrative or legislative authorities, or by any other competent authority provided for by the legal system of the State, and to develop the possibilities of judicial remedy;

(c) To ensure that the competent authorities shall enforce such remedies when granted.

Article 3

The State Parties to the present covenant undertake to ensure the equal right of men and women to the enjoyment of all civil and political rights set forth in the present Covenant.

Deuxième Partie

Article 2

1. Les Etats parties au présent Pacte s'engagent à respecter et à garantier à tous les individus se trouvant sur leur territoire et relevant de leur compétence les droits reconnus dans le présent Pacte, sans distinction aucune, notamment de race, de couleur, de sexe, de langue, de religion, d'opinion politique ou de toute autre opinion d'origine nationale ou sociale, de fortune, de naissance ou de toute autre situation.

2. Les Etats parties au présent Pacte s'engagent à prendre, en accord avec leurs procédures constitutionelles et avec les dispositions du présent Pacte, les arrangements devant permettre l'adoption de telles mesures d'ordre législatif ou autre, propres à donner effet aux droits reconnus dans le présent Pacte qui ne seraient pas déjà en vigueur.

3. Les Etats parties au présent Pacte s'engagent à:

a) Garantir que toute personne dont les droits et libertés reconnus dans le présent Pacte auront été violeés disposera d'un recours utile, alors même que la violation aurait été commise par des personnes agissant dans l'exercice de leurs fonctions officielles;

b) Garantir que l'autorité compétente, judiciaire, administrative ou législative ou toute autre autorité compétente selon la législation de l'Etat, statuera sur les droits de la personne qui forme le recours et à développer les possibilités de recours juridictionnel;

c) Garantir la bonne suite donnée par les autorités compétentes à tout recours qui aura été reconnu justifié.

Article 3

Les Etats parties au présent Pacte s'engagent à assurer le droit égal des hommes et des femmes de jouir de tous les droits civils et politiques énoncés dans le présent Pacte.

Teil II

Artikel 2

(1) Jeder Vertragsstaat verpflichtet sich, die in diesem Pakt anerkannten Rechte zu achten und sie allen in seinem Gebiet befindlichen und seiner Herrschaftsgewalt unterstehenden Personen ohne Unterschied wie insbesondere der Rasse, der Hautfarbe des Geschlechts, der Sprache, der Religion, der politischen oder sonstigen Anschauung, der nationalen oder sozialen Herkunft, des Vermögens, der Geburt oder des sonstigen Status zu gewährleisten.

(2) Jeder Vertragsstaat verpflichtet sich, im Einklang mit seinem verfassungsmäßigen Verfahren und mit den Bestimmungen dieses Paktes die erforderlichen Schritte zu unternehmen, um die gesetzgeberischen oder sonstigen Vorkehrungen zu treffen, die notwendig sind, um den in diesem Pakt anerkannten Rechten Wirksamkeit zu verleihen, soweit solche Vorkehrungen nicht bereits getroffen worden sind.

(3) Jeder Vertragsstaat verpflichtet sich,

a) dafür Sorge zu tragen, daß jeder, der in seinen in diesem Pakt anerkannten Rechten oder Freiheiten verletzt worden ist, das Recht hat, eine wirksame Beschwerde einzulegen, selbst wenn die Verletzung von Personen begangen worden ist, die in amtlicher Eigenschaft gehandelt haben;-

b) dafür Sorge zu tragen, daß jeder, der eine solche Beschwerde erhebt, sein Recht durch das zuständige Gerichts-, Verwaltungs- oder Gesetzgebungsorgan oder durch eine andere, nach den Rechtsvorschriften des Staates zuständige Stelle feststellen lassen kann, und den gerichtlichen Rechtsschutz auszubauen;

c) dafür Sorge zu tragen, daß die zuständigen Stellen Beschwerden, denen stattgegeben wurde, Geltung verschaffen.

Artikel 3

Die Vertragsstaaten verpflichten sich, die Gleichberechtigung von Mann und Frau bei der Ausübung aller in diesem Pakt festgelegten bürgerlichen und politischen Rechte sicherzustellen.

Aricle 4

1. In time of public emergency which threatens the life of the nation and the existence of which is officially proclaimed, the States Parties to the present Covenant may take measures derogating from their obligations under the present Covenant to the extent strictly required by the exigencies of the situation, provided that such measures are not inconsistent with their other obligations under international law and do not involve discrimination solely on the ground of race, colour, sex, language, religion or social origin.

2. No derogation from article 6, 7, 8 (paragraphs 1 and 2), 11, 15, 16 and 18 may be made under this provision.

3. Any State Party to the present Covenant availing itself of the right of derogation shall immediately inform the other States Parties to the present Covenant, through the intermediary of the Secretary-General of the United Nations, of the provisions from which it has derogated and of the reasons by which it was actuated. A further communication shall be made, through the same intermediary, on the date on which it terminates such derogation.

Article 5

1. Nothing in the present Covenant may be interpreted as implying for any State, group or person any right to engage in any activity or perform any act aimed at the destruction of any of the rights and freedoms recognized herein or at their limitation to a greater extent than is provided for in the present Covenant.

2. There shall be no restriction upon or derogation from any of the fundamental human rights recognized or existing in any State Party to the present Covenant pursuant to law, conventions, regulations or custom on the pretext that the present Covenant does not recognize such rights or that it recognizes them to a lesser extent.

Part III

Article 6

1. Every human being has the inherent right to life. This right shall be protected by law. No one shall be arbitrarily deprived of his life.

2. In countries which have not abol-

Article 4

1. Dans le cas où danger public exceptionnel menace l'existence de la nation et est proclamé par un acte officiel, les Etats parties au présent Pacte peuvent prendre, dans la stricte mesure où la situation l'exige, des mesures dérogeant aux obligations prévues dans le présent Pacte, sous réserve que ces mesures ne soient pas incompatibles avec les autres obligations que leur impose le droit international et qu'elles n'entraînent pas une discrimination fondée uniquement sur la race, la couleur, le sexe, la langue, la religion ou l'origine sociale.

2. La disposition précédente n'autorise aucune dérogation aux article 6, 7, 8 (Par. 1 et 2), 11, 15, 16 et 18.

3. Les Etats parties au présent Pacte qui usent du droit de dérogation doivent, par l'entremise du Secrétaire général de l'Organisation des Nations Unies, signaler aussitôt aux autres Etats parties les dispositions auxquelles ils ont dérogé ainsi que les motifs qui ont provoqué cette dérogation. Une nouvelle communication sera faite par la même entremise, à la date à laquelle ils ont mis fin à ces dérogations.

Article 5

1. Aucune disposition du présent Pacte ne peut être interprétée comme impliquant pour un Etat, un groupement ou un individu, un droit quelconque de se livrer à une activité ou d'accomplir un acte visant à la destruction des droits et des libertés reconnus dans le présent Pacte ou à des limitations plus amples que celles prévues audit Pacte.

2. Il ne peut être admis aucune restriction ou dérogation aux droits fondamentaux de l'homme reconnus ou en vigueur dans tout Etat partie au présent Pacte en application de lois, de conventions, de règlements ou de coutumes, sous prétexte que le présent Pacte ne les reconnaît pas ou les reconnaît à un moindre degré.

Troisième Partie

Article 6

1. Le droit à la vie est inhérent à la personne humaine. Ce droit doit être protégé par la loi. Nul ne peut être arbitrairement privé de la vie.

2. Dans les pays où la peine de mort

Artikel 4

(1) Im Falle eines öffentlichen Notstandes, der das Leben der Nation bedroht und der amtlich verkündet ist, können die Vertragsstaaten Maßnahmen ergreifen, die ihre Verpflichtungen aus diesem Pakt in dem Umfang, den die Lage unbedingt erfordert, außer Kraft setzen, vorausgesetzt, daß diese Maßnahmen ihren sonstigen völkerrechtlichen Verpflichtungen nicht zuwiderlaufen und keine Diskriminierung allein wegen der Rasse, der Hautfarbe, des Geschlechts, der Sprache, der Religion oder der sozialen Herkunft enthalten.

(2) Auf Grund der vorstehenden Bestimmung dürfen die Artikel 6, 7, 8 (Absätze 1 und 2), 11, 15, 16 und 18 nicht außer Kraft gesetzt werden.

(3) Jeder Vertragsstaat, der das Recht, Verpflichtungen außer Kraft zu setzen, ausübt, hat den übrigen Vertragsstaaten durch Vermittlung des Generalsekretärs der Vereinten Nationen unverzüglich mitzuteilen, welche Bestimmungen er außer Kraft gesetzt hat und welche Gründe ihn dazu veranlaßt haben. Auf demselben Wege ist durch eine weitere Mitteilung der Zeitpunkt anzugeben, in dem eine solche Maßnahme endet.

Artikel 5

(1) Keine Bestimmung dieses Paktes darf dahin ausgelegt werden, daß sie für einen Staat, eine Gruppe oder eine Person das Recht begründet, eine Tätigkeit auszuüben oder eine Handlung zu begehen, die auf die Abschaffung der in diesem Pakt anerkannten Rechte und Freiheiten oder auf weitergehende Beschränkungen dieser Rechte und Freiheiten, als in dem Pakt vorgesehen, hinzielt.

(2) Die in einem Vertragsstaat durch Gesetze, Übereinkommen, Verordnungen oder durch Gewohnheitsrecht anerkannten oder bestehenden grundlegenden Menschenrechte dürfen nicht unter dem Vorwand beschränkt oder außer Kraft gesetzt werden, daß dieser Pakt derartige Rechte nicht oder nur in einem geringeren Ausmaße anerkenne.

Teil III

Artikel 6

(1) Jeder Mensch hat ein angeborenes Recht auf Leben. Dieses Recht ist gesetzlich zu schützen. Niemand darf willkürlich seines Lebens beraubt werden.

(2) In Staaten, in denen die Todesstrafe

ished the death penalty, sentence of death may be imposed only for the most serious crimes in accordance with the law in force at the time of the commission of the crime and not contrary to the provisions of the present Covenant and to the Convention on the Prevention and Punishment of the Crime of Genocide. This penalty can only be carried out pursuant to a final judgement rendered by a competent court.

3. When deprivation of life constitutes the crime of genocide, it is understood that nothing in this article shall authorize any State Party to the present Covenant to derogate in any way from any obligation assumed under the provisions of the Convention on the Prevention and Punishment of the Crime of Genocide.

4. Anyone sentenced to death shall have the right to seek pardon or commutation of the sentence. Amnesty, pardon or commutation of the sentence of death may be granted in all cases.

5. Sentence of death shall not be imposed for crimes committed by persons below eighteen years of age and shall not be carried out on pregnant women.

6. Nothing in this article shall be invoked to delay or to prevent the abolition of capital punishment by any State Party to the present Covenant.

Article 7

No one shall be subjected to torture or to cruel, inhuman or degrading treatment or punishment. In particular, no one shall be subjected without his free consent to medical or scientific experimentation.

Article 8

1. No one shall be held in slavery; slavery and the slave-trade in all their forms shall be prohibited.

2. No one shall be held in servitude.

3. (a) No one shall be required to perform forced or compulsory labour;

(b) Paragraph 3 (a) shall not be held to preclude, in countries where imprisonment with hard labour may be imposed as a punishment for a crime, the performance of hard labour in pursuance of a

n'a pas été abolie, une sentence de mort ne peut être prononcée que pour les crimes les plus graves, conformément à la législation en vigueur au moment où le crime a été commis et qui ne doit pas être en contradiction avec les dispositions du prrésent Pacte, ni avec la Convention pour la prévention et la répression du crime de génocide. Cette peine ne peut être appliquée qu'en vertu d'un jugement définitif rendu par un tribunal compétent.

3. Lorsque la privation de la vie constitue le crime de génocide, il est entendu qu'aucune disposition du présent article n'autorise un Etat partie au présent Pacte à déroger d'aucune manière à une obligation quelconque assumée en vertu des dispositions de la Convention pour la prévention et la répression du crime de génocide.

4. Tout condamné à mort a le droit de solliciter la grâce ou la commutation de la peine. L'amnistie, la grâce ou la commutation de la peine de mort peuvent dans tous les cas être accordées.

5. Une sentence de mort ne peut être imposée pour des crimes commis par des personnes âgées de moins de 18 ans et ne peut être exécutée contre des femmes enceintes.

6. Aucune disposition du présent article ne peut être invoquée pour retarder ou empêcher l'abolition de la peine capitale par un Etat partie au présent Pacte.

Article 7

Nul ne sera soumis à la torture ni à des peines ou traitements cruels, inhumains ou dégradants. En particulier, il est interdit de soumettre une personne sans son libre consentement à une expérience médicale ou scientifique.

Article 8

1. Nul ne sera tenu en esclavage; l'esclavage et la traite des esclaves, sous toutes leurs formes, sont interdits.

2. Nul ne sera tenu en servitude.

3. a) Nul ne sera astreint à accomplir un travail forcé ou obligatoire;

b) L'alinéa a du présent paragraphe ne saurait être interprété comme interdisant, dans les pays où certains crimes peuvent être punis de détention accompagnée de travaux forcés, l'accomplissement d'une

nicht abgeschafft worden ist, darf ein Todesurteil nur für schwerste Verbrechen auf Grund von Gesetzen verhängt werden, die zur Zeit der Begehung der Tat in Kraft waren und die den Bestimmungen dieses Paktes und der Konvention über die Verhütung und Bestrafung des Völkermordes nicht widersprechen. Diese Strafe darf nur auf Grund eines von einem zuständigen Gericht erlassenen rechtskräftigen Urteils vollstreckt werden.

(3) Erfüllt die Tötung den Tatbestand des Völkermordes, so ermächtigt dieser Artikel die Vertragsstaaten nicht, sich in irgendeiner Weise einer Verpflichtung zu entziehen, die sie nach den Bestimmungen der Konvention über die Verhütung und Bestrafung des Völkermordes übernommen haben.

(4) Jeder zum Tode Verurteilte hat das Recht, um Begnadigung oder Umwandlung der Strafe zu bitten. Amnestie, Begnadigung oder Umwandlung der Todesstrafe kann in allen Fällen gewährt werden.

(5) Die Todesstrafe darf für strafbare Handlungen, die von Jugendlichen unter 18 Jahren begangen worden sind, nicht verhängt und an schwangeren Frauen nicht vollstreckt werden.

(6) Keine Bestimmung dieses Artikels darf herangezogen werden, um die Abschaffung der Todesstrafe durch einen Vertragsstaat zu verzögern oder zu verhindern.

Artikel 7

Niemand darf der Folter oder grausamer, unmenschlicher oder erniedrigender Behandlung oder Strafe unterworfen werden. Insbesondere darf niemand ohne seine freiwillige Zustimmung medizinischen oder wissenschaftlichen Versuchen unterworfen werden.

Artikel 8

(1) Niemand darf in Sklaverei gehalten werden; Sklaverei und Sklavenhandel in allen ihren Formen sind verboten.

(2) Niemand darf in Leibeigenschaft gehalten werden.

(3) a) Niemand darf gezwungen werden, Zwangs- oder Pflichtarbeit zu verrichten;

b) Buchstabe a ist nicht so auszulegen, daß er in Staaten, in denen bestimmte Straftaten mit einem mit Zwangsarbeit verbundenen Freiheitsentzug geahndet werden können, die Leistung von

sentence to such punishment by a competent court;

(c) For the purpose of this paragraph the term "forced or compulsory labour" shall not include:

(i) Any work or service, not referred to in sub-paragraph (b), normally required of a person who is under detention in consequence of a lawful order of a court, or of a person during conditional release from such detention;

(ii) Any service of a military character and, in countries where conscientious objection is recognized, any national service required by law of conscientious objectors;

(iii) Any service exacted in cases of emergency or calamity threatening the life or well-being of the community;

(iv) Any work or service which forms part of normal civil obligations.

Article 9

1. Everyone has the right to liberty and security of person. No one shall be subjected to arbitrary arrest or detention. No one shall be deprived of his liberty except on such grounds and in accordance with such procedure as are established by law.

2. Anyone who is arrested shall be informed, at the time of arrest, of the reasons for his arrest and shall be promptly informed of any charges against him.

3. Anyone arrested or detained on a criminal charge shall be brought promptly before a judge or other officer authorized by law to exercise judicial power and shall be entitled to trial within a reasonable time or to release. It shall not be the general rule that persons awaiting trial shall be detained in custody, but release may be subject to guarantees to appear for trial, at any other stage of the judicial proceedings, and, should occasion arise, for execution of the judgement.

4. Anyone who is deprived of his liberty

peine de travaux forcés, infligée par un tribunal compétent;

c) N'est pas considéré comme »travail forcé ou obligatoire« au sens du présent paragraphe:

i) Tout travail ou service, non visé à l'alinéa b, normalement requis d'un individu qui est détenu en vertu d'une décision de justice régulière ou qui, ayant fait l'objet d'une telle décision, est libéré conditionnellement;

ii) Tout service de caractère militaire et, dans les pays où l'objection de conscience est admise, tout service national exigé des objecteurs de conscience en vertu de la loi;

iii) Tout service exigé dans les cas de force majeure ou de sinistres qui menacent la vie ou le bienêtre de la communauté;

iv) Tout travail ou tout service formant partie des obligations civiques normales.

Article 9

1. Tout individu a droit à la liberté et à la sécurité de sa personne. Nul ne peut faire l'objet d'une arrestation ou d'une détention arbitraires. Nul ne peut être privé de sa liberté, si ce n'est pour des motifs et conformément à la procédure prévus par la loi.

2. Tout individu arrêté sera informé, au moment de son arrestation, des raisons de cette arrestation et recevra notification, dans le plus court délai, de toute accusation portée contre lui.

3. Tout individu arrêté ou détenu du chef d'une infraction pénale sera traduit dans le plus court délai devant un juge ou une autre autorité habilitée par la loi à exercer des fonctions judiciaires, et devra être jugé dans un délai raisonnable ou libéré. La détention de personnes qui attendent de passer en jugement ne doit pas être de règle, mais la mise en liberté peut être subordonnée à des garanties assurant la comparution de l'intéressé à l'audience, à tous les autres actes de la procédure et, le cas échéant, pour l'exécution du jugement.

4. Quiconque se trouve privé de sa li-

Zwangsarbeit auf Grund einer Verurteilung durch ein zuständiges Gericht ausschließt;

c) als „Zwangs- oder Pflichtarbeit" im Sinne dieses Absatzes gilt nicht

i) jede nicht unter Buchstabe b genannte Arbeit oder Dienstleistung, die normalerweise von einer Person verlangt wird, der auf Grund einer rechtmäßigen Gerichtsentscheidung die Freiheit entzogen oder die aus einem solchen Freiheitsentzug bedingt entlassen worden ist;

ii) jede Dienstleistung militärischer Art sowie in Staaten, in denen die Wehrdienstverweigerung aus Gewissensgründen anerkannt wird, jede für Wehrdienstverweigerer gesetzlich vorgeschriebene nationale Dienstleistung;

iii) jede Dienstleistung im Falle von Notständen oder Katastrophen, die das Leben oder das Wohl der Gemeinschaft bedrohen;

iv) jede Arbeit oder Dienstleistung, die zu den normalen Bürgerpflichten gehört.

Artikel 9

(1) Jedermann hat ein Recht auf persönliche Freiheit und Sicherheit. Niemand darf willkürlich festgenommen oder in Haft gehalten werden. Niemand darf seine Freiheit entzogen werden, es sei denn aus gesetzlich bestimmten Gründen und unter Beachtung des im Gesetz vorgeschriebenen Verfahrens.

(2) Jeder Festgenommene ist bei seiner Festnahme über die Gründe der Festnahme zu unterrichten und die gegen ihn erhobenen Beschuldigungen sind ihm unverzüglich mitzuteilen.

(3) Jeder, der unter dem Vorwurf einer strafbaren Handlung festgenommen worden ist oder in Haft gehalten wird, muß unverzüglich einem Richter oder einer anderen gesetzlich zur Ausübung richterlicher Funktionen ermächtigten Amtsperson vorgeführt werden und hat Anspruch auf ein Gerichtsverfahren innerhalb angemessener Frist oder auf Entlassung aus der Haft. Es darf nicht die allgemeine Regel sein, daß Personen, die eine gerichtliche Aburteilung erwarten, in Haft gehalten werden, doch kann die Freilassung davon abhängig gemacht werden, daß für das Erscheinen zur Hauptverhandlung oder zu jeder anderen Verfahrenshandlung und gegebenenfalls zur Vollstreckung des Urteils Sicherheit geleistet wird.

(4) Jeder, dem seine Freiheit durch

by arrest or detention shall be entitled to take proceedings before a court, in order that that court may decide without delay on the lawfulness of his detention and order his release if the detention is not lawful.

5. Anyone who has been the victim of unlawful arrest or detention shall have an enforceable right to compensation.

berté par arrestation ou détention a le droit d'introduire un recours devant un tribunal afin que celui-ci statue sans délai sur la légalité de sa détention et ordonne sa libération si la détention est illégale.

5. Tout individu victime d'arrestation ou de détention illégales a droit à réparation.

Festnahme oder Haft entzogen ist, hat das Recht, ein Verfahren vor einem Gericht zu beantragen, damit dieses unverzüglich über die Rechtmäßigkeit der Freiheitsentziehung entscheiden und seine Entlassung anordnen kann, falls die Freiheitsentziehung nicht rechtmäßig ist.

(5) Jeder, der unrechtmäßig festgenommen oder in Haft gehalten worden ist, hat einen Anspruch auf Entschädigung.

Article 10

1. All persons deprived of their liberty shall be treated with humanity and with respect for the inherent dignity of the human person.

2. (a) Accused persons shall, save in exceptional circumstances, be segregated from convicted persons and shall be subject to separate treatment appropriate to their status as unconvicted persons;

(b) Accused juvenile persons shall be separated from adults and brought as speedily as possible for adjudication.

3. The penitentiary system shall comprise treatment of prisoners the essential aim of which shall be their reformation and social rehabilitation. Juvenile offenders shall be segregated from adults and be accorded treatment appropriate to their age and legals status.

Article 10

1. Toute personne privée de sa liberté est traitée avec humanité et avec le respect de la dignité inhérente à la personne humaine.

2. a) Les prévenus sont, sauf dans des circonstances exceptionnelles, séparés des condamnés et sont soumis à un régime distinct, approprié à leur condition de personnes non condamnées;

b) Les jeunes prévenus sont séparés des adultes et il est décidéde leur cas aussi rapidement que possible.

3. Le régime pénitentiaire comporte un traitement des condamnés dont le but essentiel est leur amendement et leur reclassement social. Les jeunes délinquants sont séparés des adultes et soumis à un régime approprié à leur âge et à leur statut légal.

Artikel 10

(1) Jeder, dem seine Freiheit entzogen ist, muß menschlich und mit Achtung vor der dem Menschen innewohnenden Würde behandelt werden.

(2) a) Beschuldigte sind, abgesehen von außergewöhnlichen Umständen, von Verurteilten getrennt unterzubringen und so zu behandeln, wie es ihrer Stellung als Nichtverurteilte entspricht;

b) jugendliche Beschuldigte sind von Erwachsenen zu trennen, und es hat so schnell wie möglich ein Urteil zu ergehen.

(3) Der Strafvollzug schließt eine Behandlung der Gefangenen ein, die vornehmlich auf ihre Besserung und gesellschaftliche Wiedereingliederung hinzielt. Jugendliche Straffällige sind von Erwachsenen zu trennen und ihrem Alter und ihrer Rechtsstellung entsprechend zu behandeln.

Article 11

No one shall be imprisoned merely on the ground of inability to fulfil a contractual obligation.

Article 11

Nul ne peut être emprisonné pour la seule raison qu'il n'est pas en mesure d'exécuter une obligation contractuelle.

Artikel 11

Niemand darf nur deswegen in Haft genommen werden, weil er nicht in der Lage ist, eine vertragliche Verpflichtung zu erfüllen.

Article 12

1. Everyone lawfully within the territory of a State shall, within that territory, have the right to liberty of movement and freedom to choose his residence.

2. Everyone shall be free to leave any country, including his own.

3. The above-mentioned rights shall not be subject to any restrictions except those which are provided by law, are necessary to protect national security, public order (ordre public), public health or morals or the rights and freedoms of others, and are consistent with the other rights recognized in the present Covenant.

4. No one shall be arbitrarily deprived of the right to enter his own country.

Article 12

1. Quiconque se trouve légalement sur le territoire d'un Etat a le droit d'y circuler librement et d'y choisir librement sa résidence.

2. Toute personne est libre de quitter n'importe quell pays, y compris le sien.

3. Les droits mentionnés ci-dessus ne peuvent être l'objet de restrictions que si celles-ci sont prévues par la loi, nécessaires pour protéger la sécurité nationale, l'ordre public, la santé ou la moralité publiques, ou les droits et libertés d'autrui, et compatibles avec les autres droits reconnus par le présent Pacte.

4. Nul ne peut être arbitrairement privé du droit d'entrer dans son propre pays.

Artikel 12

(1) Jedermann, der sich rechtmäßig im Hoheitsgebiet eines Staates aufhält, hat das Recht, sich dort frei zu bewegen und seinen Wohnsitz frei zu wählen.

(2) Jedermann steht es frei, jedes Land einschließlich seines eigenen zu verlassen.

(3) Die oben erwähnten Rechte dürfen nur eingeschränkt werden, wenn dies gesetzlich vorgesehen und zum Schutz der nationalen Sicherheit, der öffentlichen Ordnung (ordre public), der Volksgesundheit, der öffentlichen Sittlichkeit oder der Rechte und Freiheiten anderer notwendig ist und die Einschränkungen mit den übrigen in diesem Pakt anerkannten Rechten vereinbar sind.

(4) Niemand darf willkürlich das Recht entzogen werden, in sein eigenes Land einzureisen.

Article 13

An alien lawfully in the territory of a State Party to the present Covenant may be expelled therefrom only in pursuance of a decision reached in accordance with law and shall, except where compelling reasons of national security otherwise require, be allowed to submit the reasons against his expulsion and to have his case reviewed by, and be represented for the purpose before, the competent authority or a person or persons especially designated by the competent authority.

Article 13

Un étranger qui se trouve légalement sur le territoire d'un Etat partie au présent Pacte ne peut en être expulsé qu'en exécution d'une décision prise conformément à la loi et, à moins que des raisons impérieuses de sécurité nationale ne s'y opposent, il doit avoir la possibilité de faire valoir les raisons qui militent contre son expulsion et de faire examiner son cas par l'autorité compétente, ou par une ou plusieurs personnes spécialement désignées par ladite autorité, en se faisant représenter à cette fin.

Artikel 13

Ein Ausländer, der sich rechtmäßig im Hoheitsgebiet eines Vertragsstaates aufhält, kann aus diesem nur auf Grund einer rechtmäßig ergangenen Entscheidung ausgewiesen werden, und es ist ihm, sofern nicht zwingende Gründe der nationalen Sicherheit entgegenstehen, Gelegenheit zu geben, die gegen seine Ausweisung sprechenden Gründe vorzubringen und diese Entscheidung durch die zuständige Behörde oder durch eine oder mehrere von dieser Behörde besonders bestimmte Personen nachprüfen und sich dabei vertreten zu lassen.

Article 14

1. All persons shall be equal before the courts and tribunals. In the determination of any criminal charge against him, or of his rights and obligations in a suit at law, everyone shall be entitled to a fair and public hearing by a competent, independent and impartial tribunal established by law. The Press and the public may be excluded from all or part of a trial for reasons of morals, public order (ordre public) or national security in a democratic society, or when the interest of the private lives of the parties so requires, or to the extent strictly necessary in the opinion of the court in special circumstances where publicity would prejudice the interests of justice; but any judgement rendered in a criminal case or in a suit at law shall be made public except where the interest of juvenile persons otherwise requires or the proceedings concern matrimonial disputes or the guardianship of children.

2. Everyone charged with a criminal offence shall have the right to be presumed innocent until proved guilty according to law.

3. In the determination of any criminal charge against him, everyone shall be entitled to the following minimum guarantees, in full equality:

(a) To be informed promptly and in detail in a language which he understands of the nature and cause of the charge against him;

(b) To have adequate time and facilities for the preparation of his defence and to

Article 14

1. Tous sont égaux devant les tribunaux et les cours de justice. Toute personne a droit à ce que sa cause soit entendue équitablement et publiquement par un tribunal compétent, indépendant et impartial, établi par la loi, qui décidera soit du bien-fondé de toute accusation en matière pénale dirigée contre elle, soit des contestations sur ses droits et obligations de caractère civil. Le huis-clos peut être prononcé pendant la totalité ou une partie du procès soit dans l'intérêt des bonnes mœurs, de l'ordre public ou de la sécurité nationale dans une société démocratique, soit lorsque l'intérêt de la vie privée des parties en cause l'exige, soit encore dans la mesure où le tribunal l'estimera absolument nécessaire, lorsqu'en raison des circonstances particulières de l'affaire la publicité nuirait aux intérêt de la justice; cependant, tout jugement rendu en matière pénale ou civile sera public, sauf si l'intérêt de mineurs exige qu'il en soit autrement ou si le procès porte sur des différends matrimoniaux ou sur la tutelle des enfants.

2. Toute personne accusée d'une infraction pénale est présumée innocente jusqu'à ce que sa culpabilité ait été légalement établie.

3. Toute personne accusée d'une infraction pénale a droit, en pleine égalité, au moins aux garanties suivantes:

a) A être informée, dans le plus court délai, dans une langue qu'elle comprend et de façon détaillée, de la nature et des motifs de l'accusation portée contre elle;

b) A disposer du temps et des facilitées nécessaires à la préparation de sa

Artikel 14

(1) Alle Menschen sind vor Gericht gleich. Jedermann hat Anspruch darauf, daß über eine gegen ihn erhobenen strafrechtliche Anklage oder seine zivilrechtlichen Ansprüche und Verpflichtungen durch ein zuständiges, unabhängiges, unparteiisches und auf Gesetz beruhendes Gericht in billiger Weise und öffentlich verhandelt wird. Aus Gründen der Sittlichkeit, der öffentlichen Ordnung (ordre public) oder der nationalen Sicherheit in einer demokratischen Gesellschaft oder wenn es im Interesse des Privatlebens der Parteien erforderlich ist oder — soweit dies nach Auffasung des Gerichts unbedingt erforderlich ist — unter besonderen Umständen, in denen die Öffentlichkeit des Verfahrens die Interessen der Gerechtigkeit beeinträchtigen würde, können Presse und Öffentlichkeit während der ganzen oder eines Teils der Verhandlung ausgeschlossen werden; jedes Urteil in einer Straf- oder Zivilsache ist jedoch öffentlich zu verkünden, sofern nicht die Interessen Jugendlicher dem entgegenstehen oder das Verfahren Ehestreitigkeiten oder die Vormundschaft über Kinder betrifft.

(2) Jeder wegen einer strafbaren Handlung Angeklagte hat Anspruch darauf, bis zu dem im gesetzlichen Verfahren erbrachten Nachweis seiner Schuld als unschuldig zu gelten.

(3) Jeder wegen einer strafbaren Handlung Angeklagte hat in gleicher Weise im Verfahren Anspruch auf folgende Mindestgarantien:

a) Er ist unverzüglich und im einzelnen in einer ihm verständlichen Sprache über Art und Grund der gegen ihn erhobenen Anklage zu unterrichten;

b) er muß hinreichend Zeit und Gelegenheit zur Vorbereitung seiner Verteidi-

communicate with counsel of his own choosing;

(c) To be tried without undue delay;

(d) To be tried in his presence, and to defend himself in person or through legal assistance of his own choosing; to be informed, if he does not have legal assistance, of this right; and to have legal assistance assigned to him, in any case where the interests of justice so require, and without payment by him in any such case if he does not have sufficient means to pay for it;

(e) To examine, or have examined, the witnesses against him and to obtain the attendance and examination of witnesses on his behalf under the same conditions as witnesses against him;

(f) To have the free assistance of an interpreter if he cannot understand or speak the language used in court;

(g) Not to be compelled to testify against himself or to confess guilt.

4. In the case of juvenile persons, the procedure shall be such as will take account of their age and the desirability of promoting their rehabilitation.

5. Everyone convicted of a crime shall have the right to his conviction and sentence being reviewed by a higher tribunal according to law.

6. When a person has by a final decision been convicted of a criminal offence and when subsequently his conviction has been reversed or he has been pardoned on the ground that a new or newly discovered fact shows conclusively that there has been a miscarriage of justice, the person who has suffered punishment as a result of such conviction shall be compensated according to law, unless it is proved that the non-disclosure of the unknown fact in time is wholly or partly attributable to him.

7. No one shall be liable to be tried or punished again for an offence for which he has already been finally convicted or acquitted in accordance with the law and penal procedure of each country.

défense et à communiquer avec le conseil de son choix;

c) A être jugée sans retard excessif;

c) A être présente au procès et à se défendre elle-même ou à avoir l'assistance d'un défenseur de son choix; si elle n'a pas de défenseur, à être informée de son droit d'en avoir un, et, chaque fois que l'intérêt de la justice l'exige, à se voir attribuer d'office un défenseur, sans frais, si elle n'a pas les moyens de le rémunérer;

e) A interroger ou faire interroger les témoins à charge et à obentir la comparution et l'interrogatoire des témoins à décharge dans les mêmes conditions que les témoins à charge;

f) A se faire assister gratuitement d'un interprète si elle ne comprend pas ou ne parle pas la langue employée à l'audience;

g) A ne pas être forcée de témoigner contre elle-même ou de s'avouer coupable.

4. La procédure applicable aux jeunes gens qui ne sont pas encore majeurs au regard de la loi pénale tiendra compte de leur âge et de l'intérêt que présente leur rééducation.

5. Toute personne déclarée coupable d'une infraction a le droit de faire examiner par une juridiction supérieure la déclaration de culpabilité et la condamnation, conformément à la loi.

6. Lorsqu'une condamnation pénale définitive est ultérieurement annulée ou lorsque la grâce est accordée parce qu'un fait nouveau ou nouvellement révélé prouve qu'ils s'est produit une erreur judiciaire, la personne qui a subi une peine à raison de cette condamnation sera indemnisée, conformément à la loi, à moins qu'il ne soit prouvé que la non-révélation en temps utile du fait inconnu lui est imputable en tout ou partie.

7. Nul ne peut être poursuivi ou puni en raison d'une infraction pour laquelle il a déjà été acquitté ou condamné par un jugement définitif conformément à la loi et à la procédure pénale de chaque pays.

gung und zum Verkehr mit einem Verteidiger seiner Wahl haben;

c) es muß ohne unangemessene Verzögerung ein Urteil gegen ihn ergehen;

d) er hat das Recht, bei der Verhandlung anwesend zu sein und sich selbst zu verteidigen oder durch einen Verteidiger seiner Wahl verteidigen zu lassen; falls er keinen Verteidiger hat, ist er über das Recht, einen Verteidiger in Anspruch zu nehmen, zu unterrichten; fehlen ihm die Mittel zur Bezahlung eines Verteidigers, so ist ihm ein Verteidiger unentgeltlich zu bestellen, wenn dies im Interesse der Rechtspflege erforderlich ist;

e) er darf Frangen an die Belastungszeugen stellen oder stellen lasen und das Erscheinen und die Vernehmung der Entlastungszeugen unter den für die Belastungszeugen geltenden Bedingungen erwirken;

f) er kann die unentgeltliche Beiziehung eines Dolmetschers verlangen, wenn er die Verhandlungssprache des Gerichts nicht versteht oder spricht;

g) er darf nicht gezwungen werden, gegen sich selbst als Zeuge auszusagen oder sich schuldig zu bekennen.

(4) Gegen Jugendliche ist das Verfahren in einer Weise zu führen, die ihrem Alter entspricht und ihre Wiedereingliederung in die Gesellschaft fördert.

(5) Jeder, der wegen einer strafbaren Handlung verurteilt worden ist, hat das Recht, das Urteil entsprechend dem Gesetz durch ein höheres Gericht nachprüfen zu lassen.

(6) Ist jemand wegen einer strafbaren Handlung rechtskräftig verurteilt und ist das Urteil später aufgehoben oder der Verurteilte begnadigt worden, weil eine neue oder eine neu bekannt gewordenen Tatsache schlüssig beweist, daß ein Fehlurteil vorlag, so ist derjenige, der auf Grund eines solchen Urteils eine Strafe verbüßt hat, entsprechend dem Gesetz zu entschädigen, sofern nicht nachgewiesen wird, daß das nicht rechtzeitige Bekanntwerden der betreffenden Tatsache ganz oder teilweise ihm zuzuschreiben ist.

(7) Niemand darf wegen einer strafbaren Handlung, wegen der er bereits nach dem Gesetz und dem Strafverfahrensrecht des jeweiligen Landes rechtskräftig verurteilt oder freigesprochen worden ist, erneut verfolgt oder bestraft werden.

Article 15

1. No one shall be held guilty of any criminal offence on account of any act or omission which did not constitute a criminal offence, under national or international law, at the time when it was committed. Nor shall a heavier penalty be imposed than the one that was applicable at the time when the criminal offence was committed. If, subsequent to the commission of the offence, provision is made by law for the imposition of a lighter penalty, the offender shall benefit thereby.

2. Nothing in this article shall prejudice the trial and punishment of any person for any act or omission which, at the time when it was committed, was criminal according to the general principles of law recognized by the community of nations.

Article 16

Everyone shall have the right to recognition everywhere as a person before the law.

Article 17

1. No one shall be subjected to arbitrary or unlawful interference with his privacy, family, home or correspondence, nor to unlawful attacks on his honour and reputation.

2. Everyone has the right to the protection of the law against such interference or attacks.

Article 18

1. Everyone shall have the right to freedom of thought, conscience and religion. This right shall include freedom to have or to adopt a religion or belief of his choice, and freedom, either individually or in community with others and in public or private, to manifest his religion or belief in worship, observance, practice and teaching.

2. No one shall be subject to coercion which would impair his freedom to have or to adopt a religion or belief of his choice.

3. Freedom to manifest one's religion or beliefs may be subject only to such limitations as are prescribed by law and are necessary to protect public safety, order, health, or morals or the fundamental rights and freedoms of others.

Article 15

1. Nul ne sera condamné pour des actions ou omissions qui ne constituaient pas un acte délictueux d'après le droit national ou international au moment où elles ont été commises. De même, il ne sera infligé aucune peine plus forte que celle qui était applicable au moment où l'infraction a été commise. Si, postérieurement à cette infraction, la loi prévoit l'application d'une peine plus légère, le délinquant doit en bénéficier.

2. Rien dans le présent article ne s'oppose au jugement ou à la condamnation de tout individu en raison d'actes ou omission qui, au moment où ils ont été commis, étaient tenus pour criminels, d'après les principes généraux de droit reconnus par l'ensemble des nations.

Article 16

Chacun a droit à la reconnaissance en tous lieux de sa personnalité juridique.

Article 17

1. Nul ne sera l'objet d'immixtions arbitraires ou illégales dans sa vie privée, sa famille, son domicile ou sa correspondance, ni d'atteintes illégales à son honneur et à sa réputation.

2. Toute personne a droit à la protection de la loi contre de telles immixtions ou de telles atteintes.

Article 18

1. Toute personne a droit à la liberté de pensée, de conscience et de religion; ce droit implique la liberté d'avoir ou d'adopter une religion ou une conviction de son choix, ainsi que la liberté de manifester sa religion ou sa conviction, individuellement ou en commun, tant en public qu'en privé, par le culte et l'accomplissement des rites, les pratiques et l'enseignement.

2. Nul ne subira de contrainte pouvant porter atteinte à sa liberté d'avoir ou d'adopter une religion ou une conviction de son choix.

3. La liberté de manifester sa religion ou ses convictions ne peut faire l'objet que des seules restrictions prévues par la loi et qui sont nécessaires à la protection de la sécurité, de l'ordre et de la santé publique, ou de la morale ou des libertés et droits fondamentaux d'autrui.

Artikel 15

(1) Niemand darf wegen einer Handlung oder Unterlassung verurteil werden, die zur Zeit ihrer Begehung nach inländischem oder nach internationalem Recht nicht strafbar war. Ebenso darf keine schwerere Strafe als die im Zeitpunkt der Begehung der strafbaren Handlung angedrohte Strafe verhängt werden. Wird nach Begehung einer strafbaren Handlung durch Gesetz eine mildere Strafe eingeführt, so ist das mildere Gesetz anzuwenden.

(2) Dieser Artikel schließt die Verurteilung oder Bestrafung einer Person wegen einer Handlung oder Unterlassung nicht aus, die im Zeitpunkt ihrer Begehung nach den von der Völkergemeinschaft anerkannten allgemeinen Rechtsgrundsätzen strafbar war.

Artikel 16

Jedermann hat das Recht, überall als rechtsfähig anerkannt zu werden.

Artikel 17

(1) Niemand darf willkürlichen oder rechtswidrigen Eingriffen in sein Privatleben, seine Familie, seine Wohnung und seinen Schriftverkehr oder rechtswidrigen Beeinträchtigungen seiner Ehre und seines Rufes ausgesetzt werden.

(2) Jedermann hat Anspruch auf rechtlichen Schutz gegen solche Eingriffe oder Beeinträchtigungen.

Artikel 18

(1) Jedermann hat das Recht auf Gedanken-, Gewissens- und Religionsfreiheit. Dieses Recht umfaßt die Freiheit, eine Religion oder eine Weltanschauung eigener Wahl zu haben oder anzunehmen, und die Freiheit, seine Religion oder Weltanschauung allein oder in Gemeinschaft mit anderen, öffentlich oder privat durch Gottesdienst, Beachtung religiöser Bräuche, Ausübung und Unterricht zu bekunden.

(2) Niemand darf einem Zwang ausgesetzt werden, der seine Freiheit, eine Religion oder eine Weltanschauung seiner Wahl zu haben oder anzunehmen, beeinträchtigen würde.

(3) Die Freiheit, seine Religion oder Weltanschauung zu bekunden, darf nur den gesetzlich vorgesehenen Einschränkungen unterworfen werden, die zum Schutz der öffentlichen Sicherheit, Ordnung, Gesundheit, Sittlichkeit oder Grundrechte und -freiheiten anderer erforderlich sind.

4. The States Parties to the present Covenant undertake to have respect for the liberty of parents and, when applicable, legal guardians to ensure the religious and moral eductation of their children in conformity with their own convictions.

Article 19

1. Everyone shall have the right to hold opinions without interference.

Everyone shall have the right to freedom of expression; this right shall include freedom to seek, receive and impart information and ideas of all kinds, regardless of frontiers, either orally, in writing or in print, in the form of art, or through any other media of his choice.

3. The exercise of the rights provided for in paragraph 2 of this article carries with it special duties and responsibilities. It may therefore be subject to certain restrictions, but these shall only be such as are provided by law and are necessary:

(a) For respect of the rights or reputations of others;

(b) For the protection of national security or of public order (ordre public), or of public health or morals.

Article 20

1. Any propaganda for war shall be prohibited by law.

2. Any advocacy of national, racial or religious hatred that constitutes incitement to discrimination, hostility or violence shall be prohibited by law.

Article 21

The right of peaceful assembly shall be recognized. No restrictions may be placed on the exercise of this right other than those imposed in conformity with the law and which are necessary in a democratic society in the interests of national security or public safety, public order (ordre public), the protection of public health or morals or the protection of the rights and freedoms of others.

Article 22

1. Everyone shall have the right to freedom of association with others, including the right to form and join trade unions for the protection of his interests.

4. Les Etats parties au présent Pacte s'engagent à respecter la liberté des parents et, le cas échéant, des tuteurs légaux, de faire assurer l'éducation religieuse et morale de leurs enfants conformément à leurs propres convictions.

Article 19

1. Nul ne peut être inquiété pour ses opinions.

2. Toute personne a droit à la liberté d'expression; ce droit comprend la liberté de rechercher, de recevoir et de répandre des informations et des idées de toute espèce, sans considération de frontières, sous une forme orale, écrite, imprimée ou artistique, ou par tout autre moyen de son choix.

3. L'exercice des libertés prévues au paragraphe 2 du présent article comporte des devoirs spéciaux et des responsabilités spéciales. Il peut en conséquence être soumis à certaines restrictions qui doivent toutefois être expressément fixées par la loi et qui sont nécessaires:

a) Au respect des droits ou de la réputation d'autrui;

b) A la sauvegarde de la sécurité nationale, de l'ordre public, de la santé ou de la moralité publiques.

Article 20

1. Toute propaganda en faveur de la guerre est interdit par la loi.

2. Tout appel à la haine nationale, raciale ou religieuse qui constitue une incitation à la discrimination, à l'hostilité ou à la violence est interdit par la loi.

Article 21

Le droit de réunion pacifique est reconnu. L'exercice de ce droit ne peut faire l'objet que des seules restrictions imposées conformément à la loi et qui sont nécessaires dans une société démocratique, dans l'intérêt de la sécurité nationale, de la sûreté publique, de l'ordre public ou pour protéger la santé ou la moralité publiques, ou les droits et les libertés d'autrui.

Article 22

1. Toute personne a le droit de s'associer librement avec d'autres, y compris le droit de constituer des syndicats et d'y adhérer pour la protection de ses intérêts.

(4) Die Vertragsstaaten verpflichten sich, die Freiheit der Eltern und gegebenenfalls des Vormunds oder Pflegers zu achten, die religiöse und sittliche Erziehung ihrer Kinder in Übereinstimmung mit ihren eigenen Überzeugungen sicherzustellen.

Artikel 19

(1) Jedermann hat das Recht auf unbehinderte Meinungsfreiheit.

(2) Jedermann hat das Recht auf freie Meinungsäußerung; dieses Recht schließt die Freiheit ein, ohne Rücksicht auf Staatsgrenzen Informationen und Gedankengut jeder Art in Wort, Schrift oder Druck, durch Kunstwerke oder andere Mittel eigener Wahl sich zu beschafffen, zu empfangen und weiterzugeben.

(3) Die Ausübung der in Absatz 2 vorgesehenen Rechte ist mit besonderen Pflichten und einer besonderen Verantwortung verbunden. Sie kann daher bestimmten, gesetzlich vorgesehenen Einschränkungen unterworfen werden, die erforderlich sind.

a) für die Achtung der Rechte oder des Rufs anderer;

b) für den Schutz der nationalen Sicherheit, der öffentlichen Ordnung (ordre public), der Volksgesundheit oder der öffentlichen Sittlichkeit.

Artikel 20

(1) Jede Kriegspropaganda wird durch Gesetz verboten.

(2) Jedes Eintreten für nationalen, rassischen oder religiösen Haß, durch das zu Diskriminierung, Feindseligkeit oder Gewalt aufgestachelt wird, wird durch Gesetz verboten.

Artikel 21

Das Recht, sich friedlich zu versammeln, wird anerkannt. Die Ausübung dieses Rechts darf keinen anderen als den gesetzlich vorgesehenen Einschränkungen unterworfen werden, die in einer demokratischen Gesellschaft im Interesse der nationalen oder der öffentlichen Sicherheit, der öffentlichen Ordnung (ordre public), zum Schutz der Volksgesundheit, der öffentlichen Sittlichkeit oder zum Schutz der Rechte und Freiheiten anderer notwendig sind.

Artikel 22

(1) Jedermann hat das Recht, sich frei mit anderen zusammenzuschließen sowie zum Schutz seiner Interessen Gewerkschaften zu bilden und ihnen beizutreten.

2. No restrictions may be placed on the exercise of this right other than those which are prescribed by law and which are necessary in a democratic society in the interests of national security or public safety, public order (ordre public), the protection of public health or morals or the protection of the rights and freedoms of others. This article shall not prevent the imposition of lawful restrictions on members of the armed forces and of the police in their exercise of this right.

3. Nothing in this article shall authorize States Parties to the International Labour Organisation Convention of 1948 concerning Freedom of Association and Protection of the Right to Organize to take legislative measures which would prejudice, or to apply the law in such a manner as to prejudice, the guarantees provided for in that Convention.

Article 23

1. The family is the natural and fundamental group unit of society and is entitled to protection by society and the State.

2. The right of men and women of marriageable age to marry and to found a family shall be recognized.

3. No marriage shall be entered into without the free and full consent of the intending spouses.

4. States Parties to the present Covenant shall take appropriate steps to ensure equality of rights and responsibilities of spouses as to marriage, during marriage and at its dissolution. In the case of dissolution, provision shall be made for the necessary protection of any children.

Article 24

1. Every child shall have, without any discrimination as to race, colour, sex, language, religion, national or social origin, property or birth, the right to such measures of protection as are required by his status as a minor, on the part of his family, society and the State.

2. Every child shall be registered immediately after birth and shall have a name.

3. Every child has the right to acquire a nationality.

2. L'exercice de ce droit ne peut faire l'objet que des seules restrictions prévues par la loi et qui sont nécessaires dans une société démocratique, dans l'intérêt de la sécurité nationale, de la sûreté publique, de l'ordre public, ou pour protéger la santé ou la moralité publiques ou les droits et les libertés d'autrui. Le présent article n'empêche pas de soumettre à des restrictions légales l'exercice de ce droit par les membres des forces armées et de la police.

3. Aucune disposition du présent article ne permet aux Etats parties à la Convention de 1948 de l'Organisation internationale du travail concernant la liberté syndicale et la protection du droit syndical de prendre des mesures législative portant atteinte — ou d'appliquer la loi de façon à porter atteinte — aux garanties prévues dans ladite convention.

Article 23

1. La famille est l'élément naturel et fondamental de la société et a droit à la protection de la société et de l'Etat.

2. Le droit de se marier et de fonder une famille est reconnu à l'homme et à le femme à partier de l'âge nubile.

3. Nul mariage ne peut être conclu sans le libre et plein consentement des futurs époux.

4. Les Etats parties au présent Pacte prendront les mesures appropriées pour assurer l'égalité de droits et de responsabilités des époux au regard du mariage, durant le mariage et lors de sa dissolution. En cas de dissolution, des dispositions seront prises afin d'assurer aux enfants la protection nécessaire.

Article 24

1. Tout enfant, sans discrimination aucune fondée sur la race, la couleur, le sexe, la langue, la religion, l'origine nationale ou sociale, la fortune ou la naissance, a droit, de la part de sa famille, de'la société et de l'Etat, aux mesures de protection qu'exige sa condition de mineur.

2. Tout enfant doit être enregistré immédiatement après sa naissance et avoir un nom.

3. Tout enfant a le droit d'acquérir une nationalité.

(2) Die Ausübung dieses Rechts darf keinen anderen als den gesetzlich vorgesehenen Einschränkungen unterworfen werden, die in einer demokratischen Gesellschaft im Interesse der nationalen oder der öffentlichen Sicherheit, der öffentlichen Ordnung (ordre public), zum Schutz der Volksgesundheit, der öffentlichen Sittlichkeit oder zum Schutz der Rechte und Freiheiten anderer notwendig sind. Dieser Artikel steht gesetzlichen Einschränkungen der Ausübung dieses Rechts für Angehörige der Streitkräfte oder der Polizei nicht entgegen.

(3) Keine Bestimmung dieses Artikels ermächtigt die Vertragsstaaten des Übereinkommens der Internationalen Arbeitsorganisation von 1948 über die Vereinigungsfreiheit und den Schutz des Vereinigungsrechts, gesetzgeberische Maßnahmen zu treffen oder Gesetze so anzuwenden, daß die Garantien des oben genannten Übereinkommens beeinträchtigt werden.

Artikel 23

(1) Die Familie ist die natürliche Kernzelle der Gesellschaft und hat Anspruch auf Schutz durch Gesellschaft und Staat.

(2) Das Recht von Mann und Frau, im heiratsfähigen Alter eine Ehe einzugehen und eine Familie zu gründen, wird anerkannt.

(3) Eine Ehe darf nur im freien und vollen Einverständnis der künftigen Ehegatten geschlossen werden.

(4) Die Vertragsstaaten werden durch geeignete Maßnahmen sicherstellen, daß die Ehegatten gleiche Rechte und Pflichten bei der Eheschließung, während der Ehe und bei Auflösung der Ehe haben. Für den nötigen Schutz der Kinder im Falle einer Auflösung der Ehe ist Sorge zu tragen.

Artikel 24

(1) Jedes Kind hat ohne Diskriminierung hinsichtlich der Rasse, der Hautfarbe, des Geschlechts, der Sprache, der Religion, der nationalen oder sozialen Herkunft, des Vermögens oder der Geburt das Recht auf diejenigen Schutzmaßnahmen durch seine Familie, die Gesellschaft und den Staat, die seine Rechtsstellung als Minderjähriger erfordert.

(2) Jedes Kind muß unverzüglich nach seiner Geburt in ein Register eingetragen werden und seinen Namen erhalten.

(3) Jedes Kind hat das Recht, eine Staatsangehörigkeit zu erwerben.

Article 25

Every citizen shall have the right and the opportunity, without any of the distinctions mentioned in article 2 and without unreasonable restrictions:

(a) To take part in the conduct of public affairs, directly or through freely chosen representatives;

(b) To vote and to be elected at genuine periodic elections which shall be by universal and equal suffrage and shall be held by secret ballot, guaranteeing the free expression of the will of the electors;

(c) To have access, on general terms of equality, to public service in his country.

Article 26

All persons are equal before the law and are entitled without any discrimination to the equal protection of the law. In this respect, the law shall prohibit any discrimination and guarantee to all persons equal and effective protection against discrimination on any ground such as race, colour, sex, language, religion, political or other opinion, national or social origin, property, birth or other status.

Article 27

In those States in which ethnic, religious or linguistic minorities exist, persons belonging to such minorities shall not be denied the right, in community with the other members of their group, to enjoy their own culture, to profess and practise their own religion, or to use their own language.

Part IV

Article 28

1. There shall be established a Human Rights Committee (hereafter referred to in the present Covenant as the Committee). It shall consist of eighteen members and shall carry out the funcitons hereinafter provided.

2. The Committee shall be composed of nationals of the States Parties to the present Covenant who shall be persons of high moral character and recognized competence in the field of human rights, consideration being given to the useful-

Article 25

Tout citoyen a le droit et la possibilité, sans aucune des discriminations visées à l'article 2 et sans restrictions déraisonnables:

a) De prendre part à la direction des affaires publiques, soit directement, soit par l'intermédiaire de représentants librement choisis;

b) De voter et d'être élu, au cours d'élections périodiques, honnêtes, au suffrage universel et égal et au scrutin secret, assurant l'expression libre de la volonté des électeurs;

c) D'accéder, dans des conditions générales d'égalité, aux fonctions publiques de son pays.

Article 26

Toutes les personnes sont égales devant la loi et ont droit sans discrimination à une égale protection de la loi. A cet égard, la loi doit interdire toute discrimination et garantir à toutes les personnes une protection égale et efficace contre toute discrimination, notamment de race, de couleur, de sexe, de langue, de religion, d'opinion politique et de toute autre opinion, d'origine nationale ou sociale, de fortune, de naissance ou de toute autre situation.

Article 27

Dans les Etats où il existe des minorités ethniques, religieuses ou linguistiques, les personnes appartenant à ces minorités ne peuvent être privées du droit d'avoir, en commun avec les autres membres de leur groupe, leur propre vie culturelle, de professer et de pratiquer leur propre religion, ou d'employer leur propre langue.

Quatrième Partie

Article 28

1. Il est institué un comité des droits de l'homme (ci-après dénommé le Comité dans le présent Pacte). Ce Comité est composé de dix-huit membres et a les fonctions définies ci-dessous.

2. Le Comité est composé de ressortissants des Etats parties au présent Pacte, qui doivent être des personnalités de haute moralité et possédant une compétence reconnue dans le domaine des droits de l'homme. Il sera tenu compte de

Artikel 25

Jeder Staatsbürger hat das Recht und die Möglichkeit, ohne Unterschied nach den in Artikel 2 genannten Merkmalen und ohne unangemessene Einschränkungen

a) an der Gestaltung der öffentlichen Angelegenheiten unmittelbar oder durch frei gewählte Vertreter teilzunehmen;

b) bei echten, wiederkehrenden, allgemeinen, gleichen und geheimen Wahlen, bei denen die freie Äußerung des Wählerwillens gewährleistet ist, zu wählen und gewählt zu werden;

c) unter allgemeinen Gesichtspunkten der Gleichheit zu öffentlichen Ämtern seines Landes Zugang zu haben.

Artikel 26

Alle Menschen sind vor dem Gesetz gleich und haben ohne Diskriminierung Anspruch auf gleichen Schutz durch das Gesetz. In dieser Hinsicht hat das Gesetz jede Diskriminierung zu verbieten und allen Menschen gegen jede Diskriminierung, wie insbesondere wegen der Rasse, der Hautfarbe, des Geschlechts, der Sprache, der Religion, der politischen oder sonstigen Anschauung, der nationalen oder sozialen Herkunft, des Vermögens, der Geburt oder des sonstigen Status, gleichen und wirksamen Schutz zu gewährleisten.

Artikel 27

In Staaten mit ethnischen, religiösen oder sprachlichen Minderheiten darf Angehörigen solcher Minderheiten nicht das Recht vorenthalten werden, gemeinsam mit anderen Angehörigen ihrer Gruppe ihr eigenes kulturelles Leben zu pflegen, ihre eigene Religion zu bekennen und auszuüben oder sich ihrer eigenen Sprache zu bedienen.

Teil IV

Artikel 28

(1) Es wird ein Ausschuß für Menschenrechte (im folgenden als „Ausschuß" bezeichnet) errichtet. Er besteht aus achtzehn Mitgliedern und nimmt die nachstehend festgelegten Aufgaben wahr.

(2) Der Ausschuß setzt sich aus Staatsangehörigen der Vertragsstaaten zusammen, die Persönlichkeiten von hohem sittlichen Ansehen und anerkannter Sachkenntnis auf dem Gebiet der Menschenrechte sind, wobei die Zweckmä-

ness of the participation of some persons having legal experience.

3. The members of the Committee shall be elected and shall serve in their personal capacity.

l'intérêt que présente la participation aux travaux du Comité de quelques personnes ayant une expérience juridique.

3. Les membres du Comité sont élus et siègent à titre individuel.

ßigkeit der Beteiligung von Personen mit juristischer Erfahrung zu berücksichtigen ist.

(3) Die Mitglieder des Ausschusses werden in ihrer persönlichen Eigenschaft gewählt und sind in dieser Eigenschaft tätig.

Article 29

1. The members of the Committee shall be elected by secret ballot from a list of persons possessing the qualifications prescribed in article 28 and nominated for the purpose by the States Parties to the present Covenant.

2. Each State Party to the present Covenant may nominate not more than two persons. These persons shall be nationals of the nominating State.

3. A person shall be eligible for renomination.

Article 29

1. Les membres du Comité sont élus au scrutin secret sur une liste de personnes réunissant les conditions prévues à l'article 28, et présentées à cet effet par les Etats parties au présent Pacte.

2. Chaque Etat partie au présent Pacte peut présenter deux personnes au plus. Ces personnes doivent être des ressortissants de l'Etat qui les présente.

3. La même personne peut être présentée à nouveau.

Artikel 29

(1) Die Mitglieder des Ausschusses werden in geheimer Wahl aus einer Liste von Personen gewählt, die die in Artikel 28 vorgeschriebenen Anforderungen erfüllen und von den Vertragsstaaten dafür vorgeschlagen worden sind.

(2) Jeder Vertragsstaat darf höchstens zwei Personen vorschlagen. Diese müssen Staatsangehörige des sie vorschlagenden Staates sein.

(3) Eine Person kann wieder vorgeschlagen werden.

Article 30

1. The initial election shall be held no later than six months after the date of the entry into force of the present Covenant.

2. At least four months before the date of each election to the Committee, other than an election to fill a vacancy declared in accordance with article 34, the Secretary-General of the United Nations shall address a written invitation to the States Parties to the present Covenant to submit their nominations for membership of the Committee within three months.

3. The Secretary-General of the United Nations shall prepare a list in alphabetical order of all the persons thus nominated, with an indication of the States Parties which have nominated them, and shall submit it to the States Parties to the present Covenant no later than one month before the date of each election.

4. Elections of the members of the Committee shall be held at a meeting of the States Parties to the present Covenant convened by the Secretary-General of the United Nations at the Headquarters of the United Nations. At that meeting, for which two thirds of the States Parties to the present Covenant shall constitute a quorum, the persons elected to the Committee shall be those nominees who obtain the largest number of votes and an absolute majority of the votes of the representatives of States Parties present and voting.

Article 30

1. La première élection aura lieu au plus tard six mois après la date de l'entrée en vigueur du présent Pacte.

2. Quatre mois au moins avant la date de toute élection au Comité, autre qu'une élection en vue de pourvoir à une vacance déclarée conformément à l'article 34, le Secrétaire général de l'Organisation des Nations Unies invite par écrit les Etats parties au présent Pacte à désigner, dans un délai de trois mois, les candidats qu'ils proposent comme membres du Comité.

3. Le Secrétaire général de l'Organisation des Nations Unies dresse la liste alphabétique de toutes les personnes ainsi présentées en mentionnant les Etats parties qui les ont présentées et la communique aux Etats parties au présent Pacte au plus tard un mois avant la date de chaque élection.

4. Les membres du Comité sont élus au cours d'une réunion des Etats parties convoquée par le Secrétaire général de l'Organisation des Nations Unies au Siège de l'Organisation. A cette réunion, où le quorum est constitué par les deux tiers des Etats parties au présent Pacte, sont élus membres du Comité des candidats qui obtiennent le plus grand nombre de voix et la majorité absolue des votes des représentants des Etats parties présents et votants.

Artikel 30

(1) Die erste Wahl findet spätestens sechs Monate nach Inkrafttreten dieses Paktes statt.

(2) Spätestens vier Monate vor jeder Wahl zum Ausschuß — außer bei einer Wahl zur Besetzung eines gemäß Artikel 34 für frei geworden erklärten Sitzes — fordert der Generalsekretär der Vereinten Nationen die Vertragsstaaten schriftlich auf, ihre Kandidaten für den Ausschuß innerhalb von drei Monaten vorzuschlagen.

(3) Der Generalsekretär der Vereinten Nationen fertigt eine alphabetische Liste aller auf diese Weise vorgeschlagenen Personen unter Angabe der Vertragsstaaten, die sie vorgeschlagen haben, an und übermittelt sie den Vertragsstaaten spätestens einen Monat vor jeder Wahl.

(4) Die Wahl der Ausschußmitglieder findet in einer vom Generalsekretär der Vereinten Nationen am Sitz dieser Organisation einberufenen Versammlung der Vertragsstaaten statt. In dieser Versammlung, die beschlußfähig ist, wenn zwei Drittel der Vertragsstaaten vertreten sind, gelten diejenigen Kandidaten als in den Ausschuß gewählt, die die höchste Stimmenzahl und die absolute Stimmenmehrheit der anwesenden und abstimmenden Vertreter der Vertragsstaaten auf sich vereinigen.

Article 31

1. The Committee may not include more than one national of the same State.

2. In the election of the Committee, consideration shall be given to equitable geographical distribution of membership and to the representation of the different forms of civilization and of the principal legal systems.

Article 32

1. The members of the Committee shall be elected for a term of four years. They shall be eligible for reelection if renominated. However, the terms of nine of the members elected at the first election shall expire at the end of two years; immediately after the first election, the names of these nine members shall be chosen by lot by the Chairman of the meeting referred to in article 30, paragraph 4.

2. Elections at the expiry of office shall be held in accordance with the preceding articles of this part of the present Covenant.

Article 33

1. If, in the unanimous opinion of the other members, a member of the Committee has ceased to carry out his functions for any cause other than absence of a temporary character, the Chairman of the Committee shall notify the Secretary-General of the United Nations, who shall then declare the seat of that member to be vacant.

2. In the event of the death or the resignation of a member of the Commitee, the Chairman shall immediately notify the Secretary-General of the United Nations, who shall declare the seat vacant from the date of death or the date on which the resignation takes effect.

Article 34

1. When a vacancy is declared in accordance with article 33 and if the term of office of the member to be replaced does not expire within six months of the declaration of the vacancy, the Secretary-General of the United Nations shall notify each of the States Parties to the present Covenant, which may within two months submit nominations in accordance with article 29 for the purpose of filling the vacancy.

2. The Secretary-General of the United Nations shall prepare a list in alphabetical order of the persons thus nominated

Article 31

1. Le comité ne peut comprendre plus d'un ressortissant d'un même Etat.

2. Pour les élections au Comité, il est tenu compte d'une répartition géographique équitable et de la représentation des diverses formes de civilisation ainsi que des principaux systèmes juridiques.

Article 32

1. Les membres du Comité sont élus pour quatre ans. Ils sont rééligibles s'ils sont présentés à nouveau. Toutefois, le mandat de neuf des membres élus lors de la première élection prend fin au bout de deux ans; immédiatement après la premièr élection, les noms de ces neuf membres sont tirés au sort par le présent de la réunion visée au paragraphe 4 de l'article 30.

2. A l'expiration du mandat, les élections ont lieu conformément aux dispositions des articles précédents de la présente partie du Pacte.

Article 33

1. Si, de l'avis unanime des autres membres, un membre du Comité a cessé de remplir ses fonctions pour toute cause autre qu'une absence de caractère temporaire, le président du Comité en informe le Secrétaire général de l'Organisation des Nations Unies, qui déclare alors vacant le siège qu'occupait ledit membre.

2. En cas de décès ou de démission d'un membre du Comité, le président en informe immédiatement le Secrétaire général de l'Organisation des Nations Unies, qui déclare le siège vacant à compter de la date du décès ou de celle à laquelle la démision prend effet.

Article 34

1. Lorsqu'une vacance est déclarée conformément à l'article 33 et si le mandat du membre à remplacer n'expire pas dans les six mois qui suivent la date à laquelle la vacance a été déclarée, le Secrétaire général de l'Organisation des Nations Unies en avise les Etats parties au présent Pacte qui peuvent, dans un délai de deux mois, désigner des candidats conformément aux dispositions de l'article 29 en vue de pourvoir à la vacance.

2. Le Secrétaire général de l'Organisation des Nations Unies dresse la liste alphabétique des personnes ainsi présen-

Artikel 31

(1) Dem Ausschuß darf nicht mehr als ein Angehöriger desselben Staates angehören.

(2) Bei den Wahlen zum Ausschuß ist auf eine gerechte geographische Verteilung der Sitze und auf die Vertretung der verschiedenen Zivilisationsformen sowie der hauptsächlichen Rechtssysteme zu achten.

Artikel 32

(1) Die Ausschußmitglieder werden für vier Jahre gewählt. Auf erneuten Vorschlag können sie wiedergewählt werden. Die Amtszeit von neun der bei der ersten Wahl gewählten Mitglieder läuft jedoch nach zwei Jahren ab; unmitelbar nach der ersten Wahl werden die Namen dieser neun Mitglieder vom Vorsitzenden der in Artikel 30 Absatz 4 genannten Versammlung durch das Los bestimmt.

(2) Für Wahlen nach Ablauf einer Amtszeit gelten die vorstehenden Artikel dieses Teils des Paktes.

Artikel 33

(1) Nimmt ein Ausschußmitglied nach einstimmiger Feststellung der anderen Mitglieder seine Aufgaben aus einem anderen Grund als wegen vorübergehender Abwesenheit nicht mehr wahr, so teilt der Vorsitzende des Ausschusses dies dem Generalsekretär der Vereinten Nationen mit, der daraufhin den Sitz des betreffenden Mitglieds für frei geworden erklärt.

(2) Der Vorsitzende teilt den Tod oder Rücktritt eines Ausschußmitglieds unverzüglich dem Generalsekretär der Vereinten Nationen mit, der den Sitz vom Tag des Todes oder vom Wirksamwerden des Rücktritts an für frei geworden erklärt.

Artikel 34

(1) Wird ein Sitz nach Artikel 33 für frei geworden erklärt und läuft die Amtszeit des zu ersetzenden Mitglieds nicht innerhalb von sechs Monaten nach dieser Erklärung ab, so teilt der Generalsekretär der Vereinten Nationen dies allen Vertragsstaaten mit, die innerhalb von zwei Monaten nach Maßgabe des Artikel 29 Kandidaten zur Besetzung des frei gewordenen Sitzes vorschlagen können.

(2) Der Generalsekretär der Vereinten Nationen fertigt eine alphabetische Liste der auf diese Weise vorgeschlagenen

and shall submit it to the States Parties to the present Covenant. The election to fill the vacancy shall then take place in accordance with the relevant provisions of this part of the present Covenant.

3. A member of the Committee elected to fill a vacancy declared in accordance with article 33 shall hold office for the remainder of the term of the member who vacated the seat on the Committee under the provisions of that article.

tées et la communique aux Etats parties au présent Pacte. L'élection en vue de pourvoir à la vacance a lieu ensuite conformément aux dispositions pertinentes de la présente partie du Pacte.

3. Tout membre du Comité élu à un siège déclaré vacant, conformément à l'article 33, fait partie du Comité jusqu'à la date normale d'expiration du mandat du membre dont le siège est devenu vacant au Comité conformément aux dispositions du dit article.

Personen an und übermittelt sie den Vertragsstaaten. Sodann findet die Wahl zur Besetzung des frei gewordenen Sitzes entsprechend den einschlägigen Bestimmungen dieses Teils des Paktes statt.

(3) Die Amtszeit eines Ausschußmitglieds, das auf einen nach Artikel 33 für frei geworden erklärten Sitz gewählt worden ist, dauert bis zum Ende der Amtszeit des Mitglieds, dessen Sitz im Ausschuß nach Maßgabe des genannten Artikels frei geworden ist.

Article 35

The members of the Committee shall, with the approval of the General Assembly of the United Nations, receive emoluments from United Nations resources on such terms and conditions as the General Assembly may decide, having regard to the importance of the Committee's responsibilities.

Article 35

Les membres du Comité reçoivent, avec l'approbation de l'Assemblée générale des Nations Unies, des émoluments prélevés sur les ressources de l'Organisation des Nations Unies dans les conditions fixées par l'Assemblée générale, eu égard à l'importance des fonctions du Comité.

Artikel 35

Die Ausschußmitglieder erhalten mit Zustimmung der Generalversammlung der Vereinten Nationen aus Mitteln der Vereinten Nationen Bezüge, wobei die Einzelheiten von der Generalversammlung unter Berücksichtigung der Bedeutung der Aufgaben des Ausschusses festgesetzt werden.

Artickel 36

The Secretary-General of the United Nations shall provide the necessary staff and facilities for the effective performance of the functions of the Committee under the present Covenant.

Article 36

Le Secrétaire général de l'Organisation des Nations Unies met à la disposition du Comité le personnel et les moyens matériels qui lui sont nécessaires pour s'acquitter efficacement des fonctions qui lui sont confiées en vertu du présent Pacte.

Artikel 36

Der Generalsekretär der Vereinten Nationen stellt dem Ausschuß das Personal und die Einrichtungen zur Verfügung, die dieser zur wirksamen Durchführung der ihm nach diesem Pakt obliegenden Aufgaben benötigt.

Article 37

1. The Secretary-General of the United Nations shall convene the initial meeting of the Committee at the Headquarters of the United Nations.

2. After its initial meeting, the Committee shall meet at such times as shall be provided in its rules of procedure.

3. The Committee shall normally meet at the Headquarters of the United Nations or at the United Nations Office at Geneva.

Article 37

1. Le Secrétaire général de l'Organisation des Nations Unies convoque les membres du Comité, pour la première réunion, au Siège de l'Organisation.

2. Après sa première réunion, le Comité se réunit à toute occasion prévue par son règlement intérieur.

3. Les réunions du Comité ont normalement lieu au Siège de l'Organisation des nations Unies ou à l'Office des Nations Unies à Genève.

Artikel 37

(1) Der Generalsekretär der Vereinten Nationen beruft die erste Sitzung des Ausschusses am Sitz der Vereinten Nationen ein.

(2) Nach seiner ersten Sitzung tritt der Ausschuß zu den in seiner Geschäftsordnung vorgesehenen Zeiten zusammen.

(3) Die Sitzungen des Ausschusses finden in der Regel am Sitz der Vereinten Nationen oder beim Büro der Vereinten Nationen in Genf statt.

Article 38

Every member of the Committee shall, before taking up his duties, make a solemn declaration in open committee that he will perform his functions impartially and conscientiously.

Article 38

Tout membres du Comité doit, avant d'entrer en fonctions, prendre en séance publique l'engagement solennel de s'acquitter de ses fonctions en toute impartialité et en toute conscience.

Artikel 38

Jedes Ausschußmitglied hat vor Aufnahme seiner Amtstätigkeit in öffentlicher Sitzung des Ausschusses feierlich zu erklären, daß es sein Amt unparteiisch und gewissenhaft ausüben werde.

Article 39

1. The Committee shall elect its officers for a term of two years. They may be reelected.

2. The Committee shall establish its own rules of procedure, but these rules shall provide, inter alia, that:

Article 39

1. Le Comité élit son bureau pour une période de deux ans. Les membres du bureau sont rééligibles.

2. Le Comité établit lui-même son règlement intérieur; celui-ci doit, toutefois, contenir entre autres les dispositions suivantes:

Artikel 39

(1) Der Ausschuß wählt seinen Vorstand für zwei Jahre. Eine Wiederwahl der Mitglieder des Vorstands ist zulässig.

(2) Der Ausschuß gibt sich eine Geschäftsordnung, die unter anderem folgende Bestimmungen enthalten muß:

(a) Twelve members shall constitute a quorum;

(b) Decisions of the Committee shall be made by a majority vote of the members present.

Article 40

1. The States Parties to the present Covenant undertake to submit reports on the measures they have adopted which give effect to the rights recognized herein and on the progress made in the enjoyment of those rights:

(a) Within one year of the entry into force of the present Covenant for the States Parties concerned;

(b) Thereafter whenever the Committee so requests.

2. All reports shall be submitted to the Secretary-General of the United Nations, who shall transmit them to the Committee for consideration. Reports shall indicate the factors and difficulties, if any, affecting the implementation of the present Covenant.

3. The Secretary-General of the United Nations may, after consultation with the Committee, transmit to the specialized agencies concerned copies of such parts of the reports as may fall within their field of competence.

4. The Committee shall study the reports submitted by the States Parties to the present Covenant. It shall transmit its reports, and such general comments as it may consider appropriate, to the States Parties. The Committee may also transmit to the Economic and Social Council these comments along with the copies of the reports it has received from States Parties to the present Covenant.

5. The States Parties to the present Covenant may submit to the Committee observations on any comments that may be made in accordance with paragraph 4 of this article.

Article 41

1. A State Party to the present Covenant may at any time declare under this article that it recognizes the competence of the Committee to receive and consider communications to the effect that a State Party claims that another State Party is not fulfilling its obligations under the present Covenant. Communications under this article may be received and

a) Le quorum est de douze membres;

b) Les décisions du Comité sont prises à la majorité des membres présents.

Article 40

1. Les Etats parties au présent Pacte s'engagent à présenter des rapports sur les mesures qu'ils auront arrêtées et qui donnent effet aux droits reconnus dans le présent Pacte et sur les progrès réalisés dans la jouissance de ces droits;

a) Dans un délai d'un an à compter de l'entrée en vigueur du présent Pacte, pour chaque Etat partie intéressé en ce qui le concerne;

b) Par la suite, chaque fois que le Comité en fera la demande.

2. Tous les rapports seront adressés au Secrétaire général de l'Organisation des Nations Unies qui les transmettra au Comité pour examen. Les rapports devront indiquer, le cas échéant, les facteurs et les difficultés qui affectent la mise en oeuvre des dispositions du présent Pacte.

3. Le Secrétaire général de l'Organisation des Nations Unies peut, après consultation du Comité, communiquer aux institutions spécialisées intéressées copie de toutes parties des rapports pouvant avoir trait à leur domaine de compétence.

4. Le Comité étudie les rapports présentés par les Etats parties au présent Pacte. Il adresse aux Etats parties ses propres rapports, ainsi que toutes observations générales qu'il jugerait appropriées. Le Comité peut également transmettre au Conseil économique et social ces observations accompagnées de copies des rapports qu'il a reçus d'Etats parties au présent Pacte.

5. Les Etats parties au présent Pacte peuvent présenter au Comité des commentaires sur toute observation qui serait faite en vertu du paragraphe 4 du présent article.

Article 41

1. Tout Etat partie au présent Pacte peut, en vertu du présent article, déclarer à tout moment qu'il reconnaît la compétence du Comité pour recevoir et examiner des communications dans lesquelles un Etat partie prétend qu'un autre Etat partie ne s'acquitte pas de ses obligations au titre du présent Pacte. Les communications présentées en vertu du pré-

a) Der Ausschuß ist bei Anwesenheit von zwölf Mitgliedern beschlußfähig;

b) der Ausschuß faßt seine Beschlüsse mit der Mehrheit der anwesenden Mitglieder.

Artikel 40

(1) Die Vertragsstaaten verpflichten sich, über die Maßnahmen, die sie zur Verwirklichung der in diesem Pakt anerkannten Rechte getroffen haben, und über die dabei erzielten Fortschritte Berichte vorzulegen, und zwar

a) innerhalb eines Jahres nach Inkrafttreten dieses Paktes für den betreffenden Vertragsstaat,

b) danach jeweils auf Anforderung des Ausschusses.

(2) Alle Berichte sind dem Generalsekretär der Vereinten Nationen zu übermitteln, der sie dem Ausschuß zur Prüfung zuleitet. In den Berichten ist auf etwa bestehende Umstände und Schwierigkeiten hinzuweisen, die die Durchführung dieses Paktes behindern.

(3) Der Generalsekretär der Vereinten Nationen kann nach Beratung mit dem Ausschuß den Sonderorganisationen Abschriften der in ihren Zuständigkeitsbereich fallenden Teile der Berichte zuleiten.

(4) Der Ausschuß prüft die von den Vertragsstaaten eingereichten Berichte. Er übersendet den Vertragsstaaten seine eigenen Berichte sowie ihm geeignet erscheinende allgemeine Bemerkungen. Der Ausschuß kann diese Bemerkungen zusammen mit Abschriften der von den Vertragsstaaten empfangenen Berichte auch dem Wirtschafts- und Sozialrat zuleiten.

(5) Die Vertragsstaaten können dem Ausschuß Stellungnahmen zu den nach Absatz 4 abgegebenen Bemerkungen übermitteln.

Artikel 41

(1) Ein Vertragsstaat kann auf Grund dieses Artikels jederzeit erklären, daß er die Zuständigkeit des Ausschusses zur Entgegennahme und Prüfung von Mitteilungen anerkennt, in denen ein Vertragsstaat geltend macht, ein anderer Vertragsstaat komme seinen Verpflichtungen aus diesem Pakt nicht nach. Mitteilungen auf Grund dieses Artikels können

considered only if submitted by a State Party which has made a declaration recognizing in regard to itself the competence of the Committee. No communication shall be received by the Committee if it concerns a State Party which has not made such a declaration. Communications received under this article shall be dealt with in accordance with the following procedure:

(a) If a State Party to the present Covenant considers that another State Party is not giving effect to the provisions of the present Covenant, it may, by written communication, bring the matter to the attention of that State Party. Within three months after the receipt of the communication, the receiving State shall afford the State which sent the communication an explanation or any other statement in writing clarifying the matter, which should include, to the extent possible and pertinent, reference to domestic procedures and remedies taken, pending, or available in the matter.

(b) If the matter is not adjusted to the satisfaction of both States Parties concerned within six months after the receipt by the receiving State of the initial communication, either State shall have the right to refer the matter to the Committee, by notice given to the Committee and to the other State.

(c) The Committee shall deal with a matter referred to it only after it has ascertained that all available domestic remedies have been invoked and exhausted in the matter in conformity with the generally recognized principles of international law. This shall not be the rule where the application of the remedies is unreasonably prolonged.

(d) The Committee shall hold closed meetings when examining communications under this article.

(e) Subject to the provisions of subparagraph (c), the Committee shall make available its good offices to the States Parties concerned with a view to a friendly solution of the matter on the basis of respect for human rights and fundamental freedoms as recognized in the present Covenant.

(f) In any matter referred to it, the Committee may call upon the States Parties

sent article ne peuvent être recues et examinées que si elle émanent d'un Etat partie qui a fait une déclaration reconnaissant, en ce qui le concerne, la compétence du Comité. Le Comité ne reçoit aucune communication intéressant un Etat partie qui n'a pas fait une telle déclaration. La procédure ci-après s'applique à l'égard des communications reçues conformément au présent article:

a) Sie un Etat partie au présent Pacte estime qu'un autre Etat également partie à ce Pacte n'en applique pas les dispositions, il peut appeler, par communication écrite, l'attention de cet Etat sur la question. Dans un délai de trois mois à compter de la réception de la communication, l'Etat destinataire fera tenir à l'Etat qui a adressé la communication des explications ou toutes autres déclarations écrites élucidant la question, qui devront comprendre, dans toute la mesure possible et utile, des indications sur ses règles de procédure et sur les moyens de recours soit déjà utilisés, soit en instance, soit encore ouverts.

b) Si, dans un délai de six mois à compter de la date de réception de la communication originale par l'Etat destinataire, la question n'est pas réglée à la satisfaction des deux Etats parties intéressés, l'un comme l'autre auront le droit de la soumettre au Comité, en adressant une notification au Comité ainsi qu'à l'autre Etat intéressé.

c) Le Comité ne peut connaître d'une affaire qui lui est soumise qu'après s'être assuré que tous les recours internes disponibles ont été utilisés et épuisés, conformément aux principes de droit international généralement reconnus. Cette règle ne s'applique pas dans les cas où les procédures de recours excèdent les délais raisonnables.

d) Le Comité tient ses séances à huit clos lorsqu'il examine les communications prévues au présent article.

e) Sous réserve des dispositions de l'alinéa c, le Comité met ses bons offices à la disposition des Etats parties intéressés, afin de parvenir á une solution amiable de la question fondé sur le respect des droits de l'homme et des libertés fondamentales, tels que les reconnaît le présent Pacte.

f) Dans toute affaire qui lui est soumise, le Comité peut demander aux Etats par-

nur entgegengenommen und geprüft werden, wenn sie von einem Vertragsstaat eingereicht werden, der für sich selbst die Zuständigkeit des Ausschusses durch eine Erklärung anerkannt hat. Der Ausschuß darf keine Mitteilung entgegenehmen, die einen Vertragsstaat betrifft, der keine derartige Erklärung abgegeben hat. Auf Mitteilungen, die auf Grund dieses Artikels eingehen, ist folgendes Verfahren anzuwenden:

a) Ist ein Vertragsstaat der Auffassung, daß ein anderer Vertragsstaat die Bestimmungen dieses Paktes nicht durchführt, so kann er den anderen Staat durch eine schriftliche Mitteilung darauf hinweisen. Innerhalb von drei Monaten nach Zugang der Mitteilung hat der Empfangsstaat dem Staat, der die Mitteilung übersandt hat, in bezug auf die Sache eine schriftliche Erklärung oder sonstige Stellungnahme zukommen zu lassen, die, soweit es möglich und angebracht ist, einen Hinweis auf die in der Sache durchgeführten, anhängigen oder zur Verfügung stehenden innerstaatlichen Verfahren und Rechtsbehelfe enthalten soll.

b) Wird die Sache nicht innerhalb von sechs Monaten nach Eingang der einleitenden Mitteilung bei dem Empfangsstaat zur Zufriedenheit der beiden beteiligten Vertragsstaaten geregelt, so hat jeder der beiden Staaten das Recht, die Sache dem Ausschuß zu unterbreiten, indem er diesem und dem anderen Staat eine entsprechende Mitteilung macht.

c) Der Ausschuß befaßt sich mit einer ihm unterbreiteten Sache erst dann, wenn er sich Gewißheit verschafft hat, daß alle in der Sache zur Verfügung stehenden innerstaatlichen Rechtsbehelfe in Übereinstimmung mit den allgemein anerkannten Grundsätzen des Völkerrechts eingelegt und erschöpft worden sind. Dies gilt nicht, wenn das Verfahren bei der Anwendung der Rechtsbehelfe unangemessen lange gedauert hat.

d) Der Ausschuß berät über Mitteilungen auf Grund dieses Artikels in nichtöffentlicher Sitzung.

e) Sofern die Voraussetzungen des Buchstaben c erfüllt sind, stellt der Ausschuß den beteiligten Vertragsstaaten seine guten Dienste zur Verfügung, um eine gütliche Regelung der Sache auf der Grundlage der Achtung der in diesem Pakt anerkannten Menschenrechte und Grundfreiheiten herbeizuführen.

f) Der Ausschuß kann in jeder ihm unterbreiteten Sache die unter Buchstabe b

concerned, referred to in sub-paragraph (b), to supply any relevant information.

(g) The States Parties concerned, referred to in sub-paragraph (b), shall have the right to be represented when the matter is being considered in the Committee and to make submissions orally and/or in writing.

(h) The Committee shall, within twelve months after the date of receipt of notice under sub-paragraph (b), submit a report:

(i) If a solution within the terms of sub-paragraph (e) is reached, the Committee shall confine its report to a brief statement of the facts and of the solution reached;

(ii) If a solution within the terms of sub-paragraph (e) is not reached, the Comittee shall confine its report to a brief statement of the facts; the written submissions and record of the oral submissions made by the State Parties concerned shall be attached to the report.

In every matter, the report shall be communicated to the States Parties concerned.

2. The provisions of this article shall come into force when ten States Parties to the present Covenant have made declarations under paragraph 1 of this article. Such declarations shall be deposited by the States Parties with the Secretary-General of the United Nations, who shall transmit copies thereof to the other States Parties. A declaration may be withdrawn at any time by notification to the Secretary-General. Such a withdrawal shall not prejudice the consideration of any matter which is the subject of a communication already transmitted under this article; no further communication by any State Party shall be received after the notification of withdrawal of the declaration has been received by the Secretary-General, unless the state Party concerned had made a new declaration.

Article 42

1. (a) If a matter referred to the Committee in accordance with article 41 is not resolved to the satisfaction of the States Parties concerned, the Committee may, with the prior consent of the States Parties cocerned, appoint an ad hoc Conciliation Commission (hereinafter referred to as the Commission). The good offices

ties intéressés visés à l'alinéa b de lui fournir tout renseignement pertinent.

g) Les Etats parties intéressés, visés à l'alinéa b, ont le droit de se faire représenter lors de l'examen de l'affaire par le Comité et de présenter des observations oralement ou par écrit, ou sous l'une et l'autre forme.

h) Le Comité doit présenter un rapport dans un délai de douze mois à compter du jour où il a reçu la notification visée à l'alinéa b:

i) Si une solution a pu être trouvée conformément aux dispositions de l'alinéa e, le Comité se borne, dans son rapport, à un bref exposé des faits et de la solution intervenue;

ii) Si une solution n'a pu être trouvée conformément aux dispositions de l'alinéa e, le Comité se borne, dans son rapport, à un bref exposé des faits; le texte des observations écrites et le procès-verbal des observations orales présentées par les Etats parties intéressés sont joints au rapport.

Pour chaque affaire, le rapport est communiqué aux Etats parties intéressés.

2. Les dispositions du présent article entreront en vigueur lorsque dix Etats parties au présent Pacte auront fait la déclaration prévue au paragraphe 1 du présent article. Ladite déclaration est déposée par l'Etat partie auprès du Secrétaire général de l'Organisation des Nations Unies, qui en communique copie aux autres Etats parties. Une déclaration peut être retirée à tout moment au moyen d'une notification adressée au Secrétaire général. Ce retrait est sans préjudice de l'examen de toute question qui fait l'objet d'une communication déjà transmise en vertu du présent article; aucune autre communication d'un Etat partie ne sera reçue après que le Secrétaire général aura reçu notification du retrait de la déclaration, à moins que l'Etat partie intéressé n'ait fait une nouvelle déclaration.

Article 42

1. a) Si une question soumise au Comité conformément à l'article 41 n'est pas réglée à la satisfaction des Etats parties intéressés, le Comité peut, avec l'assentiment préalable des Etats parties intéressés, désigner une commission de concilation ad hoc (ci-après dénommée la Commission). La Commission met ses

genannten beteiligten Vertragsstaaten auffordern, alle erheblichen Angaben beizubringen.

g) Die unter Buchstabe b genannten beteiligten Vertragsstaaten haben das Recht, sich vertreten zu lassen sowie mündlich und/oder schriftlich Stellung zu nehmen, wenn die Sache vom Ausschuß verhandelt wird.

h) Der Ausschuß legt innerhalb von zwölf Monaten nach Eingang der unter Buchstabe b vorgesehenen Mitteilung einen Bericht vor:

i) Wenn eine Regelung im Sinne von Buchstabe e zustandegekommen ist, beschränkt der Ausschuß seinen Bericht auf eine kurze Darstellung des Sachverhalts und der erzielten Regelung;

ii) wenn eine Regelung im Sinne von Buchstabe e nicht zustandegekommen ist, beschränkt der Auschuß seinen Bericht auf eine kurze Darstellung des Sachverhalts; die schriftlichen Stellungnahmen und das Protokoll über die mündlichen Stellungnahmen der beteiligten Vertragsparteien sind dem Bericht beizufügen.

In jedem Fall wird der Bericht den beteiligten Vertragsstaaten übermittelt.

(2) Die Bestimmungen dieses Artikels treten in Kraft, wenn zehn Vertragsstaaten Erklärungen nach Absatz 1 abgegeben haben. Diese Erklärungen werden von den Vertragsstaaten beim Generalsekretär der Vereinten Nationen hinterlegt, der den anderen Vertragsstaaten Abschriften davon übermittelt. Eine Erklärung kann jederzeit durch eine an den Generalsekretär gerichtete Notifikation zurückgenommen werden. Eine solche Zurücknahme berührt nicht die Prüfung einer Sache, die Gegenstand einer auf Grund dieses Artikels bereits vorgenommenen Mitteilung ist; nach Eingang der Notifikation über die Zurücknahme der Erklärung beim Generalsekretär wird keine weitere Mitteilung eines Vertragsstaates entgegengenommen, es sei denn, daß der betroffene Vertragsstaat eine neue Erklärung abgegeben hat.

Artikel 42

(1) a) Wird eine nach Artikel 41 dem Ausschuß unterbreitete Sache nicht zur Zufriedenheit der beteiligten Vertragsstaaten geregelt, so kann der Ausschuß mit vorheriger Zustimmung der beteiligten Vertragsstaaten eine ad hoc-Vergleichskommission (im folgenden als „Kommission" bezeichnet) einsetzen. Die

of the Commission shall be made available to the States Parties concerned with a view to an amicable solution of the matter on the basis of respect for the present Covenant;

(b) The Commission shall consist of five persons acceptable to the States Parties concerned. If the States Parties concerned fail to reach agreemet within three months on all or part of the composition of the Commission, the members of the Commission concerning whom no agreement has been reached shall be elected by secret ballot by a two-thirds majority vote of the Committee from among its members.

2. The members of the Commission shall serve in their personal capacity. They shall not be nationals of the States Parties concerned, or of a State not party to the present Covenant, or of a State Party which has not made a declaration under article 41.

3. The Commission shall elect its own Chairman and adopt its own rules of procedure.

4. The meetings of the Commission shall normally be held at the Headquarters fo the United Nations or at the United Nations Office at Geneva. However, they may be held at such other convenient places as the Commission may determine in consultation with the Secretary-General of the United Nations and the States Parties concerned.

5. The secretariat provided in accordance with article 36 shall also service the commissions appointed under this article.

6. The information received and collated by the Committee shall be made available to the Commission and the Commission may call upon the States Parties concerned to supply any other relevant information.

7. When the Commission has fully considered the matter, but in any event not later than twelve months after having been seized of the matter, it shall submit to the Chairman of the Committee a report for communication to the States Parties concerned:

(a) If the Commission is unable to complete its consideration of the matter within twelve months, it shall confine its report to a brief statement of the status of its consideration of the matter;

(b) If an amicable solution to the matter

bons offices à la disposition des Etats parties intéressés, afin de parvenir à une solution amiable de la question, fondée sur le respect du présent Pacte;

b) La Commission est composée de cinq membres nommés avec l'accord des Etats parties intéressés. Si les Etats parties intéressés ne parviennent pas à une entente sur tout ou partie de la composition de la Commission dans un délai de trois mois, les membres de la Commission au sujet desquels l'accord ne s'est pas fait sont élus au scrutin secret parmi les membres du Comité, à la majorité des deux tiers des membres du Comité.

2. Les membres de la Commission siègent à titre individuel. Ils ne doivent être ressortissants ni des Etats parties intéressés, ni d'un Etat qui n'est pas partie au présent Pacte, ni d'un Etat partie qui n'a pas fait la déclaration prévue à l'article 41.

3. La Commission élit son président et adopte son règlement intérieur.

4. La Commission tient normalement ses réunions au Siège de l'Organisation des Nations Unies ou à l'Office des Nations Unies à Genève. Toutefois, elle peut se réunir en tout autre lieu approprié que peut déterminer la Commission en consultation avec le Secrétaire général de l'Organisation des Nations Unies et les Etats parties intéressés.

5. Le secrétariat prévu à l'article 36 prête également ses services aux commissions désignées en vertu du présent article.

6. Les renseignements obtenus et dépouillés par le Comité sont mis à la disposition de la Commission, et la commission peut demander aux Etats parties intéressés de lui fournir tout renseignement complémentaire pertinent.

7. Après avoir étudié la question sous tous ses aspects, mais en tout cas dans un délai maximum de douze mois après qu'elle en aura été saisie, la Commission soumet un rapport au président du Comité qui le communique aux Etats parties intéressés:

a) Si la Commission ne peut achever l'examen de la question dans les douze mois, elle se borne à indiquer brièvement dans son rapport où elle en est de l'examen de la question;

b) Si l'on est parvenu à un règlement

Kommission stellt den beteiligten Vertragsstaaten ihre guten Dienste zur Verfügung, um auf der Grundlage der Achtung dieses Paktes eine gütliche Regelung der Sache herbeizuführen.

b) Die Kommission besteht aus fünf mit Einverständnis der beteiligten Vertragsstaaten ernannten Personen. Können sich die beteiligten Vertragsstaaten nicht innerhalb von drei Monaten über die vollständige oder teilweise Zusammensetzung der Kommission einigen, so wählt der Ausschuß aus seiner Mitte die Kommissionsmitglieder, über die keine Einigung erzielt worden ist, in geheimer Abstimmung mit einer Mehrheit von zwei Dritteln seiner Mitglieder.

(2) Die Mitglieder der Kommission sind in ihrer persönlichen Eigenschaft tätig. Sie dürfen nicht Staatsangehörige der beteiligten Vertragsstaaten, eines Nichtvertragsstaates oder eines Vertragsstaates sein, der eine Erklärung gemäß Artikel 41 nicht abgegeben hat.

(3) Die Kommission wählt ihren Vorsitzenden und gibt sich eine Geschäftsordnung.

(4) Die Sitzungen der Kommission finden in der Regel am Sitz der Vereinten Nationen oder beim Büro der Vereinten Nationen in Genf statt. Sie können jedoch auch an jedem anderen geeigneten Ort stattfinden, den die Kommission im Benehmen mit dem Generalsekretär der Vereinten Nationen und den beteiligten Vertragsstaaten bestimmt.

(5) Das in Artikel 36 vorgesehene Sekretariat steht auch den auf Grund dieses Artikels eingesetzen Kommissionen zur Verfügung.

(6) Die dem Ausschuß zugegangenen und von ihm zusammengestellten Angaben sind der Kommission zugänglich zu machen, und die Kommission kann die beteiligten Vertragsstaaten um weitere erhebliche Angaben ersuchen.

(7) Die Kommission legt, sobald sie die Sache vollständig geprüft hat, keinesfalls jedoch später als zwölf Monate, nachdem sie damit befaßt worden ist, dem Vorsitzenden des Ausschusses einen Bericht zur Übermittlung an die beteiligten Vertragsstaaten vor:

a) Wenn die Kommission die Prüfung der Sache nicht innerhalb von zwölf Monaten abschließen kann, beschränkt sie ihren Bericht auf eine kurze Darstellung des Standes ihrer Prüfung;

b) wenn die Sache auf der Grundlage

on the basis of respect for human rights as recognized in the present Covenant is reached, the Commission shall confine its report to a brief statement of the facts and of the solution reached;

(c) If a solution within the terms of sub-paragraph (b) is not reached, the Commission's report shall embody its findings on all questions of fact relevant to the issues between the States Parties concerned, and its views on the possibilities of an amicable solution of the matter. This report shall also contain the written submissions and a record of the oral submissions made by the States Parties concerned;

(d) If the Commission's report is submitted under sub-paragraph (c), the States Parties concerned shall within three months of the receipt of the report, notify the Chairman of the Comittee whether or not they accept the contents of the report of the Commission.

8. The provisions of this article are without prejudice to the responsibilities of the Committee under article 41.

9. The States Parties concerned shall share equally all the expenses of the members of the Commission in accordance with estimates to be provided by the Secretary-General of the United Nations.

10. The Secretary-General of the United Nations shall be empowered to pay the expenses of the members of the Commission, if necessary, before reimbursement by the States Parties concerned, in accordance with paragraph 9 of this article.

Article 43

The members of the Committee, and of the ad hoc conciliation commissions which may be appointed under article 42, shall be entitled to the facilities, privileges and immunities of experts on mission for the United Nations as laid down in the relevant sections of the Convention on the Privileges and Immunities of the United Nations.

Article 44

The provisions for the implementation of the present Covenant shall apply without prejudice to the procedures prescribed in the field of human rights by or

amiable de la question, fondé sur le respect des droits de l'homme reconnus dans le présent Pacte, la Commission se borne à indiquer brièvement dans son rapport les faits et le règlement auquel on est parvenu;

c) Si l'on n'est pas parvenu à un règlement au sens de l'alinéa b, la Commission fait figurer dans son rapport ses conclusions sur tous les points de fait relatifs à la question débattue entre les Etats parties intéressés ainsi que ses constatations sur les possibilités de règlement amiable de l'affaire; le rapport renferme également les observations écrites et un procès-verbal des observations orales présentées par les Etats parties intéressés;

d) Sie le rapport de la Commission est soumis conformément à l'alinéa c, les Etats parties intéressés font savoir au président du Comité, dans un délai de trois mois après la réception du rapport, s'ils acceptent ou non les termes du rapport de la Commission.

8. Les dispositions du présent article s'entendent sans préjudice des attributions du Comité prévues à l'article 41.

9. Toutes les dépenses des membres de la Commission sont réparties également entre les Etats parties intéressés, sur la base d'un état estimatif établi par le Secrétaire général de l'Organisation des Nations Unies.

10. Le Secrétaire général de l'Organisation des Nations Unies est habilité, si besoin est, à défrayer les membres de la Commission de leurs dépenses, avant que le remboursement en ait été effectué par les Etats parties intéressés, conformément au paragraphe 9 du présent article.

Article 43

Les membres du Comité et les membres des commissions de conciliation ad hoc qui pourraient être désignés conformément à l'article 42 ont droit aux facilités, privilèges et immunités reconnus aux experts en mission pour l'Organisation des Nations Unies, tels qu'ils sont énoncés dans les sections pertinentes de la Convention sur les privilèges et immunités des Nations Unies.

Article 44

Les dispositions de mise en œuvre du présent Pacte s'appliquent sans préjudice des procédures instituées en matière de droits de l'homme aux termes ou

der Achtung der in diesem Pakt anerkannten Menschenrechte gütlich geregelt worden ist, beschränkt die Kommission ihren Bericht auf eine kurze Darstellung des Sachverhalts und der erzielten Regelung;

c) wenn eine Regelung im Sinne von Buchstabe b nicht erzielt worden ist, nimmt die Kommission in ihren Bericht ihre Feststellungen zu allen für den Streit zwischen den beteiligten Vertragsstaaten erheblichen Sachfragen sowie ihre Ansichten über Möglichkeiten einer gütlichen Regelung auf. Der Bericht enthält auch die schriftlichen Stellungnahmen der beteiligten Vertragsstaaten und ein Protokoll über ihre mündlichen Stellungnahmen;

d) wenn der Bericht der Kommission gemäß Buchstabe c vorgelegt wird, teilen die beteiligten Vertragsstaaten dem Vorsitzenden des Ausschusses innerhalb von drei Monaten nach Erhalt des Berichts mit, ob sie mit dem Inhalt des Kommissionsberichts einverstanden sind.

(8) Die Bestimmungen dieses Artikels lassen die in Artikel 41 vorgesehenen Aufgaben des Ausschusses unberührt.

(9) Die beteiligten Vertragsstaaten tragen gleichermaßen alle Ausgaben der Kommissionsmitglieder auf der Grundlage von Voranschlägen, die der Generalsekretär der Vereinten Nationen erstellt.

(10) Der Generalsekretär der Vereinten Nationen ist befugt, erforderlichenfalls für die Ausgaben der Kommissionsmitglieder aufzukommen, bevor die beteiligten Vertragsstaaten sie nach Absatz 9 erstattet haben.

Artikel 43

Die Mitglieder des Ausschusses und der ad hoc-Vergleichskommissionen, die nach Artikel 42 bestimmt werden können, haben Anspruch auf die Erleichterungen, Vorrechte und Befreiungen, die in den einschlägigen Abschnitten des Übereinkommens über die Vorrechte und Befreiungen der Vereinten Nationen für die im Auftrag der Vereinten Nationen tätigen Sachverständigen vorgesehen sind.

Artikel 44

Die Bestimmungen über die Durchführung dieses Paktes sind unbeschadet der Verfahren anzuwenden, die auf dem Gebiet der Menschenrechte durch oder

under the constituent instruments and the conventions of the United Nations and of the specialized agencies and shall not prevent the States Parties to the present Covenant from having recourse to other procedures for settling a dispute in accordance with general or special international agreements in force between them.

Article 45

The Committee shall submit to the General Assembly of the United Nations, through the Economic and Social Council, an annual report on its activities.

Part V

Article 46

Nothing in the present Covenant shall be interpreted as impairing the provisions of the Charter of the United Nations and of the constitutions of the specialized agencies which define the respective responsibilities of the various organs of the United Nations and of the specialized agencies in regard to the matters dealt with in the present Covenant.

Articel 47

Nothing in the present Covenant shall be interpreted as impairing the inherent right of all peoples to enjoy and utilize fully and freely their natural wealth and resources.

Part VI

Article 48

1. The present Covenant is open for signature by any State Member of the United Nations or member of any of its specialized agencies, by any State Party to the Statute of the International Court of Justice, and by any other State which has been invited by the General Assembly of the United Nations to become a party to the present Covenant.

2. The present Covenant is subject to ratification. Instruments of ratification shall be deposited with the Secretary-General of the United Nations.

3. The present Covenant shall be open to accession by any State referred to in paragraph 1 of the article.

4. Accession shall be effected by the

en vertu des instruments constitutifs et des conventions de l'Organisation des Nations Unies et des institutions spécialisées, et n'empêchent pas les Etats parties de recourir à d'autres procédures pour le règlement d'un différend conformément aux accords internationaux généraux ou spéciaux qui les lient.

Article 45

Le Comité adresse chaque année à l'Assemblée générale des Nations Unies, par l'intermédiaire du Conseil économique et social, un raport sur ses travaux.

Cinquième Partie

Article 46

Aucune disposition du présent Pacte ne doit être interprétée comme portant atteinte aux dispositions de la Charte des Nations Unies et des constitutions des institutions spécialisées qui définissent les responsabilités respectives des divers organes de l'Organisation des Nations Unies et des institutions spécialisées en ce qui concerne les questions traitées dans le présent Pacte.

Article 47

Aucune disposition du présent Pacte ne sera interprétée comme portant atteinte au droit inhérent de tous les peuples à profiter et a user pleinement et librement de leurs richesses et ressources naturelles.

Sixième partie

Article 48

1. Le présent Pacte est ouvert à la signature de tout Etat membre de l'Organisation des Nations Unies ou membre de l'une quelconque de ses institutions spécialisées, de tout Etat partie au Statut de la Cour internationale de justice, ainsi que de tout autre Etat invité par l'Assemblée générale des Nations Unies à devenir partie au présent Pacte.

2. Le présent Pacte est sujet à ratification et les instruments de ratification seront déposés auprès du Secrétaire général de l'Organisation des Nations Unies.

3. Le présent Pacte sera ouvert à l'adhésion de tout Etat visé au paragraphe 1 du présent article.

4. L'adhésion se fera par le dépôt d'un

auf Grund der Satzungen und Übereinkommen der Vereinten Nationen und der Sonderorganisationen vorgeschrieben sind und hindern die Vertragsstaaten nicht, in Übereinstimmung mit den zwischen ihnen in Kraft befindlichen allgemeinen oder besonderen internationalen Übereinkünften andere Verfahren zur Beilegung von Streitigkeiten anzuwenden.

Artikel 45

Der Ausschuß legt der Generalversammlung der Vereinten Nationen auf dem Wege über den Wirtschafts- und Sozialrat einen Jahresbericht über seine Tätigkeit vor.

Teil V

Artikel 46

Keine Bestimmung dieses Paktes ist so auszulegen, daß sie die Bestimmungen der Charta der Vereinten Nationen und der Satzungen der Sonderorganisationen beschränkt, in denen die jeweiligen Aufgaben der verschiedenen Organe der Vereinten Nationen und der Sonderorganisationen hinsichtlich der in diesem Pakt behandelten Fragen geregelt sind.

Artikel 47

Keine Bestimmung dieses Paktes ist so auszulegen, daß sie das allen Völkern innewohnende Recht auf den Genuß und die volle und freie Nutzung ihrer natürlichen Reichtümer und Mittel beeinträchtigt.

Teil VI

Artikel 48

(1) Dieser Pakt liegt für alle Mitgliedstaaten der Vereinten Nationen, für alle Mitglieder einer ihrer Sonderorganisationen, für alle Vertragsstaaten der Satzung des Internationalen Gerichtshofs und für jeden anderen Staat, den die Generalversammlung der Vereinten Nationen einlädt, Vertragspartei dieses Paktes zu werden, zur Unterzeichnung auf.

(2) Dieser Pakt bedarf der Ratifikation. Die Ratifikationsurkunden sind beim Generalsekretär der Vereinten Nationen zu hinterlegen.

(3) Dieser Pakt liegt für jeden in Absatz 1 bezeichneten Staat zum Beitritt auf.

(4) Der Beitritt erfolgt durch Hinterle-

deposit of an instrument of accession with the Secretary-General of the United Nations.

5. The Secretary-General of the United Nations shall inform all States which have signed this Covenant or acceded to it of the deposit of each instrument of ratification or accession.

instrument d'adhésion auprès du Secrétaire général de l'Organisation des Nations Unies.

5. Le Secrétaire général de l'Organisation des Nations Unies informe tous les Etats qui ont signé le présent Pacte ou qui y ont adhéré du dépôt de chaque instrument de ratification ou d'adhésion.

gung einer Beitrittsurkunde beim Generalsekretär der Vereinten Nationen.

(5) Der Generalsekretär der Vereinten Nationen unterrichtet alle Staaten, die diesen Pakt unterzeichnet haben oder ihm beigetreten sind, von der Hinterlegung jeder Ratifikations- oder Beitrittsurkunde.

Article 49

1. The present Covenant shall enter into force three months after the date of the deposit with the Secretary-General of the Untied Nations of the thirty-fifth instrument of ratification or instrument of accession.

2. For each State ratifying the present Covenant or acceding to it after the deposit of the thirty-fifth instrument of ratification or instrument of accession, the present Covenant shall enter into force three months after the date of the deposit of its own instrument of ratification or instrument of accession.

Article 49

1. Le présent Pacte entrera en vigueur trois mois après la date du dépôt auprès du Secrétaire général de l'Organisation des Nations Unies du trente-cinquième instument de ratification ou d'adhésion.

2. Pour chacun des Etats qui ratifieront le présent Pacte ou y adhéreront après le dépôt du trente-cinquième instrument le ratification ou d'adhésion, ledit Pacte entrera en vigueur trois mois après la date du dépôt par cet Etat de son instrument de ratification ou d'adhésion.

Artikel 49

(1) Dieser Pakt tritt drei Monate nach Hinterlegung der fünfunddreißigsten Ratifikations- oder Beitrittsurkunde beim Generalsekretär der Vereinten Nationen in Kraft.

(2) Für jeden Staat, der nach Hinterlegung der fünfunddreißigsten Ratifikations- oder Beitrittsurkunde diesen Pakt ratifiziert oder ihm beitritt, tritt er drei Monate nach Hinterlegung seiner eigenen Ratifikations- oder Beitrittsurkunde in Kraft.

Article 50

The provisions of the present Covenant shall extend to all parts of federal States without any limitations or exceptions.

Article 50

Les dispositions du présent Pacte s'appliquent, sans limitation ni exception aucune, à toutes les unités constitutives des Etats fédératifs.

Artikel 50

Die Bestimmungen dieses Paktes gelten ohne Einschränkung oder Ausnahme für alle Teile eines Bundesstaates.

Article 51

1. Any State Party to the present Covernant may propose an amendment and file it with the Secretary-General of the United Nations. The Secretary-General of the United Nations shall thereupon communicate any proposed amendments to the States Parties to the present Covenant with a request that they notify him wether they favour a conference of States Parties for the purpose of considering and voting upon the proposals. In the event that at least one third of the States Parties favours such a conference, the Secretary-General shall convene the conference under the auspices of the United Nations. Any amendment adopted by a majority of the States Parties present and voting at the conference shall be submitted to the General Assembly of the United Nations for approval.

2. Amendments shall come into force when they have been approved by the General Assembly of the United Nations and accepted by a two-thirds majority of the States Parties to the present Covenant in accordance with their respective constitutional processes.

3. When amendments come into force,

Article 51

1. Tout Etat partie au présent Pacte peut proposer un amendement et en déposer le texte auprès du Secrétaire général de l'Organisation des Nations Unies. Le Secrétaire général transmet alors tous projets d'amendements aux Etats parties au présent Pacte en leur demandant de lui indiquer s'ils désirent voir convoquer une conférence d'Etats parties pour examiner ces projets et les mettre aux voix. Si un tiers au moins des Etats se déclarent en faveur de cette convocation, le Secrétaire général convoque la conférence sous les auspices de l'Organisation des Nations Unies. Tout amendement adopté par la majorité des Etats présents et votants à la conférence est soumis pour approbation à l'Assemblée générale des Nations Unies.

2. Ces amendements entrent en vigueur lorsqu'ils ont été approuvés par l'Assemblée générale des Nations Unies et acceptés, conformément à leurs règles constitutionnelles repectives, par une majorité des deux tiers des Etats parties au présent Pacte.

3. Lorsque ces amendements entrent

Artikel 51

(1) Jeder Vertragsstaat kann eine Änderung des Paktes vorschlagen und ihren Wortlaut beim Generalsekretär der Vereinten Nationen einreichen. Der Generalsekretär übermittelt sodann alle Änderungsvorschläge den Vertragsstaaten mit der Aufforderung, ihm mitzuteilen, ob sie eine Konferenz der Vertragsstaaten zur Beratung und Abstimmung über die Vorschläge befürworten. Befürwortet wenigstens ein Drittel der Vertragsstaaten eine solche Konferenz, so beruft der Generalsekretär die Konferenz unter der Schirmherrschaft der Vereinten Nationen ein. Jede Änderung, die von der Mehrheit der auf der Konferenz anwesenden und abstimmenden Vertragsstaaten angenommen wird, ist der Generalversammlung der Vereinten Nationen zur Billigung vorzulegen.

(2) Die Änderungen treten in Kraft, wenn sie von der Generalversammlung der Vereinten Nationen gebilligt und von einer Zweidrittelmehrheit der Vertragsstaaten nach Maßgabe der in ihrer Verfassung vorgesehenen Verfahren angenommen worden sind.

(3) Treten die Änderungen in Kraft, so

they shall be binding on those States Parties which have accepted them, other States Parties still being bound by the provisions of the present Covenant and any ealier amendment which they have accepted.

en vigueur, ils sont obligatoires pour les Etats parties qui les ont acceptés, les autres Etats parties restant liés par les dispositions du présent Pacte et par tout amendement antérieur qu'ils ont accepté.

sind sie für die Vertragsstaaten, die sie angenommen haben, verbindlich, während für die anderen Vertragsstaaten weiterhin die Bestimmungen dieses Paktes und alle früher von ihnen angenommenen Änderungen gelten.

Article 52

Irrespective of the notifications made under article 48, paragraph 5, the Secretary-General of the United Nations shall inform all States referred to in paragraph 1 of the same article of the following particulars:

(a) Signatures, ratifications and accessions under article 48;

(b) The date of the entry into force of the present Covenant under article 49 and the date of the entry into force of any amendments under article 51.

Article 52

Indépendamment des notifications prévues au paragraphe 5 de l'article 48, le Secrétaire général de l'Organisation des Nations Unies informera tous les Etats visés au paragraphe 1 dudit article:

a) Des signatures apposées au présent Pacte et des instruments de ratification et d'adhésion déposés conformément à l'article 48;

b) De la date à laquelle le présent Pacte entrera en vigueur conformément à l'article 49 et de la date à laquelle entreront en vigueur les amendements prévus à l'article 51.

Artikel 52

Unabhängig von den Notifikationen nach Artikel 48 Absatz 5 unterrichtet der Generalsekretär der Vereinten Nationen alle in Absatz 1 jenes Artikels bezeichneten Staaten.

a) von den Unterzeichnungen, Ratifikationen und Beitritten nach Artikel 48;

b) vom Zeitpunkt des Inkrafttretens dieses Paktes nach Artikel 49 und vom Zeitpunkt des Inkrafttretens von Änderungen nach Artikel 51.

Article 53

1. The present Covenant, of which the Chinese, English, French, Russian, and Spanish texts are equally authentic, shall be deposited in the archives of the United Nations.

2. The Secretary-General of the United Nations shall transmit certified copies of the present Covenant to all States referred to in article 48.

Article 53

1. Le présent Pacte, dont les textes anglais, chinois, espagnol, français et russe font également foi, sera déposé aux archives de l'Organisation des Nations Unies.

2. Le Secrétaire général de l'Organisation des Nations Unies transmettra une copie certifiée conforme du présent Pacte à tous les Etats visés à l'article 48.

Artikel 53

(1) Dieser Pakt, dessen chinesischer, englischer, französischer, russischer und spanischer Wortlaut gleichermaßen verbindlich ist, wird im Archiv der Vereinten Nationen hinterlegt.

(2) Der Generalsekretär der Vereinten Nationen übermittelt allen in Artikel 48 bezeichneten Staaten beglaubigte Abschriften dieses Paktes.

7. Gesetz zum Fakultativprotokoll vom 19. Dezember 1966 zum Internationalen Pakt über bürgerliche und politische Rechte Vom 21. Dezember 1992 (BGBl. II 1992 S. 1247)

Der Bundestag hat mit Zustimmung des Bundesrates das folgende Gesetz beschlossen:

Artikel 1

Dem von der Generalversammlung der Vereinten Nationen am 19. Dezember 1966 angenommenen und am 23. März 1976 in Kraft getretenen Fakultativprotokoll zum Internationalen Pakt über bürgerliche und politische Rechte wird zugestimmt. Das Protokoll wird nachstehend veröffentlicht.

Artikel 2

(1) Dieses Gesetz tritt am Tage nach seiner Verkündung in Kraft.

(2) Der Tag, an dem das Übereinkommen nach seinem Artikel 9 Abs. 2 für die Bundesrepublik Deutschland in Kraft tritt, ist im Bundesgesetzblatt bekanntzugeben.

Bekanntmachung über das Inkrafttreten des Fakultativprotokolls zum Internationalen Pakt über bürgerliche und politische Rechte Vom 30. Dezember 1993 (BGBl. II 1994 S. 311)

I.

Nach Artikel 2 Abs. 2 des Gesetzes vom 21. Dezember 1992 zu dem Fakultativprotokoll vom 19. Dezember 1966 zum Internationalen Pakt über bürgerliche und politische Rechte (BGBl. 1992 II S. 1246) wird bekanntgemacht, daß das Fakultativprotokoll nach seinem Artikel 9 Abs. 2 für

Deutschland am 25. November 1993

in Kraft getreten ist; die Beitrittsurkunde ist am 25. August 1993 bei dem Generalsekretär der Vereinten Nationen hinterlegt worden.

Bei Hinterlegung der Beitrittsurkunde hat Deutschland den folgenden Vorbehalt angebracht:

„Die Bundesrepublik Deutschland bringt einen Vorbehalt im Hinblick auf Artikel 5 Absatz 2 Buchstabe a dahingehend an, daß die Zuständigkeit des Ausschusses nicht für Mitteilungen gilt,

a) die bereits in einem anderen internationalen Untersuchungs- oder Streitregelungsverfahren geprüft wurden,
b) mit denen eine Rechtsverletzung gerügt wird, die in Ereignissen vor dem Inkrafttreten des Fakultativprotokolls für die Bundesrepublik Deutschland ihren Ursprung hat, oder
c) mit denen eine Verletzung des Artikels 26 des Internationalen Paktes über bürgerliche und politische Rechte gerügt wird, wenn und soweit sich die gerügte Verletzung auf andere als im vorgenannten Pakt garantierte Rechte bezieht."

Optional Protocol to the International Covenant on Civil and Political Rights

The States Parties to the present Protocol,

Considering that in order further to achieve the purposes of the Covenant on Civil and Political Rights (hereinafter referred to as the Covenant) and the implementation of its provisions it would be appropriate to enable the Human Rights Committee set up in part IV of the Covenant (hereinafter referred to as the Committee) to receive and consider, as provided in the present Protocol, communications from individuals claiming to be victims of violations of any of the rights set forth in the Covenant;

Have agreed as follows:

Article 1

A State Party to the Covenant that becomes a party to the present Protocol recognizes the competence of the Committee to receive and consider communications from individuals subject to its jurisdiction who claim to be victims of a violation by that State Party of any of the rights set forth in the Covenant. No communication shall be received by the Committee if it concerns a State Party to the Covenant which is not a party to the present Protocol.

Article 2

Subject to the provisions of article 1, individuals who claim that any of their rights enumerated in the Covenant have been violated and who have exhausted all available domestic remedies may submit a written communication to the Committee for consideration.

Article 3

The Committee shall consider inadmissible any communication under the present Protocol which is anonymous, or which it considers to be an abuse of the right of submission of such communications or to be incompatible with the provisions of the Covenant.

Article 4

1. Subject to the provisions of article 3, the Committee shall bring any communications submitted to it under the present Protocol to the attention of the State Party to

Protocole facultatif se rapportant au Pacte international relatif aux droits civils et politiques

Les Etats parties au présent Protocole,

Considérant que, pour mieux assurer l'accomplissement des fins du Pacte international relatif aux droits civils et politiques (ci-après dénommé le Pacte) et l'application de ses dispositions, il conviendrait d'habiliter le Comité des droits de l'homme, constitué aux termes de la quatrième partie du Pacte (ci-après dénommé le Comité), à recevoir et à examiner, ainsi qu'il est prévu dans le présent Protocole, des communications émanant de particuliers qui prétendent être victimes d'une violation d'un des droits énoncés dans le Pacte,

Sont convenus de ce qui suit:

Article premier

Tout Etat partie au Pacte qui devient partie au présent Protcole reconnaît que le Comité a compétence pour recevoir et examiner des communications émanant de particuliers relevant de sa juridiction qui prétendent être victimes d'une violation, par cet Etat partie, de l'un quelconque des droits énoncés dans le Pacte. Le Comité ne reçoit aucune communication intéressant un Etat partie au Pacte qui n'est pas partie au présent Protocole.

Article 2

Sous réserve des dispositions de l'article premier, tout particulier qui prétend être victime d'une violation de l'un quelconque des droits énoncés dans le Pacte et qui a épuisé tous les recours internes disponibles peut présenter une communication écrite au Comité pour qu'il l'examine.

Article 3

Le Comité déclare irrecevable toute communication présentée en vertu du présent Protocole qui est anonyme ou qu'il considère être un abus du droit de présenter de telles communications ou être incompatible avec les dispositions du Pacte.

Article 4

1. Sous réserve des dispositions de l'article 3, le Comité porte toute communication qui lui est présentée en vertu du présent Protocole à l'attention de l'Etat partie audit

Fakultativprotokoll zum Internationalen Pakt über bürgerliche und politische Rechte

(Übersetzung)

Die Vertragsstaaten dieses Protokolls –

in der Erwägung, daß es zur weiteren Verwirklichung der Ziele des Paktes über bürgerliche und politische Rechte (im folgenden als „Pakt" bezeichnet) und zur Durchführung seiner Bestimmungen angebracht wäre, den nach Teil IV des Paktes errichteten Ausschuß für Menschenrechte (im folgenden als „Ausschuß" bezeichnet) zu ermächtigen, nach Maßgabe dieses Protokolls Mitteilungen von Einzelpersonen, die behaupten, Opfer einer Verletzung eines in dem Pakt niedergelegten Rechts zu sein, entgegenzunehmen und zu prüfen –

haben folgendes vereinbart:

Artikel 1

Jeder Vertragsstaat des Paktes, der Vertragspartei dieses Protokolls wird, erkennt die Zuständigkeit des Ausschusses für die Entgegennahme und Prüfung von Mitteilungen seiner Herrschaftsgewalt unterstehender Einzelpersonen an, die behaupten, Opfer einer Verletzung eines in dem Pakt niedergelegten Rechts durch diesen Vertragsstaat zu sein. Der Ausschuß nimmt keine Mitteilung entgegen, die einen Vertragsstaat des Paktes betrifft, der nicht Vertragspartei dieses Protokolls ist.

Artikel 2

Vorbehaltlich des Artikels 1 können Einzelpersonen, die behaupten, in einem ihrer im Pakt niedergelegten Rechte verletzt zu sein, und die alle zur Verfügung stehenden innerstaatlichen Rechtsbehelfe erschöpft haben, dem Ausschuß eine schriftliche Mitteilung zur Prüfung einreichen.

Artikel 3

Der Ausschuß erklärt jede nach diesem Protokoll eingereichte Mitteilung für unzulässig, die anonym ist oder die er für einen Mißbrauch des Rechts auf Einreichung solcher Mitteilungen oder für unvereinbar mit den Bestimmungen des Paktes hält.

Artikel 4

(1) Vorbehaltlich des Artikels 3 bringt der Ausschuß jede ihm nach diesem Protokoll eingereichte Mitteilung dem Vertragsstaat dieses Protokolls zur Kenntnis, dem vorge-

the present Protocol alleged to be violating any provision of the Covenant.

2. Within six months, the receiving State shall submit to the Committee written explanations or statements clarifying the matter and the remedy, if any, that may have been taken by that State.

Protocole qui a prétendument violé l'une quelconque des dispositions du Pacte.

2. Dans les six mois qui suivent, ledit Etat soumet par écrit au Comité des explications ou déclarations éclaircissant la question et indiquant, le cas échéant, les mesures qu'il pourrait avoir prises pour remédier à la situation.

worfen wird, eine Bestimmung des Paktes verletzt zu haben.

(2) Der betroffene Staat hat dem Ausschuß innerhalb von sechs Monaten schriftliche Erklärungen oder Stellungnahmen zur Klärung der Sache zu übermitteln und die gegebenenfalls von ihm getroffenen Abhilfemaßnahmen mitzuteilen.

Article 5

1. The Committee shall consider communications received under the present Protocol in the light of all written information made available to it by the individual and by the State Party concerned.

2. The Committee shall not consider any communication from an individual unless it has ascertained that:

(a) The same matter is not being examined under another procedure of international investigation or settlement;

(b) The individual has exhausted all available domestic remedies. This shall not be the rule where the application of the remedies is unreasonably prolonged.

3. The Committee shall hold closed meetings when examining communications under the present Protocol.

4. The Committee shall forward its views to the State Party concerned and to the individual.

Article 5

1. Le Comité examine les communications reçues en vertu du présent Protocole en tenant compte de toutes les informations écrites qui lui sont soumises par le particulier et par l'Etat partie intéressé.

2. Le Comité n'examinera aucune communication d'un particulier sans s'être assuré que:

a) La même question n'est pas déjà en cours d'examen devant une autre instance internationale d'enquête ou de règlement;

b) Le particulier a épuisé tous les recours internes disponibles. Cette règle ne s'applique pas si les procédures de recours excèdent des délais raisonnables.

3. Le Comité tient ses séances à huis clos lorsqu'il examine les communications prévues dans le présent Protocole.

4. Le Comité fait part de ses constatations à l'Etat partie intéressé et au particulier.

Artikel 5

(1) Der Ausschuß prüft die ihm nach diesem Protokoll zugegangenen Mitteilungen unter Berücksichtigung aller ihm von der Einzelperson und dem betroffenen Vertragsstaat unterbreiteten schriftlichen Angaben.

(2) Der Ausschuß prüft die Mitteilung einer Einzelperson nur, wenn er sich vergewissert hat,

a) daß dieselbe Sache nicht bereits in einem anderen internationalen Untersuchungs- oder Streitregelungsverfahren geprüft wird;

b) daß die Einzelperson alle zur Verfügung stehenden innerstaatlichen Rechtsbehelfe erschöpft hat. Dies gilt jedoch nicht, wenn das Verfahren bei der Anwendung der Rechtsbehelfe unangemessen lange gedauert hat.

(3) Der Ausschuß berät über Mitteilungen auf Grund dieses Protokolls in nichtöffentlicher Sitzung.

(4) Der Ausschuß teilt seine Auffassungen dem betroffenen Vertragsstaat und der Einzelperson mit.

Article 6

The Committee shall include in its annual report under article 45 of the Covenant a summary of its activities under the present Protocol.

Article 6

Le Comité inclut dans le rapport annuel qu'il établit conformément à l'article 45 du Pacte un résumé de ses activités au titre du présent Protocole.

Artikel 6

Der Ausschuß nimmt in seinen Jahresbericht nach Artikel 45 des Paktes eine Übersicht über seine Tätigkeit auf Grund dieses Protokolls auf.

Article 7

Pending the achievement of the objectives of resolution 1514 (XV) adopted by the General Assembly of the United Nations on 14 December 1960 concerning the Declaration on the Granting of Independence to Colonial Countries and Peoples, the provisions of the present Protocol shall in no way limit the right of petition granted to these peoples by the Charter of the United Nations and other international conventions and instruments under the United Nations and its specialized agencies.

Article 7

En attendant la réalisation des objectifs de la résolution 1514 (XV) adoptée par l'Assemblée générale des Nations Unies le 14 décembre 1960, concernant la Déclaration sur l'octroi de l'indépendance aux pays et aux peuples coloniaux, les dispositions du présent Protocole ne restreignent en rien le droit de pétition accordé à ces peuples par la Charte des Nations Unies et d'autres conventions et instruments internationaux conclus sous les auspices de l'Organisation des Nations Unies ou de ses institutions spécialisées.

Artikel 7

Bis zur Verwirklichung der Ziele der Entschließung 1514 (XV) der Generalversammlung der Vereinten Nationen vom 14. Dezember 1960 betreffend die Erklärung über die Gewährung der Unabhängigkeit an Kolonialgebiete und Kolonialvölker wird das diesen Völkern durch die Charta der Vereinten Nationen und andere internationale Übereinkommen und Vereinbarungen im Rahmen der Vereinten Nationen und ihrer Sonderorganisationen gewährte Petitionsrecht durch dieses Protokoll in keiner Weise eingeschränkt.

Article 8

1. The present Protocol is open for signature by any State which has signed the Covenant.

Article 8

1. Le présent Protocole est ouvert à la signature de tout Etat qui a signé le Pacte.

Artikel 8

(1) Dieses Protokoll liegt für jeden Staat, der den Pakt unterzeichnet hat, zur Unterzeichnung auf.

2. The present Protocol is subject to ratification by any State which has ratified or acceded to the Covenant. Instruments of ratification shall be deposited with the Secretary-General of the United Nations.

3. The present Protocol shall be open to accession by any State which has ratified or acceded to the Covenant.

4. Accession shall be effected by the deposit of an instrument of accession with the Secretary-General of the United Nations.

5. The Secretary-General of the United Nations shall inform all States which have signed the present Protocol or acceded to it of the deposit of each instrument of ratification or accession.

Article 9

1. Subject to the entry into force of the Covenant, the present Protocol shall enter into force three months after the date of the deposit with the Secretary-General of the United Nations of the tenth instrument of ratification or instrument of accession.

2. For each State ratifying the present Protocol or acceding to it after the deposit of the tenth instrument of ratification or instrument of accession, the present Protocol shall enter into force three months after the date of the deposit of its own instrument of ratification or instrument of accession.

Article 10

The provisions of the present Protocol shall extend to all parts of federal States without any limitations or exceptions.

Article 11

1. Any State Party to the present Protocol may propose an amendment and file it with the Secretary-General of the United Nations. The Secretary-General shall thereupon communicate any proposed amendments to the States Parties to the present Protocol with a request that they notify him whether they favour a conference of States Parties for the purpose of considering and voting upon the proposal. In the event that at least one third of the States Parties favours such a conference, the Secretary-General shall convene the conference under the auspices of the United Nations. Any amendment adopted by a majority of the States Parties present and voting at the conference shall be submitted to the General Assembly of the United Nations for approval.

2. Le présent Protocole est soumis à la ratification de tout Etat qui a ratifié le Pacte ou qui y a adhéré. Les instruments de ratification seront déposés auprès du Secrétaire général de l'Organisation des Nations Unies.

3. Le présent Protocole sera ouvert à l'adhésion de tout Etat qui a ratifié le Pacte ou qui y a adhéré.

4. L'adhésion se fera par le dépôt d'un instrument d'adhésion auprès du Secrétaire général de l'Organisation des Nations Unies.

5. Le Secrétaire général de l'Organisation des Nations Unies informe tous les Etats qui ont signé le présent Protocole ou qui y ont adhéré du dépôt de chaque instrument de ratification ou d'adhésion.

Article 9

1. Sous réserve de l'entrée en vigueur du Pacte, le présent Protocole entrera en vigueur trois mois après la date du dépôt auprès du Secrétaire général de l'Organisation des Nations Unies du dixième instrument de ratification ou d'adhésion.

2. Pour chacun des Etats qui ratifieront le présent Protocole ou y adhéreront après le dépôt du dixième instrument de ratification ou d'adhésion, ledit Protocole entrera en vigueur trois mois après la date du dépôt par cet Etat de son instrument de ratification ou d'adhésion.

Article 10

Les dispositions du présent Protocole s'appliquent, sans limitation ni exception aucune, à toutes les unités constitutives des Etats fédératifs.

Article 11

1. Tout Etat partie au présent Protocole peut proposer un amendement et en déposer le texte auprès du Secrétaire général de l'Organisation des Nations Unies. Le Secrétaire général transmet alors tous projets d'amendements aux Etats parties audit Protocole en leur demandant de lui indiquer s'ils désirent voir convoquer une conférence d'Etats parties pour examiner ces projets et les mettre aux voix. Si le tiers au moins des Etats se déclarent en faveur de cette convocation, le Secrétaire général convoque la conférence sous les auspices de l'Organisation des Nations Unies. Tout amendement adopté par la majorité des Etats présents et votants à la conférence est soumis pour approbation à l'Assemblée générale des Nations Unies.

(2) Dieses Protokoll bedarf der Ratifikation, die von allen Staaten vorgenommen werden kann, die den Pakt ratifiziert haben oder ihm beigetreten sind. Die Ratifikationsurkunden sind beim Generalsekretär der Vereinten Nationen zu hinterlegen.

(3) Dieses Protokoll liegt für jeden Staat, der den Pakt ratifiziert hat oder ihm beigetreten ist, zum Beitritt auf.

(4) Der Beitritt erfolgt durch Hinterlegung einer Beitrittsurkunde beim Generalsekretär der Vereinten Nationen.

(5) Der Generalsekretär der Vereinten Nationen unterrichtet alle Staaten, die dieses Protokoll unterzeichnet haben oder ihm beigetreten sind, von der Hinterlegung jeder Ratifikations- oder Beitrittsurkunde.

Artikel 9

(1) Vorbehaltlich des Inkrafttretens des Paktes tritt dieses Protokoll drei Monate nach Hinterlegung der zehnten Ratifikations- oder Beitrittsurkunde beim Generalsekretär der Vereinten Nationen in Kraft.

(2) Für jeden Staat, der nach Hinterlegung der zehnten Ratifikations- oder Beitrittsurkunde dieses Protokoll ratifiziert oder ihm beitritt, tritt es drei Monate nach Hinterlegung seiner eigenen Ratifikations- oder Beitrittsurkunde in Kraft.

Artikel 10

Die Bestimmungen dieses Protokolls gelten ohne Einschränkung oder Ausnahme für alle Teile eines Bundesstaates.

Artikel 11

(1) Jeder Vertragsstaat dieses Protokolls kann eine Änderung vorschlagen und ihren Wortlaut beim Generalsekretär der Vereinten Nationen einreichen. Der Generalsekretär übermittelt sodann alle Änderungsvorschläge den Vertragsstaaten dieses Protokolls mit der Aufforderung, ihm mitzuteilen, ob sie eine Konferenz der Vertragsstaaten zur Beratung und Abstimmung über die Vorschläge befürworten. Befürwortet wenigstens ein Drittel der Vertragsstaaten eine solche Konferenz, so beruft der Generalsekretär die Konferenz unter der Schirmherrschaft der Vereinten Nationen ein. Jede Änderung, die von der Mehrheit der auf der Konferenz anwesenden und abstimmenden Vertragsstaaten angenommen wird, ist der Generalversammlung der Vereinten Nationen zur Billigung vorzulegen.

2. Amendments shall come into force when they have been approved by the General Assembly of the United Nations and accepted by a two-thirds majority of the States Parties to the present Protocol in accordance with their respective constitutional processes.

3. When amendments come into force, they shall be binding on those States Parties which have accepted them, other States Parties still being bound by the provisions of the present Protocol and any earlier amendment which they have accepted.

2. Ces amendements entrent en vigueur lorsqu'ils ont été approuvés par l'Assemblée générale des Nations Unies, et acceptés, conformément à leurs règles constitutionnelles respectives, par une majorité des deux tiers des Etats parties au présent Protocole.

3. Lorsque ces amendements entrent en vigueur, ils sont obligatoires pour les Etats parties qui les ont acceptés, les autres Etats parties restant liés par les dispositions du présent Protocole et par tout amendement antérieur qu'ils ont accepté.

(2) Die Änderungen treten in Kraft, wenn sie von der Generalversammlung der Vereinten Nationen gebilligt und von einer Zweidrittelmehrheit der Vertragsstaaten dieses Protokolls nach Maßgabe der in ihrer Verfassung vorgesehenen Verfahren angenommen worden sind.

(3) Treten die Änderungen in Kraft, so sind sie für die Vertragsstaaten, die sie angenommen haben, verbindlich, während für die anderen Vertragsstaaten weiterhin die Bestimmungen dieses Protokolls und alle früher von ihnen angenommenen Änderungen gelten.

Article 12

1. Any State Party may denounce the present Protocol at any time by written notification addressed to the Secretary-General of the United Nations. Denunciation shall take effect three months after the date of receipt of the notification by the Secretary-General.

2. Denunciation shall be without prejudice to the continued application of the provisions of the present Protocol to any communication submitted under article 2 before the effective date of denunciation.

Article 12

1. Tout Etat partie peut, à tout moment, dénoncer le présent Protocole par voie de notification écrite adressée au Secrétaire général de l'Organisation des Nations Unies. La dénonciation portera effet trois mois après la date à laquelle le Secrétaire général en aura reçu notification.

2. La dénonciation n'entravera pas l'application des dispositions du présent Protocole à toute communication présentée en vertu de l'article 2 avant la date à laquelle la dénonciation prend effet.

Artikel 12

(1) Jeder Vertragsstaat kann dieses Protokoll jederzeit durch schriftliche Notifikation an den Generalsekretär der Vereinten Nationen kündigen. Die Kündigung wird drei Monate nach Eingang der Notifikation beim Generalsekretär wirksam.

(2) Die Kündigung berührt nicht die weitere Anwendung dieses Protokolls auf Mitteilungen nach Artikel 2, die vor dem Wirksamwerden der Kündigung eingegangen sind.

Article 13

Irrespective of the notifications made under article 8, paragraph 5, of the present Protocol, the Secretary-General of the United Nations shall inform all States referred to in article 48, paragraph 1, of the Covenant of the following particulars:

(a) Signatures, ratifications and accessions under article 8;

(b) The date of the entry into force of the present Protocol under article 9 and the date of the entry into force of any amendments under article 11;

(c) Denunciations under article 12.

Article 13

Indépendamment des notifications prévues au paragraphe 5 de l'article 8 du présent Protocole, le Secrétaire général de l'Organisation des Nations Unies informera tous les Etats visés au paragraphe 1 de l'article 48 du Pacte:

a) Des signatures apposées au présent Protocole et des instruments de ratification et d'adhésion déposés conformément à l'article 8;

b) De la date à laquelle le présent Protocole entrera en vigueur conformément à l'article 9.

Artikel 13

Unabhängig von den Notifikationen nach Artikel 8 Absatz 5 dieses Protokolls unterrichtet der Generalsekretär der Vereinten Nationen alle in Artikel 48 Absatz 1 des Paktes bezeichneten Staaten

a) von den Unterzeichnungen, Ratifikationen und Beitritten nach Artikel 8;

b) vom Zeitpunkt des Inkrafttretens dieses Protokolls nach Artikel 9 und vom Zeitpunkt des Inkrafttretens von Änderungen nach Artikel 11;

c) von Kündigungen nach Artikel 12.

Article 14

1. The present Protocol, of which the Chinese, English, French, Russian and Spanish texts are equally authentic, shall be deposited in the archives of the United Nations.

2. The Secretary-General of the United Nations shall transmit certified copies of the present Protocol to all States referred to in article 48 of the Covenant.

Article 14

1. Le présent Protocole, dont les textes anglais, chinois, espagnol, français et russe font également foi, sera déposé aux archives de l'Organisation des Nations Unies.

2. Le Secrétaire général de l'Organisation des Nations Unies transmettra une copie certifiée conforme du présent Protocole à tous les Etats visés à l'article 48 du Pacte.

Artikel 14

(1) Dieses Protokoll, dessen chinesischer, englischer, französischer, russischer und spanischer Wortlaut gleichermaßen verbindlich ist, wird im Archiv der Vereinten Nationen hinterlegt.

(2) Der Generalsekretär der Vereinten Nationen übermittelt allen in Artikel 48 des Paktes bezeichneten Staaten beglaubigte Abschriften dieses Protokolls.

8. Gesetz zum Zweiten Fakultativprotokoll vom 15. Dezember 1989 zu dem Internationalen Pakt über bürgerliche und politische Rechte zur Abschaffung der Todesstrafe Vom 2. Juni 1992

(BGBl. II S. 390)

Der Bundestag hat das folgende Gesetz beschlossen:

Artikel 1

Dem in New York am 13. Februar 1990 von der Bundesrepublik Deutschland gezeichneten Zweiten Fakultativprotokoll vom 15. Dezember 1989 zu dem Internationalen Pakt über bürgerliche und politische Rechte zur Abschaffung der Todesstrafe wird zugestimmt. Das Protokoll wird nachstehend mit einer amtlichen deutschen Übersetzung veröffentlicht.

Artikel 2

(1) Dieses Gesetz tritt am Tage nach seiner Verkündung in Kraft.

(2) Der Tag, an dem das Protokoll gemäß seinem Artikel 8 für die Bundesrepublik Deutschland in Kraft tritt, ist im Bundesgesetzblatt bekanntzugeben.*)

Second Optional Protocol to the International Covenant on Civil and Political Rights, aiming at the abolition of the death penalty

The States Parties to the present Protocol,

Believing that abolition of the death penalty contributes to enhancement of human dignity and progressive development of human rights,

Recalling article 3 of the Universal Declaration of Human Rights adopted on 10 December 1948 and article 6 of the International Covenant on Civil and Political Rights adopted on 16 December 1966,

Noting that article 6 of the International Covenant on Civil and Political Rights refers to abolition of the death penalty in terms that strongly suggest that abolition is desirable,

Deuxième Protocole facultatif se rapportant au Pacte international relatif aux droits civils et politiques, visant à abolir la peine de mort

Les Etats parties au présent Protocole,

Convaincus que l'abolition de la peine de mort contribue à promouvoir la dignité humaine et le développement progressif des droits de l'homme,

Rappelant l'article 3 de la Déclaration universelle des droits de l'homme adoptée le 10 décembre 1948, ainsi que l'article 6 du Pacte international relatif aux droits civils et politiques adopté le 16 décembre 1966,

Notant que l'article 6 du Pacte international relatif aux droits civils et politiques se réfère à l'abolition de la peine de mort en des termes qui suggèrent sans ambiguïté que l'abolition de cette peine est souhaitable,

Zweites Fakultativprotokoll zu dem Internationalen Pakt über bürgerliche und politische Rechte zur Abschaffung der Todesstrafe

(Übersetzung)

Die Vertragsstaaten dieses Protokolls –

im Vertrauen darauf, daß die Abschaffung der Todesstrafe zur Förderung der Menschenwürde und zur fortschreitenden Entwicklung der Menschenrechte beiträgt,

unter Hinweis auf Artikel 3 der am 10. Dezember 1948 angenommenen Allgemeinen Erklärung der Menschenrechte und auf Artikel 6 des am 16. Dezember 1966 angenommenen Internationalen Paktes über bürgerliche und politische Rechte,

in Anbetracht dessen, daß Artikel 6 des Internationalen Paktes über bürgerliche und politische Rechte auf die Abschaffung der Todesstrafe in einer Weise Bezug nimmt, die eindeutig zu verstehen gibt, daß die Abschaffung wünschenswert ist,

*) Das zweite Fakultativprotokoll ist am 18.11.1992 für die Bundesrepublik in Kraft getreten (BGBl. II 1993 S. 880).

Convinced that all measures of abolition of the death penalty should be considered as progress in the enjoyment of the right to life,

Desirous to undertake hereby an international commitment to abolish the death penalty,

Have agreed as follows:

Article 1

1. No one within the jurisdiction of a State Party to the present Protocol shall be executed.

2. Each State Party shall take all necessary measures to abolish the death penalty within its jurisdiction.

Article 2

1. No reservation is admissible to the present Protocol, except for a reservation made at the time of ratification or accession that provides for the application of the death penalty in time of war pursuant to a conviction for a most serious crime of a military nature committed during wartime.

2. The State Party making such a reservation shall at the time of ratification or accession communicate to the Secretary-General of the United Nations the relevant provisions of its national legislation applicable during wartime.

3. The State Party having made such a reservation shall notify the Secretary-General of the United Nations of any beginning or ending of a state of war applicable to its territory.

Article 3

The States Parties to the present Protocol shall include in the reports they submit to the Human Rights Committee, in accordance with article 40 of the Covenant, information on the measures that they have adopted to give effect to the present Protocol.

Article 4

With respect to the States Parties to the Covenant that have made a declaration under article 41, the competence of the Human Rights Committee to receive and consider communications when a State Party claims that another State Party is not fulfilling its obligations shall extend to the provisions of the present Protocol, unless the State Party concerned has made a statement to the contrary at the moment of ratification or accession.

Article 5

With respect to the States Parties to the first Optional Protocol to the International Covenant on Civil and Political Rights adopted on 16 December 1966, the competence of the Human Rights Committee to receive and consider communications from

Convaincus que toutes les mesures prises touchant l'abolition de la peine de mort doivent être considérées comme un progrès quant à la jouissance du droit à la vie,

Désireux de prendre, par le présent Protocole, l'engagement international d'abolir la peine de mort,

Sont convenus de ce qui suit:

Article premier

1. Aucune personne relevant de la juridiction d'un Etat partie au présent Protocole ne sera exécutée.

2. Chaque Etat partie prendra toutes les mesures voulues pour abolir la peine de mort dans le ressort de sa juridiction.

Article 2

1. Il ne sera admis aucune réserve au présent Protocole, en dehors de la réserve formulée lors de la ratification ou de l'adhésion et prévoyant l'application de la peine de mort en temps de guerre à la suite d'une condamnation pour un crime de caractère militaire, d'une gravité extrême, commis en temps de guerre.

2. L'Etat partie formulant une telle réserve communiquera au Secrétaire général de l'Organisation des Nations Unies, lors de la ratification ou de l'adhésion, les dispositions pertinentes de sa législation interne qui s'appliquent en temps de guerre.

3. L'Etat partie ayant formulé une telle réserve notifiera au Secrétaire général de l'Organisation des Nations Unies la proclamation ou la levée de l'état de guerre sur son territoire.

Article 3

Les Etats parties au présent Protocole feront état, dans les rapports qu'ils présentent au Comité des droits de l'homme en vertu de l'article 40 du Pacte, des mesures qu'ils auront adoptées pour donner effet au présent Protocole.

Article 4

En ce qui concerne les Etats parties au Pacte qui ont fait la déclaration prévue à l'article 41, la compétence reconnue au Comité des droits de l'homme pour recevoir et examiner des communications dans lesquelles un Etat partie prétend qu'un autre Etat partie ne s'acquitte pas de ses obligations s'étend aux dispositions du présent Protocole, à moins que l'Etat partie en cause n'ait fait une déclaration en sens contraire lors de la ratification ou de l'adhésion.

Article 5

En ce qui concerne les Etats parties au premier Protocole facultatif se rapportant au Pacte international relatif aux droits civils et politiques adopté le 16 décembre 1966, la compétence reconnue au Comité des droits de l'homme pour recevoir et examiner des

überzeugt, daß alle Maßnahmen zur Abschaffung der Todesstrafe im Hinblick auf die Wahrung des Rechtes auf Leben einen Fortschritt bedeuten,

in dem Wunsch, hiermit eine internationale Verpflichtung zur Abschaffung der Todesstrafe einzugehen –

haben folgendes vereinbart:

Artikel 1

(1) Niemand, der der Hoheitsgewalt eines Vertragsstaats dieses Fakultativprotokolls untersteht, darf hingerichtet werden.

(2) Jeder Vertragsstaat ergreift alle erforderlichen Maßnahmen, um die Todesstrafe in seinem Hoheitsbereich abzuschaffen.

Artikel 2

(1) Vorbehalte zu diesem Protokoll sind nicht zulässig, ausgenommen ein im Zeitpunkt der Ratifikation oder des Beitritts angebrachter Vorbehalt, der die Anwendung der Todesstrafe in Kriegszeiten aufgrund einer Verurteilung wegen eines in Kriegszeiten begangenen besonders schweren Verbrechens militärischer Art vorsieht.

(2) Ein Vertragsstaat, der einen solchen Vorbehalt anbringt, wird dem Generalsekretär der Vereinten Nationen im Zeitpunkt der Ratifikation oder des Beitritts die in Kriegszeiten anzuwendenden einschlägigen Bestimmungen seiner innerstaatlichen Rechtsvorschriften mitteilen.

(3) Ein Vertragsstaat, der einen solchen Vorbehalt angebracht hat, wird dem Generalsekretär der Vereinten Nationen Beginn und Ende eines für sein Hoheitsgebiet geltenden Kriegszustands notifizieren.

Artikel 3

Die Vertragsstaaten dieses Protokolls nehmen in die Berichte, die sie nach Artikel 40 des Paktes dem Ausschuß für Menschenrechte vorlegen, Angaben über die von ihnen zur Verwirklichung dieses Protokolls getroffenen Maßnahmen auf.

Artikel 4

Für die Vertragsstaaten des Paktes, die eine Erklärung nach Artikel 41 abgegeben haben, erstreckt sich die Zuständigkeit des Ausschusses für Menschenrechte zur Entgegennahme und Prüfung von Mitteilungen, in denen ein Vertragsstaat geltend macht, ein anderer Vertragsstaat komme seinen Verpflichtungen nicht nach, auf dieses Protokoll, sofern nicht der betreffende Vertragsstaat im Zeitpunkt der Ratifikation oder des Beitritts eine gegenteilige Erklärung abgegeben hat.

Artikel 5

Für die Vertragsstaaten des am 16. Dezember 1966 angenommenen (Ersten) Fakultativprotokolls zu dem Internationalen Pakt über bürgerliche und politische Rechte erstreckt sich die Zuständigkeit des Ausschusses für Menschenrechte zur Entge-

individuals subject to its jurisdiction shall extend to the provisions of the present Protocol, unless the State Party concerned has made a statement to the contrary at the moment of ratification or accession.

communications émanant de particuliers relevant de leur juridiction s'étend aux dispositions du présent Protocole, à moins que l'Etat partie en cause n'ait fait une déclaration en sens contraire lors de la ratification ou de l'adhésion.

gennahme und Prüfung von Mitteilungen ihrer Hoheitsgewalt unterstehender Personen auf dieses Protokoll, sofern nicht der betreffende Vertragsstaat im Zeitpunkt der Ratifikation oder des Beitritts eine gegenteilige Erklärung abgegeben hat.

Article 6

1. The provisions of the present Protocol shall apply as additional provisions to the Covenant.

2. Without prejudice to the possibility of a reservation under article 2 of the present Protocol, the right guaranteed in article 1, paragraph 1, of the present Protocol shall not be subject to any derogation under article 4 of the Covenant.

Article 6

1. Les dispositions du présent Protocole s'appliquent en tant que dispositions additionnelles du Pacte.

2. Sans préjudice de la possibilité de formuler la réserve prévue à l'article 2 du présent Protocole, le droit garanti au paragraphe 1 de l'article premier du présent Protocole ne peut faire l'objet d'aucune des dérogations visées à l'article 4 du Pacte.

Artikel 6

(1) Die Bestimmungen dieses Protokolls werden als Zusatzbestimmungen zu dem Pakt angewendet.

(2) Unbeschadet der Möglichkeit eines Vorbehalts nach Artikel 2 dieses Protokolls darf das in Artikel 1 Absatz 1 des Protokolls gewährleistete Recht nicht nach Artikel 4 des Paktes außer Kraft gesetzt werden.

Article 7

1. The present Protocol is open for signature by any State that has signed the Covenant.

2. The present Protocol is subject to ratification by any State that has ratified the Covenant or acceded to it. Instruments of ratification shall be deposited with the Secretary-General of the United Nations.

3. The present Protocol shall be open to accession by any State that has ratified the Covenant or acceded to it.

4. Accession shall be effected by the deposit of an instrument of accession with the Secretary-General of the United Nations.

5. The Secretary-General of the United Nations shall inform all States that have signed the present Protocol or acceded to it of the deposit of each instrument of ratification or accession.

Article 7

1. Le présent Protocole est ouvert à la signature de tout Etat qui a signé le Pacte.

2. Le présent Protocole est soumis à la ratification de tout Etat qui a ratifié le Pacte ou qui y a adhéré. Les instruments de ratification seront déposés auprès du Secrétaire général de l'Organisation des Nations Unies.

3. Le présent Protocole sera ouvert à l'adhésion de tout Etat qui a ratifié le Pacte ou qui y a adhéré.

4. L'adhésion se fera par le dépôt d'un instrument d'adhésion auprès du Secrétaire général de l'Organisation des Nations Unies.

5. Le Secrétaire général de l'Organisation des Nations Unies informera tous les Etats qui ont signé le présent Protocole ou qui y ont adhéré du dépôt de chaque instrument de ratification ou d'adhésion.

Artikel 7

(1) Dieses Protokoll liegt für jeden Staat, der den Pakt unterzeichnet hat, zur Unterzeichnung auf.

(2) Dieses Protokoll bedarf der Ratifikation, die von allen Staaten vorgenommen werden kann, die den Pakt ratifiziert haben oder ihm beigetreten sind. Die Ratifikationsurkunden werden beim Generalsekretär der Vereinten Nationen hinterlegt.

(3) Dieses Protokoll steht jedem Staat, der den Pakt ratifiziert hat oder ihm beigetreten ist, zum Beitritt offen.

(4) Der Beitritt erfolgt durch Hinterlegung einer Beitrittsurkunde beim Generalsekretär der Vereinten Nationen.

(5) Der Generalsekretär der Vereinten Nationen unterrichtet alle Staaten, die dieses Protokoll unterzeichnet haben oder ihm beigetreten sind, von der Hinterlegung jeder Ratifikations- oder Beitrittsurkunde.

Article 8

1. The present Protocol shall enter into force three months after the date of the deposit with the Secretary-General of the United Nations of the tenth instrument of ratification or accession.

2. For each State ratifying the present Protocol or acceding to it after the deposit of the tenth instrument of ratification or accession, the present Protocol shall enter into force three months after the date of the deposit of its own instrument of ratification or accession.

Article 8

1. Le présent Protocole entrera en vigueur trois mois après la date du dépôt auprès du Secrétaire général de l'Organisation des Nations Unies du dixième instrument de ratification ou d'adhésion.

2. Pour chacun des Etats qui ratifieront le présent Protocole ou y adhéreront après le dépôt du dixième instrument de ratification ou d'adhésion, ledit Protocole entrera en vigueur trois mois après la date du dépôt par cet Etat de son instrument de ratification ou d'adhésion.

Artikel 8

(1) Dieses Protokoll tritt drei Monate nach Hinterlegung der zehnten Ratifikations- oder Beitrittsurkunde beim Generalsekretär der Vereinten Nationen in Kraft.

(2) Für jeden Staat, der nach Hinterlegung der zehnten Ratifikations- oder Beitrittsurkunde dieses Protokoll ratifiziert oder ihm beitritt, tritt es drei Monate nach Hinterlegung seiner eigenen Ratifikations- oder Beitrittsurkunde in Kraft.

Article 9

The provisions of the present Protocol shall extend to all parts of federal States without any limitations or exceptions.

Article 9

Les dispositions du présent Protocole s'appliquent, sans limitation ni exception aucune, à toutes les unités constitutives des Etats fédératifs.

Artikel 9

Die Bestimmungen dieses Protokolls gelten ohne Einschränkung oder Ausnahme für alle Teile eines Bundesstaats.

Article 10

The Secretary-General of the United Nations shall inform all States referred to in article 48, paragraph 1, of the Covenant of the following particulars:

(a) Reservations, communications and notifications under article 2 of the present Protocol;

Article 10

Le Secrétaire général de l'Organisation des Nations Unies informera tous les Etats visés au paragraphe 1 de l'article 48 du Pacte:

a) Des réserves, communications et notifications reçues au titre de l'article 2 du présent Protocole;

Artikel 10

Der Generalsekretär der Vereinten Nationen unterrichtet alle in Artikel 48 Absatz 1 des Paktes bezeichneten Staaten

a) von Vorbehalten, Mitteilungen und Notifikationen nach Artikel 2 dieses Protokolls;

(b) Statements made under articles 4 or 5 of the present Protocol;

(c) Signatures, ratifications and accessions under article 7 of the present Protocol;

(d) The date of the entry into force of the present Protocol under article 8 thereof.

Article 11

1. The present Protocol, of which the Arabic, Chinese, English, French, Russian and Spanish texts are equally authentic, shall be deposited in the archives of the United Nations.

2. The Secretary-General of the United Nations shall transmit certified copies of the present Protocol to all States referred to in article 48 of the Covenant.

b) Des déclarations faites en vertu des articles 4 ou 5 du présent Protocole;

c) Des signatures apposées au présent Protocole et des instruments de ratification et d'adhésion déposés conformément à l'article 7 du présent Protocole;

d) De la date à laquelle le présent Protocole entrera en vigueur conformément à l'article 8 de celui-ci.

Article 11

1. Le présent Protocole, dont les textes anglais, arabe, chinois, espagnol, français et russe font également foi, sera déposé aux archives de l'Organisation des Nations Unies.

2. Le Secrétaire général de l'Organisation des Nations Unies transmettra une copie certifiée conforme du présent Protocole à tous les Etats visés à l'article 48 du Pacte.

b) von Erklärungen nach Artikel 4 oder 5 dieses Protokolls;

c) von Unterzeichnungen, Ratifikationen und Beitritten nach Artikel 7 dieses Protokolls;

d) vom Zeitpunkt des Inkrafttretens dieses Protokolls nach seinem Artikel 8.

Artikel 11

(1) Dieses Protokoll, dessen arabischer, chinesischer, englischer, französischer, russischer und spanischer Wortlaut gleichermaßen verbindlich ist, wird im Archiv der Vereinten Nationen hinterlegt.

(2) Der Generalsekretär der Vereinten Nationen übermittelt allen in Artikel 48 des Paktes bezeichneten Staaten beglaubigte Abschriften dieses Protokolls.

9. Gesetz zu dem VN-Übereinkommen vom 10. Dezember 1984 gegen Folter und andere grausame, unmenschliche oder erniedrigende Behandlung oder Strafe Vom 6. April 1990

(BGBl. II S. 246)

Der Bundestag hat mit Zustimmung des Bundesrates das folgende Gesetz beschlossen:

Artikel 1

Dem in New York am 13. Oktober 1986 von der Bundesrepublik Deutschland unterzeichneten Übereinkommen vom 10. Dezember 1984 gegen Folter und andere grausame, unmenschliche oder erniedrigende Behandlung oder Strafe wird zugestimmt. Das Übereinkommen wird nachstehend mit einer amtlichen deutschen Übersetzung veröffentlicht.

Artikel 2

Dieses Gesetz gilt auch im Land Berlin, sofern das Land Berlin die Anwendung dieses Gesetzes feststellt.

Artikel 3

(1) Dieses Gesetz tritt am Tage nach seiner Verkündung in Kraft.

(2) Der Tag, an dem das Übereinkommen nach seinem Artikel 27 für die Bundesrepublik Deutschland in Kraft tritt, ist im Bundesgesetzblatt bekanntzugeben.*)

Gesetz zu der Resolution vom 15. Januar 1992 zur Änderung des Internationalen Übereinkommens vom 7. März 1966 zur Beseitigung jeder Form von Rassendiskriminierung und zu der Resolution vom 8. September 1992 zur Änderung des Übereinkommens vom 10. Dezember 1984 gegen Folter und andere grausame, unmenschliche oder erniedrigende Behandlung oder Strafe Vom 7. März 1996

(BGBl. II S. 282)

Der Bundestag hat folgendes Gesetz beschlossen:

Artikel 1

(1) Den folgenden Resolutionen zur Änderung von Übereinkünften wird zugestimmt:

---

*) Das Übereinkommen ist gemäß der Bekanntmachung vom 9.2.1993 (BGBl. II S. 715) am 31.10.1990 für die Bundesrepublik in Kraft getreten. Nach dieser Bekanntmachung hat die Bundesregierung bei Hinterlegung der Ratifikationsurkunde zu Art. 3 des Übereinkommens erklärt, daß nach ihrer Auffassung dieser Artikel ebenso wie die anderen Bestimmungen „ausschließlich Staatenverpflichtungen begründet, die die Bundesrepublik nach näherer Bestimmung ihres mit dem Übereinkommen übereinstimmenden innerstaatlichen Rechts erfüllt".

a) Der von der 14. Versammlung der Vertragsstaaten des Internationalen Übereinkommens vom 7. März 1966 zur Beseitigung jeder Form von Rassendiskriminierung (BGBl. 1969 II S. 961) in New York am 15. Januar 1992 angenommenen Resolution zur Änderung des genannten Übereinkommens,

b) der von der Konferenz der Vertragsstaaten des Übereinkommens vom 10. Dezember 1984 gegen Folter und andere grausame, unmenschliche oder erniedrigende Behandlung oder Strafe (BGBl. 1990 II S. 246) in New York am 8. September 1992 angenommenen Resolution zur Änderung des genannten Übereinkommens.

(2) Die Resolutionen werden nachstehend mit einer amtlichen deutschen Übersetzung veröffentlicht.

Artikel 2

(1) Dieses Gesetz tritt am Tage nach seiner Verkündung in Kraft.

(2) Der Tag, an dem die Resolution vom 15. Januar 1992 nach ihrer Nummer 4 und die Resolution vom 8. September 1992 nach ihrer Nummer II für die Bundesrepublik Deutschland in Kraft treten, ist im Bundesgesetzblatt bekanntzugeben.*)

Convention against Torture and Other Cruel, Inhuman or Degrading Treatment or Punishment

The States Parties to this Convention,

Considering that, in accordance with the principles proclaimed in the Charter of the United Nations, recognition of the equal and inalienable rights of all members of the human family is the foundation of freedom, justice and peace in the world,

Recognizing that those rights derive from the inherent dignity of the human person,

Considering the obligation of States under the Charter, in particular Article 55, to promote universal respect for, and observance of, human rights and fundamental freedoms,

Having regard to article 5 of the Universal Declaration of Human Rights and article 7 of the International Covenant on Civil and Political Rights, both of which provide that no one shall be subjected to torture or to cruel, inhuman or degrading treatment or punishment,

Having regard also to the Declaration on the Protection of All Persons from Being Subjected to Torture and Other Cruel, Inhuman or Degrading Treatment or Punishment, adopted by the General Assembly on 9 December 1975,

Convention contre la torture et autres peines ou traitements cruels, inhumains ou dégradants

Les Etats parties à la présente Convention,

Considérant que, conformément aux principes proclamés dans la Charte des Nations Unies, la reconnaissance des droits égaux et inaliénables de tous les membres de la famille humaine est le fondement de la liberté, de la justice et de la paix dans le monde,

Reconnaissant que ces droits procèdent de la dignité inhérente à la personne humaine,

Considérant que les Etats sont tenus, en vertu de la Charte, en particulier de l'article 55, d'encourager le respect universel et effectif des droits de l'homme et des libertés fondamentales,

Tenant compte de l'article 5 de la Déclaration universelle des droits de l'homme et de l'article 7 du Pacte international relatif aux droits civils et politiques qui prescrivent tous deux que nul ne sera soumis à la torture, ni à des peines ou traitements cruels, inhumains ou dégradants,

Tenant compte également de la Déclaration sur la protection de toutes les personnes contre la torture et autres peines ou traitements cruels, inhumains ou dégradants, adoptée par l'Assemblée générale le 9 décembre 1975,

Übereinkunft gegen Folter und andere grausame, unmenschliche oder erniedrigende Behandlung oder Strafe

(Übersetzung)

Die Vertragsstaaten dieses Übereinkommens –

in der Erwägung, daß nach den in der Charta der Vereinten Nationen verkündeten Grundsätzen die Anerkennung der Gleichheit und Unveräußerlichkeit der Rechte aller Mitglieder der menschlichen Gesellschaft die Grundlage von Freiheit, Gerechtigkeit und Frieden in der Welt bildet,

in der Erkenntnis, daß sich diese Rechte aus der dem Menschen innewohnenden Würde herleiten,

in der Erwägung, daß die Charta, insbesondere Artikel 55, die Staaten verpflichtet, die allgemeine Achtung und Verwirklichung der Menschenrechte und Grundfreiheiten zu fördern,

im Hinblick auf Artikel 5 der Allgemeinen Erklärung der Menschenrechte und Artikel 7 des Internationalen Paktes über bürgerliche und politische Rechte, die beide vorsehen, daß niemand der Folter oder grausamer, unmenschlicher oder erniedrigender Behandlung oder Strafe unterworfen werden darf,

sowie im Hinblick auf die von der Generalversammlung am 9. Dezember 1975 angenommene Erklärung über den Schutz aller Personen vor Folter und anderer grausamer, unmenschlicher oder erniedrigender Behandlung oder Strafe,

---

*) Die Bekanntmachung steht noch aus (Stand 1.10.2004); die mit der Resolution vom 8.9.1992 angenommenen Änderungen des Übereinkommens sind jedoch im nachstehenden Text bereits berücksichtigt.

Desiring to make more effective the struggle against torture and other cruel, inhuman or degrading treatment or punishment throughout the world,

Désireux d'accroître l'efficacité de la lutte contre la torture et les autres peines ou traitements cruels, inhumains ou dégradants dans le monde entier,

in dem Wunsch, dem Kampf gegen Folter und andere grausame, unmenschliche oder erniedrigende Behandlung oder Strafe in der ganzen Welt größere Wirksamkeit zu verleihen –

Have agreed as follows:

Sont convenus de ce qui suit:

sind wie folgt übereingekommen:

Part I

Première Partie

Teil I

Article 1

1. For the purposes of this Convention, the term "torture" means any act by which severe pain or suffering, whether physical or mental, is intentionally inflicted on a person for such purposes as obtaining from him or a third person information or a confession, punishing him for an act he or a third person has committed or is suspected of having committed, or intimidating or coercing him or a third person, or for any reason based on discrimination of any kind, when such pain or suffering is inflicted by or at the instigation of or with the consent or acquiescence of a public official or other person acting in an official capacity. It does not include pain or suffering arising only from, inherent in or incidental to lawful sanctions.

2. This article is without prejudice to any international instrument or national legislation which does or may contain provisions of wider application.

Article premier

1. Aux fins de la présente Convention, le terme «torture» désigne tout acte par lequel une douleur ou des souffrances aiguës, physiques ou mentales, sont intentionnellement infligées à une personne aux fins notamment d'obtenir d'elle ou d'une tierce personne des renseignements ou des aveux, de la punir d'un acte qu'elle ou une tierce personne a commis ou est soupçonnée d'avoir commis, de l'intimider ou de faire pression sur elle ou d'intimider ou de faire pression sur une tierce personne, ou pour tout autre motif fondé sur une forme de discrimination quelle qu'elle soit, lorsqu'une telle douleur ou de telles souffrances sont infligées par un agent de la fonction publique ou toute autre personne agissant à titre officiel ou à son instigation ou avec son consentement exprès ou tacite. Ce terme ne s'étend pas à la douleur ou aux souffrances résultant uniquement de sanctions légitimes, inhérentes à ces sanctions ou occasionnées par elles.

2. Cet article est sans préjudice de tout instrument international ou de toute loi nationale qui contient ou peut contenir des dispositions de portée plus large.

Artikel 1

(1) Im Sinne dieses Übereinkommens bezeichnet der Ausdruck „Folter" jede Handlung, durch die einer Person vorsätzlich große körperliche oder seelische Schmerzen oder Leiden zugefügt werden, zum Beispiel um von ihr oder einem Dritten eine Aussage oder ein Geständnis zu erlangen, um sie für eine tatsächlich oder mutmaßlich von ihr oder einem Dritten begangene Tat zu bestrafen oder um sie oder einen Dritten einzuschüchtern oder zu nötigen, oder aus einem anderen, auf irgendeiner Art von Diskriminierung beruhenden Grund, wenn diese Schmerzen oder Leiden von einem Angehörigen des öffentlichen Dienstes oder einer anderen in amtlicher Eigenschaft handelnden Person, auf deren Veranlassung oder mit deren ausdrücklichem oder stillschweigendem Einverständnis verursacht werden. Der Ausdruck umfaßt nicht Schmerzen oder Leiden, die sich lediglich aus gesetzlich zulässigen Sanktionen ergeben, dazu gehören oder damit verbunden sind.

(2) Dieser Artikel läßt alle internationalen Übereinkünfte oder innerstaatlichen Rechtsvorschriften unberührt, die weitergehende Bestimmungen enthalten.

Article 2

1. Each State Party shall take effective legislative, administrative, judicial or other measures to prevent acts of torture in any territory under its jurisdiction.

2. No exceptional circumstances whatsoever, whether a state of war or a threat of war, internal political instability or any other public emergency, may be invoked as a justification of torture.

3. An order from a superior officer or a public authority may not be invoked as a justification of torture.

Article 2

1. Tout Etat partie prend des mesures législatives, administratives, judiciaires et autres mesures efficaces pour empêcher que des actes de torture soient commis dans tout territoire sous sa juridiction.

2. Aucune circonstance exceptionnelle, quelle qu'elle soit, qu'il s'agisse de l'état de guerre ou de menace de guerre, d'instabilité politique intérieure ou de tout autre état d'exception, ne peut être invoquée pour justifier la torture.

3. L'ordre d'un supérieur ou d'une autorité publique ne peut être invoqué pour justifier la torture.

Artikel 2

(1) Jeder Vertragsstaat trifft wirksame gesetzgeberische, verwaltungsmäßige, gerichtliche oder sonstige Maßnahmen, um Folterungen in allen seiner Hoheitsgewalt unterstehenden Gebieten zu verhindern.

(2) Außergewöhnliche Umstände gleich welcher Art, sei es Krieg oder Kriegsgefahr, innenpolitische Instabilität oder ein sonstiger öffentlicher Notstand, dürfen nicht als Rechtfertigung für Folter geltend gemacht werden.

(3) Eine von einem Vorgesetzten oder einem Träger öffentlicher Gewalt erteilte Weisung darf nicht als Rechtfertigung für Folter geltend gemach werden.

Article 3

1. No State Party shall expel, return ("refouler") or extradite a person to another State where there are substantial grounds for believing that he would be in danger of being subjected to torture.

2. For the purpose of determining whether there are such grounds, the competent authorities shall take into account all relevant considerations including, where applicable, the existence in the State concerned of a consistent pattern of gross, flagrant or mass violations of human rights.

Article 3

1. Aucun Etat partie n'expulsera, ne refoulera, ni n'extradera une personne vers un autre Etat où il y a des motifs sérieux de croire qu'elle risque d'être soumise à la torture.

2. Pour déterminer s'il y a de tels motifs, les autorités compétentes tiendront compte de toutes les considérations pertinentes, y compris, le cas échéant, de l'existence, dans l'Etat intéressé, d'un ensemble de violations systématiques des droits de l'homme, graves, flagrantes ou massives.

Artikel 3

(1) Ein Vertragsstaat darf eine Person nicht in einen anderen Staat ausweisen, abschieben oder an diesen ausliefern, wenn stichhaltige Gründe für die Annahme bestehen, daß sie dort Gefahr liefe, gefoltert zu werden.

(2) Bei der Feststellung, ob solche Gründe vorliegen, berücksichtigen die zuständigen Behörden alle maßgeblichen Erwägungen einschließlich des Umstands, daß in dem betreffenden Staat eine ständige Praxis grober, offenkundiger oder massenhafter Verletzungen der Menschenrechte herrscht.

Article 4

1. Each State Party shall ensure that all acts of torture are offences under its crimi-

Article 4

1. Tout Etat partie veille à ce que tous les actes de torture constituent des infractions

Artikel 4

(1) Jeder Vertragsstaat trägt dafür Sorge, daß nach seinem Strafrecht alle Folterhand-

nal law. The same shall apply to an attempt to commit torture and to an act by any person which constitutes complicity or participation in torture.

2. Each State Party shall make these offences punishable by appropriate penalties which take into account their grave nature.

au regard de son droit pénal. Il en est de même de la tentative de pratiquer la torture ou de tout acte commis par n'importe quelle personne qui constitue une complicité ou une participation à l'acte de torture.

2. Tout Etat partie rend ces infractions passibles de peines appropriées qui prennent en considération leur gravité.

lungen als Straftaten gelten. Das gleiche gilt für versuchte Folterung und für von irgendeiner Person begangene Handlungen, die eine Mittäterschaft oder Teilnahme an einer Folterung darstellen.

(2) Jeder Vertragsstaat bedroht diese Straftaten mit angemessenen Strafen, welche die Schwere der Tat berücksichtigen.

Article 5

1. Each State Party shall take such measures as may be necessary to establish its jurisdiction over the offences referred to in article 4 in the following cases:

(a) When the offences are committed in any territory under its jurisdiction or on board a ship or aircraft registered in that State;

(b) When the alleged offender is a national of that State;

(c) When the victim is a national of that State if that State considers it appropriate.

2. Each State Party shall likewise take such measures as may be necessary to establish its jurisdiction over such offences in cases where the alleged offender is present in any territory under its jurisdiction and it does not extradite him pursant to article 8 to any of the States mentioned in paragraph 1 of this article.

3. This Convention does not exclude any criminal jurisdiction exercised in accordance with internal law.

Article 5

1. Tout Etat partie prend les mesures nécessaires pour établir sa compétence aux fins de connaître des infractions visées à l'article 4 dans les cas suivants:

a) Quand l'infraction a été commise sur tout territoire sous la juridiction dudit Etat ou à bord d'aéronefs ou de navires immatriculés dans cet Etat;

b) Quand l'auteur présumé de l'infraction est un ressortissant dudit Etat;

c) Quand la victime est un ressortissant dudit Etat et que ce dernier le juge approprié.

2. Tout Etat partie prend également les mesures nécessaires pour établir sa compétence aux fins de connaître desdites infractions dans le cas où l'auteur présumé de celles-ci se trouve sur tout territoire sous sa juridiction et où ledit Etat ne l'extrade pas conformément à l'article 8 vers l'un des Etats visés au paragraphe 1 du présent article.

3. La présente Convention n'écarte aucune compétence pénale exercée conformément aux lois nationales.

Artikel 5

(1) Jeder Vertragsstaat trifft die notwendigen Maßnahmen, um seine Gerichtsbarkeit über die in Artikel 4 genannten Straftaten in folgenden Fällen zu begründen:

a) wenn die Straftat in einem der Hoheitsgewalt des betreffenden Staates unterstehenden Gebiet oder an Bord eines in diesem Staat eingetragenen Schiffes oder Luftfahrzeugs begangen wird;

b) wenn der Verdächtige Angehöriger des betreffenden Staates ist;

c) wenn das Opfer Angehöriger des betreffenden Staates ist, sofern dieser Staat es für angebracht hält.

(2) Ebenso trifft jeder Vertragsstaat die notwendigen Maßnahmen, um seine Gerichtsbarkeit über diese Straftaten für den Fall zu begründen, daß der Verdächtige sich in einem der Hoheitsgewalt des betreffenden Staates unterstehenden Gebiet befindet und er ihn nicht nach Artikel 8 an einen der in Absatz 1 des vorliegenden Artikels bezeichneten Staaten ausliefert.

(3) Dieses Übereinkommen schließt eine Strafgerichtsbarkeit, die nach innerstaatlichem Recht ausgeübt wird, nicht aus.

Article 6

1. Upon being satisfied, after an examination of information available to it, that the circumstances so warrant, any State Party in whose territory a person alleged to have committed any offence referred to in article 4 is present shall take him into custody or take other legal measures to ensure his presence. The custody and other legal measures shall be as provided in the law of that State but may be continued only for such time as is necessary to enable any criminal or extradition proceedings to be instituted.

2. Such State shall immediately make a preliminary inquiry into the facts.

3. Any person in custody pursuant to paragraph 1 of this article shall be assisted in communicating immediately with the nearest appropriate representative of the State of which he is a national, or, if he is a stateless person, with the representative of the State where he usually resides.

4. When a State, pursuant to this article, has taken a person into custody, it shall immediately notify the States referred to in article 5, paragraph 1, of the fact that such person is in custody and of the circumstances which warrant his detention. The

Article 6

1. S'il estime que les circonstances le justifient, après avoir examiné les renseignements dont il dispose, tout Etat partie sur le territoire duquel se trouve une personne soupçonnée d'avoir commis une infraction visée à l'article 4 assure la détention de cette personne ou prend toutes autres mesures juridiques nécessaires pour assurer sa présence. Cette détention et ces mesures doivent être conformes à la législation dudit Etat; elles ne peuvent être maintenues que pendant le délai nécessaire à l'engagement de poursuites pénales ou d'une procédure d'extradition.

2. Ledit Etat procède immédiatement à une enquête préliminaire en vue d'établir les faits.

3. Toute personne détenue en application du paragraphe 1 du présent article peut communiquer immédiatement avec le plus proche représentant qualifié de l'Etat dont elle a la nationalité ou, s'il s'agit d'une personne apatride, avec le représentant de l'Etat où elle réside habituellement.

4. Lorsqu'un Etat a mis une personne en détention, conformément aux dispositions du présent article, il avise immédiatement de cette détention et des circonstances qui la justifient les Etats visés au paragraphe 1 de l'article 5. L'Etat qui procède à l'enquête

Artikel 6

(1) Hält ein Vertragsstaat, in dessen Hoheitsgebiet sich ein der Begehung einer in Artikel 4 genannten Straftat Verdächtiger befindet, es nach Prüfung der ihm vorliegenden Informationen in Anbetracht der Umstände für gerechtfertigt, so nimmt er ihn in Haft oder trifft andere rechtliche Maßnahmen, um seine Anwesenheit sicherzustellen. Die Haft und die anderen rechtlichen Maßnahmen müssen mit dem Recht dieses Staates übereinstimmen; sie dürfen nur so lange aufrechterhalten werden, wie es notwendig ist, um die Einleitung eines Straf- oder Auslieferungsverfahrens zu ermöglichen.

(2) Dieser Staat führt unverzüglich eine vorläufige Untersuchung zur Feststellung des Sachverhalts durch.

(3) Einer auf Grund des Absatzes 1 in Haft befindlichen Person wird jede Erleichterung gewährt, damit sie mit dem nächsten zuständigen Vertreter des Staates, dessen Staatsangehörigkeit sie besitzt, oder, wenn sie staatenlos ist, mit dem Vertreter des Staates, in dem sie sich gewöhnlich aufhält, unmittelbar verkehren kann.

(4) Hat ein Staat eine Person auf Grund dieses Artikels in Haft genommen, so zeigt er unverzüglich den in Artikel 5 Absatz 1 genannten Staaten die Tatsache, daß diese Person in Haft ist, sowie die Umstände an, welche die Haft rechtfertigen. Der Staat, der

State which makes the preliminary inquiry contemplated in paragraph 2 of this article shall promptly report its findings to the said States and shall indicate whether it intends to exercise jurisdiction.

Article 7

1. The State Party in the territory under whose jurisdiction a person alleged to have committed any offence referred to in article 4 is found shall in the cases contemplated in article 5, if it does not extradite him, submit the case to its competent authorities for the purpose of prosecution.

2. These authorities shall take their decision in the same manner as in the case of any ordinary offence of a serious nature under the law of that State. In the cases referred to in article 5, paragraph 2, the standards of evidence required for prosecution and conviction shall in no way be less stringent than those which apply in the cases referred to in article 5, paragraph 1.

3. Any person regarding whom proceedings are brought in connection with any of the offences referred to in article 4 shall be guaranteed fair treatment at all stages of the proceedings.

Article 8

1. The offences referred to in article 4 shall be deemed to be included as extraditable offences in any extradition treaty existing between States Parties. States Parties undertake to include such offences as extraditable offences in every extradition treaty to be concluded between them.

2. If a State Party which makes extradition conditional on the existence of a treaty receives a request for extradition from another State Party with which it has no extradition treaty, it may consider this Convention as the legal basis for extradition in respect of such offences. Extradition shall be subject to the other conditions provided by the law of the requested State.

3. States Parties which do not make extradition conditional on the existence of a treaty shall recognize such offences as extraditable offences between themselves subject to the conditions provided by the law of the requested State.

4. Such offences shall be treated, for the purpose of extradition between States Parties, as if they had been committed not only in the place in which they occurred but also in the territories of the States required to establish their jurisdiction in accordance with article 5, paragraph 1.

Article 9

1. States Parties shall afford one another the greatest measure of assistance in connection with criminal proceedings brought in respect of any of the offences referred to in

préliminaire visée au paragraphe 2 du présent article en communique rapidement les conclusions auxdits Etats et leur indique s'il entend exercer sa compétence.

Article 7

1. L'Etat partie sur le territoire sous la juridiction duquel l'auteur présumé d'une infraction visée à l'article 4 est découvert, s'il n'extrade pas ce dernier, soumet l'affaire, dans les cas visés à l'article 5, à ses autorités compétentes pour l'exercice de l'action pénale.

2. Ces autorités prennent leur décision dans les mêmes conditions que pour toute infraction de droit commun de caractère grave en vertu du droit de cet Etat. Dans les cas visés au paragraphe 2 de l'article 5, les règles de preuve qui s'appliquent aux poursuites et à la condamnation ne sont en aucune façon moins rigoureuses que celles qui s'appliquent dans les cas visés au paragraphe 1 de l'article 5.

3. Toute personne poursuivie pour l'une quelconque des infractions visées à l'article 4 bénéficie de la garantie d'un traitement équitable à tous les stades de la procédure.

Article 8

1. Les infractions visées à l'article 4 sont de plein droit comprises dans tout traité d'extradition conclu entre Etats parties. Les Etats parties s'engagent à comprendre lesdites infractions dans tout traité d'extradition à conclure entre eux.

2. Si un Etat partie qui subordonne l'extradition à l'existence d'un traité est saisi d'une demande d'extradition par un autre Etat partie avec lequel il n'est pas lié par un traité d'extradition, il peut considérer la présente Convention comme constituant la base juridique de l'extradition en ce qui concerne lesdites infractions. L'extradition est subordonnée aux autres conditions prévues par le droit de l'Etat requis.

3. Les Etats parties qui ne subordonnent pas l'extradition à l'existence d'un traité reconnaissant lesdites infractions comme cas d'extradition entre eux dans les conditions prévues par le droit de l'Etat requis.

4. Entre Etats parties lesdites infractions sont considérées aux fins d'extradition comme ayant été commises tant au lieu de leur perpétration que sur le territoire sous la juridiction des Etats tenus d'établir leur compétence en vertu du paragraphe 1 de l'article 5.

Article 9

1. Les Etats parties s'accordent l'entraide judiciaire la plus large possible dans toute procédure pénale relative aux infractions visées à l'article 4, y compris en ce qui

die vorläufige Untersuchung nach Absatz 2 durchführt, unterrichtet die genannten Staaten unverzüglich über das Ergebnis der Untersuchung und teilt ihnen mit, ob er seine Gerichtsbarkeit auszuüben beabsichtigt.

Artikel 7

(1) Der Vertragsstaat, der die Hoheitsgewalt über das Gebiet ausübt, in dem der einer in Artikel 4 genannten Straftat Verdächtige aufgefunden wird, unterbreitet den Fall, wenn er den Betreffenden nicht ausliefert, in den in Artikel 5 genannten Fällen seinen zuständigen Behörden zum Zweck der Strafverfolgung.

(2) Diese Behörden treffen ihre Entscheidung in der gleichen Weise wie im Fall einer gemeinrechtlichen Straftat schwerer Art nach dem Recht dieses Staates. In den in Artikel 5 Absatz 2 genannten Fällen dürfen für die Strafverfolgung und Verurteilung keine weniger strengen Maßstäbe bei der Beweisführung angelegt werden als in den in Artikel 5 Absatz 1 genannten Fällen.

(3) Jedem, gegen den ein Verfahren wegen einer der in Artikel 4 genannten Straftaten durchgeführt wird, ist während des gesamten Verfahrens eine gerechte Behandlung zu gewährleisten.

Artikel 8

(1) Die in Artikel 4 genannten Straftaten gelten als in jeden zwischen Vertragsstaaten bestehenden Auslieferungsvertrag einbezogene, der Auslieferung unterliegende Straftaten. Die Vertragsstaaten verpflichten sich, diese Straftaten als der Auslieferung unterliegende Straftaten in jeden zwischen ihnen zu schließenden Auslieferungsvertrag aufzunehmen.

(2) Erhält ein Vertragsstaat, der die Auslieferung vom Bestehen eines Vertrags abhängig macht, ein Auslieferungsersuchen von einem anderen Vertragsstaat, mit dem er keinen Auslieferungsvertrag hat, so kann er dieses Übereinkommen als Rechtsgrundlage für die Auslieferung in bezug auf solche Straftaten ansehen. Die Auslieferung unterliegt im übrigen den im Recht des ersuchten Staates vorgesehenen Bedingungen.

(3) Vertragsstaaten, welche die Auslieferung nicht vom Bestehen eines Vertrags abhängig machen, erkennen unter sich solche Straftaten als der Auslieferung unterliegende Straftaten vorbehaltlich der im Recht des ersuchten Staates vorgesehenen Bedingungen an.

(4) Solche Straftaten werden für die Zwecke der Auslieferung zwischen Vertragsstaaten so behandelt, als seien sie nicht nur an dem Ort, an dem sie sich ereignet haben, sondern auch in den Hoheitsgebieten der Staaten begangen worden, die verpflichtet sind, ihre Gerichtsbarkeit nach Artikel 5 Absatz 1 zu begründen.

Artikel 9

(1) Die Vertragsstaaten gewähren einander die weitestgehende Hilfe im Zusammenhang mit Strafverfahren, die in bezug auf eine der in Artikel 4 genannten Straf-

article 4, including the supply of all evidence at their disposal necessary for the proceedings.

2. States Parties shall carry out their obligations under paragraph 1 of this article in conformity with any treaties on mutual judicial assistance that may exist between them.

concerne la communication de tous les éléments de preuve dont ils disposent et qui sont nécessaires aux fins de la procédure.

2. Les Etats parties s'acquittent de leurs obligations en vertu du paragraphe 1 du présent article en conformité avec tout traité d'entraide judiciaire qui peut exister entre eux.

taten eingeleitet werden, einschließlich der Überlassung aller ihnen zur Verfügung stehenden und für das Verfahren erforderlichen Beweismittel.

(2) Die Vertragsstaaten kommen ihren Verpflichtungen aus Absatz 1 im Einklang mit allen möglicherweise zwischen ihnen bestehenden Verträgen über gegenseitige Rechtshilfe nach.

Article 10

1. Each State Party shall ensure that education and information regarding the prohibition against torture are fully included in the training of law enforcement personnel, civil or military, medical personnel, public officials and other persons who may be involved in the custody, interrogation or treatment of any individual subjected to any form of arrest, detention or imprisonment.

2. Each State Party shall include this prohibition in the rules or instructions issued in regard to the duties and functions of any such persons.

Article 10

1. Tout Etat partie veille à ce que l'enseignement et l'information concernant l'interdiction de la torture fassent partie intégrante de la formation du personnel civil ou militaire chargé de l'application des lois, du personnel médical, des agents de la fonction publique et des autres personnes qui peuvent intervenir dans la garde, l'interrogatoire ou le traitement de tout individu arrêté, détenu ou emprisonné de quelque façon que ce soit.

2. Tout Etat partie incorpore ladite interdiction aux règles ou instructions édictées en ce qui concerne les obligations et les attributions de telles personnes.

Artikel 10

(1) Jeder Vertragsstaat trägt dafür Sorge, daß die Erteilung von Unterricht und die Aufklärung über das Verbot der Folter als vollgültiger Bestandteil in die Ausbildung des mit dem Gesetzesvollzug betrauten zivilen und militärischen Personals, des medizinischen Personals, der Angehörigen des öffentlichen Dienstes und anderer Personen aufgenommen wird, die mit dem Gewahrsam, der Vernehmung oder der Behandlung einer Person befaßt werden können, die der Festnahme, der Haft, dem Strafvollzug oder irgendeiner anderen Form der Freiheitsentziehung unterworfen ist.

(2) Jeder Vertragsstaat nimmt dieses Verbot in die Vorschriften oder Anweisungen über die Pflichten und Aufgaben aller dieser Personen auf.

Article 11

Each State Party shall keep under systematic review interrogation rules, instructions, methods and practices as well as arrangements for the custody and treatment of persons subjected to any form of arrest, detention or imprisonment in any territory under its jurisdiction, with a view to preventing any cases of torture.

Article 11

Tout Etat partie exerce une surveillance systématique sur les règles, instructions, méthodes et pratiques d'interrogatoire et sur les dispositions concernant la garde et le traitement des personnes arrêtées, détenues ou emprisonnées de quelque façon que ce soit sur tout territoire sous sa juridiction, en vue d'éviter tout cas de torture.

Artikel 11

Jeder Vertragsstaat unterzieht die für Vernehmungen geltenden Vorschriften, Anweisungen, Methoden und Praktiken sowie die Vorkehrungen für den Gewahrsam und die Behandlung von Personen, die der Festnahme, der Haft, dem Strafvollzug oder irgendeiner anderen Form der Freiheitsentziehung unterworfen sind, in allen seiner Hoheitsgewalt unterstehenden Gebieten einer regelmäßigen systematischen Überprüfung, um jeden Fall von Folter zu verhüten.

Article 12

Each State Party shall ensure that its competent authorities proceed to a prompt and impartial investigation, wherever there is reasonable ground to believe that an act of torture has been committed in any territory under its jurisdiction.

Article 12

Tout Etat partie veille à ce que les autorités compétentes procèdent immédiatement à une enquête impartiale chaque fois qu'il y a des motifs raisonnables de croire qu'un acte de torture a été commis sur tout territoire sous sa juridiction.

Artikel 12

Jeder Vertragsstaat trägt dafür Sorge, daß seine zuständigen Behörden umgehend eine unparteiische Untersuchung durchführen, sobald ein hinreichender Grund für die Annahme besteht, daß in einem seiner Hoheitsgewalt unterstehenden Gebiet eine Folterhandlung begangen wurde.

Article 13

Each State Party shall ensure that any individual who alleges he has been subjected to torture in any territory under its jurisdiction has the right to complain to, and to have his case promptly and impartially examined by, its competent authorities. Steps shall be taken to ensure that the complainant and witnesses are protected against all ill-treatment or intimidation as a consequence of his complaint or any evidence given.

Article 13

Tout Etat partie assure à toute personne qui prétend avoir été soumise à la torture sur tout territoire sous sa juridiction le droit de porter plainte devant les autorités compétentes dudit Etat qui procéderont immédiatement et impartialement à l'examen de sa cause. Des mesures seront prises pour assurer la protection du plaignant et des témoins contre tout mauvais traitement ou toute intimidation en raison de la plainte déposée ou de toute déposition faite.

Artikel 13

Jeder Vertragsstaat trägt dafür Sorge, daß jeder, der behauptet, er sei in einem der Hoheitsgewalt des betreffenden Staates unterstehenden Gebiet gefoltert worden, das Recht auf Anrufung der zuständigen Behörden und auf umgehende unparteiische Prüfung seines Falles durch diese Behörden hat. Es sind Vorkehrungen zu treffen, um sicherzustellen, daß der Beschwerdeführer und die Zeugen vor jeder Mißhandlung oder Einschüchterung wegen ihrer Beschwerde oder ihrer Aussagen geschützt sind.

Article 14

1. Each State Party shall ensure in its legal system that the victim of an act of torture obtains redress and has an enforceable right to fair and adequate compensation, including the means for as full rehabilitation as possible. In the event of the death of the victim as a result of an act of torture, his dependants shall be entitled to compensation.

2. Nothing in this article shall affect any right of the victim or other persons to compensation which may exist under national law.

Article 15

Each State Party shall ensure that any statement which is established to have been made as a result of torture shall not be invoked as evidence in any proceedings, except against a person accused of torture as evidence that the statement was made.

Article 16

1. Each State Party shall undertake to prevent in any territory under its jurisdiction other acts of cruel, inhuman or degrading treatment or punishment which do not amount to torture as defined in article 1, when such acts are committed by or at the instigation of or with the consent or acquiescence of a public official or other person acting in an official capacity. In particular, the obligations contained in articles 10, 11, 12 and 13 shall apply with the substitution for references to torture of references to other forms of cruel, inhuman or degrading treatment or punishment.

2. The provisions of this Convention are without prejudice to the provisions of any other international instrument or national law which prohibits cruel, inhuman or degrading treatment or punishment or which relates to extraditon or expulsion.

Part II

Article 17 *)

1. There shall be established a Committee against Torture (hereinafter referred to as the Committee) which shall carry out the functions hereinafter provided. The Committee shall consist of ten experts of high moral standing and recognized competence in the field of human rights, who shall serve in their personal capacity. The experts shall be elected by the States Parties, consideration being given to equitable geographical distribution and to the usefulness of the participation of some persons having legal experience.

Article 14

1. Tout Etat partie garantit, dans son système juridique, à la victime d'un acte de torture, le droit d'obtenir réparation et d'être indemnisée équitablement et de manière adéquate, y compris les moyens nécessaires à sa réadaptation la plus complète possible. En cas de mort de la victime résultant d'un acte de torture, les ayants cause de celle-ci ont droit à indemnisation.

2. Le présent article n'exclut aucun droit à indemnisation qu'aurait la victime ou toute autre personne en vertu des lois nationales.

Article 15

Tout Etat partie veille à ce que toute déclaration dont il est établi qu'elle a été obtenue par la torture ne puisse être invoquée comme un élément de preuve dans une procédure, si ce n'est contre la personne accusée de torture pour établir qu'une déclaration a été faite.

Article 16

1. Tout Etat partie s'engage à interdire dans tout territoire sous sa juridiction d'autres actes constitutifs de peines ou traitements cruels, inhumains ou dégradants qui ne sont pas des actes de torture telle qu'elle est définie à l'article premier lorsque de tels actes sont commis par un agent de la fonction publique ou toute autre personne agissant à titre officiel, ou à son instigation ou avec son consentement exprès ou tacite. En particulier, les obligations énoncées aux articles 10, 11, 12 et 13 sont applicables moyennant le remplacement de la mention de la torture par la mention d'autres formes de peines ou traitements cruels, inhumains ou dégradants.

2. Les dispositions de la présente Convention sont sans préjudice des dispositions de tout autre instrument international ou de la loi nationale qui interdisent les peines ou traitements cruels, inhumains ou dégradants, ou qui ont trait à l'extradition ou à l'expulsion.

Deuxième Partie

Article 17 *)

1. Il est institué un Comité contre la torture (ci-après dénommé le Comité) qui a les fonctions définies ci-après. Le Comité est composé de dix experts de haute moralité et possédant une compétence reconnue dans le domaine des droits de l'homme, qui siègent à titre personnel. Les experts sont élus par les Etats parties, compte tenu d'une répartition géographique équitable et de l'intérêt que présente la participation aux travaux du Comité de quelques personnes ayant une expérience juridique.

Artikel 14

(1) Jeder Vertragsstaat stellt in seiner Rechtsordnung sicher, daß das Opfer einer Folterhandlung Wiedergutmachung erhält und ein einklagbares Recht auf gerechte und angemessene Entschädigung einschließlich der Mittel für eine möglichst vollständige Rehabilitation hat. Stirbt das Opfer infolge der Folterhandlung, so haben seine Hinterbliebenen Anspruch auf Entschädigung.

(2) Dieser Artikel berührt nicht einen nach innerstaatlichem Recht bestehenden Anspruch des Opfers oder anderer Personen auf Entschädigung.

Artikel 15

Jeder Vertragsstaat trägt dafür Sorge, daß Aussagen, die nachweislich durch Folter herbeigeführt worden sind, nicht als Beweis in einem Verfahren verwendet werden, es sei denn gegen eine der Folter angeklagte Person als Beweis dafür, daß die Aussage gemacht wurde.

Artikel 16

(1) Jeder Vertragsstaat verpflichtet sich, in jedem seiner Hoheitsgewalt unterstehenden Gebiet andere Handlungen zu verhindern, die eine grausame, unmenschliche oder erniedrigende Behandlung oder Strafe darstellen, ohne der Folter im Sinne des Artikels 1 gleichzukommen, wenn diese Handlungen von einem Angehörigen des öffentlichen Dienstes oder einer anderen in amtlicher Eigenschaft handelnden Person, auf deren Veranlassung oder mit deren ausdrücklichem oder stillschweigendem Einverständnis begangen werden. Die in den Artikeln 10, 11, 12 und 13 aufgeführten Verpflichtungen bezüglich der Folter gelten auch entsprechend für andere Formen grausamer, unmenschlicher oder erniedrigender Behandlung oder Strafe.

(2) Dieses Übereinkommen berührt nicht die Bestimmungen anderer internationler Übereinkünfte oder innerstaatlicher Rechtsvorschriften, die grausame, unmenschliche oder erniedrigende Behandlung oder Strafe verbieten oder die sich auf die Auslieferung oder Ausweisung beziehen.

Teil II

Artikel 17 *)

(1) Es wird ein Ausschuß gegen Folter (im folgenden als „Ausschuß" bezeichnet) errichtet, der die nachstehend festgelegten Aufgaben wahrnimmt. Der Ausschuß besteht aus zehn Sachverständigen von hohem sittlichen Ansehen und anerkannter Sachkenntnis auf dem Gebiet der Menschenrechte, die in ihrer persönlichen Eigenschaft tätig sind. Die Sachverständigen werden von den Vertragsstaaten gewählt, wobei eine ausgewogene geographische Verteilung und die Zweckmäßigkeit der Beteiligung von Personen mit juristischer Erfahrung zu berücksichtigen sind.

*) Fassung auf Grund der Resolution vom 8. 9. 1992 (Gesetz vom 7. 3. 1996 BGBl. II S. 282).

2. The members of the Committee shall be elected by secret ballot from a list of persons nominated by States Parties. Each State Party may nominate one person from among its own nationals. States Parties shall bear in mind the usefulness of nominating persons who are also members of the Human Rights Committee established under the International Covenant on Civil and Political Rights and who are willing to serve on the Committee against Torture.

2. Les membres du Comité sont élus au scrutin secret sur une liste de candidats désignés par les Etats parties. Chaque Etat partie peut désigner un candidat choisi parmi ses ressortissants. Les Etats parties tiennent compte de l'intérêt qu'il y a à désigner des candidats qui soient également membres du Comité des droits de l'homme institué en vertu du Pacte international relatif aux droits civils et politiques et qui soient disposés à siéger au Comité contre la torture.

(2) Die Mitglieder des Ausschusses werden in geheimer Wahl aus einer Liste von Personen gewählt, die von den Vertragsstaaten vorgeschlagen worden sind. Jeder Vertragsstaat darf einen seiner Staatsangehörigen vorschlagen. Die Vertragsstaaten berücksichtigen dabei, daß es zweckmäßig ist, Personen vorzuschlagen, die auch Mitglieder des aufgrund des Internationalen Paktes über bürgerliche und politische Rechte eingesetzten Ausschusses für Menschenrechte sind und die bereit sind, dem Ausschuß gegen Folter anzugehören.

3. Elections of the members of the Committee shall be held at biennial meetings of States Parties convened by the Secretary-General of the United Nations. At those meetings, for which two thirds of the States Parties shall constitute a quorum, the persons elected to the Committee shall be those who obtain the largest number of votes and an absolute majority of the votes of the representatives of States Parties present and voting.

3. Les membres du Comité sont élus au cours de réunions biennales des Etats parties convoquées par le Secrétaire général de l'Organisation des Nations Unies. A ces réunions, où le quorum est constitué par les deux tiers des Etats parties, sont élus membres du Comité les candidats qui obtiennent le plus grand nombre de voix et la majorité absolue des votes des représentants des Etats parties présents et votants.

(3) Die Wahl der Ausschußmitglieder findet alle zwei Jahre in vom Generalsekretär der Vereinten Nationen einberufenen Versammlungen der Vertragsstaaten statt. In diesen Versammlungen, die beschlußfähig sind, wenn zwei Drittel der Vertragsstaaten vertreten sind, gelten diejenigen Kandidaten als in den Ausschuß gewählt, welche die höchste Stimmenzahl und die absolute Stimmenmehrheit der anwesenden und abstimmenden Vertreter der Vertragsstaaten auf sich vereinigen.

4. The initial election shall be held no later than six months after the date of the entry into force of this Convention. At least four months before the date of each election, the Secretary-General of the United Nations shall address a letter to the States Parties inviting them to submit their nominations within three months. The Secretary-General shall prepare a list in alphabetical order of all persons thus nominated, indicating the States Parties which have nominated them, and shall submit it to the States Parties.

4. La première élection aura lieu au plus tard six mois après la date d'entrée en vigueur de la présente Convention. Quatre mois au moins avant la date de chaque élection, le Secrétaire général de l'Organisation des Nations Unies envoie une lettre aux Etats parties pour les inviter à présenter leurs candidatures dans un délai de trois mois. Le Secrétaire général dresse une liste par ordre alphabétique de tous les candidats ainsi désignés, avec indication des Etats parties qui les ont désignés, et la communique aux Etats parties.

(4) Die erste Wahl findet spätestens sechs Monate nach Inkrafttreten dieses Übereinkommens statt. Spätestens vier Monate vor jeder Wahl fordert der Generalsekretär der Vereinten Nationen die Vertragsstaaten schriftlich auf, innerhalb von drei Monaten ihre Kandidaten vorzuschlagen. Der Generalsekretär fertigt eine alphabetische Liste aller auf diese Weise vorgeschlagenen Personen unter Angabe der Vertragsstaaten an, die sie vorgeschlagen haben, und übermittelt sie den Vertragsstaaten.

5. The members of the Committee shall be elected for a term of four years. They shall be eligible for re-election if renominated. However, the term of five of the members elected at the first election shall expire at the end of two years; immediately after the first election the names of these five members shall be chosen by lot by the chairman of the meeting referred to in paragraph 3 of this article.

5. Les membres du Comité sont élus pour quatre ans. Ils sont rééligibles s'ils sont présentés à nouveau. Toutefois, le mandat de cinq des membres élus lors de la première élection prendra fin au bout de deux ans; immédiatement après la première élection, le nom de ces cinq membres sera tiré au sort par le président de la réunion mentionnée au paragraphe 3 du présent article.

(5) Die Ausschußmitglieder werden für vier Jahre gewählt. Auf erneuten Vorschlag können sie wiedergewählt werden. Die Amtszeit von fünf der bei der ersten Wahl gewählten Mitglieder läuft jedoch nach zwei Jahren ab; unmittelbar nach der ersten Wahl werden die Namen dieser fünf Mitglieder vom Vorsitzenden der in Absatz 3 genannten Versammlung durch das Los bestimmt.

6. If a member of the Committee dies or resigns or for any other cause can no longer perform his Committee duties, the State Party which nominated him shall appoint another expert from among its nationals to serve for the remainder of his term, subject to the approval of the majority of the States Parties. The approval shall be considered given unless half or more of the States Parties respond negatively within six weeks after having been informed by the Secretary-General of the United Nations of the proposed appointment.

6. Si un membre du Comité décède, se démet de ses fonctions ou n'est plus en mesure pour quelque autre raison de s'acquitter de ses attributions au Comité, l'Etat partie qui l'a désigné nomme parmi ses ressortissants un autre expert qui siège au Comité pour la partie du mandat restant à courir, sous réserve de l'approbation de la majorité des Etats parties. Cette approbation est considérée comme acquise à moins que la moitié des Etats parties ou davantage n'émettent une opinion défavorable dans un délai de six semaines à compter du moment où ils ont été informés par le Secrétaire général de l'Organisation des Nations Unies de la nomination proposée.

(6) Stirbt ein Ausschußmitglied, tritt es zurück oder kann es aus irgendeinem anderen Grund seine Aufgaben im Ausschuß nicht mehr wahrnehmen, so ernennt der Vertragsstaat, der es vorgeschlagen hat, vorbehaltlich der Zustimmung der Mehrheit der Vertragsstaaten einen anderen Sachverständigen seiner Staatsangehörigkeit, der dem Ausschuß während der restlichen Amtszeit angehört. Die Zustimmung gilt als erteilt, sofern sich nicht mindestens die Hälfte der Vertragsstaaten binnen sechs Wochen, nachdem sie vom Generalsekretär der Vereinten Nationen von der vorgeschlagenen Ernennung unterrichtet wurde, dagegen ausspricht.

Article 18 *)

1. The Committee shall elect its officers for a term of two years. They may be re-elected.

2. The Committee shall establish its own rules of procedure, but these rules shall provide, inter alia, that:

(a) Six members shall constitute a quorum;

(b) Decisions of the Committee shall be made by a majority vote of the members present.

3. The Secretary-General of the United Nations shall provide the necessary staff and facilities for the effective performance of the functions of the Committee under this Convention.

4. The members of the Committee established under the present Convention shall receive emoluments from United Nations resources on such terms and conditions as the General Assembly shall decide.

5. The Secretary-General of the United Nations shall convene the initial meeting of the Committee. After its initial meeting, the Committee shall meet at such times as shall be provided in its rules of procedure.

Article 18 *)

1. Le Comité élit son bureau pour une période de deux ans. Les membres du bureau sont rééligibles.

2. Le Comité établit lui-même son règlement intérieur; celui-ci doit, toutefois, contenir notamment les dispositions suivantes:

a) Le quorum est de six membres;

b) Les décisions du Comité sont prises à la majorité des membres présents.

3. Le Secrétaire général de l'Organisation des Nations Unies met à la disposition du Comité le personnel et les installations matérielles qui lui sont nécessaires pour s'acquitter efficacement des fonctions qui lui sont confiées en vertu de la présente Convention.

4. Les membres du Comité créé par la présente Convention perçoivent des émoluments qui sont prélevés sur les ressources de l'Organisation des Nations Unies dans les conditions fixées par l'Assemblée générale.

5. Le Secrétaire général de l'Organisation des Nations Unies convoque les membres du Comité pour la première réunion. Après sa première réunion, le Comité se réunit à toute occasion prévue par son règlement intérieur.

Artikel 18 *)

(1) Der Ausschuß wählt seinen Vorstand für zwei Jahre. Eine Wiederwahl der Mitglieder des Vorstands ist zulässig.

(2) Der Ausschuß gibt sich eine Geschäftsordnung, die unter anderem folgende Bestimmungen enthalten muß:

a) Der Ausschuß ist bei Anwesenheit von sechs Mitgliedern beschlußfähig;

b) der Ausschuß faßt seine Beschlüsse mit der Mehrheit der anwesenden Mitglieder.

(3) Der Generalsekretär der Vereinten Nationen stellt dem Ausschuß das Personal und die Einrichtungen zur Verfügung, die dieser zur wirksamen Durchführung der ihm nach diesem Übereinkommen obliegenden Aufgaben benötigt.

4. Die Mitglieder des nach diesem Übereinkommen errichteten Ausschusses erhalten zu den von der Generalversammlung festzulegenden Bedingungen Bezüge aus den Mitteln der Vereinten Nationen.

5. Der Generalsekretär der Vereinten Nationen beruft die erste Sitzung des Ausschusses ein. Nach seiner ersten Sitzung tritt der Ausschuß zu den in seiner Geschäftsordnung vorgesehenen Zeiten zusammen.

Article 19

1. The States Parties shall submit to the Committee, through the Secretary-General of the United Nations, reports on the measures they have taken to give effect to their undertakings under this Convention, within one year after the entry into force of the Convention for the State Party concerned. Thereafter the States Parties shall submit supplementary reports every four years on any new measures taken and such other reports as the Committee may request.

2. The Secretary-General of the United Nations shall transmit the reports to all States Parties.

3. Each report shall be considered by the Committee which may make such general comments on the report as it may consider appropriate and shall forward these to the State Party concerned. That State Party may respond with any observations it chooses to the Committee.

4. The Committee may, at its discretion, decide to include any comments made by it in accordance with paragraph 3 of this article, together with the observations thereon received from the State Party concerned, in its annual report made in accordance with article 24. If so requested by the State Party concerned, the Committee may also include

Article 19

1. Les Etats parties présentent au Comité, par l'entremise du Secrétaire général de l'Organisation des Nations Unies, des rapports sur les mesures qu'ils ont prises pour donner effet à leurs engagements en vertu de la présente Convention, dans un délai d'un an à compter de l'entrée en vigueur de la Convention pour l'Etat partie intéressé. Les Etats parties présentent ensuite des rapports complémentaires tous les quatre ans sur toutes nouvelles mesures prises, et tous autres rapports demandés par le Comité.

2. Le Secrétaire général de l'Organisation des Nations Unies transmet les rapports à tous les Etats parties.

3. Chaque rapport est étudié par le Comité, qui peut faire les commentaires d'ordre général sur le rapport qu'il estime appropriés et qui transmet lesdits commentaires à l'Etat partie intéressé. Cet Etat partie peut communiquer en réponse au Comité toutes observations qu'il juge utiles.

4. Le Comité peut, à sa discrétion, décider de reproduire dans le rapport annuel qu'il établit conformément à l'article 24 tous commentaires formulés par lui en vertu du paragraphe 3 du présent article, accompagnés des observations reçues à ce sujet de l'Etat partie intéressé. Si l'Etat partie intéressé le demande, le Comité peut aussi

Artikel 19

(1) Die Vertragsstaaten legen dem Ausschuß über den Generalsekretär der Vereinten Nationen innerhalb eines Jahres nach Inkrafttreten dieses Übereinkommens für den betreffenden Vertragsstaat Berichte über die Maßnahmen vor, die sie zur Erfüllung ihrer Verpflichtungen aus dem Übereinkommen getroffen haben. Danach legen die Vertragsstaaten alle vier Jahre ergänzende Berichte über alle weiteren Maßnahmen sowie alle sonstigen Berichte vor, die der Ausschuß anfordert.

(2) Der Generalsekretär der Vereinten Nationen leitet die Berichte allen Vertragsstaaten zu.

(3) Der Ausschuß prüft jeden Bericht; er kann ihn mit den ihm geeignet erscheinenden allgemeinen Bemerkungen versehen und leitet diese dem betreffenden Vertragsstaat zu. Dieser kann dem Ausschuß hierzu jede Stellungnahme übermitteln, die er abzugeben wünscht.

(4) Der Ausschuß kann nach eigenem Ermessen beschließen, seine Bemerkungen nach Absatz 3 zusammen mit den hierauf eingegangenen Stellungnahmen des betreffenden Vertragsstaats in seinen gemäß Artikel 24 erstellten Jahresbericht aufzunehmen. Auf Ersuchen des betreffenden Vertragsstaats kan der Ausschuß auch

*) Fassung auf Grund der Resolution vom 8. 9. 1992 (Gesetz vom 7. 3. 1996 BGBl. II S. 282).

a copy of the report submitted under paragraph 1 of this article.

reproduire le rapport présenté au titre du paragraphe 1 du présent article.

eine Abschrift des nach Absatz 1 vorgelegten Berichts beifügen.

Article 20

1. If the Committee receives reliable information which appears to it to contain well-founded indications that torture is being systematically practised in the territory of a State Party, the Committee shall invite that State Party to co-operate in the examination of the information and to this end to submit observations with regard to the information concerned.

2. Taking into account any observations which may have been submitted by the State Party concerned, as well as any other relevant information available to it, the Committee may, if it decides that this is warranted, designate one or more of its members to make a confidential inquiry and to report to the Committee urgently.

3. If an inquiry is made in accordance with paragraph 2 of this article, the Committee shall seek the co-operation of the State Party concerned. In agreement with that State Party, such an inquiry may include a visit to its territory.

4. After examining the findings of its member or members submitted in accordance with paragraph 2 of this article, the Committee shall transmit these findings to the State Party concerned together with any comments or suggestions which seem appropriate in view of the situation.

5. All the proceedings of the Committee referred to in paragraphs 1 to 4 of this article shall be confidential, and at all stages of the proceedings the co-operation of the State Party shall be sought. After such proceedings have been completed with regard to an inquiry made in accordance with paragraph 2, the Committee may, after consultations with the State Party concerned, decide to include a summary account of the results of the proceedings in its annual report made in accordance with article 24.

Article 20

1. Si le Comité reçoit des renseignements crédibles qui lui semblent contenir des indications bien fondées que la torture est pratiquée systématiquement sur le territoire d'un Etat partie, il invite ledit Etat à coopérer dans l'examen des renseignements et, à cette fin, à lui faire part de ses observations à ce sujet.

2. En tenant compte de toutes observations éventuellement présentées par l'Etat partie intéressé et de tous autres renseignements pertinents dont il dispose, le Comité peut, s'il juge que cela se justifie, charger un ou plusieurs de ses membres de procéder à une enquête confidentielle et de lui faire rapport d'urgence.

3. Si une enquête est faite en vertu du paragraphe 2 du présent article, le Comité recherche la coopération de l'Etat partie intéressé. En accord avec cet Etat partie, l'enquête peut comporter une visite sur son territoire.

4. Après avoir examiné les conclusions du membre ou des membres qui lui sont soumises conformément au paragraphe 2 du présent article, le Comité transmet ces conclusions à l'Etat partie intéressé, avec tous commentaires ou suggestions qu'il juge appropriés compte tenu de la situation.

5. Tous les travaux du Comité dont il est fait mention aux paragraphes 1 à 4 du présent article sont confidentiels et, à toutes les étapes des travaux, on s'efforce d'obtenir la coopération de l'Etat partie. Une fois achevés ces travaux relatifs à une enquête menée en vertu du paragraphe 2, le Comité peut, après consultations avec l'Etat partie intéressé, décider de faire figurer un compte rendu succinct des résultats des travaux dans le rapport annuel qu'il établit conformément à l'article 24.

Artikel 20

(1) Erhält der Ausschuß zuverlässige Informationen, die nach seiner Meinung wohlbegründete Hinweise darauf enthalten, daß im Hoheitsgebiet eines Vertragsstaats systematisch Folterungen stattfinden, so fordert der Ausschuß diesen Vertragsstaat auf, bei der Prüfung der Informationen mitzuwirken und zu diesem Zweck Stellungnahmen zu den Informationen abzugeben.

(2) Wenn es der Ausschuß unter Berücksichtigung der von dem betreffenden Vertragsstaat abgegebenen Stellungnahmen sowie aller sonstigen ihm zur Verfügung stehenden einschlägigen Informationen für gerechtfertigt hält, kann er eines oder mehrere seiner Mitglieder beauftragen, eine vertrauliche Untersuchung durchzuführen und ihm sofort zu berichten.

(3) Wird eine Untersuchung nach Absatz 2 durchgeführt, so bemüht sich der Ausschuß um die Mitwirkung des betreffenden Vertragsstaats. Im Einvernehmen mit diesem Vertragsstaat kann eine solche Untersuchung einen Besuch in dessen Hoheitsgebiet einschließen.

(4) Nachdem der Ausschuß die von seinem Mitglied oder seinen Mitgliedern nach Absatz 2 vorgelegten Untersuchungsergebnisse geprüft hat, übermittelt er sie zusammen mit allen angesichts der Situation geeignet erscheinenden Bemerkungen oder Vorschlägen dem betreffenden Vertragsstaat.

(5) Das gesamte in den Absätzen 1 bis 4 bezeichnete Verfahren des Ausschusses ist vertraulich; in jedem Stadium des Verfahrens wird die Mitwirkung des betreffenden Vertragsstaats angestrebt. Nachdem das mit einer Untersuchung gemäß Absatz 2 zusammenhängende Verfahren abgeschlossen ist, kann der Ausschuß nach Konsultation des betreffenden Vertragsstaats beschließen, eine Zusammenfassung der Ergebnisse des Verfahrens in seinen nach Artikel 24 erstellten Jahresbericht aufzunehmen.

Article 21

1. A State Party to this Convention may at any time declare under this article that it recognizes the competence of the Committee to receive and consider communications to the effect that a State Party claims that another State Party is not fulfilling its obligations under this Convention. Such communications may be received and considered according to the procedures laid down in this article only if submitted by a State Party which has made a declaration recognizing in regard to itself the competence of the Committee. No communication shall be dealt with by the Committee under this article if it concerns a State Party which has not made such a declaration. Com-

Article 21

1. Tout Etat partie à la présente Convention peut, en vertu du présent article, déclarer à tout moment qu'il reconnaît la compétence du Comité pour recevoir et examiner des communications dans lesquelles un Etat partie prétend qu'un autre Etat partie ne s'acquitte pas de ses obligations au titre de la présente Convention. Ces communications ne peuvent être reçues et examinées conformément au présent article que si elles émanent d'un Etat partie qui a fait une déclaration reconnaissant, en ce qui le concerne, la compétence du Comité. Le Comité ne reçoit aucune communication intéressant un Etat partie qui n'a pas fait une telle déclaration. La procédure ci-après

Artikel 21

(1) Ein Vertragsstaat kann auf Grund dieses Artikels jederzeit erklären, daß er die Zuständigkeit des Ausschusses zur Entgegennahme und Prüfung von Mitteilungen anerkennt, in denen ein Vertragsstaat geltend macht, ein anderer Vertragsstaat komme seinen Verpflichtungen aus diesem Übereinkommen nicht nach. Diese Mitteilungen können nur dann nach den in diesem Artikel festgelegten Verfahren entgegengenommen und geprüft werden, wenn sie von einem Vertragsstaat eingereicht werden, der für sich selbst die Zuständigkeit des Ausschusses durch eine Erklärung anerkannt hat. Der Ausschuß darf keine Mitteilung auf Grund dieses Artikels behan-

munications received under this article shall be dealt with in accordance with the following procedure:

(a) If a State Party considers that another State Party is not giving effect to the provisions of this Convention, it may, by written communication, bring the matter to the attention of that State Party. Within three months after the receipt of the communication the receiving State shall afford the State which sent the communication an explanation or any other statement in writing clarifying the matter, which should include, to the extent possible and pertinent, reference to domestic procedures and remedies taken, pending or available in the matter;

(b) If the matter is not adjusted to the satisfaction of both States Parties concerned within six months after the receipt by the receiving State of the initial communication, either State shall have the right to refer the matter to the Committee, by notice given to the Committee and to the other State;

(c) The Committee shall deal with a matter referred to it under this article only after it has ascertained that all domestic remedies have been invoked and exhausted in the matter, in conformity with the generally recognized principles of international law. This shall not be the rule where the application of the remedies is unreasonably prolonged or is unlikely to bring effective relief to the person who is the victim of the violation of this Convention;

(d) The Committee shall hold closed meetings when examining communications under this article;

(e) Subject to the provisions of subparagraph (c), the Committee shall make available its good offices to the States Parties concerned with a view to a friendly solution of the matter on the basis of respect for the obligations provided for in this Convention. For this purpose, the Committee may, when appropriate, set up an *ad hoc* conciliation commission;

(f) In any matter referred to it under this article, the Committee may call upon the States Parties concerned, referred to in subparagraph (b), to supply any relevant information;

(g) The States Parties concerned, referred to in subparagraph (b), shall have the right to be represented when the matter is being considered by the Committee

s'applique à l'égard des communications reçues en vertu du présent article:

a) Si un Etat partie à la présente Convention estime qu'un autre Etat également partie à la Convention n'en applique pas les dispositions, il peut appeler, par communication écrite, l'attention de cet Etat sur la question. Dans un délai de trois mois à compter de la date de réception de la communication, l'Etat destinataire fera tenir à l'Etat qui a adressé la communication des explications ou toutes autres déclarations écrites élucidant la question, qui devront comprendre, dans toute la mesure possible et utile, des indications sur ses règles de procédure et sur les moyens de recours, soit déjà utilisés, soit en instance, soit encore ouverts;

b) Si, dans un délai de six mois à compter de la date de réception de la communication originale par l'Etat destinataire, la question n'est pas réglée à la satisfaction des deux Etats parties intéressés, l'un comme l'autre auront le droit de la soumettre au Comité, en adressant une notification au Comité, ainsi qu'à l'autre Etat intéressé;

c) Le Comité ne peut connaître d'une affaire qui lui est soumise en vertu du présent article qu'après s'être assuré que tous les recours internes disponibles ont été utilisés et épuisés, conformément aux principes de droit international généralement reconnus. Cette règle ne s'applique pas dans les cas où les procédures de recours excèdent des délais raisonnables ni dans les cas où il est peu probable que les procédures de recours donneraient satisfaction à la personne qui est la victime de la violation de la présente Convention;

d) Le Comité tient ses séances à huis clos lorsqu'il examine les communications prévues au présent article;

e) Sous réserve des dispositions de l'alinéa c), le Comité met ses bons offices à la disposition des Etats parties intéressés, afin de parvenir à une solution amiable de la question, fondée sur le respect des obligations prévues par la présente Convention. A cette fin, le Comité peut, s'il l'estime opportun, établir une commission de conciliation ad hoc;

f) Dans toute affaire qui lui est soumise en vertu du présent article, le Comité peut demander aux Etats parties intéressés, visés à l'alinéa b), de lui fournir tout renseignement pertinent;

g) Les Etats parties intéressés, visés à l'alinéa b), ont le droit de se faire représenter lors de l'examen de l'affaire par le Comité et de présenter des observa-

deln, die einen Vertragsstaat betrifft, der keine derartige Erklärung abgegeben hat. Auf Mitteilungen, die auf Grund dieses Artikels eingehen, ist folgendes Verfahren anzuwenden:

a) Ist ein Vertragsstaat der Auffassung, daß ein anderer Vertragsstaat die Bestimmungen dieses Übereinkommens nicht durchführt, so kann er den anderen Staat durch eine schriftliche Mitteilung darauf hinweisen. Innerhalb von drei Monaten nach Zugang der Mitteilung hat der Empfangsstaat dem Staat, der die Mitteilung übersandt hat, in bezug auf die Sache eine schriftliche Erklärung oder sonstige Stellungnahme zukommen zu lassen, die, soweit es möglich und angebracht ist, einen Hinweis auf die in der Sache durchgeführten, anhängigen oder zur Verfügung stehenden innerstaatlichen Verfahren und Rechtsbehelfe enthalten soll;

b) wird die Sache nicht innerhalb von sechs Monaten nach Eingang der einleitenden Mitteilung bei dem Empfangsstaat zur Zufriedenheit der beiden beteiligten Vertragsstaaten geregelt, so hat jeder der beiden Staaten das Recht, die Sache dem Ausschuß zu unterbreiten, indem er diesem und dem anderen Staat eine entsprechende Mitteilung macht;

c) der Ausschuß befaßt sich mit einer ihm auf Grund dieses Artikels unterbreiteten Sache erst dann, wenn er sich Gewißheit verschafft hat, daß in der Sache alle innerstaatlichen Rechtsbehelfe in Übereinstimmung mit den allgemein anerkannten Grundsätzen des Völkerrechts eingelegt und erschöpft worden sind. Dies gilt nicht, wenn das Verfahren bei der Anwendung der Rechtsbehelfe unangemessen lange gedauert hat oder für die Person, die das Opfer einer Verletzung dieses Übereinkommens geworden ist, keine wirksame Abhilfe erwarten läßt;

d) der Ausschuß berät über Mitteilungen auf Grund dieses Artikels in nichtöffentlicher Sitzung;

e) sofern die Voraussetzungen des Buchstabens c erfüllt sind, stellt der Ausschuß den beteiligten Vertragsstaaten seine guten Dienste zur Verfügung, um eine gütliche Regelung der Sache auf der Grundlage der Einhaltung der in diesem Übereinkommen vorgesehenen Verpflichtungen herbeizuführen. Zu diesem Zweck kann der Ausschuß gegebenenfalls eine Ad-hoc-Vergleichskommission einsetzen;

f) der Ausschuß kann in jeder ihm auf Grund dieses Artikels unterbreiteten Sache die unter Buchstabe b genannten beteiligten Vertragsstaaten auffordern, alle erheblichen Angaben beizubringen;

g) die unter Buchstabe b genannten beteiligten Vertragsstaaten haben das Recht, sich vertreten zu lassen sowie mündlich und/oder schriftlich Stellung zu nehmen,

and to make submissions orally and/or in writing;

(h) The Committee shall, within twelve months after the date of receipt of notice under subparagraph (b), submit a report:

(i) If a solution within the terms of subparagraph (e) is reached, the Committee shall confine its report to a brief statement of the facts and of the solution reached;

(ii) If a solution within the terms of subparagraph (e) is not reached, the Committee shall confine its report to a brief statement of the facts; the written submissions and record of the oral submissions made by the States Parties concerned shall be attached to the report.

In every matter, the report shall be communicated to the States Parties concerned.

2. The provisions of this article shall come into force when five States Parties to this Convention have made declarations under paragraph 1 of this article. Such declarations shall be deposited by the States Parties with the Secretary-General of the United Nations, who shall transmit copies thereof to the other States Parties. A declaration may be withdrawn at any time by notification to the Secretary-General. Such a withdrawal shall not prejudice the consideration of any matter which is the subject of a communication already transmitted under this article; no further communication by any State Party shall be received under this article after the notification of withdrawal of the declaration has been received by the Secretary-General, unless the State Party concerned has made a new declaration.

Article 22

1. A State Party to this Convention may at any time declare under this article that it recognizes the competence of the Committee to receive and consider communications from or on behalf of individuals subject to its jurisdiction who claim to be victims of a violation by a State Party of the provisions of the Convention. No communication shall be received by the Committee if it concerns a State Party which has not made such a declaration.

2. The Committee shall consider inadmissible any communication under this article which is anonymous or which it considers to be an abuse of the right of submission of such communications or to be incompatible with the provisions of this Convention.

3. Subject to the provisions of paragraph 2, the Committee shall bring any communications submitted to it under this article to

tions oralement ou par écrit, ou sous l'une et l'autre forme;

h) Le Comité doit présenter un rapport dans un délai de douze mois à compter du jour où il a reçu la notification visée à l'alinéa b):

i) Si une solution a pu être trouvée conformément aux dispositions de l'alinéa e), le Comité se borne dans son rapport à un bref exposé des faits et de la solution intervenue;

ii) Si une solution n'a pu être trouvée conformément aux dispositions de l'alinéa e), le Comité se borne, dans son rapport, à un bref exposé des faits; le texte des observations écrites et le procès-verbal des observations orales présentées par les Etats parties intéressés sont joints au rapport.

Pour chaque affaire, le rapport est communiqué aux Etats parties intéressés.

2. Les dispositions du présent article entreront en vigueur lorsque cinq Etats parties à la présente Convention auront fait la déclaration prévue au paragraphe 1 du présent article. Ladite déclaration est déposée par l'Etat partie auprès du Secrétaire général de l'Organisation des Nations Unies, qui en communique copie aux autres Etats parties. Une déclaration peut être retirée à tout moment au moyen d'une notification adressée au Secrétaire général. Ce retrait est sans préjudice de l'examen de toute question qui fait l'objet d'une communication déjà transmise en vertu du présent article; aucune autre communication d'un Etat partie ne sera reçue en vertu du présent article après que le Secrétaire général aura reçu notification du retrait de la déclaration, à moins que l'Etat partie intéressé ait fait une nouvelle déclaration.

Article 22

1. Tout Etat partie à la présente Convention peut, en vertu du présent article, déclarer à tout moment qu'il reconnaît la compétence du Comité pour recevoir et examiner des communications présentées par ou pour le compte de particuliers relevant de sa juridiction qui prétendent être victimes d'une violation, par un Etat partie, des dispositions de la Convention. Le Comité ne reçoit aucune communication intéressant un Etat partie qui n'a pas fait une telle déclaration.

2. Le Comité déclare irrecevable toute communication soumise en vertu du présent article qui est anonyme ou qu'il considère être un abus du droit de soumettre de telles communications, ou être incompatible avec les dispositions de la présente Convention.

3. Sous réserve des dispositions du paragraphe 2, le Comité porte toute communication qui lui est soumise en vertu du présent

wenn die Sache vom Ausschuß verhandelt wird;

h) der Ausschuß legt innerhalb von zwölf Monaten nach Eingang der unter Buchstabe b vorgesehenen Mitteilung einen Bericht vor:

i) Wenn eine Regelung im Sinne des Buchstabens e zustande gekommen ist, beschränkt der Ausschuß seinen Bericht auf eine kurze Darstellung des Sachverhalts und der erzielten Regelung;

ii) wenn eine Regelung im Sinne des Buchstabens e nicht zustandegekommen ist, beschränkt der Ausschuß seinen Bericht auf eine kurze Darstellung des Sachverhalts; die schriftliche Stellungnahmen und das Prötokoll über die mündlichen Stellungnahmen der beteiligten Vertragsstaaten sind dem Bericht beizufügen.

In jedem Fall wird der Bericht den beteiligten Vertragsstaaten übermittelt.

(2) Die Bestimmungen dieses Artikels treten in Kraft, wenn fünf Vertragsstaaten Erklärungen nach Absatz 1 abgegeben haben. Diese Erklärungen werden von den Vertragsstaaten beim Generalsekretär der Vereinten Nationen hinterlegt, der den anderen Vertragsstaaten Abschriften davon übermittelt. Eine Erklärung kann jederzeit durch eine an den Generalsekretär gerichtete Notifikation zurückgenommen werden. Eine solche Zurücknahme berührt nicht die Prüfung einer Sache, die Gegenstand einer auf Grund dieses Artikels bereits vorgenommenen Mitteilung ist; nach Eingang der Notifikation über die Zurücknahme der Erklärung beim Generalsekretär wird keine weitere Mitteilung eines Vertragsstaats auf Grund dieses Artikels entgegengenommen, es sei denn, daß der betroffene Vertragsstaat eine neue Erklärung abgegeben hat.

Artikel 22

(1) Ein Vertragsstaat kann auf Grund dieses Artikels jederzeit erklären, daß er die Zuständigkeit des Ausschusses zur Entgegennahme und Prüfung von Mitteilungen einzelner Personen oder im Namen einzelner Personen anerkennt, die der Hoheitsgewalt des betreffenden Staates unterstehen und die geltend machen, Opfer einer Verletzung dieses Übereinkommens durch einen Vertragsstaat zu sein. Der Ausschuß darf keine Mitteilung entgegennehmen, die einen Vertragsstaat betrifft, der keine derartige Erklärung abgegeben hat.

(2) Der Ausschuß erklärt jede nach diesem Artikel eingereichte Mitteilung für unzulässig, die anonym ist oder die er für einen Mißbrauch des Rechts auf Einreichung solcher Mitteilungen oder für unvereinbar mit den Bestimmungen dieses Übereinkommens hält.

(3) Vorbehaltlich des Absatzes 2 bringt der Ausschuß jede ihm nach diesem Artikel eingereichte Mitteilung dem Vertragsstaat

the attention of the State Party to this Convention which has made a declaration under paragraph 1 and is alleged to be violating any provisions of the Convention. Within six months, the receiving State shall submit to the Committee written explanations or statements clarifying the matter and the remedy, if any, that may have been taken by that State.

4. The Committee shall consider communications received under this article in the light of all information made available to it by or on behalf of the individual and by the State Party concerned.

5. The Committee shall not consider any communications from an individual under this article unless it has ascertained that:

(a) The same matter has not been, and is not being, examined under another procedure of international investigation or settlement;

(b) The individual has exhausted all available domestic remedies; this shall not be the rule where the application of the remedies is unreasonably prolonged or is unlikely to bring effective relief to the person who is the victim of the violation of this Convention.

6. The Committee shall hold closed meetings when examining communications under this article.

7. The Committee shall forward its views to the State Party concerned and to the individual.

8. The provisions of this article shall come into force when five States Parties to this Convention have made declarations under paragraph 1 of this article. Such declarations shall be deposited by the States Parties with the Secretary-General of the United Nations, who shall transmit copies thereof to the other States Parties. A declaration may be withdrawn at any time by notification to the Secretary-General. Such a withdrawal shall not prejudice the consideration of any matter which is the subject of a communication already transmitted under this article; no further communication by or on behalf of an individual shall be received under this article after the notification of withdrawal of the declaration has been received by the Secretary-General, unless the State Party has made a new declaration.

Article 23

The members of the Committee and of the *ad hoc* conciliation commissions which may be appointed under article 21, paragraph 1 (e), shall be entitled to the facilities, privileges and immunities of experts on mission for the United Nations as laid down in the relevant sections of the Convention on

article à l'attention de l'Etat partie à la présente Convention qui a fait une déclaration en vertu du paragraphe 1 et a prétendument violé l'une quelconque des dispositions de la Convention. Dans les six mois qui suivent, ledit Etat soumet par écrit au Comité des explications ou déclarations éclaircissant la question et indiquant, le cas échéant, les mesures qu'il pourrait avoir prises pour remédier à la situation.

4. Le Comité examine les communications reçues en vertu du présent article en tenant compte de toutes les informations qui lui sont soumises par ou pour le compte du particulier et par l'Etat partie intéressé.

5. Le Comité n'examinera aucune communication d'un particulier conformément au présent article sans s'être assuré que:

a) La même question n'a pas été et n'est pas en cours d'examen devant une autre instance internationale d'enquête ou de règlement;

b) Le particulier a épuisé tous les recours internes disponibles; cette règle ne s'applique pas si les procédures de recours excèdent des délais raisonnables ou s'il est peu probable qu'elles donneraient satisfaction au particulier qui est la victime d'une violation de la présente Convention.

6. Le Comité tient ses séances à huis clos lorsqu'il examine les communications prévues dans le présent article.

7. Le Comité fait part de ses constatations à l'Etat partie intéressé et au particulier.

8. Les dispositions du présent article entreront en vigueur lorsque cinq Etats parties à la présente Convention auront fait la déclaration prévue au paragraphe 1 du présent article. Ladite déclaration est déposée par l'Etat partie auprès du Secrétaire général de l'Organisation des Nations Unies, qui en communique copie aux autres Etats parties. Une déclaration peut être retirée à tout moment au moyen d'une notification adressée au Secrétaire général. Ce retrait est sans préjudice de l'examen de toute question qui fait l'objet d'une communication déjà transmise en vertu du présent article; aucune autre communication soumise par ou pour le compte d'un particulier ne sera reçue en vertu du présent article après que le Secrétaire général aura reçu notification du retrait de la déclaration, à moins que l'Etat partie intéressé ait fait une nouvelle déclaration.

Article 23

Les membres du Comité et les membres des commissions de conciliation *ad hoc* qui pourraient être nommés conformément à l'alinéa e) du paragraphe 1 de l'article 21 ont droit aux facilités, privilèges et immunités reconnus aux experts en mission pour l'Organisation des Nations Unies, tels qu'ils

zur Kenntnis, der eine Erklärung nach Absatz 1 abgegeben hat und dem vorgeworfen wird, eine Bestimmung dieses Übereinkommens verletzt zu haben. Der Empfangsstaat hat dem Ausschuß innerhalb von sechs Monaten schriftliche Erläuterungen oder Stellungnahmen zur Klärung der Sache zu übermitteln und die gegebenenfalls von ihm getroffenen Abhilfemaßnahmen mitzuteilen.

(4) Der Ausschuß prüft die ihm nach diesem Artikel zugegangenen Mitteilungen unter Berücksichtigung aller ihm von der Einzelperson oder in deren Namen und von dem betroffenen Vertragsstaat unterbreiteten Informationen.

(5) Der Ausschuß prüft Mitteilungen einer Einzelperson auf Grund dieses Artikels erst dann, wenn er sich Gewißheit verschafft hat,

a) daß dieselbe Sache nicht bereits in einem anderen internationalen Untersuchungs- oder Streitregelungsverfahren geprüft wurde oder wird;

b) daß die Einzelperson alle zur Verfügung stehenden innerstaatlichen Rechtsbehelfe erschöpft hat; dies gilt nicht, wenn das Verfahren bei der Anwendung der Rechtsbehelfe unangemessen lange gedauert hat oder für die Person, die das Opfer einer Verletzung dieses Übereinkommens geworden ist, keine wirksame Abhilfe erwarten läßt.

(6) Der Ausschuß berät über Mitteilungen auf Grund dieses Artikels in nichtöffentlicher Sitzung.

(7) Der Ausschuß teilt seine Auffassungen dem betroffenen Vertragsstaat und der Einzelperson mit.

(8) Die Bestimmungen dieses Artikels treten in Kraft, wenn fünf Vertragsstaaten Erklärungen nach Absatz 1 abgegeben haben. Diese Erklärungen werden von den Vertragsstaaten beim Generalsekretär der Vereinten Nationen hinterlegt, der den anderen Vertragsstaaten Abschriften davon übermittelt. Eine Erklärung kann jederzeit durch eine an den Generalsekretär gerichtete Notifikation zurückgenommen werden. Eine solche Zurücknahme berührt nicht die Prüfung einer Sache, die Gegenstand einer auf Grund dieses Artikels bereits vorgenommenen Mitteilung ist; nach Eingang der Notifikation über die Zurücknahme der Erklärung beim Generalsekretär wird keine weitere von einer Einzelperson oder in deren Namen gemachte Mitteilung auf Grund dieses Artikels entgegengenommen, es sei denn, daß der betroffene Vertragsstaat eine neue Erklärung abgegeben hat.

Artikel 23

Die Mitglieder des Ausschusses und der Ad-hoc-Vergleichskommissionen, die nach Artikel 21 Absatz 1 Buchstabe e bestimmt werden können, haben Anspruch auf die Erleichterungen, Vorrechte und Immunitäten, die in den einschlägigen Abschnitten des Übereinkommens über die Vorrechte

the Privileges and Immunities of the United Nations.

sont énoncés dans les sections pertinentes de la Convention sur les privilèges et les immunités des Nations Unies.

und Immunitäten der Vereinten Nationen für die im Auftrag der Vereinten Nationen tätigen Sachverständigen vorgesehen sind.

Article 24

The Committee shall submit an annual report on its activities under this Convention to the States Parties and to the General Assembly of the United Nations.

Article 24

Le Comité présente aux Etats parties et à l'Assemblée générale de l'Organisation des Nations Unies un rapport annuel sur les activités qu'il aura entreprises en application de la présente Convention.

Artikel 24

Der Ausschuß legt den Vertragsstaaten und der Generalversammlung der Vereinten Nationen einen Jahresbericht über seine Tätigkeit auf Grund dieses Übereinkommens vor.

Part III

Article 25

1. This Convention is open for signature by all States.

2. This Convention is subject to ratification. Instruments of ratification shall be deposited with the Secretary-General of the United Nations.

Article 26

This Convention is open to accession by all States. Accession shall be effected by the deposit of an instrument of accession with the Secretary-General of the United Nations.

Article 27

1. This Convention shall enter into force on the thirtieth day after the date of the deposit with the Secretary-General of the United Nations of the twentieth instrument of ratification or accession.

2. For each State ratifying this Convention or acceding to it after the deposit of the twentieth instrument of ratification or accession, the Convention shall enter into force on the thirtieth day after the date of the deposit of its own instrument of ratification or accession.

Article 28

1. Each State may, at the time of signature or ratification of this Convention or accession thereto, declare that it does not recognize the competence of the Committee provided for in article 20.

2. Any State Party having made a reservation in accordance with paragraph 1 of this article may, at any time, withdraw this reservation by notification to the Secretary-General of the United Nations.

Article 29

1. Any State Party to this Convention may propose an amendment and file it with the Secretary-General of the United Nations. The Secretary-General shall thereupon communicate the proposed amendment to the States Parties with a request that they notify him whether they favour a conference of States Parties for the purpose of con-

Troisième Partie

Article 25

1. La présente Convention est ouverte à la signature de tous les Etats.

2. La présente Convention est sujette à ratification. Les instruments de ratification seront déposés auprès du Secrétaire général de l'Organisation des Nations Unies.

Article 26

Tous les Etats peuvent adhérer à la présente Convention. L'adhésion se fera par le dépôt d'un instrument d'adhésion auprès du Secrétaire général de l'Organisation des Nations Unies.

Article 27

1. La présente Convention entrera en vigueur le trentième jour après la date du dépôt auprès du Secrétaire général de l'Organisation des Nations Unies du vingtième instrument de ratification ou d'adhésion.

2. Pour tout Etat qui ratifiera la présente Convention ou y adhérera après le dépôt du vingtième instrument de ratification ou d'adhésion, la Convention entrera en vigueur le trentième jour après la date du dépôt par cet Etat de son instrument de ratification ou d'adhésion.

Article 28

1. Chaque Etat pourra, au moment où il signera ou ratifiera la présente Convention ou y adhérera, déclarer qu'il ne reconnaît pas la compétence accordée au Comité aux termes de l'article 20.

2. Tout Etat partie qui aura formulé une réserve conformément aux dispositions du paragraphe 1 du présent article pourra à tout moment lever cette réserve par une notification adressée au Secrétaire général de l'Organisation des Nations Unies.

Article 29

1. Tout Etat partie à la présente Convention pourra proposer un amendement et déposer sa proposition auprès du Secrétaire général de l'Organisation des Nations Unies. Le Secrétaire général communiquera la proposition d'amendement aux Etats parties en leur demandant de lui faire savoir s'ils sont favorables à l'organisation d'une

Teil III

Artikel 25

(1) Dieses Übereinkommen liegt für alle Staaten zur Unterzeichnung auf.

(2) Dieses Übereinkommen bedarf der Ratifikation. Die Ratifikationsurkunden werden beim Generalsekretär der Vereinten Nationen hinterlegt.

Artikel 26

Dieses Übereinkommen steht allen Staaten zum Beitritt offen. Der Beitritt erfolgt durch Hinterlegung einer Beitrittsurkunde beim Generalsekretär der Vereinten Nationen.

Artikel 27

(1) Dieses Übereinkommen tritt am dreißigsten Tag nach Hinterlegung der zwanzigsten Ratifikations- oder Beitrittsurkunde beim Generalsekretär der Vereinten Nationen in Kraft.

(2) Für jeden Staat, der nach Hinterlegung der zwanzigsten Ratifikations- oder Beitrittsurkunde dieses Übereinkommen ratifiziert oder ihm beitritt, tritt es am dreißigsten Tag nach Hinterlegung seiner eigenen Ratifikations- oder Beitrittsurkunde in Kraft.

Artikel 28

(1) Jeder Staat kann bei der Unterzeichnung oder der Ratifikation dieses Übereinkommens oder dem Beitritt zu diesem erklären, daß er die in Artikel 20 vorgesehene Zuständigkeit des Ausschusses nicht anerkennt.

(2) Jeder Vertragsstaat, der einen Vorbehalt nach Absatz 1 gemacht hat, kann diesen Vorbehalt jederzeit durch eine an den Generalsekretär der Vereinten Nationen gerichtete Notifikation zurücknehmen.

Artikel 29

(1) Jeder Vertragsstaat kann eine Änderung dieses Übereinkommens vorschlagen und seinen Vorschlag beim Generalsekretär der Vereinten Nationen einreichen. Der Generalsekretär übermittelt sodann den Änderungsvorschlag den Vertragsstaaten mit der Aufforderung, ihm mitzuteilen, ob sie eine Konferenz der Vertragsstaaten zur

sidering and voting upon the proposal. In the event that within four months from the date of such communication at least one third of the States Parties favours such a conference, the Secretary-General shall convene the conference under the auspices of the United Nations. Any amendment adopted by a majority of the States Parties present and voting at the conference shall be submitted by the Secretary-General to all the States Parties for acceptance.

2. An amendment adopted in accordance with paragraph 1 of this article shall enter into force when two thirds of the States Parties to this Convention have notified the Secretary-General of the United Nations that they have accepted it in accordance with their respective constitutional processes.

3. When amendments enter into force, they shall be binding on those States Parties which have accepted them, other States Parties still being bound by the provisions of this Convention and any earlier amendments which they have accepted.

Article 30

1. Any dispute between two or more States Parties concerning the interpretation or application of this Convention which cannot be settled through negotiation shall, at the request of one of them, be submitted to arbitration. If within six months from the date of the request for arbitration the Parties are unable to agree on the organization of the arbitration, any one of those Parties may refer the dispute to the International Court of Justice by request in conformity with the Statute of the Court.

2. Each State may, at the time of signature or ratification of this Convention or accession thereto, declare that it does not consider itself bound by paragraph 1 of this article. The other States Parties shall not be bound by paragraph 1 of this article with respect to any State Party having made such a reservation.

3. Any State Party having made a reservation in accordance with paragraph 2 of this article may at any time withdraw this reservation by notification to the Secretary-General of the United Nations.

Article 31

1. A State Party may denounce this Convention by written notification to the Secretary-General of the United Nations. Denunciation becomes effective one year after the date of receipt of the notification by the Secretary-General.

2. Such a denunciation shall not have the effect of releasing the State Party from its

conférence d'Etats parties en vue de l'examen de la proposition et de sa mise aux voix. Si, dans les quatre mois qui suivent la date d'une telle communication, le tiers au moins des Etats parties se prononcent en faveur de la tenue de ladite conférence, le Secrétaire général organisera la conférence sous les auspices de l'Organisation des Nations Unies. Tout amendement adopté par la majorité des Etats parties présents et votants à la conférence sera soumis par le Secrétaire général à l'acceptation de tous les Etats parties.

2. Un amendement adopté selon les dispositions du paragraphe 1 du présent article entrera en vigueur lorsque les deux tiers des Etats parties à la présente Convention auront informé le Secrétaire général de l'Organisation des Nations Unies qu'ils l'ont accepté conformément à la procédure prévue par leurs constitutions respectives.

3. Lorsque les amendements entreront en vigueur, ils auront force obligatoire pour les Etats parties qui les auront acceptés, les autres Etats parties demeurant liés par les dispositions de la présente Convention et par tous amendements antérieurs qu'ils auront acceptés.

Article 30

1. Tout différend entre deux ou plus des Etats parties concernant l'interprétation ou l'application de la présente Convention qui ne peut pas être réglé par voie de négociation est soumis à l'arbitrage à la demande de l'un d'entre eux. Si, dans les six mois qui suivent la date de la demande d'arbitrage, les parties ne parviennent pas à se mettre d'accord sur l'organisation de l'arbitrage, l'une quelconque d'entre elles peut soumettre le différend à la Cour internationale de Justice en déposant une requête conformément au Statut de la Cour.

2. Chaque Etat pourra, au moment où il signera ou ratifiera la présente Convention ou y adhérera, déclarer qu'il ne se considère pas lié par les dispositions du paragraphe 1 du présent article. Les autres Etats parties ne seront pas liés par lesdites dispositions envers tout Etat partie qui aura formulé une telle réserve.

3. Tout Etat partie qui aura formulé une réserve conformément aux dispositions du paragraphe 2 du présent article pourra à tout moment lever cette réserve par une notification adressée au Secrétaire général de l'Organisation des Nations Unies.

Article 31

1. Un Etat partie pourra dénoncer la présente Convention par notification écrite adressée au Secrétaire général de l'Organisation des Nations Unies. La dénonciation prend effet un an après la date à laquelle la notification aura été reçue par le Secrétaire général.

2. Une telle dénonciation ne libérera pas l'Etat partie des obligations qui lui incom-

Beratung und Abstimmung über den Vorschlag befürworten. Befürwortet innerhalb von vier Monaten nach dem Datum der Übermittlung wenigstens ein Drittel der Vertragsstaaten eine solche Konferenz, so beruft der Generalsekretär die Konferenz unter der Schirmherrschaft der Vereinten Nationen ein. Jede Änderung, die von der Mehrheit der auf der Konferenz anwesenden und abstimmenden Vertragsstaaten beschlossen wird, wird vom Generalsekretär allen Vertragsstaaten zur Annahme vorgelegt.

(2) Eine nach Absatz 1 beschlossene Änderung tritt in Kraft, wenn zwei Drittel der Vertragsstaaten dem Generalsekretär der Vereinten Nationen notifiziert haben, daß sie die Änderung nach Maßgabe der in ihrer Verfassung vorgesehenen Verfahren angenommen haben.

(3) Treten die Änderungen in Kraft, so sind sie für die Vertragsstaaten, die sie angenommen haben, verbindlich, während für die anderen Vertragsstaaten weiterhin die Bestimmungen dieses Übereinkommens und alle früher von ihnen angenommenen Änderungen gelten.

Artikel 30

(1) Jede Streitigkeit zwischen zwei oder mehr Vertragsstaaten über die Auslegung oder Anwendung dieses Übereinkommens, die nicht durch Verhandlungen beigelegt werden kann, ist auf Verlangen eines dieser Staaten einem Schiedsverfahren zu unterwerfen. Können sich die Parteien binnen sechs Monaten nach dem Zeitpunkt, zu dem das Schiedsverfahren verlangt worden ist, über seine Ausgestaltung nicht einigen, so kann jede dieser Parteien die Streitigkeit dem Internationalen Gerichtshof unterbreiten, indem sie einen seinem Statut entsprechenden Antrag stellt.

(2) Jeder Staat kann bei der Unterzeichnung oder der Ratifikation dieses Übereinkommens oder dem Beitritt zu diesem erklären, daß er sich durch Absatz 1 nicht als gebunden betrachtet. Die anderen Vertragsstaaten sind gegenüber einem Vertragsstaat, der einen solchen Vorbehalt gemacht hat, durch Absatz 1 nicht gebunden.

(3) Ein Vertragsstaat, der einen Vorbehalt nach Absatz 2 gemacht hat, kann diesen Vorbehalt jederzeit durch eine an den Generalsekretär der Vereinten Nationen gerichtete Notifikation zurücknehmen.

Artikel 31

(1) Ein Vertragsstaat kann dieses Übereinkommen durch eine an den Generalsekretär der Vereinten Nationen gerichtete schriftliche Notifikation kündigen. Die Kündigung wird ein Jahr nach Eingang der Notifikation beim Generalsekretär wirksam.

(2) Eine solche Kündigung enthebt den Vertragsstaat nicht der Verpflichtungen, die

obligations under this Convention in regard to any act or omission which occurs prior to the date at which the denunciation becomes effective, nor shall denunciation prejudice in any way the continued consideration of any matter which is already under consideration by the Committee prior to the date at which the denunciation becomes effective.

3. Following the date at which the denunciation of a State Party becomes effective, the Committee shall not commence consideration of any new matter regarding that State.

Article 32

The Secretary-General of the United Nations shall inform all States Members of the United Nations and all States which have signed this Convention or acceded to it of the following:

(a) Signatures, ratifications and accessions under articles 25 and 26;

(b) The date of entry into force ot this Convention under article 27 and the date of the entry into force of any amendments under article 29;

(c) Denunciations under article 31.

Article 33

1. This Convention, of which the Arabic, Chinese, English, French, Russian and Spanish texts are equally authentic, shall be deposited with the Secretary-General of the United Nations.

2. The Secretary-General of the United Nations shall transmit certified copies of this Convention to all States.

bent en vertu de la présente Convention en ce qui concerne tout acte ou toute omission commis avant la date à laquelle la dénonciation prendra effet; elle ne fera nullement obstacle à la poursuite de l'examen de toute question dont le Comité était déjà saisi à la date à laquelle la dénonciation a pris effet.

3. Après la date à laquelle la dénonciation par un Etat partie prend effet, le Comité n'entreprend l'examen d'aucune question nouvelle concernant cet Etat.

Article 32

Le Secrétaire général de l'Organisation des Nations Unies notifiera à tous les Etats Membres de l'Organisation des Nations Unies et à tous les Etats qui auront signé la présente Convention ou y auront adhéré:

a) Les signatures, les ratifications et les adhésions reçues en application des articles 25 et 26;

b) La date d'entrée en vigueur de la Convention en application de l'article 27 et la date d'entrée en vigueur de tout amendement en application de l'article 29;

c) Les dénonciations reçues en application de l'article 31.

Article 33

1. La présente Convention, dont les textes anglais, arabe, chinois, espagnol, français et russe font également foi, sera déposée auprès du Secrétaire général de l'Organisation des Nations Unies.

2. Le Secrétaire général de l'Organisation des Nations Unies fera tenir une copie certifiée conforme de la présente Convention à tous les Etats.

er auf Grund dieses Übereinkommens in bezug auf vor dem Wirksamwerden der Kündigung begangene Handlungen oder Unterlassungen hat; die Kündigung berührt auch nicht die weitere Prüfung einer Sache, mit welcher der Ausschuß bereits vor dem Wirksamwerden der Kündigung befaßt war.

(3) Nach dem Tag, an dem die Kündigung eines Vertragsstaats wirksam wird, darf der Ausschuß nicht mit der Prüfung einer neuen diesen Staat betreffenden Sache beginnen.

Artikel 32

Der Generalsekretär der Vereinten Nationen unterrichtet alle Mitgliedstaaten der Vereinten Nationen und alle Staaten, die dieses Übereinkommen unterzeichnet haben oder ihm beigetreten sind,

a) von den Unterzeichnungen, Ratifikationen und Beitritten nach den Artikeln 25 und 26;

b) vom Zeitpunkt des Inkrafttretens dieses Übereinkommens nach Artikel 27 und vom Zeitpunkt des Inkrafttretens von Änderungen nach Artikel 29;

c) von den Kündigungen nach Artikel 31.

Artikel 33

(1) Dieses Übereinkomn en, dessen arabischer, chinesischer, englischer, französischer, russischer und spanischer Wortlaut gleichermaßen verbindlich ist, wird beim Generalsekretär der Vereinten Nationen hinterlegt.

(2) Der Generalsekretär der Vereinten Nationen übermittelt allen Staaten beglaubigte Abschriften dieses Übereinkommens.

10. Gesetz zu dem Europäischen Übereinkommen vom 26. November 1987 zur Verhütung von Folter und unmenschlicher oder erniedrigender Behandlung oder Strafe

Vom 29. November 1989

(BGBl. II S. 946)

Der Bundestag hat mit Zustimmung des Bundesrates das folgende Gesetz beschlossen.

Artikel 1

Dem in Straßburg am 26. November 1987 von der Bundesrepublik Deutschland unterzeichneten Europäischen Übereinkommen zur Verhütung von Folter und unmenschlicher oder erniedrigender Behandlung oder Strafe wird zugestimmt. Das Übereinkommen wird nachstehend mit einer amtlichen deutschen Übersetzung veröffentlicht.

Artikel 2

Dieses Gesetz gilt auch im Land Berlin, sofern das Land Berlin die Anwendung dieses Gesetzes feststellt.

Artikel 3

(1) Dieses Gesetz tritt am Tage nach seiner Verkündung in Kraft.

(2) Der Tag, an dem das Übereinkommen nach seinem Artikel 19 für die Bundesrepublik Deutschland in Kraft tritt, ist im Bundesgesetzblatt bekanntzugeben.*)

Gesetz zu den Protokollen Nr. 1 und Nr. 2 vom 4. November 1993 zu dem Europäischen Übereinkommen zur Verhütung von Folter und unmenschlicher oder erniedrigender Behandlung oder Strafe

Vom 17. Juli 1996

(BGBl. II S. 1114)

Der Bundestag hat das folgende Gesetz beschlossen:

Artikel 1

Den in Straßburg am 4. November 1993 von der Bundesrepublik Deutschland unterzeichneten Protokollen Nr. 1 und Nr. 2 zu dem Übereinkommen zur Verhütung von Folter und unmenschlicher oder erniedrigender Behandlung oder Strafe (BGBl. 1989 II S. 946) wird zugestimmt. Die Protokolle werden nachstehend mit einer amtlichen deutschen Übersetzung veröffentlicht.

Artikel 2

(1) Dieses Gesetz tritt am Tage nach seiner Verkündung in Kraft.

(2) Der Tag, an dem das Protokoll Nr. 1 nach seinem Artikel 8 und das Protokoll Nr. 2 nach seinem Artikel 3 für die Bundesrepublik Deutschland in Kraft treten, ist im Bundesgesetzblatt bekanntzugeben.**)

---

*) Das Übereinkommen ist für die Bundesrepublik am 1. 6. 1990 in Kraft getreten (BGBl. II S. 491).

**) Die Änderungen auf Grund der Protokolle Nr. 1 und Nr. 2 sind gemäß der Bekanntmachung vom 22. 3. 2002 (BGBl. II S. 1019) am 1. 3. 2002 für die Bundesrepublik in Kraft getreten.

European Convention for the Prevention of Torture and Inhuman or Degrading Treatment or Punishment*)

The member States of the Council of Europe, signatory hereto,

Having regard to the provisions of the Convention for the Protection of Human Rights and Fundamental Freedoms;

Recalling that, under Article 3 of the same Convention, "no one shall be subjected to torture or to inhuman or degrading treatment or punishment";

Noting that the machinery provided for in that Convention operates in relation to persons who allege that they are victims of violations of Article 3;

Convinced that the protection of persons deprived of their liberty against torture and inhuman or degrading treatment or punishment could be strengthened by non-judicial means of a preventive character based on visits,

Have agreed as follows:

Chapter I

Article 1

There shall be established a European Committee for the Prevention of Torture and Inhuman or Degrading Treatment or Punishment (hereinafter referred to as "the Committee"). The Committee shall, by means of visits, examine the treatment of persons deprived of their liberty with a view to strengthening, if necessary, the protection of such persons from torture and from inhuman or degrading treatment or punishment.

Article 2

Each Party shall permit visits, in accordance with this Convention, to any place within its jurisdiction where persons are deprived of their liberty by a public authority.

Article 3

In the application of this Convention, the Committee and the competent national authorities of the Party concerned shall co-operate with each other.

Convention européenne pour la prévention de la torture et des peines ou traitements inhumains ou dégradants*)

Les Etats membres du Conseil de l'Europe, signataires de la présente Convention,

Vu les dispositons de la Convention de sauvegarde des Droits de l'Homme et des Libertés fondamentales;

Rappelant qu'aux termes de l'article 3 de la même Convention, «nul ne peut être soumis à la torture ni à des peines ou traitements inhumains ou dégradants»;

Constatant que les personnes qui se prétendent victimes de violations de l'article 3 peuvent se prévaloir du mécanisme prévu par cette Convention;

Convaincus que la protection des personnes privées de liberté contre la torture et les peines ou traitements inhumains ou dégradants pourrait être renforcée par un mécanisme non judiciare, à caracère préventif, fondé sur des visites,

Sont convenus de ce qui suit:

Chapitre I

Article 1er

Il est institué un Comité européen pour la prévention de la torture et des peines ou traitements inhumains ou dégradants (ci-après dénommé: «le Comité»). Par le moyen de visites, le Comité examine le traitement des personnes privées de liberté en vue de renforcer, le cas échéant, leur protection contre la torture et les peines ou traitements inhumains ou dégradants.

Article 2

Chaque Partie autorise la visite, conformément à la présente Convention, de tout lieu relevant de sa juridiction où des personnes sont privées de liberté par une autorité publique.

Article 3

Le Comité et les autorités nationales compétentes de la Partie concernée coopèrent en vue de l'application de la présente Convention.

Europäisches Übereinkommen zur Verhütung von Folter und andere grausame, unmenschliche oder erniedrigende Behandlung oder Strafe*)

(Übersetzung)

Die Mitgliedstaaten des Europarats, die dieses Übereinkommen unterzeichnen –

in Anbetracht der Bestimmungen der Konvention zum Schutze der Menschenrechte und Grundfreiheiten,

eingedenk dessen, daß nach Artikel 3 der genannten Konvention niemand der Folter oder unmenschlicher oder erniedrigender Behandlung oder Strafe unterworfen werden darf,

unter Hinweis darauf, daß Personen, die sich durch eine Verletzung des Artikels 3 beschwert fühlen, die in jener Konvention vorgesehenen Verfahren in Anspruch nehmen können,

überzeugt, daß der Schutz von Personen, denen die Freiheit entzogen ist, vor Folter und unmenschlicher oder erniedrigender Behandlung oder Strafe durch nichtgerichtliche Maßnahmen vorbeugender Art, die auf Besuchen beruhen, verstärkt werden könnte –

sind wie folgt übereingekommen:

Kapitel I

Artikel 1

Es wird ein Europäischer Ausschuß zur Verhütung von Folter und unmenschlicher oder erniedrigender Behandlung oder Strafe (im folgenden als „Ausschuß" bezeichnet) errichtet. Der Ausschuß prüft durch Besuche die Behandlung von Personen, denen die Freiheit entzogen ist, um erforderlichenfalls den Schutz dieser Personen vor Folter und unmenschlicher oder erniedrigender Behandlung oder Strafe zu verstärken.

Artikel 2

Jede Vertragspartei läßt Besuche nach diesem Übereinkommen an allen ihrer Hoheitsgewalt unterstehenden Orten zu, an denen Personen durch eine öffentliche Behörde die Freiheit entzogen ist.

Artikel 3

Bei der Anwendung dieses Übereinkommens arbeiten der Ausschuß und die zuständigen innerstaatlichen Behörden der betreffenden Vertragspartei zusammen.

---

*) in der durch die Protokolle 1 und 2 geänderte Fassung

Chapter II

Article 4

1. The Committee shall consist of a number of members equal to that of the Parties.

2. The members of the Committee shall be chosen from among persons of high moral character, known for their competence in the field of human rights or having professional experience in the areas covered by this Convention.

3. No two members of the Committee may be nationals of the same State.

4. The members shall serve in their individual capacity, shall be independent and impartial, and shall be available to serve the Committee effectively.

Article 5

1. The members of the Committee shall be elected by the Committee of Ministers of the Council of Europe by an absolute majority of votes, from a list of names drawn up by the Bureau of the Consultative Assembly of the Council of Europe; each national delegation of the Parties in the Consultative Assembly shall put forward three candidates, of whom two at least shall be its nationals.

Where a member is to be elected to the Committee in respect of a non-member State of the Council of Europe, the Bureau of the Consultative Assembly shall invite the Parliament of that State of put forward three candidates, of whom two at least shall be its nationals. The election by the Committee of Ministers shall take place after consultation with the Party concerned.

2. The same procedure shall be followed in filling casual vacancies.

3. The members of the Committee shall be elected for a period of four years. They may be re-elected twice. However, among the members elected at the first election, the terms of three members shall expire at the end of two years. The members whose terms are to expire at the end of the initial period of two years shall be chosen by lot by the Secretary General of the Council of Europe immediately after the first election has been completed.

4. In order to ensure that, as far as possible, one half of the membership of the Committee shall be renewed every two years, the Committee of Ministers may decide, before proceeding to any subsequent election, that the term or terms of office of one or more members to be elected shall be for a period other than four years but not more than six and not less than two years.

5. In cases where more than one term of office is involved and the Committee of Ministers applies the preceding paragraph, the allocation of the terms of office shall be effected by the drawing of lots by the Secretary General, immediately after the election.

Chapitre II

Article 4

1. Le Comité se compose d'un nombre de membres égal à celui des Parties.

2. Les membres du Comité sont choisis parmi des personnalités de haute moralité, connues pour leur compétence en matière de droits de l'homme ou ayant une expérience professionnelle dans les domaines dont traite la présente Convention.

3. Le Comité ne peut comprendre plus d'un national du même Etat.

4. Les membres siègent à titre individuel, sont indépendants et impartiaux dans l'exercice de leurs mandats et se rendent disponibles pour remplir leurs fonctions de manière effective.

Article 5

1. Les membres du Comité sont élus par le Comité des Ministres du Conseil de l'Europe à la majorité absolue des voix, sur une liste de noms dressée par le Bureau de l'Assemblée Consultative du Conseil de l'Europe; la délégation nationale à l'Assemblée Consultative de chaque Partie présente trois candidats dont deux au moins sont de sa nationalité.

En cas d'élection d'un membre du Comité au titre d'un Etat non membre du Conseil de l'Europe, le Bureau de l'Assemblée Consultative invite le parlement de l'Etat concerné à présenter trois candidats, dont deux au moins seront de sa nationalité. L'élection par le Comité des Ministres aura lieu après consultation de la Partie concernée.

2. La même procédure est suivie pour pourvoir les sièges devenus vacants.

3. Les membres du Comité sont élus pour une durée de quatre ans. Ils sont rééligibles deux fois. Toutefois, en ce qui concerne les membres désignés à la première élection, les fonctions de trois membres prendront fin à l'issue d'une période de deux ans. Les membres dont les fonctions prendront fin au terme de la période initiale de deux ans sont désignés par tirage au sort effectué par le Secrétaire Général du Conseil de l'Europe immédiatement après qu'il aura été procédé à la première élection.

4. Afin d'assurer dans la mesure du possible le renouvellement d'une moité du Comité tous les deux ans, le Comité des Ministres peut, avant de procéder à toute élection ultérieure, décider qu'un ou plusieurs mandats de membres à élire auront une durée autre que quatre ans sans que cette durée toutefois puisse excéder six ans ou être inférieure à deux ans.

5. Dans le cas où il y a lieu de conférer plusieurs mandats et lorsque le Comité des Ministres fait application du paragraphe précédent, la répartition des mandats s'opère suivant un tirage au sort effectué par le Secrétaire Général du Conseil de l'Europe, immédiatement après l'élection.

Kapitel II

Artikel 4

(1) Die Zahl der Mitglieder des Ausschusses entspricht derjenigen der Vertragsparteien.

(2) Die Mitglieder des Ausschusses werden unter Persönlichkeiten von hohem sittlichem Ansehen ausgewählt, die für ihre Sachkenntnis auf dem Gebiet der Menschenrechte bekannt sind oder in den von diesem Übereinkommen erfaßten Bereichen über berufliche Erfahrung verfügen.

(3) Dem Ausschuß darf jeweils nur ein Angehöriger desselben Staates angehören.

(4) Die Mitglieder sind in persönlicher Eigenschaft tätig; sie müssen unabhängig und unparteiisch sein und dem Ausschuß zur wirksamen Mitarbeit zur Verfügung stehen.

Artikel 5

(1) Die Mitglieder des Ausschusses werden vom Ministerkomitee des Europarats mit absoluter Stimmenmehrheit nach einem vom Büro der Beratenden Versammlung des Europarats aufgestellten Namensverzeichnis gewählt; die nationale Delegation jeder Vertragspartei in der Beratenden Versammlung schlägt drei Kandidaten vor, darunter mindestens zwei eigene Staatsangehörige.

Soll für einen Nichtmitgliedstaat des Europarats ein Mitglied in den Ausschuß gewählt werden, so lädt das Büro der Beratenden Versammlung das Parlament dieses Staates ein, drei Kandidaten vorzuschlagen, darunter mindestens zwei eigene Staatsangehörige. Das Ministerkomitee nimmt die Wahl nach Konsultation der betreffenden Vertragspartei vor.

(2) Nach demselben Verfahren werden freigewordene Sitze neu besetzt.

(3) Die Mitglieder des Ausschusses werden für die Dauer von vier Jahren gewählt. Sie können zweimal wiedergewählt werden. Die Amtszeit von drei der bei der ersten Wahl gewählten Mitglieder läuft jedoch nach zwei Jahren ab. Die Mitglieder, deren Amtszeit nach Ablauf der ersten Amtsperiode von zwei Jahren endet, werden vom Generalsekretär des Europarats unmittelbar nach der ersten Wahl durch das Los bestimmt.

(4) Um soweit wie möglich sicherzustellen, daß die Hälfte der Mitglieder des Ausschusses alle zwei Jahre neu gewählt wird, kann das Ministerkomitee vor jeder späteren Wahl beschließen, daß die Amtszeit eines oder mehrerer der zu wählenden Mitglieder nicht vier Jahre betragen soll, wobei sie jedoch weder länger als sechs noch kürzer als zwei Jahre sein darf.

(5) Handelt es sich um mehrere Amtszeiten und wendet das Ministerkomitee Absatz 4 an, so wird die Zuteilung der Amtszeiten vom Generalsekretär des Europarats unmittelbar nach der Wahl durch das Los bestimmt.

Article 6

1. The Committee shall meet in camera. A quorum shall be equal to the majority of its members. The decisions of the Committee shall be taken by a majority of the members present, subject to the provisions of Article 10, paragraph 2.

2. The Committee shall draw up its own rules of procedure.

3. The Secretariat of the Committee shall be provided by the Secretary General of the Council of Europe.

Chapter III

Article 7

1. The Committee shall organise visits to places referred to in Article 2. Apart from periodic visits, the Committee may organise such other visits as appear to it to be required in the circumstances.

2. As a general rule, the visits shall be carried out by at least two members of the Committee. The Committee may, if it considers it necessary, be assisted by experts and interpreters.

Article 8

1. The Committee shall notify the Government of the Party concerned of its intention to carry out a visit. After such notification, it may at any time visit any place referred to in Article 2.

2. A Party shall provide the Committee with the following facilities to carry out its task:

a. access to its territory and the right to travel without restriction;

b. full information on the places where persons deprived of their liberty are being held;

c. unlimited access to any place where persons are deprived of their liberty, including the right to move inside such places without restriction;

d. other information available to the Party which is necessary for the Committee to carry out its task. In seeking such information, the Committee shall have regard to applicable rules of national law and professional ethics.

3. The Committee may interview in private persons deprived of their liberty.

4. The Committee may communicate freely with any person whom it believes can supply relevant information.

5. If necessary, the Committee may immediately communicate observations to the competent authorities of the Party concerned.

Article 6

1. Le Comité siège à huis clos. Le quorum est constitué par la majorité de ses membres. Les décisions du Comité sont prises à la majorité des membres présents, sous réserve des dispositons de l'article 10, paragraphe 2.

2. Le Comité établit son règlement intérieur.

3. Le Secrétariat du Comité est assuré par le Secrétaire Général du Conseil de l'Europe.

Chapitre III

Article 7

1. Le Comité organise la visite des lieux visés à l'article 2. Outre des visites périodiques, le Comité peut organiser toute autre visite lui paraissant exigée par les circonstances.

2. Les visites sont effectuées en règle générale par au moins deux membres du Comité. Ce dernier peut, s'il l'estime nécessaire, être assisté par des experts et des interprètes.

Article 8

1. Le Comité notifie au gouvernement de la Partie concernée son intention d'effectuer une visite. A la suite d'une telle notification, le Comité est habilité à visiter, à tout moment, les lieux visés à l'article 2.

2. Une Partie doit fournir au Comité les facilités suivantes pour l'accomplissement de sa tâche:

a. l'accès à son territoire et le droit de s'y déplacer sans restrictions;

b. tous renseignements sur les lieux où se trouvent des personnes privées de liberté;

c. la possibilité de se rendre à son gré dans tout lieu où se trouvent des personnes privées de liberté, y compris le droit de se déplacer sans entrave à l'intérieur de ces lieux;

d. toute autre information dont dispose la Partie et qui est nécessaire au Comité pour l'accomplissement de sa tâche. En recherchant cette information, le Comité tient compte des règles de droit et de déontologie applicables au niveau national.

3. Le Comité peut s'entretenir sans témoin avec les personnes privées de liberté.

4. Le Comité peut entrer en contact librement avec toute personne dont il pense qu'elle peut lui fournir des informations utiles.

5. S'il y a lieu, le Comité communique sur-le-champ des observations aux autorités compétentes de la Partie concernée.

Artikel 6

(1) Die Sitzungen des Ausschusses finden unter Ausschluß der Öffentlichkeit statt. Der Ausschuß ist bei Anwesenheit der Mehrheit seiner Mitglieder beschlußfähig. Vorbehaltlich des Artikels 10 Absatz 2 faßt der Ausschuß seine Beschlüsse mit der Mehrheit der anwesenden Mitglieder.

(2) Der Ausschuß gibt sich eine Geschäftsordnung.

(3) Das Sekretariat des Ausschusses wird vom Generalsekretär des Europarats gestellt.

Kapitel III

Artikel 7

(1) Der Ausschuß organisiert Besuche der in Artikel 2 bezeichneten Orte. Neben regelmäßigen Besuchen kann der Ausschuß alle weiteren Besuche organisieren, die ihm nach den Umständen erforderlich erscheinen.

(2) Die Besuche werden in der Regel von mindestens zwei Mitgliedern des Ausschusses durchgeführt. Der Ausschuß kann sich, sofern er dies für notwendig hält, von Sachverständigen und Dolmetschern unterstützen lassen.

Artikel 8

(1) Der Ausschuß notifiziert der Regierung der betreffenden Vertragspartei seine Absicht, einen Besuch durchzuführen. Nach einer solchen Notifikation kann der Ausschuß die in Artikel 2 bezeichneten Orte jederzeit besuchen.

(2) Eine Vertragspartei hat dem Ausschuß zur Erfüllung seiner Aufgabe folgende Erleichterungen zu gewähren:

a) Zugang zu ihrem Hoheitsgebiet und das Recht, sich dort uneingeschränkt zu bewegen;

b) alle Auskünfte über die Orte, an denen sich Personen befinden, denen die Freiheit entzogen ist;

c) unbeschränkten Zugang zu allen Orten, an denen sich Personen befinden, denen die Freiheit entzogen ist, einschließlich des Rechts, sich innerhalb dieser Orte ungehindert zu bewegen;

d) alle sonstigen der Vertragspartei zur Verfügung stehenden Auskünfte, die der Ausschuß zur Erfüllung seiner Aufgabe benötigt. Bei der Beschaffung solcher Auskünfte beachtet der Ausschuß die innerstaatlichen Rechtsvorschriften einschließlich des Standesrechts.

(3) Der Ausschuß kann sich mit Personen, denen die Freiheit entzogen ist, ohne Zeugen unterhalten.

(4) Der Ausschuß kann sich mit jeder Person, von der er annimmt, daß sie ihm sachdienliche Auskünfte geben kann, ungehindert in Verbindung setzen.

(5) Erforderlichenfalls kann der Ausschuß den zuständigen Behörden der betreffenden Vertragspartei seine Beobachtungen sogleich mitteilen.

Article 9

1. In exceptional circumstances, the competent authorities of the Party concerned may make representations to the Committee against a visit at the time or to the particular place proposed by the Committee. Such representations may only be made on grounds of national defence, public safety, serious disorder in places where persons are deprived of their liberty, the medical condition of a person or that an urgent interrogation relating to a serious crime is in progress.

2. Following such representations, the Committee and the Party shall immediately enter into consultations in order to clarify the situation and seek agreement on arrangements to enable the Committee to exercise its functions expeditiously. Such arrangements may include the transfer to another place of any person whom the Committee proposed to visit. Until the visit takes place, the Party shall provide information to the Committee about any person concerned.

Article 10

1. After each visit, the Committee shall draw up a report on the facts found during the visit, taking account of any observations which may have been submitted by the Party concerned. It shall transmit to the latter its report containing any recommendations it considers necessary. The Committee may consult with the Party with a view to suggesting, if necessary, improvements in the protection of persons deprived of their liberty.

2. If the Party fails to co-operate or refuses to improve the situation in the light of the Committee's recommendations, the Committee may decide, after the Party has had an opportunity to make known its views, by a majority of two-thirds of its members to make a public statement on the matter.

Article 11

1. The information gathered by the Committee in relation to a visit, its report and its consultations with the Party concerned shall be confidential.

2. The Committee shall publish its report, together with any comments of the Party concerned, whenever requested to do so by that Party.

3. However, no personal data shall be published without the express consent of the person concerned.

Article 12

Subject to the rules of confidentiality in Article 11, the Committee shall every year submit to the Committee of Ministers a general report on its activities which shall be transmitted to the Consultative Assembly and to any non-member State of the Council of Europe which is a party to the Convention, and made public.

Article 9

1. Dans des circonstances exceptionnelles, les autorités compétentes de la Partie concernée peuvent faire connaître au Comité leurs objections à la visite au moment envisagé par le Comité ou au lieu déterminé que ce Comité a l'intention de visiter. De telles objections ne peuvent être faites que pour des motifs de défense nationale ou de sûreté publique ou en raison de troubles graves dans les lieux où des personnes sont privées de liberté, de l'état de santé d'une personne ou d'un interrogatoire urgent, dans une enquête en cours, en relation avec une infraction pénale grave.

2. Suite à de telles objections, le Comité et la Partie se consultent immédiatement afin de clarifier la situation et pour parvenir à un accord sur des dispositons permettant au Comité d'exercer ses fonctions aussi rapidement que possible. Ces dispositions peuvent comprendre le transfert dans un autre endroit de toute personne que le Comité a l'intention de visiter. En attendant que la visite puisse avoir lieu, la Partie fournit au Comité des informations sur toute personne concernée.

Article 10

1. Après chaque visite, le Comité établit un rapport sur les faits constatés à l'occasion de celle-ci en tenant compte de toutes observations éventuellement présentées par la Partie concernée. Il transmet à cette dernière son rapport qui contient les recommandations qu'il juge nécessaires. Le Comité peut entrer en consultation avec la Partie en vue de suggérer, s'il y a lieu, des améliorations dans la protection des personnes privées de liberté.

2. Si la Partie ne coopère pas ou refuse d'améliorer la situation à la lumière des recommandations du Comité, celui-ci peut décider, à la majorité des deux tiers de ses membres, après que la Partie aura eu la possiblité de s'expliquer, de faire une déclaration publique à ce sujet.

Article 11

1. Les informations recueillies par le Comité à l'occasion d'une visite, son rapport et ses consultations avec la Partie concernée sont confidentiels.

2. Le Comité publie son rapport ainsi que tout commentaire de la Partie concernée, lorsque celle-ci le demande.

3. Toutefois, aucune donnée à caractère personnel ne doit être rendue publique sans le consentement explicite de la personne concernée.

Article 12

Chaque année, le Comité soumet au Comité des Ministres, en tenant compte des règles de confidentialité prévues à l'article 11, un rapport général sur ses activités, qui est transmis à l'Assemblée Consultative ainsi qu'a tout Etat non membre du Conseil de l'Europe partie à la Convention, et rendu public.

Artikel 9

(1) Unter außergewöhnlichen Umständen können die zuständigen Behörden der betreffenden Vertragspartei gegenüber dem Ausschuß Einwände gegen einen Besuch zu dem vom Ausschuß vorgeschlagenen Zeitpunkt oder an dem von ihm vorgeschlagenen Ort geltend machen. Solche Einwände können nur aus Gründen der nationalen Verteidigung oder der öffentlichen Sicherheit oder wegen schwerer Störungen der Ordnung an Orten, an denen Personen die Freiheit entzogen ist, wegen des Gesundheitszustands einer Person oder einer dringenden Vernehmung in einer laufenden Ermittlung im Zusammenhang mit einer schweren Straftat erhoben werden.

(2) Werden solche Einwände erhoben, so nehmen der Ausschuß und die Vertragspartei sofort Konsultationen auf, um die Lage zu klären und zu einer Einigung über Regelungen zu gelangen, die es dem Ausschuß ermöglichen, seine Aufgaben so schnell wie möglich zu erfüllen. Diese Regelungen können die Verlegung einer Person, die der Ausschuß zu besuchen beabsichtigt, an einen anderen Ort einschließen. Solange der Besuch nicht stattgefunden hat, erteilt die Vertragspartei dem Ausschuß Auskünfte über jede betroffene Person.

Artikel 10

(1) Nach jedem Besuch verfaßt der Ausschuß einen Bericht über die bei dem Besuch festgestellten Tatsachen unter Berücksichtigung von Äußerungen der betreffenden Vertragspartei. Er übermittelt ihr seinen Bericht, der die von ihm für erforderlich gehaltenen Empfehlungen enthält. Der Ausschuß kann Konsultationen mit der Vertragspartei führen, um erforderlichenfalls Verbesserungen des Schutzes von Personen vorzuschlagen, denen die Freiheit entzogen ist.

(2) Verweigert die Vertragspartei die Zusammenarbeit oder lehnt sie es ab, die Lage im Sinne der Empfehlungen des Ausschusses zu verbessern, so kann der Ausschuß, nachdem die Vertragspartei Gelegenheit hatte sich zu äußern, mit Zweidrittelmehrheit seiner Mitglieder beschließen, dazu eine öffentliche Erklärung abzugeben.

Artikel 11

(1) Die Informationen, die der Ausschuß bei einem Besuch erhält, sein Bericht und seine Konsultationen mit der betreffenden Vertragspartei sind vertraulich.

(2) Der Ausschuß veröffentlicht seinen Bericht zusammen mit einer etwaigen Stellungnahme der betreffenden Vertragspartei, wenn diese darum ersucht.

(3) Personenbezogene Daten dürfen jedoch nicht ohne ausdrückliche Zustimmung des Betroffenen veröffentlicht werden.

Artikel 12

Unter Beachtung der in Artikel 11 enthaltenen Bestimmungen über die Vertraulichkeit legt der Ausschuß dem Ministerkomitee alljährlich einen allgemeinen Bericht über seine Tätigkeit vor, welcher der Beratenden Versammlung und jedem Nichtmitgliedstaat des Europarats, der Vertragspartei des Übereinkommens ist, zugeleitet und veröffentlicht wird.

Article 13

The members of the Committee, experts and other persons assisting the Committee are required, during and after their terms of office, to maintain the confidentiality of the facts or information of which they have become aware during the discharge of their functions.

Article 14

1. The names of persons assisting the Committee shall be specified in the notification under Article 8, paragraph 1.

2. Experts shall act on the instructions and under the authority of the Committee. They shall have particular knowledge and experience in the areas covered by this Convention and shall be bound by the same duties of independence, impartiality and availability as the members of the Committee.

3. A Party may exceptionally declare that an expert or other person assisting the Committee may not be allowed to take part in a visit to a place within its jurisdiction.

Chapter IV

Article 15

Each Party shall inform the Committee of the name and address of the authority competent to receive notifications to its Government, and of any liaison officer it may appoint.

Article 16

The Committee, its members and experts referred to in Article 7, paragraph 2, shall enjoy the privileges and immunities set out in the annex to this Convention.

Article 17

1. This Convention shall not prejudice the provisions of domestic law or any international agreement which provide greater protection for persons deprived of their liberty.

2. Nothing in this Convention shall be construed as limiting or derogating from the competence of the organs of the European Convention on Human Rights or from the obligations assumed by the Parties under that Convention.

3. The Committee shall not visit places which representatives or delegates of protecting powers or the International Committee of the Red Cross effectively visit on a regular basis by virtue of the Geneva Conventions of 12 August 1949 and the Additonal Protocols of 8 June 1977 thereto.

Article 13

Les membres du Comité, les experts et les autres personnes qui l'assistent sont soumis, durant leur mandat et après son expiration, à l'obligation de garder secrets les faits ou informations dont ils ont connaissance dans l'accomplissement de leurs fonctions.

Article 14

1. Les noms des personnes qui assistent le Comité sont indiqués dans la notification faite en vertu de l'article 8, paragraphe 1.

2. Les experts agissent sur les instructions et sous la responsabilité du Comité. Ils doivent posséder une compétence et une expérience propres aux matières relevant de la présente Convention et sont liés par les mêmes obligations d'indépendance, d'impartialité et de disponibilité que les membres du Comité.

3. Exceptionnellement, une Partie peut déclarer qu'un expert ou une autre personne qui assiste le Comité ne peut pas être admis à participer à la visite d'un lieu relevant de sa juridiction.

Chapitre IV

Article 15

Chaque Partie communique au Comité le nom et l'adresse de l'autorité compétente pour recevoir les notifications adressées à son gouvernement et ceux de tout agent de liaison qu'elle peut avoir désigné.

Article 16

Le Comité, ses membres et les experts mentionnés à l'article 7, paragraphe 2, jouissent des privilèges et immunités prévus par l'annexe à la présente Convention.

Article 17

1. La présente Convention ne porte pas atteinte aux dispositions de droit interne ou des accords internationaux qui assurent une plus grande protection aux personnes privées de liberté.

2. Aucune disposition de la présente Convention ne peut être interprétée comme une limite ou une dérogation aux compétences des organes de la Convention européenne des Droits de l'Homme ou aux obligations assumées par les Parties en vertu de cette Convention.

3. Le Comité ne visitera pas les lieux que des représentants ou délégués de puissances protectrices ou du Comité international de la Croix-Rouge visitent effectivement et régulièrement en vertu des Conventions de Genève du 12 août 1949 et de leurs Protocoles additionnels du 8 juin 1977.

Artikel 13

Die Mitglieder des Ausschusses, die Sachverständigen und die anderen Personen, die den Ausschuß unterstützen, haben während und nach ihrer Tätigkeit die Vertraulichkeit der ihnen bei der Erfüllung ihrer Aufgaben bekannt gewordenen Tatsachen oder Angaben zu wahren.

Artikel 14

(1) Die Namen der Personen, die den Ausschuß unterstützen, werden in der Notifikation nach Artikel 8 Absatz 1 angegeben.

(2) Die Sachverständigen handeln nach den Weisungen und unter der Verantwortung des Ausschusses. Sie müssen besondere Kenntnisse und Erfahrungen in den von dem Übereinkommen erfaßten Bereichen besitzen und unterliegen in derselben Weise wie die Mitglieder des Ausschusses der Pflicht zur Unabhängigkeit, Unparteilichkeit und Verfügbarkeit.

(3) Eine Vertragspartei kann ausnahmsweise erklären, daß einem Sachverständigen oder einer anderen Person, die den Ausschuß unterstützt, die Teilnahme an dem Besuch eines ihrer Hoheitsgewalt unterstehenden Ortes nicht gestattet wird.

Kapitel IV

Artikel 15

Jede Vertragspartei teilt dem Ausschuß Namen und Anschrift der Behörde, die für die Entgegennahme von Notifikationen an ihre Regierung zuständig ist, sowie etwa von ihr bestimmter Verbindungsbeamter mit.

Artikel 16

Der Ausschuß, seine Mitglieder und die in Artikel 7 Absatz 2 bezeichneten Sachverständigen genießen die in der Anlage zu diesem Übereinkommen bezeichneten Vorrechte und Immunitäten.

Artikel 17

(1) Dieses Übereinkommen läßt die Bestimmungen des innerstaatlichen Rechts oder internationaler Übereinkünfte unberührt, die Personen, denen die Freiheit entzogen ist, weitergehenden Schutz gewähren.

(2) Keine Bestimmung dieses Übereinkommens ist so auszulegen, daß sie die Befugnisse der Organe der Europäischen Menschenrechtskonvention oder die von den Vertragsparteien nach jener Konvention eingegangenen Verpflichtungen einschränkt oder aufhebt.

(3) Der Ausschuß besucht keine Orte, die von Vertretern oder Delegierten von Schutzmächten oder des Internationalen Komitees vom Roten Kreuz aufgrund der Genfer Abkommen vom 12. August 1949 und der Zusatzprotokolle vom 8. Juni 1977 tatsächlich und regelmäßig besucht werden.

Chapter V

Article 18

1. This Convention shall be open for signature by the member States of the Council of Europe. It is subject to ratification, acceptance or approval. Instruments of ratification, acceptance or approval shall be deposited with the Secretary General of the Council of Europe.

2. The Committee of Ministers of the Council of Europe may invite any non-member State of the Council of Europe to accede to the Convention.

Article 19

1. This Convention shall enter into force on the first day of the month following the expiration of a period of three months after the date on which seven member States of the Council of Europe have expressed their consent to be bound by the Convention in accordance with the provisions of Article 18.

2. In respect of any State which subsequently expresses its consent to be bound by it, the Convention shall enter into force on the first day of the month following the expiration of a period of three months after the date of the deposit of the instrument of ratification, acceptance, approval or accession.

Article 20

1. Any State may at the time of signature of when depositing its instrument of ratification, acceptance, approval or accession specify the territory or territories to which this Convention shall apply.

2. Any State may at any later date, by a declaration addressed to the Secretary General of the Council of Europe, extend the application of this Convention to any other territory specified in the declaration. In respect of such territory the Convention shall enter into force on the first day of the month following the expiration of a period of three months after the date of receipt of such declaration by the Secretary General.

3. Any declaration made under the two preceding paragraphs may, in respect of any territory specified in such declaration, be withdrawn by a notification addressed to the Secretary General. The withdrawal shall become effective on the first day of the month following the expiration of a period of three months after the date of receipt of such notification by the Secretary General.

Article 21

No reservation may be made in respect of the provisions of this Convention.

Article 22

1. Any Party may, at any time, denounce this Convention by means of a notification addressed to the Secretary General of the Council of Europe.

2. Such denunciation shall become effective on the first day of the month following

Chapitre V

Article 18

1. La présente Convention est ouverte à la signature des Etats membres du Conseil de l'Europe. Elle sera soumise à ratification, acceptation ou approbation. Les instruments de ratification, d'acceptation ou d'approbation seront déposés près le Secrétaire Général du Conseil de l'Europe.

2. Le Comité des Ministres du Conseil de l'Europe peut inviter tout Etat non membre du Conseil de l'Europe à adhérer à la Convention.

Article 19

1. La présente Convention entrera en vigueur le premier jour du mois qui suit l'expiration d'une période de trois mois après la date à laquelle sept Etats membres du Conseil de l'Europe auront exprimé leur consentement à être liés par la Convention conformément aux dispositions de l'article 18.

2. Pour tout Etat qui exprimera ultérieurement son consentement à être lié par la Convention, celle-ci entrera en vigueur le premier jour du mois qui suit l'expiration d'une période de trois mois après la date du dépôt de l'instrument de ratification, d'acceptation, d'approbation ou d'adhésion.

Article 20

1. Tout Etat peut, au moment de la signature ou au moment du dépôt de son instrument de ratification, d'acceptation, d'approbation ou d'adhésion désigner le ou les territoires auxquels s'appliquera la présente Convention.

2. Tout Etat peut, à tout autre moment par la suite, par une déclaration adressée au Secrétaire Général du Conseil de l'Europe, étendre l'application de la présente Convention à tout autre territoire désigné dans la déclaration. La Convention entrera en vigueur à l'égard de ce territoire le premier jour du mois qui suit l'expiration d'une période de trois mois aprés la date de réception de la déclaration par le Secrétaire Général.

3. Toute déclaration faite en vertu des deux paragraphes précédents pourra être retirée, en ce qui concerne tout territoire désigné dans cette déclaration, par notification adressée au Secrétaire Général. Le retrait prendra effet le premier jour du mois qui suit l'expiration d'une période de trois mois après la date de réception de la notification par le Secrétaire Général.

Article 21

Aucune réserve n'est admise aux dispositions de la présente Convention.

Article 22

1. Toute Partie peut, à tout moment, dénoncer la présente Convention en adressant une notification au Secrétaire Général du Conseil de l'Europe.

2. La dénonciation prendra effet le premier jour du mois qui suit l'expiration d'une

Kapitel V

Artikel 18

(1) Dieses Übereinkommen liegt für die Mitgliedstaaten des Europarats zur Unterzeichnung auf. Es bedarf der Ratifikation, Annahme oder Genehmigung. Die Ratifikations-, Annahme- oder Genehmigungsurkunden werden beim Generalsekretär des Europarats hinterlegt.

(2) Das Ministerkomitee des Europarats kann jeden Nichtmitgliedstaat des Europarats einladen, dem Übereinkommen beizutreten.

Artikel 19

(1) Dieses Übereinkommen tritt am ersten Tag des Monats in Kraft, der auf einen Zeitabschnitt von drei Monaten nach dem Tag folgt, an dem sieben Mitgliedstaaten des Europarats nach Artikel 18 ihre Zustimmung ausgedrückt haben, durch das Übereinkommen gebunden zu sein.

(2) Für jeden Staat, der später seine Zustimmung ausdrückt, durch das Übereinkommen gebunden zu sein, tritt es am ersten Tag des Monats in Kraft, der auf einen Zeitabschnitt von drei Monaten nach Hinterlegung der Ratifikations-, Annahme-, Genehmigungs- oder Beitrittsurkunde folgt.

Artikel 20

(1) Jeder Staat kann bei der Unterzeichnung oder bei der Hinterlegung seiner Ratifikations-, Annahme- oder Beitrittsurkunde einzelne oder mehrere Hoheitsgebiete bezeichnen, auf die dieses Übereinkommen Anwendung findet.

(2) Jeder Staat kann jederzeit danach durch eine an den Generalsekretär des Europarats gerichtete Erklärung die Anwendung dieses Übereinkommens auf jedes weitere in der Erklärung bezeichnete Hoheitsgebiet erstrecken. Das Übereinkommen tritt für dieses Hoheitsgebiet am ersten Tag des Monats in Kraft, der auf einen Zeitabschnitt von drei Monaten nach Eingang der Erklärung beim Generalsekretär folgt.

(3) Jede nach den Absätzen 1 und 2 abgegebene Erklärung kann in bezug auf jedes darin bezeichnete Hoheitsgebiet durch eine an den Generalsekretär gerichtete Notifikation zurückgenommen werden. Die Rücknahme wird am ersten Tag des Monats wirksam, der auf einen Zeitabschnitt von drei Monaten nach Eingang der Notifikation beim Generalsekretär folgt.

Artikel 21

Vorbehalte zu diesem Übereinkommen sind nicht zulässig.

Artikel 22

(1) Jede Vertragspartei kann dieses Übereinkommen jederzeit durch eine an den Generalsekretär des Europarats gerichtete Notifikation kündigen.

(2) Die Kündigung wird am ersten Tag des Monats wirksam, der auf einen Zeitab-

the expiration of a period of twelve months after the date of receipt of the notification by the Secretary General.

Article 23

"The Secretary General of the Council of Europe shall notify the member States and any non-member State of the Council of Europe party to the Convention of":

a. any signature;

b. the deposit of any instrument of ratification, acceptance "approval or accession";

c. any date of entry into force of this Convention in accordance with Articles 19 and 20;

d. any other act, notification or communication relating to this Convention, except for action taken in pursuance of Articles 8 and 10.

In witness whereof, the undersigned, being dûly authorised thereto, have signed this Convention.

Done at Strasbourg, this 26th day of November 1987, in English and French, both texts being equally authentic, in a single copy which shall be deposited in the archives of the Council of Europe. The Secretary General of the Council of Europe shall transmit certified copies to each member State of the Council of Europe.

période de douze mois après la date de réception de la notification par le Secrétaire Général.

Article 23

«Le Secrétaire Général du Conseil de l'Europe notifiera aux Etats membres ainsi qu'á tout Etat non membre du Conseil de l'Europe partie à la Convention»:

a. toute signature;

b. le dépôt de tout instrument de ratification, d'acceptation «d'approbation ou d'adhésion»;

c. toute date d'entrée en vigueur de la présente Convention conformément à ses articles 19 et 20;

d. tout autre acte, notification ou communication ayant trait à la présente Convention, à l'exception des mesures prévues aux articles 8 et 10.

En foi de quoi, les soussignés, dûment autorisés à cet effet, ont signé la présente Convention.

Fait à Strasbourg, le 26 novembre 1987, en français et en anglais, les deux textes faisant également foi, en un seul exemplaire qui sera déposé dans les archives du Conseil de l'Europe. Le Secrétaire Général du Conseil de l'Europe en communiquera copie certifiée conforme à chacun des Etats membres du Conseil de l'Europe.

schnitt von zwölf Monaten nach Eingang der Notifikation beim Generalsekretär folgt.

Artikel 23

„Der Generalsekretär des Europarats notifiziert den Mitgliedstaaten und jedem Nichtmitgliedstaat des Europarats, der Vertragspartei des Übereinkommens ist":

a) jede Unterzeichnung;

b) jede Hinterlegung einer Ratifikations-, Annahme-, Genehmigungs- oder Beitrittsurkunde";

c) jeden Zeitpunkt des Inkrafttretens dieses Übereinkommens nach den Artikeln 19 und 20;

d) jede andere Handlung, Notifikation oder Mitteilung im Zusammenhang mit diesem Übereinkommen mit Ausnahme der nach den Artikeln 8 und 10 getroffenen Maßnahmen.

Zu Urkund dessen haben die hierzu gehörig befugten Unterzeichneten dieses Übereinkommen unterschrieben.

Geschehen zu Straßburg am 26. November 1987 in englischer und französischer Sprache, wobei jeder Wortlaut gleichermaßen verbindlich ist, in einer Urschrift, die im Archiv des Europarats hinterlegt wird. Der Generalsekretär des Europarats übermittelt allen Mitgliedstaaten des Europarats beglaubigte Abschriften.

TEIL II

ERLÄUTERUNGEN

Einführung

Schrifttum (Auswahl): *Alber/Widmaier* Die EU-Charta der Grundrechte und ihre Auswirkung auf die Rechtsprechung, EuGRZ **2000** 497; *von Arnauld* Minderheitenschutz im Recht der Europäischen Union, AVR **42** (2004) 111; *Bleckmann* Zur Entwicklung europäischer Grundrechte, DVBl. **1978** 457; *Bleckmann* Der Beurteilungsspielraum im Europa- und Völkerrecht, EuGRZ **1979** 485; *Bleckmann* Die Bindung der Europäischen Gemeinschaft an die Europäische Menschenrechtskonvention (1986); *Bleckmann* Verfassungsrang der Europäischen Menschenrechtskonvention? EuGRZ **1994** 149; *Bleckmann* Der Grundsatz der Völkerrechtsfreundlichkeit in der deutschen Rechtsordnung, DÖV **1996** 137; *Bogdandy* Europäische Verfassung und europäische Identität, JZ **2004** 53; *Bryde* Konstitutionalisierung des Völkerrechts und Internationalisierung des Verfassungsrechts, Der Staat **42** (2003) 61; *Broß* Grundrechte und Grundwerte in Europa, JZ **2003** 429; *Callewaert* Die EMRK und die EU-Grundrechte-Charta, EuGRZ **2003** 198; *Calliess* Zwischen staatlicher Souveränität und europäischer Effektivität. Zum Beurteilungsspielraum der Vertragsstaaten im Rahmen des Art. 10 EMRK, EuGRZ **1996** 296; *Chryssogonos* Zur Inkorporation der Europäischen Menschenrechtskonvention in den nationalen Rechtsordnungen der Mitgliedstaaten, EuR **36** (2001) 49; *di Fabio* Eine europäische Charta, JZ **2000** 737; *Doswald-Beck/Kolb* Judicial Process and Human Rights-United Nations, European, American and African systems – Texts and summaries of international case law (2004); *Echterhölter* Die Europäische Menschenrechtskonvention im Rahmen der verfassungsmäßigen Ordnung, JZ **1955** 689; *Eiffler* Die Auslegung unbestimmter Schrankenbegriffe der Europäischen Menschenrechtskonvention – Eine Untersuchung unter besonderer Berücksichtigung des Begriffs der „Ordnung“ (1999); *Esser* Auf dem Weg zu einem europäischen Strafverfahrensrecht (2002); *Europäische Kommission für Demokratie durch Recht (Venedig Kommission)* Gutachten zur Fortentwicklung der Genfer Konventionen, EuGRZ **2004** 343; *Fassbender* Die Völkerrechtssubjektivität der Europäischen Union nach dem Entwurf des Verfassungsvertrags, AVR **42** (2004) 26; *Frenz* Grundfreiheiten und Grundrechte – Verhältnis zwischen beiden, EuR **2002** 603; *Frowein* Die europäische und die amerikanische Menschenrechtskonvention – Ein Vergleich, EuGRZ **1980** 442; *Frowein* Der europäische Menschenrechtsschutz als Beginn einer europäischen Verfassungsrechtsprechung, JuS **1986** 845; *Frowein* Das Bundesverfassungsgericht und die Europäische Menschenrechtskonvention, FS Zeidler (1987) 1763; *Frowein* The Internal and External Effects of Resolutions by International Organizations, ZaöZV **49** (1989) 778; *Frowein/Ulsamer* Europäische Menschenrechtskonvention und nationaler Rechtsschutz (1985); *Ganshof van der Meersch* Die Bezugnahme auf das nationale Recht der Vertragsstaaten in der Rechtsprechung des Europäischen Gerichtshofs für Menschenrechte, EuGRZ **1981** 481; *Giegerich* Luxenburg, Karlsruhe, Straßburg – Dreistufiger Grundrechtsschutz in Europa, ZaöRV **50** (1990) 836; *Giegerich* Vorbehalte zu Menschenrechtsabkommen. Zulässigkeit, Gültigkeit und Prüfungskompetenz von Vertragsgremien, ZaöRV **55** (1995) 713; *Goose* Der internationale Pakt über bürgerliche und politische Rechte, NJW **1974** 1305; *Grewe* Vergleich zwischen den Interpretationsmethoden europäischer Verfassungsgerichte und des Europäischen Gerichtshofs für Menschenrechte, ZaöRV **61** (2001) 459; *Grabenwarter* Europäisches und nationales Verfassungsrecht (Tagungsbericht – 4. bis 6.10.2000), VVDStR **60** (2001) 290; *Grabenwarter* Auf dem Weg in die Grundrechtsgemeinschaft, EuGRZ **2004** 563; *Gramlich* Grundfreiheiten contra Grundrechte im Gemeinschaftsrecht, DÖV **1996** 801; *Guradze* Die Menschenrechtskonventionen der Vereinten Nationen vom 16.12.1966, JIR **1971** 242; *Herzog* Das Verhältnis der Europäischen Menschenrechtskonvention zu späteren Gesetzen, DÖV **1959** 44; *Hilf* Europäische Union und Europäische Menschenrechtskonvention, FS Berhardt (1995) 1193; *Hilpold* Neue Minderheiten im Völkerrecht

und im Europarecht, AVR **42** (2004) 80; *Hirsch* Grundrechtspluralismus in der europäischen Union, Gollwitzer-Kolloqium (2004) 81; *Hoffmann – Riem* Kohärenz der Anwendung europäischer und nationaler Grundrechte, EuGRZ **2002** 473; *Hoffmeister* Die Europäische Menschenrechtskonvention als Grundrechtsverfassung und ihre Bedeutung in Deutschland, Der Staat **40** (2002) 349; *Huber* Das Zusammentreffen der Europäischen Konvention zum Schutze der Menschenrechte und Grundfreiheiten mit den Grundrechten der Verfassungen, GedS H. Peters (1967) 375; *Jaeckel* Schutzpflichten im deutschen und europäischen Recht (2001); *Kadelbach/Petersen* Europäische Grundrechte als Schranken der Grundfreiheiten, EuGRZ **2003** 694; *Kanitz/Steinberg* Grenzenloses Gemeinschaftsrecht, EuR **2003** 1013; *Klose* Grundrechtsschutz in der Europäischen Union und die Europäische Menschenrechtskonvention, DRiZ **1997** 122; *Kokott* Der Grundrechtsschutz im Europäischen Gemeinschaftsrecht, AöR **121** (1996) 599; *Krieschke* Die Praxis des Europäischen Gerichtshofs für Menschenrechte und ihre Auswirkungen auf das deutsche Strafverfahrensrecht (2003); *Lauff* Der Schutz bürgerlicher und politischer Rechte durch die Vereinten Nationen, NJW **1981** 2611; *Lorz* Menschenrechte und Vorbehalt, Der Staat **2002** 29 ff; *Nettesheim* Das kommunitäre Völkerrecht, JZ **2002** 569; *Pache* Die Europäische Menschenrechtskonvention und die deutsche Rechtsordnung, EuR **2004** 393; *Partsch* Die Entstehung der EMRK, ZaöRV **15** (1954) 631; *Partsch* Die EMRK vor den nationalen Parlamenten, ZaöRV **17** (1956/57) 93; *Partsch* Vor- und Nachteile der Regionalisierung des internationalen Menschenrechtsschutzes EuGRZ **1989** 1; *Partsch* Von der Souveränität zur Solidarität. Wandelt sich das Völkerrecht, EuGRZ **1991** 4469; *Pernice* Gemeinschaftsverfassung und Grundrechtsschutz – Grundlagen, Bestand, Perspektiven, NJW **1990** 2409; *Pernice* Kompetenzabgrenzung im europäischen Verfassungsverbund, JZ **2000** 866; *Prepeluh* Die Entwicklung der Margin of Appreciation-Doktrin im Hinblick auf die Pressefreiheit, ZaöRV **61** (2001) 771; *Ress* Verfassungsrechtliche Auswirkungen der Fortentwicklung völkerrechtlicher Verträge, FS Zeidler (1987) 1776; *Riedel* Menschenrechte der Dritten Generation EuGRZ **1989** 9; *Ruffert* Schlüsselfragen der Europäischen Verfassung der Zukunft, Grundrechte – Institutionen – Kompetenzen – Ratifizierung, EuR **2004** 165; *Ruffert* Die künftige Rolle des EuGH im europäischen Grundrechteschutzsystem, EuGRZ **2004** 466; *Rodriguez-Iglesias* Zur Stellung der Europäischen Menschenrechtskonvention im Europäischen Gemeinschaftsrecht, FS Bernhardt (1995) 1269; *Schlette* Der Anspruch auf Rechtsschutz innerhalb angemessener Frist – Ein neues Prozeßgrundrecht auf EG-Ebene. Zum Urteil des EuGH vom 17.12.1998 Baustahlgewebe GmbH/Kom., EuGRZ **1999** 364; *Seidel* Die Völkerrechtsordnung an der Schwelle zum 21. Jahrhundert, AVR **38** (2000) 23; *Stahn* Vorbehalte zu Menschenrechtsverträgen, EuGRZ **2000** 607; *Steiger* Geht das Zeitalter des souveränen Staates zu Ende, Der Staat **2002** 331; *Sternberg* Der Rang von Menschenrechtsverträgen im deutschen Recht unter besonderer Berücksichtigung von Art. 1 Abs. 2 GG (1999); *Sundberg* The European Convention on Human Rights and the Nordic Countries, JIR **40** (1997) 181; *Tomuschat* Individueller Rechtsschutz: Das Herzstück des „ordre public européen" nach der Europäischen Menschenrechtskonvention, EuGRZ **2003** 93; *Trechsel* Die Bedeutung der Europäischen Menschenrechtskonvention im Strafrecht, ZStW **101** (1989) 819: *Tretter* Menschenrechte im abschließenden Dokument des Wiener KSZE-Folgetreffens, EuGRZ **1989** 79; *Tretter* Von der KSZE zur OSZE, EuGRZ **1995** 296; *Uerpmann* Die EMRK und die deutsche Rechtsprechung (1993); *Walter* Die Europäische Menschenrechtskonvention als Konstitutionalisierungsprozeß, ZaöRV **59** (1999) 961; *Walter* Grundrechtsschutz gegen Hoheitsakte internationaler Organisationen AöR **129** (2004) 39; *v. Weber* Die Grundrechte im Integrationsprozeß der Gemeinschaft in vergleichender Perspektive, JZ **1989** 965; *v. Weber* Einheit und Vielheit der europäischen Grundrechtsordnungen, DVBl **2003** 220; *Weigend* Die Europäische Menschenrechtskonvention als deutsches Recht – Kollisionen und ihre Lösung, StV **2000** 384; *Wildhaber* Eine verfassungsrechtliche Zukunft für den Europäischen Gerichtshof für Menschenrechte? EuGRZ **2002** 569; *Wolter* Menschenwürde und Freiheit im Strafprozeß, GedS Karlheinz Meyer (1991) 493; *Zuleeg* Zum Verhältnis nationaler und europäischer Grundrechte/Funktion einer EU-Charta der Grundrechte, EuGRZ **2000** 511.

Wegen des abgekürzt zitierten Schrifttums vgl. die Hinweise in der Vorbemerkung.

Übersicht

Alphabetische Übersicht

A. Die Entstehung des internationalen Menschenrechtsschutzes

1. Geschichtliche Entwicklung. Die Einsicht, daß die Achtung der Menschenrechte mehr ist als nur ein von der staatlichen Ordnung nach Möglichkeit zu beachtendes Postulat und daß der einzelne seine Menschenrechte auch gegenüber seinem eigenen Staat durchsetzen kann, fand im Zeitalter der Aufklärung seinen Niederschlag in den das Gedankengut der britischen Verfassungstradition[1] fortentwickelnden amerikani- 1

[1] So etwa die Habeas Corpus Acte 1679 und die an sich die Parlamentsrechte gegen den König festlegenden Bill of Rights vom 13.2.1689 sowie etwa die Schriften von *John Locke*.

schen Verfassungsdokumenten[2] und dann in der auch die Bürgerpflichten betonenden französischen Erklärung der Menschen- und Bürgerrechte vom 26. August 1789; letztere ist auch heute noch Bestandteil der französischen Verfassung. In der Folgezeit wurden die Menschenrechte in den **Verfassungen vieler Staaten** als Grundrechte ihrer Bürger oder als allgemeine Menschenrechte in unterschiedlichem Umfang und mit unterschiedlichen Detailvarianten innerstaatlich garantiert[3], so auch in dem an die Weimarer Verfassung anknüpfenden Grundgesetz und in den Verfassungen der deutschen Länder. Als Teil der innerstaatlichen Rechtsordnung endet der Menschenrechtsschutz der Verfassungen an der Staatsgrenze. Ihm fehlt die internationale Dimension. Die innerstaatliche Beachtung wurde weder durch internationale Instanzen von außen gesichert, noch hatte ein Staat Anspruch darauf, daß die Menschenrechte in anderen Staaten geachtet werden.

2 Die **zwischenstaatlichen Beziehungen** waren im 19. Jahrhundert von einem uneingeschränkten **Souveränitätsverständnis** geprägt. Das Völkerrecht wurde als Koordinationsrecht souveräner Staaten verstanden[4]. Nur diese waren Träger der aus dem Völkerrecht sich ergebenden Rechte und Pflichten, über die sie einvernehmlich verfügen konnten. Der einzelne Mensch war nicht Subjekt des Völkerrechts, er konnte aus einer völkerrechtlichen Regelung weder gegen den eigenen Staat noch gegen einen anderen Staat unmittelbare Rechte herleiten. Selbst wenn er Objekt einer ihn begünstigenden völkerrechtlichen Regelung war, etwa eines Staatsvertrages, erwuchsen ihm unmittelbar daraus keine eigenen Rechte. Der Gedanke, daß der einzelne gegen seinen eigenen Staat die Hilfe einer internationalen Instanz anrufen könne, wurde als lächerliche Utopie eingestuft oder gar als Hochverrat abgelehnt[5]. Nach dem auch heute noch nachwirkenden Souveränitätsverständnis dieser Epoche war es allein die eigene, jeder Einmischung durch andere Staaten entzogene **innere Angelegenheit** jedes einzelnen Staates, ob und welche Rechte er seinen eigenen Bürgern gewähren wollte. Dem entsprach es, daß das allgemeine Völkerrecht einen gewissen internationalen Mindeststandard von Rechtsgarantien nur für das „Fremdenrecht", also für die Behandlung der Bürger eines anderen Staates entwickelt hatte, das fremden Staaten ein Eingreifen zum Schutze wichtiger Menschenrechte (Leben, Freiheit, Eigentum) ihrer eigenen Staatsangehörigen gestattete. Wie ein Staat seine eigenen Staatsbürger behandelte, blieb grundsätzlich seine alleinige Angelegenheit. Nach der damals herrschenden Auffassung gehörte dies zu den inneren Angelegenheiten eines Staates, die von jeder Ingerenz anderer Staaten ausgenommen waren.

3 Die Existenz eines solchen jeder Einmischung durch andere Staaten entzogenen Bereiches, einer solchen „domaine reservé" als Kernbereich der staatlichen Souveränität erkennt **Art. 2 Abs. 7 der Charta der Vereinten Nationen** noch grundsätzlich an. Dort wird festgehalten, daß aus der Charta keine Befugnis der Vereinten Nationen hergeleitet werden kann, in Angelegenheiten einzugreifen, die „ihrem Wesen nach zu der **inneren Zuständigkeit eines Staates** gehören". Dieses Argument wird auch heute noch benützt, wenn Staaten Menschenrechtsverlertzungen in einem anderen Staat anmahnen. Selbst

[2] So in der Bill of Rights von Virginia vom 12. 6. 1778, der amerikanischen Unabhängigkeitserklärung vom 4. Juli 1776, und den 10 Zusatzartikeln der amerikanischen Bundesverfassung von 1783.

[3] Nach *Kühnhardt* Die Universalität der Menschenrechte (1987) S. 77 enthielten schon die meisten der zwischen 1795 und 1830 in Europa verkündeten 70 Verfassungen Grundrechtskataloge.

[4] Zur jetzigen Weiterentwicklung des Völkerrechts von einem Koordinationsrecht souveräner Staaten zu einem kooperativen und kommunitären Völkerrecht vgl. etwa *Nettesheim* JZ **2002** 569; *Seidl* AVR **38** (2000) 23.

[5] *Tardu* FS Partsch 287 f.

Staaten, die innerstaatlich den Menschenrechten in ihrem Rechtssystem Rechnung tragen, sind mitunter wenig geneigt, sich gegen den Vorwurf einer Verletzung von Menschenrechten vor einer internationalen Instanz rechtfertigen zu müssen[6]. Die Universalität der Menschenrechte, von der heute so gerne gesprochen wird, bedeutet ohnehin nicht notwendig auch Universalität der Schutzsysteme. Die Spannung zwischen dem staatlichen Souveränitätsanspruch[7] einerseits und der ihn einschränkenden überstaatlichen Kontrolle des effektiven Menschenrechtsschutzes andererseits, wie er im modernen Völkerrecht anerkannt wird, liegt in der Natur der Sache. Er zeigt sich in anderer Form auch darin, wenn es um das Ausmaß geht, in dem die Organe des internationalen Menschenrechtsschutzes Wertentscheidungen des innerstaatlichen Gesetzgebers respektieren müssen. Im übrigen verdeckt der Gedanke der Universalität der Menschenrechte mitunter zu leicht, daß nicht nur in der Realität sondern auch vom Grundverständnis her in der heutigen Welt über Inhalt und Stellenwert einzelner Menschenrechte weiterhin sehr unterschiedliche Auffassungen bestehen. Derzeit dürfte wohl nur ein Mindeststandard grundlegender Rechte, deren Umsetzung verschiedenen Lebens- und Rechtsgewohnheiten Raum läßt, wirklich dauerhaft konsensfähig sein[8].

Der Gedanke, den **Schutz der Menschenrechte völkerrechtlich staatsübergreifend** zu **4**
gewährleisten, weil ihre weltweite Beachtung eine wichtige Garantie des Friedens ist, war zwar auch früher gelegentlich erörtert worden[9], von der Politik mit Nachdruck aufgegriffen wurde er aber erst während des zweiten Weltkriegs. Die unter der Führerschaft der USA zusammengeschlossenen alliierten Staaten stellten als eines ihrer Kriegsziele die weltweite Garantie der Menschenrechte wegen ihrer freiheitssichernden und friedensfördernden Funktion heraus. Sie sahen darin ein Kontrastprogramm zu den die Menschenrechte mißachtenden Ideologien der totalitären Staaten, das diesen auch propagandistisch wirksam entgegengesetzt werden konnte. Dies geschah in der **Erklärung der Vereinten Nationen von vom 1.1.1942**[10], in der übrigens erstmals dieser von Roosevelt geprägte Name verwendet wurde und in der als **Atlantik Charta** bezeichneten gemeinsamen Erklärung des Präsidenten der Vereinigten Staaten und des Premierministers von Großbritannien vom 14. August 1941[11], wo u.a. gefordert wurde, daß der künftige

---

[6] So etwa auch die USA, die weder der amerikanischen Menschenrechtskonvention beigetreten sind noch dem 1. Fakultativprotokoll zum IPBPR. Auch bei dem von ihnen ratifizierten IPBPR vertreten sie die Ansicht, er sei nicht-self-executing und damit kein nach Art. VI der Verfassung innerstaatlich unmittelbar anwendbares Recht.

[7] Dieser wird, wie Tendenzen in den USA zeigen, heute mitunter auch aus dem Primat der innerstaatlichen demokratischen Entscheidungen vor internationalen Bindungen hergeleitet; vgl. vorst. Fußn.

[8] Vgl. etwa *Calliess* EuGRZ **1996** 291; *Klein* EuGRZ **1999** 109, 111.

[9] So 1929 vom Institute de Droit International.

[10] Die „Erklärung der Vereinten Nationen" vom 1.1.1942 (*Knipping/von Mangold/Rittberger* Das System der Vereinten Nationen und seine Vorläufer, Dok. 2), in der 26 am Krieg beteiligte Staaten erstmals unter Verwendung dieser Bezeichnung ihren Entschluß zur Niederwerfung der Achsenmächte bekräftigten, gab als gemeinsames Ziel u.a. an: „Leben, Freiheit, Unabhängigkeit und religiöse Freiheit zu verteidigen und sowohl in ihren eigenen wie auch in allen anderen Ländern die Menschenrechte und die Gerechtigkeit zu wahren".

[11] In Anlehnung an die von Roosevelt in seiner Rede an den Kongreß am 6.1.1941 als Grundlage der künftigen Weltordnung geforderten vier Freiheiten (Freedom of speach and expression, freedom of every person to worship God in his own way, freedom of want and from fear, everywhere in the world) wurde in Nr. 6 der Atlantik-Charta gefordert, „daß der künftige Frieden die Zusicherung erhalten solle, daß alle Menschen in allen Ländern ihr Leben in Freiheit von Angst und Not führen können" (*Knipping/v. Mangold/Rittberger* aaO, Dok. 1). Der Atlantik Charta, die an sich eine gemeinsame Erklärung, aber kein völkerrechtlicher Vertrag war, traten eine Reihe von Staaten ausdrücklich bei; die Übereinstimmung mit ihren Grundsätzen wurde von den USA dann auch formal zum Gegenstand einer Reihe von Verträgen gemacht, so besonders in allen Pacht- und Leihverträgen über die Lieferung von Kriegsmaterial durch die USA an ihre Verbündeten.

Friede die Zusicherung erhalten solle, daß alle Menschen in allen Ländern ihr Leben in Freiheit von Angst und Not führen können. Diese Grundsätze fanden weltweit Zustimmung, zumal viele Gruppen sich von der weltweiten Anerkennung des Selbstbestimmungsrechts der Völker und der Freiheitsrechte einen wirksamen Anstoß zur Entkolonialisierung bei der sich anbahnenden politischen Neuordnung der Welt erhofften.

2. Die Verrechtlichung des internationalen Menschenrechtsschutzes durch multinationale Verträge

5 **a)** In der **Charta der Vereinten Nationen** vom 26. Juni 1945 wurde der Gedanke einer die Menschenrechte wahrenden internationalen Friedensordnung als **Zielsetzung** aufgenommen. Abgesehen von einigen **Diskriminierungsverboten**[12] verzichtete man aber auf eine nähere Fixierung der einzelnen Menschenrechte. Die Charta beschränkt sich auf **allgemeine Programmsätze**, so, wenn sie in der Präambel erwähnt, daß die Völker der Vereinten Nationen fest entschlossen sind, den Glauben an die Grundrechte der Menschen, an Würde und Wert der menschlichen Persönlichkeit, an die Gleichberechtigung von Mann und Frau zu bekräftigen“ oder wenn sie in Art. 1 Abs. 3 unter ihren Zielen aufführt, „die Achtung von den Menschenrechten und Grundfreiheiten für alle ohne Unterschied der Rasse, des Geschlechts, der Sprache und der Religion zu fördern und zu festigen“. Diese Verpflichtung wird dann in Art. 55 Buchst. c wiederholt, der die Zusammenarbeit auf wirtschaftlichem und sozialem Gebiet vorsieht; durch Art. 56 wird sie in die Verpflichtung aller Mitgliedstaaten einbezogen, „gemeinsam und jeder für sich mit der Organisation zusammenzuarbeiten, um die in Art. 55 dargelegten Ziele zu erreichen“. Nach Art. 62 Abs. 3 gehört es zu den Aufgaben, des Wirtschafts- und Sozialrats[13] durch Empfehlungen die Achtung und Verwirklichung der Menschenrechte und Grundfreiheiten für alle zu fördern. Diese Formulierungen legen keine Einzelrechte konkret fest, wohl auch, um den für die Schaffung der Vereinten Nationen notwendigen Konsens der Staaten verschiedener Gesellschaftsordnungen nicht zu gefährden. Aus ihnen wird aber vor allem von Völkerrechtlern der westlichen Welt hergeleitet, daß die Sicherung des Menschenrechtsschutzes zu den Aufgaben der Vereinten Nationen zählt und damit keine Angelegenheit mehr ist, die ihrem Wesen nach zur inneren Zuständigkeit eines Staates im Sinne das bereits erwähnten Art. 2 Abs. 7 der UN-Charta gehört[14].

6 **b)** Die **Erklärung der Allgemeinen Menschenrechte**, die am 10. Dezember 1948 von der Generalversammlung der Vereinten Nationen als „Proklamation“ mit Zustimmung von 48 der damals 56 Mitgliedstaaten verabschiedet wurde[15], brachte die in der Charta der Vereinten Nationen fehlende Ausformulierung einzelner Menschenrechte[16]. Sie beeinflußt seither die Ausformulierung der Menschenrechte in den Verfassungen einzelner Staaten und in den internationalen Konventionen, auch wenn sie als **Resolution der**

---

[12] Diese werden als unmittelbar anwendbare Rechtssätze angesehen, so Gutachten des Internationalen Gerichtshofs über Namibia – ICJ Reports, 1971, 16/57.

[13] Economic and Social Concil (ECOSOC).

[14] Ob die Achtung der Menschenrechte wegen ihrer friedenssichernden Funktion zu den „matters of international concern“ gehören und daher nicht mehr – wie früher – zu den jeder Einmischung von außen entzogenen inneren Angelegenheiten, wird unterschiedlich beurteilt, vgl. etwa *Simma* EuGRZ **1977** 235; *Kimminich* BayVBl. **1990** 1. Nach *Bryde* Der Staat **42** (2003) 61, 64 regeln die Staaten in den allgemeinen Menschenrechtsverträgen nicht mehr ihre gegenseitigen Beziehungen sondern verpflichten sich zur Beachtung der Menschenrechte gegenüber einer Staatengemeinschaft als übergeordnete Legitimationsinstanz.

[15] Nicht zugestimmt haben die UdSSR und 5 weitere sozialistische Staaten, Saudi-Arabien und Südafrika.

[16] Vgl. die Einschränkung in Form einer Generalklausel in Art. 29.

Generalversammlung der rechtlich bindenden Wirkung eines völkerrechtlichen Vertrages entbehrt[17]. Sie wurde damals eher als ein menschenrechtliches Legislativprogramm verstanden, das erst in einer nächsten Stufe durch Verträge in für die einzelnen Staaten bindende Rechtsnormen umgesetzt werden sollte[18]. Ob und wieweit die Grundsätze der Allgemeine Erklärung der Menschenrechte ungeachtet ihres die einzelnen Mitgliedstaaten nicht unmittelbar verpflichtenden Charakters zwischenzeitlich zu völkerrechtlichem Gewohnheitsrecht erstarkt sind, ist strittig[19]; dafür werden u. a. angeführt die Praxis der Organe der Vereinten Nationen, die sich darauf berufen, sowie die Bezugnahme in völkerrechtlichen Verträgen und nationalen Verfassungen.

c) Umsetzung in multinationale Verträge. Alsbald nach Verkündung der Allgemeinen Erklärung der Menschenrechte begannen in den Gremien der Vereinten Nationen die Arbeiten, die die Grundsätze dieser Erklärung entsprechend den Zielen der Vereinten Nationen[20] zum **Gegenstand rechtlich verbindlicher multilateraler Abkommen** machen sollten[21]. Der darauf beruhende **Internationale Pakt über bürgerliche und politische Rechte (IPBPR)** wurde aber erst nach vielen Jahren am 19. 12. 1966 verabschiedet[22]. Der einsetzende kalte Krieg und die mit der Entkolonialisierung verbundenen Probleme, die durch die neu hinzukommenden Staaten in den Vereinten Nationen ihren Niederschlag fanden, hatten zu verstärkten wirtschaftlichen und ideologischen Gegensätzen und zu zahlreichen Meinungsverschiedenheiten geführt. Strittig war etwa das Anliegen der Staaten der dritten Welt, ob und wie das Selbstbestimmungsrecht der Völker angesprochen werden sollte. Ein anderer Differenzpunkt war, ob die wirtschaftlichen, sozialen und kulturellen Rechte (mitunter als Menschenrechte der zweiten Generation bezeichnet) im gleichen Pakt wie die bürgerlichen und politischen Freiheitsrechte (Menschenrechte der ersten Generation) geregelt werden sollten. Für die Aufteilung auf zwei Konventionen wurde angeführt, daß dies die innerstaatliche Umsetzung erleichtert, denn die individuellen Freiheitsgarantien kann der Staat in der Regel schon dadurch gewährleisten, daß er Eingriffe unterläßt, während die im Sozialpakt angesprochenen Aspekte der sozialen Sicherheit zu ihrer Umsetzung erfordern, daß in Staat und Wirtschaft die institutionellen Voraussetzungen dafür geschaffen werden. Strittig waren auch die Fragen der **rechtlichen Kontrolle**. Ein Entwurf, der für den Zivilrechtspakt die Staatenbeschwerde zu einem neunköpfigen Ausschuß und bei Scheitern einer gütlichen Einigung die Anrufung des Internationalen Gerichtshofs vorsah, fand keine Zustimmung[23]. Als obligatorische Verfahren wurden für beide Pakte nur periodische Staatenberichte festgelegt (Art. 40 IPBPR, Art. 16 IPWSKR)[24], eine **Staatenbeschwerde** an den aus 18 Mitgliedern bestehenden Menschenrechtsausschuß wurde nur fakultativ vorgesehen, also nur für die 7

---

17 **H. M**; etwa BayVerfGH NJW **1961** 1615; *Jescheck* NJW **1954** 784; *Vogler* ZStW **82** (1979) 743; vgl. aber auch *Bartsch* NJW **1989** 3066 (praktisch Status als Rechtsquelle); *Nowak* Einf. 2 (Mindeststandard universell anerkannter Menschenrechte), ferner allgemein zur rechtlichen Bedeutung solcher Erklärungen *Frowein* ZaöRV **49** (1989) 778.

18 *Klein* EuGRZ **1999** 109.

19 Vgl. etwa *Tomuschat* ZaöRV **45** (1985) 562 ff; *Kirchhof* EuGRZ **1994** 21; *Verdross/Sima* Universelles Völkerrecht § 822; Handbuch Vereinte Nationen², Menschenrechte, allgemein, Rdn. 17; 25–30 je mit weit. Nachw.

20 Vgl. Art. 1 Abs. 3, Art. 55 Buchst. c, Art. 56 UN-Charta.

21 Vgl. *Klein* EuGRZ **1999** 109.

22 Der IPBPR wurde am 19. 12. 1966 zusammen mit dem Internationalen Pakt über wirtschaftliche, soziale und kulturelle Rechte von der Vollversammlung der Vereinten Nationen verabschiedet; er trat nach Ratifizierung durch 35 Staaten auch für die Bundesrepublik erst am 23. 3. 1976 in Kraft; vgl. BGBl. II 1973 S. 1534; Bek. vom 16. 6. 1976 (BGBl. II S. 1068).

23 Vgl. *Nowak* UNO-Pakt über bürgerliche und politische Rechte, Einl. 8.

24 Zur Problematik des Berichtssystems als Kontrollmittel vgl. *Opsahl* FS Wiarda 433.

Fälle, in denen beide betroffene Staaten die Zuständigkeit des Ausschusses für die Entgegennahme einer solchen Beschwerde anerkannt haben (Art. 41 IPBPR)[25]. Die Möglichkeit einer **Individualbeschwerde** („Mitteilung“ genannt) zum Menschenrechtsausschuß wurde außerhalb des IPBPR in einem besonderen Vertragswerk, dem **Fakultativprotokoll** geregelt, dem beizutreten den Vertragsstaaten frei steht[26].

8 Auch die **Europäische Menschenrechtskonvention (MRK)** bezweckt, wie ihre Präambel hervorhebt, die Umsetzung der Allgemeinen Erklärung der Menschenrechte in ein rechtlich bindendes Vertragswerk, das auch einen wirksamen staatenübergreifenden internationalen Schutz der Menschenrechte garantiert. Im Gegensatz zu den Vereinten Nationen konnten sich die viel homogeneren westeuropäischen Staaten relativ schnell auf das Vertragswerk einigen. Die Konvention wurde am 4. 11. 1950 in Rom verabschiedet[27] und hat die Grundlagen dafür geschaffen, daß sich daraus in den folgenden Jahrzehnten in Europa das weltweit wirksamste System des internationalen Menschenrechtsschutzes entwickeln konnte[28].

9 **Andere Regionen** haben für ihren Bereich später ebenfalls gesonderte Menschenrechtspakte geschlossen, so die Organisation Amerikanischer Staaten die **Amerikanische Menschenrechtskonvention** vom 22. 11. 1969[29] und die Mitgliedstaaten der Organisation für afrikanische Einheit die sogen. **„Banjul Charta der Menschenrechte und Rechte der Völker“** vom 27. 6. 1981[30].

3. Weitere Konventionen zum Schutze von Menschenrechten

10 **a) Im Rahmen der Vereinten Nationen** wird der Menschenrechtsschutz durch zusätzliche **Konventionen** ergänzt. Sie wurden meist im Rahmen der Vereinten Nationen erarbeitet und verabschiedet und jeweils von einer größeren Zahl von Staaten, darunter auch Deutschland, ratifiziert. So ergänzt der **Internationale Pakt über wirtschaftliche, soziale und kulturelle Rechte vom 19. 12. 1966**[31], den IPBPR durch die Festlegung der in diesem nicht aufgenommenen wirtschaftlichen und sozialen Rechte[32]. **Weitere Konventionen** schützen, meist unter speziellen Gesichtspunkten, bestimmte Menschenrechte noch besonders., so etwa

- das Übereinkommen betreffend die **Sklaverei** vom 25. 9. 1926 i. d. Fassung des Änderungsprotokolls vom 7. 12. 1953[33];
- das Zusatzübereinkommen über die Abschaffung der **Sklaverei, des Sklavenhandels und sklavereiähnlicher Einrichtungen** und Praktiken vom 7. 9. 1956[34];

---

[25] Dieser hat nur die Möglichkeit, einen Bericht vorzulegen und, wenn einer der beteiligten Staaten damit nicht zufrieden ist, mit vorheriger Zustimmung der betroffenen Staaten ad hoc eine Vergleichskommission einzusetzen, die sich auf der Grundlage der Achtung des Paktes um eine gütliche Regelung bemühen soll (Art. 42 IPBPR).

[26] Dieser Ausschuß darf Mitteilungen über Menschenrechtsverletzungen nur entgegennehmen, wenn der betroffene Staat dem Fakultativprotokoll beigetreten ist. Nach Prüfung der Zulässigkeit und der Begründetheit der Mitteilung teilt der Ausschuß seine Auffassung dem betroffenen Vertragsstaat und der Einzelperson mit (Art. 5 des (1.) Fakultativprotokolls). Vgl. Anhang Rdn. 81 ff.

[27] Vgl. unten Rdn. 13.

[28] Vgl. dazu Anhang, Rdn. 1, 2.

[29] Amerikanische Menschenrechtskonvention vom 21. 11. 1969 (AMRK, deutsche Übersetzung EuGRZ **1980** 435); dazu *Buergenthal* EuGRZ **1984** 169; *Frowein* EuGRZ **1980** 442).

[30] Afrikanische Charta der Rechte des Menschen und der Völker vom 27. 6. 1981 (AChRMV, auch Banjul-Charta genannt), deutsche Übersetzung EuGRZ **1990** 348. Zur Regionalisierung des Menschenrechtsschutzes vgl. *Partsch* EuGRZ **1989** 1.

[31] Für die Bundesrepublik Deutschland in Kraft seit 3. 1. 1976 (Bek. vom 6. 3. 1976 BGBl. II S. 428).

[32] Vgl. Rdn. 7.

[33] BGBl. II 1972 II S. 1473; zu diesen Abkommen vgl. Art. 4 MRK Rdn. 1, 2.

[34] BGBl. II 1958 S. 205.

- das Übereinkommen über **Zwangs und Pflichtarbeit** (ILO-Übereinkommen 29) vom 28.6.1930[35], geändert durch Übereinkommen ILO 116 vom 26.6.1961[36];
- das Übereinkommen über die Abschaffung der **Zwangs- und Pflichtarbeit** (ILO-Übereinkommen 105) vom 25.6.1957[37];
- die Konvention über **Verhütung und Bestrafung des Völkermords** vom 9.12.1948[38];
- das Übereinkommen über die **politischen Rechte der Frau** vom 31.3.1953[39];
- das Übereinkommen zur **Beseitigung von jeder Form der Rassendiskriminierung** vom 7.3.1966[40], das u.a. auch Individualbeschwerden zu einem Ausschuß vorsieht[41];
- das Übereinkommen zur Beseitigung von jeder Form der **Diskriminierung der Frau** vom 18.12.1979[42] mit dem **Fakultativprotokoll** vom 6.10.1999[43], das die Individualbeschwerde („Mitteilung") an den Ausschuß für die Beseitigung der Diskriminierung der Frau zuläßt;
- das **Übereinkommen gegen Folter** und andere grausame, unmenschliche oder erniedrigende Behandlung vom 10.12.1984 („Antifolterkonvention")[44], das ebenfalls einen Ausschuß der Vertragsstaaten vorsieht, dem die Berichte der Vertragsstaaten vorzulegen sind und der auch die Beschwerden der Vertragsstaaten und Individualbeschwerden („Mitteilung") entgegennimmt, sofern ein Vertragsstaat dieser fakultativ eröffneten Möglichkeit beigetreten ist;
- das **Übereinkommen über die Rechte des Kindes** vom 20.11.1989; dieses Übereinkommen wird ergänzt durch das Fakultativprotokoll vom 5.5.2000, das die Beteiligung von Jugendlichen unter 18 Jahren an bewaffneten Konflikten verhindern soll[44a].

Dazu kommen die Übereinkommen, die das humanitäre Kriegsvölkerrecht fortentwickelt haben, wie etwa die **Genfer Abkommen** vom 12.8.1949 **und ihre Zusatzprotokolle** vom 8.6.1977, die den Schutz der Personen bei bewaffneten Konflikten bezwecken[45], oder humanitäre Abkommen wie das Abkommen über die Rechtsstellung der Flüchtlinge **(Genfer Flüchtlingskonvention)** vom 28.7.1951[46].

b) Auch in **Europa** werden die Menschenrechtskonvention und ihre Zusatzprotokolle **11**
durch weitere Abkommen ergänzt[47]. Einer Reihe von Übereinkommen haben einzelne Konventionsrechte zum Gegenstand, die sie ergänzen oder erweitern, wie etwa die Ausdehnung des Verbots der Doppelbestrafung in Art. 54 des Schengener Durchführungs-

---

35 BGBl. II 1956 S. 641.

36 BGBl. II 1963 S. 1136.

37 BGBl. II 1959 S. 442.

38 BGBl. II 1954 S. 730.

39 BGBl. II 1969 S. 1929.

40 BGBl. II 1969 S. 962; Bek. vom 16.10.1969 BGBl. II S. 2211.

41 Vgl. Anhang Rdn. 98 ff.

42 BGBl. II 1985 S. 648.

43 BGBl. II 2001 S. 1238; für die Bundesrepublik Deutschland in Kraft seit 15.4.2002 (Bek. vom 4.3. 2002, BGBl. II S. 1197), vgl. Anhang Rdn. 101.

44 BGBl. II 1990 S. 246, für die Bundesrepublik Deutschland am 31.10.1990 in Kraft getreten (Bek. 9.2.1993 BGBl. II S. 715); geändert auf Grund einer Resolution der Generalversammlung durch Gesetz vom 7.3.1996 (BGBl. II S. 252); vgl. Anhang Rdn. 103.

44a Text des Übereinkommens mit Zustimmungsgesetz vom 17.2.1992 (BGBl. II S. 131); Text des Fakultativprotokolls mit Zustimmungsgesetz vom 16.9. 2004 (BGBl. II S. 1354).

45 III. Genfer Abkommen über die Behandlung von Kriegsgefangenen vom 12.8.1949 (BGBl. II 1954 S. 838), VI. Genfer Abkommen vom 12.8.1949 (BGBl. II 1954 S. 917; ber. 1956 II S. 1586) und den Zusatzprotokollen I und II vom 8.6.1977 (BGBl. II 1990 S. 1551 bzw. BGBl. II 1990 S. 1637); vgl. dazu etwa *Partsch* EuGRZ **1991** 469, 471, ferner zu dem Verhältnis der Genfer Konventionen zu den auf den gleichen sittlichen Grundanschauungen beruhenden Menschenrechtspakten das Gutachten der Europäischen Kommission für Demokratie durch Recht (Venedig-Kommission) vom 13.12.2003 (EuGRZ **2004** 343).

46 BGBl. II 1953 S. 560; der Anwendungsbereich wurde durch das Protokoll vom 31.1.1967 (BGBl. II 1969 S. 1294) auf alle Flüchtlinge ausgedehnt.

47 Vgl. die Kritik von *Broß* JZ **2003** 429 an der Vielzahl der Regelwerke (eher Ausdruck der Unsicherheit).

übereinkommens vom 19. 6. 1990[48]. Von den allgemeinen Übereinkommen sind insbesondere zu erwähnen die nur zum Teil verpflichtende (vgl. Art. 20) Europäische Sozialcharta vom 18. 10. 1961[49], das Europäische Niederlassungsabkommen vom 13. 12. 1955[50], das Rahmenübereinkommen zum Schutze nationaler Minderheiten vom 1. 2. 1995[51] und das Europäische Übereinkommen zur Verhütung von Folter und unmenschlicher Behandlung oder Strafe vom 26. 11. 1987[52].

12 c) **Internationale Ahndung von Völkermord und Verbrechen gegen die Menschlichkeit.** Der Gedanke, daß es eine Aufgabe der Völkergemeinschaft sei, diese Verbrechen staatsübergreifend zu ahnden, hat in dem letzten Jahrzehnt des 20. Jahrhunderts durch die unerfreulichen politischen Ereignisse neuen Auftrieb erhalten. Das Fehlen anwendbarer Konventionsregeln und internationaler Organe erforderte, daß der Sicherheitsrat der Vereinten Nationen ad hoc internationale Strafgerichtshöfe für die Ahndung von Völkermord und schwerwiegender Menschenrechtsverletzungen in Jugoslawien und Ruanda[53] in Anwendung von Kap. VII der Charta[54] einsetzen mußte. Das am 17. Juli 1998 in Rom verabschiedete **Statut des Internationalen Strafgerichtshofs** zur Ahndung von Völkermord, Verbrechen gegen die Menschlichkeit und Kriegsverbrechen[55] hat nunmehr eine internationale Strafgerichtsbarkeit geschaffen, die subsidiär gegenüber der Gerichtsbarkeit der einzelnen Vertragsstaaten schwerwiegende Verbrechen gegen die Menschlichkeit und Kriegsverbrechen ahnden kann.

B. Europäische Menschenrechtskonvention und Internationaler Pakt über bürgerliche und politische Rechte

I. Entstehung und Geltung

1. Europäische Menschenrechtskonvention

13 a) Die am 4. 11. 1950 in Rom unterzeichnete Menschenrechtskonvention[56] ist ein **multilateraler völkerrechtlicher Vertrag**, durch den sich alsbald nach Ende des zweiten Weltkriegs die im Europarat zusammengeschlossenen westeuropäischen Staaten[57] verpflichtet haben, die darin angeführten Menschenrechte zu achten, so wie dies auch Art. 3 der Satzung des Europarates fordert. Sie trat nach Ratifizierung durch 10 Staaten am 3. 9. 1953 in Kraft. Nur Staaten, die dem Europarat angehören, können der Konvention beitreten, während umgekehrt der Beitritt zum Europarat davon abhängig gemacht wird, daß die beitrittswilligen Staaten auch die Menschenrechtskonvention zeichnen. Dies haben alle Staaten bei ihrem Beitritt getan[58]. Die Menschenrechtskonvention ist

[48] BGBl. II 1993 S. 1013; spätere Änderungen durch EG-Recht vgl. Fundstellennachw. B.

[49] BGBl. II 1964 S. 1262.

[50] BGBl. II 1959 S. 998.

[51] BGBl. II 1997 S. 1408.

[52] BGBl. II 1989 S. 946; geändert durch Prot. Nr. 1 und Nr. 2 vom 4. 11. 1993 (BGBl. II 1996 S. 1115). Die Änderungen sind für die Bundesrepublik am 1. 3. 2002 in Kraft getreten (Bek. vom 22. 3. 2002 BGBl. II S. 1019).

[53] Resolution 827 vom 25. 5. 1993 und Resolution 955 vom 8. 11. 1994.

[54] Befugnis des Sicherheitsrats zu Maßnahmen bei Bedrohung oder Bruch des Friedens.

[55] EuGRZ **1998** 618; dazu *Ambos* ZStW **111** (1999) 175; *Kinkel* NJW **1998** 2650.

[56] Zur Entstehungsgeschichte *Partsch* ZaöRV **15** (1954) 631; ZaöRV **17** (1956) 93.

[57] Die Satzung des Europarats wurde am 5. 5. 1949 unterzeichnet, die Bundesrepublik Deutschland ist seit 2. 5. 1951 Vollmitglied.

[58] Vgl. *Meyer-Ladewig* (Einl. 2). Alle Staaten, die dem Europarat angehören, sind der MRK beigetreten. Das Inkrafttreten der MRK und der Zusatzprotokolle in den einzelnen Mitgliedstaaten wird jeweils im Fundstellennachweis B zum BGBl. II (bei der MRK) nachgewiesen. Vgl. ferner *Bartsch* NJW **1989** 3061.

ein **eigenständiges Vertragswerk ihrer Mitgliedsstaaten**; mit dem Europarat ist sie aber organisatorisch dadurch verflochten, daß dessen Organe auch Aufgaben im Rahmen der Menschenrechtskonvention wahrnehmen. Die Richter des Gerichtshofs werden von der **Generalversammlung des Europarates** gewählt (Art. 22 MRK)[59]. Das **Ministerkomitee des Europarats,** der früher weitgehend statt des Gerichtshofs über die Beschwerden entschied, überwacht jetzt nur noch die Durchführung der Urteile des Gerichtshofs (Art. 46 Abs. 2 MRK). Der **Generalsekretär des Europarats** ist außerdem Dienstherr der Bediensteten des organisatorisch an den Europarat angebundenen Gerichtshofs, dessen Kosten der Europarat trägt (Art. 50 MRK). Er hat außerdem das Recht, die Konventionsstaaten zu befragen, wie sie innerstaatlich die Konventionsbestimmungen wirksam durchsetzen (Art. 52 MRK).

In der **Bundesrepublik** ist die durch Gesetz vom 7.8.1952[60] ratifizierte Menschen- **14**
rechtskonvention **am 3.9.1953 in Kraft** getreten[61]. Bis zur Neufassung der MRK durch das 11. Zusatzprotokoll stand es früher den beitretenden Staaten frei, ob sie die Befugnis der Europäischen Menschenrechtskommission zur Entgegennahme von Individualbeschwerden (Art. 25 MRK a.F) anerkennen und ob sie sich der Gerichtsbarkeit des Europäischen Gerichtshofs für Menschenrechte EGMR (Art. 46 MRK a.F) unterwerfen wollen. Die Bundesrepublik hat beides getan[62], desgleichen, wenn auch mit erheblichen zeitlichen Unterschieden, alle anderen Mitgliedstaaten des Europarats[63]. Die Neufassung der MRK durch das 11. Zusatzprotokoll hat diese Optionsmöglichkeit beseitigt und die Gerichtsbarkeit des EGMR obligatorisch gemacht.

b) Spätere Vereinbarungen der Konventionsstaaten, **„Zusatzprotokolle"** genannt, **15**
haben den Text einiger Artikel der MRK geändert, die Protokolle Nr. 1, 4, 6, 7, 12 und 13 haben außerdem die Gewährleistungen der Konvention auf weitere Rechte und Freiheiten ausgedehnt. Die Mitgliedstaaten der Konvention sind aber nicht allen Zusatzprotokollen, die weitere materielle Gewährleistungen vorsehen, beigetreten. Es muß daher im Einzelfall geprüft werden, ob und gegebenenfalls mit welchen Vorbehalten diese zusätzlichen Gewährleistungen in den jeweiligen Mitgliedstaaten gelten[64].

Das **(1.) Zusatzprotokoll** vom 20.3.1952 garantiert die Achtung des Eigentums und **16**
das Recht auf Bildung sowie freie und geheime Wahlen. Die Bundesrepublik hat es durch Gesetz vom 20.12.1956 (BGBl. II S. 1880) ratifiziert, es ist am 13.2.1957 in Kraft getreten (Bek. vom 13.4.1957, BGBl. II S. 226).

Das **2. (Zusatz) Protokoll** vom 6.5.1963 regelte die Erstattung von Gutachten durch **17**
den Europäischen Gerichtshof für Menschenrechte. Es ist durch Gesetz vom 10.12. 1968 (BGBl. II S. 1111) ratifiziert worden und am 21.9.1970 in der Bundesrepublik in Kraft getreten (Bek. vom 20.11.1970, BGBl. II S. 1315). Es ist jetzt durch die Art. 47 bis 49 MRK in der Fassung des 11. ZP ersetzt worden.

---

[59] Zu der Verknüpfung der Funktionen und deren Zweckmäßigkeit vgl. *Maud de Boer-Buquicchio* EuGRZ **2003** 561; zur Kritik an der Verknüpfung *Engel* EuGRZ **2003** 122, und 388; ferner die Antwort des Generalsekretärs auf eine parlamentarische Anfrage EuGRZ **2004** 113.

[60] BGBl. II S. 685, ber. S. 953.

[61] Bek. vom 15.12.1953 (BGBl. II 1954 S. 14). Mit Bek. vom 17.5.2002 (BGBl. II S. 1054) wurde der Text der Konvention in einer die bisherigen Änderungen berücksichtigenden Neufassung zusammen mit einer sprachlich überarbeiteten deutschen Übersetzung neu bekanntgemacht.

[62] Die fakultative Gerichtsbarkeit des EGMR wurde von der Bundesrepublik Deutschland, ähnlich wie von mehreren anderen Mitgliedstaaten jeweils nur zeitlich befristet für 5 Jahre anerkannt und dann jeweils verlängert.

[63] Vgl. *Tomuschat* EuGRZ **2003** 95, 97.

[64] Der Stand des Beitritts und die etwaigen Vorbehalte können dem jährlich erscheinenden Fundstellennachweis B zum BGBl. II entnommen werden.

18 Das **3. Protokoll** änderte die Art. 29, 30 und 34 MRK a. F. Es ist gleichzeitig mit dem 2. und 5. ZP durch Gesetz vom 10.12.1968 von der Bundesrepublik ratifiziert worden und dort am 21.9.1970 in Kraft getreten[65]. Durch die Neufassung der Verfahrensregeln der MRK durch das 11. ZP wurde das 3. ZP gegenstandslos.

19 Das **4. Protokoll** vom 16.9.1963 verbietet die Freiheitsentziehung wegen Nichterfüllung vertraglicher Pflichten, die Ausweisung der eigenen Staatsangehörigen und die Kollektivausweisung von Ausländern und es gewährleistet die Freizügigkeit. Es ist durch Gesetz vom 9.5.1968 (BGBl. II S. 422) ratifiziert worden und am 1.6.1968 in Kraft getreten (Bek. vom 18.11.1968, BGBl. II S. 1109).

20 Das **5. Protokoll** ändert die Art. 22 und 40 MRK (a. F). Es wurde durch Gesetz vom 10.12.1968 (vgl. oben Rdn. 17) ratifiziert und trat am 20.12.1971 in Kraft (Bek. vom 8.2.1972, BGBl. II S. 105). Die Neufassung der Verfahrensregeln durch das 11. ZP hat auch diese Änderungen aufgenommen.

21 Das **6. Protokoll** vom 28.4.1983 schafft die Todesstrafe ab[66]. Es wurde mit Gesetz vom 23.7.1988 (BGBl. II S. 662) ratifiziert und ist in der Bundesrepublik seit 1.8.1989 in Kraft (Bek. vom 27.9.1989, BGBl. II S. 814).

22 Das **7. Protokoll** vom 22.11.1984 betrifft die Ausweisung von Ausländern, das Recht auf Rechtsmittel bei einer strafgerichtlichen Verurteilung, die Entschädigung bei fehlerhaften Strafurteilen, das Verbot der Doppelbestrafung und die Gleichberechtigung in der Ehe. Die Bundesrepublik hat dieses Protokoll nicht ratifiziert. Soweit die dort enthaltenen Verbürgungen auch im IPBPR enthalten sind[67] und nicht von einem Vorbehalt der Bundesrepublik erfaßt werden, gelten sie in dessen Fassung materiell auch in der Bundesrepublik; der EGMR kann aber insoweit nicht angerufen werden.

23 Das **8. Protokoll** vom 19.3.1985 änderte zur Vereinfachung des Verfahrens bei Individualbeschwerden die Art. 20, 21, 23, 28, 29, 30, 31, 34, 40, 41 und 43 MRK (a. F)[68]. Die Bundesrepublik hat es mit Gesetz vom 30.6.1989 (BGBl. II S. 546) ratifiziert. Es ist nach Ratifikation durch die Vertragsstaaten für die Bundesrepublik am 1.1.1990 in Kraft getreten (Bek. 15.11.1989, BGBl. II S. 991). Seine Änderungen sind mit Inkrafttreten der neuen Verfahrensvorschriften des 11. ZP gegenstandslos geworden.

24 Das **9. Protokoll** vom 6.11.1990, das u. a. den Beschwerdeführern nach Art. 25 MRK (a. F) das Recht zur Anrufung des Gerichtshofs und die Parteifähigkeit vor diesem einräumt, ändert die Art. 31 Abs. 2, Art. 44, Art. 45 und Art. 48 MRK (a. F) für die Staaten ab, die ihm beigetreten sind. Die Bundesrepublik ist dem Protokoll nicht beigetreten, da es durch die grundlegende Neuregelung des Verfahrens im 11. Zusatzprotokoll gegenstandslos wurde.

25 Das **10. Protokoll** vom 25.3.1992 ersetzte die bisher im Ministerkomitee zur Feststellung einer Konventionsverletzung notwendige Zweidrittel-Mehrheit durch die einfache Mehrheit. Es ist durch die grundlegenden Verfahrensänderungen des 11. Zusatzprotokolls überholt worden.

26 Das **11. Protokoll** vom 11.5.1994 brachte eine grundlegende Reform der Konventionsorgane und des Rechtsschutzverfahrens[69]. Die Abschnitte II bis IV der MRK (Art. 19 bis 59 MRK a. F) wurden durch einen neuen Abschnitt II (Art. 19 bis 51 MRK)

---

[65] Vgl. Rdn. 16.

[66] Dazu *Hartig* EuGRZ **1983** 270.

[67] Vgl. Art. 14 Abs. 5 bis 7; Art. 23 Abs. 4 IPbPR; Art. 1 Nr. 3 des Ratifizierungsgesetzes vom 15.11. 1973.

[68] Vgl. *Bartsch* NJW **1986** 1374; 1385.

[69] Zur Reform des 11, ZP vgl. etwa *Meyer-Ladewig* NJW **1995** 2813; **1998** 512; *Meyer-Ladewig/Petzold* NJW **1999** 1165; *Schlette* ZaöRV **56** (1996) 903 und JZ **1999** 219; *Wittinger* NJW **2001** 1238.

ersetzt[70]. Das komplizierte System der ursprünglichen MRK mit seinen fakultativen Möglichkeiten, die es jedem Mitgliedstaat freistellte, ob er die Individualbeschwerde zur Menschenrechtskommission zulassen und ob er sich der Gerichtsbarkeit des Gerichtshofs für Menschenrechte unterwerfen wollte, entfiel. Die Europäische Menschenrechtskommission (Art. 20 bis Art. 37 MRK a. F) wurde aufgelöst[71], desgleichen die Befugnis der Ministerkomitees zur Entscheidung über Menschenrechtsverletzungen. Die Befugnis zur Feststellung von Verletzungen der MRK ist jetzt ausschließlich dem zu einem ständig tagenden Gericht mit Vollzeitrichtern umgewandelten Gerichtshof übertragen, dessen Gerichtsbarkeit alle Mitgliedstaaten unterworfen sind. Nicht, wie ursprünglich, allein die Vertragsstaaten sondern jeder von einer Menschenrechtsverletzung Betroffene kann jetzt den Gerichtshof unmittelbar anrufen. Die Wahl der Richter, die Organisation des in verschiedene Spruchkörper aufgeteilten Gerichts und die Grundzüge seines Verfahrens wurden neu geregelt. Nachdem alle Mitgliedstaaten dem 11. ZP zugestimmt hatten[72], trat dieses am 1.11.1998 zusammen mit der vom Plenum des Gerichtshofs am 4.11.1998 beschlossenen neuen Verfahrensordnung[73] in Kraft.

Das **12. Protokoll**, das den Genuß aller auf Gesetz beruhenden Rechte **ohne Diskriminierung** wegen des Geschlechts, der Rasse, der Hautfarbe, der Sprache, der Religion, der politischen oder sonstigen Anschauungen, der nationalen oder sozialen Herkunft, der Zugehörigkeit zu einer nationalen Minderheit, des Vermögens, der Geburt oder eines sonstigen sozialen Status garantiert und jede Benachteiligung, insbesondere von einer Behörde, aus einem dieser Gesichtspunkte verbietet, wurde am 26.6.2000 vom Ministerkomitee verabschiedet. Es soll nach Ratifizierung durch 10 Mitgliedstaaten für diese in Kraft treten. **27**

Das **13. Protokoll,** das die **Todesstrafe** unter allen Umständen abschafft, wurde am 3.5.2002 verabschiedet[74]. Es soll nach Ratifikation durch 10 Mitgliedstaaten in Kraft treten. Es ist noch nicht in Kraft. **28**

Ein **14. Zusatzprotokoll**, das am 13.5.2004 beschlossen wurde und das nach Ratifizierung durch die Mitgliedstaaten in Kraft treten soll, sieht zur Entlastung des Gerichtshofs eine Änderung des Art. 28 MRK vor. Der Drei-Richter-Ausschuß soll dadurch die Befugnis erhalten, auch über Begründetheit einer Beschwerde zu entscheiden, wenn die zur Entscheidung anstehenden Fragen vom Gerichtshof bereits in einer anderen Sache entschieden worden sind („well established case-law of the court"). Damit soll u.a. erreicht werden, daß nach einem „Piloturteil" des Gerichtshofs weitere dort anhängige gleichartige Verfahren schnell erledigt werden können[74a]. **28a**

c) Vorbehalte. Mehrere Staaten haben bei ihrem Beitritt Vorbehalte zu einzelnen Bestimmungen der Konvention abgegeben[75]. Die Bundesrepublik hat beim Beitritt zur MRK ebenfalls einen Vorbehalt zu Art. 7 Abs. 2 erklärt; zwei weitere Erklärungen **29**

---

[70] Art. 1 des 11. ZP.

[71] Sie hat auf Grund einer Übergangsvorschrift (Art. 5 Abs. 3 11. ZP) noch ein Jahr lang zulässige Beschwerden weiterbehandelt und am 28.10.1999 ihre Tätigkeit eingestellt, vgl. EuGRZ **1999** 616.

[72] Die Bundesrepublik Deutschland hat es mit Gesetz vom 24.7.1995 (BGBl. II S. 578) ratifiziert.

[73] Mitgeteilt durch Bek vom 17.5.2002 (BGBl. II S. 1080); zwischenzeitlich mehrfach geändert. Der jeweilige Stand ist auf englisch oder französisch abrufbar unter http://www.echr.coe.int/Eng/Edocs/RulesofCourt.htm.

[74] Die Bundesrepublik Deutschland hat es mit Gesetz vom 5.7.2004 (BGBl. II S. 982) ratifiziert.

[74a] Zur Reformdiskussion vgl. *Breuer* EuGRZ **2004** 445, 447 ff. Eine deutsche Übersetzung des noch nicht ratifizierten 14. Zusatzprotokolls wird in der EuGRZ abgedruckt.

[75] Vgl. die Auflistung bei *Frowein/Peukert* Anh. 3. Die durch die Ratifikation herbeigeführte Rechtslage ist im übrigen in den einzelnen Signatarstaaten verschieden; vgl. Rdn. 38ff.

betreffen Berlin und das Saarland[76]. Die an sich bei völkerrechtlichen Verträgen nach Art. 2 Abs. 1 Buchst. d, Art. 19 ff der Wiener Vertragskonvention[77] grundsätzlich bestehende Möglichkeit, Vorbehalte zu erklären, wird durch Art. 57 MRK (Art. 64 MRK a. F) zulässig eingeschränkt[78], dies entspricht ihrem Zweck, eine über die subjektiven Vertragspflichten der einzelnen Mitgliedstaaten hinausreichende objektive Europäische Rechtsordnung zu schaffen[79]. Soweit nicht einzelne Bestimmungen Vorbehalte überhaupt ausschließen, wie Art. 4 des Protokolls Nr. 6, kann ein Staat **nur bei der Unterzeichnung** oder bei der **Hinterlegung der Ratifikationsurkunde** und nur insoweit Vorbehalte zu einzelnen, genau zu bezeichnenden Bestimmungen der Konvention oder eines Zusatzprotokolls[80] erklären, als ein zu dieser Zeit in seinem Hoheitsgebiet bereits geltendes Gesetz[81] mit der jeweiligen Bestimmung der Konvention nicht übereinstimmt. Er muß dabei diese gesetzlichen Regelungen im Vorbehalt eindeutig bezeichnen[82], damit Gegenstand und Tragweite des Vorbehalts für jedermann eindeutig ersichtlich sind; dies soll einer ausdehnenden Auslegung vorbeugen. **Vorbehalte allgemeiner Art**, die sich nicht deutlich auf bereits bestehende, konkrete innerstaatliche Regelungen beziehen und den wegen diesen von der Anwendung der Konvention ausgenommenen Bereich nicht genau bezeichnen, sind nicht zulässig (Art. 57 Abs. 1 Satz 2 MRK) und unwirksam[83]. Unwirksam sind Vorbehalte die nicht bei der Ratifikation der Konvention oder eines Zusatzprotokolls, sondern erst später erklärt werden[84]. Der EGMR prüft die Wirksamkeit eines Vorbehalts nach, denn nur soweit ein Staat einen wirksamen Vorbehalt erklärt hat, ist er innerhalb dessen Grenzen durch die MRK nicht gebunden[85]; nur dann ist eine diesen Bereich betreffende Beschwerde an den Gerichtshof „ratione materiae" unzulässig.

30 Gibt ein Staat eine **Interpretationserklärung** ab, mit der er erklärt, wie er eine bestimmte Vertragsbestimmung versteht, so muß diese ausgelegt werden. Will der Staat damit nicht nur sein Verständnis einer bestimmten Vertragsbestimmung unverbindlich aufzeigen sondern rechtsverbindlich damit auch die Grenzen der von ihm eingegangenen Konventionsverpflichtung festlegen, so liegt darin ungeachtet der anderen Bezeichnung ein Vorbehalt, der die Vertragsverpflichtungen des erklärenden Staates einschränkt, sofern er nicht unwirksam ist, weil er die vorgenannten Zulässigkeitsvoraussetzungen nicht erfüllt[86].

---

[76] Zum Vorbehalt *Süsterhenn* DVBl. **1955** 753; vgl. ferner Art. 7.

[77] Wiener Übereinkommen über das Recht der Verträge vom 23. 5. 1969 (BGBl. II 1985 S. 926)

[78] Vgl. Art. 19 Buchst. b Wiener Vertragskonvention. Zu den Einschränkungen *Grabenwarter* § 7 Rdn. 2.

[79] Sogen. Law-making treaty; vgl. EGMR 23. 3. 1995 Loizidou/Türk (ÖJZ **1995** 629).

[80] Für eine nicht ausdrücklich bezeichnete Konventionsbestimmung gilt ein zu einer anderen Bestimmung erklärter Vorbehalt auch dann nicht, wenn der sachliche Inhalt beider Vertragsbestimmungen im wesentlichen gleich ist, so EGMR 22. 2. 1994 Burghartz/CH (ÖJZ **1994** 559, dazu *Hausheer* EuGRZ **1995** 579, 581); *Grabenwarter* § 2 Rdn. 7.

[81] Zur Absicherung von Gesetzesbestimmungen, die erst nach der Ratifikation in Kraft treten, kann kein Vorbehalt erklärt werden, EGMR 26. 4. 1995 Fischer/Ö (ÖJZ **1995** 633); 3. 10. 2000 Eisenstecken/Ö (ÖJZ **2001** 194), *Meyer-Ladewig* Art. 57, 3.

[82] EGMR 25. 8. 1993 Chorherr/Ö (ÖJZ **1994** 173: Hinweis auf Fundstelle im Gesetzblatt genügt); *Grabenwarter* § 2, 7; *Meyer-Ladewig* Art. 57, 4.

[83] Vgl. etwa EGMR 29. 4. 1988 Belilos/CH (EuGRZ **1989** 21: Erklärung zu unbestimmt, weil genauer Anwendungsbereich nicht erkennbar); 22. 5. 1990 Weber/CH (EuGRZ **1990** 265); dazu *Villiger* HdB 35 ff; EGMR 23. 10. 1995 Gradinger/Ö (ÖJZ **1995** 954); 3. 10. 2000 Eisenstecken/Ö (ÖJZ **2001** 194); *Grabenwarter* § 2 Nr. 7.

[84] *Frowein/Peukert* Art. 64 a. F 5; *Grabenwarter* § 2 Rdn. 7; *Oeter* ZaöRV **48** (1988) 521; *Villiger* HdB 38.

[85] *Meyer-Ladewig* Art. 57 Rdn. 3, 4 und zu den Vorbehalten der Bundesrepublik Deutschland Art. 57 7 ff; zu den von den einzelnen Staaten erklärten Vorbehalte vgl. *Frowein/Peukert* Art. 64 a. F; ferner *Villiger* HdB 33, 35 ff, 38.

[86] Vgl. *Meyer-Ladewig* 1; *Grabenwarter* § 2 Rdn. 7 („auslegende Erklärungen sind wegen des Verbots allgemeiner Vorbehalte oft wirkungslos").

d) Berlin, Länder der ehem. DDR. Im Land **Berlin** wurden die MRK und die Zusatzprotokolle 1 bis 6 ebenfalls in Geltung gesetzt[87]; die Maßnahmen der westberliner Behörden wurden daran gemessen[88]. Auch soweit die britischen und französischen Sektorenkommandanten und ihre Stationierungstruppen dort eigene Staatsgewalt ausübten, unterlagen sie der MRK. Wieweit ihre Maßnahmen mit der Menschenrechtsbeschwerde angreifbar waren, ist von der Europäischen Menschenrechtskommission aber nicht abschließend geklärt worden[89]. Bei Maßnahmen der früheren Vier-Mächte-Verwaltung, die auf älteren Übereinkommen beruhten, lehnte sie die Überprüfung ab[90]. Seit dem **Anschluß an die Bundesrepublik** erstreckt sich der Geltungsbereich der MRK nach dem Grundsatz der beweglichen Staatsgrenzen auf ganz Berlin und die Länder im Gebiet der ehem. DDR und Berlin-Ost. Die MRK und die von der Bundesrepublik ratifizierten Zusatzprotokolle sind auch dort innerstaatlich geltendes Bundesrecht geworden[91]. 31

2. Der Internationale Pakt über bürgerliche und politische Rechte

a) Der Internationale Pakt über bürgerliche und politische Rechte (IPBPR)[92] vom 19.12.1966 ist im Rahmen der Vereinten Nationen erarbeitet worden[93]. Er steht den Mitgliedstaaten der Vereinten Nationen und aufgrund einer generellen Aufforderung praktisch auch allen anderen Staaten (vgl. Art. 48 IPBPR) zum Beitritt offen[94]. Er wurde bisher von rund 150 Staaten mit zahlreichen Vorbehalten und Interpretationserklärungen ratifiziert[95]. Die **Bundesrepublik** hat den IPBPR mit Gesetz vom 15.11. 1973 (BGBl. II S. 1533) nach Maßgabe der dort in Art. 1 festgelegten Einschränkungen[96] ratifiziert. Der IPBPR ist für die Bundesrepublik zunächst ohne Art. 41 am 23.3. 1976 in Kraft getreten[97]. Art. 41 IPBPR, der die Staatenbeschwerde anerkennt, ist am 28.3.1979 in Kraft getreten[98]. Der IPBPR galt auch in **Berlin**. Die DDR ist dem IPBPR mit Wirkung vom 23.3.1976[99] beigetreten. Durch ihren Beitritt zur Bundesrepublik hat sich nur insoweit etwas geändert, als er jetzt, sofern nicht entsprechend Art. 12 Einigungsvertrag etwas anderes vereinbart wurde, auch im Gebiet der ehemaligen DDR mit den von der Bundesrepublik erklärten Vorbehalten gilt[100]. Im **Vertrag zwischen der Bundesrepublik Deutschland und der Union der sozialistischen Sowjetrepubliken über die Bedingungen des befristeten Aufenthalts und die Modalitäten des planmäßigen Abzugs der sowjetischen Truppen aus dem Gebiet der Bundesrepublik Deutschland** vom 12.10.1990[101] 32

[87] Vgl. Berl. GVBl. **1953** 1163; **1968** 943; **1969** 338. Zur Einbeziehung Berlins *Partsch* ZaöRV **17** (1956/57) 101; *Pestalozza* FS zum 125jährigen Bestehen der juristischen Gesellschaft zu Berlin 549.

[88] *Geulen* NJW **1985** 1057; *Pestalozza* (aaO Fußn. 10) 561 ff mit Darstellung der Praxis der Konventionsorgane.

[89] Dazu *Geulen* NJW **1985** 1057; *Wengler* ROW **1986** 153.

[90] EKMR EuGRZ **1975** 482 (Hess); dazu *Blumenwitz* EuGRZ **1975** 97; *Frowein* FS Schlochauer 290; *Frowein/Peukert* Einf. 14; *Wilms* ZaöRV **51** (1991) 470.

[91] Art. 8, 11 Einigungsvertrag (vgl. LR[24] Nachtrag II mit Textwiedergabe). Zur Auswirkung des Anschlusses nach Art. 23 GG auf die völkerrechtlichen Verträge vgl. etwa *Grabitz/v. Bogdandy* NJW **1990** 1076; *Horn* NJW **1990** 2173; *Mansel* JR **1990** 441; *v. Münch* NJW **1991** 868; *Oeter* ZaöRV **51** (1991) 349; *Rauschning* DVBl. **1990** 403; *Verdroß/Simma* § 975 ff.

[92] = International Convenant on Civil and Political Rights (CCPR).

[93] Zur Entstehungsgeschichte *Nowak* Einf. 7; *Nowak* EuGRZ **1980** 552.

[94] *Nowak* Art. 48, 2 ff.

[95] Vgl. die Nachweise über den Zeitpunkt des Beitritts der einzelnen Staaten im FN B; ferner *Nowak* Anh. C 1; *Bartsch* NJW **1989** 3061. Die über 150 einzelnen Vorbehalte und Erklärungen sind bei *Nowak* Anh. A 3 wiedergegeben.

[96] Diese entsprechen dem erklärten Vorbehalt, vgl. *Nowak* Anh. A 3.

[97] Bek. vom 14.6.1976 (BGBl. II S. 1068).

[98] Bek. vom 20.11.1979 (BGBl. II S. 1218); zuletzt verlängert durch Bek. vom 27.5.1997 (BGBl. II S. 1355).

[99] GBl. DDR II 1976 S. 1068.

[100] Vgl. die Nachw. Fußn. 91.

[101] BGBl. II 1991 S. 256.

wurden bei den Regelungen über die Ausübung der Gerichtsbarkeit in Art. 18 die einschlägigen Rechte des IPBPR ausdrücklich für anwendbar erklärt.

33 **b)** Das **Fakultativprotokoll** vom 19.12.1966[102] eröffnet jedem Betroffenen die Möglichkeit, bei Verletzung eines im IPBPR verbürgten Rechts durch Maßnahmen eines Staates, der diesem Fakultativprotokoll beigetreten ist, den Menschenrechtsausschuß der Vereinten Nationen anzurufen („Mitteilung"). Die Bundesrepublik ist, ebenso wie andere Mitgliedstaaten der Europäischen Menschenrechtskonvention dem 1. Fakultativprotokoll zunächst nicht beigetreten; der vertraglich festgelegte Vorrang des Rechtsschutzsystems der MRK und die Letztentscheidungskompetenz ihrer Organe sollte nicht beeinträchtigt werden[103]. Erst mit Gesetz vom 21.12.1992[104] trat sie dann doch diesem Fakultativprotokoll mit mehreren Vorbehalten bei, die u.a. die Anrufung des Menschenrechtsausschusses bei den Sachen ausschließen, die in einem anderen internationalen Streitschlichtungsverfahren geprüft wurden. Das Fakultativprotokoll ist seit 25.11.1993 auch für die Bundesrepublik in Kraft[105].

34 Das **zweite Fakultativprotokoll** über die Abschaffung der Todesstrafe wurde von der Generalversammlung der Vereinten Nationen am 15.12.1989 angenommen. Die Bundesrepublik ist ihm mit Gesetz vom 2.6.1992[106] beigetreten. Es ist in ihr seit 18.11.1992 in Kraft[107].

35 **c) Vorbehalte.** Da im IPBPR eine ausdrückliche Regelung über die Zulässigkeit von Vorbehalten fehlt, ist nach Art. 19 Buchst. c WVK davon auszugehen, daß Vorbehalte zulässig sind, sofern sie nicht mit Ziel und Zweck des Vertrages unvereinbar sind[108]. Die anderen Vertragsstaaten können einem Vorbehalt nach Art. 20 Abs. 5 Wiener Vertragskonvention widersprechen, dies ändert jedoch nichts daran, daß dann insoweit keine Vertragsbindung des erklärenden Staates entstanden ist. Von der Möglichkeit von Vorbehalten haben zahlreiche Mitgliedstaaten des IPBPR Gebrauch gemacht[109].

36 **3. Bestätigung der Menschenrechtskonventionen in anderen Internationalen Dokumenten.** Die **Konferenz über Sicherheit und Zusammenarbeit in Europa** (KSZE) hat schon in der Schlußakte von Helsinki vom 1.8.1975[110] und dann in den Folgetreffen das Prinzip der Achtung der Menschenrechte unter Verweisung auf die bestehenden Verpflichtungen als leitendes Prinzip der Staatengemeinschaft anerkannt und auf den inneren Zusammenhang hingewiesen, der zwischen diesem Prinzip und der Erhaltung des Friedens und der Sicherheit besteht[111]. Im **Abschlußdokument des Wiener KSZE Folgetref-**

---

102 BGBl. II 1992 S. 1247; ferner etwa Satorius II, 20a; sowie auch öster. BGBl. **1988** S. 105, abgedruckt bei *Nowak* 787; vgl. *Hofmann* Einf. S. 22.

103 Vgl. Art. 62 MRK a.F (jetzt Art. 55 MRK). Der Ministerausschuß des Europarates hatte einer Resolution vom 17.5.1970 den Mitgliedstaaten empfohlen, das Fakultativprotokoll wegen dessen Art. 5 Abs. 2 Buchst. a nur mit Vorbehalten zu unterzeichnen, dazu *Nowak* Art. 5 1. ZP Rdn. 15.

104 BGBl. II 1992 S. 1246.

105 Bek. vom 30.12.1993 (BGBl. II 1994 S. 311), in der die Vorbehalte der Bundesrepublik mitgeteilt werden. Vgl. Anh. Rdn. 83, 87.

106 BGBl. II 1992 S. 390.

107 Bek. vom 20.4.1993 BGBl. II S. 880.

108 *Nowak* Einführung 22 ff; vgl. etwa UN-AMR EuGRZ **2000** 615 Kennedy/Trinidad, Tobago (Vorbehalt, der bei Todesstrafe jede Beschwerde ausschließt, wegen Verstoßes gegen das Ziel des 1. FP unzulässig); dazu *Stahn* EuGRZ **2000** 607.

109 Vgl. die von *Nowak* Anh. A 3 wiedergegebenen Erklärungen; zu einem italienischen Vorbehalt UN AMR EuGRZ **1983** 407.

110 Textauszug bei *Simma/Fastenrath* Nr. 42. Zur Rechtsnatur der Schlußakte (kein völkerrechtlicher Vertrag mit bindenden Verpflichtungen sondern außerrechtliche – politische – Verständigung über Grundsätze künftigen Verhaltens) vgl. *Schweisfurth* ZaöRV **36** (1976) 681; ferner *Scheuner* FS Verosta 171; *Verdross/Simma* § 545 und zu dem Bestreben nach Verrechtlichung *Breitmoser/Richter* EuGRZ **1991** 141.

111 Vgl. *Liedermann* FS Verosta 427; *Scheuner* FS Verosta 177.

fens vom 15.1.1989[112] bekräftigen die Teilnehmerstaaten, daß sie die Menschenrechte und Grundfreiheiten achten und garantieren und daß sie – soweit nicht geschehen – den Beitritt zum IPBPR und zum Fakultativprotokoll in Erwägung ziehen. Das **Kopenhagener Abschlußdokument** vom 29.6.1990 wiederholt dies[113]. Die wichtigsten Menschenrechte, die meist mit dem Wortlaut der MRK oder des IPBPR in den Text dieses Dokumentes aufgenommen worden sind, werden als wesentlicher Ausdruck der Menschenwürde und der für alle gleichen, unveräußerlichen Rechte anerkannt. In der **Charta von Paris für ein neues Europa** vom 21.11.1990[114] bekräftigen die Regierungschefs der KSZE-Mitgliedstaaten erneut die Menschenrechte als Grundlage einer auf den Prinzipien der Demokratie und der Rechtsstaatlichkeit aufgebauten, auf gegenseitige Achtung, Frieden und Zusammenarbeit ausgerichteten europäischen Ordnung, wobei die wichtigsten Garantien gegen Menschenrechtsverletzungen einschließlich des Rechts des einzelnen auf wirksame nationale und internationale Rechtsbehelfe besonders angesprochen werden. In der Konferenz über die **Menschliche Dimension der KSZE von Moskau** vom 3.10.1991 wurde u.a. hervorgehoben, daß die Achtung der Menschenrechte ein unmittelbares und berechtigtes Anliegen aller Teilnehmerstaaten sei und nicht ausschließlich eine innere Angelegenheit des betroffenen Staates. Diese menschenrechtliche Dimension wird auch im Dokument über das **Budapester KSZE-Folgetreffen** im Jahre 1994 angesprochen, in dem die KSZE mit Wirkung vom 1.1.1995 in **OSZE** umbenannt wurde[114a]. Die Bedeutung solcher internationaler Erklärungen liegt darin, daß die Regierungen der jeweiligen Unterzeichnerstaaten ihre Bindungen an die von ihnen übernommenen Konventionspflichten und die sich daraus ergebenden Verpflichtungen bekräftigen. Gleiches gilt auch sonst für Verlautbarungen multinationaler Gremien zu einzelnen Konventionspflichten. Solche gemeinsamen Erklärungen werden auch bei der Auslegung einzelner Konventionsbestimmungen zur Bekräftigung eines bestimmten Verständnisses herangezogen[114b].

In der **Europäischen Union** gelten die materiellen Grundrechte der MRK schon jetzt **36a** als verbindliches Gemeinschaftsrecht[115]. Mit dem Inkraftreten einer Europäischen Verfassung wird die dort mit geringfügigen Änderungen als Teil II übernommene **Europäische Grundrechte-Charta** für die Gemeinschaftsorgane und die Mitgliedstaaten bei Durchführung des Gemeinschaftsrechts verbindlich (Art. 51 Abs. 1)[116]. Soweit die in ihr garantierten Rechte denen in der MRK entsprechen, haben sie die gleiche Tragweite und Bedeutung wie die jeweiligen Konventionsrechte (Art. 52 Abs. 3). Damit wird zugleich erreicht, daß die Erfüllung der von den einzelnen Mitgliedstaaten der EU eingegangenen Konventionspflichten insoweit gesichert bleibt, als diese Hoheitsbefugnisse auf die Gemeinschaft übertragen haben[116a].

II. Rechtsnatur der Konventionen, innerstaatliche Geltung

1. Als **völkerrechtliches Vertragsrecht**, das die internationale Anerkennung und die **37** kollektive Garantie eines gemeinsamen Standards bestimmter Menschenrechte in einem vertraglich festgelegten Umfang erst herbeiführen soll, können die Umschreibungen die-

---

[112] EuGRZ **1989** 85.
[113] EuGRZ **1990** 239 mit Einführung *Tretter* EuGRZ **1990** 235.
[114] EuGRZ **1990** S. 17; dazu *Hilf* EuR **1991** 19.
[114a] Vgl. *Tretter* EuGRZ **1995** 296.
[114b] Vgl. etwa die zur Bekräftigung der Auslegung angeführte Entschließung der parlamentarischen Versammlung des Europarats über den Schutz des Privatlebens in EGMR 24.6.2004 v. Hannover/D (NJW **2004** 2647).
[115] Vgl. Rdn. 47.
[116] Vgl. dazu *Hirsch* Gollwitzer-Kolloqium 81, 84.
[116a] Vgl. Art. 1 Rdn. 15.

ser Rechte und ihrer Grenzen im normativen Teil der Konventionen nicht mit einer Kodifikation bereits bestehender **allgemeiner Regeln des Völkerrechts** gleichgesetzt werden, die nach Art. 25 GG den einfachen Gesetzen vorgehen würden[117]. Dies zeigen auch die zahlreichen Vorbehalte der einzelnen Staaten. Soweit die Konventionen Rechtsgrundsätze mit umfassen, die – mit meist weniger scharf umrissenem Inhalt und in weniger detaillierter Form – nach heutiger Auffassung bereits zu allgemein anerkannten Regeln des Völkerrechts erstarkt sind[118], wie etwa das Verbot der Sklaverei[119], gelten diese nach Art. 25 GG **unmittelbar und unabhängig von jeder Ratifizierung** der Konventionen in der Bundesrepublik[120]. Im Verhältnis zu den Vertragsstaaten und für die Anrufung der Konventionsorgane bei Konventionsverletzungen ist aber auch dann grundsätzlich von dem im Vertragstext festgelegten Inhalt der dort garantierten Rechte und Freiheiten auszugehen[121]. Dieser enthält meist weitergehende und genauer umrissene Verbürgungen. Der Vertragstext würde im übrigen zwischen den Vertragsteilen selbst allgemeinen Regeln des Völkerrechts vorgehen, soweit diese nicht zu den zwingenden Normen des allgemeinen Völkerrechts (ius cogens)[122] zählen.

2. Innerstaatliche Geltung

38 **a) Allgemein.** Die MRK und die Zusatzprotokolle sowie der IPBPR haben durch **Ratifizierung und Transformierung in das innerstaatliche Recht** ihre Rechtsnatur als völkerrechtliche Verträge der Vertragsstaaten nicht verloren[123]. Ob und mit welchem **Rang** sie in den einzelnen Mitgliedstaaten innerstaatlich gelten, ist unterschiedlich, da das Verhältnis zwischen dem nationalen Recht und dem Völkervertragsrecht in den einzelnen Staaten unterschiedlich beurteilt wird. Bei der Europäischen Menschenrechtskonvention reicht die Bandbreite von der Verneinung jeder innerstaatlichen Geltung des Vertragstextes[124], der Geltung als einfaches Gesetz oder als den einfachen Gesetzen vorgehendes Recht im Range unterhalb der Verfassung[125] bis zur ausdrücklichen Verleihung des Verfassungsrangs (Österreich) oder der Zuerkennung eines Überverfassungsrangs[126].

---

117 Vorherrschende Meinung; vgl. die Nachweise bei *Maunz/Dürig* GG Art. 1 Abs. 2 Rdn. 57 ff; *Morvay* ZaöRV **21** (1961) 89/93; *Echterhölter* JZ **1955** 689; *Frowein* FS Zeidler 1770; *Herzog* DÖV **1959** 44; **1960** 775; *Hesse* EuGRZ **1978** 428; *Partsch* 29; *Ress* FS Zeidler 1794; *Silagi* EuGRZ **1980** 632; IRG-Kom/*Vogler* § 73, 7, *v. Münch* Vorbem. zu Art. 1 bis 19 GG, Rdn. 80; ferner etwa OVG Münster NJW **1956** 1375 mit weit. Nachw.; **a. A** *Guradze* Einl. § 5 II bis V (allgemeine Regeln); *Verdross/Simma* § 855. Zur Problematik ferner *Frowein* FS Zeidler 1768; *Ress* FS Zeidler 1789.

118 BVerfGE **46** 342/362 geht (obiter dictum) vom Bestehen allgemeiner Regeln des Völkerrechts im Bereich des menschenrechtlichen Mindeststandards aus; ebenso *Herzog* EuGRZ **1990** 486; *Haefliger* EuGRZ **1990** 481 (Menschenrechte, die nicht nach Art. 15 Abs. 2 MRK außer Kraft gesetzt werden können, rechnen zum völkerrechtlichen ius cogens). Vgl. *Silagi* EuGRZ **1980** 644; *Hofmann* FS Zeidler 1989; *Weigend* StV **2000** 386; ferner *Maunz/Dürig* GG Art. 1, 57; *Geck* DVBl. **1956** 525 die dies offenlassen.

119 Vgl. BVerfGE **59** 280/283; **63** 332; *Doehring* ZaöRV **36** (1976) 88; *Silagi* EuGRZ **1980** 647; *Strebel* ZaöRV **36** (1976) 177; vgl. ferner Art. 4 MRK Rdn. 3.

120 Vgl. etwa *Grabenwarter* VVDStL **60** (2001) 290, 306; *Walter* ZaöRV **59** (1999) 972.

121 So EKMR EuGRZ **1975** 483 (Hess).

122 Zur Definition vgl. Art. 53 WVK; *Verdross/Simma* § 525.

123 *Scheuner* FS Schlochauer 904; *Walter* ZaöRV **59** (1999) 961 ff.

124 So nach den relativ spät ergangenen Inkorporationsgesetzen der nordischen Staaten (vgl. *Sundberg* JIR **40** (1997) 181) wohl nur noch Irland und vor dem Erlaß des Human Rights Act 1998 auch Großbritannien; dazu und zu den Besonderheiten des am 2.10.2000 in Kraft getretenen Human Rights Acts, der zwar die Art. 2 bis 18 MRK (ohne Art. 13 und 15) wortgetreu übernimmt, ihre direkte Anwendbarkeit aber einschränkt, vgl. *Grabenwarter* VVDStRL **60** (2001) 290, 300 ff; *Grabenwarter* § 3 Rdn. 3 ff, 9; *Kühne* StV **2001** 73, 77; *Peters* § 1 II; ferner etwa *Baum* EuGRZ **2000** 281; *Grote* ZaöRV **58** (1998) 309 und Fußn. 131.

125 Mehrere Staaten, darunter auch Frankreich, vgl. *Grabenwarter* § 3 Rdn. 3; *Peters* § 1 II.

126 Vgl. *Grabenwarter* VVDStRL **60** (2001) 290, 300 ff; *Grabenwarter* § 3 Rdn. 2 (so Niederlande); ferner etwa *Bleckmann* EuGRZ **1994** 150; *Villiger* HdB 53.

b) In der Bundesrepublik gelten die MRK und die Zusatzprotokolle, die nach Art. 59 Abs. 2 GG in der Form eines einfachen Bundesgesetzes ratifiziert worden sind, nach der vorherrschenden Meinung als **einfaches Bundesrecht**[127]. Innerstaatlich sind alle Gerichte und Behörden zu ihrer Beachtung verpflichtet; sie begründen innerstaatlich unmittelbare Rechte und Verpflichtungen für den einzelnen soweit diese bei der gebotenen völkerrechtsfreundlichen Auslegung der jeweiligen Konventionsgarantie entnommen werden können. Auf die in den Konventionen verbürgten Rechte und die dort getroffenen Wertentscheidungen kann sich jedermann vor den innerstaatlichen Gerichten und Behörden berufen, ohne daß es dazu neben dem Ratifikationsgesetz noch eines besonderen Ausführungsgesetzes bedarf[128]. Der Wortlaut der Konventionen wird von der Rechtsprechung und der vorherrschenden Meinung bei Übernahme ins innerstaatliche Recht als self-executing angesehen[129]. 39

Verfassungsrecht der Bundesrepublik. Durch die mit einfachem Bundesgesetz durchgeführte Ratifikation (Art. 59 Abs.2 GG) konnten die MRK und die in ihr garantierten Rechte nicht den Rang von **formellem Verfassungsrecht** erhalten. Die Vertragsstaaten haben für den Text der Konventionen aber auch völkervertraglich keinen innerstaatlichen Verfassungsrang gefordert. Noch weniger wollten sie der Konvention den Überverfassungsrang einer supranationalen Rechtsordnung verleihen[130]. Dies zeigt sich schon darin, daß die getroffenen Übereinkommen nach herrschender Meinung die Staaten nicht einmal verpflichten, den Konventionstext ins nationale Recht zu transformieren[131]. Es stand ihnen außerdem jahrzehntelang frei, ob sie sich den Durchsetzungs- 40

---

127 **H. M** der Rechtsspr. etwa BVerfGE **74** 358, 370; **82** 102, 120; und neuerdings grundlegend auch BVerfG 14.10.2004 – 2 BVR 1481/04 (NJW **2004** 3407); beiläufig schon BVerfGE **6** 296; 440 (BVerfGE **4** 110 ließ dies noch offen); OVG Münster NJW **1956** 1375: BGH NJW **1957** 1480; **2001** 309; BVerwG DVBl. **1977** 57; NJW **1958** 35; BayVerfGH NJW **1961** 1619; *Bernhardt* EuGRZ **1996** 339; *Britz* NVwZ **2004** 173; *Golsong* DVBl. **1956** 525; *Grabenwarter* VVDStRL **60** (2001) 305; *Grabenwarter* § 3 Rdn. 6; *Herzog* AöR **86** (1961) 237; *Herzog* EuGRZ **1990** 486; *Maur* NJW **2000** 338; *Sommermann* AöR **114** (1989) 391, 410; *Weigend* StV **2000** 386; ferner etwa *Dörr* 88; *Maunz/Dürig* Art. 1 Abs. 2 Rdn. 57; *Meyer-Goßner*[47] 3; wegen weiterer Nachweise zum Streitstand *Kühl* ZStW **100** (1988) 408; *Morvay* ZaöRV **21** (1961) 78; *Staebe* JA **1996** 79. Zum IPBPR etwa BVerwGE **65** 188; *Hofmann* Einf. S. 22. Zur Rechtslage in der Schweiz *Grabenwarter* VVDStRL **60** (2000) 301; *Villiger* EuGRZ **1991** 81, HdB 57 ff.

128 So schon der Bundestag bei der Ratifizierung; Bericht RA BTDrucks. 3338; vgl. auch *Huber* Gedächtnisschrift H. Peters 375 ff; *Villiger* HdB. 60 ff. Für die Notwendigkeit eines Ausführungsgesetzes wegen der Unbestimmtheit der Garantien *Jescheck* NJW **1954** 783; *Henrichs* MDR **1955** 40; NJW **1959** 1529; vgl. auch *Mattil* JR **1965** 167 („wünschenswert").

129 Strittig bei der Formulierung einzelner Artikel, vgl. *Scheuner* FS Jahrreiß 375. Die USA sehen den IPBPR als non-self-executing an; vgl. etwa *Seibert-Fohr* ZaöRV **62** (2002) 406.

130 Weitgehend herrschende Meinung, für die MRK vor allem BVerfGE **74** 358, 378, BGHSt **45** 321, 329, je mit weit. Nachw.; ferner etwa *Eisele* JR **2004** 12; 13; *Weigend* StV **2000** 384, 386; *Meyer-Ladewig* Einl. 29. Verfassungsrang der MRK nehmen an u. a. *Echterhölter* JZ **1955** 689 (Ableitung aus Art. 1 Abs. 2 GG; dazu etwa *Grabenwarter* VVDStL **60** (2001) 290 ff; *Guradze* Einl. § 5 I; vgl. auch *Guradze* DÖV **1961** 12); *v. Stackelberg* NJW **1960** 1265. Überverfassungsrang nimmt an *Klug* Gedächtnisschrift H. Peters 434; vgl. auch *Ress* FS Zeidler 1789. Zur unterschiedlichen Praxis der Vertragsstaaten beim IPBPR *Seibert-Fohr* ZaöRV **62** (2002) 391 ff, die S 409 ff auch darauf hinweist, daß nach Ansicht des UN-Menschenrechtsausschusses der Pakt Vorrang vor dem nationalen Recht verlangt.

131 Dies ist bei einigen Mitgliedstaaten auch nicht geschehen, so wurden in Großbritannien die Konventionen zunächst kein Bestandteil des innerstaatlichen Rechts (vgl. etwa House of Lords EuGRZ **1991** 102; *Schroth* ZStW **100** (1988) 470; erst durch den Human Rights Akt von 1998 sind wesentliche Teile der Konvention in Großbritannien auch innerstaatlich begrenzt anwendbar geworden (zur komplizierten Rechtslage vgl. *Baum* EuGRZ **2000** 281, *Grabenwarter* VVDStL **60** 290, 303; *Grabenwarter* § 3 Rdn. 9; *Rivers* JZ **2001** 127. *Chryssogonos* EuR **2001** 4. Zur unterschiedlichen Umsetzung der IPBPR *Seibert-Fohr* ZaöRV **62** (2002) 391 ff. Vgl. auch Fußn. 124.

mechanismen der Konvention unterwerfen wollten[132]. Formal sind die Gewährleistungen der Konventionen als solche aber auch dort **kein materielles Verfassungsrecht,** wo sie inhaltlich mit innerstaatlichen Verfassungsnormen, vor allem mit Grundrechten des Grundgesetzes, übereinstimmen[133] oder dessen Auslegung sogar mitbestimmt haben[134]. Die Konventionen verdrängen die innerstaatlichen Gewährleistungen der Menschenrechte und Grundfreiheiten nicht, sondern setzen deren Fortbestand voraus, wie Art. 53 MRK, Art. 5 Abs. 2 IPBPR belegen[135]. Als Parallelausformung allgemein anerkannter Menschenrechte nimmt der Inhalt eines Großteils ihrer Verbürgungen allerdings – zumindest was ihren Kernbereich angeht[136] – in der Bundesrepublik **mittelbar am Grundrechtsschutz** teil, den das Grundgesetz und die Länderverfassungen nach Maßgabe der in ihnen getroffenen jeweiligen Festlegungen gewährleisten. Die Verfassungsbeschwerde kann aber nach der vorherrschenden Meinung auch in diesen Fällen nur auf die Verletzung des Grundgesetzes bzw. der jeweiligen Landesverfassung und nicht unmittelbar allein auf die Verletzung eines Konventionsrechts gestützt werden. Durch das Bekenntnis zu den Menschenrechten in Art. 1 Abs. 2 GG wird der Wortlaut der einzelnen Verbürgungen der internationalen Menschenrechtspakte nicht unmittelbarer in das Grundgesetz inkorporiert[137]. Die Beachtung dieser Rechte wird aber insoweit überprüft, als in Verbindung mit dem einschlägigen Grundrecht ein Verstoß gegen die Auslegung eines Konventionsrechts durch den EGMR behauptet wird. Wo innerstaatlich Auslegungs- und Abwägungsspielräume bestehen, kommt der Auslegung der EGMR auch innerstaatlich der Vorrang zu, sofern nicht die durch Grundgesetz und Grundrechte Dritter gezogenen verfassungsrechtlichen Grenzen überschritten werden[137a]. Ist ein Recht aus den Menschenrechtspakten verletzt, das nicht bereits in einem entsprechenden speziellen Grundrecht des Grundgesetzes mit enthalten ist, sondern innerstaatlich nur als einfaches Recht gilt, wäre denkbar, dies unter dem Blickwinkel eines Verstoßes gegen das „Auffanggrundrecht" des Art. 2 Abs.1 GG auch verfassungsgerichtlich zu rügen, da dann ein auch innerstaatlich gesetzlich nicht gedeckter und damit gesetzwidriger Eingriff in dessen umfassenden Schutzbereich vorliegt[138]. Diesen Weg ist die Praxis allerdings bisher nicht gegangen.

41 Bei der **Auslegung des Grundgesetzes**, vor allem bei Bestimmung von Inhalt und Reichweite der Grundrechte und des Rechtsstaatsprinzips, wird auch der jeweilige Inhalt und Entwicklungsstand der Menschenrechtskonventionen und die Rechtsprechung des

---

[132] Erst die Reform des Verfahrens der MRK durch das 11. ZP machte die Gerichtsbarkeit zwingend.

[133] Vgl. etwa *Jaeger/Broß* Landesbericht Deutschland auf der XII. Konferenz der Europäischen Verfassungsgerichte, EuGRZ **2004**, 1 13 ff, sowie die dort (16 ff; 42 ff; 54 ff) wiedergegebenen Landesberichte zu der Rechtslage in Österreich, Schweiz und Liechtenstein.

[134] Als Auslegungshilfe ist die MRK in ihrer konkreten Ausgestaltung durch die Rechtsprechung des EGMR vorrangig heranzuziehen, vgl. BVerfGE **74** 258, 370; BVerfG 14.10.2004 – (NJW **2004** 3407), Rdn. 61, 62; *Pache* EuR **2004** 293, 401; ferner *Grabenwarter* § 3 Rdn. 6.

[135] Vgl. *Meyer-Ladewig* 2; *Frowein/Peukert* Art. 60 MRK a. F.

[136] Zu der vor allem in Randbereichen zu findenden Einbuße an Allgemeingültigkeit, die in jeder von nationalgeschichtlichen Traditionen mitbestimmten Wortfassung (Positivierung) der Grundsätze liegt, vgl. *Huber* GedS H. Peters 38 ff.

[137] Vgl. *Staebe* JA **1996** 79; *Weigend* StV **2000** 386.

[137a] BVerfG 14.10.2004 – (NJW **2004** 3407), Rdn. 61 ff, wo diese Einschränkung der von der völkerrechtsfreundlichen Auslegung gebotenen Pflicht zur Berücksichtigung der Ansicht des EGMR aus dem Vorrang des Verfassungsrechts vor dem innerstaatlich als einfaches Bundesrecht inkorporierten Konventionsrecht hergeleitet wird.

[138] Vgl. *Grabenwarter* VVDStL **60** 290, 306; *Grabenwarter* § 3 Rdn. 8; *Frowein* ZaöRV **46** (1986) 286; *Frowein* FS Zeidler II 1763, 1770; *Uerpmann* Die Europäische Menschenrechtskonvention und die deutsche Rechtsprechung (1983) 106: *Limbach* EuGRZ **2000** 418, ferner *Dreier* GG Art. 2 Rdn. 41.

EGMR als Auslegungshilfe in Betracht gezogen[139]. Dies gilt grundsätzlich auch, soweit sich der Inhalt der Konventionsverbürgungen dadurch fortentwickelt[140]. Eine formale Bindung des Bundesverfassungsgerichts an die Auslegung der MRK durch den EGMR besteht aber nicht[141]. Wo im Einzelfall der Grundrechtsschutz über die Konventionen hinausreicht, gilt er ohnehin unbeeinträchtigt weiter (vgl. Art. 53 MRK)[142].

Die **weitergehenden Auffassungen**, die der MRK **Übergesetzesrang** oder **Verfassungsrang** zuerkennen[143], weil an ihren Regeln auch die innerstaatliche Gesetzgebung gemessen wird, oder sie trotz des Fehlens einer unmittelbaren eigenen Hoheitsgewalt des EGMR als eine der Verfassung vorgehende Rechtsordnung einer supranationalen Einrichtung im Sinne des Art. 24 GG einstufen wollen, haben sich in der Praxis nicht durchgesetzt[144]. Die Organe der MRK (Gerichtshof, Ministerkomitee des Europarats) werden als Einrichtungen der Vertragsstaaten angesehen; ihnen wurde keine eigene Hoheitsgewalt übertragen, die sie auch in den Vertragsstaaten unmittelbar ausüben können, ihre Entscheidungen entfalten in den Mitgliedstaaten keine unmittelbare Rechtswirkung. Deshalb lehnt die vorherrschende Meinung es ab, sie als zwischenstaatliche Einrichtung anzusehen, der in Bezug auf die Mitgliedstaaten eigene Hoheitsrechte im Sinne des Art. 24 GG eingeräumt wurden; den Konventionsverbürgungen der MRK werden unter diesem Gesichtspunkt deshalb kein Rang über den nationalen Gesetzen zugebilligt[145]. **42**

c) Bei der Beurteilung des **Verhältnisses zu anderem Bundesrecht** ist zu beachten, daß die Konventionen durch die Transformierung ins innerstaatliche Recht nach Art. 59 Abs. 2 GG ihren Charakter als völkerrechtliche Verträge behalten haben, die den Fortbestand des nationalen Rechts voraussetzen und dieses mit ihren Garantien nur überlagern, nicht aber ersetzen sollen. Als einfaches **Bundesrecht im Gesetzesrang** geht der Inhalt der Konventionen den Verordnungen des Bundes und allem Landesrecht vor. Ihren Gewährleistungen widersprechende ältere Bundesgesetze wurden mit ihrem Inkrafttreten in der Bundesrepublik schon durch ihre Änderungskraft als späteres Gesetz **(lex posterior)** abgeändert oder aufgehoben, soweit sie nicht durch eine vertretbare Auslegung mit ihr in Einklang gebracht werden können[146]. Soweit das Bundesrecht keine Aussagen enthielt, haben sie es ergänzt. Übereinstimmendes Bundes- und Landes- **43**

---

139 Für die MRK vor allem BVerfGE **70** 370; BVerfG NJW **1990** 2741; zur Entwicklung der Rechtsprechung bei der Auslegung des Grundgesetzes vgl. etwa *Bernhardt* EuGRZ **1996** 339; *Frowein* FS Zeidler 1763; *Maunz-Dürig/Schmidt-Aßmann* Art. 103 Abs. 1 GG Rdn. 24; ferner *Bryde* Der Staat **42** (2003) 61, 65 ff; *Kühl* ZStW **100** (1988) 410; *Ress* FS Zeidler 1795 ff. *Weigend* StV **2000** 387.

140 Zum evolutiven Charakter und dessen Grenzen vgl. *Ress* FS Zeidler 1774.

141 Vgl. BVerfG 14.10.2004 2 BVR 1481/04, (NJW **2004** 3407) Rdn. 37 (Rechtswirkung unterhalb des Verfassungsrechts); ferner *Jaeger/Broß* EuGRZ **2004** 1, 13.

142 Zur Problematik *Grabenwarter* DVBl. **2001** 1. 19

143 Etwa *Bleckmann* EuGRZ **1994** 152.

144 *Eisele* JR **2004** 12, 13; *Sommermann* AöR **114** (1989) 408; *Staebe* JA **1996** 80; *Weigend* StV **2000** 384, 386. Zum Meinungsstand vgl. etwa die Nachweise bei *Klug* GedS H. Peters (1967) 434; für Verfassungsrang (Art. 1 Abs. 2 25 GG, „ordre public international"); *Bleckmann* EuGRZ **1994** 152; *Frowein* FS Zeidler 1764, 1770; *Sternberg* Der Rang von Menschenrechtsverträgen im Deutschen Recht unter besonderer Berücksichtigung von Art. 1 Abs. 2 GG (1999); ferner auch *Ress* FS Zeidler 1775, 1790 ff; EuGRZ **1996** 353; *Walter* ZaöRV **59** (1999) 961, insbes. 972 ff (Vorrang über Art. 24 GG); vgl. auch nachf. Fußn.

145 Vgl. *Grabenwarter* § 3 Rdn. 7. Zur Tendenz, der MRK über eine „Staatengemeinschaft Menschenrechtskonvention" als zwischenstaatliche Einrichtung im Sinne des Art. 24 GG Übergesetzesrang zu verleihen vgl. *Ress* FS Zeidler 1775, 1779, 1789 ff; *Walter* ZaöRV **59** (1999) 974.

146 Vorherrschende Meinung; für die MRK etwa OLG Bremen NJW **1960** 1265; OLG Düsseldorf NStZ **1985** 370; 731; *Echterhölter* JZ **1955** 689; *Meyer-Goßner*[47] Vorbem. 4; *Kühne* NJW **1971** 224; *v. Münch* JZ **1961** 153; *Woesner* 1961 1383. **A.A** *v. Weber* MDR **1955** 386.

recht ist bestehen geblieben. Es hat durch sie nur zusätzliche, übernationale Rechtsschutzgarantien erhalten. Innerstaatliches Recht, das in den Freiheitsgewährleistungen über die Forderungen der Konventionen hinausreicht, wird durch sie nicht eingeschränkt (Art. 53 MRK, Art. 5 Abs. 2 IPBPR). Später erlassenes Bundesrecht ist im Lichte der völkerrechtlichen Verpflichtungen der Bundesrepublik durch die Konventionen so auszulegen, daß es mit ihnen in Einklang gebracht werden kann[147]. Es ist ohne eine ausdrückliche Aussage des Bundesgesetzgebers nicht anzunehmen, daß sich dieser mit neuem Recht über die völkerrechtlichen Verpflichtungen der Bundesrepublik hinwegsetzen wollte. Nur wenn eindeutig feststehen würde, daß der Gesetzgeber in einem späteren Bundesgesetz bewußt von der MRK oder dem IPBPR abweichen wollte[148] oder wenn er eine mit den Konventionen bei jeder Auslegung schlechthin unvereinbare Regelung erlassen würde und wenn diese dann nicht ihrerseits gegen eine im Lichte der Konventionen auszulegenden Verbürgung des Grundgesetzes[149] verstößt, würde diese einer Konventionsregelung innerstaatlich vorgehen, auch wenn dadurch eine völkervertragliche Verpflichtung der Bundesrepublik verletzt werden sollte[150]. Gleiches gilt, soweit spätere völkerrechtliche Verträge mit anderen Staaten innerstaatlich Bundesrecht geworden sind[151].

44 In dem vom Vertragsgegenstand sachlich **begrenzten Rechtsraum der Europäischen Union** nehmen allerdings die materiellen Verbürgungen der MRK ebenso wie die Verfassungsüberlieferungen der Mitgliedstaaten[152] als allgemeine Rechtsgrundsätze des Gemeinschaftsrechts (vgl. Art. 6 Abs. 2 EUV) auch **innerstaatlich** an dessen **Anwendungsvorrang** teil. In seinem Anwendungsbereich, also auch bei der innerstaatlichen Durchführung des Gemeinschaftsrechts gehen sie deshalb allem innerstaatlichen Recht vor[153]. Insoweit greift der Vorrang späterer (nationaler) Gesetze nach der lex-posterior-Regel dann ohnehin nicht.

3. Geltung in der Europäischen Union

45 **a)** Die Europäischen Gemeinschaften und ihre Fortentwicklung als Europäische Union sind **keine Vertragsparteien** der Konvention. Die vom Grundsatz der begrenzten Einzelermächtigung bestimmten Gemeinschaftsverträge verleihen der Gemeinschaft keine allgemeine Befugnis, Vorschriften auf dem Gebiet des Menschenrechtsschutzes zu erlassen oder völkerrechtliche Verträge auf diesem Gebiet zu schließen. Der wiederholt

---

[147] Vgl. BVerfGE **74** 370; *Bernhardt* EuGRZ **1996** 339; *Echterhölter* JZ **1955** 689; *Frowein* FS Zeidler 1763 und DÖV **1998** 809. Das Harmonisierungsgebot wird aus der Völkerrechtsfreundlichkeit des Grundgesetzes hergeleitet, vgl. *Bleckmann* DÖV **1979** 309; *Ress/Schreuer* 36 ff; *Weigend* StV **2000** 387; *Villiger* HdB 58.

[148] Die damit erreichte weitgehende „Gesetzesfestigkeit" kommt im Ergebnis den Meinungen im Schrifttum nahe, die zur Einschränkung der lex-posterior Regel einen Übergesetzesrang bzw. den Vorrang der Konventionsgarantien als lex specialis oder Kraft antizipierten Änderungsverzichts annehmen; vgl. etwa *Ress* FS Zeidler 1790; *Ress* in I. Maier 274 mit weit. Nachw.; ferner den Überblick bei *Kühl* ZStW **100** (1988) 408 mit weit. Nachw.

[149] *Herzog* DÖV **1959** 49; *Villiger* HdB 58; vgl. Rdn. 44.

[150] Vgl. östr. VFGH EuGRZ **1990** 186; auch BVerfGE **74** 370; *Weigend* StV **2000** 387; zum gleichen Ergebnis kommt *Villiger* EuGRZ **1991** 81 für die Schweiz.

[151] Vgl. auch Art. 30 WVK.

[152] Zum Verhältnis zwischen beiden vgl. *Grabenwarter* § 4 Rdn. 3: Grundrechtsschutz auf Grund der allgemeinen Verfassungsüberlieferungen kann über den der MRK hinausgehen, diesen aber nicht unterschreiten; die Verfassungsüberlieferung der Mitgliedstaaten hat vor allem dort Bedeutung, wo in der MRK Garantien fehlen. Vgl. auch Rdn. 46, 48, 49.

[153] Vgl: Rdn. 42, ferner etwa *Britz* NVwZ **2004** 373, 374; *Kanitz/Steinberg* EuR **2003** 1013 ff; *Pache* EuR **2001** 475, 477.

geforderte Beitritt zur MRK[154] würde eine Änderung der Gemeinschaftsverträge[155] und auch eine Änderung der MRK voraussetzen, deren Vertragsparteien bisher nur Staaten sein können, die Mitglieder des Europarats sind (Art. 59 Abs. 1 S. 1 MRK)[156]. Gegenwärtig bestehen unmittelbare Vertragsrechte oder Vertragspflichten aus der MRK für die Gemeinschaft nicht; Rechtsakte der Gemeinschaft kann der EGMR nicht nachprüfen[157]. Auch soweit die materiellen Verbürgungen der MRK als allgemeine Quelle des Gemeinschaftsrechts nach Art. 6 Abs. 2 EUV für das Handeln der Organe der Gemeinschaft verbindlich sind (vgl. nachf. Rdn), entscheidet über deren Tragweite der EuGH (vgl. Art. 46 Buchst. d EUV), so daß die Gefahr von formal nicht zu bereinigenden Rechtsprechungsdivergenzen zwischen beiden unabhängig nebeneinander judizierenden Gerichten besteht[158].

b) Die **normativen Grundrechtsverbürgungen** der MRK werden als eine allgemeine **46**
Quelle des Gemeinschaftsrechts angesehen. **Als Ausprägung gemeinsamer Rechtsanschauungen** der Mitgliedstaaten der Europäischen Union sind sie für die Organe der Gemeinschaft **primärrechtlich** verbindlich[159]. In Art. 6 Abs. 2 EUV[160] wird im Anschluß an die Feststellung, daß die Union auf die allen Mitgliedstaaten gemeinsamen Grundsätzen der Freiheit, der Demokratie, der Achtung der Menschenrechte und Grundfreiheiten sowie der Rechtsstaatlichkeit beruht, ausdrücklich angesprochen, daß die Europäische Union die Grundrechte achtet, wie sie in der MRK gewährleistet sind und wie sie sich aus den gemeinsamen Verfassungsüberlieferungen der Mitgliedstaaten **als allgemeine Grundsätze des Gemeinschaftsrechts** ergeben[161]. Die Organe der Gemeinschaft werden dadurch ausdrücklich auch an die in der MRK festgelegten Grundsätze gebunden[162], die als rudimentäres Verfassungsrecht die Auslegung der in den Gemeinschaftsverträgen verankerten Grundfreiheiten mitbestimmen[163]. Soweit die Mitgliedstaaten der EU Gemeinschaftsrecht innerstaatlich unmittelbar umsetzen, nehmen die Grundrechte der MRK auch **innerstaatlich am Vorrang des Gemeinschaftsrechts** teil[164]. Wieweit dazu auch die Rechte aus den nicht von allen Mitgliedstaaten ratifizierten **Zusatzprotokollen** ge-

---

154 Vgl. etwa *Golsong* EuGRZ **1978** 346; **1979** 70; *Vogel* EuGRZ **1979** 50; *Rodriguez Iglesias* EuGRZ **2002** 206.

155 Gutachten des EuGH EuGRZ **1996** 197 ff. Vgl. ferner Memorandum der EG-Kommission zum Beitritt EuGRZ **1979** 330 mit Anm. *Bieber* und die Entschließung des Europ. Parlaments vom 29.10. 1982 (EuGRZ **1982** 485); vgl. den Antrag Finnlands zur Kompetenzerweiterung EuGRZ **2000** 572; sowie etwa *Callewaert* EuGRZ **2003** 198; *Grabenwarter* VVDStL **60** (2001) 290, 325 ff; *Grabenwarter* § 4 Rdn. 18. Zu den verschiedenartigen Problemen eines Beitritts etwa *Engel* EuGRZ **2003** 388; *Frowein/Peukert* Einl. 13; *Rengelin* EuR **1979** 124; *Rengelin* DÖV **1977** 409; *Weber* DVBl **2003** 220, 225; ferner zu den Lösungsmöglichkeiten *Grabenwarter* § 4 Rdn. 17, 18. Der Entwurf eines Verfassungsvertrags der EU sieht jetzt einen Beitritt vor; dazu etwa *Callewaert* EuGRZ **2003** 198; *Grabenwarter* EuGRZ **2004** 563, 569; *Pache* EuR **2004** 393, 413; *Ruffert* EuGRZ **2004** 466, 471 ff.

156 *Grabenwarter* § 4 Rdn. 18; *Krüger/Polakiewicz* EuGRZ **2001** 102; *Pache* EuR **2004** 413.

157 EGMR 18.2.1999 Matthews/UK (NJW **1999** 3107); *Böse* ZRP **2001** 403.

158 Vgl. *Grabenwarter* DVBl. **2001** 3 ff; *Grabenwarter* § 4 Rdn. 16; *Krüger/Polakiewicz* EuGRZ **2001** 92, 98 ff; ferner nachf. Fußn.

159 Vgl. *Suerbaum* EuR **2003** 390, 400; *Grabenwarter* VVDStRL **60** (2001) 290, 325; weiter *Kokott* AöR **121** (1996) 599 (zu Art. F Abs. 2 des Vertrags von Maastrich).

160 Art. 6 Abs. 2 EUV in der Fassung des Vertrags von Amsterdam übernimmt wortgleich Art. F Abs. 2 des Vertrags von Maastrich.

161 Vertrag von Amsterdam zur Änderung des Vertrags über die Europäische Union, der Verträge zur Gründung der Europäischen Gemeinschaften sowie einiger damit zusammenhängender Rechtsakte vom 2.10.1997 (BGBl. II 1998 S. 387), dazu *Busse* NJW **2000** 1074; *Alber* EuGRZ **2001** 349.

162 Vgl. *Schilling* EuGRZ **2000** 2, 11 f, 25 ff mit Nachw.

163 Ob man deshalb ihnen schon jetzt Vorrang vor den Grundfreiheiten der Gemeinschaftsverträge zuerkennen muß oder ob sie diesen wegen des gleichen Rangs ihrer vertraglichen Rechtsgrundlage erst mit ihrer Inkorporation in die Europäische Verfassung erhalten, ist fraglich, vgl. dazu *Frenz* EuR **2002** 603.

164 Vgl. Rdn. 44.

hören, mag fraglich sein[165]. Als Beleg für eine gemeinsame europäische Rechtstradition können sie aber wohl bei allen Mitgliedstaaten der Gemeinschaft herangezogen werden[166].

47 Als zusätzlichen **Beleg für diese gemeinsame Rechtsüberzeugung** wird jetzt vor allem auf die derzeit rechtlich nicht unmittelbar verbindliche **Europäische Grundrechte-Charta** verwiesen[167]. Die am 7.12.2000 in Nizza vom Rat der EU, vom Europäischen Parlament und der Kommission feierlich „proklamierte" Grundrechte-Charta der Europäischen Union[168], die auf Grund eines Beschlusses des Europäischen Rates vom 4.6.1999 erarbeitet wurde, ist keine in Ausübung einer Rechtsetzungsbefugnis erlassene und deshalb nach innen und außen rechtlich verbindliche Festlegung der in ihr gewährleisteten Grundrechte[169]. Verbindlichkeit erlangt sie erst als **Teil der Europäischen Verfassung**, wenn diese von den Mitgliedstaaten ratifiziert worden ist. Soweit in ihr Rechte enthalten sind, die den in der Europäischen Menschenrechtskonvention garantierten Grundrechten entsprechen, kommt diesen nach der ausdrücklichen Bestimmung in Art. 52 Abs. 3 der Grundrechte-Charta ohnehin stets die gleiche Tragweite und Bedeutung zu, die sie nach der Europäischen Menschenrechtskonvention haben[170]. Durch diese (dynamische) Verweisung werden alle der MRK entsprechenden Grundrechte der Charta inhaltlich an die jeweilige Auslegung dieser Rechte in der MRK gebunden[171], sowohl hinsichtlich der Weiterentwicklung ihrer Tragweite als auch hinsichtlich der dort vorgesehenen Einschränkungsmöglichkeiten (vgl. etwa die Absätze 2 der Art. 8 bis 13). Einer eigenständigen Auslegung offen sind nur die Rechte aus der Grundrechte-Charta, die in der MRK und ihren Zusatzprotokollen nicht enthalten sind. Art. 53 der Grundrechte-Charta bestätigt außerdem, daß diese das Schutzniveau der Menschenrechte und Grundfreiheiten nicht einschränkt, das in den Verfassungen der Mitgliedstaaten und durch internationale Übereinkommen der Mitgliedstaaten anerkannt wurde[171]. Der **sachliche Anwendungsbereich** der Charta wird in Art. 51 Abs. 1 ausdrücklich auf die Organe und Einrichtungen der Union beschränkt, wobei auf die Beachtung des Subsidiaritätsprinzips besonders hingewiesen wird; für die Mitgliedstaaten soll die Charta nur gelten, soweit sie ausschließlich das Recht der Union durchführen[172]. Die Grundrechte-Charta wird also auch dann,

---

[165] Vgl. *Grabenwarter* VVDStL **60** (2001) 290, 328 ff, der auf den unterschiedlichen gegenwärtigen Ratifikationsstand der Zusatzprotokolle hinweist; ferner *Grabenwarter* § 4, 3 (Indizwirkung für Bestehen als gemeisamer Wert).

[166] Dies gilt besonders, wenn die Staaten, die ein Zusatzprotokoll nicht ratifiziert haben, inhaltsgleiche Rechte im IPBPR verbindlich anerkannt haben; ferner, wenn Rechte aus den Zusatzprotokollen jetzt auch in der Grundrechte-Charta aufgenommen worden sind.

[167] Vgl. etwa EuGH EuGRZ **2003** 232, 238; EuG EuGRZ **2002** 266; *Grabenwarter* VVDStL **60** (2001) 290, 343 (Bekräftigungswirkung); *Grabenwarter* § 4 Rdn. 10.

[168] Deutscher Text EuGRZ **2000** 554.

[169] Dazu etwa *Alber/Widmaier* EuGRZ **2000** 497; *Busse* EuGRZ **2002** 559 ff, *Magiera* DÖV **2000** 1017; *Weber* NJW **2000** 537; *Zuleeg* EuGRZ **2000** 511 je mit zahlreichen weiteren Nachweisen des Schrifttums. Vgl. auch *Meyer-Ladewig* Einl. Rdn. 44; Art. 1, 8, 9. Erst durch die weitgehend unveränderte Übernahme in den Teil II des am 18.6.2004 von der Regierungskonferenz in Brüssel verabschiedeten Vertragsentwurfs einer Europäischen Verfassung kann sie mit dieser Rechtsverbindlichkeit erlangen.

[170] Zur Harmonisierung der EMRK mit der EU-Grundrechte-Charta *Callewaert* EuGRZ **2003** 198; *Pache* EuR **2004** 393. Es gilt also auch das Günstigkeitsprinzip des Art. 53 MRK. Zum Verhältnis der hier zusammentreffenden drei Günstigkeitsprinzipien im Staat-Bürgerverhältnis und bei mehrpoligen Grundrechtsverhältnissen vgl. *Grabenwarter* VVDStL **60** (2001) 290, 341; *Grabenwarter* § 4 Rdn. 14; *Weber* DVBl. **2003** 220, 224 ferner Einf. Rdn. 51; Anhang Rdn. 89.

[171] Die dadurch unberührt bleibenden weitergehenden Rechte bestehen auch insoweit nach dem Günstigkeitsprinzip (vgl. vorst. Fußn.) in den einzelnen Mitgliedstaaten unberührt fort. Sie werden dadurch aber nicht selbst Bestandteil der europäischen Rechtsordnung; deren Anwendungsvorrang gilt für sie nicht.

[172] Vgl. *Hirsch* Gollwitzer-Kolloqium 81, 84; ferner *Grabenwarter* EuGRZ **2004** 563, 564 zur unterschiedlich weiten Auslegung dieser Wendung; diese hat vor allem dafür Bedeutung, wieweit eine die Dienstleistungsfreiheit beschränkende innerstaatliche Maßnahme am Gemeinschaftsrecht zu messen ist. Zum Verhältnis der EU-Grundfreiheiten zu den Grundrechten vgl. *Grabenwarter* EuGRZ **2004** 563, 567; *Kingreen* EuGRZ **2004** 570, 572 ff; *Ruffert* EuGRZ **2004** 467.

wenn sie mit einer Europäischen Verfassung Rechtsverbindlichkeit erlangen sollte, wegen ihrer Beschränkung auf die Organe der Union und die Ausführung des Gemeinschaftsrechts weder die nationalen Grundrechtsverbürgungen in den einzelnen Mitgliedstaaten noch deren zusätzliche völkervertragliche Festlegung durch die Menschenrechtskonvention und die anderen Menschenrechtspakte aushebeln. Nur im Anwendungsbereich des Gemeinschaftsrechts gelten die MRK und die Grundrechte-Charta nebeneinander; das Konkurrenzverhältnis wird aber dadurch entschärft, daß die Grundrechte-Charta insoweit die in ihr mit anderen Worten und meist vereinfacht formulierten Grundrechte in Art. 52 Abs. 3 an die (jeweilige) Auslegung der MRK und damit auch an deren Fortentwicklung durch den EGMR bindet[173]; der mögliche Konflikt mehrerer Günstigkeitsprinzipien wird dadurch zu Gunsten des Vorrangs der MRK gelöst. Die nicht in der MRK und ihren Zusatzprotokollen enthaltenen sonstigen Verbürgungen der Grundrechte-Charta können ohnehin in ihrer Geltung von dieser nicht beeinflußt werden (vgl. Art. 53 MRK).

Bereits **frühere Erklärungen** haben die gemeinsame europäische Rechtstradition der Bindung der Staatsgewalt durch Grundrechte zum Ausdruck gebracht, so etwa die **Gemeinsame Erklärung** des Europäischen Parlaments, des Rates und der Kommission vom 5.4.1977[174] sowie die **Erklärung der Grundrechte und Grundfreiheiten,** die das **Europäische Parlament** unter Berufung hierauf am 12.4.1989 verabschiedet hat und die wesentliche Verbürgungen der MRK und ihrer Zusatzprotokolle mit einschloß[175]. Solche Texte, die keine rechtliche Verpflichtung begründen, können als **Bekräftigung einer gemeinsamen Überzeugung**[176] auch für die Auslegung der in die gleiche Richtung zielenden rechtsverbindlichen Texte der Konventionen und auch für deren Fortentwicklung mit herangezogen werden. **47a**

c) Die ständige Rechtsprechung des EuGH ging bereits früher davon aus, daß die normativen Verbürgungen der MRK zu den allgemeinen Rechtsgrundsätzen gehören, die der Gerichtshof zu wahren hat „in Einklang mit den gemeinsamen Verfassungsüberlieferungen der Mitgliedstaaten und den völkerrechtlichen Verträgen, an deren Abschluß die Mitgliedstaaten beteiligt waren oder denen sie beigetreten sind"[177]. Verstößt das Gemeinschaftsrecht einschließlich des darauf beruhenden nationalen Rechts gegen sie, kann dies gegenüber den Organen der Europäischen Gemeinschaften, vor allem auch vor den Gerichten der Gemeinschaften, geltend gemacht werden[178]. Eine solche Entscheidung kann auch im Rahmen des Vorabentscheidungsverfahrens (Art. 234 EGV) von den Gerichten der Mitgliedstaaten herbeigeführt werden. Soweit dagegen ein Bezug zum Gemeinschaftsrecht fehlt, lehnt es der EuGH ab, Rechtsvorschriften, die in den Regelungsbereich des nationalen Gesetzgebers der Mitgliedstaaten fallen, auf ihre Vereinbarkeit mit der MRK zu überprüfen[179]. Ist der EuGH dagegen zuständig, orientiert **48**

173 Vgl. *Grabenwarter* § 4 Rdn. 14. *Grabenwarter* EuGRZ **2004** 563, 566.

174 EuGRZ **1977** 157; zur rechtlichen Bedeutung *Hill* EuGRZ **1977** 158; *Bothe* FS Schlochauer 766.

175 Deutscher Text EuGRZ **1989** 204; dazu *Beutler* EuGRZ **1989** 185.

176 *Bothe* FS Schlochauer 761; zur ähnlichen Bedeutung der Erklärungen der UN-Vollversammlung vgl. *Frowein* ZaöRV **36** (1976) 149; *Tomuschat* ZaöRV **36** (1976) 467 ff; ferner differenzierend *Frowein* ZaöRV **49** (1989) 778; *Ehricko* NJW **1989** 1906; zu der wenig glücklichen Bezeichnung als völkerrechtliches soft law *Verdross/Simma* § 654 ff.

177 Etwa EuGH EuGRZ **1974** 3; **1987** 378; **1989** 395; **1991** 283; zur Entwicklung *Bleckmann* EuGRZ **1981** 257; *Pernice* NJW **1990** 2414; *Pescatore* EuR **1979** 1; *Scheuner* FS Schlochauer 899/915; *Schiffauer* EuGRZ **1981** 193; *Weber* JZ **1989** 969; vgl. auch BVerfGE **73** 339/381 (Solange II) mit Nachw. der Rspr. des EuGH; ferner allgemein *Bleckmann* Die Bindung der Europ. Gemeinschaft; *Giegerich* ZaöRV **50** (1990) 836.

178 *Frowein/Peukert* Einf. 14 unter Hinweis auf die bisher allerdings nicht praktisch gewordene Gefahr divergierender Entscheidungen.

179 EuGH EuGHE **1985** 2605; EuGH EuGRZ **1991** 283; EuGRZ **2002** 604, 606; ferner etwa *Hilf/Ciesla* EuGRZ **1990** 367; *Pernice* NJW **1990** 2416.

er sich bei seinen Entscheidungen über die Vereinbarkeit des Gemeinschaftshandelns mit der gemeinsamen Rechtsüberzeugung und der Verfassungstradition der Mitgliedstaaten auch an der Rechtsprechung des EGMR[180]. Dieser kann aber gegen seine Entscheidungen nicht angerufen werden[181], so daß unterschiedliche Auffassungen über die Tragweite einzelner in der MRK verbürgten Rechte möglich sind[182]. **Konventionsverstöße durch Gemeinschaftsrecht** oder durch andere Maßnahmen der Organe der Gemeinschaften können grundsätzlich nur bei den Gemeinschaftsorganen, vor allem bei den Gerichten der Gemeinschaften (EuG, EuGH), geltend gemacht werden[183]. Wieweit ein Handeln der Gemeinschaftsorgane auch die eigene **Verantwortung der einzelnen Mitgliedstaaten** für die Einhaltung der MRK durch diese begründen kann, erscheint noch nicht endgültig geklärt[184]. Es zeigt sich aber die Tendenz, daß die Mitgliedstaaten, die insgesamt auch Vertragsparteien der MRK sind, für Konventionsverletzungen durch die Gemeinschaftsorgane auch selbst verantwortlich sind, da sie sich ihrer Schutzpflicht[185] aus Art. 1 MRK nicht dadurch entziehen können, daß sie ihre Hoheitsbefugnisse auf eine internationale Organisation übertragen haben[186]. Eine unbeschränkte Verpflichtung der einzelnen Staaten, die Beachtung der Verfahrensrechte des Art. 6 MRK durch die Europäischen Gerichte (EuG, EuGH) zu kontrollieren, wurde allerdings verneint[187]. Verstößt dagegen ein Mitgliedstaat selbst bei der Ausführung des Gemeinschaftsrechts oder bei der ihm überlassenen Umsetzung ins innerstaatliche Recht gegen die MRK, ist die betreffende Maßnahme auch ihm und nicht nur der Gemeinschaft zuzurechnen. Dann greift der Rechtsschutz der MRK stets unmittelbar ein[188].

49 **d) Gemeinschaftsverfassungsrang** haben die materiellen Verbürgungen der Menschenrechtskonvention als Teil der allgemeinen Grundsätze des Gemeinschaftsrechts nach Art. 6 Abs. 2 EuV **nur im Anwendungsbereich des Gemeinschaftsrechts**. Für diesen sachlich eingegrenzten Bereich sind die Grundrechte der MRK neben den unmittelbar durch die Gemeinschaftsverträge selbst garantierten Grundfreiheiten für alle **Organe der Gemeinschaft** und auch für die **Mitgliedstaaten innerstaatlich bei Ausführung des Gemeinschaftsrechts** verbindlich[189]; sie nehmen insoweit auch an dessen Anwendungsvor-

---

180 Vgl. *Rodriguez Iglesias* NJW **1999** 1, 8; EuGRZ **2002** 207.

181 Vgl. *Krüger/Polakiewicz* EuGRZ **2001** 92,94, *Kokott* AöR **121** (1996) 599; *Lenz* EuGRZ **1993** 584; *Pernice* NJW **1990** 2409.

182 Vgl. die Beispiele bei *Böse* ZRP **2001** 403. Zu den ähnlichen Problemen des unabhängigen Nebeneinanders zwischen Bundesverfassungsgericht und EuGH vgl. BVerfGE **37** 271 (Solange I); **73** 339 (Solange II); **89** 155 (Maastrich); **102** 147 (Bananenmarkt-Ordnung), ferner auch unter dem Blickwinkel einer die Grundrechte-Charta inkorporierenden Verfassung der Europäischen Union *Hirsch* Gollwitzer-Kolloquium 81, 84 ff.

183 Zu den hier bestehenden Lücken im Rechtsschutz *Krüger/Polakiewicz* EuGRZ **2001** 92, 95; vgl. oben Rdn. 48.

184 *Frowein* FS Schlochauer 292.

185 Zur Verletzung der Schutzpflicht aus Art. 1 MRK als dogmatischen Anknüpfungspunkt der Verantwortlichkeit der Mitgliedstaaten vgl. *Walter* AöR **129** (2004) 39, 68 ff.

186 So EGMR 18.2.1999 Matthews/GB (NJW **1999** 3107: Wahlrecht zum Europäischen Parlament in Gibraltar), 18.2.1999 Waite, Kennedy/D (EuGRZ **1999** 200); *Grabenwarter* VVDStL **60** (2001) 290, 329; *Grabenwarter* § 4, 4, 5 *Pietsch* ZRP **2003** 4; *Villiger* HdB 21; 106; *Walter* AöR **129** (2004) 39, 54 ff; *Weber* DVBl **2003** 220, 225; *Winkler* EuGRZ **2001** 23).

187 Vgl. *Frowein/Peukert* 10.

188 EGMR 15.11.1996 Cantoni/F (EuGRZ **1999** 193); 18.2.1999 Mathews/GB (EuGRZ **1999** 2000), *Frowein/Peukert* 14; ferner *Krüger/Polakiewicz* EuGRZ **2001** 92, 96; *Weber* DVBl. **2003** 220, 225; *Winkler* EuGRZ **1999** 183.

189 Vgl. EuGH NJW **2002** 2935 (Anspruch auf effektiven Rechtsschutz); EuGH EuGRZ **2002** 332; **2004** 422 (beide zu Art. 8 MRK); ferner etwa EuGH EuGRZ **2004** 415 (Auswirkung der Freizügigkeit auf innerstaatliche Pfändungsfreigrenzen); weitere Nachweise bei *Suerbaum* EuR **2003** 390, 400; vgl. ferner *Britz* NVwZ **2004** 173, 174; *Bleckmann* EuGRZ **1994** 149; *Magiera* DÖV **2000** 1016; *Pache* EuR **2001** 475; zur Problematik ferner *Ruffert* EuGRZ **1995** 518, 527 und Rdn. 49.

rang teil. Verstoßen die Mitgliedstaaten bei Anwendung des Gemeinschaftsrechts gegen die MRK, verletzen sie Gemeinschaftsrecht, so daß insoweit der Rechtsweg zu den Gerichten der Gemeinschaft gegeben ist[190]. Der EU-Vertrag verpflichtet die Mitgliedstaaten darüber hinaus, die **Grundfreiheiten** des Gemeinschaftsrechts, wie etwa die Niederlassungsfreiheit oder die Warenverkehrsfreiheit, auch innerstaatlich zu gewährleisten. Für deren Tragweite und auch für deren Schranken können auch Rechte maßgebend sein, die in den europäischen Grundrechten, vor allem also in der MRK wurzeln[191]. Da diese Grundfreiheiten in ihrem Anwendungsbereich auch die jeweils einschlägigen Freiheitsverbürgungen der Konvention mit umfassen, stellt sich die Frage, ob diese dann mit Anwendungsvorrang in das nationale Recht auch insoweit hineinwirken, als dieses im Anwendungsbereich der Gemeinschaftsfreiheiten eigene Regelungen trifft. Dies hätte zur Folge, daß im weiten Geltungsraum dieser binnenmarktbezogenen Freiheiten der EuGH das einschlägige nationale Recht auch daraufhin überprüfen kann, ob es mit den Gewährleistungen der MRK vereinbar ist. Der EuGH vertritt in einigen Entscheidungen diese Ansicht[192], die im Anwendungsbereich der Gemeinschaftsfreiheiten auch die Beachtung der Rechte aus der MRK im nationalen Recht einer zusätzlichen Kontrolle durch den EuGH unterwirft. Für andere Sachgebiete gilt dies ebenfalls, so für die mit dem Schutzbereich des Art. 8 MRK korrespondierende Datenschutzrichtlinie[192a] und auch für die Ausdehnung der Rechte aus der Unionsbürgschaft in Verbindung mit den Gleichheitsgrundrechten[193]. Gegen diese Kompetenzausweitung werden im Schrifttum Bedenken erhoben[194]. Eine Überschneidung tritt auch dort ein, wo Rechtssätze des Gemeinschaftsrechts als Teil der im jeweiligen Mitgliedstaat geltenden Rechtsordnung zu den „gesetzlich vorgesehenen“ Maßnahmen gehören können, welche die Tragweite[195] eines Konventionsrechts bestimmen. Die Zulässigkeit und Angemessenheit solcher Ausübungsschranken ist grundsätzlich im gleichen Umfang wie beim rein nationalen Recht der Prüfung des EGMR unterstellt. Eine eingehende Erörterung dieser Fragen ist im Rahmen dieser Kommentierung nicht möglich.

4. Für das **Verhältnis zwischen dem IPBPR und den Europäischen Gemeinschaften** **50**
gelten weitgehend ähnliche Grundsätze[196]. Die Europäischen Gemeinschaften als solche sind keine Vertragspartei dieses Paktes. Soweit dessen materielle Verbürgungen mit denen der MRK inhaltlich übereinstimmen, ist deren Beachtung aber mittelbar über Art. 6 Abs. 2 EUV mitgesichert. Im übrigen bleiben für die Erfüllung der sich aus diesem Pakt ergebenden Verpflichtungen die Mitgliedstaaten auch in den Bereichen verant-

---

190 Zur Vorlagepflicht nach Art. 234 Abs. 2 EGV *Britz* NVwZ **2004** 173, 174.

191 Wegen der verschiedenen Lösungsansätze vgl. *Kadelbach/Petersen* EuGRZ **2003** 694 zu EuGH 12. 6. 2003 EuGRZ **2003** 491 (Brenner-Blockade). Vgl. ferner EuGH NVwZ Beil. I **2002** 105 (Carpenter).

192 EuGH NVwZ **1993** 261; EuGRZ **2002** 332 (Carpenter: Art. 8 MRK Prüfungsmaßstab), dazu *Mager* JZ **2003** 204; *Puth* EuR **2002** 860, 867 (auch zu den Unterschieden der einzelnen Entscheidungen); ferner EuGRZ **2002** 519 (Aufenthaltsrecht Drittstaatsangehöriger) und nachfolg. Fußnoten.

192a Vgl. EuGH EuGRZ **2003** 232 (Carpenter); dazu *Ruffert* EuGRZ **2004** 466; vgl. ferner vorsteh. Fußn.

193 EuGH EuGRZ **1998** 591, 600; **2000** 596; **2001** 492; dazu *Kanitz/Steinberg* EuR **2003** 113 (insbes. auch zum Gleichheitsgebot des Art. 12 EGV); *Rossi* JZ **2002** 351; ferner *Hailbronner* NJW **2004** 2185; auch die Diskriminierungsverbote des Art. 13 EGV führten zu weit in das nationale Recht hineinwirkenden Gleichstellungsrichtlinien der EU.

194 *Britz* NVZ **2004** 173, 177; *Mager* JZ **2003** 304; *Ruffert* EuGRZ **2004** 466.

195 *Grabenwarter* § 4 Rdn. 8 verweist auf den Ausländerbegriff des § 16 MRK, der dahin zu verstehen ist, daß zumindest bei Wahlen zum Europaparlament seine Einschränkungsmöglichkeiten bei Bürgern der EU nicht Platz greifen.

196 Nach Art. 53 der Europäischen Grundrechte-Charta wird das Schutzniveau dieses Paktes, dem wohl alle Mitgliedstaaten der EU beigetreten sind, nicht eingeschränkt.

wortlich, in denen sie den Gemeinschaftsorganen der EU Regelungsbefugnisse übertragen haben[197].

51 **5. Verhältnis zwischen MRK und IPBPR.** Die völkerrechtlichen Verpflichtungen, die den Vertragsstaaten aus beiden Konventionen erwachsen, sind auch dort miteinander vereinbar, wo die Vertragstexte in ihrem materiellen Menschenrechtsteil unterschiedlich weitgehende Verpflichtungen begründen. Beide Verträge sehen im Interesse des **bestmöglichsten Menschenrechtsschutzes** vor, daß sie jeweils **weitergehende Gewährleistungen** des nationalen oder internationalen Rechts in ihrer Wirksamkeit unberührt lassen (Art. 53 MRK, Art. 5 Abs. 2 IPBPR). Wo die Konventionsverpflichtungen unmittelbar innerstaatliches Recht geworden sind, können die Rechtsunterworfenen innerstaatlich beanspruchen, jeweils nach der für sie günstigsten Norm behandelt zu werden[198]. Diese wird dadurch aber nicht zugleich Bestandteil des Vertragssystems, das sie nicht garantiert. Die Organe der MRK können zum Beispiel nicht angerufen werden, wenn ein Recht mißachtet wurde, das nicht in ihr, sondern nur im nationalen Recht oder nur im IPBPR garantiert wird. Gleiches gilt für die Organe des IPBPR. Soweit die gleichen Menschenrechte im nationalen Recht und in den beiden Pakten garantiert sind, gelten die Garantien nebeneinander. Für den **Rechtsschutz** räumt Art. 55 MRK den Rechtsbehelfen der MRK insoweit den Vorrang ein, als sich die Mitgliedstaaten verpflichten, keinen Gebrauch von zwischen ihnen geltenden Verträgen zu machen, um von sich aus einen Streit um die Auslegung oder Anwendung der MRK einem anderen als dem in der Konvention vorgesehenen Verfahren zu unterwerfen. Das **Kumulationsverbot** des Art. 35 Abs. 2 Buchst. b MRK schließt die Behandlung einer Individualbeschwerde nach Art. 34 MRK durch den EGMR aus, wenn deren wesentlicher Inhalt bereits einer anderen internationalen Untersuchungs- oder Ausgleichsinstanz unterbreitet worden ist und keine neuen Tatsachen vorgetragen werden[199]. Dieselbe Sache liegt aber nur vor, wenn sie denselben Anspruch bezüglich derselben Einzelperson betrifft[200]. Nach Art. 5 Abs. 2 Buchst. a des 1. Fakultativprotokolls zum IPBPR wird dagegen die Behandlung der Individualbeschwerde nur solange aufgeschoben, als dieselbe Sache vor einer anderen internationalen Instanz geprüft wird; nach Abschluß dieser Prüfung kann sich der UN-AMR damit befassen. Dies gilt auch für die von der EMRK und dem EGMR behandelten Sachen, die damit einer doppelten internationalen Überprüfung unterliegen könnten. Um dies zu vermeiden und um den Vorrang des einen effektiveren Rechtsschutz gewährenden gerichtlichen Verfahrens der MRK (Art. 55 MRK) nicht zu gefährden, sind entsprechend der Resolution (70) 17 des Ministerkomitees des Europarats[201] mehrere Mitgliedstaaten der MRK dem Fakultativprotokoll zum IPBPR zunächst überhaupt nicht beigetreten oder haben entsprechende Vorbehalte erklärt[202], wie jetzt auch die Bundesrepublik bei ihrem Beitritt. Soweit allerdings Staaten Zusatzprotokolle zur MRK, die Rechte aus dem IPBPR wiederholen, nicht ratifiziert haben, wie etwa die Bundesrepublik Deutschland das 7. ZP, steht das Kumulationsverbot des Art. 35 Abs. 2

---

197 Es bestehen hier die gleichen Probleme wie bei der MRK, vgl. oben Rdn. 48.

198 *Eissen* ZaöRV **30** (1970) 14; *Nowak* Art. 5 IPBPR, 14; vgl. Art. 53 MRK; wenn diese Regel nicht im Verhältnis zum Staat, sondern zwischen einander gleichstehenden Rechtsträgern angewendet werden soll, versagt sie, vgl. *Grabenwarter* VVDStR **60** (2001) 290.

199 Vgl. allgemein zum Kumulationsverbot *Ermacora* FS Verosta 187 und Anhang Rdn. 45 ff.

200 Etwa UN-AMR EuGRZ **1983** 407 zu Art. 5 Abs. 2a FP. Vgl. Anhang Rdn. 87.

201 Resolution (70) 17 des Ministerkomitees des Europarates vom 15. 5. 1970 (deutsche Übersetzung *Simma/Fastenrath* Nr. 38).

202 *Nowak* FP Art. 5, 15 ff; *Nowak* EuGRZ **1981** 514; und zum Vorbehalt Norwegens UN-AMR EuGRZ **1986** 4.

Buchst. b der Anrufung des Ausschusses nach dem 1.Fakultativprotokoll zum IPBPR nicht entgegen.

III. Auslegung

1. Allgemein. Die Auslegung der Konventionen hat davon auszugehen, daß diese – ungeachtet ihrer Transformation ins innerstaatliche Recht – völkerrechtliche Verträge geblieben sind. Primär finden daher die **Grundsätze der völkerrechtlichen Vertragsauslegung**, also auch die Regeln der Wiener Vertragsrechtskonvention, Anwendung[203]. Nach Art. 31 Abs. 3 Buchst. c dieser Konvention sind dabei auch die maßgeblichen völkerrechtlichen Regelungen, die zwischen den beteiligten Staaten anwendbar sind, in Betracht zu ziehen[204]. Die Konventionen, die selbst Völkerrecht sind, müssen in Einklang mit den anderen Grundsätzen des Völkerrechts ausgelegt werden, einschließlich denjenigen über die Immunität der Staaten und ihrer Vertreter[205]. Wie bei anderen multilateralen, zum Beitritt offenen, rechtssetzenden Konventionen, die nicht wechselseitige Interessen zwischen zwei oder mehreren Staaten regeln sondern einen gemeinsamen übernationalen Schutzzweck verfolgen, ist diese **gemeinsame Zielsetzung** zugleich Richtmaß für die Auslegung der Konventionsbestimmungen[206]. Deren Bedeutung ist unter Berücksichtigung ihres üblichen Wortsinnes der maßgebenden Vertragssprachen und des Gesamtzusammenhangs des Vertragstextes im Lichte ihres Gegenstandes und Zweckes zu ermitteln (vgl. Art. 31 WVK)[207]. Bei Zweifel hinsichtlich des Umfangs der eingegangenen Vertragspflichten sind diese aber grundsätzlich nicht wie bei zweiseitigen Staatsverträgen, die Interessen der beteiligten Staaten regeln, auf das Minimum des mit Sicherheit von allen Vertragsschließenden Gewollten zu reduzieren[208]. Die Notwendigkeit eines vernünftigen, nicht am Wortsinn oder an nationalen Rechtsbegriffen gefesselten zweckbezogenen Verständnisses der Konventionsverpflichtungen hat auch Vorrang vor dem Grundsatz völkerrechtlicher Vertragsauslegung, wonach **im Zweifel** diejenige Auslegung zu wählen ist, die die Handlungsfreiheit der vertragsschließenden Staaten am wenigsten einschränkt[209]. Dies widerspräche dem Verständnis der Konventionen als 52

---

[203] **H. M**, etwa EGMR 13.6.1979 Marckx/Belg (EuGRZ **1979** 457); und instruktiv EGMR 29.5. 1986 Deumeland/D (EuGRZ **1988** 20 Sondervoten); 18.12.1996 Loizdou/Türk (EuGRZ **1997** 555); 6.2.2003 Mamatkulow, Azkarow/Türk (EuGRZ **2003** 704); *Nowak* Einf. 15; *Scheuner* FS Schlochauer 899/904; *v. Weber* ZStW **65** (1953) 335.

[204] EGMR 21.2.1975 Golder/GB (EuGRZ **1975** 93); 18.12.1986 Johnson/Irl (EuGRZ **1986** 313); 18.12. 1996 Loizdou/Türk (EuGRZ **1997** 555); 12.12.2002 Kalogeropoulos/Griech/D (NJW **2004** 273) .

[205] EGMR 21.11.2001 Al-Adsani/GB (EuGRZ **2002** 403); 21.11.2001 Fogarty/GB (EuGRZ **2002** 411); McElhinney/Irl (EuGRZ **2002** 416); zu allen *Maierhöfer* EuGRZ **2002** 391; ferner etwa 12.12.2002 Kalogeropoulos/Griech/D (NJW **2004** 273); 6.2. 2003 Mamatkulow, Azkarow/Türk (EuGRZ **2003** 704).

[206] *Bryde* Der Staat **42** (2003) 61, 64. *Echterhölter* JZ **1956** 142 stellt für die Auslegung folgende Rangfolge auf: Gesamtinhalt und Zweck der Konvention unter Berücksichtigung der anderen Menschenrechtsverbürgungen, Auslegungsregeln des Völkerrechts, allen Vertragsstaaten gemeinsame Auslegungsregeln, wenn eine Vorschrift offensichtlich einem bestimmten Rechtskreis entnommen ist, dessen Verständnis, und dann erst der Wortlaut. Gegen eine starre Rangfolge zu Recht *Guradze* Einl. § 11 II mit weit. Nachw.

[207] Vgl. etwa EGMR 21.2.1975 Golder/GB (EuGRZ **1975** 93); 18.12.1986 Johnston/Irl (EuGRZ **1986** 313); *Grabenwarter* § 5 Rdn. 4; *Nowak* 18; ferner unten Rdn. 33 ff.

[208] Der These, daß die Auslegung die Linie des Einverständnisses der Staaten nicht überschreiten dürfe, sind die Straßburger Organe nicht gefolgt, vgl. *Scheuner* FS Schlochauer 902; gegen die Anwendung der „in dubio mitius Regel" bei der MRK auch *Breuer* EuGRZ **2003** 449 (Anm. zu EGMR 12.3.2003 Öcalan/Türk); vgl. andererseits aber EuGH EuR **1970** 39 (Stauder).

[209] Vgl. oben Rdn. 28.

rechtssetzendes objektives Regelwerk zum internationalen Grundrechtsschutz und auch ihrem Integrationsziel[210].

53 Abzulehnen ist die Auffassung, die MRK sei, wenn irgend möglich, so auszulegen, daß ihre Gewährleistungen mit den **bestehenden nationalen Vorschriften** übereinstimmt[211]. Trotz weitgehend einheitlicher Grundanschauungen weisen die in den Mitgliedstaaten historisch gewachsenen Rechtsinstitute in den Einzelheiten oft erhebliche Unterschiede auf[212]. Bei der Vielzahl der Mitgliedstaaten wäre eine solche Auslegung weder praktikabel noch würde sie der Zielsetzung der Konvention und der mit ihr erstrebten **Kollektivgarantie eines einheitlichen Mindeststandards** an Menschenrechten gerecht. Die am Schutzziel orientierte **autonome Auslegung der Begriffe** der Konventionen ist auch deswegen unerläßlich, weil die Konventionen kein einheitliches Recht in den Mitgliedstaaten fordern, sondern davon ausgehen, daß den Mitgliedstaaten zur Verwirklichung ihrer Garantien verschiedene Lösungsmöglichkeiten offen stehen. Maßgebend für die Auslegung ist vielmehr der mit den Konventionen **gemeinsam verfolgte Zweck**, die in ihnen anerkannten Menschenrechte und Grundfreiheiten in allen Vertragsstaaten voll zur Entfaltung zu bringen. Bei Ermittlung des objektiven Inhalts der einzelnen Rechte und Grundfreiheiten ist deshalb neben ihrem historischen Gehalt vor allem ihr Zusammenhang mit der allgemeinen Fortentwicklung dieser Rechte in den Vertragsstaaten und allgemein in der Völkergemeinschaft in Betracht zu ziehen.

53a Die **Praxis der Europäischen Konventionsorgane** verstand die Konvention auch früher schon als **lebendes Instrument** („living instrument"), das sich fortentwickelt und nicht unabhängig von den jeweiligen Zeitumständen interpretiert werden darf[213]. Die Entscheidungen der Konventionsorgane waren und sind grundsätzlich einzelfallbezogen, sie sollen aber auch dazu dienen, an Hand der entschiedenen Fälle die Bestimmungen der Konventionen zu verdeutlichen und fortzuentwickeln[214].

2. Einzelne Gesichtspunkte

54 **a) Wortlaut.** Der im Bundesgesetzblatt veröffentlichte **deutsche Wortlaut** ist nur eine Übersetzung der **fremdsprachigen Vertragstexte, die** für die Auslegung **allein maßgebend** sind (vgl. Art. 33 WVK). Bei der MRK wurde die alte deutsche Übersetzung von 1952, die dem Sinn einzelner Bestimmungen nicht immer voll gerecht wurde[215], jetzt in einer mit den anderen deutschsprachigen Ländern abgestimmten sprachlichen Überarbeitung unter dem 17.5.2002 im BGBl. II neu bekannt gemacht[216]. Maßgebend sind aber gleichrangig bei der MRK nur der **englische und französische Wortlaut** (Art. 66 MRK); beim IPBPR der chinesische, englische, französische, russische und spanische Wortlaut (Art. 53 Abs. 1 IPBPR)[217]. Die internationalen Organe und die Staaten als Parteien der

---

210 *Guradze* Einl. § 11 II 4; *Herzog* AöR **86** (1961) 200. Zur Integrationsfunktion der MRK und ihrem Ziel, einen Mindeststandard unabhängig vom nationalen Recht kollektiv zu garantieren, schon *Partsch* 86.

211 So *Bockelmann* FS Engisch 464; *Meyer-Goßner*[47] Vorbem. 5; *D. Meyer* NJW **1974** 1175; *v. Weber* ZStW **65** (1954) 344; *Mattil* JR **1965** 167; dagegen etwa *Guradze* Einl. § 11; *Herzog* AöR **86** (1961) 198.

212 Die von der Kommission und vom Gerichtshof behandelten Fälle zeigen diese Unterschiede sehr deutlich; vgl. auch *Bleckmann* DVBl. **1978** 457.

213 EGMR 25.4.1978 Tyrer/GB (EuGRZ **1979** 162); 13.5.1980 Artico/I (EuGRZ **1980** 662); 7.7.1989 Soering/GB (NJW **1990** 2183); vgl. *Frowein/Peukert* Einf. 7.

214 EGMR EuGRZ **1979** 149 (Nordirlandfälle) mit Anm. *Bleckmann* EuGRZ **1979** 188.

215 Zur MRK *Partsch* 84; *Ulsamer* FS Zeidler 1812 f; Beispiele etwa *Bockelmann* FS Engisch 456.

216 Bek. von 17.5.2002 BGBl. II S. 1054.

217 Zum IPBPR: *Nowak* Einf. 17 mit Hinweis auf die mit BGBl. II 1973 S. 1533 nicht völlig übereinstimmenden deutschen Übersetzungen in Österreich und der DDR. Bei den Erläuterungen der einzelnen Artikel finden sich Beispiele.

Verträge gehen daher vom **Wortlaut der Vertragssprachen** aus[218], wobei nach Art. 33 Abs. 3 WVK vermutet wird, daß die Begriffe in allen authentischen Texten die gleiche Bedeutung haben[219]. Auch die innerstaatlichen Organe müssen in Zweifelsfällen auf den fremdsprachigen Wortlaut der Vertragstexte zurückgreifen. Selbst wenn der Bundesgesetzgeber durch die Ratifikationsgesetze die ihm mit vorliegende deutsche Übersetzung gebilligt haben sollte[220], transformiert ins nationale Recht wurde bei den Konventionen jeweils der völkerrechtliche Vertrag einschließlich der jeweiligen Schlußklausel, durch die auch innerstaatlich der mitverkündete fremdsprachige Wortlaut für maßgeblich erklärt wurde[221]. Etwas anderes wäre schon deswegen nicht sinnvoll gewesen, weil der Bundesgesetzgeber sonst seinen völkerrechtlichen Verpflichtungen aus der Konvention mitunter nicht voll entsprochen hätte.

Bei **Differenzen des Wortlauts der Vertragssprachen** ist nicht der weniger verpflichtende zugrunde zu legen. Unter Berücksichtigung der Zielsetzungen der Konventionen ist die Bedeutung zu ermitteln, die die verschiedensprachigen Texte am besten miteinander in Einklang bringt (harmonisierende Auslegung)[222]. Führt dies zu keinem eindeutigen Ergebnis, ist die Auslegung zu wählen, die mit Ziel und Zweck des Vertrages am besten vereinbar ist[223]. Im allgemeinen wird bei Verträgen versucht, den Sinngehalt aus der bei der Abfassung der Entwürfe verwendeten **Arbeitssprache** zu ermitteln. Bei der MRK führt dies mitunter nicht weiter, da Englisch und Französisch gleichermaßen als Arbeitssprache dienten[224]. Im übrigen kann auch der maßgebende Wortlaut nur erste Anhaltspunkte für die Auslegung geben. Gleiches gilt für die **nationalen Rechtsbegriffe und -systeme.** Auch soweit diese die Ausarbeitung der Vertragstexte mitbeeinflußt haben, müssen die Konventionsrechte inhaltlich nicht notwendig den gleichen Sinn wie im jeweiligen nationalen Recht haben. Da eine international einheitliche Rechtssprache fehlt[225], muß die **Tragweite jeder einzelnen Konventionsverbürgung** aus sich selbst heraus ermittelt werden. Aus diesen Gründen greift eine von den Vorstellungen der nationalen Rechte gelöste **autonome Auslegung** der in den Konventionen verwendeten Begriffe Platz[226]. Anders läßt sich das Ziel der Konventionen, in allen Mitgliedsstaaten mit unterschiedlichen Rechtssystemen einen einheitlichen Mindeststandard zu garantieren, gar nicht erreichen. Auch wo der Wortlaut der Übersetzung Begriffe aus der deutschen Rechtssprache verwendet, darf dies nicht vergessen lassen, daß es sich um transformiertes Völkervertragsrecht handelt und daß es irreführend sein kann, sie mit gleichlautenden innerdeutschen Begriffen gleichzusetzen oder gar aus der innerdeutschen Dogmatik hergeleitete Schlußfolgerungen daran zu knüpfen[227]. 55

---

218 Vgl. *Matscher* EuGRZ **1982** 489; *Partsch* 84 (mit Hinweis auf eine Entscheidung der Kommission); *Grabenwarter* § 5 Rdn. 2.

219 *Grabenwarter* § 5 Rdn. 3; *Nowak* Einf. 18.

220 *Guradze* Einl. § 11; *Bockelmann* FS Engisch 464; *Echterhölter* JZ **1956** 143; *Herzog* JZ **1966** 657; *Meyer-Goßner*[47] 5; Vorbem. 5; *Lenckner* GA **1968** 6; *Partsch* 83; *Ulsamer* FS Zeidler 1813; **a. A** *Krüger* NJW **1970** 1485; *Woesner* NJW **1961** 1383; ob auch BGHZ **45** 68 sich selbst der dort wiedergegebenen Meinung anschließen wollte, mag offen bleiben, da der BGH auf den Wortlaut kein entscheidendes Gewicht legte.

221 *Grabenwarter* § 5 Rdn. 2; *Guradze* Einl. § 11, I; *Partsch* 84. Der Ansicht, dort sei nur der Gleichrang zwischen den Vertragssprachen geregelt worden (*Krüger* NJW **1970** 1483), kann nicht gefolgt werden.

222 Etwa *Grabenwarter* § 5 Rdn. 4.

223 Art. 33 Abs. 4 WVK; *Nowak* Einf. 17. Vgl. *etwa* EGMR 27. 6. 1989 Wemhoff/D (JR **1968** 463); 9. 2. 1967 belg. Sprachenfall (EuGRZ **1975** 298); *Grabenwarter* § 5 Rdn. 4 („Auffangregel").

224 *Partsch* 83.

225 *Meyer-Goßner*[47] Vorbem. 5; *Mattil* JR **1965** 167; *D. Meyer* NJW **1974** 1175; *v. Weber* ZStW **65** (1953) 344.

226 **H. M;** etwa *Ganshof van der Meersch* EuGRZ **1981** 488; *Ulsamer* FS Zeidler 1813; die Rechtspr. der Organe der MRK ist bei den einzelnen Begriffen nachgewiesen.

227 Vgl. *Ulsamer* FS Zeidler 1812.

56 **b) Die Entstehungsgeschichte** kann gelegentlich erhellen, was die am Entwurf der Konvention beteiligten Staaten damals mit der Regelung bezweckt haben[228] und wie sie eine Bestimmung verstanden wissen wollten. Als zusätzliches Auslegungsmittel hat sie aber entsprechend Art. 32 WVK nur dann Gewicht, wenn sie das Auslegungsergebnis nach Art. 31 WVK bestätigt oder wenn die Auslegung nach Wortlaut, Ziel und Zweck zu keinem eindeutigen oder zu einem unvernünftigen Ergebnis führen würde. Bei einem genügend klaren Text hat der EGMR den Rückgriff auf die Materialien abgelehnt[229]. Bei einer Konvention, die als ein sich fortentwickelndes, lebendiges Regelsystem zur effektiven Gewährleistung der Menschenrechte verstanden wird, treten außerdem die aus der Entstehungsgeschichte ersichtlichen Vorstellungen bei dem viele Jahre zurückliegenden Vertragsschluß hinter diese objektive Zielsetzung[230] und die ständige Praxis bei der Anwendung in den Vertragsstaaten und in der Spruchpraxis der internationalen Vertragsorgane und Gerichte zurück[231]. Die später den Konventionen beitretenden Staaten haben deren Verbürgungen ohnehin mit dem Inhalt übernommen, den dieser durch die Spruchpraxis ihrer Organe, insbesondere des Gerichtshofs, erhalten hat. Demgegenüber sind für sie die Details der Entstehung, an der sie nicht beteiligt waren und die ihnen beim Beitritt möglicherweise nur begrenzt zugänglich waren, ungeachtet ihrer grundsätzlichen Verbindlichkeit[232] von nachrangiger Bedeutung[233]. Obwohl die Vertragsparteien der MRK weit über die Mitgliedstaaten der Europäischen Union hinausreichen, können selbst Entwicklungen des Gemeinschaftsrechts der EU die Auslegung der MRK faktisch mitbeeinflussen[234].

c) Vorrang der teleologischen, die Wirksamkeit im Einzelfall sichernden Auslegung

57 **aa) Das gemeinsame, übernationale Ziel,** die Menschenrechte in den Vertragsstaaten **wirksam zu schützen** und ihre Verwirklichung zu fördern, bestimmt entsprechend dem Charakter dieser Verträge als rechtssetzende Konventionen maßgeblich deren Auslegung. Die Konventionen setzen die Tradition der Kodifizierung der Menschenrechte fort. Der Sinngehalt, den diese Freiheitsrechte in ihrer Jahrhunderte alten, wenn auch von nationalen Besonderheiten der einzelnen Staaten mitbestimmten Entwicklung[235] erhalten haben, hat das Vorverständnis geprägt, das Gegenstand und Inhalt der Kodifizierungen war und oft auch die Wortwahl bei der Abfassung der einzelnen Garantien bestimmte. Zweck der Kodifikationen ist die staatenübergreifende bessere Verwirklichung und praktische Durchsetzung der in ihnen umrissenen Menschenrechte und damit auch ihre Weiterentwicklung. Dies heben die **Präambeln** hervor, deren Aussagen und Zielvorstellungen nach Art. 31 WVK als Vertragsbestandteil zur Auslegung heranziehbar sind[236]. Zusammen mit Sinn und Schutzzweck der jeweiligen Garantie führt dies zu einer Auslegung, die sich weniger an dem oft unscharfen und unvollständigen Vertragswortlaut und den dort nicht notwendig stets mit gleichem Inhalt verwendeten Rechtsbe-

---

[228] Bei MRK vgl. etwa die Auslegung des Art. 1; ferner EGMR EuGRZ **1986** 313 (kein Recht auf Scheidung); ferner *Partsch* 87 ff (Bedeutung für Aufhellung logischer Widersprüche des Wortlauts). Beim IPBPR vgl. zur Heranziehung der travaux préparatoires *Hofmann* Einf. S. 23; *Nowak* Einf. 19.

[229] Etwa EGMR 1.7.1961 Lawless/Irl (Series A 1); dazu *Partsch* 87.

[230] Vgl. etwa *Khol* ZaöRV **30** (1970) 280.

[231] Auch wenn es keine Institution zur Sicherung der Einheit der Rechtsprechung ähnlich Art. 177 EGV gibt, vgl. *Scheuner* FS Schlochauer 904.

[232] Etwa *Grabenwarter* § 5 Rdn. 5.

[233] Vgl. *Partsch* 87; *Verdross/Simma* § 779 Fußn. 8.

[234] Vgl. die Beispiele bei *Grabenwarter* VVDStL **60** (2001) 290, 336; insbes. EGMR 8.12.1999 Pellegrin/F (ÖJZ **2000** 695 – funktionelle Abgrenzung des öffentlichen Dienstes bei Auslegung der zivilrechtlichen Streitigkeiten nach Art. 6 Abs. 1 MRK).

[235] *Huber* GedS H. Peters (1967) 375, 378 ff; vgl. *Grabenwarter* VVDStL **60** (2001) 290, 344 (Interpretationsansatz wie bei nationalen Verfassungen statt völkerrechtlicher Vertragsauslegung).

[236] Vgl. Präambel Rdn. 4 ff.

griffen[237] orientiert als an dem von der allgemeinen Zielsetzung her meist eindeutigen Zweck der jeweiligen Menschenrechtsverbürgung. Die Zielsetzung der Konventionen sind so auszulegen, daß der erstrebte Menschenrechtsschutz in dem zu entscheidenden Einzelfall unter den **zur Zeit der Anwendung** gegebenen örtlichen und personellen Umständen („present day conditions“) nicht leerläuft, sondern im größtmöglichen Umfang praktische Wirklichkeit erlangt. Dies erfordert auch, daß dabei auch den geänderten gesellschaftlichen Bedingungen und Anschauungen Rechnung getragen wird[238].

bb) Die **praktischen Erfordernisse eines wirksamen Menschenrechtsschutzes** verlangen eine Auslegung, die den Konventionsverbürgungen unter den gegenwärtigen Bedingungen größtmögliche Wirksamkeit verleiht („effet utile“), denn garantiert werden konkrete und effektive Rechte, nicht theoretische und illusorische[239]. Die wirksame und vernünftige Durchsetzung eines Konventionsrechts in dem zur Entscheidung anstehenden Einzelfall hat dabei stärkeres Gewicht als begriffsjuristisch scharf trennende, systematische, theoretische und dogmatische Überlegungen[240], die gelegentlich vom EGMR ausdrücklich dahingestellt werden[241]. Bei dem mitunter wenig bestimmten und sichere juristische Konturen vermissen lassenden Wortlaut der Konventionen führen abstrakte rechtstheoretische Überlegungen ohnehin kaum weiter. Eine am nationalen Recht entwickelte Dogmatik wäre bei der Vielzahl der von den Konventionen umfaßten unterschiedlichen nationalen Rechtsordnungen zur Erarbeitung allgemeingültiger Lösungen ungeeignet. Eine vernünftige und praktikable[242] Interpretation der Garantien, die deren Reichweite im Hinblick auf die konkreten Gegenwartserfordernisse des von den Konventionen erstrebten effektiven Menschenrechtsschutzes bestimmt, kann im übrigen auf die durch die historische Entwicklung tradierte grundsätzliche Zielsetzung dieser Rechte und Freiheiten zurückgreifen und damit zumindest für deren Kernbereich auch ihre gegenwartsbezogenen Inhalte hinreichend deutlich festlegen. Als maßgebende Kriterien für die dafür erforderliche Wertung werden vielfach auch die Üblichkeit und Vereinbarkeit einer Maßnahme mit der allerdings nur von der MRK vorausgesetzten freien demokratischen Staatsordnung angeführt[243], ferner der eng damit verbundene Grundsatz in dubio pro liberatate[244] und vor allem der alles staatliche Handeln im Menschenrechtsbereich begrenzende Grundsatz der Verhältnismäßigkeit. **58**

---

[237] *Ulsamer* FS Zeidler 1813; zum unterschiedlichen Begriff „Gericht“ vgl. Art. 5 MRK Rdn. 39; 107; 121; Art. 6 MRK Rdn. 49.

[238] Vgl. *Grabenwarter* § 5 Rdn. 14 ff; *Grewe* ZaöRV **61** (2001) 459, 467 je mit weit. Nachw.

[239] Zu der Auslegung nach dem „effet utile“ und deren Zusammenhang mit der teleologischen Auslegung vgl. etwa EGMR 23.7.1968 Belg.Sprachenfall (Series A 6); 28.11.1978 Luedicke u. a./D (EuGRZ **1979** 34); 13.6.1979 Marckx/Belg (EuGRZ **1979** 454); 9.10.1979 Airey/Irl (EuGRZ **1979** 626); 13.5.1980 Artico/I (EuGRZ **1980** 664); EKMR **1991** 259: *Ganshof van der Meersch* EuGRZ **1978** 42 mit Nachw. der Rspr. des EGMR; *Grabenwarter* § 5 Rdn. 16; *Meyer-Ladewig* Einl. 32; *Trechsel* EuGRZ **1987** 71; ferner auch *Guradze* Einl. § 11 II 1 („vernünftiges Ergebnis, das Vertragszweck effektiv macht“); *Partsch* 86; *Villiger* HdB 155; vgl. unten Rdn. 61 ff.

[240] Etwa EGMR 13.5.1980 Artico/I (EuGRZ **1980** 662); *Ganshof van der Meersch* EuGRZ **1978** 42 mit weit. Nachw.; *Trechsel* EuGRZ **1987** 71. Zum praktischen Vorrang der kasuistischen Rechtsprechung bei der Umsetzung eines unscharfen Wortlauts, wobei erst später als zweiter Schritt eine Systematisierung folgen kann, vgl. *Bleckmann* EuGRZ **1981** 257.

[241] So beispielsweise der Gerichtsbegriff, vgl. Rdn. 33; Art. 6 MRK Rdn. 49 mit Nachw.

[242] Zu dem vor allem im angelsächsischen Rechtsbereich entwickelten Grundsatz der „vernünftigen Auslegung“ („rule of reason“) vgl. etwa *Echterhölter* JZ **1956** 142; *Guardze* Einl. § 11, II 1; *Khol* ZaöRV **30** (1970) 282 („reasonableness and practicability“).

[243] Vgl. etwa die ausdrückliche Forderung der Demokratieüblichkeit in den Absätzen 2 der Art. 8 bis 11 MRK.

[244] *Callies* EuGRZ **1996** 291; 297 unter Hinweis auf EGMR 26.4.1979 Sunday Times/GB (EuGRZ **1979** 386), wonach die Ausnahmen und nicht die Grundsätze eng zu interpretieren sind, sowie auf EGMR 7.7.1989 Soering/GB (NJW **1990** 2183).

59 **d)** Zurückgegriffen wird bei der Auslegung auch auf die **gemeinsamen Rechtsüberzeugungen aller Vertragsstaaten: Bei der MRK** sind dies die als Bestandteil des gemeinsamen europäischen Erbes angesehenen, allgemeinen Rechtsgrundsätze der westeuropäischen Demokratien[245]. Das sind vor allem der Gleichheitsgrundsatz und das Rechtsstaatsprinzip (rule of law)[246], das vom Ausschluß jeder Willkür und dem Grundgedanken bestimmt wird, daß alle staatlichen Eingriffe in den Bereich des einzelnen der Rechtsbindung unterliegen, für den einzelnen vorhersehbar sein und den Grundsatz der Verhältnismäßigkeit wahren müssen. Die Notwendigkeit von Eingriffen wird oft an der **Erforderlichkeit in einer demokratischen Gesellschaft**[247] gemessen, dabei wird auch mit in Betracht gezogen, wieweit vergleichbare Regelungen in anderen europäischen Staaten bestehen. Neben der Praktikabilität und Vernünftigkeit der Regelung wird auf ein ausgewogenes Verhältnis zwischen der effektiven Verwirklichung der Freiheitsgarantien und den Erfordernissen einer funktionierenden Staats- und Rechtsordnung Wert gelegt; die Konventionsgarantien sind so auszulegen, daß ein gerechter Ausgleich („fair balance") zwischen den Interessen der Allgemeinheit und den Interessen des einzelnen gewahrt wird[248]. Ein weiteres Ziel ist die Förderung des Friedens und der Einheit Europas durch Gewährleistung eines einheitlichen Grundstandards von Menschenrechten und Grundfreiheiten in allen Vertragsstaaten[249].

60 **e)** Diese zweckorientierte Auslegung schließt eine gewisse **dynamische Weiterentwicklung** der garantierten Rechte und Freiheiten[250] mit ein, wobei auch deren Ausformungen in völkerrechtlich nicht bindenden Erklärungen internationaler Organe mit in Betracht gezogen werden, da diese die Erklärenden politisch festlegen und mitunter auch deklaratorisch für ihre Rechtsauffassung sind[251]. Vor allem die Auslegung der MRK wird von den europäischen Einigungstendenzen mitbestimmt, von der Bereitschaft, den Rechtsstandard der jeweiligen Mitgliedsländer und deren Weiterentwicklung in der allgemeinen Auffassung an die europaweit anerkannten Erfordernisse eines effektiven Schutzes der Menschenrechte anzupassen und diesen auch in seiner Weiterentwicklung als Grundlage einer inneren Gemeinschaftsordnung kollektiv zu garantieren[252]. Wegen dieses evolutiven Charakters wird es abgelehnt, die einzelnen Rechte und Grundfreiheiten nur auf der Grundlage des bei ihrer Abfassung bestehenden Vorverständnisses oder in Bindung an frühere Entscheidungen der Konventionsorgane auszulegen statt **gegenwartsorientiert** („in the light of present day conditions")[253] unter Berücksichtigung der

---

[245] Die später beigetretenen Staaten des ehem. Ostblocks dürften diese Grundsätze ebenfalls weitgehend übernommen haben, wie ihre neuen Verfassungen zeigen.

[246] Zur grundsätzlichen Übereinstimmung vgl. *MacCormick* JZ **1984** 65.

[247] Zur Bedeutung dieses aus Art. 29 Abs. 2 der Allgemeinen Erklärung der Menschenrechte vom 10.12. 1948 stammenden Begriffes *Partsch* 88.

[248] Vgl. etwa EGMR 8.7.1986 Lithgow u.a./GB (EuGRZ **1988** 350); 27.9.1990 Cossey/GB (ÖJZ **1991** 173); 18.2.1991 Moustaquim/Belg (EuGRZ **1991** 452).

[249] Die Erklärung des Europäischen Parlaments über Grundrechte und Grundfreiheiten vom 12.4.1989 (EuGRZ **1989** 204) betont die Bedeutung der Anerkennung der Grundrechte für das Zusammenwachsen Europas. Vgl. ferner die Erklärungen im Rahmen der KSZE Rdn. 36.

[250] Vgl. etwa EGMR 25.4.1978 Tyrer/GB (EuGRZ **1979** 162); 28.7.1999 Selmouni/F (NJW **2001** 56: Folterbegriff); *Scheuner* FS Schlochauer 899; 902 („MRK zweckvoll zur Entfaltung bringen"); *Verdroß/Simma* § 782.

[251] Vgl. *Frowein* ZaöRV **49** (1989) 788; *Karl* JZ **1991** 594; ferner etwa Rdn. 25; *Verdross/Simma* § 654 (auch zur Bezeichnung „soft law").

[252] So schon *Partsch* 86; vgl. etwa die Erklärung der Grundrechte und Grundfreiheiten des Europäischen Parlaments vom 12.4.1989 EuGRZ **1989** 205.

[253] Etwa EGMR 25.4.1978 Tyrer/GB (EuGRZ **1979** 162); 13.6.1979 Marckx/Belg (EuGRZ **1979** 454); 9.10.1979 Airey/Irl (EuGRZ **1979** 626); 27.9.1990 Cossey/GB (ÖJZ **1991** 173); 23.3.1995 Loizidou/Türk (ÖJZ **1995** 629); 6.2.2003 Mamatkulov, Abdurasulovic/Türk (EuGRZ **2003** 704); *Grabenwarter* § 5 Rdn. 14, 15; *Meyer-Ladewig* 30.

Änderungen der **wirtschaftlichen, sozialen und gesellschaftlichen Verhältnisse und der ethischen Auffassungen in** den Mitgliedstaaten[254]. Trotz der großen Bedeutung, die eine auf Präjudizien gestützte konstante Rechtsprechung für die Rechtssicherheit und der Gleichheit aller vor den Gesetzen hat, kann ein Abweichen davon gerechtfertigt sein, wenn sich die Verhältnisse und Auffassungen im belangten Staat und auch in den anderen Mitgliedstaaten geändert haben.

Nach Ansicht des EGMR ist es von zentraler Bedeutung, daß die Konventionsgaran- **61**
tien so ausgelegt werden, daß sie sich **unter den jeweiligen gesellschaftlichen Gegebenheiten** voll entfalten können. Ohne einen solchen dynamischen und evolutiven Ansatz würde die Gefahr einer Sperre von Reformen oder von Verbesserungen im Menschenrechtsschutz bestehen[255]. Es kommt darauf an, daß der grundlegende Schutzgedanke ihrer Garantien unter den **im Zeitpunkt der Entscheidungen gegebenen Verhältnissen** wirksam zum Tragen kommt[256]. Die ungeschriebenen (immanenten) Grenzen der jeweiligen Verbürgungen sind deshalb fließend. Sie bestimmen sich nach dem, was nach Ansicht des die Auslegung inzwischen dominierenden Gerichtshofs unter Berücksichtigung der Ziele der Konvention und des zu ihrer Verwirklichung angestrebten gemeinsamen demokratischen Rechtsstandards[257] unter den jeweils gegebenen Umständen vernünftigerweise als gerecht anzusehen ist. Gleiches gilt für das Ausfüllen von Lücken. Eine **Grenze** ergibt sich aber daraus, daß ein in der Konvention nicht enthaltenes Recht auch im Wege der evolutiven Auslegung nicht in sie hineininterpretiert werden kann. Dies gilt erst recht, wenn es bewußt nicht aufgenommen wurde[258].

3. Der **IPBPR** ist ebenfalls in der Tradition der Menschenrechte und ihrer Fortent- **62**
wicklung durch die Staatenpraxis und die internationalen Organe eingebunden[259]. Als Instrument der Vereinten Nationen ist er deren Zielsetzungen, vor allem der Achtung, Förderung und Festigung der Menschenrechte (Art. 1 Abs. 3, Art. 55, 56 UN-Charta) verpflichtet, zu deren Förderung der Wirtschafts- und Sozialrat nach Art. 62 Abs. 2 UN-Charta Empfehlungen abgeben kann. Vor dem Hintergrund dieser Zielsetzungen gebührt auch bei ihm einer zweckorientierten Auslegung, die den garantierten Menschenrechten unter den jeweiligen Verhältnissen die größtmögliche Wirksamkeit sichert, der Vorrang. Auch hier wird die Auffassung vertreten, daß die Rechte und Grundfreiheiten dieses Paktes nicht statisch sondern im Lichte der auf ihre Förderung und Festigung gerichteten Zielsetzung der UN-Charta und der gesellschaftlich relevanten Entwicklungen in den Vertragsstaaten zu interpretieren sind[260].

---

[254] So EGMR 11.7.2002 Goodwin/GB (ÖJZ **2003** 766): Recht Transsexueller nach Geschlechtsumwandlung auf Ehe in Abkehr von früheren Entscheidungen; etwa 30.7.1998 Sheffield, Horsham/GB (ÖJZ **1999** 577); vgl. Art. 8 Rdn. 23.

[255] EGMR 28.5.2002 Staffort/GB (ECHR 2002) ferner vorst. und nachf. Fußn.

[256] Etwa EGMR 21.2.1975 Golder/GB (EuGRZ **1975** 91); 25.4.1978 Tyrer/GB (EuGRZ **1979** 162); 13.6.1979 Marckx/Belg (EuGRZ **1979** 454); 22.10.1981 Dudgeon/GB (EuGRZ **1983** 493); 29.4.2002 Pretty/GB (EuGRZ **2002** 234); ferner 29.5.1986 Deumeland/D (NJW **1989** 652, auch Minderheitenvotum); ferner *Frowein* EuGRZ **1980** 235; *Frowein/Peukert* Einf. Rdn. 5: („keine historische Versteinerung"); *Ganshof van der Meersch* EuGRZ **1978** 42 (evolutive Auslegung); *Khol* ZaöRV **30** (1970) 281; *Peukert* EuGRZ **1980** 235; vgl. auch *Verdross/Simma* § 782.

[257] Vgl. EGMR 13.6.1979 Marckx/Belg (EuGRZ **1979** 454: mit europ. Standard unvereinbar).

[258] EGMR 18.12.1986 Johnston/Irl (EuGRZ **1986** 313).

[259] Vgl. *Hofmann* Einf. S. 22; *Nowak* Einf. 20 ff unter Hinweis auf die Spruchpraxis des UN-AMR; *Wolfrum* FS Partsch 67 ff.

[260] *Nowak* Einl. 20. Zur Auslegung durch den UN Menschenrechtsausschuß vgl. *Seibert-Fohr* ZaöRV **62** (2002) 401 ff.

63 4. Die **Verwirklichung der Garantien im Einzelfall** steht im Vordergrund. Wie die bisherigen Entscheidungen zeigen, sahen die europäischen Organe und sieht jetzt auch der EGMR die Aufgabe des internationalen Menschenrechtsschutzes nicht darin, das nationale Recht der Mitgliedstaaten als solches abstrakt zu kontrollieren[261]. Die zu entscheidenden Fälle wurden in der Regel betont **einzelfallbezogen pragmatisch** und nicht dogmatisch gelöst. Diese Praxis hat – soweit ersichtlich – auch der jetzt zum ständigen Gerichtshof gewordene EGMR beibehalten. Auch er begnügt sich vielfach damit, zu entscheiden, ob auf Grund einer Gesamtwürdigung des Sachverhalts und aller Argumente im jeweiligen Fall ein Konventionsrecht gewahrt oder verletzt wird. Dabei wird der Grund des Verstoßes nicht immer begrifflich eindeutig fixiert, so etwa, wenn die Verfahrensverstöße nach den einzelnen Tatbeständen des Art. 6 Abs. 3 MRK zusammen mit dem Gebot eines fairen Verfahrens nach Art. 6 Abs. 1 MRK erörtert und dann festgestellt wird, daß der Beschwerdeführer insgesamt ein oder aber auch kein faires Verfahren hatte[262]. Ähnlich verfahren auch andere mit dem Menschenrechtsschutz befaßten internationalen Organe, wie etwa der UN-AMR, der aber in letzter Zeit von den Mitgliedsstaaten verstärkt fordert, daß sie die uneingeschränkte Anwendung des IPBPR innerhalb der nationalen Rechtsordnungen auch formal sicherstellen[263].

64 5. **Einschätzungs- und Beurteilungsspielraum der Staaten**. Die Konventionen räumen für die Umsetzung der Konventionsgarantien dem nationalen Recht vielfach einen gewissen Gestaltungsraum ein. Sie gehen davon aus, daß sein Erlaß, Auslegung und Anwendung primär Sache der nationalen Stellen ist, die auch wegen ihrer Sach- und Ortsnähe die jeweiligen innerstaatlichen Verhältnisse und die Erforderlichkeit einer Regelung meist besser beurteilen können[264]. Die richtige Anwendung des nationalen Rechts durch die innerstaatlichen Organe wird grundsätzlich vom EGMR nicht im einzelnen überprüft, sofern dadurch Konventionsrechte nicht unmittelbar betroffen sind[265]. Soweit diese berührt werden, behält er sich insoweit aber die **endgültige Kontrolle** vor, bei der er den Sachverhalt im Lichte des Gesamtzusammenhangs unabhängig von der Einschätzung durch die nationalen Instanzen auf seine Vereinbarkeit mit den Konventionsgarantien beurteilt[266]. Bindet eine Konventionsbestimmung die Zulässigkeit eines Eingriffs an die (richtige) Anwendung des nationalen Rechts, prüft der Gerichtshof nach, ob das jeweilige nationale Recht den Eingriff rechtfertigt. Die Intensität dieser Prüfung ist unterschiedlich; mitunter begnügt er sich auch hier mit der Feststellung, daß im nationalen Recht eine ausreichende Rechtsgrundlage besteht und dieses nicht willkürlich angewandt worden ist. Soweit keine eindeutige Überschreitung des nationalen Rechts vorliegt, sieht er es nicht als seine Aufgabe an, dessen Einhaltung in allen Einzelheiten selbst nachzuprüfen[267]. Bei der Entscheidung über einen nach den Konventionen unter bestimmten Voraussetzungen zulässigen Eingriff in Konventionsrechte wird dem Staat sowohl bei der Rechtssetzung als auch bei der Anwendung des nationalen Rechts

---

[261] **H. M**, vgl. etwa *Frowein* EuGRZ **1980** 234.

[262] Vgl. bei Art. 6; insbes. Rdn. 64, 70, 161, 218.

[263] Vgl. dazu und zu den Umsetzungsproblemen *Seibert-Fohr* ZaöRV **62** 391, 400 ff.

[264] EGMR 22.10.1981 Dudgeon/GB (EuGRZ **1983** 488).

[265] Etwa EGMR 21.1.1999 Garcia Ruiz/Span (NJW **1999** 2353).

[266] Etwa EGMR 21.1.1999 Fressoz, Roire/F (EuGRZ **1999** 5); 20.5.1999 Bladet Tromso & Stensas/Norw (EuGRZ **1999** 453); Vgl. auch EGMR 26.4.1979 Sunday Times/GB (EuGRZ **1979** 386); 22.10.1981 Dudgeon/GB (EuGRZ **1983** 488); *Ganshoff van der Meersch* EuGRZ **1981** 488 ff.

[267] Etwa EGMR 25.3.1985 Barthold/D (EuGRZ **1985** 170); 24.4.1990 Kruslin u.a./F (ÖJZ **1990** 546); 26.9.1995 Vogt/D (NJW **1996** 375); die Nachprüfung bejahend EGMR 24.10.1979 Winterwerp/NdL (EuGRZ **1979** 650); 1.10.1982 Piersak/Belg (EuGRZ **1985** 301); vgl. insbes. Art. 8 Rdn. 9, 21; Art. 10 Rdn. 21.

im Einzelfall ein **Einschätzungs- und Beurteilungsspielraum** („margin of appreciation", „marge d'apprécation") zuerkannt, der sowohl die zu ergreifenden Maßnahmen als auch die Feststellung ihrer tatbestandsmäßigen Voraussetzungen umfaßt[268]. Dieser wird je nach dem Gewicht der betroffenen öffentlichen Interessen und der Art und Wirkung des jeweiligen Eingriffs selbst bei der gleichen Konventionsverbürgung unterschiedlich weit bemessen[269], wobei mitunter auch nationale Wertungsunterschiede mitberücksichtigt werden[270]. Vor allem in Bereichen, die einem starken gesellschaftlichen Wandel unterliegen oder in denen die Individualinteressen oder der Schutz wichtiger staatlicher Belange Vorrang haben oder wo keine einheitlichen Auffassungen in den Mitgliedstaaten bestehen[271], wie etwa bei Moralvorstellungen[272], wird der Handlungsspielraum weit gezogen. Das „Ob" und – abgesehen von gewissen inhaltlichen Mindestvorgaben, wie das Vorliegen eines vernünftigen Grundes (reasonable ground) oder die Beachtung der Grundsätze der Verhältnismäßigkeit und Rechtsstaatlichkeit[273] – auch das „Wie" der Regelung wird den Mitgliedstaaten oft weitgehend freigestellt.

Grenzen ergeben sich auch hier aus dem **Grundsatz der Verhältnismäßigkeit** und der **Erforderlichkeit in einer demokratischen Gesellschaft**[274]. Bei der Grenzziehung berücksichtigt der EGMR mitunter auch, ob in den meisten anderen Konventionsstaaten vergleichbare Regelungen bestehen, was für einen Konsens über die Üblichkeit in demokratischen Gesellschaften sprechen kann, während bei einer in den anderen Staaten nicht zu findende Regelung näher zu prüfen ist, ob besondere Umstände vorliegen, die im konkreten Fall für deren Erforderlichkeit in einer demokratischen Gesellschaft sprechen[275]. Ergibt der Vergleich, daß die einzelnen Konventionsstaaten die Materie sehr unterschiedlich geregelt haben, spricht dies dafür, jedem Staat einen weiten Ermessensraum zuzuerkennen[276]. Sind allerdings Konventionsrechte betroffen, die eine Grundvoraussetzung jeder demokratischen Gesellschaft sind, wie etwa die Pressefreiheit[277] oder das Recht auf freie Meinungsäußerung, haben die Staaten nur einen sehr geringen Spielraum für einschränkende Regelungen[278]. **65**

6. Die verschiedenen Anwendungsebenen

a) Grundsätzlich muß bei jeder Beurteilung des Zusammenspiels zwischen Konventionsrecht, Recht der Europäischen Gemeinschaften und nationalem Recht beachtet werden, daß ungeachtet der wechselseitigen Durchdringung bei der unmittelbaren Her- **66**

---

268 Vgl. etwa *Ganshof van der Meersch* EuGRZ **1981** 486; *Kelly* in *J. Maier* 182; *Callies* EuGRZ **1996** 293, 298; *Prepeluh* ZaöRV **61** (2001) 771 ff sowie nachf. Fußn.

269 Etwa EGMR 7.12.1976 Handyside/GB (EuGRZ **1977** 38); 8.7.1986 Lingens/Ö (EuGRZ **1986** 424); 23.6.1994 Jacubowski/D (EuGRZ **1996** 306) vgl. *Callies* EuGRZ **1996** 293; *Frowein/Peukert*; *Peters* 24; *Villiger* HdB 173; 553; ferner Art. 8 Rdn. 9, 21; Art. 10 Rdn. 21 ff je mit weit. Nachw.

270 So etwa beim örtlich und zeitlich unterschiedlichen Moralbegriff EGMR 7.12.1976 Handyside/GB (EuGRZ **1977** 38;), dazu *Ermacora* EuGRZ **1977** 363; EGMR 24.5.1988 Müller/CH (NJW **1989** 379); 20.9.1994 Otto-Premminger-Institut/Ö (ÖJZ **1995** 154); 25.11.1996 Wingrove/GB (ÖJZ **1997** 714); *Peukert* EuGRZ **1980** 237; ferner etwa Art. 10 MRK Rdn. 27 je mit weit. Nachw.

271 Etwa EGMR 7.12.1976 Handyside/GB (EuGRZ **1977** 38); *Prepeluh* ZaöRV **61** (2001) 771, 772 ff.

272 Etwa EGMR 7.12.1976 Handyside/GB (EuGRZ **1977** 38); 24.5.1988 Müller/CH (EuGRZ **1988** 543), dazu Art. 8 Rdn. 18d, 27.

273 Etwa EGMR 2.8.1984 Malone/GB (EuGRZ **1985** 17); 21.2.1986 James u. a./GB (EuGRZ **1988** 341).

274 Vgl. *Prepeluh* ZaöRV **61** (2001) 771, *Peters* 24; ferner etwa bei Art. 8 Rdn. 20.

275 *Prepeluh* ZaöRV **61** (2001) 771, 778.

276 EGMR 24.2.1994 Casado Coca/Span (ÖJZ **1994** 636).

277 Etwa EGMR 8.7.1986 Lingens/Ö (EuGRZ **1986** 424); 25.6.1992 Thorgeir Thorgeirson/Isl. (ÖJZ **1992** 810); 23.9.1994 Jersild/Dän (ÖJZ **1995** 227), 26.4.1995 Prager, Oberschlick/Ö (ÖJZ **1995** 675) vgl. Art. 10 MRK, Rdn. 21a.

278 *Prepeluh* ZaöRV **61** (2001) 771, 772 ff.

anziehung der einzelnen Rechtsordnungen stets von der jeweiligen Anwendungsebene auszugehen ist. Diese bedingt die Reihenfolge der Ansatzpunkte für die Prüfung der nebeneinander geltenden Vorschriften. Die Konventionen, deren materiellrechtliche Verbürgungen partiell auch als Gemeinschaftsrecht beachtlich sind[279], verdrängen das (unterschiedliche) nationale Recht nicht. Sie gehen, wie Art. 53 MRK, Art. 5 Abs. 2 IPBPR belegen, von der Existenz, Beachtlichkeit und Verschiedenheit des nationalen Rechts auch im Umsetzungsbereich der Menschenrechte aus. Sie lassen für die Verwirklichung der Konventionsgarantien im jeweiligen Rechtssystem der einzelnen Staaten mehrere Lösungsmöglichkeiten offen[280]. Vielfach räumen sie dem nationalen Gesetzgeber dafür einen **weiten Ermessensraum** ein[281]; mitunter begnügten sie sich auch damit, nur zu fordern, daß das nationale Recht für einen bestimmten Eingriffszweck eine ausreichende Regelung enthält.

67 **b)** Die **innerstaatliche Rechtsanwendung** muß daher grundsätzlich vom **einfachen nationalen Recht** ausgehen, das allerdings im Lichte der nationalen Verfassungsgarantien und der Menschenrechtsgarantien der Konventionen zu interpretieren ist. Nur zur Ausfüllung von Lücken bedarf es des unmittelbaren Rückgriffs auf Verfassungsgarantien und Konventionsgewährleistungen. Wo die Konventionen ins innerstaatliche Recht transformiert worden sind, ergänzen sie es, da ihre Vorgaben durch Übernahme in das nationale Recht auch innerstaatlich rechtsverbindlich geworden sind[282]. **Verbotsnormen** der Konventionen sind insoweit auch innerstaatlich unmittelbar wirksam. Wo die Konventionen zur Verwirklichung eines verbürgten Rechts über den abwehrrechtlichen Inhalt hinaus Schutzpflichten des Staates begründen[283], kann aus ihnen unmittelbar auch innerstaatlich eine Pflicht zu einem **aktiven Tätigwerden des Staates** hergeleitet werden; daraus folgt aber nicht, daß dieser sein Recht verliert, selbst zu entscheiden, welche von mehreren in Frage kommenden Lösungen er wählen will.

68 **c)** Auf der **Ebene des innerstaatlichen Verfassungsrechts** zählen die Konventionen nach der vorherrschenden Meinung in der Bundesrepublik Deutschland zum einfachen Gesetzesrecht[284], sie sind also auch dort, wo sie mit Verfassungsgewährleistungen inhaltlich übereinstimmen, **nicht unmittelbarer Prüfungsmaßstab** für die Verfassungsgerichte[285]. Mittelbar sind sie als Auslegungshilfe bei der Ermittlung des Inhalts des Rechtsstaatsgrundsatzes und der Tragweite der Grundrechte zu berücksichtigen[286]. Wo sie kraft ihrer unmittelbaren Geltung als innerstaatliches Recht dem einzelnen eine Rechtsposition verschaffen, kann deren Gewährleistung zur verfassungsmäßigen Ordnung gehören und ist dann insoweit durch einfaches Recht nicht oder nur begrenzt einschränkbar. Ihre Verletzung ist in solchen Fällen mittelbar auch unter dem Blickwinkel eines Grundrechtseingriffs, vor allem eines Verstoßes gegen Art. 2 Abs. 1 GG[287] und gegebenenfalls auch gegen das Willkürverbot[288] zu prüfen.

---

279 Vgl. oben Rdn. 49.

280 *Scheuner* FS Schlochauer 922.

281 Vgl. Rdn. 64.

282 Zur Geltung als einfaches Bundesrecht vgl. Rdn. 19 ff. Zum Verhältnis zwischen nationalem Recht und Völkerrecht allgemein vgl. *Strebel* ZaöRV **36** (1976) 168; *Ress/Schreuer* Wechselwirkungen zwischen Völkerrecht und Verfassung bei der Auslegung völkerrechtlicher Verträge.

283 Für den IPBPR *Seibert-For* ZaöRV **62** (2002) 404 ff.

284 Vgl. Rdn. 39 ff.

285 Vgl. BVerfGE **10** 274; **34** 395; **41** 149; **64** 157.

286 BVerfGE **74** 370; BVerfG NJW **1990** 2741; *Ress* (Fußn. 106) 18; 41 ff (kein verfassungsdurchbrechender favor conventionis).

287 Vgl. *Frowein* FS Zeidler 1786 ff (auch soweit man keine allgemeinen Regeln i. S. des Art. 25 GG annimmt); *Maunz/Dürig Schmidt-Aßmann* Art. 103 Abs. 1 GG Rdn. 24; vgl. auch *Ress* FS Zeidler 1794 ff und zur Konstruktion der subjektiven Verfahrensgarantien *Dörr* 143.

288 Vgl. BVerfGE **64** 157; *Frowein* FS Zeidler 1767 mit weit. Nachw.

Zu berücksichtigen ist, daß die innerstaatlichen Verfassungsgarantien und die Konventionsgewährleistungen selbst dann einen **unterschiedlichen Regelungsumfang** haben können, wenn sie im Kernbereich übereinstimmen[289]. Die Konventionen schließen weitergehende Gewährleistungen des innerstaatlichen Rechts, des europäischen Gemeinschaftsrechts und auch durch andere völkerrechtliche Abkommen nicht aus[290]. Sie garantieren diese aber nicht selbst, so daß sich bei Auslegung der Konventionen die völlige Gleichsetzung mit einem innerstaatlichen Verfassungsgrundsatz gleicher Zielrichtung vor allem in den Randbereichen verbieten kann. Umgekehrt können trotz der Berücksichtigung bei der Verfassungsauslegung Konventionsgarantien über das innerstaatliche Verfassungsrecht hinausreichen und dann innerstaatlich nur wie einfaches Recht zu beachten sein. **69**

Während die Gerichte nach Art. 100 Abs. 1 GG die Entscheidung des Bundesverfassungsgerichts herbeiführen müssen, wenn sie eine Norm des Bundesrechts als unvereinbar mit dem Grundgesetz ansehen, besteht **keine Vorlagepflicht**, wenn sie eine innerstaatliche gesetzliche Regelung ohne einen verfassungsrechtlichen Bezug als unvereinbar mit der MRK oder dem IPBPR ansehen. Das Gericht muß dann selbst entscheiden, wie der Konflikt zwischen einer in das nationale Recht übernommenen Konventionsverbürgung und dem gleichrangigen Bundesrecht zu lösen ist, vor allem, ob die völkerrechtlich gebotene Achtung der Konventionen schon durch eine konventionsfreundliche Auslegung des einfachen Rechts erreicht werden kann[291]. Da Art. 100 Abs. 2 GG nur bei allgemeinen Regeln des Völkerrechts im Sinne des Art. 25 GG eingreift[292], können nur Zweifel hinsichtlich Existenz oder Tragweite einer solchen unabhängig von den Konventionen bestehenden Regel die Vorlage beim Bundesverfassungsgericht rechtfertigen[293]. Im übrigen kann eine Überprüfung der richtigen Anwendung der Konventionen erst nach Erschöpfung des innerstaatlichen Instanzenzuges, zu dem auch die Anrufung des Bundesverfassungsgerichts gehört, durch den EGMR erreicht werden. **70**

d) Im sachlich begrenzten **Regelungsbereich der Europäischen Union** gelten die in der MRK gewährleisteten Grundrechte als allgemeine Grundsätze des Gemeinschaftsverfassungsrechts (Art. 6 Abs. 2 EUV)[294]. In dessen Anwendungsbereich nehmen sie auch innerstaatlich am Anwendungsvorrang des Gemeinschaftsrechtes teil. Die Kompetenz zur Prüfung der Beachtung dieser Grundsätze im Gemeinschaftsrecht hat insoweit aber nicht der Europäische Gerichtshof für Menschenrechte in Straßburg sondern der Europäische Gerichtshof in Luxemburg, der durch eine Richtervorlage nach Art. 234 EGV schon vor der Erschöpfung des Rechtswegs zur Vorabentscheidung über diese Frage veranlaßt werden kann. **71**

e) Auf der **völkerrechtlichen Ebene des vertraglich vereinbarten Menschenrechtsschutzes** und damit auch im Verhältnis der Konventionsstaaten zueinander und im Verfahren vor den Konventionsorganen (EGMR, UN-AMR) wird dagegen die Anwendung **72**

[289] Etwa *Dörr* 92; *Kühl* ZStW **100** (1988) 413.

[290] Art. 53 MRK (Art. 60 MRK a.F), Art. 5 Abs. 2 IPBPR setzen dies voraus; vgl. *Frowein/Peukert* Art. 60 MRK a.F Rdn. 1; *Meyer-Ladewig* Art. 53 Rdn. 2.

[291] Vgl. oben Rdn. 43.

[292] Vgl. Rdn. 37.

[293] Vgl. LR-*Gollwitzer* § 262 StPO, 51 ff.

[294] Vertrag von Amsterdam zur Änderung des Vertrags über die Europäische Union, der Verträge zur Gründung der Europäischen Gemeinschaften sowie einiger damit zusammenhängender Rechtsakte vom 2.10.1997 (BGBl. 1998 II S. 387), der wortgleich Art. F Abs. 2 des Vertrags von Maastrich übernimmt; dazu *Busse* NJW **2000** 1074; *Alber* EuGRZ **2001** 349; vgl. auch *Ganshof van der Meersch* EuGRZ **1981** 481 sowie Rdn. 44, 47 ff.

des gesamten nationalen Rechts einschließlich des Verfassungsrechts daran gemessen, ob die Rechtsanwendung im zu entscheidenden Einzelfall den Anforderungen der MRK und des IPBPR entsprach; eine abstrakte Normenkontrolle ist nicht vorgesehen. Bei Prüfung des konkreten Einzelfalls ist die jeweilige Konvention der **alleinige Prüfungsmaßstab für das vertragsgemäße Verhalten des Staates**. Dies gilt auch für die Frage, wie groß der Regelungsspielraum ist, den die einzelnen Konventionsgarantien jeweils dem nationalen Recht einräumen[295]. Auch dort, wo der EGMR weite Beurteilungsspielräume der Mitgliedstaaten anerkennt, behält er sich die abschließende Gesamtwertung des Einzelfalls unter dem Blickwinkel der effektiven Verwirklichung der einschlägigen Konventionsgarantien vor[296]. Fehlt in solchen Fällen eine ausreichende Regelung im nationalen Recht, kann der dadurch nicht oder nicht konventionsgemäß gerechtfertigte Eingriff in ein garantiertes Recht – unabhängig von seiner Zulässigkeit nach nationalem Recht – eine Konventionsverletzung bedeuten.

[295] Vgl. *Ganshoff van der Meersch* EuGRZ **1981** 488 ff. [296] Vgl. Rdn. 66.

Präambel

MRK*

Die Unterzeichnerregierungen, Mitglieder des Europarats –

in Anbetracht der Allgemeinen Erklärung der Menschenrechte, die am 10. Dezember 1948 von der Generalversammlung der Vereinten Nationen verkündet worden ist;

in der Erwägung, daß diese Erklärung bezweckt, die universelle und wirksame Anerkennung und die in ihr aufgeführten Rechte zu gewährleisten;

in der Erwägung, daß es das Ziel des Europarats ist, eine engere Verbindung zwischen seinen Mitgliedern herzustellen und daß eines der Mittel zur Erreichung dieses Zieles die Wahrung und Fortentwicklung der Menschenrechte und Grundfreiheiten ist;

in Bekräftigung ihres tiefen Glaubens an diese Grundfreiheiten, welche die Grundlage von Gerechtigkeit und Frieden in der Welt bilden und die am besten durch eine wahrhaft demokratische politische Ordnung sowie durch ein gemeinsames Verständnis und eine gemeinsame Achtung der diesen Grundfreiheiten zugrunde liegenden Menschenrechte gesichert werden;

entschlossen, als Regierungen europäischer Staaten, die vom gleichen Geiste beseelt sind und ein gemeinsames Erbe an politischen Überlieferungen, Idealen, Achtung der Freiheit und Rechtsstaatlichkeit besitzen, die ersten Schritte auf dem Wege zu einer kollektiven Garantie bestimmter in der Allgemeinen Erklärung aufgeführter Rechte zu unternehmen –

haben Folgendes vereinbart:

* Neue deutschsprachige Übersetzung in der Fassung der Bek. vom 17. 5. 2002 (BGBl. II S.1054).

IPBPR

DIE VERTRAGSSTAATEN DIESES PAKTES,

IN DER ERWÄGUNG, daß nach den in der Charta der Vereinten Nationen verkündeten Grundsätzen die Anerkennung der allen Mitgliedern der menschlichen Gesellschaft innewohnenden Würde und der Gleichheit und Unveräußerlichkeit ihrer Rechte die Grundlage von Freiheit, Gerechtigkeit und Frieden in der Welt bildet,

IN DER ERKENNTNIS, daß sich diese Rechte aus der dem Menschen innewohnenden Würde herleiten,

IN DER ERKENNTNIS, daß nach der Allgemeinen Erklärung der Menschenrechte das Ideal vom freien Menschen, der bürgerliche und politische Freiheit genießt und frei von Furcht und Not lebt, nur verwirklicht werden kann, wenn Verhältnisse geschaffen werden, in denen jeder seine bürgerlichen und politischen Rechte ebenso wie seine wirtschaftlichen, sozialen und kulturellen Rechte genießen kann,

IN DER ERWÄGUNG, daß die Charta der Vereinten Nationen die Staaten verpflichtet, die allgemeine und wirksame Achtung der Rechte und Freiheiten des Menschen zu fördern,

IM HINBLICK DARAUF, daß der einzelne gegenüber seinen Mitmenschen und der Gemeinschaft, der er angehört, Pflichten hat und gehalten ist, für die Förderung und Achtung der in diesem Pakt anerkannten Rechte einzutreten,

VEREINBAREN folgende Artikel:

1. Inhalt

a) Allgemein. Wie bei völkerrechtlichen Verträgen üblich werden den beiden Konventionen in einer Präambel die Erwägungen vorangestellt, die die vertragsschließenden Staaten zum Abschluß bewogen haben. Ferner werden die Ziele aufgezeigt, die mit dem Übereinkommen verfolgt werden sollen. Beide Konventionen knüpfen ausdrücklich an die Allgemeine Erklärung der Menschenrechte der Vereinten Nationen vom 10. 12. 1948 an, deren Gedanken zum Teil wörtlich im Text der Präambeln wiederkehren. Als Vertragszweck werden die Anerkennung der (naturrechtlich vorgegebenen) Menschenrechte und die Gewährleistung der sich daraus ergebenden Grundfreiheiten[1] herausgestellt. In 1

[1] Zum Verhältnis zwischen beiden *Herzog* DÖV **1959** 46; *Schorn* 17.

Übereinstimmung mit den Zielen der Charta der Vereinten Nationen[2] wird betont, daß die Anerkennung der Menschenrechte die Grundlage für Frieden, Freiheit und Gerechtigkeit in der Welt bildet, ein Gedanke, der vielfach auch in anderen internationalen Dokumenten wiederkehrt[3].

2 **b) Die Präambel der MRK** hebt darüber hinaus hervor, daß die Aufrechterhaltung der Grundfreiheiten am besten durch eine effektive demokratische Regierungsform gewahrt werden kann, die auf einer gemeinsamen Auffassung von den Menschenrechten und auf deren Achtung beruht. Sie beruft sich auf das gemeinsame geistige und politische Erbe Europas und seine freiheitliche und rechtsstaatliche Tradition, in der die Menschenrechte und Grundfreiheiten ungeachtet aller nationalgeschichtlich gewachsener Eigentümlichkeiten wurzeln[4]. In der Wahrung und Entwicklung der Menschenrechte und Grundfreiheiten wird ein Mittel gesehen, die vom Europarat erstrebte größere Einigkeit unter seinen Mitgliedern zu erreichen. Als ein erster Schritt dazu werden deshalb einige Menschenrechte (nicht alle, wie die späteren Zusatzprotokolle zeigen) zum Gegenstand einer kollektiven völkerrechtlichen Garantie gemacht. In den Zusatzprotokollen werden dann weitere Rechte in die kollektive Garantie mit einbezogen und die Gewährleistungen der MRK dem inhaltlich umfassenderen Katalog des IPBPR angeglichen.

3 **c)** Der weltumfassend gedachte und deshalb zu Erreichung eines allgemeinen Konsenses auch in der Präambel vorsichtiger formulierende **IPBPR** spricht die Bedeutung der effektiven Demokratie für den Menschenrechtsschutz nicht an. Er knüpft im 1. Absatz an die Ziele und Grundsätze der Charta der Vereinten Nationen an[5] und hebt im 4. Absatz die aus dieser Charta sich ergebende Pflicht der Staaten hervor, die allgemeine und wirksame Achtung der Rechte und Freiheiten des Menschen zu fördern[6]. Der 2. und 3. Absatz der Präambel stellen die Würde des Menschen, seine Gleichheit und die Unveräußerlichkeit der aus der Menschenwürde abgeleiteten Freiheitsrechte heraus[7]. In Verknüpfung der bürgerlichen Freiheitsrechte (Menschenrechte der ersten Generation) mit den sozialen und kulturellen Rechten (Menschenrechte der zweiten Generation) betont sie, daß das Ideal des freien Menschen[8], der frei von Furcht und Not[9] lebt, nur zu verwirklichen ist, wenn Verhältnisse geschaffen werden, in denen jeder die bürgerlichen und politischen Freiheiten ebenso genießen kann wie wirtschaftliche, soziale und kulturelle Rechte. Absatz 5 hebt die Gemeinschaftsbindung des Individuums hervor und damit den für jedes Zusammenleben unerläßlichen Zusammenhang zwischen Grundrechten und Grundpflichten gegenüber den Mitmenschen und der Gemeinschaft[10]. Von letzteren erwähnt sie dann noch besonders die Pflicht, für die Förderung und Achtung der in der Konvention verkörperten Rechte einzutreten.

---

2 Art. 1 Abs. 3, Art. 55 Buchst. c, Art. 56 UN-Charta.

3 So etwa in Korb 1 Art. VII der KSZE Schlußakte von Helsinki (Text *Simma/Fastenrath* Nr. 42) und in anderen regionalen Menschenrechtspakten, wie etwa in der Präambel der AMRK (EuGRZ **1980** 435). Zur friedensstiftenden Wirkung der Menschenrechte *Kimminich* BayVBl. **1990** 6.

4 *Huber* GedS H. Peters 380; *Schorn* 2.

5 „Principles" in Absatz 1 bezieht sich nicht nur auf die Grundsätze des Art. 2 sondern auch auf die Ziele des Art. 1 der UN-Charta; vgl. *Nowak* 3.

6 Art. 55 Buchst. c, Art. 56 UN-Charta.

7 Auffassung vom naturrechtlichen Ursprung der Menschenrechte, vgl. etwa *Nowak* 4.

8 Der Ausdruck „ideal of free human beings" wurde bewußt wegen der Gleichberechtigung von Mann und Frau gewählt, *Nowak* 5.

9 Die Betonung der Freiheit von Furcht und Not (freedom of fear and want) geht auf die von Roosevelt am 6. 1. 1941 vor dem Kongreß als politisches Ziel verkündeten vier Freiheiten zurück, die dann in internationale Dokumente Eingang fanden, so in Nr. 6 der Atlantik Charta vom 14. 8. 1941 oder die Präambel der AMRK. Vgl. Einf. Rdn. 4.

10 Zur Beschränkung der allgemeinen Aussage auf die Präambel sowie zur Konkretisierung in einzelnen Artikeln vgl. *Nowak* 7.

2. Bedeutung. Die Präambeln der Konventionen dienen dem besseren Verständnis ihres ideengeschichtlichen Zusammenhangs. Sie erhellen die Motive der vertragsschließenden Staaten und zeigen die mit den Konventionen verfolgten Zwecke auf. Sie sind als Bestandteil der Verträge nach Art. 31 Abs. 2 der Wiener Vertragsrechtskonvention bei der dem Zusammenhang Rechnung tragenden, **sinnorientierten Auslegung** der einzelnen Bestimmungen des Vertragstextes mit heranzuziehen[11]. 4

Beim **IPBPR** ist dies vor allem die Anbindung an die **Ziele und Grundsätze der Vereinten Nationen,** die klarstellt, daß dieser Pakt eine Konkretisierung der von deren Mitgliedstaaten vereinbarten Pflicht zur Förderung der Menschenrechte bedeutet. Nichtmitgliedstaaten der Vereinten Nationen werden dadurch aber nicht an deren Ziele gebunden[12]. 5

Bei der **MRK** werden als Leitlinien einige Grundsätze angesprochen, die das ganze Konventionssystem und auch die Ausformung der einzelnen Gewährleistungen mitbestimmt haben. Dies gilt vor allem für das Bekenntnis zum **Rechtsstaatsprinzip** („rule of law“) und zu einer **funktionierenden Demokratie** als Grundvoraussetzung der Freiheitsrechte[13]. Diese werden als begrenzender Maßstab für die Notwendigkeit an sich zulässiger staatlicher Eingriffe herangezogen; ihr Schutz kann andererseits aber auch ungeschriebene Schranken für die Gewährleistung des Konventionsrechtes rechtfertigen. Die Einzelheiten sind bei den jeweiligen Artikeln erörtert. Ein weiteres Ziel ist, die **Einheit Europas** durch die Einheitlichkeit des Verständnisses und der Durchsetzung der garantierten Menschenrechte zu fördern und durch deren Fortentwicklung zu stärken; die garantierten Menschenrechte werden als Grundlage des europäischen „ordre public“ verstanden[14]. Daraus wird hergeleitet, daß die Bestimmungen der MRK nicht statisch entsprechend ihrer Bedeutung beim Vertragsschluß auszulegen, sondern dynamisch in Übereinstimmung mit den jeweiligen Verhältnissen fortzuentwickeln sind, um das Ziel eines den jeweiligen Verhältnissen Rechnung tragenden wirksamen Schutzes der Menschenrechte und Grundfreiheiten zu erreichen[15]. 6

Mit der Erklärung, die Rechte und Grundfreiheiten zum Gegenstand einer **kollektiven Garantie** zu machen, spricht die Präambel der MRK ein Hauptanliegen der Menschenrechtspakte ausdrücklich an, das aber auch für den IPBPR gilt. Die Beachtung der Menschenrechte in jedem Vertragsstaat wird zu einer völkerrechtlichen Verpflichtung gegenüber allen anderen Vertragsstaaten. Sie wird damit aus dem nach überkommenen allgemeinen Völkerrecht von allen anderen Staaten durch Nichteinmischung zu respektierenden Bereich der inneren Angelegenheiten herausgenommen. Es ist damit nicht mehr allein Sache des einzelnen Staates, ob und wieweit er die Menschenrechte seiner eigenen Bürger achten will. Jeder Vertragsstaat kann dies ohne den Vorwurf einer unzulässigen Einmischung in die inneren Angelegenheiten vertraglich fordern; er kann, ebenso wie die Konventionsorgane, auf den in den Konventionen vorgezeichneten Wegen auf die Wahrung der Menschenrechte in den anderen Vertragsstaaten hinwirken. Das Ziel einer Kollektivgarantie verdeutlicht, daß die Konventionen nicht nur wie die üblichen völkerrechtlichen Verträge in deren eigenem Interesse eingegangene Verpflichtungen zwischen den Vertragsstaaten begründen, sondern daß sie darüber hinaus eine 7

---

[11] Etwa EGMR 21.2.1975 EuGRZ **1975** 91 (Golder); 7.7.1989 NJW **1990** 2183 (Soering); *Frowein/Peukert* 5; *Nowak* 1. Vgl. Einf. Rdn. 52 ff.

[12] *Nowak* 6.

[13] *Frowein/Peukert* 5; vgl. Einf. Rdn. 36 ff; 59.

[14] Vgl. etwa EKMR EuGRZ **1991** 256 („gemeinsame öffentliche Ordnung der freien Demokratien Europas“).

[15] Zu den für die Auslegung daraus zu ziehenden Folgerungen, insbes. zur dynamischen Interpretation vgl. Einf. Rdn. 52, 60 ff.

objektive Rechtsordnung schaffen („Law-making Treaty"), die im Interesse der Menschen kollektiv garantiert werden soll[16]. Hierin liegt der wesentliche Fortschritt des durch beide Konventionen internationalisierten Menschenrechtsschutzes gegenüber den Verbürgungen dieser Rechte in den Verfassungen der einzelnen Staaten[17].

Art. 1 MRK (Art. 2 IPBPR)

MRK

Artikel 1 Verpflichtung zur Achtung der Menschenrechte*

Die Hohen Vertragsparteien sichern allen ihrer Hoheitsgewalt unterstehenden Personen die in Abschnitt I bestimmten Rechte und Freiheiten zu.

* Neue deutschsprachige Übersetzung in der Fassung der Bek. vom 17. 5. 2002 (BGBl. II S.1054).

IPBPR

Artikel 2

(1) Jeder Vertragsstaat verpflichtet sich, die in diesem Pakt anerkannten Rechte zu achten und sie allen in seinem Gebiet befindlichen und seiner Herrschaftsgewalt unterstehenden Personen ohne Unterschied wie insbesondere der Rasse, der Hautfarbe, des Geschlechts, der Sprache, der Religion, der politischen oder sonstigen Anschauung, der nationalen oder sozialen Herkunft, des Vermögens, der Geburt oder des sonstigen Status zu gewährleisten.

(2) Jeder Vertragsstaat verpflichtet sich, im Einklang mit seinem verfassungsmäßigen Verfahren und mit den Bestimmungen dieses Paktes die erforderlichen Schritte zu unternehmen, um die gesetzgeberischen oder sonstigen Vorkehrungen zu treffen, die notwendig sind, um den in diesem Pakt anerkannten Rechten Wirksamkeit zu verleihen, soweit solche Vorkehrungen nicht bereits getroffen worden sind.

(3) ...

Schrifttum (Auswahl): *Matscher* Bemerkungen zur extraterritorialen oder indirekten Wirkung der EMRK, FS Trechsel (2002) 25.

Übersicht

[16] Vgl. etwa EGMR 18.1.1978 EuGRZ **1979** 159 (Irland/GB); EKMR EuGRZ **1991** 256. Allgemein zur Fortentwicklung des Völkerrechts etwa *Kimminich* BayVBl **1990** 1; ferner *Nettesheim* JZ **2004** 569 (wonach die besonders hohe Integrationsdichte der MRK nicht als Ausdruck der allgemeinen Entwicklung des Völkerrechts angesehen werden kann).

[17] Vgl. Einf. Rdn. 4 ff.

1. Geltungsbereich; Bedeutung für den Rechtsschutz

a) Als völkerrechtliche Verträge verpflichten die Konventionen ihre Mitgliedstaaten als solche zur Beachtung der in ihnen garantierten Rechte. Sie müssen international dafür einstehen, daß alle ihre Organe, Gesetzgebung, Verwaltung oder Rechtsprechung die Konventionsrechte des einzelnen achten. Intern ist es ihnen überlassen, in welcher Form und durch welche innerstaatliche Einrichtungen sie dafür sorgen, daß diese Verpflichtungen erfüllt werden[1]. Art.1 grenzt den sachlichen, räumlichen und persönlichen Geltungsbereich der Konventionsrechte der MRK („ratione materiae, ratione loci, ratione personae") ab[2]. Er bestätigt den **bindenden Charakter** der Konvention, wenn er allen Personen, die der Hoheitsgewalt[3], („jurisdiktion", „juridiction" – früher auch mit „Herrschaftsgewalt" übersetzt) der Vertragsstaaten unterliegen, die im 1. Abschnitt (Art. 2 bis Art. 18) festgelegten Rechte zusichert. Diese Zusicherung erstreckt sich auch auf die Rechte aus den **Zusatzprotokollen**, soweit die Staaten sie ratifiziert haben. Dies stellt jedes Protokoll ausdrücklich fest[4]. Art. 1 MRK begründet aber selbst **keine eigenen materiellen Rechte**. 1

Jeder betroffenen einzelnen Person erwachsen aus dieser Zusicherung **unmittelbare Rechte gegenüber dem Staat**, der für die seinem Hoheitsbereich zuzuordnende Konventionsverletzung einstehen muß. Anders als früher bei den meisten völkerrechtlichen Verträgen ist die Gewährleistung der Menschenrechte nicht nur eine bloße völkerrechtliche Verpflichtung zwischen den Vertragsstaaten, aus der zwar diese, nicht aber deren Bürger unmittelbare Rechte herleiten können[5]. Die Rechte des einzelnen werden dadurch gesichert, daß die MRK jedem bei Verletzung seiner von der Konvention gesicherten Rechte und Grundfreiheiten einen **zweifachen Weg zu ihrer Durchsetzung** vorgibt. 2

Innerstaatlich muß der in seinen Rechten Betroffene zumindest nach Art. 13 MRK die Möglichkeit haben, die Verletzung **bei einer nationalen Instanz** zu rügen, sofern ihm nicht für bestimmte Fälle darüber hinaus ein mit bestimmten Verfahrensgarantien verbundener Anspruch auf Nachprüfung durch ein Gericht oder eine gerichtsähnliche Stelle zugesichert ist, wie etwa in Art. 5 Abs. 2 bis 4, Art. 6 MRK[6]. Die Ausgestaltung der innerstaatlichen Rechtsbehelfe wird im übrigen weitgehend dem nationalen Gesetzgeber überlassen[7]. Sofern, wie in der Bundesrepublik, der Text der Konvention selbst ins innerstaatliche Recht übernommen worden ist, kann jeder seine Rechte aus der Konvention unter unmittelbarer Berufung auf diese auch innerstaatlich gegenüber allen Staatsorganen geltend machen; er kann sie auch gerichtlich durchsetzen, da ihm Art. 19 Abs. 4 GG den Weg zu den Gerichten bei jeder Verletzung seiner Rechte durch die öffentliche Gewalt garantiert. Auch die meisten anderen Vertragsstaaten haben die MRK zum Bestandteil ihres innerstaatlichen Rechts gemacht[8]. Die Vertragsstaaten sind jedoch von Konventions wegen nicht verpflichtet, den Text der MRK selbst ins nationale Recht zu 3

---

1 *Grabenwarter* § 17 Rdn. 6 ff.

2 Etwa EGMR 18.1.1978 Irland/GB (EuGRZ **1979** 149). 22.03.2001 Streletz u.a./D (NJW **2001** 3035); *Meyer-Ladewig* 1.

3 Zur Entstehungsgeschichte dieses Begriffes EGMR 12.12.2001 Bankovic'/Belgien und 16 andere Nato-Staaten (EuGRZ **2002** 133), sowie zur Auslegung *Krieger* ZaöRV **62** (2002) 669, 671.

4 Z. B. Art. 5 des 1. ZP.

5 Dies belegt die Entstehungsgeschichte. Der Entwurf sah zunächst nur eine Staatenverpflichtung vor („undertake to secure", „s'engagent a reconnaître"); vgl. *Frowein/Peukert* 2.

6 Zum Verhältnis des Art. 13 MRK zu den weitergehenden Garantien vgl. *Matscher* FS Seidl-Hohenveldern 315 ff, ferner Art. 6 MRK Rdn. 48; Art. 13 MRK Rdn. 6.

7 Vgl. Art. 13 MRK, Rdn. 22 ff.

8 Vgl. Einf. Rdn. 38 ff.

transformieren[9]; sie können ihren Verpflichtungen aus der MRK auch durch eine entsprechende Ausgestaltung ihres eigenen nationalen Rechts erfüllen. In solchen Fällen ist den Bürgern innerstaatlich die unmittelbare Berufung auf die MRK versperrt[10].

4 **Die Anrufung des Europäischen Gerichtshofs für Menschenrechte** ist seit Inkrafttreten des 11. Zusatzprotokolls am 1.11.1998 jedem möglich, der behauptet, durch einen der Vertragsstaaten in seinen Rechten aus der Europäischen Menschenrechtskonvention oder den Zusatzprotokollen verletzt zu sein (Art. 34 MRK), sofern der innerstaatliche Rechtsweg erschöpft ist und die sonstigen Zulässigkeitsvoraussetzungen gegeben sind (Art. 35 MRK)[11]. Nach der ursprünglichen Konzeption des MRK war dem Betroffenen die **Individualbeschwerde zum Gerichtshof** versperrt. Er hatte nur die Möglichkeit, die **Europäische Menschenrechtskommission**[12] anzurufen (Art. 25 MRK a.F), sofern der Staat, dem die Verletzung zuzurechnen ist, sich dieser fakultativen Regelung unterworfen hatte, wie dies nach anfänglichem Zögern zeitversetzt und meist nur befristet alle Mitgliedstaaten getan haben[13].

5 **b) Art. 2 IPBPR** begründet ebenfalls keine eigenen, über die Garantien dieses Paktes hinausreichenden materiellen Rechte. Er verpflichtet die Vertragsstaaten, die in ihm gewährleisteten Rechte ohne Diskriminierung[14] gegenüber jedermann zu achten und zu gewährleisten[15]. Strittig ist, wieweit aus Art. 2 IPBPR den einzelnen Personen **unmittelbare Rechte** erwachsen[16], vor allem, ob aus der Verpflichtung der Staaten nach Art. 2 Abs. 3 IPBPR, dem Begünstigten bei Verletzung der im IPBPR anerkannten Rechte und Freiheiten eine wirksame Beschwerde zu ermöglichen, unmittelbare Rechte des einzelnen hergeleitet werden können[17].

6 **Innerstaatlich** kann sich jedenfalls dort jedermann gegenüber den Behörden und vor Gericht unmittelbar auf diese Rechte berufen, wo, wie in der Bundesrepublik, der IPBPR ins nationale Recht transformiert worden ist[18]. Verpflichtet zu dieser unmittelbaren Form der Umsetzung sind die Vertragsstaaten nicht[19]. Sie müssen, wie Art. 2 Abs. 2 IPBPR zeigt, nur sicherstellen, daß die gewährleisteten Rechte, wenn sie schon nicht formal gelten, dann wenigstens im vollen Umfang materiell innerstaatlich wirksam sind[20] und daß der Betroffene bei einer Verletzung effektive innerstaatliche Rechtsschutzmöglichkeiten hat[21].

7 **Völkerrechtlich** kann der einzelne selbst sich nach Erschöpfen des innerstaatlichen Rechtswegs mit der Behauptung der Verletzung eines im IPBPR gewährleisteten Rechts nur dann unmittelbar an das Konventionsorgan, dem Ausschuß für Menschenrechte (vgl. Art. 28 ff IPBPR), zu wenden, wenn der betreffende Vertragsstaat das Fakultativ-

---

[9] EGMR 18.1.1978 Irland/GB (EuGRZ **1979** 149); 25.3.1983 Silver/GB (EuGRZ **1984** 147); *Frowein/Peukert* 2; *Scheuner* FS Jahrreiß 371; **a. A** *Golsong* DVBl. **1958** 809 unter Berufung auf Art. 13 MRK.

[10] *Frowein/Peukert* 2.

[11] Vgl. Anh. Rdn. 35 ff.

[12] Diese wurde durch das 11. Zusatzprotokoll aufgelöst und stellte nach einer Übergangsfrist von einem Jahr (Art. 5 Abs. 3 des 11. ZP) mit ihrer letzten Sitzung am 28.10.1999 ihre Tätigkeit ein (vgl. EuGRZ **1999** 616).

[13] Zum Teil mit Vorbehalten, vgl. *Bartsch* NJW **1989** 3061.

[14] Vgl. zum akzessorischen Diskriminierungsverbot Art. 14 MRK Rdn. 8 ff.

[15] Zur Entstehungsgeschichte und zum akzessorischen Charakter des Art. 2 IPBPR *Nowak* 5 bis 12; 13 ff; ferner *Seibert-Fohr* ZaöRV **62** (2002) 393.

[16] *Partsch* EuGRZ **1989** 1; *Seibert-Fohr* ZaöRV **62** (2002) 391 ff; zur ähnlichen Rechtslage bei Art. 2 AMRK *Buergenthal* EuGRZ **1984** 170.

[17] *Hofmann* S. 25; *Seibert-Fohr* ZaöRV **62** (2002) 391, 404, vgl. Art. 13 MRK Rdn. 9 ff.

[18] *Hofmann* S. 25; *Nowak* 48 ff.

[19] *Nowak* 50.

[20] Zur Tendenz des UN-AMR zunehmend höhere Anforderungen an die formale innerstaatliche Umsetzung des IPBPR zu stellen vgl. *Seibert-Fohr* ZaöRV **62** (2002) 393.

[21] *Nowak* 58 ff; *Seibert-Fohr* ZaöRV **62** (2002) 404.

protokoll vom 19.12.1968 ratifiziert hat[22]. Die Bundesrepublik ist diesem Fakultativprotokoll mit einem Vorbehalt beigetreten, der die Anrufung des Menschenrechtsausschusses ausschließt, wenn die Sache bereits in einem anderen internationalen Streitschlichtungsverfahren geprüft worden ist[23].

2. Persönlicher Schutzbereich

a) Natürliche Personen. In der MRK und dem IPBPR werden die Rechte und Grundfreiheiten grundsätzlich **allen Menschen** gleichermaßen und ohne jede Unterscheidung nach Nationalität, Geschlecht, Herkommen, Rasse, oder irgendeinem sonstigen generellen, mit den Diskriminierungsverboten nicht zu vereinbarenden Gesichtspunkt gewährleistet[24]. Unerheblich ist, ob sie Staatsbürger eines Vertragsstaates sind oder dort ihren Wohnsitz haben[25]. Ausnahmen bestehen nur bei einigen Rechten, die nur Staatsbürger betreffen wie das Verbot der Ausweisung eigener Staatsangehöriger nach Art. 3 des 4. ZP oder wenn der IPBPR einige politische Rechte nur den Staatsbürgern garantiert[26] oder wenn umgekehrt Regelungen nur Ausländer betreffen, wie Art. 5 Abs. 1 Buchst. f MRK oder das Verbot der Kollektivausweisung von Ausländern (Art. 4 des 4. ZP) oder die Möglichkeit, die politische Betätigung von Ausländern zu beschränken (Art. 16 MRK). In der Regel aber umfaßt der persönliche Schutzbereich der Konventionsgarantien alle Personen, die eine der Hoheitsgewalt eines Mitgliedstaates zuzurechnende Maßnahme erleiden, ohne Rücksicht auf ihre Staatsangehörigkeit oder ihren Wohnsitz. Auch Personen, die nur in einer eng begrenzten Beziehung von der Ausübung der Hoheitsgewalt eines Vertragsstaates betroffen werden, etwa, weil sie als Ausländer dort ein Grundstück haben oder dort in einen Rechtsstreit verwickelt sind oder sich an eine Auslandsvertretung gewandt haben[27], fallen insoweit in den persönlichen Schutzbereich der Konventionen[28]. Unerheblich ist ihre Geschäftsfähigkeit. Auch Kinder[29] oder Geschäftsunfähige unterfallen dem Schutz. 8

b) Juristische Personen und Personengruppen können sich **bei der MRK** ebenfalls unmittelbar auf ein dort oder in einem Zusatzprotokoll gewährleistetes Recht berufen, sofern dieses seiner Natur nach nicht notwendig nur natürlichen Personen zustehen kann[30]. Dies zeigt Art. 34 MRK, der grundsätzlich nichtstaatlichen Organisationen und Personengruppen das Beschwerderecht zuerkennt. Nicht entscheidend ist dabei, ob sie als juristische Personen des privaten oder des öffentlichen Rechts organisiert sind, nur wenn sie selbst Träger der Staatsgewalt sind, etwa weil sie Hoheitsgewalt für den Staat ausüben oder wenn sie in einer privatrechtlichen Organisationsform zu 100% dem Staat gehören, fallen sie aus dem Schutz der Konvention heraus[31]. Gemischtwirtschaftliche Unternehmen können dagegen Konventionsrechte haben, ebenso bei genügender Staats- 9

---

22 Beitritt am 25.11.1993 mit Wirkung vom 30.12.1993 (Bek. vom 30.12.1993 BGBl. II 1994 S. 311). Zu den drei möglichen Formen der internationalen Durchsetzung des IPBPR vgl. *Nowak* EuGRZ **1981** 514; ferner Anhang Rdn. 82 ff.

23 Vgl. Einf. Rdn. 39.

24 Vgl. die Diskriminierungsverbote in Art. 14 MRK; Art. 1 Abs. 1 IPBPR.

25 *Grabenwarter* § 17 Rdn. 2; *Hofmann* S. 25; *Meyer-Ladewig* 10.

26 Art. 25 IPBPR; ferner etwa Art. 16 MRK.

27 Vgl. *Echterhölter* JZ **1956** 143; *Nowak* 28, 29; *Schorn* 4.

28 *Grabenwarter* § 17 Rdn. 3.

29 Dazu *Buquicchio/ de Boer* FS Wiarda 73.

30 Wie etwa das Recht auf Leben oder auf Freiheit oder auf Familienleben oder Heirat; vgl. etwa *Frowein/Peukert* 3; *Grabenwarter* § 17 Rdn. 5; *Meyer-Goßner*[47] 2; *Meyer-Ladewig* 10.

31 *Grabenwarter* § 17 Rdn. 5.

ferne auch öffentlich-rechtliche Körperschaften, Stiftungen, Universitäten, öffentlich rechtliche Rundfunkanstalten oder Religionsgemeinschaften[32].

10 **Beim IPBPR** ist strittig, ob auch juristische Personen seinem unmittelbaren Schutz unterfallen[33]. Hiergegen wird angeführt, daß der Pakt bewußt nur von Individuen („individuals") spricht und daß auch die Vorarbeiten gegen eine Ausdehnung des Schutzes sprechen[34]. Die meisten dort garantierten Rechte sind allerdings ihrer Natur nach ohnehin auf natürliche Personen beschränkt oder betreffen sie unmittelbar mit, wenn sie einem Kollektiv versagt werden, wie dies etwa bei einem Verbot einer Religionsgemeinschaft oder einer Partei oder einer Gewerkschaft der Fall ist[35]. Gegen Eingriffe in die kollektive Ausübung gewährleisteter Rechte können sich auch die betroffenen Mitglieder selbst wenden.

3. Sachlicher Schutzbereich

11 **a)** Jeder von der Ausübung der **Hoheitsgewalt** („jurisdiction", „juridication")[36] **eines Mitgliedstaates** betroffenen Person werden die Menschenrechte und Grundfreiheiten gewährleistet. Es genügt, wenn sie – gleich wo und aus welchem Anlaß – tatsächlich in irgendeiner Beziehung der Hoheitsgewalt unterstanden hat. Hoheitsgewalt wird vom EGMR unter Berufung auf das allgemeine Völkerrecht primär als territorialer Herrschaftsbereich verstanden[37], auch wenn sie nicht allein an das **Gebiet** des jeweiligen Staates einschließlich seiner Schiffe und Flugzeuge anknüpft und auch der räumliche Geltungsbereich seiner eigenen Rechtsordnung nicht allein entscheidend ist. Aus dem Schutzzweck folgt, daß der Staat die Konventionsrechte aller Personen achten muß, die sich in einem Bereich befinden, in dem seine Organe **faktisch Hoheitsgewalt** ausüben, wenn dies auch möglicherweise nur vorübergehend geschieht. Der Eingriff muß im Zeitpunkt seiner Ausübung der Herrschaftsgewalt des betreffenden Staates zuzurechnen sein. Nicht entscheidend ist, ob seine Organe diese Gewalt umfassend und längerfristig oder nur zeitlich begrenzt oder nur für einen bestimmten Bereich oder Zweck ausgeübt haben[38] und ob der Staat und die für ihn handelnden Organe dazu völkerrechtlich legitimiert waren. In Abkehr von einem rein funktional verstandenen Begriff der Ausübung von Hoheitsgewalt[39], die sich allein damit begnügt, daß das Opfer einem der Hoheitsgewalt zuzurechnenden Akt des Staates unterworfen wurde, fordert der EGMR aber jetzt, daß die Ausübung der Hoheitsgewalt eine gewisse **territoriale Grundlage** haben muß, um die Schutzpflicht des Staates auszulösen, da aus der Sicht des Völkerrechts die

---

[32] Vgl. etwa Art. 9 MRK Rdn. 3a, 4 ff; Art. 11 MRK Rdn. 5, 7; *Grabenwarter* § 17 Rdn. 5.

[33] Verneinend *Hofmann* S. 25, anders, zumindest für das Selbstbestimmungsrecht *Nowak* 24 ff.

[34] *Nowak* 22 ff; vgl. Anhang Rdn. 86.

[35] Vgl. UN-AMR EuGRZ **1984** 294; *Hofmann* S. 25; *Nowak* 24.

[36] Zu diesem Begriff *Krieger* ZaöRV **62** (2002) 669, 670 ff.

[37] Nach EGMR 12.12.2001 Bankovic/Belgien und 16 andere Natostaaten wegen Bombenangriffe auf Sendeeinrichtung in Belgrad (EuGRZ **2002** 133) ist Herrschaftsgewalt grundsätzlich territorial zu verstehen, nur in Ausnahmefällen erfaßt sie Handlungen, die in einem faktischen Machtbereich außerhalb des eigenen Hoheitsgebietes vorgenommen wurden oder sich dort auswirkten; dazu *Krieger* ZaöRV **62** (2002) 669, 673 ff. Die Anbindung der Herrschaftsgewalt an die territoriale Herrschaft, die in EGMR 12.3.2003 Öcalan/Türk (EuGRZ **2003** 472) und 8.4.2004 Asanidse/Georgien (EuGRZ **2004** 268) dem Grundsatz nach bestätigt wurde, statt allein an die Zurechenbarkeit der Handlung ist umstritten; vgl. *Breuer* EuGRZ **2003** 449; *Grabenwarter* § 17 Rdn. 11; *Krieger* ZaöRV **62** (2002) 669, je mit weit. Nachw.

[38] *Krieger* ZaöRV **62** (2002) 669, 671.

[39] EGMR 26.6.1992 Drozd, Janousek/F (Series A 240); 25.11.1999 Younghong/Port (ECHR 1999 IX); vgl. auch *Meyer-Ladewig* 5.

Herrschaftsgewalt eines Staates grundsätzlich territorial begrenzt ist[40]. Danach muß der Staat am Eingriffsort zumindest vorübergehend auch die territoriale Kontrolle innegehabt haben, damit das Handeln seiner verantwortlichen Organe als Ausübung seiner Hoheitsgewalt anzusehen ist[41]. Wenn ein Staat als Partei in einem anderen Land an einem Rechtsstreit teilnimmt, übt er insoweit keine exterritoriale Hoheitsgewalt gegenüber seinem Prozeßgegner aus[42].

Für die Ausübung von Hoheitsbefugnissen **durch alle ihm in seiner Gesamtheit zuzurechnenden Institutionen** hat jeder Staat – ungeachtet aller Unterschiede der nationalen innerstaatlichen Organisationsformen – völkerrechtlich einzustehen, gleich, ob sie der Legislative, der Exekutive oder der Judikative zuzurechnen sind, ob die Staatsgewalt von Zentralorganen oder dezentral von weitgehend selbständigen örtlichen Stellen ausgeübt wird und ob diese in der Lage oder willens sind, die Konventionspflichten zu erfüllen[43]. Ein **Gesamtstaat**, der sich aus mehreren Gliedstaaten, autonomen Provinzen oder sonstigen dezentralen Gebietskörperschaften zusammensetzt, bleibt völkerrechtlich dafür verantwortlich, daß die von ihm abgeschlossene Konvention in seinem gesamten Staatsgebiet beachtet wird. Ohne Rücksicht auf die sonstige interne Kompetenzaufteilung muß er durch entsprechende Regelungen dafür sorgen, daß die Einhaltung der Konvention im Gebiet des Gesamtstaats für jedermann sichergestellt ist[43a]. Auch ein **Unterlassen seiner Organe** kann seine Verantwortung begründen, sofern ihm insoweit eine **Schutzpflicht** obliegt, etwa, weil Konventionsrechte des Betroffenen in einem Gebiet verletzt wurden, in dem der Staat de facto die Ausübung von Vollzugsgewalt[44] für seine Organe beansprucht und deshalb in der Lage und kraft seiner ihm daraus erwachsenden Verantwortung auch verpflichtet gewesen wäre, die Verletzung des Konventionsrechts durch Dritte zu verhindern. Die MRK ist dagegen nicht verletzt, wenn Personen außerhalb des Bereichs einer zumindest de facto und partiell von einem Mitgliedstaat ausgeübten territorialen Herrschaft Opfer von Kriegshandlungen eines Konventionsstaates werden. Für sich allein eröffnen Kampfhandlungen der Streitkräfte eines Staates für die davon Betroffenen noch nicht den Schutz der MRK[45]. Für die Opfer eines Bombenangriffs der Nato-Staaten in einem der MRK nicht beigetretenen Staat (Serbien) hat der EGMR die Anwendbarkeit der Konvention verneint[46]. 11a

---

40 EGMR 26.6.1992 Drozd, Janousek/F (Series A 240); 12.12.2001 Brankovic' u.a./Belgien u.a. (EuGRZ **2002** 133); 12.3.2003 Öcalan/Türk (EuGRZ **2003** 472); 8.4.2004 Asanidse/Georgien (EuGRZ **2004** 268); kritisch dazu *Breuer* EuGRZ **2003** 449; ferner EGMR12.12.2002 Kalogeropoulou/Griech, D (NJW **2004** 273); *Grabenwarter* § 17 Rdn. 11.

41 Vgl. EGMR 12.12.2001 Bankovic/Belgien u.a. (EuGRZ **2002** 133); oben Rdn. 36.

42 EGMR 21.11.2001 McElhinney/Irl,GB (EuGRZ **2002** 416; dazu *Maierhöfer* EuGRZ **2002** 391); 12.12. 2002 Kalogeropoulou/Griech, D (NJW **2004** 273).

43 EGMR 18.1.1978 Irland/GB (EuGRZ **1979** 149); 23.3.1995 Loizidou/Türk (ÖJZ **1995** 629); 18.12.1996 Loizidou/Türk (EuGRZ **1997** 555); 12.3.2003 Öcalan/Türk (EuGRZ **2003** 472), dazu *Breuer* EuGRZ **2003** 449; Frowein/Peukert 9; *Meyer-Ladewig* 4, 5.

43a EGMR 8.4.2004 Asanidse/Georgien (EuGRZ **2004** 268) mit dem Hinweis, daß in der MRK eine Bundesstaatsklausel ähnlich Art. 28 der Amerikanischen Menschenrechtskonvention fehlt, daß aber auch diese den Zentralstaat nicht von der Verpflichtung entbinden würde, durch entsprechende Regelungen dafür zu sorgen, daß in seinen Gliedstaaten die Konvention eingehalten wird.

44 Nach *Krieger* ZaöRV **62** (2002) 669, 672 ist ebenso wie bei dem humanitären Kriegsvölkerrecht nach den vier Genfer Abkommen vom 12.8.1949 die „Vollzugsgewalt" (jurisdiction to enforce) entscheidend dafür, ob ein Staat in der Lage ist, die Beachtung der Konventionsrechte zu gewährleisten.

45 Der Anwendungsbereich des humanitären Kriegsvölkerrechts ist sachlich auf bewaffnete Konflikte nicht auf die Ausübung territorialer Herrschaftsgewalt beschränkt, vgl. *Krieger* ZaöRV **62** (2002) 669, 690 ff.

46 EGMR 12.12.2001 Brankovic' u.a./Belgien u.a. (EuGRZ **2002** 133) mit Erörterung und Abgrenzung gegenüber früheren Entscheidungen im Zusammenhang mit der Besetzung Nord-Cyperns; dazu auch *Krieger* ZaöRV **62** (2002) 671 f; vgl. auch vorst. Fußn.; ferner zu den strittigen Fragen *Breuer* EuGRZ **2003** 449 mit weit. Nachw.; *Grabenwarter* §17 Rdn. 11 (Abstellen auf „Rechtsraum der Konventionsstaaten" unzutreffend).

11b Die gleichen Fragen nach dem Geltungsbereich stellen sich beim **IPBPR**, dessen Art. 2 allerdings die auf dem Staatsgebiet befindlichen Personen[47] neben den seiner Herrschaftsgewalt unterstehenden Personen besonders anspricht[48].

12 **Hoheitsgewalt** ist in beiden Konventionen im weitesten Sinne als jedes dem Staat völkerrechtlich zurechenbare Handeln seiner Organe und der für sie tätigen Personen zu verstehen. Es kommt nicht darauf an, ob sie durch eine Rechtsgrundlage legitimiert ist. Auch soweit ein Staat **im Ausland** in einem bestimmten Gebiet eigene Hoheitsgewalt in einem möglicherweise zeitlich, räumlich oder gegenständlich eng limitierten Umfang ausübt, muß er dafür einstehen, daß seine Organe und die in seinem Auftrag oder mit seiner Duldung handelnden Personen in den Bereichen, in denen sie rechtlich oder faktisch für ihn Vollzugsgewalt ausüben, die Konventionsrechte der davon betroffenen Personen achten[49]. Gleichgültig ist, ob seine Organe die Hoheitsgewalt in dem jeweiligen Territorium eines anderen Staates befugt ausüben, wie etwa durch eine diplomatische Vertretung oder ein Konsulat[50] oder aufgrund eines Staatsvertrags[51], der etwa Polizeibefugnisse oder die Stationierung von Truppen regelt, oder im Rahmen der völkerrechtlichen Befugnisse einer Besatzungsmacht[52] oder auf Grund einer formlos getroffenen Vereinbarung für den Einzelfall[53]. Die Verantwortung besteht auch dann, wenn für die tatsächlich ausgeübte Hoheitsgewalt keine völkerrechtliche Befugnis bestand oder wenn sie überschritten wurde, wie etwa bei Ausschreitungen im Ausland operierender Truppen[54]. Selbst bei der Duldung illegaler Übergriffe durch Entführungen wurde dies angenommen[55]. Bei einer Bombardierung aus der Luft in einem Nichtmitgliedstaat wurde dies bei den dafür verantwortlichen Staaten verneint[56].

13 Eine **Ausnahme** vom Grundsatz, daß jeder Staat für die Achtung der Konventionsrechte in allen seiner Herrschaftsgewalt unterstehenden Gebieten einzustehen hat, findet sich in Art. 56 MRK, der die Einbeziehung abhängiger Gebiete in den Schutzbereich der Konvention zur Disposition des für die internationalen Beziehungen verantwortlichen Mitgliedsstaates stellt[57].

14 **b) Keine Verantwortung für fremde Hoheitsgewalt.** Die Verantwortlichkeit jedes Staates ist auf die Maßnahmen begrenzt, die seiner eigenen Hoheitsgewalt zuzurechnen sind. Die Konventionen begründen keine Verpflichtung ihrer Mitgliedsstaaten, dafür zu sorgen, daß ihre Rechte und Freiheiten auch den Menschen unter der Jurisdiktion eines fremden Staates gewährleistet werden. Die Mißachtung eines Konventionsrechts in einem anderen Staat fällt ihnen nicht zur Last, wohl aber unter Umständen, wenn sie in ihrem eigenen Herrschaftsbereich durch ihr eigenes Verhalten unter Verletzung einer

47 Aber nur als Unterworfene der Territorialgewalt des Staates, *Hofmann* S. 25; *Nowak* 27; vgl. Rdn. 14.

48 UN-AMR bei *Nowak* EuGRZ **1984** 424; *Nowak* 26 ff; zur Problematik *Nowak* EuGRZ **1980** 526; *Tomuschat* EuGRZ **1981** 520.

49 Vgl. *Krieger* ZaöRV **62** (2002) 675 ff, auch zu den Unterschieden bei den Auslandseinsätzen von Streitkräften im Gebiet des ehemaligen Jugoslawiens oder in Afghanistan.

50 UN-AMR bei *Nowak* EuGRZ **1984** 424.

51 Vgl. etwa EKMR EuGRZ **1977** 497; **1980** 532 (schweizer Befugnisse in Liechtenstein); dazu *Krieger* ZaöRV **62** (2002) 675; *Frowein/Peukert* 7 (anders bei bloßer Organleihe).

52 EKMR EuGRZ **1975** 483 (Hess); dazu *Blumenwitz* EuGRZ **1975** 497; EuGRZ **1991** 258 (Chrysostomos) dazu *Rumpf* EuGRZ **1991** 199; *Frowein/Peukert* 4; 5 mit weiteren Hinweisen auf die Praxis der EKMR.

53 Vgl. EGMR 12. 3. 2003 Öcalan/Türk (EuGRZ **2003** 473).

54 *Frowein/Peukert* 5; *Frowein* FS Schlochauer 289; 297.

55 UN-AMR EuGRZ **1981** 520 mit Anm. *Tomuschat; Nowak* 28 mit weit. Nachw. Zur Problematik des male captus vgl. Art. 5 MRK Rdn. 63.

56 EGMR 12. 12. 2001 Bankovic u. a./Belgien u. a. (EuGRZ **2002** 113); vgl. oben Rdn. 11a; hätte das bombardierte Gebäude in einem Mitgliedstaat gelegen, wäre auch eine Verletzung von dessen Schutzpflicht in Betracht zu ziehen.

57 *Frowein/Peukert* 7.

ihnen obliegenden Garantenpflicht einen Menschenrechtsverstoß in einem fremden Staat ermöglicht haben, etwa durch Auslieferung oder Abschiebung[58]. Für die auf seinem Territorium begangenen **Handlungen** der Organe eines **fremden Staates** hat der Mitgliedsstaat grundsätzlich nicht einzustehen, vorausgesetzt, daß diese Handlungen ausschließlich dem anderen Staat zuzurechnen sind[59]. Nach dem IPBPR gilt gleiches, auch wenn dort das **Territorium** neben der Herrschaftsgewalt besonders angeführt wird[60].

c) Wieweit einem Staat auch die **Maßnahmen zwischenstaatlicher Einrichtungen** zuzurechnen sind, wenn er diesen eigene Hoheitsbefugnisse durch völkerrechtlichen Vertrag übertragen hat, war strittig. Neben der Ansicht, daß diese Maßnahmen keine Ausübung der eigenen Hoheitsgewalt im weiten Sinne des Art. 1 MRK sind[61], wird zunehmend die Ansicht vertreten, daß sich der Staat seiner Verantwortung für die Beachtung des von ihm vertraglich zugesicherten Menschenrechtsschutzes (Art. 1 MRK, Art. 2 Abs. 1 IPBPR) nicht dadurch entziehen kann, daß er Herrschaftsbefugnisse auf multinationale Organe überträgt, die selbst keine Mitglieder der Konventionen sind. Er muß vielmehr dafür sorgen, daß auch bei einer Übertragung von Rechten auf einen anderen Staat oder eine zwischenstaatliche Einrichtung die Wahrnehmung der Konventionsrechte nicht notwendig in der gleichen Form, wohl aber der Substanz nach möglich bleibt[62]. Eine unmittelbare, zumindest aber eine mittelbare Verantwortung jedes Mitgliedstaates für die von Organen der zwischenstaatlichen Einrichtungen ergriffenen Maßnahmen wird heute weitgehend angenommen[63]. Eine solche Zurechnung wurde dagegen verneint, wenn ein Konventionsstaat nur das Recht hat, in einem anderen Staat bestimmte Organe für diesen zu ernennen, wie etwa die Bestellung der Richter in Andorra durch Spanien und Frankreich. Die Rechtsprechung eines solchen Gerichts, das als Organ des Staates Andorra tätig wird, ist nicht der Hoheitsgewalt von Frankreich oder Spanien zuzurechnen[64]. Handeln dagegen der UN unterstellten Truppenteile nach außen als Hilfsorgan der UN (Art. 29 UN-Charta) sind ihre in Erfüllung dieses Auftrags vorgenommenen Handlungen der UN zuzurechnen, da die Entsendestaaten insoweit weder Weisungs- noch Kontrollbefugnisse haben[65]. 15

4. Die **Verantwortlichkeit des Staates** umfaßt **alle Formen**, in denen seine Organe Staatsgewalt gegen Personen oder Sachen ausüben. Sie gilt für Gesetzgebung, Verwaltung und Rechtsprechung gleichermaßen. Sie setzt **kein Verschulden** voraus. Die Pflicht für Konventionsverletzungen einzustehen, entfällt nicht dadurch, daß das Verhalten untergeordneter Stellen nach innerstaatlichem Recht rechtswidrig war oder daß diese ihren Instruktionen zuwider gehandelt hatten[66]. Es ist auch unerheblich, ob die Regie- 16

[58] EGMR 7.7.1889 Soering/GB (NJW **1990** 2183); 20.3.1991 Cruz Varas/Schwed (EuGRZ **1991** 203); *Meyer-Ladewig* 5; vgl. *Vogler* GedS Karlheinz Meyer 488; ferner Art. 3 MRK Rdn. 14.

[59] EKMR EuGRZ **1977** 497 (Lichtenstein).

[60] Zur Formulierung des IPBPR, die dahin zu interpretieren ist, daß sie auf die völkerrechtliche Verantwortlichkeit abstellt, im einzelnen *Nowak* 27.

[61] Vgl. EKMR EuGRZ **1975** 483 (Hess Viermächte-Verantwortung), dazu *Blumenwitz* EuGRZ **1975** 497; ferner etwa EKMR EuGRZ **1979** 534 mit Anm. *Fastenrath*, *Busse* NJW **2000** 1074, 1075.

[62] Vgl. EGMR 18.2.1999 Waite & Kennedy/D (NJW **1999** 1173); 18.2.1999 Matthews/GB (EuGRZ **1999** 200); *Grabenwarter* VVDStL **60** (2001) 190; *Grabenwarter* § 17 Rdn. 9; *Walter* AöR **129** (2004) 39, 67 ff („Schutzpflichtverletzung"); *Meyer-Ladewig* 8.

[63] Vgl. etwa *Tomuschat* EuR **1990** 340, 356, ferner vorst. Fußn. und Einf. Rdn. 48.

[64] EKMR 12.12.1989 Dozd u.a./F (EuGRZ **1992** 129); vgl. EGMR 12.12.2001 Bankovic/Belg (NJW **2003** 413).

[65] *Krieger* ZaöRV **62** (2002) 686 ff, die aber auch darauf hinweist, daß die Verantwortlichkeit unter den Konventionen bei den Entsendestaaten insoweit verbleibt, als sie die Disziplinar- oder Strafgewalt haben und daher auch für deren Ausüben oder Unterlassen einstehen müssen.

[66] EKMR EuGRZ **1976** 33 (Cypern); Ministerkomitee EuGRZ **1979** 86; *Frowein* EuGRZ **1980** 232.

rung oder höhere Staatsorgane die Konventionsverletzungen ihrer untergeordneten Stellen hätten verhindern können[67]. Untersagt ist jeder mit den **Konventionspflichten nicht zu vereinbarende Eingriff** in die gewährleisteten Menschenrechte und Freiheiten. Die Konventionsverletzung setzt in der Regel einen **positiven Eingriff** des Staates und seiner Organe in diese Rechte voraus. Dieser Eingriff muß nicht im völligen Entzug eines dieser Rechte liegen, schon jede nicht nur unwesentliche Beeinträchtigung des einzelnen in einem solchen Recht ist eine Konventionsverletzung, sofern nicht eine der Voraussetzungen vorliegt, unter denen die Konvention den Eingriff gestattet.

17 Die zurechenbaren Konventionsverletzungen können auch in einem **Unterlassen** liegen, wenn die Gewährleistungen der Konvention ohne ein positives Handeln des Staates leerlaufen würden, vor allem, wenn ein Staat eine ihm aufgrund einer Konventionsverbürgung obliegende **Schutzpflicht nicht erfüllt**, etwa wenn diese leerläuft, weil der Staat ihre Beachtung nicht sichergestellt hat[68]. Scheitert der Schutz an Versäumnissen der Gesetzgebung oder des Vollzugs, hat das der jeweilige Staat zu verantworten. Welche positiven Maßnahmen der Staat vor allem in Gesetzgebung und Verwaltung zur angemessenen Gewährleistung dieser Rechte zu treffen hat, richtet sich nach dem Schutzgut des jeweiligen Rechts[69] und nach Art und Intensität der Gefährdungen, die von den jeweiligen tatsächlichen Umständen ausgehen. Bei der Einschätzung aller Umstände und der für erforderlich gehaltenen Maßnahmen wird man dem Staat einen angemessenen **Ermessenspielraum** zubilligen müssen. Dessen Grenze ist dort überschritten, wo das nationale Recht keine oder nur unzureichende Rechtsinstitute, Sanktionen oder Verfahrensgarantien zur Erfüllung der staatlichen Schutzpflicht vorsieht[70]. In einem besonders gelagerten Fall wurde wegen des Fehlens ausreichender Strafvorschriften eine Verantwortung des Staates für eine dadurch ungestraft mögliche Konventionsverletzung angenommen[71]. Es genügt aber nicht, daß der Staat ein Rechtssystem schafft, durch das in der einen oder anderen Form, durch Eingriffsermächtigungen für die staatlichen Organe oder auch durch Rechtsbehelfe für den unmittelbar Betroffenen dessen Konventionsrechte geschützt werden können. Er muß darüber hinaus dafür sorgen, daß diese Garantien im Rechtsalltag **tatsächlich wirksam** werden. Die Schutzpflicht kann auch verletzt sein, wenn staatliche Stellen erforderliche Belehrungen oder Kontrollen unterlassen, oder wenn sie nicht eingreifen, um ein konventionsgemäß gewährleistetes Recht im Einzelfall zum Tragen zu bringen, etwa, wenn sie erkennen, daß im Strafverfahren der beigeordnete Pflichtverteidiger (Art. 6 Abs. 3 Buchst. c MRK) untätig bleibt[72].

18 Durch **Auslegung der jeweiligen Einzelregelung** ist zu ermitteln, ob die einzelnen Bestimmungen der Konvention über das negative Unterlassungsgebot hinausreichende **positive Schutzpflichten** für den Staat begründen und welche Tragweite diese jeweils haben. Solche Schutzpflichten werden etwa für den **Schutz des Lebens** (vgl. Art. 2 MRK; Art. 6 IPBPR)[73] oder hinsichtlich des **Verbots der Folter** (vgl. Art. 3 MRK; Art. 7

---

[67] EGMR 18.1.1978 (Irland/GB (EuGRZ **1979** 149); 25.4.1978 Tyrer/GB (EuGRZ **1979** 162).

[68] IAGMR EuGRZ **1989** 157 (Verantwortung für Verschwindenlassen).

[69] Vgl. etwa EGMR 13.6.1979 Marckx/B (EuGRZ **1979** 455); EKMR EuGRZ **1980** 40 (Mitgliedschaftszwang); grundsätzlich betrifft die Gewährleistungspflicht alle Rechte, vgl. *Nowak* 19.

[70] Nach *Nowak* 19 bestimmt der Grundsatz der Relativität, was die Staaten innerhalb ihres großen Gestaltungsraums bei Berücksichtigung ihrer finanziellen und sozioökonomischen Leistungskraft tun müssen. Vgl. auch IAGMR EuGRZ **1989** 157; ferner *Nowak* 21 mit Beispielen aus der Praxis des UN-AMR; ferner zum „Untermaßverbot" auch BVerfGE **88** 203, 254; BVerfG NJW **1995** 2343.

[71] EGMR 26.3.1985 X/NdL; (EuGRZ **1985** 297: Schutz der sexuellen Integrität verwahrter Geisteskranker); zur Pönalisierungspflicht vgl. etwa *Kühl* ZStW **100** (1988) 412; *Suerbaum* EuR **2003** 391. 404.

[72] EGMR 13.5.1980 Artico/I (EuGRZ **1980** 662).

[73] Vgl. *Kühl* ZStW **100** (1988) 412; Art. 2 MRK Rdn. 10, 12.

IPBPR) angenommen[74], zu deren Beachtung ein Staat auch dann selbst verpflichtet bleibt, wenn er durch eine Abschiebung oder Auslieferung die Voraussetzungen für die Verletzung dieser Rechte in einem anderen Staat schafft. Aus dem Verbot der **Leibeigenschaft** in Art. 4 MRK, Art. 8 IPBPR folgt die Pflicht des Staates, in seiner Rechtsordnung kein solches Institut vorzusehen[75].

5. Eine Pflicht zur **Gewährung diplomatischen Schutzes** bei Konventionsverletzungen **19**
durch fremde Hoheitsträger im Ausland kann aus Art. 1 MRK, Art. 2 IPBPR nicht hergeleitet werden[76].

6. Wirkung für und gegen Dritte

a) Privatpersonen werden durch die Gewährleistungen der Konventionen, die die **20**
Ausübung der Staatsgewalt begrenzen sollen, grundsätzlich **nicht verpflichtet**. Das **Rechtsverhältnis zwischen Privatpersonen** wird von den Konventionen nicht berührt. Selbst bei wörtlicher Inkorporierung in das nationale Recht können diese nicht so ausgelegt werden, daß sie in Abänderung der nationalen bürgerlichen Rechtsordnung auch private Eingriffe in die gewährleisteten Rechte umfassen **(unmittelbare Drittwirkung)**[77].

b) Wieweit dem Staat aus den Konventionen die Pflicht erwächst, seine Rechtsord- **21**
nung so zu gestalten, daß die Ausübung der Konventionsrechte auch vor Störungen durch Private geschützt wird (**mittelbare Drittwirkung**, „Rundumwirkung", „Horizontalwirkung"[78]) ist im einzelnen strittig. Eine staatliche Schutzpflicht wird allenfalls insoweit zu bejahen sein, als der Private den Verstoß gegen eine Konventionsverbürgung in einem der staatlichen Verantwortung unterstehenden Bereich begeht, wie dies etwa bei der körperlichen Züchtigung eines Schülers in einer Privatschule angenommen wurde[79], oder wenn andernfalls die Zusicherung einzelner Konventionsverbürgungen durch den Staat, und damit seine Zusicherung in Art. 1 MRK, leerlaufen würde. In solchen Fällen hat der Staat das **Dulden eines allgemein konventionswidrigen Zustands** als Schutzpflichtverletzung zu verantworten[80]. Ob, in welcher Hinsicht und in welchem Umfang eine Schutzpflicht des Staates besteht und durch welche Maßnahmen der Staat sie erfüllen kann, hängt aber stets von den Umständen des Einzelfalls ab, bei deren Würdigung der Staat einen Beurteilungsspielraum hat[81]. Maßgebend für die Beurteilung sind auch hier Sinn und Tragweite des jeweils garantierten einzelnen Freiheitsrechts sowie die allgemeinen Auswirkungen staatlicher Schutzmaßnahmen, die auch hier den Grundsatz der Verhältnismäßigkeit in jeder Richtung wahren müssen[82].

Verletzen **Private** ein in der Konvention gewährleistetes Recht eines anderen, kann **22**
dies grundsätzlich dem Staat nur angelastet werden, wenn er sich ihrer an Stelle eigener Organe zur Erfüllung einer staatlichen Aufgabe bedient hat, so daß in Wirklichkeit ein

---

74 Vgl. Art 3 MRK Rdn. 14, 14a.

75 Vgl. Art. 4 MRK Rdn. 10.

76 Zu Art. 2 IPBPR *Hofmann* S. 25 unter Berufung auf Entstehungsgeschichte.

77 *Frowein/Peukert* 12; *Herzog* JZ **1966** 658; *Grabenwarter* § 19 Rdn. 14; *Meyer-Goßner*[47] 4; *Meyer-Ladewig* 7; *Kühn* ZStW **100** (1988) 411; *Morvay* ZaöRV **21** (1961) 319; *Ulsamer* FS Zeidler 1802; ferner *Fuchs* ZStW **100** (1988) 446 (für Österreich); *Schorn* 38; *Trechsel* ZStW **100** (1988) 671 (Schweiz); str. **a. A** etwa *Guradze* Einl. 22; vgl. auch *Frister* GA **1985** 554.

78 Vgl. *Nowak* 20; *Frowein/Peukert* 12; *Schorn* 26.

79 EGMR 25. 3. 1993 Costello-Roberts/GB (ÖJZ **1993** 534).

80 *Frowein/Peukert* 11 ff; *Grabenwarter* § 19 Rdn. 7 ff 11 ff; *Kühl* ZStW **100** (1988) 411; *Ulsamer* FS Zeidler 1802; verneinend *Meyer-Goßner*[47] 4; *Morvay* ZaöRV **21** (1961) 321; vgl. ferner die Erläuterungen bei den einzelnen Artikeln.

81 *Grabenwarter* § 19 Rdn. 12.

82 Vgl. *Suerbaum* EuR **2003** 390, 404.

verdecktes staatliches Handeln vorliegt. Abgesehen von diesem Sonderfall trifft den Staat nur dann eine eigene Verantwortung, wenn er durch die Duldung der Verletzung oder Duldung eines sie ermöglichenden Zustandes eine ihm aus einem Artikel der Konvention erwachsende Schutzpflicht[83] verletzt. Eine weitergehende Wirkung wird man der MRK und dem IPBPR nicht beimessen können[84]. Privatpersonen werden durch die Konventionen untereinander nicht verpflichtet[85].

23 **c) Berücksichtigung bei Auslegung.** Die Ablehnung einer Drittwirkung schließt nicht aus, daß in Auslegungsfragen die Gewährleistungen der Konventionen – ebenso wie andere freiheitsschützende Normen – als **Wertfestlegungen** mit herangezogen werden[86]. Als Bestandteil der Rechtsordnung sind sie bei der Auslegung der Rechte Privater mit in Betracht zu ziehen, etwa zur Ausfüllung unbestimmter Rechtsbegriffe oder im Rahmen von Generalklauseln als Wertungselemente.

24 **7. Einwilligung, Verzicht.** Die Konventionen garantieren subjektive Rechte des einzelnen. Es liegt in der Zielsetzung dieser Garantien, daß niemand auf sie dem Staat gegenüber im voraus generell und für alle Zeiten wirksam verzichten kann[87]. Bei vielen der garantierten Freiheits-, Abwehr- und Teilhaberechte steht es aber dem einzelnen frei, ob und wieweit er sich dem Staat gegenüber aus konkretem Anlaß darauf berufen will. Ob und wieweit ein verbürgtes Konventionsrecht insoweit zur Disposition des einzelnen Rechtsträgers steht, ist – ähnlich wie im innerstaatlichen Verfassungsrecht[88] – an Hand vom Art- und Schutzzweck der einzelnen Gewährleistung durch Auslegung zu ermitteln. Dabei ist nicht allein entscheidend, ob der Konventionstext ausdrücklich auf die Einwilligung abstellt, wie etwa Art. 7 Satz 2 IPBPR, oder ob der Schutzzweck der jeweiligen Verbürgung ergibt, daß sie nur staatliche Maßnahmen erfaßt, die gegen oder ohne den Willen des Betroffenen durchgeführt werden, so daß bei dessen Einverständnis ein konventionswidriger Eingriff von vorneherein ausscheidet[89]. Die Fragen sind für die einzelnen Konventionsverbürgungen noch wenig geklärt und strittig[90]. Während einige Konventionsverbürgungen wegen des hohen, übersubjektiven Rangs ihres Schutzgutes nicht zur Disposition des Betroffenen stehen und deshalb auch mit seiner Einwilligung nicht außer acht gelassen werden dürfen, wird bei anderen ein freiwilliger, ex nunc frei widerruflicher „Verzicht“[91] für wirksam gehalten, wobei an die Freiwilligkeit strenge Anforderungen gestellt werden[92].

---

83 Wieweit vor allem aus Art. 2 und 8 MRK solche Schutzpflichten erwachsen, ist strittig.

84 *Frowein/Peukert* 12.

85 *Meyer-Ladewig* 7.

86 *Meyer-Goßner*[47] 4.

87 Kein Totalverzicht, vgl. *Grabenwarter* § 18 Rdn. 29.

88 Etwa *Amelung* Die Einwilligung in die Beeinträchtigung eines Grundrechtsgutes (1981); *Dürig* AöR **81** (1956) 152; *v. Münch* Einf. 62; *Sturm* FS Geiger (1974) 173 je mit weit. Nachw. zu den strittigen Fragen.

89 *Amelung* (Fußn. 88) 65 ff.

90 *Dörr* 85 ff; *Echterhölter* JZ **1956** 145; *Frister* 94, IntKommEMRK-*Miehsler/Vogler* Art. 6, 378; *Meyer-Goßner*[47] 3; ferner etwa Art. 3 MRK, 26; Art. 5 MRK, 58; Art. 6 MRK, 115; Schweiz.BGer. EuGRZ **1991** 226.

91 Die Terminologie ist nicht einheitlich, da Verzicht vielfach als Oberbegriff gebraucht wird. *Amelung* (Fußn. 88) unterscheidet zwischen dem endgültig bindenden Verzicht und der widerruflichen Einwilligung.

92 Dazu etwa *Amelung* 82 ff für das innerstaatliche Recht; EGMR 23.5.1991 Oberschlick/Ö (EuGRZ **1991** 216); *Grabenwarter* § 18 Rdn. 29 ff (Abwägung des öffentlichen und privaten Interesses); vgl. auch *Meyer-Ladewig* Art. 6 Rdn. 68.

Art. 2 MRK (Art. 6 IPBPR)

MRK

Abschnitt I

Artikel 2 Recht auf Leben*

(1) Das Recht jedes Menschen auf das Leben wird gesetzlich geschützt. Niemand darf absichtlich getötet werden, außer durch Vollstreckung eines Todesurteils, das ein Gericht wegen eines Verbrechens verhängt hat, für das die Todesstrafe gesetzlich vorgesehen ist.

(2) Eine Tötung wird nicht als Verletzung dieses Artikels betrachtet, wenn sie durch eine Gewaltanwendung verursacht wird, die unbedingt erforderlich ist, um

a) jemanden gegen rechtswidrige Gewalt zu verteidigen;

b) jemanden rechtmäßig festzunehmen oder jemanden, dem die Freiheit rechtmäßig entzogen ist, an der Flucht zu hindern;

c) einen Aufruhr oder Aufstand rechtmäßig niederzuschlagen.

Ergänzend dazu

Protokoll Nr. 6 zur Konvention zum Schutze der Menschenrechte und Grundfreiheiten, vom 28.4.1983, durch das sich die Vertragsstaaten verpflichten, niemanden zur Todesstrafe zu verurteilen oder hinzurichten, mit Ausnahme für Taten, die in Kriegszeiten oder bei unmittelbarer Kriegsgefahr begangen wurden.

In dem noch nicht in Kraft befindlichen **Protokoll Nr. 13** wird auch diese Ausnahme aufgehoben. In Art. 1 wird ohne jede Ausnahme festgestellt, daß die Todesstrafe abgeschafft ist und niemand zu dieser Strafe verurteilt oder hingerichtet werden darf. Nach Art. 2 dieses Protokolls darf auch im Falle des Art. 15 MRK nicht von diesem Verbot abgewichen werden.

* Neue deutschsprachige Übersetzung in der Fassung der Bek. vom 17.5.2002 (BGBl. II S.1054).

IPBPR

Artikel 6

(1) Jeder Mensch hat ein angeborenes Recht auf Leben. Dieses Recht ist gesetzlich zu schützen. Niemand darf willkürlich seines Lebens beraubt werden.

(2) In Staaten, in denen die Todesstrafe nicht abgeschafft worden ist, darf ein Todesurteil nur für schwerste Verbrechen auf Grund von Gesetzen verhängt werden, die zur Zeit der Begehung der Tat in Kraft waren und die den Bestimmungen dieses Paktes und der Konvention über die Verhütung und Bestrafung des Völkermordes nicht widersprechen. Diese Strafe darf nur auf Grund eines von einem zuständigen Gericht erlassenen rechtskräftigen Urteils vollstreckt werden.

(3) Erfüllt die Tötung den Tatbestand des Völkermordes, so ermächtigt dieser Artikel die Vertragsstaaten nicht, sich in irgendeiner Weise einer Verpflichtung zu entziehen, die sie nach den Bestimmungen der Konvention über die Verhütung und Bestrafung des Völkermordes übernommen haben.

(4) Jeder zum Tode Verurteilte hat das Recht, um Begnadigung oder Umwandlung der Strafe zu bitten. Amnestie, Begnadigung oder Umwandlung der Todesstrafe kann in allen Fällen gewährt werden.

(5) Die Todesstrafe darf für strafbare Handlungen, die von Jugendlichen unter 18 Jahren begangen worden sind, nicht verhängt und an schwangeren Frauen nicht vollstreckt werden.

(6) Keine Bestimmung dieses Artikels darf herangezogen werden, um die Abschaffung der Todesstrafe durch einen Vertragsstaat zu verzögern oder zu verhindern.

Ergänzend dazu

2. Fakultativprotokoll vom 15.12.1989 zur Abschaffung der Todesstrafe. Art. 1 verbietet jede Hinrichtung und verpflichtet die Vertragsstaaten, alle erforderlichen Maßnahmen zu treffen, um die Todesstrafe in ihrem Hoheitsbereich abzuschaffen. Vorbehalte zu diesem Protokoll sind nicht zulässig mit der Ausnahme, daß Staaten bei der Ratifizierung oder beim Beitritt einen Vorbehalt machen können, der die Anwendung der Todesstrafe in Kriegszeiten wegen einer Verurteilung wegen eines in Kriegszeiten begangenen Verbrechens militärischer Art vorsieht.

Schrifttum (Auswahl): *Bergmann* Das Menschenbild der Europäischen Menschenrechtskonvention (1995); *Bleckmann* Die Entwicklung staatlicher Schutzpflichten aus den Freiheiten der Europäischen Menschenrechtskonvention, FS Bernhardt (1995) 309; *Bockelmann* Menschenrechtskonvention und Notwehrrecht, FS Engisch 456; *Broda* Europas Kampf gegen die Todesstrafe, ZfRV **1986** 1; *Calliess* Die Abschaffung der Todesstrafe – Zusatzprotokoll Nr. 6 zur Europäischen Menschenrechtskonvention, NJW **1989** 1019; *Doehring* Zum „Recht auf Leben" aus nationaler und internationaler Sicht, FS Mosler (1983) 145; *Frister* Die Einschränkung des Notwehrrechts durch Art. 2 EMRK, GA **1985** 553; *Hartig* Abschaffung der Todesstrafe in Europa/Das 6. Zusatzprotokoll zur EMRK, EuGRZ **1983** 270; *Klugmann* Europäische Menschenrechtskonvention und antiterroristische Maßnahmen (2002); *Kneihs* Recht auf Leben und Terrorismusbekämpfung – Anmerkungen zur jüngsten Judikatur des EGMR in: Grabenwarter/Thienel, 21; *Krüger* Die Bedeutung der Menschenrechtskonvention für das deutsche Notwehrrecht, NJW **1970** 1483; *Machacek* Das Recht auf Leben in Österreich, EuGRZ **1983** 553; *Peters* Die Mißbilligung der Todesstrafe durch die Völkerrechtsgemeinschaft, EuGRZ **1999** 650; *Peukert* Human Rights in International Law and the Protecting of Unborn Human Beings, FS Wiarda (1988) 511; *Reis* Die Europäische Kommission für Menschenrechte zur rechtlichen Regelung des Schwangerschaftsabbruchs, JZ **1981** 738; *Verrel* Selbstbestimmungsrecht contra Lebensschutz, JZ **1996** 224.

Übersicht

1. Allgemein

1 **a)** Das **Recht auf Leben**, das jedermann hat, wird in Art. 2 Abs. 1 MRK, Art. 6 Abs. 1 IPBPR ausdrücklich als Menschenrecht anerkannt[1] und generell in den Schutz der Gesetze gestellt. Der IPBPR betont die vorgegebene naturrechtliche Grundlage dieses elementaren Grundrechtes dadurch besonders, daß er das Recht auf Leben, das ja die Voraussetzung für den Genuß aller übrigen Grundrechte und Grundfreiheiten ist, als vorgegebenes („inherent", „inhérent") Recht bezeichnet[2]. Der Schutz der Konventionen deckt sich mit Art. 1 Abs. 2, Art. 2 Abs. 2 Satz 1 GG[3]. Auch die Grundrechte-Charta der Europäischen Union stellt in Art. 2 heraus, daß jede Person das Recht auf Leben hat und niemand zur Todesstrafe verurteilt und hingerichtet werden darf. Im übrigen hat das in ihr angesprochene Recht auf Leben die gleiche Tragweite wie in Art. 2 der

---

[1] Die Regelung wird als deklaratorisch verstanden, da das Recht auf Leben als ius cogens des allgemeinen Völkerrechts angesehen wird; etwa *Nowak* 2; *Hofmann* S. 28. Vgl. auch Art. 3 der Allgemeinen Erklärung der Menschenrechte vom 10.12.1948.

[2] Dazu *Nowak* 2; *Hofmann* S. 28; die Bedenken bei *Goose* NJW **1974** 1305 gegen die frühere Übersetzung „angeborenes Recht" richten sich vor allem gegen den daraus gezogenen Schluß, der Lebensschutz beginne mit der Geburt.

[3] BVerfGE **6** 389,441; *Morvay* ZaöRV **21** (1961) 317.

MRK, dies legt Art. 52 Abs. 3 der Grundrechte-Charta ausdrücklich fest. Die Konventionspflichten über den Lebensschutz werden ergänzt durch zusätzliche völkerrechtliche Verpflichtungen, so vor allem durch die **Konvention über die Verhütung und Bestrafung des Völkermords** vom 9. 12. 1948[4] und neuerdings dem **Römischen Statut des Internationalen Strafgerichtshofs**[5], durch die sich die jeweiligen Mitgliedstaaten u. a. zur Bestrafung oder Auslieferung der für Verbrechen gegen das Leben verantwortlichen Personen verpflichten. Solche besonderen Verpflichtungen werden, wie Art. 6 Abs. 2, 3 IPBPR hervorhebt, von Art. 6 IPBPR nicht eingeschränkt.

Der Lebensschutz des Art. 2 MRK wird dadurch verstärkt, daß die von den Konventionen ursprünglich noch zugelassene **Todesstrafe** durch das **6. Zusatzprotokoll zur MRK** vom 28. 4. 1983[6] grundsätzlich abgeschafft wurde, ebenso auch durch das von der Generalversammlung der Vereinten Nationen am 15. 12. 1989 angenommene **2. Fakultativprotokoll zum IPBPR**[7]. Sie wird derzeit nur noch für Kriegszeiten zugelassen. Das noch nicht ratifizierte **13. Zusatzprotokoll zur MRK** vom 3. 5. 2002 will auch diese Ausnahme abschaffen[8]. Die Bundesrepublik Deutschland ist dem 6. Zusatzprotokoll zur MRK und dem 2. Fakultativprotokoll zum IPBPR beigetreten. 1a

b) Die **Ausnahmen**, in denen der Lebensschutz gegenüber hoheitlichen Maßnahmen nicht Platz greift, werden in Art. 2 Abs. 1 Satz 2, Abs. 2 MRK aufgezählt[9], wobei der Katalog dann noch um die in Art. 2 MRK nicht erwähnte, nach Art. 15 MRK aber zulässige Tötung im Rahmen rechtmäßiger Kriegshandlungen zu ergänzen ist[10]. Abgesehen von dieser Ausnahme wird dort Art. 2 MRK notstandsfest gewährleistet. Art. 6 IPBPR stellt in Absatz 2 nur die Voraussetzungen fest unter denen die Todesstrafe zulässig ist. Im übrigen begnügt er sich damit, generell die willkürliche Tötung zu verbieten[11]. Auf einen die Gefahr von Lücken in sich tragenden[12] Ausnahmekatalog wird verzichtet. 2

2. Inhalt des Konventionsschutzes

a) Schutzgut ist das **menschliche Leben.** Jeder einzelne, auch der Behinderte, Geisteskranke oder unheilbar Kranke[13] hat dem Staat gegenüber ein Recht auf Schutz seines Lebens bis zum Tode[14]. Ein Recht das Leben zu beenden und auf Sterbehilfe gewährleisten Art. 2 MRK, Art. 6 Abs. 1 IPBPR nicht[15]. Daraus folgt aber nicht notwendig, daß der Staat dadurch umgekehrt auch verpflichtet wird, jemanden gegen seinen eigenen Willen unter Einsatz aller Mittel zum Weiterleben zu zwingen[16]. Wer sein Leben been- 3

---

4 BGBl. II 1954 S. 730.

5 BGBl. II 2002 S. 1393.

6 BGBl. II 1988 S. 663, das 6. ZP MRK gilt nur für die Mitgliedstaaten, die ihm beigetreten sind, vgl. Rdn. 15.

7 Die Bundesrepublik ist diesem Protokoll beigetreten, vgl. BGBl. II 1992 S. 391; Bek. vom 20. 4. 1993 (BGBl. II S. 880).

8 Vgl. Einf. Rdn. 28.

9 Zur Entstehungsgeschichte des auf unterschiedlichen Quellen beruhenden Art. 2 MRK vgl. *Partsch* 100.

10 *Partsch* 105; *Guradze* 13.

11 Zur Entstehungsgeschichte *Nowak* 12 ff.

12 *Nowak* 12; *Frowein*/*Peukert* 10.

13 IntKommEMRK/*Lagodny* 47.

14 Vgl. *Grabenwarter* § 20 Rdn. 2. Der Todesbegriff wird dabei nicht definiert, entsprechend der derzeitigen Auffassung dürfte vom Hirntod (dauerhafter Funktionsausfall des gesamten Gehirns) auszugehen sein IntKommEMRK/*Lagodny* 49; ferner etwa EKMR bei *Bleckmann* EuGRZ **1981** 20; je mit weit. Nachw.

15 EGMR 29. 4. 2002 Pretty/GB (NJW **2002** 2851); *Grabenwarter* § 20 Rdn. 3.

16 IntKommEMRK/*Lagodny* 55, *Nowak* 37; zum Recht auf Selbstmord vgl. IntKommEMRK/*Wildhaber*/*Breitenmoser* Art. 8, 270 ff, zur Sterbehilfe High Court EuGRZ **2000** 458; ferner etwa *Nowak* 37; *Kutzer* NStZ **1994** 310; *Schreiber* NStZ **1986** 338; *Verrel* JZ **1996** 225.

den will, kann aus den Konventionsgarantien aber nicht das Recht herleiten, daß der Staat die Beihilfehandlungen zum **Selbstmord** straffrei stellt[17] oder gar fördert[18].

3a Ob und wieweit bereits das **werdende Leben** dem Schutzes des Art. 2 unterfällt, ist strittig. Anders als Art. 4 Abs. 1 AMRK, der das Recht auf Leben „im allgemeinen vom Zeitpunkt der Empfängnis an" schützt, ist in der MRK nicht festgelegt, von welchem Zeitpunkt an der Schutz des Lebens beginnt[19]. Bei **Art. 6 IPBPR** wird aus der Entstehungsgeschichte geschlossen, daß der Lebensschutz nicht schon mit der Empfängnis beginnen sollte[20]. Um das ungeborene Leben nicht völlig schutzlos zu lassen, hat der Supreme Court der USA die Ansicht vertreten, daß die staatliche Schutzpflicht erst mit der selbständigen Lebensfähigkeit der Leibesfrucht einsetzt[21]. Bei **Art. 2 MRK** läßt die EKMR ausdrücklich offen, wieweit das Leben der Ungeborenen der staatlichen Schutzpflicht unterliegt[22]. Dafür, daß der eigentliche Schutzbereich des Art. 2 Abs. 1 MRK erst mit der selbständigen Lebensfähigkeit beginnt, läßt sich anführen, daß die Ausnahmen des Absatzes 2 davor liegende Eingriffe nicht regeln, andernfalls würde das Fehlen jeglicher diesbezüglichen Ausnahme bedeuten, daß selbst in den medizinisch begründeten Fällen der Schwangerschaftsabbruch per se konventionswidrig wäre[23].

4 **b) Reichweite.** Der **Schutz des Lebens** soll nach den Konventionen in **zweifacher Weise** erreicht werden: Zum einem wird dem Staat verboten, bei **Ausübung seiner Staatsgewalt** durch seine Organe einer Person des Lebens zu berauben, sofern nicht eine der Ausnahmesituationen des Absatzes 2 vorliegt, in der die Konventionen ausnahmsweise zuläßt, daß der Einsatz der Gewalt zu einem dieser Zwecke den Tod des Betroffenen – absichtlich oder unbeabsichtigt – verursacht[24]. Zum anderen werden die Mitgliedstaaten zur **Schaffung einer Staatsordnung** verpflichtet, die das Leben aller Personen unter einen angemessenen Schutz des Staates stellt. Dazu gehört, daß der Staat die entsprechenden Gesetze, insbesondere auch genügend abschreckende Strafvorschriften erläßt und daß er auch tatsächlich dafür sorgt, daß alle gewaltsamen Tötungen in seinem Hoheitsbereich

---

[17] EGMR 29.4.2002 Pretty/GB (NJW **2002** 2851), vorher schon High Court EuGRZ **2002** 55; dazu *Grabenwarter* § 20 Rdn. 4; *Meyer-Ladewig* 1; *Peters* 40 ff.

[18] IntKommEMRK/*Lagodny* 56, 57 unter Hinweis auf EKMR.

[19] *Grabenwarter* § 17 Rdn. 3; § 20 Rdn. 4; *Meyer-Ladewig* 3; vgl. auch EKMR EuGRZ **1978** 199 (deutsche Abtreibungsregelung kein Verstoß); nach *Frowein/Peukert* 3 ist möglich, daß Schutzpflicht aus Art. 2 bei Lebensfähigkeit des Fötus bejaht wird).

[20] *Nowak* 35.

[21] Supreme Court EuGRZ **1974** 52; *Nowak* 35; 36 mit Nachw.; vgl. auch *Frowein* EuGRZ **1980** 442; *Frowein/Peukert* 22, ferner *Walther* EuGRZ **1992** 45 und die Entscheidung des Supreme Court EuGRZ **1992** 494, wo die strittigen Fragen keine übereinstimmenden Mehrheiten fanden.

[22] EKMR EuGRZ **1978** 199 (Brüggemann); **1981** 20 (Paton, med. Indikation). Auch EGMR 24.3.1992 Open Door and Dublin Well Woman/Irl (EuGRZ **1992** 484), läßt dies offen. Der öster. VfGH (EuGRZ **1975** 74) hat das ungeborene Leben unter Hinweis auf die das ungeborene Leben nicht erfassenden Ausnahmen des Absatzes 2 nicht in den Schutz des Art. 2 mit einbezogen; dazu *Folz* FS Verosta 202; *Stadler* EuGRZ **1975** 74; vgl. ferner *Frowein/Peukert* 3 (Schutzpflicht bei Lebensfähigkeit des Fötus); *Meyer-Ladewig* 3; *Partsch* 103; *Villiger* HdB 268. Auch das Bundesverfassungsgericht bejaht menschliches Leben jedenfalls vom Zeitpunkt der Nidation an, es geht aber – mit unterschiedlichen Ableitungen – von einer verringerten staatlichen Schutzpflicht aus (vgl. BVerfGE **39** 1, 45 und **88** 203, 275, 321); ferner auch *Peukert* FS Wiarda 511, 518. Zum Beginn des Lebens unter dem Blickwinkel der Fortpflanzungstechnologie etwa *Fahrenhorst* EuGRZ **1988** 125, sowie IntKommEMRK/*Lagodny* 24 ff; ferner zu den Stufungen des vorgeburtlichen Lebensschutzes *Dreier* ZRP **2002** 377 und zur Menschenwürde als das mit der Befruchtung einsetzende normative Schutzprinzip *Böckenförde* JZ **2003** 809.

[23] *Grabenwarter* § 20 Rdn. 4; IntKommEMRK/*Lagodny* 46.

[24] EGMR 20.5.1999 Ogur/Türk (NJW **2001** 1991); 27.6.2000 Salman/Türk (NJW **2001** 2001); *Meyer-Ladewig* 1, 7, Näher dazu Rdn. 7.

unverzüglich und von Amts wegen von seinen Organen effektiv verfolgt und bestraft werden, ganz gleich, wer sie begangen hat[25].

Die staatliche **Pflicht zum Lebensschutz** besteht bereits bei staatlichen **Maßnahmen, die das Leben anderer erheblich gefährden**. Diese dürfen nur in die Wege geleitet werden, wenn sie nach den Umständen unbedingt erforderlich[26] sind. Sie müssen strikt verhältnismäßig zu den in Absatz 2 angeführten Zielen sein. Bei Vorbereitung und Durchführung eines solchen Einsatzes sind alle nach der Sachlage möglichen Schutzvorkehrungen zu treffen[27]; dem gezielten Schußwaffengebrauch soll nach Möglichkeit ein Warnschuß vorhergehen[28]. 4a

Wieweit bereits im **Vorfeld eines möglichen Eingriffs** das Leben geschützt wird, der Staat also seine Pflicht zum Lebensschutz auch dann verletzt haben kann, wenn niemand getötet wurde, staatliche Zwangsmaßnahmen aber eine **unmittelbare Lebensgefährdung** bestimmter Personen herbeigeführt haben[29] oder wenn eine akute Lebensgefahr durch die staatliche Duldung eines unmittelbar gefahrdrohenden Zustandes tatenlos hingenommen wird, ist noch wenig geklärt[30]. Dies gilt auch für die Frage, ab wann die zuständigen staatlichen Stellen bei konkreten Hinweisen auf eine akute und ernsthafte Gefährdung des Lebens eines anderen tätig werden und alle nach der Sachlage gebotenen und ihnen möglichen Schutzvorkehrungen treffen müssen[31]. Bei einer die Vertragspflichten nicht erweiternden Auslegung läßt sich ein Verstoß des Staates gegen Art. 2 MRK nur in besonderen Ausnahmefällen bejahen, wenn der Staat seine Pflicht zum Lebensschutz dadurch verletzt, daß seine zuständigen Behörden die nach den besonderen Umständen gebotenen und ihnen nach der Sachlage auch möglichen Vorkehrungen zum Lebensschutz nicht getroffen haben, obwohl sie wußten oder nach den ihnen bekannten Umständen hätten erkennen können, daß eine konkrete Gefährdung des Lebens einer bestimmten Person mit Sicherheit oder großer Wahrscheinlichkeit zu erwarten war[32]. Die Kommission hat offengelassen, ob bereits die potentielle Gefährdung menschlichen Lebens von Art. 2 MRK erfaßt wird[33]. In der Regel wird dies zu verneinen sein. Die Grenze zwischen dem Lebensschutz des Art. 2 MRK und dem Schutz vor anderen Gewalttaten, die nicht zum Tode geführt haben und die insbes. von Art. 3 MRK erfaßt werden, sollte nicht verwischt werden[34]. 5

c) Andere, für ein menschenwürdiges Leben notwendige Rechtsgüter sichert die Verpflichtung des Staates aus Art. 2 Abs. 1 MRK, Art. 6 Abs. 1 IPBPR nicht[35]. Sie schützt 6

---

[25] Etwa EGMR 22.3.2001 Streletz, Keßler & Krenz (NJW **2001** 3035); *Esser* § 2, 2; *Meyer-Ladewig* 7; *Villiger* HdB 264 je mit Nachw. der Rspr. des EGMR; ferner auch UN-AMR 21.7.2003 Baumgarten/D (EuGRZ **2004** 143: Schießbefehl an Mauer).

[26] Unbedingt erforderlich ist enger als „in einer demokratischen Gesellschaft notwendig", vgl. EGMR in vorstehender Fußn.

[27] Vgl. EGMR 27.9.1995 McCann/GB (ÖJZ **1996** 233), dazu *Grabenwarter* § 20 Rdn. 14; ferner EGMR 20.5.1999 Ogur/Türk (NJW **2001** 1991).

[28] EGMR 20.5.1999 Ogur/Türk (NJW **2001** 1991).

[29] EGMR 2.9.1998 Yasa/Türk (Rep. 1998-VI); *Meyer-Ladewig* 4.

[30] Die EKMR hat den Anspruch eines von Terroristen Bedrohten auf eine Leibwache verneint. *Frowein/Peukert* 7; andererseits aber IAGMR EuGRZ **1990** 523.

[31] Vgl. Schutzpflicht in konkreten Fall verneinend EGMR 28.10.1998 Osman/GB (Rep. 1998-VIII); Grabenwarter § 20 Rdn. 15; *Meyer-Ladewig* 4. *Peters* 36; ferner EGMR 9.6.1998 L C B/GB (ÖJZ **1999** 353).

[32] Vgl. *Grabenwarter* § 20 Rdn. 15, *Meyer-Ladewig* 7.

[33] Vgl. *Partsch* 104 (Atomversuche, Abschußrampen für Atomraketen). EGMR 7.7.1989 Soering/GB (NJW **1990** 2183) läßt aber bereits die potentielle Gefahr eines Verstoßes gegen Art. 3 MRK genügen.

[34] *Meyer-Ladewig* 4.

[35] *Hofmann* S. 28. Zur Tendenz, nicht nur den Schutz vor willkürlicher Tötung sondern auch andere Bedrohungen des menschlichen Lebens, wie Unterernährung, lebensgefährliche Krankheiten und kriegerische Auseinandersetzungen in den Schutzumfang mit einzubeziehen, *Nowak* 5 ff.

nur das Leben als solches. Die freie Entfaltung der Persönlichkeit wird dort nicht gewährleistet[36], ebenso nicht menschenwürdige Lebensbedingungen oder bessere medizinische Behandlungsmöglichkeiten[37] oder die körperliche Unversehrtheit, deren Verletzung jedoch gegen die Verbote des Art. 3 MRK, Art. 7 IPBPR verstoßen kann.

7 **3. Grundsätzliches Tötungsverbot.** Dem Staat wird durch **Art. 2 Abs. 1 Satz 2 MRK** verboten, jemanden **in Ausübung seiner Staatsgewalt „absichtlich"** zu töten, sofern nicht die Voraussetzungen vorliegen, unter denen dies ausnahmsweise zulässig ist, wie bei Vollstreckung der im gleichen Satz erwähnten **Todesstrafe**. Die Ausnahmen des Absatzes 2 zeigen aber, daß die Verantwortlichkeit des Staates für den Lebensschutz sich nicht nur auf die Verhinderung einer **absichtlichen Tötung** beschränkt[38]. Staatliches Handeln ist auch dann an der Pflicht zur Achtung des Lebens zu messen, wenn staatliches Handeln unbeabsichtigt zum Tode eines Menschen geführt hat. Entsprechend dem Schutzzweck des Absatzes 1 Satz 1 sind die Ausnahmefälle des Absatzes 2 auch als Maßstab dafür heranzuziehen, ob eine von den Staatsorganen bei der Anwendung von Gewalt **nicht beabsichtigte Tötung** gegen dessen Verpflichtung zum Lebensschutz verstößt[39]. Diese Pflicht ist verletzt, wenn die handelnden Staatsorgane nicht alle erdenklichen und nach der Sachlage möglichen Maßnahmen zur Vermeidung einer Tötung getroffen haben[40], diese also zur Durchsetzung der dort genannten Zwecke nicht unbedingt erforderlich gewesen wäre[41]. Die handelnden Staatsorgane müssen bei der Wahl der Mittel und Methoden des Einsatzes alle ihnen nach der Lage möglichen Vorkehrungen treffen, um das Risiko eines Verlustes von Menschenleben auszuschließen oder zumindest möglichst gering zu halten. Dabei sind auch die Gefährdung unbeteiligter Dritter[42] und die von dem Täter selbst ausgehenden Gefahren zu berücksichtigen[43]. Andererseits verletzt aber nicht jede Verursachung des Todes eines Menschen die staatliche Schutzpflicht[44], vor allem nicht eine unbeabsichtigte und nach den Umständen auch nicht vorhersehbare und vermeidbare Tötung. Für die Abgrenzung sind immer nur die **Verhältnisse des Einzelfalls** maßgebend, so wie sie von den staatlichen Organen im Zeitpunkt des Einsatzes aus guten Gründen angenommen werden durften[45], auch wenn sie sich dann später als unzutreffend herausstellten. Im übrigen muß man differenzieren: Unter dem Blickwinkel des positiven (direkten) Handelns der Staatsorgane dürfte kein Konventionsverstoß vorliegen, wenn der durch ein Staatsorgan verursachte Tod eines Menschen weder absichtlich herbeigeführt oder als mögliche Folge des Einsatzes von Gewalt, also des Gebrauchs staatlicher Zwangsmittel, insbesondere von Schußwaffen in Kauf genommen

---

36 BVerfGE **6** 441; *Meyer-Goßner*[47] 1; *Morvay* ZaöRV **21** (1961) 317.

37 Zur Ausweisung nach Sambia trotz Erkrankung an Aids: EGMR 15.2.2000 SCC/Schweden (ÖJZ **2000** 911).

38 Zur mißglückten Formulierung und zum Zusammenhang des Verbots der absichtlichen Tötung mit der Todesstrafe vgl. *Frowein/Peukert* 10.

39 *Esser* 103; vgl. *Frister* GA **1985** 560, auch zum nicht auf die Absicht beschränkten Begriff „intention" im englischen Recht. Für die Auslegung ist der durch die Ausnahmen des Absatzes 2 verdeutlichte Schutzzweck heranzuziehen und nicht etwa Abgrenzungen der innerdeutschen Strafrechtsdogmatik.

40 EMGR 27.9.1995 McCann/GB (ÖJZ **1996** 237); 20.5.1999 Ogur/Türk (NJW **2001** 1991); 27.6.2000 Salman (NJW **2001** 1991); *Esser* 103; *Frowein/Peukert* 1; IntKommEMRK/*Lagodny* 13; *Meyer-Ladewig* 7.

41 Vgl. etwa EGMR 27.9.1995 McCann/GB (ÖJZ **1996** 237); 20.5.1999 Ogur/Türk (NJW **2001** 1991), dazu auch *Frowein/Peukert* 5 in Kritik an einer auf die Absicht abstellenden Entscheidung der Kommission.

42 Vgl. EGMR 20.5.1999 Ogur/Türk (NJW **2001** 1991).

43 EGMR Ergi/Türk (Rep. 1998-IV); 20.5.1999 Ogur/Türk (NJW **2001** 1991); *Esser* 103.

44 Vgl. EGMR 9.10.1997 Andronicou & Constantinou/Zypern (ÖJZ **1998** 674); *Frowein/Peukert* 5, 7.

45 Maßgebend ist die Beurteilung ex ante; den Einsatzkräften wird insoweit eine durch die Augenblickssituation bedingte Einschätzungsprärogative zuerkannt, vgl. *Esser* 103 ff.

wurde oder sonst auf einem die Verpflichtung zum Lebensschutz bewußt hintansetzenden staatlichen Handeln beruht[46]. Unter dem Blickwinkel der **ungenügenden Schutzvorkehrungen** des Staates aber kommt es darauf an, ob eine bei Anwendung der gebotenen Sorgfalt vermeidbare Fehlbeurteilung der staatlichen Organe oder ungenügende Planung oder Durchführung des staatlichen Eingriffs für die Tötung mitverantwortlich war und nicht so sehr auf die Tötungsabsicht des unmittelbar Handelnden.

Art. 6 Abs. 1 Satz 3 IPBPR beschränkt sich – anders als Art. 2 MRK – darauf, jede **„willkürliche"**, also nicht mit dem jeweiligen Recht in Einklang stehende[47], unberechenbare und sachlich unangemessene (unverhältnismäßige) Tötung zu verbieten[48]. Die Tötung muß nicht notwendig **absichtlich** sein, auch eine nur bedingt vorsätzliche oder fahrlässige Herbeiführung des Todes durch die Träger der Staatsgewalt kann unter Umständen „willkürlich" sein[49], vor allem, wenn eine mögliche vorherige Aufklärung der Lage unterblieben ist oder wenn sie auf einer inneren Einstellung beruht, die das Lebensrecht anderer gering achtet. Ob Willkür vorliegt, bleibt aber immer der Bewertung des Einzelfalls überlassen[50]. Ein Ausnahmekatalog, der ähnlich wie bei Art. 2 MRK die Fälle aufzählt, in denen eine zur Erreichung der dort angeführten Zwecke unbedingt erforderliche Tötung mit der Konvention vereinbar ist, wurde in Art. 6 IPBPR bewußt nicht aufgenommen. Jedoch dürften in den Fällen, in denen Art. 2 MRK eine Tötung nicht als konventionswidrig ansieht, in der Regel auch Willkür im Sinne des Art. 6 IPBPR zu verneinen sein[51]. 8

Beide Konventionsartikel betreffen trotz ihres allgemein gehaltenen Wortlauts nur **Handlungen des Staates** und seiner Organe[52], wie der Zusammenhang mit der Todesstrafe und der auf die Ausübung staatlicher Gewalt abstellende Ausnahmekatalog des Art. 2 Abs. 2 MRK zeigen[53]. Auch durch **Maßnahmen der Gesetzgebung** kann der Staat gegen das Tötungsverbot verstoßen, wenn dort die Tötung von Menschen in einem mit den Konventionen nicht zu vereinbarenden Fall vorgesehen ist oder wenn die staatlichen Gesetze das Leben der Bürger nur unzureichend schützen, erst recht, wenn die Tötung durch staatliche Organe bei bestimmten, der Verbrechensbekämpfung dienenden Maßnahmen im voraus durch ein Dekret generell für gerechtfertigt erklärt wird[54]. 9

4. Schutzpflicht

a) Umfang. Der Staat wird über das grundsätzliche Tötungsverbot hinaus durch Art. 1 Abs. 1 MRK, Art. 6 Abs.1 IPBPR auch verpflichtet, in seinem Hoheitsbereich das Leben aller Menschen durch angemessene Maßnahmen zu schützen[55]. Die Schutzpflicht erfaßt grundsätzlich den **gesamten Bereich des öffentlichen Lebens**. Wenn die staatlichen 10

[46] Vgl. *Partsch* 103 unter Hinweis darauf, daß die (frühere) deutsche Übersetzung mißverständlich war.

[47] Der Mangel an scharfen Konturen wirft vor allem bei unterschiedlichen Wertmaßstäben in den einzelnen Staaten und bei zu großzügigen nationalen Regelungen Probleme auf; vgl. *Nowak* 15; ferner zur Lösung über die Schutzpflicht Rdn. 10.

[48] Zur Entstehungsgeschichte und Auslegung des Begriffs Willkür in einzelnen Fällen *Nowak* 12 ff.

[49] *Nowak* 12 Fußn. 35.

[50] Vgl. UN-AMR EuGRZ **1982** 340; **1985** 563 (Tötung muß ultima ratio des staatlichen Handelns sein).

[51] *Hofmann* S. 29; *Nowak* 14.

[52] *Partsch* 102; *Guradze* 1; *Frowein/Peukert* 2; *Nowak* 12.

[53] Wohl auch die Entstehungsgeschichte, vgl. *Partsch* 102, strittig, **a. A** etwa *Frister* GA **1985** 553.

[54] UN-AMR EuGRZ **1982** 340 (Saures de Guerrero), dazu *Nowak* 15.

[55] EGMR 24.10.2002 Mastromatteo/I (NJW **2003** 3259) mit weit. Nachw.; ferner etwa 28.9.1998 Osman/GB (Rep. 1998-VII); *Esser* 108 ff; *Frowein/Peukert* 2; IntKommEMRK/*Lagodny*, 9; *Meyer-Ladewig* 7. Vgl. zur Schutzpflichtdogmatik *Grabenwarter* § 19 Rdn. 11 bis 13.

Organe eine echte und unmittelbare Gefährdung des Lebens einer im staatlichen Hoheitsbereich befindlichen Person erkennen oder hätten erkennen müssen, sind sie gehalten zu deren Schutz alle ihnen möglichen und nach der Sachlage vernünftigerweise vertretbaren Schutzvorkehrungen zu treffen, wobei an die staatlichen Organe keine überzogenen Anforderungen gestellt werden dürfen[56]. Die Schutzpflicht erfordert ein Eingreifen staatlicher Exekutivorgane, wenn das Leben eines Menschen durch einen anderen unmittelbar ernsthaft bedroht ist und setzt voraus, daß allgemeine und adäquate **gesetzliche Regelungen** einschließlich solcher der Strafverfolgung und Strafvollstreckung das Leben aller Personen ausreichend und effektiv schützen[57]. Die Schutzpflicht des Staates kann auch erfordern, daß er bei einer erkannten ernsthaften Gefahr die Betroffenen **ausreichend informiert oder warnt**[58]. Im öffentlichen und privaten **Gesundheitswesen** wurde der Staat für verpflichtet angesehen, durch entsprechende Vorschriften dafür zu sorgen, daß insbesondere die Krankenhäuser angemessene Maßnahmen zum Schutze des Lebens ihrer Patienten treffen[59] sowie, daß die Todesursachen erforderlichenfalls von einer unabhängigen Stelle wirksam ermittelt werden[60]. Für ärztliche Kunstfehler oder mangelnde Koordination zwischen den Ärzten haftet der Staat nicht, wenn er durch allgemeine Regelungen die ausreichende Sachkunde der Ärzte sichergestellt hat[61]. Ein Recht auf kostenlose Versorgung mit Medikamenten[62] oder auf Ersatz der Schäden einer ordnungsgemäß durchgeführten Impfung[63] gewährleisten sie nicht, ebensowenig einen lückenlosen und unbegrenzten rechtlichen Schutz des Lebens vor jeder Gefahrenlage[64].

11 **b)** Ein Mindestmaß **allgemeiner gesetzlicher Regelungen,** die das Leben des einzelnen wirksam vor allen Eingriffen Dritter schützen, ist unerläßlich[65]. Ob dies wegen der Bedeutung des Schutzguts überall **formelle Gesetze** sein müssen[66] oder ob auch von der jeweiligen Rechtsordnung allgemein anerkannte und bekannte Sätze des Gewohnheitsrechts (wie im Geltungsbereich des common law) genügen, braucht für den Zweck dieser Kommentierung nicht vertieft zu werden. Grundsätzlich bleibt es dem weitgespannten Ermessen der Mitgliedstaaten überlassen, welche gesetzlichen Bestimmungen sie unter den jeweils gegebenen Umständen zu diesem Zweck für erforderlich halten. Abgesehen vom ausdrücklichen Verbot einer **willkürlichen Tötung** in Art. 6 Abs. 1 Satz 3 IPBPR[67] und von den festgelegten Ausnahmen, in denen die Konventionen zulässige staatliche Eingriffe in das Recht auf Leben hinnehmen, enthalten diese keine besonderen **materiel-**

---

[56] EGMR 24.10.2002 Matstromatteo/I (NJW **2003** 3259); auch 28.9.1998 Osman/GB (Rep. 1998-VII); 10.10.2000 Akkoc/Türk (ECHR 2000-X); *Meyer-Ladewig* 7.

[57] *Grabenwarter* § 20 Rdn. 13; vgl. Rdn. 11.

[58] Vgl. EGMR 9.6.1998 LCB/GB (ÖJZ **1999** 353: verneinend für erkrankte Tochter eines Armeeangehörigen im Zusammenhang mit Nukleartests), abweisend, weil innertstaatliche Erkundigungspflicht nicht beachtet, EGMR McGinley & Egan/GB (Rep. 1998 II).

[59] EGMR 17.1.2002 Calvelli, Ciglio/I (ÖJZ **2003** 307) mit weit. Nachw.; *Meyer-Ladewig* 7.

[60] Vgl. *Meyer-Ladewig* 7 sowie vorst. Fußn.

[61] EGMR 4.5.2000 Power/GB (ECHR 2000-V); *Meyer-Ladewig* 6.

[62] Die EKMR hat dies zunächst offen gelassen, später aber verneint (vgl. IntKommEMRK/*Lagodny* 15, 16).

[63] EKMR nach *Frowein/Peukert* 6; *Meyer-Ladewig* 5.

[64] Vgl. *Frowein/Peukert* 7; IntKommEMRK/*Lagodny* 15. Zur Schutzpflicht aus Art. 2 Abs. 2 GG vgl. etwa BVerfGE **46** 164; **53** 57; **56** 73.

[65] EGMR 27.9.1995 McCann/GB (ÖJZ **1996** 332); 9.6.1998 LCB/GB (ÖJZ **1999** 353); *Esser* 108; *Nowak* 4; vgl. *Frowein/Peukert* 2; *Grabenwarter* § 19 Rdn. 11 (zur Schutzpflichtdogmatik); **a. A** *Guradze* 1 (Art. 2 erzwingt überhaupt keine staatliche Gesetzgebung außer derjenigen, die die staatlichen Eingriffe in das Leben beschränkt).

[66] So wohl *Nowak* 4; zum Gesetzesbegriff der Konventionen *Nowak* Art. 12, 25 bis 27.

[67] Die MRK läßt ebenfalls keine willkürliche Tötung zu, auch wenn sie dies nicht besonders ausspricht, vgl. auch nachf. Fußn.

len Vorgaben für Ausmaß und Inhalt der erforderlichen staatlichen Regelungen. Notwendig sind vor allem **Strafvorschriften**, welche die absichtliche Tötung mit einer der Schwere des Eingriffs angemessenen Strafe bedrohen und andererseits aber auch dem Betroffenen selbst die Abwehr eines lebensbedrohenden Angriffs gestatten. Der EGMR verlangt einen wirksamen Schutz durch die Strafgerichte und durch abschreckend wirkende Strafen aber nur bei **vorsätzlichen Verletzungen des Rechts auf Leben**[68]. Bei nicht vorsätzlichen Verletzungen kann der Staat seiner Schutzpflicht schon dadurch genügen, daß er den Weg zu den Zivilgerichten eröffnet, wenn also gegen sonstige Gefährdungen des Lebens und der persönlichen Integrität zumindest zivilgerichtliche Hilfe in Anspruch genommen werden kann[69]. Grundsätzlich hängt es von den jeweiligen Umständen des Einzelfalles und der konkreten Gefahrenlage im jeweiligen Land ab, ob und welche Rechtsvorschriften ein Staat erlassen muß, um jenseits eines weiten Ermessensfreiraums seine Pflicht zum Lebensschutz in dem dafür unerläßlichen Mindestumfang zu erfüllen[70]. Eine **Amnestie**, die auch Mordtaten mit einschließt, ist mit Art. 2 vereinbar, sofern sie auf besonderen Gründen beruht und nicht etwa das Ziel hat, die Bestrafung solcher Taten allgemein zu verhindern[71].

c) Das **Handeln aller Staatsorgane** wird von der Pflicht zum Lebensschutz umfaßt. **11a**
Der Staat darf sich nicht damit begnügen, daß seine Rechtsordnung das Leben entsprechend den Anforderungen der Konventionen schützt und daß jede Gewaltanwendung auf das unbedingt Erforderliche beschränkt bleibt. Er hat dafür einzustehen, daß alle seine Organe sich so verhalten, daß diese Gewährleistungen jederzeit für jedermann auch **tatsächlich verwirklicht** werden. Zu konventionswidrigen Verletzungen des Lebens darf von Staats wegen weder direkt noch indirekt aufgefordert werden; der Staat darf solche Verletzungen auch nicht sanktionslos dulden. Er muß seinen Regierungsapparat und alle Institutionen und Personen, durch die öffentliche Gewalt ausgeübt wird, so organisieren, daß das Recht auf Leben unterschiedslos für alle Menschen gesichert wird. **Staatliche Eingriffe in das Leben** sind an so enge konventionsgemäße Voraussetzungen zu binden, daß sie strikt auf Ausnahmesituationen begrenzt bleiben[72]. Ihre strikte Einhaltung muß so kontrollierbar sein, daß jeder Willkür staatlicher Organe entgegengewirkt und jede direkte oder indirekte Beteiligung staatlicher Stellen aufgeklärt werden kann[73]. Der Staat muß ferner angemessen dafür sorgen, daß die Menschen in seinem Herrschaftsbereich auch vor **Angriffen Dritter** auf ihr Leben geschützt sind und Angriffe auf das Lebens von Amts wegen mit Nachdruck verfolgt werden. Dazu gehört auch ein **unabhängiges und effektives Gerichtssystem**, dessen Schutz bei Angriffen auf das Leben von jedermann angerufen werden kann und vor dem auch Verstöße staatlicher Stellen gegen ihre Pflicht zum Lebensschutz verfolgt und gegebenenfalls durch angemessene Maßnahmen geahndet werden können[74].

---

[68] EGMR 22.3.2001 Streletz u.a./D (NJW **2001** 3035); 24.10.2002 Mastromatteo/I (NJW **2003** 3259); *Meyer-Ladewig* 7; *Nowak* 4; vgl. *Esser* 108 ff, der darauf hinweist, daß Maßnahmen des Staates zum strafprozessualen Lebensschutz in den durch die von den Konventionen ebenfalls garantierten Beschuldigtenrechten eine Schranke finden können.

[69] EGMR 17.1.2002 Calvelli, Ciglio/I (ÖJZ **2003** 307); 24.10.2002 Mastromatteo/I (NJW **2003** 3259) je mit weit. Nachw.; *Grabenwarter* § 20 Rdn. 13; *Meyer-Ladewig* 7.

[70] *Nowak* 4.

[71] EKMR nach *Frowein/Peukert* 7.

[72] EGMR 27.9.1995 McCann/GB (ÖJZ **1996** 332), 27.6.2000 Salman/Türk (NJW **2001** 2001).

[73] Der UN-AMR fordert „strikte Eingrenzung", vgl. UN-AMR EuGRZ **1982** 340; **1985** 563. Eine zu weit gefaßte gesetzliche Ermächtigung, die den Eingriff in das Leben dem Ermessen staatlicher Exekutivorgane überläßt, kann die staatliche Schutzpflicht verletzen; vgl. *Nowak* 15.

[74] EGMR 27.1.2001 Calvelli & Ciglio/I (ÖJZ **2003** 307); 24.10.2002 Mastromatteo/I (NJW **2002** 3259) mit weit. Nachw.

11b Die Schutzpflicht des Staates kann auch **präventive Maßnahmen** erfordern. Besondere Umstände können den Staat auch zu Maßnahmen **zum vorbeugenden Lebensschutz** für eine bestimmte Person verpflichten[75], so etwa, wenn die Behörden erkennen, daß deren Leben unmittelbar und ernsthaft bedroht ist[76]. Die Konventionen geben aber kein Recht auf individuellen Schutz vor Terrorakten[77] oder auf zeitlich unbegrenzten Polizeischutz nach einem Attentat[78].

11c **d)** Die schnelle und effektive **Aufklärung** der **Ursachen einer Tötung** durch Gewalteinwirkung gehört zu den Schutzpflichten des Staates. Sobald seine zuständigen Organe von einer Tötung Kenntnis erhalten, müssen sie deren nähere Umstände und die daran beteiligten Personen **von Amts wegen unverzüglich** erforschen[79], unabhängig davon, ob Privatpersonen deswegen eine Anzeige erstattet haben[80]. Diese Aufklärungspflicht besteht auch bei einer versuchten Tötung, zumindest, wenn sie zu erheblichen Verletzungen geführt hat, und vor allem auch dann, wenn die Möglichkeit besteht, daß **staatliche Organe** daran beteiligt waren[81]. In solchen Fällen fordert die staatliche Verpflichtung zum Lebensschutz eine effektive öffentliche Untersuchung aller Umstände der Tat durch eine mit den erforderlichen Befugnissen ausgestatteten unabhängigen öffentlichen Stelle[82]. Der Staat verletzt seine Schutzpflicht aber auch dann, wenn er nach einer Tötung oder einem Tötungsversuch nicht mit dem erforderlichen Nachdruck von sich aus versucht hat, diesen aufzuklären, um gegebenenfalls – auch im Interesse der Generalprävention – die Verantwortlichen zu bestrafen[83]. Die alleinige Untersuchung durch eine private Stelle genügt diesen Anforderungen nicht, auch wenn sich die staatlichen Stellen später deren Ergebnisse zu eigen machen sollten[84]. Die staatliche Schutzpflicht ist nur erfüllt, wenn eine unabhängige öffentliche Stelle – unbehindert durch andere staatliche Stellen – die Tat und deren genauen Hergang alsbald effektiv erforschen, dabei alle erreichbaren Zeugen unbehindert befragen und alle sonstigen Ermittlungsmöglichkeiten ausschöpfen kann. Geboten ist auch eine Autopsie des Getöteten durch forensische Spezialisten mit einer genauen Dokumentation der Befunde[85]. Bei der Tötung im Rahmen eines Polizei- oder Militäreinsatzes muß sich die Untersuchung auch auf Örtlichkeit und Planung dieses Einsatzes erstrecken[86]. Diese Untersuchung muß nicht zwingend bereits in einem Strafverfahren geschehen, auch eine andere offizielle staatliche Untersuchung kann dafür genügen, sofern die damit befaßte Stelle tatsächlich die gebotenen Untersuchungen mit der unerläßlichen Unabhängigkeit von den für den Einsatz verantwortlichen Stellen und unbehindert durch diese oder andere Stellen durchführen kann[87]. Die staatliche Schutz-

---

75 *Esser* 108; *Grabenwarter* § 20 Rdn. 15; *Meyer-Ladewig* 7.

76 Vgl. EGMR 10.10.2000 Akkoc/Türk (ECHR 2000-X); *Meyer-Ladewig* 7.

77 EGMR 28.10.1998 Osman/GB (Rep.1998-VII); *Frowein/Peukert* 7; IntKommEMRK/*Lagodny* 15 (EKMR für Nordirland).

78 *Frowein/Peukert* 7; IntKommEMRK /*Lagodny* 15.

79 EGMR 4.5.2001 Hugh Jordan/GB; *Meyer-Ladewig* 9.

80 Vgl. *Esser* 105 mit weit. Nachw.

81 EGMR Ergi/Türk (Rep. 1998-VI); *Esser* 106; *Meyer-Ladewig* 9.

82 EGMR 20.5.1999 Ogur/Türk (NJW **2001** 1991); ferner etwa *Esser* 105 mit Hinweisen auf EGMR Gülec/Türk (Rep. 1998-IV); Kaya/Türk (Rep. 1998 I).

83 Vgl. etwa EGMR 2.9.1998 Yasa/Türk (Rep. 1998-VI); 20.5.1999 Ogur/Türk (NJW **2001** 1991); 10.5.2001 Zypern/Türk (ECHR 2001-IV); aber auch EGMR 22.3.2001 Streletz u.a./D (NJW **2001** 3035); und UN-AMR EuGRZ **2004** 143 (Baumgarten/D); *Meyer-Ladewig* 9.

84 *Esser* 105; *Grabenwarter* § 20 Rdn. 15 mit Hinweis auf die fehlenden Zwangsbefugnisse und auf EGMR 14.3.2002 Edwards/GB.

85 EGMR 20.5.1999 Ogur/Türk (NJW **2001** 1991); 27.6.2000 Salman/Türk (NJW **2001** 2001).

86 EGMR Ergi/Türk (Rep. 1998-VI); 20.5.1999 Ogur/Türk (NJW **2001** 1991); *Esser* 106.

87 Vgl. EGMR 20.5.1999 Ogur/Türk (NJW **2001** 1991: ernsthafte Zweifel an der Unabhängigkeit); *Meyer-Ladewig* 11; ferner *Esser* 105, der als Beispiele u.a. auch parlamentarische Untersuchungsausschüsse oder Militäreinrichtungen anführt, sofern diese die erforderliche Unabhängigkeit besitzen.

pflicht ist nur dann erfüllt, wenn die Untersuchung nicht nur den Tathergang aufklärt sondern sich auch um die Feststellung aller für die Tötung Verantwortlichen ernsthaft bemüht, so daß diese ermittelt und dann gegebenenfalls entsprechend ihrem Verschulden bestraft werden können[88]. Daraus, daß der EGMR eine öffentliche Untersuchung fordert, wird hergeleitet, daß zumindest die Untersuchungsergebnisse der **Öffentlichkeit bekanntgegeben** werden müssen[89]. Die nahen Angehörigen des Getöteten, bei einer versuchten Tötung auch das Opfer selbst, müssen von den Ermittlungsergebnissen ausreichend unterrichtet werden[90]. Sie müssen auch am Verfahren beteiligt werden und ausreichenden Zugang zu den maßgeblichen **Verfahrensakten** haben[91]. Dies ist auch eine Voraussetzung für ihr Recht, wegen einer dem Staat zuzurechnenden Tötung oder wegen der Verletzung seiner Pflicht zum Lebensschutz eine wirksame Beschwerde im Sinne des Art. 13 MRK erheben zu können[92].

e) Eine **gesteigerte Verantwortung** für das Leben trifft den Staat bei Personen **im** 12
staatlichen Gewahrsam, vor allem gegenüber Straf- und Untersuchungsgefangenen. Er muß den Schutz des Lebens dieser Personen durch eine angemessene Gestaltung ihrer Lebensbedingungen einschließlich einer ausreichenden ärztlichen Versorgung sicherstellen, dazu gehören nach vorherrschender Meinung auch Vorkehrungen gegen eine erkennbare Gefährdung durch andere Gefangene oder gegen Selbstmord[93]. Die Pflicht des Staates durch zureichende Vorschriften und Kontrollen für diesen Schutz zu sorgen und allen ihm bekannt werdenden Verstößen unverzüglich nachzugehen, sie aufzuklären und gegebenenfalls angemessen zu bestrafen, gilt uneingeschränkt auch hier[94]. Andererseits erwächst aus Art. 2 MRK aber auch eine Schutzpflicht des Staates gegenüber der Gesellschaft, wenn wegen Gewalttaten inhaftierte Straftäter zum Zwecke ihrer Resozialisierung in den offenen Strafvollzug übernommen oder beurlaubt werden. Die für die Lockerung der Strafvollzugsmaßnahmen verantwortlichen Stellen müssen mit der gebotenen Sorgfalt auf Grund aller ihnen bekannten oder für sie erkennbaren Umstände prüfen, ob durch die beabsichtigten Maßnahmen das Leben anderer Personen unmittelbar gefährdet werden kann, bevor sie eine solche Maßnahme bewilligen[95].

Ein Staat verletzt seine Schutzpflicht aus Art. 2 MRK, Art. 6 IPBPR auch, wenn er 12a
es unterlassen hat, angemessene Maßnahmen zu treffen, um ein **Verschwindenlassen von Personen** zu verhindern und sich um effektive Ermittlungen zur Feststellung der dafür Verantwortlichen zu bemühen[96]. Er ist insbesondere zu Nachforschungen verpflichtet, wenn jemand plausibel („arguable claim") geltend macht, daß jemand, der zuletzt im Gewahrsam staatlicher Organe gesehen wurde, unauffindbar verschwunden ist[97]. Welche Maßnahmen, Kontrollen und sonstige Vorkehrungen die staatlichen Organe im übrigen

---

88 EGMR 20.5.1999 Ogur/Türk (NJW **2001** 1991) mit weit. Hinw.; *Grabenwarter* § 20 Rdn. 15; *Meyer-Ladewig* 9.

89 *Esser* 106 weist darauf hin, daß der EGMR Form und Umfang der von ihm geforderten öffentlichen Untersuchung bisher nicht näher konkretisiert hat; nach *Meyer-Ladewig* 11 muß die Öffentlichkeit die Ermittlungen ausreichend prüfen können, wobei die Erfordernisse von Fall zu Fall verschieden sein können.

90 EGMR 20.5.1999 Ogur/Türk (NJW **2001** 1991).

91 EGMR 20.5.1999 Ogur/Türk (NJW **2001** 1991); *Esser* 106; *Meyer-Ladewig* 11.

92 Dazu *Esser* 107.

93 EGMR 3.4.2001 Keenan/GB (ECHR 2001-III); IntKommEMRK/*Lagodny* 15; *Grabenwarter* § 20 Rdn. 15; *Meyer-Ladewig* 8.

94 Vgl. *Nowak* EuGRZ **1983** 15; IAGMR EuGRZ **1989** 157 sowie vorst. Fußn.

95 EGMR 24.10.2002 Mastrometteo/I (NJW **2003** 3259: Verletzung der Sorgfaltspflicht verneinend).

96 IAGMR EuGRZ **1987** 157; **1989** 157; UN-AMR EuGRZ **1990** 16.

97 EGMR 10.5.2001 Zypern/Türk (ECHR 2001-IV): *Meyer-Ladewig* 9; 17, 19 mit weit. Nachw.

zur Erfüllung ihrer Schutzpflicht nach Art. 2 zu treffen haben, bestimmt sich jeweils nach Lage des Einzelfalls[98].

13 **f) Entschädigung.** Bei einer dem Staat zuzurechnenden schuldhaften Rechtsverletzung sind die Betroffenen außerdem zu **entschädigen**[99]. Eine verschuldensunabhängige Garantiehaftung des Staates folgt daraus aber nicht[100]. Die Möglichkeit der Betroffenen, innerstaatlich eine Entschädigung zu erlangen, ersetzt aber nicht die Verpflichtung das Staates, in Erfüllung seiner Schutzpflicht die für die Tötung Verantwortlichen festzustellen und gegebenenfalls zu bestrafen[101].

14 5. Das in den nationalen Rechtsordnungen geregelte **Rechtsverhältnis zwischen Privatpersonen** wird durch die Konventionen, die das Leben des einzelnen im Verhältnis zum Staat schützen sollen, nicht unmittelbar betroffen. Art. 2 gilt nicht unmittelbar zwischen Privatpersonen[102]. Die Pflicht des Staates, das Leben auch im Verhältnis der Privaten untereinander angemessen zu schützen, erfordert aber, daß der Staat als Ausnahme von seinem Gewaltmonopol das Notwehrrecht des einzelnen regelt (dazu Rdn. 19).

6. Die Ausnahmen vom Schutz des Lebens

15 **a) Todesstrafe.** Art. 6 Abs. 1 Satz 2 MRK und Art. 6 Abs. 2 bis 6 IPBPR gehen von der Zulässigkeit der nach allgemeinem Völkerrecht bisher nicht geächteten[103] Todesstrafe aus, wobei sie die Verbrechen (Art. 6 Abs. 2 IPBPR: „schwerste Verbrechen"), bei denen sie verhängt werden kann, materiell nicht näher festlegen. Art. 6 Abs. 2 IPBPR fordert als zusätzliches materielles Bewertungskriterium lediglich, daß diese Gesetze nicht seinen sonstigen Bestimmungen sowie der Konvention über Verhütung und Bestrafung des Völkermords widersprechen dürfen. Der gesetzliche Tatbestand, für den die Todesstrafe angedroht wird, muß also auch aus der Sicht der Wertordnung des IPBPR und bei Berücksichtigung der dort dem einzelnen garantierten Rechte und Freiheiten als „schwerstes Verbrechen" einzustufen sein und er darf andererseits nicht ein Ziel verfolgen, das gegen die Konvention gegen den Völkermord verstößt, weil sie Ausdruck einer gegen bestimmte Personengruppen gerichteten Ausrottungspolitik ist. Im übrigen überlassen die Konventionen die Festlegung der mit Todesstrafe bewehrten Tatbestände dem jeweiligen Staat und stellen nur einige zusätzliche generelle Anforderungen, wie die vorherige gesetzliche Androhung dieser Strafe, auf. Die sonstigen Voraussetzungen und Ausnahmen, die der IPBPR vorsieht (nicht bei Jugendlichen unter 18 Jahren, keine Voll-

[98] Vgl. etwa IAGMR EuGRZ **1990** 16; 523. *Meyer-Ladewig* 14 hat Bedenken, wenn in allen Fällen einer ungenügenden staatlichen Ermittlung bereits ein Verstoß gegen Art. 2 MRK angenommen wird; er weist in diesem Zusammenhang darauf hin, daß die Anforderungen des EGMR an die Nachforschungspflichten innerstaatlich unzureichend untersuchte Fälle betraf, mit deren eigener Aufklärung der EGMR überfordert gewesen wäre; zur Subsidiarität der Ermittlungen des EGMR vgl. auch *Meyer-Ladewig* 18.

[99] EGMR 27.9.1995 McCann/GB (ÖJZ **1996** 332); 20.5.1999 Ogur/Türk (NJW **2001** 1991); 5.10.1999 Grams/D (NJW **2001** 1989), 27.6.2000 Salman/Türk (NJW **2001** 2001); 24.10.2002 Mastromatteo/I (NJW **2003** 3259); IAGMR EuGRZ **1987** 157; **1990** 523.

[100] EGMR 24.10.2002 Mastromatteo/I (NJW **2003** 3259).

[101] EGMR 20.5.1999 Ogur/Türk (NJW **2001** 1991) mit weit. Nachw.

[102] *Guradze* 8; *Frowein/Peukert* 2; IntKommEMRK/*Lagodny* 84; *Krey* JZ **1979** 707; **a. A** *Frister* GA **1985** 553; wegen weiterer Nachweise zum Streitstand vgl. die Kommentare zu §§ 32, 33 StGB.

[103] *Möhrenschlager* FS Dünnebier 611; *Platz* ZaöRV **41** (1981) 345; IRG-Kom/*Vogler* § 8, 2. Vgl. auch die unverbindliche Erklärung in Nr. 17.1 des Kopenhagener Abschlußdokuments über die menschliche Dimension der KSZE vom 29.6.1990, EuGRZ **1990** 239.

streckung bei schwangeren Frauen)[104], brauchen hier nicht näher erörtert zu werden, da – ebenso wie nach Art. 102 GG – die Todesstrafe durch das **6. Zusatzprotokoll** zur MRK in den Staaten, abgeschafft ist, die dem Protokoll beigetreten sind[105]. Selbst die derzeit noch bestehende Ausnahme für Kriegszeiten oder unmittelbarer Kriegsgefahr soll durch das noch nicht wirksame 13. ZP beseitigt werden. Das **2. FP-IPBPR**[106] verpflichtet die ihm beigetretenen Staaten ebenfalls, keine ihrer Hoheitsgewalt unterstehende Person hinzurichten und die erforderlichen Maßnahmen zur Abschaffung der Todesstrafe zu ergreifen. Es läßt einen Vorbehalt zu, der bei Verurteilungen wegen schwerer militärischer Verbrechen in Kriegszeiten die Todesstrafe gestattet.

Die **Auslieferung** in ein Land, das noch die Todesstrafe wegen des Verbrechens des 16
Auszuliefernden vorsieht, wird durch Art. 2 MRK oder Art. 6 IPBPR nicht untersagt[107]. Jedoch kann unter Umständen wegen besonderer Belastungen, denen ein zum Tode Verurteilter im ersuchenden Staat ausgesetzt ist, Art. 3 MRK, Art. 7 IPBPR der Auslieferung im Einzelfall entgegenstehen[108]. Für die Bundesrepublik legt § 8 IRG fest, daß die Auslieferung generell von der Zusicherung abhängig gemacht wird, daß die Todesstrafe nicht verhängt oder nicht vollstreckt wird[109]. Auch sonst kann in der **Auslieferung oder Abschiebung** einer Person in einen Staat, in dem erkennbar das Leben des Ausgelieferten schwerwiegend und ernsthaft gefährdert ist, je nach den Umständen auch eine Verletzung der dem Staat nach Art. 2 obliegenden Schutzpflicht liegen[110]. Der Gewährung **sonstiger Rechtshilfe**, wie etwa die Herausgabe von Beweismitteln, für ein ausländisches Verfahren, in dem dem Angeklagten die Todesstrafe droht[111], stehen Art. 2 MRK, Art. 6 IPBPR nicht entgegen.

b) Zur **Verteidigung eines Menschen** gegenüber rechtswidriger Gewaltanwendung 17
läßt es **Art. 2 Abs. 2 Buchst. a MRK** zu, wenn staatliche Organe, vor allem die Polizei, einen Angreifer absichtlich oder unbeabsichtigt töten, sofern dies unbedingt erforderlich ist, um einen Bedrohten vor der Gewaltanwendung, die aber nicht notwendig sein Leben bedrohen muß[112], zu schützen[113]. Die Erforderlichkeit wird eng ausgelegt, maßgebend ist die Einschätzung der Lage ex ante. Bei Planung der Gewaltanwendung, ihrer Anordnung und ihrer Durchführung darf den handelnden Behörden keine milderen Mittel zur Verfügung stehen, durch die sich die Bedrohung in gleicher Weise beseitigen läßt[114]. Die Gewaltanwendung muß außerdem die Verhältnismäßigkeit zu dem rechtfertigenden Schutzzweck wahren[115]. Der sogen. **finale Rettungsschuß**, den die Polizeigesetze einiger Länder in Anlehnung an den Musterentwurf eines Polizeiaufgabengesetzes zur Rettung

---

104 Dazu näher *Hofmann* S. 29; *Nowak* 18 ff.

105 Das 6. ZP ersetzt insoweit nicht Art. 2 MRK in den Signatarstaaten der MRK, es ergänzt ihn nur für die Staaten, die dem Protokoll beigetreten sind; dies sind aber mittlerweile alle Vertragsstaaten der MRK, vgl. BGBl. Fundst. Nachw. B; ferner IntKommEMRK/*Lagodny* Anh. zu Art. 2, 2.

106 Deutsche Übersetzung BTDrucks. **12** 937; vgl. Fußn. 5.

107 BVerfGE **18** 118; vgl. aber auch BVerfGE **60** 345 (offen); OLG Karlsruhe NStZ **1991** 138 mit Anm. *Lagodny;* IRG-Kom/*Vogler* § 8, 5; *Guradze* 6.

108 EGMR 7.7.1989 Soering/GB; (NJW **1990** 2183 Todeszellensyndrom); dazu *Vogler* GedS Karlheinz Meyer 477; *Trechsel* EuGZR **1987** 72; vgl. Art. 3 MRK Rdn. 33.

109 IntKommEMRK/*Lagodny* Anh. zu Art. 2, 6. Zum Verhältnis zwischen § 8 IRG und etwa davon abweichenden Verpflichtungen der Bundesrepublik durch Auslieferungsverträge vgl. *Schomburg/Lagodny* § 8 IRG, 10 ff; ferner § 11 EuAuslÜb.

110 Der EGMR prüft diese Fragen meist gemeinsam mit Art. 3, vgl. EGMR 2.5.1997 D/GB; 16.2.2000 S.C:C:/Schwed (ÖJZ **2000** 911), vgl. Art. 3 Rdn. 14 ff.

111 Vgl. OLG Karlsruhe NStZ **1991** 138 mit Anm. *Lagodny.*

112 *Frister* GA **1985** 553, 563.

113 EGMR 27.6.2000 Salman/Türk (NJW **2001** 2001).

114 Vgl. EGMR 27.7.1995 McCan u.a./GB (ÖJZ **1996** 332: Festnahme der getöteten Terroristen wäre bei der Einreise möglich gewesen); 20.5.1999 Ogur/Türk (NJW **2001** 1991).

115 *Meyer-Ladewig* 24.

von Personen ausdrücklich vorsehen, ist bei Anlegung eines strengen Maßstabs mit dieser Bestimmung vereinbar[116].

18 Zum **Schutz von Sachgütern** oder immateriellen Gütern gestattet Buchst. a den staatlichen Eingriff in das Leben nicht[117]. Eine staatliche Regelung, die auch die Tötung zur Abwehr einer ausschließlich gegen Sachen gerichteten Straftat zuläßt, ist mit Art. 2 MRK nicht vereinbar[118]. Das staatliche Recht, das dem einzelnen die Notwehr gegenüber einem rechtswidrigen Angriff gestattet, muß grundsätzlich auch im Verhältnis zwischen Angreifer und Angegriffenen diese durch Art. 2 Abs. 2 Buchst. a gezogene Grenze beachten, auch wenn der Staat im übrigen die Notwehr nicht an die gleichen strengen Voraussetzungen binden muß, die er seinen Organen bei der Gewaltanwendung auferlegt. Wird den Anforderungen an den staatlichen Schutz des Lebens in diesem Bereich nicht Genüge getan, weil das nationale Recht insoweit keinen oder nur einen offensichtlich unzureichenden Schutz gewährt, kann darin eine Verletzung des Art. 2 liegen[119].

19 Beim **Notwehrrecht des angegriffenen Bürgers** und beim Nothilferecht eines ihm Beistehenden (§§ 32 StGB, § 15 OWiG) legt die vorherrschende Meinung Art. 2 MRK aus dem Gesamtzusammenhang heraus aus; sie versteht auch Buchst. a trotz seines Wortlauts nur als Schranke für die **Ausübung staatlicher Gewalt**[120]. Ob man Buchst. a entnehmen kann, daß der Staat kraft seiner Schutzpflicht gehalten ist, auch das Notwehr- und Nothilferecht im Verhältnis der Privatpersonen untereinander in gleicher Weise zu beschränken[121] wie bei Eingriffen der Staatsorgane, erscheint wegen der anderen Ausgangslage zweifelhaft[122]. Dagegen spricht, daß der Staat im Rahmen seines Regelungsermessens[123] im Interesse des Angegriffenen die Grenze für die rechtfertigende Notwehr bis zu einem gewissen Grade anders setzen darf, ohne seine Schutzpflicht aus Art. 2 MRK zu verletzen, so etwa auch bei Abwehr eines nicht nur geringfügigen Angriffs gegen die körperliche Unversehrtheit oder die sexuelle Selbstbestimmung. Wo allerdings Leben gegen Leben steht, scheidet eine Schutzpflichtverletzung des Staates durch Zulassung der Notwehr aus[124]. Die andere Grenze ergibt sich daraus, daß der zum Lebensschutz verpflichtete Staat die vorsätzliche Tötung des Angreifers zur Abwehr eines erkennbar ausschließlich gegen ein Sachgut gerichteten Angriffs nicht zulassen darf[125]. Gleiches gilt auch bei den **Notstandsregelungen** der §§ 34, 35 StGB, § 16 OWiG, wo aber ohnehin das Prinzip der Güterabwägung den Vorrang des Lebensschutzes vor dem Sachgüterschutz sichert[126]. Wegen der strittigen[127] Einzelheiten muß auf die Kommentarliteratur zu den §§ 32 ff StGB verwiesen werden.

20 **c) Ordnungsgemäße Festnahme; Verhindern des Entkommens. Absatz 2 Buchst. b** MRK rechtfertigt die Anwendung von unmittelbarem Zwang bei der Festnahme einer Person oder bei der Vereitelung der Flucht eines Festgenommenen. Die Zwangsanwendung braucht also nicht etwa deshalb zu unterbleiben, weil, wie vor allem bei Gebrauch von Schußwaffen, eine Lebensgefahr für den Flüchtenden nicht auszuschließen ist. Auch in

---

116 Vgl. EGMR 20.5.1990 Ogur/Türk (NJW **2001** 1991); 9.10.1997 Andronicou u. a./Zypern (Rep. 1997-VI); *Frowein/Peukert* 11 ff; Grabenwarter § 20 Rdn. 10; *Meyer-Ladewig* 22; *Peters* 39; *Villiger* HdB 269.

117 *Guradze* 9; *Meyer-Goßner*[47] 3; *Schorn* 2.

118 *Frowein/Peukert* 11; IntKommEMRK/*Lagodny* 89; *Meyer-Goßner*[47] 3; *Krey* JZ **1979** 702.

119 Vgl. IntKommEMRK/*Lagodny* 83 ff. *Nowak* 3 mißt der Gewährleistung eine „Rundumwirkung" bei.

120 Vgl. die Kommentare zu § 32 StGB mit zahlreichen Nachweisen zum Streitstand.

121 So *Frowein/Peukert* 11.

122 Verneinend *Partsch* 102.

123 Vgl. Rdn. 11.

124 Vgl. EGMR 24.6.94 Diaz Ruano/Span (EuGRZ **1994** 277); *Frowein/Peukert* 11; IntKommEMRK/*Lagodny* 11.

125 Vgl. Rdn 18.

126 Vgl. *Peukert/Frowein* 11.

127 Wegen der Einzelheiten vgl. die Kommentare zu §§ 32, 33 StGB, § 15 OWiG je mit weit. Nachw. ferner Rdn. 19; ferner *Guradze* 9; 10.

diesen Fällen kommt die Tötung nur als Folge, nicht aber als Zweck der Anwendung der Zwangsmittel in Betracht[128]. Im übrigen müssen die **gesetzlichen Voraussetzungen** für eine Festnahme bzw. für ein Festhalten im behördlichen Gewahrsam vorliegen, die Zwangsanwendung muß nach dem anzuwendenden nationalen Recht, also etwa nach dem UZwG des Bundes, nach §§ 95 ff StVollzG oder dem Polizeirecht der Länder zulässig sein; dazu gehört, daß sie im konkreten Einzelfall sowohl hinsichtlich des Anlasses als auch hinsichtlich der Wahl der Mittel geboten und daß sie nicht unverhältnismäßig ist[129]. Die Gewaltanwendung durch die Staatsorgane muß zur Ermöglichung der Festnahme bzw. zur Aufrechterhaltung des behördlichen Gewahrsams unerläßlich sein[130]. Ob und in welchem Umfang sie notwendig ist und ob sie in Extremfällen sogar die gezielte Tötung als unerläßlich rechtfertigen kann[131], ist aus der Sicht und dem Kenntnisstand der handelnden Beamten im Zeitpunkt ihres Eingreifens zu beurteilen; unerheblich ist, wenn sich nachträglich die Lage anders darstellen sollte[132]. In Fällen, in denen mit dem Einsatz von Schußwaffen zu rechnen ist, erfordert die staatliche Schutzpflicht, daß eine geplante Festnahmeaktion auch unter dem Blickwinkel einer möglichen Vermeidung der Tötung mit der erforderlichen Sorgfalt vorbereitet wird und die mit ihrer Durchführung beauftragten Personen entsprechend unterrichtet werden[133].

Der **Waffengebrauch** zur Verhinderung eines Verbrechens, das sich ausschließlich **21**
gegen Sachen oder immaterielle Rechtsgüter, nicht aber gegen eine Person im Sinne von Buchst. a richtet, wird von Buchst. b nicht unmittelbar erfaßt. Er kann unter diese Alternative fallen, wenn er zugleich bezweckt, den Täter zu identifizieren und ihn festzunehmen[134]. Gleiches gilt in bezug auf die in Buchst. b nicht genannten Personen, die einen Gefangenen befreien wollen[135].

Unter Buchst. b fällt ferner **jede dem nationalen Recht entsprechende Festnahme** einer **22**
Person durch staatliche Organe, auch wenn sie anderen Zwecken als der Sicherung der Strafverfolgung oder Strafvollstreckung dient. Als Rechtsgrundlage kommen hier vor allem die Festnahmegründe im Polizeirecht der Länder, in den Unterbringungsgesetzen oder in sonstigen Gesetzen in Betracht, die die Anordnung oder den Vollzug freiheitsentziehender Maßnahmen regeln. Neben den jeweiligen gesetzlichen Einschränkungen sind die bei jedem Eingriff zu wahrenden Grundsätze der Erforderlichkeit und Verhältnismäßigkeit[136] zu beachten, die der Anwendung unmittelbaren Zwangs und vor allem dem Waffengebrauch entgegenstehen können. Die Festnahme durch private Personen nach § 127 StPO wird nicht von Buchst. b erfaßt[137].

d) Unterdrückung eines Aufstands (Art. 2 Abs. 2 Buchst. c MRK). Eine Tötung ist **23**
ferner nicht konventionswidrig, wenn sie durch eine sich im Rahmen der nationalen Gesetze haltenden Gewaltanwendung zur Unterdrückung eines Aufruhrs oder eines Aufstandes („riot or insurrection", „emeute ou insurrection") erfolgt. Unter **Aufruhr**

128 *Frowein/Peukert* 12; *Meyer-Goßner*[47] 4.

129 IntKommEMRK/*Lagodny* 95 ff; zur der von EGMR geforderten strengen Prüfung der Erforderlichkeit und Verhältnismäßigkeit zwischen dem Zweck der Festnahme und dem Einsatz der Zwangsmittel *Meyer-Ladewig* 25.

130 EGMR 27.9.95 McCann/GB (ÖJZ **1996** 332); 20.5.1999 Ogur/Türk (NJW **1001** 1991); vgl. östr. VfGH bei *Folz* FS Verosta 207.

131 EGMR 27.9.95 McCann/GB (ÖJZ **1996** 332: um das befürchtete Auslösen einer Bombe zu verhüten); vgl. *Esser* 254.

132 *Esser* 254.

133 Vgl. EGMR 27.9.95 McCann/GB (ÖJZ **1996** 332).

134 Dazu *Frowein/Peukert* 12, 13.

135 *Frowein/Peukert* 13.

136 *Villiger* HdB 270: vgl. für Schüsse an der Mauer EGMR 22.3.2001 Streletz, Kessler und Krenz/D (NJW **2001** 3035); 22.3.2001 K-H.W/D. (NJW **2001** 3042); dazu *Werle* NJW **2001** 1001; *Rau* NJW **2001** 3008; IntKommEMRK/*Lagodny* 98N ferner UN-AMR 31.7.2003 Baumgarten/D (EuGRZ **2003** 143).

137 *Guradze* 11; *Meyer-Goßner*[47] 4; **a.A** *Schorn* 19, 20.

wird man jede ungesetzliche Zusammenrottung einer Menschenmenge zu verstehen haben, aus der heraus Gewalttaten begangen werden oder drohen[138], während **Aufstand** wohl als offener und aktiver bewaffneter Widerstand einer größeren Personenzahl gegen die Staatsgewalt zu verstehen ist[139]. Da beide nebeneinandergestellt sind, spielt es keine Rolle, daß hier die Übergänge mitunter fließend sein können. In der Bedrohung der Polizei durch eine verschiedenartige Wurfgeschosse schleudernde Menschenmenge wurde z. B. ein den Einsatz von Plastikgeschossen rechtfertigender Fall gesehen[140].

24 Die Anwendung der staatlichen Zwangsmittel, die zur Tötung führen können, muß sich in beiden Fällen **im Rahmen der Gesetze** halten[141]. Es müssen alle Voraussetzungen vorliegen, an die das nationale Recht im jeweiligen Fall die Anwendung unmittelbaren Zwangs bindet. Beim Gebrauch von Schußwaffen müssen also die dafür bestehenden besonderen gesetzlichen Voraussetzungen erfüllt sein, wie sie vor allem im UZwG und in den Polizeigesetzen der Länder enthalten sind. Wie sich aus diesen ergibt und wie auch Art. 2 MRK nochmals herausstellt, muß die Zwangsanwendung und der Einsatz des jeweiligen Mittels im konkreten Fall **unbedingt notwendig** sein, um die öffentliche Ordnung durch Unterdrückung des Aufruhrs oder Aufstandes wiederherzustellen; sie darf auch nicht unverhältnismäßig gegenüber dem verfolgten Zweck sein[142].

Art. 3 MRK (Art. 7 IPBPR)

MRK

Artikel 3 Verbot der Folter*

Niemand darf der Folter oder unmenschlicher oder erniedrigender Strafe oder Behandlung unterworfen werden.

Vgl. **Europäisches Übereinkommen zur Verhütung von Folter und unmenschlicher oder erniedrigender Behandlung oder Strafe** vom 26.11.1987[1]; geändert und ergänzt durch die Protokolle Nr. 1 und Nr. 2 vom 4.11.1993[2], die am 1.3.2002 für die Bundesrepublik Deutschland in Kraft getreten sind[3].

* Neue deutschsprachige Übersetzung in der Fassung der Bek. vom 17.5.2002 (BGBl. II S. 1054).

IPBPR

Artikel 7

Niemand darf der Folter oder grausamer, unmenschlicher oder erniedrigender Behandlung oder Strafe unterworfen werden. Insbesondere darf niemand ohne seine freiwillige Zustimmung medizinischen oder wissenschaftlichen Versuchen unterworfen werden.

Vgl. **Übereinkommen gegen Folter und andere grausame, unmenschliche oder erniedrigende Behandlung oder Strafe (UN-Antifolterkonvention)** vom 10.12.1984[4], geändert durch die Resolution der Vereinten Nationen vom 8.2.1992[5].

138 *Frowein/Peukert* 14; *Schorn* 21 (Interpretation i. S. des ehem. § 115 StGB).

139 *Schorn* 23. Zu der Bedeutung der Begriffe im Englischen *Guradze* 12.

140 EKMR nach *Frowein/Peukert* 15; vgl. aber auch EGMR 27.7.1998 Gülec /Türk (Reports 1998-IV: im konkreten Fall unverhältnismäßig); dazu IntKommEMRK/*Lagodny* 100.

141 Der englische Text schließt Gewohnheitsrecht mit ein; vgl. *Guradze* 12.

142 *Frowein/Peukert* 15; IntKommEMRK *Lagodny* 101; *Meyer-Ladewig* 25.

1 BGBl. II 1989 S. 946.

2 Gesetz von 17.7.1996 (BGBl. II S. 1114).

3 Bek. vom 22.3.2002 (BGBl. II S. 1019).

4 BGBl. II 1990 S. 246; in der Bundesrepublik in Kraft seit 31.10.1990 (Bek. vom 9.2.1993 BGBl. II S. 715); Text bei I Vertragsteil –.

5 Gesetz vom 7.3.1996 (BGBl. II S. 282), die Änderung der Art. 17, 18 betrifft die Bezüge der Ausschußmitglieder; der Tag des Inkrafttretens dieser Änderung wird im BGBl. II bekannt gemacht.

Schrifttum (Auswahl): *Alleweldt* Schutz vor Abschiebung bei drohender Folter oder unmenschlicher oder erniedrigender Behandlung oder Strafe (1996); *Alleweldt* Auf dem Weg zur wirksamen Folterprävention in der Türkei? EuGRZ **2000** 193; *Alleweldt/Reiserer* Allgemeine Empfehlungen für die Prävention von Folter und Mißhandlungen: der Corpus of Standards des CPT, EuGRZ **2000** 247; *Ambos* Völkerrechtliche Bestrafungspflichten bei schweren Menschenrechtsverletzungen, AVR **37** (1999) 318; *Bank* Schutz gegen Abschiebung nach Deutschland unter der EMRK bei nicht-staatlicher Gefährdung im Heimatland? NVwZ **2002** 430; *Brugger* Vom unbedingten Verbot der Folter zum bedingten Recht auf Folter? JZ **2000** 165; *Frowein* Freiheit von Folter oder grausamer, unmenschlicher oder erniedrigender Behandlung oder Strafe nach der Europäischen Menschenrechtskonvention in: Matscher, Folterverbot sowie Religions- und Gewissensfreiheit im Rechtsvergleich; 96 (1990); *Frowein/Kühner* Drohende Folterung als Asylgrund und Grenze für Auslieferung und Ausweisung, ZaöRV **43** (1983) 537; *Gornig* Das „non-refoulement"-Prinzip, ein Menschenrecht „in statu nascendi" – Auch ein Beitrag zu Art. 3 Folterkonvention –, EuGRZ **1986** 521; *Hailbronner* Refoulement-Verbote und Drittstaatenregelung (Art. 33 GK und Art. 3 EMRK) FS R. Bernhardt (1995) 365; *Hailbronner* Art. 3 EMRK – Ein neues Europäisches Konzept der Schutzgewalt? DÖV **1999** 617; *Hailbronner/Randelzhofer* Zur Zeichnung der UN Folterkonvention durch die Bundesrepublik, EuGRZ **1886** 641; *Hamm* Schluß der Debatte über Ausnahme vom Folterverbot, NJW **2003** 946; *Hilgendorf* Folter im Rechtsstaat? JZ **2004** 331; *Jerouschel/Kölbel* Folter von Staats wegen? JZ **2003** 613; *Lüthke* Die Europäische Konvention über den Schutz inhaftierter Personen vor Folter, ZRP **1988** 54; *Marx* Die Konvention der Vereinten Nationen gegen Folter und andere grausame, unmenschliche oder erniedrigende Behandlung oder Strafe, ZRP **1986** 81; *Marx* Abschiebungsschutz bei fehlendem staatlichen Schutz: Die neuere Rechtsprechung des EGMR, NVwZ **1998** 153; *Morgan/Malcolm* Bekämpfung der Folter in Europa. Tätigkeit und Standards des Europäischen Ausschusses zur Verhütung von Folter (2003); *Nowak* Die UNO-Konvention gegen die Folter vom 10.12.1984, EuGRZ **1985** 109; *Nowak* Die Durchführungsfunktion des UN-Folterkomitees, FS Ermacora (1988) 493; *Puhl* Europäisches Anti-Folter-Abkommen, NJW **1990** 3057; *Rudolf* Beweisprobleme in Verfahren wegen Verletzung von Art. 3 EMRK, EuGRZ **1996** 497; *Stein* Aulieferung und Europäische Menschenrechtskonvention, ZaöRV **41** (1981) 285; *Vogler* Auslieferung bei drohender Todesstrafe und die europäische Menschenrechtskonvention (EMRK) – Der Fall Soering vor dem europäischen Gerichtshof für Menschenrechte (EGMR), GedS Karlheinz Meyer (1991) 477; *Wagner* The Jusitifikation of Torture, ZaöRV **63** (2003) 817; *Wolff* Die verfassungsrechtlichen Auslieferungsverbote, StV **2004** 154; *Zimmermann* Erste praktische Erfahrungen mit dem Europäischen Übereinkommen zur Verhütung von Folter, NStZ **1992** 318.

Übersicht

I. Allgemeines

1. Entwicklung des Völkervertragsrechts

1 **a) Internationale Menschenrechtspakte.** In dem Verbot der Folter, das auf dem Gedankengut der Aufklärung beruht[6], wird heute ein in der Achtung der Menschenwürde[7] wurzelnder unantastbarer Grundwert demokratischer Gesellschaften gesehen[8]. Es ist, ergänzt durch das Verbot der „grausamen, unmenschlichen und erniedrigenden" Behandlung oder Strafe, Gegenstand einer Reihe internationaler Vereinbarungen und Erklärungen[9]. Es findet sich schon in Art. 5 der **Allgemeinen Erklärung der Menschenrechte vom 10.12.1948**, deren Wortlaut zum Vorbild für entsprechende Regelungen in den internationalen Menschenrechtspakten wurde[10]. **Art. 3 MRK** und **Art. 7 IPBPR** haben den Wortlaut übernommen, in Art. 3 MRK wurde nur das Wort „grausam" weggelassen[11], während dem Art. 7 IPBPR noch ein Satz 2 angefügt wurde, der die zwangsweise Heranziehung zu medizinischen oder wissenschaftlichen Versuchen als Beispiel einer unmenschlichen Behandlung noch besonders untersagt[12]. In Ergänzung des Verbots des Art. 7 IPBPR schreibt **Art. 10 Abs. 1 IPBPR** noch ausdrücklich vor, daß jeder, dem seine Freiheit entzogen ist, menschlich und mit Achtung der dem Menschen innewohnenden Würde zu behandeln ist[13]. Die **Europäische Grundrechte-Charta**[13a] wiederholt in Art. 4 das Verbot der Folter, während die Freiwilligkeit der Heranziehung zu medizinischen und biologischen Versuchen in Art. 3 Abs. 2 im Zusammenhang mit dem Recht auf körperliche und geistige Unversehrtheit angesprochen wird. Art. 19 Abs. 2 der Charta verbietet die Abschiebung, Ausweisung oder Auslieferung in ein Land, in dem für den Betroffenen das ernsthafte Risiko der Todesstrafe, der Folter oder einer anderen unmenschlichen oder erniedrigenden Strafe oder Behandlung besteht.

2 Die Verpflichtung, Folter und andere grausame, unmenschliche oder erniedrigende Behandlung oder Bestrafung zu verbieten, haben die Teilnehmerstaaten in Nr. 16.1 des **Kopenhagener Abschlußdokuments** über die menschliche Dimension der KSZE vom 29.6.1990[14] nochmals bekräftigt; gleichzeitig haben sie sich u.a. zu Belehrungs- und Überwachungsmaßnahmen und zur vordringlichen Prüfung des Beitritts zu der UN-Antifolterkonvention und zur Anerkennung der Befugnisse des in dieser Konvention vorgesehenen Kontrollausschusses verpflichtet.

3 **b)** Die Verpflichtungen aus Art. 7 IPBPR werden durch das **Übereinkommen gegen Folter und andere grausame, unmenschliche oder erniedrigende Behandlung oder Strafe (UN-Antifolterkonvention) vom 10.12.1984** ergänzt[15]. Dieses Übereinkommen, das den

---

6 Zur Geschichte der Folter vgl. etwa *Hilgendorf* JZ **2004** 331, 332.

7 Anders als etwa die Präambel und Art. 1 der Allgemeinen Erklärung der Menschenrechte vom 10.12.1948 und andere internationale Übereinkommen spricht die MRK die Menschenwürde nirgends ausdrücklich an, ihr Schutz ist aber Ziel ihrer Verbürgungen, vor allem auch der Art. 3 und Art. 8. vgl. *Meyer-Ladewig* NJW **2004** 981.

8 Etwa EGMR 7.7.1989 Soering/GB (NJW **1990** 2183); 29.4.1997 HLR/F (ÖJZ **1998** 309), 7.3.2000 T.I./GB (NVwZ **2001** 301).

9 Nachweise bei *Frowein/Kühner* ZaöRV **43** (1983) 540; *Nowak* EuGRZ **1985** 110.

10 Zum Folterverbot in Art. 5 AMRK *Frowein* EuGRZ **1980** 442; vgl. ferner Art. 5 AChRMV.

11 Zur Entstehungsgeschichte *Partsch* 106.

12 Zur Entstehungsgeschichte *Nowak* 3.

13 Vgl. Art. 10 IPBPR Rdn. 9 (Nach Art. 5 MRK).

13a Diese ist mit geringfügigen Änderungen in Teil II des Vertrags einer Verfassung für Europa übernommen worden, mit dessen Inkrafttreten sie Rechtsverbindlichkeit erlangen soll.

14 EuGRZ **1990** 239.

15 BGBl. II 1990 S. 247; vgl. EuGRZ **1985** 131 (Übersetzung der UNO); zur Entstehung *Nowak* EuGRZ **1985** 109.

Begriff der Folter[16] für die Zwecke dieses Abkommens definiert[17], soll der internationalen Beachtung des Folterverbots größere Wirksamkeit dadurch verleihen, daß es die Staaten zu wirksamen Maßnahmen zur Verhinderung der Folter im engeren Sinn verpflichtet, die Abschiebung und Auslieferung bei Gefahr der Folter untersagt[18], Vorkehrungen für die weltweite Bestrafung der Folterer[19] und innerstaatliche Belehrungs- und Überwachungsmaßnahmen vorsieht, sowie die Vertragsstaaten verpflichtet, wirksame innerstaatliche Rechtsbehelfe für eine unparteiische Prüfung der Behauptung einer Folterung sowie einen einklagbaren Anspruch auf Schadensersatz zu schaffen[20]. Die unmenschliche oder erniedrigende Behandlung durch staatliche Organe muß der Staat zwar nach dieser Konvention auch verhindern, wenn sie keiner Folter im Sinne des Art. 1 gleichkommt, jedoch trifft ihn insoweit nur ein Teil der Verpflichtungen dieser Konvention (vgl. Art. 16)[21]. **Völkerrechtlich** ist die UN-Antifolterkonvention am 26.6.1987 nach Ratifikation durch 20 Staaten in Kraft getreten[22]. Die Bundesrepublik Deutschland hat sie mit Gesetz vom 6.4.1990[23] ratifiziert, seit 31.10.1990 ist sie hier in Kraft[24]. Zwischenzeitlich sind ihr über 120 Staaten beigetreten[25]. Auf Grund der Resolution der Generalversammlung der Vereinten Nationen vom 8.2.1992 ist sie hinsichtlich der Vergütung der Ausschußmitglieder geändert worden[26].

c) Das **Europäische Übereinkommen zur Verhütung von Folter und unmenschlicher oder erniedrigender Behandlung oder Strafe (Europäische Folterkonvention) vom 26.11. 1987**[27] will in Ergänzung des Art. 3 MRK Antifolterkonvention der Vereinten Nationen den Schutz vor Folter und unmenschlicher Behandlung in den Vertragsstaaten schon präventiv durch Kontrollbesuche verbessern. Die Mitglieder eines unabhängigen internationalen Komitees[28] sollen in den Vertragsstaaten ungehindert die Haftanstalten und sonstigen Einrichtungen besuchen, in denen Personen auf behördliche Anordnung festgehalten werden, diese Personen ohne Zeugen sprechen, etwaige Mißstände feststellen 4

[16] Art. 1 Abs. 1 erfaßt aber nur die von Personen in amtlicher Eigenschaft oder mit deren Duldung begangenen Handlungen und nimmt gesetzlich zugelassene Sanktionen aus, vgl. Rdn. 19.

[17] Nach Art. 1 Abs. 2 bleiben weitergehende internationale Rechtsvorschriften und weitergehende Übereinkommen unberührt.

[18] Zum sogen. „non refoulment" Grundsatz *Gornig* EuGRZ **1986** 521; *Hailbronner/Randelzhofer* EuGRZ **1986** 643; *Kimminich* FS Ermacora 383 (allenfalls allgemeines Völkerrecht in status nascendi).

[19] Präambel der UN-Antifolterkonvention; Weltrechtsprinzip („aut dedere, aut iudicare"), vgl. *Hailbronner/Randelzhofer* EuGRZ **1986** 641; *Marx* ZRP **1986** 81; *Nowak* EuGRZ **1985** 113; *Wolfrum* FS Partsch 76; ferner Anhang Rdn. 68.

[20] Zu der der staatlichen Entschädigungspflicht nach Art. 14 Abs. 1 S. 1 der UN-Antifolterkonvention und den Fragen der Staatenimmunität bei Zivilklagen gegen einen dafür verantwortlichen fremden Staat *Cremer* AVR **41** (2003) 137, 163, auch zu EGMR 21.11.2001 Al-Adsani/GB (EuGRZ **2002** 403); dazu ferner *Maierhöfer* EuGRZ **2002** 391.

[21] *Hailbronner/Randelzhofer* EuGRZ **1986** 642; *Marx* ZRP **1986** 82; *Nowak* EuGRZ **1985** 113.

[22] *Bartsch* NJW **1989** 3068; *Nowak* 2, Fußn. 3, 4.

[23] BGBl. II 1990 S. 246.

[24] Bek. vom 9.2.1993 (BGBl. II S. 715).

[25] Das Inkrafttreten in den einzelnen Vertragsstaaten und etwaige Vorbehalte werden im jährlich erscheinenden Fundstellennachweis B nachgewiesen.

[26] Ges. vom 7.3.1996 (BGBl. II S. 282); vgl. Fußn. 5.

[27] Völkerrechtlich ist die Europäische Folterkonvention am 1.2.1989 zwischen den bis dahin beigetretenen Staaten in Kraft getreten; sie ist von der Bundesrepublik mit Gesetz vom 29.11.1989 (BGBl. II S. 946) ratifiziert worden und am 1.6.1990 für die Bundesrepublik in Kraft getreten. Die schweizer Übersetzung ist schon in EuGRZ **1988** 569 abgedruckt worden, der Text und der Erläuternde Bericht zur Europäischen Folterkonvention findet sich auch bei der Dokumentation des Seminars in Straßburg zur Umsetzung dieser Konvention, abgedruckt EuGRZ **1989** 469 ff. Zur Konvention vgl. *Lüthke* ZRP **1988** 54; *Nowak* EuGRZ **1988** 537; *Puhl* NJW **1990** 3057. Geändert und ergänzt wurde das Übereinkommen durch die Protokolle Nr. 1 (Beitritt von Nichtmitgliedstaaten) und Nr. 2 (Wiederwahl der Ausschußmitglieder) vom 4.11.1993 (BGBl. II S. 1114), in der Bundesrepublik in Kraft seit 1.3.2002 (Bek. vom 22.3.2002 – BGBl. II S. 1019).

[28] Zu den am 12.9.1989 gewählten 14 ersten Mitgliedern dieses Ausschusses vgl. EuGRZ **1989** 384.

und nach Konsultation des betreffenden Vertragsstaates etwaige Verbesserungsvorschläge unterbreiten und auf ihre Behebung hinwirken können[29]. Über jeden Besuch wird ein Bericht erstellt, der die Äußerungen des jeweils betroffenen Vertragsstaates und das Ergebnis etwaiger Konsultationen berücksichtigt und Empfehlungen enthalten kann. Das ganze Verfahren ist vertraulich, nur auf Wunsch des betroffenen Staates oder wenn dieser die Zusammenarbeit verweigert oder vorgeschlagene Verbesserungen ablehnt, kann der Ausschuß eine öffentliche Erklärung beschließen (vgl. Art. 10 Abs. 2; Art. 11 Abs. 2), bei der jedoch auch dann personenbezogene Daten nur mit Zustimmung der jeweils Betroffenen veröffentlicht werden dürfen (Art. 11 Abs. 3). Die Berichte des Ausschusses werden mit Zustimmung der von der Kontrolle betroffenen Regierung inzwischen fast durchwegs veröffentlicht[30]. Das Übereinkommen läßt den weitergehenden Schutz inhaftierter Personen durch das innerstaatliche Recht oder durch andere Konventionen unberührt (Art. 17 Abs. 1). Die Prüfung durch den Ausschuß ist, wie schon die Präambel zeigt, nicht als Ersatz für das Verfahren vor der Europäischen Menschenrechtskonvention oder anderen Konventionen gedacht, sie schließt die Individualbeschwerde nach Art. 35 Abs. 2 Buchst. b MRK nicht aus. Art. 17 Abs. 2 stellt ausdrücklich klar, daß keine Bestimmung so auszulegen ist, daß die Befugnisse der Organe der Europäischen Menschenrechtskonvention oder die von den Vertragsparteien nach jener Konvention eingegangenen Verpflichtungen eingeschränkt oder aufgehoben werden.

5 **d)** In **anderen multinationalen Übereinkommen** findet sich ebenfalls das Verbot der Folter und einer grausamen oder entwürdigenden Behandlung und die Verpflichtung der Staaten, sie zu bestrafen. Vor allem ist dies ein Anliegen des **humanitären Völkerrechts**, so etwa Art. 32, 146, 147 des IV. Genfer Abkommens zum Schutze der Zivilbevölkerung in Kriegszeiten vom 12. 8. 1949[31] oder Art. 75 Abs. 2 Buchst. a, b; Art. 85 des Zusatzprotokolls I vom 8. 6. 1977[32] und Art. 4 Abs. 2 Buchst. a, e des Zusatzprotokolls II vom 8. 6. 1977[33]. Das **Römische Statut über den Internationalen Strafgerichtshof**[34] spricht bei den Verbrechen, die der Gerichtsbarkeit des Gerichtshofs unterliegen, die Folter als besondere Begehungsweise der Verbrechen gegen die Menschlichkeit[35] an. Auch bei den Tatbeständen der Kriegsverbrechen[36] wird sie in verschiedenen Formen besonders erfaßt (Art. 8 Abs. 2 Buchst. a, ii, iii; Buchst. b, x, xxi; Buchst. e, xi).

6 **e)** Vielfach wird die Ansicht vertreten, daß – ungeachtet der erschreckenden gegenteiligen Praxis in vielen Staaten – das Verbot der Folter durch die allgemeine verbale Akzeptanz und die völkervertragliche Ächtung zu einem **ius cogens des allgemeinen Völ-**

[29] Zum Verfahren vgl. Anhang Rdn. 72.

[30] Vgl. EuGRZ **1991** 549, **1993** 329; **1998** 301, 306; *Alleweldt* EuGRZ **1998** 345; **2000** 193; *Zimmermann* NStZ **1992** 318; ferner die „Allgemeinen Empfehlungen für die Prävention von Folter und Mißhandlung; Corps of Standards des CPT" bei *Alleweldt/ Reiserer* EuGRZ **2000** 247 ff, sowie die bei *Doswald-Beck/Kolb* S. 396 ff auszugsweise wiedergegebenen Berichte und Erklärungen dieses Ausschusses über seine Feststellungen in mehreren Staaten.

[31] BGBl. II 1954 S. 917; ber. II 1956 S. 1586; dazu etwa BGHSt **46** 303; zur Frage, wieweit die Vorschriften des für Konfliktsfälle geltenden „humanen Völkerrechts" als lex spezialis den Menschenrechtsverbürgungen vorgehen, vgl. *Krieger* ZaöRV **62** (2002) 669, 691 ff.

[32] BGBl. II 1990 S. 1551.

[33] BGBl. II 1990 S. 1637.

[34] BGBl. II 2002 S. 1393.

[35] Art. 7 Abs. 1 Buchst. f. in Verb. mit einer besonderen Folterdefinition in Abs. 2 Buchst. e Römisches Statut, die unter Verzicht auf jede Bindung an bestimmte Zwecke nur auf die vorsätzliche Zufügung großer körperlicher oder seelischer Schmerzen abstellt.

[36] Art. 8 Abs. 2 Buchst. a, ii, iii, Buchst. b, x, xxi Buchst. e, xi Römisches Statut.

kerrechts erstarkt ist, das allgemein und unabhängig von den Konventionen gilt[37]. Folgt man dieser Auffassung, dann ist das Folterverbot eine mit Vorrang geltende allgemeine Regel des Völkerrechts im Sinne des Art. 25 GG. Der nicht näher bestimmte Rechtsbegriff der Folter ist dann aber eng auszulegen, da er durch das allgemein anerkannte Minimum begrenzt wird[38]. Auch im übrigen gehen die Bindungen durch eine solche Regel nicht über das hinaus, was die Vertragsstaaten in den Konventionen vereinbart haben, so daß es im Verhältnis zwischen ihnen immer auf die im einzelnen meist weiterreichenden Verpflichtungen durch die Konventionstexte ankommt.

2. Notstandsfestigkeit des Folterverbots. Die Verbote der Art. 3 MRK, Art. 7 IPBPR **7** werden notstandsfest garantiert; sie können auch im Falle eines Krieges oder eines sonstigen öffentlichen Notstandes[39] von den Vertragsparteien nicht außer Kraft gesetzt werden (Art. 15 Abs. 2 MRK Art. 4 Abs. 2 IPBPR)[40]. Nr. 16.3 des Kopenhagener Abschlußdokuments über die menschliche Dimension der KSZE[41] vom 29.6.1990 bekräftigt dies. Wie nachstehend dargelegt folgt die Uneinschränkbarkeit des Folterverbots innerstaatlich bereits aus der durch keine Abwägung zu relativierenden Unantastbarkeit der Menschenwürde (Art. 1 Abs. 1)[42].

3. Nach **innerstaatlichem Verfassungsrecht** der Bundesrepublik ergibt sich das Verbot **8** der Folter und der grausamen und menschenunwürdigen Behandlung bereits aus der Verpflichtung aller Staatsorgane, die **Menschenwürde** zu achten und zu schützen (Art. 1 Abs. 1 GG), sowie der Gewährleistung des **Rechts auf körperliche Unversehrtheit** (Art. 2 Abs. 2 GG). Vor allem die Achtung der Menschenwürde verbietet es, den Menschen zum bloßen Objekt des Staates zu machen und ihn zu welchen Zwecken auch immer einer Behandlung auszusetzen, die seinen sozialen Wert und Achtungsanspruch negiert. Art. 104 Abs. 1 Satz 2 GG konkretisiert diesen Verfassungsgrundsatz nochmals durch das Verbot, **festgehaltene Personen** seelisch oder körperlich zu mißhandeln[43]. Ferner folgt aus dem Gebot der Achtung der Menschenwürde, der Gewährleistung der körperlichen Unversehrtheit (Art. 1, 2 Abs. 2 GG) und aus dem auch im Rechtsstaatsprinzip wurzelnden Grundsatz der Verhältnismäßigkeit, daß die Verfassung **grausame, unmenschliche und erniedrigende Strafen** verbietet. Sie verbietet darüber hinaus aber auch nach Art und Maß **schlechthin unangemessene Strafen**, die in keinem gerechten Verhält-

---

[37] Bejahend EGMR 21.11.2002 Al Adsani/GB (EuGRZ **2002** 403); House of Lords (Pinochet) *Frowein/Kühner* ZaöRV **43** (1983) 537; *Hofmann* 30; *Hofmann* FS Zeidler 1890; *Nowak* 1; *Nowak* EuGRZ **1985** 110; *Vogler* GedS Karlheinz Meyer 489; schweiz. BGer. EuGRZ **1983** 255; vgl. auch UN-Ausschuß gegen Folter EuGRZ **1990** 61; BVerwGE **67** 194 läßt dies offen.

[38] Vgl. etwa die Folterdefinition in Art. 1 der Resolution 3452 (XXX) der Generalversammlung der Vereinten Nationen vom 9.12.1975 (*Simma/Fastenrath* Nr. 28) und die daran anknüpfende, teils weitere, teils aber auch engere in Art. 1 der UN-Antifolterkonvention.

[39] Etwa EGMR 18.1.1978 Irland/GB (EuGRZ **1979** 149); 25.4.1978 Tyrer/GB (EuGRZ **1979** 162); 28.5.1985 Abdulaziz/GB (EuGRZ **1985** 567); 30.10.1991 Vilvarajah/GB (ÖJZ **1992** 309); 27.8.1992 Tomasi/F (EuGRZ **1994** 101); 15.11.1996 Chahal/GB (NVwZ **1997** 1093); 12.3.2003 Öcalan/Türk (EuGRZ **2003** 472); *Grabenwarter* § 21 Rdn. 16; *Meyer-Ladewig* 1; *Esser* 374 mit weit. Nachw.

[40] Art. 2 Abs. 2 der UN-Antifolterkonvention schließt ebenfalls die Rechtfertigung von Folter durch Krieg, Kriegsgefahr, innenpolitische Instabilität oder einen sonstigen öffentlichen Notsand aus.

[41] EuGRZ **1990** 239.

[42] Zur Problematik bei extremen Notstandssituationen vgl. *Brugger* JZ **2000** 165; ferner *Hamm* NJW **2003** 946; *Hilgendorf* JZ **2004** 331; *Jerouschek/Köbel* JZ **2003** 613; *Merten* JR **2003** 404; *Miehe* NJW **2003** 1219; *H Ch. Schäfer* NJW **2003** 947 (Androhung zur Abwehr einer akuten Lebensgefahr); *Wagner* ZaöRV **63** (2003) 817; vgl. auch nachfolg. Fußn.

[43] Zu den verfasungsrechtlichen Grundlagen eines absoluten Folterverbot etwa *Jerouschek/Kölbel* JZ **2003** 613; *Merten* JR **2003** 404.

nis zur Schwere der Tat und der Schuld des Täters stehen[44]. Auch eine **Auslieferung** oder Ausweisung in einen anderen Staat ist unzulässig, wenn das Verfahren oder die Haftbedingungen, die den Betroffenen dort erwarten, dem völkerrechtlichen Mindeststandard und den elementaren rechtsstaatlichen Anforderungen an den Schutz seiner Menschenwürde nicht entsprechen. Es dürfen keine begründeten Anhaltspunkte dafür bestehen, daß ihm dort Folter oder sonst eine menschenrechtswidrige Behandlung drohen.[44a]

9 **Einfachrechtlich** ist das Verbot der Folter durch Straftatbestände, etwa §§ 223 ff, 240 ff, § 340, 343 StGB und § 7 Abs. 1 Nr. 5, § 8 Nrn. 3, 8, 9 VStGB, und verfahrensrechtlich durch § 114b StPO sowie vor allem durch die Verbote in § 136a, § 69 Abs. 3, § 163a Abs. 3 bis 5 StPO geschützt, wobei § 136a Abs. 3 StPO ausschließt, die durch solche Maßnahmen verbotswidrig gewonnenen Aussagen im Strafverfahren zu verwerten[45].

II. Tragweite des Verbots

1. Allgemein

10 **a) Unterlassungspflicht des Staates.** Für die Tathandlung der **Folter** oder der **unmenschlichen Behandlung** als solche kommt es nicht darauf an, ob der Täter in amtlicher Eigenschaft diese menschenrechtswidrigen Handlungen begeht[46]. Dies gilt auch, soweit nationale oder internationale Straftatbestände auf die Folter als Tatbestandsmerkmal abstellen. Die **Verpflichtungen der Konventionen** betreffen dagegen das Verhältnis des Staats zu dem betroffenen einzelnen. Art. 3 MRK und Art. 7 IPBPR verlangen vom Staat, daß er jedes Verhalten unterläßt, das gegen die sich daraus ergebenden Verpflichtungen verstoßen würde. Er hat dafür einzustehen, daß sich alle seine Institutionen konventionsgemäß benehmen[47]. Die **Gesetzgebung** darf auf allen Stufen der Normsetzung keine unmenschliche oder erniedrigende Behandlung oder Bestrafung von Personen vorschreiben, vor allem nicht bei bestimmten Personengruppen[48] oder Personen in bestimmter Lage[49]. Das Verbot einer unmenschlichen oder erniedrigenden Strafe oder Behandlung bindet auch die **Rechtsprechung** im Einzelfall[50]; es dürfen keine solchen Strafen verhängt und keine mit diesem Verbot unvereinbaren Maßnahmen angeordnet werden. Vor allem aber gelten die Verbote für alle **Maßnahmen der Exekutive**, nicht zuletzt auch für die Behandlung aller auf behördliche Anordnung in Gewahrsam genommenen und in Gefängnissen, Heimen oder Krankenhäusern usw. untergebrachten Personen[51]. Die staatliche Verantwortung erstreckt sich auch auf das Verhalten der Personen, die im **Auftrag amtlicher Stellen** oder mit deren stillschweigendem Einverständnis oder Duldung tätig werden[52]. Andere Einzelhandlungen privater Personen sind dem

---

44 BVerfG ständ. Rspr.; etwa BVerfGE **6** 439; **45** 228; **50** 133; **72** 116; **75** 16.

44a BVerfGE **63** 332, 337; **75** 1, 16 ff; BVerfG NStZ **1994** 492; EuGRZ **2003** 518, 520; StV **2004** 440. Vgl. Rdn. 14.

45 Vgl. LR-*Hanack* § 136a StPO, 3 ff.

46 Zur Problematik der Folter durch nichtstaatliche Gruppen beim Jugoslawien-Gerichtshof vgl. *Ambos/Tiwenning* NStZ-RR **2002** 289.

47 EGMR 10.5.2001 Z u.a./GB (ECHR 2001-V); *Meyer-Ladewig* 2.

48 Insoweit spielen auch die Diskriminierungsverbote der Konventionen herein.

49 Zur Prügelstrafe EGMR 25.4.1978 Tyrer/GB (EuGRZ **1979** 164); vgl. aber auch 25.3.1993 Costello-Roberts/GB (ÖJZ **1993** 767: Körperstrafe in Privatschule); EKMR EuGRZ **1982** 153, **1983** 430; *Esser* 383; *Frowein/Peukert* 8; ferner Rdn. 31. Zu einer als demütigend angesehenen, aber nicht erniedrigenden gesetzlichen Regelung im Bereich des Familienrechts vgl. EGMR 13.6.1979 Marckx/Belg (EuGRZ **1979** 454); *Frowein/Peukert* 9.

50 Vgl. Einf Rdn. 39, 67.

51 Vgl. UN-AMR bei *Nowak* EuGRZ **1982** 12.

52 So ausdrücklich Art. 1 Abs. 1 der UN-Antifolterkonvention und Art. 1 Abs. 1 der Resolution 3452 (XXX) der Generalversammlung der Vereinten Nationen; ferner Art. 2 MRK Rdn. 10 ff.

Staat nicht zuzurechnen; er hat seine Verpflichtungen aus den Konventionen erfüllt, wenn er solche Taten unter eine angemessene Strafe gestellt hat und sich nach besten Kräften um deren Verhütung, Aufklärung und Ahndung bemüht[52a]. Bei **erkennbaren konkreten Gefährdungen**, gleich von wem sie ausgehen, muß er schon vorher eingreifen, um ernsthafte Gefährdungen und Verletzungen zu verhindern[53]. Dagegen ist der Staat nicht verpflichtet, einem Betroffenen durchsetzbare Rechtsbehelfe gegen einen anderen Staat wegen einer dort erlittenen Verletzung einzuräumen[54].

b) Gewährleistungspflicht des Staates. Die Pflicht, in seinem Herrschaftsbereich sicherzustellen, daß das Verbot der Folter und der unmenschlichen oder erniedrigenden Behandlung von allen seinen Organen beachtet wird[55], löst für ihn auch **positive Schutzpflichten**[56] aus. Neben entsprechenden Regelungen und einer ausreichenden Strafbewehrung derartiger Handlungen ist auch die **laufende Kontrolle** der staatlichen Organe[57] und ein unverzügliches Einschreiten bei Bekanntwerden von Verstößen erforderlich. Die zuständigen staatlichen Stellen müssen unverzüglich eine umfassende und wirksame **Untersuchung von Amts wegen**[58] einleiten, wenn substantiierte Anhaltspunkte einen Verstoß als möglich erscheinen lassen, und zwar unabhängig davon, ob seitens des Opfers Anzeige erstattet worden ist[59]. Die Ermittlungen müssen zum Ziele haben, die Verantwortlichen festzustellen und zu bestrafen, bei ihnen ist auch der Betroffene angemessen zuzuziehen. Damit er auch selbst seine Interessen vertreten und auf eine Bestrafung hinwirken kann, sind ihm die Ergebnisse der Untersuchung zugänglich zu machen[60]; er muß auch effektive Rechtsbehelfe haben[61]. Bei einem Opfer, das sich im **Gewahrsam** staatlicher Organe befand, obliegt es dem Staat nachzuweisen, daß und wie er seinen Verpflichtungen nachgekommen ist. So ist er gehalten, eine auf gründliche Untersuchungen gestützte **plausible Erklärung** dafür zu geben, warum eine Person bei der Entlassung Verletzungen aufweist, die sie noch nicht hatte, als sie in Gewahrsam genommen worden war[62]. Der Freispruch einer für die Verletzungen verantwortlich gemachten Per- 11

52a Vgl. Rdn. 12.

53 Vgl. *Grabenwarter* § 20 Rdn. 21 mit weit. Nachw. sowie zu den Schutzpflichten des Staates Rdn. 11, 12.

54 EGMR 21.11.2001 El Adsami/GB (EuGRZ **2002** 403); *Meyer-Ladewig* 2.

55 Die Verpflichtung des Staates, Folterungen in allen seiner Hoheitsgewalt unterstehenden Gebieten durch gesetzgeberische, verwaltungsmäßige, gerichtliche und sonstige Maßnahmen zu verhindern und alle Folterhandlungen als Straftaten angemessen zu bestrafen, wird ausdrücklich auch in Art. 2 und 4 der UN-Antifolterkonvention festgelegt. Für die Bundesrepublik ergibt sich dies bereits aus ihrer Pflicht, die Menschenwürde zu schützen (Art. 1 GG).

56 Vgl. *Grabenwarter* § 20 Rdn. 21; *Meyer-Ladewig* 3, 4.

57 Hierzu trägt auch das Gebot des Art. 5 Abs. 3 MRK bei, jeden Festgenommenen unverzüglich einem Richter vorzuführen, vgl. Art. 5 MRK Rdn. 106 ff. Der UN-AMR hat in seiner Allgemeinen Erklärung (General Comment) Nr. 20 (44) vom 10.3.1992 eine Reihe von Vorkehrungen aufgeführt, durch die die Staaten der Gefahr der Folter oder einer unmenschlichen oder grausamen Behandlung inhaftierter Personen vorbeugen sollen. Diese reichen von ausreichenden nationalen Strafvorschriften und der Aufklärung und Bestrafung von Folter, der Unterrichtung der Bevölkerung über das Folterverbot, der Unverwertbarkeit der durch Folter erlangter Aussagen bis zu einer zugänglichen Dokumentation über jede Inhaftierung (wiedergegeben bei *Doswald-Beck/Kolb* S. 339 ff).

58 Zu den Anforderungen des EGMR an die unverzügliche Aufklärung, vgl. EGMR 20.7.2000 Caloc/F (ECHR 2000-IX); ferner sofortige Einvernahme der Zeugen: EGMR Assenow/Bulg (Rep. 1998-VIII), Besichtigung des behauptetem Tatorts EGMR Aydin/Türk (Rep. 1997-IV); vgl. *Esser* 387; *Meyer-Ladewig* 4 mit weit. Nachw.

59 So auch Art. 12 UN-Antifolterkonvention; *Esser* 387, 388 mit weit. Nachw. (auch zur Frage der Mitwirkungspflicht des Opfers).

60 EGMR Aksoy/Türk (Rep. 1996-VI §§ 97–99); Aydin/Türk (Rep. 1997-VI § 103), Tekin/Türk (Rep. 1998-V); Cakici/Türk (ECHR 1999 IV); *Esser* 287; vgl. auch nachf. Fußn.

61 *Meyer-Ladewig* 4, auch zur Frage der Anwendbarkeit des Art. 13 MRK; zur Spruchpraxis des UN-AMR *Nowak* 18.

62 EGMR 2.12.1995 Ribitsch/Ö (ÖJZ **1996** 148); 28.7.1999 Selmouni/F (NJW **2001** 56); 27.6.2000 Salman/Türk (NJW **2001** 2001). Vgl. auch EGMR 27.8.92 Tomasi/F. (EuGRZ **1994** 101); *Esser* 386 mit weit. Nachw.

son durch ein an die Unschuldsvermutung und die damit zusammenhängende Beweislast gebundenes innerstaatliches Gericht schließt diese Erklärungspflicht gegenüber den Konventionsorganen und die Verantwortung des Staates für nicht aufgeklärte Verletzungen nicht aus[63]. Wichtig sind auch **Präventivmaßnahmen**, die den Anreiz zur Folter mindern, wie ein Beweisverbot, das alle durch Folter erlangten Aussagen unverwertbar macht[64], oder die alsbaldige Vorführung eines Festgenommenen vor den Richter[65] oder das Verbot der völligen Isolierung eines Gefangenen. Die Art. 2, 4, 10, 11, 15 der **UN-Antifolterkonvention** schreiben solche Präventivmaßnahmen jetzt ausdrücklich vor. Im übrigen begründet diese Konvention über Art. 3 MRK, Art. 7 IPBPR hinausreichende detaillierte Verpflichtungen des Staates, wie etwa die innerstaatliche Bestrafung oder Auslieferung der Personen, die verdächtig sind, im Ausland Folterhandlungen begangen zu haben, ferner die Verpflichtung, im innerstaatlichen Recht einen wirksamen Rechtsbehelf und einen Anspruch auf Entschädigung vorzusehen.

12 Wieweit der Staat auf Grund der Konventionen auch jede Art von **Folter** und unmenschlicher Behandlung durch **Privatpersonen** in seinem **eigenen Hoheitsbereich** zu verantworten hat, kann im einzelnen zweifelhaft sein[66]. Dies ist zu verneinen, soweit Einzelhandlungen Privater nicht wegen der besonderen Verhältnisse auch vom Staat zu verantworten sind, weil sie von ihm initiiert oder geduldet wurden oder weil seine Organe sie hätten rechtzeitig erkennen und verhindern können[67]. Dies gilt vor allem, wenn diese in seinem Hoheitsbereich unter Mißachtung der staatlichen Schutzpflicht Übergriffe privater Gruppen bewußt ermöglichen oder zumindest dulden oder unbestraft lassen, obwohl sie an sich zum Eingreifen verpflichtet und auch in der Lage gewesen wären. Im übrigen genügt der Staat seiner Schutzpflicht, wenn er Verletzungshandlungen durch Privatpersonen, die als Folter oder unmenschliche oder erniedrigende Behandlung zu werten sind, nach innerstaatlichem Recht als Straftaten mit dem gebotenen Nachdruck verfolgt und angemessen ahndet. Hinsichtlich der jeweils erforderlichen Maßnahmen hat der Staat einen Ermessenspielraum. Bei Kindern und anderen schutzbedürftigen Personen obliegen dem Staat aber besondere Schutzpflichten, er muß durch angemessene Maßnahmen für deren Schutz sorgen[68]. Die UN-Antifolterkonvention erfaßt nur die dem Staat zuzurechnenden Maßnahmen.

2. Behandlung oder Bestrafung

13 **a) Behandlung** setzt ein Tun oder Unterlassen bestimmter Personen in bezug auf den Betroffenen voraus, die aber nur bei der Folter von der Absicht einer zweckgerichteten, die Menschenwürde bewußt mißachtenden Leidenszuführung bestimmt sein muß[69].

14 **Auslieferung, Ausweisung und Abschiebung** werden ebenfalls vom Begriff Behandlung umfaßt. Sie werden durch Art. 3 MRK, Art. 7 IPBPR grundsätzlich nicht ausgeschlossen[70], da aus diesen weder ein Aufenthalts- oder Asylrecht hergeleitet werden kann[71],

---

[63] Vgl. die Entscheidungen in den vorstehenden Fußnoten; ferner *Esser* 390.

[64] UN-AMR bei *Nowak* EuGRZ **1982** 12.

[65] Vgl. Art. 5 Rdn. 111.

[66] Bejahend etwa *Nowak* 20.

[67] Vgl. *Grabenwarter* § 20 Rdn. 21.

[68] Vgl. EGMR 28.10.1998 Osman/GB (Rep. 1998-VIII); 10.5.2001 Z u.a./GB (ECHR 2001-V); *Grabenwarter* § 20 Rdn. 21; *Meyer-Ladewig* 3.

[69] *Nowak* 6 unter Hinweis auf den im Vorarlberger Gemeindekotter vergessenen Gefangenen.

[70] EKMR EuGRZ **1984** 324; *Frowein/Kühne* ZaöRV **43** (1983) 555, *Morvay* ZaöRV **21** (1961) 323 ff.

[71] Etwa EGMR 30.10.1991 Vilvarajah/GB (NVwZ **1992** 869); 17.12.1996 Ahmed/Ö (ÖJZ **1997** 231); 15.11.1996 Chahal/GB (NVwZ **1997** 1043); vgl. EKMR bei *Bleckmann* EuGRZ **1983** 416; BVerfG NVwZ **1990** 452 (Folter nur asylerheblich, wenn wegen asylrelevanter Merkmale eingesetzt oder verschärft angewendet); *Meyer-Ladewig* 19.

noch ein Verbot der Abschiebung oder Auslieferung[72]. Den Staaten steht es frei, wie sie Einreise, Aufenthalt und Ausweisung von Fremden im Rahmen des Völkerrechts und ihrer vertraglichen Verpflichtungen selbst regeln wollen[73]. Die Konventionen gehen von der grundsätzlichen Zulässigkeit der Ausweisung, Abschiebung oder Auslieferung aus, wie etwa Art. 5 Abs. 1 Buchst. f MRK zeigt. Dies gilt im Verhältnis zu allen Staaten, nicht nur zu den Konventionsstaaten. In der Auslieferung oder Abschiebung als solcher liegt in der Regel auch keine unmenschliche oder entwürdigende Behandlung[74]. Selbst die Abschiebung oder Auslieferung in ein Land, in dem dem Betroffenen Folter droht, wird von Art. 3 MRK, Art. 7 IPBPR nicht ausdrücklich verboten[75]. Da das Folterverbot aber als einer der Grundwerte der demokratischen Gesellschaften[76] absolut gilt, wird aus Sinn und Zweck des Art. 3 MRK in Verbindung mit der aus der Präambel sich ergebenden Zielsetzung der Konvention hergeleitet[77], daß ein Staat auch nicht dadurch **mittelbar zu einem Verstoß gegen das Folterverbot** beitragen darf, daß er Personen in ein Land ausliefert, ausweist oder abschiebt, wenn begründete Tatsachen ergeben, daß ihnen dort konkret durch Träger der staatlichen Herrschaftsgewalt oder durch von diesen geduldete oder mangels Durchsetzungsfähigkeit nicht verhinderte Gruppierungen (territorial dominante Banden, Bürgerkriegsparteien u. a. Gruppen) Folter oder eine unmenschliche Behandlung oder Bestrafung drohen[78]. Die Schutzpflicht aus Art. 3 kann unter besonderen Umständen im Einzelfall einer Auslieferung oder Abschiebung auch entgegenstehen, wenn diese zu einer unmenschlichen Behandlung des Betroffenen führen würde, weil der Betroffene dadurch konkret einer ernsthaften und unabwendbaren Gefahr für Leib und Leben ausgesetzt würde[79]. Daß dort nur allgemein eine solche Gefahr besteht, wurde ohne Nachweis einer konkreten Gefährdung des Auszuliefernden nicht als ausreichend angesehen[80].

Der Staat verstößt gegen seine **Schutzpflicht aus der Konvention** und damit auch selbst gegen Art. 3 MRK, wenn er durch Auslieferung oder Abschiebung zu einer Kon- **14a**

[72] Etwa EGMR 7.7.1989 Soering/GB (NJW **1990** 2183); 6.2.2001 Bensaid/GB (NVwZ **2002** 453); EKMR EuGRZ **1984** 324; BVerwGE **67** 184; 195; BVerfG JZ **2004** 141 (Auslieferung nach Indien) mit krit. Anm. *Vogel*; *Frowein/Kühner* ZaöRV **43** (1983) 537, 555; *Kimminich* EuGRZ **1986** 317; *Trechsel* EuGRZ **1987** 70 ff; *Vogler* ZStW **89** (1977) 765.

[73] § 53 Abs. 4 AuslG verbietet ausdrücklich die Abschiebung, soweit sich ihre Unzulässigkeit aus der MRK ergibt.

[74] EGMR 11.7.2002 Aronica/D (EuGRZ **2002** 514); *Guradze* 13.

[75] Vgl. aber nachf. Rdn.

[76] EGMR 18.4.2002 Aronica/D (EuGRZ **2002** 514).

[77] Vgl. oben Rdn. 6; ferner EGMR 7.7.1989 Soering/GB (NJW **1990** 2183); 20.3.1991 Cruz Varas/Schwed (EuGRZ **1991** 203); 30.10.1991 Vilvarayah u.a./GB (NVwZ **1992** 864). 15.11.1996 Chahall/GB (NVwZ **1997** 1093); EGMR 6.2.2003 Mamatkulow, Abdurasulovic/Türk (EuGRZ **2003** 704), EKMR bei *Bleckmann* EuGRZ **1983** 416; vgl. andererseits EKMR bei *Trechsel* EuGRZ **1987** 72 (Kirkwood); ferner *Nowak* 24.

[78] EGMR 15.11.1996 Chahal/GB (NVwZ **1997** 1093); 17.12.1996 Ahmed/Ö (NVwZ **1997** 1078 mit Anm. *Alleweldt* NVwZ **1997** 1078); 18.4.2002 Aronica/D (EuGRZ **2002** 514); vgl. auch EGMR 28.11.1996 Nsona/NdL (ÖJZ **1997** 712: Abschiebung nicht unmenschlich oder erniedrigend); *Frowein/Kühner* ZaöRV **43** (1983) 537, 555 ff; zur innerstaatlichen Rechtsprechung etwa *Geburtig* ZaöRV **59** (1999) 295 ff; *Meyer-Ladewig* 23 ff; zur Einbeziehung sonstiger Gefährdungen ferner die nachfolgende Rdn. und Rdn. 33.

[79] Zur Ausdehnung der Schutzpflicht auf solche Fälle vgl. EGMR 2.5.1997 D/GB (NVwZ **1998** 16); 16.2.2000 S.C.C/Schwed (ÖJZ **2000** 911: Aids); 7.3.2000 TI/GB (NVwZ **2001** 301: Lebensgefahr); 6.2.2001 Bensaid/GB (NJW **2002** 453 verneinend für Abschiebung eines Geisteskranken); *Meyer-Ladewig* 22; ferner zur strittigen engeren Auffassung des BVerwG (nur staatliche und quasistaatliche Stellen, BVerfGE **99** 331; **104** 254); *Buß* DÖV **1998** 323; *Frowein* DÖV **1998** 809: *Grabenwarter* § 20 Rdn. 22; *Meyer-Ladewig* 23 ff; vgl. aber auch *Hailbronner* DÖV **1999** 619 (Gefahr einer Generalklausel für allgemeinen Flüchtlingsschutz).

[80] EGMR 30.10.1991 Vilvarayah u.a./GB (NVwZ **1992** 864); 29.4.1997 HLR/F (NVwZ **1998** 163); vgl. auch BVerfG JZ **2004** 141 mit abl. Anm. *Vogel*; *Grabenwarter* § 20, 25; *Meyer-Ladewig* 21.

ventionsverletzung beiträgt[81]. Art. 3 der UN-Antifolterkonvention verbietet dies ausdrücklich[82]. Ob ein solches Verbot bereits dem allgemeinen Völkerrecht entnommen werden könnte, ist dagegen fraglich[83]. Von der **Verpflichtung**, **niemanden wissentlich** in ein Land **auszuliefern oder abzuschieben**, in dem ihm ein nach den konkreten Umständen **ernstzunehmendes Risiko der Folter** oder einer unmenschlichen oder erniedrigenden Behandlung oder Bestrafung droht, wird ein Staat nicht dadurch entbunden, daß ein bestehender **Auslieferungsvertrag** solche Fälle nicht von der Auslieferung ausnimmt. Wegen des Vorrangs des Folterverbos als zwingendes Völkerrecht ist ein Staat auch dann weder zur Auslieferung verpflichtet noch könnte ein solcher Vertrag sie rechtfertigen[84]. Die Auslieferung hat zu unterbleiben, wenn im konkreten Fall wesentliche Gründe dafür vorgebracht werden oder bekannt sind, daß dem Betreffenden im ersuchenden Staat die ernstzunehmende „echte“ Gefahr („real risk“) der Folter oder einer unmenschlichen Behandlung droht[85]. Diese Gefahr muß nicht notwendig von staatlichen Stellen ausgehen[86]. Es kann genügen, wenn eine solche gegen Art. 3 MRK verstoßende Behandlung durch **private Gruppen** mit hinreichender Wahrscheinlichkeit und nicht nur hypothetisch zu befürchten ist, weil diese faktisch ungehindert von den Staatsorganen Gewalt gegen ihnen mißliebige Personen ausüben können[87] oder weil die Behörden des Empfangsstaats nicht in der Lage sind, den Betroffenen vor der ihm drohenden Gefahr einer Folterung durch eine dortige Personengruppe (Drogenmafia; Widerstandsgruppen) zu schützen[88]. Für den Nachweis einer solchen konkreten Gefährdung des Betroffenen durch eine nichtstaatliche Gruppierung werden höhere Anforderungen gestellt als bei der Gefahr einer gegen Art. 3 MRK verstoßenden Behandlung durch staatliche Organe[89]. Eine konkrete Gefahr entfällt nicht schon deshalb, weil der **Grundsatz der Spezialität** die Befugnis zur Aburteilung auf die Tat beschränkt, wegen der die Auslie-

---

[81] EKMR EuGRZ **1986** 324; bei *Bleckmann* EuGRZ **1983** 416; OVG Münster DÖV **1956** 143; BVerwGE **67** 194; vgl. auch EKMR EuGRZ **1976** 424 (Brückmann), dazu *Rogge* EuGRZ **1976** 451; schweiz. BGer. EuGRZ **1983** 253; *v. Bubnoff* 69; *Frowein/Peukert* 18 ff; *Gornig* EuGRZ **1986** 524; *Hofmann* S. 31; *Kimminich* EuGRZ **1986** 318; *Meyer-Goßner*[47] 4; *Marx* ZRP **1986** 83; *Morvay* ZaöRV **21** (1961) 33; *Nowak* 21 (indirekte Verletzung des Folterverbots); *Vogler* ZStW **89** (1977) 765; vgl. auch *Guradze* 12 ff; *Partsch* 109. Zur Problematik aber *Vogler* GedS Karlheinz Meyer 477 ff.

[82] Das Auslieferungsverbot des Art. 3 Abs. 1 der UN-Antifolterkonvention gilt nur bei drohender Folter, nicht bei anderen unmenschlichen oder erniedrigenden Behandlungen, vgl. Art. 16 UN-Antifolterkonvention.

[83] Vgl. dazu *Vogler* GedS Karlheinz Meyer 477 ff (keine Auslieferung, weil dadurch im Einzelfall völkerrechtliches ius cogens verletzt würde); ferner *Hofmann* FS Zeidler 1897; *Frowein/Kühner* ZaöRV **43** (1983) 537, 551 ff (zu dem über Art. 33 Abs. 1 der Genfer Flüchlingskonvention hinaus geltenden Prinzips des „non refoulement“ als Auslieferungsschranke); *Gornig* EuGRZ **1986** 521; *Hailbronner/Randelzhofer* EuGRZ **1986** 643.

[84] EGMR 7. 7. 1989 Soering/GB (NJW **1990** 2138; vgl. unten Rdn. 14b); 3. 7. 2001 Nivette/F (lebenslange Haft ohne Aussicht auf vorzeitige Entlassung); *Frowein/Kühner* ZaöRV **43** (1983) 537, 557 ff, *Meyer-Ladewig* 20; *Vogler* FS Wiarda 663, 669, jeweils unter Hinweis auf Art. 53, 64 WVK; vgl. auch *Graßhof/Backhaus* EuGRZ **1996** 445.

[85] EGMR 20. 3. 1991 Cruz Varas/Schweden (EuGRZ **1991** 203); 30. 10. 1991 Vilvarajah/GB (NVwZ **1992** 869), 15. 11. 1996 Chahal/GB (NVwZ **1997** 1043; dazu *Alleweldt* NVwZ **1997** 1078); 11. 7. 2000 Jabari/Türk (ÖJZ **2002** 37), *Frowein/Peukert* 18; *Villiger* HdB 297, 298. Der UN-AMR hat sich in Nr. 9 seiner Allgemeinen Bemerkung 20(44) vom 10. 3. 1992 ebenfalls gegen die Abschiebung oder Auslieferung in ein Land ausgesprochen, in dem die Gefahr von Folter droht (Vgl. *Doswald-Beck/Kolb* S. 339, 340).

[86] Vgl. Rdn. 10, 12.

[87] EGMR 17. 12. 1996 Ahmed/Ö (NVwZ **1997** 1100); 6. 2. 2001 Bensaid/GB (NVwZ **2002** 453).

[88] Etwa EGMR 29. 4. 1997 HLR/F (NVwZ **1998** 163; im konkreten Fall Gefahr verneinend); 7. 3. 2000 TI/GB (NVwZ **2001** 303); *Grabenwarter* § 20, Rdn. 22; *Meyer-Ladewig* 22.

[89] EGMR 6. 2. 2001 Bensaid/GB (NVwZ **2002** 453); *Meyer-Ladewig* 22; ferner 24 zur engeren Auffassung des BVerwG (NVwZ **2000** 1266), das fordert, daß den Staat mindestens mittelbar durch bewußte Duldung solcher Gruppen oder Versagung eines ihm möglichen Schutzes gegen sie eine eigene Verantwortung trifft.

rung begehrt wird[90]. Sie kann für den Einzelfall aber zu verneinen sein, wenn der ersuchende Staat eine korrekte und konventionsgemäße Behandlung nach der Auslieferung zusichert[91] und eventuell auch deren Kontrolle ermöglicht. Daß dem Auszuliefernden im ersuchenden Staat ein Strafverfahren, Untersuchungshaft oder Strafhaft erwarten, ist keine solche Gefahr, sofern die Haftbedingungen nicht selbst gegen Art. 3 verstoßen[92]. Die indirekte Rückführung eines Asylbewerbers über einen Durchreisestaat, der als Mitgliedstaat der Menschenrechtskonvention ebenfalls zur Beachtung der Verbote des Art. 3 MRK verpflichtet ist, entbindet den ihn dorthin abschiebende Staat nicht von der eigenen Verpflichtung, sich selbst zu vergewissern, daß der Abgeschobene auch dort seinen Anspruch auf Schutz vor Folter geltend machen kann[93].

Es müssen **begründete Anhaltspunkte im konkreten Fall** dafür bestehen, daß einer abzuschiebenden oder auszuliefernden Person in dem anderen Staat Folter oder eine unmenschliche Behandlung droht. Das Vorkommen vereinzelter Verstöße genügt für sich allein dafür ebensowenig[94] wie der bloße Umstand, daß eine solche Behandlung theoretisch möglich erscheint. Die konkrete Gefahr eines Verstoßes gegen Art. 3 MRK, Art. 7 IPBPR kann unter Umständen durch den Grundsatz der Spezialität oder durch eine **Vereinbarung mit dem Empfängerstaat** ausgeschlossen werden, sofern zu erwarten ist, daß sich dessen Organe daran halten[95]. In der Bundesrepublik steht einer Auslieferung bei der ernsthaften Gefahr der Folter oder sonst einer gravierenden unmenschlichen Behandlung oder Strafe auch § 73 IRG entgegen[96]; desgleichen wird aus der Schutzpflicht des Staates nach Art. 1 Abs. 1 GG ein solches Verbot hergeleitet[97], sofern die Gefahr nicht durch eine verläßliche Zusicherung des Empfängerstaates abgewendet werden kann. Daß jemand medizinische, soziale oder sonstige Unterstützungen durch den Aufnahmestaat verliert, weil er zur Beendigung seines illegalen Aufenthalts gezwungen wird, in sein soziale Absicherungen entbehrendes Heimatland zurückzukehren, ist keine unmenschliche Behandlung im Sinne des Art. 3 MRK[98]. Nur in besonderen **Ausnahmefällen** können **zwingende humanitäre Gründe** dem Vollzug der Ausweisung entgegenstehen[99], etwa, wenn der abrupte Abbruch einer medizinischen Behandlung zu einer schwerwiegenden konkreten und unmittelbaren Lebensgefahr führen würde, der im Herkunftsland nicht abgeholfen werden kann. Unerheblich ist dann insoweit, ob sich der Betroffene strafbar gemacht hat[100]. In solchen besonders gelagerten Ausnahmefällen **14b**

---

90 *Vogler* FS Wiarda 663, 669: Der Grundsatz schützt das Recht des ausliefernden Staates; der Ausgelieferte hat nur Reflexrechte.

91 EGMR 16.10.2001 Einhorn/F (ÖJZ **2002** 34: Auslieferung in USA: Zusicherung, keine Todesstrafe). Vgl zur innerdeutschen Rechtslage BVerfG EuGRZ **1995** 172; *Meyer-Ladewig* 25.

92 EKMR EuGRZ **1983** 416; *Villiger* HdB 301.

93 EGMR 7.3.2000 TI/GB (NVwZ **2001** 301: Abschiebung eines in Deutschland bereits abgelehnten Asylbewerbers auf Grund des Dubliner Abkommens von Großbritannien nach Deutschland).

94 Vgl. BVerfGE **15** 255; *v. Bubnoff* 69; *Zöbeley* NJW **1983** 1705.

95 Vgl. EGMR 7.7.1989 Soering/GB (NJW **1990** 2183), wo dies nicht gesichert erschien; ferner etwa *Frowein/Kühner* ZaöRV **43** (1983) 563; *Trechsel* EuGRZ **1987** 74 (auch zur Praxis der Schweiz, Auslieferung an Bedingungen zu knüpfen).

96 IRG-Kom/*Vogler* § 73, 12 mit weit. Nachw.; *Frowein/ Kühner* ZaöRV **43** (1983) 561 ff (verfassungskonforme Auslegung).

97 BVerwGE **67** 194; vgl. auch E **3** 235; ferner BVerfG EuGRZ **1990** 114 (vor Abschiebung muß sichergestellt sein, daß der Ausgewiesene weder gefoltert noch einer unmenschlichen Behandlung unterworfen wird) *Frowein/ Kühner* ZaöRV **43** (1983) 563.

98 EGMR 6.2.2001 Bensaid/GB (NVwZ **2002** 453); *Villiger* HdB 297 ff.

99 Vgl. *Meyer-Ladewig* 25 zum Abschiebungsschutz bei Gefährdung von Leib, Leben und Freiheit nach § 53 Abs. 6 AuslG, der unabhängig davon ist, von wem die Gefahr ausgeht und der bei extremer Gefahrenlage durch einen Bürgerkrieg ebenso greift wie bei der zu befürchtenden Verschlimmerung einer schweren Krankheit.

100 EGMR 17.12.1996 Ahmed/Ö (NVwZ **1997** 1100); 2.5.1997 D/GB (NVwZ **1998** 161); *Meyer-Ladewig* 26.

kann im Vollzug der Ausweisung eine mit den Art. 2 und 3 MRK unvereinbare lebensbedrohende unmenschliche Behandlung liegen[101].

15 Eine **menschenunwürdige Lage**, die eine Folge der allgemeinen Lebensbedingungen und der sozioökonomischen Verhältnisse des Aufnahmestaates ist, fällt nicht unter den Begriff der Behandlung[102].

16 **b)** Die **Bestrafung** ist ein Sonderfall der Behandlung; sie umfaßt jede von staatlichen Organen als Sanktion für ein Fehlverhalten angeordnete Zufügung von Leiden, Beschränkungen oder Nachteilen. Darunter fallen nicht nur die echten Kriminalstrafen und alle Rechtsfolgen mit strafrechtlichem Sanktionscharakter einschließlich der Maßnahmen der Besserung und Sicherung und der sonstigen Nebenfolgen[103], sondern auch Disziplinarmaßnahmen, Schulstrafen, Maßnahmen zur Durchsetzung der Anstaltsordnung in Erziehungsheimen und psychiatrischen Krankenhäusern sowie andere Sanktionen, wobei deren Qualifizierung im nationalen Recht nicht entscheidend ist. Die Grenze zur Behandlung ist fließend, vor allem bei Maßnahmen, die auch Präventivcharakter haben; wegen der Gleichstellung beider ist dies aber ohne größere praktische Auswirkung.

III. Die Verbote im einzelnen

17 **1. Allgemeines zur Abgrenzung.** Folter und unmenschliche oder erniedrigende oder grausame (nur Art. 7 IPBPR) Strafe oder Behandlung werden in den Konventionen **nebeneinander** genannt. Die Übergänge zwischen den einzelnen Formen der gegen die Menschenwürde verstoßenden Behandlung und Bestrafung sind dabei graduell[104] und fließend. Folter ist immer auch eine vorsätzlich begangene, grausame, unmenschliche und erniedrigende Behandlung; eine unmenschliche Behandlung ist in aller Regel auch erniedrigend[105]. Eine erniedrigende Behandlung kann aber auch vorliegen, wenn die Zufügung schwerer körperlicher oder seelischer Qualen nicht beabsichtigt ist oder wenn dem Opfer keine körperlichen Schmerzen zugefügt werden[106]. Anders als bei der UN-Antifolterkonvention, deren wichtigste Verpflichtungen nur für die Folter im engeren Sinn gelten[107], ist für den Konventionsverstoß nach Art. 3 MRK, Art. 7 IPBPR eine nähere Einordnung nur insoweit von Bedeutung, als die Schwere des Vorwurfs entsprechend der Abstufung von der Folter bis zur erniedrigenden Behandlung und Bestrafung abnimmt[108]. Aber auch die erniedrigende Behandlung im Sinne des Art. 3 MRK, Art. 7 IPBPR setzt immer einen gewissen Grad von **Intensität und Schwere der Beeinträchtigung** voraus[109], die auch darin liegen kann, daß jemand erniedrigende Maßnahme längere Zeit erdulden muß. Ist bei der stets erforderlichen **Gesamtwürdigung aller Umstände des Einzelfalls** das bei allen Eingriffen im Sinne des Art. 3 vorausgesetzte Mindestmaß an Schwere nicht erreicht, ist der Eingriff an Art. 8 MRK, Art. 17 IPBPR zu messen, die auch die persönliche Integrität schützen[110]. Bei Personen, denen die Freiheit entzogen

---

[101] Da beides nicht auseinandergehalten werden kann, prüft der EGMR beides gemeinsam; vgl. EGMR 16. 2. 2000 S. C. C./Schwed (ÖJZ **2000** 911: Ausweisung nach Somalia trotz Aids zulässig); *Villiger* HdB 264,297, 298 mit weit. Beispielen, ferner auch Art. 2 Rdn. 12.

[102] *Nowak* 3; *Schorn* 10 (unwürdige Unterkunft).

[103] Vgl. *Meyer-Ladewig* 17.

[104] Zu den fließenden Übergängen *Jerouschek/Kölbel* JZ **2003** 613.

[105] EKMR (Griechenland) bei *Frowein/Peukert* 2.

[106] Vgl. BGHSt **46** 292,303; *Esser* 382.

[107] Vgl. Rdn. 4, 18, 19.

[108] *Nowak* 5.

[109] *Esser* 382.

[110] Vgl. EGMR Raninen/Finl. (Rep. 1997 VIII); *Esser* 376.

ist, greift ferner das über Art. 7 IPBPR hinausreichende allgemeine Gebot der menschlichen und die Menschenwürde achtenden Behandlung in Art. 10 Abs. 1 IPBPR ein.

2. Folter

a) Begriff. Folter ist der schwerste Vorwurf. Der EGMR versteht darunter eine „vorbedachte unmenschliche Behandlung, die sehr ernste und grausame Leiden hervorrufen" soll[111]. Er ist der engere Begriff, der beabsichtigte schwere physische oder psychische Mißhandlungen einer Person[112] umfaßt, durch die diese in einen länger währenden Zustand körperlicher oder seelischer Schmerzen und Angst versetzt werden soll. Das dafür erforderliche Mindestmaß an Schwere beurteilt der EGMR relativ nach Art und Dauer der Mißhandlungen und manchmal auch nach Gesundheitszustand, Alter und Geschlecht des Opfers, wobei er darauf hingewiesen hat, daß auf Grund der veränderten gesellschaftlichen Verhältnisse und des zunehmend höheren Menschenrechtsstandards früher nur als unmenschlich oder erniedrigend eingestufte Behandlungen heute als Folter angesehen werden können[113]. Maßgebend dafür, ob eine absichtliche physische oder psychische Mißhandlung den Grad der Folter erreicht, ist immer nur die **Gesamtwürdigung aller Umstände**. Unter deren Berücksichtigung wurde auch eine Vergewaltigung in der Haft durch staatliche Polizei oder Sicherheitskräfte vom EGMR als Folter eingestuft[114]. **Psychotechniken**, die die äußere körperliche Integrität unberührt lassen, aber zu schweren seelischen Leiden und geistigen Störungen führen, wie Sinnberaubungs- und Desorientierungsmethoden, können bei entsprechender Schwere und Dauer der Beeinträchtigung ebenfalls als Folter anzusehen sein[115]. Es muß sich aber, ebenso wie nach Art. 1 Abs. 1 der Antifolterkonvention, stets um eine **vorbedachte** und **gewollte** und nicht nur um eine grob fahrlässige[116] Zufügung schwerster körperlicher oder seelischer Qualen handeln[117]. Die Täter werden damit meist einen **bestimmten Zweck** verbinden, wie die Erzwingung eines Geständnisses oder die Erlangung einer Information[118]. Auch andere Zwecke, wie etwa die Zufügung schwerster Leiden zum Zwecke der Einschüchterung anderer oder zur Diskriminierung einer Person als Angehöriger einer bestimmten Gruppe fällt hierunter[119], desgleichen Quälereien, die als Bestrafung vorgenommen werden. Praktisch dürfte wohl jede zweckbezogene Quälerei als Folter erfaßt **18**

---

111 EGMR 18.1.1978 Irland/GB (EuGRZ **1979** 153); vgl. *Bleckmann* EuGRZ **1976** 189; bei *Strasser* EuGRZ **1990** 86. Spätere Entscheidungen greifen auf die Begriffsbestimmung der UN-Antifolterkonvention zurück, so EGMR 28.7.1999 Selmouni/F. (NJW **2001** 56); BGHSt **46** 292, 303; *Esser* 377.

112 EGMR 18.12.1996 Aksoy/Türk (Rep. 1996-IV); vgl. BGHSt **46** 292, 303; *Frowein/Peukert* 5 unter Hinweis auf EKMR; *Meyer-Ladewig* 6 sowie Rdn. 12.

113 EGMR 28.7.1999 Selmouni/F. (NJW **2001** 56); 27.6.2000 Salman/Türk (NJW **2001** 2001) *Esser* 380; *Grabenwarter* § 20 Rdn. 18; *Meyer-Ladewig* 7.

114 EGMR Aydin/Türk. (Rep. 1997 VI); *Esser* 379 ff.

115 *Frowein/Peukert* 5; die EKMR stützt diese Auslegung auch auf Art. 17 Abs. 4 der Dritten Genfer Rotkreuz-Konvention, die bei Kriegsgefangenen „physical or mental torture" verbietet. Auch EGMR 7.7.1989 Soering/GB (NJW **1990** 2183) bewertet psychische Belastungen unter dem Blickwinkel des Art. 3 MRK. *Grabenwarter* § 20 Rdn. 18. Vgl. auch BGHSt **46** 292, 303; ferner BVerwGE **67** 192 und zum Begriff der Quälerei LR-*Hanack* § 136a StPO Rdn. 31. Eine Mindermeinung beschränkt den Folterbegriff auf die Zufügung körperlicher Qualen, so *Guradze* 2.

116 EGMR 18.1.1978 Irland/GB (EuGRZ **1979** 149); 28.7.1999 Selmouni/F (NJW **2001** 56); *Nowak* EuGRZ **1985** 112.

117 Vgl. Art. 1 Abs. 2 der Resolution 3452 (XXX) der Generalversammlung der Vereinten Nationen: „verschärfte Form absichtlicher grausamer, unmenschlicher oder erniedrigender Behandlung oder Strafe".

118 So *Guradze* 3; *Meyer-Goßner*[47] 1; vgl. *Jerousek/Kölbel* JZ **2003** 613, wonach sich der Folterzweck zur präventiven Informationsgewinnung verschoben hat; dazu auch *Hilgendorf* JZ **2004** 331.

119 BGHSt **46** 292, 303; *Nowak* 6; so ausdrücklich jetzt Art. 1 Abs. 1 UN-Antifolterkonvention, vgl. *Nowak* EuGRZ **1985** 112.

werden[120]. Die strittige Frage, ob eine sadistische Behandlung ohne jeden sonstigen Zweck oder aus persönlicher Rachsucht als Folter oder als grausame und unmenschliche Behandlung einzustufen ist[121], hat bei beiden Konventionen kaum praktische Bedeutung. Bei dem vom Schutzzweck bestimmten weiten, ohnehin schon fast alle Motive umfassenden jetzigen Folterbegriff spricht einiges dafür, bei MRK und IPBPR in Abkehr vom engeren, rechtshistorischen Folterbegriff nur noch auf Dauer und Schwere der absichtlich zugefügten Qualen abzustellen und nicht zusätzlich noch auf das Motiv des Folterers oder des die Folter anordnenden oder zulassenden Staatsorgans[122].

19 **b) Art. 1 Abs. 1 der UN-Antifolterkonvention** versteht unter Folter „jede Handlung, durch die einer Person vorsätzlich starke körperliche und geistig-seelische Schmerzen oder Leiden zugefügt werden, zum Beispiel in der Absicht, von ihr oder einem Dritten eine Aussage oder ein Geständnis zu erlangen, um sie für eine tatsächlich oder mutmaßlich von ihr oder einem Dritten begangene Tat zu bestrafen oder um sie oder einen Dritten einzuschüchtern oder zu nötigen oder aus einem anderen, auf irgendeine Art von Diskriminierung beruhenden Grund, wenn diese Schmerzen oder Leiden von einem Angehörigen des öffentlichen Dienstes oder einer anderen in amtlicher Eigenschaft handelnden Person, auf deren Veranlassung oder mit deren ausdrücklichem oder stillschweigendem Einverständnis verursacht werden". Sadistische Quälereien, mit denen kein anderer Zweck verfolgt wird, werden also vom Wortlaut nicht erfaßt[123]. Diese engere Definition der Folter ist an sich weder für die Auslegung von Art. 7 IPBPR noch für die von Art. 3 MRK verbindlich. Man wird sie aber trotzdem auch über die Vertragsparteien der UN-Antifolterkonvention hinaus insoweit für die Auslegung des Folterbegriffs dieser beiden Menschenrechtskonventionen heranziehen können[124], als auch ihr (engerer) Folterbegriff erfüllt ist. Dies gilt vor allem, soweit sie die seelisch-geistigen Qualen miteinbezieht und soweit sie im Gegensatz zur grausamen, unmenschlichen oder erniedrigenden Behandlung neben der Schwere der Qualen darauf abstellt, daß diese Handlungen bei der Folter **vorsätzlich** begangen sein müssen, während bei den von Art. 16 Abs. 1 der UN-Antifolterkonvention erfaßten anderen Formen einer menschenunwürdigen Behandlung ein hierauf gerichteter Vorsatz nicht erforderlich ist[125].

20 Die **Einschränkung des Folterbegriffs** durch Art. 1 Abs. 2 Satz 2 UN-Antifolterkonvention zu übernehmen, erscheint dagegen problematisch. Danach fallen unter den Begriff Folter nicht „Schmerzen und Leiden, die sich ausschließlich aus gesetzlich zulässigen Sanktionen ergeben, diesen anhaften oder als deren Nebenwirkungen auftreten". Durch diese Einschränkung, die sich jetzt auch im Römischen Statut des Internationalen Strafgerichtshofs findet[126], wird nicht nur klargestellt, daß die mit jedem Strafvollzug verbundenen, in den einzelnen Staaten entsprechend ihrer Rechtstradition nach Art und Intensität unterschiedlichen Beeinträchtigungen des körperlichen und seelischen Wohl-

---

[120] Nach der Folterdefinition in BVerwGE **67** 192 kommt jeder beliebige Zweck in Betracht (wohl obiter dictum).

[121] Bejahend *Bleckmann* EuGRZ **1976** 191; **1979** 191; auch wohl BVerwGE **67** 193; verneinend *Nowak* 6 m. weit. Nachw.; *Nowak* EuGRZ **1985** 112 unter Hinweis auf die Zweckbezogenheit des Folterbegriffs in Art. 1 UN-Antifolterkonvention und in Art. 1 der Resolution 3452 (XXX).

[122] So Art. 7 Abs. 2 Buchst. e des Römischen Statuts des Internationalen Strafgerichtshofs, vgl. dazu BGHSt **46** 292, 304; *Ambos* NJW **2001** 405.

[123] Zur strittigen Frage bei den Konventionen vgl. oben Rdn. 18.

[124] *Hailbronner/Randelzhofer* EuGRZ **1986** 642; *Hofman* S. 30; *Nowak* 6.

[125] *Nowak* 6.

[126] Begriffsbestimmung der Folter bei den Verbrechen gegen die Menschlichkeit in Art. 7 Abs. 2 Buchst. e des Römischen Statuts des Internationalen Strafgerichtshofs (BGBl. II 2002 1393).

befindens und ihre Nebenwirkungen keine Folter im Sinne dieser Konventionen sind, wenn sie sich in den üblichen Grenzen halten[127]. Es werden aber auch die in anderen Rechtskreisen, etwa im islamischen Recht, vorgesehenen schweren Leibesstrafen, selbst die verstümmelnden, aus dem Folterbegriff herausgenommen[128]. Diese als Rückschritt[129] empfundene Einschränkung kann im Verhältnis zwischen den Signatarstaaten der UN-Antifolterkonvention als Voraussetzung für die dort festgelegten Rechte und Pflichten eine Rolle spielen, denn der Vorwurf der Folter oder eines Verstoßes gegen die sonstigen an die Folter anknüpfenden Verpflichtungen aus der UN-Antifolterkonvention kann kaum mit Erfolg erhoben werden, wenn ein Staat entsprechend seiner Rechtsordnung solche Strafen verhängt. Gleiches gilt auch, wenn ein anderer Staat deswegen keine der in dieser Konvention vorgesehenen Maßnahmen ergreift oder wenn er eine Person trotz der Gefahr einer solchen Bestrafung dorthin abschiebt oder ausliefert. Ob diese Einschränkung darüber hinaus auch auf die internationale Auslegung des Art. 7 IPBPR insoweit zurückwirkt, daß solche Strafen allgemein aus dessen Folterbegriff herausfallen, scheint fraglich, bleibt aber abzuwarten. Für die Auslegung von Art. 3 MRK, der diese Einschränkung nicht enthält, spielt die Frage kaum eine Rolle, da Strafen, die nach Art und Schwere des Eingriffs zumindest als unmenschliche Behandlung anzusehen wären, wohl in keinem der Signatarstaaten der MRK gesetzlich vorgesehen sind[130]. Solche Strafen unterfallen uneingeschränkt dem Verbot des Art. 3 MRK, das jedenfalls die weitergehende Verbürgung im Sinne des Art. 1 Abs. 2 UN-Antifolterkonvention ist[131].

3. Grausame, unmenschliche Behandlung oder Bestrafung

a) Unterschiedlicher Wortlaut von Art. 3 MRK und Art. 7 IPBPR. Beide verbieten jede unmenschliche Behandlung und Bestrafung, Art. 7 IPBPR außerdem auch noch die **„grausame" Behandlung und Bestrafung**. Wenn Art. 3 MRK darauf verzichtet hat, diese besonders zu erwähnen, so liegt darin keine Einschränkung, denn sie fällt, sofern sie nicht ohnehin als Folter zu betrachten ist, unter das Verbot der unmenschlichen Behandlung oder Bestrafung. Gleiches gilt im Regelfall für die nur von Art. 7 IPBPR ausdrücklich angesprochene Heranziehung zu medizinischen oder wissenschaftlichen Versuchen[132]. 21

b) Eine unmenschliche Behandlung liegt vor, wenn dem Betroffenen in einer seine Menschenwürde mißachtenden Art und Weise[133] schwere und nach den Umständen mit den allgemeinen Geboten der Menschlichkeit schlechthin unvereinbare körperliche oder seelische Qualen oder Leiden zugefügt werden[134]. Maßgebend für diese Beurteilung sind 22

---

[127] Art. 1 Abs. 1 Satz 2 der Resolution 3452 (XX) der Generalversammlung der Vereinten Nationen verdeutlicht dies besser, wenn nur solche Beeinträchtigungen durch den Strafvollzug ausgenommen werden, die das mit den Mindestbestimmungen über die Behandlung von Strafgefangenen zu vereinbarende Maß nicht überschreiten.

[128] Dazu *Nowak* 15; *Nowak* EuGRZ **1985** 112.

[129] *Marx* ZRP **1986** 84.

[130] Die gesetzlich zugelassene Prügelstrafe auf der Insel Man wurde von der Kommission (EuGRZ **1977** 486) und vom EGMR 25.4.1978 Tyrer/GB (EuGRZ **1979** 164; vgl. auch **1977** 486) nicht als Folter sondern als erniedrigende Behandlung qualifiziert, NJW **1978** 475; verneint wurde diese für Schläge mit einem Turnschuh als Schulstrafe EGMR 25.3.1993 Costello-Roberts/GB (ÖJZ **1993** 767); vgl. *Frowein/Peukert* 8.

[131] *Hailbronner/Randelzhofer* EuGRZ **1986** 642.

[132] Art. 8 Abs. 2 Buchst. a, ii; Buchst. b x; Buchst. e, xi des Römischen Statuts sieht darin bei Vorliegen der jeweiligen sonstigen Voraussetzungen Kriegsverbrechen; auch § 8 Abs. 1 Nr. 8 VStGB führt dies als Kriegsverbrechen besonders an, so auch schon Art. 32, 146, 147 des IV. Genfer Abkommens zum Schutze von Zivilpersonen in Kriegszeiten vom 12.8.1949 (BGBl. II 1954 S. 917; ber. II 1956 S. 1586).

[133] Vgl. OLG Celle NdsRpfl. **1964** 225.

[134] Vgl. etwa EGMR 7.7.1989 Soering/GB (NJW **1990** 2183: Leiden von außergewöhnlicher Intensität und Dauer); EKMR bei *Strasser* EuGRZ **1990** 86; BGHSt **46** 292, 306.

die gesamten Umstände des Einzelfalls, wie Art, Dauer und Schwere der zugefügten Leiden sowie Verhalten und Motive des Täters, vor allem auch seine – allerdings nicht zwingend erforderliche – Absicht, das Opfer zu demütigen und zu erniedrigen[135]. Selbst in der Verhängung der Todesstrafe nach einem die Gebote der Fairneß (Art. 6 Abs. 1 MRK) verletzenden Verfahren hat der EGMR eine unmenschliche Behandlung gesehen[136]. Bei der Gesamtwürdigung ist neben den Verhältnissen und Anschauungen des jeweiligen Landes[137] aber auch der allgemeine Standard zu berücksichtigen, zu dem sich die internationale Staatengemeinschaft bekennt. Bei Art. 3 MRK wird darüber hinaus auf den durch die gemeinsamen Anschauungen der europäischen Staaten begründeten **Standard an Wertvorstellungen** zurückgegriffen, der aus ihrem gemeinsamen Erbe an geistigen Gütern und politischen Überlieferungen erwachsen ist[138]. Da die Konvention nicht rein statisch sondern als lebendes Übereinkommen verstanden wird, kann sie sich entsprechend den gemeinsamen Anschauungen und dem gestiegenen Menschenrechtsstandard fortentwickeln[139]. Auch **örtliche Notwendigkeiten** im Sinne des Art. 56 Abs. 3 MRK können daher heute in Europa eine nach allgemeiner Auffassung erniedrigende Behandlung oder Bestrafung nicht mehr rechtfertigen[140], noch weniger die Einstellung der Bevölkerung zu einer bestimmten Behandlung oder Bestrafung[141].

23 **Die Grenze zur Folter**, die immer auch eine unmenschliche und erniedrigende Behandlung bedeutet[142], ist bei vorsätzlicher Zufügung von Leiden fließend[143]. Zur Abgrenzung wurde vor allem auf die Dauer und die Intensität der Leidenszufügung und die Verursachung bleibender schwerer gesundheitlicher Schäden abgestellt[144]. Die EKMR hat als unmenschlich eine Behandlung bezeichnet, die absichtlich schwere geistige oder körperliche Leiden verursacht und die in der besonderen Situation nicht zu rechtfertigen ist[145]. Sie hat später unter Hinweis auf Art. 15 MRK und auf den jeweiligen Art. 3 aller Genfer Rotkreuzkonventionen[146] klargestellt, daß der Hinweis auf die besondere Situation nicht bedeutet, daß eine unmenschliche Behandlung durch besondere Ausnahmefälle gerechtfertigt werden könne[147]. Die Lage des jeweiligen Einzelfalls spielt jedoch insoweit eine Rolle, als das **Mindestmaß an Schwere** des Eingriffs, das notwendig ist, um eine Behandlung als unmenschlich zu bewerten, von den jeweiligen Umständen, vor allem von Art und Dauer der Einwirkung und mitunter auch von Alter,

---

[135] Etwa EGMR 16.12.1997 Raninen/Finl (Rep. 1997 VIII); 26.10.2000 Kudla/Pol (NJW **2001** 2694 dazu *Meyer-Ladewig* NJW **2001** 2679; *Grabenwarter* § 20 Rdn. 19.

[136] EGMR 12.3.2003 Öcalan/Türk (EuGRZ **2003** 472) fordert in solchen Fällen den „höchsten Stand an Fairneß", dazu *Breuer* EuGRZ **2003** 44; *Kühne* JZ **2003** 670.

[137] Vgl. etwa EGMR 10.2.1983 Albert, Le Compte/Belg (EuGRZ **1983** 190). Bei den Unterschieden in den einzelnen Staaten können die landesüblichen Verhältnisse bei der Beurteilung der Schwere eines Eingriffs aber nicht völlig außer Betracht bleiben.

[138] Vgl. EGMR 7.7.1989 Soering/GB (NJW **1990** 2184).

[139] EGMR 18.1.1978 Irland/GB (EuGRZ **1979** 149); EGMR 7.7.1989 Soering/GB (NJW **1990** 2184); *Frowein/Peukert* 1. und hinsichtlich der Abgrenzung zur Folter, die sich wegen des höheren Menschenrechtsstandards verschieben kann EGMR 28.7.1999 Selmouni/F (NJW **2001** 56); *Meyer-Ladewig* 7. Vgl. Rdn. 18 und zur sich weiterentwickelnden Auslegung der MRK Einf. Rdn. 36.

[140] Vgl. EGMR 25.4.1978 Tyrer/GB (EuGRZ **1979** 162: Prügelstrafe); vgl. aber andererseits 25.3.1993 Costello-Roberts/GB (ÖJZ **1993** 767); 7.7.1989 Soering/GB (NJW **1990** 2184); *Esser* 375.

[141] EGMR 25.2.1982 Campell & Cosans/GB (EuGRZ **1982** 153); *Esser* 383; ferner vorst. Fußn.

[142] EKMR (Griechenlandfall) bei *Frowein/Peukert* 2 mit Nachw.; vgl. Rdn. 28.

[143] *Meyer-Ladewig* 6 (Abgrenzung graduell).

[144] Vgl. die bei *Frowein/Peukert* 4, 5; *Nowak* 10 geschilderten Verhörspraktiken, die von EGMR 18.1.1978 Irland/GB (EuGRZ **1979** 149) als unmenschliche Behandlungen, nicht aber als Folter eingestuft wurden.

[145] EKMR NJW **1978** 475; *Frowein/Peukert* 2.

[146] Vgl. oben Rdn. 18.

[147] EKMR (Irland/GB); *Frowein/Peukert* 2.

Geschlecht und Gesundheitszustand des Betroffenen abhängen kann[148]. Als unmenschliche Behandlung wurde beispielsweise angesehen die Fesselung mit in den Händen einschneidenden Draht während die Füße lange Zeit im kalten Wasser standen[149] oder die sogen. fünf Techniken britischer Verhörsorgane (Zwang, mit übergezogener Kapuze unter Lärmeinwirkung lange Zeit in angespannter Körperhaltung an der Wand zu stehen, systematisches Vorenthalten von Schlaf, Essen, Trinken) in ihrer Gesamtheit[150]; nicht aber der Zwang zu körperlichen Übungen oder die Unterbringung in einem Hochsicherheitstrakt, wenn diese die Informationsmöglichkeiten und Kontakte mit anderen Menschen nicht ausschließt[151]. Als unmenschliche Behandlung wurde wegen der Begleitumstände die Zerstörung eines Wohnhauses und seines Mobiliars durch Sicherungskräfte gewertet[152] oder die jahrelange Vernachlässigung und körperliche und geistige Mißhandlung von Kindern[153], ferner auch, daß der Aufschub der Vollstreckung der Todesstrafe dem Verurteilten erst 45 Minuten vor dem angesetzten Hinrichtungstermin mitgeteilt wurde[154].

Die **normalen Haftbedingungen** und die zur Aufrechterhaltung der Ordnung notwendigen Disziplinarmaßnahmen einschließlich der Anwendung unmittelbaren Zwangs sind nicht konventionswidrig, wenn sie wegen des Verhaltens des Inhaftierten unvermeidlich sind[155], wohl aber Schlagen und Mißhandlungen[156], Vergewaltigung während der Haft[157], Vorenthaltung von Essen und Trinken oder der medizinischen Versorgung[158] oder eine grundlose körperliche Durchsuchung mit herabsetzenden Bemerkungen[159]. Je nach den besonderen Umständen, so auch, wenn damit eine diskriminierende Sonderbehandlung verbunden ist, können besonders harte Haftbedingungen, wie der Zwang, unter Drohungen tagelang bewegungslos auf einer Matratze zu sitzen, ständig verdunkelte oder unter Wasser stehende ungeheizte Zellen, zum Teil ohne Licht und mit Fesseln[160] eine unmenschliche und erniedrigende Behandlung sein. Auch eine längere Haft in einer zu kleinen oder überfüllten Zelle kann gegen Art. 3 verstoßen[161]. Es kommt insoweit auf eine Gesamtwürdigung an. Die unmenschliche Behandlung im Sinne des Art. 3 MRK, Art. 7 IPBPR setzt an sich einen **schweren Verstoß** voraus, der nicht durchwegs schon dann gegeben ist, wenn strenge Haftbedingungen herrschen[162], der Gefangene aus gewichtigen Gründen wie Sicherung der Ermittlungen, Sicherheit der Anstalt oder der Disziplin, aber auch der Fürsorge von anderen Mitgefangenen isoliert in Einzelhaft gehalten wird[163]. Die entschiedenen Beispiele zeigen, daß die Bewertungen 24

[148] EGMR 18.1.1978 Irland/GB (EuGRZ **1979** 149); EKMR bei *Strasser* EuGRZ **1990** 86; EKMR Hurtado/CH EuGRZ **1994** 271; *Esser* 376; *Frowein/Peukert* 3.

[149] *Meyer-Ladewig* 8.

[150] EGMR 18.1.1978 Irland/GB (EuGRZ **1979** 149); vgl. *Esser* 385; *Frowein/Peukert* 17; *Grabenwarter* § 20 Rdn. 19.

[151] EKRM EuGRZ **1978** 314 (Terroristen in Stammheim); *Meyer-Ladewig* 9.

[152] EGMR 16.11.2000 Bilgin/Türk; 30.1.2001 Dulas/Türk, vgl. *Meyer-Ladewig* 8.

[153] EGMR 10.5.2001 Z u.a./GB (Rep. 2001-V); *Meyer-Ladewig* 8.

[154] UN-AMR nach *Nowak* EuGRZ **1989** 435.

[155] Vgl. *Esser* 389; *Meyer-Ladewig* 9, 10; sowie Rdn. 29.

[156] Vgl. EGMR 27.8.1992 Tomasi/F (EuGRZ **1994** 101); 4.12.1995 Ribitsch/Ö (EuGRZ **1996** 504), dazu *Rudolf* EuGRZ **1996** 497; *Esser* 388 ff.

[157] EGMR Aydin/Türk (Rep. 1997-VI): *Esser* 379.

[158] *Frowein/Peukert* 4.

[159] EGMR 15.11.2001 Ivanczuk/Pol; *Meyer-Ladewig* 12.

[160] *Nowak* 10, 11 mit Nachw.

[161] Vgl. EKMR Bonajila/CH (EuGRZ **1994** 275); OLG Frankfurt NStZ **1985** 572 (überbelegte Zelle); *Meyer-Ladewig* 12 unter Hinweis auf den kumulativen Effekt ungünstiger Umstände.

[162] Vgl. EKMR bei *Bleckmann* EuGRZ **1981** 92.

[163] EKMR Mahler/D (EuGRZ **1974** 107); Bader, Meins, Meinhof, Grundmann/D (EuGRZ **1975** 455); Jansen/D (EuGRZ **1976** 22); Ensslin, Bader, Raspe (EuGRZ **1978** 314); 9.10.1986 Hauschildt/Dän (EuGRZ **1987** 355 bei Strasser/Weber); E/Norw. (EuGRZ **1990** 86 bei Strasser); *Frowein/Peukert* 10 ff, *Villiger* HdB. 281.

schwanken, daß es aber stets auf die **Gesamtumstände des Einzelfalls,** auf Dauer und Umfang der Isolierung und auch die persönliche Lage des Gefangenen und der ihm verbleibenden Kontakte mit anderen Personen ankommt. Für die Verletzung des Art. 3 MRK, Art. 7 IPBPR wird aber immer eine gewisse **Dauer und Erheblichkeit der Einwirkungen** gefordert, die deutlich über die Beeinträchtigungen und Leiden hinausgeht, die mit dem Vollzug einer Strafe oder einer Unterbringung notwendigerweise verbunden sind[164]. Nur bei körperlicher Mißhandlung in der Haft neigt der Gerichtshof in jüngerer Zeit dazu, bereits in jeder unberechtigten Gewaltanwendung gegen Gefangene unabhängig vom Grad ihrer Schwere und Häufigkeit[165] einen Verstoß gegen Art. 3 anzunehmen[166].

24a **Menschenunwürdige Haftbedingungen**, die nicht als Druckmittel gegen einzelne Gefangene eingesetzt werden, sondern allgemein bestehen, werden oft nicht als Verstoß gegen Art. 3 MRK (Art. 7 IPBPR) gewürdigt, da sie den für die Einzeleinwirkung erforderlichen Schweregrad meist nicht erreichen[167]. Es kann dann ein Verstoß gegen Art. 10 Abs. 1 IPBPR vorliegen[168]. Art. 3 ist nicht schon dann immer verletzt, wenn gegen das Gebot des Art. 10 Abs. 1 IPBPR verstoßen wird, daß ein Gefangener menschlich und mit Achtung der dem Menschen innewohnenden Würde zu behandeln ist[169].

25 c) Die **zwangsweise Heranziehung zu wissenschaftlichen, vor allem medizinischen Versuchen** wird in Art. 7 Satz 2 IPBPR als Beispiel einer unmenschlichen Behandlung besonders erwähnt[170]. Daraus wird gefolgert, daß das Verbot nur eingreift, wenn der im Versuch liegende Eingriff in die persönliche Integrität das Ausmaß einer erniedrigenden oder unmenschlichen Behandlung erreicht[171]. Solche Versuche sind auch nach Art. 3 MRK als unmenschliche Behandlung verboten, wenn sie die dafür erforderliche Erheblichkeit der Beeinträchtigung erreichen[172].

26 Nur mit der **freiwilligen Zustimmung** des Betroffenen dürfen Experimente, die einen solchen Eingriff bedeuten, durchgeführt werden. Die Einwilligung ist nur wirksam, wenn sie alle relevanten Umstände des Versuchs einschließlich der damit verbundenen Folgen und Risiken umfaßt; sie setzt also eine entsprechende Aufklärung voraus. Sie muß freiwillig, d. h. ohne jeden Zwang und ohne unzulässigen Druck von außen erklärt worden sein. Die Einwilligung kann wegen der höchstpersönlichen Natur des Rechts auf persönliche Integrität nur vom Betroffenen selbst, nicht aber von seinem gesetzlichen Vertreter erteilt werden[173]. Der Betroffene kann die Einwilligung auch jederzeit zurücknehmen[174]. Ob Experimente, die nach Art und Ausmaß der zugefügten Leiden als Folter einzustufen sind, durch die Einwilligung gedeckt werden können, mag zweifelhaft sein[175].

27 Das Verbot betrifft nicht **Maßnahmen zur Heilbehandlung**, wenn diese zur Behandlung einer Krankheit des Betroffenen ärztlich geboten sind und nach den Regeln der

---

164 EGMR 26.10.2000 Kudla/Polen (NJW **2001** 2694); *Meyer-Ladewig* 11.

165 So aber noch EGMR 27.8.1992 Tomasi/F (EuGRZ **1994** 101), vgl. auch EGMR 18.1.1978 Irland/GB (EuGRZ **1979** 153); *Frowein/Peukert* 17.

166 *Esser* 391 ff unter Hinweis auf EGMR 4.12.1995 Ribitsch/Ö (EuGRZ **1996** 504).

167 Vgl. EGMR 6.11.1980 Guzzardi/I (NJW **1984** 544); Assenow/Bulg (Reports 1998-VIII); *Esser* 394 ff.

168 Vgl. *Nowak* Art. 10 IPBPR Rdn. 14; ferner Art. 10 IPBPR Rdn. 9, 10 (Nach Art. 5 MRK).

169 Zu der auf die Intensität und die Bezogenheit auf die Einzelperson abstellende Abgrenzung der Verletzungen des Art. 7 IPBPR von denen der Art. 10 Abs. 1 IPBPR vgl. *Nowak* Art. 10, 9 ff.

170 Zur Entstehung *Nowak* 24 ff.

171 *Nowak* 31, 32.

172 *Partsch* 107.

173 Vgl. *Nowak* 30 (fraglich).

174 *Nowak* 30; vgl. Art. 1 MRK Rdn. 24.

175 Vgl. *Nowak* 30 (Wortlaut und travaux preparatoires lassen eher Verstoß verneinen).

ärztlichen Kunst ausgeführt werden[176]. Auch Maßnahmen, die im Interesse der Gesundheit anderer Personen erzwungen werden, wie etwa die Impfung gegen ansteckende Krankheiten oder die zwangsweise ärztliche Behandlung einer ansteckenden Krankheit, sind keine verbotenen Versuche im Sinne des Art. 7 Satz 2 IPBPR[177]. Die sachlich nicht gebotene zwangsweise Verabreichung einer Injektion zur Ruhigstellung eines Festgenommenen kann andererseits gegen Art. 3 MRK verstoßen[178]. Bei medizinisch für notwendig gehaltenen Zwangsmaßnahmen gegen eine geistig abnormale Person in einer Anstalt (Unterbringung im Sicherheitsbett, Fesselung, Zwangsernährung) hat der EGMR einen Verstoß gegen Art. 3 MRK verneint[179]. Eine medizinisch nicht gebotene zwangsweise Überstellung in die psychiatrische Behandlung kann als unmenschliche oder erniedrigende Behandlung einzustufen sein[180].

4. Erniedrigende Behandlung oder Bestrafung

a) Eine **erniedrigende Behandlung**, die in der Folter und der menschenunwürdigen Behandlung mit enthalten ist, liegt vor, wenn der Betroffene vor sich selbst[181] oder vor anderen in einer seine Menschenwürde beeinträchtigenden, ihn als Person gröblich mißachtenden Weise erheblich herabgesetzt oder gedemütigt wird[182], so, wenn er gezwungen wird, gegen seinen eigenen Willen oder sein Gewissen zu handeln[183] oder wenn er bewußt in eine nach den ganzen Umständen mit seinem sozialen Achtungsanspruch nicht zu vereinbarende menschenunwürdige Lage gebracht wird, um in ihm Gefühle der Angst oder der Unterlegenheit zu erwecken und um seinen körperlichen oder moralischen Widerstand zu brechen[184]. Notwendig ist auch hier die **Erheblichkeit der Beeinträchtigung**[185], nicht aber, daß sie wie bei der Folter mit der Zufügung intensiver körperlicher Schmerzen oder seelischer Leiden verbunden ist[186]. Zur Abgrenzung von den leichteren Formen der Verletzung des persönlichen Achtungsanspruchs, wie der Mißachtung des auch dem Inhaftierten zustehenden Rechts auf Achtung seiner Integrität und Menschenwürde (Art. 8 MRK, Art. 10 Abs. 1 IPBPR) oder einer bloßen Ehrverletzung (vgl. Art. 17 IPBPR), wird eine auch **objektiv erhebliche Negierung der Menschenwürde** des Betroffenen gefordert[187]. Ob eine solche, die Menschenwürde in Frage stellende erniedrigende Behandlung von Gewicht vorliegt, hängt von der Lage des Einzelfalls ab und ist in weit stärkerem Umfang als bei der unmenschlichen Behandlung situationsbedingt. Dies richtet sich nach der Zielrichtung der jeweiligen Maßnahme[188], aber auch nach dem sozialen Umfeld, den jeweiligen örtlichen Verhältnissen und Anschauun- 28

176 Schweiz BGer EuGRZ **1993** 396; **2001** 634); *Nowak* 28, 29.

177 *Nowak* 29.

178 Östr. VfGH EuGRZ **1984** 503.

179 EGMR 24.9.92 Herczegfalvy/Ö (EuGRZ **1992** 535); *Frowein/Peukert* 10; *Villiger* HdB 290.

180 Vgl. Nr. 16.1 des Kopenhagener Abschlußdokuments über die menschliche Dimension der KSZE EuGRZ **1990** 289.

181 EGMR 27.9.1999 Smith & Grady/GB (NJW **2000** 2089); *Meyer-Ladewig* 9.

182 Östr. VfGH EuGRZ **1984** 503; **1988** 366; *Folz* FS Verosta 208; *Grabenwarter* § 20 Rdn. 20; *Meyer-Ladewig* 8; *Nowak* 12.

183 EKMR bei *Strasser* EuGRZ **1990** 86; *Meyer-Goßner*[47] 2.

184 Vgl. *Meyer-Ladewig* 8.

185 EKMR und EGMR 18.1.1978 Irland/GB (EuGRZ **1979** 149): Behandlung in Internierungslagern); EGMR 20.3.1991 Cruz Varas u.a./Schweden (EuGRZ **1991** 203); EKMR bei *Strasser* EuGRZ **1990** 87 (E/Norw); *Esser* 381 ff; *Frowein/Peukert* 7 mit weit. Nachw.

186 *Grabenwarter* § 20 Rdn. 20.

187 EKMR und EGMR fordern auch für die erniedrigende Behandlung im Sinne des Art. 3 MRK einen schwerwiegenden Verstoß, so EGMR 18.1.1978 Irland/GB (EuGRZ **1979** 149); vgl. *Frowein/Peukert* 7 mit Nachw.

188 Vgl. etwa BonnerKom/*Zippelius* Art. 1 GG, 62; BVerfGE **30** 194.

gen[189]. Auch die diskriminierende Behandlung einer ganzen Bevölkerungsgruppe kann eine erniedrigende Behandlung sein[190]. Es hängt aber neben Art und Anlaß der jeweiligen Behandlung und den sonstigen Umständen des Einzelfalls immer auch davon ab, wie die Behandlung nach der konkreten Situation zu bewerten ist, nicht zuletzt auch, ob mit ihr ein legitimer Zweck verfolgt wird oder ob sie – was ausreicht – schon objektiv außer jedem Verhältnis zu dem mit ihr verfolgten Zweck steht oder ob sie ohne einen solchen als bloßes Mittel der **Demütigung** oder **Lächerlichmachung** bewußt gewollt ist[191]. So wurde eine erniedrigende Behandlung darin gesehen, daß einem Festgenommenen mehrere Tage verwehrt wurde, seine durch den eigenen Kot verschmutzte Bekleidung zu wechseln und sich zu waschen[192] oder daß ein Inhaftierter gezwungen wurde, sich in Gegenwart einer weiblichen Aufsichtsperson für eine Leibesvisitation auszuziehen[193]. Der österreichische Verfassungsgerichtshof hat in der zwangsweisen Verabreichung einer Beruhigungsspritze nach der Festnahme durch die Polizei eine erniedrigende Behandlung gesehen[194], desgleichen in grundlosen Schlägen mit Gummiknüppel und Faust gegen einen unbeteiligten Journalisten[195]. Sofern **Sachgründe** dies rechtfertigen, ist die zwangsweise Veränderung der Haar- und Barttracht eines Untersuchungsgefangenen zum Zwecke der Gegenüberstellung mit einem Augenzeugen keine erniedrigende Behandlung[196], desgleichen nicht die Extraktion einiger Haare zum Nachweis des Drogenkonsums[197] oder das Anlegen von Handschellen bei einer Festnahme oder einem Gefangenentransport[198] oder in einem psychiatrischen Krankenhaus[199]. Das Verbinden der Augen während des Transports zur Haftanstalt verstößt als Sicherheitsmaßnahme nicht notwendig gegen Art. 3 MRK[200]. Maßgebend ist jedoch immer eine Gesamtwürdigung aller Umstände des Einzelfalls, so liegt ein solcher Verstoß vor, wenn diese Maßnahme nur dazu dienen soll, einen starken psychologischen oder physischen Druck gegen den Betroffenen zu verstärken, etwa in Verbindung mit sonstigen Mißhandlungen. In der Einweisung in ein psychiatrisches Krankenhaus zur Feststellung der strafrechtlichen Verantwortlichkeit[201] oder zum Schutze des Eingewiesenen oder wichtiger Interessen der Allgemeinheit wurde keine erniedrigende Behandlung gesehen.

29 b) Beim **Vollzug von Freiheitsstrafen** oder sonstigen **freiheitsentziehenden Maßnahmen sowie beim Vollzug der Untersuchungshaft** stellt sich immer wieder die Frage, ob in be-

---

189 Das Abstellen auf die überkommene örtliche Übung und auf die Einstellung der Bevölkerung kann aber problematisch sein, vgl. *Esser* 383 (zu bestimmten Formen der Bestrafung).

190 EGMR 20. 5. 2001 Zypern/Griech (ECHR 2001.IV); *Meyer-Ladewig* 8.

191 *Grabenwarter* § 20 Rdn. 20; *Meyer-Ladewig* 8; vgl. Bonner Kom/*Zippelius* Art. 1 GG, 93.

192 EKMR Hurtado (EuGRZ **1994** 271).

193 EGMR 24. 7. 2001 Valasinas/Lit (ECHR 2002-VIII): *Meyer-Ladewig* NJW **2004** 981, 982; *Meyer-Ladewig* 12.

194 Östr. VfGH EuGRZ **1984** 503; weitere Fälle *Nowak* 33.

195 Östr. VfGH EuGRZ **1988** 366; ob hier allerdings schon die von Art. 3 MRK geforderte Erheblichkeitsschwelle überschritten wurde, erscheint fraglich; zur besonderen Verfassungslage in Österreich, wo die MRK auch bei der Verwaltungskontrolle einschließlich der Verhältnismäßigkeit des Verwaltungshandelns herangezogen wird vgl. *Fuchs* ZStW **100** (1988) 459 mit weiteren Beispielen; ferner *Folz* FS Verosta 208. Vgl. auch BVerwGE **26** 161 (grundloses Schlagen eines Unbeteiligten verletzt Menschenwürde).

196 BVerfGE **47** 247; schweiz. Bundesgericht EuGRZ **1986** 695 (Identifizierung nach Bankraub); LR-*Krause* § 81a StPO, 47; vgl. auch BVerwGE **43** 355; **46** 1; MDR **1995** 231 Haartracht bei Bundeswehr); ferner Art. 8 MRK Rdn. 23.

197 Schweizer BGer, EuGRZ **1996** 470.

198 EGMR 16. 12. 1997 Raninen/Finnl. (Rep. 1997-VIII); 12. 3. 2002 Öcalan/Türk (EuGRZ **2003** 472); *Esser* 398; wohl aber eine länger dauernde Fesselung mit Draht *Meyer-Ladewig* 8.

199 EGMR 24. 9. 1992 Herczegfalvi/Ö (EuGRZ **1992** 535, therapeutisch veranlaßte Fesselung eines Geisteskranken); *Frowein/Peukert* 4.

200 EGMR 12. 3. 2003 Öcalan/Türk (EuGRZ **2003** 472).

201 *Guradze* 10; *Schorn* 31. Zur Wahrung des Grundsatzes der Verhältnismäßigkeit LR-*Krause* § 81 StPO, 14 ff.

stimmten Modalitäten des Vollzugs eine unzulässige erniedrigende Behandlung liegt. Auch hier ist davon auszugehen, daß die Beschränkungen und Demütigungen, die mit der Natur einer jeweils erforderlichen Maßnahme unvermeidlich verbunden sind, nicht gegen die Konvention verstoßen[202]. Art. 3 kann auch nicht dahin verstanden werden, daß aus ihm grundsätzlich die Verpflichtung folgt, einen **erkrankten Gefangenen** aus der Untersuchungshaft zu entlassen oder in einem zivilen Krankenhaus unterzubringen. Der Staat ist jedoch verpflichtet, die Gesundheit des Gefangenen unter Berücksichtigung der praktischen Erfordernisse der Haft sicherzustellen, u.a. durch eine erforderliche medizinische Behandlung, die aber angenommen werden muß[203]. Unterbleibt diese oder wird sie nur völlig unzureichend gewährt, kann dies gegen Art. 3 MRK verstoßen[204]; ebenso wie Haftbedingungen, die zu einer dauerhaften wesentlichen Beeinträchtigung der Gesundheit führen[205]. Eine unmenschliche Behandlung wurde darin gesehen, daß psychisch kranke Personen, die selbstmordgefährdet sind, nicht genügend überwacht und psychologisch betreut wurden[206]. Unzumutbare Haftbedingungen werden meist als erniedrigende Behandlung gewertet, so etwa die Unterbringung einer auf den Rollstuhl angewiesenen Gefangenen in einer schlecht geheizten Zelle, in der sie nur mit Hilfe des männlichen Gefängnispersonals ins Bett oder auf die Toilette gehen konnte[207]. Eine erniedrigende Behandlung liegt aber nicht schon vor, wenn die landesüblichen Haftbedingungen im Vergleich zu den in Westeuropa üblichen als primitiv oder hart erscheinen[208]. Wichtige Anhaltspunkte dafür, welche Maßnahmen beim Vollzug einer Freiheitsentziehung nach allgemeiner westeuropäischer Auffassung zulässig sind, geben die von den Organen des Europarats aufgestellten Grundsätze, so etwa die europäischen Strafvollzugsgrundsätze[209], die auch die Untersuchungshaft und andere Freiheitsentziehungen mitumfassen und die Berichte des auf Grund der Europäischen Antifolterkonvention eingesetzten Ausschusses[210]. Unzumutbare Haftbedingungen können das Ausmaß einer erniedrigenden oder unmenschlichen Behandlung erreichen[211]. Der Umstand allein, daß eine Freiheitsstrafe auch noch gegen hochbetagte Straftäter vollstreckt wird, verstößt nicht gegen Art. 3[212]. Bei ärztlich unbedenklichen **Disziplinarmaßnahmen gegen Gefangene**, wie hartes Lager oder Reduzierung des Essens, wurde von der EKMR ein Verstoß gegen Art. 3 MRK verneint[213], desgleichen bei Gewaltanwendung zur Wiederherstellung der Ordnung im Gefängnis[214] oder bei einer aus wichtigen sachlichen Grün-

---

202 EGMR 25.4.1978 Tyrer/GB (EuGRZ **1979** 162); 26.10.2000 Kudla/Polen (NJW **2001** 2694).

203 EGMR 26.10.2000 Kudla/Polen (NJW **2001** 2694); EKMR 8.7.1993 Hurtado/CH (EuGRZ **1994** 271); *Villiger* HdB 291.

204 EGMR 18.4.2002 Aronica/D (EuGRZ **2002** 514); *Meyer-Ladewig* 14; vgl auch vorst. Fußn.

205 EGMR 15.7.2002 Kalashnikov/Russl; *Grabenwarter* § 20 Rdn. 27.

206 EGMR 3.4.2001 Keenan/GB (ECHR 2001-III); *Grabenwarter* § 20 Rdn. 27; *Meyer-Ladewig* 14.

207 EGMR 10.7.2001 Price/GB; *Grabenwarter* § 20 Rdn. 20.

208 Vgl. *v. Bubnoff* 69.

209 Empfehlung Nr. R (87) 3 des Ministerkomitees des Europarats vom 12.2.1987, durch die die früheren Empfehlungen vom 19.1.1973 (Entschließung 73/3) ersetzt wurden; diese Empfehlungen wenden sich an die Regierungen und begründen keine subjektiven Rechte und Pflichten des einzelnen, sie sind jedoch als Ausdruck einer gemeinsamen Rechtsüberzeugung bei der Auslegung mit heranziehbar, vgl. schweiz. BGer. EuGRZ **1981** 531.

210 Berichte des Europäischen Ausschusses zur Verhütung der Folter (CPT) über die bei seinen Besuchen getroffenen Feststellungen; diese zieht auch der EGMR heran, vgl. etwa EGMR 6.3.2001 Dougoz/Griech (ECHR 2001-II); 19.4.2001 Peers/Griech (ECHR 2001-III); *Grabenwarter* § 20 Rdn. 29; *Meyer-Ladewig* 12.

211 *Meyer-Ladewig* 12; *Meyer-Ladewig* NJW **2004** 981, 982. Vgl. dazu Art. 10 IPBPR (Nach Art. 5 MRK), Rdn. 4, 10.

212 EGMR 5.4.2001 Priebke/I (EuGRZ **2001** 382). 29.5.2001 Sawoniuk/GB (Reports 2001-VI); 7.6. 2001 Papon/F (EuGRZ **2001** 382); *Meyer-Ladewig* 13.

213 Etwa VGH Bremen DÖV **1956** 703; *Frowein/Peukert* 15; *Esser* 395 je mit Nachw.

214 *Frowein/Peukert* 14, 16 mit Nachw.

den angeordneten Absonderung Gefangener von den anderen Gefängnisinsassen oder von Kontakten mit Außenstehenden[215]. Es kommt aber immer auf Umstände, Ausgestaltung, Ausmaß und Dauer der Isolierung an. Konventionswidrig sind der persönlichkeitszerstörende langfristige völlige Ausschluß aller Kontakte[216], ferner die Fälle des sogen. „Verschwindenlassens“[217].

30 c) **Erniedrigende Strafen** werden ebenfalls vom Verbot des Art. 3 MRK, Art. 7 IPBPR erfaßt, das sich sowohl an den Gesetzgeber wie auch an den Richter bei der Strafzumessung richtet[218] und das auch für den Vollzug von Straf- und Untersuchungshaft und Maßregeln der Besserung und Sicherung gilt. Strafen sind dann unmenschlich, wenn sie außer jedem gerechten Verhältnis zur Schwere der Tat und der Schuld des Täters stehen[219]. Sie sind dann erniedrigend, wenn die unnötig verursachten Leiden oder Erniedrigungen über die mit jeder rechtmäßigen Bestrafung verbundenen Leiden und Demütigungen deutlich hinausgehen und einen durch die Erfordernisse des Strafvollzugs nicht zu rechtfertigenden (zusätzlichen) Leidensdruck von einer gewissen Schwere erzeugen[220]. Sie fallen aber nicht schon deshalb unter das Verbot, weil sie auf Grund einer öffentlichen Verhandlung ausgesprochen wurden oder weil sie, was in der Natur der Sache liegt, eine Mißbilligung des Betroffenen öffentlich ausdrücken[221], eine demütigende Wirkung haben und ihm als Sühne oder zur Prävention Leiden und Nachteile auferlegen[222]. Vorausgesetzt wird allerdings, daß sie sich nach Art und Maß in einem Rahmen halten, der in Anbetracht der jeweiligen Verfehlung nicht völlig unangemessen ist.

31 Mit dem allgemein akzeptierten Standard der Mitgliedstaaten nicht mehr zu vereinbarende **Straftatbestände und Strafarten** können gegen dieses Gebot verstoßen. Bei der Beurteilung, welches Verhalten strafwürdig ist und bei der Ausgestaltung der Straftatbestände im einzelnen wird man allerdings dem nationalen Gesetzgeber einen weiten Spielraum zubilligen müssen. Die Verurteilung zu einer der Höhe nach **unbestimmten Freiheitsstrafe** wurde auch bei einem elfjährigen Kind nicht als erniedrigend oder unmenschlich angesehen[223]. Dagegen werden Strafarten, die zumindest nach der jetzigen allgemeinen europäischen Rechtsauffassung[224] als unmenschlich oder erniedrigend angesehen werden, vom Verbot erfaßt, wie etwa schwere **Leibesstrafen**[225]. Dies gilt auch für die Prügelstrafe, die selbst in einer relativ gemäßigten Form als eine erniedrigende Behandlung angesehen wurde[226].

---

[215] EKMR EuGRZ **1974** 107 (Mahler); **1975** 455 (Bader/Meinhof/Grundmann); **1976** 22 (Jansen), **1978** 314 (Ensslin/Baader/Raspe); bei *Bleckmann* EuGRZ **1981** 92; *Strasser/Weber* EuGRZ **1987** 355; bei *Strasser* EuGRZ **1990** 87 (E/Norw); schweiz. BGer. EuGRZ **1978** 16; *Frowein/Peukert* 10 bis 12 m. weit. Beispielen.

[216] Vgl. EKMR bei *Bleckmann* EuGRZ **1981** 91.

[217] „Incommunicado“; IAGMR EuGRZ **1989** 157; und die Fälle des UN-AMR bei *Nowak* 11; 17; aber auch *Kühne* JZ **2003** 670, 672 zu EGMR 12.3.2003 Öcalan/Türk (EuGRZ **2003** 472). wo ein Verstoß gegen Art. 5 Abs. 3, Art. 6 Abs. 3 Buchst. c darin gesehen wurde, daß der Beschuldigte 7 Tage „Incomunicado“ gehalten wurde.

[218] *Meyer-Goßner*[47] 3; *Woesner* NJW **1961** 1384.

[219] BayVerfGHE **5** 145; *Echterhölter* JZ **1956** 144; *Schorn* 4.

[220] Vgl. *Esser* 382.

[221] EKMR EuGRZ **1988** 380 Veröffentlichung des Urteils ist keine erniedrigende Strafe.

[222] Vgl. etwa EGMR 10.2.1983 Albert & Le Compte (EuGRZ **1983** 190: Streichung in der Ärzteliste); EKMR bei *Bleckmann* EuGRZ **1983** 416 (Rückzahlung des Gehalts).

[223] EGMR 16.12.1999 V/GB (ECHR 1999-IX); *Meyer-Ladewig* 9.

[224] Vgl. die Ausnahme in Art. 1 Abs. 1 der UN-Antifolterkonvention, dazu Rdn. 20.

[225] *Nowak* 14.

[226] Zur Prügelstrafe auf der Insel Man EKMR NJW **1978** 475; EGMR 25.4.1978 Tyrer/GB (NJW **1979** 1089); dazu *Riedel* EuGRZ **1977** 484; zu Stockschlägen in Schule: EKMR bei *Strasser* EuGRZ **1988** 47; EGMR 25.3.1993 Costello-Roberts/GB (ÖJZ **1993** 767: drei Schläge mit Gymnastikschuh, Art. 3 nicht verletzt); 23.9.1998 A/GB (ÖJZ **1999** 616: staatliche Schutzpflicht verletzt, weil Recht

Nicht entscheidend ist, ob die Strafart im jeweiligen Rechtskreis seit je üblich ist. Auch **herkömmliche Strafen** können nach der maßgebenden jetzigen Auffassung erniedrigend sein. Außergewöhnliche Strafen sind nicht schon deshalb konventionswidrig, weil es sich um neuartige und neu eingeführte Sanktionen handelt[227]. **32**

Die **Todesstrafe** als solche verstößt, wie Art. 2 MRK, Art. 6 IPBPR zeigen, zumindest gegenwärtig nicht gegen das Verbot[228], wohl aber unter besonderen Umständen eine extrem lange Zeitspanne, die ein Verurteilter in der Todeszelle unter besonderen Haftbedingungen verbringen muß[229] oder besonders grausame Formen ihrer Vollstreckung, die sogar den Tatbestand der Folter erfüllen können[230]. Nach einer allerdings problematischen Ansicht des EGMR soll auch die (zulässige) Verhängung der Todesstrafe dann eine unmenschliche Behandlung sein, wenn der Verurteilte nicht das wegen der Strafe erforderliche Höchstmaß an einem fairen Verfahren hatte[231], auch wenn die Todesstrafe später auf Grund einer Gesetzesänderung in lebenslanges Zuchthaus umgewandelt worden war. Droht dem Verfolgten **nach der Auslieferung** die Todesstrafe, steht die mit den Zusatzprotokollen zu den Menschenrechtspakten[232] übereinstimmende Wertentscheidung des Grundgesetzes gegen die Todesstrafe (Art. 102 GG) nach § 8 IRG auch einer Auslieferung entgegen, sofern nicht der ersuchende Staat (etwa nach Art. 11 EuAlÜbk) verbindlich zusichert, daß sie nicht vollstreckt wird[233]. **33**

Strafen können aber auch wegen ihrer im Einzelfall **mit dem Gerechtigkeitsgebot unvereinbaren Höhe** als unmenschlich oder grausam eingestuft werden. Die Strafe oder sonstige Maßregel muß dann allerdings nicht nur hart, sondern so schwer und in so einem Ausmaß exzessiv sein, daß sie unter keinem Blickwinkel mehr als gerechte und vernünftige staatliche Reaktion auf das Verhalten des Betroffenen verstanden werden kann, etwa, wenn sie offensichtlich gegen das auch von Verfassungs wegen zu beachtende Übermaßverbot verstößt, weil sie völlig außer Verhältnis zum Unrechtsgehalt der Tat steht[234], oder wenn sie nur dazu dient, am Täter ohne Rücksicht auf persönliche Schuld und das Tatunrecht um einer öffentlichen Zielsetzung (insbes. Abschreckung) willen ein Exempel zu statuieren[235]. Die Grenzen dürfte nach den Konventionen zumindest nicht enger sein als diejenigen, die das Grundgesetz in Art. 1 Abs. 2, Art. 2 Abs. 2 in Verbindung mit dem Übermaßverbot innerstaatlich den Strafen gesetzt hat[236]. Das Verbot gilt für alle Arten von staatlichen Sanktionen, so auch bei Disziplinarmaßnahmen gegen Gefangene[237]. **34**

---

nicht geändert), vgl. *Frowein/Peukert* 8; *Grabenwarter* § 20 Rdn. 20; *Meyer-Ladewig* 17; *Guradze* 11 (insbes. zum Züchtigungsrecht in Schulen); *Nowak* 15, vgl. auch *Esser* 383.

227 *Nowak* 14 unter Hinweis auf die travaux préparatoires.

228 Vgl. EGMR 7.7.1989 Soering/GB (NJW **1990** 2183) = EuGRZ **1989** mit Anm. *Blumenwitz*; dazu *Vogler* GedS Karlheinz Meyer 477; anders *Trechsel* EuGRZ **1987** 83 unter Hinweis auf die Änderung durch das 6. ZP-MRK.

229 EGMR 7.7.1989 Soering/GB (NJW **1990** 2183), wo aber auf den Einzelfall abgestellt wurde; Privy Council EuGRZ **1996** 162; vgl. aber auch EKMR (Kirkwood) bei *Trechsel* EuGRZ **1987** 72; ferner *Vogler* GedS Karlheinz Meyer 47; *Villiger* HdB. 288, 289; ferner *Kühne* Die Entscheidung des EGMR in Sachen Öcalan (reales Risiko der Vollstreckung der Todesstrafe) JZ **2003** 670.

230 *Nowak* 14.

231 EGMR 12.3.2003 Öcalan/Türk (EuGRZ **2003** 472), dazu *Breuer* EuGRZ **2003** 449; *Kühne* JZ **2003** 670.

232 6. ZP und 13. ZP zur MRK; 2. Fakultativprotokoll zum IPBPR, vgl. Einf 10; Art. 2 MRK Rdn. 1a.

233 Vgl. *Meyer-Ladewig* 20, 23; *Vogler* NJW **1994** 1433, *Meyer-Goßner*[47] 4; weitergehend (OLG Düsseldorf StV **1994** 34 allgemeines völkerrechtliches Verbot).

234 OLG Stuttgart NJW **2002** 3188 (Freiheitsstrafe von 1 Monat bei Diebstahl einer Milchschnitte im Wert von 0,26 EUR), vgl. auch *Böse* in der Anm. zu OLG Wien NStZ **2002** 669 (Verurteilung zu 845 Jahren Freiheitsstrafe wegen Vermögensdelikte in Florida verstößt gegen Art. 3 MRK).

235 *Woesner* NJW **1961** 1384.

236 Vgl. Rdn. 30; BVerfGE **6** 389, 439; **45** 187, 228; **50** 125,133; **72** 105, 116; *Meyer-Goßner*[47] 3.

237 VGH Bremen DÖV **1956** 703; *Meyer-Goßner*[47] 3.

Art. 4 MRK (Art. 8 IPBPR)

MRK

Artikel 4 Verbot der Sklaverei und der Zwangsarbeit *

(1) Niemand darf in Sklaverei oder Leibeigenschaft gehalten werden.

(2) Niemand darf gezwungen werden, Zwangs- oder Pflichtarbeit zu verrichten.

(3) Nicht als „Zwangs- oder Pflichtarbeit" im Sinne dieses Artikels gilt:

a) eine Arbeit, die üblicherweise von einer Person verlangt wird, der unter den Voraussetzungen des Artikels 5 die Freiheit entzogen oder die bedingt entlassen worden ist;

b) eine Dienstleistung militärischer Art oder eine Dienstleistung , die an die Stelle des im Rahmen der Wehrpflicht zu leistenden Dienstes tritt in Ländern, wo die Dienstverweigerung aus Gewissensgründen anerkannt ist;

c) eine Dienstleistung, die verlangt wird, wenn Notstände oder Katastrophen das Leben oder das Wohl der Gemeinschaft bedrohen;

d) eine Arbeit oder Dienstleistung, die zu den üblichen Bürgerpflichten gehört.

IPBPR

Artikel 8

(1) Niemand darf in Sklaverei gehalten werden; Sklaverei und Sklavenhandel in allen ihren Formen sind verboten.

(2) Niemand darf in Leibeigenschaft gehalten werden.

(3) a) Niemand darf gezwungen werden, Zwangs- oder Pflichtarbeit zu verrichten;

b) Buchstabe a ist nicht so auszulegen, daß er in Staaten, in denen bestimmte Straftaten mit einem mit Zwangsarbeit verbundenen Freiheitsentzug geahndet werden können, die Leistung von Zwangsarbeit auf Grund einer Verurteilung durch ein zuständiges Gericht ausschließt;

c) als „Zwangs- oder Pflichtarbeit" im Sinne dieses Absatzes gilt nicht

i) jede nicht unter Buchstabe b genannte Arbeit oder Dienstleistung, die normalerweise von einer Person verlangt wird, der auf Grund einer rechtmäßigen Gerichtsentscheidung die Freiheit entzogen oder die aus einem solchen Freiheitsentzug bedingt entlassen worden ist;

ii) jede Dienstleistung militärischer Art sowie in Staaten, in denen die Wehrdienstverweigerung aus Gewissensgründen anerkannt wird, jede für Wehrdienstverweigerer gesetzlich vorgeschriebene nationale Dienstleistung;

iii) jede Dienstleistung im Falle von Notständen oder Katastrophen, die das Leben oder das Wohl der Gemeinschaft bedrohen;

iv) jede Arbeit oder Dienstleistung, die zu den normalen Bürgerpflichten gehört.

* Neue deutschsprachige Übersetzung in der Fassung der Bek. vom 17. 5. 2002 (BGBl. II S.1054).

Schrifttum (Auswahl): *Bleckmann* Bundesverfassungsgericht versus Europäischer Gerichtshof für Menschenrechte EuGRZ **1995** 387; *Fahrenhorst* Bedeutung der „Zwangs- oder Pflichtarbeit" (Art. 4 Abs. 2 und 3 EMRK). Anmerkung zum Fall Van der Mussele, EuGRZ **1984** 485; *Tretter* Entwicklung und gegenwärtige Bedeutung der Internationalen Sklavereiverbote, FS Ermacora (1988) 527.

Übersicht

I. Allgemeines

1. Völkerrechtliche Entwicklung

a) Das Verbot der Sklaverei und der **Leibeigenschaft** findet sich in Art. 4 der **Allgemeine Erklärung der Menschenrechte** vom 10.12.1948 und in den anderen regionalen Menschenrechtspakten. Die Ächtung der Sklaverei hat im internationalen Menschenrechtsschutz eine lange Tradition, die auf die völkerrechtlichen Verträge zur Bekämpfung des Sklavenhandels im neunzehnten Jahrhundert zurückgeht[1]. Detaillierte Regelungen enthält das **Übereinkommen betreffend die Sklaverei vom 25.9.1926**[2], das durch das Protokoll der Vereinten Nationen vom 7.12.1953 geändert wurde. Die Bundesrepublik ist dem Abkommen beigetreten[3], ebenso dem **Zusatzübereinkommen über die Abschaffung der Sklaverei, des Sklavenhandels und der sklavereiähnlichen Einrichtungen vom 7.9.1956**[4]. Dieses Abkommen enthält auch das Verbot der Leibeigenschaft und anderer Ersatzformen der Sklaverei. Dem Schutz vor sklavereiähnlichen Lagen dienen auch das **Internationale Übereinkommen zur Gewährung wirksamen Schutzes gegen den Mädchenhandel vom 18.5.1905** und das **Internationale Übereinkommen vom 4.5.1910** in der durch das **Protokoll vom 4.5.1949** geänderten Fassung[5]; ferner die **Übereinkunft zur Unterdrückung des Frauen- und Kinderhandels vom 30.9.1930** und die **Übereinkunft zur Unterdrückung des Handels mit volljährigen Frauen vom 11.10.1933**, die beide durch das **Protokoll vom 12.11.1947** geändert wurden. Art. 6 des **Übereinkommens zur Beseitigung jeder Form von Diskriminierung der Frau** vom 18.12.1979[6] verpflichtet die Vertragsstaaten ebenfalls, alle geeigneten Maßnahmen zur Abschaffung jeder Form des Frauenhandels und der Ausbeutung der Prostitution der Frauen zu treffen. Auch die derzeit rechtlich noch unverbindliche **Europäische Grundrechte-Charta** bekräftigt in Art. 5 das Verbot der Sklaverei und des besonders erwähnten Menschenhandels sowie der Zwangs- und Pflichtarbeit, wobei für Bedeutung und Tragweite dieser Verbote die Abgrenzungen und Einschränkungen der MRK für maßgebend erklärt werden (Art. 52 Abs. 3 Grundrechte-Charta). 1

b) Das Verbot der Zwangsarbeit und der Pflichtarbeit in Art. 4 Abs. 2 MRK, Art. 8 Abs. 3 IPBPR hat eine über die Verbote der Sklaverei und der Leibeigenschaft hinausgehende eigenständige Bedeutung. Es setzt der Heranziehung der Menschen zur Zwangsarbeit Schranken; zur Abgrenzung werden zulässige Formen unfreiwilliger Arbeit aufgezählt. In Art. 4 der **Allgemeinen Erklärung der Menschenrechte** vom 10.12.1948 wird dieses Verbot nicht erwähnt. Das Verbot und seine Eingrenzungen haben aber Vorbilder im **Übereinkommen Nr. 29 der ILO über Zwangs- und Pflichtarbeit vom 28.6.1930**[7] 2

---

[1] Zur Entwicklung vgl. *Doehring* ZaöRV **36** (1976) 77; *Strebel* ZaöRV **36** (1976) 177; *Tretter* FS Ermacora 527 ff; ferner *Nowak* 9 ff; *Verdross/Simma* § 1261.

[2] RGBl. II 1929 S. 64.

[3] BGBl. II 1972 S. 1069; Neubekanntmachung des Abkommens in der geänderten Fassung BGBl. II 1972 S. 1473; die zahlreichen bisher beigetretenen Staaten und der Zeitpunkt des Wirksamwerdens ihres Beitritts sind im FN B aufgelistet. Das Abkommen galt auch in der DDR (Bek. 23.10.1974, GBl. II 1974 S. 136).

[4] BGBl. II 1958 S. 203; wegen der beigetretenen Staaten vgl. FN B. Auch die DDR ist beigetreten (Bek. vom 29.8.1974, GBl. II 1974 S. 1250).

[5] BGBl. II 1972 S. 1074; die beiden Übereinkommen sind in der geänderten Fassung neu bekanntgemacht worden (BGBl. II 1972 S. 1479; 1482); wegen der anderen Vertragsstaaten vgl. FN B. Die Übereinkommen galten auch für die DDR (vgl. GBl. II 1976 S. 1254; 1255).

[6] BGBl. II 1985 S. 648.

[7] BGBl. II 1956 S. 640; mit Änderung BGBl. II 1963 S. 1135; wegen der 128 anderen Mitgliedstaaten vgl. FN B, ferner zur Vorbildfunktion EGMR 23.11. 1983 van der Mussele/Belg (EuGRZ **1985** 477); *Frowein/Peukert* 4 ff.

und im **ILO Übereinkommen Nr. 105 über die Abschaffung der Zwangsarbeit vom 25.6.1957**[8].

3 c) Als **zwingende Regel (ius cogens) des Allgemeinen Völkerrechts** werden heute wohl nur das Verbot der Sklaverei und des Sklavenhandels angesehen[9], für das Verbot der Leibeigenschaft und der Zwangsarbeit gilt dies nicht[10]. Nur soweit es sich um allgemeine Regeln des Völkerrechts handelt, gelten diese nach Art. 25 GG unabhängig vom Inhalt der Konventionen unmittelbar als Bundesrecht mit Vorrang vor den Gesetzen.

4 **2.** Im **Falle eines Notstands** kann das Verbot der Sklaverei und der Leibeigenschaft (Art. 4 Abs. 1 MRK, Art. 8 Abs. 1, 2 IPBPR) nicht außer Kraft gesetzt werden (Art. 15 Abs. 2 MRK, Art. 4 Abs. 2 IPBPR). Das Verbot der Zwangsarbeit wird dagegen nicht notstandsfest gewährleistet.

5 **3. Das innerstaatliche Verfassungsrecht** geht zum Teil über Art. 4 MRK, Art. 8 IPBPR hinaus. Sklaverei und Leibeigenschaft, einschließlich sklavereiähnlicher Zwangsbindungen sind mit der unantastbaren Menschenwürde (Art. 1 GG), dem Gleichheitssatz des Art. 3 GG und mit den Freiheitsgarantien der Grundrechte, vor allem mit Art. 2 und 12 GG schlechthin unvereinbar. Der Staat darf sie in seiner Rechtsordnung weder vorsehen noch darf er sie unter Verletzung seiner Schutzpflicht dulden. Das Verbot der Zwangsarbeit und seiner Ausnahmen entspricht den Art. 12, 12a GG. Die weitergehenden Garantien des Art. 12 GG, der auch die „negative Berufsfreiheit" mitumfaßt[11] und der darüber hinaus eine positive Gewährleistung der Freiheit der Berufswahl und der Berufsausübung enthält, haben in den beiden Konventionen keine Entsprechung[12]. Ein Ansatz dazu findet sich aber in Art. 6 Abs. 1 des Internationalen Paktes über wirtschaftliche, soziale und kulturelle Rechte vom 19.12.1966[13], der beim Recht auf Arbeit vorsieht, daß der einzelne die Möglichkeit haben muß, seinen Lebensunterhalt durch frei gewählte oder angenommene Arbeit zu verdienen.

II. Adressat der Verpflichtungen

6 Art. 4 MRK und Art. 8 IPBPR wenden sich an den Staat und begründen für diesen nicht nur Unterlassungspflichten, sondern auch **positive Schutzpflichten**[14]. Während aber das Verbot der Zwangs- und Pflichtarbeit primär staatsgerichtet ist, gilt das Verbot der Sklaverei auch unmittelbar im Verhältnis zwischen Privaten, so daß sich zumindest in den Staaten, in denen die allgemeinen Regeln des Völkerrechts und die Konventionen unmittelbar Teil der innerstaatlichen Rechtsordnung sind, jedermann darauf berufen kann.

7 Die **Verpflichtung des Staates** umfaßt seinen gesamten Bereich. Sie gilt für Gesetzgebung, Rechtsprechung und Verwaltung gleichermaßen. Die Gesetzgebung darf keine nach diesen Artikeln unzulässigen Rechtsinstitute vorsehen und sie muß für ausreichende

---

8 BGBl. II 1959 S. 441; wegen der anderen Mitgliedstaaten vgl. FN B zum BGBl.

9 *Nowak* 8; *Partsch* 30; *Strupp/Schlochauer* Wörterbuch des Völkerrechts „Sklavenhandel"; *Tretter* FS Ermacora 527, 570 ff; *Verdross/Simma* § 1261 je mit weit. Nachw.

10 *Partsch* 30; *Strupp/Schlochauer* Wörterbuch des Völkerrechts „Zwangsarbeit".

11 Vgl. BVerfGE **58** 358; zur engen Auslegung des Begriffs Zwangsarbeit in Anlehnung an Art. 4 MRK vgl. *Zöbeley* FS Faller 349.

12 *Frowein/Peukert* 1.

13 BGBl. II 1973 S. 1570. Ähnlich Europäische Sozialcharta vom 18.10.1961 (BGBl. II 1964 S. 1262).

14 *Nowak* 11, 18; *Tretter* FS Ermacora 569.

Möglichkeiten zum Eingreifen, vor allem für einen fühlbaren Strafrechtsschutz sorgen. Die staatlichen Organe müssen gegen verbotene Zustände effektiv einschreiten können und auch tatsächlich einschreiten. Zur positiven Schutzpflicht des Staates gehört wohl auch, daß er bei der als solche kaum mehr vorkommenden Sklaverei und bei sklavereiähnlichen Zuständen neben dem Strafrechtsschutz dem einzelnen ein ausreichendes bürgerlich-rechtliches Instrumentarium zur Verfügung stellt[15], das ihm ermöglicht, sich auch im Verhältnis zwischen den Bürgern unmittelbar dagegen zur Wehr zu setzen und den Schutz der Gerichte anzurufen.

III. Verbot der Sklaverei und der Leibeigenschaft

1. Sklaverei. Nach Art. 4 Abs. 1 MRK, Art. 8 Abs. 1 Satz 1 IPBPR darf niemand in 8
Sklaverei gehalten werden. In Übereinstimmung mit dem Text des Art. 4 der Allgemeinen Erklärung der Menschenrechte fügt Art. 8 Abs. 1 IPBPR noch in einem zweiten Satz hinzu, daß Sklaverei und **Sklavenhandel** in all ihren Formen verboten sind. Eine Erweiterung des Verbots gegenüber Art. 4 MRK liegt in dieser Klarstellung nicht. Auch wenn man ihn im weiten Sinne der Begriffsbestimmung des Art. 1 Nr. 2 des Übereinkommens über die Sklaverei von 1926 versteht, die neben allen Formen des Erwerbs und der Veräußerung auch die Festnahme und die Beförderung von Sklaven umfaßt[16], setzt Sklavenhandel stets voraus, daß jemand verbotswidrig in Sklaverei gebracht oder gehalten wird. Auch der Hinweis auf **Sklaverei in allen Formen** bringt keine Ausdehnung des Verbots über Satz 1 hinaus. Aus der Entstehungsgeschichte des Art. 8 Abs. 1 IPBPR ergibt sich, daß dieser nur die Sklaverei und den Sklavenhandel im eigentlichen („klassischen“) Sinn erfassen sollte und nicht andere sklavereiähnliche Formen[17], wie die Abkommen über den Frauenhandel zeigen. Ob diese Einengung aus heutiger Sicht noch gilt, mag bei den mit Ausbeutung verbundenen Formen eines Gewaltverhältnisses über die Betroffenen, wie etwa bei bestimmten Formen des Frauenhandels oder des Kinderhandels zweifelhaft sein[18].

Eine eigene **Definition der Sklaverei** enthalten beide Konventionen nicht. Unter 9
Rückgriff auf die Definition in Art. 1 Abs. 1 des Sklavereiübereinkommens von 1926 wird darunter die Rechtsstellung oder Lage einer Person verstanden, an der einzelne oder alle mit dem Eigentumsrecht verbundenen Befugnisse ausgeübt werden[19], also ein Zustand, in dem eine Person unter Verletzung ihres Persönlichkeitsrechts und ihres Rechts auf Anerkennung ihrer Rechtsfähigkeit (Art. 16 IPBPR) wie eine Sache behandelt wird[20]. Der Jugoslawien-Strafgerichtshof rechnet die Ausübung der Macht, die sich aus dem Besitzrecht an einer Person ergibt, wie die Kontrolle ihrer Fortbewegungsfreiheit, fluchtverhindernde Maßnahmen, physische und psychische Unterjochung, Anwendung oder Androhung von Zwang und Gewalt, grausame Behandlung und Mißbrauch zur Sklaverei, wobei der Verkauf einer Person als ein Indiz gewertet wurde[21]. Die

[15] Vgl. Art. 4 des Zusatzübereinkommens von 1956, wonach ein Sklave rechtlich frei ist; wenn er sich an Bord eines Schiffes oder auf einem Territorium der Vertragsstaaten befindet.

[16] Bek. der Neufassung auf Grund des Änderungsprotokolls vom 7.12.1953, BGBl. II 1972 S. 1474; ebenso Art. 7 Buchst. b des Zusatzabkommens vom 7.9.1956, BGBl. II 1958 S. 205.

[17] *Nowak* 9, 10; *Guradze* 3; vgl. auch *Tretter* FS Ermacora 527, 562.

[18] *Tretter* FS Ermacora 527, 559.

[19] *Frowein/Peukert* 2; *Grabenwarter* § 20 Rdn. 31; *Guradze* 2; *Nowak* 10; *Partsch* 112. Art. 7 Buchst. a des Zusatzübereinkommens vom 7.9.1956 (Rdn. 1) hat diese Definition ebenfalls übernommen; vgl. auch BGH MDR **1993** 889 (zu § 234 StGB).

[20] *Hofmann* 31; *Tretter* FS Ermacora 527, 562 (Zerstörung der Rechtspersönlichkeit).

[21] Vgl. *Ambos/Wenning* NStZ-RR **2002** 290.

sklavereiähnlichen Formen der Abhängigkeit, wie sie in Art. 1 des Zusatzübereinkommens von 1956 aufgezählt werden, rechnet man dem Begriff der Leibeigenschaft zu.

10 **2. Leibeigenschaft** ist eine zu enge Übersetzung des maßgebenden Begriffs „servitude“, der in Art. 4 Abs. 1 MRK, Art. 8 Abs. 2 IPBPR aber nicht definiert wird[22]. Nach wohl vorherrschender Ansicht umfaßt das Verbot zumindest bei einer am Schutzzweck orientierten Weiterentwicklung des Konventionsrechts[23] auch sklavereiähnliche Verhältnisse, wie sie in der Begriffsbestimmung des Art. 1 des Zusatzübereinkommens von 1956 (Rdn. 1) aufgezählt werden[24]. Dazu gehört nicht nur die Leibeigenschaft im engeren Sinn, die dort als die Rechtsstellung eines Pächters definiert wird, der verpflichtet ist, auf einem Grundstück zu leben und zu arbeiten und bestimmte entgeltliche oder unentgeltliche Dienste zu leisten, ohne seine Rechtsstellung selbständig ändern zu können[25], sondern auch die Schuldknechtschaft („debt“, „bondage“)[26] und die verschiedenen Formen des Frauen- und Kinderhandels sowie Verfügungen über Frauen, die ihre Selbstbestimmung negieren, etwa, daß diese ohne Weigerungsrecht gegen Geld zwangsweise verheiratet oder abgetreten oder daß sie bei Tod ihres Mannes zwangsläufig vererbt werden[27]; ferner der Handel mit Kindern, so auch die entgeltliche Übergabe eines Kindes an einen anderen, damit das Kind oder seine Arbeitskraft ausgenützt[28] oder es sexuell mißbraucht werden kann[29].

11 Über diese Aufzählung hinaus erfaßt das Verbot aber auch andere **ähnliche Praktiken,** durch die ein Mensch in ein ihm aufgezwungenes, für ihn faktisch unlösbares, seine Menschenwürde und seine freie Selbstbestimmung negierendes Abhängigkeitsverhältnis gebracht oder darin gehalten wird, wie dies auch bei schweren Formen der Ausbeutung illegaler Arbeiter oder Drogensüchtiger der Fall sein kann[30]. Die EKMR hat aber in einer mit Zustimmung der Erziehungsberechtigten eingegangenen, unkündbaren Verpflichtung Minderjähriger zu einem langjährigen Dienst in den Streitkräften keine „servitude“ gesehen[31]; desgleichen wurde dies verneint, wenn ein Rückfalltäter der Verfügungsmacht der Regierung („mise ’a la disposition du gouvernement“, eine besondere Form der bedingten Entlassung und der Sicherungsaufsicht[32]) überantwortet wurde[33].

12 **3. Tragweite des Verbots.** Verboten ist jedes **Halten** einer Person in Sklaverei oder einem sklavereiähnlichen Abhängigkeitsverhältnis (Art. 4 Abs. 1 MRK, Art. 8 Abs. 1, 2 IPBPR). Das Verbot wendet sich primär an die Vertragsstaaten, die in ihrer Rechtsordnung keine derartigen Rechtsformen zulassen dürfen und die darüber hinaus positiv zu gewährleisten haben, daß das Verbot eingehalten wird[34]. Dies umfaßt nicht zuletzt die Verpflichtung zum Erlaß ausreichender Strafvorschriften mit fühlbaren, der Schwere der

---

22 *Guradze* 4; *Frowein/Peukert* 2; *Nowak* 12; *Tretter* FS Ermacora 527; 545.

23 Vgl. EGMR 23.11.1983 van der Mussele/Belg (EuGRZ **1985** 477), dazu *Fahrenhorst* EuGRZ **1985** 485. Bei der Auslegung ist die Besonderheit der MRK als lebendes Vertragswerk nicht außer acht zu lassen.

24 *Nowak* 13; *Tretter* FS Ermacora 527, 564.

25 *Frowein/Peukert* 2; vgl. Art. 1 Buchst. b des Zusatzübereinkommens vom 7.9.1956; BGH MDR **1993** 889.

26 Art. 1 Buchst. a des Zusatzübereinkommens von 1956 versteht darunter die Verpfändung einer Person zu persönlichen Dienstleistungen als Sicherheit für eine Schuld, wenn diese nach Art oder Dauer unbestimmt sind oder nicht mit einem angemessenen Wert die Schuld tilgen.

27 Vgl. *Nowak* 13; *Tretter* FS Ermacora 527, 549.

28 *Grabenwarter* § 20 Rdn. 31.

29 Art. 1 Buchst. c, d des Zusatzübereinkommens von 1926; vgl. *Nowak* 13; *Trettter* FS Ermacora 527, 552 ff.

30 *Nowak* 3, 4, 13; *Tretter* FS Ermacora 527, 554 ff.

31 „Sailors Boy Case“ *Frowein/Peukert* 3; *Grabenwarter* § 20 Rdn. 31; Nowak 13.

32 Vgl. Art. 5 MRK, Rdn. 47.

33 EGMR 24.6.1982 Van Droogenbroeck/Belg (EuGRZ **1984** 4); *Frowein/Peukert* 3.

34 *Nowak* 11.

Menschenrechtsverletzung angemessenen Strafdrohungen (vgl. etwa §§ 234, 180 ff StGB) und eine effektive Strafverfolgung[35]. Durch welche Maßnahmen die Staaten in ihrer Gesetzgebung und im Bereich der Exekutive ihre Vertragspflicht erfüllen, wird von den Konventionen nicht vorgeschrieben; es ist im einzelnen weitgehend ihrem Ermessen überlassen. Sie haben insoweit einen weiten Gestaltungsraum, sofern nur die Summe ihrer Maßnahmen den von den Konventionen erstrebten Schutz gewährt. Die weitergehenden Verpflichtungen in bezug auf internationale Zusammenarbeit und Gewährung von Rechtshilfe bei der Bekämpfung von Sklaverei und den sklavereiähnlichen Praktiken, die sich aus den in Rdn. 1, 8 ff angeführten Übereinkommen ergeben, bestehen neben Art. 4 Abs. 1 MRK, Art. 8 Abs. 1, 2 IPBPR fort.

IV. Verbot der Zwangs- oder Pflichtarbeit

1. Der **Begriff der Zwangs- oder Pflichtarbeit** wird in Art. 4 Abs. 2 MRK, Art. 8 Abs. 3 IPBPR nicht näher definiert, nur die als Auslegungshilfe heranziehbaren Ausnahmen in Absatz 3 geben den Begriffen einige Konturen[36]. Sie decken sich weitgehend mit denen des **ILO Übereinkommens Nr. 29 über Zwangs- und Pflichtarbeit vom 28. 6. 1930**[37]. Im Einklang mit der historischen Entstehung dieses Menschenrechts wird an den dort entwickelten Begriff der Zwangsarbeit angeknüpft[38]. Nach Art. 2 Abs. 1 dieses Übereinkommens ist Zwangsarbeit „jede Art von Arbeit oder Dienstleistung, die von einer Person unter Androhung irgendeiner Strafe verlangt wird und für die sie sich nicht freiwillig zur Verfügung stellt“. Die **ILO Konvention Nr. 105 vom 25. 6. 1957** hat die frühere Konvention dahin ergänzt, daß die Staaten Zwangs- oder Pflichtarbeit nicht als Mittel des politischen Zwangs, der Erziehung oder als Bestrafung für politische Anschauungen, als Methode der wirtschaftlichen Entwicklung, als Mittel zur Erhaltung der Arbeitsdisziplin, als Bestrafung für die Teilnahme an Streiks oder als Mittel der rassischen, sozialen, nationalen oder religiösen Diskriminierung verwenden dürfen. 13

Für die **Auslegung** stellt sich die Frage, wieweit sich bei Berücksichtigung der geschichtlichen Entwicklung und der Zielsetzungen dieser Abkommen und den Wertvorstellungen, die den Abgrenzungen in Art. 4 Abs. 3 MRK, Art. 8 Abs. 3 Buchst. b und c IPBPR zugrunde liegen (Schutz der Menschenwürde vor Herabwürdigung durch bestimmte Methoden des Arbeitseinsatzes[39]), Einschränkungen des Begriffs der Zwangs- und Pflichtarbeit ergeben. 14

Zwangsarbeit wurde vom EGMR als eine durch körperlichen oder moralischen Zwang veranlaßte höchstpersönliche Arbeit angesehen, während **Pflichtarbeit** eine **unfreiwillige** Arbeit ist, die vom Betroffenen unter Androhung irgendeiner Art von Strafe oder einer sonstigen Sanktion verlangt wird[40]. Große praktische Bedeutung hat diese Unterscheidung nicht. Unstreitig ist, daß es sich in beiden Fällen um keine **freiwillige**, etwa aufgrund eines frei abgeschlossenen Vertrages[41], übernommene Verpflichtung handeln darf, die nicht als sklavereiähnliche Praktik den weitergehenden Verboten nach Art. 4 Abs. 1, 2 MRK, Art. 8 Abs. 1, 2 IPBPR unterfällt[42]. Die persönliche Dienstlei- 15

---

35 *Nowak* 11; 14; *Hofmann* S. 32.

36 *Villiger* HdB 310.

37 Rdn. 2.

38 *Frowein/Peukert* 4; *Grabenwarter* § 20 Rdn. 32; *Meyer-Ladewig* 2; *Nowak* 15; *Partsch* 113.

39 Zur ähnlichen Einschränkung bei Art. 12 Abs. 2, 3 GG vgl. BVerfGE **74** 119; BVerfG NJW **1991** 1043.

40 EGMR 23.11.1983 van der Mussele/Belg (EuGRZ **1985** 477); *Villiger* HdB 308.

41 Vgl. EGMR 23.11.1983 van der Mussele/Belg (EuGRZ **1985** 477).

42 *Nowak* 15.

stung, die in körperlicher oder geistiger Arbeit bestehen kann[43], muß dem Betroffenen von einem Träger der öffentlichen Gewalt gegen seinen Willen abverlangt werden, entweder durch Anwendung unmittelbarer Gewalt oder unter Androhung einer fühlbaren Sanktion. Als solche kommen nicht nur Kriminalstrafen in Betracht; auch andere fühlbare Nachteile, wie Nichtzulassung zum Anwaltsberuf[44], können die Freiwilligkeit einer geforderten Arbeit entfallen lassen. Im Wegfall der Arbeitslosenunterstützung bei Verweigerung einer zumutbaren Arbeit hat die EKMR keine Zwangsarbeit gesehen[45].

16 Strittig ist eine **zusätzliche Eingrenzung**. Die **EKMR** nahm den Begriff der Zwangs- oder Pflichtarbeit nicht wortwörtlich. Bestimmt durch das tradierte Vorverständnis dieses Begriffes schränkte sie ihn dadurch ein, daß es nicht ausreicht, wenn die angesonnene Arbeit die Folge nicht frei vereinbarter oder akzeptierter Arbeitsbedingungen ist; zur Unfreiwilligkeit und der Androhung einer Sanktion muß als weitere (ungeschriebene) Voraussetzung hinzukommen, daß die verlangte Arbeit unbillig („unjust“), unterdrückend („oppressive“) oder zwangsläufig mit Härten verbunden ist[46]. Dabei ist zu berücksichtigen, ob die Belastungen durch die angesonnene Arbeit durch spätere berufliche Vorteile angemessen ausgeglichen werden[47]. Die Mehrheit der Kommissionsmitglieder sah keine Zwangsarbeit in einer zeitlich begrenzten Verpflichtung zu einer nicht diskriminierenden Arbeit im eigenen Beruf (Verpflichtung, gegen ein vorteilhaftes Entgelt zwei Jahre in einem sonst nicht versorgten Gebiet als Zahnarzt zu arbeiten[48]) oder zur unentgeltlichen Vertretung von Berufskollegen (Richter[49]) oder in der Bestellung als unentgeltlicher Pflichtverteidiger[50] oder die Bestellung als Anwalt im Rahmen der Prozeßkostenhilfe[51]. Auch die Verpflichtung eines Berufsfußballspielers, weiterhin bei seinem alten Club zu spielen, weil die vereinbarte Ablösungssumme vom neuen Club nicht gezahlt wurde, wurde nicht als Zwangsarbeit angesehen[52].

17 Der **EGMR** gründet demgegenüber seine **einschränkende Auslegung** des Begriffs der Zwangs- oder Pflichtarbeit auf das **geschichtliche Vorverständnis** dieses Begriffes, das durch die in Art. 4 Abs. 3 MRK aufgeführten Fälle verdeutlicht wird. Diese sind als klarstellende Teile der Begriffsbestimmung des Absatzes 2 und nicht etwa als Ausnahmen von einem umfassenden Begriff der Zwangsarbeit zu verstehen[53]. Sie bestätigen den Grundgedanken, daß **normal-übliche Arbeiten und Dienstleistungen**, vor allem auch solche, die aus einer vom Leitgedanken des Allgemeininteresses und der gesellschaftlichen Solidarität bestimmten Einbindung des einzelnen in ein soziales System erwachsen oder die zu den Berufspflichten eines selbst gewählten Berufes gehören, keine Zwangsarbeit im Sinne des Konventionsverbotes sind. Der EGMR hat deshalb in der durch die Nichtzulassung zur Anwaltschaft sanktionierten Verpflichtung, eine Strafver-

[43] EGMR 23.11.1983 van der Mussele/Belg (EuGRZ **1985** 477).

[44] EGMR 23.11.1983 van der Mussele/Belg (EuGRZ **1985** 477); kein Verstoß gegen Art. 4 in der Verpflichtung des Anwaltsanwärters zur kostenlosen Übernahme von Pflichtverteidigungen in Belgien.

[45] *Frowein/Peukert* 11.

[46] Vgl. *Grabenwarter* § 20 Rdn 32; Gegen diese Einschränkung *Nowak* 17.

[47] EGMR 23.11.1983 van der Mussele/Belg (EuGRZ **1985** 477); vgl. *Grabenwarter* § 20 Rdn. 32 (Gewichtung der Zwangswirkung bereits auf der Tatbestandsseite des absoluten Verbots).

[48] EKMR EuGRZ **1975** 51 (Iversen/Norwegen); dazu *Frowein/Peukert* 6; *Grabenwarter* § 20 Rdn. 32; *Nowak* 17; *Partsch* 113.

[49] EKMR ÖJZ **1995** 116 (Vertretungspflicht der östr. Arbeits- und Sozialrichter).

[50] Vgl. die Nachweise bei *Frowein/Peukert* 7 bis 10; zur Bestellung eines deutschen Anwalts nach dem früheren Armenrecht EKMR (EuGRZ 1975, 47) und zur Pflichtverteidigerbestellung ohne oder mit Entschädigung; ferner *Villiger* HdB 308, 309.

[51] Vgl. EKMR EuGRZ **1975** 47; *Meyer-Ladewig* 2.

[52] EKMR nach *Frowein/Peukert* 11.

[53] Vgl. EGMR 18.7.1994 Schmidt/D (EuGRZ **1995** 392: Absatz 2 als Einheit mit Absatz 3 zu verstehen, der zeigt, was Absatz 2 nicht umfaßt).

teidigung auch ohne Entgelt zu übernehmen, keinen Verstoß gegen Art. 4 MRK gesehen[54]; desgleichen nicht im Wegfall der Arbeitslosenunterstützung wegen der Weigerung, eine zumutbare Arbeit aufzunehmen[55]. Gleiches gilt wohl auch für die aus erzieherischen Gründen angeordnete Verpflichtung eines noch nicht Volljährigen zu bestimmten (zumutbaren) Arbeiten[56].

2. Die einzelnen Ausgrenzungen in Art. 4 Abs. 3 MRK; Art. 8 Abs. 3 Buchst. b, c IPBPR

a) Zwangsarbeit, die als eigenständige **Strafart** („hard labor"; „travail force") bei einem Verbrechen von einem Gericht verhängt wird, fällt nach Art. 8 Abs. 3 Buchst. b IPBPR nicht unter das Verbot der Zwangsarbeit im Absatz 3 Buchst. a. Dies wurde auf Wunsch einiger Staaten in Art. 8 Abs. 3 Buchst. b IPBPR besonders erwähnt, da diese Zwangsarbeit als besondere Strafart haben, die aber an sich nur eine verschärfte Form der beim Vollzug einer Freiheitsentziehung nach Abs. 3 Buchst c ohnehin zulässigen Arbeitspflicht bedeutet und daher auch von der Ausnahme des Absatzes 3 Buchst. c (Rdn. 19) gedeckt gewesen wäre. Der deutsche Wortlaut dieser Klarstellung ist ungenau[57]. Nach ihrem Sinn läßt sie ausdrücklich zu, daß bei schweren Straftaten der nationale Gesetzgeber als besondere Strafart einen mit schwerer Arbeit verbundenen Freiheitsentzug (Einweisung in ein Arbeitslager) androhen kann, die dann, wenn sie aufgrund eines gerichtlichen Urteils vollstreckt wird, nicht gegen Art. 8 IPBPR verstößt. Bei der Bestimmung der in Betracht kommenden schweren Straftaten hat der nationale Gesetzgeber einen gewissen Regelungsspielraum; nur bei nach allgemeiner Anschauung als geringfügig angesehenen Verfehlungen gestattet Abs. 3 Buchst. b IPBPR die Verurteilung zur Zwangsarbeit nicht. Ebensowenig deckt er die Einweisung in ein Arbeitshaus durch eine Verwaltungsbehörde[58]. **18**

b) Arbeitspflicht während einer Freiheitsentziehung ist nach Art. 4 Abs. 3 Buchst. a MRK, Art. 8 Abs. 3 Buchst. c, i IPBPR zulässig, sofern die Arbeit normalerweise von einer Person verlangt wird, die „unter den **in Art. 5 MRK vorgesehenen Bedingungen** in Haft gehalten" bzw. der „**auf Grund einer rechtmäßigen Gerichtsentscheidung** die Freiheit entzogen ist" (IPBPR). Es muß sich also um eine rechtmäßige, gerichtlich angeordnete oder bestätigte Freiheitsentziehung handeln. Bei der MRK dürfte auch genügen, daß sie von einem Beamten mit richterlicher Funktion bestätigt ist (vgl. Art. 5 Abs. 3 MRK)[59]; nicht notwendig ist dagegen, daß alle formellen Verfahrensbestimmungen für die Haftprüfung eingehalten sind[60]. **19**

Bei **allen Arten von Freiheitsentziehung** kommt die Arbeitspflicht in Betracht, sofern eine ausreichende Rechtsgrundlage im nationalen Recht besteht. Die Arbeitspflicht für Strafgefangene oder Sicherungsverwahrte (§§ 37, 41, 130 StVollzG) ist wohl der Hauptfall[61]. Art. 4 MRK, Art. 8 IPBPR schließen nicht aus, sie auch während der Unter- **20**

---

[54] EGMR 23.11.1983 van der Mussele/Belg (EuGRZ **1985** 477); *Grabenwarter* § 20 Rdn. 33; vgl. auch BVerfGE **47** 285, 319 (Ermäßigte Gebührensätze bei Notaren keine Zwangsarbeit i.S. von Art. 12 Abs. 2 GG).

[55] *Frowein/Peukert* 11; *Nowak* 19.

[56] Vgl. Rdn. 21; zu Art. 12 GG *Zöbeley* FS Faller 348.

[57] Dazu *Nowak* 20.

[58] *Nowak* 22, 23.

[59] *Nowak* 25 Fußn. 49 nimmt deshalb an, daß Art. 8 Abs. 3 Buchst. c, i IPBPR enger ist als die MRK, die für alle in Art. 5 erfaßten Haftfälle den Arbeitszwang zuläßt. In der Bundesrepublik ist die Frage wegen der Notwendigkeit einer richterlichen Entscheidung nach Art. 104 GG ohne praktische Bedeutung.

[60] EGMR 24.6.1982 Van Droogenbroek/Belg (EuGRZ **1982** 6): „Verletzung des Art. 5 Abs. 4 MRK zieht nicht automatisch die des Art. 4 mit sich".

[61] *Meyer-Goßner*[47] 5; vgl. auch *Frowein/Peukert* 12.

suchungshaft für erwachsene Gefangene (entgegen Nr. 42 UVollzO) ebenso vorzusehen[62] wie für die jugendlichen Untersuchungsgefangenen (vgl. Nr. 80 Abs. 2 UVollzO)[63]. Sie ist nach Art. 4 MRK, Art. 8 IPBPR ferner zulässig für Personen, die entsprechend dem nationalen Recht zu Arbeitshaus verurteilt[64] oder die in einem psychiatrischen Krankenhaus oder sonst einer Einrichtung aufgrund richterlicher Anordnung zwangsweise untergebracht sind[65].

21 Nur die **„normalerweise verlangten Arbeiten"** dürfen den Gefangenen zugewiesen werden, also Arbeiten, die bei der Art der jeweiligen Freiheitsentziehung allgemein vorgesehen und damit üblich sind[66]. Dabei wird vorausgesetzt, daß sie sich im Rahmen der allgemeinen Anforderungen halten, die die anderen Bestimmungen der Konventionen an die Behandlung Gefangener stellen, wie etwa das Verbot einer erniedrigenden Behandlung[67] und nicht zuletzt auch die Sonderregelung des Art. 10 Abs. 1, 3 IPBPR. Umgekehrt zeigt aber auch diese Regelung, daß die Arbeitspflicht der Gefangenen als solche keine erniedrigende Behandlung im Sinne der Art. 3 MRK, Art. 7 IPBPR ist.

22 Was **im einzelnen üblich** ist, beurteilt sich nach den für die verschiedenen Arten der Freiheitsentziehung geltenden nationalen Regelungen. Zur Kontrolle, daß diese nicht völlig aus dem Rahmen fallen, wird aber auch der allgemeine europäische Standard mit herangezogen[68]. Zu den normalerweise verlangten Arbeiten rechnen etwa die in der Anstalt anfallenden Routinearbeiten (vgl. § 41 Abs. 1 StVollzG) oder die Arbeiten, die im Rahmen der jeweiligen Arbeitsbetriebe in den Anstalten von allen dazu geeigneten Gefangenen zu leisten sind. Die Beschränkung der Arbeitspflicht auf die normalen Arbeiten soll der Auferlegung **extrem schwerer**[69] oder **gefährlicher** Arbeiten ebenso vorbeugen wie der **willkürlichen** Heranziehung einzelner Gefangener zu Sonderarbeiten[70], die diskriminieren sollen oder die das Maß der allgemeinen Arbeitspflicht erheblich übersteigen oder die bei der betreffenden Art von Freiheitsentziehung von der maßgebenden nationalen Rechtsordnung überhaupt nicht vorgesehen sind.

23 Eine **Entlohnung** der Arbeit wird nicht vorausgesetzt[71]. Die Konvention verbietet auch nicht, daß Gefangene für eine private Firma arbeiten, ohne selbst den vollen Lohn dafür zu erhalten[72]. Die Einschränkung des Art. 2 Abs. 2 Buchst. c des ILO Übereinkommens Nr. 29 über die Zwangs- und Pflichtarbeit von 1930 (Rdn. 12), wonach die Arbeit unter Überwachung einer öffentlichen Behörde ausgeführt werden muß und der Verurteilte nicht an Einzelpersonen oder privaten Gesellschaften verdingt werden darf,

---

[62] *Villiger* HdB 311. Bedenken können sich, sofern man die Arbeitspflicht als Teil der Strafe ansieht, allenfalls aus der Unschuldsvermutung (Art. 6 Abs. 2 MRK, Art. 14 Abs. 2 IPBPR) und deren Konkretisierung durch Art. 10 Abs. 2 Buchst. a IPBPR ergeben.

[63] Vgl. EKMR bei *Bleckmann* EuGRZ **1981** 93 (unter Hinweis auf Erziehungsgedanken). Die verfassungsrechtlichen Bedenken gegen die Arbeitspflicht für jugendliche Untersuchungsgefangene werden auch aus anderen Gründen (unzureichende Ermächtigungsgrundlage, Art. 12 GG, Unschuldsvermutung) hergeleitet; vgl. *Böhm* FS Dünnebier 687; *Seebode* JA **1979** 611; *Meyer-Goßner*[47] 5 je mit weit. Nachw.

[64] EKMR bei *Frowein/Peuker* 12, vgl. auch EGMR 18. 6. 1971 (belg. Landstreicherfälle, Series A 12). Zur Problematik der Einweisung Arbeitsscheuer im Verwaltungswege vgl. *Guradze* 10, 11.

[65] *Guradze* 8 bis 10; *Nowak* 25.

[66] EGMR 24. 6. 1982 Van Droogenbroeck/Belg (EuGRZ **1984** 6).

[67] Art. 3 MRK, Art. 7 IPBPR; vgl. dort Rdn. 29.

[68] EGMR 24. 6. 1982 Van Droogenbroeck/Belg (EuGRZ **1984** 6). Vgl. auch die Europäischen Strafvollzugsgrundsätze vom 12. 2. 1987 (Empfehlung Nr. R (87) 3 des Ministerkomitees).

[69] *Nowak* 16.

[70] *Frowein/Peukert* 12; *Grabenwarter* § 20 Rdn. 34; *Nowak* 26.

[71] EKMR nach *Frowein/Peukert* 12; *Grabenwarter* § 20 Rdn. 34; *Meyer-Ladewig* 3; *Nowak* 26 unter Hinweis auf einen nicht angenommenen Vorschlag.

[72] EKMR nach *Frowein/Peukert* 12.

ist nicht in die Konventionen übernommen worden[73]. Das Fortbestehen weitergehender völkervertraglicher Verpflichtungen für die Vertragsstaaten der jeweiligen Übereinkommen wird aber nicht dadurch berührt, daß diese in den Konventionen fehlen und mit deren Instrumentarien nicht durchgesetzt werden können.

Arbeitsauflagen oder die Verpflichtung zu bestimmten Dienstleistungen, die vom **Strafvollzug bedingt verschonten Personen** auferlegt werden, sind ebenfalls keine unzulässige Zwangs- oder Pflichtarbeit[74]. Dies gilt nach dem Sinn dieser nicht gesetzestechnisch nach den Begriffsbestimmungen einer einzelnen nationalen Rechtsordnung auszulegenden Bestimmung für alle inhaltlich eingegrenzten und zumutbaren Dienstleistungsverpflichtungen, die einem strafrechtlich Verurteilten zur Vermeidung oder zur Abwendung eines weiteren Freiheitsentzuges auferlegt werden oder die dazu dienen sollen, ihm die Verurteilung zu einem solchen zu ersparen. So fallen beispielsweise Auflagen und Weisungen bei der Strafaussetzung zur Bewährung (§§ 56b, 56c StGB, § 23 JGG) oder bei Verwarnung mit Strafvorbehalt (§§ 59, 59a StGB) ebenso darunter wie die Auflagen und Weisungen bei der bedingten Aussetzung eines Strafrestes (§§ 57, 57a StGB; §§ 88, 89 JGG)[75] und wohl auch Auflagen bei Absehen von der Verfolgung nach § 153a StPO, §§ 45, 47 JGG. Auch die als Erziehungsmaßregel ergehende Weisung an einen Jugendlichen oder Heranwachsenden, bestimmte Arbeitsleistungen zu erbringen (§ 10 Abs. 1 Nr. 4, § 105 JGG), ist mit dem Verbot der Zwangs- und Pflichtarbeit der Konventionen vereinbar, ganz gleich, ob man diese Auslegung auf den über den Wortlaut hinausreichenden Sinn der Ausnahmeregelung des Art. 4 Abs. 3 Buchst. a MRK, Art. 8 Abs. 3 Buchst. c, i IPBPR stützt (Minus gegenüber der Freiheitsstrafe)[76] oder ob man einer Gesamtwürdigung des Schutzzweckes entnimmt, daß solche Erziehungsmaßnahmen mit dem in eine ganz andere Richtung zielenden Verbot der Zwangs- und Pflichtarbeit nicht gemeint sein können[77]. **24**

c) Die im **Militärdienst** und einem an seine Stelle tretenden **Zivildienst** begründeten Arbeits- und Dienstleistungspflichten rechnen nach Art. 4 Abs. 3 Buchst. b MRK, Art. 8 Abs. 3 Buchst. c, ii IPBPR ebenfalls nicht zu der verbotenen Zwangs- oder Pflichtarbeit[78]. Dies gilt für alle dazugehörenden Dienstleistungen einschließlich der Nebenpflichten und nicht nur für die Wehrpflichtigen, sondern auch für Soldaten, die sich freiwillig verpflichtet haben[79]. Eine Verpflichtung der Konventionsstaaten, die Wehrdienstverweigerung anzuerkennen, kann aus dieser Regelung nicht hergeleitet werden[80]. **25**

d) Dienstleistungen im Falle von Notständen und **Katastrophen**, die das Leben oder das Wohl der Gemeinschaft bedrohen, sind nach Art. 4 Abs. 3 Buchst. c MRK, Art. 8 Abs. 3 Buchst. c, iii IPBPR keine Zwangs- oder Pflichtarbeit. Die Notstände, die hier in Betracht kommen, wie etwa Brände, Überschwemmungen, Erdbeben oder von Menschen ausgelöste Katastrophen, werden anders als in Art. 2 Abs. 2 Buchst. d des ILO Übereinkommens Nr. 29 (Rdn. 12) nicht einzeln aufgezählt. Es kommt jede bedrohliche Lage in Betracht, von der erhebliche Gefahren für das Leben oder die Gemeinschaft **26**

---

73 EKMR nach *Frowein/Peukert* 13; *Nowak* 26.

74 *Villiger* HdB 311, *Meyer-Goßner*[47] 5, vgl. BVerfGE **74** 102, 119 ff; BVerfG NJW **1991** 1043 (Auferlegung gemeinnütziger Arbeiten keine Zwangsarbeit i. S von Art. 12 Abs. 2, 3 GG).

75 *Meyer-Goßner*[47] 5.

76 *Guradze* 9; *Meyer-Goßner*[47] 5; *Herzog* 214.

77 Vgl. BVerfGE **74** 116; BVerfG NJW **1991** 1043; *Villiger* HdB 312.

78 SchweizBGer EuGRZ **1994** 68 (Zivilschutzdienst in Schweiz); *Grabenwarter* § 20 Rdn. 35; *Villiger* HdB 312.

79 EKMR nach *Frowein/Peukert* 14; *Guradze* 13, 14; *Nowak* 28. Auf die eventuell engeren Grenzen aus Art. 12 GG ist hier nicht einzugehen.

80 EKMR nach *Frowein/Peukert* 14; *Meyer-Ladewig* 4; *Nowak* 29.

ausgehen, wobei hier auch örtliche Katastrophen oder Notstände gemeint sind und nicht nur ein öffentlicher Notstand, der wesentliche Interessen der ganzen Nation bedroht, wie dies bei Art. 15 MRK, Art. 4 IPBPR vorausgesetzt wird[81]. Auch die Verpflichtung zur Mitwirkung bei Maßnahmen zur Seuchenbekämpfung oder Krankheitsverhütung kann unter diese Ausnahme fallen[82]. Auch vorübergehende Dienstleistungen im Falle eines schwerwiegenden Versorgungsnotstands der Bevölkerung eines bestimmten Gebietes wird man hierzu rechnen müssen[83].

27 e) **Die normalen Bürgerpflichten** können auch Arbeits- und Dienstleistungspflichten mit umfassen. Art. 4 Abs. 3 Buchst. d MRK, Art. 8 Abs. 3 Buchst. c, iv IPBPR stellen klar, daß diese Pflichten nicht zu der verbotenen Zwangs- und Pflichtarbeit rechnen. Es muß sich um **normale** Arbeits- oder Dienstleistungspflichten handeln, also um solche, die ein demokratisches Gemeinwesen allgemein und ohne Diskriminierung seinen Bürgern abverlangt, wie etwa Straßenreinigungs-, Streu- und Räumpflichten[84], aber auch Hand- und Spanndienste[85] und ähnliche allgemeine Dienstleistungen im Interesse der Gemeinschaft. Die Verpflichtung zum Dienst in der Feuerwehr[86] oder beim Deichschutz[87] dürfte ebenfalls hierher rechnen; als vorbeugende Maßnahme zur Bekämpfung eines Notstands kann sie aber wohl auch mit Art. 4 Abs. 3 Buchst. c MRK, Art. 8 Abs. 3 Buchst. c, iii IPBPR gerechtfertigt werden[88].

28 Auch die **sonstigen Mitwirkungspflichten**, die den Bürgern im Interesse der staatlichen Gemeinschaft auferlegt werden, wie etwa bestimmte Pflichten im Rahmen ihres Berufes oder die Pflicht zur Berechnung, Einbehaltung und Abführung der Lohnsteuern und Sozialabgaben ihrer Arbeitnehmer werden als durch diese Bestimmung gerechtfertigt angesehen[89], obwohl sie mit Zwangs- oder Pflichtarbeit im eigentlichen Sinne wenig zu tun haben[90].

---

81 *Frowein/Peukert* 15; *Grabenwarter* § 20 Rdn. 36; *Nowak* 30.

82 EKMR bei *Frowein/Peukert* 15 (Verpflichtung der Jagdpächter zur Mitwirkung bei Maßnahmen zur Tollwutverhütung).

83 Vgl. *Meyer-Goßner*[47] 7 unter Hinweis auf das Bundesleistungsgesetz sowie auf die engeren Pflichten aus § 323c StGB; im Falle Iversen (EuGRZ **1975** 51) begründeten damit zwei Mitglieder der EKMR die Dienstverpflichtung zur Sicherstellung der zahnärztlichen Versorgung.

84 *Guradze* 16; *Meyer-Goßner*[47] 8; *Meier-Ladewig* 6; *Schorn* 5.

85 *Frowein/Peukert* 16; *Grabenwarter* § 21 Rdn. 37.

86 Die nur bei Männern erhobene Feuerwehrabgabe verstößt gegen Art. 14 MRK; unter den heutigen Verhältnissen kann dies nicht mehr mit dem Ausgleich der Dienstpflicht gerechtfertigt werden; vgl. EGMR 18.7.1994 Schmidt/D (EuGRZ **1995** 392), BVerfG 24.11.1995 EuGRZ **1995** 411; dazu *Bleckmann* EuGRZ **1995** 387; *Villiger* HdB 312.

87 *Meyer-Ladewig* 6.

88 So *Nowak* 32.

89 EKMR nach *Frowein/Peukert* 16; *Grabenwarter* § 21 Rdn. 37; *Nowak* 32; östr. VfGH bei *Folz* FS Verosta 209.

90 *Guradze* 16.

Art. 5 MRK (Art. 9, 11 IPBPR)

MRK

Artikel 5 Recht auf Freiheit und Sicherheit*

(1) Jede Person hat das Recht auf Freiheit und Sicherheit. Die Freiheit darf nur in den folgenden Fällen und nur auf die gesetzlich vorgeschriebene Weise entzogen werden:

a) rechtmäßige Freiheitsentziehung nach Verurteilung durch ein zuständiges Gericht;

b) rechtmäßige Festnahme oder Freiheitsentziehung wegen Nichtbefolgung einer rechtmäßigen gerichtlichen Anordnung oder zur Erzwingung der Erfüllung einer gesetzlichen Verpflichtung;

c) rechtmäßige Festnahme oder Freiheitsentziehung zur Vorführung vor die zuständige Gerichtsbehörde, wenn hinreichender Verdacht besteht, daß die betreffende Person eine Straftat begangen hat, oder wenn begründeter Anlaß zu der Annahme besteht, daß es notwendig ist, sie an der Begehung einer Straftat oder an der Flucht nach Begehung einer solchen zu hindern;

d) rechtmäßige Freiheitsentziehung bei Minderjährigen zum Zwecke überwachter Erziehung oder zur Vorführung vor die zuständige Behörde;

e) rechtmäßige Freiheitsentziehung mit dem Ziel, eine Verbreitung ansteckender Krankheiten zu verhindern, sowie bei psychischen Kranken, Alkohol- oder Rauschgiftsüchtigen und Landstreichern;

f) rechtmäßige Festnahme oder Freiheitsentziehung zur Verhinderung der unerlaubten Einreise sowie bei Personen, gegen die ein Ausweisungs- oder Auslieferungsverfahren im Gange ist.

(2) Jeder festgenommenen Person muß innerhalb möglichst kurzer Frist in einer ihr verständlichen Sprache mitgeteilt werden, welches die Gründe für ihre Festnahme sind und welche Beschuldigungen gegen sie erhoben werden.

(3) Jede Person, die nach Absatz 1 Buchstabe c von Festnahme oder Freiheitsentziehung betroffen ist, muß unverzüglich einem Richter oder einer anderen gesetzlich zur Wahrnehmung richterlicher Aufgaben ermächtigten Person vorgeführt werden; sie hat Anspruch auf ein Urteil innerhalb angemessener Frist oder auf Entlassung während des Verfahrens. Die Entlassung kann von der Leistung einer Sicherheit für das Erscheinen vor Gericht abhängig gemacht werden.

(4) Jede Person, die festgenommen oder der die Freiheit entzogen ist, hat das Recht zu beantragen, daß ein Gericht innerhalb kurzer Frist über die Rechtmäßigkeit der Freiheitsentziehung entscheidet und ihre Entlassung anordnet, wenn die Freiheitsentziehung nicht rechtmäßig ist.

(5) Jede Person, die unter Verletzung dieses Artikels von Festnahme oder Freiheitsentziehung betroffen ist, hat Anspruch auf Schadensersatz.

* Neue deutschsprachige Übersetzung in der Fassung der Bek. vom 17. 5. 2002 (BGBl. II S. 1054).

IPBPR

Artikel 9

(1) Jedermann hat ein Recht auf persönliche Freiheit und Sicherheit. Niemand darf willkürlich festgenommen oder in Haft gehalten werden. Niemand darf seine Freiheit entzogen werden, es sei denn aus gesetzlich bestimmten Gründen und unter Beachtung des im Gesetz vorgeschriebenen Verfahrens.

(2) Jeder Festgenommene ist bei seiner Festnahme über die Gründe der Festnahme zu unterrichten und die gegen ihn erhobenen Beschuldigungen sind ihm unverzüglich mitzuteilen.

(3) Jeder der unter dem Vorwurf einer strafbaren Handlung festgenommen worden ist oder in Haft gehalten wird, muß unverzüglich einem Richter oder einer anderen gesetzlich zur Ausübung richterlicher Funktionen ermächtigten Amtsperson vorgeführt werden und hat Anspruch auf ein Gerichtsverfahren innerhalb angemessener Frist oder auf Entlassung aus der Haft. Es darf nicht die allgemeine Regel sein, daß Personen die eine gerichtliche Aburteilung erwarten, in Haft gehalten werden, doch kann die Freilassung davon abhängig gemacht werden, daß für das Erscheinen zur Hauptverhandlung oder zu jeder anderen Verfahrenshandlung und gegebenenfalls zur Vollstreckung des Urteils Sicherheit geleistet wird.

(4) Jeder dem seine Freiheit durch Festnahme oder Haft entzogen ist, hat das Recht ein Verfahren vor einem Gericht zu beantragen, damit dieses unverzüglich über die Rechtmäßigkeit der Freiheitsentziehung entscheiden und seine Entlassung anordnen kann, falls die Freiheitsentziehung nicht rechtmäßig ist.

(5) Jeder, der unrechtmäßig festgenommen oder in Haft gehalten worden ist, hat einen Anspruch auf Entschädigung.

ZP Nr. 4 zur MRK

Artikel 1*

Niemandem darf die Freiheit allein deshalb entzogen werden, weil er nicht in der Lage ist, eine vertragliche Verpflichtung zu erfüllen.

Artikel 1

Niemand darf nur deswegen in Haft genommen werden, weil er nicht in der Lage ist, eine vertragliche Verpflichtung zu erfüllen.

* Neue deutschsprachige Übersetzung in der Fassung der Bek. vom 17. 5. 2002 (BGBl. II S. 1054).

Schrifttum (Auswahl): *Baker/Röber* To abduct or to Extradite. Does a Treaty Beg the Question? ZaöRV **53** (1993) 657; *M. Herdegen* Die Achtung fremder Hoheitsrechte als Schranke nationaler Staatsgewalt, ZaöRV **47** (1987) 221; *Herzog* Das Grundrecht auf Freiheit in der Europäischen Menschenrechtskonvention, AöR **86** (1961) 194; *Hilger* Der Begriff „derselben Tat" in § 121 Abs. 1 StPO im Lichte der Rechtsprechung des EGHMR zu Art. 5 Abs. 3 Satz 2 MRK; Gollwitzer-Kolloqium (2004) 65; *Hillgruber* Der Schutz des Menschen vor sich selbst (1992); *Kempf* Die Rechtsprechung des EGMR zum Akteneinsichtsrecht und §§ 114, 115 Abs. 3, 115a Abs. 3 StPO, FS Rieß (2002) 217; *Kempf* Zur verfassungsgerichtlichen Entwicklung des Akteneinsichtsrechts, StraFo. **2004** 299; *Kokott* Zur Rechtsstellung von Asylbewerbern in Transitzonen. Anm. zum Urteil des EGMR im Fall Amuur gegen Frankreich; EuGRZ **1996** 569; *Koschnitz* Die kurzfristige polizeiliche Freiheitsentziehung (1969); *Kühne/Esser* Die Rechtsprechung des Europäischen Gerichtshofs für Menschenrechte (EGMR) zur Untersuchungshaft, StV **2002** 383; *Lange* Vollständige oder teilweise Akteneinsicht für inhaftierte Beschuldigte in den Fällen des § 147 II StPO? Falsche und richtige Folgerungen aus den Urteilen des EGMR vom 13. 2. 2001 gegen Deutschland, NStZ **2003** 348; *Reindl* Untersuchungshaft und Menschenrechtskonvention (1997); *Renzikowski* Die nachträgliche Sicherungsverwahrung und die Europäische Menschenrechtskonvention, JR **2004** 271; *Riedl* Die Habeas Corpus-Akte. 300 Jahre Tradition und Praxis einer britischen Freiheitsgarantie, EuGRZ **1980** 192; *Schlimm* Der Strafprozeß gegen eine im Ausland entführte Person, ZRP **1993** 262; *Trechsel* Die Garantie der persönlichen Freiheit (Art. 5 EMRK) in der Straßburger Rechtsprechung, EuGRZ **1980** 514; *Trechsel* Zwangsmaßnahmen im Ausländerrecht (Art. 5 Abs. 1 f), AJP **1994** 43; *Vogler* Strafprozessuale Wirkungen völkerrechtswidriger Entführungen von Straftätern aus dem Ausland, FS Oehler 379; *Wilske* Strafverfahren gegen völkerrechtswidrig Entführte: Der Abschied von „male captus, bene dedentus"? ZStW **107** (1995) 48; *Wilske* Die völkerrechtswidrige Entführung und ihre Rechtsfolgen (2000).

Übersicht

Alphabetische Übersicht

A. Schutzgut, Verhältnis zu anderen Vorschriften

I. Allgemeines

1. Freiheit der Person als Menschenrecht. Die **Allgemeine Erklärung der Menschenrechte** vom 10.12.1948, an die beide Konventionen anknüpfen, bekräftigt in Art. 3 nur allgemein das Recht auf Leben, Freiheit und Sicherheit der Person, während ihr Art. 9 u. a. verbietet, daß jemand willkürlich festgenommen oder in Haft gehalten wird. Beide Menschenrechtskonventionen erstreben den **Schutz vor unrechtmäßiger und willkürlicher Freiheitsentziehung** dadurch, daß sie die Zulässigkeit der Freiheitsentziehung an einen doppelten Vorbehalt binden. Das nationale Recht, dessen Ausgestaltung den Mitgliedstaaten überlassen ist, muß zum Schutz vor Willkür die Haftvoraussetzungen materiellrechtlich festlegen und es muß sie mit verfahrensrechtlichen Regelungen verknüpfen, die die Eingriffe nachprüfbar machen. Dazu soll vor allem das Recht des einzelnen auf ein richterliches Haftprüfungsverfahren dienen; außerdem soll ein Schadensersatzanspruch 1

bei unrechtmäßiger Inhaftierung eine angemessene Kompensation ermöglichen[1]. Die Konventionen schaffen damit **Vorgaben für das nationale Recht,** das dort, wo es Freiheitsentziehungen vorsieht, ihren Anforderungen genügen muß[2].

1a **Unterschiede zwischen MRK und IPBPR.** Während **Art. 9 Abs. 1 IPBPR** neben formellen Verfahrensgarantien mit einem **allgemeinen Gesetzesvorbehalt** nur die gesetzliche Verankerung der Haftgründe fordert, erweitert **Art. 5 MRK** den Schutz dadurch, daß er die Gründe, aus denen das nationale Recht eine Freiheitsentziehung vorsehen darf, in einem Katalog **abschließend aufzählt** und damit die Befugnis des nationalen Gesetzgebers auch in der Sache beschränkt. Trotz der häufigen Befassung der europäischen Organe mit Art. 5 MRK[3] war seine Tragweite in einer Reihe von Einzelfragen lange umstritten[4], die Rechtsprechung des Gerichtshofs hat sich jedoch in den letzten Jahren in einer Reihe von Fragen auf bestimmte Lösungen festgelegt.

2 **2.** Die **Behandlung des Gefangenen während einer Freiheitsentziehung**, die Modalitäten des **Haftvollzugs,** werden in Art. 5 MRK, Art. 9 IPBPR nicht geregelt[5], wohl aber in Art. 10 IPBPR[6]. Für einzelne Fragen sind neben den Verboten der Art. 3 MRK, Art. 7 IPBPR und der als Leitprinzip für die Behandlung der Untersuchungsgefangenen herangezogenen Unschuldsvermutung[7] für den Haftvollzug auch die Garantien in Art. 8 MRK, Art. 17 IPBPR einschlägig[8]. Das Verbot, jemanden nur deshalb in Haft zu nehmen, weil er eine vertragliche Verpflichtung nicht erfüllen kann (Art. 11 IPBPR) fehlt in der MRK. Es wurde erst später in Art. 1 des 4. ZP in das System des Europäischen Menschenrechtsschutzes übernommen. Praktische Bedeutung hat dieses historisch bedingte Verbot („Schuldturm") hier kaum, da es nur bei Haft wegen der bloßen Nichterfüllung vertraglicher Verpflichtungen greifen würde, nicht aber bei der Verletzung gesetzlicher, insbesondere öffentlich-rechtlicher Pflichten[9]. Auf die gerichtliche Verurteilung zu einer Freiheitsentziehung ist es nicht anwendbar, es erfaßt auch nicht Ersatzfreiheitsstrafen[10].

3 **3. Auslegung, Sinn und Tragweite** von Art. 9 IPBPR und vor allem des schlechtgefaßten und in seiner Struktur komplizierten Art. 5 MRK können nicht allein aus dem Wortlaut erschlossen werden. Die bei der Abfassung des Ausnahmekatalogs verwendeten Begriffe[11] dürfen denen des jeweiligen nationalen Rechts nicht ohne weiteres gleichgesetzt werden. Die Versuche einer logisch systematischen und in sich stimmigen Wortinterpretation brachten weder überzeugende Ergebnisse noch haben sie, soweit ersichtlich, die Rechtsprechung der europäischen Instanzen beeinflußt, die die anstehenden Fragen oft unter bewußtem Verzicht auf dogmatische Begriffsbestimmungen vorrangig unter dem Blickwinkel einer praktischen Verwirklichung des Menschenrechtsschutzes behandeln und entscheiden. Ihr **eindeutiges Ziel**, den einzelnen vor willkürlicher Freiheitsentziehung

---

[1] Die Vorschriften sind vor allem durch die rein deskriptive Katalogisierung unübersichtlich geworden. Vgl. zu Art. 5 MRK *Herzog* AöR **86** (1961) 195; zu Art. 9 IPBPR *Nowak* 10 ff.

[2] Etwa EGMR 24.10.1979 Winterwerp/NdL (EuGRZ **1979** 650); 12.6.2003 Herz/D (NJW **2004** 2209) mit weit. Nachw.

[3] Vgl. *Trechsel* EuGRZ **1980** 514.

[4] Vgl. *Herzog* AöR **86** (1961) 194 ff; *Trechsel* EuGRZ **1980** 514.

[5] *Frowein/Peukert* 6 mit Hinweis, daß jedoch eine mit dem Haftgrund unvereinbare Unterbringung die Rechtmäßigkeit der Haft in Frage stellen kann.

[6] Nach Art. 5 MRK (Art. 10 IPBPR); vgl. auch Rdn. 16.

[7] Vgl. *Kühne/Esser* StV **2002** 383.

[8] Vgl. dort Rdn. 29, 39a; ferner *Kühne/Esser* StV **2002** 383.

[9] Dazu *Nowak* 5 ff, vgl. auch Rdn. 53 ff.

[10] Vgl. *Frowein/Peukert* Art. 1 des 4. ZP; *Meyer-Ladewig* Art. 1 Protokoll Nr. 4.

[11] Zur sogen. Definitionsmethode vgl. *Koschwitz* Die kurzfristige polizeiliche Freiheitsentziehung (1969) 172; ferner etwa *Herzog* AöR **86** (1961) 198 Fußn. 13, 222; BayVBl. **1959** 45; *Partsch* ZaöRV **15** (1954) 647.

zu schützen, ist für die Auslegung richtunggebend[12]. Die Zielsetzungen anderer Bestimmungen des Grundrechtsteils der Konventionen sind dabei mit zu berücksichtigen, vor allem auch **Schutzpflichten**, wie etwa für das Leben, die den Staat aufgrund anderer Bestimmungen der Konventionen treffen[13]. Nicht entscheidend dürfte insoweit sein, ob der Menschenrechtsteil der Konventionen ein geschlossenes System bildet[14].

Art. 6 Abs. 1 MRK ist auf die **verfahrensrechtlichen Garantien** des Art. 5 MRK nicht 4
anwendbar. Das in den Absätzen 2 bis 4 vorgesehene Haftprüfungsverfahren dient nicht der Entscheidung über die Stichhaltigkeit einer erhobenen Anklage oder über Ansprüche des Zivilbereichs im Sinne des Art. 6 Abs. 1 MRK[15]. Gleiches gilt für das Verhältnis zwischen Art. 9 und Art. 14 IPBPR.

II. Schutz der körperlichen Freiheit und Sicherheit

1. Körperliche Freiheit

a) Art. 5 MRK und **Art. 9 IPBPR** schützen die Freiheit des einzelnen nur in ihrer 5
klassischen Ausprägung als **körperliche Freiheit,** also die Freiheit, den Aufenthaltsort ungehindert von Zwang selbst wählen und verändern zu können[16], vor ihrem vollen Entzug, nicht aber vor partiellen Einschränkungen und sonstigen Regelungen. Der vollständige Freiheitsentzug als staatliche Zwangsmaßnahme wird dadurch nicht ausgeschlossen; die Konventionsverbürgungen sollen aber verhindern, daß jemand aufgrund einer staatlichen oder dem Staat zuzurechnenden Maßnahme gesetzwidrig oder willkürlich **festgenommen** und **in Haft gehalten** wird. Ihr Ziel ist, daß keiner seine Freiheit verlieren darf, wenn nicht ein anerkannter, hinreichend bestimmter und in einem ordnungsgemäßen Verfahren festgestellter Tatbestand des nationalen Rechts dies im konkreten Fall rechtfertigt[17]. Festnahme und Haft werden in den einzelnen Absätzen dieser Artikel nicht in einem engen, rechtstechnisch auf bestimmte Maßnahmen beschränkten Sinn verstanden, sondern entsprechend dem Schutzzweck allgemein als „Entzug der persönlichen Freiheit“ bzw. als „Zustand des Freiheitsentzugs“. Bei einer engeren, nicht alle Fälle des Freiheitsentzugs umfassenden Auslegung wären die nur an diese Begriffe anknüpfenden Verfahrensgarantien dieser Artikel nicht lückenlos gewährt[18].

b) Die sonstigen Freiheitsverbürgungen, wie die allgemeine Handlungsfreiheit[19], die 6
die Freiheit von staatlichem Zwang einschließt oder die freie Entfaltung der Persönlichkeit oder einzelne besondere Freiheitsrechte, wie die Gewissensfreiheit, die Meinungsfreiheit, die Freiheit von Furcht oder die Freizügigkeit[20] werden durch Art. 5 MRK, Art. 9 IPBPR ebensowenig gewährleistet wie sonstige Grundrechte, etwa die körperliche Unversehrtheit[21].

---

12 EGMR ständ. Rspr., etwa 24.10.1979 Winterwerp/NdL (EuGRZ **1979** 650); 6.11.1980 Guzzardi/I (EuGRZ **1983** 633); 28.5.1985 Ashingdane/GB (NJW **1986** 2173); 18.12.1986 Bozano/F (EuGRZ **1987** 101); vgl. Einf. Rdn. 57 ff.

13 Vgl. Art. 2 MRK Rdn. 12 ff.

14 So *Herzog* AöR **86** (1961) 199; dagegen *Partsch* 128 Fußn. 403.

15 EGMR 27.6.1968 Neumeister (EuGRZ **1975** 393); EKMR EuGRZ **1988** 507; *Frowein/Peukert* 2.

16 EGMR 8.6.1976 Engel/NdL (EuGRZ **1976** 224); 6.11.1980 Guzzardi/I (EuGRZ **1983** 633); EKMR EuGRZ **1979** 421; ferner etwa *Herzog* AöR **86** (1961) 202; *Frowein/Peukert* 2; *Nowak* 3; *Trechsel* EuGRZ **1980** 515 („liberté d'aller et de venir"); zu Art. 9 IPBPR vgl. *Nowak* 17 ff.

17 *Nowak* 2.

18 *Nowak* 17 ff, insbes. 21 (extensiv zu interpretieren).

19 *Grabenwarter* § 21 Rdn. 2; *Herzog* AöR **86** (1961) 201.

20 EGMR 28.5.1985 Ashingdane/GB (NJW **1986** 2173); *Grabenwarter* § 21 Rdn. 3. Vgl. Art. 12 IPBPR; Art. 2 des 4. ZP MRK.

21 *Frowein/Peukert* 8; *Nowak* 3.

7 2. **Die Sicherheit** wird in Art. 5 Abs. 1 MRK, Art. 9 Abs. 1 IPBPR neben der persönlichen Freiheit besonders erwähnt[22]. Gemeint ist damit die bei Eingriffen in die Freiheit besonders wichtige Rechtssicherheit, die jede Willkür ausschließen soll. Der einzelne soll nicht in ständiger Furcht davor leben, daß ihn der Staat seiner Freiheit berauben kann. Eine Ausdehnung der Garantien auf ein **anderes Schutzgut** liegt darin nicht[23]. Es wird kein neues Rechtsgut angesprochen, vor allem wird damit keine allgemeine Schutzpflicht des Staates begründet. Ein allgemeines Recht des einzelnen auf staatlichen Schutz vor anderen Gefährdungen, wie etwa ein Schutz vor Ausweisung oder auf Sicherheit vor Kriminalität, kann daraus nicht hergeleitet werden[24]. Gemeint ist die Sicherheit des einzelnen vor einem **willkürlichen Entzug** seiner persönlichen physischen Freiheit[25]. Entsprechend dem Bekenntnis der Präambel der MRK zur Rechtsstaatlichkeit wird für diesen besonders sensiblen Bereich die allgemeine Forderung nach Rechtssicherheit verdeutlicht. Staatliche Eingriffe in die Freiheit der Person sind nur zulässig, wenn sie auf hinreichend bestimmten und damit für den einzelnen vorhersehbaren Vorschriften des nationalen Rechts beruhen und wenn durch eine Haftkontrolle durch unabhängige Stellen, vor allem durch Gerichte, ausgeschlossen wird, daß dieses Recht von den Staatsorganen willkürlich ausgelegt oder mißachtet wird. Staatliche Organe dürfen eine freiheitsentziehende Maßnahme nicht dazu mißbrauchen, daß sie mit ihr einen anderen als den zu ihrer Rechtfertigung vorgegebenen Zweck verfolgen[26], etwa, um in verschleierter Form ein nach der nationalen Rechtsordnung nicht zulässiges Ziel herbeizuführen, wie die Umgehung einer für unzulässig erklärten Auslieferung durch zwangsweises Überstellen in ein zur Auslieferung an den Verfolgerstaat bereites Drittland[27].

8 **Für den gesamten staatlichen Bereich** gilt die Forderung nach Sicherheit und Ausschluß jeder Willkür bei Eingriffen in die Freiheit. Neben Verwaltung und Rechtsprechung ist auch das **einen Freiheitsentzug vorsehende Recht** daran zu messen[28]. Völlig **unbestimmte und unberechenbare gesetzliche Haftgründe**, welche die Entscheidung über die Freiheitsentziehung weitgehend dem Belieben ausführender Organe überlassen, gewähren dem einzelnen keine Sicherheit; sie genügen deshalb nicht den Anforderungen, die der Gesetzesvorbehalt der Konventionen an eine den Freiheitsentzug rechtfertigende nationale Regelung stellt. Gleiches gilt für nationale Regelungen, die deshalb gegen das auch für den Gesetzgeber geltende Willkürverbot verstoßen, weil sie durch keinen **vernünftigen sachlichen Grund** gerechtfertigt sind oder ersichtlich nur einzelne Bevölkerungsgruppen diskriminieren sollen[29]. Willkürliche Freiheitsentziehungen werden niemals durch die Konventionen gerechtfertigt[30].

9 Zur Sicherheit gehört der **verfahrensrechtliche Schutz der Freiheit**[31]. Vor einer willkürlichen Freiheitsentziehung ist der einzelne nur dann wirklich gesichert, wenn für ihn nicht nur ersichtlich ist, unter welchen Voraussetzungen er in Haft genommen und gehal-

---

22 Zur Entstehung *Nowak* 7 ff.

23 Zu Art. 5 MRK *Frowein/Peukert* 4; *Funk/Gimpel-Hinteregger* EuGRZ **1985** 1; *Partsch* 124; *Trechsel* EuGRZ **1980** 518 Fußn. 37. Zu Art. 9 IPBPR vgl. *Nowak* 7 ff (auch Anspruch auf staatlichen Schutz der Freiheit).

24 Vgl. EGMR 25.6.1996 Amuur/F (EuGRZ **1996** 577); *Kokott* EuGRZ **1996** 569; *Grabenwarter* § 21 Rdn. 2; *Meyer-Ladewig* 1.

25 *Guradze* 2; *Meyer-Goßner*[47] 1; *Partsch* 124; *Trechsel* EuGRZ **1980** 518; vgl. ferner Rdn. 17 ff und die dort angeführten Entscheidungen des EGMR.

26 Vgl. Art. 18 MRK, Rdn. 4.

27 EGMR 18.12.1986 Bozano/F (EuGRZ **1987** 101); vgl. dazu und zum Problem des male captus Rdn. 63.

28 *Trechsel* EuGRZ **1980** 518; dies gilt auch im Bereich des common law, vgl. EGMR 26.4.1979 Sunday Times/GB (EuGRZ **1979** 386).

29 *Frowein/Peukert* 5; *Nowak* 29 ff.

30 Etwa EGMR 24.10.1979 Winterwerp/NdL (EuGRZ **1979** 650); 5.10.1981 X/GB (EuGRZ **1982** 101).

31 *Frowein/Peukert* 4 (securité juridique); weiter wohl *Herzog* (Recht auf Freiheit vor Furcht und Beunruhigung); nach *Trechsel* EuGRZ **1980** 518 Fußn. 39 muß die Tragweite des selbständigen Begriffs der Sicherheit erst noch festgelegt werden.

ten werden darf, sondern auch, wenn er bei Inhaftierung die Möglichkeit hat, die strikte Beachtung des Rechts in einem geregelten, seine Verteidigungsrechte wahrenden gerichtlichen Verfahren überprüfen zu lassen[32]. Dies setzt nicht notwendig die Anordnung, wohl aber die effektive Nachprüfung der Haftgründe durch unabhängige Richter voraus. Zur Gewährleistung der Sicherheit des einzelnen vor Eingriffen in seine Freiheit gehört ferner, daß staatliche Organe in diese **nicht indirekt** dadurch eingreifen, daß sie vom Recht nicht vorgesehene Freiheitsentziehungen durch private Dritte veranlassen oder billigen.

3. Als Menschenrechte wird der Schutz vor ungerechtfertigten Eingriffen in die persönliche Freiheit und Sicherheit **jedem Menschen** im Hoheitsbereich des jeweiligen Vertragsstaates garantiert, nicht nur den eigenen Staatsangehörigen oder den Angehörigen der Vertragsstaaten. Dies ergibt der Wortlaut von Art. 5 MRK und Art. 9 IPBPR. Außerdem legen dies Art. 1 und 14 MRK ausdrücklich fest. Für den IPBPR folgt dies aus der Präambel, aus Art. 2 Abs. 1 IPBPR und dem allgemeinen Diskriminierungsverbot des Art. 26 IPBPR. **10**

Kinder und Minderjährige fallen, wie auch Art. 5 Abs. 1 Buchst. d MRK zeigt, in den Schutzbereich dieser Artikel[33], ferner Personen, deren Geschäftsfähigkeit beschränkt oder aufgehoben ist. Mit dem **Freiheitsentzug bei Jugendlichen** befaßt sich auch Art. 37 des Übereinkommens über die Rechte des Kindes vom 20.11.1989 (BGBl. II 1992 S. 121)[34], der in Buchst. b neben der Gesetzesbindung der Haft vorschreibt, daß die Freiheitsentziehung bei Kindern[35] nur als letztes Mittel und für die kürzeste Zeit angewendet werden soll und der in Buchst. d das Recht auf einen geeigneten Beistand, auf Überprüfung durch ein Gericht oder sonst eine unabhängige und unparteiische Stelle und auf alsbaldige Entscheidung wiederholt. **11**

Der einzelne erhält ein **Abwehrrecht** gegen jeden **vom Staat zu vertretenden**, willkürlichen oder sonst unzulässigen Freiheitsentzug. Die kraft **Elternrechts** von der Mutter veranlaßte Anstaltsunterbringung eines Minderjährigen ist dem Staat nicht zuzurechnen, auch wenn dies in einer staatlichen Einrichtung geschieht[36]. **12**

4. Verpflichtung des Staates. Art. 5 MRK und Art. 9 IPBPR verpflichten den Staat, dafür zu sorgen, daß seine Organe nur in den gesetzlich vorher bestimmten und nach den Konventionen zulässigen Fällen in die körperliche Freiheit einer Person eingreifen und daß das nationale Recht ein Verfahren vorsieht, das jedem Betroffenen ermöglicht, seine Rechte bei einem Freiheitsentzug effektiv zu wahren. Darüber hinausreichende **positive Schutzpflichten**, vor allem eine Pflicht des Staates, Eingriffen in die körperliche Freiheit durch ihn nicht zuzurechnende **Handlungen Dritter** entgegenzuwirken, können in der Regel[37] aus diesen Vorschriften nicht hergeleitet werden[38], vor allem auch kein Anspruch auf Asyl[39]. **13**

---

[32] Zur Konkretisierungspflicht vgl. Rdn. 8, 27.

[33] *Grabenwarter* § 21 Rdn. 2; vgl. EGMR 28.11.1988 Nielsen/Dän. (ÖJZ **1988** 666); EKMR bei *Strasser/Weber* EuGRZ **1987** 444 (Brogan), wieweit neben den von Art. 2 des 1. ZP anerkannten Elternrechten die Meinung des Minderjährigen maßgebend ist, blieb dort offen.

[34] Das für die Bundesrepublik mit Vorbehalten am 5.4.1992 in Kraft getretene Übereinkommen ist in dieser nicht unmittelbar anwendbar (Bek. vom 10.7.1992, BGBl. II S. 990).

[35] Unter Kind versteht Art. 1 der Konvention Jugendliche bis zu 18 Jahren, sofern nach dem anwendbaren nationalen Recht die Volljährigkeit nicht bereits früher eintritt.

[36] EGMR 28.11.1988 Nielsen/Dän. (ÖJZ **1988** 666); anders EKMR.

[37] Etwa *Funk/Gimpel-Hinteregger* EuGRZ **1985** 1 (kein Rechtsanspruch auf Schutz), vgl. oben Rdn. 9, 12.

[38] Nach *Nowak* 9 ist der Begriff Sicherheit dahin zu verstehen, daß er dem einzelnen auch einen Rechtsanspruch darauf gibt, daß seine persönliche Integrität nicht durch Private beeinträchtigt wird.

[39] *Frowein/Peukert* 6, 7. *Meyer-Ladewig* 1.

14 5. Im Falle eines **Staatsnotstandes** können Art. 5 MRK nach Maßgabe des Art. 15 MRK[40] und Art. 9 IBPBR nach Maßgabe des Art. 4 IPBPR außer Kraft gesetzt werden.

15 Dagegen kann **Art. 17 MRK** keine Einschränkung der Rechte aus Art. 5 MRK rechtfertigen. Bei Art. 5 MRK handelt es sich um ein reines Abwehrrecht gegen staatliche Eingriffe, dessen Ausübung nicht zur Abschaffung oder Einschränkung der von den Konventionen gewährleisteten positiven Freiheiten und Rechte mißbraucht werden kann[41]. Dies gilt auch für die gleiche Regelung in **Art. 5 Abs. 1 IPBPR**. Ob aus dem Grundgedanken des Art. 17 MRK eine staatliche Pflicht zum Schutze der garantierten Rechte und Freiheiten hergeleitet werden kann, die eine erweiternde Auslegung des Katalogs der zulässigen Haftgründe in Art. 5 Abs. 1 Satz 2 MRK zuläßt[42], erscheint fraglich.

III. Abgrenzung der Freiheitsentziehung

16 1. Nur vor der **umfassenden (allseitigen) Entziehung seiner körperlichen Bewegungsfreiheit** schützen Art. 5 MRK und Art. 9 IPBPR den einzelnen. Beschränkungen der Freizügigkeit oder der Bewegungsfreiheit fallen nicht in den Schutzbereich des Art. 5 MRK. **Freiheitsbeschränkungen**, also Eingriffe in die Freiheit von geringerer Intensität, durch die diese nicht entzogen, sondern nur in einer gewissen Richtung eingeschränkt wird, werden von ihm nicht erfaßt[43]. Die Grenzen sind aber fließend. Im konkreten Fall können solche Beschränkungen nach Art, Dauer und Auswirkungen die Schwelle zur Freiheitsentziehung überschreiten[44]. Ist dies nicht der Fall, können andere Konventionsbestimmungen einschlägig sein. So wird die Freizügigkeit durch Art. 2 des 4. ZP und Art. 12 IPBPR geschützt; das Verbot der Sklaverei, der Leibeigenschaft und der Zwangsarbeit folgt aus Art. 4 MRK und Art. 8 IPBPR. Nicht von Art. 5 MRK und Art. 9 IPBPR erfaßt werden die **Modalitäten der Unterbringung**[45] sowie die **Behandlung während einer Freiheitsentziehung**[46]. Einschlägige Vorschriften finden sich in den Verboten der Art. 3, 4 Abs. 3 MRK, Art. 7, 8 Abs. 3 IPBPR und in der Spezialvorschrift des Art. 10 IPBPR[47]. Grundsätzlich sind auch die anderen Konventionsgarantien mit den durch die Haft gerechtfertigten Einschränkungen auf Gefangene anwendbar.

2. Freiheitsentziehung

17 **a) Festnahme** und **Haft** werden als Beispiele angeführt. Das spricht dafür, daß **Freiheitsentziehung sinnorientiert auszulegen ist** und Maßnahmen umfaßt, deren Hauptzweck eine, wenn auch nur kurzfristige, Entziehung der persönlichen Freiheit ist[48]. Ähnlich wie bei Art. 104 GG muß es sich um eine den öffentlichen Organen zuzurechnende

[40] Zur Zulässigkeit der Außerkraftsetzung von Art. 5 Abs. 2 bis 4 MRK wegen des Terrorismus in Nordirland vgl. EGMR 1. 7. 1961 Lawless/Irl (Series A 3); dazu *Huber* ZaöRV **21** (1961) 649; ferner EGMR 18. 1. 1978 Irland/GB (EuGRZ **1979** 149); *Frowein/Peukert* 3.

[41] Verneinend EGMR 1. 7. 1961 Lawless /Irl (Series A 3), *Guradze* 1; *Frowein/Peukert* 3; *Koschwitz* 179 ff; insoweit auch *Herzog* AöR **86** (1961) 204 ff.

[42] So *Herzog* BayVBl. **1959** 45; AöR **86** (1961) 205.

[43] EGMR 8. 6. 1976 Engel/NdL (EuGRZ **1976** 221); *Esser* 200 ff; *Frowein/Peukert* 9 ff; *Meyer-Goßner*[47] 1.

[44] Vgl. etwa EGMR 6. 11. 1980 Guzzardi/I (NJW **1984** 544); 28. 11. 1988 Nielsen/Dän. (ÖJZ **1989** 666); 25. 6. 1996 Amuur/F (EuGRZ **1996** 577).

[45] Vgl. EKMR bei *Bleckmann* EuGRZ **1981** 115; *Herzog* AöR **86** (1961) 204 („kleine Freiheiten des Haftvollzugs").

[46] EGMR EuGRZ **1979** 655; 28. 5. 1985 Ashingdane (NJW **1986** 2173).

[47] *Frowein/Peukert* 19; *Herzog* AöR **86** (1961) 204; vgl. die Erläuterungen zu Art. 10 IPBPR (nach Art. 5 MRK).

[48] *Frowein/Peukert* 9 ff; *Guradze* 5; *Nowak* 2; *Meyer-Goßner*[47] 1; *Vogler* ZStW **82** (1970) 754; **89** (1977) 767; **a. A** *Herzog* AöR **86** (1961) 203.

Maßnahme handeln, die bezweckt, eine Person ohne oder gegen ihren Willen an einen bestimmten, eng begrenzten Ort für eine nicht nur unbeträchtliche Dauer festzuhalten[49]. Ein Entzug der Freiheit kann auch in der Auferlegung **haftähnlicher Bedingungen** liegen, wenn durch sie die wesentlichen Voraussetzungen der körperlichen Freiheit, vor allem die Möglichkeit, den Aufenthaltsort nach Belieben zu wechseln und sich unkontrolliert bewegen zu können, umfassend entzogen und nicht nur in einzelner Hinsicht begrenzt werden[50]. Ob eine **Freiheitsentziehung** oder nur eine **Freiheitsbeschränkung** vorliegt, ist nicht nach der Bezeichnung im nationalen Recht oder der dogmatischen Einordnung oder der Rechtsnatur des jeweiligen Eingriffs zu beurteilen. Auch eine rein begriffliche Grenzziehung, die allein auf Zweck oder Dauer abstellt[51], würde dem Schutzzweck nicht gerecht. Um den Unterschieden der nationalen Rechtsordnungen und den vielfältigen Erscheinungsformen der Eingriffe in die Freiheit Rechnung tragen zu können, wird eine am Schutzzweck orientierte Abgrenzung vertreten, die auf Zweck, Intensität und konkrete Auswirkungen der jeweiligen Maßnahme im Einzelfall abstellt[52].

b) Der EGMR geht, ebenso wie auch früher die EKMR davon aus, daß die **Abgrenzung der Freiheitsentziehung** von anderen, leichteren Formen der Freiheitsbeschränkung **nur gradueller Art** ist, nicht aber ein grundsätzlicher Unterschied **nach Art und Wesen**. Er stellt deshalb auf die **Intensität der jeweiligen Maßnahme** ab, die in einer **Gesamtwürdigung** der konkreten Lage geprüft wird. Dabei wird das Zusammenwirken aller dem Betroffenen auferlegten Einschränkungen in Betracht gezogen, ihr Zweck, ihre Auswirkungen und ihre **Dauer**[53]; ferner auch Art und Umfang aller auferlegten Beschränkungen der persönlichen Lebensgestaltung. Eine dauernde Überwachung fällt hierbei besonders ins Gewicht[54]. Der gelockerte Vollzug einer Freiheitsstrafe wurde ebenso als Freiheitsentziehung angesehen wie ein mit erheblichen Kommunikationseinschränkungen verbundener Hausarrest[55] oder die Disziplinarmaßnahme der Überweisung in eine Strafkompanie[56] oder die mit Überwachungsmaßnahmen und Einschränkungen verbundene Internierung auf einer kleinen Insel[57], nicht aber die Anweisung, sich in einer bestimmten Gemeinde aufzuhalten[58]. Die Verpflichtung eines Einreisewilligen, sich im Transitbereich eines Flughafens aufzuhalten, ist an sich nur eine Freiheitsbeschränkung, sie kann aber bei längerer Dauer als Freiheitsentziehung im Sinn des Art. 5 Abs. 1 MRK zu werten sein[59]. Daß der Betroffene mit der Maßnahme **einverstanden** ist, kann zwar für die Beurteilung dieser Maßnahme nach innerstaatlichem Recht von Bedeutung sein. Dies schließt aber nicht aus, daß eine behördliche Unterbringung als Freiheitsentziehung nach Art. 5 MRK zu überprüfen ist[60]. **18**

---

49 Vgl. *Maunz/Dürig* Art. 104 GG Rdn. 6 ff.

50 Vgl. *Esser* 200 ff; *Frowein/Peukert* 10 ff; *Nowak* 3.

51 Vgl. *Koschwitz* 36, 42; *Maunz/Dürig* Art. 104 GG Rdn. 6 (entscheidend Erfolg, nicht Zweck oder Motiv).

52 EGMR 8.6.1976 Engel/NdL (EuGRZ **1976** 221); EKMR EuGRZ **1979** 421; EKMR **1983** 633 (Guzzardi); zur Prüfungsmethode der EKMR in diesem Fall *Trechsel* EuGRZ **1980** 515.

53 EGMR 8.6.1976 Engel/NdL (EuGRZ **1976** 221; EKMR EuGRZ **1979** 421 und EGMR 8.11.1980 Guzzardi/I (NJW **1984** 544); EGMR 28.5.1985 Ashingdane/GB (NJW **1986** 2173).

54 EKMR 8.11.1980 Guzzardi/I (NJW **1984** 544); *Frowein/Peukert* 9 ff.

55 *Frowein/Peukert* 14; dies gilt auch für die modernen Formen elektronischer Überwachung; *Meyer-Ladewig* 2.

56 EGMR 8.6.1976 Engel/NdL (EuGRZ **1976** 221).

57 Vgl. etwa EGMR 28.5.1985 Ashingdane/GB (NJW **1986** 2173); EKMR EuGRZ **1979** 421; EGMR 8.11.1980 Guzzardi/I (NJW **1984** 544); ferner die Beispiele bei *Frowein/Peukert* 11 ff mit weit. Nachw.

58 EKMR nach *Trechsel* EuGRZ **1980** 515; *Frowein/Peukert* 13; *Meyer-Ladewig* 2.

59 EGMR 25.6.1996 Amuur/F (ÖJZ **1996** 956); anders EKMR in der gleichen Sache; vgl. aber auch EKMR ÖJZ **1994** 57. Auch *Grabenwarter* 21 Rdn. 2; *Meyer-Ladewig* 2 bejahen für den konkreten Fall die Freiheitsentziehung.

60 EGMR 18.6.1971 De Wilde u.a./Belg (Series A Nr. 12); *Esser* 202; *Villiger* HdB 319.

19 **Bezweckt** eine staatliche Maßnahme primär, eine Person unter einer Haft gleichzuachtenden Bedingungen nicht nur eine völlig unbeträchtliche Dauer festzuhalten, liegt ein Entzug der Freiheit auch vor, wenn diese tatsächlich nicht lange gedauert hat[61].

20 **Keine Freiheitsentziehung** im Sinne dieser Artikel sind in der Regel Maßnahmen, die nach dem objektiv erkennbaren Willen der Staatsorgane die Freizügigkeit oder Bewegungsfreiheit des von ihnen Betroffenen nur **in einer bestimmten Hinsicht** einschränken, wie etwa ein Platzverweis oder ein Verbot, sich an bestimmten Orten aufzuhalten oder sonst eine Aufenthaltsbeschränkung[62]. Auch die Auferlegung bestimmter, der Überwachung dienender Pflichten, wie tägliche Meldepflicht, Ausgang nur in Begleitung[63] sind noch keine Freiheitsentziehung. Eine solche wird auch verneint für die Zuweisung eines bestimmten Aufenthaltsorts, wenn im übrigen die für Haftverhältnisse charakteristischen Merkmale wie weitgehende Beschränkung der persönlichen Lebensgestaltung und dauernde Überwachung fehlen[64]. Keine Freiheitsentziehungen sind auch die auf Grund des Art. 2 Abs. 3, 4 des 4. ZP bei Vorliegen der dort aufgeführten Gründe zulässigen Einschränkungen der Bewegungsfreiheit[65].

21 c) Bei **kurzfristigen Eingriffen in die Freiheit**, wie sie vor allem im Polizeirecht vorkommen, kann die Abgrenzung zweifelhaft sein. Solche Maßnahmen sind in vielen Konventionsstaaten üblich[66]; hieran wollten wohl auch die Konventionen nichts ändern. Bei Art. 9 IPBPR spielt die Eingrenzung der Freiheitsentziehung keine große Rolle; wegen des allgemeinen Gesetzesvorbehalts kommt es nicht auf die Intensität des Freiheitsentzuges an; entspricht ein Eingriff dem nationalen Recht, wird er durch den allgemeinen Gesetzesvorbehalt gerechtfertigt. Bei Art. 5 MRK ist dagegen zweifelhaft und strittig, ob und wieweit solche vorübergehenden Eingriffe in die Bewegungsfreiheit von den Fallgruppen des Ausnahmekatalogs gedeckt werden, wenn man sie als Freiheitsentziehung ansieht[67]. *Koschwitz* schließt aus den nach seiner Ansicht vom Katalog nicht erfaßten Fällen, daß solche kurzfristigen Maßnahmen überhaupt nicht in den durch „Festnahme und Haft" charakterisierten Schutzbereich des Art. 5 fallen[68]. Soweit sich das Schrifttum mit dem Problem näher befaßt[69], wird auch der umgekehrte Weg beschritten: die auf kurze Dauer gerichteten freiheitsentziehenden Maßnahmen werden zwar in den Begriff der Freiheitsentziehung mit einbezogen[70], ihre Zulässigkeit wird dann aber in weiter Auslegung der im Ausnahmekatalog enthaltenen Eingriffsvorbehalte oder in einer dessen Sinn Rechnung tragenden Analogie erreicht[71].

---

61 Zur Frage der Dauer allgemein *Koschwitz* 36 ff, der bei Art. 104 GG allerdings nur ganz kurzfristige Freiheitsentziehungen ausklammern will.

62 Vgl. *Frowein/Peukert* 12: Ausgehverbot für die Nacht; Verbot, sich außerhalb des bebauten Gebiets einer Ortschaft zu bewegen; *Esser* 200.

63 *Frowein/Peukert* 13.

64 *Funk/Gimpel-Hinteregger* EuGRZ **1985** 12 für Internierung und Konfinierung nach öster. Recht. Vgl. aber auch Rdn. 22 am Ende.

65 *Grabenwarter* § 21 Rdn. 3; vgl. 4. ZP Art. 2 Rdn. 4, 5.

66 Vgl. *Koschwitz* 221 ff.

67 *Grabenwarter* § 21 Rdn. 3, vgl. auch *Frowein/Peukert* 17, 18, *Koschwitz* 185 ff; *Stein* EuGRZ **1976** 285.

68 *Koschwitz* 249; *Hodler* NJW **1953** 531; **a. A** *Maaß* NVwZ **1985** 155; *Franz* NJW **1966** 240 läßt dies offen.

69 Vgl. *Trechsel* EuGRZ **1980** 514 ff (Anwendung auf solche de facto Freiheitsentziehungen aber wenig sinnvoll). Vielfach werden solche Maßnahmen, wie etwa die Vorführung oder die polizeiliche Festnahme von Störern, einfach bei den nach dem Katalog zulässigen Maßnahmen mit angeführt, vgl. etwa *Guradze* 12; *Kleinknecht/Meyer*[40] 3.

70 So *Trechsel* EuGRZ **1980** 517; auch EKMR bei *Bleckmann* EuGRZ **1981** 120 bei kurzfristiger Festnahme zum Zwecke der Blutentnahme; *Frowein/Peukert* 18; *Meyer-Ladewig* 3.

71 Dazu *Koschwitz* 248.

Der Schutzzweck von Art. 5 MRK, Art. 9 IPBPR läßt es an sich vertretbar erscheinen, Maßnahmen, deren von vornherein erkennbare andere **Zielsetzung** die Bewegungsfreiheit des Betroffenen nur als Mittel für einen anderen Zweck **kurzfristig** aufhebt, aus dem Schutzbereich auszugrenzen[72], so etwa bei einer Sicherheitskontrolle[73] oder beim Festhalten oder Mitnahme zur Polizeidienststelle zum Zwecke der Personalienfeststellung (etwa § 163b StPO)[74] oder der Entnahme einer Blutprobe oder zu einer Einvernahme[75]. Der Eingriff in die Freiheit ist in solchen Fällen weder Zweck noch Schwerpunkt der jeweiligen Maßnahme, sondern nur die unvermeidliche Folge einer anderen Maßnahme, die auch für den Betroffenen von Anfang an erkennbar seine volle Bewegungsfreiheit nur für eine kurze Zeit zur Sicherung der Erfüllung einer ihn als Bürger treffenden Pflicht als deren unvermeidbare Nebenfolge aufhebt[76]. Solche relativ kurzfristigen Beschränkungen der Bewegungsfreiheit enden automatisch, wenn der Zweck dieser Maßnahme erreicht ist. Solche Eingriffe, die ausschließlich sichern sollen, daß der Betroffene sich nicht der Erfüllung einer **Auskunfts-, Präsenz- oder Wartepflicht** entzieht[77], dürfen aber keinen weiteren Zweck verfolgen und sie dürfen nur solange andauern, als für die Erfüllung der jeweiligen Pflicht unerläßlich ist[78]. Dauern sie länger, liegt darin eine – in der Regel unzulässige – Freiheitsentziehung. Für diese Ausgrenzung läßt sich anführen, daß bei solchen Maßnahmen die von den Konventionen in Art. 5 MRK, Art. 9 IPBPR vorgesehenen Verfahrensgarantien der Absätze 2 bis 4 in der Regel nicht passen[79] oder leerlaufen, da der Betroffene bereits wieder in Freiheit ist, bevor sie greifen könnten[80]. Die Ausgrenzung ist allerdings keine qualitative, sondern nur eine quantitative, so daß bei Würdigung der **Umstände des Einzelfalls**, wie Art, Umstände und Auswirkungen der Beschränkung und ihrer Dauer in einem nur die mit der Durchführung einer anderen Maßnahme bezweckenden Festhalten eine von den Konventionen erfaßte Freiheitsentziehung liegen kann[81]. Vor allem bei einer längeren Dauer werden die Grenzen zu einer Freiheitsentziehung überschritten sein[82]. Eine solche liegt immer **22**

---

72 *Grabenwarter* § 21 Rdn. 3.

73 Östr. VfGH EuGRZ **1974** 5; *Trechsel* EuGRZ **1980** 517, vgl. auch *Frowein/Peukert* 17.

74 Der Eingriff in die Freiheit kann in solchen Fällen vielfach auch mit der zweiten Alternative von Absatz 1 Buchst. b (Erfüllung einer gesetzlichen Pflicht) gerechtfertigt werden.

75 Vgl. EKMR bei *Bleckmann* EuGRZ **1982** 540; *Frowein/Peukert* 18; ferner *Grabenwarter* § 21 Rdn. 6 (auch wenn keine ausdrückliche gesetzliche Pflicht besteht).

76 Dazu kann auch die Anordnung nach § 231 Abs. 1 StPO gerechnet werden, mit der der Vorsitzende verhindert, daß sich ein zur Anwesenheit verpflichteter Angeklagter unbefugt aus einer nur wenige Stunden dauernden Hauptverhandlung entfernt, ferner auch die verschiedenen Fälle der zwangsweisen **Vorführung** (etwa § 51 Abs. 2, §§ 134, 161a, 163a Abs. 2, §§ 230 Abs. 2; 236 StPO oder 380 Abs. 2 ZPO), sofern die Bewegungsfreiheit von Anfang an erkennbar nur kurzfristig eingeschränkt werden soll; zur Möglichkeit, solche Eingriffe auch mit Absatz 1 Buchst. b zu rechtfertigen, vgl. Rdn. 53 ff.

77 *Frowein/Peukert* 18; die Kommission nahm in einem Fall Freiheitsentziehung an; zum Verbot, den Transitbereich eines Flughafens zu verlassen *Frowein/Peukert* 13, 18.

78 EKMR bei *Bleckmann* EuGRZ **1982** 540; *Grabenwarter* § 21 Rdn. 3; *Trechsel* EuGRZ **1980** 517 (unter Hinweis auf die Problematik bei längerer Dauer); *Vogler* ZStW **82** (1970) 754; **89** (1977) 767; *Frowein/Peukert* 18; *Koschwitz* 42 hält den Zweck an sich für ein ungeeignetes Abgrenzungskriterium.

79 Sie fallen in den Schutzbereich des Art. 2 des 4. ZP.

80 Vgl. *Koschwitz* 26; auch *Trechsel* EuGRZ **1980** 517 hält es für fraglich, ob eine Haft, die kürzer dauert als die Zeit, die für die Herbeiführung der richterlichen Entscheidung erforderlich ist, noch in den Schutzbereich des Art. 5 MRK fällt, vgl. auch *Trechsel* StV **1992** 89 (zu Art. 5 Abs. 4 MRK).

81 EGMR 25.6.1996 Amuur/F (ÖJZ **1996** 956); EGMR 8.11.1980 Guzzardi/I (NJW **1984** 544: Verbannung auf Insel); andererseits EGMR 28.11. 1988 Nielsen/Dän. (ÖJZ **1989** 666: Unterbringung eines Kindes keine Freiheitsentziehung); *Esser* 200; vgl. auch *Peters* 92 (Unterschied nur graduell); *Gusy* NJW **1992** 457 (Keine materielle Abgrenzung nach Dauer und Intensität, sondern formell nach Zweck). ferner Rdn. 18, 24.

82 Vgl. Rdn. 18.

vor, wenn eine Person noch festgehalten wird, obwohl der Zweck der jeweiligen Maßnahme bereits erreicht oder wenn die gesetzlich festgelegte Höchstdauer der Festhaltung überschritten wird[83].

23 Die allgemeine Tendenz dürfte allerdings eher dahin gehen, auch solche kurzfristige Eingriffe in die Freiheit **in den Schutzbereich des Art. 5 mit einzubeziehen**[84], und so alle Unsicherheiten einer quantitiven Abgrenzung zu vermeiden. Daß die Schutzmechanismen des Art. 5 bei solchen kurzfristigen Eingriffen gar nicht zum Tragen kommen können, wird dabei hingenommen. Zum einen werden auch diese Eingriffe in die Freiheit meist durch den Ausnahmekatalog des Art. 5 Abs. 1 MRK (insbes. Buchst. b)[85] gedeckt, zum anderen bleibt die nachträgliche Feststellung ihrer Konventionswidrigkeit möglich. Bei Art. 9 IPBPR werden solche Maßnahmen ohnehin vom Gesetzesvorbehalt des Art. 9 IPBPR umfaßt.

24 **3.** Bei **Personen**, die in einem **besonderen Pflichtenverhältnis** stehen, wie etwa beim Wehrdienst, beurteilt es sich nach der konkreten Sachlage, ob eine im Zusammenhang damit angeordnete Beschränkung der Freiheit nur die allgemeine Folge des nicht von Art. 5 MRK, Art. 9 IPBPR erfaßten Pflichtenverhältnisses ist oder ein darüber hinausreichender zusätzlicher individueller Eingriff in die Bewegungsfreiheit. Bei **Disziplinarmaßnahmen** gegen Angehörige der Streitkräfte wird eine unter Art. 5 MRK fallende Freiheitsentziehung nur dann angenommen, wenn diese zusätzliche erhebliche Beschränkungen in bezug auf die Bewegungsfreiheit beinhaltet, so daß ein einschneidender Unterschied zu den üblichen Lebensbedingungen der Angehörigen der jeweiligen Streitkräfte besteht. Dies kann bei einem als Disziplinarmaßnahme verhängten strengen Arrest der Fall sein, bei dem – anders als beim leichten Arrest – der betroffene Soldat nicht am allgemeinen Dienst teilnimmt, sondern eingesperrt bleibt[86].

25 **4.** Personen, denen bereits die **Freiheit entzogen** ist, etwa, weil sie sich bereits in Straf- oder Untersuchungshaft befinden, können sich nicht auf Art. 5 MRK, Art. 9 IPBR berufen, wenn der ihnen verbliebene Raum durch eine behördliche Maßnahme weiter eingeschränkt wird, z. B. durch eine Disziplinarmaßnahme[87]. Gleiches gilt auch für eine nur vorgemerkte, aber noch nicht vollzogene Haft, selbst wenn diese Vormerkung sich negativ auf Maßnahmen im Rahmen der derzeit vollstreckten Haft auswirken sollte (kein Urlaub, keine vorzeitige Entlassung)[88]. Selbst in dem als Sanktion für ein Fehlverhalten angeordneten Verlust der Vergünstigung einer vorzeitigen Haftentlassung („loss of remission") wurde keine zusätzliche Freiheitsentziehung gesehen[89].

---

[83] Vgl. EGMR 27.11.1997 K.F./D (NJW **1999** 775).

[84] Etwa EGMR 27.11.1997 K.F./D (NJW **1999** 775); *Esser* 200 ff; 208; *Frowein/Peukert* 18; *Maaß* NVwZ **1985** 151, 155; *Trechsel* EuGRZ **1980** 185.

[85] Vgl. Rdn. 53 ff.

[86] Vgl. EGMR 8.6.1976 Engel/NdL (EuGRZ **1976** 224), der unter Verneinung für den entschiedenen Fall die einzelnen Arrestformen des niederländischen Militärdisziplinarrechts prüfte, und – anders als die EKMR – eine Freiheitsentziehung nur beim strengen Arrest, nicht aber bei verschärftem Arrest bejahte; dazu *Frowein/ Peukert* 22; vgl. ferner EGMR 25.3.1983 Minelli/CH (EuGRZ **1976** 287); *Stein* EuGRZ **1977** 285; *Trechsel* EuGRZ **1980** 516; *Triffterer* EuGRZ **1976** 363; *Villiger* HdB 136; *Vogler* ZStW **89** (1977) 768; EKMR bei *Bleckmann* EuGRZ **1983** 433.

[87] *Frowein/Peukert* 19; *Trechsel* EuGRZ **1980** 517.

[88] *Frowein/Peukert* 21; vgl. *Trechsel* EuGRZ **1980** 522.

[89] EKMR nach *Trechsel* EuGRZ **1980** 517, der dagegen Bedenken anmeldet; ferner *Frowein/Peukert* 29.

B. Zulässigkeitsvoraussetzungen der Freiheitsentziehung

I. Gesetzmäßigkeit

1. Verbot der willkürlichen Festnahme. Art. 9 Abs. 1 IPBPR verbietet ausdrücklich jede willkürliche Festnahme. Bei **Art. 5 MRK** wird das Willkürverbot nicht besonders erwähnt. Es gilt aber auch hier, wie sich aus der Garantie der Sicherheit ergibt und wie auch aus dem Rechtsstaatsprinzip der Präambel und der Bindung an das innerstaatliche Recht betont wird. Alle Eingriffe in die Freiheit müssen, wie der Wortlaut des Art. 5 Abs. 1 MRK verdeutlicht, **„rechtmäßig"** sein. Sie müssen im Gesetz vorgesehen sein und in der „gesetzlich vorgeschriebenen Weise" vorgenommen werden. Eine willkürliche Freiheitsentziehung kann in einer demokratischen Gesellschaft niemals als rechtmäßig angesehen werden[90]. Anders als in Art. 9 IPBPR werden außerdem in Art. 5 Abs. 1 MRK die Gründe, aus denen eine Freiheitsentziehung im nationalen Recht angeordnet werden darf, **abschließend aufgezählt**. Die Haftgründe unterliegen also bei Art. 5 MRK einer mehrfachen Bindung. Sie müssen im **nationalen Recht** eine hinreichend bestimmte, normative Rechtsgrundlage haben, sie müssen zu einer der 6 Gruppen gehören, bei denen Art. 5 Abs. 1 Satz 2 MRK die Freiheitsentziehung gestattet[91] und ihr Vorliegen muß unter Einhaltung der nationalen Verfahrensregeln festgestellt sein. Wegen dieser direkten Bezugnahme auf das nationale Recht erstreckt der Gerichtshof seine Nachprüfung der Rechtmäßigkeit einer Freiheitsentziehung auch auf die Einhaltungen des nationalen Rechts[92]; dessen Ausgestaltung den genauen Vorgaben des Art. 5 MRK entsprechen und insbesondere die Voraussetzungen für eine Freiheitsentziehung klar und für jedermann einsichtig umreißen muß[93]. Die Logik des Schutzsystems setzt allerdings dem **Umfang der Nachprüfung** insoweit Grenzen, als die Anwendung und Auslegung des nationalen Rechts in erster Linie Sache der dazu qualifizierten nationalen Gerichte ist[94]. Fehlt es aber im nationalen Recht bereits an einer ausreichend konkreten Rechtsgrundlage für die Freiheitsentziehung oder ist diese eindeutig überschritten oder wird sie nicht oder willkürlich angewandt, ist eine Freiheitsentziehung auch im Sinne der Konventionen nicht rechtmäßig und schon deshalb konventionswidrig[95]. 26

2. Materielle Rechtmäßigkeit

a) Durch **einen gültigen Rechtssatz** muß die Haft generell abstrakt festgelegt sein. Auch ihre Anordnung muß dem nationalen Recht entsprechen. Beide Konventionen erstreben die Sicherheit vor willkürlichen Freiheitsentziehungen dadurch, daß sie die Zulässigkeit einer Freiheitsentziehung daran binden, daß sie im Einklang mit dem nationalen Recht steht. Zu diesem rechnen auch innerstaatlich als rechtens angesehene Übungen[96], ferner die innerstaatlich unmittelbar geltenden Regeln des Völkerrechts und 27

90 EGMR 24.11.1994 Kemmache/F (ÖJZ **1995** 394); 27.11.1997 K. & F./D (NJW **1999** 775).

91 EGRM 22.3.1995 Quin/F (ÖJZ **1995** 593) *Grabenwarter* § 21 Rdn. 4; *Meyer-Ladewig* 4. Zur Systematik des Art. 5 MRK vgl. *Trechsel* EuGRZ **1980** 518.

92 EGMR 24.10.1979 Winterwerp/NdL (EuGRZ **1979** 650); 18.12.1986 Bozano/F (EuGRZ **1987** 101); Bouamar/Belg (Series A 129); 24.11.1994 Kemmache/F (ÖJZ **1995** 394); 27.11.1997 K. & F./D (NJW **1999** 775); 4.8.1999 Douiyeb/NdL (NJW **2000** 2888); *Grabenwarter* § 21 Rdn. 4.

93 *Grabenwarter* § 21 Rdn. 4; *Meyer-Ladewig* 4.

94 Etwa EGMR 24.10.1979 Winterwerp/NdL (EuGRZ **1979** 650); 18.12.1986 Bozano/F (EuGRZ **1987** 101); 29.2.1988 Bouamar/Belg (Series A 129); 24.11.1994 Kemmache/F (ÖJZ **1995** 394).

95 *Frowein/Peukert* 25; *Meyer-Ladewig* 4, vgl. ferner vorst. Fußn.

96 EGMR 24.6.1982 van Droogenbroeck/Bel (EuGRZ **1984** 6: traditionelle Zuständigkeit des Justizministers); *Esser* 204.

unmittelbar verbindliche Rechtsnormen der Europäischen Gemeinschaften[97]. Erforderlich ist ein **Gesetz im materiellen Sinn**; ein **formelles Gesetz** (Parlamentsgesetz) ist nach der Rechtsprechung des EMRK nicht zwingend notwendig; auch andere, der nationalen Rechtsordnung entsprechende Rechtsnormen genügen[98], wie etwa in Großbritannien das common law. Unerläßlich ist jedoch, daß das einschlägige Recht **für jedermann deutlich erkennbar** ist. Jeder muß, erforderlichenfalls mit rechtskundiger Hilfe, feststellen können, unter welchen Voraussetzungen die nationale Rechtsordnung eine Freiheitsentziehung androht, so daß er sein Verhalten darauf einstellen kann[99]. Soweit im Schrifttum ein Gesetz im formellen Sinn gefordert wird[100], ist dies für die Bundesrepublik bedeutungslos, da sich hier dieses Erfordernis bereits aus Art. 104 Abs. 1 GG ergibt.

28 **Art. 9 Abs. 1 Satz 2 IPBPR** legt den Legalitätsgrundsatz in der Form eines **generellen Gesetzesvorbehalts** ausdrücklich fest, wobei auch hier Gesetz als eine generell-abstrakte Norm des innerstaatlichen Gesetzgebers oder als eine allen Rechtsunterworfenen zugängliche Norm des ungeschriebenen Gewohnheitsrechts (common law) verstanden wird[101].

29 **b) Zu unbestimmte Gesetze**, die die Voraussetzungen der Freiheitsentziehung nicht abgrenzbar festlegen, gewähren nicht die von den Konventionen geforderte Sicherheit vor Willkür, da sie praktisch Eingriffe in die Freiheit dem Belieben staatlicher Organe anheimstellen würden[102]. **Generalklauseln** in Gesetzen, die die Ingewahrsamnahme einer Person allgemein und undifferenziert zum Schutze der öffentlichen Sicherheit und Ordnung zulassen, genügen dem Erfordernis der rechtssatzmäßigen Bestimmtheit der Haftgründe nicht.

30 **Entsprechend rechtsstaatlichen Anforderungen** müssen die Gründe für die Freiheitsentziehung im nationalen Recht ausreichend deutlich festgelegt sein, damit Willkür ausgeschlossen und die von Art. 5 Abs. 1 geforderte Sicherheit gewährleistet ist[103]. Wie konkret diese Regelungen im Einzelfall sein müssen, wird aber nicht generell abstrakt, sondern meist in Würdigung des jeweiligen Einzelfalls entschieden. Eine Abgrenzung, die auf Grund der Gesamtumstände Art, Zweck und Dauer der jeweiligen Freiheitsentziehung berücksichtigt, dürfte trotz der damit verbundenen Rechtsunsicherheit im Hinblick auf die unterschiedlichen Rechtssysteme der Konventionsstaaten[104] vertretbar sein, denn Grenzen ergeben sich aus anderen Prinzipien, wie Willkürverbot, Grundsatz der Verhältnismäßigkeit in Verbindung mit dem Rechtsstaatsprinzip sowie im Rahmen der MRK aus dem allgemeinen Standard der demokratischen europäischen Staaten[105] und beim IPBPR wohl aus dem in der Präambel und den dort angeführten Dokumenten geforderten internationalen Mindeststandard.

31 **c) Zusätzliche Verbote der Konventionen.** Der materiellen Festlegung der Gründe, die allein eine Freiheitsentziehung rechtfertigen können, treten ergänzend einige unmittelbare Verbote in anderen Artikeln der Konventionen zur Seite. Vor allem verbietet **Art. 1 des 4. Zusatzprotokolls zur MRK**, jemanden allein deswegen die Freiheit zu entziehen,

---

[97] Vgl. EKMR EuGRZ **1979** 74 (Caprino); *Trechsel* EuGRZ **1980** 520.

[98] EGMR 26.4.1979 Sunday Times/GB (EuGRZ **1979** 386); *Funk/Gimpel-Hinteregger* EuGRZ **1985** 6; *Frowein/Peukert* 5, 25.

[99] Vgl. oben Rdn. 8; *Frowein/Peukert* 26; *Funk-Gimpel/Hinteregger* EuGRZ **1985** 6; *Grabenwarter* § 21 Rdn. 4; *Meyer-Ladewig* 4; *Trechsel* EuGRZ **1980** 519.

[100] *Guradze* 6; *Herzog* 211 (für Kontinentaleuropa); *Trechsel* EuGRZ **1980** 519 (Zweifel, ob Verzicht auf jedes Formerfordernis, sogar auf Schriftform, auf Kontinentaleuropa übertragbar); ebenso *Frowein/Peukert* 26.

[101] *Nowak* 27.

[102] *Nowak* 28; vgl. Rdn. 8.

[103] Vgl. Rdn. 7, 8.

[104] Vgl. Rdn. 17 ff.

[105] Vgl. Einf. Rdn. 58 ff.

weil er einer vertraglichen Verpflichtung nicht nachkommen kann. Ein gleichartiges Verbot enthält **Art. 11 IPBPR.**

3. Gesetzlich vorgeschriebenes Verfahren Zur Eindämmung von Willkür und zur Erhöhung der Sicherheit gehört die **Kontrolle der Legalität der Haftgründe** durch ein ordnungsgemäßes Verfahren. Deshalb fordern sowohl **Art. 5 Abs. 1 MRK** als auch **Art. 9 IPBPR,** daß die Haft „in gesetzlich vorgeschriebener Weise" bzw. „unter Beachtung des im Gesetz vorgeschriebenen Verfahrens" angeordnet werden muß. Die Freiheitsentziehung muß innerstaatlich das Ergebnis eines insgesamt rechtmäßigen Verfahrens sein. Das nationale Recht selbst muß die jeweiligen verfahrensrechtlichen Voraussetzungen für die Anordnung oder Überprüfung der in Frage kommenden Freiheitsentziehung hinreichend genau regeln. Das dabei zu beachtende Verfahren muß von den beteiligten Behörden auch tatsächlich eingehalten werden und zwar auch dort, wo es strengere Anforderungen stellt als die Konventionen. **Einzelne Verfahrensfehler**, wie ein Verstoß gegen bestimmte Formvorschriften[106], bedeuten aber nicht notwendig schon einen Konventionsverstoß, so wenn ein unzuständiges Gericht (gutgläubig) die Entscheidung getroffen hat[107] oder wenn eine Prüfungsfrist überschritten wurde[108]. Sofern nicht Willkür der nationalen Stellen vorliegt, begründet die fehlerhafte Rechtsanwendung nach Ansicht der Europäischen Organe nicht zwingend eine Konventionsverletzung. Der Gerichtshof sieht es grundsätzlich nicht als seine Aufgabe an, insoweit die Anwendung des nationalen Rechts im einzelnen nachzuprüfen und die dort auftretenden Streitfragen zu entscheiden[109]. Dies ist nach seiner Ansicht Aufgabe der nationalen Gerichte. Soweit allerdings die Konvention so an das nationale Recht anknüpft, daß dessen Verletzung bereits einen Konventionsverstoß bedeutet, überprüft er bis zu einem gewissen Grad auch die Einhaltung des nationalen Rechts. Wo er die Grenzen dieser Kontrollbefugnis zieht, ist schwer vorherzusagen, da hier die Umstände des Einzelfalls stark ins Gewicht fallen. Mitunter wird nur darauf abgestellt, ob die nationalen Entscheidungen Amtsmißbrauch, Unredlichkeit oder Willkür erkennen lassen[110]. Wenn allerdings nationale Stellen das **nationale Recht bewußt mißachtet** haben, was auch durch eine als Willkür zu wertende bewußte (bösgläubige) Fehlinterpretation geschehen kann[111] oder wenn zwingende nationale Verfahrensregeln zweifelsfrei und unstreitig verletzt worden sind, hat der EGMR eine Konventionsverletzung bejaht[112]. Desgleichen wertet der EGMR die Überschreitung einer im nationalen Recht bindend festgesetzten Höchstdauer für eine Freiheitsentziehung als Konventionsverstoß[113]. Werden Verfahrensgarantien der Kon- **32**

---

106 Vgl. EKMR nach *Trechsel* EuGRZ **1980** 520; *Frowein/Peukert* 30 ff.

107 Etwa EKMR EuGRZ **1978** 398; EGMR 14.10. 1979 Winterwerp/NdL (EuGRZ **1979** 650); Sunday Times (EuGRZ **1979** 655); *Frowein/Peukert* 30; *Trechsel* EuGRZ **1980** 520.

108 EGMR nach *Trechsel* EuGRZ **1980** 521.

109 Etwa EGMR 14.10.1979 Winterwerp/NdL (EuGRZ **1979** 650); 5.11.1981 X/GB (EuGRZ **1982 101**); 18.12.1986 Bozano/F (EuGRZ **1987** 101); EKMR EuGRZ **1987** 80 (Barbie); *Esser* 205; *Frowein* EuGRZ **1980** 236; ferner *Frowein/Peukert* 29 ff (Erörterung einzelner Entscheidungen); zur Beschränkung der Prüfungskompetenz unter dem Blickwinkel der Aufgabe vgl. *Herzog* AöR **86** (1961) 212.

110 Vgl. EGMR 10.6.1996 Benham/GB (ÖJZ **1996** 915); 24.11.1994 Kemmache/F Nr. 3 (ÖJZ **1995** 394) *Esser* 205 ff mit weit. Nachw.; vgl. auch vorst. Fußn.

111 *Frowein/Peukert* 30; *Villiger* HdB 326; vgl. auch vorst. Fußnoten.

112 *Frowein/Peukert* 30, 36 unter Hinweis auf EGMR 21.2.1900 Van der Leer/NdL (Series A 170a: Unterlassen der Anhörung vor der Unterbringungsanordnung) und 27.9.1990 Wassink/NdL (Series A 185 A: keine Mitwirkung des Urkundsbeamten); *Villiger* HdB 323; vgl. auch *Esser* 206 ff und die bei *Frowein/Peukert* 37 ff mitgeteilten, unterschiedlich beurteilten weiteren Fälle.

113 EGMR 27.11.1997 K.F./D (NJW **1999** 775: Überschreitung der Zwölf-Stunden-Frist nach 163c StPO um 45 Minuten); dazu *Eiffler* NJW **1999** 762; *Esser* 208; *Meyer-Goßner*[47] § 163c StPO 15.

ventionen selbst nicht beachtet, so liegt darin auch bei Einhaltung des nationalen Rechts ein Konventionsverstoß sui generis, der aber nicht notwendig die Freiheitsentziehung selbst konventionswidrig machen muß[114]. *Trechsel*[115] vertritt demgegenüber die Ansicht, daß durch einen Verfahrensfehler auch die Freiheitsentziehung konventionswidrig werden kann, wenn die Entscheidung über sie ohne diesen Fehler ein anderes (für den Betroffenen günstigeres) Ergebnis gehabt hätte.

II. Die besonderen Zulässigkeitsvoraussetzungen des Art. 5 Abs. 1 Satz 2 MRK

1. Allgemein

33 a) Art. 5 Abs. 1 Satz 2 MRK enthält eine **abschließende Aufzählung der zulässigen Haftgründe.** Anders als Art. 9 IPBPR läßt er die Freiheitsentziehung nur zu, wenn sie unter eine dieser Gruppen fällt[116]; das nationale Recht der Mitgliedstaaten der MRK darf keine Freiheitsentziehung aus anderen Gründen vorsehen.

34 **b) Verhältnis zum nationalen Recht.** Die Zulässigkeitsvoraussetzungen des Art. 5 Abs. 1 Satz 2 MRK setzen notwendig im nationalen Recht eine ihnen entsprechende, ausreichende Haftregelung voraus. Sie ersetzen das nationale Recht nicht, binden es aber an ihre Schranken. Aus den Konventionen allein kann keine die Haft rechtfertigende Eingriffsermächtigung hergeleitet werden. Es bleibt dem nationalen Gesetzgeber überlassen, ob er aus einem der Gründe des Art. 5 Abs. 1 Satz 2 MRK Freiheitsentziehung vorsehen will. Die Voraussetzungen der einzelnen Fallgruppen überschneiden sich zum Teil.

35 **c) Auslegung.** Die schlecht gefaßten[117], nicht zuletzt wegen Überschneidungen und Wiederholungen systematisch unklaren Haftgründe des Katalogs werden im Hinblick auf die Zielsetzung der MRK, die Eingriffe in die Freiheit einzudämmen, grundsätzlich **eng ausgelegt**[118]. Der EGMR hat es abgelehnt, durch eine erweiternde Auslegung der Haftgründe im Einzelfall kriminalpolitische Erfordernisse einzelner Staaten zu berücksichtigen[119]. Im Schrifttum wurde dagegen eine am Grundgedanken orientierte, dem Zweck der Regelung Rechnung tragende ausdehnende Interpretation des Wortlauts, etwa durch argumentum a fortiori, für zulässig gehalten[120]. Der das Schutzsystem der Konventionen beherrschende Grundgedanke, daß ein angemessener Ausgleich bestehen

---

[114] EGMR 18.6.1971 De Wilde. Ooms u.a./Belg („Belg Landstreicher" Series A 12); *Vogler* ZStW **89** (1977) 774. Vgl. EGMR 12.6.2003 Herz/D (NJW **2004** 2209: Abs. 4 verletzt, wenn Gericht nach Entlassung ablehnt, noch über die Rechtmäßigkeit der vorl. Unterbringung zu enscheiden).

[115] *Trechsel* EuGRZ **1980** 521.

[116] **H.M;** etwa EGMR 8.6.1976 Engel/NdL (EuGRZ **1976** 224); 14.10.1979 Winterwerp/NdL (EuGRZ **1979** 650); 6.11.1980 Guzzardi/I (NJW **1984** 544); 22.2.1989 Ciulla/I (Series A 148); 22.3.1995 Quinn/F (ÖJZ **1995** 593);*Grabenwarter* § 21 Rdn. 4: *Meyer-Ladewig* 4; **a.A** früher *Jescheck* NJW **1954** 785 (nur Beispiele).

[117] Zur Wahl der sogen. Definitionsmethode wegen des angelsächsischen Rechts vgl. *Koschwitz* 178; ferner *Herzog* AöR **86** (1961) 198, 222.

[118] Etwa EGMR 14.10.1979 Winterwerp/NdL (EuGRZ **1979** 650); 6.11.1980 Guzzardi/I (NJW **1984** 544); 22.2.1989 Ciulla/I (Series A 148); 22.3.1995 Quinn/F (ÖJZ **1995** 593); *Grabenwarter* § 21 Rdn. 4; *Meyer-Ladewig* 5; vgl. *Frowein/Peukert* 47 und zur Prüfungskompetenz 29 ff; 48; gegen die Betrachtung als eine unter allen Umständen eng auszulegende Maßnahme *Echterhölter* JZ **1956** 142; *Herzog* AöR **86** (1961) 200.

[119] Etwa EGMR 8.6.1976 Engel/NdL (EuGRZ **1976** 221); 18.1.1978 Irland/GB (EuGRZ **1979** 149); 6..11.1980 Guzzardi/I (NJW **1984** 544); 29.2.1988 Bouamar/Bel (Series A 129); 22.9.1989 Ciulla/I (Series A 148); 27.11.1997 K.F./D (NJW **1999** 775); *Esser* 209 mit weit. Nachw.

[120] *Herzog* AöR **86** (1961) 200; *Echterhölter* JZ **1956** 142; *v. Weber* ZStW **65** (1953) 347.

muß zwischen der Verteidigung der demokratischen Institutionen im Allgemeininteresse und dem Schutz der Individualrechte, bestimmt aber auch hier die Auslegung[121].

Bei der Auslegung ist zu beachten, daß die einzelnen Gruppen zum Teil nur **formelle Erfordernisse** aufstellen, wie etwa bei Buchst. a nur die Verurteilung und nicht etwa die rechtmäßige Verurteilung durch das zuständige Gericht[122], während andere auch **materielle Vorgaben enthalten,** wie etwa der begründete Anlaß für eine Festnahme nach Buchst. c oder e. Zum Teil genügt es schon, daß die staatlichen Organe in einer bestimmten Absicht handeln (vgl. Buchst. f). Der Unterschied ist für den Umfang der **Prüfungskompetenz der Konventionsorgane** von Bedeutung. Im erstgenannten Fall prüfen sie nur, ob die geforderten formellen Voraussetzungen vorliegen[123], während im anderen Fall das tatsächliche Bestehen der materiellen Voraussetzungen einschließlich der Bewertung der dazu gehörenden Tatsachen durch die nationalen Instanzen in die Überprüfung einbezogen wird[124]. Soweit etwa die Haftgründe des Katalogs genügen lassen, daß die nationalen Organe damit ein bestimmtes Ziel verfolgen, wie beispielsweise „zum Zwecke der Vorführung vor der zuständigen Behörde" (vgl. Buchst. d), prüfen die Konventionsorgane nur, ob die nationalen Organe tatsächlich den von der Konvention gebilligten Zweck verfolgt haben[125]. 36

Wegen der **Überschneidungen der Fallgruppen** kann eine Freiheitsentziehung durch **mehrere Gesichtspunkte** gerechtfertigt sein[126]. An sich genügt es, wenn einer sie zuläßt. Der EGMR läßt aber, ohne scharf zu trennen, die Berufung auf mehrere Haftgründe zu[127], wobei aber der am meisten einschlägige Grund maßgebend sein soll[128]. Man wird fordern müssen, daß die besonderen Anforderungen, die Art. 5 Abs. 2 bis 4 MRK nur für eine der Gruppen aufstellt, dadurch nicht umgangen werden dürfen. Wenn unter dem Blickwinkel des Schutzzwecks ein Fall einer Gruppe schwerpunktmäßig zuzuordnen ist, muß die Haft den dafür geltenden besonderen Anforderungen genügen, auch wenn sie sich noch durch eine andere Gruppe rechtfertigen ließe. So dürfte etwa Absatz 3 nach dem Sinn dieser Sonderregelung bei **Haft wegen strafbarer Handlungen** immer anzuwenden sein, auch wenn eine vorläufige Freiheitsentziehung nicht nur unter Art. 5 Abs. 1 Buchst. c MRK zu subsumieren sein sollte. Wegen der pragmatischen Verfahrensweise der Konventionsorgane sind diese Fragen nicht abschließend geklärt. Auch der in einigen Staaten zulässige gleichzeitige Vollzug mehrerer, auf verschiedene Gründe gestützte Haftbefehle nebeneinander wird von EGMR nicht beanstandet[129]. 37

2. Rechtmäßige Freiheitsentziehung nach Verurteilung durch das zuständige Gericht

a) Gerichtliche Verurteilung als formelle Voraussetzung. Gefordert wird nur eine (vorherige) Verurteilung und nicht etwa eine **rechtskräftige** Verurteilung. Der EGMR legt den Begriff Verurteilung **autonom** und ohne Rückgriff auf das jeweilige nationale Recht 38

---

[121] EGMR 29.11.1988 Brogan/GB (Series A 145 B); *Trechsel* StV **1992** 188; vgl. Einf. Rdn. 59.

[122] *Frowein/Peukert* 50.

[123] Vgl. aber EGMR 2.3.1987 Weeks/GB (NJW **1989** 647), wonach die Beschränkung nur für die ursprüngliche Entscheidung gilt, nicht aber für die nachfolgenden, die inhaltlich voll überprüfbar sind.

[124] Vgl. *Frowein/Peukert* 30 ff; *Trechsel* EuGRZ **1980** 521.

[125] *Frowein/Peukert* 48; *Trechsel* EuGRZ **1980** 521; vgl. auch Art. 18 MRK.

[126] Etwa EGMR 5.10.1981 X/GB (EuGRZ **1982** 102); EKMR bei *Bleckmann* EuGRZ **1983** 431 (Mc Veigh); bei *Strasser* EuGRZ **1990** 48, *Esser* 210.

[127] Vgl. *Grabenwarter* § 21 Rdn. 4.

[128] EGMR 16.7.1971 Ringeisen/Ö (EuGRZ **1976** 234), ferner *Esser* 210 unter Hinweis auf EGMR Eriksen/Norw, Johnson/GB.

[129] *Esser* 210.

aus. Er versteht darunter die gerichtliche Feststellung eines schuldhaften Verstoßes gegen einen straf- oder disziplinarrechtlichen Tatbestand[130]. Es genügt, wenn ein nach dem nationalen Recht zur Entscheidung berufenes, unabhängiges und unparteiisches Gericht („Tribunal“) die Freiheitsentziehung angeordnet hat und diese dann aufgrund der Entscheidung[131] **rechtmäßig**, d. h. in Übereinstimmung mit den Vorschriften des nationalen Rechts, vollstreckt wird[132]. Dies ist auch der Fall, wenn die Entscheidung unter Verstoß gegen nationales Recht oder gegen eine Konventionsgarantie zustande gekommen sein sollte, da diese Verstöße die Rechtmäßigkeit der Vollstreckung des in seinem Bestand dadurch nicht gefährdeten Urteils unberührt lassen[133].

39 **b) Gericht** ist dabei im weiten Sinn zu verstehen. Die MRK kennt keinen einheitlichen Gerichtsbegriff. Es muß sich nicht notwendig um ein der klassischen Justiz zugeordnetes Organ handeln. Es genügt, wenn die nach nationalem Recht zur Entscheidung über die Freiheitsentziehung berufene Institution insofern richterlichen Charakter hat, als ihre Organträger auf Grund eines geregelten Verfahrens entscheiden und bei der Ausübung dieser Funktion auch der Organisation nach personell und sachlich unabhängig von anderen Behörden und Parteien sind, so daß ihre unparteiische Haltung nicht in Frage gestellt ist[134]. Dies schließt ein, daß für eine bestimmte Zeitspanne eine gewisse Stabilität gewährleistet sein muß. Nicht notwendig ist, daß die Richter auf Lebenszeit ernannt sind[135] oder daß es sich bei ihnen um **Berufsrichter** handelt. Auch **Laienrichter** (Schöffen) genügen den Anforderungen. Da Art. 5 keinen festen Gerichtsbegriff verwendet, wechseln die Anforderungen, die die Konventionsorgane im Rahmen des Art. 5 MRK an den Begriff des Gerichts („tribunal“, „court“) stellen. Sie ziehen jeweils das Gesamtsystem in Betracht, wobei auch die Art und Schwere der Freiheitsentziehung, die jeweils verhängt werden darf, eine Rolle spielen können[136]. Der gesetzliche Richter im Sinne des Art. 101 Abs. 1 GG genügt jedenfalls diesen Anforderungen[137].

40 Ob die Entscheidung nach einem **geregelten Verfahren** bereits zum Wesen des Gerichts im Sinne des Art. 5 Abs. 1 MRK gehört, mag an sich zweifelhaft sein[138]. Im Ergebnis muß ein geregeltes Verfahren mit angemessenen Garantien schon zum Ausschluß der Willkür immer vorliegen[139]. Art. 5 MRK legt im übrigen **keine bestimmte Verfahrensart** fest, das jeweilige Verfahren kann im nationalen Recht bei den verschiedenartigen Fällen der Freiheitsentziehung des Katalogs sehr unterschiedlich ausgestaltet sein. Es muß aber hinsichtlich der Rechtsgarantien für den Betroffenen einem gewissen, in den europäischen Demokratien üblichen **Mindeststandard** entsprechen[140]. Dies ist auch von Bedeutung, wenn ein Vertragsstaat auf Grund einer internationalen Vereinbarung über

---

[130] EGMR 28. 3. 1990 B/Ö (ÖJZ **1990** 482); *Grabenwarter* § 21 Rdn 5; *Meyer-Ladewig* 6; *Trechsel* EuGRZ **1980** 523; *Villiger* HdB 330.

[131] Die Entscheidung muß für Anordnung und Dauer der Haft kausal sein, vgl. EGMR 18. 12. 1986 Bozano/F (EuGRZ **1987** 101); 2. 3. 1987 Weeks/GB (NJW **1989** 647); 2. 3. 1987 Monnel, Moris/GB (Series A 115); sowie nachf. Fußn.

[132] *Frowein/Peukert* 52; vgl. *Grabenwarter* § 21 Rdn. 5.

[133] EGMR 2. 3. 1987 Weeks/GB (NJW **1989** 647); *Frowein/Peukert* 52; *Grabenwarter* § 21 Rdn. 5.

[134] Zum Gerichtsbegriff vgl. EGMR 8.6.1976 Engel/NdL (EuGRZ **1976** 226); EKMR Eggs (EuGRZ **1980** 308); EKMR bei *Bleckmann* EuGRZ **1983** 433; *Frowein/Peukert* 53 ff; *Grabenwarter* § 21 Rdn. 5; *Vogler* ZStW **89** (1977) 768; enger wohl *Herzog* AöR **86** (1961) 212 (Gericht im Sinne des Art. 6 Abs. 1 MRK).

[135] EGMR 2. 3. 1987 Weeks/GB (NJW **1989** 647).

[136] Zum Begriff des Gerichts vgl. EGMR 2. 3. 1987 Weeks/GB (NJW **1989** 647); EKMR (EuGRZ **1980** 308 Eggs); ferner *Frowein/Peukert* 43 ff; *Vogler* ZStW **89** (1977) 769.

[137] *Frowein/Peukert* 54; *Guradze* 9.

[138] Die Kommission hat dies zunächst verneint, später aber bejaht, ähnlich EGMR (einerseits 27. 6. 1968 Neumeister EuGRZ **1975** 393, andererseits 18. 6. 1971 Belg. Landstreicher- Series A 12); vgl. *Vogler* ZStW **89** (1977) 769; *Frowein/Peukert* 53; ferner die Entscheidungen zu Absatz 4, Rdn. 121 ff.

[139] Vgl. Rdn. 9.

[140] *Vogler* ZStW **89** (1977) 769.

die Übernahme der Strafvollstreckung das Strafurteil eines anderen Staates vollstreckt. In einem solchen Fall muß grundsätzlich das Verfahren des anderen Staates nicht überprüft werden[141]. Ist allerdings offensichtlich, daß das zu vollstreckende ausländische Urteil nur unter flagranter Verweigerung wesentlicher Verteidigungsrechte zustande gekommen ist, muß der ersuchte Staat die Übernahme der Vollstreckung ablehnen[142].

c) Verurteilung („condemnation", „conviction") ist jedes richterliche Erkenntnis, das in Ausübung staatlicher Strafgewalt im weiten Sinn eine **freiheitsentziehende Maßnahme anordnet**. Es muß nicht das Urteil eines Strafgerichts sein. Auch Entscheidungen der Gerichte anderer Gerichtszweige fallen hierunter, wenn sie Sanktionen verhängen. Auf die Art und nationale Bezeichnung des richterlichen Erkenntnisses kommt es nicht an, auch ein Strafbefehl[143] erfüllt diese Voraussetzungen, zumindest, wenn der Verurteilte die Möglichkeit hatte, ein ordnungsgemäßes gerichtliches Verfahren herbeizuführen[144]. **41**

Der Begriff der „conviction", der wohl über die deutsche Bezeichnung „Verurteilung" hinausreicht, ist **nicht zu eng auszulegen**[145]. Er umfaßt neben den echten **Freiheitsstrafen** und den Ersatzfreiheitsstrafen auch **Jugendarrest**[146], **Ordnungshaft**[147], **Disziplinarstrafen**[148] und **Maßregeln der Besserung und Sicherung**, so die in den nationalen Rechten in verschiedenen Formen vorgesehene **Sicherungsverwahrung**[149], einschließlich der Entscheidung über deren Verlängerung[150]. Ob auch eine vom Strafgericht angeordnete **Unterbringung in einem psychiatrischen Krankenhaus** oder einer Trinkerheilanstalt darunter fällt, war strittig, vor allem, wenn dies nicht zusätzlich zur Strafe, sondern statt einer Strafe angeordnet wird. An sich dürften vom Regelungszweck her keine Bedenken bestehen, den mit dem Begriff der Verurteilung verknüpften „Schuldspruch" schon in der richterlichen Feststellung eines objektiv vorliegenden und normalerweise vorwerfbaren Unrechtstatbestandes zu sehen, sofern dieser zur Folge hat, daß deswegen in Ausübung staatlicher Strafgewalt eine im nationalen Strafrecht vorgesehene Rechtsfolge verhängt wurde[151]. Vom Schutzzweck her erscheint weder die Feststellung einer persönlichen Schuld zwingend erforderlich noch, daß die wegen des im Urteil festgestellten Unrechtstatbestandes verhängte Sanktion im nationalen Recht dogmatisch als Strafe zu **42**

---

141 Vgl. EGMR 26. 6. 1992 Drozd & Janousek/F, Span (Series A 240), *Frowein/Peukert* 56; *Grabenwarter* § 21 Rdn. 5 (grundsätzlich keine Überprüfung der Urteile der Drittstaaten). Vgl. ferner zum Überprüfungsverfahren nach dem ehem. Gesetz über die innerdeutsche Rechts- und Amtshilfe und zur Strafvollstreckung andoranischer Urteile in Frankreich *Frowein/Peukert* 55, 56 mit weit. Nachw.

142 Vgl. EGMR 26. 6. 1992 Drozd & Janousek/F, Span (Series A 240); *Frowein/Peukert* 56; ferner *Grabenwarter* § 21 Rdn. 5 (zweifelhaft, ob bei erheblicher Verletzung grundlegender Verfahrensrechte Vollstreckung zulässig).

143 *Guradze* 8; *Herzog* AöR **86** (1961) 213.

144 *Frowein/Peukert* 51.

145 *Herzog* AöR **86** (1961) 213; *Partsch* 124; **a. A** *Trechsel* EuGRZ **1980** 523.

146 *Meyer-Goßner*[47] 2.

147 *Meyer-Goßner*[47] 2.

148 EGMR 8. 6. 1976 Engel u. a./NdL (EuGRZ **1976** 226: Überstellung in Strafkompanie).

149 EGMR 24. 6. 1982 Van Droogenbroeck/Belg (EuGRZ **1984** 4); EKMR bei *Bleckmann* EuGRZ **1982** 540 (X/Öster.); bei *Strasser* EuGRZ **1990** 48; 50; *Frowein/Peukert* 45; *Guradze* 8; *Herzog* AöR **86** (1961) 214; *Meyer-Goßner*[47] 2; *Partsch* 124; *Schorn* 4; 5; *Renzikowski* JR **2004** 271, 272.

150 EKMR bei *Strasser* EuGRZ **1990** 49 (Koendjbiharie). Auch die auf Grund eines Urteilsvorbehalts nachträglich angeordnete Sicherungsverwahrung ist durch das vorangegangene Strafurteil gedeckt, vgl. *Kinzig* NJW **2002** 3204, 3207; *Pieroth* JZ **2002** 922, 927; *Renzikowski* JR **2004** 271, 273 unter Hinweis auf EGMR Erikson/Norw.

151 *Schorn* Art. 5 Abs. 1 Satz 2 Buchst. a Nr. 1; *Herzog* AöR **86** (1981) 214 (Buchst. a fordert strafrichterliches Erkenntnis, aber keinen Bestrafungszweck); wohl auch *Meyer-Goßner*[47] 2; anders *Trechsel* EuGRZ **1980** 523 (eng auszulegen im Sinne einer Schuldigsprechung, die eine sozialethische Mißbilligung enthält und Strafe nach sich zieht); die Kausalität zwischen früherem Strafurteil und der aus Präventivgründen nachträglich angeordnete Sicherungsverwahrung verneint auch *Renzikowski* JR **2004** 271, 727 mit weit. Nachw. und unter Hinweis auf EGMR 6. 11. 1980 Guzzardi/I (NJW **1984** 544); vgl. auch *Hanack* FS Rieß 709, 718.

qualifizieren ist[152]. Da Buchstabe a und e sich nicht gegenseitig ausschließen, werden in der Rechtsprechung des EGMR sowohl Buchst. a als auch Buchst. e herangezogen[153]. Die frühere Praxis der Konventionsorgane subsumierte diese Maßnahme meist unter Buchst. e[154]. Dieser ist allerdings der alleinige Anknüpfungspunkt, wenn für die Unterbringung allein der geistige Zustand des Betroffenen maßgebend ist, und das ihm angelastete Verhalten dafür nur indizielle Bedeutung hat, so daß insoweit auch keine Verurteilung im weiten Sinn vorliegt[155]. Auch neben einem ausdrücklichen Freispruch soll nach Ansicht des EGMR nicht Buchst.a sondern Buchst. e die Freiheitsentziehung in einem psychiatrischen Krankenhaus rechtfertigen[156]. Geht man davon aus, daß die hier besonders wichtige periodische Überprüfung der Rechtmäßigkeit der weiteren Fortdauer der Freiheitsentziehung nicht nur in den Fällen des Buchst. e, sondern auch in denen des Buchst. a erforderlich sein kann, wie etwa bei der Sicherungsverwahrung[157], so hat die unterschiedliche Zuordnung nur für den Umfang der späteren Überprüfung der Fortdauer der Freiheitsentziehung eine gewisse Bedeutung.

43 Unter Buchst. a fallen auch die von Gerichten als Sanktion verhängten freiheitsentziehenden **Ungehorsamsstrafen**[158], die das Verfahrensrecht bei allen Verfahrensarten vorsieht, etwa die Ordnungshaft anordnenden Beschlüsse nach § 51 StPO, §§ 390, 888 ZPO oder §§ 177, 178 GVG[159]. Zweifelhaft erscheint dagegen, ob man wegen ihrer anderen Zielsetzung die von einem Gericht angeordnete **Beugehaft** zu dieser Gruppe rechnen kann, wie dies verschiedentlich angenommen wird[160].

44 Die gerichtliche Entscheidung muß nicht **rechtskräftig**[161] sein. Strittig war, ob es notwendig ist, daß sie selbst nach nationalem Recht **vollstreckbar ist**, da der Verurteilte nur dann rechtmäßig zu ihrer Vollstreckung in Haft gehalten wird[162]. Der EGMR sieht aber wegen des Zusammenhangs mit Absatz 3 und der dort vorgesehenen Beschränkung der Haft auf die angemessene Frist auch die **Untersuchungshaft**, die **nach der ersten Verurteilung** zu einer Freiheitsstrafe[163] vollzogen wird, als durch Buchst. a gedeckt an, da die weitere Haft nicht mehr der Vorführung vor dem Richter (im Sinne von Absatz 3) dient. Dies trägt der Praxis mehrerer Konventionsstaaten Rechnung, in denen der Betroffene nach der ersten Verurteilung zur Freiheitsstrafe in Haft genommen wird[164], während

---

152 *Partsch* 124.

153 EGMR 5.11.1981 X/GB (EuGRZ **1982** 101); 29.8.1990 E/Norw (StV **1994** 272 mit Anm. *Trechsel*) zog beide heran); vgl. auch *Esser* 214; *Frowein/Peukert* 57 je mit weit. Nachw. ferner auch die nachf. Fußnoten.

154 EGMR 5.11.1981 X/GB (EuGRZ **1982** 101); EKMR **1983** 432; *Frowein/Peukert* 57 (Buchst. a und e anwendbar); vgl. auch nachf. Fußn.

155 *Esser* 215.

156 Vgl. Johnson/GB (Rep. 1997 VII: bei Einweisung in Krankenhaus Buchst. e Vorrang); *Esser* 215 mit weit. Nachw.; vgl. ferner EGMR 23.2.1984 Luberti/I (EuGRZ **1985** 642); *Guradze* 8; 26; *Trechsel* EuGRZ **1980** 523. EGMR 6.11.1980 Guzzardi/I (EuGRZ **1983** 633) geht bei einer aus Präventivgründen angeordneten Freiheitsentziehung davon aus, daß conviction in Buchst. a einen Schuldspruch voraussetzt. Vgl. ferner EKMR EuGRZ **1988** 507.

157 Vgl. EGMR 25.10.1990 Thynne u.a./GB (ÖJZ **1991** 388), wonach der Zweck der Haft und nicht die Zuordnung zu einer der Kategorien des Art. 5 Abs. 1 MRK maßgebend ist; ferner Rdn. 125.

158 *Herzog* AöR **86** (1961) 213.

159 *Herzog* AöR **86** (1961) 213.

160 Nach *Schorn* 7b beruhen sie auf einer Verurteilung im Sinne des Buchst. a, unterfallen aber der spezielleren Regelung in Buchst. b. Vgl. Rdn. 37.

161 EGMR 27.6.1968 Wemhoff/D (JR **1968** 463); EKMR nach *Frowein/Peukert* 50; ferner *Meyer-Goßner*[47] 2; *Meyer-Ladewig* 6; *Vogler* ZStW **89** (1977) 770; **a. A** *Schorn* 2 (erst nach Rechtskraft).

162 *Herzog* AöR **86** (1961) 215; *Trechsel* EuGRZ **1980** 523.

163 Maßgebender Zeitpunkt ist nicht Beginn der Verhandlung, wie ursprünglich die EKMR annahm, sondern die Verkündung des Urteils, die schriftliche Niederlegung der Urteilsgründe ist unerheblich, *Esser* 287 unter Hinweis auf EGMR Mitap & Müftüoglu/Türk (Rep. 1996-II); *Villiger* HdB 361. Zu diesen Fragen vgl. auch *Frowein/Peukert* 121.

164 Vgl. EKMR bei *Bleckmann* EuGRZ **1983** 431; zur Problematik dieser Praxis unter dem Blickwinkel der Unschuldsvermutung vgl. Art. 6 MRK Rdn. 139; ferner schweiz.BGer. EuGRZ **1991** 226 (Verzicht).

nach innerdeutschem Recht bei einem noch nicht rechtskräftigen Strafurteil die Anordnung der weiteren Untersuchungshaft nicht schon die notwendige Folge der Verurteilung ist, sondern auf einem gesonderten Beschluß beruht, der sie nach § 268b StPO anordnet oder aufrechterhält. Nach Ansicht des EGMR sind die Besonderheiten des nationalen Rechts für seine aus der Konvention gewonnene Abgrenzung unerheblich; die Untersuchungshaft sei auch dann eine Folge der Verurteilung, wenn sie nach nationalem Recht nicht aus dem Urteil folgt, sondern formal einen eigenen Haftbeschluß voraussetzt[165].

Auf der **Entscheidung eines eigenen Gerichts** muß die in einem Vertragsstaat vollzogene Freiheitsentziehung beruhen. Diese muß aber nicht notwendig die alleinige Grundlage der Freiheitsentziehung bilden, auch die gerichtliche Entscheidung durch die ein in einem Nichtkonventionsstaat ergangenes Urteil für vollstreckbar erklärt wird, genügt, so etwa, wenn früher das Urteil eines Gerichts der ehem. DDR in der Bundesrepublik nach dem RHG für vollstreckbar erklärt wurde[166] oder ein Haftbefehl nach § 58 IRG[167]. Soweit Urteile eines **ausländischen Staates** kraft völkerrechtlicher Vereinbarung im Inland anerkannt und vollstreckt werden können, ist auch der Entscheidung darüber die Kraft zur Legitimierung der Freiheitsentziehung zuzuerkennen, wobei allerdings die Nachprüfung vorausgesetzt wird, daß das Strafverfahren im ausländischen Staat die fundamentalen Verfahrensgarantien beachtet hat[168]. **45**

d) Die von Buchst. a geforderte **Rechtmäßigkeit** betrifft **nur die Vollstreckung**, nicht Inhalt und Zustandekommen des Urteils. Es genügt, daß die Freiheitsentziehung auf einem innerstaatlich wirksamen richterlichen Urteil oder einer diesem gleichzuachtenden Entscheidung beruht und rechtmäßig, also in Übereinstimmung mit den Vorschriften des nationalen Rechts, vollstreckt wird. Welchen Inhalt das angewandte materielle nationale Recht hat und ob die Entscheidung selbst inhaltlich diesem Recht entspricht und ohne Verfahrensfehler zustande gekommen ist, wird im Rahmen des Art. 5 MRK nicht geprüft[169], auch nicht, ob die Entscheidung auf einer konventionswidrigen Strafnorm beruht[170] oder in einem der Konvention widersprechenden Verfahren ergangen ist[171]. **46**

Die Freiheitsentziehung muß **zeitlich** nach der Verurteilung liegen und **deren Folge** sein. Zwischen der Verurteilung und der Freiheitsentziehung muß ein Kausalzusammenhang bestehen, der die spätere, in die Freiheit eingreifende Maßnahme noch als eine vom Gesetz vorgesehene Folge der Verurteilung ausweist[172]. Dies trifft beim Widerruf einer zunächst zur Bewährung ausgesetzten Freiheitsstrafe zu oder wenn eine bedingte Haftentlassung widerrufen wird. Es ist ohnehin unproblematisch, wenn dies durch eine **47**

---

165 EGMR 27.6.1968 Wemhoff/D (JR **1968** 463); dagegen mit beachtlichen Gründen *Trechsel* EuGRZ **1980** 523; vgl. *Herzog* AöR **86** (1961) 215; *Trechsel* JR **1981** 137. Der EGMR hat auch gegenüber dieser Kritik seine Auffassung erneut bekräftigt, so 28.3.1990 B/Ö (ÖJZ **1990** 483); vgl. *Frowein/Peukert* 121; inzwischen wohl herrsch. Rspr., *Kühne/Esser* StV **2002** 383, 388; ferner *Esser* 287 ff (Vorteil: exakt abgrenzbarer Anwendungsbereiche von 5 Abs. 3 und Art. 6 Abs. 1 MRK).

166 EKMR nach *Frowein/Peukert* 44.

167 *Meyer-Goßner*[47] 2.

168 Vgl. BVerfGE **37** 57 (innerdeutsche Rechtshilfe).

169 Vgl. etwa BGHZ **57** 33; 43; und die Rechtsmeinung zu Absatz 5, Rdn. 133; wieweit Art. 6 MRK, Art. 14 IPBPR verletzt sind, ist eine andere Frage.

170 **A. A** *Herzog* AöR **86** (1961) 211 (materiell Verstoß gegen MRK) aber keine Prüfungskompetenz der Europäischen Organe im Verfahren nach Art. 5.

171 *Guradze* 10; *Frowein/Peukert* 52; *Herzog* AöR **86** (1961) 215.

172 EGMR 18.12.1986 Bozano/F (EuGRZ **1987** 101); 5.10.1988 Weeks/GB (NJW **1989** 647 Widerruf der bedingten Entlassung eines zu einer unbestimmten lebenslangen Freiheitsstrafe verurteilten Jugendlichen durch Verwaltungsanordnung); NJW **1990** 3066 (L); *Frowein/Peukert* 60 ff; *Trechsel* EuGRZ **1980** 522.

neue richterliche Entscheidung geschieht. Auch bei anderen, dem deutschen Recht fremden Formen einer bereits im Strafurteil zugelassenen Sicherungsmaßnahme, die nach einer bedingten Haftentlassung eine erneute Inhaftierung durch Verwaltungsanordnung ermöglichen, wurde dies angenommen, da die **Kausalität der früheren Verurteilung** für die Freiheitsentziehung fortbestand[173]. Gleiches gilt bei einer nachträglichen Änderung der Sanktionsart, wie etwa Unterbringung in einem psychiatrischen Krankenhaus statt Vollzug der Freiheitsstrafe oder beim Vollzug einer lebenslangen Freiheitsstrafe, in die ein Todesurteil durch eine Gnadenentscheidung umgewandelt worden war[174]. Bei einer nachträglichen (also nicht bereits im Urteil vorgesehenen) Umwandlung einer Geldstrafe in eine Freiheitsstrafe durch eine Verwaltungsbehörde wird dies dagegen zu verneinen sein[175]. Hat die nachträgliche Anordnung einer Freiheitsstrafe dagegen den Charakter einer **Sanktion für das Nichtbefolgen einer Anordnung** des Gerichts, beruht diese Anordnung nicht mehr auf dem früheren Urteil sondern auf dem späteren Verhalten des Verurteilten[176]. Die nachträgliche Bildung einer Gesamtfreiheitsstrafe unter Einbeziehung einer Geldstrafe nach § 460 StPO ist eine neue richterliche Entscheidung, die die Freiheitsentziehung anordnet, so daß es nicht darauf ankommt, ob schon die ursprüngliche Verhängung einer Ersatzfreiheitsstrafe dafür ausreichen würde. Auch der Erlaß eines Sicherungshaftbefehls nach § 453c StPO ist durch die neue Entscheidung in Verbindung mit dem ursprünglichen Urteil von Buchst. a gedeckt[177].

48 **e) Nachträglicher Wegfall der Entscheidung.** Die Rechtmäßigkeit der verbüßten Haft im Sinne des Buchst. a entfällt nicht dadurch, daß die Entscheidung, auf der sie beruht, später im Instanzenzug oder im Wiederaufnahmeverfahren[178] aufgehoben wird.

3. Nichtbefolgen einer rechtmäßigen Gerichtsentscheidung, Erzwingung einer durch Gesetz vorgeschriebenen Verpflichtung (Buchst. b)

49 **a) Allgemein.** Beide Alternativen des Buchst. b setzen voraus, daß der Betroffene **rechtmäßig**, d. h. in Übereinstimmung mit einer die Freiheitsentziehung für den betreffenden Fall androhenden Bestimmung des nationalen Rechts, in Haft gehalten wird, weil er einer ihm auferlegten konkreten Verpflichtung nicht nachgekommen ist. Unterschiedlich sind dagegen **Rechtsgrund und Zweck** der Freiheitsentziehung. Während nach der ersten Alternative die Mißachtung einer durch eine rechtmäßige richterliche Entscheidung konkretisierten Pflicht die Haft als Sanktion für den Ungehorsam gegen die richterliche Anordnung zulässig ist, läßt die zweite Alternative die Haft zu, wenn sie erforderlich ist, die Erfüllung einer bestimmten, wenn auch nur abstrakt festgelegten und nicht durch vorangegangene Gerichtsentscheidung konkretisierten gesetzlichen Pflicht zu erzwingen[179]. Sie ist weiter als die erste Alternative, da sie keine gerichtliche Individualisierung der Pflicht voraussetzt, sie ist enger, da sie die Haft nur als Mittel zur Erzwingung einer schon im Gesetz festgelegten Pflicht, nicht aber als Sanktion für deren Mißachtung zuläßt. Die Verpflichtung zur Bezahlung von Schulden aus einem Vertragsverhältnis ist keine von Buchst. b erfaßte Verpflichtung, wie Art. 1 des 4. ZP zeigt[180].

---

173 EGMR 25.4.1983 An Droogenbroeck/Belg (EuGRZ **1984** 6: „mise à la disposition du gouvernement"); *Frowein/Peukert* 62; *Trechsel* EuGRZ **1980** 523, *Esser* 213.

174 Vgl. EGMR 5.11.1981 X/GB (EuGRZ **1982** 101); *Frowein/Peukert* 59.

175 So aber Östr.VfGH ÖJZ **1962** 499; abl. *Frowein/Peukert* 59.

176 EGMR Steel u. a./GB (Rep. 1998 VII); *Esser* 213.

177 *Meyer-Goßner*[47] 2.

178 EGMR 2.3.1987 Weeks/GB (NJW **1989** 647); *Frowein/Peukert* 51; *Grabenwarter* § 21 Rdn. 5; *Meyer-Ladewig* 7; vgl. auch BGHZ **57** 33.

179 *Frowein/Peukert* 64.

180 Vgl. *Grabenwarter* § 21 Rdn. 6.

b) Nichtbefolgen einer rechtmäßigen gerichtlichen Entscheidung (Buchst. b, erste Alternative). Der Betroffene muß einer Pflicht nicht nachgekommen sein, die ihm in einer Gerichtsentscheidung auferlegt wurde. Gerichtsentscheidung ist hier im weitesten Sinn als jede an den Bürger gerichtete richterliche Anordnung zu verstehen[181], so etwa auch die vom Richter angeordnete Ladung zu einem Termin. Auf die Bezeichnung kommt es nicht an. Rechtmäßig ist die Entscheidung nur, wenn bereits das nationale Recht mit genügender Bestimmtheit vorsieht, daß und gegebenenfalls unter welchen Voraussetzungen der Verpflichtete bei Nichtbefolgen der gerichtlichen Entscheidung in Haft genommen werden kann; auch die gerichtliche Entscheidung muß die mit Haft sanktionierte Verpflichtung eindeutig festlegen und auf die Folgen ihrer Mißachtung hingewiesen haben, denn der Betroffene muß die Folgen seines Verhaltens vorher erkennen können[182]. 50

Gegenstand der gerichtlichen Entscheidung können Verpflichtungen aller Art sein, also sowohl bürgerlich-rechtliche als auch öffentlich-rechtliche Pflichten, die dem Betroffenen durch eine rechtmäßige gerichtliche Entscheidung auferlegt worden sind und die dieser nicht befolgt hat. Die Anordnung der Freiheitsentziehung setzt also voraus, daß dem Betroffenen eine Verpflichtung durch eine gerichtliche Entscheidung auferlegt worden ist, die dieser mißachtet hat. Zuwiderhandlungen gegen ein richterliches Herausgabe- oder Unterlassungsgebot fallen ebenso darunter wie andere richterliche Maßnahmen, etwa die Fälle der Ordnungshaft nach den Verfahrensgesetzen (z. B. §§ 51, 70, 161a StPO, § 380 ZPO)[183]. Nach der Praxis der EKMR[184] dürften aber wohl auch – ungeachtet der zweiten Alternative dieses Buchstabens – die Haft zur Erzwingung einer durch eine vorhergehende richterliche Anordnung konkretisierten prozessualen Pflicht, wie beim Zeugniszwangsverfahren oder wie die Beugehaft bei Nichtbezahlung einer gerichtlich festgelegten Geldbuße nach § 96 OWiG, erfaßt werden. Dies ist hinsichtlich der reinen Beugehaft strittig[185], wegen des Eingreifens der zweiten Alternative ist dies ohne praktische Auswirkung. 51

Die **Haft** muß die durch Rechtssatz angedrohte Folge der Nichterfüllung der Gerichtsentscheidung sein; die Konvention fordert aber im Unterschied zu Buchst. a **keine Anordnung durch das Gericht**. Anders als nach Art. 104 GG wäre auch eine von einer Verwaltungsbehörde wegen des Ungehorsams gegen den Gerichtsbeschluß angeordnete Freiheitsentziehung mit Art. 5 Abs. 1 Buchst. b MRK vereinbar[186]. Wird die Freiheitsentziehung in solchen Fällen entsprechend Art. 104 Abs. 2 GG durch eine erneute richterliche Entscheidung angeordnet, ist sie auch durch Abs. 1 Buchst. a gedeckt, sofern ihre gerichtliche Verhängung eine Verurteilung („conviction“) bedeutet, wie bei der Ordnungshaft. Bei einer nicht als Sanktion für vorangegangenes Unrecht oder Ungehorsam, sondern nur als Zwangsmittel angeordneten Beugehaft ist dies zu verneinen. 52

c) Erzwingung einer durch Gesetz vorgeschriebenen Verpflichtung (Buchst. b zweite Alternative) Die zweite Alternative des Buchst. b deckt vor allem **Beugemaßnahmen**, die die Erfüllung einer gesetzlichen Pflicht durchsetzen sollen, nicht aber Maßnahmen, die nur als Sanktionen für ein zurückliegendes Verhalten verhängt werden[187], selbst wenn 53

181 *Herzog* AöR **86** (1961) 216.

182 EGMR Steel u. a./GB (Rep. 1998 VII); *Esser* 216.

183 *Guradze* 11; *Frowein/Peukert* 65; *Herzog* AöR **86** (1961) 216; *Meyer-Goßner*[47] 3.

184 Beispiele aus der Praxis der EKMR bei *Frowein/Peukert* 66 und *Trechsel* EuGRZ **1980** 524.

185 *Koschwitz* 171 schließt aus dem maßgebenden engl. und franz. Wortlaut, daß die erste Alternative nur die als Sanktion gedachten Ordnungsstrafen betrifft, während die echten Beugemaßnahmen unter die zweite fallen; ebenso *Herzog* AöR **86** (1961) 216.

186 *Frowein/Peukert* 67; *Herzog* AöR **86** (1961) 216; *Partsch* 125.

187 EKMR EuGRZ **1980** 308 (Eggs); *Frowein/Peukert* 68.

sie möglicherweise spezialpräventiv auch auf künftiges Wohlverhalten hinwirken sollen[188]. Ein rechtmäßiger Gerichtsbeschluß ist hier keine Haftvoraussetzung. Die Verpflichtung muß weder durch eine vorherige richterliche Anordnung individualisiert sein, noch bedürfen Festnahme und Haft zu ihrer Erzwingung einer richterlichen Anordnung. Sie muß aber im Gesetz konkret und eindeutig nach Umfang und Inhalt als besondere Pflicht festgelegt sein; allgemein gehaltene gesetzliche Verpflichtungen genügen wegen ihrer Unbestimmtheit nicht[189]. **Eine allgemeine Generalklausel,** die es gestatten würde, jeden durch eine behördliche Anordnung in Haft zu nehmen, um zu sichern, daß er nicht gegen das allgemeine Gebot des Rechtsgehorsams verstößt oder die Erfordernisse der öffentlichen Sicherheit und Ordnung nicht mißachtet, kann in dieser Regelung nicht gesehen werden. Dies wäre unvereinbar mit dem die Konvention bestimmenden Grundgedanken von der Vorherrschaft des Rechts, der strengen Gesetzesbindung aller Eingriffe in die Freiheit zur Garantie der Sicherheit und zum Ausschluß jeder Willkür. Es würde auch dem Zweck des numerus clausus der zulässigen Freiheitsentziehungsgründe in Art. 5 Abs. 1 Satz 2 MRK widersprechen[190]. Die EKMR hat deshalb eine gesetzliche Pflicht, nicht „notorisch und gewohnheitsmäßig ungesetzlichen Tätigkeiten" nachzugehen oder sich nicht „der öffentlichen Moral und den guten Sitten entgegenstehenden Tätigkeiten zu widmen" als nicht genügend präzise und konkret angesehen, um bei einem Verstoß eine Freiheitsentziehung zu rechtfertigen[191]. Da eine extensive Auslegung des Buchst. b Willkür erlauben würde, ist diese Alternative so auszulegen, daß sie die Festnahme einer Person nur zuläßt, wenn ein nationales Gesetz dies vorsieht, um die sonst gefährdete Erfüllung einer **besonderen und konkret umschriebenen gesetzlichen Pflicht** zu sichern[192]; die allgemeine Verpflichtung, keine weiteren (einschlägigen) Straftaten zu begehen, ist dafür nicht konkret genug[193]. Die Pflicht, Wehrdienst zu leisten oder die Pflicht, sich bis zur Feststellung der eigenen Personalien festhalten zu lassen[194] oder die Verpflichtung, sich zur Duldung bestimmter Vollstreckungsmaßnahmen auszuweisen, wurden als ausreichend konkret angesehen[195], nicht aber eine präventiv-polizeiliche Freiheitsentziehung zu dem Zweck, den Betroffenen an der Begehung künftiger Straftaten zu hindern[196]. Im Sinne einer beschränkten Generalklausel[197] läßt Buchst. b dem nationalen Recht Raum, bestimmt umschriebene Bürgerpflichten festzulegen, deren Erfüllung notfalls durch Haft erzwungen werden kann.

54 Ergeht, obwohl nach Buchst. b nicht erforderlich, eine **richterliche Anordnung**, die die **Verpflichtung konkretisiert,** ist dies unschädlich. Die Haftgründe des Art. 5 Abs. 1 MRK wollen Mindestanforderungen an das nationale Recht stellen, sie hindern den nationalen Gesetzgeber aber nicht, zugunsten des Betroffenen die Haft von zusätzlichen Sicherungen abhängig zu machen. Die zweite Alternative deckt auch **Beugemaßnahmen**, die nach

---

188 EGMR 8.6.1976 Engel/NdL (EuGRZ **1976** 227). *Frowein/Peukert* 68.

189 EKMR *nach Frowein/Peukert* 68.

190 EGMR 8.6.1976 Engel/NdL (EuGRZ **1976** 221); *Grabenwarter* § 21 Rdn. 6; *Partsch* 126.

191 EKMR EuGRZ **1979** 421 (Guzzardi); ebenso EGMR 6.11.1980 Guzzardi/I (NJW **1984** 544); vgl. auch EGMR 8.6.1976 Engel/NdL (EuGRZ **1976** 221); 22.2.1989 Ciulla/I (Series A 148: Verpflichtung eines der Zugehörigkeit zur Mafia Verdächtigen, sein Verhalten zu ändern); *Frowein/Peukert* 68; *Grabenwarter* § 21 Rdn 6; *Partsch* 126.

192 EGMR 1.7.1961 Lawless/Irl (Series A 3); dazu *Partsch* 126 ff; EKMR EuGRZ **1980** 308 (Eggs); bei *Bleckmann* EuGRZ **1983** 430 (McVeigh).

193 Vgl. *Renzikowski* JR **2004** 271, 274.

194 EKMR nach *Frowein/Peukert* 69, *Grabenwarter* § 21 Rdn. 6.

195 Vgl. SächsVerGH EuGRZ **1996** 437; *Frowein/Peukert* 69 je mit weit. Nachw.

196 EGMR 1.7.1961 Lawless/Irl (Series A 3); dazu *Partsch* 126 ff; EGMR 6.11.1980 Guzzardi/I (NJW 1984 544); 22.2.1989 Ciulla/I (Series A 231-A); *Renzikowski* JR **2004** 271, 274 (Verneinend auch für die nachträgliche Anordnung der Sicherungsverwahrung zur Verhütung künftiger schwerer Straftaten).

197 *Guradze* 13; *Meyer-Goßner*[47] 3; *v. Weber* ZStW **65** (1953) 343.

innerdeutschem Recht durch einen gerichtlichen Beschluß angeordnet werden, so die Beugehaft nach §§ 390, 888 ZPO, § 98 Abs. 2 InsO[198] oder nach § 96 OWiG[199] oder die Erzwingungshaft nach §§ 51, 70, 95 Abs. 2, § 161a StPO; § 380 ZPO[200], so auch zur Erfüllung einer Offenlegungspflicht und deren Bekräftigung durch eine eidesstattliche Versicherung (§§ 888, 901 ff ZPO; §§ 23, 98 Abs. 3 InsO). Die zweite Alternative deckt die Haft ungeachtet der Frage, ob in solchen Fällen auch Buchst. a und die erste Alternative des Buchst. b gegeben wären[201]. Gleiches gilt für alle Fälle einer vom Gericht angeordneten zwangsweisen Vorführung oder Festhaltung zur Erfüllung einer prozessualen Pflicht, sofern man darin überhaupt oder nur bei längerer Dauer eine Freiheitsentziehung sieht[202].

Aus einem Rechtssatz, nicht notwendig aus einem formellen Gesetz, muß sich die Verpflichtung ergeben. Der Rechtssatz muß **inhaltlich genügend bestimmt** sein, eine konkrete und spezifische Pflicht des Betroffenen begründen und von ihm ein bestimmtes Verhalten (Tun oder Unterlassen) fordern[203]. Der Betroffene muß ersehen können, welche Pflicht ihn trifft, was er in ihrer Erfüllung konkret zu tun oder zu unterlassen hat und daß ihre Befolgung notfalls durch einen Eingriff in seine Freiheit erzwungen werden kann. 55

Abzulehnen ist die Ansicht, daß ebenso wie bei der ersten Alternative nur **Bürgerpflichten im Zusammenhang mit der Rechtspflege** gemeint sind, nicht aber auch andere, vor allem sicherheits- und polizeirechtliche Pflichten[204]. Eine einschränkende Auslegung nimmt dies unter Berufung auf die Systematik des Katalogs an[205]. Sie findet im Wortlaut keine Stütze[206]. Es erscheint auch fraglich, ob subtile Systematiküberlegungen weiterhelfen, um den Sinn der rein empirisch umschriebenen Katalogsfälle zu erschließen[207]. Diese enge Auslegung würde zwar Festnahmen zur Unterbindung der Störung einer Amtshandlung nach § 164 StPO oder § 177 GVG decken, nicht aber die Festnahme bei Störungen von Amtshandlungen nichtprozessualer Art. 56

Ob Buchst. b Bestimmungen in **Polizeigesetzen** erlaubt, welche zur Sicherung im Gesetz festgelegter Pflichten und zur Verhinderung konkreter Gefahren und Gefährdungslagen unter bestimmten rechtsstaatlichen Kautelen zulassen, einen **Störer** begrenzte Zeit in Gewahrsam zu nehmen, ist strittig, sofern man von der Problematik des in Buchst. c angesprochenen Sonderfalls der Verhütung von Straftaten[208] und den Fällen von Absatz 1 Buchst. d bis f absieht. Von einem Teil des Schrifttums wird ein Gewahrsam bei vom Gesetz genau umschriebenen Voraussetzungen als mit Art. 5 MRK vereinbar angesehen[209]. *Guradze* geht davon aus, daß nur beim potentiellen Störer die Unbestimmtheit der Verpflichtung einem Eingriff entgegensteht, während nach Beginn der Störung, das verletzte besondere Recht ganz konkret feststeht[210]. Die EKMR hat die Polizeihaft zur Durchsetzung einer erweiterten Sicherheitskontrolle bei der Einreise aus Irland aufgrund der nordirischen Antiterrorgesetze unter Hinweis auf die besonderen Notwendigkeiten der Terrorismusbekämpfung für vereinbar mit Art. 5 Abs. 1 Buchst. b MRK gehalten, vorausgesetzt, daß die Haft durch gewisse Verdachtsmomente gerecht- 57

---

198 *Guradze* 12; *Partsch* 125; strittig.
199 *Partsch* 125.
200 Vgl. etwa *Guradze* 12; *Meyer-Goßner*[47] 3.
201 *Frowein/Peukert* 69.
202 Vgl. Rdn. 22 ff.
203 *Frowein/Peukert* 68.
204 Sächs.VerfG EuGRZ **1996** 437, 440 (Keine Beschränkung des Anwendungsbereichs auf Strafrechtspflege).
205 *Herzog* AöR **86** (1961) 217 ff; *Koschwitz* 171 ff.
206 *Guradze* 12 mit weit. Nachw.
207 Vgl. *Partsch* 128, Fußn. 403.
208 Vgl. dort Rdn. 70.
209 *Guradze* 13 IV; *Hoder* NJW **1953** 531; *Meyer-Goßner*[47] 3; *Maaß* NVwZ **1985** 155; *Maunz/Dürig* GG Art. 1 Abs. 2 Rdn. 63; je mit weit. Nachw.; ferner *Partsch* 127 ff (krit.: unbefriedigend, weil ein zu weiter Spielraum für den nationalen Gesetzgeber und ein zu enger für die administrative Haft).
210 *Guradze* 13 IV.

fertigt wird[211]. Eine Haft gegen einen **Nichtstörer** läßt sich, sofern nach nationalem Recht überhaupt zulässig, damit nicht rechtfertigen[212].

58 Soweit eine **Haft zum Schutze des Betroffenen** mit dessen Einverständnis angeordnet wird, liegt, sofern die freiwillige Einwilligung die Anordnung und Fortdauer der „Schutzhaft" deckt, keine von Art. 5 MRK erfaßte Freiheitsentziehung vor, da der Betroffene sie jederzeit durch eigene Willensentschließung beenden kann[213]. Zum Schutz von Leib und Leben wird die Ingewahrsamnahme eines Selbstmordgefährdeten im Hinblick auf die von Art. 2 MRK anerkannte Schutzpflicht des Staates zugunsten eines höherwertigen Rechtsguts auch dann für zulässig gehalten, wenn sie von keiner der Fallgruppen des Art. 5 Abs. 1 MRK erfaßt wird[214].

59 **d) Gleichwertiger Schutz.** Der Wortlaut beider Alternativen beschränkt sich darauf, für den Eingriff in die Freiheit bestimmte typisierte Schutzvorkehrungen im nationalen Recht zu fordern. Es sind Fälle denkbar, in denen das nationale Recht die Zulässigkeit der Freiheitsentziehung an Voraussetzungen bindet, die in anderer Kombination einen vom Grundgedanken der Regelung her gleichwertigen Schutz gewähren. Wenn zum Beispiel ein Gericht, das – anders als beim Normalfall der ersten Alternative – selbst vorher keine Verpflichtung ausgesprochen hatte, anordnet, daß ein Betroffener in Gewahrsam zu nehmen ist, weil von ihm die Verletzung einer im Gesetz nur allgemein und nicht konkret festgelegten Bürgerpflicht zu erwarten ist und ein ernsthaft gefährdetes, höherrangiges Rechtsgut anderweitig nicht geschützt werden kann, so fällt dies bei enger Auslegung beider Alternativen unter keine von beiden. Die konkrete Pflicht ist weder vorher vom Gericht festgesetzt worden, noch ist die gesetzliche Pflicht als solche für sich allein konkret genug. Dem rechtsstaatlichen Anliegen des Art. 5 MRK, vor allem dem Schutz vor Willkür, ist aber in zumindest gleichwertiger Weise dadurch Rechnung getragen, daß bei der nach keiner der beiden Alternativen notwendigen gerichtlichen Anordnung der Freiheitsentziehung neben den sonstigen Haftvoraussetzungen sowohl das Bestehen einer konkreten Pflicht als auch deren Nichtbefolgung gerichtlich nachgeprüft wird. Bei einer am Schutzzweck orientierten weiten Auslegung könnte man solche Fälle unter dem Blickwinkel der Feststellung der Verpflichtung durch das Gericht, die incidenter bei der Haftentscheidung mitgetroffen wird, der ersten Alternative zuordnen. Es ließe sich aber auch eine Zuordnung zur zweiten Alternative damit begründen, daß es für diese genügt, daß das Gericht in der vorgängigen Haftentscheidung die Konkretisierung der abstrakt nur allgemein umschriebenen gesetzlichen Pflicht vornimmt. Man könnte auch in einer Gesamtschau beider Alternativen den Gewahrsam aufgrund einer gerichtlichen Entscheidung als rechtsstaatlich gleichwertig und damit dem Regelungszweck des Buchst. b genügend ansehen. Eine vernünftige, den Gestaltungsraum des nationalen Gesetzgebers nicht einengende und durch die Zwischenschaltung des Richters gleichwohl dem Schutzzweck der MRK Rechnung tragende Lösung dieser Fälle sollte nicht an einer Fixierung auf den eng ausgelegten Wortlaut beider Alternativen scheitern.

---

211 EKMR und EGMR 1.7.1961 Lawless/Irl (Series A 3); dazu *Koschwitz* 175 ff; *Partsch* 126; EGMR 8.6. 1976 Engel/NdL (EuGRZ **1976** 422); EKMR EuGRZ **1976** 227 und EGMR 6.11.1980 Guzzardi/I (NJW **1984** 544) dazu *Frowein/Peukert* 69; 70; *Trechsel* EuGRZ **1980** 524; ferner EKMR bei *Bleckmann* EuGRZ **1983** 430 (McVeigh/GB); dazu *Frowein/Peukert* 70. Vgl. auch *Grabenwarter* § 21 Rdn. 6.

212 *Echterhölter* JZ **1956** 144; *Guradze* 13 IV; *Hodler* NJW **1953** 532; *Maunz/Dürig* Art. 2 Abs. 2 GG, Rdn. 63; vgl. dazu auch *Koschwitz* 169.

213 *Echterhölter* JZ **1956** 144; *Herzog* AöR **86** (1961) 207; *Hodler* NJW **1953** 532; *Maunz/Dürig* Art. 1 Abs. 2 GG Rdn. 63.

214 *Maunz/Dürig* GG Art. 1 Abs. 2 Rdn. 63; **a. A** *Hodler* NJW **1953** 532; nach *Partsch* 129 läßt sie sich nur bei einer Untersuchung auf den Geisteszustand nach Buchst. e rechtfertigen.

4. Festnahme und Haft bei Verfolgung oder Verhütung strafbarer Handlungen (Buchst. c)

a) Zweck der Regelung ist bei Buchst. c **die Vorführung vor die zuständige Gerichtsbehörde** („competent legal authority“, „autorité judiciaire compétente“) nach einer Festnahme aus einem der in ihr angeführten Gründe zu sichern, vor allem also, wenn Personen festgenommen werden, die einer Straftat (im weitesten Sinn) verdächtig sind[215]. Darüber, ob Festnahme und Haft zu diesem Zweck nach dem dafür weiterhin maßgebenden nationalen Recht[216] zulässig und den Umständen nach auch erforderlich sind, soll alsbald eine in richterlicher Unabhängigkeit entscheidende Stelle befinden. Dieser **Entscheidungsvorbehalt**[217] soll zugleich verhindern, daß jemand allein aufgrund einer Verwaltungsentscheidung oder der Anklageerhebung durch die Staatsanwaltschaft in Haft gehalten werden kann[218]. Die „Gerichtsbehörde“ muß nach innerstaatlichem Recht wirksam über die Haft entscheiden können; dies ist auch der Fall, wenn an sich geschäftsordnungsmäßig ein anderer Richter zuständig gewesen wäre[219]. Die auf den **Verdacht einer strafbaren Handlung** abstellende Regelung bestätigt, daß derartige Maßnahmen mit der Unschuldsvermutung des Art. 6 Abs. 2 MRK, Art. 14 Abs. 2 IPBPR vereinbar sind[220]. 60

b) Ob die **Vorführung vor das Gericht** gemeint ist, das über die Stichhaltigkeit der erhobenen Anklage zu entscheiden hat, das also zur Entscheidung in der Sache berufen ist, oder aber das Gericht oder die Gerichtsbehörde, die nach Art. 5 Abs. 3 MRK über die Haft entscheidet, oder aber, ob eine von beiden Möglichkeiten ausreicht, könnte zweifelhaft sein[221]. Es würde aber dem Sinn der Regelung nicht gerecht, Buchst. c dahin auszulegen, daß er nur Festnahme und Haft bis zur ersten Vorführung vor den Richter abdecken soll, während dann die von diesem angeordnete weitere Haft nach den anderen Bestimmungen des Katalogs des Absatzes 1 zu rechtfertigen wäre. An sich läge es näher, Buchst. c auf das endgültig entscheidende Gericht zu beziehen, dessen Verfahren durch die Haft gesichert werden soll[222]. Die Bezeichnung „Gerichtsbehörde“ („legal authority“ „autorité judiciaire“) hätte man aber kaum verwendet, wenn nur das zur Sachentscheidung berufene echte Gericht gemeint gewesen wäre; dagegen spricht auch die unterschiedliche Ausdrucksweise in den beiden Sätzen des Absatzes 3[223]. Der EGMR, der Absatz 1 Buchst. c und Absatz 3 als eine Einheit versteht[224], läßt die Vorführung vor eine Stelle genügen, die nach Absatz 3 über die Fortdauer der Haft in richterlicher Unabhängigkeit entscheiden kann[225]. Bei diesem muß es sich um **kein echtes Gericht** handeln; auch eine nach nationalem Recht mit richterlichen Befugnissen ausgestattete Stelle[226] kann damit gesetzlich betraut werden. In den Fällen, in denen die Haft 61

---

215 Vgl. *Esser* 218; *Esser* StraFo. **2003** 335, 338; *Kühne/Esser* StV **2002** 385 (Zweck der Haft: Verfahrenssicherung).

216 Vgl. Rdn. 27 ff; ferner etwa *Esser* StraFo. **2003** 335, 337.

217 *Kühne/Esser* StV **2002** 385.

218 EGMR 14.11.1960 Lawless/Irl (Series A 3); 28.3. 2000 Baranowski/Pol (ECHR 2000-III); *Goedecke* JIR **46** (2003) 613; *Kühne/Esser* StV **2002** 385 je mit weit. Nachw.

219 EKMR bei *Bleckmann* EuGRZ **1983** 416.

220 Vgl. etwa EKMR bei *Bleckmann* EuGRZ **1983** 417; Art. 6 MRK Rdn. 134.

221 Vgl. *Frowein/Peukert* 82; *Trechsel* EuGRZ **1980** 524; *Villiger* HdB 345.

222 So *Guradze* 16; zum Teil *Trechsel* EuGRZ **1980** 526 (erst vor Haftrichter, dann aber vor das in der Sache zuständige Gericht).

223 Vgl. *Koschwitz* 195; anders *Guradze* 16.

224 EGMR 14.11.1960 Lawless/Irl (Series A 3); 27.6. 1968 Wemhoff/D (JR **1968** 463); 4.12.1979 Schiesser/CH (EuGRZ **1980** 202).

225 EGMR 14.11.1960 Lawless/Irl (Series A 3); EGMR 18.1.1978 (Irland/GB) in EuGRZ **1979** 149 nicht wiedergegeben; *Trechsel* EuGRZ **1980** 526, Fußn. 95); EGMR 4.12.1979 Schiesser/CH (EuGRZ **1980** 205).

226 Zu den Mindestanforderungen vgl. Rdn. 107 ff.

die Verhinderung einer strafbaren Handlung bezweckt, kommt meist nur eine Gerichtsentscheidung über die Haft selbst in Frage und nicht über die noch nicht begangene Straftat[227].

62 **Die Stelle, der der Festgenommene vorzuführen ist,** muß bei allen drei Alternativen des Buchst. c über die Rechtmäßigkeit der Festnahme und deren Fortdauer entscheiden können. Dies kann das **„Gericht"** sein, das gemäß dem nationalen Recht über die Straftat selbst urteilt oder aber ein anderes Gericht oder sonst eine Stelle, die in sachlicher Unabhängigkeit über die Rechtmäßigkeit der Anordnung und Fortdauer der Haft entscheiden kann[228]. In welcher Weise dies im nationalen Recht geregelt ist, ist für die Konventionsgarantie nicht entscheidend[229]. Maßgebend ist nur, daß die nach nationalem Recht zuständige Stelle **sachlich unabhängig** über die Haft entscheiden kann. Die staatlichen Stellen müssen bei der Festnahme und während der andauernden Haft die **Vorführung vor eine solche Stelle beabsichtigen;** unschädlich ist, wenn diese tatsächlich unterbleibt, weil der Festgenommene wegen Wegfalls der Haftgründe, etwa wegen fehlender Beweise, schon vorher aus der Haft entlassen wurde[230]. **Fehlt diese Absicht** allerdings von Anfang an, ist die Haft nicht durch Buchst. c gedeckt[231], ebenso, wenn die Festnahme **mißbräuchlich** („not in good faith") war und mit ihr nicht die Aufklärung eines Tatverdachtes oder die Verhütung einer konkreten Straftat sondern ein anderer Zweck verfolgt wurde[232].

63 Buchst. c deckt auch unter dieser Voraussetzung in allen drei angeführten Fällen nur die **rechtmäßige Haft,** also eine im nationalen Recht generell vorgesehene, und ihm auch im Einzelfall entsprechende Festnahme und Haft, wie Absatz 1 hervorhebt. Sie muß nicht notwendig durch den Richter angeordnet sein[233]; notwendig ist nur, daß nach der Festnahme eine richterliche Entscheidung darüber unverzüglich herbeigeführt wird. Neben dem Vollzug eines nach §§ 112 ff erlassenen Haftbefehls wird also auch die vorläufige Festnahme nach § 127 StPO erfaßt, ebenso die Festnahme durch den ersuchten Staat zum Zwecke der Auslieferung. Auch wenn der strafverfolgende Staat für das Umgehen des Auslieferungsverfahrens[234] oder eine eventuell völkerrechtswidrige Festnahme einer Person im Ausland mitverantwortlich ist, soll sich die Rechtmäßigkeit der Haft nur nach seinem eigenen, innerstaatlichen Recht beurteilen und nicht danach, daß sie durch eine Verletzung des Völkerrechts oder durch Umgehung eines vertraglich geregelten Auslieferungsverfahrens ermöglicht wurde[235]. Der Auslieferungshaft und der

---

[227] Zur Frage, ob damit nicht eine reine Präventivhaft, sondern nur kumulativ der Haftgrund der Wiederholungsgefahr bei Verdacht einer begangenen Tat gemeint ist, vgl. *Kühne/Esser* StV **2002** 385 ff unter Hinweis auf EGMR 31.7.2000 Jecius/Lit, wo der Verdacht einer begangenen Straftat gefordert wird.

[228] EGMR 14.11.1960 Lawless/Irl (Series A 3) „klarer und natürlicher Sinn von Art. 5 Abs. 1 Buchst. c und Abs. 3 MRK); *Frowein/Peukert* 82; *Koschwitz* 195 ff; **a.A** *Herzog* AöR **86** (1961) 220, der Vorführung auf das zur Aburteilung berufenen Gericht bezieht und deshalb im Interesse eines vertretbaren Ergebnisses Buchst. c so auslegt, daß das Erfordernis der Vorführung nur die erste und dritte Alternative und nicht die Präventivhaft betrifft. Vgl. auch *Guradze* 14.

[229] EGMR 29.11.1988 Brogan u.a./GB (Series A 145-B); 28.10.1994 Murray/GB (EuGRZ **1996** 587); *Esser* 219.

[230] EKMR bei *Strasser* EuGRZ **1989** 557; *Esser* 219.

[231] EGMR 8.6.1976 Engel/NdL (EuGRZ **1976** 221).

[232] EGMR 29.11.1988 Brogan u.a./GB (Series A 145-B); *Esser* 219.

[233] Vgl. *Esser* StraFo. **2003** 335, 338 (auch zu der vom EGMR geforderten Dokumentationspflicht der die Festnahme durchführenden staatlichen Organe), ferner *Frowein/Peukert* 79 ff; *Guradze* 15.

[234] Zur Problematik der Umgehung der Rechtsschutzmöglichkeiten eines solchen Verfahrens, wenn die Behörden des ausländischen Staates mit der Festnahme auf ihrem Territorium und der Verbringung in den Verfolgerstaat formlos einverstanden sind *Breuer* EuGRZ **2003** 449, 451 f unter Hinweis auf EGMR 18.12.1986 Bozano/F (EuGRZ **1987** 101); vgl. auch nachf. Fußn.

[235] Vgl. auch EGMR 12.3.2003 Öcalan/Türk (EuGRZ **2003** 472 Festnahme auf Grund türkischen Haftbefehls in Kenia im Einvernehmen mit den dortigen

Auslieferung steht nicht entgegen, wenn der Auszuliefernde mit List, aber ohne Beeinträchtigung in seiner Entscheidungsfreiheit, von Dritten in den ersuchten Staat gelockt worden ist[236].

c) **Haft zur Sicherung der Strafverfolgung.** Die erste und dritte Alternative des Buchst. c setzen voraus, daß der Festgenommene der **Begehung einer strafbaren Handlung** hinreichend verdächtig ist. Es kommt auf eine Beurteilung ex ante an. **Strafbare Handlung** ist ebenso wie bei Art. 6 Abs. 1 MRK, Art. 14 Abs. 1 IPBPR autonom auszulegen[237] und, losgelöst von den Kategorien des jeweiligen nationalen Rechts, im weiten Sinne zu verstehen. Der Begriff erfaßt alle im nationalen Recht mit Strafe bedrohte Handlungen, wobei als Strafe unabhängig von der jeweils nationalen Bezeichnung und Einordnung nicht nur echte Kriminalstrafen, sondern auch andere im Gesetz angedrohte Sanktionen mit strafähnlichen Rechtsfolgen verstanden werden[238], so, wenn diese Maßnahmen in die Freiheit eingreifen oder zumindest in eine in die Freiheit eingreifende Maßnahme umgewandelt werden können[239]. Die Haft darf nur der Sicherung der Verfolgung der im Haftbefehl bezeichneten Taten dienen; zur Erleichterung der Aufklärung anderer Taten, wegen denen kein Haftbefehl besteht, darf sie nicht aufrechterhalten werden[240]. Ein von Buchst. c erfaßter Eingriff kann auch in Maßnahmen liegen, die die Bewegungsfreiheit des Betroffenen weitgehend einschränken, so etwa in der Zuweisung eines eng begrenzten Aufenthaltsortes oder in der durch eine elektronische Fußfessel überwachten Aufenthaltspflicht[241]. Die Abgrenzung, die wegen der fließenden Übergänge mitunter schwierig sein kann, ist im Hinblick auf die besonderen Garantien des Art. 5 Abs. 3 MRK von Bedeutung. **64**

Hinreichender Tatverdacht ist nicht nur bei der ersten Alternative erforderlich, wo er als einzige Haftvoraussetzung angeführt wird, sondern zumindest auch bei der dritten, die als Haftgrund nur die Verhinderung der Flucht nach Begehung der mit Strafe bedrohten Handlung besonders anspricht[242]. Hinreichender Tatverdacht darf nicht mit dem für die Anklageerhebung erforderlichen Verdachtsgrad nach § 203 StPO (vgl. dort **65**

Stellen rechtmäßig, dagegen *Breuer* EuGRZ **2003** 449, 451). Zu den Problemen des male captus ferner EKMR EuGRZ **1987** 80 (Barbie, unter Hinweis, daß in der Konvention Bestimmungen über Auslieferung fehlen); EKMR EuGRZ **1985** 681 (Bozano); bei *Strasser* EuGRZ **1988** 479 (Stocké); OLG Wien EuGRZ **1996** 214 (Keine Auslieferung eines in seinem Heimatland Entführten); US Supreme Court EuGRZ **1993** 3; dazu *Kunert* EuGRZ **1993** 1; *Baker/Röber* ZaöRV **53** (1993) 657; *Frowein/Peukert* 80 mit weit. Nachw.; ferner etwa BVerfG (Vorprüfungsausschuß) NStZ **1986** 178; BVerfG NStZ **1986** 468; dazu *Herdegen* EuGRZ **1986** 3; ZaöRV **47** (1987) 221; BGH NStZ **1984** 536; OLG Düsseldorf NJW **1984** 2050; OLG Hamburg NStZ **1995** 552 mit Anm. *Wilske*; *Mann* NJW **1986** 2167; ZaöRV **47** (1987) 496; *I. Roxin* 92; 273 ff; *Schlimm* ZRP **1993** 262; *Trechsel* EuGRZ **1987** 75; *Vogler* FS Oehler 391; *Wilske* ZStW **107** (1995) 48 ff; *Wilske* Die völkerrechtswidrige Entführung und ihre Rechtsfolgen 2000 (Diss Tübingen).

236 BVerfG JZ **2004** 410 mit Anm. *Vogel* JZ **2004** 412 = StV **2004** 432 mit abl. Anm. *Dickersbach*.

237 Vgl. *Esser* 221 unter Hinweis, daß hier die gleiche Problematik wie bei Art. 6 Abs. 1 MRK vorliegt.

238 *Herzog* AöR **86** (1961) 221 (alle Kriminal- und Ordnungsstraftatbestände); zu den öster. Verwaltungsübertretungen vgl. *Funk/Gimpel-Hinteregger* EuGRZ **1985** 5. Gegen die Einbeziehung der Ordnungswidrigkeiten *Frowein/Peukert* 72; *Guradze* 18; wegen § 46 Abs. 3 OWiG bleibt die strittige Frage in der Bundesrepublik ohne Auswirkung, dazu *Herzog* AöR **86** (1961) 221.

239 *Frowein/Peukert* 72; *Villiger* HdB 346; vgl. auch vorstehende Fußn.; ferner auf Festnahmebefugnis der Polizei und Art der Sanktion abstellend EGMR 23.9.1998 Steel u. a./GB (Rep. 1998 VII: „breach of the peace", keine Straftat, aber bei Weigerung Freiheitsentziehung); dazu *Esser* 221.

240 BVerfG NJW **1992** 1749; StV **2001** 694.

241 Vgl. etwa LG Frankfurt NJW **2001** 697; *Esser* 235.

242 *Frowein/Peukert* 73 ff; *Kühne/Esser* StV **2002** 383, 386 (nicht enumerativ sondern wichtigster Beispielsfall); *Trechsel* EuGRZ **1980** 524; vgl. EGMR NJW **1990** 3066 (L); ÖJZ **1989** 483; ferner auch *Herzog* AöR **86** (1961) 224; *Guradze* 19.

Rdn. 6 ff) gleichgesetzt werden. Er ist auch geringer als der von §§ 112 ff StPO geforderte dringende Tatverdacht[243]. Er liegt vor, wenn die den Verfolgungsbehörden bekannten Tatsachen und Umstände vernünftigerweise und nachvollziehbar (plausibel) unter Berücksichtigung des jeweiligen Verfahrensstandes einen solchen Verdacht rechtfertigen können. Sie müssen ausreichen, um einen objektiven Beurteiler zu überzeugen, daß der Festgenommene die strafbare Handlung begangen haben kann[244]. Es ist nicht notwendig, daß dies bereits erwiesen ist und bereits ausreichendes Beweismaterial vorliegt[245]; die Untersuchungshaft soll zumindest nach dieser Alternative gerade schon bei einem Anfangsverdacht die Aufklärung erleichtern. Es ist daher unschädlich, wenn auf Grund der weiteren Ermittlungen der fortbestehende Verdacht oder eine Verurteilung sich auf andere als die ursprünglich angenommenen Tatsachen stützen[246]. Der bloße, nicht auf konkrete Tatsachen beruhende (rein subjektive) Verdacht eines Strafverfolgungsorgans genügt dagegen diesen Anforderungen nicht[247]. Die Unschuldsvermutung steht zwar dem nur auf Verdacht gegründeten Eingriff nicht entgegen, der die Aufklärung des Sachverhalts und damit gegebenfalls ihre Widerlegung durch eine gerichtliche Entscheidung vorbereiten soll[248]. Andererseits wird sie durch den bloßen Verdacht einer Straftat (im weiten Sinne des Art 6 MRK) auch nicht widerlegt, so daß sie im Umgang mit dem Untersuchungsgefangenen von allen Staatsorganen zu beachten ist[249].

66 Bei der **Überprüfung**, ob ein hinreichender Verdacht zu Recht angenommen wurde, läßt es der EGMR in der Regel genügen, daß die von den zuständigen nationalen Organen festgestellten Umstände **prima facie** geeignet waren, einen solchen Verdacht zu begründen[250], die Verhaftung sich auf die Haftgründe des nationalen Rechts stützen konnte und daß sie nicht willkürlich war[251]. Dies gilt auch bei einer irrtümlichen Würdigung des Sachverhalts und wohl sogar bei einer (vertretbaren) rechtlich fehlerhaften Subsumtion[252]. Soweit nationale Gerichte über die Haftfragen entschieden haben, beschränkt sich der Gerichtshof meist auf eine Art Plausibilitätskontrolle[253]. Er prüft die Anwendung des nationalen Rechts jedoch genauer, wenn es dort zu keiner gerichtlichen Entscheidung gekommen ist[254]. Geprüft wird ferner, ob der Tatverdacht bis zur Beendigung der Untersuchungshaft bestanden hat[255], wobei die Anforderungen, die sie an die Tatsachengrundlage des Verdachtes und an die Notwendigkeit der weiteren Haft stellen, mit der Dauer der Haft zunehmen[256]. **Entfällt der Verdacht** erst nachträglich oder wird der Festgenommene später freigesprochen, läßt dies die Rechtmäßigkeit der Festnahme und der Haft unberührt, sofern der hinreichende Verdacht zunächst aus einsichtigen Gründen bejaht werden durfte[257].

---

[243] *Guradze* 17; *Meyer-Goßner*[47] 4.

[244] EGMR 30.8.1990 Fox, Campel u.a./GB(Series A 182); EKMR nach *Strasser/Weber* EuGRZ **1987** 444; *Frowein/Peukert* 75, 76; *Grabenwarter* § 21 Rdn. 8; *Herzog* AöR **86** (1961) 223.

[245] EGMR 29.11.1988 Brogan u.a./GB (Series A 145 B); 28.10.1994 Murray/GB (EuGRZ **1996** 587); 22.10.1997 Erdagöz/Türk (Rep. 1997 VI); EKMR bei *Strasser* EuGRZ **1989** 556; *Esser* 224.

[246] *Esser* 224; vgl. vorstehende Fußn.

[247] EKMR bei *Strasser* EuGRZ **1989** 557; *Esser* 224.

[248] Vgl. Art. 6 MRK Rdn. 124 ff.

[249] EGMR 15.11.2001 Iwanczuk/Pol., vgl. *Kühne/Esser* StV **2002** 383.

[250] EGMR 30.8.1990 Fox u.a./GB (Series A 182); 28.2.2994 Murray/GB (EuGRZ **1996** 587); *Frowein/Peukert 75*; *Trechsel* EuGRZ **1980** 525.

[251] Etwa EGMR 30.8.1990 Fox,Campbell u.a./GB (Series A 182); 27.9.1990 Wassink/NdL (Series A 185 A); 24.11.1994 Kemmache/F (ÖJZ **1995** 394) unter Hinweis auf EGMR 24.10.1979 Winterwerp/NdL (EuGRZ **1979** 650), wonach Willkür Rechtmäßigkeit ausschließt; vgl. Rdn. 7, 8; *Grabenwarter* § 21 Rdn. 8.

[252] *Frowein/Peukert* 77; enger wohl *Herzog* AöR **86** (1961) 223.

[253] Vgl. *Frowein/Peukert* 77 (Mißbrauchskontrolle); ähnlich *Villiger* HdB 347 (meist nur Willkürkontrolle).

[254] *Esser* 223.

[255] *Frowein/Peukert* 77; *Grabenwarter* § 21 Rdn. 8.

[256] Vgl. etwa EGMR ÖJZ **1989** 483.

[257] EGMR 28.2.1994 Murray/GB (EuGRZ **1996** 587); *Frowein/Peukert* 78.

Zusätzliche Haftgründe neben dem hinreichenden Tatverdacht und der Vorführungsabsicht fordert der Wortlaut von Buchst. c nicht[258]. Er bleibt damit hinter den **Anforderungen des nationalen Rechts** (vgl. §§ 112 ff StPO) zurück. Dessen Haftgründe und sonstige Anforderungen, so auch eine höhere Schwelle für die Anordnung der Haft, wie etwa das Vorliegen eines dringenden Tatverdachtes nach § 112 StPO, müssen erfüllt sein, damit die Untersuchungshaft **rechtmäßig** im Sinne der Konvention ist[259]. Zur Sicherung der Strafverfolgung sind nach Maßgabe des jeweiligen nationalen Rechts auch Eingriffe in die Freiheit des Angeklagten von Buchst. c gedeckt, mit denen das Gericht sicherstellen will, daß er bei der Hauptverhandlung anwesend ist[260], wie etwa nach §§ 230 Abs. 2, 231 Abs. 1 Satz 2 StPO. 67

Die **Fluchtgefahr** wird in der dritten Alternative als Haftgrund noch besonders angeführt. Dies kann weder bedeuten, daß hier der hinreichende Tatverdacht fehlen darf[261], noch, daß zusätzlich zu ihm immer auch Fluchtverdacht hinzukommen müßte, um die Haft zu rechtfertigen, denn die Konvention läßt bei hinreichendem Tatverdacht auch andere Haftgründe des nationalen Rechts, wie Verdunkelungs- oder Wiederholungsgefahr oder Schwere der Straftat zu[262]. Sofern man nicht der Ansicht folgt, daß mit der dritten Alternative schon das bloße Festhalten auch ohne die Absicht einer späteren Vorführung vor Gericht zugelassen werden sollte[263], wird man darin nur die Herausstellung eines besonders wichtigen Haftgrunds zu sehen haben, der in der mehr von praktischen als von logischen Gesichtspunkten bestimmten Kasuistik besonders angesprochen wurde, weil vor allem bei ihm die Haftverschonung gegen Kaution in Betracht zu ziehen ist[264]. Die Annahme der Fluchtgefahr muß sich, ebenso wie der hinreichende Tatverdacht, auf **konkrete tatsächliche Anhaltspunkte** stützen. Sofern nicht konkrete Tatsachen die Fluchtabsicht unmittelbar belegen, erfordert die Annahme der Fluchtgefahr in der Regel eine Gesamtwürdigung des Verhaltens des Beschuldigten, seiner Verhältnisse und aller sonstigen Umstände[265]. Auch die Höhe der zu erwartenden Strafe ist dabei mitzuberücksichtigen, allein entscheidend ist sie nicht[266]. 68

Einen **grundsätzlichen Richtervorbehalt** für die **Anordnung** der Festnahme und Haft enthält Buchst. c nicht. Das nationale Recht kann diese Befugnis beliebigen Organen verleihen, sofern nur das von den Konventionen vorgeschriebene richterliche oder quasirichterliche Überprüfungsverfahren durch eine sachlich unabhängige Stelle stattfindet[267]. 69

d) Haft zur Verhinderung von Straftaten läßt der Wortlaut von Buchst. c zweite Alternative zu[268]. Strafbare Handlung ist auch hier im Sinne von mit Strafe bedrohter Handlung in dem bei Rdn. 64 erörterten Sinn zu verstehen[269]. Ob diese Alternative entgegen dem Wortlaut dahin auszulegen ist, daß sie nur den **Haftgrund der Wiederholungs-** 70

258 *Trechsel* EuGRZ **1980** 524.

259 *Frowein/Peukert* 74; *Meyer-Ladewig* 4; *Villiger* HdB 346, 362; vgl. auch *Esser* StraFo. **2003** 335, 338; Rdn. 27 ff. Der unterschiedliche englische und französische Wortlaut (eine Entsprechung für „lawful" fehlt im französischen Text) ändert daran nichts, vgl. EGMR 24.11.1994 Kemmache/F (ÖJZ **1995** 394).

260 Vgl. *Frowein/Peukert* 73 unter Hinweis auf EKMR.

261 *Kühne/Esser* StV **2002** 383, 386; *Esser* 233; vgl. Rdn. 65.

262 Vgl. etwa EGMR 26.6.1991 Letellier/F (ÖJZ **1991** 789. Aufrechterhaltung der öffentlichen Ordnung) *Frowein/Peukert* 73 ff; *Villiger* HdB 362.

263 So *Herzog* AöR **86** (1961) 221; 224.

264 Vgl. etwa EKMR EuGRZ **1983** 417; *Kühne/Esser* StV **2002** 383, 386; *Esser* 233; ferner Rdn. 65, 118.

265 Vgl. EGMR 27.6.1968 Wemhoff/D (JR **1968** 463), 27.6.1968 Neumeister/Ö (EuGRZ **1975** 393), 10.11.1969 Stögmüller (Series A 9); 10.11.1969 Matznetter/Ö (Series A 10); *Esser* 233.

266 *Esser* 234.

267 Etwa *Esser* StraFo. **2003** 335, 338; *Grabenwarter* § 21 Rdn. 15.

268 EGMR 1.7.1961 Lawless/Irl (Series A 3).

269 *Funk/Gimpel-Hinteregger* EuGRZ **1985** 9 (östr. Verwaltungsübertretungen).

gefahr bei Verdacht einer bereits **begangenen Straftat** zusätzlich abdeckt, oder ob sie darüber hinaus die Haft zur Verhinderung bevorstehender Straftaten gestattet[270], ist strittig geworden. Nach der früher vorherrschenden Meinung umfaßte dieser Haftgrund auch die **präventiv-polizeiliche Festnahme** zur **Unterbindung**[271] und **Verhinderung** einer konkret bevorstehenden, mit Strafe bedrohten, also objektiv rechtswidrigen, nicht notwendig schuldhaften Handlung[272]. Die Festnahme mußte zur Verhinderung einer **bestimmten Straftat** erforderlich sein, weil konkrete Tatsachen plausibel den Verdacht begründen, daß der Betroffene diese Straftat alsbald begehen will[273] und dies nicht anderweitig sicher verhindert werden kann. Die allgemeine Vermutung, der Betroffene werde sich auch künftig kriminell verhalten, reicht auch nach dieser Auffassung für die Anordnung der Haft ebensowenig aus wie der Umstand, daß von ihm andere Gefährdungen der öffentlichen Ordnung zu erwarten sind[274]. Auch die Entscheidung über eine **nachträgliche Anordnung der Sicherungsverwahrung** kann man nicht unter diesen Haftgrund bringen, da Absatz 1 Buchst. c seiner Zielsetzung nach nur die vorläufige Haft bis zur endgültigen gerichtlichen Entscheidung über die Freiheitsentziehung sichern will[275]. Eine neuere Entscheidung des EGMR[276] geht jetzt davon aus, daß auch bei diesem Haftgrund der hinreichende Verdacht einer bereits begangenen Straftat vorliegen muß. Nach ihr ist der begründete Verdacht der Begehung einer künftigen Straftat nur einer der Gründe, die, ebenso wie die Fluchtgefahr, die Anordnung der Haft und vor allem ihre Fortdauer über eine bestimmte Zeit hinaus rechtfertigen können[277].

70a Fraglich ist, ob diese einengende Auslegung, die vom Blickwinkel der Einschränkung auf die Strafverfolgung begangener Taten bestimmt wird, die Tragweite dieses zwischen den anderen Haftgründen eingeschobenen Haftgrundes wirklich erschöpft. Folgt man ihr, würde auch dieser Haftgrund letztlich nur die Sicherung der Verfolgung begangener Straftaten[278] zum Ziele haben. Er könnte dann einen nach innerstaatlichem Recht zulässigen kurzfristigen **präventiv-polizeilichen Unterbindungsgewahrsam** nicht rechtfertigen, sofern der Betroffene nicht auch einer bereits begangenen Straftat verdächtig ist. Eine solche Präventivhaft läßt das innerstaatliche Recht zu, wenn sie unter Wahrung des hier besonders bedeutsamen Verhältnismäßigkeitsgrundsatzes zeitlich eng begrenzt verhindern soll, daß der Betroffene alsbald von ihm beabsichtigte Straftaten begehen wird. Nach der früheren Auslegung war eine Präventivhaft zulässig, wenn konkrete Tatsachen die Absicht der alsbaldigen Begehung einer bestimmten Straftat belegten, wie dies etwa bei Störern mancher Veranstaltungen schon vor Begehung der Straftaten erkennbar ist[279]. Daß auch die Festnahme auf Grund dieser zweiten Alternative die Pflicht zur Vorführung vor den Richter nach Absatz 3 auslöst, würde nicht unbedingt zu dem Schluß zwingen, daß dieses nur den Sinn haben muß, daß er bei Vorliegen des Verdachts einer begangenen Straftat über die Haftfortdauer entscheiden kann[280]; auch eine Vor-

---

270 Vgl. *Grabenwarter* § 21 Rdn. 9: Ausführungsgefahr genügt.

271 *Herzog* AöR **86** (1961) 224 (Verhindern schließt Unterbinden mit ein).

272 SächsVerfGH EuGRZ **1996** 437, 439; *Frowein/Peukert* 81 unter Hinweis auf EGMR 5.11.1980 Guzzardi/I (NJW **1984** 544), wonach nur Maßnahmen zur Verhinderung bevorstehender konkreter Straftaten durch Buchst. c gedeckt werden; und nicht eine vorbeugende generalpräventive Haft, ebenso *Grabenwarter* § 21 Rdn. 9; *Meyer-Ladewig* 16; *Villiger* HdB 348; vgl. auch *Maaß* NVwZ **1985** 155; *Partsch* 128.

273 EKMR bei *Bleckmann* EuGRZ **1983** 417; *Esser* 230; *Frowein/Peukert* 81.

274 EGMR 5.11.1980 Guzzardi/I (NJW **1984** 544).

275 Vgl. *Renzikowski* JR **2004** 271, 273 ff.

276 EGMR 31.7.2000 Jecius/Lit; dazu *Kühne/Esser* StV **2002** 386; so früher schon *Koschwitz* 190 ff (mit Hinweisen auf die Eingriffsbefugnisse des englischen Rechts).

277 Vgl. EGMR 11.7.2000 Traska/Pol, dazu *Kühne/Esser* StV **2002** 386; *Renzikowski* JR **2004** 271.

278 Im weit verstandenen Sinn, vgl. Rdn. 64.

279 Vgl. *Maaß* NVwZ **1985** 155; *Meyer-Goßner*[47], 4.

280 Vgl. aber *Renzikowski* JR **2004** 271, 277.

führung, die sichern soll, daß der Richter zur Verhinderung einer Straftat endgültig eine zeitlich befristete Präventivhaft anordnen kann, wäre dann ebenfalls von dem Zweck des Buchst. c gedeckt; der mit der vorläufigen Haft die richterliche Entscheidung über die Anordnung einer kurzfristigen Freiheitsentziehung zur Verhinderung einer künftigen Straftat ermöglichen soll[281].

5. Haft Minderjähriger aus erzieherischen Gründen (Buchst. d)

a) Diese Fallgruppe betrifft als einzige des Katalogs nur **Minderjährige**. Bis zu welcher **Altersgrenze** die Minderjährigkeit geht, richtet sich nach dem nationalen Recht, dem die MRK einen gewissen Spielraum, zumindest innerhalb der in den Vertragsstaaten allgemein üblichen Grenzen, einräumen dürfte[282]. Das Übereinkommen über die Rechte des Kindes[283] hat in Art. 1 die Obergrenze mit 18 Jahren festgesetzt[284]. **71**

Rechtmäßige Haft fordern beide Alternativen, also eine Freiheitsentziehung, die die Behörden im Einklang mit den Bestimmungen des nationalen Rechts angeordnet haben. Eine nach nationalem Recht dem **Aufenthaltsbestimmungsrecht des Erziehungsberechtigten** oder sonstigen befugten Privatpersonen zuzurechnende Unterbringung wird nicht von Art. 5 MRK erfaßt[285]. Die **Festnahme** wird nicht besonders erwähnt, doch dürfte die Befugnis, die Minderjährigen in Haft zu halten, auch das Recht zur Festnahme mit einschließen, wie auch die zweite Alternative zeigt, die die Haft zum Zwecke der Vorführung zuläßt[286]. Daß die Haft durch einen **Richter** angeordnet wird, schreiben beide Alternativen nicht vor. Nach ihnen wäre, anders als im Bereich des Art. 104 Abs. 2 GG, auch Haft auf Anordnung einer Verwaltungsbehörde zulässig. **72**

b) Zum Zwecke überwachter Erziehung kann der nationale Gesetzgeber mit Freiheitsentziehung verbundene Maßnahmen vorsehen, wie etwa die Heimerziehung (§ 34 SGB VIII) nach § 9 Nr. 3 JGG. Durch Buchst. d gedeckt werden nur solche Maßnahmen, die fürsorgend der Erziehung des Minderjährigen dienen und nach den Umständen erforderlich sind. Unerheblich ist, in welchem Verfahren sie angeordnet werden, es kann auch eine in einem Jugendstrafverfahren verhängte Erziehungsmaßregel sein[287]. Dieser Zweck schließt als provisorische Maßnahme bis zur Überführung in ein geeignetes Heim die vorübergehende kurzfristige Unterbringung in einem Untersuchungsgefängnis oder einer für Erziehungszwecke nicht geeigneten Haftanstalt nicht aus, sie kann aber eine längere oder wiederholte Unterbringung in einer für Erziehung nicht eingerichteten Anstalt nicht rechtfertigen[288]. **73**

c) Zum Zwecke der Vorführung vor die zuständige Behörde dürfen Minderjährige ebenfalls in Haft gehalten werden. Gemeint ist damit aber nicht jede beliebige Behörde, sondern nur eine solche, die für die mit der Erziehung zusammenhängenden Angelegenheiten des Minderjährigen zuständig ist. Die kann, muß aber nicht der Jugendrichter **74**

---

[281] Ob diese Anordnung dann als die Haft rechtfertigende Verurteilung („conviction") im Sinne des Buchst. a angesehen werden kann, ist wegen der strafrechtsbezogenen Auslegung dieses Begriffes fraglich, vgl. Rdn. 42.

[282] *Funk/Gimpel-Hinteregger* EuGRZ **1985** 9; *Guradze* 22; *Herzog* AöR **86** (1961) 228; vgl. nachf. Fußn.

[283] Vom 20.11.1989 (BGBl. II 1992 S. 122).

[284] *Frowein/Peukert* 84 hält für fraglich, ob eine darüber liegende Altersgrenze in einzelnen Staaten für Buchst. d noch beachtlich ist.

[285] EGMR 28.11.1988 Nielsen/Dän. (ÖJZ **1988** 666); vgl. EKMR EuGRZ **1987** 444 (Brogan); *Grabenwarter* § 21 Rdn. 11.

[286] Dazu *Frowein/Peukert* 86; *Meyer-Ladewig* 17.

[287] *Frowein/Peukert* 85; *Guradze* 23.

[288] EGMR 29.2.1988 Bouamar/Belg (Series A 129); *Esser* 801 *Frowein/Peukert* 85; *Meyer-Ladewig* 17; *Villiger* HdB 335.

sein. Aus dem Zweck der Regelung, die Verwahrlosung der Jugend zu bekämpfen und sie schädlichen Einflüssen zu entziehen wird im Zusammenhang mit der ersten Alternative geschlossen, daß die Anordnung auch nicht gegen jeden Minderjährigen zulässig ist, sondern nur bei solchen, bei denen eine überwachte Erziehung in Betracht kommen kann[289]. Unerheblich ist insoweit, ob sie selbst durch ihr Verhalten dazu Anlaß gegeben haben oder ob sie schädlichen Einflüssen ihrer Umwelt, insbesondere asozialen Familienverhältnissen, entzogen werden sollen[290]. Zweck der Vorführung und eventuell einer vorläufigen Einweisung kann auch die Prüfung sein, ob eine solche Maßregel anzuordnen ist[291]. Die Vorführung vor Gericht nach § 33 Abs. 2 FGG wird ebenfalls hierzu gerechnet[292].

6. Haft bei Seuchenträgern, Geisteskranken, Asozialen (Buchst. e)

75 **a) Allgemeines.** In dieser Gruppe wird die Freiheitsentziehung wegen bestimmter, in der jeweiligen Person liegender Umstände, wie **ansteckende Krankheiten**, **Alkoholkrankheiten, Drogensucht** zugelassen, sowohl zum Schutze dieser Personen selbst in deren eigenem Interesse[293] als auch zum Schutze vorrangiger Interessen der Allgemeinheit, wobei es genügt, wenn eine dieser Voraussetzungen vorliegt[294]. Buchst. e erwähnt zwar die **Festnahme** nicht besonders, die dadurch eingeleitete Freiheitsentziehung wird aber von Buchst. e mitumfaßt, selbst wenn sie vor der eigentlichen Anordnung der Unterbringung durch die zuständigen Stellen in die Wege geleitet wurde[295]. Eigene Anforderungen für die Zulässigkeit der Freiheitsentziehung stellt Buchst. e nicht auf, es genügt, wenn sie nach dem jeweiligen **nationalen Recht rechtmäßig** ist. Es müssen also die dort festgelegten materiellen Voraussetzungen vorliegen; das dort vorgeschriebene Verfahren muß eingehalten worden sein, so auch die dort vorgeschriebenen Formen und Fristen, selbst wenn diese über die Anforderung der Konventionen hinausgehen. Anders als Art. 104 Abs. 2 GG und die ihm Rechnung tragenden Gesetze behält Absatz 1 Buchst. e die Entscheidung nicht dem Richter vor. Ein Gerichtsbeschluß wird nicht gefordert. Es genügt auch die Anordnung der Haft durch die Polizei oder eine Verwaltungsbehörde[296]. Die besonderen Verfahrensgarantien des Absatzes 3 gelten für die Fälle des Buchst. e nicht[297]. Deshalb wird für die Fälle, in denen der **Verdacht einer Straftat** Gegenstand der Festnahme und der Unterbringung eines möglicherweise geisteskranken Straftäters ist, gefordert, dessen vorläufige Inhaftierung und Unterbringung zur Untersuchung seiner Zurechnungsfähigkeit bis zur erstinstanzlichen gerichtlichen Entscheidung nach Absatz 1 Buchst. c zu behandeln[298]. Während in den Fällen des Buchst. a schon die formelle richterliche Verurteilung die Freiheitsentziehung rechtfertigt, und zwar auch dann, wenn der zu einer Freiheitsstrafe Verurteilte drogensüchtig ist und die Strafe nicht in einer dafür besonders eingerichteten Anstalt vollstreckt wird[299], muß in den Fällen einer Unterbrin-

---

289 *Frowein/Peukert* 86; *Herzog* AöR **86** (1961) 229; *Koschwitz* 212.

290 *Frowein/Peukert* 86.

291 *Frowein/Peukert* 86; *Grabenwarter* § 21 Rdn 11; *Meyer-Ladewig* 17; *Villiger* HdB 335; **a. A** *Koschwitz* 214.

292 *Guradze* 24; *Meyer-Goßner*[47] 5; vgl. Rdn. 22 ff.

293 EGMR 6.11.1980 Guzzardi/I (EuGRZ **1983** 633).

294 *Frowein/Peukert* 90.

295 Vgl. die nachfolgenden Erläuterungen zu der vom EGMR gebilligten vorläufigen Unterbringung, ferner etwa *Herzog* AöR **86** (1961) 230; **a. A** *Koschwitz* 211, der aus der Nichterwähnung bei Buchst. e schließt, daß dieser die kurzfristige Festnahme zur Feststellung seiner Voraussetzungen nicht umfaßt.

296 *Frowein/Peukert* 87; *Meyer-Ladewig* 18.

297 Zur Gefahr eines Ausweichens der Behörden auf Buchst. e als Haftgrund vgl. *Esser* 236 ff unter Hinweis auf EGMR 6.11.1980 Guzzardi/I (NJW **1984** 544).

298 *Esser* 239.

299 EGMR 15.11.1996 Bizzotto/Griech (ÖJZ **1997** 583 Bestrafung Hauptgrund der Haft).

gung nach Buchst. e die Zulässigkeit der Freiheitsentziehung **sachlich überprüft** werden[300]. Sie muß dem nationalen Recht und den geschriebenen und ungeschriebenen Anforderungen des Buchst. e entsprechen.

Der EGMR **prüft diese Voraussetzungen nach**, wobei den nationalen Behörden bei der Würdigung der für ihre Anordnung und für die Aufrechterhaltung maßgebenden Tatsachen ein gewisser **Ermessensspielraum** zugestanden wird[301], der in Eilfällen auch die vorläufige Unterbringung ohne ausreichendes Gutachten gestattet[302]. Im übrigen muß das Vorliegen der materiellen Voraussetzungen in der Person des Verwahrten ausreichend nachgewiesen sein, vor allem durch eine **ärztliche Begutachtung**[303]. Nach dieser muß die Unterbringung in einer dafür geeigneten Einrichtung[304] zwingend erforderlich sein. Die Aufrechterhaltung der Unterbringung ist nur solange zulässig, als die Verwahrungsvoraussetzungen fortbestehen[305]. Die **Rechtmäßigkeit der Freiheitsentziehung** wird von Buchst. e ausdrücklich nur bei der Unterbringung zur Verhütung der Verbreitung ansteckender Krankheiten gefordert; ihre Zulässigkeit hängt aber auch in den anderen Fällen von der Beachtung der jeweils einschlägigen materiellen und verfahrensrechtlichen Regelungen des nationalen Rechts ab. Die MRK legt insoweit keine besonderen Mindestgarantien fest. Die Auslegung des nationalen Rechts durch die innerstaatlichen Stellen wird hier weitgehend hingenommen. 76

b) Ansteckende Krankheiten. Zur Bekämpfung ansteckender Krankheiten können Personen in Gewahrsam genommen werden, die als mögliche Quelle für deren Ausbreitung eine Gefahr für andere bilden. Das sind in der Regel nicht nur die daran erkrankten, sondern auch krankheitsverdächtige Personen und Kontaktpersonen[306], wenn und solange dies zum Schutze anderer Personen vor Ansteckung unerläßlich ist. Umfaßt wird auch das Festhalten für eine zwangsweise Untersuchung, die klären soll, ob eine solche Gefahr besteht[307]. Die freiheitsentziehenden Zwangsmaßnahmen nach dem Infektionsschutz-Gesetz[308] werden dadurch gedeckt. 77

c) Geisteskranke, Alkoholiker, Rauschgiftsüchtige und Landstreicher

aa) Zweck. Die genannten Personen können zum Schutze der Allgemeinheit, aber auch zu ihrem eigenen Schutze, zwangsweise in einer dafür geeigneten Einrichtung untergebracht werden. Die Unterbringung ist also nicht nur zulässig, wenn die Verhütung von Gefahren für andere Personen oder für die öffentliche Sicherheit dies erfordern, sondern auch, wenn dies allein im Interesse des Untergebrachten selbst liegt, etwa um ihn vor einer Selbstgefährdung zu schützen[309]. Unter Buchst. e werden alle Verfahren des nationalen Rechts gerechnet, die die behördliche Verwahrung des genannten Personenkreises ermöglichen, vor allem auch behördlich angeordnete Freiheitsentziehungen aus Gründen der Fürsorge[310]. 78

---

300 Zur Frage der Konkurrenz von Buchst. a und e vgl. Rdn. 36 ff; ferner auch EKMR EuGRZ **1983** 432.

301 EGMR 23.2.1984 Luberti/I (EuGRZ **1985** 642); 12.6.2003 Herz/D (NJW **2004** 2209); *Frowein/Peukert* 90.

302 Vgl. EGMR 12.6.2003 Herz/D (NJW **2004** 2209).

303 *Villiger* HdB 336.

304 Diese muß ihrer Art nach dem jeweiligen Unterbringungsgrund Rechnung tragen; vgl. EGMR 28.5.1985 Ashingdane/GB (NJW **1986** 2173).

305 Diese Minimalbedingungen fordern etwa EGMR 5.11.1981 X/GB (EuGRZ **1982** 103); 23.2.1984 Luberti (EuGRZ **1985** 642); 28.5.1985 Ashingdane/GB (NJW **1986** 2173).

306 *Guradze* 25 I; *Frowein/Peukert* 89; *Herzog* AöR **86** (1961) 230.

307 *Herzog* AöR **86** (1961) 230.

308 Gesetz vom 20.6.2000 (BGBl. I S. 1045).

309 *Frowein/Peukert* 90.

310 Vgl. etwa schweiz.BGer. EuGRZ **1988** 606.

79 **bb) Geisteskrankheit** wird in der MRK nicht definiert. Entsprechend der allgemeinen Auffassung wird darunter jede die Einsichts- oder Handlungsfähigkeit erheblich beeinträchtigende, länger dauernde, schwere Störung der Verstandestätigkeit, des Willens oder des Gefühls- und Trieblebens ohne Rücksicht auf die genaue medizinische Diagnose zu verstehen sein[311]. Auch Personen, die aufgrund einer Persönlichkeitsstörung strafrechtlich nicht verantwortlich sind und als Rechtsbrecher dauernd in Erscheinung treten, können darunter fallen[312], nicht aber Personen, die mit ihren Ansichten oder ihrem Benehmen von den in der Gesellschaft überwiegend akzeptierten Normen abweichen[313]. Der EGMR hat es wegen der Entwicklung in der Medizin und den sich ändernden Anschauungen in der Gesellschaft abgelehnt, den Begriff festzuschreiben[314]. In aller Regel werden die rechtlichen Umschreibungen dieses Begriffes im nationalen Recht, vor allem in den jeweils einschlägigen Verwahrungsgesetzen der Länder, den vom Schutzzweck her bestimmten Anforderungen der Konventionen genügen[315]. Es wird verlangt, daß die Geistesstörung so schwer ist, daß die Zwangsunterbringung gerechtfertigt ist, aber auch, daß das nationale Recht sicherstellt, daß sie durch **objektive ärztliche Gutachten**[316] für die Zeit der Unterbringung zuverlässig nachgewiesen ist[317]. In dringenden Fällen reicht es, wenn die Gutachten auch erst nach Vollzug der Unterbringung erstellt werden[318]. Die **vorläufige Einweisung** zur psychiatrischen Untersuchung des Geisteszustands wird durch Buchst. e miterfaßt[319].

80 Im **Rahmen der Rechtmäßigkeitsprüfung** untersuchen die europäischen Konventionsorgane vor allem, ob **zuverlässig nachgewiesen** ist, daß Grad und Art der Geistesstörung die Unterbringung bei Berücksichtigung des Grundsatzes der Verhältnismäßigkeit[320] zwingend erfordern und daß diese nicht länger andauert als wegen der krankhaften Störung notwendig ist[321]. Es muß geprüft und ausgeschlossen werden, daß der Schutzzweck der zwangsweisen Unterbringung auch durch weniger einschneidende Maßnahmen erreicht werden kann. Hieraus wird der ungeschriebene Anspruch auf eine **Überprüfung der Verwahrung in angemessenen Zeitabständen** nach Absatz 4 hergeleitet, denn die Gründe, die die Unterbringung rechtfertigen, können nachträglich weggefallen sein[322]. Den staatlichen Organen, die über die Einweisung entscheiden, wird allerdings ein gewisser **Ermessensspielraum** eingeräumt[323], der in den dringenden Fällen, in denen

[311] Schweiz.BGer. EuGRZ **1981** 164; *Grabenwarter* § 21 Rdn. 12; *Schorn* 1.

[312] *Frowein/Peukert* 91; *Herzog* AöR **86** (1961) 230 (nur chronische Zustände).

[313] EGMR 24.10.1979 Winterwerp/NdL (EuGRZ **1979** 653); EKMR EuGRZ **1987** 444 (Brogan); *Frowein/Peukert* 91; *Grabenwarter* § 21 Rdn. 12; *Villiger* HdB 337.

[314] EGMR 24.10.1979 Winterwerp/NdL(EuGRZ **1979** 653); 28.5.1985 Ashingdane/GB (NJW **1986** 2173); *Frowein/Peukert* 91; *Trechsel* EuGRZ **1980** 526; vgl. auch *Villiger* HdB 337.

[315] So etwa für niederländisches Recht EGMR 24.10. 1979 Winterwerp/NdL (EuGRZ **1979** 653); *Villiger* HdB 337.

[316] EGMR 5.10.2000 Varbanov/Bulg (ECHR 2000-X); *Kühne/Esser* StV **2002** 383, 386; *Meyer-Ladewig* 26.

[317] Verweigert die untergebrachte Person die Mitwirkung an der Exploration, kann ein Gutachten auf Grund der Fallakten genügen, *Kühne/Esser* StV **2004** 383, 386.

[318] EGMR 28.5.1985 Ashingdane/GB (NJW **1986** 2173); *Frowein/Peukert* 92; *Meyer-Ladewig* 26.

[319] EGMR 24.9.1992 Herczegfalvy/Ö (EuGRZ **1992** 535); *Esser* 243; *Frowein/Peukert* 92, der unter Hinweis auf EKMR in solchen Fällen auch Buchst. b für anwendbar hält.

[320] *Trechsel* EuGRZ **1980** 527; für das innerstaatliche Recht vgl. BVerfGE **70** 297, dazu *Trechsel* EuGRZ **1986** 543.

[321] EGMR 23.2.1984 Luberti (EuGRZ **1985** 642); 28.5.1985 Ashingdane/GB (NJW **1986** 2173).

[322] Etwa EGMR 5.11.1981 X/GB (EuGRZ **1982** 101); 12.5.1992 Megyeri/D (EuGRZ **1992** 347); 25.3. 1999 Musial/Pol (NJW **2000** 2727); schweiz.BGer. EuGRZ **1991** 526; *Frowein/Peukert* 96; *Meyer-Ladewig* 45.

[323] EGMR 5.11.1981 X/GB (EuGRZ **1982** 101); 28.5. 1985 Ashingdane/GB (NJW **1986** 2173); *Trechsel* unter Hinweis auf EGMR 7.12.1976 Handyside/ GB (EuGRZ **1977** 38).

die sofortige Einweisung der Verhütung von Gefahren dient, zunächst größer ist als bei den notwendigen späteren Entscheidungen über die Aufrechterhaltung der Verwahrung[324], vor allem braucht der zuverlässige Nachweis, wie die erforderlichen fachspezifischen Gutachten, zunächst noch nicht vorzuliegen[325]. Auch bei den sich im Rahmen des nationalen Rechts haltenden späteren Entscheidungen wird den Behörden ein Beurteilungsspielraum eingeräumt, so daß – abgesehen von Fällen eines klaren Mißbrauchs[326] – die Zweifel, die bei den in der Medizin vielfach strittigen Fragen oftmals bestehen bleiben, sich meist zugunsten der Regierung auswirken werden[327].

Ein **Recht auf Krankenbehandlung** kann der Untergebrachte aus Art. 5 Abs. 1 Buchst. e MRK nicht herleiten, desgleichen kann er darauf keine Beanstandungen wegen der Form seiner Unterbringung stützen[328]. **81**

cc) Alkoholiker und Rauschgiftsüchtige werden nicht nur im Sinne des allgemeinen Sprachgebrauchs (chronisch Alkohol- oder Rauschgiftkranke) verstanden[329]: Entsprechend dem Schutzzweck unterfallen der Regelung auch sonstige Personen, von deren Verhalten unter Alkohol- oder Rauschgifteinfluß eine Bedrohung oder Gefahr für die öffentliche Ordnung oder für sie selbst ausgeht. Für diese weite Auslegung spricht, daß die Zulässigkeit der Verwahrung bei dieser Personengruppe nicht so sehr von der Zuordnung zu den sehr dehnbaren Begriffen abhängt, sondern vor allem davon, ob im konkreten Fall die Unterbringung eines süchtigen Betroffenen nach Art und Ausmaß des Persönlichkeitsabbaus und den sonstigen Umständen in seinem eigenen Interesse oder zum Schutze der Allgemeinheit notwendig ist, etwa, um ein gefährliches Verhalten nach Alkoholgenuß zu verhindern[330]. Für den **Nachweis** dieser Voraussetzungen, zu dem auch das Einholen der erforderlichen Gutachten gehören kann, gelten im wesentlichen die gleichen Grundsätze wie bei der Verwahrung Geisteskranker. **82**

dd) Der Begriff **Landstreicher** wird von Buchst. e ebenfalls nicht definiert. Der EGMR hat die Definition des belgischen Rechts, wonach Personen ohne festen Wohnsitz, Mittel zum Unterhalt und regelmäßiger Berufstätigkeit gemeint sind, als mit Art. 5 MRK vereinbar angesehen[331]. Gleiches dürfte für ähnliche Definitionen in anderen nationalen Rechtsordnungen gelten[332]. Ob schon bloße Verwahrlosung ausreicht, blieb unentschieden[333]. *Herzog* schließt aus dem über den deutschen und französischen Sprachgebrauch hinausreichenden englischen Begriff „vagrant", daß das Merkmal der Unstetigkeit des Lebenswandels nicht notwendig vorliegen muß und daß deshalb entsprechend der Zielsetzung, ein Vorgehen gegen asoziale Elemente zu ermöglichen, auch Personen darunter fallen, die einen festen Wohnsitz haben, die aber arbeitsunwillig und aus diesem Grund nicht in der Lage sind, sich und ihren Angehörigen den nötigen **83**

---

324 Zur Notwendigkeit der periodischen Überprüfung, ob die Erkrankung die Unterbringung noch erfordert, vgl. Rdn. 124b ff.

325 EGMR 5.11.1981 X/GB (EuGRZ **1982** 101).

326 Vor allem Willkür, vgl. EGMR 24.9.1992 Herczegfalvy/Ö (EuGRZ **1992** 535); Johnson/GB (Rep. 1997-VII); *Esser* 241.

327 *Trechsel* EuGRZ **1980** 527.

328 EGMR 24.10.1979 Winterwerp/NdL (EuGRZ **1979** 653); 28.5.1985 Ashingdane/GB (NJW **1986** 2173); *Frowein/Peukert* 94; EKMR EuGRZ **1978** 399 (Winterwerp) hat zusätzlich ausgeführt, daß unter besonderen Umständen in der Verweigerung einer Therapie ein Verstoß gegen Art. 5 in Verb. mit Art. 18 und Art. 3 MRK liegen könne.

329 So *Herzog* AöR **86** (1961) 230.

330 EGMR 4.4.2000 Litwa/Pol (ECHR 2000-III); 7.6.2001 H.D./Polen; *Grabenwarter* § 21 Rdn. 12. *Meyer-Ladewig* 21.

331 EGMR 18.6.1971 De Wilde u.a./Belg (Series A 12 „Belg. Landstreicher"); 6.11.1980 Guzzardi/I (NJW **1984** 554); auch EKMR EuGRZ **1979** 421 (Guzzardi); *Frowein/Peukert* 95; *Trechsel* EuGRZ **1980** 526.

332 Vgl. für früheres Recht BGHSt. **4** 54 (wer aus eingewurzeltem Hang zum Umhertreiben ziel- und zwecklos mit wechselndem Nachtquartier von Ort zu Ort umherzieht und mit seinem Lebensunterhalt überwiegend anderen zur Last fällt).

333 Vgl. EuGRZ **1981** 126 (gütliche Einigung).

Lebensunterhalt zu verschaffen[334]. Eine ausdehnende Auslegung auf andere Personen, die zwar über die nötigen Mittel verfügen, aber keiner geregelten Arbeit nachgehen und bei denen der Verdacht besteht, daß sie ihren Lebensunterhalt durch kriminelle Handlungen bestreiten, wurde unter dem Hinweis abgelehnt, daß die Unterbringung auch bei den Landstreichern als Maßnahme in deren Interesse aufzufassen ist und nicht als Mittel zur Verhütung weiterer Straftaten[335]. Für die Anordnung der Unterbringung gemäß dem jeweiligen nationalen Recht, für die Notwendigkeit der Überprüfung ihrer Voraussetzungen und ihrer Fortdauer und für die Nachprüfung dieser Erfordernisse gilt das oben Rdn. 80 Ausgeführte entsprechend.

7. Haft zum Zwecke der Ausweisung oder Auslieferung (Buchst. f)

84 **a) Allgemein.** Ein Recht, sich in einem fremden Land aufzuhalten, garantieren die Konventionen nicht[336]. Die MRK regelt die Auslieferung oder Ausweisung nicht[337]. Sie verbietet, anders als Art. 16 Abs. 2 Satz 1 GG, auch nicht die Auslieferung eigener Staatsangehöriger. Art. 4 des 4. ZP erklärt lediglich die Kollektivausweisung von Ausländern für unzulässig. Diese Bestimmung fehlt im IPBPR, der andererseits für die Ausweisung der sich rechtmäßig im Inland aufhaltenden Ausländer bestimmte Verfahrensgarantien fordert (Art. 13 IPBPR). Hinsichtlich der **eigenen Staatsangehörigen,** die nach Art. 11 GG und nach Art. 3 Abs. 2 des 4. ZP und Art. 12 Abs. 4 IPBPR das unentziehbare Recht zur Einreise in den eigenen Staat haben, verbietet Art. 3 Abs. 1 des 4. ZP die Kollektiv- und Einzelausweisung, im IPBPR fehlt eine entsprechende Regelung. Soweit die Bundesrepublik jetzt nach Art. 16 Abs. 2 Satz 2 GG auch eigene Staatsangehörige auf Grund eines Gesetzes an Mitgliedstaaten der Europäischen Union oder an einen internationalen Gerichtshof ausliefern darf, ist Buchst. f in diesen Fällen ebenfalls anwendbar geworden; im übrigen betrifft er nur **Ausländer oder Staatenlose**.

85 **b)** Die **rechtmäßige Festnahme und Haft zur Sicherung der Ausweisung oder Auslieferung** gestattet Buchst. f bei jedem Ausländer, der unberechtigt in das Staatsgebiet eindringen will oder in diesem von einem gegen ihn schwebenden Ausweisungs- oder Auslieferungsverfahren betroffen ist. Unter dem **Versuch, unberechtigt in das Staatsgebiet einzudringen**, ist vor allem der Fall zu verstehen, daß jemand unmittelbar an der Grenze oder auf einem Flughafen[338] aufgegriffen und bis zu seiner alsbaldigen Rücküberstellung festgehalten wird[339]; aber auch ein illegal eingereister Ausländer, der sich bereits weiter im Inland befindet, kann noch darunter fallen, wenn er dort nach seinem Grenzübertritt aufgegriffen wird[340]. Ob Buchst. f erste Alternative auch noch einen Ausländer erfaßt, der erst später nach einem Inlandsaufenthalt von längerer Dauer als unbefugter Eindringling erkannt wird[341] und wie das Eindringen vom unbefugten Aufenthalt räumlich und zeitlich abzugrenzen wäre, kann für die Bundesrepublik offen bleiben, da hier jede Festnahme aus solchem Anlaß grundsätzlich auch eine in Betracht zu ziehende Ausweisung sichert, so daß die Haft durch eine zweite Alternative gerechtfertigt ist.

---

334 *Herzog* AöR **86** (1961) 230; **a. A** *Guradze* 27; *Schorn* 2.

335 EKMR EuGRZ **1979** 421 und EGMR 6.11.1980 Guzzardi/I (NJW **1984** 544); *Esser* 237; *Frowein/Peukert* 95; *Meyer-Ladewig* 22; *Villiger* HdB 338.

336 **H. M**; vgl. etwa EKMR ÖJZ **1994** 51.

337 Wieweit sich aus anderen Bestimmungen, wie Art. 3 MRK, Schranken für Ausweisung und Auslieferung ergeben können, ist dort erörtert; vgl. auch *Herzog* AöR **86** (1961) 234.

338 Vgl. EGMR 25.6.1996 Amuur/F (ÖJZ **1996** 956); *Kokott* EuGRZ **1996** 569.

339 *Villiger* HdB 339.

340 Schweiz BGer EuGRZ **1994** 174.

341 So unter Berufung auf den Sinn der Regelung schweiz.BGer. EuGRZ **1984** 295.

Die Haft zur **Sicherung der Ausweisung** setzt ein gleichzeitig eingeleitetes oder bereits schwebendes Verfahren voraus, in dem nach innerstaatlichem Recht über die Frage der Ausweisung entschieden werden soll[342]. Ein Verfahren, das nur einen Asylantrag zum Gegenstand hat, reicht dafür nicht[343]. Nicht notwendig ist, daß die Ausweisung selbst bereits angeordnet wurde[344]. Weiterer Haftgründe, wie Fluchtgefahr oder Begehung einer strafbaren Handlung bedarf es nicht[345]. Das Ausweisungsverfahren muß jedoch den materiellen und formellen Anforderungen des innerstaatlichen Rechts entsprechen, es darf nicht unzulässig oder offensichtlich unbegründet sein[346]. Es muß ferner mit der gebührenden Sorgfalt betrieben werden. Die Ausweisung kann nach Maßgabe der ausländerrechtlichen Bestimmungen im übrigen auch bei Ausländern zulässig sein, die sich zunächst rechtmäßig im Staatsgebiet aufgehalten haben, deren Aufenthaltsrecht aber abgelaufen ist oder denen es entzogen wird. Bei **Angehörigen der Europäischen Union** sind insoweit deren Sonderrechte auf Grund des Gemeinschaftsrechts zu beachten[347]. 86

Zur **Sicherung der Auslieferung** dient die Haft, wenn sie auf der Grundlage des IRG oder einer völkerrechtlichen Vereinbarung im Hinblick auf das Auslieferungsersuchen eines anderen Staates angeordnet wurde. Dieses kann wegen eines Strafverfahrens erfolgen, das in dem ersuchenden Staat gegen den Auszuliefernden eingeleitet worden ist, die Auslieferung kann aber auch zur Vollstreckung eines dort gegen den Beschuldigten bereits ergangenen Strafurteils begehrt werden, das jetzt im ersuchenden Staat vollstreckt werden soll. Wenn dagegen ein **ausländisches Urteil im Inland vollstreckt** werden soll, ist Buchst. f nicht anwendbar (keine zu sichernde Auslieferung). Die Haft zur Sicherung der Vollstreckung im Inland ist dann nach Buchst. a zulässig[348]. Ist das Auslieferungsbegehren des ersuchenden Staates innerstaatlich abgelehnt worden, darf die Haft aus diesem Grund nicht länger aufrecht erhalten werden[349]. Die Haft zur Sicherung einer **Durchlieferung** wird entsprechend dem Sinn der Regelung von Buchst. f, 2. Alternative ebenfalls gedeckt[350]. 87

c) Als **rein formale Garantie** fordert Buchst. f nur die **Rechtmäßigkeit der Haft**. Es genügt, wenn die Haft zur Sicherung eines laufenden Abschiebungs- oder Auslieferungsverfahrens entsprechend den materiellen und formellen Bestimmungen des innerstaatlichen Rechts von der dafür zuständigen Stelle frei von Willkür angeordnet worden ist[351]. Die Rechtmäßigkeit der Auslieferung oder Abschiebung selbst, die mit dieser Haft gesichert werden soll, spielt bei der Beurteilung der Zulässigkeit der Haft keine Rolle. Daß der Abschiebung oder Auslieferung anderweitige Rechte des Verhafteten entgegenstanden, insbesondere, daß diese Maßnahmen mit dessen Rechten aus Art. 3 oder 8 MRK unvereinbar sind[352], muß bei der Entscheidung über die Abschiebung oder Auslieferung geprüft werden. Die Haft als solche wird durch die Behauptung solcher Rechte nicht konventionswidrig[353]. Läßt das innerstaatliche Recht die Verhaftung zu diesen 88

342 EGMR 15.11.1996 Chahal/GB (ÖJZ **1997** 632); *Meyer-Ladewig* 24.

343 Vgl. östr. VfGH EuGRZ **1994** 176.

344 EGMR 15.11.1996 Chahal/GB (ÖJZ **1997** 632); EKMR bei *Bleckmann* EuGRZ **1982** 534.

345 EGMR 15.11.1996 Chahal/GB (ÖJZ **1997** 632); EKMR ÖJZ **1993** 465.

346 EGMR 21.10.1986 Sachez-Reisse/CH (EuGRZ **1988** 523); *Meyer-Ladewig* 23.

347 Vgl. EuGH EuGRZ **1976** 276 (Royer) zur EG-Richtl. Nr. 64, 221.

348 *Esser* 246.

349 Die für unzulässig erklärte Auslieferung darf auch nicht im Wege der Abschiebung in ein zur Auslieferung bereites Drittland herbeigeführt werden EGMR 18.12.1986 Bozano/F (EuGRZ **1987** 101), *Esser* 346 ff; *Frowein/Peukert* 99; *Villiger* HdB 340.

350 *Meyer-Goßner*[47] 7.

351 EGMR 11.1996 Chahal/GB (NVwZ **1997** 1093). EKMR ÖJZ **1993** 465 (Nachprüfung beschränkt auf – formale – Rechtmäßigkeit einschließlich des Fehlens von Willkür).

352 Vgl. EGMR 7.7.1989 Soering/GB (NJW **1990** 2183); 15.11.1996 Chahal/GB (NVwZ **1997** 1093) dazu Art. 3 MRK); *Frowein/Peukert* 97.

353 EGMR 15.11.1996 Chahal/GB (NVwZ **1997** 1093).

Zwecken zu, genügt es, daß die zuständige Behörde ein **Ausweisungs- oder Auslieferungsverfahren** einleitet, um den Betroffenen am Eindringen in das Staatsgebiet zu hindern bzw. in der Absicht, seine Ausweisung oder Auslieferung sicherzustellen[354]. Die Haft wird deshalb auch dann von Buchst. f gedeckt, wenn sich im innerstaatlichen Verfahren[355] später ergibt, daß Ausweisung oder Auslieferung im konkreten Fall nicht zulässig sind[356]. Etwas anderes kann gelten, wenn der Antrag auf Ausweisung oder auf Auslieferung prima facie unzulässig oder unbegründet ist[357] oder wenn die Haft entgegen dem Willkürverbot dazu mißbraucht wird, eine bereits rechtskräftig abgelehnte Auslieferung verschleiert auf dem Umweg der Abschiebung in einen Drittstaat herbeizuführen[358]. Das Verfahren zur Abschiebung oder Auslieferung muß mit der gebührenden Sorgfalt und ohne vermeidbare Verzögerungen betrieben werden. Ist dies nicht der Fall und wird die Dauer des Verfahrens exzessiv, rechtfertigt Art. 5 Abs. 1 Buchst. f die Fortdauer der Haft nicht mehr[359]. Zur **Rechtmäßigkeit der Haft** gehört die von Absatz 4 vorgesehene Überprüfung, ob sie **notwendig** ist und ob ihre Dauer nicht **außer jedem Verhältnis** zur Bedeutung der Sache steht[360]. So kann eine vom Betroffenen nicht durch eigenes Verhalten verschuldete übermäßig lange Dauer des Abschiebungs- oder Auslieferungsverfahrens die Haft rechtswidrig werden lassen[361], auch wenn das spezielle Beschleunigungsgebot des Art. 5 Abs. 3 MRK nur für die Fälle von Buchst. c, nicht aber für die zum Zwecke der Strafverfolgung durch einen anderen Staat angeordnete Auslieferungshaft gilt[362].

C. Verfahrensgarantien bei Freiheitsentziehungen

I. Recht auf Unterrichtung über die Gründe der Festnahme (Art. 5 Abs. 2 MRK; Art. 9 Abs. 2 IPBPR)

89 **1. Zweck der Regelung** ist, dem Festgenommenen durch die **Eröffnung der Gründe für seine Festnahme** jede Ungewißheit über deren Anlaß zu nehmen und ihn in die Lage zu versetzen, ihre Rechtmäßigkeit selbst zu beurteilen und sich mit den im nationalen Recht vorgesehenen Rechtsbehelfen sachgerecht dagegen wehren zu können[363], nicht zuletzt dadurch, daß er eine dem Art. 5 Abs. 4 MRK, Art. 9 Abs. 4 IPBPR entsprechende Haftkontrolle beantragt. Die Unterrichtungspflicht hat also einen anderen Zweck als die nach Art. 104 Abs. 4 GG, § 114b StPO bestehende innerstaatliche Pflicht, daß ein Angehöriger oder eine Person seines Vertrauens von der Verhaftung unterrichtet wird. Diese Pflicht findet in den Konventionen keine Entsprechung.

---

[354] EKMR bei *Bleckmann* EuGRZ **1982** 534 (Caprino); *Frowein/Peukert* 99; *Trechsel* EuGRZ **1980** 527.

[355] Zum Recht auf ein solches Verfahren vgl. Art. 13 IPBPR.

[356] *Frowein/Peukert* 99; *Trechsel* EuGRZ **1987** 71.

[357] EGMR 21.12.1986 Sanchez-Reisse/CH (EuGRZ **1988** 523), *Frowein/Peukert* 99.

[358] EKMR (EuGRZ **1985** 681) und EGMR 18.12. 1986 Bozano/F (EuGRZ **1987** 101); dazu *Frowein/Peukert* 99; *Herdegen* EuGRZ **1986** 3; *Trechsel* EuGRZ **1987** 76.

[359] EGMR 24.9.1992 Kolompar/Belg (EuGRZ **1993** 118); 22.3.1995 Quinn/F (ÖJZ **1995** 593); 11.1996 Chahal/GB (NVwZ **1997** 1093); *Meyer-Ladewig* 23.

[360] EKMR EuGRZ **1982** 534 (Caprino); *Frowein/Peukert* 100.

[361] EGMR 24.9.1992 Kolompar/Belg (EuGRZ **1993** 118); 22.3.1995 Quinn/F (ÖJZ **1995** 593); 11.1996 Chahal/GB (NVwZ **1997** 1093); *Frowein/Peukert* 100; *Villiger* HdB 340.

[362] EGMR 24.9.1992 Kolompar/Belg (EuGRZ **1993** 118); EKMR bei *Frowein/Peukert* 100.

[363] EGMR 21.2.1990 van der Leer/Ndl (Series 140 A); *Frowein/Peukert* 102; *Meyer-Ladewig* 25; *Nowak* 33; *Trechsel* EuGRZ **1980** 528.

Die Pflicht zur **Unterrichtung über die Gründe der Haft** gilt bei allen Freiheitsentziehungen nach Absatz 1. Sie besteht unabhängig davon, ob die Verhaftung rechtmäßig ist[364] und aus welchen Gründen die Festnahme angeordnet wurde. Sie greift in allen Fällen des Art. 5 Abs. 1 Buchst. a bis f MRK Platz[365], auch wenn einige die Festnahme nicht erwähnen. **90**

Bei der Pflicht zur **Unterrichtung über die erhobene Beschuldigung** wird angenommen, daß sie nur zum Tragen kommen kann, wenn der Verdacht einer Straftat mit ein Grund für die Festnahme war, daß sie sonst aber leerläuft. Sie besteht vor allem bei der Untersuchungshaft nach Art. 5 Abs. 1 Buchst. c MRK[366], sie kann jedoch auch bei den anderen Fällen wirksam werden, deren Haftgründe an eine Beschuldigung und nicht an eine vollstreckbare Verurteilung wie bei Buchst. a anknüpfen, so etwa bei der einstweiligen Unterbringung nach § 126a StPO (sofern man sie dem Buchst. e zuordnet). Auch wenn jemand nach Buchst. f in **Abschiebungshaft** oder **Auslieferungshaft** genommen wird, wird man ihm neben der formalen Haftanordnung auch die Gründe mitteilen müssen, auf die sie sich stützt; dazu gehört bei der Auslieferungshaft auch der Vorwurf, auf den sich das Auslieferungsbegehren gründet[367]. Da das Recht auf ausreichende alsbaldige Unterrichtung über alle für die Verhaftung maßgebenden Gründe auch aus Art. 5 Abs. 4 MRK und Art. 9 Abs. 4 IPBPR folgt, hat insoweit die Frage der Tragweite des Absatzes 2 keine große praktische Bedeutung. **91**

2. Zeitpunkt der Mitteilungen. Nach **Art. 5 Abs. 2 MRK** muß jede festgenommene Person in einer ihr verständlichen Sprache **in möglichst kurzer Frist** („promptly", „dans le plus court délai") nach der Festnahme über deren Gründe und die vorliegenden Beschuldigungen unterrichtet werden. **Art. 9 Abs. 2 IPBPR** differenziert hier; er fordert, daß schon **bei der Festnahme** („at the time of arrest", „au moment des son arrestation") dem Festgenommenen deren Gründe zu eröffnen sind, während die Unterrichtung über die gegen ihn vorliegenden Beschuldigungen unverzüglich („promptly" „dans le plus court délai") vorzunehmen ist. Sie kann somit auch später, etwa bei der ersten Vernehmung oder bei einer sonstigen Anhörung, erfolgen[368]. Die **Gründe der Festnahme** werden dem festnehmenden Organ, in der Regel also dem damit beauftragten Polizeibeamten, zumindest in groben Umrissen bekannt sein, ihre unverzügliche Bekanntgabe ist daher bei der Festnahme möglich und dann auch nach der MRK geboten. Im übrigen dürfte es wohl nach beiden Konventionen zulässig sein, die Bekanntgabe der Haftgründe **kurzfristig aufzuschieben**, um sie an einem dafür geeigneten Ort vornehmen zu können, wenn eine sofortige Eröffnung wegen der besonderen Umstände der Festnahme undurchführbar oder unangebracht ist, etwa bei der Festnahme aus einer erregten Menschenmenge heraus oder unter sonstigen, längere Erklärungen verbietenden Umstän- **92**

---

364 Vgl. EGMR 18.1.1978 Irland/GB (EuGRZ **1979** 149); *Frowein/Peukert* 101.

365 Für IPBPR *Nowak* 32; ebenso für Art. 5 Abs. 2 MRK: EGMR 21.2.1990 Van der Leer/Ndl (Series A 170A); EKMR bei *Strasser* EuGRZ **1990** 51 (Kees); *Frowein/Peukert* 102 ff; *Grabenwarter* § 21 Rdn. 14; *Meyer-Ladewig* 25. *Trechsel* EuGRZ **1980** 528; EGMR 5.11.1981 X/GB (EuGRZ **1982** 101) hat offengelassen, ob Art. 5 Abs. 2 MRK nur bei Verhaftung wegen des Verdachts einer Straftat gilt; die Pflicht, den aus anderen Gründen Verwahrten über die dafür maßgebenden Gründe zu unterrichten, wurde aus dessen Rechtsschutzanspruch nach Art. 5 Abs. 4 MRK hergeleitet. Für IPBPR *Nowak* 32.

366 EKMR EuGRZ **1979** 74 (Cabrio); *Nowak* 32.

367 *Frowein/Peukert* 100, 107 (auch für die Gründe der Auslieferung, da auch diese im weiteren Sinn die für den Freiheitsentzug maßgebenden Beschuldigungen seien); **a. A** EKMR EuGRZ **1979** 74; *Trechsel* EuGRZ **1980** 528 (wegen des rein formellen Vorbehalts von Buchst. f kein Recht auf Information über die Auslieferungsgründe); die Unterrichtungspflicht sichert Rechtsbehelfe nach nationalem Recht, für sie kann es nicht darauf ankommen, daß die MRK die Grenzen anders zieht.

368 *Nowak* 36.

den. Auch in der Person des Festgenommenen können solche Gründe liegen, etwa, wenn er wegen seiner besonderen Situation bei der Festnahme nicht in der Lage ist, die Mitteilung aufzunehmen. Wird sie sobald als möglich nachgeholt, ist dies nach Art. 5 Abs. 2 MRK zulässig, sie dürfte dann wohl auch im Sinne des Art. 9 Abs. 2 IPBPR noch „bei der Festnahme" erteilt sein. Die Unterrichtung muß **alsbald** geschehen und sollte in der Regel 24 Stunden nicht überschreiten[369]; der Gerichtshof hat aber auch noch eine Unterrichtung zwei Tage nach der Festnahme hingenommen[370], nicht aber eine erst nach 10 Tagen durchgeführte[371].

93 Die Eröffnung einer **erhobenen Beschuldigung,** die ohnehin nicht in allen Festnahmefällen in Betracht kommt (vgl. Rdn. 91), muß in **möglichst kurzer Frist** nach der Festnahme geschehen. Sobald sie nach den Umständen durchführbar ist, darf sie nach beiden Konventionen nicht länger aufgeschoben werden. Unmittelbar im Zusammenhang mit der Festnahme dürfte dies nicht immer möglich sein, denn die Beschuldigung wird dem die Festnahme durchführenden Beamten mitunter nicht mit der für die Unterrichtung erforderlichen Genauigkeit bekannt sein. In solchen Fällen darf sie aufgeschoben werden, bis sie ordnungsgemäß durchgeführt werden kann. Hat der Festnehmende allerdings einen schriftlichen Haftbefehl zur Hand, in dem die Beschuldigung angeführt ist (vgl. § 114 StPO), so ist in der Regel auch die unverzügliche Bekanntgabe der darin erhobenen Beschuldigung bei der Verhaftung möglich (vgl. § 114a StPO) und dann auch von den Konventionen geboten. Bei unverzüglicher Vorführung vor dem Richter nach Art. 5 Abs. 3 MRK, Art. 9 Abs. 3 IPBPR kann dieser die Mitteilung der Beschuldigung auch im Rahmen der dort vorgesehenen Anhörung vornehmen.

94 **Fehlen bei der Festnahme** die für eine ausreichende Unterrichtung über die Beschuldigung **erforderlichen Informationen**, sind sie sofort anzufordern, damit die Unterrichtung ohne jede vermeidbare Verzögerung durchgeführt werden kann. Welche Maßnahmen von Amts wegen zu treffen sind, um das Gebot der baldmöglichsten Unterrichtung einzuhalten, und welche Stelle dafür verantwortlich ist, hängt von der Art des jeweiligen Verfahrens ab. Alle Beteiligten müssen aber dafür Sorge tragen, daß die erforderlichen Eröffnungen ohne jede vermeidbare Verzögerung gemacht werden können; die hierfür erforderlichen Unterlagen sind mit der gebotenen Eile beizubringen.

95 **3. Keine bestimmte Form der Mitteilungen** schreiben Art. 5 Abs. 2 MRK, Art. 9 Abs. 2 IPBPR vor. Durch wen und in welcher Form die Unterrichtung vorzunehmen ist, überlassen sie dem nationalen Recht; vor allem behalten sie die Eröffnung nicht dem Richter oder einem Beamten mit richterlichen Befugnissen vor.

96 Die Eröffnung **kann mündlich** geschehen[372]. Dabei sollen einfache, untechnische und dem Betroffenen leicht verständliche Ausdrücke verwendet werden[373]. Die Unterrichtung kann aber auch durch **Aushändigung einer Schrift**, etwa eines Haftbefehls, vorgenommen werden, sofern diese alle erforderlichen Angaben enthält und der Festgenommene in der Lage ist, sie zu lesen und zu verstehen[374]. Die Konventionen fordern aber nicht, daß die Haftgründe und gegebenenfalls auch die Beschuldigung bei der Verhaftung schriftlich fixiert sein müssen[375]; aus ihnen kann auch kein Recht auf eine Ab-

---

369 *Grabenwarter* § 21 Rdn. 14; vgl. EGMR 30.8.1990 Fox, Campbell u.a./GB (Series A 182: 7 Stunden): 28.10.1994 Murray/GB (EuGRZ **1996** 587; 3 Stunden).

370 *Kühne/Esser* StV **2002** 383, 386 mit weit. Nachw.

371 EGMR 21.2.1990 van der Leer/Ndl (Series A 170 A); *Meyer-Ladewig* 26.

372 *Frowein/Peukert* 104; *Nowak* 33, 34; *Vogler* ZStW **89** (1977) 761.

373 EGMR 3.8.1990 Fox, Campbell u.a./GB (Series A 182); *Frowein/Peukert* 104; *Meyer-Ladewig* 25: *Villiger* HdB 350.

374 EGMR 30.3.1989 Lamy/Belg (ÖJZ **1989** 763).

375 *Frowein/Peukert* 104; *Nowak* 31.

schrift der Festnahmeanordnung[376] oder auf Übersetzung des Haftbefehls[377] hergeleitet werden. Es genügt, wenn der Betroffene auf eine ihm verständliche Weise unterrichtet wird. Der EGMR läßt es auch genügen, wenn die Haftgründe für den Festgenommenen und die gegen ihn erhobenen Beschuldigungen aus den Umständen seiner Festnahme oder auf Grund seiner ersten Vernehmung mit hinreichender Sicherheit ersichtlich sind[378]. Ob dies zutrifft, hängt von den Umständen des Einzelfalls, von Art und Ort der Festnahme ebenso wie von Form und Ausgestaltung der Vernehmung ab. Eine **Vernehmung unter Drohungen** oder unter Anwendung einer gegen Art. 3 MRK verstoßenden Behandlung kann, auch wenn dabei die gegen den Betroffenen erhobenen Anschuldigungen zur Sprache kommen, schon wegen der Begleitumstände und der dadurch bedingten besonderen psychischen Lage des Verhafteten nicht als ausreichende objektive Unterrichtung im Sinne des Absatzes 2 angesehen werden[379]. Aus dem Zweck der Regelung folgt, daß es Aufgabe der staatlichen Organe ist, die sichere und ausreichende Unterrichtung des Festgenommenen in einer angemessenen, objektiven Form sicherzustellen. Sie müssen die Erfüllung dieser Pflicht gegebenenfalls auch belegen. Daß sich aus dem späteren Verteidigungsverhalten des Beschuldigten, insbesondere seinen Rechtsbehelfsbegründungen ergibt[380], daß dieser (inzwischen) die sichere Kenntnis der für seine Verhaftung maßgebenden Umstände erlangt hat, beseitigt nicht den Verstoß gegen den eine alsbaldige Unterrichtung fordernden Absatz 2, sondern allenfalls dessen Fortwirken auf das spätere Verfahren.

Art. 5 Abs. 2 MRK fordert ausdrücklich, daß Haftgründe und Beschuldigung dem Festgenommenen in einer **ihm verständlichen Sprache** zu eröffnen sind. Art. 9 Abs. 2 IPBPR hat bewußt darauf verzichtet, weil sonst eine sofortige Mitteilung der Haftgründe mitunter undurchführbar erschien[381]. In den Vertragsstaaten der MRK gelten die strengeren Anforderungen des Art. 5 Abs. 2 MRK (vgl. Art. 5 Abs. 2 IPBPR). Im übrigen setzt jede Mitteilung voraus, daß sie dem Betroffenen in irgendeiner Form verständlich gemacht wird. Dies gilt schon für die Mitteilung der Verhaftung und ihrer Gründe; vor allem aber wird die Bekanntgabe der Beschuldigung bei einem Festgenommenen, der die Sprache nicht versteht, kaum ohne Verwendung einer für ihn verständlichen Sprache möglich sein. Es braucht sich allerdings nicht um seine Muttersprache zu handeln. Eine Verpflichtung, dem in der Gerichtssprache abzufassenden Haftbefehl eine Übersetzung beizufügen, folgt auch aus Art. 5 Abs. 2 MRK nicht[382]; zur Sicherstellung einer ordnungsgemäßen Unterrichtung, die auch den Anforderungen des Art. 6 Abs. 3 Buchst. a MRK, Art. 14 Abs. 3 Buchst. a IPBPR genügt, kann dies jedoch zweckmäßig sein. An sich sind beide Unterrichtungspflichten schon wegen ihres unterschiedlichen Zweckes (Ermöglichung von Einwänden gegen die Haft einerseits, Ermöglichung der Verteidigung gegen den erhobenen Vorwurf andererseits) selbst dort, wo sie nebeneinander stehen, also bei Verfahren wegen einer strafrechtlichen Anklage, nicht notwendig völlig identisch. Bei den anderen die Freiheitsentziehung rechtfertigenden Gründen werden hinsichtlich ihrer Mitteilung nach Art. 5 Abs. 2 MRK, Art. 9 Abs. 2 IPBPR geringere inhaltliche Anforderungen gestellt. 97

376 *Vogler* ZStW **82** (1970) 757.

377 EGMR 5.4.2000 H B/CH; *Meyer-Ladewig* 28.

378 EGMR 3.8.1990 Fox u.a./GB (Series A 182); 28.10.1994 Murray/GB (EuGRZ **1996** 587); 30.3.1989 Lamy/Belg (ÖJZ **1989** 763); *Kühne/Esser* StV **2002** 383, 386 mit weit. Nachw.; *Esser* 258; *Villiger* HdB 350.

379 So aber EGMR 11.7.2000 Dike/Türk; vgl. auch 30.8.1990 Fox u.a./GB (Series A 182); ablehnend *Kühne/Esser* StV **2002** 383, 386.

380 EGMR 5.4.2001 H.B./CH *nach Kühne/Esser* StV **2002** 383, 386.

381 *Nowak* 33.

382 EGMR 5.4.2001 H.B./CH; EKRM nach *Frowein/Peukert* 109; vgl. andererseits LR-*Wendisch* § 114a StPO, 7.

98 Bei **Personen,** die nicht nur vorübergehend **außerstande sind, die Unterrichtung zu verstehen** und sachgerecht darauf zu reagieren, wie dies etwa bei Geisteskranken der Fall sein kann, aber nicht sein muß, darf die Unterrichtung des Festgenommenen entfallen, so, wenn dieser sie wegen seines Zustandes nicht verstehen kann oder wenn dies gefährliche oder ihm schädliche Reaktionen auslösen würde[383]. Bei einer Besserung des Zustands ist die Unterrichtung nachzuholen. Die Mitteilung kann auch anderen Personen, etwa einem behandelnden Arzt, übertragen werden[384]. Ist eine unverzügliche Unterrichtung des Betroffenen selbst nicht möglich, muß sie rechtzeitig einer zu seiner **Vertretung berechtigten Person** erteilt werden[385]. Für solche Fälle wird man dem nationalen Gesetzgeber einen Spielraum für angemessene Regelungen zuzuerkennen haben, die aber immer gewährleisten müssen, daß die Rechte des Untergebrachten, sich gegen die Freiheitsentziehung zu wehren, hinreichend gewahrt sind. Die jeweils einschlägige nationale Verfahrensordnung kann in solchen Fällen wohl auch vorsehen, daß ein gesetzlicher oder auch ein bestellter Vertreter des Festgenommenen oder ein Verteidiger von deren Gründe zu unterrichten ist.

4. Inhalt der Mitteilung

99 **a)** Was dem Festgenommenen als **Gründe der Festnahme** jeweils mitzuteilen ist, richtet sich nach den Erfordernissen, an die das nationale Recht die Festnahme knüpft[386]. Unerläßlich ist ein Mindestmaß an sachlicher Information[387]. Der bloße Hinweis auf die Rechtsgrundlage allein genügt nicht; daneben sind die konkreten Tatsachen, die die rechtlichen Erfordernisse der Haft belegen, dem Festgenommenen bekanntzugeben[388]. Soweit eine förmliche behördliche oder gerichtliche Anordnung vorliegt, ist ihm diese zu eröffnen. Grundsätzlich genügt es, wenn die **maßgebenden Tatsachen** und **Rechtsgründe** entsprechend dem Verfahrensstand in großen Zügen umrissen werden; eine detaillierte Offenlegung aller den Ermittlungsbehörden bekannten oder von ihnen vermuteten Tatsachen und eine eingehende juristische Begründung kann in diesem Verfahrensabschnitt nicht gefordert werden, dies würde im Zeitpunkt der Festnahme vielfach auch noch gar nicht möglich sein.

100 **b)** Die Mitteilung der **erhobenen Beschuldigung** muß ebenfalls die konkreten Tatsachen umfassen, auf die sich der Vorwurf gründet; sie braucht sich aber noch nicht auf jedes Detail und jeden rechtlichen Gesichtspunkt zu erstrecken[389]. Zur Erfüllung der Informationspflicht nach Art. 5 Abs. 2 MRK, Art. 9 Abs. 2 IPBPR genügen auch weniger umfassende Mitteilungen als sie Art. 6 Abs. 3 Buchst. a MRK, Art. 14 Abs. 3 Buchst. a IPBPR zur Vorbereitung der Verteidigung erfordern[390].

101 **5. Wiederholung der Unterrichtung.** Ist der Informationspflicht nach Absatz 2 zu Beginn der Haft voll genügt worden, muß die Unterrichtung während der Dauer der Haft nicht wiederholt werden. Die Rechte im Haftprüfungsverfahren und die damit verbundenen Informationspflichten richten sich nach Art. 5 Abs. 4 MRK, Art. 9 Abs. 4 IPBPR. Wird allerdings die Haft später auf einen **anderen Grund** gestützt, ist dieser dem

---

383 *Frowein/Peukert* 104; *Trechsel* EuGRZ **1980** 529.
384 *Frowein/Peukert* 104.
385 *Trechsel* EuGRZ **1980** 529.
386 Vgl. *Frowein/Peukert* 106, wonach Verdachtsgründe, die nach der gesetzlichen Regelung keine Voraussetzung für eine Festnahme zu Kontrollzwecken sind, nicht mitgeteilt werden müssen.
387 Vgl. *Trechsel* EuGRZ **1980** 528 (EGMR: Festnahme aufgrund der Notstandsgesetze ohne Bekanntgabe weiterer Einzelheiten ungenügend).
388 Vgl. EKMR bei *Bleckmann* EuGRZ **1983** 430 (McVeigh); *Nowak* 35.
389 *Vogler* ZStW **89** (1977) 772.
390 *Frowein/Peukert* 102; vgl. Rdn. 97.

Inhaftierten entsprechend dem Zweck der Regelung nach Art. 5 Abs. 2 MRK, Art. 9 Abs. 2 IPBPR zu eröffnen, da dieser ein neues Verteidigungsvorbringen erfordern kann. Eine erneute Unterrichtung ist geboten, wenn jemand nach Entlassung aus der Haft **erneut festgenommen** wird[391].

II. Richterliche Haftprüfung von Amts wegen nach Festnahme wegen einer Straftat (Art. 5 Abs. 3 MRK; Art. 9 Abs. 3 IPBPR)

1. Sonderregelungen zum Schutze von Personen gegen rechtswidrige Freiheitsentzie- **102**
hungen wegen des **Verdachts einer Straftat** sehen Art. 5 Abs. 3 MRK, Art. 9 Abs. 3 IPBPR weitgehend übereinstimmend vor. Nach ihnen müssen diese Personen nach ihrer Festnahme **von Amts**[392] **wegen unverzüglich** einem Richter oder einem ihr funktionsmäßig gleichgestellten Amtsträger vorgeführt werden, der sie persönlich anhört und in richterlicher Unabhängigkeit über das Gewicht der vorgetragenen Tatsachen und die Rechtmäßigkeit der Haft selbst entscheidet. Die Vorführungspflicht ist nicht davon abhängig, ob der Verhaftete dies **beantragt**[393]. Die unverzügliche Vorführung zur Herbeiführung einer Haftentscheidung soll rechtswidrige oder mißbräuchliche Verhaftungen frühzeitig beenden und durch die baldige richterliche persönliche Anhörung auch Mißhandlungen des in Haft Genommenen bei der Polizei vorbeugen[394]. Ein Anspruch auf wiederholte Vorführung erwächst dem Beschuldigten aus Absatz 3 nicht, er muß dies nach Absatz 4 beantragen[395]. Der zeitlichen Begrenzung der Untersuchungshaft dient ferner der Anspruch auf ein **Urteil innerhalb angemessener Frist** oder auf Entlassung aus der Haft, wobei die Haftentlassung von einer **Sicherheitsleistung** abhängig gemacht werden darf. Art. 9 Abs. 3 Satz 2 IPBPR spricht außerdem den Grundsatz aus, daß es nicht die Regel sein darf, daß Personen, die eine Aburteilung erwarten, in Haft gehalten werden. Dieser Grundsatz gilt selbstverständlich auch nach Art. 5 MRK.

Für alle Fälle des Art. 5 Abs. 1 Buchst. c MRK gilt **Absatz 3**, also nicht nur für die **103**
Untersuchungshaft wegen einer begangenen Straftat, sondern, sofern man sie weiterhin für zulässig hält, auch für die Präventivhaft zur Verhinderung einer solchen[396]. Dann kann die richterliche Kontrolle der Verhaftung allerdings nur die Haftvoraussetzungen betreffen; der Anspruch auf Aburteilung wegen der begangenen Tat wird dann durch die richterliche Anordnung der Präventivhaft ersetzt. Auch **Art. 9 Abs. 3 IPBPR,** der sich auf Personen bezieht, die „unter dem Vorwurf einer strafbaren Handlung" in Haft genommen oder gehalten werden, ist nach einer auf die Entstehungsgeschichte abstellenden Auslegung[397] in dem Sinne zu verstehen, daß er die Verwahrungshaft wegen einer nur beabsichtigten Straftat mit umfaßt. Für Freiheitsentziehungen, die nur nach anderen Buchstaben des Katalogs gerechtfertigt werden, gilt Absatz 3 nicht[398], so auch nicht für die Ordnungshaft, die Beugehaft, die Verwahrung nach Buchst. f oder die Auslieferungshaft[399].

---

[391] EGMR 5.11.1981 X/GB (EuGRZ **1982** 101); *Frowein/Peukert* 103; *Trechsel* EuGRZ **1980** 528.

[392] EGMR 22.5.1984 De Jong u.a./NdL (EuGRZ **1985** 700); 29.4.1999 Aquilina/Malta (NJW **2001** 51); *Meyer-Ladewig* 29.

[393] Vgl. *Kühne/Esser* StV **2002** 383, 387.

[394] EGMR 29.4.1999 Aquilina/Malta (NJW **2001** 51) mit weit. Nachw.

[395] *Kühne/Esser* StV **2002** 383, 387.

[396] EGMR 1.7.1961 Lawless/Irl (Series A 3); zur strittig gewordenen Frage, ob Absatz 1 Buchst. c eine reine Präventivhaft zur Verhinderung einer konkreten Straftat erlaubt oder ob er nur ein zusätzlicher Haftgrund bei Verdacht einer bereits begangenen Tat ist, vgl. Rdn. 70.

[397] *Nowak* 37.

[398] EGMR 18.6.1971 De Wilde u.a./Belg. (Series A 12: Belg. Landstreicher); vgl. *Frowein/Peukert* 72.

[399] *Trechsel* EuGRZ **1987** 69, 71.

104 **Straftat** ist hier, wie auch bei Absatz 1 in einem weiten Sinn zu verstehen, so daß auch strafähnliche Sanktionen, wie freiheitsentziehende Disziplinarstrafen, darunter fallen. Für Art. 5 Abs. 3 MRK ergibt sich dies auch aus der Bezugnahme auf Art. 5 Abs. 1 Buchst. c MRK sowie aus dem Zusammenhang beider Vorschriften[400].

105 Voraussetzung für die Festnahme ist der **auf konkreten Tatsachen gestützte Verdacht** (Art. 9 Abs. 3 IPBPR meint mit Vorwurf das gleiche), daß der Betreffende eine solche Straftat begangen hat oder daß er sie zu begehen beabsichtigt.

2. Vorführung vor einen Richter oder einen zur Ausübung richterlicher Funktionen ermächtigten Beamten (Art. 5 Abs. 3 MRK, Art. 14 Abs. 3 IPBPR)

106 **a) Zweck der Vorführung** ist die unverzügliche Haftkontrolle. Die Vorführung vor das zur Entscheidung in der Sache berufene Gericht genügt daher nicht, wenn dieses nicht auch zur Entscheidung über die Haftfrage berufen ist[401]. Etwas anderes würde wohl dann gelten, wenn dieses Gericht den Angeklagten im Schnellverfahren sofort aburteilt.

107 **b)** Ein **Gericht** im klassischen Sinn[402] oder ein **gesetzlich zur Ausübung richterlicher Funktionen ermächtigter Beamter** muß nach Absatz 3 die Verhaftung überprüfen. Diese Regelung, die dem nationalen Recht mit ihren beiden Alternativen einen weiten Gestaltungsraum läßt, will zur Sicherung der persönlichen Freiheit und zur Ausschaltung von Willkür erreichen, daß über die Haft schnell und in einem Verfahren entschieden wird, das sich an den Konstitutionsprinzipien des **richterlichen Verfahrens** orientiert[403], ohne aber mit Rücksicht auf die unterschiedlichen Verhältnisse in den Mitgliedstaaten die Einschaltung eines echten Gerichts zwingend vorzuschreiben.

108 Einem **Beamten** müssen die **richterlichen Funktionen** für diese Aufgabe kraft Gesetz übertragen sein. Ihre Ausgestaltung kann im nationalen Recht variieren; notwendig ist jedoch immer, daß er in **sachlicher Unabhängigkeit** über die Haftfrage selbst entscheiden kann und daß er zumindest insoweit auch seiner Stellung nach **unabhängig von der Exekutive und den Parteien** ist. Die Abhängigkeit von einer weisungsbefugten anderen Stelle schadet nur dann nicht, wenn diese ihrerseits insoweit volle sachliche Unabhängigkeit genießt[404]. Sind dem über die Haft in sachlicher Unabhängigkeit entscheidenden Beamten für die gleiche Sache auch Funktionen der Verfolgungsbehörde übertragen, etwa später die Abfassung der Anklage, so widerspricht die Verbindung mit dieser Parteifunktion nicht nur den Anforderungen an ein echtes Gericht, sondern auch den Anforderungen des Art. 5 Abs. 3 MRK[405]. Das unerläßliche Vertrauen in die Unvoreingenommenheit der in richterlicher Unabhängigkeit zu treffenden Entscheidung über die Haft darf schon durch **den äußeren Anschein einer Funktionsvermischung** nicht beeinträchtigt werden, wie dies etwa der Fall ist, wenn der mit der Haftprüfung betraute Beamte später

---

400 Vgl. Rdn. 60, 64.

401 EGMR 22.5.1984 De Jong u.a. (EuGRZ **1985** 700); 22.5.1984 Duinhof u.a./Ndl (EuGRZ **1985** 708); 22.5.1984 Van der Sluijs (EuGRZ **1985** 708); *Frowein/Peukert* 110.

402 Vgl. dazu bei Abs. 1 Rdn. 39 und bei Abs. 4 Rdn. 121; ferner Art. 6 MRK Rdn. 48 ff und zu der unterschiedlichen Ausdrucksweise EGMR 4.12.1979 Schiesser/CH (EuGRZ **1980** 202).

403 EGMR 4.12.1979 Schiesser/CH (EuGRZ **1980** 202); 22.5.1984 De Jong u.a./NdL (EuGRZ **1985** 700).

404 EGMR 4.12.1979 Schiesser/CH (EuGRZ **1980** 202); dazu *Pieth* EuGRZ **1980** 208; *Trechsel* JZ **1981** 135; 22.5.1984 De Jong u.a./NdL (EuGRZ **1985** 700 (De Jong); *Frowein/Peukert* 95.

405 Vgl. *Kühne/Esser* StV **2002** 383, 387.

in eine Parteirolle einrückt, weil er über die Anklageerhebung zu befinden hat[406]. Dies gilt nach der neueren Rechtsprechung selbst dann, wenn er im konkreten Fall in der verfolgenden Funktion nicht tätig wurde[407], denn maßgebend ist die Perspektive des Beschuldigten im Zeitpunkt der Vorführung und Haftentscheidung[408].

c) Die **Vorführung,** die Art. 5 Abs. 3 MRK und Art. 9 Abs. 3 IPBPR verlangen, schließt die **persönliche Anhörung** des Festgenommenen zu allen für die Anordnung der Haft maßgebenden Umstände durch den Richter oder den die richterliche Funktion ausübenden Beamten ein[409], so wie dies auch die §§ 115, 128 StPO vorsehen. Für die Bundesrepublik spielt es deshalb keine Rolle, ob auch nach Absatz 3 die Pflicht zur unverzüglichen Vorführung gilt, wenn ein richterlicher Haftbefehl bereits vorliegt[410]. **109**

Der Richter, dem der Festgenommene vorgeführt wird, muß die Haftgründe zumindest in ihren wesentlichen tatsächlichen und rechtlichen Voraussetzungen, insbesondere auch das Vorliegen eines durch Tatsachen hinreichend belegten Tatverdachts **selbst nachprüfen**[411]. Unter Berücksichtigung der Ausführungen des Verhafteten muß er über die Haftfrage in Abwägung der für und gegen die Haft sprechenden Umstände alsbald **selbst entscheiden**[412]. An dieser Voraussetzung fehlt es, wenn der Richter die vorangegangene Verhaftung nur eng begrenzt auf Zuständigkeit der anordnenden Behörde und auf Ermessensmißbrauch nachprüfen darf[413] oder wenn er rechtlich nur zu einer Stellungnahme zur Haftfrage befugt ist, ohne selbst die Freilassung verfügen zu können[414] oder wenn er nur die Rechtmäßigkeit der Haft prüft, für die Entscheidung über die Haftentlassung gegen Sicherheitsleistung aber andere Stellen eingeschaltet werden müssen[415]. Für die Entscheidung des Richters schreiben die Konventionen keine besondere Form vor. Ihre s**chriftliche Abfassung und Begründung** unter konkreter Angabe der für sie wesentlichen Tatsachen ist jedoch auch von Konventions wegen angezeigt, da andernfalls die Gefahr besteht, daß das Vorliegen einer ordnungsgemäßen, die Haft rechtfertigenden Entscheidung im Verfahren vor dem EGMR nicht belegt werden kann[416]. Im übrigen werden für das Verfahren keine besonderen Anforderungen aufge- **110**

---

406 EGMR 22.5.1984 De Jong u.a./NdL (EuGRZ **1985** 700: militärische Anhörung); 22.5.1984 Duinhof u.a./Ndl (EuGRZ **1985** 708); 23.10.1990 Huber/CH (EuGRZ **1990** 503); 18.2.1999 Hood/GB (EuGRZ **1999** 117 militärischer Vorgesetzter, der auch über Anklage entscheiden kann); vgl. auch EGMR 1.10.1982 Piersack/Belg (EuGRZ **1985** 301); schweiz. BG (EuGRZ **1995** 163); *Frowein/Peukert* mit weit. Nachw.

407 Für Züricher Bezirksanwalt EGMR 23.10.1990 Huber/CH (EuGRZ **1990** 502); EKMR bei *Strasser* EuGRZ **1990** 90 (Huber); anders noch EGMR 4.12.1979 Schiesser/CH(EuGRZ **1980** 202), mit Anm. *Pieth,* wo nur darauf abgestellt wurde, daß der Bezirksanwalt im konkreten Fall nicht als Anklagebehörde tätig geworden ist; vgl. auch schweiz.-BGer. EuGRZ **1989** 181; *Trechsel* EuGRZ **1980** 530.

408 EGMR 18.2.1999 Hood/GB (EuGRZ **1999** 117); 14.3.2000 Stepfen Jordan/GB; 4.7.2000 Niedbala/Pol. bei *Kühne/Esser* StV **2002** 383, 387; *Meyer-Ladewig* 31, 32.

409 Zu dieser EGMR 22.5.1984 De Jong u.a./NdL (EuGRZ **1985** 700); *Frowein/Peukert* 95; *Nowak* 39.

410 Vgl. EGMR 18.6.1971 De Wilde u.a./Belg (Series A 12: Belg. Landstreicher); EKMR bei *Strasser* EuGRZ **1988** 504; *Frowein/Peukert* 93 (Kontrolle der durch die Polizei oder andere Exekutivorgane nach Buchst. c angeordneten Haft); aber auch *Nowak* 38 (Vorführung auch bei einer vom Richter angeordneten Haft).

411 *Kühne/Esser* StV **2002** 383, 387; *Meyer-Ladewig* 33.

412 EGMR 4.12.1979 Schiesser/CH (EuGRZ **1980** 202); 22.5.1984 De Jong u.a./Ndl (EuGRZ **1985** 700); 24.9.1999 Aquilina/Malta (NJW **2001** 51); *Frowein/Peukert* 95; *Trechsel* EuGRZ **1980** 531.

413 Wie etwa im „Habeas corpus Verfahren"; vgl. die ähnlich entschiedenen Fälle bei Art. 5 Abs. 4 MRK Rdn. 122.

414 EGMR 22.5.1984 De Jong u.a./NdL (EuGRZ **1985** 700); *Nowak* 39.

415 EGMR 24.9.1999 Aquilina/Malta (NJW **2001** 51).

416 Vgl. *Kühne/Esser* StV **2002** 383, 389.

stellt. Absatz 3 verlangt nicht, daß einem Anwalt des Festgenommenen die Teilnahme ermöglicht werden muß[417].

111 **d) Unverzüglich** („promptly", „aussitot" bzw. „dans le plus court délai") nach der Festnahme ist der Festgenommene dem Richter vorzuführen. Eine bestimmte Frist ist dafür in Absatz 3 nicht festgelegt. Schreibt das nationale Recht Fristen vor, sind grundsätzlich diese einzuhalten, vor allem, wenn sie kürzer sind als die Konventionen erfordern[418]. Der EGMR prüft selbst nach, ob die Frist der Anforderung einer unverzüglichen Vorführung nach Absatz 3 noch genügt. Er berücksichtigt dabei alle Umstände des Einzelfalls. Dies kann aber nie so weit gehen, daß dadurch das Gebot der unverzüglichen richterlichen Nachprüfung entwertet würde[419]. So wird die von den Konventionen als zulässig angesehene Frist stets überschritten, wenn die Zeit bis zur Vorführung ohne vernünftigen Grund länger als nötig ausgedehnt wird, wenn also die Verzögerung nicht mehr mit den Besonderheiten des Einzelfalls gerechtfertigt werden kann. Dies gilt vor allem, wenn eine an sich alsbald durchführbare Vorführung aus Nachlässigkeit, bürokratischer Umständlichkeit oder aber aus Willkür verzögert wird. Fristen bis zu zwei Tagen zwischen Festnahme und Vorführung wurden als konventionskonform hingenommen[420]; eine Frist von 4 Tagen 6 Stunden wurde als nicht mehr unverzüglich angesehen[421], ob und unter welchen besonderen Umständen längere Fristen vom EGMR noch toleriert würden, dürfte offen sein und vom Einzelfall abhängen[422]. Der EGMR tendiert eher zu kürzeren Fristen[423]. Verstreicht zwischen der Festnahme und der Vorführung eine längere Zeit unnötig, verstößt dies gegen das Gebot der unverzüglichen Vorführung[424]. Dieses wird andererseits nicht verletzt, wenn die Vorführung aus technischen oder faktischen Gründen nicht möglich ist, etwa, weil die Festnahme auf einem Schiff auf hoher See erfolgt oder der Vorzuführende ernsthaft erkrankt und transportunfähig ist[425]. Bei einer Auslieferung hat der EGMR nur auf die Zeit abgestellt, die im ersuchenden Staat von der Einlieferung bis zur Vorführung verstrichen war (15 Tage) und diese als nicht mehr unverzüglich beanstandet[426].

111a Dem **nationalen Recht** läßt Art. 5 Abs. 3 (begrenzt) Raum für die Festsetzung **eigener Höchstfristen für die Vorführung**. Er stellt aber nicht darauf ab, ob diese im konkreten Fall eingehalten wurden. Eine längere nationale Frist kann eine konventionswidrig ver-

---

[417] EGMR 4.12.1979 Schiesser/CH (EuGRZ **1980** 202). Vgl. aber EGMR 8.2.1996 Murray/GB (EuGRZ **1986** 587: Fairneß des Verfahrens sowie Art. 6 Abs. 3 Buchst. c geben Recht auf alsbaldige Zuziehung eines Anwalts).

[418] Vgl. Rdn. 111a.

[419] EGMR 28.11.1991 Koster/Ndl (ÖJZ **1992** 458).

[420] EGMR 29.4.1999 Aquilina/Malte (NJW **2001** 51); *Kühne/Esser* StV **2002** 383, 387 unter Hiweis auf EGMR 10.10.2000 Grauzinis/Lit. (zwei Tage); *Grabenwarter* § 21 Rdn. 15; *Villiger* HdB 358 mit Hinweisen auf von der EKMR nicht akzeptierte erheblich längere Fristen.

[421] EGMR 29.11.1988 Brogan/GB (Series A 145-B).

[422] Vgl. *Grabenwarter* § 21 Rdn. 15 (in besonderen Fällen bis zu 4 Tagen); *Meyer-Ladewig* 30 (nur ausnahmsweise länger als 4 Tage); ferner die Anführung der Fälle, in denen längere Fristüberschreitungen nicht hingenommen wurden bei *Kühne/Esser* StV **2002** 383, 387.

[423] Vgl. *Frowein/Peukert* 111; *Trechsel* EuGRZ **1980** 530 mit Nachw.; *Esser* 275 ff; *Villiger* HdB (im allgemeinen 24 bis 48 Stunden); *Nowak* 38.

[424] So etwa EGMR 22.5.1984 De Jong u.a./NdL (EuGRZ **1985** 700: 7 Tage); 22.5.1984 Van der Sluijs u.a./NdL (EuGRZ **1985** 708); 29.11.1988 Brogan/GB (Series A 145-B: 4 Tage 6 Stunden); 22.11.1991 Koster/NdL (ÖJZ **1992** 458: 5 Tage), 26.10.1984 McGoff/Schwed (NJW **1986** 1413: 15 Tage); 12.3.2003 Öcalan/Türk (EuGRZ **2003** 472: 7 Tage); vgl. *Esser* 275 ff; *Frowein/Peukert* 111 ff. *Kühne/Esser* StV **2002** 383, 387 je mit weit. Nachweisen aus der Rechtsprechung des EGMR.

[425] Vgl. *Esser* 276; ferner EGMR 12.3.2003 Öcalan/Türk (EuGRZ **2003** 472: schlechtes Wetter rechtfertigt auch bei Haft auf Insel Verzögerung nicht).

[426] EGMR 26.10.1984 McGoff/Schwed (NJW **1986** 1413); *Esser* 280 wirft die Frage auf, wieweit andernfalls die Haft im ersuchten Staat bei der Fristberechnung mit zu berücksichtigen wäre.

zögerte Vorführung nicht rechtfertigen, andererseits bedeutet es für sich allein nicht notwendig schon einen Verstoß gegen Absatz 3, wenn eine kürzere innerstaatliche Frist nicht beachtet wird. Nach Absatz 3 ist allein maßgebend, ob die konventionseigenen Anforderungen an die Unverzüglichkeit der Vorführung gewahrt sind[427]. Bei der Würdigung, ob nach den jeweiligen Umständen des Einzelfalls eine Vorführung noch als unverzüglich im Sinne der Konventionen anzusehen ist, fällt allerdings auch ins Gewicht, daß das nationale Recht in Kenntnis der örtlichen Verhältnisse dafür kürzere Fristen als ausreichend ansieht. Dann ist auch die von den Konventionen geforderte unverzügliche Vorführung im Regelfall innerhalb dieser kürzeren Fristen ausführbar, sofern nicht ausnahmsweise ein die Verzögerung rechtfertigender Grund vorliegt. Unabhängig von der Wahrung der Frist des Art. 5 Abs. 3 MRK ist die rein nach nationalem Recht zu beurteilende Frage, ob bei Überschreitung einer kürzeren Vorführungsfrist des nationalen Rechts die weitere Haft rechtswidrig wird; nur in diesem Fall würde durch die Fristverletzung auch die Konventionsgemäßheit der Haft entfallen (vgl. Rdn. 27).

Die **Vorführungspflicht entfällt**, wenn der Festgenommene schon vorher aus der Haft **112**
entlassen wird[428].

3. Aburteilung in angemessener Frist oder Haftentlassung

a) Zweck. Zur Einschränkung der Dauer der Untersuchungshaft und im Interesse **113**
der hier besonders wichtigen Verfahrensbeschleunigung (vgl. Art. 6 Abs. 1 MRK, Art. 14 Abs. 3 Buchst. c IPBPR) begründen Art. 5 Abs. 3 MRK und Art. 9 Abs. 3 IPBPR einen Anspruch des Verhafteten, innerhalb angemessener Frist abgeurteilt oder aus der Haft entlassen zu werden. Dies bedeutet **kein Wahlrecht des Beschuldigten** in dem Sinn, daß bei Haftentlassung der Anspruch auf Verfahrenserledigung in angemessener Frist entfallen würde[429], sondern verdeutlicht, daß nach dem Grundsatz der Verhältnismäßigkeit die Haft nicht über eine angemessene Grenze hinaus aufrecht erhalten werden darf[430]. Die Untersuchungshaft, deren Verhängung im Strafverfahren ohnehin nicht die Regel sein darf (vgl. Art. 9 Abs. 3 IPBPR), soll auch bei Erhärtung des Tatverdachts durch die Ermittlungen nicht länger dauern, als nach der Sachlage unvermeidlich und dem Verhafteten unter Berücksichtigung der Tat und seiner persönlichen Umstände zumutbar ist. Die nach den Konventionen bei Vorliegen der Haftgründe an sich zulässige Haft wird zeitlich auf die **angemessene Dauer begrenzt**. Bei Überschreitung wird die weitere Haft rechtswidrig, die Zulässigkeit des Strafverfahrens als solches bleibt aber unberührt[431]; desgleichen die Verpflichtung des Inhaftierten, gegen eine unzulässig lange Dauer der Haft zunächst den innerstaatlichen Rechtsweg zu erschöpfen (Art. 35 Abs. 1 MRK)[432].

Der Anspruch besteht **unabhängig vom Anspruch auf Erledigung des Strafverfahrens** **114**
in angemessener Frist (Art. 6 Abs. 1 MRK, Art. 14 Abs. 3 Buchst. c IPBPR), wobei die angemessene Frist für die Untersuchungshaft kürzer zu bemessen ist und strengeren Anforderungen unterliegt als die angemessene Frist, binnen der das Strafverfahren

[427] *Vogler* ZStW **89** (1977) 773; *Esser* 281.

[428] EGMR 22.5.1984 De Jong u.a./NdL (EuGRZ **1985** 700); *Vogler* ZStW **89** (1977) 773.

[429] EGMR 29.6.1968 Wemhoff/D (JR **1968** 463); 27.6.1968 Neumeister/Ö (EuGRZ **1975** 393); *Guradze* 32; *Frowein/Peukert* 98; *Vogler* ZStW **82** (1970) 758; **89** (1977) 773.

[430] Etwa EGMR 29.6.1968 Wemhoff/D (JR **1968** 463); dazu *Schultz* JR **1968** 441.

[431] *Meyer-Goßner*[47] 12.

[432] EGMR 28.9.1999 Civet/F (NJW **2001** 54).

durchgeführt sein muß[433]. Art. 5 MRK kann daher auch verletzt sein, wenn das Verfahren selbst in angemessener Frist nach Art. 6 MRK erledigt wurde[434].

115 b) Die **angemessene Dauer**, die ein Beschuldigter zur Sicherung der Strafrechtspflege in Haft gehalten werden darf, läßt sich nicht abstrakt bestimmen; maßgebend ist die Würdigung aller Umstände des Einzelfalls[435]. Neben der in der Strafdrohung zum Ausdruck kommende Schwere des strafrechtlichen Vorwurfs und der möglicherweise zu erwartenden Strafe, nach denen sich die **Verhältnismäßigkeit** zwischen den öffentlichen Belangen und dem Freiheitsentzug[436] beurteilt, sind vor allem Schwierigkeit und Kompliziertheit der konkreten Ermittlungen, das Verhalten des Festgenommenen und die sich daraus ergebenden Haftgründe sowie die Art und Weise der Sachbehandlung durch die Behörden zu berücksichtigen[437]. Dauert die Haft bereits eine längere Zeit an, ist das Fortbestehen des Tatverdachts eine zwar notwendige, für sich allein aber nicht mehr ausreichende Begründung der Haftdauer[438]. Nur **zusätzliche Gründe von Gewicht** können dann die Haftfortdauer weiterhin rechtfertigen. Zwar darf das Beschleunigungsgebot grundsätzlich nicht auf Kosten der vollständigen Sachaufklärung erfüllt werden[439]. Die angemessene Dauer der Haft kann jedoch dann überschritten sein, wenn Gerichte und Strafverfolgungsbehörden das Verfahren, insbesondere die erforderlichen Ermittlungen, objektiv nicht mit der für alle Haftsachen gebotenen Beschleunigung durchgeführt haben, so daß eine vermeidbare Verzögerung zu einer erheblichen Haftverlängerung geführt hat[440]. Auch ein komplexes Verfahren mit erheblichen Schwierigkeiten vermag eine Untersuchungshaft nicht mehr zu rechtfertigen, wenn objektiv erkennbar ist, daß sie jede angemessene Zeitspanne übersteigt[441] und den Inhaftierten dadurch unverhältnismäßig belastet[442]. Die Tatsache, daß die Untersuchungshaft die im Endergebnis ausgesprochene Strafe übersteigt, beweist aber – ebensowenig wie ein Freispruch – für sich allein noch nicht die unangemessene Dauer der Haft, da diese nicht rückblickend vom Verfahrensergebnis her zu beurteilen ist, sondern ex ante von der jeweils gegebenen Verfahrenslage[443].

116 **Fristbeginn** ist der tatsächliche Beginn der Freiheitsentziehung, in der Regel also die Festnahme[444]. Befindet sich der Beschuldigte bei Erlaß des Haftbefehls in einer anderen Sache in Strafhaft beginnt die für die Beurteilung der angemessenen Haftdauer maßge-

---

433 *Frowein/Peukert* 98; *Nowak* 41.

434 EGMR 10.11.1969 Matznetter/Ö (Series A 10); *Frowein/Peukert* 98; *Vogler* ZStW **86** (1977) 773.

435 Zur ähnlichen verfassungsrechtlichen Ableitung des Beschleunigungsgebotes aus Art. 2 Abs. 2 GG (Gewicht des Freiheitsanspruchs gegenüber den für die Strafverfolgung zweckmäßigen und erforderlichen Maßnahmen vergrößert sich mit Dauer der Untersuchungshaft) vgl. BVerfGE **19** 347; **20** 49; **36** 270; **46** 195; **53** 158; BVerfG (Kammer) NJW **1991** 689.

436 EGMR 29.6.1968 Wemhoff/D (JR **1968** 463); EKMR bei *Strasser* EuGRZ **1988** 501 (Woukam Moudefo); vgl. schweiz.BGer. EuGRZ **1982** 112; **1988** 69; **1991** 25, aber auch *Vogel* ZStW **86** (1977) 774 (Schwere der Tat rechtfertigt allein die Haft nicht).

437 Zu den sieben Beurteilungskriterien der EKMR und zu den davon abweichenden Kriterien des EGMR vgl. *Frowein/Peukert* 107 ff mit Nachw.; ferner etwa EKMR EuGRZ **1974** 109 (Berberich); bei *Bleckmann* EuGRZ **1982** 535 (Ventura); **1983** 431; EGMR 29.6.1968 Wemhoff/D (JR **1968** 463); 16.7.1971 Ringeisen/Ö (EuGRZ **1976** 236); 27.6.1968 Neumeister/Ö (EuGRZ **1975** 293); *Guradze* NJW **1968** 2161.

438 EGMR 28.3.1990 B/Ö (ÖJZ **1990** 482 = NJW **1990** 3066 L); 26.10.2000 Kudla/Pol (NJW **2001** 2694); *Vogler* ZStW **86** (1977) 773.

439 EGMR 29.6.1968 Wemhoff/D (JR **1968** 463); 27.6.1968 Neumeister/Ö (EuGRZ **1975** 293).

440 Vgl. etwa EGMR 29.6.1968 Wemhoff/D (JR **1968** 463); EKMR bei *Bleckmann* EuGRZ **1983** 416; bei *Strasser* EuGRZ **1988** 501 (Woukam Moudefo); *Frowein/Peukert* 102; 107; ferner etwa BVerfGE **36** 273.

441 Vgl. etwa EGMR Erdem/D (EuGRZ **2001** 391: 5 Jahre 11 Monate); EKMR bei Strasser EuGRZ **1993** 437 5 Jahre 3 Monate).

442 Vgl. BGH StV **1994** 329.

443 *Meyer-Goßner*[47] 11; *Morvay* ZaöRV **21** (1961) 331; *Vogler* ZStW **82** (1970) 759; **a.A** *Maunz/Düring* Art. 1 GG Rdn. 71.

444 *Frowein/Peukert* 120.

bende Frist erst mit seiner tatsächlichen Überführung in die Untersuchungshaft. Auslieferungshaft im Ausland rechnet nicht mit, die Frist beginnt erst mit der inländischen Untersuchungshaft nach der Einlieferung[445]. Bei **mehrfacher Inhaftierung** läuft die Frist mit der ersten Haft, die Zeiten werden zusammengerechnet[446]. Wegen der Auswirkungen auf den Inhaftierten kommt es auf die **Gesamtdauer der Untersuchungshaft** an. Dies gilt auch, wenn sie sich dadurch in die Länge zieht, daß sie sukzessive wegen des Verdachts verschiedener Straftaten aufrecht erhalten wird. Selbst wenn die Haftbefehle aus mehreren getrennt geführten Ermittlungsverfahren nacheinander vollstreckt werden, ist die gesamte Zeit in der sich der Betroffene in Untersuchungshaft befindet, bei Überprüfung zu berücksichtigen, ob die Dauer der Haft die nach der gesamten Sachlage angemessene Zeit übersteigt[447]. Nicht eingerechnet in die Haftdauer soll hingegen die Zeit werden, in der der Beschuldigte zur psychiatrischen Begutachtung in einem Krankenhaus untergebracht ist[448].

Das für die Beurteilung der angemessenen Dauer maßgebende **Fristende** ist die **Entlassung** aus der Untersuchungshaft bzw. nach Ansicht des EGMR der Zeitpunkt der ersten richterlichen Entscheidung über die Begründetheit der Anklage, also der Erlaß des **verurteilenden Erkenntnisses erster Instanz**[449], da nach diesem die Haft unabhängig von der Konstruktion des nationalen Rechts auch auf dem Urteil beruht und nicht mehr der Vorführung vor dem Richter dient[450]. Für das bundesdeutsche Recht wäre an sich aus den bei Rdn. 44 angeführten Gründen der Zeitpunkt der Beendigung der Untersuchungshaft durch Beginn der Vollstreckung näher gelegen, denn bis dahin bleibt der Beschuldigte in Untersuchungshaft, die auch bei einer Verschleppung des Verfahrens zwischen den Instanzen unangemessen werden kann. Verzögert sich die endgültige Aburteilung, hat der Anspruch auf Entlassung aus der Untersuchungshaft auch in diesem Verfahrensabschnitt noch Sinn. Bei Art. 9 Abs. 3 IPBPR ist wegen des unterschiedlichen Wortlauts der englischen und französischen Fassung zweifelhaft, ob die Frist schon mit Beginn der Hauptverhandlung endet oder erst mit dem Urteil[451]. **117**

c) Von der **Leistung einer Sicherheit**[452] kann die Haftentlassung abhängig gemacht werden, wie Art. 5 Abs. 3 MRK und Art. 9 Abs. 3 IPBPR im Hinblick auf den Anspruch auf Haftentlassung ausdrücklich klarstellen. Dabei führt Art. 9 Abs. 3 IPBPR detailliert an, daß die Sicherheit alle Stadien des Verfahrens abdecken kann, also sowohl das Erscheinen zur Hauptverhandlung oder zu jedem Abschnitt des gerichtlichen Verfahrens und auch die Vollstreckung des Urteils[453]. Die Sicherheit muß nicht notwendig finanzieller Art sein, auch andere Maßnahmen, die geeignet sind, das mit ihr verfolgte **118**

---

[445] *Frowein/Peukert* 120 mit Nachw.

[446] *Frowein/Peukert* 120.

[447] Zur verfahrensübergreifenden Gesamtbetrachtung der Haftzeiten und seine Auswirkungen auf die Auslegung des § 121 Abs. 1 StPO vgl. *Hilger* Gollwitzer Kolloqium 65, 77.

[448] *Frowein/Peukert* 120 unter Hinweis auf EKMR, die hier Haft nach Art. 5 Abs. 1 Buchst. e MRK annahm. Bei einer Unterbringung im Rahmen eines Strafverfahrens erscheint diese Ausnahme formalistisch und aus der Sicht des Regelungszwecks nicht überzeugend.

[449] EGMR 29.6.1968 Wemhoff/D (JR **1968** 463), 26.10.2000 Kudla/Pol (NJW **2001** 2694); dazu *Schultz* JR **1968** 441; *Frowein/Peukert* 121 mit weit. Nachw., auch zu den wechselnden Auffassungen der EKMR; *Bartsch* JuS **1970** 448; *Meyer-Goßner*[47] 11; *Vogler* ZStW **82** (1970 758); *Kühne/Esser* StV **2002** 383, 388; *Meyer/Ladewig* 35; **a. A** *Trechsel* EuGRZ **1980** 523 (Vollstreckbarkeit).

[450] EGMR 28.3.1990 B/Ö (ÖJZ **1990** 483) unter Bekräftigung der früheren Auffassung auch gegen den Einwand, daß nach verschiedenen nationalen Rechtsordnungen die Untersuchungshaft fortbesteht, dies wird in späteren Entscheidungen durch Bezugnahme wiederholt, so EGMR 26.10.2000 Kudla/Pol (NJW **2001** 2694).

[451] Dazu *Nowak* 41.

[452] Zur Rechtsnatur der Sicherheit vgl. BVerfG (Kammer) NJW **1991** 1043 (keine strafähnliche Sanktion).

[453] *Nowak* 42 unter Hinweis auf Entstehungsgeschichte.

Ziel zu gewährleisten, kommen in Betracht[454], so etwa die Maßnahmen, bei denen § 116 StPO gestattet, den Vollzug des Haftbefehls auszusetzen. Es verstößt gegen Absatz 3, wenn im nationalen Recht für bestimmte Fälle die Entlassung aus der Untersuchungshaft gegen Sicherheitsleistung generell ausgeschlossen oder die Untersuchungshaft zwingend vorgeschrieben wird[455]. Ob mit der Sicherheitsleistung erreicht werden kann, daß sich ein allein wegen Fluchtgefahr Inhaftierter dem Prozeß stellen wird, ist in Gesamtwürdigung aller Umstände zu prüfen, wobei neben dem Umfang des vom Beschuldigten verursachten Vermögensschadens auch sein Charakter, Beruf, familiäre und finanzielle Verhältnisse sowie die Bindungen an das Land zu berücksichtigen sind[456]. Ein unbedingtes Recht auf Haftentlassung gegen Sicherheitsleistung folgt aus Absatz 3 nicht[457], wohl aber eine Pflicht der Behörden, gegebenenfalls darzulegen, warum die Fluchtgefahr durch die angebotenen Sicherheiten nicht ausgeräumt werden kann[458]. Läßt dagegen die Sicherheitsleistung die Fluchtgefahr als alleiniger Haftgrund entfallen, ist die Haftentlassung gegen Sicherheitsleistung anzuordnen, die Entscheidung steht dann insoweit nicht mehr im Ermessen der Behörden[459]. Wenn die Hauptverhandlung kurz bevorsteht, darf das Gericht von einer Entlassung gegen Sicherheit absehen[460].

119 **Art und Höhe der Sicherheit** richten sich allein nach dem Sicherungszweck. Sie soll erreichen, daß sich der Angeklagte dem Verfahren nicht entzieht. Dabei sind alle Umstände zu berücksichtigen, von denen abhängt, ob erreicht werden kann, daß der Beschuldigte sich dem Verfahren stellt. Soll die Sicherheit in Form eines Geldbetrags geleistet werden, sind alle Besonderheiten des Einzelfalls mit zu berücksichtigen, wie etwa seine eigenen Mittel[461], seine familiären Bindungen oder auch sein Verhältnis zu einer für ihn bürgenden Person[462]. Die Sicherheitsleistung dient aber nicht primär der Sicherung der Wiedergutmachung des verursachten Schadens sondern bestimmt sich nach dem Sicherungszweck, nämlich zu erreichen, daß sich der Beschuldigte dem Verfahren stellt[463]. Die Höhe des entstandenen Vermögensschadens darf aber bei der Bemessung der Höhe einer Sicherheitsleistung mitberücksichtigt werden[464], desgleichen die zu erwartenden Verfahrenskosten oder eine zu erwartende Geldstrafe[465].

III. Gerichtliche Haftkontrolle (Art. 5 Abs. 4 MRK; Art. 9 Abs. 4 IPBPR)

120 **1. Für alle Fälle der Freiheitsentziehung nach Absatz 1** garantieren die inhaltlich übereinstimmenden Art. 5 Abs. 4 MRK, Art. 9 Abs. 4 IPBPR das **Recht des Festgenommenen**, die alsbaldige **gerichtliche Kontrolle** der Rechtmäßigkeit der Haft zu beantragen[466].

---

454 *Nowak* 42.

455 Vgl. *Kühne/Esser* StV **2002** 383, 388 unter Hinweis auf EGMR 8.2.2000 Caballero/GB, 19.6.2001 S.B.C/GB; 26.7.2001 Ilijkov/Bulg; *Meyer-Ladewig* 36.

456 EKMR bei *Bleckmann* EuGRZ **1982** 534.

457 Vgl. EKMR bei *Bleckmann* EuGRZ **1981** 115, vgl. *Kühne/Esser* StV **2002** 383, 388.

458 *Esser* 308, der die Entscheidungen in der nachf. Fußn. in diesem Sinn interpretiert.

459 EGMR 29.6.1968 Wemhoff/D (JR **1968** 463), dazu *Schultz* JR **1968** 441; 26.6.1991 Letellier/F (ÖJZ **1991** 789): vgl. auch EGMR 10.11.1969 Matznetter/Ö (Series A 10); EKMR bei *Bleckmann* EuGRZ **1983** 417; *Frowein/Peukert* 132; *Grabenwarter* § 21 Rdn. 17 (Ermessen auf Null reduziert); *Villiger* HdB 365.

460 EKMR bei *Bleckmann* EuGRZ **1983** 416.

461 Vgl. *Kühne/Esser* StV **2002** 383, 388 unter Hinweis auf EGMR 15.11.2001 Ivanczuk/Pol: Mitwirkungs- und Wahrheitspflicht des Beschuldigten.

462 EGMR 27.6.1968 Neumeister/Ö (EuGRZ **1975** 293).

463 *Esser* 308; *Frowein/Peukert* 132.

464 EGMR 2.8.2001 Mancini/I bei *Kühne/Esser* StV **2002** 383 388.

465 Vgl. EGMR 27.6.1968 Neumeister/Ö (EuGRZ **1975** 293); 27.11.1991 Kemmache/F (Series A 218); *Frowein/Peukert* 132.

466 Die angelsächsische Habeas corpus-Doktrin, die als Garant der persönlichen Freiheit jedem Inhaftierten das Recht auf Überprüfung der Rechtmäßigkeit der Haft gibt, spiegelt sich hier wider, *Frowein/Peukert* 133; *Villiger* HdB 366.

Dies soll ihn vor willkürlichen Eingriffen in seine Freiheit schützen und gilt daher ohne Ausnahmen, auch wenn die nationale Sicherheit und die Terrorismusbekämpfung betroffen sind[467]. Rechtmäßigkeit ist hier im gleichen Sinne wie bei Absatz 1 zu verstehen[468]. Wegen der unterschiedlichen Arten der Freiheitsentziehung stellen sich auch für die Überprüfung ihrer Rechtmäßigkeit unterschiedliche Anforderungen[469]. Entsprechend dem unterschiedlichen Schutzniveau der jeweiligen Konventionsverbürgung ist auch das **Ausmaß der gerichtlichen Nachprüfung** unterschiedlich; so unterliegen etwa bei der Abschiebungshaft nach Art. 5 Abs. 1 Buchst. f die Ermessensentscheidungen, die die Behörden zur Einleitung eines Abschiebungsverfahrens bestimmt haben, nicht der gerichtlichen Überprüfung[470]. Absatz 4 gilt auch für die von Absatz 3 erfaßten Fälle der Untersuchungshaft wegen des Verdachts einer Straftat. Beide Absätze sind nebeneinander anwendbar[471]. Im Verhältnis zu der Rechtsschutzgarantie des Art. 13 MRK (Art. 2 Abs. 2 IPBPR) ist Art. 5 Abs. 4 im Bereich der freiheitsentziehenden Maßnahmen wegen seiner weiterreichenden Garantien die ausschließlich anzuwendende Sondervorschrift, neben der der EGMR Art. 13 nicht prüft[472]. Das Recht auf **Haftkontrolle nach Absatz 4** wird selbständig und unabhängig von den anderen Verbürgungen der Art. 5 MRK, Art. 9 IPBPR gewährleistet. Ein Verstoß dagegen kann auch vorliegen, wenn die Haft als solche nach Art. 5 Abs. 1 MRK, Art. 9 Abs. 1 IPBPR rechtmäßig und den Anforderungen des Art. 5 Abs. 3 MRK genügt ist[473]. Aus dem Verstoß gegen Absatz 4 allein läßt sich jedoch kein Anspruch auf Haftentlassung herleiten[474]. Sind die Rechte des Verhafteten in einem Verfahren nach Absatz 4 gewahrt, ist es unter dem Blickwinkel dieses Absatzes unerheblich, ob bei der Haftprüfung andere Formvorschriften des nationalen Rechts (Anwesenheit eines Urkundsbeamten, Aufnahme eines Protokolls) verletzt wurden[475].

2. **Nur ein Gericht** – nicht wie in Absatz 3 auch ein Beamter mit richterlichen Befug- **121**
nissen – darf die Kontrolle der von einer anderen Stelle angeordneten Haft ausüben. Es muß nicht notwendig ein „Gericht klassischer Art" sein, also eine in die Justizorganisation integrierte Instanz; es muß sich aber immer um eine Stelle handeln, die die allgemeinen wesentlichen Merkmale besitzt, die ein Gericht auszeichnen. Sie muß hinreichende **persönliche und sachliche Unabhängigkeit** von den Verfahrensbeteiligten und auch organisatorische Selbständigkeit von Anklagebehörde oder Exekutive[476] haben und sie muß selbst über die Haft in voller Unabhängigkeit in einem ausreichende Garantien bieten-

---

[467] Etwa EGMR 20.6.2003 Al-Nashif/Bulg (ÖJZ **2003** 344); 15.11.1996 Chahal/GB (NVwZ **1997** 1093); vgl. auch nachst. Fußnoten.

[468] EGMR 5.11.1981 X/GB (EuGRZ **1982** 101); 28.5. 1985 Ashingdane/GB (NJW **1986** 2173).

[469] Etwa EGMR 29.2.1988 Bouamar/Belg (Series A 129); 15.11.1996 Chahal/GB (NVwZ **1997** 1093); *Meyer-Ladewig* 38.

[470] Vgl. EGMR 15.11.1996 Chahal/GB (ÖJZ **1997** 632); vgl. oben Rdn. 88.

[471] EGMR 22.5.1984 De Jong u. a./Ndl (EuGRZ **1985** 700); *Meyer-Ladewig* 38.

[472] EGMR 22.5.1984 De Jong u. a./Ndl (EuGRZ **1985** 700); 29.2.1988 Bouamar/Belg (Series A 129); 29.11.1988 Brogan/GB (Series A 145-B); 26.5.1993 Brannigan u.a./GB (ÖJZ **1994** 65); 28.10.1994 Murray/GB (EuGRZ **1996** 547); 15.11.1996 Chahal/GB (NVwZ **1997** 1093); 18.2.1999 Hood/GB (NVwZ **2001** 304); 25.3.1999 Nikolova/Bulg (NJW **2000** 2883); *Esser* 328; *Meyer-Ladewig* 47.

[473] EGMR 23.2.1984 Luberti/I (EuGRZ **1985** 642); 24.9.1992 Kolompar/Belg (EuGRZ **1993** 118); 4.8. 1999 Douiyeb/NdL (NJW 2000 2888) ferner etwa EKMR bei *Bleckmann* EuGRZ **1982** 534 (Caprino); *Vogler* ZStW **89** (1977) 774; schweiz.BGer. EuGRZ **1990** 155.

[474] Vgl. schweiz.BGer. EuGRZ **1989** 180.

[475] EGMR 27.9.1990 Wassink/CH (Series A 185 A; der Verstoß gegen diese zwingenden Formvorschriften des nationalen Rechts machte allerdings die Entscheidung rechtswidrig); *Esser* 351.

[476] EGMR 27.6.1968 Neumeister/Ö (EuGRZ **1975** 393); 5.11.1981 X/GB (EuGRZ **1982** 101); 25.11. 1989 Bezicheri/I (Series A 164; bejahend für Untersuchungsrichter in Italien); EKMR bei *Strasser* EuGRZ **1988** 505 (Bezicheri) hatte offengelassen, ob dieser den Erfordernissen genügt; vgl. auch EGMR 29.3.2001 D N/CH (ECHR 2001-II); *Esser* 329; *Frowein/Peukert* 141; *Meyer-Ladewig* 40.

den, rechtsstaatlichen Verfahren[477] entscheiden, in dem der Betroffene grundsätzlich selbst gehört wird[478] und das eine hinreichende Nachprüfung der sachlichen Voraussetzungen und der Rechtmäßigkeit der Haft und ihrer Fortdauer ermöglicht. Auch andere Entscheidungsgremien, wie etwa Militärgerichte[479] oder **Spezialgremien**, wie etwa eine aus einem Richter, einem Arzt und einem Anwalt bestehenden Kommission, können diesen Erfordernissen genügen[480], nicht aber eine Stelle, die nicht selbst die Haftentlassung verfügen kann, sondern nur eine für die entscheidende Behörde rechtlich nicht bindende Empfehlung abgibt[481]. Die Möglichkeit, eine Entscheidung des Justizministers über die Freiheitsentziehung herbeizuführen, ist keine Haftkontrolle im Sinne des Absatzes 4[482], desgleichen nicht die Entscheidungen der Staatsanwaltschaft oder des Justizministers[483].

122 **Die Nachprüfungs- und Entscheidungskompetenz des Gerichts** muß die wesentlichen Aspekte der Rechtmäßigkeit der Haft nach nationalem Recht und ihre Vereinbarkeit mit den Konventionen umfassen. In Strafsachen muß das Gericht nicht nur prüfen, ob die innerstaatlichen Verfahrenserfordernisse erfüllt sind, sondern auch, ob ein die Festnahme rechtfertigender hinreichender Tatverdacht besteht und ob das mit der Festnahme und Haft verfolgte Ziel rechtmäßig ist[484]. Auch bei anderen Freiheitsentziehungen würde eine bloße **Formalkontrolle** dem Zweck des Absatzes 4 nicht genügen[485], desgleichen nicht eine richterliche Kontrolle, die sich darauf beschränkt, daß die Haft von einer zuständigen Stelle ohne ersichtlichen Ermessensmißbrauch angeordnet worden ist, ohne jedoch die dafür maßgebenden Tatsachen und die Ermessensentscheidung der Behörde selbst überprüfen und darüber selbst entscheiden zu können[486]. Die Einzelheiten der Verfahrensregelung sind dem nationalen Recht überlassen, das nach der Art der Freiheitsentziehung auch die Kontrolldichte unterschiedlich regeln kann[487]. Eine unbeschränkte Kontrolle aller die Haft betreffenden Fragen einschließlich ihrer Zweckmäßigkeit wird nicht gefordert, wohl aber die Nachprüfung aller Gesichtspunkte, von denen die Rechtmäßigkeit und Konventionsgemäßheit der Haft abhängt[488]. Fehlt es dar-

[477] EGMR 5.11.1981 X/GB (EuGRZ **1982** 101); 28.6. 1984 Campell & Fell/GB (EuGRZ **1985** 534); 22.5. 1984 De Jong u.a./NdL (EuGRZ **1985** 700); 2.3. 1987 Weeks/GB (NJW **1989** 647); EKMR bei *Strasser* EuGRZ **1990** 86 (E/Norw.); schweiz.BGer. EuGRZ **1989** 410; 441; *Frowein/Peukert* 140; *Nowak* 44.

[478] Vgl. EGMR 21.10.1986 Sachez Reisse/CH (EuGRZ **1988** 523). Der EGMR geht allerdings davon aus, daß die Anwesenheit des Betroffenen nicht unbedingt erforderlich ist und durch die Teilnahme seines Verteidigers kompensiert werden kann, vgl. *Kühne/Esser* StV **2002** 383, 390.

[479] EGMR 22.5.1984 De Jong u.a./NdL (EuGRZ **1985** 700 Militärgericht).

[480] EKMR bei *Strasser* EuGRZ **1988** 507 (Merkier); *Frowein/Peukert* 141.

[481] EGMR 5.11.1981 X/GB (EuGRZ **1982** 101); 25.4. 1982 Van Droogenbroeck/Belg (EuGRZ **1984** 6); 2.3.1987 Weeks/GB (NJW **1989** 647); 25.10.1990 Thynne u.a./GB (ÖJZ **1991** 388); 21.2.1996 Hussain/GB und Singh/GB (Rep. 1996-I) EKMR bei *Strasser* EuGRZ **1990** 88; *Esser* 329; *Frowein/Peukert* 141.

[482] EKMR bei *Strasser* EuGRZ **1990** 49 (Koendjbiharie); **1990** 50 (Keus); vgl. auch vorst. Fußn.

[483] EGMR 24.10.1979 Winterwerp/NdL (EuGRZ **1979** 650); 25.10.1990 Keus/Ndl (Series A 185 C); *Kühne/Esser* StV **2002** 383, 390; *Frowein/Peukert* 141; *Meyer-Ladewig* 40.

[484] EGMR 13.2.2001 Lietzow/D (NJW **2002** 2013); Schöps/D (NJW **2002** 2015; Garcia/Alva/D (NJW **2002** 2018).

[485] EKMR bei *Bleckmann* EuGRZ **1982** 534.

[486] EGMR 5.11.1981 X/GB (EuGRZ **1982** 101); EKMR EuGRZ **1979** 74 (Caprino); **1983** 432; vgl. aber auch bei *Bleckmann* EuGRZ **1983** 431; *Frowein/Peukert* 149. Zur zu eng begrenzten Nachprüfung des brit. Habeas Corpus Verfahrens *Riedel* EuGRZ **1980** 192, und zu dem ähnlichen nach norw. Recht EKMR EuGRZ **1990** 88; das Habeas corpus-Verfahren nach nordirischem Recht wurde von EGMR 29.11.1988 Brogan u.a./GB (Series A 145 B) als ausreichend angesehen.

[487] Vgl. etwa schweiz.BG EuGRZ **1989** 410.

[488] EGMR 5.11.1981 X/GB (EuGRZ **1982** 101); 24.6. 1982 Van Droogenbroeck/Belg (EuGRZ **1984** 6); 28.5.1986 Ashingdane/GB (NJW **1986** 2173); 25.10.1990 Thynne u.a./GB (ÖJZ **1991** 388); 15.11. 1996 Chahal/GB (ÖJZ **1997** 632); EKMR bei *Strasser* EuGRZ **1990** 89.

an, weil die innerstaatlichen Rechtsbehelfe dies nicht in ausreichendem Umfang ermöglichen, ist Art. 5 Abs. 4 MRK verletzt[489]. Welcher **Prüfungsumfang** unerläßlich ist, hängt auch vom Stand des Verfahrens ab; beim ersten Zugriff in Eilfällen wird das Gericht dem festnehmenden Beamten zunächst einen weiteren Beurteilungsspielraum zubilligen können als bei einer bereits länger andauernden Haft[490]. Die richterliche Prüfungsbefugnis muß weit genug sein, um neben der richtigen Anwendung des nationalen Rechts die nach den Konventionen wesentlichen Bedingungen der Rechtmäßigkeit der jeweiligen Art der Freiheitsentziehung zu erfassen[491].

Das **zuständige Gericht** für die Haftprüfung nach Absatz 4 bestimmt das nationale **123**
Recht. Es kann dafür ein besonderes Gremium errichten, es kann diese Aufgabe aber auch dem Gericht übertragen, das in der Hauptsache entschieden hat oder entscheiden wird. Die von der Freiheitsentziehung betroffenen Personen müssen aber eine der jeweiligen Situation angemessene Garantie für einen **effektiven Zugang zum Gericht** haben. Dieser kann bei **zu kurzen Antragsfristen** nicht gewahrt sein, so wenn der Betroffene nicht auf die kurze Frist hingewiesen wurde oder wenn für ihn die Zeit nicht ausreicht, um die Sachlage zu prüfen und wirksame Anträge zu stellen[492]. Zugänglichkeit und Effektivität des nationalen Rechtsschutzes setzen ferner voraus, daß die Möglichkeit, die Überprüfung der Haft durch ein nationales Gericht herbeizuführen, praktisch mit der erforderlichen Sicherheit zur Verfügung steht und nicht nur als eine in der Staatspraxis kaum benützte und der Bevölkerung völlig unbekannte theoretische Möglichkeit. Ein Rechtsbehelf ist dem Betroffenen nur zugänglich, wenn er seine Anfechtungsbefugnis kennt. Ist dies nicht der Fall und wird der Betroffene dann nicht ausdrücklich darauf hingewiesen, war ihm kein den Anforderungen der Konventionen genügender effektiver Rechtsbehelf zugänglich[493].

3. Das **Verfahren** braucht im nationalen Recht nicht für alle Fälle der Freiheitsent- **124**
ziehung gleich ausgestaltet sein. Es muß nicht allen Erfordernissen des Art. 6 MRK, Art. 14 IPBPR genügen[494]. Es muß aber hinreichende Rechtsschutzgarantien vorsehen, die der Art der Freiheitsentziehung, um die es geht, angepaßt sind[495]. Der Verhaftete muß immer ein **faires Verfahren** haben, in dem seine Rechte von ihm selbst oder, wenn er dazu nicht in der Lage ist, von einem Verfahrensbevollmächtigten gewahrt werden können[496]. Erforderlich ist, daß jeder Verhaftete über die ihn betreffenden **Haftgründe ausreichend informiert** ist und daß er im Verfahren alle Gesichtspunkte vortragen kann, die gegen die Freiheitsentziehung und deren Fortdauer sprechen[497]. Für die Bundesrepublik

---

489 Vgl. EGMR 15.11.1996 Chahal/GB (NVwZ **1997** 1093: unzureichende gerichtliche Überprüfung und Überprüfung durch Kommission („Panel"), die nur eine nicht bindende Empfehlung abgeben konnte).

490 Vgl. EGMR 5.11.1981 X/GB (EuGRZ **1982** 101).

491 EGMR 24.10.1979 Winterwerp (EuGRZ **1979** 654); 5.11.1981 X/GB (EuGRZ **1982** 105); 24.6.1982 Van Droogenbroeck/Belg (EuGRZ **1984** 6); 2.3.1987 Weeks/GB (NJW **1989** 647); EKMR bei *Strasser/Weber* (EuGRZ **1987** 444); bei *Strasser* EuGRZ **1990** 88 (E/Norw).

492 EKMR Farmakopoulos/Belg (Series A 235 A: Einlegungsfrist von 24 Stunden); *Esser* 343; *Frowein/Peukert* 141.

493 Vgl. aber EGMR 29.8.1990 E/Norw. (StV **1994** 277 mit Anm. *Trechsel*).

494 EGMR 27.6.1968 Neumeister/Ö (EuGRZ **1975** 293); vgl. schweiz.BGer. EuGRZ **1988** 606; *Frowein/Peukert* 143, sowie nachf. Fußn.

495 Etwa EGMR 18.6.1971 De Wilde u.a./Belg (Series A 12: Belg. Landstreicher); 24.10.1979 Winterwerp (EuGRZ **1997** 650); 12.5.1992 Megyeri/D (EuGRZ **1992** 347); *Frowein/Peukert* 143.

496 Vgl. EGMR 12.5.1992 Megyeri/D (EuGRZ **1992** 347); 11.10.1988 Woukam Moudefo/F (EuGRZ **1988** 487; vgl. auch bei *Strasser* EuGRZ **1988** 501); *Frowein/Peukert* 143.

497 EGMR 18.6.1971 De Wilde u.a./Belg (Series A 12: Belg. Landstreicher); 24.10.1979 Winterwerp (EuGRZ **1979** 650); 21.10.1986 Sanchez-Reisse/CH (EuGRZ **1988** 523).

folgt dies auch aus dem Recht auf Gehör (Art. 103 Abs. 1 GG). Die Konventionen stellen auf die **Effektivität** des nationalen **Rechtsschutzsystems in seiner Gesamtheit** ab[498]. Sie lassen für dessen Ausgestaltung einen weiten Spielraum; auf die **Zügigkeit des Verfahrens** legen sie größeres Gewicht als auf die vollständige Übernahme aller verfahrensrechtlichen Garantien, die Art. 6 MRK und Art. 14 IPBPR für das eigentliche Strafverfahren fordern[499]. Es ist grundsätzlich dem nationalen Recht überlassen, in welchen der verschiedenartigen Fälle es ein **schriftliches Verfahren** genügen läßt, ob zwingend oder nur auf (fristgebundenen) **Antrag** des Inhaftierten **mündlich verhandelt** werden muß, sowie, ob und in welchen Fällen dessen Anwesenheit dabei notwendig ist oder ob, je nach der Sachlage, auch die alleinige Teilnahme eines Verteidigers genügt[500]. Bei einem Kollegialgericht ist es allerdings bedenklich, wenn die Befragung des Untergebrachten allein einem Mitglied des Kollegialgerichts überlassen wird[501]. Unerläßlich ist aber in allen Fällen, daß der Inhaftierte im vollen Umfang rechtliches Gehör erhält und daß er etwaigen Ausführungen der Staatsanwaltschaft oder seines sonstigen Prozeßgegners ohne Informationsdefizite[502] entgegentreten kann, noch bevor das Gericht über die Haft entscheidet[503]. In Verfahren, die nur eine schriftliche Anhörung des Betroffenen vorsehen, muß er die Möglichkeit haben, sich mit allen schriftlichen Stellungnahmen der Anklagebehörde auseinanderzusetzen[504]. In neueren Entscheidungen verlangt der EGMR in den unter Absatz 1 Buchst. c fallenden Strafsachen für die Prüfung der Untersuchungshaft ein **kontradiktorisches Verfahren**[505], das dem Betroffenen ausreichende Gelegenheit gibt, seine Argumente vorzutragen und zu den Gegenargumenten Stellung zu nehmen. Dies sichert am besten eine **mündliche Verhandlung** vor Gericht, die die **Waffengleichheit** wahrt und dem Betroffenen **ausreichende Verteidigungsmöglichkeiten** einräumt[506], wobei es nicht genügt, daß zuerst Angeklagter und Verteidiger dem Gericht ihre Argumente vortragen und dann die Staatsanwaltschaft in ihrer Abwesenheit dazu Stellung nimmt[507]. Das Erfordernis einer kontradiktorischen Verhandlung gilt zumindest für die erste Haftprüfung[508]. Ob auch jede spätere Entscheidung über die Rechtmäßigkeit der Untersuchungshaft in der gleichen Instanz eine mündliche Verhandlung erfordert, ist offen[509]; bei unveränderten Umständen dürfte dies bei späteren Haftprüfungen nicht ausnahmslos notwendig sein. Eröffnet das nationale Recht allerdings einen vollen Rechtszug zu einer **zweiten Instanz**[510], dann muß der Staat dem Inhaftierten dort die gleichen Verfahrensgarantien einräumen wie in der ersten Instanz[511], es muß dort also erneut kontradiktorisch verhandelt werden. Unerläßlich ist immer, daß der Betrof-

---

498 Vgl. etwa EGMR 5.11.1981 X/GB (EuGRZ **1982** 105).

499 Vgl. EGMR 27.6.1968 Neumeister/Ö (EuGRZ **1975** 293); schweiz.BGer. EuGRZ **1991** 526.

500 Vgl. *Kühne/Esser* StV **2002** 383, 390 mit Hinweisen auf neuere Entscheidungen des EGMR.

501 Vgl. schweiz.BG EuGRZ **1989** 410.

502 Vgl. Rdn. 124a.

503 EGMR Toth/Ö (ÖJZ **1992** 242) Vgl. *Esser* 346 ff; *Frowein/Peukert* 144.

504 Vgl. EGMR 21.10.1986 Sanchez-Reisse/CH (EuGRZ **1988** 523. Schriftliche Verhandlung in einem Auslieferungsverfahren); 19.19.2000 Wloch/Pol.; *Esser* 347, 350.

505 EGMR 21.10.1986 Sanchez-Reisse/CH (EuGRZ **1988** 523); 30.3.1989 Lamy/Belg (StV **1989** 283): schweiz.BGer. EuGRZ **1988** 528; **1989** 410; vgl. *Esser* 346.

506 Vgl. EGMR 30.3.1989 Lamy/Belg (StV **1999** 283); Assenov/Bulg (Rep. 1998 VIII); 25.3.1999 Nikolova/Bulg (NJW **2000** 2883); 13.2.2001 Lietzow/D (NJW **2002** 2013); *Esser* 345; *Esser* StraFo. **2003** 335, 339; *Kühne/Esser* StV **2002** 383, 393; *Meyer-Ladewig* 41.

507 EGMR 19.10.2000 Wloch/Pol *Kühne/Esser* StV **2002** 383, 390.

508 *Kühne/Esser* StV **2002** 383, 390 mit weit. Nachw.

509 *Esser* 345.

510 Eine Pflicht dazu besteht nicht, Art. 14 Abs. 5 IPBPR bezieht sich, ebenso wie Art. 2 des 7. ZP nur auf das Verfahren in der Hauptsache, *Kühne/Esser* StV **2002** 383, 393.

511 EGMR 12.12.1991 Toth/Ö (ÖJZ **1992** 242); 31.1.2002 Lanz/Ö (ÖJZ **2002** 433).

fene die Möglichkeit haben muß, vor Erlaß einer gerichtlichen Entscheidung alle für die Rechtmäßigkeit der Haft vorgebrachten Tatsachen und Argumente der Staatsanwaltschaft und die ihnen zu Grunde liegenden Beweismittel selbst zu prüfen und zu ihnen mündlich oder schriftlich Stellung zu nehmen[512].

Grundsätzlich gehört die **Akteneinsicht** zur sachgerechten Verteidigung gegen die Haft. Sie umfaßt alle dem Gericht für seine Haftentscheidung übermittelten Akten. Der Verteidiger muß die Akteneinsicht gemäß dem innerstaatlichen Recht beantragt haben[513], hat er dies, umfaßt sein Antrag auch später eingegangene Aktenteile. Dem Beschuldigten, in erster Linie seinem Verteidiger, darf nicht durch Verweigerung der Akteneinsicht unmöglich gemacht werden, die für die Aufrechterhaltung der Haft vorgetragenen Gründe sachlich zu bekämpfen[514]. Für das Haftrecht der StPO und die sonstigen, dem Art. 104 Abs. 2 GG unterliegenden Verfahren maß man dieser Frage keine entscheidende Bedeutung bei, da das Gericht in eigener Verantwortung alle für und gegen eine Haftfortdauer sprechenden Umstände von sich aus prüfen und den Verhafteten zu allen dafür wesentlichen Tatsachen vor seiner Entscheidung hören muß[515], dieser also schon durch sein Recht auf Gehör davor geschützt ist, daß die Entscheidung über die Haft auf Tatsachen gestützt wird, zu denen er nicht vorher Stellung nehmen konnte. Ein uneingeschränktes Recht des Angeklagten auf eigene Akteneinsicht wurde deshalb früher nicht anerkannt[516]. Neuere Entscheidungen des EGMR[517] betonen jedoch, daß der Verteidiger im Haftprüfungsverfahren in Strafsachen das Recht auf **Einsicht in alle dem Gericht vorgelegten Akten** haben muß, die für die Beurteilung der Rechtmäßigkeit der Freiheitsentziehung wesentlich sind; das anerkennenswerte Ziel, Informationen zum Schutze der laufenden Ermittlungen geheimzuhalten, dürfe nicht auf Kosten erheblicher Beschränkungen der Rechte der Verteidigung verfolgt werden. Auch dem nicht verteidigten Angeklagten wird ein Recht auf eigene Akteneinsicht zuerkannt[518]. Strittig ist, ob es zulässig ist, die Einsicht auf die Teile zu beschränken, die nach Ansicht des Gerichts für die jeweilige Haftentscheidung bedeutsam sein können[519]. Der **Schutz noch laufender Ermittlungen** kann gegen die Offenlegung von Aktenteilen sprechen, auf die es nach Ansicht des Gerichts für seine Haftentscheidung nicht ankommt. Andererseits wird für das uneingeschränkte Einsichtsrecht des Verteidigers angeführt, daß es sein Recht und seine Aufgabe ist, den gesamten Verfahrensstoff daraufhin zu überprüfen, ob sich daraus nicht Argumente gegen die Fortdauer der Haft herleiten lassen, die bisher vom Gericht nicht gesehen wurden[520]. Eine **partielle Beschränkung der Akteneinsicht** des Ver- 124a

---

512 EGMR 12.12.1991 Toth/Ö (ÖJZ **1992** 242); 22.2.1996 Bullut/Ö (ÖJZ **1996** 430) 31.1.2002 Lanz/Ö (ÖJZ **2002** 433); *Esser* 348; *Frowein/Peukert* 145; *Kühne/Esser* StV **2002** 283, 290. EGMR 27.6.1968 Neumeister/Ö (EuGRZ **1975** 293) hat es demgegenüber als ausreichend angesehen, daß das Gericht zwar den schriftlichen Haftprüfungsantrag des Betroffenen berücksichtigte, die Staatsanwaltschaft dann aber in seiner Abwesenheit und in Abwesenheit seines Verteidigers anhörte; **a. A** schweiz.BGer. EuGRZ **1988** 528 (Recht auf Replik); vgl. *Frowein/Peukert* 122, *Esser* 345.

513 EGMR 13.7.1995 Kampanis/Griech (Series A 318-B); 13.2.2001 Schöps/D (NJW **2002** 2015).

514 EGMR 30.3.1989 Lamy/Belg (StV **1993** 283).

515 Zur umfassenden Prüfungspflicht vgl. etwa BVerfGE **45** 56; BVerfG EuGRZ **1991** 41; NJW **1994** 3219.

516 *Esser* 353 unter Hinweis auf EGMR 17.2.1997 Foucher/F (NStZ **1998** 429 mit Anm. *Deumeland*); vgl. auch BVerfG NJW **1994** 3219 (partielles Akteneinsichtsrecht der Verteidigung).

517 EGMR 13.2.2001 Lietzow/D (NJW **2002** 2013); Schöps/D (NJW **2001** 2015); Garcia Alva/D (NJW **2002** 2018); vgl. dazu *Kühne/Esser* StV **2002** 283, 391 ferner nachf. Fußnoten.

518 Vgl. EGMR 17.2.1997 Foucher/F (NStZ **1998** 429 mit Anm. *Deumeland*); *Kühne* JZ **2003** 670, 672.

519 Vgl. etwa HK-StPO-*Julius* § 147, 19; KK-Laufhütte StPO[4] § 147, 8; LR-*Lüdersen* StPO § 147, 160; *Meyer-Goßner*[47] StPO § 147, 25a, 26; *Lange* NStZ **2003** 348.

520 Vgl. EGMR 13.2.2001 Lietzow/D (NJW **2002** 2013); Schöps/D (NJW **2001** 2015); Garcia Alva/D (NJW **2002** 2018); dazu *Kempf* StV **2001** 201; 205; FS Rieß 217; *Kieschke/Osterwald* NJW **2002** 2003; *Ignor/Matt* StV **2002** 102; *Lange* NStZ **2003** 348; vgl. ferner *Zieger* StV **1993** 320; je mit weit. Nachw.

teidigers dürfte daher allenfalls noch bei nicht unmittelbar hafterheblichen Verfahrensvorgängen Bestand vor dem EGMR haben, wenn schwerwiegende Gründe des öffentlichen Wohls sie vorübergehend als unumgänglich erscheinen lassen und die erforderliche Information des Verteidigers anderweitig gesichert ist.

124b Die gerichtliche Haftkontrolle nach Absatz 4 ist ein **Recht zum Schutze des Inhaftierten**. Sie muß nach den Konventionen nur **auf Antrag** schon **während der Haft** durchgeführt werden[521]. Das nationale Recht kann zusätzlich aber auch die **Haftprüfung von Amts wegen** vorsehen. Geschieht dies innerhalb der von Absatz 4 geforderten Frist, wird dem Betroffenen nicht zur Last gelegt werden können, wenn er seine Anträge auf Haftentlassung nur innerhalb dieses Verfahrens und nicht gesondert gestellt hat. Mit der endgültigen Entlassung aus der Haft erlischt der Anspruch auf eine weitere Haftprüfung nach Absatz 4[522], jedoch besteht auch nach Beendigung einer vorläufigen Unterbringung noch das Recht des Betroffenen, daß über ihre Rechtmaßigkeit gerichtlich entschieden wird[523]. Eine nachträgliche richterliche Kontrolle, die erst nach Beendigung der Haft einsetzt, etwa im Weg einer Schadensersatzklage, genügt den Anforderungen des Absatzes 4 nicht[524]. Der Herbeiführung einer richterlichen Entscheidung nach Absatz 4 bedarf es nicht, wenn von Anfang an ersichtlich ist, daß die Haftdauer kürzer ist als der Zeitraum, der für die Herbeiführung der gerichtlichen Entscheidung erforderlich wäre[525]. Solange ein Verwahrter flüchtig ist, besteht keine Notwendigkeit, die Prüfung nach Absatz 4 durchzuführen, wohl aber vom Zeitpunkt seiner Wiederergreifung an[526]. Die Haftprüfung muß **erneut** stattfinden, wenn nach dem Widerruf einer probeweisen Entlassung die Verwahrung wieder vollzogen wird[527], wobei es auf die Rechtsnatur der vorangegangenen Entlassung (etwa nur Vergünstigung ohne Rechtsanspruch) nicht entscheidend ankommt[528].

125 Wird die Haft bereits durch eine **gerichtliche Entscheidung angeordnet**, so kann darin bereits die geforderte (erste) richterliche Überprüfung der Haft liegen[529]. Es hängt von der Art und dem Zweck der Haft und den sonstigen nach dem nationalen Recht für ihre Dauer bestimmenden Umständen ab, ob diese genügt oder ob und **in welchen Abständen weitere Haftprüfungen** erforderlich sind, weil die Gründe, die die Haft gerechtfertigt haben, später wegfallen können, so daß die Haft von diesem Zeitpunkt an rechtswidrig wird. Während deshalb etwa bei der Untersuchungshaft[530] die periodische Überprüfung erforderlich ist, ob deren Voraussetzungen noch fortbestehen, bedarf es nach einer Verurteilung zu einer nach der Schwere der Tat und dem Blickwinkel der Vergeltung und Abschreckung bemessenen bestimmten Freiheitsstrafe in der Regel keiner weiteren Kontrolle der Rechtmäßigkeit der Haft mehr[531], da der Haftgrund als solcher nicht vorzeitig

---

[521] Etwa EGMR 25.3.1999 Musial/Pol (NJW **2000** 2727).

[522] EKMR bei *Trechsel* StV **1992** 191: eine nur vorläufige Entlassung unter Aufrechterhaltung des Haftbefehls hat diese Wirkung nicht, vgl. Rdn. 128.

[523] EGMR 12.6.2003 Herz/D (NJW **2004** 2209: auch bei Flucht aus der Unterbringung).

[524] EKMR bei *Bleckmann* EuGRZ **1982** 534 (Caprino).

[525] EGMR 30.8.1990 Fox u.a./GB (Series A 182); EKMR ÖJZ **1993** 465.

[526] EKMR bei *Strasser* EuGRZ **1990** 50 (Keus).

[527] EKMR bei *Strasser* EuGRZ **1990** 88 (E/Norw).

[528] Vgl. EGMR 2.3.1987 Weeks/GB (NJW **1989** 647); EKMR bei *Strasser* EuGRZ **1989** 558 (Thynne u.a.).

[529] EGMR ständ. Rspr., etwa 18.6.1971 De Wilde u.a./Belg (Series A 12: Belg.Landstreicher); 8.6.1976 Engel/NdL (EuGRZ **1976** 221); 12.6.2003 Herz/D (NJW **2004** 2209); EKMR EuGRZ **1989** 558: *Frowein/Peukert* 135; *Nowak* 43; *Vogler* ZStW **89** (1977) 774; *Kühne/Esser* StV **2002** 383, 390; **a.A** *Trechsel* EuGRZ **1980** 529 (auch dann Nachprüfung, ob Vollstreckung rechtmäßig).

[530] Vgl. etwa EKMR bei *Strasser* EuGRZ **1988** 501 (Woukam Moudefo); **1988** 505 (Bezicheri).

[531] EGMR ständ. Rspr., etwa 18.6.1971 De Wilde u.a./Belg (Series A 12: Belg. Landstreicher); 8.6.1976 Engel/NdL (EuGRZ **1976** 221); EKMR EuGRZ **1989** 558: schweiz. BG EuGRZ **1996** 211; *Frowein/Peukert* 135; *Nowak* 43; *Vogler* ZStW **89** (1977) 774. Nach Ansicht des EGMR wird die Freiheitsentzie-

wegfallen kann[532]. Anderes gilt, wenn die Dauer der Vollstreckung einer Freiheitsstrafe in das Ermessen einer Verwaltungsbehörde gestellt ist oder wenn nach einer bedingten Entlassung die Rückversetzung in den Strafvollzug im Verwaltungswege angeordnet wird[533]. Ob eine Begnadigung möglich ist, unterliegt nicht der gerichtlichen Kontrolle[534]. Bei **anderen Freiheitsentziehungen**, vor allem solchen, deren Zweck nicht die Bestrafung des Täters sondern der Schutz der Öffentlichkeit ist[535], muß in angemessenen Abständen überprüft werden, ob die Gründe, die die Verwahrung zunächst gerechtfertigt haben, noch fortbestehen (vgl. Rdn. 129).

Bei der **Unterbringung psychisch Kranker** ist in regelmäßigen Abständen, die wegen des möglichen Wegfalls der Unterbringungsgründe nicht zu lang bemessen sein dürfen[536], vom Gericht zu überprüfen, ob eine weitere Unterbringung notwendig, die Haft also weiterhin rechtmäßig ist. Auch die gerichtliche Entscheidung muß, sofern nicht außergewöhnliche Umstände vorliegen, innerhalb möglichst kurzer Zeit ergehen[537]. Daß ein Sachverständigengutachten nicht rechtzeitig erstellt wird, rechtfertigt das Hinausschieben der Entscheidung in der Regel nicht[538]. Ein Verfahren, in dem ohne eine (mögliche) **Beteiligung des Untergebrachten** über die weitere Verwahrung entschieden wird, genügt den Anforderungen des Art. 5 Abs. 4 MRK nicht[539]. Der Untergebrachte ist zu hören und von den Ergebnissen möglicherweise hafterheblicher weiterer Ermittlungen so rechtzeitig vorher zu unterrichten, daß er dazu Stellung nehmen und sie auch selbst für Argumente nutzen kann. Ist er wegen der Art seiner Geisteskrankheit oder aus anderen Gründen nicht in der Lage, seine Interessen selbst ausreichend wahrzunehmen, ist ihm ein Vertreter (Verteidiger) zu bestellen. Zumindest dieser ist dann zu hören[540]. Nicht notwendig ist, daß der Verwahrte selbst die Initiative für eine Haftprüfung ergreift[541]. **126**

Art. 5 Abs. 4 MRK gewährleistet **nur eine gerichtliche Instanz** für die Nachprüfung der Rechtmäßigkeit der Freiheitsentziehung[542]. Bietet deren Verfahren ausreichende Rechtsgarantien, braucht das nationale Recht **kein Rechtsmittel** gegen die Entscheidung vorsehen. Gleiches gilt auch bei Art. 9 Abs. 4 IPBPR, da die Garantie einer zweiten Instanz durch Art. 14 Abs. 5 IPBPR nur für Verurteilungen wegen einer Straftat gilt. Sieht das nationale Recht aber einen Instanzenzug vor, gelten die Garantien des Absatzes 4 auch für das Verfahren der Rechtsmittelgerichte[543]. **127**

---

hung ab dem ersten dazu verurteilenden Erkenntnis durch Buchst. a gerechtfertigt, auch wenn dieses nicht rechtskräftig ist, so daß es, anders als nach unserem nationalen Recht keiner Haftprüfung mehr bedarf. Vgl. Rdn. 117.

532 EKMR EuGRZ **1982** 534; *Frowein/Peukert* 136.

533 Vgl. etwa EGMR 21.6.1982 Van Droogenbroeck/Belg (EuGRZ **1984** 6); 2.3.1987 Weeks/GB (NJW **1989** 647); EKMR EuGRZ **1989** 558; Schweiz BGer EuGRZ **1996** 211, *Frowein/Peukert* 137.

534 *Frowein/Peukert* 136.

535 Etwa EGMR 24.10.1979 Winterwerp/NdL (EuGRZ **1979** 656); 25.10.1990 Thynne u.a./GB (ÖJZ **1991** 388); EKMR EuGRZ **1989** 558; EuGRZ **1990** 49.

536 Vgl. EGMR 24.9.1992 Herczegfalvy/Ö (EuGRZ **1992** 535: mehr als ein Jahr zu lang); 26.9.2000 Oldham/GB (ECHR 2000-X); *Meyer-Ladewig* 45.

537 EGMR 24.10.1979 Winterwerp/NdL (EuGRZ **1979** 650); 23.2.1984 Luberti/I (EuGRZ **1985** 642); 12.5.1992 Megyeri/D (NJW **1995** 2945 = StV **1993** 88 mit Anm. *Bernsmann*); 25.3.1999 Musial/Pol (NJW **2000** 2727).

538 *Meyer-Ladewig* 45.

539 Vgl. EKMR bei *Strasser* EuGRZ **1990** 50 (Keus). *Frowein/Peukert* 146.

540 Vgl. EGMR 27.9.1990 Wassink/Ndl (Series A 185 A); 12.5.1992 Megyeri/D (StV **1993** 88 mit Anm. *Bernsmann,* der auf § 140 Abs. 2 StPO hinweist); OLG Düsseldorf StV **1996** 221; *Esser* 351; *Meyer-Ladewig* 45; *Frowein/Peukert* 143.

541 Vgl. EGMR 24.10.1979 Winterwerp (EuGRZ **1979** 650).

542 EKMR bei *Strasser* EuGRZ **1988** 505 (Bezicheri); *Vogler* ZStW **89** (1977) 775.

543 EGMR 12.6.2003 Herz/D (NJW **2004** 2209).

128 **4. Fristen. Innerhalb kurzer Frist** (in anderer Übersetzung „ehetunlichst“ – MRK: „speedily“, „à bréf délai“, IPBPR: „without delay“, „sans délai“) ist die **(erste) Haftprüfung** durchzuführen. Diese Frist, die länger ist als die Frist für die Vorführung nach Absatz 3[544], **beginnt mit der Antragstellung** durch den Verhafteten[545], der aber auch in einem von der zuständigen Behörde von Amts wegen betriebenen Verfahren über die Haftfortdauer gestellt werden kann. Die Frist endet nicht schon, wenn das zuständige Gericht mit der Sache befaßt wird oder der Beschuldigte unter Aufrechterhaltung des Haftbefehls bedingt aus der Haft entlassen wird[546], sondern erst, wenn das Gericht über die Rechtmäßigkeit der Haft sachlich entschieden hat[547]. Auch Verzögerungen während der Befassung des Gerichts können die Frist verletzen. Werden in einem Haftprüfungsverfahren mehrere Instanzen mit der Sache befaßt, kommt es nicht auf die erste gerichtliche Sachentscheidung an[548] sondern auf den Zeitpunkt der endgültigen Entscheidung[549]. Beruht die Haft auf einer **Anordnung der Polizei oder einer Verwaltungsbehörde** und nicht auf einer Anordnung des Gerichts, ist die gerichtliche Überprüfung auf Antrag unverzüglich, also binnen weniger Tage nach der Festnahme durchzuführen[550]. Die Fristüberschreitung allein begründet aber noch keinen Anspruch auf Haftentlassung[551].

128a Art. 5 Abs. 4 MRK, Art. 9 Abs. 4 IPBPR verzichten auf eine **abstrakte Bestimmung der Prüfungsfrist.** Welche Frist dem Anspruch auf „raschmöglichste Entscheidung“[552] angemessen ist, richtet sich nach den Umständen des Einzelfalls, also danach, wenn die Entscheidung ohne vermeidbare Verzögerungen möglich ist. Maßgebend sind dafür Art und Anlaß der Haft und die Komplexität des jeweiligen Verfahrens[553], so etwa die Notwendigkeit, bei der Überprüfung der Unterbringung einen **psychiatrischen Sachverständigen** zu hören. Unnötige Verzögerungen des Verfahrens beim Sachverständigen hat der Staat zu vertreten, desgleichen ist Art. 5 Abs. 4 verletzt, wenn das Gericht erst neun Monate nach Erstellung des Gutachtens über die Freiheitsentziehung entscheidet[554]. Bei der Befassung **mehrerer Instanzen** gehen alle unnötigen Verzögerungen zu Lasten des Staates, der Betroffene muß sich andererseits die durch sein Prozeßverhalten eingetretenen Verzögerungen zurechnen lassen[555]. Gleiches gilt, wenn er die ihm offenen Möglichkeit ungenützt ließ, bei einer Veränderung der Umstände während eines laufenden Haftprüfungsverfahrens durch **neue Anträge auf Haftentlassung** eine neue Entscheidung über

---

544 Vgl. *Frowein/Peukert* 150.

545 Etwa EGMR 25.3.1999 Musial/Pol (NJW **2000** 2727).

546 EGMR 21.2.1990 Van der Leer/NdL (Series A 170 A); *Frowein/Peukert* 150.

547 EKMR EuGRZ **1990** 49 (Koedjbiharie).

548 So aber im EKMR Fall Navarra/F, nicht gebilligt von EMGR 23.11.1993 (Series A 273-B); vgl. *Frowein/Peukert* 150, ferner zur Problematik des Abstellens auf das Ende des mehrstufigen Haftverfahrens *Esser* 371.

549 EGMR 30.3.1989 Lamy/Belg (StV **1993** 283; dazu *Ziegler* StV **1993** 320); 26.6.1991 Letellier/F (ÖJZ **1991** 789); vgl. ferner etwa 23.2.1984 Luberti/I EuGRZ **1985** 642); 12.12.1991 Toth/Ö (ÖJZ **1992** 242); 12.5.1992 Megyeri/D (NJW **1995** 2945); *Esser* 370; *Villiger* HdB 372.

550 Zu den Entscheidungen der EKMR bei verschiedenen Fällen der Fristüberschreitung vgl. *Frowein/Peukert* 126 ff; ferner etwa EGMR 23.2.1984 Luberti/I (EuGRZ **1985** 642); 22.5.1984 De Jong u.a./NdL (EuGRZ **1985** 700); EKMR bei *Strasser* EuGRZ **1988** 505 (Bezicheri); EuGRZ **1990** 88 (E/Norw); vgl. ferner die Nachweise der vorangehenden Fußn.; vgl. aber auch *Nowak* 45 (innerhalb einiger Wochen); *Vogler* ZStW **89** (1977) 775 (3 Monate).

551 Vgl. schweiz.BGer. EuGRZ **1989** 180.

552 *Villiger* HdB 373.

553 EGMR 21.10.1986 Sanchez-Reisse/CH (EuGRZ **1988** 523); EKMR bei *Strasser* EuGRZ **1988** 504 (Ruga); ferner etwa schweiz.BGer. EuGRZ **1989** 181.

554 EGMR 25.3.1999 Musial/Pol (NJW **2000** 2727; stützt das Gericht seine Entscheidung trotz des zeitlichen Abstandes auf das Gutachten, kann dies auch dem Schutz vor Willkür zuwiderlaufen, da das Gutachten nicht notwendig den Zustand des Betroffenen im Zeitpunkt der Entscheidung wiedergibt).

555 Vgl. EGMR 23.11.1993 Navarra/F (Series A 273 B); *Esser* 372.

seine Haft herbeizuführen[556]. Zu seinen Lasten geht auch, wenn er nur formale Haftentlassungsanträge stellt, ohne sie sachlich zu begründen, da dies als Nichterschöpfen des Rechtswegs gewertet werden kann[557].

Die **angemessenen Fristen** für die späteren **periodischen Überprüfungen** einer Freiheits- **129**
entziehung hängen von der Art des Verwahrungsgrundes ab. Während bei der Untersuchungshaft die Wiederholung der Überprüfung in relativ kurzen Abständen notwendig ist, genügen bei der Verwahrung Geisteskranker größere Abstände[558]. In solchen Fällen bedarf es einer Überprüfung der Freiheitsentziehung in Zeitabständen, die den jeweiligen Umständen angemessen sind[559], so etwa bei der Verwahrung von Geisteskranken[560], bei einer aus Sicherheitsgründen vollzogenen Haft von unbeschränkter Dauer[561] oder bei den in den nationalen Rechtsordnungen sehr unterschiedlich ausgestalteten Formen der Sicherungsverwahrung[562]. Ob bereits der erste Antrag des Inhaftierten auch die Pflicht zu den nachfolgenden periodischen Überprüfungen auslöst oder ob die spätere Überprüfung nach den Konventionen stets einen neuen Antrag erfordern, mag offen bleiben, da in der Bundesrepublik die späteren periodischen Überprüfungen schon von Amts wegen durchgeführt werden müssen.

D. Anspruch auf Entschädigung (Art. 5 Abs. 5 MRK; Art. 9 Abs. 5 IPBPR)

I. Allgemeines

Art. 5 Abs. 5 MRK, Art. 9 Abs. 5 IPBPR begründen einen **selbständigen und unmit- 130**
telbaren Anspruch auf Entschädigung, auf den jeder, der in seinen von den Konventionen gewährleisteten Freiheitsrechten rechtswidrig durch die öffentliche Hand beeinträchtigt wurde, auch **innerstaatlich** unmittelbar geltend machen kann[563]. Der Entschädigungsanspruch hat seine Grundlage im völkerrechtlichen Vertragsrecht. Wo er aber mit den Konventionen ins innerstaatliche Recht transformiert wurde, besteht er unabhängig neben den Ansprüchen, die das nationale Recht sonst bei rechtswidrigen Freiheitsentziehungen gewährt. Er ist vor allem nicht an die Voraussetzungen und Grenzen gebunden, von denen die daneben fortbestehenden **Amtshaftungsansprüche** nach § 839 BGB oder die (engeren) besonderen **Ansprüche nach dem StrEG**[564] oder der allgemeine Aufopferungsanspruch abhängen[565]. Absatz 5 begründet die Staatshaftung für jede **konventions-**

---

556 Vgl. EGMR 26.6.1991 Letellier/F (ÖJZ **1991** 789); *Esser* 371; *Frowein/Peukert* 150.

557 EGMR 20.1.2000 Yahiaoui/F; vgl. *Villiger* HdB 366 in unterlassener Antragstellung kann Verzicht gesehen werden.

558 EKMR bei *Strasser* EuGRZ **1988** 505 (Bezicheri).

559 Vgl. EGMR 5.11.1981 X/GB (EuGRZ **1982** 101 „vernünftige Zeitabstände"); 12.5.1992 Megyeri/D (NJW **1995** 2945 = StV **1993** 88 mit Anm. *Bernsmann*). Nach den Umständen des Einzelfalls kann schon eine Sperrfrist von 2 Monaten für das Einreichen neuer Haftentlassungsgesuche unangemessen sein, vgl. schweiz.BGer EuGRZ **1997** 159; ferner EuGRZ **1999** 491 (fünf Monate).

560 EGMR 5.11.1981 X/GB (EuGRZ **1982** 104); 23.2.1984 Luberti/I (EuGRZ **1985** 642); 12.5.1992 Megyeri/D (StV **1993** 88 mit Anm. *Bernsmann*); EKMR EuGRZ **1983** 432; **1988** 507; *Frowein/Peukert* 136.

561 EGMR 2.3.1987 Weeks/GB (NJW **1989** 647); *Frowein/Peukert* 137.

562 EGMR 24.6.1982 Van Droogenbroeck/Belg (EuGRZ **1984** 6); EKMR bei *Strasser* EuGRZ **1990** 49 (Koendjbiharie); **1990** 50 (Kees); **1990** 88 (E/Norw); *Frowein/Peukert* 138.

563 **H.M;** etwa BGHZ **45** 30; 46; *Herzog* AöR **86** (1961) 235: *Meyer-Goßner*[47] 14; für Österreich östr. OGH ÖJZ **1990** 210.

564 *D. Meyer* Strafrechtsentschädigung und Auslagenerstattung, 5. Aufl. (2002) Einl. Rdn. 55; vgl. allgemein *Herzog* AöR **86** (1961) 237 Fußn. 138a; BGHSt **32** 221, 227; *Meyer-Goßner*[47] 14.

565 Zum Ausschluß des subsidiären allgemeinen Aufopferungsanspruchs vgl. etwa BGHZ **45** 58; BGH NJW **1990** 397; *Herzog* JZ **1966** 60; *D. Meyer* (aaO Fußn. 342) 411; *Schätzler/Kunz* StrEG[3] Einl. 73.

widrige Freiheitsentziehung durch hoheitlich handelnde Organe[566], einschließlich der rechtsprechenden Gewalt. Er setzt **kein Verschulden** voraus[567].

II. Einzelfragen

131 **1. Voraussetzung** des Anspruchs ist nach Art. 5 Abs. 5 MRK ein Verstoß gegen Art. 5 MRK, vor allem eine **rechtswidrige Freiheitsentziehung,** die von den Haftgründen des Absatzes 1 MRK nicht gedeckt ist. Dies gilt für die Untersuchungshaft nach Buchst. c ebenso wie etwa für die Beuge- oder Erzwingungshaft nach Buchst. b[568], die Verwahrung nach Buchst. e oder für die Auslieferungshaft nach Buchst. f[569]. Dabei bedeutet jede Freiheitsentziehung, die gegen das nationale Recht verstößt, wegen der von der Konvention geforderten Rechtsbindung dieser Eingriffe zugleich auch einen Verstoß gegen Art. 5 Abs. 1 Satz 2 MRK[570]. Rechtswidrig und damit haftungsbegründend ist auch eine Freiheitsentziehung, die mit dem innerstaatlichen Recht im Einklang steht, die aber gegen Art. 5 MRK verstößt[571], so etwa, weil die Untersuchungshaft die angemessene Frist nach Art. 5 Abs. 3 überschreitet[572]. Auch eine **Verletzung der Verfahrensrechte** des Art. 5 Abs. 2 bis 4 MRK kann einen innerstaatlich geltend zu machenden Entschädigungsanspruch des Inhaftierten begründen[573]. Ob innerstaatlich eine Entschädigung nach Absatz 5 MRK (Art. 9 Abs. 5 IPBPR) beantragt wurde, ist aber grundsätzlich von der Frage zu trennen, ob wegen einer vor dem EGMR gerügten Konventionsverletzung nach Art. 5 Abs. 1 bis 4 der innerstaatliche Rechtsweg erschöpft wurde (Art. 35 Abs. 1 MRK) und ob der Betroffene als Opfer einer Konventionsverletzung nach Art. 5 Abs. 1 bis 4 MRK beim EGMR einen Anspruch auf eine gerechte Entschädigung Art. 41 MRK geltend machen kann[574]. Eine innerstaatliche Entschädigung wegen einer konventionswidrig erlittenen Untersuchungshaft läßt die **Opfereigenschaft des Beschwerdeführers** nur dann entfallen, wenn in dieser Entscheidung die Konventionsverletzung ausdrücklich anerkannt und eine ausreichende Wiedergutmachung dafür geleistet wurde[575].

132 **Art. 9 Abs. 5 IPBPR** gewährt ebenfalls jedem Opfer einer unrechtmäßigen Festnahme oder Haft einen Entschädigungsanspruch. Anders als Art. 5 Abs. 5 MRK nimmt

---

566 Vgl. BGHZ **45** 58 (Gefährdungshaftung mit deliktsähnlichem Einschlag); *Meyer-Goßner*[47] 14; **a. A** das Schrifttum, das in ihm einen gesetzlich konkretisierten Aufopferungsanspruch sieht, etwa *Brückler* DRiZ **1965** 253; *Echterhölter* JZ **1956** 145; *Guradze* 178; *Herzog* AöR **86** (1961) 238; JZ **1966** 650. *Schätzler/Kunz* StrEG[3] Einl. 73.

567 **H. M;** etwa EGMR 27. 9. 1990 Wassink/NdL (Series A 185 A); BGH NJW **1993** 2927; KG StV **1992** 584; schweiz BGer EuGRZ **1993** 409; *Frowein/Peukert* 158; *Meyer-Goßner* 14; *Nowak* 50; *Schätzler/Kunz* StrEG[3] Einl. 74 (für Unbeteiligte an der Straftat (Zeugen usw.) gibt Absatz 5 eine Anspruchsgrundlage).

568 BGH NJW **1990** 397.

569 Vgl. BGHSt **32** 221, 227; BGHZ **45** 30; *D. Meyer*[5] Einl. 81; *Schätzler/Kunz*[3] § 3, 78.

570 BGHZ **45** 58; **57** 41; BGH NJW **1990** 397; *Frowein/Peukert* 158 (selbst wenn nationales Recht insoweit über Konvention hinausgeht); *Herzog* AöR **86** (1961) 237 („rechtswidrig-konventionswidriger Freiheitsentzug"); *Meyer-Goßner*[47] 14.

571 Vgl. *Herzog* AöR **86** (1961) 237 (innerstaatliche Abweichung von der Konvention durch ein lex posterior).

572 Vgl. BGHZ **45** 36; BGH StV **1994** 329; KG StV **1992** 584; vgl. *Paeffgen* NStZ **1993** 532.

573 EGMR 19. 11. 1988/30. 5. 1989 Brogan u. a./GB (Series A 145 B; 152 B; vgl. auch EuGRZ **1987** 444); EGMR 18. 2. 1999 Hood/GB (EuGRZ **1999** 117); EKMR bei *Strasser* EuGRZ **1989** 558 (Thynne); **1990** 50 (Keus); *Frowein/Peukert* 131; östr. OGH EuGRZ **1981** 572 (Schutz der Freiheitssphäre schon verletzt, wenn verfassungsmäßig vorgeschriebener Weg für Freiheitsentziehung nicht eingehalten); einschränkend *Herzog* AöR **86** (1981) 236; *Schorn* 1 (wenn Verletzung der Formvorschriften für rechtswidrige Haft kausal).

574 Vgl. Anhang Rdn. 70 ff.

575 EGMR 6. 4. 2000 Labita/I, vgl. *Kühne/Esser* StV **2002** 383, 384.

er nicht auf die vorhergehenden Absätze Bezug, es genügt also allein die Rechtswidrigkeit der Haft nach innerstaatlichem Recht; wegen des in Art. 9 Abs. 1 Satz 3 IPBPR verankerten Legalitätsprinzips bedeutet dies in aller Regel aber zugleich auch eine Verletzung des Art. 9 IPBPR[576]. Der Anspruch umfaßt ebenfalls die Verstöße gegen die Verfahrensvorschriften der Absätze 2 bis 4[577].

Kein Anspruch nach Absatz 5 besteht, wenn die Freiheitsentziehung als solche **innerstaatlich formal rechtmäßig und auch konventionsgemäß** gewesen ist, die Entscheidung aber, die der rechtmäßigen Vollstreckung zugrunde lag, mit Fehlern behaftet war oder wegen einer anderen Würdigung des Sachverhalts aufgehoben wurde, etwa, wenn ein Angeklagter, der sich in Untersuchungshaft befand, später freigesprochen worden ist[578]. **133**

2. Der Anspruch richtet sich **gegen den Staat**. Soweit er innerstaatlich geltend gemacht wird, hat der Hoheitsträger (Bund, Land oder sonstige Gebietskörperschaft), dessen Hoheitsgewalt bei der rechtswidrigen Freiheitsentziehung oder der Verletzung des Verfahrensrechts ausgeübt wurde, für die Rechtsverletzung einzustehen[579]. Dies gilt auch, wenn Organe des Staates die Verletzung im Ausland begangen haben[580]. **134**

Völkerrechtlich bleibt der Bund als Gesamtstaat gegenüber den anderen Vertragsstaaten und den Konventionsorganen verpflichtet. Er hat dafür einzustehen, daß der Betroffene seinen Anspruch aus Absatz 5 innerstaatlich durchsetzen kann, ganz gleich, welche Gebietskörperschaft innerstaatlich dafür einzustehen hat und welchen Organen die rechtswidrige Verletzung zuzurechnen ist. **135**

3. Nach Art. 5 Abs. 5 MRK, Art. 9 Abs. 5 IPBPR kann **voller Schadensersatz** für die Rechtsverletzung verlangt werden[581], nicht nur, wie etwa nach Art. 41 MRK oder beim allgemeinen Aufopferungsanspruch eine gerechte bzw. angemessene Entschädigung[582]. Zu ersetzen ist auch ein **immaterieller Schaden,** einschließlich Schmerzensgeld[583]. Ein solcher Schaden kann in der Regel schon durch die Verletzung des Persönlichkeitsrechts des vom Konventionsverstoß Betroffenen[584] ausgelöst werden, so auch durch die Belastungen einer rechtswidrigen Haft[585]. Im übrigen gelten die allgemeinen Regeln des nationalen Schadensersatzrechtes, vor allem für den **Nachweis**, daß die rechtswidrige Freiheitsentziehung oder die rechtswidrige Beeinträchtigung in den von den Konventionen garantierten Verfahrensbehelfen für den zu ersetzenden Schaden **ursächlich** war[586]. **136**

---

576 *Nowak* 48.

577 *Nowak* 48 unter Hinweis auf den Vorbehalt Italiens.

578 BGHZ **57** 43; vgl. OLG Hamm NJW **1989** 1547; *Frowein/Peukert* 160; *Meyer-Goßner*[47] 14; *Meyer-Ladewig* 46; *Schätzler/Kunz* StrEG[3] Einl. 72; vgl. auch *Haas* MDR **1964** 10; *Pilmacek* ÖJZ **2001** 546, 556.

579 BGHZ **45** 36; 54 (keine Haftung des Bundes für Freiheitsentzug in der früheren DDR); *Brückler* DRiZ **1965** 257; *Herzog* AöR **86** (1961) 240; *Meyer-Goßner*[47] 14.

580 *Vogler* ZStW **89** (1977) 761.

581 BGHZ **45** 58, 68; BGH NJW **1990** 397; *Guradze* 41; *Herzog* AöR **86** (1961) 239; JZ **1966** 657; *Meyer-Goßner*[47] 14; *Vogler* ZStW **82** (1970) 761; *Zörb* NJW **1970** 2146.

582 Zum Unterschied BGHZ **45** 58, 68; ferner etwa *Herzog* AöR **86** (1961) 239; *Herzog* JZ **1966** 659; *Frowein/Peukert* Art. 50. *Villiger* HdB 374bis hält wegen des großen Ermessensbereichs der innerstaatlichen Behörden die Grundsätze des Art. 41 MRK „zweckmäßigerweise" für anwendbar.

583 BGH NJW **1993** 2927; KG StV **1992** 584; *Frowein/Peukert* 161; *Guradze* 41; *Herzog* AöR **86** (1961) 239; *Meyer-Goßner*[47] 14; *Schorn* 5; vgl. auch östr. OGH EuGRZ **1981** 571; ÖJZ **1990** 210; schweiz. BGer. EuGRZ **1993** 406; **a. A** *Brückler* DRiZ **1965** 257.

584 Vgl. *Guradze* 41; vgl. EKMR bei *Strasser* EuGRZ **1990** 50 (Keus), wonach das Recht auf Entschädigung nach Art. 5 Abs. 5 MRK nicht vom Vorliegen eines (gemeint wohl materiellen) Schadens abhängt.

585 BGH NJW **1993** 2927; östr.OGH ÖJZ **1990** 210.

586 EGMR 27. 9. 1990 Wassink/NdL (Series A 185 A); vgl. ferner östr.OGH EuGRZ **1981** 571; ÖJZ **1990** 210 (keine besondere Nachweispflicht bei immateriellem Schaden); *Herzog* AöR **86** (1961) 236; *Frowein/Peukert* 161.

Auch im Wege der Naturalrestitution kann ein Schaden behoben werden, etwa durch Anrechnung einer rechtswidrig erlittenen Haft auf die Strafhaft[587]. In Fällen in denen eine Konventionsverletzung nach den Absätzen 1 bis 4 ohne bleibende Folgen für den Betroffenen blieb, kann es als Ausgleich eines immateriellen Schadens schon ausreichen, daß die Konventionsverletzung ausdrücklich festgestellt wird[588].

137 **4. Verjährung.** Der Anspruch, den der BGH als eine Art der Gefährdungshaftung qualifiziert hat, verjährt in rechtsähnlicher Anwendung des jetzt auch bei unerlaubten Handlungen geltenden § 195 BGB in drei Jahren[589]. Er kann bereits erhoben werden, wenn das Strafverfahren, in dem es zu der konventionswidrigen Freiheitsentziehung kam, noch nicht beendet ist[590].

138 **5. Innerstaatlicher Rechtsweg.** Der Anspruch ist vor den ordentlichen Gerichten im Wege der Zivilklage geltend zu machen[591].

139 **6. Anrufung des EGMR.** Anders als der Anspruch auf Zuerkennung einer gerechten Entschädigung nach Art. 41 MRK[592] als Folge einer vor dem EGMR gerügten anderen Konventionsverletzung kann ein Anspruch wegen Verletzung des Art. 5 Abs. 5 MRK nur in Ausnahmefällen vor dem EGMR geltend gemacht werden. Nur dort, wo diese Vorschrift im nationalen Recht weder unmittelbar gilt noch in einer vergleichbaren Entschädigungsregelung eine Entsprechung hat, kann die Unmöglichkeit, innerstaatlich eine Entschädigung zu erlangen, als Verletzung des Art. 5 Abs. 5 MRK unmittelbar gerügt werden. Soweit dagegen Absatz 5 auch innerstaatlich anwendbar ist, setzt jede Anrufung des EGMR voraus, daß wegen des Entschädigungsanspruchs zuerst der innerstaatliche Rechtsweg erschöpft wurde (Art. 35 Abs. 1 MRK)[593]. Daß eine Verletzung des Art. 5 Abs. 1 MRK vorher vom EGMR festgestellt und dann wegen des Entschädigungsanspruchs der innerstaatliche Rechtsweg ausgeschöpft wurde, wird entgegen einer früheren Praxis der EKMR jetzt nicht mehr gefordert[594]. Es genügt, wenn ein innerstaatliches Gericht ausdrücklich oder implicite eine Verletzung des Art. 5 Abs. 1 bis 4 MRK festgestellt hat[595] und daß wegen der Verweigerung einer Entschädigung nach Art. 5 Abs. 5 MRK der Rechtsweg erschöpft ist. Dann steht fest, daß der Staat durch die Verweigerung der Entschädigung gegen Art. 5 Abs. 5 MRK verstoßen hat. Ob eine innerstaatlich gewährte Entschädigung ausreichend ist, wird von den Organen der MRK nur auf Mißbrauch nachgeprüft[596].

---

587 *Herzog* AöR **86** (1961) 239; *Schätzler/Kunz* StrEG[3] Einl. 75.

588 Vgl. etwa EGMR 18.2.1999 Hood/GB (EuGRZ **1999** 117); *Villiger* HdB 374bis.

589 Zum früheren § 852 Abs. 1 BGB BGHZ **45** 58; 66; *Meyer-Goßner*[47] 14; *D. Meyer* (aaO Fußn. 342) 412; **a. A** *Herzog* AöR **86** (1961) 241 Fußn. 157 (Aufopferungsanspruch: 30 Jahre).

590 *D. Meyer* StrEG[5] 55; *Schätzler/Kunz* StrEG[3] Einl. 75; vgl. auch *Trechsel* EuGRZ **1980** 514.

591 OLG München NStZ-RR **1996** 125; *Guradze* 43; *Herzog* AöR **86** (1961) 241; *Meyer-Goßner*[47] 14.

592 Die gerechte Entschädigung kann der EGMR auf Antrag wegen jeder von ihm festgestellten Konventionsverletzung nach Art. 41 MRK selbst zusprechen, vgl. Anh. Rdn. 70 ff, ferner *Frowein/Peukert* 156; sowie zum Unterschied der Ansprüche nach Art. 5 Abs. 5 und Art. 41 MRK *Villiger* HdB 374ter.

593 **H. M**; *Frowein/Peukert* 159 (auch zur anderen früheren Spruchpraxis der EKMR). Zur Problematik der Individualbeschwerde gegen eine rechtskräftige innerstaatliche Entscheidung über den Anspruch nach Art. 5 Abs. 5 MRK vgl. *Herzog* AöR **86** (1981) 243.

594 Vgl. *Frowein/Peukert* 159, 160; *Trechsel* EuGRZ **1980** 531.

595 *Frowein/Peukert* 161.

596 *Frowein/Peukert* 161 mit Nachw.

Nach Art. 5 MRK (Art. 10 IPBPR)

MRK

IPBPR

Artikel 10

(1) Jeder, dem seine Freiheit entzogen ist, muß menschlich und mit Achtung vor der dem Menschen innewohnenden Würde behandelt werden.

(2) a) Beschuldigte sind abgesehen von außergewöhnlichen Umständen von Verurteilten getrennt unterzubringen und so zu behandeln wie es ihrer Stellung als Nichtverurteilte entspricht;

b) jugendliche Beschuldigte sind von Erwachsenen zu trennen, und es hat so schnell wie möglich ein Urteil zu ergehen.

(3) Der Strafvollzug schließt eine Behandlung der Gefangenen ein, die vornehmlich auf ihre Besserung und gesellschaftliche Wiedereingliederung hinzielt. Jugendliche Straffällige sind von Erwachsenen zu trennen und ihrem Alter und ihrer Rechtsstellung entsprechend zu behandeln.

Übersicht

1. Bedeutung

a) Art. 10 IPBPR legt einige **Grundsätze für die Behandlung inhaftierter Personen** fest. Die allgemeine Verpflichtung des Staates zu einem humanen und die Menschenwürde des Gefangenen achtenden Vollzug aller freiheitsentziehenden Maßnahmen durch **Art. 10 Abs. 1 IPBPR** trägt der gesteigerten Schutzbedürftigkeit der Personen Rechnung, die der staatlichen Gewalt besonders ausgesetzt sind. Er verpflichtet den Staat zu einer humanen Behandlung aller Gefangenen und eröffnet zugleich dem einzelnen ein Abwehrrecht gegen unzumutbare Haftbedingungen. Die Freiheitsgarantie des Art. 9 IPBPR (Art. 5 MRK), die nur den **Entzug der Freiheit**, nicht aber die Behandlung während des Freiheitsentzuges betrifft, wird durch Art. 10 IPBPR ergänzt. Dieser füllt die Lücke zum Verbot der Folter und der unmenschlichen oder erniedrigenden Behandlung (Art. 3 MRK, Art. 7 IPBPR), das auch das Verbot der unfreiwilligen Heranziehung zu medizinischen oder wissenschaftlichen Versuchen (Art. 7 Satz 2 IPBPR) mit umfaßt. Da all dies in der Regel während einer Freiheitsentziehung geschieht, decken sich beide Garantien in der Praxis weitgehend. Bei einer gegen Art. 7 IPBPR verstoßenden Behandlung eines Inhaftierten ist in aller Regel auch Art. 10 Abs. 1 IPBPR verletzt[1]. **1**

[1] Der UN-AMR führt mitunter beide Artikel als verletzt an, vgl. etwa EuGRZ **1979** 498; **1982** 11; bei *Nowak* EuGRZ **1983** 12 ff; **1984** 423.

2 **Art. 10 Abs. 2 und 3 IPBPR** legen einige Grundsätze für den Haftvollzug bei **Untersuchungs- und Strafgefangenen** fest. Sie können isoliert oder aber auch neben Art. 10 Abs. 1 und Art. 7 IPBPR verletzt sein. Für die Behandlung von Personen, die wegen ihrer Beteiligung an einem **internationalen bewaffneten Konflikt** von einem Staat in Gewahrsam gehalten werden, enthalten die Genfer Konventionen[1a] Spezialvorschriften über die Behandlung der Kriegsgefangenen und der Kombattanten ohne Kriegsgefangenenstatus, die jedoch die Anwendbarkeit des Art. 10 IPBPR nicht ausschließen[1b].

3 **b) Verhältnis zu anderen Konventionsgarantien.** Der Grundsatz des Art. 10 Abs. 1 IPBPR ist für eine systemimmanente Auslegung anderer Konventionsgarantien des IPBPR von Bedeutung. Er begrenzt die nur unter einem formellen Regelungsvorbehalt stehenden Möglichkeiten zu Einschränkungen der in den Art. 17 ff IPBPR gewährleisteten Rechte bei Gefangenen inhaltlich durch **sachliche Vorgaben.** Er wirkt so den besonderen Gefährdungen dieser Rechte beim Freiheitsentzug entgegen[2]. Aus den Ausnahmen bei Art. 8 Abs. 3 Buchst. c, i IPBPR, Art. 4 Abs. 3 Buchst. a MRK ergibt sich umgekehrt, daß die Arbeitspflicht von Strafgefangenen mit den Konventionen vereinbar ist[3].

4 **c) In der MRK** fehlt eine dem Art. 10 IPBPR entsprechende Regelung. Dies wird zum Teil dadurch ausgeglichen, daß die menschenunwürdige Behandlung Gefangener zumindest ab einer gewissen Erheblichkeit als Verstoß gegen das Verbot der erniedrigenden Behandlung (Art. 3 MRK) angesehen wird. Im übrigen enthalten – anders als beim IPBPR – die Eingriffsvorbehalte bei den Art. 8 ff MRK materielle Vorgaben; diese binden auch bei Gefangenen die Zulässigkeit von gesetzlichen Einschränkungen der grundsätzlich auch ihnen garantierten Rechte an besondere Zulässigkeitsvoraussetzungen und an das in einer demokratischen Gesellschaft Notwendige. Anhaltspunkte dafür geben die von internationalen Gremien aufgestellten Strafvollzugsgrundsätze.

5 **d)** Die im Rahmen der Vereinten Nationen aufgestellten **Mindestgrundsätze für die Behandlung von Gefangenen**[4] sind zwar ebenso völkerrechtlich unverbindlich wie die entsprechenden Grundsätze der Ministerkomitees des Europarates vom 12.2.1987 (**„Europäische Strafvollzugsgrundsätze“**[5]), sie können aber, ebenso wie andere Resolutionen von internationalen Organen, als Ausdruck gemeinsamer Anschauungen bei der Auslegung des Art. 10 IPBPR mit berücksichtigt werden[6]. Das **Übereinkommen über die Rechte des Kindes vom 20.11.1989**[7] enthält in seinem Art. 37 ebenfalls Regelungen für

[1a] Vgl. Einf. Rdn. 10.

[1b] So das auf Ersuchen des Menschenrechtsausschusses der parlamentarischen Versammlung des Europarats erstattete Gutachten der Kommission für Demokratie durch Recht (Venedig-Kommission) vom 13.12.2003 (EuGRZ **2004** 343, 350 ff, 353).

[2] Vgl. *Nowak* 2.

[3] Vgl. Art. 4 Rdn. 19 ff; ferner mit einigen Einschränkungen Art. 2 Abs. 2 Buchst. c des Übereinkommens gegen Zwangs- und Pflichtarbeit (ILO-Übereinkommen Nr. 29) vom 28.6.1930 (BGBl. II 1956 S. 641 mit spät. Änderungen).

[4] Vom 30.8.1955, gebilligt durch Resolution 663 C (XXIV) des Wirtschafts- und Sozialrats vom 31.7.1957 und die Resolution 2076 (LXII) vom 13.5.1977; ferner Resolution 43/173 der Generalversammlung vom 9.12.1988 (engl. Textauszüge bei *Doswald-Beck/Kolb* S. 295 ff und S. 308 ff); vgl. auch *Nowak* 6.

[5] Empfehlung R (87) 3 des Ministerkomitees vom 12.2.1987, durch die die früheren Empfehlungen vom 19.1.1973 (E 73/3) ersetzt wurden (engl. Text bei *Doswald-Beck/Kolb* S. 318 ff). Zur Unverbindlichkeit einer solchen Empfehlung, die sich an die Regierung wendet und keine unmittelbaren Rechte der Gefangenen begründet, vgl. schweiz.BGer. EuGRZ **1981** 531.

[6] *Nowak* 1, 6.

[7] „Kinderkonvention“ (BGBl. II 1992 S. 121), für die Bundesrepublik am 5.2.1992 in Kraft getreten, die unmittelbare innerstaatliche Anwendung in der Bundesrepublik wurde jedoch bei der Ratifizierung ausgeschlossen; vgl. Nr. 1 der bei der Hinterlegung der Ratifikationsurkunde abgegebenen Erklärung der Bundesrepublik (Bek. vom 10.7.1992, BGBl. II S. 990).

die Behandlung Jugendlicher[8] während eines Freiheitsentzuges (so etwa menschliche und altersgerechte Behandlung, Trennung von Erwachsenen, Aufrechterhaltung des Verkehrs mit der eigenen Familie, Recht auf einen Beistand).

e) Nach **innerstaatlichem Verfassungsrecht** ist die Staatsgewalt in all ihren Formen verpflichtet, die Menschenwürde zu achten; dies ist ein konstituierendes Grundprinzip (Art. 1 Abs. 1 GG). Es gilt auch für Personen, denen die Freiheit entzogen worden ist, vor allem im Strafvollzug[9]. Weder die wegen schwerster Verbrechen Verurteilten noch die psychisch Kranken dürfen während der Freiheitsentziehung in Negierung ihres Menschseins zu einem bloßen Objekt des staatlichen Handelns herabgewürdigt werden[10]. 6

2. Geltungsbereich. Art. 10 Abs. 1 legt mit dem Gebot, jeden, dem die Freiheit entzogen ist, menschlich und mit Achtung seiner Menschenwürde zu behandeln, einen allgemeinen Grundsatz fest, der für alle Personen gilt, denen – aus welchem Grund auch immer – die Freiheit durch eine staatliche Maßnahme entzogen worden ist. Dagegen betrifft Absatz 2 nur solche Personen, die sich wegen einer noch nicht rechtskräftig festgestellten Beschuldigung in **Untersuchungshaft** befinden und deshalb entsprechend der für sie geltenden Unschuldsvermutung wie Unschuldige behandelt werden müssen[11], während Absatz 3 nur die **Gefangenen im Strafvollzug** anspricht[12]. 7

Art. 10 schützt die Rechte der **Gefangenen. Dritte Personen** können daraus keine eigenen Rechte, etwa auf Verkehr mit einem Gefangenen, herleiten. 8

3. Schutz der Menschenwürde (Art. 10 Abs. 1 IPBPR)

a) Das Gebot einer menschlichen und die Menschenwürde achtenden Behandlung[13] **verpflichtet den Staat**, dafür zu sorgen, daß allen Personen, denen die Freiheit durch eine in seinen Verantwortungsbereich fallende Handlung entzogen worden ist, menschlich und entsprechend der ihnen zukommenden Menschenwürde behandelt werden. Dies bedeutet nicht nur, daß alle damit unvereinbaren Eingriffe in die persönliche Integrität des Gefangenen im Einzelfall unterbleiben müssen. Vor allem dürfen Maßnahmen, die einen schwerwiegenden Eingriff in den Persönlichkeitsbereich bedeuten, nicht routinemäßig durchgeführt werden; sie müssen auf die unbedingt erforderlichen Einzelfälle beschränkt bleiben[13a]. Außerdem muß jeder Staat ungeachtet seiner wirtschaftlichen Lage und etwaiger sonstiger Schwierigkeiten generell für einen Mindeststandard **menschenwürdiger Haftbedingungen** sorgen, der die Grundbedürfnisse der Gefangenen hinsichtlich Unterbringung[14], sanitärer Verhältnisse, Kleidung, Ernährung und medizinischer Betreuung sicherstellt[15]. Auch die Überbelegung eines Haftraums kann das Mindestmaß menschenwürdiger Haftbedingungen unterschreiten[16]. Bei den zu stellenden Anforde- 9

---

[8] „Kind" im Sinne der Kinderkonvention ist nach ihrem Art. 1 jeder Mensch, der das 18. Lebensjahr noch nicht vollendet hat, sofern nach dem auf das Kind anzuwendenden nationalen Recht die Volljährigkeit nicht früher eintritt.

[9] Vgl. etwa BVerfGE **35** 235; **45** 239; vgl. auch Rdn. 9.

[10] BVerfGE **45** 229.

[11] Vgl. LR-*Hilger* § 119, 16.

[12] Vgl. UN-AMR Allgemeine Bemerkungen 9/16 (Haftbedingungen).

[13] Zur Entstehung der Formulierung vgl. *Nowak* 7.

[13a] BVerfG NJW **2004** 1728 (routinemäßige körperliche Durchsuchung mit Entkleidung); vgl. auch EGMR 4.2.**2003** Lorsé u.a./NdL; 4.2.**2003** van der Ven/NdL (*Goedecke* JIR **46** (2003) 606, 611.

[14] Vgl. etwa OLG Frankfurt NStZ **1985** 572 (überbelegte Zelle); NJW **2003** 2843 (Mehrfachunterbringung in Einzelzelle); OLG Hamm NJW **1967** 2024 (unabgetrennte Toilette in Gemeinschaftszelle); LG Gießen NStZ **2003** 624); *von Hinüber* StV **1994** 212; *Theile* StV **2002** 670; *Ullenbruch* NStZ **1999** 430.

[15] *Nowak* 14.

[16] Vgl. etwa OLG Frankfurt NStZ **1985** 572 (überbelegte Zelle); NJW **2003** 2843 (Mehrfachunterbringung in Einzelzelle); ferner die vorst. Fußnoten.

rungen werden zwar die lokalen Gegebenheiten und die Möglichkeiten des jeweiligen Staates, ferner aber auch unterschiedliche Anschauungen der jeweiligen Bevölkerung mit zu berücksichtigen sein[17]. Jedoch rechtfertigen auch wirtschaftliche Schwierigkeiten nicht die ständige Unterschreitung eines unerläßlichen Mindeststandards[18].

10 Menschenunwürdige Haftbedingungen können ferner in der **Behinderung der Kommunikation des Gefangenen** mit anderen Personen liegen, wenn diese ungerechtfertigt ist, weil sie durch keine legitimen Ziele im Sinne der Art. 8 MRK, Art. 17 IPBPR gedeckt wird[19] oder in der Form unzumutbar ist. Eine längerfristige Unterbindung des Verkehrs des Gefangenen mit seinen Angehörigen und sonstigen Personen der Außenwelt, wie sie etwa mit dem „Verschwindenlassen" bewußt praktiziert wird, kann gegen Art. 10 Abs. 1 IPBPR verstoßen[20]; mitunter kann darin auch ein Eingriff in das Familienleben (Art. 17 IPBPR, Art. 8 MRK) liegen, der nur bei Vorliegen besonderer Gründe (vgl. Art. 8 Abs. 2 MRK) gerechtfertigt ist[21]. Im Einzelfall kann die Isolierung so schwerwiegend sein, daß auch Art. 3 MRK, Art. 7 IPBPR verletzt sind[22]. Die Übergänge zu diesen schwereren Formen der Verletzung der Menschenwürde sind fließend. Es kommt immer auf eine Würdigung aller Umstände des Einzelfalls an, bei der es auch eine Rolle spielen kann, ob es sich um allgemein herrschende Mißstände oder um eine bewußt gegen einzelne Gefangene gerichtete Maßnahme handelt. Ferner können das subjektive Empfinden der Betroffenen und das Motiv des für die Beeinträchtigung Verantwortlichen eine Rolle spielen, da es mitunter von diesem abhängt, ob ein Eingriff den Achtungsanspruch des Gefangenen verletzt[23]. Da in der MRK eine dem Art. 10 IPBPR entsprechende Sondervorschrift fehlt, werden erniedrigende oder unmenschliche Haftbedingungen unter dem Blickwinkel eines Verstoßes gegen Art. 3 MRK behandelt[24].

11 **b) Alle Fälle des Freiheitsentzugs** im weiten Sinn der Art. 5 Abs. 1 MRK, Art. 9 Abs. 1 IPBPR[25] werden von Art. 10 Abs. 1 IPBPR erfaßt, also nicht nur die Straf- oder Untersuchungshaft, sondern auch die präventiv-polizeiliche Verwahrung, die Unterbringung in einem psychiatrischen Krankenhaus, Auslieferungs- oder Abschiebungshaft oder eine sonstige Freiheitsentziehung durch staatliche oder dem Verantwortungsbereich des Staates zuzurechnende Organe[26]. Auf Anlaß und Zweck der Ingewahrsamnahme kommt es dabei ebensowenig an wie auf deren Rechtmäßigkeit[27].

4. Rechte der Untersuchungsgefangenen (Art. 10 Abs. 2 IPBPR)

12 **a) Absatz 2 Buchst. a** betrifft **allgemein** die **Rechtsstellung nicht verurteilter Personen**, der inhaftierten Beschuldigten („accused persons", „prévenus"), Untersuchungsgefangenen und sonstigen Personen, die wegen des Verdachts einer Straftat im weiten Sinne des Art. 6 Abs. 1 MRK, Art. 14 Abs. 1 IPBPR[28] in Gewahrsam gehalten werden, so auch die **vorläufig Untergebrachten**. Als Nichtverurteilte wird ihnen der Anspruch auf eine

---

[17] Vgl. *von Hinüber* StV **1994** 212, wonach Einzel- oder Gemeinschaftsunterbringung je nach Kulturkreis unterschiedlich bewertet werden.

[18] UN-AMR Allgemeine Bemerkungen 9/16 Nr. 1; *Nowak* 9; ferner Allgemeine Bemerkung 21/44 vom 10.4.1992 zu Art. 10 CCPR (= IPBPR), engl. Text bei *Doswald-Beck/Kolb* S. 352 ff; vgl. auch die in Rdn. 3 erwähnten Vollzugsgrundsätze.

[19] Vgl. Art. 8 Rdn. 39a.

[20] UN-AMR EuGRZ **1979** 498; **1981** 521; bei *Nowak* **1981** 429; **1982** 13 ff; **1984** 423; ferner bei *Nowak* 10 ff.

[21] Vgl. Art. 8 MRK Rdn. 39a.

[22] Vgl. Art. 3 MRK Rdn. 17 und die Nachweise oben Fußn. 1.

[23] Zur Auslegung des gleichartigen Begriffs erniedrigende Behandlung vgl. Art. 3 MRK Rdn. 28, 29.

[24] Vgl. Art. 3 MRK Rdn. 29.

[25] Vgl. Art. 5 MRK Rdn. 16 ff.

[26] Vgl. Art. 1 MRK.

[27] *Nowak* 8.

[28] Vgl. Art. 6 MRK Rdn. 29 ff.

Sonderstellung zuerkannt, die – ungeachtet des als Haftgrund notwendigen Tatverdachts – aus der Unschuldsvermutung folgt[29].

13 Die **getrennte Unterbringung von den Verurteilten** wird grundsätzlich gefordert. Nur das Vorliegen außergewöhnlicher Umstände rechtfertigt eine gemeinsame Unterbringung mit Strafgefangenen. Diese Ausnahme vom Grundsatz der strikten Trennung ist bewußt eng auf besonders gelagerte Ausnahmefälle begrenzt worden[30]. Der Grundsatz der Trennung fordert keine Unterbringung in verschiedenen Anstalten oder verschiedenen Gebäuden, wohl aber in getrennten Schlaf- und Aufenthaltsräumen, so daß ein längeres Zusammensein mit Strafgefangenen vermieden wird[31]. Daß Verurteilte bei Reinigungsarbeiten und als Essensträger mit den Untersuchungsgefangenen zusammenkommen, ist mit Art. 10 Abs. 2 Buchst. a IPBPR vereinbar, vorausgesetzt, daß die Kontakte auf das für die Aufgabenerfüllung unerläßliche Minimum beschränkt sind[32].

14 **b) Jugendliche Beschuldigte** sind nach **Absatz 2 Buchst. b** getrennt von Erwachsenen unterzubringen, und zwar sowohl von Untersuchungs- als von Strafgefangenen. Ausnahmen von diesem Grundsatz sind nicht vorgesehen[33]; hinsichtlich der Stringenz der Absonderung werden wohl noch schärfere Anforderungen an die Modalitäten der Verwahrung zu stellen sein als bei der Trennung der erwachsenen Untersuchungsgefangenen von den Strafgefangenen. Wie das Gebot der strikten Trennung durchzuführen ist, hängt aber auch hier von den tatsächlichen Verhältnissen, den räumlichen Gegebenheiten und der Praxis der Verwahrungsorgane ab und nicht so sehr davon, ob die Gebäude getrennt sind.

15 Wer als **Jugendlicher** anzusehen ist, bestimmt sich, da keine Altersgrenze festgelegt ist, ebenso wie bei Art. 14 Abs. 4 IPBPR, nach nationalem Recht. Dieses kann die Altersgrenze allerdings nur innerhalb der Bandbreite des im jeweiligen Kulturkreis Üblichen festlegen. Die Obergrenze muß aber nicht, wie in Art. 6 Abs. 5 IPBPR, notwendig bei 18 Jahren liegen[34]. Dies bestätigt Art. 1 der Kinderkonvention[35], wonach als Kind jeder Mensch anzusehen ist, der das 18. Lebensjahr noch nicht vollendet hat, sofern nach dem auf ihn anwendbaren nationalen Recht die Volljährigkeit nicht bereits früher eintritt.

16 **So schnell wie möglich** muß die Sache der in Haft befindlichen Jugendlichen entschieden werden („brought as speedily as possible for adjudication", „il est décidé de leur cas aussi rapidement que possible"). An den Grad der Beschleunigung werden also höhere Anforderungen gestellt als in Art. 9 Abs. 3, Art. 14 Abs. 3 Buchst. c IPBPR (Art. 5 Abs. 3, Art. 6 Abs. 1 MRK), die eine Aburteilung in angemessener Frist bzw. ohne unangemessene Verzögerung fordern. Der Zweck dieses besonderen Beschleunigungsgebotes, das dem § 72 Abs. 5 JGG entspricht, liegt darin, daß die Untersuchungshaft bei Jugendlichen so kurz wie möglich gehalten werden soll. Auch Art. 37 Buchst. d der Kin-

---

29 UN-AMR Allgemeine Bemerkungen 9/16 Nrn. 2, 4 (engl. Text *Nowak* 882). Zur Entstehungsgeschichte vgl. *Nowak* 15 ff vgl. ferner BGH JR **2004** 292 mit Anm. *Deiters*; LR-*Hilger* § 119, 192.

30 Vgl. *Nowak* 15, 16.

31 Vgl. *Nowak* 16 „gesonderte Abteilungen".

32 UN-AMR EuGRZ **1984** 14.

33 UN-AMR Allgemeine Bemerkungen 9/16 Nr. 2 (engl. Text bei *Nowak* 882). Allgemeine Bemerkung 21/44 Nr. 15 (engl. Text *Doswald-Beck/Kolb* S. 352). Zur Kritik an der strikten Fassung und den Vorbehalten verschiedener Staaten vgl. *Nowak* 19; *Tomuschat* ZaöRV **44** (1984) 564. Art. 37 Buchst. c der Kinderkonvention (vgl. Rdn. 5) läßt Ausnahmen von der getrennten Verwahrung zu, wenn dies für das Wohl des Kindes als dienlich erachtet wird.

34 Vgl. Art. 6 MRK Rdn. 259; Art. 5 MRK Rdn. 71; Art. 1 Kinderkonvention.

35 Vgl. aber auch Art. 17 Buchst. a der Kinderkonvention, der für Straftaten, die vor Vollendung des 18. Lebensjahrs begangen wurden, die Todesstrafe und die lebenslange Freiheitsstrafe ohne die Möglichkeit einer vorzeitigen Entlassung ausschließt.

derkonvention fordert, daß über die Rechtmäßigkeit der Freiheitsentziehung alsbald durch ein Gericht oder eine andere unparteiische und unabhängige Stelle entschieden wird. Wird der Jugendliche aus der Haft entlassen, entfällt der Anspruch auf besonders beschleunigte Erledigung[36]. Es richtet sich nach dem nationalen Recht, von wem und in welcher Form das Verfahren gegen den beschuldigten Jugendlichen abgeschlossen wird. Dies muß nicht notwendig ein Urteil sein, auch andere Entscheidungen genügen, auch solche durch nichtrichterliche Organe[37].

17 **5. Strafgefangene (Art. 10 Abs. 3 IPBPR).** Die **Resozialisierung** der Strafgefangenen wird in Absatz 3 als einer der Strafzwecke festgeschrieben. Daß die Strafhaft „vornehmlich" diesem Zwecke dienen soll, zeigt seine Bedeutung[38], es bestätigt aber zugleich, daß dieser Zweck nicht das alleinige Strafziel ist und daß daneben mit der Haft auch noch andere Zwecke verfolgt werden dürfen[39]. Durch welche konkreten Maßnahmen das Ziel der Besserung und sozialen Wiedereingliederung gefördert werden soll, wird nicht näher festgelegt. Abgesehen von den Vorgaben durch andere Zielsetzungen des Art. 10 IPBPR, die wie die Achtung der Menschenwürde, die getrennte Verwahrung und der jugendgerechte Strafvollzug auch der Resozialisierung dienlich sind, haben die Staaten einen großen autonomen Gestaltungsraum. Innerhalb dessen können sie den Strafvollzug so gestalten, wie es ihnen in Berücksichtigung der Besonderheiten ihrer Gesellschafts-, Wirtschafts- und Sozialordnung und sonstiger Erkenntnisse zweckdienlich erscheint, um in den Gefangenen die Fähigkeit und den Willen zur verantwortlichen und rechtstreuen Lebensführung in der Gemeinschaft zu erwecken oder zu festigen. Hierzu zählt etwa ein sinnvoller Arbeitseinsatz, die Förderung der Allgemeinbildung und der beruflichen Aus- und Weiterbildung und die Pflege des Kontaktes mit Angehörigen[40]. Völlig untätig im Sinne eines Bemühens um Resozialisierung dürfen die Staaten aber nicht bleiben[41].

18 **Die Trennung der jugendlichen Straftäter von den Erwachsenen**, die Absatz 3 Satz 2 für den Strafvollzug vorschreibt, soll ebenfalls der Förderung der Resozialisierung der Jugendlichen dienen[42]. Diese Zielsetzung ist auch für die von Absatz 3 Satz 2 geforderte jugendgerechte Ausgestaltung des Strafvollzugs vorgegeben[43]. Auch hier hat das nationale Recht hinsichtlich der besonderen Ausgestaltung des Jugendstrafvollzugs einen großen Gestaltungsraum, innerhalb einer gewissen Bandbreite kann es auch die Altersgrenzen des Personenkreises festlegen, der von dieser Sonderform des Strafvollzugs erfaßt werden soll[44].

[36] *Nowak* 18.

[37] *Nowak* 18.

[38] Vgl. auch BVerfGE **35** 235 („herausragendes Ziel"); **45** 239.

[39] *Nowak* 21.

[40] *Hofmann* S. 34; *Nowak* 22.

[41] Vgl. UN-AMR Allgemeine Bemerkung 9/16 Nr. 3 (engl. Text *Nowak* 882); Allgemeine Bemerkung 21/44 (engl. Text *Doswald-Beck/Kolb* S. 352).

[42] Art. 37 Buchst. c der Kinderkonvention (vgl. Rdn. 5) läßt Ausnahmen vom Gebot der getrennten Verwahrung zu, wenn dies für das Wohl des Kindes als dienlich erachtet wird.

[43] Art. 40 Abs. 4 der Kinderkonvention (vgl. Rdn. 5) stellt die Dienlichkeit für das Wohl des Kindes als Leitlinie der verschiedenen staatlichen Maßnahmen heraus.

[44] Vgl. Rdn. 15.

Art. 6 MRK (Art. 14 IPBPR)

MRK

Artikel 6 Recht auf ein faires Verfahren*

(1) Jede Person hat ein Recht darauf, daß über Streitigkeiten in Bezug auf ihre zivilrechtlichen Ansprüche und Verpflichtungen oder über eine gegen sie erhobene strafrechtliche Anklage von einem unabhängigen und unparteiischen, auf Gesetz beruhenden Gericht in einem fairen Verfahren, öffentlich und innerhalb angemessener Frist verhandelt wird. Das Urteil muß öffentlich verkündet werden; Presse und Öffentlichkeit können jedoch während des ganzen oder eines Teiles des Verfahrens ausgeschlossen werden, wenn dies im Interesse der Moral, der öffentlichen Ordnung oder der nationalen Sicherheit in einer demokratischen Gesellschaft liegt, wenn die Interessen von Jugendlichen oder der Schutz des Privatlebens der Prozeßparteien es verlangen oder – soweit das Gericht es für unbedingt erforderlich hält – wenn unter besonderen Umständen eine öffentliche Verhandlung die Interessen der Rechtspflege beeinträchtigen würde.

(2) Jede Person, die einer Straftat angeklagt ist, gilt bis zum gesetzlichen Beweis ihrer Schuld als unschuldig.

(3) Jede angeklagte Person hat mindestens folgende Rechte:

a) innerhalb möglichst kurzer Frist in einer ihr verständlichen Sprache in alle Einzelheiten über Art und Grund der gegen sie erhobenen Beschuldigung unterrichtet zu werden;

b) ausreichende Zeit und Gelegenheit zur Vorbereitung ihrer Verteidigung zu haben;

c) sich selbst zu verteidigen, sich durch einen Verteidiger ihrer Wahl verteidigen zu lassen oder, falls ihr die Mittel zur Bezahlung fehlen, unentgeltlich den Beistand eines Verteidigers zu erhalten, wenn dies im Interesse der Rechtspflege erforderlich ist;

d) Fragen an die Belastungszeugen zu stellen oder stellen zu lassen und die Ladung und Vernehmung von Entlastungszeugen unter denselben Bedingungen zu erwirken, wie sie für Belastungszeugen gelten;

e) unentgeltliche Unterstützung durch einen Dolmetscher zu erhalten, wenn sie die Verhandlungssprache des Gerichts nicht versteht oder spricht.

IPBPR

Artikel 14

(1) Alle Menschen sind vor Gericht gleich. Jedermann hat Anspruch darauf, daß über eine gegen ihn erhobene strafrechtliche Anklage oder seine zivilrechtlichen Ansprüche und Verpflichtungen durch ein zuständiges, unabhängiges unparteiisches und auf Gesetz beruhendes Gericht in billiger Weise und öffentlich verhandelt wird. Aus Gründen der Sittlichkeit der öffentlichen Ordnung (ordre public) oder der nationalen Sicherheit in einer demokratischen Gesellschaft oder wenn es im Interesse des Privatlebens der Parteien erforderlich ist oder – soweit dies nach Auffassung des Gerichts unbedingt erforderlich ist – unter besonderen Umständen, in denen die Öffentlichkeit des Verfahrens die Interessen der Gerechtigkeit beeinträchtigen würde, können Presse und Öffentlichkeit während der ganzen oder eines Teils der Verhandlung ausgeschlossen werden; jedes Urteil in einer Straf- oder Zivilsache ist jedoch öffentlich zu verkünden, sofern nicht die Interessen Jugendlicher dem entgegenstehen oder das Verfahren Ehestreitigkeiten oder die Vormundschaft über Kinder betrifft.

(2) Jeder wegen einer strafbaren Handlung Angeklagte hat Anspruch darauf, bis zu dem im gesetzlichen Verfahren erbrachten Nachweis seiner Schuld als unschuldig zu gelten.

(3) Jeder wegen einer strafbaren Handlung Angeklagte hat in gleicher Weise im Verfahren Anspruch auf folgende Mindestgarantien:

a) Er ist unverzüglich und im einzelnen in einer ihm verständlichen Sprache über Art und Grund der gegen ihn erhobenen Anklage zu unterrichten:

b) er muß hinreichend Zeit und Gelegenheit zur Vorbereitung seiner Verteidigung und zum Verkehr mit einem Verteidiger seiner Wahl haben:

c) es muß ohne unangemessene Verzögerung ein Urteil gegen ihn ergehen;

d) er hat das Recht bei der Verhandlung anwesend zu sein und sich selbst zu verteidigen oder durch einen Verteidiger seiner Wahl verteidigen zu lassen; falls er keinen Verteidiger hat, ist er über das Recht, einen Verteidiger in Anspruch zu nehmen, zu unterrichten; fehlen ihm die Mittel zur Bezahlung eines Verteidigers, so ist ihm ein Verteidiger unentgeltlich zu bestellen, wenn dies im Interesse der Rechtspflege erforderlich ist;

e) er darf Fragen an die Belastungszeugen stellen oder stellen lassen und das Erscheinen und die Vernehmung der Entlastungszeugen unter den für die Belastungszeugen geltenden Bedingungen erwirken;

* Neue deutschsprachige Übersetzung in der Fassung der Bek. vom 17.5.2002 (BGBl. II S. 1054).

f) er kann die unentgeltliche Beiziehung eines Dolmetschers verlangen, wenn er die Verhandlungssprache des Gerichts nicht versteht oder spricht;

g) er darf nicht gezwungen werden, gegen sich selbst als Zeuge auszusagen oder sich schuldig zu bekennen.

(4) Gegen Jugendliche ist das Verfahren in einer Weise zu führen, die ihrem Alter entspricht und ihre Wiedereingliederung in die Gesellschaft fördert.

(5) Jeder, der wegen einer strafbaren Handlung verurteilt worden ist, hat das Recht das Urteil entsprechend dem Gesetz durch ein höheres Gericht nachprüfen zu lassen.

(6) Ist jemand wegen einer strafbaren Handlung rechtskräftig verurteilt und ist das Urteil später aufgehoben oder der Verurteilte begnadigt worden, weil eine neue oder eine neu bekannt gewordene Tatsache schlüssig beweist, daß ein Fehlurteil vorlag, so ist derjenige, der auf Grund eines solchen Urteils eine Strafe verbüßt hat, entsprechend dem Gesetz zu entschädigen, sofern nicht nachgewiesen wird, daß das nicht rechtzeitige Bekanntwerden der betreffenden Tatsache ganz oder teilweise ihm zuzuschreiben ist.

(7) Niemand darf wegen einer strafbaren Handlung, wegen der er bereits nach dem Gesetz und dem Strafverfahrensrecht des jeweiligen Landes rechtskräftig verurteilt oder freigesprochen worden ist, erneut verfolgt oder bestraft werden.

Das Ratifizierungsgesetz vom 15.11.1997 schränkt auf Grund eines Vorbehalts der Bundesrepublik bei der Ratifikation die Anwendbarkeit des Art. 14 IPBPR wie folgt ein:

Das **7. Zusatzprotokoll zur MRK** vom 22.11.1984[1], das zwischenzeitlich für eine Reihe europäischer Staaten verbindlich geworden ist[2], sollte die beiden Menschenrechtspakte inhaltlich aneinander angleichen[3]. Es hat in seinen Art. 2, 3 und 4 die in Art. 14 Abs. 5, 6 und 7 IPBPR enthaltenen Garantien in abgewandelter Form übernommen. Bei dem Recht auf Verkehr mit dem Verteidiger (Art. 14 Abs. 3 Buchst. b IPBPR) und dem Schutz vor Selbstbelastungszwang (Art. 14 Abs. 3 Buchst. g IPBPR) hielt man eine ausdrückliche Übernahme für entbehrlich[4]. Da die Bundesrepublik dem 7. Zusatzprotokoll nicht beigetreten ist, gelten für sie diese Garantien nur in der Fassung des IPBPR; so daß insoweit keine Beschwerde beim Europäischen Gerichtshof für Menschenrechte möglich ist[5].

Artikel 1

Dem ... Pakt ... wird mit folgender Maßgabe zugestimmt:

(1) ...

2. Artikel 14 Abs. 3 Buchstabe d des Paktes wird derart angewandt, daß die persönliche Anwesenheit eines nicht auf freiem Fuß befindlichen Angeklagten zur Revisionshauptverhandlung in das Ermessen des Gerichts gestellt wird.

3. Artikel 14 Abs. 5 des Paktes wird derart angewandt, daß

a) ein weiteres Rechtsmittel nicht in allen Fällen allein deshalb eröffnet werden muß, weil der Beschuldigte in der Rechtsmittelinstanz erstmals verurteilt worden ist und

b) bei Straftaten von geringer Schwere die Überprüfung eines nicht auf Freiheitsstrafe lautenden Urteils durch ein Gericht höherer Instanz nicht in allen Fällen ermöglicht werden muß.

---

1 Neue deutschsprachige Übersetzung abgedruckt bei *Meyer-Ladewig* S. 361 oder Satorius II Internationale Verträge, Europarecht Nr. 135.

2 Die beigetretenen Staaten sind aus dem jährlichen Fundstellennachweis B zum BGBl. zu ersehen.

3 Zur Entstehungsgeschichte vgl. *Trechsel* FS Ermacora 195.

4 Zu den Unterschieden zwischen den beiden Pakten vgl. *Trechsel* FS Ermacora 195, 201 ff.

5 Zu der insoweit nicht gesperrten Beschwerdemöglichkeit beim allgemeinen Menschenrechtsausschuß der Vereinten Nationen (UN-AMR) auf Grund des Fakultativprotokolls vgl. Einf. Rdn. 33 und Anhang Rdn. 87.

Schrifttum (Auswahl):

Allgemein

Ambos Europarechtliche Vorgaben für das deutsche Strafverfahren, Teil I NStZ **2002** 628; Teil II NStZ **2003** 14; *Arzt* Schutz juristischer Personen gegen Selbstbelastung, JZ **2003** 456; *Basdorf* Strafverfahren gegen die deutsche Sprache nicht mächtige Beschuldigte, GedS Karlheinz Meyer (1990) 19; *Beulke* Konfrontation und Strafprozeßreform – Art. 6 Abs. 3 lit. d EMRK und ein partizipatorisches Vorverfahren anstelle einer Hauptverhandlung in ihrer bisherigen kontradiktorischen Struktur, FS Rieß (2002) 3; *Böing/Martin/Rüping* Der Schutz der Menschenrechte im Strafverfahren – Beiträge zum XII Internationalen Strafrechtskongreß ZStW **91** (1971) 351 ff; *Bosch* Aspekte des nemo-tenetur-Prinzips aus verfassungsrechtlicher und strafprozessualer Sicht (1997); *Bottke* Fairness im Strafverfahren gegen Bekannt, FS Roxin (2001) 1243; *Brause* Faires Verfahren und Effektivität im Strafprozeß, NJW **1992** 2865; *Cremer* Entschädigungsklagen wegen schwerer Menschenrechtsverletzungen und Staatenimmunität vor nationalen Zivilgerichten, AVR **41** (2003) 137; *Dahs/Langkeit* Das Schweigerecht des Beschuldigten und seine Auskunftsverweigerung als verdächtiger Zeuge, NStZ **1993** 213; *Degener* Das Fragerecht des Strafverteidigers gem. § 240 Abs. 2 StPO, StV **2002** 618; *Dörr* Faires Verfahren (1984); *Eisele* Die Berücksichtigung der Beschuldigtenrechte der EMRK im deutschen Strafprozeß, JR **2004** 12; *Endriss* Vom Fragerecht des Beschuldigten im Vorverfahren, FS Rieß (2002) 65; *Eschelbach* Rechtsfragen zum Einsatz von V-Leuten, StV **2000** 390; *Esser* Grenzen für verdeckte Ermittlungen gegen inhaftierte Beschuldigte aus dem europäischen nemo-tenetur-Grundsatz, JR **2004** 98; *Esser* Mindeststandards einer Europäischen Strafprozeßordnung unter Berücksichtigung der Rechtsprechung des Europäischen Gerichtshofs für Menschenrechte, StraFo. **2003** 335; *Fahrenhorst* Art. 6 EMRK und die Verhandlung gegen Abwesende, EuGRZ **1985** 629; *Franz* Zum Verbot der Doppelbestrafung im internationalen anwaltlichen Berufsrecht, FS Rieß (2002) 875; *Frister* Der Anspruch des Beschuldigten auf Mitteilung der Beschuldigung aus Art. 6 Abs. 3 lit. a EMRK, StV **1998** 159; *Gaede* Die besonders vorsichtige Beweiswürdigung bei der exekutiven Sperrung von Beweismaterial im Konflikt mit dem Offenlegungsanspruch des Art. 6 I 1 EMRK, StraFo. **2004** 195; *van Gemmeren* Tatprovokation, NJW Sonderheft für Gerhard Schäfer **2002** 28; *Günther* Die Schweigebefugnis des Tatverdächtigen im Straf- und Bußgeldverfahren aus verfassungsrechtlicher Sicht, GA **1978** 193; *Hamm* Die Entdeckung des „fair trial“, FS Salger 273; *Hamm* Der Einsatz heimlicher Ermittlungsmethoden und der Anspruch auf ein faires Verfahren, StV **2001** 81; *Joachim* Anonyme Zeugen im Strafverfahren – Neue Tendenzen in der Rechtsprechung, StV **1992** 245; *Jung* „Funktionstüchtigkeit der Strafrechtspflege“ contra „schützende Formen“ – ein prozessualer Klassiker im Lichte der Rechtsprechung des Europäischen Gerichtshofs für Menschenrechte, GA **2003** 191; *Keiser* Die Anwendung des nemo tenetur Grundsatzes auf das Prozeßverhalten des Angeklagten, StV **2000** 633; *Kempf* Die Rechtsprechung des EGMR zum Akteneinsichtsrecht und §§ 114, 115 Abs. 3, 115a Abs. 3 StPO, FS Rieß (2002) 217; *Kempf* Zur verfassungsgerichtlichen Entwicklung des Akteneinsichtsrechts StraFo. **2004** 299; *Kieschke* Die Praxis des Europäischen Gerichtshofs für Menschenrechte und ihre Auswirkungen auf das deutsche Strafverfahrensrecht, 2003; *Kolz* Neue Wege zur Einführung des Wissens anonymer Gewährsleute in das Strafverfahren, NJW Sonderheft für Gerhard Schäfer **2002** 35; *Krauß* V-Leute im Strafprozeß und die Europäische Menschenrechtskonvention (1999); *Kruis* Der Einfluß der MRK auf den deutschen Strafprozeß, StraFo. **2003** 34; *Kühl* Der Einfluß der Europäischen Menschenrechtskonvention auf das Strafrecht und das Strafverfahrensrecht der Bundesrepublik Deutschland, ZStW **100** (1988) 406; 601; *Kühne* Ausschluß der Öffentlichkeit im Strafverfahren, NJW **1971** 224; *Kühne* Die Kosten für den Dolmetscher im Strafverfahren, FS H. Schmidt (1981) 36; *Kühne* Anwaltlicher Beistand und das Schweigerecht des Beschuldigten im Strafverfahren, EuGRZ **1996** 571; *Kühne* Die Rechtsprechung des EGMR als Motor für eine Verbesserung des Schutzes von Beschuldigtenrechten in den nationalen Strafverfahrensrechten der Mitgliedstaaten, StV **2001** 73; *Lippold* Der Richter auf Probe im Lichte der Europäischen Menschenrechtskonvention, NJW **1991** 2383; *Matscher* Art. 6 EMRK und verfassungsgerichtliche Verfahren, EuGRZ **1993** 449; *Mattil* Zur Anwendung des Abschnittes I der Europäischen Menschenrechtskonvention, JR **1965** 167; *D. Meyer* Nochmals: Auslegung des Art. 6 lit. c, e MRK, NJW **1974** 1175; *Müller* Neue Ermittlungsmethoden und das Verbot des Zwangs zur Selbstbezichtigung, EuGRZ **2001** 546; *Nack* Deutsches Strafverfahrensrecht und Europäische Menschenrechtskonven-

tion, NJW Sonderheft für Gerhard Schäfer, **2002** 46; *Niemöller* Die Hinweispflicht des Tatrichters bei Abweichungen vom Tatbild der Anklage (1988); *Nothelfer* Die Freiheit vom Selbstbezichtigungszwang Grundlagen und einfachgesetzliche Ausformungen, 1989 (Diss. Heidelberg 1987); *Oswald* Der verfassungsrechliche Anspruch auf ein faires Verfahren, JZ **1979** 99; *Pache* Das europäische Grundrecht auf einen fairen Prozeß, NVwZ **2001** 1343; *Pache* Der Grundsatz des fairen gerichtlichen Verfahrens auf europäischer Ebene, EuGRZ **2000** 601; *Peukert* Die Garantie des „fair trial" in der Straßburger Rechtsprechung, EuGRZ **1980** 247; *Radtke/Busch* Transnationaler Strafklageverbrauch in den sog. Schengen-Staaten, EuGRZ **2000** 421; *Ransiek* Belehrung über Aussagefreiheit und Recht der Verteidigerkonsultation: Folgerungen für die Beschuldigtenvernehmung, StV **1994** 343; *Rogall* Der Beschuldigte als Beweismittel gegen sich selbst (1977); *Roth* Der Anspruch auf öffentliche Verhandlung nach Art. 6 Abs. 1 EMRK im verwaltungsgerichtlichen Rechtsmittelverfahren, EuGRZ **1998** 495; *I. Roxin* Die Rechtsfolgen schwerwiegender Rechtsstaatsverstöße in der Strafrechtspflege[3] (2000); *Rüping* Der Schutz der Menschenrechte im Strafverfahren, ZStW **91** (1979) 351; *Rzepka* Zur Fairneß im deutschen Strafverfahren (2000): *H-C. Schaefer* Das Fairneßgebot für den Staatsanwalt, FS Rieß (2002) 491; *Schleiminger* Konfrontation im Strafprozeß (2001); *Schlette* Der Anspruch auf Rechtsschutz innerhalb angemessener Frist – Ein neues Prozeßgrundrecht auf EG-Ebene – Zum Urteil des EuGH vom 17.12.1998 – Baustahlgewebe GmbH/Kommission, EuGRZ **1999** 364; *Schroeder* Die Gesamtprüfung der Verfahrensfairness durch den EGMR, GA **2003** 293; *Schroth* Europäische Menschenrechtskonvention und Ordnungswidrigkeitenrecht, EuGRZ **1985** 557; *Simon* Die Beschuldigtenrechte nach Art. 6 Abs. 3 EMRK, Diss. Tübingen 1998; *Spaniol* Das Recht auf Verteidigerbeistand im Grundgesetz und in der europäischen Menschenrechtskonvention (1990); *Specht* Die zwischenstaatliche Geltung des ne bis in idem (1999); *Staudinger* Dolmetscherzuziehung und/oder Verteidigerbeiordnung bei ausländischen Beschuldigten, StV **2002** 327; *Steiner* Das Fairneßprinzip im Strafprozeß (1995); *Tiedemann* Die Reformbewegungen im Strafverfahren und der Schutz der Menschenrechte, ZStW **104** (1992) 712; *Trechsel* Straßburger Rechtsprechung zum Strafverfahren, JR **1981** 133; *Trechsel* Gericht und Richter nach der EMRK, GedS Noll (1984) 385; *Trechsel* Der Einfluß der Europäischen Menschenrechtskonvention auf das Strafrecht und Strafverfahrensrecht der Schweiz, ZStW **100** (1988) 667; *Trechsel* Das verflixte Siebente? Bemerkungen zum 7. Zusatzprotokoll zur EMRK, FS Ermacora (1988); *Trechsel* Die Bedeutung der Europäischen Menschenrechtskonvention im Strafrecht ZStW **101** (1989) 819; *Trechsel* Die EKMR und die schweizer Rechtsordnung, EuGRZ **1991** 84; *Trechsel* Aus der Rechtsprechung des Europäischen Gerichtshofs für Menschenrechte, StV **1992** 187; *Trifterer/Binner* Zur Einschränkbarkeit der Menschenrechte und zur Anwendbarkeit strafprozessualer Verfahrensgarantien, EuGRZ **1977** 136; *Uerpmann* Die Europäische Menschenrechtskonvention und die deutsche Rechtsprechung (1993); *Ulsamer* Art. 6 Menschenrechtskonvention und deutsche Strafverfolgungspraxis, FS Zeidler (1987) 1799; *Verrel* Nemo tenetur. Rekonstruktion eines Verfahrensgrundsatzes, NStZ **1997** 361; 415; *Verrel* Die Selbstbelastungsfreiheit im Strafverfahren (2001); *Vogler* Die Spruchpraxis der Europäischen Kommission und des Europäischen Gerichtshofs für Menschenrechte und ihre Bedeutung für das deutsche Straf- und Strafverfahrensrecht ZStW **82** (1970) 743; *Vogler* Straf- und strafverfahrensrechtliche Fragen in der Spruchpraxis der Europäischen Kommission und des Europäischen Gerichtshofs für Menschenrechte, ZStW **89** (1977) 761; *Vogler* Das Recht auf unentgeltliche Zuziehung eines Dolmetschers (Art. 6 Abs. 3e EMRK), EuGRZ **1979** 640; *Walischewski* Das Recht auf Akteneinsicht bei strafprozessualen Zwangsmaßnahmen im Ermittlungsverfahren, StV **2001** 243; *Walter* Vermummte Gesichter, verzerrte Stimmen – audiovisuell verfremdete Aussagen von V-Leuten? Deutsches Recht und EMRK, StraFo. **2004** 224; *Walther* Zur Frage des Rechts des Beschuldigten auf „Konfrontation von Belastungszeugen", GA **2003** 204; *Weh* Für und wider den „cautious appoach" civil rights und Anklage (Art. 6 MRK) in der Rechtsprechung der Straßburger Organe, EuGRZ **1985** 469; *Weiß* Haben juristische Personen ein Aussageverweigerungsrecht? JZ **1998** 289; *Weissbrodt/Wolfram* (Hrsg.) The Right to a fair trial (1999); *Widmaier* Zu den Folgen der Verletzung von Art. 6 lit. d EMRK durch unterbliebene Verteidigerbestellung: Beweiswürdigungslösung oder Verwertungsverbot? NJW Sonderheft für Gerhard Schäfer **2002** 76; *Woesner* Die MRK in der deutschen Strafrechtspflege, NJW **1961** 1381; *Wolter* Menschenwürde und Freiheit im Strafprozeß, GedS Karlheinz Meyer (1991) 493; *Wyss* Öfffentlichkeit von Gerichtsverfahren und Fernsehöffentlichkeit, EuGRZ **1996** 1.

Zur überlangen Verfahrensdauer:

Meyer-Ladewig Zum Urteil des EGMR Kudla/Polen, NJW **2001** 2679; *Krumm* Fahrverbot und Fahrerlaubnisentziehung bei langer Verfahrensdauer, NJW **2004** 1627; *Kühne* Die Rechtsprechung des Europäischen Gerichtshofs für Menschenrechte (EGMR) zur Verfahrensdauer in Strafsachen (Fallauswertung für das Jahr 2000/2001), StV **2001** 529; *Lansnicker/Schwirtzek* Rechtsverhinderung durch überlange Verfahrensdauer, NJW **2001** 1669; *Peukert* Die überlange Verfahrensdauer (Art. 6 Abs. 1 EKMR) in der Rechtsprechung der Straßburger Instanzen, EuGRZ **1979** 261; *Priebe* Die Dauer von Gerichtsverfahren im Lichte der Europäischen Menschenrechtskonvention und des Grundgesetzes, FS v. Simson (1983) 287; *Scheffler* Die überlange Dauer von Strafverfahren (1991); *Thienel* Die angemessene Verfahrensdauer. Art. 6 Abs. 1 MRK in der Rechtsprechung der Straßburger Organe, ÖJZ **1993** 473; *Ulsamer* Art. 6 Menschenrechtskonvention und die Dauer von Strafverfahren, FS Faller (1984) 373; *Ulsenheimer* Zur Problematik der überlangen Verfahrensdauer und richterlichen Aufklärungspflicht im Strafprozeß sowie zur Frage der Steuerhinterziehung durch Steuerumgehung, wistra **1983** 12.

Zur Unschuldsvermutung:

Blumenstein Der Widerruf der Strafaussetzung zur Bewährung wegen der Begehung einer neuen Straftat nach § 56f Abs. 1 Satz 1 Nr. 1 StGB (1995); *Frister* Schuldprinzip, Verbot der Verdachtsstrafe und Unschuldsvermutung als materielle Grundprinzipien des Strafrechts (1988, Diss. Bonn); *Frister* Zur Bedeutung der Unschuldsvermutung und zum Problem gerichtskundiger Tatsachen, Jura **1988** 356; *Frowein* Bedeutung der Unschuldsvermutung in Art. 6 (2) EMRK, FS H. Huber (1981) 553; *Geppert* Grundlegendes und Aktuelles zur Unschuldsvermutung der Europ. Menschenrechtskonvention, Jura **1993** 160; *Gropp* Zum verfahrenslimitierenden Wirkungsgehalt der Unschuldsvermutung, JZ **1991** 804; *Guradze* Schweigerecht und Unschuldsvermutung im englisch-amerikanischen und bundesdeutschen Strafprozeß, FS Karl Loewenstein (1971) 151; *Haberstroh* Unschuldsvermutung und Rechtsfolgenausspruch, NStZ **1984** 289; *Hruschka* Die Unschuldsvermutung in der Rechtsphilosophie der Aufklärung, ZStW **112** (2000) 285: *Köster* Die Rechtsvermutung der Unschuld, Diss. Bonn 1979; *Krauß* Der Grundsatz der Unschuldsvermutung im Strafverfahren in: Müller-Dietz (Hrsg) Strafrechtsdogmatik und Kriminalpolitik (1971) 153; *Kühl* Zur Beurteilung der Unschuldsvermutung bei Einstellungen und Kostenentscheidungen, JR **1978** 94; *Kühl* Haftentschädigung und Unschuldsvermutung, NJW **1980** 806; *Kühl* Unschuldsvermutung, Freispruch und Einstellung (1983); *Kühl* Unschuldsvermutung und Einstellung des Strafverfahrens, NJW **1984** 1265; *Kühl* Rückschlag für die Unschuldsvermutung in Straßburg, NJW **1988** 3233; *Kühl* Persönlichkeitsschutz des Tatverdächtigen durch die Unschuldsvermutung, FS Hubmann (1981) 241; *Liemersdorf/Miebach* Strafprozessuale Kostenentscheidung im Widerspruch zur Unschuldsvermutung, NJW **1980** 371; *Karlheinz Meyer* Die Grenzen der Unschuldsvermutung, FS Tröndle (1989) 61; *Mrozynski* Die Wirkung der Unschuldsvermutung auf spezialpräventive Zwecke des Strafrechts, JZ **1978** 255; *Neubacher* Der Bewährungswiderruf wegen einer neuen Straftat und die Unschuldsvermutung. Zugleich Besprechung von EGMR, Urteil vom 3.10.2002 GA **2004** 407; *Nierwetberg* Keine Kostenbelastung des Beschuldigten bei Einstellung nach § 383 II StPO vor Schuldspruchreife, NJW **1989** 1978; *Ostendorf* Unschuldsvermutung und Bewährungswiderruf, StV **1990** 230; *Peglau* Unschuldsvermutung und Widerruf der Strafaussetzung zur Bewährung, ZRP **2003** 242; *Schubarth* Zur Tragweite der Unschuldsvermutung (1978); *Stuckenberg* Untersuchungen zur Unschuldsvermutung (1998); dazu Besprechungsaufsatz *Schulz* GA **2001** 226 und Erwiderung *Stuckenberg* GA **2001** 583; *Stuckenberg* Die normative Aussage der Unschuldsvermutung, ZStW **111** (1999) 422; *Teske* Die Bedeutung der Unschuldsvermutung bei Einstellung gemäß §§ 153, 153a StPO im Steuerstrafverfahren, wistra **1989** 131; *Trechsel* Struktur und Funktion der Vermutung der Schuldlosigkeit. Ein Beitrag zur Auslegung von Art. 6 Ziff. 2 EMRK, Schweizer Juristenzeitung **1981** 317; *Vogler* Die strafschärfende Verwertung strafbarer Vor- und Nachtaten bei der Strafzumessung und die Unschuldsvermutung (Art. 6 Abs. 2 EMRK), FS Kleinknecht (1985) 429; *Vogler* Zum Aussetzungswiderruf wegen einer neuen Straftat (§ 56 f Abs. 1 Nr. 1 StGB), FS Tröndle (1989) 423); *Westerdiek* Die Straßburger Rechtsprechung zur Unschuldsvermutung bei der Einstellung von Strafverfahren, EuGRZ **1987** 393.

Übersicht

Alphabetische Übersicht

I. Allgemeines

1. Als **selbständige Menschenrechte** werden das **Recht auf ein gerichtliches Verfahren** und wichtige **Verfahrensgrundsätze** durch Art. 6 MRK, Art. 14 IPBPR besonders garantiert, allerdings nicht umfassend, sondern selektiv für zwei für die Rechte des einzelnen besonders wichtige Sachbereiche: für den Streit um seine Ansprüche, die seinen weit verstandenen zivilen Bereich berühren[6] und bei der Anklage wegen einer Straftat[7]. Die Verfahrensgarantien tragen der Erkenntnis Rechnung, daß der Menschenrechtsschutz unvollkommen ist, wenn die Verbürgung materieller Rechte nicht durch die **Gewährung des Zugangs zu Gericht und von Verfahrensrechten** abgesichert wird, die ermöglichen, daß über diese Rechte unparteiisch in einem fairen Verfahren entschieden wird. Jede Garantie der Menschenrechte wird praktisch wertlos, wenn ihre Durchsetzung am Verfahren scheitert, sei es, daß keine Möglichkeit besteht, bei ihrer Verletzung die **Entscheidung eines unabhängigen Gerichts** herbeizuführen, sei es, daß der Betroffene seine Rechte wegen inadäquater oder ihn benachteiligender Verfahrensregeln nicht oder nur unzulänglich vor Gericht vertreten kann[8]. 1

Neben den allgemein geltenden Verfahrensgrundsätzen in Art. 6 Abs. 1 MRK, Art. 14 Abs. 1 IPBPR stellen Art. 6 Abs. 2, 3 MRK, Art. 14 Abs. 2, 3 IPBPR für das **Verfahren** über die Stichhaltigkeit **strafrechtlicher Anklagen** noch Einzelforderungen auf, die in Art. 14 Abs. 4 bis 7 IPBPR durch zusätzliche Bestimmungen ergänzt werden. **Weitere Verfahrensgarantien** enthalten die Art. 5, 7 MRK, Art. 9, 10, 15 IPBPR, ferner Art. 13 MRK, dessen Beschwerderecht jedoch verdrängt wird, soweit Art. 6 Abs. 1 MRK für die dort genannten Sachbereiche weitergehende Spezialgarantien (wie Zugang zu Gericht) enthält[9]. 2

Schon in der **Allgemeinen Erklärung der Menschenrechte** vom 10.12.1948 werden auch Verfahrensrechte als Menschenrechte gewährleistet. Nach Art. 10 hat jedermann Anspruch darauf, daß in voller Gleichberechtigung über seine Ansprüche und Verpflichtungen und über eine strafrechtliche Anklage durch ein unabhängiges und unparteiisches Gericht in billiger Weise öffentlich verhandelt wird. Für das Strafverfahren fordert Art. 11 Abs. 1 dieser Erklärung außerdem, daß jeder, der wegen einer strafbaren Handlung angeklagt wird, als unschuldig zu gelten hat, bis seine Schuld in einem öffentlichen Verfahren, in dem er alle für seine Verteidigung notwendigen Garantien hatte, gemäß dem Gesetz nachgewiesen ist. 3

Dieselben Grundgedanken werden – mitunter abgewandelt – in verschiedenen anderen Erklärungen bekräftigt. So werden in der **Erklärung der Grundrechte und Grundfreiheiten des Europäischen Parlaments** vom 12.4.1989[10] in Art. 19 der wirksame Zu- 4

[6] Vgl. dazu Rdn. 19 ff.

[7] Zu diesem ebenfalls weit verstandenen Begriff vgl. Rdn. 28 ff.

[8] Vgl. *Partsch* 141.

[9] *Matscher* FS Seidl-Hohenveldern 315; 336; zur teilweise geänderten Beurteilung der Konkurrenzfragen vgl. Art. 13 Rdn. 6 ff.

[10] EuGRZ **1989** 204.

gang zu Gericht bei Verletzung der Rechte und Freiheiten sowie allgemein das Recht auf ein faires öffentliches Verfahren vor einem unabhängigen und unparteiischen, auf Gesetz beruhenden Gericht gefordert. Das **Kopenhagener Abschlußdokument über die menschlichen Dimensionen der KSZE** vom 29. 6. 1990 hat die wesentlichen Verbürgungen von Art. 6 MRK und Art. 14 IPBPR meist mit deren Wortlaut wiederholt[11]. In abgewandelter Form finden sie sich auch in Art. 40 des **Übereinkommens über die Rechte des Kindes** vom 20.11.1989[12], sowie in sonstigen Übereinkommen, vor allem auch in den **Übereinkommen des humanitären Völkerrechts**[13].

4a Die **Grundrechte-Charta der Europäischen Union**[14] führt bei Kapitel VI unter den allgemein und damit – anders als bei den Konventionsgarantien – für jede Art von Verfahren geltenden „Justiziellen Rechten" in Art. 46 unter Verzicht auf Details im wesentlichen gleichartige Rechte auf wie Art. 6 MRK, so insbesondere das Recht auf einen wirksamen Rechtsbehelf zu einem unabhängigen und unparteiischen Gericht und auf ein öffentliches, faires Verfahren. Nach ihrem Art. 47 gilt jede angeklagte Person bis zum rechtsförmlichen Beweis ihrer Schuld als unschuldig. Die Achtung ihrer Verteidigungsrechte wird gewährleistet. Soweit diese Rechte den durch die MRK garantierten Rechte entsprechen, haben sie die gleiche Bedeutung und Tragweite (Art. 52 Abs. 3 der Charta).

5 Der **Europäische Gerichtshof** sieht aber bereits jetzt in der Gewährleistung eines effektiven Rechtsschutzes und eines fairen Verfahrens entsprechend Art. 6, 13 MRK einen **allgemeinen Grundsatz des Gemeinschaftsrechts**, der sich aus den Verfassungstraditionen der Mitgliedsstaaten und der Menschenrechtskonvention ergibt und der nach Art. 6 Abs. 2 EUV im **Anwendungsbereich des Gemeinschaftsrechts** Gemeinschaftsverfassungsrang hat[15]. Die Versagung eines aus dem Gemeinschaftsrecht sich ergebenden Rechts muß bereits innerstaatlich angefochten werden können[16].

6 **2. Verhältnis zwischen Art. 6 MRK und Art. 14 IPBPR.** Die Regelungen in Art. 6 MRK decken sich inhaltlich im wesentlichen mit Art. 14 Abs. 1 bis 3 IPBPR. Die Art. 14 Abs. 4 bis 7 IPBPR enthalten weitergehende Gewährleistungen, die abgesehen von Art. 14 Abs. 4 IPBPR, später in den Art. 2 bis 4 des 7. ZP zur MRK vom 22.11.1984 übernommen worden sind, dem die Bundesrepublik aber nicht beigetreten ist. Als Bundesrecht gilt daher nur Art. 14 Abs. 4 bis 7 IPBPR nach Maßgabe der dazu erklärten Vorbehalte[17].

7 **3. Innerstaatliches Verfassungsrecht.** Das Hauptanliegen der Art. 6 MRK, Art. 14 Abs. 1 bis 3 IPBPR, den Zugang zu einem unabhängigen Gericht und ein „faires",

---

[11] Deutscher Wortlaut EuGRZ **1990** 239 (dort Nrn. 5.14 bis 5.19); vgl. Einf. Rdn. 18.

[12] Dieses Übereinkommen (sog. Kinderkonvention) ist durch Zustimmungsgesetz vom 17. 2. 1992 (BGBl. II S. 121) ratifiziert worden; wegen der Einschränkungen (keine innerstaatlich unmittelbare Anwendung und weitere Vorbehalte) vgl. BTDrucks. **12** 1535 S. 4; ferner auch Beschluß des Bundestages, BTDrucks. **12** 1579.

[13] So etwa Art. 105, 106 des III. Genfer Abkommens über die Behandlung der Kriegsgefangenen vom 12. 8. 1949 (BGBl. II 1954 S. 838), Art. 72–74 des IV. Genfer Abkommens zum Schutze von Zivilpersonen in Kriegszeiten vom 12. 8. 1949 (BGBl. II 1954 S. 917; ber. II 1956 S. 1586), Art. 75 Abs. 3, 4 des Zusatzprotokolls I zu den Genfer Abkommen über den Schutz der Opfer internationaler bewaffneter Konflikte vom 8. 6. 1977 (BGBl. II 1990 S. 1551) und in Art. 6 des Zusatzprotokolls II über den Schutz der Opfer nicht internationaler bewaffneter Konflikte vom 8. 6. 1977 (BGBl. II 1990 S. 1637).

[14] Text EuGRZ **2000** 554: Die Charta, die für den Bereich des Gemeinschaftsrechts gilt (Art. 52 Abs. 1), soll als Teil der Europäischen Verfassung rechtsverbindlich werden. Vgl. Einf. Rdn. 47.

[15] Etwa EuGH NJW **2000** 1853; *Pache* NVwZ **2001** 1343.

[16] EuGH bei *Hilf/Ciesla* EuGRZ **1990** 368.

[17] Vgl. Art. 1 Nr. 3 Gesetz vom 15.11.1973 (BGBl. II S. 1533).

rechtsstaatliches Verfahren zu sichern, deckt sich weitgehend mit den Verbürgungen des innerstaatlichen Verfassungsrechts. Dieses gewährleistet jedermann, Inländern und Ausländern gleichermaßen[18], einen **verfassungsrechtlichen Anspruch auf ein faires, rechtsstaatliches Verfahren**, der, weiter als die Konventionen, für alle Verfahren und Verfahrensbeteiligten (im weiten Sinne) gilt, also auch für Zeugen und Sachverständige[19]. Dieses Verfahrensgrundrecht wird aus dem Rechtsstaatsprinzip (Art. 20 Abs. 3 GG), aus Art. 19 Abs. 4 GG, aus der Gewährleistung der allgemeinen Freiheitsrechte und der Achtung der Menschenwürde hergeleitet[20]. Es verlangt ein justizförmiges Verfahren, das sich an den Grundsätzen der Gerechtigkeit und Billigkeit orientiert und das die Verfahrensbeteiligten nicht als Objekte der Rechtsprechung behandelt, sondern ihnen ermöglicht, in einem geordneten und in den gegenseitigen Rechten ausgewogenen Verfahren den eigenen Standpunkt wirksam zu vertreten und in gleichem Umfang wie die anderen Prozeßparteien aktiv mit eigenen Befugnissen auf Gang und Ergebnis Einfluß zu nehmen[21]. Ein wichtiger Teilaspekt des fairen, rechtsstaatlichen Verfahrens, das **Recht auf Gehör**, wird durch Art. 101 Abs. 1 GG für alle Verfahren noch besonders gewährleistet[22]. Im Strafverfahren gehört zu diesen Rechten vor allem die Befugnis des Beschuldigten, sich als eigenverantwortliches Prozeßsubjekt mit eigenen Verfahrensrechten in einem fairen Verfahren wirksam gegen die erhobene Beschuldigung zu verteidigen und sich gegen Eingriffe des Staates wehren zu können[23]. Dies schließt das Recht auf einen **Dolmetscher** ein, sofern dies notwendig ist, damit ein der deutschen Sprache nicht hinreichend Kundiger die ihn betreffenden wesentlichen Verfahrensvorgänge verstehen und sich dem Gericht verständlich machen kann[24].

Die **Unschuldsvermutung**, die mit unterschiedlichen Formulierungen in einigen Länder- 8
verfassungen ausdrücklich aufgenommen ist[25], wird im Grundgesetz nicht angesprochen; sie wird aber auch in diesem mit Verfassungsrang gewährleistet[26]. Sie ist Bestandteil des Rechtsstaatsprinzips und des Schutzes der Grundrechte; in diese darf der Staat durch eine strafrechtliche Verurteilung erst eingreifen, wenn die Eingriffsvoraussetzung, nämlich das Vorliegen einer Straftat, voll nachgewiesen ist[27].

Das Recht auf **Zugang zu den Gerichten** wird von Art. 19 Abs. 4 GG zwar nur bei 9
allen Rechtsverletzungen durch Maßnahmen der öffentlichen Gewalt ausdrücklich garantiert. Aus dem Rechtsstaatsprinzip, der Schutzpflicht des Art. 1 Abs. 1 GG, dem Gesetzmäßigkeitsgrundsatz und dem Grundsatz der Gewaltenteilung folgt jedoch auch im übrigen, daß der einzelne grundsätzlich die Möglichkeit haben muß, eine Entscheidung der unabhängigen Gerichte in einer ihn betreffenden Sache herbeizuführen[28],

---

[18] BVerfGE **40** 98; *Kruis* StraFo. **2003** 36.

[19] Vgl. BVerfGE **38** 112 (Recht auf Anwalt als Zeugenbeistand).

[20] Etwa BVerfGE **54** 277, 292; **78** 88, 99; **89** 347, 356; vgl. *Kruis* StraFo. **2003** 36.

[21] BVerfGE **24** 401; **25** 361; **26** 71; **37** 148; **38** 111; **39** 238; **40** 99; **41** 249; **46** 210; **57** 274; **64** 145; **70** 297; **78** 126; ferner etwa *Dörr* 144 ff; *Niemöller/Schuppert* AöR **107** (1982) 397; *Rüping* JZ **1983** 663.

[22] Der grundrechtlich gesicherte Anspruch auf ein faires Verfahren ist weiter als das Recht auf Gehör, aus dem nicht alle Befugnisse auf aktive Teilhabe am Verfahren abgeleitet werden können (BVerfGE **64** 143 ff = JZ **1983** 659 mit Anm. *Rüping*); *Dörr* 98. Vgl. ferner LR-*Rieß* Einl. H 99 ff.

[23] BVerfG, ständ. Rspr., etwa BVerGE **57** 275 ff; **63** 60; 337; NStZ **1991** 294; vgl. oben Fußn. 9; ferner Rdn. 67; LR-*Rieß* Einl. H 71, 80 ff; mit weit. Nachw.; ferner etwa SK-StPO-*Rogall* Vor § 133, 104.

[24] BVerfGE **64** 146 = JZ **1983** 659 mit Anm. *Rüping*; BVerfG EuGRZ **1986** 439.

[25] Vgl. Rdn. 105.

[26] BVerfGE **82** 106, 114, 119: BVerfG NJW **2002** 3231; *Stuckenberg* 48 ff, 544; LR-*Rieß* Einl. I 75 ff; vgl. auch nachf. Fußn.

[27] Vgl. BVerfGE **19** 347; **22** 265; **25** 331; **35** 320; **71** 216?; **74** 370; BVerfG NJW **1990** 2741; ferner etwa IntKommEMRK/*Vogler* 382; *Kühl* Unschuldsvermutung 10; NJW **1988** 3233; *Meyer* FS Tröndle 61; *Niemöller/Schuppert* AöR **107** (1982) 470; *Stuckenberg* 48 ff mit weit. Nachw.; SK-StPO-*Rogall* Vor § 133, 74, sowie Rdn. 107.

[28] Bonn.Komm.-*Schenke* GG Art. 19, 77; *Klöpfer* JZ **1979** 210 (verfassungsrechtliche Funktionsgarantie zugunsten der Rechtsprechung).

wobei allerdings der Zugang nicht lückenlos sein muß[29]. Spezielle Garantien für die Einschaltung des Gerichts enthalten ferner einzelne Artikel des Grundgesetzes, die, wie etwa Art. 13 Abs. 2 bis 5, Art. 14 Abs. 3; Art. 104 Abs. 2, 3 GG, die Entscheidung über bestimmte Eingriffe dem Richter vorbehalten.

10 Das Rechtsstaatsprinzip fordert auch, daß die gerichtlichen Verfahren in **angemessener Zeit entschieden** werden. Vor allem Strafverfahren sind beschleunigt und ohne jede vermeidbare Verzögerung zu erledigen. Der Beschuldigte muß die Belastungen und Beeinträchtigungen durch das schwebende Verfahren im Interesse einer effektiven Strafrechtspflege nur solange hinnehmen, als dies von der Sache her unvermeidlich ist; dies rechtfertigt nicht erhebliche Verzögerungen, die im Verantwortungsbereich des Staates liegen und die nach den konkreten Umständen objektiv nicht erforderlich sind oder für die überhaupt jeder einsichtige Grund fehlt[30]. Eine danach ungerechtfertigt lange Verfahrensdauer verletzt den Betroffenen in seinen durch Art. 2 Abs. 1, Art. 20 Abs. 3 GG gewährleisteten Rechten[31].

11 Die **Unabhängigkeit** der Richter ist durch Art. 97 GG gewährleistet, das Verbot der **Doppelaburteilung** folgt aus Art. 103 Abs. 3 GG. Dagegen sind die Prinzipien **der Öffentlichkeit und Mündlichkeit** des gerichtlichen Verfahrens keine vom Grundgesetz mit Verfassungsrang vorgeschriebenen Verfahrensgrundsätze[32].

II. Persönlicher und sachlicher Geltungsbereich

12 **1. Persönlicher Geltungsbereich.** Der Anspruch auf eine gerichtliche Entscheidung und die Verfahrensrechte vor Gericht werden von Art. 6 MRK, Art. 14 IPBPR nicht für alle Arten von Ansprüchen und für alle gerichtlichen Verfahren gewährt, sondern nur denjenigen, deren (zivile) Ansprüche und Verpflichtungen streitig sind[33] oder gegen die eine strafrechtliche Anklage erhoben wurde[34]. Innerhalb dieser beiden Sachbereiche ist jeder berechtigt, dessen eigene Rechte oder Verpflichtungen betroffen sind, aber auch der, der nach nationalem Recht befugt ist, ein fremdes Recht oder eine fremde Verpflichtung im eigenen Namen geltend zu machen. Fehlt allerdings im nationalen Recht jede Rechtsgrundlage für einen behaupteten Anspruch, scheidet eine Berufung auf Art. 6 MRK, Art. 14 IPBPR aus[35]. Dies bedeutet jedoch nicht, daß das Bestehen eines Anspruchs erwiesen sein muß, es muß nur **plausibel argumentiert** werden können, daß sich aus dem nationalen Recht generell ein Anspruch dieser Art herleiten läßt[36].

13 **Rechtsträger** sind im **Parteienprozeß,** der über einen zu den „civil rights" zählenden Anspruch[37] geführt wird, vor allem die Prozeßparteien und die ihnen gleichgestellten Personen. Unter dem Blickwinkel des **Betroffenseins von einer strafrechtlichen** Anklage fällt nur der unter den Schutz, gegen den sich die Anklage richtet, also nur der Beschuldigte/Angeklagte, ferner wohl auch Nebenbeteiligte, wenn sie hinsichtlich ihrer sach-

---

[29] Bonn.Komm.-*Schenke* GG Art. 19, 76.

[30] BVerfG NJW **1984** 967 (Vorprüfungsausschuß); ferner etwa *Hanack* JZ **1971** 711; *Hillenkamp* JR **1975** 135; *Klöpfer* JZ **1979** 214; *Niemöller/Schuppert* AöR **107** (1982) 467; *I. Roxin* 158 ff; *Schroth* NJW **1990** 29.

[31] BVerfG ständige Rechtspr. etwa BVerfGE **63** 45, 69; BVerfG NJW **1984** 967; *Lansnicker/Schwitzeck* NJW **2001** 1969 mit weit. Nachw.

[32] Vgl. BVerfGE **4** 94; **15** 307; *Odersky* FS Pfeiffer 325; dagegen verbürgt Art. 90 BayVerf. grundsätzlich die Öffentlichkeit aller gerichtlicher Verfahren.

[33] Zur Tragweite vgl. Rdn. 19 ff.

[34] Zur Tragweite vgl. Rdn. 28 ff.

[35] EGMR 23.9.1982 Sporrong, Lönnroth/Schwed (EuGRZ **1983** 523); *Frowein/Peukert* 8.

[36] EGMR 27.10.1987 Boden/Schwed (NJW **1989** 1423); *Matscher* FS Seidl-Hohenveldern 315.

[37] Vgl. Rdn. 19.

lichen Betroffenheit durch die Anklage und ihrer Verfahrensbefugnisse im nationalen Recht dem Angeklagten gleichgestellt sind. Personen, die keine Prozeßparteien sind oder gegen die sich das Strafverfahren nicht richtet, wie etwa Verletzte, Zeugen oder Sachverständige[38], aber auch ein Privat- oder Nebenkläger können keine Rechte aus Art. 6 MRK herleiten[39]. Das gilt auch für den Erstatter einer Anzeige; ein Recht auf Strafverfolgung anderer räumen Art. 6 MRK, Art. 14 IPBPR nicht ein[40].

Jedermann bei dem die Voraussetzungen erfüllt sind, kann sich auf Art. 6 MRK, Art. 14 IPBPR berufen, ganz gleich, ob er im Inland oder Ausland wohnt und welche Staatsangehörigkeit er hat. Auch ein besonderes Statusverhältnis, wie Militärdienst oder Strafgefangener, schließt dies nicht aus; die Ansprüche aus dem Statusverhältnis selbst gehören allerdings in der Regel nicht zu den beiden Anwendungsbereichen[41]. Die Ansprüche stehen nach Art. 6 MRK auch **Personenvereinigungen** und **juristischen Personen** zu[42], soweit sie im jeweiligen Verfahren parteifähig oder angeklagt (vgl. § 444 StPO) sind, nicht aber dem Staat bei Ausübung der öffentlichen Gewalt und wohl auch nicht als Fiskus, wie aus der Regelung des Einzelbeschwerderechts nach Art. 25 a.F MRK geschlossen wird[43]. Bei Art. 14 IPBPR ist dagegen strittig, ob seine nur den einzelnen Individuen („individuals", „les individus") durch Art. 2 Abs. 1 IPBPR garantierten Rechte auch den juristischen Personen und Personenvereinigungen als solchen oder nur ihren Mitgliedern zustehen[44]. 14

2. Sachlicher Geltungsbereich; Eingrenzung

a) Nur für die in Absatz 1 genannten Sachbereiche werden der Anspruch auf eine gerichtliche Entscheidung und die Grundsätze für gerichtliche Verfahren garantiert. Sie gelten nicht für alle gerichtlichen Verfahren schlechthin; insbesondere gewährleisten Art. 6 MRK, Art. 14 IPBPR (anders als Art. 19 Abs. 4 GG) weder eine umfassende gerichtliche Kontrolle jedes staatlichen Eingriffs in Rechte noch eine innerstaatliche gerichtliche Überprüfung des nationalen Rechts auf seine Vereinbarkeit mit höherrangigem Recht[45]. 15

b) Für die **Abgrenzung der geschützten Sachbereiche** ist nicht maßgebend, wie das jeweilige nationale Recht die einzelnen Frage zuordnet. Die Zuordnung der Rechtsinstitute ist in den einzelnen Staaten sehr unterschiedlich. Die in den Konventionen verwendeten Begriffe sind deshalb im Interesse eines einheitlichen Rechtsschutzes **autonom** nach Sinn und Zweck der Konventionen **auszulegen**. Die vorherrschenden Auffassungen in den Rechtssystemen der Vertragsstaaten sind mitzuberücksichtigen[46], sie sind aber nicht allein entscheidend. In den Randbereichen ist nicht endgültig geklärt, welche Ver- 16

---

38 *Frowein/Peukert* 4; *Grabenwarter* § 24 Rdn. 18; *Guradze* 4.

39 H.M, etwa *Meyer-Goßner*[47] 1; SK-StPO-*Paeffgen* 12.

40 EGMR 5.10.1999 Grams/D (NJW **2001** 1989); vgl. auch SK-StPO-*Paeffgen* 66, wonach sich aus der Pflicht des Staates, das Leben zu schützen (Art. 1, 2 MRK) eine Pflicht zu Ermittlungen und zur Bestrafung der Verantwortlichen ergeben kann; vgl. dazu Art. 2 Rdn. 17.

41 Streitigkeiten, die das Verhältnis selbst betreffen, haben keine zivilen Rechte oder Verpflichtungen zum Gegenstand, vgl. *Frowein/Peukert* 6; IntKommEMRK-*Vogler* 155 mit weit. Nachw.; ferner Rdn. 26.

42 *Frowein/Peukert* 6; vgl. etwa EKMR bei *Bleckmann* EuGRZ **1982** 532 (Kaplan).

43 *Frowein/Peukert* 6; *Guradze* 9; **a. A** *Schorn* 3.

44 Vgl. *Nowak* Art. 2 Rdn. 22 ff; Art. 1 MRK Rdn. 9 ff.

45 EGMR 23.9.1982 Sporrong, Lönnroth/Schwed (EuGRZ **1983** 527); 21.2.1986 James/GB (EuGRZ **1988** 341); vgl. Art. 13 MRK Rdn. 16.

46 EGMR 28.6.1978 König/D (NJW **1979** 477); 27.2.1980 Deweer/Belg (EuGRZ **1980** 667); *Frowein/Peukert* 7; *Nowak* 10; *Ulsamer* FS Zeidler 1813; *Weh* EuGRZ **1985** 469; **1988** 433.

fahren von Art. 6 MRK, Art. 14 IPBPR erfaßt werden[47]. Da sich beide dort angeführten Sachgebiete nicht gegenseitig ausschließen[48] und sich als Folge der durch den Schutzzweck gebotenen weiten Auslegung überschneiden, ergibt sich mitunter die Anwendbarkeit der Art. 6 MRK, Art. 14 IPBPR aus mehreren Gesichtspunkten. Die pragmatisch handelnden Konventionsorgane der MRK lassen es dann meist genügen, wenn die Anwendbarkeit aus einem Grund bejaht werden kann[49]. Die nur für strafrechtliche Anklagen aufgestellten besonderen Verfahrensrechte des Art. 6 Abs. 3 MRK werden gegebenenfalls aus dem für beide Sachbereiche geltenden Recht auf ein faires Verfahren hergeleitet.

17 c) Nur die nationalen **Gerichtsorgane der Vertragsstaaten** werden von den Verfahrenspflichten der Konventionen erfaßt, nicht aber die **internationalen Gerichte**, deren Verfahrensordnung vom einzelnen Vertragsstaat nicht beeinflußt werden kann[50]. Soweit jedoch die Mitgliedsstaaten Entscheidungen über Angelegenheiten ihrer Bürger, die unter Art. 6 Abs. 1 MRK, Art. 14 Abs. 1 IPBPR fallen, gemeinsamen Gerichten übertragen haben, müssen sie dafür sorgen, daß die Verfahrensgarantien dieser Artikel auch dort nicht verkürzt werden[51]. Die **Gerichte der Europäischen Union** beachten die Verfahrensrechte des Art. 6 MRK als auch für sie geltendes Gemeinschaftsrecht (vgl. Art. 6 Abs. 2 EUV)[52]; auch für sie gilt das Recht auf eine Entscheidung in angemessener Frist nach Art. 6 Abs. 1 MRK[53].

18 Die **Konventionsorgane der MRK** halten Art. 6 MRK auf ihr eigenes Verfahren für nicht anwendbar[54].

3. Meinungsverschiedenheiten des privaten Lebensbereichs

19 a) Der **Begriff der Streitigkeiten in Bezug auf zivilrechtliche Ansprüche und Verpflichtungen**[55] (Art. 6 Abs. 1 MRK: „in the determination of his civil rights and obligations", „contestations sur ses droits et obligations de caractère civil"; Art. 14 Abs. 1 IPBPR: „his rights and obligations in a suit of law", „des contestations sur ses droits et obligations de caractère civil") ist in den Grenzbereichen nicht abschließend geklärt[56]. Der EGMR lehnt es ab, einfach die Abgrenzungen des jeweiligen nationalen Rechts zu übernehmen[57] oder selbst eine abstrakte Definition dieses Begriffes zu geben[58]. Er fordert eine **autonome**

---

[47] Vgl. die Übersicht über die Spruchpraxis bei *Frowein/Peukert* 11 ff; 35.

[48] IntKommEMRK-*Vogler* 188 mit Hinweis auf EGMR 23.11.1976 Engel u. a. /NdL (EuGRZ **1976** 221); 28.6.1978 König/D (NJW **1979** 477); 23.6.1981 Le Compte u.a./Belg (EuGRZ **1981** 551); 10.2.1983 Albert, Le Compte/Belg (EuGRZ **1983** 190); 25.3.1983 Minelli/CH (EuGRZ **1983** 475).

[49] EGMR 23.11.1976 Engel u.a./NdL (EuGRZ **1976** 221); 10.2.1983 Albert, Le Compte/Belg (EuGRZ **1983** 190); *Frowein/Peukert* 7.

[50] Vgl. *Frowein/Peukert* 5, Fußn. 23 (Oberstes Rückerstattungsgericht – inzwischen aufgehoben und auf BGH übergeleitet; G vom 17.12.1990 BGBl. I S. 2862).

[51] Zur Verbindlichkeit der normativen Grundrechtsverbürgungen im Bereich der EU vgl. Einf. Rdn. 25.

[52] Etwa SK-StPO-*Paeffgen* 14 mit weit. Nachw.

[53] Vgl. EuGH NJW **1999** 3548.

[54] *Frowein/Peukert* 5, Fußn. 23.

[55] Die letztlich für die Auslegung nicht maßgebende deutsche Übersetzung darf nicht zu einer zu engen Auslegung verleiten, vgl. IntKommEMRK-*Miehsler* 56 ff; *Meyer-Ladewig* 4 ff.

[56] Zur Entstehungsgeschichte *Frowein/Peukert* 2 ff; *Guradze* 2; IntKommEMRK-*Miehsler* 33 ff; *Nowak* 1 ff; *Partsch* 141, ferner EGMR 29.5.1986 Deumeland/D (EuGRZ **1988** 31: Minderheitenvotum). Zur Auslegung *Buergenthal/Geweint* AVR **13** (1967) 393.

[57] Etwa EGMR 28.6.1978 König/D (EuGRZ **1978** 415); 29.9.1986 Feldbrugge/NdL (**1988** 14).

[58] EGMR 29.5.1986 Feldbrugge/NdL (EuGRZ **1988** 14); 23.10.1985 Benthem/NdL (EuGRZ **1986** 299); 31.3.1991 X/Fr (ÖJZ **1992** 772); vgl. auch 28.6.1978 König/D (EuGRZ **1978** 406); 23.6.1981 Le Compte/B (EuGRZ **1981** 551), *Frowein/Peukert* 15 (keine abstrakte Definition sondern Versuch einer evolutiven Auslegung).

Auslegung dieses Begriffs, die sich an Sinn und Zweck dieser Konventionsgarantie orientiert[59] und neigt deshalb einer weiten Auslegung zu, die ohne Rücksicht auf die innerstaatliche Zuordnung nicht nur die herkömmlich im bürgerlichen Recht wurzelnden Ansprüche umfaßt sondern darüber hinaus auch andere Ansprüche, wenn sie vermögenswerte Rechte des einzelnen betreffen oder sich unmittelbar auf sie auswirken[60], so, wenn der behauptete Anspruch das Bestehen oder die Tragweite eines Rechts betrifft, das den Bereich der privaten Lebensgestaltung unmittelbar mitbestimmt[61]. Einbezogen werden weitgehend alle Ansprüche, welche zumindest im Ergebnis für das Bestehen oder die Tragweite vermögenswerter Ansprüche oder Verpflichtungen unmittelbar entscheidend sind[62]. Sieht man den **Schutzzweck** darin, in Ergänzung der materiellen Freiheitsgarantien den individuellen Rechtsraum der privaten Lebensführung zu sichern und dem einzelnen die effektive Durchsetzung der Rechte seines Privatbereichs ebenso zu garantieren wie die Verteidigung gegen alle diesen Lebensbereich betreffenden Ansprüche, dann kommt es darauf an, ob ein Streit bei einer **Gesamtbetrachtung seiner Auswirkungen** nach der generellen Struktur der nationalen Rechtsordnung vermögenswerte Rechte oder sonst eine Rechtsposition des Privatbereichs unmittelbar betrifft[63]. Entscheidend ist, ob das **Ergebnis**, das mit dem strittigen Anspruch erreicht werden soll, für den Privatbereich des Betroffenen, insbesondere seine Vermögenslage, unmittelbar relevant ist[64]. Bei der Gesamtwürdigung des geltend gemachten Anspruchs muß den privatrechtlichen Wesenszügen stärkeres Gewicht zukommen als dem öffentlichen Recht[65]. Nicht ausschlaggebend ist, ob die jeweilige nationale Rechtsordnung den konkreten Anspruch dem bürgerlichen oder dem öffentlichen Recht zuordnet[66], ob sich auf beiden Seiten Privatpersonen gegenüberstehen[67] und auf welchem Rechtsweg nach

---

59 EGMR 28.6.1978 König/D (EuGRZ **1978** 406); 12.7.2001 Ferrazzini/I (NJW **2002** 3453) mit weit. Nachw.

60 *Grabenwarter* § 24 Rdn. 6 unterscheidet drei Gruppen a) Auswirkung auf Eigentum und vertragliche Rechtsbeziehungen vor allem im Schutzbereich der Berufs- und Erwerbsfreiheit und in der Freiheit des Liegenschaftsverkehrs, b) Abwägungsjudikatur vor allem im Sozialbereich, wenn die privatrechtlichen Elemente die öffentlich-rechtlichen überwiegen und c) Verfahren mit vermögenswertem Gegenstand oder behaupteter Verletzung vermögenswerter Rechte; dazu SK-StPO-*Paeffgen* 16; vgl. auch *Lansnicker/Schwirtzek* NJW **2001** 1969, 1971 f.

61 IntKommEMRK-*Vogler* 50; 55; vgl. die Beispiele aus der keinesfalls einheitlichen Rechtsprechung bei *Peukert* EuGRZ **1979** 266; *Frowein/Peukert* 17 ff, *Grabenwarter* § 24 Rdn. 6; *Meyer-Ladewig* 7 ff. SK-StPO-*Paeffgen* 15, 16 je mit weit. Nachw., sowie die nachf. Fußn.

62 Etwa EGMR 27.7.2000 Klein/D (NJW **2001** 213); 25.2.2001 Gast, Popp/D (NJW **2001** 211); 8.1.2004 Voggenreiter/D (EuGRZ **2004** 151); *Meyer-Ladewig* 7.

63 Etwa EGMR 28.9.1995 Procola/Lux (ÖJZ **1996** 193 Festlegung von Milchquoten), ferner EKMR bei *Bleckmann* EuGRZ **1981** 94; vgl. aber *Buergenthal/Kewenig* AVR **13** (1967) 393 und die nachf. Fußn.

64 Etwa EGMR 26.3.1993 Editions Périskope/F (ÖJZ **1992** 771); 19.4.1994 Van de Hurk/Ndl (ÖJZ **1994** 819); 25.9.1994 Ortenberg/Ö (ÖJZ **1995** 225: Bebauungsplan, Baubewilligung); 28.9.1995 Procola/Lux (ÖJZ **1996** 193: Milchquote); 27.7.2000 Klein/D (NJW **2001** 213 Entgelt für Stromlieferung). *Frowein/Peukert* 15 ff; *Meyer-Ladewig* 7.

65 EGMR 9.12.1994 Schouten & Meldrum/NdL (ÖJZ **1995** 396 Leistung von Sozialversicherungsbeiträge); zu den Sonderproblemen der beamtenrechtlichen Streitigkeiten vgl. Rdn. 26.

66 EGMR 29.5.1986 Deumeland/D (EuGRZ **1988** 26); 27.10.1987 Pudas/Schwed (EuGRZ **1988** 448); 28.9.1995 Procola/Lux (ÖJZ **1996** 193); *Grabenwarter* § 24 Rdn. 6; IntKommEMRK-*Vogler* 33. Gegen eine institutionelle Abgrenzung nach Maßgabe des jeweiligen nationalen Rechts etwa *Buergenthal/Kewenig* AVR **13** (1967) 393 unter Hinweis auf die Unterschiede der nationalen Rechtsordnungen, ferner zur Auslegung *Dijk* FS Wiarda 131 ff; *Schwarze* EuGRZ **1993** 377 (funktionale Abgrenzung). *Frowein/Peukert* 17 ff. Zur fehlenden Unterscheidung zwischen öffentlichem und privatem Recht im angelsächsischen Recht: IntKommEMRK-*Vogler* 32.

67 Etwa EGMR 28.6.1978 König/D (EuGRZ **1978** 406); 16.7.1971 Ringeisen/Ö (EuGRZ **1976** 236); 8.7.1987 Baraona/Port. (Series A 122); 29.5.1997 Georgiadis/Griech (ÖJZ **1998** 197); EKMR bei *Bleckmann* EuGRZ **1982** 532 (Kaplan); bei *Strasser* EuGRZ **1991** 193 (acht Fälle).

nationalem Recht die Streitigkeit zu entscheiden ist[68] oder ob ein Weg zu den Gerichten überhaupt fehlt.

20 **b)** Es muß eine **Meinungsverschiedenheit** vorliegen, die **unmittelbar** das Bestehen eines dem Privatbereich zuzurechnenden Rechts oder einen sich daraus herzuleitenden Anspruch betrifft. Dessen **Existenz, Inhalt, Umfang oder Art der Ausübung** muß vom Ergebnis einer nicht notwendig formal, wohl aber inhaltlich bestehenden, **ernsthaften Streitigkeit** („contestation“) abhängen, die Bestand oder Tragweite oder Auslegung des beanspruchten Rechts[69] in der jeweiligen nationalen Rechtsordnung betrifft. Der Streit muß der Entscheidung nach Rechtsnormen zugänglich sein, wobei es unerheblich ist, ob der Streit sich auf Sach- oder Rechtsfragen bezieht[70]. Für die Anwendbarkeit der Konventionsgarantien genügt es, wenn er **mit vertretbaren Argumenten** („arguable claim“) aus der nationalen Rechtsordnung hergeleitet wird[71]. Ein nur hypothetischer **Zusammenhang** des behaupteten Anspruchs des Beschwerdeführers mit einem solchen Recht genügt nicht[72]. Der **Kerngehalt dieses Streites** muß für zivilrechtliche Ansprüche und Verpflichtungen des Beschwerdeführers entscheidend sein[73], etwa, weil er Vermögensrechte betrifft oder eine Leistung oder ein Verhalten erstrebt, das im Normalfall Gegenstand eines nach Rechtsnormen zu entscheidenden Rechtsstreits zwischen gleichgeordneten Parteien sein kann. Ein Streit mit dem Vermessungsamt über die Vereinigung zweier Grundstücke, der die Eigentumsverhältnisse des Beschwerdeführers unberührt ließ und auch sonst nicht in dessen Rechte eingriff, wurde nicht als Streitigkeit über civil rights angesehen[74], wohl aber ein Streit, der die Umwidmung von Bauland in Grünland und damit das Baurecht des Betroffenen betraf[75]. Es reicht auch nicht aus, daß sich eine Streitigkeit nur mittelbar, rein faktisch oder zufällig auch auf Vermögensansprüche des Betroffenen auswirken kann[76] oder daß ein im nationalen Recht nicht vorgesehener Anspruch ohne argumentierbare Gründe unter bloßer Berufung auf den Gleichheitsgrundsatz behauptet wird[77]. Die Konventionen schaffen mit dieser Verfahrensgarantie keine neuen Rechte sondern schützen nur die **Durchsetzung** der in der bestehenden

---

[68] Etwa EGMR 29.5.1986 Deumeland/D (NJW **1989** 652); 8.7.1987 Baraona/Port (Series A 122); 26.3.1993 Editions Périskope/F (ÖJZ **1992** 771); 24.11.1994 Beaumartin/F (ÖJZ **1995** 351); 28.9.1995 Procola/Lux (ÖJZ **1996** 193: Rechtsausschuß des Conseil d'Etat); 29.5.1997 Georgiadis/Griech (ÖJZ **1997** 197); sowie die Entscheidungen in vorst. Fußn.; ferner IntKommEMRK-*Vogler* 63; *Meyer-Ladewig* 4; 8 ff; vgl. zur Praxis des UN AMR *Nowak* 12.

[69] EGMR 23.9.1982 Sporrong, Lönnroth/Schwed (EuGRZ **1983** 527); 26.6.1986 Van Marle/NdL (EuGRZ **1988** 35); 27.10.1987 Pudas/Schwed (EuGRZ **1988** 448); 27.10.1987 Boden/Schwed (NJW **1989** 1423, Enteignungsverfahren); 28.5.1997 Pauger/Ö (ÖJZ **1997** 836); *Frowein/Peukert* 11; vgl. auch EKMR bei *Strasser* EuGRZ **1991** 193.

[70] *Frowein/Peukert* 11.

[71] Ständ. Rechtspr., etwa EGMR 30.11.1987 H/Belg (ÖJZ **1988** 220); 26.3.1992 Editions Périskope (ÖJZ 1992 771); 23.6.1993 Ruiz-Mateos/Span (EuGRZ **1993** 453); 25.11.1993 Zander /Schwed (EuGRZ **1995** 535); 19.7.1995 Kerojärvi/Finnl (ÖJZ **1996** 37); 28.9.1995 Masson & Van Zon/NdL (ÖJZ **1996** 191); 29.5.1997 Georgiadis/Griech (ÖJZ **1998** 197); *Frowein/Peukert* 7 ff; *Meyer-Ladewig* 6. SK-StPO-*Paeffgen* 17.

[72] EGMR 8.7.1987 W/GB (EuGRZ **1990** 533); 26.8.1997 Balmer-Schafroth/CH (EuGRZ **1999** 183: Verlängerung der Betriebsgenehmigung für Kernkraftwerk; dazu *Kley* EuGRZ **1999** 177), *Matscher* FS Wiarda 395; *Frowein/Peukert* 7; *Villiger* HdB 377.

[73] Zu diesen nicht eindeutigen und immer wieder Zweifel aufwerfenden Abgrenzungskriterien vgl. *Frowein/Peukert* 15, 29 ff, ferner Beispiele 51: *Meyer-Ladewig* 7 ff; *Villiger* HdB 380 ff.

[74] EGMR 23.1.2003 Kienast/Ö (ÖJZ **2003** 695).

[75] EGMR 29.1.2004 Haider/Ö (ÖJZ **2004** 574).

[76] EGMR 23.6.1981 Le Compte/Belg (EuGRZ **1981** 551); 10.2.1983 Albert, Le Compte/Belg (EuGRZ **1983** 190); 25.10.1989 Allan Jacobson/Schwed (ÖJZ 1990 246); 28.9.1995 Masson & Van Zon/NdL (ÖJZ **1996** 191); 27.8.1997 Andersson/Schwed (ÖJZ 1998 585); 6.4.2000 Athanassoglou/CH (ÖJZ **2001** 317); EKMR bei *Bleckmann* EuGRZ **1982** 532 (Kaplan); *Frowein/Peukert* 6 ff; ferner nachf. Fußn.

[77] EGMR 8.4.2002 L B/Ö (ÖJZ **2002** 696), vgl. die Beispiele einer fehlenden Anspruchsgrundlage im nationalen Recht bei *Frowein/Peukert* 8; *Meyer-Ladewig* 7; 9.

nationalen Rechtsordnung bereits **begründeten Rechte,** wobei diese nicht notwendig selbst unter den Schutz der Konvention fallen müssen[78]. Aus der Verfahrensgarantie des Art. 6 Abs. 1 MRK allein kann ein materieller Anspruch nicht hergeleitet werden[79].

Entscheidungen in Zwischenverfahren, in denen noch keine Entscheidung in der Sache selbst ergeht sondern nur einzelne im Gesetz vorgesehene Anordnungen getroffen werden, sind noch keine Entscheidung über die Meinungsverschiedenheit selbst. Ein **Beweissicherungsverfahren**, bei dem auch die Kostenentscheidung nur vorläufig ist, ist nach Ansicht des EGMR[79a] in der Sache selbst noch keine Entscheidung über zivilrechtliche Ansprüche und Verpflichtungen im Sinne des Art. 6 Abs. 1 MRK; eine Beanstandung ist unzulässig ratione materiae[80]. Dies gilt für alle Maßnahmen des vorläufigen Rechtsschutzes, sofern diese nicht die Entscheidung in der Hauptsache bereits vorwegnehmen[81]. **20a**

c) Beispiele für „civil rights". Zu den **Ansprüchen und Verpflichtungen** im privaten Lebensbereich zählen nicht nur die Ansprüche, die in der Bundesrepublik Deutschland traditionell zum Privatrecht gehören und die im Wege des Zivilprozesses vor den ordentlichen Gerichten verfolgt werden können, wie etwa über das **Eigentum** und die sich daraus ergebenden Befugnisse[82], sondern auch andere Streitigkeiten, bei denen, wie etwa beim Recht, ein Grundstück zu bebauen[83], wegen ihrer Auswirkungen auf das Vermögen oder sonstige private Rechte die für eine Zuordnung zum privaten Lebensbereich[84] sprechenden Gesichtspunkte überwiegen[85]. Dazu wurden auch das individuelle Recht auf angemessenen **Schutz der psychischen Integrität** vor konkreten (direkten) Beeinträchtigungen gerechnet[86] sowie **Schadensersatzansprüche gegen den Staat** oder öffentlich-rechtliche Körperschaften[87]. Nach dem Schutzzweck der Konventionen kön- **21**

---

[78] EGMR 26.3.1992 Éditions Périscope/F (ÖJZ **1992** 771); 11.1987 H /Belg (ÖJZ **1988** 220); 8.1.2004 Voggenreiter/D (EuGRZ **2004** 150).

[79] EGMR 8.7.1986 Lithgow u.a./GB (EuGRZ **1988** 350); 8.7.1987 W/GB (EuGRZ **1990** 533); *Frowein/Peukert* 7; *Villiger* HdB 379.

[79a] Etwa EGMR 25.3.2004 Lamprecht/Ö (ÖJZ **2004** 818) mit weit. Nachw.; vgl. auch EGMR 6.2.2001 Beer/Ö (ÖJZ **2001** 516).

[80] EGMR 16.1.2003 Verlagsgruppe News GmbH/Ö (ÖJZ **2003** 618 Veröffentlichung über eingeleitete Verfahren nach östr. Mediengesetz); unter Hinweis auf Entscheidungen der EKMR: Beschwerde unzulässig ratione materiae, Art. 35 Abs. 3, 4 MRK.

[81] EGMR 23.10.2001 Markass Car Hire Ltd/Zypern; vgl. dazu *Peters* S. 109; *Meyer-Ladewig* 6.

[82] Vgl. für Enteignung EGMR 27.10.1987 Boden/Schwed (NJW **1989** 1423); ferner EGMR 16.7.1971 Ringeisen/Ö (EuGRZ **1976** 236); 23.9.1982 Sporrong & Lönnroth/Schwed (EuGRZ **1983** 523); 8.7.1986 Lithgow u.a./GB (EuGRZ **1988** 350); 22.10.1984 Sramek/Ö (EuGRZ **1985** 339); 25.10.1989 Jacobsson/Schwed (ÖJZ **1990** 246); 27.11.1991 Oerlemans/NdL (ÖJZ **1992** 386); 23.6.1993 Ruiz-Mateos/Span (EuGRZ **1993** 453); 11.9.2003 Emsenhuber/Ö (ÖJZ **2004** 396 Nachbarrecht bei Baubewilligung): EKMR bei *Strasser/Weber* EuGRZ **1988** 94 (Bauverbot); bei *Strasser* EuGRZ **1988** 615 (Grunderwerbsgenehmigung); **1991** 192 (acht schwed. Verwaltungsrechtsfälle); EKMR ÖJZ **1995** 114 (Bewilligung zum Auffüllen einer Lehmgrube); *Frowein/Peukert* 17 ff; *Villiger* HdB 384.

[83] Etwa EGMR 25.11.1994 Ortenberg/Ö (ÖJZ **1995** 225); 29.1.2004 Haider/Ö (ÖJZ **2003** 574); vgl. auch vorst. Fußn.

[84] Etwa Grundverkehrsgenehmigungen, Bauverbot, Enteignungsverfahren, öffentl. rechtl. Beschränkung der Benutzung des Eigentums; vgl. *Frowein/Peukert* 17 ff; *Grabenwarter* § 24 Rdn. 6 je mit Nachw. der Rechtspr.

[85] Vgl. etwa die Abwägung bei EGMR 29.5.1986 Feldbrugge/NdL (EuGRZ **1988** 14: Anspruch auf Krankengeld gegen öffentlich-rechtlichen Leistungsträger), ferner zur Abwägung mit gegenteiligem Ergebnis EGMR 12.7.2001 (NJW **2002** 3453: Steueransprüche); *Frowein/Peukert* 17 ff; *Hofmann* S. 38 (Rechtspositionen grundsätzlich zivilrechtlicher Natur); IntKommEMRK-*Vogler* 66; *Nowak* 11.

[86] EGMR 25.11.1993 Zunder/Schwed (EuGRZ **1995** 535); 26.8.1997 Balmer-Schafroth/CH (EuGRZ **1999** 183); 6.4.2000 Athanassoglou /CH (ÖJZ **2001** 317); vgl. *Villiger* HdB 378.

[87] EGMR 24.10.1989 H/F (EuGRZ **1987** 319); 26.3.1992 Editions Périscope/F (ÖJZ **1992** 771); östr. VfGH ÖJZ **1993** 566 (Schadensersatzansprüche wegen Verfassungswidrigkeit eines Gesetzes); *Villiger* HdB 385; vgl. auch 27.4.1989 Neves e Silva/Port. (EuGRZ **1987** 302); *Frowein/Peukert* 22.

nen Rechte und Verpflichtungen dem privaten Lebensbereich zuzuordnen sein, wenn sie nach der nationalen Rechtsordnung im arbeitsgerichtlichen Verfahren[88], vor den Sozialgerichten[89] oder im Verwaltungsrechtsweg[90] zu verfolgen sind.

22 Es kommt darauf an, ob durch eine Streitigkeit nach ihrem materiellen Gehalt und den Rechtsfolgen, die die nationale Rechtsordnung daran knüpft, im Ergebnis über Ansprüche und Verpflichtungen entschieden wird, die für die **private Lebensgestaltung** unmittelbar bedeutsam sind, wie etwa ein Streit über **vertragliche Rechte** oder Honoraransprüche[91] oder Rechte, die, wie **Familienrechte**, die persönlichen Verhältnisse einer Person berühren[92]. Hierher gehören auch Rechtspositionen, die sich aus der individuellen Betätigung im Zusammenhang mit der Zulassung zu rechtmäßigen **Erwerbstätigkeiten** oder deren Ausübung (Gewerbe, Beruf) ergeben oder sich unmittelbar darauf auswirken[93], so auch, wenn die **Befugnis zur Berufsausübung** Gegenstand auf ihren Entzug gerichtete standesrechtliche **Disziplinarmaßnahme** ist[94]. Zu den zivilrechtlichen Ansprüchen in diesem Sinn werden aber auch Ansprüche gezählt, bei denen die **finanzielle Bedeutung** für den privaten Bereich des Betroffenen die öffentlich-rechtlichen Gesichtspunkte überwiegt[95], wie bei den Ansprüchen aus einer **Krankenversicherung** oder auf **Sozialleistungen**[96]. An dieser Zuordnung ändert auch nichts, wenn die Tätigkeit verwaltungsrechtlichen Erlaubnissen und Kontrollen unterliegt oder auf einer staatlichen Konzession beruht[97] oder zur Erfüllung einer sozialrechtlichen Leistungspflicht gefordert wird[98]. Auf weitere Einzelheiten, vor allem die strittigen Fragen, welche Ansprüche und Verpflichtungen des Bürgers im Bereich der öffentlichen Verwaltung wegen ihrer unmittelbaren vermögensrechtlichen Auswirkung ebenfalls den civil rights im Sinne von Art. 6 MRK, Art. 14 IPBPR zugeordnet werden, soll in diesem Zusammenhang nicht eingegangen werden[99]. **Umweltrechtliche Abwehransprüche** können Ansprüche aus dem Zivilbereich sein, wenn sie den Schutz eines in der Konvention gewährleisteten Rechts im weitverstandenen Privatbereich bezwecken, wie insbes. beim Eigentum im Sinne des Art. 1 des 1. ZP oder

---

[88] Vgl. EGMR 6.5.1981 Buchholz (EuGRZ **1981** 491); 28.6.1990 Obermeier/Ö (EuGRZ **1990** 209).

[89] EGMR 29.5.1986 Deumeland/D (NJW **1989** 652: für Ansprüche aus der gesetzlichen Sozialversicherung mit ablehnenden Sondervoten EuGRZ **1988** 31), 24.6.1993 Schuler-Zgraggen/CH (EuGRZ **1996** 604); *Frowein/Peukert* 23, 30; *Villiger* HdB 389; *Weh* EuGRZ **1985** 477.

[90] Vgl. etwa *Frowein/Peukert* 51 ff; IntKommEMRK-*Vogler* 6, 67; *Meyer-Ladewig* 8 je mit Nachw.

[91] Vgl. EKMR bei *Strasser* EuGRZ **1989** 263; **1991** 298 (Honoraranspruch als Ingenieur).

[92] Vgl. etwa EGMR 8.7.1987 W/UK (EuGRZ **1990** 533 Verkehr der Eltern mit Kind in behördlicher Obhut); EKMR bei *Strasser* EuGRZ **1985** 511; 521 (Elternrechte bei Adoption; Ehelichkeitsanfechtung), *Frowein/Peukert* 8; 13.

[93] Vgl. EGMR 23.6.1994 De Moor/Belg (ÖJZ **1995** 43 Zulassung als Anwalt); vgl. EGMR 30.11.1987 H/Belg (ÖJZ **1988** 220: Wiederzulassung zur Anwaltschaft), vgl. auch *Frowein/Peukert* 21, *Meyer-Ladewig* 8; *Villiger* HdB 387 sowie nachf. Fußn.

[94] Etwa Entzug des Rechts auf Berufsausübung EGMR 23.6.1981 Le Compte/B (EuGRZ **1981** 551); 10.2.1983 Albert, Le Compte (EuGRZ **1983** 190); EKMR bei *Strasser* EuGRZ **1985** 319; 320; ferner zum Entzug des Rechts auf Ausübung des Anwaltsberufs im berufsrechtlichen Disziplinarverfahren EGMR 21.12.1999 W R/Ö (ÖJZ **2000** 728); 12.6.2003 Malek/Ö (ÖJZ **2003** 855); vgl. ferner EGMR 26.9.1995 Diennet/F (ÖJZ **1995** 115 Berufsausübung als Arzt); 27.6.1997 Philis/Griech (Report 1997-IV); sowie auch vorst. Fußn.

[95] *Grabenwarter* § 24 Rdn. 6 spricht von Abwägungsjudikatur.

[96] EGMR 29.5.1986 Feldbrugge/NdL (EuGRZ **1988** 14); 26.2.1993 Salesi/I (ÖJZ **1993** 669); 24.6.1993 Schuler-Zgraggen/CH (EuGRZ **1996** 604).

[97] EGMR 28.6.1978 König/D (EuGRZ **1978** 406); Pudas/Schwed (EuGRZ **1988** 488: Entzug einer Konzession); EKMR bei *Strasser* EuGRZ **1989** 263; 264 (Baurecht); verneinend (aber für MRK als innerstaatliches Verfassungsrecht) östr.VfGH EuGRZ **1990** 186.

[98] Vgl. EGMR 9.12.1994 Schouten & Meldrum/NdL (ÖJZ **1995** 396 Sozialversicherungsbeiträge); *Grabenwarter* § 24 Rdn. 6; *Meyer-Ladewig* 8.

[99] Vgl. dazu etwa *Guradze* 7; *Frowein/Peukert* 12 ff; 18 ff *Hofmann* S. 38; *Nowak* 11, 12; *Meyer-Goßner*[47] 1; IntKommEMRK-*Miehsler* 149 ff; *Partsch* 142 ff, *Villiger* HdB 377 ff mit weit. Nachw.; ferner etwa östr. VfGH (EuGRZ **1991** 171).

auch vom Recht auf Achtung der Wohnung im Sinne des Art. 8 Abs. 1 MRK angenommen wird[100].

Im **Zwangsversteigerungsverfahren** wurde von der EKMR keine Entscheidung über Zivilrechte gesehen, wenn dadurch Umfang und Bestand des Rechts nicht mehr betroffen wurden[101]. Dies wurde aber bejaht, wenn eine neue Entscheidung über das Recht oder seine Durchsetzbarkeit möglich ist[102] oder die Durchsetzbarkeit des erstrittenen Rechts in Frage gestellt wird, so daß andernfalls die Garantien des Art. 6 Abs. 1 MRK im Ergebnis leerlaufen[103]. In der neueren Rechtsprechung des EGMR wird darauf abgestellt, ob erst die Zwangsvollstreckung dem Recht zur Wirksamkeit verhilft[104]. **22a**

Die **Achtung der Ehre** und des guten Rufes gehört ebenfalls zu den „civil rights"; im Anspruch des Privatklägers auf Entschädigung für eine Ehrverletzung wurde ein solches Recht gesehen[105]. Für die Erhebung einer auf Bestrafung gerichteten **Privatklage** wird dies aber jetzt verneint[106], denn das Recht auf Zugang zu Gericht erstreckt sich nicht auf die Strafverfolgung Dritter[107]. **23**

Auch im **Bereich des Strafverfahrens** bestehen „civil rights", so die im **Adhäsionsverfahren** (§ 403 ff StPO) verfolgten vermögensrechtlichen Ansprüche[108]. Der durch Art. 6 MRK, Art. 14 IPBPR garantierte Zugang zu Gericht wird aber nicht verletzt, wenn das Gericht nach § 406 (§ 405 aF) StPO von der Entscheidung absieht, da der Anspruch dann im Zivilrechtsweg verfolgt werden kann[109]. Die vom Verlust bedrohten **Eigentumsrechte des Einziehungsbeteiligten** oder die Verfügungsbeschränkung, die den Beschuldigten bei einer Vermögensbeschlagnahme trifft (§ 292 StPO), gehören ebenfalls hierher, ferner das Verfahren, in dem über die **Entschädigung für Strafverfolgungsmaßnahmen** entschieden wird[110]. **24**

Der **Eingriff in die Freiheit**, der in der Anordnung der Sicherungsverwahrung liegt, betrifft seiner Natur nach keine Rechtsposition des Privatbereichs[111], dieser wird aber berührt, wenn zugleich das Recht des Betroffenen, Rechtsgeschäfte abzuschließen oder sein Vermögen zu verwalten, eingeschränkt wird[112]. **25**

Keine „civil rights" sind Ansprüche, die aus einem **dem Gemeinwohl dienenden Sonderstatus** erwachsen, auch wenn wirtschaftliche Auswirkungen damit verbunden sind[113]. Streitigkeiten mit dem Dienstherrn über Beginn, Laufbahn und Ende eines **Beamtenverhältnisses** betreffen deshalb in ihrem Kern ebensowenig „civil rights"[114] wie die Erfüllung der sich aus einem solchen Verhältnis ergebenden **Dienstpflichten**, die die **26**

---

100 Vgl. Art. 1 des 1. ZP Rdn. 4 und Art. 8 MRK Rdn. 33 ff.

101 EKMR bei *Strasser* EuGRZ **1988** 615; *Frowein/Peukert* 52.

102 *Villiger* HdB 390 unter Hinweis auf EKMR.

103 Vgl. EGMR 19.3.1997 Hornsby/Griech (ÖJZ **1998** 236); 12.12.2002 Kalogeropoulu u.a./Griech, D (NJW **2004** 273).

104 EGMR Pérez de Rada Cavanilles (Rep. 1998-VIII), SK-StPO-*Paeffgen* 18; *Villiger* HdB 390.

105 *Frowein/Peukert* 51.

106 EKMR bei *Bleckmann* EuGRZ **1981** 115; IntKomm-EMRK-*Vogler* 137.

107 EKMR bei *Bleckmann* EuGRZ **1983** 419.

108 IntKommEMRK-*Vogler* 202.

109 IntKommEMRK-*Miehsler/Vogler* 129.

110 EGMR 29.5.1997 Georgiades/Griech (ÖJZ **1997** 197); 24.11.1997 Werner/Ö (ÖJZ **1998** 233); 10.7.2001 Lamanna/Ö (ÖJZ **2001** 910); vgl. aber auch EGMR 28.9.1995 Masson & Van Zon/NdL (ÖJZ **1996** 191 kein Anspruch nach niederl. Recht auf Entschädigung für rechtmäßige Freiheitsentziehung).

111 EGMR 27.6.1968 Neumeister/Ö (EuGRZ **1975** 393); EKMR bei *Strasser* EuGRZ **1990** 50.

112 EGMR 24.10.1979 Winterwerp/NdL (EuGRZ **1979** 658); EKMR EuGRZ **1990** 48; 50; soweit indirekte Auswirkungen auf das Recht sein Vermögen zu verwalten oder Rechtsgeschäfte abzuschließen als ausreichend für die Anwendbarkeit des Art. 6 MRK angesehen wurden, dürfte dies zu weit gehen.

113 EGMR 9.12.1994 Schouten & Meldrum/NdL (ÖJZ **1995** 395); 17.3.1997 Neigel/F (ÖJZ **1998** 195); 21.10.1997 Pierre-Bloch/F (ÖJZ **1998** 590).

114 EGMR 17.3.1997 Neigel/F (ÖJZ **1998** 195); 8.12.1999 Pellegrin/F (NJW **2000** 661); vgl. auch 24.8.1993 Massa/I (ÖJZ **1994** 214); *Meyer-Ladewig* 10; *Villiger* HdB 388.

Ausübung der Staatsgewalt zum Gegenstand haben. Dies gilt vor allem für Tätigkeiten der **Polizei** oder die sich aus dem **Beamten- Richter- oder Soldatenverhältnis** ergebenden Amtspflichten[115]. Der EGMR grenzt funktional ab; maßgebend ist, ob die von dem jeweiligen Bediensteten ausgeübte Funktion die Wahrnehmung der Allgemeininteressen zum Gegenstand hat oder als Teilhabe an der Ausübung öffentlicher Gewalt anzusehen ist und daher ein besonderes Verhältnis zum Staat begründet[116]. Wo eine solche besondere Bindung nicht besteht, werden auch Ansprüche gegen den Staat aus einem öffentlichen Dienstverhältnis dem Schutz der „civil rights" in Art. 6 Abs. 1 MRK unterstellt[117]. **Vermögensrechtliche Ansprüche** aus einem öffentlich-rechtlichen Dienstverhältnis werden deshalb Art. 6 Abs. 1 zugerechnet[118]; desgleichen können sonstige, nicht die Ausübung der öffentlichen Gewalt selbst betreffende Ansprüche aus dem Innenverhältnis zum Dienstherrn civil rights sein, soweit dieser wie ein privater Arbeitgeber auftritt; so etwa bei Ansprüchen aus einem Arbeitsverhältnis, das nicht von den Besonderheiten der Erfüllung hoheitlicher Aufgaben bestimmt ist[119].

27 Keine civil rights sind die **Bürgerrechte**, die die Teilhabe am Staate betreffen, wie etwa das aktive und passive **Wahlrecht**[120], aber auch ein aus dem nationalen Wahlrecht folgender Anspruch auf Rückzahlung überhöhter Wahlausgaben gegen einen Wahlbewerber[121]. Keine civil rights sind ferner Fragen der **Staatsangehörigkeit**[122] oder des **Asylverfahrens**[123], oder das Recht der Medien gegenüber dem Staat auf Berichterstattung[124]. Keine „civil rights" betreffen auch Streitigkeiten um die Zuerkennung des Rechts, den Beruf unter einer bestimmten **Berufsbezeichnung** auszuüben[125] oder um eine Habilitation[126] oder um die Eintragung eines ausländischen akademischen Grads in die Personalpapiere[127]. Auch bei den sich aus der Heranziehung zur **Besteuerung** oder zu sonstigen Abgaben ergebenden finanziellen Verpflichtungen der einzelnen Bürger hat der EGMR wegen der Zugehörigkeit des Steuerrechts zum Kernbereich der staatlichen Hoheitsrechte die zivilrechtliche Natur verneint[128]. Gleiches gilt für die vom Staat verhängten Strafen, auch Geld und Vermögensstrafen[129].

4. Stichhaltigkeit einer strafrechtlichen Anklage

28 **a)** Der **Begriff** strafrechtliche Anklage (Art. 6 Abs. 1 MRK und Art. 14 Abs. 1 IPBPR: „criminal charge against him", „accusation en matière penale … dirigeé contre elle") ist ebenfalls **autonom**[130] **auszulegen**, wobei wegen des hohen Rangs des Rechts auf ein faires

---

[115] Etwa EKMR bei *Bleckmann* EuGRZ **1981** 94 (allgemeine Wehrpflicht); vgl. *Frowein/Peukert* 29 ff; 52; *Meyer-Ladewig* 10; 11; *Nowak* 12; zur Rechtspr. des EGMR und zum Übergang auf eine funktionelle Abgrenzung vgl. *Chojnacka* ÖJZ **2002** 201; schweiz.BGer EuGRZ **2004** 70 unter Hinweis auf die Praxis des EuGH.

[116] Vgl. *Grabenwarter* § 24 Rdn. 6.

[117] EGMR 8.12.1999 Pellegrin/F (NVwZ **2000** 661); Frydlender/F (ECHR 2000-VII).

[118] EGMR 26.11.1992 Lombardo/I (Series A 249 B) 24.8.1993 Massa/I (ÖJZ **1994** 214); 26.9.1995 Vogt/D (EuGRZ **1995** 590); 22.11.2001 Volkmer (NJW **2002** 3087), 8.12.1999 Pellegrin/F (NVwZ **2000** 661); *Frowein/Peukert* 31; *Meyer-Ladewig* 10; 12; *Villiger* HdB 388, aber auch UN-AMR EuGRZ **1986** 453 (Pensionsanspruch).

[119] *Villiger* HdB 388.

[120] Vgl. EGMR 12.07.2001 Ferrazini/I (NJW **2001** 3453); vgl. auch nachf. Fußnoten.

[121] EGMR 21.10.1997 Pierre-Bloch/F (ÖJZ **1998** 590).

[122] EKMR ÖJZ **1993** 142.

[123] *Frowein/Peukert* 52; *Villiger* HdB 391:

[124] EKMR bei *Strasser* EuGRZ **1988** 613.

[125] EGMR 26.6.1986 Van Marle/NdL (EuGRZ **1988** 35).

[126] EKMR ÖJZ **1994** 709.

[127] EKMR ÖJZ **1993** 214 (Ehrendoktor).

[128] EKMR ÖJZ **1993** 140 (Ausgleichstaxe): EGMR 12.7.2001 Ferrazini/I mit zust. Votum *Ress* und abw. Meinung *Lorenzen* und 5 andere (NJW **2001** 3453); *Meyer-Ladewig* 7; 9; *Villiger* HdB 391; **a. A** *Frowein/Peukert* 33 (alle klagbaren Ansprüche).

[129] *Grabenwarter* § 24 Rdn. 7.

[130] Vgl. EGMR 8.6.1976 Engel/NdL (EuGRZ **1976** 221); 27.6.1968 Neumeister/Ö (EuGRZ **1975** 393);

Verfahren eine restriktive Auslegung abgelehnt wird[131]. Dieser Konventionsgarantie unterfallen aber nur die Personen, gegen die sich die strafrechtliche Anklage richtet, nicht aber alle anderen am Verfahren beteiligten Personen, wie **Anzeigenerstatter, Nebenkläger, Zeugen** oder **Sachverständige**[132]. Ob **Nebenbeteiligte**, die nach § 433 Abs. 1 StPO Befugnisse eines Angeklagten haben, deswegen der Garantie des Art. 6 Abs. 1 bis 3 unterfallen, erscheint fraglich[133]. Soweit die Nebenbeteiligung jedoch ihre vermögenswerten Ansprüche (Einziehung, Verfall usw.) betrifft, dürften schon deshalb Art. 6 Abs. 1 MRK anwendbar sein, weil insoweit dann ein vermögenswerter Anspruch Gegenstand des Verfahrens ist.

b) Die **Zuordnung zum Strafrecht** im nationalen Recht hat nur begrenzte Bedeutung. **29**
Soweit nicht im Einzelfall eine völkerrechtliche Pflicht zur Pönalisierung eines bestimmten Verhaltens eingreift[134], steht es dem nationalen Recht grundsätzlich frei, ob es ein bestimmtes Verhalten mit einer Strafe bedrohen will. Soweit es dies getan hat, greifen die Verfahrensgarantien der Art. 6 MRK, 14 IPBPR stets ein[135], auch wenn das Verhalten in anderen Staaten nicht als kriminelles Unrecht geahndet wird; umgekehrt kann jedes nationale Recht auf strafrechtliche Sanktionen verzichten. Es kann aber nicht ein Verhalten, für das es gegen jedermann Sanktionen androht, die vergeltenden oder abschreckenden Charakter haben und die nach Zielsetzung (allgemeiner Adressatenkreis, abschreckende Wirkung), Art der angedrohten Sanktion und nach ihren sonstigen Auswirkungen einer Strafe gleichkommen[136], dadurch aus dem Schutzbereich des Art. 6 MRK, Art. 14 IPBPR herausnehmen, daß es sie **anders bezeichnet** und in einem **anderen Verfahren verfolgt**[137]. Die Organe der MRK prüfen dann nach, ob eine anderweitige Zuordnung des nationalen Rechts nach Art. 6 MRK unbeachtlich ist, weil nach der **Natur des Vergehens** und der **angedrohten Sanktion** die Tat dem Art. 6 unterfällt[138]. Für die Zuordnung zum Strafrecht werden neben der innerstaatlichen Qualifikation vor allem auch folgende Kriterien in Betracht gezogen: Art und Adressaten der mit Sanktionen bedrohten Handlung[139], Natur, Schwere und Ausmaß der angedrohten Sanktion[140] und auch die in anderen europäischen Staaten übliche Zuordnung[141].

Neben der Verfolgung der eigentlichen **Kriminalstraftaten** im Strafverfahren wurde **30**
daher – ungeachtet der damit vom nationalen Gesetzgeber erstrebten Entkriminalisierung – auch die Verfolgung von **Ordnungswidrigkeiten** wegen der Art der Zuwiderhand-

---

21.2.1984 Öztürk/D (NJW **1985** 1273); 28.6.1984 Campbell, Fell (EuGRZ **1985** 538); *Schroth* EuGRZ **1985** 558; *Frowein/Peukert* 35; 37 ff; vgl. Rdn. 16.

131 EGMR 17.1.1970 Delcourt/Belg (Series A 11); IntKommEMRK-*Vogler* 190; vgl. *Vogler* ZStW **82** (1970) 762; **89** (1977) 776.

132 *Villiger* HdB 392.

133 Verneinend EGMR 24.10.1986 AGOSI/GB (EuGRZ **1988** 513, krit. Anm. *Peukert* EuGRZ **1988** 509; *Frowein/Peukert* 41.

134 Vgl. Art. 3 Rdn. 3; 5 (Bestrafung der Folter).

135 Vgl. EGMR 26.3.1882 Adolf/Ö (EuGRZ **1982** 297).

136 Vgl. EGMR 22.2.1996 Putz/Ö (ÖJZ **1996** 434); 16.1.2003 Verlagsgruppe News GmbH/Ö (ÖJZ **2003** 618).

137 Vgl. EGMR 21.2.1984 Öztürk/D (NJW **1985** 1273); östr. VfGH EuGRZ **1990** 158 (Gurtanlegepflicht); IntKommEMRK-*Vogler* 195 (Nicht das Was sondern das Wie der Ahndung maßgebend); SK-StPO-*Paeffgen* 33.

138 EGMR 22.5.1990 Weber/CH (EuGRZ **1990** 265, sowie die bei den nachfolgenden Fußnoten zitierten Entscheidungen.

139 Vgl. *Grabenwarter* § 24 Rdn. 13 (wenn die Sanktion gegen jeden angedroht wird und sowohl präventiv als auch repressiv wirken soll); ähnlich SK-StPO-*Paeffgen* 32, 33; vgl. EGMR 22.5.1990 Weber/CH (EuGRZ **1990** 265); Demicoli/Malta (EuGRZ **1991** 475). *Frowein/Peukert* 42 ff. *Villiger* HdB 396 (für Disziplinarstrafe spricht, wenn nur bestimmter Personenkreis erfaßt wird).

140 *Grabenwarter* § 24 Rdn. 14. SK-StPO-*Paeffgen* 34; vgl. Rdn. 31.

141 Vgl. etwa EGMR 8.6.1976 Engel u.a./NdL (EuGRZ **1976** 221); 22.5.1990 Weber/CH (EuGRZ **1990** 265); Ravnsborg/Schwed (ÖJZ **1994** 706); 14.11.2001 T/Ö (ÖJZ **2001** 389), *Grabenwarter* § 24 Rdn. 13; SK-StPO-*Paeffgen* 34; *Villiger* HdB 396.

lung als strafrechtliche Anklage angesehen[142]; desgleichen die Auferlegung zusätzlicher Steuern als Sanktion[143] oder die Verhängung einer Haftstrafe wegen Nichtzahlung einer Gemeindesteuer[144]. Bei den **Ordnungsmitteln** wegen der Verletzung prozessualer Pflichten wird dies dagegen im Regelfall verneint[145]; so auch für eine gerichtliche Anordnung, deren Mißachtung durch eine Geldstrafe durchgesetzt werden kann[146]; anders aber bei einer „Mutwillensstrafe", die trotz ihres disziplinären Charakters ohne mündliche Verhandlung in eine Freiheitsstrafe umgewandelt werden kann[147]. Der EGMR hat aber den Strafcharakter bei einer potentiell gegen jedermann angedrohten Geldbuße wegen Verletzung der Vertraulichkeit einer strafrechtlichen Voruntersuchung bejaht[148]; desgleichen bei der Verhängung einer Geldstrafe wegen Verweigerung der Auskunft in einem zollrechtlichen Ermittlungsverfahren[149], nicht aber bei der Auferlegung von wahlrechtlichen Sanktionen und einer Zahlungspflicht bei überhöhten Wahlaufwendungen nach dem nationalen Wahlrecht[150].

31 Die Zuordnung kann auch durch **Art und Schwere** der jeweils im Gesetz **angedrohten Sanktion** bestimmt werden, wobei grundsätzlich diese und nicht etwa die tatsächlich verhängte Strafe für das Verteidigungsrecht und damit auch für die Anwendbarkeit des Art. 6 MRK maßgebend ist[151]. Mitunter wird aber auch auf die tatsächlich verhängte Sanktion abgestellt[152]. Ein als Mittel der Vergeltung oder Abschreckung angedrohter Freiheitsentzug wird, abgesehen von ganz kurzfristigen Festhaltungen, immer als eine dem Strafrecht zuzurechnende Sanktion angesehen[153]. Ergibt sich allerdings die Zuordnung zum Strafrecht bereits aus der Natur der Zuwiderhandlung selbst, so schließt auch die Geringfügigkeit der Sanktion die Annahme einer strafrechtlichen Anklage nicht aus.

32 **Maßregeln der Besserung und Sicherung** fallen mit in diesen Bereich, wenn sie im Strafverfahren im Zusammenhang mit der Verfolgung wegen einer Straftat angeordnet werden. Daß der Angeklagte freigesprochen und vom Strafgericht wegen der rechtswidrigen Tat in ein psychiatrisches Krankenhaus eingewiesen wird, ändert daran nichts. Die Anwendung der speziellen Verfahrensgarantien für das Strafverfahren hängt davon

---

[142] EGMR 21.2.1984 Öztürk/D (NJW **1985** 1273; mit Anm. *Schroth* EuGRZ **1985** 557); vgl. auch EGMR 26.3.1982 Adolf/Ö (EuGRZ **1982** 297); 23.10.1995 Schmautzer/Ö (ÖJZ **1995** 954); 3.5.2001 J B/CH (NJW **2002** 499: dazu *Schobe* NJW **2002** 492; *Ambos* NStZ **2002** 633 (Geldbuße wegen Steuerhinterziehung); 20.12.2001 Baischer/Ö (ÖJZ **2002** 12); östr. VfGH EuGRZ **1990** 158 (Verwaltungsstraftatbestand); *Frowein/Peukert* 39, krit. 50; *Meyer-Goßner*[47] 1; *Nowak* 13; *Schroth* EuGRZ **1985** 558; *Weh* EuGRZ **1985** 469; **a. A** OLG Celle NJW **1960** 880; NStZ **1985** 64; IntKommEMRK-*Vogler* 209; 233 ff, vgl. auch *Villiger* HdB 407 ff.

[143] EGMR 24.2.1994 Bendenoun/F (ÖJZ **1994** 634), vgl. auch EGMR 3.5.2001 J B/CH (NJW **2002** 499; dazu *Schohe* NJW **2002** 492); *Frowein/Peukert* 45; SK-StPO-*Paeffgen* 37 (auch zur Ausklammerung der Steuersachen in anderen Entscheidungen des EGMR).

[144] EGMR 10.6.1996 Benham/GB (Rep. 1996-III), *Frowein/Peukert* 45; *Villiger* HdB 399 (bei punitivem Zuschlag, nicht bei Nachzahlung zusätzlicher Zinsen).

[145] Vgl. EGMR 23.3.1994 Ravnsborg/Schwed (ÖJZ **1994** 706); 22.2.1996 Putz/Ö (ÖJZ **1996** 434); östr. OGH EuGRZ **1982** 159; *Frowein/Peukert* 52; *Meyer-Ladewig* 15.

[146] EGMR 16.1.2003 Verlagsgruppe News GmbH/Ö (ÖJZ **2003** 618).

[147] EGMR 14.11.2000 T/Ö (ÖJZ **2001** 398); *Villiger* HdB 400.

[148] EGMR 22.5.1990 Weber/CH (EuGRZ **1990** 265); die EKMR bei *Strasser* EuGRZ **1990** 297 hatte dies im gleichen Fall verneint.

[149] EGMR 25.2.1993 Funke/F (ÖJZ **1993** 534); *Frowein/Peukert* 46.

[150] EGMR 21.10.1997 Pierre Bloch/F (ÖJZ **1998** 590).

[151] IntKommEMRK-*Vogler* 200; vgl. EGMR 8.6.1976 Engel u.a./NdL (EuGRZ **1976** 221); östr. VfGH EuGRZ **1988** 173.

[152] Etwa EGMR 28.6.1984 Campbell, Fell/GB (EuGRZ **1985** 534); 24.2.1994 Bendenoun/F (ÖJZ **1994** 634); 10.6.1996 Benham/GB (ÖJZ **1996** 915); vgl. *Grabenwarter* § 24 Rdn. 14 (Widerlegung der durch die Strafdrohung begründeten Vermutung durch tatsächlich verhängte geringe Strafe).

[153] EGMR 22.5.1990 Weber/CH (EuGRZ **1990** 265); ebenso EKMR bei *Strasser* EuGRZ **1990** 297 mit Hinweis, daß nicht notwendig jede Freiheits- oder Geldstrafe strafrechtlicher Natur sein müsse. Vgl. ferner *Schroth* EuGRZ **1985** 558.

ab, was dem Angeklagten möglicherweise droht, sie kann nicht erst ex post vom Verfahrensergebnis her bestimmt werden[154]. Wird dagegen die Anordnung im Sicherungsverfahren nach § 413 StPO beantragt, hat dieses nicht die Stichhaltigkeit einer strafrechtlichen Anklage zum Gegenstand[155].

Eine **Verfallserklärung**, die in einem Verfahren gegen Schmuggler ausgesprochen wurde, ist kein Verfahren über eine strafrechtliche Anklage gegen den **Eigentümer der verfallenen Gegenstände**, wenn er im Strafverfahren selbst nur als Zeuge gehört wurde[156]. Ob dies anders zu beurteilen ist, wenn er als Nebenbeteiligter wegen einer auch ihn treffenden Einziehung oder Verfallserklärung mit Angeklagtenbefugnissen förmlich am Strafverfahren beteiligt wird (vgl. §§ 431 ff StPO), ist fraglich[157]. **33**

Disziplinarverfahren sind in der Regel nicht diesem Sachbereich zuzurechnen[158], es sei denn, das innerstaatliche Recht ordnet sie dem Strafrecht zu. Unabhängig davon kann aber auch wegen der Art und Höhe der Sanktion oder aber wegen der strafrechtlichen Natur der abgeurteilten Tat Art. 6 MRK anwendbar sein[159]. So hielt der EGMR eine strafrechtliche Anklage und damit die Anwendbarkeit des Art. 6 MRK auch für gegeben, wenn ein normalerweise strafrechtlich zu verfolgendes Vergehen nach (zulässigem) nationalem Recht durch eine nach Art und Ausmaß schwerwiegende Sanktion im Disziplinarweg geahndet wird oder aber wenn eine schwerwiegende Sanktion mit Strafcharakter verhängt wird, was vor allem dann der Fall sein kann, wenn eine nicht nur geringfügige Freiheitsentziehung damit verbunden ist[160] oder die verhängte Sanktion ohne erneute mündliche Verhandlung in eine Freiheitsstrafe umgewandelt werden kann[161]. Für die **berufs- oder ehrengerichtliche Ahndung** von Berufsverfehlungen gelten die gleichen Grundsätze[162]. Verfahren, die zu einem **Berufsverbot** führen können, beinhalten aber meist auch eine Entscheidung über ein Recht des Individualbereichs (civil right)[163]. **34**

Das **Auslieferungsverfahren** betrifft als solches nicht die Entscheidung über die Stichhaltigkeit einer strafrechtlichen Anklage[164]; darüber wird in dem Verfahren entschieden, für das ausgeliefert wird. **35**

---

154 Für die spätere Entscheidung über den Antrag des Eingewiesenen auf Aufhebung der Maßnahme hat EKMR EuGRZ **1988** 507 die Anwendbarkeit des Art. 6 MRK verneint (weder Entscheidung über Anklage noch über „civil right").

155 *Guradze* 9; IntKommEMRK/*Vogler* 245.

156 EGMR EuGRZ **1988** 513 (AGOSI), ob „civil rights" betroffen waren, wurde nicht geprüft.

157 Vgl. Rdn. 13; 28.

158 EKMR ÖJZ **1990** 126; BVerwG NJW **1983** 531; NVwZ **1990** 373; *Frowein/Peukert* 20; *Guradze* 10; *Nowak* 13; *Vogler* ZStW **89** (1977) 776; schweiz. BGer. EuGRZ **1984** 323 (Ausschluß eines Studenten für ein Semester).

159 Die vom EGMR entwickelten drei Kriterien (Einordnung im nationalen Recht, punitive Natur des Tatbestandes unter Berücksichtigung von Zweck und Gewicht der Sanktion, Schwere der Sanktion als solche) werden auch hier für die Abgrenzung herangezogen, vgl. *Frowein/Peukert* 36 ff; IntKommEMRK-*Vogler* 230; *Meyer-Ladewig* 18.

160 EGMR 8.6.1976 Engel u.a./NdL (EuGRZ **1976** 221: Androhung von 14 Tagen strengen Arrests, nicht bei 2 Tagen); 28.6.1984 Campbell, Fell/GB EuGRZ **1985** 538: Verwirkung von 570 Tagen des Reststrafenerlasses).

161 EGMR 22.5.1990 Weber/CH (EuGRZ **1990** 265); vgl. auch 14.11.2000 T/Ö (ÖJZ **2001** 398 Mutwillensstrafe, die ohne mündl. Verhandlung in Freiheitsstrafe umgewandelt werden konnte; vgl. Rdn. 30); *Frowein/Peukert* 36 ff; IntKommEMRK-*Vogler* 230.

162 *Guradze* 10; IntKommEMRK-*Vogler* 231; *Partsch* 146, der den Ausschluß dieser für den Betroffenen schwerwiegenden Verfahren von den Verfahrensgarantien für schwer verständlich hält. Vgl. auch östr. VfGH EuGRZ **1988** 173 (Disziplinarverfahren nach Apothekenkammergesetz), dazu *Merei* ZaöRV **48** (1988) 251; schweiz.BGer EuGRZ **2003** 612.

163 Schweiz.BGer EuGRZ **2003** 612; vielfach hält es der EGMR für ausreichend, wenn der Anwendungsbereich des Art. 6 Abs. 1 auf Grund einer der beiden Gruppen sicher feststeht, so etwa EGMR 23.6.1981 Le Compte u.a./Belg (EuGRZ **1981** 551); 26.9.1995 Diennet/F (ÖJZ **1996** 115); *Grabenwarter* § 24 Rdn. 15 (der aber Schwere der Sanktion bejaht); IntKommEMRK-*Vogler* 232; vgl. Rdn. 22.

164 EGMR 5.10.2000 Maaouia/F (ECHR 2000-X); 11.7.2001 Aronica/D (EuGRZ **2002** 514) EKMR nach *Frowein/Peukert* 52; *Meyer-Goßner*[47] 1; IntKommEMRK-*Vogler* 247; SK-StPO-*Paeffgen* 38; *Vogler* ZStW **82** (1970) 743.

36 **Exequaturverfahren**, in denen über die inländische Vollstreckung der in einem anderen Staat rechtskräftig festgesetzten Strafe entschieden wird, gehören dem Strafrecht an, sind also keine Entscheidungen über „zivile Ansprüche", sie betreffen aber auch nicht die Stichhaltigkeit einer Anklage als solche[165], denn über diese ist bereits rechtskräftig entschieden. Das **Verfahren nach dem ehem. RHG** entschied zwar konstitutiv über die Vollstreckung, es war aber keine Entscheidung über die bereits rechtskräftig abgeurteilte Anklage als solche, sondern nur über die für die innerstaatliche Anerkennung und Vollstreckung notwendige Nachprüfung ihrer Rechtsstaatlichkeit[166].

37 **Verfahren** im Rahmen der Strafverfolgung, die nicht die **Entscheidung über die Anklage selbst zum Gegenstand** haben, wie etwa das Beschwerdeverfahren gegen **prozeßleitende Anordnungen**[167] oder die unter Art. 5 MRK, Art. 9 IPBPR fallenden Verfahren zur Prüfung einer **Verhaftung**[168], werden nicht von Art. 6 MRK, Art. 14 IPBPR erfaßt. Das Verfahren betrifft auch nicht mehr die strafrechtliche Anklage, wenn Rechte, die durch die strafrichterliche Entscheidung selbst nicht entzogen worden sind, in einer durch sie ausgelösten **administrativen Maßnahme** entzogen werden[169].

38 **c)** In welchem staatlichen Akt die **„strafrechtliche Anklage"** liegt, wird ebenfalls **autonom** vom Schutzzweck dieser Konventionsgarantie her ausgelegt und nicht im Sinne der förmlichen Anklageerhebung nach dem jeweiligen nationalen Recht. Der Zweck, eine effektive Verteidigung zu gewährleisten, erfordert eine **materielle Auslegung**, die auch schon vor der förmlichen Anklage bei einem Gericht die Verfahrensgarantien der Art. 6 MRK, Art. 14 IPBPR eingreifen läßt, wenn der Beschuldigte durch einen staatlichen Akt die Kenntnis erhält, daß gegen ihn wegen des Verdachts einer Straftat ermittelt wird. Welcher Akt dafür ausreicht, orientiert sich an den Gegebenheiten des jeweiligen Verfahrens und der Auswirkung auf die Lage des Beschuldigten[170]. Von diesem Zeitpunkt an greifen die Verfahrensgarantien zugunsten des Beschuldigten ein, vor allem beginnt von diesem Zeitpunkt an der Anspruch auf gerichtliche Entscheidung in angemessener Frist[171].

39 **Anklage** in diesem Sinn ist daher jede offizielle Mitteilung der zuständigen Behörde, aus der der Betroffene ersehen kann, daß gegen ihn eine Anschuldigung vorliegt und daß die Behörde wegen des Verdachts einer strafbaren Handlung gegen ihn ermittelt[172], etwa seine Einvernahme als Beschuldigter. Unter Umständen können auch andere behördliche Maßnahmen genügen, aus denen der Beschuldigte dies ersehen kann, sofern diese Maßnahmen den Betroffenen in seiner Rechtsstellung ebenso beeinträchtigen, wie

---

165 IntKommEMRK-*Vogler* 255; 256.

166 Strittig, verneinend EKMR in ständ. Rspr., *Frowein/Peukert* 36; dazu *Vasak* ROW **1961** 107; verneinend ferner IntKommEMRK-*Vogler* 253; *Partsch* 148, Fußn. 468; *Vogler* ZStW **82** (1970) 765; bejahend *Guradze* 11; je mit weit. Nachw. Vgl. LR-*K. Schäfer*, 23.A. Vor § 1 RHG, 7 ff.

167 IntKommEMRK-*Vogler* 217.

168 EGMR 27.6.1968 Neumeister/Ö (EuGRZ **1975** 393); 10.11.1969 Matznetter/Ö (Series A 10); *Grabenwarter* § 24 Rdn. 18; IntKommEMRK-*Vogler* 183; 202; 210; vgl. Art. 5 MRK Rdn. 4; **a. A** SK-StPO-*Paeffgen* 44.

169 Östr. VfGH EuGRZ **1990** 186.

170 EGMR 8.6.1976 Engel u.a./NdL (EuGRZ **1976** 221); 27.1.1980 Deweer/Belg (EuGRZ **1980** 667); 26.3.1998 Adolf/Ö (EuGRZ **1982** 297); 21.2.1984 Öztürk/D (NJW **1985** 1273); 28.6.1984 Campbell, Fell/GB (EuGRZ **1985** 534); 10.12.1982 Corigliano/I (EuGRZ **1985** 585); 19.12.1989 Brozicek/I (Series A 167); östr. VfGH EuGRZ **1990** 158; IntKommEMRK-*Vogler* 191; vgl. Absatz 3 Buchst. a; Rdn. 163.

171 Vgl. etwa EGMR 27.6.1968 Neumeister/Ö (EuGRZ **1975** 393); *Vogler* ZStW **89** (1977) 775; weit. Nachw. in den nachfolgenden Fußn. und Rdn. 81 ff.

172 EGMR 27.1.1980 Deweer/Belg (EuGRZ **1980** 667); 10.12.1982 Foti (NJW **1986** 647); *Frowein/Peukert* 35 ff; IntKommEMRK-*Vogler* 202; *Meyer-Ladewig* 14; *Nowak* 14; *Peukert* EuGRZ **1979** 270; SK-StPO-*Paeffgen* 39 *Schroth* EuGRZ **1985** 558; *Ulsamer* FS Zeidler 1813; vgl. auch Rdn. 81.

eine offizielle Mitteilung[173]; vor allem gilt dies für die **Festnahme** wegen des Verdachts einer Straftat[174] oder eine **Durchsuchung.** Unerheblich ist dabei, ob es sich um ein Delikt handelt, dessen Verfolgung von einem Strafantrag abhängt[175] und ob die formelle Anklageerhebung letztlich wegen Geringfügigkeit oder aus anderen Gründen unterbleibt[176]. Der Eingang einer **Strafanzeige** ist noch keine Anklage, auch Ermittlungen zur **Klärung des Anfangsverdachtes** haben in der Regel noch nicht das erforderliche Gewicht.

Keine strafrechtlichen Anklagen sind die Einleitung eines Verfahrens zur Aufhebung der **parlamentarischen Immunität** für Zwecke der Strafverfolgung oder die Einsetzung eines **parlamentarischen Untersuchungsausschusses**, der die Frage einer Anklageerhebung prüfen soll[177]. Keine strafrechtliche Anklage liegt in Verwaltungsentscheidungen, die jemandem im Hinblick auf eine von ihm begangene Straftat Beschränkungen auferlegen, wie Beschränkungen der Berufsausübung[178] oder Beschränkungen, die der Verhütung künftiger Straftaten dienen[179]. **40**

Bis zu seiner **rechtskräftigen Erledigung** hat ein Strafverfahren die **Stichhaltigkeit der Anklage** zum Gegenstand, also nicht etwa nur bis zur Rechtskraft des Schuldspruchs. Die Garantien des Art. 6 MRK, Art. 14 IPBPR schließen die rechtskräftige Festsetzung der Rechtsfolgen mit ein. Sie gelten auch in einem auf den Rechtsfolgenausspruch beschränkten Rechtsmittelverfahren[180] – auch für das Revisionsverfahren[181] – und für die nachträgliche Bildung einer Gesamtstrafe im Beschlußwege[182]. Entscheidungen, die erst **nach Rechtskraft der Verurteilung** anfallen, betreffen dagegen nicht mehr die Stichhaltigkeit der Anklage. Dies gilt etwa für Verfahren, die den **Widerruf der Strafaussetzung** oder die **Strafvollstreckung**[183] oder die Kostenfestsetzung[184] zum Gegenstand haben oder die im **Gnadenverfahren** ergehen[185]. Verfahren, die die erneute Durchführung eines rechtskräftig abgeschlossenen Strafverfahrens betreffen, wie etwa das Verfahren zur Prüfung der Begründetheit eines **Wiederaufnahmeantrags,** fallen nicht darunter[186], wohl aber das Verfahren, in dem nach der Wiederaufnahme erneut über die Stichhaltigkeit der Anklage entschieden wird[187]. Zu dem nicht garantierten Recht auf Wiederaufnahme vgl. Art. 13 MRK Rdn. 18. **41**

---

173 EGMR 21.2.1984 Öztürk/D (NJW **1985** 62); 15.7.1982 Eckle/D (EuGRZ **1983** 371); *Frowein/Peukert* 48; *Grabenwarter* § 24 Rdn. 17; je mit weit. Nachw. vgl. zum Meinungsstand auch SK-StPO/*Paeffgen* 40, 41; ferner auch Rdn. 81.

174 *Frowein/Peukert* 48; IntKommEMRK-*Vogler* 204; vgl. EGMR 27.6.1968 Wemhof/D (JR **1968** 463); 27.6.1968 Neumeister/Ö (EuGRZ **1975** 393); 16.7.1971 Ringeisen/Ö (EuGRZ **1976** 232); *Peukert* EuGRZ **1979** 270.

175 EGMR 25.3.1983 Minelli/CH (EuGRZ **1983** 475); *Frowein/Peukert* 48.

176 EGMR 27.1.1980 Deweer/Belg (EuGRZ **1980** 667); 26.3.1982 Adolf/Ö (EuGRZ **1982** 297); 25.3.1983 Minelli/CH (EuGRZ **1983** 475); *Frowein/Peukert* 30; IntKommEMRK-*Vogler* 207.

177 IntKommEMRK-*Vogler* 208.

178 Vgl. etwa EKMR bei *Bleckmann* EuGRZ **1982** 532 (Kaplan: Verbot, Versicherungsverträge abzuschließen).

179 Vgl. EKMR bei *Bleckmann* EuGRZ **1981** 95 (Eintragung von Eltern in ein besonderes Überwachungsregister zur Verhütung von Kindsmißhandlungen).

180 *Vogler* ZStW **89** (1977) 776.

181 IntKommEMRK-*Vogler* 214.

182 EGMR 15.7.1982 Eckle/D (EuGRZ **1983** 371); *Frowein/Peukert* 49; 100; IntKommEMRK-*Vogler* 226 ff; IntKommEMRK-*Miehsler/Vogler* 316; SK-StPO-*Paeffgen* 45; **a.A** EKMR (nach Rechtskraft kein Schutzbedürfnis mehr, dazu IntKommEMRK-*Vogler* 226).

183 EKMR bei *Frowein/Peukert* 52; IntKommEMRK-*Vogler* 182; 218; 219; SK-StPO-*Paeffgen* 42.

184 IntKommEMRK-*Miehsler/Vogler* 314.

185 *Guradze* 11; IntKommEMRK-*Vogler* 183; 219; SK-StPO-*Paeffgen* 42; *Vogler* ZStW **82** (1970) 764.

186 EGMR 6.6.2003 Fischer/Ö (ÖJZ **2003** 815) mit weit. Nachw.

187 **H.M,** etwa EKRM bei *Bleckmann* EuGRZ **1981** 95; ÖJZ **1990** 216; *Guradze* 11; IntKommEMRK-*Vogler* 221; SK-StPO-*Paeffgen* 45. *Vogler* ZStW **89** (1977) 777.

III. Recht auf Entscheidung durch ein Gericht

42 1. **Das Recht auf gerichtliche Entscheidung,** also der **Zugang zu einem Gericht** (Tribunal), wird durch Art. 6 Abs. 1 MRK, Art. 14 Abs. 1 IPBPR jedem garantiert, dessen Ansprüche oder Verpflichtungen aus seinem Privatbereich streitig sind[188] oder gegen den eine strafrechtliche Anklage erhoben ist[189]. In diesen Fällen muß jeder Betroffene die Möglichkeit haben, die Entscheidung eines unabhängigen Gerichts herbeizuführen[190], das über seine Sache nach Rechtsgrundsätzen in einem mit den erforderlichen Rechtsgarantien ausgestatteten Verfahren[191] selbst entscheidet. Dabei ist nicht notwendig, daß das nationale Recht eine gerichtliche Entscheidung in jedem Fall zwingend vorsieht, der Betroffene muß aber die **Möglichkeit** haben, nach seiner eigenen freien Willensentscheidung zur Wahrung seiner Rechte eine gerichtliche Entscheidung herbeizuführen, die auf der Grundlage eines Verfahrens ergeht, in dem er seine ihm durch die Konventionen verbürgten Verfahrensrechte ausüben kann, wie etwa durch Einspruch gegen einen **Strafbefehl**[192] oder einen **Bußgeldbescheid**[193]. Wenn die jeweilige Verfahrensordnung dies zuläßt, kann er auch auf sein Recht auf Durchführung eines vollen Verfahrens verzichten[194]. Der nationale Gesetzgeber ist ferner nicht gehindert, der Anrufung des Gerichts ein **anderes Verfahren vorzuschalten**, etwa vor einer Verwaltungsbehörde[195]. Er darf aber nicht die Entscheidung über Einleitung und Führung des gerichtlichen Verfahrens an das Ermessen einer anderen Stelle binden[196].

43 Die **Ausgestaltung des Zugangs zu Gericht** ist dem nationalen Recht überlassen. Es ist grundsätzlich Sache des jeweiligen Staates, welche Möglichkeiten des gerichtlichen Rechtsschutzes er vorsehen und in welcher Form er den effektiven Zugang zu Gericht für jedermann gewährleisten will[197]. Die Konventionen fordern keine bestimmte Art der Regelung, sondern nur, daß die Gesamtschau aller Regelungen ergibt, daß das Recht auf Schutz der eigenen Rechte durch ein Gericht in den oben genannten Bereichen auch **tatsächlich wirksam** ausgeübt werden kann[198]. Diese Voraussetzung kann in ihrem **Wesensgehalt verletzt** sein, wenn das nationale Recht den Zugang ohne legitimen Grund versagt oder unverhältnismäßig erschwert, so etwa, wenn einer religiösen Gruppierung die bisher stets anerkannte Befugnis, zur Wahrung ihrer Rechte ein Gericht anzurufen, unter Hinweis auf ihre mangelnde Rechtspersönlichkeit plötzlich völlig versagt wird[199]. Auch Eingriffe des Gesetzgebers können den garantierten Zugang zum Gericht beeinträchtigen, wenn sie zum Ziele haben, die gerichtliche Entscheidung eines Rechtsstreites zu Gunsten des als Partei daran beteiligten Staates rückwirkend zu beeinflussen[200], nicht aber, wenn sie zum Ziele haben, im Allgemeininteresse Fragen rückwirkend allgemein zu

---

188 EGMR ständ. Rspr. etwa EGMR 21.2.1975 Golder/GB (EuGRZ **1975** 91); 23.9.1982 Sporrong, Lönnroth/Schwed (EuGRZ **1983** 523); Waite & Kennedy/D (EuGRZ **1999** 207); ferner etwa EKMR NJW **1989** 579. *Frowein/Peukert* 53; *Meyer-Ladewig* 18, und zur Entwicklung IntKommEMRK-*Miehsler/Vogler* 257 ff; 266.

189 Vgl. *Grabenwarter* § 24 Rdn. 19 („Organisationsgarantie").

190 Zur Entwicklung des Zugangsrechts SK-StPO-*Paeffgen* 65; wegen der Einzelheiten vgl. Rdn. 43 ff.

191 Vgl. Rdn. 49.

192 EGMR 29.10.1991 Hennings/D (EuGRZ **1993** 68); EKMR ÖJZ **1992** 421 (Strafverfügung); *Esser* 610; IntKommEMRK-*Miehsler/Vogler* 241 ff.

193 EGMR EuGRZ **1980** 667 (Deweer); *Frowein/Peukert* 50; *Vogler* ZStW **82** (1970) 767.

194 EGMR 27.2.1980 Deweer/Belg (EuGRZ **1980** 667).

195 EGMR 26.3.1981 Le Compte u.a./Belg (EuGRZ **1981** 551); 21.2.1984 Öztürk/D (NJW **1985** 1273); 28.5.1985 Ashingdane/GB (EuGRZ **1986** 8); 4.7.2002 L & E Weh/Ö (ÖJZ **2002** 736); *Frowein/Peukert* 61; SK-StPO-*Paeffgen* 65.

196 EKMR EuGRZ **1991** 298.

197 IntKommEMRK-*Miehsler/Vogler* 273 ff.

198 IntKommEMRK-*Miehsler/Vogler* 342.

199 EGMR 16.12.1997 Katholische Kirche von Kania/Griech (ÖJZ **1998** 750).

200 Etwa EGMR 9.12.1994 Stran Griechische Raffinerien u.a./Griech. (ÖJZ **1995** 432).

lösen[201]. Das Recht auf wirksamen gerichtlichen Schutz umfaßt auch das **Vollstreckungsverfahren,** das zur Durchsetzung einer vom Betroffenen erzielten günstigen Entscheidung notwendig werden kann[202]. Die Verweigerung oder Verzögerung der Durchsetzung einer gerichtlichen Entscheidung über die Zeit hinaus, die nach der jeweiligen Sachlage von den nationalen Behörden für deren Umsetzung erforderlich ist, verletzt ebenfalls das Recht auf effektiven gerichtlichen Schutz; dieser wäre für den Betroffenen ohne die Möglichkeit einer Durchsetzung des erlangte Entscheidung illusorisch[203].

Schranken für die Ausübung dieses Rechts sind zulässig, sofern sie dem legitimen Ziel der Ordnung der Rechtspflege dienen, in einem vernünftigen Verhältnis zum angestrebten Ziele stehen und nicht die **eigentliche Substanz des Rechts** in Frage stellen[204]. So sind die Staaten nicht gehindert, die **Verjährung**[205] zu regeln oder den Zugang zu Gericht an bestimmte **Formen und Fristen** zu binden[206] und von **sonstigen Voraussetzungen** abhängig zu machen, die dem Interesse einer geordneten Rechtspflege dienen, wie etwa die Pflicht zur Bündelung von Klagen[207] oder etwa der Anwaltszwang oder die Angabe einer Zustelladresse oder die Leistung einer Prozeßkostensicherheit[208] oder auch eine mäßige Mißbrauchsgebühr[209]. Dies gilt auch, wenn der Zugang zu den Höchstgerichten an spezielle Anforderungen, wie die Einschaltung spezieller Anwälte, gebunden wird[210]. Zulässig ist grundsätzlich auch, daß der Zugang zu Gericht von der vorherigen Entrichtung von **Gerichtskosten** abhängig gemacht wird[211]; jedoch darf dadurch der Zugang zu Gericht weder faktisch verhindert noch unverhältnismäßig erschwert werden[212]. Das nationale Recht muß durch geeignete Maßnahmen, wie etwa Bewilligung von **Stundung** oder **Prozeßkostenhilfe** dafür sorgen, daß jeder wegen der Beeinträchtigung seiner privaten Rechte die Gerichte unabhängig von seiner finanziellen Leistungsfähigkeit anrufen kann[213], dies schließt die Befugnis zur Ablehnung in aussichtslosen Fällen nicht aus[214]. Im übrigen dürfen alle Einschränkungen des nationalen Rechts nicht ohne sachliche Rechtfertigung und vor allem nicht unter Verletzung des Grundsatzes der Gleichheit aller Menschen vor Gericht[215] **diskriminierend** gegen einzelne Personengruppen (Aus- 44

[201] EGMR 20.2.2003 Forrer-Niedenthal/D (NJW **2004** 927).

[202] EGMR 12.12.2002 Kalogeropoulos u. a./Griech, D (NJW **2004** 273).

[203] EGMR 19.3.1997 Hornsby/Griech (ÖJZ **1998** 236); 12.12.2002 Kalogeropoulos/Griech, D (NJW **2004** 373); *Meyer-Ladewig* 25; SK-StPO-*Paeffgen* 66. Vgl. auch EGMR 11.9.2003 Emsenhuber/Ö (ÖJZ **2004** 396), wo ein Verstoß verneint wurde, da Bf mehrere Möglichkeiten zur Realisierung der durch die Entscheidung – Verweigerung der Baugenehmigung für Nachbarn – erlangten Rechtsposition hatte.

[204] *Grabenwarter* § 24 Rdn. 34 ff; vgl. etwa unzulässige Beschränkung durch Gefängnisverwaltung EGMR 21.2.1975 Golder/GB (EuGRZ **1975** 91); 28.6.1984 Campbell; Fell/GB (EuGRZ **1985** 535); 25.3.1983 Silver/GB (EuGRZ **1984** 147); ferner Bindung der Honorarklage an Berufsverband, EGMR 27.8.1991 Philis/Griech (EuGRZ **1991** 355) oder Verneinung einer bisher stets anerkannten Klagebefugnis; EGMR 16.12.1997 Katholische Kirche von Kania/Griech (ÖJZ **1998** 750); 19.6.2001 Kreuz/Pol (ÖJZ **2002** 693: unangemessen hohe Gebühren); ferner etwa EGMR 28.5.1985 Ashingdane/GB (NJW **1986** 2173); EKMR bei *Bleckmann* EuGRZ **1983** 418; 419; *Frowein/Peukert* 53 ff; 59 ff; *Meyer-Ladewig* 21.

[205] EGMR 22.10.1996 Stubbings u.a./GB (ÖJZ **1997** 436).

[206] *Esser* 611 ff, *Frowein/Peukert* 65; *Meyer-Ladewig* 22.

[207] Vgl. EGMR 8.7.1986 Lithgow/GB (EuGRZ **1988** 350).

[208] Vgl. etwa EGMR 13.7.1995 Tolstoy-Miloslawsky GB (ÖJZ **1995** 949); *Frowein/Peukert* 65; IntKomm-EMRK-*Miehsler/Vogler* 279.

[209] *Frowein/Peukert* 63.

[210] EGMR 26.7.2002 Meftah/F (ÖJZ **2003** 732 für franz. KassGH unter Hinweis auf Europarecht).

[211] EGMR 10.5.2001 Z u.a./GB (Rep. 2000-V); *Meyer-Ladewig* 20.

[212] *Meyer-Ladewig* 21; vgl. nachf. Fußn. ferner etwa BVerfG NJW **1992** 1673 zur Verhältnismäßigkeit einer Gebühr.

[213] Vgl. EGMR 13.7.1995 Tolstoy-Miloslawsky/GB (ÖJZ **1995** 494): 19.6.2001 Kreuz/Pol (ÖJZ **2002** 693), *Frowein/Peukert* 54.

[214] EKMR ÖJZ **1993** 141; 463.

[215] Art. 14 Abs. 1 Satz 1 IPBPR, vgl. Rdn. 56; ferner Art. 14 MRK Rdn. 4; 20.

länder, Ehefrauen[216] usw.) vorgesehen werden. Die Staaten haben bei solchen Regelungen einen gewissen Ermessensspielraum[217]. Für **Minderjährige oder Geisteskranke**[218] kann im Interesse einer geordneten Rechtspflege der unmittelbare Zugang zum Gericht beschränkt werden. Aus **Gründen der Staatssicherheit**[219] sind ebenfalls Einschränkungen zulässig; der Zweck der Rechtsweggarantie muß dann durch andere Maßnahmen gewahrt werden[220].

44a Alle **nationalen Zugangsvoraussetzungen** müssen im Bereich dessen liegen, was dem vom jeweiligen Verfahrensgegenstand betroffenen Personenkreis **möglich und zumutbar** ist. Der Zugang zu Gericht darf den Betroffenen weder im Einzelfall durch Maßnahmen staatlicher Behörden verwehrt[221] noch generell durch Regelungen in sachlich ungerechtfertigter Weise erschwert werden[222], etwa durch formelle oder materielle Anforderungen, die keinen legitimen Zweck verfolgen oder außerhalb eines vernünftigen Verhältnisses zu dem mit ihnen verfolgten Verfahrenszweck stehen[223]. Werden zulässigerweise bestimmte **Fristen** für die Anrufung des Gerichts vorgeschrieben, muß bei Fristversäumung auf Grund ungewöhnlicher und dem Betroffenen nicht anzulastender Umstände diesem die **Wiedereinsetzung** oder ein anderer auf das gleiche Ziel gerichteter Rechtsbehelf diesem den Zugang zu Gericht eröffnen[224]. Besteht **Anwaltszwang** oder ist ein kompliziertes Verfahren vorgesehen, das den einzelnen überfordert, müssen die Schwierigkeiten durch staatliche Hilfe kompensiert werden, etwa, daß durch Gewährung von **Prozeßkostenhilfe** einer mittellosen Partei die Inanspruchnahme eines Anwalts ermöglicht wird[225]. Dies ist aber nur ein möglicher Weg zur Überwindung von Zugangshindernissen, das nationale Recht kann dies auch anderweitig ermöglichen[226]. Eine generelle Pflicht zu bestimmten Formen von Zugangshilfen begründen die Konventionen bei „civil rights" nicht. Nur für die Entscheidungen über strafrechtliche Anklagen stellen Art. 6 Abs. 3 Buchst. c, e MRK, Art. 14 Abs. 3 Buchst. d, f IPBPR auch insoweit Mindestanforderungen auf[227].

45 Die absolute **Immunität** vor zivilrechtlichen Klagen und strafgerichtlicher Verfolgung, die in vielen Staaten den **Abgeordneten** für ihre Äußerungen im Parlament gewährt wird, dient dem legitimen Ziel des Schutzes der freien Rede im Parlament und der Aufrechterhaltung der Gewaltentrennung zwischen Gesetzgebung und Gerichtsbarkeit und verstößt daher nicht gegen Art. 6 Abs. 1 MRK[228]. Auch innerstaatliche Regelungen, die die Wahrnehmung bestimmter Kontrollaufgaben von der gerichtlichen Kontrolle freistellen, sind mit Art. 6 MRK vereinbar[229]. Der **Ausschluß von Klagen** in der Bundesrepublik gegen im Ausland als Folge des zweiten Weltkriegs durchgeführte Enteignungsmaßnahmen auf Grund des Überleitungsvertrages wurde vom EGMR als mit der MRK ver-

---

216 Vgl. UN-AMR EuGRZ **1989** 124 mit Anm. *Tomuschat* (Klage nur mit Zustimmung des Ehemannes).

217 *Frowein/Peukert* 59 ff mit Beispielen aus der Rspr.

218 Vgl. EGMR 21.2.1975 Golder/GB (EuGRZ **1975** 91); EKMR EuGRZ **1994** 392, *Frowein/Peukert* 59; vgl. aber auch EGMR 24.10.1979 Winterwerp/Ndl (EuGRZ **1979** 650).

219 EGMR 6.9.1978 Klass/D (NJW **1979** 1755); *Frowein/Peukert* 64; IntKommEMRK-*Vogler* 104.

220 IntKommEMRK-*Vogler* 104.

221 EGMR 21.2.1975 Golder/GB (EuGRZ **1975** 91).

222 *Frowein/Peukert* 37 ff.

223 Vgl. EGMR 9.10.1997 Airey/Irl (EuGRZ **1979** 626), 10.7.1998 McElduff u.a./GB (Rep. 1998 IV); 19.6.2001 Kreuz/Pol (ÖJZ **2002** 693); *Meyer-Ladewig* 21.

224 Vgl. *Meyer-Ladewig* 22 unter Hinweis auf EGMR 26.10.2000 Leoni/I; 6.12.2001 Tsironis/Griech.

225 EGMR 9.10.1997 Airey/Irl (EuGRZ **1979** 626); *Meyer-Ladewig* 23.

226 Vgl. *Meyer-Ladewig* 23.

227 EGMR 9.10.1997 Airey/Irl (EuGRZ **1979** 626); vgl. *Frowein/Peukert* 36 ff; 51 ff; IntKommEMRK-*Miehsler/Vogler* 184, 274.

228 EGMR 17.12.2002 A/GB (ÖJZ **2004** 353); *Grabenwarter* § 24 Rdn. 36; *Matscher* ÖJZ **1980** 20; SK-StPO-*Paeffgen* 66.

229 Vgl. EGMR 21.9.1994 Fayed/GB (ÖJZ **1995** 436: Bericht von Staat eingesetzter unabhängiger Kontrolleure über bestimmte Wirtschaftstätigkeiten); *Grabenwarter* § 24 Rdn. 36.

einbar angesehen[230]. Unvereinbar mit Art. 6 Abs. 1 ist jedoch, daß Ansprüche wegen terroristischer Taten „bis zum Erlaß neuer Gesetze" jahrelang ausgesetzt wurden[231].

Inhärente Beschränkungen der Anrufung des Gerichts, wie sie sich etwa traditionell aus dem **Völkerrecht** oder dem **Staatsrecht** ergeben, sind mit den Konventionsgarantien vereinbar, da die Konventionen von ihrer Zielsetzung her insoweit die allgemein anerkannten Regeln des Völkerrechts nicht ändern wollten[232]. Sie schließen daher die völkerrechtliche **Immunität eines Staates** für hoheitsrechtliches Handeln (acta iure imperii)[233] oder auch vor sonstigen Klagen in einem anderen Staat[234] nicht aus, desgleichen nicht, daß die Vollstreckung in das im eigenen Staat belegene Vermögen eines anderen Staates von der Zustimmung einer nationalen Stelle abhängig gemacht und von dieser verweigert wird[235]. In der Verweigerung der kraft Gesetzes erforderlichen Zustimmung des griechischen Justizministers zur Vollstreckung eines Urteils auf Zahlung von Schadensersatz gegen die Bundesrepublik Deutschland wurde kein unverhältnismäßiger Eingriff gesehen, weil er den allgemein anerkannten Grundsätzen des Völkerrechts über die Staatenimmunität entspricht[236]. Unangetastet bleibt auch die **Immunität**, die **internationalen Organisationen** oder im Ausland operierenden Truppenteilen und ihren Angehörigen völkervertraglich eingeräumt worden ist[237]. Desgleichen wird durch Art. 6 MRK, Art. 14 IPBPR **diplomatische Immunität** nicht ausgeschlossen, die bestimmten Personen, wie Angehörigen des diplomatischen oder konsularischen Korps oder Staatsoberhäuptern mit unterschiedlichem Inhalt[238] zuerkannt wird[239]. **46**

Einen **Instanzenzug** garantiert Art. 6 MRK nicht[240], während Art. 14 Abs. 5 IPBPR dies jedem zusichert, der wegen einer strafbaren Handlung verurteilt worden ist[241]. Räumt das nationale Recht aber Rechtsmittel ein, kann es die Anrufung des Rechtsmittelgerichts an besondere Zulässigkeitsvoraussetzungen knüpfen und auch seine Prüfungskompetenz beschränken, wie etwa auf Rechtsfragen bei der Revision oder bei einem Kassationsgericht[242]. Soweit ein Zugang eröffnet ist, muß er und das durch ihn ausgelöste Verfahren grundsätzlich den Anforderungen der MRK genügen; dies gilt auch für die Anfechtungsfristen[243]. Eine mündliche Verhandlung ist nicht unbedingt erforderlich, wenn eine solche in der Vorinstanz stattfand und nur noch über Rechts- **47**

230 EGMR 12.7.2001 Fürst Hans Adam II von und zu Liechtenstein/D (EuGRZ **2001** 466 mit zustimmenden Sondervoten), dazu kritisch *Fahrenhorst* EuGRZ **2001** 459; *Blumenwitz* AVR **40** (2002) 215.

231 *Meyer-Ladewig* 21 unter Hinweis auf EGMR 1.3.2002 Kutik/Kroatien.

232 Dies zeigen Art. 51 MRK, der für die Richter des EGMR ebensolche Vorrechte und Immunitäten vorsieht, sowie das Europäische Übereinkommen über die am Verfahren vor dem EGMR teilnehmenden Personen vom 23.20.1996 (BGBl. II 2001 S. 359), dazu Anhang Rdn. 20 ff.

233 EGMR 21.11.2001 McElhinney/Irl(EuGRZ **2002** 416: Keine Überschreitung des Einschätzungsermessens durch Anerkennung der Staatenimmunität), dazu Anm. *Maierhöfer* EuGRZ **2002** 391; vgl. *Frowein/Peukert* 62; *Grabenwarter* § 24 Rdn. 36; ferner die nachf. Fußn.

234 EGMR 21.11.2001 Fogarty/GB (EuGRZ **2002** 411); 21.11.2001 Al Adsani/GB (EuGRZ **2002** 403); vgl. dazu *Cremer* AVR **41** (2003) 137; 158 ff; *Tams* AVR **40** (2002) 331 ff (Berufung auf Staatenimmunität auch bei Verstoß gegen völkerrechtliches ius cogens).

235 EGMR 12.12.2002 Kalogeropoulos/Griech, D (NJW **2003** 273: Zustimmung des griechischen Justizministers zur Zwangsvollstreckung in Vermögen der Bundesrepublik in Griechenland).

236 EGMR 12.12.2002 Kalogeropoulos/Griech, D (NJW **2003** 273).

237 EGMR 18.2.1999 Waite & Kennedy/D (NJW **1999** 1173: arbeitsrechtl. Ansprüche gegen ESA); 21.1.2001 McElhinney/Irl. (EuGRZ **2002** 416); *Grabenwarter* § 24 Rdn. 36; *Meyer-Ladewig* 26.

238 Vgl. bei §§ 18 bis 20 GVG.

239 *Frowein/Peukert* 62; *Grabenwarter* § 24 Rdn. 36; IntKommEMRK-*Miehsler/Vogler* 104: 279; *Meyer-Ladewig* 26.

240 *Grabenwarter* § 24, 37.

241 Ebenso Art. 2 des 7. ZP; dem die Bundesrepublik nicht beigetreten ist; vgl. unten Rdn. 261 ff; für einen zweiten Instanzenzug in Strafsachen SK-StPO-*Paeffgen* 68.

242 EGMR 16.10.2001 Eliazer/NdL (ÖJZ **2003** 197); 26.7.2002 Meftah/F (ÖJZ **2003** 732); *Meyer-Ladewig* 28.

243 Vgl. *Meyer-Ladewig* 28.

fragen entschieden wird[244]. Der Zugang zum Rechtsmittelgericht darf nicht in einer Weise beschränkt werden, die mit dem Wesensgehalt des Anfechtungsrechtes unvereinbar ist oder es unverhältnismäßig antastet, so etwa, wenn über eine Kassationsbeschwerde nur verhandelt wird, wenn sich der Angeklagte in Haft nehmen läßt[245]. Soweit ein Gericht **zur Vorlage bei einem anderen Gericht** verpflichtet ist, garantiert Absatz 1 auch den Anspruch auf Befassung dieses Gerichts mit der Vorlegungsfrage, er sichert grundsätzlich den Zugang zu allen nach der nationalen oder internationalen Rechtsordnung zur Entscheidung berufenen Gerichten gegen eine willkürliche Verweigerung. Auch die Verfahrensgarantien müssen gewährleistet sein, vor allem das Gebot eines fairen, die Verteidigungsrechte wahrenden Verfahrens[246].

2. Gericht

48 **a) Allgemein.** Ein **unabhängiges, unparteiisches und auf Gesetz beruhendes Gericht** wird von beiden Konventionen gefordert; Art. 14 Abs. 1 IPBPR verlangt darüber hinaus auch noch, daß es sich um ein **zuständiges** Gericht handeln muß. Ein grundlegender Unterschied zur MRK besteht darin nicht, da die Hervorhebung der Zuständigkeit lediglich eine konkretere Ausformung der von beiden Konventionen geforderten gesetzlichen Festlegung ist, die gewährleisten soll, daß die Gerichte ihre Aufgaben aufgrund genereller Regelungen und damit losgelöst von jeder Zuweisung für den Einzelfall erfüllen[247]. Dies entspricht dem Grundgedanken der Garantie des gesetzlichen Richters nach Art. 101 GG.

49 **b)** Die Begriffe **„Gericht"** und **„Tribunal"** (Art. 6 MRK: „tribunal"; Art. 14 IPBPR: „courts and tribunals", „tribunaux et les cours de justice")[248] werden in beiden Artikeln nicht näher definiert[249]. Die Konventionen verwenden **keinen einheitlichen Begriff** des Gerichts. Sie verstehen ihn – losgelöst von den Bezeichnungen und Strukturen des jeweiligen nationalen Rechts – **autonom** und **funktional von der jeweiligen Aufgabenstellung her**[250]. Es richtet sich nach den am Schutzzweck orientierten materiellen Kriterien, welche nationalen Entscheidungsorgane den Vorgaben genügen, die für ein „Tribunal" nach den Konventionen unerläßlich sind. Der Spruchkörper muß nicht notwendig im Bereich der klassischen ordentlichen Gerichtsbarkeit errichtet und in deren Organisation eingebunden sein. Auch andere auf Gesetz beruhende Spruchkörper können den Anforderungen genügen, selbst wenn sie daneben noch andere Aufgaben haben. Diese anderen Aufgaben dürfen aber nicht die gleiche Angelegenheit betreffen, da sonst die strukturelle Unparteilichkeit anzweifelbar wird[251]. Solche Spruchkörper können im Verwaltungsbereich angesiedelt sein[252] und dort zusätzlich auch Verwaltungsaufgaben wahrneh-

---

[244] Vgl. EGMR 25.9.1992 Pham Hoang/F (EuGRZ **1992** 472); 26.7.2002 Meftah/F (ÖJZ **2003** 732); ferner Rdn. 265 ff.

[245] Etwa EGMR 23.11.1993 Poitrimol/F (ÖJZ **1994** 467); 21.1.1999 van Geyseghem/Belg (NJW **1999** 2352); 13.2.2001 Krombach/F (NJW **2001** 2387) je mit weit. Nachw; aber auch EGMR 16.10.2001 Eliazer/NdL (ÖJZ **2003** 197: mit MRK ist vereinbar, wenn gegen Abwesenheitsurteil nur Widerspruchsverfahren und keine Kassastionsbeschwerde zulässig).

[246] EGMR 21.1.1999 van Geyseghem/Belg (NJW **1999** 2352); 13.2.2001 Krombach/F (NJW **2001** 2387); EKMR NJW **1989** 579; *Frowein/Peukert* 68.

[247] *Nowak* 15.

[248] Art. 14 Abs. 1 Satz 1 IPBPR.

[249] Zu den Begriffen *Esser* 535 ff; IntKommEMRK-*Miehsler/Vogler* 282 ff.

[250] Etwa EGMR 18.6.1971 De Wilde, Ooms & Versyp/Belg (Serie A 12); 29.4.1988 Belilos/CH (EuGRZ **1989** 21); *Grabenwarter* § 24 Rdn. 19, 20; SK-StPO-*Paeffgen* 48.

[251] Vgl. etwa EGMR 28.9.1995 Procola/Lux (ÖJZ **1996** 193, Conseil d'Etat sollte über Rechtmäßigkeit einer Verordnung entscheiden, die mehrere Mitglieder vorher in beratender Funktion geprüft hatten.

[252] Vgl. etwa EGMR 28.6.1984 Campbell & Fell (EuGRZ **1985** 534); 23.4.1987 Ettl u.a./Ö (ÖJZ **1988** 22); andererseits EGMR 22.10.1984 Sramek/Ö (EuGRZ **1985** 336).

men[253] oder sie können bei Standesvertretungen auch mit Berufsangehörigen als Richter gebildet werden[254]. Unerläßlich ist nur, daß ihre **Unabhängigkeit** und **Unparteilichkeit** von den Prozeßparteien erkennbar[255] gesichert ist, was nicht der Fall ist, wenn der Berichterstatter Bediensteter einer Prozeßpartei ist[256] oder wenn in einem militärgerichtlichen Verfahren ein Offizier in einer dem Gericht übergeordneten Stellung mitwirkt[257]. Gericht sind solche besonderen Spruchkörper aber nur, wenn sie in einem **geregelten Verfahren** die Beteiligten hören, ihre Argumente prüfen, den entscheidungserheblichen Sachverhalt feststellen[258] und darüber nach Rechtsgrundsätzen entscheiden[259]. Da die garantierten Verfahrensrechte verzichtbar sind, können sich die Parteien aber auch einem **Schiedsgericht** unterwerfen, das den Anforderungen an ein Gericht nicht entspricht[260].

Eine **hinreichende eigene Entscheidungskompetenz** ist unerläßlich für jedes Tribunal. **50**
Gremien, die lediglich eine **Empfehlung** abgeben, wie eine andere Stelle entscheiden soll, sind kein Gericht, selbst wenn ihre Mitglieder dabei in voller sachlicher und persönlicher Unabhängigkeit tätig werden[261]. Dem Schutzzweck genügt nur eine Einrichtung, die über die **wesentlichen Sach- und Rechtsfragen** nach Recht und Gerechtigkeit **selbst entscheidet**[262]. Bei einer bloßen rechtlichen Nachprüfung der von einer anderen Stelle bindend festgestellten Tatsachen wäre der mit der Einschaltung des Gerichts erstrebte Rechtsschutz nicht voll gegeben[263]. Es kann genügen, wenn das Gericht über die tatsächlichen Grundlagen und die Rechtmäßigkeit einer behördlichen Anordnung einschließlich der Einhaltung der Grenzen des eingeräumten **Ermessens** und seiner mißbrauchsfreien Ausübung selbst entscheidet, während die Zweckmäßigkeit der Ausübung des eingeräumten Ermessens seiner Nachprüfung entzogen ist[264]. Es muß aber immer eine **ausreichende eigene substantielle Überprüfung** der vorgängigen Verwaltungsentscheidung unter dem Blickwinkel der konventionserheblichen Gesichtspunkte möglich sein. Einem Gericht, das nur nachprüfen kann, ob die Behörde „ungesetzlich, unvernünftig oder unfair“ gehandelt hat[265] oder das ein nicht an genaue materielle gesetzliche Vorgaben gebundenes Ermessen hinnehmen muß, fehlt die von Art. 6 Abs. 1 MRK, Art. 14 Abs. 1 IPBPR geforderte umfassende Prüfungskompetenz[266].

253 EGMR 23.6.1981 Le Compte u.a./Belg (EuGRZ **1981** 551); *Esser* 536; vgl. auch vorst. Fußn.

254 Vgl. etwa EGMR 23.6.1981 Le Compte u.a./Belg (EuGRZ **1981** 551); 23.6.1994 De Moor/Belg (ÖJZ **1993** 33: Rat der Standesvertretung der Rechtsanwälte).

255 Die Unparteilichkeit darf schon dem äußeren Anschein nach nicht anzweifelbar sein, dies wurde verneint, wenn Militärrichter in einem staatlichen Gericht mitwirkten, so etwa EGMR 12.3.2003 Öcalan/Türk (EuGRZ **2003** 472; dazu *Breuer* EuGRZ **2003** 449); vgl. *Grabenwarter* § 24 Rdn. 24; *Meyer-Ladewig* 29; ferner Rdn. 54.

256 EGMR 22.10.1984 Sramek/Ö (EuGRZ **1985** 336)

257 EGMR 25.2.1997 Findlay/GB (Rep. 1997-I); *Grabenwarter* § 24 Rdn. 24.

258 Es ist dem nationalen Recht überlassen wie es Notwendigkeit, Form und Art der Beweiserhebung und Beweiswürdigung regeln will, vgl. etwa EGMR 19.4.1994 Van de Hurk/NdL (ÖJZ **1994** 819); 10.7.1998 Sidiropoulos u.a./Griech (ÖJZ **1999** 477); 21.1.1999 Garcia Ruiz/Span (NJW **1999** 2353); 18.6.2002 Wierbicki/Pol (ÖJZ **2003** 656).

259 Vgl. EGMR 23.19.1985 Benthem/NdL (EuGRZ **1986** 299: verneinend für einen als Verwaltungsakt gewerteten königlichen Erlaß).

260 EKMR nach *Peukert* EuGRZ **1980** 269.

261 EGMR 23.19.1985 Benthem/NdL (EuGRZ **1986** 299); *Frowein/Peukert* 55; 124.

262 EGMR 16.7.1971 Ringeisen/Ö (EuGRZ **1976** 236); 22.10.1984 Sramek/Ö (EuGRZ **1985** 336); 19.2.1983 Albert, Le Compte/Belg (EuGRZ **1983** 193); 28.6.1984 Campbell, Fell/GB (EuGRZ **1985** 534); vgl. auch Art. 5 MRK Rdn. 121.

263 EGMR 23.4.1987 Ettl/Ö (ÖJZ **1988** 22); EKMR ÖJZ **1995** 115: *Frowein/Peukert* 55 ff, 124; mit Nachw.; vgl. etwa auch östr. VfGH EuGRZ **1988** 173; 187 (für Kernbereich); **1990** 158.

264 EKMR EuGRZ **1982** 533 (Kaplan); *Frowein/Peukert* 126 ff.

265 EGMR 8.7.1987 W/GB (EuGRZ **1990** 533).

266 EGMR 28.6.1990 Obermeier/Ö (EuGRZ **1990** 209).

51 Unschädlich ist die **Bindung** an die **anderweitige Entscheidung einer Vorfrage,** deren Gegenstand vom Schutzbereich der Art. 6 Abs. 1 MRK, Art. 14 Abs. 1 IPBPR umfaßt wird, wenn das vorangegangene Verfahren des anderen Gerichts oder der Verwaltungsbehörde seinerseits einer diesen Artikeln genügenden Nachprüfung zugänglich war[267]. Der Betroffene muß also in einem vorangegangenen gerichtlichen Verfahren selbst ausreichende Verfahrensrechte gehabt haben, die den Anforderungen der Konventionen entsprechen. An die Ergebnisse eines Verfahrens, zu dem er selbst keinen Zugang hatte, kann er nicht gebunden sein. Gegen eine bindend gewordene **Vorfragenentscheidung der Verwaltungsbehörde** muß ihm der Rechtsweg zu einem unabhängigen Gericht mit einer umfassenden, den Anforderungen des Art. 6 Abs. 1 genügenden eigenen Prüfungskompetenz offen gestanden haben[268].

52 c) Auf **Gesetz beruhend** bedeutet auch hier, daß die Grundlagen für die Errichtung und die Organisation des jeweiligen Spruchkörpers und seine Zuständigkeiten durch Gesetz **generell vorbestimmt** sein müssen; nur so werden die Zugangsmöglichkeiten berechenbar und der Willkür entzogen. Die Errichtung durch eine administrative Anordnung allein genügt in der Regel nicht[269], desgleichen nicht ein nur für den Einzelfall ad hoc eingesetztes Ausnahmegericht[270]. Die Einrichtung von **Spezialgerichten** für besondere Sachgebiete durch Gesetz ist damit nicht unvereinbar, wenn auch insoweit die sachlichen Voraussetzungen für ein Gericht und die Verfahrensgarantien gewahrt werden. Gleiches gilt grundsätzlich auch für Militärgerichte[271]. Die Forderung einer gesetzlichen Grundlage schließt nicht aus, daß innerhalb des gesetzlichen Rahmens auch **untergesetzliche Normen** die erforderlichen zusätzlichen Festlegungen treffen[272]. Wieweit die Rechtsgrundlage außer der Errichtung des Gerichts auch dessen Organisation, Arbeitsweise und Zusammensetzung im Einzelfall abdecken muß, ist bisher weitgehend offengeblieben[273]. Insgesamt dürften die Konventionen eher geringere Anforderungen stellen als die Garantie des gesetzlichen Richters in Art. 101 GG, so daß bei dessen Beachtung auch ihren Anforderungen genügt ist[274].

53 3. **Die Unabhängigkeit** des Gerichts (oder sonstigen Spruchkörpers) muß sowohl in seinem Verhältnis gegenüber anderen Staatsorganen als auch im Verhältnis zu den Parteien oder Betroffenen des Rechtsstreites gewährleistet sein. Das Gericht muß frei von äußeren Beeinflussungen entscheiden können. Seine Mitglieder dürfen weder an Weisungen gebunden noch verpflichtet sein, über ihre Entscheidungen einer anderen Stelle Rechenschaft abzulegen; sie dürfen personell und organisatorisch von keiner anderen

---

[267] EGMR 28.6.1990 Obermeier/Ö (EuGRZ **1990** 209); vgl. *Spitzer* ÖJZ **2003** 55 nicht bei Vorfragen aus nicht von Art. 6 erfaßten Bereichen (Kritik an EGMR 17.12.1996 Terra Woningen BV/Ndl, ÖJZ **1998** 69); *Frowein/Peukert* 124; *Grabenwarter* § 24 Rdn. 26.

[268] EGMR 23.6.1981 Le Compte (EuGRZ **1981** 552); 28.6.1990 Obermeier/Ö (EuGRZ **1990** 209); 17.12.1996 Terra Woningen BV/Ndl (ÖJZ **1998** 69); östr. VfGH EuGRZ **1988** 187.

[269] *Peukert* EuGRZ **1980** 269; *Spitzer* ÖJZ **2003** 55.

[270] IntKommEMRK-*Miehsler/Vogler* 290; *Grabenwarter* § 24 Rdn. 21; vgl. – auch zur Rechtslage in der Bundesrepublik – SK-StPO-*Paeffgen* 64.

[271] Zur Problematik, die bestehen kann, wenn die Unabhängigkeit der Militärrichter nicht gewahrt erscheint, sei es, weil sie der Befehlsgewalt eines auch das Verfahren dominierenden Offiziers unterstanden (EGMR 25.2.1997 Findley/GB – Rep. 1997-I; 26.2.2002 Morris/GB), sei es, weil sie als Militärrichter in einem zivilen Spruchkörper mitwirkten, vgl. EGMR 12.3.2003 Öcalan/Türk (EuGRZ **2003** 472); *Grabenwarter* § 24 Rdn. 21, 24; ferner SK-StPO-*Paeffgen* 64.

[272] Vgl. zur Zulässigkeit eines Ermessensspielraum bei der Prüfung der Entschuldigung der Geschworenen EKMR ÖJZ **1991** 221.

[273] Vgl. *Frowein/Peukert* 123; IntKommEMRK-*Miehsler/Vogler* 293; *Grabenwarter* § 24 Rdn. 21 mit weit. Nachw.

[274] IntKommEMRK-*Miehsler/Vogler* 293.

Stelle abhängig sein[275], dazu gehört auch die rechtliche oder zumindest faktische Unabsetzbarkeit und Unversetzbarkeit während ihrer Amtsperiode[276], die eine gewisse Mindestdauer haben muß[277]. Innerhalb der Amtsperiode dürfen Richter nur auf Grund besonderer und genau festgelegter Umstände absetzbar sein; es genügt, wenn im Regelfall ihre faktische Unabsetzbarkeit in der Staatspraxis anerkannt wird[278]. Maßgebend ist die Gesamtwürdigung ihrer Stellung. Sowohl gegenüber der Öffentlichkeit als auch gegenüber den Betroffenen muß ersichtlich sein, daß ihre Unabhängigkeit bei der Entscheidungsfindung durch nichts in Frage gestellt wird[279]. Ist die Unabhängigkeit genügend gesichert, ist es unschädlich, wenn die Exekutive die Richter ernennt[280]. Nicht erforderlich ist, daß die Richter Berufsrichter oder auf Lebenszeit ernannt sind[281] oder daß sie keine anderen Aufgaben neben ihrem Richteramt ausüben[282]. Die anderen Aufgaben dürfen jedoch nie solcher Art sein, daß sie die persönliche oder sachliche Unabhängigkeit des Gerichts tatsächlich oder aber auch nur dem für das Vertrauen in die Rechtspflege wichtigen äußeren Erscheinungsbild nach[283] in Frage stellen können.

4. Die Unparteilichkeit betrifft an sich die **subjektive Einstellung des Richters**, der ohne Ansehen der Person sachgemäß urteilen muß. Die Unparteilichkeit wird bis zum Beweis des Gegenteils vermutet[284]. Jedes Gericht ist aber verpflichtet, jederzeit zu prüfen, ob es den Anforderungen an ein unparteiisches Tribunal gerecht wird. Dies gilt auch für die an der Entscheidung mitwirkenden Laienrichter[285]. Werden Tatsachen konkret behauptet, die geeignet sind, Zweifel an der Unparteilichkeit eines Richters zu erwecken, muß das Gericht sie überprüfen und gegebenenfalls auch darüber entscheiden[286]. Dies gilt auch für auf Voreingenommenheit hindeutende Bemerkungen eines ehrenamtlichen Richters[287]. Der EGMR hielt es in einem solchen Fall allerdings für aus- **54**

[275] So früher bestimmte Organisationsformen der Militärgerichte in einigen Staaten, vgl. EGMR 25.2.1997 Findley/GB (Rep. 1997 I); 18.2.1999 Cable u.a./GB (EuGRZ **1999** 116); 18.2.1999 Hood/GB (EuGRZ **1999** 117); 12.3.2003 Öcalan/Türk (EuGRZ **2003** 472); *Meyer-Ladewig* 29; *Nowak* 17; *Peukert* EuGRZ **1980** 269. Vgl. auch LR-*Rieß* Einl. I 13 ff und die Nachweise in den nachf. Fußn.

[276] EGMR 8.6.1976 Engel/NdL (EuGRZ **1976** 221); 28.6.1984 Campbell, Fell/GB (EuGRZ **1985** 534); 22.10.1984 Sramek/Ö (EuGRZ **1985** 336).

[277] EGMR 22.10.1984 Sramek/Ö (EuGRZ **1985** 336) sah drei Jahre als ausreichend an; *Grabenwarter* § 24 23 hält regelmäßig eine Amtsdauer von fünf bis sechs Jahren für erforderlich, bei unentgeltlicher Tätigkeit können aber auch kurze Amtsperioden nachvollziehbar zu begründen sein; vgl. *Frowein/Peukert* 126. Zur Richterwahl in der Schweiz vgl. Tagungsbericht von *Pöder* ÖJZ **2004** 380 (Amtsdauer 4 bzw. 6 Jahre)

[278] *Grabenwarter* § 24 Rdn. 23; vgl. dazu die Bedenken bei den Richtern auf Probe bei *Lippold* NJW **1991** 2383.

[279] Vgl. etwa EGMR 26.2.1993 Padovani/I (ÖJZ **1993** 667).

[280] EGMR 22.10.1984 Sramek/Ö (EuGRZ **1985** 336); 28.6.1984 Campbell, Fell/GB (EuGRZ **1985** 534); *Frowein/Peukert* 125.

[281] *Esser* 543.

[282] Vgl. EGMR 1.10.1982 Piersack/B (EuGRZ **1985** 301); *Frowein/Peukert* 126; *Peukert* EuGRZ **1980** 269.

[283] EGMR 28.6.1984 Campbell, Fell/GB (EuGRZ **1985** 534); 22.10.1984 Sramek/Ö (EuGRZ **1985** 336); 29.4.1988 Belilos/CH (EuGRZ **1989** 21: zeitweilige Übertragung richterlicher Aufgaben an einen Juristen im Polizeidienst); vgl. auch EGMR 9.6.1998 Incal/Türk (Rep. 1998-IV); 12.3.2003 Öcalan/Türk (EuGRZ **2003** 472: Mitwirkung eines Militärrichters). Vgl. auch *Villiger* HdB 417: Es genügt dem Art. 6 Abs. 1 MRK, wenn Militärrichter sachlich unabhängig von Weisungen ihrer Vorgesetzten entscheiden.

[284] EGMR 23.6.1981 El Campte u.a./Belg (EuGRZ **1981** 551); 1.10.1982 Piesack/Belg (EuGRZ **1985** 301); 10.2.1983 Albert, El Campte/Belg (EuGRZ **1983** 190); 26.10.1986 De Zuber/Belg (EuGRZ **1985** 407): ständ. Rechtspr. etwa 12.12.2002 Kalogeropoulos/Griech/D (NJW **2002** 273); *Frowein/Peukert* 129; *Grabenwarter* § 24 Rdn. 30; *Meyer-Ladewig* 30; SK-StPO-*Paeffgen* 60.

[285] EGMR 25.11.1993 Holm/Schwed (ÖJZ **1994** 522); 10.6.1996 Pullar/GB (ÖJZ **1996** 874); SK-StPO-*Paeffgen* 60.

[286] Vgl. EGMR 23.4.1996 Remli/F (ÖJZ **1996** 831: Mögliche Befangenheit eines Richters nicht überprüft); *Grabenwarter* § 24 Rdn. 30.

[287] Vgl. EGMR 9.5.2000 Sander/GB (Rep. 2000 V); *Meyer-Ladewig* 32; sowie nachf. Fußn.

reichend, wenn der Richter die ihm intern mitgeteilten Zweifel an der rassistischen Unvoreingenommenheit der Geschworenen dadurch beseitigte, daß er deren Beratung unterbrach und sie erneut belehrte, daß sie ihren Wahrspruch nur nach der Beweislage und ohne jede Voreingenommenheit abzugeben haben[288].

54a Die **Unparteilichkeit** darf aber auch **dem äußeren Anschein nach** für die Öffentlichkeit und die Verfahrensbeteiligten nicht anzweifelbar sein[289]. Dies erfordert der Schutz des Vertrauens in die Rechtspflege. Bereits äußere Umstände, die unabhängig vom Verhalten des Richters geeignet sind, diesen für einen **objektiven Betrachter** als nicht mehr unbefangen erscheinen lassen, stellen sie in Frage[290]. Wird eine innerstaatliche Vorschrift über den Ausschluß der Richter, die jedem Zweifel an deren Unparteilichkeit vorbeugen soll, nicht beachtet, so indiziert dies die Verletzung des Rechts auf ein unparteiisches Gericht[291]. Im Interesse des Ansehens der Rechtspflege und der Akzeptanz ihrer Entscheidungen kommt es darauf an, schon jeden **äußeren Schein einer Voreingenommenheit** zu vermeiden[292]. Die Unparteilichkeit ist schon nicht mehr konventionsgemäß gewährleistet, wenn ein Umstand objektiv geeignet ist, sie aus der Sicht der Öffentlichkeit oder eines der Verfahrensbeteiligten[293] anzuzweifeln („strukturelle Unparteilichkeit")[294]. Dies ist etwa der Fall, wenn ein Mitglied des Gerichts vorher bei der Staatsanwaltschaft die Aufsicht über den in der gleichen Sache ermittelnden Staatsanwalt ausgeübt hatte[295] oder als Untersuchungsrichter oder Polizeibeamter[296] tätig war oder wenn er kollidierende Verwaltungsfunktionen wahrgenommen hat[297]. Dagegen wurde **keine objektive Gefährdung des äußeren Anscheins** der Unparteilichkeit allein darin gesehen, daß ein Richter des erkennenden Gerichts mit einem Zeugen persönlich bekannt ist[298] oder daß er vorher eine im Ermittlungsverfahren notwendige richterliche Entscheidung ohne eigene Ermittlungstätigkeit getroffen[299] oder über die Fortdauer der Untersuchungshaft ent-

288 EGMR 25. 2. 1897 Gregory/GB (ÖJZ **1998** 194).

289 Vgl. EGMR 17.1.1970 Delcourt/Belg („Justice must not only be done, it must also be seen to be done"); *Villiger* HdB 415; vgl. auch *Grabenwarter* § 24 Rdn. 31: für das Vertrauen der Öffentlichkeit in Gerichte ist bereits der äußere Anschein wichtig.

290 Zwischen der von der Einschätzung anderer bestimmten (objektiven) Unparteilichkeit und der sachlichen Unabhängigkeit besteht ein enger Zusammenhang, zumal letztere nur die Unparteilichkeit sichern soll; vgl. *Grabenwarter* § 24 Rdn. 27; vgl. auch EGMR 22. 6. 1989 Langborger/Schwed (Series A 155).

291 EGMR 23. 5. 1991 Oberschlick/Ö (EuGRZ **1991** 216); 25. 2. 1992 Pfeiffer & Plankl/Ö (EuGRZ **1992** 99).

292 EGMR 1.10.1982 Piersack/Belg (EuGRZ **1985** 301); 26.10.1984 De Cubber/Belg (EuGRZ **1985** 407); 29.4.1988 Belilos/CH (EuGRZ **1989** 21); 26. 2. 1993 Padovani/I (ÖJZ **1993** 667); 22.4.1994 Saraiva de Carvalho/Port. (ÖJZ **1996** 36).

293 Etwa EGMR 1.10.1982 Piersack/Belg (EuGRZ **1985** 301); 24. 8. 1993 Nortier/NdL (ÖJZ **1994** 213); 25.11.1993 Holm/Schwed (Series A 279 A); 27.4. 2000 (NJW **2001** 2319 L). Maßgebend ist, ob vom Standpunkt des Beschwerdeführers aus seine Befürchtungen auch objektiv gerechtfertigt erscheinen können; *Grabenwarter* § 24 Rdn. 31; *Meyer-Ladewig* 30; vgl. nachf. Fußn.

294 Etwa EGMR 24. 5. 1989 Hauschildt/Dän (ÖJZ **1990** 188); 24. 2. 1993 Fey/Ö (ÖJZ **1993** 394): 10. 6. 1996 (Pullar/GB) ÖJZ **1996** 874); 7. 8. 1996 Ferrantelli, Santangelo/I (ÖJZ **1997** 151); *Frowein/Peukert* 133; SK-StPO-*Paeffgen* 58 („objektive Unparteilichkeit").

295 EGMR 1. 10. 1982 Piersack/Belg (EuGRZ **1985** 381); *Frowein/Peukert* 132; *Meyer-Ladewig* 31.

296 EGMR 26. 10. 1984 De Cubber/Belg (EuGRZ **1885** 407); *Frowein/Peukert* 132; vgl. auch EGMR 29.4. 1988 Belilos/CH (EuGRZ **1989** 21: Beamter der Polizeidirektion).

297 Vgl. EKMR bei *Bleckmann* EuGRZ **1983** 418 (Sramek).

298 EGMR 10. 6. 1996 Pullar/GB (ÖJZ **1996** 674).

299 Vgl. EGMR 24. 8. 1993 Nortier/NdL (ÖJZ **1994** 213); 22. 4. 1994 Saraiva de Carvalho/Port (ÖJZ **1995** 36); 12. 12. 2002 Kalageropoulos/Griech, D (NJW **2004** 273 Mitwirkung am Schadensersatzprozeß und später am Vollstreckungsverfahren); ferner auch EGMR 24. 5. 1989 Hauschildt/Dän (ÖJZ **1990** 188: nur wenn keine besonderen Umstände vorliegen, die Mehrheit hat diese in einer über die summarische Prüfung des Tatverdachts hinausgehenden Vorentscheidung über die besondere Bestätigung des Tatverdachtes" gesehen); EKMR ÖJZ **1991** 322 verneint die objektive Befangenheit bei auf die Verdachtsprüfung beschränkten Entscheidungen im Vorverfahren.

schieden hat[300]. Desgleichen wurde keine Gefährdung des äußeren Anscheins der Unparteilichkeit darin gesehen, daß ein Richter eines Spezialspruchkörpers anderweitig noch eine andere Funktion (Verwaltungsbeamter, Politiker) ausübt[301] oder daß bei einem Berufsgericht ein Teil der Richter zum gleichen Berufsstand wie der Angeklagte gehören muß[302] oder daß die gleichen Richter zweimal mit der gleichen Sache befaßt wurden, etwa wenn das Rechtsmittelgericht die Sache an des gleiche Gericht zurückverweist, das bereits die aufgehobene Entscheidung erlassen hatte[303]. Ob es mit dem Anschein der äußeren Unabhängigkeit des Gerichts vereinbar war, wenn der Generalanwalt an den Beratungen des belgischen Cour de Cassation ohne Stimmrecht beratend teilnahm, war strittig[304].

Eine **Heilung von Verstößen gegen die Unparteilichkeit** ist nach Ansicht des EGMR[305] **54b**
dann möglich, wenn in der Rechtsmittelinstanz die Sach- und Rechtslage im vollen Umfang mit allen Garantien des Art. 6 MRK erneut geprüft worden ist, denn diesen Rechtsgarantien ist genügt, wenn sie der Betroffene in einer Instanz hatte[306]. Diese Auffassung setzt allerdings voraus, daß die Sache im vollen Umfang in der zweiten Instanz nochmals voll verhandelt und entschieden worden ist. Ist die neue Verhandlung auf Teilaspekte beschränkt, kann für die nicht neu verhandelten Teile die Befangenheit nicht geheilt werden.

IV. Die allgemeinen Verfahrensprinzipien (Art. 6 Abs. 1 MRK; Art. 14 Abs. 1 IPBPR)

1. Zweck. Mit der Gewährleistung bestimmter Verfahrensprinzipien soll ein gerech- **55**
tes justizförmiges Gerichtsverfahren gewährleistet werden, das jeder Willkür vorbeugt und den Beteiligten die Möglichkeit eröffnet, ihre Verfahrensinteressen wirksam zu vertreten. Die hierfür in Absatz 1 festgelegten Grundsätze sind, wie alle Verfahrensprinzipien, aus ihrer **Zielsetzung heraus auszulegen**, wobei es nicht so sehr auf die maximale Durchsetzung des isoliert gesehenen einzelnen Prinzips ankommt, sondern darauf, daß ein Verfahren, das nach nationalem Recht sehr unterschiedlich ausgestaltet sein kann[307], insgesamt den sich aus der Zusammenschau der Prinzipien ergebenden Anforderungen

---

300 Vgl. EGMR 22.4.1994 Saraiva de Carvalho/Port (ÖJZ **1995** 36); EKMR EuGRZ **1992** 43; *Frowein/Peukert* 133; *Meyer-Ladewig* 31; ferner *Grabenwarter* § 24 Rdn. 32, der aber auf EGMR 24.5.1989 Hauschildt/Dän (ÖJZ **1990** 188) hinweist, wonach die Verdachtsprüfung keiner Schuldfeststellung nahe kommen darf; **a.A** SK-StPO-*Paeffgen* 58; SK-StPO-*Rudolphi* § 23, 1, die bei jeder Mitwirkung an der Haftprüfung Befangenheit annehmen.

301 EGMR 22.10.1984 Sramek/Ö (EuGRZ **1985** 336); 23.4.1987 Ettl/Ö (ÖJZ **1988** 22); 23.4.1997 Stallinger, Koso/Ö (ÖJZ **1997** 755: fachkundige Beamte als Mitglieder der Agrarsenate); EKMR ÖJZ **1991** 103; östr.VerfGH EuGRZ **1994** 181.

302 EGMR 23.6.1981 Le Compte u.a./Belg (EuGRZ **1981** 55: ärztliches Standesgericht); 22.9.1994 Debled/Belg (ÖJZ **1995** 198); *Frowein/Peukert* 129.

303 EGMR 16.7.1971 Ringeisen/Ö (EuGRZ **1976** 230); 10.6.1996 Thomann/CH (ÖJZ **1996** 874); *Frowein/Peukert* 128; *Grabenwarter* § 24 Rdn. 33.

304 Der EGMR 17.11.1970 Delcour/Belg (Series A 11) hielt dies für vereinbar, später verneinte er dies in Anlehnung an die Auffassung der EKMR; vgl. 30.10.1991 Borgers/Belg (EuGRZ **1991** 519. „Unvereinbar mit Waffengleichheit"); vgl. ferner 25.6.1997 Van Orshoven /Belg (ÖJZ **1998** 314); *Frowein/Peukert* 128; *Villiger* HdB 483.

305 Etwa EGMR 10.2.1983 Le Compte u.a./Belg (EuGRZ **1981** 55): 26.8.1997 De Haan/Ndl (Rep. 1997-I); 20.11.1995 British-American Tobacco Company/NdL (Series A 331); *Meyer-Ladewig* 34; nach SK-StPO-*Paeffgen* 62 ist diese Ansicht hochgradig fragwürdig.

306 EGMR 20.10.1984 De Cubber/Belg (EuGRZ **1985** 407); 25.2.1997 Findlay/GB (Rep. 1997-I). Ob dieses Argument auch dort noch greift, wo die Konventionen dem wegen einer Straftat Verurteilten das Recht auf eine zweite Instanz einräumen (Art. 2 des 7. ZP MRK, Art. 14 Abs. 5 IPBPR), erscheint fraglich.

307 Vgl. *Gleß* ZStW **115** (2003) 131, 143 ff.

entspricht, insbesondere dem Gebot der Verfahrensfairness. Die Konventionen gehen davon aus, daß die Regelung des Verfahrens und die Festlegung von Struktur und Einzelheiten des Verfahrens Sache des nationalen Gesetzgebers ist, der auch Form und Voraussetzungen der Beweiserhebung in den jeweiligen Verfahrensarten sowie die bei der Beweiswürdigung von den Gerichten zu beachtenden Grundsätze festlegen kann[308]. Dieser muß dabei nur die von den Konventionen jeweils im Absatz 1 vorgegebenen allgemeinen Leitlinien für ein insgesamt gerechtes und unparteiisches Verfahren beachten. Lediglich für die **Verfahren über strafrechtliche Anklagen** im weiten Sinn der Konventionen werden in Art. 6 Abs. 3 MRK. Art. 14 Abs. 3 bis 7 IPBPR einige besondere Anforderungen herausgestellt, auch sie lassen aber dem nationalen Gesetzgeber Raum für sehr unterschiedliche Ausgestaltungen des Verfahens. In einer Gesamtbetrachtung[309] werden diese Regelungen aber dann doch wieder an ihren Auswirkungen auf das einzelne Verfahren und den dafür in den Konventionen vorgegebenen allgemeinen Grundsätzen, insbesondere dem Gebot der Verfahrensfairneß, gemessen. Die Einzelanforderungen der Konventionen können deshalb nicht im Sinne eines absoluten Vorrangs jedes dort aufgestellten einzelnen Gebotes verstanden werden; ihr Ziel ist, **in ihrer Gesamtheit** ein faires Verfahren zu sichern. Soweit sich aus ihnen einander widerstreitende Einzelforderungen ergeben können, sind diese, ähnlich wie im Verfassungsrecht, im Wege der praktischen Konkordanz so zum Ausgleich zu bringen, daß das Grundanliegen jedes Rechts weitmöglichst verwirklicht werden kann.

2. Gleichheit aller Menschen vor Gericht

56 **a) Nur Art. 14 Abs. 1 Satz 1 IPBPR** stellt ausdrücklich den Grundsatz voraus, daß alle Menschen vor Gericht gleich sind („Equal before the courts and tribunals"; „égaux devant les tribunaux et les cours de justice")[310]. Dieser Grundsatz ist eine besondere Ausprägung des allgemeinen Gleichheitssatzes in Art. 26 IPBPR sowie der allgemeinen Anerkennung der Rechtsfähigkeit in Art. 16 IPBPR und der Verpflichtung aus Art. 2 Abs. 1 IPBPR (= Art. 14 MRK), wonach die in diesem Pakt anerkannten Rechte allen Menschen ohne Diskriminierung zu gewährleisten sind[311]. Er umfaßt den gleichen Zugang zu Gericht[312] und die Gleichheit bei Anwendung der garantierten Verfahrensgrundsätze des Art. 14 IPBPR, darüber hinaus aber auch allgemein die Gleichheit aller bei der Anwendung der Gesetze durch die Gerichte[313]. Sonderrechte, die herkömmlich den Zugang zu Gericht einschränken, wie **diplomatische Privilegien** und **parlamentarische Immunitäten**[314], sind mit dem Gleichbehandlungsgebot vereinbar.

57 Wenn der verbindliche Text von Art. 14 Abs. 1 Satz 1 IPBPR – anders als die nur von Gerichten sprechende deutsche Übersetzung – **Gerichte und Tribunale** nebeneinander erwähnt, so wird man den Grund für diese in den folgenden Sätzen nur zum Teil beibehaltene Unterscheidung wohl darin sehen können, daß Tribunale auch die funktionell in gerichtsähnlicher Unabhängigkeit entscheidenden Spruchkörper außerhalb der institutionellen Gerichtsbarkeit einschließt, also etwa besondere Ausschüsse im Verwaltungsbereich, die im jeweiligen nationalen Recht nicht als Gerichte im institutionellen Sinn angesehen werden[315].

---

[308] Vgl. etwa EGMR 10.7.1998 Sidiropoulos/Griech (ÖJZ **1998** 477); 18.6.2002 Wierbicki/Pol (ÖJZ **2003** 656: keine Garantie, daß in einem Zivilprozeß benannte Zeugen oder andere Beweismittel zugelassen werden).

[309] Vgl. dazu Rdn. 65.

[310] Zur Entstehung *Nowak* 5 ff.

[311] Vgl. Art. 14 MRK Rdn. 8; 11.

[312] Vgl. BVerfGE **52** 143 (gleiche Anrufungschancen).

[313] *Nowak* 6.

[314] *Nowak* 6; vgl. Rdn. 46.

[315] *Nowak* 8; vgl. Rdn. 49.

b) Art. 6 MRK erwähnt das Gebot der Gleichbehandlung nicht besonders, es ergibt sich hier jedoch schon daraus, daß der Zugang zum Gericht und die aufgeführten Verfahrensgrundsätze ohne Ansehen der Person (vgl. Art. 14 MRK) **jedermann** garantiert werden[316]. Im übrigen ist die Gleichbehandlung vor Gericht ein grundlegendes **Erfordernis des fairen Verfahrens**, wie auch die Regelung des Art. 6 Abs. 3 Buchst. d MRK verdeutlicht. **58**

c) Waffengleichheit. Die Verfahrensgerechtigkeit fordert, daß „Prozeßgegner", also die Personen, die sich vor Gericht in einem Verfahren mit kontradiktorischer Komponente gegenüberstehen, **gleiche oder zumindest in der Effektivität gleichwertige Befugnisse** bei der Wahrnehmung ihrer gegenläufigen Interessen vor Gericht haben (sogen. Prinzip der „Waffengleichheit", treffender wohl „Chancengleichheit"). Diese meist aus dem Gleichheitssatz und aus dem Recht auf ein faires, kontradiktorisches Verfahren hergeleitete Forderung gilt für alle **Teilnahme-**, **Informations-** und **Äußerungsrechte**, mit denen am Verfahren aktiv mitgewirkt, die eigene Sicht der Sache zur Sprache gebracht, die dafür vorhandenen Beweise angeboten[317] und den Auffassungen anderer entgegengetreten werden kann, so wie dies auch das Recht auf Gehör erfordert[318]. Die Befugnisse müssen allen offen stehen, ob sie dann auch tatsächlich genutzt wurden, ist unerheblich[319]. Als Strukturprinzip begründet das Gebot der Waffengleichheit selbst keine originären Verfahrensbefugnisse; es hat aber Bedeutung für die Auslegung des Umfangs bestehender Befugnisse und für die Frage, ob insgesamt **ein faires Verfahren** gewahrt wurde, für das das „fundamentale **Recht auf ein kontradiktorisches Verfahren**" als wesentlich angesehen wird[320]; der EGMR versteht darunter vor allem auch die Verfahrensbefugnisse, die in der Bundesrepublik aus dem Recht auf Gehör und dem Gebot der Waffengleichheit hergeleitet werden. **59**

Die **Gleichheit** ist gewahrt, wenn im Erkenntnisverfahren die vor Gericht in einer Gegnerstellung auftretenden Personen (Parteien des Zivilprozesses, Verteidigung und Anklagevertretung im strafprozessualen Erkenntnisverfahren vor Gericht), ungeachtet aller Unterschiede ihrer Aufgaben und der daraus resultierenden verschiedenartigen Verfahrensstellung, rechtlich so gestellt sind, daß sie **gleichwertige Möglichkeiten** der Einwirkung auf die Entscheidungsfindung haben. Sie müssen zur Vertretung ihrer Verfahrensbelange im gleichen Ausmaß **Zugang zum gesamten Verfahrensstoff** haben[321], damit sie ihn auswerten und ihre Auffassungen dazu und die von ihnen für wichtig erachteten tatsächlichen und rechtlichen Gesichtspunkte mit gleicher Effektivität dem Gericht zur Vorbereitung seiner Entscheidung zur Kenntnis bringen können[322]. Wo es **60**

---

316 Vgl. BVerfGE **40** 98 (aus Begriff der prozessualen Grundrechte selbst folgt, daß sie für jedermann gelten).

317 Etwa EGMR 27.10.1993 Dombo Beheer/Ndl (ÖJZ **1994** 464); *Grabenwarter* § 24 Rdn. 39.

318 Zu den Fällen, in denen der Angeklagte zur Äußerung der Staatsanwaltschaft gegenüber einem Rechtsmittelgericht nicht mehr gehört wurde vgl. *Pache* NVwZ **2001** 1342; 1345; *Frowein/Peukert* 86 ff; IntKommEMRK-*Miehsler/Vogler* 355; *Meyer-Ladewig* 38, 44; ferner etwa EKMR bei *Bleckmann* EuGRZ **1983** 430; sowie nachf. Fußn.

319 Vgl. EGMR 30.10.1991 Borgers/Belg (EuGRZ **1991** 519).

320 So etwa EGMR 28.8.1991 Brandstetter/Ö (EuGRZ **1992** 190); 30.10.1991 Borgers/Belg (EuGRZ **1991** 519); 20.2.1996 Vermeulen/Belg. (ÖJZ **1996** 673); 25.6.1997 Van Orshoven/Belg (ÖJZ **1998** 314); 12.3.2003 Öcalan/Türk (EuGRZ **2003** 472); *Grabenwarter* § 24 Rdn. 39 (zentraler Bestandteil des fairen Verfahrens)

321 Zum sogen. Offenlegungsanspruch als ein aus dem rechtlichen Gehör und der Waffengleicheit hergeleiteten Gebot eines fairen Verfahrens vgl. etwa *Gaede* StraFo. **2004** 195; sowie die Rdn. 62, 64b, 69b mit weit. Nachw.

322 Vgl. vorst. Fußn. und Rdn. 59. Zur Ableitung aus dem Grundsatz audiatur et altera pars IntKommEMRK-*Miehsler/Vogler* 343; vgl. ferner für den Zivilprozeß BVerfGE **52** 143; für den Strafprozeß LR-*Rieß* Einl. H 115 ff; LR-*Gollwitzer* Vor § 226 StPO, 29; *Rieß* FS Schäfer 174; *Vogler* ZStW **82** (1970) 743; **89** (1977) 778 je mit weit. Nachw.

um die Einwirkungsmöglichkeiten auf die Wahrheitserforschung und die Überzeugungsbildung des Gerichts geht, darf keiner der sich gegenüberstehenden „Gegner" im Verhältnis zu den anderen im Endergebnis befugnismäßig begünstigt oder benachteiligt sein. Jede „Partei" des Verfahrens muß Gelegenheit haben, ihre Sache dem Gericht unter Bedingungen zu präsentieren, die mit derjenigen ihres Gegners gleichgewichtig sind, dazu gehört auch daß sie im gleichen Umfang wie ihr Gegner unterrichtet wird und die Möglichkeit hat, auf Ausführungen ihres Gegners zu erwidern[323]. Dies schließt **Beschränkungen der Beweiserhebung** nicht aus, wenn diese durch andere Bestimmungen der Konventionen, vor allem Art 8 MRK, zum Schutze von Zeugen und Opfern geboten sind. Daraus entstehende Nachteile der Verteidigung müssen dann aber im Verfahren ausreichend anderweitig ausgeglichen werden[324]. Nicht notwendig sind identische Rechte im gesamten Verfahren, wohl aber, daß im Verlauf des als Gesamtheit zu würdigenden Verfahrens ein Gleichgewicht in den Möglichkeiten zur Vertretung der Verfahrensinteressen vor Gericht bestand[325]. Retrospektiv kann es zur Beseitigung eines Konventionsverstoßes ausreichen, wenn dies erst in der Rechtsmittelinstanz geschehen ist[326].

61 **Sachlich begründete Differenzierungen** sind mit diesem Prinzip vereinbar, wenn sie durch die wesensmäßigen Verschiedenheiten der Aufgaben und der Verfahrensstellung bedingt sind, wie dies etwa bei Staatsanwalt, Verteidiger und Angeklagten der Fall ist[327]. Maßgebend ist immer die Verfahrenskonstruktion des jeweiligen Verfahrens. Bei den Verfahren, die nicht in der Form eines Parteiprozesses geführt werden, sondern die als Offizialverfahren dem **Amtsermittlungsgrundsatz** unterliegen, wie bei dem kontinentaleuropäischen Strafprozeß, bei dem von den Ermittlungsbehörden objektiv alle Umstände erforscht werden müssen, kann nicht in allen Verfahrensabschnitten eine Befugnisgleichheit bestehen[328]. Im **staatsanwaltschaftlichen Ermittlungsverfahren** wäre dies mit der Aufgabe der Staatsanwaltschaft unvereinbar[329]. Erst wenn die Verfahrensherrschaft auf das Gericht übergegangen ist und die Staatsanwaltschaft das Verfahren nicht mehr selbst alleinverantwortlich betreibt, sondern in der Hauptverhandlung mit Angeklagtem und Verteidiger in der Einwirkung auf die Entscheidungsfindung des Gerichts konkurriert, ist die grundsätzliche Gleichwertigkeit der Befugnisse zu fordern. Vorher genügt es, wenn wesentliche Verteidigungsbefugnisse die Voraussetzungen für ein faires Verfahren sichern, zumal, wenn das Übergewicht der Staatsanwaltschaft dadurch gemildert wird, daß sie auch die zugunsten des Beschuldigten sprechenden Umstände aufklären muß[330].

---

323 Etwa EGMR 30.10.1991 Borgers/Belg (ÖJZ 1992 339); 27.10.1993 Dombo Beheer B.V:/NdL (ÖJZ **1994** 464); 22.2.1996 Bulut/Ö (ÖJZ **1996** 430); 23.9.1996 Ankerl/CH (ÖJZ **1996** 475); 25.6.1997 Orshoven/Belg (ÖJZ **1998** 314); 24.11.1997 Werner/Ö (ÖJZ **1998** 233); 7.6.2001 Kress/F (ECHR 2001-VI) mit weit. Nachw; *Meyer-Ladewig* 44; vgl. auch Rdn. 59.

324 EGMR 26.3.1996 Doorson/NdL (ÖJZ **1996** 715); 23.4.1997 Van Mechelen/NdL (StV **1997** 617 mit Anm. *Wattenberg/Violet*; dazu auch *Renzikowski* JZ **1999** 605); 22.1.2002 Oyston/GB (ÖJZ **2003** 236), ferner einen angemessenen Ausgleich verneinend EGMR 20.12.2001 P.S./D (ÖJZ **2003** 235); vgl. auch Rdn. 62.

325 EGMR *Berger* Nr. 8 (Delcourt); *Frowein/Peukert* 60; *Müller* NJW **1976** 1063; *Kohlmann* FS Peters I 315 ff; *Meyer-Goßner*[47] Einl. 88; *Rogall* Der Beschuldigte als Beweismittel gegen sich selbst 112; SK-StPO-*Rogall* Vor § 133, 106; *Tettinger* 20; ferner vorst. Fußn. und allgemein *Bötticher* Gleichbehandlung und Waffengleichheit: vgl. Rdn. 62, 63.

326 Vgl. etwa EGMR 16.12.1992 Edwards/GB (ÖJZ **1993** 391); 22.1.2002 Oyston/GB (ÖJZ **2003** 236); anders, wenn der Mangel dort nicht mehr geheilt werden kann, wie bei EGMR 2.5.2000 Condron/GB (ÖJZ **2001** 610).

327 BVerfGE **63** 45, 67; 392; LR-*Rieß* Einl. H 117 mit Nachw.; ferner etwa *Dörr* 74 ff; *Kohlmann* FS Peters 314; *Nowak* 6.

328 Schweiz.BGer. EuGRZ **1979** 296.

329 Vgl. EKMR bei *Bleckmann* EuGRZ **1983** 421 (offen, ob Waffengleichheit im Ermittlungsverfahren gilt); BVerfG NStZ **1984** 228; *Meyer-Goßner*[47] Einl. 88.

330 EKMR bei *Bleckmann* EuGRZ **1983** 435.

Welche Einzelbefugnisse die Verfahrensbeteiligten in den jeweiligen Verfahren haben müssen, läßt sich aus dem Recht auf Gleichbehandlung ebensowenig herleiten wie aus dem Rechtsstaatsprinzip und dem Gebot eines fairen Verfahrens[331], wohl aber, daß **bei allen Befugnissen**, die die jeweilige Verfahrensordnung zur Vertretung der Verfahrensinteressen vor dem erkennenden Gericht eröffnet, die Vertreter gegenläufiger Interessen die **gleichen Chancen** für deren wirksame Geltendmachung haben müssen. Für das Recht, Zeugen laden zu lassen und sie zu befragen, wird dies durch Art. 6 Abs. 3 Buchst. d MRK, Art. 14 Abs. 3 Buchst. e IPBPR ausdrücklich vorgeschrieben[332]. Das Gebot der Gleichbehandlung gilt darüber hinaus grundsätzlich für alle Befugnisse, so auch für das **Informationsrecht**. Die Herstellung der **„Parität des Wissens"** erfordert gleichwertige Möglichkeiten des Zugangs zum gesamten, dem Gericht vorliegenden verfahrensbezogenen Material, zur **Einsicht in die Akten**[333] sowie das Recht, von den Äußerungen anderer Verfahrensbeteiligter und dem von diesen **beigebrachten Beweismaterial** rechtzeitig Kenntnis zu erhalten[334]. Das Gebot der Gleichbehandlung gilt ferner für alle **Äußerungsrechte**, mit denen die eigene Sicht der Sache zur Sprache gebracht und den Auffassungen anderer entgegengetreten werden kann[335], ferner für alle **Befugnisse zur aktiven Einwirkung** durch Fragen, Erklärungen und Anträge bei allen für die Meinungsbildung und Urteilsfindung des Gerichts maßgebenden Verfahrensvorgänge. Auch im übrigen dürfen die Möglichkeiten der Verfahrensteilhabe nicht ungleich verteilt sein, nicht zugunsten einer Seite willkürlich verschoben werden. Dies kann bei einer Vermengung oder **Verschiebung der Prozeßrollen** der Fall sein[336], so durch Bestellung des Anzeigenerstatters zum gerichtlichen Sachverständigen bei gleichzeitiger Verweisung des Gegengutachters in die Rolle eines sachverständigen Zeugen[337]. Daß ein Beamter als Sachverständiger bestellt ist, reicht aber für sich allein nicht aus, um Zweifel an dessen Unparteilichkeit zu begründen[338]. In der Regel ist die Verletzung der formellen Chancengleichheit meist nur ein Teilaspekt der eine umfassendere Gesamtwürdigung erfordernden Beurteilung, ob gegen die Erfordernisse eines fairen Verfahrens verstoßen wurde. 62

Ob eine **wesentliche Ungleichbehandlung** vorliegt, hängt davon ab, welche Auswirkung der Unterschied auf die Möglichkeiten einer wirksamen Vertretung der Verfahrensinteressen vor Gericht und auf dessen Entscheidungsfindung hatte. Dies ist nur anzunehmen, wenn bei Würdigung des gesamten Verfahrensverlaufes tatsächlich eine ins Gewicht fallende Benachteiligung in den potentiellen Möglichkeiten der Verfahrensteilhabe eingetreten ist. 63

---

331 Vgl. BVerfGE **52** 143 ff.

332 Dazu Rdn. 210 ff.

333 Zur Bedeutung der Akteneinsicht für die Verteidigung im Strafverfahren vgl. Rdn. 69, 181 ff. Ob dazu auch die echten Handakten der Staatsanwaltschaft gehören, erscheint selbst bei Vorliegen besonderer Umstände zweifelhaft, so aber EKMR bei *Bleckmann* EuGRZ **1983** 437; vgl. auch BGH NJW **1990** 584; ferner LR-*Lüderssen* § 147 StPO, 4; LR-*Rieß* § 199 StPO, 21 mit weit. Nachw.

334 Etwa EGMR 28.8.1991 Brandstetter/Ö (EuGRZ **1992** 190); 22.2.1996 Bullut/Ö (ÖJZ **1996** 430); 26.7.2000 Meftah/F (ÖJZ **2003** 732 Keine Mitteilung der Stellungnahme des GenAnw beim franz Kassationsgerichtshof); 7.6.2001 Kress/F (ECHR 2001-VI); EKMR bei *Bleckmann* EuGRZ **1983** 430; *Meyer-Ladewig* 44, 45; zur allerdings einschränkbaren Pflicht der Anklagebehörden, der Verteidigung das gesamte in ihrem Besitz befindliche Material offenzulegen vgl. EGMR 16.12.1992 Edwards/GB (ÖJZ **1993** 391); 25.9.2001 P.G.; J.H. (ÖJZ **2002** 911); ferner Rdn. 72.

335 Zu den Fällen, in denen nur die Staatsanwaltschaft, nicht aber der Angeklagte sich vor dem Rechtsmittelgericht äußern durften, vgl. *Frowein/Peukert* 86 ff; IntKommEMRK-*Miehsler/Vogler* 355; *Meyer-Ladewig* 44; ferner etwa EKMR bei *Bleckmann* EuGRZ **1983** 430.

336 SK-StPO-*Rogall* Vor § 133, 105.

337 EGMR 6.5.1985 Bönisch/Ö (EuGRZ **1986** 127); dazu *Frowein/Peukert* 84; vgl. ferner EGMR 28.8.1991 Brandstetter/Ö (EuGRZ **1992** 190).

338 EGMR 23.4.1987 Ettl u.a./Ö (ÖJZ **1988** 22); 28.8.1991 Brandstetter/Ö (EuGRZ **1992** 190); Alge/Ö (ÖJZ **2003** 816).

3. Faires Verfahren

64 **a)** Das Recht auf ein faires Verfahren („fair hearing" „entendue équitablement") ist das **Kernstück der Verfahrensgarantien von Art. 6 MRK und Art. 14 IPBPR**. In einem demokratisch verfaßten Gemeinwesen obliegt die Rechtsprechung unabhängigen Gerichten, die diese Aufgabe unparteiisch und in einer die Verfahrensrechte der Beteiligten wahrenden Form ausüben müssen. Der betroffene Bürger darf nicht zum bloßen Objekt der Entscheidungsfindung herabgewürdigt werden; es entspricht seiner Menschenwürde, daß er ausreichend informiert auf Gang und Ergebnis eines ihn betreffenden Verfahrens mit eigenen Rechten einwirken kann[339]. Um dies zu sichern, wird durch die Garantie eines fairen Verfahrens ein allgemeines Prinzip für eine die Interessen der Parteien wahrende Verfahrensgestaltung festgelegt[340]. Die Leitgedanken und Wertvorgaben, die in dieser die gesamte Verfahrensgestaltung umfassenden Bezeichnung zusammengefaßt sind, gelten allgemein, auch wenn sie entsprechend dem Einzelfall und den Vorgaben der unterschiedlichen nationalen Verfahrensrechte inhaltlich variierende Konkretisierungen erfahren können. Einheitlich ist aber immer, daß dieses Prinzip als Wertungsmaßstab dafür dient, ob die effektive Rechtswahrung im Prozeß allen Prozeßparteien gleichermaßen gesichert ist[341]. Das gerichtliche Verfahren muß zumindest insoweit **kontradiktorisch** sein[342]. Deshalb kommt der Sicherung des Rechts auf eine effektive Teilhabe am Verfahren[343] und allgemein der Beachtung der Verfahrensgerechtigkeit bei der Durchführung des Verfahrens aus der Sicht der Konventionsverbürgungen ein überragender Wert zu. Die Verfahrensgestaltung muß insgesamt und auch hinsichtlich der einzelnen Verfahrensvorgänge **„fair"** sein. Der englische Wortlaut „fair hearing" drückt, ebenso wie die frühere deutsche Übersetzung „in billiger Weise" die Tragweite dieses Rechtsbegriffs[344] nur unvollständig aus[345], das Gebot eines fairen Verfahrens gilt nicht nur für die Verhandlung vor Gericht sondern nach heutiger Auffassung für die das **ganze Verfahren**[346]. Ob jemand das ihm von der MRK garantierte faire Verfahren hatte, beurteilt der EGMR unter Berücksichtigung der Umstände des Einzelfalls in der Regel auf Grund einer **Gesamtwürdigung des Verfahrens**[347], die auch die Beweisgewinnung und das Ermittlungsverfahren umfaßt[348]. Die Konventionen gehen dabei grundsätzlich vom Bestand unterschiedlicher nationaler Verfahrensrechte aus. Sie überlassen es dem nationalen Recht, welche Beweismittel es zulassen, wie es Beweiskraft und Beweislast regeln und welche Folgerungen es an die Verwertbarkeit rechtswidrig erlangter Beweise knüpfen will[349]. Der EGMR sieht seine Aufgabe nicht darin, die Aufnahme und Würdigung der

---

339 BVerfGE **63** 332 (Auslieferungsverfahren auf Grund eines Abwesenheitsurteil, vgl. Rdn. 190).

340 Zum Ersatz der als schützende Formen wirkenden, streng positiven Einzelgrundsätze der ehem. StPO durch das allgemeine Wertungsprinzip des fairen Verfahrens als Regulativ der zulässigen Verfahrensgestaltung vgl. *Hamm* StV **2001** 81.

341 Die Gleichbehandlung der Prozeßparteien, die Waffengleichheit bei den Verfahrensbefugnissen ist ein wesentlicher Bestandteil des Fairneßprinzips vgl. *Grabenwarter* § 24 Rdn. 39, 40; oben Rdn. 60.

342 EGMR in ständ. Rechtspr. vgl. Rdn. 59.

343 Zum Recht auf Anwesenheit vgl. Rdn. 188 ff.

344 Er gehört zur Vorstellung vom „due process of law", vgl. *Nowak* 9; SK-StPO-*Rogall* Vor § 133, 102; Der Begriff ist aber weder mit diesen im 5. und 14. Amendment der US-Verfassung nicht näher ausgeformten Grundsatz völlig identisch noch mit dem common-law-Grundsatz der „natural justice" oder „fair procedure", dazu *Dörr* 5 ff; 37; 51 ff; zur Kritik an diesem diffusen Rechtsbegriff vgl. SK-StPO-*Paeffgen* 70, 71.

345 Er wurde deshalb in der neuen Übersetzung durch „faires Verfahren" ersetzt.

346 Vgl. *Grabenwarter* § 24, 38 ff (Oberbegriff, der eine Reihe von Teilgarantien umfaßt).

347 Etwa *Nack* FS Rieß 361, 371, *Nack* NJW Sonderheft für Gerhard Schäfer **2003** 46, 50; *Pache* NVwZ **2001** 1342.

348 EGMR Garcia Ruiz/Span (NJW **1999** 2439); 25.9. 2001 Unterguggenberger/Ö (ÖJZ **2002** 272); BGHSt **46** 93, 95 mit weit. Nachw.; vgl. auch nachf. Fußn.

349 EGMR 21.1.1999 Garcia Ruiz/Span (NJW **1999** 2439); 12.5.2000 Khan/GB (ÖJZ **2001** 654); 25.9. 2001 P.G. und H.J./GB (ÖJZ **2002** 911) 10.4.2003 Alge/Ö (ÖJZ **2003** 816); vgl. auch nachf. Fußn. und Rdn. 65.

Beweise durch die nationalen Gerichte oder die Anwendung des nationalen Rechts generell auf Fehlerfreiheit zu kontrollieren. Er prüft nur unter dem Blickwinkel einer etwaigen Konventionsverletzung nach, ob das Verfahren einschließlich Beweisgewinnung und Beweiswürdigung den Anforderungen der Konventionen hinsichtlich Waffengleichheit und kontradiktorischer Verhandlung entsprach und die legitimen Verfahrensinteressen der Beteiligten auch sonst wahrte[350], es also insgesamt bei einer Gesamtbetrachtung fair war. Als **Grundlage einer übergreifenden Gesamtwürdigung** ist das Recht auf ein faires Verfahren in der Rechtsprechung des EGMR zu einem umfassenden Rechtsprinzip geworden, das die Auslegung aller in den Konventionen garantierten Verfahrensrechte bestimmt[351] und das darüber hinaus auch sonst einen verbindlichen Wertungsmaßstab für die gesamte Verfahrensgestaltung setzt[352].

In der **Europäischen Union** gehört das Recht auf ein faires Verfahren zu den für die Mitgliedstaaten im Anwendungsbereich des Gemeinschaftsrechts verbindlichen allgemeinen Rechtsgrundsätzen, deren Beachtung jetzt Art. 6 Abs. 2 EUV auch ausdrücklich festlegt[353]. **Art. 47 Abs. 2 der Europäischen Grundrechte-Charta**, die als Teil der Europäischen Verfassung Verbindlichkeit erlangen soll, gewährleistet für ihren Anwendungsbereich (vgl. Art. 51 Abs. 1 der Charta) neben Verfahrensgarantien ähnlich denen des Art. 6 Abs. 1 MRK jedermann auch das Recht auf ein faires Verfahren[354]. Die Konventionsgarantien sind enger. Anders als Art. 6 Abs. 2 EUV, Art. 47 der Grundrechte-Charta und die innerstaatlichen Verfassungsverbürgungen gewähren sie das faire Verfahren in Art. 6 Abs. 1 MRK, Art. 14 Abs. 1 IPBPR nur bei den dort **ausdrücklich genannten Verfahrensarten** und **auch nur den dort genannten Personen**[355], nicht aber sonstigen Verfahrensteilnehmern, z. B. also nicht Zeugen[356]. **64a**

Innerstaatlich hat das Gebot eines fairen Verfahrens in der Bundesrepublik als Teil des Rechtsstaatsprinzips in Verbindung mit dem allgemeinen Freiheitsrecht des Art. 2 Abs. 1 GG, dem Recht auf Gleichbehandlung und dem Recht auf Gehör nach Art. 103 Abs. 1 GG[357] **Verfassungsrang**[358]. Als allgemeine Umschreibung für die Garantie eines rechtsstaatlichen, justizförmigen und am Leitgedanken der Billigkeit und Gerechtigkeit orientierten Verfahrens[359] hat es umfassende Bedeutung und gilt für alle Verfahren. Als übergeordnetes **Prinzip der Verfahrensgerechtigkeit**[360] bestimmt es das Verhältnis zwischen den Verfahrensbeteiligten und dem Gericht ebenso wie das Verhältnis zwischen **64b**

350 Etwa EGMR 12. 7. 1988 Schenk/CH (EuGRZ **1988** 390); 9. 6. 1998 Teixeira de Castro/Port (StV **1999** 127 mit Anm. *Sommer, Kempf*); 27. 4. 2000 (NJW **2001** 2319 L); 25. 9. 2001 P. G. und J. H./GB (ÖJZ **2001** 911); 5. 11. 2002 Allan/GB (StV **2003** 257).

351 *Esser* 401.

352 Zur Konkretisierung strafprozessualer Fairneß *Bottke* FS Meyer-Goßner 73; zum Fairneßgebot für den Staatsanwalt *H. Ch. Schäfer* FS Rieß 491.

353 Vgl. EuGH EuGRZ **1988** 390; **2000** 160; ferner etwa *Schlette* EuGRZ **1999** 373; *Pache* EuGRZ **2000** 601, vgl. Einf. Rdn. 44, 46.

354 Dazu etwa *Kühne* StV **2001** 73; *Pache* NVwZ **2001** 1342; *Schwarze* NVwZ **2000** 244; SK-StPO-*Paeffgen* 73.

355 Vgl. Rdn. 12 ff.

356 Innerstaatlich gilt dagegen das aus Rechtsstaatsprinzip und Grundrechtsschutz abgeleitete Fairneßgebot auch gegenüber den Zeugen, vgl. zu dem innerstaatlich aus dem Fairneßgebot abgeleiteten Recht auf einen Zeugenbeistand BVerfGE **38** 105; OLG Stuttgart StV **1992** 262, ferner LG Verden StV **1992** 268 sowie bei § 68b StPO (im Nachtrag).

357 BVerfG NJW **2001** 3695, 3697 sieht im Recht auf Gehör eine Konkretisierung einer Anforderung des fairen Verfahrens; auch SK-StPO-*Rogall* Vor § 133, 104 weist auf die hier bestehenden Verbindungslinien hin.

358 BVerfGE **26** 66, 71; **38** 105, 111; **40** 95, 99; **65** 171, 174; **66** 313, 318; **77** 65, 76; **86** 288, 317, BVerfG StV **2002** 578; Zu den Ableitungen und Überschneidungen mit den Verfahrensgarantien des GG vgl. *Sachs/Degenhart* GG³ Art. 103 Abs. 1, Rdn. 3 ff, 44 ff. Auch die frühere Kritik am fair trial-Grundsatz verkennt dies nicht, sie hielt ihn aber innerstaatlich für überflüssig, weil er nur etwas besagt, was ohnehin bei der Grundrechtsauslegung zu berücksichtigen ist (vgl. *Heubel* insbes. 140 ff).

359 BGHSt. **24** 131. So schon *Eb. Schmidt*.

360 Vgl. Einl. H 99 ff mit Nachw.; ferner etwa *Neumann* ZStW **101** (1989) 52.

den an Verfahren mit gegenläufigen Interessen teilnehmenden Personen. Diese müssen in allen Verfahren ausgewogene Befugnisse (vgl. Rdn. 59: **Waffengleichheit**) zur Wahrung ihrer Verfahrensinteressen haben. Dazu gehört insbesondere, daß jede „Verfahrenspartei" in Ausübung ihres **Rechts auf Gehör** zu allen auftauchenden Gesichtspunkten Stellung nehmen und effektiv auf Gang und Ergebnis des Verfahrens Einfluß nehmen und sich insbesondere auch mit dem verwendeten Beweismaterial auseinandersetzen kann[361]. Dies setzt die **volle Information** über das ganze als entscheidungserheblich in Betracht zu ziehende Beweismaterial voraus, zu der auch die Ermöglichung der Akteneinsicht beitragen kann[361a]. Erforderlich ist dafür ferner **ausreichende Zeit**, um sich bei schwierigen Fragen über Bedeutung und Beweiswert bestimmter Beweismittel informieren zu können; diese kann durch Unterbrechung der Verhandlung gewährt werden oder aber auch schon durch eine vorherige Unterrichtung über die beabsichtigte Verwendung derartiger Beweismittel[362]. In Verfahren, die gegen einen Beschuldigten zum Zwecke seiner Bestrafung (im weitesten Sinne) geführt werden, ist seine **ausreichende Information** maßgebend für die Beurteilung der Fairneß des gesamten Verfahrens. Danach beurteilt sich, ob er insgesamt ausreichende Verteidigungsmöglichkeiten gegen die erhobene Anschuldigung hatte. Auch die effektive Ausübung des Rechts auf Gehör setzt voraus, daß der Betroffene sich über alle entscheidungserheblichen Tatsachen ausreichend informieren und dazu Stellung nehmen kann[363]. Dazu gehört grundsätzlich, daß die Staatsanwaltschaft ihr ganzes, für oder gegen den Angeklagten sprechende **Beweismaterial vor Gericht offen legt**[364], sofern nicht ausnahmsweise höherrangige Interessen seiner Verwendung im gerichtlichen Verfahren entgegenstehen, wie der Schutz der nationalen Sicherheit oder von Zeugen[365].

65 **b) Prozeßmaxime, Verhältnis zum einfachen Verfahrensrecht.** Als innerstaatlich unmittelbar geltendes Recht hat das auch aus dem Grundgesetz mit Verfassungsrang abzuleitende Gebot einer fairen Verfahrensgestaltung die Bedeutung einer Prozeßmaxime[366]. Als allgemeines, **übergeordnetes Wertungsprinzip** für das Verfahren in seiner Gesamtheit[367] unterscheidet es sich aber grundsätzlich von Prozeßmaximen, die für die Verfahrensgestaltung einen bestimmten Sachgrundsatz vorgeben, wie etwa die Grundsätze der Unmittelbarkeit oder Mündlichkeit. Es verlangt die Bewertung des Verfahrens als Ganzes. Abgesehen von einigen Mindestvorgaben für das Strafverfahren in Art. 6 Abs. 3 MRK, Art. 14 Abs. 3 IPBPR schreibt es keine bestimmten Einzelverfahrensbefugnisse oder keinen bestimmten Verfahrenstyp vor[368]. Seine für Gesetzgebung und Rechtsan-

---

361 Etwa EGMR 28.9.1991 Brandstetter/Ö (EuGRZ **1992** 190); 25.9.2001 P.G. und J.H./GB (ÖJZ **2002** 911). vgl. auch BVerfGE **63** 332, 337; **64** 135, 143 = JZ 1983 569 mit Anm. *Rüping*; BVerfGE **65** 171, 174; BVerfG StV **2002** 578; ferner zum Recht auf Gehör als Element des fairen Verfahrens vgl. SK-StPO-*Paeffgen* 72.

361a Zum funktionalen Zusammenhang zwischen Recht auf Gehör, Recht auf Information und Rechtsschutzgarantie vgl. etwa BVerfGE **81** 123, 129; BVerfG NJW **2004** 2443; ferner Rdn. 69b.

362 *Meyer-Ladewig* 38 unter Hinweis auf EGMR 3.3.2000 Kromar/Tschech.

363 Vgl. EGMR bei Rdn. 62; ferner etwa BVerfGE **81** 123, 129; **89** 28, 35.

364 EGMR 16.12.1992 Edwards/GB (ÖJZ **1993** 391); 25.9.2001 P.G. und J.H./GB (ÖJZ **2002** 911). Vgl. auch BVerfG NJW **1994** 3217 (Haftprüfungsverfahren) und die Nachw. Fußn. 412a.

365 EGMR 25.9.2001 P G und J H/GB (ÖJZ **2002** 911), das dort geschilderte Verfahren, in dem der Verhandlungsrichter „in camera" von dem geheimgehaltenen Material unterrichtet wurde, der dann auch über die Notwendigkeit der Offenlegung entscheiden konnte, paßt nur für den englischen Schwurgerichtsprozeß, in dem allein die Geschworenen auf Grund der ihnen in der Hauptverhandlung unterbreiteten Beweismittel über den Schuldspruch entscheiden.

366 Vorherrschende Meinung, vgl. LR-*Rieß* Einl. H 100 ff; *Meyer-Goßner*[47] Einl. 19 („Leitlinie"); SK-StPO-*Rogall* 103 ff; **a.A** *Heubel* 30 ff; IntKomm-EMRK-*Miehsler/Vogler* 343 läßt dies offen.

367 *Niemöller* StraFo. **2000** 361, 363.

368 Vgl. SK-StPO-*Rogall* Vor § 133, 101: Einerseits allgemeines prozessuales Recht mit Auffangcharakter, andererseits Garantie rechtsstaatlichen Mindeststandards. Zur Tendenz des EGMR, durch diese

wendung gleichermaßen verbindlichen Wertvorstellungen können, wie die unterschiedlichen Formen der Strafverfahren in Europa zeigen[369], durch verschiedene Verfahrenstypen und die verschiedenartigsten Formen der Verfahrensgestaltung erfüllt werden. Die Konventionen überlassen es dem **nationalen Gesetzgeber**, wie er das Verfahren gestalten, welche Beweismittel er zulassen und wie er die Beweiserhebung und Beweiswürdigung regeln und die kollidierenden Verfahrensinteressen ausgleichen will. Der EGMR prüft lediglich nach, ob das Verfahren einschließlich der Beweiserhebung insgesamt fair war[369a]; dazu gehört aber auch, daß das nationale Gericht seiner Pflicht zur Prüfung der Argumente und Beweisanträge der Parteien sorgfältig nachgekommen ist[369b] und daß im Verfahren auch sonst alle erforderlichen Teilhabe- und Abwehrrechte ausgeübt werden konnten. Bei einem Verfahren nach einer strafrechtlichen Anklage sieht er auch die Einzelrechte des Art. 6 Abs. 3 MRK nur als Einzelaspekte des fairen Verfahrens an. Er entscheidet insoweit in einer **Gesamtschau** aller Vorgänge[370]; ob das Verfahren ungeachtet einzelner Fehler insgesamt fair war. Dies schließt die Möglichkeit der innerstaatlichen Kompensation einzelner Verfahrensdefizite mit ein[371].

c) Anwendungsbereich. Für **Gesetzgebung und Rechtsanwendung** ist das Fairneßgebot der Konventionen, das dem aus dem Rechtsstaatsprinzip in Verbindung mit der allgemeinen Handlungsfreiheit hergeleiteten gleichnamigen Verfahrensgrundrecht des Grundgesetzes[372] entspricht, als grundlegender Bewertungsmaßstab für das Verfahren verbindlich. Verfassungsgerichte[373] und Revisionsgerichte[374] prüfen bei entsprechender Rüge nach, ob das Verfahren im Einzelfall fair war. Aber weder der verfassungsrechtlich vorgegebene Grundsatz noch die völkerrechtliche Verpflichtung ändern etwas daran, daß grundsätzlich die Einzelregelungen des jeweiligen nationalen Verfahrensrechts für die Einzelausgestaltung des Verfahrens und die Tragweite einzelner Verfahrensbefugnisse maßgebend bleiben und primär anzuwenden sind. Es ist Aufgabe der nationalen Gerichte, in **konventionskonformer Auslegung** des nationalen Rechts jedes Verfahren so zu gestalten, daß es den als solche nicht zur Disposition stehenden Erfordernissen eines fairen Verfahrens entspricht. 66

Ein **unmittelbarer Rückgriff**[375] auf Verfassungsrecht und Art. 6 Abs. 1 MRK, Art. 14 Abs. 1 IPBPR kommt bei der innerstaatlichen Rechtsanwendung erst in Betracht, wenn 67

Gesamtbetrachtung den sehr unterschiedlichen Beweisregeln der nationalen Vorschriften Rechnung zu tragen, vgl. etwa *Gleß* ZStW **115** (2003) 131, 148 ff; *Nack* NJW Sonderheft für G. Schäfer **2002** 46, 50; ferner oben Rdn. 64 mit weit. Nachw. sowie die kritische Würdigung in SK-StPO-*Paeffgen* 72 (Topos wolkig, deshalb Charm als vielfältig einsetzbarer Begriff, realer Sinn lediglich als Direktive).

[369] Vgl. *Gleß* ZStW **115** (2003) 131 f.

[369a] Etwa EGMR 22.4.1992 Vidal/Belg (EuGRZ **1992** 440); 13.7.2000 Elsholz/D (NJW **2001** 2315); 6.5.2003 Perna/I (NJW **2004** 2653); 12.6.2003 Kück/D (NJW **2004** 2505). Vgl. Rdn. 210, 216, 218.

[369b] Etwa EGMR 19.4.1994 van der Hurk/NdL (ÖJZ **1994** 819); ferner vorst. Fußn.

[370] Etwa EGMR 7.7.1989 Bricmont/Belg (Series A 158); 27.9.1990 Windisch/Ö (StV **1999** 193); 26.4.1991 Asch/Ö (EuGRZ **1992** 474); 22.4.1992 Vidal/Belg (EuGRZ **1992** 441). Vgl. dazu etwa *Kühne/Nash* JZ **2000** 997; *Kühne* StV **2001** 77.

[371] Vgl. *Nack* FS Rieß 361, 371 ff; *Schroeder* GA **2003** 293 versteht diese Gesamtschau als eine Art Beruhensprüfung, auf Grund der der Gerichtshof beurteilt, ob ein festgestellter Einzelfehler das ganze Verfahren fehlerhaft gemacht hat.

[372] Vgl. BVerfGE **38** 105; **57** 275; **78** 123; 203 und die weit. Nachw. Rdn. 7. Ferner etwa *Niemöller* StraFo. **2000** 361, 363 (relativ große Abstraktionshöhe; durch einfache Gesetzgebung konkretisierungsbedürftig).

[373] Etwa BVerfG NJW **2001** 2245.

[374] Etwa BGHSt **46** 93; 160; **47** 44; *Nack* FS Rieß 361, 373; zum Unterschied zur revisionsgerichtlichen Überprüfung, die als Ansatzpunkt einen Verfahrensfehler voraussetzt, *Nack* NJW Sonderheft für G. Schäfer **2002** 46, 50.

[375] Die Tendenz, bei Anwendung des nationalen Rechts nicht primär dessen Einzelregelungen zu prüfen und verfassungs- und konventionskonform auszulegen, sondern statt dessen gleich auf den fair-trial-Grundsatz zurückzugreifen, wie etwa auch in BGHSt **32** 44, ist zu Recht kritisiert worden, vgl.

dies zur Ausfüllung einer Lücke oder auch zu einer darüber hinausreichenden einzelfallbezogenen Korrektur der Verfahrensgestaltung unvermeidlich ist, so um Prozeßrechte voll zur Geltung zu bringen oder Beeinträchtigungen abzuwehren[376]. Eine **Verfahrensvoraussetzung** nach innerstaatlichem Recht ist das Gebot eines rechtsstaatlichen, fairen Verfahrens ebensowenig wie die Einhaltung anderer von der Verfassung verbürgter Verfahrensgarantien, wie etwa das Recht auf Gehör oder auf den gesetzlichen Richter[377]. Bei den sich überlagernden Regelungen führen die unterschiedlichen **Anwendungsebenen** zu unterschiedlichen Sichtweisen[378]: Aus der Sicht des **Völkervertragsrechts** und damit auch der Konventionsorgane ist in der Rückschau das als Einheit zu sehende nationale Recht einschließlich des nationalen Verfassungsrechts und seine Anwendung im konkreten Einzelfall an Art. 6 MRK, Art. 14 IPBPR zu messen. **Verfassungsrechtlich** wird das einfache Gesetzesrecht und seine Anwendung einschließlich der innerstaatlich als einfaches Gesetzesrecht geltenden Art. 6 MRK, Art. 14 IPBPR nach den aus Rechtsstaatsprinzip und Grundrechtsverbürgungen abgeleiteten Verfassungsgrundsätzen beurteilt, aus denen auch das Recht auf ein faires Verfahren folgt. Der in der **einzelnen Rechtssache entscheidende Richter** wird aber durch diese anderen Ansatzpunkte nicht davon dispensiert, primär die einschlägigen **einfachgesetzlichen Verfahrensregeln** anzuwenden. Er muß sie rechtsstaatskonform so auslegen, daß sie den Anforderungen eines fairen Verfahrens genügen, so wie es die Verfassung und die sich damit weitgehend deckenden Verpflichtungen aus den Konventionen verlangen[379]. Daß alle Verfahrensbeteiligte ein faires Verfahren haben, in dem sie mit ihren Auffassungen Gehör finden und in dem sie ihre sonstigen Verfahrensrechte ausgewogen wahrnehmen können, ist primär Sache einer sinnvollen Anwendung und Auslegung der Regeln des einfachen Verfahrensrechts, die nicht vorschnell durch einen unmittelbaren Rückgriff auf das Gebot eines fairen Verfahrens übergangen werden darf[380].

68 Das Fairneßgebot gilt für das **gesamte staatliche Verfahren** einschließlich des **staatsanwaltschaftlichen Ermittlungsverfahrens**. Auch die Staatsanwaltschaft und alle sonstigen Stellen müssen es beachten, wenn sie strafverfolgend tätig werden[381]. Es hat besondere Bedeutung bei den zur Wahrung der Verfahrensrechte des Angeklagten vorgeschriebenen Belehrungen über sein Schweigerecht oder über das Recht auf Beistand durch einen Anwalt[382]. Dieses wird auch verletzt, wenn der zu einer Aussage veranlaßte Beschuldigte nicht darüber informiert wird, daß sich für ihn bereits ein Verteidiger gemeldet hat[383]. Der EGMR stellt darauf ab, ob das Verfahren in seiner Gesamtheit, also auch ein-

---

etwa *Herdegen* NStZ **1984** 343; *Meyer* JZ **1984** 173; LR-*Rieß* Einl. H 112 ff; *Meyer-Goßner*[47] 19, SK-StPO-*Rogall* Vor § 133 102 mit weit. Nachw.; ferner etwa *Dörr* 146; *Heubel* 30 ff.

[376] Vgl. SK-StPO-*Rogall* Vor § 133, 104: „Teilhabe- und Abwehrrecht". Nach Ansicht der Plenarentscheidung des BVerfG vom 30.4.2003 (JZ **2003** 791, dazu *Rimmelspacher* JZ **2002** 797) verstößt es gegen das Rechtsstaatsprinzip und das Recht auf Gehör und damit auch gegen das Gebot eines fairen Verfahrens, wenn eine Verfahrensordnung für den Fall einer Verletzung des Rechts auf Gehör keine fachgerichtliche Abhilfemöglichkeit vorsieht.

[377] *Rieß* JR **1985** 48; LR-*Rieß* Einl. H 114; *Meyer-Goßner*[47] 148; SK-StPO-*Rogall* Vor § 133, 105 je mit weit. Nachw.

[378] Vgl. Einf. Rdn. 66 ff.

[379] Hält er eine anzuwendende Norm für verfassungswidrig, muß er die Entscheidung des Bundesverfassungsgerichts nach Art. 100 GG herbeiführen.

[380] Die Kritik an dem Fair-Trial-Prinzip ist zum Teil auch durch dessen unstrukturierte Anwendung veranlaßt worden, so etwa *Heubel* 40 ff, vgl. auch SK-StPO-*Paeffgen* 70, 71.

[381] H.M; etwa *Frister* StV **1998** 159; *Nack* NJW Sonderheft für G. Schäfer **2002** 46, 42; *H. Ch. Schaefer* FS Rieß 491; *Wagner* ZStW **109** (1997) 547; sowie die nachf. Fußn.

[382] BGHSt **46** 93; dazu *Nack* NJW Sonderheft für G. Schäfer **2002** 46, 42 (mit weiteren Beispielen und auch zur Problematik der Prüfungskompetenz des BGH, die anders als bei BVerfG von einem Fortwirken des Verfahrensverstoßes in der Hauptverhandlung abhängt).

[383] BGH StV **1997** 511 (L); *H. Ch. Schäfer* FS Rieß 491 ff.

schließlich der Vorgänge im Ermittlungsverfahren, fair war. Auch die Methoden bei Gewinnung des im Strafverfahren verwendeten Beweismaterials werden daran gemessen. Die Verfahrensfairneß kann verletzt sein, wenn staatliche Organe den Täter zur Tat verleitet[384] oder die **Tatprovokation** mitzuverantworten haben[385], aber auch, wenn dem Angeklagten durch Vorenthaltung von geheimgehaltenem Beweismaterial bei der Staatsanwaltschaft die Möglichkeit genommen wird, zu beweisen, daß er Opfer einer Tatprovokation geworden ist[386]. Der Kernbereich des fairen Verfahrens ist auch verletzt, wenn sich Staatsorgane über das Recht des Beschuldigten hinwegsetzen, zu schweigen und sich nicht selbst belasten zu müssen[387]. Ob bereits im **Vorfeld eines Verfahrens** der Staat verpflichtet ist, den von einer Maßnahme Betroffenen Informationen zu ermöglichen, die eventuell verfahrenserheblich sein können, hängt von den Umständen des Einzelfalls ab; wer aber eine ihm dafür offene Möglichkeit nicht benützt, kann sich später nicht darauf berufen, daß er wegen unzureichender Informationen kein faires Verfahren hatte[388].

d) Inhalt. Als **allgemeines Prinzip der Verfahrensgerechtigkeit** lassen sich die Anfor- **69**
derungen des auf das Verfahren in seiner Gesamtheit abstellenden Gebots eines fairen Verfahrens meist nicht durch die isolierte Würdigung eines einzelnen Verfahrensvorgangs und auch nicht losgelöst vom Einzelfall und dem jeweiligen Regelsystem des nationalen Rechts bestimmen[389]. Es hängt immer von der **Gesamtwürdigung** des konkreten Verfahrensverlaufs und nicht schon von einem einzelnen Verstoß gegen das nationale Verfahrensrecht ab[390], ob eine Partei oder ein Angeklagter vor Gericht das garantierte faire Verfahren hatte. Selbst bei den in Art. 6 Abs. 3 MRK, Art. 14 Abs. 3 IPBPR ausformulierten Mindestrechten beurteilt der EGMR im Rahmen einer gemeinsamen Würdigung von Art. 6 Abs. 1 und Abs. 3 MRK vielfach nur **aus der Sicht des Gesamtverfahrens**, ob ein Verstoß das Konventionsgebot der Verfahrensfairneß im Zusammenhang mit anderen Konventionsbestimmungen verletzt[391]. Nur in Einzelfällen wird schon wegen

---

384 EGMR 9.6.1998 Teixeira de Castro/Port (NStZ **1999** 47 mit Anm. *Sommer* = StV **1999** 127 mit Anm. *Kempf*); dazu auch *H. Ch. Schaefer* FS Rieß 491, 500; *van Gemmeren* NJW Sonderheft für G. Schäfer **2002** 28; *Nack* NJW Sonderheft für G. Schäfer **2002** 46, 49; *Ambos* NStZ **2002** 628, 632 und nachst. Fußn.

385 Zu den innerstaatlichen Fragen vgl. etwa BGHSt **45** 321 = NStZ **2000** 269 mit Anm. *Endriss/Kinzig* = JZ **2000** 363 mit Anm. *Roxin* = JR **2000** 432 mit Anm. *Lesch* = StV **2000** 57, 114 mit Anm. *Sinner/Kreuzer; Eschelbach* StV **2000** 390; *van Gemmeren* NJW Sonderheft für G. Schäfer **2002** 28; *Meyer-Goßner*[47] Einl. 148a; LR-*Rieß* § 163, 67 ff je mit weit. Nachw. zum Streitstand, ferner BGHSt **47** 44.

386 EGMR 22.7.2002 Edwards, Lewis/GB (StraFo. **2003** 360 mit Anm. *Sommer*); *Gaede* StraFo. 2004 195, 197.

387 Etwa EGMR 8.2.1996 Murray/GB (ÖJZ **1996** 627); 17.12.1996 Saunders/GB (ÖJZ 1998 32); 3.5.2001 J. B/CH (ÖJZ **2003** 518); 5.11.2002 Allan/GB (StV **2003** 257); 8.10.2002 Beckles/GB (ÖJZ **2004** 67); vgl. dazu Rdn. 248 ff.

388 EGMR 9.6.1998 McGinley & Egan/GB (ÖJZ **1999** 355 Zugang zu maßgeblichen Beweisen für Gesundheitsschädigung durch Atomtest).

389 Die ergangenen Entscheidungen zu Einzelfällen verdeutlichen die Tendenz dieses Grundsatzes, der einen umfassenden Schutz vor jeder Art von verfahrensrechtlichen Unbilligkeiten und Benachteiligungen erstrebt; abgesehen von eklatanten Benachteiligungen eignen sie sich aber vor allem in den Randbereichen nur bedingt für eine Verallgemeinerung.

390 EGMR 23.5.1991 Oberschlick/Ö (EuGRZ **1991** 216); EKMR ÖJZ **1991** 322; vgl. BVerfGE **64** 135 = JR **1983** 659 mit Anm. *Rüping.*

391 Zur Gesamtbetrachtung des EGMR im Unterschied zu dem auf die erhobene einzelne Verfahrensrüge beschränkte Prüfungkompetenz des BGH vgl. *Eisele* JR **2004** 12, 15; *Nack* FS Rieß, 361, 371. Gegen die Gesamtbetrachtung werden im Schrifttum Bedenken erhoben, da durch die Beurteilung des Verfahrens in seiner Gesamtheit einzelne Verfahrensverstöße relativiert werden können; vgl. die Beispiele aus der Rechtsprechung des EGMR bei *Schroeder* GA **2003** 293, 294, der die Gesamtbewertung als eine Art Beruhensprüfung versteht, ferner *Walther* (GA **2003** 204 ff, die der relativierenden Gesamtwürdigung durch die Abtrennung des dem Recht auf Gehör zuzuordnenden „fair hearing" vom „fair trial" Gebot entgegenwirken will).

der eklatanten Mißachtung eines garantierten Einzelrechts verneint, daß der Betroffene ein faires Verfahren hatte[392].

69a Für die Verfahren über „civil rights", die **nur unter Art. 6 Abs. 1 MRK, Art. 14 Abs. 1 IPBPR fallen**, weil die Art. 6 Abs. 3 MRK, Art. 14 Abs. 3 IPBR nur für die Verfahren in Strafsachen im weiten Sinn der Konventionen[393] gelten, werden vielfach gleichartige inhaltliche Anforderungen unmittelbar aus dem Gebot eines fairen Verfahrens abgeleitet. Die jeweilige Verfahrensart muß allerdings eine solche Entsprechung zulassen[394]. Im übrigen wird den Vertragsstaaten in den nicht unmittelbar von Art. 6 Abs. 3 MRK Art. 14 Abs. 3 IPBPR erfaßten Fällen ein größerer Spielraum für die Umsetzung der darin aufgezeigten Grundsätze zuerkannt[395]. Im **Geltungsbereich des GG** gilt das Gebot eines fairen Verfahrens als Verfahrensgrundrecht[396] für **alle Verfahrensarten**, so daß sich die Eingrenzungen des Art. 6 MRK, Art. 14 IPBPR auf bestimmte Verfahrensgegenstände innerstaatlich nicht auswirken.

69b Will man die sich aus dem Fairneß-Gebot ergebenden Forderungen in (sich inhaltlich überschneidende) Gruppen einteilen, dann gehört dazu die Wahrung eines **Gleichgewichts der Verfahrensbefugnisse** („Waffengleichheit") zwischen den in gegenseitigen Rollen teilnehmenden Verfahrensbeteiligten[397] und die Gewährleistung aller mit dem **Recht auf Gehör** verbundenen **verfahrensrechtlichen Informationsrechte und Aktivbefugnisse**[398]. Diese schließen in der Regel die Befugnis zur Anwesenheit in der Verhandlung und das Recht zur mündlichen oder schriftlichen Äußerung gegenüber dem Gericht und auf eine effektive Verteidigung mit ein[399] und setzen die Möglichkeit einer rechtzeitigen und **ausreichenden Information** über alle verfahrenserheblichen Tatsachen, Äußerung und Vorgänge und damit grundsätzlich auch die **Akteneinsicht** voraus[400]. Ferner gehören dazu die **Belehrungs- und Fürsorgepflichten**, die dem Gericht gegenüber den Prozeßparteien und insbesondere gegenüber dem Angeklagten aus besonderen Verfahrenslagen erwachsen können[401].

70 Für die Verfahren, in denen über eine **strafrechtliche Anklage** entschieden wird, enthalten Art. 6 Abs. 2, 3 MRK und Art. 14 Abs. 2, 3 IPBPR **bestimmte konkrete inhaltliche Mindestanforderungen** für eine faire, die Verteidigungsrechte des Angeklagten wahrende Verfahrensgestaltung. Die Aufzählung dieser unten erläuterten Grundsätze umschreibt jedoch den Inhalt des fairen Verfahrens **nicht erschöpfend**[402], so daß sich aus Art. 6 Abs. 1 MRK, Art. 14 Abs. 1 IPBPR im konkreten Fall zusätzliche Anforderungen ergeben können. Da das Gebot eines fairen Verfahrens als **übergeordneter Grundsatz** verstanden wird, unterbleibt bei der Gesamtwürdigung oft eine klare Aussage zur Trag-

---

392 Vgl. EKMR bei *Bleckmann* EuGRZ **1982** 420; *Frowein/Peukert* 71 mit weit. Nachw.; IntKomm-EMRK-*Miehsler/Vogler* 345.

393 Vgl. Rdn. 28 ff.

394 Zu weiteren Einzelheiten etwa *Frowein/Peukert* 91 ff.

395 Etwa 27.10.1993 Dombo Beheer B V/NdL (ÖJZ **1994** 464); 10.4.2003 Alga/Ö (ÖJZ **2003** 816).

396 Vgl. Rdn. 7, 64.

397 Dies folgt auch aus dem Grundsatz der Gleichbehandlung, vgl. dazu Rdn. 59, 62; ferner *Walther* GA **2003** 204; LR-*Rieß* Einl. H 199 ff.

398 Vgl. LR-*Rieß* Einl. H 71 ff, insbes. 80 ff.

399 Zu den Einzelausprägungen des Rechts auf ein faires Verfahren vgl. SK-StPO-*Rogall* Vor § 133 104 ff. Zum Teilnahmerecht vgl. Rdn. 188 ff.

400 Vgl. dazu Rdn. 72. Das Recht auf Gehör setzt ausreichende Informationsmöglichkeiten voraus; in beiden wird von der wohl vorherrschenden Meinung auch ein Erfordernis eines fairen Verfahrens gesehen, vgl. etwa BVerfG NJW **2001** 3695, 3697; *Sachs/Degenhart* GG Art. 103, 4 ff; 44 ff. *Walther* GA **2003** 204, 219 unterscheidet dagegen zwischen „fair trial" zur Gewährleistung der Waffengleichheit und dem „fair hearing", zur Sicherung des Rechts auf Gehör, um so auszuschließen, daß die ungenügenden Einzelbefugnisse des Angeklagten bei der Beweiserhebung in einer Gesamtwürdigung des Verfahrens als fair unberücksichtigt bleiben.

401 Vgl. Rdn. 73a.

402 Etwa EGMR 12.2.1985 Colozza/I (EuGRZ **1985** 634); 24.11.1986 Unterpertinger/Ö (EuGRZ **1987** 147); 26.7.2002 Mefta/F (ÖJZ **2003** 732); *Frowein/Peukert* 71.

weite der Einzelverbürgungen in den Absätzen 3 beider Konventionen. Der EGMR sieht darin nur **unselbständige Einzelausprägungen des „fair-trial-Grundsatzes"**. Dessen Wahrung ist Zweck der Einzelregelungen und daher nach Ansicht des Gerichtshofs für die Frage entscheidend, ob die Konvention verletzt ist oder ob die **Gesamtschau des Verfahrens** ergibt, daß der Betroffene ungeachtet einzelner Verstöße unter Berücksichtigung ihrer Auswirkungen und etwaigen Kompensationen insgesamt doch ein faires Verfahren hatte[403]. Umgekehrt kann die Gesamtschau aber auch dazu führen, daß mehrere Verfahrensvorgänge, die jeder für sich betrachtet noch nicht unfair sind, in ihrer Gesamtheit das Verfahren unfair machen können[404].

e) **Beispiele.** Soweit die konkrete Festlegung einzelner verfahrensrechtlicher Befug- 71
nisse wie etwa in Art. 6 Abs. 3 MRK fehlt, ist jede über die kaum weiterführende Generalisierung hinausreichende Umschreibung der Tragweite des Gebots eines fairen Verfahrens auf Beispiele angewiesen. Vor allem erhellen die von der Rechtsprechung beurteilten Verstöße, wie verschiedenartig die Fälle sein können, durch die im Einzelfall die Prozeßführung bzw. Verteidigung erheblich behindert oder gegenüber dem Prozeßgegner benachteiligt werden kann[405]. Das Gebot eines fairen Verfahrens fordert vom Gericht, daß es die vor ihm Recht suchenden Personen nicht als bloße Objekte seiner Rechtsfindung behandelt, ihrer Stellung als eigenverantwortliche Subjekte des Verfahrens Rechnung trägt, sie und ihr Vorbringen ernst nimmt und dafür sorgt, daß sie ihre **legitimen Verfahrensrechte ungeschmälert wahrnehmen** können. Es muß den Verfahrensbeteiligten ausreichenden Raum für die Vertretung ihrer Verfahrensbefugnisse einräumen, etwaige Schwierigkeiten, die der Vertretung dieser Rechte aus einer (legitimen) Einschränkung ihrer Befugnisse erwachsen, muß es anderweitig hinreichend ausgleichen, vor allem, um dem Angeklagten ein insgesamt faires Verfahren zu sichern[406]. Aus dem Gebot einer fairen Verfahrensgestaltung kann sich auch ein **Recht auf Anwesenheit** bei der entscheidenden mündlichen Verhandlung ergeben[407], dazu gehört auch, daß die Verfahrensbeteiligten in der Lage sein müssen, alle Vorgänge in der Verhandlung optisch und akustisch aufzunehmen. Sind sie dazu für das Gericht erkennbar nicht in der Lage, muß es für geeignete Abhilfe (Anweisung eines anderen Platzes, Zuziehung eines Dolmetschers) sorgen[408]. Im Strafverfahren muß das Recht des Angeklagten, zu den Anschuldigungen zu schweigen und sich nicht selbst belasten zu müssen, beachtet werden[409].

---

[403] Zur Gesamtschau etwa EGMR 13.5.1980 Artico/I (EuGRZ **1980** 662); 6.5.1985 Bönisch/Ö (EuGRZ **1986** 127); 7.7.1989 Bricmont/Belg (Series A 158); 27.9.1990 Windisch/Ö (StV **1999** 193); 26.4.1991 Asch/Ö (EuGRZ **1992** 474); 22.4.1992 Vidal/Belg (EuGRZ **1992** 441); 19.6.2001 Atlan/GB (ÖJZ **2002** 698); 26.07.02 Meftah/F (ÖJZ **2003** 736); ferner *Frowein/Peukert* 2,71: IntKommEMRK-*Vogler* 467; *Ambos* ZStW **115** (2003) 583, 613; *Kühne/Nash* JZ **2000** 997; *Kühne* StV **2001** 77; *Weigend* StV **2000** 385. *Nack* FS Rieß 361, 373; NJW Sonderheft für G. Schäfer **2002** 46, 51 spricht von „weichen Voraussetzungen", die vielfach eine flexible Lösung im Rahmen der Strafzumessung ermöglichen; *Schroeder* GA **2003** 293 versteht diese Gesamtschau als eine Art Beruhensprüfung, auf Grund der beurteilt wird, ob der festgestellte Fehler des nationalen Rechts das Urteil beeinflußt hat; vgl. dazu *Eisele* JR **2004** 12, 19.

[404] *Eisele* JR **2004** 12, 15; *Nack* NJW Sonderheft für G. Schäfer **2002** 46, 52.

[405] Zur Vielzahl der Einzelaspekte vgl. *Meyer-Ladewig* Rdn. 35 ff.

[406] Vgl. etwa EGMR 26.3.1996 Doorson/Ndl (ÖJZ **1996** 715); 21.12.2001 P. S./D (NJW **2001** 2893); ferner *Geburtig* ZaöRV **59** (1999) 295, 302 (Pflicht, bei Einvernahme eines für die eine Partei tätigen Zeugen über ein Vier-Augen-Gespräch auch die nicht beweispflichtige Gegenpartei zum Gesprächsinhalt zu hören).

[407] Vgl. dazu Rdn. 188 ff.

[408] Vgl. EGMR 23.2.1994 Stanford/GB (ÖJZ **1994** 600: verneinend, da Akustik im Gerichtssaal ausreichend und Verteidiger das Gericht auf Hörschwierigkeiten des Angeklagten nicht hingewiesen hat). Zur Beiziehung eines Dolmetschers vgl. Rdn. 233 ff.

[409] Dazu Rdn. 248 ff.

72 Die **Gleichstellung** der Vertreter gegenläufiger Prozeßinteressen hinsichtlich ihrer Einwirkungsmöglichkeiten auf das Verfahren, die aus dem Gleichheitsgebot folgende **grundsätzliche Chancen- und Waffengleichheit** (vgl. Rdn. 56 ff), ist ein wesentliches Element eines gerechten und fairen Verfahrens. Für den besonders wichtigen Bereich der Beweiserhebung in den Verfahren wegen einer strafrechtlichen Anklage wird dies in Art. 6 Abs. 3 Buchst. d MRK, Art. 14 Abs. 3 Buchst. e IPBPR ausdrücklich angesprochen[410]. Auch sonst muß das Gericht bei besonderen Verfahrenslagen ins Gewicht fallende Ungleichheiten, die die Chancengleichheit de facto beseitigen, durch geeignete Maßnahmen nach Möglichkeit ausgleichen, wie etwa durch verfahrensrelevante Informationen oder eine entsprechende Verfahrensgestaltung (Belehrung, Unterbrechung, Aussetzung) oder auch durch die Anhörung der Partei zum Inhalt eines nur vom Zeugen der Gegenpartei bekundeten Inhalt eines Vier-Augengesprächs[411] oder durch Maßnahmen, die die sachgerechte Wahrnehmung der Verteidigungsrechte ermöglichen, wie die Bestellung eines Verteidigers oder die kostenlose Beiordnung eines Dolmetschers. Dies gilt unabhängig davon, ob das nationale Verfahrensrecht solche Maßnahmen ausdrücklich vorsieht. Erforderlichenfalls muß das Gericht auch durch den Hinweis auf Umstände, die nur einer Partei unbekannt sind, die chancengleiche Vertretung der Belange ermöglichen[412]. Zu einem fairen Verfahren gehört grundsätzlich, daß vor Gericht[412a] die **Anklagebehörde ihr ganzes Material** gegenüber der Verteidigung **offen legt**, gleich, ob es nun für oder gegen den Angeklagten spricht[413]. Ist dies ausnahmsweise nicht erreichbar, weil dem schwerer wiegende öffentliche Interessen oder der unbedingt erforderliche Schutz anderer Personen entgegenstehen, muß das Gericht ein faires Verfahren dadurch sicherstellen, daß es die dadurch bestehenden Schwierigkeiten für die Verteidigung durch eine entsprechende Verfahrensgestaltung ausgleicht[414]. Auch der Aktenverlust kann die Wahrnehmung der Verfahrensbefugnisse beeinträchtigen[415]. Reichen die in das Verfahren eingeführten Beweismittel für eine sichere Verurteilung nicht aus, weil ein möglicherweise auch entlastend wirkendes **zentrales Beweismittel** für das Gericht **gesperrt** bleibt, muß es den Angeklagten trotz fortbestehenden Tatverdachts freisprechen[416]. Die gebotene Chancengleichheit kann auch dadurch verletzt sein, daß die Staatsanwaltschaft durch irgendwelche Maßnahmen Einblick in das Verteidigungskonzept des Angeklagten erhält[417]. Nach Ansicht des EGMR ist das Recht auf ein faires

---

410 Dazu Rdn. 210 ff.

411 BVerfG NJW **2001** 2531.

412 Vgl. BGH NJW **1990** 584 (Hinweis auf das Ergebnis verfahrensbezogener Ermittlungen – Telefonüberwachung).

412a Wieweit im staatsanwaltschaftlichen Ermittlungsverfahren zum Schutz des Ermittlungserfolges das Akteneinsichtsrecht eingeschränkt werden kann und wieweit diese Beschränkungen auch noch im gerichtlichen Haftprüfungsverfahren fortbestehen können, ist trotz der drei Entscheidungen des EGMR vom 13.12.2001 (Lietzow, Schöps und Garcia Alva/D) weiterhin strittig; vgl. etwa *Kempf* StV **2001** 206; *Kempf* StraFo. **2004** 209; *Kühne/Esser* StV **2002** 391; *Lange* NStZ **2003** 348 (Besprechung von OLG Köln NStZ **2002** 659; OLG Hamm NStZ **2003** 386); *Meyer-Goßner*[47] § 147 StPO, 25a, 26; LR-*Lüderssen* § 147 StPO 160, 160a je mit weit. Nachw.; ferner auch Art. 5 MRK Rdn. 124a.

413 EGMR 16.12.1992 Edwards/GB (ÖJZ **1993** 391); 16.2.2000 Rowe, Davie/GB (StraFo. **2002** 51 mit Anm. *Sommer*); 25.9.2001 P.G, J.H./GB (ÖJZ **2002** 911); *Gaede* StraFo. **2004** 195, 196.

414 EGMR 25.9.2001 P.G., J.H./GB (ÖJZ **2002** 911) für ein Verfahren vor dem Schwurgericht, wo Verhandlungsrichter die Fragen der Verteidigung in camera stellte und das geheimgehaltene Material keinen Teil des angeklagten Falls betraf und auch den Geschworenen nicht vorgelegt wurde.

415 EKMR bei *Strasser* EuGRZ **1989** 432.

416 Vgl. BGH NStZ **2004** 343 (Fall El Motassadeq), dazu *Gaede* StraFo. **2004** 195, der die Beweiswürdigungslösung des BGH als unzureichend kritisiert und die Frage aufwirft, wieweit die Sperrung von entlastenden Beweismaterial durch andere staatliche Stellen mit dem aus dem Gebot eines fairen Verfahren herzuleitenden Informationsanspruch vereinbar ist.

417 BGH NStZ **1984** 419, dazu *Rieß* JR **1985** 48; AG Mannheim StV **1985** 276; OLG Karlsruhe StV **1986** 10, dazu *Volk* StV **1986** 34, *I. Roxin* 96 ff; SK-StPO-*Rogall* 105 je mit weit. Nachw.; vgl. auch öst. VfGH

Verfahren auch verletzt, wenn ein Gericht in willkürlicher **Mißachtung einer Vorlagepflicht** eine strittige Frage selbst entscheidet und so dem Betroffenen die Möglichkeit nimmt, daß die Vorlegungsfrage von einem höheren Gericht zu seinen Gunsten entschieden wird[418].

Die Garantie des fairen Verfahrens kann erfordern, daß das Gericht **schützend eingreift,** um ein offensichtliches Ungleichgewicht bei der Vertretung der Verfahrensinteressen auszugleichen[419], wie dies auch aus dem in die gleiche Richtung gehenden und zumindest in der Zielsetzung weitgehend identischen Grundgedanken der **prozessualen Fürsorgepflicht**[420] hergeleitet wird. Das Gericht muß Rücksicht auf die konkrete Situation der Verfahrensbeteiligten nehmen und darf sie in keine ihre **Rechtswahrung beeinträchtigende Zwangslage** bringen oder nicht dagegen einschreiten, wenn dies durch einen anderen Verfahrensbeteiligten geschieht[421]. Es muß unsachliche Einwirkungen anderer Verfahrensbeteiligter unterbinden und auch der Beeinflussung der Laienrichter durch eine Pressekampagne entgegenwirken[422]. In der **unrichtigen Auskunft** der Staatsanwaltschaft darüber, ob bei ihr weiteres, nicht offengelegtes und gerichtlich nicht verwendetes relevantes Material vorliege, hat der EGMR einen Verstoß gegen das faire Verfahren gesehen, da der Richter dadurch gehindert wurde, dieses Material zu prüfen und darüber zu entscheiden, ob durch die Nichtoffenlegung die Verteidigung in unfairer Weise behindert wird[423]. Das Gericht darf ferner aus eigenen oder ihm zuzurechnenden Fehlern, Unklarheiten oder Versäumnissen keine Verfahrensnachteile für den Betroffenen herleiten. Beruht eine Fristversäumnis auf einem Fehler des Gerichts, erfordert die hierdurch gebotene besondere Fairneß, diesem Umstand bei den Anforderungen an die Wiedereinsetzung Rechnung zu tragen[423a]. **73**

Ein faires Verfahren erfordert ferner, daß alle Verfahrensbeteiligten auf die Äußerungen des Gerichts und die dadurch geschaffene Verfahrenslage vertrauen können. Mit diesem **Vertrauensschutz** ist vor allem im Strafverfahren jede **bewußte Täuschung** und Irreführung durch staatliche Organe unvereinbar. Aus ihm können sich ferner **Hinweispflichten** für das Gericht ergeben. Besondere Umstände können das Gericht verpflichten, durch **Hinweise und Belehrungen** auf eine sachgemäße Rechtswahrung hinzuwirken und erkannte Irrtümer richtigzustellen. so etwa, wenn es nachträglich von einer kundgegebenen Auffassung abweichen[424] oder Verfahrensfehler korrigieren will, ferner bei einer unvorhergesehenen Änderung der Verfahrenslage[425]. Erteilt es eine an sich nicht not- **73a**

EuGRZ **1985** 85 mit Anm. *Kopetzki* 95 und zum Verbot der Beschlagnahme der Verteidigungsunterlagen Rdn. 176.

418 In der willkürlichen Nichtvorlage an den EuGH hat der EGMR wiederholt auch einen Verstoß gegen das Gebot eines fairen Verfahrens gesehen, EGMR 23.3.1999 Desmonts/F, 7.9.1999 Dotta/I; 25.1.2000 Moosbrugger/Ö; 4.10.2001 Canela Santiago/Span; 13.6.2002 Bakker/Ö; vgl. *Breuer* JZ **2003** 433, 439. Zu der darin liegenden Verletzung des Anspruchs auf den gesetzlichen Richter vgl. Rdn. 47.

419 Vgl. OLG Köln NStZ **1989** 542: Bestellung eines Verteidigers bei Auftreten eines Opferanwalts vgl. § 140 Abs. 2 StPO.

420 Vgl. dazu LR-*Rieß* Einl. H 120 ff; Vor § 226, 20 ff; SK-StPO-*Paeffgen* 74.

421 Vgl. etwa LG Mönchengladbach StV **1987** 333.

422 EKMR bei *Strasser/Weber* EuGRZ **1987** 355.

423 EGMR 19.6.2001 Atlan/GB (ÖJZ **2002** 698), wobei aber unbedingt notwendige, verteidigungseinschränkende Maßnahmen zum Schutze anderer Personen oder wichtiger öffentlicher Interessen als zulässig angesehen wurden. Zu dem aus dem Gebot der Waffengleichheit hergeleiteten Anspruch auf Offenlegung aller beweiserheblichen Informationen der Staatsanwaltschaft bzw. sogar des Staates vgl. EGMR 16.12.1992 Edwards/GB (ÖJZ **1993** 391); 16.2.2000 Rove, Davis/GB (StraFo. **2002** 51 mit Anm. *Sommer*); *Gaede* StraFo. **2004** 195, 196 mit weit. Nachw.; ferner Rdn. 72.

423a BVerfG NJW **2004** 2887 unter Hinweis auf BVerfGE **78** 123, 126 und seine Rechtsprechung, wonach die Anforderungen an die Wiedereinsetzung nicht überspannt werden dürfen, etwa BVerfGE **40** 88, 91; **67** 208, 212.

424 Vgl. Thür.VerfGH NStZ **2003** 278 (Verurteilung ohne Hinweis auf die Änderung einer bekanntgegebenen Auffassung).

425 Nach *Niemöller* StraFo. **2000** 361, 363 konkretisiert sich das Fairneßgebot in der Rechtsprechung des

wendige Belehrung, muß diese sachlich richtig und vollständig sein[426]. Ein Verstoß gegen das Gebot eines fairen Verfahrens wird beispielsweise darin gesehen, daß das Gericht absichtlich einen gebotenen Hinweis unterläßt[427] oder einen erkennbaren Irrtum, der die Prozeßführung beeinträchtigt, nicht richtigstellt[428], daß es Prozeßbeteiligte täuscht, überrumpelt oder sich widersprüchlich verhält oder daß es sich über eine von ihm geschaffene oder geduldete **Vertrauenslage ohne vorherigen Hinweis hinwegsetzt**. So etwa, wenn es auf einen rechtlichen Gesichtspunkt abstellen will, mit dem nach dem bisherigen Prozeßverlauf auch ein kundiger Prozeßbeteiligter nicht zu rechnen brauchte[428a] oder wenn es von **Zusagen** oder einem in Aussicht gestellten Verhalten abweicht[429], ohne vorher darauf hinzuweisen und Gelegenheit zur Nachholung der vielleicht im Vertrauen darauf unterlassenen Verfahrenshandlungen zu geben[430], oder wenn es das Vertrauen in eine von ihm **geduldete Verfahrensübung** trotz Änderung seines Standpunktes fortbestehen läßt und dann ohne Vorwarnung nachteilige Folgen daraus herleitet, wie in der Erschwerung des Zugangs zu Gericht durch eine von der bisherigen Übung abweichende strengere Auslegung der Formvorschriften[431]. Ein Hinweis des Gerichts kann auch erforderlich sein, wenn das Gericht selbst außerhalb der Hauptverhandlung Ermittlungen veranlaßt hat, deren Ergebnis es nicht für entscheidungserheblich erachtet[432].

74 **f)** Die **Pflicht zur Begründung einer Entscheidung** wird ebenfalls zu den Erfordernissen eines fairen Verfahrens gerechnet. Ihr Fehlen kann den Anspruch auf ein faires Verfahren[433] vor allem dann verletzen, wenn dadurch das Recht auf Einlegung eines Rechtsbehelfs erschwert oder entwertet wird, weil im Dunkeln bleibt, welche Erwägungen die Entscheidung tragen[434]. Diese müssen erkennbar sein, dies gilt im besonderen Maße auch für die Erwägungen, die eine Ermessensentscheidung tragen[435]. Der erforderliche Inhalt der Begründung muß vor allem diesem Zweck genügen, maßgebend

---

Bundesverfassungsgerichts in drei Richtungen: Mindeststandard aktiver Verfahrensbefugnisse, Grundsatz von Treu und Glauben, der dem Gericht verbietet, eigene Fehler oder Versäumnisse den Verfahrensbeteiligten zum Nachteil gereichen zu lassen sowie das Gebot des Vertrauensschutzes.

426 Vgl. BGHSt. **24** 25 (weist das Gericht auf die Vorteile einer freigestellten Verfahrensgestaltung hin, darf es deren Nachteile nicht unerwähnt lassen).

427 OLG Frankfurt NStZ **1990** 556.

428 Zum Verhältnis zur Fürsorgepflicht, die Rechtspflicht ist und als eine Ausprägung des Gebots eines fairen Verfahrens verstanden und mitunter zusätzlich noch aus dem Sozialstaatsprinzip abgeleitet wird, vgl. LR-*Rieß* Einl. H 120 (Konkretisierung des Fairneßgebots); SK-StPO-*Rogall* Vor § 133, 113 (Recht auf faires Verfahren und Sozialstaatsprinzip); ferner OLG Koblenz VRS **60** (1981) 119.

428a Vgl. BVerfGE **108** 341, 346, das einen Verstoß gegen das Recht auf Gehör bejahte, weil dadurch der Vortrag zu einem entscheidungserheblichen Umstand unmöglich gemacht wurde.

429 So von einer angekündigten Wahrunterstellung; vgl. BGHSt. **32** 44 (wo aber der Vorrang des einfachen nationalen Rechts bei der innerstaatlichen Prüfung verkannt wird), ferner etwa BGH NJW **1990** 1924 (Nichteinhaltung einer staatsanwaltschaftlichen Zusage); BGH NJW **2003** 1409 (Überschreiten der bei einer verbindlichen Verständigung in Aussicht gestellten Strafobergrenze ohne vorherigen Hinweis).

430 BVerfGE NJW **1987** 2662; BGH MDR **1989** 838, ferner das reichhaltige Schrifttum zur Problematik der Absprachen im Strafprozeß, etwa bei *Schünemann*, Gutachten zum 58. DJT.

431 Gericht darf nicht ohne Hinweis eine bisher tolerierte unleserliche Unterschrift nicht mehr anerkennen, BVerfGE **78** 123; vgl. aber auch EKMR NJW **1989** 579 (übertrieben formalistische Anforderungen, aber kein Verstoß gegen Art. 6 MRK, da diese dem Anwalt bekannt waren).

432 BGH NJW **1990** 193; StV **2001** 4; vgl. auch vorstehende Fußn.

433 Ob innerstaatlich eine weitergehende Begründungspflicht aus dem Recht auf Gehör abzuleiten ist, mag offen bleiben; eine Begründungspflicht unter diesem Gesichtspunkt bejahen grundsätzlich *Grabenwarter* § 24 Rdn. 42; SK-StPO-*Paeffgen* 75, 78; *Villiger* HdB 491.

434 EGMR 16.12.1993 Hadjianastassiou/Griech (EuGRZ **1993** 70); 9.12.1994 Hiro Balani/Span (ÖJZ **1995** 350); EKMR NJW **1963** 2247; bei *Bleckmann* EuGRZ **1982** 542; *Peukert* EuGRZ **1986** 297; *Rogall* (Beschuldigte als Beweismittel) 114; ferner nachf. Fußnoten,

435 Vgl. EGMR 30.11.1987 H/Belg (ÖJZ **1988** 220); 23.6.1994 De Moor/Belg (ÖJZ 1995 43); *Meyer-Ladewig* 42; SK-StPO-*Paeffgen* 75, 78.

dafür ist die Lage des Einzelfalls, vor allem die Art der jeweiligen Entscheidung, deren Bedeutung und deren Gewicht[436]. Grundsätzlich müssen die Gründe erkennen lassen, daß das Gericht den wesentlichen Vortrag der Parteien verarbeitet hat[437]. Nicht gefordert wird aber, daß sich das Gericht, vor allem auch das Rechtsmittelgericht, in der Begründung mit allen vorgetragenen Argumenten auseinandersetzt[438]. Auch wo es schweigt, wird angenommen, daß das Gericht die Ausführungen aller Beteiligten zur Kenntnis genommen hat, sofern nicht besondere Umstände oder die Begründung des Urteils selbst das Gegenteil ergeben[439]. Ermessensentscheidungen erfordern in der Regel eine Begründung, die die dafür maßgebenden Gesichtspunkte aufzeigt[440]. Bei nicht mehr anfechtbaren abweisenden Entscheidungen der Rechtsmittelgerichte, wie der Verwerfung einer Revision als offensichtlich unbegründet, kann ein kurzer Hinweis auf die Rechtsgrundlage oder auch die inhaltliche Billigung der Vorentscheidung genügen[441].

Ein Anspruch auf **Protokollierung der Verhandlung** kann aus dem Gebot eines fairen Verfahrens nicht hergeleitet werden[442]. **74a**

g) Gerichtliche oder gerichtsähnliche Verfahren, die **nicht von Art. 6 MRK, Art. 14 IPBPR erfaßt** werden, müssen ebenfalls ein dem jeweiligen Verfahrenszweck Rechnung tragendes Mindestmaß an fairer Verfahrensgestaltung gewähren. Diese gehört zum Wesen gerichtlicher oder gerichtsähnlicher Verfahren. Fehlt es daran, sind die mit der Einschaltung eines Gerichts oder einer mit richterlichen Befugnissen ausgestatteten Stelle bezweckten Rechtsgarantien in Frage gestellt[443]. **75**

4. Anspruch auf Entscheidung in angemessener Frist

a) Allgemein. Die Gewährleistung des Zugangs zu Gericht kann ihre Schutzfunktion für den einzelnen nur dann voll entfalten, wenn er in absehbarer Zeit auch eine Entscheidung des Gerichts erwarten kann. Art. 6 Abs. 1 MRK gewährt deshalb für **alle ihm unterfallenden Verfahren** einen Anspruch auf Entscheidung in angemessener Frist („within a reasonable time“, „dans un délai raisonnable“). Art. 14 Abs. 3 Buchst. c IPBPR drückt dies besser aus, wenn er Aburteilung ohne unangemessene Verzögerung („tried without undue delay“, „jugée sans retard excessif“) fordert. Er beschränkt seine Garantie aber auf die **strafrechtlich angeklagten Personen**. Das Recht auf Entscheidung in angemessener Frist nach Art. 6 Abs. 1 MRK soll dagegen bei allen ihm unterfallenden Verfahren die Belastungen in Grenzen halten, die jedes gerichtliche Verfahren für die Betroffenen bedeutet[444]. Vor allem für das Strafverfahren soll gewährleistet werden, daß der Beschul- **76**

---

436 *Grabenwarter* § 24 Rdn. 42, vgl. auch vorst. Fußnoten; ferner zum jeweiligen „Relevanzhorizont“ der Entscheidungsbegründung *Kudlich/Christensen* GA **2002** 337.

437 Vgl. zur Ableitung aus dem Recht auf Gehör etwa BVerfGE **89** 133, 146; **96** 205, 216; BVerfG StraFo. **2004** 235.

438 EGMR 19.4.1994 Van de Hurk/NdL (ÖJZ **1994** 271); 21.1.1999 Garcia Ruiz/Span. (NJW **1999** 2429); 22.11.2001 Volkmer (NJW **2002** 3087); 10.4.2003 Alge/Ö (ÖJZ **2003** 816); EKMR NJW **1963** 2247; bei *Strasser/Weber* EuGRZ **1987** 356; *Frowein/Peukert* 114: vgl. auch SK-StPO-*Paeffgen* 78, der vom Rechtsmittelgericht eine Auseinandersetzung mit den substantiiert vorgetragenen Argumenten fordert.

439 *Meyer-Ladewig* 43; anders bei einem aus den Urteilsgründen ersichtlichen Irrtum des Gerichts EGMR 31.3.2000 Dulaurans/F; SK-StPO-*Paeffgen* 75.

440 Vgl. EGMR 30.11.1987 H/Belg (ÖJZ **1988** 220); 23.6.1994 De Moor/Belg (ÖJZ **1995** 43); *Grabenwarter* § 24 Rdn. 42.

441 EGMR 19.12.1997 Helle/Finl (ÖJZ **1998** 932); 21.1.1999 Garcia Ruiz/Span. (NJW **1999** 2429); EKMR NJW **1963** 2247 mit Anm. *Wimmer*; bei *Strasser/Weber* EuGRZ **1987** 355; *Frowein/Peukert* 114; *Meyer-Ladewig* 42; eine Begründung, die sich argumentativ mit substantiiertem Vorbringen des Rechtsmittelführers auseinandersetzt, fordert dagegen SK-StPO-*Paeffgen* 78.

442 EKMR bei *Bleckmann* EuGRZ **1982** 542.

443 Vgl. etwa Art. 5 MRK Rdn. 124.

444 Die zügige Verfahrenserledigung ist außerdem unerläßlich für die Funktionstüchtigkeit der Rechts-

digte nicht länger als nötig unter der Last eines seine Aburteilung bezweckenden Verfahrens[445] verbleibt. Hieraus ergibt sich – ebenso wie aus dem Rechtsstaatsprinzip und dem Verbot unnötiger oder unverhältnismäßiger Eingriffe in grundrechtlich geschützte Bereiche – ein Anspruch des jeweils Beteiligten, daß jedes ihn betreffende gerichtliche Verfahren zügig durchgeführt wird, vor allem aber ein Strafverfahren[446]. Das Gebot, die angemessene Verfahrensdauer nicht zu überschreiten, umfaßt das gesamte innerstaatliche Verfahren in allen gerichtlichen Instanzen bis zu seinem rechtskräftigen Abschluß. Es gilt auch noch für ein sich daran anschließendes Verfahren vor einem **Verfassungsgericht,** so, wenn dieses nach dem rechtskräftigen Abschluß eines an Art. 6 MRK zu messenden Verfahrens über eine dagegen erhobene Verfassungsbeschwerde entscheidet[447], aber auch sonst, wenn es mit der Sache befaßt worden ist[448]. Bei einer Richtervorlage wird der Abschluß des Verfahrens durch das zwischengeschaltete Verfahren (Inzidenzverfahren) ohne Rücksicht auf dessen Gegenstand schon rein faktisch um die Dauer des verfassungsgerichtlichen Verfahrens hinausgezögert[449]. Gleiches gilt, wenn das Verfassungsgericht die Sache unter ganzer oder teilweiser Aufhebung des Endurteils zurückverwiesen hat. Bei Entscheidungen über die Auslieferungshaft ist eine unangemessen lange Verfahrensdauer ebenfalls zu berücksichtigen[450]. Die Fristen für die Verfahrenserledigung nach Art. 6 Abs. 1 MRK, Art. 14 Abs. 1 IPBPR sind länger als die von Art. 5 MRK, Art. 9 IPBPR gesetzten Fristen, in denen über eine Freiheitsentziehung zu entscheiden ist[451]. Bei **jugendlichen Beschuldigten**, die sich in Untersuchungshaft befinden, schreibt Art. 10 Abs. 2 Buchst. b IPBPR vor, daß die Sachentscheidung so schnell wie möglich ergehen muß[452].

77 **b) Angemessene Frist.** Welche Dauer des jeweiligen Verfahrens noch angemessen ist, legen die Konventionen nicht näher fest. Sie überlassen das der Beurteilung der **Umstände des Einzelfalls**[453]. Es gibt keine feste zeitliche Grenze[454]. Neben der Gesamtdauer des jeweiligen Verfahrens werden in der Regel[455] dessen **Umfang und Komplexität**, seine recht-

---

pflege (vgl. BVerfG NJW **2000** 797) sowie auch für deren Ansehen und Glaubwürdigkeit.

445 Vgl. etwa *Klöpfer* JZ **1979** 214; *Kohlmann* FS Pfeiffer 205; *I. Roxin* 249 ff; *Schroth* NJW **1990** 31 je mit weit. Nachw.

446 **H. M;** vgl. etwa EGMR 27.6.1968 Wemhoff/D (JR **1968** 463); ferner Art. VII Abs. IX Buchst. a NATO-Truppenstatut, das dem Beschuldigten ausdrücklich ein Recht auf alsbaldige und schnelle Verhandlung garantiert; dazu BGHSt. **21** 61.

447 Vgl. EGMR 19.4.1993 Kraska/CH (Series A 254 B); 1.7.1997 Pammel/D (NJW **1997** 310); 1.7.1997 Probstmeier/D (NJW **1997** 2809); 26.9.2002 Becker/D (EuGRZ **2002** 26) 16.9.1996 Süßmann/D (EuGRZ **1996** 514: Verstoß verneinend), 20.02.03 Kind/D (EuGRZ **2003** 228) 23.6.1993 Ruis-Mateoz/Span (EuGRZ **1993** 453 mit abw. Meinung *Matscher*); 25.2.2000 Gast, Popp (NJW **2001** 211), 27.7.2000 Klein/D (NJW **2001** 213); *Meyer-Ladewig* 73. Dazu *Matscher* EuGRZ **1993** 449, 450 ff, der wegen der unterschiedlichen Funktion des Verfassungsgerichts nach verschiedenen Fallgruppen unterscheiden will, so ob die Verfassungsbeschwerde selbst einen Zivilrechtsanspruch oder eine strafrechtliche Anklage zum Gegenstand hat oder ob sie eine nicht darunter fallende Frage, wie etwa die Frage der Staatsangehörigkeit oder die abstrakte Normenkontrolle betrifft.

448 Vgl. EGMR 8.1.2004 Voggenreiter/D (EuGRZ **2004** 150 Verfassungsbeschwerde gegen ein Gesetz).

449 *Matscher* EuGRZ **1993** 449, 451: Dauer jedes Inzidentverfahrens verlängert faktisch den Abschluß des Hauptverfahrens, ohne Rücksicht darauf, ob es selbst einen Art. 6 MRK unterfallenden Gegenstand hat; vgl. auch *Vorwerk* JZ **2004** 553, 555.

450 BVerfG NJW **2000** 1252.

451 Vgl. Art. 5 MRK Rdn. 114.

452 Vgl. Art. 10 IPBPR Rdn. 16 (nach Art. 5 MRK).

453 Vgl. SK-StPO-*Paeffgen* 116 mit weit. Nachw.

454 Vgl. die Beispiele aus der Rechtsprechung des EGMR über die angemessene oder unangemessen lange Verfahrensdauer bei *Frowein/Peukert* 153; *Meyer-Ladewig* 82, 83; SK-StPO-*Paeffgen* 116 („relationaler Begriff"), *Villiger* HdB 468.

455 Nur wenn schon die Gesamtdauer so unverhältnismäßig ist, daß sie unter keinem Gesichtspunkt mehr angemessen sein kann, entscheidet der EGMR ohne Prüfung der Einzelheiten aufgrund einer globalen Beurteilung vgl. EGMR 28.6.1990 Obermeier/Ö (EuGRZ **1990** 209: nach 9 Jahren noch nicht erledigtes arbeitsgerichtliches Verfahren über eine Suspendierung); ferner etwa 31.5.2001 Metzger/D (StV **2001** 489 mit Anm. *I. Roxin*); *Grabenwarter* § 24 Rdn. 46.

lichen und tatsächlichen Schwierigkeiten ebenso in Betracht gezogen wie das **Prozeßverhalten des Beschwerdeführers** selbst und die dem Beschwerdeführer nicht anzulastende **Sachbehandlung durch die nationalen Gerichte** und Behörden[456]. Die **Bedeutung des Verfahrens für den Betroffenen** wird ebenfalls berücksichtigt[457], da das Ausmaß einer von ihm hinzunehmenden Belastung auch dadurch mitbestimmt wird, welche Auswirkung die schnelle Erledigung des Verfahrens für seine Lebensgestaltung hat[458]. Ein besonderes Beschleunigungsinteresse wurde z. B. angenommen bei wichtigen familienrechtlichen Entscheidungen (Scheidung, Kindschaftssachen, Unterhalt), bei Entscheidungen von denen der Lebensunterhalt abhängt[459] oder bei sonstigen, im Einzelfall besonders bedeutsamen Verfahren[460]. Die individuelle Belastung des Betroffenen durch ein Strafverfahren, insbesondere, wenn er sich in Untersuchungshaft befindet[461], und die mit seinem Ausgang verbundenen Auswirkungen auf den Beschuldigten fallen zumindest insoweit ins Gewicht, als davon abhängt, welches Maß von möglicher Beschleunigung von den Strafverfolgungsbehörden im Einzelfall zu fordern ist.

Unangemessen ist letztlich immer nur die Verfahrensdauer, die auf einer **dem Staat und seine Organe anzulastenden Verzögerung** beruht[462], denn diese belastet den Betroffenen länger als nach der Sachlage zur Vertretung seiner Interessen erforderlich. Die Verfahrensdauer, die für die sachgerechte Erledigung des jeweiligen Verfahrens bei ordnungsgemäßer Sachbearbeitung im normalen Verfahrensbetrieb notwendig ist – das ist mehr als die bei größtmöglicher Beschleunigung erreichbare Minimaldauer – muß deutlich überschritten sein[463]. Hält sich die Gesamtdauer des Verfahrens bei Berücksichtigung seines Gegenstands und der Schwierigkeiten der Ermittlungen im angemessenen Rahmen, liegt im Umstand, daß das Gericht wegen anderer vorrangiger Sachen den Fortgang des Verfahrens während einiger Monate nicht wesentlich gefördert hat, für sich allein noch kein Verstoß gegen das Beschleunigungsgebot[464]. Gleiches gilt für Verzögerungen des Verfahrens, die **nicht in den Verantwortungsbereich des Staates** fallen, etwa, wenn sie vom Beschuldigten selbst oder von anderen Verfahrensbeteiligten durch ein von den staatlichen Organen nicht abwendbares Verhalten verursacht wurden. Unabhängig davon, ob und wieweit den Betroffenen eine Verfahrensförderungspflicht 78

[456] Vgl. etwa EGMR 28.6.1978 König (NJW **1979** 477); 13.7.1983 Zimmermann/D (NJW **1984** 2749); 10.12.1982 Foti/I (NJW **1986** 647); 29.5.1986 Deumeland/D (NJW **1989** 652); 23.4.1987 Poiss/Ö (NJW **1989** 650); 15.7.1982 Eckle/D (EuGRZ **1983** 371 mit Anm. *Kühne)*; 25.3.1999 Pélissier & Sassi/F (NJW **1999** 3545); ferner etwa EKMR bei *Strasser* EuGRZ **1985** 435; 521; 548; 624; *Ambos* NStZ **2002** 628, 629; *Frowein/Peukert* 146 ff; *Grabenwarter* § 24 Rdn. 45; IntKommEMRK-*Miehsler/Vogler* 310, 317 ff; *Meyer-Goßner*[47] 8; *Meyer-Ladewig* 77; *Peukert* EuGRZ **1979** 271; SK-StPO-*Paeffgen* 120 ff; *Ulsamer* FS Faller 378 je mit weit. Nachw.

[457] Etwa EGMR 6.5.1981 Buchholz/D (EuGRZ **1981** 490); *Grabenwarter* § 24 Rdn. 45; IntKommEMRK-*Miehsler/Vogler* 310, SK-StPO-*Paeffgen* 119; vgl. *Ambos* NStZ **2002** 628, 629: Verfahrensüberlänge ist nach objektiven Kriterien zu beurteilen, bei der Frage der angemessenen Kompensation ist auch Tatschuld zu berücksichtigen, gegen Einbeziehung der Tatschuld etwa *Kempf* StV **2001** 134,135; *Ostendorf/Radke* JZ **2001** 1094, *I. Roxin* StV **2001** 491.

[458] Vgl. etwa OLG Köln StV **1991** 248; zu den Belastungen *Schroth* NJW **1990** 29.

[459] Etwa EGMR 16.9.1996 Süßmann/D (ÖJZ **1997** 274: Rentenansprüche bei hohem Alter); 30.10.1998 F. E./F (Rep. 1998-VIII: Schadensersatz wegen tödlicher Erkrankung); SK-StPO-*Paeffgen* 119; *Villiger* HdB 460 je mit weit. Nachw.

[460] EGMR 27.10.2000 Klein/D (NJW **2001** 213 nahm dies bei der Feststellung der Verfassungswidrigkeit eines Gesetzes an; zust. SK-StPO-*Paeffgen* 119; krit. *Breuer* NVwZ **2001** Beil. 6).

[461] Etwa EGMR 25.11.1992 Abdoella/NdL (Series A 248); SK-StPO-*Paeffgen* 119; *Villiger* HdB 460.

[462] Etwa EGMR 6.5.1981 Buchholz/D (EuGRZ **1981** 490); 25.2.2000 Gast, Popp/D (NJW **2001** 211), 31.5.2001 Metzger/D (StV **2001** 489 mit Anm. *I. Roxin*); *Ambos* NStZ **2002** 628, 630.

[463] Zu den Ursachen der überlangen Verfahrensdauer vgl. etwa *Barton* StV **1996** 690; *Kempf* StV **1997** 208; *Kohlmann* FS Pfeiffer 206; *I. Roxin* 77 ff (auch zu den verschiedenen Ansätzen zur Berechnung der nicht mehr angemessenen Frist); *ter Veen* StV **1997** 374.

[464] BGH NStZ **1999** 313; **2003** 384.

trifft, können von ihm veranlaßte Verfahrensverzögerungen nicht dem Staat zugerechnet werden[465]. Daß der Beschuldigte alle ihm offenen Rechtsbehelfe ergriffen hat, kann ihm als solches nicht angelastet werden[466], die dadurch notwendig verursachte Verzögerung fällt aber auch dem Staat nicht zur Last, wenn die Rechtsbehelfe zügig und mit der wegen der Gesamtdauer des Verfahrens gebotenen Beschleunigung behandelt worden sind[467].

79 Das **nationale Verfahrensrecht** wird als solches nicht abstrakt auf seine Tauglichkeit zur zügigen Verfahrenserledigung überprüft[468], sondern nur daraufhin, ob im **konkreten Einzelfall** der Staat und seine Organe der Pflicht genügt haben, das innerstaatliche Verfahren so zu regeln und zu organisieren (notfalls auch zu vereinfachen), daß es innerhalb angemessener Frist zügig durchgeführt werden kann. Ungeachtet des Verhaltens der Beteiligten und der Komplexität des jeweiligen Verfahrensgegenstands muß es in angemessener Frist beendet werden[469]. Die Überschreitung von Fristen, die das nationale Recht setzt, begründen nicht automatisch einen Verstoß gegen die Konventionen, sie können aber ein Indiz für eine verzögerliche Bearbeitung sein[470]. **Personalnot** und **Arbeitsüberlastung** der Gerichte hat der Staat zu vertreten; er ist verpflichtet, seine Gerichtsbarkeit so zu organisieren, daß sie den Anforderungen der Konventionen genügen kann[471]. Desgleichen ist es ihm anzulasten, wenn sich ein Verfahren durch einen mehrmaligen Richterwechsel erheblich verzögert[472]. Plötzlich auftretende Engpässe begründen nur dann keine Verantwortlichkeit des Staates für die dadurch hervorgerufene Verzögerung, wenn er mit der erforderlichen Zügigkeit Abhilfemaßnahmen ergreift[473]. Im übrigen aber sind der Staat und seine Organe verpflichtet, jedes Verfahren zügig und ohne vermeidbare Pausen zu betreiben. Dem mitunter großen Zeitbedarf für die **Erforschung der Wahrheit** in den von der Inquisitionsmaxime bestimmten Strafverfahren (schwierige Ermittlungen[474], Beweiserhebungen im Ausland[475], Sachverständigengutachten[476]) und der Notwendigkeit der Einräumung einer für den konkreten Fall ausreichenden Zeit für die Vorbereitung der Verteidigung ist dabei Rechnung zu tragen. Dagegen kann das Legalitätsprinzip nicht rechtfertigen, wenn das Verfahren durch Ausermitteln nebensächlicher weiterer Straftaten verzögert wird[477]. Stehen Entscheidungen über die Verfahrensgestaltung im Ermessen des Gerichts, erfordert die pflichtgemäße Ermessensausübung, daß es dabei auch die Auswirkungen auf das Gebot der Verfahrensbeschleunigung ange-

---

465 EGMR 15.7.1982 Eckle/D (EuGRZ **1983** 371); *Meyer-Ladewig* 78.

466 Vgl. EGMR 8.12.1983 Pretto/I (EuGRZ 1985 548; 23.4.1987 Poiss/Ö (Series A 117).

467 EGMR 15.7.1982 Eckle/D (EuGRZ **1983** 371); *Meyer-Ladewig* 78; *Villiger* HdB 463.

468 EGMR 28.6.1978 König/D (EuGRZ **1978** 406); 8.12.1983 Axen/D (EuGRZ **1985** 225); IntKomm-EMRK-*Miehsler/Vogler* 309.

469 Vgl. EGMR 28.6.1978 König/D (NJW **1979** 477); 29.5.1986 Deumeland/D (EuGRZ **1988** 20); 25.3.1999 Pélissier & Sassi/F (NJW **1999** 3545); *Frowein/Peukert* 143; 146 ff, ferner zur Verpflichtung des Staates, Mißbräuche und prozeßverschleppende Taktiken zu unterbinden, *Peukert* EuGRZ **1979** 273 unter Hinweis auf EKMR (Hätti).

470 *Frowein/Peukert* 144.

471 Etwa EGMR 6.5.1981 Buchholz/D (EuGRZ 1981 490); 13.7.1983 Zimmermann, Steiner/CH (NJW **1984** 2749); 28.3.1990 B/Ö (ÖJZ **1990** 482 Hinausschieben der schriftl. Urteilsabfassung um 33 Monate); *Grabenwarter* § 24 Rdn. 47; *Meyer-Ladewig* 81; SK-StPO-*Paeffgen* 116; *Villiger* HdB 454. Vgl. BVerfGE **36** 275 (für Untersuchungshaft).

472 EGMR 17.2.2002 H E/Ö (ÖJZ **2003** 433: Verfahrensdauer über 10 Jahre).

473 EGMR 13.7.1983 Zimmermann, Steiner/CH (NJW **1984** 2749); IntKommEMRK-*Miehsler/Vogler* 324; BVerfGE **36** 275; **46** 28; **63** 68; *Niebler* FS Kleinknecht 311; SK-StPO-*Rogall* Vor § 134, 118.

474 *Meyer-Ladewig* 82, 83: SK-StPO-*Paeffgen* 116, *Villiger* HdB 461 je mit weit. Nachw. ferner etwa einerseits BGH NStZ **2003** 384; andererseits BVerfG JZ **2003** 999 mit Anm. *Bohnert*.

475 *Meyer-Ladewig* 82.

476 Vgl. EGMR 27.6.1986 Neumeister/Ö (EuGRZ **1975** 393); IntKommEMRK-*Miehsler/Vogler* 319.

477 EGMR 15.7.1982 Eckle/D (EuGRZ **1983** 371); *Ulsamer* FS Faller 373, 377; IntKommEMRK-*Miehsler/Vogler* 326; vgl. LR-*Beulke* § 154 StPO, 1, 25 ff.

messen berücksichtigt. So kann die Hinzuverbindung eines einfach gelagerten Strafverfahrens zu einem gegen mehrere Beschuldigte geführten langwierigen Großverfahren wegen der dadurch bedingten erheblichen Verzögerung des Verfahrensabschlusses ermessensfehlerhaft sein[478]. Es geht auch zu Lasten des Staates, wenn die Entscheidung über eine Sprungrevision des Angeklagten dadurch um 15 Monate verzögert wurde, daß die Staatsanwaltschaft sachwidrig Berufung eingelegt und diese später wieder zurückgenommen hatte[478a].

Soweit die Parteien eines Rechtsstreits oder der Angeklagte eines Strafverfahrens den Verfahrensabschluß durch **eigenes Prozeßverhalten**, etwa durch Verletzung von Anwesenheitspflichten, verschleppendes Betreiben eines Parteiprozesses, Anträge, Rechtsbehelfe und Rechtsmittel[479] hinausgeschoben haben, ist dies bei der Bemessung der angemessenen Frist als objektives Faktum mitzuberücksichtigen, dabei ist nicht entscheidend, ob sie eine Verfahrenspflicht verletzt haben oder ob sie nur alle gesetzlich vorgesehenen Möglichkeiten ausschöpfen. Dies gilt vor allem im Strafverfahren, wo der Beschuldigte in der Regel zwar zur Teilnahme an der Hauptverhandlung, nie aber zur aktiven Mitwirkung verpflichtet ist[480]. Eine durch das Prozeßverhalten verursachte Verzögerung ist den staatlichen Organen jedoch dann zur Last zu legen, wenn sie unterlassen haben, alles in ihrer Macht stehende zu tun, um das Verfahren trotzdem in angemessener Frist weiterzubetreiben und zu beenden[481]. **79a**

c) Fristbeginn, Fristende. Bei den von Art. 6 Abs. 1 MRK erfaßten **Streitigkeiten des Privatbereichs** wird die Verfahrensdauer in der Regel von der Klageerhebung an berechnet[482]. Tritt eine Person einem laufenden Verfahren später bei, ist dieser Zeitpunkt für sie maßgebend[483]. Hängt die Anrufung des Gerichts von einem **Vorverfahren** ab, etwa von einem verwaltungsrechtlichen Widerspruchsverfahren, so beginnt die Frist bereits mit dessen Einleitung[484]. **80**

Bei einer **strafrechtlichen Anklage** (zum materiellen Begriff vgl. Rdn. 28 ff) beginnt die für Art. 6 Abs. 1 MRK, Art. 14 Abs. 3 Buchst. c IPBPR **maßgebende Frist** spätestens mit dem Zeitpunkt, an dem der Beschuldigte entsprechend Abs. 3 Buchst a offiziell Kenntnis erhält, daß wegen einer Straftat gegen ihn ermittelt wird[485]; denn von diesem Zeitpunkt an steht er unter der psychischen Belastung durch das anhängige Ermitt- **81**

---

478 Vgl. BVerfG StV **2002** 578, wo das BVerfG einen Verbindungsbeschluß aufhob, weil er dem rechtsstaatlichen Gebot eines fairen Verfahrens und dem Beschleunigungsgebot widersprach und dem Beschuldigten die Erschöpfung des Rechtswegs nicht zumutbar war.

478a OLG Karlsruhe StV **2004** 431.

479 Die gesetzlich vorgesehene Möglichkeit einer Korrektur von Entscheidungen durch Rechtsmittel gehört zum gesetzlich vorgesehenen Verfahren und begründet keine dem Staat anzulastende Überlänge, vgl. *I. Roxin* 80, Fußn. 184.

480 EGMR 15.7.1982 Eckle/D (EuGRZ **1983** 371); 10.12.1982 Corigliano/I (EuGRZ **1985** 585); *Frowein/Peukert* 110; IntKommEMRK-*Miehsler/Vogler* 323.

481 *Frowein/Peukert* 151 mit Nachw.

482 EGMR 23.4.1987 Poiss/Ö (Series A 124-E); 26.3.1992 Editions Périscope/F (ÖJZ **1992** 771); EKMR ÖJZ **1996** 477; *Meyer-Ladewig* 72; SK-StPO-*Paeffgen* 117; *Villiger* HdB 456.

483 *Frowein/Peukert* 137; *Meyer-Ladewig* 72.

484 EGMR 28.6.1978 König/D (NJW **1979** 477); *Frowein/Peukert* 138 mit weit. Nachw.; *Meyer-Ladewig* 74; SK-StPO-*Paeffgen* 117; **a.A** *Villiger* HdB 456 (bei Ablehnung mit Verwaltungsakt).

485 Etwa EGMR 15.7.1882 Ecke/D (EuGRZ **1983** 371); 27.2.1980 Derer/Belg (EuGRZ **1980** 661); 10.12.1982 Corigliano/I (EuGRZ **1985** 585); 2.10.2003 Henni/Ö (ÖJZ **2004** 314); BGH NJW **1990** 56; NStZ **1982** 291; *Frowein/Peukert* 138; IntKomm-EMRK-*Miehsler/Vogler* 313; *Meyer-Goßner*[47] 9; *Meyer-Ladewig* 76; *Nowak* 45; *Vogler* ZStW **89** (1977) 780; *Peukert* EuGRZ **1979** 270; *Ulsamer* FS Faller 373; *Villiger* HdB Rdn. 457. Nach SK-StPO-*Paeffgen* 117 kann – unabhängig von der Kenntnis des Beschuldigten – auch schon der Zeitpunkt maßgebend sein, an dem das Verfahren sonst nach außen tritt.

lungsverfahren. Da es insoweit darauf ankommt, von welchem Zeitpunkt an der Betroffene durch die Kenntnis von den gegen ihn geführten Ermittlungen belastet wird[486], kann Fristbeginn auch schon der Tag sein, an dem er anderweitig davon Kenntnis bekommt, etwa dadurch, daß mögliche Belastungszeugen vernommen werden[487]. Die Frist beginnt in jedem Fall mit dem Tag, an dem ihm ein Durchsuchungs- oder Beschlagnahmebeschluß eröffnet wird oder an dem er wegen der Tat festgenommen wird oder Kenntnis erhält, daß ein Haftbefehl gegen ihn ergangen ist[488]. Werden die Ermittlungen auf eingestellte frühere Verfahren ausgedehnt, beginnt die Frist erst mit dem Zeitpunkt, der im neuen Verfahren als Ausdehnung der Untersuchung auf die früheren Taten anzusehen ist. Bei der Prüfung der Angemessenheit der Dauer des neuen Verfahrens ist jedoch zu berücksichtigen, daß ein Teil der Ermittlungen bereits früher durchgeführt worden war[489].

82 Die **Frist endet** mit der gerichtlichen Entscheidung, die das Verfahren rechtskräftig erledigt[490], nicht aber schon durch ein Zwischenurteil[491]. Sie endet ferner mit jeder sonstigen endgültigen Erledigung, wie etwa einer Einstellung oder dem Abschluß eines Vergleichs[492]. Maßgebend ist die **letzte Entscheidung der Rechtsmittelinstanz** in der Sache, auch wenn diese Entscheidung infolge einer Rechtsmittelbeschränkung nur noch einen Teil des Verfahrens betrifft, wie etwa bei einer Beschränkung auf den Rechtsfolgenausspruch[493]. Selbst die **nachträgliche Gesamtstrafenbildung** im Beschlußwege nach § 460 wird noch mit einbezogen[494], nicht aber Kostenfestsetzungsverfahren und ähnliche nach dem Abschluß noch anfallende Verfahren, die nur noch Nebenentscheidungen betreffen. Die Zeit, die bis zu einer durch Richtervorlage oder durch eine Verfassungsbeschwerde ausgelösten Entscheidung eines **Verfassungsgerichtes** vergeht, wird in die nach Art. 6 Abs. 1 MRK maßgebende Berechnung der Gesamtdauer des Verfahrens miteinbezogen[495]. Kann der Beschwerdeführer eine gerichtliche Entscheidung nicht oder im Wege der **Zwangsvollstreckung** erst viel später durchsetzen, rechnet auch noch der Zeitraum bis zur endgültigen Befriedigung des Anspruchs des Betroffenen mit[496]; etwas anderes gilt aber, wenn die mögliche Vollstreckung sich nur dadurch verzögert hat, daß der Betroffene den dafür erforderlichen Antrag erst verspätet gestellt hatte[497]. Wird die **Wiederaufnahme** des Strafverfahrens angeordnet, beginnt die Frist von diesem Zeitpunkt an neu zu laufen[498].

83 **d) Folgen der unangemessenen Dauer.** Die Konventionen sehen – anders als bei Art. 5 Abs. 5 MRK, Art. 9 Abs. 5 IPBPR – außer der Feststellung der Konventionsverletzung

---

486 EGMR 31.3.1998 Reinhardt, Slimane-Kaid/F (ÖJZ **1999** 151; 2.10.2003 Hennig/Ö (ÖJZ **2004** 314).

487 EGMR 15.7.1882 Eckle/D (EuGRZ **1983** 371); 19.2.1991 Angelucci/I (Series A 196 C: spätestens mit der durch die Ermittlungen veranlaßten Bestellung eines Anwalts); *Frowein/Peukert* 138.

488 EGMR 27.6.1968 Wemhoff/D (JR **1968** 463); *Frowein/Peukert* 138; *Meyer-Ladewig* 76.

489 *Frowein/Peukert* 139.

490 Etwa EGMR 29.8.1997 Worm/Ö (ÖJZ **1999** 151); 2.10.2003 Hennig/Ö (ÖJZ **2004** 314: Zustellung der schriftl. Urteilsbegründung).

491 EGMR 10.7.1984 Guincha/Port (Series A 81).

492 EGMR 24.5.1991 Caleffi/I (Series A 206b); *Frowein/Peukert* 141; IntKommEMRK-*Miehsler/Vogler* 315.

493 *Frowein/Peukert* 140; IntKommEMRK-*Miehsler/Vogler* 314; *Meyer-Goßner*[47] 8; *Peukert* EuGRZ **1979** 271; *Ulsamer* FS Faller 375; vgl. Rdn. 41 mit weit. Nachw.

494 EGMR 13.7.1982 Eckle/D (EuGRZ **1983** 346); vgl. auch die Nachweise Rdn. 41 Fußn.182.

495 EGMR 23.6.1993 Ruis-Mateos/Span (EuGRZ **1993** 454); Süßmann/D (EuGRZ **1996** 518); 1.7.1997 Pammel/D (EuGRZ **1997** 313); *Meyer-Ladewig* 73; *Villiger* HdB 458; mit Einschränkungen auch *Frowein/Peukert* 14 (nicht wenn unzulässig oder offensichtlich unbegründet); **a. A** IntKommEMRK-*Miehsler/Vogler* 314.

496 EGMR 26.10.1988 Martins Moreira/Port (Series A 143); 2.7.2002 Halka u.a./Pol; *Frowein/Peukert* 141; *Meyer-Ladewig* 72.

497 EGMR Unión Alimentaria Sanders SA /Port; *Frowein/Peukert* 141.

498 EGMR 3.10.2000 Löffler/Ö (ÖJZ **2001** 234).

und der Zubilligung einer Entschädigung nach Art. 41 MRK[499] keine durch den EGMR zu verhängenden Sanktionen für die verzögerte Verfahrenserledigung vor[500].

Es ist **Sache des innerstaatlichen Rechts**, auf welchem Wege es die dadurch eingetretenen Nachteile ausgleichen will. Grundsätzlich ist eine erkannte Konventionsverletzung bereits innerstaatlich zu bereinigen, um ein internationales Verfahren zu vermeiden. Dies muß möglichst noch im anhängigen Verfahren geschehen; dabei wird in Kauf genommen, daß sich die legitime Dauer des Verfahrens durch eine Zurückverweisung oder durch ein zur Beendigung der Verfahrensverzögerung eingeleitetes innerstaatliches **Zwischenverfahren**[501] nochmals legitim verlängert[502]. Die unangemessen lange Verfahrensdauer kann und muß auch noch mit der Verfassungsbeschwerde gerügt werden[503]. **84**

Im **Strafverfahren** ist die überlange Verfahrensdauer – unabhängig von den Auswirkungen auf die Zulässigkeit weiterer Untersuchungshaft[504] – nach der wohl herrschenden Meinung nach Möglichkeit noch **im anhängigen Verfahren angemessen auszugleichen**[505]. Es gehört zur Erschöpfung des innerstaatlichen Rechtswegs im Sinne des Art. 35 Abs. 1 MRK[506], daß der Beschuldigte alle ihm **innerstaatlich offenen Rechtsbehelfe** ausschöpfen muß, um diese Konventionsverletzung bereits innerstaatlich geltend zu machen und auch um einer weiteren Verzögerung entgegenzuwirken[507]. Der Verstoß gegen das Beschleunigungsgebot muß bereits **innerstaatlich beanstandet** worden sein. Sofern die Verzögerung nicht erst nach der letzten tatrichterlichen Verurteilung eingetreten und deshalb vom Revisionsgericht von Amts wegen zu beachten ist[508], erfordert dies bei der Revision eine den Begründungsanforderungen genügende Verfahrensrüge[509]. Setzt sich allerdings das angefochtene Urteil bereits in seinen Strafzumessungsgründen ausdrücklich mit einer festgestellten Verfahrensverzögerung auseinander, ist insoweit auch im Rahmen der Sachrüge eine Nachprüfung der dort dazu getroffenen Feststellungen, eventuell auch die Beanstandung von deren Unzulänglichkeit, möglich[510]. Zur Erschöp- **85**

---

499 Vgl. etwa EGMR 20. 2. 2003 Kind/D (EuGRZ **2003** 228 nur immateriellen Schaden); 8. 1. 2004 Voggenreiter/D (EuGRZ **2004** 150).

500 So auch für Art. VII Abs. IX Buchst. c Nato-Truppenstatut BGHSt. **21** 81; vgl. EGMR 15. 7. 1982 Eckle/D (EuGRZ **1983** 371).

501 Der EGMR hat durch Änderung seiner Rechtsprechung zum Verhältnis zwischen Art. 6 und Art. 13 MRK gefordert, daß das nationale Recht nach Art. 13 MRK die Möglichkeit der innerstaatlichen Abhilfe gegen eine Verfahrensverzögerung schaffen muß; die Erschöpfung dieses innerstaatlichen Rechtsbehelfs sieht er als eine Zulässigkeitsvoraussetzung für seine Anrufung an; vgl. Art. 13 Rdn. 6d.

502 Vgl. BayObLG StV **1989** 394.

503 Vgl. etwa BVerfGE **45** 349, 369; **63** 45, 69; **92** 277, 326; BVerfG NJW **2003** 2225 mit weit. Nachw.; *Lansnicker/Schwirtzek* NJW **2001** 1969, 1970; ferner zur damit korrespondierenden Pflicht zur Erschöpfung des innerstaatlichen Rechtswegs nach Art. 35 Abs. 1 MRK Anhang Rdn. 35.

504 Vgl. etwa OLG Stuttgart MDR **1990** 76; OLG Hamm JMBlNW **1977** 131; LG Köln NStZ **1989** 441 und bei Art. 5 MRK Rdn. 113 mit weit. Nachw.

505 Zu den dafür in Frage kommenden Maßnahmen vgl. etwa BVerfG NJW **2003** 2225; ferner LR-*Rieß* Einl. G 38 ff; SK-StPO-*Rogall* Vor § 133, 120; SK-StPO-*Paeffgen* § 206a Anh. 30 je mit weit. Nachw.

506 Vgl. Art. Art. 35 Abs. 1 MRK.

507 Für Österreich Antrag auf Verfahrensbeschleunigung nach § 91 GOG, vgl. EGMR 30. 1. 2001 Holzinger/Ö (ÖJZ **2001** 478): 11. 9. 2001 Talirz/Ö (ÖJZ **2002** 619); 25. 9. 2001 Strasser/Ö (ÖJZ **2002** 37); 3. 6. 2003 Graf/Ö (ÖJZ **2003** 856); EKMR ÖJZ **1993** 463; für Portugal: EGMR 2. 12. 1999 Tomè Mota/Port (NJW **2001** 2692); für Spanien EGMR 5. 10. 1999 Gonzalez Marin/Span. (NJW **2001** 2691), zu den Lösungen in Österreich, Frankreich, Spanien und Italien *Vorwerk* JZ **2004** 553, 556, 559; zu den in der Schweiz möglichen innerstaatlichen Rechtsbehelfen vgl. *Villiger* HdB 134 ff; vgl. auch Art. 13 Rdn. 6d.

508 BGH NStZ **1995** 335 mit Anm. *Uerpmann;* NStZ **1997** 29 mit Anm. *Scheffler* StV **1997** 409; **1998** 377; NStZ **2001** 52; NStZ-RR **2002** 166; BayObLG StV **1989** 394; *Meyer-Goßner*[47] 9c.

509 Vgl. BGH NStZ **1997** 451; **2000** 418; StV **1999** 205; *Scheffler* StV **1993** 568 (auch zur Aufklärungsrüge); *G. Schäfer* FS Rieß 489; *Meyer-Goßner*[47] 9c; vgl. LR-*Rieß* Einl. G 40.

510 BGH StV **1992** 452 mit Anm. *Scheffler* StV **1993** 568; BGH StV **2000** 554; OLG Düsseldorf StraFo. **2000** 379; vgl. aber auch *G. Schäfer* FS Rieß 489 (nur Verfahrensrüge); ferner BayObLG StV **1989** 394.

fung des Rechtswegs im Sinne des Art. 35 Abs. 1 MRK gehört auch, daß die Verletzung des Beschleunigungsgebots mit der **Verfassungsbeschwerde** beanstandet wird; mit dieser muß sie unter dem Blickwinkel des darin liegenden Verstoßes gegen das Rechtsstaatsprinzip und gegen Art. 2 Abs. 1 GG ordnungsgemäß gerügt werden[511].

85a Jedes **innerstaatliche Gericht**, das die unangemessen lange Verfahrensdauer von Amts wegen feststellt und im Rahmen der ihm obliegenden Entscheidungen angemessen kompensiert, muß in seiner Entscheidung neben den ohnehin gebotenen und auch als Ansatzpunkt für die Kompensation unverzichtbaren Feststellungen zur Tat und zum Schuldumfang[512] auch die **Konventionsverletzung ausdrücklich feststellen** und dabei Grund und Dauer der dem Staat anzulastenden Verfahrensverzögerung und ihre Auswirkungen auf den Beklagten ausdrücklich aufzeigen. Es hat ferner darzulegen, durch **welche Maßnahmen** und in **welchem exakt zu bestimmenden Ausmaß** es den dadurch erlittenen Nachteil des Angeklagten ausgleicht[513]. Dies geschieht vor allem dadurch, daß die unangemessen lange Dauer wegen ihrer strafähnlichen Auswirkungen auf den Beschuldigten und die durch die lange Verfahrensdauer bedingten sonstigen Nachteile des Angeklagten[514] bei der **Bemessung der Rechtsfolgen** ausdrücklich berücksichtigt werden[515]. Bei einer Gesamtfreiheitsstrafe darf der Ausgleich nicht allein bei der Gesamtstrafe vorgenommen werden, es muß bereits bei jeder Einsatzstrafe konkret aufgezeigt werden, in welchem Ausmaß die an sich angemessene Strafe jeweils vermindert wurde[516]. Dieser Schadensausgleich wird dabei meist als besonderer eigenständiger Strafmilderungsgrund behandelt, der zusätzlich zu dem verringerten Strafbedürfnis wegen der zwischen Tat und Aburteilung liegenden langen Zeit eintritt[517] und bei dem mitunter auch die contraproduktive Wirkung einer um Jahre verzögerten Strafvollstreckung zu berücksichtigen ist[518]. Im Grunde handelt es sich bei der Anrechnung auf die schuldangemessene Strafe um den von der Schadenswiedergutmachungspflicht des Staates gebotenen **Ausgleich aller Nachteile**, die der Angeklagte durch die rechtswidrige Überlänge des Verfahrens erlitten hat. Dies spricht gegen die Auffassung, daß bei diesem vom Grundsatz der Verhältnismäßigkeit bestimmten Ausgleich zwischen der rechtsstaatswidrigen Grundrechtsbeeinträchtigung des Angeklagten und dem mit dem Strafverfahren bezweckten Rechtsgüterschutz[519] die Grenzen einzuhalten sind, die der Gesetzgeber durch die Strafrahmen und die Bindung einer Sanktionsart an bestimmte sachliche Voraussetzungen gezogen hat[520]. Vor allem hinsichtlich der Bindung an die Untergrenzen der Strafrahmen ist dies

---

[511] Vgl. etwa BVerfG NJW **1984** 967; **1997** 2811; **2003** 2225; EuGRZ **2001** 576; ferner Art. 13 Rdn. 10; Anhang Rdn. 35 ff (zu Art. 35 MRK).

[512] BGH bei *Becker* NStZ-RR **2003** 104; BayObLG StV **2003** 375 mit Anm. *I. Roxin*.

[513] EGMR 15.7.1982 Eckle/D (EuGRZ **1983** 371); vgl. BVerfG NStZ **1997** 591 (erforderlich für Nachprüfung der ausreichenden Kompensation des Verfassungsverstoßes); EuGRZ **2003** 307; *Kühne* EuGRZ **1983** 383.

[514] Vgl. BVerfG NJW **2003** 2225 (ungenügende Kompensation, wenn die inzwischen eingetretene Resozialisierung nach 9 Jahren Verfahrensdauer durch Verhängung einer nicht aussetzungsfähigen Jugendstrafe gestört wird).

[515] BGHSt. **24** 239; **27** 274; **35** 137; BGH NStZ **1982** 291; **1986** 218; **1987** 232; **1988** 552; NJW **1990** 56; MDR **1990** 168; BayObLGSt **1989** 85 = StV **1989** 394, IntKommEMRK-*Miehsler/Vogler* 329; *Meyer-Goßner*[47] 9; *G. Schäfer* Praxis der Strafzumessung[3], Rdn. 327; SK-StPO-*Rogall* Vor § 133, 120; *Schroth* NJW **1990** 29; vgl. LR-*Gollwitzer* Vor § 213, 23 ff; gegen die Strafzumessungslösung etwa *Scheffler* Die überlange Dauer von Strafverfahren 201 ff; JZ **1992** 134.

[516] BGH NJW **2003** 2759.

[517] Weitgehend h. M, etwa BGHSt **32** 345; **37** 10; BGH NJW **1990** 56, **1999** 1198; StV **1990** 17; **2000** 57; vgl. LR-*Rieß* Einl. G 40; LR-*Gollwitzer* Vor § 213, 23 ff; zur Problematik eines solchen „Strafmilderungsgrundes" *I. Roxin* 183 ff mit weit. Nachw. *Weigend* StV **2000** 388, ferner zum Sonderfall des Verhältnisses zwischen Kompensation und Verschlechterungsverbot BGH NJW **2000** 748 mit Anm. *Maiwald* NStZ **2000** 389.

[518] BVerfG NJW **2003** 2225.

[519] Vgl. etwa BVerfGE **92** 277, 326; BVerfG NJW **2003** 2225.

[520] BGHSt. **27** 274 = JR **1978** 246 mit krit. Anm. *Peters*; BGH NStZ **1883** 135; **1987** 323; IntKomm-

nicht überzeugend, da die Anrechnung eines bereits erlittenen verfahrensrechtlichen Nachteils auf eine an sich den Strafrahmen beachtende schuldangemessene Strafe auch dann noch die vom Gesetzgeber mit der Mindeststrafe gezogene Bewertung respektiert, wenn sie allein wegen dieses Ausgleichs zu einer darunter liegenden Strafe führt[521]. Die gebotene angemessene Kompensation aller erlittenen Nachteile kann neben der Berücksichtigung bei der Sanktion, wie Herabsetzung der Strafe[522], Strafaussetzung zur Bewährung[523] oder Absehen von Strafe auch die Einstellung nach §§ 153 ff StPO rechtfertigen[524]. Ob bei einer wegen schädlicher Neigungen erforderlichen Jugendstrafe deren Erziehungszweck die strafmildernde Berücksichtigung der überlangen Verfahrensdauer begrenzt, erscheint fraglich[525].

Nur bei einer verfahrensrechtlich nicht mehr auf anderem Wege ausgleichbaren **irreparablen schweren rechtsstaatswidrigen Benachteiligung** durch eine von staatlichen Organen zu vertretende schwerwiegende Verfahrensverzögerung wird auch der **Abbruch des Strafverfahrens** durch dessen **Einstellung von Verfassungs wegen** als zulässig und geboten angesehen[526]. Der BGH nimmt in extremen Ausnahmefällen jetzt auch ein **Verfahrenshindernis**[527] an; im übrigen hält er an der vorherrschenden Meinung fest, die bei den durch Kompensation noch ausgleichbaren Fälle der verzögerlichen Behandlung ein Verfahrenshindernis verneint[528]. Die einstellende Entscheidung muß Grund und Ausmaß der Verzögerung feststellen und neben einer Prognose des weiteren Verfahrensverlaufs auch begründen, warum jede Weiterführung des Verfahrens unvertretbar wäre. Dazu gehören in der Regel auch die nach dem Verfahrensstand möglichen Feststellungen zum Tatgeschehen. Ob daneben auch Feststellungen zum Schuldumfang erforderlich sind, ist strittig[529]. Aus der Sicht der Menschenrechtskonventionen kommt es für den innerstaatlichen Ausgleich einer Konventionsverletzung durch überlange Verfahrensdauer **85b**

EMRK-*Miehsler/Vogler* 329; *Kühne* EuGRZ **1983** 383; SK-StPO-*Rogall* Vor § 133, 120; *Ulsamer* FS Faller 383. Vgl. auch LR-*Rieß* Einl. G 40, § 206a StPO 54 ff. Ob bei einer Jugendstrafe die für die Erziehung erforderliche Dauer der Jugendstrafe nicht unterschritten werden darf, wie BGH StV **2003** 388 mit krit. Anm. *Ostendorf* annimmt, erscheint fraglich.

521 *Schroth* NJW **1990** 30 (keine Bindung bei qualifizierter Überlänge); LR-*Rieß* Einl. G 40.

522 Um eine weitere Verfahrensverzögerung durch Zurückverweisung zu vermeiden, vor allem bei den erst während des Revisionsverfahrens eingetretenen Verzögerungen berücksichtigt dies der BGH mitunter dadurch, daß er selbst in analoger Anwendung von § 354 die Strafe angemessen herabsetzt, BGH NStZ **1995** 335 mit Anm. *Uerpmann*; **1997** 29 mit Anm. *Scheffler*; StV **1997** 409; LR-*Rieß* Einl. G 40; *Meyer-Goßner*[47] 9a mit weit. Nachw.

523 BGH StV **1983** 502; **1985** 322; 411; bei *Pfeiffer/Miebach* NStZ **1984** 412.

524 BGHSt. **24** 239; **35** 137; LG Stuttgart Justiz **1990** 303: *Meyer-Goßner*[47] 9; *Schroth* NJW **1990** 30; auch andere innerstaatliche Kompensationsmöglichkeiten werden in Erwägung gezogen; vgl. LR-*Rieß* Einl. G 38.

525 So aber BGH JR **2003** 509 mit krit. Anm. *Scheffler*.

526 Vgl. BVerfG NJW **1984** 967; **1992** 2473; **1993** 3254; **2003** 2225; BGHSt. **35** 137; **46** 149 mit Anm. *Kempf* StV **2001** 134; OLG Schleswig StV **2003** 379; *Ambos* NStZ **2002** 628, 631 *Ostendorf/Radke* JZ 2001 1094; *I. Roxin* StraFo. **2001** 51; *Scheffler* Überlange Dauer von Strafverfahren 176; *Meyer-Goßner*[47] 9; SK-StPO-*Paeffgen* § 206a Anh. 30 je mit weit. Nachw. zum Streitstand; vgl. auch die nachf. Fußnoten.

527 BGHSt. **46** 149 (anders: „nur Verfahrensabbruch" BGHSt. **35** 141; BGH NStZ **1989** 284); OLG Koblenz NJW **1994** 1887; OLG Zweibrücken NStZ **1989** 134; *Hillenkamp* NJW **1989** 2842; *Schroth* NJW **1990** 29; vgl. auch OLG Koblenz NJW **1972** 405; LG Düsseldorf NStZ **1988** 427. Zum Streitstand ferner LR-*Rieß* Einl. G 40, 41: § 206a StPO 54; sowie die vorstehende Fußn. mit weit. Nachw.

528 BGHSt. **21** 81; **24** 239; BGH GA **1977** 275; wistra **1982** 108; NStZ **1982** 291; **1983** 135; StV **1983** 502; bei *Pfeiffer/Miebach* NStZ **1987** 19, ferner BVerfG NJW **2003** 225 („nicht so schwerwiegend, daß Verfahrenshindernis von Verfassungs wegen anzunehmen"). Zum Streitstand etwa *Kohlmann* FS Pfeiffer 210; *Schroth* NJW **1990** 31; *Vogler* ZStW **89** (1977) 780 ff; LR-*Rieß* Einl. G 40; § 206a StPO 56; LR-*Gollwitzer* Vor § 213, 22 ff; *Meyer-Goßner*[47] 9; IntKommEMRK-*Miehsler/Vogler* 329; SK-StPO-*Rogall* Vor § 133, 120 je mit weit. Nachw.

529 Etwa BGH bei *Becker* NStZ-RR **2003** 104; BayObLG StV **2003** 388 mit Anm. *I. Roxin* = JR **2003** 507 mit Anm. *Scheffler*; *Ambos* NStZ **2002** 628, 630; *Ostendorf/Radke* JZ **2001** 1094; *Kempf* StV **2001** 134; *I. Roxin* StV **2001** 491; StraFo. **2001** 52.

nur darauf an, daß anderweitig irreparable Fälle auch durch Abbruch der Strafverfolgung erledigt werden können. In welcher Form dies innerstaatlich geschieht und wie dies dort dogmatisch einzuordnen ist, ist aus der Sicht der Konventionen unerheblich. Bei einem bereits abgeschlossenen Verfahren kann der Nachteil noch durch einen **Gnadenerweis** innerstaatlich ausgeglichen werden[530].

5. Öffentlichkeit der Verhandlung und Entscheidungsverkündung

86 **a) Schutzzweck.** Die Öffentlichkeit der Gerichtsverhandlungen ist ein **Grundprinzip der demokratischen Gesellschaft**. Dadurch soll der gerichtliche Entscheidungsvorgang für jedermann transparent, die Rechtsprechung durchschaubar und so das Vertrauen in sie gestärkt werden. Der Wegfall jeder „Geheimjustiz" ermöglicht der Öffentlichkeit die unmittelbare **Kontrolle** der von den anderen Staatsgewalten unabhängigen Gerichte. Die Öffentlichkeit fördert auch die Objektivierung der Verfahrensgestaltung, sie kann den Prozeßbeteiligten mitunter auch Rückhalt bei der Wahrung ihrer Verfahrensinteressen gegenüber dem Gericht geben. Dies alles trägt zur Unparteilichkeit der Rechtspflege, zur sachlichen und korrekten Verhandlungsführung, zum Anschluß von Willkür und somit insgesamt zur **Sicherung eines fairen Verfahrens** bei[531]. Die Menschenrechtskonventionen garantieren die Öffentlichkeit des Verfahrens als **Recht des Einzelnen** grundsätzlich in allen Art. 6 Abs. 1 MRK, Art. 14 Abs. 1 IPBPR unterfallenden Verfahren[532], also auch vor den als Tribunal anzusehenden beruflichen Disziplinarorganen[533].

87 Unter Öffentlichkeit ist die **Volksöffentlichkeit** zu verstehen, die bloße Parteiöffentlichkeit genügt hierfür nicht[534]. Die Öffentlichkeit ist nur gewährleistet, wenn **jedermann** nach eigenem Belieben Zugang zur Verhandlung erhalten kann. Dieser darf nur durch die räumlichen Gegebenheiten, nicht aber durch eine willkürliche Auswahl des Publikums begrenzt werden[535]. Dies schließt Personenkontrollen aus Sicherheitsgründen und den Ausschluß einzelner Störer nicht aus. Besteht der freie Zugang uneingeschränkt, ist es unschädlich, wenn tatsächlich niemand der Verhandlung zuhört. **Zeit und Ort der mündlichen Verhandlung** müssen rechtzeitig bekannt gegeben werden, damit jeder Interessierte daran teilnehmen kann. Der Verhandlungsort muß für jedermann zugänglich sein. Den Umständen nach erforderliche Kontrollen der Besucher werden dadurch nicht ausgeschlossen, sie dürfen aber nicht über ihren Sicherheitszweck hinaus zu einer selektiven Auswahl der Teilnehmer führen. Findet die Hauptverhandlung an einem Ort statt, der der Öffentlichkeit normalerweise verschlossen ist, wie etwa bei einer Verhandlung in einer Justizvollzugsanstalt, kann es zur Gewährleistung der Öffentlichkeit erforderlich sein über die übliche Form der Bekanntgabe von Zeit und Ort der Verhandlung hinaus

---

530 Vgl. BGHSt. **24** 240; IntKommEMRK-*Miehsler/Vogler* 330.

531 EGMR 21.2.1975 Golder/GB (EuGRZ **1975** 91); 8.12.1983 Axen/D (EuGRZ **1985** 225); 8.12.1983 Pretto/I (EuGRZ **1985** 548); 22.2.1984 Sutter/CH (EuGRZ **1985** 229); 24.11.1997 Werner/Ö (ÖJZ **1998** 238); 14.11.2000 Riepan/Ö (ÖJZ **2001** 357); schweiz. BGer. EuGRZ **1986** 163; **1994** 166; EKMR **1991** 324; *Esser* 707; *Frowein/Peukert* 117; IntKommEMRK-*Miehsler/Vogler* 331; *Nowak* 22; *Nowak/Schwaighofer* EuGRZ **1985** 725; *Wyss* EuGRZ **1996** 1, 5; *Villiger* HdB 441; zu den ähnlichen Überlegungen bei den §§ 169 ff GVG und der abzulehnenden Tendenz, das Informationsinteresse der Öffentlichkeit als Regelungsgrund in den Vordergrund zu rücken, vgl. LR-*Rieß* Einl. H 66; LR-*Wickern* Vor § 169 GVG 3 ff; ferner *Jung* GedS Hilde Kaufmann 891.

532 Vgl. etwa EGMR 8.12.983 Pretto/I (EuGRZ **1985** 548), ferner vorst. Fußn.

533 Etwa EGMR 26.9.1995 Diennet/F (ÖJZ **1996** 115).

534 EGMR 8.6.1976 Engel/NdL (EuGRZ 1976 221); schweiz. BGer. EuGRZ **1986** 163; IntKommEMRK-*Miehsler/Vogler* 331; *Nowak/Schwaighofer* EuGRZ **1985** 725; SK-StPO-*Paeffgen* 87; *Villiger* HdB 440.

535 *Peukert* EuGRZ **1980** 268; zu den Anforderungen an die Verhandlungsöffentlichkeit vgl. LR-*Wickern* § 169 GVG Rdn. 9 ff.

zusätzliche kompensatorische Maßnahmen zu ergreifen, um die Öffentlichkeit der Verhandlung auch tatsächlich zu gewährleisten, wie Aushang an der Gerichtstafel oder Informationen in den Medien über den Verhandlungsort, seine Erreichbarkeit und den freien Zugang zu diesem[536].

Die **Presse** wird, wie die Regelungen der Ausschlußmöglichkeiten zeigen, hinsichtlich des Zutritts zur Verhandlung der allgemeinen Öffentlichkeit gleichgestellt[537]. Dies betrifft die Befugnis der Journalisten zur einfachen Teilnahme. Selbst diese kann, wenn die räumlichen Kapazitäten begrenzt sind, vom Vorsitzenden geregelt werden[538]. **Gesteigerte Formen der Medienberichterstattung**, wie etwa die Ton- oder Fernsehübertragung einer Verhandlung oder die Befugnis, diese durch Filmaufnahmen oder in Lichtbildern festzuhalten und in der Regel selektiv in Ausschnitten zu verbreiten[539], werden durch die Konventionen nicht garantiert. Sie gehen in ihren Auswirkungen über die Schutzfunktion hinaus, die die unmittelbare Anwesenheit des Publikums beim Verfahren erfüllt. Sie können deshalb im nationalen Recht ohne Bindung durch Art. 6 Abs. 1 MRK, Art. 14 Abs. 1 IPBPR geregelt und zum Schutze eines fairen Verfahrens, der Belange der Betroffenen und der Unparteilichkeit der Rechtspflege auch eingeschränkt werden[540]. **88**

b) Öffentlichkeit bedeutet notwendig auch **Mündlichkeit der Verhandlung**. Die für die Entscheidungsfindung wichtigen Vorgänge müssen in der Verhandlung wenigstens in den Grundzügen so zur Sprache kommen, daß die unbeteiligten Zuhörer verstehen können, worum es geht. Jeder unmittelbar an der Gerichtsstelle Anwesende muß Gelegenheit haben, von deren Vorgängen Kenntnis zu nehmen[541]; andernfalls würde der mit der Öffentlichkeit verfolgte Kontrollzweck nicht voll erfüllt. Dies schließt weder die Verwendung schriftlicher Beweismittel noch ihre vereinfachte Form der Einführung in das Verfahren (vgl. etwa § 249 Abs. 2 StPO) aus, auch eine eingehende Erörterung aller Einzelheiten ist nicht notwendig, wohl aber, daß die für das Verständnis des Verfahrens wichtigsten entscheidungstragenden Umstände transparent werden[542]. Ein darüber hinausgehendes Gebot der Mündlichkeit des Verfahrens wird man aus dem Zweck des Öffentlichkeitsgrundsatzes nicht herleiten können[543]. **89**

Ein **schriftliches Verfahren** vor Gericht, in dem nicht nur über vorläufige Maßnahmen, sondern über Bestand und Umfang eines „civil rights" selbst oder über die Begründetheit einer strafrechtlichen Anklage endgültig entschieden wird, verletzt das Öffentlichkeitsgebot nur dann nicht[544], wenn die Betroffenen die Möglichkeit haben, durch einen Antrag eine mündliche Verhandlung zu erreichen[545]. Gleiches gilt, wenn mit ihrer Zustimmung das Gericht im schriftlichen Verfahren entscheidet, auch wenn in diesen Fällen die objektive Kontrollfunktion der Öffentlichkeit ausgeschaltet wird[546]. Dies gilt auch für ein Verfahren, in dem nach Einstellung des Strafverfahrens über die Haftentschädigung befunden wird[547]. **90**

---

536 EGMR 14.11.2000 Riepan/Ö (ÖJZ **2001** 357); *Meyer-Ladewig* 63.

537 *Grabenwarter* § 24 Rdn. 51; SK-StPO-*Paeffgen* 87.

538 Vgl. BVerfGE **103** 44. BVerfG NJW **2003** 500; zur bevorzugten Platzzuteilung an Medienvertreter als Multiplikatoren für die erweiterte Öffentlichkeit *Grabenwarter* § 24 Rdn. 54.

539 Zur Zulässigkeit des Verbots, eine laufende Verhandlung im Fernsehen in Ausschnitten wortgetreu nachzuspielen, EKMR bei *Strasser* EuGRZ **1988** 613.

540 *Guradze* 16; *Partsch* 157; vgl. IntKommEMRK-*Miehsler/Vogler* 334; SK-StPO-*Paeffgen* 87; *Wyss* EuGRZ **1996** 1; zu dem Verbot des § 169 Satz 2 GVG vgl. LR-*Wickern* § 169 GVG 43, 52.

541 IntKommEMRK-*Miehsler/Vogler* 322.

542 IntKommEMRK-*Miehsler/Vogler* 322.

543 Vgl. *Guradze* 18.

544 Vgl. etwa EGMR 23.11.1976 Engel u.a./NdL (EuGRZ **1976** 221); 23.6.1981 Le Compte (EuGRZ **1981** 551); 22.5.1990 Weber/CH (EuGRZ **1990** 265); *Nowak/Schwaighofer* EuGRZ **1985** 725; ferner zur Praxis des UN-AMR *Nowak* 27–32.

545 Vgl. *Meyer-Ladewig* 63, 64; ferner Rdn. 91.

546 Vgl. SK-StPO-*Paeffgen* 106.

547 EGMR 24.11.1997 Werner/Ö (ÖJZ **1998** 233).

91 Ein **Verzicht** der Verfahrensparteien einschließlich des Angeklagten auf das ihnen von den Konventionen zu ihrem Schutz garantierte öffentliche Verfahren wird – wohl unter der stillschweigenden Voraussetzung, daß das nationale Recht dies überhaupt erlaubt – vom EGMR für zulässig gehalten[548]. Er hält es mit der primär den Betroffenen als subjektives Recht zugesicherten Konventionsgarantie für vereinbar, daß diese sich ausdrücklich oder stillschweigend mit einem schriftlichen Verfahren einverstanden erklären[549]. Ein solcher Verzicht wird in der Regel auch angenommen, wenn in Kenntnis, daß üblicherweise schriftlich entschieden werde, der verfahrensrechtlich mögliche **Antrag auf mündliche Verhandlung** nicht gestellt wird[550]. Voraussetzung ist aber, daß das Gericht einem solchen Antrag entsprechen kann; zur Stellung praktisch aussichtsloser Anträge ist kein Betroffener verpflichtet[551], so etwa, wenn das nationale Recht gar keine mündliche Verhandlung vorsieht[552]. Im Unterbleiben der Antragstellung kann aber kein Verzicht gesehen werden, wenn das im zweiten Rechtsgang erneut mit der Sache befaßte Gericht kurzfristig entscheidet, ohne dem Beschwerdeführer überhaupt Gelegenheit zu einer Stellungnahme zu geben[553]. Beantragt der Beschwerdeführer die mündliche Verhandlung, wird sein Recht verletzt, wenn das Gericht dem Antrag nicht entspricht, sofern nicht besondere Umstände dies rechtfertigen[554]. Im übrigen genügt es, wenn, wie etwa im Strafbefehlsverfahren oder im Bußgeldverfahren, der Betroffene die Möglichkeit hat, durch einen entsprechenden Antrag ein öffentliches Gerichtsverfahren herbeizuführen[555]. Daß die Kontrollfunktion der Öffentlichkeit auch Geheimverfahren verhindern soll und objektiven, über den Schutz des einzelnen hinausreichenden Zwecken dient, wie dem generellen Interesse an der Transparenz der Rechtspflege, schließt die Möglichkeit eines wirksamen Verzichts des einzelnen auf das ihm zugesicherte Konventionsrecht im Einzelfall nicht aus. Der allgemeinen Kontrollfunktion der Öffentlichkeit ist genügt, wenn das nationale Recht grundsätzlich ein öffentliches Verfahren vorsieht, von dem kein Rechtsuchender ohne sein Zutun ausgeschlossen werden kann. Die Konventionen garantieren dem Einzelnen die Öffentlichkeit als Verfahrensgrundrecht primär zu seinem Schutze, nicht aber als ein auch gegen ihn und seine Interessen wirkendes Rechtsinstitut zur Sicherung des Allgemeininteresses an der Öffentlichkeit der Rechtspflege[556]. **Dritte Personen** als Vertreter der Öffentlichkeit können keinen Anspruch auf eine ihrer Teilnahme ermöglichende öffentliche Verhandlung geltend machen. Ein Ver-

---

548 EGMR 23.6.1981 Le Compte (EuGRZ **1981** 490); 10.2.1983 Albert, Le Compte/B (EuGRZ **1983** 194), vgl. auch 21.2.1990 Hàkansson & Sturesson/Schwed (EuGRZ **1992** 10); 22.5.1990 Weber/CH (EuGRZ **1990** 265); 24.6.1993 Schuler-Zgraggen/CH (EuGRZ **1996** 604); EKMR bei *Strasser* EuGRZ **1988** 615; *Frowein/Peukert* 117; 121; *Peukert* EuGRZ **1980** 268; *Villiger* HdB 443; Bedenken bei SK-StPO-*Paeffgen* 106.

549 Zum stillschweigenden Verzicht vgl. EKMR bei *Strasser* EuGRZ **1988** 615; ferner allgemein Int-KommEMRK-*Miehsler/Vogler* 333; *Meyer-Ladewig* 68; *Morvay* ZaöRV **21** (1961) 337; BGH NJW **1957** 1480. Strenger SK-StPO-*Paeffgen* 110, der für das Strafverfahren einen ausdrücklichen Verzicht nach vorheriger Belehrung fordert.

550 EGMR 21.2.1990 Håkansson, Sturesson/Schwed (EuGRZ **1992** 5): 24.6.1993 Schuler-Zgraggen/CH (EuGRZ **1996** 604); 21.9.1993 Zumtobel/Ö (ÖJZ **1993** 762); 23.2.1994 Fredin – Nr. 2/Schwed (Series A 283-A); 26.4.1994 Fischer/Ö (ÖJZ **1995** 633); 29.1.2004 Haider/Ö (ÖJZ **2004** 574); *Frowein/Peukert* 121, *Grabenwarter* § 24 Rdn. 55; *Meyer-Ladewig* 68; vgl. auch nachf. Fußn.; aber auch die Bedenken gegen diese Praxis bei SK-StPO-*Paeffgen* 106 ff.

551 EGMR 24.11.1997 Werner/Ö (ÖJZ **1998** 233), vgl. auch vorst. Fußn.

552 EGMR 30.11.1987 H/Belg (ÖJZ **1988** 220); 26.9.1995 Diennet/F (ÖJZ **1996** 115); vgl. auch *Grabenwarter* § 24 Rdn. 55; SK-StPO-*Paeffgen* 109, wonach Verfahrensregeln konventionswidrig sind, wenn sie eine mündliche Verhandlung der Sache generell ausschließen.

553 EGMR 20.11.2003 Faugel/Ö (ÖJZ **2004** 437).

554 EGMR 23.4.1997 Stallinger, Kuso (ÖJZ **1997** 755).

555 Vgl. Rdn. 90; ferner *Meyer-Ladewig* 63 zu den Regelungen über Gerichtsbescheide nach der VwGO und dem SGG, in denen ebenfalls eine mündliche Verhandlung herbeigeführt werden kann.

556 SK-StPO-*Paeffgen* 106 ff, 109 betont dagegen stärker die objektiv-rechtliche Komponente.

zicht ist aber für das Gericht nicht notwendig bindend. Sofern es das nationale Recht erlaubt, kann es trotzdem mündlich verhandeln und entscheiden, wenn es dies aus Gründen der Prozeßführung[557] oder im Hinblick auf die Parteien oder sonst in einem überwiegenden öffentlichen Interesse für angezeigt hält[558]. Ein Verzicht der Parteien auf die öffentliche Verhandlung schließt das Recht Dritter auf Kenntnisnahme vom Inhalt des ergangenen Urteilsspruchs und seiner Begründung nicht automatisch aus[559].

Die Forderung der Öffentlichkeit bezieht sich auf die **mündliche Verhandlung** („public hearing", „entendue publiquement"), also auf das Kernstück des Verfahrens, das, wie die Hauptverhandlung im Strafprozeß, die Grundlage der Urteilsfindung bildet, nicht auf das übrige Verfahren, das diese **vorbereitet** oder ihr **nachfolgt** oder auf die **Urteilsberatung**[560]. Sie gilt auch nicht für das Verfahren bei sonstigen prozessualen Entscheidungen, die nicht unter Art. 6 MRK, Art. 14 IPBPR fallen, weil sie weder einen Streit über „civil rights" noch eine „strafrechtliche Anklage" betreffen[561]. Liegt aber ein Streit vor, der diese betrifft, wie etwa die Entschädigung für Strafverfolgungsmaßnahmen, muß öffentlich verhandelt werden[562]. Aus dem Schutzzweck folgt, daß es aus der Sicht der Konventionsgarantie nur darauf ankommt, ob dem Recht auf öffentliche Verhandlung im **Gesamtverfahren** genügt worden ist. Die Öffentlichkeit muß mindestens **bei der Verhandlung einer Instanz**, in der Sachentscheidungen getroffen werden, voll bestanden haben[563]. War die Kontrolle durch die Öffentlichkeit in den Tatsacheninstanzen gegeben, dann ist sie entbehrlich, wenn über ein Rechtsmittel oder über dessen Zulassung unter Bindung an die getroffenen Tatsachenfeststellungen und beschränkt auf Rechtsfragen im schriftlichen Verfahren entschieden wird[564]. Dies wird auch angenommen, wenn über Beweisfragen allein auf Grund des Akteninhalts entschieden werden kann[565]. Findet dagegen in der Rechtsmittelinstanz eine **neue mündliche Verhandlung** statt, gilt grundsätzlich das Gebot der Öffentlichkeit auch für sie[566], vor allem, wenn, wie im Regelfall bei der Berufung in Strafsachen, in der Rechtsmittelinstanz auch über die tatsächlichen Grundlagen einer Entscheidung neu Beweis erhoben und verhandelt wird[567]. Ist der Grundsatz der Öffentlichkeit bei den Tatsacheninstanzen nicht eingehalten worden, kann die öffentliche Verhandlung vor einem nur Rechtsfragen prüfenden Rechtsmittelgericht (Kassationsgericht) den Fehler nicht mehr heilen[568]. Von dem Gebot der Öffentlichkeit der Verhandlung kann unter den Voraussetzungen des Absatzes 1 Satz 2 ganz oder zum Teil abgesehen werden[569], von einer mündlichen Verhandlung überhaupt jedoch 92

557 Vgl. *Grabenwarter* § 24 Rdn. 58 (z. B Beweiserhebung in der Rechtsmittelinstanz).

558 EGMR 21. 2. 1990 Håkansson, Sturesson/Schwed (EuGRZ **1992** 5); *Grabenwarter* § 24 Rdn. 56; zustimmend insoweit auch SK-StPO-*Paeffgen* 109 (nicht nur individualschützender Menschenrechtsschutz sondern auch objektivrechtliche Komponente der Gewährleistung eines rechtlichen Mindeststandards).

559 Vgl. *Nowak* 31; ferner Rdn. 93.

560 *Guradze* 16; vgl. EKMR ÖJZ **1991** 324 (Geschworenenbelehrung).

561 Vgl. Rdn. 19 ff; 28 ff.

562 EGMR 21. 2. 2000 Asan Rushiti/Ö (ÖJZ **2001** 155); östr. OGH ÖJZ **2002** 570; vgl. Rdn. 90.

563 EGMR 22. 1. 2004 Alge/Ö (ÖJZ **2004** 477); EKMR bei *Strasser* EuGRZ **1988** 615; *Villiger* HdB 444.

564 EGMR 8. 12. 1983 Axen/D (EuGRZ **1985** 225); 22. 2. 1984 Sutter/CH (EuGRZ **1985** 229); 22. 2. 1996 Bulut/Ö (ÖJZ **1996** 430); 20. 11. 2003 Faugel/Ö (ÖJZ **2004** 437); EKMR bei *Bleckmann* EuGRZ **1983** 432 (Sutter); 434 (X/BRD); *Frowein/Peukert* 118; IntKommEMRK-*Miehsler/Vogler* 339; *Meyer-Goßner*[47] 6; *Peukert* EuGRZ **1980** 268; SK-StPO-*Paeffgen* 111 ff; *Villiger* HdB 445.

565 EGMR 29. 10. 1991 Andersson/Schwed (EuGRZ **1991** 419); SK-StPO-*Paeffgen* 113.

566 EGMR 8. 6. 1976 Engel/NdL (EuGRZ **1976** 422); *Peukert* EuGRZ **1980** 268; vgl. auch *Bachler* ÖJZ **1993** 537; SK-StPO-*Paeffgen* 112 ff.

567 EGMR 26. 5. 1988 Ekbatani/Schwed (Series A 134); 29. 10. 1991 Andersson /Schwed (EuGRZ **1991** 419): 29. 10. 1991 Fejde/Schwed (EuGRZ **1991** 420), 29. 10. 1991 Helmers/Schwed (EuGRZ **1991** 415); SK-StPO-*Paeffgen* 111, 112; *Villiger* HdB 447.

568 EGMR 23. 6. 1981 Le Compte u. a./Belg (EuGRZ **1981** 490); 10. 2. 1983 Albert, Le Compte/Belg (EuGRZ **1983** 190); 22. 5. 1990 Weber/CH (EuGRZ **1990** 265); 26. 9. 1995 Dienet/F (ÖJZ **1996** 115).

569 Vgl. Rdn. 95 ff.

nur bei Vorliegen außergewöhnlicher Umstände[570] oder auf Grund eines wirksamen Verzichts[571].

93 c) Die **Verkündung** der Entscheidung muß aus den gleichen Erwägungen wie die Verhandlung[572] öffentlich sein. Nach dem Wortlaut des **Art. 6 Abs. 1 MRK** gilt dies selbst dann, wenn die Öffentlichkeit der Verhandlung aus einem der aufgezählten Ausnahmegründe ausgeschlossen werden durfte[573]. Der EGMR umgeht die an sich nahe liegende Frage einer entsprechenden Anwendung dieser Ausschlußgründe auf die Urteilsverkündung dadurch, daß er im Hinblick auf die unterschiedlichen Gerichtspraktiken in den Mitgliedstaaten eine wörtliche Auslegung ablehnt und die Ansicht vertritt[574], die formellen Aspekte der Bekanntgabe seien zweitrangig, sofern nur dem **Schutzzweck Rechnung getragen** wird, der fordert, daß der Urteilsspruch und seine Gründe der Öffentlichkeit bekannt gegeben werden[575]. Eine buchstabengetreue Auslegung verbiete sich, wenn dadurch die Gründe, aus denen die Öffentlichkeit ausgeschlossen wurde[576] und das vorrangige Erfordernis eines fairen Verfahrens zunichte gemacht würden. Es kann daher genügen, die Gründe nur in einer summarischen Zusammenfassung mitzuteilen. Die schriftliche Urteilsbegründung braucht weder vorzuliegen noch muß sie verlesen werden[577]. Auch die **öffentliche Verkündung** des Urteils sei nicht zwingend geboten. Nach Ansicht des EGMR kann von der Verkündung der Urteilsgründe, aber auch von der Verkündung des ganzen Urteils abgesehen werden, wenn die mit der öffentlichen Bekanntgabe bezweckte **öffentliche Kontrolle des Urteils** anderweitig gesichert ist. Danach reicht es aus, wenn das Urteil und seine Gründe der Öffentlichkeit in irgend einer Form (Einsicht auf der Geschäftsstelle, Übersendung einer Abschrift auf Anforderung, Veröffentlichung) zugänglich sind[578]. Dabei ist es unschädlich, wenn dem durch Art. 8 MRK gebotenen Schutz der Privatsphäre durch Anonymisierung Rechnung getragen wird[579]. Bei höchstgerichtlichen Entscheidungen, die nach Anhörung der Parteien im schriftlichen Verfahren ergehen und öffentlich verkündete Urteile der unteren Instanzen betreffen, wurde eine öffentliche Verkündung ebenfalls für entbehrlich gehalten[580]. Es soll sogar genügen, wenn die maßgebenden Grundsätze, die die Entscheidung tragen, aus Entscheidungssammlungen ersichtlich sind. Grundsätzlich ist es mit Ziel und Zweck des Art. 6 Abs. 1 MRK vereinbar, wenn das nationale Recht die Kenntnisnahme der Öffentlichkeit in irgend einer Form gewährleistet[581]. Für das Erfordernis der öffentlichen

---

570 EGMR 28.6.1984 Campbell, Fell (EuGRZ **1985** 535 Disziplinar-Verfahren im Gefängnis); vgl. auch EGMR 24.4.2001 B.P/GB (ÖJZ **2002** 571); 22.1. 2004 Alge/Ö (ÖJZ **2004** 477); *Grabenwarter* § 24 Rdn. 51, 55; *Meyer-Ladewig* 69; SK-StPO-*Paeffgen* 106.

571 Vgl. oben Rdn. 91.

572 *Esser* 752.

573 So unter Hinweis auf die Fassung von Art. 6 Abs. 1 *Frowein/Peukert* 119; IntKommEMRK/*Miehsler/Vogler* 340; *Meyer-Ladewig* 70; *Peukert* EuGRZ **1980** 268, SK-StPO-*Paeffgen* 115; je mit weit. Nachw. **a.A** *Guradze* 17; *Morvay* ZaöRV **21** (1961) 317; *Partsch* 157 Fußn. 506 („trial"/„procès" meinen das ganze Verfahren, umfassen also Entscheidungsbegründung).

574 Etwa EGMR 24.4.2001 B.P./GB (ÖJZ **2002** 571); vgl. *Meyer-Ladewig* 70 und nachf. Fußn.

575 EGMR 8.12.1983 Pretto/I (EuGRz 1985 548); *Esser* 753.

576 Diese für die Verhandlung geltenden Ausnahmegründe sind auf die Urteilsverkündung nicht unmittelbar anwendbar, vgl. SK-StPO-*Paeffgen* 115; *Villiger* HdB 451.

577 *Frowein/Peukert* 119; *Meyer-Ladewig* 70.

578 Vgl. EGMR 8.12.1983 Axen/D (EuGRZ **1985** 225); 8.12.1983 Pretto/I (EuGRZ **1985** 548); 22.2. 1984 Sutter/CH (EuGRZ **1985** 229); 28.6.1984 Campbell, Fell/GB (EuGRZ **1985** 534); 24.11.1997 Werner/Ö (ÖJZ **1998** 233); 24.4.2001 B.P./GB (ÖJZ **2002** 571); 6.12.2001 Petersen/D (NJW **2003** 1921); *Frowein/Peukert* 119; *Grabenwarter* § 24 Rdn. 59; IntKommEMRK-*Miehsler/Vogler* 340; *Meyer-Ladewig* 70; *Nowak/Schwaighofer* EuGRZ **1985** 725; *Villiger* HdB 450; ablehnend SK-StPO-*Paeffgen* 115.

579 *Grabenwarter* § 24 Rdn. 59; SK-StPO-*Paeffgen* 115.

580 EGMR 8.12.1983 Axen/D (EuGRZ **1985** 225); *Meyer-Ladewig* 70; vgl. auch EGMR 24.11.1997 Werner/Ö (ÖJZ **1998** 233); 24.4.2001 B.P./GB (ÖJZ **2002** 233).

581 EGMR 22.2.1984 Sutter/CH (EuGRZ **1985** 229); 6.12.2001 Petersen/D (NJW **2003** 1921); EGMR 8.12.1983 Pretto u.a./I (EuGRZ **1985** 548) lies

Zugänglichkeit reicht es aber nicht, wenn die Einsicht von der Darlegung eines berechtigten Interesses abhängig gemacht wird oder wenn das Gericht nach eigenem Ermessen darüber entscheiden kann, ob es die Einsicht gewähren will[582]. Ergeht eine **Entscheidung im schriftlichen Verfahren**, ist ihre öffentliche Verkündung nicht erforderlich[583]; das Einverständnis der Betroffenen mit dieser Verfahrensart deckt auch die schriftliche Bekanntgabe der Entscheidung[584]. Strittig ist, wieweit Art. 6 Abs. 1 MRK im übrigen einen **Verzicht auf öffentliche Urteilsverkündung** zuläßt[585]. Vom Schutzzweck her ist es vertretbar, die strengere Auslegung aufzulockern, die die Gründe, die den Ausschluß der Öffentlichkeit bei der Verhandlung rechtfertigen, bei der Bekanntgabe der Entscheidung in keinem Falle greifen lassen will[586]. Die Erwägungen, die die Ausschließung der Öffentlichkeit von der Verhandlung rechtfertigen, stehen oft auch der Bekanntgabe zumindest eines Teiles der Gründe entgegen. Ob diese dann in der für die Öffentlichkeit bestimmten Urteilsfassung eventuell unter Kennzeichnung der Lücke weggelassen werden können[587] oder ob das Urteil dadurch unverständlich würde, hängt vom Einzelfall ab.

Art. 14 Abs. 1 IPBPR trägt dem Schutzinteresse der Betroffenen insoweit Rechnung, **94**
als er zwar grundsätzlich für Entscheidungen in Straf- und Zivilsachen die öffentliche Verkündung fordert, eine Ausnahme aber vorsieht, wenn die **Interessen Jugendlicher** entgegenstehen oder das Verfahren **Ehestreitigkeiten** oder die **Vormundschaft** über Kinder betrifft[588]. Bei einer an den Schutzzwecken orientierten Auslegung dürfte es mit dem Anliegen des Öffentlichkeitsgebots vereinbar sein, wenn bei Vorliegen eines den Ausschluß der Öffentlichkeit rechtfertigenden Grundes nur der Tenor der Entscheidung oder nur ein Teil der Gründe öffentlich bekanntgegeben wird, um von den Konventionen anerkannte, vorrangige öffentliche Interessen und Menschenrechte anderer Personen zu schützen, wie etwa das von Art. 8 MRK garantierte Privat- und Familienleben oder sonstige Menschenrechte[589]. Bei einem wirksamen **Verzicht** auf mündliche Verhandlung muß auch die Verkündung nicht öffentlich sein[590].

d) Ausnahmen vom Gebot der Öffentlichkeit. Die in Art. 6 Abs. 1 ausdrücklich auf- **95**
geführten **Ausnahmegründe** die den Ausschluß der Öffentlichkeit von der mündlichen Verhandlung[591] gestatten, lassen sich in **drei Gruppen** gliedern[592]:
- **aa**) den Schutz der Moral, der öffentlichen Ordnung oder der nationalen Sicherheit, soweit er in einem demokratischen Staatswesen geboten ist;

---

offen, ob auch die Hinterlegung des Urteils genügt, während in Campbell & Fell/GB (EuGRZ **1985** 534) und Szücs/Ö (Reports 1997 VII) unter den dort festgestellten Umständen das Fehlen einer öffentlichen Urteilsverkündung beanstandet wurde; vgl. dazu *Villiger* HdB 450, 451 (Rechtsprechung noch nicht gefestigt).

582 EGMR 24.11.1997 Werner/Ö (ÖJZ **1989** 233).

583 Vgl. *Meyer-Ladewig* 70.

584 *Meyer-Ladewig* 70. Im Einverständnis mit der schriftlichen Entscheidung kann, muß aber nicht notwendig auch ein wirksamer Verzicht auf die öffentliche Zugänglichkeit der Entscheidung liegen; wieweit diese ausgeschlossen werden kann, ist strittig (vgl. nachf. Fußn. ferner auch Rdn. 91), wer aber darauf verzichtet hat, kann auch einen darin liegenden Verstoß nicht mehr rügen.

585 Vgl. *Villiger* HdB 541; aber auch EGMR 25.2.1997 Z/Finnl. (ÖJZ **1998** 152); wo die Anordnung des Gerichts, die Urteilsgründe nach zehn Jahren der Öffentlichkeit zugänglich zu machen, als Verletzung des Art. 8 MRK gewertet wurde.

586 *Grabenwarter* § 24 Rdn. 59.

587 Nach *Frowein/Peukert* 119 hat die EKMR eine geraffte Zusammenfassung genügen lassen.

588 Zur Entstehungsgeschichte *Nowak* 28.

589 Zur Zulässigkeit, die Öffentlichkeit aus Gründen auszuschließen, die sich aus anderen Schrankenklauseln der Konventionen ergeben vgl. *Nowak* 25; Art. 12, 34 bis 44; ferner *Peukert* EuGRZ **1980** 268 (für Art. 8 MRK).

590 BGHZ **25** 60; *Peukert* EuGRZ **1980** 268.

591 Anders als bei Art. 14 Abs. 1 IPBPR sieht Art. 6 Abs. 1 MRK keine Gründe für den Ausschluß der Urteilsöffentlichkeit vor, vgl. dazu Rdn. 93.

592 *Grabenwarter* § 24 Rdn. 52 (allgemeine Ausschlußgründe, prozeßbezogene Ausschlußgründe und Ausschlußgründe im Interesse der Rechtspflege); IntKommEMRK-*Miehsler/Vogler* 335.

- **bb)** der Schutz privater Interessen, nämlich der Schutz Jugendlicher und der Schutz des Privatlebens;
- **cc)** Interessen der Rechtspflege („intérests of justice", „interets de la justice")[593], die jedoch **nur bei Vorliegen besonderer Umstände** und nur in dem nach Auffassung des Gerichts erforderlichen Umfang den Ausschluß der Öffentlichkeit rechtfertigen.

96 Ob diese Aufzählung der Ausnahmen **abschließend** ist oder ob der EGMR daneben auch immanente Gründe für einen Ausschluß der öffentlichen Verhandlung anerkennt, ist offen. Da die Parteien auf den Anspruch auf öffentliche Verhandlung im Einzelfall **verzichten** können, ist mitunter auch auf diesem Weg ein Schutz ihrer berechtigten Interessen vor Offenlegung erreichbar, sofern dem nicht das jeweilige nationale Recht entgegensteht.

97 – **zu aa):** Die in der ersten Gruppe zusammengefaßten **öffentlichen Interessen,** öffentliche Moral, öffentliche Ordnung und nationale Sicherheit, werden nur in dem Maße geschützt, in dem das in einem **demokratischen Staatswesen geboten** ist[594]. Es werden also Prinzipien als Wertungsmaßstab angeführt, die auch sonst (vgl. Art. 8 bis 11 MRK) zur Begrenzung staatlicher Eingriffsbefugnisse in geschützte Bereiche dienen. Auch hier gilt der Grundsatz der **Verhältnismäßigkeit**[595]. Zur Abgrenzung kann trotz der bei der Abwägung ins Gewicht fallenden unterschiedlichen Zielsetzung auch auf die bei den genannten Artikeln entwickelten Gesichtspunkte zurückgegriffen werden[596]; ebenso wie dort bietet bei Zweifeln auch der allgemeine Standard in den Demokratien westeuropäischer Prägung Orientierungshilfe.

98 – **zu bb):** Der Schutz der **Interessen Jugendlicher und des Privatlebens der „Parteien"** rechtfertigt nach Art. 6 Abs. 1 MRK, Art. 14 Abs. 1 IPBPR den Ausschluß der Öffentlichkeit bei der Verhandlung. Wer Jugendlicher ist, dürfte sich nach nationalem Recht bestimmen[597]. Das Gebot, im Strafverfahren gegen Jugendliche auf deren Alter Rücksicht zu nehmen und ihre Wiedereingliederung in die Gesellschaft nicht zu gefährden, folgt aus Art. 14 Abs. 4 IPBPR. Auch Art. 40 des Übereinkommens über die Rechte des Kindes vom 20.11.1989 (vgl. Rdn. 4) enthält eine entsprechende Staatenverpflichtung. Der Art. 40 Abs. 2 Buchst. b, vii dieses Übereinkommens erkennt ausdrücklich den Anspruch des Kindes an, sein Privatleben in allen Verfahrensabschnitten geachtet zu sehen.

99 **Partei** im Sinn dieser Regelung ist im Strafverfahren auch der Angeklagte, auch ein als Zeuge vernommenes Verbrechensopfer wird dazu gerechnet[598]. Bei Berücksichtigung des Schutzzweckes wäre auch eine weite Auslegung vertretbar, die das von Art. 8 MRK geschützte Privatlebens aller vor Gericht auftretenden Verfahrensteilnehmer in den Schutzbereich mit einbezieht[599]. Diese Auslegung kollidiert allerdings damit, daß die Konventionen den Parteien eines Streits um civil rights sowie dem Angeklagten das Recht auf ein öffentliches Verfahrens garantieren, so daß im Einzelfall eine Abwägung der widerstreitenden Interessen unvermeidlich ist. Wegen der Bedeutung des Grundsatzes der Öffentlichkeit neigt der EGMR dazu, diesem den Vorrang vor dem Schutz der immer auch berührten Privatinteressen einzuräumen[600].

---

[593] Die frühere bundesdeutsche Übersetzung „Interesse der Gerechtigkeit" war verfehlt, vgl. *Nowak* 26 unter Hinweis auf die Übersetzungen von Österreich („Rechtspflege") und der DDR („Rechtsfindung").

[594] Vgl. *Grabenwarter* § 24 Rdn. 51; *Nowak* 25.

[595] *Grabenwarter* § 24 Rdn. 52.

[596] Nach *Grabenwarter* § 24 Rdn. 52 haben diese trotz der gleichen Formulierung im Hinblick auf Inhalt, Zweck und Systematik eine unterschiedliche Bedeutung.

[597] Vgl. dazu Rdn. 259.

[598] So *Nowak* 26.

[599] *Grabenwarter* § 24 Rdn. 53 (Art. 8 und Art. 14 MRK gebieten Erstreckung des Parteibegriffes auf andere Prozeßbeteiligte insbes. Zeugen).

[600] Vgl. EGMR 24.11.1997 Werner/Ö (ÖJZ **1998** 233).

Den Schutz des Privatbereichs anderer am Verfahren beteiligter Personen sieht der Wortlaut beider Konventionen nicht vor. Dieser ist vor allem bei erwachsenen Zeugen bei einer auf Wortlaut und Adressaten abstellenden Auslegung der Öfffentlichkeitsgarantie weder bei der Verhandlung noch bei der Urteilsverkündung ein Ausschlußgrund. Soweit dies nicht mittelbar über einen anderen Ausschlußgrund, wie etwa dem Gesichtspunkt des öffentlichen Interesses am Schutz der Moral, möglich ist, würde jede Schutzmöglichkeit fehlen. Art. 6 Abs. 1 MRK, Art. 14 Abs. 1 IPBPR garantieren die Öffentlichkeit, sie gewähren aber selbst bei Vorliegen ihrer Ausschlußvoraussetzungen **keinen Anspruch auf Ausschluß der Öffentlichkeit**[601]. Ein solcher kann sich jedoch aus dem alle Bereiche des Privatlebens gegen staatliche Eingriffe schützenden Art. 8 MRK (vgl. Art. 17 IPBPR) ergeben[602]. Auch wenn für die Heranziehung zur Zeugenaussage ein rechtfertigender Grund nach Art. 8 Abs. 2 MRK besteht, ist das Gebot, den Privatbereich zu schützen und unumgängliche Eingriffe in diesen möglichst gering zu halten, gegen den allgemeinen Schutzzweck des Öffentlichkeitsgebotes abzuwägen. Dabei fällt ins Gewicht, daß letzteres auch bei den Parteien und bei Jugendlichen hinter den Schutz des Privatbereiches zurückzutreten hat, also kein Prinzip ist, dem die Konventionen einen absoluten Vorrang gegenüber allen anderen Rechten zuerkennen. Aus diesem Grund erscheint der Ausschluß der Öffentlichkeit zur **Verhinderung eines schwerwiegenden Eingriffs in den Privatbereich eines unbeteiligten Zeugen** (unter Berücksichtigung der von Art. 8 Abs. 2 MRK gebotenen Abwägung) auch dann konventionsgemäß, wenn man nicht von einem vom nationalen Recht gelösten weit ausgelegten Begriff der „Parteien" im Sinne von „alle Verfahrensbeteiligte" ausgehen will. **100**

Für die **Urteilsverkündung** sieht nur Art. 14 Abs. 1 IPBPR einen Ausschluß der Öffentlichkeit vor, und auch nur, um entgegenstehenden Interessen Jugendlicher Rechnung zu tragen oder um besonders sensible Teilbereiche des Privatlebens, nämlich Ehestreitigkeiten und Vormundschaftssachen von Kindern, zu schützen. Die oben erörterte Möglichkeit[603] unter Heranziehung der anderen Verbürgungen der Konventionen die Öffentlichkeit auch zum Schutze anderer Privatbereiche bei einer Verkündung der Urteilsgründe auszuschließen oder die öffentliche Bekanntgabe der Gründe auf die nicht besonders schutzbedürftigen Tatsachen zu begrenzen[604], ist jedoch auch hier in Betracht zu ziehen[605]. **101**

– zu cc): Im Interesse der Rechtspflege ist der Ausschluß der Öffentlichkeit nur bei **Vorliegen besonderer Umstände** und nur in dem durch diese Umstände gebotenen Umfang, also in der Regel nicht für die ganze Verhandlung zulässig, sondern nur für einen engbegrenzten Teil derselben, etwa für die Vernehmung eines Zeugen, von dem befürchtet wird, daß er andernfalls die Wahrheit zurückhalten würde[606]. Ein Ausschluß im Interesse der Rechtspflege wird auch für zulässig gehalten, wenn andernfalls die ordnungsgemäße Fortführung des Verfahrens wegen der Emotionen des Publikums gefährdet wäre[607] oder wenn Einschränkungen notwendig sind, um die Ordnung im Sitzungssaal zu wahren[608]. Die **Auffassung des Gerichts** ist maßgebend dafür, ob und wie lange **102**

---

601 BGHSt. **23** 82; schweiz.BGer. EuGRZ 1994, 59 *Frowein/Peukert* 121; IntKommEMRK-*Miehsler/Vogler* 338; *Peukert* EuGRZ **1980** 247; **a. A** *Herbst* NJW **1969** 546; vgl. auch *Nowak* 25; *Odersky* FS Pfeiffer 326; ferner LR-*Wickern* § 172 GVG Rdn. 38 mit weit. Nachw.; ferner nachf. Fußn.

602 Vgl. etwa EGMR 25.2.1997 Z/Finnl. (ÖJZ **1997** 152); *Esser* 712; *Frowein/Peukert* 121; IntKomm-EMRK-*Miehsler/Vogler* 338.

603 Vgl. Rdn. 100.

604 Vgl. *Frowein/Peukert* 119; *Meyer-Ladewig* 70 („summarische Zusammenfassung"), ferner EGMR 24.4.2001 B & P /GB (ÖJZ **2002** 571).

605 Vgl. EGMR 25.2.1997 N/Finnl (ÖJZ **1998** 152).

606 *Frowein/Peukert* 120; IntKommEMRK/*Vogler* 337; *Grabenwarter* § 24 Rdn. 54; *Peukert* EuGRZ **1980** 268.

607 *Nowak* 26.

608 Vgl. *Grabenwarter* § 24 Rdn. 54 (auch zur Privilegierung der Medienvertreter bei der Platzvergabe im Sitzungssaal), ferner *Peukert* EuGRZ **1980** 247, 268; *Wyss* EuGRZ **1996** 1 ff.

solche besonderen Umstände den Ausschluß erfordern. Für die einzelfallbezogene Entscheidung wird ihm damit ein gewisser eigener Beurteilungsraum eingeräumt; der – sofern er den von den Konventionen vorgegebenen Rahmen nicht ersichtlich überschreitet – auch von den Konventionsorganen zu respektieren ist. Auch jede innerstaatliche Regelung hat davon auszugehen, daß über den Ausschluß der Öffentlichkeit aus diesem Grund nur das jeweils befaßte Gericht in eigenverantwortlicher Wertung aller Umstände zu befinden hat.

V. Unschuldsvermutung (Art. 6 Abs. 2 MRK; Art. 14 Abs. 2 IPBPR)

1. Allgemeines

103 **a)** Der zur Altsubstanz der Menschenrechtsgarantien[609] zählende Grundsatz, daß jeder, der wegen einer strafbaren Handlung angeklagt wird, bis zu dem gesetzlichen Nachweis seiner Schuld als unschuldig zu gelten hat, ist ein **konstituierendes Prinzip** jeder **am Schuldgrundsatz orientierten, rechtsstaatlichen Strafrechtspflege**. Er schützt vor einer Bestrafung ohne vollen Nachweis strafrechtlicher Schuld und er bindet diesen Nachweis an die Durchführung eines ordnungsgemäßen, **„fairen“ Verfahrens**, wie es Art. 6 MRK, Art. 14 IPBPR für die Entscheidung über eine strafrechtliche Anklage vorschreiben. Alle Strafverfolgungsorgane müssen ungeachtet des Gewichts des Verdachts, der das Strafverfahren ausgelöst hat, bei der Führung des Verfahrens für jedes mögliche Verfahrensergebnis offen bleiben und stets auch die Möglichkeit eines künftigen Freispruchs berücksichtigen[610]. Das rechtsstaatliche Gebot einer **ergebnisoffenen Entscheidungsfindung** soll auch die Aufgeschlossenheit des Gerichts für die Verfahrensvorgänge und die Argumente der Verteidigung und sein Gesamtverhalten gegenüber dem Angeklagten bestimmen[611]. Dies ist ein unverzichtbarer Bestandteil eines jeden fairen Verfahrens. Nachteilige Rechtsfolgen dürfen gegen den Angeklagten erst festgesetzt werden, wenn als Ergebnis des Verfahrens seine Schuld zur Überzeugung des Gerichts voll erwiesen ist, wie dies das Rechtsstaatsprinzip für jedem staatlichen Eingriff in grundrechtlich geschützte Bereiche ohnehin fordert.

104 **b)** Die **Konventionen** garantieren durch die inhaltlich (nicht wörtlich) übereinstimmenden Art. 6 Abs. 2 MRK, Art. 14 Abs. 2 IPBPR **im Verfahren wegen einer strafrechtlichen Anklage** jedem Beschuldigten ungeachtet des Gewichts eines gegen ihn bestehenden Verdachts das **subjektive Recht**, von den Staatsorganen bis zum ordnungsgemäßen Nachweis der Schuld als unschuldig behandelt zu werden[612]. Wegen seiner Bedeutung wird dieser Grundsatz getrennt von den sonstigen Verfahrensrechten des Angeklagten im Strafverfahren in einem eigenen Absatz herausgestellt[613]. Ähnlich wie andere Menschenrechtspakte[614] knüpfen die Konventionen an das Vorbild des Art. 11 Abs. 1 der **Allge-**

---

609 Zu den weit über die Aufklärung hinausreichenden geschichtlichen Wurzeln *Hruschka* ZStW **112** (2000) 285, *Stuckenberg* 11 ff; SK-StPO-*Paeffgen* 175 je mit Nachw.; ferner Art. 9 der französischen Erklärung der Menschen und Bürgerrechte vom 26. 8. 1789; sowie *Köster* 85 (als Menschenrecht in der Aufklärung); IntKommEMRK-*Vogler* 380; *Peukert* EuGRZ **1980** 259. Vgl. auch *Sax* in: Bettermann/Nipperdey/Scheuner Die Grundrechte **III 2** 987 (prozessuales Fundamentalprinzip).

610 *Rüping* ZStW **91** (1979) 351, 358; vgl. SK-StPO-*Rogall* Vor § 133 StPO, 75: Notwendige Bedingung für die Offenheit der Entscheidungsfindung.

611 *Stuckenberg* 544 ff und GA **2001** 226, 452 ff sieht darin das „Verbot der Desavouierung“.

612 Die englische Fassung von Art. 14 Abs. 2 IPBPR spricht ausdrücklich von „right to be presumed innocent“, anders die französische Fassung und Art. 6 Abs. 2 MRK.

613 Zur Entstehungsgeschichte *Nowak* 33; SK-StPO-*Paeffgen* 175.

614 Art. 8 Abs. 2 Amerikanische Konvention über Menschenrechte, Art. 7 Abs. 1 Buchst. b Banjul Charta der Menschenrechte und Rechte der Völker (Afrika).

meinen Erklärung der Menschenrechte vom 10.12.1948 an, deren Fassung den untrennbaren Zusammenhang zwischen der Unschuldsvermutung und dem Erfordernis eines fairen, die Verteidigungsrechte wahrenden Verfahrens[615] verdeutlicht. Danach hat jeder wegen einer strafbaren Handlung Angeklagte auch einen subjektiven Anspruch, als unschuldig zu gelten, bis seine Schuld in einem fairen öffentlichen Verfahren, in dem er alle für seine Verteidigung notwendigen Garantien gehabt hat, gemäß dem Gesetz nachgewiesen ist[616]. Die **Europäische Grundrechte-Charta** legt in Verbindung mit der Achtung des Verteidigungsrechts (Art. 48 Abs. 2) in Art. 48 Abs. 1 fest, daß jede angeklagte Person bis zum rechtsförmlich erbrachten Beweis ihrer Schuld als unschuldig gilt[617].

c) **Nach dem innerstaatlichen Recht** der Bundesrepublik nimmt die Unschuldsvermutung als eine besondere Ausprägung des vom Rechtsstaatsprinzip gebotenen fairen Verfahrens[618] und eines die Menschenwürde achtenden Grundrechtsschutzes am **Verfassungsrang** dieser Verbürgungen teil. Sie wird im Grundgesetz im Gegensatz zu einigen Landesverfassungen[619] nicht ausdrücklich garantiert, hat aber als objektiver Grundsatz und als subjektives Recht des einzelnen Verfassungsrang[620]. Das **Rechtsstaatsprinzip** und auch der Grundsatz, daß alles staatliche Handeln verpflichtet ist, die **Menschenwürde und die Grundrechte** einschließlich des darin wurzelnden **Persönlichkeitsrechts** jedes einzelnen Menschen zu achten, schließen es aus, daß Straftaten, die nicht in einem dem Gesetz entsprechenden ordnungsgemäßen Verfahren nachgewiesen wurden, die Grundlage einer Bestrafung bilden. Die Vermutung der Unschuld wird als selbstverständliche Bedingung eines nach Inhalt und Grenzen durch das Gebot der Achtung der Menschenwürde bestimmten, auf dem Schuldgrundsatz aufbauenden materiellen Strafrechts verstanden[621]. Der staatlichen Strafgewalt ist der in jeder Bestrafung liegende Grundrechtseingriff verboten, solange dessen Voraussetzungen einschließlich einer dem Betroffenen zurechenbaren Schuld nicht in einem ordnungsgemäßen Verfahren in der dafür vorgeschriebenen Form nachgewiesen sind[622]. Der Angeklagte erhält das Recht auf ein Verfahren, in dem er bis zur abschließenden Entscheidung über den Schuldspruch[623] wie ein Unschuldiger zu behandeln ist. In dieser die Verfahrensstellung des Beschuldigten sichernden **Fiktion der „Normtreue"** liegt neben der den Strafverfolgungsorganen damit abverlangten unvoreingenommenen **Offenheit hinsichtlich des möglichen Verfahrensausgangs** und die daraus folgende unvoreingenommene Beweiswürdigung ihre besondere Bedeutung für das Strafverfahren. 105

---

615 Vgl. BVerfGE **74** 373 ff.

616 BVerfGE **74** 373 ff; SK-StPO-*Rogall* Vor § 133 StPO, 74.

617 Vgl. Rdn. 4a.

618 Vgl. *Stuckenberg* 546 ff.

619 Art. 65 Abs. 2 Berl. Verfassung (vgl. *Pfennig* Art. 65, 2: Schutz in den Verfahren, die Bestrafung bezwecken); Art. 53 Abs. 2 Verfassung von Brandenburg; Art. 6 Abs. 3 Bremer Verf; Art. 20 Abs. 2 Satz 1 Hess. Verfassung (*Zinn/Stein*: Verfahren zum Zwecke der Bestrafung); ferner allgemeiner gefaßt Art. 6 Abs. 3 der Rheinl.-Pfälzer Verf. und Art. 14 Abs. 2 Saarl. Verf.

620 Etwa BVerfGE **19** 342, 348; **74** 358, 370; **82** 106, 114 (ungeschriebene Ausformung des Rechtsstaatsprinzips); weit. Nachw. Rdn. 8.

621 BVerfGE **74** 350, 371 unter Berufung auf *Sax* in: Bettermann/Nipperdey/Scheuner Die Grundrechte Bd. III **2** 987; ferner etwa IntKommEMRK/*Vogler* 382; SK-StPO-*Paeffgen* 176; SK-StPO-Paeffgen vor 112, 26; *Meyer* FS Tröndle 62; *Vogler* FS Kleinknecht 436.

622 BVerfGE **7** 319; **9** 169; **58** 163; **80** 120. Zur strittigen dogmatischen Ableitung *Frister* 92 (ratio des Schuldprinzips); *Köster* 139. SK-StPO-*Paeffgen* 176, ferner *Stuckenberg* 48 ff; 544 ff; sowie ZStW **111** (1999) 422 ff.

623 Soweit im Schrifttum unter Hinweis auf die insoweit aber nicht deutliche Entscheidung EGMR 25.3.1983 Minelli/CH (EuGRZ 1983 475) und auf BVerfGE **35** 202, 232 die Ansicht vertreten wird, daß die Unschuldsvermutung „bis zur Rechtskraft der Entscheidung" bestehen bleibt (*Frowein/Peukert* 156; *Meyer-Goßner*[47] 15; *Meyer-Ladewig* 85), ist mitunter nicht klar, ob damit richtigerweise die Rechtskraft des Schuldspruchs oder der gesamten Entscheidung gemeint ist. Nach *Stuckenberg* 418 endet die Unschuldsvermutung mit der Verurteilung. Sie gilt nicht mehr im Verfahren, das nur noch den Strafausspruch zum Gegenstand hat.

106 Als **Verfassungsgrundsatz** enthält die Unschuldsvermutung nach Ansicht des Bundesverfassungsgerichts keine sie in **allen Einzelheiten bestimmenden Ge- und Verbote**. Ihre Rechtsvermutung[624] je nach den sachlichen Gegebenheiten zu konkretisieren, ist Aufgabe des Gesetzgebers[625]. Als positives innerstaatliches Recht sind in diesem weiteren verfassungsrechtlichen Rahmen auch Art. 6 Abs. 2 MRK, Art. 14 Abs. 2 IPBPR unmittelbar anwendbar[626]. Wegen ihres spezifischen Strafprozeßbezugs gilt die Unschuldsvermutung **in allen Verfahren,** die die **Feststellung und Ahndung strafrechtlicher Schuld**[627] zum Gegenstand haben, vor allem im Strafverfahren. Sie steht Maßnahmen der Strafverfolgung, die sich auf einen Verdacht gründen, nicht im Wege; sie bestimmt im Zusammenhang damit aber auch Form, Inhalt und Ausmaß der **Äußerungen staatlicher Stellen** über Gegenstand, Verfahrensstand und Ergebnis eines solchen Verfahrens[628]. Solange der Verdacht nicht durch eine gerichtliche Feststellung der Schuld bestätigt ist, dürfen die staatlichen Stellen auch in ihren Äußerungen keine strafrechtliche Schuldfeststellung treffen[629]. Ihre Verlautbarungen über ein schwebendes Strafverfahren müssen inhaltlich zurückhaltend sein und kenntlich machen, daß sie nur einen Verdacht betreffen. Die Äußerung eines solchen Verdachts aus begründetem Anlaß schließt die Unschuldsvermutung nicht aus[630]. Gleiches gilt bei **Maßnahmen der Gefahrenabwehr**[631]. Selbst nach einem Freispruch wird es für zulässig gehalten, wenn im Strafverfahren gewonnenes erkenungsdienstliches Material aufbewahrt[632] wird und die rechtmäßig erlangten Daten auch über nicht ausgeräumte Verdachtsmomente aus präventiv-polizeilichen Gründen weiterhin erfaßt und gespeichert werden[633].

107 Das weitergehende **Verbot der Zuweisung unbewiesener strafrechtlicher Schuld im Rechtsverkehr**[634] ist Teil des verfassungsrechtlichen Persönlichkeitsschutzes, der die **Verletzung des persönlichen Achtungsanspruchs** durch unbewiesene mißbilligende oder herabwürdigende Verlautbarungen staatlicher Organe oder durch Äußerungen Privater, insbesondere in der Presse, allgemein verbietet[635]. Das **Rechtsstaatsprinzip** in Verbindung mit dem **grundrechtlichen Persönlichkeitsschutz** schließt – unabhängig von der Tragweite der Konventionsgarantien – auch sonst aus, daß staatliche Organe einen Bürger ohne vorher erbrachten Nachweis einer Schuld im allgemeinen Rechtsverkehr als Schuldigen einer Straftat behandeln[636]. Dies gilt ohne Rücksicht darauf, ob der Schuldvorwurf mit einem eingeleiteten Strafverfahren in Verbindung steht. Dieser Achtungsanspruch umfaßt über den Vorwurf einer Straftat hinaus jedes nach allgemeiner Auffassung tadelnswertes Verhalten. Es ist deshalb fraglich, ob es weiterführt, den allgemein zutreffenden rechtsstaat-

---

[624] Zur Unschuldsvermutung als nicht empirische gesetzliche Vermutung eingehend *Stuckenberg* 478 ff; zu den verschiedenen Auffassungen 55 ff.

[625] BVerfGE **74** 370 ff; BVerfG (Kammer) MDR **1991** 213; NStZ **1991** 30; vgl. auch *Kühl* ZStW **100** (1988) 643 (Bundesgesetzgeber strengeres Verständnis der Unschuldsvermutung als EGMR).

[626] Vgl. etwa BVerfG NJW **2002** 3231.

[627] Die hier ebenfalls im weiten Sinn der Konventionen (vgl. Rdn. 28 ff) zu verstehen ist.

[628] BVerfGE **19** 342, 347; **71** 206; **74** 358, 369; **82** 106, 117; BVerfG NStZ **1992** 290; OLG Hamm NJW **2000** 1278; *Meyer* FS Tröndle 71; *Roxin* NStZ **1991** 153; *Marxen* GA **1980** 365; SK StPO-*Rogall* Vor § 133 StPO, 75 mit weit. Nachw.; vgl. auch *Esser* 100 ff und Rdn. 136.

[629] EGMR 10.2.1995 Allenet de Ribemont/F (ÖJZ **1995** 509); *Meyer-Ladewig* 86; *Villiger* HdB. 493; vgl. Rdn. 131.

[630] Vgl. EKMR EuGRZ **1987** 356; sowie Rdn. 136.

[631] Etwa SK-StPO-*Paeffgen* Vor § 112, 26.

[632] Schweiz.BGer. EuGRZ **1994** 492.

[633] BVerfG NJW **2002** 3231, mit dem Hinweis, daß nach dem Grundsatz der Verhältnismäßigkeit im Einzelfall zu beurteilen ist, ob die Speicherung der durch den Freispruch nicht ausgeräumten Verdachtsmomente aus präventivpolizeilichen Erwägungen (Wiederholungsgefahr) vertretbar ist; vgl. auch SK-StPO-*Paeffgen* 192.

[634] BVerfGE **74** 358; 371; BVerfG (Kammer) NStZ **1988** 21.

[635] *Stuckenberg* 560 ff.

[636] Vgl. BVerfGE **19** 342, 347; **22** 265; **35** 320; **74** 358, 370; **82** 106, 117; BVerfG NStZ **1988** 21; IntKomm-EMRK-*Vogler* 387; *Bornkamm* NStZ **1983** 102; *Marxen* GA **1980** 373; SK-StPO-*Rogall* Vor § 133, 80 ff; *Ulsamer* FS Zeidler 1807.

lichen Grundgedanken, daß von der Rechtstreue der Bürger auszugehen ist und das daraus folgende Verbot der Zuweisung nicht bewiesener Schuld durch Staatsorgane mit dem ebenfalls auf den gleichen Grundgedanken beruhenden, in den Konsequenzen aber stringenteren strafprozessualen Institut „Unschuldsvermutung" in einen Topf zu werfen. Eine undifferenzierte Verwendung dieser eingängigen Kurzformel verleitet leicht zu Gleichsetzungen in den Auswirkungen, die sachlich nicht geboten sind. Anders bei der ausdrücklich auf das Strafverfahren beschränkten Unschuldsvermutung der Art. 6 Abs. 2 MRK, Art. 14 Abs. 2 IPBPR sind die verschiedenen Aspekte des Rechtsstaatsprinzips verfassungsrechtlich auch insoweit nicht in formalen Einzelregelungen ausdifferenziert, so daß es aus der Sicht des innerstaatlichen Verfassungsrechts wegen der gleichen Ableitung weitgehend nur eine Definitionsfrage wäre, ob man für das im Schutz des Persönlichkeitsrechts wurzelnde **materielle Verbot** der Zuweisung unbewiesener Schuld ebenfalls den Begriff der Unschuldsvermutung im weiten Sinn verwenden will. Insoweit wäre es nicht entscheidend, ob man darin nur einen Rechtsgrund sieht, der die Achtung des Persönlichkeitsrechts für den spezifischen Fall der Bezichtigung mit einer nicht erwiesenen strafrechtlichen Schuld inhaltlich konkretisiert und bekräftigt[637] oder ob man aus ihrem Grundgedanken eine eigene, darüber hinausreichende spezifische Schutzwirkung herleitet[638].

Anders wäre dies, wollte man aus einer solchen – weit verstandenen Unschuldsvermu- **108**
tung – ein von allen Staatsorganen zu beachtendes **Monopol des Strafrichters** herleiten, dergestalt, daß der für ihre Widerlegung notwendige Schuldnachweis **ausschließlich** in einem Strafverfahren, nicht aber in einem sonstigen Verfahren erbracht werden kann (sogen. „Exklusivität der strafrichterlichen Schuldfeststellung")[639]. Aus den allgemeinen Verfassungsgrundsätzen der Bundesrepublik läßt sich weder dies noch eine damit letztlich verknüpfte allgemeine Bindungswirkung strafgerichtlicher Entscheidungen herleiten. Rechtsstaatsprinzip und Grundrechtsschutz schreiben keine bestimmten Formen für das Rechtsschutzsystem vor. Sie können schon gar nicht dahin verstanden werden, daß sie die bestehende richterliche Befugnis, in eigener Unabhängigkeit Vorfragen aus anderen Rechtsgebieten in dem für die eigene Entscheidung erforderlichen Umfang mitzuentscheiden[640], außer Kraft setzen wollten. Nur die Bestrafung ist bei Kriminalstrafen dem Strafrichter vorbehalten, nicht aber die Entscheidung, welche außerstrafrechtlichen Rechtsfolgen an das Vorliegen eines Straftatbestandes anknüpfen.

Lehnt man eine solche Folgerung aus der Unschuldsvermutung ab[641], so spricht für **109**
die **Begrenzung** der aus dem Verfassungsrecht abgeleiteten Unschuldsvermutung **auf den Bereich der Strafrechtspflege**, daß es sich hier um eine verfahrensspezifische Schutzgarantie handelt, die der besonderen Lage des Beschuldigten im Strafverfahren Rechnung trägt und hier ein durch keine Abwägung relativierbares Verbot[642] bedeutet. Hier besteht ein erhöhter Schutzanspruch, der neben den materiellen auch besondere verfah-

637 So *Meyer* FS Tröndle 63; SK-StPO-*Rogall* Vor § 133, 81 (Konkretisierung und Verstärkung des im Spannungsverhältnis mit anderen Grundrechtsgarantien stehenden Persönlichkeitsrechtes); auch *Lampe* NJW **1973** 217; *Rüping* FS Dünnebier 396.

638 *Kühl* FS Hubmann 248 sieht in der Unschuldsvermutung neben der strafrechtlichen auch eine besondere persönlichkeitsrechtliche Komponente; vgl. auch *Kühl* ZStW **100** (1988) 411; ferner *Marxen* GA **1980** 373 (Abwehrfunktion als konstitutives Rechtsprinzip gesellschaftlichen Zusammenlebens).

639 So etwa *Vogler* FS Kleinknecht 429, 436; IntKomm-EMRK-*Vogler* 401 ff; vgl. Rdn. 156 ff.

640 Vgl. BVerfG MDR **1991** 891; OLG Düsseldorf NStZ **1990** 531; *Bruns* FS Eb. Schmidt 602; SK StPO-*Rogall* Vor § 133, 75; ferner Rdn. 150 ff.

641 So *Meyer* FS Tröndle 62; *Peukert* EuGRZ **1980** 247, 260; *Rüping* FS Dünnebier 391, 396; noch enger *Paulus* NStZ **1990** 600; vgl. ferner etwa SK-StPO-*Paeffgen* 197 ff und Vor § 112, 26; SK-StPO-*Rogall* Vor § 133 StPO, 75, 81.

642 Vgl. *Stuckenberg* 559; ZStW **111** (1999) 422, 459; SK-StPO-*Paeffgen* Vor § 112, 26 mit weit. Nachw.

rensrechtliche Gewährleistungen erfordert, und der den Staat auch verpflichtet, auf die Unschuldsvermutung Rücksicht zu nehmen, wenn er sich nach außen über ein schwebendes Strafverfahren äußert[643]. Diese müssen über das hinausgehen, was der nicht in ein Strafverfahren verstrickte Staatsbürger an Schutz benötigt, wenn ihn Staatsorgane durch die Zuweisung unbewiesener strafrechtlicher Schuld in seinem sozialen Geltungsanspruch und damit in seinem Persönlichkeitsrecht verletzen[644].

110 Wo immer man die **Grenze der aus den Verfassungsprinzipien abgeleiteten** (ungeschriebenen) **Unschuldsvermutung** im Bereich außerhalb der eigentlichen Strafrechtspflege zieht[645], ihre Garantien dürfen nicht in einseitiger Sicht extensiv interpretiert werden. Sie sind mit anderen Forderungen der Verfassung, wie sie sich vor allem aus dem auch anderen Zielsetzungen verpflichteten Rechtsstaatsprinzip ergeben, zu einem **vernünftigen Ausgleich** zu bringen, der allen kollidierenden Prinzipien eine weitmögliche Verwirklichung garantiert (Prinzip der praktischen Konkordanz[646]). Für eine Übernahme der strafverfahrensspezifischen Aspekte der Unschuldsvermutung in den außerstrafrechtlichen Bereich und die im Schrifttum daraus hergeleitete Forderung einer für alle Staatsorgane bindenden Exklusivität strafrichterlicher Schuldfeststellung[647] bieten weder die Konventionen noch die Verfassung eine Handhabe.

111 **d) Verhältnis zwischen der Garantie der Konventionen und der Verfassungsgewährleistung.** Die Konventionsgarantien und die innerstaatlichen Verfassungsgarantien stimmen im Grundsätzlichen überein. Dies wird auch dadurch weitgehend gesichert, daß nach Ansicht des Bundesverfassungsgerichts der Entwicklungsstand der Menschenrechte in Europa und damit auch die Fortentwicklung der in der MRK gewährleisteten Unschuldsvermutung bei der Auslegung der Garantien des Grundgesetzes mit in Betracht zu ziehen ist[648]. Beide Garantien müssen sich aber nicht vollinhaltlich decken. Die innerstaatlichen Verfassungsgarantien können in Grenzbereichen hinter dem zurückbleiben oder über das hinausgehen, was die Konventionen nach dem Verständnis des EGMR völkerrechtlich garantieren und dann als einfaches Recht auch innerstaatlich fordern[649]. Die bei der Auslegung des Verfassungsrechts mit zu berücksichtigenden Verbürgungen der Konventionen sind an die Grenzen gebunden, die sich daraus ergeben, daß die Konventionen die Unschuldsvermutung **nur für die Verfahren über strafrechtliche Anklagen** aufstellen. Bei den aus dem ungeschriebenen Verfassungsgrundrecht hergeleiteten Gewährleistungen dagegen ist diese völkervertragsspezifische Beschränkung unbeachtlich; auch die gebotene Auslegungskonkordanz[650] würde nicht daran hindern, die Unschuldsvermutung innerstaatlich weiter zu verstehen[651]. Dann können ihr aber die Implikationen des Rechtsstaatsprinzips anderweitige Grenzen setzen, um hier – wie auch sonst – seine verschiedenen und zum Teil gegenläufigen Aspekte in sich zum Ausgleich zu bringen; es läßt Raum für einfachgesetzliche Regelungen und ist erst verletzt, wenn rechtsstaatlich unverzichtbare Erfordernisse nicht mehr gewahrt sind[652].

---

643 Zur mittelbaren Drittwirkung vgl. SK-StPO-*Paeffgen* 298.

644 Vgl. die Beispiele bei *Meyer* FS Tröndle S. 62 f, 64 ff. Zu den hier erforderlichen Abwägungen vgl. *Lampe* NJW **1973** 217.

645 Vgl. zur Tendenz, in der Rechtsprechung zum Persönlichkeitsschutz auf die Unschuldsvermutung zurückzugreifen *Kühl* ZStW **100** (1988) 432; Unschuldsvermutung 20 (Ausgrenzung aus dem allgemeinen Persönlichkeitsrecht).

646 Dazu etwa *Herzog* EuGRZ **1990** 484. Zur ähnlichen Rechtslage bei den Konventionen, die einen gerechten und vernünftigen Ausgleich („fair balance“) zwischen dem Schutzanspruch des einzelnen und den Interessen der Allgemeinheit fordern vgl. Rdn. 160; Einf. Rdn. 43.

647 Dazu Rdn. 123 ff.

648 BVerfGE **74** 358, 370 ff; BVerfG NJW **1990** 2741; **2002** 3231.

649 Die Konventionen lassen weitergehendes Recht unberührt, Art. 60 MRK, Art. 5 Abs. 2 IPBPR.

650 Vgl. Rdn. 105 ff.

651 So etwa BVerfGE **74** 358, 371; **82** 104, 117; vgl. SK-StPO-*Rogall* Vor § 133, 75.

652 BVerfGE **70** 308; BVerfG MDR **1991** 213.

Das weitergehende **Verbot der Zuweisung unbewiesener strafrechtlicher Schuld im Rechtsverkehr**[653] ist innerstaatlich Teil des verfassungsrechtlichen Persönlichkeitsschutzes, der die **Verletzung des persönlichen Achtungsanspruchs** durch unbewiesene mißbilligende oder herabwürdigende Verlautbarungen verbietet, ganz gleich, ob staatliche Organe oder Private, insbesondere die Presse, dafür verantwortlich sind[654]. Aus den auf das staatliche Strafverfahren beschränkten Konventionsgarantien der Unschuldsvermutung in den Art. 6 Abs. 2 MRK, Art. 14 Abs. 2 IPBPR läßt sich ein solcher Anspruch gegen Dritte nicht unmittelbar herleiten[655]. 112

e) Eine **unmittelbare Drittwirkung**, kommt der Unschuldsvermutung der Konventionen nicht zu[656]. Sie betrifft die Ausübung der staatlichen Strafgewalt, verpflichtet die Staaten und ihre Organe (Art. 1 MRK; Art. 2 Abs. 1 IPBPR), begründet aber nach vorherrschender Meinung keine unmittelbaren Pflichten für private Dritte[657], auch nicht für die **Medienberichterstattung**[658]. Das Regelungsrecht des Staates, der auch der Freiheit der Berichterstattung Grenzen setzen darf, folgt aus anderen Konventionsgarantien, die staatliche Einschränkungen zum Schutze des guten Rufes und der Rechte anderer und zur Wahrung der Autorität und der Unparteilichkeit der Rechtspflege ermöglichen (insbes. Art. 10 Abs. 2 MRK, Art. 19 Abs. 3 IPBPR, aber auch Art. 8 Abs. 2 MRK, Art. 17 Abs. 2 IPBPR). Der **Rechtsschutz des Persönlichkeitsrechts** umfaßt auch den Schutz vor Zuweisung einer strafrechtlichen Schuld, wenn und solange sie von den zuständigen Staatsorganen nicht ordnungsgemäß festgestellt ist[659]. Der Staat muß das hier bestehende Spannungsverhältnis zwischen der durch Art. 10 MRK geschützten Pressefreiheit und dem Schutzinteresse des einzelnen durch ausgewogene Regelungen ausgleichen. Das verfassungsrechtlich anerkannte Persönlichkeitsrecht des Beschuldigten, sein gesellschaftlicher Achtungsanspruch, sein Recht auf Privatheit und auf Schutz seiner Ehre (vgl. Art. 8 MRK, Art. 17 IPBPR) setzt – ungeachtet des anzuerkennenden Informationsinteresses der Öffentlichkeit – den Medien ebenso Grenzen[660] wie den Privaten. Vor allem im Bereich der **Medienberichterstattung** wird der an sich nur das Verhältnis Staat/Bürger betreffende Grundgedanke der Unschuldsvermutung unreflektiert verwendet, da er für einen besonders sensiblen Teilbereich des Persönlichkeitsschutzes plakativ ein Maßprinzip für die Grenze zulässiger Berichterstattung aufzeigt. Die notwendige Abwägung zwischen Informationsinteresse und geschütztem Persönlichkeitsrecht läßt 113

---

653 BVerfGE **74** 358, 371; BVerfG NStZ **1988** 21.

654 *Stuckenberg* 560 ff; vgl. Rdn. 107.

655 *Stuckenberg* 417, 561 ff, *Meyer-Goßner*[47] 13; SK-StPO-*Rogall* Vor § 133, 76 **a. A** *Grawe* NJW **1981** 209; *Marxen* GA **1980** 365; weitergehend auch BVerfGE **74** 358, 371; **82** 106, 117; vgl. Rdn. 108.

656 *Bornkamm* NStZ **1983** 102; *Hassemer* NJW **1985** 1921, 1923; *Kühl* FS Hubmann 241, 248; *Meyer* FS Tröndle 63; *Peukert* EuGRZ **1980** 260; *Rüping* FS Dünnebier 396; SK-StPO-*Rogall* Vor § 133, 75; *Roxin* NStZ **1991** 153, 156; *Trechsel* Schweiz JZ **1981** 335; vgl. auch *Villiger* HdB 500, 501 (Nicht Verantwortlichkeit der Presse sondern Pflicht des Staates zu verhindern, daß Presseberichte die Fairneß des Strafverfahrens beeinträchtigen); weit. Nachw. *Stuckenberg* ZStW **111** (1999) 422, 430, ferner BGH NJW **1994** 1950.

657 Etwa *Meyer* FS Tröndle 63; SK-StPO-*Rogall* Vor § 133, 75; vgl. zum Streitstand nachf. Fußn., ferner Art. 1 Rdn. 20.

658 Vgl. OLG Frankfurt NJW **1980** 597 (keine Drittwirkung, aber Prüfungsmaßstab), OLG Köln NJW **1987** 2682; *Bornkamm* NStZ **1983** 103; *Laubenthal* GA **1989** 20, 25; *Esser* 714 ff; *Paulus* NStZ **1990** 600; *Roxin* NStZ **1991** 153, 156; *Meyer-Goßner*[47] 13; **a. A** vor allem *Marxen* GA **1980** 373, der unter Verneinung der Drittwirkung eine unmittelbare Verpflichtung Privater annimmt; *Grawe* NJW **1981** 209; *Stapper* AfP**1996** 349; *Novak* 36 (zu Art. 14 IPBPR). Vgl. ferner *Frowein/Peukert* 163 ff, wo unter Hinweis auf Entscheidungen der EKMR die Ansicht vertreten wird, aus dem Prinzip der Unschuldsvermutung sei die Obliegenheit des Staates abzuleiten, für eine objektive Berichterstattung der Presse über anhängige Strafverfahren zu sorgen. Zum Streitstand vgl. *Stuckenberg* 66 ff mit weit. Nachw.

659 Etwa OLG Braunschweig NJW **1975** 651; *Meyer* FS Tröndle 63.

660 Vgl. BVerfGE **35** 232 (Lebach), wo auch für noch nicht Verurteilte eine sachliche, die Verteidigungsargumente berücksichtigende Berichterstattung gefordert wird.

zwar **Berichte über den Verdacht einer Straftat** zu, verbietet aber die Zuweisung einer noch nicht erwiesenen strafrechtlichen Schuld. In diesem weiten, über den Geltungsbereich der Art. 6 Abs. 2 MRK, Art. 14 Abs. 2 IPBPR hinausreichenden Sinn, hat die Unschuldsvermutung als Kurzformel für den Beurteilungsmaßstab von Berichten über Strafverfahren eine mittelbare Drittwirkung[661]. Nach **weitergehender Ansicht** ist die Unschuldsvermutung **allgemeinverbindlich**, insbesondere die Medien sind zu ihrer Beachtung unmittelbar verpflichtet[662]. Auf die strittigen Fragen kann hier nicht näher eingegangen werden[663]. Wegen öffentlicher Verlautbarungen staatlicher Stellen über ein Strafverfahren vgl. unten Rdn. 131.

114 **f) Eine allgemeine Schutzpflicht des Staates**, die über seine Verantwortung für die Äußerungen seiner Organe in bezug auf ein anhängiges Strafverfahren hinausreicht[664], wird verschiedentlich auch hinsichtlich der Beachtung der Unschuldsvermutung durch Dritte angenommen[665]. Für den privaten Lebensbereich und den Schutz der Ehre begründen ausdrücklich Art. 17 IPBPR und wohl auch Art. 8 MRK Schutzpflichten des Staates[666]. Dagegen erscheint es fraglich, ob Art. 6 Abs. 2 MRK, Art. 14 Abs. 2 IPBPR als rein strafverfahrensbezogene Garantie auch bei weiter Auslegung den Rechtsgrund dafür abgeben könnten, daß der Staat verpflichtet ist, den einzelnen vor einer Aushöhlung seines sozialen Achtungsanspruchs durch Dritte zu schützen und vor allem durch gesetzliche Maßnahmen einer unseriösen Berichterstattung über ihm angelastete Straftaten und einer Vorverurteilung durch die Presse und den daraus sich ergebenden Gefährdungen eines fairen Verfahrens entgegenzuwirken[667]. Selbst wenn man dies entgegen der hier vertretenen Ansicht[668] annehmen wollte, würden die Konventionen – ähnlich wie bei anderen Schutzpflichten – nur einen Mindestschutz und nicht etwa den bestmöglichen Schutz fordern. Bei dem großen Ermessensspielraum, den sie hierfür dem nationalen Recht einräumen, dürften sich daraus keine größeren Anforderungen an das unerläßliche gesetzliche Schutzinstrumentarium ergeben, als sie der zivil- und strafrechtliche Persönlichkeitsschutz unseres innerstaatlichen Rechts bereits bietet[669].

115 **g) Verzichtbarkeit.** Ob auf die Beachtung der Unschuldsvermutung verzichtet werden kann, ist strittig[670]. Hier sollte man unterscheiden: Soweit mit der Unschuldsvermutung die aus dem Rechtsstaatsprinzip folgende **objektive Verpflichtung der Strafverfolgungsorgane** umschrieben wird, das Verfahren unabhängig vom Verhalten und der Einlassung des Angeklagten **ergebnisoffen** zu führen[671], kann es keinen wirksamen **Verzicht** geben[672]. Die Strafverfolgungsorgane, vor allem das erkennende Gericht, müssen selbst bei einem

---

661 OLG Frankfurt NJW **1980** 597; *Kühl* FS Hubmann 252; *Marxen* GA **1980** 373; vgl. *Bornkamm* NStZ **1983** 104; *Meyer-Goßner*[47] 13; *Schubarth* 12 ff; SK-StPO-*Paeffgen* 198.

662 *Marxen* GA **1980** 373 (originäre Verpflichtung, keine Drittwirkung); für Österreich vgl. östr. VfGH ÖJZ **1987** 509.

663 Vgl. SK-StPO-*Rogall* Vor § 133, 82 ff; SK-StPO/*Paeffgen* 197 ff; ferner die vorhergehenden Fußnoten.

664 Vgl. Rdn. 131.

665 Vgl. *Frowein/Peukert* 164; *Kühl* FS Hubmann 248; *Nowak* 36; *Peukert* EuGRZ **1980** 260; *Ulsamer* FS Zeidler 1802; auch *Meyer* FS Tröndle 63; SK-StPO-*Paeffgen* 199, 200.

666 Vgl. Art. 8 MRK, Rdn. 5; 8; 26; 43.

667 Verneinend *Roxin* NStZ **1991** 153; aus der Fürsorgepflicht abgeleitete Schutzpflicht bejahen etwa SK-StPO-*Paeffgen* 199; *Frowein/Peukert* 164 (Obliegenheit des Staates), wobei offenbleibt, welche praktisch greifenden Möglichkeiten der Staat zur Erfüllung dieser Pflicht noch hat, wenn er dem betroffenen Einzelnen mit dem Gegendarstellungsanspruch und den Möglichkeiten des Zivilrechtsweges die Möglichkeiten eröffnet, selbst gegen die Presseberichterstattung vorzugehen und wenn er außerdem für einen allerdings nicht immer greifenden Strafrechtsschutz gesorgt hat.

668 Vgl. Rdn. 107, 112.

669 Vgl. *Kühl* FS Hubmann 248; *Roxin* NStZ **1991** 153.

670 Zum Streitstand vgl. *Stuckenberg* 60.

671 *Grabenwarter* § 24 Rdn. 79; *Meyer-Ladewig* 85.

672 Vgl. *Stuckenberg* 559.

Geständnis die Möglichkeit der Unschuld des Angeklagten weiterhin in ihre Erwägungen einzuziehen und die Glaubwürdigkeit eines Geständnisses unvoreingenommen überprüfen. Auch eine eingeräumte Tat darf nur bestraft und auch sonstige für den Angeklagten nachteilige Rechtsfolgen dürfen nur daran geknüpft werden, wenn seine Schuld als Ergebnis eines ordnungsgemäßen Verfahrens zur vollen Überzeugung des Gerichts voll feststeht[673]. Die Konventionen garantieren die Beachtung der Unschuldsvermutung aber primär[674] dem Beschuldigten einer Straftat (im weitverstandenen Sinn des Art. 6 MRK) als **subjektives Menschenrecht**. Dessen formaler Aspekt, der den äußeren Umgang des Gerichts mit dem Beschuldigten betrifft, ist **verzichtbar**, denn diesen formalen Schutz muß niemand für sich in Anspruch nehmen[675]. Das Recht, im Strafverfahren vom Gericht formal als Unschuldiger behandelt zu werden, ist für denjenigen bedeutungslos, der sich in freier Verantwortung ungezwungen und in Kenntnis der Tragweite seiner Erklärung selbst zu der ihm angelasteten Tat bekennt und damit auf den Schutz verzichtet, durch den diese Garantie seine Verteidigung im Strafverfahren sichern soll[676]. Es wäre am allerwenigsten für einen solchen Angeklagten verständlich und letztlich auch mit seinem Persönlichkeitsrecht und seiner Würde als selbstverantwortliches Verfahrenssubjekt unvereinbar, wollte man vom Gericht verlangen, daß es in einem solchen Fall bei seiner Verhandlungsführung ein glaubwürdiges Geständnis ignoriert, ihn trotzdem formal als Unschuldigen behandelt und eventuell sogar eine für ihn mit erheblichen Kosten und Zeitaufwand verbundene Beweisaufnahme durchführt, bloß um dann unabhängig von seinem Geständnis die Unschuldsvermutung formal durch andere Beweismittel widerlegen zu können. Grund und Grenzen der Verfügbarkeit über diesen den Verkehr des Gerichts mit dem Angeklagten betreffenden Aspekt der Unschuldsvermutung folgen aus der Handlungsfreiheit und der Menschenwürde, die auch sonst als Elemente des Rechtsstaatsprinzips die Stellung des Beschuldigten als Verfahrenssubjekt begründen und begrenzen. Daß unabhängig vom Verhalten des Angeklagten die Staatsorgane vom Rechtsstaatsprinzip zu einer unvoreingenommenen Verhandlungsführung und Urteilsfindung verpflichtet bleiben, wird dadurch nicht berührt, dies kann sie aber zu keinem lebensfremden Formalverhalten verpflichten. Wer die Tat den staatlichen Organen gegenüber zugibt, kann sich später nicht darauf berufen, die Unschuldsvermutung sei verletzt worden, wenn diese bereits im Verfahren von seiner Schuld ausgehen, sein Geständnis dem Urteil zu Grunde legen und daran Rechtsfolgen knüpfen[677]. Bei einem **Widerruf des Geständnisses** kommt die Unschuldsvermutung im weiteren Verfahren aber wieder voll zum Tragen[678]. Der Angeklagte kann aber stets nur auf das eigene subjektive Recht verzichten, in einer konkreten Verfahrenslage formal als unschuldig behandelt zu

[673] Ob dazu die rechtsförmliche Feststellung der Schuld im Tenor einer gerichtlichen Entscheidung unerläßlich ist oder ob es genügt, wenn das Gericht nur in deren Gründen zum Ausdruck bringt, daß es auf Grund des vor ihm durchgeführten Verfahrens für erwiesen hält, daß der Angeklagte die fragliche Straftat begangen hat (Schuldspruchreife im Sinn des BVerfG, vgl. Rdn. 128), ist strittig. *Stuckenberg* 559, der die Unschuldsvermutung als Gebot der Einhaltung eines gegebenen Verfahrens und als Verbot der Desavouierung im Verfahren versteht, hält die Feststellung der formellen Schuld („legal guilt“) für erforderlich. Vgl. auch. *Frister* 94 mit weit. Nachw.

[674] Vgl. SK-StPO-*Paeffgen* 179: spezielles Recht des Angeklagten.

[675] Vgl. EKMR **1979** 240; OLG Frankfurt NJW **1980** 2031; *Dörr* 85; *Haberstroh* NStZ **1984** 289, 294; *Neubacher* GA **2004** 402, 413; *Trechsel* Schweiz. JZ **1981** (77) 335; ferner etwa *Ostendorf* StV **1992** 288; *Schubarth* ZStR **96** (1979) 295, 305; *Wolter* ZStW **93** (1981) 452, 475; ferner Art. 1 MRK Rdn. 24.

[676] Etwa durch „guilty plea“ im englischen und amerikanischen Strafverfahren, vgl. *Stuckenberg* „Untersuchungen“ 287, 321, 419 (EKMR ausreichenden Nachweis der Schuld).

[677] Etwa OLG Köln NJW **1991** 505; *Trechsel* Schweiz. JZ **1981** 336; strittig, vgl. Rdn. 157.

[678] Vgl. *Stuckenberg* 112 mit weit. Nachw. zur strittigen Frage, ob im freiwilligen vorzeitiger Strafantritt ein Verzicht auf die Unschuldsvermutung oder nur auf Teile von deren Schutzwirkung liegt.

werden, nicht aber auf die Beachtung der objektiv aus dem Rechtsstaatsprinzip folgenden Pflichten des Gerichts und der anderen Strafverfolgungsorgane zu einer ergebnisoffenen Verfahrensführung.

2. Tragweite der Unschuldsvermutung der Konventionen

116 a) Die Konventionen garantieren jedem Betroffenen eines Strafverfahrens das **subjektive Recht**, in diesem bis zum gesetzlichen Nachweis seiner Schuld als unschuldig behandelt zu werden. Spiegelbildlich ergibt sich daraus für die Staatsorgane ein **allgemeines Verhaltensprinzip**, aus dem ihnen **inhaltlich unterschiedliche Einzelanforderungen** erwachsen können[679]. Es würde der verfahrensbezogenen Funktion der Unschuldsvermutung nicht gerecht, ihren Anwendungsbereich und ihren Inhalt abstrakt und losgelöst von der Aufgabenstellung des jeweils handelnden Staatsorgans und dem jeweiligen Vorgang, der sich mit dem Vorwurf einer Straftat befaßt, zu bestimmen. Dies gilt schon für das Strafverfahren selbst und es gilt erst recht, wenn man den Grundsatz, daß staatliche Organe strafrechtliche Schuld nur demjenigen anlasten dürfen, dem sie in einem ordnungsgemäßen Verfahren nachgewiesen ist, als eine über das Strafverfahren hinausreichende Außenwirkung der Unschuldsvermutung betrachtet[680].

117 b) Die **Tragweite der Konventionsgarantien** ist – abgesehen vom Kernbereich ihrer Anwendung in der Strafrechtspflege selbst – in der Rechtsprechung der europäischen Konventionsorgane nicht letztlich geklärt[681]. Die Konventionen gehen ersichtlich davon aus, daß die Unschuldsvermutung **im Rahmen des jeweiligen Systems des nationalen Rechts** unter Berücksichtigung von dessen Struktur und Eigenart anzuwenden ist und daß sie – ein ordnungsgemäßes Verfahren vorausgesetzt – in verschiedenen Verfahrensformen ihren Schutzzweck sinnvoll entfalten kann. Die von ihr geforderte **Unvoreingenommenheit des Gerichts** gegenüber dem Angeklagten und seine daraus folgende Offenheit für den vom Nachweis einer Schuld durch den Staat abhängigen Verfahrensausgang[682] erfordern weder den Ersatz des Amts- durch den Parteiprozeß[683] oder die Einführung des Schuldinterlokuts oder etwa die Abschaffung des Strafbefehlsverfahrens oder des englischen plea-guilty-Verfahrens[684].

118 Die **Konventionsgarantien** sind nach Wortlaut („Everyone charged with a criminal offence", „Toute personne accusée d'une infraction pénale") und Systemzusammenhang[685] der Art. 6 MRK, Art. 14 IPBPR als **Recht des Beschuldigten im Strafverfahren** ausgestaltet. Sie sollen verhindern, daß der Angeklagte in diesem Verfahren von Anfang an als Schuldiger behandelt wird und sie sollen ihn vor Bestrafung ohne oder vor ordnungsgemäßem Nachweis der Schuld schützen. Sie sollen aber auch dazu beitragen, daß das Gericht den Sachhergang unvoreingenommen prüft. Die Unschuldsvermutung ist ein Regulativ für die Ausübung der staatlichen Strafgewalt, die als schärfste Form des staatlichen Eingriffs sozial-ethisches Unwerturteil mit Bestrafung verbindet[686]. Sie wird

---

679 Vgl. IntKommEMRK-*Vogler* 390.

680 Vgl. *Frowein/Peukert* 169, *Meyer-Ladewig* 86.

681 So etwa *Frister* Jura **1988** 357; *Kühl* Unschuldsvermutung 9; *Laubenthal* GA **1989** 20; *Meyer* FS Tröndle 61; *Niemöller/Schuppert* AöR **107** (1982) 470; vgl. SK-StPO-*Paeffgen* 179 (keine durchgängig klaren Konturen) und Vor § 112, 21; SK-StPO-*Rogall* Vor § 133, 74; *Rüping* ZStW **91** (1979) 358.

682 Vgl. *Stuckenberg* ZStW **111** (1999) 422, 454 ff (Sicherung der Offenheit des Verfahrens durch Verbot der Desavouierung).

683 IntKommEMRK-*Vogler* 399.

684 IntKommEMRK-*Vogler* 439; *Vogler* ZStW **89** (1977) 786; im einzelnen strittig, vgl. *Kühl* Unschuldsvermutung 117; *Schubarth* 20 (Tatinterlokut); *Trechsel* JR **1981** 136.

685 Art. 6 Abs. 3 MRK, Art. 14 Abs. 3 IPBPR, die die Rechte des Beschuldigten im Strafverfahren regeln, beginnen mit den gleichen Worten.

686 Vgl. *Kühl* FS Hubmann 247; Unschuldsvermutung 14; zur strittigen Rechtfertigung *Frister* 91 ff (Eingriffszweck, nicht Art des Eingriffs).

dagegen nicht berührt durch die Auferlegung von Nachteilen, die weder die Ahndung der Straftat bezwecken noch als Ausdruck der staatlichen Mißbilligung eines strafbaren Verhaltens angesehen werden, sondern die ein anderes Ziel und einen anderen Rechtsgrund haben.

Die vorgängige **Durchführung eines gesetzlichen Verfahrens** ist Teil dieses Schutzes. **119**
Erst wenn der grundsätzlich dem Staat obliegende Schuldnachweis in einem ordnungsgemäßen Verfahren entsprechend dem nationalen Recht und in Übereinstimmung mit den Konventionsgarantien erbracht ist („until proved guilty according to law", „jusqu'à ce que ca culpabilité ait été légalement établie"), steht die Unschuldsvermutung der Verhängung einer Strafe oder einer ihr gleichkommenden Sanktion nicht mehr entgegen. Das Verfahren, das die Stichhaltigkeit einer strafrechtlichen Anklage betrifft, muß den dafür aufgestellten Konventionsgarantien (Art. 6 Abs. 1 und 3 MRK, Art. 14 Abs. 1 und 3 IPBPR) entsprechen. Der Angeklagte muß vor allem die Möglichkeit haben, den staatlichen Strafanspruch in einem rechtsstaatlichen, fairen Verfahren mit ausreichenden Verteidigungsrechten abzuwehren[687].

Aus den Konventionsgarantien in **erweiternder Auslegung** eine Maxime für jedes **120**
staatliche Handeln herzuleiten, ist nicht gerechtfertigt. Der eindeutige Wortlaut und die Stellung im Vertrag, nicht zuletzt auch die im jeweiligen Absatz 1 festgelegte sachliche Einschränkung des Geltungsbereichs von Art. 6 MRK, Art. 14 IPBPR sprechen dafür, daß die Konventionen nur einen **Grundsatz für die Verfahren aufstellen wollten,** in denen über die Stichhaltigkeit einer Anklage entschieden wird[688] (Unschuldsvermutung im engeren Sinn). Der auf dem gleichen Grundgedanken beruhende Persönlichkeitsschutz gegen unbewiesene Anschuldigungen außerhalb des Strafverfahrens folgt aus anderen Konventionsgarantien, wie etwa Art. 8, 10 Abs. 2 MRK, Art. 17, 19 Abs. 3 IPBPR. Wer allerdings annimmt, daß die Garantien des Art. 6 Abs. 2 MRK, Art. 14 Abs. 2 IPBPR auch außerhalb des Strafverfahrens gelten (Unschuldsvermutung im weiten Sinn), müßte die in den anderen Konventionsgarantien getroffenen prinzipiellen Abgrenzungen auch bei der Bestimmung des Umfangs der Außenwirkung einer nicht strafverfahrensbezogenen Unschuldsvermutung mit berücksichtigen. Eine weite Auslegung der Konventionsgarantien über den Vertragstext hinaus würde, sieht man von der Sonderfrage der Exklusivität der strafrichterlichen Schuldfeststellung (Rdn. 152) ab, allerdings kaum zu wesentlich anderen Ergebnissen führen als die Auffassung, die den Konventionsschutz gegen Schuldzuweisungen außerhalb des Strafverfahrens aus anderen Konventionsverbürgungen ableitet.

3. Verfahren auf Grund einer strafrechtlichen Anklage

a) In **allen Verfahren**, in denen über die Stichhaltigkeit einer **„strafrechtlichen Anklage"** **121**
im weiten Sinn des Art. 6 Abs. 1 MRK, Art. 14 Abs. 1 IPBPR und über die Anordnung von Strafen oder ihnen gleichkommende Sanktionen entschieden wird[689], ist die Unschuldsvermutung zu beachten. Sie gilt in allen Fällen, in denen gegen eine bestimmte Person wegen des Verdachts eines strafbaren Verhaltens im weiten Sinn der Konventionen als Beschuldigter ermittelt wird[690]. Zu den Verfahren über eine strafrechtliche Anklage im Sinn der Art. 6 MRK rechnet auch das **Ordnungswidrigkeitenverfahren**[691]. Bei diesem

[687] EGMR 25.3.1983 Minelli/CH (EuGRZ **1983** 479); schweiz. BGer. EuGRZ **1985** 620; auch EGMR 7.10.1988 Salabiaku/F (ÖJZ **1989** 347).

[688] So UN-AMR bei *Nowak* EuGRZ **1989** 437; vgl. *Meyer* FS Trödle 62; *Paulus* NStZ **1990** 600.

[689] EGMR 10.2.1983 Albert, Le Compte/Belg (EuGRZ **1983** 190); IntKommEMRK-*Vogler* 385. Zur autonomen Auslegung dieses Begriffes vgl. Rdn. 39.

[690] Wegen der Einzelheiten vgl. Rdn. 126 ff.

[691] EGMR 25.8.1987 Lutz/D (EuGRZ **1987** 399); EKMR EuGRZ **1985** 556; *Westerdiek* EuGRZ **1987** 393, vgl. auch OWiG § 46. Nach Ansicht von

wird es als mit der Unschuldsvermutung vereinbar angesehen, daß die Ahndung zunächst der Verwaltungsbehörde überlassen ist, sofern nur die Möglichkeit für den Betroffenen besteht, ein gerichtliches Verfahren zur Entscheidung über seine Schuld herbeizuführen[692]. Strittig ist, ob die Unschuldsvermutung bereits für das Ermittlungsverfahren der Verwaltungsbehörden gilt[693]. Da im eigentlichen Strafverfahren die Unschuldsvermutung vom Beginn der gegen den Beschuldigten gerichteten Ermittlungen an zu beachten ist, kann es nicht darauf ankommen, ob der Beschuldigte „spätestens mit dem Bußgeldbescheid" als „angeklagt" gilt[694]. Die Verwaltungsbehörde hat bereits bei den Ermittlungen wegen des Verdachts einer Ordnungswidrigkeit[695] die Unschuldsvermutung zu beachten, wie dies ohnehin auf Grund des Rechtsstaatsprinzips[696] für das Verhältnis zwischen Bürger und Behörde selbstverständlich sein sollte. Dies ist auch vom Ergebnis her unproblematisch, wenn man die Unschuldsvermutung nicht mit übertriebenen Folgerungen, wie das Widerlegungsmonopol[697], überfrachtet. Im **berufsgerichtlichen (ehrengerichtlichen) Verfahren**[698] und im **Disziplinarverfahren**[699] gilt sie nur, soweit dort Art. 6 MRK, Art. 14 IPBPR anwendbar sind, weil die Schuldfeststellung als Grundlage einer der Strafe gleichzuachtenden, auf Ahndung und Prävention abzielenden Sanktion in Frage kommen kann.

122 Die Unschuldsvermutung gilt nicht bei der Entscheidung über die **Auslieferung**, die der Rechtshilfe zuzuordnen ist und in der die über die Auslieferung entscheidenden Gerichte nicht darüber entscheiden, ob der Auszuliefernde schuldig ist[700]. Auch der Tatbestand der **Ausweisung** setzt keine vorgängige rechtskräftige Verurteilung wegen einer Straftat voraus[701], desgleichen nicht die Berücksichtigung anderweitig festgestellter in- oder ausländischer Straftaten bei den Entscheidungen im Asylverfahren[702].

123 **b)** Bei **Bemessung der Rechtsfolgen** erstreckt sich die Unschuldsvermutung grundsätzlich nicht auf die allein für die Bemessung maßgebenden Gesichtspunkte[703]. Sie ist durch die rechtsverbindliche Feststellung der strafrechtlich relevanten Schuld im Schuldspruch widerlegt. Vor allem bei den erforderlichen **Prognoseentscheidungen** dürfen auch das aufgrund festgestellter Tatsachen voraussichtlich zu erwartende Verhalten des Täters und die Wahrscheinlichkeit, daß er erneut straffällig wird, mit in Betracht gezogen werden[704]. Die Heranziehung **rechtskräftiger Vorstrafen** bei der Bestimmung der Rechtsfolgen ist unter dem Blickwinkel der Unschuldsvermutung unproblematisch[705]. Lediglich bei einem rechtskräftig gewordenen **Strafbefehl** kann sich die beim Widerruf der Strafaussetzung strittig gewordene Frage[706] stellen, ob dieser allein als Grundlage für die zu treffende Entscheidung ausreicht oder ob das Gericht dessen sachliche Richtigkeit

---

Göhler (OWiG § 46, 10b § 47, 45), der die Anwendung der MRK insoweit ablehnt, gilt die Unschuldsvermutung hier auf Grund des Rechtsstaatsprinzips

692 EGMR 25.8.1987 Lutz/D (EuGRZ **1987** 399).

693 Zum Streitstand etwa SK-StPO-*Paeffgen* 194 mit Nachw., vgl. auch *Rebmann/Roth/Herrmann* OWiG³ § 107, 12a.

694 So EGMR 21.2.1984 Öztürk/D (NJW **1985** 1273).

695 *Esser* 64 (mit Hinweis, daß offen ist, ob der EGMR immanente Einschränkungen zuläßt); *Weiß* JZ **1998** 189, 291; SK-StPO-*Paeffgen* 184.

696 Vgl. *Göhler* OWiG § 47, 45.

697 Vgl. Rdn. 156 ff.

698 **A. A** *Guradze* 22; BGHSt. **20** 70.

699 IntKommEMRK-*Vogler* 385.

700 IntKommEMRK-*Vogler* 385; vgl. OVG Münster NJW **1989** 2209 (Einlieferungsersuchen); ferner BGHSt. **34** 352 (Indizielle Feststellung einer Straftat, auf die sich die Auslieferung nicht erstreckt); vgl. auch SK-StPO-*Paeffgen* 180.

701 BVerwG NJW **1988** 660.

702 OLG Karlsruhe Justiz **1989** 66 unter Hinweis auf BGHSt. **24** 209.

703 EGMR 8.6.1976 Engel u.a./NdL (EuGRZ **1976** 221); EKMR bei *Bleckmann* EuGRZ **1983** 422; IntKommEMRK-*Vogler* 397.

704 IntKommEMRK-Vogler 415; vgl. BVerfG (Kammer) NJW **1988** 1715.

705 IntKommEMRK-*Vogler* 424; vgl. Rdn. 146 ff mit weit. Nachw.

706 Vgl. OLG Zweibrücken StV **1991** 270; dazu *Stree* JR **1991** 477; *Neubacher* GA **2004** 402, 414 ff und Rdn. 148.

nachprüfen muß; meist wird sich diese Frage dadurch lösen, daß der Angeklagte die frühere Tat einräumt, wenn ihn das Gericht in der Hauptverhandlung dazu hört. Strittig ist, ob es mit der Unschuldsvermutung vereinbar ist, wenn das Gericht bei der Bestimmung der Rechtsfolgen, andere, nicht oder **noch nicht rechtskräftig abgeurteilte Straftaten** mit heranzieht[707].

c) An den Tatverdacht anknüpfende Strafverfolgungsmaßnahmen werden durch die Unschuldsvermutung nicht ausgeschlossen. Da zu ihrer Widerlegung ein gesetzlich geregeltes Verfahren erforderlich ist, setzt dies zwingend voraus, daß dieses bei Verdacht einer Straftat eingeleitet wird, um Schuld oder Unschuld zu klären. Art. 5 Abs. 1 Buchst. c, Abs. 3 MRK, Art. 9 Abs. 3 IPBPR bestätigen dies ausdrücklich durch die Zulassung der Untersuchungshaft bei Tatverdacht[708], des Haftgrundes der Wiederholungsgefahr[709] und der Forderung nach Haftentlassung gegen Sicherheitsleistung[710]. Auch der Haftgrund des § 112 Abs. 3 StPO ist in der Auslegung des Bundesverfassungsgerichts[711] mit der Unschuldsvermutung vereinbar. Sie steht allgemein auf Verdacht gegründeten Maßnahmen nicht entgegen, mit denen der Sachverhalt aufgeklärt oder die Durchführung des Strafverfahrens gesichert werden soll. Der Beschuldigte hat die damit verbundenen Eingriffe in seine Rechte zu dulden, wenn der Grad des Tatverdachts gegen ihn die dafür gesetzlich vorausgesetzte Schwelle überschreitet[712]. Es ist zulässig, wenn bei **Prüfung der Verhältnismäßigkeit** ihrer Anordnung oder Dauer eine Relation zu der voraussichtlich im Falle einer Verurteilung zu erwartenden Strafe hergestellt[713] oder geprüft wird, ob ihre Anordnung auch dann noch vertretbar ist, wenn sich nachträglich ergibt, daß sie einen Unschuldigen getroffen hat[714]. **124**

Ein **allgemeines Maßprinzip**, das bei zulässigen Strafverfolgungsmaßnahmen zusätzlich zum Grundsatz der Verhältnismäßigkeit hinzutritt, ist die Unschuldsvermutung auch sonst nicht[715]. Sie setzt nicht voraus, daß zwischen ihr und dem Grad des jeweiligen Tatverdachtes ein reziprokes Verhältnis besteht; sie wirkt zugunsten jedes Beschuldigten uneingeschränkt und unabhängig von der Stärke des Verdachts[716]. **125**

4. Zeitlicher Anwendungsbereich im Strafverfahren

a) Als **Grundregel** für das Verhalten der Staatsorgane im Strafverfahren ist die Unschuldsvermutung **während dessen ganzer Dauer** zu beachten, auch schon im **Ermittlungsverfahren** vor der förmlichen Anklageerhebung[717]. Angeklagter ist auch hier[718] nicht im rechtstechnischen Sinn des jeweiligen nationalen Rechts (vgl. § 157 StPO), sondern als Beschuldigter zu verstehen[719]. Die Unschuldsvermutung erlangt bereits von dem Zeitpunkt an verfahrensrechtliche Bedeutung, an dem sich die Ermittlungen wegen des Verdachts einer strafbaren Handlung auf eine bestimmte Person als Beschuldigter konzentriert haben. Hinsichtlich ihrer Schutzwirkung ist zu differenzieren: Sie steht selbst- **126**

---

707 Vgl. dazu Rdn. 157 ff.

708 **H. M**, etwa KK-*Boujong*[5] § 112, 8; *Meyer-Goßner*[47] 14.

709 KK-*Boujong*[5] § 112a, 3; *Baumann* JZ **1969** 134.

710 Vgl. Art. 5 MRK Rdn. 64 ff; LR-*Hilger* § 116a StPO, 3; *Meyer* FS Tröndle 65.

711 BVerfGE **19** 350; vgl. LR-*Hilger* § 112 StPO, 52; *Meyer* FS Tröndle 65.

712 *Guradze* 26; *Frowein/Peukert* 170; IntKommEMRK-*Vogler* 427; 431.

713 *Frowein/Peukert* 170; IntKommEMRK-*Vogler* 430.

714 Hierauf stellen ab u.a. *Frister* Jura **1988** 360; *Haberstroh* NStZ **1984** 290; *Krey* JA **1983** 237; ähnlich auch LR-*Rieß* Einl. I, 77; dazu auch IntKommEMRK-*Vogler* 429 ff mit weit. Nachw.

715 *Meyer* FS Tröndle 67.

716 IntKommEMRK-*Vogler* 428 ff.

717 IntKommEMRK-*Vogler* 391 ff; *Nowak* 34; *Ulsamer* FS Zeidler **1806**.

718 Vgl. Rdn. 38 ff.

719 *Fincke* ZStW **95** (1983) 918 ff; *Ulsamer* FS Zeidler 1806; SK-StPO-*Paeffgen* 184. Zum Beginn der Beschuldigteneigenschaft vgl. LR-*Rieß* § 163a StPO 11 ff; vgl. ferner auch Rdn. 121, 124.

verständlich den Ermittlungen zur Klärung des Verdachtes einer Straftat nicht entgegen und schließt nicht aus, daß die Strafverfolgungsorgane den Beschuldigten als **Verdächtigen,** wohl aber, daß sie ihn bereits vor der rechtskräftig seine Schuld feststellenden Entscheidung als Schuldigen behandeln[720]. Nur Eingriffe, deren Zweck nicht die Klärung des bestehenden Verdachts, sondern die vorgezogene Ahndung einer vermuteten, aber noch nicht erwiesenen Schuld ist, würden gegen sie verstoßen[721]. Die Strafverfolgungsorgane sind durch die Unschuldsvermutung nicht gehindert, ihre Maßnahmen auf der Grundlage des jeweils vom Gesetz geforderten Verdachtsgrades zu treffen, die auch den Beschuldigten persönlich zur Duldung bestimmter Maßnahmen verpflichten können, wie etwa zur Teilnahme an einer Gegenüberstellung oder der Zwang, sich untersuchen zu lassen oder Blutentnahmen und ähnliche Eingriffe zu dulden[722]. Die strafbewehrte Verpflichtung, einer Behörde **Unterlagen vorzulegen**, kann die Unschuldsvermutung dann verletzen, wenn damit nicht ein legitimer Verwaltungszweck verfolgt wird sondern die Behörde damit nur erzwingen will, daß ihr der Betroffene dadurch das ihr fehlende Beweismaterial für die Einleitung eines Strafverfahrens gegen ihn verschafft[723].

127 Die EKMR hatte zunächst Art. 6 Abs. 2 MRK nur als Verhaltensregel für das **Verfahren vor dem erkennenden Gericht** angewandt, denn erst nach Eröffnung des gerichtlichen Hauptverfahrens könne beurteilt werden, ob der Angeklagte ein faires Verfahren hatte[724]. Der Beschränkung auf diesen Hauptanwendungsfall ist aber nur insoweit zuzustimmen, als sich Verhaltenspflichten für ein Staatsorgan immer nur für die Dauer seiner Befaßtheit ergeben können und die besonderen gerichtsspezifischen Inhalte der Unschuldsvermutung, vor allem die daraus abzuleitenden Regeln für Verfahrensgestaltung, Beweislast und Entscheidungsfindung nur für das gerichtliche Erkenntnisverfahren gelten. Soweit aber der Unschuldsvermutung darüber hinaus Regeln für die Grundeinstellung der Staatsorgane gegenüber einer in ein Strafverfahren verstrickten Person entnommen werden, fehlt für die Beschränkung auf das gerichtliche Erkenntnisverfahren jeder innere Grund.

128 **b)** Bis zur **abschließenden Entscheidung der Schuldfrage** gilt die Unschuldsvermutung. **Gerichtsintern** hindert sie die **Verurteilung** zu Strafen nicht, wenn das erkennende Gericht das Erkenntnisverfahren soweit durchgeführt hat, daß ihm ein von seiner vollen Überzeugung getragener Schuldspruch möglich ist[725]. Gleiches gilt für die bloße Feststellung der Schuld in den Gründen einer abschließenden Entscheidung, sofern dieser Feststellung ebenfalls ein Verfahren vorausgegangen ist, in dem der Angeklagte ausreichende Verteidigungsmöglichkeiten hatte und in dem das Gericht die Schuld des Angeklagten für voll erwiesen hielt. Das Gericht muß also bis zur **„Schuldspruchreife“** verhandelt haben[726]. Welche Verfahrensvorgänge dafür nötig sind, hängt vom anzuwen-

---

720 EKMR bei *Bleckmann* EuGRZ **1983** 422; vgl. *Frowein/Peukert* 162 (Bindung aller Staatsorgane).

721 BVerfGE **35** 320; IntKommEMRK-*Vogler* 428; *Ulsamer* FS Zeidler 1806; vgl. *Meyer* FS Tröndle 68 (gegen Umdeutung eines strafprozessualen Eingriffs in eine Strafe).

722 *Villiger* HdB 499.

723 Vgl. EGMR 25.2.1993 Funke/F (ÖJZ **1993** 532), wo dies aber offen gelassen wurde, da der EGMR in der Bestrafung der Nichtvorlage der von der Zollbehörde angeforderten Bankunterlagen bereits einen Verstoß gegen das Gebot eines fairen Verfahrens sah.

724 Vgl. *Frowein/Peukert* 157; IntKommEMRK-*Vogler* 390 mit Nachw.

725 EKMR bei *Strasser* EuGRZ **1988** 381; *Meyer-Goßner*[47] 12; vgl. auch nachf. Fußn.; ferner BVerfG NStZ **1988** 21.

726 Das BVerfG fordert mit dieser Formel, daß das Gericht auf Grund des Verfahrens die volle Überzeugung von der Schuld des Angeklagten erlangt haben muß, bevor es eine Schuldfeststellung treffen darf (vgl. etwa BVerfGE **74** 358, 372 ff; **82** 106, 117; NStZ **1991** 93; **1992** 290; **1993** 238); *K. Meyer* FS Tröndle 69; *Kühl* NJW **1984** 1264; SK-StPO-*Rogall* Vor § 134, 76 mit weit. Nachw. **a. A** *Paulus* NStZ **1990** 600; *Stuckenberg* 559.

denden Verfahrensrecht und von den Umständen des Einzelfalles ab. Hierauf abzustellen ist schon deshalb notwendig, weil ein förmlicher Schuldspruch im Tenor der Entscheidung gar nicht ergehen kann, wenn diese nicht mit einer Verurteilung wegen der festgestellten Straftat endet, so wenn eine anderweitige Entscheidung ergeht oder wenn die zur Überzeugung des Gerichts feststehende Straftat nur ein Element einer anderen Entscheidung ist, wie etwa bei Widerruf der Strafaussetzung zur Bewährung oder der Ablehnung einer bedingten Haftentlassung wegen einer anderen Straftat[727]. Bei Anfechtung der instanzabschließenden Entscheidung gilt die Unschuldsvermutung auch für die nächste Instanz. Die von ihr aufgestellte Fiktion dauert verfahrensextern bis zur **Rechtskraft der gerichtlichen Verurteilung**[728], wobei die **Unanfechtbarkeit des Schuldspruchs** maßgebend ist[729]. Ob sie die **Vollstreckung** vor Eintritt der Rechtskraft zuläßt, erscheint fraglich[730]; die in einigen Staaten übliche Überführung des Verurteilten in den Strafvollzug trotz Anfechtung des verurteilenden Erkenntnisses wird aber vom EGMR für zulässig gehalten[731].

Kommt es zu keiner Verurteilung, weil das Verfahren durch **Freispruch** oder **Einstellung** endet, wirkt **die Unschuldsvermutung** in die **Nebenentscheidungen** hinein. Sie schließt es aus, dem Angeklagten, dessen Schuld nicht erwiesen ist, wegen der weiterbestehenden Wahrscheinlichkeit einer Verurteilung oder eines fortbestehenden Verdachts nachteilige Rechtsfolgen aufzuerlegen, sofern diese wegen ihres Zusammenhanges mit dem Strafverfahren sozial ähnlich stigmatisierend wirken wie das sozialethische Unwerturteil der eigentlichen Strafsanktion. Wo die Grenzen zu ziehen und welche Nebenentscheidungen als „strafähnliche Sanktionen“ anzusehen sind, ist strittig[732]. Ein Recht nach eingestellten Ermittlungen entschädigt zu werden, kann aus der Unschuldsvermutung nicht hergeleitet werden[733]. **129**

c) Mit Abschluß des Erkenntnisverfahrens über die angeklagte Tat endet die verfahrensbezogene Schutzfunktion[734]. Da sie mit Unanfechtbarkeit des Schuldspruchs endgültig widerlegt ist[735], hat sie in Bezug auf die dort rechtsverbindlich festgestellte Tat im daran sich anschließenden Verfahren keine Bedeutung mehr. Sie gilt deshalb nicht mehr bei der **Vollstreckung** des verurteilenden Erkenntnisses und auch nicht, soweit auf dessen Grundlage spätere Entscheidungen ergehen, wie etwa die Entscheidung über den Widerruf einer Strafaussetzung oder über die Aussetzung eines Strafrestes oder die Entscheidung über eine vorbehaltene Sicherungsverwahrung nach § 275a StGB. Im **Wiederaufnahmeverfahren** bleibt der Antragsteller zunächst bis zur Zulassung der Wiederaufnahme Verurteilter[736]. Erst danach gilt die Unschuldsvermutung auch wieder für ihn. **130**

---

[727] Vgl. Rdn. 156 ff. Nur für diejenigen, die die hier abgelehnte Ansicht vertreten, daß wegen der Exklusivität der Schuldfeststellung (Rdn. 123 ff) die Unschuldsvermutung nur in dem Verfahren widerlegt werden kann, das die Ahndung dieser Tat selbst zum Gegenstand hat, macht das Erfordernis einer rechtsförmlichen Schuldfeststellung Sinn.

[728] EGMR 25.3.1983 Minelli/CH (EuGRZ **1983** 475); EKMR StV **1986** 281; *Meyer-Goßner*[47] 15; *Laubenthal* GA **1989** 20; *Partsch* 161; *Nowak* 34; vgl. auch BVerfGE **22** 265; **35** 232; **74** 371; nach *Guradze* 25 verlangt dies der Text nicht zwingend; ähnlich *Stuckenberg* 558; vgl. auch IntKommEMRK-*Vogler* 395: „äußerster Zeitpunkt, bis zu dem Unschuldsvermutung noch gelten kann“.

[729] *Stuckenberg* 418; vgl. Rdn. 105; 123.

[730] Vgl. die Bedenken bei IntKommEMRK-*Vogler* 432.

[731] Zu der bei Art. 5 Abs. 1 Buchst. a MRK vom EGMR gebilligten Praxis der Überführung in den Strafvollzug nach der ersten Verurteilung vgl. Art. 5 MRK Rdn. 44; *Esser* 287.

[732] Vgl. etwa BVerfGE **19** 347 (gleiche Wirkung wie Strafe); *K. Meyer* FS Tröndle 69; *Frister* (Eingriff, der nur bei erwiesener Schuld mit Gefahr für Normakzeptanz gerechtfertigt werden kann); *Kühl* Unschuldsvermutung 79 (gleichwertige sozialethische Mißbilligung); vgl. auch Rdn. 156 ff.

[733] *Meyer-Ladewig* 86.

[734] IntKommEMRK-*Vogler* 395.

[735] Vgl. Rdn. 119; 139.

[736] IntKommEMRK-Vogler 396; vgl. *Laubenthal* GA **1989** 20.

131 **5. Amtliche Verlautbarungen über das Strafverfahren.** Alle Äußerungen, die Behörden oder andere öffentliche Stellen über ein anhängiges oder einzuleitendes Strafverfahren abgeben, müssen als Außenwirkungen dieses Verfahrens der Unschuldsvermutung Rechnung tragen[737]. Dies erfordert Zurückhaltung bei der Wortwahl und Vermeidung jeder vorzeitigen Schuldzuweisung und Verzicht auf jede sachlich nicht gebotene Bloßstellung des Beschuldigten[738]. Eine vom Äußerungszweck her nicht gebotene Identifizierung des Beschuldigten hat zu unterbleiben, sofern dieser im Zusammenhang mit dem Tatvorwurf nicht ohnehin in der Öffentlichkeit bereits bekannt ist. Etwas anderes wird angenommen, wenn es sich um ein Ereignis oder um eine Person der Zeitgeschichte handelt. In solchen Fällen kann es dann aber erforderlich sein, besonders hervorzuheben, daß nur ein Verdacht vorliegt[739]. Die Pflicht zur Beachtung jeder nach den Umständen möglichen Rücksichtnahme auf den Betroffenen besteht bei allen von einer staatlichen Stelle ausgehenden Erklärungen über ein anhängiges Strafverfahren, ganz gleich, ob mit einer solchen Verlautbarung die Strafverfolgung gefördert oder einzelne Personen oder die Öffentlichkeit über das Verfahren unterrichtet werden sollen oder ob aus einem anderen Anlaß dazu Stellung genommen wird[740]. Bei **Fahndungsmaßnahmen** schließt die Unschuldsvermutung bei Beachtung des Grundsatzes der Verhältnismäßigkeit die Einschaltung der Öffentlichkeit unter Benennung des Täters nicht aus; notwendig ist nur, daß hierbei deutlich gemacht wird, daß die Maßnahme aufgrund eines noch nicht erhärteten Verdachtes getroffen wird. Es ist alles zu vermeiden, was den Eindruck erwecken könnte, daß die Schuld bereits feststeht[741]. Gleiches gilt für den Inhalt sonstiger **behördlicher Verlautbarungen**, die Presse und Öffentlichkeit oder auch das Parlament über Einleitung oder Stand eines Strafverfahrens unterrichten sollen[742].

6. Einzelfragen des Strafverfahrens

132 **a)** Als **Verhaltensregel für das Gericht** soll die Unschuldsvermutung den in ein Strafverfahren Verstrickten vor Voreingenommenheit der staatlichen Organe schützen. Grundsätzlich müssen alle beteiligten staatlichen Stellen[743] während des ganzen Strafverfahrens davon ausgehen, daß unbeschadet eines bestehenden Verdachts seine Schuld noch nicht erwiesen ist und ihm erst in einem fairen Verfahren vom Staat nachgewiesen werden muß. Vor allem die Richter müssen für jedes Verfahrensergebnis offen bleiben; sie dürfen sich bei der Führung der Verhandlung nicht bereits von der festen Überzeugung von der Schuld des Angeklagten leiten lassen[744]. Sie dürfen sein Prozeßverhalten, wie etwa seine Befugnis zu schweigen[745], nicht unter dem Blickwinkel präsumptiver oder bereits erwiesener Schuld bewerten. Ihr Verhalten gegenüber dem Angeklagten, aber

---

737 Vgl. Rdn. 106; 113.

738 Zur Abwägungspflicht etwa *Esser* 101; dazu *Grabenwarter* § 24 Rdn. 82 (schwierige Gratwanderung).

739 Vgl. *Esser* 101; *Marxen* GA **1980** 365; SK-StPO-*Paeffgen* 201.

740 Vgl. EGMR 10.2.1995 Allenet de Ribemont/F (ÖJZ **1995** 509); ferner zur Frage der Persönlichkeitsverletzung etwa BGH NJW **1994** 1950; OLG Frankfurt NJW **1980** 597; OLG Hamburg NJW-RR **1994** 1176; OLG Hamm NJW **2000** 1279; OLG München NJW-RR **1996** 1493: OVG Koblenz NJW **1991** 2659; *Roxin* NStZ **1991** 153; ferner auch nachf. Fußnoten.

741 IntKommEMRK/*Vogler* 409; *Ulsamer* FS Zeidler 1807; *Schubarth* 11 ff. Zur grundsätzlichen Vereinbarkeit auf Verdacht gestützter Maßnahmen der Strafverfolgung vgl. Rdn. 124.

742 Vgl. EKMR bei *Strasser/Weber* EuGRZ **1987** 357 und weitere von den EKMR entschiedene Fälle bei *Frowein/Peukert* 163 f; IntKommEMRK-*Vogler* 410; ferner etwa *Bornkamm* NStZ **1982** 102; *Kühl* ZStW **100** (1988) 411; NJW **1988** 3234; *Lampe* NJW **1973** 217; *Meyer-Goßner*[47] 13; *Roxin* NStZ **1991** 153; auch BVerfGE **71** 206; OLG Koblenz StV **1987** 2682; NJW **1991** 2659.

743 Vgl. IntKommEMRK-*Vogler* 393 (Pflicht zur Objektivität Reflexwirkung der Unschuldsvermutung).

744 EKMR bei IntKommEMRK-*Vogler* 405.

745 IntKommEMRK-*Vogler* 412; vgl. unten Rdn. 248 ff.

auch bei Befragung der Beweispersonen und bei den zu treffenden Verfahrensentscheidungen, muß während des ganzen Verfahrens davon bestimmt sein, daß die Unschuldsvermutung noch als unwiderlegt fortbesteht.

b) Vor **Schuldzuweisungen durch verfahrensbeteiligte Dritte** schützt die Unschuldsvermutung den Angeklagten nicht. Der Vorsitzende muß gegen schuldpräjudizierende Äußerungen anderer Verfahrensbeteiligter dann einschreiten, wenn deren Duldung den Eindruck erwecken könnte, das Gericht teile sie und sei gleichfalls schon von der Schuld überzeugt. In solchen Fällen genügt jedoch, wenn das Gericht bzw. dessen Vorsitzender durch sein Verhalten, gegebenenfalls auch durch eine klarstellende Äußerung, deutlich zu erkennen gibt, daß seine Unvoreingenommenheit dadurch nicht beeinträchtigt wird[746]. **133**

c) Als Entscheidungsregel für das Strafverfahren verdeutlicht die Unschuldsvermutung lediglich das allgemein geltende rechtsstaatliche Prinzip, daß der in jeder Bestrafung liegende Grundrechtseingriff erst zulässig wird, wenn die Eingriffsvoraussetzungen, nämlich die schuldhafte Begehung einer Straftat, in einem ordnungsgemäßen Verfahren zur Überzeugung des Gerichts voll erwiesen sind[747]. Ein verurteilendes Erkenntnis darf nicht auf einen nur wahrscheinlichen Vorwurf, auf einen nicht zur Überzeugung des Gerichts im Verfahren voll erwiesenen Sachverhalt gestützt werden. **Verdachtsstrafen** sind unzulässig. **134**

Mit dem Schutzzweck der Unschuldsvermutung ist vereinbar, wenn die Richter, wie in § 261 StPO vorgesehen, bei der abschließenden Würdigung der im gesetzlichen Verfahren erhobenen **Beweise frei** sind, sofern ihr Schuldspruch auf einer subjektiven Überzeugung von der Schuld des Angeklagten beruht, die von objektiv, rational nachvollziehbaren Erwägungen getragen wird[748]. Eine Entscheidung, die sich auf eine solche Überzeugung gründet, widerlegt die Unschuldsvermutung auch dann, wenn andere weiterhin zweifeln würden. Nur wenn sich diese Überzeugung willkürlich von jeder sachlichen Würdigung des Beweisergebnisses gelöst hat und von „grob unfairen" oder sachlich durch nichts zu rechtfertigenden **irrationalen Schlußfolgerungen** bestimmt wird, wäre sie zur Widerlegung der Unschuldsvermutung ungeeignet, da dies dann nicht mehr als das Ergebnis des vorausgesetzten gesetzlichen Verfahrens angesehen werden könnte[749]. **135**

d) Auf welche Weise der **Schuldnachweis** zu führen ist, überlassen die Konventionen dem nationalen Recht[750]. Aus der Unschuldsvermutung lassen sich keine bestimmten Regeln dafür herleiten, wie die zu ihrer Widerlegung notwendige Überzeugung des Richters von der Schuld des Angeklagten zu gewinnen ist, sie darf nur nicht in einem Verfahren gewonnen worden sein, das in seiner Gesamtheit nicht mehr als ein gesetzliches Verfahren zur unvoreingenommenen Klärung des Schuldvorwurfes anzusehen ist. Das Gericht darf sein Urteil auf ein glaubhaftes Geständnis des Angeklagten stützen. Andererseits darf es ein befugtes Verfahrensverhalten, wie etwa sein Schweigen, nicht bereits als Beweis seiner Schuld ansehen[751]; eine nach nationalem Recht mögliche **136**

---

746 EKMR bei IntKommEMRK-*Vogler* 406.

747 Vgl. *Frister* 89 ff; *Stuckenberg* ZStW **111** (1999) 422, 451, 453 ff mit weit. Nachw.

748 Wegen der Einzelheiten vgl. LR-*Gollwitzer* § 261 StPO, 64 ff. Ob auch nationale Verfahren mit stärkerer Bindung des Gerichts an Beweisregeln mit der Unschuldsvermutung vereinbar wären, braucht nicht erörtert zu werden.

749 EKMR bei IntKommEMRK-*Vogler* 412. Vgl. *Nowak* 35, wonach zwar der Zusatz, daß die Schuld „beyond reasonable doubt" erwiesen sein müsse, nicht in Art. 14 Abs. 2 IPBPR aufgenommen wurde, daß aber dieser Gedanke als allgemeiner Rechtsgrundsatz anwendbar bleibt.

750 EGMR 7.18.1988 Salabiaku/F (ÖJZ **1989** 347); dazu *Frowein/Peukert* 158; EKMR ÖJZ **1990** 216 (Kfz-Halter); *Nowak* 35; *Peukert* EuGRZ **1980** 259; auch IntKommEMRK-*Vogler* 393 (sowohl Amtsprozeß als auch Parteiprozeß mit ihr vereinbar); Rdn. 112.

751 Vgl. EGMR 8.2.1996 Murray/GB (EuGRZ **1996** 587), dazu *Esser* 524 ff; vgl. Rdn. 248 ff.

Berücksichtigung des Schweigens bei der Beweiswürdigung scheint der EGMR damit aber für vereinbar zu halten[752].

137 Dem Angeklagten darf nicht angesonnen werden, daß er seine Unschuld nachweist. Als **Beweislastregel** verlangt die Unschuldsvermutung grundsätzlich, daß die staatlichen Organe den vollen Nachweis der die Schuld begründenden Tatsachen entsprechend den Erfordernissen des nationalen Rechts erbringen. Mißlingt er ihnen, ist sie nicht widerlegt, die Voraussetzungen für die Verhängung einer Strafe oder strafähnlichen Sanktion sind dann nicht gegeben. Der Unschuldsvermutung entspricht insoweit der Grundsatz, daß **im Zweifel zugunsten des Angeklagten** zu entscheiden ist[753].

138 **e) Gesetzliche Schuldvermutungen**, nach denen in Umkehr der Beweislast bei Vorliegen bestimmter Voraussetzungen die Schuld eines Angeklagten **unwiderlegbar** als gegeben anzusehen ist oder dem Angeklagten die Beweislast für ihre Widerlegung aufgebürdet wird, widersprechen grundsätzlich dem Verbot jeglicher Schuldantizipation[754]. Als zulässig wird aber angesehen, daß das nationale Recht in bestimmten Ausnahmefällen an erwiesene Tatsachen bestimmte Vermutungen knüpft, sofern dem Angeklagten nicht verwehrt ist, seinerseits die daran anknüpfende Vermutung seiner Schuld zu widerlegen[755]. Die Unschuldsvermutung ist nicht verletzt, wenn der nationale Gesetzgeber die Strafbarkeit in **abstrakten Gefährdungstatbeständen** vorverlegt[756] oder sich mit dem Nachweis objektiver Tatbestandsmerkmale begnügt[757]. Bei bestimmten Rechtsverletzungen darf dem Angeklagten im materiellen Strafrecht das bereits bei Tatbegehung von ihm in Rechnung zu stellende Risiko aufgebürdet werden, daß sein Verhalten bei Nichterweislichkeit eines Umstands strafbar ist, wie etwa bei der üblen Nachrede nach § 286 StGB, wo der Angeklagte, dem die ehrverletzende Äußerung nachgewiesen ist, das **Risiko des Wahrheitsbeweises** zu tragen hat[758]. Im übrigen hindert die Unzulässigkeit rechtlich bindender Schuldvermutungen das Gericht nicht, aus festgestellten Tatsachen dem Angeklagten nachteilige tatsächliche Schlüsse zu ziehen oder eine für ihn nachteilige Prognose zu stellen[759].

139 **f)** Die vorherige ordnungsgemäße Durchführung des vom **nationalen Recht vorgeschriebenen Verfahrens** ist Voraussetzung für den **gesetzlichen Nachweis der Schuld** als Grundlage einer Bestrafung. **Einzelne Verfahrensfehler**, auch wenn sie in irgendeiner Hinsicht die Verteidigung beeinträchtigt haben oder einem Einzelaspekt der Forderung nach einem fairen Verfahren nicht genügen, bedeuten noch keine Entscheidungsfindung unter Verletzung der Unschuldsvermutung[760]. Eine andere Auslegung würde diesen

---

752 Vgl. Fußn. 256; ferner EGMR 17.12.1996 Saunders/GB (ÖJZ **1998** 32); *Kühne* EuGRZ **1996** 572.

753 Der Grundsatz in dubio pro reo als Beweislastregel ist in der Unschuldsvermutung mit enthalten, sie geht aber darüber hinaus, vgl. IntKommEMRK-*Vogler* 418; *Schubarth* 3 je mit Nachw.; SK-StPO-*Paeffgen* 183; vgl. *Esser* 524; 624; anders *Meyer* FS Tröndle 67 (jetzt nur noch Entscheidungsregel des sachlichen Rechts).

754 IntKommEMRK-*Vogler* 414; vgl. *Stuckenberg* 552 ff; *Meyer-Ladewig* 85; SK-StPO-*Paeffgen* 181; 183; 190.

755 EKMR bei *Strasser/Weber* EuGRZ **1987** 359 (Vermutung, daß Gewahrsamsinhaber für Zollbetrug verantwortlich); ferner vorst. Fußn.; *Frowein/Peukert* 158; *Grabenwarter* § 24 Rdn. 79; *Meyer-Ladewig* 85; *Villiger* HdB 499; im deutschen materiellen Strafrecht sind Schuldvermutungen weitgehend entfallen, vgl. IntKommEMRK-*Vogler* 414; *Kühl* ZStW **100** (1988) 629. Nach BVerfG NStZ **1987** 118; **1988** 21; NJW **1994** 337 widerstreitet nicht jede Form von Schuldvermutungen rechtsstaatlichen Grundsätzen.

756 Vgl. SK-StPO-*Paeffgen* 190 (Besitz von Betäubungsmitteln).

757 EGMR 7.10.1988 Salabiaku/F (ÖJZ **1989** 347); 25.9.1992 Pham Hoang/F (EuGRZ **1992** 472); EKMR ÖJZ **1990** 216; zur „Halterhaftung" EGMR 8.4.2004 Weh/Ö (ÖJZ **2004** 853); EKMR ÖJZ **1990** 216; *Frowein/Peukert* 158 ff; zur Problematik *Esser* 742 ff; vgl. auch BVerfGE **80** 109 (nichtstrafrechtliche Regelung); ferner nachf. Fußn.

758 EKMR IntKommEMRK-*Vogler* 416; vgl. auch *Guradze* 26; *Kühl* ZStW **100** (1988) 629; *Schubart* 7 (Unschuldsvermutung wirkt zugunsten des Opfers); **a. A** *Frister* 64; 83.

759 EKMR IntKommEMRK-*Vogler* 415.

760 Vgl. EGMR 12.7.1988 Schenk/CH (EuGRZ **1988** 390); *Meyer* FS Tröndle 66.

Grundsatz zu einer umfassenden Garantie der strikten Einhaltung des gesamten jeweiligen nationalen Verfahrensrechts ausdehnen, was weder von den Konventionen gewollt ist noch dem innerstaatlichen Verfassungsrecht entnommen werden kann. Um das von der Unschuldsvermutung vorausgesetzte gesetzliche Verfahren in Frage zu stellen, ist mehr erforderlich als einzelne Verfahrensverstöße, wie etwa Verstöße gegen die Aufklärungspflicht oder die Verwendung eines unzulässigen Beweismittels[761]. Nur wenn das Verfahren insgesamt in einer Form geführt wurde, die erkennen läßt, daß das Gericht voreingenommen von Anfang an die Schuld des Angeklagten unterstellt hat, ohne sich um eine objektive Sachaufklärung auch nur zu bemühen[762], wäre sein Ergebnis nicht geeignet, die Unschuldsvermutung zu widerlegen. Sichere Leitlinien für die Grenzen sind den Entscheidungen der EKMR und des EGMR kaum zu entnehmen[763], zumal diese die Unschuldsvermutung zwar als Verfahrensprinzip behandeln, die EKMR früher aber verschiedentlich darauf abgestellt hat, ob Verstöße gegen die Unschuldsvermutung bei der Beweiswürdigung im Urteil zum Ausdruck kommen[764].

Erst wenn das Gericht auf Grund des jeweils dafür erforderlichen **gesetzlichen Verfahrens**[765] die Schuld des Angeklagten für **erwiesen** hält, darf es in der abschließenden Entscheidung aussprechen, daß der Angeklagte einer Straftat schuldig ist und daran ihm nachteilige Rechtsfolgen knüpfen, die nicht notwendig in der Verurteilung zu einer Strafe bestehen müssen. Soweit die verhängten Rechtsfolgen Strafcharakter haben, müssen auch ihre dem Angeklagten zuzurechnenden Voraussetzungen sicher festgestellt sein. Es wäre mit der Unschuldsvermutung unvereinbar, sie auf einen bloßen Verdacht eines schuldhaften Handelns des Angeklagten zu gründen[766]. Das Bundesverfassungsgericht fordert die Durchführung des Strafverfahrens bis zur **Schuldspruchreife**[767], die grundsätzlich erst nach dem letzten Wort eintritt, da bis dahin der Angeklagte noch die Möglichkeit hat, durch sein Vorbringen auf die Meinungsbildung des Gerichts einzuwirken und eine bereits früher gewonnene Meinung wieder zu erschüttern. 140

g) Einstellung. Aus Art. 6 Abs. 2 MRK, Art. 14 Abs. 2 IPBPR läßt sich kein Anspruch des Angeklagten herleiten, daß das wegen des Verdachts einer Straftat eingeleitete Verfahren auf die für ihn **günstigste Weise erledigt**, die Unschuldsvermutung also durch Freispruch bekräftigt statt durch eine Einstellung als nur nicht widerlegt behandelt wird[768]. Nach dem innerstaatlichen Verfahrensrecht gilt ohnehin der Grundsatz, daß die Einstellung nach § 170 Abs. 2 StPO Vorrang hat vor der nach §§ 153 ff StPO oder wegen eines Verfahrenshindernisses, ein dem Gericht unschwer möglicher (liquider) Freispruch hat Vorrang vor der Einstellung nach § 260 Abs. 3 StPO[769]. 141

---

761 So aber wohl IntKommEMRK-*Vogler* 412.

762 Vgl. IntKommEMRK-*Vogler* 405; 412; *Peukert* EuGRZ **1980** 260.

763 Vgl. *Frister* Jura **1988** 358; *Meyer* FS Tröndle 66; vgl. auch SK-StPO-*Paeffgen* 196 (oft „pragmatische Lösungen").

764 Dagegen mit Recht IntKommEMRK-*Vogler* 407; *Partsch* 160.

765 Abgesehen davon, daß dieses Verfahren den Anforderungen von Art. 6 Abs. 1 und 3 MRK; Art. 14 Abs. 1 und 3 IPBPR entsprechen und insbesondere fair sein muß, stellen die Konventionen für den Schuldnachweis keine eigenen Anforderungen auf, sie überlassen es dem nationalen Recht, auf welchem Weg das Gericht seine volle Überzeugung von der Schuld des Angeklagten gewinnen kann.

766 Vgl. die Forderung nach verfassungskonformer einengender Auslegung in BGH NStZ **1995** 125 (erweiterter Verfall); NJW **1995** 1567 (Vermögensstrafe); *Weßlau* StV **1991** 226 je mit weit. Nachw.

767 Etwa BVerfGE **74** 358, 372; **82** 104, 117; NJW **1990** 2741; *Bruns* StV **1982** 19; **a. A** *Kühl* NJW **1984** 1264; **1988** 3329; *Kusch* NStZ **1987** 427; gegen das Abstellen auf Schuldspruchreife aus völlig anderen Gründen auch *Paulus* NStZ **1990** 600.

768 So IntKommEMRK-*Vogler* 437; ob man innerhalb der Unschuldsvermutung in dieser Weise differenzieren kann, erscheint fraglich, vgl. LR-*Rieß* § 206a StPO, 69; ferner *Kühl* Unschuldsvermutung 40 ff; 88 ff.

769 Vgl. LR-*Beulke* § 153 StPO Rdn. 35 ff; LR-*Graalmann-Scheerer* § 170 StPO, Rdn. 9, 10; LR-*Rieß* § 206a StPO, Rdn. 7, 61; LR-*Gollwitzer* § 260 StPO Rdn. 100.

142 Als **nicht mit einer Sanktion abschließenden Verfahrensabschluß** genügt es für die Einstellung, wenn das Gericht ohne volle Durchführung des Verfahrens feststellt, daß die gesetzlichen Voraussetzungen des jeweiligen Einstellungsgrundes gegeben sind. Ist dabei das Maß einer etwaigen Schuld mitzubewerten, widerspricht es der Unschuldsvermutung nicht, wenn **hypothetisch** geprüft wird, ob das Ausmaß der möglicherweise bestehenden Schuld der Einstellung entgegensteht. Wenn, was die Regel ist, das Verfahren noch nicht bis zur Schuldspruchreife durchgeführt worden ist, darf das einstellende Gericht dann aber nicht in seiner Entscheidung zum Ausdruck bringen, daß es eine Straftat des Beschuldigten auf Grund der bisherigen Beweislage für gegeben hält[770]. Aus seiner Entscheidung muß hervorgehen, daß sie auf der Grundlage einer hypothetischen Bewertung der bestehenden Verdachtslage ergeht und keine endgültige gerichtliche Schuldzuweisung bedeutet[771]. Dies gilt auch, wenn das Ermittlungsverfahren nach § 153 StPO ohne Zustimmung des Angeklagten eingestellt wird[772]. Auch eine Einstellung unter Auflagen wurde als mit der Unschuldsvermutung vereinbar angesehen, wenn der Beschuldigte ihr zugestimmt und damit auch auf eine mündliche Verhandlung zur Klärung der Schuldfrage verzichtet hat[773]. Nur wenn ausnahmsweise das Gericht die volle Überzeugung von der Schuld des Angeklagten aufgrund einer mit allen Verfahrensgarantien bis zur Schuldspruchreife (einschließlich letztem Wort) durchgeführten Hauptverhandlung gewonnen haben sollte, könnte es nach allerdings strittiger Ansicht[774] ohne Verstoß gegen die Unschuldsvermutung bei der Verfahrenseinstellung die erwiesene Schuld feststellen, wie etwa auch bei einer erst nach Durchführung des Verfahrens beschlossenen Einstellung aufgrund einer Amnestie. Eine solche Feststellung könnte dann ohne Verstoß gegen die Unschuldsvermutung auch die Grundlage für eine dem Angeklagten nachteilige Nebenentscheidung mit sanktionsähnlichem Charakter bilden, so die Auferlegung von Verfahrenskosten oder die Ablehnung der Auslagenerstattung[775]. Ein **Nachverfahren**, das dem Gericht erlauben würde, nach Erledigung des eigentlichen Verfahrens dieses allein wegen Nebenentscheidungen nochmals aufzugreifen und bis zur Schuldspruchreife durchzuführen, sieht die StPO nicht vor[776]. Wird erst **nach einem rechtskräftigen Freispruch** in einem Folgeverfahren durch Schuldfeststellungen oder durch Bekräftigung des fortbestehenden Verdachts der Freispruch in Frage gestellt, verletzt dies nach Ansicht des EGMR die Unschuldsvermutung[777]. Nach Einstellung des Steuerstrafverfahrens kann dagegen in einem selbständigen Verfahren die Einziehung der unversteuerten Ware ohne Verstoß gegen die Unschuldsvermutung ange-

---

770 Vgl. EGMR 26.3.1982 Adolf/Ö (EuGRZ **1982** 297), dazu *Frowein/Peukert* 167; IntKommEMRK-*Vogler* 435; ferner BVerfGE **74** 379; BVerfG NJW **1990** 2741.

771 EGMR 25.8.1987 Englert/D (NJW **1988** 3257); 25.8.1987 Lutz/D (EuGRZ **1987** 399), 25.8.1987 Nölkenbockhof/D (EuGRZ **1987** 410); kritisch dazu *Kühl* NJW **1988** 3232; *Westerdiek* EuGRZ **1987** 393; dazu ferner *Frowein/Peukert* 168; *Meyer-Ladewig* 86; *Liemersdorf/Miebach* NJW **1980** 371, 374 und ablehnend IntKommEMRK-*Vogler* 442. Vgl. ferner BVerfGE **82** 106, 118 mit abw. Meinung *Mahrenholz* 122 ff; BVerfG NJW **1992** 1612.

772 Vgl. BVerfGE **82** 106, 118 (aber Vorrang des Freispruchs); IntKommEMRK-*Vogler* 436; *Stuckenberg* 119; 565 krit. SK-StPO-*Paeffgen* 206 (Zustimmungsbedürftigkeit wünschenswert, von EGMR 26.3.1982 Adolf/Ö – EuGRZ **1982** 297 – aber nicht gefordert); vgl. auch *Esser* 610.

773 EGMR 27.2.1980 Deweer/Belg (EuGRZ **1980** 667); die Frage ist bei § 153a StPO strittig; vgl. dazu *Esser* 608 ff; SK-StPO-*Paeffgen* 197 *Stuckenberg* 565 ff, ferner LR-*Beulke* § 153a, 9, 12, 14, 39 ff je mit weit. Nachw.

774 Vgl. BVerfG MDR **1991** 892 (Einstellung nach § 153a StPO ist kein Schuldnachweis); ferner nachfolgende Fußnote.

775 BVerfGE **74** 370; NJW **1990** 2741; vgl. zur Problematik des Abstellens auf die Schuldspruchreife LR-*Beulke* § 153, 80 mit weit. Nachw.; **a. A** (nur bei rechtskräftiger Verurteilung) *Kühl* NJW **1984** 1265; **1988** 3238; *Kusch* NStZ **1987** 427.

776 BVerfG (Kammer) MDR **1991** 213; *Kühl* Unschuldsvermutung 120.

777 EGMR 25.8.1993 Sekanina/Ö (ÖJZ **1993** 816); 21.3.2000 Rushiti/Ö (ÖJZ **2001** 155); 10.7.2001 Lamanna/Ö (ÖJZ **2001** 910); *Frowein/Peukert* 169; *Meyer-Ladewig* 86; *Pilnacek* ÖJZ **2001** 546, 554.

ordnet werden, denn in diesem (objektiven) Verfahren ist keine Entscheidung über die Schuld einer bestimmten Person zu treffen[778].

h) Kosten und Auslagen. Für die **Auferlegung der Auslagen** des Strafverfahrens ist inzwischen weitgehend anerkannt, daß bei einem Freispruch der an sich irrelevante Kostenausspruch[779] bei Verbindung mit einem Ausspruch über eine letztlich noch nicht bewiesene Schuld der Entscheidung einen sanktionsähnlichen Charakter (stigmatisierende Wirkung) verleihen kann und deshalb mit der Unschuldsvermutung unvereinbar ist[780]. Etwas anderes gilt, wenn die Kostenentscheidung nicht an tatbezogene Erwägungen anknüpft, sondern wenn das Kostenrecht in Abweichung vom vorherrschenden Erfolgsprinzip gestattet, einem davon unabhängigen vorwerfbaren Verfahrensverhalten Rechnung zu tragen (vgl. § 467 Abs. 2 StPO: „schuldhaftes Säumnis" oder § 467 Abs. 3 Satz 1 StPO: „Selbstanzeige wegen vorgetäuschter Straftat")[781]. Bei einer **Einstellung** des Verfahrens dürfen dem Angeklagten seine notwendigen Auslagen nicht mit der Begründung auferlegt werden, daß er bei Durchführung des Verfahrens „wahrscheinlich" verurteilt worden wäre[782]; ob die Schuld des Angeklagten geringfügig wäre, hat das Gericht nur in einer hypothetischen Bewertung der Verdachtslage zu entscheiden, durch die die Unschuldsvermutung nicht widerlegt werden kann. Daß der Beschuldigte der Einstellung zugestimmt hat, ersetzt nicht den vollen Schuldnachweis[783]. Gleiches gilt auch bei der Verfahrenseinstellung im **Privatklageverfahren** nach § 383 Abs. 2 StPO[784], obwohl die Kostenverteilung damit zu Lasten des Privatklägers geht[785]. Ausgeschlossen wird die Überbürdung aber nur, wenn sie als eine Bestätigung eines noch nicht erwiesenen strafrechtlichen Verschuldens zu werten ist; auf andere Gründe kann sie gestützt werden, so auch darauf, daß nach dem nicht aufklärungsbedürftigen Sachverhalt der Privatbeklagte durch sein gesamtes Verhalten nachvollziehbaren Anlaß zur Klageerhebung gegeben hat[786]. Vor der Übernahme der notwendigen Auslagen des Angeklagten auf die Staatskasse kann das Gericht ohne Verstoß gegen die Unschuldsvermutung auch absehen, wenn der Angeklagte nur wegen eines **Verfahrenshindernisses** nicht verurteilt wird (§ 467 Abs. 3 Nr. 2 StPO)[787], er aber nach den bereits getroffenen Feststellungen des Gerichts ohne dessen Vorliegen verurteilt worden wäre. Bleibt die Verurteilung dagegen auch aus tatsächlichen oder rechtlichen Gründen zweifelhaft, ist § 467 Abs. 3 Nr. 2 StPO nicht anwendbar, auch die Unschuldsvermutung würde dann ausschließen, einen nicht geklärten Verdacht zur Grundlage einer für den Angeklagten negativen Entscheidung zu machen[788]. Wird das Verfahren auf Grund einer Ermessensentscheidung ohne Schuldfeststellung eingestellt, kann ein **fortbestehender Verdacht** die Ablehnung der Überbürdung der notwendigen Auslagen auf die Staatskasse rechtfertigen[789] oder auch, daß 143

778 VerfG Brandenburg NStZ **1997** 93.

779 Vgl. EKMR bei *Strasser* EuGRZ **1985** 628.

780 Vgl. die Nachweise in den vorangehenden Fußnoten, ferner BVerfG NStZ **1988** 84; NJW **1990** 2741; SK-StPO-*Paeffgen* 203; sowie LR-*Hilger* § 467 StPO Entstehungsgeschichte und Rdn. 1.

781 Etwa OLG Köln StV **1991** 116, schweiz.BGer. EuGRZ **1984** 79; *Liemersdorf/Miebach* NJW **1980** 372, 376; vgl. *Villiger* HdB 497; ferner SK-StPO-*Paeffgen* 203; LR-*Hilger* § 467 StPO, Rdn. 24 ff, 28 ff mit weit. Nachw.

782 BVerfG NStZ **1992** 289.

783 BVerfG MDR **1991** 891.

784 BVerfGE **74** 358, 370 mit Anm. *Krehl* NJW **1988** 3254; BVerfG MDR **1991** 213; LG Koblenz StV **1991** 117; auch *Nierwetberg* NJW **1989** 1978, vgl. LR-*Hilger* § 471 StPO Rdn. 32 mit weit. Nachw.

785 Vgl. BVerfG (Kammer) MDR **1991** 214 (wenn bei vernünftiger Betrachtungsweise die Tat als geringfügig bewertet werden kann, muß Privatkläger mit Kostenrisiko rechnen).

786 BVerfG MDR **1991** 213, wonach im Rahmen des § 471 Abs. 3 StPO auch das Vorliegen einer objektiv schwerer wiegenden Verfehlung mit in Betracht gezogen werden kann.

787 BVerfG NJW **1992** 1612; NStZ **1993** 195; LR-*Hilger* § 467 StPO Rdn. 54 mit weit. Nachw.

788 Vgl. LR-*Hilger* § 467 StPO Rdn. 53.

789 EGMR 25.8.1987 Englert/D (NJW **1988** 3257); BVerfG NJW **1990** 2741; **2002** 1867; VerfG Brandenburg JR **2003** 101 (Einstellung nach § 47 Abs. 3 OWiG); *Meyer-Goßner*[47] 15.

bei der Einstellung eines Verfahrens wegen einer **Ordnungswidrigkeit** dem Betroffenen die Auslagen nicht erstattet werden. Die Überbürdung der notwendigen Auslagen des **Nebenklägers** auf den nichtverurteilten Angeklagten wird durch die Unschuldsvermutung grundsätzlich ausgeschlossen, da ihr wegen des im Kostenrecht vorherrschenden Erfolgsprinzips ein strafrechtlicher Sanktionscharakter beigemessen wird[790].

144 Bei der Entscheidung über **Erstattungsansprüche des nicht verurteilten Angeklagten wegen seiner verfahrensbedingten Auslagen** oder über eine **Entschädigung für eine erlittene Strafverfolgungsmaßnahme** zwingt die Unschuldsvermutung an sich nicht zum Ersatz dieser Kosten durch die Staatskasse. Es mag zwar im Regelfall einer unverschuldeten Verfahrensverstrickung die letzte Konsequenz eines rechtsstaatlichen Schutzes sein, daß der Staat gehalten ist, jeden Nachteil zu entschädigen, der durch ein Verfahren entstanden ist, das mit keiner Verurteilung endet[791], zwingend gebieten dies die Konventionsgarantien[792] aber ebensowenig wie die Verfassung[793]. Die Entscheidung, die einen Auslagenersatz im Verhältnis zur Staatskasse ablehnt, ist, anders als die Auferlegung der Verfahrenskosten, als solche keine strafähnliche Sanktion und auch nicht notwendig der Ausdruck eines an strafrechtliche Schuld anknüpfenden sozialethischen Unwerturteils[794]. Es ist zulässig, die Versagung von Ersatzansprüchen an ein **prozessuales Verschulden** des nicht verurteilten Angeklagten zu knüpfen[795].

145 Strittig ist, wieweit dort, wo das Gesetz die Ablehnung der **Auslagenerstattung** oder die **Entschädigung für Strafverfolgungsmaßnahmen** in das **Ermessen des Gerichts** stellt, das Fortbestehen eines Verdachtes oder die Wahrscheinlichkeit der Verurteilung bei der Ermessensentscheidung mitberücksichtigt werden darf. Mehrere Entscheidungen des EGMR[796] und BVerfG NJW **1990** 2741 sahen in der Berücksichtigung dieses Gesichtspunkts keinen Verstoß gegen die Unschuldsvermutung[797]. Die Entscheidung, die notwendigen Auslagen nicht zu übernehmen, sei keine Strafe oder eine ihr gleichkommende Maßnahme, die nur nach erbrachtem Schuldnachweis im gesetzlichen Verfahren ergehen dürfte[798]. Strittig ist, ob bei der Ermessensentscheidung auch ein fortbestehender Verdacht oder die Wahrscheinlichkeit einer Verurteilung mitberücksichtigt werden darf, wenn das Verfahren nicht bis zur Schuldspruchreife fortgeführt worden war[799]. Bei der

---

[790] EGMR 25.3.1983 Minelli/CH (EuGRZ **1983** 475); BVerfG (Kammer) NStZ **1988** 84; auch BVerfGE **74** 370; BVerfG NJW **1990** 2741. Zur Berücksichtigung der aus der Unschuldsvermutung folgenden Beschränkungen bei der Billigkeitsentscheidung nach § 472 Abs. 2 StPO vgl. LR-*Hilger* § 472 StPO Rdn. 17.

[791] Zur Entwicklung der Gesetzgebung vgl. *Kühl* ZStW **100** (1988) 613; NJW **1988** 3236.

[792] EGMR 25.8.1987 Englert/D (EuGRZ **1987** 405); 25.8.1987 Nölkenbockhoff/D (EuGRZ **1987** 410); *Meyer-Goßner*[47] 15; *Meyer-Ladewig* 86; *Pilnacek* ÖJZ **2001** 546, 556; strenger früher EGMR 25.3.1983 Minelli/CH (EuGRZ **1983** 475). Zu der diesen Fall nicht umfassende Entschädigungsverpflichtung nach Art. 14 Abs. 6 IPBPR (Art. 3 des 7. ZP MRK); vgl. unten Rdn. 155; ferner LR-*Hilger* § 467 StPO Rdn. 54, 60.

[793] Vgl. BVerfG EuGRZ **1979** 638.

[794] EGMR 25.8.1987 Englert/D (EuGRZ **1987** 405); BVerfG NStZ **1988** 84; NJW **1990** 2741; BGHZ **64** 353; OLG Köln NJW **1991** 507 mit weit. Nachw.; strittig, vgl. *Kühl* NJW **1988** 3235; NStZ **1989** 135.

[795] EGMR 25.8.1987 Englert/D (EuGRZ **1987** 405); 25.8.1987 Nölkenbockhoff/D (EuGRZ **1987** 410); OLG Köln NJW **1991** 507 mit weit. Nachw.; ferner etwa schweiz.BGer. EuGRZ **1990** 322 (Veranlassung oder Erschwerung der Durchführung des Strafverfahrens durch vorwerfbare Verletzung einer Verhaltensnorm); auch schon EuGRZ **1984** 79; *Kühl* NJW **1988** 3238; *Liemersdorf/Miebach* NJW **1980** 372; *Nierwetberg* NJW **1989** 1978; vgl. LR-*Hilger* § 467 StPO Rdn. 28 ff und die Kommentare zu § 5 Abs. 2, 3, § 6 Abs. 1 Nr. 1 StrEG je mit weit. Nachw.; ferner die vorangehende Fußn.

[796] Vgl. vorangehende Fußn.

[797] Zu den strittigen Fragen vgl. LR-*Hilger* § 467 StPO, Rdn. 55; 57; 67; ferner auch LR-*Rieß* § 206a StPO, Rdn. 68.

[798] EGMR 25.8.1987 Lutz/D (EuGRZ **1987** 399); 25.8.1987 Englert/D (EuGRZ **1987** 405); 25.8.1987 Nölkenbockhoff/D (EuGRZ **1987** 410): BVerfG NJW **1990** 2741 mit abw. Meinung *Mahrenholz*; OLG Köln NJW **1991** 506; kritisch dazu *Kühl* NJW **1988** 3233; NStZ **1989** 135; *Westerdiek* EuGRZ **1987** 393; SK-StPO-*Paeffgen* 203; auch OLG Hamm NJW **1986** 734.

[799] Vgl. EKMR bei *Bleckmann* EuGRZ **1983** 422 (zu-

Einstellung wegen eines Verfahrenshindernisses wird die Prognose über den Verfahrensausgang, die das Gesetz der von anderen Umständen abhängigen eigentlichen Ermessensentscheidung über die Auslagenerstattung vorschaltet (§ 467 Abs. 3 Satz 2 Nr. 2 StPO), von der vorherrschenden Meinung als mit der Unschuldsvermutung vereinbar angesehen[800].

i) Mitberücksichtigung nicht verfahrensgegenständlicher Straftaten. Im Strafverfahren selbst sind mitunter Feststellungen zu strafrechtlichen Verfehlungen notwendig, die nicht die verfahrensgegenständliche Straftat des Angeklagten oder eines Mitangeklagten betreffen, die aber trotzdem entscheidungserheblich sind, etwa, weil für die richtige Anwendung des materiellen Strafrechts festgestellt werden muß, ob eine am Verfahren nicht beteiligte und auch noch nicht rechtskräftig abgeurteilte Person **Vortäter oder Haupttäter** war. Wenn die Nachweise ausreichen, darf das Gericht die Begehung der Vortat oder Haupttat mit Wirkung gegenüber dem Angeklagten feststellen, ohne gegenüber diesem oder gegenüber einem nicht am Verfahren Beteiligten die Unschuldsvermutung zu verletzen[801]. Gleiches gilt, wenn die zur Überzeugung des Gerichts erwiesenen Umstände der Begehung einer anderen, noch nicht rechtskräftig abgeurteilten Straftat als **Indiz für die Modalitäten der Begehung** der angeklagten Tat herangezogen werden[802]. **Rechtskräftig abgeurteilte Taten** dürfen sowohl bei der den Schuldspruch tragenden Beweiswürdigung als auch im Rahmen der Strafzumessung herangezogen werden[803]. **Ausgeschiedene Tatteile**, über die im Erkenntnisverfahren nicht endgültig entschieden wurde, dürfen weder bei der Strafzumessung berücksichtigt noch in die Bewährungsauflage, den Schaden wiedergutzumachen, einbezogen werden[804]. 146

Strittig ist, wieweit im Rahmen der **Strafzumessung** noch nicht rechtskräftig abgeurteilte oder überhaupt nicht mehr verfolgbare andere Straftaten des Angeklagten als Indiz für das Maß seiner Schuld und seiner Persönlichkeitsstruktur berücksichtigt werden dürfen[805]. Nach einer im Schrifttum vertretenen Ansicht folgt aus der Exklusivität der Schuldfeststellung, daß über den Tatvorwurf ausschließlich in dem Verfahren entschieden werden darf, das diese Tat selbst zum Gegenstand hat; dieser Grundsatz schütze auch vor strafrechtlichen Auswirkungen, die unter Umgehung eines solchen Verfahrens an den Tatvorwurf geknüpft werden[806]. Geht man davon aus, daß die Un- 147

lässig, wenn auf Existenz der Anklage, nicht auf Schuld abgestellt wird); ferner *Peukert* EuGRZ **1980** 261; **a. A** etwa LG Darmstadt MDR **1988** 885; vgl. *Stuckenberg* ZStW **111** (1999) 422; LR-*Hilger* § 467 StPO 67 je mit Nachweisen zum Streitstand.

800 Vgl. LR-*Hilger* § 467 StPO Rdn. 55; 57 mit Nachw.; vgl. etwa BVerfG StV **1993** 138 (Nichteröffnung nach § 204 StPO wegen Verfahrenshindernis); BVerfG NStZ **1992** 289 und LG Darmstadt MDR **1988** 885 (Einstellung nach § 206a SPO); OLG Düsseldorf StV **1990** 79; OLG Köln NJW **1991** 506; OLG Zweibrücken NStZ **1987** 425; *Kühl* Anm. zu OLG München NStZ **1989** 134; ferner *Liemerdorf/Miebach* NJW **1980** 373, die dies als Prognose über die Wahrscheinlichkeit des Freispruchs ansehen, dagegen etwa OLG Hamm NJW **1986** 734.

801 EKMR bei IntKommEMRK-*Vogler* 383.

802 BGHSt. **34** 209 = NStZ **1986** 127 mit abl. Anm. *Vogler* = JR **1988** 340 mit zust. Anm. *Gollwitzer*; vgl. auch BGHSt. **34** 352 (indizielle Verwertung der Umstände einer anderen Tat ist keine Verfolgung der anderen Tat); auch nach BVerfG NStZ **1988** 21 schützt die Unschuldsvermutung nicht davor, ein noch nicht rechtskräftig abgeurteiltes, strafbares Verhalten in einem anderen gerichtlichen Verfahren festzustellen und aus dem festgestellten Sachverhalt für dieses Verfahren bestimmte Schlußfolgerungen zu ziehen; ebenso *Meyer-Goßner*[47] 14; *Paulus* NStZ **1990** 600; *Peukert* EuGRZ **1980** 261; vgl. auch BGHSt. **31** 302 = JR **1984** 170 mit Anm. *Terhorst*; LR-*Beulke* § 154 StPO 57; **a. A** *Vogler* FS Kleinknecht 429; FS Tröndle 423; vgl. auch *Esser* 750.

803 EGMR 10. 2. 1983 Albert, Le Compte/Belg (EuGRZ **1983** 190); vgl. auch 8. 6. 1976 Engel u. a./NdL (EuGRZ **1976** 221) und die Kritik von *Esser* 715.

804 Vgl. OLG Frankfurt MDR **1994 499** mit weit. Nachw.

805 Vgl. etwa BGH NJW **1951** 770; NStZ **1981** 91; *Bruns* NStZ **1981** 81; zum Ganzen auch LR-*Beulke* § 154 StPO, 56 ff (für Taten und Tatteile, die nach §§ 154, 154a StPO ausgeschieden worden sind); zur indiziellen Verwertung bei der Strafzumessung vgl. Rdn. 133.

806 *Vogler* FS Kleinknecht 436; IntKommEMRK-*Vogler* 421 ff.

schuldsvermutung nicht jede Feststellung über eine nicht angeklagte Straftat verbietet, sondern ihre indizielle Verwertung zuläßt und insoweit nur vor der Berücksichtigung eines unbewiesenen Verdachtes ohne ordnungsgemäß geführten Nachweis schützt, dann dürfte es mit der Unschuldsvermutung vereinbar sein, wenn ein Gericht noch nicht rechtskräftig abgeurteilte andere Straftaten des Angeklagten, deren Sachverhalt im anhängigen Verfahren prozeßordnungsgemäß, etwa auch durch ein überzeugendes Geständnis des Angeklagten[807], nachgewiesen wurde[808], als Erkenntnisquelle für die Beurteilung der Person des Täters und auch sonst innerhalb der Grenzen berücksichtigt, die hier für die Strafzumessung vom materiellen Recht[809] und bei eingestellten Straftaten auch vom Verfahrensrecht unter dem Gesichtspunkt des fairen Verfahrens (Vertrauensschutz)[810] aufgestellt werden. Der EGMR hat die Berücksichtigung früherer Verfehlungen bei der Beurteilung von Vorleben und Charakter für zulässig gehalten[811].

148 **k)** Bei der Entscheidung über den **Widerruf einer Strafaussetzung zur Bewährung** könnte an sich fraglich sein, ob die Unschuldsvermutung bei einem nicht mehr den Schuldspruch sondern nur noch den Strafausspruch betreffenden Entscheidungsteil überhaupt eingreift[812]. Wenn der Widerruf aber mit der Begehung einer neuen, noch **nicht rechtskräftig abgeurteilten anderen Straftat** begründet wird, gilt die Unschuldsvermutung im Hinblick auf diese neue Tat[813]. Die früher vorherrschende Meinung hielt deren Berücksichtigung bei der Widerufsentscheidung für zulässig, sofern nach ordnungsgemäßer Sachaufklärung und ausreichender Gewährung des rechtlichen Gehörs das materiellrechtliche Vorliegen der neuen Straftat, nicht notwendig aber auch deren Verfolgbarkeit, zur Überzeugung des widerrufenden Gerichts sicher feststehen[814]. Nur bei einem rechtskräftigen Freispruch wurde zum Teil eine Bindung des über den Widerruf

---

807 Vgl. OLG Köln NJW **1991** 505; BVerfG (Kammer) NStZ **1991** 30; Nach IntKommEMRK-*Vogler* 412 reicht das Geständnis zur Widerlegung der Unschuldsvermutung nicht aus.

808 BVerfG NStZ **1988** 21; NJW **1994** 377; BGHSt. **30** 147; **31** 302; **34** 209 = NStZ **1987** 127 mit Anm. *Vogler*; OLG Düsseldorf StV **1986** 346; *Bruns* NStZ **1981** 81; *Meier-Goßner*[47] 14; sowie die Kommentare zu § 46 StGB mit weit. Nachw.; vgl. aber auch *Rieß* GA **1980** 212, der auf den prozeßökonomischen Widerspruch hinweist, wenn ausgeschiedene Tatteile zum Zwecke der Strafzumessung dann doch ordnungsgemäß festgestellt werden. Zu den Bedenken, ob die Praxis immer ausreichende Feststellungen hierzu trifft, *Boetticher* NStZ **1991** 4; *Haberstroh* NJW **1984** 289.

809 Vorherrschende Meinung, vgl. – auch wegen der Einzelheiten – die Kommentare zu § 46 StGB, und die dortigen Nachweise zu Rechtsprechung und Schrifttum.

810 Vgl. etwa BGHSt. **30** 147; 165; **31** 302; BGH NStZ **1981** 100; *Terhorst* MDR **1979** 17; JR **1984** 170; *Vogler* FS Kleinknecht 430 ff mit weit. Nachw.

811 EGMR 23.11.1976 Engel u.a./NdL (EuGRZ **1976** 221), ebenso EKMR nach *Peukert* EuGRZ **1980** 261; bei *Bleckmann* EuGRZ **1983** 422; *Frowein/Peukert* 118; *Meier-Goßner*[47] 14; nach IntKommEMRK-*Vogler* 422 reicht die prozeßordnungsgemäße Feststellung der Vor- oder Nachtaten für die strafschärfende Verwertung nicht aus, weil die Unschuldsvermutung nur durch ein Urteil in der Sache überwunden werden kann; vgl. ferner *Vogler* FS Kleinknecht 428 ff mit weit. Nachw.

812 Vgl. Rdn. 123.

813 Dieselbe Frage stellt sich bei der Aussetzung eines Strafrests zur Bewährung, der Verwarnung mit Strafvorbehalt (§ 59b StGB), sowie etwa beim Berufsverbot und bei freiheitsentziehenden Maßregeln, wenn deren Aussetzung bei Begehung einer anderen Tat widerrufen werden kann; vgl. *Neubacher* GA **2004** 402.

814 EKMR EuGRZ **1989** 212; bei *Frowein/Peukert* 118; BVerfG NStZ **1987** 118; **1988** 21; **1991** 30; ferner etwa OLG Bremen StV **1984** 125; **1986** 165, **1990** 118; OLG Düsseldorf StV **1986** 346; **1993** 35; OLG Hamburg JR **1979** 379 m. zust. Anm. *Zipf*; OLG Hamm VRS **73** (1987) 275; StV **1992** 284; KG JR **1983** 423; StV **1988** 26; OLG Karlsruhe Justiz **1987** 192; MDR **1993** 780; OLG Koblenz VRS **73** (1987) 276; OLG Stuttgart NJW **1976** 200; **1977** 1249; Justiz **1990** 303; **1991** 402; LG Kiel SchlHA **1992** 10; Bruns StV **1982** 17,19; *Frank* MDR **1982** 360; *Peukert* EuGRZ **1980** 261; zur Gegenmeinung vgl. Fußn. 812, etwa OLG Celle StV **1990** 504; zum Streitstand ferner OLG Düsseldorf MDR **1990** 1133 und die Rechtsprechungs- und Schrifttumsnachweise in den Kommentaren zu § 56f StGB sowie ausführlich *Neubacher* GA **2004** 402, 403. Vgl. ferner auch OLG Hamburg NJW **2003** 3574 (Widerruf einer Gnadenentscheidung vor Rechtskraft der neuen Verurteilung).

entscheidenden Gerichts angenommen[815]. Nach der Gegenmeinung kommt es darauf nicht an, weil allein in dem Strafverfahren, das wegen der neuen Straftat durchgeführt wird, die Unschuldsvermutung in bezug auf diese Tat widerlegt werden kann[816]. Die EKMR[817] hatte dies nicht abschließend entschieden, aufgrund ihrer Bedenken hat sich die Bundesregierung aber in einer gütlichen Einigung verpflichtet, auf die Beachtung der Unschuldsvermutung bei der Anwendung der § 56 f Abs. 1 Nr. 1 StGB besonders hinzuweisen[818]. In einer neuen Entscheidung vertritt der EGMR[819] jetzt grundsätzlich die Ansicht, die Unschuldsvermutung schließe die Schuldfeststellung in einem Strafverfahren aus, das nicht vor dem für die Aburteilung zuständigen erkennenden Gericht geführt wird. Nach Ansicht des OLG Köln[820] ist bei Vorliegen des geringsten Zweifels an der neuen Straftat die Rechtskraft des Schuldspruchs im neuen Verfahren abzuwarten, da diesem nicht in einem Schattenprozeß nach Aktenlage vorgegriffen werden könne[821], deshalb komme praktisch ein Widerruf vor Rechtskraft des Schuldspruchs nur bei Vorliegen eines glaubhaften Geständnisses des Angeklagten in Frage; liege aber ein überzeugendes, in rechtsstaatlich einwandfreier Weise zustande gekommenes Schuldbekenntnis vor, verletze der darauf gestützte Widerruf die Unschuldsvermutung nicht, denn sie gebiete nicht, diesem die Anerkennung zu versagen[822]. Dem ist zuzustimmen.

l) Bei **Prognosebeurteilungen,** wie etwa im Rahmen des § 57 StGB, dürfen nicht angeklagte und abgeurteilte frühere Handlungen oder eine noch nicht rechtskräftig abgeurteilte neue Tat mitberücksichtigt werden, wenn aufgrund einer den strengen Anforderungen für die Schuldfeststellung genügenden Beweiswürdigung deren Vorliegen auf Grund einer sicheren Beweislage erwiesen ist[823], vor allem aber, wenn sie vom Angeklagten selbst eingeräumt wird[824]. Eine ungünstige Sozialprognose darf aber nicht allein **149**

[815] Strittig, gegen Bindung OLG Düsseldorf NStZ **1990** 541; vgl. Rdn. 130.

[816] EGMR 3.10.2002 Böhmer/D (StV **2003** 82); IntKommEMRK-*Vogler* 419; *Blumenstein* NStZ **1992** 132; *Boetticher* NStZ 1991 1; *Mrozynski* JZ **1978** 255; *Ostendorf* StV **1990** 230; *Schwerin* SchlHA **1991** 205; *Vogler* FS Kleinknecht 434; *Vogler* FS Tröndle 423; ferner zum Teil unter Aufgabe der früheren Rechtsprechung: OLG Celle StV **1990** 506; OLG Koblenz NStZ **1991** 253; OLG München NJW **1991** 2302; OLG Schleswig NJW **1991** 2303. Vgl. auch OLG Zweibrücken JR **1991** 477 mit Anm. *Stoll*, das seine Befugnis zur eigenen Entscheidung über die neue Tat trotz der formellen Rechtskraft eines derentwegen erlassenen Strafbefehls bejahte; da dieser in einem summarischen Verfahren ergangen und deshalb zwar formell, nicht aber materiell rechtlich einen rechtskräftiugen Uteil gleichzusetzen sei, zustimmend *Neubacher* GA **2004** 402, 414. Zu dem mit anderer Zielrichtung geführten Streit über die Exklusivität der strafgerichtlichen Schuldfeststellung vgl. Rdn. 152 ff.

[817] Vgl. EKMR NdsRpfl **1992** 54 (glaubhaftes Geständnis genügt); zur gütlichen Einigung mit der Bundesregierung nach erneuter Befassung vgl. EuGRZ **1989** 212. Zu weiteren Entscheidungen der EKRM vgl. *Pauly* StV **2003** 85. EGMR 3.10.2002 Böhmer/D (StraFo. **2003** 47 mit Anm. *Boetticher* läßt dies jetzt ausdrücklich offen); dazu *Peglau* ZRP **2003** 242, 244.

[818] Dazu *Boetticher* NStZ **1991** 4; *Ostendorf* StV **1990** 230; *Strasser* EuGRZ **1992** 450; vgl. auch nachf. Fußn.

[819] EGMR 3.10.2002 Böhmer/D (NJW **2004** 43 = StraFo. **2003** 47 mit Anm. *Boetticher* = StV **2003** 82 mit Anm. *Pauly*). Dazu *Peglau* ZRP **2003** 242; NStZ **2004** 248; SK-StPO-*Paeffgen* 203 und *Neubacher* GA **2004** 402 ff (die beantragte Verweisung an die große Kammer wurde abgelehnt).

[820] OLG Köln NJW **1991** 505; ähnlich BVerfG NStZ **1991** 30; OLG Düsseldorf MDR **1991** 787; 982; OLG Stuttgart Justiz **1991** 402; OLG Schleswig NJW **1992** 2646 mit Anm. *Stree* JZ **1993** 39; **a. A** OLG Schleswig NJW **1991** 2302, vgl. auch *Peglau* ZRP **2003** 242,243.

[821] *Neubacher* GA **2004** 402, 408 ff zeigt die rechtlichen Schwierigkeiten auf, die bei einem zwar wenig wahrscheinlichen, aber immerhin möglichen späteren Freispruch von der den Widerruf begründenden Anlaßtat hinsichtlich der Beseitigung der Widerrufsentscheidung entstehen (analoge Anwendung der Wiederaufnahmeregeln? usw.).

[822] Im Ergebnis ebenso *Neubacher* GA **2004** 402, der unter Hinweis auf EGMR 3.10.2002 Böhmer/D (StV **2003** 82, 85) im glaubhaften Geständnis einen wirksamen Verzicht auf die Unschuldsvermutung sieht; der EGMR hat dies offen gelassen; dazu *Peglau* ZRP **2003** 242, 244.

[823] Vgl. etwa OLG Celle NdsRpfl. **1991** 207.

[824] BGH bei *Kusch* NStZ **1994** 230; OLG Karlsruhe Justiz **1987** 192; **1997** 28; *Meyer-Goßner*[47] 13 je mit weit. Nachw.

darauf gestützt werden, daß der Verdacht besteht, der Verurteilte habe weitere Straftaten begangen[825].

7. Anwendbarkeit außerhalb eines Strafverfahrens

150 a) Auf **Verfahren**, die nach ihrer Zielsetzung **(tendenziell) nicht auf die Feststellung und Ahndung strafrechtlicher Schuld** (im weiten Sinn des Strafrechtsbegriffs der Konventionen) gerichtet sind, sondern die außerhalb der Strafrechtspflege im weiten Sinn der Konventionen eine Entscheidung über andere Rechtsfolgen eines strafrechtlich relevanten Sachverhalts zum Gegenstand haben, erstreckt sich nach vorherrschender Meinung[826] die Unschuldsvermutung der Konventionen nicht[827], so auch nicht auf Feststellungen der Zivilgerichte[828]. Diese sind selbst durch einen rechtskräftigen Freispruch nicht gehindert, wegen des fraglichen Sachhergangs einen Schadensersatzanspruch zuzuerkennen; sie dürfen allerdings ihre Entscheidung dann nicht mit einem fortbestehenden Verdacht der strafbaren Handlung begründen oder im Tenor ihres Urteils den Freispruch als solchen in Frage stellen, da dies vom Freigesprochenen als nachträgliche Verurteilung verstanden werden könnte[828a]. Die Unschuldsvermutung schließt auch Hinweise auf ein anhängiges Strafverfahren nicht aus, sofern mit dem Hinweis keine vorweggenommene Feststellung der strafrechtlichen Schuld verbunden ist[829]. Im übrigen ist es grundsätzlich dem nationalen Recht überlassen, eine sachgerechte Lösung dafür zu finden, wieweit die für andere Zwecke in außerstrafrechtlichen Verfahren zu treffenden Feststellungen über ein strafbares Verhalten auf Beweisvermutungen und Beweislastverteilungen gestützt werden dürfen und wieweit dort der bloße Verdacht einer Straftat rechtliche Auswirkungen haben kann[830], ferner, wieweit als Grundlage bürgerlich-rechtlicher Ansprüche oder eines öffentlich-rechtlichen Einschreitens auch das Vorliegen eines Straftatbestandes von anderen Stellen und Gerichten festgestellt werden darf, sowie, ob und in welchem Umfang ein vorliegendes strafrichterliches Erkenntnis für eine solche Vorfrage **Bindungswirkungen** entfaltet[831]. Dies gilt für die Verfahren vor den Zivil-, Arbeits- oder Verwaltungsgerichten[832], aber auch für die Entscheidungen der Behörden der öffentlichen Verwaltung[833] und die Verfahren, die die Unterbringung einer Person wegen einer psychiatrischen Erkrankung zum Gegenstand haben[834].

---

[825] Etwa OLG Düsseldorf StV **1997** 91.

[826] Vgl. etwa *Meyer* FS Tröndle 63; *Meyer-Goßner*[47] 13; SK-StPO-*Rogall* Vor § 133, 81 mit weit. Nachw. vgl. auch *Paulus* NStZ **1990** 600. Nach IntKomm-EMRK-*Vogler* 386 ist allerdings eine einheitliche Linie bei Beurteilung der Rückwirkung auf andere Verfahren nicht erkennbar.

[827] IntKommEMRK-*Vogler* 383; *Peukert* EuGRZ **1980** 259; *Meyer* FS Tröndle 63; *Paulus* NStZ **1990** 600; vgl. ferner SK-StPO-*Rogall* Vor § 133, 81; *Stuckenberg* 557 f.

[828] *Frowein/Peukert* 162 mit Hinweisen auf EKMR; ferner nachst. Fußnote.

[828a] Vgl. EGMR 25.8.1993 Sekanina/Ö (ÖJZ **1993** 816); 21.3.2000 Asan Rushiti/Ö (ÖJZ **2001** 155); 11.2.2003 Ringvold/Norw; 11.2.2003; Y/Norw, dazu *Goedecke* JIR **46** (2003) 605, 619, *Meyer-Ladewig* 86 je mit weit. Nachw.

[829] EGMR 16.1.2003 Verlagsgruppe News GmbH/Ö (ÖJZ **2003** 618).

[830] In aller Regel wird allerdings auch hier der bloße Verdacht einer Straftat weder nachteilige Rechtsfolgen begründen noch die Beweiswürdigung tragen. Zur Problematik der Verdachtskündigungen im Arbeitsrecht vgl. etwa BAG NJW **1964** 1918; *Moritz* NJW **1978** 402.

[831] Vgl. etwa BGH MDR **1990** 542 (Beweiswürdigung, die auf einen trotz Freispruch fortbestehenden Verdacht gestützt wurde); ferner OLG Düsseldorf MDR **1990** 1133.

[832] EKMR bei *Frowein* FS Huber 556; IntKomm-EMRK-*Vogler* 383; *Meyer* FS Tröndle 63; *Peukert* EuGRZ **1980** 259; *Meyer-Ladewig* 86.

[833] *Meyer* FS Tröndle 63; BVerwG NJW **1988** 660 (AusländerG); vgl. IntKommEMRK-*Vogler* 388; aber auch die dort in Rdn. 387 mitgeteilten Entscheidungen des östr. VfGH.

[834] EKMR bei *Frowein/Peukert* 162; IntKommEMRK-*Vogler* 385; SK-StPO-*Paeffgen* 192.

b) **Allgemeiner Schutz vor Zuweisung unbewiesener strafrechtlicher Schuld.** Entgegen **151**
der hier vertretenen Auffassung wird im Schrifttum und mitunter auch von der EKMR und EGMR angenommen[835], daß Art. 6 Abs. 2 MRK den einzelnen unabhängig von jedem Strafverfahren davor schützt, daß **ein Träger der öffentlichen Gewalt** seine Integrität durch Zuweisung strafrechtlicher Schuld antastet, bevor diese in einem gesetzlichen Verfahren vor dem für die Aburteilung der Straftat zuständigen Strafrichter nachgewiesen ist[836]. Diese ausdehnende Auslegung erlangt praktische Auswirkungen, wenn man der verfahrensrechtlichen Komponente der Unschuldsvermutung eine so weitgehende **Außenwirkung** beimißt, daß nicht nur die eigentliche strafrechtliche Ahndung dem Strafrichter vorbehalten ist, sondern daß auch im **nichtstrafrechtlichen Bereich** alle anderen Staatsorgane davon ausgesperrt werden, bei den ihnen obliegenden Entscheidungen inzidenter den Tatbestand einer nicht vom Strafrichter vorher rechtskräftig abgeurteilten Straftat festzustellen, weil außerhalb eines nicht notwendig in der Bundesrepublik gegen den Beschuldigten zu führenden Strafverfahrens die „Widerlegung" der Unschuldsvermutung nicht möglich sei[837].

c) **Exklusivität der strafgerichtlichen Schuldfeststellung?** Der Grundgedanke, daß der **152**
Schuldnachweis im Strafverfahren zu erbringen ist, gilt für die **Aburteilung der Straftat als solcher**. Die Ausübung der staatlichen Strafgewalt durch Verhängung einer Strafe oder ihr gleichkommenden Maßnahme mit Sanktionscharakter wegen der nachgewiesenen schuldhaften Begehung einer Straftat[838] (im weiten Sinn des Strafrechtsbegriffs der Konventionen) ist grundsätzlich dem zuständigen gesetzlichen Richter und dem im nationalen Recht dafür vorgesehenen Strafverfahren vorbehalten, für das Art. 6 MRK, Art. 14 IPBPR besondere Rechtsgarantien aufstellen.

Mehr garantieren die **Konventionen** nicht. Der Wortlaut der Absätze 2 schreibt **nicht** **153**
einmal zwingend ein gerichtliches Verfahren vor. Sie lassen selbst hier dem nationalen Recht weiten Raum. Auch in einem Bußgeldverfahren vor der Verwaltungsbehörde kann die Unschuldsvermutung widerlegt werden. Das Erfordernis, daß die Anrufung eines Gerichts möglich sein muß[839]; folgt aus den Garantien das Art. 6 Abs. 1 MRK, Art. 14 Abs. 1 IPBPR.

Soweit die **Konventionsgarantien** überhaupt über das eigentliche Strafverfahren hinaus- **154**
reichen, schützen sie den einzelnen grundsätzlich davor, daß staatliche Organe ihr Verhalten gegenüber dem Bürger auf einen **unbewiesenen strafrechtlichen Schuldvorwurf** gründen. Es ist aber nicht anzunehmen, daß sie ohne Rücksicht auf das jeweilige nationale Rechtssystem, auf das sie Bezug nehmen, ein exklusives Strafrichtermonopol begründen und verbieten wollen, das Vorliegen eines mit Strafe bedrohten Verhaltens in gesetzlichen Verfahren mit anderer Zielrichtung inzidenter festzustellen und zur Grundlage einer dort zu treffenden außerstrafrechtlichen Entscheidung zu machen.

Aus der **verfassungsrechtlichen Ableitung** der Unschuldsvermutung, vor allem dem **155**
Rechtsstaatsprinzip, kann, wie oben dargelegt, für das innerstaatliche Recht eine solche weitgehende und letztlich systemfremde Folgerung ebenfalls nicht hergeleitet werden[840].

---

[835] EKMR bei *Bleckmann* EuGRZ **1983** 422; im Grunde auch in Anlehnung an Entscheidungen der EKMR EGMR 10.2.1995 Allenet de Ribemont/F (ÖJZ **1995** 509); 10.12.2000 Daktaras/Lit (ECHR 2000-X); 16.1.2003 Verlagsgruppe News GmbH/Ö (ÖJZ **2003** 619); *Frowein/Peukert* 162; *Frowein* FS Huber 554; IntKommEMRK-*Vogler* 389: 408; *Kühl* FS Hubmann 246; NJW **1988** 3234; *Meyer-Ladewig* 86; SK-StPO-*Rogall* Vor § 133, 75; *Nowak* 36.

[836] Zu den staatlichen Verlautbarungen über ein anhängiges Verfahren wegen des Verdachts einer Straftat vgl. Rdn. 131.

[837] Vgl. IntKommEMRK-*Vogler* 401; *Marxen* GA **1980** 373.

[838] IntKommEMRK-*Vogler* 401; *Meyer* FS Trödle 69.

[839] Vgl. EGMR EuGRZ **1987** 399 (Lutz); oben Rdn. 42.

[840] Vgl. BVerfG NStZ **1988** 21; MDR **1991** 891; Rdn. 106 ff.

156 Im **Schrifttum** wird dagegen in einer an sich konsequenten Ausdehnung des Strafrichtervorbehalts die Ansicht vertreten[841], dieser schließe in Verfahren mit anderer Zielsetzung jede behördliche oder gerichtliche Feststellung über eine begangene Straftat aus, nicht nur ihre Ahndung als Straftat. Diese gedankliche Konstruktion überspannt den Inhalt der Anforderungen, die man an eine ungeschriebene Verfassungsgarantie und an den Konventionswortlaut im praktischen Rechtsleben vernünftigerweise stellen darf. Wollte man in jedem nicht zur Aburteilung der betreffenden Straftat durchgeführten gerichtlichen oder behördlichen Verfahren alle Feststellungen über strafrechtlich relevante Tatsachen überhaupt ausklammern oder sie auf die Feststellung erwiesener Verhaltensweisen ohne strafrechtliche Zuordnung beschränken[842], so müßte ein solcher Strafrichtervorbehalt in einer wohl kaum befürworteten letzten Konsequenz für alle anderen gerichtlichen und behördlichen Verfahren unbeschadet ihrer anderen Zielrichtung gelten.

157 Mit unserem **Rechtsschutzsystem** ist ein über die Ahndung als Straftat hinausreichendes Strafrichtermonopol **unvereinbar**. Dieses geht grundsätzlich davon aus, daß die Richter aller Gerichtszweige unabhängig und ohne Bindung an die Erkenntnisse anderer Gerichte die entscheidungserheblichen Vorfragen in dem jeweils für ihre Urteilsfindung erforderlichen Umfang selbst feststellen und entscheiden. Sie sind insoweit die dazu berufenen gesetzlichen Richter und das Verfahren ist das gesetzliche Verfahren für die darin zu treffenden Feststellungen. Eine Verabsolutierung des Strafrichtervorbehalts würde nicht nur in allen anderen gerichtlichen und behördlichen Verfahren jede Aussage über ein strafrechtlich relevantes Verhalten ausschließen; sie müßte auch im Strafverfahren den Richter hindern, Aussagen über nicht verfahrensgegenständliche Taten oder über Straftaten der nicht am Verfahren beteiligten Personen zu treffen, selbst wenn es um deren Verfahrensbeteiligung oder Vortäterschaft geht[843]. Die Unschuldsvermutung ist als Schutz des jeweiligen Beschuldigten vor der Zuweisung und Bestrafung wegen nicht ordnungsgemäß nachgewiesener Schuld gedacht. Sie zwingt die staatlichen Organe bei Entscheidungen über einen anderen Lebenssachverhalt nicht zu der lebensfremden Unterstellung, ein mit Strafe bedrohter Sachverhalt habe sich ungeachtet seiner mitunter unstrittigen Evidenz nicht zugetragen, nur weil er nicht rechtskräftig vom zuständigen Strafgericht abgeurteilt worden ist[844]. Die andere Auffassung hätte in letzter Konsequenz zur Folge, daß jedem Verfahren, in dem es darauf ankommt, ob ein mit Strafe bedrohtes Verhalten vorlag, notwendig Strafanzeige und Strafverfahren vorangehen müßten; das Strafverfahren würde damit zum Vorschaltverfahren für alle anderen, bis zu seiner Erledigung auszusetzenden Verfahren werden. Könnte auf diesem Weg eine strafrichterliche Entscheidung in der Sache nicht erreicht werden, etwa, weil die Straftat verjährt ist oder weil der Staat aus Opportunitätsgründen (vgl. §§ 153 ff StPO) von der Strafverfolgung absieht oder weil die Durchführung des Strafverfahrens an anderen Umständen, wie etwa der Flucht des Angeklagten, scheitert, müßte der Gesetzgeber im Interesse der Gerechtigkeit und in Erfüllung seiner Rechtsgewährungspflicht gegenüber den sonst um seine Rechte gebrachten Geschädigten auch von Konventions wegen ein Ersatzverfahren vorsehen[845]. Dies alles verlangen die Konventionen vom nationalen Recht nicht.

---

841 Vgl. IntKommEMRK-*Vogler* 401; *Marxen* GA **1980** 373; *Vogler* FS Kleinknecht 436.

842 Vgl. IntKommEMRK-*Vogler* 423.

843 Die EKMR sieht dies zu Recht für zulässig an, vgl. bei IntKommEMRK-*Vogler* 383.

844 BGHSt. **34** 211 = Jura **1988** 356 mit Anm. *Frister* = JR **1988** 340 mit Anm. *Gollwitzer* = NStZ **1986** 127 mit abl. Anm. *Vogler*; zust. *Meyer* FS Tröndle 73.

845 Der effektive Rechtsschutz bei Streitigkeiten über „civil rights" (Art. 6 Abs. 1 MRK, Art. 14 Abs. 1 IPBPR, vgl. Rdn. 19 ff) wäre sonst in Frage gestellt.

Zuzustimmen ist deshalb der Praxis, wonach **in Verfahren mit anderer Zielsetzung Feststellungen über Tatsachen, die einen Straftatbestand erfüllen** und nötigenfalls auch über dessen Vorliegen selbst (nicht aber über die dem Strafrichter vorbehaltene Sanktionsfrage) in dem für die dortige Entscheidung erforderlichen Umfang als Grundlage für die daran anknüpfenden außerstrafrechtlichen Rechtsfolgen nach Maßgabe des jeweiligen nationalen Rechts getroffen werden dürfen. Der Zweck der Unschuldsvermutung nach Art. 6 Abs. 2 MRK, Art. 14 Abs. 2 IPBPR kann nicht darin liegen, andere Gerichte oder staatliche Stellen zu zwingen, bei ihrer Entscheidung eine vom Strafrichter rechtskräftig festgestellte Straftat ohne Rücksicht auf ihre eigenen Erkenntnisse für erwiesen zu unterstellen oder dem nationalen Recht zu verbieten, daß die Gerichte aller Gerichtszweige in eigener Unabhängigkeit und ohne Bindung[846] in der Regel auch strafrechtliche Vorfragen mitentscheiden. Hier den staatlichen Organen Scheuklappen aufzuzwingen, würde zu unvernünftigen Ergebnissen führen ohne den praktischen Menschenrechtsschutz zu verbessern. **158**

Wer entgegen der hier vertretenen Meinung die Verfahrensgarantie der Unschuldsvermutung nicht auf das Verfahren zur Ahndung der strafrechtlichen Schuld beschränkt, sondern ihr eine **allgemeine Schutzwirkung** gegen jede Zuweisung unbewiesener Schuld beimißt, sollte diese Außenwirkung dadurch praktikabel machen, daß er anerkennt, daß die betreffende Straftat auch durch einen den Anforderungen des jeweiligen Verfahrens entsprechenden Schuldnachweis festgestellt werden kann. Eine solche Schuldfeststellung hätte dann allerdings nur eine auf die Zwecke des jeweiligen Verfahrens begrenzte Wirkung. Die Inzidentfeststellung würde die Unschuldsvermutung für andere Verfahren nicht widerlegen, vor allem könnte sie nicht ausschließen, daß in einem späteren Strafverfahren wegen der gleichen Tat der Angeklagte als unschuldig zu behandeln ist. Ob umgekehrt ein **rechtskräftiger Freispruch** im Strafverfahren andere Gerichte insoweit bindet, daß sie dann auch unter Ausschöpfung aller ihnen verfügbarer Beweise[847] einen strafrechtlich relevanten Sachverhalt nicht mehr feststellen, sondern ihre Erkenntnis nur noch auf die dem Freispruch zugrunde liegenden Tatsachen stützen dürfen, wie die EMRK angenommen hat[848], erscheint ebenfalls zweifelhaft. Auch dies überspannt die Konventionsgarantien und läßt sich auch nicht aus den Verfassungsgarantien, vor allen dem Rechtsstaatsprinzip, herleiten. Diese Grundsätze schreiben kein bestimmtes Rechtsschutzsystem vor, allenfalls bekräftigen sie das vorhandene, das gerade für den Normalfall keine solche Bindungen aufstellt und das durch unterschiedliche Prozeßmaxime in den verschiedenen Verfahrensarten bewußt unterschiedliche Ergebnisse in Kauf nimmt[849]. Wegen des faktischen Gewichts, dem ein Freispruch in anderen Verfahren in der Regel beigemessen wird, wäre eine solche Bindung allerdings praktisch hinnehmbar. **159**

---

846 Gesetzliche Regelungen schreiben nur in Ausnahmefällen etwas anderes vor, vgl. § 190 StGB.

847 Vgl. *Bruns* StV **1982** 19.

848 EMRK bei *Bleckmann* EuGRZ **1983** 422; IntKomm-EMRK-*Vogler* 389, vgl. ferner die Entscheidungen des östr. VfGH bei IntKommEMRK-*Vogler* 387; vgl. ferner zu der bei § 56 f StGB strittigen Frage OLG Düsseldorf MDR **1990** 1133; OLG Hamm NJW **1973** 911 und die Erläuterungen in den Kommentaren zum StGB.

849 Zu den Streitfragen vgl. Rdn. 128; ferner etwa OLG Düsseldorf NStZ **1990** 541.

VI. Die Verfahrensrechte des Angeklagten (Art. 6 Abs. 3 MRK; Art. 14 Abs. 3 bis 7 IPBPR)

160 **1. Allgemeines.** Die Konventionen überlassen die Regelung des Strafverfahrens grundsätzlich dem nationalen Recht. Vor allem die Regelung der **Beweiserhebung** einschließlich des Verbotes der Erhebung und Verwendung bestimmter Beweismittel richten sich nach dem nationalen Recht, das auch bestimmen kann, welche Rechtsfolgen der Verstoß gegen solches Verbot hat. Die Konventionen beschränken sich darauf, für das Strafverfahren in Absatz 3 **beispielhaft** für **typische Verfahrenslagen** einige wichtige Erfordernisse festzulegen, die als Grundlinien für die Verfahrensgestaltung im jeweiligen nationalen Recht dem Angeklagten ein **insgesamt faires Verfahren** sichern sollen. Als **Mindestgarantien** für ein faires Verfahren verdeutlichen sie die Anforderungen dieses Gebots. Sie geben ihm Konturen[850] ohne jedoch seinen Gehalt voll auszuschöpfen[851], sie gehen aber auch nicht darüber hinaus[852]. Als Instrumente eines praktischen Menschenrechtsschutzes dürfen sie nicht als Selbstzweck verstanden und isoliert vom Zweck ihrer Gewährleistung und dem Regelungsgefüge des jeweiligen Verfahrens ausgelegt werden. Geboten ist eine **Gesamtschau**, die darauf abstellt, daß die aufgeführten Rechte Eckpunkte für ein **insgesamt faires Verfahren** mit **wirksamen Verteidigungsrechten** festlegt[853]. Die Modalitäten, in denen die Forderungen des Absatzes 3 ihre Schutzfunktion verwirklichen, bestimmen sich nach dem Verfahrenssystem des jeweiligen nationalen Rechts; sie können also wegen ihres Bezugs auf die jeweilige Verfahrensordnung zu unterschiedlichen Anforderungen führen. Räumt das nationale Verfahrensrecht dem Angeklagten insgesamt faire Verfahrensrechte ein, so kann es zulässig sein, wenn in Ausnahmefällen die in Absatz 3 garantierten Rechte aus einem durch überwiegende öffentliche oder private Belange gerechtfertigten Grund sachgerechte Einschränkungen erfahren. Die Einzelanforderungen der Absätze 3 setzen voraus, daß das Verfahren im nationalen Recht insgesamt so geregelt ist, daß eine effektive und rechtsstaatliche Rechtspflege die wesentlichen Verteidigungsrechte des Angeklagten sichert[854]. Der für alle Konventionsgarantien geltende Grundgedanke eines **fairen Ausgleichs** zwischen den Interessen der Allgemeinheit und den Schutzinteressen des einzelnen[855] bestimmt ihre Auslegung, die aber immer darauf achten muß, daß im Einzelfall ein insgesamt faires Verfahren gewährleistet bleibt.

161 Der **Anwendungsbereich** der einzelnen Grundsätze ist unterschiedlich[856]. Während einige auf die Hauptverhandlung zugeschnitten sind, gelten andere schon ihrem Wortlaut nach auch für das Vorverfahren[857]. Ihre jeweilige Tragweite ist durch sinnorientierte

---

[850] SK-StPO-*Paeffgen* 125.

[851] *Frowein/Peukert* 172 („Mindestgarantien"); IntKommEMRK/*Miehsler/Vogler* 467; *Meyer-Goßner*[47] 16; *Vogler* ZStW **189** (1977) 787; SK-StPO-*Paeffgen* 125. Die durch den unterschiedlichen englischen und französischen Wortlaut von Art. 6 Abs. 3 MRK („minimum rights" bzw. „notamment") ausgelöste Frage, ob es sich insoweit um Beispiele oder um Mindestgarantien für ein faires Verfahren handeln soll, spielt in der Praxis keine Rolle.

[852] IntKommEMRK-*Miehsler/Vogler* 468.

[853] Vgl. EGMR 24.11.1986 Unterpertinger/Ö (EuGRZ **1987** 147); 12.7.1988 Schenk/CH (EuGRZ **1988** 390); 25.3.1999 Pélisier & Sassi (NJW **1999** 3545); 26.7.2002 Meftah u.a./F (ÖJZ **2003** 732); ferner EKMR EuGRZ **1986** 276 (Can); dazu EGMR EuGRZ **1986** 274; EGMR 27.9.1990 Windisch/Ö (ÖJZ **1991** 25), sowie etwa EKMR EuGRZ **1978** 314; **1986** 277; **1989** 464; *Frowein/Peukert* 172; IntKommEMRK-Miehsler/*Vogler* 467. SK-StPO-*Paeffgen* 125.

[854] Art. 48 Abs. 2 der Europäischen Grundrechte-Charta stellt diesen Grundsatz heraus, wenn dort unter Verzicht auf Einzelaufzählungen jeder angeklagten Person die Achtung der Verteidigungsrechte gewährleistet wird.

[855] „Fair balance"; vgl. Einf. Rdn. 59.

[856] Die EKMR ließ verschiedentlich offen, ob die einzelnen Rechte auch im Verfahren außerhalb der Hauptverhandlung zum Tragen kommen; so EuGRZ **1986** 276 (Can); vgl. IntKommEMRK-*Vogler* 468 mit Nachw.

[857] EKMR EuGRZ **1986** 276; **1988** 504.

Auslegung zu ermitteln. Für ihr Ziel, dem Angeklagten ein faires Verfahren zu sichern, wird es allerdings in der Regel genügen, daß die von ihnen gewährleisteten Verfahrensrechte insgesamt ausreichend zum Tragen kommen. Ob ein Verstoß gegen einen dieser Grundsätze für sich allein bereits ein solches Gewicht hat, daß die Fairneß des gesamten Verfahrens dadurch unheilbar in Frage gestellt ist, hängt von den Umständen des Einzelfalles ab[858].

2. Unterrichtung über die erhobene Beschuldigung (Art. 6 Abs. 3 Buchst. a MRK; Art. 14 Abs. 3 Buchst. a IPBPR)

a) Zweck. Art. 6 Abs. 3 Buchst. a MRK und Art. 14 Abs. 3 Buchst. a IPBPR fordern sachlich übereinstimmend die **alsbaldige Unterrichtung** des Beschuldigten[859] über die ihm angelasteten Beschuldigungen. Dies soll die ihn belastende **Ungewißheit** über den Gegenstand des gegen ihn anhängigen Verfahrens frühzeitig ausräumen. Dies soll zugleich sein Recht auf ausreichende Zeit und Gelegenheit zur Vorbereitung einer **sachgerechten Verteidigung** (Art. 6 Abs. 3 Buchst. b MRK, Art. 14 Abs. 3 Buchst. b IPBPR) sichern[860]. Nur wenn er weiß, wegen welcher Straftaten gegen ihn ermittelt wird und auf welche Tatsachen sich dieser Verdacht gründet, kann er seine Verteidigung wirksam vorbereiten[861] und wirksame Rechtsbehelfe gegen ihn belastende Ermittlungseingriffe ergreifen[862]. Die Bedeutung des Absatzes 3 Buchst. a für ein faires Verfahren liegt darin, daß er möglichst frühzeitig den Beschuldigten in die Lage setzen soll, alles Erforderliche in die Wege zu leiten um sich wirksam gegen die erhobenen Beschuldigungen und auch gegen die darauf gestützten Ermittlungseingriffe wehren zu können[863]. 162

b) Anlaß der Unterrichtung. Das Recht auf Unterrichtung wird durch jede behördliche Maßnahme ausgelöst, durch die der Betroffene Kenntnis erhält, daß er Beschuldigter eines gegen ihn eingeleiteten Ermittlungsverfahrens ist. Dies kann auch die behördliche Antwort auf eine diesbezügliche Anfrage des Beschuldigten sein, der sich nach dem Zweck polizeilicher Aktivitäten in seinem unmittelbaren Umfeld erkundigt, aber auch sonstige Handlungen, die dem Beschuldigten die Existenz eines gegen ihn geführten Verfahrens zur Kenntnis bringen, wie etwa eine Festnahme oder Durchsuchung[864]. Der Begriff der Anklage wird hier – ebenso wie bei Art. 6 Abs. 1 MRK, Art. 14 Abs. 1 IPBPR – **materiell** im Sinn von Gegenstand eines gegen den Beschuldigten geführten Verfahrens verstanden[865]. 163

---

858 EKMR EuGRZ **1977** 347.

859 Angeklagte Person („everyone charged with a criminal offence"; „accusé") ist in autonomer Auslegung im weiten Sinne des deutschen „Beschuldigten" zu verstehen, vgl. SK-StPO-*Paeffgen* 126; *Villiger* HdB 505.

860 Vgl. EGMR 25.3.1999 Pélissier, Sassi/F (NJW **1999** 3545); *Egon Müller* FS Koch 191, 197 (Verteidigung schon im Vorfeld ermöglichen).

861 Die Möglichkeit, sich bereits in diesem Verfahrensabschnitt zu den Vorwürfen zu äußern, ist ihm unbenommen; durch Buchstabe a wird er weder dazu verpflichtet noch wird es ihm verboten. Ob sich aus Buchst. a ein Recht auf Stellungnahme ableiten läßt, ist daher unerheblich (verneinend *Villiger* HdB 505, zweifelnd SK-StPO-*Paeffgen* 126).

862 Vgl. *Weigend* StV **2000** 385; *Frowein/Peukert* 175; IntKommEMRK-*Vogler* 477, 478 sowie die Entscheidungen in nachfolg. Fußn.

863 Vgl. EGMR 13.5.1980 Artico/I (EuGRZ **1980** 664); 27.2.1980 Deweer/Belg (EuGRZ **1980** 667); 9.4.1984 Goddi/I (EuGRZ **1985** 236); 12.2.1985 Colozza (EuGRZ **1985** 631); EKMR X/Belg (EuGRZ **1977** 347), bei *Strasser* EuGRZ **1988** 330; (Brozicek): **1989** 463 (Chichl); *Frowein/Peukert* 122; IntKommEMRK-*Vogler* 470; *Nowak* 38. Vgl. auch SK-StPO-*Rogall* Vor § 133, 98.

864 IntKommEMRK-*Vogler* 477; *Nowak* 39 (behördliche Verfahrenshandlung, aus der Verdacht abgeleitet werden kann).

865 Vgl. EGMR 28.11.1978 Luedicke/D (EuGRZ **1979** 40); EKMR EuGRZ **1988** 330 (Brozicek); ferner oben Rdn. 38 ff mit weit. Nachw.

164 **c) Zeitpunkt der Unterrichtung.** Der Beschuldigte muß **in möglichst kurzer Frist** („promptly", „dans le plus court délai") von den gegen ihn erhobenen Beschuldigungen und die ihnen zugrunde liegenden Tatsachen unterrichtet werden. Dies bedeutet nicht sofort, wohl aber, daß der Beschuldigte **sobald als möglich**[866] die für seine Verteidigung wesentliche Aufklärung über den sachlichen Gegenstand der Ermittlungen[867] und über alle ihm zur Last gelegten rechtlichen Vorwürfe erhält[868]. Diese Unterrichtungspflicht wird dadurch ausgelöst, daß er von einer **amtlichen Stelle erfährt,** daß wegen einer gegen ihn erhobenen Anschuldigung ein behördliches Verfahren eingeleitet ist; denn dann ist er **„angeklagt"** im materiellen Sinn der Konventionsverbürgungen[869]. Der Zeitpunkt der Unterrichtung darf also nicht mit der späteren formellen Erhebung einer Anklage im Sinne des § 170 StPO gleichgesetzt werden, er liegt in der Regel früher. Der Zweck des Absatzes 3 Buchst. a, die **Verteidigung schon im Vorfeld** zu sichern[870], deckt sich mit der Forderung in Absatz 2 Buchst. b, der ausreichende Zeit für die Vorbereitung der Verteidigung fordert. Die Unterrichtung ist ohne jeden weiteren Aufschub **von Amts wegen** vorzunehmen, sobald sie im Rahmen eines geordneten Verfahrensganges durchführbar ist. Dies gilt auch, wenn die Ermittlungen noch nicht abgeschlossen sind. Daß sich Art oder Umfang des Vorwurfs in deren Verlauf noch ändern können, rechtfertigt keinen Aufschub, vor allem kein längeres Zuwarten auf weitere Ergebnisse und Abschluß der Ermittlungen[871]. Ändern sich später die rechtliche Beurteilung oder die tatsächlichen Grundlagen der Beschuldigung, muß die Unterrichtung später entsprechend ergänzt oder geändert werden. Es können also **mehrere Unterrichtungen** notwendig sein. Nach Erhebung der Anklage, die ebenfalls formalisiert die Unterrichtungspflicht erfüllt, setzt sich diese bei späteren Veränderungen in der Hauptverhandlung und in der Verhandlung vor den Rechtsmittelgerichten fort.

165 Eine konkrete **Gefährdung des Untersuchungserfolgs** kann den **Aufschub** der Unterrichtung rechtfertigen[872], so, wenn bei einer alsbaldigen Unterrichtung die Gefahr besteht, daß die Erlangung oder Sicherstellung von Beweismitteln oder der Erfolg verdeckter Ermittlungen vom Beschuldigten vereitelt werden könnte. Der Umstand allein, daß dem Beschuldigten durch die Kenntnis vom Gegenstand des gegen ihn eingeleiteten Verfahrens ermöglicht wird, seine prozessualen Rechte befugt auszuüben, rechtfertigt den Aufschub seiner Unterrichtung nicht[873]. Die Unterrichtung ist **immer sofort geboten**, wenn der Beschuldigte die Kenntnis von den faktischen und rechtlichen Grundlagen der gegen ihn erhobenen Beschuldigung benötigt, weil er dazu als Beschuldigter vernommen wer-

[866] Nach SK-StPO-*Paeffgen* 126 hat die EKMR die Zeitvorgabe dadurch relativiert, daß sie Buchst. a in Verbindung mit Buchst. b auslegt und eine spätere Unterrichtung hinnimmt, sofern dem Angeklagten ausreichende Zeit für die Vorbereitung der Verteidigung verbleibt.

[867] EKMR EuGRZ **1988** 331, EGMR 19.12.1989 Kamasinski/Ö (ÖJZ **1990** 412); 25.3.1999 Pélissier, Sassi/F (NJW **1999** 3546).

[868] EKMR EuGRZ **1988** 331; vgl. auch *Frowein/Peukert* 123 (in der Spruchpraxis noch keine wesentlichen Probleme).

[869] Der Begriff wird unabhängig vom nationalen Recht autonom ausgelegt. Vgl. etwa EGMR 27.6.1968 Neumeister/Ö (EuGRZ **1980** 671); 8.6.1976 Engel/NdL. (EuGRZ **1976** 221); 27.2.1980 Deewer/B (EuGRZ **1980** 667); 10.12.1982 Corrigliano/I (EuGRZ **1985** 585); EKMR bei *Strasser* EuGRZ **1988** 331; Frister StV **1998** 159; *Niemöller* 55; *Weigend* StV **2000** 385; *Villiger* HdB 505) ferner Rdn. 174 und Art. 5 MRK Rdn. 89 ff.

[870] Vgl. Art. VII Abs. IX Buchst. b Nato-Truppenstatut, der ausdrücklich die Unterrichtung vor der Verhandlung fordert.

[871] IntKommEMRK-*Vogler* 477 m. Nachw. zum Streitstand. *Partsch* 162 nimmt an, daß Anklagebehörde und Gericht einen gewissen Spielraum für die Bestimmung der Zeit der Unterrichtung haben, sofern sie nur der Verteidigung noch genügend Zeit lassen.

[872] *Frister* StV **1998** 159 ff; *Fincke* ZStW **95** (1983) 919, 917; *Weigend* StV **2000** 385: IntKommEMRK-*Vogler* 477.

[873] *Frister* StV **1998** 159, 162; *Fincke* ZStW **95** (1983) 919, 961.

den soll oder weil er sich gegen eine in seine Rechte eingreifende Ermittlungsmaßnahme wie etwa eine Beschlagnahme, Durchsuchung, Verhaftung usw. sofort und effektiv zur Wehr setzen will. Ob er auch ohne eine solche Maßnahme, die ihm die gegen ihn geführten Ermittlungen notwendigerweise zur Kenntnis bringt, nach Buchstabe a von allen Ermittlungen gegen ihn unverzüglich unterrichtet werden muß, ist strittig. Verschiedentlich wird verneint, daß in solchen Fällen Buchst. a bereits zur alsbaldigen Unterrichtung des Beschuldigten über die ohne sein Wissen geführten Ermittlungen verpflichtet. Die Frage, ob die Unterrichtung zur Sicherung des Untersuchungserfolgs aufgeschoben werden darf, stellt sich dann gar nicht[874]. *Frister* folgert dagegen aus dem Zweck, die Verteidigung schon im Ermittlungsverfahren zu sichern, daß die Unterrichtungspflicht nach Abs. 3 Buchst a grundsätzlich bereits durch jede die Beschuldigtenstellung begründende Inkulpation ausgelöst wird und nicht erst, wenn dieser Umstand dem Beschuldigten eröffnet oder sonst bekannt wird[875]; wie dies beim Beschleunigungsgebot angenommen wird, dessen Fristberechnung mit der Kenntnis des Beschuldigten von dem gegen ihn gerichteten Verfahren einsetzt[876]. Auch er hält es für zulässig, die Mitteilung zur Sicherung der Ermittlungen aufzuschieben, will dies aber erst bei der Prüfung der Unverzüglichkeit der Unterrichtung berücksichtigen[877]; im praktischen Ergebnis dürfte deshalb meist kein großer Unterschied bestehen.

Bei der **funktionsbedingt rückwirkenden Beurteilung** der Unterrichtungspflicht durch die Organe der MRK steht allerdings der Gesichtspunkt im Vordergrund, ob der Angeklagte ausreichende Gelegenheit zur Vorbereitung seiner Verteidigung und damit **insgesamt ein faires Verfahren** hatte[878]. Verstöße gegen die rechtzeitige Unterrichtungspflicht können im späteren Verfahrensverlauf durch Nachholung geheilt worden sein. Im **Endergebnis** ist dem Unterrichtungsanspruch Genüge getan, wenn der Angeklagte vor der letzten maßgebenden Entscheidung über die ihm zur Last gelegten Vorwürfen und ihren tatsächlichen Grundlagen so rechtzeitig unterrichtet war, daß ihm genügend Zeit für seine Verteidigung verblieb[879]. Geschah dies rückschauend in ausreichendem Maße, dann ist es unerheblich, wann und durch welche Maßnahmen dies geschah und ob dies auf einmal oder entsprechend der Verfahrensentwicklung in Etappen erfolgte. Auch vorübergehende Verstöße gegen Abs. 3 Buchst. a durch eine zunächst inhaltlich mangelhafte oder verspätete Unterrichtung werden dann durch deren Nachholung geheilt[880]. Wichtig ist nur, daß die Unterrichtung, bezogen auf die endgültige Verurteilung, **vollständig** war und die **Verteidigungsmöglichkeiten** und ihre Vorbereitung nicht beeinträchtigt wurden, das Verfahren also insgesamt fair war. Diese den Organen der MRK eigene Beurteilung vom Endergebnis her hat zur Folge, daß aus ihrer Sicht dem Unterrichtungsanspruch auch noch Genüge getan ist, wenn dem Beschuldigten alles Erforderliche **166**

[874] Vgl. *Gillmeister* StraFo. **1996** 115; *Schroeder* GA **1993** 205, 210; ferner zur Problematik SK-StPO-*Paeffgen* 126 ff.

[875] *Frister* StV **1998** 159, 160.

[876] Vgl. oben Rdn. 80 ff.

[877] *Frister* StV **1998** 159, 162.

[878] Vgl. etwa EGMR 25.3.1999 Pélissier, Sassi/F (NJW **1999** 3545) zur Praxis der EKMR vgl. SK-StPO-*Paeffgen* 126 ff; ferner auch nachf. Fußn.

[879] Die EKMR stellte als Kontrollinstanz darauf ab, ob bei Gesamtwürdigung des abgeschlossenen Verfahrens eine Benachteiligung fortbesteht, vgl. IntKomm-EMRK-*Vogler* 478; diese Argumente kommen der Beruhensprüfung im deutschen Revisionsrecht nahe. Der Sinn der Regelung kann sich aber nicht darin erschöpfen. Eine solche Auslegung entwertet die geforderte Unverzüglichkeit. Gegen die bloße Beurteilung aus der Sicht des Buchst. b und für eine eigenständige Bedeutung auch *Guradze* 28; *Niemöller* 59 ff; SK-StPO-*Paeffgen* 126, 128.

[880] Strittig ist, ob und unter welchen Voraussetzungen zur Durchsetzung des Unterrichtungsanspruchs der Rechtsweg nach § 23 ff EGGVG eröffnet ist, sowie ob ein in der verspäteten Unterrichtung liegender Nachteil für die Verteidigung durch das spätere Verfahren geheilt werden kann; ferner, ob eine im späteren Verfahren geheilte Verletzung des Absatzes 3 Buchst. a ein Strafmilderungsgrund sein kann, vgl. *Frister* StV **1998** 159, 163 f.

rechtzeitig vor der letzten maßgebenden Entscheidung über die Anklage, das kann auch die Entscheidung einer zweiten Tatsacheninstanz sein[881], zur Kenntnis gebracht worden ist und er ausreichend Zeit hatte, sich in seiner Verteidigung darauf einzustellen[882]. Die Ladung zur Berufungsverhandlung unter Mitteilung der Anträge der Staatsanwaltschaft reicht dafür nicht aus, wenn dem in der ersten Instanz freigesprochenen Angeklagten dort ein anderer Schuldvorwurf zur Last gelegt wird[883].

167 d) **Gegenstand der Unterrichtung** ist die erhobene Beschuldigung, also der Vorwurf des strafbaren Verhaltens (im weiten Sinn der Konventionen[884]), wegen dem ermittelt wird. Die sachgerechte Verteidigung erfordert, daß sowohl alle **Tatsachen**, auf die sich der Vorwurf gründet als auch die daraus hergeleiteten **rechtlichen Bewertungen** vollständig mitgeteilt werden[885]. Absatz 3 Buchst. a fordert dagegen nicht zusätzlich auch die **Beweismittel und Indizien mitzuteilen,** auf die sich der Verdacht gründet[886]. Im Interesse effektiver Ermittlungen dürfen die Informationen über die Verdachtsgründe und die Beweismittel dafür (vorübergehend) zurückgehalten werden. Dies schließt aber nicht aus, daß sich aus anderen Bestimmungen die Verpflichtung zur Offenlegung der Verdachtsgründe und der Beweismittel ergeben kann, wenn dies erforderlich ist, um die Rechte der Verteidigung in bestimmten besonderen Verfahrenslagen, vor allem im **Haftprüfungsverfahren** nach Art. 5 Abs. 4 MRK, § 115 Abs. 3 StPO effektiv wahrzunehmen[887]. Im Hinblick auf die Hauptverhandlung hat die StPO ausreichende Vorsorge getroffen, daß der Angeklagte nicht mit unbekannten und von ihm nicht bewertbaren Beweismitteln überrascht werden darf (vgl. §§ 200, 222, 246, 265 Abs. 3, § 409 Abs. 1 StPO). Die überraschende Verwendung eines dem Angeklagten und seinem Verteidiger unbekannten, vorher nicht erkennbaren und auch nicht einschätzbaren Beweismittels in der Hauptverhandlung kann – unabhängig von der Anwendbarkeit des Buchst. a – das Gebot eines fairen Verfahrens verletzen[888].

168 Die Unterrichtung über die Beschuldigung muß so **konkret wie möglich** sein, damit sie eine taugliche Grundlage für die Vorbereitung der Verteidigung bildet. Maßgebend ist der jeweilige Stand der Ermittlungen. Die Angaben müssen u. U. genauer und detaillierter sein, als Art. 5 Abs. 2 MRK, Art. 9 Abs. 2 IPBPR bei der Verhaftung verlangen[889], wo die Ermittlungen mitunter erst am Anfang stehen. Was dem Beschuldigten im einzelnen jeweils eröffnet werden muß, beurteilt sich nach dem Verfahrensstand und den Besonderheiten des jeweiligen Verfahrens[890]. Können Angaben zunächst nur in groben Umrissen gegeben werden, sind sie später entsprechend dem Ergebnis der weiteren Ermittlungen zu konkretisieren[891]. Ziehen die Ermittlungsbehörden **alternative Geschehensabläufe** mit völlig unterschiedlichen rechtlichen Bewertungen[892] in Betracht, muß sich die Unter-

---

[881] EKMR EuGRZ **1977** 347.

[882] Vgl. EGMR 25.3.1999 Pélissier, Sassi/Fr (NJW **1999** 3545); IntKommEMRK-*Vogler* 472, 478.

[883] EKMR bei *Strasser* EuGRZ **1989** 463; es dürfte darauf ankommen, was im Einzelfall mitgeteilt wurde.

[884] Vgl. oben Rdn. 28 ff.

[885] SK-StPO-*Paeffgen* 127.

[886] EGMR 19.12.1989 Brozicek/I (Series A 167); 7.7.1989 Bricmont/B (EuGRZ **1987** 356 B); EKMR EuGRZ **1977** 347 (X/Belg); Frister StV **1998** 159, 162; *Frowein/Peukert* 175; IntKommEMRK-*Vogler* 472; *Villiger* HdB 507, **a. A.** *Gillmeister* StraFo. **1996** 114, 116. Vgl. ferner *Schroeder* GA **1993** 205, 209 (Mitteilung der Beschuldigung ermöglicht Sicherung entlastender Beweismittel).

[887] Vgl. zu Art. 5 Abs. 4 MRK: EGMR 13.2.2001 Lietzow/D; Schöps/D; Garcia Alva/D (NJW **2002** 2013; 2015; 2018); *Frister* StV **1998** 159, 162; *Kempf* StV **2001** 206; *Kempf* FS Rieß 217; *Lange* NStZ **2003** 348. Weit. Nachw. Art. 5 Rdn. 124a.

[888] EGMR 19.6.2001 Atlan/GB (ÖJZ **2002** 698).

[889] EKMR EuGRZ **1977** 347 (X/Belg); *Frowein/Peukert* 175; IntKommEMRK-*Vogler* 470 mit weit. Nachw.

[890] Die kasuistische Spruchpraxis gibt keine sicheren Konturen für die Erfordernisse, IntKommEMRK-*Vogler* 470.

[891] *Frister* StV **1998** 159, 161.

[892] Die Grenzen, die einer Verurteilung auf Grund wahldeutiger Feststellungen gezogen sind (vgl. § 261, 141 ff), gelten für die Unterrichtung nicht.

richtung auf alle von ihnen erstrecken[893]. Auch eine die Tatsachenalternativen aufzeigende **Anklage auf wahldeutiger Grundlage** genügt den Anforderungen[894].

Die Unterrichtungspflicht besteht während des ganzen Verfahrens. Sie gilt auch für alle wesentlichen **späteren Änderungen** der tatsächlichen Grundlagen der Anschuldigung oder ihrer rechtlichen Bewertung[895]. Diese müssen dem Beschuldigten in irgend einer Form zur Kenntnis gebracht werden, damit er die Vorbereitung seiner Verteidigung entsprechend ändern kann[896]. Nach der weitgehend auf das Endergebnis abstellenden Spruchpraxis der EKMR ist aber eine Verurteilung, die von dem Mitgeteilten **geringfügig abweicht** oder wegen eines gleichartigen anderen Delikts ergeht, noch keine Verletzung von Buchst. a. Entscheidend ist, daß die Verteidigung im Endergebnis weder durch die Umstellung auf den veränderten Inhalt noch wegen der dafür erforderlichen zusätzlichen Vorbereitungszeit nennenswert behindert wurde. Es kann dann genügen, daß der Angeklagte durch den Gang der Verhandlung erkennen mußte, wie die Anklage in Wirklichkeit zu verstehen war[897]. 169

e) Form und Adressat der Unterrichtung. Die Konventionen stellen insoweit keine besonderen Anforderungen auf[898]. Art. 40 Abs. 2 Buchst. b, ii des Übereinkommens über die Rechte des Kindes vom 20.11.1989 (vgl. dazu Rdn. 4) sieht vor, daß bei Kindern im Sinne des Art. 1 dieses Übereinkommens die Unterrichtung gegebenenfalls auch über Eltern oder Vormund vorgenommen werden kann. Im übrigen genügt nach dem Sinn der Regelung jede offizielle Mitteilung an den **Beschuldigten** selbst oder seinen **Verteidiger**[899]; so auch die mündliche Unterrichtung durch die Polizei im Ermittlungsverfahren, etwa bei der ersten Vernehmung (§ 163a Abs. 4 StPO), oder durch Eröffnung des Haftbefehls (vgl. § 114 StPO). Auch die Gewährung von Akteneinsicht an den Verteidiger kann zur Unterrichtung genügen, wenn aus den Ermittlungsakten allein oder in Verbindung mit ergänzenden Hinweisen eindeutig ersichtlich ist, was dem Angeklagten tatsächlich und rechtlich zur Last gelegt wird. Eine Unterrichtung im Sinne von Absatz 3 Buchst. a liegt auch in der **Anklageschrift** oder im **Strafbefehl** nach §§ 200, 409 StPO, wenn dort die Tatsachen, die den Tatverdacht begründen und die rechtlichen Vorwürfe hinreichend konkret aufgeführt sind; ferner in den späteren Hinweisen auf rechtliche oder tatsächliche Änderungen (vgl. § 265 StPO). Welche sonstigen Vorgänge des nationalen Verfahrensrechts solche Unterrichtungen enthalten, beurteilt sich nach deren Inhalt im Einzelfall. Die Organe der MRK prüfen nach, ob die erteilten Mitteilungen in ihrer Gesamtheit den Anforderungen des Buchst. a genügen[900]. Eine **gesetzliche Vermutung**, nach der der abwesende Angeklagte als hinreichend informiert gilt, kann nicht der effektiven Kenntnisnahme gleichgesetzt werden[901]. 170

f) In einer **dem Beschuldigten verständlichen Sprache** ist die Unterrichtung vorzunehmen. Dies muß nicht notwendig seine Muttersprache sein, wohl aber eine Sprache, die er sicher versteht. Andernfalls könnte seine Verteidigung durch einen Verständnismangel oder ein Mißverständnis leiden. Beherrscht der Angeklagte die Gerichtssprache nicht oder nicht in dem erforderlichen Ausmaß, muß die Mitteilung mit allem, was 171

---

[893] *Frister* StV **1998** 159, 161.

[894] EKMR nach IntKommEMRK-*Vogler* 471; SK-StPO-*Paeffgen* 127.

[895] *Guradze* 28; IntKommEMRK-*Vogler* 472; vgl. auch *Niemöller* 56 ff; LR-*Gollwitzer* § 265 StPO, 61; 80 ff.

[896] *Frister* StV **1998** 159, 161; vgl. *Fincke* ZStW **95** (1983) 918, 961; *Wagner* ZStW **109** (1997) 545, 568; **a. A** *Schäfer* wistra **1987** 166.

[897] Krit. dazu *Guradze* 28; IntKommEMRK-*Vogler* 472, 478. *Niemöller* 72 grenzt die Hinweispflicht danach ab, ob die Veränderung Tatumstände betrifft, die in den Anklagesatz aufzunehmen sind. Vgl. oben Rdn. 164.

[898] *Frowein/Peukert* 122; IntKommEMRK-*Vogler* 473.

[899] EKMR nach IntKommEMRK-*Vogler* 473.

[900] EGMR 19.12.1989 Kamasinski/Ö (ÖJZ **1990** 412); IntKommEMRK-*Vogler* 474; *Villiger* HdB 508.

[901] EKMR EuGRZ **1988** 330 (Brozicek).

dazugehört, von Amts wegen übersetzt werden[902]. Dies kann sich erübrigen, wenn gesichert ist, daß ein sprachkundiger Verteidiger die persönliche Unterrichtung übernimmt[903]. Mit dem Recht auf Unterrichtung in einer verständlichen Sprache wird das allgemeine Recht auf kostenfreie Beiordnung eines Dolmetschers nach Art. 6 Abs. 3 Buchst. e MRK, Art. 14 Abs. 3 Buchst. f IPBPR in einem für die Verteidigung wichtigen Punkte inhaltlich festgelegt[904]. Die schriftliche oder mündliche Unterrichtung des Beschuldigten in einer ihm verständlichen Sprache über die ihm zur Last gelegten Tatsachen und die daraus hergeleiteten rechtlichen Beschuldigungen muß im übrigen unter solchen Umständen und in einer Form erfolgen, die es ihm ermöglicht, bewußt und mit ungeteilter Aufmerksamkeit von deren Gegenstand und von ihrer Tragweite Kenntnis zu nehmen.

172 Die **schriftliche Übersetzung** einer solchen Mitteilung wird von den Konventionen nicht zwingend gefordert[905]. Erfolgt die Unterrichtung aber erst durch Erhebung der formellen Anklage, folgt das Erfordernis der Schriftform für die Anklage aus den §§ 200, 201 StPO; Nr. 181 Abs. 2 RiStBV sieht dann vor, daß insbesondere der Anklage und dem Strafbefehl eine Übersetzung beizufügen ist[906]. Hiervon abzuweichen ist allenfalls dann vertretbar, wenn bei einfach gelagerten Sachverhalten die Unterrichtung des Beschuldigten anderweitig gesichert ist, etwa, wenn der Verteidiger dies übernimmt und im Interesse der Verfahrensbeschleunigung auf die zeitraubende Fertigung der schriftlichen Übersetzung verzichtet wird[907]. Eine Übersetzung der Anklage erst in der Hauptverhandlung erfüllt die Anforderungen nicht[908]; dies ist allenfalls dann nach Buchst. a unschädlich, wenn bei einem rechtlich und tatsächlich einfachen Sachverhalt feststeht, daß der Beschuldigte bereits vorher vom Gegenstand der gegen ihn erhobenen Anschuldigung im vollen Umfang zuverlässig unterrichtet worden war. Bei einem in seinem eigenen Land wohnenden ausländischen Beschuldigten kann nicht ohne weiteres angenommen werden, daß er eine in der fremden Gerichtssprache abgefaßte Mitteilung versteht[909]. Ein Anspruch auf **Übersetzung der Akten** oder von Aktenteilen kann aus Buchst. a nicht hergeleitet werden[910].

173 **g) Rechtsbehelfe.** Ein Beschuldigter, der nur ungenügend über die rechtlichen und tatsächlichen Grundlagen der gegen ihn geführten Ermittlungen unterrichtet worden ist, kann während des laufenden Ermittlungsverfahrens unter Hinweis auf sein Recht aus Absatz 3 Buchst. a ausdrücklich um eine vollständige Mitteilung nachsuchen. Er kann deren Fehlen oder Mängel seiner Unterrichtung auch im Rahmen der Rechtsbehelfe geltend machen, die ihm gegen Ermittlungseingriffe zustehen, vor allem auch mit den Rechtsbehelfen, die er im Falle der Anordnung der Untersuchungshaft oder einer Be-

---

902 *Guradze* 30; *Frowein/Peukert* 177; *Villiger* HdB 508.

903 *Basdorf* GedS Karlheinz Meyer 24; IntKomm-EMRK-*Vogler* 473.

904 Vgl. *Weigend* StV **2000** 385.

905 OLG Düsseldorf NJW **2003** 2766; *Basdorf* GedS Karlheinz Meyer 25; *Vogler* EuGRZ **1979** 644.

906 EGMR 23.10.1978 Luedicke/D (EuGRZ **1979** 34); EKMR EuGRZ **1988** 331 (Brozicek); EGMR 19.12.1989 Brozicek/I (Series A 167); KG StV **1994** 90; OLG Düsseldorf StV **2001** 498; *Meyer-Goßner*[47] 18; *Meyer-Ladewig* 96; zum Erfordernis einer schriftlichen Übersetzung der Anklageschrift SK-StPO-*Paeffgen* 129; vgl. ferner LR-*Rieß* § 201 StPO, 15; LR-*Wickern* § 184 GVG, 9 je mit weit. Nachw.

907 EGMR 18.12.1989 Kamasinski/Ö (ÖJZ **1990** 412); OLG Hamburg StV **1994** 65 mit abl. Anm. *Kühne*; *Basdorf* GedS Karlheinz Meyer 25; *Frowein/Peukert* 177; *Grabenwarter* § 24 Rdn. 62; *Meyer-Goßner*[47] 18 (nur in Ausnahmefällen); kritisch gegen das Absehen von einer schriftlichen Übersetzung auch SK-StPO-*Paeffgen* 129.

908 OLG Hamm StV **2004** 364; LG Heilbronn StV **1987** 192; *Meyer-Goßner*[47] 18; anders OLG Düsseldorf NJW **2003** 2766.

909 EKMR EuGRZ **1988** 330 (Brozicek).

910 OLG Düsseldorf JZ **1986** 508; OLG Hamm NStZ-RR **1999** 158; *Frowein/Peukert* 177; IntKommEMRK-*Vogler* 473; *Meyer-Goßner*[47] 18; *Vogler* ZStW **89** (1977) 787; *Villiger* HdB 508.

schlagnahme hat. Ist ihm die Beanstandung einer ungenügenden Unterrichtung im Rahmen eines Rechtsbehelfsverfahrens nicht möglich, stellt sich die Frage, ob er eine ungenügende Auskunftserteilung oder die Berechtigung zu ihrer Verweigerung nach § 23 ff EGGVG gerichtlich überprüfen lassen kann[911]. Dies wäre dann ein Rechtsbehelf, den er nach Art. 13 MRK ausschöpfen müßte, wenn er allein einen Verstoß gegen Abs. 6 Abs. 3 Buchst. a geltend machen wollte; in der Regel wird die ungenügende Unterrichtung allerdings im Zusammenhang mit anderen Konventionsverletzungen, vor allem mit der Versagung eines fairen Verfahrens erst nach Abschluß des Strafverfahrens gerügt werden.

3. Zeit und Gelegenheit zur Vorbereitung der Verteidigung (Art. 6 Abs. 3 Buchst. b MRK; Art. 14, Abs. 3 Buchst. b IPBPR)

a) Zweck der Regelung. Art. 6 Abs. 3 Buchst. b MRK und Art. 14 Abs. 3 Buchst. b PBPR wollen sichern, daß dem Beschuldigten nach der Eröffnung der gegen ihn erhobenen Beschuldigung gemäß Buchst. a ausreichend Zeit und Gelegenheit verbleibt, **seine Verteidigung vorzubereiten**, die ihm von Art. 6 Abs. 3 Buchst. c, Art. 14 Abs. 3 Buchst. d garantiert wird. Formale Verfahrensbefugnisse nützen mitunter wenig, wenn die für ihre effektive Ausübung notwendigen Tatsachen nicht ermittelt und Beweismittel aus Zeitmangel nicht beigebracht werden können[912]. Die Gleichheit der Prozeßchancen gegenüber der mit einem Ermittlungsvorsprung das Verfahren einleitenden Staatsanwaltschaft ist dann faktisch nicht gewährleistet[913]. Bleibt dem Angeklagten bei einer kurzfristigen Änderung des Schuldvorwurfes nicht genügend Zeit, um sich darauf ausreichend vorzubereiten, kann neben Buchst. b auch Buchst. a verletzt sein[914]. 174

b) Ausreichende Gelegenheit für die Vorbereitung der Verteidigung. Der Beschuldigte muß nach der Unterrichtung über die gegen ihn erhobene Beschuldigung (vgl. Buchst. a) in der Lage sein, alle aus seiner Sicht erforderlichen Maßnahmen zur Vorbereitung seiner Verteidigung sofort in die Wege zu leiten[915]. Dies gilt für Nachforschungen in den eigenen Unterlagen, die Einholung von Auskünften sowie die Kontaktaufnahme mit Personen, die eventuell entlastende Tatsachen bekunden können, aber auch für die Vorbereitung und Ausarbeitung einer eigenen Stellungnahme zu den erhobenen Anschuldigungen[916]. Ob und was der Angeklagte zur Vorbereitung seiner Verteidigung unternehmen will, ist grundsätzlich ihm selbst überlassen. Reicht ihm die für seine Vorbereitung verfügbare Zeit nicht aus oder bedarf er für die Beiziehung von Beweismitteln der Mithilfe des Gerichts, muß er bei Gericht entsprechende Anträge stellen. Unterläßt er dies, geht es zu seinen Lasten („prozessuale Obliegenheiten)[917]. Zur Vorbereitung der Verteidigung gehört vor allem die Möglichkeit, sich einen **Verteidiger** zu suchen und mit diesem seine Verteidigung vorzubereiten. Der ungehinderte **Verkehr mit dem Verteidiger** seiner Wahl wird dem Beschuldigten von Art. 14 Abs. 3 Buchst. b IPBPR ausdrücklich garantiert. Bei der MRK führt die Auslegung von Art. 6 Abs. 3 Buchst. b, c MRK zum gleichen 175

---

911 Strittig, vgl. *Frister* StV **1998** 159, auch zur Frage einer Entschädigung zum Ausgleich einer nicht mehr reparablen Konventionsverletzung. Die isolierte Anfechtbarkeit eines Verstoßes gegen Absatz 3 Buchst. a im nationalen Recht würde allerdings zur Folge haben, daß bei einem nicht fortwirkenden Verstoß der Rechtsweg nicht erschöpft ist, Art. 35 Abs. 1 MRK.

912 *Villiger* HdB 509.

913 Die EKMR sieht darin das Fundament des Grundsatzes der Waffengleichheit, vgl. die Nachweise bei IntKommEMRK-*Vogler* 479.

914 EKMR bei *Strasser* EuGRZ **1989** 463.

915 Vgl. SK-StPO-*Paeffgen* 131: „Verteidigung organisieren".

916 *Villiger* HdB 511.

917 Vgl. EGMR 28.6.1984 Campbell,Fell/GB (EuGRZ **1985** 534); 7.7.1989 Bricmont/Belg (Series A 1989: Beweisantrag); *Meyer-Ladewig* 90; SK-StPO-*Paeffgen* 130.

Ergebnis[918]. Ob der Beschuldigte sich der **Hilfe eines Verteidigers** schon im Ermittlungsverfahren bedienen will, ist grundsätzlich[919] ihm überlassen. Sein Recht, einen Verteidiger zuzuziehen, besteht während des ganzen Verfahrens, da es nicht nur die Verteidigung gegen die erhobene Beschuldigung in der Hauptverhandlung, sondern auch die Wahrung der Verfahrensrechte des Beschuldigten von Anfang an, also auch schon während der polizeilichen Ermittlungen, ermöglichen soll[920]. Wird ihm dies verweigert, kann darin ein irreparabler Verstoß gegen ein faires Verfahren liegen, so etwa, wenn er den Rat eines Verteidigers bedurfte, weil er sich in einem fundamentalen Dilemma befand, da er sowohl bei einer Aussage als auch durch sein Schweigen Nachteile befürchtete[921]. Ob ein Recht auf Anwesenheit eines Verteidigers bei der polizeilichen Vernehmung besteht, ließ der EGMR ausdrücklich offen[922]. Bei der von ihm in den Vordergrund gestellten Beurteilung unter dem Blickwinkel eines fairen Verfahrens dürfte es auf den Einzelfall ankommen; ob die Teilnahme des Verteidigers bei einer Vernehmung erforderlich war und ob dies andernfalls die Verwertbarkeit der Aussage in Frage stellte[923].

176 Ein **auf freiem Fuß befindlicher Beschuldigter** muß grundsätzlich seine Verteidigung in eigener Verantwortung selbst vorbereiten, etwa durch Erkundigungen, Beibringung von Unterlagen und Nachforschungen nach sonstigen Beweismitteln. Es ist seine Sache, ob und wie er diese Möglichkeiten ausschöpft[924], er darf durch staatliche Maßnahmen nicht an zulässigen Aktivitäten zu diesem Zweck gehindert werden[925]. Das nationale Recht kann aber ohne Verstoß gegen Buchst. b fordern, daß der Angeklagte eine Zustellungsadresse angibt oder daß er oder sein Verteidiger sich nach dem Verhandlungstermin erkundigen, wenn keine Ladung vorgeschrieben ist[926]. Die **Unterlagen,** die der Beschuldigte ersichtlich zur Vorbereitung seiner Verteidigung im laufenden Verfahren gesammelt hat, unterliegen **nicht der Beschlagnahme** und sind der Verwertung durch die Strafverfolgungsbehörden entzogen; insoweit hat das auch aus dem Rechtsstaatsprinzip folgende Gebot der Ermöglichung einer effektiven Verteidigung Vorrang vor den Belangen einer funktionierenden Strafrechtspflege[927]. Das Recht auf **Teilnahme an richterlichen Beweiserhebungen** dient ebenfalls der Vorbereitung seiner Verteidigung, es wird aber nicht zwingend durch Buchst. b garantiert, da es für dessen Zwecke genügen kann, wenn der Beschuldigte spätestens bei der Beweisverwertung vor dem erkennenden Gericht seine Verteidigungsrechte, insbesondere sein Fragerecht ausüben und zum Beweisergebnis Stellung nehmen und seine Einwände dagegen vorbringen kann[928].

177 Ein in **Haft befindlicher Beschuldigter** muß ungeachtet der sich daraus ergebenden Einschränkungen ausreichende Möglichkeiten für die Vorbereitung seiner Verteidigung

---

918 EKMR EuGRZ **1986** 276 (Can); *Frowein/Peukert* 182; IntKommEMRK/*Vogler* 480.

919 Wegen der Einzelheiten und der Beiordnung eines Pflichtverteidigers vgl. Rdn. 197 ff; 201 ff.

920 EGMR 24.11.1993 Imbrioscia/CH (ÖJZ **1994** 517); 8.2.19964 Murray/GB (EuGRZ **1996** 587); EKMR EuGRZ **1986** 276 (Can); EuGRZ **1988** 504; *Esser* 452; *Villiger* HdB 509.

921 EGMR 8.2.1996 Murray/GB (EuGRZ **1996** 587); dazu ausführlich *Esser* 454.

922 EGMR 8.2.1996 Murray/GB (EuGRZ **1996** 587); EKMR EuGRZ **1994** 277 (Diaz Ruano/Span); *Esser* 453.

923 EGMR 6.12.1988 Barberà u.a./Span (Series A 146), Zu der unklaren Rechtsprechung *Esser* 456 ff.

924 Vgl. IntKommEMRK-*Vogler* 500 („Obliegenheit des Beschuldigten"); ebenso SK-StPO-*Paeffgen* 130.

925 Bei der Ausweisung eines durch einen Verteidiger vertretenen ausländischen Angeklagten, über dessen auf das Strafmaß beschränkte Berufung noch nicht verhandelt war, wurde dies verneint, EKMR nach IntKommEMRK-*Vogler* 481; 363.

926 EKMR nach IntKommEMRK-*Vogler* 500.

927 BGHSt **44** 46, BGH NJW **1973** 2035; BGHR § 97 StPO Verteidigungsunterlagen 1, 2; *Dahs* GedS Karlheinz Meyer 61, 68, vgl. LR-*G. Schäfer* § 97 StPO, 88 ff.

928 Vgl. *Frowein/Peukert* 188; 201. Zum Fragerecht vgl. Rdn. 210 ff.

erhalten. Er darf nicht daran gehindert werden, aus der Haft heraus selbst die von ihm für erforderlich gehaltenen Maßnahmen in die Wege zu leiten, sei es schriftlich oder mündlich beim Besuch einer Person seines Vertrauens[929]. Ein unüberwachter Besuch der Ehefrau kann aber wegen Verdunkelungsgefahr abgelehnt werden[930]. Das für die **Ausarbeitung** seiner Verteidigung erforderliche Schreibmaterial darf ihm nicht verweigert werden, desgleichen müssen für ihn, zumindest wenn er seine Verteidigung allein führen will, die wichtigsten einschlägigen Gesetzestexte verfügbar sein[931]. Soweit dies für die sachgerechte Vorbereitung seiner Verteidigung, nicht zuletzt auch zur Sicherung seines Rechts zur Befragung von Belastungszeugen nach Art. 6 Abs. 3 Buchst d MRK, Art. 14 Abs. 3 Buchst. e IPBPR und damit zugleich auch zur Sicherung der Verwertbarkeit der Aussagen[932] notwendig ist, kann es vor allen in den Fällen einer notwendigen Verteidigung geboten sein, ihn bereits im Vorverfahren einen Verteidiger von Amts wegen nach § 141 Abs. 3 StPO zu bestellen[933].

Mit seinem **Verteidiger** muß ein in Haft befindlicher Beschuldigter zur Vorbereitung **178**
seiner Verteidigung im ausreichenden Maße mündlich und schriftlich[934] verkehren können und zwar, wie es die zur Zweckerreichung notwendige Vertraulichkeit des Gespräches erfordert, grundsätzlich **alsbald**[935], **ohne Zuhörer**[936] und **ohne zeitliche Begrenzung**[937]. Dies gilt nicht nur für das Verfahren, in dem er sich in Untersuchungshaft befindet sondern auch für den Umgang mit einem Verteidiger, der ihn in einem anderen anhängigen Strafverfahren vertritt, selbst wenn dieses im Ausland durchgeführt wird[938]. **Einschränkungen und Kontrollen** dieses Verkehrs werden in Ausnahmefällen für zulässig gehalten, sie müssen jedoch im konkreten Fall durch schwerwiegende besondere Umstände gerechtfertigt sein[939]. Sie müssen einem der in Art. 8 Abs. 2 MRK aufgeführten Zwecke dienen, etwa, um eine konkret zu befürchtende mißbräuchliche Ausnützung dieses Verkehrs zur Verdunkelung begangener oder zur Begehung weiterer Straftaten zu verhüten. Sie dürfen die Verteidigung als solche nicht unnötig oder unverhältnismäßig behindern[940]; insbesondere muß der Verteidiger Gelegenheit haben, den Sachverhalt mit dem Angeklagten vorher zu besprechen. Dies ist auch erforderlich, damit er das Fragerecht sachgerecht ausüben kann, wenn er für diesen an der kommissarischen Einvernahme

---

929 Vgl. EGMR 28. 6. 1984 Campbell, Fell/GB (EuGRZ **1985** 534); Verstoß durch Zurückhaltung des Briefes des Gefangenen an Anwalt zur Prüfung zivilrechtlicher Ansprüche); vgl. Art. 8 MRK Rdn. 39.

930 BGHSt. **44** 82; *Nack* NJW Sonderheft für G. Schäfer **2002** 46, 48.

931 *Villiger* HdB 511.

932 Vgl. unten Rdn. 227a.

933 Vgl. etwa BGHSt **46** 93; **47** 172, 176; **47** 233, 234.

934 Vgl. schweiz.BGer. EuGRZ **1981** 284.

935 Eine sieben Tage dauernde Verweigerung des Verkehrs mit seinem Verteidiger kann nicht nur gegen Art. 5 Abs. 3 sondern auch gegen Art. 6 Abs. 3 Buchst. c verstoßen, EGMR 6. 9. 2000 Magee/GB; 12. 3. 2003 Öcalan/Türk (EuGRZ **2003** 472); zust. *Kühne* JZ **2003** 670, 672.

936 EGMR 28. 11. 1991 S/CH (EuGRZ **1992** 296) unter Hinweis auf § 93 der Mindestregeln für die Behandlung von inhaftierten Personen (Anhang zur Resolution (73) 5 des Ministerkomitees des Europarats (optische, aber keine akustische Überwachung); EGMR 12. 3. 2003 Öcalan/(Türk (EuGRZ **2003** 472); EKMR EuGRZ **1986** 276 (Can); schweiz. BGer EuGRZ **1995** 404; *Frowein/Peukert* 189; *Paeffgen* NStZ **1989** 423.
Art. 8 Abs. 3 Buchst. d AMRK garantiert ausdrücklich das Recht des Beschuldigten, mit dem Verteidiger seiner Wahl frei und ungestört verkehren zu können.

937 Vgl. EGMR 12. 3. 2003 Öcalan/Türk (EuGRZ **2003** 472), dazu *Kühne* JZ **2003** 670.

938 OLG Celle NStZ **2003** 686, auch zu der zur Verhütung von Mißbrauch eventuell erforderlichen Legitimation des im ausländischen Verfahren bestellten Verteidigers durch die ausländischen Justizbehörden. Ob dies nur gilt, wenn dem Beschuldigten auch im ausländischen Verfahren die Rechte aus der Menschenrechtskonvention zustehen, erscheint fraglich.

939 *Frowein/Peukert* 184; 189; vgl. auch vorsteh. und nachf. Fußn.

940 EGMR 18. 6. 1971 belg. Landstreicher (Series A 12); EKMR EuGRZ **1986** 276 (Can); *Frowein/Peukert* 183; 184; IntKommEMRK-*Vogler* 481; 484. Vgl. ferner *Kühne* EuGRZ **1979** 532 (auch Schutz des Verteidigers).

eines Belastungszeugen teilnehmen soll[941]. Der Haftanstalt anzulastende Verzögerungen des Briefverkehrs mit dem Verteidiger, die zu einer Fristversäumnis führen, verletzen Abs. 3 Buchst. b[942]. Ein uneinschränkbares Recht, auch mit **anderen Personen** zur Vorbereitung der Verteidigung unbeaufsichtigt zu verkehren, läßt sich aus Buchst. b nicht herleiten[943], wohl aber ein Recht darauf, daß die Kontrollorgane in die Vorbereitung der Verteidigung nicht ohne schwerwiegenden rechtfertigenden Grund und nicht länger als dafür unbedingt erforderlich eingreifen und daß sie nicht die durch Überwachungsmaßnahmen gewonnenen Erkenntnisse oder Unterlagen den Strafverfolgungsbehörden zur Verwendung im laufenden Verfahren zugänglich machen[944]. Eine Beschränkung aus sachfremden Überlegungen, etwa um den Betroffenen zu einem Geständnis zu veranlassen, wäre unzulässig[945].

179 Eine **zeitlich befristete Unterbrechung** des Verkehrs mit dem Verteidiger aufgrund einer angeordneten **Kontaktsperre** nach §§ 34 ff EGGVG ist mit Art. 6 Abs. 3 MRK vereinbar[946]. Gleiches gilt für Sicherheitsmaßnahmen (Trennscheibe, Kontrollen u. a.) für die Abwicklung des Verkehrs[947]. Ein Anspruch auf Verlegung in eine andere Haftanstalt zur Erleichterung der Besuche des Verteidigers kann aus Buchst. b nicht hergeleitet werden, solange der Kontakt mit dem Verteidiger zumindest anderweitig aufrechterhalten werden kann[948], wohl aber, daß der Verkehr nicht durch eine willkürliche Verlegung absichtlich erschwert wird[949].

180 Der **Verkehr mit seiner konsularischen Vertretung** oder sonstigen Vertretern seines Landes wird einem ausländischen Beschuldigten durch Buchst. b nicht gewährleistet[950], wohl aber durch Art. 36 Abs. 1 Buchst. b des 2. Wiener Übereinkommens[951] und durch Sondervereinbarungen[952].

181 Die **Gelegenheit zur Einsicht** in die einschlägigen **Verfahrensakten** und in die als Beweismittel amtlich verwahrten Dokumente sowie zur Besichtigung sonstiger Beweisgegenstände gehört, auch wenn nicht ausdrücklich angesprochen, ebenfalls zu der durch Buchst. b garantierten Verteidigungsvorbereitung[953]. Alle für das Strafverfahren durchgeführten sachdienlichen Erhebungen sowie alle für die Verwendung in diesem beigebrachten Unterlagen rechnen grundsätzlich dazu, ganz gleich, ob sie den Angeklagten belasten oder entlasten und ob sie schon dem Gericht vorgelegt worden sind oder sich noch in den Akten der Staatsanwaltschaft befinden[954]. Der Angeklagte muß grundsätzlich das ganze gegen ihn **angesammelte, verwertbare Material** zu seiner Entlastung

---

[941] Vgl. BGHSt **46** 93.

[942] EGMR 15.11.1996 Domenichini (Rep. 1996-V); *Grabenwarter* § 24 Rdn. 64.

[943] Zu den strittigen Fragen und zur Rechtsprechung des schweiz.BGer. IntKommEMRK-*Vogler* 482.

[944] Das für die Beschlagnahme und Verwertung von Verteidigungsunterlagen geltende Verbot (vgl. Rdn. 176) dürfte auch insoweit Platz greifen.

[945] Vgl. schweiz.BGer. EuGRZ **1978** 16.

[946] *Frowein/Peukert* 183; IntKommEMRK-*Vogler* 488; vgl. auch EKMR EuGRZ **1986** 276 (Can); BVerfGE **49** 24; ferner zur „mise en sécret" schweiz.BGer. EuGRZ **1978** 16; IntKommEMRK-*Vogler* 489; *Villiger* HdB 282, 283; mit weit. Nachw.

[947] EKRM nach IntKommEMRK-*Vogler* 486.

[948] EKMR nach *Frowein/Peukert* 184; IntKommEMRK-*Vogler* 482.

[949] *Frowein/Peukert* 184.

[950] EKMR nach IntKommEMRK-*Vogler* 480; SK-SPO-*Paeffgen* 131. Vgl. auch nachfolgende Fußn.

[951] Dazu Nr. 135 RiVASt, ferner IGH D/USA EuGRZ **2001** 287 (Le Grand), dazu *Oellers-Frahm* EuGRZ **2001** 265; *Hillgruber* JZ **2002** 91.

[952] So Art. VII Abs. IX Buchst. g NATO-Truppenstatut und Nr. XIV Abs. 2; Nr. XVI der Anl. 4 zum deutsch-sowjetischen Vertrag vom 12.10.1990 (BGBl. II 1991 S. 289).

[953] *Frowein/Peukert* 185; *Grabenwarter* § 24 Rdn. 65; IntKommEMRK-*Vogler* 490; *Nowak* 43; *Villiger* HdB 524.

[954] IntKommEMRK-*Vogler* 490; für den eigentlichen Inhalt der Handakten dürfte dies nicht gelten; vgl. dazu und zu den Problemfällen LR-*Lüderssen* § 147 StPO, 30 ff; LR-*Rieß* § 199 StPO, 21 f, die strittige Frage der Einsicht in Spurenakten der Polizei ist beim EGMR bisher nicht behandelt worden, vgl. SK-StPO-*Paeffgen* 132.

benutzen können. Dies folgt aus dem Gebot eines die Waffengleichheit wahrenden fairen Verfahrens, das eine Parität des Wissens voraussetzt[955]. Deshalb muß ihm oder seinem Verteidiger rechtzeitig vor der Entscheidung in einer dafür ausreichenden Form unter Einräumung der dafür erforderlichen Zeit[956] die Kenntnisnahme des gesamten angesammelten Materials ermöglicht werden. Es hängt von den Umständen des Einzelfalls ab, ob hierfür die Überlassung von Abschriften (Ablichtungen) aus den Akten oder Auskünfte genügen[957] oder ob dafür die Akteneinsicht unerläßlich ist und ob ihm gegebenenfalls hierfür von Amts wegen ein Verteidiger zu bestellen ist[958]. Welche Teile der Gerichtsakten für die Vorbereitung der Verteidigung notwendig sind, wird der Beurteilung des nationalen Richters überlassen, der dies unter dem Blickwinkel eines die Verteidigungsrechte wahrenden fairen Verfahrens frei von Mißbrauch entscheiden muß[959]. Grundsätzlich ist alles, was sich auf die Begehung und Umstände der Tat einschließlich der subjektiven Tatbestandsmerkmale bezieht oder die Beweismittel einschließlich ihrer Verläßlichkeit betrifft, als für die Verteidigung notwendig anzusehen[960]. Niederschriften über Verhandlungen und kommissarische Vernehmungen (vgl. § 224 Abs. 1 StPO) sind der Verteidigung zugänglich zu machen, wenn sie deren Inhalt für ihre Aufgabe benötigt, vor allem zur Vorbereitung eines Rechtsbehelfs.

Der **Verteidigung insgesamt muß d**as Einsichtsrecht eröffnet sein. Es wurde als zulässig angesehen, daß das nationale Recht die Akteneinsicht dem Verteidiger vorbehält[961]. Kann der Angeklagte jedoch dadurch nicht in dem für seine Verteidigung notwendigen Umfang über alle den erhobenen Anschuldigungen zu Grunde liegenden Details unterrichtet werden[962] und erhält er diese Kenntnis auch nicht auf andere Weise (Kopien aus den Akten usw.), hat er das Recht, sich neben seinem Verteidiger auch selbst darüber aus den Akten unterrichten zu können[963]. Ein Angeklagter, der keinen Verteidiger hat, muß selbst alle für seine Verteidigung sachdienlichen Auskünfte und Abschriften erhalten, sofern ihm nicht die unmittelbare Akteneinsicht ermöglicht wird[964]. Stehen dem die Gefährdung des Untersuchungszwecks oder überwiegende schutzwürdige Interessen Dritter entgegen, muß ihm notfalls dafür von Amts wegen ein Verteidiger bestellt werden. Im übrigen muß das Recht auf Akteneinsicht **nicht zu jedem Zeitpunkt** bestehen; es dürfte genügen, wenn das nationale Recht die Akteneinsicht erst von einem bestimmten Verfahrensabschnitt an im erforderlichen Umfang gewährt, etwa nach der Anklageerhebung[965]. Anderes gilt, wenn sich der Beschuldigte in **Untersuchungshaft** be- 182

955 *Esser* 424 ff; vgl. LR-*Lüderssen* § 147, 4.

956 Etwa EGMR 12.3.2003 Öcalan/Türk (EuGRZ **2003** 472).

957 § 147 Abs. 6 StPO beschränkt den Angeklagten, der keinen Verteidiger hat, auf diese Möglichkeit.

958 Zur Problematik unter dem Blickwinkel des aufgedrängten Verteidigers vgl. *Esser* 429 ff; *Meyer-Goßner* StPO[47] § 147, 4.

959 *Frowein/Peukert* 185.

960 *Frowein/Peukert* 185; vgl. auch IntKommEMRK-*Vogler* 490. Zum Akteneinsichtsrecht nach § 147 StPO, das nach § 147 Abs. 6 auch dem Beschuldigten gewährt werden kann, vgl. LR-*Lüderssen* § 147 StPO, 119 ff.

961 EGMR 19.12.1989 Kamasinski/Ö (ÖJZ **1990** 412); 21.9.1993 Kremzow/Ö (EuGRZ **1995** 537); EKMR nach *Frowein/Peukert* 185; *Esser* 425 ff; IntKommEMRK-*Vogler* 492; *Meyer-Ladewig* 90; *Villiger* HdB 511; vgl. OLG Frankfurt NStZ-RR **2001** 374.

962 Vgl. EGMR 19.12.1989 Kamasinski/Ö (ÖJZ **1990** 412).

963 EGMR 12.3.2003 Öcalan/Türk (EuGRZ **2003** 472); dazu *Kühne* JZ **2003** 670; die Entscheidung ist von den Besonderheiten des Falles (umfangreiche Akten, zu knappe Zeit der Verteidiger für die Unterrichtung, Insiderwissen des Angeklagten, wer für die einzelnen Gewaltakte der PKK direkt verantwortlich war) geprägt.

964 Vgl. EGMR 17.2.1997 Foucher/F (NStZ **1998** 429 mit Anm. *Deumeland*), zu den Besonderheiten dieses Falls *Esser* 426 ff, ferner *Böse* StraFo. **1999** 293; *Hass* NStZ **1999** 442; vgl. auch LR-*Lüderssen* StPO § 147, 8; 12; *Meyer-Goßner* StPO[47] § 147, 4; *Schlothauer* StV **2001** 192.

965 EKMR bei *Frowein/Peukert* 185; IntKommEMRK-*Vogler* 491.

findet. Dann ist es schon zur effektiven Verteidigung des Beschuldigten im Haftprüfungsverfahren nach Art. 5 Abs. 4 MRK unerläßlich, daß der Verteidiger bereits dafür die Akten einsehen kann[966]. Im übrigen kann der Anspruch auf Akteneinsicht nach der EKMR dahin eingegrenzt werden, daß keine Sicherheitsrisiken, Geheimhaltungspflichten oder verwaltungstechnische Schwierigkeiten entgegenstehen dürfen[967]. Die Preisgabe der Namen geheimgehaltener Gewährsleute kann nicht unter Berufung auf Buchst. b verlangt werden. Desgleichen läßt sich kein Recht auf Zusendung von Kopien aus den Akten daraus herleiten[968].

183 c) **Ausreichende Zeit** muß der Beschuldigte für die einzelnen Maßnahmen zur Vorbereitung seiner Verteidigung haben. Welche Zeit erforderlich ist, läßt sich nicht allgemein bestimmen, sondern nur unter Berücksichtigung **aller Umstände des jeweiligen Einzelfalls**, dessen Umfang und Schwierigkeit und dem jeweiligen Verfahrensstadium sowie den nach der jeweiligen Verfahrenslage in Betracht zu ziehenden Verteidigungsmaßnahmen, ferner danach, ob sich der Beschuldigte in Freiheit oder in Haft befindet[969]. Sie ist nach dem jeweiligen Verfahrensabschnitt unterschiedlich zu bemessen, wobei auf den Zeitbedarf abzustellen ist, der wegen einer neuen Lage jeweils zusätzlich zu dem bereits früher erlangten und für die Vorbereitung der Verteidigung zu nutzenden Kenntnisstand erforderlich wird. Die Zeit für die Vorbereitung der Verteidigung ist dabei aber nicht im Verhältnis zu der Zeit zu berechnen, die die Strafverfolgungsbehörde für ihre Ermittlungen benötigte[970]. Bei Bemessung des erforderlichen Zeitbedarfs ist grundsätzlich davon auszugehen, daß der Angeklagte bereits von der ersten Unterrichtung über die Beschuldigung (Buchst. a) an[971] seine Zeit dafür auch tatsächlich nützt und damit nicht erst bis zur Ladung zur Verhandlung zuwartet. Unter Berücksichtigung dieses Umstands, nicht zuletzt der Möglichkeit, sich schon im Zwischenverfahren innerhalb einer richterlichen Frist zur Anklage erklären zu können (§ 201 StPO), erscheint die Ladungsfrist des § 217 StPO im Regelfall ausreichend[972]. **Wechselt der Gegenstand der Anschuldigung** im Laufe des Verfahrens, bemißt sich die erforderliche Vorbereitungszeit nach dem zusätzlichen Informationsbedarf, der ihr je nach Lage des Einzelfalls dadurch entstehen kann, daß die Verteidigung auf die neue Anschuldigung umgestellt werden muß[973].

184 Bei **Bestellung eines Verteidigers** oder bei einem **Verteidigerwechsel** muß diesem genügend **Zeit zur Einarbeitung** gegeben werden[974], wobei seine allgemeine Arbeitsbelastung zu berücksichtigen ist. Der als Verteidiger bestellte Anwalt muß sich zwar nötigenfalls vordringlich dieser Aufgabe widmen, er kann deswegen aber nicht alle anderen Arbeiten zurückstellen[975]. Keine neue Vorbereitungsfrist nach Buchst. b fällt in der Regel an, wenn mehrere Verteidiger vorhanden sind und einer die Rolle des ausgeschiedenen übernimmt; nur wenn dies nicht möglich ist, muß dem neu eintretenden Anwalt die erforderliche Zeit für die Einarbeitung eingeräumt werden[976]. Wechselt ein Angeklagter aber kurz vor der Hauptverhandlung ohne zwingenden Grund seinen Verteidiger, kann

---

966 Vgl. EGMR 30.3.1989 Lamy/B (StV **1993** 283); 13.2.2001 Lietzow/D; Schöps/D; Garcia Alva/D (NJW **2002** 2013; 2015; 2018; jeweils zu Art. 5 Abs. 4 MRK mit Anm. *Kempf* StV **2001** 206; dazu ferner *Ziegler* StV **1993** 321; *Kempf* FS Rieß 217; LR-*Lüderssen* StPO § 147, 160 a; vgl. Art. 5 Rdn. 124a mit weit. Nachw.

967 Vgl. die Nachweise in beiden vorstehenden Fußn.; ferner LR-*Lüderssen* StPO § 147, 132 ff.

968 *Nowak* 42.

969 EKMR EuGRZ **1977** 347 (X/Belg); *Frowein/Peukert* 179; IntKommEMRK-*Vogler* 494; *Schorn* 1.

970 *Frowein/Peukert* 180.

971 Vgl. Rdn. 162 ff.

972 *Schorn* 3.

973 EGMR 25.3.1999 Pélissier, Sassi/F. (NJW **1999** 3545).

974 EGMR 9.4.1984 Goddi/I (EuGRZ **1985** 234); 9.6.1998 Twalib/Griech (ÖJZ **1999** 390): EKMR nach *Frowein/Peukert* 180; *Esser* 447; IntKomm-EMRK-*Vogler* 499.

975 *Frowein/Peukert* 180; IntKommEMRK-*Vogler* 498.

976 EKMR nach *Frowein/Peukert* 180.

er sich nicht darauf berufen, daß dem neuen Verteidiger die Zeit zum Einarbeiten fehlt[977].

Die Vorbereitung von Rechtsmitteln gehört ebenfalls zur Vorbereitung der Verteidigung. **185**
Die Fristen des einfachen Verfahrensrechts sichern für den Normalfall den Zeitbedarf der Verteidigung. Im Hinblick auf das Beschleunigungsgebot wird es grundsätzlich als mit Buchst. b vereinbar angesehen, daß starre Rechtsmittelfristen nicht verlängert werden können[978]. Dies hat die EKMR selbst für die früher nur zwei Wochen betragende Revisionsbegründungsfrist des § 345 a. F StPO mehrfach mit der Erwägung bejaht, daß der Verteidiger mit Gang und Ergebnis des Verfahrens und dem Inhalt der Akten bereits ausreichend vertraut sein muß[979]. Bei **Großverfahren** ist strittig, ob die Revisionsbegründungsfrist von einem Monat ausreicht, um alle Möglichkeiten dieses Rechtsmittels für eine effektive Verteidigung auszuschöpfen[980]. Eine Rechtsmittelbegründungsfrist von 5 Tagen wurde dagegen als unvereinbar mit Absatz 3 Buchst. b angesehen, wenn der Rechtsmittelführer bis dahin nicht einmal von allen maßgebenden Entscheidungsgründen Kenntnis hatte[981].

Schnellverfahren, wie das beschleunigte Verfahren nach §§ 417 ff StPO, sind grund- **186**
sätzlich mit Buchst. b noch vereinbar, wenn die Staatsanwaltschaft sie wirklich nur bei einem einfachen, für alle Beteiligten offen liegenden und auch sonst zur sofortigen Aburteilung geeigneten Sachverhalt beantragt, der bei klarer Beweislage weder für die Anklage noch für die Vorbereitung der Verteidigung einen nennenswerten Zeitaufwand erfordert[982]. Unerläßlich ist auch hier, daß der Beschuldigte ausreichende Zeit und Gelegenheit zur Vorbereitung seiner Verteidigung hatte[983]. Unter diesem Blickwinkel kann in Einzelfällen eine zu kurze Ladungsfrist bedenklich sein[984]. Sollte sie nicht ausreichen, muß das Gericht die Frist angemessen verlängern oder die Aburteilung als für das beschleunigte Verfahren nicht geeignet ablehnen[985]. Ist eine Freiheitsstrafe von mindestens sechs Monaten zu erwarten, hat das Gericht nach § 418 Abs. 4 StPO dem Beschuldigten von Amts wegen einen Verteidiger beizuordnen, sofern er noch keinen hat. Diesem muß dann aber auch ausreichende Zeit zur Vorbereitung der Verteidigung einschließlich einer Besprechung mit dem Angeklagten eingeräumt werden[986].

4. Anwesenheit bei der Verhandlung, Verteidigung in eigener Person oder durch Wahl- oder Pflichtverteidiger, (Art. 6 Abs. 3 Buchst. c MRK; Art. 14 Abs. 3 Buchst. d IPBPR)

a) Zweck. Zur **Sicherung der Verteidigung** als Grundvoraussetzung eines fairen Ver- **187**
fahrens[987] garantiert **Art. 6 Abs. 3 Buchst. c MRK** drei Rechte, das Recht sich selbst zu verteidigen, das Recht damit einen Verteidiger eigener Wahl zu beauftragen und, unter

[977] EKMR nach *Frowein/Peukert* 180; IntKomm-EMRK-*Vogler* 501 (mißbräuchliche Verkürzung der Vorbereitungszeit); vgl. auch EKMR bei *Bleckmann* EuGRZ **1981** 117.

[978] IntKommEMRK/*Vogler* 494; *Meyer-Goßner*[47] 19.

[979] EKMR bei *Frowein/Peukert* 181; *Guradze* 31; Int-KommEMRK-*Vogler* 494.

[980] Verneinend *Hillenkamp* 112 ff; *Grabenwarter* NJW **2002** 109; *Grabenwarter* § 24 Rdn. 65; ähnlich östr.VerfGH NStZ **2000** 669 (für die Vierwochenfrist). Vgl. LR-*Hanack* § 345 StPO, 1.

[981] EGMR 16.12.1992 Hadjianastassiou/Griech (EuGRZ **1993** 70); Frowein/Peukert 181.

[982] *Esser* 449; *Frowein/Peukert* 129; IntKommEMRK-*Vogler* 495; *Vogler* ZStW **82** (1970) 776; *Schorn* 5 (bei geständigem Angeklagten); generelle Bedenken: *Herzog* ZRP **1991** 125; *Schünemann* NJW **1968** 975.

[983] Zu dieser auch im Eilverfahren zu beachtenden Voraussetzung vgl. Nr. 146 Abs. 1 S. 2 RiStBV; *Bandisch* StV **1994** 158; *Esser* 449; *Herzog* ZRP 1991 125; vgl. LR-*Gössel* § 418, 23; *Meyer-Goßner*[47] StPO Vor § 417, 4; § 418, 8; SK-StPO-*Paeffgen* Vor § 417, 6, je mit Nachw.

[984] Vgl. LR-*Gössel* Vor § 417, 53.

[985] Vgl. LR-*Gössel* § 417, 25 ff, § 419, 24.

[986] Vgl. LR-*Gössel* § 418, 52; *Meyer-Goßner* § 419, 12; SK-StPO-*Paeffgen* § 418, 20.

[987] Etwa EGMR 25.4.1983 Pakelli/D (EuGRZ **1983** 345).

bestimmten Voraussetzungen, das Recht auf unentgeltliche Beiordnung eines Pflichtverteidigers[988]. Diese drei Rechte gewährleistet auch **Art. 14 Abs. 3 Buchst. d IPBPR**[989], der aber zusätzlich noch die **Belehrung des Angeklagten** über sein Recht, einen Verteidiger in Anspruch zu nehmen, vorschreibt und sein Recht auf **Anwesenheit bei der Verhandlung** ausdrücklich festlegt[990].

188 **b)** Die **Anwesenheit** bei der Verhandlung wird von Art. 14 Abs. 3 Buchst. d IPBPR dem Angeklagten als ein **Verteidigungsrecht** ausdrücklich garantiert. Sie ist für die wirksame Ausübung des Rechtes, sich selbst zu verteidigen, in der Regel unerläßlich[991]. Bei der MRK, die das Recht auf Anwesenheit nicht besonders anspricht, wird dieses Recht aus Art. 6 MRK „in seiner Gesamtheit" hergeleitet[992], sowie aus den die Anwesenheit voraussetzenden Rechten, wie das Recht, sich selbst zu verteidigen oder das Recht auf einen Dolmetscher nach Art. 6 Abs. 3 Buchst. e MRK, ferner allgemein auch aus dem Recht auf ein faires Verfahren[993]. Der Angeklagte hat grundsätzlich ein Recht auf **effektive Teilnahme** an der gegen ihn geführten Verhandlung[994]. Ihm muß ermöglicht werden, alle Vorgänge in der Verhandlung selbst wahrzunehmen[995] und zu ihnen Stellung zu nehmen. Dies setzt voraus, daß er in die Lage versetzt wird, alle Vorgänge in ihr akustisch[996] und optisch wahrzunehmen, sie – gegebenenfalls mit Hilfe eines Dolmetschers – zu verstehen und zu ihnen Stellung zu nehmen[997], ferner, daß er in geistiger und körperlicher Hinsicht fähig ist, möglicherweise auch nur zeitlich begrenzt an der Verhandlung teilzunehmen und seine Verteidigung in verständiger und verständlicher Weise zu führen. Ein absolutes Recht ist das Recht auf Anwesenheit aber nicht; es muß durch Herstellung eines vernünftigen Gleichgewichts mit dem Gebot der Verfahrensbeschleunigung, sonstigen öffentlichen Interessen und den Erfordernissen eines gerechten Verfahrens in Einklang gebracht werden[998]. Hat der Angeklagte einen **Verteidiger**, kann den Erfordernissen eines fairen Verfahrens schon genügt sein, wenn dieser die Möglichkeit der Teilnahme an der Hauptverhandlung hatte[999]. Der Staat muß mit der erforderlichen

---

[988] Etwa *Grabenwarter* § 24 Rdn. 66; SK-StPO-*Paeffgen* 133. Die Auslegungsschwierigkeit wegen der Unterschiede zwischen dem englischen und französischen Text („or" bzw. „et") werden im Interesse einer leistungsfähigen Verteidigung dadurch gelöst, daß das Recht auf einen Verteidiger seiner Wahl auch dem zusteht, dem die Mittel dafür fehlen; vgl. IntKommEMRK-*Vogler* 505; SK-StPO-*Paeffgen* 134; ferner EGMR 25.4.1983 Pakelli/D (EuGRZ **1983** 344) und Rdn. 196.

[989] Zur Auslegung des anderen Wortlauts, insbes. wegen des Verhältnisses zwischen Wahl- und Pflichtverteidiger vgl. *Nowak* 48 ff.

[990] Art. 18 Abs. 7 des deutsch-sowjetischen Truppenvertrags vom 12.10.1990 (BGBl. II 1991 S. 258) führt in Anlehnung an Art. 14 Abs. 3 Buchst. d IPBPR das Recht, bei Verhandlungen anwesend zu sein und sich selbst zu verteidigen oder durch einen Verteidiger seiner Wahl verteidigen zu lassen, bei den Verfahrensrechten vor deutschen Strafgerichten besonders auf.

[991] BVerfGE **41** 249 leitet das Anwesenheitsrecht aus dem Recht auf Gehör und dem aus dem Rechtsstaatsprinzip folgenden Recht auf ein faires Verfahren ab; es gilt allerdings nicht uneingeschränkt; vgl. ferner BVerfGE **54** 116; **63** 332; BVerfG NStZ **1991** 294; vgl. auch BVerfGE **59** 283; *Niemöller/Schuppert* AöR **107** (1982) 424; *Rieß* JZ **1975** 268.

[992] Etwa EGMR 28.8.1991 F.C.B./I (EuGRZ **1992** 539); 10.12.1992 T./I (EuGRZ **1992** 541); 29.10.1991 Helmers/Schwed (EuGRZ **1991** 416); 21.9.1993 Kremzow/Ö (EuGRZ **1995** 541); EKMR EuGRZ **1997** 148 (Mielke), vgl. auch nachf. Fußn.

[993] EGMR 12.2.1985 Colozza/I (EuGRZ **1985** 631); 19.12.1989 Brozicek/I (Series A 167); *Frowein/Peukert* 94; SK-StPO-*Paeffgen* 135; *Villiger* HdB 473.

[994] EGMR 3.10.2000 Pobornikoff/Ö (ÖJZ **2001** 232); *Frowein/Peukert* 66; IntKommEMRK-*Miehsler/Vogler* 362; *Vogler* ZStW **89** (1977) 778; SK-StPO-*Rogall* Vor § 133, 85.

[995] EKMR EuGRZ **1997** 148 (Mielke: jeweils nur kurze Verhandlungszeiten unter Hinweis auf BVerfG EuGRZ **1995** 138).

[996] EGMR 23.2.1994 Stanford/GB (ÖJZ **1994** 600: dem Gericht vom Verteidiger nicht mitgeteilte Hörprobleme).

[997] Vgl. EGMR 12.2.1985 Colozza/I (EuGRZ **1985** 631); 6.12.1988 Barberà u.a./Span (Series A 146).

[998] EGMR 12.2.1985 Colozza/I (EuGRZ **1985** 631); EKMR EuGRZ **1978** 314 (Ensslin u.a.); **1982** 447 mit Anm. *Schlüter*; ferner die Nachw. in den vorangehenden Fußn.

[999] EGMR 23.2.1994 Stanford/GB (ÖJZ **1994** 600); EKMR EuGRZ **1982** 447 (Händle) mit Anm. *Schlüter*; EKMR EuGRZ **1997** 148 (Mielke); IntKommEMRK-*Miehsler/Vogler* 363.

Sorgfalt aber dafür sorgen, daß dem Angeklagten der Termin auch tatsächlich unter der Wahrung der dafür vorgeschriebenen Formen ordnungsgemäß zur Kenntnis gebracht wird[1000]. Ob im übrigen die Anwesenheit des Angeklagten in einer Verhandlung für ein faires Verfahren wesentlich ist, hängt auch davon ab, ob seine persönliche Anwesenheit wegen der zu beurteilenden Fragen für die Rechtsfindung unerläßlich ist[1001]. Das Verteidigungsrecht muß der **Substanz nach** in der Hauptverhandlung ausgeübt werden können. Ist dies gewährleistet, wird es durch die Förmlichkeiten der Verfahrensgestaltung, wie die Zuweisung eines bestimmten Platzes im Gerichtssaal, nicht beeinträchtigt[1002].

Ein **Verzicht des Angeklagten** auf das in den Konventionen garantierte **Anwesenheitsrecht ist** – anders als bei der nach nationalem Verfahrensrecht mitunter bestehenden **Anwesenheitspflicht**[1003] – ebenso zulässig wie ein Verzicht auf die Ausübung seiner anderen Verteidigungsrechte. Der Schutzzweck von Art. 6 MRK, Art. 14 Abs. 3 Buchst. c IPBPR ist erfüllt, wenn dem Angeklagten die **Möglichkeit der Teilnahme** offensteht[1004]. Es ist seine Sache, sie zu nutzen. Die Konventionen sind nicht verletzt, wenn das Gericht nach ordnungsgemäßer Ladung[1005] ohne ihn verhandelt, weil er davon keinen Gebrauch macht und nach nationalem Recht befugt oder unbefugt fernbleibt[1006]. Gleiches gilt, wenn der Angeklagte nur in Verletzung einer eigenen Obliegenheit die ihm verfahrensrechtlich eröffnete Möglichkeit der Teilnahme nicht wahrnimmt oder wenn er sie durch sein eigenes schuldhaftes Verhalten verliert, sei es, daß er versäumt, sich über den Termin zu informieren, wenn das nationale Recht keine Ladung vorsieht[1007], sei es, daß er wegen Ungebühr ausgeschlossen werden muß[1008], sei es, daß er flieht oder daß er sich selbst schuldhaft in einen Zustand versetzt, der seine Teilnahme unmöglich macht. Das Verfahren nach § 231a StPO hat die EKMR im übrigen auch deshalb als mit Art. 6 MRK vereinbar angesehen, weil ein Verteidiger die Rechte des abwesenden Angeklagten wahrnimmt[1009]. Hat ein Gericht bei Vorliegen aller dafür erforderlichen Umstände einschließlich einer ordnungemäßen Ladung gegen einen ausgebliebenen Angeklagten verhandelt, bürdet ihm der EGMR im gewissen Umfang die Beweislast dafür auf, daß Umstände vorlagen, die der Verhandlung in seiner Abwesenheit entgegenstanden[1010]. Wenn allerdings dem Gericht bekannt oder bereits aus den Umständen ersichtlich ist, daß der Angeklagte nicht teilnehmen kann, verletzt die Verhandlung ohne ihn sein Anwesenheitsrecht[1011]. Übergeordnete Gesichtspunkte des Zeugenschutzes, des Schutzes des Angeklagten selbst oder vorrangige Interessen der Rechtspflege können die **zeitweilige Entfernung** des Angeklagten aus der Hauptverhandlung gegen seinen Willen rechtfertigen. Dies ist im Hinblick auf das Verteidigungsrecht des Angeklagten um so weniger bedenklich, wenn dieser, wie etwa bei § 247 StPO, wegen der gebotenen Unterrichtung 189

1000 EGMR 28.8.1991 F.C.B./I (EuGRZ **1992** 539). 12.10.1992 T./I (EuGRZ **1992** 541).

1001 So auch für die Rechtsmittelinstanz EGMR 21.9. 1993 Kremzow/Ö (ÖJZ **1994** 210); 3.10.2000 Pobornikoff/Ö (ÖJZ **2001** 232); vgl. Rdn. 191.

1002 EKMR EuGRZ **1982** 447 (Händle).

1003 Das von den Konventionen garantierte Anwesenheitsrecht muß von der nur im nationalen Recht mitunter begründeten Anwesenheitspflicht unterschieden werden, vgl. SK-StPO-*Paeffgen* 135: ferner LR-*Gollwitzer* § 230 StPO, 1 ff.

1004 *Frowein/Peukert* 94; *Goose* NJW **1974** 1308; UN-AMR EuGRZ **1983** 406; *Nowak* 51.

1005 Erforderlich ist die formelle Benachrichtigung vom Verhandlungstermin; daß der Angeklagte auf andere Weise Kenntnis vom Termin erlangt hatte, reicht nicht; vgl. EGMR 28.8.1991 F.C.B./I (EuGRZ **1992** 539). 12.10.1992 T./I (EuGRZ **1992** 541).

1006 UN-AMR EuGRZ **1983** 406; BVerfG 17.11.86; NStZ **1991** 294 und OLG Koblenz bei *Hartwig* ZaöRV **48** (1988) 76; *Fahrenhorst* EuGRZ **1985** 629.

1007 Vgl. EKMR nach IntKommEMRK-*Miehsler/Vogler* 364; 500; Rdn. 176.

1008 EMRK nach *Frowein/Peukert* 94; IntKommEMRK-*Miehsler/Vogler* 362.

1009 EMRK EuGRZ **1978** 314 (Ensslin u.a.); *Frowein/Peukert* 94; IntKommEMRK-*Vogler* 508; vgl. auch BVerfGE **41** 249.

1010 Vgl. EGMR 9.4.1994 Goddi/I (EuGRZ **1995** 234); *Grabenwarter* § 24 Rdn. 67; SK-StPO-*Paeffgen* 135.

1011 EGMR 28.8.1991 F.C.B./I (EuGRZ **1992** 539); SK-StPO-*Paeffgen* 135.

über alles in seiner Abwesenheit Verhandelte und den sich daran anschließenden prozessualen Möglichkeiten in seinen Verteidigungsbefugnissen keine substantielle Einschränkung erfährt.

190 **Echte Abwesenheitsverfahren** werden nur dann als mit den Konventionen vereinbar angesehen, wenn der Angeklagte vom Verfahren und dem Termin der Hauptverhandlung so rechtzeitig Kenntnis erhielt, daß er zur Vorbereitung seiner Verteidigung[1012] und zur Teilnahme an der Hauptverhandlung in der Lage gewesen wäre[1013]. Eine weitere Voraussetzung ist, daß er in der Abwesenheitsverhandlung hinreichend verteidigt wird[1014] oder daß er die Möglichkeit hat, nachträglich die Stichhaltigkeit der Anklage erneut überprüfen zu lassen (Wiederaufnahmeantrag u. a.), sobald er von seiner Verurteilung Kenntnis erhält[1015]. Ob diese Voraussetzungen im konkreten Einzelfall vorliegen, ist in einem wegen eines Abwesenheitsurteils betriebenen **Auslieferungsverfahren** zu prüfen. Es kommt dann auch darauf an, daß die Rechtslage in dem Urteilsstaat ohne zu knappe Fristen oder Beweislastumkehr dem Auszuliefernden effektiv die Möglichkeit eröffnet, sich in einem neu durchzuführenden Verfahren wirksam verteidigen zu können[1016]. Ob allein eine verbindliche Zusicherung des ersuchenden Staates dies im vollen Umfang gewährleisten kann, hängt von den jeweiligen zwischenstaatlichen Vereinbarungen[1017] ab, aber auch von der Rechtslage und der Gerichtspraxis des ersuchenden Staates und den Umständen des Einzelfalls[1018]. Für die Auslieferung an einen **Mitgliedstaat der Europäischen Union**[1018a] legt jetzt § 83 Nr. 3 IRG ausdrücklich fest, daß die Auslieferung zur Vollstreckung eines Abwesenheitsurteils unzulässig ist, wenn der Verurteilte nicht rechtzeitig von dem Termin, in dem das Urteil ergangen ist, unterrichtet worden war; es sei denn, daß er nach seiner Überstellung ein Recht auf ein neues Verfahren erhält, in dem der gegen ihn erhobene Vorwurf umfassend überprüft wird.

190a Grundsätzlich zählt das **Recht eines Angeklagten**, sich auch in einem in seiner Abwesenheit durchgeführten Strafverfahren **verteidigen zu lassen**[1018b], zu den grundlegenden Merkmalen eines fairen Verfahrens, die das nationale Recht auch dann nicht auf-

---

[1012] EGMR 12.10.1992 T./I (EuGRZ **1992** 541 Aufenthalt im Ausland ohne genaue Kenntnis des Verhandlungstermins), UN AMR EuGRZ **1983** 406; KG StV **1993** 207.

[1013] EGMR 28.8.1991 F.C.B./I (EuGRZ **1992** 539): Haft in einem anderen Land)

[1014] EGMR 23.11.1993 Poitrimol/F (ÖJZ **1994** 467); 13.2.2001 Krombach/F (NJW **2001** 2387; dazu *Gundel* NJW **2001** 2380; vgl. Rdn. 190a; vgl. *Grabenwarter* § 24 Rdn. 67; SK-StPO-*Paeffgen* 135, ferner BVerfG StraFo. **2004** 201 (Pflichtverteidiger ohne Kontakt zum Angeklagten genügt nicht).

[1015] EKMR EuGRZ **1988** 336 (Brozicek); EGMR 12.2.1985 Colozza/I (EuGRZ **1985** 631); dazu *Fahrenhorst* EuGRZ **1985** 629; EGMR 28.8.1991 F.C.B./I (EuGRZ **1992** 539); 23.11.1993 Poitrimol/F (ÖJZ **1994** 467); 13.2.2001 Krombach/F (NJW **2001** 2387); 16.10.2001 Einhorn/F (ÖJZ **2003** 34: Recht auf neue Verhandlung in Pensylvania); *Frowein/Peukert* 94; IntKommEMRK-*Miehsler/Vogler* 362. Vgl. auch *Schomburg/Lagodny* § 73, 8 ff; BVerfGE **59** 284; **63** 337; ferner nachf. Fußnoten.

[1016] BVerfG NJW **1991** 1411; StV **2004** 438; BGHSt **47** 120; OLG Karlsruhe StV **2004** 644.

[1017] Insbes. Art. 3 Abs. 1 des Zweiten Zusatzprotokolls zum Europäischen Auslieferungsübereinkommen vom 17.3.1978 (BGBl. II 1990 S. 119), wonach die Auslieferung zur Vollstreckung eines in Abwesenheit ergangenen Urteils verweigert werden darf, wenn im vorausgegangenen Abwesenheitsverfahren die Mindestrechte der Verteidigung nicht gewahrt erscheinen, es sei denn, daß der ersuchende Staat sichert zu, daß der Verurteilte eine effektive Möglichkeit erhält, ein neues Verfahren herbeizuführen, in dem er seine Verteidigungsrechte voll ausüben kann.

[1018] BGHSt **47** 120 = JR **2002** 476 mit Anm. *Lagodny*; JZ **2002** 464 mit Anm. *Vogel* (Auslieferung auf Grund eines italienischen Kontumazialurteils); zum Erfordernis einer ausreichenden Zusicherung BVerfG StraFo. **2004** 201 (Italien); verneinend für Italien KG StV **1993** 201; OLG Karlsruhe StV **1999** 268; Thür. OLG StV **1999** 266; OLG Nürnberg StV **1997** 648; OLG Schleswig StV **1996** 102.

[1018a] Zum Europäischen Haftbefehl; der nach § 83a IRG ein Auslieferungsersuchen ersetzt, vgl. OLG Stuttgart NJW **2004** 3437.

[1018b] So wie dies nach Erlaß eines Strafbefehls (auch eine Abwesenheitsentscheidung, vgl. *Lagodny* JR **2002** 479) durch den Einspruch erreicht werden kann.

heben darf, wenn der Angeklagte unbefugt fernbleibt[1019]. Der EuGH sieht darin einen fundamentalen Grundsatz des Gemeinschaftsrechts[1020]. Strittig ist, ob es gegen diesen Grundsatz verstößt, wenn das nationale Recht, so wie etwa § 329 Abs. 1 StPO vorsieht, daß ein Rechtsmittel des unentschuldigt ausgebliebenen Angeklagten ohne Sachverhandlung auch dann sofort zu verwerfen ist, wenn für ihn ein Verteidiger erschienen ist[1020a]. Das Argument, daß die MRK ohnehin kein Recht auf eine zweite Instanz bei einer strafgerichtlichen Verurteilung einräumt, würde auch in der Bundesrepublik zu kurz greifen; diese hat zwar das 7. ZP nicht ratifiziert, der Anspruch auf eine zweite Instanz bei einer strafgerichtlichen Verurteilung ergibt sich aber auch aus Art. 14 Abs. 5 IPBPR. Dieser gewährt das Recht auf eine zweite Instanz „entsprechend dem innerstaatlichen Recht"; dieses kann also die Modalitäten und Voraussetzungen festlegen, unter denen die Sache in einer zweiten Instanz zur Sache verhandelt wird. Damit dürfte vereinbar sein, wenn die volle Nachprüfung der Verurteilung in tatsächlicher und rechtlicher Hinsicht in der zweiten Instanz von der **persönlichen Anwesenheit des Angeklagten** abhängig gemacht wird und zwar unabhängig davon, ob für ihn ein Verteidiger erschienen ist. Dieser ist im übrigen nicht gehindert, in dem durch § 329 Abs. 1 StPO gezogenen Rahmen die Interessen des Angeklagten wahrzunehmen[1020b]. Die Bindung der Sachverhandlung in der zweiten Instanz an die Erfüllung der Anwesenheitspflicht ist im übrigen systemkonform, denn auch in der ersten Instanz entbindet – von Ausnahmen abgesehen – die Teilnahme seines Verteidigers den Angeklagten nicht von der Pflicht zum persönlichen Erscheinen.

In **Rechtsmittelverfahren** kann das Anwesenheitsrecht des Angeklagten eingeschränkt **191**
werden, so wenn nur über Rechtsfragen verhandelt wird, wie in der Bundesrepublik bei der Verhandlung über die Revision (§ 350 StPO). Für diese hat die Bundesrepublik den **Vorbehalt zu Art. 14 Abs. 3 Buchst. d IPBPR** erklärt, daß bei ihr die persönliche Anwesenheit eines nicht auf freiem Fuß befindlichen Angeklagten in das Ermessen des Gerichts gestellt ist[1021]. Diese Einschränkung des Anwesenheitsrechts ist auch mit Art. 6 MRK vereinbar, da es bei den Besonderheiten des Revisionsverfahrens der StPO zur Wahrung der Verteidigungsrechte genügt, daß diese in der Revisionshauptverhandlung allein von einem rechtskundigen Verteidiger wahrgenommen werden[1022], sofern der Angeklagte dies beantragt (§ 350 Abs. 3 StPO)[1023]. Ob im übrigen die Anwesenheit des Angeklagten für ein faires Verfahren wesentlich ist, hängt in den **Rechtsmittelinstanzen** von Umfang und Art der jeweiligen Nachprüfung[1024] ab, sowie von der Form, in der die Verteidigungsinteressen der Angeklagten dort geltend gemacht werden können, so auch davon, ob seine persönliche Anwesenheit wegen der dort zu beurteilenden Fragen für die Rechtsfindung erforderlich ist[1025]. Bei einer auf die Rechtsanwendung beschränkten

---

1019 EGMR 23.11.1993 Poitrimol/F (ÖJZ **1994** 467); 22.9.1994 Pelladoah/Ndl (Series A 297 B); 22.9.1994 Lala/NdL (ÖJZ **1995** 196); 21.1.1999 Van Geyseghem/Belg. (NJW **1999** 2353); 13.2.2001 Krombach/F (NJW **2001** 2387); zu der früheren Rechtslage in Frankreich vgl. *Gundel* NJW **2001** 2380 ff; *Esser* 773; 784 ff.

1020 EuGH 28.3.2000 Krombach/Bamberski (EuGRZ **2000** 160) = JZ **2000** 723 mit Anm. *v. Bar.*

1020a *Meyer-Mews* NJW **2002** 1928 (§ 329 Abs. 1 Satz 1 Konventionswidrig unter Hinweis auf EGMR Brombach/F; vgl. Fußn. 1019).

1020b Vgl. *Esser* 771 f, 773; Rdn. 265.

1021 Vgl. Art. 1 Nr. 2 des Ratifikationsgesetzes zum IPBPR vom 15.11.1973, BGBl. II S. 1533; *Rüping* ZStW **91** (1979) 354.

1022 Vgl. EGMR 3.10.2000 Pobornikoff/Ö (ÖJZ **2001** 232); 26.7.2002 Meftah/F (ÖJZ **2003** 732); ferner auch nachf. Fußn.

1023 Vgl. BVerfGE **54** 116; ferner EGMR 23.11.1993 Poitrimol/F (ÖJZ **1994** 467); 19.12.1989 Kamasinski/Ö (ÖJZ **1990** 412: für Österreich). 3.10.2000 Pobornikoff/Ö (ÖJZ **2001** 232).

1024 EGMR 25.3.1998 Belziuk/Pol (ÖJZ **1999** 117); 26.7.2002 Meftah/F (ÖJZ **2003** 732); ferner SK-StPO/*Paeffgen* 136 (abl. zu EGMR 3.10.2002 Kucera/Ö – ÖJZ **2003** 156); vgl. *Esser* 784 ff.

1025 EGMR 21.9.1993 Kremzow/Ö (ÖJZ **1994** 210); 3.10.2000 Pobornikoff/Ö (ÖJZ **2001** 232: Anwesenheit, wenn persönlicher Eindruck für eine Entscheidung von Bedeutung), vgl. auch vorst. Fußn.

Nachprüfung kann es genügen, daß der Angeklagte an der mündlichen Verhandlung der ersten Instanz teilnehmen konnte[1026]. Etwas anderes gilt, wenn in einer Rechtsmittelinstanz Beweise zu erheben sind oder wenn auch Fragen entschieden werden müssen, die das Gericht bei einer fairen Verfahrensführung nicht ohne persönlichen Eindruck vom Angeklagten ordnungsgemäß prüfen kann[1027]. Mit dem durch die Konventionen garantierten Verteidigungsrecht ist auch vereinbar, wenn wegen des unentschuldigten Ausbleibens des Angeklagten sein **Rechtsmittel sofort verworfen** wird, vor allem, wenn, wie im Falle des § 329 Abs. 1 StPO, das angefochtene Urteil in einem Verfahren ergangen ist, in dem der Angeklagte seine vollen Verteidigungsrechte hatte[1028].

192 c) Das **Recht, sich selbst zu verteidigen** folgt aus der Menschenwürde, die gebietet, den Angeklagten als eigenverantwortliches Prozeßsubjekt mit eigenen Verfahrensrechten zu behandeln[1029]. Dieses Recht hat der Angeklagte grundsätzlich im gesamten Strafverfahren, es ist also, wie die übrigen Rechte der Absätze 3 beider Konventionen bestätigen, gerade nicht nur auf die Hauptverhandlung beschränkt. Der Angeklagte ist daher von Beginn des Ermittlungsverfahrens an während des gesamten Verfahrens berechtigt, seine Verteidigung selbst zu führen und die dazu gehörenden Rechte selbst auszuüben. Er kann dies zwar grundsätzlich nur im Rahmen der dafür in den jeweiligen nationalen Verfahrensordnungen vorgesehenen Möglichkeiten. Diese werden aber daran gemessen, ob sie im ausreichenden Maße ein faires Verfahren mit den in den Konventionen garantierten Verteidigungsrechten, wie Anwesenheits-, Unterrichtungs- und Fragerecht wirksam ermöglicht haben. Wird der Angeklagte auf sein eigenes Verteidigungsrecht verwiesen, weil sein Verteidiger wegen Differenzen, die auf einem angesonnenen standeswidrigen Verhalten beruhen, die Verteidigung niedergelegt hat, so liegt darin keine Verletzung der „Waffengleichheit"[1030].

193 Die Konventionen betrachten die **Verteidigungsrechte als Gesamtheit**. Die Staaten können die Bedingungen für ihre Ausübung im einzelnen regeln; aus den Konventionen allein lassen sich weder bestimmte einzelne Verteidigungsrechte herleiten noch ein Rechtfertigungsgrund für einzelne Verteidigungshandlungen[1031]. Die nationalen Regelungen müssen jedoch in ihrer Gesamtheit eine **wirksame Verteidigung** ermöglichen. Einschränkungen des Selbstverteidigungsrechtes des Angeklagten müssen stets durch die Interessen der Rechtspflege, einschließlich des Schutzes des Angeklagten, gerechtfertigt sein[1032]. Dann kann es genügen, wenn bestimmte Verteidigungsrechte nicht vom Angeklagten, sondern nur durch einen Verteidiger wahrgenommen werden können. Darauf gründet sich die Ansicht, daß die Konventionen dem Angeklagten das Selbstverteidigungsrecht nur **alternativ** zur Verteidigung durch einen Verteidiger gewähren[1033], da beide Möglichkeiten das kontradiktorische Verfahren sichern. Dies hat zur Folge, daß es nicht konventionswidrig ist, wenn der Angeklagte, der einen Verteidiger wählt oder erhält, nach nationalem Recht in **bestimmten Verteidigungsbefugnissen beschränkt** ist,

---

[1026] Etwa EGMR 22.2.1984 Sutter/CH (EuGRZ **1985** 229) 19.12.1989 Kamasinski/Ö (ÖJZ **1990** 412); 22.2.1996 Bulut/Ö (ÖJZ **1996** 430); 26.7.2002 Meftah/F (ÖJZ **2003** 732).

[1027] EGMR 3.10.2000 Pobornikoff/Ö (ÖJZ **2001** 232; eigene Beurteilung der Persönlichkeit des A); vgl. auch EGMR 21.9.1993 Kremzow/Ö (EuGRZ **1995** 537), vgl. aber auch EGMR 3.10.2002 Kucera/Ö (ÖJZ **2003** 156: Auswertung eines Gutachtens über Alkohol- und Medikamenteneinfluß auf Tathergang für Strafzumessung), dazu abl. SK-StPO-*Paeffgen* 136; vgl. auch *Grabenwarter* § 24 Rdn. 67.

[1028] Etwa OLG Köln NStZ-RR **1999** 112.

[1029] Vgl. SK-StPO-*Rogall* Vor § 133, 96; Rdn. 7; SK-StPO-*Paeffgen* 137.

[1030] IntKommEMRK-*Vogler* 509; 529.

[1031] BGH MDR **1992** 1168.

[1032] Vgl. etwa EKMR EuGRZ **1978** 314 (Ensslin u. a.); ÖJZ **1991** 323; EGMR 19.12.1989 Kamusinski (ÖJZ **1990** 412), IntKommEMRK-*Vogler* 509: SK-StPO-*Paeffgen* 137 ff mit weit. Nachw.

[1033] Vgl. EKMR EuGRZ **1978** 314 (Ensslin u. a.); IntKommEMRK-*Vogler* 508.

etwa im Recht, ausnahmslos an allen Phasen der Verhandlung selbst teilnehmen zu können[1034]. Es bedeutet aber nicht, daß er durch eine solche Einschränkung die Befugnis verliert, auch insoweit selbst aktiv Gesichtspunkte zu seiner Verteidigung anzuführen[1035].

Hier ist **zu unterscheiden**: Aus der Sicht der Konventionen müssen die dort gewähr- **194**
leisteten Verteidigungsrechte im nationalen Recht so geregelt werden, daß sie der **Verteidigung insgesamt** zustehen, sie müssen aber nicht notwendig alle dem Angeklagten selbst eingeräumt sein. Bei der Nachprüfung eines abgeschlossenen Verfahrens durch die Konventionsorgane wird deshalb die behauptete Verletzung garantierter Verteidigungsrechte meist nur danach beurteilt, ob die Rechte der Verteidigung insgesamt so ausreichend wahrgenommen werden konnten[1036], daß der Angeklagte ein faires Verfahren hatte. Das aus der Subjektstellung des Angeklagten fließende **Recht, sich selbst aktiv zu verteidigen** und selbst alle aus seinem **Recht auf Gehör** folgenden Befugnisse wahrzunehmen, entfällt auch auf der Ebene der Konventionsverbürgungen nicht dadurch, daß ihm ein Verteidiger mit der gleichen Befugnis zur Seite steht[1037]. Der Angeklagte ist grundsätzlich nicht gehindert, vor Gericht seine Verteidigung aktiv zu führen, eventuell auch im Widerspruch zur Strategie seines Verteidigers, der seinerseits aber von Konventions wegen nicht verpflichtet ist, nur die Auffassung des Angeklagten vorzutragen[1038]. Sofern das Recht zur aktiven eigenen Verteidigung durch einen **aufgezwungenen Pflichtverteidiger** nicht grundsätzlich entfällt, ist eine im nationalen Recht vorgeschriebene Bestellung eines solchen Verteidigers auch gegen den Willen des Angeklagten mit der Konvention vereinbar[1039]. Im übrigen ist es dem nationalen Recht nicht verwehrt, **besondere einzelne Verteidigungsrechte** nur dem Verteidiger vorzubehalten, wie etwa das Akteneinsichtsrecht[1040].

d) Das Recht auf einen Verteidiger der eigenen Wahl wird in beiden Konventionen **195**
grundsätzlich garantiert und zwar ebenfalls für das ganze Verfahren, also auch bereits für das Ermittlungsverfahren[1041]. Die **Tragweite** dieses Rechts, das in Art. 14 Abs. 3 Buchst. b IPBPR noch durch die ausdrückliche Garantie des **Verkehrs mit dem Verteidiger** der eigenen Wahl ergänzt wird, ist im übrigen strittig. Im Anwendungsbereich des § 137 StPO wirkt sich dies jedoch praktisch kaum aus[1042].

Keine Einschränkung des Rechts auf einen Verteidiger der eigenen Wahl folgt bei **196**
sinnentsprechender Auslegung der Garantien beider Konventionen daraus, daß es **nur alternativ neben dem Recht, sich selbst zu verteidigen**, aufgezählt wird[1043]. Dies recht-

---

1034 *Partsch* 165 unter Berufung auf EKMR.

1035 Vgl. US Supreme Court EuGRZ **1985** 718: Recht auf Selbstverteidigung durch aufgezwungenen Anwalt nicht verletzt, solange Angeklagter die Freiheit behält, seine Verteidigung nach seinen eigenen Vorstellungen zu gestalten; IntKommEMRK-*Vogler* 507 (keine „Entmündigung" des Angeklagten).

1036 EGMR 24.11.1993 Imbrioscia/CH (ÖJZ **1994** 517): 21.4.1989 Daud/Port (ÖJZ **1999** 198); vgl. dazu *Weigend* StV **2000** 385; IntKommEMRK-*Vogler* 509.

1037 Vgl. *Grabenwarter* § 24 Rdn. 67; SK-StPO-*Paeffgen* 137.

1038 EKMR nach *Frowein/Peukert* 188; IntKomm-EMRK-*Vogler* 509.

1039 EKMR ÖJZ **1991** 323; zum IPBPR *Nowak* 50. Zur Problematik des aufgezwungenen Verteidigers vgl. SK-StPO-*Paeffgen* 137; LR-*Lüderssen* § 140 StPO, 7 ff.

1040 IntKommEMRK-*Vogler* 508.

1041 Etwa EGMR 24.5.1991 Quaranta/CH (Series A 205); 24.11.1993 Imbrioscia/CH (ÖJZ **1994** 517); 8.2.1996 Murray/GB (EuGRZ **1996** 587); *Grabenwarter* § 24 Rdn. 68; SK-StPO-*Paeffgen* 138.

1042 Das durch § 137 StPO uneingeschränkt gewährleistete Recht auf einen Verteidiger der eigenen Wahl wird als eine Konkretisierung der Verfassungsgarantie eines rechtsstaatlichen fairen Verfahrens verstanden, vgl. etwa BVerfGE **38** 115; **39** 165; **45** 295; **63** 390; **64** 145; **65** 175; **66** 319 = NStZ **1984** 561 mit Anm. *Senge*; *Niemöller/Schuppert* AöR **107** (1982) 428.

1043 Vgl. Rdn. 175 ff.

fertigt nicht die Annahme, daß das nationale Recht kein Recht auf einen Verteidiger vorsehen müsse, wenn das Interesse der Rechtspflege dies nicht erfordert und der Angeklagte in der Lage ist, sich selbst zu verteidigen. In mißverstandener Verknüpfung der nur für die Beiordnung eines Pflichtverteidigers geltenden Einschränkung mit dem Recht auf einen Verteidiger der eigenen Wahl haben die Organe der MRK zunächst diese Ansicht vertreten[1044]. Nunmehr hat sich die Auffassung durchgesetzt, daß der Angeklagte ein **uneingeschränktes Recht** darauf hat, sich durch einen selbstgewählten Anwalt verteidigen zu lassen und daß nur der Anspruch auf unentgeltliche Beiordnung eines Verteidigers davon abhängt, daß das Interesse der Rechtspflege dies erfordert[1045]. Auch für Art. 14 Abs. 3 Buchst. d IPBPR wird eine solche Einschränkung des Wahlrechts abgelehnt[1046].

197 Die **Beiordnung eines Pflichtverteidigers** kann nach nationalem Recht im weiteren Umfang vorgesehen sein als in den Konventionen. Diese schränken auch die Befugnis des Angeklagten nicht ein, zusätzlich zum bestellten Pflichtverteidiger einen Verteidiger seiner Wahl beizuziehen. Er muß sich nicht damit begnügen, daß ein ihm aufgedrängter Verteidiger die Aufgabe übernommen hat[1047].

198 **Nur die Möglichkeit**, sich durch einen **Verteidiger der eigenen Wahl** vertreten zu lassen, gewährleisten die Konventionen. Es ist Sache des Angeklagten, ob er von ihr Gebrauch macht, wie er den Verteidiger auswählt und ob er ihn bezahlen kann[1048]; desgleichen, ob der Wahlverteidiger für ihn auch tatsächlich effektiv tätig wird und daß er zu den anstehenden Terminen verfügbar ist[1049]. Erreicht er dies nicht, muß er sich selbst verteidigen, sofern die Voraussetzungen für die Beiordnung eines Pflichtverteidigers bei ihm nicht gegeben sind. Dies gilt auch für das **Privatklageverfahren**, wo der Angeklagte auch unter dem Gesichtspunkt der Waffengleichheit keinen Anspruch darauf hat, daß ihm für die Beiordnung eines Verteidigers Prozeßkostenhilfe gewährt wird[1050].

199 Das **Tätigwerden des gewählten Verteidigers** wird **nicht unbeschränkt** garantiert. Grundsätzlich muß das Gericht dem von den Konventionen gewährleisteten Recht auf einen Verteidiger der eigenen Wahl bei der Verfahrensgestaltung Rechnung tragen. Dies erfordert Rücksichtnahme auf etwaige **Verhinderungen** dieses Verteidigers schon bei der Terminsbestimmung[1051], es kann auch ein gewisses Zuwarten wegen einer möglichen Verspätung des Verteidigers gebieten[1052]; es zwingt aber nicht notwendig bei jeder Verhinderung und jedem Ausbleiben des Verteidigers zu einer Vertagung[1053], andernfalls wäre einer Verschleppung des Verfahrens Tür und Tor geöffnet. Die Umstände des Einzelfalls sind dafür maßgebend, ob dem Recht auf Verteidigung durch den gewählten Verteidiger oder dem Beschleunigungsgebot des Art. 6 Abs. 1 MRK, Art. 14 Abs. 3 Buchst. c

---

1044 Vgl. etwa EKMR bei *Bleckmann* EuGRZ **1981** 116; EGMR EuGRZ **1976** 221 (Engel, Beschränkung der Verteidigung auf Rechtsfragen im militärischen Disziplinarverfahren); dazu *Frowein/Peukert* 192; *Trifterer/Binner* EuGRZ **1977** 142; IntKommEMRK-*Vogler* 511; SK-StPO-*Paeffgen* 138 ff.

1045 EGMR 25.4.1993 Pakelli/D (EuGRZ **1983** 344 = NStZ **1983** 373 m. Anm. *Stöcker*); ebenso jetzt auch schweiz. BGer. EuGRZ **1984** 160; *Frowein/Peukert* 192; IntKommEMRK-*Vogler* 511 ff; *Peukert* EuGRZ **1980** 147, 265; *Trifterer/Binner* EuGRZ **1977** 136, 147; SK-StPO-*Paeffgen* 134, 138 je mit weit. Nachw.

1046 *Nowak* 49.

1047 *Nowak* 43 zur Praxis des UN-AMR. Zu den Problemen der Kosten des aufgedrängten Pflichtverteidigers vgl. BVerfGE **66** 313; ferner OLG Zweibrücken NJW **1991** 264; *Neumann* NJW **1991** 264; LR-*Hilger* § 464a StPO, 47 mit weit. Nachw.

1048 EKMR nach IntKommEMRK-*Vogler* 518; *Guradze* 33.

1049 EKMR nach IntKommEMRK-*Vogler* 518; 525.

1050 BVerfGE **63** 390; OLG Düsseldorf NStZ **1989** 92; LR-*Hilger* § 379 StPO, 17 mit weit. Nachw.

1051 Vgl. etwa BGH StV **1989** 89; **1999** 524; BayObLGSt **1980** 179 = VRS **76** (1989) 290; LR-Gollwitzer § 231 StPO, 10 ff; *Nack* NJW Sonderheft für G. Schäfer **2003** 46, 47.

1052 Zur Wartepflicht vgl. BVerfGE **65** 171; LR-*Gollwitzer* § 228 StPO, 22.

1053 Vgl. etwa SK-StPO-*Paeffgen* 145.

IPBPR Vorrang gebührt. Dabei sind neben Anlaß und Dauer der Verhinderung und der Zeitpunkt ihrer Erkennbarkeit die Schwierigkeit und Bedeutung der Sache sowie die Fähigkeit des Angeklagten, sich selbst zu verteidigen, zu berücksichtigen[1054]. Das Konventionsrecht des Angeklagten ist dagegen verletzt, wenn das Gericht sich ohne triftigen Grund darüber hinwegsetzt, daß der Angeklagte einen Verteidiger seines Vertrauens gewählt hat, etwa, wenn es in Abwesenheit dieses Verteidigers und des Angeklagten nur mit einem bestellten Verteidiger die Verhandlung durchführt[1055], aber auch, wenn es einen gewählten Verteidiger, dem der Angeklagte wegen Störung des Vertrauensverhältnisses das Mandat entzogen hatte, zum Pflichtverteidiger bestellt[1056] oder den Antrag des Angeklagten auf Entpflichtung des Verteidigers ablehnt[1057].

Ein Recht auf eine **unbegrenzte Zahl von Wahlverteidigern** kann aus der Gewähr- **200**
leistung der freien Wahl nicht hergeleitet werden. Die Beschränkung der Zahl der gewählten Verteidiger (§ 137 Abs. 1 StPO) ist mit der Konvention vereinbar[1058], desgleichen die Befugnis des Staates, das Auftreten der Verteidiger vor Gericht gesetzlich an besondere Voraussetzungen zu binden und im Interesse der Rechtspflege besonderen Schranken, wie Verbot der Mehrfachverteidigung (§ 146 StPO)[1059] oder strafprozessuale Ausschließungsgründe, zu unterwerfen (§§ 138a ff StPO)[1060]. Der Staat ist auch nicht gehindert, für ihr Auftreten vor Gericht gewisse Ordnungsvorschriften aufzustellen[1061].

e) Das Recht auf unentgeltliche Beiordnung eines Pflichtverteidigers wird – anders als **201**
das Recht auf einen Wahlverteidiger – in Art. 6 Abs. 3 Buchst. c MRK, Art. 14 Abs. 3 Buchst. d IPBPR nur eingeschränkt für den Fall garantiert, daß der Angeklagte keine genügenden Mittel für einen Wahlverteidiger aufbringen kann und daß das Interesse der Rechtspflege die Beiordnung erfordert. Beide Voraussetzungen müssen kumulativ gegeben sein. Bei einem Angeklagten, der nicht mittellos ist, sich aber keinen Verteidiger gewählt hat, schreiben die Konventionen, anders als §§ 140, 141 StPO, die Bestellung eines Pflichtverteidigers nicht vor[1062].

Die **Mittellosigkeit** muß der Angeklagte nachweisen; er muß dartun, daß er mit den **202**
ihm zur Verfügung stehenden Mitteln die Verteidigerkosten nicht bestreiten kann[1063]. Ist dies nicht bereits im Verfahren vor den nationalen Gerichten geschehen, weil es nach nationalem Recht für die Ablehnung der beantragten Pflichtverteidigerbestellung darauf nicht ankam, so kann dies im Verfahren vor dem EGMR dargelegt werden, wobei dieser aber keine hohen Anforderungen an den nachträglichen Nachweis der Mittellosigkeit in dem für die Verteidigerbestellung maßgebenden früheren Zeitpunkt stellt, mangels gegenteiliger Anhaltspunkte kann es genügen, daß er vor Gericht die Mittellosigkeit behauptet hatte[1064].

1054 IntKommEMRK-*Vogler* 518. Diesen Grundsätzen entspricht im wesentlichen die Rechtsprechung bei Verhinderung eines nicht notwendigen Verteidigers, vgl. LR-*Gollwitzer* § 228 StPO, 20 ff; ferner etwa BayObLGSt. **1988** 179 = VRS **76** (1989) 290.

1055 EKMR nach IntKommEMRK-*Vogler* 518; vgl. auch BGH StV **1999** 524.

1056 BGH NStZ **2000** 325; *Nack* NJW Sonderheft für G.Schäfer **2002** 46, 47

1057 BGH NStZ **1993** 600, vgl. auch vorst. Fußn.

1058 EKMR EuGRZ **1978** 314 (Ensslin u. a.); *Frowein/Peukert* 192; IntKommEMRK-*Vogler* 519, *Meyer-Goßner*[47] 20.

1059 Bei einer späteren Verfahrensverbindung muß das Gericht aber auch berücksichtigen, ob der Angeklagte dadurch die Befugnis verliert, sich durch den von ihm gewählten Verteidiger vertreten zu lassen, vgl. BVerfG StV **2002** 578; LR-*Lüderssen* § 146, 28 mit weit. Nachw.

1060 IntKommEMRK-*Vogler* 520 ff.

1061 EKMR zum Tragen einer Robe; dazu *Vogler* ZStW **82** (1970) 777; **89** (1977) 788; IntKommEMRK-*Vogler* 520.

1062 OLG Köln NJW **1991** 2223; IntKommEMRK-*Vogler* 526.

1063 Vgl. etwa OLG Celle NJW **1989** 676; aber auch IntKommEMRK-*Vogler* 527, wonach die Spruchpraxis der EKMR und des EGMR nicht eindeutig erkennen lassen, welche Anforderungen sie an die Mittellosigkeit stellen.

1064 EKMR EuGRZ **1983** 344 (Pakelli); IntKommEMRK-*Vogler* 527.

203 **Im Interesse der Rechtspflege** muß die Bestellung eines Pflichtverteidigers liegen. Dieser von den Konventionsorganen bisher noch kaum definierte Begriff[1065] umschließt sowohl das öffentliche Interesse an der Findung eines gerechten Urteils als auch die Wahrung des Verteidigungsinteresses des Angeklagten. Beide überschneiden sich, da es auch im öffentlichen Interesse liegt, daß die Verteidigungsinteressen des Angeklagten, nicht zuletzt die ihn entlastenden Umstände, in einem kontradiktorischen und insgesamt fairen Verfahren sachkundig zur Sprache kommen und daß auch insoweit während des ganzen Verfahrens, also auch im Rechtsmittelverfahren[1066], die Waffengleichheit mit der Staatsanwaltschaft gewahrt ist[1067]. Das Interesse kann sowohl durch die Schwierigkeit der Sach- und Rechtslage, den Umfang des Verfahrens und dessen Bedeutung für den Angeklagten begründet werden als auch durch besondere, in seiner Person liegende Umstände[1068]. Vor allem dürfen die Anforderungen und Belastungen des jeweiligen Verfahrens seine Verteidigungsfähigkeit nicht überfordern. An diese sind um so höhere Anforderungen zu stellen, je mehr für den Angeklagten auf dem Spiele steht[1069]. Aus der Tatsache allein, daß der Angeklagte die **Gerichtssprache** nicht oder nicht ausreichend versteht, so daß ein Dolmetscher zuzuziehen ist, folgt nach der vorherrschenden Rechtsprechung nicht zwingend, daß ihm neben dem Dolmetscher auch ein Verteidiger beizuordnen ist[1070]; bei der stets notwendigen Prüfung aller Umstände fällt allerdings die Beeinträchtigung der Verteidigungsfähigkeit durch die unzureichenden Sprachkenntnisse und die unzureichende Einsicht in die Zusammenhänge mit ins Gewicht[1071]. Bei **Bagatellsachen** fordert das Interesse der Rechtspflege die Beiordnung eines Pflichtverteidigers in der Regel nicht[1072].

204 Soweit **nationales Recht** die für die Bestellung eines Pflichtverteidigers erforderlichen Interessen der Rechtspflege näher ausformuliert hat, begnügt sich die EKMR in der Regel mit der Feststellung, daß keine Anzeichen bestehen, daß die nationalen Gerichte die Notwendigkeit einer Verteidigerbestellung nicht ordnungsgemäß geprüft haben. Hat der Angeklagte keinen entsprechenden Antrag gestellt, wird er auch darauf verwiesen, daß er dies hätte tun müssen[1073].

205 Die **Bestellung** des Pflichtverteidigers ist **Sache des Gerichts**. Nach den Konventionen ist dafür weder die Zustimmung noch die Anhörung des Angeklagten erforderlich. Das Gericht soll zwar bei der Auswahl des Pflichtverteidigers Rücksicht auf die Wünsche des Angeklagten nehmen, ein Recht, die Auswahl selbst zu bestimmen, hat er nicht[1074]. Im

---

1065 Vgl. IntKommEMRK-*Vogler* 528 mit Nachw.

1066 Nach *Grabenwarter* § 24 Rdn. 70; SK-StPO-*Paeffgen* differieren die Anforderungen zwischen dem erstinstanzlichen und dem Rechtsmittelverfahren; es dürfte vor allem aber auf die Besonderheiten des jeweiligen Falles ankommen, ob auch im Rechtsmittelverfahren die Beiordnung des Verteidigers erforderlich ist.

1067 Vgl. EKMR EuGRZ **1983** 344 (Pakelli; zu § 350 StPO), dazu EKMR EuGRZ **1982** 39; ferner EGMR 13.5.1980 Artico/I (EuGRZ **1980** 662); IntKommEMRK-*Vogler* 528; 532 ff.

1068 EGMR 13.5.1980 Artico/I (EuGRZ **1980** 662); 28.3.1990 Granger/GB (Series A 174); 24.5.1992 Quaranta/CH (ÖJZ **1991** 745); 25.9.1992 Pham Hoang/F (EuGRZ **1992** 472); *Grabenwarter* § 24 Rdn. 70; IntKommEMRK-*Vogler* 529; SK-StPO-*Paeffgen* 153.

1069 EGMR 25.9.1992 Pham Hoang/F (EuGRZ **1992** 472); IntKommEMRK-*Vogler* 529.

1070 BGHSt **46** 178 = JR **2002** 121 mit Anm. *Tag* (auf Vorlage OLG Oldenburg gegen BayObLG StV **1990** 103); *Basdorf* GedSchrift Meyer 19, 31, zu den Streitfragen vgl. auch nachf. Fußn.

1071 Strittig, vgl. BVerfGE **64** 135, 150; ferner etwa OLG Düsseldorf NJW **1989** 667; KG NStZ **1990** 402; OLG Hamm NStZ **1990** 143; StV **1995** 64; OLG Köln NJW **1991** 2223; OLG Koblenz MDR **1994** 1137; anders BayObLG StV **1990** 103; KG **1985** 185; **1986** 239; OLG Zweibrücken StV **1988** 379; NStZ **1990** 51 je mit weit. Nachw. Vgl. ferner IntKommEMRK-*Vogler* 530 und zur Auslegung des § 140 StPO LR-Lüderssen § 140, 79 ff.

1072 BGHSt **46** 178; OLG Hamm StV **1995** 64; *Hilger* Anm. zu KG NStZ **1990** 405; *Nowak* 50.

1073 IntKommEMRK-*Vogler* 531 mit Nachw.

1074 EKMR nach *Frowein/Peukert* 197; IntKommEMRK/*Vogler* 534 (Wünsche des Angeklagten sollten möglichst berücksichtigt werden); *Meyer-Goßner*[47] 20; *Nowak* 50. Für die StPO vgl. LR-*Lüderssen* § 142 StPO, 12 ff.

Interesse der Rechtspflege kann das Gericht bei Vorliegen sachlicher Gründe auch einen anderen Pflichtverteidiger als den vom Angeklagten gewünschten bestellen[1075]. Der Angeklagte hat auch keinen Anspruch darauf, einen Anwalt mit besonderer Sachkunde zugeteilt zu bekommen. Aus dem engl. Text („legal assistance") wird geschlossen, daß bei der MRK „avocat" (vgl. IPBPR: „défenseur") nicht im technischen Sinn zu verstehen ist, so daß die Verteidigung auch weniger qualifizierten Personen nach Maßgabe des jeweiligen nationalen Rechts übertragen werden kann, wie etwa nach § 142 Abs. 2 StPO einem Gerichtsreferendar[1076].

Aus der Bestellung des Pflichtverteidigers erwächst den dafür zuständigen staatlichen Stellen eine gewisse **Überwachungspflicht**. Sie müssen nötigenfalls durch geeignete Maßnahmen (Ermahnungen, Abberufung) dafür sorgen, daß der Verteidiger die ihm übertragene Aufgabe auch tatsächlich wahrnimmt, da der Angeklagte andernfalls trotz der Bestellung ohne den erforderlichen Beistand bleibt[1077]. Der Pflichtverteidiger führt grundsätzlich die Verteidigung **unabhängig vom Staat** nach seinem eigenen pflichtgemäßen Ermessen[1078]; die staatlichen Stellen sind deshalb weder berechtigt noch verpflichtet, stets einzugreifen, wenn sie ein Verhalten des Pflichtverteidigers als unzureichend oder fehlerhaft ansehen. Nur wenn sie davon unterrichtet werden oder wenn offenkundig ist, daß der Angeklagte wegen des Versagens des Pflichtverteidigers wesentliche Verfahrensrechte endgültig einbüßt, sind sie verpflichtet, korrigierend einzugreifen, so etwa, wenn der Betroffene ein ihm an sich zustehendes Rechtsmittel verliert, weil sein Pflichtverteidiger eine einfache Formvorschrift nicht beachtet hat oder weil für das Gericht offensichtlich ist, daß der von ihm bestellte Pflichtverteidiger untätig bleibt[1079]. Auch die offensichtliche Unfähigkeit, die übernommene Aufgabe auszuüben, kann ein Eingreifen des Staates zur Sicherung des fairen Verfahrens und des von Art. 6 Abs. 3 Buchst. c MRK (Art. 14 Abs. 3 Buchst. d IPBPR) garantierten Rechts auf effektive Verteidigung von Konventions wegen erfordern[1080]. Da der Pflichtverteidiger grundsätzlich die Verteidigung in eigener Verantwortung führt, reichen dafür in der Regel Meinungsverschiedenheiten zwischen Verteidiger und Angeklagtem oder die Behauptung von Qualitätsmängeln der Verteidigung allein nicht aus[1081]. **206**

Unentgeltlichkeit des Beistands durch einen Pflichtverteidiger bedeutet, daß der Angeklagte von allen daraus erwachsenden Kosten **während des Verfahrens** freigestellt ist. Strittig ist, ob diese Freistellung endgültig oder nur vorläufig ist, ob der Staat die ihm daraus erwachsenen Auslagen im Falle einer Verurteilung dann ersetzt verlangen kann, wenn der Verurteilte nicht mehr mittellos ist[1082]. Da die Unentgeltlichkeit hier, anders als bei der Zuziehung eines Dolmetschers[1083], nur bei Mittellosigkeit garantiert wird, vertritt die vorherrschende Meinung die Ansicht, daß die Konventionen die Verurteilung zum Ersatz dieser Auslagen und – sofern der Angeklagte dann nicht mehr mittellos ist – **207**

1075 EGMR 25.9.1992 Croissant/D (EuGRZ **1992** 542).

1076 EKMR nach *Frowein/Peukert* 197; IntKomm-EMRK-*Vogler* 535; ferner etwa *Guradze* 34; *Partsch* 165.

1077 EGMR 13.5.1980 Artico/I (EuGRZ **1980** 662); 9.4.1984 Goddi/I (EuGRZ **1985** 234); EKMR EuGRZ **1979** 495 (Artico); *Frowein/Peukert* 198; IntKommEMRK-*Vogler* 540 f; *Villiger* HdB 521; vgl. auch östr. VfGH EuGRZ **1983** 20, ferner BGH NJW **1993** 340 (Verteidigungsrechte verletzt, wenn Pflichtverteidiger sie faktisch nicht mehr wahrnimmt).

1078 *Villiger* HdB 524.

1079 EGMR 13.5.1980 Artico/I (EuGRZ **1980** 662); 21.4.1998 Daud/Port (ÖJZ **1999** 198); 10.10.2002 Czekalla/Port (NJW **2003** 1229).

1080 *Villiger* HdB 521; vgl. auch vorst. und nachf. Fußn.

1081 EGMR 19.12.1989 Kamasinski/Ö (ÖJZ 1990 412); 24.11.1993 Imbrioscia/CH (ÖJZ **1994** 517); IntKommEMRK-*Vogler* 537 ff mit Nachw. *Frowein/Peukert* 198; *Meyer-Ladewig* 91.

1082 *Frowein/Peukert* 199; IntKommEMRK-*Vogler* 542; *Meyer-Goßner*[47] 21; ferner LR-*Hilger* § 464a StPO, 3 mit Nachw. zum Streitstand.

1083 Vgl. Rdn. 233 ff.

auch deren spätere Beitreibung nicht ausschließen[1084]. Wird dem Angeklagten neben dem von ihm gewählten Verteidiger nach § 141 StPO zusätzlich von Amts wegen zur Sicherung der Interessen der Rechtspflege, etwa um Verfahrensverschleppungen zu verhindern, ein weiterer Verteidiger bestellt, ist strittig, ob die Konventionen ausschließen, daß dann von ihm der Ersatz der Kosten des ihm gegen seinen Willen aufgedrängten zusätzlichen Verteidigers verlangt werden kann[1085]. Ein weiterhin mittelloser Verurteilter darf allerdings in keinem Fall später zu den Kosten herangezogen werden; insoweit genügt es aber, wenn sichergestellt ist, daß bei Mittellosigkeit nicht vollstreckt wird[1086].

208 **f) Die Belehrung über das Recht auf einen Verteidiger** schreibt nur Art. 14 Abs. 3 Buchst. d IPBPR und nur für den Fall vor, daß ein Beschuldigter noch keinen Verteidiger gewählt hat. Nach der Satzstellung bezieht sich diese Unterrichtungspflicht nur auf die Möglichkeit, daß er mit seiner Verteidigung einen Verteidiger seiner Wahl beauftragen kann, nicht aber darauf, daß ihm andernfalls bei Mittellosigkeit ein Verteidiger von Amts wegen bestellt werden muß, sofern das Interesse der Rechtspflege dies erfordert. Es kann aber zweckmäßig sein, bei einem erkennbar mittellosen Angeklagten auch diese Möglichkeit anzusprechen.

209 Der **Zeitpunkt der Belehrung** und die **Stelle,** die sie vorzunehmen hat, werden nicht näher festgelegt. Da die Unterrichtung der Vorbereitung der Verteidigung dient, muß sie jedoch so rechtzeitig vor der Hauptverhandlung vorgenommen werden, daß bei der Wahl eines Verteidigers die Frist von Buchst. b gewahrt und gegebenenfalls auch gesichert ist, daß er das Fragerecht des Angeklagten (Art. 6 Abs. 3 Buchst. d MRK) ausüben kann, wenn Belastungszeugen vernommen werden, die in der Hauptverhandlung eventuell nicht mehr verfügbar sind. Das nationale Recht hat hier einen gewissen Gestaltungsraum. Wenn die StPO (vgl. insbes. §§ 136 Abs. 1; 163a Abs. 3, 4 StPO) diese Belehrung der ersten Einvernahme des Beschuldigten voranstellt, trägt sie diesem Erfordernis Rechnung[1087].

5. Befragung von Zeugen, Ladung von Entlastungszeugen (Art. 6 Abs. 3 Buchst. d MRK; Art. 14 Abs. 3 Buchst. e IPBPR)

210 **a) Allgemein.** Die Konventionen überlassen die Regelung des Strafverfahrens weitgehend ihren Mitgliedstaaten. Sie legen für diese weder Verfahrensgrundsätze wie den Grundsatz der Unmittelbarkeit fest noch regeln sie, ob und wann eine Beweisaufnahme erforderlich ist, ob ein Recht auf Einvernahme von Zeugen besteht, wie Beweismittel zu bewerten sind und ob Beweisverbote eingreifen. Dies überlassen sie dem nationalen Recht und der Entscheidung der nationalen Gerichte[1088]. Der EGMR prüft dagegen, ob

---

[1084] Dazu vor allem IntKommEMRK-*Vogler* 542 ff, SK-StPO-*Paeffgen* 153; ferner EKMR bei *Bleckmann* EuGRZ **1983** 422; StV **1985** 89; EuGRZ **1992** 542; BVerfG NJW **2003** 196; OLG Düsseldorf NStZ **1984** 283; OLG Hamm NStZ **1990** 143; NStZ-RR **2000** 160; wistra **2000** 240; OLG München NJW **1981** 534; OLG Stuttgart Justiz **1984** 309; OLG Zweibrücken MDR **1990** 175; *Meyer-Goßner*[47] 21; und zur Gegenmeinung OLG Düsseldorf NStZ **1982** 339; **1985** 370 m. abl. Anm. *Schikora*; vgl. ferner die Nachw. in der vorangehenden Fußn. Art. VII Abs. IX Buchst. e Nato-Truppenstatut verweist wegen der Gebührenermäßigung des Pflichtverteidigers auf die im Aufnahmestaat geltenden Bedingungen.

[1085] Zulässig nach EGMR 25.9.1992 Croissant/D (EuGRZ **1992** 542 mit abl. Anm. *Kühne*); EKMR bei *Strasser* EuGRZ **1992** 280; OLG Zweibrücken StV **1990** 363 mit abl. Anm. *Beulke*, dagegen auch *Neumann* NJW **1991** 266; *Meyer-Goßner*[47] 21; SK-StPO-*Paeffgen* 150. Vgl. LR-*Lüderssen* StPO § 141, 45; LR-*Hilger* StPO § 464a, 47.

[1086] EKMR StV **1985** 98 (L); *Peukert* EuGRZ **1980** 276; IntKommEMRK-*Vogler* 542; *Meyer-Goßner*[47] 21.

[1087] SK-StPO-*Rogall* Vor § 133, 98; vgl. im übrigen LR-*Hanack* § 136 StPO, 29.

[1088] Etwa EGMR 12.7.1988 Schenk/CH (EuGRZ **1988** 390); 22.4.1992 Vidal/Belg (EuGRZ **1992** 440); 25.3.1999 Pélissier & Sassi/F (NJW **1999** 3545); 25.9.2001 P.G. und J.H./GB (ÖJZ **2002** 911); 6.5.2003 Perna/I (NJW **2004** 2653); *Meyer-Ladewig* 55; weit. Nachw. vgl. Rdn. 218.

das nationale Verfahren insgesamt fair war[1089]. Dies gilt auch, soweit Art. 6 Abs. 3 MRK, Art. 14 Abs. 3 IPBPR für die Entscheidung über eine **strafrechtliche Anklage** einige der grundsätzlichen Anforderungen eines fairen Verfahrens ausdrücklich aufführen. Das Recht des Angeklagten, **Belastungszeugen zu befragen** und **Entlastungszeugen** unter denselben Bedingungen wie Belastungszeugen **zu laden und vernehmen zu lassen**, gewähren beide Konventionen übereinstimmend[1090]. Sie sehen darin einen spezifischen Aspekt des durch Art. 6 Abs. 1 MRK, Art. 14 Abs. 1 IPBPR gewährleisteten fairen Verfahrens. Es soll sichern, daß der Angeklagte bei der für seine Verteidigung besonders wichtigen Beweiserhebung die gleichen Befugnisse wie die Anklagevertretung hat. Die von den Vorstellungen des angelsächsischen Parteiprozesses bestimmte Wortwahl[1091] stellt hier das **Prinzip der Waffengleichheit** (Chancengleichheit) für den Personalbeweis besonders heraus[1092] und legt der Befugnis der Verteidigung, belastende Zeugenaussagen selbst hinterfragen zu können, besonderes Gewicht für ein faires Verfahren bei[1093]. Überträgt man diesen Grundgedanken auf den vom Amtsermittlungsgrundsatz bestimmten kontinentalen Prozeß, dann gehört auch dort zum fairen Verfahren, daß der Angeklagte bei der Ausschöpfung der persönlichen Beweismittel und bei der Prüfung des Wahrheitsgehaltes der Aussagen grundsätzlich die gleichen Befugnisse haben muß wie der Staatsanwalt. Die Konventionen geben dem Angeklagten zwar nicht das Recht auf eine unmittelbare **Gegenüberstellung** mit dem Belastungszeugen (Konfrontation im eigentlichen Sinn)[1094], sie garantieren aber der Verteidigung ein unmittelbares Fragerecht, um das Wissen dieser Zeugen auch für die Verteidigung ausschöpfen zu können und auch, um ihre Glaubwürdigkeit hinterfragen zu können[1095].

Der Wortlaut von Absatz 3 stellt auf den **Personalbeweis** ab, den **Beweis durch** 211
Urkunden umfaßt er an sich nicht[1096]. Dieser wird unmittelbar an den Anforderungen des Art. 6 Abs. 1 MRK, Art. 14 Abs. 1 IPBPR gemessen; er ist also ebenso daran gebunden, daß bei der Verwendung schriftlicher oder in einer sonstigen Form dokumentierte Beweismittel die Grenzen einer fairen, die Waffengleichheit wahrenden Verfahrensgestaltung eingehalten werden. Soweit ein Beweis durch Urkunden erbracht werden soll, muß die Verteidigung Gelegenheit haben, diese zu überprüfen. Das Gebot eines fairen Verfahrens kann auch verletzt sein, wenn bei der Anklagebehörde vorhandenes verfahrenserhebliches Beweismaterial dem Angeklagten oder seinem Verteidiger verschwiegen wird[1097]. Für **Augenscheinsobjekte** (Waffen usw.), auf die sich die Anklage stützt, hat

---

1089 Zur Gesamtprüfung des Verfahrens vgl. Rdn. 69.

1090 Dieses Recht wird auch in Art. 18 Abs. 7 des deutsch-sowjetischen Truppenvertrags vom 12.10. 1990 (BGBl. II 1991 S. 289) fast wortgleich mit Art. 14 Abs. 3 Buchst. e IPBPR besonders angesprochen, während Art. 7 Abs. IX Buchst. c, d des Nato-Truppenstatuts eine teils engere, teils weitergehenden Fassung (insbes. Gegenüberstellung) haben.

1091 IntKommEMRK/*Vogler* 548; vgl. das 6. Amendment zur Verfassung der USA, dazu und zur Rechtslage in England *Dörr* 42 ff; *Beulke* FS Rieß 6; vgl. auch *Gollwitzer* GedS Karlheinz Meyer 151.

1092 Vgl. EGMR 8.6.1976 Engel u.a./NdL (EuGRZ **1976** 235); 6.5.1985 Bönisch/Ö (EuGRZ **1986** 127); vgl. auch EKMR bei *Strasser* EuGRZ **1985** 627; *Frowein/Peukert* 200; *Guradze* 35; IntKommEMRK/*Vogler* 548; SK-StPO-*Paeffgen* 154. Vgl. schweiz. BGer. EuGRZ **1979** 296; **1980** 247; für den IPBPR *Hofmann* S. 39; *Nowak* 52. Ferner auch *Peukert* EuGRZ **1980** 247; 255 (Waffengleichheit aber nicht verletzt, wenn Staatsanwalt den Zeugen unmittelbar fragen darf, während der Angeklagte seine Fragen über den Richter stellen muß).

1093 Hier wird der Unterschied deutlich, der zwischen der englischen und der französischen Rechtsauffassung besteht, wenn es darum geht, in welcher Form Zeugenaussagen als zuverlässige Grundlage der gerichtlichen Tatsachenfeststellung in die Verhandlung einzuführen sind, vgl. dazu *Gleß* ZStW **115** (2003) 131, 143 ff.

1094 Vgl. EGMR 26.3.1996 Doorson/NdL (ÖJZ **1996** 713); *Beulke* FS Rieß 7.

1095 Vgl. dazu Rdn. 219.

1096 Zur Ausnahme bei der Verlesung der Protokolle früherer Zeugenvernehmungen vgl. Rdn. 224; 227.

1097 EGMR 19.6.2001 Atlan/GB (ÖJZ **2002** 698: Wahrheitswidrige Verneinung der Existenz von nicht offen gelegtem Beweismaterial bei der Anklagebehörde). Vgl. auch EGMR 16.12.1992 Edwards/GB (ÖJZ

der EGMR gefordert, daß sie in der Hauptverhandlung vorgelegt werden müssen, um der Verteidigung Einwände zu ermöglichen[1098].

212 Bei der **Auslegung der formellen Regelung der Konventionen, die** auf **materielle Kriterien** für den Anspruch auf Beweiserhebung verzichtet[1099], steht deren **erkennbare Zielsetzung** im Vordergrund, zur Gewährleistung eines fairen Verfahrens die Verteidigung befugnismäßig mit der Anklagebehörde **gleichzustellen**; jede den Beweiswert in Frage stellende Einseitigkeit bei der Beweisaufnahme soll vermieden werden. Die Konventionen gehen allerdings davon aus, daß die Befugnis des Angeklagten, die Vernehmung eines für seine Verteidigung wesentlichen Zeugen zu erreichen, im nationalen Recht so geregelt ist, daß er in dieser für ein faires Verfahren notwendigen Verteidigungsmöglichkeit nicht unbillig beschränkt wird[1100]; insbesondere muß er das Recht haben, einen ihn belastenden Zeugen zu befragen oder durch seinen Verteidiger befragen zu lassen und zu den Ergebnissen der Beweiserhebung Stellung zu nehmen[1101]. Grundsätzlich beurteilen sie diese Befugnis aber nicht isoliert, sondern danach, ob bei einer Gesamtschau aller Verfahrensregelungen des jeweiligen nationalen Rechts und des konkreten Verfahrensverlaufs der Beschuldigte ein faires Verfahren hatte[1102].

213 Die formelle Unterscheidung zwischen **Belastungszeugen und Entlastungszeugen** entspricht an sich nicht dem vom Untersuchungsgrundsatz bestimmten kontinentaleuropäischen Strafprozeß[1103]. Da die meisten Zeugen vom Gericht beigezogen werden und ihre Aussagen für und gegen den Angeklagten gewertet werden können, wird man nicht darauf abstellen dürfen, auf wessen Betreiben ein Zeuge geladen wurde. Als Belastungszeugen sind alle Personen anzusehen, deren für die Entscheidungsfindung verwertbare Bekundungen den Angeklagten in irgendeiner Hinsicht im Sinne der Anklage belasten[1104], während als Entlastungszeugen alle Personen in Betracht kommen, die eine zugunsten des Angeklagten wirkende Tatsache bekunden oder bekunden sollen. Da es auf den mit der Beiziehung der Zeugen verfolgten Zweck ankommt, können auch Zeugen, die den Angeklagten belastet haben, darunter fallen, wenn sich die Verteidigung von ihrer erneuten Einvernahme und Befragung[1105] eine Entlastung verspricht , sei es durch Korrektur ihrer früheren Aussagen oder weil die erneute Befragung Zweifel an deren Glaubwürdigkeit aufzeigen soll[1106].

1993 391); 25.9.2001 P.G., J.H./GB (ÖJZ **2002** 911: Einschränkungen nur, soweit unbedingt erforderlich und wenn anderweitig ausreichend ausgeglichen); ferner Rdn. 62.

1098 EGMR 6.12.1989 Barberá u.a./Span (Series A 146); dazu *Esser* 626; SK-StPO-*Paeffgen* 166, der die Frage aufwirft, ob es der EGMR als Kompensation hätte genügen lassen, wenn die Verteidigung die Gegenstände im Ermittlungsverfahren hätte besichtigen können.

1099 Anders Art. 8 Abs. 2 Buchst. f AMRK (deutsche Übersetzung EuGRZ **1980** 435), wo der Verteidigung neben dem Fragerecht das Recht eingeräumt wird, Personen, die den Tatbestand klären können, als Zeugen zu laden; vgl. *Buergenthal* EuGRZ **1984** 169; *Frowein* EuGRZ **1980** 169, Das Recht, den Belastungszeugen gegenübergestellt zu werden, legt auch Art. VII Abs. 9 Buchst. c des Nato-Truppenstatuts vom 12.6.1951 (BGBl. II 1961 S. 1183, 1190) fest.

1100 Vgl. etwa *Trifterer/Binner* EuGRZ **1977** 142.

1101 Das innerstaatlich im Recht auf Gehör verankerte Recht, zum Ergebnis der Vernehmungen Stellung zu nehmen, folgt aus dem in Absatz 1 garantierten Recht auf ein faires Verfahren (vgl. Rdn. 71); es ließe sich auch aus dem Sinn des Fragerechts herleiten; vgl. SK-StPO-*Paeffgen* 154.

1102 So etwa EGMR 20.11.1989 Kostovski/NdL (StV **1990** 481); 23.4.1997 Van Mechelen/NdL (StV **1997** 619 mit Anm. *Wattenberg/Violett*; dazu auch *Renzikowski* JZ **1999** 605); *Beulke* FS Rieß 7; ferner zu der auch hier Platz greifenden Gesamtbetrachtung des EGMR als (flexibles) Prüfkriterium für ein faires Verfahren *Nack* NJW Sonderheft für G. Schäfer **2002** 46, 50; ferner Rdn. 210 mit weit. Nachw.

1103 Vgl. schweiz.BGer. EuGRZ **1979** 296.

1104 *Grabenwarter* § 24 Rdn.72.

1105 Die Konventionsgarantie des Fragerechts bei diesen Zeugen deckt sich insoweit weitgehend mit einem weit verstandenen Ladungsrecht, das eine sollte aber das andere nicht ausschließen.

1106 Vgl. *Grabenwarter* § 24 Rdn. 75; SK-StPO-*Paeffgen* 163, die ein Recht auf Zuziehung dieser „Belastungszeugen" bejahen.

Zeuge ist dabei nicht rechtstechnisch im Sinne des jeweiligen nationalen Verfahrensrechts zu verstehen. Der Begriff wird **autonom ausgelegt**[1107]. Nach dem Zweck der Regelung versteht der EGMR jeden als Zeugen, dessen Angaben vor Gericht als Beweismittel zur Entscheidungsfindung verwendet werden[1108], also auch der Zeuge, der nicht selbst vor Gericht vernommen wird, dessen Bekundungen aber durch ein anderes Beweismittel in die Verhandlung eingeführt werden. Zeuge in diesem Sinn kann auch ein **Sachverständiger**[1109] sein, ferner, soweit es um die Ausübung des Fragerechts geht, auch ein Mitangeklagter[1110] oder ein Nebenbeteiligter am Verfahren[1111] oder der Privat- oder Nebenkläger[1112]. **214**

b) Das Recht, **die Ladung und Vernehmung von Entlastungszeugen** zu erwirken, wird dem Angeklagten nicht als absolutes Recht auf Beiziehung einer unbegrenzten Zahl beliebiger Zeugen gewährt[1113]. Es gilt die wohl als selbstverständlich angesehene ungeschriebene Einschränkung, daß die Ladung und Vernehmung der Zeugen durch das Gericht tatsächlich durchführbar ist, was grundsätzlich auch die **Vernehmung im Ausland** im Wege der Rechtshilfe mit einschließt[1114]. Das Recht auf Ladung von Zeugen kann im nationalen Recht eingegrenzt werden. Es muß aber insgesamt ein faires, ausreichende Verteidigungsmöglichkeiten bietendes Verfahren gewährleistet bleiben. In der Ablehnung einer von der Verteidigung beantragten Zeugenvernehmung kann daher ein Verstoß gegen Art. 6 Abs. 3 Buchst. d MRK liegen, wenn die Verfahrenserheblichkeit des Antrags für den Richter ersichtlich war[1115]. Zur Wahrung der Chancengleichheit müssen für die Entlastungszeugen die **gleichen Bedingungen wie bei den Belastungszeugen** gelten. Letztere Verknüpfung darf nicht dahin mißverstanden werden, daß ihr genügt sei, wenn im konkreten Einzelfall Verteidigung und Anklage die Zuziehung einer gleichen Zahl von Zeugen erreicht haben. Es kommt nicht auf die vordergründige Gleichheit hinsichtlich der Zahl der Zeugen oder der Dauer ihrer Vernehmung an[1116], sondern darauf, daß bei allen Zeugen, von denen eine verfahrenserhebliche Aussage zu erwarten ist, die Verteidigung insgesamt die gleiche Möglichkeit für ihre Zuziehung haben muß **215**

1107 EKMR 24.11.1986 Unterpertinger/Ö (EuGRZ **1987** 151 m. Anm. *Trechsel*: autonom auszulegen, weiter als im technischen Sinn des nationalen Rechts); EGMR 20.11.1189 Kostovski/NdL (StV **1990** 482); 27.9.1990 Windisch/Ö (StV **1991** 193); 19.12.1990 Delta/F (ÖJZ **1991** 425); 26.4.1991 Asch/Ö (EuGRZ 1992 417); 22.4.1992 Vidal/Belg (EuGRZ **1992** 440); 28.8.1992 Artner/EuGRZ **1992** 476); *Esser* 630; *Joachim* StV **1992** 245; vgl. nachf. Fußn.

1108 Vgl. EKMR EuGRZ **1997** 148 (Mielke); sowie vorst. Fußn.

1109 EKMR bei *Strasser* EuGRZ **1988** 329; 380; IntKommEMRK-*Vogler* 550; *Peukert* EuGRZ **1980** 266; EGMR 6.5.1985 Bönisch/Ö (EuGRZ **1986** 127) verweist darauf, daß Sachverständiger bei wörtlicher Auslegung kein Zeuge ist, läßt die (entsprechende?) Anwendbarkeit von Buchst. d wegen des bejahten Verstoßes gegen das Gebot eines fairen Verfahrens letztlich aber offen.

1110 Etwa EGMR 7.8.1996 Ferrantelli, St Angelo/I (ÖJZ **1997** 151), dazu SK-StPO-*Paeffgen* 162; *Esser* 331; *Guradze* 35; *Peukert* EuGRZ **1980** 258; zur „Zeugeneigenschaft" des Mitangeklagten auch SK-StPO-*Rogall* Vor § 133, 123; *Walther* GA **2003** 204, 216, die das Verbot des § 240 Abs. 2 Satz 2 StPO, Mitangeklagte unmittelbar zu befragen, für problematisch hält. Nach EKMR bei IntKommEMRK-*Vogler* 549 verbietet die MRK die Vernehmung eines Mitbeschuldigten als Zeugen nicht, vgl. Rdn. 256.

1111 Vgl. EGMR 19.12.1989 Kamasinski/Ö (ÖJZ **1990** 412); *Esser* 631.

1112 *Esser* 631.

1113 EGMR Engel EuGRZ **1976** 221); EKMR bei *Bleckmann* EuGRZ **1981** 115; 116; 118; **1982** 447 (Händle); **1983** 16; ÖJZ **1989** 484; *Frowein/Peukert* 202; IntKommEMRK-*Vogler* 570; *Nowak* 52 (auch zum Scheitern des Vorschlags der Garantie eines weitergehenden Beweiserhebungsrechts beim Entwurf des IPBPR).

1114 Enger Art. VII Abs. IX Buchst. d NATO-Truppenstatut, wo das gleichartige Recht nur gewährt wird, wenn die Entlastungszeugen der Gerichtsbarkeit des Aufnahmestaates unterstehen.

1115 Vgl. EGMR 22.4.1992 Vidal/B (EuGRZ **1992** 440).

1116 Der Hinweis bei EGMR 8.6.1976 Engel/NdL (EuGRZ **1976** 235), die Nichtladung von Entlastungszeugen sei kein Verstoß, da auch keine Belastungszeugen geladen worden seien, wurde zu Recht kritisiert; vgl. IntKommEMRK-*Vogler* 569.

wie die Anklage[1117]. War allerdings diese Voraussetzung durch eine entsprechende rechtliche Regelung des Verfahrens und durch eine ihr entsprechende tatsächliche Verhandlungsführung[1118] gewahrt, dann wurde es als zulässig angesehen, daß ein Gericht den Antrag der Verteidigung auf Ladung und Vernehmung eines Zeugen ohne weitere Begründung[1119] ablehnte, weil es dessen Aussage nicht für erforderlich hielt[1120]. Etwas anderes kann dann gelten, wenn der Beschwerdeführer darlegen kann, daß die Erheblichkeit der zu erwartenden Aussage für den Tatrichter ersichtlich war oder sein mußte[1121].

216 **Bestimmte Regeln über Zulässigkeit und Verwendung von Beweismitteln** stellen die Konventionen nicht auf. Sie fordern nur, daß insgesamt ein faires Verfahren gewahrt ist, das die Verteidigungsrechte einschließlich der Waffengleichheit bei der Ausübung der Verfahrensbefugnisse voll wahrt. Sie überlassen **dem nationalen Recht**, ob und wie es das materielle Beweisrecht und die Einzelheiten der Beweiserhebung regeln[1122] und wieweit und unter welchen Voraussetzungen es die Ladung von Zeugen zulassen will[1123]. Es hat dabei hinsichtlich Form und Inhalt einen großen Gestaltungsraum[1124]. Es kann die Anträge auf Ladung und Vernehmung von Zeugen an **Fristen und Formen** knüpfen, wie etwa Benennung des Beweisthemas oder Mitteilung der Anschrift der Zeugen[1125], und es kann die Form der Ablehnung regeln, wobei aus den Konventionen nicht herzuleiten ist, daß die Ablehnung eines Beweisantrags stets einer förmlichen Begründung bedarf[1126], wie dies etwa § 244 Abs. 6 StPO vorschreibt. Entsprechend seinem jeweiligen Verfahrenssystem kann das nationale Recht die Beweiserhebung auch **sachlich regeln und begrenzen.** Es kann bestimmen, welche Beweismittel zulässig sind[1127], ob und in welcher Form sie in die Verhandlung einzuführen sind[1128] und es kann die Verwendung bestimmter Arten von Beweismitteln generell ausschließen[1129]. Das nationale Recht kann die Ent-

---

1117 IntKommEMRK-*Vogler* 569.

1118 *Guradze* 36.

1119 EGMR 7.7.1989 Bricmont/Belg (Series A 158); dazu krit. SK-StPO-*Paeffgen* 167.

1120 EGMR 8.6.1976 Engel/NdL (EuGRZ **1976** 235); 7.7.1989 Bricmont/Belg (Series A 158); EKMR bei *Bleckmann* EuGRZ **1979** 116; **1981** 115, 116, 118; **1983** 17; bei *Strasser* EuGRZ **1989** 467; *Frowein/Peukert* 138; *Guradze* 36; IntKommEMRK-*Vogler* 569 ff; SK-StPO-*Paeffgen* 167, 168 beanstandet u. a. die darin liegende Beweisantizipation und fordert zumindest eine intersubjektive Plausibilität der Ablehnung. *Grabenwarter* § 24 Rdn. 74 will darauf abstellen, ob bei einer Gesamtabwägung die Nachteile der Ablehnung durch eine faire Verfahrensführung kompensiert werden.

1121 EGMR 6.12.1989 Barberà, Messegué, Jabardo/Span (Series A 146); 22.4.1992 Vidal/Belg (EuGRZ **1992** 440); 24.6.2003 Garaudy/F (NJW **2004** 3695).

1122 EGMR ständige Rechtspr. etwa 2.7.1988 Schenk/CH (EuGRZ **1988** 390); 20.11.1989 Kostovski/NdL (StV **1990** 481); 27.9.1990 Windisch/Ö **(1991** 193); 26.3.1996 Doorson/NdL (ÖJZ **1996** 715); 25.3.1999 Pélissier, Sassi/F (NJW **1999** 3545); 12.5.2000 Khan/GB (JZ **2000** 993 mit Anm. *Kühne/Nash*); 25.9.2001 P.G., J.H./GB (ÖJZ **2002** 911); EKMR bei *Strasser/Weber* EuGRZ **1987** 357; EKMR **1989** 467; *Schroeder* GA **2003** 295; IntKommEMRK-*Vogler* 571. *Widmaier* NJW Sonderheft für Gerhard Schäfer **2002** 76.

1123 Etwa EGMR 7.7.1989 Bricmont/Belg (Series A 158); 22.4.1999 Vidal/Belg (ÖJZ **1992** 801); 10.4.2003 Alge/Ö (ÖJZ **2003** 816).

1124 Vgl. *Gleß* ZStW **115** ((2003) 131 ff.

1125 EKMR bei *Bleckmann* EuGRZ **1981** 115; bei *Strasser* EuGRZ **1985** 627.

1126 EKMR bei *Bleckmann* EuGRZ **1981** 116; wieweit aus dem Gebot eines fairen Verfahrens folgt, daß die Verteidigung nicht ohne Kenntnis vom Ablehnungsgrund bleibt, ist Sache des Einzelfalls.

1127 EGMR 12.7.1988 Schenk/CH (EuGRZ **1988** 390: rechtswidrig erlangte Tonbandaufnahmen); 20.11.1989 Kostovski/NdL (StV **1990** 481); 19.12.1990 Delta/F (ÖJZ **1991** 426); 5.11.2002 Allan/GB (StV **2003** 257 mit Anm. *Gaede* = JR **2004** 127, dazu *Esser* JR **2004** 98).

1128 Vgl. etwa EGMR 25.9.2001 P.G., J.H./GB (ÖJZ **2002** 911: Verwertung durch eine heimliche Abhöranlage gewonnene Erkenntnisse, die der verhandlungsführende Richter der Beurteilung der Geschworenen überließ). Zu den unterschiedlichen Auffassungen über die zuverlässige Sachverhaltsfeststellung in den nationalen Rechtsordnungen, vgl. *Gleß* ZStW **115** (2003) 131, 143 ff mit Beispielen aus dem englischen und französischen Recht.

1129 EKMR Unterpertinger/Ö (EuGRZ **1987** 151 mit Anm. *Trechsel*).

scheidung über die Verwendung der Beweismittel weitgehend dem Ermessen des Richters überlassen[1130], es kann aber auch die Gründe festlegen, in denen die Beweiserhebung im Einzelfall abgelehnt werden darf oder muß. Es ist seine Sache, ob und mit welchem Inhalt es generelle Beweisverbote aufstellt und ob es zum Schutze öffentlicher oder privater Belange die Beweiserhebung einschränkt, so etwa zum Schutze von Geheimhaltungsinteressen des Staates[1131] oder zum Schutze von Zeugen in einer besonderen Lage, wie sie z. B. in den Zeugnisverweigerungsrechten des nationalen Rechts festgelegt werden[1132].

Notwendig aus der Sicht der Konventionsgarantien ist aber immer, daß der Angeklagte 217
insgesamt ein **faires Verfahren** hatte[1133], daß also der Verteidigung nicht ohne einen sachlichen Grund die Möglichkeit versagt wurde, die von ihr für erforderlich gehaltenen Zeugen zur Vernehmung zu bringen und das Wissen der Belastungszeugen zu hinterfragen. Der verminderte Beweiswert von Zeugenaussagen, die die Verteidigung nicht unmittelbar befragen konnte, muß bei der Entscheidung ausreichend berücksichtigt werden. Auch hier gilt, daß die Verteidigung bei einer **Gesamtwürdigung aller ihr offenen verfahrensrechtlichen Befugnisse insgesamt** nicht schlechter gestellt sein darf als die Staatsanwaltschaft. Unter diesem Blickwinkel wird es als mit den Konventionen vereinbar angesehen, daß das **Selbstladungsrecht des Angeklagten** in § 220 StPO an die Sicherstellung der Auslagen der Beweisperson gebunden ist, denn diese Verteidigungsmöglichkeit wird dem Angeklagten nur zusätzlich zu der Möglichkeit eingeräumt, durch einen Beweisantrag zu erreichen, daß das Gericht alle Beweispersonen hört, von denen sachdienliche Bekundungen zu erwarten sind[1134].

Hinsichtlich der Beurteilung der **Notwendigkeit der Beweiserhebung haben** die natio- 218
nalen Gerichte einen **weiten Ermessensspielraum**. Ebenso wie die früheren Konventionsorgane sieht auch jetzt der Gerichtshof seine Aufgabe grundsätzlich nicht darin, an Stelle des Tatrichters die Sachdienlichkeit einer Beweiserhebung oder gar die tatrichterliche Beweiswürdigung nachzuprüfen oder abstrakt zu entscheiden, ob nach nationalem Recht die Verwendung eines rechtswidrig erlangten Beweismittels zulässig war[1135]. Er kontrolliert nur, ob insoweit das Gebot eines fairen, rechtsstaatlichen Verfahrens einschließlich der Waffengleichheit gewahrt ist[1136]. Diese kann zum Beispiel dadurch verletzt sein, daß eine Beweiserhebung willkürlich, weil nicht durch vertretbare sachliche Überlegungen gedeckt, abgelehnt wurde oder weil dem Angeklagten eine ersichtlich relevante Verteidigungsmöglichkeit vorenthalten blieb[1137]. Dies setzt aber voraus, daß der

---

1130 So etwa in Frankreich Art. 310 Code de procédure pénale.

1131 EKMR bei *Strasser* EuGRZ **1989** 467.

1132 EKMR Unterpertinger/Ö (EuGRZ **1987** 151 mit Anm. *Trechsel*); dazu EGMR 24.11.1986 (NJW **1987** 3068); *Beulke* FS Rieß 9.

1133 EGMR 7.7.1989 Barberà u. a./Span (Series A 146); 26.4.1991 Asch/Ö (EuGRZ **1992** 474); 20.9.1993 Saidi/F (ÖJZ **1994** 232); 26.3.1996 Doorson/NdL (ÖJZ **1996** 715); BGHSt **46** 93, 95.

1134 Strittig; wie hier IntKommEMRK-*Vogler* 568; **a. A** *Guradze* 36.

1135 EGMR 24.11.1986 Unterpertinger/Ö (NJW **1987** 3068 = EuGRZ **1987** 157); 20.11.1989 Kostovski/NdL (StV **1990** 482); 27.9.1990 Windisch/Ö (StV **1991** 193); EKMR bei *Strasser/Weber* EuGRZ **1987** 356; 357; IntKommEMRK-*Vogler* 567; *Peukert* EuGRZ **1980** 267; *Vogler* ZStW **89** (1977) 788.

1136 Etwa EKMR ÖJZ **1991** 324; EGMR 6.5.2003 Perna/I (NJW **2004** 2653). Vgl. Rdn. 65 mit weit. Nachw.; ferner IntKommEMRK-*Vogler* 572ff; und seine Kritik an dieser auf der sog. „fourth-instance-Doktrin" beruhenden Beschränkung 574ff.

1137 Vgl. etwa EGMR 9.6.1998 Teixeira de Castro/Port (NStZ **1999** 47 mit Anm. *Sommer*); 25.3.1999 Pélissier & Sassi/F (NJW **1999** 3545); EKMR bei *Strasser* EuGRZ **1989** 467; *Vogler* ZStW **89** (1977) 788, ferner UN-AMR nach *Nowak* 52. Die EKMR konnte sich in den bei Rdn. 215 angeführten Entscheidungen damit begnügen, daß das Gericht sachliche Gründe angeführt hat, weshalb es die erstrebte Beweiserhebung für entbehrlich hielt, sowie damit, daß der Beschwerdeführer entsprechende Anträge nicht wiederholt oder die Erforderlichkeit der Beweiserhebung oder einen Mißbrauch des Ablehnungsrechts nicht aufgezeigt hat.

Angeklagte dargelegt hat, weshalb die von ihm beantragte Zeugenvernehmung für die Wahrheitsfindung erforderlich war[1137a]. Wird ein für die Sachaufklärung wichtiger **Zeuge von der Exekutive gesperrt**, sodaß er vom Gericht nicht vernommen werden kann, erfordert die faire Verhandlungsführung, daß dies vom Gericht bei der dann gebotenen vorsichtigen Beweiswürdigung berücksichtigt wird; meist wird es dann die Möglichkeit nicht ausschließen können, daß der gesperrte Zeuge das Entlastungsvorbringen des Angeklagten bestätigt hätte[1138]. In welchen Fällen der EGMR neben dem Verstoß gegen das Gebot eines fairen Verfahrens zusätzlich zu Art. 6 Abs. 1 MRK auch Art. 6 Abs. 3 Buchst. d MRK wegen der ungleichen Beweiserhebungschancen als verletzt ansieht, bleibt mitunter unklar. Vielfach prüft er beides meist gemeinsam, da er Art. 6 Abs. 3 Buchst. d nur als einen Aspekt des fairen Verfahrens betrachtet[1139], so daß er meist im Rahmen einer **Gesamtwürdigung** entscheidet, ob das Verfahren in seiner Gesamtheit fair war. Dies kann auch der Fall sein, wenn der geltend gemachte Verstoß gegen Absatz 3 im weiteren Verfahren ausgeglichen worden ist[1140].

219 c) Die **Befugnis, die Belastungszeugen zu befragen**[1141], soll sicherstellen, daß diese Zeugen nicht einseitig vernommen werden und daß bei ihrer Einvernahme auch die für die Verteidigung wichtigen Gesichtspunkte zur Sprache kommen können, sie soll es außerdem ermöglichen, die Glaubwürdigkeit des Zeugen und den Wahrheitsgehalt seiner Aussage zu hinterfragen[1142]. Dieses Recht, das in der Regel[1143] bei einer **unmittelbaren Konfrontation** mit dem Zeugen in der öffentlichen (kontradiktorischen) Verhandlung[1144] ausgeübt werden sollte, ist ein wichtiges Verteidigungsrecht. Es muß dem Angeklagten grundsätzlich bei allen vom Gericht gehörten Beweispersonen eingeräumt werden, bevor deren Angaben bei der Entscheidung gegen ihn verwertet werden[1145], also auch, wenn ein Zeuge nur im Vorverfahren vernommen worden ist[1146]. Daher sollte auch dies nach Möglichkeit bereits in Gegenwart des Angeklagten und seines Verteidigers geschehen[1147], andernfalls muß diesen **nachträglich** eine ausreichende Befragung ermöglicht werden. Eine ergänzende Befragung kann auch notwendig sein, wenn der Ange-

---

[1137a] Etwa EGMR 8.6.1976 Engel u.a./NdL (EuGRZ **1976** 221); 7.7.1989 Bricmont/Belg (Series A 158); 6.5.2003 Perna/I (NJW **2004** 2653).

[1138] BGH NStZ **2004** 343 („EL Motassadeq"-Sperrung eines Zeugen durch die USA) = JZ **2004** 924 mit Anm. *Müller*; zu den Lösungsmöglichkeiten auch *Gaede* StraFo. **2004** 195 (mit Bedenken gegen die Beweiswürdigungslösung des BGH).

[1139] Etwa EGMR 19.12.1990 Delta/F (ÖJZ **1991** 425); 26.4.1991 Asch/Ö (EuGRZ **1992** 474); vgl. oben Rdn. 216 mit weit. Nachw.; dagegen *Walther* GA **2003** 204, 219 ff.

[1140] Anders *Walther* GA **2003** 204, 219 ff, die fordert, daß die Verstöße gegen Art. 6 Abs. 3 Buchst. d MRK für sich allein und losgelöst von der Frage des fairen Verfahrens geprüft werden müssen. *Schroeder* GA **2003** 293, 297 ff sieht im Abstellen auf das Gesamtverfahren eine Art Beruhensprüfung.

[1141] Nach *Walther* GA **2003** 204, 2 verdeutlicht der englische Wortlaut „to examine oder have examined" besser als das „befragen oder befragen lassen" (vgl. franz. Wortlaut „interroger ou faire interroger"), daß hier nicht nur das bloße Stellen von Fragen sondern ein aktives Hinterfragen des Wahrheitsgehalts einer Aussage gemeint ist.

[1142] Vgl. *Walther* GA **2003** 204, 215 ff.

[1143] Die MRK legt keinen Unmittelbarkeitsgrundsatz fest; ihr kann auch genügen, wenn das Fragerecht außerhalb der Hauptverhandlung wirksam ausgeübt werden konnte; vgl. SK-StPO-*Paeffgen* 164; ferner EGMR 19.2.1991 Isgrò/I (Series A 194-A: ungenügend, wenn Angeklagter ohne Verteidiger teilnahm).

[1144] Das Recht auf eine faire (kontradiktorische) öffentliche Verhandlung beurteilt der EGMR im Zusammenhang mit den Rechten des Absatzes 3, diese schließen aber nicht aus, auch außerhalb der Verhandlung gewonnene Beweise in dieser als Beweismittel zu verwenden, so daß dann dem Fragerecht besonderes Gewicht beikommt. vgl. SK-StPO-*Paeffgen* 166.

[1145] Zum weiten Begriff des Belastungszeugen vgl. Rdn. 214; ferner zum Fragerecht *Gollwitzer* GedS Karlheinz Meyer 147 ff.

[1146] Zur Verlagerung des Schwerpunkts der Beweiserhebung ins Ermittlungsverfahren und zur Absicherung der Rechte der Verteidigung vgl. *Beulke* FS Rieß 17 ff.

[1147] Vgl. *Endriss* FS *Rieß*, 65 ff; SK-StPO-*Paeffgen* 164.

klagte noch keinen Verteidiger hatte, als er einer Einvernahme im Ermittlungsverfahren beiwohnte[1148]. Die Gelegenheit zur ausreichenden Befragung muß im Laufe des Verfahrens mindestens einmal gegeben sein[1149]. Ein **Recht auf wiederholte Befragung** kann bei unveränderter Beweislage aus Art. 6 Abs. 3 Buchst. d MRK, Art. 14 Abs. 3 Buchst. e IPBPR nicht hergeleitet werden[1150], desgleichen kein Recht auf Anwesenheit des Angeklagten bei kommissarischen richterlichen Zeugeneinvernahmen oder bei Zeugeneinvernahmen durch die Polizei. War die Befragung nach nationalem Recht zunächst nicht möglich oder ist sie zu Unrecht verweigert worden, genügt es den Anforderungen von Art. 6 Abs. 3 Buchst. d MRK, Art. 14 Abs. 3 Buchst. e IPBPR, wenn sie vor Erlaß des Urteils nachgeholt worden ist. Konnte allerdings das Fragerecht in keinem Zeitpunkt des Verfahrens effektiv ausgeübt werden, kann die Verwertung einer solchen Aussage gegen den Angeklagten bedeuten, daß er auch in der Gesamtschau kein faires Verfahren hatte[1151]. Dies wurde angenommen, wenn die Aussage, die von der Verteidigung nicht hinterfragt werden konnte, das einzige die Verurteilung tragende Beweismittel war[1152], und zwar selbst dann, wenn das Gericht im Bewußtsein dieses Umstands die Aussage in seiner Entscheidung besonders sorgfältig geprüft hatte. Unterstützte dagegen die Aussage, deren Hinterfragung nicht oder nur ungenügend möglich war, lediglich ein durch andere Beweismittel gewonnenes Ergebnis, kann ihre Verwendung in der Gesamtschau des Verfahrens noch mit dem Gebot eines fairen Verfahrens vereinbar sein[1153]. Diese Grundsätze finden auch Anwendung bei der Verwertung der Aussage eines Zeugen, dessen Aussage nicht hinterfragt werden kann, weil zum Schutz vorrangiger legitimer Interessen seine **Personalien geheim gehalten** werden und der für eine unmittelbare Befragung nicht zur Verfügung steht[1154].

Die Konventionen verpflichten nur dazu, das Verfahren grundsätzlich so zu gestal- **220**
ten, daß der Angeklagte **Gelegenheit zur Ausübung seines Fragerechts** hat. Ob er davon Gebrauch macht, ist seine Sache. Vor allem geht zu seinen Lasten, wenn er sich dieser Möglichkeit dadurch begibt, daß er befugt oder unbefugt der Hauptverhandlung oder einer kommissarischen Zeugeneinvernahme fernbleibt, bei der er das Fragerecht hätte ausüben können[1155], oder wenn er seinen Verteidiger ungenügend informiert.

Das Fragerecht der Konventionen wird als **Recht der Verteidigung** insgesamt verstan- **221**
den. Aus dem Wortlaut „oder stellen zu lassen“ wird geschlossen, daß das Recht zur Befragung **nicht notwendig dem Angeklagten persönlich** eingeräumt sein muß, es genügt, wenn der **Verteidiger** diese Möglichkeit hatte[1156]. Das für eine effektive Hinterfragung

---

1148 EGMR 19.2.1991 Isgrò/I (Series A 194-A): schweiz. BGer EuGRZ **1993** 290.

1149 EKMR nach IntKommEMRK-*Vogler* 551.

1150 Vgl. etwa schweiz.BGer EuGRZ **1979** 296; **1993** 290; SK-StPO-*Paeffgen* 164, 165; *Villiger* HdB 477.

1151 EGMR 24.11.1986 Unterpertinger/Ö (NJW **1987** 3068); 6.12.1988 Barberà u.a./Span (Series A 146); 20.11.1989 Kostovski/NdL (StV **1990** 481); 19.12. 1990 Delta/F (ÖJZ **1991** 425); 5.6.1992 Lüdi/CH (StV **1992** 499); 27.9.1990 Windisch/Ö (StV **1991** 193); 20.9.1993 Saidi/F (ÖJZ **1994** 232); 23.4.1997 van Mechelen/NdL (StV **1997** 617); 20.12.2001 P.S./D (NJW **2003** 2893); A.M./I (StraFo. **2000** 374); dazu *Beulke* FS Rieß 3, 9 ff; ferner BGHSt **46** 93, 95; *Widmaier* NJW Sonderheft G Schäfer **2002** 76, 77 je mit weit. Nachw.

1152 Vgl. 23.4.1997 van Mechelen/NdL (StV **1997** 617); EGMR 20.12.2001 P.S./D (NJW **2003** 2893) dazu *Beulke* FS Rieß 3, 13 sowie vorst. Fußn.

1153 Unter dieser Voraussetzung ist faires Verfahren nicht verletzt, vgl. EGMR 26.4.1991 Asch/Ö (EuGRZ **1992** 476); 28.8.1992 Artner/Ö (EuGRZ **1992** 476); 7.8.1996 Ferrantelli & Santangelo/I (ÖJZ **1997** 151); 26.3.1996 Doorson/NdL (ÖJZ **1996** 715); 25.3. 1999 Pellisier & Sassi/F (NJW **1999** 2545); *Beulke* FS Rieß 3, 10 ff; *Meyer-Ladewig* 56; zur einschneidenden Reduzierung des Beweiswerts nicht hinterfragter Aussagen BGHSt **46** 93, 103; *Widmaier* NJW Sonderheft Gerhard Schäfer **2002** 76, 79.

1154 EGMR 15.6.1992 Lüdi/CH (EuGRZ **1992** 300); 26.3.1996 Doorson/NdL (ÖJZ **1996** 715); vgl. auch 23.4.1997 van Mechelen/NdL (StV **1997** 617); *Beulke* FS Rieß 3, 13; *Meyer-Ladewig* 56.

1155 Zu den Einzelheiten *Gollwitzer* GedS Karlheinz Meyer 160 ff.

1156 BGHSt **46** 93, 95; BGH StV **1996** 471; *Frowein/Peukert* 201; IntKommEMRK-*Vogler* 552; vgl. auch *Guradze* 35; *Trechsel* EuGRZ **1987** 153.

einer Aussage mitunter erforderliche Sachwissen muß sich der Verteidiger vorher bei seinem Mandanten verschaffen. War ihm dies aus Gründen nicht möglich, die weder er noch sein Mandant zu vertreten hat, kann sich daraus ein Anspruch auf Wiederholung der Einvernahme ergeben[1157]. Ein unbedingtes Anwesenheitsrecht des Angeklagten bei der Einvernahme von Beweispersonen kann aus Art. 6 Abs. 3 Buchst. d MRK, Art. 14 Abs. 3 Buchst. e IPBPR nicht hergeleitet werden. Diese Bestimmungen sind nicht verletzt, wenn der Angeklagte bei der Vernehmung eines Zeugen aus prozessualen Gründen ausgeschlossen wird. Das Verteidigungsrecht ist auch gewahrt, wenn er nachträglich vom Inhalt der Aussage Kenntnis erhält, etwa durch die Unterrichtung nach § 247 Satz 4 StPO, und dann ausreichend Gelegenheit hat, Fragen zu stellen oder stellen zu lassen[1158].

222 Das Recht, die geladenen **Entlastungszeugen zu befragen**, wird von den Konventionen nicht ausdrücklich gewährleistet. Bei dem Konzept des Parteiprozesses, das gedanklich die Fassung des Art. 6 Abs. 3 Buchst. d MRK, Art. 14 Abs. 3 Buchst. e IPBPR mitbestimmte, war diese Befugnis wohl selbstverständlich[1159]. Es wird durch Art. 6 Abs. 3 MRK nicht ausgeschlossen. Da das Fragerecht des § 240 Abs. 2 StPO ohnehin bei allen genannten Personengruppen eingreift[1160], bedarf diese Frage hier keiner Vertiefung aus der Sicht der Konventionen.

223 Als **Adressat des Fragerechts** kommen alle Personen in Betracht, die als Beweismittel vor Gericht **unmittelbar** vernommen werden (Zeugen im formellen, verfahrensrechtlichen Sinn der StPO). Personen, deren Wahrnehmungen nicht durch ihre persönliche Einvernahme, sondern nur mittelbar über andere Personen in das Verfahren eingeführt werden, stehen für eine unmittelbare Befragung nicht zur Verfügung, es sei denn, sie werden nachträglich als Zeugen zugezogen. Diese Unterscheidung entspricht dem Grundgedanken der Regelung, die die Verteidigung dadurch sichern will, daß diese zugezogene Beweispersonen fragen und nicht zugezogene laden lassen darf[1161]. Auch **„mittelbare Zeugen" können** Belastungszeugen im Sinne des autonomen Zeugenbegriffs der Konventionen sein[1162], so daß sich das von diesen garantierte Fragerecht auch auf sie und ihre Aussage erstreckt[1163]. Die Konventionsorgane der MRK haben dies meist pragmatisch vom Ergebnis her unter dem Blickwinkel eines fairen Verfahrens beurteilt, unabhängig von den Besonderheiten des nationalen Rechts[1164]. Erforderlich ist eine differenzierende Betrachtung:

224 Personen, die selbst **im Verfahren zu keiner Zeit vernommen** wurden, können mangels jedes eigenen Bezugs zum Verfahren nicht Adressaten eines verfahrensinternen Fragerechts sein. Dies gilt auch, wenn eine Privatperson als Zeuge vom Hörensagen darüber berichtet, was ihr ein anderer erzählt hat[1165]. Sind dagegen Personen in einem früheren

[1157] *Beulke* FS Rieß 15.

[1158] EKMR nach IntKommEMRK-*Vogler* 552; *Frowein/Peukert* 201.

[1159] Vgl. *Geppert* Unmittelbarkeit 246; *Schorn* 2.

[1160] Vgl. *Gollwitzer* GedS Karlheinz Meyer 147.

[1161] Art. 8 Abs. 2 Buchst. f AMRK stellt diesen Grundgedanken klar heraus, wenn es der Verteidigung das Recht gibt, die vor Gericht anwesenden Zeugen zu befragen und Personen, die die Tatsachen erhellen können, als Zeugen zu laden.

[1162] Vgl. Rdn. 214, 225.

[1163] EGMR 20.11.1989 Kostovski /NdL (StV **1990** 481); 26.4.1991 Asch/Ö (EuGR **1992** 474); 28.8.1992 Artner/Ö (EuGRZ **1992** 476); 20.12.2001 P.S./D (EuGRZ **2002** 37); BGHSt **46** 93, 97; NStZ **1993** 292; StV **1996** 471; BGH NJW **1991** 646 ließ dies noch offen. Verneinend früher etwa BGHSt. **17** 358; *Löhr* 176 ff; *Tiedemann* MDR **1963** 458 (Fragerecht der Konventionen geht nicht über § 240 Abs. 2; §§ 219; 220 StPO hinaus). Vgl. die nachf. Fußnoten.

[1164] EGMR 20.11.1989 Kostovski/NdL (StV **1990** 481) stellt bei der autonomen Auslegung des Zeugenbegriffs darauf ab, daß die Aussagen dem Gericht vorlagen und in seine Erwägungen mit einbezogen wurden; vgl. auch BGH NJW **1991** 646; **2000** 3505.

[1165] Eine andere Frage ist, ob die Aufklärungspflicht bzw. aus der Sicht der Konventionen das Gebot eines fairen Verfahrens verlangt, daß das Gericht – sofern möglich – eine solche Person als Zeugen zuzieht.

Verfahrensstadium **behördlich einvernommen** worden und werden ihre Aussagen für die Entscheidungsfindung in die Hauptverhandlung eingeführt, so gelten solche Personen nach dem Schutzzweck der Konventionen selbst als Belastungszeugen; das Fragerecht der Verteidigung erstreckt sich auch auf sie und ihre Aussage[1166]. Dabei ist nicht entscheidend, ob und aus welchem Grund ihre früheren Aussagen durch Verlesung des Vernehmungsprotokolls, durch Vorspielen einer Bild/Tonaufzeichnung oder durch Einvernahme einer Verhörsperson oder sonstwie zum Gegenstand der Hauptverhandlung werden und ob sie im Endergebnis für die Urteilsfindung verwendet werden[1167]. Das unmittelbare Fragerecht erstreckt sich vor allem auch auf die Personen, deren Beobachtungen durch die Aussage eines anderen, der dies von ihnen im öffentlichen Auftrag erfragt hat, in die Hauptverhandlung eingeführt werden, weil sie für eine Vernehmung in ihr nicht verfügbar sind, wie dies etwa bei einem **verdeckten Ermittler** oder einer V-Person der Fall sein kann[1168].

Zeugen vom Hörensagen sind selbst Belastungszeugen[1169]. Sie bekunden eine eigene Wahrnehmung, die allerdings nur darin besteht, was ihnen eine andere Person über das eigentlich entscheidungsrelevante Geschehen berichtet hat. Wenn diese Auskunftsperson nicht selbst als unmittelbarer „Tatzeuge" im Verfahren vernommen worden ist und nicht vom Angeklagten in der Hauptverhandlung befragt werden kann, schließen weder Art. 6 Abs. 3 Buchst. d MRK noch Art. 14 Abs. 3 Buchst. e IPBPR aus, daß Zeugen vom Hörensagen an Stelle der eigentlichen Wahrnehmungsperson vernommen und ihre Aussagen verwertet werden dürfen[1170]. Die Konventionsbestimmungen, die keine **Gegenüberstellung** mit den Belastungszeugen fordern[1171], garantieren die Verfahrensbefugnisse des Angeklagten bei der Beweisaufnahme vorwiegend unter dem Blickwinkel einer insgesamt fairen, ausreichende Verteidigungsmöglichkeiten eröffnende Verfahrensgestaltung[1172], die es ermöglicht, daß das Fragerecht des Angeklagten von diesem selbst oder von seinem Verteidiger in irgend einem Stadium des Verfahrens sachgerecht[1173] ausgeübt werden kann[1174]. Sie überlassen es dem nationalen Recht, ob es die Vernehmung und Befragung der Zeugen der Hauptverhandlung vorbehält oder ob es der Verteidigung schon vorher eine solche Möglichkeit eröffnet, wie etwa durch ein Teilnahmerecht an 225

[1166] EGMR 20.11.1989 Kostovski/NdL (StV **1990** 481) betrachtet sie in Abweichung von nationalem Recht „für die Zwecke des Buchst. d" als Zeugen, ebenso EGMR 27.9.1990 Windisch/Ö (StV **1991** 193); 19.12.1990 Delta/F (ÖJZ **1991** 425); 19.2.1991 Isgro/I (Series A 194 A); 22.4.1992 Vidal/Belg (EuGRZ **1992** 440); 26.4.1991 Asch/Ö (EuGRZ **1992** 471); 28.8.1992 Artner/Ö (EuGRZ **1992** 476); 20.12.2001 P.S./D (EuGRZ **2002** 37); *Esser* 630 ff; *Meyer-Ladewig* 93.

[1167] Für das Entstehen des Fragerechts als Verteidigungsrecht als solches kann es nur darauf ankommen, ob eine in irgend einer Hinsicht in die Hauptverhandlung eingeführte und potentiell auch gegen den Angeklagten verwertbare also ihn möglicherweise belastende Aussage vorliegt; daß sie vom Gericht bei der Urteilsfindung später nicht verwertet wurde, hat nur Bedeutung, für die Frage, ob sein Urteil auf der Beschneidung des Fragerechts beruht oder ob dieser Umstand die Fairneß des Gesamtverfahrens beeinträchtigen konnte.

[1168] EGMR 15.6.1992 Lüdi/CH (EuGRZ **1992** 300).

[1169] Zur grundsätzlichen Zulässigkeit vgl. etwa BVerfG **57** 283; BVerfG (Kammer) NStZ **1991** 445; BGHSt **17** 382; **33** 178; vgl. BGH NStZ **1982** 433; NJW **1991** 646.

[1170] EKMR nach *Frowein/Peukert* 200; IntKommEMRK-*Miehsler/Vogler* 372 ff; 566; je mit weit. Nachw. zum Streitstand; ferner *Geppert* Unmittelbarkeit 247; *Peukert* EuGRZ **1980** 267 ff; *Meyer-Goßner*[47] 22; SK-StPO-*Paeffgen* 157; *Vogler* ZStW **89** (1977) 788; und die Nachw. Fußn. 630; **a. A** etwa *Grünwald* FS Dünnebier 359 und JZ **1966** 469, 493; *Hanack* JZ **1972** 236; *Guradze* 35; einschränkend auch *Dörr* 154.

[1171] BGHSt **46** 93, 96; anders als der sonst als Vorbild mit hereinspielende 6. Zusatzartikel zur Verfassung der USA oder Art. VII Abs. IX Buchst. c des Nato-Truppenstatuts.

[1172] Vgl. oben Rdn. 223.

[1173] Vgl. BGHSt **46** 93, 102 (vorherige Rücksprache des Verteidigers mit dem Beschuldigten für sachgerechte Fragestellung erforderlich).

[1174] EGMR 20.11.1989 Kostovski/NdL (StV **1990** 481); BGHSt **46** 93, 97.

einer Einvernahme im Ermittlungsverfahren. Es ist Sache des nationalen Rechts, ob und unter welchen Voraussetzungen es die gerichtliche Verwendung bestimmter Beweismittel, wie etwa der Zeugen vom Hörensagen, einschränken will[1175]. Dies gilt auch für den Sonderfall der Aussagen über Bekundungen **anonymer Gewährsleute**[1176]; diese gelten, wenn ihre Bekundungen gegenüber Strafverfolgungsorganen im Verfahren verwendet werden, auch selbst als Belastungszeugen im Sinne der Konvention[1177], so daß das Fragerecht grundsätzlich auch ihnen gegenüber besteht. Es muß daher im Rahmen des Gesamtverfahrens in irgend einer Form dem Angeklagten oder seinem Verteidiger in dem für die Verteidigung erforderlichen Umfang ermöglicht werden[1178], notfalls auch durch wiederholte Übermittlung **schriftlich fixierter Fragen**[1179]. Das Einreichen eines Fragenkatalogs vor der Einvernahme schließt das Recht der Verteidigung nicht aus, nach Vorliegen der protokollierten Aussage ergänzende Fragen an den Zeugen zu stellen[1180].

226 **Konventionseigene Grenzen** ergeben sich aus dem Recht auf ein **faires Verfahren**. Bei dessen Nachprüfung fällt ins Gewicht, ob der Angeklagte ein uneingeschränktes Fragerecht hatte[1181]. Allerdings entscheidet auch bei der Nichteinhaltung eines der in Absatz 3 festgelegten Verfahrensrechte der EGMR darüber in aller Regel nur auf Grund einer Gesamtwürdigung des jeweiligen Verfahrens, da „Art. 6 Abs. 1, Abs. 3 Buchst. d MRK zusammen zu lesen sind" und es von einer Würdigung des Einzelfalls abhängt, ob ein Verstoß gegen Art. 6 Abs. 3 Buchst. d MRK bedeutet, daß der Angeklagte insgesamt kein faires Verfahren hatte oder aber ob dies trotzdem zu bejahen ist, weil seine Nichteinhaltung durch andere Verfahrensvorgänge ausgeglichen und die Verteidigungsrechte berücksichtigt wurden[1182]. Je nach Lage des Einzelfalls wird das Recht auf ein faires Verfahren in der Regel verletzt sein, wenn sich das Gericht ungeachtet des meist begrenzten Beweiswerts der Aussage eines **Zeugen vom Hörensagen** bei Bekundungen von entscheidender Bedeutung allein mit dessen Aussage begnügt hat, ohne alle bestehenden Möglichkeiten zur Zuziehung des eigentlichen „Tatzeugens" auszuschöpfen oder ohne sich die Bekundungen des Zeugen vom Hörensagen durch **weitere gewichtige Beweismittel** bestätigen zu lassen[1183]. Gleiches gilt, wenn wegen der Unerläßlichkeit des

[1175] *Geppert* Unmittelbarkeit 246 ff. Zu den hier bestehenden erheblichen Unterschieden in den einzelnen nationalen Rechtsordnungen *Gleß* ZStW **115** (2003) 131, 144. Vgl. ferner EGMR 12.7.1988 Schenk/CH (EuGRZ **1988** 390) zur Zulässigkeit der Verwendung einer rechtswidrig gewonnenen Tonbandaufnahme.

[1176] BGHSt **17** 388, IntKommEMRK-*Vogler* 562; *Peukert* EuGRZ **1980** 267; vgl. auch EGMR 20.11.1989 Kostovski/NdL (StV **1990** 481), sowie zur englischen Rechtspraxis SK-StPO-*Paeffgen* 161.

[1177] Vgl. Rdn. 214, ferner etwa EGMR 20.11.1989 Kostovski/NdL (StV **1990** 481); 26.4.1991 Asch/Ö (EuGRZ **1992** 471); BGHSt **46** 93, 97; BGH NStZ **1993** 292; StV **1996** 471.

[1178] Vgl. EGMR 26.3.1996 Doorson/NdL (ÖJZ **1976** 715).

[1179] Etwa EGMR 27.9.1990 Windisch/Ö (StV **1991** 193); vgl. Rdn. 214, 223.

[1180] BGHSt **46** 93; schweiz.BGer EuGRZ **1993** 290.

[1181] SK-StPO-*Paeffgen* 157, 160 („Notnagel").

[1182] Etwa EGMR 24.11.1986 Unterpertinger/Ö (EuGRZ **1987** 147); 27.9.1990 Windisch/Ö (StV **1991** 193); 19.12.1990 Delta/F (ÖJZ **1991** 425); 19.2.1991 Isgrò/I (Series A 194 A); 26.4.1991 Asch/Ö (EuGRZ **1992** 474); 15.6.1992 Lüdi/CH (EuGRZ **1992** 326); 28.8.1992 Artner/Ö (EuGRZ **1992** 470); vgl. auch BGH NJW **1991** 646. Zu der auf die Beweislage des Einzelfalls abstellenden „weichen" Lösung des EGMR vgl. etwa *Beulke* FS Rieß 3, 9 ff; *Nack* NJW Sonderheft für G. Schäfer **2002** 46, 50 ff; *Widmaier* NJW Sonderheft für G. Schäfer **2002** 76 ff, ähnlich BGHSt **46** 93 („Beweiswürdigungslösung") BGH JZ **2004** 324 und Anm. *Müller*; sowie Rdn. 218 mit weit. Nachw.

[1183] Diese Anforderungen der Konventionen dürften sich zwar im wesentlichen mit der aus der Aufklärungspflicht abgeleiteten Forderung nach Verwendung des tatnächsten Beweismittels decken, vgl. EGMR 20.12.2001 P.S./D (StV **2002** 389 mit Anm. *Pauly*); LR-*Gollwitzer* § 250 StPO, 22; 26 ff, sie gehen aber weiter, wenn trotz Nichtverfügbarkeit des Tatopfers (Weigerung der Eltern) die mittelbaren Zeugen und ein Glaubwürdigkeitsgutachten als nicht genügend angesehen werden; vgl. nachf. Fußn.

Schutzes der Anonymität des unmittelbaren Zeugen dessen durch einen Zeugen vom Hörensagen in die Hauptverhandlung eingeführte entscheidungserhebliche Bekundungen nicht ausreichend von der Verteidigung hinterfragt werden können[1184] oder wenn das Gericht eine Verurteilung allein auf die verlesenen oder durch die Verhörspersonen bekundeten **Aussagen anonymer Zeugen** vor der Polizei gestützt hat, weil sonst kein weiteres selbständiges Belastungsmaterial vorlag[1185]. Das Fragerecht des Angeklagten ist verletzt, wenn das Gericht zur Schonung des jugendlichen Tatopfers eines Sexualdelikts nur dessen Mutter und den vernehmenden Polizeibeamten über die Angaben zum Tatgeschehen hört und sein Urteil allein auf deren Angaben stützt[1186] oder wenn der Verteidigung durch die Verweigerung der unmittelbaren Befragung **Gegenbeweise** oder die **Prüfung der Glaubwürdigkeit** unmöglich gemacht wurden[1187]. Ob der Angeklagte ein faires Verfahren hatte, ist aber niemals abstrakt, sondern immer nur in **Gesamtwürdigung aller Umstände** des jeweiligen Einzelverfahrens zu beurteilen[1188].

Eine nach nationalem Recht zulässige Verlesung von **früheren Vernehmungsniederschriften** schließen die Konventionen nicht aus[1189], selbst wenn sie an die Stelle der Einvernahme einer Beweisperson in der Hauptverhandlung treten[1190]. Allerdings wird die früher einvernommene Person, deren Aussage verlesen wird, unabhängig vom nationalen Recht auch **selbst als Belastungszeuge** angesehen[1191], so daß grundsätzlich das Fragerecht der Verteidigung auch sie einschließt. Hatten der Angeklagte oder sein Verteidiger Gelegenheit, der kommissarischen Einvernahme beizuwohnen, und dort ihr **227**

1184 Vgl. EGMR 20.9.1993 Saidi/F (ÖJZ **1994** 323); 23.4.1997 van Mechelen/NdL (StV **1997** 617 mit Anm. *Wattenberg/Violet*); 14.12.1999 A.M./I (StraFo. **2000** 374); 14.2.2002 Visser/NdL (StraFo. **2002** 160). Nach BGHSt **46** 93, 103 ist im Rahmen der Beweiswürdigung zu berücksichtigen, wenn der Angeklagte kein effektives Fragerecht hatte, die Entscheidung muß sich damit in der Begründung eingehend auseinandersetzen; ein Verwertungsverbot folgt daraus aber nicht. Kritisch dazu SK-StPO-*Paeffgen* 160 mit weit. Nachw.

1185 EGMR 20.11.1989 Kostovski/NdL (StV **1990** 481); 27.9.1990 Windisch/Ö (StV **1991** 193); 26.3.1996 Doorson/NdL (ÖJZ **1996** 715); 14.2.2002 Visser/NdL (StraFo. **2002** 160); EKMR bei *Strasser* EuGRZ **1989** 467 unter Hinweis auf EuGRZ **1987** 358; **1989** 387; EGMR 26.4.1991 Asch/Ö (ÖJZ **1991** 518) verneinte eine Verletzung des fairen Verfahrens durch die Reproduktion der früheren Bekundungen bei Aussageverweigerungsrecht. Bei Verwendung eines nach nationalem Recht rechtswidrig erlangten Beweismittels wurde ebenfalls danach abgegrenzt, ob das Verfahren insgesamt fair war und die Verurteilung nicht ausschließlich auf diesem Beweismittel beruhte, EGMR 12.7.1988 Schenk/CH (EuGRZ **1988** 390); kritisch zur deutschen Rechtsprechung SK-StPO-*Paeffgen* 159, 160. Vgl. auch Differenzierung zu EGMR 20.11.1989 Kostovski/Ndl (StV **1990** 481) in BGH NJW **1991** 646; ferner BGHSt **46** 93, 97.

1186 EGMR 20.12.2001 P.S./D (EuGRZ **2003** 37); vgl. auch 14.12.1999 A.M./I (StraFo. **2000** 375) sowie die nachf. Fußn.

1187 EGMR 20.11.1989 Kostovski/NdL (StV **1990** 481); 27.9.1990 Windisch/Ö (StV **1991** 193); 19.12.1990 Delta/F (ÖJZ **1991** 425); 26.3.1996 Doorson/NdL (ÖJZ 1996 715); 23.4.1997 Van Mechelen/NdL (StV **1997** 617 mit Anm. *Wattenberg/Violet, Renzikowski* JZ **1999** 605); BGHSt **46** 93, 102; EKMR nach *Frowein/Peukert* 202; IntKommEMRK-*Miehsler/Vogler* 372.

1188 EGMR 19.12.1990 Delta/F (ÖJZ **1991** 425); 26.4.1991 Asch/Ö (EuGRZ **1992** 474); BGH NJW **1991** 646.

1189 Vgl. etwa EGMR 20.11.1989 Kostovski/NdL (StV **1990** 481: Verwendung im Vorverfahren erlangter Beweismittel für sich allein betrachtet mit Art. 6 MRK nicht unvereinbar); ferner EKMR bei *Strasser/Weber* EuGRZ **1987** 356, wo in der Verlesung der früheren Aussage in Gegenwart des Zeugen kein Verstoß gegen Art. 6 MRK gesehen wurde, da Gelegenheit zu Fragen bestand; EKMR ÖJZ **1989** 484 (Gericht könne nicht angelastet werden, wenn die Zeugen, deren frühere Aussage verlesen wurde, in der Hauptverhandlung die Aussage verweigerten, so daß das Fragerecht leer lief).

1190 EGMR 24.11.1986 Unterpertinger/Ö (NJW **1987** 3068) dazu auch EKMR EuGRZ **1987** 151; EKMR bei *Strasser* EuGRZ **1988** 380; **1989** 465; 467; IntKommEMRK-*Vogler* 553; BGH NStZ **1985** 376; *Meyer-Goßner*[47] 22.

1191 Autonome Auslegung des Zeugenbegriffs in Buchst. d, vgl. etwa EGMR 23.11.1986 Unterpertinger/Ö (NJW **1987** 3068), 20.11.1989 Kostovski/NdL (StV **1990** 481); 27.9.1990 Windisch/Ö (StV **1991** 193); 26.4.1991 Asch (ÖJZ **1991** 518), EKMR EuGRZ **1997** 148; IntKommEMRK-*Vogler* 553; vgl. auch *Grabenwarter* § 5 Rdn. 9 ff.

Fragerecht auszuüben, so sind die Forderungen der Konventionen erfüllt, auch wenn sie diese Gelegenheit nicht wahrgenommen haben sollten. War ihnen dies nach nationalem Recht zu Recht oder Unrecht verwehrt worden, so genügt es – unabhängig von der Zulässigkeit der Verlesung der Vernehmungsniederschrift nach nationalem Recht[1192] – nach Ansicht der EKMR den Erfordernissen des Art. 6 Abs. 3 Buchst. d, wenn die Verteidigung in der Hauptverhandlung die Gelegenheit hatte, nach Verlesung der Niederschrift ihre Fragen vorzutragen[1193] und dadurch eventuell eine nochmalige Vernehmung des Angeklagten auch zu den Fragen zu erreichen oder wenn sie die Möglichkeit hatte, den Zeugen zur Hauptverhandlung zu laden[1194]. **Ausnahmsweise** wird die Verlesung einer Vernehmungsniederschrift, bei deren Zustandekommen das Fragerecht nicht ausgeübt werden konnte, als zulässig angesehen, wenn die Befragung nicht möglich ist, weil der Vernommene **verstorben, vernehmungsunfähig oder unerreichbar** ist[1195]. Die Verwertung setzt aber voraus, daß die Verteidigung ihre Einwände gegen den Inhalt der protokollierten Aussage und die nach ihrer Ansicht offenen Fragen dem Gericht vortragen kann. Wo der EGMR die Grenzen jeweils zieht, ist abstrakt schwer zu beurteilen, da die Entscheidungen darauf abstellen, ob im jeweiligen Einzelfall der Angeklagte ein insgesamt faires, seine Verteidigungsrechte ausreichend wahrendes Verfahren hatte.

227a **Zur Sicherung uneingeschränkter Verwertbarkeit der Aussagen** in der Hauptverhandlung wird gefordert, daß sich die **staatlichen Organe** selbst darum bemühen, daß die **Verteidigung ihr Fragerecht** bereits im **Ermittlungsverfahren** uneingeschränkt ausüben kann. Dies gilt vor allem, wenn damit zu rechnen ist, daß ein wichtiger Zeuge später für eine Einvernahme und Befragung in der Hauptverhandlung nicht zur Verfügung stehen wird. Dann geht es zu Lasten des Staates, wenn die frühere Befragung durch die Verteidigung nicht unterblieb, weil diese keine entsprechenden Anträge gestellt hatte[1196], sondern weil sie auf Grund einer dem Staat zuzurechnenden Verfahrensgestaltung nicht möglich war[1197], etwa, weil versäumt wurde, den Beschuldigten rechtzeitig von der Einvernahme **zu benachrichtigen** oder einem inhaftierten Beschuldigten rechtzeitig einen **Pflichtverteidiger** nach § 141 Abs. 3 StPO zu bestellen. In welchen Fällen die Strafverfolgungsorgane bereits im Vorverfahren dafür sorgen müssen, daß das Fragerecht des Angeklagten effektiv wahrgenommen werden kann, damit es nicht durch eine vorhersehbare spätere Verfahrensentwicklung obsolet wird, beurteilt sich nach den Umständen des Einzelfalles. So kann ein Verstoß gegen die Konventionsgarantie des Fragerechts darin liegen, daß ein Urteil auf die Aussage des einzigen Belastungszeugen gestützt wird, obwohl die Strafverfolgungsorgane es unterlassen haben, für den Beschuldigten die Bestellung eines Pflichtverteidigers nach § 141 Abs. 3 StPO zu beantragen, bevor der Zeuge in Abwesenheit des Angeklagten richterlich vernommen wurde und damit zu rechnen war, daß der Zeuge auf Grund seines Zeugnisverweigerungsrechtes in der Hauptverhandlung nicht mehr befragt werden konnte[1198].

1192 Vgl. etwa EGMR 26.3.1996 Doorson/NdL (ÖJZ **1996** 715); ferner LR-*Rieß* § 168c StPO, 56; LR-*Gollwitzer* § 224 StPO, 31.

1193 EKMR nach IntKommEMRK-*Vogler* 553; vgl. BGHSt **46** 93; BGH NStZ **1983** 421; **1985** 376.

1194 Vgl. EGMR 19.3.1991 Cardot/F (EuGRZ **1992** 437) Rechtsweg nicht erschöpft, wenn Verweigerung dieser Möglichkeit nicht innerstaatlich beanstandet wird.

1195 EKMR EuGRZ **1997** 148 (Mielke) unter Hinweis, daß die Aussagen durch anderes Beweismaterial bestätigt wurden; vgl. auch EGMR 28.8.1992 Artner/Ö (EuGRZ **1992** 476); 7.8.1996 Ferrantelli u.a./I (ÖJZ **1997** 151); *Peukert* EuGRZ **1980** 266; aber auch *Dörr* 154 (nur bei Verstorbenen) vgl. SK-StPO-*Paeffgen* 157).

1196 Vgl. EGMR 19.12.1989 Kamasinski/Ö (ÖJZ **1990** 412: Keine Zeugenbenennung durch Verteidiger entgegen Wunsch des Angeklagten).

1197 Vgl. etwa EGMR 19.12.1990 Delta/F (ÖJZ **1991** 425); BGHSt. **46** 93, 100.

1198 BGHSt. **46** 93, 100, dazu *Widmaier* NJW Sonderheft für G. Schäfer **2002** 76, 78, der der sog. Beweiswürdigungslösung des BGH (Herabstufung des Beweiswerts einer ohne Möglichkeit der Befragung des Zeugen zustande gekommenen Aussage) zustimmt

Ob ein Angeklagter trotz der Beeinträchtigung seines Fragerechts **insgesamt noch ein faires, seine Verteidigungsrechte ausreichend wahrendes Verfahren** hatte, läßt sich bei der Variationsbreite der einzelnen Fallgestaltungen nicht generell beantworten. Dies hängt vor allem von der **Entscheidungserheblichkeit der Aussage** und ihrer Würdigung im Urteil ab, aber auch davon, welche Bedeutung die jeweiligen Einschränkungen des Fragerechts im konkreten Einzelfall nach dem System des nationalen Rechts für das Zustandekommen des Urteils hatten[1199]. So wird in der Regel ein faires Verfahren verneint, wenn es sich um die **entscheidungstragende Aussage** handelt, auf der das Urteil ausschließlich oder zumindest im Wesentlichen beruht. Die Verwertung von Aussagen, bei denen das Fragerecht nicht oder nur eingeschränkt ausgeübt werden konnte, gefährden das faire Verfahren dagegen nicht, wenn sie nur herangezogen werden, um ein auch durch andere Beweismittel gewonnenes Ergebnis zu bestätigen[1200] oder wenn derartige Aussagen nur im Ermittlungsverfahren als Ansatzpunkte für weitere Erhebungen verwendet wurden[1201]. 227b

Einschränkungen des Konfrontationsrechts oder der Formen seiner Ausübung können durch die Notwendigkeit des **Schutzes der Zeugen**, etwa des jugendlichen Opfers einer Sexualstraftat, oder aus sonstigen schwerwiegenden Gründen angezeigt sein. Sie können eine Vernehmung außerhalb der Hauptverhandlung oder eine audiovisuelle Vernehmung rechtfertigen[1202], wenn dadurch die Verteidigungsrechte und insbesondere das Fragerecht nicht mehr als zur Erreichung des Schutzzweckes unerläßlich eingeschränkt werden. Um dies zu beurteilen, müssen die Interessen der Verteidigung gegen die mitunter ebenfalls Konventionsschutz genießenden gegenläufigen Interessen[1203] der Auskunftspersonen abgewogen werden[1204]. Bei der Vernehmung eines zum Schutze vor Repressionen **anonym bleibenden Belastungszeugen** sah es der EGMR[1205] als nicht ausreichend an, daß der Angeklagte und sein Verteidiger der richterlichen Vernehmung von einem Nebenraum aus zuhören und aus diesem heraus Fragen stellen konnten. Entgegen einer früheren Auffassung[1206] hält der 1. Senat des BGH in einer Anfrage an die anderen Senate die audiovisuelle Vernehmung (§ 247a) eines für die Einvernahme im Gerichtssaal nach § 96 StPO gesperrten Tatzeugen unter elektronischer Verfremdung seiner Gesichtszüge und Stimme für zulässig, da Angeklagte und Verteidiger den Zeugen unmittelbar befragen und trotz der Abschirmung auch seine Reaktion auf direkte Fragen beobachten können[1207]. Wieweit solche Einschränkungen, die immerhin noch 228

---

und nur bei Verletzung des Rechts des Beschuldigten auf Verteidigerkonsultation oder auf Bestellung eines Pflichtverteidigers ein Verwertungsverbot annimmt. Zum Streit um die Beweiswürdigungslösung vgl. auch nachfolg. Fußn. und Rdn. 218 Fußn. 1138.

1199 Gegen die Lösung des BGH, der in solchen Fällen eine besonders vorsichtige Beweiswürdigung und gegebenenfalls die Anwendung des Zweifelssatzes fordert (so auch BGH NStZ **2004** 343), etwa *Gaede* (StraFo. **2004** 195 mit weit. Nachw.), der bei Beweispersonen, deren Verwendung nach § 96 StGB gesperrt ist, einwendet, daß das Vorenthalten deren Wissens durch die Exekutive gegen den aus Art. 6 Abs. 1 MRK folgenden Anspruch auf Offenlegung des Beweismaterials verstößt und der ein Verfahren zur richterlichen Kontrolle der Erheblichkeit des gesperrten Materials ähnlich dem englichen „in camera" Verfahren vorschlägt.

1200 Vgl. etwa EGMR 20.11.1989 Kostovski/NdL (StV **1990** 481; 26.3.1996 Doorson/NdL (ÖJZ **1996** 715); vgl. auch BGH NStZ **2000** 265; sowie vorstehende Fußn.

1201 *Esser* 678; *Renzikowski* JZ **1997** 605; SK-StPO-*Paeffgen* 160.

1202 Dazu etwa *Kolz* NJW Sonderheft für G. Schäfer **2002** 35.

1203 Etwa nach Art. 2 oder 8 MRK.

1204 EGMR 26.3.1996 Doorson/NdL (ÖJZ **1996** 715).

1205 EGMR 23.4.1997 van Mechelen/NdL (StV **1997** 617 mit Anm. *Wattenberg/Violet*); 14.2.2002 Visser/NdL (StraFo. **2002** 160); vgl. zu den Streitfragen im innerdeutschen Recht SK-StPO-*Paeffgen* 159 ff sowie nachf. Fußn.

1206 Gr. Senat BGHSt **32** 115, 124.

1207 BGH NJW **2003** 74; *Kolz* NJW Sonderheft für G. Schäfer **2002** 35, 39; vgl. *Walter* StrFo. **2004** 224.

eine bessere (unmittelbare) Erkenntnisquelle erschließen, als die Verlesung einer Vernehmungsniederschrift oder die Einvernahme einer Verhörsperson als Zeugen vom Hörensagen, mit der Garantie eines fairen Verfahrens vereinbar sind, richtet sich nach den Umständen des Einzelfalls, vor allem danach, ob und wieweit im konkreten Fall die Verfremdung zum Schutze des Zeugen oder anderer schwerwiegender Gründe unbedingt erforderlich und deshalb eine unerläßliche Voraussetzung für seine Einvernahme war[1207a], sowie danach, wieweit die Führung der Verteidigung dadurch auch tatsächlich behindert wurde[1207b]. Auch wenn überwiegende Interessen die Aufrechterhaltung der Anonymität eines Zeugen rechtfertigen, kann es dem Gebot einer fairen Verfahrensgestaltung widersprechen, eine Verurteilung ausschließlich oder aber im wesentlichen nur auf eine von der Verteidigung nur eingeschränkt hinterfragbare Aussage zu stützen[1208].

229 **Bei der kommissarischen Zeugeneinvernahme im Ausland** besteht das Sonderproblem, ob auch der für die Vernehmung im Wege der Rechtshilfe verantwortliche ausländische Staat durch die Konvention verpflichtet ist, das Fragerecht zu ermöglichen. Die EKMR hat dies in einem Fall bejaht, obwohl sie davon ausging, daß die Einvernahme im Wege der Rechtshilfe im ersuchten Staat kein Verfahren nach Art. 6 Abs. 1 MRK war[1209]. Grundsätzlich ist der ersuchende Staat für eine konventionsgemäße Durchführung des Strafverfahrens auch insoweit verantwortlich, als sein eigenes Gericht die Verurteilung auf eine Zeugeneinvernahme im Ausland stützt. Er muß dafür Sorge tragen, daß das Fragerecht dadurch nicht unterlaufen wird[1210]. Unabhängig von dem bei der kommissarischen Einvernahme anzuwendenden ausländischen Recht kann dies in seinem eigenen Rechtsraum dadurch geschehen, daß der Verteidigung ermöglicht wird, nachträglich ihre Fragen vorzutragen und daß diese bei sachlicher Relevanz zum Gegenstand einer erneuten kommissarischen Vernehmung gemacht werden[1211]. Ob durch die Gewährung der Rechtshilfe eine Mitverantwortung des ersuchten Staates für diesen Teil des Strafverfahrens begründet wird, die ihn verpflichtet, auch seinerseits dafür zu sorgen, daß die Verteidigungsrechte insoweit nicht verkürzt werden[1212], erscheint schon deshalb fraglich, weil die Konventionsgarantien das Fragerecht gerade nicht für den Vorgang jeder einzelnen Einvernahme garantieren, sondern sich damit begnügen, daß es im Gesamtverfahren gewahrt ist[1213].

230 Die **Form**, in der das Fragerecht ausgeübt werden kann, überlassen die Konventionen der Regelung im nationalen Recht. Es muß nicht in der wohl wirksamsten Form der unmittelbaren Befragung des Zeugen durch Angeklagten und Verteidiger vor dem erkennenden Gericht gewährt werden. Aus dem Wortlaut „stellen oder stellen zu lassen" wird hergeleitet, daß auch eine mittelbare Form der Befragung genügt, etwa durch Zwischenschaltung des Richters, der die ihm mündlich oder auch schriftlich übermittel-

---

1207a EGMR 23.4.1997 van Mechelen/NdL (StV **1997** 617) verneinte das Vorliegen eines trifftigen Grundes, die Zulässigkeit bei schwerwiegenden Gründen blieb offen.

1207b Dazu *Walter* StrFo. **2004** 224 ff (grundsätzlich statthaft), auch *Esser* 671 ff. Zu den Bedenken nach innerstaatlichem Recht *Esser* 675 ff und *Renzikowsky* JZ **1999** 605 ff. Vgl. auch vorst. Fußnote und oben Fußn. 1204, 1205.

1208 EGMR 23.4.1997 van Mechelen/NdL (StV **1997** 617 mit Anm. *Wattenberg/Violet*); 27.9.1990 Windisch/Ö (StV **1991** 193); 20.12.2001 P.S./D (NJW **2003** 1893); vgl. auch vorst. Fußn.

1209 *Peukert* EuGRZ **1980** 266; kritisch IntKommEMRK-*Vogler* 555 ff, der im Ergebnis aber auch der isolierten Beachtung des Art. 6 Abs. 3 Buchst. d MRK bei der kommissarischen Einvernahme zuneigt.

1210 IntKommEMRK-*Vogler* 556; *Peukert* EuGRZ **1980** 266.

1211 *Frowein/Peukert* 201.

1212 Bei essentiellen Menschenrechten, wie etwa dem Verbot einer unmenschlichen Behandlung nach Art. 3 MRK, wird dies angenommen, vgl. Art. 3 MRK Rdn. 11, 14.

1213 EKMR EuGRZ **1989** 465 überläßt Prüfung dem Hauptverfahren. Vgl. auch OLG Stuttgart NJW **1991** 2222.

ten Fragen der Beweisperson stellt[1214], wie dies bei § 240 Abs. 2 Satz 2, § 241a StPO vorgesehen ist. Desgleichen wird es in der Regel für ausreichend erachtet, wenn Fragen schriftlich eingereicht werden, etwa, damit sie bei einer auswärtigen kommissarischen Vernehmung gestellt werden können[1215], wobei unter Umständen nach Vorliegen der Vernehmungniederschrift ergänzende Fragen gestellt werden können.

Inhaltliche Grenzen des Fragerechts ergeben sich nach der wohl vorherrschenden **231**
Meinung daraus, daß das Gericht – ebenso wie bei der Ladung der Zeugen – auch Fragen ablehnen darf, die es als **nicht erforderlich für die Wahrheitsfindung** ansieht[1216]. Das nationale Recht kann insoweit sachbezogene Grenzen für die Zulässigkeit von Fragen aufstellen und dabei auch einem Mißbrauch entgegenwirken, wie dies etwa in § 241 StPO geschieht. Im Hinblick auf § 240 Abs. 2, § 241 StPO erübrigt es sich, näher darauf einzugehen, ob das Fragerecht der Verteidigung in den Konventionen absolut, d.h. unabhängig von einer gleichartigen Befugnis der Staatsanwaltschaft garantiert ist oder ob es genügt, wenn hinsichtlich etwaiger sachlicher Einschränkungen Verteidigung und Anklagevertretung gleichbehandelt werden[1217].

Die **Organe der MRK** beschränkten – ähnlich wie beim Ladungsrecht – ihre Kontrolle **232**
insoweit darauf, ob das Fragerecht **mißbräuchlich und willkürlich** eingeschränkt wurde[1218] und ob durch die Ablehnung einer Frage die Grundsätze eines fairen Verfahrens verletzt wurden[1219].

6. Kostenlose Beiordnung eines Dolmetschers (Art. 6 Abs. 3 Buchst. e MRK; Art. 14 Abs. 3 Buchst. f IPBPR)

a) Zweck der Garantie ist es, in Ergänzung der Gewährleistungen der Art. 6 Abs. 3 **233**
Buchst. a MRK, Art. 14 Abs. 3 Buchst. a IPBPR jedem Angeklagten, der der **Gerichtssprache nicht hinreichend mächtig** ist – dies muß nicht notwendig ein Ausländer sein –, die effektive Wahrnehmung seiner Verfahrensinteressen und damit ein faires Verfahren zu sichern[1220]. Fremdsprachige Angeklagte sollen dem Angeklagten gleichgestellt werden, der die Gerichtssprache beherrscht. Mangelnde Sprachkenntnisse sollen sie nicht in ihrer Verteidigung beeinträchtigen, auch das erhöhte Kostenrisiko soll sie nicht an der Zuziehung eines Dolmetschers hindern[1221]. Deshalb wird – anders als beim Recht auf einen Pflichtverteidiger – bei Art. 6 Abs. 3 Buchst. e MRK nicht darauf abgestellt, ob der Angeklagte die hierfür benötigten Mittel aufbringen kann. Der Anspruch wird absolut gewährt. Auch der wohlhabende Angeklagte hat Anspruch auf kostenfreie Zuziehung eines Dolmetschers, soweit der Ausgleich des Sprachdefizits für seine Verteidigung und damit für ein dem Rechtsstaatsgebot entsprechendes faires Verfahren notwendig ist[1222]. Dies ist nicht der Fall, wenn ein Beschuldigter die Gerichtssprache ausreichend versteht, aber aus politischen Gründen ablehnt, sie zu benützen[1223]. Nach **innerstaatlichem Verfassungsrecht** kann sich die Notwendigkeit der Zuziehung eines

---

[1214] *Frowein/Peukert* 200; *Peukert* EuGRZ **1980** 255.

[1215] EKMR nach *Frowein/Peukert* 200; bei anonymen Belastungszeugen reicht dies mitunter nicht aus, so wenn es auf deren persönlichen Eindruck ankommt, vgl. EGMR 20.11.1989 Kostovski/NdL (StV **1990** 481); 27.9.1990 Windisch/Ö (StV **1991** 193).

[1216] EKMR EuGRZ **1982** 447 (Händle) mit Anm. *Schlüter; Frowein/Peukert* 202; *Nowak* 53.

[1217] Gegen die Relativierung in EKMR EuGRZ **1987** 151 (Unterpertinger) die dortige Anm. von *Trechsel.*

[1218] Vgl. EKMR EuGRZ **1982** 447 (Händle); *Frowein/Peukert* 202.

[1219] *Frowein/Peukert* 202; zur Gesamtwürdigung vgl. Rdn. 64 ff.

[1220] Vgl. Rdn. 64 ff; 71.

[1221] EKMR EuGRZ **1977** 467 (Luedicke u. a.).

[1222] Vgl. BVerfGE **64** 145; *Basdorf* GedS Karlheinz Meyer 20; SK-StPO-*Paeffgen* Rdn. 171.

[1223] *Grabenwarter* § 24 Rdn. 76.

Dolmetschers auch aus dem Recht auf Gehör nach Art. 103 Abs. 1 GG ergeben[1224]; ein genereller Anspruch auf Kostenfreistellung ließe sich daraus jedoch nicht herleiten. Das Bundesverfassungsgericht[1225] begründet deshalb den grundsätzlichen Anspruch eines der deutschen Sprache nicht mächtigen inhaftierten Beschuldigten auf kostenfreie Zuziehung eines Dolmetschers mit dem Diskriminierungsverbot des Art. 3 Abs. 3 Satz 1 GG; allein wegen mangelnder Sprachkenntnisse dürfe niemand schlechter gestellt werden als die anderen, mit solchen Kosten nicht belasteten Beschuldigten.

234 Ein Recht auf **Auswahl des Dolmetschers**, auf Beiordnung einer bestimmten Person als Dolmetscher hat der Angeklagte aufgrund der Konventionen nicht[1226]. Diese regeln auch nicht, wer den Dolmetscher beauftragt. Das nationale Recht kann dies entsprechend seinem jeweiligen System regeln. Der Angeklagte kann auf Grund der Konventionen nur beanspruchen, daß ihm ein für die erforderlichen Sprachübertragungen **genügend qualifizierter Dolmetscher** zur Seite steht[1227] und daß er mit den Kosten für dessen Zuziehung nicht belastet wird.

235 Ein **Recht auf Verhandlung in einer bestimmten Sprache** gewähren die Konventionsgarantien nicht[1228]. In Staaten, in denen **mehrere Sprachen Amtssprachen** sind, richtet es sich nach nationalem Recht, ob die Verhandlung in der Sprache des Angeklagten zu führen ist, sofern diese auch Amtssprache ist[1229]. Wird diese zur Gerichtssprache, greifen weder das Recht auf einen Dolmetscher noch die Kostengarantie ein.

236 Für **Taube und Stumme** gilt die Konventionsgarantie des kostenlosen Beistands eines Dolmetschers nach ihrem Wortlaut nicht[1230]. Es liegt nahe, die Vorschrift wegen des gleichen Grundgedankens analog anzuwenden. Andernfalls folgt aus der Garantie eines fairen Verfahrens[1231] ebenso wie aus dem Recht auf Gehör (Art. 103 Abs. 1 GG) nur das Gebot, daß ein Dolmetscher zuzuziehen ist, wenn das zur Verteidigung notwendige Verständnis aller Verfahrensvorgänge und die Verständigung mit dem Angeklagten nicht anderweitig sichergestellt werden kann[1232]. Die Kostenfrage bliebe davon unberührt, sofern man die Kostenfreiheit nicht mit dem Gleichbehandlungsgebot bei den Konventionsrechten (Art. 14 MRK, Art. 26 IPBPR) rechtfertigt, das – ebenso wie Art. 3 Abs. 3 Satz 2 GG – jede Benachteiligung wegen einer Behinderung ausschließt.

237 **b) Für alle Verfahren**, die eine **strafrechtliche Anklage** im weiten Sinne des Art. 6 Abs. 1 MRK, Art. 14 Abs. 1 IPBPR zum Gegenstand haben, also auch für das **Bußgeldverfahren**[1233], garantieren die Konventionen dem Angeklagten den kostenfreien Beistand

---

1224 Vgl. etwa BVerfGE **40** 199; **64** 135 = JZ **1983** 569 mit Anm. *Rüping* (strittig; aber Ableitung aus fairem Verfahren); BVerfG (Kammer) NJW **1990** 3072; BayObLG NJW **1996** 1836.

1225 BVerfG NJW **2004** 1095 keine Schlechterstellung bei Briefkontrolle und Besucherüberwachung eines Inhaftierten, bei den Kosten für die Übersetzung der Telefonüberwachungsprotokolle soll etwas anderes gelten. Da Art. 3 Abs. 3 GG keinen Gesetzesvorbehalt habe, könnten sich Einschränkungen nur durch Abwägung mit kollidierenden anderen Verfassungsaufgaben rechtfertigen lassen, zu denen die Sicherung der ordnungsgemäßen Durchführung des Strafverfahrens gehöre. Bei der Abwägung seien die „falltypische Gestaltung" und die besonderen Umstände des Einzelfalls zu berücksichtigen.

1226 *Kühne* FS H. Schmidt 40.

1227 Zur Problematik der richterlichen Qualitätskontrolle der Sprachübertragung *Basdorf* GedS Karlheinz Meyer 22.

1228 IntKommEMRK-*Vogler* 579.

1229 Vgl. schweiz.BGer. EuGRZ **1981** 221; **1995** 613; aber auch östr. VfGH EuGRZ **1984** 19 m. Anm. *Stadler*; Corte costitutionale EuGRZ **2000** 542 (territoriale, nicht personale Garantie); ferner die Nachw. bei IntKommEMRK-*Vogler* 579, SK-StPO-*Paeffgen* 174.

1230 IntKommEMRK-*Vogler* 578; SK-StPO-*Paeffgen* 172.

1231 Vgl. SK-StPO-*Paeffgen* 172.

1232 § 464c StPO, Nr. 1904 Kostenverzeichnis stellt sie zu Recht den Fremdsprachlern gleich; vgl. auch LR-*Wickern* § 185 GVG, 18.

1233 EGMR 28.11.1978 Luedicke u.a./D (EuGRZ **1979** 34); 21.2.1984 Öztürk/D (EuGRZ **1985** 62); *Frowein/Peukert* 204; *Meyer-Ladewig* 95; *Schroth* EuGRZ **1985** 558; **a.A** *Vogler* EuGRZ **1979** 44 (Strafbefehl und Bußgeldverfahren fallen nicht unter Art. 6 MRK).

eines Dolmetschers[1234]. Die Freistellung von den Dolmetscherkosten gilt auch für das **Ermittlungsverfahren**, in Bußgeldsachen auch für das Ermittlungsverfahren vor der Verwaltungsbehörde[1235]. Sie ist unabhängig von der Vermögenslage des Betroffenen und **endgültig**. Auch wenn der Angeklagte nach einer Verurteilung die Verfahrenskosten zu tragen hat, braucht er für die Dolmetscherkosten nicht aufzukommen[1236]. Lediglich die Auslagen für den Dolmetscher, die durch sein **schuldhaftes Säumnis unnötig** entstanden sind, können ihm nach § 464c StPO auferlegt werden[1237]. Die Freistellung von den Dolmetscherkosten gilt auch für den **Privatbeklagten**, nicht aber für den **Privatkläger**[1238] oder **Nebenkläger**[1239]. Im **Auslieferungsverfahren** gelten Art. 6 Abs. 3 Buchst. e MRK, Art. 14 Abs. 3 Buchst. f IPBPR nicht[1240].

c) **Voraussetzung des Anspruchs** auf Zuziehung eines Dolmetschers ist, daß der Angeklagte die Gerichtssprache nicht so sicher beherrscht, daß er der Verhandlung folgen, ihre Vorgänge verstehen und sich bei seiner Einlassung und seinen Anträgen so ausdrücken kann, wie es seine zweckentsprechende Verteidigung erfordert[1241]. Es kommt grundsätzlich darauf an, ob der **Angeklagte** selbst die Gerichtssprache beherrscht[1242]. Ob es genügt, daß der Verteidiger des Angeklagten beide in Frage kommenden Sprachen beherrscht oder daß der Angeklagte von seiner sprachkundigen Ehefrau unterstützt wird, ist zweifelhaft[1243] und wohl allenfalls in ganz einfach gelagerten Fällen zu bejahen. Der Dolmetscher muß die Vorgänge in eine Sprache übertragen, die der Angeklagte sicher versteht, dies muß nicht notwendig die Muttersprache des Angeklagten sein, bei selteneren Sprachen wäre dies mitunter gar nicht möglich. **238**

Das **Gericht** muß unabhängig von einer Antragstellung des Angeklagten[1244] **von Amts wegen** prüfen, ob und bei welchen verteidigungsrelevanten Verfahrensvorgängen wegen der unzureichenden Sprachkenntnisse des Angeklagten die Übertragung in eine dem Angeklagten verständlichen Sprache zur Sicherung eines fairen Verfahrens notwendig ist[1245]. Unter Umständen, so etwa, wenn beim Vorwurf schwerer Straftaten Interessensgegensätze zwischen mehreren Angeklagten bestehen, kann es notwendig sein, daß das Gericht zur Wahrung der Vertraulichkeit der Gespräche mit dem jeweiligen Verteidiger für jeden einzelnen Angeklagten einen eigenen Dolmetscher bestellt[1246]. Die Zuziehung eines Dolmetschers darf das Gericht ablehnen, wenn es an Hand der ihm bekannten Vorgänge[1247] sicher feststellen kann, daß die für die Verteidigung erforderliche aktive und passive Verständigungsmöglichkeit in deutscher Sprache gegeben ist. Es kommt auf den Einzelfall an. Bei einer Person mit fremder Muttersprache kann eine solche Sprach- **239**

[1234] Diese Garantie findet sich auch in Art. 18 Abs. 7 des deutsch-sowjetischen Truppenvertrags vom 12.10.1990 (BGBl. II 1991 S. 258), während Art. 7 Abs. IX Buchst. f des Nato-Truppenstatuts nur das Recht auf einen „befähigten Dolmetscher" gewährt.

[1235] Strittig, vgl. *Esser* 519; *Schroth* EuGRZ **1985** 557; *Meyer-Ladewig* 95.

[1236] EGMR 28.11.1978 Luedicke u.a./D (EuGRZ **1979** 34); *Esser* 516 ff.

[1237] Vgl. LR-*Hilger* § 464c, 1; *Esser* 519.

[1238] IntKommEMRK-*Vogler* 578 Fußn. 3; vgl. auch BVerfG NStZ **1981** 230.

[1239] BGH NJW **2003** 218; LR-*Wickern* § 185 GVG, 12 mit weit. Nachw.

[1240] OLG Düsseldorf NStZ **2001** 211; kein Verfahren über „strafrechtliche Anklage", vgl. oben Rdn. 35; anders LG Lübeck StraFo. **2004** 130 (entsprechende Anwendung bei Abschiebungshaft).

[1241] EGMR 12.2.1985 Colozza/I (EuGRZ **1985** 631); 6.12.1988 Barberà u.a./Span (Series A 146); IntKommEMRK-*Vogler* 580; *Meyer-Ladewig* 95; BVerfG (Vorprüfungsausschuß) EuGRZ **1986** 439.

[1242] SK StPO-*Paeffgen* 169.

[1243] So EKMR bei *Bleckmann* EuGRZ **1979** 118 Unterstützung durch Ehefrau genügt; IntKommEMRK-*Vogler* 580; **a. A:** SK-StPO-*Paeffgen* 168 mit weit. Nachw.

[1244] Art. VII Abs. IX Buchst. f Nato-Truppenstatut stellt demgegenüber darauf ab, ob der Angeklagte dies für erforderlich hält.

[1245] *Basdorf* GedS Karlheinz Meyer 21; IntKommEMRK-*Vogler* 581; vgl. LR-*Wickern* § 185 GVG.

[1246] OLG Frankfurt StV **1996** 166.

[1247] Nach *Villiger* HdB 528 kann auch aus prozeßfremden Hinweisen auf die Sprachkenntnis des Beschuldigten geschlossen werden.

fertigkeit auch bei einem längeren Inlandsaufenthalt nicht ohne weiteres vermutet werden, noch weniger gilt dies bei einem im Ausland lebenden Ausländer[1248]. Die EKMR hat die Notwendigkeit einer Sprachübertragung auch selbst beurteilt[1249].

240 **d) Umfang der Beiziehung.** Die Regelung will verhindern, daß mangelnde Sprachkenntnisse die Verteidigungschancen des Angeklagten verschlechtern. Aus diesem Zweck folgt, daß die Beiordnung des Dolmetschers sich auf **alle für die Verteidigung wesentlichen Vorgänge** erstrecken muß, also auf alle Vorgänge, ohne deren Kenntnis ein faires, die Waffengleichheit mit der Anklagevertretung wahrendes Verfahren in Frage gestellt wäre. Wenn der Wortlaut auf die Verhandlungssprache des Gerichts abstellt („language used in court", „langue employée à l'audience"), so darf dies nicht dahin verstanden werden, daß sich die Beiordnung auf den mündlichen Verkehr mit dem Gericht oder gar nur auf die Hauptverhandlung beschränken darf; mit der Anknüpfung an die Verhandlungssprache wird nur die Voraussetzung, nicht aber der Umfang der Beiordnung festgelegt[1250]. Der Anspruch auf kostenfreie Beiordnung eines Dolmetschers gilt grundsätzlich **für das gesamte Strafverfahren**[1251]. Wie auch die eine Unterrichtung in einer dem Angeklagten verständlichen Sprache vorschreibenden Art. 6 Abs. 3 Buchst. a MRK und Art. 14 Abs. 3 Buchst. a IPBPR oder Art. 5 Abs. 2 MRK zeigen, umfaßt der Anspruch auf Sprachübertragung alle für die Verteidigung wesentlichen Vorgänge des gesamten Strafverfahrens einschließlich der Übersetzung der Dokumente, auf deren Kenntnis der Angeklagte für eine sachgerechte Verteidigung angewiesen ist[1252]. Er gilt für den Verkehr mit dem Verteidiger ebenso wie für die kommissarische Einvernahme eines Zeugen in Gegenwart des Angeklagten[1253].

241 Der Anspruch auf kostenfreie Unterstützung durch einen Dolmetscher umfaßt neben der Sprachübertragung in der **Hauptverhandlung**[1254] alle **sonstigen Verfahrensvorgänge**, bei denen Verständigungsschwierigkeiten die Verteidigung des Angeklagten beeinträchtigen können. Er gilt vor allem für die Anhörung des Beschuldigten im **Haftprüfungsverfahren**[1255] und bei allen **Einvernahmen,** bei denen der Beschuldigte anwesend ist[1256]. Ist nur sein Verteidiger anwesend, kann es diesem überlassen werden, den Beschuldigten darüber zu unterrichten. Bei partiellen Sprachkenntnissen können Differenzierungen gerechtfertigt sein. Wenn bei einem Beschuldigten feststeht, daß er Schreiben in der Gerichtssprache einwandfrei versteht oder sprachlich einfachen Verhandlungen folgen kann[1257], braucht es dafür keiner Übersetzung. Dies schließt nicht aus, daß die Zuziehung eines Dolmetschers zur Hauptverhandlung notwendig bleibt, weil der Angeklagte Schwierigkeiten hat, sich in der fremden Sprache sicher auszudrücken oder weil ihm sprachlich kompliziertere Vorgänge zur Kenntnis gebracht werden müssen. Ein

---

1248 Vgl. EKMR EuGRZ **1988** 330 (Brozicek).

1249 IntKommEMRK-*Vogler* 581.

1250 EGMR Luedicke u.a./D (EuGRZ **1979** 34); vgl. EKMR EuGRZ **1977** 467; zur zunächst engeren Auffassung der EKMR (nur für Verständigung zwischen Angeklagtem und Richter) vgl. *Frowein/Peukert* 204; IntKommEMRK-*Vogler* 582 ff; *Kühne* FS H. Schmidt, 37; *Vogler* ZStW **89** (1977) 790. Zu dieser Auslegungsfrage beim IPBPR vgl. *Nowak* 54 ff.

1251 BGHSt **46** 178; *Staudinger* StV **2002** 327; *Meyer-Goßner*[47] 23a; SK-StPO-*Paeffgen* 169.

1252 Etwa *Frowein/Peukert* 204; schweiz.BGer. EuGRZ **1993** 290; *Grabenwarter* § 24 Rdn. 76; SK-StPO-*Paeffgen* 169.

1253 EGMR 28.11.1978 Luedicke u.a. (EuGRZ **1979** 34); 19.12.1989 Kamasinski/Ö (ÖJZ **1990** 412); *Meyer-Goßner*[47] 23; *Vogler* EuGRZ **1979** 644; ferner etwa OLG Frankfurt StV **1986** 24; vgl. LR-*Wickern* § 186 GVG Rdn. 18.

1254 Hat der Angeklagte eine schriftliche Übersetzung der Anklageschrift in Händen, ist es kein Verstoß gegen das faire Verfahren, wenn ihm ihre Verlesung in der Hauptverhandlung nicht nochmals mündlich übersetzt wird (BVerfG NJW **2004** 1443).

1255 Daß dieses nicht unter Art. 6 MRK, Art. 14 IPBPR fällt, steht der für des Strafverfahren insgesamt garantierten Kostenfreiheit der Sprachübertragung nicht entgegen, IntKommEMRK-*Vogler* 584.

1256 *Guradze* 38.

1257 Vgl. BGH GA **1963** 148.

Recht des Angeklagten auf Zuziehung eines Dolmetschers besteht dagegen nicht, wenn in einer Sprache verhandelt wird, die er beherrscht; etwa bei einer kommissarischen Vernehmung nach § 185 Abs. 2 GVG.

Der Anspruch schließt die **Übersetzung solcher Schriftstücke** mit ein, auf deren Verständnis der Beschuldigte angewiesen ist, um ein faires Verfahren zu haben[1258], so vor allem Haftbefehl[1259] oder Anklageschrift[1260] oder einen Strafbefehl, aber auch eine schriftliche Rechtsmittelbelehrung[1261]. Ein Anspruch auf Übersetzung des **gesamten Akteninhalts** erwächst daraus nicht[1262], ebenso verlangen die Konventionen keine schriftliche Übersetzung des wesentlichen Akteninhalts[1263]. Ob bei den für die Verteidigung wichtigen Schriftstücken eine **mündliche Übersetzung** genügt oder ob ihre **vollständige schriftliche Sprachübertragung** erforderlich ist, beurteilt sich nach dem Regelungszweck, dem Angeklagten eine verläßliche Grundlage für die Wahrung seiner Rechte zu geben. Verteidigt sich der Angeklagte selbst und enthält das Schriftstück viele Einzelheiten, mit denen er sich auseinandersetzen muß, dann reicht in der Regel schon wegen der begrenzten Aufnahmefähigkeit die einmalige mündliche Übertragung als Arbeitsgrundlage für seine Verteidigung nicht aus; anders dagegen, wenn der Sachverhalt einfach gelagert und dem Angeklagte ohnehin bekannt ist oder wenn er einen Verteidiger hat, der mit ihm die einzelnen Punkte besprechen kann[1264]. 242

Bei **Entscheidungen**, die **mündlich verkündet** werden, genügt es in der Regel, wenn ihr wesentlicher Inhalt dem anwesenden Angeklagten mündlich übersetzt wird[1265]. Ist eine Zustellung an den abwesenden Angeklagten erforderlich, ist eine schriftliche Übersetzung beizufügen[1266]. Einen uneingeschränkten Anspruch auf Übersetzung der **schriftlichen Urteilsbegründung** hat der Angeklagte, dem die mündliche Begründung bei der Verkündung übersetzt wurde, nach der vorherrschenden Meinung nicht[1267]. Nach ihr besteht ein Anspruch auf Übersetzung nur dann, wenn der Angeklagte für seine weitere Verteidigung auf den Wortlaut angewiesen ist[1268]. Dies ist bei einfach gelagerten Sachen nicht 243

1258 EGMR 28.11.1978 Luedicke u. a./D (EuGRZ **1979** 34); *Frowein/Peukert* 205; IntKommEMRK-*Vogler* 584; SK-StPO-*Paeffgen* 169; *Nowak* 56.

1259 Vgl. OLG Stuttgart Justiz **1986** 307, das dies beim Haftbefehl bejaht, bei der Entscheidung über die Haftbeschwerde aber verneint, wenn diese den Haftbefehl ohne Änderung in einem wesentlichen Punkt bestätigt; ferner oben Rdn. 241 und Art. 5 MRK Rdn. 97.

1260 Vgl. EGMR 19.12.1989 Kamasinski/Ö (ÖJZ **1990** 412); OLG Düsseldorf NJW **2003** 2766 (Mündliche Übersetzung kann in einfachen Fällen genügen); *Esser* 443 f. Nach OLG Hamm StV **2004** 364 erfordert das faire Verfahren, daß der Angeklagte in allen Fällen vor der Hauptverhandlung eine schriftliche Übersetzung der Anklage erhält. Vgl. Rdn. 172.

1261 IntKommEMRK-*Vogler* 585; *Sommer* StraFo. **1995** 45, 48; *Staudinger* StV **2002** 327, 328; SK StPO-*Paeffgen* 170; vgl. *Frowein/Peukert* 206 (Übersetzung bei Urteilsverkündung oder Beifügung einer schriftlichen Übersetzung bei Zustellung); vgl. ferner LR-*Wendisch* § 35a StPO, 21; LR-*Hilger* § 464a StPO, 12 mit Nachw. Vgl. auch BVerfG (Kammer) NStZ **1991** 446 (zur Wiedereinsetzung); *Meyer-Goßner*[47] 26.

1262 EGMR 19.12.1989 Kamasinski/Ö (ÖJZ **1990** 412); *Frowein/Peukert* 205; IntKommEMRK-*Vogler* 583; *Grabenwarter* § 24 Rdn. 76; *Meyer-Goßner*[47] 18; *Meyer-Ladewig* 96; SK StPO-*Paeffgen* 169; *Vogler* ZStW **89** (1977) 787; OLG Düsseldorf JZ **1986** 508; OLG Hamm NStZ-RR **1999** 158; vgl. Rdn. 172.

1263 EGMR 19.12.1989 Kamasinski/Ö (ÖJZ **1990** 412); *Meyer-Ladewig* 96 (mündliche Übertragung in Hauptverhandlung kann genügen); vgl. auch vorst. Fußn.

1264 EGMR19.12.1989 Kamasinski/Ö (ÖJZ **1990** 412); *Kühne* FS H. Schmidt 39; vgl. auch BVerfG NJW **1990** 3072 (Zivilprozeß).

1265 EGMR 19.12.1989 Kamasinski/Ö (ÖJZ **1990** 412).

1266 Vgl. Nr. 181 II RiStBV; dazu *Basdorf* GedS Karlheinz Meyer 25.

1267 IntKommEMRK-*Vogler* 587; ferner nachf. Fußn.; dagegen SK StPO-*Paeffgen* 170 mit dem Hinweis auf die Bedeutung der schriftlichen Urteilsgründe, auch für die Akzeptanz des Urteils und die Beurteilung der Erfolgsaussichten einer Anfechtung.

1268 Vgl. EGMR 19.12.1989 Kamasinski/Ö (ÖJZ **1990** 412); BVerfG JZ **1983** 659; schweiz.BGer. EuGRZ **1993** 292; OLG Frankfurt NJW **1980** 1238; OLG Hamm StV **1990** 101 mit Anm. *Kühne*; *Römer* NStZ **1981** 474; *Meyer-Goßner*[47] 26a; LR-*Hilger* § 464a StPO, 12 mit Nachw.; ferner *Basdorf* GedS Karlheinz Meyer 26 (für Revision ohne Verteidiger): *Esser* 515; vgl. auch nachfolgende Fußn.

immer der Fall[1269]. Es wird von der vorherrschenden Meinung auch verneint, wenn dem Angeklagten bei Einlegung von Berufung oder Revision ein deutscher Verteidiger zur Seite steht[1270].

244 Der **Verkehr mit dem Verteidiger** wird vom Anspruch auf kostenlose Beiziehung eines Dolmetschers umfaßt[1271]. Für den Verkehr mit dem **Pflichtverteidiger** wurde dies schon immer bejaht, während dies für den **Verkehr mit dem Wahlverteidiger** in Anlehnung an eine ältere Ansicht der EKMR früher überwiegend verneint wurde[1272]. Geht man davon aus, daß die Konventionen nicht nur für den Verkehr mit dem Gericht, sondern bei allen für die Verteidigung wesentlichen Handlungen[1273] erforderlichenfalls die kostenlose Zuziehung eines Dolmetschers vorsehen, dann ist kein stichhaltiger Grund ersichtlich, warum für den Verkehr mit dem Wahlverteidiger der von den Konventionen gewollte Ausgleich dieser zusätzlichen Belastung nicht gelten sollte[1274]. Der BGH hat jetzt auf Vorlage entschieden, daß die Konventionen für den Verkehr mit jedem Verteidiger die Kostenfreiheit der Zuziehung eines Dolmetschers[1275] erfordern, sofern und soweit die dafür von den Konventionen aufgestellten Voraussetzungen (Sprachdefizit, sachliche Erforderlichkeit der jeweiligen Besprechung für die Verteidigung[1276], nicht aber Mittellosigkeit) gegeben sind[1277]. Aus der Sicht der Konventionsgarantie ist allerdings unerheblich, mit welcher Konstruktion dieses Ergebnis im nationalen Recht erreicht wird (Beiordnung durch Gericht, nachträgliche Kostenübernahme bei Zuziehung durch Verteidiger; vorhergehende oder nachfolgende Prüfung der Erforderlichkeit)[1278]. Die Lösung, eine Freistellung von den Dolmetscherkosten mittelbar dadurch zu erreichen, daß dem

---

1269 *Frowein/Peukert* 206 (Diebstahl) unter Hinweis auf EKMR.

1270 IntKommEMRK-*Vogler* 587; vgl. BGH GA **1981** 262; OLG Hamburg NJW **1978** 2462, bestätigt in BVerfGE **64** 151 ff = JZ **1983** 659 mit Anm. *Rüping*; OLG Frankfurt NJW **1980** 1238; OLG Stuttgart NStZ **1981** 225; OLG Hamm StV **1990** 101 mit Anm. *Kühne*; je mit weit. Nachw.; *Heldmann* StV **1981** 225; *Sieg* MDR **1981** 281; vgl. ferner *Meyer-Goßner*[47] 26a; LR-*Hilger* § 464a 8 mit weit. Nachw.; **a. A** SK-StPO-*Paeffgen* 170 (allenfalls nicht notwendig bei berufungsartigen Rechtsmitteln, aber Verstoß gegen Art. 6 Abs. 1, wenn es für Verständnis und Beurteilung der Erfolgsaussichten einer Revision maßgebend auf die schriftlichen Urteilsgründe ankommt).

1271 BGHSt **46** 178 = JR **2002** 121 mit Anm. *Tag*, zustimmend *Staudinger* StV **2002** 327. Die dadurch entstandenen Kosten sind erstattungsfähige Auslagen, vgl. LR-*Hilger* § 464a StPO, 9 mit Nachw.

1272 EKMR bei *Frowein/Peukert* 205 (Zuziehung ohne Zustimmung des Gerichts); vgl. dazu *Vogler* EuGRZ **1979** 643; LR-*Hilger* § 464a StPO, 9 mit weit. Nachw.

1273 BGHSt. **46** 178 = JR **2002** 121 mit Anm. *Tag*; *Meyer-Goßner*[47] 25; vgl. nachst. Fußn. und Rdn. 240.

1274 KG NStZ **1990** 402 mit Anm. *Hilger*; OLG Stuttgart StV **1986** 491; OLG Zweibrücken NJW **1980** 2143; LG Berlin NStZ **1990** 450; LG Hamburg StV **1990** 16; IntKommEMRK-*Vogler* 589; *Kühne* FS H. Schmidt 38; *Vogler* EuGRZ **1979** 643; *Meyer-Goßner*[47] 25; LR-*Hilger* § 464a StPO, 9 je mit weit. Nachw.

1275 OLG Karlsruhe Justiz **2000** 90; LG Berlin NStZ **1990** 449; *Meyer-Ladewig* 96. Für die allgem. Freistellung des Verkehrs mit dem Wahlverteidiger von den Dolmetscherkosten auch *Meyer-Goßner*[47] 25; *Staudinger* StV **2002** 327 je mit Nachw.; **a. A** früher etwa OLG Stuttgart Justiz **1984** 191; *Basdorf* GedS Karlheinz Meyer 31 ff; *Villiger* HdB 530; zum Streitstand vgl. auch die nachfolgenden Fußnoten.

1276 IntKommEMRK-*Vogler* 591 (Zuziehung im Vorverfahren nur, soweit zur sachdienlichen Verteidigung geboten).

1277 BGHSt. **46** 178 = JR **2002** 121 mit Anm. *Tag*; vgl. zum Streitstand LR-*Hilger* § 464a, 9 mit weit. Nachw.

1278 Zu den wegen des Fehlens einer ausdrücklichen gesetzlichen Regelung strittigen einzelnen kostenrechtlichen Konstruktionen vgl. OLG Düsseldorf StV **2000** 194; OLG Karlsruhe StV **2000** 193 KG NStZ **1990** 403 mit Anm. *Hilger*; ferner etwa OLG Frankfurt StV **1991** 457; OLG Hamm StV **1994** 457; vgl. KG NStZ **1990** 402 mit Anm. *Hilger*; zu den schon früher strittigen Fragen etwa OLG Düsseldorf GA **1986** 79; JMBlNW **1989** 34; *Basdorf* GedS Karlheinz Meyer 29; *Kühne* FS H. Schmidt 40; LR-*Hilger* § 464a StPO, 9 mit weit. Nachw.; durch BGHSt **46** 178 = JR **2002** 121 mit zust. Anm. *Tag* ist jetzt entschieden, daß die durch den Verkehr mit dem Wahlverteidiger angefallenen Dolmetscherkosten einschließlich der Kosten vorbereitender Gespräche zu erstatten sind, vgl. *Meyer-Goßner*[47] 25, ferner LR-*Hilger* § 464a StPO, 9 mit weit. Nachw. sowie nachfolgende Fußn.

Angeklagten, der sie nicht aufbringen kann, durch Bestellung eines Pflichtverteidigers zu ihrem Ersatz verholfen wird[1279], ist ein die Konventionsgarantien nur unvollständig abdeckender Umweg[1280]. Es kann auch nicht angenommen werden, daß unzureichende Sprachkenntnisse für sich allein stets die Bestellung eines Pflichtverteidigers zwingend erfordern[1281]. Die Zuziehung des Dolmetschers muß für die Vorbereitung der Verteidigung notwendig sein. Ist für die Vorbesprechungen mit dem Pflichtverteidiger bereits ein Dolmetscher zugezogen worden, so wird man die zusätzliche Zuziehung eines weiteren Dolmetschers für die Besprechung mit dem zusätzlich bestellten Wahlverteidiger nur bei Vorliegen ganz besonderer Umstände als notwendig ansehen können[1282].

Welche **sonstigen Vorgänge** unter die Konventionsgarantie der kostenfreien Sprach- **245**
übertragung fallen, ist strittig. Bei einer vom Staat erzwungenen Überwachung wird man nach dem Zweck der Anordnung abgrenzen müssen. Denn nicht die Belastung mit den Kosten der Strafverfolgung sondern nur der sprachbedingte Nachteil bei Führung der eigenen Verteidigung soll ausgeglichen werden. Auch wenn es in der Praxis schwierig sein wird, zu unterscheiden, ob ein Besuch oder ein Telefongespräch auch der Vorbereitung der eigenen Verteidigung dient und deshalb in Zweifelsfällen die Freistellung bejaht werden muß, gilt die Kostenfreiheit an sich nur für die Kosten der Überwachung einer Kommunikation, die auch der Vorbereitung der Verteidigung im weitesten Sinne dient. Dies kann, muß aber nicht immer auch bei den Kosten der Telefonüberwachung der Fall sein[1283]. In den veröffentlichten Entscheidungen findet sich diese Differenzierung in der Regel nicht. Nach ihr könnten Dolmetscherkosten aus der Freistellung des Art. 6 Abs. 3 Buchst. e MRK herausfallen, so etwa die Kosten der Zuziehung eines Dolmetschers für die Kontrolle des in einer fremden Sprache geführten privaten, nicht auch verteidigungsbezogenen Briefverkehrs[1284] oder bei der Überwachung eines rein privaten Besuchs bei einem Untersuchungsgefangenen[1285]. In der Bundesrepublik steht dem jedoch nach Ansicht des Bundesverfassungsgerichts das gerade bei der Aufrechterhaltung privater Beziehungen in der Regel Platz greifende Diskriminierungsverbot des Art. 3 Abs. 3 GG

1279 BayObLG StV **1990** 103; OLG Düsseldorf NJW **1989** 677; KG GA **1977** 278; StV **1985** 184; **1986** 239; OLG Karlsruhe NStZ **1987** 522; OLG München StV **1988** 422; OLG Zweibrücken StV **1988** 379, LG Aachen StV **1989** 148; ablehnend KG NStZ **1990** 402 unter Aufgabe der früheren Rspr. mit Anm. *Hilger; Basdorf* GedS Karlheinz Meyer 29 ff; vgl. ferner *Meyer-Goßner*[47] 25; LR-*Hilger* § 464a StPO, 9 je mit weit. Nachw.

1280 Zur Problematik des aufgedrängten Verteidigers vgl. Rdn. 197; ferner IntKommEMRK-*Vogler* 590 und LR-*Hilger* § 464a StPO, 9 (Umweg über § 140 Abs. 2 StPO kann Schlechterstellung bedeuten).

1281 BGHSt **46** 178 = JR **2002** 121 mit Anm. *Tag; Staudinger* StV **2002** 327; so früher schon OLG Koblenz MDR **1994** 1137. Es ist eine davon unabhängige Auslegungsfrage des nationalen Rechts, wieweit nach Lage des Einzelfalls eine notwendige Verteidigung vorliegt, vgl. LR-*Lüderssen* § 140 StPO, 79 ff; ferner etwa *Basdorf* GedS Karlheinz Meyer 32; *Hilger* NStZ **1990** 405.

1282 Vgl. OLG Düsseldorf NStZ-RR **1999** 215.

1283 Kostentragungspflicht des Staates verneinend OLG Frankfurt NStZ-RR **1998** 158; bejahend OLG OLG Köln StV **1994** 326; OLG Stuttgart StV **1995** 260: OLG Stuttgart StV **1990** 79 hatte dies offengelassen (erst in der abschließenden Kostenentscheidung sei darüber zu befinden); ähnlich LG Berlin StV **1989** 350; vgl. LR-*Hilger* § 464a, 8 mit weit. Nachw. zum Streitstand. Die unter dem Blickwinkel des Diskriminierungsverbots des Art. 3 Abs. 3 GG mit gegenteiligem Ergebnis vorgenommene Abwägung in BVerfG NJW **2004** 1095 dürfte nicht den Fall eines zur Vorbereitung der Verteidigung geführten Telefongespräches betreffen.

1284 Für wohl generelle Freistellung LG Stuttgart StV **2001** 123; zust. Anm. *Paeffgen* NStZ **2002** 83 Fußn. 19; *Meyer-Goßner*[47] 24; **a. A** OLG Stuttgart Justiz **1984** 191; vgl. LR-*Hilger* § 464a, 8 mit weit. Nachw. zum Streitstand.

1285 Gegen Freistellung *Vogler* EuGRZ **1979** 640; OLG Koblenz NStZ-RR **1996** 159; LG Mainz NStZ-RR **1996** 32; **a. A** OLG Düsseldorf NStZ **1991** 403 (zu § 119 Abs. 3 StPO; § 27, Abs. 1 IRG); OLG Frankfurt StV **1986** 24; LG Berlin StV 1989 350; *Paeffgen* NStZ **1989** 423; **1990** 533; **1998** 76; *Meyer-Goßner*[47] 24; OLG Stuttgart StV **1990** 79 läßt dies offen und verneint nur die Vorschußpflicht für die Auslagen; für zumindest vorläufige Kostenübernahme durch die Staatskasse auch LG Berlin StV **1989** 350; vgl. LR-*Hilger* § 464a, 8 mit weit. Nachw. zum Streitstand.

entgegen, so daß auch insoweit – abgesehen vielleicht von wenigen, eine andere Abwägung gebietenden Ausnahmefällen – alle Überwachungskosten endgültig von der Staatskasse zu tragen sind. Im praktischen Ergebnis führt dies dazu, daß die Dolmetscherkosten bei derartigen Überwachungsmaßnahmen der Staatskasse endgültig zur Last fallen, zumal in der Regel die Trennung zwischen einer rein privaten und einer daneben auch die Vorbereitung der Verteidigung bezweckenden Unterhaltung in der Praxis ohnehin kaum durchführbar ist. Dolmetscherkosten, die dadurch angefallen sind, daß der Angeklagte schuldhaft dem Termin ferngeblieben ist, fallen nicht unter die Freistellung[1286], wohl aber die Kosten einer durch das Ausbleiben des Dolmetschers notwendig gewordenen Verfahrensaussetzung[1287].

246 e) **Form und Umfang der Sprachübertragung** werden nicht näher festgelegt. Den Anforderungen der Konventionen genügen in der Regel sowohl die mündliche als auch die schriftliche Übertragung. Bei den Vorgängen in einer mündlichen Verhandlung wird im allgemeinen eine mündliche Sprachübertragung stattfinden. Die Konventionen fordern nicht die wortwörtliche Übersetzung aller Vorgänge. Sofern es nicht im Einzelfall auf den genauen Wortlaut ankommt oder eine Vielzahl von Einzelheiten nur durch wiederholtes Nachlesen erfaßt werden kann[1288], genügt es, wenn dem Angeklagten das für seine Verteidigung Wesentliche mündlich simultan oder konsekutiv übersetzt wird[1289], wie etwa der Inhalt einer ihn belastenden Zeugenaussage oder eines in der Hauptverhandlung verwendeten schriftlichen Beweismittels. Will das Gericht den Inhalt einer Urkunde im Selbstleseverfahren nach § 249 Abs. 2 StPO zum Gegenstand der Hauptverhandlung machen, so ist zumindest erforderlich, daß das Gericht dafür sorgt, daß dem Angeklagten der Inhalt der Urkunde übersetzt wird, wenn ihm keine schriftliche Übersetzung zur Verfügung gestellt werden kann. Die Einschränkung, die § 259 Abs. 1 StPO hinsichtlich der Schlußvorträge von Anklage und Verteidigung bringt, dürften bei vernünftiger, die Verteidigungsbelange berücksichtigender Handhabung mit den Konventionen vereinbar sein, die eine Unterrichtung über den für die Verteidigung wichtigen Inhalt, nicht aber eine wörtliche Sprachübertragung fordern.

247 f) **Die endgültige Freistellung** von den Dolmetscherkosten wird von den Konventionen garantiert[1290]. Die früher vertretene Auffassung, daß die Befreiung nur eine vorläufige sei und nicht daran hindere, einem verurteilten Angeklagten diese Kosten als Auslagen aufzuerlegen[1291], ist überholt. Zur Tragweite der Kostenfreiheit vgl. LR § 464a StPO Rdn. 10 ff.

7. Verbot des Zwangs zur Selbstbelastung (Art. 14 Abs. 3 Buchst. g IPBPR)

248 a) **Allgemeines.** Art. 14 Abs. 3 Buchst.g IPBPR führt unter den Mindestrechten des wegen einer strafbaren Handlung (Art. 14 Abs.3) Angeklagten ausdrücklich auf, daß niemand gezwungen werden darf, gegen sich selbst als Zeuge auszusagen oder sich schuldig zu bekennen („nemo tenetur se ipsum accusare/prodere"). Dieses Verbot und das damit verbundene Recht des Beschuldigten zu schweigen, entspricht einem allgemein anerkannten Grundsatz („gemeineuropäisches Gedankengut")[1292], der den Be-

1286 EKMR EuGRZ **1989** 329; so jetzt § 464a StPO.

1287 LG Hamburg StV **1985** 500; *Meyer-Goßner*[47] 24.

1288 Vgl. *Kühne* FS H. Schmidt 40.

1289 EGMR 19.12.1989 Kamasinski/Ö (ÖJZ **1990** 412).

1290 EGMR 28.11.1978 Luedicke u.a./D (EuGRZ **1979** 34); vgl. auch EKMR bei *Bleckmann* EuGRZ **1979** 118; *Frowein/Peukert* 207; IntKommEMRK-*Vogler* 593; *Nowak* 57; LR-*Hilger* § 464a StPO, 8 mit. weit. Nachw.

1291 Vgl. die Nachweise bei LR-*Hilger* § 464a StPO, 8; *Meyer-Goßner*[47] 24; SK StPO-*Paeffgen* 169.

1292 Zur Entwicklung aus der angelsächsischen Rechtstradition vgl. etwa *Böse* GA **2002** 98, 108; *Dingeldey* JA **1984** 408 unter Hinweis auf das 5. Amend-

schuldigten vor jedem Aussagezwang schützt. Die Behörden, die ihm seine Schuld nachweisen müssen, werden dadurch zu eigenen Ermittlungen gezwungen. Dadurch wird auch Fehlentscheidungen vorgebeugt. **In der MRK fehlt ein ausdrückliches Verbot** des Zwangs zur Selbstbelastung[1292a]. Es wird jedoch, soweit es den Beschuldigten einer Straftat betrifft, aus dem Gebot eines **fairen Verfahrens** (Art. 6 Abs. 1 MRK) hergeleitet[1293]. Der EGMR zählt das allgemein international anerkannte Recht des Beschuldigten, selbst darüber zu entscheiden, ob er zu Beschuldigungen aussagen oder schweigen will, zum Kernbereich eines fairen Verfahrens[1294]. Es kann, wie Art. 34 MRK (Art. 25 MRK a. F) zeigt, auch von unmittelbar betroffenen Personengruppen oder juristischen Personen geltend gemacht werden[1295]. Auch die Erzwingung der aktiven Mitwirkung an der eigenen Belastung durch eigenhändige Herausgabe von Beweismaterial, die vom Wortlaut des Art. 14 Abs. 3 Buchst. g IPBPR („gegen sich selbst aussagen") nicht erfaßt wird, kann mit dem Gebot eines fairen Verfahrens unvereinbar sein[1296], nicht dagegen die bloß **passive Duldung** der mit Eingriffen in die Körperintegrität verbundenen erkennungsdienstlichen Maßnahmen[1297]. Eine gewaltsame Erzwingung einer Selbstbelastung kann außerdem gegen Art. 3 MRK, Art. 7, 10 Abs. 1 IPBPR verstoßen[1298]. Aus der Unschuldsvermutung des Art. 6 Abs. 2 MRK und der den staatlichen Organen obliegenden Beweislast allein dürfte sich ein solches Verbot jedoch nicht unmittelbar ableiten lassen[1299].

Nach innerstaatlichem Verfassungsrecht kommt dem von der StPO als selbstverständ- **249**
lich vorausgesetzten Verbot[1300] jedes Zwangs zur Selbstbelastung nach einhelliger Meinung **Grundrechtsrang** zu, ganz gleich, ob man es aus dem Rechtsstaatsprinzip, der allgemeinen Handlungsfreiheit und dem Persönlichkeitsrecht des Betroffenen (Art. 2 Abs. 1 GG) und vor allem aus dem Schutz der Menschenwürde (Art. 1 GG)[1301] herleitet, mit

---

ment zur Verfassung der USA; *Nowak* 59; ferner etwa *Esser* ZStW **86** (1974) Beih. 144; *Lorenz* JZ **1992** 1000 *Nothelfer* Die Freiheit vom Selbstbezichtigungszwang (1989); *Rogall* Der Beschuldigte als Beweismittel gegen sich selbst, 67 ff; *Rüping* JR **1974** 135; *Verrel* Selbstbelastungsfreiheit, 277; SK-StPO-*Rogall* Vor § 133, 130; SK-StPO-*Paeffgen* Vor § 112, 31; Art. 6 MRK 80 ff, LR-*Rieß* Einl. I 88 ff je mit weit. Nachw.

1292a Auch die Europäische Grundrechte-Charta spricht es nicht ausdrücklich an.

1293 EGMR 25.2.1993 Funke/F (ÖJZ **1993** 532); 8.2.1996 Murray/GB (EuGRZ **1996** 587); 17.12.1996 Saunders/GB (ÖJZ **1998** 32: „Herzstück des fairen Verfahrens"); 3.5.2001 J.B./CH (NJW **2002** 499); 8.10.2002 Beckles/GB (ÖJZ **2004** 67); 5.11.2002 Allan/GB (StV **2003** 257); dazu *Weiß* NJW **1999** 2236; *Ambos* NStZ **2002** 628, 632; *Grabenwarter* § 24 Rdn. 77; *Meyer-Ladewig* 52; SK-StPO-*Rogall* Vor § 133, 130 ff, SK-StPO-*Paeffgen* 81 je mit weit. Nachw.; *Villiger* HdB 502; *Nowak* 59; vgl. aber auch *Rogall* 112 f. und zur engeren Auslegung des EuGH und des EuG *Böse* ZRP **2001** 403.

1294 EGMR 5.11.2002 Allan/GB (StV **2003** 257 mit Anm. *Gaede*), vgl. *Esser* 521 ff; 615 ferner vorst. Fußn.

1295 *Schuler* JR **2003** 268; *Weiß* NJW **1999** 2236; JZ **1998** 289 (in Kritik von BVerfGE **95** 220, 241); *Meyer-Ladewig* 53; vgl. aber auch *Arzt* JZ **2003** 456; ferner Rdn. 249 am Ende.

1296 EGMR 25.2.1993 Funke/F (ÖJZ **1993 532):** *Grabenwarter* § 24 Rdn. 77: SK-StPO-*Paeffgen* 83.

1297 Vgl. Rdn. 253a.

1298 *Nowak* 59; 60.

1299 *Böse* GA **2002** 123; *Rogall* 109 ff; SK-StPO-*Rogall* Vor § 133, 131; SK-StPO-*Paeffgen* 81*:* **a. A** *Grabenwarter* § 24 Rdn. 77 mit Hinweis, daß EGMR 8.2.1996 Murray/GB (EuGRZ **1996** 587), 17.12.1996 Saunders/GB (ÖJZ **1998** 32) einen engen Zusammenhang mit der Unschuldsvermutung annehmen; ferner etwa *Guradze* FS Loewenstein 160; *Dingeldey* JA **1984** 409; IntKommEMRK-*Vogler* 466; *Schubarth* 9, *Villiger* HdB 502. Ob die vom EGMR nicht schlechtweg ausgeschlossenen Folgerungen aus dem Schweigen (vgl. Rdn. 255) die Unschuldsvermutung verletzen können, so *Rüping* JR **1974** 137, ist eine andere Frage.

1300 Vgl. etwa §§ 136 Abs. 1, 163a Abs. 1, 243 Abs. 4 StPO; § 393 AO; BVerfGE **38** 113; **55** 144; *Dingeldey* JA **1984** 408; SK-StPO-*Rogall* Vor § 133, 130 mit. weit. Nachw.

1301 BVerfGE **38** 113; **55** 150 ff; **56** 41 ff; **65** 46; BVerfG NStZ **1995** 555; **2000** 488; StV **1999** 71; **2002** 177; *Böse* GA **2002** 98 ff; *Bruns* FS Schmidt-Leichner 8; *Dingeldey* JA **1984** 409; *Eser* ZStW **86** (1974) Beih. 144; *Esser* JR **2004** 98; *Kühl* JuS **1986** 117; *Niemöller/Schuppert* AöR **107** (1982) 421; *Niebler* FS Kleinknecht 306; *Rogall* 137 ff; *Schäfer* FS Dünnebier 11; *Streck* StV **1981** 362; *Stürner* NJW **1981** 1757; SK-StPO-*Rogall* Vor § 133, 132 ff mit weit. Nachw.; ferner *Nothelfer* (aaO Fußn. 258), der die Rechtsgrundlage im allgemeinen Persönlichkeitsrecht, im Recht auf informationelle Selbstbestimmung sieht.

der jeder Zwang zu einer Aussage, die die Grundlage für die eigene Verurteilung bilden kann, unvereinbar ist, oder ob man dieses Verfahrensgrundrecht auch aus dem ebenfalls im Rechtsstaatsprinzip und der Menschenwürdegarantie wurzelnden Recht auf Verteidigung und Gehör und der Unschuldsvermutung folgert[1302]. Es ist ein Abwehrrecht im Grundrechtsrang und ein besonderes Persönlichkeitsrecht, das sich mit dem allgemeinen Persönlichkeitsrecht auf Entschließungsfreiheit und dem Recht auf Privatheit[1303] weitgehend überlagert, aber nicht völlig deckt[1304]. Innerstaatlich ist strittig, ob dieses Auskunftsverweigerungsrecht auch **juristischen Personen** als solchen zusteht, wenn sie selbst einer Ordnungswidrigkeit beschuldigt werden. Das Bundesverfassungsgericht[1305] hat dies unter Hinweis auf Art. 19 Abs. 3 GG verneint[1306].

250 **b) Gegenstand des Verbots des Art. 14 Abs. 3 Buchs. g IPBPR** ist jeder **unmittelbare oder mittelbare Zwang**, durch den eine Person, der eine strafbare Handlung zur Last gelegt wird, veranlaßt werden soll, sich selbst im Sinne der Anklage förmlich für schuldig zu erklären oder sich durch eine Aussage selbst zu belasten oder sonst selbst aktiv an ihrer Belastung mitzuwirken. Dies gilt für jede für Zwecke der Strafverfolgung abgeforderten Äußerung[1307], auch die Beantwortung einer darauf abzielenden Frage darf deshalb nicht erzwungen werden.

251 Das Verbot des Art. 14 Abs. 3 Buchst. g IPBPR beschränkt sich seinem Wortlaut nach auf den Aussagezwang bei Personen in Verfahren, in denen sie **selbst einer strafbaren Handlung beschuldigt** werden[1308]. Strafbare Handlung ist dabei im weiten Sinn des Art. 14 Abs. 1 IPBPR zu verstehen, auch Ordnungswidrigkeiten fallen darunter[1309], ferner wohl auch berufsrechtlich zu ahndende Verfehlungen und disziplinarrechtlich vom Gericht zu ahndende Verstöße, soweit strafähnliche Sanktionen in Frage kommen[1310].

252 In weiter Auslegung soll Art. 14 Abs. 3 Buchst. g IPBPR auf **alle einer Auskunftspflicht unterworfenen Personen** anwendbar sein, vor allem auf **Zeugen**, wenn sich diese bei Erfüllung ihrer Zeugenpflicht eine strafbare Handlung im oben verstandenen weiten Sinn selbst bezichtigen müßten. Ob diese Konventionsbestimmung wirklich so weit ausgelegt werden kann, daß damit ein **allgemeines „privilege against self-incrimination“** völkervertraglich festgelegt wurde[1311], kann bei der Vielgestaltigkeit nationalrechtlicher Auskunftspflichten fraglich erscheinen. Dies mag jedoch dahinstehen, da nach unserem innerstaatlichen Verfassungsrecht die Tragweite dieses Grundsatzes über jede engere Auslegung des Art. 14 Abs. 3 Buchst. g IPBPR hinausreichen würde. Sie beschränkt sich nicht auf die Beschuldigten eines Strafverfahrens, sondern schützt auch alle anderen Personen, insbesondere die Zeugen, in gerichtlichen und behördlichen Verfahren vor dem Zwang zu selbstbelastenden Aussagen. Wenn andere öffentliche Interessen eine

---

[1302] Vgl. BVerfGE **35** 41, 47; **38** 105, 113 ff; **55** 144, 150; **56** 37, 41; **95** 241, SK-StPO-*Rogall* Vor § 133, 142 ff; SK-StPO-*Paeffgen* 80. Zu den verfassungsrechtlichen Grundlagen ferner *Böse* GA **2002** 98 ff.

[1303] Vgl. auch Art. 8 MRK.

[1304] Zu den Unterscheidungen SK-StPO-*Rogall* Vor § 133, 134 ff.

[1305] BVerfGE **95** 220, 241, kritisch dazu *Weiß* JZ **1998** 189; NJW **1999** 2236; *Schuler* JR **2003**, 265, 286.

[1306] Ebenso der EuGH 18.10.1989 Orkem (Slg. **1989** 3283); dazu *Schuler* JR **2003**, 265, 286 mit Nachw. zu Streitstand.

[1307] Zur Problematik der Abgrenzung von Offenbarungs- und Mitteilungspflichten, die anderen öffentlichen Interessen oder auch Interessen Dritter dienen sollen, vgl. EGMR 3.5.2001 J.B./CH (NJW **2001** 499); *Müller* EuGRZ **2001** 546; SK-StPO-*Paeffgen* 82.

[1308] Der Wortlaut folgt der Garantie für das Strafverfahren im 5. Amendment zur Verfassung der USA, vgl. *Dingeldey* JA **1984** 408, der IPBPR betrifft aber nur natürliche Personen *Schuler* JR **2003** 265, 268 unter Hinweis auf EUGH 18.10.1989 (Orkem) mit weit. Nachw.

[1309] Vgl. SK-StPO-*Rogall* Vor § 133, 147, 148; enger *Weiß* JZ **1998** 289; ferner Rdn. 30.

[1310] Vgl. Rdn. 34.

[1311] *Rogall* 116 ff; SK-StPO-*Rogall* Vor § 133, 131; *Dingeldey* JA **1984** 409.

Pflicht zur Offenlegung bestimmter Tatsachen rechtfertigen, ist strittig, wieweit damit ein Schutz vor den strafrechtlichen Folgen verbunden ist[1312].

Unter **Zwang** sind dabei aber nicht nur die durch Art. 3 MRK, Art. 7 IPBPR geächteten Maßnahmen zu verstehen, sondern jede unmittelbare oder mittelbare Ausübung von Druck auf den Beschuldigten, durch den dieser zu einer Selbstbelastung gebracht werden soll[1313]. Die Androhung von Nachteilen tatsächlicher oder rechtlicher Art, auch für andere, fällt ebenso darunter, wie die Androhung von Gewalt oder die Herbeiführung der Selbstbelastung durch Psychopharmaka[1314] oder die Erzwingung zu Angaben oder der Herausgabe von Unterlagen zur Verwertung für die Zwecke eines Strafverfahrens durch Androhung oder Verhängung von Geldstrafen oder Geldbußen[1315]. Da der EGMR es andererseits als zulässig ansieht, daß der Staat **Auskunfts- und Dokumentationspflichten für andere öffentliche Zwecke** begründet[1316] und solche Auskünfte, vor allem auch für Steuerzwecke, durch Strafsanktionen erzwingt, kann die Abgrenzung schwierig sein. Dies gilt vor allem, wenn solche Angaben, deren Erzwingung für andere Zwecke nicht gegen das nur für Strafverfahren geltende Verbot des Zwangs zur Selbstbelastung verstößt, später in einem Strafverfahren verwendet werden[1317]. Das Privileg des Schutzes vor jedem Zwang zur Selbstbelastung bietet aber keine Immunität für Handlungen, mit denen der Befragte verhindern will, daß sein strafrechtlich relevantes Verhalten aufgedeckt wird[1318]. Das Verbot ist auch nicht berührt, wenn der Betroffene in einer ihm abverlangten Erklärung selbst **falsche Angaben** macht[1319]. Wieweit im übrigen Aussagen gegen das Verbot des Zwangs zur Selbstbelastung verstoßen, die eine von ihrem Schweigerecht Gebrauch machende Person unter den von staatlichen Stellen unmittelbar oder mittelbar herbeigeführten psychologischen Druck eines anhängigen oder drohenden Strafverfahrens abgab, hängt von den hier mitunter sehr unterschiedlich zu bewertenden Umständen des Einzelfalls ab, sowie davon, ob deswegen der Betroffene insgesamt kein faires Verfahren mehr hatte. 253

Äußerungen gegenüber Privatpersonen, die ein Beschuldigter mündlich oder schriftlich abgegeben hat, können auch dann verwertet werden, wenn sich der Beschuldigte auf Fragen der nicht im staatlichen Auftrag handelnden Privatperson selbst belastet hat[1320]. Fraglich ist dagegen, wieweit ihn die durch die Konventionen verbürgte Selbstbelastungsfreiheit dagegen schützt, daß sie von Personen unterlaufen wird, die den schweigenden Betroffenen im **verdeckten Auftrag staatlicher Stellen** veranlassen, sich zu einem ihm angelasteten Sachverhalt zu äußern[1321]. Gleiches gilt auch für seine Selbstidentifizierung 253a

[1312] Vgl. BVerfGE **56** 37, 50 („Gemeinschuldner"); LR-*Rieß* Einl. I 98; LR-*Gössel* Einl. K 67 (Abwägung); entgegen h.M für generelles Beweisverwertungsverbot SK-StPO-*Paeffgen* 82.

[1313] Abwehr finaler Zwangsausübung *Kühl* JuS **1986** 117; StV **1986** 190; *Rogall* 145; *Stürner* NJW **1981** 1757; SK-StPO-*Rogall* Vor § 133, 139.

[1314] *Dencker* NStZ **1982** 154; SK-StPO-*Rogall* Vor § 133, 140.

[1315] EGMR 3.5.2001 J.B./CH (NJW **2002** 499 mit Anm. *Schobe* NJW **2002** 492: Geldbußen wegen Weigerung der Vorlage von Unterlagen im Steuerhinterziehungsverfahren); vgl. dazu *Ambos* NStZ **2002** 628, 632; ferner EGMR 25.2.1993 Funke/F (ÖJZ **1993** 534); *Meyer-Ladewig* 52; sowie nachf. Fußn.

[1316] Vgl. EGMR 8.4.2004 Weh/Ö (ÖJZ **2004** 853) mit weit. Nachw.; *Müller* EuGRZ **2001** 546; LR-*Rieß* Einl. I 98 ff.

[1317] In solchen Fällen wird ein menschenrechtlich/grundrechtlich verbürgtes Beweiserhebungsverbot unter Hinweis auf BVerfGE **56** 37 ff im Schrifttum bejaht, vgl. SK-StPO-*Paeffgen* 82 mit weit. Nachw. ferner LR -*Rieß* Einl. I 96 ff; LR-*Gössel* Einl. K.

[1318] EGMR 10.9.2002 Allen/GB (ÖJZ **2003** 909).

[1319] EGMR 10.9.2002 Allen/GB (ÖJZ **2003** 909).

[1320] Etwa BGHSt **27** 355, 357; **36** 167, 173; ferner der umstrittene Hörfallen-Fall BGHSt **42** 139, 153 = NStZ **1996** 502 mit Anm. *Rieß*.

[1321] Nach *Gaede* StV **2003** 260 kommt es nur darauf an, ob das Verhalten des Informanten dem Staat zuzurechnen ist und ob dieser dem Beschuldigten die selbstbelastende Äußerung entlockt hat. Zur Frage, ob die Freiheit vom Selbstbelastungszwang auch auf den Schutz vor Täuschung ausgedehnt werden sollte vgl. ferner *Weigend* ZStW **113** (2001) 271; SK-StPO-*Paeffgen* 84.

auf einem ihm von der Polizei unter Verschweigen des Zwecks vorgelegten Lichtbild[1322] oder für Angaben, zu denen er von einem Mithäftling durch unlautere Mittel mit Wissen der staatlichen Stellen veranlaßt wurde[1323]. Der EGMR hat in einer neueren Entscheidung[1324] eine Verletzung des bereits bei einer offiziellen Vernehmung ausgeübten Schweigerechts[1325] des Beschuldigten darin gesehen, daß dieser in der Haft durch einen von der Polizei damit beauftragten Mithäftling zu Äußerungen veranlaßt und dadurch sein Schweigerecht gezielt unterlaufen wurde. Maßgebend für die Annahme eines Verstoßes gegen das Gebot eines fairen Verfahrens nach Art. 6 Abs. 1 MRK war, daß in Würdigung aller Umstände das Gespräch mit dem Informanten das **funktionales Äquivalent** einer staatlichen Vernehmung bedeutete, weil der Beschuldigte die Äußerungen nicht spontan von sich aus abgegeben hatte, sondern seine Angaben ihm von seinem Gesprächspartner unter Verschweigen des staatlichen Auftrags bewußt entlockt worden waren[1326]. Dagegen wurde kein Verstoß gegen das Gebot eines fairen Verfahrens darin gesehen, daß das Gericht die Tonbandaufzeichnungen von Gesprächen des Beschwerdeführers mit seiner Freundin und mit einem Mithäftling als Beweismittel verwendet hatte, die im Gefängnis mit einer ihm unbekannten Abhörvorrichtung aufgenommen worden waren, deren Vorhandensein er aber für möglich hielt. Der EGMR, der bewußt auf den Einzelfall abstellte, nahm zwar an, daß das Abhören wegen des Fehlens einer hinreichenden Rechtsgrundlage gegen Art. 8 MRK[1327] verstieß; die Verwertung der durch das Abhören gewonnenen Erkenntnisse verletzte aber nach seiner Ansicht nicht notwendigerweise auch das Gebot eines fairen Verfahrens, da der Beschwerdeführer die Möglichkeit hatte, in der Verhandlung die Bedeutung und Verläßlichkeit der Aussage in Frage zu stellen[1328].

253b Nicht gegen das Verbot verstößt eine **freiwillige Selbstbelastung**, wenn der Beschuldigte durch ein **Versprechen** dazu veranlaßt wurde[1329]. Auf die Motive, aus denen er sich zur Aussage entschließt, kommt es nicht an, sofern nur die Aussage selbst das Ergebnis seiner eigenen freien Entschließung ist. Hat der Beschuldigte vorher in einem **anderen Verfahren Aussagen gemacht** oder Unterlagen vorgelegt, weil er dazu kraft Gesetzes unter Androhung von Strafen verpflichtet war, so berührt das an sich das Verbot des Selbstbelastungszwangs nicht, jedoch kann deren **spätere Verwendung im Strafverfahren** dagegen verstoßen und damit das Gebot eines fairen Verfahrens verletzen, wenn dadurch die Verteidigungsmöglichkeiten erheblich eingeengt werden[1330]. Hieraus wird

---

[1322] EGMR 26. 3. 1996 Doorson NdL (ÖJZ **1996** 715).

[1323] Vgl. BGHSt **44** 129 = JR **1999** 346 mit Anm. *Hanack* = NStZ **1999** 147 mit Anm. *Roxin*; zu den strittigen Fragen des innerstaatlichen Rechts *Esser* JR **2004** 98, 101 mit weit. Nachw.

[1324] EGMR 5. 11. 2002 Allan/GB (JR **2004** 127, Äußerungen in der Gefängniszelle gegenüber von der Polizei mit dem Aushorchen beauftragte Mitgefangene) = StV **2003** 257 mit Anm. *Gaede:* dazu auch *Esser* JR **2004** 98; SK-StPO-*Paeffgen* 85; vgl. auch *Gaede* StV **2004** 46, 49.

[1325] Ob gegen das Gebot eines fairen Verfahrens auch verstoßen wird, wenn ein in Freiheit befindlicher Beschuldigter ausgehorcht wird, bevor er sich auf sein Schweigerecht berufen hat, ließ der EGMR offen; vgl. *Esser* JR **2004** 98, 100; *Gaede* StV **2004** 46, 49.

[1326] Zur Interpretation der Tragweite dieser Entscheidung, insbesondere auch zur Frage, wieweit sie auch gilt, wenn Angaben aufgezeichnet werden, die ein in Freiheit befindlicher Beschuldigter freiwillig im Anschluß an eine Vernehmung macht, in der er von seinem Schweigerecht Gebrauch gemacht hatte, vgl. *Esser* JR **2004** 98, 106.

[1327] Etwa EGMR 12. 7. 1988 Schenk/CH (EuGRZ **1988** 390); 12. 5. 2000 Khan/GB (ÖJZ **2001** 654); 5. 11. 2002 Allan/GB (JR **2004** 127, dazu *Esser* JR **2004** 98 = StV **2003** 257 mit Anm. *Gaede*).

[1328] EGMR 5. 11. 2002 Allan/GB (JR **2004** 127, dazu *Esser* JR **2004** 98 = StV **2003** 257 mit Anm. *Gaede*); SK-StPO-*Paeffgen* 84.

[1329] *Nowak* 58 (ein solcher Vorschlag wurde abgewiesen). Vgl. *Kühl* StV **1986** 190; SK-StPO-*Rogall* Vor § 133, 140; aber auch die weitergehenden Verbote des § 136a StPO.

[1330] EGMR 17. 12. 1996 Saunders/GB (ÖJZ **1998** 32: rechtlicher Zwang zur Aussage gegenüber den von einer Behörde eingesetzten Inspektoren, deren Protokolle später im Strafverfahren verwendet wurden).

dann ein Verwertungsverbot[1331] für die Verwendung in einem späteren Strafverfahren hergeleitet. Ist aber bereits ein Strafverfahren anhängig, dürfte sich daraus unmittelbar ein Recht auf Auskunftsverweigerung ergeben. Letzteres wurde auch angenommen, wenn dem Beschuldigten unter Androhung gesetzlich vorgesehener Sanktionen aufgegeben wurde, selbst belastende Unterlagen vorzulegen[1332]. Der Zwang zur **Anwesenheit** bei der Hauptverhandlung oder zur **Duldung** einer erkennungsdienstlichen Maßnahme, wie etwa die Entnahme einer Blut-, Urin- oder Gewebeprobe oder sonstigem Körpermaterial oder die Erlangung einer Stimmprobe[1333] oder die Duldung vergleichbarer Eingriffe zu Beweiszwecken fällt nicht unter das Verbot. Gleiches gilt für die Verwendung selbständig existierenden belastenden Materials, das unabhängig vom Willen und Erklärungen des Beschuldigten sichergestellt wurde[1334].

c) Adressaten des Verbotes des Art. 14 Abs. 3 Buchst. g IPBPR sind sowohl der **Gesetzgeber**, der zumindest im Verfahren wegen strafbarer Handlungen keinen irgendwie gearteten Aussagezwang vorsehen darf, als auch die **Gerichte** und alle **staatlichen Organe**, die im konkreten Einzelfall keinen Zwang ausüben dürfen, um eine Schuldigerklärung oder eine selbstbelastende Aussage in bezug auf eine Straftat im weiten Sinn der Konventionen herbeizuführen. Private Dritte werden nicht angesprochen[1335]. **254**

In welcher Form das **nationale Recht** die Äußerungen des Angeklagten in das Verfahren einführt, ist unerheblich. So kommt es nicht darauf an, ob im Strafverfahren eine solche Aussage als Einlassung des Angeklagten unmittelbar für die Entscheidungsfindung **verwertbar** ist oder ob dort seine förmliche Versetzung in die verfahrensrechtliche Stellung eines „Zeugen in eigener Sache" vorgesehen ist. Nach dem Schutzzweck der Vorschrift ist der Zwang zur Selbstbelastung in jeder Form verboten und zwar unabhängig davon, ob die Verwertung einer erzwungenen Aussage nach nationalem Recht zulässig ist und ob und unter welchen Voraussetzungen ein Gericht das Schweigen des Angeklagten zu konkreten Vorgängen bei seiner Beweiswürdigung zu seinen Lasten berücksichtigen darf[1336]. Bei der Belehrung der Geschworenen darf es der Richter nicht ihnen überlassen, welche Schlußfolgerung sie aus dem Schweigen ziehen wollen; er muß angemessenes Gewicht auf die dafür abgegebenen Erklärungen des Betroffenen legen, so etwa, daß er auf Rat seines Anwalts geschwiegen hat[1337]. **255**

d) Besondere **Rechtsfolgen** wegen eines Verstoßes gegen diesen Grundsatz legt der IPBPR nicht fest; er überläßt es dem nationalen Recht, welche Rechtsfolgen es innerstaatlich daran knüpfen will. Nach diesen ist zu beurteilen, ob der Verstoß ein Verwertungsverbot mit oder ohne Fernwirkung oder ein Offenbarungsverbot zur Folge **256**

[1331] Vgl. BVerfGE **56** 37, 48 („Gemeinschuldner": Verwertungsverbot), jetzt § 97 InsO: SK-StPO-*Paeffgen* 82; ferner LR-*Rieß* Einl. I 98 ff.

[1332] EGMR 25.2.1993 Funke/F(ÖJZ **1993** 534); 5.11. 2002 Allan/GB (JR **2004** 127, dazu *Esser* JR **2004** 98 = StV **2003** 257 mit Anm. *Gaede*): 3.5.2001 J.B./CH (NJW **2002** 499 mit Anm. *Schohe*); *Ambros* NStZ **2002** 628, 612 f; *Esser* 520 ff.

[1333] EGMR 29.9.2001 P.G., J.H./GB (ÖJZ **2004** 911). Vgl. auch nachst. Fußn.

[1334] Etwa EGMR 17.12.1996 Saunders/GB (ÖJZ **1998** 32); *Grabenwarter* § 24 Rdn.77; *Meyer-Ladewig* 52.

[1335] Vgl. BVerfG **56** 37; SK-StPO-*Rogall* Vor § 133, 135; 156; OLG Karlsruhe NStZ **1989** 287 mit Anm. *Rogall*.

[1336] Vgl. EGMR 6.2.1996 Murray/GB (EuGRZ **1996** 587: „common-sense-Schlußfolgerung zulässig, weil der gegen den Angeklagten ermittelte Sachverhalt eine Erklärung verlangte"); dazu *Kühne* EuGRZ **1996** 571; SK-StPO-*Paeffgen* 84; vgl. auch EGMR 2.5.2000 Condron/GB (ÖJZ **2001** 610); 20.3.2001 Telfner/Ö (ÖJZ **2001** 613: „wenn nach gesundem Menschenverstand nur eine einzige Schlußfolgerung möglich", nicht aber wenn der Sachverhalt aufklärungsbedürftig bleibt); vgl. auch 8.10.2002 Beckles/GB (ÖJZ **2004** 67); *Esser* 454; 522 ff; *Grabenwarter* § 24 Rdn. 77; *Meyer-Ladewig* 54; *Villiger* HdB 502.

[1337] EGMR 8.10.2002 Beckles/GB (ÖJZ **2004** 67), vgl. *Kühne* EuGRZ **1996** 571.

hat[1338] oder ob und unter welchen Voraussetzungen das Gericht bei seiner Beweiswürdigung Schlüsse aus dem Schweigen ziehen darf[1339]. Eine Pflicht, eine bestimmte Regelung zu treffen, kann für das nationale Recht weder aus Art. 14 Abs. 3 Buchst. g IPBPR noch aus dem Recht auf ein faires Verfahren hergeleitet werden, auch keine generelle Belehrungspflicht[1340]. Allerdings darf der Staat nicht auf alle rechtlichen Möglichkeiten zur Absicherung dieses Verbotes verzichten[1341], denn er ist gegenüber den Konventionsorganen für die innerstaatliche Beachtung dieses Verbots verantwortlich.

8. Verfahren gegen Jugendliche (Art. 14 Abs. 4 IPBPR)

257 **a) Allgemeines.** Im Gegensatz zur MRK enthält der IPBPR **besondere Garantien zum Schutze Jugendlicher**. Dies erklärt sich daraus, daß er in Übereinstimmung mit dem Internationalen Pakt über wirtschaftliche, soziale und kulturelle Rechte[1342] in Art. 24 Abs. 1 den Kindern das Recht auf Schutz durch Familie, Gesellschaft und Staat zuerkennt. Diese allgemeine Verpflichtung wird dann für einige Gewährleistungen konkretisiert, so etwa in Art. 6 Abs. 5 IPBPR (Verbot der Todesstrafe bei Jugendlichen unter 18 Jahren) und in Art. 10 Abs. 2, 3 IPBPR für den Haftvollzug. Zusätzliche Bestimmung enthält auch das Übereinkommen über die Rechte des Kindes vom 20.11.1989 (vgl. insbes. Art. 37, 40)[1343].

258 Art. 14 Abs. 4 IPBPR ergänzt durch das **Gebot einer jugendgerechten Verfahrensgestaltung** die Verfahrensgrundrechte; das Verfahren gegen Jugendliche ist so zu führen, wie es ihrem Alter entspricht und ihre Wiedereingliederung in die Gesellschaft fördert. Damit deckt sich die Ausnahme zum Schutze der Interessen Jugendlicher, die Art. 14 Abs. 1 IPBPR für die öffentliche Verkündung von Urteilen vorsieht[1344].

259 **b)** Wer **Jugendlicher** ist, legt Absatz 4 nicht näher fest, insbesondere stellt er – anders als Art. 6 Abs. 5 IPBPR – keine feste Altersgrenze auf; er überläßt die Festlegung der Altersgruppe dem nationalen Recht. Dieses muß im Rahmen des international Üblichen konkrete Festlegungen treffen[1345], sowohl für einen dem Entwicklungsstand entsprechenden Beginn der Strafmündigkeit als auch für die volle, uneingeschränkte strafrechtliche Verantwortlichkeit. Letztere kann, muß aber nicht mit der bürgerlich-rechtlichen Volljährigkeit zusammenfallen.

260 **c)** Absatz 4 begründet eine **Pflicht des Staates**, das Verfahren gegen Jugendliche so zu gestalten, daß es ihrem Alter und Entwicklungsstand Rechnung trägt, sie also weder vom Verständnis her noch emotional überfordert. Das Verfahren muß außerdem so geführt werden, daß es die Wiedereingliederung der gestrauchelten Jugendlichen in die Gesellschaft fördert; dies gilt sowohl für die Verfahrensgestaltung als auch für das auf

[1338] Vgl. dazu SK-StPO-*Rogall* Vor § 133, 158 ff. Nach *Nowak* 59 hat der UN-AMR die Vertragsstaaten aufgefordert, entsprechende Beweisverwertungsverbote vorzusehen.

[1339] Vgl. oben Rdn. 255.

[1340] So aber *Hofmann* S. 40.

[1341] Zur weitergehenden Schutzpflicht beim Folterverbot, die durch zusätzliche Konventionen detailliert wird, vgl. Art. 3 MRK Rdn. 11.

[1342] Vom 19.12.1966; BGBl. II **1973** S. 1570 wegen der Verpflichtung zu Sondermaßnahmen zum Schutze der Kinder vgl. etwa Art. 10 Nr. 3 IPWSKR.

[1343] BGBl. II 1992 S. 122; für die Bundesrepublik ohne unmittelbare innerstaatliche Anwendbarkeit, vgl. Bek. vom 10.7.1992 BGBl. II S. 990); vgl. Einf. Rdn. 10.

[1344] Vgl. Rdn. 98.

[1345] *Nowak* 61 mit Nachw., zu den Möglichkeiten, die Strafmündigkeit durch generell abstrakte Altersgrenzen oder konkret im Einzelfall zu ermitteln, vgl. *Mayer* GA **1990** 508. Art. 1 des Übereinkommens über die Rechte des Kindes legt als Altersgrenze die Vollendung des 18. Lebensjahres fest, sofern die Volljährigkeit nach nationalem Recht nicht früher eintritt.

Jugendliche anwendbare Sanktionssystem, das sich nicht auf repressive Strafen beschränken darf. Einzelheiten werden dem nationalen Recht überlassen, das insoweit einen weiten Gestaltungsraum hat und das nicht einmal ein besonderes Verfahren vor Jugendgerichten einführen muß[1346]. Das nationale Verfahren wird aber insgesamt an den Forderungen der Konvention gemessen. Ein Verfahren, das genauso geführt würde wie ein Verfahren gegen Erwachsene und das das gleiche Strafensystem anwenden würde, wäre mit Absatz 4 nicht vereinbar[1347]. Das **Verfahren nach dem JGG** wird beiden Vorgaben gerecht.

9. Recht auf Rechtsmittel gegen Verurteilung wegen einer strafbaren Handlung (Art. 14 Abs. 5 IPBPR)

a) Allgemeines. Das Recht des wegen einer strafbaren Handlung Verurteilten auf 261
Nachprüfung des Urteils durch eine höhere Instanz (Art. 14 Abs. 5 IPBPR) ist in der MRK selbst nicht enthalten. Es findet sich erst in **Art. 2 des 7. Zusatzprotokolls** zur MRK vom 22.11.1984, dem die Bundesrepublik nicht beigetreten ist. Dort werden auch Grenzen aufgezeigt. Die Regelung der Gründe, aus denen die Anfechtung zugelassen wird und die Formen der Anfechtung werden dem nationalen Recht überlassen. Dieses kann ferner Ausnahmen vom Recht auf eine zweite Instanz für **geringfügige Straftaten** vorsehen, also für Taten, denen bei einer Gesamtwürdigung geringes Gewicht beizumessen ist[1348], wobei diese allgemeine Vorgabe den Staaten wohl einen gewissen Regelungsspielraum für die Abgrenzung der Anfechtbarkeit im nationalen Recht offenläßt. Der Anfechtung können ferner Taten entzogen werden, die von einem **obersten Gericht** abgeurteilt worden sind[1349]. Die Überprüfung durch eine weitere Instanz kann auch bei **Verurteilungen in der zweiten Instanz** ausgeschlossen werden, die nach einem erstinstanzlichen Freispruch ausgesprochen wurden[1350].

Die **Vorbehalte der Bundesrepublik** beim IBPBR entsprechen diesen Einschränkun- 262
gen. Nach Art. 1 Nr. 3 des Zustimmungsgesetzes vom 15.11.1973[1351] ist Art. 14 Abs. 5 IPBPR derart anzuwenden, daß ein weiteres Rechtsmittel nicht in allen Fällen allein deshalb eröffnet werden muß, weil der Beschuldigte erstmals in der Rechtsmittelinstanz verurteilt worden ist (Buchst. a); außerdem muß bei Straftaten von geringer Schwere nicht in allen Fällen die Überprüfung eines nicht auf Freiheitsstrafe lautenden Urteils durch ein Gericht höherer Instanz ermöglicht werden (Buchst. b).

b) Jedem wegen einer strafbaren Handlung Verurteilten steht grundsätzlich der An- 263
spruch auf Überprüfung durch eine höhere Instanz zu. Ob dies bei Art. 14 Abs. 5 IPBPR auch gilt, wenn es sich um geringfügige Straftaten handelt oder ob hier das nationale Recht, auf das verwiesen wird, Ausnahmen zulassen kann, ist zweifelhaft[1352]. Für die Bundesrepublik folgt die Zulässigkeit von Ausnahmen zugunsten kleinerer

---

1346 *Nowak* 63.

1347 Vgl. ital. Corte Costituzionale bei *Ritterspach* EuGRZ **1988** 107 (gleiches Erkenntnisverfahren gegen Jugendliche und Erwachsene im Staate New York); ferner *Mayer* GA **1990** 572 (Verletzung des Persönlichkeitsrechts des Kindes).

1348 Vgl. *Trechsel* FS Ermacora 195, 204 zur Frage, ob sich die Geringfügigkeit abstrakt nach der Strafdrohung bemißt oder, da es sich um die Frage der Anfechtbarkeit handelt, nach der Art der abgeurteilten Tat und der im Urteil erkannten Strafe.

1349 Vgl. *Trechsel* FS Ermacora 195, 204: zu den Fällen, in denen besondere Straftaten vor dem höchsten Gericht erstinstanzlich abgeurteilt werden.

1350 Dazu *Trechsel* FS Ermacora 195, 204: Nur bei reformatorischen Rechtsmitteln, der Ausschluß auch kassadorischer Rechtsmittel wäre dem Betroffenen kaum zumutbar.

1351 BGBl. II 1973 S. 1533; der inhaltlich gleiche Text des Vorbehalts findet sich bei *Nowak* S. 803.

1352 Zur nicht ganz eindeutigen Entstehungsgeschichte und zur Praxis des UN-AMR vgl. *Nowak* 66 ff.

Delikte, sofern sie nicht mit Freiheitsstrafe geahndet wurden, bereits aus ihrem Vorbehalt. Die Einschränkungen der Anfechtungsmöglichkeit, wie sie etwa nach §§ 79 ff OWiG bestehen, verstoßen deshalb nicht gegen Art. 14 Abs. 5 IPBPR, so daß es keiner Erörterung bedarf, ob auch hier die Ordnungswidrigkeiten dem autonomen Begriff der strafbaren Handlungen im Sinne der Konventionen zuzurechnen sind.

264 Eine **Ausnahme** bei den Personen, die **von einem obersten Gericht verurteilt** werden, besteht in der Bundesrepublik mangels eines Vorbehaltes nicht[1353]. Man ging wohl davon aus, daß die für Staatsschutzsachen vorgesehene Zweistufigkeit den Anforderungen der Konvention genügt und daß die im Grundgesetz oder den Länderverfassungen vorgesehenen Entscheidungen der Verfassungsgerichte bei Präsidenten-, Minister-, Abgeordneten- oder Richteranklagen den Verurteilungen wegen strafbarer Handlungen nicht gleichzuachten sind[1354].

265 c) Der **zweite Instanzenzug** wird von dem bewußt allgemein gefaßten Art. 14 Abs. 5 IPBPR **nach Maßgabe der jeweiligen innerstaatlichen Gesetze** gewährt. Die Vertragsstaaten können also seine Modalitäten entsprechend ihrem jeweiligen Verfahrenssystem regeln; das Recht auf ein Rechtsmittel als solches ist damit aber nicht in ihr Ermessen gestellt[1355]. Es muß sich um die Einschaltung eines übergeordneten Gerichts handeln, daß dasselbe Gericht die Sache nochmals überprüft, genügt nicht[1356]. Im übrigen können die Vertragsstaaten die formellen Voraussetzungen für Einlegung und Durchführung des Verfahrens der zweiten Instanz und die Einzelheiten seiner Ausgestaltung festlegen. Sie können dabei auch regeln, ob der Angeklagte zur Verhandlung persönlich erscheinen muß und ob und in welchen Fällen er sich von einem Verteidiger vertreten lassen kann (vgl. Rdn. 189 ff).

266 Für die **Regelung von Art und Umfang der Anfechtung** und der dabei zu beachtenden Formalien dürften die Vertragsstaaten einen großen Spielraum haben, zumal die Entstehungsgeschichte zeigt, daß der zweite Instanzenzug nur im Grundsatz festgelegt werden, im übrigen aber die Art des Rechtsmittels dem jeweiligen nationalen Recht überlassen bleiben sollte[1357]. Notwendig ist jedoch eine echte substantielle Überprüfung der erstinstantiellen Verurteilung durch das Rechtsmittelgericht. Ist diese gewährleistet, werden neben meritorischen auch kassatorische Rechtsmittel als ausreichend angesehen[1358]. Die Revision in ihrer Ausgestaltung nach §§ 333 ff StPO genügt diesen Anforderungen; vereinzelt wird allerdings bezweifelt, ob ein auf Rechtsfragen beschränktes Verfahren dazu ausreicht[1359].

267 Dem Erfordernis eines zweiten Instanzenzugs und der Möglichkeit der nochmaligen Überprüfung eines verurteilenden Erkenntnisses durch eine zweite Instanz ist auch genügt, wenn das Urteil der zweiten Instanz zu einer **schwereren Strafe** führt[1360]. Ob dies auch gilt, wenn nach einem Freispruch in der ersten Instanz **erstmals in der zweiten Instanz verurteilt** wurde, oder ob trotz Gewährleistung des geforderten zweistufigen Instanzenzuges in diesem Fall ein weiterer Rechtsmittelzug eröffnet werden muß[1361], mag zweifelhaft sein. Wegen des Vorbehaltes der Bundesrepublik kann dies dahinstehen.

[1353] Zur Tragweite eines entsprechenden italienischen Vorbehaltes vgl. *Nowak* 69.

[1354] Anders als die strafrechtliche Ministerverantwortlichkeit in Italien, vgl. *Nowak* 69.

[1355] Vgl. UN-AMR EuGRZ 1982 329; *Nowak* 66.

[1356] Devolutiver nicht remonstrativer Rechtsbehelf, *Nowak* 65 unter Hinweis auf UN-AMR.

[1357] Vgl. *Nowak* 65.

[1358] *Nowak* 65.

[1359] *Nowak* 65.

[1360] *Nowak* 68, der bezweifelt, ob die hierauf abzielenden Vorbehalte mehrerer westeuropäischer Staaten notwendig waren.

[1361] *Nowak* 68 hält ein weiteres Rechtsmittel für erforderlich.

10. Entschädigung bei Fehlurteil (Art. 14 Abs. 6 IPBPR)

a) Allgemeines. Das Recht auf Entschädigung des Verurteilten bei schlüssigem Nachweis eines Fehlurteils ist aufgrund des Art. 14 Abs. 6 IPBPR für die Bundesrepublik verbindlich. In der MRK ist es nicht enthalten, wohl aber in Art. 3 des 7. Zusatzprotokolls zur MRK vom 22.11.1984[1362], dem die Bundesrepublik nicht beigetreten ist, so daß insoweit der EGMR nicht angerufen werden kann. Die **Voraussetzungen** für die Entschädigung sind in beiden Konventionen **eng begrenzt**[1363]. Die Entschädigung wird nur für den Fall der nachträglichen Aufhebung eines rechtskräftig gewordenen und ganz oder teilweise vollstreckten Fehlurteils gefordert[1364], nicht aber für Schäden, die durch Strafverfolgungsmaßnahmen entstanden sind, die nicht zu einer rechtskräftigen Verurteilung geführt haben. Ob und wieweit diese entschädigt werden, bleibt deshalb der freien Entscheidung des nationalen Gesetzgebers überlassen[1365]. **268**

b) Die Voraussetzungen der Entschädigungspflicht nach Art. 14 Abs. 6 IPBPR

aa) Es muß die **rechtskräftige Verurteilung** wegen einer strafbaren Handlung (im weiten Sinn der Konventionen)[1366] zu einer Strafe vorliegen, die der Verurteilte ganz oder teilweise **verbüßt** haben muß. Unter Urteil ist dabei jede Straferkenntnis zu verstehen, unter Strafe jede Art von strafrechtlicher Sanktion, auch die Geldstrafe oder Maßregeln der Sicherung und Besserung. **269**

bb) Das Urteil muß förmlich aufgehoben worden sein, und zwar im Wiederaufnahmeverfahren oder durch eine **Begnadigung**. Beides muß darauf beruhen, daß durch neue oder neu bekanntgewordene Tatsachen schlüssig bewiesen wird, daß ein Fehlurteil vorlag, der Angeklagte also unschuldig ist. Daß die aufgehobene verurteilende Entscheidung selbst rechtswidrig war, ist dagegen keine Voraussetzung für die Entschädigung[1367]. Die Begnadigung hat diese Wirkung nur, wenn sie zur Beseitigung des Fehlurteils **aus Rechtsgründen** gewährt wurde[1368], nicht, wenn sie auf allgemeinen Billigkeitserwägungen beruhte[1369]; gleiches dürfte für eine allgemeine Amnestie gelten. Wird der Angeklagte im Wiederaufnahmeverfahren nicht wegen erwiesener Unschuld sondern nur mangels ausreichendem Nachweis der Schuld freigesprochen, begründet Art. 14 Abs. 6 IPBPR keine Entschädigungspflicht[1370]. **270**

cc) Keine Entschädigungspflicht besteht, wenn nachgewiesen ist, daß die Tatsache, die das Vorliegen eines Fehlurteils schlüssig beweist, vom **Verurteilten selbst zurückgehalten** worden ist. Damit soll vor allem vermieden werden, daß jemand zu entschädigen ist, der seine falsche Verurteilung bewußt herbeigeführt oder hingenommen hat, etwa, um den wirklichen Täter zu decken[1371]. Auf dem gleichen Grundgedanken beruht der Ausschluß der Entschädigung nach § 5 Abs. 2, § 6 Abs. 1 Nr. 1 StrEG, zu deren Auslegung Art. 14 **271**

[1362] Vgl. *Trechsel* FS Ermacora 195, 205 zu der zu engen Begrenzung der Entschädigung und zum Unterschied der Entschädigungspflicht nach Art. 5 Abs. 5 MRK.

[1363] Zu den gleichartigen Voraussetzungen des Art. 3 des 7. ZP *Meyer-Ladewig* 3.

[1364] Vgl. § 1 StrEG.

[1365] Vgl. §§ 2 bis 4 StrEG.

[1366] *Nowak* 73.

[1367] Vgl. für Art. 3 des 7. ZP *Meyer-Ladewig* 2; *Frowein/Peukert* 1.

[1368] Vgl. *Nowak* 74, mit Beibehaltung dieses kritisierten Zusatzes sollten auch die Fälle erfaßt werden, in denen der zu Unrecht Verurteilte nur begnadigt wurde. UN-AMR EuGRZ **1985** 565; *Nowak* 75.

[1369] UN-AMR EuGRZ **1985** 565; *Nowak* 75.

[1370] Ebenso für Art. 3 des 7. ZP *Meyer-Ladevig* 2. Vgl. die Kritik von *Tretter* FS Ermacora 195, 206 gegen die Beibehaltung dieser zu engen Entschädigungspflicht in Art. 3 des 7. ZP sowie zur Ungereimtheit, daß bei Freispruch in noch laufenden Verfahren keine Entschädigung vorgesehen und der Freispruch zweiter Klasse beibehalten wird, obwohl dies mit der Unschuldsvermutung kaum vereinbar ist.

[1371] *Nowak* 76.

Abs. 6 IPBPR heranzuziehen ist[1372]. Soweit diese bei der hier allein in Frage kommenden Entschädigung für ein Fehlurteil nach § 1 StrEG anwendbar sind, dürften sie die Grenzen der Konvention einhalten.

272 c) Die Entschädigung ist **entsprechend dem Gesetz** zu gewähren. Maßgebend ist also die jeweilige Regelung in den Vertragsstaaten. Diese sind zu einer gesetzlichen Regelung verpflichtet[1373], um eine sichere Rechtsgrundlage für die Entschädigung zu schaffen. Im übrigen ist dem nationalen Recht nur aufgegeben, die Entschädigung entsprechend den Vorgaben des Art. 14 Abs. 6 IPBPR näher zu regeln. Der Gesetzgeber kann die Modalitäten für die Geltendmachung des Entschädigungsanspruchs sowie seine Höhe festlegen; er darf aber nicht die Entschädigung an zusätzliche sachliche Voraussetzungen knüpfen, die ihre Gewährung nach Beseitigung eines Fehlurteils über die Konvention hinaus einschränken[1374]. Ob die **Erben** bei Tod eines Verurteilten einen Ersatzanspruch haben, ist der Regelung des nationalen Rechts überlassen[1375].

273 Bei **Freiheitsentziehungen** kann auch ein Entschädigungsanspruch nach Art. 5 Abs. 5 MRK, Art. 9 Abs. 5 IPBPR in Betracht kommen, der nicht von der förmlichen Beseitigung eines rechtskräftig gewordenen Fehlurteils abhängt, sondern davon, daß die Freiheitsentziehung als solche rechtswidrig war[1376].

11. Verbot der Doppelaburteilung („ne bis in idem“, Art. 14 Abs. 7 IPBPR)

274 **a) Allgemeines.** Der Grundsatz, daß niemand wegen der gleichen Tat zweimal verfolgt werden darf und daß eine rechtskräftige gerichtliche Entscheidung im Strafverfahren es ausschließt, daß der Betroffene wegen derselben Tat nochmals strafgerichtlich belangt werden kann, ist ein allgemeiner Grundsatz der Rechtsstaatlichkeit[1377]. Als eine Grundlage des sozialen Friedens sichert er die Freiheit des einzelnen ebenso wie die Rechtskraft des richterlichen Urteils[1378]. **Art. 14 Abs. 7 IPBPR** übernimmt ihn in die Konventionsgarantien in einer Fassung, die seine Tragweite klarstellen soll[1379]. In die MRK war der Grundsatz nicht aufgenommen worden[1380], er findet sich mit einigen Erweiterungen und Einengungen[1381] erst in **Art. 4 des 7. Zusatzprotokolls zur MRK** vom 22.11.1984, das die Bundesrepublik nicht ratifiziert hat. Dort wird seine Tragweite dadurch verdeutlicht, daß ausdrücklich herausgestellt wird, daß das Verbot nur die wiederholte Aburteilung **innerhalb des gleichen Staates** betrifft[1382] und daß es einer Wiederaufnahme des Verfahrens nicht entgegensteht. Das Verbot wird durch Art. 4

1372 *Schätzler* StrEG § 5 Rdn. 36.

1373 *Nowak* 78; anders Art. 3 des 7. ZP MRK, wo neben der gesetzlichen Regelung auch die Übung des jeweiligen Staates als ausreichende Grundlage für die Entschädigung angesehen wird.

1374 *Nowak* 78.

1375 Vgl. *Nowak* 71, wonach ein Ersatzanspruch der Erben im Falle der Hinrichtung nicht in die Konvention aufgenommen wurde.

1376 *Tretter* FS Ermacora 195, 206; vgl. *Nowak* 77; ferner Art. 5 MRK Rdn. 130.

1377 Für die Bundesrepublik in Art. 103 Abs. 3 GG festgelegt; zu den Stadien seiner Entwicklung Bonn-Komm-*Rüping* Art. 103 Abs. 3 GG Rdn. 1 ff. vgl. ferner BVerfGE **3** 248, 250; **75** 1, 8. LR-*Rieß* Einl. J 86 ff.

1378 Vgl. Entschließung des Europäischen Parlaments vom 16.3.1984 und den Begründungsantrag dazu EuGRZ **1984** 349, 355.

1379 Zur Entstehungsgeschichte und den wechselnden Fassungsvorschlägen vgl. *Nowak* 80.

1380 Ob die doppelte Verfolgung der gleichen Tat im gleichen Staat mit dem Gebot eines fairen Verfahrens vereinbar ist, hat die Kommission nicht abschließend entschieden, vgl. *Frowein/Peukert* 173.

1381 Zu den Unterschieden vgl. *Tretter* FS Ermacora 195, 207 ff.

1382 EGMR 3.6.2003 Graf/Ö (ÖJZ **2003** 856); *Villiger* HdB. 695. Das Europäische Parlament hat in einer Entschließung vom 16.3.1984 (EuGRZ **1984** 355) u.a. unter Hinweis auf die Freizügigkeit in der EG die Ausdehnung des Grundsatzes auf ausländische Urteile gefordert; zur Rechtslage in einzelnen europäischen Staaten vgl. die Begründung des Entschließungsantrags EuGRZ **1984** 349.

Abs. 3 des 7. ZP MRK notstandsfest gewährleistet, während Art. 4 Abs. 2 IPBPR es nicht bei den notstandsfesten Gewährleistungen aufzählt. Als **objektiver Verfassungsgrundsatz** der Bundesrepublik, der gleichzeitig ein Prozeßgrundrecht gewährleistet[1383], schließen **Art. 103 Abs. 3 GG** und gleichartige Vorschriften in den Länderverfassungen eine doppelte Aburteilung der gleichen Tat durch innerdeutsche Gerichte aus[1384]. Eine doppelte Aburteilung liegt auch dann vor, wenn eine Vorverurteilung nachträglich versehentlich in zwei verschiedene Gesamtstrafen einbezogen wurde[1385]. Das Verbot der doppelten Aburteilung gilt mit einigen Einschränkungen auch für die vor dem 3. 10. 1990 ergangenen Urteile der Gerichte der ehemaligen DDR, weil diese der inländischen Gerichtsbarkeit zugerechnet werden[1386]. Für die Urteile **ausländischer Gerichte** gilt es grundsätzlich nicht[1387], sofern nicht durch einen **völkerrechtlichen Vertrag** diese Urteile auch als innerstaatlich wirksam und vollstreckbar anerkannt werden und damit zugleich auch auf den innerstaatlichen Strafanspruch verzichtet wird[1388]. Nach Art. 50 der **Europäischen Grundrechte-Charta**[1389] soll das Verbot der doppelten Verfolgung oder Bestrafung künftig im Verhältnis zwischen allen Mitgliedstaaten gelten. Er sieht vor, daß niemand, der in der Union wegen einer Straftat nach dem Gesetz rechtskräftig verurteilt oder freigesprochen worden ist, dort in einem Strafverfahren erneut verfolgt oder bestraft werden darf.

b) Verboten nach Art. 14 Abs. 7 IPBPR ist die **erneute Verfolgung und Bestrafung** wegen einer **strafbaren Handlung**, wenn der Betreffende wegen dieser bereits rechtskräftig verurteilt oder freigesprochen worden ist. Dabei wird vorausgesetzt, daß dies in einem ordnungsgemäßen Verfahren in Übereinstimmung mit dem Gesetz und dem Strafverfahrensrecht des jeweiligen Landes geschehen ist. Ob und welche anderweitige Erledigung des Verfahrens das Verbot auslöst, ist im einzelnen strittig[1390]. Für die unanfechtbare gerichtliche Einstellung eines Strafverfahrens nach § 153 Abs. 2 StPO hat der BGH[1391] jetzt bejaht, daß sie einer erneuten Strafverfolgung der gleichen Tat entgegensteht, nur wenn sich die Tat nachträglich als Verbrechen darstellt, kann sie erneut aufgegriffen werden. **275**

Das Verbot betrifft die nochmalige strafrechtliche Verfolgung der gleichen Person wegen der **gleichen strafbaren Handlung** („offence", „infraction"). Was darunter zu verstehen ist, legen die Konventionen nicht fest. Der Geltungsbereich dieses Verbotes ist aber enger als der auch verschiedene strafbare Handlungen einschließende Tatbegriff des Art. 103 Abs. 3 GG. Da der IPBPR weitergehendes innerstaatliches Recht nicht einengt (vgl. Art. 5 Abs. 2 IPBPR), kommt bei Verurteilungen in der Bundesrepublik die engere Eingrenzung dieses Verbotes im IPBPR nicht zum Tragen. **276**

Die nationalen Rechtsordnungen gehen im übrigen von sehr **unterschiedlichen Tatbegriffen** aus[1392]: Eine unterschiedliche Abgrenzungen der res iudicata im nationalen Recht ist mit Art. 14 Abs. 7 IPBPR vereinbar, wenn der Kernbereich seiner Garantie unangetastet bleibt. Dieser schließt es aus, daß das gleiche tatsächliche Verhalten unter einem gleichartigen rechtlichen Vorwurf erneut strafrechtlich verfolgt und geahndet **276a**

1383 BonnKomm-*Rüping* Art. 103 Abs. 3 GG Rdn. 15; *Niemöller/Schuppert* AöR **107** (1982) 472.

1384 Vgl. etwa BVerfGE **12** 62, 66; 1, 16.

1385 Dazu *Hellebrand* NStZ **2004** 64 (Rückgängigmachung durch Wiederaufnahme).

1386 Vgl. Art. 18 EV, dazu LR-*Rieß* Einl. J 111; *Meyer-Goßner*[47] Einl. 176 je mit weit. Nachw. dazu auch BVerfGE **12** 62; **36** 1; **37** 57.

1387 Vgl. LR-*Rieß* Einl. J 107 ff.

1388 Vgl. dazu Rdn. 279.

1389 Diese soll als Teil der Europäischen Verfassung mit dieser in Kraft treten; vgl. Einf. Rdn. 47 ff.

1390 Vgl. BGH JZ **2004** 737; LR-*Beulke* § 153 StPO, 91; SK-StPO-*Weßlau* § 153 StPO, 57 je mit weit. Nachw. zum Streitstand.

1391 BGH JZ **2004** 737 mit insoweit zustimmender Anm. *Kühne*, der bei der Einstellung nach § 153 Abs. 1 Satz 1 und auch bei der alleinigen Einstellung durch die Staatsanwaltschaft nach § 153 Abs. 1 Satz 2 StPO annimmt, daß sie nach Art. 54 SDÜ im Bereich der Mitgliedstaaten ebenfalls ein begrenztes Verbot der Strafverfolgung bewirkt.

1392 Vgl. *Ungern-Sternberg* ZStW **94** (1982) 84; IRG-Komm-*Vogler* § 73, 26.

wird[1393] und er verbietet wohl auch, daß der gleiche Unrechtsgehalt des tatsächlichen Kerngeschehens nacheinander auf Grund unterschiedlicher, materiell sich aber teilweise überdeckender Vorschriften abgeurteilt wird[1394]. Die Identität der natürlichen Handlung als solche löst nach dem EGMR das konventionsrechtliche Verbot der Doppelaburteilung nicht aus[1395]. Wo die Grenzen der Konventionsgarantie zu ziehen sind, kann im Einzelfall bei einer nur teilweisen Überdeckung der Straftatbestände und ihres Unrechtsgehalts zweifelhaft sein. Für die Bundesrepublik kann dies jedoch offenbleiben, da sie auf keinen Fall über das innerstaatliche Verbot des Art. 103 Abs. 3 GG hinausgehen dürfte, das innerhalb einer gewissen Bandbreite den weiten, an den einheitlichen Lebensvorgang anknüpfenden **prozessualen Tatbegriff** der StPO absichert[1396] und daher auf jeden Fall dem Verbot des Art. 14 Abs. 7 IPBPR genügt. Soweit Gerichte der Bundesrepublik eine im Ausland begangene Tat selbst aburteilen, sind sie ebenfalls durch Art. 103 Abs. 3 GG gebunden, auch wenn am Tatort das engere konventionsrechtliche Doppelaburteilungsverbot die erneute Strafverfolgung zulassen würde. Bei der Übernahme der Vollstreckung einer ausländischen Verurteilung dagegen ist das ausländische Urteil nicht am Maßstab des Art. 103 Abs. 3 GG zu prüfen.

277 Die ausdrückliche Bezugnahme auf das Strafverfahrensrecht des jeweiligen Landes bestätigt ferner, daß das Verbot der Doppelaburteilung erst eingreift, wenn die erste Entscheidung in Rechtskraft erwachsen ist. **Im Laufe des gleichen anhängigen Verfahrens** darf dieselbe Tat Gegenstand einer wiederholten richterlichen Würdigung und Aburteilung sein, wie es in dem von Art. 14 Abs. 5 IPBPR ausdrücklich geforderten Rechtsmittelzug ja die Regel ist. Dies spricht ferner dafür, daß das Verbot der Konvention nicht entgegensteht, wenn herkömmlich neben der Strafverfolgung das gleiche Verhalten auch unter nichtstrafrechtlichen Gesichtspunkten in einem anderen Verfahren, etwa einem **Disziplinarverfahren**, gewürdigt wird[1397]. Hier stellt sich allerdings das Problem der autonomen Auslegung des Begriffs Straftat und strafrechtliche Anklage in Art. 6 MRK[1398], da ein danach als Strafverfahren eingestuftes Disziplinarverfahren das Verbot der Doppelaburteilung auslösen muß[1399], sofern man hier nicht ebenfalls den Lebensvorgang rechtlich aufspaltet[1400].

[1393] Vgl. EGMR 23.10.1995 Gradinger/Ö (ÖJZ **1995** 954) sowie östr. VerfG (EuGRZ **1997** 169) und die unterschiedlich beurteilte Entscheidung vom 30.7. 1998 Oliveira/CH (ÖJZ **1999** 77), wo der EGMR die mehrfache Ahndung eines einheitlichen tatsächlichen Vorgangs unter dem Blickwinkel verschiedenartiger Rechtsverletzungen als mit Art. 4 des 7. ZP für vereinbar hielt, kritisch dazu *Esser* 95 ff (Aufspaltung eines einheitlichen Lebensvorgangs lebensfremd, widerspricht dem Schutzzweck des Verbots der doppelten Aburteilung). Vgl. ferner EGMR 14.9.1999 Ponsetti u.a./F (ECHR 1999-VI: zwei Steuerstraftaten bei Unterlassen einer Erklärung); nach *Meyer-Ladewig* 3 kommt es darauf an, ob die Straftaten im wesentlichen auf denselben Elementen beruhen; *Grabenwarter* § 24 Rdn. 97 interpretiert die Entscheidungen des EGMR dahin, daß die vom EGMR jetzt geforderte „Identität der wesentlichen Elemente der Straftatbestände" bei Gesetzeskonkurrenz, nicht aber bei Idealkonkurrenz vorliegt. vgl. auch *Villiger* HdB 696 sowie nachf. Fußnoten. Zu der in gleicher Richtung gehenden engeren Eingrenzung des Verbots der doppelten Strafverfolgung im US-amerikanischen Recht vgl. *Stuckenberg* ZStW **113** (2001) 146.

[1394] EGMR 29.8.2001 Fischer/Ö (ÖJZ **2001** 657); 30.5. 2002 W.F./Ö (ÖJZ **2003** 476).

[1395] So noch EGMR 23.10.1995 Gradinger/Ö (ÖJZ **1995** 954); anders dagegen 30.7.1998 Oliveira/CH (ÖJZ **1999** 77); vgl. ferner 29.8.2001 Fischer/Ö (ÖJZ **2001** 657); 30.5.2002 W.F./Ö (ÖJZ **2003** 476) und 24.6. 2003 Garaudy/F (NJW **2004** 3691: 5 parallel geführte Strafverfahren wegen verschiedener Textpassagen in zwei Auflagen eines Buches).

[1396] Vgl. BVerfGE **56** 27 ff; ferner zur Rspr. des BVerfG zum Tatbegriff *Niemöller/Schuppert* AöR **107** (1982) 473; für Abkoppelung des Tatbegriffes des Art. 103 Abs. 3 GG von der materiellrechtlichen Beurteilung des Konkurrenzverhältnisses *Maatz* FS Meyer-Goßner 257; § 264 StPO, 4 ff.

[1397] *Grabenwarter* § 24 Rdn. 96; h.M zu Art. 103 Abs. 3 GG, vgl. etwa BVerfGE **21** 378, 391; **27** 180.

[1398] Vgl. oben Rdn. 28 ff.

[1399] Vgl. *Meyer-Ladewig* 4 unter Hinweis auf EGMR 23.10.1995 Gradinger/Ö (ÖJZ **1995** 954).

[1400] *Esser* 99 weist auf diese von ihm abgelehnte Tendenz hin.

Die **Wiederaufnahme des Verfahrens** als eine im nationalen Verfahrensrecht verankerte Korrekturmöglichkeit ist ein Annex des ursprünglichen Verfahrens; der Grundsatz des ne bis in idem steht ihr auch in der Form des Art. 14 Abs. 7 IPBPR nicht entgegen[1401]. **278**

c) Die **Verurteilung durch einen ausländischen Staat** hindert nach Art. 14 Abs. 7 IPBPR (Art. 4 des 7. ZP) grundsätzlich ein erneutes Strafverfahren wegen der gleichen Tat im Inland nicht[1402], da sie auf einem anderen Recht und einer anderen Strafgewalt beruht. Es ist Sache des nationalen Rechts und zunehmend auch **besonderer völkerrechtlicher Vereinbarungen**, ob und wieweit eine Anrechnung ausländischer Strafen stattfindet und ob der Verurteilung durch eine fremde Staatsgewalt eine auch die eigene Strafgewalt bindende Erledigungswirkung[1403] beigemessen werden soll[1404]. Die auf **europäischem Gemeinschaftsrecht** beruhenden Entscheidungen der Gerichte der EG sind als solche keine Ausübung ausländischer Gerichtsbarkeit[1405]. Die grenzüberschreitende Ausdehnung des Verbots der Doppelaburteilung und die damit verbundene Anerkennung des in einem anderen Staat ergangenen Strafurteils ist in den Staaten der Europäischen Union Gegenstand **völkerrechtlicher Übereinkommen** geworden[1406]. Die Zusammenarbeit der Staaten, nicht zuletzt auch die Möglichkeit der Übernahme der Vollstreckung der Urteile anderer Staaten, setzt die gegenseitige Anerkennung strafrechtlicher Verurteilungen und damit auch die Einbeziehung der Urteile anderer Staaten in das Verbot der Doppelaburteilung voraus. Dies wurde in **Art. 54 SDÜ** zwischen den Schengener Vertragsstaaten vereinbart, das die wechselseitige Anerkennung rechtskräftiger Urteile vorsieht, während die gegenseitige Anerkennung anderer Formen der Verfahrenserledigung zunächst strittig war[1407]. In einer auf Vorlage ergangenen Entscheidung hat der EuGH diese Regelung unter Hinweis auf deren Zweck so weit ausgelegt, daß nicht nur gerichtliche Entscheidungen die Strafklage europaweit verbrauchen, sondern auch Verfügungen der Staatsanwaltschaft, die das Verfahren endgültig erledigen. Der EuGH hat dies für den Fall entschieden, daß ein Strafverfahren ohne Mitwirkung eines Gerichts nach Erfüllung bestimmter Auflagen eingestellt wurde[1408]. **279**

1401 Vgl. *Nowak* 82, wonach die diesbezüglichen Vorbehalte einiger westeuropäischer Staaten nicht notwendig gewesen sind. Die Urteile der ehem. Besatzungsgerichte (BGHSt. **6** 176) lösen das Verbot der Doppelaburteilung nur aus, soweit dies vertraglich anerkannt wurde; vgl. zum Überleitungsvertrag vom 30.3.1955 (BGBl. II S. 405); BGHSt. **12** 36; LR-*Rieß* Einl. J 112.

1402 EGMR 3.6.2003 Graf/Ö (ÖJZ **2003** 856); UN-AMR EuGRZ **1990** 15; *Nowak* 81; *Villiger* HdB 695; vgl. LR-*Rieß* Einl. J 107 ff.

1403 Zu den strittigen Fragen, welche nationalen Entscheidungen nach Art. 54 SDÜ jeweils der Aburteilung in einem anderen Vertragsstaat entgegenstehen, vgl. *Harms* FS Rieß 725 ff; dort auch zu der durch die Einbeziehung des SDÜ in den Regelungsbereich des EuGH-Gesetzes vom 6.8.1998 (BGBl. I S. 2035) geschaffenen Möglichkeit, strittige Fragen der Erledigungswirkung einer ausländischen Entscheidung im Vorabentscheidungsverfahren (Art. 234 EG-Vertrag) beim EuGH zu klären: dazu ferner BGH NJW **2002** 2653; *Hecker* StV **2001** 306; *Schomburg* StV **1999** 246; LR-*Rieß* Einl. J 109; *Meyer-Goßner*[47] Einl. 146.

1404 So Art. VII Abs. VIII Nato-Truppenstatut, dazu OLG Stuttgart NJW **1977** 1019; OLG Nürnberg NJW **1975** 2151; ferner Art. 18 Abs. 6 des deutsch-sowjetischen Truppenvertrags vom 12.10.1990 (BGBl. II 1991 S. 258); vgl. ferner § 56 III IRG.

1405 BGHSt. **24** 54 (Kartellordnungswidrigkeit); LR-*Rieß* Einl. J 107.

1406 So das Übereinkommen vom 25.5.1987 zwischen den Mitgliedstaaten der Europäischen Gemeinschaften über das Verbot doppelter Strafverfolgung (Ges. vom 7.9.1998 BGBl. II S. 2226). Vgl. LR-*Rieß* Einl. J 108 und Rdn. 280.

1407 Etwa BGHSt **45** 123 = StV **1999** 478 mit Anm. *Kühne*, ferner *Bohnert/Lagodny* NStZ **2000** 636; BGHSt **46** 301 = NStZ **2001** 557 mit Anm. *Radke;* BGH NJW **1999** 1270, 3134; **2001** 692; NStZ **1998** 149 mit Anm. *Wyngaert/Lagodny*; StV **1999** 244 mit Anm. *Schomburg*; StV **2000** 349; *Hecker* StV **2001** 306; *Kühne* JZ **1998** 876; *Radke/Busch* EuGRZ **2000** 421; *Schomburg* StV **1997** 383; *Stange/Rilinger* StV **2001** 540; BayObLGSt **2000** 78; zu Besonderheiten der Verfahrenserledigungen in den einzelnen Europäischen Staaten vgl. ferner *Harms* FS Rieß 725; LR-*Rieß* Einl. J 109.

1408 EuGH (Plenum) NJW **2003** 1173, dazu *Kühne* JZ **2003** 305; *Radtke/Busch* NStZ **2003** 281; *Stein* NJW **2003** 1162.

280 Staatenübergreifende Verbote der doppelten Aburteilung sehen auch **weitere zwischenstaatliche Übereinkommen** vor, so etwa das sogen. **„EG ne bis in idem Übereinkommen“**[1409], ferner Art. 7 des Übereinkommens auf Grund von Art. K 3 des EU Vertrags über den Schutz der finanziellen Interessen der Europäischen Gemeinschaften vom 26. 7. 1995[1410] oder Art. 10 des Übereinkommens der EU über die Bekämpfung der Bestechung vom 25. 6. 1997. Zur Umsetzung eines Rahmenbeschlusses des Rates der EU ist jetzt auch das IRG geändert worden[1411]. Nach dem neuen § 83 Nr. 1 IRG ist die Auslieferung an einen Mitgliedstaat der EU nicht zulässig, wenn dieselbe Tat von einem anderen Mitgliedstaat rechtskräftig abgeurteilt worden ist und die Sanktion im Falle der Verurteilung bereits vollstreckt wird oder nach dem Recht des Urteilsstaates nicht mehr vollstreckt werden kann. Ein Verbot der Doppelaburteilung enthält jetzt auch Art. 20 des Römischen Status des Internationalen Strafgerichtshofs[1412].

Art. 7 MRK (Art. 15 IPBPR)

MRK

Artikel 7 Keine Strafe ohne Gesetz*

(1) Niemand darf wegen einer Handlung oder Unterlassung verurteilt werden, die zur Zeit ihrer Begehung nach innerstaatlichem oder internationalem Recht nicht strafbar war. Es darf auch keine schwerere als die zur Zeit der Begehung angedrohte Strafe verhängt werden.

(2) Dieser Artikel schließt nicht aus, daß jemand wegen einer Handlung oder Unterlassung verurteilt oder bestraft wird, die zur Zeit ihrer Begehung nach den von den zivilisierten Völkern anerkannten allgemeinen Rechtsgrundsätzen strafbar war.

Dazu der **Vorbehalt** der Bundesrepublik Deutschland, wonach sie Art. 7 Abs. 2 MRK nur in den Grenzen von Art. 103 Abs. 2 GG anwenden werde (Bek. vom 15. 12. 1953[1]).

* Neue deutschsprachige Übersetzung in der Fassung der Bek. vom 17. 5. 2002 (BGBl. II S. 1054).

IPBPR

Artikel 15

(1) Niemand darf wegen einer Handlung oder Unterlassung verurteilt werden, die zur Zeit ihrer Begehung nach inländischem oder nach internationalem Recht nicht strafbar war. Ebenso darf keine schwerere Strafe als die im Zeitpunkt der Begehung der strafbaren Handlung angedrohte Strafe verhängt werden. Wird nach Begehung einer strafbaren Handlung durch Gesetz eine mildere Strafe eingeführt, so ist das mildere Gesetz anzuwenden.

(2) Dieser Artikel schließt die Verurteilung oder Bestrafung einer Person wegen einer Handlung oder Unterlassung nicht aus, die im Zeitpunkt ihrer Begehung nach den von der Völkergemeinschaft anerkannten allgemeinen Rechtsgrundsätzen strafbar war.

Dazu **Ratifizierungsgesetz** vom 15.11.1973:

Artikel 1

Dem ... Pakt ... wird mit folgender Maßgabe zugestimmt:

(1) ...

(2) ...

(3) ...

4. Artikel 15 Abs. 1 des Paktes wird derart angewandt, daß im Falle einer Milderung der zur Zeit in Kraft befindlichen Strafvorschriften in bestimmten Ausnahmefällen das bisher geltende Recht auf Taten, die vor der Gesetzesänderung begangen wurden, anwendbar bleiben kann.

1409 Übereinkommen zwischen den Mitgliedstaaten der Europäischen Gemeinschaft vom 25. 5. 1987 (BGBl. II 1998 S. 2226), noch nicht in Kraft, aber im Vorgriff zwischen der Bundesrepublik und einzelnen Staaten schon anwendbar; vgl. *Schomburg* StV **1997** 383; NJW **1999** 540, StV **1999** 246. Art. 54 der Grundrechte-Charta der Europäischen Union sieht vor, daß das Verbot der Doppelaburteilung zwischen allen Mitgliedstaaten der Union gelten soll.

1410 BGBl. II S. 2324; Protokoll vom 27. 9. 1996 (BGBl. II S. 2342).

1411 Europäisches Haftbefehlsgesetz vom 21. 7. 2004 (BGBl. I S. 1748).

1412 BGBl. 2000 II S. 1393). Das Verbot der Doppelaburteilung gilt ferner für die Entscheidungen der Internationalen Strafgerichtshöfe für Verstöße gegen das humanitäre Völkerrecht in Jugoslawien und Ruanda (vgl. Gesetz vom 10. 4. 1995 – BGBl. I S. 485 bzw. Gesetz vom 4. 5. 1998 – BGBl. I S. 843); LR-*Rieß* Einl. J 110.

1 BGBl. II 1954 S. 14; dazu *Süsterhenn* DVBl. **1955** 753; vgl. Rdn. 4.

Schrifttum (Auswahl): *Arnold/Karsten/Kreicker* Menschenrechtsschutz durch Art. 7 Abs. 1 EMRK, NJ **2001** 51; *Polakiewicz* Verfassungs- und völkerrechtliche Aspekte der strafrechtlichen Ahndung des Schußwaffeneinsatzes an der innerdeutschen Grenze, EuGRZ **1992** 177; *Rau* Deutsche Vergangenheitsbewältigung vor dem EGMR – Hat der Rechtsstaat gesiegt? NJW **2001** 3008.

Übersicht

1. Allgemeines. Das Verbot der Verurteilung wegen einer Handlung, die zur Zeit ihrer Begehung nicht mit Strafe bedroht war, macht jede Strafbarkeit davon abhängig, daß die Tat bereits im Zeitpunkt ihrer Begehung in einer gültigen und hinreichend konkreten Norm mit Strafe bedroht ist (**„nulla poena sine lege“**). Dieses Verbot schließt eine Bestrafung in analoger Anwendung eines anderen Straftatbestandes ebenso aus wie die Verurteilung aufgrund eines erst nach der Begehung erlassenen Strafgesetzes. Dieses Verbot ist eine grundlegende Norm jedes rechtsstaatlichen Freiheitsschutzes. Es gewährleistet die Rechtssicherheit als Grundlage einer selbstverantwortlichen Lebensführung, da es vor willkürlicher Verfolgung und Bestrafung schützt[2] und den Handlungsraum transparent festlegt, der ohne Furcht vor einer Bestrafung ausgeschöpft werden darf[3]. Das auf dem Gedankengut der Aufklärung beruhende Verbot[4] fordert im Interesse der Rechtssicherheit sowohl die vorgängige rechtliche Festlegung der tatbestandsmäßigen Voraussetzungen der Strafbarkeit als auch die Festlegung der Strafsanktion. Soweit dies einem formellen Parlamentsgesetz vorbehalten ist[5], wird damit zugleich auch die Gewaltentrennung zwischen Gesetzgebung und Rechtsprechung festgeschrieben[6]. Das Rückwirkungsverbot bei Straftatbeständen und Strafen hat als freiheitssicherndes und willkürvorbeugendes Grundprinzip der Rechtsstaatlichkeit[7] in vielen Verfassungen Aufnahme gefunden. Auch Art. 103 Abs. 2 GG verbürgt diesen Grundsatz **innerstaatlich mit Verfassungsrang**. Es wird als ein allen Rechtsordnungen der Mitgliedstaaten der Europäischen Union **gemeinsamer allgemeiner Grundsatz** angesehen, der nach Art. 6 Abs. 2 EUV zu den allgemeinen Grundsätzen des Gemeinschaftsrechts zählt[8]. Die Aufnahme dieses Verbotes in Art. 49 Abs. 1 der **Europäischen Grundrechte-Charta**[9] bestätigt dies. Zusätzlich wird dort vorgeschrieben, daß die mildere Strafe zu verhängen ist, wenn Strafmaß oder Strafart nach Begehung der Tat geändert wurde, sowie zusätzlich, daß das Strafmaß gegenüber der Straftat nicht unverhältnismäßig sein darf (Art. 49 Abs. 3)[10]. Art. 49 Abs. 2 stellt klar, daß eine Bestrafung wegen einer Handlung oder Unterlassung 1

---

2 EGMR 22. 3. 2001 Streletz, Kessler, Krenz/D (NJW **2001** 3035); *Meyer-Ladewig* 1.

3 *Frowein/Peukert* 1; *Villiger* HdB 533.

4 Vgl. Art. 8 der Erklärung der Menschen und Bürgerrechte vom 26. 8. 1789; ferner etwa *Guradze* 2 und die Kommentare zu Art. 103 Abs. 2 GG.

5 EGMR 25. 5. 1993 Kokkinakis/Griech (ÖJZ **1994** 59).

6 *Grabenwarter* § 24 Rdn. 84.

7 Zu diesem Doppelzweck des Art. 103 Abs. 2 GG vgl. BVerfGE **78** 374.

8 EGMR 25. 5. 1993 Kokkinakis/Griech (ÖJZ 1994 59); EuGH bei *Hilf* EuGRZ **1985** 343; *Grabenwarter* § 24 Rdn. 85.

9 Text EuGRZ **2000** 554. Die Charta, die ausschließlich für den Bereich des Gemeinschaftsrechts gilt (Art. 53 Abs. 1), soll als Teil der Europäischen Verfassung mit dieser Geltung erlangen.

10 Vgl. *Grabenwarter* § 24 Rdn. 85: Bedeutung für Strafen, die keine Freiheitsstrafen sind.

auch zulässig ist, wenn sie zur Zeit ihrer Begehung nach den von den zivilisierten Völkern anerkannten Rechtsgrundsätzen strafbar war.

2 Die **Allgemeine Erklärung der Menschenrechte** vom 10. 12. 1948 hat den Grundsatz, daß niemand wegen einer Handlung oder Unterlassung verurteilt werden darf, die zur Zeit ihrer Begehung nach inländischem oder internationalem Recht nicht strafbar war, in Art. 11 mit der Unschuldsvermutung und dem Recht auf Verteidigung im Strafverfahren zusammengefaßt. Wegen seiner Bedeutung bringen MRK und IPBPR diesen Grundsatz jeweils in einem gesonderten Artikel[11], der IPBPR ergänzt ihn noch durch die Verpflichtung, ein erst nach der Tat erlassenes milderes Gesetz anzuwenden (Art. 15 Abs. 1 Satz 2 IPBPR). Beide Konventionen legen, offensichtlich beeinflußt durch die Verhältnisse nach Beendigung des zweiten Weltkriegs[12], jeweils in einem Absatz 2 fest, daß dieser Grundsatz nicht die Bestrafung von Personen hindert, die sich zwar nicht nach ihrem nationalen Recht, wohl aber nach international allgemein anerkannten Rechtsgrundsätzen strafbar gemacht haben.

3 Die fundamentale Bedeutung des Grundsatzes, daß niemand wegen einer Tat bestraft werden darf, die nicht bereits bei ihrer Begehung mit Strafe bedroht war, ergibt sich auch daraus, daß ihn beide Konventionen **notstandsfest** gewährleisten (Art. 15 Abs. 2 MRK, Art. 4 Abs. 2 IPBPR).

4 **2. Vorbehalte der Bundesrepublik.** Die Bundesrepublik hat zu **Art. 7 MRK** erklärt, daß sie diesen nur in den Grenzen des Art. 103 Abs. 2 GG anwenden werde[13]. Die Erklärung ist nach ihrem Inhalt kein echter Vorbehalt. Sie wäre entbehrlich gewesen. Art. 7 MRK enthält keine über Art. 103 Abs. 2 GG hinausgehenden Verbürgungen; die Anwendung weitergehender Gewährleistungen des nationalen Rechts wird nach Art. 53 MRK ohnehin nicht ausgeschlossen, so daß schon deshalb die Anwendbarkeit von Art. 103 Abs. 2 GG nicht eingeschränkt werden konnte[14].

5 Zu **Art. 15 Abs. 1 IPBPR** hat die Bundesrepublik keinen gleichartigen Vorbehalt wie bei Art. 7 MRK abgegeben. Sie hat sich aber entsprechend Art. 1 Nr. 4 des Ratifizierungsgesetzes[15] **vorbehalten**, daß bei einer Milderung der zur Zeit der Tat in Kraft befindlichen Strafvorschriften in bestimmten Ausnahmefällen das zur Tatzeit geltende Recht auf Taten, die vor der Gesetzesänderung begangen wurden, weiterhin anwendbar bleiben kann (vgl. Rdn. 7).

3. Vorgängige gesetzliche Festlegung des Straftatbestandes und der Strafbarkeit

6 **a) Rückwirkungsverbot.** Beide Konventionen legen in ihrem Absatz 1 den Grundsatz fest, daß eine Bestrafung unzulässig ist, wenn die **Strafbarkeit** durch Gesetz und Rechtsprechung[16] nicht bereits bei der **Begehung der Tat** ausreichend deutlich festgelegt war[17]. Der Straftatbestand muß im Gesetz so genau umschrieben sein, daß alle vom Gesetz betroffenen Personen[18] aus dem Wortlaut des Gesetzes, gegebenenfalls unter Berück-

[11] Zur Entstehung vgl. *Nowak* 1, 2.

[12] Zum Zustandekommen des Absatzes 2 vgl. *Frowein/Peukert* 1, 8; *Nowak* 18; *Partsch* 171.

[13] BGBl. II 1954 S. 14; vgl. *Meyer-Ladewig* 13.

[14] Vgl. die bei *Meyer-Ladewig* 13 wiedergegebene Erklärung der Bundesregierung; ferner etwa *v. Weber* ZStW **65** (1953) 347; *Jescheck* NJW **1954** 785 (bloß „Ausdruck der Mißbilligung"); sowie *Ambos* StV **1997** 39, 40, wonach die strikte Positivität von Art. 103 Abs. 2 GG in der Bundesrepublik keinen Rückgriff auf ungeschriebene Rechtsgrundsätze erlaubt.

[15] Gesetz vom 15. 11. 1973, BGBl. II S. 1533.

[16] EGMR 8. 7. 1999 Baskaya & Okcuoglu/Türk (NJW **2001** 1995); *Meyer-Ladewig* 6.

[17] Zu der auch von Art. 7 MRK vorausgesetzten Bestimmtheit der Straftatbestände *Grabenwarter* § 24 Rdn. 92.

[18] Bei Vorschriften, die sich nur an einen bestimmten

sichtigung seiner Auslegung durch die Gerichte, ersehen können, welches Verhalten mit Strafe bedroht ist. Rechtsvorschriften, vor allem Parlamentsgesetze, müssen **in Kraft getreten** sein, wozu auch ihre Veröffentlichung oder eine sonstige Zugänglichkeit für die Öffentlichkeit gehört[19]. Eine **Dauertat**, die vor dem Inkrafttreten der Strafvorschrift begonnen, danach aber weitergeführt wurde, ist strafbar, wenn die strafbaren Handlungen des Täters auch nach dem Inkrafttreten der Strafvorschrift noch fortgesetzt wurden[20]. Es genügt, wenn für den Täter bei Begehung der Tat oder bei deren Fortführung nach Eintritt der Strafbarkeit, vorhersehbar[21] ist, daß sein Verhalten nach dem einschlägigen innerstaatlichen Recht oder aber nach internationalem Recht[22] strafbar ist. Auch die **Strafe** muß bereits nach Art und Höchstmaß bei Begehung der Tat angedroht worden sein („nulla poena sine lege"). Die strikte Gesetzesbindung der Strafbarkeit schließt aus, Strafen in **analoger Anwendung** einer anderen Strafvorschrift festzusetzen. Sie verbietet vor allem aber, rückwirkende Strafgesetze zu erlassen und verhindert auch, daß eine **Verschärfung der Rechtsfolgen** rückwirkend auf eine vor ihrem Inkrafttreten begangenen Tat angewendet wird. Eine verbotene Rückwirkung liegt auch vor, wenn ein für **nichtig erklärtes Gesetz** rückwirkend ersetzt werden soll[23], nicht jedoch bei der gesetzestechnischen Ersetzung einer Strafvorschrift durch eine gleichlautende andere[24].

Werden **Zweifelsfragen** zum Nachteil des Betroffenen entschieden[25] oder führt die **Änderung der Auslegung einer Strafnorm** dazu, daß ein Sachverhalt mit einbezogen wird, der nach einer bei Tatbegehung vertretenen Rechtsmeinung von dieser nicht erfaßt wurde[26], so wird dies nicht als verbotene rückwirkende Bestrafung angesehen. Die **geänderte Auslegung** muß sich allerdings im Rahmen vernünftiger Grenzen („reasonable interpretation") halten, vernünftigerweise vorhersehbar sein und das Wesen der Straftat nicht verändern[27]. Notwendig ist immer, daß der einzelne im Zeitpunkt der Tatbegehung die mögliche Strafbarkeit seines Verhaltens auf Grund der ihm möglichen Beurteilung der Verhältnisse selbst erkennen kann[28] oder daß er zumindest die Möglichkeit hat, aus allgemein zugänglichen Quellen, vor allem durch den Gesetzestext und dessen Auslegung durch die Gerichte, aber auch durch Erkundigungen zu erfahren, welche Handlungen und Unterlassungen möglicherweise unter eine existierende Strafnorm fallen[29]. Wegen der Maßregeln der Besserung und Sicherung vgl. Rdn. 12. **6a**

Personenkreis richten, reicht es, wenn diese auf Grund ihres Spezialwissens und ihrer berufsbezogenen Informationspflichten die Strafbarkeit erkennen können, vgl. EGMR 15. 11. 1996 Cantoni/F (EuGRZ **1999** 193); *Grabenwarter* § 24 Rdn. 93.

19 Vgl. *Villiger* HdB 535.

20 Vgl. *Meyer-Ladewig* 9 unter Hinweis auf EGMR 27. 2. 2001 Ecer, Zeyrek/Türk (ECHR 2001-II).

21 Hierbei können auch Regelungsgegenstand, Beruf und Kenntnisstand der Normadressaten, insbesondere auch seine beruflichen Fachkenntnisse ins Gewicht fallen; vgl. etwa EGMR 15. 11. 1996 Cantoni/F (EuGRZ **1999** 193, dazu *Winkler* EuGRZ **1999** 181); 1. 2. 2000 Schimanek/Ö (ÖJZ **2000** 817); 22. 3. 2001 Streletz, Kessler, Krenz/D (NJW **2001** 3035); *Meyer-Ladewig* 6; *Villiger* HdB 535.

22 Vgl. dazu Rdn. 10.

23 EKMR nach *Frowein/Peukert* 3.

24 EKMR bei *Frowein/Peukert* 5 (Greek case). Zum Fall einer technischen Strafbarkeitslücke zwischen Tatbegehung und Aburteilung vgl. BVerfG NJW **1990** 1103.

25 *Villiger* HdB 536.

26 Vgl. EGMR 22. 11. 1995 C R/GB (Series A 335 C); 22. 11. 1995 SW/GB (ÖJZ **1996** 356: Bestrafung der Vergewaltigung in der Ehe in Fortentwicklung des common law entgegen einem dies straffrei stellenden Gesetz von 1736); dazu *Grabenwarter* § 24 Rdn. 88; *Meyer-Ladewig* 6; *Villiger* HdB 536.

27 Vgl. vorst. Fußn.; ferner EGMR 22. 3. 2001 Streletz, Kessler, Krenz (NJW **2001** 3035); dazu *Grabenwarter* § 24 Rdn. 89, 90; EKMR bei *Bleckmann* EuGRZ **1983** 16; BVerfG NStZ **1990** 537.

28 Vgl. EGMR 22. 3. 2001 K H W/D (NJW **2001** 3042 „Mauerschützen"), dazu *Rau* NJW **2001** 3008; *Roellecke* NJW **2001** 3024; *Grabenwarter* § 24 Rdn. 90, 92; *Meyer-Ladewig* 8.

29 EGMR 15. 11. 1996 Cantoni/F (EuGRZ **1999** 193, dazu *Winkler* EuGRZ **1999** 181); 8. 7. 1999 Baskaya. Okcuoglu/Türk (NJW **2001** 1995); *Frowein/Peukert* 4; *Grabenwarter* § 24 Rdn. 92, 93; *Villiger* HdB 536.

7 **b)** Die **rückwirkende Anwendung milderer Gesetze** ist dagegen möglich[30]. Art. 15 Abs. 1 Satz 3 IPBPR schreibt dies im Gegensatz zur MRK sogar zwingend vor[31], wobei der Zeitpunkt der letzten Aburteilung die Pflicht zur Anwendung des milderen Gesetzes begrenzt[32]. Kraft ihres Vorbehalts gilt die Pflicht zur Anwendung des milderen Gesetzes jedoch nicht ausnahmslos für die Bundesrepublik, so daß bei **Zeitgesetzen** im Sinne des § 2 Abs. 4 StGB die Anwendung des alten, schärferen Rechts zulässig bleibt.

8 **c)** Das **Erfordernis der genügend bestimmten gesetzlichen Umschreibung des Straftatbestandes** (nullum crimen sine lege) wird aus Art. 7 Abs. 1 MRK, Art. 15 Abs. 1 IPBPR hergeleitet, daraus folgt auch das Verbot, den Anwendungsbereich einer Strafvorschrift durch **Analogie** zu Lasten des Angeklagten auf andere, wenn auch vergleichbare Sachverhalte auszudehnen[33]. Die Grenze zwischen zulässiger Auslegung[34] und unzulässiger Analogie wird grundsätzlich dort gezogen, wo auch noch für den Laien erkennbar ist, daß sein Verhalten unter eine bestehende Strafnorm fallen kann[35]. Innerhalb der Erkennbarkeitsgrenze ist auch die Verwendung allgemeiner Begriffe und **unbestimmter Rechtsbegriffe** möglich. Bei **Blankettvorschriften** ist erforderlich, daß bereits aus dem ermächtigenden Gesetz die Voraussetzungen der Strafbarkeit und die Höhe der Strafdrohung zu ersehen sind; im übrigen kann der Straftatbestand durch andere Rechtsvorschriften im Range unter dem Gesetz näher konkretisiert werden[36]. Wegen der Einzelheiten muß auf Schrifttum und Rechtsprechung zu § 2 StGB und zu Art. 103 Abs. 2 GG verwiesen werden, da sich dort die gleichen Grenzfragen stellen.

9 Die **Festlegung durch geschriebenes Recht** ist nach den Konventionen – anders als nach Art. 103 Abs. 2 GG[37] – nicht unerläßlich. In welcher Form die notwendige konkrete Festlegung zu geschehen hat, bestimmen die Konventionen nicht, dies richtet sich nach der jeweiligen nationalen Verfassungslage. Wo diese ein formelles Parlamentsgesetz erfordert, weil die Grundentscheidung über die Strafbarkeit eines Verhaltens dem Parlament vorbehalten ist[38], kann die vorgängige Festlegung der Strafbarkeit im Sinne des Art. 7 MRK, Art. 15 IPBPR grundsätzlich auch nur durch ein solches begründet werden. Im Bereich des **common law** genügt es, daß aufgrund der Rechtsprechung der Tatbestand feststeht und auch der Strafrahmen umgrenzt ist[39]. Es genügt, wenn die Grenzen auf Grund der Rechtsprechung feststellbar sind[40]. Eine Fortentwicklung der strafrechtlichen Verantwortlichkeit durch Richterrecht wird dadurch nicht ausgeschlossen, sofern sie mit dem Wesen der strafbaren Handlung in Einklang steht und vernünftigerweise vorhergesehen werden kann[41].

10 Die Strafbarkeit nach **internationalem Recht,** die Art. 7 Abs. 1 MRK und Art. 15 Abs. 1 IPBPR der Strafbarkeit nach nationalem Recht gleichstellen, muß ebenfalls bereits im Zeitpunkt der Begehung der Tat gegeben sein. Liegt sie bei Tatbegehung vor, ist es unschädlich, wenn gleichartiges nationales Recht die Tat erst nach ihrer Begehung mit Strafe bedroht[42]. Die Anerkennung des internationalen Rechts als eine zur aus-

---

30 Zur Problematik der milderen Sanktion vgl. *Nowak* 12 ff.

31 Dazu *Nowak* 13 ff.

32 *Nowak* 14 (UN-AMR: „implied limitations").

33 EKMR *Frowein/Peukert* 2, 4; *Guradze* 7; *Nowak* 4; *Villiger* HdB 536; *Vogler* AöR **89** (1977) 791.

34 Vgl. EKMR NJW **1984** 2753 (Sprayer von Zürich): „Grenzen einer vernünftigen Auslegung nicht überschritten", ferner etwa BVerfGE **47** 120; **55** 152.

35 EKMR nach *Frowein/Peukert* 4.

36 *Guradze* 5; vgl. BVerfGE **14** 185; **22** 19; **23** 265; **32** 362; **38** 371; **75** 342; **78** 374.

37 Zum Ausschluß des Gewohnheitsrechts BVerfGE **14** 185; vgl. etwa *Maunz-Dürig* Art. 103 Abs. 2 GG Rdn. 106.

38 Nach BVerfGE **78** 374 ist dies einer der Zwecke des Art. 103 Abs. 2 GG.

39 EKMR EuGRZ **1977** 38 (Handyside); EKMR nach *Frowein/Peukert* 4; *Nowak* 5.

40 *Frowein/Peukert* 4.

41 EGMR 22. 11. 1995 SW/GB (ÖJZ **1996** 356: Vergewaltigung in der Ehe strafbar entgegen einer Ausnahme des common law von 1736).

42 *Grabenwarter* § 24 Rdn. 90.

reichenden Festlegung der Strafbarkeit[43] geeignete Strafandrohung kann Bedeutung erlangen, wenn ein Täter von einem anderen Staat wegen einer Straftat abgeurteilt wird, für die sein nationales Recht oder das Recht des Tatorts keine Strafe angedroht haben[44]. An sich könnte die Strafbarkeit nach internationalem Recht auch unmittelbar aus dem völkerrechtlichen Gewohnheitsrecht hergeleitet werden[45]. In aller Regel folgt sie aber aus dem **Völkervertragsrecht**, sofern dieses die Vertragsstaaten nicht nur zum Erlaß nationaler Straftatbestände verpflichtet[46] sondern das strafbare Verhalten selbst festlegt, wie etwa die Genfer Konventionen bei Verstößen gegen das humanitäre Kriegsvölkerrecht[47] oder die Verbrechen gegen die Menschlichkeit oder die Kriegsverbrechen nach dem Römischen Statut über den internationalen Strafgerichtshof[48]. Das Rückwirkungsverbot des Absatzes 1 gilt auch bei der Anwendung vertraglich begründeter neuer völkerrechtlicher Straftatbestände[49]. Die in vielen internationalen Übereinkommen zu findende völkerrechtliche Verpflichtung der Mitgliedstaaten, eine Tat innerstaatlich mit Strafe zu bedrohen, fällt nur unter die erste Alternative, da das internationale Recht in diesem Fall Straftatbestand und Strafe nicht selbst für jedermann verbindlich festsetzt sondern nur die einzelnen Vertragsstaaten zum Erlaß entsprechender nationaler Strafnormen verpflichtet[50], manchmal es ihnen auch nur anheimstellt.

4. Grenzen für die Anwendung des materiellen Strafrechts

a) Absatz 1 **bindet die staatliche Strafbefugnis** an die vorherige Festlegung des straf- **11**
baren Verhaltens durch eine Rechtsnorm. Dies gilt für jede **Bestrafung** wegen einer **Straftat**. Beide zusammengehörende Begriffe sind unabhängig von Bezeichnung, Zuordnung und Dogmatik des jeweiligen nationalen Rechts **autonom auszulegen**[51], wobei auch der systematische Zusammenhang mit den anderen sich auf Straftaten beziehende Garantien der Konventionen, insbes. Art. 6 MRK, Art. 14 IPBPR zu berücksichtigen ist. Entsprechend dem Schutzzweck[52] und dem übernommenen (geschichtlich tradier-

43 Auch insoweit muß die Strafbarkeit konkret festgelegt sein, die bloße Kennzeichnung als strafwürdig genügt nicht nach dem Regelungszweck, der auch die vorherige Androhung der Strafe umfaßt. Vgl. aber *Partsch* 172 (strafwürdiges Verhalten); ferner *Guradze* 4, wonach im angelsächsischen Recht vom Verbot auf die Strafbarkeit geschlossen wird.

44 Vgl. *Frowein/Peukert* 6 unter Hinweis auf Bestrafung eines Kriegsgefangenen wegen Verstöße gegen das Kriegsrecht nach Art. 85, 99 der dritten Genfer Konvention.

45 *Partsch* 171 verneint die Existenz solcher Strafvorschriften im allgemeinen Völkerrecht; bei der Piraterie wurde dies angenommen (vgl. *Frowein/Peukert* 7); *Villiger* HdB 539 hält demgegenüber für fraglich, ob insoweit die notwendige Bestimmtheit des Strafmaßes gegeben ist. Inzwischen legen internationale Übereinkommen den Tatbestand des Seeraubs und das Recht der Staaten zu seiner Aburteilung gemäß den festzulegenden Strafen fest; vgl. Art. 15 des Genfer Übereinkommen über die Hohe See vom 29.4.1958 (BGBl. II **1972** S. 1089); ferner Art. 100 ff des Seerechtsübereinkommens der Vereinten Nationen vom 10.12.1982 (BGBl. II 1994 S. 1799).

46 Meist wird nur eine Staatenverpflichtung zum Erlaß nationaler Strafvorschriften begründet, diese hat die Vertragsstaaten, nicht den einzelnen als Adressaten; mitunter würde sie auch nicht den Bestimmtheitserfordernissen für eine Strafvorschrift genügen; vgl. etwa Art. 4 der UN-Antifolterkonvention (Art. 3 MRK Rdn. 4). Bei der Konvention über die Verhütung und Bestrafung des Völkermords (BGBl. II **1954** S. 729) ist dies strittig, zu Recht verneinend *Frowein/Peukert* 6; wohl bejahend *Nowak* 6.

47 Vgl. *Guradze* 9; *Frowein/Peukert* 6 (auch zur Ahndung von Verstößen gegen das Kriegsrecht durch den späteren Gewahrsamsstaat).

48 Etwa Art. 25 ff des Statuts von Rom des Internationalen Strafgerichtshofs (BGBl. II 2000 S. 1394); *Grabenwarter* § 24 Rdn. 90.

49 *Frowein/Peukert* 6; *Nowak* 6; Das Römische Statut des Internationalen Strafgerichtshofs legt dies in seinem Art. 24 ausdrücklich fest.

50 So etwa Art. 4 der UN-Antifolterkonvention.

51 EGMR 9.2.1995 Welch/GB (ÖJZ **1995** 511: Beschlagnahme); UN-AMR bei *Nowak* EuGRZ **1983** 14; *Hofmann* S. 42; *Nowak* 7, 10.

52 EGMR 9.2.1995 Welch/GB (ÖJZ **1995** 511) stellt darauf ab, ob eine Maßnahme unabhängig von ihrem äußeren Erscheinungsbild (behind appearances) dem Wesen nach eine Strafe ist, ähnlich EGMR 8.6.1995 Jamil/F (ÖJZ **1995** 796).

ten) Vorverständnis wird vom Begriff der Bestrafung jede zur Vergeltung oder zur Abschreckung wegen eines bestimmten schuldhaften Verhaltens als Ausdruck gesellschaftlicher Mißbilligung verhängte Sanktion erfaßt[53]. Dies gilt für alle im innerstaatlichen Recht als Strafe vorgesehenen Sanktionen, wie etwa Freiheitsstrafen, Geldstrafen oder Ersatzfreiheitsstrafen[54], aber auch für an ein Verschulden gebundene Nebenfolgen mit Strafcharakter[55], ferner für Sanktionen, die wegen ihrer Art oder Schwere einer Strafe gleichzuachten sind. Dem Verbot unterfallen nicht nur echte **Kriminalstrafen**, wie sie etwa das StGB normiert, sondern auch die **Geldbußen** des OWiG[56]. Ob und wieweit es auch bei **Disziplinarmaßnahmen** gilt, ist strittig[57], es wird für die Maßnahmen des Disziplinarrechts bejaht, deren Verhängung wegen Art und Höhe der Sanktion einer strafrechtlichen Anklage im Sinne des Art. 6 Abs. 1 MRK gleichgeachtet wird[58]. Wegen des weitergehenden innerstaatlichen Verfassungsrechts hat diese Streitfrage für die Bundesrepublik aber kaum Bedeutung, da Art. 103 Abs. 2 GG grundsätzlich, wenn auch mit Auflockerungen hinsichtlich der Konkretisierung der einzelnen Pflichtverletzung, disziplinarrechtliche und ehrengerichtliche Sanktionen umfaßt[59].

12 Bei **Maßregeln der Besserung und Sicherung**, die nicht begangenes Unrecht ahnden sondern künftigen Straftaten vorbeugen sollen, gilt das Rückwirkungsverbot nach § 2 Abs. 6 StGB nicht. Ob dies mit Art. 103 Abs. 2 GG vereinbar ist, ist strittig[60]; die jetzt auch vom Bundesverfassungsgericht[61] bestätigte vorherrschende Meinung nimmt dies an. Grenzt man den Begriff der Verurteilung im Sinne des Art. 7 Abs. 1 MRK, Art. 15 Abs. 1 IPBPR ebenso eng ab, fallen unter deren Rückwirkungsverbot weder die Unterbringung in einem psychiatrischen Krankenhaus[62] noch andere Maßnahmen der Besserung und Sicherung, vor allem aber auch nicht die Anordnung der Sicherungsverwahrung[63]. Der Bundesgesetzgeber ging davon aus; er hat die in § 2 Abs. 6 StGB festgelegte Ausnahme für Maßregeln, die der Prävention dienen, als mit Art. 7 Abs. 1 Satz 2 MRK, Art. 15 Abs. 1 IPBPR vereinbar angesehen[64]. Auch der EGMR hat eine aus Präventivgründen angeordnete Freiheitsentziehung nicht als dem Art. 7 MRK unterfallend behandelt[65].

---

[53] UN-AMR bei *Nowak* EuGRZ **1983** 14; ferner etwa *Nowak* 10, 11; *Grabenwarter* § 24 Rdn. 86 (Gesamtbetrachtung); vgl. auch BVerfGE **26** 203; **42** 262.

[54] EGMR 8. 6. 1995 Jamil/F (ÖJZ **1995** 796: Ersatzfreiheitsstrafe bei Nichtzahlung einer Geldstrafe); *Grabenwarter* § 24 Rdn. 87; *Meyer-Ladewig* 10.

[55] EGMR 9. 2. 1995 Welch/GB (ÖJZ **1995** 511: Beschlagnahme).

[56] Für das innerstaatliche Recht vgl. BVerfGE **38** 371; **41** 319; **42** 263; **55** 152; **71** 114. BVerfG NJW **1990** 1103.

[57] Verneinend *Meyer-Goßner*[47] 1; *Morvay* ZaöRV **21** (1961) 341; *Vogler* ZStW **89** (1977) 791; mit Einschränkungen auch *Frowein/Peukert* 5 (fraglich, soweit Disziplinarverfahren als Strafverfahren im Sinne des Art. 6 Abs. 1 MRK angesehen werden); vgl. auch *Guradze* 4; je mit weit. Nachw.

[58] *Grabenwarter* § 24 Rdn. 86; *Meyer-Ladewig* 10; *Villiger* HdB Rdn. 534; vgl. Art. 6 Rdn. 29 ff.

[59] Etwa BVerfGE **26** 203; **44** 115; **45** 351; **60** 233; **66** 355; BGHSt **19** 90; *Maunz/Dürig* Art. 103 Abs. 2 Rdn. 116.

[60] Die vorherrschende Meinung verneint die Anwendbarkeit von Art. 103 Abs. 2 GG; vgl. dazu die Nachweise bei *Best* ZStW **114** (2002) 88, 93, der die Gegenansicht vertritt. Der Streit ist neuerdings im Zusammenhang mit den jetzt durch § 66b StGB ersetzten Landesgesetzen, die eine nachträgliche Anordnung der Sicherungsverwahrung vorsahen, wieder aufgeflammt, vgl. *Best* ZStW **114** (2002) 88 ff. *Kinzig* StV **2000** 330, 332; *Peglau* NJW **2001** 2436; *Ullenbruch* NStZ **1998** 326, 329; ferner nachf. Fußn.

[61] BVerfG EuGRZ **2004** 73 ordnet Maßregeln der Besserung und Sicherung, die die Verhinderung zukünftiger Straftaten bezwecken, nicht dem Schutzbereich des Art. 103 Abs. 2 GG zu, dessen Normzweck der erhöhte rechtsstaatliche Schutz gegenüber spezifisch strafrechtlichen Maßnahmen ist, mit denen der Staat auf schuldhaftes Unrecht antwortet; BVerfG NStZ-RR **2000** 281 ließ die Frage noch offen.

[62] *Guradze* 4.

[63] Vgl. EKMR bei *Bleckmann* EuGRZ **1982** 540 (X/Ö), wo dies aber letztlich offen blieb.

[64] So Begr. zu Art. 2 Abs. 6 StGB Entw. 1962 BTDrucks. **4** 650 S. 108, und ihr folgend ein Teil der Kommentare zu § 2 Abs. 6 StGB mit dem Hinweis, daß auch andere Unterzeichnerstaaten zwischen Strafe und Maßregel unterscheiden; ferner etwa *Peglau* NJW **2000** 179, 181.

[65] EGMR 1. 7. 1961 Lawless/Irl (Series A 3); *Meyer-Ladewig* 10.

Die nachträgliche Einführung von **Maßnahmen zur Förderung der Resozialisierung** des Täters wurde nicht dem Verbot unterstellt[66], desgleichen nicht die nachträgliche Änderung der Voraussetzungen für die bedingte Aussetzung der Strafe eines bereits Verurteilten[67] oder die Maßnahmen und Modalitäten des Strafvollzugs[68] oder die Regelungen über die Eintragungen ins Strafregister[69]. **13**

Beugemaßnahmen fallen weder in den Anwendungsbereich des Art. 103 Abs. 2 GG[70] noch in den der Art. 7 MRK, Art. 15 IPBPR. Gleiches gilt für andere Maßnahmen des Verwaltungszwangs oder sonstige **belastende Maßnahmen der öffentlichen Gewalt**[71] oder **bürgerlich-rechtliche Ansprüche**[72], wie den Anspruch auf Schmerzensgeld. **14**

b) Verfahrensregelungen fallen nicht unter das Verbot[73]. Dies gilt auch für **Verjährungsvorschriften**, die nachträglich aufgehoben oder verlängert werden können, da dies nichts daran ändert, daß die Tat im Zeitpunkt ihrer Begehung bereits mit Strafe bedroht war[74]. Ob etwas anderes gilt, wenn die Tat bereits verjährt war, bevor das Verlängerungsgesetz erlassen wurde, ließ der EGMR offen[75]. **15**

5. Die Ausnahme der Absätze 2, wonach Absatz 1 der Verurteilung oder Bestrafung einer Person nicht entgegensteht, wenn die Handlung im Zeitpunkt ihrer Begehung nach den von der „Völkergemeinschaft" (IPBPR) bzw. von den „zivilisierten Völkern" (MRK) allgemein anerkannten Rechtsgrundsätzen strafbar war[76], sollte nach den Motiven[77] die auf rückwirkende Vorschriften gestützten Prozesse der Siegermächte gegen Kriegsverbrecher, vor allem auch die Nürnberger Prozesse, und die Prozesse in verschiedenen Ländern gegen Kollaborateure[78], absichern. **16**

Die Ausnahmeregelung gilt **unabhängig von dem Anlaß für ihre Aufnahme** fort. Sie greift ein, wenn ein nationales Recht Taten privilegiert, die nach den allgemein in der Völkergemeinschaft anerkannten Rechtsgrundsätzen strafbar sind[79]. Diese Rechtsgrundsätze brauchen aber, anders als bei Absatz 1, nicht in verbindlichen Völkerrechtssätzen selbst ihren Ausdruck gefunden haben. Es dürfte genügen, daß ein Verhalten weltweit im nationalen Strafrecht der einzelnen Staaten als Straftat angesehen wird, so daß auch der Täter über die grundsätzliche Strafbarkeit seines Verhaltens keinen Zweifel haben konnte, wie dies bei verschiedenen Grunddelikten, etwa Tötungsdelikten oder anderen Gewaltverbrechen, der Fall ist. Nur wenn diese Voraussetzung, die wohl nur theoretisch enger ist als die „von den zivilisierten Völkern allgemein anerkannten Rechtsgrundsätze" (Art. 7 Abs. 2 MRK), vorliegt, schließt Absatz 1 nicht aus, daß **17**

---

[66] Vgl. *Nowak* 16; EuGRZ **1982** 528 (UN-AMR für nachträgliche Einführung einer obligatorischen Bewährungshilfe in Kanada).

[67] EKMR bei *Partsch* 174.

[68] EKMR bei *Frowein/Peukert* 5; *Grabenwarter* § 24 Rdn. 86; *Meyer-Ladewig* 5; *Partsch* 175; *Villiger* HdB 537.

[69] EKMR bei *Partsch* 175; *Grabenwarter* § 24 Rdn. 86.

[70] Vgl. etwa v. *Münch/Kunig* Art. 103 Abs. 2 GG Rdn. 20.

[71] Vgl. EGMR 1.7.1961 Lawless/Irl (Series A 3); *Partsch* 175.

[72] EKMR bei *Partsch* 175.

[73] EKMR bei *Frowein/Peukert* 5; *Villiger* HdB 537.

[74] EGMR 22.6.2000 Coeme u.a./Belg (ECHR 2000-VII); BVerfG **25** 269; *Grabenwarter* § 24 Rdn. 89; *Meyer-Ladewig* 7; vgl. auch EGMR 27.9.1995 G/F (Series A 325 B); ferner das Übereinkommen über die Nichtanwendbarkeit gesetzlicher Verjährungsfristen auf Kriegsverbrechen und Verbrechen gegen die Menschlichkeit vom 26.11.1968 (*Simma/Fastenrath* Nr. 16).

[75] EGMR 22.6.2000 Coeme u.a./Belg (ECHR 2000-VII).

[76] Auf die von den zivilisierten Völkern anerkannten Rechtsgrundsätze stellt auch Art. 38 Abs. 1 Buchst. c des Statuts des Internationalen Gerichtshofs ab; vgl. *Grabenwarter* § 24 Rdn. 91.

[77] Zur Entstehungsgeschichte vgl. *Frowein/Peukert* 8; *Nowak* 6, 18; *Partsch* 171 ff.

[78] Vgl. EGMR 27.3.1962 De Becker/Belg. (Series A 4); *Ambos* StV **1997** 41; *Frowein/Peukert* 8 unter Hinweis auf EKMR; *Grabenwarter* § 24 Rdn. 91; *Meyer-Ladewig* 11.

[79] Vgl. ferner Art. 24 des Römischen Statuts des internationalen Strafgerichtshofs.

solche Taten nachträglich durch Gesetz für strafbar erklärt und verfolgt werden[80]. Sie ermächtigt aber nicht dazu, durch Völkerrecht selbst neue Strafbestimmungen rückwirkend zu schaffen[81] und sie schließt an sich nicht aus, daß inländisches Verfassungsrecht für das Rückwirkungsverbot durch die Forderung der Aufnahme der Strafbarkeit in das geschriebene Recht eine engere Grenze festlegt (vgl. Art. 53 MRK; Art. 5 Abs. 2 IPBPR)[82].

Art. 8 MRK (Art. 17 IPBPR)

MRK

Artikel 8 Recht auf Achtung des Privat- und Familienlebens*

(1) Jede Person hat das Recht auf Achtung ihres Privat- und Familienlebens, ihrer Wohnung und ihrer Korrespondenz.

(2) Eine Behörde darf in die Ausübung dieses Rechts nur eingreifen, soweit der Eingriff gesetzlich vorgesehen und in einer demokratischen Gesellschaft notwendig ist für die nationale oder öffentliche Sicherheit, für das wirtschaftliche Wohl des Landes, zur Aufrechterhaltung der Ordnung, zur Verhütung von Straftaten, zum Schutz der Gesundheit oder der Moral oder zum Schutz der Rechte und Freiheiten anderer.

Vgl. auch Art. 2 der (1). ZP MRK.

* Neue deutschsprachige Übersetzung in der Fassung der Bek. vom 17. 5. 2002 (BGBl. II S. 1054).

IPBPR

Artikel 17

(1) Niemand darf willkürlichen oder rechtswidrigen Eingriffen in sein Privatleben, seine Familie, seine Wohnung und seinen Schriftverkehr oder rechtswidrigen Beeinträchtigungen seiner Ehre und seines Rufes ausgesetzt werden.

(2) Jedermann hat Anspruch auf rechtlichen Schutz gegen solche Eingriffe oder Beeinträchtigungen.

Vgl. Art. 23, 24 IPBPR.

Schrifttum (Auswahl): *Breitenmoser* Der Schutz der Privatsphäre gemäß Art. 8 EMRK (1986); *Brötel* Der Schutz des Familienlebens, RabelsZ **1999** 580; *Ellger* Die Europäische Menschenrechtskonvention und deutsches Privatrecht. Die Einwirkung von Art. 8 und 10 EMRK auf die deutsche Privatrechtsordnung, RabelsZ **1999** 625; *Fahrenhorst* Familienrecht und Europäische Menschenrechtskonvention (1994); *Fahrenhorst* Fortpflanzungstechnologien und EMRK, EuGRZ **1988** 125; *Fahrenhorst* Sorge- und Umgangsrecht nach der Ehescheidung und die EMRK, FamRZ **1988** 238; *Gaede* Das Verbot der Umgehung der EMRK durch den Einsatz von Privatpersonen bei der Strafverfolgung, StV **2004** 46; *Giegerich* Schutz der Persönlichkeit und Medienfreiheit nach Art. 8, 10 EMRK im Vergleich zum Grundgesetz, RabelsZ **1999** 471; *von Gunten* Das Grundrecht auf Unverletzlichkeit der Wohnung (1992); *Hailbronner* Die Einschränkung von Grundrechten in einer demokratischen Gesellschaft. Zu den Schrankenvorbehalten der EMRK, FS Mosler 359; *Hillgruber/Jestaedt* Die Europäische Menschenrechtskonvention und der Schutz nationaler Minderheiten (1993); *Kley-Struller* Der Schutz der Umwelt durch die Europäische Menschenrechtskonvention,

[80] Der gleiche Grundgedanke findet sich in Art. 1 Buchst. b des Übereinkommens vom 26. 11. 1968 (oben Fußn. 44), wonach Verbrechen gegen die Menschlichkeit auch solche Handlungen sein können, die nach dem innerstaatlichen Recht des Landes, in dem sie begangen wurden, nicht strafbar sind.

[81] *Nowak* 19. Art. 24 des Römischen Statuts des internationalen Strafgerichtshofs (BGBl. II 2000 1399) schreibt ebenfalls vor, daß niemand nach diesem Statut für ein Verhalten strafrechtlich verantwortlich ist, das vor seinem Inkrafttreten stattgefunden hat.

[82] Zur Problematik des Verhältnisses zwischen Art. 7 Abs. 2 MRK und dem innerstaatlichen Rückwirkungverbot nach Art. 103 II GG bei der Strafbarkeit der Schüsse an der Mauer vgl. BVerfGE **95** 99 = StV **1997** 14; *Ambos* StV **1997** 39 ff.

EuGRZ **1995** 507; *Kopper-Reifenberg* Kindschaftsreform und Schutz des Familienlebens nach Art. 8 EMRK (2001); *Kugelmann* Schutz privater Individualkommunikation nach der EMRK, EuGRZ **2003** 16; *Palm-Risse* Der völkerrechtliche Schutz von Ehe und Familie (1990); *Villiger* Expulsion and the right to respect for private and family life (Art. 8 of the Convention) – an introduction to the Commissions case-law, FS Wiarda (1988) 657; *Wildhaber* Die dänischen Sexual-Erziehungsfälle. Anmerkung zum Urteil des EGMR, EuGRZ **1976** 493; *Wittinger* Familien und Frauen im regionalen Menschenrechtsschutz (1999).

Übersicht

Alphabetische Übersicht

I. Allgemeines

1. Recht auf Privatheit als Schutzgegenstand

1 a) Das **Recht auf Privatheit im weit verstandenen Sinne** als Anspruch auf Achtung des gesamten **privaten Lebensbereiches,** das auch dessen einzeln aufgeführten Schutzbereiche wie Familienleben, private Kommunikation und Wohnung mit einschließt, gehört zu den wesentlichen **Freiheitsrechten des Menschen**. Die Achtung seiner **Menschenwürde** erfordert, daß ihm für die Entwicklung seiner Persönlichkeit ein eigener Handlungsraum gesichert ist, wo er in freier Selbstbestimmung[1] über seine private Lebensführung entscheiden kann[2]. Die unvermeidliche Einbindung des einzelnen in die Gemeinschaft darf nicht so weit gehen, daß ihm kein geschützter Freiraum für die Entwicklung seines Eigenlebens und damit eines wesentlichen Teils der Entfaltung seiner eigenen Persönlichkeit verbleibt. Der Zweck von Art. 8 MRK, Art. 17 IPBPR ist, den einzelnen vor **sachlich ungerechtfertigten oder willkürlichen Eingriffen der öffentlichen Gewalt** in seinen privaten Lebensbereich zu schützen, einschließlich seines Familienlebens, seines guten Rufs, seiner Wohnung und seiner Kommunikation mit anderen[3]. Während im vergangenen Jahrhundert die Gewährleistung einzelner besonders schutzwürdig erscheinender Rechte dieses Bereichs, wie etwa des Brief- oder Postgeheimnisses oder die grundsätzliche Unverletzlichkeit der Wohnung im Vordergrund staatlicher Gewährleistungen standen, hat die moderne Entwicklung die Notwendigkeit eines umfassenden Schutzes der gesamten Privatsphäre ergeben[4]. Wenn die Konventionen die **Schutzbereiche** Privatleben, Familienleben, Wohnung und Korrespondenz besonders aufführen, so bedeutet dies nicht, daß diese einzelnen Aspekte der Privatsphäre voneinander klar abtrennbar wären. Sie überlagern sich weitgehend, so daß ein Eingriff oft mehrere der aufgeführten Schutzbereiche berührt[5]. In ihrer Gesamtheit garantieren sie einen Freiheitsraum, in der der einzelne seine Persönlichkeit frei entfalten und Eingriffe des Staates abwehren kann[6]. So schließt das Privatleben weitgehend auch das Familienleben mit ein, es ist allerdings der weitere Begriff, der auch Sachverhalte umfaßt, die nicht zum Familienleben gerechnet werden. Vielfach sind auch die Eingriffe in die Korrespondenz oder in die Wohnung zugleich Eingriffe in das Privatleben und mitunter auch in das Familienleben[7].

---

1 Anders als Art. 2 Abs 1. GG enthalten die Konventionen keine besondere Garantie der allgemeinen Handlungsfreiheit; Art. 8 MRK, Art. 17 IPBPR dienen daher in solchen Fällen oft als Auffangvorschrift.

2 Vgl. EGMR 29.4.2002 Pretty/GB (NJW **2002** 2851); zu der Menschenwürde als Schutzziel der sie nicht ausdrücklich erwähnenden MRK vgl. *Meyer-Ladewig* NJW **2004** 981.

3 EGMR 9.2.1967 Belg. Sprachenfall (EuGRZ **1975** 298); 13.6.1979 Marckx/Belg (**1979** 454); 2.8.1984 Malone/GB (EuGRZ **1985** 17).

4 Zur Bedeutung des Rechts auf Privatheit und zur Entwicklung *Nowak* 1 ff; ferner *Evers* EuGRZ **1984** 281.

5 Etwa *Frowein/Peukert* 1; IntKommEMRK/*Wildhaber/Breitenmoser* 1.

6 Vgl. *Grabenwarter* § 22 Rdn. 1; *Villiger* HdB 555.

7 Vgl. IntKommEMRK/*Wildhaber/Breitenmoser* 1 mit weit. Beispielen.

2. Recht auf Privatheit als Menschenrecht

a) Grundlagen. Art. 12 der Allgemeinen Erklärung der Menschenrechte vom 10.12. 2
1948 untersagt, jemanden willkürlichen Eingriffen in sein Privatleben, seine Familie, seine Wohnung und seinen Schriftverkehr und rechtswidrigen Beeinträchtigungen seiner Ehre und seines Rufes auszusetzen. **Art. 17 IPBPR** erweitert dies, wenn er neben den willkürlichen auch die „rechtswidrigen" Beeinträchtigungen verbietet. Demgegenüber erkennt **Art. 8 Abs. 1 MRK** jedermann den Anspruch auf Achtung[8] seines Privat- und Familienlebens, seiner Wohnung und seines Briefverkehrs zu. Entsprechend dem auch bei anderen Artikeln der MRK gewählten System begnügt er sich aber nicht mit einem allgemeinen Gesetzesvorbehalt. Er legt in Absatz 2 in einer Aufzählung die Fälle fest, in denen das nationale Recht vorsehen darf, daß öffentliche Stellen in den geschützten Privatbereich eingreifen dürfen. Hinsichtlich des Schutzgutes ist sein Wortlaut auch insoweit enger als Art. 17 IPBPR, als Ehre und Ruf bei den Schutzgütern nicht besonders erwähnt werden (vgl. aber Art. 10 Abs. 2 MRK). Die **Europäische Grundrechte-Charta** gewährleistet in ihrem Art. 7 ebenfalls das Recht auf Achtung des Privat- und Familienlebens sowie der Wohnung und der Kommunikation. Der Schutz der persönlichen Daten wird in ihrem Art. 8 besonders gewährleistet, wobei Art. 8 Abs. 3 die Kontrolle durch eine unabhängige Stelle fordert.

b) Andere Konventionsgewährleistungen, die besondere Rechte des Privatbereichs mit 3
erfassen, konkretisieren und verstärken einzelne Aspekte des Rechts auf Privatheit hinsichtlich der von ihnen garantierten einzelnen Gesichtspunkte, so etwa die Gedanken-, Gewissens- und Religionsfreiheit (Art. 9 MRK, Art. 18 IPBPR), das Recht auf Ehe und Familie (Art. 12 MRK, Art. 23 IPBPR) oder die Verpflichtung des Staates, das Recht der Eltern auf Erziehung der Kinder entsprechend ihren eigenen religiösen und weltanschaulichen Überzeugungen zu achten (Art. 2 des 1. ZP MRK, Art. 18 Abs. 3 IPBPR).

Soweit der ungehinderte schriftliche und mündliche Verkehr mit den Konventions- 3a
organen besonderen Garantien unterfällt, wie etwa im **Europäischen Abkommen über die an Verfahren vor dem Europäischen Gerichtshof für Menschenrechte teilnehmenden Personen**[9], gehen diese als Spezialregelungen dem allgemeinen Schutz der Kommunikation durch Art. 8 MRK vor[10]. Gleiches gilt für ähnliche Vorschriften in internationalen Abkommen, die die Kommunikation mit bestimmten internationalen Einrichtungen vor Eingriffen schützen sollen, so etwa die Vorschriften über den ungehinderten Verkehr mit dem Gerichtshof im Übereinkommen über die Vorrechte und Immunitäten des Internationalen Strafgerichtshofs vom 9. 9. 2002[10a].

c) Andere völkerrechtliche Vereinbarungen schützen die in den Art. 8 MRK, Art. 17 4
IPBPR gewährleisteten Rechte ebenfalls. Hinzuweisen ist insbesondere auf die **Europäische Datenschutzkonvention**[11], die sich mit der Beschaffung, Verarbeitung und Verwahrung personenbezogener Daten befaßt und die u.a. die automatische Verarbeitung personenbezogener Daten über Strafurteile von einem geeigneten Schutz durch das innerstaatliche Recht abhängig macht (Art. 6). Weitere Verpflichtungen der Staaten zum

8 *Evers* EuGRZ **1984** 284: Formelkompromiß, der auf höherer Abstraktionsebene als die unmittelbare Gewährleistung den Ausgleich divergierender Auffassungen erlaubt.

9 Vom 23.10.1996 (BGBl. II 2001 S. 359), vgl. Anhang Rdn. 20.

10 IntKommEMRK/*Rogge* Art. 25 (a.F) Rdn. 177.

10a Mit Zustimmungsgesetz vom 19. 8. 2004 abgedruckt BGBl. II S. 1138.

11 Übereinkommen zum Schutze der Menschen bei der automatischen Verarbeitung personenbezogener Daten vom 28. 1. 1981 (BGBl. II 1985 S. 539), in Kraft seit 1. 10. 1985 (Bek. vom 26. 9. 1985, BGBl. II 1985 S. 1134).

Datenschutz finden sich z. B. auch in Art. 16, 40 Abs. 2 Buchst. b, vii des **Übereinkommens über die Rechte des Kindes** vom 20.11.1989[12].

5 **3.** Mit dem **innerstaatlichen Verfassungsrecht**[13], das vor allem in den Art. 4, 6, 10 und 13 GG einzelne zum Privatbereich zählende Grundrechte besonders schützt, decken sich die Gewährleistungen der Art. 8 MRK, Art. 17 IPBPR weitgehend. Art. 2 GG garantiert über die Konventionsverbürgungen hinaus die allgemeine Handlungsfreiheit. Diese schließt das Recht auf freie Entfaltung der Persönlichkeit mit ein und garantiert in Verbindung mit der Achtung der Menschenwürde in Art. 1 Abs. 1 GG das damit untrennbar verbundene Recht auf einen Freiraum für die private Lebensführung. Dieser reicht über den häuslichen Lebensbereich hinaus und umfaßt auch die Orte, an denen jemand objektiv erkennbar von Dritten ungestört sein will[13a]. Dieser private Lebensbereich ist in seinem Kernbereich[14] für den Staat unantastbar, im übrigen darf der Staat in ihn nur aufgrund eines Gesetzes und nur nach einzelfallbezogener Güterabwägung im Interesse vorrangiger öffentlicher Interessen eingreifen[15]. Dies setzt innerstaatlich auch den staatlichen Maßnahmen zur geheimen Überwachung eines Betroffenen verfassungsrechtliche Schranken, vor allem, wenn sie in den Kernbereich der Persönlichkeitssphäre eingreifen. Wegen der Einzelheiten wird auf die Erläuterungen zu den §§ 100a ff, 100c ff StPO verwiesen[15a]. Der Grundrechtsschutz umfaßt auch das Recht am gesprochenen Wort und die Befugnis, selbst zu bestimmen, wem der Kommunikationsinhalt zugänglich sein soll[16], ferner das grundsätzliche Recht auf Selbstbestimmung über Erfassung, Speicherung und Verwendung der Daten, die die Privatsphäre der eigenen Person betreffen[17]. Diese den Eingriffen staatlicher Organe gezogenen Schranken umreißen zugleich auch die **Schutzpflicht des Staates**, der angemessene strafrechtliche[17a] oder zivilrechtliche Vorschriften schaffen muß, um dem einzelnen **ausreichende Schutzmöglichkeiten** bei jeder ins Gewicht fallenden Verletzung seiner Privatsphäre durch Dritte zu eröffnen. Dies gilt im verstärkten Maße bei **Kindern**, die ein eigenes Recht auf ungestörte Entfaltung ihrer Persönlichkeit[17b] haben. Diese kann durch Eingriffe Dritter, vor allem aber durch das Kind betreffende Veröffentlichungen in den Massenmedien nachhaltig gestört werden; deshalb besteht hier eine erhöhte Schutzpflicht des Staates[17c].

4. Tragweite der Konventionsgarantien

6 **a) Als Schutzgegenstand** nennt Art. 8 MRK den **Anspruch auf Achtung des Privatlebens**, dagegen gewährleistet Art. 17 IPBPR das **Privatleben** selbst, allerdings nur im Rahmen der Gesetze[18]. Ein großer praktischer Unterschied ist damit nicht verbunden.

---

12 Vgl. Einf. Rdn. 10.

13 Vgl. BVerfGE **76** 79 ff.

13a Vgl. BVerfGE **101** 361, 382; BGH JZ **1997** 39 mit Anm. *Forkel*; JZ **2004** 622.

14 Vgl. etwa BVerfGE **27** 6; 350; **32** 378; **34** 245; **80** 367; *Schmitt-Glaeser* in *Isensee/Kirchof* Handbuch des Staatsrechts Bd. **5** § 129, 35; *Geis* JZ **1991** 112.

15 Wegen der umfangreichen verfassungsgerichtlichen Rechtsprechung und dem Schrifttum zu diesen strittigen Fragen kann nur generell auf die Nachweise in den Kommentaren zum GG verwiesen werden.

15a Vgl. insbes. die bei LR-*Schäfer* § 100c StPO, Rdn. 1 ff eingehend erläuterte Entscheidung des BVerfG vom 3. 3. 2004 (NJW **2004** 999).

16 Vgl. etwa BVerfGE **34** 238, 246; **54** 148, 154; BVerfG NJW **1992** 815; BGHZ **27** 284; 286, BGH NJW 1988 1016; **2003** 1727 je mit weit. Nachw.

17 Vgl. EKMR EuGRZ **1980** 170. Zum „Recht auf informationelle Selbstbestimmung" BVerfGE **65** 1 ff; ferner *Schmitt-Glaeser* in Isensee/Kirchhoff Handbuch des Staatsrechts Bd. **5** § 129, 76 ff.

17a Etwa § 201a StGB (Strafbarkeit unbefugter Bildaufnahmen im höchstpersönlichen Lebensbereich).

17b Vgl. BVerfGE **24** 119, 144; **45** 400, 417; **72** 122, 137; BVerfG NJW **2003** 3262.

17c BVerfGE **101** 361, 385; ferner BVerfG NJW **2003** 3262 (Veröffentlichung des Horoskops eines Kindes in der Presse).

18 Dazu *Evers* EuGRZ **1984** 283.

Geschützt wird der ganze private Bereich in seinen vielfachen Aspekten und in allen Abstufungen der Privatheit[19]. Dazu rechnen nicht nur die höchstpersönlichen Verhältnisse der eigenen Person, ihre physische und psychische Integrität[20], ihr Recht auf einen staatsfreien Raum und auf Autonomie der eigenen Lebensführung in Bereichen, die Dritte nicht berühren können, sondern auch der private Umgang mit anderen Menschen, alle Beziehungen, Handlungen und Unterlassungen, die unter Berücksichtigung der jeweiligen Umstände und Verhältnisse der Sphäre des Nicht-Öffentlichen zuzurechnen sind[21]. Hierher gehören die vielgestaltigen mitmenschlichen Beziehungen einschließlich des Familien- und Sexuallebens und die verschiedenen Formen der Kommunikation, ferner alles, was Vorgänge aus diesem Bereich erfassen und für andere einsichtig machen kann, wie etwa Ton- und Bildaufnahmen[22], Unterlagen und Dokumentationen. Selbst geschäftliche und berufliche Aktivitäten können dem Privatbereich zuzurechnen sein[23], ebenso sein Schutz vor beinträchtigenden oder schädigenden Immissionen aus der Umwelt[24]. **Träger der Rechte** aus diesen Konventionsgarantien sind alle **natürlichen Personen;** auch Minderjährige haben eigene Rechte, die in ihrem Namen mitunter auch von Personen für sie geltend gemacht werden können, die nach innerstaatlichem Recht sonst nicht zu ihrer Vertretung berechtigt sind[25]. Soweit **juristische Personen** Träger der in Art. 8 MRK garantierten Rechte sein können, wie etwa Schutz der Wohnung, der Kommunikation oder der Daten, können auch sie die Verletzung ihrer Konventionsrechte beanstanden[26].

b) Eingriffe des Staates in diesen weitgespannten Bereich können sowohl die **konkrete Einschränkung** der Ausübung eines Konventionsrechts im Einzelfall sein als auch **7**
vorgelagerte Beschränkungsmaßnahmen, welche die Ausübung des garantierten Rechts von vorneherein unmöglich machen[27], ganz gleich, ob sie nur einen Einzelfall betreffen oder schon generell abstrakt die Ausübung eines in den Konventionen garantierten Rechts vereiteln oder ohne sachlich rechtfertigenden Grund erschweren[28]. Dies kann eine das Familienleben unmittelbar beeinträchtigende **Statusregelung** sein[29] oder auch die **Strafbarkeit** bestimmter, dem Privatleben zuzurechnenden Verhaltensweisen; dem Betroffenen ist in solchen Fällen meist nicht zuzumuten, daß er abwartet, ob tatsächlich ein Verfahren gegen ihn eingeleitet wird[30]. Auch bei **geheimen Überwachungsmaßnahmen** braucht nicht abgewartet zu werden, bis es tatsächlich zu einem Eingriff gekommen ist; es kann genügen, wenn das Recht des Betroffenen auf unüberwachte Kommunikation bereits durch das Vorhandensein von Gesetzen und Vollzugspraktiken, welche das geheime Abhören ermöglichen, geschmälert wird[31]; bei einer außerhalb der gesetzlichen

---

19 Vgl. etwa EGMR 25.9.2001 P G, J H/GB (ÖJZ **2002** 911: weiter Begriff, einer erschöpfenden Definition nicht zugänglich).

20 EGMR 25.3.1993 Costello-Roberts GB (ÖJZ **1993** 707); 6.2.2001 Bensaid/GB (ECHR 2001-I); *Meyer-Ladewig* 5.

21 Zu den Abgrenzungsfragen vgl. IntKommEMRK/*Wildhaber/Breitenmoser* 96 ff, insbes. 114 ff; *Meyer-Ladewig* 3 ff und zur teleologischen, wertenden Abgrenzung *Evers* EuGRZ **1984** 284.

22 Vgl. EGMR 24.6.2004 Caroline v. Hannover/D (NJW **2004** 2647. Fotos aus dem Privatleben).

23 EGMR 16.12.1992 Niemietz/D (EuGRZ **1993** 65); 25.6.1997 Halford/GB (ÖJZ **1998** 311).

24 *Meyer-Ladewig* 17; vgl. Rdn. 26, 34.

25 *Grabenwarter* § 22 Rdn. 3; IntKommEMRK/*Wildhaber/Breitenmoser* 40.

26 *Grabenwarter* § 22 Rdn. 3, 4.

27 Vgl. EGMR 21.2.1975 Golder/GB (EuGRZ **1975** 91: Untersagung des Briefverkehrs); IntKomm-EMRK-*Wildhaber/Breitenmoser* 46 ff.

28 IntKommEMRK-*Wildhaber/Breitenmoser* 47 ff, auch zum Zusammenhang mit der für die Beschwerdebefugnis des Art. 34 MRK erforderlichen Verletzung in einem Konventionsrecht „Opfereigenschaft".

29 EGMR 13.6.1996 Marckx/Belg (EuGRZ **1979** 454); IntKommEMRK-*Wildhaber/Breitenmoser* 47; vgl. Rdn. 29 ff.

30 Etwa EGMR 26.10.1988 Norris/Irl (EuGRZ **1992** 477: Strafbarkeit der Homosexualität).

31 IntKommEMRK-*Wildhaber/Breitenmoser* 47; vgl. Rdn. 38.

Möglichkeiten liegenden Überwachung muß der Betroffene aber aufzeigen können, warum vernünftigerweise die Wahrscheinlichkeit besteht, daß er Opfer eines gesetzlich nicht vorgesehenen Eingriffs in seinen Privatbereich war[32]. Im allgemeinen reicht aber die bloße **Möglichkeit**, künftig von einer solchen Regelung selbst betroffen zu werden, für die Bejahung eines (gegenwärtigen) Eingriffs nicht aus[33]. Ein Eingriff des Staates kann auch vorliegen, wenn staatliche Stellen zur Erreichung eines mit dem Eingriff verfolgten öffentlichen Zweckes sich **privater Personen** bedienen, etwa dadurch, daß sie die unmittelbare Ausführung des Eingriffs privaten Personen überlassen, etwa, daß sie diese mit der Ausforschung eines anderen beauftragen oder ihnen die Vorrichtungen zur Verfügung stellen, mit denen belastende Äußerungen zu Beweiszwecken erfaßt und aufgezeichnet werden können[34], etwa durch Aufzeichnung privater Telefongespräche („Hörfalle“)[35].

7a Ein **Eingriff** liegt vor, wenn eine staatliche Maßnahme konkret den Genuß der Konventionsgarantie vereitelt oder nicht nur unwesentlich erschwert oder behindert hat[36]. Dies wird verneint, wenn der Betroffene nach den Umständen vernünftigerweise nicht erwarten kann, daß auf seine Privatsphäre individuell Rücksicht genommen wird, weil er sich in der Öffentlichkeit bewegt[37] und allgemeine Regelungen befolgen muß, die der Staat generell und ohne konkrete Zielrichtung auf bestimmte Einzelpersonen allgemein für bestimmte zwischenmenschliche Beziehungen und Verhaltensweisen trifft[38], wie etwa die Verkehrsvorschriften oder die sonstigen Vorschriften, die im Interesse eines geregelten Zusammenlebens in der modernen Gesellschaft das private Verhalten bestimmten Regeln unterwerfen und die von jedermann zu beachten sind. Solche allgemeinen staatlichen **Maßnahmen** liegen in der Regel **unter der Erheblichkeitsschwelle** eines individuellen Eingriffs. Sie lassen die Substanz der Konventionsgarantien unberührt und sind daher auch nicht an deren Eingriffsvoraussetzungen zu messen[39]. In solchen Fällen erübrigt sich eine Rechtsgüterabwägung, die dann allerdings ohnehin meist zugunsten einer sachlichen Rechtfertigung des Eingriffs ausfiele. Der Gerichtshof hat wiederholt beides zusammen geprüft und ohne Festlegung, ob er eine staatliche Maßnahme als Eingriff ansieht, sich damit begnügt, ihre Vereinbarkeit („compliance“) mit der Konvention festzustellen, so vor allem, wenn dem Staat vorgeworfen wurde, durch Unterlassen einer Regelung gegen die Konvention verstoßen zu haben[40]. Der Schutz vor Eingriffen staatlicher Stellen betrifft grundsätzlich Maßnahmen negatorischer Art zu ihrer Abwehr. Ob auch ein **Unterlassen des Staates** als Eingriff anzusehen ist, wenn dadurch konkret eine ins Gewicht fallende Beeinträchtigung des Betroffenen ausgelöst wurde, ist strittig. Soweit ersichtlich hat der EGMR diese Frage bisher nicht aufgegriffen. Im Schrifttum[41] findet sich die Ansicht, daß die Nichterfüllung einer aus den Konventionsgarantien ab-

---

[32] Etwa EGMR 25.6.1997 Halford/GB (ÖJZ **1998** 311).

[33] IntKommEMRK-*Rogge* Art. 25 (a.F) 204 ff; *Meyer-Ladewig* Art. 34, 13.

[34] EGMR 5.11.2002 Allan/GB (StV **2003** 257 mit Anm. *Gaede* = JR **2004** 127, dazu *Esser* JR **2004** 98) mit weit. Nachw.

[35] Vgl. EGMR 8.4.2003 MM/Ndl (StV **2004** 1), dazu *Gaede* StV **2004** 46. Ferner etwa EGMR 23.11.1993 A/F (ÖJZ **1994** 392); 5.11.2002 Allan/GB (StV **2003** 257) dazu *Esser* JR **2004** 19; *Gaede* JR **2004** 127, *Grabenwarter* § 17 Rdn. 6, 7; vgl. Rdn. 38.

[36] EGMR 24.10.1996 Guillot/F (ÖJZ **1997** 518); Raninen/Finnl (Rep. 1997 VIII). *Peters* 153.

[37] EGMR 25.9.2001 P G; H J/GB (ÖJZ **2002** 913).

[38] Vgl. EGMR 24.2.1998 Botta/I (ÖJZ **1999** 76: Keine Behindertentoiletten am Badestrand); *Peters* 155.

[39] IntKommEMRK-*Wildhaber/Breitenmoser* 61ff unter Hinweis auf die hier bestehende Grauzone und die Spruchpraxis der EKMR, die darauf abstellte, ob die fraglichen staatlichen Maßnahmen Zwangscharakter hatten.

[40] IntKommEMRK-*Wildhaber/Breitenmoser* 53 ff; *Lux-Wesener* EuGRZ **2003** 555, 556; *Peters* 155 (bei Unterlassungssituationen trennt EGMR nicht zwischen Eingriff und Rechtfertigung).

[41] IntKommEMRK-*Wildhaber/Breitenmoser* 55 ff.

geleiteten **positiven Handlungs- und Schutzpflicht**[42] wegen ihrer Auswirkungen auf den Betroffenen einem Eingriff des Staates durch Unterlassen gleichzuachten ist, mit der Folge, daß dann auch die in der Nicht-Achtung liegende Verletzung der Schutzpflicht an den Eingriffsschranken des Art. 8 Abs. 2 MRK zu messen wäre. Der EGMR sieht in der Verletzung einer sich aus Art. 8 Abs. 1 ergebenden Schutzpflicht einen unmittelbaren Verstoß gegen die von Art. 8 Abs. 1 gebotene Achtungspflicht[43], so daß sich die Frage nach einer Eingriffsrechtfertigung durch Art. 8 Abs. 2 an sich gar nicht stellt. Im Ergebnis geht er aber davon aus, daß beide Fallgestaltungen voraussetzen, daß die Auswirkungen auf den Betroffenen eine gewisse Intensitätsschwelle überschreiten[44] und daß sie auch sonst mitunter voneinander schwer abzugrenzen sind[45]. Er stellt in beiden Fällen darauf ab, daß ein gerechter Ausgleich zwischen den in Art. 8 Abs. 2 MRK fixierten Interessen der Gemeinschaft und den durch Art. 8 Abs. 1 MRK geschützten Rechten gewahrt bleibt[46] oder durch die betreffenden staatlichen Maßnahmen hergestellt werden soll. In beiden Fällen wird eine Einschränkung der Konventionsrechte nicht schon dadurch ausgeschlossen, daß ein Lebensvorgang der Privatsphäre zuzuordnen ist oder sie mit berührt. Es liegt in der Natur der Sache, daß im Privatbereich alle Rechte des einzelnen ihre Grenze in den gleichen Rechten des anderen finden[47] und daß sie auch mit den Anforderungen und Rechten der Gemeinschaft, in der der einzelne lebt, in einem ausgewogenen Verhältnis („fair balance") stehen müssen. Die deshalb nötige Abgrenzung[48] erfordert zur Verhinderung von Willkür und im Interesse der Vorhersehbarkeit staatlicher Einwirkungen in der Regel ihre rechtliche Verankerung[49].

c) **Positive Schutzpflichten** ergeben sich für den Staat aus beiden Konventionsverbür- **8**
gungen. **Art. 17 Abs. 2 IPBPR** spricht ausdrücklich aus, daß jedermann **Anspruch auf rechtlichen Schutz** des in Absatz 1 umschriebenen Privatbereichs durch den Gesetzgeber[50] hat. Bei Art. 8 MRK werden diese Schutzpflichten des Staates aus seiner Pflicht zur Achtung der dort garantierten Rechte hergeleitet[51]. Der Staat muß sich nicht nur jedes ungerechtfertigten Eingriffs enthalten; er muß auch dafür sorgen, daß jeder in seinem Herrschaftsbereich diese Rechte genießen kann. Aus dem **Achtungsanspruch** folgt die „immanente" **positive Pflicht**[52] des Staates, einzugreifen, wenn die garantierten Rechte des einzelnen durch Dritte beeintrachtigt oder bedroht werden. Er muß für einen gerechten Ausgleich („fair balance") der kollidierenden Einzelinteressen und auch für dessen Vereinbarkeit mit den allgemeinen Interessen der Gemeinschaft sorgen[53]. Des-

---

42 Vgl. Rdn. 8.

43 Vgl. etwa EGMR 13. 2. 2003 Odièvre/F (NJW **2003** 2145); Rdn. 8 mit weit. Nachw.

44 Verneinend etwa EGMR 24.2.1998 Botta/I (ÖJZ **1999** 76: Verpflichtung am Badestrand Behindertentoiletten zu schaffen).

45 Etwa EGMR 24.4.2003 Sylvester/Ö (ÖJZ **2004** 113).

46 Vgl. *Meyer-Ladewig* 2.

47 *Grabenwarter* § 22 Rdn. 47; *Meyer-Ladewig* 2; so schon Art. 4 der Erklärung der Menschen- und Bürgerrechte vom 26. 8. 1789; vgl. ferner Art. 2 Abs. 1 GG.

48 Nach IntKommEMRK-*Wildhaber/Breitenmoser* 6, 9 werden die unbestimmten und unbestimmbaren Grundrechte aus Art. 8 erst durch den Schrankenvorbehalt näher eingegrenzt und umschrieben.

49 Vgl. dazu Rdn. 11. Weitere Vorgaben für die Regelungsbefugnis können sich aus dem Diskriminierungsverbot des Art. 14 ergeben, vgl. IntKommEMRK-*Wildhaber/Breitenmoser* 12.

50 „Protection of the law" bzw. „protection de la loi"; *Nowak* 6 weist darauf hin, daß die deutsche Übersetzung dies nicht klarstellt.

51 Etwa EGMR 26.3.1985 X,Y/NdL (EuGRZ **1985** 297); 9.10.1979 Airey/Irl (EuGRZ **1979** 626); 17.10.1986 Rees/GB (Series A 106); 21.2.1990 Powell, Rayner/GB (ÖJZ **1990** 418); 29.9.1990 Cossey/GB (ÖJZ **1991** 173); 19.2.1998 Guerra/I (ÖJZ **1999** 33); *Grabenwarter* § 22 Rdn. 1, 47 ff; *Meyer-Ladewig* 2.

52 Vgl. EGMR 29.9.1990 Cossey/GB (ÖJZ **1991** 173); BVerfGE **76** 80.

53 EGMR 7.7.1989 Gaskin/GB (Series A 160); 29.9.1990 Cossey/GB (ÖJZ **1991** 173); 9.6.1998 McGinley & Egan/GB (ÖJZ **1999** 355); 13.2.2003 Odièvre/F (NJW **2003** 2147).

halb muß der Staat eine Rechtsordnung und ein wirksames rechtliches Instrumentarium schaffen, das die Achtung des Privatlebens auch im Verhältnis der Bürger untereinander wirksam sichert[54] und das zumindest bei schwerer wiegenden Eingriffen dem Betroffenen ermöglicht, wirksame gerichtliche Hilfe zu erlangen, sei es im Wege eines zivilen Rechststreits oder aber durch Herbeiführung eines Strafverfahrens. Der einzelne muß einen wirksamen Schutz des Bereichs seiner privaten Lebensführung erlangen können; so etwa, wenn unbefugte Dritte einen der Öffentlichkeit entzogenen Bereich unter Überwindung der bestehenden Hindernisse ausspähen und darüber in der Presse berichten[54a] oder wenn unerlaubte Fotoaufnahmen von Vorgängen der privaten Lebensgestaltung und deren Veröffentlichung in der Presse das **Recht am eigenen Bild** verletzten[55]. Selbst die **Gefährdung der Gesundheit** einzelner Personen kann unter besonderen Umständen vom Staat ein Tätigwerden auf Grund einer aus Art. 8 MRK abzuleitenden Schutzpflicht erfordern[56], so etwa die Verpflichtung zu ausreichenden Informationen über die Gefahren, denen die Einwohner einer Gemeinde durch eine Fabrik ausgesetzt waren[57], aber auch sonst ein Tätigwerden, wenn dies zum Schutze vor übermäßigen Immissionen notwendig ist[58].

9 Dem Staat wird in der Regel ein **weiter Beurteilungsspielraum** zuerkannt. Es wird ihm überlassen, auf welchem Weg er seine Schutzpflicht erfüllen und den gebotenen gerechten Ausgleich der widerstreitenden Interessen herbeiführen will[59]. Er muß mit dem Ziel eines gerechten Ausgleichs die Gesichtspunkte des Allgemeininteresses mit denen des betroffenen Privatinteresses abwägen, um zu entscheiden, ob besondere Umstände sein Tätigwerden zur Sicherung des Privatlebens und der anderen garantierten Rechte erfordern[60] und welche Maßnahmen dafür angezeigt sind. Dies müssen nicht notwendig Strafvorschriften sein. Hat der Staat aber für einen bestimmten Bereich ein Schutzsystem auf der Grundlage strafrechtlicher Sanktionen gewählt, so kann sich daraus unter gewissen Umständen, etwa bei besonders schutzbedürftigen Personen, für ihn die Pflicht ergeben, eine Lücke des nationalen Strafrechts zu schließen, um so einen anderweitig nicht erreichbaren Schutz zu gewährleisten[61]. Da die Schutzpflicht auch bei Art. 8 MRK unmittelbar aus der Konventionsgarantie in Absatz 1 hergeleitet wird, gelten nach vorherschender Meinung die Eingriffsschranken des Art. 8 Abs. 2 MRK nicht unmittelbar[62]; mittelbar geben sie jedoch Anhaltspunkte für die auch hier zum Errrei-

---

[54] EGMR 9. 10. 1979 Airey/Irl(EuGRZ **1979** 626).

[54a] BGH JZ **2004** 622 (Luftbildaufnahmen vom privaten Feriendomizil Prominenter und deren Veröffentlichung).

[55] EGMR 24. 6. 2004 Caroline v Hannover/D (NJW **2004** 2647), dazu *Heldrich* NJW **2004** 2634; *Mann* NJW **2004** 3220 (auch zu den von BVerfG NJW **2004** 3407 ff angesprochenen Problemen, die sich innerstaatlich daraus ergeben, daß EGMR den geschützten Bereich bei Personen der Zeitgeschichte weiter gezogen hat als das insoweit für konventionswidrig erklärte Urteil des BVerfG NJW **2000** 10219).

[56] Zur Auskunftspflicht des Staates etwa EGMR 9. 6. 1998 McGinley & Egan/GB (ÖJZ **1999** 356 Information über Folgen von Atomtest); ferner 9. 6. 1998 L C B/GB (ÖJZ **1998** 353, wo in einem ähnlichen Fall Art. 2 MRK im Vordergrund stand); *Meyer-Ladewig* 17, 34.

[57] EGMR 19. 2. 1998 Guerra/I (NVwZ **1999** 57, dazu *Dörr* JuS **1999** 809), 18. 6. 2002 Öneryildiz/Türk nach *Meyer-Ladewig* 17; *Grabenwarter* § 22 Rdn. 49.

[58] EGMR 21. 2. 1990 Powell,Rayner/GB (ÖJZ **1990** 418 Fluglärm); 9. 12. 1994 Lopez Ostra/Span (EuGRZ **1995** 530 Unterlassung des Eingreifens bei Geruchsbelästigung); 2. 10. 2001 Hatton/GB (Fluglärm); *Grabenwarter* § 22 Rdn. 13, 48, *Meyer-Ladewig* 17; 34; vgl. auch Rdn. 34.

[59] Etwa EGMR 9. 10. 1979 Airey/Irl(EuGRZ **1979** 626); 28. 5. 1985 Abdulaziz u. a./GB (EuGRZ **1985** 567); 26. 5. 1994 Keegan/Irl (EuGRZ **1995** 13); 22. 10. 1996 Stubbings u. a./GB (ÖJZ **1997** 436); 24. 2. 1998 Botta/I (ÖJZ **1999** 76); EKMR bei *Strasser* EuGRZ **1985** 523; enger wohl EGMR 24. 6. 2004 Caroline v Hannover/D (NJW **2004** 2647).

[60] EGMR 26. 3. 1985 X, Y/NdL (EuGRZ **1985** 297 Schutz Untergebrachter vor sexuellem Mißbrauch); 13. 2. 2003 Odièvre/F (NJW **2003** 2147).

[61] EGMR 26. 3. 1985 X; Y/Ndl: (EuGRZ **1985** 297 sexueller Mißbrauch im Heim untergebrachter geistig Behinderter); vgl. auch *Nowak* 6.

[62] Etwa EGMR 17. 10. 1986 Rees/GB (Series A 106); Powell/Rayner/GB (ÖJZ **1990** 418) 9. 12. 1994 Lopez Ostra/Span (EuGRZ **1995** 530); 13. 2. 2003

chen eines gerechten Ausgleichs erforderliche **Abwägung der kollidierenden öffentlichen und privaten Interessen**[63]. Regelt der Staat (befugt) aus einem der in Art. 8 Abs. 2 MRK angeführten Gründe Verhältnisse des Privatbereichs, muß er dafür sorgen, daß sich daraus bei einer Abweichung von den geregelten Normalfällen oder bei einer Änderung der Verhältnisse keine Beeinträchtigungen in einem höchstpersönlichen Bereich ergeben, die für den einzelnen unzumutbar sind[64]. Der Staat muß für einen gerechten Ausgleich zwischen widerstreitenden öffentlichen oder privaten Interessen sorgen[65]. So erfordert etwa die Achtung des Familienlebens, daß der Staat seine Rechtsordnung so gestaltet, daß sie erlaubt, ein normales Familienleben herzustellen und zu führen; die Feststellung des Bestehens familiärer Beziehungen, wie etwa zwischen einem nichtehelichen Kind und seinem Vater darf nicht durch rechtliche Hürden unnötig erschwert werden[66]. Die Schutzpflicht des Staates besteht zeitlich nicht unbegrenzt, sie schließt angemessene **Verjährungsregelungen** nicht aus[67]. Ein Anspruch auf positive **Leistungen der Daseinsfürsorge** kann aus der Schutzpflicht nicht abgeleitet werden[68].

c) Verfahrensgarantien. Art. 8 MRK enthält – ebenso wie in Art. 17 IPBPR – keine ausdrücklichen Verfahrensgarantien; trotzdem wird – mitunter unter Hinweis auf die staatliche Schutzpflicht – gefordert, daß jeder staatliche Entscheidungsprozeß in einem fairen Verfahren[69] ergehen muß, in dem alle Betroffenen ihre Belange ausreichend vertreten können[70], bevor er im Einzelfalle zu einem auf Art. 8 Abs. 2 MRK gestützten Eingriff führt. Soweit aus dem Recht auf Achtung des Privat- oder des Familienlebens neben dem Anhörungsrecht auch **Ansprüche auf Auskunft** oder auf **Einsicht in Unterlagen** hergeleitet werden, die die eigene Person betreffen, wie etwa Kindschafts-, Kranken- oder Fürsorgeakten, stehen dem mitunter Interessen der Allgemeinheit oder auch der Schutz anderer Personen gegenüber, so daß auch deren Zustimmung erforderlich sein kann. Bei der Entscheidung ist auf ein „faires Gleichgewicht" zwischen den betroffenen Interessen zu achten[71]. In solchen komplexen Lagen ist es nach Ansicht des EGMR für die Erfüllung der staatlichen Schutzpflicht unerläßlich, daß die Betroffenen die **Entscheidung einer unabhängigen Stelle** herbeiführen können; so etwa auch bei Verweigerung der Auskunft durch die aktenführende Behörde[72]. 10

Odièvre/F (NJW **2003** 2147). Zu der strittigen Frage vgl. Rdn. 7a.

63 Vgl. *Lux-Wessener* EuGRZ **2003** 555, 556.

64 EGMR 13.6.1979 Marckx/Belg (EuGRZ **1979** 454); 9.19.1979 Airey/Irl (EuGRZ **1979** 626); 26.6.1985 X, Y/Ndl (EuGRZ **1985** 297); EKMR **1979** 566 (van Oosterwijk); *Frowein/Peukert* 2; einschränkend *Evers* EuGRZ **1984** 284 (keine Akte der Nichtachtung), **a. A** *Guradze* 4.

65 EGMR 26.5.1994 Keegan/Irl (EuGRZ **1995** 13); *Mayer-Ladewig* 2.

66 EGMR 13.6.1979 Marckx/B (EuGRZ **1979** 454); EKMR bei *Strasser/Weber* EuGRZ **1988** 45.

67 EGMR 22.10.1996 Stubbings u.a./GB (ÖJZ **1997** 436).

68 *Nowak* 7.

69 Etwa 24.2.1995 McMichael/GB (ÖJZ **1995** 704); 25.9.1996 Buckley/GB (ÖJZ **1997** 313); 11.7.2000 Ciliz/D (NVwZ **2001** 547); 13.7.2000 Elsholz/D (NJW **2001** 2315); vgl. nachf. Fußn.

70 EGMR 8.7.1987 W/GB (EuGRZ **1990** 533); 13.7.2000 Elsholz/D (NJW **2001** 2315); 17.2.2002 Venema/Ö (ÖJZ **2004** 375); *Grabenwarter* § 22, 45; IntKommEMRK-*Wildhaber/Breitenmoser* 396 ff; *Meyer-Ladewig* 29, 43 je mit weit. Nachw.; ferner Rdn. 32.

71 EGMR 7.7.1989 Gaskin/GB (Series A 160); 24.9.2002 M G/GB (ÖJZ **2004** 65).

72 EGMR 7.7.1989 Gaskin/GB (Series A 160); 24.9.2002 M G/GB (ÖJZ **2004** 65).

II. Die Zulässigkeitsvoraussetzungen für staatliche Regelungen und Eingriffe in den geschützten Bereich

11 **1. Rechtsbindung der Eingriffe.** Wie bei den innerstaatlichen Grundrechten[73] schließt die Privatbezogenheit eines Vorgangs eine staatliche Regelung und Eingriffe des Staates nicht grundsätzlich aus. Erforderlich ist jedoch, daß eine hinreichend klare **vorherige Regelung des nationalen Rechts** dies zuläßt. Für **Eingriffe der öffentlichen Gewalt** in den Privatbereich fordern Art. 8 MRK und Art. 17 IPBPR **ein Gesetz im materiellen Sinn**[74]. Die Regelung muß dem Bürger zugänglich und so hinreichend bestimmt sein, daß Willkür ausgeschlossen und zumindest in den Grundzügen vorhersehbar ist, in welchen Fällen ein staatlicher Eingriff in Frage kommen kann[75]. Nicht erforderlich ist, daß es sich um ein (Parlaments)Gesetz im formellen Sinn handelt, es genügt jeder von einer dafür zuständigen nationalen Stelle erlassene Rechtssatz[76]. Die materiellen Voraussetzungen eines Eingriffs und das dabei einzuhaltende Verfahren müssen in der Regel bereichsspezifisch genügend konkret festgelegt sein[77], damit sie für den einzelnen **vorhersehbar** und **berechenbar** sind; dadurch soll den Erfordernissen der Rechtssicherheit genügt, jeder Willkür staatlicher Organe entgegengewirkt und eine Nachprüfung ihrer Entscheidungen erleichtert werden[78]. Dies setzt voraus, daß die Regelung allgemein **bekanntgemacht** worden ist, etwa durch ihre Veröffentlichung[79] oder daß sie dem Betroffenen sonst zugänglich[80] ist. Nicht veröffentlichte und nur intern an die jeweilige Behörde gerichtete Verwaltungsvorschriften genügen dieser Anforderung nicht[81]. Der Grad der erforderlichen **Bestimmtheit** hängt dabei vom jeweiligen Gegenstand der Regelung, ihren Adressaten und und ihrem sonstigen Anwendungsbereich ab[82]; die Auslegung unbestimmter Rechtsbegriffe kann der Rechtsprechung überlassen werden. Wird der Eingriff in das **Ermessen** einer Behörde gestellt, muß dessen Ausübung nach Ziel und Anwendungsbereich so eingegrenzt werden, daß eine objektive Nachprüfung möglich und ein Mindestmaß an Rechtschutz für den Betroffenen gesichert bleibt[83]. Der **Abwehranspruch** gegen rechtswidrige und willkürliche Eingriffe öffentlicher Stellen darf nicht daran scheitern, daß der handelnden Stelle ein **unbegrenztes Ermessen** eingeräumt ist. Daß sie gene-

---

73 Vgl. etwa Art. 2, 5 Abs. 2, Art. 6, 7, 10, 13 GG.

74 EGMR 24.4.1990 Kruslin u.a./F (ÖJZ **1990** 564); vgl. Rdn. 11. Zur sachlichen Übereinstimmung der Schrankenformulierung („prescibed by law", „prévues par la loi") mit der des Art. 10 („in accordance with the law", „prévues par la loi") vgl. IntKomm-EMRK-*Wildhaber/Breitenmoser* 533.

75 EGMR 20.2.1999 Rekvenyi/Ung. (NVwZ **2000** 421 allgemein gehaltene Verfassungsbestimmung ausreichend); 25.9.2001 P G, J H/GB (ÖJZ **2002** 911); *Meyer-Ladewig* 38 ff. Wegen weiterer Einzelheiten vgl. Rdn. 11.

76 Zur Entwicklung eines autonomen, vom nationalen Recht unabhängigen materiellen Gesetzesbegriffs vgl. IntKommEMRK-*Wildhaber/Breitmoser* 538 ff.

77 EKMR EuGRZ **1990** 167 (Abhören von Telefongesprächen), BVerfGE **100** 313, 359 ff; BVerfG NJW **2003** 2733; **2004** 2213, hinsichtlich des Umfangs der Konkretisierungspflicht wird auf die bei Eingriffen nach Art. 10 MRK zu beachtenden Grundsätze verwiesen; vgl. auch östr.VfGH EuGRZ **1986** 190 mit Anm. *Tretter*; BGH MDR **1991** 885; *Rombach* JZ **1991** 78.

78 EGMR 20.5.1999 Rekvenyi/Ung (NVwZ **2000** 421); IntKommEMRK-*Wildhaber/Breitenmoser* 555 ff; *Meyer-Ladewig* 38; vgl. Art. 10 Rdn. 17.

79 IntKommEMRK-*Wildhaber/Breitenmoser* 558.

80 EGMR 25.3.1983 Silver/GB (EuGRZ **1984** 147: Gefängnisordnung). Vgl. ferner EKMR bei IntKommEMRK-*Wildhaber/Breitenmoser* 557; *Frowein/Peukert* 4 (unveröffentlichte Verwaltungsanordnungen genügen nicht, da keine Rechtsvorschriften).

81 EGMR 25.3.1983 Silver/GB (EuGRZ **1984** 147); 24.11.1986 Gillow/GB (Series A 109); 30.3.1989 Chappel/GB (Series A 152 A); IntKommEMRK-*Wildhaber/Breitenmoser* 557, 558.

82 EGMR 20.9.1995 Vogt/D (NJW **1996** 375); vgl. 25.8.1993 Chorherr/Ö (EuGRZ **1991** 203 „Erregung öffentlichen Ärgernisses" reicht); *Meyer-Ladewig* 36; wegen weiterer Beispiele auch für unzureichende Bestimmtheit vgl. Art. 10 Rdn. 17.

83 Etwa EGMR 25.3.1992 Campbell /GB (ÖJZ **1992** 595); *Meyer-Ladewig* 36, 38, 40 mit weit. Nachw.; ferner etwa BVerfGE **83** 130, 145; BVerfG NJW **2004** 2213, 2216.

relle und auslegungsbedürftige Begriffe enthält, die auch veränderten Umständen Rechnung tragen sollen und die erst durch die Rechtsprechung Konturen erhalten, schließt nicht aus, daß sie dem Erfordernis der Bestimmtheit noch genügt. Für den Ausschluß der Willkür reicht es, wenn der einzelne – gegebenenfalls nach Einholung fachkundigen Rats – ihren Inhalt und ihre Tragweite erkennen kann[84]. Dies gilt auch für Vorschriften, die der Behörde einen gewissen Ermessensspielraum einräumen, sofern Gegenstand, Zweck und Ausmaß der **Ermessensausübung genügend eingegrenzt** sind[85]. In Bereichen, in denen allerdings die Gefahr unkontrollierter und willkürlicher Eingriffe besonders groß ist, wie etwa bei der geheimen Telefonüberwachung, muß die Regelung die Voraussetzungen für die Zulässigkeit des Eingriffs, seinen Umfang , für den Umgang mit den daraus gewonnenen Daten sowie auch etwa erforderliche Kontrollmaßnahmen genau festlegen[86]. Nur wenn das nationale Recht diese Eingriffsvoraussetzungen ausreichend festgelegt hat und wenn diese im konkreten Fall auch eingehalten werden, ist der Eingriff **gesetzlich vorgesehen** und deshalb zulässig, sofern auch seine anderen Voraussetzungen gegeben sind; der Eingriff also unter dem Blickwinkel einer demokratischen Gesellschaft zur Verfolgung eines legitimen Zieles im Sinne des Art. 8 Abs. 2 MRK notwendig und verhältnismäßig ist[86a].

Die Eingriffe sind auf die Fälle beschränkt, in denen sie **im Interesse übergeordneter Rechtsgüter „notwendig“** sind; dies ist mehr als nur „zweckmäßig“ oder „wünschenswert“ oder „nützlich“[87]. Der Umfang des jeweiligen Schutzes der angeführten Privatbereiche kann nicht aus dessen Umschreibung allein gewonnen werden, sondern immer nur aus einer wertenden Zusammenschau der Bedeutung des jeweiligen Schutzbereiches und der den Eingriff rechtfertigenden Prinzipien im Einzelfall. Im übrigen verfolgen Art. 8 MRK und Art. 17 IPBPR bei Begrenzung der zulässigen Eingriffe unterschiedliche Methoden. **12**

2. Art. 17 IPBPR enthält – anders als Art. 8 Abs. 2 MRK – keine materiell determinierte Aufzählung der Gründe, die staatliche Eingriffe in die gewährleisteten Privatbereiche rechtfertigen; er begnügt sich mit dem **Verbot rechtswidriger oder willkürlicher Eingriffe**[88]. Rechtswidrig hat dabei die Bedeutung, daß nur Eingriffe zulässig sind, die im Einklang mit der nationalen Rechtsordnung stehen; daß sie durch ein formelles Gesetz gedeckt werden, ist nicht notwendig[89]. Eingriffe, die nicht durch das jeweilige nationale Recht gedeckt sind, verstoßen ohne Rücksicht auf die Vertretbarkeit ihrer Zielsetzung gegen Art. 17 IPBPR. **13**

Das neben der Rechtmäßigkeit stehende **Willkürverbot** hat eine zweifache Bedeutung: Zum einen wendet es sich an die ausführenden staatlichen Stellen, die das nationale Recht frei von Willkür anwenden müssen, zum anderen betrifft es die Rechtsetzung selbst, die vom IPBPR nicht durch Festlegung der Eingriffsziele eingegrenzt wird. Hier folgt aus dem Willkürverbot, daß die Eingriffe nicht durch eine zu unbestimmte Fassung ihrer Voraussetzungen für den Betroffenen unberechenbar werden dürfen; das Ermessen **14**

---

84 EGMR 25. 3. 1985 Barthold/D (EuGRZ **1985** 170); *Frowein/Peukert* 3; IntKommEMRK-*Wildhaber/Breitenmoser* 559 ff.

85 Vgl. EGMR 24. 3. 1988 Olsson/Schwed (EuGRZ **1988** 591); Ericson/Schwed (Series A 156); *Frowein/Peukert* 4; IntKomEMRK-*Wildhaber/Breitenmoser* 561, 565, 571.

86 EGMR 2. 8. 1984 Malone/GB (EuGRZ **1985** 17); ähnlich für geheime Unterlagen EGMR 16. 2. 2000 Amann/CH (ÖJZ **2001** 71); 4. 5. 2000 Rotar/Rum (ÖJZ **2001** 74); ferner für die Briefkontrolle in der Haft *Meyer-Ladewig* 40 mit weit. Nachw.

86a Vgl. EGMR 8. 4. 2003 M M/NdL (StV **2004** 1).

87 *Meyer-Ladewig* 42.

88 Nach *Nowak* 8 bleibt der Schutz des Art. 17 IPBPR deshalb aber nicht wesentlich hinter dem des Art. 8 MRK zurück.

89 *Nowak* 11.

der Vollzugsorganen muß eingegrenzt und nachprüfbar sein[90]. Außerdem darf bei der Normierung der Tatbestände nicht willkürlich – also unter Mißachtung sachbezogener Gesichtspunkte oder in unzulässiger Diskriminierung bestimmter Personengruppen – verfahren werden[91].

15 Dem **nationalen Recht entsprechende Einzelmaßnahmen**, die in die Privatsphäre hineinwirken, unterfallen ebenfalls der **Willkürkontrolle**. Die Behörden dürfen Maßnahmen nur zur Erreichung eines zulässigen Zweckes (vgl. Art. 18 MRK) in einem diesem angemessenen Ausmaß (Verhältnismäßigkeit) anordnen, sofern ein den Eingriff im konkreten Fall ausreichend **rechtfertigender Anlaß** besteht[92]. Solche Gründe lassen sich im Wege der Interpretationshilfe auch aus den in anderen Artikeln geschützten Werten und den dort materiell festgelegten Eingriffsvoraussetzungen (vgl. Art. 12 Abs. 3, Art. 18 Abs. 3, Art. 19 Abs. 3, Art. 21 Satz 2, Art. 22 Abs. 2 IPBPR) erschließen. Auch auf den Katalog von Art. 8 Abs. 2 MRK kann zurückgegriffen werden[93]. Willkür würde vorliegen, wenn eine Behörde in Wirklichkeit mit der Maßnahme einen anderen als den vorgegebenen Zweck erreichen will, also bei der Anordnung nicht bona fide handelt[94].

3. Die besonderen Schranken des Art. 8 Abs. 2 MRK

16 **a) Art. 8 Abs. 2 MRK** fordert bei staatlichen Eingriffen in den durch Art. 8 Abs. 1 MRK geschützten Bereich ebenfalls die vorherige **rechtliche Festlegung** und damit auch die allgemeine Vorhersehbarkeit der Voraussetzungen und des Umfangs möglicher Eingriffe. Dies geschieht in der Regel durch hinreichend klare und bestimmte geschriebene Rechtsnormen[95], auch ein (vom Staat abgeleitetes) Satzungsrecht erfüllt diese Voraussetzungen[96]. Eine Festlegung durch das common law[97] und durch ein auf konstanter Rechtsprechung beruhendem Richterrecht[98] wurde ebenfalls als ausreichend angesehen. Zur Ausschluß von Willkür sind nach Art. 8 MRK an Rechtssetzung und Vollzug die gleichen Anforderungen zu stellen wie nach Art. 17 IPBPR (vgl. Rdn. 15). Der staatliche Handlungsraum wird aber bei Art. 8 MRK darüber hinaus dadurch weiter eingegrenzt, daß der Eingriff **zusätzlich** nur zu einem der in Absatz 2 **aufgeführten sachlichen Zwecke** zulässig ist und daß er auch in einer demokratischen Gesellschaft notwendig sein muß.

17 **b) Die zulässigen Eingriffszwecke** zählt Art. 8 Abs. 2 MRK **abschließend auf**[99]. Zu anderen Zwecken ist ein Eingriff in die durch Art. 8 Abs. 1 geschützten Rechte nicht zulässig (Art. 18 MRK)[100]. Die einzelnen Katalogfälle sind jedoch weit gespannt, da zu ihrer Umschreibung unbestimmte Rechtsbegriffe wie „öffentliche Ordnung", „Sicher-

---

[90] Vgl. Rdn. 11.

[91] Vgl. UN-AMR EuGRZ **1981** 39 (maurizische Frauen); dazu *Nowak* 14.

[92] Vgl. EKMR bei *Bleckmann* EuGRZ **1981** 121; *Nowak* 12 ff; ähnlich für das innerstaatliche Recht etwa BVerfG NJW **1991** 690.

[93] *Nowak* 13.

[94] Vgl. Rdn. 21.

[95] Vgl. BVerfGE **100** 313, 359 ff; BVerfG NJW **2004** 2213; sowie bei Rdn 11; ferner etwa *Frowein/Peukert* Vorbem. zu Art. 8 bis 11, 2.

[96] Vgl. EGMR 25.3.1985 Barthold/D (EuGRZ **1985** 170: Berufsordnung).

[97] Vgl. EGMR 26.4.1979 Sunday Times/GB (EuGRZ **1979** 386), 22.10.1981 Dudgeon/GB (EuGRZ **1983** 488); 2.8.1994 Malone/GB (EuGRZ **1985** 17); 30.3.1989 Chappel/GB (Series A 152 A) *Frowein/Peukert* Vorbem. zu Art. 8 bis 11, 2 ff, IntKomm-EMRK-*Wildhaber/Breitenmoser* 542 ff.

[98] Für das Richterrecht des franz. Kassationshofs EGMR 24.4.1990 Kruslin u.a./F (ÖJZ **1990** 564); 24.4.1990 Huvig/F (Series A 176 B), kritisch dazu IntKommEMRK-*Wildhaber/Breitenmoser* 542 ff, allerdings mit dem Hinweis (Rdn. 550), daß nur solches Richterrecht Rechtsgrundlage sein kann, dessen Existenz und Tragweite durch eine konstante Rechtsprechung allgemein verwurzelt ist.

[99] Vgl. etwa EGMR 21.2.1975 Golder/GB (EuGRZ **1975** 91): *Frowein/Peukert* Vorbem. zu Art. 8 bis 11, Rdn. 11; *Meyer-Ladewig* 37, 41.

[100] IntKomEMRK-*Wildhaber/Breitenmoser* 588; ferner zur Ablehnung „immanenter" oder „stillschweigender" zusätzlicher Schranken 579.

heit“ usw. verwendet werden. Dies eröffnet den Staaten einen weiten Beurteilungsspielraum für Regelungen, der aber durch das zusätzliche Erfordernis der Notwendigkeit der jeweiligen Regelung in einer demokratischen Gesellschaft eingegrenzt wird[101]. Die einen Eingriff zulassenden **Regelungsziele** werden **alternativ** aufgeführt. Es genügt, wenn eines der angeführten Ziele den Eingriff rechtfertigt. Mitunter werden dies jedoch mehrere dieser Regelungszwecke tun, denn die Aufzählungen decken und überschneiden sich zum Teil[102]. Sie sind mehr nach ihrer Zielsetzung als nach dem Wortlaut auszulegen[103]. Ob eine staatliche Maßnahme von einem der aufgeführten Eingriffszwecke gerechtfertigt wird, muß auf Grund der Sachlage und des Kenntnisstandes der handelnden Stelle im Zeitpunkt des Eingriffs beurteilt werden, ex ante und nicht ex post[104].

Eingriffsregelungen sind nach Art. 8 Abs. 2 MRK **zulässig** im Interesse der nationalen oder öffentlichen Sicherheit, des wirtschaftlichen Wohls des Landes, der Aufrechterhaltung der Ordnung und zur Verhütung von Straftaten[105], zum Schutz der Gesundheit oder der Moral oder zum Schutze der Rechte und Freiheiten anderer. Damit werden weitgehend alle Maßnahmen gedeckt, die in den modernen demokratischen Staaten das öffentliche Leben und die Teilhabe des einzelnen daran regeln und vor Gefahren schützen. Im Gegensatz zur **Verhütung von Straftaten** wird die **Strafverfolgung** nicht besonders erwähnt. Sie wird meist entweder der Aufrechterhaltung der öffentlichen Ordnung zugerechnet[106] oder aber der **Verhütung von Straftaten**, da Strafverfolgungsmaßnahmen unter dem Gesichtspunkt der Prävention auch diesem Zwecke dienen[107]. Sie dient aber auch dem Schutz der **„öffentlichen Sicherheit** („public safety“, „sureté publique“)[108] und kann zusätzlich noch durch andere Schutzzwecke gerechtfertigt sein. **18**

Die Interessen der **nationalen Sicherheit** können auch schwerwiegende Einschränkungen der Konventionsrechte rechtfertigen; erforderlich ist in solchen Fällen jedoch eine schwerwiegende Bedrohung des Staates und seiner Einrichtungen, die allerdings nicht soweit gehen muß, daß die Voraussetzungen vorliegen, unter denen der bedrohte Staat den Art. 8 MRK auf Grund der Notstandsklausel des Art. 15 MRK außer Kraft setzen könnte[109]. Mit den Hinweisen auf die nationale Sicherheit wurden Maßnahmen zur Bekämpfung staatsgefährdender Bestrebungen gerechtfertigt[110]. In den meisten Fällen werden Eingriffe im polizeilichen Bereich aber auf den **Schutz der öffentlichen Sicherheit** oder die **Aufrechterhaltung der Ordnung** gestützt, der zusammen mit der als weiteres Ziel genannten **Verhütung von Straftaten** dem Staat einen weiten Regelungsbereich eröffnet und der auch, gleichgültig wo man sie zuordnet, die Verfolgung von Straftaten mit einschließt[111]. Die Grenzen werden auch hier nicht so sehr durch den abstrakten Rege- **18a**

---

101 Vgl. unten Rdn. 20, 21.

102 Der EGMR begnügt sich dann meist unter Verzicht auf Abgrenzungen auf die Herausstellung eines den Eingriff rechtfertigenden Zieles, vgl. etwa EGMR 6.9.1978 Klass/D (EuGRZ **1979** 278); 22.10.1981 Dudgeon/GB (EuGRZ **1983** 488); *Frowein/Peukert* 13; IntKomEMRK-*Wildhaber/Breitenmoser* 591 ff mit weit. Nachw.

103 Vgl. den etwas anders gefaßten Katalog zulässiger Einschränkungen in Art. 9 des Europäischen Datenschutzübereinkommens, oben Rdn. 4.

104 Etwa EGMR 29.1.1997 Bouchelkia/F (ÖJZ **1998** 116); 25.2.1997 Z/Finnl. (ÖJZ **1998** 152).

105 Hier besteht ein Textunterschied „á la défense de l'ordre *et* à la prévention des infractions pénales“ bzw „for de prevention *of* disorder *or* crime“ aus dem bisher keine Schlußfolgerungen gezogen wurden, vgl. Rdn. 18a.

106 IntKomEMRK-*Wildhaber/Breitenmoser* 620 ff vgl. aber ferner 621 mit Angabe der umfangreichen Rechtsprechung, wo Maßnahmen der Strafverfolgung der Verhinderung strafbarer Handlung zugerechnet werden.

107 Vgl. EKMR bei *Bleckmann* EuGRZ **1983** 18 (Gefahr der Bestrafung bei Besuch der Mutter); ferner *Frowein/Peukert* 28; 30 (Wohnungsdurchsuchung).

108 Die frühere deutsche Übersetzung verwendete dafür den weniger zutreffenden Begriff „Öffentliche Ruhe und Ordnung“, vgl. IntKomEMRK-*Wildhaber/Breitenmoser* 601 ff.

109 IntKommEMRK-*Wildhaber/Breitenmoser* 598.

110 Vgl. etwa EGMR 6.9.1978 Klass u.a./D (NJW **1979** 1755); 26.3.1987 Leander/Schwed (Series A 116); IntKommEMRK-*Wildhaber/Breitenmoser* 598 mit weit. Nachw.

111 Vgl. oben Rdn. 18.

lungszweck sondern dadurch gezogen, daß alle Regelungen die Voraussetzungen der Demokratieüblichkeit und Notwendigkeit erfüllen müssen und daß die Verhältnismäßigkeit des jeweiligen Eingriffs gewahrt werden muß.

18b Bei den Maßregeln im **Interesse des wirtschaftlichen Wohls** des Landes wurde ursprünglich vor allem an die Devisenkontrolle und die Wohnraumbewirtschaftung[112] gedacht[113], es dürften dadurch aber alle Maßregeln zur Sicherung der Wirtschaftsordnung erfaßt werden. Auch die Begründung strafbewehrter Mitwirkungspflichten bei einer obligatorischen Volkszählung[114] fällt hierunter.

18c Der Regelungszweck **Schutz der Gesundheit** wird weit verstanden. Er umfaßt sowohl das psychische und physische Wohlbefinden einzelner Personen oder Personengruppen als auch die öffentliche Gesundheit als Ganzes[115]. Er rechtfertigt vor allem Maßnahmen, die im Interesse der Allgemeinheit zur Bekämpfung von Krankheiten notwendig sind[116] oder die allgemein Gesundheitsschäden vorbeugen sollen. Auch die Beschlagnahme ärztlicher Unterlagen und die Aussagen der Ärzte über die HIV-Infektion eines Angeklagten in einem Strafverfahren werden dadurch gerechtfertigt, nicht aber, daß die Akten darüber mit allen Unterlagen nach zehn Jahren der Öffentlichkeit zugänglich gemacht werden sollen[117]. Gedeckt werden aber auch Maßnahmen, die im Interesse der physischen oder psychischen Gesundheit eines einzelnen notwendig sind, wie etwa die Unterbringung eines Kindes entgegen dem Willen der Eltern[118] oder die Vorführung einer Person im Verfahren zur Bestellung eines Pflegers[119].

18d Welche Maßnahmen zum **Schutz der Moral** getroffen werden dürfen, kann nicht generell gesagt werden. Die Auffassungen in den Vertragsstaaten sind dafür zu unterschiedlich[120]. Ähnlich wie beim Sittengesetz in Art. 2 Abs. 1 GG ist bei der Auslegung auf die allgemein anerkannten Moralvorstellungen in der jeweiligen nationalen Gesellschaft zurückzugreifen[121]. Die einzelnen Staaten haben hier einen weiten Beurteilungsspielraum. Eingriffe in höchst intime Bereiche des Privatlebens ohne unmittelbaren Öffentlichkeitsbezug bedürfen jedoch schwerwiegender Gründe, um sie zu legitimieren[122].

19 Zum **Schutze der Rechte und Freiheiten anderer** können die Rechte aus Art. 8 Abs. 1 MRK ebenfalls eingeschränkt werden[123]. Dies trägt dem Grundsatz Rechnung, daß die Rechte des einzelnen notwendig durch die **gleichen Rechte der anderen** begrenzt werden[124] und der Staat in Erfüllung seiner Schutzpflicht mitunter eingreifen muß, wenn die Konventionsgarantien durch Dritte gefährdet werden. So können auch Belange des Kin-

---

112 *Frowein/Peukert* 32 m. weit. Hinw.

113 *Guradze* 3.

114 EKMR EuGRZ **1983** 410.

115 IntKomEMRK-*Wildhaber/Breitenmoser* 632.

116 IntKomEMRK-*Wildhaber/Breitenmoser* 64; 637. Vgl. die Zulässigkeit der Freiheitsentziehung aus diesem Grund nach Art. 5 Abs. 1 Buchst. e MRK.

117 EGMR 25. 2. 1997 Z/Finnl. (ÖJZ **1998** 152).

118 IntKomEMRK-*Wildhaber/Breitenmoser* 638; vgl. aber auch EKMR bei *Bleckmann* EuGRZ **1983** 18, bei *Strasser* EuGRZ **1985** 522; 523, wo die Interessen des Kindes als dem Recht der Eltern vorrangiges „Recht eines anderen" gewertet werden.

119 EKMR bei *Bleckmann* EuGRZ **1983** 18 (auch für Vermögensverwaltung).

120 IntKommEMRK-*Wildhaber/Breitenmoser* 640; vgl. auch nachf. Fußn.

121 EGMR 7. 12. 1976 Handyside/GB (EuGRZ **1977** 38); krit. dazu *Ermacora* EuGRZ **1977** 363 (Übernahme des innerstaatlichen Moralbegriffes statt Entwicklung eines Europäischen Standards); vgl. auch EGMR 22. 10. 1981 Dudgeon/GB (EuGRZ **1983** 488); 24. 5. 1988 Müller u. a./CH (EuGRZ **1988** 543): ferner UN-AMR EuGRZ **1983** 342 (kein weltweit geltender gemeinsamer Maßstab); vgl. Art. 10 MRK Rdn. 27.

122 EGMR 26. 10. 1988 Norris/Irl (ÖJZ **1989** 629).

123 Zur nachträglichen Einfügung dieses Einschränkungsgrundes vgl. IntKommEMRK-*Wildhaber/Breitenmoser* 640.

124 EKMR bei *Bleckmann* EuGRZ **1983** 19 (Räumung eines unbefugt bewohnten Hauses); vgl. IntKommEMRK-*Wildhaber/Breitenmoser* 650.

deswohls dem Recht der Eltern auf gelebte Familienbeziehungen vorgehen[125]. Die vorgegebenen (immanenten) Schranken des Privatbereichs erfordern immer eine Rechtsgüterabwägung im Einzelfall[126]. Auch sonst können Maßnahmen, die zum Schutze oder der Durchsetzung des Rechtes oder der Freiheiten anderer notwendig sind, bei Wahrung des Grundsatzes der Verhältnismäßigkeit Beschränkungen und Eingriffe in den Privatbereich rechtfertigen[127]. Meist werden aber daneben kummulativ auch weitere Eingriffsgründe angeführt, wie etwa die Verhinderung strafbarer Handlungen oder der Schutz der Gesundheit und der Moral oder das wirtsschaftliche Wohl des Landes[128].

c) In einer demokratischen Gesellschaft notwendig muß jede Regelung oder Anordnung sein, mit der einer oder mehrere der zulässigen Zwecke verfolgt werden soll. Sie muß also aus der Sicht eines demokratischen Staatsbildes einem **dringenden gesellschaftlichen Bedürfnis** entsprechen. Es genügt nicht, wenn sie aus der Sicht einer demokratischen Gesellschaft nur nützlich oder zweckmäßig erscheint. Die Notwendigkeit des Eingriffs folgt nicht schon daraus, daß mit ihm ein zulässiges Ziel im Sinne das Art. 8 Abs. 2 MRK verfolgt wird. Die Notwendigkeit des Eingriffs für den konkreten Zweck ist aus der Sicht der Werte einer demokratischen Gesellschaftsordnung zu beurteilen. Sie ist also nicht an dem Maßstab einer abstrakten Staatsraison zu messen, die vom absoluten Vorrang des Staates und seiner Ziele bestimmt wird, sondern an einem Staatsverständnis, das vom Leitbild einer für die Meinungsvielfalt offenen, pluralistischen Demokratie geprägt ist, in der das Verhältnis zwischen Staat und Bürger von typischen, Staatsmacht und Staatszwecke begrenzenden Wertvorstellungen, wie Toleranz, Pluralismus der Meinungen, Volkssouveränität, Rechtsstaatsprinzip (rule of law)[129] und Anerkennung der Grundrechte und insbesondere von dem Grundsatz der Verhältnismäßigkeit beherrscht wird[130]. Dies schließt nicht aus, besondere zeitbedingte Umstände, wie etwa die Erfordernisse der Terrorismusbekämpfung, mitzuberücksichtigen[131]. Als Indiz für die Demokratie-Üblichkeit wird dabei gewertet, daß auch eine Reihe anderer Mitgliedstaaten in ihrer Rechtsordnung gleichartige Maßnahmen zulassen. 20

Der Beurteilungsspielraum, der die einzelnen Staaten auch insoweit haben, wird hinsichtlich der Wahl der Maßnahmen, die sie im Interesse eines der in Art. 8 Abs. 2 aufgeführten Zweckes treffen wollen, unterschiedlich weit bemessen. Maßgebend dafür ist eine wägende Gesamtschau, bei der die Art des Eingriffs, die besonderen Umstände des Einzelfalls und das Gewicht der kollidierenden Interessen[132] ebenso zu berücksichtigen sind wie die Auswirkung der konkreten Maßnahme auf den einzelnen und die Bedeutung des vom Eingriff betroffenen Rechts in einer demokratischen Gesellschaft. 21

---

[125] Vgl. etwa EGMR 24. 3. 1988 Olsson/Schwed (EuGRZ **1988** 591); sowie nachf. Fußn.

[126] Vgl. etwa EGMR 24. 3. 1988 Olsson/Schwed (EuGRZ **1988** 591); 30. 3. 1989 Chappel/GB (Series A 152 A); 7. 7. 1989 Gaskin/GB (Series A 160); IntKommEMRK-*Wildhaber/Breitenmoser* 650 und die weiteren Beispiele 652 ff.

[127] EKMR bei *Bleckmann* EuGRZ **1983** 18 (Vermutung, daß Notar geisteskrank, wenn er ärztliche Untersuchung verweigert, die wegen seiner für die Allgemeinheit wichtigen Funktion zum Schutze Dritter erforderlich).

[128] Vgl. etwa EGMR 24. 3. 1988 Olsson/Schwed (EuGRZ **1988** 591); IntKommEMRK-*Wildhaber/Breitenmoser* 646 mit weit. Nachw. sowie nachf. Fußn.

[129] Etwa EGMR 7. 12. 1976 Handyside/GB (EuGRZ **1973** 38); 13. 8. 1981 Young u. a./GB (EuGRZ **1981** 559); vgl. ferner 8. 7. 1987 W/GB (EuGRZ **1990** 533).

[130] Vgl. etwa EGMR 18. 2. 1991 Moustaquim/Belg (ÖJZ **1991** 452); 29. 4. 1999 Chassagnou/F (NJW **1999** 3695); *Meyer-Ladewig* 42. Auch eine der Schwere des Eingriffs entsprechende Einbeziehung der Betroffenen in den Entscheidungsprozeß durch Anhörung und Information kann dazu gehören, vgl. EGMR 8. 7. 1987 W/GB (EuGRZ **1990** 533).

[131] EKMR EuGRZ **1983** 430 (MCVeigh u. a.).

[132] Etwa EGMR 7. 8. 1996 Johansen/Norw (ÖJZ **1997** 75); 29. 9. 1996 Buckley/GB (ÖJZ **1997** 313).

Grundsätzlich wird die Freiheit des Staates, selbst zu entscheiden, welche Maßnahme im jeweiligen Fall zweckmäßig ist, vom Gerichtshof anerkannt[133]. Dieser hat wiederholt hervorgehoben, daß die Auslegung und Anwendung des innerstaatlichen Rechts Sache der innerstaatlichen Behörde und Gerichte ist. Er sieht es nicht als seine Aufgabe an, Gesetze abstrakt nachzuprüfen oder seine eigene Auffassung über die Zweckmäßigkeit einer innerstaatlichen Maßnahme oder über die damit von dem jeweiligen Staat verfolgte Politik an die Stelle der Auffassung der nationalen Behörden zu setzen, zumal diese unter Berücksichtigung der örtlichen Gegebenheiten, Bedürfnisse und Traditionen darüber sachnäher entscheiden können[134]. Er behält sich aber die **einzelfallbezogene Kontrolle** darüber vor, ob eine konkrete Maßnahme in einem **demokratischen Staate wirklich notwendig ist** und die dafür angeführten Gründe stichhaltig und ausreichend sind[135]. Dabei wird vorausgesetzt, daß die Staaten bei Erlaß der einschlägigen Regelungen und bei Anordnung eines Eingriffs „vernünftig, sorgfältig und in gutem Glauben" handeln[136] und daß ihre Entscheidungen nicht von Gesichspunkten beeinflußt sind, die eine unzulässige Diskriminierung bedeuten[137]. Die Maßnahmen dürfen im Einzelfall[138] den Wesensgehalt des verbürgten Privatbereiches nicht aushebeln[139]; vor allem müssen sie gegenüber dem mit ihnen verfolgten legitimen Zweck **verhältnismäßig** sein[140]. Es muß ein **faires Gleichgewicht** zwischen den kollidierenden Interessen bestehen. So wird etwa der Anspruch des Betroffenen auf Achtung seines Privat- und Familienlebens abgewogen mit den Interessen anderer Personen, vor allem mit dem Wohl betroffener Kinder[141] oder dem Interesse des einzelnen am Schutz seiner Wohnung und den Landschafts- und Bauplanungen öffentlicher Stellen[142] oder den Interessen der Gemeinschaft an der Verteidigung der Ordnung und der Verhinderung strafbarer Handlungen[143]. Soweit bei der **Gewichtung der kollidierenden Interessen** auch Gesichtspunkte in Betracht zu ziehen sind, die in der Person eines Betroffenen liegen, ist dieser nach Möglichkeit in angemessener Form in den **Entscheidungsprozeß miteinzubeziehen** und zu den beabsichtigten Maßnahmen und den vorliegenden Beweismitteln zu hören. Die für die Feststellung eines fairen Gleichgewichts notwendige Abwägung erfordert grundsätzlich, daß der Betroffene vorher eine ausreichende Möglichkeit hatte, auch selbst seine Belange geltend zu machen, damit sie bei der erforderlichen Abwägung angemessen berücksichtigt werden können, diese also das Ergebnis eines fairen Verfahrens[144] ist.

---

[133] Etwa EGMR 6.9.1978 Klass ua/D (EuGRZ **1979** 278); ferner etwa EGMR 7.12.1996 Handyside/GB (EuGRZ **1977** 38); *Frowein/Peukert* 14.

[134] Vgl. EGMR 26.3.1987 Leander/Schwed (Series A 116); 29.9.1996 Buckley/GB (ÖJZ **1997** 313).

[135] *Meyer-Ladewig* 44.

[136] Vgl. etwa EGMR 22.10.1981 Dudgeon/GB (EuGRZ **1983** 488); EKMR bei *Bleckmann* EuGRZ **1981** 121; *Frowein/Peukert* Vorbem. zu Art. 8 bis 11 Rdn. 15; *Meyer-Ladewig* 45; ferner UN-AMR EuGRZ **1981** 394.

[137] Vgl. etwa EGMR 23.6.1993 Hoffmann/Ö (EuGRZ **1996** 648: Religionszugehörigkeit).

[138] Vgl. etwa EKMR bei *Strasser/Weber* EuGRZ **1987** 560 (keine allgemeine Aussage über Grenze zwischen zulässigen und unzulässigen Maßnahmen bei Kontrolle der Gefangenenpost).

[139] *Frowein/Peukert* Vorbem. zu Art. 8 bis 11 Rdn. 15.

[140] Vgl. EGMR 22.10.1981 Dudgeon/GB (EuGRZ **1983** 448); 25.3.1985 Barthold/D (**1985** 174); 26.10.1988 Norris /Irl. (**1992** 447).

[141] Etwa EGMR 26.6.1994 Keegan/Irl (EuGRZ **1995** 113); 7.8.1996 Johansen/Norw (ÖJZ **1997** 75).

[142] Etwa EGMR 29.9.1996 Buckley/GB (ÖJZ **1997** 313: stationärer Wohnwagen); *Meyer-Ladewig* 33.

[143] EGMR 26.3.1992 Beldjoudo/F (EuGRZ **1993** 556); 29.1.1997 Bouchelkia/F (ÖJZ **1998** 116); 25.9.2001 P G, J H/GB (ÖJZ **2002** 911); 28.1.2003 Peck/GB (ÖJZ **2004** 651) mit weit. Nachw.

[144] Etwa 8.7.1987 W.K/GB (EuGRZ **1990** 533); 26.5.1994 Keegan/Irl (EuGRZ **1995** 113); 24.2.1995 McMichael/GB (ÖJZ **1995** 704); 25.9.1996 Buckley/GB (ÖJZ **1997** 313); 11.7.2000 Ciliz/D (NJW **2001** 547); 13.7.2000 Elsholz/D (NJW **2001** 2315): 17.12.2002 (ÖJZ **2004** 275); *Grabenwarter* § 22, 45; *Meyer-Ladewig* 29, 43; vgl. Rdn. 32a.

III. Die geschützten Bereiche

1. Privatleben

a) Der **Begriff des Privatlebens**, den beide Konventionen nicht näher bestimmen, entzieht sich weitgehend einer begrifflichen Abgrenzung[145]. Er umfaßt das Recht auf persönliche Entwicklung und auf physische und moralische Sicherheit[145a]. Dies umschließt die körperliche, geistige und seelische Befindlichkeit der Person[146], alle ihre Individualität kennzeichnenden Befugnisse, wie ihr Recht auf einen Namen[147] oder ihr Recht am eigenen Bild[148], ferner den gesamten Bereich der individuellen und autonomen Lebensgestaltung des einzelnen mit all seinen Handlungen, Unterlassungen aber auch seine Beziehungen zu anderen Personen einschließlich des Sexualverhaltens, soweit dabei die Grenzen des Privaten nicht verlassen werden[149]. Der Bereich des Nichtöffentlichen darf nicht eng ausgelegt werden[150]. Dazu gehört das Recht, in Ruhe gelassen zu werden, vor allem dort, wo Rechte Dritter nicht berührt sind[151]; dies schließt selbst das Recht ein, in einer Gefängniszelle nicht heimlich abgehört oder durch verdeckte Videoaufnahmen erfaßt zu werden[152]. Zum Bereich des Nichtöffentlichen gehört aber auch die Möglichkeit, Beziehungen zu anderen Menschen anzuknüpfen und zu unterhalten[153], sich mit ihnen auch außerhalb der Wohnung im öffentlichen Raum zu treffen, Lokale zu besuchen oder sonst etwas gemeinsam zu unternehmen. Privatleben umfaßt letztlich, negativ abgegrenzt, alles, was nicht der Teilnahme am Leben der Gemeinschaft und dem dazu gehörenden allgemeinen Umgang mit anderen Personen zuzurechnen ist[154]. Das Privatleben schließt zumindest in wesentlichen Teilen auch die als Schutzgut besonders erwähnten Bereiche der Familie, der Wohnung und der Kommunikation mit anderen Personen mit ein, es geht aber darüber hinaus[155]. Eine erschöpfende abstrakte Abgrenzung des geschützten Bereiches erscheint wegen der sich mit den Verhältnissen und Anschauungen ändernden Grenzen des staatsfreien Raumes und wegen der vor allem in den Randbereichen auftretenden Zweifels- und Wertungsfragen kaum erfolgversprechend[156]. Sie würde bei der Beurteilung der konkreten Fälle kaum weiterführen, da diese sich meist nur im Zusammenhang mit der Frage nach der Zulässigkeit staatlicher Eingriffe bzw. der Verletzung des staatlichen Schutz- und Achtungsanspruchs stellt. Abge- 22

---

145 Etwa EGMR 25.9.2001 P G & J H/GB (ÖJZ **2002** 913). Zu den Schwierigkeiten einer allgemeingültigen Begriffsbestimmung und zum pragmatischen Vorgehen vgl. IntKommEMRK-*Wildhaber/Breitenmoser* 96 ff.

145a EGMR 12.3.2003 Kück/D (NJW **2004** 2505 Transsexualität). Weitere Beispiele Rdn. 23.

146 EGMR 26.3.1985 X,Y/Ndl (EuGRZ **1985** 297); 15.3.1993 Costello-Roberts/GB (ÖJZ **1993** 707); 22.2.1994 Burghartz/CH (ÖJZ **1994** 559); EKMR ÖJZ **1993** 320 (Friedl/Ö); östr. VfGH EuGRZ **1990** 162; *Evers* EuGRZ **1984** 283, *Meyer-Ladewig* 5.

147 Art. 24 Abs. 2, 3 IPBPR bestätigen das für die eigene Identität wichtige Recht auf einen Namen, wenn sie ausdrücklich das Recht jedes Kindes unverzüglich nach der Geburt einen Namen zu erhalten und registriert zu werden sowie sein Recht auf den Erwerb einer Staatsangehörigkeit ausdrücklich garantieren. Vgl. auch Rdn. 25.

148 EGMR 24.6.2004 Caroline v. Hannover/D (NJW **2004** 2647).

149 IntKommEMRK-*Wildhaber/Breitenmoser* 124 ff; ferner 143, 152 ff (in der Öffentlichkeit angebotene Prostitution); *Meyer-Ladewig* 3; vgl. ferner die Entscheidungen des EGMR Rdn. 24.

150 EGMR 16.2.2000 Amann/CH (ECHR 2000 II); 4.5.2000 Rotaru/Rum (ÖJZ **2001** 74).

151 *Nowak* 15.

152 EGMR 5.11.1001 Allan/GB (JR **2004** 127, dazu *Esser* JR **2004** 98 = StV **2003** 257 mit Anm. *Gaede*).

153 Vgl. etwa EKMR EuGRZ **1979** 566 (van Oosterwijk).

154 *Evers* EuGRZ **1984** 284 („Abzugsverfahren").

155 Vgl. etwa EKMR bei *Strasser* EuGRZ **1985** 511 (Recht auf Lösung der Familienbande; Ehelichkeitsanfechtung).

156 EKMR und EGMR definieren sie nicht erschöpfend. Vgl. EKMR EuGRZ **1980** 170 (X/Belg); zu den einzelnen Abgenzungsversuchen IntKommEGMR-*Wildhaber/Breitenmoser* 96 ff.

sehen von dem nur selten berührten, für den Staat unantastbaren Kernbereich der Persönlichkeitssphäre[157] korrespondieren aber die nach Ort, Zeit und Anschauungen in den Randbereichen oszillierenden Grenzen des Privatbereichs auch mit den vom Gesetzgeber vorgesehenen und von Art. 8 Abs. 2 MRK unter den Voraussetzungen der Notwendigkeit, Verhältnismäßigkeit und Demokratieüblichkeit zugelassenen Eingriffsmöglichkeiten[158], da diese im Umkehrschluß auch dessen aktuellen Raum verdeutlichen.

23 b) Zu den **vielgestaltigen Erscheinungsformen**, in denen sich die **private Individualität einer Person** ausdrückt und die deshalb dem Privatleben zuzurechnen sind, gehört das **Recht auf Identität** und der Entwicklung der eigenen Person einschließlich der Kenntnis der dafür wesentlichen Umstände der **eigenen Herkunft**, wie Geburt und Identität der natürlichen Eltern[159], ferner das für die persönliche Identifizierung in der Gemeinschaft wichtige Recht auf Vor- und Familiennamen[160]. Mit dem Privatleben wird auch das Recht auf eine **selbstgewählte private Lebensführung** mit allen dazu gehörenden Tätigkeiten und Konsequenzen in allen Varianten[161] geschützt, so auch der private Umgang mit anderen Personen und das grundsätzliche Recht, das Bild der äußeren Erscheinung, wie Kleidung oder Haartracht, selbst zu bestimmen[162]. Auch die **körperliche und seelische Integrität** und die geistige Gesundheit gehören dazu[163]. Die Verfügungsmacht über den eigenen Körper schließt die Befugnis ein, sich Gefahren auszusetzen sowie sich für eine ungesunde Lebensweise zu enscheiden, zu rauchen oder zu trinken sowie grundsätzlich auch, sich den Arzt selbst auszuwählen oder auch eine ärztliche Behandlung abzulehnen[164]. Auch die durch Art. 2 MRK nicht eingeschränkte Befugnis, sich auf Grund einer eigenen freien Willensentscheidung selbst zu töten[165], rechnet dazu. Teil der privaten Lebensführung ist auch das im Gefühlsbereich für die Entwicklung und Erfüllung der eigenen Persönlichkeit wichtige Recht, **Beziehungen zu anderen Menschen** aufzunehmen, zu unterhalten und zu beenden[166], wozu auch das Sexualleben gehört[167], ferner sich durch Kinder fortzupflanzen[168], sich dabei auch der Mittel der Fortpflanzungstechnologie zu bedienen[169] oder aber sich gegen eine Fortpflanzung zu entscheiden[170], ferner auf Anerkennung einer vollzogenen (irreversiblen) Geschlechtsumwandlung mit allen damit verbundenen rechtlichen Konsequenzen[171]. Die Achtung des Privatlebens kann auch die

---

157 BVerfG ständ. Rspr., etwa BVerfGE **34** 245; *Schmitt-Gläser* in Isensee/Kirchhoff Handbuch des Staatsrechts, Bd. **5** § 129, 35; ob es einen solchen gibt oder ob nach dem Verhältnismäßigkeitsgrundsatz nur die Anforderungen an die Eingriffsvoraussetzungen wachsen, ist strittig, vgl. LR-*Gollwitzer* § 244 StPO 201; *Geis* JZ **1991** 112.

158 Vgl. Rdn. 20 ff.

159 EGMR 7.2.2002 Miculić/Kroatien (Rep 2002-I); 13.2.2003 Odièvre/F (NJW **2003** 2145: Geheimhaltung der Personalien der Mutter nach anonymer Geburt); dazu *Benda* JZ **2003** 533; *Lux-Wesener* EuGRZ **2003** 555; *Verschruegen* ÖJZ **2004** 1).

160 Vgl. EGMR 22.2.1994 Burghartz/CH (ÖJZ **1994** 559); 25.11.1994 Stjerna/Finnl (Series A 299: Kein Recht auf Namensänderung), 24.10.1996 Guillot/F (ÖJZ **1997** 518). Das Recht der Eltern, ihrem Kind einen Vornamen zu geben, kann im Interesse des Kindes zahlenmäßig begrenzt werden (vgl. BVerfG NJW **2004** 1586: keine 12 Vornamen).

161 Vgl. *Meyer-Ladewig* 3 ff.

162 IntKommEMRK-*Wildhaber/Breitenmoser* 121.

163 EGMR 6.2.2001 Bensaid/GB (Rep 2001-I); 13.2.2003 Odièvre/F (NJW **2003** 2145); *Meyer-Ladewig* 3.

164 IntKommEMRK-*Wildhaber/Breitenmoser* 270 ff, auch zu den Fragen der Sterbehilfe; *Nowak* 18.

165 IntKommEMRK-*Wildhaber/Breitenmoser* 267 ff.

166 EKMR EuGRZ **1978** 199 (Brüggemann); *Frowein/Peukert* 4; *Nowak* 24.

167 Etwa einvernehmliche homosexuelle Handlungen zwischen Erwachsenen EGMR 22.10.1981 Dudgeon/GB (EuGRZ **1983** 488); 26.10.1988 Norris/Irl (EuGRZ **1992** 477); 22.4.1993 Modinos/Zyp (ÖJZ **1993** 821); ferner auch 27.9.1999 Smith,Grady/GB (NJW **2000** 2089: Entlassung aus der Armee); *Frowein/Peukert* 4; *Meyer-Ladewig* 7; *Nowak* 25.

168 IntKommEMRK-*Wildhaber/Breitenmoser* 184 ff.

169 Dazu *Fahrenhorst* EuGRZ **1988** 125; IntKommEMRK/*Wildhaber/Breitenmoser* 192 ff.

170 IntKommEMRK-*Wildhaber/Breitenmoser* 189.

171 Unter Hinweis auf die verändernden Anschauungen jetzt EGMR 11.7.2000 Goodwin/GB (NJW-RR **2004** 289); 12.6.2003 Kück/D (NJW **2004** 2505: Kostenerstattung für geschlechtsangleichende Maßnahmen); zurückhaltender früher 22.9.1990 Cossey/GB (ÖJZ **1991** 173) und 25.3.1992 B/F (ÖJZ **1992** 625); Namensänderung, aber keine Verpflichtung des Staates zur Änderung der Eintra-

Rücksichtnahme auf die **Sitten und Gebräuche einer Minderheit** und die Respektierung einer ihr gemäßen Lebensweise erfordern[172]. Die wirksame Achtung des Privatlebens verbietet den Staat aber nicht nur Eingriffe in dieses ohne einen dies rechtfertigenden ausreichenden Grund. Neben den negativen Unterlassungspflichten können sich für ihn unter besonderen Unständen aus der Achtungspflicht auch **positive Schutzpflichten** ergeben[173].

Die **Grenze des eigenen Privatbereichs** ist dort überschritten, wo durch dessen Ausleben unbeteiligte Personen unmittelbar beeinträchtigt werden, insbesondere Rechte Dritter verletzt werden, ferner, wo das Verhalten in öffentliche Belange hineinwirkt. Im übrigen darf der Staat in Manifestationen der Individualität nur eingreifen, wenn dies aus einem der in Art. 8 Abs. 2 MRK aufgeführten triftigen Gründe des Gemeinwohls unerläßlich ist, etwa für Zwecke einer erkennungsdienstlichen Behandlung wegen des Verdachts einer Straftat[174] oder aus hygienischen Gründen[175]. Der Eingriff, der in einer zwangsweisen Untersuchung, Blutentnahme; Stimmenaufzeichnung für den Stimmenvergleich[176] und dergleichen[177] liegt, ist auf Grund eines Gesetzes im Interesse der Strafverfolgung oder ähnlicher wichtiger Belange im Sinne des Art. 8 Abs. 2 MRK, wie etwa die Vaterschaftsfeststellung[178] zulässig; dies gilt auch für die hierbei oder aus anderem Anlaß gewonnenen Erkenntnisse über körperliche, geistige und seelische Befindlichkeiten[179]. Zu den Eingriffen in die körperliche und geistige Unversehrtheit rechnen auch staatliche Maßnahmen der Heilbehandlung oder Betreuung, wie die Einweisung in eine psychiatrische Klinik oder die Bestellung eines Pflegers[180]. **24**

Aus dem Schutz der Privatheit folgt das **Recht, vom Staat in diesem Bereich in Ruhe gelassen zu werden**. Im Verbot für Gastwirte, Alkohol in der angrenzenden Wohnung aufzubewahren, wurde aber ein durch Art. 8 Abs. 2 MRK gerechtfertigter Eingriff in den Privatbereich gesehen[181]. Ein Eingriff liegt auch im Verlangen von Auskünften über die eigenen Vermögensverhältnisse oder die Verwendung eigener Mittel; eine solche staatliche Maßnahme kann aber durch Art. 8 Abs. 2 MRK gedeckt sein[182]. Gleiches gilt grundsätzlich auch bei Eingriffen in berufliche oder geschäftliche Aktivitäten[183], die zum Privatbereich gerechnet werden, soweit sie nicht aus diesem heraus in die Öffentlichkeit treten, wie etwa bei der Werbung. Soweit sich Vorgänge **im öffentlichen Raum** vollziehen, **25**

gung im Geburtenregister); 30. 7. 1998 Sheffield; Horsham/GB (ÖJZ **1999** 571); EKMR EuGRZ **1979** 566 (van Oosterwijk); **1981** 127; vgl. ferner EGMR 23. 4. 1997 X, Y, Z/GB (ÖJZ **1998** 271: kein Recht auf Eintragung als Vater eines Kindes nach künstlicher Insemination des Partners); zur Entwicklung der Rechtsprechung *Frowein/Peukert* 10; *Meyer-Ladewig* 8; *Peters* 157; vgl. ferner *Nowak* 17; BVerfGE **49** 286.

172 EGMR 25. 5. 2000 Noack u. a./D (NVwZ **2001** 307 L: Sorben, Gemeinde Horno); vgl. auch EGMR 18. 1. 2001 Chapman ua/GB (Reports 2001-I: Wohnwagen von Roma); *Meyer-Ladewig* 16.

173 Vgl. dazu. Rdn. 26, 34.

174 Etwa EGMR 17. 12. 1996 Saunders/GB (ÖJZ **1998** 32); EKMR EuGRZ **1983** 430 (McVeigh); *Frowein/Peukert* 7; *Nowak* 17; ferner Art. 3 MRK Rdn. 28.

175 Vgl. EKMR EuGRZ **1981** 119; bei *Bleckmann* EuGRZ **1982** 311 (Befehl, Haare schneiden zu lassen); dazu IntKommEMRK-*Wildhaber/Breitenmoser* 123.

176 EGMR 25. 9. 2001 P G & J H/GB (ÖJZ **2002** 911).

177 EKMR bei *Bleckmann* EuGRZ **1981** 120; **1982** 537; *Frowein/Peukert* 12; IntKommEMRK-*Wildhaber/Breitenmoser* 254, 255.

178 EKMR bei *Bleckmann* EuGRZ **1981** 120; *Frowein/Peukert* 12.

179 Vgl. etwa EKMR bei *Bleckmann* EuGRZ **1982** 537 (Untersuchung des Geisteszustands und Aufbewahrung der Daten hierüber); vgl. IntKommEMRK-*Wildhaber/Breitenmoser* 120.

180 EKMR bei *Bleckmann* EuGRZ **1982** 311.

181 EKMR bei *Bleckmann* EuGRZ **1982** 311 (Schutz vor Umgehung eines der Gesundheit dienenden Verbots); *Frowein/Peukert* 7.

182 EKMR bei *Bleckmann* EuGRZ **1983** 425 (Auskunft an Finanzbehörde); *Frowein/Peukert* 12; IntKommEMRK-*Wildhaber/Breitenmoser* 123.

183 EGMR 16. 12. 1992 Niemietz/D (EuGRZ **1993** 65 Durchsuchung einer Anwaltskanzlei); ferner 25. 6. 1997 Halford/GB (ÖJZ **1998** 311).

wird man unterscheiden müssen: An sich endet die Privatsphäre nicht bereits dadurch, daß sich jemand in der Öffentlichkeit bewegt; denn Privatsphäre ist nicht räumlich sondern vom Schutzzweck her funktional zu verstehen[184]. Ein Privatgespräch zwischen zwei Personen ist auch dann Bestandteil ihres Privatbereichs, wenn sie es auf der Straße oder in einem öffentlichen Lokal führen[185]. Soweit der Betroffene sich aber bewußt selbst zum Teil der Öffentlichkeit macht, etwa weil er an besonderen öffentlichen Ereignissen aktiv teilnimmt oder weil er Tätigkeiten ausübt, bei denen er weiß oder zumindest damit rechnen muß, daß sie zum Gegenstand öffentlicher Berichte gemacht oder aufgezeichnet werden, endet in der Regel sein Privatbereich, da er vernünftigerweise insoweit keinen besonderen Schutz erwarten kann[186]. Gleiches gilt für Situationen, wo er undifferenziert mit einer Mehrzahl von Personen von allgemeinen Maßnahmen der Überwachung und Kontrolle betroffen wird. Sein Privatbereich ist nicht verletzt, wenn er bei der generellen Video-Überwachung einer Straße, eines Bahnhofs oder eines Kaufhauses mit aufgenommen wird[187]. Die Offenlegung der bei einer generellen Straßenüberwachung gewonnenen Aufnahmen einer Person durch eine öffentliche Stelle kann aber einen schweren Eingriff in das Privatleben des Betroffenen bedeuten[187a]. Der Privatbereich ist nicht verletzt, wenn ein Teilnehmer an einer Veranstaltung sich ebenso wie alle anderen in eine Anwesenheitsliste eintragen muß. Erst recht ist der Privatbereich nicht berührt, wenn jemand öffentliche Erklärungen abgibt oder sich auf Tätigkeiten einläßt, von denen er weiß, daß sie für die Öffentlichkeit aufgezeichnet werden; dies kann anders zu beurteilen sein, wenn der ihm bekannt gegebene Verwendungszweck solcher Aufzeichnungen überschritten wird oder wenn das im öffentlichen Bereich gewonnene Material ohne sein Wissen von einer Stelle systematisch gesammelt oder ausgewertet wird[188]. Eine gezielte systematische oder **ständige heimliche Aufzeichnung** vom Verhalten oder von Äußerungen des Betroffenen, etwa im Rahmen einer verdeckten Ermittlung, greifen in seine Privatsphäre ein, selbst wenn die Aufzeichnungen nur im öffentlichen Raum gemacht wurden[189]. **Fotos**, die die Polizei von den **Teilnehmern einer öffentlichen Demonstration** gemacht hatte, wurden dagegen nicht als Verletzung von deren Privatsphäre eingestuft[190]. Dem ist zuzustimmen, denn die Teilnehmer einer Demonstration bezwecken ja damit, daß die Öffentlichkeit ihr Engagement für eine bestimmte Sache wahrnimmt. Ein Eingriff in die Privatsphäre liegt aber vor bei **heimlichen Stimm- und Tonaufnahmen** in einer Polizeizelle, auch wenn dadurch nur Material für einen Stimmvergleich gewonnen werden sollte[191]. Ein Recht, die **Staatsangehörigkeit** eines bestimmten Staates zu erlangen, kann aus Art. 8 MRK grundsätzlich nicht hergeleitet werden; allenfalls in besonders gelagerten Ausnahmefällen könnte die willkürliche Verweigerung des Erwerbs der Staatsangehörigkeit und die daraus sich ergebenden Folgen auch unter dem Gesichtspunkt der Verletzung einer Schutzpflicht aus Art. 8 (Familie) zu prüfen sein[192].

---

[184] Vgl. IntKommEMRK-*Wildhaber/Breitenmoser* 118, ferner Rdn. 96 ff zu den Schwierigkeiten einer allgemeinen Abgrenzung und Rdn. 114 ff zur Praxis der Konventionsorgane.

[185] EGMR 25.9.2001 P. G & J. H/GB (ÖJZ **2002** 911).

[186] EGMR 25.9.2001 P. G & J. H/GB (ÖJZ **2002** 911: signifikanter, wenn auch nicht notwendig endgültig entscheidender Umstand).

[187] EGMR 25.9.2001 P. G & J. H/GB (ÖJZ **2002** 911).

[187a] EGMR 28.1.2003 Peck/GB (ÖJZ **2004** 651: Verhinderung eines Selbstmordes auf der Straße dank Videoüberwachung; Veröffentlichung von Bildern der sich daran anschließenden Vorgänge ohne ausreichende Unkenntlichmachung der Person).

[188] EGMR 25.9.2001 P. G & J. H/GB (ÖJZ **2002** 911) unter Hinweis auf die gleiche Lage beim gezielten Sammeln von Informationen in Akten EGMR 16.2. 2000 Amann/CH (ÖJZ **2001** 71); 4.5.2000 Rotaru/Rum (ÖJZ **2001** 74).

[189] Vgl. Rdn. 25b; ferner zu dem in der heimlichen Telefonüberwachung zugleich vorliegenden Eingriff in die Korrespondenz Rdn. 36, 37.

[190] Vgl. EKMR Friedl/Ö (ÖJZ **1993** 320); EGMR 25.9.2001 P. G & J. H/GB (ÖJZ **2002** 911) und *Meyer-Ladewig* 3.

[191] EGMR 25.9.2001 P. G & J. H/GB (ÖJZ **2002** 911).

[192] EGMR 12.1.1999 Karrassen/Finl (NVwZ **2000** 3001); *Meyer-Ladewig* 15.

Der Schutz persönlicher Daten gehört ebenfalls zur Achtung des Privatlebens. Der in ihrer Sammlung, Speicherung, Verarbeitung, Weitergabe und Verwendung durch andere Stellen liegende Eingriff einer öffentlichen oder privaten Stelle ist deshalb nur zulässig, wenn der Betroffene zugestimmt hat oder wenn eine Rechtsnorm dies gestattet, weil es für einen der in Art. 8 Abs. 2 MRK aufgeführten Zwecke notwendig ist. Bei der erforderlichen Interessenabwägung zwischen dem jeweiligen Eingriffszweck[193] und den schutzwürdigen Belangen des betroffenen Einzelnen kommt es darauf an, zu welchem Zweck die Daten verwendet werden sollen, an wem sie weitergegeben werden und ob der Empfänger ebenfalls zu deren Geheimhaltung verpflichtet ist, ferner, wie sensibel die jeweiligen Daten sind und wie stark deshalb der mit der Weitergabe verbundene Eingriff in den Privatbereich ist. Bei der Weitergabe **persönlicher Daten über den Gesundheitszustand** spielt es daher eine Rolle, ob diese Daten von einem Krankenhaus an einen ebenfalls zur Geheimhaltung verpflichteten Sozialversicherungsträger übermittelt wurden[194] oder aber der Öffentlichkeit zugänglich werden[195]. Ob ein Eingriff zum Schutze demokratischer Einrichtungen notwendig ist, ist eng auszulegen[196], im übrigen aber wird dem Staat hierbei sowie auch hinsichtlich Art und Ausmaß des konkreten Eingriffs ein gewisser Beurteilungsspielraum zuerkannt[197]. **25a**

Sowohl das **geheime Erforschen personenbezogener Informationen** als auch deren **Aufbewahren** greift in den Privatbereich der davon betroffenen Personen ein. Es bedarf daher eines den Eingriff rechtfertigenden Grundes nach Art. 8 Abs. 2 MRK; die Schwere und Intensität des Eingriffs darf nicht außer Verhältnis zu dem mit ihm verfolgten Zweck stehen, er muß außerdem zu seiner Vorhersehbarkeit zum Ausschluß von Willkür eine hinreichende Rechtsgrundlage[198] haben und in einer demokratischen Gesellschaft notwendig sein. Zur Achtung des Privatbereiches gehört das **Freisein von einer ständigen Beobachtung** im eigenen Heim ebenso wie in anderen Räumen[199] oder in der Öffentlichkeit. Auch darin, daß die Polizei einem Bürger ein Gerät zur Aufzeichnung der Telefongespräche mit zu überwachenden Personen zur Verfügung stellt, liegt ein Eingriff in das Privatleben dieser Personen[200]. Geheime Ton- oder Bildaufzeichnungen bedürfen deshalb einer ausreichenden Rechtsgrundlage[201] und der Rechtfertigung durch einen der Schwere des Eingriffs angemessenen Grund[202]. Gleiches gilt aber bereits für das systematische Erfassen und Speichern persönlicher Daten, ohne Rücksicht darauf, ob sie offen oder verdeckt gewonnen wurden und wie sensibel ihr Inhalt ist[203]. Bei allen solchen Eingriffen genügt es aber nicht, daß der Staat sich bei Sammeln, Aufbewahren und Weiter- **25b**

193 Vgl. EGMR 25.9.2001 P G, J H/GB (ÖJZ **2002** 911 Stimmproben für Sprachidentifizierung).

194 EGMR 27.8.1997 M S/Schwed (ÖJZ **1998** 587); vgl. auch 27.8.1997 Anne-Marie Anderson/Schwed (ÖJZ **1998** 585), wo dies nur unter dem Blickwinkel des Zugangs zum Gericht nach Art. 6 Abs. 1 MRK behandelt wurde.

195 EGMR 25.2.1997 Z/Finnl (ÖJZ **1998** 152).

196 EGMR 4.5.2000 Rotaru/Rum (ÖJZ **2001** 74).

197 EGMR 25.2.1997 Z/Finnl (ÖJZ **1998** 152); *Meyer-Ladewig* 12; vgl. auch die Vorabentscheidung des EuGH 20.5.2003 (EuGRZ **2003** 232) zur Richtlinie 95/46 EG und den (engen) Voraussetzungen, unter denen die Namensnennung der Bezieher höherer Gehälter in einem der Öffentlichkeit zugänglichen Bericht des Rechnungshofes zulässig sein kann.

198 25.3.1998 Kopp/CH (ÖJZ **1999** 115); 25.9.2001 P G, J H/GB (ÖJZ **2002** 119).

199 Vgl. EGMR 5.11.2002 Allan/GB (StV **2003** 257: geheime Ton- und Videoaufzeichnungen in der Gefängniszelle); auch EGMR 25.9.2001 P G, H J/GB (ÖJZ **2002** 911: Aufzeichnung für Stimmvergleich).

200 EGMR 8.4.2002 MM/Ndl; *Goedecke* Jahrbuch für internationales Recht **44** (2003) 606, 621.

201 EGMR 2.8.1984 Malone/GB (EuGRZ **1985** 17); 12.7.1988 Schenk/CH (EuGRZ **1988** 390); 25.3.1998 Kopp/CH (ÖJZ **1999** 115); 12.5.2000 Kahn/GB (JZ **2000** 993 mit Anm. *Kühne/Nash*); 16.10.2000 Amann/CH (ECHR 2000 II); 25.9.2001 P G, J H/GB (ÖJZ **2002** 911).

202 *Frowein/Peukert* 7. *Meyer-Ladewig* 10; zur Telefonüberwachung vgl. Rdn. 38.

203 EGMR 16.2.2000 Amman/Ch (ÖJZ **2001** 71); 4.5.2000 Rotaru/Rum (ÖJZ **2001** 74); 25.9.2001 P G, J H/GB (ÖJZ **2002** 911).

gabe der Daten in den ihm durch das nationale Recht in Übereinstimmung mit Art. 8 Abs. 2 MRK vorgegebenen Grenzen hält; auch bei einem danach zulässigen Eingriff erwachsen ihm Schutzpflichten. Er muß nicht nur die jeweils erforderlichen Garantien gegen eine mißbräuchliche Verwendung dieser Daten vorsehen[204], er muß, zumindest bei Bekanntwerden des Vorhandenseins solcher Daten, dem Betroffenen gegen deren Speicherung und Inhalt einen wirksamen innerstaatlichen Rechtsbehelf nach Art. 13 MRK eröffnen[205] und er muß auch ausdrücklich regeln, daß derart erlangte Daten gelöscht werden, wenn sie für den Zweck, der ihre Erhebung gerechtfertigt hat, nicht mehr gebraucht werden. Die Aufbewahrung entgegen einer nationalen Löschungsvorschrift verletzt Art. 8 MRK[206]. Das Einholen von Auskünften über die von einem bestimmten Anschluß aus hergestellten Telefonverbindungen ist ebenfalls ein Eingriff in das Privatleben und auch in die Korrespondenz[207]. Vergleichbare Anforderungen gelten für andere staatliche Eingriffe, wie etwa für Durchsuchungen und Beschlagnahmen zum Zwecke der Strafverfolgung. Solche Maßnahmen berühren den Privatbereich über den Eingriff in die Wohnung hinaus, wenn sie sich auf private Schriften erstrecken, wie etwa eigene Aufzeichnungen, vor allem Tagebücher, aber auch ein Romanmanuskript[208]. Sie müssen daher nach Anlaß, Art, Ausmaß und Auswirkungen den Anforderungen der Konventionen an Erforderlichkeit und Verhältnismäßigkeit des Eingriffs genügen. Geschützt vor Ausspähung, Dokumentation und nicht gewollter Verbreitung sind ferner alle nichtöffentlichen Äußerungen, wie überhaupt Tatsache und Inhalt jeder privaten Kommunikation mit anderen Personen[209], ferner das eigene Bild und die auf die eigene Person bezogenen Daten[210].

26 **Positive Schutzpflichten** können sich für den Staat aus dem Achtungsanspruch ergeben, wenn besondere Umstände sein Tätigwerden zur Sicherung eines essentiellen Aspektes des Privatlebens erfordern[211], so, wenn anderfalls wegen seiner Untätigkeit das Privatleben des Betroffenen schutzlos schwerwiegende Eingriffen durch Dritte ausgesetzt wäre. Die Grenze zwischen den positiven und negativen Verpflichtungen des Staates ist allerdings nicht immer genau zu ziehen, die anwendbaren Grundsätze sind aber ähnlich, da in beiden Fällen der Staat einen gerechten Ausgleich der widerstreitenden Belange herstellen muß[212]. Mitunter stehen sich auch positive und negative Pflichten des Staates spiegelbildlich gegenüber, wenn dieser darüber zu entscheiden hat, ob die Achtung des Privatlebens der einen Person den Eingriff in das Privatleben einer anderen rechtfertigt. In solchen Fällen erfordert der gerechte Ausgleich eine Abwägung der widerstreitenden Privatinteressen. Gleiches gilt aber auch im Verhältnis zwischen den Allgemeininteressen und einem Individual-Interesse, für das eine Schutzpflicht in

---

204 EGMR 6. 9. 1978 Klass ua/D (NJW **1979** 1755); 4. 5. 2000 Rotaru/Rum (ÖJZ **2001** 74); *Meyer-Ladewig* 13.

205 EGMR 4. 5. 2000 Rotaru/Rum (ÖJZ **2001** 74).

206 Vgl. EGMR 16. 2. 2000 Amann/CH (ÖJZ **2001** 71), wo die Aufbewahrung einer Karteikarte entgegen einer Löschungsvorschrift als nicht gesetzlich vorgesehen und damit gegen Art. 8 MRK verstoßend angesehen wurde.

207 EGMR 25. 9. 2001 P G, J H/GB (ÖJZ **2002** 911) mit Hinweis, daß das Aufzeichnen der Telefonverbindung zum Zwecke der Abrechnung durch die Betreibergesellschaft nicht gegen Art. 8 MRK verstößt.

208 Etwa EKMR bei *Frowein/Peukert* 6.

209 Zur Überwachung der Kommunikation vgl. Rdn. 39.

210 EKMR bei *Bleckmann* EuGRZ **1981** 120; **1982** 537; bei *Strasser* EuGRZ **1990** 198; 199; *Evers* EuGRZ **1984** 290 ff; *Frowein/Peukert* 5; *Nowak* 21.

211 EGMR 26. 3. 1985 X,Y/NdL (EuGRZ **1985** 297: Schutz Untergebrachter vor sexuellem Mißbrauch durch ausreichende Strafvorschriften); 13. 2. 2003 Odièvre/F (NJW **2003** 2147).

212 So etwa EGMR 24. 6. 2004 Caroline v Hannover/D (NJW **2004** 2647); IntkommEMRK-*Wildhaber/Breitenmoser* 55 ff wenden sich deshalb dagegen, daß zwischen dem Eingriff durch ein Handeln des Staates und dem Eingriff, für den der Staat wegen Nichterfüllung seiner Schutzpflicht einzustehen hat, unterschieden wird.

Anspruch genommen wird[213]. Im letzteren Fall wird nicht zusätzlich darauf abgestellt, ob die Eingriffsvoraussetzungen das Absatzes 2 vorliegen[214].

c) **Nicht** allein dem **Bereich des Privatlebens** zuzurechnen sind dagegen **Handlungen mit Öffentlichkeitsbezug**, wie freiwillige öffentliche Erklärungen im Gerichtssaal[215] oder die Teilnahme an einer öffentlichen Demonstration[216]; mit der notwendigerweise die Aufmerksamkeit anderer erregt werden soll. Nicht allein dem Privatbereich zugerechnet werden auch sonstige Verhaltensweisen mit einem sich nicht in der Unterhaltung privater persönlicher Beziehungen erschöpfenden Außenbezug, so wenn sie das Verhaltnis zu anderen Menschen betreffen, vor allem aber, wenn sie mit deren Rechte oder mit den in Absatz 2 aufgezählten öffentlichen Interessen kollidieren, oder auch mit der in Art. 8 Abs. 2 MRK erwähnten Moral. Die von der Gewichtung der hereinspielenden öffentlichen und privaten Interessen abhängige Grenzziehung ist in den Randbereichen fließend. Große praktische Auswirkungen sind damit nicht verbunden, da es auch bei Annahme eines staatlichen Eingriffs in den Privatbereich darauf ankommt, ob dieser durch eine gesetzliche Regelung und die weitgespannten Zulässigkeitsgründe von Art. 8 Abs. 2 MRK gedeckt ist[217]. Beispielsweise wurden die **Schwangerschaft** und damit auch die Regelung der Abtreibung nicht zum alleinigen Privatbereich der Frau und auch nicht zu dem des Vaters gerechnet[218], ferner nicht allgemeine Vorschriften, die wie etwa **Verkehrsregeln**[219], das Verhalten in der Öffentlichkeit für jedermann zu dessen Schutz oder im Interesse der öffentlichen Ordnung oder Sicherheit regeln, ohne speziell persönlichkeitsrelevant zu sein[220]; dazu rechnen etwa die Pflicht, eine Fußgängerunterführung zu benutzen oder Sicherheitsgurte oder Schutzkleidung anzulegen oder das Erfordernis eines Führerscheins, aber auch die Trinkwasserfluoridierung[221]. Nicht der alleinigen Privatsphäre zugerechnet wurde ferner die Eintragungsfähigkeit eines Vornamens[222] oder das Verbot der Hundehaltung in Reykjavik[223]. 27

2. Familienleben

a) Zum **Schutzbereich** gehören alle Formen, in denen die persönlichen Beziehungen zwischen den Mitgliedern einer Familie sich verwirklichen, der gegenseitige Umgang 28

[213] Etwa EGMR 13.2.2003 Odièvre/F (NJW **2003** 2147: Auskunftspflicht bei anonymer Geburt); vgl. auch nachf. Fußn.

[214] EGMR 13.6.1979 Marckx/Belg (EuGRZ **1979** 454); 17.10.1986 Ress/GB (Series A 106); 21.2.1990 Powell, Rayner (ÖJZ **1990** 418); 9.12.1994 Lopez Ostra/Span (EuGRZ **1995** 530); *Lux-Wesener* EuGRZ **2003** 555, 556, die aber die in Absatz 2 primär für Eingriffe aufgeführten Zwecke mittelbar auch bei der Abwägung im Rahmen des Achtungsanspruchs berücksichtigen will; vgl. aber auch IntkommEMRK-*Wildhaber/Breitenmoser* 53 ff (gegen die Beschränkung des Absatzes 2 auf die negativen Verpflichtungen).

[215] EKMR nach *Frowein/Peukert* 5.

[216] EGMR 25.9.2001 P G; JH/GB (ÖJZ **2002** 911); EKMR ÖJZ **1993** 320 (Friedl/Ö) hat dies auch für die aktenmäßige Aufbewahrung solcher Aufnahmen zur Dokumentation, nicht zur Weiterverwendung verneint. Vgl. aber *Frowein/Peukert* 5, wo zu Recht darauf hingewiesen wird, daß die Aufbewahrung von Daten über eine öffentliche Betätigung oder Erklärung eines einzelnen in dessen Privatbereich eingreift.

[217] Vgl. Rdn. 16 ff.

[218] EKMR bei *Frowein/Peukert* 4; vgl. EKMR EuGRZ **1976** 397 (Brüggemann); EKMR EuGRZ **1981** 20 (Paton), ausführlich dazu unter Hinweis auf die Rechtsprechung in einzelnen Staaten IntKomm-EMRK-*Wildhaber/Breitenmoser* 225 ff.

[219] Verkehrsregeln, vgl. EKMR bei *Bleckmann* EuGRZ **1981** 121, sowie nachf. Fußnoten.

[220] IntKommEMRK-*Wildhaber/Breitenmoser* 139.

[221] EKMR X/Belg (EuGRZ **1980** 170); IntKomm-EMRK-*Wildhaber/Breitenmoser* 139 mit weiteren Beispielen aus der Spruchpraxis der EKMR; *Frowein/Peukert* 7 zweifelnd.

[222] EGMR 24.10.1996 Guillot/F (ÖJZ **1997** 518).

[223] EKMR bei *Frowein/Peukert* 7; krit. dazu IntKomm-EMRK-*Wildhaber/Breitenmoser* 132 ff, wonach auch Beziehungen zu einem Haustier Teil des geschützten Privatlebens sein können.

ebenso wie das Recht der Eltern auf Namensgebung[224] und auf Erziehung der Kinder sowie die vielfältigen Formen des Zusammenlebens, der gegenseitigen Hilfe und Unterstützung einschließlich der Gewährung von Unterhalt. **Familie** ist nicht im Sinne der Definitionen des jeweiligen nationalen Rechts zu verstehen, sondern autonom als natürliche Familie („famille naturelle“)[225], so daß nicht nur die durch Eheschließung begründete Familie (vgl. Art. 12 MRK, Art. 23 IPBPR) darunter fällt, wie etwa die aus den Ehepartnern und den Kindern gebildete Kernfamilie, sondern auch eine ohne Eheschließung **tatsächlich gelebte Familie**[226]. Auch das auf Dauer angelegte Zusammenleben von Personen, das auf einer gleichgeschlechtlichen Beziehung beruht, kann dem Schutz des Familienlebens nach Art. 8 MRK unterfallen[227]. Der Schutzbereich des Familienlebens umfaßt stets die Personen, zwischen denen enge blutsmäßige Bande bestehen, wie auch im Verhältnis der unehelichen Kinder zur Mutter und zu ihrem natürlichen Vater[228], ferner etwa zwischen den Geschwistern[229] oder den Großeltern und den Enkeln[230]. Im Verhältnis zwischen den **Elternteilen und ihren Kindern** wird das Band des Familienlebens bereits durch die Geburt begründet[231] und kann nur durch ganz außergewöhnliche Umstände zerrissen werden. Das Familienleben wird nicht schon dadurch beendet, daß die zunächst gelebten Beziehungen zwischen den Eltern selbst zerbrochen sind[232], auch wenn ein Kind nach der Trennung nur bei einem Elternteil lebt[233]. Es endet auch nicht, wenn ein Kind von den Eltern getrennt und in öffentliche Obhut genommen wird[234], wohl aber mit der vollen Aufnahme des Kindes in eine neue Familie durch

---

[224] EGMR 24. 10. 1996 Guillot/F (ÖJZ **1997** 518); zur Beschränkung dieses Rechts im Interesse des Kindes vgl. BVerfG NJW **2004** 1586 (keine 12 Vornamen).

[225] Etwa EGMR 13. 6. 1979 Marckx/Belg (EuGRZ **1979** 454); 20. 6. 2002 Al-Nashif/Bulg (ÖJZ **2003** 344).

[226] EGMR 18. 12. 1986 Johnston u. a./Irl (EuGRZ **1987** 313); 13. 7. 2000 Elsholz/D (NJW **2001** 2315); 20. 6. 2002 Al-Nashif/Bulg (ÖJZ **2003** 344: auch trotz Eheschließung mit einer anderen Frau)); EKMR bei *Strasser* EuGRZ **1988** 46; *Wagner* EuGRZ **1986** 422. Auch die durch Art. 23 Abs. 1 IPBPR als Institut garantierte Familie umfaßt die tatsächlich gelebte Familie, vgl. *Nowak* Art. 23, 8.

[227] EGMR 21. 12. 1999 Salgueiro da Silva Monta/Port (Rep. 1999-IX); *Grabenwarter* § 22 Rdn. 14; vgl. auch EGMR 24. 7. 2003 Karner/Ö (ÖJZ **2004** 36).

[228] EGMR 13. 6. 1979 Marckx/Belg (EuGRZ **1979** 454); 26. 5. 1994 Keegan/Irl (EuGRZ **1995** 113); 24. 4. 1996 Boughanemi/F (ÖJZ **1996** 834); 13. 7. 2000 Elsholz/D (NJW **2001** 2315); 6. 12. 2001 Petersen/D (NJW **2003** 1921); EKMR bei *Bleckmann* EuGRZ **1983** 423; *Brötel* RabelsZ **1999** 580, 586; *Frowein/Peukert* 15; 16; *Nowak* 27; 28. Dies ist unabhängig davon, ob kraft einer gesetzlichen Vermutung bei einer noch fortbestehenden Ehe der seit Jahren verschwundene Ehemann als Vater des Kindes gilt; EGMR 27. 10. 1994 Kroon/NdL (ÖJZ **1995** 296). Zu den Problemen der Vaterschaftsanfechtung durch den biologischen Vater nach deutschem Recht vgl. BVerfG NJW **2003** 2151; *Roth* NJW **2003** 3153. Die Samenspende für eine künstliche Insemination begründet keine Familienbande, EKMR nach *Frowein/Peukert* 15.

[229] *Meyer-Ladewig* 18.

[230] EGMR 9. 6. 1998 Bronda/I (ÖJZ **1999** 436); 13. 7. 2000 Scozzari & Giunta/I (ÖJZ **2002** 74); EKMR bei *Bleckmann* EuGRZ **1983** 423; *Frowein/Peukert* 16; *Meyer-Ladewig* 18; *Nowak* 28.

[231] Während der EGMR sonst ein Recht auf Begründung des Familienlebens schon aus der Geburt ableitet (vgl. Rdn. 30), beurteilt die entscheidungstragende Mehrheit in EGMR 13. 2. 2003 Odièvre/F (NJW **2003** 2145) den Anspruch des Kindes auf Auskunft über seine Mutter bei einer anonymen Geburt unter dem Gesichtspunkt auf Achtung seines Privatlebens.

[232] EGMR 21. 6. 1988 Berrehab/NdL (ÖJZ **1989** 220); 23. 9. 1994 Hokkanen/Finl (ÖJZ **1995** 271); 26. 5. 1994 Keegan/Irl (EuGRZ **1995** 113); 24. 5. 1995 McMichael/GB (ÖJZ **1995** 704); 7. 8. 1996 Johansen/Norw (ÖJZ **1997** 75); 19. 2. 1996 Gül/CH (ÖJZ **1996** 593) 8. 13. 7. 2000 Elsholz/D (NJW **2001** 2315); 6. 12. 2001 Petersen/D (NJW **2003** 1921); 20. 6. 2002 Al-Nashif/Bulg (ÖJZ **2003** 344); *Brötel* RabelsZ **1999** 580, 588; vgl. auch nachf. Fußn.

[233] Etwa EGMR 21. 6. 1988 Berrehab/NdL (EuGRZ **1993** 547); 23. 9. 1994 Hokkanen/Finl (ÖJZ **1995** 271); 19. 2. 1996 Gül/CH (ÖJZ **1996** 593); 28. 11. 1996 Ahmut/NdL (ÖJZ **1997** 676); 27. 4. 2000 (NJW **2001** 2319 L); 11. 7. 2000 Ciliz/NdL (NVwZ **2001** 547); 20. 6. 2002 Al-Nashif/Bulg (ÖJZ **2003** 344).

[234] EGMR 24. 3. 1988 Olsson/Schwed (EuGRZ **1988** 591); 8. 7. 1987 W/GB (EuGRZ **1990** 533); 7. 8. 1996 Johansen/Norw (ÖJZ **1997** 75); 13. 7. 2000 Scozzari & Giunta/I (ÖJZ **2002** 74): EKMR bei *Strasser* EuGRZ **1988** 572; 575 (Fürsorgeerziehung). Vgl. auch *Brötel* RabelsZ **1999** 580, 587; *Grabenwarter* § 22 Rdn. 17, 38.

Adoption[235]. Im übrigen, vor allem zwischen Erwachsenen, müssen besondere, über die üblichen gefühlsmäßigen Bindungen hinausreichende[236] enge familiäre Bindungen auch **tatsächlich bestehen** und gelebt werden, damit der Schutz des Art. 8 MRK eingreift[237]. Ob solche de facto Familienbeziehungen bestehen, ist stets auf Grund einer Gesamtwürdigung aller Umstände zu beurteilen, wie Dauer und Intensität der Beziehungen, Art und Form des Zusammenlebens, Bestehen eines Abhängigkeits- oder Betreuungsverhältnisses, gegenseitige Unterhaltsgewährung[238] und Verbundenheit durch gemeinsame Kinder[239]. Personen, die in die Familie eingegliedert wurden, wie Adoptivkinder[240], Pflegekinder oder nahe Verwandte eines Ehepartners[241] unterfallen dem Schutzbereich des Familienlebens, sofern dadurch auch tatsächlich nahe persönliche Beziehungen entstanden sind. Diese engen zwischenmenschlichen Beziehungen können auch zwischen Personen bestehen, die nicht ständig zusammenleben. Es muß aber ersichtlich sein, daß die den Konventionsschutz auslösenden engen familiären Bindungen auf Dauer angelegt sind und auch tatsächlich gelebt werden. Wo bei Angehörigen der weiteren Familie die Grenzen zu ziehen sind, richtet sich immer nach den gelebten konkreten Beziehungen, aber auch nach den örtlichen Anschauungen, die je nach Kulturkreis verschieden sein können[242].

Die **Grenzziehung zwischen Privat- und Familienleben** hat für die **Abwehr staatlicher** 29
Eingriffe nur geringe Bedeutung. Eingriffe in das Familienleben sind in der Regel immer auch Eingriffe in das Privatleben[243]. Für die Notwendigkeit ihrer Rechtfertigung nach Art. 8 Abs. 2 MRK ändert sich nichts, wenn man sie nur unter diesem Gesichtspunkt beurteilt. Die Besonderheiten des Schutzgutes Familienleben fallen dagegen ins Gewicht, soweit daraus **positive Gewährleistungspflichten** des Staates hergeleitet werden, wie etwa, daß er bei staatlichen Entscheidungen auch deren Auswirkungen auf die Besonderheiten des Familienlebens der davon Betroffenen in Bedacht nimmt oder wenn von ihm verlangt wird, daß er bestimmte Formen des Familienlebens schützt. Hier darf der Staat nach den Formen des Zusammenlebens differenzieren[244]. Bei der nach Art. 12 MRK, Art. 23 IPBPR geschützten Ehe hat er unter Umständen gesteigerte Schutzpflichten. Das **Recht auf Schließung einer Ehe** folgt primär aus diesen Bestimmungen und nicht aus den Schutzpflichten der Art. 8 MRK, Art. 17 IPBPR. Nach diesen kann der Staat aber mitunter sogar verpflichtet sein, zum Schutze des Privatlebens einen für den einzelnen durchsetzbaren Weg zur Beendigung einer für ihn nicht mehr tragbaren Ehegemeinschaft zu eröffnen[245]; die Pflicht, im nationalen Recht die **Scheidung** vorzusehen, läßt sich aus der MRK aber nicht herleiten[246]. Desgleichen ist der Staat nicht ver-

[235] EGMR 26. 2. 2002 Frette/F; *Frowein/Peukert* 17; IntKommEMRK/*Wildhaber/Breitenmoser* 379; *Grabenwarter* § 22 Rdn. 15. *Meyer-Ladewig* 24 je mit weit. Nachw.

[236] EGMR 17. 4. 2003 Yilmaz/D (NJW **2004** 2147) mit weit. Nachw.

[237] EKMR bei *Bleckmann* EuGRZ **1981** 119; **1983** 423; 509; bei *Strasser* EuGRZ **1985** 523; BVerwG **65** 188; schweiz.BGer EuGRZ **1984** 82; **1985** 38; **1990** 181; 183; *Nowak* 228.

[238] EKMR EuGRZ **1977** 497; bei *Bleckmann* EuGRZ **1981** 119; schweiz.BGer. EuGRZ **1990** 183; *Frowein/Peukert* 13, 14. Vgl. auch BVerwGE **65** 188.

[239] Vgl. EGMR 27. 10. 1994 Kroon/Ndl (ÖJZ 1995 269); 22. 4. 1997 X Y Z/GB (ÖJZ **1998** 271); 20. 6. 2002 Al-Nashif/Bulg (ÖJZ **2003** 344); vgl. auch vorst. Fußn.

[240] EKMR bei *Bleckmann* EuGRZ **1983** 424; *Frowein/Peukert* 17; IntKommEMRK-*Wildhaber/Breitenmoser* 379; *Meyer-Ladewig* 24.

[241] *Brötel* RabelsZ **1999** 580, 587; *Grabenwarter* § 22 Rdn. 17.

[242] *Nowak* 27; Art. 23, 8.

[243] EKMR EuGRZ **1977** 497; bei *Bleckmann* EuGRZ **1983** 425.

[244] Vgl. *Frowein/Peukert* 13.

[245] EGMR 9. 10. 1979 Airey/Irl (EuGRZ **1979** 616); *Frowein/Peukert* 19.

[246] EGMR 18. 12. 1986 Johnston ua/Irl (EuGRZ **1986** 313) unter Hinweis auf Entstehungsgeschichte; dazu Art. 12 Rdn. 6.

pflichtet, dafür zu sorgen, daß alle der faktischen Familie zuzurechnenden Personen ein **Erbrecht** erhalten[247]. Der **Verhaftung** eines Ehegattens steht Art. 8 MRK nicht entgegen; er wird aber verletzt, wenn einem Verhafteten jeder Kontakt mit den nächsten Familienangehörigen, vor allem dem Ehegatten, verweigert oder in einem Ausmaß beschränkt wird, das die Aufrechterhaltung der Familienbande nicht mehr ermöglicht, obwohl kein dies rechtfertigender Ausnahmefall vorliegt[248].

30 **b) Eine Verpflichtung des Staates, die ungehinderte Begründung eines Familienlebens** und einen daraus sich erst entwickelnden gegenseitigen Umgang[249] zu sichern, wird nur für den Bereich der engsten Familie anerkannt. So wird den wechselseitigen **Beziehungen zwischen Eltern und Kinder** als dem grundlegenden Element des Familienlebens ein so hoher Stellenwert beigemessen[250], daß der Staat unter Umständen[251] verpflichtet ist, die Voraussetzungen dafür zu schaffen, daß solche Familienbeziehungen tatsächlich hergestellt und aufrechterhalten werden können[252]. Daraus kann ein Recht der Betroffenen erwachsen, daß die Existenz eines derartigen Familienverhältnisses rechtlich verbindlich festgestellt wird[253]. Keinesfalls aber dürfen die staatlichen Behörden das Entstehen solcher Beziehungen behindern, sofern dies nicht ein schwerwiegender Grund rechtfertigt[254]. Bei einem **Eingriff in Eltern/Kind Beziehungen** hat das **Kindeswohl** im Vordergrund aller Regelungen zu stehen; bei dessen Würdigung haben die Behörden einen weiten Beurteilungsspielraum. Maßnahmen, die dem Kindeswohl zuwiderlaufen, etwa weil sie Gesundheit oder Entwicklung des Kindes beeinträchtigen, kann kein Elternteil verlangen[255]. Die Behörden müssen aber im übrigen stets auf einen gerechten Ausgleich zwischen den Interessen des Kindes und denen der beiden Elternteile[256] bedacht sein und deshalb auch nach Anordnung einer getrennten Unterbringung der Kinder für die Aufrechterhaltung aller mit dem Kindeswohl zu vereinbarenden Kontakte zwischen Eltern und Kindern sorgen sowie sich auch um eine eventuelle spätere Wiederzusammenführung bemühen[257]. Die Behörden müssen deshalb nach Möglichkeit die Eltern frühzeitig und im ausreichenden Umfang in den Entscheidungsprozeß einbinden[258]. Bei der Voll-

---

[247] EGMR 13. 6. 1979 Marckx/Belg (EuGRZ **1979** 454); bei *Strasser/Weber* EKMR EuGRZ **1989** 563.

[248] EKMR EuGRZ **1983** 430; schweiz.BGer. EuGRZ **1981** 528; vgl. auch Rdn. 39.

[249] Vgl. EGMR 21.06.1988 Berrehab/NdL (EuGRZ **1993** 547: Beziehungen beider Elternteile zum gemeinsamen Kind, auch wenn diese nicht zusammenleben); 8.7.1987 W/GB (EuGRZ **1990** 533); 11.7.2000 Ciliz/NdL (NJW **2001** 2315); 13.7.2000 Elsholz/D (NJW **2001** 2315: mit Kindeswohl begründete Verweigerung des Umgangsrechts); vgl. auch vorst. Fußn.

[250] EGMR McMichael/GB (ÖJZ **1995** 704); 7.8.1996 Johansen/Norw (ÖJZ **1997** 75).

[251] Maßgebend ist hier vor allem der Vorrang des Kindeswohls vgl. etwa EGMR 27.11.1992 Olsson/Schwed (EuGRZ **1988** 591); vgl. auch vorst. Fußn.

[252] EGMR 13.6.1979 Marckx/Belg (EuGRZ **1979** 454; K T/Finnl (NJW **2003** 809); 26.2.2004 Görgülü/D (NJW **2004** 3397). Vgl. aber auch EGMR 13.2. 2003 Odièvre/F (NJW **2003** 2145), wo der Anspruch eines erwachsenen Kindes auf die wegen der anonymen Geburt geheimgehaltene Auskunft über seine Eltern unter dem Blickwinkel des Schutzes des Privatlebens geprüft und wegen des Vorrangs des staatlich geschützten Geheimhaltungsinteresses der Mutter verneint wurde.

[253] EKMR bei *Strasser/Weber* EuGRZ **1988** 45 (Feststellung der Abstammung vom unehel. Vater); aber auch EKMR bei *Bleckmann* EuGRZ **1983** 18 (kein Recht auf Feststellung der unehelichen Vaterschaft beim Mann, der mit der Kindsmutter nicht zusammenlebt).

[254] Etwa EGMR 26.5.1994 Keegan/Irl (EuGRZ **1995** 113 Freigabe zur Adoption ohne Beteiligung des unehel. Vaters).

[255] EGMR 7.8.1996 Johansen/Norw (ÖJZ **1997** 75): 27.4.2000 (NJW **2001** 2319 L); 13.7.2000 Elsholz/D (NJW **2001** 2315); 13.7.2000 Scozzani, Giuntal/I (ÖJZ **2002** 74); 8.7.2003 Sahin/D und Sommerfeld/D (EuGRZ **2004** 707; 711); 26.2.2004 Görgülü/D (NJW **2004** 3397); 8.4.2004 Haase/D (NJW **2004** 3401).

[256] Etwa EGMR 26.2.2004 Görgülü/D (NJW **2004** 3397); 8.4.2004 Haase/D (NJW **2004** 3401); *Meyer-Ladewig* 21.

[257] EGMR 27.11.1992 Olsson (2)/Schwed (ÖJZ **1993** 353); 13.7.2000 Scozzari,Giunta/I (ÖJZ **2002** 74); 8.4.2004 Haase/D (NJW **2004** 3401) *Grabenwarter* § 22 Rdn. 17. Vgl. auch vorst. Fußn.

[258] EGMR 8.7.1987 W/GB (EuGRZ **1990** 533); 14.2. 1995 McMichael/GB (ÖJZ **1995** 704); 17.12.2002 Venema/Ndl (ÖJZ **2004** 275); *Meyer-Ladewig* 29.

streckung einer Entscheidung, die nach der Ehescheidung die Wiedervereinigung eines Kindes mit einem seiner Elternteile anordnet, erfordert die positive Pflicht zur Beachtung des Familienlebens, daß sich der Staat gemäß dem Haager Kindesentführungsübereinkommen um die schnelle Vollstreckung bemüht, denn die künftigen Beziehungen zwischen einem Elternteil und seinem Kind dürfen nicht allein durch bloßen Zeitablauf entschieden werden[259]. Bei einem **nichtehelichen Vater/Kind-Verhältnis** können aus Art. 8 Abs. 1 MRK nicht schon per se besondere Rechte des Vaters hergeleitet werden[260]; so kann ein unehelicher Vater, der damit einverstanden war, daß sein Sohn den Nachnamen seiner Mutter erhielt, sich später nicht gegen eine Änderung des Nachnamens wenden[261]. Der Vater eines außerehelichen Kindes hat aber grundsätzlich ein Umgangsrecht mit diesem Kind, vorausgesetzt, daß Gründe des auch hier vorrangigen Kindeswohls nicht entgegenstehen. Er darf nach Ansicht des EGMR insoweit nicht schlechter gestellt werden als ein Vater bei einer geschiedenen Ehe[261a]. Über diese Verpflichtungen zum Schutze bestehender und zur Förderung ernsthaft angestrebter Vater-Kind-Beziehungen hinaus werden die staatlichen Stellen durch Art. 8 MRK, Art. 17 IPBPR allein nicht verpflichtet, von sich dafür zu sorgen, daß im konkreten Fall eine **Familienbeziehung gegründet und gelebt** wird. Diese Konventionsgarantien geben keinen Anspruch auf eine im nationalen Recht nicht vorgesehene **Adoption**[262] und garantieren weder ein **Recht auf Bildung** noch ein Monopol der Eltern auf **Erziehung der Kinder**[263]. Der Staat muß aber nach Art. 2 des 1. ZP und nach Art. 18 Abs. 4 IPBPR das Recht der Eltern achten, die Kinder in Übereinstimmung mit ihren eigenen religiösen und sittlichen Überzeugungen – auch abweichend von der herrschenden Meinung – zu erziehen[264]. Wieweit dieses Recht eine **körperliche Züchtigung** deckt oder der Schule verbietet, ist offen[265]; das Erziehungsrecht rechtfertigt aber nie Maßnahmen, die nach der übereinstimmenden Rechtsauffassung aller Mitgliedstaaten strafbar sind[266]. Da die Konventionen als Ganzes zu sehen sind, kann ein Eingriff in das Erziehungsrecht der Eltern aber auch einen Eingriff in das Familienleben bedeuten[267].

Art. 8 MRK, Art. 17 IPBPR begründen auch unter dem Blickwinkel der Achtung des Familienlebens kein **Recht auf Aufenthalt** in einem bestimmten Staat[268]. Soweit nicht **31**
das Recht der Europäischen Union[268a] oder besondere Verträge dies einschränken, sind

---

259 EGMR 8.7.1987 W/GB (EuGRZ **1990** 533); 24.4. 2002 Sylvester/Ö (ÖJZ **2004** 113); 26.2.2004 Görgülü/D (NJW **2004** 3397; 8.4.2004 Haase/D (NJW **2004** 3401); *Meyer-Ladewig* 21 mit weit. Nachw.

260 So EKMR bei *Strasser/Weber* EuGRZ **1988** 45; aber auch EuGRZ **1977** 497 (Beziehungen nur Privatleben, nicht Familienleben); *Frowein/Peukert* 13. Zu der sich anbahnenden anderen Beurteilung vgl. nachf. Fußnoten.

261 EGMR 6.12.2001 Petersen/D (NJW **2003** 1921).

261a EGMR 8.7.2003 Sommerfeld/D, 8.7.2003 Sahin/D (EnGRZ **2004** 707; 711; dazu *Goedecke* JIR **46** (2003) 606, 625, 630; 26.2.2004 Görgülü/D (NJW **2004** 3397); EGMR 13.7.2000 Elsholz/D (NJW **2001** 2315) ließ die Frage noch offen; vgl. auch Art. 14 Rdn. 16.

262 *Frowein/Peukert* 15.

263 EGMR 23.2.1967 belg. Sprachenfall(EuGRZ **1975** 298).

264 Vgl. Art. 9 MRK Rdn. 6.

265 Vgl. EKMR bei *Bleckmann* EuGRZ **1983** 424; bei *Strasser/Weber* EuGRZ **1988** 47; 48; *Frowein/Peukert* 22.

266 EKMR bei *Bleckmann* EuGRZ **1983** 425; vgl. auch *Frowein/Peukert* 20.

267 EGMR 23.2.1967 belg. Sprachenfall (EuGRZ **1975** 298 l); EGMR 7.12.1976 Kjeldsen u.a./Dän (NJW **1977** 487 Sexualkunde); dazu *Wildhaber* EuGRZ **1976** 489; *Frowein/Peukert* 22.

268 Etwa EGMR 20.6.2002 Al-Nashif/Bulg (ÖJZ **2003** 344); vgl. auch nachf. Fußnoten und BVerfGE **76** 80.

268a So etwa die zur Sicherung der Freizügigkeit der Unionsbürger ergangenen Regelungen der EU, die im Lichte des Art. 8 MRK ausgelegt werden; dadurch werden die Regelungen des nationalen Rechts über die Versagung der Aufenthaltserlaubnis (Rdn. 11) zum Schutze des Familienlebens von EuGH erheblich eingeschränkt; vor allem, wenn es um die Aufenthaltsrechte der einem Drittstaat angehörenden Kinder und Ehegatten eines EU-Bürgers geht; vgl. etwa EuGH EuGRZ **2002** 596; **2003** 607; **2004** 422, zur Problematik vgl. Einf. Rdn. 49.

die Vertragsstaaten entsprechend einem anerkannten Grundsatz des Völkerrechts berechtigt, über Einreise, Aufenthalt und Ausweisung eines Nichtinländers zu bestimmen. Vor allem bei der Einreise muß er nicht die Wahl der Eheleute anerkennen, in welchem Land sie gemeinsam leben wollen[269]. Er ist auch nicht gehindert, Straftäter auszuweisen[270]. Die Verweigerung der Einreise und vor allem die Ausweisung kann jedoch in das gemeinsame Familienleben eingreifen, da es seine Wiederherstellung oder Fortsetzung in dem betreffenden Land ganz oder auf längere Zeit unmöglich macht[271]. Maßgebend dafür, ob eine staatliche Maßnahme in das Familienleben eingreift, sind die Familienverhältnisse in dem Zeitpunkt, in dem der Eingriff rechtlich verbindlich wird; bei einem Aufenthaltsverbot hat der EGMR auf die Rechtskraft dieses Verbotes abgestellt[272]. Ein unverhältnismäßiger Eingriff in dieses wurde aber verneint, wenn es den Betroffenen möglich und bei objektiver Würdigung ihrer Verhältnisse auch zuzumuten ist, die Familiengemeinschaft in einem anderen Land zu beginnen oder fortzusetzen[273], so vor allem, wenn gegen ein Verbleiben oder eine Wiedereinreise in das Gastland schwerwiegende Gründe des Gemeinwohls oder der öffentlichen Sicherheit sprechen[274]. Art. 8 MRK gewährleistet nicht das Recht, den geeignetsten Ort für die Entwicklung des Familienlebens selbst zu wählen[275]. Dies gilt besonders, wenn der wegen schwerer Straftaten Ausgewiesene erst nach Anordnung seiner Ausweisung geheiratet hat[276] oder wenn die Familienbande auch vom Ausland aus gepflegt werden können, so etwa, wenn die üblicherweise getrennt wohnenden erwachsenen und wirtschaftlich selbständigen Kinder die Möglichkeit zu Besuchen bei den Eltern und zu ihrer finanziellen Unterstützung haben[277] oder wenn ein Ausgelieferter nach Erledigung des Verfahrens zurückkehren kann[278].

32 **c) Eingriffe.** Staatliche Maßnahmen, die in diesen Schutzbereich eingreifen, müssen zur Erreichung eines der in Art. 8 Abs. 2 MRK aufgeführten Zwecke gesetzlich vorgesehen und auch in einer Demokratie **notwendig** sein. Die erforderliche faire Abwägung der für eine solche Maßnahme sprechenden Gründe des öffentlichen Wohls oder des Schutzes anderer mit den Belangen des Betroffenen und seiner Familie muß sie rechtfertigen[279]. So kann eine **Ausweisung** wegen einer Straftat zur Aufrechterhaltung der Ordnung oder der nationalen Sicherheit oder zur Verhütung von Straftaten in einer demokratischen Gesellschaft notwendig sein. Die staatlichen Behörden haben hier auch wegen ihrer besseren Kenntnis der örtlichen Verhältnisse einen weiten **Beurteilungsspielraum.** Der Eingriff in das Familienleben muß aber fair sein, die für ihn angeführten

---

269 EGMR 19.2.1996 Gül/CH (ÖJZ **1996** 593); 20.6. 2002 Al-Nashif/Bulg (ÖJZ **2003** 344).

270 EGMR 26.3.1992 Beldjoudi/F (EuGRZ **1993** 556); 4.10.2001 Adam/D (NJW **2003** 2595), 17.4.2003 Yilmaz/D (NJW **2004** 2147) mit weit. Nachw. Vgl. auch BVerfG EuGRZ **2004** 317.

271 EGMR 28.5.1985 Abdulaziz ua/GB (EuGRZ **1985** 567); 20.6.2002 Al-Nashif/Bulg (ÖJZ **2003** 344); östr.VfGH EuGRZ **1986** 190 mit Anm. *Tretter* (bereits Aufenthaltsverbot, nicht erst Vollstreckung).

272 EGMR 29.1.1997 Bouchelkia/F (ÖJZ **1998** 116); 26.9.1997 El Bouljaldi/F (ÖJZ **1998** 626); 17.4. 2003 Yilmaz/D (NJW **2004** 2147).

273 EGMR 20.3.1991 Cruz Varas/Schwed (EuGRZ **1991** 203); schweiz.BGer. EuGRZ **1985** 38.

274 Vgl. EGMR 30.11.1999 Baghli/F (NVwZ **2000** 1401: Ausweisung und zehnjähriges Einreiseverbot wegen Drogenhandels).

275 EGMR 28.11.1996 Ahmut/NdL (ÖJZ **1997** 676 unter Hinweis auf das faire Gleichgewicht zwischen den Interessen des Beschwerdeführes und der Zuwanderungskontrolle).

276 EGMR 29.1.1997 Bouchelkia/F (ÖJZ **1998** 116); 4.10.2001 Adam/D (NJW **2003** 2595); vgl. ferner 30.11.1999 Baghli/F (NVwZ **2000** 1401: Unbeachtlichkeit einer erst nach der Ausweisung eingegangenen Beziehung), ebenso EGMR 6.2.2003 Jakupovic/Ö (ÖJZ **2003** 567).

277 Vgl. BVerfG EuGRZ **2004** 317; schweiz.BGer. EuGRZ **1990** 181.

278 EKMR bei *Bleckmann* EuGRZ **1982** 311.

279 Vgl. oben Rdn. 12, 21; ferner etwa EGMR 26.3. 1992 Beldjoudi/F (ÖJZ **1992** 773); 13.7.1995 Nasri/F (ÖJZ **1995** 908); 24.4.1996 Boughenemi/F (ÖJZ **1996** 834).

Gründe müssen ein berechtigtes Ziel verfolgen, stichhaltig sein und auch den durch Art. 8 MRK geschützten Belangen Rechnung tragen[280]. Der Eingriff darf vor allem im Hinblick auf das verfolgte Ziel **nicht unverhältnismäßig** sein[281], dies hat der EGMR aber angenommen, weil eine an sich berechtigte Ausweisung wegen der familiären Bindungen des Ausgewiesenen an Deutschland nicht befristet worden war[282].

Aus der Schutzpflicht des Art. 8 MRK in Verbindung mit dem Konzept der Rechtmäßigkeit und der Vorherrschaft des Rechts hat der EGMR auch **Verfahrensgarantien** für die Eingriffe in das Familienleben hergeleitet. Der Staat ist verpflichtet, dafür zu sorgen, daß alle in diese grundlegenden Menschenrechte eingreifenden Maßnahmen in einem fairen Verfahren ergehen, in dem – abgesehen von Eilfällen[283] – die Betroffenen auch zu den anstehenden Fragen und den vorliegenden Beweismitteln ausreichend **vorher gehört** worden sind[284]. In einigen Fällen, die Maßnahmen zum Wohl eines Kindes betrafen, hat der EGMR sogar gefordert, daß die nationalen Behörden vor ihrer Entscheidung ein psychologisches Sachverständigengutachten einholen, um die Belange des Kindes zutreffend beurteilen zu können[285]. Die Anordnung der Ausweisung muß im Regelfall nach Art. 13 IPBPR in einem **kontradiktorischen Verfahren von einem unabhängigen Organ** überprüft werden können[286], dabei sind die maßgebenden Beweise nachzuprüfen. Dem Betroffenen muß die Möglichkeit offen stehen, der Auffassung der Behörde vom Vorliegen eines Ausweisungsgrundes entgegenzutreten, um so jedem Rechtsmißbrauch vorzubeugen und Willkür auszuschließen[287]. Neben dieser grundlegenden Forderung an die Rechtmäßigkeit einer Ausweisung prüft der EGMR im übrigen das ihr zugrunde liegende nationale Recht und seine Anwendung daraufhin, ob es den Ausweisungstatbestand frei von unzulässigen Diskriminierungen (vgl. Art. 14 MRK; Art. 2 IPBPR) festgelegt hat[288] und ob es von den Behörden bona fide angewendet wurde[289]. **32a**

3. Wohnung

a) Begriff. Die **Wohnung** als elementarer Lebensraum des einzelnen[290] wird als traditioneller Bestandteil des Privatbereiches besonders herausgestellt. Wohnung („home" bzw. weiter „domicile") sind die Räumlichkeiten mit allen Nebengelassen, die der jeweils Betroffene tatsächlich bewohnt, wobei unerheblich ist, ob er Eigentümer oder Mieter ist[291]. Für den Schutz des Individualbereichs ist lediglich maßgebend, daß er sie tatsächlich zu Wohnzwecken in Besitz hat[292]. Durch eine **zeitweilige Abwesenheit** verliert er diesen Schutz nicht. Ein bisher nicht bewohntes Grundstück, auf dem der Bau eines Wohnhauses geplant ist, fällt aber nicht unter den Schutz des Art. 8[293]; desgleichen nicht ein **33**

---

280 Vgl. EGMR 11. 7. 2000 Ciliz/NdL (NVwZ **2001** 547 Abschiebung, obwohl Verfahren zu einem Probetreffen mit Sohn eingeleitet worden war).

281 EGMR 18. 4. 2002 Aronica/D (EuGRZ **2002** 514); *Meyer-Ladewig* 44.

282 EGMR 17. 4. 2002 Yilmaz/D (NJW **2004** 2147) unter Hinweis auf EGMR 21. 6. 1988 Berrehab/NdL (EuGRZ 1993 547); 26. 9. 1997 Mehemi/F (ÖJZ **1998** 625).

283 EGMR 12. 7. 2001 K,T Finnl (ECHR 2001-VII); *Meyer-Ladewig* 44.

284 EGMR 8. 7. 1987 B/GB (Series A 121); 8. 7. 1987 W/GB (EuGRZ **1990** 533); 26. 5. 1994 Keegan/Irl (EuGRZ **1995** 113); 24. 2. 1995 McMichael/GB (ÖJZ 1995 704); 13. 7. 2000 Elsholz/D (NJW **2001** 2315); 17. 2. 2002 Venema/Ndl (ÖJZ **2004** 275); vgl. auch nachf. Fußn. und Rdn. 30.

285 EGMR 13. 7. 2000 Elsholz/D (NJW **2001** 2315); 11. 10. 2001 Sommerfeld/D (EuGRZ **2001** 588); kritisch dazu *Benda* EuGRZ **2002** 282; *Grabenwarter* § 22 Rdn 45; *Meyer-Ladewig* 43.

286 Vgl. Art. 13 IPBPR (bei Art. 4 des 4. ZP).

287 EGMR 20. 6. 2003 Al-Nashif/Bulg. (ÖJZ **2003** 344).

288 UN-AMR EuGRZ **1981** 391 (maurizische Frauen), vgl. *Nowak* 14; EGMR 28. 5. 1985 Abdulaziz u. a./GB (EuGRZ **1985** 567).

289 UN-AMR EuGRZ **1981** 394.

290 Vgl. BVerfGE **42** 219; **51** 110.

291 *Meyer-Ladewig* 33.

292 EGMR 24. 7. 2003 Karner/Ö (ÖJZ **2004** 36); *Frowein/Peukert* 28; *Nowak* 32.

293 EGMR 18. 12. 1996 Loizidou/Türk (EuGRZ **1997** 555).

auf einer öffentlichen Fläche abgestelltes Fahrzeug[294]. Geschützt wird von Art. 8 MRK die für Wohnzwecke benützte Sphäre des privaten Lebensraums[295]. Die bei einer Wohnung befindliche **Garage** und **wohnungsnahe Gebäudeteile** und Flächen, wie etwa eine Terrasse oder ein Innenhof oder der umfriedete Garten zählen dazu[296], desgleichen bei Benützung für Wohnzwecke ein **Wohnwagen**[297] oder ein **Hausboot**[298], auch wenn ein ortsfester Standort fehlt[299]. Betrieblich im gleichen Haus befindliche oder **beruflich genutzte Räume,** wie etwa eine Anwaltskanzlei[300], wurden dazu gerechnet[301]. Ob auch Gebäude und Räumlichkeiten dazu zählen, die wegen ihrer Zweckbestimmung und ihrer Zugänglichkeit für viele Personen nicht dem Privatbereich zugerechnet werden können, wie Betriebsgebäude, Fabrikhallen oder Ladengeschäfte, mag fraglich sein[302]. In den nach Art. 53 MRK, Art. 5 Abs. 2 IPBPR unberührt bleibenden, weitergehenden Schutz des Art. 13 GG sind letztere dagegen mit einbezogen[303]. Ein **Anspruch auf eine Wohnung** kann aus Art. 8 ebensowenig wie aus Art. 13 GG hergeleitet werden[304], desgleichen keine Einwände gegen die Besteuerung der Wohnung[305], auch nicht das Recht, in einer bestimmten Gemeinde zu wohnen[306]. Die Zelle eines Strafgefangenen ist keine Wohnung im Sinne des Art. 8 MRK[307], desgleichen eine Kaserne; ihre Durchsuchung kann aber den Bereich des Privatlebens berühren[308].

34 Art. 8 MRK, Art. 17 IPBPR erfassen alle **Eingriffe in eine vorhandene Wohnung**. Diese können in den verschiedensten Formen vorkommen, so durch Vertreibung aus der Wohnung, einem Verbot der Rückkehr in die Wohnung[309], durch einen sonstigen Entzug des Wohnrechts[310], eine Zwangsumsiedlung[311] oder auch durch eine Zerstörung der Wohnung wie etwa durch Niederbrennen des Hauses[312], aber auch durch Hausdurchsuchungen[313] oder durch Anbringen einer heimlichen Abhörvorrichtung[314], ferner durch Maßnahmen der Wohnungsbewirtschaftung[315]. Auch durch übermäßige **Umwelteinflüsse** kann das Recht des einzelnen an seiner Wohnung beeinträchtigt werden, so wenn öffentliche Stellen durch eine Genehmigung für deren Quelle mit verantwortlich sind, wie etwa bei

---

294 *Grabenwarter* § 22 Rdn. 19 mit Hinweis auf EKMR.

295 Vgl. IntKommEMRK-*Wildhaber/Breitenmoser* 458 (Räumlichkeit, der eine gewisse Privatsphäre anhaftet).

296 *Frowein/Peukert* 28; *Grabenwarter* § 22 Rdn. 19; *Nowak* 32.

297 EGMR 25.9.1996 Buckley/GB (ÖJZ **1997** 313 Zigeuner) ferner mit weit. Nachw. *Grabenwarter* § 22 Rdn. 15 (jedenfalls, soweit sie als Lebensmittelpunkt benützt werden).

298 *Nowak* 32.

299 *Grabenwarter* § 22 Rdn. 20: auch Schutz besonderer Lebensformen wie das Umherziehen im Wohnwagen.

300 EGMR 16.12.1992 Niemietz/D (EuGRZ **1993** 65).

301 EGMR 30.3.1989 Chappel/GB (Series A 152: Wohnung und Betrieb im gleichen Haus); *Meyer-Ladewig* 33; verneinend EuGH EuGRZ **1989** 395 (Hoechst AG); vgl. auch *Frowein/Peukert* 28 (noch nicht ausreichend geklärt); zur Ausdehnung auch auf diesen Bereich *Nowak* 28.

302 So aber wohl *Meyer-Ladewig* 33 unter Hinweis auf EGMR 16.4.2002 STÉS Colas Est/F.

303 Vgl. BVerfGE **32** 68; **42** 219; **44** 371.

304 *Frowein/Peukert* 28.

305 EKMR bei *Bleckmann* EuGRZ **1982** 311.

306 Offen gelassen von EKMR bei *Bleckmann* EuGRZ **1983** 19.

307 Vgl. EGMR 5.11.2002 Allan/GB (JR **2004** 128 dazu *Esser* JR **2004** 91, 103: heimliche Überwachung der Zelle verletzt Recht auf Privatleben).

308 *Frowein/Peukert* 33; IntKommEMRK-*Wildhaber/Breitenmoser* 477.

309 EGMR 24.11.1986 Gillow/GB (Series A 109); 10.5.2001 Zypern/Griech (ECHR 2001-IV); EKMR bei *Frowein/Peukert* 28 (Cypern); *Grabenwarter* § 22 Rdn. 20; *Meyer-Ladewig* 34.

310 EKMR bei *Bleckmann* EuGRZ **1983** 19; ferner bei *Frowein/Peukert* 31 (Häuser in Guernsey und Jersey).

311 EGMR 25.5.2000 Noak u.a./D (NVwZ **2001** 307 L: Umsiedlung der Einwohner der Gemeinde Horno).

312 EGMR 16.11.2000 Bilgin/Türk; *Meyer-Ladewig* 34.

313 Etwa EGMR 6.9.1978 Klass u.a./D (NJW **1979** 1755); 25.2.1993 Cremieux/F (ÖJZ **1993** 534); 25.2.1993 Funke/F (ÖJZ **1993** 532); 16.12.1997 Camenzind/CH (ÖJZ **1998** 797); *Grabenwarter* § 22 Rdn. 41.

314 *Frowein-Peukert* 13, 31; ob die Telefonüberwachung auch ein Eingriff in die Wohnung ist, hat EGMR 6.9.1978 Klass/D (NJW **1979** 1765) offen gelassen; EGMR 25.9.2001 P G, JH/GB (ÖJZ **2002** 911) behandelt die Verwendung einer geheimen Abhöranlage in der Wohnung als Eingriff in das Privatleben.

315 *Frowein/Peukert* 31.

dem durch einen Flughafen verursachten Fluglärm[316] oder bei erheblichen Geruchsbelästigungen durch eine Abfallbeseitigungsanlage[317]. Im Unterlassen jeder Information der benachbarten Bevölkerung über die von einem Chemiewerk ausgehenden erheblichen Gesundheitsgefahren und über die gegebenenfalls erforderlichen Sicherheitsmaßnahmen hat der EGMR einen Verstoß der Behörden gegen Art. 8 und Art. 10 MRK gesehen[318]. Bei der Verlängerung der Betriebsgenehmigung eines Kernkraftwerkes hat der EGMR dagegen die für die Klagebefugnis erforderliche Darlegung eines zivilrechtlichen Anspruchs im Sinne des Art. 6 Abs. 1 MRK verneint, da die für die Opfereigenschaft erforderliche konkrete Gesundheitsgefährdung nicht dargelegt worden sei[319].

b) Eingriffe in die Wohnung sind nur **aufgrund eines Gesetzes**[320] zulässig. Daß sie – **35**
ähnlich wie bei Art. 13 Abs. 2 GG – grundsätzlich vom Richter angeordnet werden müssen, fordern die Konventionen nicht. Sie dürfen aber nur aus den in Art. 8 Abs. 2 MRK festgelegten Zwecken angeordnet werden. Neben der ausreichenden Rechtsgrundlage muß das nationale Recht hinreichende Sicherheiten gegen Mißbrauch und gegen willkürliche Eingriffe bieten. Eingriffe müssen eine vernünftige Rechtfertigung haben, dürfen nicht unverhältnismäßig[321] sein und auch nicht diskriminierend angewendet werden. Darin, daß dem überlebenden Partner einer homosexuellen Beziehung das einem überlebenden Ehegatten zustehende Recht auf Eintritt in ein bestehendes Mietverhältnis verweigert wurde, hat der EGMR eine gegen Art. 8 in Verb. mit 14 MRK verstoßende Diskriminierung gesehen[322]. Nach Art. 8 Abs. 2 MRK sind vor allem die zum Zwecke der Strafverfolgung angeordneten **Durchsuchungen**[323] zulässig. Die Anordnung einer Durchsuchung durch den Richter bei ausreichendem Verdacht genügt diesen Anforderungen, sofern deren Zweck und die betroffenen Räume genügend eingegrenzt sind[324] und dies nicht in Ausnahmefällen zu unverhältnismäßigen Eingriffen führt[325]. Eingriffe in die Wohnung können ihre Rechtfertigung auch aus anderen Gesichtspunkten herleiten. So können Eingriffe im Rahmen der **Wohnungsbewirtschaftung** unter dem Blickwinkel des wirtschaftlichen Wohls des Landes[326] oder aber auch der öffentlichen Planung[327] gerechtfertigt sein; sofern dies nicht – gemessen an dem damit verfolgten Ziel – zu einem unverhältnismäßigen Eingriff führt[328].

Die von Art. 8 Abs. 1 MRK, Art. 17 Abs. 1 IPBPR erfaßten **Eingriffe in die Wohnung** **36**
sind in der Regel **zugleich Eingriffe in das Privatleben**. Sie können zusätzlich auch noch Eingriffe in das Familienleben oder in die private Kommunikation bedeuten, wie dies etwa

---

316 EGMR 21.2.1990 Powell & Rayner/GB (ÖJZ **1990** 418: staatliche Genehmigung des von Privaten betriebenen Flughafens Heathrow, nur unter dem Blickwinkel eines vertretbaren Anspuchs im Sinne des Art. 13 MRK geprüft); vgl. *Schrader* NVwZ **1999** 40; *Frowein/Peukert* 29; *Meyer-Ladewig* 34; ferner *Peters* S. 207 ff unter Hinweis auf das noch bei der Großen Kammer anhängige Verfahren Hatton/GB, vgl. Rdn. 23.

317 EGMR 9.12.1994 Lopez Ostra/Span (EuGRZ **1995** 530), vgl. *Kley/Struller* EuGRZ **1995** 507; *Villiger* HdB 563.

318 EGMR 19.2.1998 Guerra u.a./I (EuGRZ **1999** 188); *Dörr* JuS **1999** 809; *Peters* 205; *Villiger* Hdb 563.

319 EGMR 26.8.1997 Balmer-Schafroth/CH (EuGRZ **1999** 183), dazu *Kley* EuGRZ **1999** 177; EGMR 6.4.2000 Athanassoglou/CH (ÖJZ **2001** 317); *Meyer-Ladewig* 17; *Peters* 210 ff.

320 Vgl. Rdn. 11.

321 EuGH EuGRZ **1989** 395 (Hoechst), ferner etwa EGMR 16.12.1992 Niemietz/D (EuGRZ **1993** 65); 25.2.1993 Funke u.a./F (ÖJZ **1993** 532); 25.2.1993 Crémieux/F (ÖJZ **1993** 534); 25.2.1993 Miailhe/F (Series A 256 C); *Frowein/Peukert* 30; *Meyer-Ladewig* 45.

322 EGMR 24.7.2003 Karner/Ö (ÖJZ **2004** 36).

323 Der Begriff Verhinderung von Straftaten umfaßt auch die Strafverfolgung begangener Taten, vgl. dazu Rdn. 18.

324 EGMR 16.12.1992 Niemietz/D (EuGRZ **1993** 65); *Grabenwarter* § 22 Rdn. 42.

325 EGMR 16.12.1992 Niemietz/D (EuGRZ **1993** 65); *Frowein/Peukert* 30.

326 *Frowein/Peukert* 32; vgl. Rdn. 18b.

327 EGMR 25.9.1996 Buckley/GB (ÖJZ **1997** 313 Wohnen im Wohnwagen auf eigenem Grund).

328 Vgl. EGMR 24.11.1986 Gillow/GB (Series A 109); EKMR bei *Frowein/Peukert* 32, beide zu Wohnungsverboten in Guernsey.

bei Abhören eines in der Wohnung geführten Telefongesprächs[329] oder beim Anbringen einer geheimen Abhöranlage[330] oder bei einer optischen Überwachung der von einer Familie bewohnten Räume der Fall sein kann[331]. In den Schutz der Wohnung greifen alle Maßnahmen der öffentlichen Gewalt ein, die deren exklusive Privatheit ohne Einwilligung des Inhabers ganz oder teilweise aufheben. Neben dem unbefugten Eindringen und den oben bereits erwähnten Maßnahmen der Ausspähung gehören vor allem auch Durchsuchungen zum Zwecke der Strafrechtspflege dazu, selbst wenn dabei nur nach Geschäftsunterlagen gesucht wird[332], oder wenn dies im Rahmen einer Vollstreckungsmaßnahme geschieht. Ein Eingriff in die Wohnung liegt ferner in deren Betreten aus Gründen der Gefahrenabwehr[333] oder in Ausübung eines spezialgesetzlichen Betretungsrechts, wie es sich – begrenzt auf den jeweiligen Zweck – in Verwaltungsgesetzen findet.

4. Private Kommunikation

37 **a) Schutzbereich.** Als besonders schützenswerter Teil des Privatbereichs wird die Korrespondenz (Art. 8 Abs. 1 MRK) bzw. Schriftverkehr (Art. 17 Abs. 1 IPBPR) besonders erwähnt. In weiter, zweckorientierter Auslegung wird aber unter die in beiden Konventionen verwendeten Begriffe: „correspondence"/„correspondance" nicht nur der Austausch schriftlicher Mitteilungen gerechnet, wie beim eigentlichen Briefverkehr einschließlich aller modernen Formen der Nachrichten- und Datenübermittlung, wie etwa Telegraphie, Telekopie oder E Mail[334], auch die fernmündliche Kommunikation im Rahmen der bestehenden Kommunikationssysteme fällt darunter[335]. Unerheblich ist es dabei, ob diese vom Staat oder von Privaten betrieben werden und in welcher Rechtsform dies geschieht[336]; ferner, ob für die Gespräche ein Privatanschluß oder ein Büroanschluß benutzt wird und ob dies innerhalb oder außerhalb eines öffentlichen Netzes[337] stattfindet. Auch die Aufzeichnung der von einem bestimmten Anschluß aus angerufenen Nummern durch die Betreibergesellschaft des jeweiligen Netzes zur Gebührenerfassung rechnet dazu[338]. Der Schutzbereich reicht über den unmittelbaren Vorgang des Austausches der Mitteilungen hinaus; er umfaßt sowohl die Kopien der abgesandten als auch die vom Empfänger nach ihrem Zugang aufgehobene Korrespondenz[339], ferner die Tonaufzeichnungen von Telefongesprächen. Dies gilt auch für die Einsichtnahme in die vorgefundene Korrespondenz bei Hausdurchsuchungen[340].

---

329 EGMR 6.9.1978 Klass u.a./D (EuGRZ **1979** 278) ließ dies noch offen.

330 EGMR 25.9.2001 P G, J H/GB (ÖJZ **2002** 911).

331 EGMR 12.5.2000 Kahn/GB (JZ **2000** 993 mit Anm. *Kühne/Nash*); *Frowein/Peukert* 31; von EGMR Klass/D (EuGRZ **1979** 278) offengelassen; vgl. ferner Rdn. 25b.

332 EKMR bei *Bleckmann* EuGRZ **1983** 423; *Frowein/Peukert* 30; *Nowak* 34.

333 *Nowak* 35.

334 Vgl. *Grabenwarter* § 22 Rdn. 21; *Kugelmann* EuGRZ **2003** 16, 21 (nicht aber öffentlich zugängliche Newsgroups und Homepages).

335 EGMR 6.9.1978 Klass/D (NJW **1979** 1755 m. Anm. *Arndt*); 2.8.1984 Malone/GB (EuGRZ **1985** 17); 24.4.1990 Huvig/F (ÖJZ **1990** 564); 25.6.1992 Lüdie/CH (EuGRZ **1992** 301); 16.12.1992 Niemietz/D (EuGRZ **1993** 65); 23.11.1993 A/F (ÖJZ **1994** 392); 25.6.1997 Halford/GB (ÖJZ **1998** 311); EKMR bei *Strasser/Weber* EuGRZ **1987** 358; *Grabenwarter* § 22 Rdn. 21; *Meyer-Ladewig* 35; *Partsch* 189; **a. A** *Guradze* 22 (Privatleben).

336 BVerfG JZ **2003** 1104 mit Anm. *Förster* JZ **2003** 1111; *Frowein/Peukert* 33; *Nowak* 36.

337 EGMR 25.6.1997 Halford/GB (ÖJZ **1998** 311: Bürotelefon des nicht-öffentlichen Polizeinetzes).

338 EGMR 25.9.2001 P G, J H/GB (ÖJZ **2002** 911: Verwendung für Strafverfahren zulässig, da Erfassung gesetzlich vorgesehen und für Betroffnenen vorhersehbar).

339 EGMR 25.2.1992 Miailhe/F (Series A 256-C); 16.12.1992 Niemietz/D (EuGRZ **1993** 65); 25.2.1993 Funke/F (ÖJZ **1993** 532); *Grabenwarter* § 22 Rdn. 21; **a. A** IntKommEMRK/*Wildhaber/Breitenmoser* 496 unter Hinweis auf EKMR (nur bis zum Empfang durch Adressaten, danach Schutz des Privatbereichs).

340 EGMR 16.12.1992 Niemietz/D (EuGRZ **1993** 65); vgl. *Grabenwarter* § 22 Rdn. 42 (Eingrenzung der Einsichtnahme bei Anordnung der Hausdurchsuchung).

Geschützt werden **alle an der Kommunikation teilnehmenden Personen**, der Absender ebenso wie der Empfänger einer Mitteilung, der Inhalt ebenso wie die Tatsache der Korrespondenz. Dabei kommt es nicht darauf an, ob diese gegen eine Einsichtnahme oder ein Mithören besonders gesichert ist oder ob ihr Inhalt offen zu Tage liegt, wie etwa bei einer Postkarte[341]. Auch die mit Billigung eines der Gesprächsteilnehmer, aber ohne Wissen des anderen vorgenommene Tonbandaufzeichnung oder das Mithören eines Telefongesprächs verletzt das Recht des anderen Teilnehmers auf Achtung seiner Korrespondenz[342]. Handelt der private Gesprächsteilnehmer dabei im Auftrag oder auf Anraten staatlicher Stellen, ist dieser Eingriff auch dem Staat zuzurechnen[342a]. In die Korrespondenz eingegriffen wird nicht nur durch die unbefugte Kenntnisnahme von dem Inhalt der jeweiligen Mitteilung oder deren Aufzeichnung, sondern auch, wenn die Korrespondenz verzögert oder verhindert wird, so etwa dadurch, daß Briefe zurückbehalten oder vernichtet werden[343]. **38**

b) Staatliche Überwachungsmaßnahmen, wie etwa Einsichtnahme, Zensur, Abhören usw. werden dadurch nicht ausgeschlossen, sofern sie im Interesse der nationalen Sicherheit, der Verfolgung oder Verhütung von Straftaten auf gesetzlicher Grundlage angeordnet werden und angemessene und wirksame Garantien gegen einen Mißbrauch bestehen[344]. Unerheblich ist dabei, ob es sich um die Kontrolle der privaten Korrespondenz oder um Eingaben an Behörden handelt[345]. Es müssen aber die Grenzen beachtet werden, die sich aus dem innerstaatlichen Recht, so aus dem grundsätzlich geschützten Briefgeheimnis oder auch aus dem Petitionsrecht des Art. 17 GG oder aus völkerrechtlichen Garantien, wie etwa dem Recht auf ungehinderten Verkehr mit dem EGMR[346], ergeben. Überwachungsmaßnahmen ohne ausreichende Rechtsgrundlage verstoßen gegen die Konventionen[347]. **39**

Für die **Überwachung der Korrespondenz Gefangener** beurteilt sich die Zulässigkeit von Eingriffen nach den gleichen Grundsätzen, es bedarf für deren Anordnung eines **rechtfertigenden Grundes**. Alle Beschränkungen der Kommunikation, die auch bei Gefangenen in deren Privatleben und zutreffendenfalls auch in deren Familienleben eingreifen, sind nur zulässig, wenn sie eine ausreichende Rechtsgrundlage haben, in der Voraussetzungen und Ausmaß der Kontrolle und die bei der Ermessensausübung zu beachtenden Grundsätze genügend konkret festlegt werden[348]. Auch dann muß der Eingriff im Einzelfall nach Zweck (vgl. Art. 8 Abs. 2 MRK) und Anlaß notwendig sein, der mit ihm verfolgte Zweck darf nicht außer Verhältnis zur Bedeutung des jeweiligen Kommunikationsvorgangs stehen. Unter diesen Voraussetzungen darf der Briefverkehr der Gefangenen von den Gefängnisbehörden grundsätzlich kontrolliert werden[349]. Wieweit **39a**

[341] *Guradze* 22.

[342] Vgl. EGMR MM/NdL (StV **2004** 1; dazu *Gaede* StV **2004** 46 mit weit. Nachw); ferner etwa BVerfG JZ **2003** 1104 mit Anm. *Foerster* JZ **2003** 1111.

[342a] Vgl. EGMR 23.11.1993 A/F (ÖJZ **1994** 392); 8.4.2003 M M/NdL (StV **2004** 1); zur Hörfallen-Problematik *Gaede* StV **2004** 46; ferner Rdn. 7 mit weit. Nachw.

[343] *Grabenwarter* § 22 Rdn. 28, 43.

[344] EGMR 6.9.1978 Klass/D (NJW **1979** 1755 m. Anm. *Arndt*); 24.4.1990 Kruslin u. a./F (ÖJZ **1990** 564); EKMR EuGRZ **1980** 170; vgl. auch EGMR 2.8.1984 Malone/GB (EuGRZ **1985** 17); EKMR bei *Strasser* EuGRZ **1990** 167; *Frowein/Peukert* 11; *Schorn* 6; 7; ferner BVerfGE **30** 17; schweiz.BGer. EuGRZ **1984** 223.

[345] EKMR bei *Bleckmann* EuGRZ **1981** 121.

[346] Europäische Übereinkommen über die an Verfahren vor dem Europäischen Gerichtshof für Menschenrechte teilnehmenden Personen vom 23.10. 1996 (BGBl. II 2001 S. 359). Das am 1.11.2001 in Kraft getretene Abkommen ersetzt das gleichartige frühere Abkommen vom 6.5.1969 (BGBl. II 1975 S. 1445). Vgl. Rdn. 3a; Anhang Rdn. 20.

[347] EGMR 25.3.1998 Kopp/CH (ÖJZ **1999** 115: Abhören eines Rechtsanwalts entgegen Gesetz); dazu *Villiger* HdB 565; 12.5.2000 Khan/GB (JZ **2000** 993 mit Anm. *Kühne/Nash*).

[348] Vgl. EGMR 6.4.2000 Labita/I (ECHR 2000 IV); *Meyer-Ladewig* 36; 40.

[349] EGMR 25.3.1983 Silver u.a./GB (EuGRZ **1984** 149); 25.3.1992 Campbell/GB (ÖJZ **1992** 595); *Grabenwarter* § 22 Rdn. 43; *Meyer-Ladewig* 36.

die Weigerung der Gefängnisbehörde, die Portokosten zu übernehmen, ein Eingriff in die Korrespondenz des Gefangenen ist. kann fraglich sein[350], in den Fällen einer übermäßigen Korrespondenz ist dies aber zu verneinen. Ein Eingriff in die Korrespondenz liegt auch im **Vorenthalten** der Post, etwa im Rahmen einer Kontrolle oder Beschränkung der Korrespondenz inhaftierter Personen[351], ferner auch, wenn die Gefängnisverwaltung einen Gefangenen nicht davon verständigt, daß ein von ihm abgesandter Brief wegen unvollständiger Adresse zurückgekommen ist[352]. Der Briefverkehr eines Gefangenen mit seinem **Verteidiger** oder seinem Prozeßvertreter unterliegt hinsichtlich der darin enthaltenen Mitteilungen grundsätzlich keiner Kontrolle[353]. Nur in besonderen Ausnahmefällen (terroristische Vereinigung) oder bei der Notwendigkeit besonderer Schutzvorkehrungen gegen einen Mißbrauch im Einzelfall kann auch dies als in einer demokratischen Gesellschaft notwendig angesehen werden[354].

40 c) Aus der Pflicht des Staates zur **Achtung** des Privatbereichs (Art. 8 Abs. 1 MRK) bzw. aus der **staatlichen Schutzpflicht** (Art. 17 Abs. 2 IPBPR) wird ferner hergeleitet, daß der Staat ausreichende gesetzgeberische und administrative Vorkehrungen zur Wahrung der Privatheit der Kommunikation gegen unbefugte Eingriffe Dritter treffen muß[355]. Dies gilt besonders, wenn der einzelne selbst nicht in der Lage ist, für einen entsprechenden Schutz zu sorgen, weil die private Korrespondenz als Beweismaterial beschlagnahmt und vom Staat verwahrt wird[356]. Aus der Schutzpflicht kann aber kein Anspruch gegen den Staat auf Einrichtung von neuen Kommunikationswegen oder auf Funktionieren der Postverbindungen hergeleitet werden[357].

41 **5. Ehre und Ruf.** Anders als Art. 8 MRK nimmt Art. 17 Abs. 1 IPBPR auch die Ehre und den Ruf in seinen Schutzbereich mit auf; der Schutzbereich ist allerdings enger, da er nur **rechtswidrige Angriffe** („unlawful attacks", „atteintes illegal") verbietet[358]. Aus der Entstehungsgeschichte wird hergeleitet, daß damit nur Eingriffe von einer gewissen Erheblichkeit gemeint sind, die **vorsätzlich** Ehre und Ruf eines anderen durch **unwahre Behauptungen** beeinträchtigen sollen[359]. Die Äußerung wahrer Tatsachen, auch wenn sie für jemanden abträglich sind, sollte dadurch nicht verhindert werden[360]. Weitergehende gesetzliche Einschränkungen der durch Art. 19 IPBPR garantierten Meinungsfreiheit sind zugunsten der Achtung der Rechte oder des Rufes anderer aber zulässig (Art. 19 Abs. 3 Buchst. a IPBPR; vgl. auch Art. 10 Abs. 2 MRK).

---

[350] Verneinend EKMR bei *Bleckmann* EuGRZ **1982** 311, vgl. aber auch *Grabenwarter* § 22 Rdn. 43 unter Hinweis auf EGMR 29. 1. 2002 A.B, wonach Gefängnisverwaltung Kosten für Schreibmaterial und Porto zu tragen hat; ferner zur Pflicht des Staates, die Kosten einer Übersetzung zu übernehmen Art. 6 Rdn. 245.

[351] Dazu ausführlich *Guradze* 26; *Partsch* 188; ferner UN-AMR EuGRZ **1982** 13 (Pinkney); EGMR 25. 3. 1983 Silver u. a/GB (EuGRZ **1984** 149); vgl. EKMR bei *Bleckmann* EuGRZ **1981** 121; auch EKMR EuGRZ **1983** 430; *Hofmann* S. 43; *Nowak* 38.

[352] EKMR bei *Strasser* EuGRZ **1988** 535.

[353] EGMR 5. 7. 2001 Erdem/D (NJW **2003** 1439) unter Hinweis auf die Wichtigkeit der unkontrollierten Kommunikation mit dem Verteidiger; ferner etwa EGMR 28. 6. 1984 Campbell & Fell/GB (EuGRZ **1985** 534); 28. 11. 1991 S/CH (EuGRZ **1992** 298); *Meyer-Ladewig* 36; vgl. auch *Grabenwarter* § 22 Rdn. 43 (allenfalls äußere Kontrolle des Inhalts durch Öffnen des Umschlags, am besten in Gegenwart des Gefangenen).

[354] Vgl. EGMR 25. 3. 1992 Campbell/GB (ÖJZ **1992** 595); 5. 7. 2001 Erdem/D (NJW **2003** 1439: Überwachung des Briefverkehrs mit Verteidiger nach § 148 Abs. 2 StPO); EKMR bei *Strasser/Weber* EuGRZ **1987** 560; *Grabenwarter* § 22 Rdn. 43.

[355] *Frowein/Peukert* 34; *Nowak* 36; zur staatlichen Schutzpflicht vor privaten Eingriffen vgl. auch *Gaede* StV **2004** 46, 52.

[356] Vgl. EGMR 17. 7. 2003 Craxi (2)/I (amtlich verwahrte private Korrespondenz als Grundlage für Medienberichte über Privatleben).

[357] EKMR bei *Bleckmann* EuGRZ **1981** 121 (Nachsendung von Post).

[358] Die amtliche deutsche Übersetzung mit „Beeinträchtigungen" ist zu weit, vgl. *Nowak* 39 Fußn. 83.

[359] *Nowak* 39 ff.

[360] *Nowak* 39.

Unter **Ruf** ist dabei die Einschätzung eines Menschen durch andere zu verstehen, was notwendig voraussetzt, daß die verletzende Handlung einer Mehrzahl anderer Personen oder der Öffentlichkeit bekanntwerden muß. Bei der **Ehrverletzung** ist dies nicht der Fall, da die Ehre den Anspruch jedes Menschen auf Achtung seiner selbst umfaßt, so daß eine Verletzung auch unter vier Augen erfolgen kann[361]. Die Ehre kann auch durch Formalbeleidigungen oder eine sonstige erniedrigende Behandlung verletzt sein. **42**

Art. 17 IPBPR verpflichtet den Staat und seine Organe, selbst jeden Angriff auf Ruf oder Ehre einer Person durch rechtswidrige Behauptung unwahrer Tatsachen zu unterlassen. Aus der ausdrücklichen Schutzpflicht des Absatzes 2 folgt ferner, daß der Staat durch entsprechende **gesetzgeberische Maßnahmen** dafür sorgen muß, daß der einzelne auch gegen Angriffe privater Dritter ausreichend geschützt wird, wie dies der strafrechtliche Ehrenschutz und die zivilrechtlichen Regelungen ermöglichen. Die Erfüllung der staatlichen Schutzpflicht kann aber auch erfordern, daß einzelne Staatsorgane zugunsten des Ehrenschutzes eingreifen und Ehrverletzungen rügen und ihre Fortsetzung unterbinden, wie dies etwa dem Vorsitzenden im Rahmen seiner Verhandlungsleitung nach § 238 Abs. 1 StPO obliegt. **43**

Art. 9 MRK (Art. 18 IPBPR)

MRK

Artikel 9 Gedanken-, Gewissens- und Religionsfreiheit*

(1) Jede Person hat das Recht auf Gedanken-, Gewissens- und Religionsfreiheit; dieses Recht umfaßt die Freiheit, seine Religion oder Weltanschauung zu wechseln, und die Freiheit, seine Religion oder Weltanschauung einzeln oder gemeinsam mit anderen öffentlich oder privat durch Gottesdienst, Unterricht oder Praktizieren von Bräuchen und Riten zu bekennen.

(2) Die Freiheit, seine Religion- oder Weltanschauung zu bekennen, darf nur Einschränkungen unterworfen werden, die gesetzlich vorgesehen und in einer demokratischen Gesellschaft notwendig sind für die öffentliche Sicherheit, zum Schutze der öffentlichen Ordnung, Gesundheit und Moral oder zum Schutze der Rechte und Freiheiten anderer.

Dazu auch **Art. 2 Satz 2 des 1. ZP***

... Der Staat hat bei Ausübung der von ihm auf dem Gebiet der Erziehung und des Unterrichts übernommenen Aufgaben das Recht der Eltern zu achten, die Erziehung und den Unterricht entsprechend ihren eigenen religiösen und weltanschaulichen Überzeugungen sicherzustellen.

* Neue deutschsprachige Übersetzung in der Fassung der Bek. vom 17. 5. 2002 (BGBl. II S. 1054).

IPBPR

Artikel 18

(1) Jedermann hat das Recht auf Gedanken-, Gewissens- und Religionsfreiheit. Dieses Recht umfaßt die Freiheit, eine Religion oder eine Weltanschauung eigener Wahl zu haben oder anzunehmen, und die Freiheit, seine Religion oder Weltanschauung allein oder in Gemeinschaft mit anderen, öffentlich oder privat durch Gottesdienst, Beachtung religiöser Bräuche, Ausübung und Unterricht zu bekunden.

(2) Niemand darf einem Zwang ausgesetzt werden, der seine Freiheit, eine Religion oder eine Weltanschauung seiner Wahl zu haben oder anzunehmen, beeinträchtigen würde.

(3) Die Freiheit, seine Religion oder Weltanschauung zu bekunden, darf nur den gesetzlich vorgesehenen Einschränkungen unterworfen werden, die zum Schutz der öffentlichen Sicherheit, Ordnung, Gesundheit, Sittlichkeit oder der Grundrechte und -freiheiten anderer erforderlich sind.

(4) Die Vertragsstaaten verpflichten sich, die Freiheit der Eltern und gegebenenfalls des Vormunds oder Pflegers zu achten, die religiöse und sittliche Erziehung ihrer Kinder in Übereinstimmung mit ihren eigenen Überzeugungen sicherzustellen.

361 *Nowak* 42.

Schrifttum (Auswahl): *Abel* Die Entwicklung der Rechtsprechung zu neueren Glaubens- und Weltanschauungsgemeinschaften, NJW **2001** 410, **2003** 264: *Battis/Pultmann* Was folgt für den Gesetzgeber aus dem Kopftuchurteil des Bundesverfassungsgerichts? JZ **2004** 581; *Bausback* Religions- und Weltanschauungsfreiheit als Gemeinschaftsgrundrecht, EuR **2000** 261; *Bleckmann* Von der individuellen Religionsfreiheit des Art. 9 EMRK zum Selbstbestimmungsrecht der Kirchen (1995); *Blum* Die Gedanken-, Gewissens- und Religionsfreiheit nach Art. 9 der Europäischen Menschenrechtskonvention (1992); *Böckenförde* Kopftuchstreit auf dem richtigen Weg? NJW **2001** 723; *Böse* Die Glaubens- und Gewissensfreiheit im Rahmen der Strafgesetze, ZStW **113** (2001) 40; *Frowein* Freedom of Religion in the Practice of the European Commission and Court of Human Rights, ZaöRV **46** (1986) 249; *Goerlich* Distanz und Neutralität im Lehrberuf. Zum Kopftuch und anderen religiösen Symbolen, NJW **1999** 2929; *Globig* Die Lohengrin-Klausel des Grundgesetzes, ZRP **2002** 107; *Heckel* Religionsunterricht für Muslime, JZ **1999** 741; *Heinig/Morlok* Von Schafen und Kopftüchern, JZ **2003** 777; *Hillgruber* Der deutsche Kulturstaat und der muslimische Kulturimport, JZ **1999** 538; *Kimminich* Religionsfreiheit und Menschenrecht (1990); *Lücke* Zur Dogmatik der kollektiven Glaubensfreiheit, EuGRZ **1995** 651; *Michael* Verbote von Religionsgemeinschaften, JZ **2002** 482; *Pabel* Der Grundrechtsschutz für das Schächten in rechtsvergleichender Perspektive, EuGRZ **2002** 220; *Ohler/Weiß* Glaubensfreiheit versus Schutz von Ehe und Familie, NJW **2002** 194; *Roellecke* Die Entkoppelung von Recht und Religion, JZ **2004** 105; *Sacksofsky* Die Kopftuch-Entscheidung – von der religiösen zur föderalen Vielfalt, NJW **2003** 3297; *Schwarz* Die karitative Tätigkeit der Kirchen im Spannungsfeld von nationalem Recht und Gemeinschaftsrecht, EuR **2002** 192; *Spiess* Verschleierte Schülerinnen in Deutschland und Frankreich, NVwZ **1993** 637; *Stark* Staat und Religion, JZ **2000** 1; *Thüsing* Religion und Kirche in einem neuen Antidiskriminierungsrecht, JZ **2004** 172; *Weber* Kontroverse zum Rechtsschutz durch staatliche Gerichte im kirchlichen Amtsrecht, NJW **2003** 2067; *Waldhoff* Kirchliche Selbstbestimmung und Europarecht, JZ 2003 978; *Wilms* Amtshaftung der Kirche für Äußerungen ihrer Sektenbeauftragten, NJW **2003** 2070. Vgl. ferner die Länderberichte auf der XI. Konferenz der Europäischen Verfassungsgerichte über die Rechtsprechung zur Bekenntnisfreiheit von *Hassemer/Hönig* EuGRZ **1999** 525; *Hungerbühler/Férand* EuGRZ **1999** 563; *Kucsko-Stadlmayer* EuGRZ **1999** 505; *Wille* EuGRZ **1999** 543.

Übersicht

1 **1. Allgemeines. Die Gedanken-, Gewissens- und Religionsfreiheit** ist ein in der Würde des Menschen wurzelndes und für die selbstverantwortliche Lebensführung existentielles Grundrecht. Sie wird in Absatz 1 beider Konventionen jedermann gewährleistet. Dadurch ist sie zugleich auch einer der Grundlagen der auf dem Pluralismus der Anschauungen aufbauenden demokratischen Gesellschaft[1]. Die Konventionen übernehmen im wesentlichen den Art. 18 der **Allgemeinen Erklärung der Menschenrechte** vom 10.12. 1948. Die Bedeutung der Religions- und Überzeugungsfreiheit und die Notwendigkeit, sie vor Diskriminierungen zu schützen, hat die Generalversammlung der Vereinten Nationen in der **Erklärung über die Beseitigung aller Formen von Intoleranz und Diskriminierung aufgrund der Religion oder der Überzeugung** vom 25.11.1981[2] besonders hervorgehoben. Die **Europäische Grundrechte-Charta**[3] erkennt in Art. 19 Abs. 1 ebenfalls

[1] Vgl. EGMR 25.5.1993 Kokkinakis/Griech (ÖJZ **1994** 59); *Grabenwarter* § 22 Rdn. 66; *Meyer-Ladewig* 1.

[2] Res. 36/55; deutsche Übersetzung: Menschenrechte; Dokumente und Deklarationen Nr. I, 7; Hrsg.: Bundeszentrale für politische Bildung.

[3] EuGRZ **2000** 554.

das Recht auf Gedanken-. Gewissens- und Religionsfreiheit im gleichen Umfange und mit gleicher Tragweite an und zwar so, wie sie in der MRK garantiert sind (Art. 52 Abs. 1, 3). Ihr Art. 19 Abs. 2 garantiert dann noch ausdrücklich das in den Menschenrechtskonventionen an anderer Stelle (Art. 4 Abs. 3 Buchst. b MRK, Art. 8 Abs. 3 Buchst. c ii IPBPR) angesprochene Recht auf Wehrdienstverweigerung aus Gewissensgründen, dieses wird aber nur nach Maßgabe der staatlichen Ausführungsgesetze geschützt. Die **Europäische Gemeinschaft** kann schon bisher auf Grund des Art. 13 EGV im Rahmen ihrer Zuständigkeiten **Diskriminierungsverbote** erlassen, die u.a. auch jede Diskriminierung auf Grund der Religion oder Weltanschauung verbieten[4].

Art. 18 IPBPR wird durch Art. 4 Abs. 2 IPBPR **notstandsfest** garantiert. Er wird andererseits durch Art. 20 Abs. 2 IPBPR eingeschränkt, wonach jedes Eintreten für nationalen, rassischen oder religiösen Haß, durch das zu Diskriminierung, Feindseligkeit oder Gewalt aufgestachelt wird, durch Gesetz zu verbieten ist. In Art. 15 Abs. 2 MRK ist Art. 9 MRK unter den notstandsfesten Rechten nicht aufgeführt; jedoch schließt Art. 15 Abs. 1 letzter Halbsatz jede Einschränkung aus, die im Widerspruch zu den sonstigen völkerrechtlichen Verpflichtungen der Vertragsstaaten steht, wozu in den Mitgliedstaaten des IPBPR auch die Uneinschränkbarkeit der Religionsfreiheit gehört. Im übrigen ist ein rechtfertigender Grund für eine staatliche Einschränkung der inneren Gedanken-, Gewissens- und Religionsfreiheit auch unter den Erfordernissen eines Notstands kaum denkbar. Für die Form der äußeren Religionsausübung erlauben ohnehin Art. 9 Abs 2 MRK, Art. 14 Abs. 3 IPBPR die erforderlichen Einschränkungen. **2**

2. Überblick über den Inhalt der Garantien

a) Die **garantierten Freiheiten** umfassen, wie Art. 9 Abs. 1 MRK, Art. 18 Abs. 1, 2 IPBPR mit unterschiedlichen Worten, aber im wesentlichen inhaltlich übereinstimmend ausdrücken, die auch durch das Recht auf freie Meinungsäußerung (Art. 10 MRK, Art. 19 IPBPR) nach außen besonders abgesicherte (innere) **Gedankenfreiheit** sowie die **Gewissensfreiheit**, die an sich die daneben besonders erwähnte **Religionsfreiheit** mit einschließt. Wesentlich für diese ist das Recht jedes einzelnen, unbeeinflußt vom Staat nach eigener freier Wahl eine bestimmte Religion oder Weltanschauung[5] anzunehmen oder abzulehnen, sich privat und öffentlich zu einer bestimmten Religions- oder Weltanschauungsgemeinschaft zu bekennen, diese zu wechseln[6], sich mit Gleichgesinnten zu einer neuen Religionsgemeinschaft zusammenzuschließen[7] oder über die Zugehörigkeit zu einer Religionsgemeinschaft zu schweigen[8]. Wie das Nebeneinander von Religion und Weltanschauung zeigt, ist dieses Freiheitsrecht **weit auszulegen**, es umfaßt auch die Ansichten von Außenseitern und Sektierern. Erforderlich ist nur, daß ein Mindestmaß an geistigem Gehalt die Religion identifizierbar macht, wenn die Religionsfreiheit für ein bestimmtes Verhalten in Anspruch genommen wird[9]. Daß die Ansichten auch für Außenstehende **3**

---

4 Vgl. Ri 2000/78 EG vom 27.11.2000 (Verbot Arbeitnehmer u.a. wegen Religion oder Weltanschauung zu diskriminieren); vgl. dazu *Thüsing* JZ **2004** 172; *Waldhoff* JZ **2003** 978.

5 Zur Schwierigkeit der wegen der Gleichstellung letztlich nicht entscheidenden Abgrenzung zwischen der ein Mindestmaß von Identifizierbarkeit erfordernden Religion und einer Weltanschauung vgl. *Grabenwarter* § 22, Rdn. 71; Art. 9 erfaßt auch nicht-religiöse Weltanschauungen, vgl. *Nowak* 14.

6 Vgl. EKMR EuGRZ **1986** 648; zur Pflicht des Staates, den Austritt aus einer Religionsgemeinschaft zu ermöglichen, wenn diese keinen Austritt kennt, vgl. *Frowein/Peukert* 10; *Grabenwarter* 22 Rdn. 75; BVerfGE **44** 49. Zur Entstehung der Fassung von Art. 18 Abs. 1 Satz 2 IPBPR *Nowak* 13.

7 Zur religiösen Vereinigungsfreiheit vgl. etwa BVerfGE **83** 341, 355ff; *Lücke* EuGRZ **1995** 651.

8 Zum Inhalt der Religionsfreiheit vgl. Art. 1, 6 der Erklärung der Generalversammlung der Vereinten Nationen vom 25.11.1981 (Fußn. 2).

9 *Grabenwarter* § 22 Rdn. 71; *Meyer-Ladewig* 4; vgl. BVerfG **83** 341 353; *Hassemer/Hönig* EuGRZ **1999** 526.

rational einsichtig sind, ist dagegen nicht erforderlich. Der Staat ist nicht befugt, darüber zu entscheiden, ob religiöse Anschauungen oder die Formen, in denen sie ausgedrückt werden, berechtigt oder sinnvoll sind. Er darf deshalb auch nicht die Möglichkeit gemeinsamer Religionsausübung bestimmter Gruppen durch bürokratische Hemmnisse behindern[10]. Erst recht ist ihm untersagt, seinen Bürgern eine bestimmte Religion oder Weltanschauung aufzudrängen[11]. Art. 18 Abs. 2 IPBPR stellt noch besonders klar, daß insoweit **jeder Zwang verboten** ist. Dieses Verbot erfaßt auch indirekte Zwangsmittel, wie etwa sachlich nicht erforderliche rechtliche oder tatsächliche Erschwerungen des Religionswechsels oder die faktische Behinderung der Ausübung einer bestimmten Religion durch unnötige bürokratische Hürden. Öffentliche oder bürgerliche Rechte dürfen nicht von einer bestimmten Religionszugehörigkeit abhängig sein[12]; diese darf auch nicht entgegen dem **Gleichbehandlungsgebot** des Art. 14 MRK für eine Entscheidung über Vor- und Nachteile ausschlaggebend sein[13]. Soweit der Staat im Bereich der Bildung und des Unterrichts tätig wird, verpflichten ihn Art. 2 des 1. ZP zur MRK, Art. 18 Abs. 4 IPBPR noch besonders, das Recht der Eltern zu achten, Erziehung und Unterricht ihrer Kinder entsprechend ihren eigenen religiösen und weltanschaulichen Überzeugungen sicherzustellen[14].

3a Soweit die Garantien auch **kollektiv auszuübende Rechte** umfassen, können religiöse Zusammenschlüsse der Mitglieder, die Kirchen ebenso wie auch kleinere Gruppen, sie selbst geltend machen[15]. Der Staat darf die Bildung solcher Zusammenschlüsse nicht behindern oder ihre Anerkennung als Träger eigener Rechte nicht verweigern[16]. Sie haben das Selbstverwaltungsrecht[17] und sind insoweit ebenfalls Grundrechtsträger[18], sie unterliegen aber im Kernbereich ihres Wirkens nicht den Bindungen, die staatlichen Organen aus der Pflicht zur Gewährleistung dieser Freiheitsgarantien erwachsen, wie etwa der Neutralitätspflicht[19] oder religionsrelevanten Diskriminierungsverboten[20]. Vor allem kann der einzelne gegen die religiöse Gemeinschaft, deren Mitglied er ist, aus Art. 9 MRK, Art. 18 IPBPR kein persönliches Recht auf Anerkennung einer abweichenden Glaubensauffassung oder auf Übertragung eines religiösen Amtes herleiten[21]; stimmt er mit deren Auffassungen nicht überein, muß er notfalls austreten. Ein Individualrecht, dessen ungehinderte Ausübung der Staat durch Einräumung der Möglichkeit einer Austrittserklärung vor einer staatlichen Stelle sicherstellen muß, wenn die betroffene Religionsgemeinschaft dies nicht vorsieht[22]. Der Anspruch des einzelnen Mitglieds auf **staatlichen Rechtsschutz** gegen Maßnahmen seiner eigenen Religionsgesellschaft, die dem Bereich der Religionsausübung und Glaubensfreiheit zuzurechnen sind, wird bei der ge-

---

10 EGMR 26. 2. 1996 Manoussakis u. a./Griech. (ÖJZ **1997** 352: Behinderung der Zeugen Jehovas bei Verwendung eines Raumes für Gottesdienste).

11 EGMR 7. 12. 1976 Kjeldsen u. a./Dän (EuGRZ **1976** 478 im Zusammenhang mit Sexualkundeunterricht); *Frowein/Peukert* 2.

12 *Nowak* 17, 18.

13 EGMR 23. 6. 1993 Hoffmann/Ö (EuGRZ **1996** 648 mit Anm *Fahrenhorst* EuGRZ **1996** 633); *Frowein/Peukert* 7.

14 Vgl. Rdn. 6a.

15 *Frowein/Peukert* 9; *Grabenwarter* § 22 Rdn. 68, beide auch zur Entwicklung der Spruchpraxis der EKMR; ferner etwa EGMR 16. 12. 1997 Canea Catholic Church/Griech (ÖJZ **1998** 750); 27. 6. 2000 Cha'are Shalom Ve Tsedek/F (ÖJZ **2001** 774); *Lücke* EuGRZ **1995** 651.

16 *Grabenwarter* § 22 Rdn. 81 unter Hinweis auf EGMR 13. 12. 2001 Église Métrolipotaine des Bessarabie u. a.

17 Vgl. *Schwarz* EuR **2002** 192, 204.

18 Ob dies auch die karitative Tätigkeit mit einschließt, ist strittig, vgl *Schwarz* EuR **2002** 603.

19 Vgl. *Sachs/Höfling* Grundgesetz³ Art. 1, 102 („Träger des Grundrechts, nicht Bindungsadressat"); *Lücke* EuGRZ **1995**, 651, 656.

20 Vgl. zur Problematik mit dem EG-Recht *Thüsing* JZ **2004** 172; *Waldhoff* JZ **2003** 978.

21 Vgl. etwa EKMR EuGRZ **1986** 648; *Frowein/Peukert* 9 unter Hinweis auf die Spruchpraxis der EKMR; *Grabenwarter* § 22 Rdn. 77.

22 *Frowein/Peukert* 10; *Frowein* ZaöRV **46** (1986) 256; *Grabenwarter* § 22 Rdn. 89.

botenen Abwägung zwischen der staatlichen Justizgewährungspflicht und der Gewährleistung der kollektiven Glaubensfreiheit und der grundsätzlich zu beachtenden Pflicht des Staates zur Neutralität meist zurücktreten[23]. Dies gilt auch bei den sogen. „Staatskirchen"[24].

Eine **Staatsreligion oder eine Staatskirche**, die manche Mitgliedsstaaten haben, während andere sie in ihrer Verfassung ausdrücklich verbieten[25], ist mit dieser Freiheit nicht unvereinbar. Es müssen aber neben der Staatsreligion auch andere Religionen zugelassen sein. Es darf kein direkter oder indirekter Zwang ausgeübt werden, die Staatsreligion anzunehmen oder beizubehalten[26], sich deren Riten zu unterziehen oder an sie Abgaben zu entrichten[27]. Eine vom Staat geregelte Kirchensteuerpflicht ist mit den Konventionsgarantien vereinbar, sofern der einzelne frei ist, sich ihr durch Aufgabe seiner Mitgliedschaft in der jeweiligen Religionsgemeinschaft zu entziehen[28]. Eine Benachteiligung des einzelnen in seinen Konventionsrechten wegen seiner Weltanschauung oder seiner Religionszugehörigkeit verstößt zugleich auch gegen die Diskriminierungsverbote in Art. 14 MRK, Art. 2 Abs. 1, 26, 27 IPBPR[29], die umgekehrt aber auch den Staat verpflichten können, danach zu differenzieren, ob ein bestimmtes Verhalten religiös bedingt war[30]. Aus der Pflicht des Staates, die innere Überzeugung des einzelnen zu respektieren und auch die Ausübung der mit ihr zusammenhängenden Gebräuche innerhalb der auch hierfür geltenden allgemeinen Schranken nicht zu behindern, folgt jedoch nicht, daß der Staat von Konventions wegen auch verpflichtet ist, selbst besondere Organisationsformen für religiöse Gruppen vorzusehen[31]. Er muß ermöglichen, daß sich religiöse Zusammenschlüsse ungehindert bilden können[32], im übrigen steht es ihm aus der Sicht der Konventionen frei, ob und in welchem Umfang er besondere Rechtsformen für den Zusammen- **4**

[23] Nach BGH NJW **2000** 1555; **2003** 2097 schränkt das Selbstbestimmungsrecht der Religionsgemeinschaften die staatliche Rechtsmäßigkeitskontrolle innerkirchlicher Maßnahmen ein; die staatliche Justizgewährungspflicht beschränkt sich auf eine Wirksamkeitskontrolle (Vereinbarkeit mit den Grundprinzipien der staatlichen Ordnung, Willkürverbot. ordre public). BVerfG NJW **2004** 3099 ließ dies offen. Vgl. zum Streitstand auch nachf. Fußn. sowie *Lücke* EuGRZ **1995** 561 mit Hinweisen auf die Rechtsprechung der Verwaltungsgerichte; ferner zu den Problemen des kirchlichen Arbeitsrechts *Thüsing* JZ **2004** 172.

[24] Vgl. BVerfGE **18** 385, 387; **42** 312, 331 (Kirchen werden dadurch in ihrem eigentlichen Bereich nicht zu Institutionen der mittelbaren Staatsverwaltung). Soweit den Religionsgemeinschaften in Randbereichen staatliche Aufgaben übertragen sind (etwa Friedhofsverwaltung), üben sie grundrechtsgebundene Staatsgewalt aus, vgl. etwa *Sachs/Höfling* Grundgesetz[3] Art. 1 Rdn. 102. Die Abgrenzung der staatlichen Rechtsgewährungspflicht von der Autonomie der Kirchen ist vor allem im Bereich des Amtsrechts strittig, vgl. etwa BVerwG NJW **2003** 2112; BVerwGE **95** 379; **116** 86; BVerfG JZ **2004** 791 mit krit. Anm. *Goerlich;* BGH NJW **2000** 1559; *Weber* NJW **2003** 2067; *Waldhoff* JZ **2003** 978 ff.

[25] Vgl. etwa *Lücke* EuGRZ **1995** 651.

[26] EKMR bei *Strasser* EuGRZ **1990** 410; *Frowein/Peukert* 2, 6; *Nowak* 16; vgl. auch BVerfGE **44** 59, 66; **55** 32, 36.

[27] EKMR bei *Strasser* EuGRZ **1990** 410 (Darby: zwangsweise Einbeziehung in eine Aktivität für eine Religionsgemeinschaft); BVerfG NVwZ **2002** 1496 (Kirchensteuer als autonomes Satzungsrecht); dazu *Gohm* NVwZ **2002** 1475, ferner die nachfolg. Fußn.

[28] *Villiger* HdB 596; vgl. auch schweiz.BGer. EuGRZ **2001** 128 (Kirchensteuerpflicht für juristische Personen).

[29] *Nowak* 16; vgl. auch EGMR 23.10.1990 Darby/Schwed (EuGRZ **1990** 504), wo wegen der gegen Art. 14 MRK verstoßenden Verweigerung der Kirchensteuerermäßigung bei Wohnsitz im Ausland von einer Prüfung des Art. 9 MRK abgesehen wurde, während EKMR bei *Strasser* EuGRZ **1990** 411 in der gleichen Sache umgekehrt verfuhr.

[30] Vgl. EGMR 6.4.2000 Thlimmenos/Griech (ÖJZ **2001** 518): Art. 14 in Verb. mit Art. 9 MRK ist auch verletzt, wenn der Staat ohne objektive und vernünftige Rechtfertigung eine Differenzierung unterläßt, so daß die Verurteilung wegen einer aus religiösen Gründen begangenen Tat (Zeuge Jehovas, Weigerung Uniform zu tragen) in gleicher Weise wie echte kriminelle Verfehlungen die Ablehnung der Zulassung als Wirschaftsprüfer begründet.

[31] Dies schließt nicht aus, daß sich – meist historisch bedingt – aus dem jeweiligen innerstaatlichen Recht Verpflichtungen ergeben können.

[32] Vgl. etwa BVerfGE **83** 341, 355 ff.

schluß von Glaubensgemeinschaften aufstellt, so vor allem, ob und unter welchen Voraussetzungen er eine Religionsgemeinschaft als Körperschaft des öffentlichen Rechts anerkennen will[33].

4a **Schutzpflichten des Staates** können sich aus seiner Verpflichtung ergeben, die Religionsfreiheit aller seiner Bürger ohne jede Diskriminierung (Art. 14 MRK) zu achten und auch zu gewährleisten. Der Staat muß für den religiösen Frieden und für ein Klima der religiösen Toleranz in der Gesellschaft sorgen. Er muß unter Umständen eingreifen, um sicherzustellen, daß alle Personen in seinem Herrschaftsbereich auch tatsächlich ihre Religion frei und ungestört ausüben können[34] (Art. 1 MRK, Art. 2 Abs. 1, 2 IPBPR). Die Religionsfreiheit jeder Gruppe findet eine Schranke dort, wo sie auch die Religionsfreiheit einer anderen Gruppe respektieren muß. Der Staat und seine Organe dürfen nicht tatenlos zusehen, wenn die von den Konventionen garantierten Freiheiten einem Teil der Bewohner durch dominante gesellschaftliche oder religiöse Gruppen faktisch verweigert werden. Er muß den Betroffenen zumindest die Möglichkeit eröffnen, gegen sie unberechtigte herabsetzende Äußerungen anderer religiöser Gruppen gerichtlich vorzugehen[35] und er muß in schwerwiegenden Fällen auch selbst eingreifen, um die Religions- und Glaubensfreiheit der betroffenen Gruppe oder den religiösen Frieden zu wahren und die gegenseitige Toleranz sicherzustellen. Auch aus den in Art. 9 Abs. 2 MRK, Art. 18 Abs. 3 IPBPR aufgeführten Gründen kann mitunter ein Eingreifen des Staates nicht nur zulässig sondern zur Wahrung der Religionsfreiheiten anderer Gruppen sogar geboten sein[36]. In schwerwiegenden Fällen kann auch erforderlich sein, daß der Staat durch eigene Maßnahmen die religiösen Gefühle einer Gruppe seiner Bürger vor Beleidigungen ihrer Religion durch andere schützt[37]. Grundsätzlich hat der Staat dafür zu sorgen, daß in seinem Herrschaftsbereich die unterschiedlichen religiösen Anschauungen der verschiedenen Gruppierungen geachtet und daß die öffentliche Ausübung religiöser Gebräuche vor gezielten Störungen Dritter, auch durch andere religiöse Gruppen, geschützt werden[38] und daß allen genügend Raum für eine religiöse Betätigung bleibt. Er muß aber auch die religiöse Überzeugungen des einzelnen schützen[39]; dieser kann zwar nicht verlangen, daß er innerhalb der religiösen Gruppierung, der er angehört, völlig frei auch konträre Meinungen vertreten kann, sein Recht, sich von dieser Gruppierung zu trennen, muß der Staat aber notfalls sicherstellen[40].

4b Eine **besondere Schutzpflicht** hat der Staat dort, wo er die Lebensführung des einzelnen **besonderen Regelungen** oder Zwängen unterwirft, die notwendig auch Bereiche der Religionsausübung mit einschließen, wie etwa in der Schule, der Bundeswehr, den Strafvollzugsanstalten usw. Dann ist er verpflichtet, den davon Betroffenen **durch positive Maßnahmen** die Wahrnehmung ihrer Rechte aus den Konventionsgarantien zu ermöglichen[41]. So muß er auch sicherstellen, daß das Recht der Eltern auf Erziehung der Kinder entsprechend ihren eigenen religiösen oder weltanschaulichen Überzeugungen

---

[33] Vgl. BVerfGE **102** 370 (Ablehnung bei Zeugen Jehovas); dazu *Abel* NJW **2001** 410; *Hillgruber* NVwZ **2001** 1347; *Wilms* NJW **2003** 1083.

[34] EGMR 29. 9. 1994 Otto Preminger Institut/Ö (ÖJZ **1995** 154); 25. 11. 1996 Wingrove/GB (ÖJZ **1997** 714).

[35] Vgl. etwa BGH NJW **2003** 1308 Amtshaftung der Kirchen für Äußerungen ihres Sektenbeauftragten, dazu *Wilms* NJW **2003** 2070.

[36] Vgl. Rdn. 7 ff.

[37] Vgl. etwa EGMR 29. 9. 1994 Otto Preminger Institut/Ö (ÖJZ **1995** 154: Einschränkung des Art. 10 MRK zum Schutze der religiösen Auffassungen anderer), dazu *Frowein/Peukert* 8; *Grabenwarter* ZaöRV **55** (1995) 128; *Grabenwarter* § 22 Rdn. 89; *Stark* JZ **2000** 1, 7 ff; *Villiger* HdB 602.

[38] Zur Schutzpflicht des Staates vgl. BVerfGE **41** 29, 49; **52** 233, 240; **93** 1, 16; östr.VfGH EuGRZ **2001** 330; ferner die vorst. Fußnoten.

[39] EG II MR 25. 5. 1993 Kokkinakis/Griech (ÖJZ **1994** 59); vgl. auch vorst. Fußn.

[40] Vgl. Rdn. 3a.

[41] *Villiger* HdB 599.

(Art. 2 des 1. ZP zur MRK, Art. 18 Abs. 4 IPBPR) geachtet wird. Soweit wegen der besonderen Lage Einschränkungen der Religionsausübung erforderlich sind, müssen sie sich auf das nach der jeweiligen Sachlage Notwendige beschränken.

b) Das allgemeine Recht auf Gedanken-, Gewissens- und Religionsfreiheit wird durch das Recht auf **private** oder **öffentliche Ausübung der Religion oder Weltanschauung** allein oder in Gemeinschaft mit anderen ergänzt (Art. 9 Abs. 1 Halbsatz 2 MRK, Art. 18 Abs. 2 Satz 2 IPBPR). Als Formen der Ausübung und Bekundung der Religion bzw. der Weltanschauung werden neben dem **Gottesdienst** und dem **Unterricht** im Sinne der Vermittlung der religiösen Lehren der jeweiligen Religionsgemeinschaft[42] das **„Praktizieren von Bräuchen und Riten"** („practice and observance", „les pratices et l'accomplissement des rites") besonders angeführt[43]. Damit sollen die meist aus alten Bräuchen überkommenen besonderen Formen des religiösen Brauchtums geschützt werden, aber auch neue, sich erst entwickelte Formen religiöser Rituale fallen hierunter, selbst wenn nur ein kleiner Personenkreis sie praktiziert. Es werden aber nicht alle Handlungen geschützt, die im Einzelfall religiös oder weltanschaulich motiviert sind, sondern nur solche, bei denen der Ausdruck der jeweiligen Religion oder Weltanschauung in einem deutlich auf sie bezogenen Verhalten in Erscheinung tritt[44], wie etwa bei Veranstaltungen zur gemeinsamen Religionsausübung, bei den herkömmlichen Prozessionen oder beim Läuten der Kirchenglocken[45]. Die Abgrenzung der intersubjektiv als Religionsausübung oder Ausdruck einer Weltanschauung einzureihenden Handlungen von denen, die nur von einem persönlichen Motiv eines einzelnen mitbestimmt werden, kann schwierig sein. In dem für das öffentliche Leben maßgebenden Bereich lösen sich die Fragen aber vielfach dadurch, daß andernfalls auch andere, mitunter weiter reichende Konventionsrechte (insbes. Art. 8, 10 oder 11 MRK, Art. 17, 19, 21, 22 IPBPR) einschlägig sind und daß der Staat in diese meist aus den gleichen Gründen, wie bei Art. 9 Abs. 2 MRK, Art. 18 Abs. 3 IPBPR eingreifen und sie unter bestimmten Voraussetzungen sogar verbieten darf. **5**

Kritische Verlautbarungen staatlicher Stellen über bestimmte Religionsgemeinschaften sind mit der staatlichen Neutralitätspflicht vereinbar, sofern die zuständigen staatlichen Organe sich darauf beschränken, in Erfüllung der ihnen zugewiesenen Aufgaben zu negativen Tendenzen bestimmter religiösen Gruppierungen Stellung zu nehmen und öffentlich vor den davon ausgehenden Gefahren zu **warnen**[46], sofern dies ihnen zum Schutze der Bevölkerung oder bestimmter Gruppierungen erforderlich erscheint. Sie müssen bei solchen Verlautbarungen aber Zurückhaltung und Sachlichkeit wahren und jede mit der staatlichen Neutralitätspflicht unvereinbare parteiergreifende Einmischung vermeiden[47]. Ein formeller Eingriff in die Religionsfreiheit, der über die Aufgabenzuweisung hinaus eine besondere gesetzliche Eingriffsermächtigung erfordern würde, dürfte in einer solchen Warnung nicht liegen, auch wenn sie mittelbar diese berühren kann. In solchen Fällen dürfte es genügen, wenn einer der in Art. 9 Abs. 2 MRK, Art. 14 Abs. 3 IPBPR aufgeführten Zwecke die Warnung rechtfertigt. **5a**

[42] Gemeint ist hier die religionsinterne Unterweisung und nicht der schulische Unterricht im Sinne des Art. 18 Abs. 4 IPBPR, Art. 2 des 1. ZP; *Grabenwarter* § 22 Rdn. 73, dazu Rdn. 6.

[43] Neue deutsche Übersetzung; die Tragweite dieser Umschreibung möglicher Formen der Religionsbekundung ist noch wenig geklärt; sie umfassen nach Ansicht der EKMR auch Handlungen zur Bekundung einer nichtreligiösen Weltanschauung; vgl. *Frowein/Peukert* 11, 12; *Nowak* 25; ferner Art. 1 und 6 der Erklärung der Generalversammlung von 25.11.1981 (Fußn. 2).

[44] *Frowein/Peukert* 13.

[45] Vgl. etwa Bonner Kom-*Zippelius* Art. 4, 104; BVerwGE **68**, 68.

[46] *Grabenwarter* § 22, 89.

[47] Vgl. etwa BVerfGE **105** 279, 295 ff; BVerfG NJW **2002** 3458; EuGRZ **2002** 448; BVerwG JZ **1989** 977 (Transzendentale Meditation); *Frowein* ZaöRV **46** (1986) 249, 259.

6 c) Art. 18 Abs. 4 IPBR verpflichtet die Vertragsstaaten außerdem, die **Freiheit der Eltern** und sonstigen Erziehungsberechtigten zu achten, die **religiöse und sittliche Erziehung** ihrer Kinder in Übereinstimmung mit ihren eigenen Überzeugungen sicherzustellen[48]. Die gleiche Verpflichtung begründet Art. 2 Satz 2 des 1. ZP MRK, wonach der Staat bei der Erfüllung der übernommenen Unterrichts- und Bildungsaufgaben dem Recht der Eltern auf Erziehung und Unterrichtung ihrer Kinder gemäß ihren eigenen religiösen und weltanschaulichen Überzeugungen Rechnung tragen muß. In welcher Form diese Verpflichtung erfüllt werden kann, ist den staatlichen Organen überlassen, die in einer pluralistischen Gesellschaft flexible Lösungen finden müssen, die der Verpflichtung zum Schutz verschiedener religiöser Gruppierungen Rechnung tragen[49]. Auch hier können sich Grenzen bei einer durch Abwägung zu lösenden Kollision mit vorrangigen Schutzgütern ergeben[50]. Dieses Recht wird aber nicht schon dadurch angetastet, daß der Staat gegen den Willen von Eltern einen (objektiv gehaltenen) Sexualkundeunterricht in der Schule[51] vorsieht oder ein Kind von Sektenangehörigen nicht von der Teilnahme an einer Schulparade aus Anlaß eines nicht religionsbezogenen Staatsfeiertages freistellt, weil ihr Glaube die Teilnahme an einer Gedächtnisfeier für einen Krieg verbiete[52].

7 **3. Einschränkungen.** Im Gegensatz zum höchstpersönlichen Recht auf interne Gedanken-, Gewissens- und Religionsfreiheit ist die Freiheit der Ausübung nicht absolut garantiert[53]. **Ausübung und Bekundung** der Religion oder Weltanschauung können **durch Gesetz**[54] eingeschränkt werden, wenn dies zum Schutze der öffentlichen Sicherheit und öffentlichen Ordnung[55], Gesundheit[56] und Moral oder zum Schutze der Rechte und Freiheiten anderer[57] (IPBPR „Grundrechte und Grundfreiheiten anderer“[58]) notwendig ist (Art. 9 Abs. 2 MRK; Art. 18 Abs. 3 IPBPR)[59]. Bei verfassungsfeindlichen gewaltbereiten religiösen Gruppierungen kann der Schutz der öffentlichen Sicherheit und Ord-

---

48 Dort als Recht der Eltern, nicht der Kinder garantiert (vgl. EGMR 24.3.1988 Olsson/Schwed, EuGRZ **1988** 591); *Meyer-Ladewig* 6; Träger des Rechts auf Religionsfreiheit sind aber auch diese selbst. Zur Kindstaufe vgl. *Frowein/Peukert* 10.

49 Vgl. EGMR 25.5.1982 Campbell ua/GB (EuGRZ **1982** 153) kein Ausschluß von der Schule, weil Eltern körperliche Strafen ablehnen. Zur eventuellen Freistellung vom Religionsunterricht vgl. Rdn. 9.

50 Vgl. BVerfG NJW **2002** 206; dazu *Ohler/Weiß* NJW **2002** 194; *Frowein/Peukert* 7. Vgl. auch die zur Personensorge unter dem Blickwinkel des Art. 8 MRK ergangene Entscheidung des EGMR 23.6.1993 Hoffmann/Ö (EuGRZ **1996** 648); die sich auch mit der Möglichkeit einer religiös begründeten Verweigerung der Bluttransfusion durch die Mutter befaßte; dazu *Fahrenhorst* EuGRZ **1996** 648.

51 Vgl. EGMR 2.7.1976 Kjeldsen/Dän (EuGRZ **1976** 478); 25.5.2000 Jimenez Alonso u.a./Span (ECHR 2000-VI); vgl. Art. 2 des 1. ZP Rdn. 3.

52 EGMR 18.12.1996 Valsamis/Griech (ÖJZ **1998** 114).

53 *Frowein/Peukert* 1; vgl. EGMR 25.5.1993 Kokkinakis/Griech (ÖJZ **1994** 59) dazu und zu zwei weiteren die Zeugen Jehovas in Griechenland betreffenden Entscheidungen des EGMR (Manoussakis, Valsamis- ÖJZ **1997** 352, **1998** 114) *Fahrenhorst* EuGRZ **1996** 633.

54 Insoweit gelten hier die gleichen Voraussetzungen wie bei Art. 8 Abs. 2, Art. 10 Abs. 2 MRK.

55 Vgl. *Grabenwarter* § 22 Rdn. 85, wonach der Staat allgemeinschädliches Verhalten auch bei Religionsgemeinschaften untersagen darf; ferner etwa EKMR bei *Bleckmann* EuGRZ **1983** 425 (Belästigung von Straßenpassanten); zum IPBPR vgl. *Nowak* 38.

56 Vgl. EGMR 27.6.2000 Cha'are Shalom Ve Tsedek/F (ÖJZ **2001** 774: Schächten); *Grabenwarter* § 22 Rdn. 86; Motorradschutzhelm bei Siks EKMR nach *Frowein/Peukert* 24.

57 Dies kann auch den Schutz der Religionsfreiheit der Bürger vor aggressiver religiöser Werbung religiöser Gruppen mit einschließen, vgl. EGMR 25.5.1993 Kokkinakis/Griech (ÖJZ **1994** 59); *Grabenwarter* § 22 Rdn. 86.

58 Art. 18 Abs. 3 IPBPR läßt die Einschränkung nur zum Schutze der nach nationalem Recht bestehenden Grundrechte und Grundfreiheiten anderer zu (*Nowak* 43 ff), ist also enger als bei vergleichbaren Regelungen in anderen Artikeln und als Art. 9 Abs. 2 MRK, der dies allgemein zum Schutze der Rechte anderer erlaubt.

59 Zu den legitimen Schutzzielen *Grabenwarter* § 22 Rdn. 85, 86, ferner etwa BVerwG NJW **2001** 1365 (Keine Ausnahme vom Verbot des Canabisanbaus für rituellen Canabisgenuß).

nung deren Verbot rechtfertigen[60]. Die Eingriffe des Staates müssen aber in **einer demokratischen Gesellschaft notwendig** sein, insbesondere dürfen sie nicht **außer Verhältnis** zu dem mit ihnen verfolgten Ziel stehen[61]. Die allgemeine Schutzpflicht, die dem Staat nach Art. 1 MRK, Art. 2 IPBPR zur Aufgabe macht, allen Personen und Gruppen in seinem Herrschaftsbereich die ungehinderte Ausübung der ihnen durch die Konventionen gewährleisteten Rechte zu ermöglichen, kann ihn auch verpflichten, zur Sicherung der Toleranz und der Respektierung der verschiedenen Überzeugungen gegen Personen oder Personengruppen einzuschreiten, die andere an der Ausübung eines der in Art. 9 MRK, Art. 18 IPBPR geschützten Rechte hindern oder sie dabei stören[62]. Ob, unter welchen Umständen und mit welchen Einschränkungen auch ein Verbot der aggressiven Werbung für den eigenen Glauben zum Schutze anderer zulässig ist, kann im einzelnen fraglich sein[63]. Der **kommerzielle Vertrieb** religiöser Gegenstände fällt nicht unter Art. 9 MRK, Art. 18 IPBPR[64]; desgleichen nicht wirtschaftlich motivierte Anzeigen zu Werbezwecken[65].

Art. 20 Abs. 2 IPBPR verpflichtet darüber hinaus die Vertragsstaaten, jedes **Eintreten für religiösen Haß**, das zu Diskriminierung, Feindseligkeiten oder Gewalt aufstachelt, durch Gesetz zu verbieten. Die Zulässigkeit einer Einschränkung der Religionsausübung kann deshalb für diesen Grund auch aus Art. 20 IPBPR abgeleitet werden; für Art. 9 MRK folgt sie bereits aus der Zulässigkeit der in einer demokratischen Gesellschaft üblichen Maßnahmen zur Aufrechterhaltung der öffentlichen Sicherheit und Ordnung. Da diese Einschränkungen grundsätzlich in die gleiche Richtung gehen, dürfte es keine praktischen Auswirkungen haben, daß beide Konventionen weitergehende Garantien grundsätzlich nicht ausschließen (Art. 53 MRK, Art. 5 Abs. 2 IPBPR). 8

Zulässige Beschränkungen in den äußeren Formen der Religionsausübung können in vielen Bereichen des Zusammenlebens mit anderen in Betracht kommen. Ob eine einschränkende Regelung zum Schutze der Rechte und Freiheiten anderer, der öffentlichen Sicherheit und Ordnung oder der Moral erforderlich ist, muß der Staat bei Erlaß der jeweiligen Regelung beurteilen, wobei er das Gewicht des verfolgten jeweiligen Schutzinteresses und seine Bedeutung für ein geordnetes Zusammenleben in der Gemeinschaft mit der Einschränkung abwägen muß, die der Betroffene in seinem Recht auf äußere Religionsausübung hinzunehmen hat[66]. Der Staat hat dabei einen gewissen **Beurteilungsspielraum.** Der EGMR berücksichtigt die Wertungen des Mitgliedstaates, er überprüft aber, ob die jeweiligen staatlichen Maßnahmen durch die vorgetragenen Gründe grundsätzlich gerechtfertigt und verhältnismäßig sind[67]. 9

---

60 Vgl. BVerfG EuGRZ **2003** 746 (Vereinsverbot des „Kalifatstaates" wegen Bereitschaft, verfassungswidrige Ziele notfalls mit Gewalt durchzusetzen); *Michael* JZ **2002** 482; ferner Rdn. 8.

61 EGMR 26. 9. 1996 Manoussakis /Griech (ÖJZ **1996** 352, dazu *Fahrenhorst* EuGRZ **1996** 633); *Meyer-Ladewig* 4; 25. 11. 1996 Wingrove/GB (ÖJZ **1997** 718); *Grabenwarter* § 22 Rdn. 87 unter Hinweis auf EGMR 13. 12. 2001 Metropolitenkirche von Bessarabien/Moldavien (Verweigerung der staatlichen Anerkennung zur Sicherung der territorialen Integrität unverhältnismäßig).

62 *Grabenwarter* § 22 Rdn. 88. Ähnliches gilt auch nach Art. 1 Abs. 1 und Art. 4 GG, dessen Schranken sich auch aus den kollidierenden Grundrechten anderer ergeben, vgl. BVerfGE **41** 29, 50; **52** 223, 247; ferner etwa Bonner Kom/*Zippelius* Art. 4, 79, 108 ff mit weit. Nachw.

63 Vgl. EGMR 25. 5. 1993 Kokkinakis/Griech (ÖJZ **1994** 59: unverhältnismäßig); *Grabenwarter* § 22 Rdn. 86; *Meyer-Ladewig* 8 stellt auf die Verhältnismäßigkeit ab; anders wohl *Frowein/Peukert* 25 (grundsätzlich unzulässig).

64 EKMR bei *Bleckmann* EuGRZ **1981** 122; *Frowein/Peukert* 17; *Frowein* ZaöRV **46** (1986) 249, 259; *Villiger* HdB 600.

65 *Meyer-Ladewig* 4.

66 EGMR 25. 5. 1993 Kokkinakis/Griech (ÖJZ **1994** 59); 15. 2. 2001 Dahlab/CH (NJW **2001** 2871); vgl. auch schweiz.BGer. EuGRZ **1996** 470 (Entnahme einiger Haare bei Sikh zum Nachweis des Drogenkonsums); BArbG NJW **2003** 2815 (islam. Kopftuch am Arbeitsplatz).

67 EGMR 25. 5. 1993 Kokkinakis/Griech (ÖJZ **1994** 59); 15. 2. 2001 Dahlab/CH (NJW **2001** 2871); *Grabenwarder* § 22 Rdn. 87 (Plausibilitätsprüfung).

9a **Einzelfälle:** Ähnlich wie bei der Meinungsfreiheit ergibt sich die Notwendigkeit, im jeweiligen Einzelfall die anerkannten anderen Schutzzwecke mit der Konventionsgarantie der Religionsfreiheit abzugleichen. So widerspricht es Art. 9 MRK, wenn der **Eid** ausnahmslos mit einer religiösen Beteuerungsformel abverlangt wird[68] oder wenn allgemein das Werben für Religionsgemeinschaften unter Strafe gestellt[69] wird oder wenn eine Verurteilung wegen einer ausschließlich aus religiöser Überzeugung begangenen Verfehlung später als Grund für eine objektiv damit nicht zu rechtfertigende Versagung der **Zulassung zu einem bestimmten Beruf** herangezogen wird[70]. Wieweit das Verbot der **Schächtung** von Tieren gegen die Freiheit der Religionsausübung verstößt, ist strittig[71].

9b Im **Schulbereich**[72] hat der Staat keine Kompetenz, die religiösen Inhalte des Religionsunterrichts für alle Schüler verbindlich festzulegen; er ist aber nicht gehindert, den organisatorischen Rahmen dafür zu schaffen und alternativ dazu einen objektiv gestalteten und die unterschiedlichen Überzeugungen achtenden Ethikunterricht vorzuschreiben[73]. Er darf auch einem Geometrielehrer verbieten, in seinen Unterrichtsstunden statt Geometrie Religion zu lehren[74]. Kollisionen mit dem Erziehungsrecht der Eltern kann der Staat mitunter auch dadurch ausräumen, daß er einen Schüler von der Teilnahme an einem abgelehnten Religionsunterricht dispensiert oder ihm gestattet, an seinen religiösen Feiertagen von der Schule fernzubleiben[75]. Auf Grund der Bekleidungsvorschriften des Islam wurde auch ein Anspruch auf die Befreiung vom gemeinsamen Turn- oder Schwimmunterricht anerkannt[76]. Ein **Schulgebet**, bei dem den Schülern die Teilnahme ausdrücklich freigestellt wird, wurde nicht als Verletzung der religiösen Neutralitätspflicht angesehen[77], desgleichen bei Freiwilligkeit der Teilnahme am Tischgebet in einem kommunalen Kindergarten[78]. Ein staatliches Verbot, daß Lehrer in der Schule bewußt ein äußerliches **Kennzeichen einer bestimmten Weltanschauungs- oder Glaubensrichtung** (Kopftuch, Kleidung oder Kennzeichen einer Sekte) tragen, hat der EGMR als mit Art. 9 MRK vereinbar angesehen, da die Staaten hier einen weiten Beurteilungsspielraum haben[79]. In der Bundesrepublik ist strittig, ob dies vom Staat untersagt werden kann,

---

68 EGMR 18.2.1999 Buscarini ua/San Marino (EuGRZ **1999** 213 Parlamentarier-Eid).

69 Verbot des Proselytismus EGMR 25.5.1993 Kokkinakis/Griech (ÖJZ **1994** 59); 24.2.1998 Larissis/Griech (Rep 1998-I); *Grabenwarder* § 22 Rdn. 78; vgl. auch *Meyer-Ladewig* 4.

70 EGMR (GrK) 6.4.2000 Thlimmenos/Griech (ÖJZ **2001** 518 Verurteilung wegen Weigerung Uniform zu tragen als Grund für die Nichtzulassung als Wirtschaftsprüfer).

71 Vgl. EGMR 27.6.2000 Cha'are Shalom Ve Tsedek/F (ÖJZ **2001** 774: Verweigerung der Zulassung des Vereins zum Schächten kein Verstoß gegen Art. 9 MRK, wenn bereits ein größerer Verein die Ausnahmegenehmigung dafür hat); *Grabenwarter* § 22 Rdn. 73, 86; ferner BVerfGE **104** 337 (Schächten keine Religionsausübung, aber als Ausdruck religiöser Überzeugung einer Gruppe geschützt); östr. VerfGH EuGRZ **1999** 600; sowie etwa *Kästner* JZ **2002** 491; *Waldhoff* JZ **2003** 978; 980 (Ausnahmen vom Betäubungsgebot in der Tierschutzrichtlinie der EG (Ri 39/119 EWG); *Sachs/Kokott* Grundgesetz³ Art. 4, 62 mit weit. Nachw.

72 Soweit Art. 2 des 1. ZP (Art. 18 Abs. 4 IPBPR) zum Schutze der Elternrechte eingreifen (vgl. Rdn. 6), enthalten diese die speziellere Garantie, *Grabenwarter* § 22 Rdn. 60, 90.

73 UN-AMR EuGRZ **1981** 389; *Heckel* JZ **1999** 741; vgl. auch BVerG JZ **1999** 353; *Sachs/Kokott* Grundgesetz³ Art. 4, 34.

74 *Frowein/Peukert* 17.

75 Vgl. IntKommEMRK-*Wildhaber* Art.2 des 1. ZP, 80 ff, 83.

76 Vgl. BVerwG NVwZ **1994** 578; schweizBGer. EuGRZ **1993** 400.

77 BVerfGE **52** 233, vgl andererseits auch Hess.StGH NJW **1966** 31. *Sachs/Kokott* Grundgesetz³ Art. 4 Rdn. 32; vgl. ferner IntKommEMRK-*Wildhaber* Art. 2 des 1. ZP Rdn. 92 ff.

78 VG Gießen NJW **2003** 1265 (freiw. Tischgebet); VGH Hessen NJW **2003** 2846; BVerfG EuGRZ **2003** 756 hat in dieser Sache vorl. Rechtsschutz abgelehnt, aber für das Hauptverfahren einige Hinweise gegeben (Verbot gezielten Einwirkens, Vermeidung einer Exponierung des am Gebet nicht teilnehmenden Kindes).

79 EGMR 15.2.2001 Dahlab/CH (NJW **2001** 2871; Verbot an Lehrerin, Kopftuch zu tragen); dazu *Goerlich* NJW **2001** 2862; ebenso EKMR bei *Bleckmann* EuGRZ **1981** 121 (Verbot an Lehrer, in der

wenn es als Zeichen einer mit Art. 3 Abs. 2, 3 GG unvereinbaren Weltanschauung dem Grundsatz der konfessionellen Neutralität der Schule und dem Schutz der religiösen Gefühle der Schüler und ihrer Eltern[80] unvereinbar ist[81]. Die Konventionsgarantie ist nicht verletzt, wenn einem Lehrer im Beamtenverhältnis nicht gestattet wird, der Schule während der Dienstzeit wegen des Freitagsgebetes mehrere Stunden fernzubleiben[82]. Ein im Klassenzimmer angebrachtes **Kruzifix** ist zu entfernen, wenn Erziehungsberechtigte eines Schülers ernsthafte und einsehbare Gründe dagegen vorbringen können[83]. Gleiches gilt bei den Einwänden gegen das Vorhandenseins eines Kruzifixes im Gerichtssaal[84].

Bei **Untersuchungsgefangenen und Strafgefangenen** sind in der Regel Einschränkungen mit den Konventionsgarantien vereinbar, die **zur Wahrung** der Sicherheit und Ordnung in der Vollzugsanstalt hinsichtlich Ort und Zeit der Religionsausübung[85], Beschaffung besonderer Kultgeräte[86], religiöser Literatur[87], Kleidung[88], Barttracht[89] und auch hinsichtlich sonstiger äußerer Anforderungen ihrer Religion angezeigt sind[90]. Andererseits besteht aber auch eine Pflicht des Staates, im Rahmen der gegebenen Möglichkeiten auf die religiösen Bedürfnisse und Verpflichtungen der Gefangenen Rücksicht zu nehmen[91], ihnen den Besuch des Gottesdienstes zu ermöglichen und für ihre religiöse Betreuung zu sorgen[92]. Um dies zu ermöglichen, darf die Gefängnisverwaltung den Gefangenen nach seiner Religionszugehörigkeit befragen[93], verweigert er darüber die Auskunft, ist es allein ihm anzulasten, wenn Besonderheiten seiner Religion unberücksichtigt bleiben. Behauptet ein Gefangenen einen Religionswechsel, muß die Gefängnisverwaltung zwar prüfen, daß dieser ernsthaft und nicht nur zur Erlangung einer Vergünstigung vorgetäuscht ist, die Anerkennung des Religionswechsels darf aber nicht von einer schriftlichen Bescheinigung des Religionsbeauftragten abhängig gemacht werden[94]. **9c**

4. Engere Grenzen des innerstaatlichen Rechts. Art. 4 GG setzt den Einschränkungen der Religionsausübung engere Grenzen. Während die Regelungsvorbehalte der Konventionen allgemein einfachgesetzliche Einschränkungen zulassen, bedürfen nach Art. 4 GG alle Eingriffe einer unmittelbaren verfassungsrechtlichen Legitimation. Art. 4 GG **10**

Schule religiöse Abzeichen zu tragen); EKMR bei *Villiger* HdB 599 (Verbot des Tragens eines islamischen Kopftuchs in türkischen Universitäten), ebenso türk. VerfGH EuGRZ **1990** 146).

80 Vgl. Art. 18 Abs. 2 IPBPR, oben Rdn. 6.

81 BVerfG NJW **2003** 3111 (= JZ **2003** 1164 mit Anm. *Kästner*) läßt dies offen, fordert aber eine Regelung durch den Gesetzgeber; dazu kritisch *Ipsen* NVwZ **2003** 1210; *Pofalla* NJW **2004** 1218; *Sacksofsky* NJW **2003** 3297; vgl. ferner etwa *Battis/Bultmann* JZ **2004** 581; *Böckenförde* NJW **2001** 723; *Debus* NVwZ **2001** 1355; BVerwG NJW **2002** 3344 = JZ **2003** 254 mit krit Anm. *Michael*; und andererseits für den nichtstaatlichen Bereich BAG NJW **2003** 1685 (Kopftuch einer Verkäuferin im Kaufhaus kein Kündigungsgrund für privaten Arbeitgeber). Vgl. ferner IntKommEMRK-*Wildhaber* Art. 2 des 1. ZP, 95 ff.

82 EKMR EuGRZ **1981** 326.

83 BVerfGE **93** 1 = EuGRZ **1999** 497; ferner zur Widerspruchslösung BayVerfGH BayVwBl **1997** 686; BayVGH BayVerwBl **2002** 400; schweizBGer. EuGRZ **1991** 89; IntKommEMRK-*Wildhaber* Art. 2 des 1. ZP, 89 ff.

84 Vgl. BVerfGE **35** 375 (Kein Zwang; entgegen der eigenen Überzeugung in einem mit Kreuz ausgestatteten Gerichtssaal zu verhandeln).

85 Vgl. etwa EKMR EuGRZ **1981** 328; ferner östr. VfGH bei *Folz* FS Verosta 218.

86 EKMR nach *Frowein/Peukert* 22; vgl. Rdn. 7 ff.

87 Vgl. EKMR nach *Frowein/Peukert* 24, kein angeblich religiöses Buch über Kampftechniken.

88 Zur Weigerung nordirischer Strafgefangener, Gefängniskleidung zu tragen EKMR bei *Frowein/Peukert* 13.

89 EKMR nach *Frowein/Peukert* 24 Verbot eines Kinnbartes.

90 Vgl. EKMR bei *Frowein/Peukert* 22, 24; *Nowak* 39.

91 Zur Beachtung religiöser Speisevorschriften vgl. EKMR bei *Frowein/Peukert* 22; ferner § 21 Satz 3 StVollzG.

92 EKMR nach *Frowein/Peukert* 22; *Grabenwarter* § 22 Rdn. 90; *Frowein* ZaöRVR **46** (1986) 258; vgl. ferner §§ 53 bis 55 StVollzG.

93 EKMR bei *Bleckmann* EuGRZ **1983** 425.

94 OLG Köln NStZ **1994** 207.

selbst gewährleistet ohne jeden Vorbehalt das Recht des einzelnen, sich seine religiöse oder weltanschauliche Überzeugung zu bilden, sie zu haben und zu bekennen[95]. Deshalb greifen bei ihm nur die immanenten Schranken Platz, die sich aus anderen Bestimmungen des Grundgesetzes ergeben[96]. So setzen ihr die kollidierenden Grundrechte anderer Grundrechtsträger sowie andere mit Verfassungsrang ausgestattete Rechtsgüter Schranken[97], die nach dem Grundsatz der praktischen Konkordanz auszugleichen sind. Dies kann das Verbot eines religiösen Vereins rechtfertigen, wenn nach sorgfältiger Sachaufklärung sich ergibt, daß dieser aggressiv-kämpferisch das Ziel verfolgt, Verfassungsprinzipien im Sinn des Art. 79 Abs.3 GG zu untergraben[98].

11 Art. 4 GG wird durch **Art. 140 GG in Verb. mit Art. 136 WV ergänzt**, der klarstellt, daß der Genuß bürgerlicher und staatsbürgerlicher Rechte sowie die Zulassung zu öffentlichen Ämtern unabhängig vom religiösen Bekenntnis sind[99], daß niemand verpflichtet ist, seine religiöse Überzeugung zu offenbaren und daß die Behörden nur insoweit das Recht haben, nach der Zugehörigkeit zu einer Religionsgemeinschaft zu fragen, als davon Rechte und Pflichten abhängen oder eine gesetzlich angeordnete statistische Erhebung dies erfordert (Art. 136 Abs. 3 WV). Dieses Verbot ist auch im Strafverfahren zu beachten[100]. Bei inhaftierten Personen ist die Feststellung der Religionszugehörigkeit durch die Gefängnisverwaltung zulässig, da sie Voraussetzung für die religiöse Betreuung der Gefangenen ist[101]. Ferner darf niemand zu einer kirchlichen Handlung oder zur Teilnahme an religiösen Übungen oder zur Benutzung einer religiösen Eidesformel gezwungen werden (§ 136 Abs. 4 WV). Die StPO trägt diesen Anforderungen Rechnung[102]. Auch sonst kann Art. 4 GG erfordern, bei der Durchführung der Verhandlung den religiösen Bindungen einzelner Rechnung zu tragen, sei es bei der Terminsanberaumung[103], sei es bei der äußeren Gestaltung der Verhandlung[104], oder den Anforderungen an das äußere Erscheinungsbild eines Verhandlungsteilnehmers[105]. Grenzen ergeben sich aber auch hier aus dem Zusammentreffen mit anderen Verfassungsgarantien, vor allem aus der Kolission mit den Grundrechten anderer[106].

12 Wegen der zahlreichen **weiteren Auslegungsfragen** zu Art. 4 GG muß auf die Erläuterungen dieses Artikels in den einschlägigen Kommentaren zum Grundgesetz verwiesen werden.

---

95 Vgl. BVerfGE **69** 1, 33 ff; **93** 1, 15; BVerfG EuGRZ **2003** 746 („vorbehaltslos aber nicht schrankenlos").

96 Vgl. BVerfGE **32** 98, 107; **41** 29, 50; **52** 223, 246; BVerfG NJW **1989** 3270; **2003** 2815; *Heinig/Morlock* JZ **2003** 777.

97 BVerfGE **28** 243, 261; BVerfG EuGRZ **2003** 746; ferner vorst. Fußn.

98 BVerfG EuGRZ **2003** 746 („Verbot des Kalifenstaats").

99 Zur Problematik des Widerspruchs zwischen staatlicher Neutralitätspflicht und äußerer Betonung der Religionszugehörigkeit vgl. Rdn. 9.

100 LR-*Dahs* § 68 StPO 7; LR-*Gollwitzer* § 243 StPO 45.

101 EKMR bei *Bleckmann* EuGRZ **1983** 425 zu Art. 9 MRK.

102 Vgl. LR-*Dahs* § 66c StPO, 1, § 66d StPO, 1.

103 Vgl. BGHSt. **13** 123; LR-*Gollwitzer* § 213 StPO 5; RiStBV Nr. 116 Abs. 2.

104 Vgl. BVerfGE **35** 375 (Kein Zwang; entgegen der eigenen Überzeugung in einem mit Kreuz ausgestatteten Gerichtssaal zu verhandeln).

105 Vgl. etwa Tragen einer Kopfbedeckung, VG Wiesbaden NVwZ **1985** 137; ferner allgemein zu der mit dem Gesundheitsschutz begründeten Pflicht, Motorradhelme aufzusetzen bei Sikhs schweiz.BGer. EuGRZ **1993** 595; *Frowein/Peukert* 24.

106 Vgl. *Heinig/Morlock* JZ **2003** 777, 781.

Art. 10 MRK (Art. 19 IPBPR)

MRK

Artikel 10 Freiheit der Meinungsäußerung*

(1) Jede Person hat das Recht auf freie Meinungsäußerung. Dieses Recht schließt die Meinungsfreiheit und die Freiheit ein, Informationen und Ideen ohne behördliche Eingriffe und ohne Rücksicht auf Staatsgrenzen zu empfangen und weiterzugeben. Dieser Artikel hindert die Staaten nicht, für Hörfunk-, Fernseh- oder Kinounternehmen eine Genehmigung vorzuschreiben.

(2) Die Ausübung dieser Freiheiten ist mit Pflichten und Verantwortung verbunden; sie kann daher Formvorschriften, Bedingungen, Einschränkungen oder Strafdrohungen unterworfen werden, die gesetzlich vorgesehen und in einer demokratischen Gesellschaft notwendig sind für die nationale Sicherheit, die territoriale Unversehrtheit oder die öffentliche Sicherheit oder zur Aufrechterhaltung der Ordnung oder der Verhütung von Straftaten, zum Schutze der Gesundheit oder der Moral, zum Schutze des guten Rufes oder der Rechte anderer, zur Verhinderung der Verbreitung vertraulicher Informationen oder zur Wahrung der Autorität und der Unparteilichkeit der Rechtsprechung.

Dazu **Art 16 MRK**:*

Die Artikel 10, 11 und 14 sind nicht so auszulegen, als untersagten sie den Hohen Vertragsparteien, die politische Tätigkeit ausländischer Personen zu beschränken.

* Neue deutschsprachige Übersetzung in der Fassung der Bek. vom 17. 5. 2002 (BGBl. II S. 1054).

IPBPR

Artikel 19

(1) Jedermann hat das Recht auf unbehinderte Meinungsfreiheit.

(2) Jedermann hat das Recht auf freie Meinungsäußerung; dieses Recht schließt die Freiheit ein, ohne Rücksicht auf Staatsgrenzen Informationen und Gedankengut jeder Art in Wort, Schrift oder Druck, durch Kunstwerke oder andere Mittel eigener Wahl sich zu beschaffen, zu empfangen und weiterzugeben.

(3) Die Ausübung der in Absatz 2 vorgesehenen Rechte ist mit besonderen Pflichten und einer besonderen Verantwortung verbunden. Sie kann daher bestimmten, gesetzlich vorgesehenen Einschränkungen unterworfen werden, die erforderlich sind

a) für die Achtung der Rechte oder des Rufs anderer;

b) für den Schutz der nationalen Sicherheit, der öffentlichen Ordnung (ordre public), der Volksgesundheit oder der öffentlichen Sittlichkeit.

Vgl. **Art. 20 IPBPR** (Verbot der Kriegspropaganda und der Aufhetzung zur Gewalt und Diskriminierung aus nationalem, rassischem oder religiösem Haß); nach Art.10 MRK erläutert.

Dazu **Ratifizierungsgesetz vom 15.11.1973**: Artikel 1:

Dem ... Pakt ... wird mit folgender Maßgabe zugestimmt:

1. Artikel 19, 21 und 22 in Verbindung mit Artikel 2 Abs. 1 des Paktes werden in dem Artikel 16 der Konvention zum Schutze der Menschenrechte und Grundfreiheiten vom 4. November 1950 entsprechenden Rahmen angewandt.

2. ...

Schrifttum (Auswahl): *Bartsch* Contempt of Court und Pressefreiheit, EuGRZ **1977** 464; *Blumenwitz* Die Meinungs- und Informationsfreiheit nach Art. 19 des internationalen Pakts über bürgerliche und politische Rechte, FS Ermacora (1988) 67; *Britz* Die Freiheit der Kunst in der Europäischen Kulturpolitik, EuR **2004** 1; *Calliess* Zwischen Souveränität und europäischer Effektivität: Zum Beurteilungsspielraum der Vertragsstaaten im Rahmen des Art. 10 EMRK, EuGRZ **1996** 293; *Dörr/Zorn* Die Entwicklung des Medienrechts, NJW **2001** 2837; *Engel* Der Zusammenhang von Sende- und Empfangsfreiheit unter der Europäischen Menschenrechtskonvention ZUM **1988** 511; *Engel* Privater Rundfunk vor der Europäischen Menschenrechtskonvention(1993); *Engel* Einwirkungen des europäischen Menschenrechtsschutzes auf Meinungsäußerungsfreiheit und Pressefreiheit, Archiv für Presserecht 1994, 1; *Frowein* Art. 10 EMRK in der Praxis vom Kommission und Gerichtshof, Archiv für Presserecht **1986** 197; *Giegerich* Schutz der Persönlichkeit und Medienfreiheit nach Art. 8, 10 EMRK im Vergleich mit dem Grundgesetz, RabelsZ **1999** 471; *Gornig* Äußerungsfreiheit und Informationsfreiheit als Menschenrechte (1988); *Grabenwarter* Filmkunst im Spannungsfeld zwischen Freiheit der Meinungsäußerung und Religionsfreiheit. Anm. zum Urteil des EGMR im Fall „Otto Premminger-Institut", ZaöRV **55** (1995) 128; *Hoffmeister* Art. 10 EMRK in der Rechtsprechung des Europäischen Gerichtshofs für Menschenrechte 1994 bis 1999, EuGRZ **2000** 358; *Kiethe/Fuhrmann* Abwägung zwischen Meinungsfreiheit und kollidierenden

Rechtsgütern, MDR **1994** 115; *Kriele* Ehrenschutz und Meinungsfreiheit, NJW **1994** 1897; *Kühling* Die Kommunikationsfreiheit als europäisches Gemeinschaftsgrundrecht (1999); *Kulms* Werbung: Geschützte Meinungsäußerung oder unlauterer Wettbewerb? Zum Verhältnis von Art. 10 EMRK und UWG, RabelsZ **1999** 520; *Lampe* (Hrsg) Meinungsfreiheit als Menschenrecht (1998); *Langenfeld/Zimmermann* Interdependenzen zwischen nationalem Verfassungsrecht, EMRK und EG-Recht, ZaöRV **52** (1992) 259; *Nolte* Werbefreiheit und Europäische Menschenrechtskonvention, RabelsZ **1999** 507; *Prebeluh* Die Entwicklung der Margin of Appreciation-Doctrin im Hinblick auf die Pressefreiheit, ZaöRV **61** (2001) 771; *Preslmayr* Vergleichende Werbung und Äußerungsfreiheit gem. Art. 10 EMRK, EuGRZ **1985** 221; *Scheyli* Die Abgrenzung zwischen ideellen und kommerziellen Informationsgehalten als Bemessungsgrundlage der „margin of appreciation" im Rahmen von Art. 10 EMRK, EuGRZ **2003** 488; *Tretter* Jüngste Entwicklung im öster. Rundfunkrecht, EuGRZ **1996** 77; *Zimmermann* Verbreitung von Informationen über Schwangerschaftsunterbrechungen und Europäische Menschenrechtskonvention, NJW **1993** 2966.

Übersicht

Alphabetische Übersicht

1. Allgemeines zu den Kommunikationsfreiheiten

1 **a) Bedeutung.** Nach Art. 19 der **Allgemeinen Erklärung der Menschenrechte** vom 10. 12. 1948 hat jedermann das Recht auf Freiheit der Meinung und der Meinungsäußerung, wobei zu diesem Recht auch die Freiheit gehört, sich ohne Rücksicht auf Staatsgrenzen Informationen zu beschaffen, zu empfangen und weiterzugeben. Hieran knüpfen **Art. 10 MRK und Art. 19 IPBPR** an, wenn sie **jedermann** die grundsätzliche Freiheit der Meinungsbildung einschließlich der dafür notwendigen freien Informationsbeschaffung und der Meinungsäußerung garantieren[1]. Diese Rechte sind eine Grundvoraussetzung für die selbstverantwortliche geistige Existenz des Menschen. Sie ermöglichen im gesell-

[1] Zur Entstehungsgeschichte (Art. 10 MRK): *Frowein/Peukert* 2; *Partsch* 200. (Art. 19 IPBPR): *Blumenwitz* FS Ermacora 67 ff; *Nowak* insbes. 5, 7 ff.

schaftlichen Bereich die freie Entfaltung des geistigen Lebens und fördern die freie geistige Auseinandersetzung mit Meinungen und Ereignissen. Sie sind unerläßlich für eine funktionierende Demokratie, denn der freie ungehinderte Austausch von Nachrichten und Gedanken über die nationalen Grenzen hinweg und die ungehinderte Möglichkeit sich zu informieren und Kritik zu üben, sind grundlegende Voraussetzungen für jede echte Teilhabe am staatlichen Leben und für eine aktive Ausübung der Bürgerrechte[2]. Die Garantien schließen auch die Kunst- und Wissenschaftsfreiheit mit ein.

Die Regelungen in den beiden Konventionen weisen bei **übereinstimmender Grundtendenz** in den Einzelheiten **Unterschiede** auf. So zählt Art. 19 Abs. 2 IPBPR im Gegen- 2
satz zu Art. 10 MRK die wichtigsten Medien der Meinungsbildung und Meinungsäußerung ausdrücklich auf (Wort, Schrift, Druck, durch Kunstwerke) ohne diese jedoch abschließend festzulegen („andere Mittel der eigenen Wahl"). Andererseits fehlt bei Art. 19 IPBPR der bei Art. 10 Abs. 1 MRK enthaltene Bezug auf den Eingriff öffentlicher Behörden und der Hinweis auf die Zulässigkeit einer staatlichen Genehmigung für Rundfunk-, Lichtspiel- und Fernsehunternehmen[3]. Auch der Katalog der Gründe, die Eingriffe in die Freiheit der Meinungsäußerung und der Informationsbeschaffung rechtfertigen können, ist in Art. 10 Abs. 2 MRK detaillierter ausgeformt. Er ist zum Gegenstand einer umfangreichen Rechtsprechung des EGMR[4] geworden.

b) Eine Einschränkung der Garantien des Art. 10 MRK über den Katalog des Ab- 3
satzes 2[5] hinaus erlaubt Art. 16 MRK, der es den Vertragsstaaten gestattet, der politischen Tätigkeit von Ausländern Beschränkungen aufzuerlegen[6]. Art. 19 IPBPR enthält diese Einschränkung nicht, so daß seine Garantien für Inländer und Ausländer gleichermaßen gelten. Bei der Ratifikation des IPBPR hat die Bundesrepublik sich deshalb vorbehalten, Art. 19 IPBPR ebenfalls nur innerhalb des dem Art. 16 MRK entsprechenden Rahmens anzuwenden[7]. Die politische Meinungsfreiheit wird ferner durch Art. 20 IPBPR eingeschränkt, der die Vertragsstaaten verpflichtet, Kriegspropaganda und jedes Eintreten für nationalen, rassischen und religiösen Haß durch Gesetz zu verbieten[8]. Auch aus der Mißbrauchsklausel des Art. 17 MRK, Art. 5 Abs. 1 IPBPR können sich zusätzliche legitime Einschränkungen der Freiheit der Meinungsäußerung ergeben[9].

---

2 Etwa EGMR 8.7.1986 Lingens/Ö (**EuGRZ** 1986 424); 23.5.1991 Oberschlick/Ö (EuGRZ **1991** 216); 26.11.1991 Observer & Guardian/GB (EuGRZ **1995** 16); Sunday Times/GB (Series A 217); 23.4.1992 Castells/Span (Series A 236), 25.6.1992 Thorgeirson/Isl (ÖJZ **1992** 810). *Frowein/Peukert* 1; *Nowak* 3. Zum beim IPBPR bestehenden Unterschied zwischen dem liberalen (westlichen) Freiheitsverständnis und dem der ehem. sozialistischen Staaten vgl. *Blumenwitz* FS Ermacora 67; *Hofmann* 45; *Nowak* 1 ff.

3 Zum Vergleich beider s. auch Gutachten des IAGMR EuGRZ **1986** 371.

4 Vgl. die Übersicht über die allein von 1994 bis 1999 entschiedenen 48 Fälle bei *Hoffmeister* EuGRZ **2000** 368.

5 In dessen Rahmen muß der Staat auch seiner Verpflichtung zum Schutze anderer Konventionsrechte, insbesondere des durch Art. 8 MRK geschützten Privat- und Familienlebens durch Herstellung einer praktischen Konkordanz Rechnung tragen; vgl. *Giegerich* RabelsZ **1999** 471, 474 ff.

6 Bei EU-Bürgern greift diese Einschränkung nicht, vgl. EGMR 27.4.1995 Piermont/F (ÖJZ **1995** 751); *Frowein/Peukert* Art. 16, 1; *Giegerich* RabelsZ **1999** 471, 472; vgl. § 16 Rdn. 3. Die Veranstalterfreiheit ist durch die Dienstleistungsfreiheit (Art. 49 EGV) gedeckt, die jedoch Sonderregelungen für Ausländer aus Gründen der öffentlichen Ordnung, Sicherheit oder Gesundheit zuläßt (Art. 55, 46 EGV).

7 Art. 1 Nr. 1 des Ratifikationsgesetzes vom 15.11. 1973 (BGBl. II S. 1533).

8 Zu diesem Schrankenvorbehalt vgl. *Nowak* Art. 20 IPBPR 2 ff; *Blumenwitz* FS Ermacora 70, 77; ferner *Hoffmeister* EuGRZ **2000** 358.

9 EGMR 23.9.1994 Jersild/Dän. (ÖJZ **1995** 227: kein Schutz rassistischer Äußerungen durch Art. 10 MRK). Zum Anwendungsbereich des Art. 17 MRK *Klein* ZRP **2001** 397, 399 f; ferner *Meyer-Ladewig* 1 bis 3; *Hoffmeister* EuGRZ **2000** 358, 360: „Verbot der Auschwitzlüge" wird durch 17 MRK dem Schutz des Art. 10 MRK entzogen mit Hinweis auf obiter dictum in EGMR 23.8.1998 Lehideux, Isone/F (ÖJZ **1999** 656: Verwendung für Marschall Pétain).

4 c) Das **innerstaatliche Grundrecht**, seine Meinung frei zu äußern und zu verbreiten und sich aus allgemein zugänglichen Quellen ungehindert zu unterrichten (Art. 5 Abs. 1 GG), stimmt mit den Konventionsgarantien im wesentlichen überein; dies gilt auch, soweit die von Art. 19 Abs. 2 IPBPR nur inhaltlich umschriebene und in Art. 10 Abs. 1 Satz 1 MRK überhaupt nicht ausdrücklich erwähnte **Pressefreiheit** als Individualrecht garantiert wird[10]. Die Beschränkbarkeit der von Art. 5 GG gewährleisteten Grundrechte ist zwar insofern weiter, als dafür generell die allgemeinen Gesetze ausreichen, die nicht auf die in Art. 10 Abs. 2 MRK, Art. 19 Abs. 3 IPBPR genannten Regelungszwecke beschränkt sein müssen. Praktisch dürfte aber gegenüber der vom Grundgesetz gebotenen Abwägung bei der Auslegung grundrechtseinschränkender Gesetze wegen der weiten Fassung der zulässigen Eingriffszwecke in Art. 10 Abs. 2 MRK kaum ein ins Gewicht fallender Unterschied bestehen, zumal der Vorbehalt der Rechte anderer generalklauselartig wirkt[11]. Die nur von Art. 10 Abs. 2 MRK geforderte Notwendigkeit der Einschränkung in einer demokratischen Gesellschaft findet im wesentlichen eine Entsprechung[12] in der vom Grundgesetz gebotenen restriktiven Anwendung der einschränkenden Normen, die ihrerseits im Lichte der Bedeutung der Meinungsfreiheit im demokratisch verfaßten Staat des Grundgesetzes unter Beachtung des Grundsatzes der Verhältnismäßigkeit auszulegen sind[13]. Die Möglichkeit einer **Verwirkung des Grundrechtes** nach Art. 18 GG dürfte von den Einschränkungen der Art. 10 Abs. 2 MRK, Art. 19 Abs. 3, Art. 20 IPBPR gedeckt sein. Ohne auf die Divergenzen im einzelnen einzugehen, sollen im Rahmen dieser Kommentierung nur die Grundzüge der Gewährleistungen beider Konventionen angesprochen werden.

4a d) **Das Recht der Europäischen Union** rechnet die Ausstrahlung von Rundfunk- und Fernsehsendungen einschließlich deren Weiterverbreitung in Kabelnetzen sowie das Zurverfügungstellen des Anzeigenraums in Druckerzeugnissen zu den freien Dienstleistungen[14], während für den Vertrieb von Druckerzeugnissen einschließlich des Vertriebs von Presseerzeugnissen die Freiheit des Warenverkehrs gilt. Diese Konventionsgarantien sind daher auch durch die Freiheitsverbürgungen des Gemeinschaftsrechtes abgesichert[15]. Die **Europäische Grundrechte-Charta**[16] bekräftigt in ihrem Art. 11 ebenfalls das Recht auf Meinungsfreiheit und freie Meinungsäußerung sowie die Freiheit, Informationen und Ideen ohne behördliche Eingriffe und ohne Rücksicht auf Staatsgrenzen zu empfangen und weiterzugeben. Nach Art. 11 Abs. 2 werden die Freiheit der Medien und ihre Pluralität geachtet[17]. Art. 52 Abs. 2 der Charta stellt klar, daß die Ausübung der in dieser Charta anerkannten Rechte, die in den Gemeinschaftsverträgen oder dem Vertrag über die Europäische Union begründet sind, im Rahmen der darin festgelegten Bedingungen und Grenzen erfolgt, während Art. 52 Abs. 3 festlegt, daß die der MRK entsprechenden Rechte der Charta die gleiche Bedeutung und Tragweite haben wie in der MRK.

2. Schutzgut

5 a) Die **Freiheit der Meinungsbildung**, die sich als Vorgang des Innenlebens mit der durch Art. 9 MRK, Art. 18 IPBPR besonders geschützten Gedanken-, Gewissens- und

---

10 *Frowein/Peukert* 2; vgl. Rdn. 10.

11 Zu den Unterschieden vgl. *Giegerich* RabelsZ **1999** 471 ff; Zusammenfassung 505 ff.

12 *Echterhölter* JZ **1956** 146; *Hofmann* S. 46; *Schorn* 13.

13 BVerfGE **7** 198, ständ. Rspr.

14 Vgl. etwa BonnerKom/*Degenhart* Art. 5 GG, 660.

15 Vgl. etwa *Dörr/Zorn* NJW **2001** 2837; *Sachs/Bethge* GG Art. 5, 7 ff mit weit. Nachw.

16 Text EuGRZ **2000** 554.

17 Damit wird auch der Medienpluralismus festgeschrieben, vgl. *Grabenwarter* § 23 Rdn. 1.

Religionsfreiheit und zum Teil auch mit einigen Erscheinungsformen des Rechts auf Privatheit des Art. 8 MRK, Art. 17 IPBPR überschneidet, wird in Art. 10 Abs. 1 Satz 2 MRK, Art. 19 Abs. 1 IPBPR als Voraussetzung der freien Meinungsäußerung uneingeschränkt und **uneinschränkbar gewährleistet**[18]. Der Staat hat das Recht des einzelnen auf seine eigene Meinung zu achten. Er darf versuchen, durch Informationen und Propaganda im Rahmen des in der modernen Kommunikationsgesellschaft üblichen Informationsangebotes auf den Meinungsbildungsprozeß des einzelnen einzuwirken; er darf ihm aber nicht gegen seinen Willen durch unerlaubte Mittel, wie Gehirnwäsche und sonstige gegen Art. 3 MRK, Art. 7 IPBPR verstoßende Methoden oder durch einseitige Indoktrinierung eine bestimmte Meinung aufzwingen[19] oder ihn veranlassen, entgegen seiner inneren Überzeugung eine bestimmte Meinung nach außen zu vertreten. Dies deckt sich mit Art. 14 MRK, Art. 2 Abs. 1 IPBPR, die bei der Gewährleistung der Konventionsrechte jede Differenzierung nach politischen oder sonstigen Anschauungen verbieten und mit Art. 8 MRK, Art. 17 IPBPR, die den einzelnen vor der unbefugten Ausforschung seiner Meinung durch den Staat schützen.

b) Die Freiheit der Meinungsäußerung („right to freedom of expression" „droit à la liberté d'expression") garantiert das Recht, eine intern gebildete eigene Meinung auch nach außen frei und unbehindert kundzutun. Meinung ist dabei aber nicht nur im engen Sinn einer wertenden Äußerung zu verstehen; auch die bloße Mitteilung von Tatsachen und jede sonstige Äußerung[20], auch als Äußerungen zu wertende Realakte[21] unterfallen der Konventionsgarantie. Geschützt wird grundsätzlich das jedermann zustehende Recht, sich in jeder beliebigen Art und Weise und zu jedem beliebigen Zweck frei auszudrücken. Art. 10 Abs. 1 Satz 2 MRK spricht von der „Mitteilung von Nachrichten und Ideen" („informations and ideas", „des informations ou des idées") ebenso Art. 19 Abs. 2 IPBPR mit dem verdeutlichenden Zusatz, daß „Nachrichten und Gedankengut jeder Art", geschützt werden. Beide Konventionen garantieren also das Recht auf **Äußerungen aller Art** und **in jeder Form**, von der bloßen Mitteilung oder Weitergabe von Tatsachen, Nachrichten, wertenden Stellungnahmen oder Verbreitung neuer Ideen bis zur Werbung ideeller oder kommerzieller Art[22], ohne Rücksicht auf den damit verfolgten Zweck[23], oder darauf, ob die Äußerung von anderen als positiv oder als verletzend und schockierend aufgefaßt wird[24]. Auch die in Art. 10 MRK nicht besonders angesprochene Freiheit der Wissenschaft und die Freiheit der Kunst sind Teil der Meinungsfreiheit[25]. Als Recht mit Sozialbezug ist die Freiheit der Äußerung wichtig für die zwischenmenschlichen Beziehungen und für das politische Leben in einer Demokratie. Nur aus den in Art. 10 Abs. 2 MRK, Art. 19 Abs. 2 IPBPR umrissenen Gründen kann sie durch 6

---

18 UN-AMR Allgemeine Bemerkung 10/19 Nr. 1 (EuGRZ **1984** 421); *Frowein/Peukert* 3, 4: „Freiheit vor Indoktrinierung"; *Grabenwarter* § 23 Rdn. 3; *Meyer-Ladewig* 10; *Nowak* 7.

19 Vgl. EGMR 7.12.1976 Kjeldsen/Dän (EuGRZ **1976** 478); *Nowak* 9, sowie vorst. Fußn.

20 *Blumenwitz* FS Ermacora 71 (keine abschließende Aufzählung der Äußerungsinhalte); *Meyer-Ladewig* 5; vgl. auch *Grabenwarter* § 23 Rdn. 4 (keine Unterscheidung von Meinungen und Tatsachen auf der Schutzbereichsebene sondern erst bei der Rechtfertigung).

21 Vgl. Rdn. 7.

22 EGMR 20.11.1989 markt intern Verlags GmbH u.a./D (EuGRZ **1996** 302) dazu *Calliess* EuGRZ **1996** 293; EGMR 28.3.1990 Groppera Radio/CH (EuGRZ **1990** 255); offen gelassen in 25.3.1985 Barthold/D (EuGRZ **1985** 170); 17.10.2002 Stambuk/D (EuGRZ **2002** 589); ferner EGMR 20.5.1998 Schöpfer/CH (ÖJZ **1999** 237); EKMR NJW **1992** 963 (Werbeverbot für Anwälte); östr.VfGH ÖJZ **1987** 61; **1997** 252; *Preslmayr* EuGRZ **1985** 221; *Frowein/Peukert* 9 mit weit. Nachw.

23 *Frowein/Peukert* 5; *Nowak* 10.

24 Ständ. Rechtspr.; vgl. etwa EGMR 26.11.1991 Observer and Guardian/GB (EuGRZ **1995** 16), EGMR 21.3.2000 Wabl/Ö (ÖJZ **2001** 108); 27.2.2001 Jerusalem/Ö (ÖJZ **2001** 693); weit. Nachw. Rdn. 13.

25 EGMR 24.5.1988 Müller/CH (NJW **1989** 379); 20.9.1994 Otto-Premminger-Institut/Ö (ÖJZ **1996** 154); vgl. *Britz* EuR **2004** 1.

Gesetz eingeschränkt werden. Das Recht auf Meinungsfreiheit umfaßt auch das Recht, nicht zur Vertretung einer abgelehnten Meinung gezwungen zu werden. Die Pflicht, eine Schuluniform zu tragen, verstößt aber nicht gegen Art. 10 MRK[26], ebensowenig die Teilnahme als Schüler an einer Schülerparade[27].

7 Das Recht, sich frei zu äußern, ist nicht auf bestimmte **Kommunikationsmittel oder Kommunikationsformen** beschränkt. Art. 19 Abs. 2 IPBPR verdeutlicht dies, wenn er Wort, Schrift oder Druck, Kunstwerke oder andere Mittel der eigenen Wahl besonders aufzählt. Auch Video-Kassetten und Filme[28] fallen hierunter, wie die Erwähnung der Kinounternehmen in Art. 10 Abs. 1 Satz 3 MRK zeigt. Nach Art. 10 Abs. 1 MRK kann der Äußernde jedes ihm dafür verfügbare Mittel wählen[29]. Die Verteilung von Flugblättern, Rundschreiben oder Zeitschriften kann eine eigene Meinungsäußerung des Verteilers sein, wenn sich der Verteilende mit deren Inhalt identifizieren will[30]. Auch **Realakte**, mit denen das Mißfallen an bestimmten Verhaltenweisen anderer ausgedrückt[31] oder provokant gegen andere Stellung genommen wird, wie etwa durch demonstratives Verbrennen einer Flagge oder durch die Herabwürdigung politischer oder religiöser Symbole[32], fallen in den Schutzbereich der Meinungsfreiheit.

8 Das Recht auf Kundgabe der eigenen Meinung begründet **keinen Anspruch, dafür auch fremde Kommunikationsmittel** benutzen zu können. Grundsätzlich ist jeder auf die Kommunikationsmittel beschränkt, über die er selbst verfügen oder sich durch eine Absprache mit anderen verschaffen kann oder die ihm von der nationalen Rechtsordnung für bestimmte Zwecke eröffnet werden, wie etwa der presserechtliche Anspruch auf **Gegendarstellung**[33]. Ohne eine solche Rechtsgrundlage besteht kein Anspruch auf freien Zugang zu Kommunikationsmitteln, über deren Verwendung andere Personen zu bestimmen haben. Vor allem kann aus den Konventionsgarantien grundsätzlich kein allgemeines Recht Privater hergeleitet werden, die Massenmedien, wie etwa Rundfunk oder Fernsehen, zur Verbreitung ihrer eigenen Ansichten benützen zu können[34].

9 c) Die **Freiheit, sich Informationen zu beschaffen und zu empfangen**, sichert die Grundlagen für eine verantwortliche eigene Meinungsbildung und Meinungsäußerung[35]. Im freien zwischenmenschlichen Meinungsaustausch ist das eine ohne das andere nicht denkbar. Die Gewährleistung richtet sich gegen den Staat, der in die Freiheit, auch über die Grenzen hinweg[36] Informationen zu empfangen oder sich zu beschaffen, nicht ohne einen rechtfertigenden Grund im Sinne von Art. 10 Abs. 2 MRK, Art. 19 Abs. 3 IPBPR eingreifen darf. Anders als Art. 19 Abs. 2 IPBPR erwähnt zwar Art. 10 Abs. 1 MRK das

---

[26] EKMR nach *Villiger* HdB 604.

[27] Vgl.(zu Art. 9 MRK) EGMR 18.12.1996 Valsamis/Griech (ÖJZ **1998** 116), dazu *Fahrenhorst* EuGRZ **1996** 633.

[28] Zum Begriff und zur Abgrenzung vom Rundfunk vgl. etwa BonnerKom/*Degenhart* 904 ff.

[29] *Frowein/Peukert* 2, 5.

[30] EGMR 23.9.1998 Steel/GB (Rep. 1998 VII); EKMR nach *Frowein/Peukert* 6; *Hoffmeister* EuGRZ **2000** 358, 359.

[31] Etwa EGMR 23.9.1998 Steel/GB (Rep. 1998-VII); 25.11.1999 Hashmann, Harrup/GB (ECHR 1999-VIII) provokante Störung der Jagdausübung durch langsames Gehen oder Hornblasen, vgl. dazu *Hoffmeister* EuGRZ **2000** 358, 359 mit weit. Beispielen; *Grabenwarter* § 23 Rdn. 4; *Meyer-Ladewig* 8.

[32] *Grabenwarter* § 23 Rdn. 4.

[33] Ob aus Art. 10 MRK ein Recht des einzelnen gegen den Staat auf Einführung eines solchen Anspruchs abzuleiten wäre, ist zweifelhaft, vgl. *Frowein/Peukert* 16; ferner *Giegerich* RabelsZ **1999** 471, 479 unter Hinweis auf den US Supreme Court, wonach Recht auf Gegendarstellung Pressefreiheit verletzt.

[34] Vgl. EKMR bei *Bleckmann* EuGRZ **1981** 122 (kein Recht, die eigene Meinung im Rundfunk zu verbreiten); UN-AMR EuGRZ **1982** 2342 (Hertzberg), dazu *Nowak* 19: ferner auch zu den hier nicht zu erörternden Ausnahmefällen *Frowein/Peukert* 10, 16; *Nowak* 18, 19.

[35] Vgl. *Grabenwarter* § 23 Rdn. 6, sogen. passive Informationsfreiheit, die aber auch das Recht schützt, sich um Informationen zu bemühen.

[36] Zur völkerrechtlichen Absicherung der grenzübergreifenden Informationsfreiheit durch Vereinbarungen über den „free flow of information" vgl. *Blumenwitz* FS Ermacora 67, 73 ff.

Recht, **Informationen zu sammeln**, nicht besonders; das Recht, Informationen zu empfangen, schließt aber auch das Recht mit ein, sich aktiv um Informationen zu bemühen[37] und dafür auch alle **allgemein zugänglichen Quellen**[38] zu benützen. Dazu gehört auch der **Zugang zum Internet**, für den die allgemeinen Grundsätze über die Freiheit der Informationsbeschaffung gelten und nicht die Sonderregelungen für Rundfunk und Fernsehen[39]. Der Staat darf die Freiheit der Informationsbeschaffung nicht behindern, er muß vielmehr dafür sorgen, daß ein Informationssystem besteht, das dem einzelnen ermöglicht, sich über alle wesentlichen Fragen zu unterrichten[40]. Er wird aber durch Art. 10 MRK und Art. 19 IPBPR nicht verpflichtet, seinerseits selbst Informationen zu sammeln und von sich aus zu publizieren[41]. Es genügt, wenn der einzelne frei und unbehindert vom Staat um Informationen bei jeder dazu bereiten Person oder Stelle nachfragen kann. Ohne einen dies rechtfertigenden triftigen Grund im Sinne des Art. 10 Abs. 2 MRK, Art. 19 Abs. 3 IPBPR darf der Staat in das Informationsbeschaffungsrecht des einzelnen nicht eingreifen; er darf weder die Benutzung dafür notwendiger Einrichtungen oder Empfangsgeräte[42] verbieten, noch den Empfang der Sendungen stören[43]. Eine Beeinträchtigung des freien Informationsaustausches durch staatliche Maßnahmen kann sowohl die Konventionsrechte des Verbreiters als auch die des am Empfang der Information Interessierten verletzen. Der potentielle Empfänger oder Interessent an einer Information kann sich dagegen wenden, wenn sein Recht Informationen zu empfangen, dadurch verletzt wird, daß der Staat ohne rechtfertigenden Grund die Verbreitung einer auch für ihn wichtigen Mitteilung unterbunden hat[44]. Das aktive Informationsbeschaffungsrecht hat der einzelne aber immer nur **im Rahmen der ihm offenen und rechtlich zulässigen Möglichkeiten**[45]. Es begründet keinen Anspruch auf Daten, die ihm von ihrer Zweckbestimmung her nicht zugänglich sind. Gesetzliche Regelungen, die dies ausschließen, sowie entgegenstehende Rechte anderer[46] setzen dem Informationsbeschaffungsrecht Schranken; so vor allem auch, soweit der Staat in Erfüllung seiner Schutzpflicht aus Art. 8 MRK[47] der Informationsbeschaffung Grenzen setzen muß. Ein allgemeiner **Anspruch auf ungehinderten Zugang zu allen Informationen**, die bei den Einrichtungen der öffentlichen Hand angesammelt sind, oder auf eine umfassende Auskunft über diese durch staatliche Einrichtungen läßt sich auch aus Art. 19 Abs. 2 IPBPR nicht herleiten[48].

---

[37] Östr.VfGH EuGRZ **1987** 237; schweiz.BGer. EuGRZ **1907** 93; *Frowein/Peukert* 11; *Grabenwarter* § 23 Rdn. 6; **a. A** *Partsch* 201.

[38] Diese in Art. 5 Abs. 1 Satz 1 GG enthaltene ausdrückliche Einschränkung fehlt zwar in den Konventionsgarantien, sie ergibt sich bei ihnen aber daraus, daß diese ihrer Schutzrichtung nach grundsätzlich weder gegen private Dritte noch gegenüber staatlichen Stellen weitergehende Auskunftsansprüche begründen; vgl. *Berka* EuGRZ **1982** 413; *Grabenwarter* § 23 Rdn. 6; *Villiger* HdB 611; *Nowak* 16. Ob ein auf eigene Angelegenheiten beschränkter Auskunftsanspruch unmittelbar daraus hergeleitet werden kann, ist fraglich, vgl. schweiz.BGer. EuGRZ **1979** 3; *Nowak/Rosenmayr/Schwaighofer* Bericht über Kolloquium in Sevilla EuGRZ **1986** 233; *Frowein/Peukert* 13.

[39] Vgl. *Giegerich* RabelsZ **1999** 471, 476 ff; *Grabenwarter* § 23 Rdn. 9 (Subsumtion unter allgemeine Informations- und Meinungsfreiheit nicht unter Rundfunkfreiheit).

[40] Vgl. *Frowein/Peukert* 13; *Grabenwarter* § 23 Rdn. 6, 42.

[41] Östr.VerfGH (EuGRZ **1999** 427); *Blumenwitz* FS Ermacora 67, 71; *Goose* NJW **1974** 1305; 1307; *Grabenwarter* § 23 Rdn. 14, 42; Unterrichtungspflichten des Staates können sich aber aus anderen Schutzpflichten ergeben, so aus Art. 8 MRK; vgl. EGMR 19. 2. 1998 Guerra/I (NVwZ **1999** 57).

[42] EGMR 22. 5. 1990 (EuGRZ **1990** 261); EKMR bei *Strasser* EuGRZ **1990** 291 (beide Autronic AG; Parabolantenne); vgl. ferner etwa BVerfGE **90** 27, 33; **92** 126; Berl.VerfGH NJW **2002** 2166; *Dörr/Zorn* NJW **2001** 1837, 2840; *Sachs/Bethge* GG Art. 5, 59; *Ellger* RabelsZ **1999** 655.

[43] *Gornig* EuGRZ **1988** 5.

[44] EGMR 26. 3. 1987 Leander/Schwed (Series A 116) 1. 1. 1989 Gaskin/GB (Series A 160); 29. 10. 1992 Open Door and Dublin Well Womann/Irl (EuGRZ **1992** 484); *Frowein/Peukert* 13.

[45] Vgl. *Frowein/Peukert* 11, 13; *Nowak* 16 ff.

[46] Z. B. auch urheberrechtliche Vorschriften, vgl. *Frowein/Peukert* 7; ferner Rdn. 29.

[47] Vgl. Art. 8 MRK Rdn. 8.

[48] Östr.VfGH EuGRZ **1990** 427; *Berka* EuGRZ **1982** 413; *Nowak* 17; *Goose* NJW **1974** 1307. Zur Ver-

10 **d)** Die **Pressefreiheit** und die Freiheit der **Meinungsverbreitung** durch die **sonstigen Massenkommunikationsmittel** wird in den Konventionen nicht besonders erwähnt. Diese gehen davon aus, daß die Konventionsgarantien die Verbreitung und Weiterverbreitung von Informationen auf jede technisch mögliche Art umfassen[49] und daß ihre Schranken grundsätzlich auch für alle Medien gelten[50]. Die Zuordnung zur Pressefreiheit hat aber insofern Bedeutung, als deren Hauptträger, die periodischen Zeitschriften, eine herausgehobene Stellung für die Meinungsbildung in einer demokratischen Staatsordnung haben und daher die staatlichen Eingriffe sehr viel höheren Schranken unterliegen[51]. Der **erhöhte Schutz** umfaßt sowohl die Arbeit der Journalisten selbst als auch die dazu gehörenden Rahmenbedingungen. Ihm unterfallen neben den Journalisten auch die Verleger und Herausgeber im Außen- wie im Innenverhältnis[52]. Als eine Grundvoraussetzung der Pressefreiheit genießt auch das **Zeugnisverweigerungsrecht** der journalistischen Berufe über ihre Informationsquellen diesen Schutz, andernfalls wäre die für die Erfüllung der öffentlichen Aufgabe der Presse unentbehrliche Gewinnung von Informationen gefährdet[53]. Ein ausdrückliches **Verbot der Vorzensur der Presse**, also das Abhängigmachen einer Veröffentlichung von einer vorherigen behördlichen Kontrolle, fehlt in beiden Konventionen[54]. Dies beruhte wohl auf der Ansicht, daß eine Regelung, die eine Veröffentlichung formell von einer vorherigen staatlichen Kontrolle oder Bewilligung abhängig macht, mit der Freiheit der Meinungsäußerung in einer demokratischen Gesellschaft unvereinbar sei[55]. Völlig ausgeschlossen wird ein staatlicher Eingriff durch das Verbot einer beabsichtigten Veröffentlichung im Einzelfall aber nicht; so vor allem, wenn schwerwiegende Gründe dies zum Schutze wichtiger Rechtsgüter rechtfertigen, der Eingriff nur vorläufigen Charakter hat und seine Berechtigung in einem gerichtlichen Verfahren alsbald geprüft werden kann[56]. Sind die Tatsachen, deren Veröffentlichung verhindert werden soll, jedoch bereits anderweitig veröffentlicht, kann der Schutzzweck entfallen, der den Eingriff rechtfertigt[57].

10a Bei den **Rundfunk-, Lichtspiel- und Fernsehunternehmen** bestätigt der Hinweis auf die Zulässigkeit einer staatlichen Genehmigung in Art. 10 Abs. 1 Satz 3 MRK den Grundsatz, daß die Garantien der Freiheit der Meinungsbildung und Meinungsäußerung für alle Medien gelten[58]. Die Einschränkung war durch die staatlichen Rundfunkmonopole

---

ankerung des Grundsatzes des „free flow of information" in anderen Verträgen *Blumenwitz* FS Ermacora 73. Zu der in der Spruchpraxis offenen Frage, ob allgemein ein Anspruch auf angemessene Information beseht, vgl. *Frowein/Peukert* 13.

49 Vgl. *Hoffmeister* EuGRZ **2000** 358, 362 ff.

50 EGMR 26.4.1979 Sunday Times/GB (EuGRZ **1979** 386); 28.3.1990 Groppera Radio/CH (EuGRZ **1990** 255); 23.5.1991 Oberschlick/Ö (EuGRZ **1991** 216); EuGH EuGRZ **1991** 279 (Fernsehmonopol); *Frowein/Peukert* 16; *Grabenwarter* § 23, 7; *Guradze* 8; *Nowak* 13.

51 *Grabenwarter* § 23 Rdn. 7; vgl. Rdn. 13.

52 Vgl. EGMR 11.1.2000 NewsVerlagsGmbH & Co KG/Ö (ÖJZ **2000** 394); *Grabenwarter* § 23 Rdn. 8.

53 Vgl. EGMR 27.3.1996 Goodwin/GB (ÖJZ **1996** 795); 20.5.1999 Bladet Tromso u.a./Norw (EuGRZ **1999** 453); *Grabenwarter* § 23 Rdn. 36; *Meyer-Ladewig* 25.

54 Vgl. EGMR 7.12.1976 Handyside/GB (EuGRZ **1977** 38); *Frowein/Peukert* 25; *Grabenwarter* § 23 Rdn. 13; *Nowak* 30; *Hofmann* S. 46, sowie nachf. Fußn.

55 *Frowein/Peukert* 24; *Villiger* HdB 621; ferner unter Hinweis auf die Entstehungsgeschichte des Art. 19 Abs. 2 IPBPR *Nowak* 20, 30; ferner *Blumenwitz* FS Ermacora 69, 73; vgl. auch EGMR 19.12.1994 Vereinigung demokratischer Soldaten Österreichs, Gubi/Ö (ÖJZ **1995** 314: Weigerung des Dienstherrn, Zeitschrift zu verbreiten ist Eingriff).

56 EGMR 26.11.1991 Observer & Guardian/GB (EuGRZ **1995** 16: geheime Informationen, sog. „Spycatcher Fälle"); *Grabenwarter* § 23 Rdn. 28; *Meyer-Ladewig* 15; vgl. auch nachf. Fußn. und Rdn. 21.

57 Vgl. EGMR 9.2.1995 Verenigung Weekblad Bluf/Ndl (ÖJZ **1995** 469); dazu auch Rdn. 21

58 *Frowein/Peukert* 19; bei Art. 19 IPBPR wurde von der Aufnahme einer ähnlichen Bestimmung abgesehen, zumal sich die Einführung einer staatlichen Genehmigungspflicht mit dem Schutz der öffentlichen Ordnung (Art. 19 Abs. 3 IPBPR) rechtfertigen läßt, vgl. *Nowak* 14.

veranlaßt, die bei Unterzeichnung der MRK im Jahre 1950 in den meisten Mitgliedstaaten nicht zuletzt auch wegen der damals nur begrenzt verfügbaren Sendefrequenzen bestanden[59]. Eine **Festschreibung bestimmter Organisationsformen** für den Betrieb dieser Massenmedien liegt darin nicht[60]. Der Satz wird jedoch dafür angeführt, daß zumindest die Zulassung ihres Betriebs und dessen technische Vorgaben durch staatliche Regelungen auch aus anderen als den in Absatz 2 angeführten Gründen eingeschränkt werden können[61]. Eine staatliche Lizenzierung oder ähnliche Regelungen, die die Errichtung privater Sendestationen von den jeweiligen örtlichen Gegebenheiten und Erfordernissen, den Rechten und Bedürfnissen eines bestimmten Publikums abhängig macht oder die Umsetzung der Verpflichtungen aus internationalen Übereinkommen bezweckt, können deshalb nach dem dritten Satz des Absatzes 1 zulässig sein[62], selbst wenn sie keinem der in Art. 10 Abs. 2 genannten Ziele dienen[63]. Abgesehen von solchen Regelungen, die es erlauben, den Gegenstand des Sendebetriebs zur Sicherung bestimmter allgemeiner Zielsetzungen, wie etwa die **Ausgewogenheit und Qualität der Programme** generell festzulegen[64], bedarf jede staatliche Einflußnahme auf den Inhalt von Sendungen einer Rechtfertigung durch einen der in Absatz 2 aufgeführten Schutzzwecke[65]. Gleiches gilt für sonstige Eingriffe der öffentlichen Hand in die inhaltliche Programmgestaltung[66]. Alle Eingriffe[67] müssen vom Gesetz vorgesehen sein, eine legitime Zielsetzung haben und in einer demokratischen Gesellschaft notwendig sein, also einem dringenden gesellschaftlichen Bedürfnis entsprechen[68]. Bei dieser Beurteilung haben die Behörden einen Ermessensspielraum, der je nach der Art der Programminhalte unterschiedlich weit bemessen ist; er ist weiter, wenn ein Veranstalter vorwiegend Sendungen zu kommerziellen Zwecken beabsichtigt[69]. Ob im Hinblick auf den technischen Fortschritt ein staatliches **Monopol** für ein terrestrisches Fernsehen auch dann mit Art. 10 MRK noch vereinbar ist, wenn es eine objektive und ausgewogene Berichterstattung („Binnenpluralität") garantiert[70], hängt nach Ansicht des EGMR auch davon ab, ob anderen potentiellen Betreibern durch einen nur unzulänglichen Zugang zum terrestrischen Fernsehen[71] oder durch den völligen Ausschluß davon unmöglich gemacht wird, Meinungen

---

59 Vgl. *Villiger* HdB 628.

60 EKMR bei *Frowein/Peukert* 19 ff; vgl. auch EGMR 28.3.1990 Groppera Radio/CH (EuGRZ **1990** 255); EuGH EuGRZ **1991** 279 (Fernsehmonopol); *Grabenwarter* § 23 Rdn. 37; vgl. auch nachf. Fußn.

61 EGMR 24.11.1993 Informationsverein Lentia/Ö (EuGRZ **1994** 549); 20.10.1997 Radio ABC/Ö (ÖJZ **1998** 151): 21.9.2000 Tele 1 Privatfernsehgesellschaft/Ö (ÖJZ **2001** 157); 5.11.2002 Demuth/CH (EuGRZ **2003** 489); dazu *Scheyli* EuGRZ **2000** 455); vgl. auch *Dörr/Zorn* NJW **2001** 2837; *Meyer-Ladewig* 37.

62 So etwa EGMR 5.11.2002 Demuth/CH (EuGRZ **2003** 489; dazu *Scheyli* EuGRZ **2000** 455).Vgl. die bei *Villiger* HdB 629 aufgeführten Beispiele für solche Gesichtspunkte; *Frowein/Peukert* 18 ff; *Meyer-Ladewig* 37; sowie die vorst. Fußn., ferner EuGH EuGRZ **1991** 279.

63 EGMR 21.9.2000 Tele I Privatfernsehgesellschaft mbH/Ö (ÖJZ **2001** 156); *Grabenwarter* § 23 Rdn. 37; *Meyer-Ladewig* 37; ferner vorst. Fußnoten.

64 Vgl. EGMR 5.11.2002 Demuth/CH (EuGRZ **2003** 489); ferner *Grabenwarter* § 23 Rdn. 9 (Einschränkung im Interesse der Unabhängigkeit und Unparteilichkeit des öffentlich-rechtlichen Fernsehens).

65 Vgl. EGMR 28.3.1990 Groppera Radio/CH (EuGRZ **1990** 255); 22.5.1990 Autronic/CH (EuGRZ **1990** 261); 24.11.1993 Informationsverein Lentia/Ö (EuGRZ **1994** 549); *Strasser* EuGRZ **1994** 549; *Frowein/Peukert* 19; *Grabenwarter* § 23 Rdn. 37; *Meyer-Ladewig* 37; *Villiger* HdB 629.

66 Vgl. EKMR *Villiger* HdB 630: Verbot, ein direktes Interview mit Angehörigen einer terroristischen Vereinigung zu senden.

67 Zum Zusammenhang zwischen Sende- und Informationsfreiheit vgl. *Engel* ZUM **1988** 11.

68 Vgl. EGMR 5.11.2002 Demuth/CH (EuGRZ **2003** 489 CarTV, Verweigerung der Sendekonzession für Spartenprogramm), krit. dazu *Scheyli* EuGRZ **2003** 455.

69 EGMR 5.11.2002 Demuth/CH (EuGRZ **2003** 489 CarTV).

70 Vgl. *Grabenwarter* § 23 Rdn. 38 (Begrenzte Bevorzugung des öffentlich-rechtlichen Rundfunks dann zulässig).

71 Vgl. EGMR 20.10.1997 Radio ABC/Ö (ÖJZ **1998** 151: zu geringes Frequenzangebot trotz weitergehender technischer Möglichkeiten).

im Wege des Fernsehens zu verbreiten, oder ob sie für ihre eigenen Programme sonstige dazu geeignete Medien, wie Kabel- oder Satellitenfernsehen, haben, die eine lebensfähige Alternative zum terrestrischen Fernsehen bieten[72]. Auf die Fragen, ob sich aus den als Individualfreiheitsrecht garantierten Konventionsrechten auch eine Garantie zur Erhaltung des Pluralismus der Medien[73] und damit nicht nur ein Recht[74] sondern auch eine Pflicht des Staates zur Verhinderung einer übermäßigen Medienkonzentration[75] herleiten läßt, sowie, ob die Konventionen auch außerhalb einer öffentlich-rechtlichen Trägerschaft medienintern die Binnenpluralität, vor allem Äußerungsfreiheit und Meinungsvielfalt gewährleisten[76], kann hier nicht näher eingegangen werden.

11 e) Die **Freiheit der Kunst und Wissenschaft** wird in Art. 10 MRK nicht besonders erwähnt, da dieser nicht nach den Ausdrucksformen unterscheidet[77]. Art. 19 Abs. 2 IPBPR nennt als Medium für die Weitergabe von Informationen und Gedankengut ausdrücklich auch die Kunstwerke. Den Konventionsgarantien liegt ein **offener Kunstbegriff** zu Grunde, der nicht auf bestimmte Formen und Inhalte begrenzt ist und auch diejenigen mit einschließt, die die Kunstwerke der Öffentlichkeit zugänglich machen[78]. Bei der Prüfung der Notwendigkeit eines Eingriffs in diese Freiheiten werden an die erforderliche Abwägung wegen ihrer fundamentalen Bedeutung in einer demokratischen Gesellschaft hohe Anforderungen gestellt; es wird unter Umständen auch zwischen den staatlichen Sanktionen unterschieden (hier Geldbuße und Vernichtung als unzüchtig empfundene Bilder)[79]. Die **Wissenschaftsfreiheit** umfaßt Forschung, Lehre und Publikation wissenschaftlicher Erkenntnisse, auch wenn es sich um eine Mindermeinung handelt[80]. Für sie gelten die allgemeinen Schranken.

12 **f) Grenzübergreifende Garantie.** Beide Konventionen stellen ausdrücklich heraus, daß die Freiheit der Äußerung und der Information nicht an den Landesgrenzen endet; sowohl das Recht, sich zu erklären als auch das Recht auf Informationsbeschaffung gelten auch in bezug auf das Ausland[81]. Die Möglichkeit, im Ausland seine Meinung zu verbreiten, etwa durch Ausstellung eigener Kunstwerke[82], wird dadurch ebenso vor aktiven staatlichen Eingriffen geschützt wie umgekehrt der Bezug ausländischer Presseerzeugnisse oder politischer Broschüren[83] und der Empfang ausländischer Radio- und Fernsehsender, auch zum Zwecke der Weiterverbreitung[84]. Die Störung des Empfanges solcher Sendungen ist dem Staat verboten[85]. Der grenzüberschreitende Informations-

---

72 Vgl. zur Rechtslage in Österreich die Differenzierungen in EGMR 20.10.1997 Radio ABC/Ö (ÖJZ **1998** 151); 21.9.2000 Tele 1 Privatfernsehgesellschaft/Ö (ÖJZ **2001** 157); östr.VfGH EuGRZ **1996** 106; *Grabenwarter* § 23 Rdn. 37; *Tretter* EuGRZ **1996** 77; sowie vorst. Fußn; ferner *Dörr/Zorn* NJW **2001** 2837, 2845 ff mit weit. Nachw. und zur Rechtslage in der Bundesrepublik etwa *Sachs/Bethge* GG Art. 5, 99 ff.

73 So *Schorn* 8 (Institutionsgarantie).

74 Vgl. EGMR 28.6.2001 Verein gegen Tierfabriken/CH (ÖJZ **2002** 855).

75 Vgl. etwa *Frowein/Peukert* 18; *Meyer-Ladewig* 38; *Nowak* 18; 46; ferner *Grabenwarter* § 23 Rdn. 41 mit Hinweis auf eine Reihe von diesbezüglichen Erklärungen des Ministerkomitees und der parlamentarischen Versammlung des Europarats.

76 Vgl. UN-AMR EuGRZ **1982** 343 (Hertzberg); *Nowak* 19.

77 EGMR 24.5.1988 Müller u.a./CH (NJW **1989** 379); *Meyer-Ladewig* 17. *Villiger* HdB 609.

78 *Grabenwarter* § 23 Rdn. 11 („Kunstmittler"); vgl. EGMR 20.9.1994 Otto Premminger-Institut/Ö (ÖJZ **1995** 154), ferner vorst. Fußn.

79 Vgl. einerseits andererseits EKMR EuGRZ **1986** 702 (beide Müller/CH); dazu *Villiger* Hdb 609.

80 *Grabenwarter* § 23 Rdn. 11.

81 Vgl. *Blumenwitz* FS Ermacora 73 ff, insbes. auch zum weiterreichenden Grundsatz des „free flow of information".

82 Vgl. EGMR 24.5.1988 Müller u.a./CH (NJW **1989** 379); oben Fußn.

83 Östr.VfGH EuGRZ **1990** 427.

84 EGMR EGMR 28.3.1990 Groppera Radio/CH (EuGRZ **1990** 255); 22.5.1990 Autronic/CH (EuGRZ **1990** 261); EKMR bei *Strasser* EuGRZ **1990** 287 (Groppera Radio); *Villiger* HdB 631.

85 *Gornig* EuGRZ **1988** 1; *Hofmann* 46; *Villiger* HdB 632; vgl. Rdn. 9.

austausch über die Massenmedien ist inzwischen auch Gegenstand internationaler Übereinkommen. Die Fernsehrichtlinie der EU sichert dies im Verhältnis zwischen den Mitgliedsländern der EU[86], während im Verhältnis zu den anderen Staaten das Europäische Übereinkommen über das grenzüberschreitende Fernsehen vom 5. 5. 1989[87] gilt.

3. Tragweite der Garantien

a) Schutz gegen staatliche Eingriffe gewähren die Art. 10 Abs. 1 MRK, Art. 19 Abs. 1 IPBPR als individuelle Freiheitsgarantie grundsätzlich jedermann. Geschützt wird jeder in seiner für das Funktionieren einer demokratischen Gesellschaft unerläßlichen **Freiheit,** sich aus allen legal zugänglichen Quellen **zu informieren** und seine **Meinung privat und öffentlich zu äußern**, ganz gleich, ob seine Nachrichten und Ideen den herrschenden Ansichten entsprechen und welchen Zweck er damit verfolgt, dies gilt auch, wenn mit der Meinungsäußerung die Absicht verbunden ist, Gewinn zu erzielen[88]. Innerhalb der durch die Absätze 2 gezogenen Grenzen ist auch unerheblich, ob sie günstig aufgenommen werden oder ob sie einzelne Personen oder Personengruppen beunruhigen, verletzen oder schockieren[89]. Dies erfordern Pluralismus, Toleranz und offene Geisteshaltung, ohne die eine demokratische Gesellschaft auf Dauer nicht existieren kann. Soweit es um die Teilhabe am öffentlichen Geschehen im weitesten Sinne geht, kann die Ausübung dieser für die demokratische Staatsordnung konstituierenden Freiheiten[90] vom Staat aus den nach Art. 10 Abs. 2 MRK zulässigen Gründen nur in sehr engen Grenzen und nur im absolut notwendigen Umfang eingeschränkt werden[91]. **13**

Dem Staat wird dagegen ein **größerer Regelungsspielraum** zuerkannt, soweit sich Äußerungen nur auf den privaten Bereich beschränken oder nur die **wirtschaftliche Betätigung** betreffen, insbesondere bei der reinen Werbung[92], wobei sich dieser Regelungsraum aber verengt, wenn dabei auch Fragen von Allgemeininteresse angesprochen werden[93]. Art. 10 MRK schützt, wie der Wortlaut von Absatz 1 Satz 2 zeigt, vor Eingriffen öffentlicher Stellen in die garantierten Freiheiten, die nur im begrenzten Umfang und nur zu den in Absatz 2 aufgeführten Zwecken zulässig sind. Dies gilt gleichermaßen, ob **13a**

---

86 Fernsehrichtlinie 89/552 EU vom 3. 10. 1989 in der Neufassung der Richtlinie 97/36 EU (ABl **1989** L298/23; **1997** L 202/60); dazu etwa BonnerKom/*Degenhart* Art. 5 GG, 663 ff; *Dörr/Zorn* NJW **2001** 2837, vgl. Rdn. 4a.

87 In der Bundesrepublik in Kraft seit 1. 11. 1994 (Bek. vom 30. 9. 1994, BGBl. II S. 3627), geändert durch das Protokoll vom 9. 9. 1998 (Ges. vom 1. 9. 2000; in der Bundesrepublik in Kraft seit 1. 3. 2000 – Bek vom 29. 4. 2002, BGBl. II S. 1524).

88 Etwa EGMR 22. 5. 1990 Autronic AG/CH (EuGRZ **1990** 261); *Kulms* RabelsZ **1999** 520, 521 ff; *Frowein/Peukert* 9.

89 EGMR 29. 4. 1976 Handyside/GB (EuGRZ **1977** 38); 26. 11. 1991 Observer and Guardian/GB (EuGRZ **1995** 16), 23. 4. 1992 Castells/Span (ÖJZ **1992** 802); 19. 12. 1994 Vereinigung demokratischer Soldaten Österreichs & Gubi/Ö (ÖJZ **1995** 314); 23. 9. 1998 Lehideux,Isomi/F (ÖJZ **1999** 656); 8. 7. 1999 Baskaya & Okcuoglu/Türk (NJW **2001** 1995); 21. 3. 2000 Wabl/Ö (ÖJZ **2001** 108); 27. 2. 2001 Jerusalem/Ö (ÖJZ **2001** 693).

90 Vgl. *Scheyli* EuGRZ **2003** 455, 460: „preferred freedoms".

91 Etwa EGMR 8. 7. 1986 Lingens/Ö (EuGRZ **1986** 424); 23. 5. 1991 Oberschlick/Ö (EuGRZ **1991** 216): 25. 6. 1992 Torgeir Torgeirson/Isl (ÖJZ **1992** 810); 28. 8. 1992 Schwabe/Ö (ÖJZ **1993** 67); 24. 2. 1994 Casado Coca/Span (ÖJZ **1994** 636); 23. 9. 1994 Jersild/Dän (ÖJZ **1995** 227); 26. 4. 1995 Prager und Oberschlick/Ö (ÖJZ **1995** 675); 8. 7. 1999 Baskaya & Okcuoglu/Türk (NJW **2001** 1995); ferner vorst. Fußn. sowie *Grabenwarter* VVDStL **60** (2000) 309; *Hoffmeister* EuGRZ **2000** 358; *Prebeluh* ZaöRV **61** (2001) 771, 783 ff; ferner *Scheyli* EuGRZ **2003** 455, 460.

92 Zu der trotz wirtschaftlicher Zielsetzung erforderlichen Abgrenzung zwischen kommerziellen und ideellen Informationsgehalten *Scheyli* EuGRZ **2003** 455, 456 in Kritik an EGMR 5. 11. 2002 Demuth/CH (EuGRZ **2003** 488); vgl. auch *Nolte* RabelsZ **1999** 507, 515 ff; *Kulms* RabelsZ **1999** 521 527 f (kein pauschal weiter Beurteilungsspielraum sondern am Einzelfall orientierte Verhältnismäßigkeitsprüfung); vgl. ferner vorst. Fußn.

93 EGMR 25. 8. 1998 Hertel/CH (ÖJZ **1999** 614); vgl. auch EGMR 25. 3. 1985 Barthold/D (EuGRZ **1985** 170); 24. 2. 1994 Casado Coca/Span (ÖJZ **1994** 636).

sich der Eingriff gegen die Person des für die Äußerung Verantwortlichen richtet oder gegen den für ihre Verbreitung eingeschalteten Medienträger oder gegen das Medium selbst, mit dem die Meinung ausgedrückt wird und in dem sie vielfach auch verkörpert ist[94]. Ein unmittelbares **Recht des einzelnen gegen private Dritte** läßt sich daraus nicht herleiten[95]. Bei Art. 19 Abs. 2 IPBPR wurde die Beschränkung der Garantie auf behördliche Eingriffe nicht aufgenommen; hieraus wird geschlossen, daß der Garantie eine „Rundumwirkung" zukomme[96]. Eine **unmittelbare Drittwirkung** ist jedoch zu verneinen.

13b b) Die allgemeine **Schutzpflicht des Staates** nach Art. 1 MRK, Art. 2 IPBPR umschließt auch das für das Demokratieprinzip unverzichtbare Gebot, dafür zu sorgen, daß die in Art. 10 MRK, Art. 19 IPBPR garantierten Freiheiten nicht durch Dritte zunichte gemacht werden können. Daraus kann sich die Verpflichtung des Staates ergeben, tätig zu werden, um die Freiheit der Meinungsäußerung zu ermöglichen und zwar sowohl im Verhältnis zwischen Privatpersonen[97] als auch zum Schutze eines Presseorgans und seiner Bediensteten, wenn diese wegen einer Meinungsäußerung laufend Ziel von Gewalttaten sind[98]. Durch welche Maßnahmen der Staat dieser Schutzpflicht im einzelnen nachkommen will, steht in seinem Einschätzungsermessen, das nach den gleichen Gesichtspunkten wie bei den staatlichen Eingriffen enger oder weiter bemessen wird[99]. Wieweit diese staatliche Schutzpflicht reicht, ist vor allem im Bereich der Massenmedien noch wenig geklärt[100]. Es wird die Ansicht vertreten, daß dem Staat eine extreme Meinungsbeeinflussung verwehrt ist[101] und daß er verpflichtet ist, eine Ordnung zu schaffen, in der der einzelne ungehindert durch Dritte seine ihm durch die Konventionen garantierten Rechte, insbesondere sein Recht auf freie Meinungsäußerung ausüben und daß er seine Informationsrechte uneingeschränkt wahrnehmen kann, vor allem aber auch, daß er dazu auf eine Vielzahl konkurrierender Medien zurückgreifen kann[102]. Daraus wird die Pflicht des Staates hergeleitet, zu verhindern, daß das Informationsangebot, das durch die Meinungsvielfalt in der Presse gegeben ist, durch eine exzessive Pressekonzentration hinfällig wird[103]. Fraglich ist, ob sich aus den Konventionsrechten, insbes. Art. 8 MRK auch weitergehende Schutzansprüche des Betroffenen gegenüber dem Staat herleiten lassen, etwa, daß der Staat verpflichtet ist, dem Betroffenen gegen ihn beeinträchtigende Presseveröffentlichungen ein durchsetzbares Recht auf **Gegendarstellung** einzuräumen[104]. Soweit der Staat eine Person einem **Sonderstatus** unterwirft, der ihre gesamten Lebensverhältnisse reglementiert, können ihm daraus weitergehende **positive Verpflichtungen** zur Sicherung der Mindestrechte erwachsen, etwa bei Gefangenen die Ermöglichung einer ausreichenden Information über die Ereignisse der Außenwelt oder

---

94 Zu der verschiedenen Zielrichtung staatlicher Eingriffe vgl. *Nowak* 20 ff; *Hoffmeister* EuGRZ **2000** 358, 365 (unter Hinweis auf EGMR 8. 7. 1999 Sürek/Türk – Verantwortlichkeit als Verleger).

95 Vgl. *Partsch* 203 Fußn. 680.

96 *Nowak* 18.

97 *Grabenwarter* § 23 Rdn. 40.

98 EGMR 16. 3. 2000 Özgür Gündem/Türk (ECHR 2000-III); *Grabenwarter* § 23 Rdn. 40; *Meyer-Ladewig* 9; *Prepeluh* ZaöRV **61** (2001) 771, 822 f.

99 Vgl. EGMR 21. 2. 1990 Powell, Rayner/GB (ÖJZ **1990** 418) mit Hinweis, daß die Grenze zwischen positiven Verpflichtungen und Eingriffen manchmal schwierig zu ziehen ist; dazu *Prepeluh* ZaöRV **61** (2001) 771, 822.

100 Vgl. UN-AMR Allgemeine Bemerkung 10/19 Nr. 2 (engl. Text, *Nowak* S. 883).

101 *Frowein/Peukert* 4.

102 EGMR 26. 4. 1979 Sunday Times/GB (EuGRZ **1979** 386); 24. 11. 1993 Informationsverein Lentia/Ö (EuGRZ **1994** 549).

103 EGMR 24. 11. 1993 Informationsverein Lentia/Ö (EuGRZ **1994** 549); *Frowein/Peukert* 4; EKMR nach *Frowein/Peukert* 17; *Meyer-Ladewig* 9.

104 Vgl. EKMR (Abweisung ratione personae) bei *Frowein/Peukert* 16 (ev. Ableitung aus Art. 8 MRK in Verbindung mit Art. 10); *Meyer-Ladewig* 9; *Villiger* HdB 622; vgl. auch *Giegerich* RabelsZ **1999** 471, 479 (zumindest sind alle zivilrechtlichen Schutzansprüche für Medienopfer in Deutschland durch Art. 10 Abs. 2 MRK gedeckt). Die Amerikanische Menschenrechtskonvention gewährleistet in Art. 14 das Gegendarstellungsrecht ausdrücklich. Der US Supreme Court verneint ein solches Recht vgl. Rdn. 8.

die Beschaffung wichtiger Unterlagen[105], ferner auch das Zurverfügungstellen von Papier und Schreibzeug für Eingaben[106].

c) Geschützte Personen. Die Rechte aus diesen Konventionsartikeln werden grundsätzlich **jedermann, Inländern und Ausländern gleichermaßen**, garantiert. Nur hinsichtlich der **politischen Tätigkeit von Ausländern** läßt Art. 16 MRK Einschränkungen der durch Art. 10 MRK garantierten Freiheiten zu[107]. Im übrigen stehen diese jedem ohne Ansehen der Person zu, eine unterschiedliche Behandlung nach der Person des Trägers würde gegen das Diskriminierungsverbot des Art. 14 MRK, Art. 2 Abs. 1 IPBPR verstoßen. **14**

Für **Personen**, die sich im **öffentlichen Dienst** befinden[108], für Soldaten[109] oder Polizeibeamte[110] gelten grundsätzlich ebenfalls die Rechte aus Art. 10 MRK, Art. 19 IPBPR, **14a** ferner auch für Personen, denen die Freiheit entzogen ist, wie etwa **Strafgefangene**[111]. Aus dem **Sonderstatus** können sich aber zum einen **besondere Pflichten** für den Staat ergeben[112], andererseits kann er seinen öffentlichen Bediensteten auch besondere, durch die Zwecke des Art. 8 Abs. 2, Art. 10 Abs. 2 MRK, Art. 19 Abs. 3 IPBPR legitimierte Einschränkungen auferlegen[113]. So kann er Angehörige des öffentlichen Dienstes zur Verschwiegenheit verpflichten oder ihre politische Betätigung Einschränkungen unterwerfen[114], die sich vor allem aus ihrer Pflicht zur Verfassungstreue und zur Unparteilichkeit ergeben[115]. Sie sind gehalten, bei ihren Äußerungen nach Form und Inhalt sachlich zu bleiben und insbesondere auch bei Kritik an den öffentlichen Verhältnissen oder auch an ihrem Dienstherrn Zurückhaltung zu üben[116]. Ob der Staat eine solche Zurückhaltung aus einem der in Absatz 2 aufgezählten Gründe im konkreten Einzelfall verlangen kann, hängt aber davon ab, ob dies bei Berücksichtigung des hohen Stellenwertes der freien Meinungsäußerung in einer demokratischen Gesellschaft notwendig ist, was eine Abwägung aller Umstände des jeweiligen Falles erfordert. Die grundsätzlich auch den öffentlichen Bediensteten zustehende Freiheit der Meinungsäußerung entfällt nicht schon deshalb, weil die Äußerung unter den gegebenen Umständen aktuelle politische Bedeutung hat. Ein Recht auf **Zugang zum öffentlichen Dienst** gewährleisten die Konventionen bewußt nicht[117]. Eine **Entlassung aus dem öffentlichen Dienst** wegen bestimm-

---

105 EKMR bei *Frowein/Peukert* 14 (Beschaffung von Gesetzestexten auf eigenen Kosten).

106 EKMR nach *Villiger* HdB 604; *Meyer-Ladewig* 15. vgl. Rdn. 14a.

107 Vgl. Rdn. 3, auch zu den Ausnahmen für Unionsbürger.

108 Vgl. für Angehörige des öffentlichen Dienstes EGMR 28.8.1986 Kosiek/D (EuGRZ **1986** 509); 28.8.1986 Glasenapp/D (EuGRZ **1986** 497); 26.9. 1995 Vogt/D (EuGRZ **1995** 590); 28.10.1999 Wille/ Liechtenstein (NJW **2001** 1195); 22.11.2001 Volkmer/D (NJW **2002** 3087); *Meyer-Ladewig* 18; *Nowak* 47; *Villiger* HdB 608; aber keine Verletzung bei Ablehnung des Zugangs zum öffentlichen Dienst; vgl. EGMR 28.8.1986 Glasenapp/D (EuGRZ **1986** 497); ferner *Frowein/Peukert* 36, sowie die ähnlichen Fragen bei Vertretung einer religiös oder weltanschaulich bedingten Auffassung bei Art. 11 MRK.

109 EGMR 8.6.1976 Engel/NdL (EuGRZ **1976** 221); 19.12.1994 Vereinigung demokratischer Soldaten Österreichs,Gubi/Ö (ÖJZ **1995** 314); vgl. auch EGMR 25.11.1997 Grigoriades/Griech (ÖJZ **1998** 794: Beleidigung der Armee); *Hoffmeister* EuGRZ **2000** 358, 360; *Grabenwarter* § 23 Rdn. 27.

110 EGMR 20.5.1999 Rekvenÿi/Ung (NVwZ **2000** 231), vgl. *Hoffmeister* EuGRZ **2000** 358, 360.

111 Vgl. etwa EGMR 25.3.1983 Silver (EuGRZ **1984** 147, dort aber nur Art. 8 MRK geprüft); EKMR bei *Frowein/Peukert* 14 (Recht, Gesetzestexte auf eigene Kosten zu beschaffen oder einsehen zu können); ferner *Guradze* 21 I; *Nowak* 47, 48; Art. 8 MRK Rdn. 39a; vgl. auch Rdn. 14.

112 Vgl. Rdn. 13a.

113 Vgl. EGMR 28.10.1999 Wille/Liechtenstein (NJW **2001** 1195); *Meyer-Ladewig* 19; *Villiger* HdB 608.

114 EGMR 20.5.1999 Rekvenyi/Ungarn (NVwZ **2000** 421).

115 Vgl. EGMR 28.8.1986 Glasenapp/D (EuGRZ **1986** 497); 26.9.1995 Vogt/D (NJW **1996 375**); *Grabenwarter* § 23 Rdn. 27; *Meyer-Ladewig* 18, 36.

116 *Meyer-Ladewig* 36.

117 Vgl. EGMR 28.10.1999 Wille/Liechtenstein (NJW **2001** 1195, wo aber ein Eingriff wegen der noch laufenden Amtszeit bejaht wurde); kritisch dazu *Grabenwarter* § 23 Rdn. 17 (kein Recht auf Wiederernennung); *Hoffmeister* EuGRZ **2000** 359.

ter Meinungsäußerungen oder einer jetzigen oder früheren politischen Betätigung wird jedoch an Art. 10 MRK gemessen, ihre Gründe bedürfen daher einer einzelfallbezogenen Rechtfertigung durch einen der Gründe des Absatz 2[118].

14b **d)** Das Recht zur **Teilnahme an allgemeinen Wahlen** folgt als ein jeweils nur bestimmten Gruppen von Bürgern (Gemeindeangehörige, Staatsangehörige, EU-Angehörige) zustehendes politisches Bürgerrecht nicht aus Art. 10 MRK, Art. 19 IPBPR sondern aus Art. 3 des 1. ZP zur MRK[119]; desgleichen gehören die vom jeweiligen Parlamentsrecht festgelegten Rechte der Parlamentarier in der Volksvertretung, insbesondere ihr dortiges Antrags- und Rederecht, nicht zum Schutzbereich des Art. 10 MRK, Art. 19 IPBPR[120].

4. Allgemeine Voraussetzungen der Beschränkung der Ausübung (Art. 10 Abs. 2 MRK; Art. 19 Abs. 3 IPBPR)

15 **a) Allgemein.** Unter dem Hinweis auf die Pflichten und die Verantwortung (IPBPR: „besondere Pflichten und besondere Verantwortung"), die die Ausübung der Meinungs- und Informationsfreiheit mit sich bringt[121], legen **Art. 10 Abs. 2 MRK, Art. 19 Abs. 3 IPBPR** die Voraussetzungen fest, unter denen in die dort garantierten Freiheiten eingegriffen werden darf oder sogar eingreifen muß, wenn dies zur Erfüllung einer ihm aus einer anderen Konventionsgarantie erwachsenen Schutzpflicht geboten ist, so etwa zum Schutze des Lebens (Art. 2 MRK) oder des Privat- und Familienlebens (Art. 8 MRK) oder der Religionsfreiheit (Art. 9 MRK) oder auf Grund des Art. 20 IPBPR. Die Aufzählung der Eingriffsgründe in Art. 10 Abs. 2 MRK, Art. 19 Abs. 3 IPBPR ist abschließend; aus anderen als den angeführten Gründen kann ein Eingriff in die Freiheit der Meinungsäußerung nicht gerechtfertigt werden[122]. Die Eingriffe müssen **gesetzlich geregelt**[123] und für die dort jeweils **angeführten Zwecke notwendig** sein. Anders als Art. 19 Abs. 3 IPBPR engt Art. 10 Abs. 2 MRK dies weiter dahin ein, daß die Notwendigkeit aus der Sicht einer d**emokratischen Gesellschaft** bestehen muß[124].

16 Als **in Betracht kommende Maßnahmen** des Staates, mit denen die in Art. 10 Abs. 2 MRK, Art. 19 Abs. 3 IPBPR aufgeführten Schutzgüter durchgesetzt werden können, zählt Art. 10 Abs. 2 MRK Formvorschriften, Bedingungen, Einschränkungen oder Strafdrohungen auf. Er hat also eine Bandbreite, unter der sich alle praktisch in Betracht kommenden Regelungen und Maßnahmen subsumieren lassen[125], so daß die Aufzählung keine Einengung gegenüber Art. 19 Abs. 3 IPBPR bedeutet, der bestimmte gesetzliche Einschränkungen ohne nähere Klassifizierung der Art den zulässigen staatlichen Maßnahmen zurechnet.

17 **b) Gesetzlich vorgesehen** muß jede zulässige Einschränkung der Meinungsfreiheit anderer sein. Ihre Voraussetzungen müssen also in **einem Gesetz** im materiellen Sinn als

---

[118] EGMR 26.9.1995 Vogt/D (EuGRZ **1995** 590 Entlassung als Lehrerin wegen Mitgliedschaft in DKP nicht gerechtfertigt); 22.11.2001 Volkmer/D (NJW **2002** 3087 Stasi-Informant); *Meyer-Ladewig* 19.

[119] EKMR bei *Frowein/Peukert* 6; vgl. EGMR 18.2.1999 Matthews/GB (NJW **1999** 3101: Gibraltar).

[120] *Frowein/Peukert* 6 unter Hinweis auf den anderen Lösungsasatz der EKMR; vgl. *Sachs/Bethge* GG Art. 5, 40 ff (Organkompetenzen).

[121] Dieser Satz enthält aber keine eigenständige Rechtsgrundlage für Einschränkungen sondern erklärt lediglich die anschließend daran abschließend aufgezählten Eingriffsgründe; vgl. EGMR 25.6.1992 Thorgeirson/Isl (ÖJZ **1992** 810); *Frowein/Peukert* 22.

[122] Vgl. östr.VfGH ÖJZ **1996** 590 (Kollegialität; Ehre und Würde des Standes).

[123] Dazu können auch Vorschriften des EG-Rechts gehören; zu dem Verbraucherleitbild des EuGH, der strengere Anforderungen an die irreführende Werbung stellt, vgl. *Kulms* RabelsZ **1999** 520, 534.

[124] Dazu Rdn. 19 ff.

[125] *Frowein/Peukert* 24.

Rechtssatz festgelegt sein. Auch Normen des Verfassungsrechts oder völkerrechtliche Rechtsakte[126] können als Rechtsgrundlage für einen Eingriff ausreichen, ferner nach Maßgabe des jeweiligen nationalen Verfassungsrechts auch Normen im Range unter einem formellen Gesetz[127] oder auch das von den Standesvertretungen erlassene Berufsrecht[128]. Gleiches gilt für die ungeschriebenen Rechtsgrundsätze des common law[129] und auch für richterrechtlich entwickelte Grundsätze[130]. Voraussetzung ist, daß die jeweilige Regelung dem Betroffenen zugänglich und ihr Inhalt aus sich selbst heraus verständlich ist oder aber in Verbindung mit ihrer Auslegung durch die Gerichte so hinreichend genau bestimmt werden kann, daß ihre willkürliche Anwendung ausgeschlossen ist[131]. Eine absolute Gewißheit, die jeden Auslegungszweifel ausschließt, kann nicht verlangt werden[132]. Für den Betroffenen muß aber genügend vorhersehbar sein, was der jeweiligen Regelung vernünftigerweise unterfällt, so daß er sein Verhalten darauf einstellen kann[133], wie etwa bei Wettbewerbsbeschränkungen zur Verhütung unlauteren Wettbewerbs[134]. Auch komplexe Spezial-Vorschriften können diese Anforderung noch erfüllen, wenn sie sich an einen Personenkreis wenden, der die nötigen Spezialkenntnisse hat oder sich verschaffen kann[135]. Greift der Staat mit einer Strafvorschrift in die Meinungsfreiheit ein, muß diese nicht nur im **Zeitpunkt der Tatbegehung** sondern auch noch im Zeitpunkt ihrer **Aburteilung** gesetzlich vorgesehen sein, dies setzt den wirksamen Fortbestand der Regelung voraus[136]. Der Gesetzesvorbehalt gilt für alle konkreten Eingriffe in die durch Art. 10 MRK garantierten Freiheiten.

Bei einer **öffentlichen Verlautbarung,** durch die die zuständigen staatlichen Stellen in **17a**
Erfüllung einer ihnen obliegenden Aufgabe die Allgemeinheit vor bestimmten Entwicklungen **warnen** oder sie über bestimmte Gefahren **aufklären** wollen, genügt es, daß die handelnde Stelle dazu sachlich befugt ist. Eine zusätzliche besondere gesetzliche Eingriffsermächtigung, wie von Art. 10 Abs. 2 MRK, Art. 19 Abs. 3 IPBPR für einen unmittelbaren (administrativen) Eingriff in die Freiheit der Meinungsäußerung des Betroffenen gefordert wird, bedarf es bei solchen allgemeinen Verlautbarungen nicht[137]. Die Meinungsäußerungsfreiheit der Betroffenen bleibt dadurch ebenso unberührt wie deren Freiheit, sich eine eigenen Meinung zu bilden und sie beizubehalten. Solche Äußerungen

126 EGMR 28.3.1990 Groppera Radio AG/CH (EuGRZ **1990** 255); 22.5.1990 Autronic AG/CH (EuGRZ **1990** 261); *Grabenwarter* § 23 Rdn. 20.

127 Enger zu Art. 19 IBPBR *Nowak* 36 (Gesetz im formellen Sinn); zur strikten Gesetzesbindung der Eingriffe in die Meinungsfreiheit bei Art. 5 Abs. 2 GG vgl. etwa BVerfGE **83** 130, 142; **108** 282, 297; BVerfG NJW **2004** 2814.

128 EGMR 25.3.1985 Barthold/D (EuGRZ **1985** 15, Satzung); 24.2.1994 Casado Coca/Span (ÖJZ **1994** 637), zum öffentlich-rechtlichen Status von Standesvertretungen vgl. auch EGMR 23.6.1981 Le Compte u.a./Belg (EuGRZ **1981** 551); 23.11.1983 Van der Mussele/Belg(EuGRZ **1985** 477); 30.11.1987 H/Belg (ÖJZ **1988** 220).

129 Etwa EGMR 26.4.1979 Sunday Times/GB (EuGRZ **1979** 386); 25.11.1996 Wingrove/GB (ÖJZ **1997** 714).

130 EGMR 29.10.1992 Open Door and Dublin Well Woman/Irl (EuGRZ **1992** 484).

131 Vgl. etwa EGMR 26.11.1991 Observer & Guardian/GB (EuGRZ **1995** 16); 25.11.1996 Wingrove/GB (ÖJZ **1997** 714).

132 Vgl. etwa *Garbenwarter* § 23 Rdn. 20.

133 Etwa EGMR 26.4.1979 Sunday Times/GB (EuGRZ **1979** 387); 25.3.1985 Barthold (EuGRZ **1985** 173); 26.11.1991 Observer & Guardian/GB (EuGRZ **1995** 16); 13.7.1995 Tolstoy Miloslavsky/GB (ÖJZ **1995** 949); 27.3.1996 Goodwin/GB (ÖJZ **1996** 795); EGMR 20.5.1999 Rekvenyi/Ung (NVwZ **2000** 421); *Nowak* 36; ferner etwa EGMR 25.11.1999 Hashman, Harrup/GB (Störung einer Fuchsjagd „contra bona mores" zu unbestimmt) dazu *Dörr/Zorn* NJW **2001** 1837, 2856. *Grabenwarter* § 23 Rdn. 20; vgl. Art. 8 MRK Rdn. 11.

134 EGMR 20.11.1989 markt intern Verlag GmbH ua/D (EuGRZ **1996** 302); News Verlags GmbH & Co KG/Ö (ÖJZ **2000** 394).

135 EGMR 20.3.1990 Groppera Radio/CH (EuGRZ **1990** 755); anders für den gleichen Fall EKMR bei *Strasser* EuGRZ **1990** 287.

136 EGMR 8.7.1999 Baskaya & Okcoglu/Türk (NJW **2001** 1995 unter Hinweis auf den Unterschied zu Art. 7 MRK).

137 Vgl. *Hoffmeister* EuGRZ **2000** 358, 359 unter Hinweis auf EGMR 28.10.1999 Wille/Liechtenst. (NJW **2001** 1195), wo ebenfalls keine formale Rechtsgrundlage gefordert wurde.

werden auf Grund der Organkompetenz abgegeben und nicht etwa in Ausübung eines dem Staat nicht zustehenden Grundrechts auf Meinungsfreiheit; die staatlichen Stellen sind deshalb bei ihren Äußerungen zur Zurückhaltung und zur ausgewogenen Sachlichkeit verpflichtet[138]. Wirkt sich eine öffentliche Verlautbarung mittelbar auf die Rechtsstellung anderer, etwa auf die Berufsausübungsfreiheit der von ihr Betroffenen aus, muß dafür ein sachlicher Anlaß von hinreichendem Gewicht bestehen. Soweit **Zusammenschlüsse von Personen**, vor allem juristische Personen, selbst Träger des Grundrechtes der Freiheit der Meinungsäußerung oder vergleichbarer Konventionsrechte, wie etwa die Religionsfreiheit, sind, können sie sich auch ihrerseits bei ihren Außerungen darauf berufen, wenn sie von ihrer Freiheit Gebrauch machen, um vor gesellschaftlichen Entwicklungen oder Gefahren zu warnen[139]. Daß dann kollidierende Rechte auf freie Meinungsäußerung einander gegenüberstehen, liegt in der Natur der Meinungsfreiheit. Dies ist auch bei der Abwägung zu berücksichtigen, wenn deren Schranken zu bestimmen sind.

18 **c)** Ein **berechtigtes Ziel** muß jeder Eingriff in die in Art. 10 Abs. 1 MRK, Art. 19 Abs. 2 IPBPR garantierten Rechte verfolgen. Die **zulässigen Eingriffszwecke** zählt Art. 10 Abs. 2 MRK auf. Gleich wie bei Art. 8 Abs. 2 MRK werden die nationale Sicherheit, allerdings ergänzt durch die territoriale Unversehrtheit, die öffentliche Sicherheit, die Aufrechterhaltung der Ordnung und die Verhütung von Straftaten, der Schutz der Gesundheit, der Moral und der Rechte anderer aufgeführt, wobei bei letzteren allerdings der Schutz des guten Rufes besonders erwähnt wird. Zu diesen Rechten anderer gehören auch die durch die Konventionen besonders geschützten Rechte, vor allem das Recht auf Achtung des Privat- und Familienlebens (Art. 8 MRK, Art. 17 IPBPR), aus denen dem Staat gegenüber dem Betroffenen besondere Schutzpflichten erwachsen, die mit den Ansprüchen aus Art. 10 MRK, Art. 19 IPBPR zu einem gerechten Ausgleich gebracht werden müssen[140]. Ergänzt werden diese Eingriffszwecke durch bereichsbezogene Zwecke wie die Verhinderung der Verbreitung vertraulicher Informationen und die Wahrung der Autorität und der Unparteilichkeit der Rechtsprechung. Diese weitgefächerten Zwecke, mit denen praktisch viele Eingriffe gerechtfertigt werden könnten, werden dadurch erheblich eingeschränkt, daß im Einzelfall jeder darauf gestützte Eingriff in einer demokratischen Gesellschaft zur Erreichung des legitimen Eingriffszwecks **notwendig** („necessary", „nécessaires") sein muß.

19 **d)** Die **Notwendigkeit des Eingriffs in einer demokratischen Gesellschaft** wird in **Art. 10 Abs. 2 MRK** als wertsetzender Beurteilungsmaßstab herausgestellt. Ein dringendes gesellschaftliches Bedürfnis muß den Eingriff erfordern[141]. Die Existenz einer freien demokratischen Gesellschaft in den Mitgliedstaaten wird von der MRK vorausgesetzt. Für eine solche Gesellschaft ist der ungehinderte Austausch der Meinungen, die Freiheit der Meinungsäußerung und der Informationsgewinnung durch deren Bürger unerläßlich. Unerläßlich für den freien Meinungsaustausch ist aber auch die Anerkennung des Pluralismus der Meinungen und damit auch die Toleranz gegenüber unerwünschten

---

[138] Die Befugnis zu solchen wertenden Äußerungen ist durch die unmittelbar auf dem Grundgesetz bzw. auf den Landesverfassungen beruhenden Organkompetenz gedeckt, auch wenn dadurch faktisch ein Grundrechtsbereich mittelbar betroffen werden sollte; vgl. *Sachs/Bethge* GG Art. 5, 40; ferner etwa BVerfGE **105** 252, 367 (marktbezogene Produktinformation), aber auch BVerfGE **105** 279, 303 (Sektenbroschüre der Bundesregierung).

[139] Vgl. etwa *Sachs/Bethge* GG Art. 5, 40, 43; problematisch insoweit BGH NJW **2003** 1308 (Sorgfaltspflicht des Sektenbeauftragten einer öffentlichrechtlichen Religionsgemeinschaft).

[140] Vgl. EGMR 24.6.2004 Caroline v. Hannover/D (NJW **2004** 2647: Veröffentlichung von Fotos aus dem Privatbereich in Zeitschriften).

[141] Vgl. EGMR 26.11.1991 Observer & Guardian/GB (EuGRZ **1995** 16).

oder für falsch erachteten Auffassungen. In diesen Wettbewerb konkurrierender Meinungen darf der Staat in einer demokratischen Gesellschaft grundsätzlich nur eingreifen, wenn dies auch aus deren Blickwinkel notwendig ist, um ihre Funktion und das freie Zusammenleben der Bürger zu sichern[142]. Die Vereinbarkeit eines Eingriffs mit den pluralistischen Strukturen einer freien Demokratie ist sowohl bei der gesetzlichen Regelung der Eingriffsvoraussetzungen als auch bei den darauf gestützten Entscheidungen der Exekutivorgane und der Gerichte zu beachten.

Notwendig in einer demokratischen Gesellschaft ist im Hinblick auf den hohen Rang des garantierten Freiheitsrechtes und seiner grundlegenden Bedeutung für das das Funktionieren einer Demokratie **eng auszulegen**[143]. Gefordert wird, daß im konkreten Fall ein **dringendes gesellschaftliches Bedürfnis** („Pressing social need") für das staatliche Einschreiten besteht[144], daß dieses in einem angemessenen Verhältnis zu dem mit ihm verfolgten Zweck steht[145] und daß der verfolgte Zweck nicht auch schon durch einen weniger schweren Eingriff erreicht werden kann[146]. Insoweit hat jeder Staat ein gewisses Einschätzungsermessen, das je nach dem vom Eingriff betroffenen Gegenstand unterschiedlich weit bemessen ist[147]. Der Eingriff muß zwar nicht zwingend geboten sein, es genügt, wenn bei der Abwägung für ihn so schwerwiegende Gründe sprechen, daß sie alle dagegensprechenden Gesichtspunkte[148] deutlich überwiegen. Dies muß überzeugend dargetan werden. Daß der Eingriff den Umständen nach zweckmäßig oder vernünftig ist, reicht dafür in der Regel allein noch nicht[149]. **19a**

Bei **Art. 19 Abs. 3 IPBPR** wurde der Hinweis auf die Notwendigkeit in einer demokratischen Gesellschaft bewußt nicht aufgenommen[150]. Trägt man der Entstehungsgeschichte Rechnung, wäre die **Erforderlichkeit des Eingriffs** nur nach der Zweck/Mittel-Relation zu beurteilen, bei der das Gewicht des Eingriffs am Rang des damit im konkreten Fall verfolgten Zweckes gemessen wird[151]. Dies läuft auf eine Güterabwägung hinaus, die aber nicht mit dem bei allen staatlichen Eingriffen geltenden Grundsatz der Verhältnismäßigkeit gleichgesetzt[152] werden sollte, denn auch zum Schutze eines höherrangigen Rechtsguts ist ein Eingriff dann nicht zulässig, wenn er zu dessen Schutze nicht unbedingt erforderlich ist, weil dafür andere, in die Menschenrechte **weniger eingreifende Mittel** verfügbar sind. Wegen der Bedeutung der garantierten Freiheiten wird man ihrer Aushöhlung durch die weitreichenden legitimen Eingriffszwecke auch im Rahmen des IPBPR nur dadurch begegnen können, daß man die notwendigen Grenzen aus den Mindestanforderungen des **gemeinsamen internationalen Standards** gewinnt[153]. Die Übung in **19b**

---

142 EGMR 7.12.1976 Handyside/GB (EuGRZ 1977 38); 23.9.1994 Jersild/Dän (ÖJZ **1995** 227); 21.1. 1999 Janowski/Pol (NJW **1999** 1319); ferner die Entscheidungen bei Rdn. 18 ff.

143 Vgl. etwa EGMR 28.6.2001 Verein gegen Tierfabriken VgT/CH (ÖJZ **2002** 855); 6.11.2003 Krone Verlag GmbH & Co KG NR. 2/Ö (ÖJZ **2004** 316); *Dörr/Zorn* NJW **2001** 1837, 2846; *Nowak* 37.

144 Vgl. etwa EGMR 25.3.1985 Barthold/D (EuGRZ **1985** 174); 8.7.1986 Lingens/Ö (EuGRZ **1986** 424); 22.5.1990 Autronic/CH (EuGRZ **1990** 261); 22.5. 1990 Weber/CH (NJW **1991** 623); 23.9.1998 Lehideux & Isomi/F (ÖJZ **1999** 656); 21.1.1999 Fressoz & Roire/F (NJW **1999** 1315); 8.7.1999 Baskaya & Okcuoglu/Türk (NJW **2001** 1995); IAGMR EuGRZ **1986** 371; *Partsch* 205 zu EKMR (De Becker); ferner die Nachw. bei Rdn. 13. Die „Clear and Present Danger" Rechtsprechung des US Supreme Court wurde von den Organen der MRK nicht als Eingriffsrechtfertigung übernommen, vgl. *Sottiaux* ZaöRV **63** (2003) 653, 666 ff).

145 EGMR 26.4.1979 Sunday Times/GB (EuGRZ **1979** 386); 20.5.1999 Tromso & Stensaas/Norw (EuGRZ **1999** 453)

146 EGMR 27.3.1996 Goodwin/GB (ÖJZ **1996** 795).

147 Dazu *Prepeluh* ZaöRV **61** (2001) **771** ff; vgl. Rdn. 15; 20 ff.

148 Dazu gehört auch die möglicherweise bestehende Gefahr einer Beeinträchtigung der freien Berichterstattung durch die einschüchternde Wirkung des Eingriffs („chilling effect"), vgl. Rdn. 21c.

149 EGMR 25.3.1985 Barthold/D (EuGRZ **1985** 170).

150 Der Antrag zur Aufnahme dieser Einschränkung wurde abgelehnt, vgl. *Nowak* 37.

151 EGMR 29.10.1992 Open Door & Dublin Well Woman/Irl (EuGRZ **1992** 486); vgl. auch Rdn. 20.

152 So aber *Nowak* 37.

153 Vgl. *Nowak* 48.

den Staaten, die ihren Bürgern die in Art. 19 IPBPR garantierten Freiheiten versagen, muß dabei unbeachtlich bleiben, so daß im Endergebnis auch hier nur auf die Übung in den von den Konventionsgarantien geprägten, also freiheitlich verfaßten Staatsordnungen, zurückgegriffen werden sollte; dadurch ergeben sich weitgehend die gleichen Grenzen wie bei der Orientierung an dem in einer demokratischen Gesellschaft üblichen Standard[154].

20 e) **Verhältnismäßigkeit**. Auch bei einem an sich berechtigten Ziel darf der Eingriff nicht unverhältnismäßig gegenüber den durch Art. 10 MRK, Art. 19 IPBPR geschützten Rechtsgütern sein. Dies begrenzt den Ermessensraum[155] der Staaten, denen grundsätzlich überlassen ist, ob und welche Regelungen sie zum Schutze eines der in Art. 10 Abs. 2 MRK, Art. 19 Abs. IPBPR aufgezählten Zwecke und ob sie im Einzelfall überhaupt einschreiten wollen[156]. Die Zulässigkeit jedes staatlichen Eingriffs hängt davon ab, daß er nicht außer Verhältnis zu den von ihm betroffenen Rechtsgütern und ihrer gesellschaftlichen Bedeutung steht[157]. Bei der Abwägung werden der Zweck des staatlichen Eingriffs, sein Gegenstand sowie seine Art und Schwere und seine unmittelbaren und mittelbaren Rechtsfolgen berücksichtigt[158]; vor allem auch die Auswirkungen, die der Eingriff auf das Funktionieren einer demokratischen Gesellschaft hat. Soweit nur die wirtschaftliche Betätigung betroffen ist, etwa, weil der Eingriff die wirtschaftliche Werbung betrifft, hat der Staat einen größeren Raum für Eingriffe als auf dem Gebiet der eigentlichen demokratischen Meinungsbildung und den damit verbundenen Auseinandersetzungen[159], die die unverzichtbare Grundstruktur für jede freie demokratische Gesellschaft bilden[160] und in die der Staat nur unter ganz besonderen Umständen eingreifen darf[161]. Der Bedeutung einer **freien Presse** für das Funktionieren einer demokratischen Gesellschaft wird dabei ein besonders hoher Stellenwert beigemessen[162].

21 f) Ein **Einschätzungsspielraum („margin of appreciation", „marge d'appréciation")** wird den Staaten zugebilligt für die Entscheidung, ob und welche Regelungen sie zum Schutze eines der in Art. 10 Abs. 2 MRK, Art. 19 Abs. 2 IPBPR angeführten Zwecke treffen und ob und mit welchen Mitteln sie eingreifen wollen[163]. Dieser Beurteilungsraum wird dadurch begrenzt, daß der jeweilige Eingriff auch bei einem an sich berechtigten Ziel, etwa weil der Staat damit ein ihm gegenüber dem Betroffenen obliegende Schutzpflicht erfüllen muß, nicht **unverhältnismäßig gegenüber den geschützten Rechtsgütern** sein darf[164]. Liegt der staatliche Eingriff erst in der nachträglichen Bestrafung einer bereits geäußerten Meinung, ist bei der Abwägung neben der Höhe der ausgesprochenen Strafe oder dem Gewicht sonstiger Rechtsfolgen auch zu berücksichtigen, welche **Wirkung** dies auf die Bereitschaft zur offenen Diskussion von Mißständen hat[165]. Wird

---

154 Vgl. auch die vergleichende Gegenüberstellung im Gutachten des IAGMR EuGRZ **1986** 371.

155 Dazu Rdn. 21.

156 Etwa EGMR 20.11.1989 markt intern Verlag GmbH u.a./D (EuGRZ **1996** 302); 24.2.1994 Casado Coca/Span (ÖJZ **1994** 637).

157 EGMR 11.12.2003 Krone Verlag GmbH & Co KG (Nr. 3)/Ö (ÖJZ **2004** 398); *Meyer-Ladewig* 27.

158 Etwa EGMR 6.5.2003 Perna/I (NJW **2004** 2653); vgl. *Grabenwarter* § 23 Rdn. 30; *Hoffmeister* EuGRZ **2000** 358, 362.

159 Vgl. Rdn. 21.

160 Vgl. Rdn. 19 ff.

161 EGMR 8.7.1999 Baskaya & Okcouoglu/Türk (NJW **2001** 1995); vgl. Rdn. 19.

162 Vgl. etwa EGMR 29.8.1997 Worm/Ö (ÖJZ **1998** 35); *Hoffmeister* EuGRZ **2000** 358, 363 ff; *Prepeluh* ZaöRV **61** (2001) 771, 781.

163 *Prepeluh* ZaöRV **61** (2001) 771 ff; ferner Einf. Rdn. 64.

164 Etwa EGMR 24.2.1994 Casado Coca/Span (ÖJZ **1994** 636); 23.6.1994 Jacubowski/D (EuGRZ **1996** 306); 11.12.2003 Krone Verlag GmbH & Co KG (NR 3)/Ö (ÖJZ **2004** 398: Beanstandung einer preisvergleichenden Werbung unverhältnismäßig und daher in einer demokratischen Gesellschaft nicht notwendig").

165 EGMR 13.7.1995 Tolstoy Miroslavsky/GB (ÖJZ **1995** 949); vgl. *Grabenwarter* § 23 Rdn. 29, 30; *Hoffmeister* EuGRZ **2000** 358, 362, ferner Rdn. 19a.

bereits die Tatsache eines staatlichen Eingriffs als solche als konventionswidrig angesehen, kommt es auf Art und Höhe der Sanktion nicht an; umgekehrt kann aber auch die Unverhältnismäßigkeit des Eingriffs allein in Art oder Höhe der verhängten Sanktion liegen[166]. Je nach der Bedeutung der geschützten Freiheit für die demokratische Gesellschaft und der Art und Schwere des Eingriffs[167] ergeben sich dadurch unterschiedlich hohe Eingriffsschranken[168], die gleichzeitig auch den Umfang des staatlichen Beurteilungsspielraums begrenzen. So hat etwa der Staat bei Eingriffen in den Bereich der **wirtschaftlichen Betätigung**, vor allem der kommerziellen Werbung und des unlauteren Wettbewerbs einen größeren Ermessensspielraum, seine Abwägung der kollidierenden Interessen wird vom EGMR in der Regel hingenommen[169]. Dieser Spielraum verringert sich jedoch bereits, wenn in Verbindung damit auch **Fragen von allgemeinem Interesse**[170] aufgeworfen werden, wie dies etwa bei Äußerungen von Wissenschaftlern oder Angehörigen freier Berufe zu ihrem Arbeitsfeld angenommen wird, selbst wenn diese damit auch eine werbewirksame Publizität angestrebt haben[171]. Das staatliche Einschätzungsermessen ist dagegen eng bei Äußerungen, mit der die persönliche Auffassung zu einer **Frage von öffentlichem Interesse** vertreten oder an einer politischen Auseinandersetzung teilgenommen wird[172]. In diesem Bereich ist die Freiheit, Informationen zu empfangen und die eigene Meinung ungehindert zu äußern und an den damit verbundenen Auseinandersetzungen teilzunehmen, konstituierend für eine demokratische Staatsordnung[173], so daß der Staat in diese nur in den unbedingt nötigen Fällen eingreifen darf. Dies gilt besonders bei den Veröffentlichungen in der Presse[174]. Ob ein Eingriff in die garantierten Freiheiten als notwendig anerkannt wird, ist letztlich aber immer das einzelfallbezogene Ergebnis einer wägenden Gesamtschau von Anlaß und Gewicht der Äußerung, von Form und den Umständen, unter denen sie abgegeben wurde und von Zweck und Ausmaß des jeweiligen Eingriffs[175].

Es ist grundsätzlich Sache der **zuständigen innerstaatlichen Stellen**, zu beurteilen, welche Maßnahmen im Rahmen der jeweiligen gesellschaftlichen Gegebenheiten notwendig sind, welche gesetzlichen Regelungen erforderlich sind[176] und wie sie das innerstaatliche Recht auslegen und anwenden wollen[177]. Der EGMR erkennt an, daß die nationalen **21a**

---

166 Vgl. *Grabenwarter* § 23 Rdn. 30.

167 Vgl. *Grabenwarter* § 23 Rdn. 30; *Hoffmeister* EuGRZ **2000** 358, 362.

168 Dazu etwa *Hoffmeister* EuGRZ **2000** 358 ff; *Meyer-Ladewig* 27; *Prepeluh* ZaöRV **61** (2001) 771 ff; *Scheyli* EuGRZ **2003** 455; vgl. ferner Rdn. 20; 21b ff.

169 Etwa EGMR 24. 2. 1994 Casado Coca/Span (ÖJZ **1994** 636); 5. 11. 2002 Demuth/CH (EuGRZ **2003** 179); 20. 3. 2003 Krone Verlag GmbH & Co KG u. a./Ö (ÖJZ **2003** 812); *Grabenwarter* § 23 Rdn. 26; *Meyer-Ladewig* 35; *Prepeluh* ZaöRV **61** (2001) 771, 785; vgl. auch nachf. Fußn.

170 Vgl. EGMR 28. 6. 2001 Verein gegen Tierfabriken/CH (ÖJZ **2002** 805).

171 EGMR 25. 3. 1985 Barthold/D (EuGRZ **1985** 170); 17. 10. 2002 Stambuk/D (NJW **2003** 497), enger bei Rechtsanwälten wegen ihrer Stellung in der Rechtspflege EGMR 20. 5. 1998 Schöpfer/CH (ÖJZ **1999** 237); vgl. *Grabenwarter* § 23 Rdn. 25.

172 Zur Schwierigkeit der Abgrenzung in Grenzbereichen, vgl. etwa EGMR 20. 11. 1989 markt intern Verlags- GmbH ua/D (EuGRZ **1996** 302), 23. 6. 1996 Jacubowski/D (EuGRZ **1996** 306) zu beiden *Callies* EuGRZ **1996** 293; vgl. ferner *Grabenwarter* § 23 Rdn. 25; *Hoffmeister* EuGRZ **2000** 358, 361.

173 Etwa EGMR 7. 12. 1976 Handyside/GB (EuGRZ **1977** 38); 26. 4. 1979 Sunday Times/GB (EuGRZ **1979** 386); 26. 11. 1991 Observer & Guardian/GB (EuGRZ **1995** 16); 24. 2. 1994 Casado Coca/Span (ÖJZ **1994** 636); 22. 11. 2001 Volkmer/D (NJW **2002** 3087); *Grabenwarter* VVDStL **60** (2000) 210, 290; *Grabenwarter* § 23 Rdn. 26; vgl. auch Rdn. 19a.

174 Etwa EGMR 29. 8. 1997 Worm/Ö (ÖJZ **1998** 35); vgl. *Hoffmeister* EuGRZ **2000** 358, 363 ff; *Meyer-Ladewig* 27; *Prepeluh* ZaöRV **61** (2001) 771, 781.

175 Vgl. UN-AMR Allgemeine Bemerkung 10/19 Nr. 3 (EuGRZ **1984** 421); ferner *Sottiaux* ZaöRV **63** (2003) 653, 669 ff zur Rechtsprechung des EGMR, vor allem zu den türkischen Pressefällen wie Zana/Türk (25. 11. 1997 = ÖJZ **1998** 715) u. a.

176 Zu den Schutzpflichten des Staates vgl. Rdn. 13b.

177 EGMR 26. 9. 1995 Vogt/D (EuGRZ **1995** 590); 29. 8. 1997 Worm/Ö (ÖJZ **1998** 35); 22. 11. 2001 Volkmer/D (NJW **2002** 3087); 25. 11. 1997 Wingrove/GB (ÖJZ **1997** 714); vgl. *Prebeluh* ZaöRV **61** (2001) 771, 779.

Stellen hier auf Grund ihrer Sachnähe die Erforderlichkeit eines Eingriffs besser beurteilen können, zumal in den Mitgliedstaaten in einigen Bereichen die Auffassungen und die Rechtslage sehr unterschiedlich sind[178]. Der Gerichtshof will zwar grundsätzlich die Würdigung der Lage durch die innerstaatlichen Stellen nicht durch seine eigene Sicht ersetzen[179]. Er prüft aber mitunter eingehend nach, ob im Lichte des **Gesamtzusammenhangs**, in dem die betroffenen Meinungskundgaben standen, die von den nationalen Behörden zur Rechtfertigung eines Eingriffs herangezogenen Gründe auch wirklich für diesen maßgeblich waren und ob sie solches Gewicht hatten, daß sie den Eingriff rechtfertigen können[180]. Dies ist nicht der Fall, wenn eine Zeitschrift der ihr auf Grund eines Mediengesetzes auferlegten Veröffentlichungspflicht in der Zeit nicht nachkam, in der ein Gericht eine solche Verpflichtung verneinte; und zwar auch dann, wenn dessen Urteil später aufgehoben und die Verpflichtung obergerichtlich bejaht wurde[181]. Die Notwendigkeit eines Eingriffs muß zur eigenen Überzeugung des EGMR feststehen. Die von den Behörden für den Eingriff angeführten Gründe müssen sich auf eine vertretbare Beurteilung des maßgebenden Sachverhalts stützen und einem Standard entsprechen, der im Einklang mit den in den Konventionen enthaltenen Grundsätzen steht[182]. Hierbei kann es vor allem für die **Beurteilung der Demokratieüblichkeit** von indizieller Bedeutung sein, ob auch andere Mitgliedstaaten ähnliche Eingriffe vorsehen oder ob dort vergleichbare Einschränkungen fehlen. Im letzteren Fall obliegt es in der Regel dem betroffenen Staat aufzuzeigen, warum auf Grund der bei ihm bestehenden besonderen Verhältnisse die fragliche Regelung trotzdem notwendig ist. Dabei kann es auch eine Rolle spielen, ob innerstaatlich überhaupt eine einheitliche Staatspraxis besteht[183]. Es kommt aber stets auf die Beurteilung an, ob und wieweit im Einzelfall solche Umstände den Beurteilungsspielraum des Staates einschränken[184].

21b In Bereiche, in denen sich die **öffentliche Meinungsbildung** vollzieht, darf der Staat nur eingreifen, wenn dies **schwerwiegende Gründe** oder seine Schutzpflicht erfordern. Der mit dem Eingriff verfolgte legitime Zweck muß die Verhältnismäßigkeit gegenüber dem hohen Rang der von Art. 10 MRK geschützten Rechte wahren[185]. Berücksichtigt wird dabei auch, ob die staatliche Rechtsordnung andere, weniger eingreifende Mittel bietet, mit der der erstrebte Schutz erreichbar ist[186]. Die abschließende Gesamtbeurteilung, ob

---

[178] Vgl. *Prepeluh* ZaöRV **61** (2000) 771, 774 ff: europäischer Standard („common ground") ergibt sich aus Vergleich der Rechtssysteme und der Praxis in den Mitgliedstaaten, die in der demokratischen Grundordnung weitgehend übereinstimmen, während vor allem im kulturellen und religiösen Bereich größere Unterschiede bestehen.

[179] Etwa EGMR 22.10.1981 Dudgeon/GB (EuGRZ **1981** 488); 13.7.1995 Tolstoy, Miloslavsky/GB (ÖJZ **1995** 949) 6.11.2003 Krone Verlag GmbH & Co KG (Nr. 2)/Ö (ÖJZ **2004** 316).

[180] EGMR 26.11.1991 Observer & Guardian/GB (EuGRZ **1995** 16); 27.3.1996 Goodwin/GB (ÖJZ **1996** 7795); 29.8.1997 Worm/Ö (ÖJZ **1998** 35); 25.11.1997 Zana/Türk (ÖJZ **1998** 715); 21.1.1999 Fressoz & Roire/F (NJW **1999** 1315); 20.5.1999 Tromso & Stensaas/Norw (EuGRZ **1999** 453); 21.3.2002 Wingerter/D (EuGRZ **2002** 329). Zu der mitunter bestehenden Tendenz des EGMR, trotz formaler Anerkennung eines staatlichen Beurteilungsspielraums die Abwägungen selbst zu treffen, ohne dabei die entscheidungsrelevanten Obersätze klar herauszustellen vgl. *Hoffmeister* EuGRZ **2000** 358, 361, 367 ff.

[181] EGMR 6.11.2003 Krone Verlag GmbH & Co KG (Nr. 2)/Ö (ÖJZ **2003** 316: Geldbuße nach dem östr. Mediengesetz).

[182] EGMR 15.11.1997 Zana/Türk (ÖJZ **1995** 394); 23.9.1998 Lehideux & Isomi/F (ÖJZ **1999** 656); vgl. auch vorst. und nachf. Fußn.

[183] Vgl. EGMR 7.12.1976 Handyside/GB (EuGRZ **1977** 38: Beschlagnahme nur in England, nicht in Schottland oder Nordirland).

[184] Vgl. *Prebeluh* ZaöRV 61 (2001) 771, 775 f.

[185] EGMR 8.7.1986 Lingens/Ö (EuGRZ **1986** 424); 26.4.1979 Sunday Times/GB (EuGRZ **1979** 386); 20.11.1989 markt intern/D (EuGRZ **1996** 302); 28.10.1999 Wille/Liechtenstein (NJW **2001** 1195); 21.3.2000 Wabl/Ö (ÖJZ **2001** 108), 26.2.2002 Krone Verlag GmbH & Co KG/Ö (ÖJZ **2002** 466); Krone Verlag GmbH & Co KG (Nr. 2)/Ö (ÖJZ **2004** 316).

[186] EGMR EGMR 23.9.1998 Lehideux & Isomi/F (ÖJZ **1999** 565).

der Eingriff bei Würdigung aller Umstände des Einzelfalls in einer demokratischen Gesellschaft notwendig war, trifft der Gerichtshof unter Hinweis auf seine Überwachungsaufgabe selbst[187], auch wenn er sich in einigen Entscheidungen mit der Feststellung begnügt hat, daß die nationalen Gerichte die Abwägung in nachvollziehbarer Weise vorgenommen haben[188]. Das Verbot der Willkür gilt auch für das staatliche Handeln in diesem Bereich. Willkür liegt aber nicht schon darin, daß Zivil- und Strafgerichte bei der Beurteilung einer Äußerung zu unterschiedlichen Ergebnissen kommen, zumal auch die Beweislast in den jeweiligen Verfahrensarten unterschiedlich verteilt ist[189].

Bei **Fragen von öffentlichem Interesse**, die Gegenstand der politischen Erörterung oder sonst der öffentlichen Meinungsbildung und damit Grundlage der für die demokratische Gesellschaft notwendigen offenen Auseinandersetzung sind, ist der Handlungsspielraum des Staates für Regelungen und Einzeleingriffe sehr eng. Der Staat muß sich zurückhalten, wenn Fragen der Politik oder sonst von öffentlichem Interesse mitunter kontrovers erörtert werden. Dies schließt auch die Kritik an den im öffentlichen Leben wirkenden Personen, vor allem an Politikern, mit ein[190]. Nur besonders schwerwiegende Umstände gestatten ein staatliches Eingreifen[191]. Die existentielle Bedeutung der freien Meinungsäußerung für das Funktionieren eines demokratischen Staatswesens ist dann gegenüber dem Schutz der in Art. 10 Abs. 2 MRK genannten Rechtsgüter abzuwägen. Dabei fällt auch ins Gewicht, daß es zur umfassenden Unterrichtung der Bürger äußerst wichtig ist, daß sich niemand **aus Angst vor Sanktionen** davon abhalten läßt, seine Meinung zu Themen von allgemeinem Interesse privat oder öffentlich auszusprechen und Kritik an öffentlichen Zuständen zu üben[192]. Nur wo im Rahmen einer öffentlichen Auseinandersetzung **schwerwiegende Mißbräuche** und Rechtsverletzungen auftreten, kann ein Eingreifen des Staates zum Schutze einer der in Art. 10 Abs. 2 MRK, Art. 19 Abs. 3 IPBPR aufgeführten Gründe nötig sein, um wichtige Allgemein- oder Einzelinteressen, nicht zuletzt auch die unantastbare Menschenwürde[193] zu schützen, so wenn Mitteilungen über das Privatleben auch bei einer im öffentlichen Leben stehenden Person mit keinem achtenswerten öffentlichen Informationsinteresse mehr gerechtfertigt werden können[194] oder bei Ahndung oder Verhütung einer auch bei politischen Aus- **21c**

187 Etwa EGMR 26.4.1979 Sunday Times/GB (EuGRZ **1979** 386); 26.11.1991 Oberver & Guardian/GB (EuGRZ **1995** 16); 27.3.1996 Goodwin/GB (ÖJZ **1996** 795). Vgl. *Prepeluh* ZaöRV **61** (2000) 771, 780, wonach der engere oder weitere Beurteilungsspielraum der Staaten spiegelbildlich einer größeren oder geringeren Kontrolldichte des Gerichtshofs entspricht.

188 Vgl. EGMR 25.11.1996 Wingrove/GB (ÖJZ **1997** 714); *Calliess* EuGRZ **1996** 293 sowie die nachf. Fußnoten.

189 EGMR 20.3.2003 Krone Verlag-GMBH & Co KG u.a./Ö (ÖJZ **2003** 812).

190 Vgl. *Grabenwarter* § 23 Rdn. 33 unter Hinweis auf EGMR 28.9.2000 Lopez Gomez da Silva/Port (Nr. 37698/97); *Meyer-Ladewig* 30.

191 EGMR 25.8.1998 Hertel/CH (ÖJZ **1999** 614 Warnung vor Gesundheitsrisiko); 25.3.1985 Barthold/D (EuGRZ **1985** 170: statt Wettbewerb Beitrag zur öffentlichen Diskussion, deshalb – anders als bei den Fällen in den vorst. Fußnoten – kein weiter Ermessensspielraum). Vgl. die Entscheidungen bei Rdn. 20, 21.

192 EGMR 8.7.1986 Lingens/Ö (EuGRZ **1986** 424); 22.2.1989 Barfod/DK (ÖJZ **1989** 695); 23.5.1991 Oberschlick/Ö (EuGRZ **1991** 216); 25.11.1996 Wingrove/GB (ÖJZ **1997** 714). Vgl. auch House of Lords EuGRZ **1993** 197; *Frowein/Peukert* 25; 32: ferner etwa BVerfGE **54** 129; **83** 130; 145; NJW **1992** 1442, 1444; 2074; kritisch dazu *Kriele* NJW **1994** 1897, 1899. Zur Gefahr des sogen. „chilling effect" vgl. Rdn. 19b.

193 Vgl. BVerfG **75** 369, 380; **93** 266, 293; **102** 347, 367; *Grimm* NJW **1995** 1697, 1703; ferner BVerfG NJW **2003** 1303 (zur Benetton Werbung: sorgfältige Abwägung, ob die Ausübung eines Grundrechts, das wie die Meinungsfreiheit selbst in der Menschenwürde wurzelt, die Menschenwürde eines anderen verletzt); zur Schockwerbung vgl. auch *Nolte* RabelsZ **1999** 507, 518.

194 Vgl. *Grabenwarter* § 23 Rdn. 33 unter Hinweis auf EGMR 6.2.2001 Tamer/Estl (Nr. 41205/98) sowie EGMR 24.6.2004 Caroline v. Hannover/D (NJW **2004** 2647: Fotos aus Privatbereich, wobei der EGMR den geschützten Bereich weiter zieht als vorher BVerfG NJW **2000** 1021 und BGH NJW **1996** 1128 bei Auslegung von §§ 22, 23 KUG).

einandersetzungen nicht zulässigen **bewußt ehrverletzenden Äußerungen**[195] oder bei der Bekämpfung illegaler Maßnahmen oder Gewalttätigkeiten. Der EGMR bewertet aber auch hier die Erforderlichkeit der jeweiligen Maßnahmen selbst und wägt es gegen das auch hier bestehende Recht der Bevölkerung auf umfassende Informationen und gegen die Nachteile ab, die der für eine Demokratie notwendigen freien Auseinandersetzung bei einer zu restriktiven Handhabung der Einschränkungen entstehen können[196]. Dazu zählt auch die Gefahr, daß die für die Information der Bevölkerung wichtige, unbegrenzt offene Erörterung echter oder vermeintlicher Mißstände wegen der dann möglicherweise befürchteten Nachteile – und sei es auch nur wegen der Notwendigkeit zur Rechtfertigung in einem Verfahren – beeinträchtigt werden kann[197].

21d Bei **Eingriffen in die Pressefreiheit** und in die Freiheit der Berichterstattung der anderen Medien werden deshalb an die Erforderlichkeit des staatlichen Einschreitens wegen der Bedeutung einer freien Presse für die Information der Öffentlichkeit und der ungehinderten Meinungsbildung in einer demokratischen Gesellschaft und dem Recht der Bürger auf unbehinderte Information **besonders hohe Anforderungen** gestellt[198]. Grundsätzlich können sich die Angehörigen der Presse ebenso wie jeder andere, durch das Vertreten eigener Meinungen am öffentlichen Meinungsbildungsprozeß beteiligen[199], wobei jedoch die Meinungsäußerungen durch ihre Publizierung höhere Bedeutung erlangen können. Dies ist bei der erforderlichen Abwägung ebenso zu berücksichtigen wie die besondere Bedeutung der Presse in einem demokratischen Staatswesen, in dem ihr als „Wachhund der Öffentlichkeit" („public watchdog") die Aufgabe zukommt, auch belastende **Informationen von ernsthafter öffentlicher Bedeutung** zu verbreiten[200] und dazu Stellung zu nehmen und so den gerade auch bei öffentlichen Mißständen bestehenden Informationsanspruch der Öffentlichkeit zu erfüllen[201]. Dies gilt besonders für die öffentlichen Tätigkeiten eines Politikers[202], für öffentliche Aktivitäten von Personen und Vereinigungen[203] oder bei Straftaten politischer Natur[204]. Der verantwortlichen Berichterstattung in der Presse kommt ín der demokratischen Gesellschaft eine unersetzliche Funktion für die Verbreitung von Nachrichten und Ideen über alle Angelegenheiten des öffentlichen Interesses zu. Bei der Berichterstattung über Gerichtsverhandlungen trägt sie zu deren von den Konventionen geforderten Öffentlichkeit bei[205]. Ein strengerer Maßstab ist dagegen an Presseveröffentlichungen anzulegen, wenn diese außerhalb ihrer oben erwähnten Funktion in der demokratischen Gesellschaft Berichte und Fotos aus dem Alltagsleben einer Person bringt, die keinerlei Bedeutung für die öffentliche Diskus-

---

195 Vgl. EKMR ÖJZ **1990** 124. Eine Schmähkritik, bei der nicht die Auseinandersetzung mit der Sache sondern die Diffamierung einer Person im Vordergrund steht, wird nicht durch die Meinungsfreiheit geschützt, sie tritt hinter dem Achtungsanspruch des Betroffenen zurück, vgl. BVerfGE **61** 1, 12; **82** 272, 284; BVerfG EuGRZ **1993** 146.

196 EGMR 25.11.1997 Zana/Türk (ÖJZ **1998** 715); 8.7.1999 Baskaya & Okcuoglu/Türk (NJW **2001** 1995); vgl. auch *Grimm* NJW **1995** 1697, 1703.

197 Gefahr der Einschüchterung (sog. „chilling effect" in der Verfassungsrechtsprechung der USA); vgl. *Giegerich* RabelsZ **1999** 471, 478, 489; ferner etwa EGMR 23.9.1994 Jersild/Dän (NStZ **1995** 237); 20.5.1999 Bladet Tromso & Stensaas/Norw (EuGRZ **1999** 453); 6.5.2003 Perna/I (NJW **2004** 2653); *Grabenwarter* § 23 Rdn. 29; *Prepeluh* ZaöRV **61** (2001) 771, 819.

198 EGMR 8.7.1986 Lingens/Ö (EuGRZ **1986** 428); 23.5.1991 Oberschlick/Ö (**EuGRZ** (**1991** 216); 22.5.1990 Weber/CH (NJW **1991** 623); EKMR bei *Strasser/Weber* EuGRZ **1988** 91.

199 Vgl. *Hoffmeister* EuGRZ **2000** 364.

200 Etwa EGMR 26.11.1991 Observer & Guardian/GB (EuGRZ **1995** 16); 27.3.1996 Goodwin/GB (ÖJZ **1996** 795); 21.01.1999 Fressoz & Roire/F (NJW **1999** 1315); 20.5.1999 Bladet Tromso & Stensaas/Norw (EuGRZ **1999** 453); 6.5.2003 Perna/I (NJW **2004** 2653); *Grabenwarter* § 23 Rdn. 31.

201 EGMR 7.12.1976 Kjeldsen u.a./Dän (EuGRZ **1976** 478); *Grabenwarter* § 23 Rdn. 31.

202 EGMR 26.2.2002 Krone Verlags GmbH/Ö (ÖJZ **2002** 466).

203 EGMR 27.2.2001 Jerusalem/Ö (ÖJZ **2001** 693).

204 EGMR 26.2.2002 Krone Verlags GmbH/Ö (ÖJZ **2002** 466).

205 EGMR 29.8.1997 Worm/Ö (ÖJZ **1998** 35).

sion einer Frage von allgemeinem Interesse haben. Für solche Veröffentlichungen kann sich die Presse nicht auf ihren öffentlichen Auftrag berufen, so daß der Schutz des Privatlebens der Betroffenen nach Ansicht des EGMR Vorrang hat[206]. Diese Gesichtspunkte fallen bei der Abwägung der Zulässigkeit eines staatlichen Eingriffs ins Gewicht[207], ohne daß dadurch aber die sich aus Art. 10 Absatz 2 erster Halbsatz MRK ergebenden Pflichten und Verantwortlichkeiten entfallen[208]. Die **Verantwortlichkeit der Medienberichterstattung** umschließt grundsätzlich die Verpflichtung zur Sorgfalt bei eigenen Ermittlungen und im Rahmen des Möglichen auch die Prüfung der von anderen mitgeteilten Tatsachen[209], bevor darüber im guten Glauben berichtet wird[210]. Die Pflicht zur Rücksichtnahme auf die Rechte anderer verbietet außerdem jede nach dem Berichtszweck unnötige Herabsetzung. Bei der Wiedergabe amtlicher Berichte entfällt die Prüfungspflicht[211]. Bei **Interviews** dürfen grundsätzlich die Antworten der befragten Person verbreitet werden, selbst wenn diese strafbare Äußerungen (rassistische Diskriminierungen) enthalten, sofern sich der Interviewer damit nicht identifiziert; denn grundsätzlich hat die Öffentlichkeit einen Anspruch, über derartige Meinungen, die Personen, die sie vertreten, und deren Herkunft und Hintergründe unterrichtet zu werden[212]. Der journalistischen Freiheit wird ein gewisser Grad von **polemischer Übertreibung und Provokation** zugestanden[213], von den betroffenen Politikern, die sich mit ihrer öffentlichen Tätigkeit der Kritik der Öffentlichkeit unterstellen, wird ein höheres Maß an Toleranz gefordert[214]. Die Grenzen, die die Staaten der freien Meinungsäußerung in diesem Bereich setzen dürfen, müssen nach der Sachlage unbedingt erforderlich sein. Sie müssen berücksichtigen, daß Art. 10 MRK die Kritik am Staat und seinen Organen, an den sonstigen öffentlichen Einrichtungen und an den bestehenden Verhältnissen sowie auch an den im öffentlichen Leben stehenden Personen in einem viel weiteren Umfang zuläßt als bei Privatpersonen[215]. Im übrigen müssen sich alle staatlichen Eingriffe im Rahmen des Zumutbaren und Möglichen halten. So kann zwar auch bei **Werturteilen** verlangt werden, daß sie auf einer Tatsachengrundlage beruhen[216], bei allgemein gehaltenen Wert-

---

206 Vgl. EGMR 24.6.2004 Caroline v. Hannover/D (NJW **2004** 2647).

207 EGMR 23.9.1994 Jersild/Dän (ÖJZ **1995** 227); 24.2.1997 De Haes & Gijsels/ Belg (ÖJZ **1997** 912), 20.5.1999 Bladet Tromso & Stensaas/Norw (EuGRZ **1999** 453); 2.5.2000 Bergens Titende u.a./Norw (ÖJZ **2001** 110); *Grabenwarter* VVDStL **60** (2000) 290, 309.

208 Etwa EGMR 27.3.1996 Goodwin/GB (ÖJZ **1996** 795); 21.1.1999 Fressoz & Roire/F (NJW **1999** 1315); 2.5.2000 Bergens Titende u.a./Norw (ÖJZ **2001** 110); *Hoffmeister* EuGRZ **2000** 358, 364, ferner vorst. Fußn.

209 Vgl. EGMR 25.6.1992 Thorgeir Torgeirson/Isl (ÖJZ **1992** 810) keine weitere Nachprüfung bei glaubhaften Miteilungen über Brutalitäten der Polizei; 20.5.1999 Bladet Tromso & Stensaas/Norw (EuGRZ **1999** 453); *Grabenwarter* § 23 Rdn. 35; *Meyer-Ladewig* 23.

210 Bei Kenntnis von der Unwahrheit entfällt jede Rechtfertigung, gleiches gilt bei Kenntnis von der illegalen Herkunft eines Dokuments.

211 Vgl. EGMR 21.1.1999 Fressoz & Roire/F (NJW **1999** 1315); 20.5.1999 Bladet Tromso & Stensaas/ Norw (EuGRZ **1999** 453); *Meyer-Ladewig* 23. *Hoffmeister* EuGRZ **2000** 358, 366.

212 EGMR 23.9.1995 Jersild/Dän (NStZ **1995** 237) mit dem Hinweis, daß andernfalls die Medien ihre Aufgabe als „öffentlicher Wachhund" nicht erfüllen würden; vgl. *Hoffmeister* EuGRZ **2000** 358; 364; *Meyer-Ladewig* 22.

213 Vgl. etwa EGMR 26.4.1995 Prager & Oberschlick/Ö (ÖJZ **1995** 675), 1.7.1997 Oberschlick/Ö (NJW **1999** 1315; 21.1.1999 Fressoz & Roire/F (NJW **1999** 1315); 21.1.1999 Janowski/Pol (NJW **2000** 1015); 20.5.1999 Bladet Tromso & Stensaas/Norw (EuGRZ **1999** 453); 8.7.1999 Baskaya, Okcuoglu/Türk (NJW **2001** 1995); 21.3.2000 Wabl/Ö (ÖJZ **2001** 108); 12.7.2001 Feldek/Slowakei (ÖJZ **2002** 814); 6.5.2003 Perna/I (NJW **2004** 1253); 13.11.2003 Scharsach, News Verlagsgesellschaft/Ö (ÖJZ **2004** 512): *Meyer-Ladewig* 20. Für andere Berufe gilt dieses Recht zur Überzeichnung nicht (vgl. östr.VFGH EuGRZ **1994** 571: Rechtsanwalt).

214 EGMR 8.6.1986 Lingens/Ö (EuGRZ **1986** 424); 9.6.1998 Incal/Türk (Rep. 1998-IV); 13.11.2003 Scharsach, News Verlagsgesellschaft/Ö (ÖJZ **2004** 512).

215 EGMR 8.7.1999 Baskaya,Okcuoglu/Türk (NJW **2001** 1995); vgl auch nachf. Fußn.

216 EGMR 20.3.2003 Krone Verlag GmbH & Co KG ua/Ö (ÖJZ **2003** 812); 13.11.2003 Scharsach, News Verlagsgesellschaft/Ö (ÖJZ **2004** 512).

urteilen („würdelos"; „Opportunismus") kann jedoch kein Wahrheitsbeweis gefordert werden[217]. Anerkannt wird auch das Recht der Journalisten, ihre **Informationsquelle geheim zu halten**, da hierin eine Grundvoraussetzung der für eine demokratische Gesellschaft unerläßlichen Pressefreiheit gesehen wird[218].

21e Bei **Einzelfragen des privaten Bereichs,** bei denen nicht das Funktionieren des öffentlichen Lebens unmittelbar berührt ist sondern das Verhältnis zwischen einzelnen Bürgern, ihre gegenseitigen Rechte, ihre persönliche Integrität oder ihre weltanschaulichen und religiösen Auffassungen[219] oder auch der private Wettbewerb[220], hat der Staat einen größeren Regelungsraum, vor allem, wenn er kollidierende Freiheitsrechte zwischen den Bürgern ausgleichen[221] oder einem starken Wandel in den wirtschaftlichen oder gesellschaftlichen Verhältnissen Rechnung tragen muß[222]. Stehen sich auf beiden Seiten die Rechte auf freie Meinungsäußerungen gegenüber, ist der Staat, der in der Sache die konträren Meinungen beider Seiten achten muß, darauf beschränkt, gegen Mißbräuche einzuschreiten, so vor allem, wenn das Recht auf Achtung der Menschenwürde[223] oder ein sonstiges vorrangiges Recht eines Beteiligten verletzt werden.

5. Die einzelnen Zwecke einer zulässigen Beschränkung

22 **a) Der Schutz der nationalen Sicherheit**, die auch die nur in Art. 8 Abs. 2 MRK besonders erwähnte **territoriale Unversehrtheit** mit umfaßt, rechtfertigt Einschränkungen der Äußerungs- und Informationsbeschaffungsfreiheit zur Verhütung einer Gefährdung des Staates. Darunter fällt etwa die Bekämpfung seperatistischer Aktivitäten und Aussagen[224] oder der strafrechtliche Schutz von Staatsgeheimnissen[225], aber auch das Verbot, in der Presse usw. über eine gerichtliche Verhandlung oder den Inhalt eines die Sache betreffenden amtlichen Schriftstücks zu berichten, wenn in einer gerichtlichen Verhandlung die Öffentlichkeit wegen Gefährdung der Staatssicherheit ausgeschlossen wurde (§ 174 Abs. 2 GVG; § 353d Nr. 1, 2 StGB). Unter bestimmten Umständen kann ferner das Einschreiten gegen die Aufforderung zur Fahnenflucht damit gerechtfertigt werden[226]. Die durch Art. 20 Abs. 1 IPBPR ausdrücklich festgelegte Verpflichtung,

---

[217] EGMR 8.7.1986 Lingens/Ö(EuGRZ **1986** 424); vgl. auch 23.5.1991 Oberschlick/Ö (EuGRZ **1991** 216); 27.2.2001 Jerusalem/Ö (ÖJZ **2001** 693); 13.11. 2003 Scharsach, News Verlagsgesellschaft/Ö (ÖJZ **2004** 512); *Frowein/Peukert* 26; *Meyer-Ladewig* 28.

[218] EGMR 27.3.1996 Goodwin/GB (ÖJZ **1996** 795 gerichtliche Offenlegungsorder und Strafe wegen Nichtbefolgung); zum Schutze von Informanten und des Redaktionsgeheimnisses *Grabenwarter* § 23 Rdn. 36.

[219] Vgl. EGMR 25.11.1996 Wingrove/GB (ÖJZ **1997** 714), andererseits aber EGMR 20.9.1994 Otto-Premminger-Institut/Ö (ÖJZ **1995** 154); dazu *Grabenwarter* ZaöRV **55** (1995) 128.

[220] Etwa EGMR 25.3.1985 Barthold /D (EuGRZ **1985** 170); 20.11.1989 markt intern/D (EuGRZ **1996** 302); 24.2.1994 Casado Coca/ Span (ÖJZ **1994** 636); 23.6.1994 Jacubowski/D (NJW **1995** 857 Wettbewerbsverstoß durch Rundbrief), zu beiden *Callies* EuGRZ **1996** 293; *Kulms* RabelsZ **1999** 520, 524; *Prebeluh* ZaöRV **61** (2001) 771, 779 ff, 785.

[221] EGMR 25.11.1996 Wingrove/GB (ÖJZ **1997** 714, Schutz vor Blasphemie).

[222] Etwa EGMR 24.2.1994 Casado Coca/ Span (ÖJZ **1994** 636).

[223] Vgl. BVerfGE **75** 369, 380; **102** 347; BVerfG NJW **2002** 1303; *Grimm* NJW **1995** 1697, 1703.

[224] Vgl. *Hoffmeister* EuGRZ **2000** 358, 361 zu den 13 Entscheidungen des EGMR in den Jahren 1998, 1999 gegen die Türkei (Bekämpfung seperatistischer pro-kurdischer Äußerungen).

[225] EGMR 16.12.1992 Hadjianastassiou/Griech (EuGRZ **1993** 70); ferner die sog. Spycatcher Fälle EGMR 26.11.1991 Observer and Guardian/GB (EuGRZ **1995** 16) und 26.11.1991 Sunday Times Nr. 2/GB (Series A 217); ferner *Nowak* 44. Zu den Einschränkungen des Geheimnisschutzes bei bereits anderweitig der Öffentlichkeit zugänglichen Informationen vgl. EGMR 9.2.1995 Vereniging Weekblad Bluf/NdL (ÖJZ **1995** 469 kein Schutzbedürfnis mehr); ähnlich EGMR 21.1.1999 Fressoz, Roire/F (EuGRZ **1999** 5); dazu *Prebeluh* ZaöRV **61** (2001) 771, 812.

[226] EKMR *bei Frowein/Peukert* 29; (Nordirland, konkrete Hinweise auf Desertationsmöglichkeiten).

Kriegspropaganda durch Gesetz zu verbieten, fällt ebenfalls hierunter[227]. Das Verbot einer neonazistischen oder faschistischen Betätigung wurde ebenfalls hierzu gerechnet[228], ferner auch der Eingriff in Art. 10 MRK, der mit einem Parteiverbot verbunden ist[229]. Bei ernsthaften Konflikten und Spannungen besteht eine besondere Sorgfaltspflicht der Medien bei ihrer Berichterstattung, damit sie nicht zur Verbreitung von Haß und Gewalt mißbraucht werden[230].

b) Die öffentliche Ordnung, die in **Art. 19 Abs. 3 IPBPR** durch den Begriff „ordre public" definiert wird[231], rechtfertigt ebenfalls Einschränkungen der Meinungs- und Informationsfreiheit. Dieser sehr weite Begriff deckt vielfach auch die Eingriffe ab, die bei Art. 10 Abs. 2 MRK unter die dort detaillierter aufgeführten legitimen Eingriffsziele fallen. Auch die Konzessionierung von Rundfunk-, Lichtspiel- und Fernsehunternehmen wird hierdurch gedeckt[232]. Bei der großen Spannweite dieses Begriffes, der vielgestaltige Maßnahmen im öffentlichen Interesse umfassen kann, erlangen die aus den allgemeinen Grundsätzen[233], vor allem die aus der Notwendigkeit und der Demokratieüblichkeit ableitbaren Schranken besondere Bedeutung, so etwa auch bei der Beurteilung berufsrechtlicher Werbeverbote[234]. 23

Art. 10 MRK versucht eine Eingrenzung des weiten Begriffes der öffentlichen Ordnung dadurch, daß er die für die Beschränkung wichtigen Gesichtspunkte, **„öffentliche Sicherheit, Aufrechterhaltung der Ordnung und Verbrechensverhütung"** nebeneinander aufzählt. Unter Ordnung wird die allgemeine öffentliche Ordnung verstanden, die vom Schutz der demokratischen Institutionen und der staatlichen Strukturen gegen Störungen bis zu der Regelung einzelner Sachbereiche reicht, wie etwa die Ordnung des Straßenverkehrs oder der Telekommunikation oder die Maßnahmen zur Verhütung von gegenseitigen Störungen beim Betrieb von Rundfunkanlagen[235]. Auch die **interne Ordnung einzelner öffentlicher Einrichtungen,** wie Behörden, Armee[236] oder Strafanstalten[237], fallen hierunter. Bei der Beurteilung, ob und welche Maßnahmen im konkreten Fall zur Aufrechterhaltung der Ordnung angezeigt sind, haben die Staaten und ihre Organe einen gewissen Beurteilungsspielraum, der dadurch begrenzt wird, daß die jeweiligen Maßnahmen auch in einer demokratischen Gesellschaft als zur Erreichung des mit ihnen angestrebten Zweckes notwendig angesehen werden können und daß sie die Verhältnismäßigkeit gegenüber dem mit ihnen angestrebten Zweck wahrten[238]. Die **Verhütung von Straftaten** rechtfertigt die Einschränkung der Meinungsäußerungsfreiheit durch die „klassischen" Straftatbestände. Vor allem sollen Äußerungen, die zur Begehung einer Straftat auffordern, unterbunden werden können[239]. Beim Vermummungsverbot überwiegt das öffentliche Interesse an der Gefahrenabwehr und der Verhütung strafbarer 23a

---

227 Vgl. Nach Art. 10 MRK Art. 20 IPBPR Rdn. 1, 4.

228 EKMR bei *Frowein/Peukert* 29; *Nowak* 44; näher liegend wohl öffentliche Ordnung vgl. Rdn. 23.

229 Vgl. Art. 11 Rdn. 9b.

230 Vgl. EGMR 18.7.2000 Sener/Türk (ÖJZ **2001** 696); *Meyer-Ladewig* 23.

231 Die engl.Fassung „public order" bringt diesen Begriff als Klammerzusatz. Zur Entstehung vgl. *Nowak* 45.

232 *Nowak* 46.

233 Vgl. oben Rdn. 18 ff.

234 Vgl. etwa EGMR 25.3.1985 Barthold/D (EuGRZ **1985** 170); 24.2.1994 Casado Coca/Span (ÖJZ **1994** 636), dazu *Villiger* HdB 618.

235 EGMR 22.5.1990 Autronic AG/CH (EuGRZ **1990** 261); EKMR bei *Strasser* EuGRZ **1990** 291 (Autronic AG); *Frowein/Peukert* 30.

236 EGMR 8.6.1976 Engel/Ndl (EuGRZ **1976** 221); 19.12.1994 Vereinigung demokratischer Soldaten Österreichs/Ö (ÖJZ **1995** 314); *Frowein/Peukert* 30; *Grabenwarter* § 23 Rdn. 21.

237 EGMR 21.2.1975 Golder (EuGRZ **1975** 91); 25.3.1983 Silver/GB (EuGRZ **1984** 147); *Frowein/Peukert* 30 (auch zum Verbot, Artikel aus dem Gefängnis zu schreiben); vgl. ferner *Prebeluh* ZaöRV **61** (2001) 771, 791.

238 Vgl. EGMR 25.8.1993 Chorherr/Ö (ÖJZ **1994** 174); 27.4.1995 Piermont/F (ÖJZ **1995** 751).

239 *Prebeluh* ZaöRV **61** (2001) 771, 794.

Handlungen den damit verbundenen Eingriff in die nur in der äußeren Form ihrer Ausübung betroffene Meinungsfreiheit[240]. Die Bestrafung der Verbreitung von Propagandamaterial verfassungswidriger Organisationen wurde als zum Schutze der nationalen Sicherheit für gerechtfertigt angesehen[241]. Der Schutz der öffentlichen Ordnung rechtfertigt auch Maßnahmen zur Durchsetzung des in Art. 20 IPBPR ausdrücklich verbotenen Eintretens für nationalen, rassischen oder religiösen Haß, durch das zur Diskriminierung, Feindseligkeiten oder Gewalt aufgestachelt wird[242]. Äußerungen, die sich gegen die der Konvention zugrunde liegenden Werte richten, genießen nicht den Schutz des Art. 10[243]. Die Beschlagnahme und Einziehung eines Filmes wegen der Verletzung der religiösen Gefühle eines großen Teiles der Bevölkerung durch diesen Film wurde vom EGMR unter dem Blickwinkel des Aufrechterhaltens der öffentlichen Ordnung und des Schutzes der Rechte anderer für gerechtfertigt gehalten[244]; desgleichen das im Hinblick auf die besonderen Verhältnisse mit Art. 9 MRK gerechtfertigte Verbot der religiösen Radiowerbung in Irland[244a].

24 c) Ein Sonderfall der öffentlichen Ordnung ist die in Art. 10 Abs. 2 MRK besonders aufgeführte Gewährleistung des **Ansehens und die Unparteilichkeit der Rechtspflege**. Diese wohl von der angelsächsischen Vorstellung des contempt of court[245] beeinflußte Zielsetzung wird auch von der Überlegung mitbestimmt, daß die Richter durch ihre Verschwiegenheitspflicht mitunter gehindert sind, einer öffentlichen Kritik entgegenzutreten[246]. Gesetzliche Regelungen und Einzelanordnungen zum Schutze des Ansehens des Gerichts und der Richter und zur Sicherung der Autorität des Gerichts werden deshalb als zulässig angesehen, so etwa die Versagung des Zutritts nach § 175 GVG oder die Ahndung eines ungebührlichen Verhaltens vor Gericht nach § 178 GVG oder die Ahndung von herabwürdigenden Äußerungen über Berufs- und Laienrichter[247]. Gestattet sind vor allem Maßnahmen, die die Funktion der Rechtspflege schützen und nicht zuletzt auch die Laienrichter vor einer Beeinflussung durch die Massenmedien bewahren sollen[248], wie etwa die Verbote des § 353d StGB oder die Verpflichtung zur Wahrung der Vertraulichkeit einer strafrechtlichen Untersuchung[249]. Bei einem Einschreiten gegen eine Presseveröffentlichung ist ein strenger Maßstab anzulegen. Eingriffe in die Berichterstattung über Maßnahmen der Rechtspflegeorgane sind nur in Ausnahmefällen zulässig. Hier fällt ins Gewicht, daß die Rechtspflege grundsätzlich öffentlich ist[250], so daß

---

240 Vgl. schweiz.BGer. EuGRZ **1992** 137.

241 EKMR nach *Frowein/Peukert* 29.

242 Vgl. UN-AMR EuGRZ **1998** 271 (Faurisson), wo der Zweck, eines französischen Gesetzes, Antisemitismus zu bekämpfen, als mit Art. 19 Abs. 3 IPBPR vereinbar angesehen, eine abstrakte Beurteilung dieses auch das Leugnen anderer historischer Tatsachen unter Strafe stellenden Gesetzes aber abgelehnt wurde; zur Problematik *Weiß* EuGRZ **1998** 274. *Hoffmeister* EuGRZ **2000** 358; 360.

243 EGMR 23.9.1998 Lehideux & Isomi/Fr (ÖJZ **1999** 656).

244 EGMR 20.9.1994 Otto Premminger Institut/Ö (ÖJZ **1996** 154), die EKMR hatte eine Verletzung des Art. 10 angenommen; dazu *Grabenwarter* ZaöRV **55** (1995) 128; *Meyer-Ladewig* 39; *Villiger* Hdb Art. 9 Rdn. 602; *Prebeluh* ZaöRV **61** (2001) 771, 809 f; vgl. auch EGMR 25.11.1996 Wingrove/GB (ÖJZ **1997** 714: blasphemisches Video).

244a EGMR 10.7.2003 Murphy/Irl (besondere religiöse Lage in Irland, Benachteiligung finanzschwächerer Religionsgemeinschaften bei Zulassung); vgl. *Goedecke* JIR **46** (2003) 606, 626.

245 Vgl. etwa EGMR 26.4.1979 Sunday Times/GB (EuGRZ **1979** 386); Brit. High Court (EuGRZ **1992** 594); *Frowein/Peukert* 35. *Grabenwarter* § 23 Rdn. 21.

246 EGMR 24.2.1997 De Haes, Gijsels/Belg (ÖJZ **1997** 912); *Grabenwarter* § 23 Rdn. 15.

247 EGMR 22.2.1989 Barford/Dän (ÖJZ **1989** 695); vgl. auch Corte Constituzionale EuGRZ **2002** 613 mit Anm. *Luther* (Kontrollaufgabe des Abgeordneten rechtfertigt nicht Beleidigung eines Staatsanwalts).

248 *Guradze* 19.

249 EGMR 22.5.1990 Weber/CH (NJW **1991** 623); wo allerdings die Bestrafung der Veröffentlichung einer bereits vorher bekanntgewordenen Tatsache als nicht notwendig in einer demokratischen Gesellschaft angesehen wurde.

250 Vgl. Art. 6 MRK Rdn. 86 ff.

der Information der Öffentlichkeit besonderes Gewicht zukommt[251]. Die Zulässigkeit von Einschränkungen der Freiheit der Meinungsäußerungen im Interesse des Ansehens und der Unparteilichkeit der Rechtspflege berechtigen den Staat nicht, bereits jede öffentliche Erörterung einer bei Gericht anhängigen Sache einzuschränken[252]. Dafür bedarf es eines schwerwiegenden Grundes. Art und Umfang der Einschränkung müssen den Umständen nach unerläßlich sein. So kann beispielsweise zur Sicherung eines fairen Verfahrens die Erörterung eines laufenden Verfahrens nach nationalem Recht geahndet werden, wenn sie objektiv geeignet war, dessen Ausgang zu beeinflussen[253]. Auch das Verbot, den Gang einer Verhandlung stark verkürzt im Fernsehen nachzuspielen, wurde als gerechtfertigt angesehen[254]. Der Sicherung des Gerichts gegen Beeinflussung dient auch § 353d Nr. 3 StGB, der die Veröffentlichung der Anklageschrift oder amtlicher Schriftstücke eines Straf-, Bußgeld- oder Disziplinarverfahrens vor ihrer Verwendung im Verfahren oder vor dessen Abschluß mit Strafe bedroht. Sachliche Kritik an einer getroffenen Entscheidung kann, selbst wenn einseitig und überzogen, nicht mit dem Hinweis auf das Ansehen des Gerichts unterbunden werden, die Gerichte müssen sie hinnehmen[255], nicht aber Versuche, schon vorher durch unsachliche öffentliche Kritik den Ausgang des Verfahrens zu beeinflussen[256] oder Beleidigungen der Berufs- oder Laienrichter[257]. Auch Rechtsanwälte müssen durch ihr Verhalten vor Gericht, auch durch Inhalt und Form ihrer Ausführungen, zu einer ordnungsgemäßen Rechtspflege beitragen, ihr notwendiger großer Freiraum für Art und Form ihrer Ausführungen bei der nachdrücklichen Vertretung der Rechte ihrer Klienten ist nicht unbegrenzt[258]; dies gilt vor allem für persönliche Beleidigungen. Wegen der Bedeutung einer nicht durch die Befürchtung nachträglicher Sanktionen beeinflußten Wahrnehmung des Verteidigungsinteressen in der Verhandlung sah der EGMR allerdings nur in Ausnahmefällen eine Einschränkung der Äußerungsfreiheit des Verteidigers als in einer demokratischen Gesellschaft notwendig an[259].

d) Art. 10 Abs. 2 MRK erwähnt als legitimes Eingriffsziel noch besonders **die Verhinderung der Verbreitung vertraulicher Nachrichten**[260]. Damit dürften sowohl der Schutz vertraulich zu behandelnde Tatsachen aus dem **öffentlichen Bereich**[261] wie auch aus dem **zivilen Bereich** gedeckt sein. Dazu gehören auch Maßnahmen zum Schutz des Steuergeheimnisses[262]. Nach Ansicht des EGMR kann ein Eingriff in die Pressefreiheit nicht **25**

251 Vgl. EGMR 26. 4. 1979 Sunday Times/GB (EuGRZ **1979** 386); *Frowein/Peukert* 35.

252 EGMR 29. 8. 1997 Worm/Ö (ÖJZ **1998** 35).

253 EGMR 29. 8. 1997 Worm/Ö (ÖJZ **1998** 35).

254 EKMR bei *Strasser* EuGRZ **1988** 613.

255 Vgl. EGMR 26. 4. 1979 Sunday Times/GB (EuGRZ **1979** 386); EKMR bei *Strasser/Weber* EuGRZ **1988** 91, *Frowein/Peukert* 35.

256 Vgl. EGMR 26.4.1995 Prager & Oberschlick/Ö (ÖJZ **1996** 675); 29. 8. 1997 Worm/Ö (ÖJZ **1998** 35); *Prepeluh* ZaöRV **61** (2001) 771, 815; *Villiger* HdB 623.

257 EGMR 22.2.1989 Barfod /Dän (ÖJZ **1989** 695); 26.4.1995 Prager&Oberschlick/Ö (ÖJZ **1996** 675); *Meyer-Ladewig* 41.

258 Vgl. EGMR 20.5.1998 Schöpfer/CH (ÖJZ **1999** 237); dazu *Villiger* HdB 618; EGMR 21.3.2002 Wingerter/D (EuGRZ **2002** 329); 21.3.2002 Nikula/Finnl (ÖJZ **2003** 430).

259 EGMR 21. 3. 2002 Nikula/Finnl (ÖJZ **2003** 430).

260 *Frowein-Peukert* 34; *Guradze* 18 (Vorschriften zum Schutz von Berufs- und Amtsgeheimnissen gedeckt), vgl. dort auch zum Unterschied zwischen dem nur die Vertraulichkeit der Mitteilung schützenden englischen Text und dem auch die Vertraulichkeit des Inhalts mitumfassenden französischen Text.

261 Bei staatlichen Geheimnissen überschneidet sich dieser Eingriffsgrund mit dem Schutz der nationalen Sicherheit, vgl. die sog. Spycatcher Fälle EGMR 26.11.1991 Observer and Guardian/GB (EuGRZ **1995** 16); 26. 11. 1991 Sunday Times Nr. 2/GB (Series A 217); ferner EGMR 9. 2. 1995 Vereniging Weekblad Bluf/NdL (ÖJZ **1995** 469), wo der staatliche Eingriff wegen der Veröffentlichung an sich geheimer Informationen unter dem Blickwinkel der nationalen Sicherheit gesehen wurde. Vgl. ferner EGMR 21.1.1999 Fressoz, Roire/F (EuGRZ **1999** 5) dazu *Prebeluh* ZaöRV **61** (2001) 771, 812; sowie schweiz.BGer. EuGRZ **2001** 416 (Veröffentlichung eines vertraulichen amtlichen Papiers).

262 Vgl. EGMR 21. 1. 1999 Fressoz, Roire/F (NJW **1999** 1315); *Meyer-Ladewig* 29.

mehr mit dem Schutzbedürfnis geheimer Informationen gerechtfertigt werden, wenn diese Informationen sachlich richtig und bereits vorher der Öffentlichkeit zugänglich waren[263]. Ob und wieweit andere Eingriffsziele, wie etwa der Schutz der Rechte anderer den Eingriff rechtfertigen können, ist in Abwägung der dort zu berücksichtigenden Gesichtspunkte zu entscheiden. Beim IPBPR, der diesen Eingriffsgrund nicht besonders erwähnt, rechtfertigen sich Schutzmaßnahmen je nach der Art der Nachricht unter dem Gesichtspunkt des Schutzes der Sicherheit des Staates oder der öffentlichen Ordnung oder bei vertraulichen Nachrichten über den Privatbereich unter dem des Schutzes des guten Rufes und der Rechte anderer.

26 e) **Der Schutz der Gesundheit** wird in beiden Konventionen besonders erwähnt. Art. 19 Abs. 3 IPBPR spricht von „Volksgesundheit" („public health"). Daß Art. 8 Abs. 2 MRK auch im Sinne der Belange der öffentlichen Gesundheitspflege zu verstehen ist, liegt nahe, kann aber dahinstehen; denn staatliche Maßnahmen, die die Gesundheit einzelner vor Schädigungen bewahren sollen, werden auch durch den Eingriffszweck des Schutzes der Rechte anderer gerechtfertigt[264]. Der Gesundheitsschutz rechtfertigt Eingriffe in die Meinungsfreiheit, so etwa Verbot einer irreführenden Werbung. In die Meinungsfreiheit wird aber nicht dadurch eingegriffen, daß der Staat den Abdruck seines Warnungshinweises auf der Verpackung eines Produkts vorschreibt[265].

27 f) Der **Schutz der Moral** (Art. 8 Abs. 2 MRK: „protection of morals", „protection de la morale") bzw. nach Art. 19 Abs. 3 IPBPR der **öffentlichen Sittlichkeit** („public ... morals", „moralité publique") kann Eingriffe des Staates rechtfertigen. Auch Art. 10 Abs. 2 MRK dürfte die öffentliche Moral im Sinne der allgemein anerkannten Moralvorstellungen meinen, bei Verstoß dagegen kann auch das Recht der Betroffenen staatliche Schutzmaßnahmen rechtfertigen. Maßgebend sind dabei nicht die individuellen Moralvorstellungen einzelner, sondern der in der jeweiligen Gesellschaft **zeitlich und örtlich vorherrschende allgemeine Standard**. Dieser ist bei den Konventionsstaaten sehr unterschiedlich und auch dem Wandel unterworfen[266]. Die Konventionsorgane räumen deshalb den nationalen Stellen einen weiten Ermessensspielraum ein, da diese wegen ihrer Sachnähe die von der jeweiligen Tradition und den in der Gesellschaft jeweils vorherrschenden Anschauungen beeinflußten örtlichen Moralvorstellungen besser beurteilen können[267]. Dies kann zu Differenzierungen führen[268]. Der Eingriffszweck erlaubt etwa das Einschreiten gegen pornographische Schriften[269] oder Videos[270] durch Verbote

---

[263] So im sogen. Spycatcher-Fall EGMR 26.11.1991 Observer and Guardian/GB (EuGRZ **1995** 16) und 26.11.1991 Sunday Times Nr. 2/GB (Series A 217), wo das Buch bereits in den USA erschienen war, ferner EGMR 9.2.1995 Vereniging Weekblad Bluf/NdL (ÖJZ **1995** 469). Im Fall EGMR 21.1.1999 Fressoz, Roire/F (NJW **1999** 1315) war das veröffentlichte versteuerte Einkommen für jedermann aus den Steuerlisten der Gemeinde ersichtlich.

[264] *Prepeluh* ZaöRV **61** (2001) 771, 793.

[265] Vgl. BVerfGE **95** 173, 182 dazu *Di Fabio* NJW **1997** 2863 (Verpflichtung zum Abdruck eines Warnhinweises des Bundesministers auf Tabakerzeugnisse betrifft Berufsausübung, nicht Meinungsfreiheit); ferner *Sachs/Bethge* GG Art. 5, 38b; *Nolte* RabelsZ **1999** 507, 517 (Vorrang des Gesundheitsschutzes); *Nowak* 49.

[266] Vgl. *Frowein/Peukert* 31; *Meyer-Ladewig* 35, ferner nachf. Fußn.

[267] Vgl. EGMR 7.12.1976 Handyside/GB (EuGRZ **1977** 38); 24.5.1988 Müller/CH (NJW **1989** 379); EGMR 29.10.1992 Open Door & Dublin Well Woman/Irl (EuGRZ **1992** 486); 20.9.1994 Otto-Premminger-Institut/Ö (ÖJZ **1995** 154); 25.11.1997 Wingrove/GB (ÖJZ **1997** 714); UN-AMR EuGRZ **1982** 342 (Hertzberg); dazu *Weiß* EuGRZ **1998** 274; *Hoffmeister* EuGRZ 2000, 358; *Frowein/Peukert* 31; *Nowak* 50; *Prebeluh* ZaöRV **61** (2001) 771, 793 f; *Villiger* HdB 610.

[268] Im Gegensatz zum EGMR 24.5.1989 Müller/CH (NJW **1989** 379) hielt EKMR (EuGRZ **1986** 702) in der gleichen Sache zwar die Bestrafung, nicht aber die Beschlagnahme, die auch die Ausstellung im Ausland verhinderte, für notwendig zum Schutze der örtlichen Moralvorstellungen; vgl. dazu *Frowein/Peukert* 31; *Villiger* HdB 615 f.

[269] *Nowak* 50; *Guradze* 16; *Villiger* HdB 616.

[270] EGMR 25.11.1997 Wingrove/GB (ÖJZ **1997** 714).

und Strafen oder die Bestrafung wegen der Ausstellung unzüchtiger Kunstwerke und deren Beschlagnahme[271]. Bei Beurteilung, ob ein Einschreiten zum Schutze der Moral notwendig ist, fällt auch ins Gewicht, wenn durch die staatliche Maßnahme eine ernsthafte Verletzung und Kränkung der religiösen Gefühle eines Teiles der Bevölkerung[272] oder schädliche Auswirkungen auf die Entwicklung von Kindern und Jugendlichen verhindert werden sollen[273].

g) **Der Schutz des guten Rufes und der Rechte anderer** gestattet ebenfalls Einschrän- 28
kungen der Meinungsfreiheit; er rechtfertigt vor allem die Bestrafung wegen beleidigenden oder herabwürdigenden Äußerungen, die grundsätzlich auch in einer demokratischen Gesellschaft zum Schutze des guten Rufes und der Rechte anderer notwendig ist[274]. Gleiches gilt grundsätzlich für das vom Staat zu schützende Recht des einzelnen, Eingriffe Dritter in seinen durch Art. 8 MRK geschützten privaten Lebensbereich, insbesondere Presseveröffentlichungen darüber, mit Hilfe der Gerichte abzuwehren[275]. Der Schutz des guten Rufes und der Rechte anderer setzt aber auch der **politischen Auseinandersetzung** Schranken, wobei hier vor allem bei einem **Politiker**, soweit er in öffentlicher Funktion auftritt, die Grenzen vertretbarer Kritik nach Form und Inhalt weiter gezogen werden als zwischen Privatleuten[276]. Vertreter des Staates und andere **Persönlichkeiten des öffentlichen Lebens**[277] müssen sich ein erhöhtes Maß an öffentlicher Erörterung und Kritik gefallen lassen[278]. Grundsätzlich ist aber auch in diesem Bereich öffentlicher Auseinandersetzungen die Notwendigkeit des Schutzes der persönlichen Belange einschließlich des Ehrenschutzes abzuwägen gegen das schwerwiegende, für jede demokratische Gesellschaft existentielle öffentliche Interesse an der offenen Diskussion aller Fragen, denen im jeweiligen Zeitpunkt politische oder sonstwie öffentliche Bedeutung beigemessen wird[279]. Fraglich erscheint deshalb, ob Art. 10 MRK auf Grund einer „Gesamtbetrachtung" die Bezeichnung eines Politikers als „Trottel" deckt, weil sie im Rahmen einer polemischen Kritik an einer von diesem in einer Rede vertretenen, als Provokation empfundenen Auffassung noch als (sachbezogene) Reaktion auf diese Auffassung und nicht als persönlich Beleidigung verstanden werden kann[280]. Bei der erforderlichen Abwägung ist zu unterscheiden, ob sich Kritik gegen die Führung des öffentlichen Amtes oder ihrer Rolle im öffentlichen Leben oder aber gegen ihr Privatleben und ihr Verhalten als Einzelperson richtet[281]. Auch in den öffentlichen Bereichen, die der

---

271 EGMR 24.5.1988 Müller/CH (NJW **1989** 379); EKMR EuGRZ **1986** 702 (Müller), dazu *Würkner* NJW **1989** 369.

272 Vgl. EGMR 20.9.1994 Otto-Premminger-Institut/Ö (ÖJZ **1995** 154); 25.11.1997 Wingrove/GB (ÖJZ **1997** 714).

273 EGMR 7.12.1976 Handyside/GB (EuGRZ **1977** 38) maß diesem Gesichtspunkt besonderes Gewicht bei, ebenso UN-AMR EuGRZ **1982** 342 (Hertzberg).

274 EKMR bei *Bleckmann* EuGRZ **1981** 122; zu den einschlägigen Entscheidungen der EKMR *Frowein/Peukert* 32; vgl. *Kriele* NJW **1994** 1897 ff (Schutz der persönlichen Ehre kommt zu kurz).

275 Vgl. *Giegerich* RabelsZ **1999** 471, 498.

276 EGMR 8.7.1986 Lingens/Ö (EuGRZ **1986** 424); 23.5.1991 Oberschlick/Ö (EuGRZ **1991** 216); 28.8.1992 Schwabe/Ö (ÖJZ **1993** 67); EKMR ÖJZ **1990** 124; *Frowein/Peukert* 32; *Nowak* 40, vgl. Rdn. 21e.

277 Vgl. EGMR 21.1.1999 Fressoz, Roire/F (EuGRZ **1999** 5: Veröffentlichung der Steuererklärung eines Generaldirektors).

278 *Prebeluh* ZaöRV **61** (2001) 771, 796 ff.

279 EGMR 23.5.1991 Oberschlick/Ö (EuGRZ **1991** 216).

280 EGMR 1.7.1996 Oberschlick/Ö (ÖJZ **1997** 956) nahm das an, dazu *Prebeluh* ZaöRV **61** (2001) 771, 797, unter Hinweis auf EGMR 28.9.2000 Lopes Gomes da Silva/ Port., wo eine ähnlich herabwürdigende Kritik eines Politikers als zulässig angesehen wurde. Auch die Bezeichnung als „Kellernazi" in Verbindung mit dem Vorwurf einer ungenügenden Abgrenzung von der extremen Rechten wurde als zulässig angesehen, EGMR 13.11.2003 Scharsach, News Verlagsgesellschaft/Ö (ÖJZ **2004** 512).

281 *Frowein/Peukert* 32; vgl. *Prebeluh* ZaöRV **61** (2001) 771; 795, wobei den Staaten wegen der Bedeutung der Presseberichterstattung in der demokratischen Gesellschaft bei der erforderlichen Abwägung kaum ein eigener Beurteilungsspielraum eingeräumt wird.

Kritik weitgehend offen stehen, kommt den Pflichten und Verantwortlichkeiten der Journalisten erhöhte Bedeutung zu[282], da sie hier auch nach der Funktion des Betroffenen unterscheiden müssen. Dies kann vor allem eine Rolle spielen bei nachgeordneten Beamten und Verwaltungsangehörigen, die sich zwar hinsichtlich ihrer Amtsführung im weiteren Maße als im Privatleben der Kritik stellen müssen, die aber im Interesse ihrer Amtsführung auch insoweit einen Anspruch auf Schutz vor beleidigenden verbalen Attacken genießen[283]. Auch bei der Medienberichterstattung über eine Angelegenheit von öffentlichem Interesse wurde es in dessen Abwägung mit den legitimen privaten Interessen des Betroffenen als nach Art. 10 Abs. 2 MRK gerechtfertigt angesehen, daß die Gerichte ein Nachrichtenmagazin zur Zahlung einer Entschädigung an einen Beamten verurteilten, den es unter Hinweis auf ein eingeleitetes Strafverfahren mit vollem Namen nannte, was ihn einer die Unschuldsvermutung mißachtenden Medienjustiz auslieferte, ohne daß das öffentliche Interesse an der Berichterstattung die Nennung des vollen Namens erfordert hätte[284]. Als nicht unverhältnismäßig hat der EGMR die anwaltsgerichtliche Verwarnung eines Anwalts wegen der Verunglimpfung des guten Rufes der ortsansässigen Richter, Staatsanwälte und Rechtsanwälte in einem Kostenfestsetzungsverfahren angesehen[285].

28a Soweit der **Staat selbst und seine Einrichtungen** wie Verwaltungsstellen, Polizei usw. als solche Gegenstand einer öffentlichen Kritik, vor allem in der Presse, sind, hat die Erörterung der kritisierten Vorgänge in der Öffentlichkeit wegen ihrer Bedeutung für das Funktionieren einer demokratischen Kontrolle besonderes Gewicht. Hier werden für ein staatliches Vorgehen gegen eine solche Kritik noch viel engere Grenzen gezogen als bei den im öffentlichen Leben stehenden Personen[286].

29 Die **Achtung der Rechte anderer** entspricht als grundsätzliche Grenze der Meinungs- und der Informationsbeschaffungsfreiheit den besonderen Pflichten und der besonderen Verantwortung, die für die Ausübung dieser Konventionsrechte auch **privaten Dritten** gegenüber zu beachten ist. **Andere** können sowohl Einzelpersonen als auch bestimmte, in irgend einer Hinsicht übereinstimmende Personengruppen sein. Entgegenstehende Rechte anderer können in vielfältiger Form bestehen. Sie umfassen die auch vom Schutz des guten Rufes gerechtfertigte Strafbarkeit der üblen Nachrede[287] und der Beleidigung anderer[288] den Persönlichkeitsschutz, den Urheberschutz oder die gewerbliche oder geschäftliche Betätigung[289] sowie das Eigentumsrecht Dritter, das auch der künstlerischen Betätigung an fremden Gegenständen Schranken setzt[290]. Sie schließen den Schutz

---

[282] EGRM 23.9.1994 Jersild/Dän (ÖJZ **1995** 227); Prager & Oberschlick/Ö (ÖJZ **1995** 674); 26.2.2002 Unabhängige Initiative Informationsvielfalt/Ö (ÖJZ **2002** 468).

[283] EGMR 21.1.1999 Janowski/Polen (ÖJZ **1999** 735): *Prebeluh* ZaöRV **61** (2001) 771, 798.

[284] EGMR 14.11.2002 „Wirtschafts-Trend" Zeitschriften-Verlagsgesellschaft mbH/Ö (ÖJZ **2003** 155).

[285] EGMR 14.9.1998 Wingerter/D (EuGRZ **2002** 330: offensichtlich unbegründet und daher unzulässig).

[286] Vgl. etwa EGMR 23.4.1992 Castells/Span (ÖJZ **1992** 893); 25.6.1992 Thorgeir Thorgeirson/Isl (ÖJZ **1992** 810); 8.7.1999 Baskaya,Okcuoglu/Türk (NJW **2001** 1995), *Prebeluh* ZaöRV **61** (2001) 771 799 mit weit. Nachw.

[287] Der EGMR unterscheidet ebenfalls, ob eine Tatsachenbehauptung oder ein Werturteil vorliegt, wobei aber auch bei Werturteilen eine ausreichende Tatsachengrundlage verlangt wird, EGMR 24.2.1997 De Haes & Gijsels/Belg (ÖJZ **1997** 912); 1.7.1997 Oberschlick/D (NJW **1999** 1321); 27.2.2001 Jerusalem/Ö (ÖJZ **2001** 693); 20.3.2003 Krone Verlag GMBH & Co KG u.a./Ö (ÖJZ **2003** 812). Vgl. aber auch EGMR 18.7.1986 Lingens/Ö (EuGRZ **1986** 424: Wahrheitsbeweis für allgemein herabsetzende Würdigung des Verhaltens eines Politikers unverhältnismäßig); *Meyer-Ladewig* 28.

[288] Vgl. Rdn. 28.

[289] Etwa. EGMR 25.3.1985 Barthold/D (EuGRZ **1985** 170); 2.5.2000 Bergens Tidende/Norw (ÖJZ **2001** 110); *Preslmayr* EuGRZ **1985** 221; vgl. *Prepeluh* ZaöRV **61** (2001) 771, 801: Eingriffe in die geschäftliche Betätigung werden unter dem Aspekt der Konsumenten oder Konkurrenten und nicht als Eingriffe in die Privatsphäre gesehen.

[290] EKMR EuGRZ **1984** 259 (Sprayer von Zürch).

der religiösen Überzeugung anderer vor blasphemischer Herabwürdigung[291] oder vor Beunruhigung durch rassistische oder herabwürdigende Äußerungen[292] mit ein. Zum Schutz der Rechte Dritter gehört vor allem auch deren Recht auf hinreichenden Schutz ihrer **persönlichen Daten** und ihres **Privatbereiches**[293]: Zu diesem Zweck ist der Staat berechtigt, unter Umständen zur Erfüllung seiner Schutzpflicht aus Art. 8 MRK, Art. 17 Abs. 2, 20 IPBPR aber auch verpflichtet, der Informationserlangung und -verbreitung Schranken zu setzen[294]. Dies rechtfertigt beispielsweise Einschränkungen der Presseberichterstattung über Angelegenheiten aus dem Privatbereich anderer, für deren Erörterung kein schützenswertes öffentliches Interesse besteht oder den Ausschluß der Öffentlichkeit bei bestimmten gerichtlichen Verfahren (vgl. § 170 ff GVG). Dem nationalen Gesetzgeber obliegt es, kollidierende Rechte in einer der Bedeutung der Informations- und Meinungsfreiheit einerseits und dem Schutzbedürfnis des betroffenen Dritten andererseits Rechnung tragenden Abwägung zu einer Konkordanz zu bringen, wobei ihm hier ein größerer, der Nachprüfung des EGMR aber nicht entzogener Beurteilungsspielraum für die Regelungen vorbehalten ist[295].

Nach Art. 10 MRK (Art. 20 IPBPR)

Hinweis auf MRK

In der MRK fehlt eine ausdrückliche Verbotspflicht entsprechend dem Art. 20 IPBPR.

Die dort geforderten Verbote können aber auf Grund des Art. 10 Abs. 2 MRK erlassen werden.

IPBPR

Artikel 20

(1) Jede Kriegspropaganda wird durch Gesetz verboten.

(2) Jedes Eintreten für nationalen, rassischen oder religiösen Haß, durch das zu Diskriminierung, Feindseligkeit oder Gewalt aufgestachelt wird, wird durch Gesetz verboten.

Übersicht

1. Allgemeines

a) Bedeutung. Art. 20 IPBPR, der in der MRK keine Entsprechung findet, normiert im Gegensatz zu den anderen Konventionsgewährleistungen kein subjektives Recht des einzelnen, sondern eine für alle Konventionsgarantien, insbesondere aber für die Freiheit der Meinungsäußerung (Art. 19 IPBPR) geltende **obligatorische Schranke**[1]. Er begrün- 1

[291] Vgl. EGMR 25.11.1997 Wingrove/GB (ÖJZ **1997** 714: blasphemisches Video).

[292] EGMR 24.6.2003 Garaudy/F (NJW **2004** 3691: Infragestellung des Holocaust); vgl. auch UN-AMR Faurisson/F (EuGRZ **1998** 271: Das Infragestellen von Judenmord und Gaskammern verletze die jüdische Gemeinde und damit Rechte anderer, Verbot durch Art. 19 Abs. 3 Buchst. a IPBPR gerechtfertigt).

[293] Vgl. etwa EGMR 24.6.2004 Caroline v. Hannover/D (NJW **2004** 2647); *Frowein/Peukert* 33; *Nowak* 42; ferner Art. 8 MRK Rdn. 6.

[294] Vgl. EGMR 24.6.2004 Garaudy/F (NJW **2004** 3693); Rdn. 23a; 28.

[295] Vgl. etwa EGMR 22.2.1989 Barfod/Dän (ÖJZ **1989** 695); 22.5.1990 Weber/CH (NJW **1991** 623); *Giegerich* RabelsZ **1999** 471, 493 ff, 503; *Prepeluh* ZaöRV **61** (2001) 771, 800; *Nowak* 41.

[1] Zur Entstehungsgeschichte im Rahmen der Beratungen des Art. 19 IPBPR *Blumenwitz* FS Ermacora 67, 68 ff; *Nowak* 3 ff.

det eine **Handlungspflicht der Mitgliedstaaten**. Während sonst die Konventionen nur dazu ermächtigen, die gewährleisteten Rechte und Freiheiten, vor allem die Freiheit der Meinungsäußerung, die Religionsfreiheit sowie die Versammlungs- und Vereinigungsfreiheit erforderlichenfalls aus bestimmten Gründen durch Gesetz zu beschränken, ohne in der Regel sonst eine Pflicht zum Tätigwerden zu begründen, verpflichtet Art. 20 IPBPR die Mitgliedstaaten ausdrücklich zu Verboten. Die Verpflichtung, durch Gesetz die Kriegspropaganda und die Aufstachelung zur Diskriminierung, Feindseligkeit und Gewalt aus nationalem, rassischem oder religiösem Haß zu verbieten, konkretisiert die allgemeiner gehaltenen (zweckgebundenen) Eingriffsvorbehalte bei den anderen Garantien des IPBPR und ergänzt sie durch eine **Regelungspflicht für** die genannten Spezialfälle. An sich könnten die von Art. 20 IPBPR geforderten Verbote auch mit den als Eingriffsgründe anerkannten Zwecken der nationalen Sicherheit (Verbot der Kriegspropaganda) oder der öffentlichen Ordnung (Verbot der Verhetzung) gerechtfertigt werden[2]. Deshalb ergeben sich bei der **MRK**, in der eine dem Art. 20 IPBPR entsprechende Verpflichtung fehlt, keine Schwierigkeiten, die von Art. 20 IPBPR geforderten Verbote mit den Eingriffsvorbehalten der jeweiligen Garantien zu rechtfertigen, insbesondere mit Art. 10 Abs. 2 MRK. Das Verbot zweckwidriger Einschränkungen in Art.18 MRK steht solchen Regelungen nicht entgegen. Voraussetzung ist allerdings, daß sich auch die Verbote des Art.20 IPBPR in den für alle Eingriffe festgelegten allgemeinen Grenzen wie **Verhältnismäßigkeit, Demokratieüblichkeit** usw. halten müssen[3]. Art. 17 MRK schließt andererseits die mißbräuchliche Verwendung der Garantien der MRK zur Friedensstörung und Rassenhetze ausdrücklich aus[4]. Für die Verfahrensrechte, die die MRK jedermann einäumt, gilt dies nicht[5]. Ob gleiches auch für das Verfahren vor dem UN-Auschuß für Menschenrechte nach dem FP-IPBPR[6] gilt, ist strittig[7].

2 **b) Andere völkerrechtliche Verpflichtungen** gehen über Art. 20 IPBPR hinaus, so das **Übereinkommen zur Beseitigung jeder Form von Rassendiskriminierung** vom 7. 3. 1966[8]. Vor allem in dessen Art. 4 Buchst. a verpflichten sich die Staaten grundsätzlich, jede Verbreitung von Ideen, die sich auf die Überlegenheit einer Rasse oder den Rassenhaß gründen, jedes Aufreizen zur Rassendiskriminierung und jede Gewalttätigkeit gegen eine Rasse oder Personengruppe anderer Hautfarbe oder Volkszugehörigkeit oder jede Aufreizung dazu sowie jede Unterstützung rassenkämpferischer Betätigung zu einer nach dem Gesetz strafbaren Handlung zu erklären. Diese Verpflichtung wird u. a. durch Art. 4 Buchst. b dieses Abkommens ergänzt, der den Staaten auferlegt, alle Organisationen und alle organisierten oder sonstigen Propagandatätigkeiten, welche die Rassendiskriminierung fördern oder dazu aufreizen, als gesetzwidrig zu erklären und zu verbieten und die Beteiligung an derartigen Organisationen oder Tätigkeiten als eine nach dem Gesetz strafbare Handlung anzuerkennen. Art. 4 des Abkommens hebt ausdrücklich hervor, daß die Staaten bei der Erfüllung dieser Verpflichtungen die in der Allgemeinen Erklärung der Menschenrechte sowie die in Art. 5 dieses Abkommens nochmals besonders herausgestellten Bürgerrechte, wie vor allem das Recht auf **Meinungsfreiheit** und freie **Meinungsäußerung** und die **Religionsfreiheit** gebührend berücksichtigen müssen. Die Verpflichtungen bestehen also auch hier nicht absolut, sondern nur in dem Umfang, der sich nach **Abwägung** mit der Bedeutung der Menschenrechte ergibt, in die die geforderten Verbote eingreifen. Es ist den Mitgliedstaaten also auch hier überlassen, die kolli-

---

[2] Vgl. *Nowak* 18, 19.

[3] *Nowak* 19; vgl. Rdn. 5, 6.

[4] Vgl. EKMR bei *Frowein/Peukert* Art. 17 Rdn. 2 bis 4.

[5] Vgl. Art. 17 MRK Rdn. 4.

[6] Vgl. Anhang Rdn. 86 ff.

[7] Vgl. Rdn. 7.

[8] BGBl. II 1969 S. 962.

dierenden Pflichten des Menschenrechtsschutzes zu einer praktischen Konkordanz zu bringen.

c) Innerstaatliches Recht. Die Unzulässigkeit jeder Ungleichbehandlung aufgrund der Abstammung, Rasse, Sprache, Heimat oder Herkunft, des Glaubens oder religiöser oder politischer Anschauungen folgt bereits aus Art. 3 Abs. 3 GG. Dem Verbot des Art. 20 Abs. 1 IPBPR entspricht das Verbot des Art. 26 GG, der Handlungen, die geeignet sind, das friedliche Zusammenleben der Völker zu stören, für verfassungswidrig erklärt und – über Art. 20 IPBPR hinaus – auch verlangt, daß sie unter Strafe gestellt werden (vgl. §§ 80, 80a StGB). Die Strafbarkeit der Volksverhetzung, Aufstachelung zum Rassenhaß oder die den öffentlichen Frieden gefährdende Beschimpfung religiöser Bekenntnisse nach Maßgabe der §§ 130, 131, 166 StGB trägt Forderungen des Art. 20 Abs. 2 IPBPR Rechnung. **3**

2. Grundzüge der Regelung

a) Die **Verpflichtung, Kriegspropaganda durch Gesetz zu verbieten** (Absatz 1), soll nach der Entstehungsgeschichte nicht jede Meinungsäußerung über den Krieg erfassen, sondern nur eine **propagandistische**[9], d. h. vorsätzlich auf die Beeinflussung anderer Menschen abzielende Tätigkeit, mit der für einen völkerrechtlich unzulässigen Friedensbruch geworben wird. Unter **Krieg** ist hier nur ein mit der Charta der Vereinten Nationen und den sonstigen völkerrechtlichen Verpflichtungen der Staaten unvereinbarer Friedensbruch durch Akte einer bewaffneten Aggression zu verstehen; völkerrechtlich zulässige Kriegshandlungen, wie Maßnahmen zur Selbstverteidigung in Übereinstimmung mit der Charta der Vereinten Nationen, fallen nicht hierunter[10]. **4**

b) Das von Absatz 2 geforderte **Verbot der Verhetzung** soll in Ergänzung der anderen Diskriminierungsverbote der Art. 2 Abs. 1, 3, Art. 26 IPBPR die ausdrückliche Aufhetzung zur Diskriminierung, Feindseligkeit oder Gewalt unterbinden, sofern diese durch ein Eintreten für nationalen, rassischen oder religiösen Haß bestimmt wird[11]. Die Entstehungsgeschichte dürfte dafür sprechen, daß diese Pflicht nur **ins Gewicht fallende Verstöße** erfassen soll; vor allem die den inneren und äußeren Frieden gefährdende öffentliche Hetze gegen Angehörige einer anderen Nationalität, einer anderen Rasse oder einer anderen Religion soll dadurch unterbunden werden[12]. Zum gleichen Ergebnis führt eine Auslegung, die sich an der detaillierteren Regelung im Übereinkommen zur Beseitigung jeder Form von Rassendiskriminierung orientiert; dort wird ebenfalls die Wahrung des **Grundsatzes der Verhältnismäßigkeit** für die in Freiheitsrechte eingreifenden Verbote gefordert. Meinungsäußerungen im privaten Kreis, die nicht zu Gewalt aufstacheln, müssen nicht verboten werden[13]. Eine Verurteilung auf Grund eines französischen Sondergesetzes („Gayssot-Gesetz") wegen einer öffentlichen Äußerung, in der der Völkermord an den Juden und die Existenz der Gaskammern bezweifelt wurde, hat der UN-AMR nicht unter dem Blickwinkel der Aufhetzung zum Rassenhaß nach Art. 20 Abs. 2 IPBPR behandelt; er hat sie als zum Schutze der Rechte anderer (jüdische Gemeinde) als nach Art. 19 Abs. 3a IPBPR gerechtfertigt angesehen[13a]. **5**

c) Art. 20 IPBPR **verpflichtet jeden Mitgliedstaat** zum Erlaß entsprechender **allgemeiner gesetzlicher Verbote**, also nicht nur zu solchen, die für die Staatsorgane gelten. Bei **6**

---

9 Zum nicht definierten Propagandabegriff vgl. *Nowak* 11.

10 UN-AMR Allgem. Bemerkung 11/19 (*Nowak* S. 884); *Hofmann* S. 47; *Nowak* 12.

11 Zu den Unklarheiten dieser Bestimmung vgl. *Nowak* 14.

12 *Nowak* 15.

13 *Nowak* 15.

13a UN-AMR Faurisson/F (EuGRZ **1998** 271; vgl. Art. 10 Rdn. 29.

den unscharfen Konturen der Konventionsverpflichtungen und der Erforderlichkeit, diese mit den gleichfalls garantierten Freiheitsrechten zu einer praktischen Konkordanz zu bringen, dürfte den Staaten ein gewisser Regelungsspielraum zustehen, auch deshalb, weil sie eine mit dem sonstigen innerstaatlichen Recht übereinstimmende (systemkonforme) Lösung finden müssen. Eine unbedingte Pflicht, alle verbotenen Handlungen auch mit Strafe zu bedrohen, folgt aus Art. 20 IPBPR nicht[14], wohl aber die Verpflichtung, durch angemessene Sanktionen oder sonstige staatliche Reaktionen für die Effektivität der Verbote zu sorgen. Die strittige Frage ist in den Staaten, die dem Übereinkommen zur Beseitigung jeder Form von Rassendiskriminierung beigetreten sind, wegen der aus dessen Art. 4 folgenden Verpflichtung zum Erlaß von Strafvorschriften[15] nur für die Fälle von Bedeutung, die nicht in den Schutzbereich dieses Abkommens fallen.

7 Art. 20 IPBPR begründet eine **Handlungspflicht der Mitgliedstaaten**. Während sonst die Konventionen nur dazu ermächtigen, die gewährleisteten Rechte und Freiheiten, vor allem die Freiheit der Meinungsäußerung, die Religionsfreiheit sowie die Versammlungs- und Vereinigungsfreiheit erforderlichenfalls aus den dort aufgeführten Gründen durch Gesetz einzuschränken, ohne in der Regel eine Pflicht zum Tätigwerden zu begründen, verpflichtet Art. 20 IPBPR die Mitgliedstaaten ausdrücklich zu Verboten[16]. Die Verpflichtung, durch Gesetz die Kriegspropaganda und die Aufstachelung zur Diskriminierung, Feindseligkeit und Gewalt aus nationalem, rassischem oder religiösem Haß zu verbieten[17], konkretisiert die allgemeiner gehaltenen (zweckgebundenen) Eingriffsvorbehalte bei den anderen Garantien des IPBPR und ergänzt sie durch eine **Regelungspflicht** für die genannten Spezialfälle. An sich könnten die von Art. 20 IPBPR geforderten Verbote auch mit den als Eingriffsgründe anerkannten Zwecken der nationalen Sicherheit (Verbot der Kriegspropaganda) oder der öffentlichen Ordnung (Verbot der Verhetzung) gerechtfertigt werden[18]. Deshalb ergeben sich bei der **MRK**, in der eine dem Art. 20 IPBPR entsprechende Verpflichtung fehlt, trotz Art. 18 MRK keine Schwierigkeiten für die Rechtfertigung der von Art. 20 IPBPR geforderten Verbote mit den Eingriffsvorbehalten der jeweiligen Garantien. Voraussetzung ist, daß man davon ausgeht, daß sich auch diese Verbote in den für alle Eingriffe festgelegten allgemeinen Grenzen wie Verhältnismäßigkeit, Demokratieüblichkeit usw. halten müssen[19]. Art. 17 MRK schließt außerdem die mißbräuchliche Verwendung der Garantien zur Friedensstörung und Rassenhetze aus[20]. Auf die strittige Frage, ob der Verstoß gegen Art. 20 IPBPR die Zurückweisung einer Beschwerde nach dem FP-IPBPR ohne Sachprüfung als unzulässig („unvereinbar mit IPBPR ratione materiae") rechtfertigt[21], soll hier nur hingewiesen werden. Für das Verfahren vor der EKMR hat sie keine unmittelbare Bedeutung. Die Mißbrauchsklausel des Art. 17 MRK schließt Verfahrensrechte nicht aus[22].

---

[14] *Nowak* 13, 15; strittig.

[15] Vgl. Rdn. 2.

[16] Zur Entstehungsgeschichte *Nowak* 3 ff.

[17] Vgl. etwa UN-AMR EuGRZ **1983** 409 (Ausschluß vom Telefondienst wegen unzulässiger Rassendiskriminierung auf Grund eines kanadischen Gesetzes berechtigt).

[18] Vgl. *Nowak* 18, 19.

[19] *Nowak* 19; vgl. Rdn. 5, 6.

[20] Vgl. EKMR bei *Frowein/Peukert* Art. 17 Rdn. 2 bis 4.

[21] So UN-AMR EuGRZ **1983** 409; dagegen *Nowak* 17 ff.

[22] Vgl. Art. 17 MRK Rdn. 4.

Art. 11 MRK (Art. 21, 22 IPBPR)

MRK

Artikel 11 Versammlungs- und Vereinigungsfreiheit*

(1) Jede Person hat das Recht, sich frei und friedlich mit anderen zu versammeln und sich frei mit anderen zusammenzuschließen, dazu gehört auch das Recht, zum Schutze seiner Interessen Gewerkschaften zu gründen und Gewerkschaften beizutreten.

(2) Die Ausübung dieser Rechte darf nur Einschränkungen unterworfen werden, die gesetzlich vorgesehen und in einer demokratischen Gesellschaft notwendig sind für die nationale und öffentliche Sicherheit, zur Aufrechterhaltung der Ordnung oder zur Verhütung von Straftaten, zum Schutze der Gesundheit oder der Moral oder zum Schutz der Rechte und Freiheiten anderer. Dieser Artikel steht rechtmäßigen Einschränkungen der Ausübung dieser Rechte für Angehörige der Streitkräfte, der Polizei oder der Staatsverwaltung nicht entgegen.

Dazu:

Artikel 16*

Die Artikel 10, 11 und 14 sind nicht so auszulegen, als untersagten sie den Hohen Vertragsparteien, die politische Tätigkeit ausländischer Personen zu beschränken.

Artikel 17*

Die Konvention ist nicht so auszulegen, als begründe sie für einen Staat, eine Gruppe oder eine Person das Recht, eine Tätigkeit auszuüben oder eine Handlung vorzunehmen, die darauf abzielt, die in der Konvention festgelegten Rechte und Freiheiten abzuschaffen oder sie stärker einzuschränken, als es in der Konvention vorgesehen ist.

* Neue deutschsprachige Übersetzung in der Fassung der Bek. vom 17.5.2002 (BGBl. II S. 1054).

IPBPR

Artikel 21

Das Recht, sich friedlich zu versammeln, wird anerkannt. Die Ausübung dieses Rechts darf keinen anderen als den gesetzlich vorgesehenen Einschränkungen unterworfen werden, die in einer demokratischen Gesellschaft im Interesse der nationalen oder der öffentlichen Sicherheit, der öffentlichen Ordnung (ordre public), zum Schutz der Volksgesundheit, der öffentlichen Sittlichkeit oder zum Schutz der Rechte und Freiheiten anderer notwendig sind.

Artikel 22

(1) Jedermann hat das Recht, sich frei mit anderen zusammenzuschließen sowie zum Schutz seiner Interessen Gewerkschaften zu bilden und ihnen beizutreten.

(2) Die Ausübung dieses Rechts darf keinen anderen als den gesetzlich vorgesehenen Einschränkungen unterworfen werden, die in einer demokratischen Gesellschaft im Interesse der nationalen oder der öffentlichen Sicherheit, der öffentlichen Ordnung (ordre public), zum Schutz der Volksgesundheit, der öffentlichen Sittlichkeit oder zum Schutz der Rechte und Freiheiten anderer notwendig sind. Dieser Artikel steht gesetzlichen Einschränkungen der Ausübung dieses Rechts für Angehörige der Streitkräfte oder der Polizei nicht entgegen.

(3) Keine Bestimmung dieses Artikels ermächtigt die Vertragsstaaten des Übereinkommens der Internationalen Arbeitsorganisation von 1948 über die Vereinigungsfreiheit und den Schutz des Vereinigungsrechts, gesetzgeberische Maßnahmen zu treffen oder Gesetze so anzuwenden, daß die Garantien des oben genannten Übereinkommens beeinträchtigt werden.

Vgl. Art. 1 Nr. 4 des Ratifizierungsgesetzes vom 15.11.1973 (bei Art. 10 MRK).

Schrifttum (Auswahl): *Breitbach* Das Versammlungsverbot innerhalb von Bannmeilen um Parlamente und seine Ausnahmeregelungen, NVwZ **1988** 584; *Breitbach* Versammlungsfreiheit und Zensurverbot, NJW **1988** 8; *Fahlbeck* Gewerkschaftsfreiheit und Diskriminierungsverbot im Fall schwedischer Lokomotivführerverband und im Fall Schmidt und Dahlström, EuGRZ **1976** 471; *Höllein* Das Verbot rechtsextremistischer Veranstaltungen, NVwZ **1994** 635; *Jäggi* Die Koalitionsfreiheit gemäß Art 11 EMRK, JIR **19** (1976) 238; *Klein* Parteiverbotsverfahren vor dem Europäischen Gerichtshof für Menschenrechte, ZRP **2001** 397; *Mann/Ripke* Überlegungen zur Existenz und Reichweite eines Gemeinschaftsgrundrechts der Versammlungsfreiheit, EuGRZ **2004** 125; *Marauhn* Die wirtschaftliche Vereinigungsfreiheit zwischen menschenrechtlicher Gewährleistung und privatrechtlicher Ausgestaltung. Zur Bedeutung von Art. 11 EMRK für das kollektive Arbeitsrecht und das Gesellschaftsrecht, RabelsZ **1999** 537.

Übersicht

1 **1. Allgemeines.** Art. 20 der **Allgemeinen Erklärung der Menschenrechte** vom 10. 12. 1948 legt fest, daß jedermann das Recht auf Versammlungs- und Vereinsfreiheit für friedliche Zwecke hat und daß niemand gezwungen werden darf, einer Vereinigung anzugehören. **Art. 11 MRK** übernimmt diese Rechte. Neben dem **Recht auf friedliche Versammlung** gewährleistet er das Recht, sich **frei mit anderen zusammenzuschließen**[1] und verdeutlicht es dahin, daß diese Vereinigungsfreiheit das Recht einschließt, Gewerkschaften zu bilden und ihnen beizutreten. Mit gleichen Worten gewährleistet **Art. 22 Abs. 1 IPBPR** die Vereinigungsfreiheit, während das Recht, sich friedlich zu versammeln, getrennt in **Art. 21 Abs. 1 IPBPR** garantiert wird.

2 **Art. 16 MRK** schränkt die Garantien dahin ein, daß die Vertragsparteien dadurch nicht gehindert werden, der **politischen Tätigkeit von Ausländern** (weitergehende) Beschränkungen aufzuerlegen[2]. Aufgrund des Vorbehaltes der Bundesrepublik[3] gilt diese Einschränkung auch bei den Art. 21, 22 IPBPR.

3 **Art. 22 Abs. 3 IPBPR** hebt außerdem hervor, daß dieser Artikel die Vertragsstaaten des **Übereinkommens (Nr. 87) der Internationalen Arbeitsorganisation über die Vereinigungsfreiheit und den Schutz des Vereinigungsrechtes** von 1948[4] nicht zu Maßnahmen ermächtigt, die die Garantien dieses Übereinkommens beeinträchtigen. Der Absatz ist an sich überflüssig, da sich bereits aus Art. 5 Abs. 2 IPBPR ergibt, daß weitergehende Gewährleistungen unberührt bleiben[5]; für die MRK folgt dies aus Art. 53 MRK. Für die Auslegung der Tragweite der gewährleisteten Koalitionsfreiheit kann jedoch die ausdrückliche Verknüpfung mit dem ILO Abkommen Bedeutung haben[6].

4 **Andere Konventionen** enthalten vergleichbare Verpflichtungen. So verpflichtet Art. 8 des **IPWSKR**[7] die Staaten, das Recht des einzelnen zur Gründung und zum Beitritt zu Gewerkschaften und die freie Betätigung der Gewerkschaften zu gewährleisten. Dies erkennt auch die **Europäische Sozialcharta** vom 18. 10. 1961[8] als von allen Staaten zu verfolgendes Ziel nach Teil I Nr. 5 und als eine nach Maßgabe des Teils III zu übernehmende Verpflichtung in Teil II Art. 5 an. Art. 5 des **Internationalen Übereinkommens zur Beseitigung von jeder Form der Rassendiskriminierung**[9] verpflichtet die Staaten zur Unterlassung jeder Diskriminierung; als Anwendungsfälle des Verbots werden u.a. das Recht, sich friedlich zu versammeln und friedliche Vereinigungen zu bilden und das Recht, Gewerkschaften zu bilden und ihnen beizutreten (Art. 5 Buchst. d, ix, Buchst. e, ii) besonders aufgeführt. Für das **Europäische Gemeinschaftsrecht** hat der EuGH die in den Art. 10

---

[1] Zum Verständnis als klassisch liberales Freiheitsrecht etwa *Mann/Ripke* EuGRZ **2004** 125, 128 mit weit. Nachw. auch zur Gegenmeinung.

[2] Für Unionsbürger gilt diese Einschränkung nicht, vgl. Art. 16 Rdn. 3; *Frowein/Peukert* Art. 16, 1.

[3] Vgl. Art. 1 Nr. 1 des Gesetzes vom 15.11.1973 (BGBl. II S. 1533).

[4] BGBl. II 1956 S. 2073.

[5] Vgl. *Nowak* Art. 22, 34.

[6] Vgl. EKMR Cheall/GB (NJW **1986** 1412); *Nowak* 35; 36; aber auch *Frowein/Peukert* 14.

[7] BGBl. II 1973 S. 1570.

[8] BGBl. II 1964 S. 1262.

[9] BGBl. II 1969 S. 962.

und 11 MRK gewährleisteten Rechte zumindest konkludent als verbindlich anerkannt; sie sind bei der Auslegung des Grundsatzes des freien Warenverkehrs mitzuberücksichtigen[10]. Die derzeit rechtlich noch nicht bindende **Grundrechte-Charta der Europäischen Union**[11] bestätigt für den Anwendungsbereich des Gemeinschaftsrechts[12] in Art. 12 Abs. 1 ebenfalls das Recht auf Versammlungs- und Vereinigungsfreiheit einschließlich des Rechts, Gewerkschaften zu bilden und ihnen beizutreten; Art. 12 Abs. 2 hebt die Bedeutung der politischen Parteien für die Willensbildung auf der Ebene der Union hervor. Art. 52 Abs. 3 dieser Charta legt fest, daß die in ihr garantierten Rechte, soweit sie Rechten der Europäischen Menschenrechtskonvention entsprechen, die gleiche Tragweite und Bedeutung wie diese haben.

2. Die **Versammlungsfreiheit,** die notwendig die Meinungsfreiheit mit einschließt[13], 5
wird mit der Einschränkungsmöglichkeit für die politische Tätigkeit ausländischer Personen durch Art. 16 MRK[14] **jedermann** für friedliche Versammlungen garantiert; dies schließt auch den Zugang zu einer sich bildenden Versammlung und alle Maßnahmen zu deren Vorbereitung sowie deren Leitung mit ein[15]. **Versammlung** wird weit verstanden als jedes gewollte Zusammenkommen mehrerer Menschen zu dem Zweck einer gemeinsamen Erörterung von Fragen, zu einer kollektiven Meinungsbildung oder auch nur zur gemeinsamen Kundgabe von Meinungen, ganz gleich, ob dies in privaten Räumen oder in der Öffentlichkeit geschieht[16]. Nicht notwendig ist, daß alle dort die gleiche Meinung vertreten wollen; auch wer eine gegenteilige Ansicht als die Veranstalter vertritt, genießt den Schutz der Versammlungsfreiheit[17]. Diese erfaßt auch Umzüge und Demonstrationen sowie andere kollektive Formen, mit denen eine Mehrzahl von Menschen gemeinsam in der Öffentlichkeit eine bestimmte Überzeugung kundtun will[18], wie etwa Lichterketten oder sonstige Maßnahmen, die allgemeine Aufmerksamkeit auslösen wollen[19]. Auch Spontanversammlungen unterfallen dem Schutz[20]. Ein Zusammenkommen von Menschen aus einem rein gesellschaftlichen Anlaß oder ein zufälliges Zusammentreffen mehrerer Personen ist an sich noch keine Versammlung[21], daraus kann sich aber eine gewollte Versammlung im Sinne des Art. 11 MRK entwickeln. **Friedlich** bezieht sich auf die Art und Weise der Durchführung einer Versammlung[22]. Eine Versammlung ist nicht friedlich, wenn bestimmte Ziele gewaltsam durchgesetzt werden sollen[23]. Eine Sitzblockade, bei der sich die Teilnehmer rein passiv verhielten, wurde als friedlich ange-

---

[10] EuGH Schmidtberger/Ö (EuGRZ **2003** 492); dazu *Mann/Ripke* EuGRZ **2004** 125.

[11] Text EuGRZ **2000** 554; vgl. Einf. Rdn. 47.

[12] Vgl. die Erläuterung zu Art. 52 Nr. 2 der Europäischen Grundrechte-Charta EuGRZ **2000** 569.

[13] EKMR EuGRZ **1980** 36, vgl. *Grabenwarter* § 23 Rdn. 44: lex spezialis gegenüber Art. 10 MRK.

[14] Vgl. oben Rdn. 2.

[15] *Frowein/Peukert* 5, vgl. BVerfGE **69** 315, 349; **84** 203, 209.

[16] Etwa EGMR 21. 6. 1988 Plattform „Ärzte für das Leben"/Ö (EuGRZ **1989** 522); *Frowein/Peukert* 2. *Grabenwarter* § 23 Rdn. 44 (Kollektivität der Äußerung); *Mann/Ripke* EuGRZ **2004** 125, 127 (mindestens 2 Personen, strittig ob mindestens 3 Teilnehmer nötig); vgl. östr. VfGH EuGRZ **1989** 528; **1990** 550.

[17] Vgl. etwa BVerfGE **84** 203, 209.

[18] Etwa EGMR 21. 6. 1988 Plattform „Ärzte für das Leben"/Ö (EuGRZ **1989** 522); EKMR EuGRZ **1980** 36; **1981** 217; *Frowein/Peukert* 2; *Villiger* HdB 611; *Nowak* 6; *Mann/Ripke* (EuGRZ **2004** 125, 128) halten die Begrenzung des Schutzbereiches auf Meinungsbildung und Meinungskundgabe für nicht erforderlich.

[19] Auch sogen. „sit ins" auf öffentlicher Straße, vgl. *Mann/Ripke* EuGRZ **2004** 125, 129 unter Hinweis auf EKMR.

[20] *Mann/Ripke* EuGRZ **2004** 125, 129.

[21] Vgl. BVerfGE **104** 92,104; östr. VfGH EuGRZ **1989** 528; *Frowein/Peukert* 2; *Meyer-Ladewig* 4 (Schutz durch Art. 8 MRK); *Nowak* 6; für die Einbeziehung gesellschaftlicher Zusammenkünfte *Mann/Ripke* EuGRZ **2004** 125, 128; *Villiger* HdB 633.

[22] *Frowein/Peukert* 4; *Mann/Ripke* EuGRZ **2004** 125, 129; *Nowak* 8.

[23] EGMR 2. 10. 2001 Stankow u. a./Maz (HRLJ **2001** 404); *Frowein/Peukert* 4; *Grabenwarter* § 23 Rdn. 47; *Meyer-Ladewig* 5; *Mann/Ripke* EuGRZ **2004** 125, 130.

sehen[24]. Daß die Teilnehmer unbewaffnet sein müssen (vgl. Art. 8 Abs. 1 GG), fordern die Konventionen nicht ausdrücklich, jedoch kann die erkennbare Bewaffnung und Gewaltbereitschaft einer größeren Zahl von Teilnehmern den Charakter einer friedlichen Versammlung aufheben[25]. Das Tragen von Schutzkleidern oder Helmen ist aber noch keine Bewaffnung[26]; ob darin in Verbindung mit anderen Umständen ein Indiz für die Gewaltbereitschaft gesehen werden kann, hängt vom Einzelfall ab. Daß einzelne Teilnehmer am Rande der Demonstration gewalttätig werden, läßt den Charakter einer friedlichen Demonstration für die anderen aber noch nicht entfallen[27], desgleichen nicht die Gefahr einer Gegendemonstration[28]. Eine friedliche Demonstration liegt dagegen nicht vor, wenn die gewaltsame Durchsetzung bestimmter Ziele bereits von Anfang an erkennbar mit eingeplant ist[29]. Wer nur zum Zwecke der Störung und Verhinderung an einer Versammlung teilnehmen will, kann sich nicht auf die Versammlungsfreiheit berufen, wenn staatliche Organe ihn daran hindern[30]. Anders als bei Art. 8 Abs. 1 GG fehlt in den Konventionen eine grundsätzliche Freistellung von der formellen Anmelde- oder Erlaubnispflicht, die Konventionen hindern also nicht daran, im innerstaatlichen Recht eine solche für bestimmte Arten von Versammlungen vorzusehen, sofern in der Sache das Recht, sich auf öffentlicher Straße friedlich zu versammeln, als solches nicht eingeschränkt wird und die Anmelde- oder Erlaubnispflicht nur bezweckt, die Überprüfung des friedlichen Charakters zu erleichtern oder rechtzeitige Vorkehrungen für den störungsfreien Verlauf zu treffen[31]. Dies kann auch deshalb angezeigt sein, weil dem Staat mitunter auch **Schutzpflichten** erwachsen, wenn andernfalls das Recht des einzelnen, sich mit Gleichgesinnten öffentlich zu versammeln und insbesondere zu demonstrieren, nicht verwirklicht werden könnte[32]. Der Konventionsschutz erstreckt sich auf alle, die in irgend einer Form an einer friedlichen Versammlung teilnehmen, sie vorbereiten oder leiten oder sonst zu deren Zustandekommen oder Durchführung beitragen. Dies gilt für Einzelpersonen ebenso wie für Personenvereinigungen und juristische Personen[33]. Auch **Ausländer** können sich darauf berufen, sofern keine nach Art. 16 MRK zulässigen Einschränkungen bestehen. Geschützt wird aber auch das Recht, einer Versammlung fernzubleiben und jede Mitwirkung an deren Zustandekommen abzulehnen[34].

3. Vereinigungsfreiheit

6 **a)** Die **allgemeine Vereinigungsfreiheit** umfaßt, ebenso wie die besonders erwähnte Koalitionsfreiheit, das Recht auf Gründung einer Vereinigung, das Recht, in einer Vereinigung Mitglied zu werden und auch die Mitgliedschaft zu beenden und jede Tätigkeit für ihre Zwecke. Ob auch wirtschaftliche Vereinigungen unter diese Garantie fallen ist strittig, wird aber für beide Konventionen zu bejahen sein[35]. Es ist Sache des nationalen Rechts, die Rechtsformen zu regeln, mittels derer die gewährleisteten Rechte verwirklicht werden können[36]. Ein Anspruch der Vereinigungen, daß der Staat sie als Rechts-

---

24 EKMR nach *Grabenwarter* § 23 Rdn. 47.

25 *Mann/Ripke* EuGRZ **2004** 125, 130; *Nowak* 9.

26 Vgl. *Nowak* 9; *Mann/Ripke* EuGRZ **2004** 125, 130.

27 EGMR 26. 4. 1991 Ezelin/F (Series A 202); *Frowein/Peukert* 4.

28 EKMR EuGRZ **1981** 216, EGMR 21. 6. 1988 Plattform „Ärzte für das Leben"/Ö (EuGRZ **1989** 522).

29 *Frowein/Peukert* 4; *Nowak* Art. 21, 9; *Villiger* HdB 634.

30 Vgl. BVerfGE **84** 203, 209.

31 Vgl. EKMR EuGRZ **1980** 36; **1981** 216; *Frowein/Peukert* 3, *Meyer-Ladewig* 5; *Villiger* HdB 633.

32 *Villiger* HdB 635; vgl. Rdn. 8.

33 EKMR EuGRZ **1980** 36; **1981** 216; *Frowein/Peukert* 5; *Grabenwarter* § 23; Rdn. 48; *Mann/Ripke* EuGRZ **2004** 125, 131; vgl. *Nowak* Art. 2 Rdn. 25 (nicht geklärt, ob IPBPR juristische Personen und Personenzusammenschlüsse erfaßt).

34 Negative Versammlungsfreiheit vgl. BVerfGE **69** 315, 343.

35 Bejahend *Marauhn* RabelsZ **1999** 537, 551 mit Angaben zum Streitstand bei der MRK; *Nowak* 6.

36 *Frowein/Peukert* 6; *Marauhn* RabelsZ **1999** 537, 554.

persönlichkeiten anerkennt oder daß er ihnen eine bestimmte Organisationsform zur Verfügung stellen muß, begründen die Konventionen nicht, sofern sich die geschützten Freiheitsrechte auch im Rahmen der nach dem nationalen Recht möglichen Formen entfalten können[37]. Die Vereinigungsfreiheit wird allen Vereinigungen gewährleistet, ganz gleich, ob sie **ideelle oder wirtschaftliche Zwecke** verfolgen[38]. Die **Freiheit, politische Parteien** zu bilden, wird ebenfalls von dieser Konventionsgarantie umfaßt[39]. Wegen ihrer Bedeutung für die Willensbildung in der Demokratie sind hier staatlichen Verboten sehr enge Grenzen gesetzt[40].

Die **negative Vereinsfreiheit,** das Recht des einzelnen, Vereinigungen fernzubleiben, **6a**
wird ebenso wie in Art. 9 Abs. 1 GG von den Konventionen gewährleistet, auch wenn es im Gegensatz zu Art. 20 Abs. 2 der Allgemeinen Erklärung der Menschenrechte nicht ausdrücklich erwähnt wird[41]. Daß der Staat zur Erfüllung öffentlicher Aufgaben **öffentlich-rechtliche Zusammenschlüsse mit Zwangsmitgliedschaft** gründet, wird dadurch nicht ausgeschlossen[42], wohl aber das Verbot, neben dem öffentlich-rechtlichen Verband einen freiwilligen privaten Verein zu gründen[43]. Die Zwangsmitgliedschaft in einem Jagdverband ist aber konventionswidrig, wenn sie den betroffenen Grundstückseigentümer unverhältnismäßig belastet[44].

b) Die **Koalitionsfreiheit**, also die Freiheit, **Gewerkschaften** zur Vertretung gemein- **7**
samer Interessen zu gründen und ihnen beizutreten, wird als besonders wichtiges Recht der Vereinigungsfreiheit in den Konventionen besonders hervorgehoben[45]. Diese garantieren sowohl den Gewerkschaften wie auch dem einzelnen Mitglied einen Freiheitsraum zur Selbstorganisation einschließlich der Regelung der Mitgliedschaft[46] sowie für die gewerkschaftliche Betätigung, vor allem für die Vertretung der beruflichen Interessen ihrer Mitglieder[47]. Mit diesem Recht aus Art. 11 MRK ist es unvereinbar, wenn das staatliche Recht den Arbeitgebern gestattet, den Arbeitnehmern wesentliche Lohnerhöhungen anzubieten, die mit der Beendigung kollektivvertraglicher Vereinbarungen einverstanden waren, während die Arbeitnehmer, die nicht bereit waren, auf ihre Vertretung durch die Gewerkschaft zu verzichten, diese Lohnerhöhungen nicht erhielten[48]. Wieweit das in Art. 11 MRK nicht erwähnte **Streikrecht** durch Art. 11 MRK, Art. 22 IPBPR mit garantiert wird, ist weitgehend offen[49]; generell ausgeschlossen werden darf es nicht, wenn sich die Staaten in Art. 6 Abs. 4 der Europäischen Sozialcharta zu seiner Anerkennung

---

37 *Villiger* HdB 637 unter Hinweis auf EKMR.

38 Zur wirtschaftlichen Vereinigungsfreiheit *Marauhn* RabelsZ **1999** 537.

39 Anders als beim GG, wo neben Art. 9 GG die Sonderregelung des Art. 21 GG steht.

40 Etwa EGMR 30. 1. 1998 Vereinigte kommunistische Partei der Türkei/Türk (Rep. 1998 I); 25. 5. 1998 Sozialistische Partei/Türk (Rep. 1998-III); 8. 12. 1999 Partei der Freiheit und Demokratie/Türk (ECHR 1999-VIII); 13. 2. 2003 Refah Partisi u. a./ Türk u. a./Türk (EuGRZ **2003** 207); *Grabenwarter* § 23 Rdn. 61, 68 mit weit. Nachw.; *Grabenwarter* VVDStL **60** (2000) 290, 310; *Meyer-Ladewig* 8, 22; ferner *Pabel* AöRV **63** (2003) 921, 924. Vgl. Rdn. 9b.

41 Etwa EGMR 23. 6. 1981 Le Compte u. a./Belg (EuGRZ **1981** 551); 10. 2. 1983 Albert, Le Compte/ Belg (EuGRZ **1983** 190); 30. 6. 1993 Sigurdur Sigurjónsson/Isl (ÖJZ **1994** 207); *Frowein/Peukert* 8; *Meyer-Ladewig* 22; vgl. *Nowak* Art. 22 Rdn. 9.

42 Vgl. vorst. Fußn. ferner etwa *Grabenwarter* § 23 Rdn. 60.

43 EGMR 23. 6. 1981 Le Compte u. a./Belg (EuGRZ **1981** 551); *Frowein/Peukert* 6; *Meyer-Ladewig* 12; *Villiger* HdB 638.

44 EGMR 29. 4. 1999 Chassagnou/F (NJW **1999** 117).

45 Vgl. *Marauhn* RabelsZ **1999** 537, 541.

46 EKMR Cheal/GB (NJW **1986** 1413: Recht, Gewerkschaften zu bilden, schließt Recht auf eigene Satzung mit ein, die der einzelne bei Beitritt hinnehmen muß).

47 Vgl. etwa EGMR 27. 10. 1975 Belg. Polizeigewerkschaft (EuGRZ **1975** 562); ferner 6. 2. 1976 Schwed. Lokomotivführer/Schwed (EuGRZ **1976** 62); 6. 2. 1976 Schmidt/Dahlström/Schwed (EuGRZ **1976** 68); *Grabenwarter* § 23 Rdn. 62; *Villiger* HdB 254.

48 EGMR 2. 7. 2002 Wilson & The National Union of Journalists u. a./GB (ÖJZ **2003** 729).

49 Vgl. *Frowein/Peukert* 13; *Marauhn* RabelsZ **1999** 537, 547 (aber kein vollständiger Ausschluß).

verpflichtet haben[50]. Seine Ausübung kann aber den nach Art. 11 Abs. 2 MRK, Art. 22 Abs. 2 IPBPR zulässigen Einschränkungen unterworfen werden[51]; so etwa sein Ausschluß bei Beamten[52] oder Einschränkungen zum Schutze der Rechte anderer[53]. Es ist im Kern wohl nur insoweit garantiert, als es den Gewerkschaften zur Wahrnehmung der beruflichen Interessen ihrer Mitglieder nur versagt werden könnte, wenn der Staat ihnen dafür andere angemessene und gleich effektive Mittel zur Wahrung dieser Interessen zur Verfügung stellt[54]. Ein Streikrecht der Gewerkschaften zu anderen, insbesondere zu politischen Zwecken gewährleistet Art. 11 MRK nicht. Er schließt staatliche **Zwangsgewerkschaften** und ein **Monopol der bestehenden Gewerkschaften** aus[55]; er sichert andererseits das Recht, jederzeit neue Gewerkschaften zu gründen. Die Pflicht, mit einer Gewerkschaft Tarifverträge abzuschließen oder beizubehalten, kann aus Art. 11 MRK nicht hergeleitet werden[56]; ebensowenig die Verpflichtung, einer Arbeitgebervereinigung beizutreten oder ein eigenes Abkommen mit einer Gewerkschaft zu schließen[57]. Zumindest, wenn zureichende Gründe eine unterschiedliche Behandlung rechtfertigen, gilt dies auch, wenn eine staatliche Stelle als Arbeitgeber mit anderen Gewerkschaften Tarifverträge abgeschlossen hat[58]. Ein Recht einer Gewerkschaft, bei Maßnahmen des Staates konsultiert zu werden, läßt sich daraus nicht ableiten[59].

7a Die **negative Koalitionsfreiheit** wird zumindest in dem für seinen Freiheitsraum unerläßlichen Kernbereich von der Garantie mit umfaßt[60]. Der Staat kann verpflichtet sein, in Ausübung seiner Regelungsbefugnisse nach Art. 11 Abs. 2 MRK den einzelnen gegen Mißbräuche zu schützen, die sich aus der beherrschenden Stellung einer Gewerkschaft ergeben können[61]. Der EGMR hat aber im Falle des Boykotts eines Betriebes den Staat für nicht verpflichtet gehalten, sich in diese Auseinandersetzung durch ein Verbot des nach dem nationalen Recht zulässigen Boykotts einzumischen[62]. Zu den Schutzpflichten des Staates vgl. im übrigen Rdn. 11.

---

50 *Frowein/Peukert* 12; *Grabenwarter* § 23 Rdn 62; *Meyer-Ladewig* 16.

51 Der Internationale Pakt über wirtschaftliche, soziale und kulturelle Rechte vom 19. 12. 1966 (BGBl. II 1992 S. 1247) gewährleistet es in Art. 8 Abs. 1 Buchst. d nur in Übereinstimmung mit der innerstaatlichen Rechtsordnung, die ihrerseits allerdings die Übereinkommen im Rahmen der internationalen Arbeitsorganisation beachten muß; vgl. *Frowein/Peukert* 14.

52 Etwa EGMR 6. 2. 1976 Schmidt & Dahlström/Schwed (EuGRZ **1976** 68); *Frowein/Peukert* 13; *Grabenwarter* § 23 Rdn. 62; *Villiger* HdB 639.

53 Vgl. EGMR 10. 1. 2002 Unison/GB (ÖJZ **2003** 276).

54 EGMR 6. 2. 1976 Schmidt & Dahlström/Schwed (EuGRZ **1976** 68); EGMR 10. 1. 2002 Unison/GB (ÖJZ **2003** 276) läßt dies weitgehend offen; vgl. *Frowein/Peukert* 13; *Grabenwarter* § 23 Rdn. 62; *Villiger* HdB 639.

55 EKMR EuGRZ **1980** 450; EGMR 13. 8. 1981 Young u. a./GB (EuGRZ **1982** 2717); zu den strittigen Einzelheiten vgl. *Frowein/Peukert* 10; *Nowak* Art. 22, 13; *Villiger* HdB 641.

56 EGMR 10. 1. 2002 Unison/GB (ÖJZ **2003** 276); 2. 7. 2002 Wilson & The National Union of Journalists ua/GB (ÖJZ **2003** 729); vgl. auch nachf. Fußn.

57 EGMR 25. 4. 1996 Gustavson/Schwed (ÖJZ **1996** 869).

58 EGMR 6. 2. 1976 Schwed. Lokomotivführer/Schwed (EuGRZ **1976** 62); dazu *Fahlbeck* EuGRZ **1976** 471.

59 EGMR 27. 10. 1975 Belg. Polizeigewerkschaft/Belg (EuGRZ **1975** 562), unter Hinweis, daß sich ein solches Recht auch nicht aus Art. 6 Abs. 1 der Europäischen Sozialcharta ergibt.

60 EGMR 13. 8. 1981 Young u. a./GB (NJW **1982** 2717, closed shop Vertrag); vgl. dazu auch vorst. Fußn., ferner EGMR 30. 6. 1993 Sigurdur Sigurjónsson/Isl (ÖJZ **1994** 207 Bindung der Taxi-Konzession an Mitgliedschaft in privatrechtl. Berufsvereinigung); vgl. zur Bedeutung der negativen Koalitionsfreiheit *Marauhn* RabelsZ **1999** 537, 542.

61 EGMR 13. 8. 1981 Young u. a./GB (NJW **1982** 2717); 20. 4. 1993 Sibson/GB (ÖJZ **1994** 35); 25. 4. 1996 Gustafsson/Schwed (ÖJZ **1996** 869); EKMR Cheal/GB (NJW **1986** 1413), dazu gehört aber nicht notwendig, dafür zu sorgen, daß sich rückwirkende Lohnerhöhungen auch auf die nicht am Arbeitskampf beteiligten Personen erstrecken, vgl. EGMR 6. 2. 1976 Schmidt & Dahlström/Schwed (EuGRZ **1976** 68), dazu *Fahlbeck* EuGRZ **1976** 471; *Grabenwarter* § 23 Rdn. 62, vgl. zur Rechtsprechung auch *Marauhn* RabelsZ **1999** 537, 543.

62 Vgl. EGMR 25. 4. 1996 Gustafsson/Schwed (ÖJZ **1996** 869).

4. Staatliche Eingriffe

a) Die **Eingriffszwecke,** die dem Staat eine **Einschränkung dieser Gewährleistungen** gestatten, werden in Art. 11 Abs. 2 MRK, Art. 21 Satz 2, Art. 22 Abs. 2 IPBPR aufgezählt. Die Einschränkungsgründe, die dem Muster der Art. 8 Abs. 2, 10 Abs. 2 MRK folgen, stimmen trotz einiger Unterschiede im wesentlichen mit diesen überein. Einschränkungen rechtfertigen den Schutz der Rechte und Freiheiten anderer, wozu nicht nur private Rechte sondern auch das Recht auf eine friedliche Demonstration sowie die negative Vereins- und Koalitionsfreiheit gehören[63]. Einschränkungen sind aber auch zur Sicherung bestimmter öffentlicher Aufgaben zulässig, so im Interesse der nationalen oder öffentlichen Sicherheit oder zum Schutz der öffentlichen Ordnung[64], die auch die in Art. 11 Abs. 2 MRK besonders erwähnte Verhütung von Straftaten mit umfaßt, ferner zum Schutz der öffentlichen Gesundheit und Moral[65]. Dies kann direkt durch gesetzliche Regelungen, wie etwa durch ein absolutes Versammlungsverbot innerhalb der Bannmeile eines Parlaments[66] geschehen oder auch im Vollzug eines Gesetzes durch Einzelanordnungen, wie etwa Versammlungs- oder Demonstrationsverbote zur Verhütung einer anderweitig nicht vermeidbaren ernsthaften Gefahr für die öffentliche Sicherheit und Ordnung[67]. Erforderlich ist, daß die getroffenen Maßnahmen eine ausreichende Rechtsgrundlage haben, durch triftige Sachgründe gerechtfertigt sind, den Grundsatz der Verhältnismäßigkeit wahren und insgesamt Ausnahmecharakter haben[68]. Die **abschließende Aufzählung** der Zwecke einer zulässigen Einschränkung soll verhindern, daß offen oder verdeckt zu einem anderen Zweck in die Versammlungs- oder Vereinsfreiheit eingegriffen wird (vgl. Art. 18 MRK). Die legitimen Eingriffszwecke sind aber so weit gefaßt, daß sie dem Staat einen großen Handlungsspielraum für erforderliche Maßnahmen eröffnen[69], so daß sich die Grenzen meist erst aus den allgemeinen Schranken, vor allem aus der Notwendigkeit in einer demokratischen Gesellschaft (Rdn. 9a) und der Wahrung des Grundsatzes der Verhältnismäßigkeit ergeben. 8

b) Alle Eingriffe müssen im Interesse ihrer Vorhersehbarkeit und zum Ausschluß von Willkür **gesetzlich vorgesehen** sein; sie müssen eine Grundlage im innerstaatlichen Recht haben. Diese muß den Betroffenen zugänglich und so hinreichend bestimmt sein, daß er sich gegen Willkürmaßnahmen wehren kann. Letzteres wird nicht schon dadurch in Frage gestellt, daß das Gesetz einen gewissen Ermessensspielraum einräumt, sofern dessen Ausmaß und Modalitäten mit hinreichender Genauigkeit für den Betroffenen feststellbar ist, um ihn vor Willkür zu schützen[70]. Alle Eingriffe müssen ferner ein **legitimes Ziel** verfolgen, wie sie in Absatz 2 aufgezählt sind, so etwa die Aufrechterhaltung der nationalen Sicherheit und der öffentlichen Ordnung, die Verteidigung der Rechtsordnung oder die Verbrechensverhütung oder den Schutz der Rechte und Freiheiten anderer[71]. 9

c) **Notwendigkeit in einer demokratischen Gesellschaft.** Eingriffe in die Vereinsfreiheit sind auch bei Erfüllung aller anderen Voraussetzungen nur zulässig, wenn sie in einer 9a

---

[63] Vgl. EGMR 21.6.1988 Plattform „Ärzte für das Leben"/Ö (EuGRZ **1989** 522); östr.VfGH (EuGRZ **1990** 550); ferner Rdn. 7a.

[64] Vgl. *Frowein/Peukert* 16 ff; *Villiger* HdB 636.

[65] Art. 11 MRK spricht zwar nur allgemein von Gesundheit und Moral, gemeint ist jedoch auch hier der öffentliche Bezug dieser Schutzgüter, wie etwa die Störung der Friedhofsruhe (vgl. östr.VerfGH EuGRZ **2001** 330); der private Bezug fällt unter die Rechte anderer.

[66] Östr.VfGH EuGRZ **1996**.

[67] EKMR EuGRZ **1981** 216 (Verbot für Demonstrationsmärsche für zwei Monate); *Villiger* HdB 638.

[68] Vgl. Rdn. 9.

[69] Vgl. etwa EKMR EuGRZ 1980, 36; **1981** 216 (Demonstrationsverbote); *Frowein/Peukert* 16.

[70] Dies kann auch eine Verfassungsbestimmung sein; vgl. auch EGMR 13.2.2003 Refah Partisi, Erbakan u. a./Türk (EuGRZ **2003** 206 mit weit. Nachw.).

[71] EGMR 13.2.2003 Refah Partisi, Erbakan u. a./Türk (EuGRZ **2003** 206: Bedeutung des Laizismus).

demokratischen Gesellschaft zur Erreichung des jeweiligen Schutzzweckes notwendig sind[72]. Sie dürfen also nicht den durch Meinungspluralismus, Toleranz, Aufgeschlossenheit und Volkssouveränität geprägten Grundwerten eines demokratischen Staatswesens widersprechen[73]. Diese sind das grundlegende Element der europäischen öffentlichen Ordnung, das als einziges politisches Modell mit der MRK vereinbar ist[74]. Die Bindung der Mitgliedstaaten an die Grundwerte einer demokratischen Staatsordnung fällt zusätzlich als Eingriffsschranke ins Gewicht.

9b Beim **Verbot einer politischen Partei** hat die Bindung an die Grundwerte einer demokratischen Staatsordnung als Eingriffsschranke besonderes Gewicht, da die Demokratie strukturell die Konkurrenz der Meinungen und der sie vertretenden politischen Parteien erfordert. Es bedarf daher eines gewichtigen Rechtfertigungsgrundes, wenn der Staat eine politische Partei verbietet. Dies setzt voraus, daß sie nach ihrem Programm – oder aber auch nur nach den Äußerungen ihrer Funktionäre[75] – grundlegende staatliche und gesellschaftliche Veränderungen anstrebt, die unvereinbar mit dem Demokratieverständnis der MRK sind. Diese wird grundsätzlich von der Koexistenz und Konkurrenz pluralistischer Auffassungen, von der Meinungs- und Religionsfreiheit und einer dies ermöglichenden **staatlichen Neutralität** geprägt, die die Ausübung dieser für ein demokratisches Staatswesen unerläßlichen Freiheiten ermöglicht und schützt. Bestrebungen zur Abschaffung eines demokratisch strukturierten Staatswesens können deshalb nicht durch eine formale Berufung auf die Rechte aus Art. 10 und 11 MRK[76] gerechtfertigt werden, dem steht auch das Mißbrauchsverbot des Art. 17 MRK entgegen[77]. Eine Partei, die zu Gewalt anstachelt oder grundlegende demokratische Prinzipien mißachtet oder auf deren Zerstörung oder auf die Mißachtung der von diesen gewährleisteten Rechte und Freiheiten abzielt, wird durch Art. 11 nicht vor einem Verbot geschützt[78]. Das System der Konventionen erfordert einen Ausgleich zwischen den Notwendigkeiten der Verteidigung einer pluralistischen demokratischen Gesellschaft und der Wahrung individueller Rechte auch in Bezug auf staatliche Reformen[79]. Damit ist vereinbar, daß von einer Partei Änderungen der staatlichen Ordnung angestrebt werden, sofern dies mit demokratischen Mitteln erreicht werden soll. Auch bestehende staatlichen Strukturen dürfen dabei in Frage gestellt werden, nicht aber die demokratische Grundstruktur des Staates[80]. Die Ausnahmen, die ein Parteiverbot rechtfertigen[81], sind wegen der Bedeutung, die den

[72] Zur Aufnahme des in der MRK, nicht aber sonst beim IPBPR üblichen Regulativs der Demokratieüblichkeit in Art. 21 Satz 2, Art. 22 Abs. 2 IPBPR vgl. *Nowak* Art. 21, 19.

[73] Vgl. EGMR 7.12.1976 Handyside/GB (EuGRZ **1977** 38); 13.8.1981 Young u.a./GB (EuGRZ **1981** 559); Nowak Art. 21, vgl. Rdn. 8.

[74] EGMR 30.1.1998 Vereinigte kommunistische Partei u.a./Türk (Rep. 1998-I); 13.2.2003 Refah Partisi, Erbakanu. a./Türk (EuGRZ **2003** 206).

[75] EGMR 13.2.2003 Refah Partisi, Erbakan u.a./Türk (EuGRZ **2003** 206); *Pabel* ZaöRV **63** (2001) 921.

[76] Beide gehören zusammen, da die Vereinigungsfreiheit des Art. 11 MRK die Ausübung der Meinungsfreiheit des Art. 10 einer in organisierter Form zusammengefaßten größeren Zahl von Personen gewährleistet; die Mehrheit solcher Zusammenschlüsse fördert auch den für die demokratische Willensbildung unverzichtbaren Pluralismus der Meinungen.

[77] Die EKMR hat damit am 20.7.1957 die Beschwerde der KPD als unzulässig abgelehnt, vgl. *Golsong* NJW **1957** 1349; kritisch dazu *Frowein/Peukert* Art. 17 Rdn. 3; *Klein* ZRP **2001** 397, 399; *Pabel* ZaöRV **63** (2001) 921, 929; *Grabenwarter* § 23 Rdn. 68. *Meyer-Ladewig* 22.

[78] EGMR 13.2.2003 Refah Partisi, Erbakan u.a./Türk (EuGRZ **2003** 206) unter Hinweis auf EGMR 9.4.2002 Yazar u.a./Türk (unveröffentlicht); dazu *Pabel* ZaöRV **63** (2003) 921, 926 (Aufhebung der Trennung von Kirche und Staat, Einführung der Scharia, Diskriminierung durch unterschiedliche Rechtssysteme).

[79] EGMR 13.2.2003 Refah Partisi, Erbakan u.a./Türk (EuGRZ **2003** 206); vgl. *Grabenwarter* § 23 Rdn. 68; *Grabenwarter* VVDStL **60** (1990) 290, 310 mit weit. Nachw.

[80] *Grabenwarter* § 23 Rdn. 68.

[81] EGMR 13. 2. 2003 Refah Partisi, Erbakan u.a./Türk (EuGRZ **2003** 206) rechtfertigt dies mit der Schutzpflicht zur Sicherung der demokratischen Gesellschaft aus Art. 1 MRK.

Parteien für den freien demokratischen Meinungsbildungsprozeß nach Art. 10 MRK zukommt, eng auszulegen. Der EGMR räumt den Staaten hier nur einen **engen Beurteilungsspielraum** ein, die Entscheidungen ihrer Organe prüft er in jeder Hinsicht (Rechtsgrundlage, Eingriffsgrund, Sachverhaltsbeurteilung usw.) voll nach[82].

Bei allen **anderen Vereinigungen** ist bei Eingriffen des Staates in die Vereinsfreiheit zu berücksichtigen, daß Vereinigungen aller Art, gleich ob mit politischen, weltanschaulichen, religiösen, wirtschaftlichen oder kulturellen Zielsetzungen in einer demokratischen Gesellschaft vernünftigerweise notwendig sind, weil sie die kollektive Verwirklichung der Religions- und Meinungsfreiheit bedeuten und damit einem wichtigen gesellschaftlichen Bedürfnis Rechnung tragen. Den staatlichen Behörden wird deshalb für die Notwendigkeit von korrigierenden Eingriffen und für ein präventives Einschreiten gegen Parteien ein nicht sehr weiter **Beurteilungsspielraum** zuerkannt. Die getroffenen Einschränkungen müssen stets **sachlich gerechtfertigt** sein und nach Art und Intensität der Maßnahmen den Grundsatz der **Verhältnismäßigkeit** wahren[83] und insgesamt Ausnahmecharakter haben[84]. **9c**

5. **Besondere Einschränkungen bei Angehörigen der Streitkräfte, der Polizei und der Staatsverwaltung.** Nach Art. 11 Abs. 2 Satz 2 MRK können diese besonderen gesetzlichen Einschränkungen[85] hinsichtlich der Ausübung der Vereinigungsfreiheit unterworfen werden (Art. 22 Abs. 2 Satz 2 IPBPR); Art. 11 Abs. 2 Satz 2 MRK läßt dies auch hinsichtlich der Versammlungsfreiheit zu. Bei Art. 21 IPBPR fehlt diese Klausel, die Zulässigkeit besonderer Beschränkungen kann hier jedoch aus den Zwecken des Art. 22 Abs. 2 IPBPR gerechtfertigt werden[86]. Die Ausnahmeregelung für die Staatsverwaltung dürfte aber wohl nur solche Personen umfassen, die, ähnlich wie die Streitkräfte und die Polizei, für den Staat hoheitliche Aufgaben wahrnehmen[87]. Die Einschränkungen müssen „rechtmäßig" sein. Sie müssen eine ausreichende Grundlage im nationalen Recht, in der Regel also in einem Gesetz, haben[88] und den Grundsatz der Verhältnismäßigkeit wahren[89]. Sie müssen also durch schwerwiegende Interessen des Gemeinwohls gerechtfertigt sein. Ob außerdem auch ein die Einschränkungen rechtfertigender Grund im Sinne des Art. 11 Abs. 2 Satz 1 MRK vorliegen muß, ist strittig[90], wird aber zu bejahen sein[91]. Bei der Weite der eine Einschränkung rechtfertigenden Gesichtspunkte dürfte dies in der Regel kaum Probleme bereiten. **10**

6. **Auch positive Schutzpflichten des Staates** können sich aus den Konventionsgarantien ergeben. Diese sind zwar in erster Linie Abwehrrechte, die den Eingriffen des Staa- **11**

---

[82] Vgl. *Grabenwarter* § 23 Rdn. 68; *Meyer-Ladewig* 22; ferner zu den Entscheidungen der EKMR *Frowein/Peukert* 16 und zu dem Unterschied der Prüfungsvoraussetzungen beim BVerfG und EGMR vgl. *Klein* ZRP **2001** 397, 398.

[83] Vgl. *Grabenwarter* § 23 Rdn. 67.

[84] Vgl. EKMR ÖJZ **1993** 320 (Auflösung eines verkehrsbehindernden „sit in"); EGMR 13.2.2003 Refah Partisi, Erbakan u. a./Türk (EuGRZ **2003** 206); *Frowein/Peukert* 16; *Villiger* HdB 638 je unter Hinweis auf von der EKMR entschiedene Fälle.

[85] Zur Tragweite, die bis zum Verbot reichen kann, aber Art. 18 MRK beachten muß, *Frowein/Peukert* 18; *Grabenwarter* § 23 Rdn. 69; *Villiger* HdB 642; vgl. ferner den Vorbehalt zugunsten des innerstaatlichen Rechts bei Polizei und Streitkräften in Teil II Art. 5 der Europäischen Sozialcharta.

[86] *Nowak* Art. 21, 15.

[87] Vgl. *Marauhn* RabelsZ **1999** 637, 548; EGMR 26.9.1995 Vogt/D (NJW **1996** 375) ließ offen, ob Lehrer unter diese Einschränkungsmöglichkeit fallen.

[88] Vgl. *Marauhn* RabelsZ **1999** 537, 549.

[89] *Frohwein/Peukert* 18; *Grabenwarter* § 23 Rdn. 69 unter Hinweis auf von der EKMR entschiedenen Fälle; ebenso *Meyer-Ladewig* 24; ferner EGMR 26.9.1995 Vogt/D (NJW **1996** 375: Entlassung einer Lehrerin wegen Zugehörigkeit zu der nicht verbotenen DKP verstieß gegen Art. 11 MRK).

[90] EGMR 20.5.1999 Rekvenyi/Ung (NVwZ **2000** 421) läßt dies offen.

[91] *Meyer-Ladewig* 24.

tes in den gewährleisteten Freiheitsraum Grenzen setzen. Wird jedoch die garantierte Freiheit des einzelnen in einem wesentlichen Umfang aus Gründen illusorisch, die von ihm nicht beeinflußbar sind, weil sie in vorgegebenen gesellschaftlichen Verhältnissen wurzeln, kann der Staat auf Grund seiner **Gewährleistungspflicht** nach Art. 1 MRK, Art. 2 IPBPR je nach den Umständen auch verpflichtet sein, durch angemessene und vernünftige Maßnahmen dafür zu sorgen, daß die gewährleisteten Rechte auch ausgeübt werden können. So muß der Staat etwa die rechtlichen Rahmenbedingungen für die Ausübung der garantierten Rechte schaffen, wobei er in deren Ausgestaltung aber völlig frei ist und auch nicht verpflichtet ist, den jeweiligen Gruppen Mittel für die Durchsetzung ihrer Interessen zur Verfügung zu stellen[92]. Ist der Schutzzweck durch verschiedene Mittel erreichbar, ist es dem Staat überlassen, welche er wählen will[93]. Er hat insoweit einen **weiten Beurteilungsspielraum**[94]. Dies kann beispielsweise im Einzelfall das Ergreifen angemessener Maßnahmen zum Schutz einer Versammlung[95] oder genehmigten Demonstration vor Störungen durch Gegendemonstrationen[96] erfordern und bis zum Verbot einer Partei reichen[97]. Auch im übrigen kann der Staat generell verpflichtet sein, durch entsprechende Ausgestaltung seiner Gesetze den einzelnen vor dem Druck übermächtiger Vereinigungen zu schützen, so, wenn ihm außergewöhnliche Härten oder schwerwiegende berufliche Nachteile wegen des Nichtbeitritts zu einer bestimmten Gewerkschaft oder Vereinigung erwachsen könnten[98]. Umgekehrt darf der Staat das Recht der Gewerkschaften, für die Interessen ihrer Mitglieder zu kämpfen, nicht im Wege der Gesetzgebung dadurch unterlaufen, daß er den Arbeitgebern ermöglicht, nicht organisierte Arbeitnehmer bevorzugt einzustellen[99]. Dem Staat wird ein weiter Beurteilungsspielraum zugebilligt, ob und auf welchem Weg er eingreifen will. Eine Verpflichtung, unter allen Umständen die Ausübung der garantierten Rechte gegenüber allen von Dritten kommenden Störungen durchzusetzen, trifft ihn nicht[100]. Er ist auch nicht verpflichtet, privaten Vereinigungen die Mittel zur Durchsetzung ihrer Interessen zur Verfügung zu stellen[101].

Eine Erörterung weiterer Einzelheiten ist hier nicht möglich.

---

92 *Grabenwarter* § 23 Rdn. 70.

93 Vgl. EGMR 27.10.1975 belg. Polizeigewerkschaft/Belg (EuGRZ **1975** 562).

94 EGMR 21.6.1988 Plattform „Ärzte für Leben" (EuGRZ **1989** 522); 25.4.1996 Gustafsson/Schwed (Rep 1996 II); *Grabenwarter* § 23 Rdn. 70; *Meyer-Ladewig* 3.

95 Vgl. östr.VfGH EuGRZ **1990** 550 (Beseitigung störender Transparente).

96 EGMR 21.6.1988 Plattform „Ärzte für Leben" (EuGRZ **1989** 522). Vgl. BVerfG EuGRZ **1991** 361 (kein Grundrechtsschutz, wenn ausschließlich Verhinderung einer anderen Versammlung beabsichtigt).

97 EGMR 13.2.2003 Refah Partisi, Erbakan u.a./Türk (EuGRZ **2003** 206).

98 EGMR 13.8.1981 Young u.a./GB (EuGRZ **1980** 450 closed shop); EKMR NJW **1986** 1413; *Frowein/Peukert* 10, 15; *Nowak* Art. 21, 13.

99 EGMR 2.7.2002 Wilson/GB; vgl. *Grabenwarter* § 23 Rdn. 70.

100 EGMR 25.4.1996 Gustafsson/Schwed (Rep. 1996-II).

101 EKMR nach *Grabenwarter* § 23 Rdn. 70.

Art. 12 MRK (Art. 23 IPBPR)

MRK

Artikel 12 Recht auf Eheschließung*

Männer und Frauen im heiratsfähigen Alter haben das Recht nach den innerstaatlichen Gesetzen, welche die Ausübung dieses Rechtes regeln, eine Ehe einzugehen und eine Familie zu gründen.

IPBPR

Artikel 23

(1) Die Familie ist die natürliche Kernzelle der Gesellschaft und hat Anspruch auf Schutz durch Gesellschaft und Staat.

(2) Das Recht von Mann und Frau, im heiratsfähigen Alter eine Ehe einzugehen und eine Familie zu gründen, wird anerkannt.

(3) Eine Ehe darf nur im freien und vollen Einverständnis der künftigen Ehegatten geschlossen werden.

(4) Die Vertragsstaaten werden durch geeignete Maßnahmen sicherstellen, daß die Ehegatten gleiche Rechte und Pflichten bei der Eheschließung, während der Ehe und bei Auflösung der Ehe haben. Für den nötigen Schutz der Kinder im Falle einer Auflösung der Ehe ist Sorge zu tragen.

* Neue deutschsprachige Übersetzung in der Fassung der Bek. vom 17. 5. 2002 (BGBl. II S. 1054).

Schrifttum (Auswahl): *Fahrenhorst* Familienrecht und Europäische Menschenrechtskonvention (1994); *Palm-Risse* Völkerrechtlicher Schutz von Ehe und Familie (1990). Vgl. auch bei Art. 8 MRK.

Übersicht

1. Allgemeines

a) Grundlagen. Nach Art. 16 der **Allgemeinen Erklärung der Menschenrechte** vom 10. 12. 1948 haben Männer und Frauen im heiratsfähigen Alter das **Recht auf Eheschließung und Familiengründung** ohne Beschränkungen aufgrund der Rasse, der Staatsangehörigkeit oder der Religion. Sie haben gleiche Rechte bei der Eheschließung, während der Ehe und bei Auflösung der Ehe. Eine Ehe darf nur im freien und vollen Einverständnis der künftigen Ehegatten geschlossen werden. **Art. 12 MRK** und **Art. 23 IPBPR** entsprechen grundsätzlich diesem Vorbild, wobei Art. 23 IPBPR weitergeht als Art. 12 MRK. Dieser ist erst später durch Art. 5 des 7. Zusatzprotokolls vom 22. 11. 1984 ergänzt worden, der festschreibt, daß die Ehegatten während der Ehe und bei Auflösung der Ehe untereinander und auch in ihren Beziehungen zu ihren Kindern die gleichen privatrechtlichen Rechte und Pflichten haben[1], während Art. 23 Abs. 4 IPBPR die Staaten nur verpflichtet, für den Schutz der Kinder bei Auflösung der Ehe zu sorgen. Art. 3 IPBPR verpflichtet darüber hinaus die Vertragsstaaten allgemein, die Gleichberechtigung von Mann und Frau bei der Ausübung aller in diesem Pakt festgelegten bürgerlichen und politischen Rechte sicherzustellen[2]. 1

[1] Die Bundesrepublik ist diesem Protokoll nicht beigetreten; vgl. Einf. Rdn. 22.

[2] Vgl. Art. 14 MRK Rdn. 10.

2 **Auch andere Konventionen** schützen die Gleichberechtigung beim Recht auf Ehe und die freie Wahl des Ehegatten, so Art. 5 Buchst. d, iv des Internationalen Übereinkommens zur Beseitigung jeder Form von Rassendiskriminierung[3] oder der zusätzlich auch detailliert die Gleichberechtigung in der Ehe fordernde Art. 16 des Übereinkommens zur Beseitigung jeder Form von Diskriminierung der Frau[4]. Die Freiheit der Eheschließung wurde auch schon in Art. 1 Buchst. c, Art. 2 des Zusatzübereinkommens über die Abschaffung der Sklaverei vom 7.9.1956[5] aufgeführt. Der Schutz der Kinder bei Eheauflösung wird auch im Übereinkommen über die Rechte des Kindes vom 20.11.1989[6] angesprochen. Die **Europäische Grundrechte-Charta**[7] bestätigt in Art. 9 nur allgemein das Recht, eine Ehe einzugehen[8] und eine Familie zu gründen „nach Maßgabe der die Ausübung dieser Rechte regelnden einzelstaatlichen Gesetze". Weitere Artikel befassen sich mit der Gleichberechtigung (Art. 23), dem Recht der Kinder auf Beziehungen zu beiden Elternteilen (Art. 24 Abs. 3) sowie dem rechtlichen, wirtschaftlichen und sozialen Schutz der Familie (Art. 33).

3 **b) Innerstaatlich** stellt Art. 6 GG Ehe und Familie unter den besonderen Schutz des Staates; er gewährleistet auch die Freiheit der Eheschließung[9]. Die Gleichberechtigung von Mann und Frau folgt aus Art. 3 Abs. 2 GG; hinsichtlich der Gleichstellung der unehelichen Kinder mit den ehelichen wird Art. 3 GG durch die Spezialnorm[10] des Art. 6 Abs. 5 GG ergänzt.

2. Überblick über den Schutzbereich

4 **a) Recht auf Ehe und Familie.** Art. 12 MRK garantiert Männer und Frauen im heiratsfähigen Alter das Recht, eine Ehe einzugehen und eine Familie zu gründen, wobei diese Garantie **nach Maßgabe des jeweiligen innerstaatlichen Rechts** gewährt wird. Eigene Schranken legt Art. 12 MRK nicht fest: wegen der Bindung der Garantie an das innerstaatliche Recht war dies entbehrlich[11]. Geschützt wird die **traditionelle Ehe** zwischen Personen verschiedenen biologischen Geschlechts[12]; ob dies auch für **Transsexuelle** nach einer vollzogenen Geschlechtsumwandlung gilt, war strittig, wird aber jetzt vom EGMR unter Hinweis auf die geänderten Auffassungen bejaht[13]. Einer Ausdehnung des Anwendungsbereiches auf die **eheähnliche Verbindung Homosexueller** steht der Wortlaut entgegen, der von Männern und Frauen spricht[14]. Art. 23 Abs. 2 IPBPR garantiert ebenfalls das Recht auf Ehe, wobei der Ausdruck, daß dieses Recht „anerkannt" wird, keine grundsätzliche Abschwächung der Garantie bedeutet, sondern zum Ausdruck bringen soll, daß es sich um ein natürliches, der Konvention vorgegebenes Recht handelt[15]. Die

---

[3] BGBl. II 1969 S. 963.

[4] BGBl. II 1985 S. 648.

[5] BGBl. II 1958 S. 205.

[6] BGBl. II 1992 S. 121; s. auch Art. 6 MRK, Rdn. 4 Fußn. 4a.

[7] EuGRZ **2000** 554.

[8] *Meyer-Ladewig* 3.

[9] BVerfGE **31** 58, 67; **36** 161.

[10] Vgl. BVerfGE **26** 60, 272.

[11] *Grabenwarter* § 22 Rdn. 51; *Meyer-Ladewig* 1, 5.

[12] EGMR 6.11.1980 van Oosterwijck/Belg (EuGRZ **1981** 275); 17.10.1986 Rees/GB (Series A 106); 27.9.1990 Cossey/GB (ÖJZ **1991** 173); 30.7.1998 Sheffield, Horsham/GB (ÖJZ **1999** 571); vgl. BVerfG EuGRZ **2002** 362 (Lebenspartnerschaft zwischen gleichgeschlechtlichen Paaren ist keine Ehe im Sinne der Konventionsgarantien und des Art. 6 GG, sondern ein aliud zur Ehe). Zur Geschlechtsumwandlung vgl. nachf. Fußn.

[13] EGMR 11.7.2002 Goodwin/GB (ÖJZ **2003** 766) hat deren Recht auf Ehe jetzt bejaht; ebenso *Grabenwarter* § 22 Rdn. 52; *Meyer-Ladewig* 3; *Peters* 169. Auch der EuGH bejaht dies in der Entscheidung vom 7.1.2004 (NJW **2004** 1440), wonach Art. 141 EGV einer Regelung entgegensteht, die es unter Verstoß gegen die MRK einem Paar unmöglich macht, nach der Geschlechtsumwandlung eines Partners die Ehe einzugehen.

[14] EGMR 17.10.1986 Rees/GB (Series A 106); *Grabenwarter* § 22 Rdn. 52; *Meyer-Ladewig* 3; *Villiger* HdB 643.

[15] *Nowak* 14.

Festlegung des heiratsfähigen Alters sowie der sonstigen **Modalitäten der Eheschließung** überlassen beide Konventionen den Vertragsstaaten[16]; ebenso die Festlegung sachlich zu rechtfertigender Ehehindernisse[17]. Zu den Grenzen der Einschränkungen vgl. Rdn. 10.

Das **Recht, eine Familie zu gründen**, schließt das Recht auf Zeugung oder Adoption von Kindern mit ein[18]. Während bei der Auslegung des Art. 12 MRK auf die Familiengründung durch Heirat abgestellt wird[19], so daß in der Ablehnung der Adoption eines Kindes durch einen Junggesellen kein Verstoß gegen Art. 12 MRK gesehen wurde[20], versteht Art. 23 IPBPR die Familie in einem weiten Sinn; sie umfaßt nicht nur die in verschiedenen nationalen Rechtsordnungen zulässige Mehrehe, sondern auch die ohne Heirat faktisch gelebte Familie[21]. 5

b) Freiwilligkeit der Eheschließung. Art. 23 Abs. 3 IPBPR ergänzt die Garantie dadurch, daß die Ehe nur im freien und vollen Einverständnis der künftigen Ehegatten geschlossen werden darf. Er folgt damit der **Allgemeinen Erklärung der Menschenrechte** vom 10.12.1948, die dies in Art. 16 Abs. 2 ebenfalls fordert und die in Art. 16 Abs. 1 zusätzlich festlegt, daß das Recht auf Eheschließung und auf Gründung einer Familie ohne Beschränkung aufgrund der Rasse, der Staatsangehörigkeit oder der Religion gewährt wird. In Art. 12 MRK wurde dies ebensowenig übernommen wie das ausdrückliche Erfordernis der Freiwilligkeit der Eheschließung. Wegen der größeren Homogenität der Anschauungen in den europäischen Mitgliedstaaten hielt man dies wohl für entbehrlich. Ein Zwang zur Heirat ist auch nach Art. 12 MRK nicht zulässig, denn die Freiheit der Eheschließung umfaßt auch die **negative Freiheit**, eine Eheschließung abzulehnen[22]. Die Zulassung eines Zwangs zur Eheschließung würde außerdem die staatliche Pflicht zum Schutz des Privatlebens (Art. 8 MRK) verletzen. Ein **Recht auf Scheidung** als Voraussetzung für eine neue Ehe kann nach Ansicht der Konventionsorgane aus Art. 12 MRK nicht hergeleitet werden[23]. Bei Art. 23 IPBPR, dessen Absatz 4 die Eheauflösung anspricht, wird dies jedoch bejaht[24]. Das Recht auf Ehe und Familie wird auch von der MRK ohne jede Diskriminierung nach Rasse, Staatsangehörigkeit oder Religion gewährt. Dies folgt aus Art. 14 MRK[25]. Eine Diskriminierung der Ehe wurde aber nicht darin gesehen, daß eine Eheschließung nach der jeweiligen staatlichen Gesetzgebung auch negative Auswirkungen zur Folge haben kann[26]. 6

c) Gleichberechtigung; Schutz der Kinder bei Eheauflösung. Art. 16 Abs. 1 der allgemeinen Erklärung der Menschenrechte fordert ferner, daß Mann und Frau bei der Ehe- 7

16 *Frowein/Peukert* 1; *Grabenwarter* § 22 Rdn. 51; *Meyer-Ladewig* 5; *Nowak* 16 mit Hinweisen zur Entstehungsgeschichte des Art. 23 IPBPR. Art. 2 des Zusatzabkommens über die Abschaffung der Sklaverei (Rdn. 2) verpflichtet die Staaten, „soweit erforderlich" ein angemessenes Mindestalter festzusetzen.

17 *Frowein/Peukert* 2; *Grabenwarter* § 22 Rdn. 53; vgl. schweiz.BGer. EuGRZ **2002** 616 (Eheschließungsverbot zwischen Stiefvater und Stieftochter) Rdn. 10.

18 *Frowein/Peukert* 6; *Nowak* 25.

19 Vgl. EGMR 28.5.1985 Abdulaziz ua /GB (EuGRZ **1985** 569); EKMR bei *Frowein/Peukert* 6.

20 EKMR bei *Frowein/Peukert* 6; vgl. andererseits aber den von Art. 8 MRK geschützten weiten Familienbegriff, dort Rdn. 28.

21 *Nowak* 27 ff.

22 *Frowein/Peukert* 4; *Grabenwarter* § 22 Rdn. 51; *Meyer-Ladewig* 2.

23 EGMR 18.12.1986 Johnston/Irl (EuGRZ **1986** 313; unter Hinweis auf die Entstehungsgeschichte); *Frowein/Peukert* 3; *Grabenwarter* 53; *Meyer-Ladewig* 4; *Villiger* HdB 643; vgl. andererseits die aus Art. 8 MRK abgeleiteten staatlichen Schutzpflichten EGMR 6.2.1981 Airey/Irl (EuGRZ **1979** 626); Art. 8 MRK Rdn. 29; sowie Art. 5 des von der Bundesrepublik nicht ratifizierten 7. ZP, der die Gleichheit bei den Rechtsfolgen nach einer Scheidung festlegt.

24 Argentinischer Oberster Gerichtshof EuGRZ **1987** 322 m. Anm. *Polakiewicz* EuGRZ **1987** 324; *Hofmann* S. 49; *Nowak* 22 ff.

25 Vgl. *Partsch* 214.

26 Vgl. bei *Frowein/Peukert* 5 (Verlust einer Rente, höhere Besteuerung); *Meyer-Ladewig* 5; *Villiger* HdB 644.

schließung, während der Ehe und bei Auflösung der Ehe gleiche Rechte haben. Art. 23 Abs. 4 IPBPR verpflichtet die Vertragsstaaten, diesen Grundsatz durch geeignete Maßnahmen sicherzustellen und für den Schutz der Kinder im Falle der Auflösung einer Ehe zu sorgen. Es handelt sich um **Staatenverpflichtungen**, aus denen keine subjektiven Rechte des einzelnen unmittelbar hergeleitet werden können[27]. Die Staaten werden hinsichtlich der Gleichberechtigung der Ehegatten auch nur zur allmählichen Verwirklichung (progressive Implementierung) verpflichtet[28], während sie bei Eheauflösung auch nur für den nötigen Schutz der (ehelichen) Kinder sorgen müssen[29].

8 **Art. 5 des 7. ZP zur MRK,** das von der Bundesrepublik Deutschland nicht ratifiziert wurde[30], legt dagegen ausdrücklich fest, daß die Ehegatten untereinander und in Beziehung zu ihren Kindern gleiche Rechte und Pflichten privatrechtlicher Art hinsichtlich der Eheschließung, während der Ehe und bei Auflösung der Ehe haben, wobei klargestellt wird, daß dieser Artikel den Staaten nicht verwehrt, die im Interesse der Kinder nötigen Maßnahmen zu treffen. Letzteres entspricht ihrer Verpflichtung aus Art. 23 Abs. 4 Satz 2 IPBPR.

9 **d) Institutsgarantie der Familie.** Art. 12 MRK erkennt das **Recht auf Familiengründung** als Folge der Eheschließung an[31]. Art. 23 IPBPR garantiert den Bestand der Familie als Rechtsinstitut in den Vertragsstaaten[32], wobei deren jeweiliges gesellschaftliches und kulturelles Verständnis dafür maßgebend ist, welcher Personenkreis und welche Funktionen zur Familie gehören[33]. Der Anspruch auf Schutz durch Gesellschaft und Staat (Art. 23 Abs. 1 IPBPR) ist vom Staat durch eine entsprechende staatliche Ordnung, vor allem im Wege der Gesetzgebung zu erfüllen. Der Schutzanspruch kann durch familienfeindliche staatliche Regelungen verletzt werden[34], auch wenn der Schutz der (gelebten) Familienbeziehungen gegen Eingriffe primär aus den weiterreichenden Art. 17 IPBPR und Art. 8 MRK folgt[35]. Nach dem Sinn des Art. 23 Abs. 1 IPBPR muß der Staat auch dafür sorgen, daß die **Gesellschaft**, also auch die gesellschaftlichen Kräfte, die Familie achtet. Eine unmittelbare Rechtspflicht für bestimmte Personen, insbes. für die gesellschaftlichen Organisationen, wird aber durch Art. 23 Abs. 1 IPBPR nicht begründet[36].

10 **3. Einschränkungen.** Art. 12 MRK, Art. 23 IPBPR sehen keine ausdrücklichen Einschränkungsgründe ähnlich wie Art. 8 Abs. 2 MRK vor. Art. 12 MRK gewährt die Ausübung der Rechte aber nur im Rahmen der nationalen Gesetze, die jedoch die Garantie nicht aushöhlen und ihren Wesensgehalt nicht antasten dürfen[37]. Bei Art. 23 IPBPR fehlt der Hinweis auf die nationalen Gesetze. Nach herrschender Meinung sind jedoch neben der Festlegung der Formalitäten für eine gültige Eheschließung auch solche sachlichen Einschränkungen durch das nationale Recht zulässig, die sich auf allgemein anerkannte Gründe, wie Festlegung des Heiratsalters[38] oder das Verbot der Eheschließung zwischen nahen Verwandten[39] oder – in Ländern des westlichen Kulturkreises – auf das

[27] *Nowak* 37.
[28] Vgl. Entstehungsgeschichte *Nowak* 34 ff.
[29] *Nowak* 36, 37; vgl. *Guradze* JIR **1971** (15) 261.
[30] Vgl. Rdn. 1; Einf. Rdn. 22.
[31] Vgl. EGMR 28.5.1985 Abdulaziz/GB (EuGRZ **1985** 567); *Frowein/Peukert* 6; *Grabenwarter* § 22 Rdn. 54; *Villiger* HdB 646.
[32] *Nowak* 10 ff.
[33] *Nowak* 8.
[34] Vgl. UN-AMR EuGRZ **1981** 391 (maurizische Frauen); *Nowak* 9 ff; *Guradze* JIR **1971** (15) 261 verneint dagegen, daß sich aus Art. 23 Abs. 1 IPBPR justiziable Rechte herleiten lassen.
[35] Zum Verhältnis zu Art. 8 MRK vgl. *Frowein/Peukert* 7.
[36] *Nowak* 12.
[37] EGMR 27.9.1990 Cossey/GB (ÖJZ **1991** 173); *Frowein/Peukert* 1; *Grabenwarter* § 22 Rdn. 56; *Villiger* HdB 645.
[38] Vgl. Rdn 4; *Villiger* HdB 645 (auch wenn eine islamische Ehe mit niedrigerem Heiratsalter dadurch nicht möglich ist).
[39] Schweiz.BGer. EuGRZ **2002** 616 (Eheschließungsverbot zwischen Stiefvater und Stieftochter). Ferner die bei *Frowein/Peukert* 2 bis 5 angeführten Fälle der EKMR (Gattenmord); vgl. ferner EGMR 18.12.

Verbot der Bigamie beschränken[40]. In beiden Konventionen müssen sich die Einschränkungen in engen Grenzen halten, sie müssen dem Schutze berechtigter Belange der jeweiligen gesellschaftlichen Ordnung oder der unmittelbar beteiligten Personen dienen, frei von sachfremden Erwägungen sein, auf einer allgemein einsichtigen, rationalen Grundlage beruhen[41] und nicht unverhältnismäßig sein[42]. Ähnlich wie bei Art. 8 Abs. 2 MRK muß bei jeder Einschränkung der mit ihr angestrebte Zweck gegenüber dem grundsätzlich garantierten Recht auf Ehe abgewogen werden. Eine danach unverhältnismäßige Einschränkung verstößt gegen die Konventionsgarantie, so auch ein schweizer Gesetz, das nach der dritten Scheidung eine dreijährige Wartefrist für die Wiederverheiratung vorschrieb[43]. Die nationalen Regelungen dürfen ferner keine von den Konventionen verbotene Diskriminierung enthalten[44].

Bei **Strafgefangenen** darf das Recht, eine Ehe einzugehen, nicht grundsätzlich ausgeschlossen werden[45]; nach Ansicht der EKMR kann es aber im Einzelfall aus schwerwiegenden Gründen versagt werden[46]. Ein Recht, die Ehe während der Haft auch zu vollziehen, folgt daraus nicht, dies kann auch nicht aus dem Recht auf Familiengründung hergeleitet werden[47]. **11**

Art. 13 MRK (Art. 21 Abs. 3 IPBPR)

MRK

Artikel 13 Recht auf wirksame Beschwerde*

Jede Person, die in ihren in dieser Konvention anerkannten Rechten oder Freiheiten verletzt worden ist, hat das Recht, bei einer innerstaatlichen Instanz eine wirksame Beschwerde zu erheben, auch wenn die Verletzung von Personen begangen worden ist, die in amtlicher Eigenschaft gehandelt haben.

* Neue deutschsprachige Übersetzung in der Fassung der Bek. vom 17. 5. 2002 (BGBl. II S. 1054).

IPBPR

Artikel 2

(1) ...

(2) ...

(3) Jeder Vertragsstaat verpflichtet sich,

a) dafür Sorge zu tragen, daß jeder, der in seinen in diesem Pakt anerkannten Rechten oder Freiheiten verletzt worden ist, das Recht hat, eine wirksame Beschwerde einzulegen, selbst wenn die Verletzung von Personen begangen worden ist, die in amtlicher Eigenschaft gehandelt haben;

b) dafür Sorge zu tragen, daß jeder, der eine solche Beschwerde erhebt, sein Recht durch das zuständige Gerichts-, Verwaltungs- oder Gesetzgebungsorgan oder durch eine andere, nach den Rechtsvorschriften des Staates zuständige Stelle feststellen lassen kann, und den gerichtlichen Rechtsschutz auszubauen;

c) dafür Sorge zu tragen, daß die zuständigen Stellen Beschwerden, denen stattgegeben wurde, Geltung verschaffen.

1987 F/CH (EuGRZ **1993** 130), und wegen der Ehe nach Geschlechtsumwandlung Rdn. 4.

40 *Nowak* 19 unter Hinweis auf Entstehungsgeschichte.

41 Vgl. BVerfGE **36** 163; **49** 300; *Frowein/Peukert* 2 bis 5; *Nowak* 20; *Schorn* 3, 4.

42 *Grabenwarter* § 22 Rdn. 56.

43 EGMR 18.12.1987 F/CH (EuGRZ **1993** 130); dazu *Villiger* HdB 644).

44 Vgl. Rdn. 7; Art. 14 MRK Rdn. 12.

45 EKMR nach *Frowein/Peukert* 2; *Meyer-Ladewig* 5; *Villiger* HdB 645; *Guradze* 15, III; *Nowak* 20.

46 EKMR nach *Frowein/Peukert* 2; *Partsch* 215.

47 EKMR EuGRZ **1978** 518; bei *Bleckmann* EuGRZ **1982** 531; *Frowein/Peukert* 6; *Villiger* HdB 646.

Schrifttum (Auswahl): *Frowein* Art. 13 as a growing pillar of Convention law, GS Ryssdal (2000) 545; *Gimpel* Einführung einer allgemeinen Untätigkeitsbeschwerde im Strafprozeß durch Gesetz, ZRP **2003** 35; *Gundel* Neue Anforderungen des EGMR an die Ausgestaltung des nationalen Rechtsschutzsystems – Die Schaffung effektiver Rechtsbehelfe gegen überlange Verfahrensdauer, DVBl. **2004** 217; *Matscher* Zur Funktion und Tragweite der Bestimmung des Art. 13 EMRK, FS Seidl-Hohenveldern (1989) 315; *Redeker* Kann eine Untätigkeitsbeschwerde helfen? NJW **2002** 488; *Vorwerk* Kudla gegen Polen – Was kommt danach? JZ **2004** 553; *Vospernik* Das Verhältnis zwischen Art. 13 und Art. 6 EMRK – Absorption oder „Apfel und Birne"? ÖJZ **2001** 361.

Übersicht

1. Allgemeines

1 a) **Art. 13 MRK enthält eine akzessorische Rechtsschutzgarantie**, die nur zusammen mit der Behauptung einer **Verletzung eines Konventionsrechts** geltend gemacht werden kann. Jedermann, der in einem der in der MRK oder ihren Zusatzprotokollen festgelegten Recht verletzt worden ist, hat das Recht auf einen wirksamen Rechtsbehelf bei einer innerstaatlichen Instanz. Die weiterreichende Forderung in Art. 8 der **Allgemeinen Erklärung der Menschenrechte** vom 10. 12. 1948, nach der jedermann Anspruch auf einen wirksamen Rechtsbehelf bei den innerstaatlichen Gerichten gegen Handlungen hat, die ihn in seinen von der Verfassung oder einem Gesetz verbürgten Grundrecht verletzen, wurde insoweit einschränkend abgewandelt[1].

2 **Art. 2 Abs. 3 IPBPR** verpflichtet nach seinem Wortlaut nur die Vertragsstaaten, dafür zu sorgen, daß jeder, der in seinen im Pakt anerkannten Rechten und Freiheiten verletzt worden ist, innerstaatlich das Recht hat, eine wirksame Beschwerde einzulegen (Buchst. a)[2]. Die nach nationalem Recht jeweils zuständigen Stellen, Gerichte, Verwaltungsorgane oder sonstige Stellen müssen aufgrund der Beschwerde den Sachverhalt überprüfen und gegebenenfalls eine solche Verletzung feststellen können (Buchst. b) und es muß gesichert sein, daß erfolgreichen Beschwerden durch die zuständigen staatlichen Organe Geltung verschafft wird (Buchst. c). Art. 2 Abs. 3 Buchst. b IPBPR bringt dann zusätzlich noch die allgemein gehaltene Verpflichtung, den auch dort nicht zwingend geforderten gerichtlichen Rechtsschutz auszubauen. Dieser Wortlaut trägt der Tatsache Rechnung, daß er für eine weit weniger homogene Staatengemeinschaft gilt, die sich,

[1] Zur Entstehungsgeschichte IntKommEMRK/*Schweizer* 4 ff; *Matscher* FS Seidl-Hohenveldern 316.

[2] „Staatenverpflichtung" *Nowak* 13; *Grabenwarter* § 24 Rdn. 110; IntKommEMRK/*Schweizer* 29.

anders als die Mitgliedstaaten der MRK, nicht unbedingt an den traditionellen westlichen Rechtsbehelfsvorstellungen orientiert[3].

b) Auch **andere internationale Konventionen** verpflichten die Mitgliedstaaten dazu, die in ihnen enthaltenen materiellen Gewährleistungen durch wirksame innerstaatliche Rechtsbehelfe abzusichern. So fordert z. B. Art. 6 des Internationalen Übereinkommens zur Beseitigung jeder Form von Rassendiskriminierung[4], daß die Mitgliedstaaten jeder Person in ihrem Hoheitsbereich „wirksame Rechtsbehelfe durch die zuständigen nationalen Gerichte und sonstige staatliche Einrichtungen" sowie angemessene Schadensersatzansprüche gewährleisten bei „allen rassisch diskriminierenden Handlungen, welche ihre Menschenrechte und Grundfreiheiten im Widerspruch zu diesem Übereinkommen verletzen". Art. 13 der UN-Antifolterkonvention[5] verpflichtet die Mitgliedstaaten, dafür zu sorgen, daß jeder, der behauptet, er sei im Hoheitsbereich eines Mitgliedstaates gefoltert worden, das Recht auf Anrufung der zuständigen Behörden und auf umgehende unparteiische Prüfung seines Falles durch diese Behörden hat; Art. 14 dieser Konvention fordert darüber hinaus, im nationalen Recht einklagbare Schadensersatzansprüche vorzusehen. **3**

In der **Europäischen Union** wird das Recht auf einen wirksamen Rechtsbehelf als Teil des allgemeinen Gemeinschaftsrechts angesehen, da es zu den allgemeinen rechtsstaatlichen Grundsätzem gehört, die Teil der **gemeinsamen Verfassungstradition** der Mitgliedstaaten sind[6]. Zur Bekräftigung wird jetzt auch auf **Art. 47 der Europäischen Grundrechte-Charta** hingewiesen. Dieser fordert für jede Person, die in einem durch das Recht der Union garantierten Recht oder einer Freiheit verletzt ist[7], einen wirksamen Rechtsbehelf bei einem Gericht[8]. Vor den **Europäischen Gerichten** kann nur derjenige gegen eine Entscheidung oder eine EU Verordnung nach § 230 Abs. 4 EGV klagen, der dadurch in seinen Rechten unmittelbar und auch individuell betroffen ist[9]. **3a**

Innerstaatlich garantiert in der Bundesrepublik Art. 19 Abs. 4 GG bei einer (behaupteten) Verletzung eines subjektiven Rechts durch die öffentliche Gewalt den Weg zu den Gerichten. Soweit im GG vergleichbare Rechte wie in den Konventionen garantiert werden, steht bei deren Verletzung auch die Verfassungsbeschwerde offen[10]. Wegen weiterer Einzelheiten vgl. Rdn. 10. **3b**

2. Bedeutung und Tragweite der Verfahrensgarantie

a) Die **Bedeutung der Garantie eines nationalen Überprüfungsverfahrens** im Sinne des Art. 13 MRK, Art. 2 Abs. 3 IPBPR liegt einmal darin, daß dadurch die tatsächliche Gewährung der Konventionsrechte und damit deren Effektivität bereits **innerstaatlich** abgesichert wird. Der einzelne erhält dadurch das Recht, schon vor einem nationalen Organ um wirksame Abhilfe nachzusuchen[11], wenn er mit vertretbaren Argumenten („arguable claim")[12] behaupten kann, er sei in einem Konventionsrecht verletzt wor- **4**

[3] *Nowak* 61; zur Entstehungsgeschichte *Nowak* 8 ff.

[4] BGBl. II 1969 S. 962.

[5] BGBl. II 1990 S. 946.

[6] EuGH Gutachten EuGRZ **1996** 197; EuGH EuGRZ **1987** 380; IntKommEMRK/*Schweizer* 110; vgl. Einf. Rdn. 46 ff. Zur Rechtslage in Deutschland vgl. Rdn. 10.

[7] Also nicht nur für die in der Grundrechte-Charta garantierten Rechte und Freiheiten, vgl. *Grabenwarter* § 24 Rdn. 11; zu deren Inkrafttreten vgl. Einf. Rdn. 36a, 47.

[8] EG (Erste Instanz) EuGRZ **2002** 266.

[9] EuGH (Plenum) NJW **2002** 2935.

[10] Vgl. *Grabenwarter* § 24 Rdn. 111; ferner die Erläuterungen zu Art. 19 Abs. 4 GG in den Grundgesetzkommentaren.

[11] Vgl. *Matscher* FS Seidl-Hohenveldern 217.

[12] Vgl. Art. 6 *Villiger* HdB 655 ff, wonach sich Vertretbarkeit und (nachträglich festgestellte) Unbegründetheit nicht notwendig widersprechen, mit der Folge, daß trotz Abweisung des materiellen Konventionsverstoßes eine Verletzung des Art. 13 MRK festgestellt werden kann; ebenso *Grabenwarter* § 24 Rdn. 112. Bei der weiten Auslegung des Begriffs

den[13]. Unschädlich ist, wenn sich nachträglich ergibt, daß die Behauptung einer Konventionsverletzung unbegründet ist[14]. Aus einer neben der Sache liegenden, irrtümlichen oder unsubstantiierten Behauptung einer Konventionsverletzung kann dagegen auch kein Anspruch auf einen Rechtsbehelf hergeleitet werden[15]. Die Konventionsstaaten sind verpflichtet, eine nationale Überprüfungsinstanz zu schaffen, die einer behaupteten Konventionsverletzung im Falle ihres Vorliegens **abhelfen** kann. Diese Pflicht eröffnet den Vertragsstaaten aber zugleich die Möglichkeit, behauptete Konventionsverstöße ihrer Organe selbst zu überprüfen, sie zutreffendenfalls ohne großen Zeitverlust innerstaatlich selbst zu bereinigen und sich so ein Verfahren vor dem Gerichtshof zu ersparen. Der Gerichtshof wird dadurch entlastet, da er sich nach Art. 35 Abs. 1 MRK mit einer Individualbeschwerde wegen einer Konventionsverletzung nur befaßt, wenn die bestehenden innerstaatlichen Rechtsbehelfe erschöpft sind[16]. Die vorherige Einschaltung einer nationalen Instanz ermöglicht dem Gerichtshof außerdem, auf Entscheidungen aufzubauen, deren Grundlagen im nationalen Recht bereits überprüft worden sind. Dies erleichtert ihm die richtige Einschätzung des nationalem Rechts, dessen Besonderheiten dadurch auch für ihn augenscheinlich werden. Der für die Fortentwicklung des Konventionssystems wichtige Dialog zwischen den Rechtssystemen[17] wird dadurch gefördert. Die Anforderungen des jeweiligen nationalen Rechts werden für den Gerichtshof verdeutlicht und können von ihm bei seinen Entscheidungen mitberücksichtigt werden.

5 **Art. 2 Abs. 3 IPBPR** hat ebenfalls zum Ziel, die Wirksamkeit der Konventionsgarantien im Einzelfall durch einen innerstaatlichen Rechtsbehelf bei Verletzung einer Konventionsbestimmung abzusichern; es ist ebenfalls streng akzessorisch und setzt ebenfalls voraus, daß eine Konventionsverletzung vertretbar behauptet wird[18]. Er ergänzt und konkretisiert insoweit die Verpflichtung der Staaten aus Art. 2 Abs. 2 IPBPR, alle erforderlichen Vorkehrungen zu treffen, die notwendig sind, um den im Pakt anerkannten Rechten Wirksamkeit zu verleihen. Die Ausschöpfung aller innerstaatlichen Rechtsbehelfe bei einer vertretbar behaupteten Verletzung eines Konventionsrechtes ist auch beim IPBPR Voraussetzung für die Anrufung der Konventionsorgane (vgl. Art. 41 Abs. 1 Buchst. c für Staatenbeschwerden; Art. 2, 5 Abs. 2 Buchst. b des 1. Fakultativprotokoll-IPBPR für Individualbeschwerden)[19]. Deshalb besteht auch hier der Grundsatz des **Vorrangs der innerstaatlichen Abhilfe** bei Konventionsverletzungen.

6 **b) Weitergehende Rechtsbehelfsgarantien** der Konventionen, wie sie Art. 6 Abs. 1 MRK, Art. 14 Abs. 1 IPBPR und Art. 5 Abs. 3, 4 MRK, Art. 9 Abs. 3, 4 IPBPR für die

der offensichtlichen Unbegründetheit im Sinne des Art. 35 Abs. 3 MRK (vgl. Anh. Rdn. 53) kann dies u. U. sogar gelten, wenn der EGMR die Rüge eines materiellen Konventionsverstoßes als offensichtlich unbegründet verwirft (*Grabenwarter* § 24 Rdn. 113 unter Hinweis auf EKMR). Vgl. aber auch EGMR 21. 2. 1990 Powell, Rayner/GB (ÖJZ **1990** 418), wo der Gerichtshof die Ansicht vertrat, daß die Schwelle der offensichtlichen Unbegründetheit so angesetzt werden müsse, daß sie auch für die Vertretbarkeit eines Anspruchs gilt; ähnlich EGMR 21. 6. 1988 Plattform Ärzte für das Leben/Ö (EuGRZ **1989** 522), *Meyer-Ladewig* 6 stimmt dem „für den Regelfall" zu; Bedenken dagegen bei *Frowein/Peukert* 2.

13 Etwa EGMR 6. 9. 1978 Klass/D (NJW **1979** 1755); 26. 3. 1987 Leander/Schwed (Series A 116); 27. 4. 1988 Boyle, Rice/GB (Series A 131); 21. 2. 1990 Powell, Rayner/GB (ÖJZ **1990** 418); 19. 12. 1994 Vereinigung demokratischer Soldaten Österreichs, Gubi/Ö (ÖJZ **1995** 314); 28. 10. 1999 Wille/Liechtenstein (NJW **2001** 1195); *Grabenwarter* § 24 Rdn. 112; *Meyer-Ladewig* 5; *Villiger* HdB 654.

14 Vgl. Rdn. 19.

15 *Grabenwarter* § 24 Rdn. 113.

16 Vgl. *Grabenwarter* § 24 Rdn. 110 (materiellrechtliche Voraussetzung für die Subsidiarität des Art. 35 MRK); IntKommEMRK/*Schweizer* 2 (Filterwirkung); 55 ff (Abgrenzung zu Art. 35 Abs. 1); *Meyer-Ladewig* 1.

17 *Frowein/Peukert* 12; zur wechselseitigen Wirkung zwischen Art. 13 und dem jetzigen Art. 35 Abs. 1 vgl. etwa *Ganshof van der Meersch* EuGRZ **1981** 481, IntKommEMRK/*Schweizer* 55 ff.

18 *Nowak* 63.

19 Vgl. *Nowak* 64 ff (repressiver Rechtsschutz genügt). Vgl. auch Anhang Rdn. 63.

dort genannten Ansprüche und Verfahren enthalten, gehen grundsätzlich als **Spezialregelungen** dem nur allgemein und unspezifisch garantierten Recht auf einen Rechtsbehelf vor[20], so, wenn sie für das nationale Recht in bestimmten Fällen vorschreiben, daß über die jeweilige Konventionsverletzung nur eine richterliche Instanz entscheiden darf. Soweit **ein und dieselbe Konventionsverbürgung** durch unterschiedliche Rechtsbehelfsgarantien in der Konvention abgesichert wird, verdrängt („absorbet") der stärkere Anspruch auf Rechtsschutz durch ein Gericht die schwächere, unspezifische Garantie des Art. 13 MRK[21]. Im übrigen ist strittig, wieweit Art. 13 bei anderen verfahrensbezogenen Konventionsverletzungen anwendbar ist[22], etwa wenn eine staatliche Stelle konventionswidrig den Zugang zum Gericht verweigert oder dies faktisch unmöglich macht, ohne daß dagegen ein innerstaatlicher Rechtsbehelf ergriffen werden kann[23], wenn also die weitergehende akzessorische Rechtsbehelfsgarantie des Art. 13 nicht parallel zu einer Gerichtsgarantie der Konventionen den Rechtsweg wegen einer anderen materiellen Konventionsverletzung absichert. Insoweit hat sie einen **anderen Schutzgegenstand,** weil sie die Einhaltung einer spezielleren Gerichtsgarantie selbst betrifft[24]. In der Sache fällt die Garantie des Art. 13 MRK aber auch in einem solchen Fall mit den durch die Verhinderung der Anrufung des Gerichts gleichzeitig verletzten und unmittelbar anwendbaren spezielleren Recht auf Entscheidung durch ein unabhängiges Gericht in den Art. 5 Abs. 3, 4, Art. 6 Abs. 1 zusammen, so daß zumindest kein praktisches Bedürfnis besteht, neben diesen Garantien noch die Einhaltung des Art. 13 gesondert zu prüfen[25]. Sind allerdings Konventionsrechte verletzt, die weder von den Verfahrensgarantien des Art. 5 MRK erfaßt werden noch unter die Gerichtsgarantie des Art. 6 Abs. 1 MRK fallen, weil es weder um ein „civil right" noch um eine „strafrechtliche Anklage" im weiten Sinn dieser Konventionsbegriffe[26] geht, wird die Rechtsbehelfsgarantie des Art. 13 durch keine vorrangige Garantie des Rechtswegs zu den Gerichten verdrängt. Bei Konventionsverletzungen, die nicht notwendig mit den Verfahrensgarantien zusammentreffen, muß zumindest ein Rechtsbehelf zu einer den Anforderungen des Art. 13 genügenden staatlichen Stelle gegeben sein[27]. Dem Art. 13 MRK ist genügt, wenn gegen die behauptete Konventionsverletzung **eine innerstaatliche Rechtsbehelfsinstanz** angerufen werden konnte, die kein Gericht sein muß und die die Staaten nicht notwendig im Bereich der Rechtspflege ansiedeln müssen. Hilft diese der Konventionsverletzung nicht ab, fordert Art. 13 MRK keinen weiteren innerstaatlichen Rechtsbehelf, insbesondere nicht die Einschaltung eines unabhängigen Gerichts[28].

---

[20] EGMR 23. 9. 1982 Sporrong/Lönnroth/Schwed (EuGRZ **1983** 523); 25. 3. 1983 Silver/GB (EuGRZ **1984** 534) 28. 6. 1984 Campbell & Fell/GB (EuGRZ **1985** 534); 22. 5. 1984 De Jong u. a. (EuGRZ **1985** 700); 8. 7. 1987 W/GB (EuGRZ **1990** 533); 22. 9. 1994 Hentrich/F (EuGRZ **1996** 593); *Frowein/Peukert* 7; *Matscher* FS Seidl-Hohenveldern 318; 336; weitere Nachw. zur Entwicklung der Rechtspr. des EGMR *Vospernic* ÖJZ **2001** 361; IntKommEMRK/*Schweizer* 48 ff; vgl. Art. 5 MRK Rdn. 106 ff; 120 ff; Art. 6 MRK Rdn. 42 ff.

[21] *Frowein/Peukert* 7; § 24 Rdn. 118; IntKommEMRK/*Schweizer* 51, *Villiger* HdB 648; *Vospernik* ÖJZ **2001** 367 (wenn Rechtsschutz gegen die gleiche Konventionsverletzung im vollen oder größeren Umfang als bei Art. 13 besteht und dessen Schutzziel daher von dem anderen Konventionsartikel mitumfaßt ist).

[22] Vgl. die Wiedergabe des Meinungsstandes in der Literatur bei *Vorpernik* ÖJZ **2001** 361, 362 ff.

[23] IntKommEMRK/*Schweizer* 53 bejaht dies, ebenso *Vospernik* ÖJZ **2001** 367.

[24] *Vospernik* ÖJZ **2001** 367 verneint bei solchen Konstellationen den gleichen Gegenstand, IntKommEMRK/*Schweizer* 53 (gleichzeitige Anwendung).

[25] Vgl. etwa EGMR 23. 9. 1982 Sporrong & Lönnroth/Schwed (EuGRZ **1983** 528); 28. 6. 1984 Campbell & Fell/GB (EuGRZ **1985** 534); 8. 7. 1987 W/GB (EuGRZ **1990** 533).

[26] Vgl. Art. 6 Rdn. 19 ff, 28 ff.

[27] So behandelt der EGMR Folterfälle unter dem Blickwinkel der Rechtsgarantie des Art. 13, vgl. die Nachweise bei *Vospernik* ÖJZ **2001** 366.

[28] *Grabenwarter* § 24 Rdn. 114; *Meyer-Ladewig* 15.

6a c) Ob auch gegen **Entscheidungen der Gerichte** ein Rechtsbehelf nach Art. 13 gegeben sein muß, könnte seinem Wortlaut nach zweifelhaft sein, ist aber zu verneinen. Ebenso wie innerstaatlich Art. 19 Abs. 4 GG begründet er keinen Anspruch auf Nachprüfung gerichtlicher Entscheidungen durch eine wegen der Unabhängigkeit der Gerichte dann notwendig **gerichtlichen Rechtsmittelinstanz**[29]. Dies folgt aus dem System der MRK[30] und wohl auch aus der Abwandlung des Art. 13 MRK gegenüber Art. 8 der Allgemeinen Erklärung der Menschenrechte, der bei Grundrechtsverletzungen die Möglichkeit der Anrufung eines innerstaatlichen Gerichts forderte.

6b Die **Nachprüfung durch ein höheres Gericht**, die die **Sonderregelung in Art. 14 Abs. 5 IPBPR** (ebenso Art. 2 des 7. ZP MRK[31]) jedem wegen einer strafbaren Handlung Verurteilten zusichert[32], bleibt von Art. 13 MRK, Art. 2 Abs. 3 IPBPR unberührt. Soweit sie Platz greift, enthält sie aber vorgehendes Sonderrecht.

6c d) Bei **Konventionsverletzungen,** die in einem **gerichtlichen Verfahren** begangen werden, ist strittig, ob die Rechtsbehelfsgarantie des Art. 13 auch solche Verstöße erfaßt. Dies hat dort Bedeutung, wo das nationale Verfahrensrecht keinen wirksamen Rechtsbehelf vorsieht, mit dem einem durch die Verfahrensgestaltung begangenen Konventionsverstoß innerstaatlich abgeholfen werden kann. Unter Hinweis auf den anderen Beschwerdegegenstand wird bejaht, daß die Rechtsbehelfsgarantie des Art. 13 auch für solche Konventionsverstöße gilt[33], wobei wegen der von den Konventionen garantierten Unabhängigkeit der Gerichte eine Überprüfung durch nichtrichterliche Stellen ausscheidet. Die frühere Rechtsprechung des EGMR hatte die Anwendbarkeit des Art. 13 in diesen Fällen verneint. Bei Feststellung eines Konventionsverstoßes nach Art. 5, 6 MRK wurde meist davon abgesehen, die Sache auch zusätzlich unter dem Blickwinkel des Art. 13 MRK zu prüfen[34].

6d In Abkehr von seiner bisherigen Rechtsprechung hat der EGMR nun bei einer gegen Art. 6 Abs. 1 verstoßenden **unangemessen langen Verfahrensdauer** unter Hinweis auf seine Überlastung durch diese gehäuft auftretenden Fälle zusätzlich zu dem Verstoß gegen Art. 6 Abs. 1 auch einen **Verstoß gegen Art. 13** bejaht, wenn das innerstaatliche Recht keinen Rechtsbehelf vorsieht, mit dem sich der Betroffene gegen die überlange Dauer eines anhängigen Verfahrens auch innerstaatlich wehren kann[35]. Wie ein solcher Rechtsbehelf aussehen könnte, ist der innerstaatlichen Regelung überlassen[36]. Wirksam

---

29 Vgl. *Frowein/Peukert* 9; *Grabenwarter* § 24 Rdn. 118; *Meyer-Ladewig* 17.

30 *Frowein/Peukert* 9.

31 Von der Bundesrepublik nicht ratifiziert, vgl. Einf. Rdn. 22.

32 Vgl. Art. 6 MRK Rdn. 261 ff; auch zu dem einschränkenden Vorbehalt der Bundesrepublik Deutschland (vgl. Bek. vom 30. 12. 1993 BGBl. II S. 311).

33 Vgl. *Frowein Peukert* 10 mit Hinweis auf eine Entscheidung der EKMR; *Vospernik* ÖJZ **2001** 367. Ablehnend östr.OGH EuGRZ **1989** 534 mit Anm. *Schoibl*; vgl. Art. 6 MRK Rdn. 85.

34 Etwa EGMR 23. 2. 1982 Sporrong, Lönnroth/Schwed (EuGRZ **1983** 523); 25. 3. 1983 Silver/GB (EuGRZ **1984** 149); vgl. *Grabenwarter* § 24 Rdn. 112.

35 EGMR 26. 10. 2000 Kudla/Polen (NJW **2001** 2694), dazu *Gundel* DVBl **2004** 17; *Meyer-Ladewig* NJW **2001** 2679; *Vorwerk* JZ **2004** 553; ferner zu der die Fragen nicht vertiefenden weiteren Rechtsprechung des EGMR *Vospernik* ÖJZ **2001** 366; ferner etwa IntKommEMRK/*Schweizer* 49, 54 (auch bei Judikative Anspruch auf unabhängige Kontrollinstanz); *Grabenwarter* § 24 Rdn. 118; *Meyer-Ladewig* 20.

36 Beispiele solcher Regelungen führt *Meyer-Ladewig* NJW **2001** 2679 an; ebenso *Meyer-Ladewig* 26 ff; vgl. ferner *Gundel* DVBl **2004** 17, 21 ff; *Lansnicker/Schwirtzek* NJW **2001** 1969. Zur Säumnisbeschwerde in Österreich als auszuschöpfenden Rechtsbehelf nach Art. 35 Abs. 1 MRK vgl. etwa EGMR 30. 1. 2001 Basic/Ö (ÖJZ **2001** 517), kritisch zur Untätigkeitsbeschwerde *Casadevall* NJW **2001** 2694, 2701; *Vorwerk* JZ **2004** 553, 556; andererseits *Redeker* NJW **2003** 488; zur Regelung in Spanien EGMR 5. 10. 1999 Gonzales Marin/Span (NJW **2001** 1692); Portugal EGMR 2. 12. 1999 Tomé Mota/Port (NJW **2001** 2692); Frankreich *Bien/Guillaumont* EuGRZ **2004** 465; *Meyer-Ladewig* 30.

ist ein solcher Rechtsbehelf aber nur, wenn er geeignet ist, wenigstens einer weiteren Verzögerung des Verfahrens **abzuhelfen** und darauf hinzuwirken, daß ein verzögertes Verfahren alsbald zum Abschluß gebracht werden kann oder aber, wenn er innerstaatlich zur einer **angemessenen Kompensation** der Nachteile führt, die durch eine vom Staat zu verantwortende Verfahrensverzögerung bereits eingetreten sind[37]. Für die Gegenmeinung, die Art. 13 auf Konventionsverstöße im gerichtlichen Verfahren schon aus systembedingten Gründen nicht anwenden will, sprechen zwar gute Gründe, da der Grundsatz der Unabhängigkeit der Gerichte jede Kontrolle durch eine außergerichtliche Instanz und jeden Eingriff in ein schwebendes Verfahren ausschließt und das Einschalten einer zusätzlichen richterlichen Instanz das Verfahren zunächst weiter verzögert; es ist auch als Zwischeninstanz mit beschränkter Entscheidungsbefugnis mit den Strukturgrenzen der MRK schlecht zu vereinen, die – ebenso wie innerstaatlich Art. 19 Abs. 4 GG – grundsätzlich keinen mehrstufigen gerichtlichen Rechtsschutz fordert[38]. Ein solcher würde überdies nichts daran ändern, daß es notwendigerweise immer ein letztinstanzlich entscheidendes Gericht geben muß, dessen Entscheidung und auch dessen Verfahren innerstaatlich keiner weiteren gerichtlichen Kontrolle unterliegen kann, da andernfalls die Nachprüfbarkeit ins Unendliche ausgedehnt würde. Auch in Form eines Zwischenverfahrens ist ein weiterer innerstaatlicher Rechtsbehelf problematisch, da er mitunter eine vorgezogene Verfahrenswürdigung voraussetzt, die einen Eingriff in den noch nicht abgeschlossenen Entscheidungsfindungsprozeß bedeuten kann; er scheidet aus, wenn im Verfahren der letzten Instanz, bzw. – wenn eine Verfassungsbeschwerde zulässig ist – erst vor einem Verfassungsgericht gegen eine das Verfahren betreffende Konventionsverbürgung verstoßen wurde[39]. Bei Verfahrensverzögerungen durch Gerichte, deren Entscheidungen anfechtbar sind, kann die übergeordnete Instanz zumindest in Strafsachen für eine angemessene Kompensation der Konventionsverletzung sorgen. Die praktischen Bedenken, auf die Richter *J Casadevall* in seiner abweichenden Meinung hinweist[40], sind daher nicht von der Hand zu weisen. Es ist jedoch damit zu rechnen, daß der EGMR im Interesse seiner (zumindest zeitweiligen) Entlastung[41] an seiner neuen Rechtsprechung festhalten[42] und diese möglicherweise auch auf andere Verfahrensgarantien des Art. 6 MRK ausdehnen wird[43].

Für die **Bundesrepublik Deutschland** stellt sich die Frage, ob die von der Rechtsprechung entwickelten bisherigen Abhilfemöglichkeiten zumindest in den Verfahren auf Grund einer strafrechtlichen Anklage im Sinne des Art. 6 Abs. 1 MRK in ihrer Gesamtheit bereits den Erfordernissen eines Rechtsbehelfs im Sinne des Art. 13 MRK genügen[44] oder ob es auch insoweit notwendig ist, einen neuen Rechtsbehelf in der Form einer **Untätigkeitsbeschwerde** einzuführen[45]. Ein solcher wäre nicht unproblematisch, da ein **6e**

37 Vgl. *Grabenwarter* § 24 Rdn. 118; ferner Art. 6 Rdn. 85 ff.

38 *Frowein/Peukert* 9, 10; IntKommEMRK/*Schweizer* 54. Eine Ausnahme macht das von Deutschland nicht ratifizierte 7. ZP bei strafrechtlichen Verurteilungen (Art. 2).

39 Vgl. die abweichende Meinung von Richter *J Casadevall* NJW **2001** 2701 unter Hinweis auf die Fälle, in denen in der überlangen Verfahrensdauer vor Verfassungsgerichten ein Verstoß gegen Art. 6 Abs. 1 gesehen wurde, etwa EGMR 23. 6. 1993 Ruiz-Mateos/Sp (EuGRZ **1993** 453); 1. 7. 1997 Pammel/D (EuGRZ **1997** 316); Probstmeier/D (NJW **2001** 211); 27. 7. 2000 Klein/D (NJW **2001** 213); verneinend 27. 2. 2000 Gast, Popp/D (NJW **2001** 211).

40 NJW **2001** 2701.

41 Vgl. EGMR 11. 9. 2001 Talirz/Ö (ÖJZ **2002** 619) unzulässig, da Rechtsweg nicht genutzt. In den zahlreichen Fällen wegen der Verletzung des Beschleunigungsgebots in Italien weist der EGMR auch die bereits bei ihm anhängigen Sachen wegen der Nichterschöpfung des innerstaatlichen Rechtsbehelfs ab, obwohl dieser dort erst nachträglich geschaffen wurde; vgl. *Breuer* EuGRZ **2004** 445, 446.

42 *Meyer-Ladewig* NJW **2001** 2679.

43 Vgl. *Grabenwarter* § 24 Rdn. 118.

44 So *Gimbel* ZRP **2004** 35; vgl. auch *Meyer-Ladewig* 21.

45 Ablehnend zur Frage einer solchen Beschwerde (etwa als neuen § 17c GVG) *Gimbel* ZRP **2004** 35;

die Verfahrensbeschleunigung anmahnender Zwischenrechtsbehelf durch die Einschaltung einer weiteren Instanz die Erledigung der Hauptsache meist weiter verzögert[46], ohne die Beschwer durch die bereits eingetretene überlange Verfahrensdauer aus der Welt schaffen zu können; lediglich ihre Fortdauer kann verkürzt und die Notwenigkeit einer Kompensation aufgezeigt werden. Im übrigen könnte wegen der Unabhängigkeit des erkennenden Gerichts eine die Beschleunigung anmahnende Zwischenentscheidung die zuständige richterliche Instanz weder in ihrer sachlichen Entscheidung noch auch bei der Ermittlung der dafür erforderlichen Grundlagen beeinflussen; sie könnte allenfalls eng begrenzt auf einzelne Aspekte der Verfahrensgestaltung einwirken und im übrigen höchstens eine nicht das Verfahrensergebnis berührende Kompensation für die Verzögerung durch die Rechtsverletzung in die Wege leiten.

6f e) Die **Nachprüfung der nationalen Gesetze** auf ihre Konventionsgemäßheit fordert und ermöglicht Art. 13 MRK nach der vorherrschenden Meinung nicht. Er geht nicht so weit, daß er auch einen Rechtsbehelf verlangt, mit dem **Gesetze** vor einer **innerstaatlichen Instanz,** etwa einem Verfassungsgericht, mit der Begründung angegriffen werden könnten, sie stünden mit der Konvention nicht im Einklang[47]. Für Regelungen unterhalb des Ranges formeller Gesetze muß dagegen die Nachprüfung durch einen nationalen Rechtsbehelf möglich sein[48].

7 **3. Keine allgemeine Rechtsschutzgarantie.** Art. 13 MRK, Art. 2 Abs. 3 IPBPR gewährleisten ein Recht auf innerstaatlichen Rechtsschutz **nur bei einer** (vertretbar behaupteten) **Verletzung eines anderen Konventionsrechts**[49]. Sie sind streng akzessorisch und begründen keinen zusätzlichen, vom Schutz konkreter Konventionsgarantien gelösten **eigenständigen Rechtsbehelf**. Sie verweisen auf das **nationale Recht**, dem sie grundsätzlich die Regelung überlassen. Es ist primär eine innerstaatliche Angelegenheit, in welcher Form und bei welcher Stelle der von den Konventionen geforderte wirksame Rechtsbehelf („remedy", „recours") geltend gemacht werden kann, um den materiellen Inhalt der Konventionsgarantien innerstaatlich durchzusetzen[50]. Die deutsche Übersetzung mit „Beschwerde" ist nicht im technischen Sinn des gleichnamigen Rechtsmittels des deutschen Verfahrensrechts zu verstehen[51]. Eine bestimmte Form oder Ausgestal-

---

Vorwerk JZ **2004** 553. Zur Problematik der verfahrensrechtlichen Möglichkeiten in Deutschland, die von der Geltendmachung der Verfahrensverzögerung im anhängigen Strafverfahren, der Untätigkeitsbeschwerde in anderen Verfahren bis zur Verfassungsbeschwerde und zur Schadensersatzklage reichen, vgl. *Meyer-Ladewig* 22 bis 26, ferner *Gundel* DVBl **2004** 17; 21 ff; *Vorwerk* JZ **2004** 553 ff. Zur Regelung in Österreich und in anderen Mitgliedstaaten vgl. *Meyer-Ladewig* 27 ff, ferner oben Fußn. 36.

[46] Dies kann anders sein, wenn Fälle jahrelang liegen geblieben sind; hier fragt sich aber, ob bei chronisch überlasteten Gerichten die angemahnte Beschleunigung mit der Verzögerung anderer Verfahren erkauft wird. Vgl. *Meyer-Ladewig* NJW **2001** 2679.

[47] EGMR 26. 3. 1985 X & Y/Ndl (EuGRZ **1985** 297); 21. 2. 1986 James/GB (EuGRZ **1988** 341); 26. 3. 1987 Leander/Schwed (Series A 116); 8. 7. 1986 Lithgow/GB (EuGRZ **1988** 350); 9. 12. 1994 Holy Monasteries/Griech (ÖJZ **1995** 428); 26. 10. 2000 Kudla/Polen (NJW **2001** 2694); *Frowein/Peukert* 8; IntKommEMRK/*Schweizer* 79 ff. *Meyer-Ladewig* 16; *Villiger* HdB 647; anders *Grabenwarter* § 24 Rdn. 116, der es für konsequent hält, auch bei einem Konventionsverstoß des Gesetzgebers dem Betroffenen das Recht auf ein Normenkontrollverfahren einzuräumen.

[48] Vgl. EGMR 25. 3. 1983 Silver u. a./GB (EuGRZ **1984** 147); 28. 5. 1985 Campbell, Fell/GB (EuGRZ 1985 534); 28. 5. 1985 Abdulaziz, Cabales, Balkandi/GB (EuGRZ **1985** 567: Immigrationsrule), *Grabenwarter* § 24 Rdn. 116; zu der strittigen Frage vgl. *Berhardt* Sondervotum EuGRZ **1985** 575; *Matscher* FS Seidl-Hohenveldern 333; IntKommEMRK/*Schweizer* 79.

[49] IntKommEMRK/*Schweizer* 9 (als Grundrecht ausgestaltete Verfahrensgarantie); *Villiger* HdB 647; vgl. Rdn. 4.

[50] EGMR 8. 7. 1986 Lithgow (EuGRZ **1988** 350); *Meyer-Goßner*[47] 1; *Schorn* 8; *Nowak* 56; vgl. auch BGHSt **20** 86.

[51] Vgl. *Grabenwarter* § 24 Rdn. 114 (Begriff ist autonom zu interpretieren); *Nowak* 62 Fußn. 164.

tung des Rechtsbehelfs wird von Art. 13 MRK nicht vorgeschrieben; er muß auch nicht zu einem Gericht führen[52]. Bei **Art. 2 Abs. 3 IPBPR** wird dies bereits durch den Wortlaut klargestellt, der ausdrücklich die verschiedenen Staatsorgane, zu denen der Rechtsbehelf führen kann, nebeneinander aufführt und der im übrigen nur die Staaten verpflichtet, für den Ausbau eines langfristig angestrebten gerichtlichen Rechtsschutzes zu sorgen (Buchst. b). Bei beiden Konventionen muß der Betroffene grundsätzlich sein Beschwerderecht im Rahmen der ihm vom nationalen Recht eröffneten Rechtsschutzmöglichkeiten ausüben können. Zur Schaffung einer solchen Möglichkeit sind die Mitgliedstaaten durch Art. 13 MRK und Art. 2 Abs. 3 IPBPR verpflichtet. Da sie nicht gehalten sind, die Konventionen als solche in das innerstaatliche Recht zu inkorporieren[53], genügt es, wenn das jeweilige nationale Rechtsschutzsystem den Weg eröffnet hat, die Verletzung gleichartiger innerstaatlicher Rechte zu rügen, sofern und soweit diese die Konventionsverbürgungen der Substanz nach umfassen[54]. Erforderlich ist nur, daß die angerufene Stelle auch insoweit **ausreichende Kontroll- und Entscheidungsbefugnisse** hat und in **sachlicher Unabhängigkeit** den fraglichem Vorgang inhaltlich überprüfen und gegebenenfalls angemessene Abhilfe in die Wege leiten kann[55].

Art. 2 Abs. 3 IPBPR ist seinem Wortlaut nach eine **Staatenverpflichtung,** so daß zwei- 8
felhaft sein könnte, ob der einzelne einen Anspruch daraus herleiten kann; dies wird aber überwiegend bejaht[56]. Für die Bundesrepublik ist die Frage ohne praktische Bedeutung, da das bestehende nationale Rechtsschutzinstrumentarium weit umfangreicher ist als die Konventionen erfordern[57]; außerdem ergibt sich ein solches Recht des Einzelnen auch aus Art. 13 MRK.

Art. 13 MRK begründet, ungeachtet seiner Ausfüllungsbedürftigkeit durch natio- 9
nales Recht, auch ein **Individualrecht**[58]. Auf dieses kann sich in den Staaten, die die Konvention ins innerstaatliche Recht transformiert haben[59], jedermann gegenüber den nationalen Stellen unmittelbar berufen. Wenn allerdings das nationale Verfahrensrecht im konkreten Fall keinen wirksamen Rechtsbehelf vorsieht, mag es fraglich sein, ob dann die innerstaatliche Umsetzung stets an der Unzulänglichkeit des nationalen Rechts scheitert[60]. Es erscheint vertretbar, in solchen Fällen unter Hinweis auf die unmittelbare Geltung des Art. 13 MRK kleinere gesetzestechnisch und nicht prinzipiell bedingte Rechtsschutzlücken durch analoge Heranziehung bestehender Rechtsbehelfsregelungen einschließlich der dort vorgesehenen Zuständigkeiten auszufüllen, um das innerstaatlich bestehende Recht auf Überprüfung zu verwirklichen[61].

---

52 Vgl. EGMR 26. 3. 1987 Leander/Schwed (Series A 116); 15. 11. 1996 Chahal/GB (ÖJZ **1997** 432): 20. 6. 2003 Al-Nashif/Bulg (ÖJZ **2003** 344); *Grabenwarter* § 25 Rdn. 114; ferner Rdn. 2; 20.

53 Ferner etwa EGMR 6. 2. 1976 Svenska Lokmannaförbundet/Schwed (EuGRZ **1975** 562), dazu *Fahlbeck* EuGRZ **1976** 476; 8. 7. 1986 Lithgow/GB (EuGRZ **1988** 350); 27. 11. 1992 Olsson (2)/Schwed (ÖJZ **1993** 353); 28. 10. 1994 Murray/GB (EuGRZ **1996** 587). IntKommEMRK/*Schweizer* 14 mit weit. Nachw.

54 EGMR 18. 1. 1978 Irland/GB (EuGRZ **1979** 149); 8. 7. 1986 Lithgow/GB (EuGRZ**1988** 350); *Frowein/Peukert* 11; *Grabenwarter* § 24 Rdn. 115.

55 Wegen der Einzelheiten vgl. Rdn. 20.

56 Bejahend *Nowak* 2, 3; vgl. *Hofmann* S. 25; *Partsch* EuGRZ **1989** 1; ferner zur ähnlichen Rechtslage bei der AMRK *Buergenthal* EuGRZ **1984** 170.

57 Vgl. *Hofmann* S. 26.

58 IntKommEMRK/*Schweizer* 10; *Schorn* 6. Die Absicht, nur eine Staatenverpflichtung zu begründen, hat sich bei den Vertragsverhandlungen nicht durchgesetzt, vgl. *Frowein/Peukert* 1; *Guradze* 1, 3.

59 Eine Pflicht zur Transformation folgt daraus aber nicht, vgl. etwa EGMR 27. 9. 1999 Smith & Grady/GB (NJW **2000** 2089); vgl. *Frowein/Peukert* 11; IntKommEGMR/*Schweizer* 13; *Meyer-Ladewig* 8. Zur Rechtslage in den Staaten, in denen die MRK kein innerstaatliches Recht ist, vgl. *Villiger* HdB 652 und Rdn. 21.

60 Vgl. EKMR DÖV **1959** 743; VfGH Rheinland-Pfalz NJW **1959** 1628; BGHSt **20** 68; *Münch* JZ **1961** 154 (nicht selfexecuting); *Meyer-Goßner*[47] 1.

61 Vgl. IntKommEMRK/*Schweizer* 11, 12 zum Wandel der Rechtsprechung in Österreich und der Schweiz in Richtung einer unmittelbaren Anwendbarkeit, *Villiger* HdB 653.

10 In der **Bundesrepublik** eröffnet Art. 19 Abs. 4 GG in Verbindung mit den Verfahrensordnungen aller Gerichtszweige, nicht zuletzt dank der Generalklausel der Verwaltungsgerichtsbarkeit, bei allen Konventionsverletzungen grundsätzlich den **Weg zu den Gerichten**. Er gibt den Betroffenen einen substantiellen Anspruch auf eine wirksame gerichtliche Kontrolle, die nicht durch eine zu enge Auslegung und Anwendung prozessualer Regeln leer laufen darf[62]. Dies ist gilt auch bei erledigten Grundrechtseingriffen, wenn trotz deren prozessualer Überholung ein rechtliches Interesse des Betroffenen an der Feststellung der Rechtswidrigkeit des Eingriffes besteht[63]. Soweit die Konventionsrechte mit Grundrechten übereinstimmen, können auch das **Bundesverfassungsgericht** und vielfach auch die Landesverfassungsgerichte angerufen werden[64]. Damit ist auch den Forderungen des Art. 13 MRK, Art. 2 Abs. 3 Buchst. a, b IPBPR genügt[65]. Zwar kann aus keinem dieser Vertragsbestimmungen eine Verpflichtung der Mitgliedstaaten hergeleitet werden, bei Verletzungen der Konventionsrechte zusätzlich einen Weg zu einem Verfassungsgericht zu eröffnen[66]. Ermöglicht jedoch das nationale Recht, die Verletzung eines Konventionsrechts oder einer gleichgerichteten innerstaatlichen Verfassungsverbürgung bei einem Verfassungsgericht geltend zu machen, muß auch dieser innerstaatliche Rechtsbehelf nach Art. 35 Abs. 1 MRK **ausgeschöpft** werden, bevor der EGMR mit der Sache befaßt werden darf[67].

4. Verletzung der in den Konventionen festgelegten Rechte und Freiheiten

11 **a) Nur** wenn die **Verletzung von Konventionsrechten plausibel geltend gemacht werden können**, muß dem davon Betroffenen (Verletzter) ein wirksamer innerstaatlicher Rechtsbehelf zur Verfügung stehen. Wer als **Verletzter** in Betracht kommt und damit nach Art. 13 MRK, Art. 2 Abs. 3 IPBPR Anspruch auf einen wirksamen innerstaatlichen Rechtsbehelf hat, richtet sich danach, ob die konkrete staatliche Maßnahme ihn selbst beschwert, er selbst also ihr Opfer ist, weil sie in ein bestimmtes, ihm selbst durch die Konvention verbürgtes eigenes Recht eingreift[68]. Dies können auch Kinder oder nicht voll geschäftsfähige Personen sein[69].

12 Die akzessorische Verfahrensgarantie des Art. 13 MRK besteht nie für sich allein, sondern immer nur im **Zusammenhang mit der konkreten Verletzung eines anderen Konventionsrechtes**[70]. Die Behauptung eines Verstoßes gegen Art. 13 MRK muß daher immer auch das Konventionsrecht mit anführen, dem mit der Beschwerde innerstaatlich zur Geltung verholfen werden soll[71]. Soweit ein Staat ein bestimmtes Konventionsrecht nur mit Vorbehalte anerkannt hat, gewährleistet Art. 13 MRK die Nachprüfung des jeweiligen Konventionsrechts auch nur mit den sich aus diesem Vorbehalt ergebenden Einschränkungen[72].

---

62 Vgl. etwa BVerfGE **97** 27, 39; **100** 313, 364; **101** 397, 407.

63 Vgl. BVerfGE **96** 27 = JR**1992** 328 mit Anm. *Ameling*; ferner etwa *Meyer-Goßner*[47] Vor § 296, 18a; LR-*Matt* Vor § 304 StPO, 68 ff, beide mit weit. Nachw.

64 Vgl. BVerfG (Kammer) EuGRZ **1985** 655 (Pakelli).

65 Wegen des Sonderfalls des 10 Abs. 2 GG vgl. Rdn. 20.

66 EGMR 23.9.1982 Sporrong, Lönnroth/Schwed (EuGRZ **1983** 527); 21.2.1986 James/GB (EuGRZ **1988** 341); EKMR DÖV **1959** 743; VfGH Rheinland-Pfalz NJW **1959** 1628; *Meyer-Ladewig* 16; *Morvay* ZaöRV **21** (1961) 105; *Schorn* 15; ferner *Dörr* 92 (Transformation begründet keine Zuständigkeit des BVerfG).

67 Vgl. Art. 35 Abs. 1 MRK.

68 Vgl. Art. 1 Rdn. 8 ff; Art. 34 MRK.

69 Vgl. etwa EGMR 25.2.1992 Andersson M & R/Schwed (ÖJZ **1992** 552); IntKommEMRK/*Schweizer* 16, 17 (auch zur Prozeßfähigkeit Minderjähriger).

70 *Frowein/Peukert* 1; IntKommEMRK/*Schweizer* 36, 37; *Matscher* FS Seidl-Hohenveldern 319.

71 *Frowein/Peukert* 1.

72 IntKommEMRK/*Schweizer* 24.

Zu den **Konventionsrechten** zählen die im 1. Abschnitt der MRK aufgenommenen Rechte, ferner, soweit der jeweilige Staat ihnen beigetreten ist, auch die Rechte und Freiheiten, die sich aus den **Zusatzprotokollen** ergeben. Ebenso wie andere Konventionsbestimmungen ist Art. 13 MRK auch bei diesen anwendbar. Auf andere Rechte und Freiheiten erstreckt sich seine Garantie auf einen wirksamen Rechtsbehelf nicht, mögen diese auch im jeweiligen Staat verfassungsrechtlich gewährleistet sein oder sich aus anderen völkerrechtlichen Verpflichtungen ergeben. **13**

Auch **Art. 2 Abs. 3 IPBPR** ist akzessorisch[73]; das Fehlen eines wirksamen Rechtsbehelfs kann ebenfalls nur im Hinblick auf eine Beeinträchtigung bei Ausübung eines bestimmten Konventionsrechts nach Art. 6 bis 27 IPBPR beanstandet werden[74]. **14**

b) Nur bei der Konventionsverletzung durch einen zu ihrer Beachtung verpflichteten **Träger der öffentlichen Gewalt** wird ein Rechtsbehelf garantiert[75], nicht aber für **Ansprüche zwischen Privaten**. Wenn der Wortlaut des Art. 13 MRK ausdrücklich hervorhebt, daß dies auch gilt, wenn Personen die Verletzung in amtlicher Eigenschaft begangen haben, sollte damit nur Besonderheiten des englischen Rechts Rechnung getragen werden[76]. Diese für die kontinentaleuropäischen Rechtssysteme überflüssige Klarstellung darf deshalb nicht dazu verleiten, den Anwendungsbereich des Art. 13 MRK über die Bereiche der öffentlichen Gewalt hinaus auszudehnen[77]. Gleiches gilt für den entsprechenden Zusatz bei Art. 2 Abs. 3 Buchst. a IPBPR[78]. Zur Frage, ob Art. 13 auch bei Konventionsverstößen in einem gerichtlichen Verfahren einen gesonderten Rechtsbehelf fordert, vgl. Rdn. 6c. **15**

Bei **konventionswidrigen Gesetzen** fordert Art. 13 MRK nicht, daß im nationalen Recht eine **abstrakte Anfechtungsmöglichkeit** besteht[79]. Dies schließt nicht aus, daß vor Anrufung des EGMR zur Erschöpfung des innerstaatlichen Rechtswegs erforderlich ist, daß innerstaatlich auch ein Verfassungsgericht oder ein sonstiges, zur abstrakten Normenkontrolle befugtes Organ anzurufen ist, wenn die nationale Verfassung im wesentlichen übereinstimmende Grundrechte verbürgt oder wenn es ein dort der Konvention zuerkannter Übergesetzesrang erlaubt, deren Verletzung unmittelbar zu rügen. Den Anforderungen des Art. 13 ist jedoch schon genügt, wenn das nationale Recht eine Rechtsbehelfsmöglichkeit vorsieht, die die Nachprüfung des beanstandeten Vollzugsaktes mit dem Gesetz erlaubt[80]. Bei **Normen im Range unterhalb der Gesetze** wird gefordert, daß das nationale Recht einen dem Art. 13 genügenden Rechtsbehelf auch gegen die Regelung als solche eröffnet[81]. **Art. 2 Abs. 3 IPBPR** erfordert nicht, daß die Mitgliedstaaten eine Normenkontrollklage einführen[82]. **16**

Unabhängig davon ist auch die **Verfassungsbeschwerde** wegen Verletzung eines die Konventionsrechte inhaltlich umfassenden Grundrechtes eine wirksame Beschwerde im Sinne des Art. 13 MRK, Art. 2 Abs. 3 IPBPR. Das Bundesverfassungsgericht geht bei **17**

---

[73] *Nowak* 13 ff; 56.

[74] UN-AMR bei *Nowak* 15; *Nowak* 13, 14.

[75] *Morvay* ZaöRV **21** (1961) 319; *Schorn* 2, 4.

[76] *Frowein/Peukert* 5; IntKommEMRK/*Schweizer* 92; *Grabenwarter* § 24 Rdn. 116 (der ursprüngliche englische Text – „notwithstanding" – ist maßgebend; er erklärt sich daraus, daß im englischen Recht der Staat nicht ohne weiteres für seine Beamten haftet).

[77] *Schorn* 18.

[78] Zur Übernahme des britischen Entwurfs vgl. *Nowak* 9.

[79] EGMR 26. 3. 1987 Leander/Schweden (Series A 116), 21. 2. 1986 James/GB (EuGRZ **1988** 341); 8. 7. 1986 Lithgow/GB (EuGRZ **1988** 350); 21. 2. 1990 Powell&Rayner/GB (ÖJZ **1990** 418); 9. 12. 1994 Holy Monasteries/Griech. (ÖJZ **1995** 428); 26. 10. 2000 Kudla/Polen (NJW **2001** 2694); EKMR nach EGMR 26. 3. 1985 X & Y/Ndl. (EuGRZ **1985** 297); *Frowein/Peukert* 8; *Meyer-Ladewig* 16; *Morvay* ZaöRVR **21** (1961) 105; eingehend zu den verschiedenen Ansichten IntKommEMRK/*Schweizer* 79 ff. **a. A** wohl *Schorn* 4. Vgl. Rdn. 6 b.

[80] IntKommEMRK/*Schweizer* 82.

[81] EGMR 28. 5. 1985 Abdulaziz, Cabales & Balkandali/GB (EuGRZ **1985** 567 „Immigrations Rules").

[82] *Nowak* 69.

besonders tiefgreifenden und folgenschweren Grundrechtsverstößen trotz Erledigung vom Fortbestehen eines Rechtsschutzbedürfnisses aus, wenn die direkte Belastung des Betroffenen sich auf eine Zeitspanne beschränkte, innerhalb der er eine Entscheidung des Bundesverfassungsgerichts nach dem regelmäßigen Geschäftsgang nicht erlangen konnte[83].

18 Wird die Verletzung der Konvention erst durch die Entscheidung eines Konventionsorgans, etwa des EGMR, festgestellt, so fordert Art. 13 MRK nicht, daß das nationale Recht die **Wiederaufnahme** des rechtskräftig erledigten Verfahrens vorsehen muß[84]. In der Bundesrepublik hat der Gesetzgeber diese Möglichkeit aber jetzt für das Strafverfahren in § 359 Nr. 6 StPO eröffnet.

19 **c) Mit vertretbaren Argumenten** („arguable claim") muß die Verletzung eines Konventionsrechts, derentwegen das Rechtsbehelfsrecht nach Art. 13 MRK, Art. 2 Abs. 3 IPBPR in Anspruch genommen wird, **behauptet werden** können. Um das Recht auf einen effektiven Rechtsbehelf auszulösen, muß die Behauptung nicht bereits **erwiesen** sein[85]. Der Sinn der Rechtsbehelfsgarantie liegt darin, dem einzelnen die Möglichkeit zu eröffnen, vor nationalen Organen die Tragweite seiner Konventionsrechte zu klären und sie gegebenenfalls durchzusetzen. Die Argumente, mit denen er dies versucht, müssen vertretbar sein; das Vorliegen der Verletzung eines Konventionsrechts muß also bei Würdigung aller Umstände des Einzelfalls immerhin denkbar sein[86]. Unerheblich ist dann, ob sie sich im Endergebnis als begründet erweist. Bei der notwendigen konkreten Würdigung kann auch ein sachlich unbegründetes Vorbringen noch als vertretbare Argumentation zu werten sein[87]. Nur offensichtlich unbegründete („manifestly ill-founded"), vor allem völlig unvernünftige oder abwegige Ableitungen, reichen nicht aus, um aus Art. 13 MRK, Art. 2 Abs. 3 IPBPR einen Anspruch auf einen Rechtsbehelf herzuleiten[88]. Dies sollte aber nicht automatisch mit allen Fällen gleichgesetzt werden, in denen der EGMR nach Art. 35 Abs. 3 MRK eine Beschwerde mitunter nach längerer und eingehender Prüfung der Argumente im Endergebnis als „offensichtlich unbegründet und damit unzulässig" verwirft. In solchen Fällen können diese durchaus vertretbar im Sinne des Art. 13 MRK gewesen sein[89].

---

[83] Vgl. BVerfGE **34** 180; **41** 43; **49** 51; **96** 27, 39; **100** 313, 364; **101** 397, 407 BVerfG (Kammer) NJW **1991** 690 mit weit. Nachw.

[84] Vgl. BVerfG (Vorprüfungsausschuß) EuGRZ **1985** 654 (Pakelli); OLG Stuttgart Justiz **1985** 177 je mit weit. Nachw.; strittig, vgl. Anhang Rdn. 76a ff.

[85] So aber zunächst EKMR vgl. *Frowein/Peukert* 2; IntKommEMRK/Schweizer 39.

[86] EGMR 6. 9. 1978 Klass/D (EuGRZ **1979** 278); 25. 3. 1983 Silver/GB (EuGRZ **1984** 147); 26. 3. 1987 Leander/Schwed (Series A 116); 27. 4. 1988 Boyle & Rice/GB (Series A 131); 21. 2. 1990 Powell, Rayner (ÖJZ **1990** 418, vgl. auch EuGRZ **1986** 707); 25. 6. 1997 Halford/GB (ÖJZ **1998** 311); 19. 2. 1998 Kaya/Turk; 28. 10. 1999 Wille/Liechtenstein (NJW **2001** 1195); 6. 3. 2001 Hilal/GB (ÖJZ **2002** 436); vgl. auch EKMR EuGRZ **1977** 422 (Mindermeinung *Trechsel* im Fall Klass); *Frowein/Peukert* 2; *Grabenwarter* § 24 Rdn. 112, 113; *Meyer-Ladewig* 5; *Matscher* FS Seidl-Hohenveldern 320; *Nowak* 63.

[87] Etwa EGMR 27. 4. 1988 Boyle & Rice/GB (Series A 131); 25. 2. 1992 Andersson ua/Schwed (ÖJZ 1992 552); 25. 3. 1993 Costello-Roberts/GB (ÖJZ **1993** 707); 16. 12. 1997 Camenzind/CH (ÖJZ **1998** 797); 18. 12. 1996 Valsamis/Griech (ÖJZ **1998** 114); IntKommEMRK/*Schweizer* 40, *Meyer-Ladewig* 5.

[88] EGMR 21. 2. 1990 Powell u. a./GB (ÖJZ 1990 418); IntKommEMRK/*Schweizer* 20, 21; *Meyer-Ladewig* 6; *Matscher* FS Seidl-Hohenveldern 321.

[89] Vgl. *Villiger* HdB 655 ff, wonach sich Vertretbarkeit und (nachträglich festgestellte) Unbegründetheit nicht notwendig widersprechen, mit der Folge, daß trotz Abweisung des materiellen Konventionsverstoßes eine Verletzung des Art. 13 MRK festgestellt werden kann; ebenso *Grabenwarter* § 24 Rdn. 112. Bei der weiten Ausdehnung des Begriffs der offensichtlichen Unbegründetheit im Sinne des Art. 35 Abs. 3 MRK (vgl. Anhang Rdn. 53) kann dies u. U. sogar gelten, wenn der EGMR die Rüge eines materiellen Konventionsverstoßes als offensichtlich unbegründet verwirft (*Grabenwarter* § 24 Rdn. 113 unter Hinweis auf EKMR). Andererseits aber EGMR 21. 2. 1990 Powell, Rayner/GB (ÖJZ **1990** 418), wo der Gerichtshof die Ansicht vertrat, daß die Schwelle der offensichtlichen Unbegründetheit so angesetzt werden müsse, daß sie auch für die Ver-

5. Wirksamer Rechtsbehelf

a) Die **Entscheidung einer nationalen Stelle** über die Konventionsverletzung muß jeder von ihr Betroffene nach Art. 13 MRK herbeiführen können. Notwendig ist ein **effektiver Rechtsbehelf**[90], mit dem die Konventionsverletzung innerstaatlich beanstandet werden kann. Dafür genügt es, daß der Betroffene innerstaatlich die Möglichkeit zur Anrufung einer staatlichen Stelle hat. Ihm muß nicht notwendig das Recht auf **Anrufung eines unabhängigen Gerichtes** eingeräumt werden[91]. Die angerufene Stelle muß aber in der Lage sein, den Vorwurf der Konventionsverletzung ohne jede Vorbelastung[92] objektiv und sachlich unabhängig von anderen staatlichen Stellen[93] und vor allem auch von der für die Konventionsverletzung verantwortlichen Ausgangsbehörde[94] in absehbarer Zeit zu überprüfen, verbindlich festzustellen und dafür zu sorgen, daß einem von ihr festgestellten Verstoß abgeholfen und insgesamt eine konventionskonforme Lage hergestellt wird[95]. Dies setzt grundsätzlich voraus, daß die angerufene Stelle **ausreichende Kontroll- und Entscheidungsbefugnisse** hat[96] und daß sie in der Lage ist, in sachlicher Unabhängigkeit von der Ausgangsbehörde[97] den fraglichen Eingriff unter allen konventionserheblichen Gesichtspunkten ungehindert inhaltlich zu überprüfen und bei Feststellung eines Verstoßes wirksame Abhilfe oder aber Kompensation (Aufhebung, Schadensersatz oder eine andere Form der Genugtuung) in die Wege zu leiten[98]. Nicht notwendig ist, daß sie den belastenden Akt selbst aufheben kann. Es kann auch genügen, daß sie nur die Rechtswidrigkeit des belastenden Aktes feststellt oder sonst eine innerstaatliche Maßnahme auslöst, die die Konventionsverletzung und ihre Folgen neutralisiert oder durch Schadensersatz oder einer anderen Form der Genugtuung ausgleicht[99]. **20**

Bei welcher **nationalen Stelle** das über die Beschwerde entscheidende nationale Organ errichtet wird, ist unerheblich, ebenso die **Form**, in der es entscheidet. Dies ist den einzelnen Vertragsstaaten überlassen[99a]. Diese können auch darüber befinden, ob der nationale Rechtsbehelf darauf gerichtet sein soll, den Konventionsverstoß soweit möglich **20a**

---

tretbarkeit eines Anspruchs gilt; ähnlich EGMR 21. 6. 1988 Plattform Ärzte für das Leben/Ö (EuGRZ **1989** 522), *Meyer-Ladewig* 6 stimmt dem „für den Regelfall" zu; Bedenken dagegen bei *Frowein/Peukert* 2; vgl. auch EGMR 27. 4. 1988 Boyle, Rice/GB (Series A 131); *Grabenwarter* § 24 Rdn. 113 unter Hinweis auf die unterschiedliche Beurteilung von EKMR und EGMR 21. 6. 1988 in Fall Plattform „Ärzte für das Leben"/Ö (EuGRZ **1989** 522).

90 Etwa EGMR 7. 7. 1989 Soering/GB (NJW **1990** 2183); *Frowein/Peukert* 3; h. M.

91 EGMR 6. 9. 1978 Klass/D (EuGRZ **1977** 419); 25. 3. 1982 Silver/GB (EuGRZ **1984** 149); 15. 11. 1996 Chahal/GB (ÖJZ **1997** 432): 20. 6. 2003 Al-Nashif/Bulg (ÖJZ **2003** 344); OVG Münster NJW **1956** 1374; *Frowein/Peukert* 3; *Guradze* 4; IntKommEMRK/*Schweizer* 88 ff; *Morvay* ZaöRV **21** (1961) 101 mit Nachw. zum Streitstand; ferner Rdn. 2.

92 Verneinend EGMR 25. 3. 1982 Silver/GB (EuGRZ 1984 147, wo selbsterlassene Vorschriften überprüft werden sollten); *Frowein/Peukert* 4.

93 Vgl. EGMR 12. 5. 2000 Khan/BG (ÖJZ **2001** 654); 25. 9. 2001 P G, J H/GB (ÖJZ **2002** 911: Abhängigkeit der Mitglieder der Police Complaints Authority vom Secretary of State).

94 EGMR 19. 12. 1994 Vereinigung demokratischer Soldaten Österreichs & Gubi/Ö (ÖJZ **1995** 314), vgl. ferner EGMR 12. 5. 2000 Khan/GB (ÖJZ **2001** 654); IntKommEMRK/*Schweizer* 65.

95 IntKommEMRK/*Schweizer* 57.

96 Dazu Rdn. 21.

97 Etwa EGMR 25. 3. 1983 Silver u. a./GB (EuGRZ **1984** 147).

98 Etwa EGMR 25. 3. 1983 Silver/GB (EuGRZ **1984** 147); 6. 9. 1978 Klass/D (EuGRZ **1977** 419); 4, 5. 2000 Rotaru/Rum (ÖJZ **2001** 74); 20. 6. 2003 Al-Nashif/Bulg (ÖJZ **2003** 344); 28. 1. 2003 Peck/GB (ÖJZ **2004** 651 verneinend für Medienkommission; die keinen Schadensersatz zusprechen kann); vgl. ferner *Frowein/Peukert* 3, 6; *Grabenwarter* § 24 Rdn. 114; *Meyer-Ladewig* 15; *Nowak* 61 je mit weit. Nachw.; *Volkert* JZ **2002** 553, 557. Zur Problematik einer nur bei abgeschlossenem Verfahren greifenden Entschädigungslösung bei Verfahrensverzögerungen *Gundel* DVBl **2004** 17, 26.

99 Vgl. Rdn. 26.

99a Etwa EGMR 30. 10. 1991 Vilvarajah/GB (ÖJZ **1991** 309); 28. 1. 2003 Peck/GB (ÖJZ **2004** 651).

noch im laufenden Verfahren zu beheben[99b] oder ob er sich in allen Fällen nur auf die Feststellung der Konventionsverletzung und deren Kompensation durch eine entsprechende Entschädigung beschränken soll[99c]. Wie Art. 2 Abs. 3 Buchst. b IPBPR verdeutlicht, kommen je nach der konkreten Ausgestaltung ihrer Prüfungsbefugnisse und Abhilfemöglichkeiten neben den Gerichten auch andere verwaltungsinterne oder bei der Legislative angesiedelte **Kontrollinstanzen** in Betracht, wie etwa parlamentarische Ausschüsse, sofern diese zumindest faktisch verbindliche Entscheidungen treffen oder herbeiführen können[100]. Bei einem Ombudsmann wurde dies verneint[101]. Der Beschwerdeführer muß ferner vor der angerufenen Stelle mit seinen Argumenten hinreichend Gehör finden können. Diese muß in der Lage sein, in absehbarer Zeit[102] und mit hinreichender **sachlicher Distanz** und **Unabhängigkeit** unbehindert durch Handlungen oder Unterlassungen anderer Stellen[103] die behauptete Verletzung eines Konventionsrechts zu überprüfen und darüber zu entscheiden. Deshalb darf sie an der Maßnahme, in der eine Verletzung der Konventionsrechte gesehen wird, **nicht selbst beteiligt** gewesen sein, etwa dadurch, daß sie die beanstandeten Vorschriften selbst erlassen hat[104]. Ob im übrigen **Aufsichtsbeschwerden** an den zuständigen Minister ausreichen oder ob bei diesem die Unbefangenheit gegenüber seinen nachgeordneten Stellen nicht durchweg gesichert erscheint, ist strittig[105]. Bei der Vielzahl der hier hereinspielenden Umstände und Gestaltungsmöglichkeiten wird man auf den Einzelfall und die gesamten Gegebenheiten des jeweiligen nationalen Rechtsschutzsystems, vor allem auf die Stellung und Befugnisse der tatsächlich entscheidenden Organe sowie auf den Grad ihrer Unabhängigkeit im konkreten Fall abstellen müssen, ferner auch auf die Zugangsmöglichkeiten und Verfahrensgarantien, die das im konkreten Fall Platz greifende nationale Verfahren gewährt[106]. Maßgebend dürfte immer sein, ob die angerufene Stelle zur sachlichen Prüfung befugt ist, ob sie sich nach objektiven Kriterien und unbeeinflußt von den anderen Staatsorganen alsbald[107] mit der Sache befassen, eine etwaige Konventionsverletzung feststellen und bei deren Vorliegen für Abhilfe oder eine angemessene Kompensation sorgen kann[108]. Ein wirksamer Rechtsbehelf liegt nicht vor, wenn es dem Ermessen einer politischen Instanz überlassen bleibt, ob es einer Konventionsverletzung abhelfen will[109]. Er fehlt

---

99b Zu dieser Tendenz vgl. BVerfGE **108** 341, wo gefordert wird, daß die Verstöße gegen das Recht auf Gehör bereits im Bereich der Fachgerichtsbarkeit bereinigt werden müssen, wobei dem Gesetzgeber freigestellt wird, ob er diese Aufgabe der gleichen Instanz oder aber der nächsthöheren überträgt.

99c Vgl. etwa *Bien/Guillaumont* EuGRZ **2004** 451 (Deutschland/Frankreich) und zur Regelung in Italien durch das Gesetz vom 24. 3. 2001 *Breuer* EuGRZ **2004** 445, 446, zu den Abhilfemöglichkeiten in anderen Ländern vgl. die Nachw. Fußn. 36.

100 Vgl. EKMR bei *Frowein/Peukert* 3; IntKommEMRK/*Schweizer* 60, 77; ferner *Nowak* 58 ff; insbes. auch 60, wonach in bestimmten Fällen sogar im Erlaß eines Amnestie- oder Wiedergutmachungsgesetzes ein wirksamer Rechtsschutz gegen vorangegangene Maßnahmen gesehen wurde.

101 EGMR 10. 5. 2001 T P & K M /GB (ECHR 2001-V); *Meyer-Ladewig* 15.

102 Vgl. *Nowak* 56.

103 EGMR 27. 6. 2001 Salman/Türkei (NJW **2001** 2001) mit weit. Nachw.

104 EGMR 25. 3. 1985 Silver/GB (EuGRZ **1984** 147).

105 EGMR 28. 6. 1984 Campell & Fell/GB (EuGRZ **1985** 545) sieht dies als ausreichend an, dagegen *Frowein/Peukert* 4. IntKommEMRK/*Schweizer* 60. *Nowak* 59 schließt aus der Entstehungsgeschichte des IPBPR, daß die Entscheidung durch politische Organe, wie Regierungen, als wirksamer Rechtsschutz nicht ausreicht.

106 EGMR 29. 10. 1992 X/GB (EuGRZ **1982** 106); 25. 4. 1983 Van Droogenbroeck/B (EuGRZ **1984** 12); 25. 3. 1983 Silver/GB (EuGRZ **1984** 147); 16. 2. 2000 Amann/CH (ÖJZ **2001** 71); 28. 1. 2003 Peck/GB (ÖJZ **2004** 651); vgl. auch die nachfolgende Fußn.

107 Vgl. EGMR 19. 12. 1994 Vereinigung Demokratischer Soldaten Österreichs & Gubi/Ö (ÖJZ **1995** 314): Kein wirksamer Rechtsbehelf, wenn angerufenes Ministerium ein halbes Jahr nach Gesuch nicht tätig geworden ist.

108 Vgl. etwa EGMR 25. 3. 1983 Silver/GB (EuGRZ **1984** 147); *Nowak* 61.

109 IntKommEMRK/*Schweizer* 73; *Frowein/Peukert* 3; *Nowak* 57.

auch, wenn die Anfechtbarkeit eines Verwaltungsaktes (Ausweisung) aus Gründen der nationalen Sicherheit im Gesetz überhaupt nicht vorgesehen ist[110].

b) Eine **ausreichende Prüfungskompetenz** der entscheidenden Stelle ist für einen wirksamen Rechtsbehelf unerläßlich. Sie muß sich **auf alle für die Beachtung der Konventionsgarantien wesentlichen Umstände** erstrecken. Soweit Verfehlungen staatlicher Stellen als Ursache für die Konventionsverletzung in Frage kommen, muß sie den Sachhergang und die dafür Verantwortlichen gründlich und wirksam selbst ermitteln können[111]. Die Nachprüfung muß die „Substanz der behaupteten Konventionsverletzung" umfassen. Dazu gehört grundsätzlich auch, daß die nachprüfende Stelle die dafür wesentlichen Sachfragen selbst beurteilen und in sachlicher Unabhängigkeit selbst darüber entscheiden kann[112]. Eine nationale Instanz, die nicht überprüfen darf, ob der Eingriff einem dringenden sozialen Bedürfnis entsprach und verhältnismäßig war, genügt dieser Anforderung nicht[113]. Gleiches gilt, wenn sie wegen des weiten Ermessensspielraums der Verwaltung von der Überprüfung absieht[114]. Ob ein Gericht noch den Anforderungen des Art. 13 genügen kann, das eine Entscheidung nur daraufhin überprüft, ob sie „rechtswidrig, willkürlich, unvernünftig oder mit Verfahrensmängel behaftet ist"[115], wurde unterschiedlich beurteilt[116]. Unter Hinweis auf den Ermessensspielraum des nationalen Gesetzgebers wurde eine darauf beschränkte Überprüfung in einigen Fällen für ausreichend gehalten[117]. Ob eine solche inhaltlich beschränkte („reasonableness") Prüfungskompetenz[118] in bestimmten Fällen ausreicht, ist zweifelhaft; bei der Gefahr schwerwiegender Folgen für den Betroffenen (Abschiebung, drohende Folter) wurde dies verneint[119]. Bei einer unabhängigen Kommission, die **geheime Überwachungsmaßnahmen** nachprüft, hat der EGMR dagegen eine Überprüfung „so wirksam als möglich" als ausreichend angesehen[120]. Die Anforderungen, die an den Umfang der Nachprüfungskompetenz gestellt werden, hängen auch davon ab, welches faktische Gewicht eine solche Kontrolle nach der jeweiligen nationalen Übung hat, ferner aber auch von der Schwere der jeweiligen Konventionsverletzung und sonstigen Besonderheiten des Einzelfalls. In 21

---

110 EGMR 20. 6. 2002 Al-Nashif/Bulg (ÖJZ **2003** 344); *Frowein/Peukert* 4.

111 Vgl. *Meyer-Ladewig* 11 und die dort angeführten Entscheidungen des EGMR.

112 Etwa EGMR 25. 3. 1983 Silver u. a./GB (EuGRZ **1984** 147); 26. 3. 1987 Leander/Schwed (Série A 116); *Grabenwarter* § 24 Rdn. 114; *Meyer-Ladewig* 15.

113 EGMR 27. 9. 1999 Smith, Grady/GB (NJW **2000** 2089); *Meyer-Ladewig* 14.

114 EGMR 26. 10. 2000 Haasan, Tchaouch/Bulg. (ECHR 2000-XI); *Meyer-Ladewig* 14.

115 „Illegality, irrationality or procedural inpropriety".

116 Für das Verfahren der „judicial review" hat die EKMR dies verneint, der EGMR dies aber bejaht, so 7. 7. 1989 Soering/GB (NJW **1990** 2183); 30. 10. 1991 Vilvarajah/GB (NVwZ **1992** 869), 6. 3. 2001 Hilal/GB (ÖJZ **2002** 436), verneinend 15. 11. 1996 Chahal/GB (ÖJZ **1997** 632). Zu diesen Verfahren vgl. *Frowein/Peukert* 3; IntKommEMRK/*Schweizer* 69; *Meyer-Ladewig* 14.

117 EGMR 7. 7. 1989 Soering (NJW **1990** 2183); 30. 10. 1991 Vilvarajah u. a./GB (ÖJZ 1992 309); zum auf dieser Linie liegenden britischen Habeas corpus Verfahren vgl. Art. 5 MRK Rdn. 110; 122.

118 Vgl. EGMR 30. 10. 1991 Vilvarajah (NVwZ **1992** 869); aber auch 15. 11. 1996 Chahal/GB (ÖJZ **1997** 632): Gerichtliche Überprüfung nur, ob Entscheidung mit „Irrationalität, Rechtswidrigkeit oder Verfahrensfehlern belastet" war, reicht nicht; ferner etwa EGMR 2. 10. 2001 Hatton/GB (ÖJZ **2003** 71); *Meyer-Ladewig* 14.

119 Vgl. *Frowein/Peukert* 3 unter Hinweis auf die EGMR 7. 7. 1989 Soering (NJW **1990** 2183); ferner auch EGMR 6. 2. 2003 Mamatkulow, Abdurasulovic/Türk (EuGRZ **2003** 704); vgl. *Meyer-Ladewig* 11 ff.

120 EGMR 26. 3. 1987 Leander/Schwed (Series A 116); 6. 9. 1978 Klass/D (EuGRZ **1977** 419) Eingriffe nach Art. 8 und 10 MRK, in denen die nationale Sicherheit die Preisgabe sensibler Informationen nicht erlaubte; ferner 30. 10. 1991 Vilvarajah (NVwZ **1992** 869); anders EGMR 15. 11. 1996 Chahal/GB (ÖJZ **1997** 632: strengere Anforderungen zumindest bei Gefahr irreversibler Schäden – Art. 3 MRK – bei Ausweisung); ähnlich EGMR 11. 7. 2000 Jabari/Türk (ÖJZ **2002** 37); *Grabenwarter* § 24 Rdn. 116 (Reichweite der Nachprüfungspflicht abhängig von dem jeweilig geltend gemachten Konventionsrecht); *Meyer-Ladewig* 12.

Angelegenheiten, die die nationale Sicherheit und die Geheimhaltungsinteressen des Staates betreffen, wurde es als genügend angesehen, daß diese von der beauftragten Stelle „so weit wie nach den (besonderen) Umständen möglich" („as effective as can be") überprüfbar sind, wobei allerdings mit der Schwere des Konventionsverstoßes auch die Anforderungen an die Nachprüfung steigen[121]. Bei Eingriffen in das Brief-, Post- und Fernmeldegeheimnis nach Art. 10 Abs. 2 GG wurde die Entscheidung des unabhängigen Kontrollausschusses als ausreichend erachtet[122]. Vor allem, wenn Erwägungen der nationalen Sicherheit die Preisgabe sensibler Daten nicht erlauben, hielt der EGMR es für ausreichend, daß der Rechtsbehelf so wirksam als möglich war[123]. In einer späteren Entscheidung hat er dies dahin erläutert, daß diese Fälle Verbürgungen der Art. 8 oder 10 MRK betrafen, die durch die Belange der nationalen Sicherheit eingeschränkt werden können. Bei Verstößen gegen Konventionsgarantien, die wie Art. 3 MRK, keiner Einschränkung zugänglich sind, liegt dagegen ein wirksamer Rechtsbehelf nur vor, wenn der angerufenen nationalen Stelle die Nachprüfung aller konventionserheblichen Gesichtspunkte in einem Verfahren mit ausreichenden prozeduralen Garantien möglich ist[124]. Die nach Art. 13 MRK zuständige Stelle muß über die **Abhilfe** einer von ihr festgestellten Konventionsverletzung **selbst entscheiden** können, sei es, daß sie die gegen die Konvention verstoßende Entscheidung aufhebt[125], sei es daß sie dem Betroffenen Schadensersatz oder eine andere Form der Genugtuung gewährt[126]. Den Anforderungen des Art. 13 MRK ist in keinem Fall genügt, wenn eine Stelle, welche keine eigene Entscheidungsbefugnis hat, sich nur in beratender Funktion äußert oder nur eine **nicht bindende Empfehlung** abgeben kann[127]. Nur wenn in der Praxis des jeweiligen Staates die Meinung dieser Stelle so gut wie immer befolgt wird, kann deren Anrufung genügen; maßgebend für die Wirksamkeit des Rechtsbehelfs ist letztendlich, ob er bei Vorliegen einer Konventionsverletzung tatsächlich zum Erfolg führt[128].

21a Der EGMR hat auch im **Zusammenspiel mehrerer Rechtsschutzmöglichkeiten,** die für sich allein den Anforderungen des Art. 13 nicht genügten, einen insgesamt ausreichenden innerstaatlichen Rechtsschutzmechanismus gesehen[129]. Erforderlich ist allerdings, daß die Gesamtschau ergibt, daß sich diese Rechtsschutzmechanismen gegenseitig so ergänzen, daß sie in der Zusammenschau einen vollwertigen Rechtsschutz bewirken[130].

---

[121] Etwa EGMR 15. 11. 1996 Chahal/GB (ÖJZ **1997** 632). IntKommEMRK/*Schweizer* 84 ff.

[122] EGMR 6. 9. 1978 Klass/D (EuGRZ **1979** 278). Vgl. ferner EGMR 4. 5. 2000 Rotaru/Rum. (ÖJZ **2001** 74: bei geheimer Überwachung objektiviertes Überwachungssystem ausreichend).

[123] EGMR 6. 8. 1978 Klass/D (NJW **1979** 1755); 26. 3. 1987 Leander/Schwed (Series A 116); ferner auch 30. 10. 1991 Vilvarajah/GB (ÖJZ **1992** 309).

[124] EGMR 15. 11. 1996 Cahal/GB (ÖJZ **1997** 632: zu Art. 5 Abs. 4 MRK); vgl. auch EGMR 27. 9. 1999 Smith & Grady/GB (NJW **2000** 2089); 2. 10. 2001 Hatton ua/GB (ÖJZ **2002** 72: Fluglärm; Art. 8 MRK Beschränkung auf Rechtswidrigkeit, Irrationalität und offensichtliche Unangemessenheit zu eng); in EGMR 30. 10. 1991 Vilvarajah/GB (ÖJZ **1992** 309) wurde dagegen bei Art. 3 MRK noch die eingeschränkte Nachprüfung für ausreichend gehalten; vgl. *Meyer-Ladewig* 14 mit weit. Nachw.

[125] Art. 13 erfordert aber nicht zwingend, daß die entscheidende Stelle diese Befugnis hat, vgl. *Frowein-Peukert* 6.

[126] Etwa EGMR 25. 3. 1983 Silver/GB (EuGRZ **1984** 147); 6. 9. 1978 Klass/D (EuGRZ **1977** 419); 4. 5. 2000 Rotaru/Rum (ÖJZ **2001** 74); 20. 6. 2003 Al-Nashif/Bulg (ÖJZ **2003** 344); *Frowein/Peukert* 3, 6; *Nowak* 61 je mit weit. Nachw.

[127] Etwa EGMR 15. 11. 1996 Chahal/GB (ÖJZ **1997** 632); *Frowein/Peukert* 3; *Grabenwarter* § 24 Rdn. 114; IntKommEMRK/*Schweizer* 73.

[128] EGMR 25. 3. 1999 Iatridis/Griech (EuGRZ **1999** 318).

[129] EGMR 25. 3. 1883 Silver/GB (EuGRZ **1984** 147); 8. 7. 1986 Lithgow (EuGRZ **1988** 350); 26. 3. 1987 Leander/Schwed (Series A 116); 5. 1. 1996 Chahal/GB (ÖJZ **1997** 632): *Grabenwarter* § 24 Rdn. 114; IntKommEMRK/*Schweizer* 63; *Meyer-Ladewig* 13; dagegen *Frowein/Peukert* 6.

[130] EGMR 25. 3. 1983 Silver u. a./GB (EuGRZ **1984** 147); 26. 10. 2000 Kudla/Pol (NJW **2001** 2694); IntKommEMRK/*Schweizer* 77; *Meyer-Ladewig* 13.

Andernfalls können mehrere unzureichende Rechtsbehelfe auch zusammen keinen ausreichenden Rechtsschutz gewähren[131]. Wegen des damit verbundenen Zeitverlusts und den sonstigen Belastungen des Beschwerdeführers kann aber unter Umständen fraglich sein, ob diese Möglichkeit noch als effektiver Rechtsbehelf angesehen werden kann[132].

c) Die Regelung des **innerstaatlichen Verfahrens** zur Überprüfung des behaupteten Konventionsverstoßes überlassen Art. 13 MRK, Art. 2 Abs. 3 IPBPR dem nationalen Recht. Damit der Rechtsbehelf wirksam ist, wird dem Betroffenen jedoch zur Wahrung seines Rechts ein Mindestmaß an Gehör zur Darlegung seiner Beschwerde und auch zur Stellungnahme zu etwaigen relevanten Sachvorträgen anderer Verfahrensbeteiligter einzuräumen sein[133]; hierzu kann auch der Zugang zu den Ergebnissen eines wegen der Konventionsverletzung durchgeführten Ermittlungsverfahrens gehören[134]. Eine mündliche Verhandlung über den Rechtsbehelf fordert Art. 13 MRK nicht[135]. Grundsätzlich sind die Staaten frei, wie sie das Verfahren gestalten und welcher Stelle sie die Überprüfung übertragen wollen. Ihre Regelung muß allerdings den Anforderungen entsprechen, die für die Wirksamkeit des Rechtsbehelfes unerläßlich sind[136]. Vor allem muß ihre Prüfungskompetenz eine **echte Nachprüfung** der konventionserheblichen Gesichtspunkte ermöglichen; sie darf also nicht zu sehr eingeschränkt sein[137]. **22**

Es genügt, wenn das von der Konvention **geschützte Recht seiner Substanz nach** vom Betroffenen vor der entscheidenden Instanz geltend gemacht werden kann. Nicht notwendig ist, daß es dort unmittelbar als Recht aus der Konvention hergeleitet wird. Die Berufung auf **inhaltsgleiches innerstaatliches** Recht reicht aus[138]. Wo die Konventionen nicht Bestandteil des innerstaatlichen Rechts geworden sind, besteht ohnehin nur diese Möglichkeit. Sie reicht allerdings dann nicht aus, wenn eine konventionswidrige Maßnahme dem innerstaatlichen Recht entspricht und deshalb innerstaatlich nicht als rechtswidrig angreifbar ist; dann folgt das Fehlen eines wirksamen Rechtsbehelfs und damit der Verstoß gegen Art. 13 MRK, Art. 2 Abs. 3 IPBPR schon aus der Gesetzeslage[139]. **22a**

Das nationale Recht darf den Rechtsbehelf an die Einhaltung bestimmter **Fristen** oder an sonstige **formale Zulässigkeitsvoraussetzungen** binden[140]. Diese formalen Beschränkungen müssen sich jedoch im Rahmen des sonst Üblichen halten. Sie dürfen keine zu strengen, durch Sachgründe nicht gebotene Anforderungen an die Beschwerdelegitimation stellen und sie dürfen nicht so ausgelegt und angewendet werden, daß es einem Betroffenen faktisch kaum möglich ist, vom Rechtsbehelf fristgerecht Gebrauch zu machen[141]. Unter dem Blickwinkel eines wirksamen Rechtsbehelfs sind daher dem Staat zuzurechnende **Behinderungen des Beschwerdeführer** bei der Ausübung des Rechtsbehelfs oder bei der freien Entscheidung über seine Einlegung ebensowenig vertretbar wie **überzogene formale Anforderungen** an seine Einlegung[142] oder **zu kurze Fristen**[143]; auch das Versagen der aufschiebenden Wirkung kann einen Rechtsbehelf ineffektiv machen[144]. Unvereinbar mit Art. 13 MRK ist es ferner, einen innerstaatlichen Rechts- **22b**

---

131 Vgl. IntKommEMRK/*Schweizer* 77.

132 Vgl: auch die Bedenken von *Frowein/Peukert* 6.

133 *Meyer-Ladewig* 11, 15.

134 EGMR 27.6.2000 Salman/Türkei (NJW **2001** 2001); *Meyer-Ladewig* 15.

135 *Frowein/Peukert* 4.

136 **A. A** *Schorn* 10, 11 mit Nachw.

137 *Meyer-Ladewig* 14; vgl. Rdn. 20.

138 EGMR 26.11.1991 The Observer and Guardian/GB (ÖJZ **1992** 378); 27.9.1999 Smith and Grady/GB (NJW **2000** 2089); IntKommEMRK/*Schweizer* 13 ff, 60.

139 Vgl. EGMR 25.3.1983 Silver/GB (EuGRZ **1984** 147); 28.6.1984 Campbell & Fell/GB (EuGRZ **1985** 545); 28.5.1985 Abdulaziz u. a./GB (EuGRZ **1985** 567).

140 *Grabenwarter* § 24 Rdn. 114; IntKommEMRK/*Schweizer* 61; *Meyer-Ladewig* 13.

141 *Meyer-Ladewig* 14.

142 Vgl. etwa VerfGH Berlin JR **2002** 412.

143 EGMR 11.7.2000 Jabari/Türk (ÖJZ **2002** 37).

144 Vgl. EKMR ÖJZ **1997** 675 (Beschwerde wirksamer Rechtsbehelf, weil aufschiebende Wirkung).

behelf gegen eine schwerer wiegende, vor allem auch diskriminierend wirkende Maßnahme allein daran scheitern zu lassen, daß kein aktuelles Rechtsschutzbedürfnis mehr besteht, weil die beanstandete Maßnahme bereits vollzogen und damit erledigt ist[145].

23 **d) Der Nachweis eines wirksamen innerstaatlichen Rechtsbehelfs** obliegt im Fall des Bestreitens der Regierung. Sie muß gegebenenfalls durch Anführung von Präzedenzfällen darlegen, daß es dem Beschwerdeführer ohne weiteres möglich gewesen wäre, eine ihm zugängliche innerstaatliche Stelle wegen der behaupteten Konventionsverletzung anzurufen und durch sie Abhilfe zu erlangen[146]. Diese Möglichkeit besteht nicht, wenn das nationale Recht einen solchen Rechtsbehelf zwar theoretisch eröffnet, dieser aber in der Staatspraxis nicht benutzt wird und er daher auch allgemein unbekannt geblieben ist. Er fehlt ferner, wenn der Eingriff im Einklang mit dem nationalen Recht steht[147] oder wenn dieses jede Regelung des beanstandeten Eingriffs vermissen läßt[148] und auch keine Generalklausel die Anrufung der Gerichte oder einer anderen zur Überprüfung berufenen nationalen Instanz eröffnet.

24 Für den Rechtsschutz genügt es in der Regel, daß die Konventionsverletzung **nachträglich (ex post facto) festgestellt** werden kann, sofern diese Feststellung innerstaatlich Wirkungen zugunsten des Betroffenen entfaltet[149]. Nur in Ausnahmefällen, in denen die Verletzung eines besonders wichtigen Konventionsrechts zu einem schwerwiegenden, nicht mehr ausgleichbaren Schaden führen könnte, dürfte zur Wirksamkeit des Rechtsbehelfs erforderlich sein, daß dieser bereits einen **präventiven Rechtsschutz** ermöglicht[150].

25 **e) Innerstaatliche Wirksamkeit einer stattgebenden Rechtsschutzmaßnahme.** Art. 2 Abs. 3 Buchst. c IPBPR verpflichtet die Staaten ausdrücklich, dafür zu sorgen, daß alle zuständigen Stellen, vor allem auch die Vollzugsorgane, einem erfolgreichen innerstaatlichen Rechtsbehelf Geltung verschaffen[151]. In **Art. 13 MRK** fehlt eine solche ausdrückliche Verpflichtung, sie ergibt sich jedoch aus der Sache. Wenn die Entscheidung, die der Betroffene innerstaatlich erlangen kann, von den übrigen zuständigen staatlichen Stellen nicht beachtet werden muß, besteht im Ergebnis kein wirksamer Rechtsbehelf[152]. Dies ist etwa der Fall, wenn die angerufene Stelle nur eine beratende Funktion hat oder nur Vorschläge unterbreiten kann[153] oder wenn – und sei es auch nur wegen der faktischen Verhältnisse – vom Betroffenen nicht erreicht werden kann, daß die für die Konventionsverletzung zuständigen Stellen sie beachten.

26 **Welche Maßnahmen zur Behebung** oder eventuell auch **Wiedergutmachung** einer festgestellten Konventionsverletzung nötig sind, richtet sich nach den Besonderheiten des jeweiligen Falls. Die Maßnahmen, die auch von anderen als den über den Rechtsbehelf entscheidenden Stellen getroffen werden können, müssen insgesamt ausreichen, um innerstaatlich die Geltung der Konvention augenscheinlich zu machen. Sie sollen den Betroffenen, sofern möglich, von den Folgen der Konventionsverletzung freistellen und diese angemessen kompensieren. Neben der förmlichen Aufhebung oder Rücknahme

---

145 EGMR 16. 12. 1997 Camenzind/CH (ÖJZ **1998** 797); IntKommEMRK/*Schweizer* 68; vergl. etwa BVerfGE **42** 128, 130; **96** 27, 39; **100** 313, 364; **101** 397, 407; BVerfG EuGRZ **2002** 198.

146 EGMR 28. 10. 1999 Wille/Liechtenstein (NJW **2001** 1195).

147 Vgl. Rdn. 22a.

148 Vgl. EGMR 25. 6. 1997 Halford/GB (ÖJZ **1998** 311).

149 UN-AMR bei *Nowak* 65 ff; dazu *Nowak* EuGRZ **1986** 611.

150 *Nowak* 67.

151 Ursprünglich war vorgesehen, daß die Polizei und Verwaltungsorgane gebunden sein sollten, die stattgebende Entscheidung in der Praxis zu verfolgen oder zu vollstrecken, vgl. *Nowak* 12.

152 *Nowak* 70; vgl. *Frowein/Peukert* 6.

153 EGMR 15. 11. 1996 Chahal/GB ÖJZ **1997** 532; IntKommEMRK/*Schweizer* 60.

einer konventionswidrigen behördlichen Anordnung können dazu je nach Lage des Falles auch die faktische Beendigung eines konventionswidrigen Zustands, die Bestrafung oder Disziplinierung des für die Verletzung Verantwortlichen oder die Zuerkennung einer Entschädigung ausreichen[154]. Mitunter genügt es schon, daß die Konventionsverletzung ausdrücklich festgestellt und die künftige Beachtung der Konvention durch entsprechende Anordnungen oder auch gesetzgeberische Maßnahmen spezial- oder auch generalpräventiv gesichert wird[155].

Art. 14 MRK (Art. 2 Abs. 1, Art. 3, 16, 26, 27 IPBPR)

MRK

Artikel 14 Diskriminierungsverbot*

Der Genuß der in dieser Konvention anerkannten Rechte oder Freiheiten ist ohne Diskriminierung insbesondere wegen des Geschlechts, der Rasse, der Hautfarbe, der Sprache, der Religion, der politischen oder sonstigen Anschauung, der nationalen oder sozialen Herkunft, der Zugehörigkeit zu einer nationalen Minderheit, des Vermögens, der Geburt oder eines sonstigen Status zu gewährleisten.

Protokoll Nr. 12 zur Konvention zum Schutze der Menschenrechte und Grundfreiheiten
vom 4.11.2000 (noch nicht in Kraft)**

Die Mitgliedsstaaten des Europarats, die dieses Protokoll unterzeichnen –

eingedenk des grundlegenden Prinzips, nach dem alle Menschen vor dem Gesetz gleich sind und Anspruch auf den gleichen Schutz durch das Gesetz haben,

entschlossen, weitere Maßnahmen zu treffen, um die Gleichheit aller Menschen durch die kollektive Gewährleistung eines allgemeinen Diskriminierungsverbots mittels der am 4. November in Rom unterzeichneten Konvention zum Schutze der Menschenrechte und Grundfreiheiten (im Folgenden als Konvention bezeichnet) zu fördern,

in Bekräftigung der Tatsache, daß der Grundsatz der Nichtdiskriminierung die Vertragsstaaten nicht daran hindert, Maßnahmen zur Förderung der vollständigen und wirksamen Gleichbehandlung zu treffen, sofern es eine objektive und vernünftige Rechtfertigung für diese Maßnahmen gibt –

* Neue deutschsprachige Übersetzung in der Fassung der Bek. vom 17.5.2002 (BGBl. II S.1054).

** Nicht amtliche Übersetzung des Bundesministeriums der Justiz, vgl. *Meyer-Ladewig* 373 (englische und französische Originalfassung dort S. 421 ff.).

IPBPR

Artikel 2

(1) Jeder Vertragsstaat verpflichtet sich, die in diesem Pakt anerkannten Rechte zu achten und sie allen in seinem Gebiet befindlichen und seiner Herrschaftsgewalt unterstehenden Personen ohne Unterschied, wie insbesondere der Rasse, der Hautfarbe, des Geschlechts, der Sprache, der Religion, der politischen oder sonstigen Anschauung, der nationalen oder sozialen Herkunft, des Vermögens, der Geburt oder des sonstigen Status zu gewährleisten.

(2) ...

(3) ...

Artikel 3

Die Vertragsstaaten verpflichten sich, die Gleichberechtigung von Mann und Frau bei der Ausübung aller in diesem Pakt festgelegten bürgerlichen und politischen Rechte sicherzustellen.

Artikel 16

Jedermann hat das Recht, überall als rechtsfähig anerkannt zu werden.

Artikel 24

(1) Jedes Kind hat ohne Diskriminierung hinsichtlich der Rasse, der Hautfarbe, des Geschlechts, der Sprache, der Religion, der nationalen oder sozialen Herkunft, des Vermögens oder der Geburt das Recht auf diejenigen Schutzmaßnahmen durch seine Familie, die Gesellschaft und den Staat, die seine Rechtsstellung als Minderjähriger erfordert.

(2) ...

(3) ...

[154] Vgl. *Nowak* 71 ff; *Frowein/Peukert* 6.

[155] Vgl. Anhang Rdn. 52.

haben folgendes vereinbart:

Art. 1 Generelles Diskriminierungsverbot

(1) Der Genuß eines jeden auf Gesetz beruhenden Rechts ist ohne Diskriminierung insbesondere wegen des Geschlechts, der Rasse, der Hautfarbe, der Sprache, der Religion, der politischen und sonstigen Anschauung, der nationalen oder sozialen Herkunft, der Zugehörigkeit zu einer nationalen Minderheit, des Vermögens, der Geburt oder eines sonstigen Status zu gewährleisten.

(2) Niemand darf, insbesondere aus einem der in Absatz 1 genannten Gründe, von einer Behörde diskriminiert werden.

Vom Abdruck der **Art. 2** (Räumlicher Geltungsbereich), **Art. 3** (Bestandteil der Konvention) und der **Art. 4 bis 6** (Unterzeichnung und Ratifikation, Inkrafttreten, Aufgaben des Verwahrers) wird abgesehen.

Artikel 26

Alle Menschen sind vor dem Gesetz gleich und haben ohne Diskriminierung Anspruch auf gleichen Schutz durch das Gesetz. In dieser Hinsicht hat das Gesetz jede Diskriminierung zu verbieten und allen Menschen gegen jede Diskriminierung, wie insbesondere wegen der Rasse, der Hautfarbe, des Geschlechts, der Sprache, der Religion, der politischen oder sonstigen Anschauung, der nationalen oder sozialen Herkunft, des Vermögens, der Geburt oder des sonstigen Status, gleichen und wirksamen Schutz zu gewährleisten.

Artikel 27

In Staaten mit ethnischen, religiösen oder sprachlichen Minderheiten darf Angehörigen solcher Minderheiten nicht das Recht vorenthalten werden, gemeinsam mit anderen Angehörigen ihrer Gruppe ihr eigenes kulturelles Leben zu pflegen, ihre eigene Religion zu bekennen und auszuüben oder sich ihrer eigenen Sprache zu bedienen.

Schrifttum (Auswahl): *v. Arnauld* Minderheitenschutz im Rechte der Europäischen Union, AVR **42** (2004) 111; *Dieballe* Gleichstellung der Geschlechter im Erwerbsleben – neue Vorgaben des EG-Vertrags, EuR **2000** 275; *Kischel* Zur Dogmatik des Gleichheitssatzes in der Europäischen Union, EuGRZ **1997** 1; *Freudenschuss* Die Diskriminierungsverbote der EMRK und der Rassendiskriminierungskonvention im österreichischen Recht, EuGRZ **1983** 623; *Hausheer* Der Fall Burghartz – oder Vom bisweilen garstigen Geschäft der richterlichen Rechtsharmonisierung in internationalen Verhältnissen. Zugleich eine Anm. zum Urteil des EGMR vom 22. 9. 1994, EuGRZ **1995** 623; *Hailbronner* Die sozialrechtliche Gleichbehandlung von Drittstaatsangehörigen – ein minderheitenrechtliches Postulat? JZ **1997** 397; *Hilpold* Neue Minderheiten im Völkerrecht und im Europarecht, AVR **42** (2004) 80; *Hofmann* Minderheitenschutz in Europa, ZaöRV **52** (1992) 1; *Kimminich* Minderheiten- und Volksgruppenrechte im Spiegel der Völkerrechtsentwicklung nach dem zweiten Weltkrieg, BayVBl. **1993** 331; *Klebes* Rahmenübereinkommen des Europarats zum Schutze nationaler Minderheiten, EuGRZ **1995** 262); *Kugelmann* Minderheitenschutz als Menschenrechtsschutz, AVR **39** (2001) 233; *Mohn* Der Gleichheitssatz im Gemeinschaftsrecht (1990); *Opsahl* Equality in Human Rights Law with particular Reference to Article 26 of the International Convenant on Civil and Political Rights, FS Ermacora (1988); *Partsch* Wertet die neue Straßburger Judikatur das Diskriminierungsverbot auf? FS Everling (1995) 1049; *Pentassuglia* Minority Issues as a Challenge in the European Court of Human Rights: A Comparission with the Case Law of the United Nations Human Rights Committee, JIR **46** (2003) 401; *Riesenhuber/Frank* Verbot der Geschlechtsdiskriminierung im Europäischen Vertragsrecht – Zu einer vorgeschlagenen Richtlinie des Rats, JZ **2004** 529; *Rossi* Das Diskriminierungsverbot nach Art. 12 EGV, EuR **2000** 197; *Sturm* Das Straßburger Marckx-Urteil zum Recht des nichtehelichen Kindes und seine Folgen, FamRZ **1982** 1150; *Tomuschat* Equality and Non-Discrimination under the International Convenant on Civil and Political Rights; FS Schlochauer (1981) 691; *Wittinger* Familien und Frauen im Regionalen Menschenrechtsschutz (1999); *Wittinger* Die Gleichheit der Geschlechter und das Verbot geschlechtsspezifischer Diskriminierung in der Europäischen Menschenrechtskonvention. Status quo und Perspektiven durch das Zusatzprotokoll Nr. 12, EuGRZ **2001** 272.

Übersicht

1. Allgemeines

a) Die Konventionsgarantien. Die **Allgemeine Erklärung der Menschenrechte** vom 10. 12. 1948 fordert in Übereinstimmung mit den Zielen der Charta der Vereinten Nationen[1] in ihrem Art. 2, daß die in ihr proklamierten Rechte und Freiheiten jedem zustehen ohne irgendwelche Unterscheidung, wie etwa nach Rasse, Farbe, Geschlecht, Sprache, Religion, politischer oder sonstiger Überzeugung, nationaler oder sozialer Herkunft, nach Vermögen, Geburt oder sonstigem Status. In Art. 7 legt sie fest, daß alle Menschen vor dem Gesetz gleich sind und ohne Diskriminierung Anspruch auf gleichen Schutz durch das Gesetz haben, ferner, daß sie Anspruch haben auf gleichen Schutz gegen jede Diskriminierung, welche die vorliegende Erklärung verletzen würde und gegen jede Aufreizung zu so einer Diskriminierung. 1

Der **IPBPR** folgt dieser Zweiteilung der Garantie der Gleichbehandlung, wenn er in **Art. 2 Abs. 1** jede Ungleichbehandlung bei Anwendung der Konventionsgarantien verbietet und diese Verpflichtung der Vertragsstaaten in **Art. 3** nochmals in bezug auf die Gleichberechtigung von Mann und Frau bei der Ausübung der im Pakt festgelegten bürgerlichen und politischen Rechte konkretisiert. Diese akzessorischen Garantien werden in **Art. 26** durch ein allgemeines, nicht akzessorisches Gleichbehandlungsgebot ergänzt, das – ohne sachliche Beschränkung auf die Konventionsgarantien – ausspricht, daß alle Menschen vor dem Gesetz gleich sind und ohne Diskriminierung Anspruch auf gleichen Schutz durch das Gesetz haben, wobei Satz 2 von dem Wortlaut des Art. 7 der Allgemeinen Erklärung der Menschenrechte abweicht. 2

Die **MRK** begnügt sich demgegenüber damit, in Art. 14 jede Diskriminierung **bei der Anwendung der in der Konvention und in den Zusatzprotokollen gewährleisteten Rechte** und Freiheiten zu verbieten[2]. Art. 14 MRK ist **akzessorisch**. Er ergänzt den Schutzbereich jedes Konventionsrechts durch ein Diskriminierungsverbot. Er umfaßt die gesamte Tragweite der jeweiligen Garantien und begründet auch die Verpflichtung des Staates, bei Eingriffen auf Grund der Schrankenvorbehalte, selbst wenn diese Eingriffe in seinem Ermessen stehen, das Gebot der Gleichbehandlung zu beachten[3]. Ein darüber hinausreichendes **allgemeines Gleichbehandlungsgebot** stellt er nicht auf[4]. Ein solches Gebot 3

---

1 Vgl. Art. 1 Abs. 3; Art. 13 Abs. 2 Buchst. b, Art. 55 Buchst. c UN-Charta, die die Förderung der allgemeinen Achtung und Verwirklichung der Menschenrechte und Grundfreiheiten für alle ohne Unterschied der Rasse, des Geschlechts der Sprache oder der Religion als Ziel anführen.

2 *Frowein/Peukert* 25; *Grabenwarter* § 26 Rdn. 2; *Guradze* 1; *Partsch* 91 **a. A** *Schorn* 2.

3 Etwa EGMR 23. 7. 1968 Belg. Sprachenstreit (EuGRZ **1975** 298); 23. 11. 1983 van der Mussele/Belg (EuGRZ **1985** 477); 16. 9. 1996 Gaygusuz/Ö (ÖJZ **1996** 955); *Frowein/Peukert* 9, sowie zur Gleichbehandlung im Rahmen der Schrankenvorbehalte auch Rdn. 5 bis 8; *Grabenwarter* § 26 Rdn. 2; *Meyer-Ladewig* 6; sowie nachf. Fußn.

4 EGMR 18. 7. 1994 Schmidt/D (NJW **1995** 158); 8. 4. 2002 L B/Ö (ÖJZ **2002** 698).

sieht jedoch das noch nicht ratifizierte und daher noch nicht in Kraft befindliche **Protokoll Nr. 12** vom 4. 11. 2000 vor. Es verpflichtet die Staaten, den Genuß eines jeden auf Gesetz beruhenden Rechtes jedermann ohne Diskriminierung wegen des Geschlechts, der Rasse, der Hautfarbe, der Sprache, der Religion, der politischen oder sonstigen Anschauung, der nationalen oder sozialen Herkunft, der Zugehörigkeit zu einer nationalen Minderheit, des Vermögens, der Geburt oder eines sonstigen Status zu gewährleisten. Den Behörden wird verboten, jemanden aus diesen oder sonstigen Gründen zu diskriminieren.

4 **Anderweitige Gewährleistung in den Konventionen.** Art. 14 MRK und Art. 2 Abs. 1 IPBPR heben die Pflicht zur Gleichbehandlung bei der Anwendung der Konventionsgarantien ausdrücklich hervor, obwohl die Gleichheit bei der Gewährung der jeweiligen Konventionsrechte in den meisten Artikeln beider Konventionen schon dadurch verdeutlicht wird, daß diese „jedem" oder „jedermann" zuerkannt werden, so auch das in Art. 16 IPBPR jedermann garantierte Recht, überall als rechtsfähig anerkannt zu werden. Bei bestimmten Konventionsgarantien finden sich zusätzlich besondere, die Gleichbehandlung ausdrücklich fordernden Gebote, so etwa, wenn Art. 14 Abs. 1 Satz 1 IPBPR hervorhebt, daß **alle Menschen** vor Gericht gleich sind[5] oder wenn **Art. 23 Abs. 4 IPBPR** und **Art. 5 des 7. ZP-MRK**[6] für **Mann und Frau** gleiche Rechte bei der Eheschließung, während der Ehe oder bei Auflösung der Ehe fordern[7]. Art. 24 Abs. 1, Art. 25 IPBPR wiederholen nochmals ausdrücklich die Diskriminierungsverbote des Art. 2 Abs. 1 IPBPR oder verweisen darauf.

5 **b) Ausdrückliche Grenzen des Gleichbehandlungsgebots** bestehen dort, wo in bestimmten Ausnahmefällen schon der Wortlaut einer Konventionsgarantie zeigt, daß diese nur für bestimmte Personengruppen gilt. So garantiert etwa Art. 25 IPBPR nur den **Staatsbürgern** politische Rechte, während Art. 16 MRK umgekehrt bei **Ausländern** Einschränkungen der durch Art. 10, 11 MRK allen Menschen garantierten politischen Betätigung zuläßt, wenn er ausdrücklich feststellt, daß Art. 14 MRK nicht so auszulegen ist, daß er einer solchen Beschränkung entgegensteht[8]. Die Verbürgung des Art. 3 des 4. ZP-MRK betreffen nur die eigenen Staatsbürger, während umgekehrt das Verbot der Kollektivausweisung der Ausländer in Art. 4 des 4. ZP und die Garantien für die Ausweisung von Ausländern in Art. 13 IPBPR schon von der Natur der Sache her nur für diese gelten können. Der Schutz ethnischer, religiöser oder sprachlicher Minderheiten erlaubt nach Art. 27 IPBPR eine Differenzierung zu deren Gunsten hinsichtlich ihrer kulturellen Betätigung, ihrer Religionsausübung und der Verwendung ihrer Muttersprache und insoweit eine Ungleichbehandlung[9]. Insoweit sind entgegen Art. 14 MRK, Art. 2 Abs. 1, Art. 26 IPBPR nach der nationalen Herkunft oder dem sonstigen Status differenzierende Sonderregelungen zulässig, im übrigen aber werden die in den Konventionen festgelegten Rechte und Freiheiten durch Art. 1 MRK allen der Hoheitsgewalt eines Vertragsstaates unterstehenden Menschen im gleichem Umfang gewährt; aus der Zugehörigkeit zu einer Minderheit können keine Sonderrechte hergeleitet werden[10].

5a Für **Notstandsmaßnahmen** enthält **Art. 4 Abs. 1 IPBPR** ein enger gefaßtes Diskriminierungsverbot. Der Katalog auch im Notstandsfall unzulässiger Diskriminierungen führt

---

[5] Vgl. Art. 6 MRK Rdn. 56 ff; auch bei dem von Art. 6 Abs. 1 MRK geforderten fairen Verfahren ist die Gleichwertigkeit der Verfahrensbefugnisse, die sogen. Waffengleichheit unerläßlich.

[6] Die Bundesrepublik ist dem 7. ZP nicht beigetreten.

[7] Zur Bedeutung dieser auf fortschreitende Verwirklichung gerichteten Verpflichtung des IPBPR vgl. Art. 12 MRK Rdn. 7.

[8] Vgl. Art. 16 MRK.

[9] Vgl. UN-AMR EuGRZ **1981** 522 (Lovelace); *Tomuschat* FS Mosler 951; ferner Rdn. 23.

[10] EGMR 25. 5. 2000 Noack u. a./D (Gemeinde Horno NVwZ **2001** 307-L).

die politischen und sonstigen Anschauungen und die nationale Herkunft sowie Vermögen, Geburt oder sonstigen Status nicht mit auf. **Art. 15 MRK** gestattet dagegen ohne ausdrückliche Unterscheidungen in den unbedingt erforderlichen Fällen die Abweichung von den Konventionsverpflichtungen generell; dies könnte auch eine sachlich gebotene Ungleichbehandlung von Personengruppen rechtfertigen[11], während ohne einen solchen sachlich rechtfertigenden Grund auch hier das Gebot der Gleichbehandlung gilt. Diese weitergehende Einschränkungsmöglichkeit kommt jedoch bei den Vertragsparteien des IPBPR nicht zum Tragen, da dessen engere und damit für den Betroffenen günstigere Fassung nach Art. 53 MRK anwendbar bleibt und damit als anderweitige völkerrechtliche Verpflichtung auch im Notstandsfall nach Art. 15 Abs. 1 MRK zu beachten ist.

c) Das **Recht der europäischen Gemeinschaften** enthält das Verbot, im Anwendungsbereich der Verträge bei Bürgern der Gemeinschaft nach der Staatsangehörigkeit zu unterscheiden (Art. 12 EGV), sowie weitere Vorschriften, die für bestimmte Sachbereiche des Gemeinschaftsrechts[12] die Gleichbehandlung aller Unionsbürger ohne Unterschiede nach Staatsangehörigkeit oder Wohnsitz im Inland oder einem anderen EU-Staat[12a] oder Geschlecht[13] vorschreiben. Durch „vernünftige Gründe gerechtfertigt" kann daher sein, daß den **Angehörigen der EU-Staaten** andere Rechte eingeräumt werden als den sonstigen Ausländern, da sie einer besonderen Rechtsordnung angehören[14]. Auf die Einzelheiten kann hier nicht eingegangen werden. **6**

Die **Grundrechte-Charta der EU**[15] behandelt in ihrem Kapitel III die Aspekte der Gleichheit; Art. 20 stellt fest, daß alle Personen vor dem Gesetz gleich sind, Art. 21 verbietet jede Diskriminierung, während Art. 23 Abs. 1 die Gleichheit von Männern und Frauen in allen Lebensbereichen festlegt, wobei Art. 21 Abs. 2 festhält, daß der Grundsatz der Gleichheit die Beibehaltung oder Einführung spezifischer Vergünstigungen für das bisher unterrepräsentierte Geschlecht (sogen. „affirmative actions") nicht ausschließt[16]. **6a**

d) Aus anderen internationalen Verträgen ergeben sich weitere, zum Teil **gegenständlich beschränkte Gleichbehandlungsgebote** oder Diskriminierungsverbote, so etwa aus Art. 2 des Internationalen Paktes über wirtschaftliche, soziale und kulturelle Rechte vom 19. 12. 1966[17], aus dem Internationalen Übereinkommen zur Beseitigung von jeder Form von Rassendiskriminierung vom 7. 3. 1966[18], aus dem Übereinkommen Nr. 111 der ILO über die Diskriminierung in Beschäftigung und Beruf vom 25. 6. 1958[19], aus **6b**

---

11 EGMR 18. 1. 1978 Irland/GB (EuGRZ **1979** 149); *Frowein/Peukert* 8.

12 Vgl. Art. 2, 3 Abs. 2, 13, 137 Abs. 1, 141 EGV, ferner etwa die Richtlinie 76/207 EWG vom 9. 2. 1976 zur Verwirklichung des Grundsatzes der Gleichbehandlung von Männern und Frauen hinsichtlich des Zugangs zur Beschäftigung, zur Berufsausbildung und zum beruflichen Aufstieg sowie in bezug auf die Arbeitsbedingungen (*Simma/Fastenrath* Nr. 41b), allgemein zur Dogmatik des Gleichheitssatzes in der EU *Dieballe* EuR **2000** 175; *Kischel* EuGRZ **1997** 1; ferner etwa *Hailbroner* JZ **1997** 397 zur sozialen Gleichbehandlungspflicht der Angehörigen der EU, je mit weit. Nachw.

12a Etwa EuGH EuGRZ **2004** 416 (Unterschied bei Berechnung der Pfändungsfreigrenze durch Nichtberücksichtigung der am ausländischen Wohnsitz bezahlten Steuer ist mit Freizügigkeit innerhalb der EU-Staaten unvereinbar).

13 Vgl. *Dieballe* EuR **2000** 275 ff.

14 EGMR 18. 2. 1991 Moustaquim/Belg (EuGRZ **1993** 552); vgl. aber auch EGMR 16. 9. 1996 Gaygusuz/Ö (JZ **1997** 405) mit krit Anm. *Hailbronner* JZ **1997** 397.

15 EuGRZ **2000** 554; vgl. Einf. Rdn. 36a, 47.

16 Ebenso auch die Präambel des 12. ZP.

17 BGBl. II 1973 S. 1570 (Gleichberechtigung von Mann und Frau bei der Ausübung der in diesem Pakt festgelegten wirtschaftlichen, sozialen und kulturellen Rechte).

18 BGBl. II 1969 S. 961, wegen der Vertragsstaaten vgl. FN-B.

19 BGBl. II 1961 S. 97.

dem Übereinkommen gegen Diskriminierung im Unterrichtswesen vom 15.12.1960[20]; aus dem Übereinkommen zur Beseitigung jeder Form der Diskriminierung der Frau vom 18.12.1979[21]. Auch in **anderen internationalen Dokumenten** wird das Gebot der Gleichbehandlung angesprochen, so etwa in den Abschlußdokumenten der KSZE-Folgetreffen, vor allem dem Dokument des Kopenhagener Treffens über die menschliche Dimension der KSZE vom 29.6.1990 (vgl. dort Teil. 1 Nr. 5.9)[22]. Den Schutz der Minderheiten in Europa bezwecken das im Rahmen des Europarats in Ergänzung der Europäischen Charta der Regional- und Minderheitensprachen vom 5.11.1992[23] beschlossene **Rahmenübereinkommen zum Schutze nationaler Minderheiten** vom 1.2.1995[24], das neben einem Diskriminierungsverbot und dem Verbot der Zwangsassimilierung auch Toleranz- und Förderungspflichten und das Recht auf Benutzung der Minderheitensprache begründet und das festlegt, daß die in ihm garantierten Rechte und Freiheiten, soweit sie eine Entsprechung in der MRK haben, im gleichen Sinne wie diese zu verstehen sind (Art. 23 des Rahmenübereinkommens). Da dieses Übereinkommen nur eine Überwachung durch das Ministerkomitee vorsieht (Art. 24), nicht aber selbst den Rechtsweg zum EGMR eröffnet, kann der Betroffene dort die Verletzung eines Rechtes aus diesem Abkommen nicht unmittelbar rügen; er kann seine Beschwerde nur darauf stützen, daß dadurch gleichzeitig auch seine Rechte aus der MRK (insbes. Art. 8 oder 14 MRK) verletzt sind.

7 e) **Im innerstaatlichen Verfassungsrecht** ist der Gleichbehandlungsgrundsatz einschließlich des Grundsatzes der Gleichbehandlung von Mann und Frau und das Verbots einer Diskriminierung wegen des Geschlechts, der Abstammung, Rasse, Sprache, Heimat und Herkunft oder wegen seines Glaubens oder der religiösen oder politischen Anschauung durch Artikel 3 GG gewährleistet, der als Grundnorm der freiheitlichen Demokratie die gesamte Rechtsordnung bestimmt und nicht nur die Gleichheit vor dem Gesetz, sondern auch die Gleichbehandlung durch das Gesetz fordert. Differenzierungen dürfen daher nicht von einem der unzulässigen Merkmale bestimmt sein; sie sind nur zulässig, wenn für sie andere Gründe von solchem Gewicht bestehen, daß sie eine unterschiedliche Behandlung rechtfertigen[25].

2. Gleichbehandlung bei der Ausübung der von den Konventionen garantierten Freiheiten und Rechte

8 **a) Beschränkung auf Konventionsrechte. Art. 14 MRK** garantiert die Gleichbehandlung nur bei den von der Konvention und ihren Zusatzprotokollen gewährleisteten Rechten und verbietet eine nicht sachlich gerechtfertigte Diskriminierung bei den jeweils zulässigen staatlichen Eingriffen in diese Rechte. Er betrifft also **nicht jede innerstaatliche Ungleichbehandlung**, sondern nur eine solche, die sich auf die Ausübung einer Konventionsgarantie einschließlich der Garantien der Zusatzprotokolle auswirkt[26]. Als solche ist er als Bestandteil jeder Konventionsbestimmung zu betrachten[27]. Anders als das noch

---

[20] BGBl. II 1968 S. 385.

[21] BGBl. II 1985 S. 647; dazu *Delbrück* FS Schlochauer 247.

[22] EuGRZ **1990** 239; vgl. Einf. Rdn. 18.

[23] BGBl. II 1998 S. 1314; für die Bundesrepublik in Kraft ab 1.1.1999 (Bek. vom 30.12.1998 – BGBl. II 1999 S. 59).

[24] BGBl. II 1997 S. 1408, für die Bundesrepublik in Kraft ab 1.2.1998 (Bek. vom 1.12.1997 – BGBl. II 1998 S. 57).

[25] Vgl. BVerfGE **55** 72, 88; **74** 9, 30; **88** 87, 96.

[26] Vgl. etwa EGMR 28.10.1987 Inze/Ö (ÖJZ **1988** 177); 27.3.1998 Petrovic/Ö (ÖJZ **1998** 515); 4.6. 2002 Wessels-Bergervoet/NdL (ÖJZ **2003** 516); 24.7. 2003 Karner/Ö (ÖJZ **2001** 36); EKMR EuGRZ **1997** 148 (Mielke/D).

[27] EGMR 23.7.1968 belg. Sprachenfall (EuGRZ **1975** 298); 26.3.1985 X & Y/NdL (EuGRZ **1985** 297); *Villiger* HdB 658.

nicht in Kraft befindliche 12. Zusatzprotokoll[28] und Art. 26 IPBPR hat er als **akzessorische Regelung** keine von den anderen Konventionsverbürgungen unabhängige Bedeutung. Er sichert die Gleichbehandlung beim Genuß der in den Konventionen und den Zusatzprotokollen verbürgten Rechte und Freiheiten[29] im weit verstandenen Regelungsbereich des jeweils verbürgten Konventionsrechts[30]. Art. 14 MRK setzt weder einen Eingriff in ein Konventionsrecht noch einen **Konventionsverstoß** voraus[31]. Eine nicht zu rechtfertigende Diskriminierung im generellen Anwendungsbereich eines Konventionsrechts genügt, so etwa im vielschichtigen Bereich des Privat- oder Familienlebens[32] oder der Religionsfreiheit[33] oder in dem weit verstandenen Bereich des Eigentumsschutzes nach Art. 1 des 1. ZP[34]. Art. 14 MRK kann auch durch Maßnahmen verletzt werden, die als solche mit der jeweiligen Konventionsgarantie vereinbar sind[35] oder die im Bereich eines Konventionsrechts mehr gewähren, als die Konvention fordert[36], etwa die Einräumung eines Rechts auf eine von der Konvention nicht geforderte weitere Instanz[37], oder bei der Regelung eines vom Schutz der jeweiligen Konventionsgarantie ausdrücklich ausgenommenen Sachverhalts[38]. Art und Ausmaß der berührten Konventionsgarantie sowie die Zugehörigkeit der von der Diskriminierung betroffenen Handlung zu ihrem Schutzbereich sind daher bei der Behauptung eines Verstoßes gegen Art. 14 MRK vorweg zu prüfen[39]. Auch die aufgrund von Eingriffsvorbehalten konventionsrechtlich zulässigen staatlichen **Einschränkungen eines Konventionsrechts** müssen durch objektive und vernünftige Gründe gerechtfertigt werden und frei von jeder sachlichen nicht begründeten Diskriminierung sein[40]. Dies gilt auch, wenn sich eine Konventionsgarantie nur darauf beschränkt, für Eingriffe ein innerstaatliches Gesetz zu fordern[41]. Andererseits kann auch die Verletzung eines Konventionsrechts zugleich mit einem Verstoß

---

28 Vgl. Rdn. 18 ff.

29 EGMR 23.7.1968 belg. Sprachenfall (EuGRZ **1975** 298: keine von den übrigen normativen Vorschriften der Konvention losgelöste Bedeutung); ferner etwa EGMR 23.11.1983 Van der Mussele/Belg (EuGRZ **1985** 477); und die Entscheidungen in den nachf. Fußnoten; *Grabenwarter* § 26 Rdn. 3; *Meyer-Ladewig* 5.

30 Vgl. *Grabenwarter* § 26 Rdn. 3 (thematische Einschlägigkeit).

31 *Grabenwarter* § 26 Rdn. 3; so aber ursprünglich EKMR bei *Frowein/Peukert* 2; *Guradze* 3.

32 Etwa EGMR 13.5.1979 Marckx/Belg (EuGRZ **1979** 454); 22.10.1981 Dudgeon/GB (EuGRZ **1883** 488); 22.2.1994 Burghartz/CH (ÖJZ **1994** 559) 23.6.1993 Hoffmann/Ö (EuGRZ **1996** 648); *Meyer-Ladewig* 16, 19; vgl. Art. 8 Rdn. 18.

33 Etwa EGMR 23.10.1990 Darby/Schwed (EuGRZ **1990** 504: höhere Kirchensteuer wegen Wohnsitz im Ausland); 6.4.2000 Thlimmenos/Griech (ÖJZ **2001** 518 Verweigerung des Berufszugangs wegen religionsbedingter Verurteilung); *Grabenwarter* § 26 Rdn. 4; *Meyer-Ladewig* 10, 18.

34 Etwa EGMR 16.9.1996 Gaygusuz/Ö (ÖJZ **1996** 955 Anspruch auf Arbeitslosenunterstützung); 28.10.1987 Inze/Ö (ÖJZ **1988** 177: Vorrang der ehelichen Kinder vor den unehelichen beim Erbrecht an einem Bauernhof); 21.2.1997 van Raalte/Ndl/ÖJZ **1998** 117: Beitrag zum Kinderversorgungsfond); 4.6.2002 Wessels-Bergervoet/Ndl (ÖJZ **2003** 516: Pensionsberechtigung); 11.6.2002 Willis/GB (Witwenbeihilfe für Witwer); *Grabenwarter* § 26 Rdn. 3.

35 Etwa EGMR 23.7.1968 belg. Sprachenfall (EuGRZ **1975** 298); 27.10.1975 belg. Polizeigewerkschaft/Belg (EuGRZ **1975** 562); 28.5.1983 Abdulaziz u.a./GB (EuGRZ **1985** 567); *Frowein/Peukert* 2; *Grabenwarter* § 26 Rdn. 3; vgl. auch nachst. Fußn.

36 EGMR 23.7.1968 belg. Sprachenfall (EuGRZ **1985** 298); 28.5.1985 Abdulaziz u.a./GB (EuGRZ **1985** 567); *Frowein/Peukert* 13; *Grabenwarter* § 26 Rdn. 3; *Villiger* HdB 658.

37 EGMR 23.7.1968 belg. Sprachenfall (EuGRZ **1985** 298).

38 Vgl. 18.7.1994 K. Schmidt/D (EuGRZ **1995** 392: „Feuerwehrabgabe"): *Grabenwarter* § 26 Rdn. 3.

39 Etwa EGMR 23.7.1968 belg. Sprachenfall (EuGRZ **1985** 298); belg. Polizeigewerkschaft/Belg (EuGRZ **1975** 562); 7.12.1976 Handyside/GB (EuGRZ **1977** 38); 26.4.1979 Sunday Times/GB (EuGRZ **1979** 386); 13.6.1979 Marckx/Belg (EuGRZ **1979** 454); 23.9.1982 Sporrong & Lönnroth/Schwed (EuGRZ **1983** 523); 18.7.1994 K. Schmidt/D (EuGRZ **1995** 392); 25.5.1999 Olbertz/D (NJW **2001** 1558); *Frowein/Peukert* 3; *Meyer-Ladewig* 5.

40 Vgl. EGMR in den vorst. Fußnoten, ferner etwa EGMR 8.6.1976 Engel/NdL (EuGRZ **1976** 422); 18.1.1978 Irland/GB (**1979** 149); 23.11.1983 Van der Mussele/Belg (EuGRZ **1985** 477); 28.11.1984 Rasmussen/Dän (EuGRZ **1985** 511); 28.5.1985 Abdulaziz u.a./GB (EuGRZ **1985** 567); 27.3.1998 Petrovic/Ö (ÖJZ **1998** 516); EKMR bei *Frowein/Peukert* 2; *Guradze* 4 III; *Meyer-Ladewig* 6.

41 *Frowein/Peukert* 9, 10.

gegen Art. 14 MRK verbunden sein. Der EGMR begnügt sich dann meist mit der Feststellung der Verletzung des anderen Rechts, weil er es nicht für erforderlich hält, daneben noch zu untersuchen, ob auch gegen Art. 14 MRK verstoßen wurde[42]. Die Verletzung dieses Artikels wird aber gesondert geprüft, wenn in ihr ein (zusätzlicher) grundlegender Aspekt der Angelegenheit zu sehen ist[43].

9 Für die ebenfalls akzessorische Verbürgung der **Gleichbehandlung bei der Ausübung der Konventionsrechte** durch **Art. 2 Abs. 2 IPBPR** gelten grundsätzlich die gleichen Gesichtspunkte. Sie untersagt dem Staat nur Diskriminierungen, die in Verbindung mit der Ausübung bestimmter, vom IPBPR garantierter Rechte oder Freiheiten stehen, auch diese müssen nicht notwendig selbst verletzt sein[44].

10 Gleiches gilt für die Staatenverpflichtung in **Art. 3 IPBPR,** die **Gleichberechtigung von Mann und Frau** bei der Ausübung der Konventionsrechte herzustellen[45]. Ob dieses Gebot für die Staaten eine weitergehende Verpflichtung begründet als das allgemeine Gebot, die Konventionsrechte ohne Unterschied des Geschlechtes zu gewähren (Art. 2 Abs. 1 IPBPR), erscheint fraglich und ist strittig[46]. Sieht man auch die Verpflichtung zur Herstellung der materiellen Gleichberechtigung durch **ausgleichende Maßnahmen** als einen Aspekt des allgemeinen Gleichbehandlungsgebotes an[47], lassen sich aus Art. 3 IPBPR praktisch kaum weitergehende Verpflichtungen des Staates herleiten als aus Art. 2 Abs. 1 IPBPR[48]. Nimmt man in weiter Auslegung des umfassenderen, nicht auf die Konventionsrechte beschränkten Art. 26 IPBPR an, daß dieser auch den nationalen Gesetzgeber allgemein zur Gleichbehandlung verpflichtet, würde Art. 3 IPBPR als vorgehende Spezialregelung die allgemeinen Pflichten des staatlichen Gesetzgebers eher einschränken.

11 Soweit **andere einzelne Artikel des IPBPR** im Hinblick auf ein von ihnen garantiertes Recht selbst die Gleichbehandlung als gesonderte Konventionspflicht vorschreiben, wie vor allem Art. 26 IPBPR oder für die Gleichheit vor Gericht Art. 14 Abs. 1 Satz 1 IPBPR oder für die Gleichberechtigung der Ehegatten Art. 23 Abs. 4 IPBPR, verdrängen sie als Spezialregelung den Art. 2 Abs. 1 IPBPR[49].

12 **b) Diskriminierungsverbot. Art. 14 MRK** schließt jede sachlich ungerechtfertigte Benachteiligung („without discrimination on any ground", „sans distinction aucune") bei der **Ausübung der von den Konventionen garantierten Freiheiten und Rechte** aus, wobei Gesichtspunkte, die für sich allein eine solche Benachteiligung nicht rechtfertigen, als Beispiele angeführt werden[50], so etwa Geschlecht, Rasse, Hautfarbe, Sprache, Religion, politische oder sonstige Anschauungen, nationale oder soziale Herkunft, Zugehörigkeit zu einer nationalen Minderheit, Vermögen, Geburt oder ein sonstiger Status[51]. Konventionswidrig ist damit, wie der auch in anderen internationalen Verträgen (vgl. auch Rdn. 5) verwendete **Diskriminierungsbegriff** des englischen Wortlauts zeigt[52], nicht schon jede

---

42 Etwa EGMR 13.6.1979 Marckx/Belg (EuGRZ **1979** 454); 26.3.1985 X & Y/NdL (EuGRZ **1985** 297); 26.10.1988 Norris/Irl (EuGRZ **1992** 477); 27.10.1994 Kroon/NdL (ÖJZ **1995** 269); 18.2.1999 Matthews/GB (NJW **1999** 3107); *Frowein/Peukert* 15 ff.; *Meyer-Ladewig* 21; *Villiger* HdB 660.

43 Etwa EGMR 9.19.1979 Airey/Irl (EuGRZ **1979** 626); 22.10.1981 Dudgeon/GB (EuGRZ **1983** 422); Chassagnou u.a./F (NJW **1999** 3695).

44 *Nowak* 16, 17.

45 *Nowak* Art. 3, 7; UN-AMR EuGRZ **1981** 393 (maurizische Frauen).

46 *Nowak* Art. 3, 10 mit Nachw. zum Streitstand.

47 Vgl. dazu Rdn. 6a, 21, 24.

48 So auch *Nowak* Art. 3, 12.

49 *Nowak* 16; vgl. Rdn. 4 und Art. 12 MRK Rdn. 1, 4 ff.

50 *Frowein/Peukert* 25; *Guradze* 1; *Partsch* 91 **a. A** *Schorn* 2.

51 Zu den nur beispielhaft aufgeführten einzelnen Diskriminierungsmerkmalen ausführlich *Frowein/Peukert* 25 bis 59.

52 *Guradze* 4; *Partsch* 92; *Tomuschat* FS Schlochauer 712 unter Hinweis auf den vor allem im Völkerrecht entwickelten Begriff der „discrimination", der eine willkürliche Behandlung nach sachfremden

unterschiedliche Behandlung, sondern nur eine solche, durch die Sachverhalte, die in den für die Regelung wesentlichen Umständen gleich gelagert sind, oder Personen in vergleichbarer Lage ungleich behandelt werden, ohne daß ein am Regelungszweck gemessener, ausreichend gewichtiger **objektiver und vernünftiger Grund**[53] dies rechtfertigt. So etwa, wenn die unterschiedliche Behandlung willkürlich ist oder wenn mit ihr kein legitimes Ziel verfolgt wird oder aber, wenn zwischen dem erstrebten Ziel und den Auswirkungen der eingesetzten Mittel auf die Betroffenen kein angemessenes Verhältnis besteht[54]. Dabei ist unerheblich, ob der Staat durch **aktives Tun** oder aber durch **Unterlassen gebotener Gleichstellungsmaßnahmen** für eine bestehende Diskriminierung verantwortlich ist[55].

Die **Gründe, die eine Ungleichbehandlung rechtfertigen** können, zählen die Konventio- 13
nen nicht auf. Die Staaten haben bei der Frage, ob und in welchem Ausmaß gewisse Umstände bei einer im übrigen gleichen Lage eine unterschiedliche rechtliche Behandlung gestatten oder sogar erfordern, einen **Ermessensspielraum**. Dieser ist nach Umständen, Gegenstand, Hintergrund und Auswirkungen der jeweiligen Regelung unterschiedlich weit[56]. Maßgebend ist, ob im Einzelfall die Gründe für die Differenzierung so gewichtig sind, daß sie diese rechtfertigen[57]. Der Regelungsspielraum verengt sich dort, wo, wie bei der Herstellung der Gleichberechtigung der Geschlechter, das von allen Mitgliedstaaten mit den Differenzierungsverboten erstrebte Ziel der Gleichbehandlung gefährdet ist. Auch Unterscheidungen, die an die Zugehörigkeit zu einem Geschlecht oder an die sexuelle Orientierung anknüpfen bedürfen zu ihrer Rechtfertigung besonders schwerwiegender oder sogar zwingender Gründe[58]. Die Zugehörigkeit zu einer bestimmten Religionsgemeinschaft kann für sich allein die Versagung der Übertragung der elterlichen Gewalt auf die Mutter nicht rechtfertigen[59]; gleiches gilt für die unterschiedliche Behandlung der ehelichen oder unehelichen Kinder bezüglich ihrer Ver-

---

Unterscheidungsmerkmalen meint (*Jaenicke* in Wörterbuch des Völkerrechts[2], „Diskriminierung"). Vgl. ferner EGMR 9.2.1967 belg. Sprachenfall (EuGRZ **1975** 298); dazu *Khol* ZaöRVR **38** (1970) 236; *Frowein/Peukert* 17; *Meyer-Ladewig* 8. Auch das EG-Recht verwendet den Diskriminierungsbegriff im gleichen Sinn, vgl. etwa *Groeben/Boeckh/Thiesing*[2] Art. 7 EWGV, Anm. II, 1, 2.

[53] EGMR ständ. Rspr.; etwa 8.7.1986 Lithgow u.a./GB (EuGRZ **1988** 350); 18.2.1991 Maustaquim/B (EuGRZ **1993** 552); 16.9.1996 Gaygusuz/Ö (EuGRZ **1997** 405); ferner nachfolgende Fußn.; *Frowein/Peukert* 19 (Beispiele zur Vergleichbarkeit Rdn. 20 ff); *Grabenwarter* § 26 Rdn. 6; *Meyer-Ladewig* 8; *Khol* ZaöRVR **38** (1970) 289; *Partsch* 93.

[54] EGMR 9.2.1967 belg. Sprachenfall (EuGRZ **1975** 298); 13.6.1979 Marckx/Belg (EuGRZ **1979** 454); 28.11.1984 Rasmussen/Dän (EuGRZ **1985** 511); 28.5.1985 Abdulaziz u.a./GB (EuGRZ **1985** 567); *Frowein/Peukert* 17; *Guradze* 4 II; *Meyer-Ladewig* 8, 9.

[55] *Frowein/Peukert* 2; sowie vorst. Fußn.

[56] Vgl. etwa EGMR 9.2.1967 belg. Sprachenfall (EuGRZ **1975** 298); 27.10.1975 belg. Polizeigewerkschaft (EuGRZ **1975** 566); schwed. Lokomotivführer (EuGRZ **1976** 67); 8.6.1976 Engel/NdL (EuGRZ **1976** 229); 18.1.1978 Irland/GB (EuGRZ **1979** 158); 26.4.1979 Sunday Times/GB (EuGRZ **1979** 388); 28.11.1984 Rasmussen/Dän (EuGRZ **1985** 513); 8.7.1986 Lithgow u.a./GB (EuGRZ 1988 350); 22.10.1994 Stubbings ua/GB (ÖJZ 1997 436: Unterschiedliche Verjährungsfristen für vorsätzliche und fahrlässige Taten); 25.5.1999 Olbertz/D (NJW **2001** 1558); *Frowein/Peukert* 10; *Grabenwarter* § 26 Rdn. 8, 9; *Meyer-Ladewig* 8, 9.

[57] Vgl. EKMR EuGRZ **1983** 410: sachlich gerechtfertigt und nicht unverhältnismäßig, daß nur Haushaltsvorstände für die Ausfüllung des Erhebungsbogens bei Volkszählung verantwortlich sind. *Grabenwarter* § 26 Rdn. 8 weist darauf hin, daß die Beurteilung der Vergleichbarkeit eines Sachverhalts und der Rechtfertigung einer Ungleichbehandlung sich mitunter überschneiden; er sieht in der Verhältnismäßigkeit des mit der Differenzierung angestrebten Ziels zu den eingesetzten Mitteln letztlich die Rechtfertigung der Differenzierung.

[58] Etwa EGMR 24.6.1993 Schuler-Zgraggen/CH (EuGRZ **1996** 604); 22.2.1994 Burghartz/CH (ÖJZ **1994** 559); 18.7.1994 K. Schmidt/D (EuGRZ **1995** 392); 21.2.1997 Van Raalte/NdL (ÖJZ **1998** 151); 27.9.1999 Smith, Grady/GB (ÖJZ **2000** 614); 24.7.2003 Karner/Ö (ÖJZ **2004** 36); *Grabenwarter* § 26 Rdn. 10; *Meyer-Ladewig* 12.

[59] EGMR 23.6.1993 Hoffmann/Ö (EuGRZ **1996** 648); *Grabenwarter* § 26 Rdn. 13.

wandtschaftsverhältnisse[60] oder für unterschiedliche Regelungen, die ohne sonst rechtfertigende Gründe allein auf die Staatsangehörigkeit abstellen[61].

14 Die **Gründe** für eine zulässige unterschiedliche Behandlung hängen von den **jeweiligen sachlichen Gegebenheiten** in den einzelnen Staaten, vom **Zweck der damit verfolgten Differenzierung** und von der Verhältnismäßigkeit der mit der Differenzierung verbundenen Wirkung[62] ab. Bei der Beurteilung des Regelungsraums der einzelnen Staaten wird unterschieden, ob sich in dem jeweiligen Sachbereich ein einheitlicher europäischer Standard entwickelt hat, so daß die Berufung auf überkommene Traditionen zurücktreten muß, oder in den einzelnen Mitgliedstaaten weiterhin unterschiedliche Auffassungen bestehen. Dann fallen auch die **zeit- und umständebezogenen Wertvorstellungen** in den einzelnen Vertragsstaaten mit ins Gewicht[63], die vor allem zu unterschiedlichen Bewertungen bei einer Differenzierung führen können; der EGMR erkennt dann mit dem Hinweis auf deren größere Sachnähe den nationalen Stellen einen größeren Beurteilungsspielraum zu[64]. **Übergreifende Anhaltspunkte** für die Beurteilung der sachlichen Berechtigung und Angemessenheit von Differenzierungen bleiben aber immer die Ziele der Konventionen, wie sie in den Präambeln und in dem durch die Konventionsgarantien festgeschriebenen Gesamtsystem der Wertordnung der Vertragsgemeinschaft zum Ausdruck kommen[65]. Die Gründe, unter denen die Konventionsgarantien den Eingriff in ein von ihnen grundsätzlich geschütztes Recht zulassen, rechtfertigen in der Regel auch die darin liegende Differenzierung[66] gegenüber dem nicht von dieser Einschränkung erfaßten Genuß dieses Rechts[67]. Die Befugnis zur Differenzierung im Bereich eines Konventionsrechts hängt aber nicht davon ab, daß einer dieser Eingriffsgründe vorliegt. Die Zuerkennung eines Beurteilungsraums der einzelnen Staaten schließt nicht aus, daß sich der EGMR die letzte Entscheidung vorbehält, ob die im Einzelfall vorgetragenen Sachgründe so gewichtig sind, daß sie eine Differenzierung rechtfertigen[68].

15 Auch bei **Art. 2 Abs. 1 IPBPR** wird, ungeachtet des anderen Wortlauts der engl. Fassung („distinction", statt „discrimination") nur die sachwidrige, nicht durch vernünftige, objektive Gründe zu rechtfertigende oder unverhältnismäßige Ungleichbehandlung verboten[69]. Als Beispiele für Merkmale einer unzulässigen Diskriminierung werden weitgehend die gleichen Gesichtspunkte aufgezählt wie bei Art. 14 MRK. Lediglich die Zugehörigkeit zu einer nationalen Minderheit fehlt[70]; dies ist jedoch ohne sachliche Bedeutung, da die Aufzählung auch hier nur beispielhaft ist und jede Differenzierung verbietet, die nicht durch einen zureichenden objektiven Grund gerechtfertigt wird[71].

---

[60] Vgl. etwa EGMR 13. 6. 1979 Marckx/Belg (EuGRZ **1979** 454); 28. 10. 1987 Inze/Ö (ÖJZ **1988** 177); *Meyer-Ladewig* 19 mit weit. Nachw.; zur grundsätzlichen Gleichbehandlung der Väter aus geschiedenen Ehen und der natürlichen Väter beim Umgangsrecht mit ihren Kindern vgl. EGMR 8. 7. 2003 Sommerfeld/D (Rdn. 16); ferner die Frage offenlassend EGMR 13. 7. 2000 Elsholz/D (NJW **2001** 2315); vgl. auch bei Art. 8 MRK Rdn. 30 oder UN-AMR NJW **2002** 253 (Rückgabe entzogenen Eigentums nur an Staatsbürger).

[61] Etwa EGMR 16. 9. 1996 Gayagusus/Ö (ÖJZ **1996** 955).

[62] Vgl. *Grabenwarter* § 26 Rdn. 9; oben Rdn. 12.

[63] EGMR 28. 11. 1984 Rasmussen/Dän (EuGRZ **1985** 511); *Frowein/Peukert* 23, 24; *Khol* ZaöRV **30** (1970) 282.

[64] *Grabenwarter* § 26 Rdn. 12; *Meyer-Ladewig* 9 mit weit. Nachw.

[65] Vgl. etwa UN-AMR EuGRZ **1989** 39 (Unterschiedliche Rechtsstellung zwischen verheirateten und unverheirateten Paaren im niederl. Versicherungsrecht).

[66] Etwa 20. 5. 1999 Rekvenyi/Ung (NVwZ **2000** 421); 27. 6. 2000 Chaàre Shalom Ve Tsedek/F (ÖJZ **2001** 774); *Meyer-Ladewig* 22.

[67] Vgl. *Frowein/Peukert* 5 ff.

[68] EGMR 28. 5. 1985 Abdulaziz u. a./GB (EuGRZ **1985** 567). 28. 10. 1986 Inze/Ö (ÖJZ **1988** 177); dazu *Frowein/Peukert* 6, 48.

[69] *Nowak* 32, 33. Zur negativen Umschreibung in der Entstehungsgeschichte „arbitrary", „unfair and unreasonable treatment" *Tomuschat* FS Schlochauer 712.

[70] Vgl. Art. 27 IPBPR und Rdn. 23.

[71] *Nowak* 34.

Die **Beispiele unzulässiger Differenzierungsgesichtspunkte** in beiden Konventionen bestätigen zwar, daß die in Art. 14 MRK, Art. 2 Abs.1 IPBPR erwähnten Gesichtspunkte in der Regel für sich allein eine Ungleichbehandlung nicht rechtfertigen können[72]. Sie schließen diese aber nicht zwingend aus. Hält der Staat unterschiedliche Regelungen in ihrem Bereich für erforderlich, muß er aufzeigen, daß ein vernünftiger sachlicher Zweck von Gewicht diese erfordert[73]. Dies gilt verstärkt für das spezielle Gleichbehandlungsgebot von Mann und Frau in Art. 3 IPBPR[74]; jedoch wurden auch hier sachbezogene Differenzierungen nicht völlig ausgeschlossen[75]. Der EGMR hat beispielsweise eine unzulässige Diskriminierung darin gesehen, daß unverheiratete Männer über 45 Jahre, nicht aber unverheiratete Frauen im gleichen Alter zu Sozialabgaben nach einem allgemeinen Kinderhilfegesetz herangezogen wurden[76] oder daß einer Frau wegen ihrer Mutterschaft die Weiterzahlung ihrer Invalidenrente mit der Begründung verweigert wurde, daß Frauen üblicherweise nach der Geburt eines Kindes ihre Berufstätigkeit einstellen[77]. Eine unzulässige Differenzierung wurde ferner darin gesehen, daß einem Witwer Witwengeld und Unterstützung für die Kinder versagt wurde, weil dies nur den Witwen zustehe[78], ferner in der Ungleichbehandlung von Mann und Frau bei der Möglichkeit, den eigenen Nachnamen mit dem Familiennamen zu verbinden[79] oder in der Ungleichbehandlung ehelicher und unehelicher Kinder bei der Erbfolge[80] oder bei der Anwartschaft auf Hofübernahme nach einem Erbhöfegesetz[81]. Ob der Gesetzgeber mit dem ehem. § 1711 Abs. 2 BGB das Umgangsrecht des unehelichen Vaters mit dem Kinde anders regeln durfte als bei einem Vater nach einer geschiedenen Ehe, hat der EGMR offen gelassen[82]. Spätere Entscheidungen beanstandeten die Ungleichbehandlung der Väter[82a]. Die das Recht auf Familienleben (Art. 8 MRK) berührende Ungleichbehandlung von Männern und Frauen bei der Regelung der Einwanderung verstieß gegen Art. 14 MRK[83]. Ein Verstoß gegen Art. 14 EGMR wurde auch darin gesehen, daß – anders als bei Eheleuten – einer Person, die in einer homosexuellen Beziehung gelebt hatte, nach dem Tode ihres Partners der Eintritt in das Mietverhältnis versagt wurde[84]. Gegen Art. 14 MRK verstieß auch, daß einem berechtigt im Inland lebenden Ausländer allein wegen der fehlenden Staatsangehörigkeit Unterstützungszahlungen aus der Arbeitslosenversicherung verweigert wurden[85]. Eine nach Art. 14 in Verbindung mit Art. 9 MRK unzulässige Diskriminierung lag ferner darin, daß einer Mutter die elterliche Gewalt nur wegen ihrer Zugehörigkeit zu einer Religionsgemeinschaft nicht übertragen wurde[86] oder daß eine Reduktion der Kirchensteuer nur verweigert wurde, weil der 16

[72] *Guradze* 3: die angeführten Merkmale lösen die Vermutung der Sachfremdheit einer auf sie gestützten Differenzierung aus.

[73] *Frowein/Peukert* 25; *Grabenwarter* § 26 Rdn. 4; *Meyer-Ladewig* 8.

[74] Vgl. EGMR 22.02.1994 Burghartz/CH (ÖJZ **1994** 559: Unterschiedliche Doppelnamen nach Ehe).

[75] Vgl. EGMR 18.7.1994 Schmidt/D (EuGRZ **1995** 392 Feuerwehrabgabe statt Dienstpflicht bei Feuerwehr, aber keine Differenzierung nach Geschlechtern, wenn Ausgleichscharakter entfallen ist).

[76] EGMR 21.2.1997 Van Raalte/NdL (ÖJZ **1998** 117); vgl. ferner EGMR 14.7.1994 Schmidt/D (EuGRZ **1995** 392 Feuerwehrabgabe), dazu *Meyer-Ladewig* 13.

[77] EGMR 24.6.1993 Schuler-Zgraggen/CH (EuGRZ **1996** 604); *Frowein/Peukert* 29; *Villiger* HdB 667.

[78] EGMR 11.6.2002 (Willis/GB).

[79] EGMR 22.2.1994 Burghartz/CH (ÖJZ **1994** 559); *Meyer-Ladewig* 12.

[80] EGMR 13.6.1979 Marckx/Belg (EuGRZ **1979** 454); *Frowein/Peukert* 12; *Meyer-Ladewig* 19.

[81] EGMR 28.10.1987 Inze/Ö (ÖJZ **1988** 177); *Frowein/Peukert* 6, 49.

[82] EGMR 13.7.2000 Elsholz/D (NJW **2001** 2315).

[82a] EGMR 8.7.2003 Sommerfeld/D; 8.7.2003 Sabin/D (EnGRZ **2004** 707; 711); vgl. *Goedecke* JIR **46** (2003) 606, 625, 630.

[83] EGMR 28.5.1985 Abdulazis u.a./GB (EuGRZ **1985** 567); *Frowein/Peukert* 28.

[84] EGMR 24.7.2003 Karner/Ö (ÖJZ **2004** 36).

[85] EGMR 16.9.1996 Gaygusuz/Ö (JZ **1997** 405); dazu kritisch *Hailbronner* JZ **1997** 397, auch zur Frage, ob hier der Eigentumsschutz des Art. 1 1. ZP als verletztes Konventionsrecht greift.

[86] EGMR 23.6.1993 Hoffmann/Ö (EuGRZ **1996** 648: Zeugen Jehovas); *Grabenwarter* § 26 Rdn. 13.

Betroffene nicht im Inland wohnt[87]. Gegen das Gleichbehandlungsgebot des Art. 14 in Verbindung mit Art. 6 Abs. 1 MRK verstieß ferner, daß einer kirchlichen Gruppierung mangels Rechtspersönlichkeit der Zugang zu Gericht versagt wurde, während dies anderen religiösen Gruppen ohne besondere Formalitäten möglich war[88] oder daß bei der Regelung des Jagdrechts die Eigentümer kleinerer Grundstücke benachteiligt wurden[89]. Wegen unzulässiger Diskriminierungen im Bereich der Eigentumsgarantie vgl. bei Art. 1 des 1. Zusatzprotokolls[90].

16a Eine **in der Natur der Sache liegende** oder **aus übergeordneten Gesichtspunkten angezeigte Unterscheidung** schließen auch die nur als Anzeichen für eine konventionswidrigen Diskriminierung aufgeführten Merkmalen nicht aus. Dies gilt nicht nur für die als Sonderfall in Art. 16 MRK ausdrücklich geregelten Einschränkung der **politischen Betätigung der Ausländer,** sondern allgemein. Voraussetzung für jede Ungleichbehandlung ist aber, daß ein sie **rechtfertigender Grund** einsichtig ist und daß das mit ihm verfolgte Ziel und die dafür eingesetzten Mittel in einem **angemessenen Verhältnis** zu der Ungleichbehandlung stehen[91]. Zum Beispiel wurde die nur für Ehemänner bestehende Ausschlußfrist für die Ehelichkeitsanfechtungsklage als gerechtfertigt angesehen, weil dies der Rechtssicherheit und dem Interesse des Kindes dient[92]. Als sachlich gerechtfertigt wurden auch unterschiedliche Haftbedingungen für weibliche und männliche Häftlinge angesehen[93] oder eine ungleiche Behandlung der Kinder, die wegen der (zulässigen) anonymen Geburt keine Auskunft erhalten, wer ihre natürlichen Eltern sind gegenüber anderen Kindern, dies gilt auch im Hinblick auf ein Erbrecht[94]. Die Schlechterstellung der eigenen Staatsbürger gegenüber den vom Völkerrecht geschützten Ausländern hat der EGMR bei der Festsetzung der Enteignungsentschädigung für zulässig gehalten[95]. Bei der Zulassung der Einreise darf der Staat aus sachlichen, nicht aber aus rassistischen Gründen die Angehörigen bestimmter Länder bevorzugen[96]. Weitere Beispiele sind etwa der Minderheitenschutz nach Art. 27 IPBPR oder die Anwendung des Territorialprinzips bei der Festsetzung der Amts- und Gerichtssprache in mehrsprachigen Staaten[97]. Die unterschiedliche Regelung des Kündigungs- und Räumungsschutzes bei Wohnungen und bei anderen, insbesondere gewerblich benutzten Immobilien hat der EGMR als objektiv und vernünftig angesehen, da der Schutz der Mieter während eines ernstlichen Wohnungsmangels dies rechtfertigt[98]. Wegen weiterer **Einzelheiten** vgl. die Erläuterungen zu den einzelnen Konventionsgarantien[99].

---

[87] EGMR 23.10.1990 Darby/Schwed (EuGRZ **1990** 504); *Grabenwarter* § 26 Rdn. 14, *Meyer-Ladewig* 18.

[88] EGMR 16.12.1997 Katholische Kirche von Chania/Griech. (ÖJZ **1998** 750).

[89] EGMR 29.4.1999 Chassagnou u.a./F (NJW **1999** 3695); *Meyer-Ladewig* 21.

[90] Dort Rdn. 8; ferner *Frowein/Peukert* 53 ff.

[91] *Frowein/Peukert* 23 unter Hinweis auf EGMR 21.2.1986 James u.a./GB (EuGRZ **1988** 341); *Meyer-Ladewig* 8.

[92] EGMR 28.11.1984 Rasmussen/Dän. (EuGRZ **1985** 511); 27.10.1994 Kron u.a./Ndl (ÖJZ **1995** 269) beschränkte sich auf die Feststellung eines Verstoßes gegen Art. 8 MRK; vgl. *Frowein/Peukert* 24, 27.

[93] EKMR nach *Frowein/Peukert* 33.

[94] EGMR 13.2.2003 Odièvre/F (NJW **2003** 2145) mit Hinweis, daß diese Kinder bei ihren Adoptiveltern erbberechtigt sind.

[95] EGMR 21.2.1986 James u.a./GB (EuGRZ **1988** 341); 8.7.1986 Lithgow u.a./GB (EuGRZ **1988** 350); zur Streitfrage vgl. Art. 1 des 1. ZP, Rdn. 8.

[96] EGMR 18.2.1991 Moustaquim/Belg (EuGRZ **1993** 552); *Frowein/Peukert* 45 mit weiteren Beispielen aus der Spruchpraxis der EKMR; *Meyer-Ladewig* 18.

[97] EGMR 9.2.1967 belg. Sprachenfall EuGRZ **1975** 298); dazu *Frowein/Peukert* 10; 38; schweiz.BGer. EuGRZ **1981** 221 (Festlegung der Gerichtssprache durch Kantone); vgl. zum Schutz der Minderheitensprache auch östr.VfGH EuGRZ **1984** 19 mit Anm. *Stadler*; *Guradze* JIR **15** (1971) 260; Art. 6 MRK Rdn. 235; ferner *Nowak* Art. 2 Rdn. 39.

[98] EGMR 28.9.1994 Spadea, Scalabrino/I (ÖJZ **1996** 189).

[99] Ferner auch *Frowein/Peukert* 25 ff; *Grabenwarter* § 26 Rdn. 4 ff; *Guradze* 6 ff; *Meyer-Ladewig* 11 ff; *Nowak* 35 ff.

c) Sowohl **vom Gesetzgeber** als auch **beim Gesetzesvollzug** ist – ähnlich wie Art. 3 GG – das Diskriminierungsverbot hinsichtlich der Ausübung der Konventionsrechte in Art. 14 MRK, Art. 2 Abs. 1 IPBPR zu beachten[100]. Zu beachten ist aber auch, daß eine **sachlich unberechtigte Gleichbehandlung** unterschiedlicher Sachverhalte die Verpflichtung zur sachbezogenen Differenzierung verletzen kann, so dürfen Personen bei Bestehen wesentlicher Wertungsunterschiede nicht gleichbehandelt werden[101]. Dies schließt aber innerhalb gewisser Grenzen eine Typisierungsbefugnis des Gesetzgebers bei Massenvorgängen (Steuern, Sozialabgaben) nicht aus[102]. **17**

3. Allgemeine Garantie der Gleichheit (Art. 26 IPBPR); künftig auch Art. 1 des 12. ZP

a) Als **selbständiges Recht,** das – anders als die Garantien des Art. 14 MRK, Art. 2 Abs. 1, Art. 3 IPBPR – nicht akzessorisch an den Anwendungsbereich einer anderen Konventionsgarantie gebunden ist[103], garantiert Art. 26 IPBPR die allgemeine **Gleichheit vor dem Gesetz** und den Anspruch aller Menschen auf **gleichen Schutz durch das Gesetz** ohne jede Diskriminierung[104]. Damit wird eine allgemeine Verpflichtung des nationalen Gesetzgebers zur Gleichbehandlung über den von Art. 2 Abs. 1 IPBPR (Art. 14 MRK) umfaßten Bereich der Konventionsrechte hinaus begründet. Die Staaten werden verpflichtet, auch dort, wo es nicht um die Umsetzung von Konventionsrechten geht, jede sachlich nicht gerechtfertigte Diskriminierung zu unterlassen[105]. Eine unmittelbare **Drittwirkung** kommt der Garantie des Art. 26 IPBPR aber auch dort nicht zu, wo sie in das nationale Recht inkorporiert ist[106]. **18**

b) Gleichheit vor dem Gesetz verlangt die grundsätzliche Gleichbehandlung aller Personen bei Anwendung des Gesetzes. Als besonders wichtiger Unterfall wird die Gleichheit aller Menschen vor Gericht in Art. 14 Abs. 1 Satz 1 IPBPR noch besonders garantiert. Als formaler Grundsatz betrifft die Gleichheit vor dem Gesetz die **Gesetzesanwendung** durch Gerichte und Behörden. Sie schließt nicht aus, daß individuelle Merkmale und persönliche Eigenschaften eines Menschen bei der Gesetzesanwendung eine Rolle spielen, wie etwa bei Beurteilung der Eignung zur Führung eines Kraftfahrzeugs oder zum Betrieb eines Gewerbes oder die Persönlichkeitsstruktur bei Bemessung einer Strafe oder der Beurteilung der Haftgründe für die Untersuchungshaft. Gleichbehandlung erfordert aber, daß dies in dem vom Gesetz vorgezeichneten Rahmen nach gleichen Gesichtspunkten geschieht. Vor allem jede Willkür bei Anwendung des Gesetzes wird ausgeschlossen[107]. **19**

c) Ob sich der **gleiche Schutz durch das Gesetz** nur auf die Gesetzesanwendung bezieht, also den ersten Halbsatz nur in einem für seine Verwirklichung wichtigen Gesichtspunkt bekräftigt[108], oder ob er jede Diskriminierung durch die nationale Rechtssetzung **20**

---

100 *Nowak* 33; *Tomuschat* FS Schlochauer 694.

101 Vgl. EGMR 6.4.2000 Thlimmenos/Griech (ÖJZ **2001** 518); 29.4.2002 Pretty/GB (NJW **2002** 2851); *Grabenwarter* § 26 Rdn. 5; *Meyer-Ladewig* 10.

102 Vgl. Etwa BVerfGE **63** 119, 128.

103 *Guradze* JIR **1971** (15) 261; *Nowak* 12.

104 *Nowak* 12 ff So auch das noch nicht in Kraft befindliche 12. Protokoll zur MRK; vgl. Rdn. 23.

105 *Grabenwarter* § 26 Rdn. 17 (im Hinblick auf den allgemeinen Gleichheitsgrundsatz des 12. ZP); *Nowak* 19 ff; vgl. Rdn. 20. Da fast alle Mitgliedstaaten der EU den IPBPR ratifiziert haben, stellt sich aber schon jetzt die Frage, ob der allgemeine Gleichheitssatz des Art. 26 IPBPR nicht bereits inhaltlich zu den allgemeinen Grundsätzen der Gemeinschaft gehört; vgl. *Kischel* EuGRZ **1997** 1, 11.

106 *Tomuschat* FS Schlochauer 696. *Grabenwarter* § 26 Rdn. 18 hält es trotz der offiziellen Erläuterungen zum 12. ZP für zweifelhaft, ob der EGMR angesichts seiner Rechtsprechung zu den positiven Pflichten dieser Auffassung beitreten wird.

107 *Nowak* 15.

108 *Tomuschat* FS Schlochauer 705; dagegen *Nowak* 16.

auch über Art. 2 Abs. 1 IPBPR hinaus allgemein verbietet[109], ist nicht zuletzt wegen der wenig erhellenden Anbindung des Diskriminierungsverbotes des Satzes 2 („In this respect", „A cet égard") und der auch sonst unklaren Entstehungsgeschichte strittig[110]. Folgt man der weiten Auslegung, welche in Art. 26 eine über die anderen Konventionsgarantien hinausreichende Verpflichtung des nationalen Gesetzgebers zum Unterlassen diskriminierender Regelungen sieht[111], dann ist der nationale Gesetzgeber ähnlich wie durch Art. 3 GG gehalten, allgemein im nationalen Recht für die materielle Gleichheit der Rechte und Pflichten zu sorgen. Er hat jede unterschiedliche Behandlung aus nicht sachbezogenen Gründen zu unterlassen (negatorisches Diskriminierungsverbot). Er darf deshalb auch die Rückgabe früher generell konfiszierten Eigentums nicht vom Erwerb der eigenen Staatsbürgerschaft abhängig machen[112]. Die Schutzpflicht des Staates erfordert wohl auch, daß er durch hinreichend genaue Fassung seiner Vorschriften eine tragfähige objektive Grundlage für die Gleichbehandlung bei der Rechtsanwendung und den Ausschluß von Willkür schafft und daß er auch sonst durch **positive Maßnahmen** zumindest im öffentlichen Bereich für einen gleichen und wirksamen Schutz gegen Diskriminierung sorgt[113]. Dies rechtfertigt sogar zeitlich begrenzt bevorzugende Sondermaßnahmen[114] zugunsten von Personen, die Opfer einer früheren und noch fortwirkenden Diskriminierung waren[115]. Ob Satz 2 den Staat dagegen verpflichtet, über das Verhältnis Staat/Einzelperson hinaus im quasi-öffentlichen Bereich Diskriminierungen durch geeignete Maßnahmen entgegenzuwirken[116], erscheint fraglich[117]. Wollte man dies annehmen, müßte man den Staaten hier einen weiten Beurteilungsspielraum für die Notwendigkeit positiver Schutzmaßnahmen zubilligen[118]. Auf den Privatbereich, den Bereich persönlicher Entscheidungen, erstreckt sich, wie die Entstehungsgeschichte zeigt, eine solche Schutzpflicht des Staates nicht[119]. Auf die Streitfragen[120] kann im Rahmen dieses Überblicks nicht eingegangen werden.

21 Wie bei Art. 3 GG bedeutet **Gleichheit**, daß sachlich Gleiches gleich, aber auch, daß sachlich Verschiedenes ungleich zu behandeln ist, wobei die sachliche Gleichheit immer

---

[109] Vgl. Teil I Nr. 5.9 des Kopenhagener KSZE-Dokuments (Fußn. 11): Alle Menschen sind vor dem Gesetz gleich und haben ohne Diskriminierung Anspruch auf gleichen Schutz durch das Gesetz. In diesem Zusammenhang wird das Gesetz jede Diskriminierung untersagen und jedermann gleichen und wirkungsvollen Schutz gegen Diskriminierung gleich welcher Art angedeihen lassen.

[110] Dazu *Nowak* 8 ff, 16 ff; andererseits *Hofmann* S. 52; *Tomuschat* FS Schlochauer 702 ff.

[111] UN-AMR EuGRZ **1989** 35 mit krit. Anm. *Tomuschat*; *Nowak* 17, 18.

[112] UN-AMR NVwZ **2002** 327 L.

[113] *Nowak* 28 ff. Zur Entstehungsgeschichte des Satzes 2 vgl. *Nowak* 8 ff, 27.

[114] Zur sogen. „affirmative action" vgl. auch die Präambel des noch nicht in Kraft befindlichen 12. Protokolls; danach sind auch gezielt nur einzelne Gruppen betreffende Maßnahmen zulässig „zur Förderung der vollen und wirklichen Gleichheit", „soweit diese Maßnahmen objektiv und vernünftig und gerechtfertigt sind", wie etwa eine „Frauenquote" oder Maßnahmen zugunsten von Minderheiten. Im Recht der Europäischen Gemeinschaften läßt Art. 141 Abs. 4 EGV im Berufsleben „Vergünstigungen für das unterrepäsentierte Geschlecht" ausdrücklich zu; auch Art. 23 Abs. 2 der EU Grundrechtscharta sieht „die Beibehaltung oder Einführung spezifischer Vergünstigungen für das unterrepräsentierte Geschlecht" als mit dem Gleichbehandlungsgebot vereinbar an.

[115] UN-AMR (Uruguay; Bevorzugung der früher aus politischen Gründen entlassenen Beamten bei Zugang zu den Ämtern ist keine Diskriminierung, sondern Wiedergutmachung); zum aktiven Diskriminierungsschutz vgl. *Nowak* 29; ferner etwa *Delbrück* FS Schlochauer 264.

[116] So *Nowak* 31 unter Bezugnahme auf UN-Ausschuß (Horizontalwirkung, die den Staat im quasi-öffentlichen Bereich wie Arbeitsverhältnisse, Schulen, Verkehrsmittel, Hotels, Theater, Parks usw. verpflichten kann, manifeste Diskriminierungen zu unterbinden).

[117] Verneinend *Hofmann* S. 51 unter Hinweis auf die zunehmend vertretene Gegenmeinung.

[118] *Nowak* 31.

[119] *Nowak* 31; *Tomuschat* FS Schlochauer 702, 710 ff („to forbid privat discrimination", „lethal threat to private freedom").

[120] Vgl. etwa *Guradze* JIR **1971** (15) 261; *Hofmann* S. 49; *Nowak* 30 ff; *Tomuschat* FS Schlochauer 702 je mit weit. Nachw.

nach dem Ausmaß der Übereinstimmung bei den für die sachgerechte Regelung des jeweiligen Lebenssachverhalts maßgebenden Kriterien zu beurteilen ist, nicht aber nach den dafür irrelevanten Fakten. Sowohl die Gleich- als auch die Ungleichbehandlung müssen durch einen vernünftigen, aus der Natur der Sache sich ergebenden oder sonst einleuchtenden rationalen Grund gerechtfertigt sein[121].

Art. 26 IPBPR verbietet aber **nicht jede Ungleichbehandlung**, sondern nur die **Diskriminierung** im bereits oben erörterten Sinn[122]; also eine Differenzierung der Rechte oder Pflichten, die durch keinen (zulässigen) sachlichen Grund gerechtfertigt wird und die (objektiv) als willkürlich erscheint. Dies gilt auch für die Anforderungen an den staatlichen Schutz der Gleichbehandlung in Satz 2 und die dort aufgestellten, mit der Aufzählung in Art. 2 Abs. 1 IPBPR inhaltsgleichen Beispiele unzulässiger Unterscheidungskriterien[123]. Diese können für sich allein keine Differenzierung rechtfertigen. Dies schließt aber bei Vorliegen triftiger sachlicher Gesichtspunkte nicht aus, daß sie als Gründe für eine sachbezogene Differenzierung mit herangezogen werden. Eine Rechtfertigung unterschiedlicher Behandlung kann sich im übrigen auch aus der Konvention ergeben, etwa aus der Beschränkung der politischen Rechte auf die Staatsbürger in Art. 25 IPBPR, aus Art. 16 MRK[124] oder aus dem Verbot des Eintretens für nationalen, rassischen oder religiösen Haß in Art. 20 IPBPR. 22

Art. 1 Abs. 1 des 12. Zusatzprotokolls[125] verbietet **zur Sicherung der allgemeinen Gleichbehandlung** ebenfalls über die Konventionsgarantien hinaus jede Diskrimierung bei der Ausübung der aus den Rechtsordnungen der Mitgliedstaaten folgenden Rechte, wobei die Gesichtspunkte, die eine Ungleichbehandlung für sich allein nicht rechtfertigen können, wie Geschlecht, Rasse, Hautfarbe, Sprache, Religion, politische oder andere Meinung, nationale oder soziale Herkunft, Zugehörigkeit zu einer nationalen Minderheit, Vermögen, Geburt oder ein anderer Status ebenso wie bei Art. 26 IPBPR als Beispiele aufgeführt werden. In Ergänzung dazu wird den Trägern der öffentlichen Gewalt jede Diskriminierung verboten, die sich allein auf einen dieser Gesichtspunkte stützt. Gleichbehandlungsgebot und Diskriminierungsverbot beruhen auf dem gleichen Grundgedanken und bilden eine zusammengehörende Einheit[126]. Anders als bei Art. 14 MRK ist das allgemeine Diskriminierungsverbot nicht akzessorisch auf den Bereich der anderen Konventionsgarantien beschränkt. Das Gleichbehandlungsgebot des Art. 1 des 12. Zusatzprotokolls erfaßt – ähnlich wie Art. 3 GG – die ganze nationale Rechtsordnung und Rechtsanwendung. Diese wird damit unter diesem Gesichtspunkt insgesamt der Kontrolle durch den EGMR unterworfen[127]. 23

4. Minderheitenschutz. Die MRK spricht den Schutz der ethnischen, rassischen oder religiösen Minderheiten[128] nicht besonders an. Das Verbot einer Diskriminierung allein 24

---

121 Vgl. Rdn. 17.

122 Vgl. Rdn. 12.

123 Vgl. Rdn. 12.

124 Weitere Beispiele oben Rdn. 8; vgl. ferner Art. 16 MRK Rdn. 4.

125 Vom 4. 11. 2000, noch nicht in Kraft.

126 *Grabenwarter* § 26 Rdn 17.

127 *Grabenwarter* § 26 Rdn. 18 sieht in dieser Ausdehnung des Konventionsschutzes einen der Hauptgründe für die zögerliche Ratifikation dieses Protokolls durch die Mitgliedstaaten.

128 Zum Fehlen eines völkerrechtlich allgemein akzeptierten Begriffs der nationalen Minderheit vgl. *v. Arnauld* AVR **42** (2004) 111; *Hofmann* ZaöRV **52** (1992) 1; *Klebes* EuGRZ **1995** 262, 263 (unter Hinweis auf Nr. 12 des Erläuternden Berichts zu diesem Abkommen – abgedruckt EuGRZ **1995** 268), ferner zur Frage, ob unter den völkerrechtlichen Minderheitenbegriff auch Angehörige fremder Staaten fallen, vgl. *Hilpold* AVR **42** (2004) 80 ff; *Kugelmann* AVR **39** (2001) 233, 239 ff. Für das allgemeinen Diskriminierungsverbot, das unabhängig von der Staatsangehörigkeit jeden schützt, spielt diese Frage keine Rolle, wohl aber bei der Frage, wieweit ein Staat unter diesem Gesichtpunkt zu spezifischen Sondermaßnahmen verpflichtet ist.

wegen der Zugehörigkeit zu einer solchen Minderheit folgt aus dem allgemeinen Verbot der Ungleichbehandlung unter einem solchen Gesichtspunkt, die Lebensweise einer Minderheit kann auch unter den Schutz des Privatlebens (Art. 8 MRK) fallen[129]. Die Freiheitsgarantien der Konventionen, vor allem der Schutz der privaten Lebensgestaltung, das Recht auf Meinungsfreiheit und die Versammlungsfreiheit (Art. 8, 10, 11 MRK, Art. 17, 18 und 21 IPBPR) gewährleisten jedem einen individuellen Freiheitsraum, auf den sich auch die einzelnen Angehörigen einer religiösen, völkischen oder sonstigen Minderheit zur Wahrung ihrer Identität berufen können, da deren Einschränkung in der Regel in einer pluralistischen demokratischen Gesellschaft nicht erforderlich ist[129a]. Diese Garantien und die formale Gleichbehandlung mit allen anderen Personen lösen aber das eigentliche Problem der nationalen Minderheiten, die Wahrung ihrer spezifischen Besonderheiten gegenüber der Mehrheit der Bevölkerung, nicht. Zum Erreichen einer materiellen Gleichbehandlung können deshalb spezifische Sonderregelungen zu Gunsten einer Minderheit („affirmativ action") mit dem Gebot der Gleichbehandlung vereinbar sein, wie dies in der Präambel zum 12. Zusatzprotokoll und auch in der Europäischen Grundrechte-Charta in Art. 21 Abs. 2 als mit dem Gleichbehandlungsgebot vereinbar angesehen wird[130]. Art. 27 IPBPR bestätigt dies, wenn er das Recht der ethnischen, religiösen oder sprachlichen Minderheiten auf ein eigenes kulturelles und religiöses Leben und auf ihre eigene Sprache herausstellt[130a]. Gleiches gilt für das europäische **Rahmenübereinkommen zum Schutze nationaler Minderheiten** vom 1. 2. 1995[131].

25 Auf **weitere Einzelheiten** einzugehen würde den Rahmen dieses Überblicks überschreiten.

Art. 15 MRK (Art. 4 IPBPR)

MRK

Artikel 15 Abweichen im Notstandsfall*

(1) Wird das Leben der Nation durch Krieg oder einen anderen öffentlichen Notstand bedroht, so kann jede Hohe Vertragspartei Maßnahmen treffen, die von den in dieser Konvention vorgesehenen Verpflichtungen abweichen, jedoch nur, soweit es die Lage unbedingt erfordert und wenn die Maßnahmen nicht im Widerspruch zu den sonstigen völkerrechtlichen Verpflichtungen der Vertragsparteien stehen.

(2) Auf Grund des Absatzes 1 darf von Artikel 2 nur bei Todesfällen infolge rechtmäßiger Kriegshandlungen und von Artikel 3, Artikel 4 Absatz 1 und Artikel 7 in keinem Fall abgewichen werden.

IPBPR

Artikel 4

(1) Im Falle eines öffentlichen Notstandes, der das Leben der Nation bedroht und der amtlich verkündet ist, können die Vertragsstaaten Maßnahmen ergreifen, die ihre Verpflichtungen aus diesem Pakt in dem Umfang, den die Lage unbedingt erfordert, außer Kraft setzen, vorausgesetzt, daß diese Maßnahmen ihren sonstigen völkerrechtlichen Verpflichtungen nicht zuwiderlaufen und keine Diskriminierung allein wegen der Rasse, der Hautfarbe, des Geschlechts, der Sprache, der Religion oder der sozialen Herkunft enthalten.

(2) Auf Grund der vorstehenden Bestimmung dürfen die Artikel 6, 7, 8 (Absätze 1 und 2), 11, 15, 16 und 18 nicht außer Kraft gesetzt werden.

* Neue deutschsprachige Übersetzung in der Fassung der Bek. vom 17. 5. 2002 (BGBl. II S. 1054).

[129] *Meyer-Ladewig* Art. 8 Rdn. 16.

[129a] Zur Spruchpraxis des EGMR und des UN-AMR in diesen Fällen eingehend *Pentassuglia* JIR **46** (2003) 401 ff.

[130] Vgl. Rdn. 6a, 21.

[130a] Zu den vom UN-AMR behandelten Fällen *Pentassuglia* JIR **46** (2003) 401, insbes. 408, 423 ff, 427, 437 ff.

[131] Vgl. Rdn. 6b.

(3) Jede Hohe Vertragspartei, die dieses Recht auf Abweichung ausübt, unterrichtet den Generalsekretär des Europarats umfassend über die getroffenen Maßnahmen und deren Gründe. Sie unterrichtet den Generalsekretär des Europarats auch über den Zeitpunkt, zu dem diese Maßnahmen außer Kraft getreten sind und die Konvention wieder volle Anwendung findet.

(3) Jeder Vertragsstaat, der das Recht, Verpflichtungen außer Kraft zu setzen, ausübt, hat den übrigen Vertragsstaaten durch Vermittlung des Generalsekretärs der Vereinten Nationen unverzüglich mitzuteilen, welche Bestimmungen er außer Kraft gesetzt hat und welche Gründe ihn dazu veranlaßt haben. Auf demselben Wege ist durch eine weitere Mitteilung der Zeitpunkt anzugeben, in dem eine solche Maßnahme endet.

Schrifttum (Auswahl): *Kitz* Die Notstandsklausel des Art. 15 der Europäischen Menschenrechtskonvention, Diss Heidelberg 1982; *Stein* Die Außerkraftsetzung von Garantien menschenrechtlicher Verträge in I. Maier (Hrsg) Europäischer Menschenrechtsschutz, Schranken und Wirkungen (1982) 135: *Wurst* Die völkerrechtliche Sicherung der Menschenrechte in Zeiten staatlichen Notstandes – Art. 15 der Europäischen Menschenrechtskonvention (1967).

Übersicht

1. Allgemeines. Art. 15 MRK und Art. 4 IPBPR gestatten den Vertragsstaaten, im Falle eines öffentlichen Notstandes Maßnahmen zu ergreifen, mit welchen sie sich über die Mehrzahl der Verpflichtungen hinwegsetzen können, die ihnen auf Grund der Konventionen obliegen. Diese Befugnis, die sie auch auf Teile ihres Staatsgebiets beschränken können, haben sie aber nur, wenn, soweit und solange dies nach der jeweiligen Lage **unbedingt erforderlich** ist. Eine **förmliche Aufhebung** der bei den Notstandsmaßnahmen nicht zu beachtenden Konventionsartikel bedarf es dafür nicht[1]. Diese Konventionsrechte werden in dem Umfang, in dem der bedrohte Staat sie wirksam **außer Kraft setzt**, unanwendbar[2]; sie stehen dann insoweit Eingriffen des Staates in die betroffenen Konventionsgarantien nicht entgegen. **1**

2. Voraussetzungen

a) Es muß ein **öffentlicher Notstand** vorliegen, der das Leben der Nation bedroht, der also so schwerwiegend ist, daß der Fortbestand des geregelten Lebens in der jeweiligen staatlichen Gemeinschaft in Frage gestellt wird. Der nur in Art. 15 MRK, nicht aber in Art. 4 IPBPR besonders erwähnte **Krieg** kann, ebenso wie sonstige bewaffnete Auseinandersetzungen von Gewicht, eine solche die Existenz des Staates bedrohende Lage sein[3]. Unter Krieg im völkerrechtlichen Sinn wird man die unter Anwendung von Waffengewalt geführte Auseinandersetzung zwischen mehreren Staaten zu verstehen haben, wobei auch bewaffnete Konflikte ohne förmliche Kriegserklärung als „Krieg" im Sinne **2**

[1] EGMR 1.7.1961 Lawless/Irl (Series A 3), *Frowein/Peukert* 8; *Guradze* 5; *Partsch* 76. Zur Berufung auf Art. 15 MRK in der Staatenpraxis vgl. die Auflistung bei *Kitz* 96 ff; ferner *Villinger* HdB 698.

[2] *Grabenwarter* § 2 Nr. 8.

[3] *Frowein/Peukert* 6, 7; *Meyer-Ladewig* 5; *Nowak* 12; *Partsch* 75 und *Guradze* 2 wonach diese Voraussetzung nicht gegeben ist, wenn die Verwicklung des Staates in einen bewaffneten Konflikt weder seinen Bestand gefährdet noch seine Bevölkerung erheblich in Mitleidenschaft zieht.

dieser Konvention angesehen werden. Diese Zuordnung ist allerdings bei Art. 15 MRK von geringer Bedeutung, da bewaffnete Auseinandersetzungen andernfalls als öffentlicher Notstand die gleichen Einschränkungen rechtfertigen können[4], so etwa gewaltsame innerstaatliche Konflikte, die die Existenz des organisierten Gemeinwesens bedrohen. Einschränkungen bei Konventionsrechten können auch durch andere Staatskrisen zu deren Bewältigung notwendig werden; auch fortlaufende terroristische Anschläge oder Naturkatastrophen können das Ausmaß einer solchen, die Existenz des Staates als geregeltes Gemeinwesen in Frage stellende Krisensituation erreichen[5]. Die Bedrohung muß bereits eingetreten sein oder unmittelbar bevorstehen und sie muß so schwerwiegend sein, daß sie zumindest in einem Teilbereich die Bevölkerung trifft und mindestens in diesem die Organisation des Lebens der staatlichen Gemeinschaft gefährdet[6]. Sie muß also über eine bloße Störung der öffentlichen Sicherheit und Ordnung hinausgehen, die der Staat bereits mit Maßnahmen unterbinden kann, die die Konventionen ihm ohnehin gestatten. Eine die Nation bedrohende Krise kann auch vorliegen, wenn die eigentlichen Unruhen oder bürgerkriegsähnlichen Zustände sich auf ein territorial begrenztes Gebiet beschränken[7]. **Auslandseinsätze**, wie sie etwa im Rahmen internationaler Operationen mit begrenzter Zielsetzung stattfinden, sind aber kein Notstand, der das Leben der Nation des Vertragsstaats bedroht[8].

3 **b) Art. 4 Abs. 1 IPBPR** fordert als weitere unerläßliche Voraussetzung ausdrücklich die **amtliche Verkündung des Notstands**[9]. Er muß von einer dazu befugten nationalen Stelle öffentlich bekanntgegeben worden sein, damit jeder sich darauf einstellen kann; es genügt nicht, daß die Notlage als solche faktisch offensichtlich ist[10]. Die Erklärung des Notstands durch den britischen Home Secretary im Unterhaus sah der EGMR als ausreichende amtliche Verkündung an[11].

4 Bei **Art. 15 EMRK** ist die amtliche Bekanntgabe des Notstands keine Wirksamkeitsvoraussetzung einschränkender Maßnahmen[12]. Die EKMR hat jedoch mehrheitlich die Ansicht vertreten, daß gegenüber der betroffenen Bevölkerung deutlich gemacht werden müsse, daß es sich um Notstandsmaßnahmen handele[13]. Bei den Mitgliedstaaten des IPBPR folgt die Pflicht zur amtlichen Bekanntgabe bereits aus Art. 4 Abs. 1 IPBPR. Damit gilt dies auch bei Art. 15 MRK; es gehört zu den anderen völkerrechtlichen Verpflichtungen, deren Beachtung auch eine Voraussetzung für die Zulässigkeit von Notstandsmaßnahmen nach Art. 15 Abs. 1 MRK ist[14].

5 **c)** Beide Konventionen sehen die **Notifikation von allen getroffenen Maßnahmen** vor. Nach Art. 15 Abs. 3 MRK ist der Generalsekretär des Europarats zu unterrichten; nach Art. 4 Abs. 3 IPBPR über den Generalsekretär der Vereinten Nationen die anderen Vertragsparteien. Die Unterrichtung muß ausreichend sein und alle getroffenen Maßnahmen und auch ihre eventuelle **örtliche Begrenzung** umfassen; werden nur bestimmte Teile des Staates benannt, geht der EGMR davon aus, daß in den anderen Teilen des Staats-

---

[4] *Frowein/Peukert* 6.

[5] *Hofmann* S. 27; *Kitz* 36 ff; *Nowak* 16.

[6] EGMR 1. 7. 1961 Lawless/Irl (Series A 3); *Guradze* 3; *Kitz* 37; *Partsch* 76; vgl. auch die nachf. Fußn. ferner zum weiten Ermessensraum des Staates Rdn. 10.

[7] EGMR 1. 7. 1961 Lawless/Irl (Series A 3); 18. 1. 1978 Irland/GB (EuGRZ **1979** 149); *Frowein/Peukert* 7; *Grabenwarter* § 2 Rdn. 9; *Meyer-Ladewig* 8; *Nowak* 14.

[8] *Krieger* ZaöRV **62** (2002) 669, 690, die ergänzend auch darauf hinweist, daß in der Bundesrepublik eine vollständige Suspendierung der Grundrechte nicht möglich ist (vgl. Art. 19 Abs. 2 GG).

[9] *Nowak* 17; UN-AMR bei *Nowak* EuGRZ **1981** 428.

[10] *Frowein/Peukert* 11; *Nowak* 19.

[11] EGMR 26. 5. 1993 Brannigan, Mc Bride/GB (ÖJZ **1994** 65).

[12] *Partsch* 74.

[13] *Frowein/Peukert* 8.

[14] EGMR 26. 5. 1993 Brannigan, Mc Bride/GB (ÖJZ **1994** 65); *Frowein/Peukert* 11; *Meyer-Ladewig* 7; vgl. Rdn. 8, 12.

gebietes keine Einschränkungen zulässig sind[15]. Die Unterrichtung und das damit verbundene transparentwerden der Maßnahmen dient der internationalen Kontrolle; sie kann Anfragen des Generalsekretärs des Europarats nach Art. 52 MRK auslösen und gegebenenfalls sogar anderen Konventionsstaaten zu einer Staatenbeschwerde (Art. 33 MRK) veranlassen[16]. Die Unterrichtung ist aber keine Voraussetzung, von der die Zulässigkeit der Notstandsmaßnahmen abhängt, da sie den vom Staat bereits getroffenen Maßnahmen zeitlich nachfolgt[17]. Art. 4 Abs. 3 IPBPR verpflichtet den Staat, **unverzüglich** die in Ausübung seines Notstandsrechts außer Kraft gesetzten Bestimmungen und die Gründe, die ihn dazu veranlaßt haben, sowie die Zeitspanne und die Beendigung der Suspendierung mitzuteilen[18]. Art. 15 Abs. 3 MRK bindet die Unterrichtung an keine Frist, sie muß aber **so schnell wie möglich** geschehen. Eine Unterrichtung nach 12 Tagen wurde vom EGMR als ausreichend angesehen[19], eine Unterrichtung nach 4 Monaten hielt die Kommission für verspätet[20]. Die Mitteilung unterliegt keinem Publikationsgebot[21].

d) Erforderlichkeit der Maßnahmen. Art. 15 Abs. 1 MRK und Art. 4 Abs. 1 IPBPR 6
rechtfertigen nur solche Einschränkungen, die die Notstandslage unbedingt erfordert[22]. Eine solche Lage, die die ganze Nation und die Funktion des organisierten Gemeinwesens bedroht, muß bereits bestehen oder unmittelbar bevorstehen[23]. Die Gegenmaßnahmen müssen unerläßlich sein, damit die Gefahrenlage, so wie sie sich für die Behörden im Zeitpunkt der Anordnung darstellt[24], wirksam bewältigt werden kann. Der Zweck darf nicht bereits durch ein milderes Mittel erreichbar sein, vor allem nicht durch Maßnahmen, die bereits im Rahmen der Konventionsgarantien getroffen werden können[25]. Erst wenn diese nicht ausreichen oder keinen Erfolg versprechen, darf der Staat Konventionsrechte in dem unbedingt erforderlichen Umfang derogieren[26]. In der Regel müssen erst alle Einschränkungsmöglichkeiten, die bei verschiedenen Konventionsgarantien schon im Normalfall Maßnahmen im Interesse der nationalen Sicherheit und zur Aufrechterhaltung der öffentlichen Ordnung usw. vorsehen, ausgeschöpft sein[27]. Im übrigen gilt der Grundsatz der **Verhältnismäßigkeit**; Eingriffsintensität und räumlicher und zeitlicher Anwendungsbereich der konventionseinschränkenden Notstandsmaßnahme dürfen nicht außer Verhältnis stehen zu der Bedeutung, die der Maßnahme für die Bewältigung der konkreten Notstandslage tatsächlich zukommt[28].

---

15 *Meyer-Ladewig* 8 unter Hinweis auf EGMR 26.11.1997 Sakik u.a./Türk (Rep. 1997-VII).

16 *Frowein/Peukert* 13.

17 *Frowein/Peukert* 11, mit dem Hinweis, daß die EKMR und EGMR B 1.7.1961 Lawless/Irl (Série A 3) die Bedeutung des Fehlens einer Mitteilung ausdrücklich offengelassen haben. Nach *Kitz* 87 ff. schließt arglistige Verletzung der Benachrichtigungspflicht die Berufung auf Art. 15 Abs. 1 MRK aus.

18 UN-AMR EuGRZ **1981** 388; Allgemeine Bemerkung (General Comment) Nr. 29 vom 24.7.2001 Nr. 17 (abgedruckt bei *Doswald-Beck/Kolb* S. 433 ff); *Nowak* 17, 37.

19 EGMR 1.7.1961 Lawless/Irl (Series A 3).

20 Vgl. *Frowein/Peukert* 13; *Grabenwarter* § 2 Rdn. 13; *Meyer-Ladewig* 8; zu den zeitlichen Verzögerungen der Notifikation vgl. auch *Partsch* 74.

21 EGMR 1.7.1961 Lawless/Irl (Series A 3); vgl. *Frowein/Peukert* 13, wonach die abgegebenen Meldungen nach Art. 15 EMGR im Yearbook veröffentlicht werden.

22 *Frowein/Peukert* 4, 9 ff; *Guradze* 5 (Übermaßverbot); *Partsch* 77; *Villiger* HdB 699.

23 *Meyer-Ladewig* 4.

24 Beurteilung ex ante; vgl. auch *Partsch* 75.

25 *Grabenwarter* § 2 Rdn. 11.

26 *Kitz* 39 ff; vgl. die Prüfung möglicher Maßnahmen in EGMR 1.7.1961 Lawless/Irl (Série A 3).

27 Nach *Guradze* 7 zwingt im Bereich der Gedanken-, Gewissens- und Religionsfreiheit kein Notstand zu Maßnahmen, die über das bereits nach Art. 9 Abs. 2 MRK Zulässige hinausgehen. Da Art. 4 Abs. 2 IPBPR keine Einschränkung der Religionsfreiheit (Art. IPBPR) zuläßt und Art. 15 Abs. 1 MRK nur solche Einschränkungen gestattet, die nicht im Widerspruch mit anderen völkerrechtlichen Verpflichtungen der Vertragsparteien stehen, stellt sich diese Frage für die Staaten nicht, die auch Mitgliedstaaten des IPBPR sind.

28 *Grabenwarter* § 2 Rdn. 11; vgl. *Nowak* 24; *Partsch* 77.

7 **Beispielsweise** wurde die Außerkraftsetzung von Art. 5 Abs. 2 bis 4 MRK als zulässig angesehen[29], während eine Einschränkung, die auch die verfahrensrechtlichen Mindestgarantien oder fundamentale Grundsätze (faires Verfahren, habeas corpus oder die Unschuldsvermutung) umfaßt, als unverhältnismäßig oder überhaupt als unzulässig betrachtet wird[30]. Mit Notstand nicht gerechtfertigt werden können auch Verbote wie die Untersagung der politischen Betätigung und Teilnahme an Wahlen für 15 Jahre[31].

8 **e)** Die Notstandsmaßnahmen dürfen den **sonstigen völkerrechtlichen Verpflichtungen** des betreffenden Staates nicht zuwiderlaufen. Mit dieser Forderung wollen Art. 15 Abs. 1 MRK, Art. 4 Abs. 1 IPBPR die Beachtung des allgemeinen Völkerrechts sichern, aber auch Verpflichtungen aus anderen Übereinkommen, vor allem auf dem Gebiet des humanitären Völkerrechts, wie etwa die 4 Genfer Konventionen[32] oder die Strafbarkeit nach dem Römischen Statut des internationalen Strafgerichtshofs[33]. Umfaßt sind auch die Verpflichtungen aus anderen Menschenrechtspakten. Wo diese andere oder weitergehende Rechte notstandsfest verbürgen[34], schließt dies auch jede Einschränkung nach Art. 15 MRK aus. Soweit Art. 4 Abs. 2 IPBPR weitere Konventionsrechte jeder Einschränkungsmöglichkeit entzieht, sind diese auch auf Grund des Art. 15 MRK nicht einschränkbar. Dadurch lösen sich die Unterschiede bei der Notstandsfestigkeit der einzelnen Konventionsrechte dadurch, daß auch bei Art. 15 MRK die Notstandsbefugnisse durch den sie am meisten einschränkenden Vertrag bestimmt werden. Das nur bei Art. 4 Abs. 1 IPBPR enthaltene Diskriminierungsverbot bei Notstandsmaßnahmen (vgl. Rdn. 9) wird auf diesem Umweg auch im Bereich der MRK beachtlich. Soweit Art. 4 Abs. 2 IPBPR weitere Konventionsrechte jeder Einschränkungsmöglichkeit entzieht, sind diese auch auf Grund des Art. 15 MRK nicht einschränkbar.

9 **f) Diskriminierungsverbot.** Art. 4 Abs. 1 IPBPR enthält zusätzlich noch das Verbot, bei Notstandsmaßnahmen allein wegen der Rasse, der Hautfarbe, des Geschlechts, der Sprache oder der sozialen Herkunft zu diskriminieren. Dieses Verbot erstreckt sich auf weniger Merkmale als die umfangreicheren Aufzählungen der Art. 2 Abs. 1, Art. 26 IPBPR[35] und es ist auch insoweit enger, als es nur verbietet, die aufgeführten Gesichtspunkte **für sich allein** zum Abgrenzungskriterium einer Notstandsmaßnahme zu machen; gestattet ist aber, dies in Verbindung mit anderen, nicht dem Katalog unterfallenden sachlich gebotenen Gesichtspunkten zu tun[36]. Die Bedeutung des Diskriminierungsverbotes in Art. 4 Abs. 1 IPBPR liegt vor allem darin, daß es sicherstellt, daß auch bei Notstandsmaßnahmen ein – wenn auch inhaltlich eingeschränkteres – Diskriminierungsverbot beachtet werden muß. Die allgemeinen Diskriminierungsverbote sind nicht notstandsfest gewährleistet[37], sofern sie nicht akzessorisch zu einem ohnehin notstandsfesten Recht sind.

---

[29] EGMR 18. 1. 1978 Irland/GB (EuGRZ **1979** 149).

[30] *Nowak* 26 unter Hinweis auf die „Siracusa Principles"; vgl. die Gutachten des IAGMR EuGRZ **1989** 218; 233 (keine Suspendierung der Rechtsschutzgarantien wie Habeas-corpus-Verfahren; faires Verfahren); ähnlich UN-AMR Allgemeine Bemerkung vom 24. 7. 2001 Nrn. 7 ff, insbes. Nr. 11 (engl. Text *Doswald-Beck/Kolb* S. 433 ff).

[31] UN-AMR EuGRZ **1981** 388; dazu *Nowak* 35 ff mit weit. Beispielen.

[32] Zum Verhältnis der Menschenrechtspakte zum humanitären Völkerrecht vgl. *Krieger* ZaöRV **62** (2002) 691 ff, auch zu der Frage, ob und wieweit die Regeln der Genfer Konventionen bei einem gemeinsamen Anwendungsbereich als vorgehende Spezialvorschriften anzusehen sind und wieweit die jeweils günstigere Regel zur Anwendung kommt. Vgl. ferner *Frowein/Peukert* 11; *Kitz* 43; *Nowak* 27 mit weit. Beispielen.

[33] Vgl. UN-AMR Allgemeine Bemerkung vom 24. 7. 2001 Nr. 12 (engl. Text *Doswald-Beck/Kolb* S. 433 ff).

[34] Vgl. *Frowein/Peukert* 11; *Grabenwarter* § 2 Rdn. 12; vgl. Rdn. 4.

[35] Vgl. Art. 14 MRK Rdn. 12, 18.

[36] *Nowak* 28.

[37] *Nowak* 28.

g) Den Staaten wird schon wegen ihrer Sachnähe ein **weiter Beurteilungsraum** zuerkannt, innerhalb dessen sie selbst entscheiden, ob eine Notstandslage vorliegt und welche Maßnahmen zu deren Behebung oder zur Abwehr einer sich aus ihr ergebenden Bedrohung unerläßlich sind[38]. Der EGMR beschränkt sich weitgehend auf eine Art „Europäischer Aufsicht"; er ersetzt die Einschätzung der Lage und der Erforderlichkeit einer Maßnahme durch die nationalen Stellen nicht durch seine eigene Beurteilung, sofern die Einschätzung der nationalen Stellen sich im Rahmen ihres Beurteilungsspielraums hält und den Grundsatz der Verhältnismäßigkeit gewahrt ist[39]. Mit dieser Einschränkung prüft er nach, ob das Vorliegen eines Notstandes und die getroffenen Maßnahmen unter den zur Zeit der Anordnung gegebenen Umständen von dem jeweiligen Staat vernünftigerweise als unbedingt erforderlich angesehen werden durfte[40]. Der Ausschuß nach Art. 40 IPBPR prüft in Würdigung aller Umstände des Einzelfalls nach, ob der Notstand so schwerwiegend war, daß die Aussetzung des jeweiligen Konventionsrechts und die getroffenen Maßnahmen unbedingt notwendig zu seiner Eindämmung waren[41]; dies geschieht auch, wenn der Ausschuß durch einen Staatenbericht von einer solchen Lage in Kenntnis gesetzt wird[42]. Ein Staat kann sich nur dann mit Erfolg auf das Vorliegen eines Ausnahmezustandes berufen, wenn er diesen durch eine hinreichend detaillierte Schilderung der Lage aufzeigt und darlegt, weshalb er die vom normalen Rechtszustand abweichenden Maßnahmen zur Bekämpfung des Notstandes unbedingt notwendig halten durfte[43]. Eine solche Schilderung ist nach Möglichkeit schon bei der Notifikation der Notstandsmaßnahmen abzugeben[44], sie ist zu ergänzen, wenn sich die Lage ändert[45]. Die Befugnis der Konventionsorgane, sich mit der Notstandslage und den getroffenen Maßnahmen zu befassen, etwa auch im Rahmen eines Staatenberichts nach Art. 40 IPBPR, besteht jedoch unabhängig von der ordnungsgemäßen Erfüllung der Notifikationspflicht[46]. 10

3. Notstandsfeste Gewährleistungen. Beide Konventionen nehmen gewisse Rechte und Freiheiten von der Einschränkbarkeit durch Notstandsmaßnahmen ausdrücklich aus. **Art. 15 Abs. 2 MRK** gestattet keine Einschränkungen von Art. 3, 4 Abs. 1 und Art. 7, ferner des Art. 2 mit Ausnahme der Todesfälle, die auf rechtmäßige Kriegshandlungen zurückzuführen sind. Soweit mit Art. 3 MRK auch das Verbot erniedrigender Behandlung für notstandsfest erklärt wird, ist jedoch zu berücksichtigen, daß sich in Notstandszeiten das Gewicht der für die abwägende Abgrenzung heranzuziehenden Gesichtspunkte verschieben kann. So können – eine objektive Handhabung vorausgesetzt – die 11

[38] EGMR 1.7.1961 Lawless/Irl (Series A 3); 18.1.1978 Irland/GB (EuGRZ **1979** 149), UN-AMR EuGRZ **1981** 388; *Frowein/Peukert* 3, 9; *Grabenwarter* § 2 Rdn. 10; *Meyer-Ladewig* 5; *Partsch* 77.

[39] Vgl. EGMR 26.5.1993 Brannigan, McBride/GB (ÖJZ **1994** 65: Gefahr für Bevölkerung und das ganze Staatswesen); dazu *Frowein/Peukert* 10; *Grabenwarter* § 2 Rdn. 11; *Villiger* HdB 700.

[40] Vgl. *Frowein/Peukert* 3, 4; *Kitz* 21 ff; *Nowak* 30; ferner dort die Nachw. in Fußn. 28.

[41] Vgl. *Nowak* 30, wonach der UN-AMR die Doktrin vom weiten Beurteilungsspielraum nicht ausdrücklich übernommen hat. Der UN-AMR (Human Rights Committee) stellt in seiner Allgemeinen Bemerkung (General Comment) Nr. 29 vom 24.7.2001 (abgedruckt bei *Doswald-Beck/Kolb* S. 433 ff) strengere Anforderungen an die Annahme eines Notstands und an die Erforderlichkeit der Maßnahmen („limited to the extent strictly required by the exigencies of the situation").

[42] Vgl. *Nowak* 31; ferner UN-AMR Allgemeine Bemerkung Nr. 5/13 bei *Nowak* S. 878).

[43] *Grabenwarter* § 2 Rdn. 11, 13; *Meyer-Ladewig* 5; ferner – verneinend, wenn das Festhalten von Personen von der gerichtlichen Kontrolle freigestellt wurde – EGMR 18.12.1996 Aksoy/Türk (Rep. 1996-VI: Notwendigkeit nicht dargetan); vgl. ferner UN-AMR EuGRZ **1981** 388.

[44] Vgl. zur unverzüglichen Notifikationspflicht Rdn. 5.

[45] Vgl. UN-AMR Allgemeine Bemerkung 5/13 (engl. Text bei *Nowak* S. 878). Nr. 17 der Allgemeinen Bemerkung Nr. 29 vom 24.7.2001 (engl. Text bei *Doswald-Beck/Kolb* S. 433 ff).

[46] Vgl. Nr. 17 der Allgemeinen Bemerkung Nr. 29 (vorst. Fußn.).

im Notstandsfall gebotenen Kontroll- und Sicherungsmaßnahmen auch eine Behandlung rechtfertigen, die unter normalen Umständen bereits als erniedrigend für den Betroffenen anzusehen wäre[47], wie etwa Durchsuchungen oder unzulängliche Haftbedingungen. Ergänzend erklärt **Art. 3 des 6. ZP** die Bestimmungen dieses Protokolls über die Abschaffung der Todesstrafe für nicht durch Art. 15 MRK einschränkbar. Art. 4 Abs. 3 des 7. ZP[48] legt dies für das dort in Art. 4 Abs. 1 und 2 aufgenommene Verbot der Doppelverurteilung einschließlich der Möglichkeit der Wiederaufnahme fest.

12 **Art. 4 Abs. 2 IPBPR** schließt es aus, die Bestimmungen der Art. 6, 7, 8 (Absätze 1 und 2), 11, 15, 16 und 18 durch Notstandsmaßnahmen außer Kraft zu setzen. Er geht also über Art. 15 Abs. 2 MRK hinaus, wenn er zusätzlich auch das Verbot der Schuldhaft (Art. 11 IPBPR), das Recht auf Anerkennung als rechtsfähige Person (Art. 16 IPBPR) und die Gedanken-, Gewissens- und Religionsfreiheit (Art. 18 IPBPR) für notstandsfest erklärt[49]. Art. 6 des 2. Fakultativprotokolls schließt – unbeschadet des Vorbehalts nach Art. 2 des 2. Fakultativprotokolls – die Außerkraftsetzung der Bestimmungen dieses Protokolls über die Abschaffung der Todesstrafe aus. Die ausdrückliche Ausnahme für die Tötung im Rahmen rechtmäßiger, d. h. vom Kriegsvölkerrecht gedeckter Kriegshandlungen fehlt in Art. 4 Abs. 2 IPBPR. Sie ist jedoch mit dem von Art. 6 Abs. 1 IPBPR geforderten Schutz des Lebens vereinbar, zumindest soweit die Kriegshandlungen im Einklang mit dem allgemeinen Völkerrecht und den völkerrechtlichen Vertragspflichten des jeweiligen Staates stehen[50]. Soweit Art. 4 Abs. 2 IPBPR mehr Rechte für notstandsfest erklärt als die MRK, hat dies für seine Mitgliedstaaten zur Folge, daß sie wegen dieser völkerrechtlichen Bindung auch im Rahmen des Art. 15 MRK diese Rechte nicht einschränken können, obwohl diese nach der MRK selbst nicht notstandsfest wären. Ins Gewicht fallende Auswirkungen hätte dieser Unterschied zwischen den beiden Konventionen wegen der Art der vom IPBPR zusätzlich für notstandsfest erklärten Rechte ohnehin nicht[51].

Art. 16 MRK

MRK

Artikel 16 Beschränkungen der politischen Tätigkeit ausländischer Personen*

Die Art. 10, 11 und 14 sind nicht so auszulegen, als untersagten sie den hohen Vertragsparteien, die politische Tätigkeit ausländischer Personen zu beschränken.

* Neue deutschsprachige Übersetzung in der Fassung der Bek. vom 17.5.2002 (BGBl. II S. 1054).

1 **1. Allgemeines.** Die Rechte aus den Konventionen werden, wie Art. 1 MRK und auch die Diskriminierungsverbote des Art. 14 MRK belegen, allen Menschen ohne Rücksicht auf Herkunft oder Staatsangehörigkeit oder sonstige Unterschiede gleichermaßen ge-

[47] *Frowein/Peukert* 12.

[48] Von der Bundesrepublik nicht ratifiziert, vgl. Einf. Rdn. 22.

[49] In Nr. 7 der Allgemeinen Bemerkung Nr. 29 des UN-AMR (vgl. Fußn. 45) wird darauf hingewiesen, daß auch eine Garantie, die nach Art. 4 Abs. 2 IPBPR nicht außer Kraft gesetzt („non-derogable") werden darf, sehr wohl den im jeweiligen Konventionsartikel vorgesehenen Einschränkungen („restrictions") unterworfen werden kann.

[50] Vgl. *Nowak* Art. 6, 9 (Vereinbarkeit mit UN-Charta).

[51] Vgl. *Kitz* 44 ff.

währt. Auch Art. 2 Abs. 1 IPBPR spricht diesen Grundsatz aus, der auch die Wortwahl anderer Artikel („Jedermann") bestimmt und der dann durch die Diskriminierungsverbote des Art. 26 IPBPR nochmals bestätigt wird[1]. Nur wenige Artikel beider Konventionen und ihrer Zusatzprotokolle beschränken ihren Anwendungsbereich auf bestimmte Personengruppen, so etwa Art. 25 IPBPR, der die politischen Rechte der Staatsbürger anspricht, oder Art. 3 des 4. ZP, der das Verbot der Ausweisung eigener Staatsbürger und deren Einreiserecht in den eigenen Staat festschreibt, sowie das Verbot der Kollektivausweisung der Ausländer in Art. 4 des 4. ZP und die Garantien für die Ausweisung von Ausländern in Art. 13 IPBPR. Zu den wenigen Artikeln, die Rechtsunterschiede zwischen Inländern und Ausländern zulassen, gehört auch Art. 16 MRK.

2. Regelungsgehalt. Art. 16 schränkt die in den Art. 10 und 11 MRK auch ausländi- **2**
schen Personen garantierten Rechte insoweit ein, als er dem Staat generell die Befugnis einräumt, die **politischen Aktivitäten ausländischer Personen** im Bereich dieser Konventionsverbürgungen zu begrenzen, auch wenn andere Personen und auch andere Ausländergruppen von solchen Einschränkungen unberührt bleiben. Das Diskriminierungsverbot des Art. 14 MRK steht dem nicht entgegen, wie der Wortlaut des Art. 16 ausdrücklich hervorhebt. An besondere sachliche Voraussetzungen bindet Art. 16 die Befugnis zu einschränkenden Sonderregelungen für Ausländer nicht[2]. Die Einschränkungen können aus sachlichem Anlaß aber auch aus Präventivgründen angeordnet werden. Die Regelung hat den Sinn, jedem Staat entsprechend dem herkömmlichen Völkerrecht[3] die Möglichkeit zu erhalten, die politischen Tätigkeiten bestimmter Ausländergruppen auf seinem Staatsgebiet einzuschränken, sei es um seine eigene innere Sicherheit zu gewährleisten, sei es, um seinen völkerrechtlichen Verpflichtungen gegenüber anderen von diesen Tätigkeiten betroffenen Staaten nachzukommen. Dies spricht dafür, daß die Voraussetzungen, unter denen Art. 10 Abs. 2 MRK allgemein Eingriffe des Staates in die Informations- und Meinungsfreiheit zuläßt und die Voraussetzungen des Art. 11 Abs. 2 MRK für staatliche Eingriffe in die Vereinigungsfreiheit nicht notwendig zusätzlich vorliegen müssen, um dem Staat ausländerspezifische Einschränkungen dieser Rechte zu erlauben[4]. Bei der weiten Fassung dieser Absätze werden sie allerdings in der Regel vorliegen, da bei einer von Ausländergruppen ausgehenden Störung des inneren oder des äußeren Friedens in der Regel eine der Eingriffsvoraussetzungen dieser Absätze und auch ein die Differenzierung rechtfertigender Anlaß gegeben sein dürften. Gleiches gilt für die Demokratieüblichkeit eines solchen Eingriffs. Die besondere Befugnis zur Einschränkung der politischen Betätigung von Ausländern besteht aber nur hinsichtlich einer politischen Betätigung und auch da nur für die Ausübung von Rechten aus Art. 10 oder 11 MRK. Bei den **anderen Konventionsgarantien**, insbesondere bei den die Freiheit schützenden Garantien des Art. 5 MRK, erlaubt Art. 16 keine ausländerspezifische Sonderbehandlung oder Sonderregelung; desgleichen besagt er nichts über die nicht an Art. 10 oder 11 MRK zu messende Zulässigkeit der Ausweisung eines Ausländers[5].

3. Auf Personen, die **Staatsangehörige eines Mitgliedstaates der Europäischen Union** **3**
und deshalb Unionsbürger im Sinne des Art. 8 EGV sind, kann nach einem obiter dictum[6] des EGMR Art. 16 MRK nicht angewendet werden[7]. Daß die Betroffene, deren

---

1 Vgl. dazu auch das noch nicht in Kraft befindliche 12. ZP (abgedruckt bei Art. 14 MRK).

2 *Meyer-Ladewig* 3.

3 Vgl. *Frowein/Peukert* 1; *Meyer-Ladewig* 3.

4 *Frowein/Peukert* 1: kein weiterer sachlicher Grund erforderlich; ebenso *Meyer-Ladewig* 3; *Villiger* HdB 701: „kein weiterer Rechtfertigungsgrund".

5 Vgl. den bei *Frowein/Peukert* 2 erörterten Fall.

6 Regelung damals noch nicht in Kraft.

7 EGMR 27.4.1995 Piermont/F (ÖJZ **1995** 751);

Teilnahme an politischen Demonstrationen in Polynesien und Neukaledonien zu ihrer Ausweisung führte, auch Abgeordnete des Europaparlaments war, scheint daneben nicht zusätzlich ins Gewicht gefallen zu sein[8].

4 4. Die **Sonderregelung des Art. 18 MRK,** die ihrerseits den zulässigen Einschränkungen der Konventionsgarantien Grenzen setzt, wenn diese nicht den in der Konvention vorgesehenen Zwecken dienen, gilt auch bei Art. 16. Zu denken ist hier an den Fall, daß eine politische Betätigung von Ausländern nur das friedliche Eintreten für die Durchsetzung von Konventionsrechten zum Ziele hat[9].

Art. 17 MRK (Art. 5 IPBPR)

MRK

Artikel 17 Verbot des Mißbrauchs der Rechte*

Diese Konvention ist nicht so auszulegen, als begründe sie für einen Staat, eine Gruppe oder eine Person das Recht, eine Tätigkeit auszuüben oder eine Handlung vorzunehmen, die darauf abzielt, in der Konvention festgelegte Rechte und Freiheiten abzuschaffen oder sie stärker einzuschränken, als es in der Konvention vorgesehen ist.

* Neue deutschsprachige Übersetzung in der Fassung der Bek. vom 17.5.2002 (BGBl. II S. 1054).

IPBPR

Artikel 5

(1) Keine Bestimmung dieses Paktes darf dahin ausgelegt werden, daß sie für einen Staat, eine Gruppe oder für eine Person das Recht begründet, eine Tätigkeit auszuüben oder eine Handlung zu begehen, die auf die Abschaffung der in diesem Pakt anerkannten Rechte und Freiheiten oder auf weitergehende Beschränkungen dieser Rechte und Freiheiten, als im Pakt vorgesehen, hinzielt.

(2) Die in einem Vertragsstaat durch Gesetze, Übereinkommen, Verordnungen oder durch Gewohnheitsrecht anerkannten oder bestehenden grundlegenden Menschenrechte dürfen nicht unter dem Vorwand beschränkt oder außer Kraft gesetzt werden, daß dieser Pakt derartige Rechte nicht oder nur in einem geringeren Ausmaße anerkenne.

1. Die Auslegungsschranken des Art. 17 MRK; Art. 5 Abs. 1 IPBPR

1 **a) Allgemeines.** Art. 17 MRK und Art. 5 Abs. 1 IPBPR setzen bei beiden Konventionen der Auslegung **wertorientierte Schranken,** die sowohl die **Ausübung der Konventionsrechte durch den einzelnen** als auch die **Befugnis des Staates zu Eingriffen** in diese Rechte beschränken können. Diese Artikel wollen verhindern, daß unter formaler Berufung auf einzelne Konventionsrechte Konventionsgarantien abgeschafft oder eingeschränkt werden. Ebenso wie bei dem weitergefaßten Art. 18 MRK soll jedem Mißbrauch der Konvention für letztlich konventionswidrige Zielsetzungen entgegengewirkt werden können. Das **Mißbrauchsverbot**, das auch aus den Zielsetzungen und dem Geist der Konventionen abgeleitet werden kann[1], gilt sowohl für den Staat selbst[2], als auch für Personengruppen oder Einzelpersonen, die sich auf ein Konventionsrecht berufen, um demokratische Strukturen oder Menschenrechte anderer einzuschränken oder diese überhaupt

Frowein/Peukert 1; *Meyer-Ladewig* 2; *Mann/Ripke* EuGRZ **2004** 125, 133; *Villiger* HdB 701.

[8] Vgl. *Frowein/Peukert* 1.

[9] Vgl. *Frowein/Peukert* 7.

[1] Vgl. *Nowak* 6.

[2] Zu dessen ausdrücklicher Einbeziehung gaben die Mißbräuche, vor allem in faschistischen Staaten Anlaß, vgl. *Frowein/Peukert* 1; ferner zur Entstehungsgeschichte dieser Klausel des IPBPR *Nowak* 1, 3 ff.

abzuschaffen. Dem einzelnen Träger eines Konventionsrechts soll es unmöglich gemacht werden, daß er dessen Schutz in Anspruch nehmen kann, wenn er es zur Zerstörung der in den Konventionen gewährleisteten Rechte oder Freiheiten benutzen will[3].

b) Akzessorietät von Art. 17 MRK und Art. 5 Abs. 1 IPBPR. Beide Bestimungen können nicht für sich allein geprüft werden, da sie notwendig die **Einschränkung eines anderen Konventionsrechts** voraussetzen. Der Staat darf nicht unter Berufung auf ein Konventionsrecht, auch nicht unter Berufung auf die nur temporäre Einschränkungen erlaubenden Notstandsklauseln[4], andere Konventionsrechte abschaffen oder einschränken. Auch der einzelne kann sich gegenüber dem Staat nicht auf ein Konventionsrecht, wie etwa die Religions-, Meinungs- oder Vereinsfreiheit[5], berufen, wenn der damit ein Verhalten rechtfertigen will, das darauf abzielt, Konventionsrechte anderer abzuschaffen oder einzuschränken oder ein Konventionsrecht insgesamt zu beseitigen. Bei Mißbrauch eines Konventionsrechts zur Rechtfertigung konventionswidriger Zwecke entfällt dessen Schutz. Die Anwendung von Art. 17 MRK und Art. 5 Abs. 1 IPBPR hängt an sich von der vorangigen Frage ab, ob das beanstandete Verhalten nicht ohnehin bereits außerhalb der für die jeweilige Konventionsgarantie gezogenen Grenzen liegt, so daß deren Schutz ohnehin nicht eingreift. In solchen Fällen kommt es dann nicht mehr darauf an, daß Art. 17 MRK bei der Prüfung der Rechtmäßigkeit eines staatlichen Eingriffs einerseits ein bei der Abwägung zu berücksichtigendes zusätzliches Argument für dessen Rechtmäßigkeit liefern kann, während er andererseits auch die bei den einzelnen Artikeln aufgeführten Schranken für staatliche Eingriffe verstärkt. Gleiches gilt für Art. 5 Abs. 1 IPBPR, der als Mißbrauchsverbot sowohl die staatlichen Eingriffe in Konventionsrechte[6] als auch die aktive Ausübung von Konventionsrechten durch einzelne private Personen oder Gruppen[7] begrenzt. 2

Bei **staatlichen Maßnahmen** sind diese mitunter schon durch die in dem jeweiligen Konventionsartikel festgelegten **Eingriffsschranken** nicht gedeckt. Dies kann vor allem bei den Art. 8 bis 11 MRK der Fall sein, wo die Eingriffsvoraussetzungen in den jeweiligen Absätzen 2 abschließend festgelegt werden. Deren Mißachtung macht einen Eingriff konventionswidrig, so etwa, weil er unverhältnismäßig ist oder das Erfordernis der Demokratieüblichkeit nicht erfüllt. Wenn der EGMR feststellt, daß eine staatliche Maßnahme gegen eine bestimmte Verbürgung der Konvention verstößt, verzichtet er in der Regel darauf, diese dann auch noch unter dem Blickwinkel eines Verstoßes gegen Art. 17 oder 18 MRK gesondert zu prüfen[8]. Umgekehrt werden staatliche Maßnahmen, die von den Eingriffsvoraussetzungen der jeweiligen Konventionsgarantien gedeckt sind, vor allem, wenn man ihre Demokratieüblichkeit bejaht, in der Regel auch nicht als Mißbrauch im Sinne des Art. 17 MRK angesehen werden können[9]. 3

c) Handlungen einzelner privater Personen oder von Personengruppen werden nur dann vom Mißbrauchsverbot erfaßt, wenn sie ein ihnen an sich zustehendes Konventionsrecht bewußt dazu benutzen, um auf die Einschränkung oder Abschaffung einzelner oder aller Konventionsverbürgungen hinzuwirken. Es muß ein direkter Mißbrauch des 4

---

3 *Frowein/Peukert* 1, *Meyer-Ladewig* 1; beide unter Hinweis auf den vergleichbaren Grundgedanken der Art. 18 und 21 Abs. 2 GG; *Nowak* 1, 5.

4 Vgl. *Nowak* 1.

5 Vgl. *Nowak* 8, wonach der Mißbrauch voraussetzt, daß die Konventionen ein aktives Ausüben bestimmter Konventionsrechte gewährleisten.

6 *Nowak* 5, 6.

7 *Nowak* 7, 8.

8 Etwa EGMR 23.9.1982 Sporrong, Lönnroth/Schwed (EuGRZ **1983** 523); 27.2.2001 Cicek/Türk; *Meyer-Ladewig* 5. *Villiger* HdB 702.

9 *Frowein/Peukert* 5 mit Hinweis, daß die EKMR bei Vereinbarkeit der Einschränkungen mit den Gesetzesvorbehalten der einzelnen Konventionsgarantien auch eine Verletzung des Art. 17 ausschloß; ähnlich *Meyer-Ladewig* 5; vgl. auch EGMR 8.6.1976 Engel/NdL (EuGRZ 1976 221); *Villiger* HdB 702.

jeweils geltend gemachten Konventionsrechts selbst vorliegen, wie bei der Berufung auf die Meinungsfreiheit für rassistische, neonazistische oder sonst demokratiefeindliche Äußerungen[10]. In solchen Fällen lassen Art. 17 MRK und Art. 5 Abs. 1 IPBPR einen staatlichen Eingriff in das zu konventionswidrigen Zwecken mißbrauchte Konventionsrecht zu. Damit darf aber nur verhindert werden, daß ein bestimmtes Konventionsrecht zum Kampfe gegen die von den Konventionen verbürgte Ordnung mißbraucht werden kann. Die anderen Gewährleistungen der Konventionen, die nicht selbst für einen solchen Zweck mißbräuchlich beansprucht werden, bleiben in ihrer Geltung unberührt[11]. Bei mißbräuchlicher Berufung auf ein Konventionsrecht kann dieses zwar im konkreten Fall keine Schutzwirkung entfalten, sie führt aber nicht zum Verlust aller anderen Konventionsrechte[12].

2. Begünstigungsklausel des Art. 5 Abs. 2 IPBPR

5 **Art. 5 Abs. 2 IPBPR** verfolgt einen völlig anderen Zweck. Er will **günstigere innerstaatliche Regelungen** für den einzelnen aufrecht erhalten und sie davor schützen, daß diese durch die Berufung auf weniger weitreichende Verbürgungen des IPBPR eingeschränkt werden. Als ein bei Menschenrechtskonventionen üblich gewordenes Regelungsprinzip zur Verwirklichung des größtmöglichen Menschenrechtsschutzes steht er neben den anderen Günstigkeitsklauseln, den Spezialverweisen in den Art. 6 Abs. 2, 3 und Art. 22 Abs. 3 IPBPR und neben Art. 46 IPBPR, der dieses Prinzip auch für das Verhältnis zu den Vereinten Nationen und anderen internationalen Konventionen festlegt[13]. Diese Regelung reiht sich damit ein in die auch bei Art. 53 MRK und in anderen Konventionen[14] geübte Praxis, ausdrücklich festzuschreiben, daß ihre Regeln jeweils Mindeststandards festlegen, die die Staaten nicht hindern, in innerstaatlichen Gesetzen oder durch internationale Vereinbarungen weitergehende Rechte einzuräumen[15]. Art. 5 Abs. 2 IPBPR verbietet aber nur die Einschränkung einer weitergehenden innerstaatlichen Gewährleistung unter dem Vorwand, daß der IPBPR sie nicht vorsehe; Änderungen der innerstaatlichen Vergünstigungen aus anderen, sachlichen Gründen schließt er nicht aus[16].

---

[10] Vgl. *Frowein/Peukert* 3; *Meyer-Ladewig* 3 beide zur Rechtfertigung des KPD Verbot durch die EKMR; vgl. ferner EGMR 1.2.2000 Schimanek/Ö (ÖJZ **2000** 817: NS Aktivitäten); ferner bei rassistischen Äußerungen EKMR Glimmerveen u.a./NdL (*Frowein/Peukert* 4; *Meyer-Ladewig* 4); EGMR 23.9.1994 Jersild/Dän (ÖJZ **1995** 227; rassistische Äußerungen). Vgl. andererseits aber EGMR 26.9.1995 Vogt/D (EuGRZ **1995** 590), wonach die Entlassung einer in der DKP aktiven Lehrerin nicht mit dem Mißbrauch des Art. 10 MRK zu rechtfertigen war.

[11] EGMR 1.7.1961 Lawless/Irl (Series A 3); *Frowein/Peukert* 2; *Meyer-Ladewig* 2; *Villiger* HdB 704.

[12] *Nowak* 9; sowie vorst. Fußn.

[13] *Nowak* 2, 15.

[14] So auch Art. 53 der Europäischen Grundrechte-Charta und Art. 29 Buchst. b der Amerikanischen Menschenrechtskonvention.

[15] Vgl. *Frowein/Peukert* Art. 60 a.F, *Meyer-Ladewig* Art. 53, 2.

[16] *Nowak* 13.

Art. 18 MRK

MRK
Artikel 18 Begrenzung der Rechtseinschränkungen*

Die nach dieser Konvention zulässigen Einschränkungen der genannten Rechte und Freiheiten dürfen nur zu den vorgesehenen Zwecken erfolgen.

* Neue deutschsprachige Übersetzung in der Fassung der Bek. vom 17. 5. 2002 (BGBl. II S. 1054).

1. Allgemeines. Die Vorschrift hat nur Bedeutung, soweit die MRK Einschränkungen der in ihr garantierten Rechte und Freiheiten zuläßt. Soweit sie ein Recht uneinschränkbar gewährleistet, ist für die Anwendung des Art. 18 nach seinem Wortlaut kein Raum[1]. Läßt die Konvention Einschränkungen zu, ist es an sich eine Selbstverständlichkeit, daß solche Einschränkungen nur zu den Zwecken zulässig sind, für die dies die jeweiligen Konventionsbestimmungen ausdrücklich vorsehen, nicht aber für andere Zwecke[2]. Die Bedeutung des Art. 18 liegt daher eher darin, daß sie die Staaten ausdrücklich darin erinnert, daß sie die Fälle, in denen die Konventionen Eingriffe in die garantierten Rechte und Freiheiten gestattet, nicht extensiv auslegen oder im Wege der Analogie auf andere Fälle ausdehnen dürfen. Für den Gerichtshof aber bedeutet es, daß er auch von Konventions wegen kontrollieren muß, daß Einschränkungen durch das nationale Recht nur zu einem zulässigen Zweck angeordnet worden sind[3]. 1

2. Anwendungsbereich. Art. 18 MRK gilt an sich in allen Fällen, in denen die MRK Einschränkungen der in ihr garantierten Rechte und Freiheiten zuläßt. Der Verstoß kann deshalb auch nur im Zusammenhang mit der Anwendung einer Schrankenbestimmung gerügt werden[4]. Wird zusätzlich zur Verletzung eines Konventionsrechts auch ein Verstoß gegen Art. 18 behauptet, müssen die Gründe substantiiert vorgetragen werden, aus denen sich ergibt, daß der Beschwerdeführer Opfer einer in der Konvention nicht vorgesehenen Einschränkung ist[5]. Art. 18 wurde auch herangezogen, um die Anwendung einer wegen des längst beendeten Notstands zeitlich nicht mehr gerechtfertigten Notstandsmaßnahme im Sinne des Art. 15 MRK zu beanstanden[6]. 2

3. Verhältnis des Art. 18 zum eingeschränkten Konventionsrecht. Es liegt immer auch ein unmittelbarer Verstoß gegen das betroffene Konventionsrecht vor, wenn die bei ihm zugelassenen Einschränkungen überschritten worden sind oder wenn mit seiner Einschränkung ein Zweck verfolgt wird, für den der betroffene Konventionsartikel keine Eingriffsermächtigung erteilt hat. Der darin liegende Konventionsverstoß wird in der Regel bereits bei Prüfung der Beachtung der jeweiligen Konventionsgarantie vom Gerichtshof festgestellt, denn diese schließt auch die Zulässigkeit von Einschränkungen mit ein. Einer besonderen Berufung des Beschwerdeführers auf Art. 18 bedarf es nicht; sie 3

1 *Villiger* HdB 706 hält für prüfenswert, ob Art. 18 nicht ein autonomer Charakter zuzuerkennen ist; er tendiert dazu, ihn auch bei einer schrankenlosen Gewährleistung anzuwenden, wenn die dortige Abgrenzung für Mißbrauch Raum läßt.

2 Vgl. *Frowein/Peukert* 1 kein „detourment de pouvoir".

3 *Frowein/Peukert* 1.

4 *Frowein/Peukert* 2.

5 Vgl. EGMR 10. 4. 2001 Tanli/Türk (ECHR 2001 III); *Meyer-Ladewig* 1.

6 EGMR 27. 3. 1962 De Becker/Belg (Series A 4); *Frowein/Peukert* 2.

ist jedoch unschädlich und kann zweckmäßig sein, wenn Zweifel hinsichtlich der Konventionsgemäßheit des mit der Einschränkung verfolgten Zwecks bestehen. Ist der Gerichtshof der Meinung, daß der Eingriff gerechtfertigt war und deshalb keine Verletzung der Konvention vorliegt, hält er in der Regel eine Erörterung des Art. 18 MRK für entbehrlich[7]. Der EGMR hat wiederholt entschieden, daß es neben der Feststellung einer Konventionsverletzung[8] oder aber auch im umgekehrten Fall, wenn ein Eingriff gerechtfertigt war, weil die Schrankenbestimmung beachtet wurde[9], keiner besonderen Ausführungen zu Art. 18 MRK bedarf.

4 **4. Austausch von Schrankenbestimmungen.** Wenn der vom Staat zur Rechtfertigung eines Eingriffs angeführte Grund diesen nicht zu rechtfertigen vermag, kann fraglich sein, ob der Eingriff trotzdem aufrechterhalten werden kann, weil ein anderer nach der jeweiligen Konventionsgarantie zulässiger Grund die Einschränkung der gleichen Konventionsverbürgung rechtfertigt, der Eingriff also im Endergebnis mit der Konvention vereinbar war. Diese Frage kann zum Beispiel eine Rolle spielen, wenn sich, wie etwa bei Art. 10 Abs. 2 MRK, die Eingriffsgründe inhaltlich überschneiden, die erforderliche Abwägung aber wegen der unterschiedlichen Gewichtung dieser Gründe zu einer unterschiedlichen Beurteilung der Rechtmäßigkeit des Eingriffes führen kann. Die nationale Norm, die den Eingriff trägt, gibt in aller Regel den sie rechtfertigenden Konventionsgrund nicht an, bei der nachträglichen Darlegung der Konventionsgemäßheit ihres Verhaltens berufen sich die Staaten meist auf alle in Frage kommenden Eingriffsziele, deshalb erscheint es mit den Belangen eines vernünftigen Menschenrechtsschutzes vereinbar, wenn bei der Prüfung durch den EGMR die Konventionsgemäßheit einer Maßnahme auf einen anderen Eingriffszweck gestützt wird, der die Einschränkung der Konventionsgarantie im zumindest gleichen Umfang erlaubt, wie der vom Staat zur Rechtfertigung des Eingriffs angeführte[10]. Diente der Eingriff einem Zweck, der ihn nach der Konvention rechtfertigt, dürfte es unschädlich sein, wenn der Staat mit ihm zusätzlich auch noch einen anderen, in der Konventions nicht vorgesehenen Zweck verfolgt[11].

---

[7] *Meyer-Ladewig* 1.

[8] EGMR 23.9.**1982** Sporrong, Lönnroth/Schwed (EuGRZ **1983** 523); 18.12.1986 Bozano/F (EuGRZ **1986** 101); dazu *Frowein/Peukert* 2 (EKMR hatte Art. 18 unterstützend herangezogen); *Meyer-Ladewig* 1; *Villiger* HdB 705.

[9] EGMR 8.6.1976 Engel u.a./NdL (EuGRZ **1976** 221); 7.12.1976 Handyside/GB (EuGRZ **1977** 38); *Frowein/Peukert* 2; 4; *Meyer-Ladewig* 1; *Villiger* HdB 705 je mit weit. Nachw.

[10] Vgl. die sehr unterschiedliche Fälle betreffende Spruchpraxis der EKMR bei *Frowein/Peukert* 3, 4. Kritisch zu der fallweisen Auslegung von Art. 18 in diesen Fragen *Villiger* HdB 706 (unklar, weshalb kein Verstoß gegen Art. 18 vorliegt, wenn der mißbrauchte Zweck seinerseits MRK-konform ist).

[11] Zweifelnd *Villiger* HdB 706.

(1.) Zusatzprotokoll zur Konvention zum Schutze der Menschenrechte und Grundfreiheiten vom 20. 3. 1952[1]

MRK

Artikel 1 Schutz des Eigentums*

(1) Jede natürliche oder juristische Person hat das Recht auf Achtung ihres Eigentums. Niemandem darf sein Eigentum entzogen werden, es sei denn, daß das öffentliche Interesse es verlangt, und nur unter den durch Gesetz und durch die allgemeinen Grundsätze des Völkerrechts vorgesehenen Bedingungen.

(2) Absatz 1 beeinträchtigt jedoch nicht das Recht des Staates, diejenigen Gesetze anzuwenden, die er für die Regelung der Benutzung des Eigentums im Einklang mit dem Allgemeininteresse oder zur Sicherung der Zahlung der Steuern oder sonstigen Abgaben oder von Geldstrafen für erforderlich hält.

* Neue deutschsprachige Übersetzung in der Fassung der Bek. vom 17. 5. 2002 (BGBl. II S. 1054)

Schrifttum (Auswahl): *Cremer* Eigentumsschutz der Erben von Reformland in der ehemaligen DDR, EuGRZ **2004** 134; *Dolzer* Eigentum, Enteignung und Entschädigung im geltenden Völkerrecht (1985); *Dolzer* Eigentumsschutz als Abwägungsgebot, Bemerkungen zu Art. 1 des Ersten Zusatzprotokolls der EMRK, FS Zeidler (1987) 1679; *Fiedler* Die Europäische Menschenrechtskonvention und der Schutz des Eigentums, EuGRZ **1996** 354; *Frowein* Der Eigentumsschutz in der EMRK, FS Rowedder (1994), 68; *Gelinsky* Der Schutz des Eigentums gem. Art. 1 des Ersten Zusatzprotokolls zur Europäischen Menschenrechtskonvention, Diss. 1996; *Hartwig* Der Eigentumsschutz nach Art. 1 1. Zusatzprotokoll zur EMRK, RabelsZ **1999** 561; *Mittelberger* Der Eigentumsschutz nach Art. 1 des Ersten Zusatzprotokolls zur EMRK im Lichte der Rechtsprechung der Straßburger Organe (2000); *Mittelberger* Die Rechtsprechung des ständigen Europäischen Gerichtshof für Menschenrechte zum Eigentumsschutz – Bilanz nach den ersten zwei Jahren (Nov. 1998 bis April 2001), EuGRZ **2001** 364; *Müller-Michaels* Grundrechtlicher Eigentumsschutz in der Europäischen Union. Das Eigentumsrecht in der Rechtsordnung der EU, in der EMRK und in den Verfassungen Deutschlands, Italiens und Irlands (1997); *Peukert* Der Schutz des Eigentums nach Art. 1 des 1. Zusatzprotokolls zur Europäischen Menschenrechtskonvention, EuGRZ **1981** 97; *Peukert* Die Rechtsprechung des EGMR zur Verhältnismäßigkeit einer Eigentumsentziehung nach zollrechtlichen Vorschriften, EuGRZ **1988** 509; *Riedel* Entschädigung für Eigentumsentziehung nach Art. 1 des Ersten Zusatzprotokolls zur Europäischen Menschenrechtskonvention – Zur Herausbildung eines gemeineuropäischen Standards, EuGRZ **1988** 333; *Seidl-Hohenveldern* Eigentumsschutz nach der EMRK und nach allgemeinem Völkerrecht im Lichte der EGMR-Entscheidungen in den Fällen James und Lithgow, FS Ermacora (1988) 181.

[1] BGBl. II 1956 S. 1879; für die Bundesrepublik Deutschland in Kraft seit 13. 2. 1957.

Übersicht

1 **1. Allgemeines.** Art. 17 der Allgemeinen Erklärung der Menschenrechte vom 10.12. 1948 sieht vor, daß jedermann das Recht hat, allein oder in Gemeinschaft mit anderen **Eigentum zu haben**, sowie, daß niemand **willkürlich seines Eigentums beraubt** werden darf. Beide Konventionen haben dieses zu den klassischen Menschenrechten[2] zählende, auch Freiheit und Sicherheit verbürgende Recht[3] nicht in ihre Garantien aufgenommen; es wird nur mittelbar dort mitberücksichtigt, wo die Konventionen den Staat zum Schutze der Rechte anderer, zu denen auch das Eigentumsrecht gehört, die Einschränkung bestimmter Konventionsgarantien gestatten. Während beim IPBPR auch heute noch der Eigentumsschutz überhaupt fehlt[4], ist er bei der MRK erst nach Erreichung des zunächst fehlenden Konsenses durch Art. 1 des (1.) Zusatzprotokolls vom 20. 3. 1952 den Konventionsgarantien beigefügt worden[5]. Auf Eigentumsentziehungen, die vor der Ratifikation des 1. ZP faktisch eingetreten waren, erstreckt sich die Eigentumsgarantie nicht[6]. Die Verträge der Europäischen Gemeinschaften erklärten ausdrücklich, daß sie die nationale Eigentumsordnung unberührt lassen[7].

2 Auch **andere völkerrechtliche Übereinkommen** erkennen das Recht auf Eigentum an, so etwa Abkommen, die die Rechtsstellung von Ausländern, Flüchtlingen oder Staatenlosen meist in der Form von Meistbegünstigungsklauseln regeln. Es wird ferner unter die ohne jede Diskriminierung zu gewährenden Bürgerrechte in Art. 5 Buchst. d des **Internationalen Übereinkommens zur Beseitigung von jeder Form der Rassendiskriminierung** aufgeführt[8]. Die Regierungen der KSZE-Mitgliedstaaten haben in Nr. 9.6 des **Kopenhagener Abschlußdokuments** vom 29. 6. 1990[9] das Recht des einzelnen bestätigt, sich ungestört seines Eigentums zu erfreuen. Die **Charta von Paris** vom 21. 11. 1990 bekräftigte ebenfalls das Recht des einzelnen, allein oder in Gesellschaft mit anderen Eigentum innezuhaben und selbständig Unternehmen zu betreiben[10]. Art. 17 der **Grundrechte-Charta der Europäischen Union** vom 2. 10. 2000[11] bestätigt ebenfalls das Recht jeder Person, ihr rechtmäßig erworbenes Eigentum zu besitzen, zu nutzen, darüber zu verfügen und es zu vererben. Eine Enteignung ist nur aus Gründen des öffentlichen Interesses unter den im Gesetz vorgesehenen Bedingungen und gegen angemessene Entschädigung zulässig. Die Nutzung des Eigentums kann gesetzlich geregelt werden, soweit es für das Wohl der Allgemeinheit erforderlich ist. Absatz 2 dieses Artikels hebt dann noch hervor,

[2] Vgl. Art. 2 und 17 der Erklärung der Menschen- und Bürgerrechte vom 26. 8. 1789.

[3] Vgl. BVerfGE **50** 339; **53** 290; *Dicke* EuGRZ **1982** 361.

[4] Dies wurde durch den Einfluß der damaligen sozialistischen Staaten erklärt (etwa *Seidl-Hohenveldern* FS Ermacora 181) und hing wohl auch mit dem Streben der Dritte-Welt-Staaten nach wirtschaftlicher Selbstbestimmung (Art. 1 Abs. 1, 2 IPBPR) zusammen; vgl. *Nowak* Art. 1, 37 ff.

[5] Zur Entstehungsgeschichte und den Meinungsverschiedenheiten etwa *Frowein/Peukert* 1; *Mittelberger* EuGRZ **2001** 364, 365; *Partsch* 219 ff; *Partsch* ZaöRV **14** (1954) 645, 656 ff; *Seidl-Hohenveldern* FS Ermacora 181; zum Kompromißcharakter dieses Artikels vgl. *Hartwig* RabelsZ **1999** 561, 562.

[6] EKMR EuGRZ **1978** 188 (Ostverträge); vgl. auch BVerfGE **6** 296.

[7] Vgl. Art. 222 EWGV; Art. 83 Montanvertrag.

[8] BGBl. II 1969 S. 962.

[9] EuGRZ **1990** 239.

[10] EuGRZ **1990** 517. Zum Charakter dieser Erklärungen, die keine rechtlich bindenden Vertragspflichten begründen, vgl. Einf. Rdn. 36.

[11] EuGRZ **2000** 554 ff; vgl. Einf. Rdn. 36a.

daß geistiges Eigentum geschützt ist. Der Wortlaut ist zwar etwas anders gefaßt als Art. 1 des Ersten ZP, Art. 52 Abs. 3 der Grundrechte-Charta bestätigt jedoch, daß er die gleiche Bedeutung und die gleiche Tragweite hat[12].

2. Grundzüge der Regelung

a) Das **Recht auf Achtung ihres Eigentums** („Peacefull enjoyment of his possessions"; **3** „droit au respect de ses biens") wird von Art. 1 Abs. 1 Satz 1 des 1. ZP **jeder natürlichen oder juristischen Person** garantiert. Achtung bedeutet, daß der Staat das im weiten Sinn als vermögenswerte Rechtsgüter zu verstehende Eigentum aller seiner Hoheitsgewalt unterliegenden Personen grundsätzlich zu respektieren hat; auch in bezug auf seine Handlungen, die sich im Ausland auswirken[13]. Dieser Grundsatz bestimmt die **Struktur des ganzen Art. 1**; der drei unterschiedliche, wechselseitig aber zusammengehörende Regeln enthält[14]: **Absatz 1 Satz 1** legt als Grundregel die Achtung des Eigentums fest; die für die Auslegung des gesamten Artikels maßgebend ist[15]. **Absatz 1 Satz 2** läßt die Entziehung des Eigentums nur unter bestimmten Voraussetzungen zu und **Absatz 2** erkennt die Befugnis des Staates an, die Benutzung des Eigentums im allgemeinen Interesse zu regeln. Die Grundsatzregelung des Absatzes 1 Satz 1 bestimmt die Auslegung des gesamten Artikels. Die klassischen Eingriffsformen (Enteignung nach Absatz 1 Satz 2; Nutzungsbeschränkung nach Absatz 2) werden als besondere Beispiele für die Eingriffe und ihre Schranken verstanden[16]. Auf die Grundregel des Art. 1 Abs. 1 Satz 1 hat deshalb der EGMR mitunter auch unmittelbar zurückgegriffen, wenn im Einzelfall zweifelhaft war, ob eine staatliche Regelung nach Absatz 1 Satz 2 oder nach den in Absatz 2 besonders angesprochenen Fällen zu beurteilen ist[17]. Der EGMR prüft dann gleichfalls, ob der in Frage stehende Eingriff dem grundlegenden Gebot zur Achtung des Eigentums dadurch Rechnung trägt, daß er eine ausreichende Rechtsgrundlage hat, einen im Allgemeininteresse liegenden Zweck verfolgt und die Nachteile des Betroffenen gerecht ausgeglichen werden[18]. Ob es bei Zuordnungsschwierigkeiten wirklich sinnvoll ist, unmittelbar aus der allgemein gehaltenen grundsätzlichen Garantie des Privateigentums zusätzlich eine ergänzende Möglichkeit der Eingriffsprüfung herzuleiten, ist strittig[19]. Da aber auch dann die Zulässigkeit des Eingriffs nach den gleichen Voraussetzungen (ausreichende Rechtsgrundlage, Allgemeininteresse, Verhältnismäßigkeit) beurteilt wird, ist es vom Ergebnis her unerheblich, ob man Absatz 1 Satz 1 als **Auffangregelung** un-

---

12 Erläuterung zu Art. 17 (EuGRZ **2000** 563).

13 EKMR EuGRZ **1978** 188 (Ostverträge).

14 Zur sogen. Drei-Normen-Regel etwa *Cremer* EuGRZ **2004** 134, 135; *Grabenwarter* § 25 Rdn. 8 ff; *Mittelberger* EuGRZ **2001** 364, 366, ferner *Hartwig* RabelsZ **1999** 561, 570.

15 Etwa EGMR 23.11.2000 ehem. König von Griechenland/Griech (NJW **2001** 2002); 12.12.2002 Kalogeropoulos u.a./Griech, D (NJW **2004** 273), sowie nachf. Fußnoten.

16 Ständige Rspr. etwa EGMR 21.2.1986 James/GB (EuGRZ **1988** 241); 5.12.2002 Islamische Religionsgemeinschaft/D (NJW **2004** 669); 22.1.2004 Jahn/D (EuGRZ **2004** 57) sowie nachf. Fußn.

17 Etwa EGMR 23.9.1982 Sporrong/Lönnroth/Schwed (EuGRZ **1983** 523); 23.4.1987 Poiss/Ö (Series A 117) 9.12.1994 Stran Greek Raffineries u.a./Griech (ÖJZ **1995** 432); 20.11.1995 Pressos Compania Navierra u.a./Belg (ÖJZ **1996** 275); 25.3.1999 Iatridis/Griech (EuGRZ **1999** 316); 5.1.2000 Beyeler/I (NJW **2003** 654); 22.6.2004 Broniowski/Pol (EuGRZ **2004** 472); wohl auch 12.12.2002 Kalogeropoulos u.a./Griech, D (NJW **2004** 273: Verweigerung der erforderlichen Zustimmung zur Zwangsvollstreckung in Vermögen der Bundesrepublik); vgl. *Cremer* EuGRZ **2004** 134, 136; *Grabenwarter* § 25 Rdn. 11; *Meyer-Ladewig* 36 ff mit weit. Nachw.; sowie nachf. Fußnoten.

18 *Meyer-Ladewig* 38. Zur Entwicklung der wegen der Bezugnahme auf die allgemeinen Grundsätze des Völkerrechts zunächst angezweifelten Entschädigungspflicht bei der Enteignung von eigenen Staatsangehörigen bis zu deren endgültiger Anerkennung durch EGMR 23.9.1982 Sporrong/Lönnroth/Schwed (EuGRZ **1983** 523); *Seidl-Hohenveldern* FS Ermacora 182 ff.

19 Vgl. *Mitttelberger* EuGRZ **2001** 364, 366 mit weit. Nachw., ferner etwa *Hartwig* RabelsZ **1999** 561, 570.

mittelbar heranzieht[20] oder das gleiche Ergebnis mit der analogen Anwendung der von gleichen Grundgedanken bestimmten Eingriffsschranken des Absatzes 1 Satz 2 und des Absatzes 2 gewinnt.

3a **Absatz 1 Satz 2** betrifft die Zulässigkeit des **Eigentumsentzugs unter gesetzlich festgelegten** Bedingungen, die hinreichend bestimmt, den Betroffenen zugänglich und vorhersehbar sein müssen. Es muß ein gerechter Ausgleich zwischen dem mit dem Eingriff verfolgten öffentlichen Interesse und dem Schutz der Rechte des Betroffenen hergestellt werden[21]. **Absatz 2** ermächtigt die Staaten, den **Gebrauch des Eigentums** entsprechend dem Allgemeininteresse zu regeln[22]. Der Staat darf ferner unter gesetzlich festgelegten Voraussetzungen in das Eigentum eingreifen oder es entziehen, so vor allem, wenn es rechtswidrig gebraucht wird oder wenn dadurch die Erfüllung von Verpflichtungen des einzelnen gegenüber der Allgemeinheit erzwungen werden soll[23]. Aus dem grundsätzlichen Achtungsanspruch des Art. 1 Abs.1 Satz 1 folgt auch hier eine Grenze für alle gesetzlich zulässigen Maßnahmen. Sein Schutz darf nicht leerlaufen. Vermögensentziehende Maßnahmen dürfen nicht **unverhältnismäßig** sein[24]. Dem einzelnen darf kein unvertretbares Sonderopfer zugemutet werden. Der Staat muß auch hier einen gerechten Ausgleich („gerechtes Gleichgewicht") zwischen den verfolgten öffentlichen Belangen und der Bedeutung des fundamentalen Grundrechtes für das Individuum wahren[25]. Dazu gehört auch, daß die Behörden bei einem im Allgemeininteresse gerechtfertigten Eingriff in das Eigentum in angemessener Zeit handeln müssen; sie dürfen nicht mehrere Jahre zuwarten und den Betroffenen über den Eingriff in Ungewißheit halten[26].

4 **b) Eigentum** wird in Art. 1 nicht definiert. Die verschiedenen Bezeichnungen („possessions", „property", „biens") meinen dasselbe. Der Begriff hat eine autonome Bedeutung[27]; er wird im weiten Sinn und nicht etwa im Sinne der unterschiedlichen Eigentumsbegriffe des jeweiligen nationalen Sachenrechts[28] verstanden. Ähnlich wie bei Art. 14 GG ist Schutzgut das vom nationalen Recht als bestehend anerkannte persönliche Vermögen; der Schutz umfaßt aber auch sonst erworbene Rechte und Berechtigungen mit Vermögenswert[29], die innerstaatlich anderen Grundrechtsverbürgungen (etwa Art. 12

20 *Meyer-Ladewig* 36, 38.

21 EGMR 22.9.1994 Hentrich/F (EuGRZ **1996** 593); 8.7.1986 Lithgow u.a./GB (EuGRZ **1988** 350); Beyeler/I (NJW **2003** 654); 22.1.2004 Jahn/D (EuGRZ **2004** 57).

22 H.M EGMR 23.9.1982 Sporrong/Lönnroth/Schwed (EuGRZ **1983** 523); 21.2.1986 James u.a./GB (EuGRZ **1988** 341); 24.10.1986 AGOSI/GB (NJW **1989** 3079); 18.2.1991 Fredin/Schwed (ÖJZ **1991** 514); 12.12.2002 Wittek/D (EuGRZ **2003** 224); vgl. ferner die nachf. Fußnoten.

23 Vgl. *Grabenwarter* § 25 Rdn. 10; *Meyer-Ladewig* 35.

24 EGMR 30.11.1995 Pressos Compania Naviera u.a./Belg (ÖJZ **1996** 275); 12.12.2002 Wittek/D (EuGRZ **2003** 224); 22.1.2004 Jahn/G (EuGRZ **2004** 57). Zu dem vom EGMR nicht immer gleich gesehenen Verhältnis zwischen Gesetzmäßigkeit und dem im Wortlaut der Konvention nicht zu findenden Verhältnismäßigkeitsprinzip *Mittelberger* EuGRZ **2001** 364, 367 ff; ferner etwa *Fiedler* EuGRZ **1996** 354, 355 („mittelbare Kanalisation des öffentlichen Interesses"); *Hartwig* RabelsZ **1999** 561, 572 ff.

25 EGMR 21.2.1986 James u.a./GB (EuGRZ **1988** 341); 8.7.1986 Lithgow u.a./GB (EuGRZ **1988** 350); 23.4.1987 Pois/Ö (NJW **1989** 650); 19.12.1989 Mellacher u.a./Ö (ÖJZ **1990** 151: „fair balance"); 12.2.1991 Fredin/Schwed (ÖJZ **1991** 514); 25.3.1999 Iatridis/Griech (EuGRZ **1999** 316); 12.12.2002 Wittek/D (EuGRZ **2003** 224); 5.1.2000 Beyeler/I (NJW **2003** 654); vgl. auch EKMR EuGRZ **1991** 427 (reasonable relationship of proportionalities) sowie die Nachw. in den vorhergehenden Fußnoten.

26 EGMR 5.1.2000 Beyerer/I (NJW **2003** 654: Verletzung des Art. 1, weil Behörde das staatliches Vorkaufsrecht bei einem Gemälde erst nach mehr als 4 Jahren seit Kenntnis des gesamten Sachverhalts ausgeübt hat).

27 EGMR 23.11.2000 ehem. König von Griechenland/Griech ((NJW **2002** 45); 5.1.2000 Beyeler/I (NJW **2003** 654.

28 Auch das Recht der Europäischen Gemeinschaften stellt nicht auf die nationalen Eigentumsbegriffe ab (vgl. Art. 295 EGV).

29 EGMR 26.6.1986 van Marle u.a./Ndl (EuGRZ **1988** 35: Bezeichnung Wirtschaftsprüfer); 23.2.1995 Gasus Dossier- & Fördertechnik GmbH/Ndl (Series A 306 B); 25.3.1999 Iatridis/Griech

GG) zugerechnet werden. Ein Vertrag, der nach einer verbindlichen innerstaatlichen Entscheidung nichtig ist, ist aber nicht geeignet, dem Betroffenen eine eigentümerähnliche Stellung im Sinne der Konventionsgarantie zu verschaffen[30]. Neben dem **Eigentum an beweglichen und unbeweglichen Sachen** im Sinne des bürgerlichen Rechts umfaßt der Begriff alle **an das Eigentum anknüpfenden Rechte**, wie etwa das Jagdrecht[31], sowie **sonstige bestehende Rechte**, die einen Vermögenswert darstellen, so zum Beispiel tatsächlich existierende Forderungen[32] und geldwerte Ansprüche oder sonstige (wohlerworbene) vermögenswerte Rechte. Eigentum im Sinne des Art. 1 sind auch Rechte auf Grund einer öffentlichrechtlichen Erlaubnis[33], so etwa das Recht zum Kiesabbau[34] oder die einem Restaurant erteilte Schankerlaubnis für Alkohol[35], ferner ein auf Grund eines rechtskräftigen Urteils oder eines Schiedsspruchs erlangter Zahlungsanspruch[36] oder sonstige Vermögenswerte, bei denen eine berechtigte Erwartung besteht, sie als Eigentum zu erlangen[37]. Ein Anspruch gegen den Staat, daß er die Kaufkraft des bei einer Bank angelegten Geldes gegen Inflation schützt, folgt daraus nicht[37a]. Eigentum im weiten Verständnis des Art. 1 sind auch alle durch persönlichen Einsatz geschaffenen vermögenswerten Positionen, wie etwa das **geistige Eigentum**[38] oder das Recht am **eingerichteten Gewerbebetrieb**[39] einschließlich des erworbenen Kundenstamms[40], oder eine Steuerberater- oder Anwaltskanzlei mit ihrem Klientel[41]. Zum Eigentum in weiten Sinn des Art. 1 werden ferner sonstige erworbene Ansprüche gerechnet, wie der Anspruch auf ein vertraglich vereinbartes Vorruhestandsgeld[42]. Auch **Versorgungsansprüche**, die auf Grund eigener Leistungen entstanden sind, zählen dazu[43], wie bestimmte Leistungen eines nationalen Sozialversicherungssystems oder ein Pensionsanspruch[44]; dabei wird

---

(EuGRZ **1999** 316: Kundenstamm eines Kinos); 12.12.2002 Wittek/D (EuGRZ **2003** 224); *Peukert* EuGRZ **1981** 99 ff; *Grabenwarter* § 25 Rdn. 3; *Meyer-Ladewig* 5; vgl. auch *Hartwig* RabelsZ **1999** 561, 566 (Gefahr, daß Eigentumsbegriff konturlos wird und künftige Gewinnerwartungen abgesichert werden).

30 EGMR 9.1.2003 Kötterl & Schittily/Ö (ÖJZ **2003** 477); wenn dagegen ein Staat die durch einen Schiedsspruch erlangten Ansprüche nachträglich durch ein Gesetz aufhebt, liegt darin ein ungerechtfertigter Eingriff in erworbenes Eigentum vgl. EGMR 9.12.1994 Stran Greek Refineries and Stratis Andreadis /Griech (ÖJZ **1995** 432).

31 EGMR 29.4.1999 Chassagnou/F (NJW **1999** 3695).

32 EGMR 23.11.1983 Van der Mussele/Belg (EuGRZ **1983** 477); 5.1.2000 Beyeler/I (NJW **2003** 654); 27.9.2001 Lenz/D (NJW **2003** 2441: „Forderungen, für die eine berechtigte Erwartung der Realisierung geltend gemacht werden kann"); EKMR bei *Strasser* EuGRZ **1988** 619; vgl. *Peukert* EuGRZ **1981** 100; *Meyer-Ladewig* 9.

33 Vgl. *Hartwig* RabelsZ **1999** 561, 566 f.

34 EGMR 18.2.1991 Fredin/Schwed (ÖJZ **1991** 514).

35 EGMR 7.7.1989 Tre Traktörer AB/Schwed (Series A 159), dazu *Hartwig* RabelsZ **1999** 561, 567.

36 EGMR 9.12.1994 Stran Greek Refineries and Stratis Andreadis/Griech (ÖJZ **1994** 432); 12.12.2002 Kalogeropoulos/Griech, D (NJW **2004** 273).

37 EGMR 29.11.1991 Pine Valley Developments Limited u.a./Irl (ÖJZ **1992** 459); 20.11.1995 Pressos Compania Naviere SA/Belg (EuGRZ **1996** 193); 5.12.2002 Islamische Religionsgemeinschaft/D (NJW **2004** 669: Treuhandverwaltung einer PDS Spende).

37a EGMR 24.7.2003 Ryabykh/Russl; vgl. *Goedecke* JIR **46** (2003) 666, 629.

38 *Frowein/Peukert* 6; *Grabenwarter* § 25 Rdn. 4; *Meyer-Ladewig* 11; *Peukert* EuGRZ **1981** 103; vgl. auch Art. 17 Abs. 2 Europäische Grundrechte-Charta.

39 Zum Eigentumsbegriff des 1. ZP *Frowein/Peukert* 4; 5; *Partsch* 227; *Schorn* 3; *Peukert* EuGRZ **1981** 97; *Riedel* EuGRZ **1988** 334; wegen Beispielen vgl. etwa EKMR bei *Bleckmann* EuGRZ **1981** 123; **1982** 315 ff; **1983** 219; *Strasser/Weber* EuGRZ **1988** 92 ff; bei *Strasser* EuGRZ **1988** 615.

40 EGMR 26.6.1986 van Marle/NdL (EuGRZ **1988** 35); 25.3.1999 Iatridis/Griech (EuGRZ **1999** 316); 20.4.1999 Hoerner Bank/D (ECHR 1999-II); *Grabenwarter* § 25 Rdn. 4.

41 EGMR 25.5.1999 Olbertz/D (NJW **2001** 1556); 9.11.1999 Döring/D (NJW **2001** 1558); vgl. ferner; 6.2.2003 Wendenburg u.a./D (NJW **2003** 2221); *Grabenwarter* § 25 Rdn. 4; *Meyer-Ladewig* 12.

42 EGMR 27.9.2001 Lenz/D (NJW **2003** 2441).

43 Vgl. *Hartwig* RabelsZ **1999** 561, 567 (Parallele zu innerstaatlichen Entwicklungen).

44 Etwa EGMR 29.5.1986 Feldbrugge/Ndl (EuGRZ **1988** 14); 29.5.1986 Deumeland/D (NJW **1989** 652); 12.10.2000 Jankovic/Kroatien (ECHR 2000-X); 4.6.2002 Wessels-Bergervoet/Ndl (ÖJZ **2003** 516: Diskriminierende Festsetzung der Pensionsansprüche); *Grabenwarter* § 25 Rdn. 5; *Hartig* RabelsZ **1999** 561, 566 f; *Meyer-Ladewig* 9 je mit weit.

allerdings nicht unbedingt ein Recht auf Zahlungen in einer bestimmten Höhe garantiert[45]. Auch das Recht auf Notstandshilfe (österreichisches Recht) hat der EGMR als Eigentum angesehen, weil es auch an frühere Beitragszahlungen zur (ausgelaufenen) Arbeitslosenunterstützung geknüpft war[46]. Der Schutz eines erlangten Vermögenswertes entfällt nicht etwa deshalb, weil dieser mit einem seinen Bestand in Frage stellenden Recht, wie etwa einem nationalen Vorkaufsrecht, belastet ist[47]. Nur das **private Eigentum** eines (ehem.) Staatsoberhauptes, nicht aber das ihm zur Verfügung gestellte **öffentliche Eigentum** unterfällt dem Schutz des Art. 1 des 1. ZP[48].

4a Der **Erwerb künftigen Eigentums,** auf das noch kein durchsetzbarer Anspruch besteht[49] wird nicht geschützt. Die Aussicht auf einen künftigen Vermögenserwerb fällt nicht in seinen Schutzbereich[50]; desgleichen auch nicht die Beeinträchtigung künftiger Erwerbsmöglichkeiten auf Grund einer Änderung nationaler Gesetze[51]. Art. 1 des 1. ZP erfaßt auch nicht die Pflicht zur Übernahme einer unentgeltlichen oder geringer entlohnten Tätigkeit[52]. Geschützt wird das Recht, über das eigene Vermögen zu verfügen[53], nicht aber ein bis zum Eintritt des Erbfalls nur als Anwartschaft bestehendes Erbrecht[54]. Durch erbrachte eigene Leistungen oder durch eine günstige Rechtslage erlangte private oder öffentlich-rechtliche Rechtspositionen fallen darunter, wenn sie eine bereits rechtlich fundierte Erwartung auf „Eigentumserwerb" im weiten Sinne dieser Garantie begründen[55]. Auf die von der Ausgestaltung des konkreten Falls abhängigen Einzelheiten soll hier nicht näher eingegangen werden[56].

4b **Ein Eingriff in das Eigentum** unter Verletzung der Garantie des Absatzes 1 Satz 1 kann auch vorliegen, wenn der Staat entgegen seiner allgemeinen Schutzpflicht aus Art. 1 MRK es unterläßt, in seinem Herrschaftsbereich oder in Teilen davon die effektive Ausübung des Eigentumsrechts zu gewährleisten und die zum Schutze des Eigentumsrechts notwendigen Maßnahmen zu ergreifen[56a]. Das **bewußte Unterlassen gebotener Maßnahmen** kann dann einem Eingriff des Staates in das Eigentum gleichkommen. Der Staat hat in beiden Fällen einen von ihm zu verantwortenden Eigentumseingriff durch einen legitimen Zweck zu rechtfertigen und für einen gerechten Ausgleich zwischen den widerstreitenden Interessen der Einzelnen und denen der Gemeinschaft zu sorgen: Deshalb hat der EGMR verschiedentlich verzichtet, sich auf einen der beiden ineinander übergehenden Gesichtspunkte (Eingriff oder eine ihm in der Wirkung gleichkommende Untätigkeit) festzu-

---

Nachw.; vgl. auch *Hailbronner* JZ **1997** 397 (in Anlehnung an BVerfGE **63** 152, 174; **69** 272, 307: verneinend bei Fehlen einer eigenen Leistung).

[45] EGMR 27.9.2001 Lenz/D (NJW **2003** 2441: Vorruhestandsgeld, wobei der EGMR die Anwendbarkeit des 1. ZP offenließ, da der in der Absenkung der Berechnungsgrundlage liegende Eingriff nicht unverhältnismäßig zu dem damit verfolgten Ziele war), ferner vorst. Fußn.

[46] EGMR 16.9.1996 Gaygusuz/Ö (JZ 1997 409) mit kritischer Anm. *Hailbronner* JZ **1997** 397.

[47] Vgl. EGMR 5.1.200 Beyeler/I (NJW **2003** 654; wegen Vorkaufsrecht des italienischen Staates widerruflicher Eigentumserwerb an einen Gemälde).

[48] EGMR 23.11.2000 ehem. König von Griechenland/Griech (NJW **2002** 45); *Meyer-Ladewig* 13.

[49] EGMR 6.2.2003 (Wendenburg u.a./D (NJW **2003** 2221); vgl. auch 16.6.1886 Van Marle/NdL (EuGRZ **1988** 35).

[50] EGMR 13.6.1979 Marckx/Belg (EuGRZ **1979** 454).

[51] Vgl. EGMR 26.9.2000 Andrews u.a./GB (Gesetzesänderung über Feuerwaffen); *Meyer-Ladewig* 12).

[52] EGMR 23.11.1983 Van der Mussele/Belg (EuGRZ **1985** 477); vgl. ferner EKMR EuGRZ **1975** 47 (Anwaltsgebühren).

[53] EGMR 7.12.1976 Handyside/GB (EuGRZ **1977** 48); 13.6.1979 Marckx/Belg (EuGRZ **1979** 454).

[54] EGMR 13.6.1979 Marckx/Belg (EuGRZ **1979** 454); *Grabenwarter* § 25 Rdn. 6; *Riedel* EuGRZ **1988** 334.

[55] Vgl. EGMR 6.2.2003 (Wendenburg u.a./D (NJW **2003** 2221), wo die Frage aber für den konkreten Fall offen gelassen wird; *Meyer-Ladewig* 7, 12 (good will).

[56] Vgl. die bei *Frowein/Peukert* 8 ff erörterten Fälle; ferner etwa EKMR bei *Beckmann* EuGRZ **1981** 123 (Recht an Rente, nicht auf Rente).

[56a] Vgl. EGMR 22.6.2004 Broniowski/Pol (EuGRZ **2004** 472) mit weit. Nachw.

legen[56b]. Auch ohne formale Enteignung im Sinne des Absatzes 1 Satz 2 oder ausdrücklich Anordnung einer Nutzungsbeschränkung im Sinne des Absatzes 2 kann ein Eingriff in das Eigentum schon darin liegen, daß der Staat dem Eigentümer die **Nutzung seines Eigentums unmöglich** macht („de facto Enteignung“)[57], sei es, daß er ihm durch seine Organe langfristig den Zugang zu dem Gebiet verwehrt, im dem sein Eigentum liegt[58], sei es, daß er den Eigentümer langfristig durch ein vorläufiges Bauverbot an der Nutzung seines Eigentums hindert[59]. Auch eine gesetzliche Regelung, durch die eine unwirksame Eigentumsübertragung nachträglich geheilt werden soll, greift in das Eigentum ein[60], desgleichen ist die Zerstörung eines Hauses durch Sicherheitskräfte ein Eingriff in das Eigentum[61]. Die Kürzung eines mit dem Arbeitgeber vereinbarten Vorruhestandgeldes durch den Gesetzgeber stellt jedoch keinen ungerechtfertigten Eingriff in das Eigentum dar, da der Anspruch nur dem Grunde nach nicht aber in einer bestimmten Höhe unter den Schutz des Art. 1 Abs. 1 Satz 1 des 1. ZP fällt[62].

c) Die **Enteignung** wird durch Art. 1 des 1. ZP nicht ausgeschlossen, sie ist aber nach Absatz 1 Satz 2 nur zulässig, wenn sie in den nationalen **Gesetzen** vorgesehenen ist. Die Bedingungen, unter denen das Eigentum entzogen werden kann, müssen durch einen allen zugänglichen und eindeutigen **Rechtssatz festgelegt**[63] und damit für die Betroffenen vorhersehbar sein. Bei dem Eingriff müssen die materiellen und formellen Voraussetzungen des innerstaatlichen Rechts eingehalten[64] und die Grundsätze der Rechtsstaatlichkeit beachtet werden[65], zu denen auch die Beachtung der Verhältnismäßigkeit des Eingriffes gehört. Das gilt nicht nur für die formalen Enteignungsgesetze, sondern auch für sonstige staatliche Maßnahmen, die eine Eigentumsentziehung anordnen oder ihr in der Wirkung de facto gleichkommen[66]. 5

Die Enteignung oder die ihr de facto gleichkommende Maßnahme muß im **öffentlichen Interesse** liegen. Außerdem ist bei allen staatlichen Eingriffen in das Eigentum die **Verhältnismäßigkeit** zwischen dem in öffentlichen Interesse verfolgten Ziel und den Grundrechtes des betroffenen Einzelnen zu wahren. Es muß ein gerechtes (faires) Gleichgewicht zwischen den mit der Enteignung verfolgten öffentlichen Interessen und deren Auswirkungen auf den Betroffenen bestehen, dem Betroffenen darf dadurch keine unverhältnismäßige Last auferlegt werden[67]; seine **Entschädigung** muß dem Wert des ent- 6

56b EGMR 22. 6. 2004 Broniowski/Pol (EuGRZ **2004** 472: Staat ist seiner Verpflichtung nicht nachgekommen, entsprechend einem früher erlassenen Gesetz für einen gerechten Ausgleich der Landverluste im ehem. Ostpolen zu sorgen).

57 Vgl. EGMR 12. 2. 1991 Fredin/Schwed (ÖJZ **1991** 514): Widerruf einer Kiesabbaubewilligung im entschiedenen Fall keine de facto Enteignung.

58 EGMR 18. 12. 1996 Loizidou/Türk (ÖJZ **1997** 793: Zugang zu Grundstück in Nordzypern).

59 EGMR 23. 9. 1982 Sporrong/Lönnroth/Schwed (EuGRZ **1983** 523); *Meyer-Ladewig* 16.

60 EGMR 20. 2. 2003 Forrer Niedenthal/D (NJW **2004** 927).

61 *Meyer-Ladewig* 18 unter Hinweis auf EGMR 30. 1. 2001 Dulas/Türk.

62 EGMR 27. 9. 2001 Lenz/D (NJW **2003** 2441).

63 Wohl nicht notwendig ein förmliches Gesetz wie *Guradze* 4 I annimmt. Auch eine Entscheidung des Bundesverfassungsgerichts erfüllt wegen § 31 BVerfG diese Voraussetzung; vgl. EGMR 6. 2. 2003 Wendenburg/D (NJW **2003** 3221).

64 Zum Erfordernis der Gesetzmäßigkeit, der gegenüber dem Verhältnismäßigkeitsgrundsatz in der neuen Rechtsprechung des EGMR – etwa EGMR 25. 3. 1999 Iatridis/Griech (EuGRZ **1999** 317); 23. 11. 2000 ehem. König von Griechenland/Griech (NJW **2000** 2002) – stärkeres Gewicht beigemessen wird, vgl. *Mittelberger* EuGRZ **2001** 364, 370 ff: Eine nicht dem Gesetz entsprechende Enteignung ist unzulässig, so daß es auf ihre Verhältnismäßigkeit nicht mehr ankommt.

65 EGMR 21. 2. 1986 James u. a./GB (EuGRZ **1988** 341); EGMR 25. 3. 1999 Iatridis/Griech (EuGRZ **1999** 317); 23. 11. 2000 ehem. König von Griechenland/Griech (NJW **2000** 2002); 22. 1. 2004 Jahn/D (NJW 2004 923); *Meyer-Ladewig* 24.

66 EGMR 18. 2. 1991 Fredin/Schwed (ÖJZ **1991** 515); vgl. aber oben Rdn. 3, 3a.

67 EGMR 23. 9. 1982 Sporrong/Lönnroth/Schwed (EuGRZ **1983** 523); 20. 11. 1995 Pressos Compania Naviera SA/Belg (ÖJZ **1996** 275); 23. 11. 2000 ehem. König von Griechenland/Griech. (NJW **2000** 2002): 6. 2. 2003 Wendenburg/D (NJW **2003** 2221), 20. 3.

zogenen Eigentums in vernünftiger Weise Rechnung tragen[68]. Bei Beurteilung der Frage, ob ein **gerechter Ausgleich** zwischen den öffentlichen Interessen und dem Schutz der Rechte des Einzelnen gewahrt wurde, zieht der EGMR alle Umstände des Einzelfalls, so die Anwendung der gesetzlichen Regelungen auf den Betroffenen und die Modalitäten seiner Entschädigung in Betracht[69]. In der Regel ist eine Enteignung ein unverhältnismäßiger Eingriff, wenn keine Entschädigung gezahlt wird[70]. Bei Enteignungen, die vor dem Inkrafttreten der Konventionen durchgeführt wurden, ist die Hoffnung auf deren rechtliche Unwirksamkeit oder Rückgängigmachung und damit auf Anerkennung oder Wiedererlangung eines entzogenen Eigentums kein nach Art. 1 geschützter Vermögenswert[71].

7 **Öffentliches Interesse** wird dabei weit ausgelegt; es deckt alle Maßnahmen, mit denen der Staat eine legitime Politik, vor allem im Bereich der Wirtschafts- und Sozialpolitik oder der Bodenordnung verfolgt, so etwa auch für Zwecke des Straßenbaus[72] oder der Flurbereinigung[73]. Maßnahmen des Gesetzgebers, die nach einem Wechsel des Wirtschaftssystems im Bereich der Eigentumsordnung Rechtsfrieden und Rechtssicherheit wiederherstellen sollen[74], sowie Enteignungen, die keine Nutzung durch die Allgemeinheit begründen, sondern in Verfolgung einer sozialpolitischen Zielsetzung **zugunsten Privater** wirken, können hierunter fallen[75]. Dem staatlichen Gesetzgeber und den staatlichen Behörden wird dabei sowohl hinsichtlich des Vorliegens eines öffentlichen Interesses als auch hinsichtlich der Zweckmäßigkeit des Eingriffs und der Wahl der Mittel ein **weiter Beurteilungsspielraum** zuerkannt[76], da sie grundsätzlich besser in der Lage sind, die örtlichen Bedürfnisse und Zusammenhänge zu beurteilen. Die Maßnahmen müssen nicht notwendig sein; es genügt, wenn sie den staatlichen Stellen den Umständen nach als angeraten erscheinen, sofern sie „vernünftig und im guten Glauben" handeln[77]. Der Gerichtshof behält sich aber die Beurteilung vor, ob die **Verhältnismäßigkeit** gewahrt und ein gerechter Ausgleich („proper balance", „juste équilibre") gegeben ist[78]. Je

---

2002 Forrer-Niedentahl/D (NJW **2004** 927); vgl. *Hartwig* RabelsZ **1999** 561, 572; *Meyer-Ladewig* 28; ferner vorst. Fußn.

[68] EGMR 9. 12. 1994 Holy Monasteries/Griech (ÖJZ **1994** 428); 23. 11. 2000 ehem. König von Griechenland/Griech. (NJW **2002** 45).

[69] Etwa EGMR 25. 5. 2000 Noack/D (NVwZ **2001** 307 L „Gemeinde Horno"); 20. 2. 2003 Forrer-Niedenthal/D (NJW **2004** 927).

[70] Nur unter außergewöhnlichen Umständen kann dies anders sein, vgl. EGMR 9. 12. 1994 Holy Monasteries/Griech (ÖJZ **1994** 428); 23. 11. 2000 ehem. König von Griechenland/Griech (NJW **2002** 45); 22. 1. 2004 Jahn/D (NJW **2004** 923).

[71] EGMR 13. 12. 2000 Malhous/Tschechien (Rep. 2000-XII); *Meyer-Ladewig* 12; vgl. auch zum Klageausschluß des Überleitungsvertrags EGMR 12. 7. 2001 Fürst Adam II von und zu Liechtenstein/D (EuGRZ **2001** 466); dazu kritisch *Blumenwitz* AVR **40** (2002) 215.

[72] EGMR 25. 3. 1999 Papachelas/Griech (NVwZ **1999** 1325).

[73] EGMR 15. 11. 1996 Prötsch/Ö (ÖJZ **1997** 190); *Meyer-Ladewig* 27.

[74] Vgl. etwa EGMR 20. 2. 2003 Forrer-Niedenthal/D (NJW **2004** 927); 22. 1. 2004 Jahn/D (NJW **2004** 923).

[75] EGMR 8. 7. 1986 Lithgow u. a./GB (EuGRZ **1988** 350); 21. 2. 1986 James u. a./GB (EuGRZ **1988** 341); 21. 2. 1990 Håkansson u. a./Schwed (EuGRZ **1992** 5); 23. 11. 2000 u. 28. 11. 2002 ehem. König von Griechenland u. a./Griech (NJW **2002** 49; **2003** 1721); *Frowein/Peukert* 40; *Hartwig* RabelsZ **1999** 561, 568.

[76] EGMR 21. 2. 1986 James u. a./GB (EuGRZ **1988** 341); 8. 7. 1986 Lithgow u. a./GB (EuGRZ **1988** 350); 24. 10. 1986 AGOSI/GB (NJW **1989** 3079); 12. 2. 1991 Fredin/Schwed (ÖJZ **1991** 514); 30. 10. 1991 Wiesinger/Ö (ÖJZ **1992** 238); 29. 4. 1999 Chassagnou/F (NJW **1999** 3695); 23. 11. 2000; 28. 11. 2002 ehem. König von Griechenland u. a./Griech (NJW **2002** 49; **2003** 1721); 12. 12. 2002 Wittek/D (EuGRZ **2003** 224); 6. 2. 2003 Wendenburg/D (NJW **2003** 2221); 20. 2. 2003 Forrer-Niederthal/D (NJW 2004 927); 22. 1. 2004 Jahn/D (NJW **2004** 923); *Frowein/Peukert* 39. *Mittelberger* EuGRZ **2001** 364, 366; vgl. *Hartwig* RabelsZ **1999** 561, 568 (Definitionshoheit des öffentlichen Interesses).

[77] EKMR nach *Frowein/Peukert* 39; vgl. EGMR 7. 12. 1976 Handyside/GB (EuGRZ **1977** 38); *Peukert* EuGRZ **1981** 107.

[78] Etwa EGMR 25. 5. 2000 Noack u. a./D (NVwZ **2001** 307 L: Gemeinde Horno); 30. 10. 1991 Wiesinger/Ö (ÖJZ **1992** 238). Vgl. *Fiedler* EuGRZ **1996**

nach den Umständen kann diese Abwägungen zu unterschiedlichen Ergebnissen führen[79]. Grundsätzlich achtet er dabei die Entscheidung des nationalen Gesetzgebers, daß die Enteignung im öffentlichen Interesse liegt, es sei denn, daß ihm diese offensichtlich willkürlich oder unvernünftig erscheint[80]. Mitunter wurde allerdings auch nachgeprüft, ob die tatsächlichen Voraussetzungen für die Annahme eines öffentlichen Interesses wirklich gegeben waren[81].

Die Bedingungen, unter denen das Eigentum entzogen werden kann, müssen **durch Gesetz festgelegt**[82] sein. Sie müssen also im innerstaatlichen Recht vorgesehen sein und diesem, aber auch den Grundsätzen der Rechtsstaatlichkeit entsprechen[83]. Das gilt nicht nur für die formalen Enteignungsgesetze, sondern auch für sonstige staatliche Maßnahmen, die eine Eigentumsentziehung anordnen oder die wegen ihrer Auswirkungen einer Enteignung in der Wirkung gleichkommen **(de facto Enteignung)**, da die verbleibende Rechtsposition keine sinnvolle Nutzung mehr zuläßt[84]. Der Staat darf Eingriffe in das Eigentum, insbesondere aber die Entziehung und die Rückgewähr entzogenen Eigentums nicht willkürlich regeln; er darf dabei nicht auf Gesichtspunkte abstellen, die eine unzulässige **Diskriminierung** (Art. 14 MRK, Art. 26 IPBPR) der Betroffenen bedeuten[84a]. **7a**

Ob die **Enteignungsentschädigung** gesetzlich geregelt sein muß, richtet sich zunächst nach dem jeweiligen nationalen Recht. Art. 1 des 1. ZP schreibt sie nicht ausdrücklich vor. Der Hinweis auf die **allgemeinen Grundsätze des Völkerrechts** in Art. 1 Abs. 1 des 1. ZP schließt nur die entschädigungslose Enteignung bei Ausländern aus, da bei diesen das völkerrechtliche Fremdenrecht die entschädigungslose Enteignung verbietet[85]. Die zunächst strittige Entschädigungspflicht für Inländer[86] hat der EGMR dann aus allgemeinen Grundsätzen und dem Erfordernis der **Verhältnismäßigkeit** in Verbindung mit dem allgemeinen Achtungsanspruch in Absatz 1 Satz 1 hergeleitet[87]. Die frühere Ansicht der Konventionsorgane, daß eine solche Entschädigungspflicht auch unter Berufung auf Art. 5 des 1. ZP, Art. 14 MRK nicht begründet werden könne, ist damit überholt. Die praktischen Auswirkungen dieser umstrittenen Auslegung wurden allerdings auch früher schon dadurch gemildert, daß eine entschädigungslose Enteignung **8**

354, 355 (Abstellen auf gerechten Ausgleich positiv zu bewerten).

79 Vgl. EGMR 22.1.2004 Jahn/D (NJW **2004** 923); *Fiedler* EuGRZ **1996** 334, 335 unter Hinweis auf EGMR 29.11.1991 Pine Valley Developsment Ltd u.a./Irl (ÖJZ **1992** 459) einerseits und 22.9.1994 Hentrich/F (EuGRZ **1996** 593) andererseits.

80 EGMR 19.12.1989 Mellacher/Ö (ÖJZ **1990** 150); 21.2.1990 Hákansson, Sturesson/Schwed (EuGRZ **1992** 5); 6.2.2003 Wendenburg/D (NJW **2003** 2221); *Mittelberger* EuGRZ **2001** 364, 366 mit weit. Nachw. vgl. auch vorst. Fußn.; *Meyer-Ladewig* 26.

81 EKMR EuGRZ **1979** 574; *Frowein/Peukert* 39.

82 Wohl nicht notwendig ein förmliches Gesetz wie *Guradze* 4 I annimmt. Auch eine Entscheidung des Bundesverfassungsgerichts erfüllt wegen § 31 BVerfG diese Voraussetzung EGMR 6.2.2003 Wendenburg/D (NJW **2003** 3221).

83 EGMR 21.2.1986 James u.a./GB (EuGRZ **1988** 341); EGMR 25.3.1999 Iatridis/Griech (EuGRZ **1999** 317); 23.11.2000 ehem. König von Griechenland/Griech (NJW **2000** 2002).

84 Etwa EGMR 24.6.1993 Papamichalopoulos u.a./ Griech. (ÖJZ **1994** 177); 22.9.1994 Hentrich/F (EuGRZ **1996** 593: staatl. Vorkaufsrecht); 28.10. 1999 Brumarescu/Rum (ECHR 1999-VII); *Grabenwarter* § 25 Rdn. 9; *Meyer-Ladewig* 21; vgl. auch *Cremer* EuGRZ **2004** 134, 136.

84a UN-AMR 2.11.2001 (NJW **2002** 253: Rückgabe entzogenen Eigentums nur an Staatsbürger).

85 *Frowein/Peukert* 48; *Partsch* 225; *Peukert* EuGRZ **1981** 108, ferner ausführlich dazu *Seidl-Hohenveldern* FS Ermacora 182 ff und *Hartwig* RabelsZ **1999** 561, 574, der trotz der eher dagegen sprechenden Entstehungsgeschichte die Vorschrift als Rechtsfolgenverweisung versteht und sie deshalb gleichermaßen auf Inländer und Ausländer für anwendbar hält.

86 EGMR 21.2.1986 James u.a./GB (EuGRZ **1988** 341); 8.7.1986 Lithgow u.a./GB (EuGRZ **1988** 350); EKMR bei *Frowein/Peukert* 48; strittig, dazu etwa *Böckstiegel* NJW **1967** 905; *Guradze* 5; *Peukert* EuGRZ **1981** 108, *Riedel* EuGRZ **1988** 333; *Seidl-Hohenveldern* FS Ermacora 182 ff je mit weit. Nachw.

87 Vgl. *Cremer* EuGRZ **2004** 134, 138, *Hartwig* RabelsZ **1999** 561, 563; ferner Rdn. 3, 9.

der eigenen Staatsangehörigen im Regelfalle bereits innerstaatlich nicht als zulässig angesehen wurde, und daß auch eine Entschädigung unter dem angemessenen Wert meist ein übermäßiger Eingriff ist, der gegen Art. 1 des 1. ZP verstößt[88].

9 Eine **grundsätzliche Entschädigungspflicht** wird jetzt aus dem Gebot der Achtung des Eigentums hergeleitet, das auch bei enteignenden Maßnahmen des Staates **unverhältnismäßige Eingriffe** ausschließt[89]. Es muß ein **gerechter Ausgleich** („fair balance") zwischen dem mit Enteignung verfolgten Allgemeininteresse und den Belangen des Betroffenen hergestellt werden[90]. Bei der hierdurch gebotenen **Abwägung** der Auswirkungen fällt die gewährte Entschädigung entscheidend ins Gewicht; da ihre Höhe maßgeblich dafür ist, ob darin ein angemessener Ausgleich für den Eigentumsentzug zu sehen ist[91]. Sofern nicht außergewöhnliche Verhältnisse dies rechtfertigen, bedeutet die **Versagung jeder Entschädigung** ein unverhältnismäßiges, das faire Gleichgewicht der Interessen mißachtendes Sonderopfer, zu dessen Anordnung der Staat auch durch Absatz 1 Satz 2 nicht ermächtigt wird[92]. Das gleiche gilt, wenn eine Regelung die verschiedenen Betroffenen ungleich belastet[93]. Der **Umfang der Entschädigungspflicht** muß sich grundsätzlich am Marktwert des entzogenen Gegenstandes orientieren, wenn dadurch der Entzug des Eigentums kompensiert werden soll[94]. Eine gesetzliche Regelung, welche undifferenziert bei Maßnahmen des Straßenbaus die Höhe der Entschädigung kürzt, um eine vermutete Werterhöhung des Grundstückes durch den Straßenbau auszugleichen, wurde vom EGMR als mit Art. 1 des 1. ZP unvereinbar angesehen, da sie zu wenig flexibel ist, um den unterschiedlichen Gegebenheiten Rechnung zu tragen und den betroffenen Eigentümer behindert, sein Recht auf volle Entschädigung geltend zu machen[95]. Nur wenn besondere Umstände vorliegen, können bei einer rechtmäßigen Enteignung berechtigte Ziele des öffentlichen Interesses auch in einer demokratischen Gesellschaft[96] eine **unter dem vollen Marktwert liegende Entschädigung** als **angemessene Entschädigung** erscheinen lassen[97]; so etwa, wenn eine globale Enteignung der Umgestaltung der gesellschaftlichen Verhältnisse dient[98] oder wenn staatsformbedingtes Eigentum beim Vollzug grundlegender Änderungen der Regierungsform, wie etwa bei Übergang von der Monarchie zur Republik, entzogen wird[99]. Eine **unverhältnismäßige Verzögerung** bei der **Festsetzung**

---

88 Etwa 25. 3. 1999 Papachelas/Griech (NVwZ **1999** 1325).

89 Vgl. Rdn. 3a.

90 Etwa EGMR 23. 9. 1982 Sporrong, Lönnroth/Schwed (EuGRZ **1983** 523); 19. 12. 1989 Mellacher/Ö (ÖJZ **1990** 150); 9. 12. 1994 Holy Monasteries/Griech (ÖJZ **1995** 428); 20. 11. 1995 Pressos Compania Naviera SA/Belg (EuGRZ **1996** 275); 25. 3. 1999 Papachelas/Griech (NVwZ **1999** 1325); ferner etwa *Cremer* EuGRZ **2004** 134, 139 zu EGMR 22. 1. 2004 Jahn/D (EuGRZ **2004** 57).

91 EGMR (EuGRZ **1988** 341); 8. 7. 1986 Lithgow u. a./GB (EuGRZ **1988** 350); 25. 3. 1999 Papachelas/Griech (NVwZ **1999** 1325). Zur Erweiterung des Abwägungsspielraums des EGMR durch das nicht an materielle Maßstäbe gebundenen Verhältnismäßigkeitsprinzip vgl. *Hartwig* RabelsZ **1999** 561, 573.

92 EGMR 23. 9. 1982 Sporrong, Lönnroth/Schwed (EuGRZ **1983** 523); 21. 2. 1986 James u. a./GB (EuGRZ **1988** 341); 9. 12. 1994 Holy Monasteries/Griech (ÖJZ **1995** 428, dazu *Fiedler* EuGRZ **1996** 354 ff). EGMR 22. 1. 2004 Jahn/D (EuGRZ **2004** 57; dazu *Cremer* EuGRZ **2004** 134); *Frowein/Peukert* 49; *Meyer-Ladewig* 28; vgl. ferner *Riedel* EuGRZ **1988** 333; *Seidl-Hohenveldern* FS Ermacora 186 ff.

93 Vgl. EGMR 29. 4. 1999 Chassagnou u. a./F (NJW **1999** 3695: Benachteiligung kleiner Grundeigentümer); *Meyer-Ladewig* 31.

94 25. 3. 1999 Papachelas/Griech (NVwZ **1999** 1325) EGMR 24. 6. 1993 Papamichalopoulos/Griech (ÖJZ **1994** 177).

95 EGMR 25. 3. 1999 Papachelas/Griech (NVwZ **1999** 1325) mit weit. Nachw.; *Meyer-Ladewig* 29.

96 Nach der Konvention können nur deren Ziele ein anzuerkennendes öffentliches Interesse begründen, vgl. *Fiedler* EuGRZ **1996** 354, 356.

97 EGMR 21. 2. 1986 James u. a./GB (EuGRZ **1988** 341); 8. 7. 1986 Lithgow u. a./GB (EuGRZ **1988** 350); 9. 12. 1994 Holy Monasteries/Griech (ÖJZ **1995** 428); 25. 3. 1999 Papachelas/Griech (NVwZ **1999** 1325); *Meyer-Ladewig* 29.

98 Vgl. vorst. Fußn., ferner etwa *Hartwig* RabelsZ **1999** 561, 577.

99 EGMR 23. 11. 2000, 28. 11. 2002 ehem. König von Griechenland u. a./Griech (NJW **2002** 45; **2003** 1721); vgl. auch EGMR 9. 12. 1994 Holy Monaste-

oder **Auszahlung** der Entschädigung kann die Betroffenen über Gebühr belasten und damit den gerechten Ausgleich zwischen dem Eigentumsentzug und dem Wert der Entschädigung aufheben[100].

d) Nutzungsregelungen, also hoheitliche Maßnahmen, die – ohne das Eigentum im weit verstandenen Sinn des Absatzes 1 Satz 1 ganz zu entziehen – seinen Gebrauch in einem bestimmten Sinn regeln, die insoweit etwas gebieten oder untersagen, behält **Absatz 2** dem Staate ausdrücklich vor. Dies eröffnet ihm einen weiten Handlungsraum bei Anwendung der gesetzlichen Regelungen durch die er die Benutzung des Eigentums einschränken darf, wenn er dies **im Allgemeininteresse** für erforderlich hält[101]. Allgemeininteresse wird dabei dem öffentlichen Interesse des Absatzes 1 Satz 2[102] vielfach gleichgesetzt[103]. Wie die Staaten den Gebrauch des Eigentums regeln wollen, und welche Einschränkungen sie im Allgemeininteresse bei dessen Gebrauch für notwendig halten, ist wegen ihrer größeren Sachnähe weitgehend ihnen überlassen; sie haben sowohl hinsichtlich der Zielsetzung als auch hinsichtlich der Mittel einen weiten Beurteilungsspielraum[104]. Dem Gerichtshof obliegt jedoch die Mißbrauchskontrolle, die sich auch auf die Beachtung des **Grundsatzes der Verhältnismäßigkeit** durch Wahrung eines vernünftigen (fairen) Gleichgewichts zwischen Allgemeininteresse und dem Interesse des einzelnen erstreckt[105]. Dieses ist gewahrt, wenn ein Flugzeug beschlagnahmt und nur gegen Zahlung eines Geldbetrages wieder freigegeben wird, nachdem in diesem erhebliche Rauschgiftmengen gefunden worden waren[106]. Eine **zulässige Nutzungsregelung** wurde beispielsweise in der zeitlichen Befristung der Befugnis zum Schotterabbau gesehen[107], in der Sicherstellung von ehemaligem Parteivermögen zweifelhafter Herkunft durch Anordnung einer Treuhandverwaltung beim Empfänger[108], in Baubeschränkungen[109], in der Verpflichtung, das Jagdrecht in einen Jagdverband einzubringen[110] oder in einer Regelung über den Besitz von Feuerwaffen[111]. Als Nutzungsregelungen im Sinne des Absatzes 2 behandelt wurden ferner die Mietpreisbindung[112] und die gesetzlichen Regelungen, die die Mieter bei Wohnungsknappheit vor Kündigung durch die Eigentümer schützen[113]. Als zulässige Nutzungsregelung wurde auch gebilligt, daß ein Teil der Ent- 10

ries/Griech. (ÖJZ **1995** 428); vgl. *Fiedler* EuGRZ **1996** 354, 356 f (auch zur Umsetzung völkerrechtlicher Verträge); *Meyer-Ladewig* 29.

100 Etwa EGMR 9.7.1997 Akkus/Türk (ÖJZ **1998** 356); *Meyer-Ladewig* 30, 31 mit Hinweisen auf weitere Entscheidungen des EGMR; ferner auch EGMR 5.1.2000 Beyeler/I (NJW **2003** 654: jahrelange Verzögerung der Entscheidung über staatliches Vorkaufsrecht).

101 Beispiele aus der Rechtsprechung der EKMR bei *Frowein/Peukert* 56.

102 Vgl. Rdn. 6.

103 EGMR 21.2.1986 James/GB (EuGRZ **1988** 341); *Frowein/Peukert* 39; *Grabenwarter* § 25 Rdn. 14; *Meyer-Ladewig* 34; vgl. auch EGMR 7.12.1976 Handyside/GB (EuGRZ **1977** 38); *Mittelberger* EuGRZ **2001** 364, 367.

104 Etwa EGMR 24.10.1986 AGOSI/GB (NJW **1989** 3079); 29.4.1999 Chassagnou u.a./F (NJW **1999** 3695); 23.11.2000 ehem. König von Griechenland/Griech (NJW **2002** 45); 12.12.2002 Kalogeropoulos ua/Griech/D (NJW **2004** 373); *Meyer-Ladewig* 34; *Hartwig* RabelsZ **1999** 516, 570.

105 „Fair balance", etwa EGMR 21.2.1986 James/GB (EuGRZ **1988** 341); 12.2.1991 Fredin/Schwed (ÖJZ **1991** 514); EGMR 28.9.1994 Spadea & Scalabrio/I (ÖJZ **1996** 189); 23.2.1995 Gasus Dosier und Fördertechnik GmbH/Ndl (Series A 306); 7.7.1989 Tre Traktörer AB/Schwed (Series A 159); 25.5.1999 Olbertz/D (NJW **2001** 1558); 5.5.1995 Air Canada/GB (ÖJZ **1995** 755); 5.12.2002 Islamische Religionsgemeinschaft/D (NJW **2003** 669); EKMR EuGRZ **1991** 427; *Frowein/Peukert* 41, 42; *Meyer-Ladewig* 34, 35; *Mittelberger* EuGRZ **2001** 368 vgl. Rdn. 3.

106 EGMR 5.5.1995 Air Canada/GB (ÖJZ **1995** 755).

107 EGMR 12.2.1991 Fredin/Schwed (ÖJZ **1991** 514).

108 EGMR 5.12.2002 Islamische Religionsgemeinschaft/D (NJW **2003** 669: PDS Spende).

109 EGMR 29.3.1982 Sporrong, Lönnroth/Schwed (EuGRZ **1983** 523), *Meyer-Ladewig* 35.

110 EGMR 29.4.1999 Chassagnou u.a./F (NJW **1999** 3695.

111 *Meyer-Ladewig* 35; EGMR 26.9.2000 Andrews/GB; vgl. Rdn. 4.

112 EGMR 19.12.1989 Mellacher u.a./Ö (ÖJZ **1990** 150).

113 EGMR 28.9.1994 Spadea & Scalabrio/I (ÖJZ **1996** 189); vgl. ferner *Meyer-Ladewig* 35 (jahrelanger Räumungsschutz unverhältnismäßig).

lohnung der Strafgefangenen als Überbrückungsgeld ihrer sofortigen Verfügung entzogen wird[114].

10a Nach dem weiten Verständnis des Eigentums im Sinne des Art. 1[115] werden aber auch Beschränkungen in der **Zulassung oder Ausübung** eines dem Eigentumsschutz im Sinne des Art. 1 Abs. 1 unterfallenden **Berufes** als Nutzungsregelungen angesehen, so etwa die Regelungen der Zulassungserfordernisse für Rechtsanwälte und Steuerberater[116] oder die Beschränkungen durch das Rechtsberatungsgesetz[117].

11 e) Neben den Maßnahmen im Allgemeininteresse wird besonders erwähnt, daß Art. 1 des 1. ZP Gesetzen zur Sicherung der Zahlung der **Steuern, sonstiger Abgaben**[118] oder der **Geldstrafen**[119] nicht entgegensteht. Das Verbot zur Achtung des Eigentums bei der Regelung dieser Maßnahmen wird dadurch aber nicht gänzlich aufgehoben; konfiskatorische Steuern oder unverhältnismäßige Geldstrafen können in Extremfällen auch gegen den Grundsatz der Achtung des Eigentums verstoßen[120]. Dies gilt vor allem, wenn diese Rechtsinstitute von einem Staat nicht entsprechend ihrer Zweckbestimmung als Strafe oder Heranziehung zu öffentlichen Lasten, sondern mißbräuchlich (vgl. Art. 18 MRK) unter Umgehung der Achtungspflicht nur zum Zwecke der Eigentumsentziehung (zweckfremd) eingesetzt werden sollten. Ein Einfuhrverbot für Gold ist keine Benutzungsregelung[121].

12 f) Der entschädigungslose Entzug **(Einziehung, Verfall)** eines Gegenstandes oder einer Forderung oder sonstiger Vermögenswerte als **strafrechtliche Nebenfolge** oder aus **sicherheitsrechtlichen** Gründen, (Einziehung, Anordnung der Vernichtung usw.) wird als grundsätzlich zulässige Nutzungsbeschränkung des Eigentums angesehen[122], da hierdurch nur eine dem Eigentum herkömmlich inhärente Schranke zum Tragen kommt[123]. Sie wird allgemein gegen den Täter bei den producta et instrumenta sceleris für zulässig gehalten[124]. Dies gilt aber auch für die Einziehung sonstiger Gegenstände, soweit dies die staatliche Reaktion auf Pflichtverstöße des Eigentümers ist oder wenn damit eine von der Sache ausgehende Gefahrenlage verhütet oder beendet werden soll. Die auch hier geltenden Verbote übermäßiger Strafen und nicht erforderlicher oder unverhältnismäßiger Eingriffe müssen beachtet werden; andernfalls ist die Grenze der Sozialbindung überschritten[125] und es liegt eine Enteignung im Sinne von Art. 1 Satz 2 des 1. ZP vor. Strittig ist, ob dies auch der Fall ist, wenn ein an der geahndeten Straftat unbeteiligter Dritter als Eigentümer von der Einziehung betroffen wird[126], vor allem, ob die Grenze der Nutzungsregelung jedenfalls dann eingehalten ist, wenn der Dritteigentümer bösgläubig ist[127] oder sonst die Umstände, die zum Eigentumsverlust führten, mitzuvertre-

---

114 EKMR bei *Bleckmann* EuGRZ **1982** 315.

115 Vgl. Rdn. 4 ff.

116 Etwa EGMR 25.5.1999 Olbert/D (NJW **2001** 1558); 9.11.1999 Döring/D (NJW **2001** 1556); *Meyer-Ladewig* 35.

117 EGMR 20.4.1999 Hörner Bank/D (NJW **2001** 1555).

118 Zum weiten Begriff vgl. die Beispiele bei *Frowein/Peukert* 59; *Grabenwarter* § 25 Rdn. 10.

119 Zur Angemessenheit vgl. *Frowein/Peukert* 60.

120 *Frowein/Peukert* 57.

121 EGMR 24.10.1986 AGOSI/GB (NJW **1989** 3079).

122 EGMR 7.12.1976 Handyside/GB (EuGRZ **1977** 38); 24.10.1986 AGOSI/GB (NJW **1989** 3079); *Frowein/Peukert* 26; *Grabenwarter* § 25 Rdn. 10; *Peukert* EuGRZ **1981** 105; weitere Beispiele *Frowein/Peukert* 56.

123 Zur ähnlichen Zuordnung zur Sozialbindung bei Art. 14 GG vgl. BVerfGE **20** 359; BGHZ **27** 388; *Gilsdorf* JZ **1958** 643 ff; AKGG-*Rittstieg* Art. 14 GG Rdn. 255 ff.

124 *Frowein/Peukert* 50, 60; *Peukert* EuGRZ **1981** 112.

125 Vgl. BVerfGE **20** 361.

126 EGMR 24.10.1986 AGOSI/GB (NJW **1989** 3079); gegen Annahme einer Nutzungsregelung *Peukert* EuGRZ **1988** 509.

127 *Frowein/Peukert* 26. Zur Frage der Schrankenziehung bei Art. 14 GG vgl. BGHZ **27** 73; *Maunz/Dürig/Papier* GG Art. 14 Rdn. 575; Bonner Komm./*Kimminich* Art. 14 GG Rdn. 207 ff; *von Münch/Dicke* Art. 14 Rdn. 31.

ten hat[128]. Bei der MRK kann aber auch bei Annahme einer Enteignung im Sinne des Art. 1 Abs. 1 Satz 2 des 1. ZP ein Ausnahmefall vorliegen, der bei der gebotenen Abwägung[129] den (entschädigungslosen) Eigentumsentzug gestatten kann.

3. Auf sonstige Einzelheiten[130] kann in diesem Überblick nicht eingegangen werden. 13

1. ZP MRK

MRK

Artikel 2 Recht auf Bildung*

Niemandem darf das Recht auf Bildung verwehrt werden. Der Staat hat bei Ausübung der von ihm auf dem Gebiet der Erziehung und des Unterrichts übernommenen Aufgabe das Recht der Eltern zu achten, die Erziehung entsprechend ihren eigenen religiösen und weltanschaulichen Überzeugungen sicherzustellen.

Die Bundesrepublik Deutschland hat bei der Hinterlegung der Ratifikationsurkunde am 13.2.1957 in einer Erklärung darauf hingewiesen, daß sie der Auffassung ist, daß Art. 2 Satz 2 keine Verpflichtung des Staates begründet, Schulen religiösen oder weltanschaulichen Charakters zu finanzieren.[1]

* Neue deutschsprachige Übersetzung in der Fassung der Bek. vom 17.5.2002 (BGBl. II S. 1054).

IPBPR

Artikel 18 Abs. 4

(abgedruckt bei Art. 9 MRK) enthält eine gleichartige Garantie, die im Zusammenhang mit Art. 9 MRK erläutert ist.

1. Allgemein. Art. 2 Satz 1 legt in Übereinstimmung mit der inhaltlich sehr viel weitergehenden Allgemeinen Erklärung der Menschenrechte (Art. 26) fest, daß niemandem das Recht auf Bildung (vor allem auf Ausbildung vgl. „education", „éducation") verwehrt werden darf. Er garantiert damit ein Recht auf Bildung als subjektives Teilhaberecht[2] sowie die Pflicht des Staates, ein – in der Regel staatliches – Ausbildungswesen mit den dafür erforderlichen Einrichtungen zu schaffen und zu unterhalten, sowie dafür zu sorgen, daß jedem – entsprechend seinen Fähigkeiten – der Zugang zu den bestehenden Bildungseinrichtungen möglich ist. Ein Recht des Einzelnen darauf, daß der Staat bestimmte, insbesondere weiterführende Bildungseinrichtungen schafft, kann daraus nicht hergeleitet werden[3]. Aus Art. 2 ergibt sich nur die Verpflichtung des Staates, für ein angemessenes Ausbildungssystem zu sorgen, wozu auch die Begründung einer Schulpflicht gehören kann[4]. Über die Ausgestaltung des Bildungssystems enthält er aber, anders als Art. 26 der Allgemeinen Erklärung der Menschenrechte, keine Aussagen. Dem Staat wird damit ein weitgehender Ermessenspielraum zuerkannt[5]. Ihm steht es 1

---

128 Vgl. *Frowein/Peukert* 26 (für Bösgläubigkeit); 56; ähnlich BGHZ **27** 385.

129 Vgl. Rdn. 9.

130 Vgl. *Grabenwarter* § 25; *Meyer-Ladewig* 36 ff; *Peters* § 31 (S. 193 ff).

1 BGBl. II 1957 S.226.

2 EGMR 7.12.1976 Kjeldsen/Dän (EuGRZ **1976** 478).

3 EGMR 23.7.1968 belg. Sprachenfall (EuGRZ **1975** 298); dazu IntKommEMRK-*Wildhaber* 117 ff; vgl. *Frowein/Peukert* 2; *Grabenwarter* § 22 Rdn. 57 ff; *Meyer-Ladewig* Rdn. 4.

4 Vgl. *Frowein/Peukert* 2; *Grabenwarter* § 22 Rdn. 59; *Meyer-Ladewig* Rdn. 5.

5 IntKommEMRK-*Wildhaber* 33 ff.

weitgehend frei, wie er das Schulwesen im Interesse der Allgemeinheit organisieren will. Er ist nicht verpflichtet, dabei auch allen besonderen Vorstellungen einzelner Gruppen Rechnung zu tragen. Er ist durch Art. 2 Satz 2 nur insoweit gebunden, als er das Recht der Eltern achten muß, die Erziehung und den Unterricht ihrer Kinder entsprechend ihren eigenen religiösen und weltanschaulichen Überzeugen sicherzustellen[6]. Einer Verpflichtung, die durch eine entsprechend sachbezogene, weltanschaulich neutrale und jede Indoktrinierung vermeidende Unterrichtsgestaltung erfüllt werden kann[7], aber auch dadurch, daß er den Eltern die Möglichkeit eröffnet, ihre Kinder auf private Schulen ihrer Wahl zu schicken oder sie von Schulveranstaltungen fernzuhalten, die mit ihrer religiösen Überzeugung unvereinbar sind. Dies kann etwa auch dadurch geschehen, daß er ihnen die Möglichkeit der Befreiung vom Religionsunterricht oder vom Schulbesuch an religiösen Feiertagen eröffnet[8].

2 Die **Europäische Grundrechte-Charta** garantiert in Art. 14 ebenfalls das Recht auf Bildung und auf Zugang zur beruflichen Ausbildung und Weiterbildung (Art. 14 Abs. 1) einschließlich der unentgeltlichen Teilnahme am Pflichtschulunterricht (Art. 14 Abs. 2). Sie überläßt die Organisation des Unterrichtswesens („Gründung von Lehranstalten") der einzelstaatlichen Regelung, die jedoch die Achtung der demokratischen Grundsätze und auch das Recht der Eltern sicherstellen muß, die Erziehung ihrer Kinder nach ihren eigenen religiösen, weltanschaulichen und erzieherischen Überzeugungen sicher zu stellen (Art. 14 Abs. 3).

3 **2.** Art. 2 Satz 2 gewährleistet ebenso wie Art. 18 Abs. 4 IBPBR das **Recht der Eltern**, ihre Kinder gemäß ihren eignen religiösen und weltanschaulichen Überzeugungen zu erziehen, auch gegenüber dem Staat und dessen Unterrichtswesen, der bei dessen Ausgestaltung dieses Recht der Eltern achten muß. Diese Verpflichtung ist auch für die **Auslegung der anderen Konventionsverbürgungen**, vor allem der Art. 8 bis 11 MRK, von Bedeutung. Das in Art. 2 Satz 2 anerkannte elterliche Erziehungsrecht ist grundlegender Bestandteil des Familienlebens im Sinne des Art. 8 MRK. Die Verpflichtung zur Achtung der religiösen oder weltanschaulichen Überzeugungen der Eltern wirkt sich auch auf die Auslegung der anderen Konventionsverbürgungen aus, da sich daraus Grenzen für den Handlungsspielraum des Staates ergeben können. Dieser muß bei all seinen Maßnahmen das in Art. 2 des 1. ZP und Art. 18 Abs. 4 IPBPR anerkannte Erziehungsrecht der Eltern achten. Es ist auch bei der Auslegung des Art. 5 Abs. 1 Buchst. d MRK zu berücksichtigen. Soweit es für die Auslegung des Art. 9 MRK, Art. 18 IBPBR von Bedeutung ist, wird auf die dortigen Erläuterungen, insbes. Rdn. 3, 4b, 6 und 9b verwiesen.

4 **3.** Auf weitere **Einzelheiten** einzugehen, erfordert der Zweck dieser Kommentierung nicht. Vgl. dazu die Erläuterungen bei *Frowein/Peukert* Art. 2 1. ZP; *Grabenwarter* § 22 Rdn. 57 ff; IntKommEMRK-*Wildhaber* Art. 2 1. ZP; *Meyer-Ladewig* Art. 2 1. ZP; *Villiger* HdB 676 ff.

---

[6] Vgl. Art. 6 Abs. 2, Art. 7 Abs. 2 GG.

[7] EGMR 2. 7. 1996 Kjeldsen/Dän (EuGRZ **1976** 478: Sexualkundeunterricht); dazu IntKommEMRK-*Wildhaber* 157 ff; vgl. auch 25. 2. 1982 Campbell u. a./GB (EuGRZ **1982** 153: Ablehnung körperlicher Züchtigung); *Frowein/Peukert* 7, 8.

[8] *Grabenwarter* § 22 Rdn. 60. IntKommEMRK-*Wildhaber* 80 ff, *Villiger* HdB 676; vgl. auch Art. 9 MRK Rdn. 9b.

1. ZP MRK

MRK

Artikel 3 Recht auf freie Wahlen*

Die Hohen Vertragsparteien verpflichten sich, in angemessenen Zeitabständen freie und geheime Wahlen unter Bedingungen abzuhalten, welche die freie Äußerung der Meinung des Volkes bei der Wahl der gesetzgebenden Körperschaften gewährleisten.

* Neue deutschsprachige Übersetzung in der Fassung der Bek. vom 17.5.2002 (BGBl. II S. 1054).

IPBPR

Artikel 25

Jeder Staatsbürger hat das Recht und die Möglichkeit, ohne Unterschied nach den in Art. 2 genannten Merkmalen und ohne unangemessene Einschränkungen

a) an der Gestaltung der öffentlichen Angelegenheiten unmittelbar oder durch frei gewählte Vertreter teilzunehmen;

b) bei echten, wiederkehrenden, allgemeinen, gleichen und geheimen Wahlen, bei denen die freie Äußerung des Wählerwillens gewährleistet ist, zu wählen und gewählt zu werden;

c) unter allgemeinen Gesichtspunkten der Gleichheit zu öffentlichen Ämtern seines Landes Zugang zu haben.

1. **Allgemeines.** Wie die Präambel zeigt, geht die MRK davon aus, daß ihre Grundfreiheiten am besten durch eine wahrhaft demokratische politische Ordnung in den Mitgliedstaaten gewährleistet werden. Deshalb werden in Art. 3 des 1. ZP auch das aktive und passive Wahlrecht der Bürger und alle sonst für diese Ordnung konstituierenden Wahlrechtsgrundsätze dem Konventionsschutz unterstellt. Abweichend vom sonstigen Inhalt der Konventionen werden damit grundsätzlich auch politische Rechte der Bürger in den Konventionsschutz mit einbezogen. Den **Bürgern** der einzelnen Mitgliedstaaten wird damit – ebenso wie ausdrücklich in Art. 25 Buchst. b IPBPR – das **aktive und passive Wahlrecht** als subjektives Recht garantiert[1]. Zu dessen Verwirklichung werden die Vertragsstaaten verpflichtet, die Mitglieder der **gesetzgebenden Körperschaften** in allgemeinen, freien und geheimen Wahlen zu bestimmen; die periodisch in nicht allzu großen Abständen abzuhalten sind. Mittelbar wird damit auch die bereits aus der Demokratiegebot abzuleitende Verpflichtung der Konventionsstaaten bestätigt, aus freien Wahlen hervorgegangene gesetzgebende Körperschaften zu schaffen[2]. Die **politischen Parteien** bleiben in der MRK unerwähnt; ihre Bedeutung für das Funktionieren der demokratischen Ordnung wird jedoch anerkannt. Sie werden durch die Vereinigungsfreiheit nach Art. 11 MRK geschützt[3]. 1

2. Art. 3 des 1. ZP gewährt dieses Recht bei allen Wahlen zu den **gesetzgebenden Körperschaften,** das sind alle Körperschaften, die nach dem jeweiligen nationalen Recht Aufgaben der Gesetzgebung haben; bei einem föderalistischen Staatsaufbau sind dies also sowohl die Parlamente des Bundesstaates als auch die Parlamente der Gliedstaaten, Kantone oder autonome Regionen oder sonstiger Organe mit gesetzgeberischen Aufgaben[4]. Auch das **Europäische Parlament** wird als gesetzgebende Körperschaft im Sinne des Art. 3 angesehen[5], nicht jedoch örtliche Körperschaften, die, wie die Gemeinden, 2

[1] EGMR 2.3.1987 Mathieu-Mohin u.a./Belg (Series A 113); *Meyer-Ladewig* 1.

[2] *Frowein/Peukert* 2; *Grabenwarter* § 23 Rdn. 75; *Meyer-Ladewig* 3.

[3] *Grabenwarter* § 23 Rdn. 74; vgl. Art. 11 Rdn. 8 ff; ferner *Meyer-Ladewig* 7, wonach bei den Parteiverbotsverfahren der EGMR neben Art. 11 MRK den Art. 3 des 4. ZP nicht mehr gesondert prüft.

[4] EGMR 2.3.1987 Mathieu-Mohin u.a./Belg (Series A 113: „Conseil regional“, dazu IntKommEMRK-*Wildhaber* 65, 75 ff); *Frowein/Peukert* 3, 7; *Grabenwarter* § 23 Rdn. 76; *Meyer-Ladewig* 1.

[5] EGMR 18.2.1999 Matthews/GB (EuGRZ **1999** 200: Wahlrecht britischer Bürger in Gibraltar).

auch bei Erlaß von Vorschriften keine originäre sondern nur eine abgeleitete Staatsgewalt ausüben[6]. Daß daneben noch andere, nicht durch direkte oder indirekte Wahlen von den Bürgern legitimierten Organe bei der Gesetzgebung mitwirken, wie etwa das Hause of Lords, wurde als mit der MRK vereinbar angesehen, zumindest dann, wenn es insoweit kein Vetorecht hat[7]. Volksabstimmungen über Einzelfragen oder Wahlen anderer Staatsorgane (Staatspräsidenten, Vertreter des Exekutive oder Richter) fallen nicht unter die nur die Wahlen zu gesetzgebenden Körperschaften erfassende Garantie des Art. 3)[8]. Das durch Art. 25 Buchst. a IPBPR garantierte unmittelbare oder mittelbare Mitwirkungsrecht der Staatsbürger bei der Gestaltung der öffentlichen Angelegenheiten umfaßt dagegen alle Formen der Beteiligung an diesen, insbesondere auch die Wahlen zu den örtlichen Gebietskörperschaften.

3 3. Bei der **Ausgestaltung des Wahlrechts und des Wahlverfahrens** haben die Mitgliedstaaten einen weiten Beurteilungsspielraum, bei denen sie die Modalitäten der Wahlbeteiligung festlegen können. Sie können sich auch für so unterschiedliche Wahlsysteme, wie Mehrheits- oder Verhältnismäßigkeitswahlrecht mit allen dazwischen liegenden Varianten entscheiden[9]. Auch indirekte Wahlen sind zulässig[10]. Im Rahmen der jeweiligen Regelung sind Einschränkungen des Wahlrechts aus sachbezogenen (legitimen) Gründen, wie etwa Staatsangehörigkeit, Altersgrenzen für das aktive und passive Wahlrecht, oder Wohnsitz, ferner aber auch zur Sicherung anderer Belange des öffentlichen Wohles zulässig[11]. Das öffentliche Interesse kann unter besonderen Umständen auch einen zeitweiligen **Entzug des Wahlrechts** bei bestimmten Personen rechtfertigen[12]. Alle Einschränkungen dürfen nicht unverhältnismäßig sein und die Wahlrechtsgarantien in ihrer Substanz nicht antasten[13]; sie müssen ferner die Rechtsgleichheit wahren. Dazu gehört auch, daß bei der Ausgestaltung des Wahlrechts jede nach Art. 14 MRK, Art. 25, 26 IPBPR unzulässige Diskriminierung unterbleibt[14]. Dies schließt Sonderregelungen zum Schutze nationaler Minderheiten nicht aus[15]. Unerläßlich ist nur, daß die Gesamtwürdigung des Wahlsystems ergibt, daß die Wahlen allgemein, frei und geheim sind und in regelmäßigen Zeitabständen abgehalten werden[16].

4 Auf weitere Einzelheiten kann im Rahmen des Zweckes dieser Kommentierung nicht eingegangen werden.

Art. 4, 5 und 6 des 1. ZP

Der Wortlaut von Art. 4. „Räumlicher Geltungsbereich“, Art. 5 „Verhältnis zur Konvention“ und Art. 6 „Unterzeichnung und Ratifikation“ ist bei den Vertragstexten wiedergeben. Von einem nochmaligen Abdruck wird abgesehen. Art. 5 des 1. ZP bestimmt ausdrücklich, daß der Inhalt des Zusatzprotokolls wie ein Teil der MRK zu behandeln ist.

---

[6] *Frowein/Peukert* 3; *Grabenwarter* § 23 Rdn. 76; IntKommEMRK-*Wildhaber* 63; *Meyer-Ladewig* 3.
[7] *Frowein/Peukert* 2.
[8] IntkommEMRK-*Wildhaber* 58, 59.
[9] *Frowein/Peukert* 6; IntkommEMRK-*Wildhaber* 38–56.
[10] IntkommEMRK-*Wildhaber* 45.
[11] Vgl. IntkommEMRK-*Wildhaber* 25 ff; *Grabenwarter* § 23 Rdn. 83, 84.
[12] Vgl. EGMR 6.4.2000 Labita/I (ECHR 2000-IV Mafia-Zugehörigkeit); *Grabenwarter* § 23 Rdn. 84; *Meyer-Ladewig* 4.
[13] *Villiger* HdB 681.
[14] IntkommEMRK-*Wildhaber* 34 ff.
[15] IntkommEMRK-*Wildhaber* 50 ff.
[16] *Frowein/Peukert* 4, 5; *Meyer-Ladewig* 4.

Protokoll Nr. 4
zur Konvention zum Schutze der Menschenrechte und Grundfreiheiten, durch das gewisse Rechte und Freiheiten gwährleistet werden, die nicht bereits in der Konvention oder im ersten Zusatzprotokoll enthalten sind.
vom 16. 9. 1963[1]

MRK

Artikel 1 Verbot der Freiheitsentziehung wegen Schulden*

Niemandem darf die Freiheit allein deswegen entzogen werden, weil er nicht in der Lage ist, eine vertragliche Verpflichtung zu erfüllen.

Der praktisch bedeutungslose Art. 1 des 4. ZP ist – ebenso wie der inhaltsgleiche Art. 11 IPBPR – bereits bei Art. 5 MRK (Art. 9 IPBPR) behandelt. Auf die dortigen Erläuterungen darf verwiesen werden.

IPBPR

Artikel 11

Niemand darf nur deswegen in Haft genommen und gehalten werden, weil er nicht in der Lage ist, eine vertragliche Verpflichtung zu erfüllen.

Artikel 2 Freizügigkeit*

(1) Jede Person, die sich rechtmäßig im Hoheitsgebiet eines Staates aufhält, hat das Recht, sich dort frei zu bewegen und ihren Wohnsitz frei zu wählen.

(2) Jeder Person steht es frei, jedes Land, einschließlich des eigenen, zu verlassen.

(3) Die Ausübung dieses Rechts darf nur Einschränkungen unterworfen werden, die gesetzlich vorgesehen und in einer demokratischen Gesellschaft notwendig sind für die nationale oder öffentliche Sicherheit, zur Aufrechterhaltung der öffentlichen Ordnung, zur Verhütung von Straftaten, zum Schutze der Gesundheit oder der Moral oder zum Schutze der Rechte und Freiheiten anderer.

(4) Die in Absatz 1 anerkannten Rechte können ferner für bestimmte Gebiete Einschränkungen unterworfen werden, die gesetzlich vorgesehen und in einer demokratischen Gesellschaft durch das öffentliche Interesse gerechtfertigt sind.

Artikel 12

(1) Jedermann, der sich rechtmäßig im Hoheitsgebiet eines Staates aufhält, hat das Recht, sich dort frei zu bewegen und seinen Wohnsitz frei zu wählen.

(2) Jedermann steht es frei, jedes Land, einschließlich seines eigenen, zu verlassen.

(3) Die oben erwähnten Rechte dürfen nur eingeschränkt werden, wenn dies gesetzlich vorgesehen und zum Schutze der nationalen Sicherheit, der öffentlichen Ordnung (ordre oublic), der Volksgesundheit, der öffentlichen Sittlichkeit oder der Rechte und Freiheiten anderer notwendig ist und die Einschränkungen mit den übrigen in diesem Pakt anerkannten Rechten vereinbar sind.

(4) Niemand darf willkürlich das Recht entzogen werden, in sein eigenes Land einzureisen.

* Neue deutschsprachige Übersetzung in der Fassung der Bek. vom 17. 5. 2002 (BGBl. II S. 1054).

1. Schutzgegenstand des Absatzes 1 ist bei Art. 2 Abs. 1 des 4. ZP und bei Art. 12 Abs. 1 IPBPR die Freizügigkeit, die jedermann gewährt wird, der sich rechtmäßig im staatlichen Hoheitsgebiet aufhält, also nicht nur den eigenen Staatsangehörigen wie in Art. 11 GG oder innerhalb der Europäischen Union den Unionsbürgern (Art. 18 **1**

[1] BGBl. II 1968 S. 422; für die Bundesrepublik in Kraft getreten am 1. 6. 1968 (BGBl. II S. 1109).

EGV)[2]. Auch das Recht, den Wohnsitz frei zu wählen, gehört zu der garantierten Freizügigkeit. Das Recht, das eigene Land zu verlassen, das beide Artikel in Absatz 2 garantieren, schließt aus, daß die Freizügigkeit für die eigenen Staatsbürger auf die Grenzen des eigenen Hoheitsgebiets beschränkt werden kann. In diesem Recht sah der EGMR einen festen Bestandteil des internationalen Menschenrechtsschutzes[3]. Das Recht, in ein anderes Land einzureisen und sich dort aufhalten zu dürfen, kann aus Art. 2 nicht hergeleitet werden[4].

2 2. **Ein rechtmäßiger Aufenthalt** im jeweiligen Land ist die **Voraussetzung der Freizügigkeit**. Rechtmäßig ist der Aufenthalt der Staatsbürger in ihrem eigenen Land, aber grundsätzlich auch der Unionsbürger in einem anderen Land der Europäischen Union. Andere Ausländer halten sich nur dann rechtmäßig im Staatsgebiet auf, wenn und solange sie nach dem jeweiligen nationalen Recht die Befugnis dazu haben. Rechtmäßig ist ein Aufenthalt nur, wenn auch die Bedingungen oder Beschränkungen eingehalten werden, an die seine Bewilligung geknüpft ist. Wird einem Ausländer die Befugnis zum Aufenthalt nur für ein bestimmtes Gebiet erteilt, hält er sich nur dort rechtmäßig auf, für die anderen Teile des Staatsgebietes hat er das Recht auf Freizügigkeit und freie Wohnsitzwahl nicht[5]. Eine Ausweisungsverfügung beendet den rechtmäßigen Aufenthalt[6]. Zu den Gründen, aus denen die Staaten die Freizügigkeit auch bei rechtmäßigem Aufenthalt personenbezogen oder territorial einschränken können, vgl. Rdn. 4, 5.

3 3. Das **Recht, jedes Land einschließlich des eigenen zu verlassen**, wird in Art. 2 Abs. 2 des 4. ZP und in Art. 12 Abs. 2 IPBPR jedermann garantiert. Die Ausreisefreiheit ist insbesondere für die eigenen Staatsbürger von Bedeutung, die nicht ohne einen dies rechtfertigenden Grund[7] am Verlassen ihres eigenen Landes gehindert werden dürfen. Die dafür notwendigen Dokumente dürfen ihnen nicht verweigert werden[8]. Wird ein Ausländer rechtmäßig in sein Heimatland abgeschoben, verletzt dies sein Recht auf Ausreisefreiheit in ein Land seiner Wahl nicht[9]. Ein Recht, auch das eigene Vermögen ins Ausland zu verlagern, kann aus Absatz 2 nicht hergeleitet werden[10]. Zu den Einschränkungen, denen auch dieses Recht unterliegt, vgl. die nachf. Rdn.

4 4. **Einschränkungen der Freizügigkeit und Ausreisefreiheit** lassen Art. 2 Abs. 3 des 4. ZP und Art. 12 Abs. 3 IPBPR nur zu, wenn diese gesetzlich vorgesehen sind und einem der dort aufgezählten Zwecke dienen und wenn der Grundsatz der Verhältnismäßigkeit gewahrt ist[11]. Die Aufzählung der einzelnen Zwecke, die einen Eingriff in die Freizügigkeit und Ausreisefreiheit rechtfertigen können, sind denen in Art. 8 Abs. 2 MRK nachgebildet, so daß auf die dortigen Ausführungen verwiesen werden kann[12].

---

[2] Auch Art. 45 Abs. 1 Grundrechte-Charta garantiert die Freizügigkeit im Hoheitsgebiet der Mitgliedstaaten nur den Unionsbürgern. Den Staatsangehörigen dritter Staaten, die sich rechtmäßig im Hoheitsgebiet eines Mitgliedstaates aufhalten, kann sie von den Organen der Gemeinschaft nach Art. 62 Abs. 1 und 3, Art. 63 Abs. 4 EGV ebenfalls gewährt werden (Art. 45 Abs. 2 Grundrechte-Charta).

[3] Vgl. EGMR 22. 3. 2001 Streletz, Kessler; Krenz/D (NJW **2001** 3035); *Grabenwarter* § 21 Rdn. 21. Ferner UN-AMR 31. 7. 2003 Baumgarten/D (EuGRZ **2004** 143).

[4] *Frowein/Peukert* 2; *Meyer-Ladewig* 3.

[5] EKMR EuGRZ **1987** 336; *Frowein/Peukert* 2; *Meyer-Ladewig* 3.

[6] EGMR 27. 4. 1995 Piermont/F (Series A 314).

[7] Vgl. Rdn. 4.

[8] EGMR 22. 5. 2001 Baumann/F (ECHR 2001-V); *Grabenwarter* § 21 Rdn. 22. Vgl. auch Rdn. 4.

[9] EKMR nach *Grabenwarter* § 21 Rdn. 24.

[10] *Grabenwarter* § 21 Rdn. 21 unter Hinweis auf EKMR; *Meyer-Ladewig* 6.

[11] *Frowein/Peukert* 6.

[12] Zu Art. 12 Abs. 3 IPBPR vgl. auch die Erläuterungen der zulässigen Eingriffszwecke bei *Nowak* Rdn. 34 bis 44.

Ebenso wie dort verlangt auch Art. 2 Abs. 3 des 4. ZP zusätzlich, daß die Einschränkungen in einer demokratischen Gesellschaft notwendig sind, während diese Einschränkung in Art. 12 Abs. 3 IPBPR fehlt. Personen, denen die Freiheit entzogen ist, weil sie sich in **rechtmäßiger Haft** befinden (Art. 5 Abs. 1 MRK, Art. 9 Abs. 1 IPBPR) können sich nicht auf ihr Recht auf Freizügigkeit und Ausreisefreiheit berufen[13]. Auch Einschränkungen der Bewegungsfreiheit, die der **Sicherung der Strafverfolgung** dienen, wie etwa die Anordnung einer Wohnsitzbeschränkung oder von Hausarrest[14] oder Aufenthalts- und Ausreisebeschränkungen zur Vermeidung von Untersuchungshaft[15] sind damit zu vereinbaren. Gleiches gilt für die Anordnung, nach der ein Gemeinschuldner während des Insolvenzverfahrens seinen Wohnort nicht verlassen darf[16], oder für die Weigerung, einem Ausländer vor der Verbüßung seiner Strafe die Ausreise zu gestatten[17]. Auch die Hinterlegung eines Passes zur Sicherung des Freigangs bei einem Inhaftierten oder die Weigerung der Behörde, einem im Ausland lebenden Staatsangehörigen einen Reisepaß auszustellen, weil er seine Wehrpflicht nicht erfüllt hatte, wurden als gerechtfertigt angesehen[18], nicht aber die Verweigerung der Herausgabe eines sichergestellten Passes bei einer am Strafverfahren nicht beteiligten Person[19]. Das Verbot, seine Kinder in ein anderes Land zu verbringen, wurde als zulässig erachtet, weil es die Durchführung des Verfahrens über das Sorgerecht sichern sollte[20].

Für **bestimmte Gebiete** können die Staaten die Freizügigkeit nach Art. 2 Abs. 1 des **5**
4. ZP, nicht aber das Recht auf Verlassen des Landes nach Absatz 2, einschränken, sofern dies gesetzlich vorgesehen und in einer demokratischen Gesellschaft durch das öffentliche Interesse gerechtfertigt ist. Gemeint sind damit etwa militärische Sperrgebiete, aber auch Naturschutzgebiete oder Verbote zum Schutze gefährdeter Einrichtungen oder Sperren und sonstige Quarantänemaßnahmen im Interesse des Seuchenschutzes, aber auch ein behördlicher Platzverweis[21]. Art. 12 IPBPR enthält diese Sonderregelung für territoriale Einschränkungen nicht. Sein Absatz 3, der gesetzlich vorgesehene Einschränkungen u. a. zum Schutze der nationalen Sicherheit, der öffentlichen Ordnung, oder der Volksgesundheit erlaubt, ist aber weit genug, um auch solche territoriale Beschränkungen zu rechtfertigen.

5. Zum **Recht auf Einreise in das eigenes Land** (Art. 12 Abs. 4 IPBPR) vgl. bei Art. 3 **6**
des 4. ZP.

---

[13] Vgl. EKMR 6. 11. 1980 Guzzardi/I (NJW **1984** 544 Internierung auf Insel als Haft); *Frowein/Peukert* 3, 5 (Art. 5 MRK Spezialregelung); *Grabenwarter* § 22 Rdn. 22.

[14] EGMR 22. 2. 1994 Raimondo/I (ÖJZ **1994** 562: Unzulässig aber verspätete Mitteilung der Aufhebung); 6. 4. 2000 Labita/I (ECHR 2000-IV: unzulässig nach Freispruch); *Grabenwarter* § 22 Rdn. 22. *Meyer-Ladewig* 7.

[15] EKMR nach *Frowein/Peukert* 6.

[16] EKMR nach *Frowein/Peukert* 6; *Grabenwarter* § 21 Rdn. 23.

[17] *Grabenwarter* § 21 Rdn. 24.

[18] EKRM nach *Frowein/Peukert* 6, *Grabenwarter* § 21 Rdn. 24.

[19] EGMR 22. 5. 2001 Baumann/F (ECHR 2001-V); *Meyer-Ladewig* 7.

[20] EGMR 26. 10. 2000 Roldan Texeira u. a./I; *Meyer-Ladewig* 6.

[21] *Gabenwarter* § 21 Rdn. 22.

4. ZP MRK

Artikel 3 Verbot der Ausweisung eigener Staatsangehöriger*

(1) Niemand darf durch eine Einzel- oder Kollektivmaßnahme aus dem Hoheitsgebiet des Staates ausgewiesen werden, dessen Angehöriger er ist.

(2) Niemandem darf das Recht entzogen werden, in das Hoheitsgebiet des Staates einzureisen, dessen Angehöriger er ist.

IPBPR

Artikel 12 Abs. 4

(4) Niemandem darf willkürlich das Recht entzogen werden, in sein eigenes Land einzureisen.

* Neue deutschsprachige Übersetzung in der Fassung der Bek. vom 17. 5. 2002 (BGBl. II S. 1054).

1 **1. Allgemein.** Nach dem Vorbild von Art. 9 und 13 Abs. 2 der Allgemeinen Erklärung der Menschenrechte schützt Art. 3 das Recht jedes Staatsbürgers auf Aufenthalt in seinem Heimatstaat. Er verbietet die Ausweisung aus dem eigenen Land und garantiert das Recht, in den Heimatstaat einreisen zu können. Dieses Recht ist im Normalfall selbstverständlich, es kann aber in Ausnahmefällen große Bedeutung erlangen, wenn einer Personengruppen außerhalb des Mutterlandes das Recht eingeräumt wurde, für dessen Staatsangehörigkeit zu optieren[1] oder wenn den Angehörigen ehemaliger Herrscherhäuser das Recht auf Einreise in das eigenen Land verwehrt wurde[2]. Der IPBPR enthält kein Verbot der Ausweisung eigener Staatsbürger, es kann dort allenfalls mittelbar aus dem Recht auf Einreise des Art. 12 Abs. 4 hergeleitet werden[3]. Die **Auslieferung** eines eigenen Staatsangehörigen an ein anderes Land wird weder von Art. 3 noch durch eine andere Konventionsgarantie verboten[4]. Art. 3 bietet insoweit weniger Schutz als Art. 16 Abs. 2 GG, der die Ausweisung eigener Staatsangehöriger grundsätzlich verbietet und nur die Auslieferung an Mitgliedstaten der Europäischen Union oder an ein internationales Gericht zuläßt.

2 **2. Geschützt** werden von Art. 3 nur die **eigenen Staatsangehörigen,** wobei der Beschwerdeführer die eigene Staatsangehörigkeit nachweisen muß[5]. Einen Rechtsschutz gegen die Entziehung der Staatsangehörigkeit ähnlich dem Verbot des Art. 16 Abs. 2 GG sieht das 4. ZP nicht vor. In der willkürlichen Aberkennung der Staatsangehörigkeit allein zu dem Zweck, damit die Ausweisung zu ermöglichen, dürfte aber eine unzulässige Umgehung des Art. 3 liegen, die seinen Schutz nicht entfallen läßt[6].

3 Eine **unzulässige Ausweisung** liegt vor, wenn der Betreffende gezwungen wird, den Heimatstaat ohne Recht auf Rückkehr zu verlassen. **Kollektivausweisungen** sind Ausweisungen, in denen ohne Prüfung des Einzelfalls bestimmte nach generellen Merkmalen wie Rasse oder Religion erfaßte Personengruppen ausgewiesen werden. Art. 3

[1] Vgl. die Beispiele bei *Frowein/Peukert* und *Grabenwarter* § 21 Rdn. 28 (Personen, die bei Gewährung der Unabhängigkeit afrikanischer Staaten die britische Staatsangehörigkeit erwarben, ohne dadurch automatisch das Recht auf Einreise nach Großbritannien zu erhalten, das das 4. ZP nicht ratifiziert hat).

[2] Vgl. den Hinweis auf den entspr. Vorbehalt Österreichs in der Anm. von *Frowein/Peukert* und *Nowak* 47.

[3] *Nowak* 45 unter Hinweis auf die Entstehungsgeschichte.

[4] *Grabenwarter* § 21 Rdn. 26.

[5] Vgl. EKMR EuGRZ **1974** 113; **1976** 244 (Brückmann); *Grabenwarter* § 21 Rdn. 26.

[6] *Grabenwarter* § 21 Rdn. 26; so wohl auch *Villiger* HdB 685, der es aber für schwierig hält, die Umgehung aufzuzeigen.

verbietet nur die Kollektivausweisung eigener Staatsangehöriger, ein gleichartiges Verbot der Kollektivausweisung von Ausländer bringt jedoch Art. 4 des 4. ZP, sodaß im Ergebnis insgesamt jede Kollektivausweisung verboten sein dürfte. **Einschränkungsmöglichkeiten** im Interesse anderer Staatsaufgaben ähnlich den Schrankenregelungen in den Art. 8 bis 11 MRK bestehen beim Verbot der Ausweisung eigener Staatsangehöriger in Art. 3 Abs. 1 nicht[7]. Sein Verbot der Ausweisung eigener Staatsangehöriger gilt uneingeschränkt. Art. 12 IPBPR enthält kein Ausweisungsverbot für eigene Staatsbürger[8], es kann allenfalls begrenzt aus dem Verbot hergeleitet werden, willkürlich die Einreise in das eigene Land zu beschränken.

3. Die **Einreise in das Gebiet des eigenen Staates** darf den eigenen Staatsangehörigen **4**
nach Art. 3 Abs. 2 des 4. ZP ebenfalls nicht verwehrt werden. Jeder Staatsbürger muß deshalb die Möglichkeit haben, wieder in das Gebiet seines Heimatstaates einzureisen, gleich, ob er damit einen zeitlich begrenzten Aufenthalt bezweckt oder eine endgültige Rückkehr. Die Ausübung dieses Rechts kann aber modifiziert werden, so ist ein zeitlich begrenzter Ausschluß des Einreiserechts möglich, etwa bei Personen, die wegen einer ansteckenden Erkrankung im Ausland in Quarantäne sind oder bei einem straffällig gewordenen Staatsangehörigen, der nach der Auslieferung sich der Strafverfolgung durch die Flucht entzogen hat[9]. Ob dies auch für die vorzeitige Rückkehr von Personen gilt, die für eine bestimmte Zeit zu Dienstleistungen im Ausland verpflichtet sind[10], erscheint fraglich, denn die Sanktionierung von Dienstpflichten liegt auf einer anderen Ebene als das grundsätzlich jedem Bürger uneingeschränkt garantierte Recht auf Einreise. Art. 12 Abs. 4 IPBPR garantiert das Recht auf Einreise nur begrenzt. Das Recht auf Einreise darf nicht willkürlich entzogen werden, Einschränkungen aus sachlich gerechtfertigten Gründen sind also zulässig[11]. Für die Einreise von Ausländern oder Staatenlosen gilt Art. 3 Absatz 2 des 4. ZP nicht, da es das Einreiserecht ausdrücklich nur den eigenen Staatsangehörigen zuerkennt. Der Wortlaut von Art. 12 Abs. 4 IPBPR spricht dagegen von der Einreise in sein eigenes Land, so daß hier die Frage aufgeworfen wurde, ob nicht auch Ausländer und Staatenlose sich darauf berufen können, wenn sie in dem Aufnahmeland so fest verwurzelt sind, daß sie dieses und nicht mehr ihr Herkunftsland als Heimat betrachten, was insbesondere bei staatenlosen Immigranten, die jede Verbindung zu ihrem Herkunftsland abgebrochen haben, der Fall sein kann[12]. Im übrigen garantieren beide Konventionen Ausländern und Staatenlosen kein uneingeschränktes Aufenthaltsrecht[13].

---

[7] *Grabenwarter* § 21 Rdn. 28.

[8] Zur Entstehungsgeschichte und die Gründe, aus denen dieses Verbot nicht in die Konvention aufgenommen wurde, vgl. *Nowak* 45.

[9] *Grabenwarter* § 21 Rdn. 28.

[10] So *Grabenwarter* § 21 Rdn. 28 mit weit. Nachw.

[11] Zur Entstehungsgeschichte *Nowak* 45 ff, der daraus eine Beschränkung auf die Fälle herleitet, in denen die Verbannung ins Ausland eine gesetzlich vorgesehene Strafe ist.

[12] Dazu *Nowak* 48 ff.

[13] *Villiger* HdB 685; *Nowak* 45.

4. ZP MRK

MRK

Artikel 4 Verbot der Kollektivausweisung*

Kollektivausweisungen ausländischer Personen sind nicht zulässig.

IPBPR

Artikel 13

Ein Ausländer, der sich rechtmäßig im Hoheitsgebiet eines Vertragsstaates aufhält, kann aus diesem nur aufgrund einer rechtmäßig ergangenen Entscheidung ausgewiesen werden, und es ist ihm, sofern nicht zwingende Gründe der nationalen Sicherheit entgegenstehen, Gelegenheit zu geben, die gegen seine Ausweisung sprechenden Gründe vorzubringen und diese Entscheidung durch die zuständige Behörde oder durch eine oder mehrere von dieser Behörde besonders bestimmte Personen nachprüfen und sich dabei vertreten zu lassen.

* Neue deutschsprachige Übersetzung in der Fassung der Bek. vom 17. 5. 2002 (BGBl. II S. 1054).

1 Art. 4 ergänzt das Verbot der Kollektivausweisung eigener Staatsbürger in Art. 3 Abs. 1 durch ein gleichlautendes **Verbot für Ausländer**. Entsprechend dem Verbotszweck, zu verhüten, daß bestimmte Menschengruppen ohne individuelle Prüfung des Einzelfalls pauschal ausgewiesen werden können, werden auch Staatenlose durch dieses Verbot geschützt. Eine Ausweisung darf daher nicht nach generellen Kriterein allein wegen der Zugehörigkeit einer diese Kriterien erfüllenden Menschengruppe angeordnet werden, sondern nur auf Grund einer objektiven individuellen Prüfung jedes Einzelfalls, die es dem einzelnen ermöglicht, seine eigenen Gründe gegen seine Ausweisung geltend zu machen[1]. Insoweit gewährleistet Art. 4 auch ein der Individualsbeschwerde (vgl. Art. 13 MRK) zugängliches **Einzelrecht**[2]. Ein solches Recht gewährleistet auch **Art. 13 IPBPR**. Er macht bei Ausländern und Staatenlosen (der maßgebende Vertragstext – „An Alien", „Un étranger" – erfaßt beide), die sich rechtmäßig im Inland aufhalten, in Anlehnung an Art. 32 der Genfer Flüchtlingskonvention die Ausweisung ausdrücklich von einer rechtmäßig ergangenen, **individuellen Entscheidung** abhängig. Gegen diese kann der Betroffene, sofern nicht zwingende Gründe der nationalen Sicherheit entgegenstehen, Einwände erheben, die in einem **geregelten Verfahren** nachgeprüft werden müssen, in dem sich der Betroffene auch vertreten lassen kann. Auf Grund dieser Regelung wird auch beim IPBPR eine Kollektivausweisung für unzulässig gehalten[2a].

2 Art. 4 kann auch trotz individueller Verfahren verletzt sein, wenn **gleichzeitig** die **Angehörigen einer bestimmten Personengruppe** (Roma) ausgewiesen werden und die Behörden dabei auf Grund von Anweisungen an die Verwaltung ohne nähere Prüfung des Einzelfalls gleichartig vorgehen[3]. Eine indirekte Massenausweisung kann vorliegen, wenn durch die Verweigerung der Arbeitserlaubnis gezielt ein Zwang zur Ausreise erzeugt wird[4].

Artikel 5 bis 7 des 4. ZP

Der Wortlaut von Art. 5 „Räumlicher Geltungsbereich", Art. 6 „Verhältnis zur Konvention" und Art. 7 „Unterzeichnung und Ratifikation" ist vorne bei den Vertragstexten wiedergegeben. Von einem nochmaligen Abdruck der Texte, die zeigen, daß auch der Inhalt des 4. Zusatzprotokolls wie ein Teil der MRK zu behandeln ist (vgl. Art. 6), wird abgesehen.

[1] *Villiger* HdB 686.

[2] *Grabenwarter* § 21 Rdn. 29.

[2a] *Nowak* 12 unter Hinweis auf die Allgemeine Bemerkung des UN AMR vom 22. 7. 1986 Nr. 15/27.

[3] EGMR 5. 2. 2002 Conka/Belg (abgelehnte Asylbewerber) nach *Meyer-Ladewig* 2; *Grabenwarter* § 21 Rdn. 29.

[4] *Frowein/Peukert* Anm.

Protokoll Nr. 6 zur Konvention zum Schutze der Menschenrechte und Grundfreiheiten über die Abschaffung der Todesstrafe vom 18. 4. 1983[1]

Dem Protokoll Nr. 6, das die Todesstrafe abschafft und nur für Kriegszeiten den Staaten die Möglichkeit eines Vorbehalts eröffnet, ist die Bundesrepublik beigetreten. Es wird durch das von der Bundesrepublik ebenfalls ratifizierte[2], aber noch nicht in Kraft befindliche Prot. Nr. 13 ergänzt, das die Todesstrafe ausnahmslos und auch für die Fälle des Notstands abschafft. Der Inhalt beider Protokolle ist bei Art. 2 MRK wiedergegeben. Gleiches gilt für das **2. Fakultativprotokoll zum IPBPR**, über die Abschaffung der Todesstrafe vom 15.12.1989, dem die Bundesrepublik ebenfalls beigetreten ist (Gesetz vom 2. 6. 1992 – BGBl. II S. 390). Vgl. die Erläuterungen zu Art. 2 MRK.

Protokoll Nr. 7 zur Konvention zum Schutze der Menschenrechte und Grundfreiheiten vom 22. 11. 1984

Das Protokoll wurde von der Bundesrepublik bisher nicht ratifiziert[3].

Soweit dieses Protokoll inhaltlich bereits im IPBPR enthaltene Verbürgungen übernimmt, gelten diese in der Bundesrepublik nur in der Fassung des IPBPR und den von der Bundesrepublik dazu erklärten Vorbehalten.

Im einzelnen:

Art. 1 Abs. 1 des 7. ZP übernimmt die in **Art. 13 IPBPR** enthaltene Regelung, wonach ein sich rechtmäßig im Staatsgebiet aufhaltende Ausländer nur auf Grund einer rechtmäßigen Entscheidung ausgewiesen werden darf, die unter Wahrung der dort näher festgelegten Rechtsgarantien ergangen ist[4]. **Art. 1 Abs. 2 des 7. ZP,** der in bestimmten Fällen ein Absehen von diesen Verfahrensgarantien erlaubt, findet im Wortlaut des Art. 13 IPBPR keine Entsprechung.

Art. 2 des 7. ZP räumt in **Absatz 1** ebenso wie **Art. 14 Abs. 5 IPBPR** jedem wegen einer Straftat Verurteilten das Recht ein, das Urteil von einem übergeordneten Gericht nachprüfen zu lassen.

Absatz 2 läßt Ausnahmen bei geringfügigen Straftaten, bei Verurteilung durch ein oberstes Gericht oder bei einer Verurteilung auf Grund eines Rechtsmittels nach einem Freispruch zu. Im Wortlaut des Art. 14 Abs. 5 IPBPR fehlt diese Ausnahmeregelung.

Vgl. dazu die Erläuterungen zu Art. 14 Abs. 5 IPBPR bei Art. 6 MRK Rdn. 261 ff.

Art. 3 des 7. ZP verpflichtet ebenso wie **Art. 14 Abs. 6 IPBPR** die Staaten zur Entschädigung, wenn ein rechtskräftiges Strafurteil aufgehoben wurde, weil es sich nachträglich als Fehlurteil erweist.

---

[1] BGBl. II 1988 S. 663; in der Bundesrepublik in Kraft seit 1. 8. 1989 (Bek. vom 27. 9. 1989 – BGBl. II S. 814).

[2] Vgl. unten Fußn. 4.

[3] Vgl. Einf. Rdn. 22.

[4] Vgl. bei Art. 4 des 4. ZP MRK.

Wegen der Einzelheiten vgl. dazu die Erläuterungen zu Art. 14 Abs. 6 IPBPR bei Art. 6 MRK Rdn. 268 ff.

Art. 4 des 7. ZP legt ebenso wie **Art. 14 Abs. 7 IPBPR** das Verbot der doppelten Strafverfolgung wegen derselben Tat fest.

Vgl. dazu die Erläuterungen zu Art. 14 Abs. 7 IPBPR bei Art. 6 MRK Rdn. 274 ff.

Art. 5 des 7. ZP bestimmt – ebenso wie **Art. 23 Abs. 4 IPBPR** – daß Ehegatten untereinander und in ihren Beziehungen zu ihren Kindern die gleichen Rechte und Pflichten privatrechtlicher Art hinsichtlich der Eheschließung, während der Ehe und nach Auflösung der Ehe haben.

Vgl. dazu Art. 12 MRK Rdn. 1, 6 ff, Art. 14 MRK Rdn. 2, 4, 11.

Das Protokoll Nr. 12
vom 26. 6. 2000

das ein generelles Gleichbehandlungsgebot enthält, ist noch nicht in Kraft

Vgl. dazu bei Art. 14 MRK Rdn.18 ff.

Das Protokoll Nr. 13
über die vollständige Abschaffung der Todesstrafe
vom 3. 5. 2002

ist von der Bundesrepublik Deutschland ratifiziert, es ist aber noch nicht in Kraft[4].

Vgl. dazu oben bei Protokoll Nr. 6 und bei Art. 2 MRK Rdn. 1a, 2, 15.

[4] G. vom 5. 7. 2004 (BGBl. II S. 982); nach dessen Art. 2 Abs. 2 wird der Tag, an dem das Protokoll für die Bundesreuplik Deutschland in Kraft tritt, im BGBl. bekannt gemacht.

Anhang

Verfahren des internationalen Menschenrechtsschutzes

Schrifttum (Auswahl): *Breuer* Zur Anordnung konkreter Abhilfemaßnahmen durch den EGMR, EuGRZ **2004** 257; *Breuer* Urteilsfolgen bei strukturellen Problemen – das erste „Piloturteil" des EGMR – Anmerkungen zum Fall Broniowski gegen Polen, EuGRZ **2004** 445; *Britz* Die Individualbeschwerde nach Art. 14 des Internationalen Übereinkommens zur Beseitigung jeder Form von Rassendiskriminierung – Zur Einführung des Individualbeschwerdeverfahrens in Deutschland, EuGRZ **2002** 381; *Dannemann* Schadensersatz bei Verletzungen der Europäischen Menschenrechtskonvention. Eine rechtsvergleichende Untersuchung zur Haftung nach Art. 50 EMRK (1993); *Dannemann* Haftung für die Verletzung von Verfahrensvorschriften nach Art. 41 EMRK, RabelsZ **1999** 452; *Drzemczewski/Meyer-Ladewig* Grundzüge des neuen EMRK-Kontrollmechanismus nach dem am 11. Mai 1994 unterzeichneten Reform-Protokoll (Nr. 11), EuGRZ **1994** 317; *Frowein* Der freundschaftliche Ausgleich im Individualbeschwerdeverfahren nach der Menschenrechtskonvention und das deutsche Recht, JZ **1969** 213; *Ghandi* Some aspects of the Exhaustion of Domestic Remedies Rule under the Jurisprudence of the Human Rights Committee, Jahrbuch für internationales Recht **44** (2001) 485; *Hernd* Recent Devellopments concerning fact-finding in the field of Human Rights, FS Ermacora (1988) 1; *Kilian* Die Bindungswirkungen der Entscheidungen des Europäischen Gerichtshofs für Menschenrechte auf die nationalen Gerichte der Mitgliedstaaten der Konvention zum Schutze der Menschenrechte und Grundfreiheiten vom 4. November 1950 (1994); *Kleine-Cossack* Verfassungsbeschwerden und Menschenrechtsbeschwerden (2002); *Krüger* Vorläufige Maßnahmen nach Art. 36 der Verfahrensordnung der Europäischen Kommission für Menschenrechte (insbesondere in Ausweisungs- und Auslieferungsfällen), EuGRZ **1996** 346; *Lauff* Der Schutz bürgerlicher und politisicher Rechte durch die Vereinten Nationen, NJW **1981** 2611; *Leeb* Die innerstaatliche Umsetzung der Feststellungsurteile des Europäischen Gerichtshofs für Menschenrechte im entschiedenen Fall (2001); *Leuprecht* Der Schutz der Menschenrechte durch politische Organe – Das Beispiel des Ministerkomitees des Europarats, FS Ermacora (1988) 195; *Masuch* Zur fallübergreifenden Bindungswirkung von Urteilen des EGMR, NVwZ **2000** 1266; *Matscher* Das Verfahren vor den Organen der EMRK, EuGRZ **1982** 489; *Matscher* Die Begründung der Entscheidungen des Europäischen Gerichtshofs für Menschenrechte, FS Bernhardt (1995) 503; *Matscher* Der neue Menschenrechtsschutz in Europa, FS Seidl-Hohenveldern (1998) 445; *Matscher* Kollektive Garantie der Grundrechte und die Staatenbeschwerde nach der EMRK, FS Adamowich (2002) 417; *Macdonald* Interim Measures in International Law with Special Reference to the European System for the Protection of Human Rights, ZaöRV **52** (1992) 703; *Mosler* Der Europäische Gerichtshof für Menschenrechte nach 20 Jahren, FS Huber (1981) 595; *Nowak* Die Durchsetzung des Internationalen Paktes über bürgerliche und politische Rechte – Bestandsaufnahme der ersten 10 Tagungen des UN-Ausschusses für Menschenrechte, EuGRZ **1980** 532; *Pache* Die Europäische Menschenrechtskonvention und die deutsche Rechtsordnung, EuR **2004** 393; *Pappa* Das Individualbeschwerdeverfahren des Fakultativprotokolls zum Internationalen Pakt über bürgerliche und politische Rechte (1996); *Polakiewicz* Die Verpflichtung der Staaten aus den Urteilen des Europäischen Gerichtshofs für Menschenrechte (1993); *Ress* Die „Einzelfallbezogenheit" in der Rechtsprechung des Europäischen Gerichtshofs für Menschenrechte, FS Mosler (1983) 719; *Ress* Wirkung und Beachtung der Urteile und Entscheidungen der Straßburger Konventionsorgane, EuGRZ **1996** 350; *Rogge* Die Einlegung einer Menschenrechtsbeschwerde, EuGRZ **1996** 341; *Polakiewicz* Die Verpflichtung der Staaten aus Urteilen des Europäischen Gerichtshofs für Menschenrechte (1993); *Schaup-Haag* Die Erschöpfung des innerstaat-

lichen Rechtswegs nach Art. 26 EMRK und das deutsche Recht (1987); *Schlette* Europäischer Menschenrechtsschutz nach der Reform der EMRK, JZ **1999** 219; *Schlette* Das neue Rechtsschutzsystem der Europäischen Menschenrechtskonvention, ZaöRV **56** (1996) 905; *Schlette* Europäischer Menschenrechtsschutz nach der Reform der EMRK, JZ **1999** 219; *Silagi* Die allgemeinen Regeln des Völkerrechts als Bezugsgegenstand in Art. 25, 26 EMRK, EuGRZ **1980** 632; *Stöcker* Wirkungen der Urteile des Europäischen Gerichtshofs für Menschenrechte in der Bundesrepublik, NJW **1982** 1905; *Weiß* Überblick über die Erfahrungen mit Individualbeschwerden unter verschiedenen Menschenrechtsabkommen, AVR **42** (2004) 142; *Wildhaber* Eine verfassungsrechtliche Zukunft für den Europäischen Gerichtshof für Menschenrechte? EuGRZ **2002** 569; *Wittinger* Die Einlegung einer Individualbeschwerde vor dem EGMR, NJW **2001** 1238; *Zwach* Die Leistungsurteile des Europäischen Gerichtshofs für Menschenrechte (1996).

Übersicht

Alphabetische Übersicht

A. Verfahren des europäischen Menschenrechtsschutzes

I. Entwicklung des Verfahrens

1 **1. Das ursprüngliche Verfahren** des Europäischen Menschenrechtsschutzes blieb in seinen Grundzügen seit dem Inkrafttreten der Konvention am 3.9.1953 viele Jahre unverändert[1]. Die Verfahrensänderungen durch das **3., 5. und 8. Zusatzprotokoll** ließen seine **Grundstruktur** unangetastet. Kennzeichnend für diese war die **Aufteilung der Kontrollbefugnisse** auf verschiedene internationale Organe und der grundsätzlich **fakultative Charakter** aller individuellen Rechtsbehelfe sowie die weitgehende Vertraulichkeit der Verhandlungen der Kommission und des Ministerkomitees[2]. Die **Individualbeschwerde zur Kommission** war nur zulässig, wenn der dafür verantwortliche Staat die Zuständigkeit der Kommission in einer förmlichen Erklärung gegenüber dem Generalsekretär anerkannt hatte (Art. 25 MRK a. F). Der **Gerichtshof** konnte nur angerufen werden, wenn der betroffene Staat sich seiner Gerichtsbarkeit unterworfen hatte (Art. 46 Abs. 1 MRK a. F). Dies galt auch für die Staatenbeschwerde, mit der ein Mitgliedstaat die Konventionsverletzung durch einen anderen Mitgliedstaat vor der Kommission beanstanden konnte (Art. 48 MRK a. F). Der Gerichtsbarkeit des Europäischen Gerichtshofs für Menschenrechte haben sich im Laufe der Jahre alle früheren Mitgliedstaaten unterworfen, zum Teil allerdings mit erheblichen zeitlichen Verzögerungen[3]. Der **Einzelne selbst** konnte bei Verletzung seines Menschenrechtes nur die Beschwerde bei der unabhängigen Europäischen Kommission für Menschenrechte einlegen[4]. Diese verwarf unzulässige Beschwerden endgültig, über die zulässigen Beschwerden erstellte sie einen vertraulichen Bericht, über den das Ministerkomitee des Europarats[5] mit Zweidrittelmehrheit[6] zu entscheiden hatte (Art. 32 Abs. 1 MRK a. F), sofern die Sache nicht dem Europäischen Gerichtshofs für Menschenrechte vorgelegt wurde. Dieser durfte nur über den Teil der Beschwerde entscheiden, den die Kommission für zulässig erachtet hatte. Er konnte nur von dem Staat angerufen werden, gegen den sich die Beschwerde richtete oder dessen Staatsangehöriger der Verletzte war, oder von der Kommission, nicht aber von dem Betroffenen selbst, der sich mit seiner Beschwerde an die Kommission gewandt hatte (Art. 48 MRK a. F)[7]. Erst das (fakultative) **9. Zusatzprotokoll** vom 6. November 1990

---

1 Vgl. *Matscher* FS Ermacora 79.

2 *Meyer-Ladewig* Art. 34, 2.

3 Vgl. *Tomuschat* EuGRZ **2003** 95, 97.

4 Zur Entstehungsgeschichte der Individualbeschwerde IntKommEMRK-*Rogge* Art. 25 (a. F) 71 ff.

5 Das Ministerkomitee des Europarats ist eine aus Vertretern der Regierungen zusammengesetzte politische Entscheidungsinstanz vgl. *Meyer-Ladewig* Art. 34, 2; ferner etwa *Leuprecht* FS Ermacora 95 ff. sowie Rdn. 14; 78.

6 Erst nach dem 10. ZP reichte die einfache Mehrheit im Ministerkomitee für die Feststellung einer Konventionsverletzung aus.

7 Vgl. *Grabenwarter* § 6 Rdn. 1, wonach die Problematik dieses Systems in der späteren Praxis dadurch gemildert wurde, daß die Kommission in den meisten Fällen, in denen sie eine Menschenrechtsverletzung feststelle, selbst den Gerichtshof anrief und das Ministerkomitee sich in der Regel der Meinung der Kommission anschloß.

räumte den Personen, deren Individualbeschwerde von der Kommission sachlich behandelt worden war, die eigene Befugnis ein, nach Vorliegen von deren Bericht auch selbst den Gerichtshof anzurufen; Voraussetzung war aber auch hier, daß der betroffene Staat dieses Protokoll ratifiziert hatte[8].

2. Das **derzeitige Verfahrenssystem des übernationalen Menschenrechtsschutzes** wurde durch das **11. Zusatzprotokoll** vom 11. Mai 1994 geschaffen[9], das die Grundstruktur des ursprünglichen Systems der MRK grundlegend verändert hat. Die Reform des 11. Zusatzprotokolls ist nach seiner Ratifizierung durch alle Mitgliedstaaten[10] am **1. 11. 1998** in Kraft getreten. Die Kommission wurde mit einer Übergangsfrist aufgehoben, die Zuständigkeit des Ministerkomitees für die Entscheidung über Menschenrechtsbeschwerden entfiel; nur seine Funktion als Organ zur Überwachung der Umsetzung der Entscheidungen des Gerichshofs in den Mitgliedstaaten blieb erhalten. Über Menschenrechtsbeschwerden entscheidet jetzt allein der Europäische Gerichtshof für Menschenrechte. Seiner Gerichtsbarkeit unterliegen automatisch alle Mitgliedstaaten; anders als früher können sie nicht mehr selbst entscheiden, ob und für welchen Zeitraum sie sich der Gerichtsbarkeit unterwerfen wollen. Gegen eine von einem Mitgliedstaat zu verantwortende Menschenrechtsverletzung kann jetzt nicht nur ein anderer Mitgliedstaat sondern auch jeder betroffene Einzelne selbst den Gerichtshof unmittelbar anrufen. Damit dieser seine erweiterte Aufgabe erfüllen kann, wurde er in einen ständigen Gerichtshof mit hauptamtlichen Richtern umgewandelt. Soweit er durch eine Staaten- oder Individualbeschwerde oder einen Gutachtensauftrag nach Art. 47 MRK mit einer Sache befaßt wird, ist er zur Auslegung und Anwendung aller die Konvention und ihre Zusatzprotokolle betreffenden Angelegenheiten berufen (Art. 32 Abs. 1 MRK). Über seine Zuständigkeit entscheidet er selbst (Art. 32 Abs. 2 MRK). Sein Verfahren wurde in der vom Plenum des Gerichts nach Art. 26 Abs. 2 MRK beschlossenen **neuen Verfahrensordnung**[11] geregelt, die ebenfalls am 1. 11. 1998 in Kraft trat. 2

3. Weitere Reformen. Der rasche Beitritt der Staaten Osteuropas und die Möglichkeit jedes Einzelnen, wegen der Verletzung der ihm durch die Konvention und die Zusatzprotokolle garantierten Rechte den Gerichtshof anzurufen, hat schnell zu einer Überlastung des Gerichtshofs geführt. Er kann die Fülle der in den letzten Jahren bei ihm eingereichten Beschwerden[12] nach seiner gegenwärtigen Struktur nicht bewältigen, auch 3

---

[8] Zur Entwicklung bis zum 11. ZP *Siess-Scherz* EuGRZ **2003** 100, 102 ff; *Meyer-Ladewig* Art. 34, 2.

[9] Zur Entwicklung *Engel* EuGRZ **2003** 122, 127 ff.

[10] Deutschland hat es mit Gesetz vom 24. 7. 1995 ratifiziert (BGBl. II S. 578). Derzeit sind 45 Staaten der MRK beigetreten, vgl. die Auflistung, die auch den Beitrittsstand zu den Zusatzprotokollen ausweist in EuGRZ **2003** 179 oder im Fundstellennachweis B zum BGBl. II.

[11] Die Bek. vom 17. 5. 2002 (BGBl. II S. 1080) teilt den allein verbindlichen französischen und englischen Text zusammen mit einer deutschen Übersetzung mit. Letztere ist auch abgedruckt bei Sartorius II Internationale Verträge, Europarecht Nr. 137. ferner bei *Meyer-Ladewig* im Anhang Verfahrensordnung. Die Verfahrensordnung wurde inzwischen dreimal geändert: am 8. 12. 2000 und mit Wirkung zum 1. 10. 2002 am 17. 6 und 8. 7. 2002; vgl. *Siess-Scherz* EuGRZ **2003** 100, 104. Der neue Text ist abrufbar unter www.echr.coe.int/Eng/Edocs/RulesofCourt2002.htm. Die oben angeführte Bekanntmachung der deutschen Fassung vom 17. 5. 2002 berücksichtigt die Änderungen noch nicht.

[12] Nach *Meyer-Ladewig* Art. 34, 1 sind bis Ende 2001 bei der früheren Kommission und dem Gerichtshof fast 78 000 Beschwerden registriert worden (eingelegt über 210 000); im Jahre 2002 fielen mehr als 28 000 registrierte Beschwerden an (*Schokkenbrock* EuGRZ **2003** 134). Wegen des mit Wirkung vom 1. 1. 2002 geänderten Registrierungsverfahren sind die Vergleiche mit den früheren Zahlen erschwert; jetzt werden alle Eingänge sofort registriert, während nach dem alten System die Eingänge zunächst in „provisional files" erfaßt wurden, nur die weiterbehandelten Beschwerden wurden später im Beschwerderegister erfaßt vgl. *Siess-Scherz* EuGRZ **2003** 100, 104 (den im Jahre 2002 registrierten 30 828 Beschwerden stehen nach dem alten System

wenn 97% aller eingereichten Beschwerden von den Dreier-Ausschüssen als unzulässig nach Art. 34 MRK zurückgewiesen wurden[13]. Es werden deshalb im Europarat weitere Reformen der MRK erörtert, die die Funktionsfähigkeit des Gerichtshofs verbessern und seiner Überlastung durch Maßnahmen zur Vereinfachung und Straffung seines Verfahrens verringern sollen, so vor allem auch bei der Behandlung aussichtsloser Beschwerden oder bei der großen Zahl von Beschwerden, die vom Gerichtshof bereits entschiedene Fragen betreffen[14]. Erwogen wird auch, durch stärkere Einschaltung von Rechtsschutzmechanismen auf der nationalen Ebene den Menschenrechtsschutz der Konventionen schon auf dieser greifen zu lassen[15]. Eine verbesserte Informationspolitik sollte ferner alle wichtigen Entscheidungen des Gerichtshofs den Bürgern in der jeweiligen Landessprache zugänglich zu machen, wozu allerdings auch eine knappe und verständliche Fassung der jeweiligen Entscheidung und die konkrete und nachvollziehbare juristische Zuordnung der entschiedenen Fragen gehören würde[16].

II. Die Organisation des ständigen Europäischen Gerichtshofs für Menschenrechte

4 **1. Richter.** Der Europäische Gerichtshof für Menschenrechte ist seit der Reform durch das 11. ZP ein ständiger Gerichtshof mit **hauptamtlich tätigen Richtern** (Art. 19 Satz 2, Art. 21 Abs. 2 MRK). Die Zahl der Richter entspricht der Zahl der Vertragsstaaten der Menschenrechtskonvention (Art. 20 MRK). Sie werden für jeden Staat aus einer von diesem Staat vorgelegten Vorschlagsliste von drei Kanditaten mit der Mehrheit der Stimmen von der **Parlamentarischen Versammlung des Europarates** für sechs Jahre gewählt (Art. 22 MRK), wobei die Amtszeit der Hälfte der Richter bei der ersten Wahl auf drei Jahre begrenzt wird, um für später sicherzustellen, daß alle drei Jahre die Hälfte der Richter neu gewählt werden kann (vgl. Art. 23 MRK)[17]. Die Wiederwahl ist zulässig (Art. 23 Abs. 1 Satz 2 MRK). Die Richter, deren Amtszeit mit der Vollendung des 70. Lebensjahres endet, bleiben bis zum Amtsantritt ihres Nachfolgers im Amt. Sie bleiben ferner in den Rechtssachen weiter tätig, mit denen sie bereits befaßt sind (Art. 23 Abs. 6, 7 MRK), weil sie an der Prüfung der Begründetheit teilgenommen haben (Art. 26 Abs. 3 VerfO).

5 **2.** Das **Plenum des Gerichtshofs** wählt den **Präsidenten** und einen oder zwei **Vizepräsidenten und** verteilt auf Vorschlag des Präsidenten die Richter auf die derzeit vier **Sektionen**[18] (Art. 1 Buchst. d; Art. 25 VerfO), wobei die Zusammensetzung der Sektio-

2001 gegenüber 31 393 „provisional files" und 13 858 registrierte Beschwerden); vgl. ferner *Peters* 7.

[13] *Ohms* EuGRZ **2003** 141, 143.

[14] Nach *Ohms* EuGRZ **2003** 141, 145 betreffen Dreiviertel der sachlich behandelten Beschwerden sog. „repetive cases". Das noch nicht in Kraft befindliche 14. Zusatzprotokoll sieht vor, daß diese Verfahren durch den Drei-Richter-Ausschuß erledigt werden können; vgl. Einf. Rdn. 28a.

[15] Vgl. dazu *Schockenbrook* EuGRZ **2003** 134; *Stoltenberg* EuGRZ **2003** 139 (Deutsch/schweizer Vorschlag zur Änderung der Art. 28 und 35 Abs. 3 MRK); ferner zu den Vorschlägen *Ohms* EuGRZ **2003** 141 ff; *Grabenwarter* EuGRZ **2003** 174, 178 (Generalbericht zum Symposium in Graz 7./8. 2. 2003).

[16] Zur Sprachbarriere *Stoltenberg* EuGRZ **2003** 139; vgl ferner *Ohms* EuGRZ **2003** 141; *Grabenwarter* EuGRZ **2003** 174, 178.

[17] Zu aufgetretenen Problemen bei der Richterwahl *Engel* EuGRZ **2003** 122, 133.

[18] Während die MRK nur von den Kammern als den für die Entscheidung zuständigen Spruchkörpern spricht, verteilt die Verfahrensordnung die Richter auf Sektionen, aus denen dann die jeweils zur Entscheidung berufene Kammer gebildet wird, ähnlich wie bei uns, wenn Kammern mit mehr Richtern besetzt sind als für den jeweils zur Entscheidung berufenen Spruchkörper benötigt werden.

nen im geographischer Hinsicht und in Bezug auf die Vertretung der Geschlechter ausgeglichen sein und auch den unterschiedlichen Rechtssystemen der Vertragsparteien Rechnung tragen soll (Art. 25 Abs. 2 VerfO). Das Plenum wählt ferner die **Sektionspräsidenten**, die als Präsident der in ihrer Sektion jeweils aus insgesamt sieben Richtern gebildeten Kammer vorsitzen (Art. 26 Buchst. c MRK). Auch die **Verfahrensordnung** wird vom Plenum des Gerichtshofs beschlossen (Art. 26 Buchst. d MRK)[19]. Aufgaben der Rechtsprechung hat das Plenum nicht[20].

3. Die einzelnen Spruchkörper des Gerichtshofs

a) Grundsätzlich entscheiden über die Staaten- und über die Individualbeschwerden die jeweils **mit sieben Richtern besetzten Kammern** (Art. 27 Abs. 1 MRK). Sie werden aus der jeweiligen Sektion, der mehr als sieben Richter angehören, von deren **Präsidenten** nach den in der Verfahrensordnung (VerfO) festgesetzten Regeln gebildet[21]. Die übrigen Mitglieder der Sektion können als Ersatzrichter herangezogen werden. Der Sektionspräsident bestimmt im Rotationsverfahren, welche Richter seiner Sektion neben ihm und dem jeweiligen **„nationalen Richter"** mitwirken. Nationaler Richter ist der für die betroffene Vertragspartei (Staat) gewählte Richter, der auch dann nach Art. 27 Abs. 2 MRK zur Mitwirkung berufen ist, wenn er einer anderen Sektion angehört[22]. Die Einzelheiten, insbesondere die bei Verhinderung des nationalen Richters und seinen Ersatz durch einen anderen Richter auftretenden Fragen, sind in Art. 26 bis 29, Art. 52 Abs. 2 VerfO näher geregelt. **6**

Die **Ausschüsse** (Art. 27 Abs. 1 Satz 2 MRK, Art. 27 VerfO nennt sie „Komitee"), denen jeweils drei Richter aus der gleichen Sektion angehören **(„Drei-Richter-Ausschuß"** [23]**)**, können zur Entlastung der Kammern vorweg durch den vom Sektionspräsidenten bestimmten **Berichterstatter** (Art. 49 Abs. 1 VerfO) mit der Prüfung der **Zulässigkeit einer Individualbeschwerde** befaßt werden, sofern dieser oder der Sektionspräsident die Sache nicht gleich der Kammer zuweisen (Art. 49 Abs. 2 Buchst. b VerfO)[24]. Die Zahl der Ausschüsse bestimmt der Präsident nach Anhörung des Sektionspräsidenten (Art. 27 Abs. 1 VerfO). Die Ausschüsse werden im Rotationsverfahren aus den Mitgliedern der jeweiligen Sektion für einen bestimmten Zeitraum (ein Jahr) gebildet (Art. 27 Abs. 1 Satz 2 MRK), Sie können einstimmig eine Beschwerde für **unzulässig**[25] **erklären** oder **aus dem Register streichen**, wenn sie diese Entscheidung ohne weitere Prüfung treffen können (Art. 28 MRK; Art. 53 Abs. 3 VerfO). Die Entscheidung des Ausschusses ist endgültig. Sie wird jetzt[26] ohne Ausfertigung eines mit Gründen versehenen förmlichen Beschlusses dem Beschwerdeführer durch einen allgemein gehaltenen Brief des Kanzlers der jeweiligen Kammer mitgeteilt, der keine auf den Einzelfall bezogene Begründung enthält[27]. **7**

---

[19] Zur Rechtsnatur der auf Grund der Ermächtigung in Art. 26 Abs. 2 MRK vom Plenum erlassenen Verfahrensordnung (echtes Verfahrensgesetz, nicht Geschäftsordnung) *Matscher* EuGRZ **1982** 490 und FS Ermacora 79/81; *Mosler* ZaöRV **20** (1959/60) 423.

[20] *Meyer-Ladewig* Einl. 13.

[21] Zum Verfahren *Wittinger* NJW **2001** 1238, 1240; vgl. ferner Rdn. 6, 9.

[22] *Grabenwarter* § 8 Rdn. 3.

[23] *Villiger* HdB 193.

[24] Vgl. *Grabenwarter* § 8 Rdn. 2; *Wittinger* NJW **2001** 1238, 1240.

[25] Zu den Unzulässigkeitsgründen gehört auch, daß eine Beschwerde als offensichtlich unbegründet oder als mißbräuchlich angesehen wird (Art. 35 Abs. 3 MRK).

[26] Art. 53 Abs. 2 Verfahrensordnung (Neufassung). Die sogenannten „warning letters" in denen vorweg dem Beschwerdeführer die Gründe mitgeteilt wurden, aus denen seine Beschwerde erfolglos sein dürfte, wurden abgeschafft.

[27] Musterbrief abgedruckt EuGRZ **2003** 180, gegen diese Neuregelung, die anders als früher der „warning letter" den Beschwerdeführer im Unklaren läßt, ob sein Fall gründlich geprüft und aus welchen

Verwirft der Ausschuß die Beschwerde nicht als unzulässig, übermittelt er sie der Kammer zur weiteren Prüfung (Art. 53 Abs. 3 VerfO).

8 Die nach der Vorprüfung durch den Ausschuß oder aber vom Berichterstatter oder vom Kammerpräsidenten unmittelbar mit der Sache befaßte Kammer soll im Regelfall über die **Zulässigkeit** der Beschwerde **vorweg gesondert** entscheiden (Art. 29 Abs. 3 MRK; Art. 49 Abs. 4 VerfO)[28]. Durch diese Trennung sollte das Verfahren strukturiert werden, da mit der Feststellung der Zulässigkeit die Verfahrensbeteiligten mit weiteren Rügen der Unzulässigkeit ausgeschlossen werden, der Versuch einer gütlichen Einigung einzuleiten ist und Ausführungen zu einem eventuellen Entschädigungsanspruch zu machen sind. Dies gilt gleichermaßen für Staatenbeschwerden nach Art. 33 MRK und für Individualbeschwerden nach Art. 34 MRK (Art. 29 Abs. 1, 2 MRK), wobei jedoch das Verfahren in den Art. 51 und Art. 52 bis 54 VerfO unterschiedlich geregelt ist. Bei Individualbeschwerden kann sich die Kammer jetzt aber auch dafür entscheiden, **Zuständigkeit und Begründetheit gemeinsam zu prüfen** und bei Zuleitung der Beschwerde Äußerungen zu allen Fragen, einschließlich der einer gerechten Entschädigung, und Vorschlägen für eine gütliche Einigung anzufordern (Art. 54A Abs. 1 VerfO)[29]. Sie kann dann über Zulässigkeit und Begründetheit in einem Urteil entscheiden (Art. 54A Abs. 2 VerfO).

9 **b)** Als **übergeordneter Spruchkörper** besteht eine **Große Kammer** mit 17 Richtern. Ihr gehören der Präsident des Gerichtshofs, der oder die Vizepräsidenten und die Präsidenten der Kammern an, sowie weitere Richter. Die Richter der Kammer, die die Sache nach Art. 30 MRK der großen Kammer vorgelegt haben, wirken bei der Entscheidung mit (Art. 24 Abs. 2 Buchst c VerfO)[30]. Wird dagegen gegen ihre Entscheidung die große Kammer nach Art. 43 MRK angerufen, sind sie nach Art. 27 Abs. 3 Satz 2 MRK von der Mitwirkung ausgeschlossen mit Ausnahme ihres Kammerpräsidenten und des jeweiligen „nationalen Richters", also der Richters, der auf Vorschlag des als Partei beteiligten Staates als Richter gewählt worden war[31]. Dieser oder bei dessen Verhinderung ein von dem beteiligten Staat benannter anderer Richter oder eine andere zum Richteramt nach Art. 21 Abs. 1 MRK qualifizierte Person (Art. 29 VerfO) gehört von Amts wegen jeder Kammer an, in der über eine Beschwerde entschieden wird, an der der betreffende Staat als Partei beteiligt ist (Art. 27 Abs. 2, 3 MRK). Die **Zusammensetzung der Großen Kammer** regelt im übrigen das Plenum. Zur Bestimmung der Richter, die jeweils neben dem Präsidenten, den Vizepräsidenten und Sektionspräsidenten in der Großen Kammer zur Mitwirkung berufen sind, teilt das Plenum die Richter in zwei Gruppen ein, die sich alle neun Monate ablösen und aus denen dann im Rotationsverfahren die an der jeweiligen Sache mitwirkenden Richter bestimmt werden (Art. 24 Abs. 3 VerfO).

10 Zur **Abgabe einer Sache an die Große Kammer** ist die mit der Sache befaßte Kammer jederzeit befugt, sofern sie der Ansicht ist, daß über eine schwerwiegende Auslegung der Konvention einschließlich ihrer Zusatzprotokolle zu entscheiden ist oder wenn ihre Entscheidung zur Abweichung von einer früheren Entscheidung des Gerichtshofes führen kann. Die Abgabe, die keiner Begründung bedarf, steht im pflichtgemäßen Ermessen der Kammer; sie muß unterbleiben, wenn ihr eine Partei binnen eines Monats nach Unterrichtung von der Abgabeabsicht unter Angabe von Gründen widerspricht (Art. 30 MRK: Art. 72 VerfO)[32].

Gründen eine Eingabe als unzulässig angesehen wird, werden erhebliche Bedenken erhoben. Vgl. *Siess-Scherz* EuGRZ **2003** 104 ff; *Ohms* EuGRZ **2003** 141, 145; *Grabenwarter* EuGRZ **2003** 174, 175.

[28] Vgl. *Wittinger* NJW **2001** 1238, 1240.

[29] Eingefügt mit Wirkung vom 1. 10. 2002.

[30] *Grabenwarter* § 8 Rdn. 4; *Meyer-Ladewig* Art. 27, 6.

[31] Vgl. *Grabenwarter* § 8 Rdn. 4; *Meyer-Ladewig* Art. 27, 7.

[32] *Meyer-Ladewig* Art. 30, 2, 3; vgl. *Wittinger* NJW **2001** 1238, 1240; kritisch zum Widerspruchsrecht *Schlette* ZaöRV **56** (1996) 950, 964.

Die **Verweisung an die Große Kammer** kann jede Partei innerhalb von drei Monaten nach dem Datum des Urteils einer Kammer beantragen (Art. 43 Abs. 1 MRK), damit diese als gerichtsinterne Kontrollinstanz die Sache neu entscheidet[33]. Diese Befugnis ist ausdrücklich auf Ausnahmefälle begrenzt. Über die **Annahme dieses Antrags** entscheidet ein **Ausschuß** vom fünf Richtern[34], der eine Ablehnung nicht begründen muß (Art. 73 Abs. 2 VerfO)[35]. Er nimmt den Antrag an, wenn die Rechtssache eine schwerwiegende Frage der Auslegung oder Anwendung der Konvention oder ihrer Protokolle aufwirft oder wenn es sich um eine schwerwiegende Rechtsfrage von allgemeiner Bedeutung handelt (Art. 43 Abs. 2 MRK). Lehnt der Ausschuß den Antrag ab, ist das Urteil der Kammer endgültig (Art. 44 Abs. 2 Buchst. c MRK). Wird der Antrag angenommen, entscheidet die Große Kammer insgesamt neu über die gesamte Sache und nicht etwa nur die Frage, wegen deren Bedeutung der Ausschuß den Antrag angenommen oder wegen der die Sache an die Große Kammer verwiesen wurde. Auch wenn ein Urteil der Kammer bereits vorliegt, hat die Große Kammer im vollem Umfang ohne jede Bindung neu über alle vom Urteil erfaßten Beschwerdepunkte zu entscheiden, bei denen die Kammer die Beschwerde zugelassen hat[36]. Dies gilt auch dann, wenn der Antrag nach Art. 43 Abs. 1 MRK nur einen bestimmten Beschwerdepunkt betraf und das Urteil der Kammer im übrigen nicht beanstandet hat. An die tatsächlichen Feststellungen und die Rechtsauffassungen, die die Kammer in ihrem Urteil vertreten hat, ist die Große Kammer nicht gebunden. Mit der Annahme des Antrags wird das ganze vorangegangene Urteil der Kammer hinfällig und die Große Kammer muß über die an sie verwiesene Rechtssache, also die gesamte für zulässig erklärte Sache mit all ihren Beschwerdepunkten, in jeder Hinsicht neu entscheiden[37]. Sie darf dabei auch neu vorgetragenen Tatsachen oder einen neuen Rechtsvortrag berücksichtigen, wenn sie dies für sachdienlich hält[38]. Auch durch die in der Regel **vorangegangene Entscheidung über die Zulässigkeit** ist sie nur insoweit gebunden, als sie den Teil der Beschwerde, der bereits als unzulässig ausgeschieden wurde, nicht mehr aufgreifen darf. Im übrigen kann sie die Zulässigkeit der Beschwerde anders beurteilen. Unbeschadet der Vorabprüfung durch den Ausschuß (Art. 28 MRK) und durch die Zuständigkeitsentscheidung der Kammer ist die Große Kammer zur (erneuten) Prüfung der Zulässigkeit befugt, diese ist in jeder Lage des Verfahrens zu beachten (§ 35 Abs. 4 Satz 2 MRK). **11**

4. Die **Kanzlei** unterstützt die Arbeit des Gerichts, führt die Akten und wickelt zunächst den Parteiverkehr ab[39]. Der Kanzler und seine Stellvertreter werden vom Plenum des Gerichtshofs gewählt (Art. 25, Art. 26 Buchst. e MRK). Die übrigen Angehörigen der Kanzlei, auch die den Gerichtshof unterstützenden wissenschaftlichen Mitarbeiter, sind Bedienstete des Europarats[40]. Die bei Gerichtshof eingereichten Menschenrechtsbeschwerden sind bei der Kanzlei einzureichen (Art. 47 VerfO), die auch den vorbereitenden Schriftverkehr mit dem Beschwerdeführer führt[41]. Auch jede Sektion hat einen **12**

---

[33] *Meyer-Ladewig* NJW **1995** 2816; *Schlette* ZaöRV **56** (1996) 950, 952 ff; *Wittinger* NJW **2001** 1238, 1241.

[34] *Villiger* HdB. 192 spricht vom „Filterausschuß; die Zusammensetzung dieses Auschusses ist in Art. 24 Abs. 5 VerfO geregelt; vgl. *Meyer-Ladewig* Art. 43, 12.

[35] *Meyer-Ladewig* Art. 43, 14.

[36] Etwa EGMR 12.7.2001 K & T/Finnl (NJW **2003** 809); 6.5.2003 Perna/I (NJW **2004** 2653).

[37] *Meyer-Ladewig* Art. 43, 14; EGMR 12.7.2001 K & T/Finnl (NJW **2003**, 809).

[38] Vgl. etwa EGMR 20.3.1991 Cruz Varas/Schwed (EuGRZ **1991** 203); 25.4.1996 Gustavson/Schwed (ÖJZ **1998** 867); 12.7.2001 K & T/Finnl (NJW **2003**, 809).

[39] *Wittinger* NJW **2001** 1238, 1240.

[40] *Meyer-Ladewig* Art. 25 MRK 4, 5.

[41] Vgl. *Meyer-Ladewig/Petzold* NJW **1999** 1165; *Wittinger* NJW **2001** 1238, 1240; *Meyer-Ladewig* Art. 25 MRK, 2,

Kanzler, der die bei dieser Sektion gebildeten Spruchkörper (Kammer, Dreier-Ausschuß) unterstützt und dem jetzt auch die **Unterrichtung des Beschwerdeführers** obliegt, wenn seine Beschwerde vom Ausschuß als unzulässig abgewiesen wurde[42].

13 **5. Generalsekretär des Europarats.** Dieser ist an sich kein Organ des Gerichts sondern ein Funktionsträger des Europarats. Da der Gerichtshof aber beim Europarat errichtet ist, der seine Kosten trägt, ist er für dessen Haushalt verantwortlich. Er ist auch der Dienstherr aller Bediensteten des Gerichts. Er hat aber auch Funktionen im Rahmen der MRK. Erklärungen über Beitritt und Kündigung der Mitgliedschaft (etwa Art. 58 Abs. 1 MRK) oder über die Außerkraftsetzung von Konventionsrechten auf Grund eines Notstands (Art. 15 Abs. 3 MRK) sind bei ihm abzugeben, Ratifikationsurkunden werden bei ihm hinterlegt, und er hat Notifikationspflichten (vgl etwa Art. 59 Abs. 4 MRK; Art. 6 des 1. ZP). Außerdem ist er berechtigt, jeden Mitgliedstaat zu befragen, auf welche Weise er die wirksame Anwendung der Konvention innerstaatlich sicherstellt (Art. 52 MRK). Die Entscheidungen des Ministerkomitees (vgl. Rdn. 14; 78, 79) bereitet er vor.

14 **6.** Das **Ministerkomitee**[43] des Europarats hat seine frühere Befugnis zur Entscheidung über die Menschenrechtsbeschwerden (Art. 32 Abs. 1 MRK a. F) verloren. Es hat nach Art. 46 Abs. 2 MRK aber weiterhin die Aufgabe, die Durchführung der Urteile des Gerichtshofs zu überwachen (vgl. Rdn. 78).

III. Allgemeines zum Verfahren vor dem EGMR

15 **1.** Die MRK kennt **zwei verschiedene Verfahrensarten** vor dem Gerichtshof. Für sie gelten zum Teil unterschiedlichen Verfahrensregeln:

15a **a)** Mit der **Staatenbeschwerde** kann jeder Mitgliedstaat den Gerichtshof jetzt unmittelbar[44] anrufen mit der Behauptung, ein anderer Mitgliedstaat habe ein in der Konvention oder einem Zusatzprotokoll garantiertes Recht verletzt (Art. 33 MRK). Die für eine Staatenbeschwerde erforderlichen Angaben legt Art. 46 der VerfO festgelegt. Von der Möglichkeit einer Staatenbeschwerde haben die Mitgliedstaaten bisher nur spärlich Gebrauch gemacht[45]. Oft sprachen diplomatische Rücksichtnahmen gegen einen solchen Schritt, da die Wahrung des „ordre public européen“ oft auch mit anderen, weniger öffentliches Aufsehen erregenden Schritten erreichbar schien[46]. Mit der Zulassung der unmittelbaren Individualklage zum EGMR hat vor allem die allein aus humanitären Gründen erhobene Staatenbeschwerde ihre Bedeutung für den individuellen Menschenrechtsschutz weitgehend verloren.

15b **b)** Mit der **Individualbeschwerde** kann dagegen jeder einzelne und jede nichtstaatliche Organisation unabhängig von politischen Rücksichtnahmen ihrer Regierung[47] den

[42] Vgl. oben Rdn. 7.

[43] Das Ministerkomitee des Europarats kann diese Aufgabe auch durch Delegierte der Außenminister ausüben. Auf seine Zusammensetzung und sein Verfahren ist die Satzung des Europarates anwendbar, soweit sich nicht das Ministerkomitee besondere Regeln für das Verfahren gegeben hat, vgl. IntKomEMRK-*Golsong* Art. 54 (a. F) 12 ff; *Meyer-Ladewig* Art. 46, 14 ff.

[44] Auch die Staatenbeschwerde ging vor dem 11. ZP zunächst an die Menschenrechtskommission und wurde dann meist im Ministerrat behandelt. Der Gerichtshof hatte nur wenige Fälle zu entscheiden.

[45] Bisher sind nur 12 Staatenbeschwerden erhoben worden, vgl. die Auflistung bei *Villiger* HdB 183; ferner *Frowein/Peukert* Art. 32 (a.F) 13; *Rogge* EuGRZ **1975** 117.

[46] Vgl. *Tomuschat* EuGRZ **2003** 95.

[47] Vgl. *Tomuschat* EuGRZ **2003** 95, 97.

Gerichtshof wegen der Verletzung eines in der Konvention oder einem Zusatzprotokoll gewährleisteten Rechts anrufen (Art. 34 MRK).

2. Allgemeine Grundsätze

a) Öffentliches Verfahren. Das Verfahren vor dem Gerichtshof ist **weitgehend öffentlich** (vgl. Art. 40 MRK). Soweit nicht wie in der Mehrzahl der Fälle die Entscheidung im schriftlichen Verfahren ergeht, wird mündlich verhandelt. Die Verhandlung ist öffentlich, es sei denn daß die Kammer auf Grund besonderer Umstände etwas anderes entscheidet[48]. Nach der Registrierung einer Beschwerde sind auch alle bei der Kanzlei eingereichten Unterlagen der Öffentlichkeit zugänglich, mit Ausnahme der Unterlagen die bei der Verhandlung über eine gütliche Einigung eingereicht wurden[49]. Der Kammerpräsident kann aber auch sonst von Amts wegen oder auf Antrag einer Partei oder einer betroffenen Person anordnen, daß die Unterlagen der Öffentlichkeit nicht zugänglich sind (Art. 33 Abs. 3, 4 VerfO). **16**

b) Das Verfahren ist grundsätzlich als **Offizialverfahren** ausgestaltet[50]. Die Spruchkörper des Gerichts sind nicht daran gebunden, welche Tatsachen ihnen vom Beschwerdeführer oder vom beklagten Staat vorgetragen werden. Sie können von Amts wegen die Verfahrensbeteiligten auffordern, sich zu den vom Gericht für erforderlich gehaltenen Tatsachen zu äußern. **17**

c) Die **Amtssprachen des Gerichtshofs** sind englisch und französisch (Art. 34 Abs. 1 VerfO). Vor der Zulassung der Beschwerde ist jedoch auch die Verwendung der **Amtssprachen der Vertragsparteien** für die Kommunikation zwischen Gerichtshof und dem Beschwerdeführer und seinen Vertreter allgemein zulässig[51]. Nach der Zulassung der Beschwerde sind in der Regel nur die Amtssprachen des Gerichtshofs zu verwenden. Für die Verwendung einer anderen Sprache der Mitgliedstaaten bedürfen der Beschwerdeführer und sein Vertreter der Genehmigung des Kammerpräsidenten; in diesen Fällen muß der Kanzler für die mündliche und schriftliche Übersetzung in die Amtssprachen des Gerichtshofs sorgen (Art. 34 Abs. 2, 3 VerfO). Der beklagte Staat, sowie andere sich am Verfahren beteiligende Staaten müssen sich grundsätzlich der Amtssprache des Gerichtshofs bedienen[52]. Der Kammerpräsident kann die beklagte Partei aber auffordern, eine Übersetzung ihrer schriftlichen Stellungnahmen in ihre eigene Amtssprache mit vorzulegen, damit dem Beschwerdeführer das Verständnis der Stellungnahme erleichtert wird (Art. 34 Abs. 5 VerfO). Verwenden Vertragsparteien oder Dritte beim Verkehr mit dem Gerichtshof nicht eine seiner Amtssprachen, was nur mit Genehmigung des Kammerpräsidenten zulässig ist, müssen sie auf ihre Kosten für die mündliche oder schriftliche Sprachübertragung ihrer Stellungnahmen sorgen (Art. 34 Abs. 4 VerfO). **Zeugen, Sachverständige** und andere Personen können sich vor dem Gerichtshof ihrer eigenen Sprache bedienen, wenn sie die Amtssprache des Gerichts nicht hinreichend beherrschen. In diesen Fällen obliegt es dem Kanzler, die Sprachübertragung zu veranlassen (Art. 34 Abs. 6 VerfO). **18**

d) Prozeßvertretung, Verfahrenshilfe. Anwaltszwang besteht grundsätzlich nicht. Der Beschwerdeführer kann sich aber vor dem Gerichtshof durch einen in den Mitgliedstaa- **19**

---

48 Vgl. Art. 33 Abs. 2 VerfO: Ausschluß der Presse und der Öffentlichkeit aus den dort angeführten Gründen.

49 Vgl. *Meyer-Ladewig* Art. 29, 7.

50 Vgl. IntKomEMRK-*Rogge* Art. 25 (a. F) 104.

51 Vgl. *Meyer-Ladewig* Art. 29, 6.

52 *Meyer-Ladewig* Art. 29, 6.

ten **zugelassenen Anwalt** oder sonst einer vom Kammerpräsidenten zugelassenen Person vertreten lassen (Art. 36 VerfO). Dieser kann auch selbst die anwaltschaftliche Vertretung anordnen, sobald die Beschwerde dem beklagten Staat zugestellt worden ist (§ 36 Abs. 2 VerfO). **Verfahrenshilfe** (Prozeßkostenhilfe) kann dem Beschwerdeführer bei einer Individualbeschwerde (Art. 34 MRK) vor allem durch Beiordnung eines Anwalts vom Kammerpräsidenten gewährt werden, sofern der Beschwerdeführer selbst nicht über ausreichende Mittel verfügt und dies für die ordnungsgemäße Prüfung der Beschwerde vor dem Gerichtshof notwendig ist (Art. 92 VerfO)[53]. Über die Verfahrenshilfe wird entschieden, wenn die beklagte Partei zur Zulässigkeit der Beschwerde Stellung genommen hat oder die Frist dafür abgelaufen ist (Art. 91 Abs. 1 VerfO). Der Beschwerdeführer muß beglaubigte Angaben über seine wirtschaftlichen Verhältnisse vorgelegt und der beklagte Staat dazu Stellung genommen oder die Möglichkeit dazu gehabt haben[54]. Die Entscheidung des Kammerpräsidenten wird dem Beschwerdeführer durch den Kanzler mitgeteilt (Art. 93 VerfO). Der Kammerpräsident kann seine Entscheidung jederzeit zurücknehmen, wenn die Voraussetzungen für sie entfallen sind (Art. 96 VerfO). Die Verfahrenshilfe umfaßt die Honorare des Rechtsbeistands oder einer anderen nach Art. 36 VerfO zur Vertretung berechtigen Person (ev. auch mehrere), sowie Aufenthalts- und Reisekosten und andere notwendigen Auslagen (Art. 94 VerfO). Die Höhe der Verfahrenshilfe wird dabei nach Art. 95 VerfO vom Kanzler bestimmt, der die Höhe der Honorare nach „den geltenden Tarifen“ festsetzt (Art. 95 Buchst. b VerfO)[55] Die bewilligte Verfahrenshilfe gilt für ein etwaiges Verfahren vor der Großen Kammer weiter, sofern sie nicht rückgängig gemacht oder beschränkt worden ist (Art. 91 Abs. 2, Art. 96 VerfO).

20 3. **Der ungehinderte Zugang zum Gerichtshof** wird allen am Verfahren teilnehmenden Personen durch das **Europäische Übereinkommen über die an Verfahren vor dem Europäischen Gerichtshof für Menschenrechte teilnehmenden Personen** vom 23.10.1996 gesichert[56]. Dieses gewährt allen als Partei, Vertreter oder Berater einer Partei oder als vorgeladene Zeugen oder Sachverständige oder sonst mit Billigung des Präsidenten am Verfahren teilnehmenden Personen **Immunität** für ihre **schriftlichen oder mündlichen Äußerungen** gegenüber dem Gerichtshof, ferner für Urkunden und sonstige Beweismittel, die sie dem Gerichtshof vorlegen (Art. 2 Abs. 1 des Übereinkommens). Diese Immunität besteht nicht, wenn sie Äußerungen oder Beweismittel außerhalb des Gerichtshofs anderen zur Kenntnis bringen (Art. 2 Abs. 2 des Übereinkommen). Alle die genannten Personen haben das Recht auf **ungehinderten schriftlichen Verkehr** mit dem Gerichtshof. Dies gilt auch für Personen, denen die **Freiheit entzogen** ist; deren Korrespondenz mit dem Gerichtshof darf nicht ungebührlich verzögert oder behindert oder zum Gegenstand einer disziplinarischen Maßnahme gemacht werden. Diese Personen haben ferner das Recht, mit einem Anwalt schriftlich zu verkehren und sich mit ihm zu beraten, ohne daß eine andere Person mithört. Eingriffe in diese Rechte sind nur auf Grund eines Gesetzes und nur insoweit zulässig, als sie in einer demokratischen Gesellschaft im Interesse der nationalen Sicherheit, zur Aufdeckung und Verfolgung von Straftaten oder zum Schutze der Gesundheit notwendig sind (Art. 3 des Übereinkommens).

[53] Vgl. *Meyer-Ladewig* Art. 29, 12.

[54] *Meyer-Ladewig* Art. 29, 11, 12; *Villiger* HdB 206.

[55] Vgl. *Meyer-Ladewig* Art. 29; 12; *Villiger* HdB 206: Nicht volles Honorar, sondern angemessener Beitrag zu den Kosten im Straßburger Verfahren.

[56] BGBl. II 2001 S. 359. Das am 1. 11. 2001 in Kraft getretene Abkommen ersetzt das gleichartige frühere Abkommen vom 6. 5. 1969 (BGBl. II 1975 S. 1445).

Freies Geleit. Das Recht auf ungehinderte Hin- und Rückreise, einschließlich des durch Art. 4 Abs. 3 noch gesondert gesicherten Rückkehrrechts, wird allen genannten Personen, die am Verfahren vor dem Gerichtshof teilnehmen, garantiert, wobei ihnen keine Beschränkungen aus anderen als den vorerwähnten Gründen auferlegt werden dürfen (Art. 4 Abs. 1 Buchst. a, b). In den Durchgangsstaaten oder in dem Staat, in dem die Verhandlung stattfindet, dürfen sie wegen Handlungen oder Verurteilungen aus der Zeit, die vor Beginn ihrer Reise liegt, **weder verfolgt noch in Haft genommen** noch sonstwie in ihrer persönlichen Freiheit beschränkt werden (Art. 4 Abs. 2 Buchst. a). Diese Verpflichtungen aus Art. 4 Abs. 2 des Übereinkommens haben nach Art. 4 Abs. 5 Vorrang vor den Verpflichtungen, die sich aus sonstigen Übereinkommen des Europarats oder aus Rechtshilfe- oder Auslieferungsverträgen ergeben. Die durch das Übereinkommen garantierte Bewegungs- und Reisefreiheit erlischt, wenn die betreffende Person nicht in das Land zurückgekehrt ist, von dem aus sie die Reise angetreten hat, sofern sie an 15 aufeinander folgen Tagen die Möglichkeit dazu hatte (Art. 4 Abs. 4 des Übereinkommens). Die Immunität, die den oben genannten Personen nur gewährt wird, um ihnen die Freiheit und Unabhängigkeit für die Ausübung ihrer Rechte und die Wahrnehmung ihrer Pflichten vor dem Gerichtshof zu sichern, kann der Gerichtshof durch eine zu begründende Entscheidung unter den im Übereinkommen näher festgelegten Voraussetzungen aufheben[57]. 21

IV. Voraussetzungen der Individualbeschwerde

1. Zeitliche, örtliche, persönliche und sachliche Anwendbarkeit der MRK. Die Verbürgungen der Europäischen Menschenrechtskonvention und der Zusatzprotokolle sind nicht anwendbar auf Vorfälle, die **vor der Zeit** liegen, in der die Konvention oder das Zusatzprotokoll für den Staat, dessen Herrschaftsgewalt sie zugerechnet werden[58]; rechtsverbindlich wurde. Betrifft der Beschwerdegegenstand einen vorher liegenden Zeitraum, ist eine Beschwerde **„ratione temporis“** unzulässig[58a]. Dauert eine Konventionsverletzung nach dem Inkrafttreten in dem betreffenden Staat noch an, erstreckt sich die Überprüfung des Gerichtshofs nur auf die nach diesem Zeitpunkt liegenden Vorgänge[59]. Die fortdauernde Konventionsverletzung ist von den Vorgängen zu unterscheiden, die auf einem vor Wirksamwerden der Konvention abgeschlossenen Rechtsakt beruhen, bei dem nur dessen Wirkungen, wie etwa der Eigentumsentzug bei einer vollzogenen Enteignung, fortdauern[60]. In der Fortdauer der vor dem Beitritt geschaffenen Rechtslage allein wird keine neue Konventionsverletzung gesehen. Kommen dagegen nach dem Inkrafttreten einer Konventionsverbürgung neue, auch ihrerseits selbst konventionswidrige Handlungen hinzu, sind diese an der Konvention zu messen[61]. Auch die Vollstreckung eines vorher ergangenen Urteils fällt als abgeschlossener Rechtsakt nicht in den Anwendungsbereich der Konvention, sofern nicht darin eine sich täglich neu er- 22

---

57 Zu den Einzelheiten und zu den Vorbehalten, die die Vertragsstaaten erklären können vgl. Art. 4 Abs. 2 Buchst b, Art. 5 Abs. 3, 4; Art. 9 des Übereinkommens.

58 Vgl. dazu Art. 1.

58a Etwa EGMR 12.7.2001 Hans Adam II/D (NJW **2003** 649); vgl. Art. 1 des 1. ZP.

59 *Grabenwarter* § 13 Rdn. 46.

60 Vgl. etwa EGMR 12.7.2001 Hans Adam II von und zu Liechtenstein/D (NJW **2003** 649, dazu *Faßbender* EuGRZ **2001** 459); anders dagegen, wenn nur das Eigentum faktisch entzogen wurde, vgl. etwa EGMR 24.6.1993 Papamichalopoulos/Griech (ÖJZ **1994** 177); 18.12.1996 Loizidou/Türk (ÖJZ **1997** 793); *Grabenwarter* § 13, 47 mit weit. Nachw.; *Meyer-Ladewig* Art. 1 des 1. ZP, 39.

61 Vgl IntKommEMRK-*Rogge* Art. 27 (a. F) 79 ff, auch zum Unterschied zwischen der fortdauernden Wirkung einer Entscheidung und der Fortdauer eines Zustands.

eignende Konventionsverletzung zu sehen ist[62]. Tritt die MRK oder ein Zusatzprotokoll während eines laufenden gerichtlichen Verfahrens in Kraft, sind nur die nach dem Inkrafttreten liegenden Entscheidungen, nicht aber vorher liegende daran zu messen[63]. Bei **Ausscheiden eines Staates** aus der Konvention (Art. 58 MRK) fallen nur die Vorgänge, die vor dem Wirksamwerden des Ausscheidens liegen, unter die Konvention. Handlungen, die **außerhalb des territorialen Herrschaftsbereiches** eines Konventionsstaats geschehen oder einen nicht seiner faktischen Herrschaftsgewalt im Sinne des Art. 1 MRK zuzurechnenden Sachverhalt außerhalb seines Staatsgebiets betreffen[64], können ihm **„ratione loci"** nicht zugerechnet werden[65]. Zuzurechnen sind ihm aber Handlungen innerstaatlicher Organe, wenn diese in Mißachtung der staatlichen Schutzpflicht zur Verletzung der Konventionsrechte des Betroffenen durch einen Drittstaat beitragen können, wie etwa die Abschiebung in einen Staat, in dem den Betroffenen Folter droht[66]. Unzulässig **ratione personae** sind Beschwerden, wenn der Beschwerdeführer nicht parteifähig oder nicht prozeßfähig ist oder wenn ihm die Opfereigenschaft fehlt, aber auch, wenn der Beschwerdegegner nicht durch die Konvention gebunden ist, etwa wenn sie sich gegen einen Staat oder eine internationale Organisation richten, die nicht Vertragspartei der Menschenrechtskonvention oder des geltend gemachten Zusatzprotokolls ist, wie etwa die Europäischen Gemeinschaften[67] oder wenn das beanstandete Verhalten dem beklagten Staat nicht zurechenbar ist[68]. Unzulässig **„ratione materiae"** sind Beschwerden, deren Beschwerdegegenstand überhaupt nicht in den Schutzbereich der Konvention fällt[69], etwa, weil sie kein in dieser oder in einem Zusatzprotokoll gewährleistetes Recht betreffen[70] oder aber weil das in Anspruch genommene Konventionsrecht den betreffenden Staat nicht bindet, weil dieser insoweit einen wirksamen Vorbehalt erklärt hat oder dem fraglichen Zusatzprotokoll nicht beigetreten ist[71].

2. Beschwerdeberechtigung

23 a) **Beschwerdeberechtigt** ist jede **natürliche Person**, ferner nichtstaatliche Organisationen oder Personengruppen, die behaupten in einem in dieser Konvention oder deren Zusatzprotokollen anerkannten Recht verletzt zu sein (Art. 34 MRK)[72]. Der Begriff **nichtstaatliche Organisationen** schließt alle staatlichen Körperschaften aus, auch die

---

[62] Vgl EGMR 27. 3. 1962 De Becker/Belg (Série A 4); zur Abgrenzung vgl. *Grabenwarter* § 13, 48.

[63] *Villiger* HdB 108.

[64] Vgl. etwa EGMR 23. 3. 1995 Loizidou/Türk (ÖJZ **1995** 593).

[65] Vgl. EGMR 12. 12. 2001 Bancovic/ Belg u. a. (NJW **2003** 413); *Frowein/Peukert* Art. 27 a. F, 22; IntKommEMRK-*Rogge* Art. 27 a. F 79 ff; *Villiger* HdB 107; *Grabenwarter* § 13, 43, 44; zu den hier bestehenden Fragen vgl. auch Art. 1 Rdn. 14.

[66] Vgl, etwa EGMR 7. 7. 1989 Soering/GB (EuGRZ **1989** 314); 6. 2. 2003 Mamatkulow, Abdurasulovic/ Türk (EuGRZ **2003** 704); *Meyer-Ladewig* Art. 1, 5; Art. 3, 19, 20.

[67] Etwa *Grabenwarter* § 13 Rdn. 41; *Villiger* HdB 106; vgl. auch Einf. Rdn. 45.

[68] Etwa *Grabenwarter* § 13 Rdn. 42; Art. 35, 28; *Meyer-Ladewig* Art. 34, 10; Art. 35, 28; *Villiger* HdB 105.

[69] Vgl. die Beispiele aus der Praxis der ehem. EKMR bei *Villiger* HdB 109.

[70] *Grabenwarter* § 13 Rdn. 49, 50; der auch darauf hinweist, daß es mitunter schwierig ist, zu entscheiden, ob eine Beschwerde ratione materiae unzulässig ist, weil sie offensichtlich nicht in den Schutzbereich der beanspruchten Konventionsgarantie fällt oder ob sie offensichtlich unbegründet ist, weil die Sachprüfung ergibt, daß diese nicht verletzt ist. Vgl. auch Rdn. 27.

[71] Vgl. *Frowein/Peukert* Art. 27 a. F, 22; IntKommEMRK-*Rogge* Art. 27 a. F 74 ff; *Villiger* HdB 103; Einf. Rdn. 29. Bei Fehlen einer Konventionspflicht des in Anspruch genommenen Staates überschneiden sich die Unzulässigkeitsgründe rationae materiae und ratione personis, wenn letzterer, wie dies mitunter geschieht, auch bei Fehlen der Passivlegitimation des beklagten Staates verwendet wird.

[72] Die Grundsätze, die für die Zulässigkeit der früher an die Europäische Menschenrechtskommission zu richtenden Beschwerde nach Art. 24 ff MRK a. F entwickelt wurden, sind auf die jetzt unmittelbar an den Gerichtshof zu richtende Beschwerde übertragbar.

kommunalen Gebietskörperschaften[73] oder sonstige Stellen, die staatliche Funktionen im weiten Sinn ausüben[74]. Im übrigen ist der Begriff entsprechend dem Schutzzweck der Konvention weit auszulegen. Juristische Personen des Privatrechts fallen ebenso darunter wie auch nicht rechtsfähige Vereine, Handelsgesellschaften oder sonstige privatrechtliche Zusammenschlüsse[75], ferner Parteien[76], Gewerkschaften und Religionsgemeinschaften mit Ausnahme der Staatskirchen[77]. Beschwerdeberechtigt sind auch sonstige Personengruppen, die nicht besonders organisiert sein müssen[78]. Solche Gruppen und nichtstaatliche Organisationen haben das Beschwerderecht aber immer nur insoweit, als sie Rechte geltend machen, die ihnen auch als Zusammenschluß zustehen, weil auch dieser selbst und nicht nur seine Mitglieder Träger des jeweils beanspruchten Konventionsrechts ist[79], wie dies etwa bei der Glaubens-, Meinungs- und Vereinigungsfreiheit oder der Eigentumsgarantie des Art. 1 des 1. ZP angenommen wird[80]. Konventionsrechte, die ein Zusammenschluß nicht auch selbst hat, kann er weder für sich selbst noch im Namen seiner Mitglieder geltend machen[81], so etwa die Menschenrechte, die nur ein einzelner als Person haben kann[82].

b) Die **Fähigkeit, als Partei** vor dem Gerichtshof aufzutreten, hängt nicht von der **24**
Geschäftsfähigkeit nach dem jeweiligen nationalen Recht[83] oder der Staatsangehörigkeit in einem Mitgliedstaat ab[84], sondern allein davon, ob die Person Träger eines eigenen Konventionsrechts ist[85]. Eine besondere **Prozeßfähigkeit** setzt die MRK nicht voraus[86]. Sie wird im Interesse des Menschenrechtsschutzes allen Betroffenen zuerkannt, die ein Mindestmaß der dafür erforderlichen Postulationsfähigkeit besitzen. Auch Minderjährige[87] oder Entmündigte[88] können selbst beschwerdeberechtigt sein. Wer nicht prozeßfähig ist, muß sein Recht durch einen Vertreter wahrnehmen[89]. Nach Art. 45 VerfO können die beschwerdeberechtigten Personen oder Personengruppen die Beschwerde zunächst selbst einreichen oder sich dabei durch einen zugelassenen Rechtsbeistand mit Wohnsitz in einem der Vertragsstaaten vertreten lassen, bei Zulassung durch den Kammerpräsidenten ist auch eine andere Person zur Vertretung befugt (Art. 36 Abs. 4 VerfO)[90].

---

73 IntKommEMRK-*Rogge* Art. 25 a.F 136; *Villiger* HdB 101.

74 Vgl. *Grabenwarter* § 13 Rdn. 8; *Meyer-Ladewig* Art. 34, 7; *Peters* 238.

75 *Grabenwarter* § 13 Rdn. 8; IntKommEMRK-*Rogge* Art. 25 a.F 129 ff.

76 *Villiger* HdB 101; auch eine innerstaatlich aufgehobene Partei bleibt beschwerdefähig *Frowein/Peukert* Art. 25 a.F 17; *Klein* ZRP **2001** 397; *Rogge* EuGRZ **1996** 341, 344.

77 IntKommEMRK-*Rogge* Art. 25 a.F 137 (auch wenn sie Körperschaften des öffentlichen Rechts sind).

78 IntKommEMRK-*Rogge* Art. 25 a.F 125.

79 Vgl. im einzelnen *Frowein/Peukert* Art. 25, 15 ff; IntKommEMRK-*Rogge* Art. 25 a.F, 125 ff; *Meyer-Ladewig* Art. 34, 8; *Matscher* EuGRZ **1982** 493.

80 Etwa EGMR 27.6.2000 Cha'are Shalom We Tsedek/F (ÖJZ **2001** 774); 13.12.2001 Metropolitenkirche von Bessarabien/Moldavien; *Meyer-Ladewig* Art. 34, 9; *Villiger* HdB 101.

81 Etwa EKMR EuGRZ **1997** 616 (Scientology/D); EGMR 25.5.2000 Noak u.a./D („Horno" NVwZ **2001** 307 L).

82 *Grabenwarter* § 13 Rdn. 8; IntKommEMRK-*Rogge* Art. 25 a.F 138 ff; *Villiger* HdB 101 (wie z.B Ehefreiheit Art. 12 MRK).

83 Etwa EGMR 13.6.1979 Marckx/Belg (EGMR NJW **1979** 2449); 24.10.1979 Winterwerp/NdL(EuGRZ **1979** 650). Zur Prozeßfähigkeit *Frowein/Peukert* Art. 25 a.F, 18; *Delvaux* in *Maier* Menschenrechtsschutz 40.

84 EGMR 28.11.1978 Luedicke, Belkacem u.a./D (EuGRZ **1979** 36); IntKommEMRK-*Rogge* Art. 25 a.F, 119.

85 *Frowein/Peukert* 25 a.F 9 ff; IntKommEMRK-*Rogge* Art. 25 a.F 121 ff, auch zu der von der Kommission offen gelassenen Frage, ob der nasciturus konventionsrechtsfähig ist. vgl. EKMR Brüggemann u.a. (EuGRZ **1978** 199); Paton (EuGRZ **1981** 20); und zur Tragweite des Art. 2 IntKommEMRK-*Lagodny* Art. 2, Rdn. 25 ff mit weit. Nachw.

86 *Meyer-Ladewig* Art. 34, 5; vgl. Rdn. 19.

87 EGMR 13.6.1979 Marckx/Belg (EGMR NJW **1979** 2449); 13.7.2000 Scazzari & Giunta/I (ÖJZ **2002** 74).

88 EGMR 24.10.1979 Winterwerp (EuGRZ **1979** 650).

89 *Frowein/Peukert* Art. 25 a.F 18; IntKommEMRK-*Rogge* Art. 25 a.F Rdn. 147.

90 Vgl. Rdn. 19.

25 **c) Verletzung** eines **eigenen Konventionsrechts**. Die Individualbeschwerde ist keine Popularklage zur abstrakten Normenkontrolle[91], sie wird grundsätzlich nur demjenigen eingeräumt, der schlüssig behauptet, im konkreten Fall selbst **„Opfer" der Verletzung eines eigenen Konventionsrechts** („victim of a violation", „victime d'une violation") durch den jeweiligen Mitgliedstaat geworden zu sein[92]. Der Beschwerdeführer muß dartun, daß er nach Inkrafttreten der Konvention[93] durch ein hoheitliches Handeln oder Unterlassen eines Mitgliedstaates in einem von der Konvention garantierten Recht[94] unmittelbar beeinträchtigt worden ist (Beschwer)[95]. Der Nachweis eines Schadens ist dafür nicht erforderlich[96], wohl aber eine **unmittelbare Beeinträchtigung** in einem Konventionsrecht; dies liegt auch dann vor, wenn die in das Recht eingreifende Maßnahme bestandskräftig angeordnet, aber noch nicht vollzogen ist[97]. Es kann bereits genügen, wenn der Beschwerdeführer die Wahrscheinlichkeit, daß er in einem Konventionsrecht verletzt wird, durch plausible und überzeugende Gründe aufzeigt[97a], vor allem wenn eine schwerwiegende Verletzung eines solchen Rechts mit irreparablen Schäden zu erwarten ist[98]. Die bloße Möglichkeit einer entfernten, mittelbaren Auswirkung auf ein geschütztes Konventionsrecht reicht aber nicht aus[99]. Die (anfechtbare) Anordnung, ein Land zu verlassen, wurde nicht als ausreichend angesehen, um die Opfereigenschaft zu begründen, wenn noch keine Ausweisungsverfügung ergangen ist[100], wohl aber die Anordnung der Abschiebung in ein Land, in dem nachweisbar eine gegen Art. 3 MRK verstoßende Behandlung droht[101]. Nur **ausnahmsweise** genügt in den Fällen, in denen dem Beschwerdeführer der konkrete Nachweis eines direkten Eingriffs in sein Konventionsrecht nicht möglich oder nicht zumutbar ist, wie etwa bei geheimen staatlichen Maßnahmen der Telefon- oder Postüberwachung, daß er die **Wahrscheinlichkeit aufzeigt,** wonach er Opfer eines solchen Eingriffs geworden sein kann[102]. Bei Maßnahmen gegen ein Wirtschaftsunternehmen können **Miteigentümer, Gesellschafte**r und auch in ihren

---

91 *Grabenwarter* § 13 Rdn. 13; *Meyer-Ladewig* Art. 34, 11.

92 EGMR 27.6.2000 Ilhan/Türk (ECHR 2000-VII); *Grabenwarter* § 13 Rdn. 13 ff; *Meyer-Ladewig* Art. 34, 11; *Villiger* HdB 102.

93 „Keine Rückwirkung" IntKommEMRK-*Rogge* Art. 25, 14 (Beanstandung davor liegender Verstöße „ratione temporis" unzulässig), vgl. Rdn. 22.

94 Dies ist z. B ratione materiae nicht der Fall, wenn er ein Verfahren beanstandet, das weder einen Streit über zvilrechtliche Ansprüche oder eine strafrechtliche Anklage im Sinne des Art. 6 Abs. 1 MRK betrifft, wie etwa Einreise, Aufenthalt oder Ausweisung von Ausländern, vgl. EGMR 5.10.2000 Maaouia/F (ÖJZ **2001** 109); 11.7.2001 Aronica/D (EuGRZ **2002** 514).

95 EGMR 28.10.1999 Brumarescu/Rum (ECHR 1999-VII); *Frowein/Peukert* Art. 25 a. F 20; IntKomm-EMRK-*Rogge* Art. 25 a. F, 207; *Meyer-Ladewig* Art. 34, 11.

96 Etwa EGMR 18.6.1971 belg. Landstreicher/Belg (Series A 12); 13.6.1979 Marckx/Belg (EuGRZ **1979** 454); 18.12.1986 Johnston u. a./Irl (EuGRZ **1987** 313); 28.3.1990 Groppera Radio AG u. a./CH (EuGRZ **1990** 255); 25.6.1992 Lüdi/CH (EuGRZ **1992** 300); 25.6.1996 Amuur/F (EuGRZ **1996** 584); 26.8.1997 Balmer-Schafroth/CH (EuGRZ **1999** 183); *Frowein/Peukert* Art. 25 a. F 37; *Grabenwarter* § 13 Rdn. 13; *Villiger* HdB 149.

97 *Frowein/Peukert* Art. 25 a. F 21; *Grabenwarter* § 13 Rdn. 14, 16; IntKommEMRK-Rogge Art. 25 a. F 221; *Villiger* Hdb 149.

97a EGMR 10.3.2004 Senator Lines GmbH/15 EU-Staaten (EuGRZ **2004** 279).

98 EGMR 7.7.1989 Soering/GB (EuGRZ **1989** 314); *Frowein/Peukert* Art. 25 a. F 21, *Grabenwarter* § 13 Rdn. 14.

99 EGMR 23.6.1981 Le Compte u. a./B (EuGRZ **1981** 552); 21.9.1994 Fayed/GB (ÖJZ **1995** 436); 28.9.1995 Masson u. a./NdL (ÖJZ **1996** 191); 26.8.1997 Balmer-Schafroth/CH (EuGRZ **1999** 183: Betriebsbewilligung für Atomkraftwerk); 29.5.2001 Okonkwo/Ö (ÖJZ **2001** 816, nicht erzwingbares Aufenthaltsverbot); *Frowein/Peukert* Art. 25 a. F 20, 21; *Grabenwarter* § 13 Rdn. 13.

100 EGMR 27.8.1992 Vijayanathan & Pusparajah/F (ÖJZ **1993** 101).

101 Etwa EGMR 7.7.1989 Soering/GB (NJW **1990** 2138); 10.3.2004 Senator Lines GmbH/Ö (EuGRZ **2004** 279: verneinend); vgl. auch EGMR 6.2.2003 Mamatkulow, Abdurasulovic/Türk (EuGRZ **2003** 704).

102 EGMR 6.9.1978 Klass/D (EuGRZ **1979** 278); 2.8.1984 Malone/GB (EuGRZ **1985** 17); 4.5.2000 Rotaru/Rum (ÖJZ **2001** 74), vgl. auch EKMR bei *Strasser* EuGRZ **1990** 199; *Frowein/Peukert* Art. 25 a. F, 20; *Grabenwarter* § 13 Rdn. 16.

Vermögensverhältnissen unmittelbar beeinträchtigte Angehörige Opfer sein[103]. Bei **juristischen Personen** sind in der Regel nur diese selbst beschwert und nicht ihre Teilhaber (Aktionäre)[104]. **Gesetzliche Regelungen** begründen für sich allein in der Regel noch keine unmittelbare Betroffenheit; diese tritt erst mit dem direkten behördlichen Eingriff durch einen **Vollzugsakt** ein[105]. Ausnahmsweise kann jedoch die Gesetzeslage über das abstrakte und virtuelle Betroffensein hinaus den Beschwerdeführer in der Ausübung eines Konventionsrechts bereits unmittelbar beeinträchtigen. Dies kann der Fall sein bei ihn betreffenden Statusregelungen[106] oder bei Regelungen, die in sein Recht auf private Lebensgestaltung so unmittelbar eingreifen, daß ihm nicht zugemutet werden kann, vor einer Konventionsbeschwerde erst ein innerstaatliches Verfahren, etwa ein Strafverfahren, hinzunehmen[107]. Erfordert der Schutz eines Konventionsrechts, daß der Staat entsprechende Gesetze erläßt, kann derjenige, der dadurch in seinen Rechten konkret beeinträchtigt ist, sich auch gegen eine in der Untätigkeit liegende Verletzung der staatlichen Schutzpflicht mit der Beschwerde wenden[108]. Zum Wegfall der Opfereigenschaft vgl. Rdn. 28.

Neben den **unmittelbar verletzten Personen** sind in begrenztem Umfang auch **mittelbar Betroffene** beschwerdeberechtigt, wenn sie selbst in einem eigenen Konventionsrecht mitbeeinträchtigt sind und ein **eigenes Interesse** an der Beendigung einer auch sie beschwerenden Verletzung der Rechte eines anderen haben[109]. Auch ein Elternteil oder ein natürlicher Vater, der nach nationalem Recht nicht befugt ist, sein Kind zu vertreten, kann im Namen des Kindes dessen Interessen vor dem EGMR wahren[110]. Nach dem **Tode des unmittelbar Verletzten** können nahe Angehörige das Verfahren weiterführen, wenn sie ein berechtigtes Interesse daran haben, so auch, wenn sie durch die behauptete Konventionsverletzung auch ihrerseits materiell[111] oder wegen einer nahen persönlichen Beziehung zum eigentlichen Opfer auch immateriell selbst betroffen sind[112]. Die **Witwe**[113] oder die **Eltern**[114] oder sonstige **nahe Angehörige** eines Getöteten[115] werden wegen der 26

[103] *Meyer-Ladewig* Art. 34, 11.

[104] Vgl. *Meyer-Ladewig* Art. 34, 14 unter Hinweis auf einem vom EGMR (26.10.2000 G. J/Luxemburg) entschiedenen Ausnahmefall einer in Liquidation befindlichen und selbst nicht mehr handlungsfähigen GmbH).

[105] *Grabenwarter* § 13 Rdn. 16.

[106] So etwa über die Rechtsstellung unehelicher Kinder EGMR 13.6.1979 Marckx/Belg (NJW **1979** 2449).

[107] EGMR 13.6.1979 Marckx/Belg (NJW **1979** 2449); 22.10.1981 Dudgeon/GB (EuGRZ **1983** 488); 18.12.1986 Johnston/Irl (EuGRZ **1987** 315); 26.10.1988 Norris/Irl (EuGRZ **1992** 477); 25.6.1992 Lüdi/CH (EuGRZ **1992** 300); 19.10.1992 Open Door and Dublin Well Woman/Irl (EuGRZ **1992** 484); 22.4.1993 Modinos/Zyp (ÖJZ **1993** 821); 25.6.1996 Amuur/F (EuGRZ **1996** 584); 26.8.1997 Balmer-Schafroth/CH (EuGRZ **1999** 183); *Frowein/Peukert* Art. 25 a. F 37; IntKommEMRK-*Rogge* Art. 25 a. F 215; *Meyer-Ladewig* Art. 34, 11; *Villiger* HdB 152 je mit Beispielen. Auch der UN-AMR läßt die Individualbeschwerde nach Art. 2 FP-IPBPR zu, wenn das Risiko, eine Beeinträchtigung zu erfahren, mehr als nur eine theoretische Möglichkeit darstellt (EuGRZ **1981** 392 maurizische Frauen); vgl. *Nowak* Art. 2 FP, 6; *Tardu* FS Partsch 294.

[108] EGMR 13.6.1979 Marckx/Belg (NJW **1979** 2449); 26.3.1985 X & Y/Ndl (EuGRZ **1985** 297); vgl. auch *Villiger* HdB 176.

[109] Vgl. IntKommEMRK-*Rogge* Art. 25 a. F, 216 ff; ferner *Delvaux* in *Maier* Menschenrechtsschutz 42; 57 ff; *Matscher* EuGRZ **1982** 494; *Nowak* Art. 2 FP, 7 (indirekte Opfer).

[110] Vgl. etwa EGMR 6.12.2001 Petersen/D (NJW **2003** 1921).

[111] Vgl. *Frowein/Peukert* Art. 25 a. F, 13 (Beschwer als Erben durch die materiellen Nachteile einer Konventionsverletzung); *Grabenwarter* § 13 Rdn. 5 (auch die Aussicht auf Entschädigung nach Art. 41 MRK rechnet dazu); *Villiger* HdB 100 (Übertragbarkeit des Streitgegenstandes).

[112] Etwa EGMR 7.12.2000 Craxi/I; EKMR EuGRZ **1987** 410; bei *Strasser* EuGRZ **1989** 461; *Frowein/Peukert* Art. 25 a. F, 13; 14; *Grabenwarter* § 13 Rdn. 6, 17; IntKommEMRK-*Rogge* 116; 124; *Vogler* ZStW **89** (1977) 761.

[113] Etwa EGMR 27.6.2000 Salman/Türk (NJW **2001** 2001); *Meyer-Ladewig* Art. 34, 12.

[114] EGMR 20.5.1999 Ogur/Türk (NJW **2001** 1991); 5.10.1999 Grams/D (NJW **2001** 1989).

[115] EGMR 2.9.1988 Yasa/Türk (Rep. 1998-IV: Neffe/Onkel).

von diesem erlittenen schweren Konventionsverletzung (Art. 2 oder 3 MRK) an Stelle des unmittelbar Betroffenen auch selbst als **mittelbar betroffen** angesehen, vor allem auch, wenn das eigentliche Opfer wegen seiner Lage zur Wahrung seiner Interessen außerstande ist und die beschwerdeführenden Personen wegen ihres persönlichen Verhältnisses zum Opfer dafür ausreichend autorisiert erscheinen[116]. Nicht entscheidend ist auch hier, ob sie nach dem nationalen Recht zur gesetzlichen Vertretung des unmittelbar Betroffenen berufen sind[117]. Ob sie dabei in ihrer Eigenschaft als indirektes Opfer eine eigene Beschwer oder kraft einer zuerkannten Vertretungsbefugnis eine fremde Beschwer geltend machen, wurde manchmal nicht unterschieden. Obwohl die primäre Aufgabe des EGMR die Entscheidung der vor ihn gebrachten Individualbeschwerde des Betroffenen nach Art. 34 MRK ist, hält er sich in **Ausnahmefällen** für befugt, nach dem Tod des Beschwerdeführer auch bei Fehlen eines zur Fortführung des Verfahrens Berechtigten diese nicht nach Art. 37 MRK in der Liste zu streichen sondern es weiter zu führen, wenn es eine wichtige Frage von allgemeinem Interesse betrifft und die Achtung der Menschenrechte dies verlangt, um den Schutzstandard der Konvention zu erhellen, zu sichern und fortzuentwickeln[118].

27 Beschwerden von Personen, die **Konventionsverletzungen in bezug auf fremde Personen** oder die Verletzung eines **nicht von der Konvention garantierten Rechts** behaupten, sind unzulässig. Sie sind mit der Konvention ratione personae bzw. materiae unvereinbar i. S. von Art. 35 Abs. 3 MRK[119].

28 **d) Fortdauer der Beschwer.** Die Konventionsverletzung muß den Beschwerdeführer in irgendeiner Form noch beschweren, ein bleibender Schaden braucht ihm daraus nicht erwachsen zu sein[120]. Ob der Beschwerdeführer sachlich beschwert ist, wird mitunter erst im Rahmen der sachlichen Überprüfung der Beschwerde entschieden[121]. Das **Rechtsschutzbedürfnis** muß fortbestehen. Die Beschwerde ist „ratione personae" unzulässig, wenn die Beschwer bereits **innerstaatlich vollständig behoben** ist, z. B. wenn der Angeklagte, dessen Verteidigungsrecht verletzt wurde, freigesprochen worden ist[122] oder wenn die Ausweisungsentscheidung von der zuständigen Behörde aufgehoben wurde[123]. Welche innerstaatlichen Abhilfemaßnahmen die Beschwer beseitigen, hängt von der Art des verletzten Konventionsrechts und der (spezifischen) Wirkung der staatlichen Maßnahme ab, die den Verstoß beendet oder ihn ausgeglichen hat[124]. Dabei ist von Bedeutung, daß hierbei deutlich gemacht wird, daß dies im Hinblick auf die Konventionsgarantie oder einer ihr inhaltlich gleichkommenden innerstaatlichen Gewährleistung geschieht[125]. Der

---

[116] Vgl. *Frowein/Peukert* Art. 25 a. F, 27; *Grabenwarter* § 13 Rdn. 17; IntKommEMRK-*Rogge* Art. 25 a. F, 216, 218; *Meyer-Ladewig* Art. 34, 12 je mit weit. Nachw. Zur Praxis des UN-AMR *Nowak* Art. 2 FP, 10; 11; *Tardu* FS Partsch 296.

[117] EGMR 13. 7. 2000 Scazzari & Giunta/I (ÖJZ **2002** 74: Eltern, auch wenn Elternrechte suspendiert).

[118] Etwa EGMR 18. 1. 1978 Irland/GB (EuGRZ **1979** 149); 24. 7. 2003 Karner/Ö (ÖJZ **2004** 36); *Grabenwarter* § 13 Rdn. 6, 7.

[119] Vgl. Rdn. 22; *Villiger* HdB 102.

[120] EGMR 21. 6. 1983 Eckle (EuGRZ **1983** 371); 10. 12. 1982 Corigliano/I (EuGRZ **1985** 585); 22. 5. 1984 De Jong u. a./NdL (EuGRZ **1985** 700); *Frowein/Peukert* Art. 25 a. F, 17.

[121] *Frowein/Peukert* Art. 25 a. F, 33.

[122] Vgl. etwa EKMR ÖJZ **1994** 531; EGMR 30. 1. 2001 Holzinger/Ö (ÖJZ **2001** 478); 10. 3. 2004 Senator Lines GmbH/Ö u. a. (EuGRZ **2004** 279 vom EuG aufgehobene Geldbuße); *Frowein/Peukert* Art. 25 a. F, 22, 28, IntKomm EMRK-*Rogge* Art. 25 a. F, 222; *Villiger* HdB 150.

[123] EGMR 11. 10. 2001 Kalantari/D (Rep. 2001-X); *Meyer-Ladewig* Art. 34, 15.

[124] *Frowein/Peukert* Art. 25 a. F, 22; vgl. aber *Peukert* EuGRZ **1979** 262.

[125] *Meyer-Ladewig* Art. 34, 16 mit weit. Nachw. aus der Rechtspr. des EGMR. Vgl. auch *Frowein/Peukert* Art. 25 a. F, 23, wonach der EGMR bei einseitigen Abhilfemaßnahmen eine zumindest konkludente Anerkennung der Rechtsverletzung neben der Wiedergutmachung verlangt; wird die überlange Verfahrensdauer bereits innerstaatlich ausgeglichen, muß Umfang und Art. der Kompensation ausdrücklich aufgezeigt werden, vgl. Art. 6 MRK Rdn. 84; *Peukert* EuGRZ **1979** 263. Nach Int-

Umstand allein, daß eine beschwerende staatliche Maßnahme sich später erledigt hat, etwa, weil sie bereits vollzogen ist und in Zukunft keine neue gleichartige Beeinträchtigung mehr zu erwarten ist, beseitigt für sich allein nicht notwendig schon das Rechtsschutzbedürfnis des Betroffenen an der Feststellung der Konventionsverletzung[126]. Bei nachträglichen Maßnahmen zur innerstaatlichen Kompensation einer als solcher nicht mehr reparablen Konventionsverletzung ist in der Regel erforderlich, daß der Staat ausdrücklich oder zumindest materiell eine solche Verletzung anerkennt und eine angemessene Wiedergutmachung dafür leistet[127]; so etwa, wenn dies ausdrücklich in einem Verfahren geschieht, in dem den Betroffenen eine angemessene Entschädigung für eine konventionswidrige Freiheitsentziehung nach Art. 5 Abs. 5 MRK zuerkannt wurde[128].

3. Die formalen Zulässigkeitsvoraussetzungen der Beschwerde

a) Einlegungsfrist. Die Individualbeschwerde muß **binnen sechs Monaten** nach der endgültigen innerstaatlichen Entscheidung eingelegt werden, das ist die Entscheidung, mit der innerstaatlich der Rechtsweg erschöpft ist (Art. 35 Abs. 1 MRK). Maßgebend ist die endgültige **Entscheidung der Hauptsache**, auch in bezug auf Zwischenentscheidungen, die bereits früher unanfechtbar geworden sind[129]. Die Frist beginnt grundsätzlich mit der Verkündung oder Zustellung der mit Gründen versehenen Entscheidung[130]. Ist eine Zustellung vorgeschrieben, beginnt sie mit der Zustellung[131], andernfalls mit dem Zeitpunkt, von dem an die Parteien von der schriftlich abgefaßten Entscheidung und ihren Gründen Kenntnis nehmen können, in der Regel also mit dem Datum der Ausfertigung der Entscheidung[132]. Bei einer im innerstaatlichen Recht nicht anfechtbaren Maßnahme beginnt sie mit dem Zeitpunkt, in dem diese Maßnahme ausgeführt und abgeschlossen wurde. Bei einer Entscheidung über **Dauer der Untersuchungshaft** läßt der EGMR die Sechsmonatsfrist mit dem Ende der Untersuchungshaft beginnen[133]. Die Einlegung eines **unzulässigen** oder zur Abhilfe der Konventionsverletzung **völlig ungeeigneten** innerstaatlichen Rechtsbehelfs verlängert die Frist nicht[134]. Ist jedoch **zweifelhaft**, ob ein innerstaatlicher Rechtsbehelf zur Abhilfe der Konventionsverletzung geeignet ist, kann dem zur Erschöpfung des Rechtswegs verpflichteten Betroffenen nicht angelastet werden, daß er zunächst die innerstaatliche Bereinigung versucht hat. Auch wenn dieser Rechtsbehelf als unzulässig abgewiesen wird, beginnt dann ausnahmsweise die Frist erst mit dessen Erledigung, allerdings nur, wenn dessen völlige Ineffektivität für den Beschwerdeführer nicht bereits vorher ersichtlich wurde[135]. Bei einem konventionswidrigen 29

KommEMRK-*Rogge* Art. 25 a. F, 222 ist die innerstaatliche Feststellung der Konventionsverletzung für den Wegfall der Beschwer i. d. R. nicht notwendig, in Ausnahmefällen kann sie als immaterieller Ausgleich dafür von Bedeutung sein; vgl. auch Rdn. 71 („ausreichende Kompensation").

126 *Frowein/Peukert* Art. 24 a. F, 24.

127 EGMR 15. 7. 1982 Eckle/D (EuGRZ **1983** 378); 25. 6. 1992 Lüdi/CH (EuGRZ **1992** 300) 25. 6. 1996 Amuur/F (ÖJZ **1996** 956); 4. 5. 2000 Rotaru/Rum (ÖJZ **2001** 74); vgl. auch *Villiger* HdB 150; ferner Art. 6 MRK Rdn. 85 ff.

128 EGMR 6. 4. 2000 Labita/I (Rep. 2000 IV), vgl. *Kühne/Esser* StV **2002** 384, *Meyer-Ladewig* Art. 34, 15 mit weit. Nachw.

129 EGMR 23. 5. 1991 Oberschlick/Ö (EuGRZ **1991** 220), unter Hinweis auf die Verfahrenswirtschaftlichkeit.

130 *Frowein/Peukert* Art. 26 a. F; 36; *Grabenwarter* § 13 Rdn. 36; IntKommEMRK-*Rogge* Art. 26 a. F, 28; vgl. auch EKMR NJW **1988** 1441 und nachf. Fußn.

131 Etwa EGMR 29. 8. 1997 Worm/Ö (ÖJZ **1998** 35); 25. 3. 1999 Papachelas/Griech (NVwZ **1999** 1325).

132 EGMR 25. 3. 1999 Papachelas/Griech (NVwZ **1999** 1325); *Grabenwarter* § 13 Rdn. 36; *Meyer-Ladewig* Art. 35, 21; *Villiger* HdB 142 je mit weit. Nachw.

133 EGMR 5. 4. 2001 Priebke/I (EuGRZ **2001** 387).

134 *Frowein/Peukert* Art. 26 a. F, 45; *Meyer-Ladewig* Art. 34, 20; *Villger* HdB 144.

135 Vgl. *Grabenwarter* § 13 Rdn. 37, der rät, zur Vermeidung von Nachteilen die Beschwerde zum EGMR gleichzeitig mit dem zweifelhaften Rechtsbehelf einzulegen, ebenso *Villiger* HdB 145.

Dauerzustand beginnt die Einlegungsfrist erst mit dessen Beendigung[136]; mit diesem Dauerzustand verbundene Vorgänge, die für sich sechs Monate vor der Beschwerdeeinlegung beendet waren, berücksichtigt der EGMR dann aber nicht[137]. Ein Dauerzustand wird aber nicht angenommen, wenn nur die Folgen einer abgeschlossenen Entscheidung fortdauern[138]. Steht die endgültige innerstaatliche Entscheidung noch aus, ist eine bereits vorher erhobene Beschwerde zum EGMR verfrüht und daher unzulässig[139].

30 Zur **Fristwahrung** genügt es, wenn das **Datum des ersten Schreibens**, in dem der wesentliche Beschwerdegegenstand zusammenfassend dargestellt wird, die Frist eingehalten hat (vgl. Art. 47 Abs. 5 VerfO: „Datum der Beschwerdeerhebung") [140]; etwas anderes kann aber gelten, wenn die Beschwerde lange Zeit danach nicht vervollständigt wird[141]. Der Gerichtshof kann entscheiden, daß ein anderes Datum gilt, wenn er dies für gerechtfertigt hält (Art. 47 Abs. 5 Satz 2 VerfO)[142], so etwa, wenn der Beschwerdeführer bei Fristablauf die Konventionsverletzung noch nicht rügen konnte, weil sie ihm bei Ablauf der Frist noch unbekannt war[143]. Im übrigen ist für das fristgerechte Einreichen von Schriftsätzen und Unterlagen das **belegte Datum der Absendung** (Poststempel) maßgebend, falls ein solches fehlt, das Datum des Eingangs bei der Kanzlei (Art. 38 Abs. 2 VerfO)[144].

31 **b) Form.** Die Individualbeschwerde ist schriftlich unter Verwendung eines von der Kanzlei zur Verfügung gestellten **Formulars** einzureichen, dessen Inhalt in Art. 47 Abs. 1 VerfO im einzelnen festgelegt ist[145]. Dem Formular sind alle einschlägigen Unterlagen (Kopien) beizufügen, insbesondere die Kopien aller Entscheidungen, auf die sich die Beschwerde bezieht und die die Prüfung erlauben, ob nach Art. 35 Abs. 1 MRK der innerstaatliche Rechtsweg erschöpft und die Sechsmonatsfrist eingehalten ist (Art. 47 Abs. 1 Buchst. h, Abs. 2 VerfO)[146]. Ferner muß der Beschwerdeführer sich darüber erklären, ob er seinen Fall einer anderen internationalen Untersuchungs- oder Beschwerdeinstanz vorgelegt hat (Art. 47 Abs. 2 Buchst b)[147]. Der Beschwerde sind gegebenenfalls auch Angaben zu einem vom Beschwerdeführer erhobenen Anspruch auf eine gerechte Entschädigung nach Art. 41 MRK beizufügen (Art. 47 Abs. 1 Buchst. g VerfO).

32 In der Beschwerde muß der Beschwerdeführer seine **vollen Personalien** wie Name, Geburtsdatum, Staatsangehörigkeit, Beruf und Anschrift angeben. **Anonyme Beschwer-**

---

136 EGMR 23. 9. 1982 Sporrong/Lönnroth/Schwed (EuGRZ **1983** 523); EKMR EuGRZ **1991** 260; bei *Strasser/Weber* EuGRZ **1988** 92, 96; bei *Strasser* **1990** 452; *Frowein/Peukert* Art. 26 a. F, 38; *Meyer-Ladewig* Art. 35, 22.

137 EGMR 10. 5. 2001 Zypern/Türkei (ECHR 2001-IV); *Frowein/Peukert* Art. 26 a. F, 50; *Grabenwarter* § 13 Rdn. 36; *Meyer-Ladewig* 22 je mit weit. Nachw.

138 *Meyer-Ladewig* 22; *Frowein/Peukert* Art. 26 a. F, 52 (Enteignung).

139 Etwa EGMR 3. 6. 2003 Graf/Ö (ÖJZ **2003** 856); nur wenn die endgültige Entscheidung kurz danach, spätestens aber vor der Zulässigkeitsentscheidung ergangen ist, wurde die Beschwerde als zulässig behandelt, vgl. EGMR 16. 7. 2001 Ringeisen/Ö (EuGRZ **1976** 230); *Grabenwarter* § 13, 22.

140 EGMR 18. 2. 1999 Buscarini u. a./San Marino (NJW **1999** 2957), EKMR nach EGMR 23. 5. 1991 Oberschlick/Ö (EuGRZ **1991** 216); *Frowein/Peukert* Art. 26 a. F, 40; IntKommEMRK-*Rogge* Art. 26 a. F, 28.

141 Vgl. EGMR 18. 2. 1999 Buscarini u. a./San Marino (NJW **1999** 2957); *Meyer-Ladewig* Art. 35, 23; *Villiger* HdB 143.

142 So EGMR 11. 7. 2000 Gaillard/F nach *Meyer-Ladewig* Art. 35, 23; *Matscher* EuGRZ **1982** 498 (für EKMR).

143 Vgl. EKMR bei *Strasser* EuGRZ **1992** 280 (Urteilsgründe, die Verstoß aufzeigen, erst nach Fristablauf zugestellt).

144 *Wittinger* NJW **2001** 1238/1239; ferner etwa *Grabenwarter* § 13 Rdn. 38; *Meyer-Ladewig* Art. 35, 23.

145 Das Formular, abgedruckt mit Erläuterungen bei *Meyer-Ladewig* Anhang IV), ist bei der Kanzlei der Gerichtshofs erhältlich. Das Merkblatt ist auch in NJW **1999** 1167 abgedruckt.

146 Dazu IntKommEMRK-*Rogge* Art. 25 a. F, 29; ferner Anh. 1, 2a, 2b.

147 Vgl. Rdn. 47.

den, deren Verfasser nicht feststellbar ist, sind unzulässig (Art. 35 Abs. 2 Buchst. a MRK)[148]. Nicht organisierte Personengruppen, die keine vertretungsbefugten besonderen Organe haben, müssen die Personalien ihrer Mitglieder anführen, deren Rechte als verletzt geltend gemacht werden[149]. Soweit weltanschauliche Vereinigungen oder Kirchen oder Verbände ein eigenes Beschwerderecht durch ihre Organe ausüben, brauchen sie die Namen ihrer Mitglieder nicht angeben[150]. Die Angabe der Personalien der sie vertretenden Personen und der Nachweis ihrer Vertretungsbefugnis genügen. Gleiches gilt auch bei Vereinen und juristischen Personen.

Der zur Angabe seiner Personalien verpflichtete Beschwerdeführer kann ausführen, **33**
daß und aus welchen Gründen er nicht wünscht, daß seine **Identität** entgegen der gewöhnlichen Regel **offen gelegt** wird. In außergewöhnlichen, gebührend begründeten Fällen kann ihm der Kammerpräsident gestatten, anonym zu bleiben (Art. 47 Abs. 3 VerfO).

Die Beschwerde ist vom Beschwerdeführer selbst oder seinem Vertreter zu **unter- 34**
schreiben (Art. 45 Abs. 1 VerfO). Ein **Anwaltszwang** besteht dafür nicht[151]. Wird ein Beschwerdeführer aber vertreten, so muß der Vertreter eine schriftliche Vollmacht des Vertretenen vorlegen (Art. 45 Abs. 3 VerfO). Die Beschwerde muß nicht in einer der **Amtssprachen** des Gerichts (Art. 34 Abs. 1 VerfO: englisch oder französisch) abgefaßt sein. Bis zur Entscheidung über die Zulässigkeit kann sich der Beschwerdeführer einer der Amtssprachen eines Mitgliedstaats, also auch der deutschen Sprache, bedienen (Art. 34 Abs. 2 VerfO)[152], nachher ist dies nur mit Erlaubnis des Kammerpräsidenten zulässig. Gleiches gilt bei einer mündlichen Verhandlung.

c) Die **Erschöpfung des innerstaatlichen Rechtswegs** fordert Art. 35 Abs. 1 MRK in **35**
Übereinstimmung mit den allgemeinen Grundsätzen des Völkerrechts[153]. Die dort entwickelten Grundsätze werden auch für die Auslegung des Art. 35 Abs. 1 MRK herangezogen. Es ist der auch für Art. 13 MRK maßgebende Grundgedanke, daß zunächst die sachnäheren nationalen Behörden Gelegenheit haben sollen, der behaupteten Rechtsverletzung innerstaatlich abzuhelfen. Der Betroffene ist deshalb grundsätzlich verpflichtet, vor Anrufung einer internationalen Instanz alle ihm zugänglichen und für eine Abhilfe geeigneten innerstaatlichen rechtlichen Möglichkeiten voll auszuschöpfen, ganz gleich, ob es sich um den regulären Instanzenzug oder aber um außerordentliche Rechtsbehelfe, wie etwa Verfassungsbeschwerden handelt[154]. Erst wenn dies geschehen ist und er alle zur Wahrung der jeweiligen Konventionsverbürgung innerstaatlich möglichen Anträge gestellt oder die gegebenen Rechtsbehelfe erfolglos ausgeschöpft hat[155] kann er

[148] IntKommEMRK-*Rogge* Art. 27 a. F 14 ff. Vgl. *Frowein/Peukert* Art. 27 a. F, 13, wonach anonyme Beschwerden (an die Kommission) kaum noch vorkamen, da Individualbeschwerden erst registriert wurden, wenn der Beschwerdeführer das ihm übersandte Beschwerdeformular ausgefüllt hatte.

[149] *Frowein/Peukert* Art. 27 a. F, 13.

[150] IntKommEMRK-*Rogge* Art. 27 a. F, 17, *Villiger* HdB 101.

[151] Etwa EGMR 18. 2. 1999 Buscarini/San Marino (NJW **1999** 2957); *Wittinger* NJW **2001** 1238, 1239; vgl. oben Rdn. 19.

[152] *Meyer-Goßner*[47] 4; *Wittinger* NJW **2001** 1238, 1239, die darauf hinweist, daß die Gewährung von Prozeßhilfen in diesem Anfangsstadium noch nicht möglich ist, vgl. Rdn. 19.

[153] *Grabenwarter* § 13 Rdn. 19. Zur klarstellenden Bedeutung dieses Zusatzes *Frowein/Peukert* 8, ferner *Silagi* EuGRZ **1980** 632, vgl. *Nowak* Art. 5 FP, 19. Zur Entwicklung und Bedeutung dieses allgemeinen Völkerrechtsgrundsatzes vgl. *Delbrück* FS Partsch 213; *Frowein* EuGRZ **1980** 449.

[154] Etwa EGMR 28. 9. 2000 Kalantari/D (NVwZ-Beil. **2001** 105).

[155] Vgl. etwa EGMR 13. 3. 1991 Cardot/F (EuGRZ **1992** 437); 9. 12. 1994 López Ostra/Span (EuGRZ **1995** 530 mit Anm. *Kley-Struller* EuGRZ **1995** 507); 19. 1. 1999 Tameh Adel Allaoui u. a./D (EuGRZ **2002** 144); 18. 3. 2004 Liedermann/O (ÖJZ **2004** 737).

sich an eine internationale Instanz wenden. Hat er versäumt, auf eine ihm mögliche und zumutbare innerstaatliche Abhilfe der Konventionsverletzung hinzuwirken, kann er diese nicht mehr vor dem EGMR geltend machen. Von der Verpflichtung zur vorgängigen Erschöpfung aller innerstaatlichen Rechtsbehelfe kann abgesehen werden, wenn dem Beschwerdeführer unter den faktisch bestehenden Verhältnissen innerstaatlich keine Rechtsbehelfe zugänglich waren, mit denen er tatsächlich in absehbarer Zeit Abhilfe hätte erlangen können[156]. Nach Ansicht des Gerichtshofs hat Art. 35 Abs. 1 MRK keinen absolut zwingenden Charakter, er ist unter Berücksichtigung der Lage des Beschwerdeführers „mit einer gewissen Geschmeidigkeit und ohne überzogenen Formalismus“ anzuwenden; es genügt, wenn dieser die Beschwerdepunkte „wenigstens der Sache nach und in Übereinstimmung mit den Fristen und Formen des nationalen Rechts“ vor den nationalen Gerichten gerügt hat[157].

36 In **Art. 2 Art. 5 Abs. 2 Buchst. b FP-IPBPR** fehlt die Bezugnahme auf die Grundsätze des allgemeinen Völkerrechts; dafür wird dort jedoch ausdrücklich hervorgehoben, daß nur die dem Betroffenen verfügbaren und nicht unangemessen lange dauernden Rechtsmittelverfahren ausgeschöpft werden müssen[158].

37 **Völlig aussichtslose (ineffektive) Rechtsbehelfe** zu ergreifen, verlangt auch Art. 35 MRK in Übereinstimmung mit den Grundsätzen des allgemeinen Völkerrechts nicht. Dies gilt für Rechtsbehelfe, die zwar theoretisch möglich sind, für die es aber keine innerstaatliche Praxis gibt[159] oder die keine Durchsetzung des eigentlichen Anliegens ermöglichen[160]. Rechtsbehelfe, bei denen im Zeitpunkt, in dem sie einzulegen gewesen wären, im Hinblick auf eine gefestigte obergerichtliche Rechtsprechung keinerlei Aussicht auf Erfolg bestand, brauchen nicht ergriffen werden[161]. Bei einer **fortdauernden oder wiederholten Verletzung** ist die wiederholte Einlegung desselben Rechtsmittels nicht notwendig, wenn dies wegen der gleichgebliebenen Umstände nur zu einer Wiederholung der bereits früher ergangenen Entscheidung führen würde[162]. Daß ein Rechtsbehelf zweifelhaft ist und **kaum Erfolgsaussichten** hat, entbindet grundsätzlich nicht von der Notwendigkeit, ihn auszuschöpfen[163]. Dies gilt auch für die grundsätzlich gebotene Ausschöpfung **aller verfügbaren Rechtsmittel**[164]. Wenn allerdings der Beschwerdeführer durch Vorlage einschlägiger Gerichtsentscheidungen oder durch andere geeignete Beweise aufzeigen kann, daß ein Rechtsbehelf offensichtlich ohne jede Erfolgsaussicht gewesen wäre, kann seine Durchführung nicht verlangt werden[165]. Maßgebend ist aber nicht die abstrakte innerstaatliche Rechtslage sondern der Einzelfall mit all seinen Besonderhei-

---

[156] *Frowein/Peukert* Art. 26 a. F, 8; *Meyer-Ladewig* Art. 35, 7.

[157] EGMR 22. 4. 1992 Castells/Span (ÖJZ **1992** 802); 1. 1. 1999 Fressoz, Roire/F (NJW **1999** 1315); 27. 6. 2000 Salman/Türk (**2001** 2001); *Grabenwarter* § 13 Rdn. 20 (maßgebend persönliche Lage des Beschwerdeführers);, *Meyer-Ladewig* Art. 35, 8.

[158] Ebenso Art. 21 Abs. 1 Buchst. c; Art. 22 Abs. 5 Buchst. b UN-Antifolterkonvention; zu den Unterschieden zwischen IPBPR und MRK *Schaupp-Haag* 6 ff, 68 ff.

[159] EGMR 22. 5. 1984 De Jong u. a./Ndl (EuGRZ **1985** 700); 18. 12. 1986 Johnston/Irl (EuGRZ **1987** 313) die erforderliche Zugänglichkeit und Effektivität fehlt dann.

[160] EGMR 19. 2. 1998 Guerra u. a./I (EuGRZ **1999** 188 Information über Umweltrisiken einer Chemiefabrik).

[161] *Frowein/Peukert* zu Art. 26 a. F 23; *Matscher* EuGRZ **1982** 497.

[162] *Frowein/Peukert* Art. 26 a. F, 15; *Grabenwarter* § 13 Rdn. 30.

[163] Vgl. etwa EGMR 6. 11. 1980 Van Oosterwijck/Belg (NJW **1982** 497); 2. 12. 1999 Tomé Mota/Port (NJW **2001** 2692); 19. 11. 1999 Allaoui/D (EuGRZ **2002** 144); *Matscher* EuGRZ **1982** 497; *Meyer-Goßner*[47] 2; *Meyer-Ladewig* Art. 35, 7; vgl. UN-AMR bei *Tardu* FS Partsch 298.

[164] EGMR 19. 1. 1999 Tameh Adel Allaoui u. a./D (EuGRZ **2002** 144); 19. 3. 2002 Milosević/Ndl (EuGRZ **2002** 131).

[165] EGMR 19. 1. 1999 Tameh Adel Allaoui u. a./D (EuGRZ **2002** 144).

ten. Art. 35 MRK mutet dem Beschwerdeführer nicht zu, innerstaatliche Rechtsbehelfe zu ergreifen, die ihm bei Berücksichtigung seiner Lage **nicht zumutbar** sind oder von denen im Hinblick auf die Konventionsgarantie keine effektive Abhilfe zu erwarten ist[166]. Dies gilt auch, wenn sich die zuständige staatliche Behörde weigert, einem innerstaatlichen Urteil zugunsten des Beschwerdeführers nachzukommen[167]. Gleiches gilt für sonstige Fälle der Unzumutbarkeit des Bemühens um eine innerstaatliche Abhilfe, so wenn der Betroffene innerstaatliche Repressalien zu befürchten hat[168], aber auch, wenn der Verletzte durch staatliche Organe gehindert wurde, einen innerstaatlichen Rechtsbehelf einzulegen[169]. Auch eine **unvertretbar lange Verfahrensdauer** kann einen zum Zwecke innerstaatlicher Abhilfe ergriffenen Rechtsbehelf ineffektiv machen; dem Beschwerdeführer ist dann nicht mehr zuzumuten, die innerstaatliche Entscheidung abzuwarten. Der EGMR fühlt sich nicht gehindert, über die Dauer eines Verfahrens zu entscheiden, das innerstaatlich noch nicht rechtskräftig abgeschlossen ist[170].

Als **vorrangige innerstaatliche Abhilfemöglichkeiten** kommen aber nur gerichtliche **38**
oder administrative Rechtsbehelfe in Betracht, die der **Beschwerdeführer selbst auslösen** kann[171] und die in der Sache nicht nur theoretisch sondern auch in der Praxis eine echte und **effektive Prüfung** der Konventionsverletzung und gegebenenfalls eine **wirksame Abhilfe** erlauben[172]. Die innerstaatlichen Rechtsbehelfe und Antragsmöglichkeiten, müssen sowohl „horizontal", also durch Geltendmachung aller behaupteten Konventionsverletzungen wenigstens der Sache nach ausgeschöpft werden als auch „vertikal" durch Ausschöpfen des innerstaatlichen Rechtsmittelsystems[173], des normalen Instanzenzugs sowie aller geeigneten besonderen Zwischenrechtsbehelfe[174] und alle sonstigen Antragsmöglichkeiten[175]. Der Betroffene muß alle rechtlichen Möglichkeiten, die ihm normalerweise zugänglich sind, ergreifen, um Konventionsrechte unmittelbar oder aber unter Berufung auf damit inhaltlich übereinstimmendes nationales Recht unter Beachtung der innerstaatlichen Verfahrensvorschriften zur Geltung zu bringen. Sein Rechtsbehelf muß geeignet sein, eine sachliche Überprüfung der (behaupteten) Konventionsverletzung

---

166 Vgl. EGMR 6.11.1980 van Oosterwijk/Belg (EuGRZ **1981** 275); 28.7.1999 Selmouni/F (NJW **2001** 56 : keine Strafanzeige bei mangelnder Verfolgungsbereitschaft); 27.6.2000 Salman/Türk (NJW **2001** 2001); EKMR EuGRZ **1979** 74 (Caprino); *Frowein/Peukert zu* Art. 26 a.F, 21 ff; *Meyer-Ladewig* Art. 35, 8.

167 EGMR 25.3.1999 Iatridis/Griech. (EuGRZ **1999** 316).

168 *Frowein/Peukert* Art. 26 a.F, 39.

169 Vgl. *Grabenwarter* § 13 Rdn. 59; ferner die ausdrückliche Regelung in Art. 5 Abs. 2 Buchst. b FP-IPBPR und in Art. 21 Abs. 1 Buchst. c, Art. 22 Abs. 5 Buchst. b UN-Antifolterkonvention; EKMR nach *Frowein/Peukert* zu Art. 26 a.F, 39; *Nowak* Art. 5 FP, 25.

170 EGMR 24.1.2002 Goretzki/D (EuGRZ **2002** 325 mit weit. Nachw.); EKMR bei *Strasser* EuGRZ **1985** 435 (18 Jahre Verfahrensdauer); *Frowein/Peukert* zu Art. 26 a.F, 17, 40; *Meyer-Ladewig* Art. 35, 9; zur Pflicht, noch während des laufenden Verfahrens die Verfahrensverzögerung mit dazu geeigneten innerstaatlichen Rechtsbehelfen zu beanstanden; vgl. auch Rdn. 38.

171 Vgl. EKMR bei *Strasser* EuGRZ **1985** 320.

172 Vgl. etwa EGMR 18.6.1971 De Wilde u.a./Belg (Série 12: „Belg. Landstreicher"); 9.10.1979 Airey/Irl (EuGRZ **1979** 626); 6.11.1980 Van Oosterwijck/Belg (NJW **1982** 497); 19.3.1991 Cardot/F (EuGRZ **1992** 437); 29.11.1991 Pine Valley Devellopments/Irl. (ÖJZ **1992** 459); 20.5.1999 Ogur/Türk (NJW **2001** 1991); EKMR EuGRZ **1979** 74 (Keine umfassende Haftprüfung in GB); *Frowein/Peukert* Art. 26 a.F, 8; *Meyer-Ladewig* Art. 35, 7; *Meyer-Ladewig* 22. *Schaupp-Haag* 29 mit weit. Nachw.

173 Vgl. EKMR EuGRZ **1983** 55 (Oberstes Rückerstattungsgericht); *Grabenwarter* § 17 Rdn. 23 ff, 33 ff; *Schaupp-Haag* 180 ff (Berufsgerichtsbarkeit).

174 So vor allem die in verschiedenen Staaten bestehenden Möglichkeiten, noch während des laufenden Verfahrens die Verletzung des Beschleunigungsgebot zu rügen, vgl. etwa EGMR 2.12.1999 Thomé Mota/Port NJW **2001** 2692); 30.1.2001 Basic/Ö (ÖJZ **2001** 517); ferner Rdn. 38; Art. 6 MRK Rdn. 85; Art. 13 Rdn. 6c ff je mit weit. Nachw.

175 Vgl. etwa EGMR 23.4.1997 Stallinger u.a./Ö (ÖJZ **1997** 755 Antrag auf mündliche Verhandlung); 25.9.2001 Unterguggenberger/Ö (ÖJZ **2002** 272 Unterlassen von Beschwerde und Anträgen); vgl. Art. 6 Rdn. 85 ff.

herbeizuführen mit dem Ziel, ihr abzuhelfen oder einen anderweitigen Ausgleich zu schaffen[176]. In Betracht kommen etwa der Antrag auf mündliche Verhandlung oder auf Verweisung an das zuständige Gericht oder die **Wiedereinsetzung** in den vorigen Stand oder die **Nachholung des rechtlichen Gehörs**, aber auch die Stellung erforderlicher Beweisanträge[177] oder die Geltendmachung eines unbeachtet gebliebenen Angriffs- oder Verteidigungsmittels in der nächsten Instanz[178] oder die Ablehnung eines Richters wegen Befangenheit[179], ferner auch die Beantragung von Prozeßkostenhilfe oder eine Schadensersatz-[180] oder Amtshaftungsklage[181] oder eine Strafanzeige[182], wobei es auch ausreichen kann, wenn das Ermittlungsverfahren durch die Anzeige einer anderen Person eingeleitet wurde[183], ferner die Möglichkeit, einem späteren Strafverfahren als Nebenkläger beizutreten[184]. Bei einer **überlangen Verfahrensdauer** müssen zunächst die Rechtsbehelfe ergriffen werden, die das jeweilige nationale Recht innerstaatlich zur Abhilfe oder Kompensation eines solchen Verstoßes vorsieht[185].

39 Der Rechtsbehelf muß **ernsthaft** unter Angabe aller ihn tragenden Gründe verfolgt werden. Eine Haftbeschwerde, die nur formell erhoben, materiell aber nicht begründet wurde, hat der EGMR als zur Erschöpfung des Rechtswegs nicht ausreichend angesehen[186]. Der Antrag auf **Wiederaufnahme des Verfahrens** ist kein vorher zu erschöpfender Rechtsbehelf[187]. Es ist auch nicht notwendig, daß der Betroffene vor Erhebung der Rüge eines Verstoßes gegen Art. 5 Abs. 1 bis 4 MRK neben den innerstaatlichen Rechtsbehelfen gegen die Anordnung dieser Haft zusätzlich innerstaatlich auch bereits einen Anspruch auf Entschädigung nach Absatz 5 geltend gemacht hat[188]. Die Opfereigenschaft entfällt aber dann, wenn mit der Entschädigung zugleich die ausdrückliche staatliche Anerkenntnis der Konventionsverletzung und eine Wiedergutmachung des gerügten Konventionsverstoßes verbunden ist[189].

40 Das **Konventionsrecht** muß **wenigstens der Substanz nach** mit dem innerstaatlichen Rechtsbehelf bereits fristgerecht und unter Beachtung aller Erfordernisse des innerstaatlichen Verfahrensrechts, also aller Fristen und Formen und aller sachlichen Begründungserfordernisse, geltend gemacht worden sein[190]. Die Berufung auf ein in seinem

---

176 EGMR 6.11.1980 van Oosterwijk/B (NJW **1980** 275); *Frowein/Peukert* Art. 26 a.F, 10 ff; *Meyer-Ladewig* Art. 35, 7: *Vogler* ZStW **89** (1977) 792.

177 EGMR 19.3.1991 Cardot/F (EuGRZ **1992** 437).

178 *Frowein/Peukert* Art. 26 a.F, 12 mit weit. Beispielen.

179 EKMR nach *Frowein/Peukert* Art. 26 a.F, 12; *Peukert* EuGRZ **1980** 249 mit weit. Nachw. vgl. aber auch EGMR 24.5.1989 Hauschildt/Dän (EuGRZ **1993** 122: nicht nötig, wenn nicht erfolgversprechend).

180 Vgl. EGMR 5.10.1999 Gonzalez /Span (NJW **2001** 2691: Schadensersatz wegen unangemessener Verfahrensdauer). Es hängt aber vom Rechtsschutzziel des Betroffenen ab, ob diesem mit einer Staatshaftungsklage voll genüge getan werden kann, vgl. *Grabenwarter* § 13 Rdn. 28 unter Hinweis auf EGMR 19.3.1997 Hornsby/Griech (ÖJZ **1998** 236); 25.3.1999 Iatridis/Griech (EuGRZ **1999** 316).

181 Vgl. *Frowein/Peukert* Art. 26 a.F, 14; *Villiger* HdB 116.

182 Vgl. EGMR 20.5.1999 Ogur/Türk (NJW **2001** 1991); 28.7.1999 Selmouni/F (NJW **2001** 56, nur, wenn mit Nachdruck verfolgt). *Frowein/Peukert* Art. 26 a.F, 14; ferner *Schaupp-Haag* 165 ff, die diese Spruchpraxis ablehnt, da im Strafverfahren gegen einen Dritten keine effektive Behebung der Konventionsverletzung liegt; es dürfte auf den Einzelfall ankommen.

183 Vgl. EGMR 20.5.1999 Ogur/Türk (NJW **2001** 1991: Arbeitgeber des Getöteten; *Meyer-Ladewig* Art. 35, 6.

184 Vgl. EGMR 28.7.1999 Selmouni/F (NJW **2001** 56: Möglichkeit als Privatkläger dem durch die Anzeige eingeleiteten Strafverfahren beizutreten).

185 EGMR 5.10.1999 Gonzales Marin/Span (NJW **2001** 2691); 2.12.1999 Tomé Mota/Port (NJW **2001** 2692); 30.1.2001 Holzinger/Ö (ÖJZ **2001** 479); 30.1.2001 Basic/Ö (ÖJZ **2001** 517); 30.5.2003 A/Ö (ÖJZ **2004** 35); *Meyer- Ladewig* Art. 35, 9; Art. 13, 20 ff.

186 EGMR 20.1.2000 Yahiaoui/F; 30.5.2000 Favre-Clémont/F, vgl. *Kühne/Esser* StV **2002** 383, 384.

187 *Scheuner* FS Jahrreiß 571; *Vogler* ZStW **89** (1977) 792; *Meyer-Goßner*[47] 2; im Grundsatz auch *Schaupp-Haag* 153 ff mit Nachweisen der wechselnden Spruchpraxis der EKMR.

188 EGMR 6.4.2000 Labita/I, vgl. *Kühne/Esser* StV **2002** 384.

189 *Kühne/Esser* StV **2002** 384, vgl. vorst. Fußn.

190 EGMR 19.3.1991 Cardot/F (EuGRZ **1992** 437).

Schutzumfang damit übereinstimmendes **innerstaatliches Recht** genügt[191]. Die förmliche Anführung der MRK ist nicht erforderlich[192], sie ist jedoch zweckmäßig, weil es den Nachweis erleichtert, daß der Rechtsbehelf der Sache nach auch die Verletzung eines in der Konvention geschützten Rechtes betraf. Wo die Konvention als innerstaatliches Recht gilt, wird die ausdrückliche Berufung auf das Konventionsrecht verschiedentlich sogar für notwendig gehalten[193]. Ein innerstaatlicher Rechtsbehelf, der rechtlich oder faktisch keinen effektiven Rechtsschutz wegen der Konventionsverletzung gewähren kann, braucht nicht beschritten zu werden[194]; etwa, wenn von vorneherein ersichtlich ist, daß der Rechtsbehelf wegen der innerstaatlichen Rechtslage keinen Erfolg haben kann[195], so auch, wenn die Instanz, die angerufen werden könnte, eine zu eingeschränkte Prüfungskompetenz hat, ihr also eine umfassende Überprüfung der behaupteten Konventionsverletzung nicht möglich ist[196].

Der **innerstaatliche Instanzenzug** ist stets **zu erschöpfen**. Er muß unter Beachtung aller **41**
dafür vorgeschriebenen Fristen und Formen voll ausgeschöpft werden, dies gilt auch, wenn eine Rechtsmittelinstanz nur eine auf Rechtsfragen beschränkten Prüfungsbefugnis hat[197] oder wenn für ein bestimmtes Rechtsmittel erst die Zulassung beantragt werden muß[198]. Sieht das nationale Recht **mehrere verschiedene Rechtsbehelfe** vor, hängt es von den Umständen ab, ob alle neben- oder nacheinander beschritten werden müssen[199]. Kann Abhilfe der Konventionsverletzung über **verschiedene, unabhängig nebeneinander bestehende Rechtsbehelfe** erreicht werden, wird es in der Regel genügen, wenn derjenige gewählt und bis zur letzten Instanz verfolgt wird, der die größte Effektivität verspricht[200]. Neben diesem braucht ein Rechtsbehelf, der im konkreten Fall kaum bessere Erfolgsaussichten hat, nicht zusätzlich beschritten zu werden[201]. **Fehlt ein wirksamer Rechtsbehelf** mit dem einem Konventionsverstoß nach innerstaatlichem Recht sicher abgeholfen werden kann[202], etwa, weil sich die Rüge darauf bezieht, daß das innerstaat-

---

191 EGMR 6.11.1980 Guzzardi/I (NJW **1984** 544); 28.6.1986 Glasenapp/D (EuGRZ **1986** 497); 23.4.1992 Castells/Span (ÖJZ **1992** 803); 21.1.1999 Fressoz, Roire/F (NJW **1999** 1315); *Frowein/Peukert* Art. 26, a.F, 13, 21; *Meyer-Ladewig* Art. 35, 15; *Villiger* HdB 135.

192 Vgl. EGMR 21.1.1999 Fressoz, Roire/F (NJW **1999** 1315: ferner *Frowein/Peukert* Art.26 MRK a.F, 20. *Meyer-Goßner*[47] 2, sowie vorst. Fußn.

193 Vgl. EGMR 6.11.1980 van Oosterwijck/Belg (NJW **1982** 491: wenn sonst nationales Recht keine Rechtsgrundlage bietet); *Guradze* Art. 26, 7; *Frowein/Peukert* Art. 26, 14, 21 (trotz Grundsatz iura novit curia kann eindeutiges Argumentieren mit dem als verletzt bezeichneten Recht nötig sein), *Grabenwarter* § 13 Rdn. 32; anders *Guradze* 7; *Schumann* Verfassungs- und Menschenrechtsbeschwerde gegen richterliche Entscheidungen (1963) 175 Anm. 24.

194 Vgl. etwa EGMR 20.5.1999 Ogur/Türk (NJW **2001** 1991: auf Gefährdungshaftung gestützter Schadensersatz unzureichend, um Verantwortliche des Konventionsverstoßes – Tötung – zu belangen), 28.7.1999 Selmouni/F (NJW **2001** 56).

195 Vgl. EGMR 13.2.2003 Odièvre/F (NJW **2003** 2145).

196 Vgl. EKMR EuGRZ **1979** 74 (Keine Befugnis zur umfassender Haftprüfung in GB).

197 EGMR 21.1.1999 Fressoz, Roire/F (NJW **1999** 1315); 28.9.1999 Civet/F (NJW **2001** 54) beide franz. Kassationshof.

198 Vgl. etwa EKMR ÖJZ **1996** 718; vgl. *Frowein/Peukert* Art. 26 a.F, 22.

199 *Frowein/Peukert* Art. 26 a.F, 23, mit Nachw. vgl. aber EGMR 27.8.1992 Tomasi/F (EuGRZ **1994** 101: Ansprüche in Voraussetzungen nicht identisch); 23.11.1993 A/F (ÖJZ **1994** 392 nicht, wenn keine besseren Erfolgschancen).

200 EGMR 27.8.1992 Tomasi/F (EuGRZ **1994** 101); 25.2.1993 Miailhe/F (Series A 256-C); 23.11.1993 A/F (ÖJZ **1993** 392); 26.9.1996 Manoussakis/Griech (Rep. 1996-IV; dazu *Fahrenhorst* EuGRZ **1996** 633); *Frowein/Peukert* Art. 26 a.F, 23; *Grabenwarter* § 17 Rdn. 27; *Villiger* HdB 116; *Schaupp-Haag* 38 ff mit Nachweisen der Spruchpraxis der EKMR, die anfangs die Ausschöpfung aller parallelen Rechtsbehelfe verlangte.

201 EGMR 25.2.1993 Cremieux/F (ÖJZ **1993** 534: Unterlassen eines Rechtsmittels, das im wesentlichen zum gleichen Ergebnis geführt hätte); 29.4.1999 Aquilina/Malta (NJW **2001** 51); *Villiger* HdB 116.

202 Vgl. EGMR 18.2.1999 Buscarini u.a./San Marino (NJW **1999** 2957: keine Anrufung der Zivilgerichte gegen Parlamentsentscheidung).

liche Recht kein den Anforderungen der Konvention genügendes Rechtsschutzverfahren kennt[203], erübrigt sich die Frage der Erschöpfung des Rechtswegs[204]. Gesuche, die **keinen Rechtsanspruch** des Betroffenen **auf Prüfung in der Sache** und keinen Anspruch auf Abhilfe durch die angerufene Stelle auslösen, wie mitunter Dienstaufsichtsbeschwerden gegen abgeschlossene Eingriffe[205] oder die Anrufung eines Ombudsmanns[206] oder **Gnadengesuche** oder **Petitionen an ein Parlament**[207] oder bei einer Rechtsverletzung durch positives Handeln des Staates Klagen gegen Privatpersonen[208] sind keine effektiven Rechtsbehelfe. Sie brauchen deshalb nicht ausgeschöpft zu werden[209]. Ob **Gegenvorstellungen** gegen eine Entscheidung stets entbehrlich sind, erscheint fraglich, da sie, ebenso wie bei Verfassungsverstößen, je nach der Sachlage auch ein geeignetes Mittel zur Behebung bestimmter Konventionsverstöße sein können[210]. Wenn der Rechtsbehelf eines Betroffenen bereits abgelehnt wurde, braucht eine von der gleichen Maßnahme betroffene zweite Person nicht auch nochmals für sich selbst den gleichen Rechtsbehelf wiederholen[211].

42 Zur Erschöpfung des innerstaatlichen Rechtswegs gehört nach der vorherrschenden Meinung auch die **Anrufung des Verfassungsgerichts**. Stimmt, wie meist, die in Betracht kommende Konventionsverbürgung inhaltlich mit einem Grundrecht des Grundgesetzes überein, muß der Beschwerdeführer vorher das Bundesverfassungsgericht form- und fristgerecht anrufen[212]. Scheitert die Verfassungsbeschwerde an der mangelnden Substantiierung des Beschwerdevortrags oder auch, weil schon vorher im innerstaatlichen Verfahren die Grundrechtsverletzung nicht zureichend gerügt worden war, ist auch der Rechtsweg nach Art. 35 Abs. 1 MRK nicht erschöpft[213]. Ob von der Verfassungsbeschwerde immer Abstand genommen werden darf, wenn sie in einer gleichgelagerten anderen Sache schon verworfen worden ist, erscheint in dieser Allgemeinheit fraglich[214], vor allem, wenn es sich um eine länger zurückliegende einzelne Entscheidung handelt und die Rechtsprechung sich fortentwickelt hat. Beim Nachweis einer bis in die jüngste Zeit hinein bestätigten ständigen Rechtsprechung wird dagegen vom Beschwerdeführer nicht zu verlangen sein, daß er nochmals eine Entscheidung des Verfassungsgerichts herbeiführt. Sofern das nationale Recht dem Beschwerdeführer kein Recht einräumt, selbst das Verfassungsgericht zur Überprüfung der Verfassungsmäßigkeit eines Gesetzes anzurufen und diese Befugnis nur dem erkennenden Gericht zuerkennt, ist es zur Erschöpfung des innerstaatlichen Rechtsweges nicht erforderlich, daß der Beschwerdeführer beim erkennenden Gericht einen solchen Antrag stellt[215].

---

203 So wenn das Fehlen eines Rechtsbehelfs (Art. 13 MRK) gerügt wird, vgl. EKMR bei *Straser* EuGRZ **1991** 298.

204 EKMR bei *Strasser* EuGRZ **1988** 506.

205 EKMR EuGRZ **1979** 346; *Frowein/Peukert* Art. 26 a. F, 34; *Meyer-Ladewig* Art. 35, 14. Vgl. *Schaupp-Haag* 176 ff mit Nachweisen zur unterschiedlichen Spruchpraxis des EKMR; *Meyer-Goßner*[47] 2 sieht wohl allgemein in der Dienstaufsichtsbeschwerde einen wirksamen Rechtsbehelf.

206 EGMR 23.5.2001 Denizci/Zyp (ECHR 2001-V); *Grabenwarter* § 13 Rdn. 27 mit weit. Nachw.

207 *Frowein/Peukert* Art. 26 a. F, 37; *Villiger* HdB 131; wegen weitere Beispiele vgl. Art. 13 MRK Rdn. 21a ff.

208 EGMR 29.11.1991 Pine Valley Devellopments Ltd/ Irl (ÖJZ **1992** 459).

209 *Frowein/Peukert* Art. 26 a. F, 22; *Peukert* EuGRZ **1979** 263, vgl. auch *Nowak* Art. 5 FP, 22.

210 Bejahend unter Hinweis auf BVerfG NJW **1983** 1990; **1987** 1319 *Meyer-Ladewig* Art. 35, 14 in Ablehnung von *Frowein/Peukert* Art. 26 a. F, 34 und den dort erwähnten Entscheidungen der EKMR.

211 EGMR 25.2.1992 Pfeifer, Plankl/Ö (EuGRZ **1992** 99: Maßnahme der Briefkontrolle); vgl. auch EGMR 20.5.1999 Ogur/Türk (NJW **2001** 1991).

212 EGMR 19.1.1999 Tameh Adel Allaoui/D (EuGRZ **2002** 144); EKMR NJW **1956** 1376; EuGRZ **1987** 321; *Vogler* ZStW **82** (1970) 743; *Frowein/Peukert* Art. 26 a. F, 24 ff; *Meyer-Goßner*[47] 2; *Peukert* EuGRZ **1979** 261; **1980** 249; **a. A** *Schaupp-Haag* 85 ff mit weit. Nachw. zum Streitstand.

213 EKMR NJW **1988** 1441; *Meyer-Goßner*[47] 2.

214 So aber EKMR nach *Vogler* ZStW **89** (1977) 792; *Krey* JA **1983** 641; *Meyer-Goßner*[47] 2; vgl. andererseits die bei *Frowein/Peukert zu* Art. 26 a. F, 24 geschilderte Praxis der EKMR sowie EGMR 19.12. 1989 Brozicek/I (Series A 167).

215 EGMR 19.12.1989 Brozicek/I (Series A 167); 26.9.

In **eigenen persönlichen Verhältnissen** des Beschwerdeführers liegende Umstände, wie Rechtsunkenntnis, falsche Beratung, Krankheit, Mittellosigkeit, entbinden ihn dagegen nicht von der Verpflichtung zur Erschöpfung des Rechtswegs[216]. Desgleichen geht es zu seinen Lasten, wenn er nicht **form- und fristgerecht** alle Verfahrensbefugnisse des nationalen Rechts nutzt, die bei sorgfältiger Prozeßführung zur Durchsetzung des betroffenen Konventionsrechts sachdienlich sein können, so wenn er im laufenden Verfahren eine ihm mögliche Beanstandung eines Verstoßes unterläßt, oder sie wegen einer nicht form- oder fristgerechten Rüge oder eines sonstigen Verfahrensfehlers verliert[217]. Versäumnisse im nationalen Rechtsschutzverfahren können vor den internationalen Instanzen nicht nachgeholt werden[218]. **43**

Die Erschöpfung des Rechtswegs wird vom Gerichtshof **von Amts wegen geprüft.** **44**
Maßgebend dafür, welche Rechtsbehelfe dem Beschwerdeführer zur Verfügung standen, ist die jeweilige innerstaatliche Rechtslage im **Zeitpunkt des Eingangs der Beschwerde** beim Gerichtshof. Werden im innerstaatlichen Recht erst danach neue Rechtsbehelfe geschaffen, berührte dies nach früherer Auffassung die Zulässigkeit der bereits eingegangenen Beschwerde nicht mehr[219], während jetzt der EGMR auch die spätere Änderung der innerstaatlichen Rechtslage berücksichtigt und bei Prüfung der Rechtswegerschöpfung darauf abzustellen scheint, ob die Konventionsverletzung auf Grund geänderter Rechtslage jetzt bei einer nationalen Instanz noch geltend gemacht werden kann[219a]. Die Beschwerde ist auch zulässig, wenn die endgültige innerstaatliche Entscheidung erst nach ihrem Eingang bei Gerichtshof ergeht, sofern diese nur bei dessen Entscheidung über ihre Zulässigkeit vorliegt[220]. **Unklarheiten** über **Existenz und Tragweite eines innerstaatlichen Rechtswegs** selbst aufzuklären, ist der Gerichtshof nicht verpflichtet. Wenn der **beklagten Staat** die **Einrede erhebt, der Rechtsweg sei nicht erschöpft**, muß er zur Überzeugung des Gerichtshofs aufzeigen, mit welchen ihm zugänglichen innerstaatlichen Rechtsbehelfen der Beschwerdeführer nicht nur theoretisch sondern auch praktisch mit realen Erfolgsaussichten hätte Abhilfe erreichen können[221]. Er muß spätestens bei seiner Stellungnahme zur Zulässigkeit[222] hinreichend klar und detailliert nachweisen, daß und welche innerstaatlich wirksamen und praktisch auch zugänglichen Rechtsbehelfe im Hinblick auf die behauptete Konventionsverletzung bestanden haben[223], sowie, daß der Beschwerdeführer sie nicht ausgeschöpft hat, obwohl er sie hätte nutzen können, unter Umständen auch, daß sie im maßgeblichen Zeitpunkt normal funktioniert hätten[224].

1993 Padovani/I (ÖJZ **1993** 667); 28.9.1994 Spadea, Scalabrino/I (ÖJZ **1996** 189).

216 EKMR nach *Frowein/Peukert zu* Art. 26 a.F, 20, 22, 42; *Schaupp-Haag* 60 ff; *Villiger* HdB 120 je mit Nachw. der Spruchpraxis der EKMR.

217 *Frowein/Peukert* Art. 26 a.F, 22 mit Hinweis, daß dies nur dann nicht gilt, wenn diese Verfahrensvorschriften mißbräuchlich und willkürlich zum Nachteil des Beschwerdeführers angewandt worden waren; ebenso *Villiger* HdB 137, 138.

218 *Schaupp-Haag* 41.

219 Etwa *Frowein/Peukert* § 26 a.F 4.

219a Vgl. *Grabenwarter* § 13 Rdn. 22; der EGMR weist jetzt auch Beschwerden wegen der Nichterschöpfung des innerstaatlichen Rechtsweges ab, wenn dieser erst nach der Einlegung der Beschwerde geschaffen wurde, aber auch für frühere Fälle offen steht, wie etwa bei der Beanstandung der überlangen Verfahrensdauer in Italien.

220 EGMR 16.7.1971 Ringeisen/Ö (EuGRZ **1976** 236); *Grabenwarter* § 13 Rdn. 22 mit weit. Nachw.

221 *Meyer-Ladewig* Art. 35, 18. Der Gerichtshof (vgl. etwa 28. 7. 1999 Selmouni/F – NJW **2001** 56) führt insoweit die Spruchpraxis der Kommission fort, vgl. dazu *Frowein/Peukert* Art. 26 a.F, 7.

222 Vgl. *Frowein/Peukert* Art. 26 a.F, 5 (für die Zulässigkeitsprüfung vor der EKMR); ferner Rdn. 57 ff.

223 **H.M**; EGMR 27.2.1980 Deweer/Belg (EuGRZ **1980** 669); 22.5.1984 De Jong u.a./NdL (EuGRZ **1985** 700); 18.12.1986 Johnston u.a./Irl (EuGRZ **1987** 312); 18.12.1986 Bozano/F (EuGRZ **1987** 101); 29.4.1999 Aquilina/Malta (NJW **2001** 51); 28.7.1999 Selmouni/F (NJW **2001** 56); 2.12.1999 Tomé, Mota/Port (NJW **2001** 2692) je mit weit. Nachw.; *Frowein/Peukert* Art. 26 a.F, 5; *Schaupp-Haag* 83; vgl. *Nowak* Art. 5 FP, 26.

224 EKMR EuGRZ **1976** 33 (Cypern); 28.7.1999 Selmouni/F (NJW **2001** 56 Verschleppung mangels Aufklärungsinteresse der Behörden).

Unterläßt der Staat dieses Vorbringen bei seiner Stellungnahme zur Zulässigkeit, kann er es später nicht mehr nachholen (vgl. Art. 55 VerfO). Erhebt er den Einwand nicht fristgerecht, hat wird er mit ihm ebenso ausgeschlossen wie bei einem Verzicht[225]. Dieser ist dem betroffenen Staat jederzeit möglich[226]. Der **Beschwerdeführer** seinerseits hat schon bei Einreichen der Beschwerde nach Art. 47 Abs. 1 Buchst. f, h der VerfO darzulegen, welche innerstaatliche Rechtsbehelfe er ergriffen hat; zum Nachweis muß er die Unterlagen darüber (Entscheidungen, Rechtsmittelschriften usw.) beibringen. Beruft sich der Staat auf die Nichterschöpfung des Rechtswegs, muß der Beschwerdeführer seinerseits dartun, weshalb er unter den gegebenen Umständen den vom Staat aufgezeigten Rechtsbehelf nicht einlegen konnte[227] oder weshalb ihm die Einlegung eines innerstaatlichen Rechtsbehelfs nicht möglich oder nicht zumutbar war[228] oder weshalb der von ihm unterlassene, an sich mögliche Rechtsbehelf völlig ineffektiv gewesen wäre[229], wie etwa wegen der völligen Untätigkeit der Behörden trotz ernsthafter Vorwürfe[230].

45 **d) Wiederholungs- und Kumulationsverbot.** Nach Art. 35 Abs. 2 Buchst. b MRK befaßt sich das Gericht nicht mit einer Individualbeschwerde, die mit einer vom Gerichtshof schon geprüften Beschwerde übereinstimmt oder schon einer anderen internationalen Untersuchungs- oder Vergleichsinstanz unterbreitet worden ist und keine neuen Tatsachen enthält. Dies soll einer doppelten Prüfung durch internationale Instanzen vorbeugen[231].

46 Eine Beschwerde betrifft **inhaltlich denselben Gegenstand,** wenn Sachverhalt, Beschwerdegegenstand und Beschwerdeführer identisch sind[232]. Es genügt, wenn ein inhaltsgleiches Gesuch bereits früher Gegenstand einer Sachentscheidung war. Dies ist auch der Fall, wenn sie als offensichtlich unbegründet oder als unvereinbar mit der MRK ratione materiae und damit als unzulässig im Sinne von Art. 35 Abs. 3 MRK zurückgewiesen wurde; auch, wenn das Gericht ihre Zulässigkeit verneint hat, kann dies wegen der vorgenannten Abweisungsgründe eine summarische Sachentscheidung mit einschließen[233]. An der Übereinstimmung mit einer bereits vorher behandelten Beschwerde fehlt es, wenn **verschiedene Personen** wegen des gleichen Sachverhalts eine Verletzung ihrer eigenen Konventionsrechten geltend machen[234], wie etwa mehrere Angeklagte oder mehrere Familienmitglieder, aber auch eine Kapitalgesellschaft und ihr Mehrheitsaktionär[235]. Anders ist es, wenn wegen der gleichen Menschenrechtsverletzung sowohl der **unmittelbar Betroffene** wie auch der **mittelbar Betroffene** Individualbeschwerde erheben, sofern nicht jeder damit eigene anerkennenswerte Interessen verfolgt und deshalb zwar eine Identität des Sachverhalts, nicht aber eine Identität der Verletzten besteht[236].

---

[225] EGMR 27.2.1980 Deweer/Belg (EuGRZ **1980** 669); 13.5.1980 Artico/I (EuGRZ **1980** 662) 10.12. 1982 Foti u.a./I (NJW **1986** 647); 10.12.1982 Corigliano/I (EuGRZ **1985** 585); 22.5.1984 De Jong u.a./NdL (EuGRZ **1985** 700); 18.12.1986 Bozano/F (EuGRZ **1987** 101); 25.3.1999 Nicolova/Bulg (NJW **2000** 2883); *Frowein/Peukert* Art. 26 a.F, 5; *Villiger* HdB 114 („Estoppel").

[226] *Frowein/Peukert* Art. 26 a.F, 5 mit weit. Nachw.

[227] EGMR 11.10.2000 Jabani/Türk (ÖJZ **2002** 37: Frist von 5 Tagen zu kurz).

[228] Vgl. EGMR 11.10.2000 Jabani/Türk (ÖJZ **2002** 37).

[229] *Frowein/Peukert* Art. 26 a.F, 6; vgl. auch *Nowak* Art. 5 FP, 26.

[230] Vgl. EGMR 29.4.1999 Aquilina/Malta (NJW **2001** 51); 28.7.1999 Selmouni/F (NJW **2001** 56); 2.12. 1999 Tomé, Mota/Port (NJW **2001** 2692); *Meyer-Ladewig* Art. 35. 18.

[231] Zur Entstehungsgeschichte IntKommEMRK-Rogge Art. 27 a.F, 1 ff.

[232] IntKommEMRK-*Rogge* Art. 27 a.F, 22 ff; *Frowein/Peukert* Art. 27 a.F, 15; *Grabenwarter* § 13 Rdn. 55 mit weit. Nachw.; vgl. UN-AMR EuGRZ **1983** 407 Fanali); *Nowak* Art. 5 FP, 12.

[233] Vgl. EGMR 23.10.2001 Vogl u.a./Ö (ÖJZ **2002** 393 Ablehnung durch EKMR als unzulässig). IntKommEMRK-*Rogge* Art. 27 a.F, 29.

[234] *Frowein/Peukert* Art. 27 a.F, 15.

[235] IntKommEMRK-*Rogge* Art. 27 a.F. 47.

[236] *Frowein/Peukert* Art. 27 a.F. 15; vgl. EKMR EuGRZ **1975** 482; **1982** 15 (beide: Hess).

Das **Kumulationsverbot** (Grundsatz der „una via electa") soll verhindern, daß in der gleichen Sache, also bei Übereinstimmung von Beschwerdeführer, Sachverhalt und Beschwerdegegenstand verschiedene internationale Menschenrechtsschutzverfahren neben oder nacheinander durchgeführt werden. Die Prüfung der im wesentlichen gleichen Sache[237] durch eine **andere internationale Instanz** steht der Individualbeschwerde nach Art. 35 Abs. 2 Buchst. b MRK vom Beginn der Anhängigkeit an[238] und auch noch nach Erledigung des dortigen Verfahrens[239] entgegen (Verfahrenshindernis), nicht aber, wenn sie dort vor einer Sachentscheidung zurückgenommen worden ist[240]. Ob ein Verfahren vor einer anderen internationalen Instanz entgegensteht, prüft der Gerichtshof von Amts wegen. Der Beschwerdeführer hat sich darüber nach Art. 47 Abs. 2 Buchst. b VerfO bereits bei Einreichen der Beschwerde ausdrücklich zu erklären[241]. Als Verfahren vor anderen internationalen Instanzen werden alle durch völkerrechtliche Vereinbarungen von den Staaten für die Behandlung menschenrechtlicher Streitigkeiten für einen bestimmten Einzelfall oder auch generell errichtete gerichtsähnliche Untersuchungs- oder Streitschlichtungsinstanzen angesehen[242], wie etwa der Menschenrechtsausschuß des IPBPR[243] oder der Ausschuß nach Art. 17 ff der UN-Antifolterkonvention[244] oder der UN-Ausschuß zur Bekämpfung der Rassendiskriminierung[245] sowie sonstige durch zwischenstaatliche Vereinbarungen eingesetzte Organe, die der einzelne oder sonstige nach Art. 34 MRK Beschwerdeberechtigte zum Schutz individuellen Menschenrechte anrufen können, wie dies etwa auch bei den Rechtsschutzorganen der Internationalen Arbeitsorganisation möglich ist[246]. Verfahren im Rahmen **nichtstaatlicher Organisationen** haben diese Wirkung nicht[247], ebenso Verfahren vor **innerstaatlichen Schlichtungsorganen**[248]. Der **EuGH** dürfte wegen seiner anderen Aufgabenstellung nicht als internationale Untersuchungsinstanz von Menschenrechtsverletzungen anzusehen sein, auch wenn er mitunter bei der Auslegung des Gemeinschaftsrechts Fragen der MRK mitentscheidet[249]. **47**

e) Erneute Beschwerdeeinlegung. Eine **Abweisung aus rein formalen Gründen**, etwa wegen Nichterschöpfung des Rechtswegs oder wegen sonstiger formaler Mängel, oder wegen Mißbrauch des Beschwerderechts schließt die erneute Einlegung der Beschwerde nach Behebung des Hindernisses nicht aus[250]. **48**

Bei **Vorliegen neuer Tatsachen**[251] befaßt sich das Gericht auch mit bereits von ihm oder einem anderen internationalen Gremium behandelten Beschwerden. Dafür genügt **49**

---

237 Es kommt nur ein Verfahren in Betracht, das auf die Untersuchung und Beilegung des konkreten Falls gerichtet ist, die Miterwähnung in einem Staatenbericht, der eine Vielzahl von Menschenrechtsverletzungen in ihrer Gesamtheit zum Gegenstand hat, dürfte das Kumulationsverbot nicht auslösen; vgl. *Nowak* Art. 5 FP, 9; 13.

238 IntKommEMRK-*Rogge* Art. 27 a. F, 32.

239 Anders Art. 5 Abs. 2 Buchst. a FP-IPBPR, der nur während der anderweitigen Anhängigkeit die Individualbeschwerde ausschließt; vgl. Rdn. 87.

240 *Grabenwarter* § 13 Rdn. 57; IntKommEMRK-*Rogge* Art. 27 a. F, 33.

241 IntKommEMRK-*Rogge* Art. 27 a. F, 34.

242 Vgl. *Ermacora* FS Verosta 192; IntKommEMRK-*Rogge* Art. 27 a. F, 36.

243 Soweit die Mitgliedstaaten sich dessen Kontrollverfahren unterworfen haben; vgl. *Frowein/Peukert* Art. 27, 12; IntKommEMRK-*Rogge* Art. 27 a. F, 36; ferner Rdn. 87; Einf Rdn. 33.

244 IntKommEMRK-*Rogge* Art. 27 a. F, 36; vgl. Rdn. 106.

245 IntKommEMRK-*Rogge* Art. 27 a. F, 36; vgl. Rdn. 102.

246 Weitere Beispiele vgl. *Ermacora* FS Verosta 192; *Tardu* FS Partsch 299; ferner Rdn. 96 ff.

247 Vgl. *Ermacora* FS Verosta 192; *Nowak* Art. 5 FP, 8.

248 IntKommEMRK-*Rogge* Art. 27 a. F, 37 mit Hinweis, daß über die Rechtsstellung der Flüchtlinge nach nationalem Recht entschieden wird.

249 *Frowein/Peukert* Art. 27 mit dem Hinweis, daß in der Regel auch die Identität des Streitgegenstandes fehlen wird; ebenso *Grabenwarter* § 13 Rdn. 57; **a. A** IntKommEMRK-*Rogge* Art. 27 a. F, 38; der in Rdn. 56 aber auch die Wesensverschiedenheit des Streitgegenstandes aufzeigt.

250 *Frowein/Peukert* Art. 27 a. F, 16; vgl. auch IntKommEMRK-*Rogge* Art. 27 a. F, 29, 64, der darin einen erheblichen neuen Sachvortrag im Sinne des Art. 35 Abs. 2 Buchst b MRK sieht.

251 Dazu *Schorn* Art. 27, 15; 18.

aber nicht, daß nur neue Argumente vorgebracht werden (Art. 35 Abs. 2 Buchst. b MRK)[252], es muß sich um neue, bei der früheren Entscheidung weder dem Gericht noch dem Beschwerdeführer bekannte Tatsachen[253] handeln. Sie müssen ferner entscheidungserheblich sein[254]. Zu der davon zu unterscheidenden Wiederaufnahme eines durch Urteil des EGMR abgeschlossenen Verfahrens nach Art. 80 VerfO[255] vgl. Rdn. 74.

50 **f) Streichung im Register; Wiedereintragung.** Der Gerichtshof kann eine Beschwerde jederzeit durch Urteil (Art. 44 Abs. 3 VerfO) im Register streichen, wenn er der Meinung ist, daß der Beschwerdeführer seine Beschwerde nicht weiterverfolgen will, sei es, daß dieser dies selbst erklärt hat, sei es, daß er auf Schreiben des Gerichtshofs nicht reagiert oder angeforderte Unterlagen oder Stellungnahmen nicht fristgerecht einreicht, obwohl er auf die Möglichkeit der Streichung hingewiesen wurde[256]. Mit der Streichung, der nur bei der Staatenbeschwerde die beklagte Partei zustimmen muß[257], endet das Verfahren vor dem EGMR. Das Verfahren wird in der Regel auch im Register gestrichen, wenn eine **gütliche Einigung** erzielt wurde (Art. 37 Abs. 1 Satz 1 Buchst. b MRK) oder wenn der Gerichtshof eine weitere Prüfung der Sache aus sonstigen Gründen nicht für gerechtfertigt hält (Art. 37 Abs. 1 Satz 1 Buchst. c MRK), so, weil der Beschwerdeführer verstorben ist und seine nahen Angehörigen das Verfahren nicht weiterbetreiben[258] oder weil sonstige Gründe die weitere Prüfung der Beschwerde nicht erforderlich erscheinen lassen[259]. Dies ist kann auch der Fall sein; wenn der beklagte Staat nach einer gescheiterten Vergleichsverhandlung einseitig die Konventionsverletzung einräumt und angemessenen Schadensersatz anbietet[260]. Der Gerichtshof kann aber stets von der Streichung im Register absehen und das Verfahren fortsetzen, wenn er der Ansicht ist, daß die Achtung der in der Konvention und den Protokollen garantierten Menschenrechte die weitere Prüfung der Beschwerde erfordert (Art. 37 Abs. 1 Satz 2 MRK), so, weil der Sachverhalt streitig ist und der beklagte Staat nicht eindeutig die Verantwortung übernommen und sich auch nicht eindeutig zu deren uneingeschränkter Aufklärung verpflichtet hat[261], ferner auch, wenn er aus sonstigen Gründen die Klärung der aufgeworfenen Fragen im Allgemeininteresse für angezeigt hält[262] oder wenn er an der Freiwilligkeit der Rücknahme der Beschwerde zweifelt[263]. Der Gerichtshof kann von sich aus die **Wiedereintragung einer gestrichenen Beschwerde** in das Register anordnen, wenn er dies nach den Umständen für gerechtfertigt hält (Art. 37 Abs. 2 MRK). Dies kann auch der Fall sein, wenn der Beschwerdeführer nachweisen kann, daß die Annahme des Gerichts, er wolle seine Beschwerde nicht weiterverfolgen, unzutreffend und auch nicht von ihm verschuldet ist[264].

---

252 Zu Art. 27 a.F, vgl. *Frowein/Peukert* 11; *Schorn* 15, 16.

253 *Frowein/Peukert* 11; IntKommEMRK-*Rogge* Art. 27 a.F, 61 ff.

254 IntKommEMRK-*Rogge* Art. 27 a.F, 63 ff.

255 In der MRK nicht geregelt, vgl. *Meyer-Ladewig* Art. 44, 5 ff.

256 *Meyer-Ladewig* Art. 37, 3 mit weit. Nachw.

257 Art. 44 Abs. 2 VerfO; *Grabenwarter* § 13 Rdn. 62.

258 *Meyer-Ladewig* Art. 37, 5 mit weit. Nachw.

259 Vgl. etwa EGMR 11.10.2001 Ali Reza Kalantari/D (EuGRZ **2002** 576); 23.7.2002 Taskin/D (NJW **2003** 2003).

260 Vgl. EGMR 26.6.2001 Akman/Türk (ECHR 2001-VI); 6.5.2003 Tahsin Acar/Türk (NJW **2004** 2357); *Meyer-Ladewig* Art. 37, 6 unter Hinweis auf EGMR.

261 Etwa EGMR 6.5.2003 Tahsin Acar/Türk (NJW **2004** 2357).

262 EGMR 25.4.1978 Tyrer/GB (EuGRZ **1979** 162) Klärung im Allgemeininteresse; vgl. auch vorst. Fußn.

263 *Grabenwarter* § 13 Rdn. 63.

264 IntKommEMRK-*Rogge* Art. 27 a.F 25.

4. Aus dem Sachvortrag folgende Unzulässigkeitsgründe

a) Unvereinbarkeit mit den Konventionsgarantien. Beschwerden sind nach Art. 35 Abs. 3 MRK unzulässig, wenn ihr Gegenstand keine Grundlage in der Konvention oder einem ihrer Zusatzprotokolls hat. Das sind Beschwerden, die einen Sachverhalt betreffen, der nicht unter eine Garantie der Konvention oder eines ihrer Zusatzprotokolle fällt oder bei denen dem Beschwerdeführer die **Aktivlegitimation** oder dem beklagten Staat die **Passivlegitimation** fehlt[265], so etwa, weil der Beschwerdeführer ein ihm selbst nicht zustehendes Konventionsrecht beansprucht[266] oder weil dem beklagtem Staat die von einer Privatperson begangene Konventionsverletzung nicht zuzurechnen ist[267], weil er für deren Verhalten nicht verantwortlich ist[268]. Wegen der einzelnen Unzulässigkeitsgründe vgl. oben Rdn. 22. **51**

b) Mißbräuchlich erhobene Beschwerden sind unvereinbar mit der Konvention. Darunter versteht man Beschwerden, deren Ziel nicht die Durchsetzung des Menschenrechtsschutzes ist, sondern mit denen der Beschwerdeführer andere, **außerhalb des Schutzzwecks der Konvention liegende oder dieser sogar widersprechene Zwecke** erreichen will[269]. Unzulässig sind etwa Beschwerden, mit denen der Beschwerdeführer sich nur den Folgen einer von ihm anerkannten Verpflichtung entziehen will[270] oder deren Ziel auch sonst erkennbar nicht die Verfolgung seiner legitimen eigenen Konventionsrechte ist, sondern die er ausschließlich zu Propaganda- oder Reklamezwecken mißbrauchen oder nur zur bewußten Beleidigung und Diskriminierung anderer Personen oder eines Staates und seiner Vertreter verwenden will[271]. Der Umstand allein, daß die Beschwerde in der Öffentlichkeit Beachtung finden und damit auch eine politische Propagandawirkung zugunsten des Beschwerdeführers erreicht werden soll, genügt dafür aber nicht[272]. Unzulässig ist die Ausübung des Beschwerderechts auch bei einem **formellen Mißbrauch** seines Beschwerderechts, so wenn es durch eine Serie gleichgerichteter offensichtlich unbegründeter und **querulatorischer Beschwerden** mißbraucht wird[273] oder bei einer offensichtlichen Unverhältnismäßigkeit, so, wenn ein geringfügiger Sachverhalt als eine schwerwiegende Menschenrechtsverletzung beanstandet wird[274]. Mißbräuchlich sind auch Beschwerden, die zur Irreführung des Gerichts auf **bewußt falsche Angaben** gestützt werden[275] oder in denen die Rüge des Beschwerdeführers seinem **tatsächlichen Verhalten widerspricht**, so etwa, wenn der Beschwerdeführer die Dauer eines Auslieferungsverfahrens beanstandete, obwohl er selbst nichts zu dessen Beschleunigung unternahm und sich der Auslieferung durch die Flucht entzog[276]. **52**

---

265 *Frowein/Peukert* Art 27 a. F 22; Art. 25 a. F 9 ff. vgl. IntKommEMRK-*Rogge* Art. 27 a. F 78 (weit zu verstehen).

266 EGMR 6.12.2001 Petersen/D (EuGRZ **2002** 32: nicht bestehendes Recht).

267 IntKommEMRK-*Rogge* Art. 27 a. F, 76.

268 *Villiger* HdB 105.

269 Zu diesen Unvereinbarkeitsgründen nach Art. 27 MRK a.F: *Matscher* EuGRZ **1982** 502; *Frowein/Peukert* Art. 27 a.F, 25; IntKommEMRK-*Rogge* Art. 27 a. F, 111 („détournement de pouvoir").

270 Vgl. IntKommEMRK-*Rogge* Art. 27 a. F, 112, 113 (mit Hinweisen auf die Spruchpraxis der Kommission), wo der Umstand allein, daß der Beschwerdeführer sich den Folgen eines Urteils entziehen will, noch nicht als Mißbrauch gewertet wird.

271 Vgl. auch UN-AMR EuGRZ **1983** 409 (Verstoß gegen Art. 20 IPBPR).

272 EGMR 1. 7. 1961 Lawless/Irl (Series A 3): 16. 2. 1999 Buscarini/San Marino (NJW **1999** 2957); *Frowein/Peukert* Art. 27 a.F, 26; IntKommEMRK-*Rogge* Art. 27 a. F, 113; *Meyer-Ladewig* Art. 35, 30.

273 *Grabenwarter* § 13 Rdn. 59; *Frowein/Peukert* Art. 27 a. F, 25; IntKommEMRK-*Rogge* Art. 27 a. F, 123 unter Hinweis auf die Praxis der Kommision.

274 Vgl. EKMR nach IntKommEMRK-*Rogge* Art. 27 a. F, 120 (Gebührenpflichtige Verwarnung wegen Überschreiten einer Fahrbahn bei Rotlicht als unmenschliche Behandlung i. S. von Art. 3 MRK).

275 Vgl. *Matscher* EuGRZ **1982** 500; *Frowein/Peukert* Art. 27 a. F, 25; IntKommEMRK-*Rogge* Art. 27 a. F, 109; *Meyer-Ladewig* Art. 35, 30; Villiger HdB 242.

276 EKMR nach *Frowein/Peukert* Art. 27 a. F, 26; IntKommEMRK-*Rogge* Art. 27 a. F, 121.

53 **c) Offensichtlich unbegründete Beschwerden** rechnet Art. 35 Abs. 3 MRK ebenfalls zu den unzulässigen Beschwerden. Offensichtlich unbegründet („manifestly ill-founded", „manifestement mal fondée") sind Beschwerden, deren Prüfung keine Konventionsverletzung erkennen läßt[277]. Dies sind vor allem Beschwerden, bei denen der Tatsachenvortrag die behauptete Konventionsverletzung nicht belegt, weil er nicht schlüssig[278] oder nicht beweisbar oder ersichtlich unzutreffend ist, ferner auch, wenn ersichtlich ist, daß die Konvention den gerügten Eingriff in ein Konventionsrecht zuläßt. Die offensichtliche Unbegründetheit muß sich nicht bereits beim ersten Anschein aufdrängen, der Gerichtshof läßt es – ebenso wie früher die Kommission[279] – genügen, wenn die Unbegründetheit der Beschwerde erst in einem späteren Verfahrensabschnitt nach Überprüfung aller Aspekte des Falls erkennbar wird[280]. Die Praxis des Gerichtshofs zieht diese Grenze ziemlich weit[281]. Danach reicht es schon, wenn bei der Prüfung der Beschwerde unter den geltend gemachten Gesichtspunkten („summa summarum") keine vertretbaren Gründe („arguable claims") für eine Konventionsverletzung sprechen[282], weil die Beschwerde im Endergebnis keine schwerwiegenden Fragen sachlicher oder rechtlicher Natur aufwirft[283]. Bei der Prüfung wird die bisherige Rechtsprechung berücksichtigt, es wird aber soweit ersichtlich nicht durchwegs darauf abgestellt, ob die jeweiligen Fragen bereits vom Gerichtshof entschieden worden sind[284]. Die Begründung der ablehnenden Entscheidung beschränkt sich mitunter auf eine knappe Pauschalformel[285], in anderen Fällen werden die Erwägungen, aus denen sich die Unbegründetheit ergibt, ausführlich dargelegt, um dann als Endergebnis die Beschwerde als offensichtlich unbegründet und damit unzulässig zu bezeichnen. Im Interesse der Verfahrensvereinfachung bleibt die Einstufung einer Beschwerde als offensichtlich unbegründet genauso wie auch die Feststellung der Unzulässigkeit aus sonstigen Gründen während des ganzen Verfahrens allen damit befaßten Spruchkörpern offen. Rationell ist dieses Verfahren vor allem, wenn eine Beschwerde als offensichtlich unbegründet bereits am Beginn des Verfahrens im Rahmen der Zulässigkeitsprüfung durch einen einstimmigen Beschluß des mit drei Richter besetzten Ausschusses (Art. 28 MRK, Art. 53 Abs. 3 VerfO) verworfen wird oder später, wenn, die zunächst mit der Zulässigkeitsprüfung befaßte Kammer sie durch einen Mehrheitsbeschluß (Art. 54 Abs. 2 VerfO)[286] verwirft, bevor zur Sache verhandelt und der Versuch einer gütlichen Einigung in die Wege geleitet wird. Die Verwerfung ist aber in jedem Stadium des Verfahrens möglich[287]. Sie wird als pauschale Begründungsformel („global formula") auch angewendet, wenn dadurch andere Fragen der Zulässigkeit mit abgedeckt werden sollen[288].

---

277 EGMR 9.10.1979 Airey/Irl (EuGRZ 1979 626); 27.4.1988 Boyle & Rice/GB (Série A 131); EKMR nach *Frowein/Peukert* Art. 27 a.F, 23.

278 *Frowein/Peukert* Art. 27 a.F, 23.

279 Vgl. *Frowein/Peukert* Art. 27 a.F, 24; IntKomm EMRK-*Rogge* Art. 27 a.F, 98 ff.

280 *Villiger* HdB 156.

281 Vgl. *Grabenwarter* § 13 Rdn. 51; IntKommEMRK-*Rogge* Art. 27 a.F, 98 ff; („dynamischer Begriff").

282 Vgl. IntKommEMRK-*Rogge* Art. 27 a.F 101 ff; ferner etwa die Gleichsetzung in EGMR 21.2.1990 Powell, Rayner/GB (ÖJZ **1990** 418: Grenze der offensichtlichen Unbegründetheit bei Unvertretbarkeit des Anspruchs); ob diese Gleichsetzung bei der Ausdehnung der Verwerfung als offensichtlich unbegründet in allen Fällen noch vertretbar ist, erscheint fraglich; vgl. *Frowein/Peukert* Art. 13, 2.

283 *Grabenwarter* § 13 Rdn. 51.

284 Aus der neueren Zeit etwa EGMR 5. 4. 2001 Priebke/I (EuGRZ **2001** 387); 10.5.2001 Le Pen/F (EuGRZ **2001** 390); 7.6.2001 Papon/F (EuGRZ **2001** 382) 12.7.2001 Ferrazine/I (NJW **2002** 3453); 25.9.2001 Unterguggenberger/Ö (ÖJZ **2002** 271); 27.9.2001 Lenz/D (EuGRZ **2001** 484); 27.9.2002 GMB & KM/CH (ÖJZ **2003** 77); 4.10.2001 Adam/D (EuGRZ **2001** 582); 16.10.2001 Einhorn/F (ÖJZ **2003** 34); 23.10.2001 Vogl u.a./Ö (ÖJZ **2001** 393); 24.1.2002 Goretzki/D (EuGRZ **2002** 325), 21.3.2002 Wingerter/D (EuGRZ **2002** 329).

285 Vgl. *Villiger* HdB 156.

286 Auf die Diskrepanz die darin liegen kann, wenn trotz divergierender Meinungen die offensichtliche Unbegründetheit festgestellt wird, weist IntKomm EMRK-*Rogge* Art. 27 a.F, 102 hin; vgl. auch EKMR EuGRZ **1975** 51.

287 *Meyer-Ladewig* Art. 34, 31.

288 *Grabenwarter* § 13 Rdn. 53; *Villiger* HdB 156.

IV. Gang des Individalbeschwerdeverfahrens

1. Einreichen der Beschwerde

a) Schriftform. Die Beschwerden müssen schriftlich eingereicht und vom Beschwerdeführer oder seinem Vertreter unterschrieben werden. Für nichtstaatliche Organisationen und Personengruppen müssen die vertretungsberechtigten Personen unterschreiben[289]. Bei **Vertretung** durch einen **in den Mitgliedstaaten zugelassenen Anwalt muß** dieser eine schriftliche Vollmacht vorlegen (Art. 13 Abs. 3, Art. 45 VerfO). **54**

b) Vertretung im Verfahren. Ein Anwaltszwang besteht nicht[290]. **Nach Zustellung der Beschwerde** an den beklagten Staat („Vertragspartei") kann der Kammerpräsident anordnen, daß sich der Beschwerdeführer durch einen in einem Vertragsstaat zugelassenen und dort wohnenden Anwalt vertreten läßt. Er kann auch eine andere Person und auch den Beschwerdeführer selbst zulassen (Art. 36 VerfO). Findet eine mündliche Verhandlung vor einer Kammer statt, muß der Beschwerdeführer grundsätzlich durch einen Anwalt vertreten sein, sofern der Kammerpräsident nichts anderes bestimmt (Art. 36 Abs. 3 VerfO)[291]. Die Vertreter, sowie ein Beschwerdeführer, der sich selbst vertreten will, müssen eine der Amtssprachen des Gerichtshofs (Art. 34 Abs. 1 VerfO: englisch, französisch) hinreichend beherrschen; der Kammerpräsident kann ihnen jedoch den Gebrauch einer anderen Sprache genehmigen (Art. 36 Abs. 5; Art. 34 Abs. 3 VerfO). **55**

c) Vorläufige Anordnungen. Die Individualbeschwerde hat, ebenso wie die Staatenbeschwerde, keine aufschiebende Wirkung[292]. Der Vertragstext sieht auch nach seiner Umgestaltung durch das 11. ZP eine solche Möglichkeit nicht vor. Da der Gerichtshof erst nach Erschöpfung des innerstaatlichen Rechtswegs mit einer Sache befaßt werden kann und die behauptete Konventionsverletzung längst stattgefunden hat, besteht in der Regel kein zwingendes Bedürfnis nach einer vorläufigen Anordnung. Anders ist dies nur in Einzelfällen, in denen dem Beschwerdeführer das Risiko einer bevorstehenden schwerwiegenden irreparablem Schädigung unmittelbar droht, wie etwa bei der Auslieferung oder Abschiebung in ein Land, in dem er Todesstrafe oder Folter zu gewärtigen hat[293]. Um zu verhüten, daß durch den innerstaatlichen Vollzug einer mit der Beschwerde beanstandeten Maßnahme die behauptete Konventionsverletzung verfestigt und Tatsachen geschaffen werden, die durch eine spätere Entscheidung des Gerichtshof nicht mehr rückgängig gemacht werden können, eröffnet die Verfahrensordnung mehrere Möglichkeiten. Der Kanzler kann mit Genehmigung des Kammerpräsidenten die betroffene Vertragspartei durch jedes verfügbare Mittel vom Eingang der Beschwerde und ihrem Inhalt unterrichten (Art. 40 VerfO), damit diese – so sie das will – durch geeignete innerstaatliche Maßnahmen dafür sorgen kann, daß der späteren Beschwerdeentscheidung nicht vorgegriffen wird. Anders als bei den meisten nationalen Verfassungsgerichten ermächtigt die MRK entsprechend ihrer gesamten Vertragsstruktur den Gerichtshof nicht ausdrücklich zum Erlaß einer bindenden Einstweiligen Anordnung[294] und damit auch nicht zu einem direkten Eingriff in den Vollzug des nationalen Rechts[295]. **56**

---

289 Vgl. Rdn. 23 ff.

290 Vgl. Rdn. 19.

291 *Wittinger* NJW **2001** 1238, 1239.

292 Vgl. IntKommEMRK-*Rogge* Art. 25 a. F.; *Meyer-Ladewig* Einl 26; *Villiger* HdB 201, EGMR Bahaddar/NdL (Rep. 1998 250); ferner etwa BayObLG NJW **1976** 1591; High Court of Justiz EuGRZ **1978** 521.

293 *Oellers-Frahm* EuGRZ **2003** 689.

294 IGH 27. 6. 2001 D/USA (EuGRZ **2001** 387; sog. La Grand Fall) hat eine Verpflichtung der USA zur Beachtung seiner einstweiligen Anordnung nach Art. 41 seines Statuts mit dem Hinweis bejaht, daß dies für die Erfüllung seiner Aufgabe der Beilegung internationaler Streitigkeiten erforderlich sei; dazu *Oellers-Frahm* EuGRZ **2001** 265.

295 EGMR 20. 3. 1991 Cruz Varas/Schwed (EuGRZ **1991** 203), *Frowein/Peukert* Art. 25 a. F, 52; *Meyer-Ladewig* Einl. 26.

56a Nach Art. 39 VerfO kann jedoch die zuständige Kammer, oder, wenn sie nicht zusammengetreten ist, auch ihr Präsident allein, auf Antrag eines Betroffenen oder auch von Amts wegen den Parteien **vorläufige Maßnahmen empfehlen**, sofern sie dies im Interesse einer Partei oder eines ordnungsgemäßen Verfahrensablaufs für erforderlich hält. Ein Betroffener sollte den Antrag schriftlich und möglichst frühzeitig stellen und mit detaillierten Angaben über die befürchteten Folgen nach Möglichkeit unter Beifügung von Beweismaterial begründen[296]. Die empfohlenen Maßnahmen können zeitlich befristet[297] sein, sie können die Beweissicherung bezwecken[298] oder dem Beschwerdeführer selbst Auflagen machen[299]; meistens werden sie aber den Zweck haben, vorsorglich zu verhüten, daß durch die Fortsetzung innerstaatlicher Maßnahmen ein Zustand geschaffen wird, der bei Bejahung einer Konventionsverletzung durch den Gerichtshof nicht mehr rückgängig gemacht werden könnte[300]. Bedeutung erlangt haben solche Fälle vor allen bei Abschiebung oder Auslieferung des Beschwerdeführer in ein Drittland, in dem eine Gefahr für sein Leben oder Folter zu befürchten ist[301]. Die Empfehlung einer vorläufigen Maßnahme durch das Gericht setzt voraus, das die eingereichte Beschwerde formal zulässig ist und daß es nach der ersten summarischen Prüfung als möglich erscheint, daß sie Erfolg haben kann[302]. Daß eine Empfehlung der Kammer oder ihres Vorsitzenden nach Art. 39 VerfO die unmittelbare Rechtspflicht des ersuchten Staates begründet, sie zu befolgen, wurde früher verneint[303]; auch aus dem früher in Art. 25 a. F MRK enthaltenen Behinderungsverbot wurde nicht die generelle Verpflichtung der Staaten zur Befolgung der empfohlenen Maßnahmen hergeleitet[304]. Diese Auffassung hat der EGMR jetzt unter Hinweis auf die Praxis des Menschenrechtsausschusses und des Ausschusses gegen Folter der Vereinten Nationen und einer Entscheidung des IGH[305] aufgegeben. Er sieht jetzt in der **Mißachtung seiner vorläufigen Anordnung**, die verhindern soll, daß im konkreten Fall das Beschwerderecht und die spätere Entscheidung des Gerichtshofs praktisch durch eine vollendete Tatsachen schaffende staatliche Maßnahme obsolet werden, einen Verstoß gegen die in Art. 34 Satz 2 MRK festgelegte Pflicht des Staates, die wirksame Ausübung des Beschwerderechts nicht zu behindern und die Urteile des Gerichtshofs zu befolgen (Art. 46 Abs. 1 MRK); denn durch die Mißachtung der Empfehlung entzieht sich der Staat bewußt der Möglichkeit der Erfüllung seiner Konventionspflichten[306]. Ganz abgesehen vom Streit um die Befolgungs-

---

296 *Nórgaard /Krüger* FS Ermacora 109, 115.

297 IntKommEMRK-*Rogge* Art. 25 a. F, 231.

298 IntKommEMRK-*Rogge* Art. 25 a. F, 226 ff: Besuch im Gefängnis; Einvernahme, Auskünfte von Behörden.

299 Etwa, sich bei Haftentlassung zur Verfügung der Behörden zu halten oder den Hungerstreik abzubrechen, vgl. *Nórgaard/Krüger* FS Ermacora 109, 115; IntKommEMRK/*Rogge* Art. 25 a. F, 233.

300 IntkommEMRK-*Rogge* Art. 25 a. F, 34, 35, 224 ff; *Nórgaard /Krüger* FS Ermacora 109, 115.

301 *Nórgaard/Krüger* FS Ermacora 109 ff; *Krüger* EuGRZ **1996** 346; *Frowein/Peukert* Art. 25 a.F, 2; *Villiger* HdB 201.

302 *Villiger* HdB 202.

303 *Nórgaard /Krüger* FS Ermacora 109 ff; *Meyer-Ladewig* Art. 28 MRK, 4; *Villiger* HdB 202; vgl. aber auch *Wittinger* NJW **2001** 1238/1241 (nach Neuordnung der Gerichtsbarkeit liegt Annahme der Verbindlichkeit nahe) und nachf. Fußnoten.

304 Vgl. EGMR 20. 3. 1991 Cruz Varas/Schwed (EuGRZ **1991** 203); 13. 3. 2001 Conka u. a./Belg (Beschw.Nr. 51564/99); *Meyer-Ladewig* Einl. 26; zu den auch früher schon strittigen Fragen vgl. *Frowein/Peukert* Art. 25 a. F, 51; IntKommEMRK-*Rogge* Art. 25 a. F, 232 f; *Rogge* NJW **1977** 1559; *Oellers/Frahm* EuGRZ **1991** 197; differenzierend *Macdonald* ZaöRV **52** (1992) 703 (Bindung, wenn sonst Recht auf effektive Beschwerde hinfällig).

305 Der Internationaler Gerichtshof hat am 27. 6. 2001 in der Sache D/USA (EuGRZ **2001** 387; sog. La Grand Fall) die Verpflichtung der USA zur Beachtung seiner einstweiligen Anordnung nach Art. 41 seines Statuts bejaht.

306 Vgl. die wegen Anrufung der großen Kammer nicht rechtskräftige Entscheidung EGMR 6. 2. 2003 Mamatkulow, Abdurasulovic/Türk (EuGRZ **2003** 704), wonach eine Auslieferung entgegen einer Empfehlung nach Art. 39 VerfO den Art. 34 MRK verletzt („irreparable harm being caused"), dazu *Oellers-Frahm* EuGRZ **2003** 689; *Tams* ZaöRV **63** (2003) 681.

pflicht gerät ein Staat, der sich über eine solche Empfehlung des Gerichts hinwegsetzt, unter einen erheblichen Erklärungsdruck, da das Ministerkomitee[307] von der Empfehlung informiert wird und er sich außerdem auf Anfrage des Gerichts über die Durchführung der von ihr empfohlenen Maßnahmen erklären muß (Art. 39 Abs. 2, 3 VerfO). Sollte später ein Konventionsverstoß festgestellt werden, würde dessen Verfestigung durch Mißachtung der vorläufigen Anordnung als sehr schwerwiegend gewertet werden. Die Staaten sind daher auch schon bisher, von wenigen Ausnahmen abgesehen[308], solchen Empfehlungen nachgekommen[309].

2. Zulässigkeitsprüfung. Die registrierte Beschwerde wird zunächst auf ihre **Zulässigkeit** geprüft. Die sieben Zulässigkeitsvoraussetzungen der Art. 35 MRK schließen eine summarische Sachprüfung mit ein. Neben den formalen Voraussetzungen wie Beschwerdebefugnis, Einhaltung der Beschwerdefrist, Erschöpfung des Rechtswegs, keine anonyme oder wiederholte oder anderweitig anhängige Beschwerde, wird nach Art. 35 Abs. 3 MRK auch geprüft, ob die Beschwerde **mit den Bestimmungen der Konvention unvereinbar** ist, etwa, weil die Aktiv- oder Passivlegitimation fehlt oder das geltend gemachte Recht nicht von der Konvention garantiert wird oder einen örtlich oder zeitlich nicht von der Konvention erfaßten Sachverhalt betrifft, ferner, ob sie mangels hinreichender Anhaltspunkte für eine Konventionsverletzung **offensichtlich unbegründet** ist oder ob sie **rechtsmißbräuchlich**, etwa zur Verfolgung sachfremder Zwecke oder mit falschen Angaben, erhoben wird[310]. 57

Der Sektionspräsident bestimmt einen Richter als **Berichterstatter**, der Auskünfte und Unterlagen von den Parteien anfordern kann (Art. 49 Abs. 1, 2 Buchst. a VerfO) und der danach entscheidet, ob die Zulässigkeit der Beschwerde zunächst vom Ausschuß („Komitee") nach Art. 28 MRK geprüft oder ob sie gleich von der Kammer behandelt werden soll, sofern der Sektionspräsident nicht schon die Prüfung durch die Kammer angeordnet hat (Art. 49 Abs. 2 Buchst. b VerfO). Verweist der Berichterstatter die Sache an den **Ausschuß**, entscheidet dieser auf Grund seines Berichts (zum Inhalt vgl. Art. 29 Abs. 2 Buchst. b Verfahrensordnung) über die Zulässigkeit der Beschwerde. Er kann sie durch **einstimmigen Beschluß für unzulässig** erklären oder im Register streichen, wenn diese Entscheidung ohne weitere Prüfung getroffen werden kann (Art. 28 MRK; Art. 53 Abs. 3 VerfO). Die Entscheidung, die nicht begründet wird[311], erledigt die Beschwerde endgültig (Art. 28 MRK)[312]. 58

Andernfalls legt der Ausschuß die Beschwerde der zur Prüfung der Rechtssache nach Art. 52 Abs. 2, Art. 26 VerfO) vom Sektionspräsidenten gebildeten **Kammer** vor (Art. 53 Abs. 4 VerfO). Auch diese kann die Beschwerde **sofort für unzulässig** erklären. Setzt sie das Verfahren fort, kann die Kammer zunächst Auskünfte und Unterlagen von den Parteien anfordern; gegebenenfalls kann eine mündliche Verhandlung angeordnet werden, in der die Parteien auch bereits zur Begründetheit der Beschwerde Stellung nehmen müssen, sofern die Kammer nicht ausnahmsweise etwas anderes bestimmt (Art. 54 Abs. 3, 4 VerfO). Danach verwirft sie die Beschwerde ganz oder zum Teil als **unzulässig** 59

[307] In der Resolution R (80) 9 vom 27.6.1980 hat das Ministerkomitee den Mitgliedstaaten empfohlen, solchen Ersuchen (damals von der Kommission) zumindest in Auslieferungssachen nachzukommen.

[308] Vgl. die Beispiele bei *Frowein/Peukert* Art. 25 a. F, 2; 52; IntKommEMRK-*Rogge* Art. 25 a. F, 115f; *Villiger* HdB 202.

[309] *Villiger* HdB 202.

[310] *Wittinger* NJW **2001** 1238, 1240. Vgl. die Beispiele zu Art. 27 a. F, bei *Frowein/Peukert*; *Matscher* EuGRZ **1982** 502.

[311] Vgl. Rdn. 7.

[312] Vgl. *Grabenwarter* § 13 Rdn. 1, wonach der größte Teil aller Beschwerden im Ausschuß verworfen wird.

oder erklärt sie ganz oder zum Teil für **zulässig**. Die Übermittlung der Zulässigkeitsentscheidung an die Beteiligten obliegt dem Kanzler nach Maßgabe des Art. 61 Abs. 1 VerfO.

60 **Einreden der Unzuständigkeit** müssen, sofern dies nach den Umständen möglich, vom beklagten Staat bereits in dem Verfahrensabschnitt vorgebracht werden, in dem über die Zulässigkeit entschieden wird (Art. 55 VerfO). Im späteren Verfahrensabschnitt sind solche Einreden nicht mehr zulässig[313]. Der Gerichtshof entscheidet dann nur noch über die Fragen, in denen er das Verfahren für zulässig erklärt hat[314]. Innerhalb der dadurch gezogenen Grenzen, hat er aber die volle Entscheidungsgewalt. Er kann ohne Bindung an frühere Auffassungen über alle im Verfahren auftretenden tatsächlichen und rechtlichen Fragen einschließlich der Zulässigkeit selbst entscheiden[315]. Dies gilt auch für die große Kammer, wenn diese zur Entscheidung angerufen worden ist.

3. Verfahren nach der Zulässigkeitsentscheidung

61 **a) Gütliche Einigung.** Nach Zulassung der Beschwerde[316] nimmt der Kanzler mit den Parteien Kontakt auf, um eine gütliche Einigung (Art. 38 Abs. 1 Buchst. b MRK) zu erreichen, wobei die Kammer, die sich mit dem Ziel einer gütlichen Einigung zur Verfügung der Parteien halten muß (Art. 38 Abs. 1 Buchst. b MRK), alle geeigneten Maßnahmen trifft, um diese Einigung zu erleichtern (Art. 62 Abs. 1 VerfO). Die Vergleichsbereitschaft sollte vom betroffenen Staat allerdings möglichst frühzeitig erklärt werden[317]. Lehnt eine der Parteien eine gütliche Einigung von vornherein ab, wird das gerichtliche Verfahren fortgesetzt[318]. Das Einigungsverfahren, zu dem die Parteien Vorschläge vorlegen sollen, ist formlos. Die Vorschläge und die zu diesem Zweck geführten Verhandlungen sind **vertraulich** (Art. 38 Abs. 2 MRK), sie dürfen Außenstehenden nicht mitgeteilt werden[319]. Auch im streitigen Verfahren vor dem Gerichtshof dürfen die hierbei abgegebenen Erklärungen und Zugeständnisse nicht erwähnt und verwendet werden (Art. 62 Abs. 2 VerfO)[320]. Teilt der Kanzler der Kammer mit, daß sich die Parteien gütlich geeinigt haben, streicht sie die Sache nach Art. 37 Abs. 1 Buchst. b; Art. 44 Abs. 2 VerfO durch Urteil im Register, nachdem sie sich vergewissert hat, daß die Einigung auf der Grundlage der Achtung der Menschenrechte getroffen wurde (Art. 62 Abs. 3 VerfO)[321]. Das Urteil wird dem Ministerkomitee zugeleitet (Art. 77 Abs. 3 Satz 1 VerfO), das nach Art. 46 Abs. 2 MRK die Durchführung zu überwachen hat (Art. 44 Abs. 2 VerfO). Der Gerichtshof kann trotz der Einigung das Verfahren auch gegen den Willen des Beschwerdeführers[322] fortsetzen, wenn er der Ansicht ist, daß die Achtung der Menschenrechte dies erfordert, aber auch, wenn er dies aus sonstigen Gründen für angezeigt hält[323].

---

[313] Dies galt schon früher für die bereits im Verfahren vor der Kommission zu erhebenden Einreden, vgl. EGMR 9. 10. 1979 Airey/Irl. (EuGRZ **1979** 626); 29. 10. 1991 Helmers/Schwed (EuGRZ **1991** 415), 29. 10. 1992 Open Door and Dublin Well Woman/ Irl (EuGRZ **1992** 484: Einrede der Nichteinhaltung der Sechsmonatsfrist); 25. 3. 1999 Nicolova/Bulg (NJW **2000** 2883).

[314] EGMR18. 10. 2001 Mianowicz/D (EuGRZ **2002** 585).

[315] EGMR 25. 3. 1999 Iatridis/Griech (EuGRZ **1999** 316); 18. 10. 2001 Mianowicz/D (EuGRZ **2002** 585).

[316] Zur Problematik, wenn im Interesse der Verfahrensbeschleunigung über Zulässigkeit und sachliche Begründetheit gleichzeitig verhandelt wird, vgl. *Siess-Scherz* EuGRZ **2003** 100, 105; *Grabenwarter* EuGRZ **2003** 174, 177.

[317] *Siess-Scherz* EuGRZ **2003** 100, 106.

[318] *Grabenwarter* § 13 Rdn. 59.

[319] *Meyer-Ladewig* Art. 38, 24.

[320] *Grabenwarter* § 13 Rdn. 59; *Meyer-Ladewig* Art. 38, 24. Zur gütlichen Einigung und ihren Vor- und Nachteilen vgl. *Villiger* HdB 219 ff; ferner vorst. Fußnoten.

[321] Vgl. etwa EGMR 27. 02. 03 Axen/D (EuGRZ **2003** 222); *Ohms* EuGRZ **2003** 141, 147.

[322] EGMR 25. 4. 1978 Tyrer/GB (EuGRZ **1979** 162); *Villiger* HdB 97.

[323] *Grabenwarter* § 13 Rdn. 59 hält die Fortsetzung bei schwersten Menschenrechtsverletzungen für ange-

b) Weiteres Verfahren vor der Kammer. Bei Weiterführung des Verfahrens kann die Kammer die Parteien auffordern, **weitere Beweismittel** und **schriftliche Stellungnahmen** vorzulegen. Beantragt der Beschwerdeführer auch eine **gerechte Entschädigung** nach Art. 41 MRK muß er dies unter Beifügung der Belege beziffert und nach Rubriken geordnet (Art. 60 Abs. 2 VerfO) in seinem Schriftsatz über die Begründetheit oder, wenn er einen solchen nicht einreicht, spätestens zwei Monate nach der Zulässigkeitsentscheidung geltend machen (Art. 60 Abs. 1 VerfO). Gegenstand der gerichtlichen Prüfung ist der vom Beschwerdeführer vorgetragene Sachverhalt und die dazu vom betroffenen Staat abgegebenen Stellungnahme. Was davon sachlich zutrifft, prüft das Gericht nach. An sich gilt der **Grundsatz der Amtsermittlung** (Art. 31 Abs. 1 Nr. 1 MRK). Der Gerichtshof ist bei Prüfung der Beschwerde an das Vorbringen der Parteien und deren Beweisanträge nicht gebunden (Art. 42 VerfO)[324]. Die Kammer kann alle Maßnahmen, die ihr zur Sachaufklärung angezeigt erscheinen anordnen, wie Einholen von Auskünften, Vorlage von Unterlagen oder Einvernahme von Zeugen oder Sachverständige; es können auch einzelne Richter mit der Vornahme eines Augenscheins oder einer Zeugeneinvernahme beauftragt werden (Art. 42 Abs. 2 VerfO). Die Parteien des Verfahrens, vor allem der beklagte Staat, sind zur Mitwirkung verpflichtet (Art. 38 Abs. 1 Buchst. a MRK; Art. 42 Abs. 4 VerfO)[325]. Kommen sie der Verpflichtung nicht nach, der Kammer alle angeforderten Informationen zu geben, kann diese darauf Schlüsse zu ihrem Nachteil ziehen. Dies gilt vor allem, wenn der beklagte Staat, der allein die erforderlichen genauen Informationen über die für die Beschwerde relevanten Vorgänge haben kann, keine umfassende und überzeugende Erklärung dazu abgibt[326]. Soweit bereits staatliche Ermittlungen oder gerichtliche Entscheidungen vorliegen, überläßt der Gerichtshof die Beweiserhebung und Beweiswürdigung meist den staatlichen Gerichten, da er es nicht als seine Aufgabe ansieht, seine Beweiswürdigung an die Stelle der Beweiswürdigung der staatlichen Gerichte zu setzen[327]. Gebunden ist er an deren Ergebnisse aber nicht, so daß er, sofern er dies wegen triftiger Gründe für erforderlich hält, auch abweichende Feststellungen treffen kann. Auf die weiteren Einzelheiten des in vielen Fällen von der Auswertung der Stellungnahmen und der herangezogenen Urkunden bestimmten Verfahrens soll in diesem Überblick nicht eingegangen werden. 62

c) Gleichzeitige Entscheidung über Zulässigkeit und Begründetheit. An sich ist die Trennung des Verfahrens über die Zulässigkeit von dem über die Begründetheit deshalb vorgesehen, um den Parteien Gelegenheit zu Vergleichsverhandlungen zu geben. Die ursprünglich nur für Ausnahmefälle gedachte Regelung einer gemeinsamen Verhandlung über Zulässigkeit und Begründetheit wird jetzt im Interesse der Verfahrensbeschleunigung durch einen neuen Art. 54 A Abs. 1 der VerfO geregelt, der es der Kammer gestattet, nach einem entsprechenden Hinweis bei Zuleitung der Beschwerde Äußerungen über Zulässigkeit und Begründetheit gleichzeitig einzuholen und darüber in einem einzigen Urteil zu entscheiden[328]. 63

d) Fakultative mündliche Verhandlung. Das Gericht kann über die Beschwerde **im schriftlichen Verfahren** oder **auf Grund einer mündlichen Verhandlung** entscheiden. Eine 64

bracht, sofern sich der betroffene Staat nicht zu Maßnahmen verpflichtet, die gleichartige Verletzungen in Zukunft verhindern.

[324] *Meyer-Ladewig* Art. 38, 2 (in eingeschränkter Form); nach *Villiger* HdB 159 finden sich neben der Untersuchungsmaxime aus prozeßökonomischen Gründen auch Elemente der Verhandlungsmaxime.

[325] Vgl. *Meyer-Ladewig* Art. 38, 11.

[326] Beweislast, daß Konvention nicht verletzt, liegt dann beim Staat, vgl. etwa EGMR 28. 7. 1999 Selmouni/F (NJW **2001** 56), 27. 6. 2000 Salman/Türk (NJW **2001** 2001); *Meyer-Ladewig* Art. 38, 13 mit weit. Nachw.

[327] Vgl. *Meyer-Ladewig* Art. 38, 5.

[328] Vgl. dazu *Siess-Scherz* EuGRZ **2003** 100, 105.

mündliche Verhandlung findet nur statt, wenn die Kammer dies von Amts wegen beschließt oder wenn eine der Parteien dies beantragt und das Gericht dies für erforderlich hält[329]. Von dieser Möglichkeit macht der Gerichtshof auch bei übereinstimmenden Anträgen der Parteien nur noch zurückhaltend Gebrauch; im Interesse der Verfahrensbeschleunigung wird die Erforderlichkeit meist verneint[330]. Der Antrag auf mündliche Verhandlung setzt ferner voraus, daß nicht schon in einer die Zulässigkeit betreffenden mündlichen Verhandlung nach Art. 54 Abs. 4 Verfahrensordnung auch über die Begründetheit verhandelt worden ist (Art. 59 Abs. 2 VerfO).

65 Die **mündliche Verhandlung** ist öffentlich, soweit die Kammer nicht auf Grund besonderer Umstände aus den in Art. 33 Abs. 2 VerfO festgelegten Gründen etwas anderes beschließt (Art. 33 Abs. 1 VerfO)[331]. Sie leitet der Kammerpräsident, der auch die Reihenfolge bestimmt, in der das Wort erteilt wird (Art. 63 Abs. 1 VerfO). Die Richter der Kammer haben ein Fragerecht. Danach können die Prozeßbevollmächtigten, Rechtsbeistände und Berater der Parteien Fragen stellen. Die Hauptverhandlung kann auch durchgeführt werden, wenn eine Partei ohne Angabe hinreichender Gründe zu dem ihr mitgeteilten Termin (vgl. Art. 37 VerfO) nicht erscheint (Art. 62 Abs. 2 Verfahrensordnung). Zeugen, Sachverständige und sonstige Personen werden vom Kanzler geladen, der ihnen dabei die Sache, den Gegenstand ihrer Einvernahme und die Anordnung ihrer Entschädigung[332] mitteilt (Art. 65 VerfO). Zeugen leisten vor ihrer Aussage, Sachverständige nach ihrer Aussage den Eid oder geben eine ihm entsprechende Beteuerung ab (Art. 66 Abs. 1, 2 VerfO). Bleiben sie ohne ausreichenden Grund aus, oder verweigern sie die Aussage teilt dies der Kanzler der Vertragspartei mit, deren Hoheitsgewalt sie unterstehen. Gleiches gilt bei einer nach Auffassung der Kammer falschen Aussage (Art. 69 VerfO). Von der Möglichkeit, Zeugen und Sachverständige in der Verhandlung zu hören, macht das Gericht aber nur in Ausnahmefällen Gebrauch[333]. Nach den **Plädoyers** und den Erwiderungen der Parteien auf die Ausführungen der Gegenseite schließt der Präsident die Verhandlung[334]. Über sie wird ein **Protokoll** geführt. Die Einzelheiten sind in Art. 70 der VerfO geregelt.

66 e) **Beteiligung Dritter am Verfahren.** Ein Vertragsstaat kann sich an einem Verfahren, im dem ein Staatsangehöriger Beschwerdeführer ist, durch schriftliche Stellungnahmen und Teilnahme an der mündlichen Verhandlung beteiligen (Art. 36 Abs. 1 MRK). Im Interesse der Rechtspflege kann der Präsident des Gerichtshofs außerdem jedem Vertragsstaat, der nicht Partei ist und jeder betroffenen Person, die nicht Beschwerdeführer ist, Gelegenheit zu einer schriftlichen Stellungnahme oder zur Teilnahme an der mündlichen Verhandlung geben (Art. 36 Abs. 2 MRK). Anträge auf eine solche Teilnahme müssen in einer der Amtssprachen innerhalb angemessener Frist eingereicht werden. Gleiches gilt für die eingereichten schriftlichen Stellungnahmen, die die vom Kammerpräsidenten festgelegten Fristen und Bedingungen einhalten müssen, andernfalls kann der Präsident beschließen, sie nicht in die Akten aufzunehmen (Art. 61 Abs. 4, 5 VerfO). Ein Staat, der sich nach Art. 36 MRK beteiligt, wird dadurch aber nicht selbst Partei des Verfahrens, er wird auch nicht nach Art. 46 Abs. 1 MRK durch das Urteil gebunden[335].

---

[329] Vgl. Art. 54 Abs. 3, Art. 59 Abs. 3 VerfO, die das in das Ermessen des Gerichtshofes stellt, „wenn er dies für die Erfüllung seiner Funktion unter der Konvention für erforderlich hält" dazu *Siess-Scherz* EuGRZ **2003** 100, 105.

[330] Zur restriktiven Handhabung seit dem In-Kraft-treten des 11. ZP vgl. *Grabenwarter* § 13 Rdn. 69 (im Jahre 2002 nur noch 50 mündliche Verhandlungen).

[331] Vgl. *Grabenwarter* § 13 Rdn. 68.

[332] Art. 65 Abs. 3 VerfO regelt, wer die Entschädigung zu tragen hat.

[333] *Grabenwarter* § 13 Rdn. 70.

[334] *Grabenwarter* § 13 Rdn. 70.

[335] *Meyer-Ladewig* Art. 36, 2 unter Hinweis auf die Denkschrift zum 11. ZP (BT-Drs. 13/858 S. 28).

f) Die **Urteile und Entscheidungen** des Gerichtshofs – grundsätzlich also der Kammern und der Großen Kammer – werden entweder in öffentlicher Sitzung verkündet oder, wie es die Regel ist[336], vom Kanzler in der Form einer beglaubigten Kopie den Parteien und, wenn sie endgültig sind, auch dem Ministerkomitee zugestellt (Art. 46 Abs. 2 MRK). Der **Urteilsausspruch** beschränkt sich in der Regel darauf, eine Konventionsverletzung durch den beklagten Staat zu verneinen oder aber sie festzustellen. Abgesehen von der Verpflichtung zur Leistung der nach Art. 41 MRK vom Gerichtshof bei einer Konventionsverletzung auf Antrag festzusetzenden „gerechten Entschädigung" („satisfaction") äußert sich der Urteilsspruch nicht dazu, auf welchem Weg der verurteilte Staat seiner Pflicht zur Befolgung des Urteils (Art. 46 Abs. 1 MRK) nachkommen soll. In einem Ausnahmefall, wo dem verurteilten Staat keine Handlungsalternative zur Beendigung einer noch andauernden Konventionsverletzung verblieb, hat der EMGR aber selbst im Urteil ausgesprochen, welche konkrete Maßnahme der verurteilte Staat zu deren Beendigung ergreifen muß[336a]. Die Urteile sind **zu begründen** (Art. 45 Abs. 1 MRK; Art. 56 Abs. 1; Art. 74 VerfO)[337]. Für Entscheidungen des Ausschusses, mit der eine Beschwerde einstimmig als unzulässig verworfen wird, gilt dies nicht[338]. Im übrigen dürfte eine Begründungspflicht für alle **Sachurteile** bestehen, aber auch für die Entscheidungen, mit denen Beschwerden von den Kammern **vorweg für zulässig** oder endgültig **für unzulässig**[339] erklärt werden, desgleichen auch für die in der Form eines Urteils anzuordnende **Streichung** einer für zulässig erklärten Beschwerde im Register (Art. 37 MRK, Art. 44 Abs. 2 VerfO)[340]. In der Entscheidung ist anzugeben, ob sie einstimmig oder durch Mehrheitsbeschluß getroffen wurde. Jeder Richter kann seine im Urteil nicht zum Ausdruck gekommene übereinstimmende oder aber abweichende Meinung darlegen (Art. 45 MRK; Art. 56 Abs. 1; Art. 74 Abs. 2 VerfO), Die Urteile werden vom Kammerpräsidenten und vom Kanzler **unterzeichnet** (Art. 77 Abs. 1 VerfO). 67

Endgültig werden die Urteile der Großen Kammer mit ihrem Erlaß (Art. 44 Abs. 1 MRK)[341]. Die Urteile der Kammern werden endgültig, wenn die Parteien nicht binnen drei Monaten die Verweisung an die große Kammer beantragt haben oder wenn sie erklären, daß sie dies nicht beantragen werden oder wenn der Ausschuß den Verweisungsantrag ablehnt (Art. 44 Abs. 2 MRK). Die endgültigen Urteile werden in englischer oder französischer Sprache oder, wenn der Gerichtshof es beschließt, auch in beiden Sprachen abgefaßt (Art. 76 Abs. 1 VerfO). Sie sind der Öffentlichkeit zugänglich[342]; sie werden unter der Verantwortung des Kanzlers **veröffentlicht,** nachdem sie endgültig geworden sind (Art. 44 Abs. 3 MRK). Dieser ist außerdem für die Herausgabe der **amtlichen Sammlung** zuständig, die in englischer und französischer Sprache ausgewählte Entscheidungen und sonstige Schriftstücke enthält (Art. 78 VerfO)[343]. Die endgültigen 68

---

336 Vgl. *Grabenwarter* § 14 Rdn. 3.

336a So EGMR 8.4.2004 Asanidse/Georgien (EuGRZ **2004** 268: Haftentlassung); vgl. dazu und zu Fällen einer nicht unmittelbar bindenden Äußerung des EGMR zu naheliegenden Abhilfemaßnahmen des verurteilten Staates *Breuer* EuGRZ **2004** 257 ff und 445, 450 ff; vgl. etwa auch EGMR 24.6.1993/ 22.9.1994 Hentrich/F (EuGRZ **1996** 593; **1996** 602 Entschädigung statt Rückgabe) und neuerdings 22.6.2004 Broniowski/Pol (EuGRZ **2004** 472).

337 Zu den Besonderheiten von Aufbau und Stil der Urteile vgl. *Grabenwarter* § 14 Rdn. 4 ff: Zur Schwierigkeit, in den meist von den Mitarbeitern des Sekretariat erstellten schriftlichen Urteilsgründen den von divergierenden Rechtstraditionen bestimmten Auffassungen der einzelnen Richter Rechnung zu tragen und die deshalb mitunter inkonsistenten Begründungen vgl. *Kühne* StV **2001** 73, 77 ff.

338 Art. 53 Abs. 2 VerfO; vgl. oben Rdn. 7, 58.

339 Vgl. etwa EGMR 6.12.2001 Petersen/D (NJW **2003** 1921).

340 *Meyer-Ladewig* Art. 45, 1.

341 Vgl. Art. 77 VerfO: Verkündung in öffentlicher Sitzung oder Zuleitung durch Kanzler an Ministerkomitee und Parteien.

342 Abrufbar im Internet über die Rechtsprechungsdatenbank des EGMR (http://hudoc.echr.coe.int.).

343 Die Sammlung wurde bis Ende 1995 als Série A bezw. Series A bezeichnet (durchlaufend numme-

Urteile des Gerichtshofes, nicht seine sonstigen Entscheidungen[344], werden nach Art. 46 Abs. 2 MRK dem **Ministerkomitee**[345] zugeleitet.

69 **g) Verfahrenskosten** werden für das Verfahren vor dem EGMR nicht erhoben. Einer Entscheidung über Verfahrenskosten im Urteil (vgl. Art. 74 Abs. 1 Buchst. J VerfO) bedarf es nur, wenn die Beschwerde Erfolg hat und der Gerichtshof gemäß Art. 41 MRK anordnet, daß der beklagte Staat den Verletzten auch für die Kosten seiner Rechtsverfolgung zu entschädigen hat.

70 **h) Gerechte Entschädigung (Art. 41 MRK).** In dem Urteil, das eine Konventionsverletzung feststellt oder in einem gesonderten Urteil am Ende eines Nachverfahrens, das nur noch die Frage der Entschädigung betrifft (Art. 75 VerfO), entscheidet die Kammer auch darüber, ob und in welcher Höhe dem Beschwerdeführer wegen der festgestellten Konventionsrechtsverletzung eine **gerechte Entschädigung** zuzuerkennen ist[346]. Der allgemeine völkerrechtliche Grundsatz, daß die Verletzung völkerrechtlicher Verpflichtungen Wiedergutmachungs- oder Entschädigungspflichten auslöst, wurde in die Konvention übernommen, allerdings mit der Maßgabe, daß die Entschädigung für die Konventionsverletzung nicht dem anderen Staat als Vertragspartei sondern dem Verletzten als dem „Opfer" der Konventionsverletzung zustehen soll[347]. Voraussetzung dafür ist, daß der **Anspruch** darauf vom Verletzten **rechtzeitig geltend gemacht** (Art. 59 VerfO)[348] und nach Art. 60 VerfO **ordnungsgemäß** belegt wurde[349]. Im Urteil, das die Konventionsverletzung feststellt, wird darüber nur dann mitentschieden, wenn auch der geltend gemachte Entschädigungsanspruch spruchreif ist. Andernfalls wird die Entscheidung einem Nachverfahren vorbehalten (Art. 75 VerfO)[350].

71 Zu den **Voraussetzungen des Entschädigungsanspruchs** gehört an sich, daß der durch die Konventionsverletzung entstandene Schaden innerstaatlich nur **unvollkommen wiedergutgemacht** worden ist, der frühere Zustand also im Zeitpunkt der Entscheidung nicht in jeder Hinsicht vollkommen wiederhergestellt worden ist[351]. Dies trifft bei den meisten an den Gerichtshof herangetragenen Konventionsverletzungen zu[352]; denn in der Regel dürfte schon wegen des Zeitablaufs die vollkommene Wiederherstellung des früheren Zustandes nicht mehr möglich sein, zumal mehr als die Hälfte der festgestellten Konventionsverletzungen das Verfahren betrifft[353]. Eine nur teilweise innerstaatliche Kompensation läßt den Entschädigungsanspruch ebensowenig vollständig entfallen, wie der Umstand, daß der Beschwerdeführer möglicherweise auch auf einem innerstaat-

---

riert), ab 1. 1. 1996 dagegen als Recueil des Arrêts et Décisions bzw Reports of Judgements and Decisions, meist zitiert als Reports oder abgekürzt Rep. (Beispiel: Rep. 1998-VII), ab 1. 11. 1998 werden die Reports offiziell mit ECHR zitiert (Beispiel ECHR 2000-II), im Schrifttum finden sich weiterhin die Bezeichnungen Rep. oder allgemein Sammlung (Slg).

[344] IntKommEMRK-*Golsong* Art. 54 a. F, 2 (formell als Urteil bezeichnete Entscheidungen, auch Auslegungsurteile und Urteile nach Wiederaufnahme des Verfahrens nach Art. 102 VerfO).

[345] Vgl. Rdn. 78.

[346] Vgl. *Grabenwarter* § 15 Rdn. 1 („on an equitable basis").

[347] *Frowein/Peukert* Art. 50 a. F, 1.

[348] Wird kein Antrag gestellt, sieht der Gerichtshof in der Regel keine Veranlassung, die Frage von sich aus aufzugreifen vgl. etwa EGMR 5. 7. 2001 Erdem/D (EuGRZ **2001** 391); 20. 12. 2001 P.S/D (EuGRZ **2002** 37).

[349] Vgl. *Villiger* HdB 239 (Berechnungen müssen schlüssig und transparent sein), ferner Rdn. 72.

[350] Zur oft kursorischen Behandlung der Haftungsfragen in den Urteilen des EGMR vgl. *Dannemann* RabelsZ **1999** 492 ff.

[351] EGMR 7. 5. 1975 Neumeister/Ö (EuGRZ **1974** 27); 10. 3. 1980 König/D (EuGRZ **1980** 598); *Frowein/Peukert* Art. 50 a. F, 3.

[352] Vgl. *Frowein/Peukert* Art. 50 a. F, 3.

[353] *Dannemann* RabelsZ **1999** 452 f, auch zu der hier problematischen Kausalität des verfahrensbezogenen Konventionsverstoßes für das Verfahrensergebnis.

lichen Rechtsweg eine Entschädigung erstreiten könnte[354]. Grundsätzlich werden aber nur die aus der **festgestellten Konventionsverletzung** unmittelbar erwachsenen materiellen oder immateriellen Schäden entschädigt, **nicht sonstige Schäden**, die dem Beschwerdeführer aus anderen gleichzeitigen Vorgängen oder aus anderen, erfolglos behaupteten Konventionsverletzungen entstanden sind. Entschädigungsfähig sind insoweit auch die Kosten, die er hatte, weil er zur Abwehr oder Wiedergutmachung der festgestellten Konventionsverletzung erst den innerstaatlichen Rechtsweg erschöpfen mußte, bevor er das Beschwerdeverfahren vor dem Gerichtshof für Menschenrechte durchführen konnte. **Entschädigungsfähig** sind aber nur die materiellen oder immateriellen Nachteile des Beschwerdeführers, für die die im Urteil festgestellte Konventionsverletzung **ursächlich** war[355]. Der Gerichtshof entscheidet über die Entschädigung und ihre Höhe nach billigem Ermessen („if necessary")[356], so auch, wenn die Höhe des festgestellten materiellen oder immateriellen Schadens nicht genau beziffert werden kann[357]. Mitunter hält er wegen der Besonderheiten des Falles eine Entschädigung überhaupt nicht für angebracht[358]. In nicht wenigen Fällen, vor allem bei Verletzung von Verfahrensgarantien, lehnt der EGMR eine materielle Entschädigung ab, weil durch die festgestellte Konventionsverletzung kein nennenswerter Schaden entstanden ist, etwa, weil dadurch das gegen den Beschwerdeführer ergangene Strafurteil nicht in Frage gestellt wird[359] oder eine konventionswidrige Untersuchungshaft durch Anrechnung auf die Strafe kompensiert ist. Liegt die Konventionsverletzung allein einem Verfahrensverstoß, lehnt es der Gerichtshof meist ab, darüber zu spekulieren, welchen Ausgang das innerstaatliche Verfahren ohne den Verstoß gehabt hätte[360]. Vielfach sieht er dann in der **Feststellung der Konventionsverletzung** bereits eine ausreichende Kompensation[361]. Manchmal spricht er dem Beschwerdeführer aber auch wegen der Beeinträchtigung seiner Prozeßchancen eine billige Entschädigung zu[362], so etwa für einen geltend gemachten immateriellen Schaden[363]. Auch die in einer überlangen Verfahrensdauer liegenden irreparablen Belastun-

354 Vgl. *Frowein/Peukert* Art. 50 a. F, 3 (insoweit keine Zurückverweisung auf den innerstaatlichen Rechtsweg); der EGMR wartet mitunter aber auch die Entscheidung über innerstaatlich geltend gemachte Schadensersatzansprüche ab, vgl. etwa EGMR 12.12.1991 Clooth/Belg (ÖJZ **1992** 420).

355 Ersetzt wird der Schaden, für den die festgestellte Konventionsverletzung kausal ist, vgl. etwa EGMR 12.2.1991 Fredin/Schwed (ÖJZ **1991** 514); 27.8. 1991 Philis/Griech (EuGRZ **1991** 355); 12.5.1992 Megyeri/D (EuGRZ **1992** 347); 10.10.2002 Czekalla/Port (NJW **2002** 1229); 17.10.2002 Vostic/Ö (ÖJZ **2003** 196); *Meyer-Ladewig* 10; zur Kausalität entgangener Prozeßchancen vgl. *Dannemann* RabelsZ **1999** 452, 457, 465 ff unter Hinweis auf EGMR 26.10.1988 Martins Moreira/Port (Series A 143); 13.6.1994 Barberà u. a. (Series A 285 C).

356 Zur Höhe der Entschädigung bei einer Enteignung vgl. EGMR 21.2.1986 James u. a./GB (EuGRZ **1984** 341), 23.11.2000; 28.11.2002 ehem. König von Griechenland/Griech (NJW **2002** 49; **2003** 1712); ferner bei Art. 1 1. ZP; vgl. auch *Grabenwarter* § 15 Rdn. 3 ff.

357 Vgl. etwa EGMR 29.10.1992 Open Door and Dublin Well Woman/Irl (EuGRZ **1992** 484); *Villiger* HdB 240 mit weit. Nachw. sowie vorst. Fußn.

358 Vgl. EGMR 27.9.1995 McCann u. a./GB (ÖJZ **1996** 332: Tötung von Terroristen, die einen Sprengstoffanschlag beabsichtigten, bei Verhaftung).

359 Vgl. EGMR 24.5.1989 Hausschildt/Dän (EuGRZ **1993** 122).

360 Etwa EGMR 25.4.1983 Pakelli/D (EuGRZ **1983** 344); 26.8.1991 F.C: B./I (EuGRZ **1992** 539); 12.5. 1992 Megyeri/D (EuGRZ **1992** 347); 23.11.1993 Poitrimol/F (Series A 277-A); *Meyer-Ladewig* 10; vgl. auch *Dannemann* RabelsZ **1999** 452, 467.

361 Vgl. vorst. Fußn.; ferner etwa EGMR 29.5.1986 Deumeland/D (NJW **1989** 652); 27.8.1991 Demicoli/Malta (EuGRZ **1991** 475); 30.10.1991 Borgers/Belg (EuGRZ **1991** 519); 31.1.1995 Schuler-Zgraggen/CH (EuGRZ **1996** 604); 29.4.1999 Aquilina/Malta (NJW **2001** 51); 18.2.1999 Hood/GB (NVwZ **2001** 304); 25.3.1999 Nikolova/Bulg (NJW **2000** 2883); 19.6.2001 Atlan/GB(ÖJZ **2002** 698); *Frowein/Peukert* Art. 50 a. F, 29 ff mit zahlreichen Nachweisen; *Meyer-Ladewig* 17.

362 Etwa EGMR 20.11.1989 Kostovski/NdL (StV **1990** 481); 19.12.1990 Delta/F (ÖJZ **1991** 425); 13.6. 1994 Barberà/Span (Series A 285-C); 13.7.2000 Elsholz/D (NJW **2001** 2315); *Dannemann* RabelsZ **1999** 451, 457, 465; *Meyer-Ladewig* 17.

363 Etwa EGMR 25.3.1983 Minelli/CH (EuGRZ **1983** 475); 23.5.1991 Oberschlick/Ö (EuGRZ **1991** 216); 26.2.2002 Krone Verlag GmbH & Co KG/Ö (ÖJZ **2002** 466).

gen des Beschwerdeführers können unabhängig vom Ausgang des Verfahrens eine billige Entschädigung rechtfertigen[364].

72 Zur **Darlegungs- und Beweispflicht des Beschwerdeführers** über Art, Umfang und Kausalität des behaupteten Schadens, zur Frage seines Ausgleichs durch innerstaatliche Maßnahmen, zu seiner Zurechnung und zur Bemessung der Entschädigung hat der Gerichtshof eine umfangreiche Kasuistik entwickelt, auf die im Rahmen diese Überblicks nicht näher eingegangen werden kann[365].

73 Für die **Anordnung der Kostenerstattung** enthält die MRK keine besondere Rechtsgrundlage, deshalb wird auch die Erstattung der Kosten unter dem Blickwinkel der gerechten Entschädigung nach Art. 41 MRK[366] behandelt. Der Gerichtshof kann der verletzten Partei den Anspruch auf Erstattung ihrer nachgewiesenen Verfahrenskosten ebenso zusprechen wie auch sonst eine gerechte Entschädigung. Dies setzt in der Regel voraus, daß der Beschwerdeführer, der die Behauptungs- und Beweislast hat[367], seine Ansprüche fristgerecht[368] unter Beifügung der notwendigen Unterlagen beziffert und nach Rubriken geordnet geltend gemacht hat (Art. 60 VerfO). Erstattungsfähig sind nur die tatsächlich angefallenen Kosten, soweit sie zur Rechtsverfolgung erforderlich waren und der Höhe nach nicht unangemessen sind. Unter dieser Voraussetzung sind auch erstattungsfähig die **Kosten**, die durch die **innerstaatliche Geltendmachung des verletzten Konventionsrechts** entstanden sind, so die Kosten seiner Rechtsverfolgung mit der er versucht hat, durch geeignete Rechtsbehelfe das in der Entscheidung des EGMR als verletzt bezeichnete Konventionsrecht bereits innerstaatlich zur Geltung zu bringen, um seiner Pflicht zur Erschöpfung des innerstaatlichen Rechtswegs (Art. 35 Abs. 1 MRK) zu genügen. Nicht ersetzt werden Kosten dafür ungeeigneter Rechtsbehelfe oder Kosten, die für die Durchsetzung des verletzten Konventionsrechts nicht notwendig waren, ferner nicht belegte Kosten[369]. Hatte die innerstaatliche Rechtsverfolgung des Beschwerdeführers noch andere Ziele als die Durchsetzung des vom EGMR als verletzt bezeichneten Konventionsrechts, wird von den Verfahrenskosten und Auslagen nur der auf die festgestellte Konventionsverletzung entfallende **Anteil** ersetzt[370]. Die innerstaatlichen Kosten und Auslagen müssen tatsächlich angefallen sein und Maßnahmen betreffen, die notwendig waren, um die festgestellte Konventionsverletzung zu verhüten oder zu be-

---

[364] *Frowein/Peukert* Art. 50 a.F, 5; *Villiger* HdB 241.

[365] Vgl. dazu *Frowein/Peukert* Art. 50 a.F, 4 bis 58; *Meyer-Ladewig* 26; *Villiger* HdB 239 bis 241 (Berechnungen müssen schlüssig und transparent sein), ferner etwa EGMR 17.10.2002 Stambuk/D (EuGRZ **2002** 589: Entschädigungsanspruch weder spezifiziert noch belegt).

[366] *Frowein/Peukert* Art. 50 a.F, 4.

[367] Vgl. etwa EGMR 7.5.1974 Neumeister/Ö (EuGRZ **1974** 24); 6.11.1980 Sunday Times/GB (EuGRZ **1981** 209); 9.10.1979 Airey/Irl (EuGRZ **1982** 59); 23.10.1984 Öztürk/D (EuGRZ **1985** 144); 16.12.1992 Niemietz/D (EuGRZ **1993** 65); 16.12.1992 Hadjianastassiou/Griech (EuGRZ **1993** 70), *Frowein/Peukert* Art. 50 a.F, 7, auch zu den Fällen, in denen der EGMR ein Gutachten zum Wert eines entzogenen Grundstücks eingeholt (EGMR 31.10.1995 Papamichaloppoulos/Griech – Series A 330-B) bzw. diesen selbst geschätzt hat (EGMR 3.7.1995 Hentrich/F – EuGRZ **1996** 602).

[368] Vgl. etwa EGMR 9.12.1994 Stran Greek Refineries u.a./Griech (ÖJZ **1995** 43). *Frowein/Peukert* Art. 50 a.F, 7.

[369] Zu dem Ersatz der Kosten innerstaatlicher Rechtsverfolgung vgl. *Frowein/Peukert* Art. 50 a.F, 60 ff, *Villiger* HdB 242, 243, je mit Nachw. der differenzierenden Rechtsprechung des EGMR.

[370] Vgl. *Villiger* HdB 242 (unter Hinweis u.a. auf EGMR 17.9.1996 Terra Woningen BV/NdL (ÖJZ **1998** 96); ferner etwa EGMR 18.10.1982 Le Comte/Belg (EuGRZ **1983** 485); 28.6.1984 Campbell, Fell/GB (EuGRZ **1985** 534); 1.7.1997 Pammel/D (EuGRZ **1997** 316); 19.4.1994 Van de Hurk/NdL (Series A 288), 25.5.2002 Beyeler/I (NJW **2003** 659); 10.10.2002 Czekalla/Port (NJW 2002 1229). *Frowein/Peukert* Art. 50 a.F, 63; *Meyer-Ladewig* 25. Anders allerdings, wenn der Schwerpunkt eindeutig das verletzte Recht betraf, vgl. etwa EGMR 21.6.1983 Eckle/D (EuGRZ **1983** 553), 26.10.1984 Piersack/Belg (EuGRZ **1985** 304); 25.7.2000 Smith, Grady/GB (NJW **2001** 809); vgl. *Grabenwarter* § 15 Rdn. 8.

heben[371]. Sie dürfen ferner die **angemessene Höhe** nicht überschreiten. Ersetzt werden ferner die Kosten der **Rechtsverfolgung vor dem Gerichtshof,** soweit die Beschwerde Erfolg hatte. Hierzu rechnen die Kosten, die dem Beschwerdeführer selbst durch seine persönliche Teilnahme an der mündlichen Verhandlung entstanden sind, allerdings nicht für die Teilnahme an der Verkündung eines Urteils in einem besonderen Termin[372]. Die Anwaltskosten werden ebenfalls erstattet, mitunter allerdings nicht in der geltend gemachten Höhe. Vor allem wenn der zahlungspflichtige Staat die Höhe beanstandet, besteht hier, ebenso wie bei der Gewährung von Verfahrenshilfe[373], die Tendenz zur kritischen Prüfung sowie dazu, nicht alle tatsächlich entstandenen und geltend gemachten Kosten als notwendig und angemessen voll anzuerkennen[374]. Eine gewährte Verfahrenshilfe wird auf die Entschädigung angerechnet. Darüber hinaus kann ein vereinbartes zusätzliches Vertreterhonorars in der allgemein für angemessen erachteten Höhe erstattet werden, wenn nachgewiesen ist, daß mit dem Vertreter von Anfang an auch insoweit eine echte Zahlungspflicht vereinbart wurde[375].

4. Die **Wiederaufnahme des Verfahrens** ist in der Konvention nicht geregelt. Da ihre **74**
Anordnung die Bindungswirkung des Urteils aufhebt, läßt sie Art. 80 Abs. 1 VerfO nur unter engen Voraussetzungen zu. Es muß nachträglich eine entscheidungserhebliche Tatsache bekannt geworden sein, die im Zeitpunkt der Entscheidung weder der Gerichtshof noch die Parteien kannten und die der Partei, die den Antrag stellt, nach menschlichem Ermessen auch nicht bekannt sein konnte. Der Antrag muß binnen sechs Monaten nach der Erlangung der Kenntnis gestellt werden. Er muß das Urteil bezeichnen und alle Angaben enthalten, auf denen sich der Wiederaufnahmeantrag stützt, die dafür erforderlichen Unterlagen sind in Kopie beizufügen[376]. Über den Antrag entscheidet die Kammer, gegen deren Urteil die Wiederaufnahme begehrt wird. Ist dies nicht möglich, wird die Kammer durch Los ergänzt oder neu gebildet (Art. 80 Abs. 3 VerfO). Hält die Kammer keinen Wiederaufnahmegrund für gegeben, weist sie den Antrag ab. Andernfalls wird der Antrag der Gegenpartei übermittelt, und ihr Gelegenheit zur Stellungnahme gegeben, Danach entscheidet die Kammer die Sache neu durch Urteil, für das die allgemeinen Grundsätze gelten[377].

5. Die **Auslegung des Urteils** durch den Gerichtshof kann jede Partei innerhalb eines **75**
Jahres nach der Verkündung beantragen. Der an die Kanzlei zu richtende Antrag muß den Teil des Urteils genau bezeichnen, dessen Auslegung begehrt wird (Art. 79 Abs. 2 VerfO). Über den Antrag entscheidet die Kammer, die das Urteil gefällt hat, nach Möglichkeit in ihrer ursprünglichen Zusammensetzung. Sie kann den Antrag abweisen, wenn nach ihrer Ansicht kein Grund zur Prüfung besteht. Andernfalls übermittelt der Kanzler den Antrag den anderen Parteien mit der Aufforderung, binnen einer bestimmten Frist schriftlich dazu Stellung dazu nehmen. Die Kammer entscheidet dann durch Urteil, das auch auf Grund einer mündlichen Verhandlung ergehen kann, sofern die Kammer dies beschließt (§ 79 Abs. 4 VerfO).

---

371 Vgl. etwa EGMR 20.5.1999 Bladet Tromso/Norw (EuGRZ **1999** 453).

372 *Frowein/Peukert* Art. 50 a.F, 66.

373 Vgl. oben Rdn. 19.

374 Vgl. EGMR 28.11.2002 ehem. König von Griechenland/Griech (NJW **2003** 1721: überhöhte Kosten); *Frowein/Peukert* Art. 50 a.F, 64 mit Beispielen aus der Rechtspr. des EGMR; *Grabenwarter* § 15 Rdn. 8, 9. *Meyer-Ladewig* Art. 41, 18 ff: *Villiger* HdB 242 mit Hinweis auf die Praxis in schweizer Fällen HdB 243.

375 Vgl. EGMR 23.10.1984 Öztürk/D (EuGRZ **1985** 144) 19.12.1990 Delta/F (ÖJZ **1991** 425); *Frowein/Peukert* Art. 50 a.F, 65 mit weit. Nachw.

376 Vgl. *Meyer-Ladewig* Art. 44, 6.

377 *Meyer-Ladewig* Art. 44, 7.

6. Durchsetzung der Urteile

76 **a) Befolgungspflicht des betroffenen Staates.** Die **Vertragsstaaten** der Konvention haben sich verpflichtet, in allen Rechtssachen, in denen sie Partei sind, das endgültige Urteil des Gerichtshofs zu befolgen (Art. 46 Abs. 1 MRK). Sie sind völkerrechtlich verpflichtet, innerstaatlich durch geeignete individuelle oder auch allgemeine Maßnahmen der festgestellten Konventionsverletzung soweit noch möglich abzuhelfen, sie zu beenden oder zumindest ihre Folgen zu beseitigen[377a]. Wo die Konvention zu innerstaatlichem Recht geworden ist, gilt diese Pflicht auch unmittelbar für alle staatlichen Organe. Diese müssen im Rahmen ihrer Zuständigkeit und ihrer Bindung an Gesetz und Recht (Art. 20 Abs. 3 GG) in der entschiedenen Sache dem Urteil des EGMR Rechnung tragen[377b], also die festgestellte Konventionsverletzung bei Fortdauer beenden[377c] und – soweit dies das innerstaatliche Recht noch erlaubt – auch deren Folgen beseitigen und einen konventionsgemäßen Zustand wiederherstellen[378]. Die Urteile des EGMR stellen den Konventionsverstoß verbindlich aber nur zwischen den am Verfahren beteiligten Beschwerdeführern und Staaten und **nur für die entschiedene Sache** fest. Sie haben auch **keine kassatorische Wirkung**[379]; die als konventionswidrig beanstandete Maßnahme können sie nicht selbst aufheben. Sie bleibt rechtlich voll wirksam. Innerstaatlich kann sie nur geändert oder aufgehoben werden, wenn und soweit das einschlägige nationale Recht einen Weg zu ihrer Korrektur eröffnet, so etwa, wenn es in einem solchen Fall die Wiederaufnahme einer rechtskräftig erledigten Strafsache gesetzlich zuläßt (vgl. § 359 Nr. 6 StPO) oder wenn die Korrektur eines bestandskräftig gewordenen Verwaltungakts nachträglich möglich ist[379a], aber auch, wenn das einschlägige Verfahrensrecht ohnehin die erneute Befassung des Gerichts durch einen neuen Antrag oder auch von Amts wegen auf Grund der veränderten Sach- und Rechtslage zuläßt. Andernfalls setzt die Unabhängigkeit der Gerichte und die Bindungswirkung einer unanfechtbar gewordenen Entscheidung jeder nachträglichen Korrektur Schranken[379b]. Ist eine vollständige Korrektur auf Grund der innerstaatlichen Rechtslage nicht mehr möglich, muß der Staat zur Erfüllung seiner Verpflichtung aus Art. 46 Abs. 1 MRK die festgestellte Konventionsverletzung anderweitig kompensieren[379c]. Grundsätzlich ist jeder Vertragsstaat aber durch Art. 1 MRK gehalten, innerstaatlich durch entsprechende Regelungen dafür zu sorgen, daß er seiner Befolgungspflicht aus Art. 46 Abs. 1 MRK nachkommen kann[379d]. Dies gilt auch für einen **Bundesstaat**, der unabhängig von seiner internen Kompetenzverteilung völkerrechtlich dafür verantwortlich bleibt, daß seine Gliedstaaten und deren Organe den von ihm für den Gesamtstaat übernommenen Vertragspflichten nachkommen. Mit Organisationsmängeln kann er sich nicht exkulpieren[379e].

[377a] EGMR 26.2.2004 Görgülü/D (NJW **2004** 3397); 8.4.2004 Haase/D (NJW **2004** 3401) unter Hinweis auf die Überwachung durch das Ministerkomitee nach Art. 46 Abs. 2 MRK.

[377b] BVerfG 14.10.1004, NJW **2004** 3467 (zu EGMR 26.2.2004 Görgülü/D – NJW **2004** 3397).

[377c] EGMR 12.12.1991 Clooth/Belg (ÖJZ **1992** 420); 8.4.2004 Asanidse/Georgien (EuGRZ **2004** 268); dazu *Breuer* EuGRZ **2004** 257; *Okresek* EuGRZ **2003** 168, *Meyer-Ladewig* Art. 40, 7.

[378] Vgl. etwa EGMR 24.6.1993 Papamichalopoulos/Griech (ÖJZ **1994** 177 Rückgabe entzogenen Eigentums); 6.12.2001, 28.11.2002 ehem. König von Griechenland/Griech (NJW **2003** 1721).

[379] Vgl. etwa die Beispiele bei *Kley* Landesbericht Liechtenstein EuGRZ **2004** 54 ff.

[379a] Etwa *Pache* EuR **4004** 393, 403 ff; *Meyer-Ladewig* Art. 46, 8.

[379b] Vgl. *Meyer-Ladewig* Art. 46, 8.

[379c] EGMR 8.4.2004 Asanidse/Georgien (EuGRZ **2004** 268); BVerfG 14.10.2004, NJW **2004** 3467 je mit weit. Nachw.

[379d] EGMR 8.4.2004 Asanidse/Georgien (EuGRZ **2004** 268); 22.6.2004 Broniowski/Pol (EuGRZ **2004** 472; dazu Breuer EuGRZ **2004** 257 und 445).

[379e] Dieser Grundsatz gilt, auch wenn er nicht durch eine vertragliche Bundesstaatsklausel verdeutlicht wird, wie etwa in Art. 50 IPBPR und seinen Zusatzprotokollen. Vgl. auch vorst. Fußn.

Was **Gegenstand der Entscheidung** ist, ergibt ihr Tenor. Er ist mitunter aber wenig aussagekräftig, vor allem, wenn er sich auf Grund einer Gesamtwürdigung mit der pauschalen Feststellung eines bestimmten Konventionsverstoßes begnügt[380]. Worin der EGMR den entscheidenden Kern der Konventionsverletzung gesehen hat, ist mitunter auch durch Heranziehung der Urteilsgründe nicht eindeutig eingrenzbar, so wenn die Feststellung der Konventionswidrigkeit im Urteilstenor das Ergebnis einer Pauschalwertung verschiedener Vorgänge ist, wie etwa das auf verschiedene Vorgänge und Erwägungen gestützte Urteil, daß der Beschwerdeführer insgesamt kein faires Verfahren hatte[381]. Bei solchen einzelfallbezogenen Gesamtwertungen kann es schwierig sein, in einem durch das Urteil des EGMR ausgelösten innerstaatlichen Wiederaufnahmeverfahren bei einzelnen Verfahrensvorgängen zu beurteilen, ob sie auch isoliert betrachtet mit der Auslegung der Konvention durch den Gerichtshof zu vereinen sind und welche Folgerung der betroffene Staat und andere Staaten daraus generell herleiten müssen, wenn sie allgemein sicher stellen wollen, daß auch in vergleichbaren Fällen konventionsgemäß verfahren wird[382]. **76a**

Auf welchem Wege der betroffene Staat der festgestellten Konventionsverletzung **abhilft**, ist grundsätzlich der Entscheidung seiner Organe überlassen[383]. Die von ihnen zur Beseitigung der Folgen eines Konventionsverstoßes ausgewählten Mittel müssen jedoch zu einem Ergebnis führen, das den Anforderungen Rechnung trägt, die der Gerichtshof in seiner Enscheidung für die Behebung der festgestellten Konventionsverletzung aufgestellt hat[383a]. Die volle Wiederherstellung des früheren Zustandes ist nur in Ausnahmefällen möglich, wie etwa durch Rückübertragung des entzogenen Eigentums[384]. Die staatlichen Organe müssen daher in zweckorientierter Ausschöpfung des ihnen innerstaatlich offenen Handlungsspielraums die für eine Abhilfe geeigneten Maßnahmen auswählen[384a]. Je nach Art des Konventionsverstoßes und der innerstaatlichen Rechtslage reichen diese von der Beendigung eines noch andauernden Verstoßes[385], etwa durch Einstellung eines noch anhängigen Verfahrens oder durch Absehen von der Vollstreckung oder Zurücknahme einer Abschiebungsandrohung[386] bis zur Einleitung eines neuen Verfahrens zu dessen Kompensation. Dies kann die Wiederaufnahme des Verfahrens[387] sein oder aber auch ein sonst geeignetes Verfahren zur Beseitigung von Folgen des Konventionsverstoßes; auch im Gnadenwege ist dies möglich. Wo wegen der mitunter großen Zeitspanne zwischen dem Konventionsverstoß und dem Urteil des EGMR eine Naturalrestitution ausscheidet[388], kommt nur eine anderweitige Kompensation[389] **77**

---

380 Vgl. *Okresek* EuGRZ **2003** 168, 171 mit weit. Nachw.

381 Vgl. *Schroeder* GA **2003** 293.

382 Vgl. die in verschiedenen Beiträgen beim Grazer Symposium aufgezeigten Bedenken gegen diese Praktik des EGMR, so auch *Okresek* EuGRZ **2003** 168, 171.

383 Vgl. etwa EGMR 13.6.1979 Marcks/Belg (EuGRZ **1979** 454); 29.11.1991 Vermeire/Belg (EuGRZ **1992** 12); 3.7.2000 Scozzari & Giunta (ÖJZ **2002** 74); 28.11.2002 (ehem. König von Griechenland/Griech (NJW **2003** 1721); *Meyer-Ladewig* Art. 46, 7 ff; *Villiger* HdB 262, *Wittinger* NJW **2001** 1238.

383a EGMR 13.7.2000 Scozzari, Giunta/I (ÖJZ **2002** 74); 26.2.2004 Görgülü/D (NJW **2004** 3397); 8.4.2004 Haase/D (NJW **2004** 3401). Vgl. Fußn. 384a.

384 EGMR 22.9.1994 Hentrich/F (EuGRZ **1996** 593).

384a Vgl. BVerfG 14.10.2004, NJW **2004** 3467.

385 EGMR 12.12.1991 Clooth/Belg (ÖJZ **1992** 420); ferner allgemein *Okresek* EuGRZ **2003** 168, 170; *Meyer-Ladewig* Art. 46, 7, 8.

386 *Meyer-Ladewig* Art. 46, 8.

387 Vgl. § 359 Nr. 6 StPO, der jetzt bei Urteilen in Strafsachen, nicht aber bei Entscheidungen in den anderen Verfahren, die Wiederaufnahme erlaubt; eine Verpflichtung, diese Möglichkeit im nationalen Recht vorzusehen, begründet die MRK nicht, BVerfG NJW **1986** 1425; *Frowein* ZaöRV **46** (1986) 286; *Grabenwarter* § 16 Rdn. 4; *Herdegen* NJW **1988** 593; *Ress* EuGRZ **1996** 352; *Trechsel* StV **1987** 187; *Meyer-Ladewig* Art. 46, 8.

388 Vgl. EGMR 28.11.2002 (ehem. König von Griechenland/Griech (NJW **2003** 1721: keine Naturalrestitution, da Enteignung rechtmäßig, aber Entschädigung für den in der fehlenden Entschädigungsregelung liegenden Konventionsverstoß).

389 Zu den Schwierigkeiten bei Aufhebung eines Parteiverbots durch den EGMR vgl. *Klein* ZRP **2001** 397, 401.

der erlittenen Nachteile in Frage, zu der aber in der Regel auch gehört, daß dabei die Konventionsverletzung ausdrücklich anerkannt wird.

77a Eine besondere Problemlage besteht, wenn die Behebung der Konventionsverletzung nicht nur das vom EGMR beurteilte Verhältnis zwischen Staat und dem Beschwerdeführer betrifft sondern zugleich das Verhältnis des Beschwerdeführers zu anderen, am Verfahren vor der EGMR nicht beteiligten und in den meisten Fällen dort auch nicht gehörten privaten Personen (**„mehrpolige Grundrechtsverhältnisse“**). Deren Rechte, die mitunter auf einer **anderen Abwägung gegenläufiger Konventionsrechte** beruhen, sind mit Rechtskraft der innerstaatlichen Entscheidung bestandskräftig geworden. Dies setzt der Pflicht des verurteilten Staates zur innerstaatlichen Abhilfe der festgestellten Konventionsverletzung rechtliche Schranken[389a]. Nur wenn eine neue innerstaatliche Entscheidung in der gleichen Sache zulässig ist, müssen nach der gebotenen Anhörung aller Beteiligten unter Berücksichtigung etwaiger zwischenzeitlich eingetretenen tatsächlichen Veränderungen die vom EGMR herausgestellten Gesichtspunkte entsprechend dem ihnen vom Gerichtshof zuerkannten Stellenwert berücksichtigt und gewichtet werden. Bei einer neuen Abwägung der kollidierenden Interessen wird dies oft, aber nicht notwendig immer, zu einem anderen Ergebnis führen[389b]. Die Befolgungspflicht des Art. 46 Abs. 1 MRK betrifft nur die Behebung der festgestellten Konventionsverletzung. Liegt diese in der falschen Gewichtung eines Abwägungsgesichtspunktes, kann sich die Bindung nicht auch auf das neue Abwägungsergebnis erstrecken, das durch weitere, eventuell neue Gesichtspunkte von Gewicht mitbestimmt wird. Es genügt, wenn in die neue Abwägung die vom EGMR geforderte konventionsgemäße Gewichtung des in seinem Stellenwert verkannten Gesichtspunktes eingeflossen ist. Vor allem, wo eine Konventionsverbürgung den nationalen Stellen wegen ihrer größeren Sachnähe einen weiten Beurteilungsspielraum zuerkennt und damit auch deren unterschiedliche tatsächliche Würdigungen akzeptiert, sind diese durch Art. 46 Abs. 1 MRK nicht gehindert, ihre neue Entscheidung auf Grund einer neuen eigenen Abwägung zu treffen. Die Begründung der neuen Entscheidung muß dann allerdings aufzeigen, daß bei der neuen Abwägung die Auffassungen und Wertungen des EGMR berücksichtigt wurden, sowie aus welchen gewichtigen Gründen die neue Abwägung trotzdem zu einem anderen Ergebnis führte.

77b Die Verpflichtung zur Beseitigung der festgestellten Konventionsverletzung kann auch **generelle Anordnungen** und Hinweise[390] oder eine Änderung der Rechtsprechung erfordern, oder, wenn eine konventionskonforme Auslegung des geltenden Rechts nicht möglich ist, auch eine Gesetzesänderung[391]. Vor allem, wenn eine Entscheidung des Gerichtshofs über den entschiedenen Einzelfall hinaus **strukturelle Mängel der nationalen Rechtsordnung** aufzeigt, gebieten praktische Überlegungen, aber auch die Verpflichtung zur innerstaatlichen Beachtung der MRK (Art. 1 MRK) eine konventionskonforme Ausgestaltung des nationalen Rechts. Die zuständigen innerstaatlichen Stellen müssen deshalb in aller Regel durch alsbaldige Behebung der beanstandeten Rechtsmängel der Entscheidung Rechnung tragen, um fortdauernde Konventionsverstöße sowohl im entschiedenen Fall als auch in weiteren gleichgelagerten Fällen zu beenden. Grundsätzlich hat der betroffene Staat selbst darüber zu enscheiden, auf welchem Weg er innerstaatlich einen

---

[389a] Vgl. Rdn. 76.

[389b] Vgl. BVerfG 14.10.2004, NJW **2004** 3467.

[390] Vgl. *Okresek* EuGRZ **2003** 168, 171 (Rundschreiben mit Hinweisen auf konventionskonformen Gesetzesvollzug).

[391] Vgl. EGMR 13.6.1979 Marckx/Belg (EuGRZ **1979** 459); 22.10.1981 Dudgeon/GB (EuGRZ **1983** 488); *Grabenwarter* § 16 Rdn. 5; *Meyer-Ladewig* Art. 46, 12; *Okresek* EuGRZ **2003** 168, 171 (unter Hinweis auf EGMR 29.11.1991 Vermeire/Belg (EuGRZ **1992** 12), wonach der Staat in einem Folgefall sich nicht damit entschuldigen kann, daß sein Gesetzgebungsverfahren noch nicht abgeschlossen ist, mit dem eine bereits früher festgestellte Konventionswidrikeit beseitigt werden soll.

konventionskonformen Zustand herstellen will; der Gerichtshof ist aber vor allem bei gehäuft auftretenden strukturellen Mängeln nicht gehindert, den betroffenen Staat auf das Erfordernis einer generellen Lösung im nationalen Recht[391a] und auch auf naheliegende Lösungsmöglichkeiten zur Beendigung eines konventionswidrigen Zustand hinzuweisen. Dies wurde vom Ministerkomitee, das die Durchführung des Urteils im betroffenen Staat zu überwachen hat, in der Resolution vom 12. 5. 2004 sogar empfohlen[391b], um der Überlastung des Gerichtshofs durch einer Vielzahl gleichgelagerter Fälle abzuhelfen.

Soweit der Gerichtshof selbst dem Beschwerdeführer nach Art. 41 MRK eine **gerechte Entschädigung** zugesprochen hat[392], ist der Staat zu deren alsbaldiger Zahlung verpflichtet[393]. Für den zu zahlenden Betrag setzt der EGMR dem verurteilten Staat meist eine Frist und ordnet die Verzinsung der zu zahlenden Beträge an[394]. Ein innerstaatlich unmittelbar im Wege der Zwangsvollstreckung vom Betroffenen selbst gegen den Staat durchsetzbares Urteil begründet eine solche Entscheidung aber nicht[395]. Auch ihre Sanktionierung durch Festsetzung eines Zwangsgeldes hat der EGMR abgelehnt[396]. **77c**

Über die auf den entschiedenen Fall und die am Verfahren beteiligten Staaten beschrankte Rechtskraftwirkung hinaus kommt den Entscheidungen des EGMR aber auch eine allgemeine **Orientierungswirkung** zu. Auch wenn das Urteil den betroffenen Staat und seine Organe nur für den entschiedenen Fall unmittelbar bindet, folgt eine darüber hinausreichende mittelbare Bindung daraus, daß der Staat und seine Organe nach Art. 1 MRK zur Beachtung der Konvention verpflichtet sind, deren Inhalt durch die Entscheidung des Gerichtshofs konkretisiert worden ist[397]. Vor allem, wenn sich bereits eine gefestigte Rechtsprechung abzeichnet und deshalb ersichtlich ist, wie der Gerichtshof vergleichbaren Fällen entscheiden wird, werden sich vor allem auch die Gerichte in der Regel an der Rechtsauffassung des EGMR orientieren[397a]. **77d**

b) Das **Ministerkomitee**[398] hat nach Art. 46 Abs. 2 MRK, die Aufgabe, die Durchführung der Urteile des Gerichtshofs zu überwachen. Da die Urteile die Konventionsverletzung nur feststellen und keine Kassationswirkung haben und auch sonst nicht in **78**

391a So etwa bei den gehäuft auftretenden Verstößen Italiens (vom 1.11.1998 bis 31.1.2001: 1516 Fälle) durch überlange Verfahrensdauer in den 4 Urteilen vom 28.7.1999, die im März 2001 zur Schaffung eines innerstaatlichen Rechtsbehelfs in Italien führten, vgl. dazu *Breuer* EuGRZ **2004** 445, 446 mit Nachw.

391b Vgl. EGMR 22.6.2004 Broniowski/Pol (EuGRZ **2004** 472), dazu *Breuer* EuGRZ **2004** 445, 448.

392 Vgl. Rdn. 70 ff.

393 Insoweit liegt ein Leistungsurteil vor, vgl. *Okresek* EuGRZ **2003** 168, 169; *Matscher* EuGRZ **1982** 480, 525; *Meyer-Ladewig* Art. 46 MRK, 13; *Wittinger* **2001** 1239. Nach *Villiger* HdB 237 begründet die Anordnung der Entschädigung unmittelbar eine völkerrechtliche Verpflichtung des Staates, die der zu Entschädigende nicht vor einem innerstaatlichen Gericht einklagen muß und kann. Ob und wieweit der Anspruch auf die zuerkannte Entschädigung innerstaatlich gepfändet oder mit anderen Forderungen verrechnet werden darf, ist noch wenig geklärt. *Frowein/Peukert* Art. 50 a.F, 67 hält unter Hinweis auf EGMR 16.7.1971 Ringeisen/Ö (EuGRZ **1976** 230) bei der Entschädigung für einen immateriellen Schaden eine Aufrechnung oder Pfändung durch den zur Zahlung verpflichteten Staat für unzulässig, während Entschädigungsleistungen, die materielle Schäden, wie etwa einen entgangenen Verdienst oder Kosten ausgleichen, pfändbar sein sollen, da sie nur eine Vermögenslage wiederherstellen, die auch sonst der Pfändung offen ist. Vgl. auch *Villiger* HdB 237.

394 *Frowein/Peukert* Art. 50 a.F, 68.

395 *Villiger* HdB 237; vgl. auch *Wittinger* **2001** 1239, Leistungsurteil, das innerstaatlich für vollstreckbar erklärt werden kann.

396 EGMR 26.5.1988 Pauwels/Belg (EuGRZ **1986** 661); *Frowein/Peukert* Art. 50 a.F, 68.

397 *Grabenwarter* § 16 Rdn. 6; vgl. *Ress* EuGRZ **1996** 350.

397a Vgl. etwa *Masuch* NVwZ **2000** 1266, auch zu den Divergenzen mit Auffassungen des BVerwG; ferner *Pache* EuR **2004** 393, 407 ff.

398 Das Ministerkomitee des Europarats hat diese Aufgabe behalten, die es in der Regel durch die ständigen Vertretungen der Konventionsstaaten in Straßburg ausübt. Auf seine Zusammensetzung und sein Verfahren ist die Satzung des Europarates anwendbar, soweit es nicht besondere Regeln für das Verfahren getroffen hat, vgl. IntKommEMRK/*Golsong* Art. 54 a.F, 12 ff; ferner *Meyer-Ladewig* Art. 46, 15.

das innerstaatliche Recht eingreifen und da auch das Ministerkomitee als Organ des Europarates kein Weisungsrecht und keine Exekutivgewalt[399] hat, die ihm unmittelbare Maßnahmen im verurteilten Staat ermöglichen würden, kann es von diesem nur einen Bericht darüber anfordern, durch welche Maßnahmen er seiner Verpflichtung zur Befolgung des Urteils nach Art. 46 Abs. 1 MRK nachkommt[400]. Solange dies nicht zur vollen Zufriedenheit des Ministerkomitees dargetan ist und dieser die Sache durch eine formelle Entschließung abgeschlossen ist, kann es den Fall immer erneut auf die Tagesordnung setzen und die Erledigung anmahnen. Der betroffene Staat kann um zusätzliche Mitteilungen über alle von ihm ergriffenen oder beabsichtigten Maßnahmen ersucht werden. Bei Verzögerung oder ungenügender Befolgung der Umsetzungspflicht können auch alle Formen von politischem Druck ausgeübt werden. Das Ministerkomitee kann sich bei einer beharrlichen Nichterfüllung der Vertragspflichten auch an den Europarat wenden und diesen um geeignete Maßnahmen ersuchen[401]. Vor allen kann er auch den Generalsekretär des Europarats einschalten, der berechtigt ist, jeden Mitgliedstaat zu befragen, auf welche Weise er die wirksame Anwendung der Konvention innerstaatlich sicherstellt (Art. 52 MRK). Das Ministerkomitee sieht seine Aufgabe erst dann als erfüllt an, wenn es auf Grund der Berichte des betroffenen Staates über die getroffenen Maßnahmen überzeugt ist, daß dem Urteil im vollen Umfang Rechnung getragen wurde[402]. Bis dahin erläßt es nur vorläufige Resolutionen, die es ermöglichen, die Sache später erneut aufzugreifen[403]. Der EGMR ist zur Überprüfung der Resolutionen des Ministerkomitees nicht befugt. Neben dieser Einzelüberwachung der Durchführung der Urteile hat sich das Ministerkomitee aber auch **allgemein zu innerstaatlichen Regelungsdefiziten geäußert**, wenn diese gehäuft Konventionsverletzungen zur Folge haben, deren Ursachen zu beheben der Staat nach Art. 1 MRK verpflichtet ist[403a]. In einer Resolution vom 12. 5. 2004 hat es den Gerichtshof außerdem aufgefordert, in seinen Urteilen strukturelle Probleme der einzelnen Mitgliedstaaten zu identifizieren und diese nicht nur dem Ministerkomitee und dem betroffenen Staat sondern auch der parlamentarischen Versammlung, dem Generalsekretär und dem Menschenrechtskommissar mitzuteilen[403b].

79 Auch der **betroffene Einzelne** kann sich bei einer Verzögerung der innerstaatlichen Umsetzung des Urteils selbst mit einer entsprechenden Mitteilung an das Ministerkomitee wenden[404]. Dieses kann seine Ausführung dann bei seiner Entscheidung in Betracht ziehen. Er kann aber wegen der Nichtbefolgung des früheren Urteils durch den Staat nicht erneut den Gerichtshof anrufen, da nicht dieser, sondern das Ministerkomitee nach Art. 46 Abs. 2 MRK für die Überwachung zuständig ist[405]. Seine neue Beschwerde würde außerdem den gleichen Fall betreffen und deshalb „ratione materiae" nicht zulässig sein[406]. Dagegen wird es für zulässig gehalten, daß eine Mitgliedstaat Staatenbeschwerde nach Art. 33 MRK gegen den Staat erhebt, der seine Verpflichtung zur Befolgung des Urteils beharrlich verweigert[407].

---

[399] Vgl. *Villiger* HdB 235.

[400] Vgl. *Frowein/Peukert* Art. 54 a.F, 1; IntKomm-EMRK-*Golsong* Art. 54 a.F, 11 ff zum Verfahren des Ministerkomitees, vgl. *Meyer-Ladewig* Art. 46, 15–18.

[401] Vgl. *Meyer-Ladewig* Art. 46, 20 (politische Druck durch Resolutionen, im Extremfall Entzug des Rechts auf Vertretung und Ausschluß).

[402] Vgl. *Okresek* EuGRZ **2003** 168, 172.

[403] *Villiger* HdB 234.

[403a] Zweifelhaft, ob diese Befugnis aus der Überwachungskompetenz des Art. 46 Abs. 2 MRK abgeleitet werden kann; *Meyer-Ladewig* Art. 46, 17.

[403b] Vgl. dazu *Breuer* EuGRZ **2004** 445, 447 ff, auch zu dem „Piloturteil" EGMR 22. 6. 2004 Broniowski/Pol (EuGRZ **2004** 472).

[404] Vgl. *Okresek* EuGRZ **2003** 168, 169; IntKomm-EMRK-*Golsong* Art. 54 a. F, 42.

[405] Etwa EGMR 6. 6. 2003 Fischer/Ö (ÖJZ **2003** 815).

[406] EKMR ÖJZ **1995** 795; vgl. auch vorst. Fußn.; ferner *Okresek* EuGRZ **2003** 168, 170 mit dem Hinweis, daß die Frage noch nicht ausdiskutiert ist.

[407] *Meyer-Ladewig* Art. 46, 20.

7. **Am Verfahren unbeteiligte Konventionsstaaten** werden durch eine Entscheidung des Gerichtshofes nicht unmittelbar gebunden, da diese nicht erga omnes wirkt. Mittelbar kann eine solches gegen einen anderen Staat erlassene Urteil aber auch für andere Mitgliedstaaten beachtlich sein. Es setzt **Maßstäbe für die Auslegung der Konvention** und bestimmt damit auch den Umfang der alle Mitgliedstaaten in gleicher Weise treffenden Konventionspflichten[408]. Für deren Beachtung in ihrem Herrschaftsbereich müssen nach Art. 1 MRK alle Mitgliedstaaten einstehen. Dies erlangt besondere Bedeutung, wenn ihre Rechtslage oder ihre Verwaltungspraxis in diesem Punkt mit der des verurteilten Staates vergleichbar ist und sie daher damit rechnen müssen, daß sie auch ihrerseits alsbald wegen der darin liegenden Konventionswidrigkeit belangt werden[409]. Um dies zu vermeiden, werden sie daher in der Regel auch den gegen andere Staaten ergangenen Urteilen des Gerichtshofs Rechnung tragen. In der Praxis hat dies auch Staaten, die von einer Entscheidung nicht unmittelbar betroffen waren, zu einer Änderung ihres nationalen Rechts veranlaßt[409a]. **80**

B. Verfahren vor dem Menschenrechtsausschuß der Vereinten Nationen (UN-AMR) Art. 28 ff IPBPR und 1. Fakultativprotokoll

I. Allgemeines

1. Die Mitgliedstaaten des IPBPR haben einen **Ausschuß für Menschenrechte** (UN-AMR) als eigenes Kontrollorgan[410] errichtet (Art. 28 IPBPR), dessen 18 Mitglieder von den Vertragsstaaten auf vier Jahre gewählt werden (Art. 29 ff IPBPR). Sie werden in ihrer persönlichen Eigenschaft und nicht etwa als Vertreter ihres Staates tätig und sind zur unparteiischen und gewissenhaften Ausübung ihres Amtes verpflichtet (vgl. Art. 38 IPBPR)[411]. Der Ausschuß ist ein eigenständiges Konventionsorgan. Organisatorisch ist der Ausschuß, der dreimal im Jahr für drei Wochen tagt[412], an die Vereinten Nationen angebunden, deren Generalsekretär Verwaltungsaufgaben übertragen wurden (vgl. etwa Art. 30 Abs. 3; Art. 33 Abs. 2; Art. 34, 36, 37 Abs. 1 IPBPR) und aus deren Mitteln die Ausschußmitglieder Bezüge erhalten (Art. 35 IPBPR). Die Verpflichtungen des Ausschusses gegenüber den Vereinten Nationen beschränken sich im wesentlichen auf die Pflicht, der Mitgliederversammlung über den Wirtschafts- und Sozialrat einen Jahresbericht über seine Tätigkeit vorzulegen (Art. 55 IPBPR), sowie auf die Möglichkeit der Übermittlung von Berichten und der Befugnis zu eigenen Allgemeinen Bemerkungen nach Art. 40 Abs. 2, 4 IPBPR. **81**

---

408 Vgl. *Ress* EuGRZ **1996** 350, der zwischen der Rechtskraftwirkung gegenüber dem verurteilten Staat und der für alle Mitgliedstaaten gleichermaßen geltender Orientierungswirkung unterscheidet. Er sieht darin auch eine objektive, über den im Vordergrund stehenden Einzelfall hinausreichende Bedeutung der Entscheidungen. Dazu *Okresek* EuGRZ **2000** 168, 169, der allerdings betont, daß ungeachtet dieser objektiven Wirkung die Wahrung der Menschenrechte des einzelnen Beschwerdeführers im Vordergrund steht.

409 Dies hat in mehreren Fällen auch andere Staaten zu Änderungen ihres nationalen Rechts veranlaßt, vgl. *Frowein/Peukert* Art. 27 a.F; *Fuchs* ZStW **100** (1988) 444, 463; *Kühl* ZStW **100** (1988) 602; *Rees* in: Maier Europäischer Menschenrechtsschutz (1982) 227; *Trechsel* ZStW **100** (1988) 667, 678).

409a Zur „Leitfunktion" der Urteile vgl. *Meyer-Ladewig*, Art. 46, 4; 5.

410 Dazu *Nowak* Art. 28, 1: Kein Organ der Vereinten Nationen (Mitgliedstaaten nicht identisch), sondern relativ selbständiges eigenes Konventionsorgan.

411 Vgl. *Nowak* Art. 28, 4 (quasi richterliche Funktion).

412 Vgl. *Weiß* AVR **42** (2004) 142, 146; nach ihm hat der Ausschuß bis 17.4.2003 insgesamt 1171 Individual-Beschwerden („Mitteilungen") registriert; bei 321 wurde eine Verletzung des IPBPR festgestellt.

82 2. Als einziges **obligatorisches Kontrollmittel** sieht der IPBPR nur die **Staatenberichte** (Art. 40 IPBPR) vor, die inzwischen vom Ausschuß für Menschenrechte periodisch angefordert werden und die ihm Anlaß geben, seine Auffassung zur Auslegung einzelner Konventionsgarantien und zu den Anforderungen an die Staatenberichte nach Art. 40 Abs. 4 IPBPR in (durchlaufend numerierten) Allgemeinen Bemerkungen („General Comments", „observations générales") festzulegen[413]. Die Vertragsstaaten können gegenüber dem Ausschuß dazu Stellung nehmen (Art. 40 Abs. 5 IPBPR).

83 Die **anderen Kontrollmöglichkeiten** des Ausschusses sind fakultativ .Die Zulässigkeit der zu keiner echten Streitentscheidung führende **Staatenbeschwerde** hängt davon ab, daß sowohl der Staat, der sie erhebt als auch der Staat, gegen den sie sich richtet, befristet oder zeitlich unbegrenzt die Befugnis des Ausschusses zu ihrer Entgegennahme und Prüfung anerkannt haben (Art. 41 IPBPR). Die **Individualbeschwerde,** die einzelnen Personen gestattet, den Ausschuß für Menschenrechte gegen die Mitgliedstaaten anzurufen, ist in einem Zusatzabkommen, dem **Fakultativprotokoll** zum Internationalen Pakt über bürgerliche und politische Rechte (FP-IPBPR)[414], geregelt. Sie ist ebenfalls nur zulässig gegenüber den Staaten, die dem Fakultativprotokoll beigetreten sind (Art. 1 FP IPBPR). Wie mehrere andere Europäische Staaten ist die Bundesrepublik dem Protokoll erst spät und mit einem Vorbehalt zu Art. 5 Abs. 2 Buchst. a des Fakultativprotokolls beigetreten. Nach diesem Vorbehalt[415] gilt die Zuständigkeit des Ausschusses nicht für Mitteilungen, die bereits in einem anderen internationalen Untersuchungs- oder Streitregelungsverfahren geprüft wurden (Buchst. a) oder die ein Ereignis betreffen, das vor dem Inkrafttreten des Fakultativprotokolls für die Bundesrepublik Deutschland seinen Ursprung hatte (Buchst. b) oder eine Verletzung des Art. 26 IPBPR, die sich nicht auf ein in diesem Pakt garantiertes Recht bezieht (Buchst. c)[416].

II. Staatenbeschwerde; Individualbeschwerde

84 1. Die (fakultative) **Staatenbeschwerde nach Art. 41 IPBPR** ist kaum mehr als ein Schlichtungsverfahren. Sie ist nur zwischen den Mitgliedsstaaten zulässig, die sich diesem Verfahren unterworfen haben[417]. Sie wird dadurch eingeleitet, daß der Staat, der von einem anderen Staat annimmt, daß dieser gegen seine Konventionspflichten verstößt, dies dem anderen Staat mitteilt, der seinerseits binnen drei Monaten dazu Stellung nehmen muß. Wird die Angelegenheit nicht binnen sechs Monaten zur Zufriedenheit beider Staaten bereinigt, kann jeder der beiden Staaten die Sache durch eine Mitteilung dem Ausschuß für Menschenrechte unterbreiten, der in einem nichtöffentlichen Verfahren als Vermittlungsorgan tätig wird und auf eine gütliche Beilegung hinwirken soll. Kommt diese nicht zustande, erstellt der Ausschuß einen Sachverhaltsbericht, der aber keine eigene Stellungnahme zum Vorliegen einer Vertragsverletzung enthält; er ist den beteiligten Vertragsstaaten zuzuleiten. Mit Zustimmung der beteiligten Vertragsstaaten kann der Ausschuß zur gütlichen Beilegung auch eine **Ad-hoc-Vergleichskommission** nach Art. 42

---

413 Abgedruckt bei *Nowak* S. 875 ff; vgl. auch *Nowak* EuGRZ **1984** 421 sowie *Nowak* EuGRZ **1980** 532, 537, 542, wonach die Staatenberichte durch den Berichtszwang und ihrer öffentlichen Zugänglichkeit als Kontrollmittel wirken.

414 Vom 19.12.1966 (BGBl. II 1992 S. 1247); für die Bundesrepublik Deutschland ist es am 25.11.1993 in Kraft getreten (Bek. vom 30.12.1993 – BGBl. II 1994 S. 311): dazu Denkschrift der Bundesregierung BTDrucks. 7 660 S. 66. Text abgedruckt S. 61 ff.

415 Mitgeteilt in der Bek. vom 30.12.1993 (BGBl. II 1994 S. 311); Vertragsteil S. 61.

416 Vgl. Einf. 15; 27 a. E, ferner Denkschrift der Bundesregierung zu Art. 5 des 2. Fakultativprotokolls, BRDrucks. 302/91 S. 12.

417 So auch die Bundesrepublik, vgl. Erkl. vom 24. 3. 1986, BGBl. II S. 746.

IPBPR einsetzen, die bei Scheitern einer gütlichen Beilegung ebenfalls nur einen Bericht über die Sachfragen erstellt, dem sie ihre Ansichten über die Möglichkeiten einer gütlichen Einigung beifügt (Art. 42 Abs. 7 Buchst. c IPBPR).

Die **rechtliche Unverbindlichkeit** des gesamten Verfahrens wird dadurch verstärkt, daß **85**
die beteiligten Staaten innerhalb von 3 Monaten dem Ausschußvorsitzenden mitteilen, ob sie mit dem Bericht einverstanden sind, wobei sie auch dessen tatsächliche Feststellungen in Frage stellen können[418]. Das ganze Verfahren nach Art. 42 IPBPR beruht letztlich auf der mitunter durch politischen Druck und dem Druck der öffentlichen Meinung herbeigeführten Bereitschaft des betroffenen Staates zur Kooperation. Es führt zu keiner nicht freiwillig eingegangenen rechtlichen Bindung. Es bleibt daher hinter dem Verfahren der MRK zurück, dessen Art. 55 MRK vorsieht, daß es grundsätzlich zwischen den Vertragsstaaten der MRK ausschließlich anzuwenden ist[419]. Wie Art. 44 IPBPR klarstellt, steht der IPBPR dem nicht entgegen. Auf die Einzelheiten ist hier nicht einzugehen.

2. Die ebenfalls fakultative **Individualbeschwerde** nach dem FP-IPBPR gibt jeder Ein- **86**
zelperson[420], die behauptet, Opfer der Verletzung eines im IPBPR niedergelegten Rechts durch einen Vertragsstaat zu sein, die Befugnis, sich mit einer diesbezüglichen schriftlichen Mitteilung an den Ausschuß für Menschenrechte zu wenden. Dieser prüft die Mitteilungen unter Berücksichtigung aller ihm von dem Beschwerdeführer und dem betroffenen Vertragsstaat unterbreiteten Angaben in einem vertraulichen Verfahren. Er teilt seine entscheidungsähnliche Auffassung („its views"; „ses contestations")[421], in der er das Vorliegen einer Menschenrechtsverletzung bejaht oder verneint, dem Vertragsstaat und der Einzelperson mit. Seine Sachentscheidungen werden auch veröffentlicht[422]. Sie wirken durch die Autorität des Ausschusses und durch ihre Publizität, völkerrechtlich verpflichtend sind sie nicht[423].

Das **Verfahren** bei der Individualbeschwerde ist im Fakultativprotokoll zum IPBPR **87**
geregelt. Das Verfahren wird durch eine **schriftliche Mitteilung einer Einzelperson** ausgelöst, die nicht fristgebunden ist. Mitteilungen, die anonym sind oder die als mißbräuchlich oder unvereinbar mit den Bestimmungen des Paktes angesehen werden, weist der Ausschuß als unzulässig zurück (Art. 3 FP). Im übrigen übermittelt er die Mitteilung dem Vertragsstaat, dem die Verletzung des Paktes vorgeworfen wird. Dieser muß dazu binnen sechs Monaten Stellung nehmen und gegebenenfalls auch die von ihm getroffenen Abhilfemaßnahmen mitteilen (Art. 4 FP). Auf Grund der dem Ausschuß zugegangenen schriftlichen Angaben prüft dieser eine Mitteilung. Der innerstaatliche Rechtsweg muß erschöpft sein, es sei denn, daß das Verfahren bei dessen Inanspruchnahme unangemessen lang dauern würde (Art. 2; Art. 2 Abs. 2 Buchst. b FP). Dieselbe Sache darf auch nicht bereits in einem anderen internationalen Untersuchungs- oder Streitregelungsverfahren untersucht werden (Art. 5 Abs. 2 Buchst. a FP)[423a]. Art. 5 Abs. 2 Buchst. a FP

---

418 Vgl. *Nowak* Art. 42, 15; *Bartsch* NJW **1977** 474; *Nowak* EuGRZ **1980** 532, 537.

419 Zur Tragweite beider Bestimmungen vgl. *Nowak* Art. 44, 6; 7, sowie die Resolution (70) 17 des Ministerkomitees des Europarats vom 15.5.1970, deutsche Übersetzung bei *Simma/Fastenrath* Nr. 38.

420 Ob wie bei anderen Pakten auch Personengruppen als Opfer beschwerdeberechtigt sind, ist strittig; vgl. *Nowak* Art. 2 FP, 1 ff; *Nowak* EuGRZ **1980** 532, 548; verneinend *Bartsch* NJW **1977** 476.

421 Vgl. *Nowak* Art. 5 FP, 30 ff.

422 *Nowak* Art. 5 FP, 32.

423 *Nowak* Art. 5 FP, 33 ff; ferner *Weiß* AVR **42** (2004) 142, 151, wonach die Entscheidunges des Ausschusses nach Schätzungen nur in etwa einem Drittel der Fälle befolgt werden.

423a Dazu *Nowak* EuGRZ **1980** 532, 539; Verfahren vor dem Wirtschafts- und Sozialrat nach der Res. 1503 (vgl. Rdn. 91 ff) werden nicht als dieselbe Angelegenheit wie eine Einzelbeschwerde angesehen, da sie einen „Gesamtzusammenhang grober und verläßlich belegter Menschenrechtsverletzungen" voraussetzen.

enthält aber nur ein temporäres Kumulationsverbot, das die Behandlung einer Beschwerde nicht für immer ausschließt, sondern nur für die Dauer der Befassung eines anderen internationalen Organs mit der gleichen Sache[424]. Es erlaubt also auch die Prüfung einer vom EGMR entschiedenen oder einer bereits in einem anderen internationalen Gremium behandelten Eingabe[425]. Der Ausschuß berät auf Grund der ihm vorliegenden Unterlagen über die Mitteilung in nicht öffentlicher Sitzung und teilt dann seine Auffassung („Views") den betroffenen Vertragsstaat und der Einzelperson mit, von der die Mitteilung stammt. Ein im Jahre 1990 eingerichtetes Nachfolgeverfahren soll überwachen, im welchen Umfang die betroffenen Staaten dieser Auffassung nachkommen[426]. Das Verfahren ähnelt in seinen Grundzügen in etwa dem früheren Verfahren vor der Europäischen Menschenrechtskommission, das jedoch nicht zuletzt wegen der eigenen Aufklärungsbefugnisse und der Möglichkeit der Herbeiführung einer bindenden gerichtlichen Entscheidung besser und wirksamer ausgestaltet war. Dies gilt erst recht für das jetzige justiz-förmige Verfahrens vor dem EGMR.

C. Sonstige Verfahren des internationalen Menschenrechtsschutzes

I. Allgemeines

88 **1.** Neben dem Verfahren nach dem IPBPR und den 1. Fakultativprotokoll sind im Rahmen der vereinten Nationen **weitere Einrichtungen** geschaffen worden, die Menschenrechtsverletzungen unter verschiedenen Aspekten nachgehen können (Vgl. Rdn. 96 ff). Verschiedene Übereinkommen, die den Menschenrechtsschutz in Teilbereichen international absichern sollen, haben ihrerseits Einrichtungen zur internationalen Überprüfung der von der jeweiligen Konvention erfaßten Menschenrechtsverletzungen geschaffen (dazu Rdn. 91 ff), die jeweils ein quasi-richterliches Verfahren vor Spezialgremien (Ausschüsse) vorsehen, das mit einer rechtlich unverbindlichen Erkenntnis endet, dessen Umsetzung dem jeweilign Vertragsstaat überlassen ist[427]. Alle diese Konventionen stehen nebeneinander. Der gleiche Vorfall kann deshalb mitunter von mehreren erfaßt werden, so daß sich die Frage stellt, wie sich die überschneidenden Konventionsverbürgungen sachlich zueinander verhalten und wie die verschiedenen konkurrierenden Verfahren zueinander stehen.

89 **2. Sachliches Zusammentreffen der Verpflichtungen aus mehreren internationalen Übereinkommen.** Die meisten der den Menschenrechtsschutz im weitesten Sinn bezweckenden internationale Übereinkommen haben in der Bundesrepublik durch die Ratifizierung innerstaatlich den Rang eine Bundesgesetzes erhalten. Sie überschneiden sich zum Teil untereinander und auch mit einzelnen Menschenrechtsgarantien der MRK und des IPBPR. Da sie im Regelfall nach dem **Günstigkeitsprinzip** weitergehende Rechte nicht ausschließen, muß im Einzelfall geprüft werden, ob und aus welcher Konvention dem Betroffenen die am weitestgehenden Rechte erwachsen. Dies gilt auch für das Verhältnis zum nationalen Recht, vor allem zum Verfassungsrecht[428]. Das **Prinzip des am weitest**

[424] „Suspensive Wirkung" *Nowak* Art. 5 FP, 6; vgl. *Ermacora* FS Verosta 195.

[425] *Nowak* EuGRZ **1980** 536, 539, ferner *Bartsch* NJW **1994** 1323); vgl. den Vorbehalt der Bundesrepublik Deutschland zu Art. 5 Abs. 2 Buchst. a FP (Bek. vom 30.12.1993 – BGBl. II 1994 S. 311) oben Rdn. 83.

[426] Zur teilweise geringen Abhilfebereitschaft der betroffenen Staaten vgl. *Weiß* AVR **42** (2004) 142, 152 ff.

[427] Vgl. *Weiß* AVR **42** (2004) 142, 149 ff.

[428] *Grabenwarter* § 2 Rdn. 15. *Meyer-Ladewig* Art. 53, 2; *Villiger* HdB 67.

gehenden Schutzes sichert dem Betroffenen im zweipoligen Staat-Bürgerverhältnis das jeweils höchste Schutzniveau. In einem **mehrpoligen Menschenrechtsverhältnis**, in dem verschiedene private Rechtsträger einander gegenüberstehen, versagt das einzelrechtsbezogene Günstigkeitsprinzip, weil dann eine über die Ausgangsrechtsordnung hinausgehende Besserstellung des einen mit einer Benachteiligung des anderen verbunden sein kann. In solchen Fällen muß der Rechtsordnung der Vorrang eingeräumt werden, die den kollidierenden Rechten ausgewogen Rechnung trägt; dies dürfte in der Regel eine beide Rechte umfassende Kodifikation sein[429]; im übrigen muß bei einer Kollision von Konventionsrechten mehrere Personen versucht werden, sie in Abwägung ihrer Schutzzwecke zu einer praktischen Konkordanz zu bringen. Soweit allerdings der Individualrechtschutz durch ein spezielles Vertragsorgan einer Konvention angestrebt wird, können im Verfahren vor diesem Vertragsorgan immer nur die Individualrechte aus der jeweiligen Konvention geltend gemacht werden, nicht aber, daß ein darüber hinausgehendes nationales Recht oder ein Recht aus einer anderen Konvention verletzt worden ist. Wieweit umgekehrt dort zu berücksichtigen ist, daß ein Konventionsrechts durch Rechte eines Dritten aus einer anderen Konvention eingeschränkt wird, beurteilt sich in der Regel nach den gleichen Gesichtspunkten, die für die Einschränkbarkeit einer Konventionsgarantie durch innerstaatliche Gesetze gelten.

Verfahrensrechtlich sind die meisten Übereinkommen, die dem Betroffenen gestatten, 90
bei Verletzung eines in ihnen garantierten Rechts ein durch dieses Übereinkommen geschaffenes Organ (in der Regel ein besonderer Ausschuß) anzurufen, einander ähnlich; in den späteren Verfahrensregelungen, wie etwa im Fakultativprotokoll zum Übereinkommen zur Beseitigung jeder Form von Diskriminierung der Frau vom 6. 10. 1999 sind die Befugnisse des Ausschusses erweitert worden[430]. Die Übereinkommen sehen alle ein durch eine „Mitteilung"des Betroffenen in Gang gesetztes Verfahren vor, das nach Einholung einer Auskunft des betroffenen Staates mit einer unverbindlichen Entscheidung endet. Die meisten Verfahren setzen voraus, daß nicht ein anderes internationales Organ mit der gleichen Sache befaßt ist[431]. Je nach der Formulierung in den einzelnen Übereinkommen kann dieser Ausschluß endgültig sein, er kann aber auch nur für die Zeit der Anhängigkeit der gleichen Sache bei der anderen internationalen Instanz gelten.

II. Verfahren zum internationalen Menschenrechtsschutz bei der Organisation der Vereinten Nationen

1. Die **Resolution 1503 des Wirtschafts- und Sozialrats der Vereinten Nationen** (ECO- 91
SOC Res. 1503-XLVIII) vom 27. 5. 1970[432] hat ein Verfahren zur Prüfung besonders schwerer und zuverlässig bezeugter Menschenrechtsverletzungen geschaffen, das nicht primär die Abhilfe bei einer Menschenrechtsverletzung im Einzelfall bezweckt[433],

[429] Vgl. *Grabenwarter* VVDStL **60** 290, 340; ferner *Grabenwarter* 2 Rdn. 15 (auch zum Verhältnis zwischen den Rechten aus der MRK und den Rechten der EU).

[430] Anlaß waren Unzulänglichkeiten der in anderen (älteren) Fakultativprotokollen geregeltem Verfahren; vgl. *Weiß* AVR **42** (2004) 142, 151.

[431] Kummulationsverbot (Grundsatz der una via electa), vgl. Einf. Rdn. 51, ferner oben Rdn. 45.

[432] Deutsche Übersetzung bei *Meyer-Ladewig/Uhink* Völkerrechtliche Übereinkommen und andere Dokumente des Europarats und der Vereinten Nationen (1988) S. 189 oder bei *Simma/Fastenrath* Nr. 2; die deutschen Übersetzungen der diesem Verfahren mit zugrundeliegenden Resolutionen 728 F (XXVIII) und 1235 (XLII) sind dort ebenfalls abgedruckt, so auch bei *Satorius II* Internationale Verträge, Europarecht Nrn. 24 bis 26.

[433] Die Resolution 728 F (XXVIII) des Wirtschafts- und Sozialrats billigt ausdrücklich, daß die Kommission für Menschenrechte keine Befugnis hat, hinsichtlich der Beschwerden irgendwelche Maßnahmen zu treffen.

sondern das Gesamtbild der Menschenrechtslage daraufhin überprüfen soll, ob sich ein System („consistent pattern“) schwerwiegender Verletzungen abzeichnet, um so menschenrechtsfeindliche Staatspraktiken zu identifizieren[434]. Sie ermächtigt die Unterkommission zur Verhütung von Diskriminierung und Minderheitenschutz der UN-Menschenrechtskommission jährlich in einer nicht öffentlich tagenden Arbeitsgruppe die **Mitteilungen von Einzelpersonen** oder nichtamtlichen Personengruppen über Menschenrechtsverletzungen zu prüfen[435].

92 Nach den von der Unterkommission aufgestellten **Verfahrensregeln**[436] dürfen die an das Menschenrechtszentrum der Vereinten Nationen (Genf) zu richtenden Eingaben vor allem nicht anonym oder mit beleidigenden Ausdrücken abgefaßt sein oder ausschließlich auf von Massenmedien verbreiteten Berichten oder auf politischen Beweggründen beruhen, die mit den Zielen der Charta der Vereinten Nationen unvereinbar sind. Sie müssen die Verletzung von Menschenrechten betreffen, die sich aus der Charta der Vereinten Nationen, der Allgemeinen Erklärung der Menschenrechte oder den Menschenrechtspakten ergeben. Die Eingaben, die nicht notwendig vom Opfer der Menschenrechtsverletzung selbst stammen müssen, sind innerhalb einer angemessenen Frist nach der grundsätzlich erforderlichen Erschöpfung des Rechtswegs einzureichen. Sie müssen den Sachverhalt darstellen und die verletzten Menschenrechte angeben. Sie werden den betroffenen Staaten zur Stellungnahme zugeleitet und dann zusammen mit dieser Stellungnahme von der Unterkommission dem Menschenrechtsausschuß der Vereinten Nationen vorgelegt, wenn die Prüfung durch Unterkommissionen in einem vertraulichen Verfahren ein **Gesamtbild schwerer Menschenrechtsverletzungen** ergeben hat. Der Menschenrechtsausschuß kann eine eingehende Studie mit einem Bericht mit Empfehlungen an den Wirtschafts- oder Sozialrat beschließen oder kann mit ausdrücklicher Zustimmung des betroffenen Staates weitere Untersuchungen anordnen[437]. Auf Einzelheiten des schwerfälligen Verfahrens kann hier nicht eingegangen werden. Da es keine Abhilfe im Einzelfall erzwingen kann und nur auf schwerwiegende und symptomatische Menschenrechtsverletzungen abstellt, ist es meist von begrenztem Nutzen für den individuellen Rechtsschutz; trotzdem wurde angenommen, daß es das Kumulationsverbot des Art. 35 Abs. 2 Buchst. b MRK auslöst[438].

93 **2. Verfahren aufgrund der Entscheidung 104 Ex 3.3. des Exekutivrates der UNESCO vom 26. 4. 1978.** Zu den Zielen der UNESCO (United Nations Educational, Scientific and Cultural Organization) gehört nach Art. 1 der Satzung vom 16. 11. 1945[439] auch, daß sie durch Förderung der Zusammenarbeit zwischen den Völkern auf den Gebieten der Erziehung, Wissenschaft und Kultur zur Aufrechterhaltung des Friedens und der Sicherheit beitragen soll, um in der ganzen Welt die Achtung vor Recht und Gerechtigkeit, vor den Menschenrechten und Grundfreiheiten zu stärken, die den Völkern der Welt ohne Ansehen von Rasse, Geschlecht, Sprache und Religion nach der Satzung der Vereinten Nationen zustehen. Durch die Entscheidung 104 Ex 3.3[440] hat der Exekutivrat dieser Organisation eine Art **Individualbeschwerdeverfahren** eingeführt und geregelt.

---

434 *Bartsch* NJW **1977** 477.

435 Zur großen Zahl der Eingaben vgl. *Bartsch* NJW **1977** 477: 1975: 30 000, 1976: 55 000 Eingaben; zum Problem der Befugnisübertragung auf die Unterkommission *Ramcharan* FS Ermacora 37.

436 Vgl. Resolution I (XXIV) der Unterkommission, deutsche Übersetzung bei *Simma/Fastenrath* Nr. 6.

437 Zum „1503 Verfahren“ *Bartsch* NJW **1977** 476; *Verdross/Simma* § 1245.

438 *Bartsch* NJW **1977** 476; *Ermacora* FS Verosta 193; 195 ff; **aA** *Nowak* EuGRZ **1980** 532; 539; vgl. Rdn. 87.

439 BGBl. 1971 II S. 471 mit späteren Änderungen.

440 Deutsche Übersetzung in Menschenrechte, Dokumente und Deklarationen, Nr. I, 13; herausgegeben von der Bundeszentrale für politische Bildung (1991).

Diese Entscheidung, in deren Präambel auch erwogen wird, daß die UNESCO im Geiste der internationalen Zusammenarbeit, des Ausgleichs und der Verständigung handeln und nicht die Rolle eines internationalen Gerichtshofs spielen sollte, sieht vor, daß einzelne Personen, Personengruppen und nichtstaatlichen Organisationen einen Ausschuß dieser Organisation durch eine „Mitteilung" (communication) mit Menschenrechtsverletzungen befassen können, der diese in einem grundsätzlich vertraulichen Verfahren bereinigen soll.

Die **Zulässigkeitsvoraussetzungen** für eine solche Mitteilung werden in der genannten **94** Entscheidung näher geregelt. Die Mitteilung, die weder anonym sein noch ausschließlich auf durch Massenmedien verbreitete Informationen beruhen darf, muß Menschenrechtsverletzungen im Sinne der Charta der Vereinten Nationen, der Allgemeinen Erklärung der Menschenrechte, der internationalen Menschenrechtspakte oder sonstiger internationalen Instrumente auf dem Gebiete der Menschenrechte betreffen, die in den Zuständigkeitsbereich der UNESCO fallen. Nicht notwendig ist, daß der für die Verletzung verantwortliche Staat selbst einem dieser internationalen Instrumente beigetreten ist[441]. Zur Mitteilung berechtigt sind Personen, von denen vernünftigerweise angenommen werden kann, daß sie Opfer der behaupteten Menschenrechtsverletzung sind oder die zuverlässige Kenntnis von einer solchen Verletzung haben. Die Mitteilung darf weder beleidigend noch offensichtlich unbegründet sein und muß wesentliche Beweise anführen. Sie ist innerhalb einer angemessenen Frist nach den Tatsachen, die ihren Gegenstand bilden oder nach Bekanntwerden dieser Tatsachen einzureichen und muß angeben, ob und mit welchem Erfolg versucht wurde, den innerstaatlichen Rechtsweg zu erschöpfen. Ist die Angelegenheit durch die betroffenen Staaten bereits in Übereinstimmung mit den in der Allgemeinen Erklärung der Menschenrechte und den in den Menschenrechtspakten festgelegten Grundsätzen geregelt worden, wird die Mitteilung nicht geprüft.

Das **Verfahren**, wird vom Generaldirektor vorbereitet, der nach Zustimmung des **95** Verfassers der Mitteilung, die auch die Offenlegung seines Namens einschließt, die Regierung des betroffenen Staates zur Stellungnahme auffordert und der dann diese Stellungnahme zusammen mit der Mitteilung und sonstigen erhaltenen sachdienlichen Informationen dem Ausschuß zuleitet, der sie in nichtöffentlicher Sitzung prüft. Vertreter des betroffenen Staates können an der Sitzung teilnehmen. Der Ausschuß weist unzulässige Mitteilungen zurück, ferner solche Mitteilungen, die ihm nach der Prüfung als unbegründet erscheinen. Hiervon werden der Verfasser der Mitteilung und die betroffene Regierung benachrichtigt. Im übrigen versucht der Ausschuß, eine freundschaftliche Lösung zu erreichen, welche die Förderung der in die Zuständigkeit der UNESCO fallenden Menschenrechte weiter bringt. Der Ausschuß berichtet dem Exekutivrat bei jeder Tagung vertraulich über die Erfüllung seines Auftrags, der den Bericht in nichtöffentlicher Sitzung behandelt; nur bei groben, systematischen und flagranten Verletzungen der Menschenrechte erwägt der Exekutivrat eine Prüfung in öffentlicher Sitzung.

III. Verfahren auf Grund von Spezialkonventionen

1. Allgemeines. Der durch den IPBPR geschaffene **internationale Menschenrechtsschutz im Rahmen der Vereinten Nationen** wird durch **weitere Konventionen** ergänzt, die **96** meist im Rahmen der Vereinten Nationen verabschiedet oder novelliert wurden und die

[441] *Verdroß/Simma* § 316.

jeweils eine großen Zahl von Staaten, darunter auch Deutschland, ratifiziert hat. Diese schützen, meist unter speziellen Gesichtspunkten, bestimmte Menschenrechte noch einmal besonders[442]. Mehrere von ihnen sehen auch **vertragseigene Kontrollmechanismen** vor, die eine internationale Überprüfung der eingegangenen Vertragsverpflichtungen ermöglichen und die von der Verpflichtung zu periodischen Staatenberichten bis zum unmittelbaren Beschwerderecht des Betroffenen reichen; so etwa

- das Übereinkommen über Zwangs und Pflichtarbeit (ILO-Übereinkommen 29) 28. 6. 1930[443], geändert durch Übereinkommen ILO 116 vom vom 26. 6. 1961[444],
- das Übereinkommen über die Abschaffung der Zwangs- und Pflichtarbeit vom (ILO-Übereinkommen 105) vom 25. 6. 1957[445],
- das Übereinkommen über die politischen Rechte der Frau vom 31. 3. 1953[446] und
- das Internationale Übereinkommen zur Beseitigung von jeder Form der Rassendiskriminierung vom 7. 3. 1966[447],
- der Internationale Pakt über wirtschaftliche, soziale und kulturelle Rechte vom 19. 12. 1966[448],
- das Übereinkommen zur Beseitigung von jeder Form der Diskriminierung der Frau vom 18. 12. 1979[449],
- das Übereinkommen gegen Folter und andere grausame, unmenschliche oder erniedrigende Behandlung vom 10. 12. 1984,
- das Übereinkommen über die Rechte des Kindes vom 20. 11. 1989[450], das durch das Fakultativprotokoll vom 5. 5. 2000 ergänzt wird, das sich gegen die Beteiligung von Jugendlichen unter 18 Jahren an bewaffneten Konflikten richtet[450a].

97 **Verschiedene dieser Übereinkommen** eröffnen auch dem Einzelnen ein Beschwerderecht. Er kann bei einer Verletzung seiner im jeweiligen Übereinkommen garantierten Rechte ein besonderes Vertragsorgan (meist einen besonderen Ausschuß) anrufen. Die Einhaltung der speziellen Vertragsgarantien wird somit der alleinigen Kontrolle der Vetragsstaaten entzogen. Daß auch der betroffene Einzelnen die internationale Kontrolle der innerstaatlichen Vertragsumsetzung auslösen kann, soll dic Schutzwirkung der Vertragsgarantien verstärken und der Tendenz in den Vertragsstaaten vorbeugen, die eingegangenen Vertragspflichten innerstaatlich nur zögerlich oder mit Abstrichen umzusetzen. Neben den Kontrollmechanismen der Internationalen Arbeitsorganisation gewähren vor allem die nachstehend angeführten Übereinkommen dem betroffenen Personen ein Beanstandungsrecht bei einer internationalen Instanz:

2. Einzelne internationale Kontrollverfahren

98 **a) Das Internationalen Übereinkommens zur Beseitigung jeder Form von Rassendiskriminierung** vom 7. 3. 1966[451] hat in Art. 8 einen Ausschuß für die Beseitigung der Rassendiskriminierung geschaffen, der ähnliche Befugnisse hat wie der Menschenrechtsaus-

[442] Vgl. Einf. Rdn. 10.
[443] BGBl. II 1956 S. 641.
[444] BGBl. II 1963 S. 1136.
[445] BGBl. II 1959 S. 442.
[446] BGBl. II 1969 S. 1930.
[447] BGBl. II 1969 S. 961.
[448] BGBl. II 1973 S. 1570, auch für die Bundesrepublik in Kraft getreten am 3.1.1976 (Bek. vom 9.3.1976 BGBl. II S. 428).
[449] Zustimmungsgesetz BGBl. II 1985 S. 647, geändert durch Gesetz vom 3.12.2001 (BGBl. II S. 1234 Rücknahme eines Vorbehalts).
[450] Zustimmungsgesetz vom 17.2.1992 (BGBl. II S. 131).
[450a] Protokoll und Zustimmungsgesetz vom 16.9.2004 (BGBl. II S. 1354).
[451] BGBl. II 1969 S. 962; Bek. vom 16.10.1969, BGBl. II S. 2211.

schuß des IPBPR[452]. Der aus 18 Sachverständigen bestehende Ausschuß tagt zweimal im Jahr und prüft die obligatorischen **Berichte der Mitgliedstaaten** über die getroffenen Maßnahmen zur Verwirklichung dieses Abkommens, die diese periodisch dem Generalsekretär der Vereinten Nationen zur Beratung durch den Ausschuß vorzulegen haben und berichtet jährlich der Generalversammlung der Vereinten Nationen über seine Tätigkeit, wobei er Vorschläge machen und allgemeine Empfehlungen abgeben kann (Art. 9). Nach Art. 16 sind die Bestimmungen des Abkommens unbeschadet anderer Verfahren zur Beilegung von Streitigkeiten anzuwenden. Sie hindern die Vertragsstaaten nicht daran, andere Verfahren in Anspruch zu nehmen; das sonst übliche Kumulationsverbot fehlt, anderweitige Anhängigkeit schließt also ein Verfahren vor diesem Ausschus nicht aus[453].

Führt ein Vertragsstaat das Abkommen nicht durch, kann **jeder andere Vertragsstaat** **99**
dem Ausschuß eine Mitteilung machen und dadurch ein Schlichtungsverfahren einleiten, in dessen Verlauf nötigenfalls eine Ad-hoc-Vergleichskommission eingesetzt werden kann, die in einem Bericht ihre Feststellungen und Empfehlungen niederlegt, zu deren Annahme sich die beteiligten Staaten binnen drei Monaten äußern müssen. Der Bericht und die dazu abgegebenen Äußerungen werden dann den anderen Vertragsstaaten des Übereinkommens übermittelt (Art. 10 bis 13).

Eine **Individualbeschwerde** ist in Art. 14 nur fakultativ vorgesehen. Sie setzt voraus, **100**
daß der Vertragsstaat die Zuständigkeit des Ausschusses zur Entgegennahme und Erörterung der Mitteilungen einzelner seiner Hoheitsgewalt unterstehender Personen oder Personengruppen anerkennt, die vorgeben, Opfer einer Verletzung der in dem Übereinkommen vorgesehenen Rechte zu sein[454]. Dem Verfahren, das grundsätzlich erst nach der innerstaatlichen Erschöpfung des Rechtswegs zulässig ist, kann eine innerstaatliche Stelle vorgeschaltet werden, die für die Erörterung der Beschwerden zuständig ist. Erst wenn der Einsender nach sechs Monaten keine Genugtuung erlangt, befaßt sich der Ausschuß mit der Sache und übermittelt dem Einsender der Mitteilung und dem betroffenen Staat seine Vorschläge und Empfehlungen[455]. Er nimmt sie in einer Kurzdarstellung außerdem in seinen Jahresbericht auf.

b) Das Übereinkommen vom 18.12.1979 zur **Beseitigung jeder Form von Diskrimi-** **101**
nierung der Frau[456] wurde durch ein **Fakultativprotokoll** vom 6.10.1999[457] ergänzt, das unter Hinweis auf die Allgemeine Erklärung der Menschenrechte, den IPBPR und anderer internationaler Menschenrechtsübereinkommen einen **Ausschuß für Beseitigung der Diskriminierung der Frau** vorsieht, der Mitteilungen über die Verletzungen des Übereinkommens entgegennehmen und prüfen soll (Art. 1 FP)[458]. Die Mitteilungen können schriftlich von oder im Namen von Einzelpersonen oder Personengruppen, aber nicht

---

[452] Deutsche Übersetzung der Verfahrensordnung des Ausschusses bei *Simma/Fastenrath* Nr. 13.

[453] Zu derartigen „Streitschlichtungs-Ermunterungsklauseln" *Ermacora* FS Mosler 189.

[454] Die Bundesrepublik hat das Indiviualbeschwerdeverfahren erst am 30.8.2001 für sich anerkannt; dazu und zum Verfahren vgl. *Britz* EGMR **2002** 381; *Weiß* AVR **42** (2004) 141, 146, 153.

[455] Zur geringen Zahl der Staaten, die die Zuständigkeit des Ausschusses für ein Individualbeschwerdeverfahren anerkannt haben und zur geringen Zahl der Beschwerden (26 seit 1982), vgl. *Weiß* AVR **42** (2004) 142, 146.

[456] Gesetz vom 25.4.1985 (BGBl. II 1985 S. 647), geändert durch Gesetz vom 3.12.2001 (BGBl. II S. 1234, Streichung des Vorbehalts zu Art.7 Buchst. b des Übereinkommens) sowie durch das ebenfalls am 3.12.2001 erlassene Gesetz zur Entschließung vom 22.5.1995 (Änderung des Art. 20 Abs. 1 des Übereinkommens).

[457] BGBl. II 2001 S. 1238; in der Bundesrepublik am 15.1.2002 in Kraft getreten (Bek. vom 4.3.2002 – BGBl. II S. 1197).

[458] Vgl. *Weiß* AVR **42** (2004) 142, 148 (23 Sachverständige, die nach einer noch nicht in Kraft getretenen Regelung künftig zweimal im Jahr 3 Wochen tagen sollen).

anonym, eingereicht werden, sie müssen behaupten, in einem im Übereinkommen festgelegten Recht durch einen Vertragsstaat verletzt worden zu sein, der dem Fakultativprotokoll beigetreten ist (Art. 2, 3 FP). Der Ausschuß prüft die Mitteilung nur, wenn er sich vergewissert hat, daß alle **innerstaatlichen Rechtsbehelfe erschöpft** sind, es sei denn, das Rechtsbehelfs-Verfahren dauert unangemessen lange oder läßt keine wirksame Abhilfe erwarten (Art. 4 Abs. 1 FP). Mitteilungen die nicht hinreichend begründet oder **offensichtlich unbegründet** sind oder die einen **Mißbrauch** des Mitteilungsrechts bedeuten sind ebenso unzulässig wie Mitteilungen, bei denen **dieselbe Sache** bereits vom Ausschuß untersucht worden ist oder die in einem anderen internationalen Untersuchungs- oder Streitregelungsverfahren geprüft werden oder geprüft worden sind (Art. 4 Abs. 2 FP).

102 **Zulässige Mitteilungen** bringt der Ausschuß dem betreffenden Vertragsstaat vertraulich zur Kenntnis, sofern das Opfer in die Offenlegung seiner Identität eingewilligt hat. Der Vertragsstaat hat sich dann binnen 6 Monaten zur Sache und zu etwaigen von ihm in die Wege geleiteten Abhilfemaßnahmen zu erklären (Art. 6 FP). Der Ausschuß kann auch vorläufige Maßnahmen anregen, um einer möglicherweise irreparablen Schädigung des Opfers vorzubeugen (Art. 5 FP). Nach Prüfung des ihm vorliegenden Materials in nicht-öffentlicher Sitzung übermittelt der Ausschuß den Parteien seine Auffassung mit etwaigen Empfehlungen, die der betroffene Staat binnen sechs Monaten beantworten muß, wobei er auch alle von ihm getroffenen Maßnahmen anzuführen hat (Art. 7 FP). Bei schwerwiegenden oder systematischen Verletzungen der im Übereinkommen garantierten Rechte kann der Ausschuß zur Vorbereitung seiner Feststellung und seiner Empfehlungen auch eine eigene Untersuchung durch eines oder mehrerer seiner Mitglieder durchführen, die mit Zustimmung des betroffenen Vertragsstaats auch einen Besuch in dessen Hoheitsgebiet mit einschließen (Art. 8, 9 FP). Das eigene Ermittlungsverfahren des Ausschusses, bei dem die Mitwirkung des Vertragsstaaten angestrebt werden soll, ist ebenfalls vertraulich (Art. 9 Abs. 2 FP). Es ist nur zulässig, wenn der jeweilige Staat nicht bei der Unterzeichnung oder Ratifikation des Zusatzprotokolls erklärt hat, daß er die in Art. 8 und 9 ZP vorgesehenen Zuständigkeiten des Ausschusses zu eigenen Ermittlungen nicht anerkennt. Nach Prüfung dieser Untersuchungsergebnisse übermittelt sie der Ausschuß mit seinen Bemerkungen und Vorschlägen dem betroffenen Vertragsstaat, der dann binnen 6 Monaten dazu Stellung nehmen muß (Art. 8 Abs. 4 ZP). Der Ausschuß kann den betreffenden Staat ferner auffordern, in seinem Bericht nach Art. 18 des Übereinkommen Einzelheiten über die Maßnahmen aufzunehmen, die er als Reaktion auf die Untersuchung getroffen hat, auch der Ausschuß selbst kann die Unterrichtung hierüber fordern (Art. 9 ZP). Das ganze Verfahren ist vertraulich (Art. 6 Abs. 1; Art. 8 Abs. 5 ZP), jedoch kann der Ausschuß nach Konsultation des betroffenen Vertragsstaates eine Zusammenfassung des Ergebnisses in seinem eigenen Jahresbericht aufnehmen (Art. 12 ZP). Die Vertragsstaaten sind verpflichtet, sicherzustellen, daß ihrer Hoheitsgewalt unterstehende Personen nicht deshalb mißhandelt oder eingeschüchtert werden, weil sie sich an den Ausschuß gewandt haben (Art. 11 ZP). Über seine Tätigkeiten nach diesem Protokoll berichtet der Ausschuß zusammengefaßt in seinem Jahresbericht nach Art. 21 des Übereinkommens (Art. 12 ZP).

103 **c) Das Übereinkommen gegen Folter und andere grausame, unmenschliche oder erniedrigende Behandlung oder Strafe** vom 10. 12. 1984 (UN-Antifolterkonvention) sieht in Art. 18 einen **Ausschuß gegen Folter** vor. Diesem zehnköpfingen Experten-Gremium, das zweimal jährlich tagt[459], sind über den Generalsekretär der Vereinten Nationen alle vier

---

[459] Vgl. *Weiß* AVR **42** (2004) 142, 147 (bis 5.12.2002: 221 Beschwerden, davon 22, die eine Konventionsverletzung festellten, 54 noch nicht erledigt).

Jahre **periodische Berichte der Mitgliedstaaten** über die zur Erfüllung der Vertragspflichten getroffenen Maßnahmen vorzulegen. Diese Berichte werden auch den anderen Mitgliedstaaten zugeleitet. Der Ausschuß, der keine bindenden Entscheidungsbefugnisse hat[460], kann seine Bemerkungen zu dem Bericht dem jeweiligen Staat übermitteln, der seinerseits dazu Stellung nehmen kann (Art. 19).

Ein **besonderes Untersuchungsverfahren von Amts wegen** sieht Art. 20 vor, das jedoch wegen der Nichtanerkennungsklausel des Art. 28 der Konvention letztlich fakultativ ist[461]. Er ermächtigt den Ausschuß, von sich aus zuverlässigen Informationen nachzugehen, wenn diese wohlbegründete Hinweise darauf enthalten, daß im Hoheitsgebiet eines Vertragsstaates systematische Folterungen stattfinden[462]. Er kann eines oder mehrerer seiner Mitglieder mit einer vertraulichen Untersuchung beauftragen und den betreffenden Vertragsstaat auffordern, dabei mitzuwirken. Im Einvernehmen mit dem betreffenden Staat kann eine solche Untersuchung auch einen Besuch in dessen Hoheitsgebiet einschließen. Das Untersuchungsergebnis übermittelt der Ausschuß dann zusammen mit seinen Bemerkungen und Vorschlägen dem betroffenen Staat. Das Verfahren ist vertraulich. Nach Abschluß der Untersuchungen kann der Ausschuß nach Konsultation des betroffenen Staates jedoch beschließen, eine Zusammenfassung des Ergebnisses in seinem Jahresbericht nach Art. 24 aufzunehmen (Art. 20 Abs. 4). **104**

Fakultativ ist die **Staatenbeschwerde**, mit der ein Staat geltend machen kann, ein anderer Staat komme seinen Verpflichtungen aus der Konvention nicht nach. Sie ist nur zulässig, wenn beide Staaten sich diesem Verfahren unterworfen haben (Art. 21 Abs. 1). Der innerstaatliche Rechtsweg muß erschöpft sein. Mit ihr wird – ähnlich der Staatenbeschwerde nach dem IPBPR – zunächst eine gütliche Einigung angestrebt. Kommt diese nicht zustande, beschränkt der Ausschuß seinen darüber abzugebenden Bericht auf die kurze Darstellung des Sachverhalts, der die Stellungnahmen der beteiligten Staaten beizufügen sind (Art. 22). **105**

Fakultativ ist auch die Zulassung der **Individualbeschwerde** des Art. 22, die nur gegen einen Staat erhoben werden darf, der die Zuständigkeit des Ausschusses gegen Folter anerkannt hat[463]. Nur dann ist dieser befugt, Mitteilungen von Personen oder im Namen von Personen entgegenzunehmen, die geltend machen, Opfer einer Verletzung der Konvention durch den betreffenden Vertragsstaat zu sein. Diese **Mitteilung** darf weder anonym noch mißbräuchlich oder unvereinbar mit den Bestimmungen der Konvention sein. Die setzt voraus, daß dieselbe Sache nicht bereits in einem anderen internationalen Untersuchungs- und Streitregelungsverfahren geprüft wird und daß der innerstaatliche Rechtsweg erschöpft ist. Letzteres ist jedoch nicht notwendig, wenn der Rechtsweg unangemessen lang dauert oder wenn davon keine wirksame Abhilfe für das Opfer zu erwarten ist. Der Ausschuß prüft die Mitteilung aufgrund der ihm erteilten Informationen, er ist aber auch befugt, eine mündliche Verhandlung durchzuführen und Zeugen anzuhören[464]. Der Ausschuß kann eines oder mehrerer seiner Mitglieder mit der **106**

460 Zum Durchsetzungsverfahren vgl. etwa *Hailbronner/Randelzhofer* EuGRZ **1986** 642.

461 Vgl. *Nowak* EuGRZ **1985** 109; nach *Nowak* FS Ermacora 493, 504 haben nur wenige Staaten beim Beitritt von der „opting out"– Klausel Gebrauch gemacht.

462 *Nowak* FS Ermacora 493, 504 sieht darin ein innovatives Element.

463 Die Bundesrepublik Deutschland ist dem Protokoll am 19.10.2001 beigetreten, vgl. *Weiß* AVR **42** (2004) 142, 147.

464 *Nowak* FS Ermacora 493; zur Geschäftsbelastung des Ausschusses vgl. *Weiß* AVR **42** (2004) 142, 147 (von 1988 bis Dez. 2002: 221 Beschwerden, davon wurden 74 in der Sache entschieden, eine Konventionsverletzung wurde in 22 Fällen festgestellt und in 52 verneint; von den anderen waren 38 unzulässig und 55 wurden ohne Sachentscheidung eingestellt).

Durchführung einer vertraulichen Untersuchung beauftragen, die mit Einverständnis des betroffenen Vertragsstaates auch einen Besuch in dessen Hoheitsgebiet einschließen kann. Nach Abschluß seiner Überprüfung teilt er seine rechtlich unverbindliche Auffassung dem betroffenen Vertragsstaat und der Einzelperson mit.

D. Internationale Strafgerichtsbarkeit

107 **1.** Das am 17. Juli 1998 in Rom verabschiedete Statut des **Internationalen Strafgerichtshofs zur Ahndung von Völkermord, Verbrechen gegen die Menschlichkeit und Kriegsverbrechen**[465], das am 1. Juli 2002 für die Bundesrepublik in Kraft getreten ist[466], eröffnet die Möglichkeit, daß die dort genannten Verbrechen auch vor einem internationale Gerichtshof verfolgt werden können. Da es sich meist um schwere Menschenrechtsverletzungen handelt, fördert dies auch dem Menschenrechtsschutz. Bereits die Konvention über Verhütung und Bestrafung des Völkermords vom 9.12.1948[467] hatte neben der Feststellung der Strafbarkeit des Völkermords den Gedanken angesprochen, daß die Aburteilung derartiger Verbrechen einem internationalen Strafgericht, dessen Gerichtsbarkeit die Parteien anerkannt haben, übertragen werden könne (Art. VI). Daß die Verfolgung derartiger Verbrechen auch eine internationale Aufgabe ist, wurde durch die Ereignisse auf dem Balkan und in Afrika deutlich.

108 Die **internationalen Strafgerichtshöfe** für die Ahndung von Völkermord und schwerwiegender Menschenrechtsverletzungen in **Ruanda** und im **ehem. Jugoslawien**[468] konnte der Sicherheitsrat der Vereinten Nationen wegen des Fehlens anwendbarer Vertragsregelungen nur in Anwendung von Kap. VII der Charta der Vereinten Nationen[469] ad hoc einsetzen.

109 Auf **Einzelheiten** über Struktur und Verfahren dieser Gerichtshöfe und über ihre bisherige Rechtsprechung kann im Rahmen dieser Kommentierung nicht eingegangen werden; vgl. dazu etwa *Kreß* in Grützner/Pötz Internationale Rechtshilfe in Strafsachen Vor III 26 zum Internationalen Strafgerichtshof und III 27, 27a zu den Strafgerichtshöfen für Jugoslawien und Ruanda je mit weit. Nachw.

[465] Zustimmungsgesetz vom 4.12.2000 (BGBl. II S. 1393) mit Ausführungsgestz vom 21.6.2002 (BGBl. I S. 2144), dazu etwa *Ambos*, ZStW **111** (1999) 175; *Kinkel* NJW **1998** 2650.

[466] Bek vom 28.2.2003 (BGBl. II S. 293, „nach Maßgabe der unter II abgedruckten Erklärungen"); dazu etwa *MacLean* ZRP **2002** 260, zur temporären Begrenzung der Tätigkeit des Internationalen Strafgerichshofs durch die Resolution 1422 (2002) des Sicherheitsrats vgl. *Heselhaus* ZaöRV **62** (2002) 907.

[467] BGBl. II 1954 S. 730.

[468] Resolution 827 vom 25.5.1993 und Resolution 955 vom 8.11.1994.

[469] Befugnis des Sicherheitsrats zu Maßnahmen bei Bedrohung oder Bruch des Friedens.

www.ingramcontent.com/pod-product-compliance
Lightning Source LLC
LaVergne TN
LVHW081353011026
849161LV00013BA/2809
* 9 7 8 3 8 9 9 4 9 1 6 1 6 *